D1693552

Fritz Hörmann · Gerald Hesztera

ZWISCHEN GEFAHR UND BERUFUNG

GENDARMERIE IN ÖSTERREICH

Der Landesgendarmeriekommandant
für Vorarlberg

Anlässlich des Besuches der Vertreter des Departement des Inneren des Kantones Aargau beim Lgk. f. Vorarlberg.

Mit besten Empfehlungen

M. Bliem, Bgdr

5. 4. 04

Fritz Hörmann · Gerald Hesztera

ZWISCHEN GEFAHR UND BERUFUNG

GENDARMERIE IN ÖSTERREICH

Mit Beiträgen von:

Ahrer Michael, Altrichter Christine, Bachkönig Wolfgang, Biricz Stefan, Brettner Friedrich, Dengg Bernhard, Engelsberger Ulrike, Fojan Ernst, Fuchs Gernod, Garstenauer Berthold, Glaser Gerhard, Haumer Anton, Hechenblaickner Karin, Herbst Stefan, Hesztera Franz, Hesztera Gerald, Hinterstoisser Hermann, Hönegger Martin, Hopfner Thomas, Hörmann Fritz, Hribernig Reinhold, Huter Gottlieb, Hutter Ernestine, Innerhofer Josef, Janetschek Kurt, Klotz Konrad, Lukatsch Christian, Mayer Friedrich, Ortner Wolfgang, Perfler Arnold, Reis Arthur, Sabitzer Werner, Salcher Leopold, Sammer Andreas, Scherz Christoph, Schlögl Karl, Schmidl Erwin, Schober Kurt, Seiser Johann, Sippl Gerhard, Stanzl Emil, Stocker Herbert.

Herausgeber:
Museumsverein Werfen
Bundesministerium für Inneres, Gendarmeriezentralkommando, Wien

Impressum:
Medieninhaber und Herausgeber, 1999: Museumsverein A-5450 Werfen
Bundesministerium für Inneres, Gendarmeriezentralkommando, 1014 Wien, Postfach 100

ISBN 3-933756-99-5

Druck: Graphia, Salzburg

Satz, Repro & Layout: L&S Reprotechnik, Wals-Siezenheim
Umschlag: Scharler & Deller, Salzburg
Umschlagrückseite: »Mit uns« Festmedaille – Vorder- und Rückseite – zum 150jährigen Jubiläum der Gendarmerie Österreichs, Helmut Zobl, Wien
Vor- und Nachsatz: Collage, 150 Jahre Gendarmerieuniformen, Fritz Hörmann, Werfen

Inhalt

»150 Jahre Gendarmerie in Österreich« – Jubiläumsband

150 Jahre Gendarmerie in Österreich sind einerseits ein Grund zum Feiern, andererseits auch ein Anlaß, um sich der Geschichte und Tradition dieses Korps zu erinnern.

Geschichte hat die Aufgabe, für Gegenwart und Zukunft als Lehrmeister zu dienen. Die Österreichische Gendarmerie hat dieses moderne Verständnis von Geschichte und übernimmt mit diesem Buch diese Verantwortung. In diesem Werk werden nicht nur glorreiche Zeiten beschrieben, sondern auch Themen und Phasen beleuchtet, die bisher oft ausgeklammert wurden. Die Autoren versuchen zu einem objektiven Umgang mit der Geschichte und mit der Rolle der Gendarmerie in diesen Zeiträumen zu gelangen. Wenig ruhmreiche Ereignisse werden nicht mehr verschwiegen, sondern aufgearbeitet, so daß die Lehren daraus gezogen werden können. Gleichzeitig wird aber auch nicht vergessen, die ausgezeichneten Leistungen, die die Gendarmerie in den letzten 150 Jahren erbracht hat, zu würdigen. Dies soll zur Motivation für die Arbeit in der Zukunft beitragen.

Durch die gemeinsame Arbeit mehrerer Autoren wird eine einseitige Betrachtungsweise vermieden, die Darstellung der Geschichte vielfältiger und umfassender. Die Beschreibung der Bundesgendarmerie im Jubiläumsjahr 1999 rundet den geschichtlichen Überblick ab.

Den Autoren gilt mein besonderer Dank: Umfangreiche Recherchen, objektive Zusammenfassung und Darstellung ergaben ein Standardwerk, das die Gendarmerie und ihre Geschichte in Österreich in spannender, umfassender und würdiger Weise dokumentiert.

Mag. Karl Schlögl
Bundesminister für Inneres

150 Jahre Österreichische Bundesgendarmerie

Am 8. Juni 1999 werden es 150 Jahre, daß durch die Entschließung Kaiser Franz Josephs die Österreichische Gendarmerie für das gesamte Gebiet des damaligen österreichischen Kaiserreiches eingerichtet wurde. Diesen Anlaß wird die Gendarmerie gebührend feiern.

150 Jahre sind eine lange Zeitspanne, auf die wir gemeinsam zurückblicken wollen. Mit der Herausgabe des Buches »Die Gendarmerie in Österreich – 150 Jahre Österreichische Bundesgendarmerie« sollen ein historischer Überblick ermöglicht und Bereiche erhellt werden, die bisher nicht oder nur unvollständig aufgearbeitet wurden. Neben anderen feierlichen Aktivitäten ist das vorliegende Buch damit sicherlich ein wesentlicher Beitrag für unser Gedenkjahr.

150 Jahre Gendarmeriegeschichte waren natürlich stark beeinflußt von politischen, sozialen oder wirtschaftlichen Ereignissen. In der sogenannten SynChronik werden daher geschichtlich allgemein bedeutsame Vorkommnisse relevanten Ereignissen im Bereich der Gendarmerie gegenübergestellt. Die letzten Jahrzehnte werden detaillierter beleuchtet und auch der aktuelle Stand, beispielsweise der Ausrüstung und Ausstattung, wird umfassend dargestellt. Damit kann dieser Band nicht nur für Gendarmen, sondern auch für alle Interessierten ein Nachschlagwerk von bleibendem Wert werden.

Für alle, die zum Gelingen dieses Buches beigetragen haben, war es nicht leicht, neben der täglich anfallenden Arbeit umfangreiche Recherchen anzustellen und die Beiträge zu verfassen. Ich danke allen für die geleistete Arbeit.

Gendarmeriegeneral Mag. Johann Seiser
Gendarmeriezentralkommandant

Geschätzte Leserinnen und Leser!

Als in der Mitte des vorigen Jahrhunderts Kaiser Franz Joseph I. im Jünglingsalter mit den Worten »Ich genehmige die Errichtung einer Gendarmerie in Meinem Reiche« eine Sicherheitseinrichtung schuf, die im damals zweitgrößtem Land Europas zwischen der Adria und den Karpaten, der Schweiz und den Transsilvanischen Alpen für Schutz und Sicherheit sorgen sollte, ahnte er sicher nicht, daß er eine Institution aus der Taufe gehoben hatte, die ihn, seine Monarchie, zwei Weltkriege sowie einige andere Regierungsformen überstehen sollte und heute, knapp vor der Wende in ein neues Jahrtausend, Österreich zu dem Ruf verholfen hat, zu den sichersten Ländern der Welt zu zählen.

Für uns Anlaß genug, zum 150jährigen Jubiläum die alte/neue Gendarmerie in ihrer Gesamtheit einer breiten Öffentlichkeit vorzustellen und zu präsentieren. Das Vorhaben setzten wir um mit einer Sonderausstellung auf der Burg Hohenwerfen, wo in alten Gewölben die Geschichte und Gegenwart sowie das breite Tätigkeitsfeld der Gendarmerie präsentiert wird und der Herausgabe einer Publikation, die uns und den künftigen Generationen als Nachschlagewerk dienen soll.

Das nun vorliegende 648 Seiten umfassende Buch aus der Feder anerkannter Historiker und Insider der Gendarmerie ist mit hunderten, großteils bisher noch nie gezeigten Bildern ausgestattet und gliedert sich in drei große Abschnitte:

Teil I widmet sich der Gründung der Gendarmerie und verfolgt ihre Entwicklung bis heute. In – unserer Meinung nach – gut lesbaren und wissenschaftlich exakten Artikeln, wird ein breites Spektrum der Gendarmeriegeschichte dargestellt. Als besondere Würze im geschichtlichen Ablauf sind Berichte und Aufsätze von ausgewählten Kriminalfällen und Ereignissen eingefügt, die einst und jetzt die Volksseele bewegten bzw. bewegen. Der Verschiedenheit der Uniformierung sowie Entwicklung von Ausrüstung und Bewaffnung wird ebenso Augenmerk geschenkt, wie dem Alltag des Gendarmen, der sich von der Schulwegsicherung bis zur Verhaftung eines Rechtsbrechers – oft unter Lebensgefahr – erstreckt.

Teil II ist eine Dokumentation des Ist-Zustandes, basierend auf der Darstellung aller Landes- und Bezirksgendarmeriekommanden Österreichs, die einen Abriß ihres Bereiches mit all seinen Schönheiten ebenso schildern wie sicherheitspolizeiliche Aspekte z. B. globale Umwelt- und Wanderprobleme, gesellschaftliche Tendenzen, Ausländerprobleme usw.

Teil III schildert in Form einer Art »SynChronik« wichtige Einsätze der Gendarmerie zu zeithistorisch bedeutsamen Ereignissen österreichischer Geschichte. Dazu lieferten acht Landesgendarmeriekommanden, 840 Gendarmerieposten, 86 Bezirksgendarmeriekommanden, die legendäre »Cobra« und 70 Grenzkontrollstellen bzw. Überwachungsposten wichtige Ereignisse über einen Zeitraum von mehr als 150 Jahren in Wort und Bild und machen diesen Beitrag zu einem österreichweiten historischen Zeitdokument.

Recht herzlich möchten wir uns bei allen Autoren und sonstigen Mitwirkenden bedanken, die uns durch ihre Kompetenz, gleichzeitig aber auch ihr Verständnis für redaktionelle Vorgänge außerordentlich unterstützt haben.

Abschließend dürfen wir besonders dem Gendarmeriezentralkommando, insbesondere Gendarmeriegeneral Mag. Johann Seiser, und dem Museumsverein Werfen unter seinem Obmann Peter Mayer danken. Nur durch ihre große Unterstützung war die Herausgabe dieses Werkes möglich.

Hinzugefügt sei auch noch, daß der Museumsverein Werfen das gesamte Risiko dieses Projektes trägt, im Falle eines Erfolges aber keinen Gewinn daraus zieht, da der gesamte Reingewinn des Buches gemeinnützigen Vereinen der Bundesgendarmerie zufließen soll.

Fritz Hörmann *Gerald Hesztera*

Friedrich Mayer

Das Sicherheitswesen in Österreich vor 1849

Vorbemerkung

Die Aufgabe, in einem Jubiläumswerk, das der 150. Wiederkehr des Gründungsjahres der Österreichischen Gendarmerie gewidmet ist, einen Beitrag über das Sicherheitswesen in Österreich vor 1849 – also dem Jahr, in dem die Gendarmerie im gesamten Territorialbereich des damaligen Kaisertums Österreich errichtet wurde – zu schreiben, stellt den Verfasser vor einige Probleme. Zum ersten ist es der begrenzte Umfang, der für diesen Beitrag zur Verfügung steht, zum zweiten stellt sich die Frage, ob unter »Österreich« als geographischer Begriff nur das Staatsgebiet der heutigen Republik verstanden werden soll oder ob auch heute nicht mehr zu Österreich gehörende Territorien einbezogen werden dürfen. Drittens wäre zu prüfen, wieweit bei einer Untersuchung des Sicherheitswesens in Österreich in die Vergangenheit zurückgegriffen werden soll.

Der Verfasser des vorliegenden Beitrages hat sich dafür entschieden, die komplizierte Struktur der ständischen und landesfürstlichen Behörden, die mit der Wahrnehmung polizeilicher und verwaltungs- sowie strafgerichtlicher Agenden befaßt waren, nur insofern zu erläutern, als sie für die Tätigkeit der mit der Ausübung sicherheitspolizeilicher Aufgaben betrauten Organe und Wachkörper Bedeutung hatten.

Das Schwergewicht der Arbeit wird somit bei den – um einen heutigen Terminus zu gebrauchen – im Exekutivdienst stehenden Organen und Sicherheitswachen auf den Lande und in den Städten und weniger bei den ihnen übergeordneten Behörden liegen. Dies deswegen, weil selbst die ausgewogensten und juristisch ausgefeiltesten Polizeivorschriften und die effektivste Behördenorganisation Theorie und somit unwirksam bleiben müssen, wenn kein entsprechender Exekutivkörper zur Hand ist, der den gesetzlichen Vorschriften und den Anordnungen der Behörden und der Gerichte Geltung zu verschaffen vermag. Im Zuge dieser Untersuchung soll deutlich gemacht werden, daß mit der Errichtung des Gendarmeriekorps im Jahre 1849 die Regierung endlich über ein Instrument verfügte, das sowohl präventivpolizeiliche Tätigkeiten als auch repressive, d. h. auf die Verfolgung bereits begangener Straftaten und die Ausforschung der Gesetzesbrecher abzielende Maßnahmen zufolge seiner zahlenmäßigen Stärke und seiner ständigen Präsenz selbst in abgelegensten Gebieten zu setzen vermochte. Die Entscheidung, ob nur das heutige Österreich oder auch Provinzen und Länder der Habsburgermonarchie in die Untersuchung einbezogen werden sollen, mußte zwangsläufig zu Gunsten der gesamten ehemals dem Hause Habsburg zugehörigen Territorien fallen, da sonst die Vorläuferin und Keimzelle des Gendarmeriekorps von 1849, nämlich das Gendarmerie-Regiment in der Lombardei, hätte unberücksichtigt bleiben müssen.

Hinsichtlich des zu behandelnden zeitlichen Rahmens wird die Betrachtung in jener Epoche einsetzen müssen, in der von einigermaßen abgegrenzten Territorien, von einer gewissen Festigung der Stellung des Landesfürsten gegenüber dem Adel und von der Herausbildung eigener Stadtrechte, also im Hochmittelalter zur Zeit der späten Babenberger, gesprochen werden kann.

Vom Hochmittelalter bis zum Zeitalter Maria Theresias

Der uns Heutigen selbstverständlich erscheinende Grundsatz, daß die Aufrechterhaltung der öffentlichen Ruhe, Ordnung und Sicherheit, die Ausforschung und Ergreifung von Straftätern und deren Aburteilung in die alleinige Kompetenz des Staates fällt und von diesem mittels der Sicherheitsbehörden und der ihnen beigegebenen Exekutivkörper Gendarmerie, Sicherheitswache, Kriminalbeamte – sowie von den Gerichten wahrgenommen wird, hat sich relativ spät durchgesetzt. War es bei den germanischen Stämmen und im Frankenreich noch Sache der von einer Übeltat betroffenen Sippe gewesen, den Täter auszuforschen, Beweismittel beizubringen und bei den unter freiem Himmel stattfindenden Gerichtssitzungen Anklage zu erheben, worauf von den am Gerichtstagteilnehmenden freien Männern nach herkömmlichem Brauch und ungeschriebenem Gewohnheitsrecht das Urteil gefällt wurde, so hatte sich diese Form der Rechtsprechung mit dem Aufkommen des Lehenswesens gewandelt.

Die Gerichtsbarkeit über die leibeigenen Bauern und Hörigen in den zu den Gütern eines adeligen Herren gehörenden Dörfern war auf den Gutsherren übergegangen. Nur in wenigen Teilen der österreichischen Länder, so z. B. in Tirol, hatte sich ein freies Bauerntum erhalten.

Die alten Volksgerichte verloren so allmählich ihre Bedeutung und wurden von der sogenannten Patrimonialgerichtsbarkeit abgelöst. Guts- und damit Gerichtsherren konnten aber auch Klöster sein, die die Rechtspflege nicht selbst wahrnahmen, sondern von Vögten ausüben ließen.

Die Durchführung eines Gerichtsverfahrens mit abschließender Urteilsfällung setzt aber nicht nur die den Grundherren zumeist fehlende Gesetzeskenntnis, sondern auch das Vorhandensein eines Instrumentariums zur Ausforschung und Ergreifung von Übeltätern voraus. Hiezu bedienten sich die Grundherren ihrer Knechte, den Vögten der Klöster standen einige Gehilfen zur Seite. Vorschriften zur Regelung eines Strafverfahrens – also das, was wir heute unter dem Begriff »Strafprozeßordnung« verstehen – gab es nicht und Verfahren und Urteilsfindung wurden bis zur Einführung des römischen Rechts im 16. Jahrhundert im wesentlichen nach den ungeschriebenen Normen der verschiedenen altdeutschen Stammesrechte durchgeführt. Hiebei ist aber zu bemerken, daß den meisten Grundherren nur die niedere Gerichtsbarkeit zustand, die sich auf Delikte erstreckte, die im modernen Sinn als Vergehen oder Übertretungen gewertet würden. Nur wenige adelige Herren verfügten auch über das Recht, die sogenannte »Blutgerichtsbarkeit« ausüben zu dürfen und somit Tatbestände zu ahnden, die mit schweren Leibes- und Lebensstrafen bedroht waren. In der Regel wurden derartige schwere Straftaten vor den landesfürstlichen Gerichten abgehandelt. In Wien bestand seit der Verleihung des Stadtrechts im Jahre 1221 durch Herzog Leopold VI. das Amt des Stadtrichters, der im Namen und Auftrag des Landesfürsten die Gerichtsbarkeit über die Wiener Bürgerschaft ausübte. Diesem Stadtrichter oblagen gleichzeitig polizeiliche Funktionen, wofür ihm eigene Sicherheitsorgane, die in der Handfeste Herzog Albrechts II. aus dem Jahre 1340 als »Diener«, »Schergen« und »Gesind« bezeichnet werden, zur Verfügung standen. Im Artikel 39 der Handfeste wird sogar das ausdrückliche Verbot ausgesprochen, Festgenommene zu schlagen oder zu stoßen, wenn diese der Festnahme keinen Widerstand entgegensetzen. Viele der in der Umgebung Wiens begüterten adeligen Grundeigentümer, die sich durch die ihnen übertragene Gerichtsbarkeit überfordert fühlten, hatten zumindest die Blutgerichtsbarkeit dem Wiener Stadtrichter überlassen. Viktor Bibl berichtet jedoch, daß noch zu Beginn des 19. Jahrhunderts in Niederösterreich 208 Galgen als sichtbare Symbole der höheren Strafgewalt standen, wenngleich zu dieser Zeit wohl die wenigsten noch ihre ursprüngliche Funktion zu erfüllen hatten.[1] Sowohl das zähe Festhalten der Adeligen an ihren Gerichtsprivilegien als auch deren später inmer häufigere Übertragung an den Landesfürsten hatte nicht zuletzt materielle Gründe. Einerseits bildeten die Gerichtsgebühren eine willkommene Einnahmequelle, andererseits mußten Häftlinge sicher verwahrt und verköstigt werden, was wiederum Geld kostete. So verzichteten zahlreiche Grundeigentümer auf die Strafverfolgung von Übeltätern, ließen sie im Betretungsfalle von ihren Knechten durchprügeln und schoben sie auf das Gebiet des benachbarten Gutsherren ab. Was hingegen gerne ausgeübt wurde, war die Gerichtsbarkeit in Strafsachen, bei denen Geldstrafen anfielen und zivilrechtliche Angelegenheiten. Daß unter solchen Umständen die Sicherheitsverhältnisse auf dem flachen Lande nicht die besten waren, ist eine logische Folge dieser Art von Strafrechtspflege.

So erweiterte sich zwar allmählich der örtliche Wirkungskreis des Stadtrichters, doch wurde seine Amtsbefugnis durch eine Vielzahl von Sondergerichten eingeschränkt. Adelige unterstanden prinzipiell als Angehörige der Landstände dem Gericht des Landmarschalls, Hofgesinde aller Art fiel unter die Gerichtskompetenz des Hofmarschalls, ebenso hatten der Klerus und die Angehörigen der Universität ihren eigenen Gerichtsstand.[2] Mit dem Aufkommen militärischer Formationen entstand eine eigene Militärgerichtsbarkeit und überdies gab es noch eine Anzahl von Richtern für besondere Angelegenheiten wie z. B. den Marktrichter und den »Mistrichter«, der für die Reinhaltung der Stadt zu sorgen hatte, doch dürfen derartige »Richter« wohl eher als Verwaltungsbeamte gesehen werden.[3] Diese Zersplitterung von Justiz und Polizei – jedes der verschiedenen Gerichte verfügte ja über Diener und Gehilfen, die Beschuldigte dingfest zu machen und den Gerichten vorzuführen hatten – beeinträchtigte naturgemäß die öffentliche Sicherheit und bildete geradezu einen Nährboden für kriminelle Handlungen. Wenn bisher nur von »Polizei« als Hilfsorgan der Gerichte die Rede war, so darf auf die vorbeugende Tätigkeit in Form von sichtbarer Präsenz polizeilicher Wachen nicht vergessen werden. Darum aber war es besonders schlecht bestellt. Wenn schon in den Städten die Bürgerschaft selbst mehr schlecht als recht und häufig genug ziemlich unwillig Wach- und Streifendienste versah, so fehlten auf dem Lande und vor allem auf den Landstraßen derartige Sicherheitsorgane völlig. Reisende Kaufleute ließen, wenn sie vor Überfällen und Beraubungen einigermaßen sicher sein wollten, ihre Wagenzüge von angemieteten »Reisigen«, also meist berittenen und bewaffneten Knechten – eine Art von Vorläufern heutiger privater Sicherheitsdienste – begleiten. In den Städten, in denen es um die öffentliche Sicherheit etwas besser bestellt war, wurde die Strafverfolgung von Übeltätern durch das Asylrecht der Kirche eingeschränkt. Selbst Mörder konnten an geweihten Orten vor dem Zugriff der Gerichte sicher sein. Erst Rudolf der Stifter hob im Interesse einer strafferen Handhabung der Justiz viele, aber nicht alle kirchlichen Asyle auf. So behielt z. B. das Schottenkloster auf der Freyung – schon der Name des Platzes drückt seine Funktion aus – das Asylrecht. In kriegerischen Zeiten, wenn Horden feindlicher und eigener Söldner das Land durchstreiften, raubten, brannten, plünderten und vergewaltigten, machte sich das Fehlen einer Landessicherheitstruppe besonders übel bemerkbar. Der Landbevölkerung blieb nur die Möglichkeit der Flucht in die damals noch recht dichten Wälder oder der Zusammenschluß zu dörflichen Selbstverteidigungsgemeinschaften, die gegenüber den Gewalthaufen der Söldner nur geringe Chancen hatten. Der Verfall des Rittertums in Spätmittelalter und der beginnenden Neuzeit und das damit verbundene Fehdewesen brachten weitere Not über die geplagten Bauern. Abhilfe hätte bestenfalls der Einsatz landesfürstlicher Truppen als einer Art Gendarmerie bringen können, doch konnte davon in der Zeit vor der Errichtung stehender Heere keine Rede sein. Ostösterreich hatte besonders im ausgehenden 15. Jahrhundert während der Kriege um die Vormundschaft über Ladislaus Postumus, des habsburgischen Bruderkrieges, der Hussitenkriege und der beginnenden Türkeneinfälle in Kärnten und der Steiermark zu leiden. In diesen Jahrzehnten der Anarchie gelang es Kaiser Maximilian I. wenigstens, durch den »Ewigen Landfrieden«, der Friedensbrecher mit der Reichsacht bedrohte und damit vogelfrei werden ließ, das Fehdewesen einzudämmen.

Während in den österreichischen Erblanden die Sicherheitsverhältnisse weiterhin im argen lagen, wurden in anderen habsburgischen Kronländern bereits während des Dreißigjährigen Krieges Ansätze zur Bildung von Landessicherheitswachen fühlbar.

So errichtete Kaiser Ferdinand III. im Jahre 1638 zur Bekämpfung des Räuber- und Bandenunwesens in der Slowakei und der Walachei (welcher Landstrich damit gemeint ist, kann nicht eindeutig geklärt werden, da die Walachei von 1632–1654 unter Matthias Basarab ein selbständiges Fürstentum war und nicht habsburgischer Oberhoheit unterstand – möglicherweise bezieht sich die Bezeichnung auf Siebenbürgen) ein aus 100 Walachen (Rumänen) gebildetes Sicherheitskorps, das »Portaschenkorps« genannt wurde und bis 1829 bestand. Anläßlich seiner Neuorganisierung im Jahre 1717 wurde es in 6 Korporalschaften gegliedert, die eine Stärke von je einem Korporal und 9 Mann hatten. Leitung und Kontrolle des Korps oblagen einem Leutnant und zwei Wachtmeistern.[4]

In den österreichischen Ländern wurden durch Kaiser Maximilian I. mit den »Strafgesetzbüchern für Tirol« von 1499 und der »Landesgerichtsordnung für das Erzherzogtum Österreich unter der Enns« von 1514 Versuche zur Vereinheitlichung und Kodifizierung des Rechtswesens unternommen, die aber den immensen Nachteil hatten, daß mangels geschulter Organe zur Erhebung des Tatbestandes die Folter als Mittel der »Wahrheitsfindung« allgemein und legal angewendet wurde. Einen neuerlichen und bisher noch nie dagewesenen Tiefstand der Sicherheitsverhältnisse brachte der Dreißigjährige Krieg mit sich, in dessen Verlauf durch die Gewöhnung an Grausamkeiten und Schrecken aller Art die Landbevölkerung verrohte und verwilderte und sich der Trunksucht und der Spielleidenschaft ergab.[5] Zur Unterstützung der Patrimonialgerichte wurden im Reich und in den österreichischen Ländern »Landprofosen« bestellt, die von zwei mit Hellebarden bewaffneten Trabanten, 4 Schützen und einem Stockknecht begleitet wurden, die Gerichtspolizei bildeten, Übeltäter auszuforschen und den Strafvollzug durchzuführen hatten.[6]

In den Städten, die unter den Kriegswirren weniger zu leiden hatten, war es allmählich zur Errichtung eigener, besoldeter Stadtwachen gekommen. Als Beispiele seien Wien und Graz als die damals größten Städte in den habsburgischen Erblanden auf heutigem österreichischem Territorium genannt. Die Bürgerschaft, der die Bewachung der Städte, deren Verteidigung gegen äußere Feinde und die Obsorge für die innere Sicherheit ursprünglich aufgetragen war, hatte sich der lästigen Pflicht des Wachestehens auf den Mauern und an den Stadttoren sowie des Patrouillierens in den Straßen, unter denen ihre zivile Tätigkeit als Handwerker und Kaufleute litt, allmählich entledigt und sie angeworbenen Knechten, die den Wach- und Sicherheitsdienst berufsmäßig versahen, übertragen. 1531 wurde in Wien eine »Tag- und Nachtwacht« errichtet und mit einer Art Dienstesinstruktion, »Ordnung der Wachter auf den Stadtmauern« genannt, ausgestattet. 1543 in eine Tag- und eine Nachtwache geteilt, erfolgte 1569 deren neuerliche Zusammenziehung unter dem Namen »Stadtguardia«. Dieser städtische Wachkörper wurde 1582 in ein »kaiserliches Fähnlein« umgewandelt, also militarisiert. Zu Beginn des Dreißigjährigen Krieges im Jahre 1618 wurde es um zwei Fähnlein vermehrt und von 500 auf 1200 Mann aufgestockt. Bewaffnet war diese Wache teils mit Musketen, teils mit Hellebarden.[7] Die Mannschaft war nicht kaserniert, sondern wohnte mit ihren Familien in kleinen, auf den Basteien angelegten Häuschen, die bei der Auflösung der Truppe im Jahre 1741 auf ca. 300 angewachsen waren. Wegen der unzulänglichen Besoldung der Stadtguardia – der Beitrag zu deren Erhaltung, der von der Stadt Wien geleistet werden mußte, betrug jährlich 600 Gulden für die ursprünglichen 150 Mann und wurde nicht erhöht, als sich deren Stärke vervielfachte – betrieben die Wachsoldaten verschiedene Nebengewerbe, vor allem den Bier- und Weinausschank, und deren Ehefrauen den sogenannten »Fürkauf«, d. h. den Ankauf von Lebensmitteln von Bauern vor den Stadttoren und deren Weiterverkauf in der Stadt, was die ganze Stadtguardia bei der Bevölkerung äußerst unbeliebt werden ließ. Als militärische Truppe unterstand die Stadtguardia selbstverständlich dem Hofkriegsrat, was zu ständigen Konflikten mit der niederösterreichischen Regierung und dem Wiener Magistrat Anlaß gab. Trotz aller Mängel und Beschwerden muß der Stadtguardia zugute gehalten werden, daß sie 1683 bei der Belagerung Wiens durch die Türken bei der Verteidigung der Stadt tatkräftig mitwirkte.

Die ständigen Gegensätze zwischen Stadtguardia und Bevölkerung veranlaßten die niederösterreichische Regierung 1646 zur Aufstellung einer neuen Sicherheitstruppe, die die Bezeichnung »Rumorwache« führte, einen »Rumormeister« – später »Rumorhauptmann« genannt – zum Kommandanten hatte und dem niederösterreichischen Statthalter untergeordnet war. Obwohl eine zwar uniformierte und bewaffnete, aber nichtmilitärische Wache, wurden ihre Angehörigen in der Instruktion als Soldaten bezeichnet, was natürlich den Ärger der Stadtguardisten, die ja tatsächlich zur Armee gehörten und sich daher der neuen Wache überlegen dünkten, erregte.[8] Wenngleich von der Regierung angewiesen, vorwiegend jene Gassen zu überwachen, in die die Stadtguardia nicht hinkomme, traten immer wieder Reibereien zwischen den beiden Wachkörpern auf, die nicht selten in Tätlichkeiten ausarteten. Der Patrouillendienst der Rumorwache, zu dem jeweils 20 Mann kommandiert wurden, vollzog sich nach einem Drei-Gruppen-System. Das Nebeneinanderbestehen mehrerer Polizeiwachen – daneben existierte ja noch immer die städtische »Tag- und Nachtwache« – die verschiedenen Behörden unterstanden und deren Kompetenzen nicht eindeutig abgegrenzt waren, mußte zwangsläufig zu ständigen Konflikten führen, die sich nachteilig auf den eigentlichen Zweck aller Wachen, die Aufrechterhaltung von Ruhe, Ordnung und Sicherheit, auswirkten. Es kam sogar zu gegenseitigen Festnahmen und gewaltsamen Wiederbefreiungen von Angehörigen beider Wachen, besonders als das Recht zur Festnahme von Militärpersonen auf die Rumorwache ausgedehnt wurde und dies die Stadtguardia nicht zur Kenntnis nehmen wollte. Ein Vorfall im Jahre 1721, bei dem anläßlich eines Volksaufruhrs auf die Rumorwache geschossen und das Feuer von dieser erwidert wurde, ohne daß ihr die Stadtguardia Assistenz leistete, brachte die Spannungen zwischen den beiden Wachen zum Höhepunkt. Trotz Rechtfertigung des Verhaltens der Stadtguardia durch den Hofkriegsrat erging 1722 die Verfügung zur Auflösung der Stadtguardia, doch sollte es noch fast 20 Jahre dauern, bis 1741 die tatsächliche Auflösung erfolgte. Die allgemeine Unzufriedenheit mit der Stadtguardia hatte vielerlei Ursachen, die von Ingeborg Mayer folgendermaßen zusammengefaßt werden: »Die Wurzeln all dieser Probleme und Auseinandersetzungen sind jedoch in der Tatsache zu suchen, daß sich die Angehörigen der Polizei im 18. Jahrhundert im wesentlichen aus Personen äußerst bescheidener Herkunft rekrutierten, die ein unterdurchschnittliches Bildungsniveau aufwiesen und zudem noch wegen des zu niedrigen Einkommens eine Nebenbeschäftigung auszuüben gezwungen waren, die das Interesse an einer ordnungsgemäßen Dienstverrichtung erheblich verminderte. Dementsprechend schlecht und undiszipliniert war auch ihr Verhalten inner- und außerhalb des Dienstes, das trotz wiederholter Mahnungen kaum wesentlich zu verbessern war.«[9]

Es darf dabei allerdings nicht vergessen werden, mit welchen Bevölkerungsschichten die Stadtguardia bei der täglichen Ausübung ihres Dienstes in Berührung kam und welche Schwierigkeiten ihren Dienstverrichtungen in den Weg gelegt wurden. Im Wien des frühen 18. Jahrhunderts hatte sich ein Bodensatz von kriminellen Elementen herausgebildet, der selbst durch die Androhung schwerster Strafen nicht von der fortgesetzten Verübung von Missetaten abzuschrecken war. Dazu kamen Trunkenbolde, Ruhestörer und eine Unzahl von Bettlern, Prostituierten, Zuhältern und allerlei anderem Gesindel. Das provokante und arrogante Benehmen von Lakaien und Dienstboten adeliger Häuser, die sich im Betretungsfalle des Rückhalts ihrer hochgestellten Herrschaften sicher sein konnten, die Widersetzlichkeiten auswärtiger Armeeangehöriger und der Mißbrauch des Asylrechtes taten ein übriges, um die Motivation der Stadtguardisten auf ein Minimum sinken zu lassen. Zusammenrottungen und tätliche Angriffe auf die Wache waren keine Seltenheit.[10] Letzten Endes war die Ineffizienz der in Wien tätigen Polizeiwachen eine Folge der Auseinandersetzung zwischen dem Landesfürsten und den Ständen, die eifersüchtig über die Wahrung ihrer Kompetenzen und Privilegien wachten und alle Versuche des Landesfürsten zum Aufbau zentraler Polizeibehörden zu vereiteln trachteten. Schon die 1646 errichtete Rumorwache war als ständisches Gegengewicht zur landesfürstlichen Stadtguardia gedacht, die in Wien unter der Leitung der niederösterreichischen Regierung, die sich als verlängerter Arm des niederösterreichischen Adels verstand, polizeiliche Aufgaben exekutieren sollte. Aus diesem Streben, die Ausweitung landesfürstlicher Befugnisse möglichst zu behindern, dürfte sich auch die weitaus bessere Besoldung der Rumorwache erklären lassen, wogegen die Beiträge der Stadt Wien zur Besoldung und Erhaltung der Stadtguardia extrem niedrig gehalten wurden.

Es ist daher nicht verwunderlich, daß sich die endgültige Auflösung der Stadtguardia unter Begleitumständen vollzog, die bereits einer Meuterei nahekamen. Die betroffenen Soldaten zogen durch die Straßen, protestierten gegen die Auflösung der Wache, forderten lautstark die Auszahlung des rückständigen Soldes und verursachten derartige Tumulte, daß zur Niederschlagung der Unruhen zwei Grenadierkompanien und ein Infanteriebataillon der regulären Armee eingesetzt werden mußten. Schließlich wurden 385 Mann des Stadtguardia-Regiments, die einem Beruf nachgehen konnten, in den Wiener Bürgerverband aufgenommen, 202 Mann in das Armenhaus in der Alserstraße eingewiesen, ein weiterer Teil ohne jegliche Versorgung verabschiedet und der Rest von 337 Mann in auswärtige Freikompanien der Armee eingereiht. Eine besonders harte Maßnahme war der Abbruch alle auf den Basteien befindlichen Häuschen der Stadtguardiasoldaten ohne Rücksicht auf deren künftige Unterbringung.[11]

Als dritter und vierter polizeilicher Wachkörper in Wien sind noch die »Sicherheits-Tag-« und die »Sicherheits-Nachtwache«, zu erwähnen. Es handelt sich dabei um die 1569 in die »Stadtguardia« eingegliederte städtische »Tag- und Nachtwache«, die bald nach der Zusammenlegung mit der kaiserlichen Stadtguardia unter neuem Namen als gemeindepolizeiliche Einrichtung in zwei getrennten Wachkörpern wiedererstanden war. Auf dem Gebiet des eigentlichen Polizeiwesens ziemlich bedeutungslos, oblagen ihr Hilfsdienste wie z. B. die Entfernung der Bettler aus dem Stadtbild, das Stundenausrufen, die Reinigung der Laternen der Straßenbeleuchtung, die Aufsicht über die Reinhaltung der Gassen und öffentlichen Flächen, aber auch das Einschreiten gegen Randalierer, insbesondere in den Abend- und Nachtstunden, sowie ganz allgemein die Aufrechterhaltung der öffentlichen Ordnung und die Überwachung der Einhaltung erlassener Polizeivorschriften. Befehligt wurden die beiden Wachen von Wachtmeistern, ihre Unteroffiziere führten den veralteten Titel »Rottmeister«. Trotz ihrer untergeordneten Stellung waren auch die Angehörigen der Sicherheits-Tag- und der Sicherheits-Nachtwache noch immer besser besoldet als die vergleichbaren Dienstgrade der Stadtguardia.[12]

Adjustierung der Wiener Polizeiwachen im 18. Jahrhundert

Die nachstehenden Angaben zur Uniformierung und Bewaffnung von Stadtguardia und Rumorwache beruhen auf kolorierten Federzeichnungen in der Wiener Albertina.

Stadtguardia:

Die Stadtguardia war ganz wie die Infanterieregimenter der kaiserlichen Armee uniformiert – schwarzer, bordierter Dreispitz, Rock, Kamisol, Hosen und Gamaschen weiß, Brustrabatten, Ärmel- und Schoßumschläge rot. Offiziere trugen die gelbe, schwarz durchwirkte Feldbinde und führten neben dem Degen das Sponton, eine mit einer Quaste verzierte Stangenwaffe. Die Stadtguardia dürfte auch über Grenadiere und Zimmerleute verfügt haben, wie zwei Figuren mit aus Pelz gefertigter Grenadiermütze, die zweite zusätzlich mit Schurzfell und Hacke ausgerüstet, zeigen. Die Normalbewaffnung der Mannschaft bestand aus dem Säbel und der Flinte. Weiters zeigen die Abbildungen eine von einer Flammenbordüre umrandete Fahne mit dem kaiserlichen Doppeladler. Bei der angegebenen Jahreszahl 1770 muß es sich allerdings um einen Irrtum handeln, da die Stadtguardia bekanntlich 1741 aufgelöst wurde.

Rumorwache:

Das gleichfalls mit 1770 datierte Blatt – hier könnte die Jahreszahl stimmen, da die Rumorwache erst um die Mitte der Siebzigerjahre aufgelöst wurde – zeigt zwei Figuren. Die linke trägt einen unbordierten schwarzen Dreispitz mit goldener Hutschlinge, geschlossenen graugrünen Rock mit gleichfarbigem Stehkragen und ebensolchen Ärmelaufschlägen, graugrüne Hose, schwarze Gamaschen und schwarzen Leibriemen mit gelbmetallener Schließe, gelbe Knöpfe. Bewaffnet ist der Mann mit einem Säbel und einem Stock. Die rechte Figur trägt ebenfalls einen schwarzen, unbordierten, mit goldener Hutschlinge gezierten Dreispitz, aber hechtgrauen, nur im oberen Brustbereich zugeknöpften Rock mit schwefelgelben Stehkragen, ebensolchen Ärmel- und Schoßumschlägen. Kamisol, Hose, Leibriemen und ein von der linken Schulter zur rechten Hüfte laufender Riemen – vermutlich für die hier nicht sichtbare Patronentasche – sind ebenfalls von gelblicher Farbe. Dazu werden schwarze Gamaschen getragen, Knöpfe und Leibriemenschließe sind aus Gelbmetall. Als Waffen dienen eine Bajonettflinte, ein kurzer Säbel und ein Stock. Den Offizieren der Wache dürfte, da sie nicht der Armee angehörten, keine Feldbinde zugestanden sein. Nach Meinung des Verfassers handelt es sich bei der linken Figur in graugrüner Montur nicht um einen Angehörigen der Rumor-, sondern der Sicherheits-Tag- bzw. Sicherheits-Nachtwache.

Die theresianischen und josephinischen Polizeireformen

Nicht nur die um die Mitte des 18. Jahrhunderts einsetzende rasche Bevölkerungszunahme in den österreichischen und böhmischen Erblanden, die als Nebenerscheinung neue Formen der Kriminalität und ein weiteres Anwachsen der schon bisher verbreiteten Delikte mit sich brachte, zwangen Maria Theresia zu einer grundlegenden Verwaltungsreform. Der Krieg mit Preußen erforderte die Aufbringung großer finanzieller Mittel, die einerseits eine intensive Zusammenarbeit mit den Ständen, von deren Zustimmung die Einhebung neuer Steuern abhing, notwendig machte, andererseits aber die Zentralisation der Verwaltung auf allen Ebenen – was wiederum eine Schmälerung der Ständemacht bedeutete – als unbedingte Notwendigkeit zur Stabilisierung des Landes unabdingbar werden ließ. Die Königin mußte daher trachten, den ständischen und landesfürstlichen Dualismus ein Ende zu machen und die ständischen Behörden durch landesfürstliche zu ersetzen. Um aber den Adel nicht herauszufordern, aber auch im Bestreben, altbewährte Strukturen nicht radikal zu beseitigen, durften sie und ihre engsten Berater dabei nur schrittweise vorgehen. So wurden die verschiedenen ständischen Behörden allmählich unter landesfürstliche Aufsicht gestellt und schließlich mit allein ihr als Landesfürstin unterstehenden Beamten besetzt.[13]

Eine dieser bahnbrechenden Maßnahmen, die als Grundlage der späteren österreichischen Verwaltung angesehen werden kann, war die Vereinigung der österreichischen und der böhmischen Länder unter einer obersten Behörde, der vereinigten Hofkanzlei. Dieser unterstanden wiederum die Gubernien und Statthalterschaften in den Kronländern und auf unterster Ebene die Kreisämter mit dem »Kreishauptmann« als leitendem Beamten an der Spitze. Noch waren Justiz und Verwaltung nicht voneinander getrennt und so fungierten die Kreisämter sowohl als Gerichts- wie auch als Verwaltungsbehörden. Zur Bewältigung der ihnen übertragenen gerichtspolizeilichen Aufgaben erhielten die Kreisämter Hilfsorgane in Gestalt von je drei »Kreisdragonern« – abgedankten, halbinvaliden Soldaten aus den Reiterregimentern der Armee, die zwar militärähnlich bekleidet, beritten und bewaffnet, aber keine Militärpersonen waren. Natürlich waren diese drei Kreisdragoner oder Landreiter, wie sie auch genannt wurden, schon wegen ihrer geringen Zahl nicht in der Lage, die ihnen zukommenden Aufgaben zufriedenstellend zu erfüllen, aber immerhin waren sie die ersten landesfürstlichen – im modernen Sinne also staatlichen – Sicherheitsorgane auf den Lande. Beim Auftreten von Räuberbanden oder zur Aufrechterhaltung bzw. Wiederherstellung von Ruhe und Ordnung mußte nach wie vor die Armee zu Hilfe gerufen werden, was nicht nur Kosten für Verpflegung und Einquartierung zur Folge hatte, sondern auch, da Soldaten für polizeiliche Einsätze eben nicht entsprechend gesetzeskundig und ausgebildet waren, von meist mäßigem Erfolg begleitet war.[14] Im Bereich der Rechtspflege übten Gubernien und Kreisämter auch die Funktion einer Berufungsinstanz gegen Urteile der Patrimonial- und Magistratsgerichte aus, wobei das Verfahren jedoch nur schriftlich und nichtöffentlich geführt wurde. Adelige unterstanden weiterhin sowohl in Zivil- wie auch in Strafrechtssachen nicht den staatlichen, sondern ständischen Institutionen, den sogenannten »Landrechten«. Mit der »Constitutio criminalis Theresiana«, die sich an die Halsgerichtsordnungen Ferdinands III. und Josephs I. anlehnte, wurde ein neuerlicher Versuch zur Kodifizierung strafrechtlicher Normen unternommen, doch wurde darin an den längst nicht mehr zeitgemäßen grausamen Leibesstrafen und an der Folter festgehalten. Erst 1776 wurde die dem Geist der Aufklärung extrem gegenläufige Tortur im strafrechtlichen Verfahren abgeschafft. Ein Jahr zuvor war gegen heftigen Widerstand der Geistlichkeit das Asylrecht aufgehoben worden.

In ihren Zentralisierungsbestrebungen war Maria Theresia gerade auf dem Gebiet des Sicherheitswesens allerdings wenig erfolgreich, da es ihr nicht gelang, eine zentrale Polizeibehörde zu installieren. Dabei wäre gerade die Aufrechterhaltung der öffentlichen Ruhe, Ordnung und Sicherheit eine der wichtigsten Voraussetzungen für die erfolgreiche Durchsetzung einer zentralistisch gelenkten Politik und die Reform des Polizeiwesens wesentlicher Teil einer umfassenden Neugestaltung der Gesamtverwaltung gewesen. Zur Durchsetzung der von ihr angeregten Polizei-Ordnung für Wien, die 1749 in einer Sitzung des nach preußischem Vorbild neu geschaffenen Directoriums in publicis et cameralibus diskutiert wurde, hatte sie die Bildung von Polizei-Kommissionen für alle ihre Länder gefordert und eine solche vorerst für Wien eingesetzt. Sie sollte sich keines langen Bestandes erfreuen, denn bald darauf erhob die »Niederösterreichische Repräsentation und Kammer«, die Nachfolgeorganisation der vormaligen niederösterreichischen Regierung, gegen die neue Kommission Einwände und forderte deren Aschaffung, da sie sich durch sie in ihrem bisherigen Machtbereich gefährdet sah. Am Ende der Auseinandersetzung stand ein der öffentlichen Sicherheit keineswegs dienlicher Kompromiß, der der »Niederösterreichischen Repräsentation und Kammer« weiterhin beträchtlichen Einfluß auf Belange der Sicherheit und des Polizeiwesens einräumte.[15]

1767 wurde ein anonymer Reformentwurf eingereicht – vieles deutet darauf hin, daß er von Maria Theresias Sohn und seit 1765 Mitregenten Joseph stammte – der die Errichtung einer von der niederösterreichischen Regierung unabhängigen Polizeidirektion in Wien vorsah. Da es seit 1741 keine militärische Polizeitruppe in Wien mehr gab, enthielt der Entwurf die Weisung an den Hofkriegsrat der Polizeidirektion die erforderliche Militärassistenz zu gewähren. Obwohl von

Maria Theresia und ihren Beratern wohlwollend aufgenommen, scheiterte auch dieser Entwurf an der Ablehnung durch die Hofkanzlei und die niederösterreichische Regierung.

Die Errichtung einer Polizei-Oberdirektion in Wien und einer stattlichen Anzahl von Polizeidirektionen in den größeren Städten sollte erst Kaiser Joseph II. gelingen. Ein in die Regierungszeit Maria Theresias fallendes und für die Geschichte des Sicherheitswesens in Wien und in weiterer Folge für alle habsburgischen Länder bedeutsames Ereignis war die 1773 erfolgte Auflösung der in Wien noch verbliebenen Wachen und ihre Ersetzung durch die Militär-Polizeiwache.[16] Mit der Auflösung der Stadtguardia hatten zwar die ständigen Reibereien zwischen den verschiedenen Wachkörpern aufgehört, doch hatten sich die Sicherheitsverhältnisse auch unter dem nunmehr alleinigen Wirken von Rumor-, Sicherheits-, Tag- und Sicherheits-Nachtwache schon wegen deren geringen Mannschaftsständen nicht entscheidend verbessert, so daß ihre Ersetzung durch eine völlig andere Organisation beschlossen wurde.

Die neue Militär-Polizeiwache wurde mit landesfürstlicher Verordnung vom 2. März 1776 errichtet und hatte zu Beginn eine Stärke von 250 Mann einschließlich der Offiziere, die aus dem aktiven Militärdienst übernommen wurden. Der Name der neuen Wache ist irreführend, denn sie unterstand anfänglich nicht der Militärgerichtsbarkeit, hatte demgemäß auch nicht den Charakter eines »Militärkörpers« und unterstand dienstlich und disziplinär auch nicht dem Hofkriegsrat, sondern der niederösterreichischen Regierung. Den beiden Offizieren war es weder gestattet, die Dienstgradbezeichnungen »Hauptmann« und »Leutnant« zu führen, noch die Armeeuniform zu tragen (noch auf allen Abbildungen von Offizieren der Militär-Polizeiwache aus der ersten Hälfte des 19. Jahrhunderts, als sie bereits zum vollwertigen Militärkörper geworden war, tragen diese keine Feldbinde, wie sie auch den Offizieren des gleichfalls zu den Sicherheitstruppen zählenden Grenz-Cordons nicht zustand). Ebenso war es der Wache verboten, »mit klingendem Spiel« oder anderen militärischen Formen aufzuziehen.[17] 1786 erhielt Prag eine eigene Militär-Polizeiwache und in der Regierungszeit Kaiser Josephs II. wurden derartige Wachen in allen Provinz-Hauptstädten eingerichtet, in denen Polizeidirektionen bestanden. Die Wiener Abteilung wurde 1791 auf 300 Mann aufgestockt. Als Organisationsstatut und Dienstvorschrift galt die 57 Paragraphen umfassende »Instruction für die Polizeywachmannschaften« vom 24. November 1775. Wrede definiert die Aufgaben der Militär-Polizeiwache folgendermaßen:

»Da die Hauptbestimmung dieser Corps darin bestand, die Amtsverrichtungen der Polizei-Beamten zu unterstützen, angeordnete Verhaftungen zu vollziehen, Personen, die wegen Verbrechen oder Vergehen arretiert waren, zu übernehmen u.s.w., so unterstanden dieselben in Ausübung des Dienstes ausschließlich den betreffenden Polizei-Directionen.«[18]

Militair-Polizeywache und Gensdarmerie.

Daraus ist ersichtlich, daß die Unterstellung unter die jeweilige Landes- oder Provinzialregierung unter Joseph II. bereits aufgehoben und die Wache zum landesfürstlichen Exekutivkörper geworden war. Im Zuge der im Gründungsjahr der Militär-Polizeiwache in Wien durchgeführten Neuordnung des Polizeiwesens wurde die Innere Stadt in vier Stadtviertel und in acht Vorstadtbezirke unterteilt, in derem jeden eine Abteilung der Polizeiwache untergebracht und dem dortigen Polizei-Bezirksdirektor zur Dienstleistung unterstellt wurde. Doch bereits 1791 erwies sich die neue Wache als zahlenmäßig zu schwach, so daß eine von ihr unabhängige und völlig anders uniformierte »Civil-Polizei-Wache« errichtet werden mußte, die den Dienst in den acht Vorstadtbezirken übernahm, während sich die Militär-Polizeiwache auf die Dienstversehung in den vier Innenstadtbezirken beschränkte.

Die Civil-Polizei-Wache umfaßte 64 Mann, je 7 Mann unter einem Wachtmeister in jedem der acht Vorstadtbezirke. Mit 15 Gulden Löhnung pro Mann und Monat und einem jährlichen Montursgeld von 25 Gulden waren die Männer der Civil-Polizei-Wache besser besoldet als die Militär-Polizeisoldaten, die täglich 8 Kreuzer Löhnung erhielten. Hinsichtlich der zu versehenden Aufgaben waren die beiden Wachen völlig gleichgestellt. Allerdings dürfte die Civil-Polizei-Wache nicht lange bestanden sein, denn bereits 1807 wird ihre »Wiedererrichtung nach dem Muster der bestandenen, 1792 ins Leben getretenen Civil-Polizei-Bezirks-Wache« angeordnet.[19] Im August 1791 erlangte die Militär-Polizeiwache den Status eines »Militär-Corps« und 1801 wurde sie um 160 Mann zu Fuß vermehrt sowie zusätzlich eine berittene Abteilung mit dem Stand von einem Feldwebel, 2 Korporalen und 24 Gemeinen aufgestellt.

1803 hatten die Militär-Polizei-Wach-Corps folgende Mannschaftsstände: Wien 534, Prag 157, Brünn (mit Troppau) 75, Linz 18, Laibach 23, Klagenfurt 18, Graz 36, Lemberg und Krakau zusammen ca. 230 Mann. Kurzfristig bestanden Militär-Polizei-Wach-Corps auch in Ofen-Pest, Preßburg, Mailand sowie in den österreichischen Vorlanden, die jedoch alle nach 1791 wieder aufgelöst wurden.[20]

Die Errichtung einer landesfürstlichen Polizeidirektion in Wien im Zuge der josephinischen Verwaltungsreform ist eigentlich dem niederösterreichischen Landmarschall und Regierungspräsidenten Graf Pergen zu verdanken, der Kaiser Joseph dazu veranlaßte, statt der von ihm angestrebten Errichtung eines Kreisamtes in Wien, dessen Leiter den Titel »Stadthauptmann« tragen und die Polizeiangelegenheiten besorgen sollte, neben dem Stadthauptmann, jedoch unabhängig von diesem, einen eigenen »Polizeidirektor« zu ernennen. Der erste Inhaber dieser für die weitere Entwicklung des österreichischen Sicherheitswesens so bedeutsamen Amtes war der Regierungsrat Franz Beer. Beer und Pergen arbeiteten gemeinsam an einer Zentralisierung des Polizeiwesens im gesamten Staatsgebiet. Schon 1785 entstanden Polizeidirektionen in Prag, Brünn, Troppau, Preßburg, Ofen und Graz, später in Innsbruck, Linz, Mailand, Hermannstadt, Pest und Freiburg im Breisgau. In Lemberg, Triest und Brüssel bestanden schon von früher her sogenannte »Polizeianstalten«. Leider konnte Pergens Plan, alle diese Behörden der Wiener Polizei-Oberdirektion als oberster Zentralstelle in allen Polizeiangelegenheiten zu unterstellen, nicht verwirklicht werden. Der Kaiser gab schließlich dem Drängen der Hofkanzlei nach, die Polizeidirektionen nur in Angelegenheiten, die den Staat selbst betreffen – im wesentlichen also in den staatspolizeilichen Agenden – dem Grafen Pergen unmittelbar nachzuordnen, während sie sich in allen anderen Belangen an die jeweiligen Landeschefs zu wenden hätten.[21]

Nach Josephs Tod wurde sein so verdienstvolles Reformwerk durch die Maßnahmen seines Bruders und Nachfolgers Leopold II. zunichte gemacht, der die Auflassung der polizeilichen Zentralstelle und die Übergabe der Polizei an die Landesregierungen verfügte. Der frühe Tod Leopolds brachte allerdings die Wiedergeburt des josephinischen Systems. Bereits am 31. Dezember 1792 wurde Pergen vom neuen Herrscher Franz II. beauftragt, die Polizei wieder so einzurichten, wie sie unter Joseph bestanden hatte. Die Gründung der Polizei-Hofstelle am 3. Jänner 1793 bedeutete die Rückkehr zur Zentralisation des Polizeiwesens und den Verlust der unbedingten Verfügungsgewalt der Länderchefs über die Polizei. Auf die unter Franz II. (I.), Ferdinand I. und der gesamten Metternich-Kolowrat'schen System vor 1848 üblich gewordene Verwendung der Polizei als Mittel zur Aufrechterhaltung des status quo einer hoffnungslos reaktionären Politik kann hier aus Platzgründen nicht eingegangen werden, zumal der Beitrag sich vornehmlich mit der Polizei als Sicherheitsinstrument zu befassen und damit die uniformierten und bewaffneten Wachkörper in den Vordergrund zu stellen hat.

Uniformdarstellungen aus einer Postkartenserie anläßlich des 75jährigen Bestehens der Gendarmerie 1924. Bilder: Verlag Wien XII, Hietzinger Kai 79

Das Gendarmerie-Regiment in der Lombardei und die Militär-Polizei-Wach-Corps in der Lombardei und im Venezianischen

Das Verdienst, als erster eine militärische Sicherheitstruppe unter dem Namen »Gendarmerie« errichtet zu haben, kommt der französischen Revolutionsregierung zu. 1791 wurde das Gendarmeriekorps gegründet und sowohl zur Aufrechterhaltung der inneren Sicherheit als auch zum feldpolizeilichen Dienst bei der Armee eingesetzt. Durch die Feldzüge Napoleons wurde die Gendarmerie in den von Frankreich besetzten Staaten Europas bekannt. Die höchst erfolgreiche Tätigkeit der französischen Gendarmen zur Hebung des Sicherheitsstandards wurde allenthalben anerkannt und so entstanden nach den Befreiungskriegen in zahlreichen deutschen Staaten Gendarmeriekorps nach napoleonischem Muster. Als Österreich 1815 in den Besitz der Lombardei gelangte, bestand dort bereits ein Gendarmerieregiment, das sofort in österreichische Dienste übernommen wurde. Den Befehl über das Regiment führte ein Generalinspektor mit dem Rang eines Feldmarschalleutnants, der seinen Sitz in Mailand hatte. Zur Versehung der Dienstgeschäfte waren ihm ein Oberst als eigentlicher Regimentskommandant, ein Major und ein Adjutant (Ober- oder Unterleutnant), ein Rechnungsführer und vier Unteroffiziere beigegeben. Der Gesamt-Mannschaftsstand betrug 1.012 Mann, davon waren 31 berittene, 21 unberittene Wachtmeister, 25 berittene, 38 unberittene Korporale, 20 berittene, 39 unberittene Vizekorporale, 10 Trompeter, 11 Tambours, 278 berittene und 457 unberittene Gendarmen. Mit Rücksicht auf die lombardische Provinzialeinteilung gliederte sich das Regiment in 10 Flügel (je ein Flügel für die 9 Provinzen und ein nur aus Offizieren und Unteroffizieren gebildeter Reserveflügel, der gleichzeitig die Ausbildung der neu eintretenden Gendarmerie-Eleven durchzuführen hatte, in Mailand). Im Falle einer Zusammenziehung des Regiments war dieses in 5 1/2 Eskadronen gegliedert. Im normalen Sicherheitsdienst waren die von je einem ersten oder zweiten Rittmeister kommandierten Flügel völlig voneinander unabhängig. Als weitere Offiziere waren einem Flügel je ein Ober- und ein Unterleutnant zugeteilt. Sie kommandierten je einen Zug, der wieder in Sektionen und Brigaden unterteilt war. Kommandant der aus zwei bis drei Brigaden bestehenden Sektion war ein Wachtmeister, die Brigaden zu vier bis fünf Gendarmen wurden von Korporalen oder Vizekorporalen geführt. Weisungen für die Versehung des Sicherheitsdienstes erhielt der Flügelkommandant vom Provinzvorsteher bzw. vom Ober-Polizeidirektor. In Angelegenheiten der Militärpolizei hatte er mit dem jeweiligen Stadt- oder Platzkommando Verbindung aufzunehmen, denen jedoch keine Einmengung in den inneren Dienst der Gendarmerie zustand. Die Aufgaben der Gendarmerie waren im wesentlichen dieselben, wie sie später für das gesamte Staatsgebiet der Monarchie definiert wurden, hauptsächlich also die Aufrechterhaltung der öffentlichen Ruhe, Ordnung und Sicherheit bzw. die Wiederherstellung des gesetzlichen Zustandes, die Zustandebringung von Ruhestörern und Gesetzesübertretern und die Unterstützung der Behörden bei der Vollziehung obrigkeitlicher Anordnungen. Selbst Gendarmen des Mannschaftsstandes hatten das Recht, Offiziere der Armee festzunehmen, wenn sie bei der Verübung eines Verbrechens betreten wurden, ansonsten war jeder Offizier bis aufwärts zum Major verpflichtet, sich einem Gendarmen gegenüber auszuweisen und – sofern er sich nicht im Dienst befand – dessen Weisungen nachzukommen. Mündliche Befehle durfte der Gendarm nur von seinen eigenen Vorgesetzten entgegennehmen, Befehle einer Militärbehörde an die Gendarmerie hatten schriftlich zu erfolgen.

Die Ergänzung des Mannschaftsstandes erfolgte durch Übersetzung geeigneter Armeeangehöriger, wenn diese gebürtige Lombarden, nicht unter 24 und nicht über 35 Jahre alt, von gesundem kräftigem Körperbau und des Lesens und Schreibens kundig waren.[22]

In Venetien gab es hingegen keine Gendarmerie, sodaß 1828 die Aufstellung von Militär-Polizei-Wach-Corps in Venedig und – zusätzlich zur Gendarmerie – in Mailand angeordnet wurde. Die beiden Korps wurden tatsächlich erst 1831 in Mailand und 1833 in Venedig als »Bataillone« aufgestellt, wobei das Mailänder Bataillon vorerst nur 2 Kompanien umfaßte und bis 1836 auf vier Kompanien mit 924 Mann vergrößert wurde. Das Bataillon zu Venedig hatte nur zwei Kompanien mit 500 Mann. Unterabteilungen der beiden Korps waren in den größeren Städten der Lombardei und Venetiens stationiert. Im Unterschied zum Gendarmerieregiment war der Eintritt nicht an die Geburt als Lombarde oder Venetianer gebunden. Es konnten auch Leute aus deutschen oder ungarischen Regimentern aufgenommen werden, sofern sie der italienischen Sprache mächtig waren und sich freiwillig zum Dienst im Korps meldeten. Die Dienstverpflichtung betrug 8 Jahre. Wie immer bei den Militär-Polizei-Wach-Corps waren von den italienischen Regimentern (hier war freiwillige Meldung nicht Voraussetzung) Halbinvalide oder sich der Halbinvalidität nähernde Leute an die Militär-Polizeiwache abzugeben. Kommandiert wurden die beiden Korps von Stabsoffizieren. Im Jahre 1844 waren es Oberstleutnante, beide jedoch nicht italieni-

Die Serezzaner waren Mannschaften der sechs österr. Grenzregimenter und entstanden um 1700. 1849 zählten sie etwa 1.200 Mann, ab 1871 als Gendarmerietruppe in Kroatien und Slawonien eingesetzt mit Sitz der Kommandantur in Agram.

scher sondern deutscher Nationalität, wie übrigens auch der Oberst und Regimentskommandant der lombardischen Gendarmerie im selben Jahre.[23]

Adjustierung des lombardischen Gendarmerie-Regiments

Hoher Zweispitz mit schwarz-gelbem Federstutz, dunkelgrüner, frackartig geschnittener Rock mit rosenrotem Paroli auf dem Kragen und rosenroter Passepoilierung an Kragen, Ärmelaufschlägen und Rockschössen, dunkelgrüne Hosen und schwarze Stiefel, gelbe Fangschnüre und Knöpfe, weißes Riemenzeug, schwarze Patronentasche. Ab 1837 wird der Hut niedriger und erhält einen schwarzen Hahnenfedernbusch, an die Stelle der Kniehosen und Stiefel treten – auch bei den Berittenen – dunkelgrüne Pantalons mit rosenrotem Passepoil.

Adjustierung des lombardischen und des venezianischen Militär-Polizei-Wach-Corps

Offiziere schwarzer Hut mit schwarzem Hahnenfederbusch, Mannschaften schwarzer Tschako mit hängendem, schwarzem Roßhaarbusch, dunkelgrüne frackartig geschnittener Rock mit kaisergelbem Stehkragen, ebensolche Ärmelaufschlägen und kaisergelber Rockkantenpassepoilierung, dunkelgrüne Pantalons mit kaisergelber Passepoilierung, gelbe Knöpfe, weißes Riemenzeug, schwarze Patronentasche.

Die Militär-Polizei-Wach-Corps in den übrigen Ländern des Kaisertums Österreich im Vormärz

Laut Militär-Schematismus für das Jahr 1844 bestanden in diesem Jahr außer den bereits besprochenen Korps in Wien, Mailand und

Venedig noch ein solches in Prag mit einem Hauptmann als Kommandanten und je einem Ober- und einem Unterleutnant, ferner »Militär-Polizei-Wach-Commandos« in Brünn, Lemberg, Linz, Innsbruck und Trient, die sämtlich von Subalternoffizieren befehligt wurden. 1847 folgte noch ein Militär-Polizei-Wach-Commando in Krakau, dessen Kommando ein Hauptmann innehatte. Für den Bereich der Stadt Wien ist festzustellen, daß die Wiener Bevölkerung wie schon vorher Stadtguardia und Rumorwache, jetzt auch die Militär-Polizeiwache heftig ablehnte. Ständig wurden Klagen über Trunkenheit, mangelnde Eignung und barsches Einschreiten der Polizeisoldaten, später auch immer wieder über die Ablehnung von Amtshandlungen und Assistenzverweigerung laut, die in den erhalten gebliebenen Akten ihren Niederschlag fanden. Die Gegensätze zwischen militärischen Kommandanten der Wache und den ihnen gegenüber in Belangen des Sicherheitsdienstes weisungsbefugten Polizeibeamten waren unüberbrückbar. Andererseits ist es durchaus verständlich, wenn die Offiziere darüber Beschwerde führten, daß Polizeiwache-Patrouillen nicht von den militärischen Vorgesetzten, sondern von Polizei-Konzeptspraktikanten und Dienstbotenamts-Protokollisten geführt wurden, um diesen ein Nebeneinkommen zu verschaffen.[24] Diese Misere sollte bis weit über das Revolutionsjahr 1848 hinaus andauern und erst mit der Auflösung der Militär-Polizeiwache und deren Ersetzung durch die k. k. Sicherheitswache als bewaffneter, uniformierter, nach militärischem Muster organisierter Zivilwachkörper in Jahre 1869 beendet werden.

Adjustierung der Militär-Polizei-Wach-Corps in Wien und den anderen nichtitalienischen Ländern

Schwarzer Helm nach Art der »deutschen« Kavallerie (Kürassiere, Dragoner, Chevaulegers) mit hohem Helmkamm und schwarz-gelber Wollraupe, frackartig geschnittener Rock von hechtgrauer Farbe mit grasgrünem Kragen, ebensolchen Ärmelaufschlägen und grasgrüner Rockkantenpassepoilierung, hechtgraue, für Offiziere und Berittene auch weiße Hose, schwarze Stiefel, gelbe Knöpfe, weißes Riemenzeug. Ab 1837 werden Helm, Stiefelhose und Stiefel durch den schwarzen Infanterietschako und hechtgraue Pantalons mit grasgrünem Passepoil ersetzt. An die Stelle der Achselklappen treten gelbmetallene Epauletten.

Militär-Polizeiwache um 1837

Die österreichische Polizei im Revolutionsjahr 1848

Das Jahr 1848 markiert einen Tiefpunkt in der Geschichte des österreichischen, insbesondere aber des Wiener Polizeiwesens. Ein Kennzeichen der 1848er Revolution ist es ja, daß die revolutionären Ereignisse und Ausschreitungen sich auf die großen Städte, vor allem Wien und Prag, beschränkten, während auf dem Lande Ruhe herrschte, wenn man von den Erhebungen in der Lombardei, in Venetien und in Ungarn absieht. Steinwender gibt ein treffendes Bild von der Situation der Wiener Polizei in den Märztagen des Jahres 1848:

»Das Revolutionsjahr 1848 bedeutete für die Wiener Polizei den völligen Niederbruch ihrer Stellung als Sicherheitsbehörde. Aller Autorität beraubt, unfähig jeder Initiative, sanken sie und ihre Organe zu tiefster Erniedrigung und Demütigung herab. Sie war Objekt schärfster Anfeindungen und nächstliegendes Angriffsziel der Revolution. Ansehen und Vertrauen der Polizei, soweit sie überhaupt noch vorhanden waren, wurden rückhaltlos vernichtet.«[25]

Das Versagen der Polizeibehörden begann schon damit, daß – obwohl die für den 13. März geplanten Demonstrationen der Behörde bekannt waren und der Polizei-Oberdirektor Peter von Muth anläßlich der Weitergabe von einschlägigen Berichten an den Statthalter versichert hatte, es seien alle Vorkehrungen getroffen, um etwaigen Ausschreitungen begegnen zu können – keine Kräfte der Militär-Polizeiwache zur Sicherung aufgeboten wurden. Solchermaßen nicht in geordnete Bahnen gelenkt, entwickelte die Demonstration eine Eigendynamik mit allen bekannten Folgen – Sturm auf das Landhaus, Einsatz von Militär, Straßenkämpfe mit Toten und Verwundeten usw. Den folgenden Exzessen in den Vorstädte mit Niederbrennung von Fabriken, Bedrohung und Beraubung wohlhabender Bürger und Ausschreitungen jeglicher Art konnte nichts entgegengesetzt werden. Auch das aufgebotene Wiener Bürgermilitär und die inzwischen bewaffnete Studentenschaft waren außerstande, den aufgebrachten Volksmassen Paroli zu bieten. Mit der Errichtung der Nationalgarde und der Akademischen Legion wurden neue Instrumente zur Aufrechterhaltung von Ruhe, Ordnung und Sicherheit geschaffen, da diese von der zu völliger Bedeutungslosigkeit herabgesunkenen und zum mit Haß, Spott und Hohn bedachten Feindbild gewordenen Militär-Polizeiwache längst nicht mehr garantiert werden konnten. In dieser Stunde der tiefsten Erniedrigung staatlicher Polizeigewalt sah der Wiener Magistrat die Zeit gekommen, um sich selbst wieder der Verfügungsgewalt über die Polizei zu bemächtigen. Zu diesem Zweck stellte die Stadt Wien im April 1848 eine »Munizipalwache« genannte städtische Sicherheitstruppe aus 400 Mann zu Fuß und 50 Reitern auf, die sich jedoch gegen die herrschenden anarchischen Verhältnisse ebensowenig durchzusetzen vermochte wie die staatlichen Wachkörper.

Man war also glücklich wieder beim Zustand der »Vielwachterei« angelangt, denn in Wien bestanden nunmehr vier Wachen: Die Militär-Polizeiwache, die Munizipalwache, die Zivil-Polizeiwache und die eher wenig in Erscheinung tretende Polizeidienerschaft. Daneben versahen noch Nationalgarde und Akademische Legion Dienst als öffentliche Wachen, z. B. an den Stadttoren. Die Entfaltung exekutiver Tätigkeit eines – wenn auch nicht berufsmäßigen, so doch eher militärischen Körpers – auf polizeilichem Gebiet brachte jedoch kaum Nutzen für die öffentliche Sicherheit. Die Militär-Polizeiwache wurde nach und nach auf den personellen Stand der Munizipalwache herabgesetzt, ihre berittene Abteilung gänzlich aufgelöst und ihr sogar das Patrouillieren auf dem von der Nationalgarde als Übungsgelände benutzten Glacis untersagt. Unabweisliche Folge dieser Zustände war eine erschreckende Zunahme der Kriminalität, besonders der Raubüberfälle, Einbruchsdiebstähle und von Gewalttätigkeiten, von nächtlichen Ruhestörungen durch die häufigen »Katzenmusiken« und anderem Unfug ganz abgesehen.

Selbstverständlich traten auch die von früheren Zeiten bekannten Kompetenzkonflikte, Reibereien und Streitigkeiten zwischen den Angehörigen der verschiedenen Wachen gehäuft auf und trugen das ihre dazu bei, die Polizeiorgane in den Augen des Publikums lächerlich zu machen. Nationalgarde und Munizipalwache hatten am 21. und am 23. August 1848 schwere Kämpfe mit Teilnehmern an einer Massendemonstration in der Innenstadt, die von Fußtruppen und Reitern mit blanker Waffe geräumt werden mußte, und mit Erdarbeitern im Prater zu bestehen. Bei der Auseinandersetzung mit den Arbeitern verlor die Munizipalwache vier Tote und 56 Verwundete, auf Seite der Arbeiterschaft blieben 18 Tote und 282 Verwundete auf dem Kampffeld. Noch aber stand der Höhepunkt blutiger Ausschreitungen bevor – er kam am 6. Oktober! An diesem Tag sollte das Grenadierbataillon Richter zur Verstärkung der kaiserlichen Truppen nach Ungarn verlegt werden. Aber die Grenadiere widersetzten sich dem Abmarschbefehl und riefen Nationalgarde und Akademische Legion um Beistand an. Aus diesem Ereignis entwickelte sich ein blutiger Kampf zwischen dem Militär und der Nationalgarde und in weiterer Folge wilde Schießereien zwischen der Nationalgarde des Kärntner und des Wiedner Viertels, die sich von Stephansplatz bis in das Innere des Doms fortsetzten, wo 15 Tote und 90 Verwundete auf dem Platz blieben. Das aufgebotene Militär mußte im harten Straßenkampf gegen Nationalgarde und Akademische Legion die Innere Stadt räumen. Der Tag endete mit der Erstürmung des Kriegsministeriums am Hof und der Ermordung des Kriegsministers Graf Latour.[26]

Während so Wien in Chaos und Anarchie versank, bis am 31. Oktober Feldmarschall Fürst Windischgrätz mit seinen Truppen die Stadt erstürmte und mit harter Hand die alte Ordnung wieder herstellte, hatte Feldmarschall Radetzky den Aufstand in der Lombardei schon im Sommer niedergeworfen. Wegen der revolutionären Ereignisse waren die Militär-Polizei-Wach-Corps in Mailand und Venedig aufgelöst, aber schon 1851 wiedererrichtet worden. Die meisten der Offiziere beider Korps werden im Militär-Schematismus für das Jahr 1850 als Offiziere des während des österreichisch-sardinischen Krieges neu errichteten »Lombardisch-venetianischen leichten Bataillons« genannt.[27] Nach dem endgültigen Zusammenbruch der revolutionären Bewegungen in Österreich, Ungarn und Italien erlebte das Polizei- und Sicherheitswesen im Kaisertum Österreich des Neoabsolutismus nach einer Totalreform eine ungeahnte Renaissance unter einer vorher noch nie dagewesenen, zentralistischen Führung.

Anmerkungen:

1 *Vgl. Viktor Bibl, Die Wiener Polizei. Eine kulturhistorische Studie (Leipzig/Wien/New York 1927) S. 26*
2 *Derselbe, S. 28*
3 *Derselbe, S. 29*
4 *Vgl. Franz Neubauer, Die Gendarmerie in Österreich 1849–1924 (Wien 1924) S. 23*
5 *Derselbe, S. 22*
6 *Derselbe, S. 23*
7 *Vgl. Hermann Oberhummer, Die Wiener Polizei. Neue Beiträge zur Geschichte des Sicherheitswesens in den Ländern der ehemaligen österreichisch-ungarischen Monarchie. Bd. I (Wien 1938) S. 70*
8 *Derselbe, S. 30–33*
9 *Ingeborg Mayer, Polizeiwesen in Wien und Niederösterreich im 18. Jahrhundert. Reform und Kompetenzverteilung. In: Unsere Heimat Zeitschrift des Vereins für Landeskunde von Niederösterreich 2 (1986) 91*
10 *Dieselbe, S. 88 f*
11 *Dieselbe, S. 88*
12 *Vgl. Oberhummer, Polizei, S. 35*
13 *Vgl. Mayer, Polizeiwesen, S. 75*
14 *Vgl. Oberhummer, Polizei, S. 24*
15 *Vgl. Mayer, Polizeiwesen, S. 77*
16 *Vgl. Engelbert Steinwender, Von der Stadtguardia zu Sicherheitswache. Wiener Polizeiwachen und ihre Zeit. Bd. I Von der Frühzeit bis 1932 (Graz 1992) S. 60*
17 *Vgl. Alphons Wrede, Geschichte der k. u. k. Wehrmacht. Die Regimenter, Ende des XIX. Jahrhunderts. Bd. V (Wien 1903) S. 676*
18 *Ebenda*
19 *Vgl. Mayer, Polizeiwesen, S. 91*
20 *Vgl. Wrede, Geschichte, S. 677*
21 *Vgl. Oberhummer, Polizei, S. 49 f*
22 *Vgl. Neubauer, Gendarmerie, S. 28–31 und Wrede, Geschichte, S. 607–609*
23 *Vgl. Wrede, S. 678 und 684 f. und Militär-Schematismus des österreichischen Kaiserthumes (Wien 1844) S. 415 und 485 f*
24 *Vgl. Oberhummer, Polizei, S. 130*
25 *Steinwender, Stadtguardia, S. 77*
26 *Derselbe, S. 88–90*
27 *Vgl. Militär-Schematismus des österreichischen Kaiserthumes (Wien 1850) S. 511*

Gerald Hesztera

Die Ursprünge der Gendarmerie und ihres Korpsabzeichens

Die Gendarmerie ist – wie ihr Name schon sagt, Gens d'arms heißt Männer mit Waffen – eine ursprünglich französische Institution.

Mit Gendarmerie bezeichnete man in der französischen Armee vorerst jedoch reine Kampftruppen.

Dabei wurden die »Gendarmen der Garde« und die »Gendarmerie von Frankreich« unterschieden.

Die Gendarmen der Garde gehörten zu den Haustruppen des Königs und wurde 1609 von Heinrich IV. zur Bewachung des Thronfolgers aufgestellt.

Der Hauptmann der Gendarmen der Garde war der König selbst und die Gendarmen hatten daher unter den Truppen auch die meisten Vorrechte. Diese waren kommerziell – die vier höheren Offiziere der Gendarmen hat das »Recht« die Stellen der Gendarmen zu verkaufen – und zeremoniell – eine Abordnung der Gendarmen hatte das Vorrecht, den König beim Schlafengehen in sein Zimmer zu begleiten.

Da es sich um eine Haustruppe, d. h. eine Art Leibgarde, handelte blieb die Stärke auf 200 Mann begrenzt.[1]

Die »Gendarmerie von Frankreich« rangierte unmittelbar nach den königlichen Haustruppen und war daher die vornehmste Einheit der gesamten Linienkavallerie.

In ihren Anfängen bestand die Gendarmerie aus schwerbewaffneten Reitern – Gens d'arms – und leicht bewaffneten Soldaten – Chevau-legers. In gemeinsamen Kompanien wurden sie zum Korps der Gendarmerie von Frankreich.

Beide Gendarmerietruppen wurden im Jahre 1789 im Zuge der Französischen Revolution aufgelöst .

In ihrer Funktion und Form hatten sie nichts mit der späteren »Gendarmerie Nationale« oder Exekutive wie wir sie heute verstehen zu tun.[2]

Die wirklichen Vorläufer der »Gendarmerie Nationale« waren die »Maréchaussée von Frankreich« .

Die Maréchaussée waren Ordnungstruppen, die über ganz Frankreich verteilt waren. Schon ab dem Jahr 1536 hatten sie die Aufgabe »die auf den Straßen des Reiches begangenen Vergehen und Verbrechen« zu verfolgen, unabhängig ob der Täter Soldat oder Zivilist war.[4]

Die Maréchaussée wurden dadurch zu einem wichtigen Instrument der aufsteigenden Königsmacht. Durch ihr direktes Eingreifen bildete die Maréchaussée einen Gegenpol zu den vom König unabhängigen herrschaftlichen, kirchlichen oder kommunalen Gerichten.[5]

Eine einheitliche Organisation erhielten die Maréchaussée erst im Jahr 1720, als ihre Stärke mit 30 Kompanien festgelegt wurde.

Diese Kompanien wurden auf die verschiedenen Provinzen verteilt, wobei sich die Mannschaftsstärke an der Größe der Bevölkerung des jeweiligen Gebietes orientierte.

Jede Brigade – die kleinste Organisationsform der Maréchaussée – hatte vier bis fünf Meilen der großen Verkehrswege zu überwachen.[6]

Im Jahr 1780 hatte die Truppe eine Stärke von 4.609 Mann.

Die Maréchaussée waren eine der wenigen Institutionen der französischen Monarchie, die die Revolution von 1789 überstanden. In den sogenannten »Cahiers de doléance«, wurden die Maréchaussée als »nützlichste Körperschaft der Nation« bezeichnet und ihnen damit das Vertrauen der neuen Revolutionsregierung ausgesprochen.

Trotzdem wurde die Truppe neu organisiert und umbenannt. Die Maréchaussée unterstanden zuvor den königlichen Gerichten, im Zuge der neuen Idee der Gewaltenteilung sollte sich dies ändern.

Unter dem Namen »Gendarmerie Nationale« wurden die Maréchaussée 1791 neu organisiert.[7]

Aufgabe war – wie bisher – die Aufrechterhaltung der Ordnung und die Durchsetzung der Gesetze. Die Unterstellung unter zivile Behörden hatte aber negative Effekte. Disziplin, Effektivität und Prestige verringerten sich insbesondere rund um Paris, wo die Umwälzungen der Revolution am deutlichsten zu spüren waren.

Als das revolutionäre Frankreich den alten Monarchien Europas den Krieg erklärte, wurde die »Gendarmerie Nationale« mobilisiert und den Armeen als Militärpolizei beigegeben.[8]

Im Zuge der nun folgende Revolutions- und später Napoleonischen Kriege kamen französische Gendarmen so nach ganz Europa.

Überall in den eroberten Ländern sorgten die Gendarmen für die Disziplin der französischen Armeen, aber auch für die generelle Sicherheit während der Okkupation.

Da Österreich in diesen Jahren immer auf der Verliererseite kämpfte, lernten auch die Provinzen der Habsburgermonarchie die Institution Gendarmerie kennen.

Im Jahr 1805 nach den österreichischen Niederlagen bei Ulm und Austerlitz wurde in Linz von der französischen Besatzung sogar eine eigene Gendarmeriekompanie aufgestellt. Der Kader bestand zwar aus Franzosen als gewöhnliche Gendarmen, es wurden aber Österreicher verpflichtet.[9]

Gendarme a pied, 1813. *Bild: Gerald Hesztera*

Der neue Kaiser der Franzosen, Napoleon, wußte was er an seinen Gendarmen hatte und schrieb über sie: »Sie ist eine spezielle Organisation, die es nirgendwo anders in Europa gibt. Sie ist die wirksamste Art die Ruhe in einem Volk zu sichern. Sie stellt eine halb zivile und halb militärische Überwachung, die über das gesamte nationale Gebiet verteilt ist.«[10]

Diese Zufriedenheit spiegelte sich sehr bald in der Aufstellung zweier neuer Gendarmerie-Einheiten wider: der Gendarmerie-Elite und der Spanischen Gendarmerie.

Die Elite-Legion wurde am 31. Juli 1801 gebildet und diente vorerst als Gendarmeriekorps für Paris. Im Jahr 1803 wurde die Einheit in die kaiserliche Garde aufgenommen. Von da an war sie für die Sicherheit der kaiserlichen Residenz in Friedenszeiten und des kaiserlichen Hauptquartiers in Kriegszeiten zuständig.[11]

Natürlich wurde die Gardegendarmerie auch für Kampfaufgaben eingesetzt. Insbesondere während des Rückzuges aus Rußland wurde das Verhalten der Gardegendarmerie als herausragend beschrieben. Durch ihre Standfestigkeit gegenüber einer feindlichen Übermacht wurde der französischen Armee auf ihrem Rückzug die Überquerung des Flusses Beresina ermöglicht.[12]

Von der französischen Gardegendarmerie stammt auch das noch heute getragene Korpsabzeichen der Gendarmerie ab – die flammende Granate.

Die flammende Granate war ursprünglich das Symbol der Grenadiere. Diese Waffengattung erschien zum ersten Mal Anfang des 17. Jh.s. Ihre Aufgabe war es mit Schwarzpulver gefüllte Gußeisen- oder Glaskugeln auf den Gegner zu werfen.

Die Kugeln wurden in einer großen Tasche an der Seite getragen, an der Brust hatte jeder Grenadier eine durchlöcherte Blechhülse, in der eine glimmende Lunte getragen wurde.

Da sich die damals üblichen breitkrempigen Hüte als hinderlich beim Werfen erwiesen, bekamen die Grenadiere bald eine neue Kopfbedeckung – die hohe Bärenfellmütze.

Damit die Granate weit geworfen wurde, mußten die Grenadiere besonders kräftig und von großer Statur sein. Außerdem erforderte das Zünden der Granate im Angesicht des Feindes besondere Kaltblütigkeit, da dies erstens ein außerordentlich lange dauernder Vorgang war und sich die Brenndauer der damaligen Lunten nicht voraussagen ließ.

Glasgranate, 19. Jh. *Bild: Gendarmeriemuseum Wien*

Grenadiere wuchsen daher in eine Sonderstellung hinein, die sie über Jahrhunderte hinweg zur Elite der Armee machten.[13]

Die Granaten hatten bald im Kriegswesen keinen Platz mehr, sehr wohl blieben jedoch die Grenadiereinheiten erhalten – nun als Kerntruppe jeder Armee.

Bild: Friedrich Mayer

Um ihren Elitestatus anzuzeigen, trugen die Grenadiere weiter ihre (nun eigentlich nutzlose) Bärenfellmütze und ein metallenes oder stoffernes Abzeichen das die Granate mit einem Flammenbündel zeigte.

Zur Zeit Napoleons war diese »flammende Granate« schon so sehr zum Zeichen der Armee-Elite geworden, daß alle Einheiten der Kaisergarde es verliehen bekamen.

Natürlich erhielt auch die französische Gendarmerie als »Polizei der Grand Armée« dieses Zeichen.

Als Napoleon im Jahr 1809 Teile des früher habsburgischen Nord- und Zentralitaliens besetzte, wurden ebenfalls neue lokale Gendarmerieeinheiten gebildet. Auch sie trugen die flammende Granate.

Als nach der endgültigen Niederlage Napoleons 1815 diese italienischen Gebiete wieder an die Habsburgermonarchie kamen, kehrten auch die früheren italienischen Regimenter zurück zu den Fahnen der habsburgischen Armee. Unter anderem auch das lombardische Gendarmerieregiment, das seine Uniform und sein Korpsabzeichen beibehielt.

Die flammende Granate wird heute noch von der niederländischen Maréchaussée, den italienischen Carabinieri sowie der französischen, belgischen und österreichischen Gendarmerie getragen.

Bibliographie:

L. u. F. Funcken, Historische Uniformen. 18. Jh. Französische Garde und Infanterie. (München 1977)

Ministerium für Verteidigung der Republik Frankreich, Gendarmerie Nationale

John R. Elting, Swords around a Throne. (New York 1988)

Befehl des Marschall Berthier (Linz 1805). Archiv des Gendarmeriemuseums

Edouard Detaille, L´Armée Francaise. (New York 1992)

Martin Guddat, Grenadiere, Musketiere, Füsiliere. Die Infanterie Friedrich des Großen. (Hamburg 1996)

Fußnoten

[1] Siehe L. u. F. Funcken, Historische Uniformen. 18. Jh. Französische Garde und Infanterie. (München 1977) 20

[2] Siehe L. u. F. Funcken, Historische Uniformen. 18. Jh. Französische Garde und Infanterie. (München 1977) 42

[3] Der Name geht darauf zurück, daß sie den Marschällen von Frankreich unterstellt waren.

[4] Siehe Ministerium für Verteidigung der Republik Frankreich, Gendarmerie Nationale 5

[5] Siehe Ministerium für Verteidigung der Republik Frankreich, Gendarmerie Nationale 5

[6] Siehe Ministerium für Verteidigung der Republik Frankreich, Gendarmerie Nationale 5

[7] Siehe L. u. F. Funcken, Historische Uniformen. 18. Jh. Französische Garde und Infanterie. (München 1977) 46

[8] John R. Elting, Swords around a Throne. (New York 1988) 411

[9] Befehl des Marschalls Berthier (Linz 1805). Archiv des Gendarmeriemuseums

[10] Zit. nach Ministerium für Verteidigung der Republik Frankreich, Gendarmerie Nationale 5

[11] Edouard Detaille, L´Armée Francaise. (New York 1992) 283

[12] Edouard Detaille, L´Armée Francaise. (New York 1992) 283

[13] Martin Guddat, Grenadiere, Musketiere, Füsiliere. Die Infanterie Friedrich des Großen. (Hamburg 1996) 21f

Thomas Hopfner

Gründung der Gendarmerie

Historisches und gesellschaftliches Umfeld

Schwer erschüttert wurden das alte Staatsgefüge und die Religionen durch die Gedanken der Aufklärung. Staat und Kirche hatten sich auf einen göttlichen Auftrag berufen. Nun soll die Vernunft des Menschen Richtschnur werden für das eigene Handeln. Nicht mehr Fremd-, sondern Selbstbestimmung ist anzustreben, ein Herausbewegen aus einer Unmündigkeit wurde in wissenschaftlicher, religiöser, politischer und sozialer Hinsicht gefordert. Weiters waren die Menschenrechte eine wichtige Forderung der Aufklärung. Alle Menschen sind gleich, Standesunterschiede sind widernatürlich, alle Menschen haben das Recht auf gleiche Behandlung, auf Toleranz, Bildung und Zugang zu den Staatsämtern und Berufen. Alle Menschen sind frei. Jeder Mensch darf Wohnort, Beruf, Religion etc. selbst wählen, seine Meinung frei äußern. Wie selbstverständlich klingen solche Forderungen heute. Damals waren derartige Gedanken im wahrsten Sinne des Wortes revolutionär.

Im Gegensatz zu Frankreich, wo 1789 eine radikale Revolution ausbrach, in deren Wirren bald niemand mehr seines Lebens sicher war, wurde Österreich durch umfassende Reformen (Wirtschaft, Rechtsprechung, Unterrichtswesen), die von Maria Theresia und Josef II. eingeleitet wurden, vor einem gewalttätigen Umsturz vorerst bewahrt.

Nach den Erschütterungen Europas durch die Französische Revolution und durch die folgenden Napoleonischen Kriege versuchte man wieder Ruhe und Sicherheit einzurichten und im Zuge dessen wurden alle liberalen Regungen als revolutionär und damit gefährlich unterdrückt. Auch in Österreich hatte Staatskanzler Metternich vor, alle Aufstände mit Waffengewalt zu niederzuhalten. Staatskirche, Polizei, Beamtenschaft und Zensur hielten den Staat unter strenger Kontrolle. Im Vielvölkerstaat Österreich regten sich jedoch deutlich nationales Selbstbewußtsein und das Streben nach Unabhängigkeit und Demokratie.

Auf Franz I. (1804–1835) folgte sein körperlich und geistig kranker Sohn Ferdinand I. (1835–1848). Für ihn regierte praktisch eine »geheime Staatskonferenz«, der auch Metternich angehörte. Die Zensur wurde immer mächtiger; so waren beispielsweise ausländische Bücher in Österreich teilweise verboten.

Was also die Französische Revolution in Fluß gebracht hatte, versuchte die Restauration vergebens aufzuhalten, aufklärerische Ideen wurden in der Revolution von 1848 auch in Österreich zu verwirklichen begonnen.

Johann Freiherr Kempen von Fichtenstamm.
Bild: Gendarmeriemuseum Wien

Im Folgenden wird der Versuch unternommen, die Zeit von 1848 bis 1859 mit Konzentration auf Österreich, insbesondere jedoch die Entstehung der Gendarmerie näher zu beleuchten. Um nicht lediglich das wiederzugeben, was in verschiedenen Jubiläumsschriften bereits enthalten ist, sollen hier historische Fakten mit unmittelbarem menschlichem Erleben verknüpft werden.

Mit einem Namen ist die Gründung der österreichischen Gendarmerie besonders verbunden. Es ist dies Johann Kempen von Fichtenstamm. Auszüge aus seinem Tagebuch bringen interessante Details über die Person Kempens, aber auch über seine Zeit und nicht zuletzt über die Entwicklung des Gendarmeriekorps in Österreich ans Licht. In weiterer Folge finden sich Originalzitate aus dem Tagebuch Kempens. Begleiten wir also den Organisator der Österreichischen Gendarmerie, Feldmarschalleutnant Johann Freiherr Kempen von Fichtenstamm durch das Revolutionsjahr 1848 und die ersten Gendarmerie-Jahre.

Feldmarschalleutnant Johann Freiherr Kempen von Fichtenstamm

Kempen, der 1793 in Böhmen geboren wurde, war eine stattliche Person mit vollen zwei Metern Körpergröße. Seine Entschlußkraft, sein organisatorisches Geschick und seine Strenge verhalfen ihm zu einer steilen militärischen Laufbahn. Kempen war über das polizeiliche Feld hinaus Ratgeber für Franz Joseph. Seine Treue zu ihm war dabei unerschütterlich. Die konstitutionellen Bestrebungen hat Kempen nie geteilt. Die Partei der altkonservativen Adeligen hat er unumwunden als die verwerflichste und schlechteste bezeichnet und sie an Gefährlichkeit der demokratischen gleichgesetzt.

Eine kritische Haltung nahm er gegenüber der Beamtenschaft ein. So gut wie die Landbevölkerung, so schlecht erschienen ihm die Beamten. Budgeteinsparungen durften sich niemals auf die Armee, wohl aber auf die Beamtenschaft auswirken. Gerichte und politische Beamte mußten streng kontrolliert und schonungslos purifiziert (geläutert) werden. Nicht minder scharf trat er gegen Minister auf. Die Presse betrachtete Kempen durchwegs mit Argwohn, dennoch hatte er Journalisten als Vertrauensmänner.

Kempen hatte ein tiefes religiöses Empfinden. Den katholischen Gottesdienst besuchte er teilweise täglich. Für ihn standen Priester jedoch ebenso unter den Gesetzen wie alle übrigen. Entschieden stellte er sich gegen Machtbestrebungen der Geistlichkeit. Aus Privatmitteln ließ er im Föhrenwald bei Wiener Neustadt eine Bethalle errichten, die am 29. Juni 1859 eingeweiht wurde.

Schon 1844 glaubte er dem Grabe entgegenzugehen und dachte oft an seinen »nahen Tod«. Er wollte die Zeit für die bevorstehende Reise ins Jenseits verwenden. Es sollte sich jedoch ganz anders entwickeln. Er wurde vom Sturmjahr 1848 überrascht und in jähem Aufstieg zu einem der einflußreichsten und bedeutsamsten Vertreter des Kaiserstaates. Erst nach 50 Dienstjahren ist er als 66-jähriger in den Ruhestand getreten.

Als Kempen das Jahr 1858 beschloß, sah er die Zukunft trübe vor sich. Der Boden unter den Füßen schien ihm zu wanken. Er täuschte sich nicht.

Kempen war ein treuer Diener seines Herrn, der den Weg seiner Pflicht, mit Strenge gegen sich selber und gegen andere, gerade gegangen ist. Kempen arbeitete nicht selten bis tief in die Nacht, ja bis zum Tagesanbruch. Auch an Sonn- und Feiertagen war er im Dienst. So fand die erste Besprechung zur Gründung der Gendarmerie am 20. Mai 1849 an einem Pfingstsonntag statt! Für den Kaiser leistete Kempen als Gendarmeriegeneralinspektor und als Polizeiminister wertvolle Dienste. Als das System des Neoabsolutismus ins Wanken kam, ging Franz Joseph immer mehr auf Distanz zu den Exponenten des alten Regimes, zu denen auch Kempen zählte. Seine letzte Dienstverrichtung hatte er am 19. September 1859, er wurde entlassen. Selbst bei der Bestattung fehlte Franz Joseph, auch kein Vertreter wurde entsandt.

Unter diesem Undank vom Hause Habsburg litten auch andere treue Diener, so zum Beispiel Tegetthoff, Radetzky, Welden, Benedek.

Bedeutende Stationen Kempens können der folgenden Tabelle entnommen werden:

Jahr	Anmerkung
1793	geboren in Pardubitz in Böhmen
1803	Eintritt in die Wiener Neustädter Militärakademie
1809	Ausmusterung als Fähnrich
1815	gegen Frankreich marschiert
1816	Heirat mit 1. Frau – zwei Töchter
1824 – 1830	Adjutant des Generalstabschefs
1832	Tod seiner 1. Frau
1836	Regimentskommandant in Iglau
1836	2. Frau geheiratet – ein Sohn, 2 Töchter
1844	nach Petrinja an die Militärgrenze versetzt
1848	zum Feldmarschalleutnant ernannt
Okt. 1848	an Belagerung und Eroberung Wiens teilgenommen
Sept. 1849	von Haynau zum Generalinspektor der Gendarmerie vorgeschlagen
29. Nov. 1849	Dienst als Generalinspektor der Gendarmerie angetreten
Jun. 1851	mit Militärgouvernement von Wien betraut
1. Jun. 1852	Bestellung zum Chef der Obersten Polizeibehörde
Dez. 1853	Kempen spendet einen hohen Betrag für die Armen der Stadt Wien
1854	zum Freiherr ernannt
Aug. 1854	für Wiedereinführung des Belagerungszustandes in Wien ausgesprochen
1855	Kempenfonds gegründet
Nov. 1855	Kempen unterzeichnet die letzten Todesurteile (Nachwehen der Revolution)
1859	Sturz Kempens; liberale Regierung und Verfassung in Österreich
1859	zum Feldzeugmeister ernannt (höchster Dienstgrad im Frieden)
29. Nov. 1863	gestorben
2. Dez. 1863	Bestattung auf dem Akademiefriedhof in Wiener Neustadt

Österreich 1848

Unzufriedenheit des Bürgertums, Bevormundung durch Adel und Beamtenschaft, oft lächerliche Aufsicht durch Polizei und Zensur führten zu starken Spannungen.

Vehement wurde vor allem die Einführung einer Verfassung (Konstitution), die Presse-, Meinungs-, Lehr- und Lernfreiheit, öffentliches Gerichtsverfahren, Gleichheit vor dem Gesetz und nationale Forderungen nach Selbständigkeit enthält, gefordert. Diese Forderungen gingen maßgeblich von den Städten aus. Dort lebte das Bürgertum.

Mit Ausnahme von England und Rußland erfaßte die Revolution von 1848 alle großen europäischen Staaten. Die liberalen, nationalen und sozialen Kämpfe endeten in Niederlagen, die den Glauben an die Macht der Idee über die Wirklichkeit erschütterten und eine Epoche realistischer Machtpolitik einleiteten.

Frankreich, Deutschland, Preußen, Italien, Ungarn wurden nach und nach von den Unruhen erfaßt. Mehrere Revolutionen führten teilweise zu Kriegshandlungen und in weiterer Folge zu Verfassungen oder oktroyierten Verfassungen.

Der Verlauf der österreichischen Revolution war von gesamtdeutscher, da Österreich viele Völker umfaßte, auch von gesamteuropäischer Bedeutung. Am 13. März 1848 versammelten sich die niederösterreichischen Stände im Landhaus in Wien, um über Reformen zu beraten. Das herbeiströmende Volk und die Studenten rissen aber bald die Führung an sich. Es kam zu Straßenkämpfen und Kaiser Ferdinand mußte Metternich, der für das absolutistische System stand, entlassen.

In den folgenden Tagen wurde auch in Wien allen liberalen Forderungen entsprochen, eine Konstitution zugesagt und ein bürgerliches Ministerium einberufen. Ein allgemeiner Reichstag sollte einberufen werden und eine Verfassung für den Gesamtstaat ausarbeiten. In Wien herrschte die revolutionäre Partei, doch beruhigte sich die Lage sehr rasch.

Auch in den anderen Reichsteilen brachen Aufstände los: In Prag verlangten die Tschechen teilweise Selbständigkeit. Die Ungarn gingen noch weiter. Der Reichstag war dort immer an der Macht geblieben, der Adel hatte das Bewußtsein der ungarischen Selbständigkeit bewahrt. Um Kossuth sammelte sich eine liberale Partei, die sich mit den nationalen Forderungen verband. Im Zuge der Revolution erhielten die Ungarn volle staatliche Selbständigkeit, nur die Person des Herrschers blieb dieselbe. Sofort begann der Kampf der Ungarn gegen die anderen Nationen auf ihrem Staatsgebiet, denen sie natürlich keine Freiheit gewähren wollten, nämlich gegen die Kroaten, Serben und Rumänen. Die Italiener verjagten Fürsten und Truppen und sagten sich überhaupt von Österreich los. Das Reich schien dem Zerfall nahe.

Als bewährte Kräfte blieben einzig Krone und Armee übrig. Mit Hilfe der regulären Truppen, die dem Kaiser unterstanden, warf Fürst Windischgrätz einen Aufstand in Prag nieder, der greise Feldmarschall Radetzky besiegte Sardinien, das sich zum Vorkämpfer der italienischen Nationalstaatlichkeit aufgeschwungen hatte, und nahm Norditalien wieder für Österreich ein. Der kroatische Banus Jellacic drang als kaiserlicher Feldherr in das aufständische Ungarn ein, die Abneigung zwischen Kroaten und Magyaren klug für kaiserliche Zwecke ausnützend.

Als die kaiserliche Zentralgewalt durch diese Erfolge wieder mehr Einfluß gewann, radikalisierten sich die Verhältnisse in Wien. Die Wiener befürchteten die Rückkehr zum Absolutismus und stellten sich auf die Seite der Ungarn. Als die Regierung Wiener Truppen gegen das aufständische Ungarn einsetzen wollte, brach in Wien abermals ein Aufstand aus. Im Oktober 1848 wurde der Kriegsminister Latour von Revolutionären vor seinem Ministerium aufgehängt. Der Kaiser sah sich gezwungen, seine Hauptstadt, die sich gegen ihn stellte, durch seine Truppen unter Windischgrätz erobern zu lassen. Wien wurde zu einer belagerten Stadt. Kempen kommandierte eine Armeedivision von 12.000 Mann. Später sollte er für die Belagerung der Stadt verantwortlich werden. Die Führer der Aufständischen wurden erschossen. Er ließ dabei nie einen Zweifel, auf welcher Seite er stand. Aus seiner Sicht waren die Aufständischen lediglich eine Gefahr. Eine Berechtigung der Forderungen konnte er nicht erkennen.

Gründung der Gendarmerie

In diesen Unruhen und Wirren der Zeit oder möglicherweise treffender wegen der Revolution wurde die Gendarmerie gegründet. Auf der einen Seite war es sicher ein Versuch der Staatsgewalt, die Bürger des Vielvölkerstaates wieder »besser in den Griff zu bekommen«, andererseits hatte aber auch die Bevölkerung starkes Interesse an geordneten Verhältnissen und Schutz. Räuberbanden beunruhigten die Bevölkerung, bedrohten die Menschen an Leib, Leben und Eigentum, es gab aber niemanden, der diesen Verbrechen hätte Einhalt gebieten können. Aufrechterhaltung von Ordnung, Ruhe und Sicherheit war damals, wie heute auch, im Interesse der Gesellschaft.

Schon 1710 hatte sich der Hofkriegsrat mit dem Vorschlag, aus den besten und ansehnlichsten Leuten der Armee eine (polizeiliche) Gardetruppe zu Fuß und zu Pferd zu bilden, beschäftigt. Der Vortrag, der mit den Worten endete: »Salvo tamen melius sententium judicio« (ohne dem Urteile Klügerer vorgreifen zu wollen) – blieb in den Akten des kaiserlichen Hofkriegsrates liegen. Im Vormärz wurde der Plan, eine

Kaiser Franz Joseph I. in jungen Jahren.
Bild: Gendarmeriemuseum Wien

Landessicherheitswache – das war die Gendarmerie – aufzustellen, von Kaiser Franz und seinem Polizeipräsidenten Graf Sedlnitzky neuerdings erwogen. 1846 wurde von Metternich ein schwacher, erfolgloser Versuch zur Einführung unternommen. Bis zum Jahre 1849 gab es eine derartige Institution im österreichischen Kaiserstaate nur in der Lombardei und in Südtirol, wo sie sich aus der Zeit des napoleonischen Königreiches Italien in der Stärke von einem Regimente zu 1.000 Mann forterhalten hatte. Ministerpräsident Fürst Schwarzenberg forcierte 1849 wieder die Idee, nach deren Muster ein Gendarmeriekorps für den gesamten Kaiserstaat zu bilden. Auf der Grundlage ihrer Statuten wurde diese Institution nunmehr im ganzen Kaiserreich eingeführt und dieses damit auf eine Linie mit England und Frankreich, mit Rußland und Preußen gebracht.

Schon am 30. Mai 1849 hatte Alexander Bach dem Kaiser diesen Vorschlag mit dem Titel »Alleruntertänigster Vortrag des treugehorsamsten provisorischen Ministers des Innern Alexander Bach hinsichtlich der Notwendigkeit der Errichtung einer Gendarmerie in dem ganzen Umfange des österreichischen Kaiserhauses« erstattet und dieser hatte ihm am 30. Mai seine Genehmigung erteilt. In Kraft trat die kaiserliche Verordnung mit 8. Juni 1849. Die kaiserliche Verordnung wird im Hinblick auf ihre Bedeutung zur Gänze zitiert:

»Reproduktionsentwurf

Ich bewillige die Errichtung einer Landesgendarmerie in Meinem gesamten Reiche nach den angedeuteten Grundsätzen und ermächtige Meinen Minister des Innern die in dieser Beziehung erforderlichen weiteren Verhandlungen im Einvernehmen mit den hiebei beteiligten Ministerien zu pflegen und Mir die geeigneten Vorschläge zu erstatten.

Wien, am 30. Mai 1849«

Allgemeines Reichsgesetz- und Regierungsblatt für das Kaisertum Österreich, Jahrgang 1849, Seite 297, Nr. 272 (kaiserliche Verordnung vom 8. Juni 1849)

Mit der nachfolgenden Verordnung wurde 1850 das provisorisch-organische Gesetz der Gens d'armerie in dem österreichischen Kaiserstaate erlassen, in dem die Personalführung, Aufgaben und Unterstellungsverhältnisse, der Waffengebrauch, das Benehmen der Gendarmen, die interne Hierarchie, das Verhältnis zum Militär, ökonomische Belange, Strafen und Belohnungen, und die Adjustierung in 95 Paragraphen detailliert geregelt werden.

Verordnung des Ministeriums des Innern vom 18. Jänner 1850, wirksam für alle Kronländer, über die Organisirung der Gens d'armerie.

In Gemäßheit der mit der allerhöchsten Entschließung vom 8. Juni 1849 genehmigten Grundzüge über die Errichtung einer Gens d'armerie für das Kaiserreich haben Seine Majestät über allerunterthänigsten Vortrag des Ministers des Innern und des Krieges und über Einrathen des Ministerrathes mit der allerhöchsten Entschließung vom 18. Jänner 1850 das provisorische organische Gesetz der Gens d'armerie zu sanctioniren, die Standes- und Kostenausweise zu genehmigen, und dem Minister des Innern, im Einvernehmen mit den Ministern des Krieges und der Finanzen die unverzügliche Einleitung aller Vorkehrungen aufzutragen geruht, damit die Gens d'armerie in der kürzesten Zeit in der erforderlichen Anzahl aufgebracht, gehörig eingeübt und in Wirksamkeit gesetzt werde.

Dem allerhöchsten Auftrage zufolge wird hiemit das provisorische-organische Gesetz der Gensd'armerie in dem österreichischen Kaiserstaate erlassen und allgemein kundgemacht. Bach m. p.

Aufgaben der Gendarmerie

Im Vortrag vom 30. Mai 1849 an den Kaiser führt Bach aus, daß die nahe bevorstehende Organisierung der Gerichtsbehörden, Staatsanwaltschaften, und die Umgestaltung der politischen Administration die Beistellung eines Exekutivkörpers im Interesse der allgemeinen Wohlfahrt nahelegen. Die Monarchie geht immer weiter den Weg Richtung Rechtsstaat, der ohne Kräftigung der richterlichen Gewalt, ohne regelmäßige Organe für die Wächter des Gesetzes, ohne »Achtung gebietende Vollzieher der Aussprüche der Staatsgewalt« nicht auskommen kann.

Den Gelüsten des Leichtsinnes, Übermutes oder der verbrecherischen Gesinnungen und deren Bestrebungen soll entgegengetreten werden. Dabei spricht Bach auch schon von der »Aufrechterhaltung der Ruhe, Ordnung und Sicherheit«.

Die Bezirkshauptmannschaften und Kreispräsidenten, denen die Leitung der politischen Verwaltung zugewiesen werden wird, bedürfen zu den wichtigsten Geschäften, wie der Überwachung der Fremden, Reisenden, der Versammlungen und der Handhabung der Lokalpolizei eines Wachkörpers, der soviel moralisches Gewicht behaupten muß, daß er nebst seinen eigenen Obliegenheiten auch die Kontrolle anderer Wachkörper, wie der Gemeinde- und Stadtwache, auszuüben imstande sei.

Im provisorisch-organischen Gesetz der Gens d'armerie von 1850 waren die sogenannten Dienstobliegenheiten, ihre Aufgaben und das Verhältnis zu den Behörden in den Paragraphen 11 bis 41 dann detailliert geregelt.

Wie heute auch war die Gendarmerie verpflichtet, Anzeigen entgegenzunehmen und zu erstatten. Personen, die auf frischer Tat betreten wurden, Landstreicher oder sonstige Verdächtige, die sich nicht ausweisen konnten, mußten der Sicherheitsbehörde übergeben werden. Nach gesuchten Personen oder Sachen hatte der Gendarm zu fahnden. Bei außergewöhnlichen Ereignissen wie Mord, Raub, Feuer, Überschwemmungen, aber auch Epidemien mußte er den Sachverhalt erheben. Weiters war es eine seiner Pflichten, Reisedokumente zu überprüfen und, wenn notwendig, Reisende oder Kuriere zu begleiten. Gefangene wurden eskortiert.

Neben diesen, großteils auch heute bekannten Aufgaben, mußte der Gendarm zudem in militärischen Belangen tätig sein. Hier war er zuständig für Einquartierungen, bei Truppenmärschen hatte er Unordnungen und Exzesse zu verhüten bzw. zu melden. Urlaubspässe zu kontrollieren und Deserteure auszuforschen oblag seinem Aufgabenbereich.

Ihre Befugnisse, die öffentliche Ruhe, Sicherheit und Ordnung aufrechtzuerhalten, erstreckte sich gleichmäßig auf Zivil- und Militärpersonen. Keine zivile oder militärische Autorität durfte sich in die Dienstverrichtungen der Gendarmerie einmischen. Es galt der Grundsatz, daß die Gendarmerie außer Kontrolle einer anderen bewaffneten Macht stand, aber jedenfalls bei Bedarf unterstützt werden mußte. Der Generalinspektor, dieses Amt wurde auf Kempen zugeschnitten, die Gerichtsbarkeit über die Gendarmerie, und seit 1857 das volle Inhaberrecht. Damit gab es keine Konduiteberichte der Zivilbehörden oder eine Kontrolle der Behörden, wie sie in den organischen Bestimmungen vorgesehen waren mehr. Diese wurden durch Stimmungsrapporte der Gendarmerie verdrängt und die Minister mußten froh sein, wenn Kempen ihnen die vorlas. Aus der Überwachung der Gendarmerie durch die Zivilbehörden entwickelte sich das Gegenteil.

Damit wurde die neue Institution vielen bald allzu groß. Ab der Hälfte der fünfziger Jahre zählte wohl auch Kaiser Franz Joseph zu denen, die eine Erweiterung nicht befürworteten. Franz Joseph der noch 1851 die Gendarmerie aneiferte, die Beamten zu kontrollieren, wünschte sich vier Jahre später die Gendarmerie geschmeidiger gegenüber den Statthaltern.

Die Verwendung zu »informativen« Zwecken und konfidentiellen Polizeidiensten hat den Ruf weiter geschädigt. Allerdings muß darauf hingewiesen werden, daß die Zeiten allgemein noch sehr angespannt waren. Kempen wollte mit Hilfe der Gendarmen politische Verschwörungen, potentielle Attentäter oder andere in seinen Augen für das Kaiserreich gefährliche Bereiche, wie die Presse, in den Griff bekommen.

Uniformierung und Bewaffnung

In der Adjustierungs-Vorschrift für die kaiserlich königliche Gens d´armerie war von der Kopfbedeckung bis zu den Knöpfen das Aussehen der Uniform genau geschrieben.

Berittene Gendarmerie um 1850. *Bild: Museumsverein Werfen*

Die Pickelhaube galt Franz Joseph wie Kempen als ein eifersüchtig gewahrtes Symbol für ihre ungewöhnlichen Vorrechte. Sie war ein Privileg, an das niemand rühren, das niemand antasten durfte. Die Mannschaft zu Fuß trug die Pickelhaube ohne, die zu Pferd mit einem abnehmbaren Roßhaarbusch. Auf der Vorderseite war der k. k. Adler angebracht, der im Mittelschild den Namenszug des Kaisers hatte. Auf dem unteren Schild war die Nummer des betreffenden Regiments vorgesehen.

Uniformierung 1850–1860. *Bild: Gendarmeriemuseum Wien*

Der Waffenrock war aus dunkelgrünem Tuch, der vordere Rand längs der Rockknöpfe und die Faltenleisten waren mit rosenrotem Tuch passepoiliert. Der Mantel war aus graumeliertem Tuch. Weiters waren Knöpfe aus Messing mit der Regiments-Nummer, eine gelbfarbene Achselschnur und ein weißes Sommerbeinkleid vorgesehen. In der Vorschrift sind weitere Details sehr genau beschrieben.

Bewaffnet war der Gendarm mit einem Säbel, dessen Klinge eine Länge von 25 Zoll hatte, gleich jenen der Infanterie-Unteroffiziere und der Grenadiere und einem Karabiner.

Uniformierung 1850–1860 *Bild: Gendarmeriemuseum Wien*

Auf der Cartouche (Patronentasche) war auf der Mitte des Deckels eine Granate aus Messing gleich jener auf den Grenadier-Unteroffiziers-Cartouchen angebracht. Diese flammende Granate, damals noch mit stehender Flamme, wurde später dann zum Kennzeichen für die Gendarmerie. Die Grenadiere waren Spezialisten im kaiserlichen Heer im 17. und 18. Jahrhundert und waren vorerst nur einzeln und später in kleinen Gruppen zum Werfen von Handgranaten bestimmt.

Die Granate war meist aus grünem Glas gefertigt. Dieses Grenadierzeichen wurde zunächst auf der Grenadiermütze getragen und wurde dann auch auf den Taschen, den Riemen und später auch auf dem Kragen angebracht.

Wandel der Zeit

»Wir sind überzeugt, daß ein jeder Bewohner des flachen Landes, der die elende Handhabung der mit großen Opfern und in fester Absicht organisierten österreichischen Landpolizeigesetze zu beobachten und durch selbe oft zu leiden in der Lage war, mit uns stimmt, wenn er bedenkt, daß die Regierung ihrer Verpflichtung, den Bürger vor Rechtsverletzungen nicht nur innerhalb geschlossener Wohnorte, sondern auch auf dem flachen Lande zu schützen, durch ein militärisch organisiertes, ausschließlich dem Sicherheitsdienste gewidmetes Korps notwendig nachkommen müsse, weil dieses an dienstliche Pünktlichkeit gewöhnt – jede andere Sicherheitswache – heiße sie wie sie wolle – an Eindruck machender Haltung, Beweglichkeit und Disziplin übertrifft.«
Bothe Nr. 37, Seite 184, 1850

Gerade zu Beginn wurde die Gendarmerie von einem Großteil der Bevölkerung dankbar aufgenommen. Die weitreichenden Befugnisse, die Handhabe bei der Personalauswahl, die angeordnete Unterstützung bei dem Aufbau dieses Wachkörpers machten es möglich, daß in kürzester Zeit in allen Teilen des Reiches die Gendarmerie als wichtigstes Element der neuen staatlichen Ordnung bemerkbar wurde. Fürst Schwarzenberg meinte, daß es nun jedermann einsehen lerne, daß es besser sei, von Gendarmen als von gewählten Obrigkeiten regiert zu werden.

Bald wurde deutlich, daß weitreichende Befugnisse auch zur Verwendung kommen können. Die Gendarmerie entfaltete lebhafte Tätigkeit.

Bis Ende 1850 waren schon über 50.000 Amtshandlungen und über 48.000 Verhaftungen zu verzeichnen; 320 Straßenräuber, 6.455 Diebe, 208 Aufwiegler, 144 entwichene Sträflinge, 1.484 Besitzer verbotener Waffen. 19.180 Verdächtige, 19 Spione und 4.228 Rekrutierungsflüchtlinge wurden aufgegriffen. 35 Personen wurden wegen Widerstand oder auf der Flucht getötet. Grund für die große Zahl der Amtshandlungen waren wahrscheinlich auch die Prämien, sogenannte Taglien, die in bestimmten Fällen entrichtet wurden. Die jährliche Besoldung eines Gendarmen war zu der Zeit etwa mit 250 fl. festgesetzt, wobei regionale Abweichungen vorgesehen waren.

Die Taglien für die Einbringung von Deserteuren sowie die Rettungsdouceurs sind in den Militärvorschriften bestimmt. Für die vom Zivilstande in Haft genommenen und verurteilten Personen wurden nach Maßgabe des Straferkenntnisses die Prämien wie folgt bemessen:

Bei einem Arrest oder Kerkerstrafe von weniger als 1 Jahr	4 fl
von 1 bis 3 Jahren	8 fl
von 3 bis 10 Jahren	16 fl
von 10 bis 15 Jahren	25 fl
über 15 Jahre	30 fl
bei der Todesstrafe	60 fl

Auch für die aus den Kerkern und Strafhäusern als bereits verurteilte Verbrecher entflohenen Personen wurden unter den oben beschriebenen Bedingungen die Taglien bezahlt und nach den Jahren bemessen, welche der entsprungene Delinquent noch abzusitzen hatte.

Die Armee betrachtete die neue Institution wegen ihrer ungewöhnlichen Vorrechte mit Neid und Mißgunst und bald wurden Klagen über die Strenge, mit der die Gendarmerie auch gegenüber der Armee vorgehe, laut. Aber auch die Kritik in zivilen Kreisen wurde lauter. Alexander Bach, der Minister des Inneren, der maßgeblich an der Gründung beteiligt war, wollte sie 1850 daher nur noch zur Assistenz bei den Gerichtsbehörden verwendet sehen. So nahm dann die positive Stimmung, die in den Gründungsjahren spürbar war, sukzessive ab. Der Generalinspektor Kempen, der als Militär dem Kriegsminister und als Exekutivorgan dem Minister des Innern unterstand, spürte bald die Widerstände. Die Gendarmerie wurde stark angefeindet, reduziert und teilweise wurde sogar ihre gänzliche Auflassung gefordert.

Personal

Neben der Gendarmerie war die Gemeindewache vorgesehen, die für die Lokalpolizei zuständig waren. Bach hält jedoch in seinem Vortrag an den Kaiser eine »strenge Prüfung der aufzunehmenden Individuen« nur bei der Gendarmerie für notwendig.

Das ganze Wachinstitut wird in Regimenter mit fortlaufender Zahl eingeteilt. Bei der Regimentseinteilung wird auf Territorial- und Bevölkerungsverhältnisse in den einzelnen Kronländern sowie auf die politische und gerichtliche Organisation Rücksicht genommen. 13 Regimenter jeweils zu 1.000 Mann waren vorgesehen.

Tatsächlich wurden aber bald 16 Regimenter eingerichtet (ab 1854 kamen die Regimenter 17, 18 und 19 noch dazu).

Erforderlich für die Aufnahme in die Gendarmerie waren folgende Eigenschaften, für deren Einhaltung die Offiziere und der Regimentskommandant verantwortlich waren:
a) Besitz der österreichischen Staatsbürgerschaft
b) Alter zwischen 24 und 36 Jahren (ausnahmsweise von 20 bis 40 Jahren)
c) ledig oder kinderloser Witwerstand
d) gesunder, rüstiger Körperbau, Größe nicht unter 5 Schuh 5 Zoll
e) Kenntnis der Landessprache und des Lesens und Schreibens
f) Gewandtheit im Benehmen, gute Aufführung und makelloser Ruf

Die Armee wurde angewiesen, unter persönlicher Verantwortung und unter Kontrolle des vorgesetzten Brigadiers das notwendige Personal beizustellen. Wenn jemand aus der aktiven Armee übertrat, mußte er ein Jahr bei einem Flügel probeweise Dienst verrichten, bei Unteroffizieren genügten 3 Monate. Nicht geeignete wurden auf Kosten seines Regimentes zurückgeschickt. Damit war eine positive Auslese gewährleistet. In dieser Zeit erhielt der Gendarm Unterricht im Exerzieren, Ausübung des Patrouillendienstes, Gymnastik, Ringen, Fechten, Voltigieren, Schwimmen, Schießen, Anwendung der Dienstvorschrift, Schreiben von Berichten und Aufsätzen. Zudem wurden seine Verläßlichkeit und sein Mut auf die Probe gestellt.

Im Februar 1850 zählte man schon über 8.000 Mann, im Febraur 1851 fast 13.000 Mann und über 7.500 Reitpferde.

Hierarchie

Die Regimenter der Gendarmerie standen unter der Oberleitung des Generalinspektors, der in Wien seinen Sitz hatte. Jedes Regiment wurde von einem Oberst oder Oberstleutnant kommandiert. Diesem sind Stabsoffiziere beigegeben. Je nach regionalen Anforderungen sind die notwendige Anzahl an ersten und zweiten Rittmeistern, Ober- und Unterleutnants, Wachtmeistern, Korporalen und Vizekorporalen, dann Gendarmen zu Pferd und zu Fuß.

Das Regiment teilte sich in der Regel in Eskadronen, jede Eskadron in zwei selbständige Flügel, jeder Flügel in mehrere Züge, jeder Zug in mehrere Sektionen, jede Sektion in mehrere Korporalschaften und einzelne Posten. Eine Korporalschaft sollte nicht unter 5 und nicht über 8 Mann, ein Posten nicht unter 3 und nicht über 4 Mann außer dem befehlenden Unteroffizier zählen.

Fritz Hörmann

Der Giftmörder von Werfen

Im zweiten Drittel des 19. Jahrhunderts bewegte ein sensationeller Mordprozeß die Salzburger Bevölkerung. Es handelte sich dabei um den Mordfall des Lebzelters und Bürgermeisters Johann Oberreiter aus Werfen, dem zur Last gelegt wurde, drei Frauen aus Geldgier vergiftet zu haben.

Der Prozeß endete nach fünftägiger Dauer am 4. März 1865 im k. k. Landesgericht Salzburg mit der Verurteilung des Angeklagten zum Tode durch den Strang. Das Interesse an diesem Prozeß bzw. Mordfall zog weite Kreise. Einerseits gab es vorher noch nie ein so großes öffentliches Interesse, das sich dahingehend ausdrückte, daß der Gerichtssaal während des gesamten Prozeßablaufes völlig überfüllt war und der Verlauf der Verhandlung in der ganzen Monarchie publik gemacht wurde und andererseits kristallisierte sich die Beweisführung für die Fachwelt zu einem historischen Lehrbeispiel heraus, in dem es galt, ein Verbrechen durch ausgezeichnete Recherchen einer noch jungen Gendarmerie und durch eine, noch in Kinderschuhen stehenden Gerichtsmedizin, zu klären.

Es war ein Fall, der die Gendarmen des Bezirkes vor die schwierige Aufgabe stellte, in einem rund 850 Seelen zählenden Markt im Umfeld historisch gewachsener kleinbürgerlich-ländlicher Strukturen, gegen einen prominenten Bürger aus ihren Reihen Erhebungen einzuleiten und sie trotz der entgegengebrachten Verschlossenheit positiv zu Ende zu führen. Auf der anderen Seite lagen die Verbrechen zum Teil so lange zurück, daß Tatortspuren nicht mehr vorhanden waren und die Auswertung jener Beweismittel, die sichergestellt werden konnten, an die Grenzen der Wissenschaft stießen.

1832 kam ein Lebzeltergeselle nach Werfen

Johann Oberreiter kam 1803 in Dienten zur Welt, seine Mutter starb bald und er lebte teilweise in Maria Alm und in St. Veit, wo er auch die Schule besuchte. Im Alter von 15 Jahren erlernte er das Lebzelterhandwerk in Radstadt, war nach Beendigung der Lehre einige Zeit auf Wanderschaft, kam 1832 nach Werfen, wo er »...bei der Lebzelter Witwe Maria Schintlmaissern in Condition tritt...«. Die 26jährige Witwe, die als launenhaft, eigensinnig und jähzornig beschrieben wird, fand wohl an dem »...unterwürfigen, geschmeidigen immer auf Strümpfen auftretenden Gesellen ein so großes Wohlgefallen, daß sie ihn noch in demselben Jahr ehelichte«.

Sie brachte neben einem schuldenfreien Haus und einem guten Geschäft zwei Kinder aus erster Ehe mit, Maria und Eva. Er hatte sich »... ein paar hundert Gulden erspart...«, die er mit in die Ehe brachte und dafür Mitbesitzer des Lebzelteranwesens wurde. In der Folge gingen aus dieser Ehe neun Kinder hervor, von denen bis zu seiner Verhaftung am 21. Mai 1864 noch drei Kinder am Leben waren.

Bürgermeister von 1843 bis 1848

Die Familie und das Haus waren eines der angesehensten im Markt Werfen. Sein Wort galt und er wurde deshalb 1843 zum Bürgermeister ernannt. Dieses Amt bekleidete er bis 1848. Bereits zu diesem Zeitpunkt lagen aber die Dinge anders, wie Zeugen im späteren Mordprozeß aussagten. Es wußte im Ort jeder wie es um seine Ehe und seine Kinder stand. Der Zustand seiner Stiefkinder und seiner eigenen Kinder luden nicht gerade zur Annahme ein, daß die Oberreit'schen eine Musterfamilie waren. »Aber was kümmerte es seine Umgebung,« meinte ein Zeuge im Mordprozeß »wenn die am Leben gebliebene kleine Eva Schintlmaisser, die mittlerweile heranwachsenden zahlreichen Oberreiterschen Kinder körperlich und geistig zu Grunde gingen, was kümmerte es seine Umgebung, daß die Ehegatten sich gegenseitig mit Vorwürfen ehelicher Untreue verfolgten; der Lebzelter war ein aufrechter Geschäftsmann, er zahlte pünktlich, sein Meth und Wachskerzen, die er sogar ins Kapuzinerkloster lieferte, ließen nichts zu wünschen übrig, er ging sehr oft in die Kirche und sehr selten ins Gasthaus – was wollte man eben mehr von ihm fordern?«

Maria Oberrreiter starb am 25. Mai 1855 und Johann Oberreiter wurde, nachdem er die noch lebende Stieftochter Eva Schintlmaisser mit einer Sicherstellung von 100 Gulden auf das Haus abgefertigt hatte, Alleinbesitzer des Lebzelteranwesens in Werfen.

Zweite Ehefrau erstattete Mordanzeige

1859 verehelichte er sich mit der »Chirurgenswitwe« Anna Menneweger. Zu diesem Zeitpunkt war es um das Vermögen des Lebzelters schlecht bestellt, das Haus im Wert von rund 8.000 Gulden war mit 5.000 Gulden verpfändet. Der Versuch seinen ältesten Sohn gut zu verheiraten mißlang, weil sich keine Braut entschließen konnte »...in das Haus des Lebzelters mit seinen zerrütteten Familienverhältnissen und seinem Haufen ›umweltläufiger‹ Kinder einzutreten«.

Anna Menneweger war zwar mit einem zu diesem Zeitpunkt noch angesehenen Mann verheiratet, fand aber, wie bereits geschildert, zum schlechten Geschäftsgang einen wenig einladenden Haushalt vor. Sie selbst ließ sich, im Gegensatz zu ihrer Vorgängerin, vom heuchlerischen Wesen ihres Mannes nicht verblenden, war eng im Ortsgeschehen eingebunden und erfuhr deshalb was die Bürger hinter vorgehaltener Hand sprachen – »Oberreiter hat seine erste Frau umgebracht!«

Diese Gerüchte waren für sie Anlaß ihren Gatten genau zu beobachten und ihn mehrmals aufzufordern seinen Ruf wiederherzustellen. Sie wollte, daß er die Verleumder – die sie ja kannte – gerichtlich zur Rechenschaft zog. Oberreiter hütete sich jedoch sich mit jemanden anzulegen und drohte statt dessen seiner Frau, »... daß sie nur Acht nehme, daß er sie selbst noch in's Loch bringe!«

Diese Äußerung und das Ableben von Eva Schintlmaisser am 26. April 1864 entfachten das Mißtrauen der Frau. Als dann drei Wochen später Tochter Barbara Oberreiter mit den gleichen Symptomen wie ihre Schwester starb und ihr Mann krampfhaft versuchte eine vorzeitige Beerdigung zu veranlassen, war für sie der Fall klar. Sie erstattete am 17. Mai 1864 beim »k. k. Bezirksgerichte zu St. Johann« die Anzeige, »... daß sie den Verdacht hege Johann Oberreiter habe die Mädchen mit Grünspan vergiftet, weil sie ihm in ihrem hilflosen Zustand zu einer unerträglichen Last geworden waren«.

Erste Maßnahmen des Gerichtes und der Gendarmerie

Die glaubwürdige Anzeige der Frau veranlaßte das Gericht bei der letztverstorbenen Barbara Oberreiter eine Obduktion durchzuführen. Der k. k. Bezirksarzt Dr. Storch und der Werfener Wundarzt Dr. August Rasp nahmen die Obduktion vor und stellten – vorgreifend einer chemischen Untersuchung – fest, daß der begründete Verdacht eines unnatürlichen Todesfalles vorlag. Dieses Ergebnis veranlaßte das Gericht, die Leiche der Eva Schintlmaisser zu exhumieren und auch sie zu obduzieren, wobei auch hier Fremdverschulden festgestellt werden konnte.

Gerichtsmediziner zum Tode von Eva Schintlmaisser und Barbara Oberreiter

Kreuz, Rosenkranz, Blumenstrauß sowie die gezogenen Proben wurden zu den Gerichtsärzten Dr. Klob und Dr. Schumacher gebracht, die darüber folgendes Gutachten erstellten:

1. »Daß an Eva Schintlmaißer und an Barbara Oberreiter Vergiftung stattgefunden habe und daß beiden das Gift auf gewöhnlichem Wege, d. h. durch den Mund im Wege des Abschluckens beigebracht wurde;

2. daß Beiden Arsen in einer zum Töten hinreichenden Menge beigebracht wurde;

3. daß acute Blutzersetzung, durch Arsen herbeigeführt, bei beiden Opfern die nächste Ursache eines nicht natürlichen Todes gestorben sind;

4. daß bezüglich beider Ermordeten die dem Thäter zur Last liegenden Handlung schon ihrer allgemeinen Natur nach den Tod verursachen mußte.

Durch das angeführte gerichtsärztliche Gutachten ist daher gemäß § 263 St.-P.O. rechtlich erwiesen, daß Eva Schintlmaisser und Barbara Oberreiter an den Folgen des ihnen von fremder Hand beigebrachten Giftes gestorben sind, womit objektiv der Thatbestand des Verbrechens des Meuchelmordes nach §§ 134 und 135-1 St.G. vorliegt.«

Haftbefehl und erstes Teilgeständnis

Der Haftbefehl gegen Johann Oberreiter folgte unmittelbar nach diesen Ergebnissen und er wurde zur Ersteinvernahme in das k. k. Bezirksgericht Werfen und später – um die Objektivität zu wahren – in das k. k. Bezirksgericht St. Johann gebracht, wo er bei den ersten Vernehmungen ein Teilgeständnis ablegte.

Die von den Gendarmerie- und Gerichtsbeamten ausgezeichnet geführten Vernehmungen bewogen den Lebzelter ein Teilgeständnis abzulegen. Er gab zu, seiner Stieftochter die Arseniklösung nur gegeben zu haben »... weil sie mich bat, daß ich sie von ihren Leiden befreien möge...« Weiters gab er zu, daß er das Fläschchen mit 10–12 Tropfen Inhalt in das Bett seiner Tochter Barbara mit der Absicht gesteckt habe, um damit ihr ebenfalls zu Hilfe zu kommen und ihr Leiden abzukürzen.

Das Geständnis wurde unter Zeugen von Johann Oberreiter unterschrieben. Der »Akt geschlossen um 11 Uhr Mittag bogenweise gefertigt, und in Untersuchungshaft abgeführt«.

Unmittelbar nach seiner Verhaftung veranlaßte das Gericht die Exhumierung seiner ersten Frau Maria Oberreiter und einen genauen Lokalaugenschein im Lebzelterhaus. Über die von Gendarmen durchgeführten Spurensicherungsarbeiten ist festgehalten, daß »... die Bettgestelle, in welchen die beiden Mädchen geschlafen hatten, Theile des Fußbodens, auf welchen getrockneter Unrath sichtbar war, wurden theils mit Wasser gereinigt, theils abgehobelt und sowohl das gewonnene Wischwasser als die abgehobelten Späne zur chemischen Untersuchung aufbewahrt. Alle in der Wohnung des Lebzelters vorgefundenen alten Medicin-Flaschen, Töpfe mit Farben, Papier-Düten, Haaröle, Schächtelchen, Pflaster, Arzneireste, ein Stück rother Schwefel-Arsen, Salmiak und Melissengeist, Pottasche, Colophonium, Pflanzensaamen, Tintenfläschchen, Salben, Weihrauch, die Sägespäne aus dem Spuck-

Im Gericht Werfen fand, nach erster Verwahrung in der Frohnfeste (links vom Gericht), die erste Einvernahme von Oberreiter statt.
Bild: Fritz Hörmann, Lithographie v. Gustav Kraus (1835)

napfe des Mädchens, abgehobelte Blutspuren, der pulverige Inhalt einer Lade, in welcher verschiedene Stoffreste zusammengewürfelt lagen, und ein zum Theile gefülltes Medicinfläschchen, welches die Aufschrift trug: »Alle Stund ein Esslöffel voll zu nehmen« Lebzelter Baberl vom Gericht übernommen wurden...«

Die Exhumierung von Maria Oberreiter

Pfarrer, Küster, Totengräber, Wissenschaftler, Gerichtsdiener und Gendarmen sowie Johann Oberreiter waren anwesend, als die Exhumierung der sterblichen Überreste von Maria Oberreiter stattfand. Die Ausgrabung erfolgte mit großer Sorgfalt und es wurden ständig Erdproben zur Seite gelegt, um sie einer chemischen Untersuchung zuführen zu können. Die Leiche war so »vermodert, daß es unmöglich war sie aus dem Grabe zu schaffen ohne den Zusammenhang der Theile zu zerstören«. Einige Gegenstände hatten sich allerdings erhalten; ein Kreuz mit Rosenkranz und ein Strauß künstlicher Blumen, den man der Leiche mit ins Grab gelegt hatte.

Dazu ist im Bericht festgehalten: »Die halbvermoderten Gebeine wurden mit dem hohlen Totenschädel in ein eigenes Behältnis verschlossen, die Weichteile des Rumpfes, welche in einem dunkelfärbigen Brei zusammengeflossen waren, wurden in neuen Porzelangefäßen aufbewahrt, die Kleiderreste gesammelt, ja selbst die Hobelspäne auf denen die Leiche geruht hatte, und die zum Theile mit humificierten menschlichen Resten vermengt waren, der späteren chemischen Untersuchung vorbehalten.«

Gerichtschemiker zur Todesursache von Maria Oberreiter

Zum weiteren Anklagepunkt hinsichtlich des Meuchelmordes an seiner ersten Gattin Maria Oberreiter konnte folgendes erhoben werden:

Maria Oberreiter war zum Zeitpunkt ihres Ablebens am 25. Mai 1855 49 Jahre alt. Die Krankheiten, die ihrem Tod vorausgingen waren 1851 und 1853 hysterische Krampfanfälle und Schmerzen, die als Gicht diagnostiziert wurden. Ab dem 6. März 1855 litt sie wieder an Krämpfen, Erbrechen und Gichtschmerzen im Kopf sowie in den Füßen und wurde von Dr. Schüller behandelt. Es trat keine Besserung ein, die Krampfanfälle steigerten sich und führten letztlich zum Tod. Nach Ansicht des behandelnden Arztes litt sie an akuter Magengicht, die mit entzündlichen Erscheinungen auftrat.

Die Obduktion der Leiche und chemische Untersuchung ergab, daß Arsen und Kupfer vorhanden waren. Aber auch die Grabbeigaben, insbesondere die Blätter des Blumenstraußes, enthielten dieselben Giftstoffe. Die Gerichtsärzte erklärten auf Grund dieses chemischen Befundes, »...daß sich die Möglichkeit einer stattgefundenen Vergiftung nicht absprechen lasse, ja sie finden eine wiederholt versuchte Vergiftung, die endlich zum Tode führte, wahrscheinlich...«

Die chemische Analyse des Gerichtschemikers führte an, daß sowohl in den Leichenteilen, als auch in den Grabbeilagen Arsen vorgefunden wurde. Da beim beigefügten Blumenstrauß die Blätter mit »Schellischem Grün« (Farbsubstanz mit Arsen, Kupfer, Quecksilber usw.) gefärbt war, konnte in diesem Punkt die Beweisführung nicht zu Ende geführt werden. Die Chemiker kamen jedoch übereinstimmend zur Feststellung, daß mit großer Wahrscheinlichkeit das Gift ohne Mitwirkung der Nebenursachen den Tod der Frau herbeiführte.

Zeugenaussagen zum Tode der Maria Oberreiter

Die 22jährige Ehe der Oberreiter war alles andere als glücklich. Maria war eine Cholerikerin, eigensinnig, launenhaft und eifersüchtig. Sie vernachlässigte ihre Kinder, so daß sie – nach Aussagen von Zeugen – »körperlich und geistig zugrunde gingen«. Ihren Gatten, der sie während ihrer Krankheit vorwiegend pflegte, beschuldigte sie immer wieder sie mit Grünspan aus der Welt schaffen zu wollen. Es dürfte daran was wahr gewesen sein, da die im Haus wohnende Barbara Riedelsperger – sie war Köchin der Familie – aussagte, daß Kaffee immer vom Hausherrn in seinem Gewölbe aufbewahrt worden ist. Portionsweise wurde der Kaffee geröstet, kam in eine Büchse und wurde verkocht. Als Maria Oberreiter eines Morgens von der Kirche nach Hause kam und sie sich einen Kaffee kochen wollte, sah sie in der Büchse unter den Kaffee vermischt »glänzende Flinserl«. Sie zeigte das Maria Riedelsperger. Gleichzeitig kam Oberreiter, entriß seiner Frau die Büchse, lief damit davon und gab Riedelsperger die Schuld etwas in den Kaffee gemischt zu haben.

Maria Neureiter leistete bei der Verstorbenen einige Wochen Krankenpflegerdienste. Sie wurde von Maria Oberreiter mit den Worten eingestellt: »Ihr Mann gebe ihr Medizinen, worauf sie heftig erbrechen müsse, auch in den Kaffee habe er ihr einmal etwas hineingegeben, und seither sei sie krank.«

Auch die Aussagen anderer Zeugen verstärkten die Verdachtsmomente, daß Johann Oberreiter seine erste Ehefrau mit Arsen vergiftet hatte.

Zum Tode durch den Strang verurteilt

Der Gerichtshof erkannte Johann Oberreiter wegen des Verbrechens des verübten Meuchelmordes an Eva Schintlmaisser und Barbara Oberreiter schuldig und verurteilte Johann Oberreiter zum Tode durch den Strang. Von der Anklage, seine erste Frau Maria Oberreiter vergiftet zu haben, wurde er mangels an Beweisen freigesprochen.

Als Motiv der Tat kristallisierten sich einerseits die tristen Familienverhältnisse heraus, denen er sich durch die Morde entziehen wollte und andererseits seine schlechte wirtschaftliche Lage, die er durch die Erbteile seiner ersten Frau und die der Kinder zu verbessern hoffte.

Das Urteil wurde in Salzburg vollzogen. Es war in diesem Jahrhundert das letzte Todesurteil, das im Lande Salzburg vollzogen wurde.

Die Klärung dieses Kriminalfalles – wo über lange Strecken mit Indizien die Beweisführung geführt werden mußte – ist der diffizilen Vorarbeit der Gendarmerie am Tatort mit der Sicherung von Beweismitteln zu verdanken. Aber auch die geschickte Vernehmung des Verdächtigen – die zu einem Geständnis führte –, verbunden mit der Ausforschung von Zeugen, die letztlich mit ihren Aussagen das Bild abrundeten, trug zum positiven Abschluß des Falles bei. Eines Falles, der mit seinen gut 1.200 Seiten an Protokollen und Gutachten als Lehrbeispiel für kriminalistische Taktik und Spurensicherung in die Geschichte eingegangen ist.

Quelle:

Salzburger Landesarchiv, »C« Strafacte vom Jahre 1864, Nr. 171; bzw. HB B 03380.

Kurt Janetschek

Die Gendarmerie von 1859 bis 1867

Das Jahr 1859 begann mit einigen, nichts Gutes ankündigenden Worten des französischen Kaisers Napoleon III. »Ich bedauere es sehr«, erklärte er in seiner Neujahrsansprache zum österreichischen Botschafter Baron von Hübner, »daß unsere Beziehungen zu Ihrer Regierung nicht mehr so gut sind wie früher.« Als es noch im gleichen Jahre zur militärischen Auseinandersetzung der Habsburgermonarchie mit dem Königreich Piemont-Sardinien kam, da waren es vor allem die Piemont unterstützenden französischen Truppen, die den Österreichern empfindliche Schlappen in den Schlachten bei Magenta und Solferino zufügten. Infolgedessen mußte der Kaiser – für das im Werden begriffene Königreich Italien – die Lombardei abtreten. Dem im Jahre zuvor verstorbenen volkstümlichen österreichischen Heerführer Feldmarschall Wenzel Graf Radetzky blieb es glücklicherweise erspart, diese unrühmlichen Ereignisse erleben zu müssen!

Offizielles Wappen der Monarchie – einst in allen Amtsräumen zu finden. *Bild: Museumsverein Werfen*

Die Schlacht von Solferino sollte aber für künftige kriegerische Auseinandersetzungen noch eine weitere Bedeutung erlangen: Angesichts der zahlreichen Verwundeten auf dem Schlachtfeld, die vielfach von Pferden zertrampelt, von Geschützen einfach überrollt worden waren, ergriff ein Zeuge dieser dramatischen Vorgänge, der Schweizer Kaufmann Henri Dunant, die Initiative zur Linderung des Loses von Opfern brutalster Kriegsführung, deren Ergebnis die in den Bestimmungen zur »Genfer Konvention« festgehaltenen Punkte darstellten. Das Internationale Rote Kreuz hatte seine Geburtsstunde.

Als innenpolitische Folge des Krieges von 1859 begann die Demontage des kaiserlichen Absolutismus. Franz Joseph I. war jetzt zu weitreichenden Änderungen und Reformen im Staatsgefüge bereit. Erste Opfer seiner geänderten politischen Haltung wurden die Hauptvertreter des alten Systems: Innenminister Alexander Frh.von Bach sowie Polizeiminister Johann Kempen Frh. von Fichtenstamm. Das 1860 verkündete »Oktoberdiplom« sollte als »beständig unwiderrufliches Staatsgrundgesetz« die Autonomie der Kronländer sowie die Einheit des Kaiserreiches sichern.

Nachdem bereits 1859 der österreichische Erfinder des Opernglases, Friedrich Voigtländer, aber auch der Klavierbauer Ignaz Bösendorfer sowie der lange Zeit Europa dirigierende österreichische Staatskanzler Klemens Wenzel Fürst von Metternich verstorben waren, folgten im Jahre darauf zwei weitere vielbeachtete Persönlichkeiten: Karl Ritter von Ghega, der Erbauer der Semmeringbahn, und der profilierte Architekt des »Klassizismus«, Josef Kornhäusel. Eine traurige Zugabe zu Solferino!

Bald zeigte sich, daß das Oktoberdiplom politisch nicht haltbar war. Es scheiterte am Widerstand der ungarischen und deutschsprachigen Vertreter. Der vom Kaiser mit der Umgestaltung beauftragte Regierungschef Anton Ritter von Schmerling schuf daher 1861 das »Februarpatent«. Dieses brachte für das Kaiserreich eine neue, zentralistisch orientierte Verfassung: Ein Reichsrat, bestehend aus Herrenhaus und Abgeordnetenhaus, sollte dem Kaiser beim Regieren zur Seite stehen. Für beide Seiten kein einfaches Unterfangen, wo doch Franz Josephs Grundsatz lautete: »Zu meinen Lebzeiten regiert nur einer, und das bin ich!«

Bedingt durch die außenpolitischen Ereignisse hat die Donaumonarchie innerhalb kurzer Zeit den Wandel zu einem konstitutionellen Staat durchgemacht. Da es jedoch nach wie vor an einem allgemeinem Wahlrecht mangelte, blieb die Mitwirkung an der Regierung auf einen kleinen Kreis Privilegierter beschränkt.

Kopfbedeckung nach 1868. *Bild: Gendarmeriemuseum Wien*

Die Folgen dieses Systemwechsels hatte auch das Gendarmeriekorps zu spüren bekommen. Die ans Ruder gelangte liberale Partei versuchte die Bedeutung der Gendarmerie herabzusetzen, wann und wo immer es ging. Die von der Regierung erlassenen »Grundsätze zur Reorganisierung der k. k. Bundesgendarmerie« (1860) ließ für diese eine wirklich traurige Epoche beginnen. Ihr Stand wurde von 19.000 auf ungefähr 5.000 Mann herabgesetzt, zahlreiche Kommanden mußten ihre Türen schließen! In dienstlichen und wirtschaftlichen Angelegenheiten waren die Gendarmen dem Ministerium des Innern, in militärischen und disziplinären dem Armeekommando unterstellt. Das führte natürlich zu Kompetenzüberschneidungen und nicht selten zu Unklarheiten und Verunsicherungen. Ja, die zahlreichen neuen Bestimmungen brachten eine heillose Verwirrung ins Korps, da sie mitunter sogar in Widerspruch zu den alten von 1850, die nicht immer außer Kraft gesetzt worden waren, standen!

Gendarmen erhielten damals sowohl Aufträge von politischen Behörden, als auch von ihren noch mit der Leitung des Dienstes beauftragten Offizieren. Konflikte waren vorprogrammiert. Am bedauernswertesten erwies sich bald die Lage der Postenkommandanten. Sie mußten oft mit nur drei oder vier Mann in einem Überwachungsbereich von der Größe eines Bezirksgerichtsprengels für Ruhe, Ordnung und Sicherheit Sorge tragen. Dabei hatten sie sowohl den Befehlen ihrer militärischen Vorgesetzten, als auch den vielfach entgegengesetzten Weisungen der politischen Behörden Folge zu leisten; schließlich auch noch den Anordnungen der Gerichte zu entsprechen.

Die nicht selten zu Botengängen degradierten Beamten mußten sogar noch Herabsetzungen ihres Soldes sowie Kürzungen ihrer Zulagen zur Kenntnis nehmen. Außerdem bestanden für sie kaum Aussichten auf Beförderungen. Massenhafte Abgänge für die nur sehr schwer Ersatz gefunden werden konnte, und wenn, dann nur durch mangelhafte ausgebildete Kräfte, deckten die herrschenden trostlosen Verhältnisse schonungslos auf.

So darf es nicht verwundern, wenn das Vagabunden- und Verbrechertum auf dem Lande wieder erschreckend um sich griff. Diebstähle und räuberische Handlungen standen auf der Tagesordnung. Das Wissen um diese Unzulänglichkeiten war ebenso da wie der Ruf nach Reformen und Reorganisation. Die ständig wechselnden Regierungen jedoch lagen fast ausschließlich im Ringen um eine haltbare Verfassung. So verstrich die Zeit, ohne daß es zu wesentlichen Veränderungen gekommen wäre.

1862 war in Preußen Otto Fürst von Bismarck Ministerpräsident und Außenminister geworden. Unter ihm genoß die Aufrüstung Vorrang. Daneben war er sehr an der Lösung der schleswig-holsteinischen Frage interessiert, was schließlich zum deutsch-dänischen Krieg von 1864 führte.

Die im Kriege gegen Dänemark siegreich gebliebenen Waffenbrüder Preußen und Österreich erreichten wegen der Aufteilung der »Beute« keine dauerhafte Einigung. Dazu kam, daß die beiden in fortwährendem Zanke um die Vorherrschaft im deutschen Raume lagen. Während die »Kleindeutschen« ein Deutschland ohne Österreich und unter der Führung Preußens anstrebten, traten die »Großdeutschen« für ein solches mit Österreich und unter der Führung des Hauses Habsburg ein. Der »Bruderkrieg« von 1866 war die Folge.

Unser Kulturleben hatte 1862 durch das Ableben von Johann Nepomuk Nestroy, dem wir zahlreiche Theaterstücke und Possen verdanken, sowie den Tod der begabten Maler Friedrich Gauermann und Leopold Kupelwieser schwere Verluste hinnehmen müssen. 1863 war es dann der Tod von Franz Xaver Gruber, dem Komponisten des weltbekannten »Stille Nacht, heilige Nacht«, und 1865 der des Biedermeiermalers Ferdinand Georg Waldmüller, die es zu beklagen galt. Ein besonders tragisches Ende fand des Kaisers jüngerer Bruder Maximilian. Durch Kaiser Napoleon III. zur Übernahme des mexikanischen Thrones gedrängt, ließ er sich in die inneren Probleme Mittelamerikas verstricken, fiel in die Hände seiner Gegner und wurde 1867 erschossen.

Inzwischen traten in der kaiserlichen Haupt- und Residenzstadt Wien bedeutende Veränderungen ein. 1857 kam mit dem kaiserlichen Dekret der Auftrag zum Schleifen der Stadtbefestigungen, womit der Weg zur Verbindung der Innenstadt mit den Vorstädten frei geworden war und damit zur Errichtung der Ringstraße mit ihren zahlreichen Prachtbauten. Als diese am 1. 5. 1865 offiziell eröffnet wurde, säumten sie bereits 64 Gebäude. Jeder, der etwas auf sein Ansehen hielt, vor allem Angehörige des Hochadels und des Großbürgertums, scheute keine noch so hohen Kosten, um sich in der Nähe des kaiserlichen Hofes einzuquartieren.

Gleichzeitig war das Startzeichen zum Bau der Roßauer Kaserne erfolgt. Als dieser im Windsorstil gehaltene Ziegelrohbau vollendet war, stellte man mit Bestürzung das Fehlen der Abortanlagen fest. Eine peinliche Situation! Man baute diese nachträglich ein.

In das Jahr 1865 fällt noch eine weitere erwähnenswerte Begebenheit: das Austrocknen des Neusiedler Sees. So konnte man vom Ödenburger Ländchen durch den wasserlosen See nach Illmitz oder Apetlon wandern!

Otto von Bismarck wollte Preußens Macht über den gesamten deutschen Raum ausgebreitet wissen. Dabei stand ihm Österreich, das den »Deutschen Bund« anführte, im Wege. Die Waffen sollten entscheiden.

Preußen fand schnell in Italien einen Bündnispartner, da dieses an einem Erwerb Venetiens von Österreich sehr interessiert war. Anläßlich der nun angeordneten Mobilmachung sei bemerkt, daß sich die Stellungspflicht in der österreichischen Monarchie damals vom 20. bis zum 27. Lebensjahr erstreckte.

Im Juni 1866 kam es zu den ersten Kampfhandlungen, wobei man bald die technische und taktische Überlegenheit der Preußen erkennen konnte. Die dreimal so hohen Menschenverluste der Österreicher in der Entscheidungsschlacht von Königgrätz sind der Beweis dafür. Als Hauptursache kann die überlegene Feuerkraft des Zündnadelgewehres gegenüber der des Vorderladers der Österreicher angegeben werden.

Gewehr M 1852. *Bild: Gendarmeriemuseum Wien*

An dem für die Habsburgermonarchie unglücklich ausgehenden Kriege konnte selbst das erfolgreiche Abschneiden am italienischen Kriegsschauplatz nichts ändern. Überraschend war es dort Admiral Wilhelm Frh. von Tegetthoff gelungen, eine technisch überlegene feindliche Flotte bei der Adriainsel Lissa zu besiegen. Diesem vielbeachteten Achtungserfolg blieb jedoch bei der Gesamtabrechnung der verdiente Lohn versagt, denn Österreich mußte Venetien abtreten und schied damit aus dem italienischen Raume aus. Auch aus dem deutschen Raume verdrängt, blieb Franz von Suppé für einen neu komponierten Marsch nur mehr der Titel: »Oh! Du mein Österreich«!

Durch die Niederlagen des Kaisertums Österreich 1859 und 1866 waren wesentliche Voraussetzungen für einen Ausgleich mit Ungarn gegeben. Dieser ist kurz nach der Uraufführung der zweiten österreichischen Hymne, dem Walzer »An der schönen blauen Donau«, geschlossen worden. Die Neuregelung des innerstaatlichen Verhältnisses trat am 15. März 1867 in Kraft. Beide Reichshälften sind von nun an gleichberechtigte und selbständige Staatsgebilde, die nur durch die Person des Herrschers sowie durch die Bereiche Äußeres, Heer und Finanzen verbunden sind (Realunion). Damit war aus einem Einheitsstaat die Doppelmonarchie Österreich-Ungarn geworden. Die zweite bemerkenswerte Veränderung im politischen Leben der Habsburgermonarchie stellte das am 21. Dezember 1867 bestätigte Staatsgrundgesetz über die allgemeinen Rechte der Staatsbürger für die im Reichsrat vertretenen Königreiche und Länder dar (die Dezemberverfassung!). Damit waren u. a. die Gleichheit aller vor dem Gesetz, die persönliche, geistige und politische Freiheit sowie der Schutz vor willkürlicher Verhaftung gesetzlich festgehalten. Wesentliche Teile davon finden sich in den Verfassungen von 1920 bzw. 1929 und wurden zum Verfassungsgesetz der Republik Österreich erklärt. In dem Rahmen, der durch den österreichisch-ungarischen Ausgleich und die Dezemberverfassung gegeben worden war, spielte sich nun das weitere Leben im Vielvölkerstaat bis zu seinem Untergang, der als unmittelbare Folge des Ersten Weltkriegs eintrat, ab!

Franz Hesztera

Die sozialen Aspekte im Gendarmeriekorps bis 1918

Geschichte läßt sich in zwei Zeitebenen darstellen: Die erste – und für die zeitliche Orientierung sicherlich einfachere – richtet sich nach Ereignissen, meistens politischer Natur, die an ein genaues Datum oder an einen genau einzuordnenden Zeitraum gebunden sind. So sind etwa jene Revolutionstage, die sich im Jahr 1848 in der Donaumonarchie ereigneten, klar mit einem überprüfbaren Zeitpunkt verbunden. Jene Geschichte aber, die sich der Veranschaulichung gesellschaftlicher Abläufe, Ideen, Mentalitäten oder politischer Entscheidungsprozesse widmet, muß sich einer anderen – eben der zweiten – geschichtlichen Zeitebene bedienen. Historische Prozesse in diesem Sinne können meistens nur vage – wie etwa mit »die Mitte des vorhergegangenen Jahrhunderts« – angegeben werden. Da das eine jeweils das andere bedingt, bedarf eine verständliche Darstellung eines geschichtlichen Themas beider Zeitebenen: Einerseits einer klaren Festlegung geschichtlicher Ereignisse und andererseits der Berücksichtigung historischer Abläufe. Unter diesem Gesichtspunkt ist auch die Behandlung sozialer Aspekte in der Gendarmerie in der Zeit der Donaumonarchie zu sehen.

Die Gründung der Gendarmerie als eine »Armee fürs Innere«

Die Errichtung einer Gendarmerie in den Gebieten des Habsburgerreiches bedeutete nicht nur eine Reaktion auf die Revolution von 1848. So steht hinter dem Gedanken eines Gendarmeriekorps auch jene sicherheitspolitische Notwendigkeit zur Beseitigung sozialer Unsicherheiten, die nur durch die Einrichtung einer staatlichen Institution befriedigend gelöst werden konnte. Als der 19jährige Kaiser Franz Joseph I. am 8. Juni 1849 den Antrag des Ministers des Innern, des Liberalen Dr. Alexander Bach, zur Einrichtung einer Gendarmerie genehmigte, war es bereits höchste Zeit, radikaler Mißstände sowohl im städtischen als auch im ländlichen Raum Herr zu werden. Ein steigendes Bevölkerungswachstum in einer Zeit wirtschaftlichen Wachstums aufgrund einer bereits auch in Mitteleuropa fortgeschrittenen Industrialisierung hatte den Zustrom mittelloser und völlig verarmter Menschen in die wirtschaftlichen Zentren zur Folge, die dort in der Hoffnung auf Arbeit das Dasein kärglich belohnter Tagelöhner führten. Die Gesellschaft befand sich also in einem Prozeß radikalen Wandels, der sich keine Bevölkerungsgruppe entziehen konnte. Die von Hans Kudlich im Revolutionsjahr durchgesetzte Befreiung der Bauern von der Grundherrschaft sorgte zusätzlich für einen weiteren Schub an Migranten, da nun zwar viele mit ihrer gewonnenen Freiheit über sich und ihren Hof verfügen konnten, doch viele zugleich auch gezwungen waren, sich dem wirtschaftlichen Druck zu beugen und ihr soeben gewonnenes Eigentum zu veräußern. Dies waren wesentliche Faktoren für ein Anwachsen eines Heeres hungriger Mittelloser, die als Bettler von Hof zu Hof zogen, in der Hoffnung, etwas zu essen und ein Dach über den Kopf bekommen zu können. Die Verzweiflung der Besitzlosen nährte Kriminalität und vor allem auch die Gewaltbereitschaft gegen jeden, der sich ihnen in den Weg stellte. Bandenbildung, Plünderungen, Racheakte abgewiesener Bettler an den Bauern und darauffolgende gewaltsame Abwehr dieser bedrückten das soziale Klima einer verängstigten Gesellschaft. Der Mangel an eingreifenden Ordnungsinstanzen mußte das staatlich geschützte Feudalsystem zum Handeln zwingen. So schreibt »Der Bothe« Nr. 37 im Jahr 1850:

Pickelhaube mit Roßhaarbusch.
Bild: Gendarmeriemuseum Wien

»Das Räuberunwesen in Ungarn, Böhmen und Galizien, sowie auch im slawischen Süden, die Unsicherheit besonders auf dem Lande, das Treiben der Landstreicher und nebst vielen Auswüchsen in wirtschaftlicher und moralischer Hinsicht, die politischen Bewegungen im Innern mit staatsgefährdenden Verbindungen nach außen forderten allgemein die Aufstellung einer zuverlässigen Sicherheitstruppe. Und die Aufhebung der Patrimonialgerichtsbarkeit – ihr zufolge die Erweiterung der Verwaltungsbezirke – mußte im Jänner 1850 endlich das Gendarmeriegesetz bringen.« (Neubauer, Franz: Die Gendarmerie in Österreich. 1849–1924; Wien, 1925; p. 544)

Dieses Gesetz vom 18. Juni 1850, welches als provisorisches Gendarmerie-Gesetz allgemein kundgemacht wurde, sah nun den organisierten Wachkörper der Gendarmerie als eine Landes-Sicherheitswache für alle Kronländer des österreichischen Kaiserstaates vor. Als ein Bestandteil der k. k. Armee waren die vorerst 16 Regimenter zu je 1.000 Mann sowohl in ihrer Organisation als auch ihrem Charakter nach durch und durch als eine militärische Einrichtung geplant. Dies entsprach ganz dem Geist der Zeit und einer Herrschaftsschicht, die sich auf die Macht des Militärs stützte. Gerade der als Soldat erzogene und in seine Armee vernarrte Kaiser Franz Joseph I. wünschte sich die Gendarmerie ausdrücklich als eine Militäreinheit, deren »Gendarmerie-Soldaten« auch von den k. k. Armeetruppenkörpern zu rekrutieren waren. Diese »Armee fürs Innere« war somit vom Anfang ihres Bestehens an militärische Strukturen gebunden. Es sollte ihr in der Monarchie auch nie gelingen, sich von diesem Status zu befreien und eine neutrale Eigenständigkeit zu gewinnen. Vorerst war die Gendarmerie auch als etwas Besonderes, ja beinahe als ein Juwel innerhalb der Armeestruktur gedacht. Sowohl die Aufnahmebedingungen für Rekruten als auch der gut besetzte Personalstand und die ausgezeichnete Infrastruktur des neugeschaffenen Truppenkörpers stellten klar, daß die Verantwortlichen vorerst an der Bildung eines Elitekorps dachten, das man auch insbesondere in Krisenzeiten verläßlich einsetzen konnte.

Der Gendarm – ein Soldat!

Wer nun im Jahr 1850 Gendarm werden wollte, mußte in Besitz der österreichischen Staatsbürgerschaft, im Alter zwischen 24 und 36 Jahren, ledig oder im kinderlosen Witwenstand und des Lesens und Schreibens bzw. der Landessprache kundig sein. Neben Gewandtheit im Benehmen, gute Aufführung, makellosem Ruf und Unbescholtenheit, wurde noch ein gesunder, rüstiger Körperbau und eine Körpergröße nicht unter fünf Schuh und fünf Zoll – das entspricht etwa 172 cm – gefordert. Dabei wurden – mit wenigen Ausnahmen – nur Männer übernommen, die sich bereits in einem k. k. Truppenkörper etabliert hatten. Der Kommentar der Zeitung »Der Bothe« Nr. 37 von 1850 zur Gründung eines Gendarmeriekorps drückt gewisse Grundüberlegungen der Zeit, die sich bereits in den folgenden Jahren als allzu gerechtfertigt erweisen, aus:

»Eine der ersten Forderungen an ein gutes Gendarmerieinstitut ist deren Trennung von der aktiven Kriegsmacht und Unterordnung in materieller Dienstleistung unter die mit Handhabung der Rechtspolizei beantragten Stellen. Die zweite Forderung ist: das Institut darf nur aus tauglichen und ehrlichen Leuten bestehen. (...) Daher ist es notwendig, daß nur gediente Soldaten aufzunehmen sind, weil man nur im Militärstand Gelegenheit hat, die Leute so zu überwachen um sie als tauglich für die Gendarmerie zu erkennen und weil sie im Gebrauch der Waffen und an militärische Disziplin gewöhnt sind. Nötig ist gute Bezahlung, weil sein Dienst mehr Aufwand erfordert; der Gendarm muß häufig vom Standorte entfernt sein, kann daher nicht wie der Soldat von der Menage leben. Außerdem muß eine gute Bezahlung verhüten, sich zu Bestechung verleiten zu lassen.« (Neubauer, p. 545)

Die Gendarmerie im Wandel der Zeit

Betrachtet man nun die Entwicklung der Gendarmerie von ihrer Gründung bis zum Kriegsausbruch im Jahr 1914, so lassen sich in groben Zügen vier Phasen erkennen, die für die Behandlung der sozialen Aspekte innerhalb der Gendarmerie wesentlich sind: Dabei gilt die erste Phase (1848–1851) als jene einer gelungenen Etablierung innerhalb der Bevölkerung, die durch den politischen Mißbrauch der absolutistischen Machtträger in der zweiten Phase (1851–1860) vorerst einen ideellen und in der dritten Phase (1860 –1876) einen materiell-substantiellen Rückschlag erleidet. Erst die vierte Phase (1876–1914) führte zu einer Konsolidierung der Gendarmerie als staatliche Institution, als auch innerhalb breiter Schichten der Bevölkerung. Zum besseren Verständnis folgt nun ein kurzer Abriß dieser vier soeben angeführten Phasen:

Schon in den ersten Jahren der Gendarmerie – natürlich unter anderen Gesichtspunkten – wurden gute Ausbildung und Arbeitsbedingungen als Garanten einer reibungslos und erfolgreich arbeitenden Gendarmerie angesehen. Solange es nun den Gendarmen vergönnt war, sich ihren sicherheitspolitischen Aufgaben zu widmen, konnte man auch auf Erfolge verweisen. Die anfängliche Skepsis der Bevölkerung gegenüber der Gendarmerie, die durch jahrhundertelange Repressalien von Soldaten verständlich ist, wechselte rasch in offene Sympathie über, als deutlich wurde, zu welchem Zweck die Gendarmerie tatsächlich geschaffen wurde: Für die Wahrung der öffentlichen Sicherheit und Ordnung! Die Bilanz des ersten Jahres konnte stolz auf die Verhaftung von 300 Straßenräubern und die Verfolgung von 6.455 Diebstählen verweisen. (Jäger, Friedrich: Das große Buch der Polizei und Gendarmerie in Österreich, p. 70) Die staatliche Umgestaltung, die sich aus der Revolution von 1848 entwickelte, schien also Früchte zu tragen. Die Donaumonarchie begann, sich zu einem modernen Staatsgebilde zu wandeln, das nun auf eine offenere und soliderere Gesellschaft als je zuvor bauen konnte.

Das Scheitern des absolutistischen Modells im Jahr 1860 verhalf den liberalen Kräften des Landes zu wichtigen Positionen im politischen Leben der Monarchie. Nun stand die Gendarmerie gerade jenen gegenüber, deren politische Gesinnung sie vormals noch als staatsfeindlich anzusehen hatte. Es standen sich somit zwei Welten gegenüber, die kaum Verständnis füreinander aufzubringen vermochten. Die Liberalen begannen ohne Rücksicht auf die innenpolitischen und sozialen Nachteile die Befugnisse der Gendarmerie einzuschränken. Mit der Reorganisierung der k. k. Landesgendarmerie vom 27. Juni 1860 wurde zwar der militärische Charakter der Gendarmerie beibehalten, jedoch wesentliche Bestimmungen – wie etwa das tägliche Patrouillieren – auf Kosten der Aufrechterhaltung der öffentlichen Sicherheit eingeschränkt. Der Offiziersstand wurde von 555 auf 200 und der restliche Personalstand von 18.000 auf 6.000 Mann radikal gekürzt. Die Kompetenzaufteilung der Gendarmerie zwischen dem Ministerium des Innern und dem Armeeoberkommando führte zu weiteren Spannungen und Lähmungen der Dienstverrichtung. Hinzu kam, daß drastische Lohnkürzungen die Attraktivität des Berufsstandes des Gendarmen ungeheuer minderten. Es kam zu zahlreichen Austritten fähiger Gendarmen, deren Lücken nur mit schlecht ausgebildeten und wenig motivierten Männern gefüllt werden konnten. Es ist nicht verwunderlich, daß die Kriminalitätsrate in diesen Jahren wieder rapide anstieg und unter der Bevölkerung neuerlichen Unmut gegen die überforderte Gendarmerie hervorrief.

Doch konnte die Gendarmerie in diesen schwierigen Zeiten nicht von selbst allen auf ihr lastenden Anforderungen gerecht werden. Im Jahr 1868 wurden sich das Abgeordnetenhaus und das Herrenhaus in Wien endlich der Notwendigkeit einer Reform der Gendarmerie bewußt, doch verhinderten die Gegensätze der einzelnen politischen Richtungen eine klare und effiziente Gesetzgebung. Mit 25. Juni 1871 wurde zumindest ein Spezialgesetz zur Regelung der Dienstbezüge und der Versorgung der Gendarmeriemannschaft erlassen, was zumindest einen kleinen Schritt nach vorne bedeutete. Es dauerte jedoch bis zum Jahre 1876, bis die Gendarmerie mit einem neuen Gesetz klare Richtlinien bekam, auf denen man in der nachfolgenden Zeit mit weiteren Gesetzen und Maßnahmen bauen konnte. Erst durch diese neuen gesetzlichen Vorlagen war es der Gendarmerie wieder möglich, Vertrauen gegenüber breiten Schichten der Bevölkerung aufzubauen.

Die Gendarmerie in der Gesellschaft

Doch wie waren die Zustände auf dem Land, wie sie die Gendarmerie in den Anfangsjahren ihres Bestehens vorfand? Die »Österreichische Gendarmerie Zeitung« Nr. 8 aus dem Jahr 1903 beschreibt die Situation ziemlich drastisch:

»Nach dem Jahre 1848 wimmelte es in allen Gegenden derart von Landstreichern, daß die Gendarmerie jahrelang zu tun hatte, um die ansässige Bevölkerung von dieser wahren Landplage zu befreien. Massenhaft lagen Vagabunden in den einzelnen Bauerngehöften herum, und die Jagd auf die Vagabunden glich der heutigen Jagd des Bauern auf Feldmäuse. Ein großes Kontingent der Landstreicher stellten (...) zahlreiche Militärflüchtlinge, die sich gut zu verbergen wußten, da ihnen bei Wiedereinbringung schwere Strafen winkten.«

Dies änderte sich natürlich nach der Verringerung der Personalstände ab 1860 wieder schlagartig. Es kam erneut zu einer radikalen Verschlechterung der Sicherheitsverhältnisse.

In der Zeitschrift »Der Gendarm« Nr. 206 aus dem Jahr 1911 erinnert sich der ehemalige Bezirksgendarmeriekommandant Anton Kries an die Lage im Kreisgerichtssprengel St. Pölten im Zeitraum von 1870 bis 1872:

»Bedeutende Verbrechen, wie Raubüberfälle, Einbruchsdiebstähle und Gewalttaten aller Art waren an der Tagesordnung. Insbesondere wurde die bäuerliche Bevölkerung hart mitgenommen. Es gab damals weder rechtliche Bestimmungen wider Arbeitsscheue und Landstreicher noch Zwangsanstalten zur Unterbringung solcher Individuen. So mußte man sich, um den Kampf gegen Vagabunden und Professionsbettler aufzunehmen, mit dem unzulänglichen Schubgesetz begnügen. Bettler, abgestrafte Einbrecher, Brandleger etc. zogen in den zerstreut liegenden Ortschaften und Einschichten von Hof zu Hof und brandschatzten die Bauern. Wehe der Bäuerin, welche unter solchen Umständen allein zu Hause war.«

Der Personalstand der Gendarmen war zu Beginn der 70er Jahre des vergangenen Jahrhunderts bereits derart schlecht, daß eine Patrouille von Gendarmen in den einzelnen Ortschaften nur noch spärlich erfolgen konnte und aufgrund des zu großen Überwachungsgebietes eine ordentliche Kontrolle kaum möglich war. Hinzu kam natürlich, daß sich ein Gendarm nur zu Fuß auf seine Kontrollgänge machen konnte – nur in den ersten Jahren der Gründung war eine berittene Gendarmerie im Einsatz – und diese Märsche über lange Distanzen für jeden zeitraubend und beschwerlich waren.

Anton Kries beschreibt ausführlich die Gewaltbereitschaft der Bettler und Vagabunden gegenüber jenen Bauern, die nicht bereit waren, etwas von ihrer Habe herzugeben. So war es üblich, vor dem Haustor oder in einer Fensternische der Bauernhäuser einen Krug mit »Bettellenmost« zu stellen, mit dem Zweck den Vorbeiziehenden auf dem Weg eine Kost anbieten zu können – natürlich aber auch um etwaige Übergreifer gnädig zu stimmen. Nach der Beschreibung von Anton Kries trafen sich die Vagabunden bevorzugt in den Wäldern oder in bestimmten Schnapsbuden, die in der Gaunersprache »Proding« genannt wurden. Wie Ausforschung und Festnahme eines Kriminellen in der damaligen Zeit funktionierten, beschreibt Anton Kries in einer Erlebnisschilderung:

»Es war am Aschermittwoch des Jahres 1872, als ich in den Dienst kommandiert wurde. In einem Bauernhaus war nachts eingebrochen und dort Geld und sonstige Effekten in bedeutendem Wert gestohlen worden.

Ich eruierte, daß sich tags zuvor ein Vagabund am Tatort herumgetrieben hatte und streifte auf dies hin in einer weiten Umgebung alle Schnapsbuden und Schlupfwinkel, wo sich lichtscheues Gesindel aufhielt, ab – und da erhielt ich im Markte Kilb die Nachricht, daß sich besonders viele Vagabunden in der Ortschaft zudringlich bettelnd herumtrieben und sogar in einer verrufenen Schnapsschänke eine Nachfaschingsunterhaltung abhalten. Ich begab mich dorthin und als ich in die von Tabakqualm und Branntweinfuseldunst gefüllte Schänke eintrat, sah ich, wie ein Werkelmann in der Mitte des Lokals stand und für 25 – 30 zweifelhafte Gestalten zum Tanz aufspielte. Ich bemerkte unter ihnen einige mir bekannte Einbrecher und Gewalttäter und sah, wie sich dieselben im angeheiterten Zustand flüsternd unterhielten. Ich kannte viele auch nach ihrem Vulgonamen. Es waren da: der Gaugraf (...) die Patzenkirchner Julie. usw.

Nun verstummte die Musik, worauf ich sämtliche Anwesende, von Tisch zu Tisch gehend, zur Legitimation aufforderte. Da bemerkte ich, wie sich der vor Jahren von mir wegen Einbruchsdiebstahl und Gewalttätigkeit verhaftete, kürzlich aus der Strafanstalt entlassene Vagabund Franz Zacek, vulgo Hafnerbäcker Franzl an mich heranschlich und mir zusah, wie ich die Arbeitsbücher seiner Genossen revidierte. Wohl ahnend, daß derselbe nichts Gutes im Schilde führe, ließ ich denselben nicht mehr aus den Augen. Da auf einmal bemerkte ich, wie derselbe mit der Hand in der Hosentasche herumwühlte. Blitzschnell in dessen Hosentasche greifend, nahm ich aus derselben ein halbgeöffnetes Taschenmesser heraus und steckte es zu mir. Nun kündigte ich dem Zacek und noch sechs weiteren Vagabunden, teils wegen Dokumentenfälschung, teils wegen Landstreicherei die Arretierung an und brachte sie mit Anwendung vollster Energie in die Gemeindekanzlei. Dort nahm ich in Gegenwart des Bürgermeisters bei denselben eine Leibesdurchsuchung vor und fand bei ihnen Effekten von dem eingangs erwähnten Einbruchsdiebstahl sowie von anderen früheren Diebstählen. Plötzlich packte mich Zacek bei der Brust – die Situation gestaltete sich zu einer kritischen, es entstand ein Ringen auf Leben und Tod. Ich konnte momentan in dem beengten, niederen Raum das Gewehr nicht gebrauchen, ein anderer Vagabund riß mir das Bajonett vom Gewehr und ging mit demselben auf mich los. In diesem Augenblick gelang es mir aber, mich frei zu machen. Ich griff blitzschnell nach dem Säbel und versetzte dem Zacek einen derart wuchtigen Hieb über den Schädel, daß derselbe zu Boden stürzte und wie leblos dalag. Im nächsten Moment hatte ich auch dem Mann, der mir das Bajonett entriß, einen Säbelhieb über den Arm versetzt, so daß derselbe das Bajonett fallen ließ. Das Bajonett schleuderte ich mit dem Fuß hinter mich und nun stand ich weiter kampfbereit, rückenfrei, den Säbel in der Faust da, jeden drohenden Angriff zurückweisend.

Der Bürgermeister war beim Kampf auf die Straße um Hilfe geeilt. Die Bande war nun eingeschüchtert und gab jeden Widerstand auf. Ich ließ die Verwundeten durch den Ortsarzt untersuchen, der bei Zacek, welcher ins Ortsspital gebracht wurde, eine schwere, lebensgefährliche Schädelwunde und bei dessen Genossen eine Durchtrennung der Handflachse konstatierte. Zacek kam dennoch mit dem Leben davon und trug als warnendes Beispiel der Widersetzlichkeit gegen die Gendarmerie sein Leben lang über den Schädel und das Gesicht eine scharf sichtliche Schramme. Es stellte sich heraus, daß mit diesen Landstreichern eine Diebsbande dingfest gemacht wurde, welche den Bezirk Mank und dessen Umgebung lange Zeit hindurch unsicher gemacht hatte. Sämtliche wurden zu Arrest-, die meisten aber zu schweren Kerkerstrafen verurteilt.«

Der »eiserne Pflichtbegriff« als Motto der Gendarmerieausbildung

Die Erinnerungen des Anton Kries zeigen deutlich, wie sehr ein Gendarm der damaligen Zeit auf sich selbst gestellt war. So wie heute konnte eine derart kritische Situation nur durch eine gute und solide Ausbildung erfolgreich bewältigt werden. Diese Ausbildung entsprach ganz der Mentalität der damaligen Zeit und zielte auf den Idealtypus eines perfekten Gendarmen ab, der lernen mußte, seine Neigungen zu unterdrücken, auf Vergnügungen und Freiheiten zu verzichten und nur für seinen Dienst zu leben. Es galt, dem Gendarmen »vom ersten Tage seiner Ausbildung an den eisernen Pflichtbegriff einzuimpfen«. (Neubauer, p. 84)

Nachdem sich in den 60er Jahren des vorigen Jahrhunderts der Gedanke von der Gendarmerie als eine Elitetruppe sich bereits in das Gegenteil verkehrt hatte – eine Zeit, in der eine Vielzahl der Gendarmen sogar weder lesen noch schreiben konnte – so bildete sich in den 70er Jahren nun endgültig eine klare Linie im Aufnahmeverfahren und in der Ausbildung des Berufsstandes eines Gendarmen heraus.

Dabei wurde immer noch der Rekrutenstand hauptsächlich aus der k. k. Armee bezogen. Dort erfolgte die Anwerbung zur Gendarmerie alljährlich durch eine vom Landesgendarmeriekommando durchgeführte Bekanntgabe der Aufnahmebedingungen und der Besoldungsverhältnisse. Immerhin bot die Gendarmerie eine gar nicht so schlechte Alternative zur Armee, da sich die Aufstiegschancen auch in Hinblick auf einen Verwaltungsdienst als sehr günstig erwiesen. Im Falle einer Bewerbung erfolgte eine Art Aufnahmsprüfung, welche in dem Schreiben eines Diktates, in der Abgabe einer Probeschrift und in der Lösung einiger Rechenaufgaben bestand. Dabei handelte es sich um Aufnahmekriterien, die für die damalige Zeit als nicht gerade selbstverständlich erfüllbar anzusehen waren. Hatte der Kandidat dies bestanden, so wurden Erhebungen zu seinem Vorleben angesetzt. Dieses mußte natürlich ganz dem positiven Bild eines zukünftigen Gendarmen entsprechen. War nun alles bestanden, erfolgte für die Aufgenommenen die Beeidigung. Diese bedeutete zugleich den Startschuß für den Grundlehrgang.

Die Ausbildung beruhte auf einem dualen System zwischen schulischer Theorie und eines praktischen Dienstes in Form einer Probezeit bei einem erfahrenen Postenkommandanten. Auch wenn sich inzwi-

Uniformierung, Postkartenserie aus 1924. Bild: Gendarmeriemuseum Wien

schen vieles geändert hat, so hat sich diese klare Institutionalisierung des Ausbildungsweges beginnend in der Rekrutenschule und weiterführend in der Chargenschule, in seinen Grundsätzen bis zur Gegenwart bewährt.

Der Lehrplan umfaßte neben dem fachspezifischen Unterricht auch Fächer der Allgemeinbildung, wie Schreiben, Rechnen, Zeichnen, Orthographie und – so wie es ein Vielvölkerstaat wie Österreich-Ungarn erforderte – auch in Sprachlehre. Der militärische Charakter, der der Gendarmerie so eigen war, war natürlich gerade in der Phase der Ausbildung der Gendarmeriekandidaten erkennbar. Während der ganzen Ausbildungszeit wurde über die jungen Männer die Kasernierung verhängt. Sie oblagen strikten Ausgehbeschränkungen und hatten sich auch einem militärischen Drill- und Exerzierprogramm zu unterziehen. Nach drei – später waren es sechs – Monaten wurden die Probegendarmen nach einer theoretischen Prüfung zur praktischen Ausbildung für ein Jahr auf einem Gendarmerieposten versetzt. Erst dann konnte man zu einem volltauglichen Gendarmen befördert werden.

Doch der Prozeß des lebenslangen Lernens machte auch in der damaligen Zeit vor einem ehrgeizigen Gendarmen nicht halt. Nach mehrjähriger Dienstzeit bestand für den mittlerweile zu einem Titularpostenführer oder Vizewachtmeister aufgestiegenen Gendarmen die Möglichkeit, die Chargenschule in der jeweiligen Ergänzungsabteilung zu absolvieren. In dieser sechsmonatigen – später zehnmonatigen – Ausbildung wurden nun die angehenden Postenkommandanten ausgebildet. Dabei ist besonders beachtenswert, daß – wie auch in der Rekrutenschule – ein besonderer Wert auf Fächer des Allgemeinwissens gelegt wurde. In gewissem Sinne ersetzte bzw. ergänzte somit die fachspezifische Berufsausbildung die allgemeine Schulausbildung. So war die Absolvierung von Fächern wie Arithmetik, Geometrie, deutsche Sprache, Geographie, Geschichte, Naturlehre und Naturgeschichte Grundvoraussetzung auf dem Weg zur Leitung eines Gendarmeriepostens. Die Berücksichtigung dieser Fächer verdeutlicht, wie sehr der Postenkommandant innerhalb des Gemeinwesens der Donaumonarchie eine gesellschaftliche Funktion zu übernehmen hatte, in der er aufgrund seines Auftretens und Verhaltens das Staatssystem repräsentierte. Er unterstand einer ständigen Kontrolle durch Inspektionen, vor denen weder Untergebene noch Vorgesetzte gefeit waren. Dabei wurden alle auf den Dienst Bezug habenden Vorschriften abgefragt und wehe, wenn der arme Gendarm einmal einen Paragraphen nicht auswendig und fließend heruntersagen konnte!

Die Gendarmerie-Jahrbücher erschienen jährlich und enthielten interne Daten über Gendarmeriestrukturen, aktuelle Gesetze, Ernennungen und Auszeichnungen usw.
Bild: Gendarmeriemuseum Wien

Dazu berichten die »Gendarmerie-Nachrichten« vom 10. Juni 1907:

»Im Februar des Jahres 1905 kam der GendBezirkswachtmeister Leopold Fritz aus Gänserndorf abends nach Schloßhof, um den dortigen Postenkommandanten zu visitieren. Um 8 Uhr abends begaben sich beide Herren in die Kantine des dortigen Fahr- und Reitlehrerinstituts (der Armee), wo sie sich gemeinschaftlich mit Offiziersstellvertretern und Feuerwerkern der Armee unterhielten. Bei dieser Gelegenheit konsumierten die Herren zum Kartenspiel zuerst Bier, dann Wein und schließlich Schnaps. Es wurde viel gesungen, kurz, es war eine tolle, fidele Nacht. Wie aber alles im Leben zu Ende geht, schwand auch diese Nacht und Bezirks- und Postenkommandant wanderten mit schweren Köpfen um 5 Uhr zum Posten zurück. Nach zweistündiger Ruhe erhob sich dann der Bezirkskommandant und erteilte dem Postenkommandanten, der allein auf diesem Posten war, den Befehl, sich zur Schule zu setzen. Dies wurde dem seiner Sinne noch nicht ganz mächtigen Postenkommandanten zum Verhängnis, denn es ist leicht erklärlich, daß er in seinem Zustand nicht in der Lage war, die Fragen zu beantworten. Der Bezirkswachtmeister schrieb daher in den Visitierbefund, daß der Postenkommandant die meisten Vorschriften vergessen habe. Er wurde außerdem strengstens ermahnt, seine Kenntnisse zu verbessern. Auf Grund dieses Visitierbefundes, der ja zur Abteilung vorgelegt werden mußte, erhielt dann der Postenkommandant wegen »Vernachlässigung seiner Berufspflichten« fünf Tage Arrest.«

Als weitere Aufstiegsmöglichkeiten stand für Postenkommandanten die Stelle eines Bezirksgendarmeriekommandanten zur Wahl, für weitere Absolventen einer Chargenschule der Posten eines Gendarmerierechnungsführers. Doch nützten viele auch die Gelegenheit nach Ablauf ihrer Dienstzeit in den zivilen Staatsdienst einzutreten und sich somit gewisser Risiken und Beschwerlichkeiten des Gendarmerieberufes zu entziehen.

Die Dienstzeit als eine befristete Regelung

In einer Zeit, in der eine allgemeine arbeitsrechtliche Gesetzgebung noch kaum entwickelt war, mußten für die diversen Anstellungen im Dienste des Staates eigene Regelungen eingeführt werden. Dies traf auch für die Gendarmerie zu und wurde insbesonders in der Dienstzeitregelung deutlich. Während der Offizier ohnehin eine Verpflichtung auf Lebenszeit eingegangen war, die nur durch Tod, Dienstunfähigkeit nach Superarbitrierung (im Ermesssen des Vorgesetzten), Entlassung oder Quittierung (mit und ohne Beibehaltung des Militärcharakters) aufgelöst werden konnte, mußte sich der Gemeine vom Gendarmen bis zum Wachtmeister zwischen 1850 bis 1876 auf mindestens acht Jahre Dienstzeit verpflichten. Ab 1876 waren es dann nur mehr vier Jahre.

Die Reengagierung, das heißt die Weiterverpflichtung für weitere Dienstjahre, war möglich. Sie war auf weitere acht Jahre abzustellen. Die Weiterverpflichtung wurde sehr gefördert, da man sehr früh erkannte, wieviel Zeit durch Neuausbildung, dann aber vor allen Dingen Erfahrung und Wissen durch den Abgang eines Gendarmen verlorengingen. Die Reengagierung wurde im Rahmen der bescheidenen finanziellen Möglichkeiten honoriert. So erhielt z. B. 1869 ein weiterdienender Gendarm täglich zusätzlich 15 Kreuzer.

Erwähnenswert ist hiebei noch, daß ein von dem Gründungsgeneraltruppeninspektor der Gendarmerie, Feldmarschalleutnant Johann von Kempen von Fichtenstamm, gestifteter Fonds – der sogenannte Kempenfonds – aus dem Grund eingerichtet wurde, durch zusätzliche Tagessätze tüchtige und ausgezeichnete Gendarmen zum weiteren Verbleib bei der Gendarmerie zu bewegen.

Ab 1854 konnte ein Unteroffizier der Armee – daher auch der einfache Gendarm, der im Vergleich ja Korporalcharge hatte – schon mit zehn Jahren eine Zivilanstellung anstreben. Neben dem Abgang durch Tod oder Invalidität gab es in seltenen Einzelfällen noch die Möglichkeit der Gnadenentlassung.

Der Gendarm im Dienst

Grundsätzlich stand der Gendarm immer im Dienst. Wiederum verlangten die militärischen Grundstrukturen dieselben Anforderungen wie in der Armee. Doch eigneten sich oftmals die für die Dienstverrichtung vorgesehenen militärisch geprägten Vorschriften in keiner Weise. So konnten Patrouillen anfangs auf beliebige Dauer von acht bis 35 Stunden vorgeschrieben werden, was eine deutliche Überforderung der Patrouilleure zur Folge haben mußte. Erst um 1890 wurde die Höchstdauer auf 24 Stunden herabgesetzt.

Uniformierung, Postkartenserie aus 1924. Bild: Gendarmeriemuseum Wien

So wurde eine Patrouille während der Winterzeit in den 90er Jahren des vorigen Jahrhunderts in der »Österreichischen Gendarmeriezeitung« 18/1903 wie folgt beschrieben. Dabei ist zu berücksichtigen, daß der Dienst genauestens nach Vorschreibung im Dienstbuch vollzogen werden mußte. Jede Tätigkeit und jede Wegstrecke lautete auf Minuten. Wehe wenn der Gendarm zu früh oder zu spät auf Patrouille erwischt wurde und dies nicht durch eine Amtshandlung begründen konnte. Während dieser in den Jahren vor 1890 sofort in Untersuchungshaft genommen wurde, kam er danach »nur noch« mit einer über ihn verhängten Untersuchung glimpflich davon.

»Ich stand am Morgen des 10. Dezembers 18.. um sieben Uhr auf, exerzierte, wohnte der Postenschule bei, schrieb drei Anzeigen, machte eine Themenaufgabe – und als ich das Tageswerk vollendet hatte, kam der Postenkommandant und sandte mich auf eine 24stündige Patrouille, die 17 Orte berührte. (...)

Der Ort wird abgegangen, meine Knie nach sechsstündigem Marsch beginnen zu zittern, ich probiere mich auf die in den Schnee gelegte Patrouillierungstasche zu setzen, allein die Kälte treibt mich wieder fort und ich komme ermattet in E. an. Die Uhr schlägt eins. Auch hier rührt sich nichts. Es ist keine Stelle zu finden, um etwas zu rasten. Die Kälte und der Hunger treiben mich weiter. Aber ich muß Schutz suchen, also in den nächsten Ort, wo die Rast in der ungeheizten Kammer des Gemeindevorstandes vorgeschrieben ist. Endlich um 03.30 Uhr erreiche ich das Haus. Auf mein Klopfen macht niemand auf, denn in der Kälte steht niemand auf. So gehe ich einstweilen in den Stall und kann bei den Kühen mein Dienstbuch austragen. Aber o weh, was merk ich! Um eine dreiviertel Stunde bin ich zu früh angekommen. Die Pflichtverletzung ist begangen. Selbst werde ich sie nicht anzeigen. (...)

Und so hinke ich ermattet weiter. Ich begegne einem Landstreicher. Ich fühle mich zu müde, denselben noch zwei Stunden nach S. zu eskortieren und lasse ihn laufen. Ich komme nach M. Die Lippen sind gefühllos, der Magen übel, der Kopf tut mir weh, die Knie zittern – und so hinke ich in den letzten Ort, eine Unterschrift holend. Die Aufmerksamkeit, die der Dienst verlangt, habe ich verloren. Meine Sinne sind über meine Leiden abgestumpft und endlich kommt die Stunde des Einrückens. Jetzt wird noch das Gewehr geputzt, die übrigen Sachen bleiben für morgen.

Die »Gendarmerie Zeitung« Nr. 1 von 1902 verweist auf eine für den Patrouillendienst verordnete Grundregel: »Rasten zwischen 22.00 und 04.00 Uhr unstatthaft.« Nach Vorschrift gab es alle vier Stunden nur eine Stunde Rast. Im Winter und bei schlechter Witterung war das Rasten während längerer Patrouillen ein Problem, da die Ortsvorsteher, die im übrigen im Dienstbuch des Gendarmen die Visite zu bestätigen hatten, oftmals schon nach sechs Uhr abends schlafen wollten. Auch sonst stand kaum eine Unterkunft zur Verfügung. Es waren mehr Nacht- als Tagesstunden zu verrichten. Rasten in Wirtshäusern war unstatthaft; ein Betreten während des Dienstes mußte dem Postenkommandanten gemeldet werden.

Die Dienstzeiten scheinen auf den ersten Blick nicht ungewöhnlich zu sein, doch bedarf es einer genaueren Betrachtung um die Härten eines Gendarmen-Lebens erkennen zu können. Nach der »Gendarmerie Zeitung« Nr. 22 von 1902 hatte der Gendarm pro Tag acht, der Gendarm auf einem Einzelposten sechs und der Postenkommandant fünf Stunden Dienst zu verrichten. Und das jeden Tag ohne Rücksicht auf Sonn- oder Feiertage! Zeit, die für Anzeigen oder Schreibarbeiten aufging, wurde nicht gerechnet. Auch die Zeit für Unterricht, Exerzieren, Bajonett- und Säbelfechten, dann die Themenarbeiten, Diktate sowie Schönschreibübungen und eventuelle Bereitschaftsdienste zählte nicht. Bis 1914 wurden einige wenige Verbesserungen eingeführt, die allerdings während des Weltkrieges wieder wegfielen.

Um Freizeit mußte der gewöhnliche Gendarm bittlich werden und der Postenkommandant konnte aus eigener Befugnis nur wenige Stunden freigeben. Dazu wurde ein Schein ausgestellt, auf dem natürlich auch der »Stationsverlaß«, also das Verlassen des Stationsortes angeführt sein mußte. In den »Gendarmerie-Nachrichten« vom 1.4.1906 finden wir folgenden Artikel:

Nach den Bestimmungen der Kasernenvorschrift muß auf jedem Posten von drei dienstbaren Gendarmen aufwärts Kasernenbereitschaft gehalten werden. Da beinahe in jedem Kronland bis 90 Prozent der Posten nur drei Mann stark sind, so erscheint für diese Posten die wohlmeinende Begünstigung des § 11 KV, wonach die gut konduisierten Gendarmen unbeschränkt über die Retraite ausbleiben dürfen, illusorisch, da davon kein Gebrauch gemacht werden kann.

Praktisch hat – so dieser Artikel – der Gendarm jeden zweiten Tag Patrouillendienst und zusätzlich an neun, der Postenkommandant an elf Tagen Kasernenbereitschaft. Freizeit bedeutete somit seltenen Luxus, Dienst hingegen alles. Es ist daher nicht verwunderlich, daß es den einfachen Gendarmen nur in seltenen Fällen erlaubt war, zu heiraten. Doch bot sich natürlich aufgrund der Dienstzeiten für einen gewöhnlichen Gendarmen kaum die Gelegenheit, eine Frau kennenzulernen.

Man sollte meinen, daß es einem Bezirkskommandanten, bis 1914 zugleich Postenkommandant des Bezirkspostens, besser ging. Dem war jedoch nicht so. Hier wortwörtlich die Aussage eines Bezirkswachtmeisters aus der »Gendarmerie Zeitung« Nr. 25 vom 1. November 1902. Neben seinen Kontakten mit den Behörden etc. und seinen Schreibarbeiten hatte der Bezirkspostenkommandant nämlich »... im Verlauf von zwei, längstens drei Monaten jeden Posten seines Bezirks zu visitieren« und dabei »... die Hälfte der Posten bei Nacht zu überraschen«. Dies hatte bis kurz nach der Jahrhundertwende alles in Fußmärschen erledigt werden müssen. Die Benützung der Bahn oder des Vorspanns wurde nur auf Bitten und sehr selten erst dann gewährt, wenn der Bezirkskommandant seinen Bezirk genauestens kannte. Der Artikel fügt diesbezüglich folgendes hinzu:

Trifft nun der Bezirkswachtmeister über erhaltenen Befehl nach einem Fußmarsch von zehn bis zwanzig Kilometer auf dem ersten Posten – sagen wir um Mitternacht – ein, und findet er eine Patrouille im Außendienst, so muß er trotz Ermüdung und ohne Rücksicht auf die Witterung den diensthabenden Gendarmen sofort nachgehen, diese wo immer aufsuchen und bezüglich ihrer Verfassung, der richtigen Eintragung der An- und Abgangsstunden im Dienstbuch kontrollieren.

Nach Rückkehr auf den Posten, der dann erst am Vormittag erfolgte, hatte der Bezirkspostenkommandant die Visitierungsgeschäfte und den Unterricht der Gendarmen vorzunehmen. Erst dann – zumeist am Abend – konnte er rasten, wozu er zuerst den Postenkommandanten in den Außendienst absenden mußte, da sonst für ihn kein Bett vorhanden gewesen wäre. Und so ging das dann zehn bis zwanzig Tage weiter.

Für den Abteilungskommandanten befand sich auf gewissen Posten ein Offiziersbett. Eine Unterkunft in einem Gasthaus etc. in Anspruch zu nehmen, konnte sich der Bezirkswachtmeister nicht leisten. Denn er hatte keinen Anspruch auf Transenal-Bequartierung.

Disziplin und Strafrecht

Für alle Angehörigen der Gendarmerie – unabhängig vom Dienstgrad – galten bis 1918 die jeweiligen disziplinären und strafrechtlichen Bestimmungen der Armee (AVOBl 123/1851).

Während die allgemeinen Verhaltensnormen, die alle Tätigkeiten einer Truppe sowohl im Frieden als auch im Krieg regelten, in den jeweils geltenden Dienstreglements postuliert wurden (DR 1852, 1873, 1886, 1903 u. a.), galten für schwere Verfehlungen bis zum ersten Militärstrafgesetz (RGBl. 19 vom 15.1.1855) die alten Kriegsartikel für die k. k. Armee.

Übertretungen der Bestimmungen des Dienstreglements oder anderer Vorschriften, wozu z. B. auch Unkenntnis der für den Dienst notwendigen Gesetze etc. gehörten, wurden in der Gendarmerie vom Zugs- und Flügelkommandanten bestraft. Neben Verweisen wurden in der Regel Arreststrafen, die durch besondere Maßnahmen wie »hartes Lager«, Einzel- oder Dunkelhaft, Anbinden, Schließen etc. verschärft werden konnten, ausgesprochen. Im Gegensatz zur Armee konnte jedoch eine zeitliche Degradierung für Gendarmen nicht als Strafe ausgesprochen werden (AVOBl 91/1851).

Dazu führten die »Militärischen Dienstes- und Disziplinarvorschriften« aus 1852 an:

Der Gendarm muß Vertrauen in seine Vorgesetzten hegen, nie gegen sie raisonieren (d. i.: aufbegehren; Anm. d. Hrg.), den aufgetragenen Arrest mit Ergebung annehmen, binnen 24 Stunden zwei Kameraden bitten schicken, sich für die empfangene Strafe und Entlassung bedanken und überhaupt sein Betragen ganz nach den Regeln seines Standes abzumessen.

Bis Mai 1866 wurden Verbrechen und Vergehen etc. vom Auditor des jeweiligen Gendarmerieregiments, der eine Art Richterstellung innehatte, behandelt und führten nach Bestrafung zumeist zum Ausstoß aus dem Korps oder zur Rückversetzung in entsprechende Einheiten der Armee. Diesem Auditor stand jeweils der Regimentsprofos unterstützend zur Seite. Zur Abbüßung der Strafe war bei jedem Gendarmerieregiment bis 1866 ein Regimentsstockhaus eingerichtet, das, um mögliche Nachsichten der eigenen Regimentskameraden vorzubeugen, von Soldaten unabhängiger Linientruppen bewacht wurde. In diesem Regimentsstockhaus wurden die vom Auditor verhängten Strafen vollzogen. Dabei konnte neben Kerkerstrafen sogar die Todesstrafe verhängt werden! Zumeist kam aber die Strafe der körperlichen Züchtigung zur Anwendung, da man sich so Kerkerraum, Verpflegung und Bewachung sparen konnte.

Bis 1855 bestand noch die Strafe des Gassenlaufens, die nichts anderes als ein Spießrutenlauf des Delinquenten durch die zwei Reihen prügelnder Kameraden bedeutete.

Dem Regiments- bzw. Landesgendarmeriekommandanten blieb bis 1918 das Recht der Verschärfung, der Begnadigung und der Milderung vorbehalten. Arrest- und Kerkerstrafen konnten von diesen natürlich verschärft werden. Möglich waren u. a. Dunkel- und/oder Einzelhaft, Fasten, Stockstreiche, Anbinden, Schließen in Spangen etc.

Die Strafe der körperlichen Züchtigung wurde bis 1868 durch Stockstreiche vollzogen. Zu diesem Zweck hatte sich der Verurteilte nur mit der Hose bekleidet, also mit bloßem Oberkörper über eine Bank zu legen. Dann wurde die in der Strafe ausgesprochene Zahl der Stockhieb mit einem Haselstock, dessen Augen geglättet waren, vom Profosen »heruntergezählt«. Im Gegensatz zur Armee bedurfte es jedoch bei der Gendarmerie für eine derartige Bestrafung einer Verurteilung, was zumindest die Willkürmöglichkeiten der Vorgesetzten beeinträchtigte.

Mit 1. Mai 1866 wurden mit den Regimentsauditoren bei den Gendarmerie-Regimentern auch die Regimentsstockhäuser abgeschafft. Die Gerichtsbarkeit ging ab diesem Zeitpunkt bis 1918 auf die ordentlichen Militärgerichte über (ANormVOBl 4/1866).

Mit dem Wehrgesetz, RGBl. 151 vom 5.12.1868, wurden die Strafe der körperlichen Züchtigung, die Dunkelhaft und die Kettenstrafe abgeschafft. Überhaupt war dieses Gesetz lange überfällig, da es die allgemeine Wehrpflicht brachte und die Anzahl der Rechte des Regimentsinhabers, wie zum Beispiel das Ernennungsrecht für Offiziere etc., abschaffte. 1869 wurde dann der Großteil der bürgerlichen Rechtsangelegenheiten an Zivilgerichte übertragen.

1876 traten alle bisherigen Vorschriften über die Strafrechtspflege in der Gendarmerie außer Kraft. Die Gerichtsbarkeit ging an die Militärgerichte der k. k. Landwehr über (GVOBl 1/1876). Allerdings wurden die Landwehrgerichte in der Provinz erst Zug um Zug geschaffen. So kam es vor, daß bis nach 1900 beim LWG Wien Strafgerichtsfälle der Gendarmerie aus entfernten LGK judiziert werden mußten.

Im Laufe der Jahre wurde das Disziplinarrecht in seiner Härte und Unangemessenheit der Bestrafung immer mehr abgeschwächt.

Als die Monarchie schließlich zusammenbrach, standen den Abteilungs- und Landesgendarmeriekommandanten nach dem Dienstreglement dann noch folgende Strafmöglichkeiten zur Verfügung: Verweis beim Rapport, Ordnungsstrafen wie Verabfolgung der Gebühren in Fünftagesraten, Ausgangs- und Retraitbeschränkungen sowie Auferlegung beschwerlicher oder lästiger Verrichtungen, dann Kasernenarrest, einfacher oder Zimmerarrest, verschärfter Einzel- oder strenger Arrest bis 30 Tagen.

Uniformierung, Postkartenserie aus 1924. Bild: Gendarmeriemuseum Wien

Offiziere der Gendarmerie mußten vor einem Militärgericht verurteilt werden. Ab dem Jahr 1870 wurden verurteilte Offiziere zur Strafverbüßung in die k. k. Militärstrafanstalt in Möllersdorf überführt, wo sie in einer gesonderten Abteilung untergebracht wurden.

Erkrankung, Invalidität und Tod

Krankheit war vor hundert Jahren stets mit Sorge und Angst verbunden. Kein Wunder, wenn man bedenkt wie schwer und kostspielig es oft war, einen Arzt beizuziehen oder sich die nötigen Medikamente zu besorgen. Krankheiten, die heutzutage problemlos behandelt werden können, konnten damals noch den Tod bedeuten. Dazu kam, daß viele Menschen trotz einer Erkrankung gezwungen waren, ihrer Arbeit nachzugehen, wollten sie diese nicht verlieren. Dabei ist zu berücksichtigen, daß das Sozialsystem noch kaum entwickelt war. Die Krankenversicherung für Gendarmen wurde erst im Jahr 1921 eingeführt (AVdGZD 2/1921).

Die Gendarmen der damaligen Zeit hatten zumindest den Vorteil, daß sie als Militärangehörige unter der ärztlichen Versorgung der Armee standen, sich aber auch dieser zu unterwerfen hatten.

Handelte es sich bei einem Gendarmen um eine gewöhnliche Erkrankung, so wurde er in den meisten Fällen in der Postenkaserne gepflegt. In derartigen Fällen war auch die Zuziehung eines zivilen Arztes möglich, doch handelte es sich hierbei meistens nur um Ausnahmefälle. Der Ankauf von Medikamenten – falls er als notwendig erachtet wurde – erfolgte auf Staatskosten, was bei dem spärlichen Lohn eines Gendarmen auch notwendig war.

Handelte es sich um eine schwere Erkrankung, dann wurde der Patient zumeist mit Vorspann möglichst in das nächste Militärkrankenhaus eingeliefert. Nur wenn dieses zu weit entfernt war, kam es zur Einlieferung in ein Zivilspital. Stellte sich dort heraus, daß er vollkommen dienstunfähig war, wurde er nach einer militärärztlichen Untersuchung – einer sogenannten »Superarbitrierung« – entweder entlassen oder im Fall der Invalidität in eine Militär-Invalidenanstalt eingewiesen.

Lag der Kranke in einem Militär- oder Zivilspital, so fanden bis 1876 im Todesfall die für die Armee geltenden Bestimmungen Anwendung. Verstarb ein Kranker auf dem Posten, so war das Geld für die Beerdigung aus seiner Verlassenschaft, wozu die Massaersparnisse zählten, zu entnehmen.

In den letzten Jahren vor dem Ersten Weltkrieg wurde zumindest im Ansatz die Notwendigkeit einer ärztlichen Versorgung der Exekutive erkannt. Doch beschränkte sich dies vorerst auf Wien. So wird im Jahr 1911 in den Akten des Ministeriums für Landesverteidigung (K 26 XX 2245 vom 7. Juni 1911) erstmals ein Amtsarzt beim Gendarmerieinspektor in Wien, Dr. Wenzel Fischer, genannt.

Zumindest wurde ein Fortschritt in der Erste-Hilfe-Versorgung gemacht, indem man ebenfalls im Jahr 1911 Rettungskästen an die einzelnen Posten ausgab.

Fonds, Stiftungen und Orden

Als Ausgleich zum mangelhaften Sozialsystem wurden von privater Seite Stiftungen und Fonds eingerichtet, deren Mittel hauptsächlich invalid oder dienstunfähig gewordenen Gendarmen, deren Witwen und Kindern oder für andere soziale Zwecke für Gendarmen verwendet wurden. Die Anzahl dieser Stiftungen war jedoch nur gering.

Zu diesen Stiftungen gehörten die im Jahr 1853 gegründete Rittmeister-RF-Ehrensteinsche-Stiftung für krüppelhafte gewordene Gendarmen, die Laurenz-Fölser-Stiftung und zwei Stiftungen von anonymen Spendern. Im Jahr 1855 folgten die Franz-Mayer-, Karl-Umlauf-, Johann-Roth-, Peresutti- und die Kszelenyistiftung, 1857 die Zimmermannstiftung, 1859 die David-König-Stiftung. Dann folgte erst 26 Jahre später die im Jahr 1885 gegründete Thomas-Hammerer-Stiftung und die im Jahr 1888 gegründete Gendarmerieinspektor-FZM-Giesl-von Gieslingen-Stiftung. Der Erste Weltkrieg brachte noch eine weitere Reihe von Stiftungen, von denen folgende die wichtigsten waren: Im Jahr 1914 die Unterstützungskasse für die k. k. Gend-Mannschaft, 1915 die FZM-Tisljar-Kriegssammlungstiftung und 1917 die Alfred-Freiherr Bibra-von-Gleicherswiesen-Stiftung für hilfsbedürftige Gendarmerie-Mannschaftswitwen.

Mit Ausnahme der Stiftungen des Rittmeister-RF Friedrich Ehrenstein und der Gieslingenstiftung war das Kapital gerade geeignet, jährlich so viele Zinsen abzuwerfen, daß einige wenige Gendarmen berücksichtigt werden konnten. Die Stifter wollten damit fast durchwegs die Leistungen der örtlichen Gendarmerie würdigen.

Neben diesen caritativen Stiftungen gab es in der Gendarmerie auch noch zusätzlich zwei weitere Fonds, die sich jedoch rein auf den Zweck der finanziellen Unterstützung von noch diensthabenden Gendarmen konzentrierten. Es handelte sich dabei um den bereits erwähnten Kempenfonds und den Gendarmerie-Belohnungs- und Unterstützungsfonds. Der Kempenfonds, errichtet im Jahr 1856 durch den ersten Generalgruppeninspektor Feldmarschalleutnant Freiherr Kempen von Fichtenstamm, zielte darauf ab, beim Korps wegen besonderer Leistungen dekorierte Gendarmen bis zum Wachtmeister mit einer Tageszulage zum Längerdienen und zu weiteren Leistungen anzuregen. Die Zulage wurde daher nur während der Dienstzeit ausbezahlt.

Ähnliche Ziele verfolgte der Gendarmerie-Belohnungs- und Unterstützungsfonds. Hinter diesen beiden Fonds stand der Gedanke, die Abwanderung von routinierten Gendarmen nach Ablauf ihrer Dienstzeit zurück zur Armee oder vor allem in den zivilen Verwaltungsdienst zu verhindern, indem man ihnen eine finanzielle Aufbesserung zu ihrem kargen vom Staat bezahlten Lohn anbot.

Eine weitere Einnahmequelle für Gendarmen bedeutete aber auch die Verleihung von Orden. So bedeutete die Verleihung der Goldenen oder Silbernen Tapferkeitsmedaille und des Goldenen oder Silbernen Verdienstkreuzes zugleich auch eine finanzielle Zulage für den »ausgezeichneten« Gendarmen.

Die nach dem Umsturz 1918 einsetzende Geldentwertung verschonte auch das Kapital der verschiedenen Stiftungen nicht. Der Vermögensstand wurde allein deshalb auf fast Null herabgedrückt. Überdies wurden den Nachfolgestaaten Österreich-Ungarns Anspruchsrechte ehemaliger Gendarmen der k. k. Gendarmerie zugebilligt und damit das alleinige Verfügungsrecht auf diese Fonds aus der Hand gegeben (Al 1926).

Gage und Löhnung

Der harte Dienst des Gendarmen wurde nur mit wenig Lohn honoriert. Dies erklärt auch die Einrichtung von Fonds zur Aufbesserung des Gehaltes. Gut bezahlt war der Beruf eines Gendarmen seit seiner Gründung nie. In den Jahren nach 1860 wurden die an und für sich niederen Gagen und Löhne sogar noch aufgrund Einsparungsmaßnahmen zusammengestrichen. Dies machte sich – wie bereits oben erläutert – im Personalstand schmerzlich bemerkbar. Erst seit der wirtschaftlichen Aufwärtsentwicklung Österreich-Ungarns nach dem Ausgleich im Jahre 1867 verbesserte sich langsam auch die Entlohnung. Der allgemeine Trend der langsamen Geldentwertung relativierte die Ansätze allerdings erheblich.

Trotzdem muß festgestellt werden, daß die Gagen und Löhne bis 1918 unbefriedigend waren. Die Gehaltsansätze für Zivilbeamte waren immer wesentlich höher als jene der Armee. So waren die relativ günstigen Kosten des Gendarmeriekorps einer der Gründe, warum der Staat an der Einbindung in das Heer festhielt.

Bemerkenswert ist, daß – abgesehen von einer kurzen Unterbrechung – bis in die 70er Jahre des vergangenen Jahrhunderts die Löhnung für die Postenmannschaft eigens vom bereisenden Flügelkommandanten dem Kommandanten jedes einzelnen Postens übergeben wurde. Der Postenkommandant hatte die Löhnung aus seiner Kassa zuerst pro fünf Tage, ab 1871 pro Monat auszuzahlen. Doch die monatliche Auszahlung war »sukzessive« einzufahren, »... da sonst der ungewohnte Besitz von großen Summen zu Ausschreitungen führen könnte«. (KA K 16, Nr. 8790/1437 III vom 22. Juli 1871)

Selbstverständlich wurden die vorgeschriebenen Beiträge für Verpflegung, Entlohnung der Köchin, Beheizung und bis 1902 auch für die Beleuchtung vor der Auszahlung des Lohnes abgezogen.

Oftmals jedoch konnte es auch vorkommen, daß überhaupt kein Geld auf dem Posten eintraf und somit ein gewisser Notstand bald die Einsatzbereitschaft der Gendarmen schwächen konnte. Doch für derartige Fälle wußten bereits die Dienst- und Disziplinarvorschriften aus dem Jahr 1852 einen vermeintlichen Trost zu spenden:

Sollten sich Fälle ereignen, wo ein zeitlicher Mangel an Brot, Löhnung oder Montur nicht ausgewichen werden könnte, so soll der Mann nicht gleich Verdruß fühlen oder gar solchen äußern, sondern sich mit der Überzeugung beruhigen, daß man diesen Mangel baldmöglichst beheben und das Entbehrte nachtragen wird.

Eigenständig mußte der Gendarm noch für seine Uniform und Ausrüstung aufkommen, indem er die Schneider- und Schusterarbeiten von seinen eigenen Ersparnissen zu begleichen hatte. Zählt man schließlich noch die Einlagen für die Massa, so blieb dem Gendarmen nur mehr wenig von seinem Gehalt übrig. Dieses Massa-System wurde von der lombardischen Gendarmerie, die als Vorgängerin der österreichischen gilt, übernommen. Dabei handelt es sich bis heute um ein Umlagesystem, bei dem der Staat pro Jahr für den Gendarmen von dessen

Gehalt eine gewisse Summe auf ein Konto bei der sogenannten Massaverwaltung einzahlt. Diese Massaverwaltung kauft in größeren Mengen zu günstigeren Preisen ein und liefert dem Gendarmen über Anforderung und Guthaben notwendigen Uniformstücke.

Uniformierung, Postkartenserie aus 1924. Bild: Gendarmeriemuseum Wien

Daß dabei der Erhalt der Uniform oftmals nie zufriedenstellend verlief, läßt sich einer Schilderung aus der »Gendarmerie-Nachrichten« vom 1.9.1905 entnehmen:

Beim Eintritt in das Korps muß der Gendarm mit abgetragenen, abgeschätzten Sorten vorlieb nehmen. Doch die Hauptsache liegt an den neuen, nachgefaßten Monturen, welche der Gendarm vom Posten aus beim Administrations-Abteilungskommando in Bestellung bringen muß. Der Stoff ist zwar nicht einmal halbfein, aber doch wenigstens dauerhaft, trotzdem es auch vorzukommen pflegt, daß verlegener und vermorschter Stoff zur Ausgabe gelangt, so daß das betreffende Monturstück schon beim ersten Tragen zerrissen wird. (...) Der Stoff zur Bluse kostet ca. 8 Kronen; der Gendarm muß jedoch für eine derartig verfertigte Bluse zwölf bis dreizehn Kronen entrichten. Da die Bluse eben nie paßt, muß er sie stets richten lassen. Diese Änderung kostet wieder mindestens zwei bis drei Kronen.

Der Gendarm muß auch seine Bluse vollständig ungefüttert, den Mantel nur teilweise gefüttert, jedoch unwattiert tragen, so daß derselbe nicht nur in solcher Gewandung ganz rekrutenmäßig aussieht, sondern auch schon bei einem leichten Regen binnen kurzer Zeit bis auf die Haut durchnäßt ist.

Das Tragen von eigenen Extrauniformen ist bekanntlich untersagt. Hat ein Gendarm ein Monturstück nun soweit abgenutzt, daß es in jeder Hinsicht wirklich unbrauchbar erscheint, dann soll er trachten, dasselbe gut zu veräußern und den hiedurch erzielten Betrag aber zugunsten der Massa wieder einlegen.

Der Gendarm und die Ehe

Heiraten im 19. Jahrhundert war keine selbstverständliche Angelegenheit. Die Möglichkeit zu heiraten, war stark beschränkt und von einer Vielzahl von Faktoren abhängig. 1850 galt für die Gendarmerie das Militär-Heirats-Normale der Armee vom 10.6.1812. Es bestand eine Unterscheidung zwischen zwei Arten von Ehen: Gendarmen mit Wohnung genehmigte man eine Ehe erster Art, Gendarmen ohne eigene Wohnung wurde ein Zimmer in der Kaserne ohne Mitbenützung der Küche bewilligt. Diese wurden als Ehen zweiter Art gewertet. Ehebewilligungen ließen sich in den meisten Fällen auf Reengagierungen – eine Wiederverpflichtung von Gendarmen, die sich bewährt hatten – zurückführen. Doch versuchte man den Stand von Verehelichungen trotz der Förderung von Reengagierungen gering zu halten. So konnte zum Beispiel das Gendarmerieregiment 1, damals für Kärnten, Niederösterreich, Salzburg, Oberösterreich und Steiermark zuständig, im Jahr 1861 bloß zehn verheiratete Gendarmen, davon sieben Wachtmeister, aufweisen (AVA Nr. 2449 vom 2.5.1861). Für 1872 hatten sich in einem Sammelakt die Zahlen der Heiraten von zwei Landesgendarmeriekommanden erhalten. So wiesen das Landesgendarmeriekommando 1 für Niederösterreich, Oberösterreich und Salzburg 68 Ehen und das Landesgendarmeriekommando 3 für Tirol und Vorarlberg 39 auf.

Nach 1876 spielte sich die Übung ein, daß die Zahl der Posten im Bereich des Landesgendarmeriekommandos der Zahl der verheirateten Beamten gleich zu sein hatte. Praktisch hatte damit nur der Postenkommandant die Chance zu heiraten. 1906 wurden zur Postenzahl noch die Zahl der bei den Bezirksgendarmeriekommanden und beim Stab eingeteilten Unteroffiziere dazugerechnet. Grundsätzlich mußte jede Heirat genehmigt werden.

Die Ehebewilligung war mit Auflagen sowohl finanzieller, als auch moralischer Natur verbunden. So mußte im Jahr 1906 noch ein Heiratsgut in der Höhe von 2.000 Kronen aufgebracht werden. Außerdem hatte die zukünftige Ehefrau und ihre Familie einen sehr guten Ruf zu haben. Der Gendarm als Ehewerber mußte mindestens vier Jahre Gesamtdienstzeit haben, sehr gut konditioniert sowie seine Erhaltung im Korps wünschenswert sein. 1908 kamen dann eigene Heiratsvorschriften heraus (GVOBl 7/1908).

Doch meistens wurde eine Heirat einfach mit Versetzung des Bräutigams in spe verhindert. Die »Gendarmerie Nachrichten« vom 1.7.1906 berichten dazu folgendes:

Der Gendarm macht im Postenrayon die Bekanntschaft mit der Tochter braver, anständiger Bauersleute. Der BGKdt kommt zur Bereisung, erfährt von dem Umstand und die Folge ist, der Gendarm wird nach kurzer Zeit auf einen anderen Posten transferiert.

Aber auch für Offiziere war die Ehebewilligung mit Auflagen und Hindernissen verbunden. Bis 1876 durften pro Regiment nur 35 Prozent der Offiziere verheiratet sein. Diese Zahl wurde bis 1860 einigermaßen eingehalten. Als es 1860 durch die Einsparungen auch bei der Gendarmerie zu Überstellungen zur Armee und zu Entlassungen kam, wurde diese Zahl bei jedem Kommando weit überschritten, da man zumeist auf die Verheirateten Rücksicht nahm und sie bei der Gendarmerie beließ.

Als Anhalt mögen folgende Zahlen dienen: 1851 waren beim Gendarmerieregiment 6 in Pest von 36 Offizieren zehn verehelicht, 1856 beim Gendarmerieregiment 1 in Wien von 37 Offizieren einer verwitwet und 12 verehelicht. Da die Gagen für Offiziere ein Auskommen der Familie nicht sicherten, hatte jeder Offizier mit seiner Bitte um Verehelichung eine Heiratskaution in Staatspapieren in einer gewissen Höhe nachzuweisen. 1861 kam eine neue Vorschrift für das Heiraten in der k. k. Armee heraus. Offiziere, die ohne Bewilligung ehelichten, wurden entlassen.

Mit dem GG 1876 hatte der Gendarmerieoffizier gegenüber dem Heeresoffizier keine Kautionen nachzuweisen.

Während des Ersten Weltkrieges meldeten sich viele Gendarmen freiwillig zur Feldgendarmerie, da es bei dieser Truppe keine Ehebeschränkungen gab. Aber noch 1933 wurde mit BGBl. 187 ein beschränktes Eheverbot für Gendarmen erlassen. Im übrigen wurden Erhebungen über den Ruf der Braut und ihre Verhältnisse noch bis weit in die 60er Jahre unseres Jahrhunderts, also nach dem Zweiten Weltkrieg, durchgeführt.

Pension

Pensionsansprüche waren vorerst ein Privileg für Offiziere. Ab Errichtung der Gendarmerie im Jahr 1850 hatten dabei Gendarmerieoffiziere die gleichen Pensionsansprüche wie in der Armee. Für invalide Gendarmen galt bis zum Gesetz vom 25. 7. 1871, RGBl. 83, die sogenannte Gratial-Invalidenversorgung. Halbinvaliden Gendarmen wurden Staatsstellen vermittelt, vollinvalide kamen in ein Militär-Invalidenhaus.

Der nach seiner Dienstverpflichtung ausgediente Gendarm konnte sich reengagieren lassen oder als Unteroffizier eine zivile Staatsstelle bei

Post, Bahn, Justiz usw. gemäß RGBl. 60/1872 in Anspruch nehmen. Daneben gab es noch den Abschied mit Gratiale. Über die Gebührenbehandlung der Ex-Gendarmen spricht das AVOBl 52/1858. Daneben gab es noch Gnadengaben für Witwen von Gendarmen, die in Dienstausübung gefallen waren.

Ab 1871 galten dann für dienstuntauglich gewordene Gendarmen, vom Wachtmeister abwärts, die gleichen Vorschriften, »welche für die pensionsfähigen Staatsdiener Anwendung haben«. Nach diesen Bestimmungen mußte ein Gendarm zehn Jahre gedient haben, um in den Genuß der Pension zu gelangen. Das Ausmaß der Pension richtete sich nach der Dienstzeit: Nach zehn Jahren erhielt er ein Drittel, nach 15 Jahren drei Achtel usw., nach 40 Jahren »das Ganze« des Aktivitätsbezugs. Bei Verwundungen im Dienst wurden zehn Dienstjahre zugezählt.

Das Gendarmeriegesetz, RGBl. 19 vom 26.2.1876, bestimmte, daß die Wirksamkeit der Vorschriften aus 1871 erst nach Ablauf der eingegangenen Dienstverpflichtung einzutreten hatte. Für den durch Verwundung oder körperlicher Gebrechen undienstbar gewordenen Gendarmen wurden – in einer Ausnahmeregelung – zehn Dienstjahre zu den Ansprüchen dazugezählt.

Diese Pensionsbestimmungen wurden dann Zug um Zug verbessert. So auch durch das GG 1894, RGBl. 1/1895 und dann mit RGBl. 42 vom 29. 1. 1897. Abfertigung oder Pensionsanspruch bei Dienstunfähigkeit gab es nun schon ab dem vierten Dienstjahr. Beim Übertritt in den zivilen Staatsdienst wurden die Dienstjahre zugerechnet. Ein Dienstjahr wurde nun mit 16 Monaten angerechnet.

Unterkunft und Kasernen

Die Unterkunft, in der ein Gendarmerieposten oder ein Zugs- oder Flügelkommando untergebracht war, wurde bis 1918 als Gendarmeriekaserne bezeichnet. Natürlich galt in dieser Unterkunft von Anfang an die Kasernenordnung der k. k. Armee. Nach § 76 GG 1850 sollten möglichst nicht mehr als zwei, höchstens aber vier Mann in einem Zimmer untergebracht werden. Später galt dann die Kasernenvorschrift für die k. k. Gendarmerie aus dem Jahre 1876, zuletzt jene aus dem Jahr 1916.

Die Unterkunft war frei. Bezahlt wurde sie aus dem betreffenden Landesfonds, dem – insbesondere für die Wohnungen der Offiziere – gewisse Beträge direkt aus den Staatsfinanzen überwiesen wurden. Nur bei längerer dienstlicher Abwesenheit vom Posten konnte der Gendarm Transenal-Bequartierung in Anspruch nehmen. Für Bereisende konnte immer Transenalquartier beim Ortsvorstand angesprochen werden, doch zogen es die Bereisenden vor, in der Gendarmeriekaserne zu übernachten. Für Offiziere gab es hierfür auf bestimmten Posten ein Klappbett.

Für Beleuchtung und Beheizung ihrer Zimmer hatten die Mannschaften selbst aufzukommen, für jene der Kanzleien gab es ein Service nach der Fensterzahl.

Die Einrichtung bestand ab 1850 für jeden Gendarmen aus einem Bett mit Strohsack, aus einem Rechen, der hinter dem Bett oder sonst geeignet anzubringen war. In der Kanzlei, die zumeist auch Schlafzimmer des Postenkommandanten war, gab es für je zwei Gendarmen ein Pult und pro Mannschaftszimmer einen Wasserkrug, ein Waschbecken sowie eine Öllampe oder Laterne. Außer dem Porträt des Kaisers durften keine Bilder aufgehängt werden. Das Verbot des Aufhängens von Heiligenbildern in den Kasernen brachte in der damaligen, durch die katholische Kirche stark dominierten Zeit, zumeist Beschwerden der Ortsgeistlichen, die bis zum Kaiser gingen.

Private Gegenstände waren in der Kaserne verpönt. Erst kurz vor dem Weltkrieg gestattete man dem Gendarmen das Abstellen eines Koffers etc., zumeist unter seinem Bett.

Mindestens ein Gendarm hatte die Kaserne zu bewachen. Waren mehrere anwesend, so hatte außerdem einer von ihnen am Kasernentor Inspektionsdienst.

Den Offizieren bis zum Rittmeister herab stand entweder ein Naturalquartier oder, wenn ein Naturalquartier nicht vorhanden war, das entsprechende Quartiergeld für das Mieten einer Wohnung zu. Zumeist befanden sich das Offiziersquartier, die Kanzlei, das Magazin, das beheizbar sein sollte, und der Arrest in der Gendarmeriekaserne am Ort. Die Quartiere der Zugskommandanten waren immer in den Gendarmeriekasernen unterzubringen. Neben der Kanzlei mußte ihnen jedoch eine entsprechend möblierte Wohnung zur Verfügung gestellt werden.

Urlaub und Freizeit

Die erste Vorschrift über die Beurlaubung in der k. k. Gendarmerie kam 1895 heraus. Sie wurde 1916 unwesentlich geändert. Wurde bis zum Jahr 1895 von Mannschaftsurlaub gesprochen, so meinte man damit keinen Erholungsurlaub, sondern nur das ausnahmsweise genehmigte Verlassen des Stationsortes bei dringenden familiären Angelegenheiten wie Ableben naher Verwandter, Erledigung von Erbschaften, kurzzeitiges Auskurieren von Krankheiten. Für Offiziere galten die Bestimmungen der Armee. Aber auch hier wurde Urlaub zumeist für die Frequentierung von Heilbädern etc. genehmigt.

Ab 1851 war der Regimentskommandant ermächtigt, in solchen Ausnahmefällen für Offiziere einen 14-tägigen und für die Mannschaft einen fünftägigen Urlaub zu gewähren. Darüber hinaus entschied der GGI, wobei bei Urlauben über sechs Wochen alle Gebühren gestrichen wurden. Hierzu wurden Urlaubspässe ausgestellt.

1867 erhielten Unteroffiziere der Armee alle zwei Jahre einen achtwöchigen Urlaub, im Falle, daß sie bereits eine gewisse Zeit dienten. Diese Regelung wurde anfangs den Gendarmen nicht zugestanden, doch konnte nun der Urlaub in Familienangelegenheiten bis zu acht Wochen mit Gebühren bewilligt werden. Aber es sind auch schon aus der Zeit vor 1876 vierwöchige Urlaube für Mitglieder der Gendarmerie für alle zwei Jahre bekannt.

Die erste Urlaubsvorschrift stammt aus dem Jahr 1895. Mit kleinen, unerheblichen Abänderungen blieb sie bis 1918 bestehen. Wer auf Urlaub gehen wollte mußte Gebühren als Sicherheit für sein Wiederkommen hinterlegen. Neben dem Urlaub mit vollen oder ohne Gebühren gab es noch jenen mit Wartegebühren bei andauernden gesundheitlichen Gebrechen und jenen gegen Erlag der Urlaubstaxe.

Jeder Gagist, daher auch jeder Bezirkswachtmeister, hatte im Jahr acht Wochen Anspruch auf Urlaub. Aus Gesundheitsgründen konnte der Urlaub sogar bis drei Monate verlängert werden. Der Gendarm hatte jedes Jahr acht Tage, der Postenführer und Wachtmeister jedes Jahr 14 Tage, und jedes zweite Jahr statt der 14 Tage sogar vier Wochen Anspruch auf Urlaub.

Jedes außerdienstliche Verlassen der Gendarmeriekaserne mußte der Gendarm, so er nicht verheiratet war, erbitten. Wurde die Bitte genehmigt, dann wurde anfangs formlos ein Zettel, später ein Vordruck ausgefüllt, in dem genau angeführt war, wann, wie lange und wohin der Gendarm freigestellt wurde. Bitten über das Retraite, also über 22.00 Uhr, wurden selten gewährt. Erst kurz vor dem Ersten Weltkrieg kam dann die Möglichkeit auf, bei den Abteilungskommandanten um Absentierung mit oder ohne Stationsverlaß für einen, höchstens jedoch für zwei Tage bittlich zu werden.

Verpflegung

Anfangs wurden die Nahrungsmittel für die Verpflegung möglichst aus Heeresmagazinen nach den dort festgesetzten Preisen bezogen.

Gendarmeriekasernen mit mehr als drei Gendarmen Besatzung mußten eine eigene Küchenwirtschaft führen. Dazu war durch den Flügelkommandanten eine Köchin – sie mußte mindestens vierzig Jahre alt und von gutem Ruf sein – anzustellen. Die Köchin, alle Gerätschaften und selbstverständlich auch die Nahrungsmittel mußten durch die Gendarmen des Postens anteilsmäßig bezahlt werden.

Aus der Anfangszeit der Gendarmerie fehlen Angaben über die Einzahlungen »in die Menage«. 1905 hatte dann ein Gendarm pro Tag 1,80 bis zwei Kronen in die Menage zu zahlen. Aus der Menage mußte anfangs alles, was in der Küche und bei Tisch benötigt wurde, bezahlt werden. Erst im Jahre 1908 trat bezüglich der Gerätschaften eine Besserung ein. Ab dieser Zeit wurden Kosten für die Anschaffung des Eßbestecks, der Servietten, der Hand- und Tischtücher sowie der Trinkgläser vom Ärar übernommen.

Geboten wurde Frühstück und Mittagessen. Eventuelle Zwischenmahlzeiten und das Abendessen hatte sich der Gendarm selbst zu besorgen.

Posten unter vier Mann Besatzung erhielten einen geringfügigen Zuschuß und konnten sich bei Nachbarn oder in nahe gelegenen Gasthäusern verpflegen lassen. Doch war das zu einer Zeit, in der in Wirtshäusern kaum ausgekocht wurde, sehr selten.

Literatur:

Allmayer-Beck/Lessing: *Die k-(u.)k. Armee 1848–1914*
Deak Istvan: *Der k-(u.)k Offizier. 1991 bei Böhlau.*
Mayr Josef Karl: *Das Tagebuch des Polizeiministers Kempen von 1848–1859*
Nowotny Eduard, Hpt-RF: *Die Gebühren der k. k. Gendarmeriemannschaft 1913 bei Gusek in Kremsier mit 1 Nachtrag am 31. 12. 1914*
Patera Herbert, v. *Unter Österreichs Fahnen*
Pönisch Edmund, Rtm-RF: *Die Bequartierungs-Vorschriften für die k. k. Landesgendarmerie*
Probszt Günther: *Österreichische Münz- und Geldgeschichte, 1994*
Good David F. *Der wirtschaftliche Aufstieg desHabsburgerreiches 1750–1914, 1986*

Daneben wurden noch alle Armee-Verordnungsblätter (AVOBl) bis 1875 und alle Gendarmerie-Verordnungsblätter (GVOBl) bis 1918 durchgesehen. Angeführt sind auch alle Zeitschriften, die als Quellen für die im Text eingearbeiteten Artikel etc. dienten.

Abkürzungen und Fremdwörter:

AhE: *Allerhöchste Entschließung*
Al: *Almanach (Jahrbuch) der Gendarmerie*
AVA: *Allgemeines Verwaltungsarchiv*
AVOBl: *Armee-Verordnungsblatt*
Auditor: *Bis zum Jahr 1866 dem Stab jedes Gendarmerieregiments beigeordnete, in den Militärstrafgesetzen geschulte Offiziere, die alle schweren Delikte abstraften.*
BGKdt: *Bezirksgendarmeriekommandant*
Capitulant (auch Kapitulant): *Ein bereits aus dem Militärdienst Entlassener*
Charge: *Amtstitel*
Charakter: *Offiziere konnten mit oder ohne Beibehaltung des Charakters den Dienst quittieren, also ihren Abschied nehmen.*
Charakter ad honores: *Verleihung einer Charge (Amtstitels) ehrenhalber, zumeist bei der Pensionierung*
CirkVO: *Cirkular-Verordnung*
Conduite: *Qualifikationsbeschreibung*
GGI: *Gendarmerie-Generalinspektor oder Gend-Generalinspektion*
GI: *Gendarmerieinspektor*
GVOBl: *Verordnungsblatt der k. k. Gendarmerie*
GP: *Gendarmerieposten*
GRgt: *Gendarmerieregiment*
Konsignation: *Verzeichnis*
Lt: *Leutnant*
LGK: *Landesgendarmeriekommando (vor 1866 GRgt= Gendarmerieregiment)*
LGKdt: *LGK-Kommandant*
MKsM: *Militärkanzlei seiner Majestät*
Oblt: *Oberleutnant*
Obstlt: *Oberstleutnant*
PF: *Postenführer*
PKdt: *Postenkommandant*
Reengagierung: *Freiwillige Wiederverpflichtung von Gendarmen nach abgelaufener Dienstzeit*
Retraite: *Zapfenstreich; Ausgang bis zu einem bestimmten Zeitpunkt, zumeist 22 Uhr*
Rtm: *Rittmeister*
Superarbitrierung auch Arbitrierung: *Die Untersuchung auf Diensttauglichkeit*
Taglia: *Belohnung für aufgeklärte Verbrechen. Mit GVOBl 12/1891 wurde die Taglie für eingebrachte Deserteure gestrichen. Mit AVdGZD 5/1930 wurden die Taglien dann schließlich aufgelassen.*
Transenalquartier: *Vorübergehende Unterkunft bei Visitierungen, Zuteilungen etc.*
Visitierung: *Kurzfristige Kontrolle einer Gendarmeriedienststelle durch Vorgesetzte.*
Vorspann: *Die Möglichkeit, private Fahrzeuge mit Gespann (daher Vorspann) zur Beförderung von Personen oder Gerät bei der Gemeinde anzufordern. Bei Visitierungen wurde dort, wo keine Eisenbahnen oder die Post zur Verfügung standen, zumeist der Vorspann angesprochen.*
WM: *Wachtmeister*

Arnold Perfler

Soziale Entwicklung, Dienstzeit, Unterkünfte, von 1919–1971[1]

Ende 1918 krachte es in allen Fugen der alten Habsburger-Monarchie, namentlich bei den knapp hinter der Front stehenden Formationen. Dort wütete der Kampf aller gegen alle. In einem Befehl beschwor Kaiser Karl, in Armee und Flotte könne es nur eine Einheit und Treue aller Nationen geben. Die Wirkung war jedoch gegenteilig. Unter dem Druck der politischen Kräfte, der Kriegsmüdigkeit des Hinterlandes und der dramatischen wirtschaftlichen Situation erließ der Kaiser deshalb am 17. Oktober 1918 das Manifest, das jedem Volksstamm das Recht gab, auf seinem Siedlungsgebiet ein eigenes staatliches Gemeinwesen zu errichten. Er selbst mußte abdanken. Die österreichisch-ungarische Monarchie war damit am Ende. Viele Länder hatten ihre Unabhängigkeit erlangt. Am 28. Oktober 1918 begann die Woche der Revolutionen. Mit ihr war auch das Schicksal Österreichs selbst, nicht nur der Monarchie als Staatsform, besiegelt, denn am gleichen Tag folgte die Anerkennung der Selbständigkeit der Tschechoslowakei und des zukünftigen dreieinigen Königreiches der Serben, Kroaten und Slowenen (Jugoslawien) durch die Entente sowie die Lösung des Bündnisses mit Deutschland von seiten der noch bestehenden k. k. Regierung. Das allgemeine Chaos der folgenden Tage brachte die Auflösung Alt-Österreichs. Mit dem Untergang der kaiserlichen Armee (und Gendarmerie) war keine Kraft mehr da, welche die Monarchie noch hätte erhalten können.

In der Todesstunde der Monarchie starb auch gleichzeitig ihre Wehrmacht – und mit ihr die bis 1918 in ihr integrierte Gendarmerie – sowie deren übernationale Gesinnung, der oft hervorgehobene »schwarz-gelbe Offiziersgeist«. Somit ging das letzte Refugium einer übernationalen »Sendungsidee« im Vielvölkerstaate zu Ende. Es hatte im Jahrhundert des schrankenlosen Nationalismus keinen Platz mehr. Alt-Österreich hatte elf Nationen vereint. Der altösterreichische Offizier war durch seine dynastische Bindung an das Herrscherhaus und an die Persönlichkeit des Monarchen durch Jahrhunderte hindurch zur Verneinung aller nationalen und sozialen Strömungen erzogen worden. Die nationale Revolution war jedoch im Laufe des Krieges auch sehr tief in die Formationen des Heeres, und damit der Gendarmerie, vorgedrungen und hatte ihre Wirkung nicht verfehlt.

Am 21. Oktober 1918 traten die deutschen Abgeordneten des Reichsrates als Provisorische Nationalversammlung zusammen, um die staatliche Neugestaltung der deutschsprachigen Gebiete der Donaumonarchie zu beraten.

An der Lebensfähigkeit des Staates zweifelten nicht nur berufsmäßige Pessimisten, sondern die künftigen leitenden Staatsmänner selbst. Einstimmigkeit herrschte jedoch, als die Provisorische und die Konstituierende Nationalversammlung am 12. November 1918 bzw. am 12. März 1919 erklärten: »1. Deutschösterreich ist eine demokratische Republik. Alle öffentliche Gewalt wird vom Volk eingesetzt. 2. Deutschösterreich ist ein Bestandteil des Deutschen Reiches.« Der hier zum Ausdruck gebrachte Anschlußgedanke sollte Monate später im Staatsvertrag von St. Germain vom Völkerbund unter dem Druck der Siegermächte verboten werden.[2] In den Köpfen vieler Bürger geisterte er jedoch weiter.

Die tragische Geschichte Österreichs von 1918 bis 1938 ist nur zu verstehen, wenn man sich vor Augen hält, daß der Staat nicht aus einem bewußten Willensakt seiner Bürger entstand, sondern als Rest eines viel größeren Reiches übrig geblieben war. Es war nicht einmal gelungen, im Friedensvertrag die deutschen Siedlungsgebiete der österreichisch-ungarischen Monarchie zu retten; von ihren 12 Millionen deutschsprachigen Menschen fiel fast die Hälfte in Fremdherrschaft. Österreich stand vor der Tatsache, daß nicht nur die nichtdeutschen Völker die staatliche Verbindung gelöst hatten, sondern daß sein eigenes Gebiet nur mehr die Hälfte der Menschen einschließen durfte, die innerlich gewillt waren, Österreicher zu bleiben. US-Präsident Wilson hatte noch vor Kriegsende in seinen »14 Punkten« Grundsätze aufgestellt, nach denen der künftige Friede gestaltet werden sollte; das Selbstbestimmungsrecht der Völker stellte er vorne an. Doch die Sonderinteressen der einzelnen Staaten strotzten vor Habgier, Neid, Haß und Eifersucht. Ein Diktatfriede, kein Friede durch Verhandlung, war das Ergebnis. Damit war keine wirkliche Akzeptanz der betroffenen Völker gegeben. Staatsmännischer Weitblick und notwendige politische Toleranz waren niederer Gesinnung zum Opfer gefallen. Mit diesem »Friedensdiktat« wurde der Boden für spätere Konflikte und Kriege aufbereitet, nie dagewesene Opfer sollten die Folge sein.

Drei Parteien in der provisorischen Nationalversammlung waren für die weiteren Geschicke Österreichs von entscheidender Bedeutung:

Die Christlichsoziale Partei, deren Ideologie als gemäßigte Reichspartei bestimmt war durch eine Persönlichkeit wie Dr. Karl Lueger, vertrat 1918 den Gedanken einer sozialen Monarchie.

Der deutsche Nationalverband, welcher nach 1918 unter verschiedenen Namensänderungen als Großdeutsche Partei auftrat, umfaßte Fraktionen von den Liberalen bis zu den radikaldeutschnationalen Schönerianern. Diese Partei war meistens eine Minderheit, konnte aber oft als Zünglein an der Waage gegenüber der Sozialdemokratie in der Republik Österreich eine nicht unbedeutende, oft sogar entscheidende Rolle spielen. Die eigentliche Massenpartei des österreichischen Staatsgebietes, wie es sich in den ersten Novemberwochen in den Grenzen der deutschsprachigen Länder der Habsburgermonarchie formierte, war die Sozialdemokratische Partei mit Männern wie Viktor Adler, Otto Bauer und Karl Renner. Die Sozialdemokratie erwies sich in der Atmosphäre der allgemeinen Unsicherheit angesichts des Umbaues des multinationalen Staates als einzige befähigt, als Massenpartei in Erscheinung zu treten. Ihre durch die Gewerkschaften und die gut organisierte örtliche Struktur bestimmte Organisation hatte gegenüber den bürgerlichen Parteien damals die Vormacht. Die Sozialdemokratie übernahm die Führung im ersten Stadium der Republik Deutschösterreich. Am 11. November 1918 stellte Kaiser Karl fest, er werde im voraus die Entscheidung, die Deutschösterreich über seine künftige Staatsform treffe, anerkennen. Der oberste Befehlshaber hatte damit wohl den Völkern und ihren politischen Mandataren den Weg zur staatlichen Neugestaltung eröffnet, nicht jedoch, wie etwa später Kaiser Wilhelm II., die Offiziere der k. k. Armee des Treueides in der gleichen Form entbunden. Die Befreiung vom Eid des Soldaten auf die Person des Monarchen vollzog sich in Deutschland in einer viel klareren Form als in den neugebildeten Nationalstaaten der ehemaligen österreichisch-ungarischen Monarchie. Das Problem des Eides auf den Kaiser sollte noch durch Jahre hindurch für manche Offiziere des österreichischen Bundesheeres und der Gendarmerie zu einer Gewissensfrage werden.

Zunächst aber regierte in Wien und in den meisten übrigen Ländern,[3] die später zum österreichischen Staat vereinigt wurden, die revolutionäre Entwicklung. Die neue Ordnung verlangte nach einer bewaffneten Macht. Die k. k. Armee war zu demobilisieren, eine neue Wehrmacht aufzustellen. Dr. Julius Deutsch,[4] einstmals Artillerieoffizier und knapp vor Ende des Krieges als Vertrauensmann zwischen dem Kriegsministerium, den Gewerkschaften und der Armee im Felde tätig, wurde zum Organisator der neuen Armee bestimmt. Die Sozialdemokraten wollten die Kader der alten Habsburgerarmee nicht zum organisatorischen Grundstock der neuen republikanischen Wehrmacht werden lassen. Es sollte eine »Volkswehr« aus Freiwilligen aus dem Volke sein. Ergänzt werden sollte sie ausschließlich durch Deutschösterreicher, die sich zum neuen Staat bekannten. Mit der Volkswehr bestand neben der Gendarmerie wenigstens für die ersten Wochen ein zusätzlicher staatlicher Ordnungsfaktor. Der Zentralstelle stellten sich Männer wie ein Generalstabsoberst Theodor Körner[5] zur Verfügung. Ein Zivilkommissariat entstand als Kontrollapparat, mit dem »Ausschreitungen des militärischen Geistes hintangehalten« werden sollten.

Neben der Volkswehr bildeten sich, da ihre Aufstellung zunächst auf Wien und die industrialisierten Gebiete von NÖ beschränkt war, mit Unterstützung der Bundesregierung in den bäuerlichen Alpenländern Selbstschutzorganisationen, die stark von den einzelnen Landesregierungen beherrscht wurden. Diesen Organisationen wurden von der Heeresverwaltung beträchtliche Mengen des ungeheuren Kriegsmaterials der einstmaligen Großmacht zur Verfügung gestellt, um es dem Zugriff der Ententekommissionen, die bald in Erscheinung treten sollten, zu entziehen. So gelangten 1918 und 1919 große Waffenmengen in halbprivate und politische Organisationen und bildeten für die zukünftige Geschichte der Republik Österreich den Grundstock zur Bewaffnung der späteren Selbstschutzformationen der politischen Parteien.

Der Historiker Prof. Hugo Hantsch OSB stellte für die letzten Wochen des Jahres 1918 in seiner »Geschichte Österreichs« fest: »Jeder Tag konnte den Ausbruch einer Revolution bringen, Anarchie und Schreckensherrschaft standen drohend vor den Toren, die Not und das Elend nahmen beängstigende Ausmaße an. Ohne Zweifel ein Ruhmesblatt der damaligen provisorischen Regierung und der Verwaltung (Anm.: damit entscheidend auch der Gendarmerie!), das Ärgste verhindert zu haben ...«

Im Oktober 1920 erzielten die Christlichsozialen den Wahlsieg. Es wurde eine bürgerliche Regierung gebildet. Die Sozialdemokraten waren ab dieser Zeit (Anm.: bis 1945) in Opposition. Oskar Helmer berichtet hiezu: »... Der Rückschlag kam für die Sozialdemokratische Partei nicht unerwartet. Es war vorauszusehen gewesen, daß die besonders günstige Konjunktur des Februar 1919 nicht allzu lange dauern würde und daß die Partei vor allem die Schichten, die in der Verwirrung des Zusammenbruchs der Monarchie zu ihr gestoßen waren, nicht so rasch organisatorisch eingliedern und festhalten könne. Die Wahlen von 1920 führten somit zu einer Stärkung der bürgerlichen Parteien...«[6]

Der spätere Gendarmeriegeneral Dr. Johann Fürböck berichtet als Zeitzeuge über den weiteren Fortgang: »Die politischen Verhältnisse bildeten zum Teil den Keim für die späteren tragischen Entwicklungen. Das innenpolitische Leben ging weniger den Weg einer Evolution, sondern näherte sich gefährlich der Revolution. Da die Sozialdemokraten keine verantwortliche Regierungsfunktion innehatten, konnten sie nicht auf legalem Weg ihr Programm durchsetzen. Andererseits drängten aber die Wähler mit ihren Forderungen. Zur Verhinderung reaktionärer Pläne der Regierungsparteien, zum Teil auch zum Beweis der eigenen Kraft und als machtpolitischen Ersatz für die den Sozialdemokraten nach ihrem Austritt aus der Regierung entglittene Kontrolle über das Bundesheer, gründete die Sozialdemokratische Partei aus den bestehenden Ordnern und Arbeiterwehren den ‚Republikanischen Schutzbund' als bewaffnete Organisation. – Auf der bürgerlichen Seite, die die Exekutive und das Bundesheer für sich reklamierte, entstanden Bauern- und Einwohnerwehren und der Bund der Frontkämpfer. Aus diesen Einrichtungen ging dann ab 1921, zuerst in Tirol und in der Steiermark, die Heimwehr hervor. So standen sich bald bewaffnete politische Organisationen gegenüber. Reibereien und Zusammenstöße mit Toten und Verwundeten waren an der Tagesordnung. Ab 1923 entstanden auch Ortsgruppen der Nationalsozialisten. Zwischen deren Anhängern und Sozialdemokraten gab es in der Folge oft erbitterte Fehden bis zum gegenseitigen Gebrauch gefährlicher Waffen. Hinzu kamen noch die Kommunisten, die gegen alle genannten Parteien und ›Selbstschutzverbände‹ auftraten.

Die Stabilisierung war daher nur äußerlich wahrnehmbar. Das innere Leben des jungen Staates war dagegen voller Spannungen. Dies bewiesen die radikalen Zeilen von Tageszeitungen, die vielen politischen Demonstrationen, die vielen Streiks und andere Vorfälle.«[7]

Wirtschaftliche Entwicklung 1918–1938

Hauptaufgabe der neuen Regierung war zunächst die Sicherstellung des Existenzminimums, vor allem für Wien. Die Lebensmittelversorgung der früheren Reichshauptstadt litt nicht nur unter der unzureichenden inländischen Ernte, sondern auch daran, daß sich viele Bundesländer weigerten, von ihren Vorräten etwas an Wien abzugeben. Dies hatte natürlich seinen Grund. Die Länder hatten selbst kaum Reserven, die Angst vor Hunger tat wahrscheinlich ein übriges. Vorarlberg hatte beispielsweise zu Kriegsende lediglich für 12 Tage Mehl und Brot und Zufuhren aus den östlichen Ländern waren unmöglich.[8] Die Lebensmittelimporte aus den Nachfolgestaaten waren grundsätzlich schwierig. Diese Staaten bauten vorerst selbst ihre Industrien aus und versuchten sie gegen die österreichische Konkurrenz abzusichern. Vor allem hatten auch wirtschaftlich eher ausgeglichenere Regionen, wie etwa die Tschechoslowakei, gleichfalls unter kriegsbedingten Mangelerscheinungen zu leiden. Da es nicht möglich war, ausreichend Rohstoffe und Energie nach Österreich einzuführen, war die Industrie gar nicht in der Lage, die benötigten Exportgüter für Kompensationsgeschäfte herzustellen. Kam aber einmal ein Lieferungsabkommen im Tausch gegen Österreichs Rohstoffe Holz, Eisenerz u. Magnesit zustande, ergaben sich oft Transportschwierigkeiten, weil jeder der Nachfolgestaaten versucht hatte, einen möglichst großen Teil des früher gemeinsamen Fuhrparks zu behalten, und Züge deshalb oft nicht in die Nachbarstaaten geführt wurden. Die österreichische Landwirtschaft befand sich nicht in der Lage, den heimischen Nahrungsmittelbedarf zu decken. Überdies war die Produktion durch den Mangel an Arbeitskräften, die im Militärdienst standen, während des Krieges permanent gesunken. Sie erreichte 1919 den Tiefpunkt der Ernten mit der Hälfte des Ertrages von 1913.[9] Kleinere Lieferungen aus dem benachbarten Deutschland vermochten die Situation Wiens kaum zu bessern, so daß sich die Regierung dringend an die Alliierten um Hilfe wandte. Diese

Spartakistenwache der Gendarmerie in Hörbranz/Vbg. an der Grenze zu Deutschland zur Verhinderung eines Kommunisteneinfalles aus Bayern.

entsendeten eine Kommission, welche Lebensmittellieferungen in Gang setzte. Die Notwendigkeit, die österreichische Situation zu erleichtern, wurde von immer mehr Siegerstaaten, neutralen Mächten und Hilfsorganisationen erkannt, so daß sich sehr viele davon an solchen Lieferungen sowie an Kreditaktionen beteiligten. Dafür waren freilich nicht nur humanitäre, sondern auch außenpolitische Gründe maßgebend: die Westmächte fürchteten eine Ausbreitung des ungarischen Rätesystems auf Österreich.[10]

Freilich oblag der neuen Regierung neben der Sicherung des physischen Existenzminimums für alle Bürger auch eine solche des sozialen. Das Weltkriegsende hatte in Mittel- und Osteuropa eine latent revolutionäre Situation entstehen lassen, welche ihren Niederschlag nicht nur in Rußland, sondern auch in Ungarn und Bayern gefunden hatte. Diese Fakten erleichterten die Realisierung einer Reihe von Sozialgesetzen, die noch heute wesentlicher Bestandteil des Gebäudes der sozialen Sicherheit darstellen und auch in Ansätzen das nach dem Zweiten Weltkrieg entwickelte System der Sozialpartnerschaft in Österreich enthalten.[11] Das erste Sozialgesetz wurde durch die wirtschaftliche Situation erzwungen. Diese machte es unmöglich, die vorhandenen Arbeitskräfte zur Gänze zu beschäftigen, noch weniger die zurückfließenden Heimkehrer reibungslos in den Arbeitsprozeß einzugliedern. Daher wurde die Arbeitslosenunterstützung für alle Industriearbeiter und Angestellten eingeführt.[12] Eine Reihe weiterer Vorschriften schlossen sich an. Der Achtstundentag wurde eingeführt, eine Neuerung, die u. a. auch erfolgte, weil die Arbeiter derart geschwächt waren, daß dies längere Arbeitszeit kaum zu höherer Produktion geführt hätte.[13] Dazu kam das Arbeitsurlaubsgesetz, das für die Arbeiterschaft einen ein- und nach fünf Jahren Betriebszugehörigkeit zweiwöchigen Urlaub brachte. Allgemein wurde die Position der Unselbständigen in der Gesellschaft durch die Errichtung der Arbeiterkammern, die Regelung des Kollektivvertragsrechtes sowie schließlich durch die Schaffung von Betriebsräten gestärkt. Die Durchführung vieler dieser Maßnahmen beriet man in einer gemischten Kommission.[14] Trotz dieser nützlichen Institution bleibt die Reaktion der Unternehmerschaft bemerkenswert. Wiewohl die Fülle dieser Maßnahmen nämlich einen respektablen Kostensprung bedeutet haben muß, wurden die sozialen Neuerungen durch sie im wesentlichen akzeptiert. Teilweise sicherlich eben deshalb, weil diesen Maßnahmen in der international verbreiteten sozialrevolutionären Situation eine beruhigende Funktion zukam.[15]

In der staatlichen Verwaltung wurden die schon zur Kriegszeit für alle lebens- und versorgungswichtigen Dinge auf Bundes- und Landesebene eingerichteten Organisationen weitergeführt. In den Ländern gab es Getreideverkehrsanstalten , Milchverkehrsstellen, Gemüse-Obst-Landesstellen, Viehverkehrsmeldestellen, Fleischversorgungsstellen usw. Die Gemeinden als unterste Verwaltungsebene hatten die vorhandenen Bestände aufzunehmen, die Lebensmittel rationiert zu verteilen usw. Sie waren jedoch hoffnungslos überfordert. Die Gendarmerie mußte überall unterstützend, regelnd, ordnend und kontrollierend einzugreifen. Ob sie in der Sache gesetzliche Kompetenz hatte, war in dieser Aufbauphase von untergeordneter Bedeutung. Sie war eine der wenigen staatlichen Einrichtungen, die in den Händen verantwortungsbewußter Männer verläßlich funktionierten.

Anfangs standen, wie beschrieben, vor allem militärische Aufträge im Vordergrund. Das Gebiet des neuen Staates war noch nicht klar ausgeformt. Die Gendarmerie hatte zu Italien, zu Jugoslawien, zu Ungarn und zur (späteren) Tschechoslowakei hin die Grenzen zu sichern. In den Grenzkämpfen lebte sie alle Tapferkeit soldatisch erzogener, um Heimat kämpfender Menschen. So waren neben dem der Bevölkerung Sicherheit gebenden Dienst die umtreibenden zurückströmenden Soldaten zu überwachen sowie das Eigentum zu schützen. Alle militärischen Güter, Automobile und dgl. ärarische Tiere und Gegenstände, dann auch zu Pferden gehörendes Material wie Beschirrung, Sattel, Decken und Wagen waren auszumitteln, das Eigentum festzustellen, bei staatlicher Zuordnung oder ungeklärten Eigentumsverhältnissen zu beschlagnahmen und den Militärgutsammelstellen abzuliefern.[16]

Nahezu gleichzeitig wurde die Gendarmerie neben ihren sicherheitsdienstlichen Aufgaben vor allem in der Lebensmittelverteilung bzw. der Bekämpfung des Schwarzhandels und der Preistreiberei eingesetzt. Die damaligen Verhältnisse sind beinahe unvorstellbar.

Landesgendarmeriekommando für Tirol und Vorarlberg.
zu Nr. 339 Adj.
Mitwirkung der Gendarmerie
im Ernährungsdienste.

An alle

Gendarmerieabteilungs-, Bezirks- und Postenkommandos.

Innsbruck, am 4. Februar 1919.

Nachstehend wird der Erlaß des Staatsamtes des Innern, Zl. 443 vom 30.1. 1919 auszugsweise verlautbart:

„Die außerordentlich schwierigen, eine Steigerung kaum mehr vertragenden Versorgungsverhältnisse Deutschösterreichs, die die uneingeschränkte Heranziehung aller gegebenen gesetzlichen Mittel und sämtlicher verfügbaren Organe im Ernährungsdienste unbedingt notwendig erscheinen lassen, ferner der Umstand, daß die Inanspruchnahme der Gendarmerie durch die militärischen Behörden auf das normale Maß herabgesunken ist, veranlaßt das Staatsamt des Innern, alle einschränkenden Direktiven, betreffend die Mitwirkung der Gendarmerie bei Durchführung verschärfter Maßnahmen gegen die Verschleppung inländischer Brotfrucht, außer Kraft zu setzen.--

Mitwirkung der Gendarmerie im Ernährungsdienste.

Nahezu alle Lebensmittel waren bewirtschaftet. D. h., sie durften nicht außer Landes geschafft und meist nur in kleinen Mengen an Personen abgegeben werden. Der Handel mit ihnen war nahezu gänzlich untersagt. Besonders geregelt waren der Verkehr mit Butter, Käse, Branntwein, Wurstwaren, Getreide, Kartoffeln, Mehl und Brot, Milchkonserven, Obst und Obstmost, Zucker, Kaffee u. Kaffeesurrogaten. Bewilligungspflichtig war auch der Verkehr mit Hülsenfrüchten, Paraffin-Kerzen, Petroleum, Seife und Seifenpulver. Eier mußten im Inland bleiben.

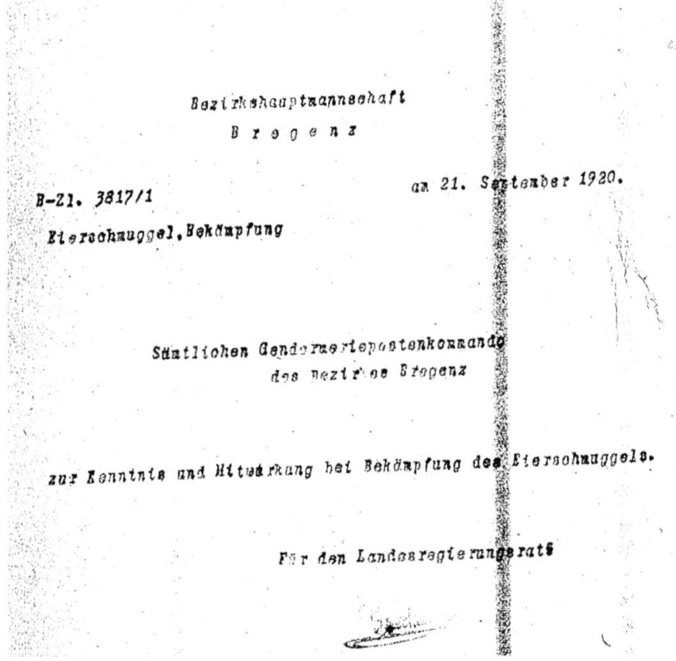

Bezirkshauptmannschaft
Bregenz

B-Zl. 3817/1 am 21. September 1920.

Eierschmuggel, Bekämpfung

Sämtlichen Gendarmeriepostenkommando
des Bezirkes Bregenz

zur Kenntnis und Mitwirkung bei Bekämpfung des Eierschmuggels.

Für den Landesregierungsrat

Der Handel mit Fleisch war verboten, es durfte außerdem nur innerhalb der Ortsgrenze transportiert werden. Das tägliche Milchkontingent für Personen zwischen 14 und 60 Jahren wurde mit 1/8 l festgesetzt. Da verschiedene Gemeinden zuwenig Milch aufbrachten, mußten andere Gemeinden mit Überschüssen zuliefern. So hatten beispielsweise die Gemeinden Satteins 60 l, Feldkirch-Tosters mit Hub 100 l, Laterns 260 l, Zwischenwasser 100 l, Fraxern 120 l und Meiningen 30 l täglich abzuliefern. Gemeinden mit weniger Milchaufkommen erhielten diese Kontingente zugeliefert.[17] Auch hier hatte die Gendarmerie die Gemeinden zu unterstützen. Wie lebensnotwendig die Steuerung der Milchkontingente war, verdeutlicht ein für sich recht originell wirkendes Schriftstück: »Der Gemeinde-Wirtschaftsrat in Lochau hat im Einvernehmen mit der Gemeindevorstehung beschlossen, zur Steuer(ung) der Milchnot und behufs Erfassung der vorhandenen überschüssigen Milch jede Ausfuhr von Milch durch Hamsterer aus dem Gemeindegebiet Lochau, eine Milchwache, bestehend aus dem Obmann des Gemeinde-Wirtschaftsrates und dem Gemeindediener aufzustellen und die bei Passanten vorgefundene Milch zu beschlagnahmen. Zur Unterstützung erwähnter Milchkontrolle wird der Gendarmerieposten aufgefordert, abwechslungsweise mit den h.a. Ernährungsaufsichtsorganen zu dem um 5 Uhr 45 abends von Lochau abfahrenden Schiffe und zu dem um 7 Uhr 10 abends von Lochau abgehenden Zuge eine Patrouille zu entsenden und die verkehrenden Personen in Bezug auf das Mitführen von Milch zu kontrollieren. Die Passanten auf der Straße Lochau – Bregenz sind in der Zeit von 5 – 8 Uhr abends ebenfalls zu kontrollieren und in gleicher Weise zu behandeln...«[18]

Bezirkshauptmannschaft
Bregenz

B-Zl. 242/35 am 10. November 1920.

An
das Gendarmeriepostenkommando
Heute
Bregenz

Der Gemeinde Wirtschaftsrat in Lochau hat im Einvernehmen mit der Gemeindevorstehung in der letzten Sitzung beschlossen, zur Steuer der Milchnot und behufs Erfassung der vorhandenen überschüssigen Milch jede Ausfuhr von Milch durch Hamsterer aus dem Gemeindegebiet Lochau, eine Milchwache / bestehend aus dem Obmann des Gemeinde-Wirtschaftsrates KILGA und dem Gemeindediener / aufzustellen und die bei Passanten vorgefundene Milch zu beschlagnahmen. Die Verlautbarung dieses Beschlusses wird im nächsten Amtsblattes der Stadt Bregenz erscheinen.-

Zur Unterstützung erwähnter Milchkontrolle wird das Gend. Postenkommando aufgefordert, abwechslungsweise mit den h.a. Ernährungsaufsichtsorganen zu dem am 5 3/4 Uhr abends von Lochau abfahrenden Schiffe und zu dem um 7 Uhr 10 abends von Lochau abgehenden Zuge eine Patrouille zu entsenden und die verkehrenden Personen in Bezug auf das Mitführen von Milch zu kontrollieren.

Von einer Beschlagnahme der Milch ist beim ersten Betretungsfalle Umgang zu nehmen und sind die Parteien zu verwarnen und die Beschlagnahme der Milch bei einer neuerlichen Anhaltung in Aussicht zu stellen und durchzuführen.

Die Passanten auf der Strasse Lochau -Bregenz sind in der Zeit von 5 - 8 Uhr abends ebenfalls zu kontrollieren und in gleicher Weise zu behandeln.

Für den Landesregierungsrat:

Lebensmittel wurden auf Schleichwegen in die größeren Konsumorte des Landes gebracht und dort zu hohen Preisen abgesetzt. An geeigneten Tagen, so etwa an Markttagen, waren daher an den wichtigsten Zugängen zu den Städten und Großgemeinden Kontrollposten aufzustellen, um den Lebensmittelverkehr zu überwachen.

Ab April 1919 mußten zur Bekämpfung des Schwarzhandels von der Gendarmerie auch Postpakete vor ihrer Aufgabe kontrolliert und überwacht werden. Im Juli 1919 erhielt die Gendarmerie den Auftrag, in Gasthäusern und großen Mostereien die drei fleischlosen Tage zu kontrollieren. Not machte erfinderisch. Die Leute kamen auf alle möglichen Ideen, die Ernährungsvorschriften zu umgehen. Einzelne Wirte schenkten Obstmost und Obstsaft als »Obstwein« aus, um sich vermeintlich nicht an die Höchstpreise für Obstmost halten zu müssen, was natürlich postwendend Behörde und Gendarmerie auf den Plan rief.

Im August 1919 verordneten die Landesregierungen, den Stand an Rindvieh, Schweinen und Schafen festzustellen. Da die Gemeinden diesem Auftrag nur mangelhaft entsprachen, mußte die Gendarmerie mitwirken. Die Dimension dieses Auftrages sehen wir aus dem Text:»...Da unser überschüssiges Zucht- und Nutzvieh das fast noch einzig in Betracht kommende Kompensationsmittel ist, mit welchem Kartoffeln oder sonst dringend nötige Lebensmittel ins Land gebracht werden können, andererseits aber der in letzter Zeit in erschreckender Weise überhand genommene Viehschmuggel uns vor katastrophale Ernährungsschwierigkeiten stellt, muß durch strenge und häufige Kontrolle der Viehstandsnachweise der Schmuggel und die Schwarzschlächterei eingedämmt werden ...Insbesondere sind Viehhändler und des Viehschmuggels Verdächtige zu kontrollieren... Es erscheint notwendig, daß bei Viehbewegungen rechtzeitig durch die Gendarmerie festgestellt wird, woher das Stück kommt, wohin und an wen es geht und wäre dann sofort die dem Bestimmungsorte zunächst gelegene Gendarmerie zu verständigen.« Einzelnen Gemeinden mußte nach dem Motto »ohne Mehl kein Brot« gar mit der Einstellung der Mehlzuschübe gedroht werden, sollten sie ihre Viehzählungen nicht neu überarbeitet vorlegen.[19]

Im November 1919 wurde beklagt, der Viehschmuggel nach Bayern nehme bedrohliche Ausmaße an.

Noch im Jänner 1920 lautete die Weisung, bei der Paketkontrolle auf den Transportscheinzwang bei Häuten, Fellen, Ledersorten und Schuhwerk besonders zu achten. Denn nur durch die amtlichen Transportscheine könne der Warenverkehr staatlich einigermaßen gelenkt werden.

Die Menschen hielten sich oft nicht an die Vorgaben. Immer wieder wurde deshalb von der Gendarmerie verlangt, die Bestimmungen bei Haus- und Notschlachtungen sowie die notwendige Verständigung der örtlichen Viehverkehrsmelde- und Fleischversorgungsstellen genauestens zu überwachen.[20] Die Gendarmerie hatte das Recht, zur Aufdeckung eines Lebensmittelschmuggels oder von Hamsterei jederzeit eine Hausdurchsuchung in Geschäfts- und Betriebslokalen sowie Lagerräumen durchzuführen.[21]

Noch im Juni 1920 untersagten die Landesregierungen die Ausfuhr von Steinobst, wie Kirschen, Pflaumen, Pfirsichen, Aprikosen u. dgl. sowie Beeren der diesjährigen Ernte.[22]

Erst mit 1. November 1920 wurden der Verkehr mit Käse und Topfen, sowie der Vieh- und Fleischhandel wieder frei.[23]

In welchem sensiblen Spannungsfeld sich die Gendarmerie zwischen dem Erkennen der realen Situation, den Behörden-Aufträgen, einem vernunftgemäßen Vorgehen, einzelnen Presseartikeln und der Stimme des Volkes befand, beschreibt ein LGK-Befehl eindringlich: »Durch die Inanspruchnahme der Gendarmerie zur Lebensmittelkontrolle, der Preistreiberei, des Schleichhandels und des Wuchers hat die Gendarmerie einen äußerst schwierigen Standpunkt und es besteht die Gefahr, daß dieselbe sich durch diese Verwendung nicht allein die Abneigung, sondern noch gerade den Haß der Bevölkerung zuzieht, was durch verschiedene Zeitungsartikel zur Genüge beleuchtet erscheint.

Wenngleich den kompetenten Behörden zu diesen Überwachungsaufgaben keine anderen verläßlichen Organe zur Verfügung stehen, sie daher an die Gendarmerie gewiesen sind, was hierorts auch eingesehen wird, so erfordert dieser Dienst ganz besonders Taktgefühl und volles Verständnis jedes Gendarmen.

Die Postenkommandanten haben die Exekutivorgane ...aufzufordern, sich gegenüber der Bevölkerung taktvoll, höflich und human zu benehmen. Die von der Behörde erlassenen strengen Aufträge sind nicht nach dem starren Wortlaut, sondern sinngemäß aufzufassen und zu handhaben, da ja die Behörde selbst das größte Gewicht auf die allgemeine Zufriedenheit der Bevölkerung legt und legen muß. Engherziges Vorgehen ist zu vermeiden, es soll der gewerbsmäßige spekulative Schleichhandel getroffen werden. Nur dort, wo tatsächlich Schmuggel, Schleichhandel u. dgl. vorgefunden wird, ist entsprechend zu kontrollieren...

Probegendarmen, welche den Belehrungen nicht zugänglich sind und überhaupt keine gute Aquisition darstellen, sind zur Entlassung zu beantragen.«[24]

Eines der vielen Gesichter dieser Problematik für die Gendarmerie zeigen die Aufzeichnungen des angesehenen Maurermeisters Josef Gabriel aus Nenzing/Vbg. vom Jahre 1919: »...Schleichhandel steht in höchster Blüte, (dabei) wird meistens Ware gegen Ware gehandelt. Nur der Reiche kann mit Geld handeln, weil er es genug hat. Irgend eine Arbeiterfamilie, die schon seit Wochen kein Fett mehr hatte, will nun – koste es, was es wolle – sich etwa 1 Kilo Butter verschaffen. Der Mann kauft im Schleichhandel ein paar Kilo Maismehl oder Kartoffeln, schleicht sich durch die zahlreich im Lande verteilten Finanz- und Gendarmerieposten durch in ein abgelegenes Gebirgsdorf und hat das Glück, vielleicht ein halbes oder 1 Kilo Butter einzutauschen. Er begibt sich mit der teuren Bürde auf den Heimweg, hat aber dann noch das Unglück, einem Posten in die Hände zu fallen. Der (die) Butter wird ihm abgenommen und (er) muß noch froh sein, daß er nicht eingesteckt (eingesperrt) wurde. Todmüde und um eine Hoffnung ärmer kehrt er zu den Seinen zurück. Ich habe dieses noch nie probiert, kommt aber beinahe täglich vor. ... – Schmuggel – der Ruin der ganzen Bevölkerung! Dieses Geschäft besorgt ein großer Teil der Bevölkerung. Alles, was nicht niet- und nagelfest ist, wird trotz schärfster Bewachung nach Deutschland und der Schweiz geschleppt: Vieh, Kleider, Schuhe, Butter, Käse, Eisen, Möbel, alles mögliche zum Schaden der Bevölkerung. Allerdings verdienen einzelne viel, sehr viel Geld (damit) ...«[25]

Im November 1919 mußte die Gendarmerie jeder Viehaufbringungskommission einen Beamten zur Verfügung stellen, welcher die Aufgabe hatte, darauf hinzuwirken, daß die erwähnten Kommissionen den ihnen obliegenden Aufgaben tatsächlich gerecht werden. Die Gendarmerie sollte also diesen Kommissionen mit Rat und Tat zur Seite stehen, im Bedarfsfalle aufklären und Assistenz gewähren, gleichzeitig aber auch das Gebaren der Kommissionen kontrollieren.[26] Offenbar war diese Gendarmerieüberwachung nicht zu aller Zufriedenheit, denn bereits einen Monat später wurden manche Viehaufbringungskommissionen wegen mangelhafter Arbeit gerügt.[27]

Immer wieder waren die Gemeindeorgane überfordert. Wie unvorstellbar anders die Zeit damals war, zeigt auch ein Schreiben der Vbg. Landesregierung, das die Kinderarbeit betrifft:»...Aus den eingelangten Berichten über die Zahl der unter Überwachung stehenden arbeitenden Kinder ergibt sich ein Erhebungsresultat, welches so recht vor Augen führt, in welch mangelhafter Weise das Gesetz über die Kinderarbeit trotz der eingehenden Belehrung der Gemeinden zur Durchführung gelangt ist. Deshalb hat nun die Gendarmerie die Durchführung dieses Gesetzes zu überwachen...«[28]

Von den Gendarmen wurden eben Gesetzestreue, Verständnis für alle Sorgen und Nöte der Bevölkerung, unbedingter Gehorsam gegenüber Sonderregelungen der Behörden sowie konsequente Einhaltung aller ihrer Aufträge erwartet.

Für die Gendarmerie als Institution, als Korps, brachte das Ende des Ersten Weltkrieges ebenso einschneidende Änderungen. Sie wurde aus dem Militär ausgegliedert. War sie bisher dem k. k. Ministerium für Landesverteidigung unterstanden, so wurde sie nun als z i v i l e r, nach militärischem Muster organisierter Wachkörper dem Staatsamt für Inneres im Bundeskanzleramt eingegliedert.[29] Die Gendarmen waren somit zivile Staatsbeamte mit allen Begleiterscheinungen in gesetzlicher und sozialer Hinsicht. Bisher den militärischen Strafgesetzen und Disziplinarvorschriften verpflichtet, unterstanden sie nun der Zivilgerichtsbarkeit. Die Heeresbestimmungen galten nicht mehr, da sie mit der weiter ausgebauten Rechtsstellung der Gendarmerie als eines Z i v i l w a c h k ö r p e r s nicht mehr vereinbar waren.[30] Die Landesgendarmeriekommanden wurden den Landeshauptmännern unterstellt.

Der damalige Bezirkskommandant von Bregenz, BezInsp Franz Wechner, vertrat mangels eines anwesenden Offiziers auch den Abteilungskommandanten von Bregenz, der damals für ganz Vorarlberg zuständig war. Er schreibt über diese Zeit: »...Am 31. Oktober 1918 wurde ich... zur Bezirkshauptmannschaft gerufen. Dort wurde uns vom Hofrat Graf Walderdorf eröffnet, daß die Front gebrochen sei und die Truppen regellos in das Hinterland zurückströmen. Er fragte uns, was wir zu tun gedenken. Ich erwiderte, wir haben den Diensteid geleistet und werden denselben auch halten. Darauf teilte uns der Hofrat mit, daß der Kaiser alle Angestellten des Eides entbunden habe und wir mithin vollkommen freie Hand hätten. Ich erklärte dem Hofrat, daß wir unbeschadet der Entbindung vom Eid auf dem Platze verbleiben und den Dienst wie bisher weiter versehen werden. Dies nahm der Hofrat mit Befriedigung zur Kenntnis. Am 1. November 1918 war dann im Regierungsgebäude[31] die vorbereitende Sitzung der Vertrauensmänner aller 3 Parteien (Christlichsoziale, Großdeutsche und Sozialdemokraten), um über die Bildung einer eigenen Landesregierung zu beraten. Ich erkundigte mich beim *›damaligen Sekretär Matthias Wachter, was im Zuge (im Gange) sei. Er teilte mir mit, daß am 2. November nachmittags eine Regierungssitzung stattfinde, in welcher sich das Land selbständig erkläre und die Militär- und Zivilgewalt an sich reißen werde. Am 2. November nachmittags begab ich mich als interimistischer Kommandant der Gendarmerie Vorarlbergs (seit 1. Okt. 1918 war kein Gend.Offizier im Lande) in das Gebäude der Landesregierung ...Herr Wachter teilte mir mit, daß als Präsident Herr Dr. Ender gewählt worden sei. Die Regierung habe das Land als selbständig erklärt, die Militär- und Zivilgewalt an sich gerissen. – ... Nun stellte ich mich als interimistischer Kommandant der Gendarmerie Vorarlbergs vor, unterstellte die Gendarmerie auf eigene Verantwortung der Regierung und erklärte, daß wir die Weisungen der Landesregierung für uns bindend erachten...‹* und dieselben befolgen werden. Der Präsident fragte, ob kein Gend.Offizier hier sei, worauf ich erwiderte, daß kein solcher im Lande sei und ich deshalb das Kommando führe ...Ich wurde vom Präsidenten beeidigt und erhielt die Weisung, die Beeidigung der Gendarmerie des Landes durchzuführen... An einem der darauffolgenden Tage nahm ich die Beeidigung der Gendarmen vor und erstattete dann der Regierung Bericht.«[32]

Bezirkshauptmannschaft
B r e g e n z

BH21.979/22 am 26. März 1923.

Kinderarbeitsgesetz-
mangelhafte Durchführung desselben.

An das Bezirksgendarmeriekommando B r e g e n z
An sämtliche Gendarmeriepostenkommanden des pol.Bezirkes Bregenz.

Aus den eingelangten Berichten über die Zahl der unter Überwachung stehenden arbeitenden Kinder ergibt sich, ein Erhebungsresultat, welches so recht vor Augen führt, in welch mangelhafter Weise das Gesetz über die Kinderarbeit trotz der eingehenden Belehrung der Gemeinden zur Durchführung gelangt ist.

Die Vorarlberger Landesregierung hat daher mit dem Erlasse vom 21.Februar 1.J.21.II-546/114 angeordnet, daß die Gendarmerie mit der Überwachung der Durchführung des Gesetzes zu betrauen ist.

Das Gendarmeriepostenkommando wird daher aufgefordert, zu kontrollieren, ob im Sinne des § 16 des Gesetzes über die Kinderarbeit vom 19.Dezember 1918 St.G.Bl.Nr.141 jedermann, der fremde Kinder vor dem vollendeten 14.Lebensjahre und zwar in Gewerbebetrieben überhaupt und in der Landwirtschaft länger als 2 Wochen (also auch Hirten etz. auf den Alpen) regelmäßig verwendet, von der Gemeinde des Aufenthaltsortes eine längstens auf ein Jahr giltige Kinderarbeitskarte sich ausstellen läßt und alle Dienstgeber und Arbeitgeber, welche eine solche Karte vorweisen können, h.a. zur Anzeige zu bringen.

Ferner sind auch die von den Gemeinden laut § 8 der Vollzugsanweisung vom 17.Mai 1919 StGBl.Nr.292 über die ausgestellten Kinderarbeitskarten zu führenden Jahresverzeichnisse zu kontrollieren.

Für den Hofrat : Dr. Speckbacher, m.p.

Die teilweise revolutionären Umwälzungen hatten ihre Auswirkungen auch auf das Gendarmeriekorps. Es war in sich ebenso von allen Entwicklungen und Strömungen der politischen Landschaft erfaßt wie Gesellschaft und Kultur. Und mit dem Wegfall der Bindung an den Kaiser und die monarchische Ordnung wurden auch die Gendarmen von einer Umbruchsstimmung erfaßt, die darauf abzielte, in ihren Reihen demokratische Strukturen einzuführen. So waren noch im Nov. 1918 Gendarmenräte mit Lokalausschüssen gebildet worden. Beim Staatsamt des Innern sowie bei den Landesgendarmeriekommanden wurden Personalkommissionen eingerichtet. Wahlen fanden am 20. Jänner 1919 statt. Jeder Gendarm sollte künftig berechtigt sein, besondere Anliegen schriftlich vorzubringen. Nach der Konstituierung der Personalkommission wurden alle bisherigen Gendarmen-Räte oder sonstigen staatlichen Interessensvertretungen für Gendarmen aufgelöst. Die Personalkommissionen besaßen aufgrund ihrer beratenden Funktion zu wenig Durchschlagskraft, weshalb im Mai 1919 auch die »Freie Organisation der Deutschösterreichischen Gendarmerie« geschaffen wurde, die als Interessensvertretung den dienstrechtlichen und ökonomischen Forderungen der Gendarmen zum Durchbruch verhelfen sollte. Diese Organisation wurde in der Folge als »Freie Gewerkschaft der österreichischen Bundesgendarmerie« konstituiert.

GENDARMERIE-GEWERKSCHAFT

Organ zur Vertretung der Interessen der aktiven und pensionierten Gendarmerieangehörigen Deutschösterreichs.

Postsparkassenkonto 176.847. Telephon Nr. 3341

Jede Art von Abdruck ist nur mit Quellenangabe gestattet.

Schriftleitung, Verwaltung und Inseratenaufnahme: Wien, III/1, Hauptstraße 68.	Manuskripte werden nicht zurückgestellt. Erscheint zweimal monatlich.	Bezugsbedingungen: Für Nichtmitglieder bis auf Weiteres 18 Kronen vierteljährig.

1. Jahrgang. Wien, den 1. August 1920. Nr. 2.

Die Mitglieder dieser Gendarmeriegewerkschaft erhielten kostenlosen Rechtsschutz und konnten bei schweren Erkrankungen und anderen Notlagen mit finanziellen Unterstützungen oder Darlehen rechnen. In diese Gründerzeit der Gewerkschaft fiel vor allem die Mitwirkung bei der Schaffung des Gendarmeriedienstgesetzes vom 30. Okt. 1919, mit dem die Gendarmerieangehörigen ausdrücklich den Beamtenstatus erhielten und den Bestimmungen der Dienstpragmatik unterstellt wurden. Die Pragmatisierung wurde als ein sehr bedeutender Schritt »zum sozialen Aufstieg des Standes« betrachtet. Ab Juli 1920 erschien die Zeitschrift der neugegründeten Gendarmerie-Gewerkschaft, in der die Anliegen artikuliert sowie gesellschafts- und arbeitskämpferische Aspekte postuliert wurden. Fürböck schreibt über diesen Neubeginn: »...Das gewerkschaftliche Leben dieser Zeit war von einem Gegensatz zwischen den leitenden Beamten (Offizieren) und der Gewerkschaft beherrscht. Dieser Gegensatz verschärfte sich immer mehr. Im Dezember 1921 traten fast sämtliche leitende Beamte... aus der Gewerkschaft aus. Ein großer Teil der leitenden Beamten konnte und wollte sich nicht in die geänderten Verhältnisse einordnen und erstrebte offen oder geheim die Wiederherstellung der monarchistischen Staatsform. Es war nicht zu verwundern, daß solche Bestrebungen beim Großteil der übrigen Gendarmeriebeamten, deren Vertretung die Gewerkschaft besorgte, auf Ablehnung stieß. Diese Beamten hatten für die vergangene Zeit, in der sie als ›Mannschaft‹, als ›Diener‹ und ›Untergebene‹ behandelt wurden, nichts übrig. Standen doch der Ausbildungsstand und die verantwortungsvolle Arbeit für viele Zweige der Verwaltung und die gerichtspolizeiliche Tätigkeit der Gendarmen bis 1918 in einem argen Mißverhältnis zu ihrer sozialen Stellung. Verständlich, daß die Forderungen der Beamten manchmal über das Ziel schossen ...Andererseits wurden in der Verteidigung der Haupterrungenschaften, wie Beamtenstellung, Disziplinarrecht, Nebengebühren, Gradabzeichen usw., oft in Versammlungen der Gewerkschaft und der Gewerkschaftszeitung zu scharfe Töne angeschlagen, leitende Beamte heftig angegriffen und die Notwendigkeit der GAK bestritten. Auch die immer stärker werdende Anlehnung der Gewerkschaft an die Sozialdemokratische Partei stieß bei den anders eingestellten Beamten und in Regierungskreisen auf Ablehnung. Dies geschah ja in einer Zeit, wo die Sozialdemokraten von der Regierung ausgeschlossen waren und in der Opposition kämpfen mußten... 1924 wurde die ›Berufsvereinigung der Gendarmerie‹ gegründet. Von diesem Verband wurde die Zeitung ›Der Gendarmeriebeamte‹ herausgegeben.

V. b. b. Motto: Wir wollen sein ein einig Volk von Brüdern!

Der Gendarmeriebeamte

Schriftleitung: Wien XIII/2, Postamt 89. Erscheint vorläufig mindestens einmal monatlich. Postsparkassenkonto Nr. 62.980	Fachblatt der Berufsvereinigung der Gendarmeriebeamten Oesterreichs. Verwaltung: Wien XIII/2, Postamt 89	Bezugsbedingungen: Vierteljährlich . . . 1 S. Einzelpreis . . . 40 g. Für Mitglieder der Berufsvereinigung unentgeltlich

2. Jahrgang Wien, im September 1925 Folge 14

Mit der Gründung dieser ›regierungstreuen‹ Standesvertretung (christlich-konservativ) wurde das gewerkschaftliche Leben vom Kampf der beiden Vereinigungen gegeneinander gezeichnet.«[33]

Ein LGK-Befehl vom Juli 1919 beleuchtet demonstrativ dieses psychosoziale Spannungsfeld aus der Sicht des damaligen LGK für Tirol und Vbg.:

»...Wenn auch durch die Umwandlung der Gendarmerie aus einem militärischen in einen Zivilwachkörper bedeutende, von allen Gend.Angehörigen aller Chargengrade freudigst begrüßte Erleichterungen geschaffen wurden, dürfen diese von unverantwortlichen Elementen nicht dazu benützt werden, die Disziplin ... zu untergraben. Ein Hauptfaktor, der geeignet ist, die Disziplin zu lockern und damit das Ansehen unseres Korps mit der Zeit gänzlich zu vernichten, ist die leider noch immer betriebene Hetze gegen die Vorgesetzten und zwar nicht nur gegen die Oberbeamten (Anm.: Offiziere), sondern auch gegen die Bezirks- und Postenleiter. In jeder Organisation muß es Vorgesetzte und Untergebene geben, soll das Funktionieren des Ganzen nicht aufhören, umsomehr in einem so großen und für die Erhaltung des Staates so wichtigen Körper, wie es die Gendarmerie ist.«

Der Landesgendarmeriekommandant appellierte an gegenseitiges Vertrauen und strenge Disziplin für ein gedeihliches Wirken in der Gendarmerie. »Wenn ein Vorgesetzter einen Untergebenen unwürdig behandelt, gibt es genügend Wege, ihn zur Verantwortung zu ziehen. Einzelne Fälle zu verallgemeinern zeigt von niederer Denkungsart u. von jeglichem Mangel ehrlichen Urteils, das man doch von einem gereiften Manne, besonders von einem Gendarmen voraussetzen muß.« Wühlereien gegen Oberbeamte, aber auch Quertreibereien gegen die altgedienten, verdienstvollen Bezirks- und Postenleiter wurden angeprangert. »Der Gendarm, der für die Bevölkerung bisher immer als Repräsentant der Ordnung im Staate, als Muster der Treue und Pflichtenerfüllung, als Träger der Disziplin gegolten hat, wird, wenn der vorbezeichnete Weg weiter beschritten würde, bald als Verkörperung der subversiven Elemente im Staate, als die Zersetzung jeglicher Ordnung und Disziplin fördernd, angesehen. Eine verschwindende Minderheit terrorisiert. Wohin derlei verrückte, unreifen Gehirnen entstammende Ideen im Großen führen, sehen wir am besten in Rußland und Ungarn. Mögen die Apostel dieser Lehre, wenn sie schon durchaus den Beruf in sich fühlen, mit ihren Hirngespinsten die Menschheit zu beglücken, dorthin gehen, wo sie für ihre Tätigkeit den fruchtbaren Boden finden.

In Tirol u. Vbg. u. besonders im Rahmen der Gendarmerie ist dieser bestimmt nicht vorhanden. Ich appelliere daher an das Ehrgefühl und die anständige Gesinnung aller Angehörigen des LGK, den Einflüsterungen und den nichtswürdigen Bestrebungen einiger weniger umstürzlerischer, das Ansehen und den Bestand der Gendarmerie schwer schädigender Elemente kein Gehör zu schenken und mich tatkräftigst zu unterstützen, diese Schädlinge aus unserem schönen Korps auszumerzen ...Bei Umsichgreifen dieser bedauerlichen Zustände würde sich natürlich die Regierung kaum mehr unbedingt auf die Gend. verlassen und schließlich einmal auf den Gedanken kommen können, die gewährten Freiheiten einzuschränken und die Gend. wieder zu militarisieren... Dies können wir aber nur (verhindern), wenn wir die errungene Freiheit mit gereifter Auffassung nicht mißbrauchen, daß wir den innern Wert unserer Institution mehren.

Ich habe bis nun zu all diesen Vorkommnissen absichtlich geschwiegen in dem guten Glauben, daß es sich um Kinderkrankheiten handle, welche die Zeit unter Mithilfe der altbewährten und besonnenen Gendarmen von selbst heilen wird. Wie die Tatsachen zeigen, ist dies leider nicht der Fall gewesen und besteht nun die Gefahr einer ernstlichen Zersetzung dieses altbewährten, traditionellen Ruf genießenden Sicherheitskorps ...Durch die erwähnten, sich immer krasser gestaltenden Disziplinwidrigkeiten u. jede Subordination untergrabende Wühlarbeit einzelner verblendeter Elemente, die in einem schon an Größenwahn leidenden Eigendünkel dem Abgrund u. damit auch dem Zerfalle zustreben, ist das Gendarmeriekorps als Ganzes gefährdet.

Die Regierung will auf jeden Fall in der Gendarmerie eine einwandfreie, tadellose und verläßliche Stütze haben, da sie ansonsten, wenn sie dies nicht haben kann, sich eben ein solches Korps neu schaffen muß und auf die weitere Dienstleistung, besonders solcher nie zufriedener Elemente, verzichten müßte. Zu spät würden solche, das Korps entehrende Organe, ihre Verblendung einsehen, die Reue wäre zu spät und auch die unschuldige Familie brotlos u. der Existenz beraubt.

...Es wird zu bedenken gegeben, daß Gendarm und politische Betätigung von der Bevölkerung schwerlich auseinandergehalten wird.

...Bei allen diesen Ausführungen hat das LGK selbstverständlich nur eine politische Tätigkeit in staatserhaltendem Sinne vor Augen. Bolschewistische oder kommunistische Ideen dürfen in das Gendarmeriekorps keinen Eingang finden.

Was die Vertretung des LGK gegenüber den Behörden etc. anlangt, betone ich, daß hiezu ausschließlich der Gendarmerie-Landesdirektor bzw. von ihm in speziellen Fällen eigens ermächtigte Organe befugt sind.

Eine ev. Usurpation dieser Befugnis durch die Beamtenvertretung, Personalkommission, oder sonst durch irgend jemand anderen ohne Resolutionen etc., derlei Korporationen oder Personen sind absolut unstatthaft und würden die Bestrafung der Schuldigen nach sich ziehen.

Nicht unerwähnt möchte ich die Tätigkeit der Personalkommission lassen, die sich Rechte anmaßt, die ihr statutengemäß nicht zukommen und welche eigentlich derzeit einen Staat im Staate zu bilden im Begriffe ist. Hiedurch wird auch der Zweck dieser sonst so schön gedachten Institution von vielen Gendarmen bereits verkannt und es mehren sich die Fälle, wo noch vor der Inanspruchnahme des vorgeschriebenen Instanzenzuges die betreffende Bitte an die Personalkommission gestellt, sogar auch Geldaushilfen direkt dort erbeten wurden.

...Ich weise auf die klaren Bestimmungen der statutenmäßigen Satzungen hin, wo besonders § 2 und 5 genaue Aufschlüsse geben, wann die Intervention der Interessenvertretung nur angerufen werden darf. Der Personalkommission kommen weder die Rechte einer Behörde noch aber einer Exekutive zu und das LGK ist verpflichtet, darauf zu achten, daß der Wirkungskreis nicht überschritten wird.

Halten Sie an der Ordnung, der unerläßlichen Disziplin u. unbedingt nötigen Subordination fest, denn nur in diesem Falle kann die Gend. das Vertrauen der Regierung, der kompetenten Stellen und der Bevölkerung erhalten und festigen, das Gegenteil wird Zerfall bedeuten.

Sind Sie eingedenk des vorzüglichen Rufes, den die Gend. als anerkanntes Elitekorps stets gehabt, beherzigen Sie meine Worte, die ich offen und ehrlich als Mahnung an Sie richte.

Ich versichere alle Vorgesetzten u. treuen Gendarmen, daß sich nicht nur das LGK sondern auch die Regierung gegen ungerechtfertigte Angriffe von wem immer zu schützen wissen wird u. ersuche alle, sich stets vertrauensvoll an das LGK zu wenden ...Elemente die durch ihr gegenteiliges Verhalten die Ehre der Gend. verletzen, werden der Disziplinarbehandlung zugeführt werden u. haben ihre Entlassung aus dem Korps zu gewärtigen.«[34]

Der Gendarm jeden Ranges, der als Staatsbürger den gesellschaftlichen Entwicklungen ausgesetzt war, erlebte solche Erscheinungen im Rahmen der politischen Auseinandersetzung der gesellschaftlichen

519.

Gesetz vom 30. Oktober 1919, betreffend die Neuregelung des Dienstverhältnisses und der Dienstbezüge der Gendarmerie (Gendarmeriedienstgesetz).

Die Nationalversammlung hat beschlossen:

§ 1.

(1) Alle dem Aktivstande der deutschösterreichischen Gendarmerie angehörigen Gagisten (Beamten) sowie die in den §§ 4 bis 6 dieses Gesetzes bezeichneten Gendarmeriepersonen werden den Bestimmungen des I. Hauptstückes, III. und IV. Abschnitt, des Gesetzes vom 25. Jänner 1914, R. G. Bl. Nr. 15 (Dienstpragmatik), unterstellt.

(2) Für die aktiven Kanzleidiener der deutschösterreichischen Gendarmerie gelten die Bestimmungen des II. Hauptstückes, I. bis IV. Abschnitt, des bezogenen Gesetzes.

§ 2.

(1) Die aktiven Gagisten (Beamten) der deutschösterreichischen Gendarmerie sind unter Wahrung ihres Chargenranges in die ihrer gegenwärtigen Charge entsprechende Rangklasse als Staatsbeamte der Zeitvorrückungsgruppe C (§ 52 der Dienstpragmatik) einzureihen.

Kräfte. Als Staatsbürger konnte und durfte er sich plötzlich auch selbst eine Meinung bilden und diese äußern. Doch erlebte er dasselbe auch intensiv innerhalb seines Berufsfeldes. Hier sollte er jedoch alle Entwicklungen für sich selbst als Staatsbeamter neutralisieren. Für manche in dieser Situation wohl eine zu hohe Anforderung. Die Menschen jener Zeit erlebten staatspolitischen Zerfall und Neuwerdung eines Staates erstmals. Und das in einer nie dagewesenen Dimension! In dieser ungeheuer emotionalen Geschichtsentwicklung war offenbar nicht jedem klar, daß auch in einer Demokratie, und gerade in einer solchen, die Willensbildung im Gemeinwesen und über den Gesetzwerdungsweg erfolgen muß und auch die Umsetzung nur über die Treue zum bestehenden Gesetz funktionieren kann.

Alle Gendarmeriebeamten wurden mit dem Gendarmeriegesetz 1919 der Dienstpragmatik unterstellt.[35]

Somit wurden sie pragmatisierte Beamte.[36]

Der Gendarm war fortan mit »Herr« und neuer Charge anzusprechen.[37] Die alten militärischen Dienstgrade wurden in zivile Amtstitel geändert. Gendarmerie-Oberst a. D. Hofrat Karl Schindler berichtet über die Umbruchszeit: »...Das Ausbildungsniveau der Gendarmeriemannschaft hatte schließlich (Anm.: gemeint ist die Zeit hin bis 1918) einen derart hohen Grad erreicht, daß es zu der sozialen Stellung des Gendarmen in ein arges Mißverhältnis trat. Von wenigen Aufstiegsmöglichkeiten abgesehen, kam der Gendarm über die Charge eines Wachtmeisters nicht hinweg, er blieb der ewige Unteroffizier. Es war daher nicht überraschend, daß die Gendarmeriemannschaft nach dem Umsturze die Beseitigung der ihrem gesellschaftlichen Ansehen abträglichen niederen militärischen Chargenbezeichnungen, sowie eine Lockerung der durch die militärische Organisation bedingten Fesseln anstrebte und die Umwandlung der Gendarmerie in ein ziviles Wachkorps betrieb.«[38]

Hofrat Dr. Dreßler schrieb dazu: ...»Damit (Anm.: mit dem Beamtencharakter) war anerkannt, daß staatliche Organe (Anm.: er bezog diese Aussage speziell auf die Gendarmerie), denen in erster Linie die Sorge für die Erhaltung der öffentlichen Sicherheit und Ordnung übertragen ist, denen wie wenigen anderen Verwaltungsorganen die unmittelbare Handhabung der Zwangsgewalt gegenüber Staatsbürgern anvertraut ist, nicht als Diener behandelt werden dürfen, wie dies in der Monarchie der Fall war, sondern daß nur vollwertigen Beamten eine derartige Machtfülle anvertraut werden kann...«[39]

Die bisherigen »Gendarmen« und »Führer« hießen ab 1919 Gendarm, die Vizewachtmeister Gendarmeriepatrouilleleiter, die Wachtmeister I. und II. Klasse Gendarmeriepostenleiter, die bisherigen Bezirks- und Stabswachtmeister Gendarmeriebezirksleiter, der Rittmeister Gendarmerieabteilungsinspektor, der Major Gendarmerieoberinspektor II. Klasse, der Oberstleutnant Gendarmerieoberinspektor I. Klasse, der bisherige Oberst Gendarmerielandesdirektor, der Gendarmeriezentralkommandant hieß nun »Gendarmeriezentraldirektor«.[40]

Es bestanden nunmehr folgende Dienstgrade:

Beamte außerhalb des Rangklassensystems:

a) Provisorischer Gendarm (bisher Probegendarm), Gendarm (wie bisher) und Gendarmeriepatrouillenleiter (wie bisher).

b) In Rangklassen eingereihte Beamte:

Der Zeitvorrückungsgruppe E: Gendarmerierayonsinspektor der XI., X. und IX. Rangklasse (bisher Patrouillenleiter nach Besuch der Chargenschule); Gendarmerierevierinspektor der X. und IX. Rangklasse (bisher Gendarmeriepostenleiter); Gendarmeriebezirksinspektor der IX. Rangklasse (bisher Gendarmeriebezirksleiter).

Der Zeitvorrückungsgruppe C (leitende Gendarmeriebeamte bzw. Offiziere): Gendarmerieabteilungsinspektor und Gendarmeriewirtschaftskommissär der IX. Rangklasse (wie bisher), Gendarmerieoberinspektor II. Klasse und Gendarmeriewirtschaftsoberkommissär der VIII. Rangklasse (wie bisher), Gendarmerieoberinspektor I. Klasse und Gendarmeriewirtschaftsrat der VII. Rangklasse (wie bisher), Gendarmerielandesdirektor (Anm.: er war Landesgendarmeriekommandant), Gendarmeriewirtschaftsinspektor (später Gendarmeriewirtschaftsdirektor) und Gendarmeriezentraldirektor der VI. Rangklasse (wie bisher). Der Gendarmeriezentraldirektor wurde mit 1. Jänner 1921 in die V. Rangklasse eingereiht.

Sehr gut beschriebene und verwendbare Gendarmen wurden 1919 nach einjähriger, gut beschriebene nach zweijähriger Dienstzeit als definitive Gendarmen zu Patrouilleleitern befördert. Postenleiter wurden ab Dez. 1919 zu Revier-, Bezirksleiter zu Bezirksinspektoren ernannt. Alle Patrouilleleiter, die am 14. 11. 1919 (Tag des Inkrafttretens des GG) die vierjährige Dienstverpflichtung erfüllt hatten und sich zur Prüfung meldeten, wurden im Allgemeinwissen und Fachwissen geprüft. Wer mit mindestens »genügendem Erfolg« abschnitt, wurde zum Rayonsinspektor befördert. Patrouilleleiter, welche die Prüfung mit Vorzug bestanden, konnten ohne Besuch der Chargenschule zu Revierinspektoren (df Beamten) befördert werden, alle übrigen nur nach Absolvierung eines Chargenschulkurses, jedoch ohne Aufnahmeprüfung. Diese Möglichkeit bestand nur bis Ende 1920. Von da ab war für alle zur Beförderung wieder der erfolgreiche Besuch der Chargenschule gefordert. Seit dieser Zeit bis zur Anerkennung des Gendarmeriedienstes als C-wertiger Dienst an sich (1974) war ein Revierinspektor der erste Dienstgrad eines dienstführenden Beamten mit erfolgreich absolviertem Fachkurs.

Die Prüfung im Allgemeinwissen wurde 1922 eingestellt. Zum Ptlt konnten nunmehr gut beschriebene Gendarmen bereits nach einjähriger, sehr gut beschriebene nach halbjähriger Dienstzeit als definitive Gendarmen befördert werden.[41]

Um die ehemaligen Wachtmeister I. Klasse, nun Postenleiter, etwas herauszuheben, wurde ihnen 1919[42] eine jährliche Zulage von 100 K zugestanden.

Zur Ergänzung des Standes an leitenden Gendarmeriebeamten (Offiziere) wurde 1921 eine höhere Fachprüfung, bestehend aus Allgemein- und Fachwissen, eingeführt. Absolventen einer Mittelschule waren von der Prüfung im Allgemeinwissen befreit. Zur Prüfung wurden nur Bezirksinspektoren der Besoldungsgruppe 13 und 14, dann auch Revierinspektoren, die drei Jahre als Postenkommandanten oder Lehrer tätig gewesen waren, zugelassen.

Für die Beamten des ökonomisch-administrativen Dienstes wurde 1919 ein eigener Personalstand von Posten- und Bezirksleitern nach besonderen Richtlinien geschaffen:[43] Hiezu ausgebildet wurden nur »gut beschriebene und intelligente Gendarmen«, die mindestens zwei Jahre exekutiven Dienst verrichtet hatten. Bewerber mit Untermittelschule wurden bevorzugt. Es wurde sodann eine Zuteilung in die Rechnungskanzlei verfügt. Für die Ernennung zum Postenleiter in diesem Dienstzweig wurden gefordert: Erfüllung der vierjährigen Dienstverpflichtung, eine sechsmonatige – später einjährige – Ausbildung, mindestens sechsmonatige zufriedenstellende Verwendung im ökonomisch-administrativen Dienst und die erfolgreiche Ablegung der niederen Fachprüfung für den ökonomisch-administrativen Dienst. Die Absolvierung der Chargenschule entfiel. Für die leitenden Wirtschaftsbeamten wurde eine höhere Fachprüfung für den ökonomisch-administrativen Dienst vorgesehen, die aus Gegenständen des allgemeinen, des Fachwissens und der Staatsverrechnungswissenschaft abzulegen war.

Gendarmen bis zur XI. Rangklasse hatten ab 1918 jährlich 14 Tage Urlaub, solche der X. und IX. Rangklasse 3 Wochen, mit der VIII. und VII. Rangklasse 4 Wochen u. für Beamte von der VI. Rangklasse aufwärts 5 Wochen.

Der Grußzwang gegenüber Angehörigen der bewaffneten Macht wurde 1918 abgeschafft und auf die Vorgesetzten und Höheren des eigenen Korps sowie auf den Vorstand und die Konzeptsbeamten der Bezirkshauptmannschaft beschränkt, da Gendarmen nun ja nicht mehr Militärangehörige waren.

Der Status der Gendarmerie hatte sich 1919 sehr gebessert. Dies ist daraus ersichtlich, daß leitende Beamte sowie Bezirksinspektoren, sofern diese als Postenkommandanten, als Lehrer oder in den Kanzleien der Stäbe verwendet wurden, ab 1919 von Amts wegen Anspruch auf die staatliche Beistellung eines langen Säbels, damals der Gradmesser eines besonderen Status, hatten. Allen diesen Beamten wurden auch Pistolen in Aussicht gestellt. Ebenso durften sie selbstbeschaffte Infanterieoffizierssäbel tragen. Für alle übrigen Gendarmeriebeamten wurden silberne Säbelkuppeln und silberne Faustriemen vorgesehen und sämtlichen Gendarmen außer Dienst das Tragen des Offizierssäbels (langer Säbel) gestattet.

Außer Dienst wurde nun auch das Tragen von »dem Standesansehen der Gendarmerie entsprechenden Zivilkleidern im allgemeinen« gestattet.

Aus sicherheitsdienstlicher Notwendigkeit konnte jedoch jederzeit wieder das obligatorische Tragen der Uniform außer Dienst verfügt werden. Gendarmen hatten ja bis 1918 nur Uniform, keine Zivilkleidung tragen dürfen. Darin war damals der Amtsinhaber erkennbar. Wer ein Amt hatte, der war dieses Amt. Beim Gendarmen auf dem Lande war die Uniform der sichtbare Habitus. Für die Bevölkerung war er sozusagen der Vertreter des Kaisers vor Ort. Gendarmen waren also nach außen hin quasi ständig im Dienst. Dies sollte sich nun doch einigermaßen lockern.

Auch das Jagen, Fischen und die sportliche Betätigung war ihnen wie alle übrigen Staatsbürgern ab 1918 erlaubt. Ebenso wurde das außerdienstliche Waffentragen den Vorschriften für Zivilpersonen unterworfen.

Gendarmen genossen nun, da sie keine Soldaten mehr waren, scheinbar auch das Versammlungsrecht. Dieses Recht, in der damaligen Situation besonders aktuell, war jedoch nur dienstfreien Gendarmen gestattet. Die Einstellung zu diesem Recht war noch sehr ambivalent. Denn es wurde von vorgesetzter Seite betont, Versammlungen seien weitgehend entbehrlich, da ohnehin Interessenvertretungen bestünden. Interessenvertretungen wurden sogar aufgefordert, selbst darauf hinzuwirken. So hieß es in einem Erlaß u. a., daß Versammlungen zur Behandlung von Standesfragen entbehrlich seien, weil es den Gendarmen durch Schaffung der Personalkommissionen ermöglicht worden sei, ihre Anliegen usw. durch die frei gewählten Vertreter vorzubringen. Auch wurden praktische Maßnahmen verfügt, um diese Tendenz nach obrigkeitlichem Willen umsetzbar zu machen. Es wurde nämlich erörtert, daß »in der gegenwärtigen kritischen Zeit die sehr ungünstigen Standesverhältnisse dringend die Anwesenheit der Gendarmen auf ihren Posten und eine äußerst intensive Verrichtung des Sicherheitsdienstes erforderten«. Im Klartext wurde angeordnet: »Wegen dermaliger Sicherheitsverhältnisse darf jedoch nie mehreren Personen eines Postens gleichzeitig dienstfrei erteilt werden.«[44]

Die Abhaltung von Versammlungen der Gendarmen sei nicht nur für den Dienst in hohem Grade nachteilig, sondern würde auch die Gendarmen, sehr zum Schaden des Ansehens des Korps, ihrer Aufgabe entziehen. Da wohl die im Interesse der Allgemeinheit auferlegten Pflichten des Standes den rein persönlichen Interessen der einzelnen Staatsbediensteten vorangehen müßten, könne trotz des an sich anerkannten Versammlungsrechtes der Gendarmen im Grund des § 31 der Dienstpragmatik von dem für die Gendarmerie bestehenden Verbot des Verlassens der Station ohne besondere Erlaubnis nicht abgegangen werden, da es in dringendem staatlichen Interesse gelegen u. durch die Eigenheiten des Gendarmerieberufes bedingt sei. Gegen die Teilnahme der Gendarmen an Versammlungen, die in ihrem Anstellungsort stattfänden, obwalte natürlich kein Anstand, doch sei den Gendarmen hiebei, wie hinsichtlich ihres öffentlichen Auftretens überhaupt, die größte Vorsicht nahezulegen, damit sie nicht in eine Pflichtenkollision geraten oder ihre bisher von allen Schichten der Bevölkerung rückhaltlos anerkannte Objektivität, welche die Grundlage des der Gendarmerie allseits entgegengebrachten Vertrauens bilde, in Frage gestellt werde.

Besonders anstößig war, wenn Gendarmen ihre Wünsche in Zeitungen veröffentlichten. Es wurde darauf hingewiesen, daß sich solche Veröffentlichungen nur für Fachzeitschriften, nicht aber für die Tagespresse eigneten. Doch seien solche Abhandlungen auch in Fachzeitschriften in maßvollem, anständigem und ruhigem Ton zu halten.

Zur Aufnahme in die Gendarmerie war nun der Ledigenstand oder der kinderlose Witwerstand nicht mehr erforderlich. Allerdings wurden solche Personen bevorzugt eingestellt. Die zuvor verlangte ausdrückliche Bewilligung zur Eheschließung wurde 1918 aufgehoben. Probegendarmen bedurften jedoch für die Heirat weiterhin einer Bewilligung. Im Dienstesinteresse wurde es auch als nötig erachtet, über den Ruf der Braut und ihrer Verwandten Vorlebenserhebungen durchzuführen. Es verlautete zwar, wegen eines ungünstigen Erhebungsergebnisses dürfe die Eheschließung nicht verboten werden, doch wurde damit den Vorgesetzten offenbar signalisiert, für einen solchen Fall ihren persönlichen Einfluß geltend zu machen.

Der Nachwuchs an Gendarmen wurde nun hauptsächlich durch Übernahme geeigneter Soldaten aus dem Bundesheer ergänzt.

Der neueingetretene Gendarm war damals zwei Jahre provisorisch, wobei der Anwärter wegen Nichteignung jederzeit entlassen werden konnte. Während die Dauer der Grundausbildung zunächst im Jahre 1921 mit sechs Monaten festgesetzt worden war, wurde sie 1929 auf ein Jahr angehoben. Zu Beginn des dritten Jahres wurde der Gendarm definitiv. Nach sechs Jahren rückte er in den nächsthöheren Rang des Patrouillenleiters vor, mit zwölf Dienstjahren wurde er Rayonsinspektor. Nach Besuch der Chargenschule konnte eine freie Stelle als Rayonsinspektor und in weiterer Folge als Revier- bzw. Bezirksinspektor erreicht werden.

Die außerdienstliche Entfernung aus der Station war 1919 unter Angabe der Erreichbarkeitsadresse meldepflichtig. Die Bewilligung wurde dem unmittelbaren Vorgesetzten überlassen.[45]

Eigene Not der Gendarmen und ihre Versorgung

Die soziale Not und die schwierige Ernährungslage machten vor der Staatsbeamtenschaft und der Gendarmerie nicht Halt. Im April 1919 erhielten deshalb alle Zivilstaatsbediensteten als außerordentlichen Beitrag zur Erleichterung der Lebensführung während der Übergangszeit bis zur nächsten Ernte, das war von April bis August 1919, einen Übergangsbeitrag im Ausmaße von 100 K für jeden Bediensteten und von je 20 Kronen für jedes unversorgte Familienmitglied. Voraussetzung war allerdings das abgeleistete Treue-Gelöbnis für den neuen Staat Deutschösterreich.[46]

Im Okt. 1919 wurden den Gendarmen Vorschüsse bis zu 800 Kronen gewährt, damit sie sich einen Mindestvorrat an Lebensmitteln erwerben konnten. Diese Vorschüsse waren allerdings bereits bis Ende Juni 1920 zurückzuzahlen.[47]

Weiters wurde der Gendarmerie »in Anbetracht der Wichtigkeit des klaglosen Funktionierens«, sowie »in Anerkennung der Schwierigkeit des Dienstes derselben unter den gegenwärtigen Verhältnissen« die Beteilung mit konfiszierten Lebensmitteln »in weitestgehendem Maße« in Aussicht gestellt.[48]

Wie überall im Staat fehlte es am Notwendigsten. Oft gerieten Gendarmen deshalb aus reiner Not oder Angst vor zu geringen Reserven in ungesunde Abhängigkeiten. Um diesem Dilemma zu begegnen, halfen die Landesgendarmeriekommanden wo es ging. So wurden beispielsweise Kartoffelanbauaktionen organisiert, wie aus einem Schreiben des LGK f. Tirol u. Vbg. vom Februar 1920 verlautet. Oberst Degischer in Innsbruck schrieb: »Durch die gegenwärtigen schwierigen Verpflegsverhältnisse ist auch der Gendarm vielfach gezwungen, die Gutwilligkeit der produzierenden Bevölkerung in Anspruch zu nehmen, um sich die notwendigen Lebensmittel zu beschaffen. In Erkennung der schwierigen Lage, in welche ein Sicherheitsorgan durch solche Verhältnisse infolge der Eigentümlichkeit seines Dienstes gelangen kann, strebt das LGK an, die Gendarmerie bezüglich der Verpflegung selbständig zu machen.«[49] Hierauf wurden auf gepachteten Grundstücke Kartoffeln angebaut. Die LGK`s halfen mit Zuschüssen die Gestehungskosten zu finanzieren, die durch die eingebrachte Ernte, die auf alle Gendarmen gleichmäßig aufgeteilt wurde, refundiert werden konnten.[50] So war wenigstens ein Mindestmaß an Versorgung gewährleistet.

In eigenen Schusterwerkstätten der Gendarmerie wurde die Arbeit »Halbsohlen für schwere ungenagelte Schuhe um 50 – 55 K und für 1 Paar Absätze um 20 – 25 K« angeboten. Anfangs wurden Schuhe nur repariert, keine neuen hergestellt.[51]

Wie sehr auch die Landesregierungen in dieser kargen Zeit an einer gut funktionierenden und zufriedenen Gendarmerie interessiert waren, zeigt ein Schreiben des GAK Bregenz vom Feber 1920 »...Die Landesregierung (hat) den Gendarmen in Würdigung ihres körperlich anstrengenden Dienstes und der Schwierigkeit der Lebensmittelbeschaffung vorläufig für die Monate Feber und März eine Verpflegszubuße zuerkannt. Diese beträgt für jeden Gendarmen der Posten Bregenz je 2 kg Kartoffelgries oder Hülsenfrüchte, für jeden Gendarmen der (übrigen Posten... je 1 kg Kartoffelgries oder Hülsenfrüchte zum Preis von 3.75 K der Kartoffelgries, um 3.05 K die Bohnen und Erbsen...« Diese Lebensmittel mußten zwar bezahlt werden, immerhin standen sie aber zur Verfügung.

Auch der Abteilungskommandant von Bregenz half: »...Ferner wurden von hieraus bezüglich Zusatzkarte für Fett, Fleisch, Mehl, Brot, dann Ankauf aus den Mobilisierungsgütern, Lederzuweisung, Zuweisung von Leder, ...röcken, Zuweisung von Tabaksorten aus den beschlagnahmten Monopolwaren die nötigen Schritte unternommen...«[52]

Unterkünfte: Die in der Monarchie bestandene Kasernvorschrift, die dem bisherigen militärischen Charakter der Gendarmerie entsprach, hatte bis 1922 weiterhin Gültigkeit. Für ledige Gendarmen ohne Rangklasse (Gendarm bis teilweise Rayonsinspektor) und für alle Frequentanten der Gend.Schulen bestand grundsätzlich Kasernierungszwang. Ledigen in Rangsklassen (Df u. leitende Beamte) war die Bequartierung auf den Posten gestattet.[53] Postenkommandant RevInsp Johann Reitinger hat in der Chargenschule alles Wichtige zu diesem Thema aufgezeichnet. Wegen der Lebendigkeit und Originalität wird daher im wesentlichen der Originaltext wiedergegeben:

»Gebäude der Gendarmerieangehörigen dürfen nicht gemietet werden. 6,2 m² Fläche, 15.3 m³ Luftraum pro Mann. Sanitäre Anforderungen (müssen) entsprechend (sein). Reinlichkeit, gutes Trinkwasser und Filterapparat, ...Gartengrund (soll vorhanden sein), womöglich zum Gemüseanbau, und bei Hitze zum Aufenthalt im Freien. Gendarmen haben auf den Garten Anspruch. Kegelbahnen und Turngeräte können im Hofraum oder Garten hergestellt (Anm.: hingestellt) werden. Anständige Spiele sind zu fördern. Kasernen (müssen) an wichtigen Verkehrslinien liegen und leicht auffindbar sein. Wasserzufuhren (Anm: hier ist das Zuführen von Wasser gemeint. Wasser sollte also im Hause vorhanden sein) sind tunlichst zu beschränken. (In Gebäuden mit) Gast-Schankgewerbe darf die Kaserne nicht gemietet (werden), Schmiede, Schlosser, Spengler udgl. (dürfen) ihre Werkstätte (nicht) in der Nähe haben. Wo Berührung mit Nachbarparteien unvermeidlich ist, sind Postenkasernen nur im Notfalle zu mieten. Bei ebenerdigen, der Gassenfront zugewandten Fenstern und Bäder sind Vorhänge aus dunkelgrünem Stoff anzubringen. Hölzerne, lichtgrau an-

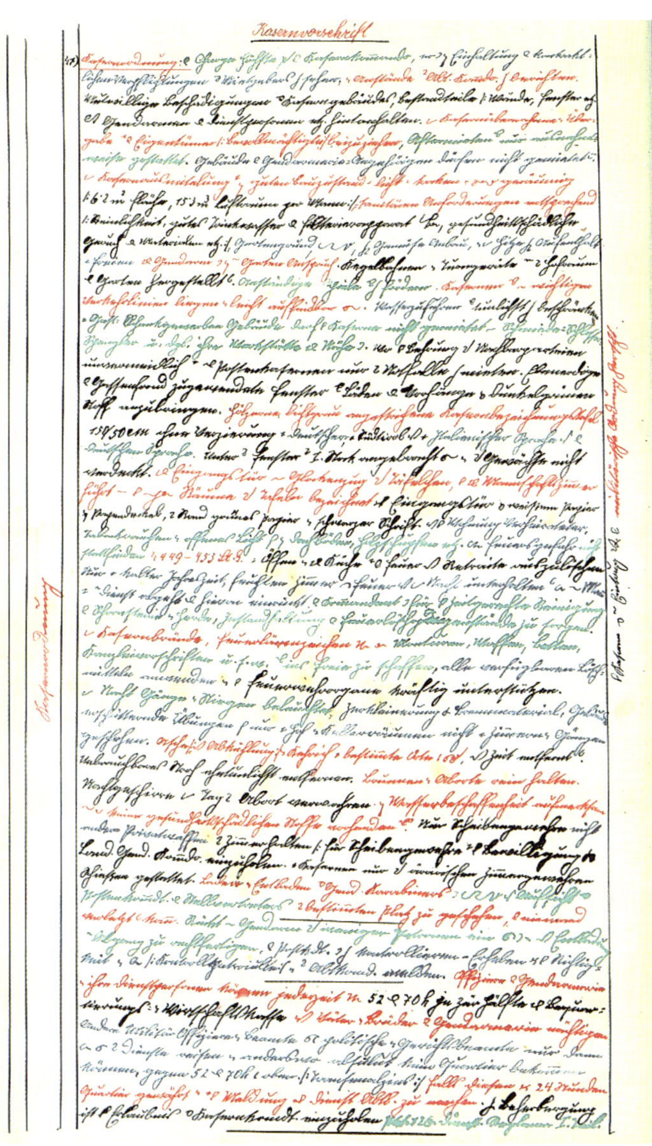
Kasernvorschrift

gestrichene Kasernbezeichnungstafeln, 150/50 cm ohne Verzierung müssen in deutscher Sprache unter dem Fenster im 1. Stock angebracht sein und dürfen durch Gewächse nicht verdeckt sein. Bei der Eingangstür ist ein Glockenzug mit Täfelchen anzubringen, der in das Mannschaftszimmer führt. Die einzelnen Räume sind mit Täfelchen zu bezeichnen. Zu beschriften ist auch die Wohnung Verheirateter. Tabakrauchen und offenes Licht dürfen auf Dachböden, Holzschupfen etc. wegen Feuersgefahr nicht stattfinden. Bei Öfen und in der Küche ist das Feuer nach Retraite (Anm. = Zapfenstreich) auszulöschen. Nur in kalter Jahreszeit und in feuchten Zimmern darf das Feuer auch bei Nacht unterhalten werden, wenn ein Mann in den Dienst abgeht oder hievon einrückt. Kommandant hat für die zeitgerechte Reinigung der Schornsteine und Herde sowie Instandhaltung der Feuerlöschgegenstände zu sorgen. Bei Feuerlärmzeichen (Anm. also Feueralarm) sind alle Monturen, Waffen, Betten, Kanzleivorschriften usw. ins Freie zu schaffen, alle verfügbaren Löschmittel anzuwenden und die Feuerwehrorgane kräftig zu unterstützen. Bei Nacht sind Gänge und Stiegen beleuchtet zu halten. Die Zerkleinerung von Brennmaterial sowie gebäudeerschütternde Übungen dürfen nur in Hof und Kellerräumen, nicht in Zimmern und Gängen geschehen. Asche, nach Abkühlung, und Kehricht, an bestimmten Orten auskühlt, (dürfen) erst nach (einer gewissen) Zeit entfernt werden. Unbrauchbares Stroh ehetunlichst entfernen. Brunnen und Aborte rein halten. Nachtgeschirre bei Tag im Abort verwahren. Auf Wasserbeschaffenheit aufmerksam sein und auch, daß keine gesundheitsschädlichen Stoffe vorhanden sind. Nur Schei-

bengewehre nicht andere Privatwaffen im Zimmer halten. Für Scheibengewehre ist die Bewilligung des LGK einzuholen. In Kasernen ist Schießen nur mit ärarischen Zimmergewehren gestattet. Laden-Entladen des Gend.Karabiners hat womöglich unter Aufsicht des Pkdtn oder Stellvertreters am bestimmten Platz zu geschehen, daß niemand verletzt werden kann. Rückt ein Gendarm mit weniger Patronen ein, so hat er nach Entladung den Abgang zu rechtfertigen, der Pkdt hat zu kontrollieren und erheben ... Richtigkeit und dann (Kontrollpatrouille) dem AbtKdtn zu melden. Offiziere der Gend. und ihre Dienstpersonen können jederzeit gegen 52 oder 70 h je zur Hälfte in den Bequartierungs- u. Wirtschaftskassen, auch Väter, Brüder der Gendarmen, nächtigen. Andere Militäroffiziere und Beamte, sodann politische und Gerichtsbeamte nur dann, wenn sie im Dienste reisen und anderswo absolut kein Quartier bekommen können, gegen 52 oder 70 h wie oben/Transenalzins.

Trinkgelage mit ankommenden Gendarmen und Spielgesellschaften sind in der Kaserne nicht gestattet, übelbeleumundete Personen beiderlei Geschlechtes dürfen nicht zu Besuch in Kasernen kommen oder durch andere mitgenommen werden. Ausgehen ist nach Befehlsausgabe, also im Winter um 5 Uhr und im Sommer um 6 Uhr gestattet. Der Gendarm hat zu melden und anzugeben, wo er im Bedarfsfalle zu finden sei. Abends ist die Kaserne zu sperren und nach Tagwache, also im Sommer um 6 Uhr und im Winter um 7 Uhr zu öffnen, worauf im Disziplininteresse strenge zu sehen ist. Wenn alle Mannschaft in den Dienst ausgeht, sind die Schlüssel der Zimmer einer in der Kaserne untergebrachten Gattin eines Gendarmen, Postkdtn, wenn kein Verheirateter in der Kaserne wohnt, dem Gemeindevorsteher zur Aufbewahrung zu übergeben. Grundsatz ist, daß der anwesende Gendarm Kanzleigegenstände, Mannschaftsrüstungen und Montur zu beaufsichtigen hat und bei Entwendung zur Verantwortung gezogen wird. Bei genügendem Raume können mehrere verheiratete Gendarmen ihre Familie unterbringen, jedoch nur bedingungsweise, falls ein Familienmitglied wegen eines in der Kaserne begangenen Delikts vom Zivilgerichte bestraft wird und die Familie sich keines guten Leumunds erfreut, oder falls Streitigkeiten bei gemeinsamer Küchenbenützung wegen Brennmaterials etc. oder mit der Postenköchin vorkommen oder wiederholt Beschwerden einlaufen oder Disziplin und Moralität Schaden leiden, kann dieses Recht entzogen werden. – 40 Jahre alte Köchin kann in der Kaserne schlafen mit Abtlgs-Kdo.-Bewilligung, Einrichtungsstücke dürfen nicht vom LGK angebrochen (benützt) werden hiezu. Töchter der Köchin dürfen keine Unterkunft finden. Kaserneinrichtungs- und Küchengeräte müssen nach Inventar vollzählig, rein und im guten Zustande sein, wofür der Kasernkommandant verantwortlich und ersatzpflichtig ist. Speise-, Trinkgeschirre und Waschbecken etc. sind in der Küche zu verwahren. Gesperrte Koffer der Mannschaft in der Kammer oder am Boden aufbewahren. Katzen dürfen außerhalb der Zimmer gehalten werden, Hunde in der Regel nicht. Feder- und Borstenvieh zur besseren Substistenz (Anm. = Lebensunterhalt) der Gendarmen gestattet, Menageabfälle dürfen zur Fütterung verwendet werden. Agenten etc. und andere Personen dürfen zum Geldgeschäftsabschlußzweck mit Gendarmen Kasernen nicht betreten.

Zimmerordnung: Die Mannschafts-Einteilung verfügt der Postenkommandant. Von den in einem Zimmer Befindlichen führt der Rangälteste das Zimmerkommando und ist für Disziplin, Ordnung und Reinlichkeit verantwortlich. Zimmerliste und Verzeichnis der im Zimmer befindlichen Geräte etc. sind an der Innenseite der Eingangstür, auf Pappendeckel mit grünem Rand anzubringen, bei mehreren kleinen Zimmern nur an der 1. Eingangstür für alle. Der Zimmerkommandant ist für die Ordnung und Instandhaltung verantwortlich, dem entstandene Abgänge sogleich zu melden sind.

Betten sind je nach Raum von Türen und Fenstern entfernt zweckmäßig aufzustellen. Der Freundschaft, Bildung, Muttersprache gleichende Gendarmen können über Ansuchen nebeneinander schlafen. Schlafstätten dürfen überhaupt nur mit Bewilligung des Postenkdtn gewechselt werden. Leere Betten bleiben aufgestellt. Oberhalb des Bettes in der Mitte des Brotbrettes im Rüstungsrechen ist ein 11/8 cm großes Kopftäfelchen mit Namen und Charge anzubringen.

Bettzeug muß geschont - reingehalten - öfters gelüftet - und ausgeklopft werden. Habseligkeiten dürfen im Bette nicht verwahrt werden. Bettwäsche ist periodisch zu wechseln, Strohsäcke nach Bedarf zu füllen.

Extrakopfpölster sind der Mannschaft gestattet, ebenso Bettüberhänge. (Ebenso) Kuvertdecken von grüner oder dunkelgrüner Farbe, wenn sie als Posteneigentum für den ganzen Stand vorhanden sind. Der nach Mitternacht vom Dienst oder von anstrengenden Märschen bei Tag einrückenden Mannschaft ist das Liegen auf Betten untertags gestattet, jedoch müssen die Schuhe-Stiefel abgelegt, und Bettüberhänge abgenommen werden. Der Mantel darf nie zum Zudecken verwendet werden.

Waffen - Munition - Rüstung - und Montur müssen stets benützbar und zur Hand aufbewahrt sein.

Auf Montursrechen hängt das Gewehr mit Bajonett samt Scheide - Patrontasche, darüber der Überschwung samt Säbel - Signalpfeife - Feldflasche und darüber der Tornister - Mantel - Patrouillierungstasche; auf dem Brotbrett (liegen) Brot bzw. Brotschalen - Lederhelm in der Schachtel - und Kappe.

Im Monturskasten werden sämtliche Monturs- und Wäschesorten - Proprietäten - Eßzeug, Karabinerputzrequisiten - Waffen und Schießinstruktion verwahrt.

Stiefeln neben den Pantoffeln sind, wenn kein geeigneter Raum vorhanden ist, unter dem Bett am Kopfteil aufzustellen.

Schreibhefte: Tintenzeug - Bücher - Landkarten etc. werden in den Schreibpulten aufgewahrt - Privatwäsche und Schuhe sind gestattet - ansonsten darf die Mannschaft nur die aus der Massa angeschafften Montursorten besitzen. Und ist der Postenkdt verantwortlich, daß die Mannschaft keine Zivilmonturen, - oder Finanzwach - oder Sicherheitswachemonturen unter ihren Effekten verwahrt hat.

Den Monturskastenschlüssel kann der Gendarm nach eigenem Ermessen verwahren. Anständige Bilder - Photographien, Spiegel - Uhren - eingerahmte Belobungszeugnisse - Dekrete - Teppiche - Musikinstrumente etc. dürfen bei mäßiger Belastung der Wand angebracht werden. Blumen und Pfeifenständer im Fenster und Zimmerwecker. Langer Tisch-, Fuß- und Laufteppich etc. darf hereingebracht und benützt werden. Singvögel und Käfige dürfen in Mannschaftszimmern mit Zustimmung aller Mannschaft gestattet werden. Bagage (Gepäck) jedoch nicht ungebührlich verwahren. Die ledigen Postenkdt sind ohnehin separat bequartiert, daher sind Matratze, gepolsterter Sessel und Nachtkästchen gestattet. Dies gilt auch für die Unteroffiziere beim Stabe und bei der Ergänzungsabteilung eingeteilten.

Verheiratete Mannschaft ist in der Privatwohnungseinrichtung unbeschränkt. Sie ist jedoch derselben Ordnung und Reinlichkeit unterworfen.

Tagesordnung, Posten Kroquis - Dislokationstabula sind im Schul- oder Mannschaftszimmer aufzuhängen. Kroquis soll auch in der Postenkanzlei sein.

Postenkanzlei: ...Schreibtisch - Protokolle und Schriften - Wanduhr - Lehrbücher - Lehrbehelfe - Vorgesetztenverzeichnis und das der politischen Beamten, auch Gerichts- und Staatsanwaltschaftsbeamten. A.B.C.Inventar über Kasernküchen - Kanzleigeräte - Eingaberepertorium - Patrouilleneinteilung, Distanzkarte - Kilometerausweis der umliegenden Posten - Bahnhöfe, Landungsplätze, 2 Schreibtische. Reservemunition verwahrt der Postenkommandant.

Wasserkrug samt Deckel - Untersatz - Trinkgläser sind im Zimmer oder in der Küche aufzubewahren.

Alle Zimmer sind täglich, wenn nötig öfters auszukehren - zu lüften - Staub und Spinngewebe zu entfernen. Fenster und Türen, Tische, Bänke, Stühle, Betten und Brotbretter sind öfters zu reinigen und zu waschen. Tischplatten können mit Wachsleinwand überzogen werden.

Das Waschen und Trocknen der Wäsche - das Kochen und alles

was nachteilige Ausdünstung erzeugt ist in Zimmern nicht gestattet.

Fußböden sind nach Bedarf zu wachsen bei günstiger Witterung. Nicht aber wenn sich ein Visitierender ansagt. Sandstreuen ist als gesundheitsschädlich verboten. Zum Aufräumen benützter Sand ist nach der Reinigung zu entfernen. Das Auskehren hat möglichst trocken, ohne Staubentwicklung zu geschehen.

Posten- und Zimmerkommandant haben auf nötige Vorsicht beim Ofenheizen zu sehen. Sperrvorrichtungen haben bei Öfen nicht zu bestehen.

Für schnelle Lichtbeischaffung bei Nacht am Posten ist zu sorgen, was dem Postenkdt oder Stellvertreter resp. Bereitschaftsgendarm obliegt.

RevInsp. Johann Reitinger, 1924.

Das Innere und Äußere der Kaserne - Hofraum und Gartengrund - muß auf jedermann den Eindruck machen, daß alles von anständigen, eine militärische Ordnung und größte Reinlichkeit gewöhnten Männern benützt wird.

Kasernvisitierung - kommt ein Offizier in Uniform und Seitengewehr in das Zimmer, so ruft der ihn zuerst bemerkt »Habt Acht«. Die Mannschaft nimmt Stellung zum Eintretenden - der Zimmerkommandant meldet sich wie er ist als solcher. Kommt ein Höherer als der Kasernkommandant unangesagt in die Kaserne, so meldet sich der Inspektions-Bereitschaftsdienst und läßt den Kasernkommandanten avisieren und erbittet sich die weiteren Befehle. Tritt er zuerst beim Postenkommandant oder -stellvertreter ein, so meldet sich dieser in seiner Eigenschaft zum Rapport und bittet, sich vorschriftsmäßig adjustieren zu dürfen, ansonsten der Ranghöchste. Im Schul- bzw. Menagezimmer stehen alle auf. Meldung macht nur der Berufene. Bei Nacht meldet der toröffnende Gendarm. Er meldet dann die Ankunft an den Posten-, den anwesenden Abteilungs- oder Landesgendarmeriekommandanten ebenfalls, wenn ein Höherer kommt als diese. Auf die Stunde angesagte Visitierung: Empfang innerhalb des Kaserneinganges. Postenkommandant oder -stellvertreter sind in Paradeadjustierung. Die Mannschaft steht bei den Betten in Paradeadjustierung.

Bei Ausrückung ist nach Exerzierreglement durch Ehrenbezeugung zu grüßen.

Meldung: ›Ich melde mich (beim erstmaligen Sehen: Gend. N.N. meldet sich) als Postenkommandant, der Posten besteht aus 3 Mann und ist komplett besetzt.‹ Oder ›1 Mann abgängig; Gend. N.N. ist seit 4. des Monats an Ruhr krank im Spital in xy; Gend. N. ist seit 4 h früh im äußeren Dienste und rückt um 1 h nachmittags ein.‹ Bei unangesagter Visitierung: ›Ich bitt` mich vorschriftsmäßig adjustieren zu dürfen.‹

Kommt der Landeschef oder Bezirkshauptmann oder deren Stellvertreter unvermutet in die Kaserne, so ruft der ihn zuerst bemerkt ›Habt acht‹, die Mannschaft nimmt Stellung an, wo sie ist, und der Postenkommandant hat sich vorzustellen und erbittet sich die Weisungen.

Bei angesagtem Besuch kann die Mannschaft bis zum ›Habtacht-Rufe‹ der gewöhnlichen Beschäftigung nachgehen, mit Waffenrock adjustiert, und der Postenkommandant erwartet ihn mit Helm und Seitengewehr beim Kaserntore, stellt sich vor und erbittet sich die Weisungen.

Bei avisierter dienstlicher Ankunft des Landeschefs, Bezirkshauptmannes oder Stellvertreters hat der Rangälteste denselben am Bahnhof oder Landungsplatz etc. zu erwarten - wenn es der Dienst zuläßt. Die anwesenden Offiziere stellen sich dem Landeschef vor.

Menage: bei 3 ledigen Gendarmen hat die Köchin /Koch das Frühstück und Mittagmahl zu bereiten, auch abends. Im Sommer und bei Dienstrücksichten entfällt das Abendmahl.

Aufnahme und Entlassung der Köchin hat der Postenkommandant und Rechnungsleger zu verfügen und vom Abteilungskommando die Bewilligung einzuholen. Häufiges Wechseln (des Kochpersonals) vermeiden! Alle Ledigen müssen an der Menage teilnehmen. Für die Verköstigung bei Verwandten im Loko (Rayon) ist vom Abteilungskommando die Bewilligung einzuholen. Gendarmerie-Mannschaftsfrauen dürfen nicht als Postenköchin fungieren, auch keinerlei Reinigung der Wäsche gegen Entgelt vornehmen.

Für 2 Mann starke Posten, wenn keine Köchin gehalten werden kann, kann Frühstück und Mittagsmahl von einem Gast- oder Privathause in die Kaserne gebracht werden oder sie können bei einem Verheirateten verköstigt werden. Die Einlage wird vom Abteilungskommando festgesetzt. Auch sonstige Einlagen wie für Koch, Heizmaterial, Beleuchtung, Köchinnenlohn etc. hat er zu regeln. Alle Einlagen sind im Wirtschaftsbuch zu verwahren, das keine Schulden aufweisen darf. Nichtgenossene Mahlzeiten werden am Monatsende rückbezahlt. Bei Abgang oder Einrückung eines Mannes wird eine Wirtschaftsabrechnung gemacht. Jeder Mann kann in die Wirtschaftsbücher Einsicht nehmen. Gelder sind in der Postenkanzlei unter Doppelsperre bis zur Auszahlung zu hinterlegen. Ein Schlüssel hat der Postenkommandant, ein Schlüssel der Rechnungsleger. Der Postenkommandant - Stellvertreter soll sich von der Rechnungslegung tunlichst enthalten. Die übrige Mannschaft kann gewechselt werden. Ist nur ein Mann zu Hause, so ist der eine Schlüssel versiegelt in der Schreibtischlade zu verwahren, gehen alle Leute ab so verwahrt jeder den Schlüssel für sich. Bei jeder Entfernung des Postenkommandanten außer Loko werden die Gelder überzählt (Anm.: nachgezählt), auch beim Wechsel der Mannschaft, und im Kassaskontierungsjournal ausgewiesen und bestätigt. Visitierende überprüfen den Betrag und bestätigen das Journal und prüfen ob Doppelsperre eingehalten wird. Bei unbefugter Gelder-Entwendung strafgerichtliche Behandlung, bei täglichen Einkäufen auch täglich im Wirtschaftsbuch / Büchele / ausweisen. Wenigstens monatlich die Lieferanten auszahlen; im Büchele Empfang bestätigen.

Verheiratete können sich nach Belieben verpflegen und mit Bewilligung der Mannschaft samt Kindern gegen doppelte Einlage in die Postenmenage teilnehmen. - Offiziere und Beamte (erhalten) mit 50 % Zuschlag Bedienung und Kleiderreinigung - nur vom Dienstboten. Der Abteilungskommandant bestimmt die Kosten für Beleuchtung, Köchin, Heizmaterial, bei Menageteilnahme auch Kochservis-Einlage Verheirateter. Bier und Wein kann bei abseitigen Posten nur für die Mannschaft in größerem Quantum mit Abteilungskommando-Bewilligung gehalten werden / ohne Verzehrungssteuer. Unentgeltlich dürfen keine Menageartikel angenommen werden. Bei Unmöglichkeit der Menagebeschaffung kann das Abteilungskommando ausnahmsweise die Mittagskost im Gasthause einnehmen lassen, was aber sogleich umzustellen ist, wenn Ausschreitungen vorkommen. In wichtigem Falle kann das LGK die Bewilligung für Zivil- oder Militärpersonen erteilen, in der Postenmenage teilzunehmen.

Bequartierungspauschal ist eine unteilbare Monatsgebühr für die Kasernen: Es diente 1. der Kasernreinigung, 2. der äußeren Beleuchtung, 3. der Kochgeschirr- und Küchenrequisiten-Instandhaltung, 4. der Bettwäschereinigung und -reparatur, 5. der Reinigung von Decken, auch für den Strohsack und die Kopfpölster sowie deren Nachfüllung, 6. der Öfen- und Herdreinigung. Wäschereinigung war im Sommer 14-tägig, im Winter monatlich. Es gab ein eigenes Pauschalverrechnungsbuch, das von Einzelposten nicht zu führen war. Das Geld war nur nach Gewissen zu verwenden. 10 K Ersparnisse blieben für Anschaffungen reserviert, über 10 K konnten mit Abteilungskommando-Bewilligung zu 1. der Wohnlichmachung der Kasernräume und 2. dem Brennmaterialankauf verwendet werden. Dies konnten auch der Bezirks- und der Landesgendarmeriekommandant bewilligen. Der Ankauf von Kuvertdecken war nur mit Ministerial-Bewilligung gestattet. Nicht erlaubt waren Anschaffungen für 1. Protokolle 2. Lehrbehelfe und Buchbindearbeit 3. Zeitungen 4. Lebensmittel 5. Verpflegs- und Massafonds, auch nicht temporär hiefür erhaltene Beträge. Vorschußweise konnten aus diesem Bequartierungspauschal jedoch Botenlohn und Telegrammbeträge, Eisenbahnauslagen und Arrestantenbeförderungsauslagen in Militärarreste bestritten werden.

Die Tagesordnung hat die Rapportstunden/Befehlsausgabezeit zu enthalten. Tagwache und Retraite: Tagwache: im Sommer um 6 h, im Winter um 7 h früh. Retraite im Sommer um 10 h, im Winter um 9 h abends. Beide haben auf im Dienst stehende Mannschaft keine Anwendung. Vorzüglich Konduisierte (Anm.: = Beschriebene) können, wenn sie nicht am nächsten Tag in den Dienst abzugehen haben, unbeschränkt / bis Tagwache / ausbleiben / der Abteilungskommandant benennt diese Leute jährlich / vom wirklichen Postenführer aufwärts keine Beschränkung. Detachierte Postenkdtn erhalten für die Mannschaft fortlaufend numerierte Erlaubnisscheine. Dieser kann die Mannschaft nach Dienstesrücksicht und Konduite Retraiteüberschreitung und Besuch benachbarter Orte bis 5 km Entfernung bis zur Tagwache, was Pkdt selbst auch tun kann mit solchen Erlaubnisscheinen, nachher dem Abtkdo rücksenden / in der Offiziersstation mit Frührapport erbitten.- Bei Mißbrauch kann d. Abtkdt 6 Wochen diese Begünstigung entziehen / das LGK jederzeit ganz oder teilweise entziehen. Verheiratete Postenkdtn, deren Familien außerhalb der Kaserne wohnen, können nach Dienstgeschäft mittags 2 Stunden und nach Befehlsausgabe bis zur Retraite bei ihrer Familie wohnen. Hat sich der Pkdt nach Retraite von der Kasernordnung überzeugt, so können sie bei der Familie schlafen, wenn nicht ihre Anwesenheit wegen Abgang aller Gendarmen unbedingt nötig ist. Ansonsten muß ein Gendarm oder der Stellvertreter in der Postenkanzlei nächtigen. Für die Kasernordnung, für den Einlaß von Nachtschwärmern und Frauenzimmern (Anm.: gemeint ist der Nichteinlaß) ist der Pkdt verantwortlich. Die verheiratete Mannschaft kann, wenn dienstfrei ist, mittags und abends die Familie besuchen, jedoch nur mit Erlaubnis des Postenkommandanten dort nächtigen. Sie hat 1 Stunde nach Tagwache in der Kaserne zu erscheinen. Wenn Verheiratete Dienst oder Disziplin schädigen, kann der Abtkdt LGKdt das Nächtigen bei der Familie verbieten.

Die Wohnungen sollen nächst der Kaserne liegen.

Inspektionschargengendarmen sind Organe des Kasernkommandanten zur Handhabung des inneren Dienstes sowie zur Aufrechthaltung der Kasern- und Zimmerordnung, zur Überwachung der Arrestanten, zur Verrichtung kurzer Dienstgänge, zur Post-Beförderung, für das Ein- und Ausgehen der Postenmannschaft und fremder Leute, Öffnen und Schließen des Kaserntores bei Nacht sowie um Auskunft bei der Heimkunft der Mannschaft geben zu können.

Beim Stabe unterhält die Ergänzungsabteilung den Inspektionsdienst, an dem sich auch die Lokopostenmannschaft beteiligen kann.-

Inspektions- und Bereitschaftsdienstantritt ist beim Postenrapporte zu melden, die Ablösung erfolgt mittags.

Der LGKdt bestimmt, wieweit bei der Ergänzungsabteilung sowie bei Posten mit 10 Mann Inspektionsdienst zu halten sei.

Der Inspektionsgendarm hat stets angekleidet zu sein sowie Seitengewehr, Patronentasche und Helm als Dienstabzeichen zu tragen. Von 1 Uhr vormittags (Anm.: nachts) an kann er angekleidet ruhen sowie Rüstung und Schuhe ablegen. Außendienstliches Verlassen der Kaserne ist nicht gestattet während des Inspektionsdienstes. Torinspektionen werden bei normalen Verhältnissen nicht gestattet. Bei ungünstigen Sicherheitsverhältnissen hat der Inspektionsgendarm die geladene Feuerwaffe stets zur Hand zu haben.

Sind keine Kaserninspektionen bestimmt, so hat auf Posten von vier Mann aufwärts - Kasernbewirtschaftung zu sein. Unter 4 dienstbaren Gendarmen ist zu sorgen, daß die Mannschaft im Bedarfsfalle leicht auffindbar ist. Wenn er Dienstgänge verrichtet, daß er Seitengewehr, Patrontasche, Helm umzunehmen bzw. aufzusetzen hat. Bei Nacht kann er sich ganz ausziehen. Der Postenkomdt (nicht der Bezirkskdt) hat ebenfalls Bereitschaft zu halten und Dienst sowie Inspektionsdienst, wo dieser besteht, in der 2. Rubrik des Stationsdienstbuches einzutragen.

Die Kasernbereitschaft kann jeden Augenblick in den Loko- oder äußeren Dienst entsendet werden, und nach Erfordernis gewechselt werden, was durch Auflassung der Bereitschaft in der 2. Rubrik des Stationsdienstbuches ersichtlich zu machen ist.

Der Bereitschaftsdienst ist ein Inspektionsdienst leichteren Grades, bei dem ebenfalls ein außendienstliches Kasernverlassen nicht gestattet ist.

Sind in der Postenstation Ruhestörungen zu besorgen, so werden über dienstbehördlichen Auftrag- oder Befehl des Abteilungs- oder Postenkommandanten mehrere Gendarmen in den Bereitschaftsdienst versetzt, die vollständig angezogen bei Tag und Nacht wenn nötig auch gerüstet zu sein haben. Dies gilt auch für alle Gendarmen die zur Aufrechthaltung der Ordnung - Ruhe und Sicherheit zu einer Konzentrierung zusammengezogen werden. Bei längerer Dauer kann Abwechslung behufs Ausruhung gestattet werden, sobald die Verhältnisse dies zulassen, doch muß die gesamte Mannschaft zum raschen Einschreiten bereit sein. Daher eventuell nur angekleidet ruhen und die Rüstung zur Hand legen.«

Beheizung u. Beleuchtung der Gendarmerieposten und Stabskanzleien gingen ab 1919 zu Lasten einer Beheizungsgebühr (-deputat), wobei ein Kanzleizimmer mit 1 Fenster mit 330 kg hartem Brennholz und eines mit zwei oder mehr Fenstern mit 440 kg hartem Brennholz pro Monat berechnet wurde. Für die Kostenberechnung wurde 1 m^3 (nicht Raummeter) Hartholz mit 423 kg, 1 m^3 Weichholz mit 282 kg bemessen. Die Heizperiode dauerte von 16. Okt. bis 15. April. Die Brennmaterialdeputate dienten in erster Linie zur Beheizung jener Räume, die zur Abhaltung der Tagesbeschäftigung bzw. zur Unterbringung der dem Kasernierungszwange unterworfenen Gendarmen bestimmt waren. Ein eventueller Überschuß konnte mit Genehmigung des LGK an die verheirateten und die auswärts wohnenden Beamten mit eigenem Haushalt aufgeteilt werden.[54]

Gendarmerieposten in einer Stärke von bis zu fünf Beamten durften mit Genehmigung des LGK in einen größeren Raum übersiedeln, falls ein einfenstriger Raum aufgrund des zu geringen Flächenausmaßes hiezu nicht ausreichte.[55]

Anstelle der Kasernvorschrift wurde 1922 eine den geänderten Verhältnissen entsprechende Quartiervorschrift[56] erlassen. Die Gendarmerieunterkünfte hatten sich in gutem Bauzustand zu befinden und ihrem Zweck sowie den sanitären Anforderungen zu entsprechen. Sie sollten an den wichtigen Verkehrslinien liegen und leicht auffindbar sein. Wo ledige Gendarmen eingeteilt waren, oder wo sich Gendarmerieschulen befanden, wurde eine »vereinigte Bequartierung« vorgeschrieben. Den Gendarmen war eine gemeinsame Verköstigung zu ermöglichen. Ein Raum hatte für dienstlich eintreffende auswärtige Gendarmen als Nächtigungslokal zu dienen, gleichzeitig sollte er als Inspektionsraum verwendet werden. Neben dem Eingangstor zum Gendarmerieposten war ein »Läutewerk« anzubringen. Gänge und Stiegen der Gendarmerieunterkünfte waren bis zur »ortsüblichen Sperrstunde der Wohnhäuser« zu beleuchten. Waffen und Munition sowie Rüstung waren auf den Gendarmerieposten zu verwahren. Die Mitnahme von Waffen in Privatwohnungen der Gendarmen war verboten. Ausgenommen davon waren Seitenwaffen. Ein Lade- und Entladeplatz war vorzusehen und zu kennzeichnen. Auf Besuch ankommende männliche Angehörige konnten im Einverständnis mit den Mitbewohnern vorübergehend am Posten nächtigen.

In Stationen, wo Gendarmeriebeamte eine eigene Küchenwirtschaft führen wollten, war ihnen die allenfalls vorhandene Küche bereitzustellen. Die Küche konnte auch zur Unterbringung der Köchin verwendet werden. Für die Beschaffung und Instandhaltung der erforderlichen Kücheneinrichtung hatten die Teilnehmer der Küchenwirtschaft selbst aufzukommen.

Frauen, Eltern oder Kinder des Gendarmeriebeamten durften auf Dienststellen, wo sich ihr Gatte, Sohn oder Vater befand, idR nicht zu Aufräumungs- oder Bedienarbeiten verwendet werden.

Das Halten von Hunden in den Zimmern war untersagt, jenes von Singvögeln mit Zustimmung aller Mitbewohner gestattet.

Ab 1923 waren die tatsächlichen Beleuchtungsauslagen zu verrechnen, die alle Ausgaben »der Brennstoffe (Petroleum, Gas, elektrischer Strom usw.) für Gaszylinder, Glühkörper (Birnen), für die Vergütungen der leihweise überlassenen Stromzähler (Zählermieten) und geringfügige Reparaturen an Lichtanlagen (Lampen)« enthielten. Bei allfälligen Mißbräuchen wurde den Leitern der Gendarmeriedienststellen Schadloshaltung angedroht.[57]

Medizinische Versorgung

Über die medizinische Situation gibt ein Befehl des GAK Bregenz zum Jahresende 1918 beredtes Zeugnis.[58] Da diese Situation noch Jahre weiter bestand, wird er hier vollinhaltlich wiedergegeben:

»Um nach Möglichkeit zu verhindern, daß die Gendarmen an der Grippe erkranken, oder falls sie erkranken sollten, die Mittel zur Heilung zu geben, wird anbefohlen:

1.) Von hustenden Leuten soll man sich nicht direkt anatmen lassen, sondern stets mit solchen per Distanz sprechen.

2.) Es ist nach Möglichkeit zu vermeiden, Wohnungen zu betreten, wo sich grippekranke Leute befinden.

3.) Es muß unbedingt vermieden werden, daß sich die Gendarmen erhitzen oder gar verkühlen, denn in diesem Stadium inkliniert man am meisten für diese Krankheit.

Sollte ein Gendarm an Grippe erkranken, was sich durch Kopfweh, Fieber, eventuell Husten oder größeren Darmkatarrh äußert, so hat er sich sofort am Posten niederzulegen, beiliegendes Natronsalieyl-Pulver (2 Stück täglich) einzunehmen und dabei 1/4 l Glühwein oder sehr heißen Lindenblüten-Thee zu trinken. Hauptsache ist sehr viel zu schwitzen.

Diät ist zu halten d. h. von Milch, starker Suppe u. weichen Eiern sich zu nähren.

Natürlich ist der Arzt zu verständigen und zu trachten, Aspirin oder weitere Natronsalieyl-Pulver einzukaufen, weil diese die einzigen Schweiß treibenden Mittel sind.

Die Angehörigen oder gut Bekannte des erkrankten Mannes sind zu bitten, daß sie den betreffenden Gendarmen pflegen. Falls Platz am Posten vorhanden, so können diese Pfleger auch am Posten schlafen und falls eine Küche vorhanden auch von dort mit derselben Menageeinlage essen.

Ein Transport eines kranken Gendarmen in ein Spital oder sonst wohin wird auf das Strengste verboten, nachdem es sich herausgestellt hat, daß solche Leute sich nur dabei neuerdings verkühlten und starben.

Die gesunden Gendarmen sind von den kranken, was Schlafzimmer anbelangt, sofort zu scheiden. Dem Abteilungskommando ist eine jede solche Erkrankung sofort zu melden u. dabei stets anzuführen, ob der betreffende Posten Aspirin oder Natronsalieyl-Pulver selbst erhalten kann oder nicht. In letzterem Falle würde es von hieraus beschafft und zugeschickt werden.

In der Bregenzer Stadtapotheke habe ich 300 Stück Aspirin-Pulver sichergestellt, ein Stück kostet 15 Heller. Gegen Einsendung des entsprechenden Geldbetrages würde dann von hier dem Posten Aspirin zugesendet werden.«

RevInsp Johann Reitinger notierte sich damals: »Möglichst zur Gesundheiterhaltung - und um Krankheiten anzuzeigen ist durch den Vorgesetzten vorzusorgen und der gründliche Befolg zu überwachen. Auch ist die Gendarmeriemannschaft periodisch ärztlich zu visitieren, um Leiden im Entstehen zu beheben. Wenn tunlich monatlich, wo Landwehrärzte sind oder sich Zivilärzte unentgeltlich herbei lassen. Bei dienstlicher Ankunft der Nachbarpostenmannschaft ist auch diese beizuziehen. Bei der Ergänzungsabteilung ist ein Marodebuch (Anm.: Buch über sämtliche Krankheiten und Krankenstände des Beamten) zu führen. Die Rubriken sind vom Arzt oder vom Postenkommandanten auszufüllen. Dies hat auch der Visitierende, bei Anwesenheit, zu tun. Marodierungen über 24 Stunden sind im Marodenbuch einzutragen und Krankheitsurlaube nachzuweisen. Beim Landesgend.Kdo erkrankte Unteroffiziere werden im Marodenbuch der Ergänzungsabteilung geführt; dies können wichtige Behelfe sein.«

Zu dieser Zeit dürften weite Bevölkerungskreise durch den Krieg und die herrschende Lebensmittelknappheit in einem bedenklichen Zustand gewesen sein.

Mobilität der Gendarmen

Gendarmen sollten mobil sein. Sie sollten jederzeit an anderen Orten Dienst verrichten können. Der Gendarm sollte überdies stets einsatzfähig sein, eine Bestimmung, die speziell in unruhigen Zeiten ihren Sinn hatte. Mit der »Kasernierungsreserve«, die aus ledigen und ausbildungsmäßig kasernierten Beamten bestand, wurde aber auch der allzu niedrige Personalstand dieser Jahre künstlich hochgetrimmt. Mit dem Kasernierungszwang war schließlich die Pflicht verbunden, auch die Freizeit im Rayon zu verbringen. Der Gendarm war somit mit Ausnahme der beiden Absentierungstage rund um die Uhr im Rayon für den Dienst abrufbar.

Jeder Gendarm hatte mit Ausnahme von zwei freien Tagen je Monat eine 7-Tage-Woche.[59] Es wurde angeordnet: »...Der Sicherheitsdienst sowie andere Außendienste müssen nach Erfordernis ohne Rücksicht auf Tag, Nacht und Witterung, auch an Sonn- und Feiertagen, unter Bedachtnahme auf einen entsprechenden Wechsel der in den Dienst Entsendeten nach den Bestimmung der Dienstinstruktion verrichtet werden.« Die Außendienststundenanzahl betrug für eingeteilte Gendarmen monatlich 180 Stunden, für den Stellvertreter 150 und für jeden Postenkommandanten und Stv. d. BGKdtn 90 Stunden. Nach oben war die Gesamtstundenanzahl unbegrenzt, weil täglich außer an Sonn- und Feiertagen auch noch Amtsstunden für die gewöhnliche Tagesbeschäftigung vorgesehen waren. Als solche galten die Führung der täglichen Kanzleigeschäfte sowie die Ausbildung. Die Amtsstunden sollten 7 Stunden nicht überschreiten. Auf jeder Gendarmeriedienststelle wurde ein Inspektionsdienst eingerichtet, der bei Posten mit mindestens fünf Mann Postenstärke von Mittag bis Mittag zu dauern hatte.

Tagstunden galten von 6 Uhr bis 18 Uhr, die restliche Zeit war Nachtdienst. Außerhalb der Amtszeit mußte jedenfalls sichergestellt sein, daß für dringende Anzeigen immer ein Gendarm erreichbar war.

Lediglich für zwischen 6 und 18.00 Uhr geleistete Sonntagsdienste gebührte ein freier Ersatzwerktag.[60] Die zwei freien Tage wurden später wie erwähnt als »Absentierung« bezeichnet.

Rechtsschutz für Gendarmen

Der Rechtsschutz für Gendarmen bei Beleidigungen wurde 1920 neu geregelt. Gend.Posten und Gendarmeriekommandos waren im strafrechtlichen Sinne als »Behörden« aufzufassen. Bei Beleidigung einer derartigen Dienststelle lag demnach eine von Amts wegen zu verfolgende Beleidigung einer öffentl. Behörde vor. Hingegen waren Beleidigungen der Gendarmerie als Ganzes nicht mehr strafbar.[61] Durch die Umwandlung der Gendarmerie in einen Zivilwachkörper war die kai-

»Marode« Gendarmen im Krankenrevier Innsbruck, 1918/1919.

serliche VO von 1853[62] nicht mehr anwendbar. Dem Gendarmen stand daher auch in dem in dieser VO qualifiziert behandelten Falle einer Ehrenbeleidigung, der Verletzung der Standesehre, lediglich der Weg der privaten Ehrenbeleidigungsklage wie jeder anderen Zivilperson zu.[63]

Mit dem 1919 erschienenen Gendarmeriedisziplinargesetz sowie der Gendarmeriedisziplinarvorschrift wurde die den bisherigen Gendarmerieoffizieren eingeräumte disziplinäre Strafgewalt abgeschafft.[64] Für disziplinäre Verfehlungen wurden Disziplinarkommissionen gebildet und das Disziplinarrecht grundsätzlich jenem der übrigen Bundesbeamten (Dienstpragmatik) nachgebildet.

Zum Jahrestag der Gründung der Republik wurden im November 1919 allen Gendarmeriebeamten die bis dahin rechtskräftig verhängten Disziplinarstrafen und deren Rechtsnachfolgen nachgesehen. Ausgenommen hievon wurden lediglich die Disziplinarstrafen der Entlassung oder Ruhestandsversetzung und solche, die für Taten verhängt wurden, die aus verächtlicher Gesinnung begangen worden waren.

Dienstverrichtung in Zivilkleidung: Eine erfolgversprechende Durchführung des Überwachungs- und Nachforschungsdienstes, z. B. in Spielbanken, auf Rennplätzen, in Kurorten und im Bahndienst ließ die Forderung nach Dienstverrichtung in Zivilkleidung entstehen. Auch der reine Kriminalbeamtendienst durch die Beamten der »Ausforschungsabteilungen« wies in diese Richtung. Da die Gendarmerie jedoch als »uniformierter Zivilwachkörper« eingerichtet war, fehlte es an der nötigen gesetzlichen Grundlage für den Dienst in Zivil. Es wurde daher 1920 zuerst dem »Gendarmeriedetachement für den verschärften Sicherheitsdienst auf den Bahnhöfen in Wien« gestattet, einzelne Gendarmen in Zivilkleidung Dienst verrichten zu lassen, doch nur zur Überwachung und Ausforschung. Amtshandeln durften sie ausdrücklich nicht. Dasselbe Recht erhielten die Ausforschungsabteilungen, die nach und nach in den Ländern entstanden. 1928 fielen diese bewährten Gendarmerieausforschungsabteilungen dem Reformplan Schobers[65] zum Opfer. Sie waren zum Teil aus Landesmitteln errichtet und ihr Sachaufwand in der Folge zu einem bedeutenden Teil von den Ländern bestritten worden. Durch diese Abteilungen war nicht nur das sanierungsbedürftige Fahndungswesen bei der Gendarmerie modernisiert, sondern zum Teil auch für das gesamte Fahndungswesen richtunggebende Einrichtungen, wie Landesfahndungsblätter, Fahndungsverzeichnisse, Evidenzen für der Dienstbereich der Gendarmerie usw. geschaffen worden. Fürböck vermerkt hiezu: »Neben der Notwendigkeit, das Fahndungswesen zu zentralisieren, mag zur Auflösung dieser Dienststellen, die damit begründet wurde, daß die Gendarmerie nicht in Zivil Dienst verrichten dürfe, eine gewisse Animosität der Polizeidienststellen (Kriminalbeamtenkorps) gegen die Ausforschungsabteilungen beigetragen haben. Auch Bestrebungen nach Übernahme des Kriminaldienstes auf dem Lande durch Kriminalbeamte der Bundespolizei wurden durch den sehr einflußreichen Polizeipräsidenten von Wien Schober, gefördert.« Die Aufgaben, besonders jene der Fahndungs- und Verbrecherevidenz, wurden teils von den Polizeidirektionen übernommen, teils gingen sie auf Kriminalbeamtenabteilungen bei den Ämtern der Landesregierungen über. So bestand 1932 je eine Kriminalabteilung in NÖ und Vbg. In Tirol bestand bereits seit 1927 statt der Ausforschungsabteilung eine Gendarmerieabteilung beim Amt der Tiroler Landesregierung (Landespolizeistelle), die im März 1933 nach Errichtung einer Bundespolizeidirektion in Innsbruck aufgelassen wurde. Auch in Kärnten waren einige Gendarmeriebeamte für die gleichen Zwecke dem Amt der Landesregierung zugeteilt.[66]

Mit der »Vorläufigen Regelung des Dienstbetriebes der Gendarmerie« wurde im Juli 1920 bei allen Gendarmeriedienststellen ein Inspektionsdienst eingeführt.[67]

Im Jahre 1920 gestellte Anträge auf Einführung elektrischer Taschenlampen mußten wegen mißlicher Staatsfinanzen mit dem Bemerken abgelehnt werden, wer selbst welche ankaufe, erhalte keinen Zuschuß.

Tabakgebühr: Da nach dem Ersten Weltkrieg Tabak rar war, – Rauchen war zu dieser Zeit gesellschaftsfähig – wurden den Gendarmeriebeamten die aus der Monarchie stammenden Vorrechte zum Bezug von Tabak gegen Bezahlung weiterhin gewährt. Ab Jänner 1920 stand ihnen eine »vollentgeltliche Tabakgebühr« im Ausmaße von 450 Zigaretten oder 15 Päckchen à 25 g Zigaretten- oder Pfeifentabak zu, sofern sie auf die an alle erwachsenen Personen ausgegebene Raucherkarte verzichteten.[68] Beschlagnahmte Tabakfabrikate konnten vom Ergreifer oder von Organen von Körperschaften, die an der Monopolkontrolle mitwirkten, in gewissen Mengen angekauft werden, so auch von Gendarmen.[69]

Neben der 1919 erfolgten pensionsrechtlichen Gleichstellung der Gendarmen mit allen anderen Staatsbeamten wurde 1920 eine obligatorische Krankenversicherung für alle Staatsbeamten eingeführt, die von der Versicherungsanstalt der Bundesangestellten betreut wurde. Sie bedeutete auch für die Gendarmerie eine erweiterte soziale Absicherung.

1921–1925

Die notwendige Sanierung des Staatshaushaltes erforderte dringend den Personalabbau von Staatsangestellten. Die Völkerbundanleihe des Jahres 1921, die zur wirtschaftlichen Stabilisierung beitragen sollte, war mit gravierenden Auflagen verbunden. 100.000 Staatsbeamte hatte man abzubauen. Die Gendarmerie mußte ihren Personalstand von 9.205 auf 6.449 Beamte reduzieren.

Ab Mitte 1921 wurden deshalb keine provisorischen Gendarmen mehr eingestellt. Ferner wurden von Okt. 1923 bis Ende 1927 1.380 Gendarmeriebeamte über eigene Bitte in andere Bundesdienste (Gericht, Gefangenenaufsicht, Polizei, Zollwache, Steueraufsicht, Verwaltungsdienst) übergeleitet.

An Schreibbehelfen wurde den Gendarmen 1922 jährlich zur Verfügung gestellt:

»Für höhere Beamte vom Postenkommandant-Stellvertreter aufwärts: 3 Dutzend Schreibfedern, 1/4 Liter Tinte, 6 Stk. Bleistifte, 2 Stk. Tintenstifte, 1 Farbstift, 1 Radiergummi u. 4 Bogen Löschpapier. Allen übrigen Beamten gebührt nur die Hälfte des normierten Jahresausmaßes, wobei an Stelle des Farbstiftes ein (1) Radiergummi zu erfolgen ist.«[70]

Nach den Jahren des Umsturzes, des ständigen Absinkens der Kaufkraft des Geldes, des Schmuggler- und Schiebertums, des Wuchers und der Preistreiberei, kurz einer beängstigend fortschreitenden Demoralisierung, begann mit der Stillegung der Notenpresse im Nov. 1922 das von Bundeskanzler Dr. Ignaz Seipel eingeleitete Werk der Sanierung und Stabilisierung. Mit 1. Jänner 1925 trat an die Stelle der Krone der Schilling als Währungseinheit (10.000 Kronen = 1 Schilling). Die Folgen der Reformen zeigten sich sehr schnell. Schon 1924 schloß der Staatshaushalt mit einem Überschuß ab. In der Folge besserte sich rasch die Lage der Landwirtschaft und der Industrie, der Fremdenverkehr nahm Aufschwung und half die Zahlungsbilanz auszugleichen. Das Schlagwort von der »Lebensunfähigkeit« Österreichs war widerlegt.

In dieser Zeit prägte Bundeskanzler Dr. Seipel den Satz von der »Sanierung der Seelen«. Er meinte damit, daß sich ohne Wiederherstellung der Moral der Staat nicht sanieren lasse. Viele Österreicher, besonders aus den Kreisen, die durch den Zusammenbruch und die Inflation Beruf, Vermögen oder beides verloren hatten, konnten sich nicht in die geänderten Verhältnisse schicken. Ein Teil dieser Kreise wollte das Rad der Geschichte zurückdrehen und die Monarchie wiederherstellen, ein anderer Teil sah das Heil im Anschluß an einen großen Wirtschaftsraum. Für den Großteil der Bevölkerung wäre aus geschichtlichen und nationalen Erwägungen hiefür nur Deutschland in Betracht gekommen.– Dieses Thema rückte mit der positiven Haushalts- und Handelsbilanzentwicklung in den Hintergrund.

Die nunmehrige Stabilisierung der Währung, das Aufhören der Scheinkonjunktur und die Rationalisierung der Wirtschaft waren zwar positive Erscheinungen, viele Gehalts- und Lohnempfänger verloren aber ihre Verdienstmöglichkeit. Auch konnten mit den Löhnen und Gehältern die Lebensbedürfnisse nur recht und schlecht befriedigt werden. Neue Anreize zu Geldausgaben und die Befriedigung nicht lebensnotwendiger Bedürfnisse gingen mit der fortschreitenden Entwicklung der Technik Hand in Hand und führten zu weiterer Unzufriedenheit. Infolge des Abbaues zahlreicher Arbeiter und Angestellter vermehrte sich die Zahl der Arbeitslosen.

Da die soziale Situation in der Bevölkerung nicht mit der Budgetsanierung und den Handelsbilanzen Schritt hielt, wurde die Gendarmerie zu dieser Zeit zunehmend mit der Erhebung von Rentenansprüchen, mit Unfalls- und Krankenangelegenheiten, der Jugend- und der Arbeitslosenfürsorge usw., beauftragt.

1923 wurden Erholungsurlaube, Urlaube aus besonderem Anlaß und Krankenurlaube geregelt.[71] Junge eingeteilte Beamte erhielten 14 Tage EU und ab dem 15. Dienstjahr drei Wochen. Beamte der Besoldungs-Gruppen 9 – 11 erhielten 14 Tage, nach 5 Dienstjahren drei Wochen und mit 15 Dienstjahren vier Wochen. Bezirksinspektoren und höhere Beamte erhielten 21 Tage und mit mehr als 15 Dienstjahren 28 Tage EU.

Im April 1923 wurden neue Richtlinien für die Beförderungen u. Ernennungen der GendBeamten in die Besoldungsgruppen 7 bis 14 erlassen. Während definitive Gendarmen mit einer guten Gesamtbeurteilung nun nach dem Dienstrang jederzeit Patrouillenleiter werden konnten, blieb die Beförderung zum Gendarmerierayonsinspektor weiterhin von der erfolgreichen Ablegung der Rayonsinspektorenprüfung abhängig. Für die Beförderung zu Postenkommandanten und deren Stellvertretern (Besoldungsgruppen 11 und 12) wurde der Besuch eines Fachkurses (Chargenschule) mit mindestens genügendem Gesamterfolg und die in der Qualifikationsliste ausgedrückte Eignung für diesen Dienstposten vorgeschrieben. Für die Ernennung zum Stellvertreter des BGKdtn (Besoldungsgruppen 12 und 13) war nun neben der Beurteilung eine sehr gute Gesamtqualifikation und eine mindestens dreijährige erfolgreiche Verwendung als Postenkommandant oder definitiver Lehrer erforderlich. Zu Bezirksgendarmeriekommandanten (Besoldungsgruppe 13 und 14) konnten künftig nur noch Beamte ernannt werden, die entweder ein Jahr als Stv. eines solchen tätig waren oder sich wenigstens vier Jahre als definitive Lehrer vorzüglich bewährt hatten und denen die Eignung in der Qualifikationsliste zuerkannt wurde.[72] Die Rayonsinspektorenprüfung wurde 1924 abgeschafft.

Mit GG 1924 wurde aus dem Gendarmerieanwärter wieder der provisorische Gendarm. Die bisher durch eine Prüfung erreichbare Stellung eines GendRayInsp wurde nunmehr automatisch, zwölf Dienstjahre nach der definitiven Anstellung, erreicht. Dadurch verlor ein großer Teil der Rayonsinspektoren die bisher innegehabte Stellung u. wurde bei Behalt des bisherigen Titels und der Distinktion in die Dienstklasse der Patrouillenleiter eingereiht.

1925 wurden die Außendienststunden auf 160, 140 und 80 reduziert. Der Bezirkskommandant und auch sein Stellvertreter wurden nun an keine Außendienststunden mehr gebunden.[73]

RevInsp. Johann Reitinger mit Familie, datiert 1924.

Gendarmerieposten mit einem Stand von sieben Beamten hatten nun obligatorisch Journaldienste. Posten unter diesem Stand konnten Journaldienste versehen, wenn sicherheitsdienstliche oder sonstige Verhältnisse dies unbedingt erforderten, z.B. Telephondienste.[74]

Für den Entfall eines Tages, wie bei Inspektionsdienst, waren nun 5 Stunden von der Außendienstverpflichtung abzuziehen. Eigentümlich klingt heute folgende Vorgabe: »Wird der Außendienst zur Nachtzeit verrichtet, ...so ist dem Beamten außerdem für jede im ND zugebrachte Stunde anschließend eine weitere in die Tageszeit fallende Stunde freizugeben, so daß jedem Beamten dadurch die Möglichkeit eines 8-stündigen Schlafes an einem Tage gegeben ist. Diese Ruhezeit darf in keinem Falle 16 Stunden übersteigen.« (Anm.: In diesem Falle galt als Nachtzeit die Zeit von 22 – 06.00 Uhr). Dienste an Sonn- u Feiertagen zwischen 4 u. 8 Stdn. ergaben einen halben, Dienste über 8 Stdn. einen ganzen Werktag frei. Durch Zusammenziehung von freien Tagen durfte der Beamte nie mehr als drei Tage abwesend sein. Nach Beendigung eines Inspektionsdienstes hatte der Beamte nach Zulässigkeit des Dienstes Anspruch auf Befreiung von den Amtsstunden für den anschließenden halben Tag.

Gendarmen, welche einen Außendienst antraten oder von einem solchen einrückten, hatten am betreffenden Halbtag, mindestens aber zwei Stunden, dienstfrei. Nach einem mindestens 6-stündigen Dienst, der nach Mitternacht endete, war am Vormittag dienstfrei. Nach einem solchen, wenn er nach 6 Uhr einrückte, war er mindestens 8 Stunden von der Tagesbeschäftigung enthoben. Diese dienstfreie Zeit war zur Erholung sowie (!) zur Reinigung und Instandsetzung der Waffen, der Munition, Bekleidung und Ausrüstung zu verwenden.

Gendarmen durften sich während der Rast im Gasthaus laben. Jedes Betreten eines Gasthauses war jedoch nach dem Einrücken zu melden und die Dauer des Aufenthalts im Personaldienstbuch einzutragen.

Gendarmeriebeamte, die keine Pauschalgebühr hatten, erhielten für einen 24-stündigen Journaldienst 2,30 S bzw. 2,50 S. Leitende Beamte hatten anläßlich angeordneter Ausrückungen für jeden über sieben Stunden täglich hinaus verrichteten solchen Dienst auf eine Vergütung von 75 g pro Stunde Anspruch, sofern sie nicht Reisegebühren erhielten.

Jahreshaushaltsrechnung 1. Jänner bis 31.12.1925

Gebühren 1925, Personalgebühren = 35,738.900 K. Nebengebühren = 4,639.250 K. Ansonsten = 1,587.000 K.Ergibt an Einnahmen für das Jahr 1925: 41,965.150 K.(also 4196,51 Schilling) Gesamtvermögensstand mit 31.12.1925 gibt 62,705.850

Hauszins = 900.000 K., Ofner = 200.000 K., Familiensteuer = 60.000 K	*K.*	*1,160.000*
3 Klafter Holz = 2,000.000 K., 750 kg Kohlen = 370.000 K., Taglöhne = 392.000 K.,Heizbank = 820.000	*K.*	*3,582.000*
24 1/2 kg Käse = 882.400 K., 1071 Liter Milch = 3,744.800 K.	*K.*	*4,627.200*
170 kg Mehl = 1,467.300 K., 144 St. Brot = 1,099.700 K. 27 kg Türkenmehl =149.900 K. 5 1/2 kg Teigwaren = 37.500 K.	*K.*	*2,754.400*
79 kg Rindfleisch = 1,925.100 K. 64 kg Schweinfleisch = 2,079.200 K., 49 Stk. Würste = 174.500 K. 3 Kitze = 185.000 K., 6 Hennen = 110.000 K., 2 Zungen = 120.000 K., Fisch und Schweinfüsse = 92.800 K.	*K.*	*4,686.600*
Kleider = 1,140.000 K., Geräte = 633.700 K., Material = 2,242.000 K., Handwerker = 511.000 K.	*K.*	*4,526.700*
Elektrisches Licht = 368.300 K., Kaminkehrer = 39.000 K.,	*K.*	*407.300*
216 Eier = 453.200 K., 75 kg Zucker = 800.080 K., Sacharin = 20.000 K.,	*K.*	*1,273.280*
1 1/2 kg Kaffeebohnen = 98.000 K., Kaffeezusatz = 160.700 K., 67 kg Äpfel = 532.000 K., 42 kg Reis = 408.000	*K.*	*1,198.700*
17 kg Salz = 89.600 K., 5 kg Zwiebel = 30.000 K., 5 Liter Schnaps = 180.000 K., 88 kg Kraut = 107.500 K., 171 kg Kartoffeln = 230.000 K., Gewürz = 22.000 K., Thee = 21.900 K.,	*K.*	*681.000*
25 kg Butter = 1,467.700 K., 10 kg Schweinschmalz = 360.000 K., 2 Liter Speiseöhl = 57.500 K., 2 Liter Schnaps = 72.000 K., Maggi = 25.000 K.,	*K.*	*1,982.200*
5 Liter Rum = 167.500 K., Seifen und Soda = 221.800 K., 3 1/2 l Spiritus = 42.000 K., 4 l Brennöhl = 16.000 K., Ansonsten = 1,040.800 K. Thee = 25.000 K.,	*K.*	*1,734.900*
110 Pakete Landtabak = 307.500 K., Zechen/Gasthausbesuch = 2,652.100 K., Spenden = 189.500 K., Wallfahrt und Reisen = 329.500 K.,	*K.*	*3,478.600*
Krankenkassabeitrag = 527.840 K., Pensionsfond = 834.606 K., Steuer = 290.000 K., Organisation = 320.000 K.,	*K.*	*1,972.446*
Gesamtausgaben 1925	*K.*	*34,065.326*
Einnahmen 1925	*K.*	*41,965.150*
Ersparnis Saldo mit 1925	*K.*	*7,899.824*

Zum Jahresende 1925 wurden die Kronenbeträge durch 10.000 dividiert, was die Schillingbeträge ergab! Revierinspektor Johann Reitinger hatte also 1925 insgesamt 789,98 S Ersparnis.

Von besonderer Bedeutung für den Gendarmeriedienst waren die Verwaltungsverfahrensgesetze vom 21. Juli 1925. Mit Artikel VIII (1) b EGVG wurde das ungestüme Benehmen gegen ein obrigkeitliches Organ als Verwaltungsübertretung erklärt. Maßgeblich war auch, daß nun jeder Verhaftete oder Festgenommene binnen 24 Stunden an das Gericht oder die Verwaltungsbehörde eingeliefert werden mußte. Mit diesen Verwaltungsverfahrensgesetzen wurde übrigens das sogenannte »Prügelpatent« aus dem Jahre 1854 obsolet. Nach diesem Gesetz waren Gendarmerie und Polizei ermächtigt worden, gegen Personen, die ein »polizeiwidriges« Verhalten an den Tag legten, eine Geldbuße oder eine bis zu 14 Tage dauernde Anhaltung anzuordnen. Die für bestimmte Fälle mögliche körperliche Züchtigung war bereits 1867 aufgehoben worden. Die Verordnung behielt jedoch die Bezeichnung »Prügelpatent«.

Die Aufgaben der Gendarmerie waren seit Nov. 1918 nicht weniger, sondern bedeutend mehr geworden. Obwohl keine militärische Gendarmerie mehr, mußte es ein Grunderfordernis bleiben, daß jeder Gendarm über soldatenähnliche Tugenden verfügte und haltungsmäßig genügend ausgebildet war, um mit den Dienstwaffen umgehen und Aufgaben militärähnlicher Natur, wie sie ihm beim Einschreiten, besonders aber bei Konzentrierungen oder Wachdiensten zufielen, lösen zu können.

Nach dem Ersten Weltkrieg entwickelte sich die Technik des Schifahrens und des Bergsteigens in ungeahntem Ausmaß. Die Alpinistik erfaßte weite Kreise der Bevölkerung, die bisher wenig auf den Bergen zu finden waren. Im Winter und im Sommer bevölkerten zahlreiche Sportler aus dem In- und Ausland die heimischen Berge. Die Zahl der Unglücksfälle, hervorgerufen durch Vermessenheit, Selbstüberschätzung, Unbelehrbarkeit, Rekordsucht, mangelhafte Ausrüstung und Erfahrung, nahm ständig zu. Auf die Gendarmerie kam daher die Alpinistik zu, um helfend, rettend und sichernd tätig werden zu können. Die Leitung der Ausbildung wurde dem Vorarlberger Georg Bilgeri, Oberst i. R., übertragen.[76]

Alpinausbildung in Bürserberg 1929 unter Obstlt Franz Schmid.

Aus rein dienstlichen Gründen ließen sich 1925 verschiedene Gendarmeriebeamte als Kraftwagenlenker ausbilden und legten die Lenkerprüfung ab. Mangels vorhandener Staatsmittel geschah diese Ausbildung größtenteils auf Kosten der Beamten.[77]

1925 wurde erstmals in der Geschichte der Gendarmerie eine Gesamtstundenzahl festgelegt. Jeder Gendarm hatte ab nun 240 Stunden zu verrichten, davon 180 wie bisher im Außendienst. Wer darüber hinaus Dienste zu verrichten hatte, bekam diese honoriert. Für die Normaldienstzeit gab es nun die sogenannte »Normaldienstentschädigung« in Höhe von 290.000 K für Bezirksgendarmeriekommandanten, den Stv des BGKdtn und für die Postenkommandanten, und von 270.000 K für alle übrigen Gendarmen. Wer die Außendienstverpflichtung nicht erfüllte, erhielt für jede Minderstunde Abzüge, und zwar Bezirks- und Postenkommandanten 3.200 K und Stv des Pkdtn 1800 K sowie für alle übrigen Beamten 1.500 K. Für Mehrdienstleistungen über die 240 Dienststunden hinaus wurde der ersten Gruppe je Stunde 6.500 K und für alle übrigen GendBeamten 6.000 K bezahlt. Innendienststunden waren bei der Überstundenentlohnung nur die Hälfte wert, d. h. für eine Außendienststunde mußten zwei Innendienststunden geleistet werden.[78]

Jeder Gendarm erhielt ab 1925 nach Zulässigkeit des Dienstes monatlich zwei vollkommen freie Tage zur Besorgung persönlicher Angelegenheiten. Bei ungünstigen Sicherheitsverhältnissen wurde diese Begünstigung jedoch auf die notwendige Dauer eingestellt.[79]

Massa: 1925 wurde anstelle der Naturalwirtschaft wieder die Massawirtschaft eingeführt, die der Anschaffung bzw. Nachschaffung und Instandhaltung der Montur- und Rüstungssorten, später der Massasorten, der Gendarmen diente.[80] Jeder neu eintretende Gendarm erhielt eine Einlage von 260,– S, mit der sämtliche Massasorten erstmalig angeschafft wurden. Das Massapauschale wurde jährlich jedem Beamten auf seinem Konto für die Nachschaffung und Instandhaltung sämtlicher Massasorten zur Verfügung gestellt. Die Massaeinlage betrug am Anfang 90 S, ab August 1926 120 S (150 S für ltde Beamte) u. schließlich 200 S (240 S f. ltde Beamte).

Hatte der Gend.Beamte alle vorgeschriebenen Massasorten und blieb ihm je Abrechnungsjahr ein Betrag von mehr als 100,– S, so konnte er sich diesen Überbetrag ausbezahlen lassen. Ab 1930 wurde darüber hinaus ein Reparaturpauschale für eigene Anschaffungen und Reparaturen in der Höhe von 50,– S jährlich an alle ausbezahlt.[81] Es mußte nur ein Betrag von 20,– S auf dem Konto verbleiben.

Über die Einkommenssituation berichtet die Chronik des LGK f. Vbg. mit Datum vom 4. 11. 1925: »Beamten-Streik: Da sich die – ohnehin kargen – Einkommensverhältnisse der gesamten Bundesangestellten durch die fortschreitende Teuerung weiterhin verschlechterten, und alle bisherigen Vorsprachen durch die Vollmachtträger der Bundesangestellten, dem sogenannten 25iger Ausschuß, bei der Regierung kein Gehör fanden, beschloß der genannte Ausschuß am 3. Okt. 1925 unter den Bundesangestellten eine Urabstimmung darüber vorzunehmen, ob im Falle neuerlicher Zurückweisung der Gehaltsforderungen seitens der Regierung zur Anwendung des äußersten Mittels des Lohnkampfes – dem Streik – zu schreiten sei. Der 25iger Ausschuß war sich der schweren Folgen eines allgemeinen Beamtenstreikes für Staat und Volk voll und ganz bewußt und er wollte daher die große Verantwortung hiefür nicht allein auf sich nehmen.

Welch erbitterte Stimmung unter der sonst so staats- und volkstreuen und pflichtbewußten Beamtenschaft herrschte, kann daraus entnommen werden, daß 90 % derselben für einen allgemeinen Beamtenstreik stimmten. Auf Grund dieses Abstimmungsergebnisses legte der genannte Ausschuß der ö. Bundesregierung seine mit 5. Nov. 1925 6 h früh befristeten Gehaltsforderungen vor. Die von der Regierung mit dem 25iger Ausschuß sogleich aufgenommenen Verhandlungen führten nach beiderseitigen Zugeständnissen am 4. Nov. 4 h früh zu einer Einigung, womit auch die Gefahr eines Streiks abgewendet war.«[82]

Diensterleichterungen

Ein Quantensprung vollzog sich, als 1926 amtlich Fahrräder zugewiesen wurden. Das Fahrrad als dienstliches Fortbewegungsmittel war für den Dienst der Gendarmen mit seinen oft anstrengenden überlangen Fußmärschen eine enorme Erleichterung und zeitökonomisch ein wesentlicher Gewinn.[83] Das Fahrrad-Instandhaltungspauschale[84] von 5,– S je Fahrrad jährlich wurde 1927 für die kleineren Aufwendungen zur normalen Benützung und Instandhaltung der Fahrräder, wie Anschaffungen von Karbid, Öl, Petroleum, Bürstchen, Pickzeug, Putzlappen udgl., eingeführt. Ebenso wurde ein Fahrrad-Reparaturpauschale von 15,– S jährlich je FR vom LGK verwaltet. 1932 wurde dieser Betrag aus Budgetgründen auf 5,– S pro Jahr reduziert.[85]

Fahrradpatrouille 1919, rechts Gend.Postenleiter Wilhelm Maier aus Zams/Tirol.

1927–1930

Die Chronik des LGK f. Vbg. berichtet Ende 1927 erstmals von einer zufriedenstellenden Verbesserung der materiellen Lage der Gendarmeriebeamten aufgrund der Einführung der Wachdienstzulage, der Gewährung einer Gehaltszulage, der Verminderung der Wartefristen für die höhere Dienstzulage, durch Einführung einer dritten Dienstzulagenstufe und durch Erhöhung der Dienstzulage selbst, sowie durch die Schaffung eines Mindestgehaltes von 170,– S für die Beamtenanwärter.[86]

Allein 1927 wurden für die soziale Verwaltung 747.698 Dienstleistungen verrichtet.

Unzufrieden waren die Gendarmen mit der Herabsetzung der Pensionsbemessungsgrundlage von 90 auf 78,3 %. Fürböck schreibt, die Mißachtung ihrer besonders verantwortlichen Stellung in bezug auf Bezahlung und die Gleichstellung mit den Beamten der Sicherheits- und Justizwache habe große Unzufriedenheit ausgelöst.[87]

Ab 1927 wurden, wohl aufgrund der spannungsgeladenen sicherheitspolitischen Entwicklung und seit 1920 erstmals wieder, provisorische Gendarmen eingestellt.[88]

Große Beunruhigung riefen in allen Kreisen der Gendarmerie u. seitens der amtl. Interessenvertretung u. der Verbände die von Schober geplanten Reformmaßnahmen hervor und gaben Anlaß zu Interventionen. Aus der Chronik dazu: »Am 4. Nov. 1927[89] wurde die Zusammenlegung von Gend.Posten angeordnet. Angeblich sollte eine größere Schlagfertigkeit der Gendarmerie erzielt u. dieselbe vor unangenehmen Überraschungen bewahrt werden. Insbesondere sollten aber durch diese Maßnahme gewaltige Ersparungen erzielt u. dadurch die Sanierung des österr. Staates gefördert werden... Wenn auch vorläufig mit dieser Reformmaßnahme ein Abbau von Beamten nicht ins Auge gefaßt ist, fürchten die Beamten doch, daß nach der Zusammenlegung von Gend.Posten u. der damit verbundenen Verminderung der Dienststellen der bereits 100 %ige Abbau der Beamtenschaft (Anm.: gemeint war der Abbau auf die Hälfte) seine Fortsetzung finden wird. Auch in der Zivilbevölkerung haben die Reformmaßnahmen keine freundliche Aufnahme gefunden, weil durch die Zusammenlegung von Gend. Posten größere Gebiete, hauptsächlich in den Alpenländern, des bisherigen unmittelbaren staatlichen Schutzes beraubt wurden. Als weitere Etappe der Reformmaßnahmen wurde ... die Auflassung der Abteilungskommandos mit 1. Jänner 1928[90] und die Einberufung des Abteilungskommandanten zum Stabe des LGK angeordnet, woselbst sie als ›Inspizierende‹ mit ihrem bisherigen Wirkungskreise in Verwendung bleiben. Der Abbau der Abteilungskommandos, eine ursprüngliche und langjährige Forderung der freien Gewerkschaft der österr. Bundesgendarmerie – und der Ersatz durch ›Inspizierende‹ – dürfte für kleine LGK zweckmäßig sein, für Länder mit großer territorialer Ausdehnung aber fand diese Neuregelung nicht die ungeteilte Zustimmung im Gendarmeriekorps. – Die schweren inneren Kämpfe, welche das österr. Gend.Korps derzeit durchwühlen, sind nicht nur einer wirksamen Wahrung der Interessen des Korps hinderlich, sondern allgemein von schwerem Schaden und können nicht genug verurteilt werden.«[91]

Weiters berichtet der Chronist in einem Rückblick: »Die infolge des Schattendorfer Freispruches am 14. Juli 1927 in Wien ausgebrochenen Unruhen, wobei gegen 100 Menschen getötet und etwa 500 schwer und leicht verletzt wurden, sowie der Justizpalast in Brand gesteckt und unermeßlicher Schaden verursacht wurde, haben auch auf die Gendarmerie ihre Schatten geworfen und in derselben unheilbringende politische Kämpfe hervorgerufen.

Die Wiener Polizei – bis zum Ausbruche der Unruhen im Großteile freigewerkschaftlich organisiert – wurde bei diesen Unruhen von den Demonstranten (Sozialdemokraten und Kommunisten) tätlich angegriffen. Sie zählte 10 Tote und ca. 200 mehr oder weniger schwer Verletzte. Einzelne Polizeimänner wurden in geradezu bestialischer und unmenschlicher Weise mißhandelt. Die Folge davon war, daß sich die meisten Angehörigen der Wiener Polizei von der freigewerkschaftlichen Organisation lossagten und dem unpolitischen Wirtschaftsverband[92] der Wachebeamten Österreichs beitraten. Diese Bewegung griff auch auf die österr. Bundesgendarmerie über, welche ebenfalls im Großteile freigewerkschaftlich organisiert war. Zwischen den schon früher ins Leben gerufenen gegnerischen Organisationen der österr. Bundesgendarmerie ›freie Gewerkschaft‹ und ›Berufsvereinigung‹ entbrannte ein heftiger Kampf um die Vorherrschaft, der oft in geradezu unverantwortlicher Weise und mit den verwerflichsten Mitteln geführt wurde. Auf der einen Seite wurden die Vorgesetzten im Wege der Presse in der widerlichsten Weise verhöhnt und verunglimpft und die Disziplin untergraben, während auf der anderen Seite die Beamtenschaft als ›rote Horde‹ hingestellt wurde. In blinder Wut gingen die Gegner aufeinander los und – statt sich ihrer eigentlichen Aufgabe, der Wahrung unserer sozialen und materiellen Stellung im österr. Beamtenkörper zu widmen, zerfleischten sie sich gegenseitig in politischer Hetze, brachten eine ungeheure Verwirrung in die Beamtenschaft und nahmen durch die gegenseitige Bespitzelung dem einzelnen Beamten die Lust und Freude am Berufe.

Noch nie aber wäre eine geschlossene Front der österr. Bundesgendarmerie notwendiger gewesen als im Jahre 1927. Während dieselbe mit sich selbst Krieg führte und sich in gehässigster Pressefehde in Ruf und Ansehen ungemein schadete, festigen andere Sicherheitskörper ihre Position. Die bereits durchgeführten und weiter angekündigten Reformmaßnahmen in der österr. Bundesgendarmerie weisen nur allzu deutlich auf die Gefahr hin, welche dem ruhmbedeckten Gend.Korps droht, wenn es nicht in zwölfter Stunde in sich geht und als ganz eng geschlossene Waffe für seine alten verbrieften Rechte eintritt. – Wiener Unruhen: Die eingangs erwähnten Wiener Unruhen, die sich auf die Zeit vom 15. bis 19. Juli erstreckten, verdienen, da sich dieselben auch auf die Länder auswirkten, hier noch besonders festgehalten zu werden. Die Gefahr, daß diese Unruhen auch auf die Länder übergreifen werden, war im Bereiche der Möglichkeit auch umso größer, als am 15. Juli der allgemeine Verkehrsstreik der Eisenbahner hinzutrat, dem sich der Streik der Post- und Telegraphenangestellten anschloß. In Bregenz und Umgebung standen zudem schon die Bauarbeiter seit 23. Juni im Lohnstreik. Die Landesregierung verfügte daher am 15. Juli die erforderlichen Konzentrierungen. In Bregenz standen 49 Gend.Beamte unter Kommando des Oberinspektors 1. Kl. Rudolf Samek bereit. Am 16. Juli zogen die Bauarbeiter, durch die Wiener Unruhen ermutigt, in Gruppen von 80–100 Mann durch die Straßen auf die einzelnen Bauplätze, wo sie die Arbeitswilligen mit Gewalt zur Einstellung der Arbeit zwingen wollten. Durch das Einschreiten der Beamten der konzentrierten Gend.Abteilung konnte dies in allen Fällen verhindert werden. Ebenso wurde zum Schutze der Arbeitswilligen der hiesige Bahnhof, der Schiffshafen und das Postamtsgebäude durch die konzentrierte Abteilung von den Streikenden ohne Widerstand gesäubert und Versuche, den mit den Arbeitswilligen provisorisch aufgenommenen Bahnbetrieb zu stören, verhindert. Als äußerste Vorsichtsmaßnahme wurde durch den Landeshauptmann die Heimatwehr aufgerufen und unter ständige Bereitschaft gestellt. Durch die Straßen der Stadt streiften 8–10 Mann starke Militärpatrouillen mit aufgepflanztem Bajonett unter Kommando eines Gendarmen, welche den Ernst der Lage deutlich aufzeigten, auf unbesonnene Elemente aber ihren Eindruck nicht verfehlten.

Dank der getroffenen Sicherheitsvorkehrungen kam es nirgends zu eigentlichen Störungen der Ruhe. Auch in den anderen Städten und größeren Ortschaften des Landes war die Gendarmerie im Vereine mit der Wehrmacht und der Heimatwehr überall Herr der Lage; es kam nirgends zu ernstlichen Ausschreitungen. Mit der Einstellung des Eisenbahnerstreikes am 19. Juli traten auch im Lande wieder vollkommen geordnete Verhältnisse ein...«[93]

Ab 1928 wurden Gendarmen im Radfahren eigens ausgebildet. Fahrradpatrouillen gab es jedoch schon vor 1918!

Die Ereignisse um Schattendorf und den Justizpalastbrand veränderten auch die politische Landschaft innerhalb der Gendarmerie. Die bisher klar dominierende sozialdemokratische Personalvertretung erlitt eine empfindliche Niederlage, wozu auch die Gendarmerieführung beigetragen haben dürfte, die daran interessiert war, die sozialdemokratischen Einflußmöglichkeiten auszuschalten. Damit wurden Tendenzen verstärkt, die schon anfangs der 20er Jahre vorhanden waren. Ein Jahr später wurden aufgrund eines VGH-Erkenntnisses[94] die im Jahre 1919 eingericheteten Personalkommissionen aufgelöst. Fürböck schreibt hiezu: »...Die Satzungen (Anm.: der Personalkommissionen) wurden, weil nur im Erlaßwege geschaffen, als ungesetzlich erklärt. Für die Gendarmen bedeutete dies den Verlust des Mitwirkungsrechts bei der Regelung dienstlicher Fragen. Die bestandenen Berufsorganisationen boten wenig Alternative, da sich ihre Tätigkeit auf das Interventions- und Petitionsrecht beschränken mußte.«

Das gewerkschaftliche Leben war durch das Nebeneinanderbestehen der sozialistischen »Freien Gendarmeriegewerkschaft«, ab 1928 »Gendarmerieverband« genannt, und der konservativen »Berufsvereinigung der Gendarmeriebeamten Österreichs« geprägt. Letztere trat im Wunsch- und Bittwege an die Vorgesetzten heran. Die Erstere mußte jedoch stets den radikaleren Weg gehen, weil die Sozialdemokratische Partei infolge ihrer Oppositionsrolle nur mehr wenig Einfluß hatte. Hiezu Fürböck: »...Sie wandte sich stets an die linksstehenden Tageszeitungen, drohte mit Streiks und passiver Resistenz und griff in oft nicht passender Form die Vorgesetzten an. Sowohl der ›Gendarmerieverband‹

als auch die ›Berufsvereinigung‹ waren mit den Standesvertretungen der übrigen Wachebeamten (Sicherheitswache, Kriminalbeamte, Zoll- und Justizwache) zu einer ›Arbeitsgemeinschaft‹ zusammengefaßt. ...Auch der Kampf um die Gleichstellung mit der Bundessicherheitswache, besonders bei Bezahlung der Bereitschaftsgebühren, der Wachdienstzulage und der Beteiligung mit Remunerationen und gegen die Reformpläne des Polizeipräsidenten Dr. Johann Schober, kennzeichneten die gewerkschaftlichen Bestrebungen dieser Zeit.«[95] Unter den österreichischen Bundesangestellten hatten nur Gendarmerie und Wiener Polizei über eine eigene Interessensvertretung verfügt, bis zu deren Auflösung also eine Ausnahmestellung eingenommen.[96]

Von nun an achtete man bei der Aufnahme von Gendarmerieaspiranten besonders auf deren politische Herkunft.

Im Zuge der Einsatzvorbereitungen wegen eines in Wiener Neustadt geplanten Aufmarsches von ungefähr 18.000 Angehörigen der Heimwehr und eines Gegenaufmarsches von etwa 15.000 Angehörigen des Republikanischen Schutzbundes wurden in Wiener Neustadt und Umgebung 2.200 Gendarmen aus ganz Österreich konzentriert. Alle wurden mit Stahlhelmen ausgerüstet. In der Folge fanden an verschiedenen Orten demonstrative Aufmärsche der Heimwehr, des Republikanischen Schutzbundes und der Nazionalsozialisten statt. Wiederholt kam es zu Reibereien zwischen diesen Gruppen. Aus diesem Grunde mußten größere Gendarmerieabteilungen oft an verschiedenen Orten zusammengezogen werden. Andere Gendarmen, besonders die Schüler der Ergänzungsabteilungen, wurden in Bereitschaft gehalten. Auch aus anderen Anlässen, besonders bei Autorennen, fanden zahlreiche Konzentrierungen statt. Durch diese Dienstleistungen wurde die Gendarmerie besonders stark belastet. Fürböck: »Es kam sehr oft vor, daß Gendarmen monatelang kein freies Wochenende genießen konnten. Sehr oft wurden Erholungsurlaube gesperrt.«

Mit Wirksamkeit v. 1. 10. 1928 wurde für jeden geleisteten vollen 24-stündigen Inspektionsdienst eine Zulage im Betrage von 2,50 S für die eingeteilten Gendarmen und im Betrag von 3,40 S für die Posten- u. Bezirkskommandanten u. deren Stellvertreter normiert.[97]

Fürböck schreibt dazu: »Dies (nur) unter der Voraussetzung, daß der Inspektionsdienst (damit war damals auch der Bereitschaftsdienst gemeint) keine Diensterleichterung zur Folge hatte (Abzug einer Tagesquote von der Außendienstverpflichtung, dienstfreier Halbtag). Diese Regelung erregte die Gemüter, weil die Sicherheitswache für den gleichen Dienst 70 bis 80 Groschen pro Stunde und außerdem einen fünfzigprozentigen Nachtzuschlag erhielt.«

Erst ab 1. Nov. 1930 erhielten Gend.Beamte der Dkl 5 und 6 sowie die in einer niedrigeren Dienstklasse stehenden Postenkommandanten für den Bereitschaftsdienst bis zu drei Stunden 1,5 S und für je weitere drei Stunden jeweils 1,– S dazu, bis zu 24 Stunden also 8,5 S. Die übrigen Gend.Beamten erhielten für je 3 Stunden jeweils 1,– S, in 24 Stunden also 8,– S, leitende Beamte erhielten insgesamt 9,– S. Bereitschaftsdienste von damals sind die heutigen Überstunden.[98]

Über die Einkommenssituation berichtet die Chronik Ende 1928: »...Nach langwierigen Verhandlungen des 25er Ausschusses mit der Bundesregierung, wobei wegen der geringen Zugeständnisse seitens der Regierung auch das Parlament erfolglos angerufen wurde, gewährte die Bundesregierung den österr. Bundesangestellten eine jährliche Gehaltserhöhung von 30 % eines Monatsgehaltes (Anm.: sind 2,5 % Gehaltserhöhung) welches geringe Zugeständnis mit Rücksicht auf die fortschreitende Teuerung unmöglich zufriedenstellen konnte; die Gehaltsbewegung bleibt daher akut.«[99]

Die Reform der Bundesverfassung aufgrund der aktuellen Entwicklungen der vergangenen Jahre brachte im Sicherheitsbereich nennenswerte Änderungen. Die »Organisation und Führung« der Gendarmerie wurde zu Lasten der Länder ausdrücklich der Kompetenz des Bundes eingeräumt. Als Wachkörper wurden »bewaffnete oder uniformierte oder sonst nach militärischem Muster eingerichetete Formationen, denen Aufgaben polizeilichen Charakters übertragen sind«, definiert. Mit Ausnahme der »örtlichen Sicherheitspolizei« wurde die Aufrechterhaltung der öffentlichen Ordnung und Sicherheit in Gesetzgebung und Vollziehung also ausdrücklich dem Bund zugewiesen.

Artikel 21 des BVG 1929 sah erstmals gesetzlich die Möglichkeit einer Teilnahme von Personalvertretungen bei der Regelung der Rechte und Pflichten der Bundesbediensteten vor.

Auf höchster Gendarmerieebene gab es 1929 Bewegung. Im Zuge der Neuorganisation der Zentralstelle der Bundesgendarmerie wurde Gendarmeriezentraldirektor Franz Nusko in den dauernden Ruhestand versetzt. Seit 1924 Chef der Bundesgendarmerie, hatte er sich, wie Fürböck schreibt, »in schwieriger Zeit durch den zielbewußten Aufbau einer modernen Gendarmerie große Verdienste erworben. Ihm ist die Gründung des Gendarmeriejubiläumsfonds zu danken, er hat sich um die Ausbildung des Nachwuchses an leitenden Gendarmeriebeamten, Postenkommandanten und der jungen Gendarmen bemüht und hat mit der Alpinausbildung und der Motorisierung der Gendarmerie begonnen. Leider waren seiner Aufbauarbeit durch ständige staatsfinanzielle Schwierigkeiten enge Grenzen gesetzt. Durch sein energisches Ablehnen des Schoberschen ›Reformplanes‹ zog sich Gendarmeriezentraldirektor Nusko die Ungnade Schobers zu«...[100] Seine frühzeitige amtswegige Pensionierung zeigt, daß die Politik auch mit höchsten Beamten nicht zimperlich umging, wenn diese unbequem waren. Ein Thema also, das mit der Monarchie oder mit den Grund- und Freiheitsrechten nicht zu Ende war.

Im Nov. 1929 wurde eine Mietzinsbeihilfe für die Bundesangestellten und Pensionsparteien eingeführt, die wegen ihres geringen Ausmaßes bei den mittleren und unteren Klassen der Beamtenschaft Enttäuschung und große Unzufriedenheit hervorrief.[101]

Im Dez. 1929 wurde das GG 1927[102] novelliert. Es verbesserte insbesondere das Einkommen der älteren und höher gereihten Beamten. Den jüngeren Beamten und den niederen Dienstklassen brachte es nur minimale Verbesserungen, was den Auftakt zu neuen Gehaltsforderungen bildete.[103]

1931–1934

Im August 1931 berichtet der Chronist über die Einführung der Besoldungssteuer. »Die große allgemeine Wirtschaftskrisis und die Arbeitslosigkeit drücken die Steuereingänge in bedenklichem Maß zurück und nötigen die Regierung zu besonderen Maßnahmen zur Deckung des Staatsdefizites. Nachdem es der Regierung Dr. Ender nicht gelungen war, eine 5 %ige Kürzung der Bezüge der öffentlichen Angestellten durchzudrücken, führte die Regierung Dr. Buresch die Kürzung der Dezemberbezüge um 15 % und eine Besoldungs-Steuer für alle öffentlichen und fix Angestellten ein, die angesichts der ständigen staatlichen Bankstützungsaktionen mit knapper Mehrheit im Hause durchgingen.«[104]

Bereits im Okt 1931 berichtet er über die Gehaltskürzung der Bundesangestellten. »Infolge der weiteren Verschlimmerung der wirtschaftlichen Lage Europas im allgemeinen u. des österr. Bundesstaates im besonderen, die am allerbesten in der überaus großen Anzahl der staatlich unterstützten Arbeitslosen zum Ausdruck kommt, sah sich die österr. Regierung veranlaßt, unter anderem Maßnahmen zur Herstellung des Gleichgewichtes im Staatshaushalte, auch die Kürzung der Bezüge der öffentlichen Angestellten von 4–6 vom Hundert ab 1. Okt. 1931 zu verfügen und die Sonderzahlungen für die Jahre 1932 und 1933 außer Kraft zu setzen. So hart die ohnehin sehr schlecht bezahlten Bundesangestellten von dieser Verfügung getroffen wurden, so konnten sie sich anderseits der Einsicht doch nicht verschließen, daß die Sicherung eines geordneten Staatshaushaltes nicht zuletzt auch in ihrem Interesse gelegen sei und Sparmaßnahmen auf allen Linien eine unbedingte Notwendigkeit sind. Der Gesetzwerdung des bezüglichen Regierungsentwurfes wurde daher seitens der Zentralvertretungen kein allzu großer Widerstand entgegengesetzt.«[105]

Jahreshaushaltsrechnung des RevInsp Johann Reitinger aus Ludesch/Vbg. aus dem Jahre 1931

Personalgebühren	S	5.589,–
Pauschalgebühren	S	660,–
Reinigung	S	160,–
Brutto-Einnahmen	S	6.409,–

Abzüge:

Krankenkassaversicherung	S	84,–
Pensionsbeitrag	S	134,–
Einkommensteuer	S	90,–
Besold.Steuer	S	80,52
Krisensteuer	S	22,44
Gesamt:	S	410,96

Gehaltsvorschuß: 5 Abzugsraten à 20,–	S	100,–
Darlehen Jubiläumsfonds: 3 Abzugsraten à 37,–	S	111,–
Gesamt:	S	211,–

Am 4. 8. 1931 von den Schwiegereltern Jodok u. Anna Fröis erhalten = 3000,– S, Geldaushilfe von Gend. Jubil.Fonds am 3.6.1931 erhalten 60,– S, dortselbst an Darlehen gegen 36 Monats-Abzugsraten am 1. 10. 1931 erhalten 1200,– S. Am 4. 7. 1931 an Gehaltsvorschuß in 35 Abzugsraten rückzahlbar erhalten 700,– S. Ankauf des Hauses Nr. 134 in Ziegelhaus Gemeinde Ludesch, Bauparzelle Nr. 193, Grundparzellen Nr. 1485 und 1490/2 inliegend in Einlagezahl 107 Kat.Gde. Ludesch vom Vorarlberger Zementwerk Lorüns A.G. für Barbara Reitinger geb. Fröis/ Wohnhaus – 4 Zimmer, 2 Küchen, 1 Keller – Pferdestall und Stadel angebaut, Schweinestall, Wagenremise und anschließend 39 Ar Wiesengrund für bar 13.000,– S und Taxen-, Grund-, Eintragungsgebühr. (Johann Reitinger bezeichnet den Preis für das Haus als sehr günstig. Es sei wert, daß nochmals so viel für Umbauarbeiten aufgewendet würden.)

Am 17. 8. 1931 für 4.500 Dachziegel dem Ulrich Galehr in Bregenz für Rechnung à konto Gallus Wucher in Ludesch = 310,– S. Am 25.8.1931 Anzahlung für Umbauarbeiten dem Maurermeister Gallus Wucher in Ludesch 2.000,– S.

Für Drahtgeflecht 180 x 2 m² und dazugehörigen 20 x 6 m T Eisen den ...werken in Graz durch Ambros Fröis = 750,– S, dem Albert Bechler in Ludesch für 16 m³ Sand und Schotter = 154,– S, für 12 m³ Schotter dem Fuhrmann Johann Hartmann /Christians Sohn 60,– S, dem Maler Andreas Dona in Nüziders für Malerarbeiten-Dachvorsprung, Türen aussen und alten Fensterläden = 367,– S.

Dem Zimmermeister Johann Beiter in Ludesch für Zimmermannsarb. und Holz = 1.039,02 S., dem Schmiedmeister Gebhard Gassner in Ludesch für Wagenbeschlagen u. Handwerkzeug richten = 73,60 S.

Dem Fuhrmann Josef Metzler in Ludesch an Fuhrlohn 24,– S. Dem Holzhändler Franz Spar in Ludesch für Balken, Bretter und Latten 952,– S.

Dem Bauer Kristian Hartmann in Ludesch für 1 Fuhr Mist 10,– S, Fuhrlohn = 4,80 S.

Dem Spengler Viktor Burtscher in Thüringen für Spenglerarbeiten = 38,34 S und 1204,15 S.

Gebäudesteuer 450 % = 1.740,– S, Grundsteuer = 1,24 S, 450 % Gemeindezuschlag = 5,58 S, dem Zementwerk A.G. Lorüns, der Männerstrafanstalt Suben für 29 (Anm.: vermutlich 2 Stück, nicht klar lesbar) Weidenstühle = 16,40 S, 1 Weidenrutenbank 15,20 S, 1 Tisch = 4,70 S.

Vom Darlehensfonds des L.G.K. Bregenz an Darlehen 400,– S gegen 12 Monatsratenrückzahlung à 34,– S.

3 Monatsraten à 34,– S eingesendet L.G.K. Befl 5. 10. 1931 Nr. 58 Fond	S	102,–
Hauszins, 12 Monate = 240,– S, Wasserzins = 12,– S, Gartenzins = 20,–	S	272,–
10 m³ Brennscheiter = 60,– S, 200 kg Briketts-Kohlen = 14,–	S	74,–
für 1.080 Liter Milch = 370,– S, 20 kg Käse = 50,–	S	420,–
für 180 Stück Brot = 110,– S, 100 kg Mehl = 82,– S, 200 kg Kartoffeln = 26,– S 180 kg Kraut = 14,– S, 250 kg Äpfeln = 100,– S, 70 kg verschiedene Früchte = 75,–	S	407,–
für 80 kg Rindfleisch = 240,– S, 14 kg Kalbfleisch = 28,– S, 12 kg Schweinfleisch = 40,– S, Würste = 22,– S, 10 Stk. Hennen = 20,– S, 4 kg Fische = 5,–	S	355,–
Für Kleider, Schuhe und Stoffe = 125,30 S, Geräte und Bedarfsgegenstände = 27,90	S	153,20
Elektr. Installation = 275,– S, Stromverbrauch Licht und Ofen = 110,–	S	385,–
Für 110 kg Zucker = 120,– S, 980 St. Eier = 170,–	S	290,–
Für Tee = 10,– S; Äpfel, Bananen und Kirschen 120,– S, Kaffeezusatz = 34,–	S	164,–
Für 9 kg Salz = 5,– S, Gewürz 20,– S, 28 kg Reis = 25,–	S	50,–
Für 50 kg Butter = 268,– S, 30 kg Schweinschmalz und Fett = 92,– S, 3 Liter Öhl = 11,–	S	371,–
Für Reifen = 100,– S, Verschiedenes 150,–	S	250,–
Für Tabak = 29,80 S, Gasthausbesuch und Reisen = 110,– S, Spenden 30,–	S	169,80
Ausgaben:	S	24.135,99
Einnahmen:	S	25.003,89
Kassastand mit 31.12.1931:	S	867,90

Wegen Verschlechterung der wirtschaftlichen Lage wurden die Gehälter der Bundesangestellten ab 1. Juli 1932 in zwei Raten ausbezahlt, die eine am 1. und die zweite am 15. eines jeden Monats. Weitere Sparmaßnahmen stellten die Kürzung des Monturspauschale der leitenden Beamten um 20 S, der übrigen Gend.Beamten um 40 S, sowie des Nebengebührenpauschales der im Verwaltungs- und Wirtschaftsdienst stehenden Beamten der Dienstklasse 5 und 6 um 20 %, das der Dienstklasse 7–9 um 28 % dar.«[106]

Zur Sanierung der Staatsfinanzen mußte Österreich im Sommer 1932 eine Völkerbundanleihe von 300 Millionen Schilling aufnehmen.

Infolge des Ausbaues der sozialen Fürsorge steigerten sich von Jahr zu Jahr die Dienstleistungen der Gendarmerie für diesen Verwaltungszweig: Von 1928 bis 1932 von 800.000 auf fast 1,800.000.[107]

1933: Mit 15. Jänner 1933 wurden die am 1. Jänner 1928 aufgelassenen Abteilungskommanden wieder errichtet. Die Auflassung hatte keine finanziellen Vorteile gebracht, dienstlich waren jedoch[108] Nachteile damit verbunden gewesen.

Die neu installierten Sicherheitsdirektionen, die als besondere Bundesbehörden direkt dem Bundeskanzleramt unterstellt wurden, übernahmen im wesentlichen die bis dahin den Landeshauptmännern zustehenden Sicherheitskompetenzen, insbesondere auch das Paß- und Meldewesen, das Waffen- und Sprengmittelwesen, das Pressewesen, die Vereins- und Versammlungsangelegenheiten sowie die Fremdenpolizei. Viele Sicherheitsdirektionen wurden anfänglich von Gendarmerieoffizieren geleitet.

In die Gendarmerie wurden Aspiranten eingestellt. Das Dienstverhältnis dauerte zwei Jahre. Nach dieser Zeit erlosch es. Das Dienstverhältnis konnte jederzeit ohne Angabe von Gründen aufgelöst werden. Die Aspiranten erhielten eine Beihilfe von 30,– S monatlich, nach sechs Monaten 40,– S. Sie wurden kasernmäßig untergebracht und erhielten freie Verpflegung. Hauptsächlich wurden diese Leute zu Bewachungsaufgaben (Eisenbahnsicherung und Bewachung öffentlicher Gebäude) verwendet.

Gleichzeitig wurde bestimmt, daß der Stand an Gendarmeriebeamten durch Übernahme von Heeresangehörigen oder von Aspiranten für Wachdienste, die eine zufriedenstellende zweijährige Dienstleistung erbracht hatten, ergänzt werde. Heeresangehörige und Aspiranten wurden in den anschließenden zweijährigen Vorbereitungsdienst aufgenommen.[109]

Die Bundesregierung erließ eine Verordnung, die ein Eheverbot für die Vorbereitungszeit und die ersten vier Dienstjahre festsetzte. Ausnahmen konnte nur der Bundesminister für Inneres bewilligen.[110]

Für Gendarmerieoffiziere wurde anstelle des vorgeschriebenen langen Säbels und des Gendarmeriesäbels der für Offiziere des Bundesheeres normierte Säbel, Modell Kavalleriesäbel, systemisiert. Außerdem wurde Gendarmerieoffizieren von der 5. Dienstklasse aufwärts gestattet, in und außer Dienst Sporen zu tragen.[111] Für Offiziere und leitende Wirtschaftsbeamte wurde generell die altösterreichische Offizierskappe eingeführt. Diese Offizierskappe konnte nun auch von allen Gendarmeriebeamten zur schwarzen und weißen Hose getragen werden. Als »besondere Dienstadjustierung« für dienstliche Meldungen u. Vorstellungen, Teilnahme an einer Disziplinarverhandlung oder Dienstbesprechung, Einvernahme bei Gericht oder anderen Behörden, bei angesagten Inspizierungen, Ausrückungen in geschlossener Abteilung, bei feierlichen Anlässen und Paraden wurden nunmehr Rockbluse, Kniehose mit Ledergamaschen (Offiziere Stiefel), Tellerkappe (Offiziere graue Kappe) und graue Handschuhe angeordnet. Offiziere, Bezirksgendkdtn und Stv trugen hiezu den langen Säbel an der Kuppel und den Leibriemen als Dienstabzeichen. Die übrigen Beamten trugen den Gendarmeriesäbel am Leibriemen.

Bei Ausrückungen geschlossener Abteilungen sowie bei feierlichen Anlässen mit dem Stutzen wurde der Stahlhelm mit Feldzeichen (Eichenlaub) vorgeschrieben.

Da die Gendarmerie mit ihren Kräften den ständig steigenden Anforderungen, besonders im Zusammenhang mit dem Verbot der kommunistischen, sozialdemokratischen und nationalsozialistischen Partei nicht mehr entsprechen konnte, wurde hauptsächlich aus den Kreisen des österr. Heimatschutzes, der ostmärkischen Sturmscharen, des Freiheitsbundes und der Wehrzüge der christlichen Turner das »Freiwillige Schutzkorps« geschaffen. Es war als Reserve gedacht und sollte im Bedarfsfalle eine Verstärkung der staatlichen Sicherheitsexekutive bilden.[112]

Im September 1933 wurden für die leitenden Gendarmeriebeamten Offizierstitel eingeführt: Neu war der Oberleutnant, der Gendarmerieabteilungsinspektor hieß nun Rittmeister, der Oberinspektor II. Klasse Gendarmeriestabsrittmeister, der Oberinspektor I. Klasse Major, der Vizedirektor Oberstleutnant, der Landesdirektor Oberst und der Zentraldirektor Gendarmeriegeneral. Die Funktionsbezeichnung des Gendarmeriezentralinspektors wurde in »Generalinspektor der österr. Bundesgendarmerie« umbenannt.

Am 26. Okt. 1933 wurde der »Österreichische Gendarmerieverband« aufgelöst.

Am 11. November 1933 wurde aufgrund der prekären politischen Situation die Todesstrafe für Mord, Brandlegung und boshafte Beschädigung fremden Eigentums eingeführt. Das standrechtliche Verfahren hatte für das ganze Bundesgebiet Geltung.

Im Juni 1933 begann Hitler mit der 1000-Mark-Sperre einen Wirtschaftskrieg gegen das kleine Österreich. Diese Maßnahme, die ständige Unterstützung der österr. NSDAP durch Deutschland und die immer offener und drohender werdende Haltung der österr. NSDAP in Wort und Tat zwang im Juni 1933 zum Verbot der NSDAP. Anhänger der NSDAP waren ehemalige Großdeutsche, Angehörige des steirischen Flügels der Heimwehr und beträchtliche Massen des Landbundes. Aber auch andere traten der NSDAP bei oder sympathisierten mit ihr und sabotierten die Maßnahmen der Regierung.

Der Chronist berichtet über die politische Situation bzw. die Tätigkeit der Gendarmerie zum Jahresende 1933: »Bedingt durch die politische Entwicklung im deutschen Reiche entstand in Österreich im Frühjahr 1933 eine Bewegung, die zum Ziele hatte, dem Nationalsozialismus auch in Österreich zum Durchbruche zu verhelfen und den Anschluß Österreichs an Deutschland zu erzwingen.

Dem Widerstande der österr. Regierung, die nach Ausschaltung des Parlaments im März 1933 mit aller Macht dem Nationalsozialismus entgegentrat, begegneten die österr. Nationalsozialisten durch Entfaltung einer ungemein regen propagandistischen Tätigkeit, die auch vom Auslande unterstützt und gefördert wurde u. sich besonders in den westlichen Bundesländern sehr stark auswirkte. Die Nationalsozialisten beschränkten sich bei ihrer Propagandatätigkeit nicht allein auf Schmieren, Streuen, Kleben und Abbrennen von Hakenkreuzen, Verteilen, Legen und Ausstreuen von Flugschriften und verbotenen Zeitungen, sie beunruhigten auch die heimattreue Bevölkerung durch Abbrennen von Papierböllern und scheuten selbst vor Sprengstoffattentaten nicht zurück. Die Regierung ergriff energische Maßnahmen. In allen Bundesländern wurden Sicherheitsdirektoren bestellt, Notverordnungen wurden erlassen und die Abgabe von staatsfeindlichen Elementen in sogenannte Anhaltelager verfügt.

Die Durchführung aller notwendigen Maßnahmen stellte naturgemäß an die Gendarmerie, als berufene Hüter von Ruhe, Ordnung und Sicherheit, Anforderungen, denen diese bei einem dauernden Zustand der Verhältnisse nur sehr schwer gerecht werden konnte. Der Stand der Gendarmerie war nicht ausreichend und es wurde zur Unterstützung derselben ein freiwilliges Schutzkorps aufgeboten... Diese Schutzkorpsleute wurden von der Gendarmerie ausgebildet und sind dann verschiedenen Posten zur Dienstleistung zugewiesen worden.

Der Abwehrkampf der Gendarmerie gegen den nationalsozialistischen Terror hielt dieselbe ständig in Atem. Geheime Versammlungen mußten ausgehoben, Flugzettelverteiler, Hakenkreuzschmierer und Böllerwerker mußten ermittelt, der Schmuggel von Waffen, Sprengstoffen und Propagandamaterial über die Grenzen verhindert werden. Gendarmerie und Schuko standen Tag u. Nacht im Dienste und haben ihren schweren Dienst trotz aller Schwierigkeiten und Hemmnisse versehen u. ist es wohl zum Großteil ihr Verdienst, daß der Nationalsozialismus in Österreich sein gestecktes Ziel nicht erreichen konnte.«[113]

Fürböck zitiert zwei Reden, jene des Sozialdemokraten Dr. Bauer und jene des Heimwehrzugehörigen Dr. Steidle, die ein Bild der weiteren damaligen politischen Situation bzw. die Haltung der Proponenten zeichnen. Dr. Bauer sagte am 31. Okt. 1926 in Linz u. a.: »Die österr. Arbeiter errichteten die demokratische Republik und zwangen die Bourgeoisie, sie anzuerkennen. Diese demokratische Republik wird uns helfen, uns die Macht mit demokratischen Mitteln und geistigen Waffen zu sichern. Wenn die Bourgeoisie es wagt, wird sie den Sturz der Demokratie und die Errichtung einer faschistischen Diktatur anstreben. Sie wird es nicht wagen, die Demokratie anzugreifen, solange Polizei und Gendarmerie nicht auf Seiten der Faschisten und Monarchisten stehen. Aber der Bourgeoisie könnte es gelingen, den Kampf auf ein anderes Feld als das der Demokratie zu tragen. Erst wenn wir die Demokratie gegen die Gegenrevolution zu verteidigen haben, bleibt uns keine andere Wahl, als der Kampf mit Gewaltmitteln. Gewalt spielt in unserem Programm nur eine Verteidigungsrolle. Unter Gewalt verstehen wir Bürgerkrieg. Wir wissen, daß die faschistische Gefahr uns vor die Wahl stellen kann, uns entweder mit der Waffe in der Hand zu verteidigen oder uns zu ergeben. Deshalb sagen wir: ›Wir wollen den Krieg nicht, aber wenn die anderen uns angreifen, sollen sie uns gerüstet finden.‹«[114] Dr. Steidle sagte am 18. Mai 1930 in Korneuburg programmatisch: »Wir streben die Macht im Staate an. Wir verwerfen Demokratie und Parlament. Wir vertreten die Grundsätze des autoritären Staates. Die Erziehung muß dem Einfluß der Kirche entzogen und der Autorität des Staates unterstellt werden. Die Kirche selber muß sich der Oberhoheit des Staates unterordnen.«

Der Bericht über einen Sprengstoffanschlag auf den Vorarlberger Gend.Posten Dalaas beleuchtet stellvertretend für viele ähnlicher Vorfälle in Österreich die Situation: »Gegen 1 Uhr Früh (des 8. 1. 1934) wurde von einem nationalsozialistischen Fanatiker durch ein Fenster der Gend.Unterkunft in Dalaas ein Sprengkörper geworfen, der auf dem neben dem Fenster stehenden Bett, in welchem der Gendarm Otto Moosbrugger zu dieser Zeit schlief, auffiel und kurz darauf explodierte. Durch die Explosion wurden dem genannten Gend.Beamten drei Finger der rechten Hand vollständig, die Zeigefinger zur Hälfte weggerissen und an einem Ohr das Trommelfell eingeschlagen. Die Wandtäfelung wurde durch die Explosion an einer Seite des Zimmers vollständig weggerissen. Gendarm Moosbrugger war den Nationalsozialisten scharf zu Leibe gerückt und dürfte Rache die Triebfeder zum Attentat gewesen sein. Er wurde durch die schwere Verletzung für den Gend.Exekutivdienst für immer ungeeignet ... Als Täter kommt der ehemalige Gend.RayInsp. Josef Hiebele in Betracht, der nach der Tat nach Deutschland geflüchtet ist.[115]

1934: Nach Massenverhaftungen von Schutzbundführern und umfangreichen Waffenbeschlagnahmungen kam es am 12. Feber 1934 zum Aufruhr in der Bundeshauptstadt und in den Industriezentren sowie zu schweren Kämpfen zwischen der Exekutive einerseits und sozialdemokratischen Anhängern andererseits. Nach Verhängung des Standrechts und Verbot der Sozialdemokratischen Partei wurden gegen Teilnehmer am Aufruhr schwere Kerkerstrafen verhängt und viele Todesurteile vollzogen. Amtlich wurden 103 Gefallene der Exekutive (Bundesheer 29, Polizei 29, Gendarmerie 12 und Freiwilliges Schutzkorps 33) sowie 319 Schwerverletzte und 137 getötete Zivilpersonen sowie 339 Verletzte mitgeteilt.

Von einem Rumpfparlament, dem nur die Vertreter der Christlichsozialen Partei und der Heimwehr angehörten, wurde nunmehr eine ständische Verfassung beschlossen, die am 1. Mai 1934 in Kraft trat. Dadurch wurde Österreich zu einem berufsständisch organisierten, autoritär geführten Bundesstaat erklärt. Um die Jahreswende 1933/34, besonders nach dem mißglückten Aufstand der Sozialdemokraten im Feber 1934, verstärkten die Nazis ihre Terroraktionen. Innerhalb von 8 Tagen wurden im Jänner 1934 140 Sprengstoffanschläge verübt und außerdem noch viele Aktionen gegen Geschäftslokale, Gaststätten, Vergnügungsstätten usw. unternommen. Am 25. Juli 1934 ermordeten Anhänger der NSDAP bei einem Putschversuch Bundeskanzler Dr. Dollfuß.

Nach den Februar- und Juli-Ereignissen begann die Staatsführung mit dem Ausscheiden von Beamten, die als Gegner des Systems bekannt waren. Nicht nur Nationalsozialisten wurden als Staatsfeinde pensioniert oder entlassen, auch Angehörige der Sozialdemokratischen Partei wurden, wenn sie in der Partei eine Rolle gespielt hatten, aus ihren Ämtern entfernt. Damit wurde die erste »Säuberung« des Berufsbeamtentums eingeleitet. Zahlen sind hiefür leider nicht vorhanden.

1934 zielte die Politik von Dr. Dollfuß auf die Erhaltung der Unabhängigkeit Österreichs von Deutschland. Hiebei unterstützte ihn als einzige Großmacht Italien. Doch verlangte Mussolini, der Führer des Faschismus, daß Österreich die Sozialdemokratie vollständig ausschalte und die Heimwehr maßgeblich an der Führung der öffentlichen Angelegenheiten beteilige.

Gend.General Nusko schreibt 1934 u.a.: »Daß die Gendarmerie die Unsumme an Arbeitsleistung nur mit äußerster Anstrengung versehen kann, ist einleuchtend, zumal ja ihr Stand nicht übermäßig groß ist. Arbeiter und vielfach auch Angestellte haben heute die 48-Stunden-Woche, ja auch noch weniger, und jeden Sonn- und Feiertag sind sie frei. Der Gendarmeriebeamte verrichtet normalerweise aber nicht 48, sondern 66 Dienststunden in der Woche und kennt zumeist keinen Sonn- und Feiertag. Dabei ist sein Dienst ein völlig unregelmäßiger. Tatsächlich versieht der Gendarm schon in 25 Jahren so viel Dienststunden, als normalerweise ein anderer Beamter in 40 Jahren zu verrichten hat.«[116]

Diese Meinung unterstreicht Gend.RevInsp Josef Gutmann, der 1937 in einem Artikel den Inneren Dienst u.a. so beschreibt: »...Die ohnehin spärliche freie Zeit eines Gendarmen steht, mit Ausnahme des gesetzlichen Urlaubes, meist nur auf dem Papier, denn es ist völlig ausgeschlossen, daß der Gendarm, wenn er seinen Obliegenheiten pflichtgemäß nachgeht, seine freien Stunden tatsächlich genießen kann.«[117]

Im Juli 1934 wurde zur äußeren Kennzeichnung der im Kraftfahrdienst stehenden Gendarmerieoffiziere und -beamten ein Gendarmeriekraftfahrabzeichen eingeführt. Somit bestanden nunmehr besondere Abzeichen für Gendarmeriealpinisten, Gendarmeriehochalpinisten, Gendarmeriefunker und Gendarmeriekraftfahrer.

Zur Ehrung der in Ausübung des Dienstes gefallenen und verunglückten Angehörigen der k. k. Gendarmerie und der Bundesgendarmerie wurde 1934 der »Gendarmerie-Gedenktag« eingeführt. Allein in den zwanzig Jahren der Ersten Republik waren 114 Gendarmen getötet und 254 schwer verletzt worden.

1934 sah die ständische Verfassung den »Berufsstand der öffentlich Bediensteten« vor.[118] Daneben bestand als gewerkschaftliche Organisation die »Berufsvereinigung der Gendarmeriebeamten Österreichs« weiter.

Die Funktionäre der Berufsvereinigung waren auch Vertreter in der Fachkörperschaft, dem »Stand« der Wachebeamten, welcher »Kameradschaft der Wachebeamten« genannt wurde. Die Kameradschaften aller Beamten bildeten die Landesbeamtenkammern. Die Landesbeamtenkammern entsandten Vertreter in die Bundesbeamtenkammer. Eine besondere gewerkschaftliche Tätigkeit im üblichen Sinne wurde von diesen Standesvertretungen nicht mehr entfaltet.

Bericht des Chronisten zum Jahresende 1934 mit Rückblick auf die politischen Geschehnisse: »So wie im Vorjahr entwickelten die unzufriedenen politischen Parteien in Österreich, so vor allem die Kommunisten u. Sozialdemokraten und ganz besonders die Anhänger der nationalsozialistischen Bewegung eine gesteigerte staatsfeindliche Tätigkeit. Am 12. Feber 1934 kam es infolge der planmäßig betriebenen Hetze meist volksfremder Elemente zu einer offenen Revolte des schwer bewaffneten sogenannten republikanischen Schutzbundes in Wien u. einzelnen Teilen der Bundesländer ... Nach der blutigen Niederwerfung des Schutzbundes konnte die österr. Regierung, die bisher einen Zweifrontenkrieg zu führen hatte, mit verschärfter Kraft dem staatsfeindlichen Treiben der Anhänger der nationalsozialistischen deutschen Arbeiterpartei entgegentreten. In Vbg. arbeiteten die Nationalsozialisten – begünstigt durch die nahe Grenze – mit allen erdenklichen Mitteln, um die Bevölkerung für ihre Sache zu gewinnen und die seit Monaten nicht mehr zur Ruhe kommende Exekutive zu zermürben. Besonders in den Monaten Juni und Juli erreichten die nationalsozialistischen Sprengstoff- und Terroranschläge einen traurigen Rekord. Die Anschläge richteten sich hauptsächlich auf lebenswichtige Betriebe, wie Eisenbahn, Kraftwerke, Kraft- und Luftleitungen, Brücken, Amtsgebäude, aber auch gegen einzelne Personen. Der entstandene Sachschaden war sehr groß, beim Anschlag auf die Rohrleitung des Spullerseewerkes in Vbg. am 8. Juni 1934 betrug er allein weit über 50.000 Schilling. Österreich sollte eben wirtschaftlich zu Boden gerungen werden. Gendarmerie u. Schutzkorps leisteten in diesen Wochen und Monaten Übermenschliches. Nach dem fehlgeschlagenen Juliputsch der Nationalsozialisten ließen die Sprengstoff- u. Terroranschläge merklich nach u. in den letzten Monaten des Jahres ereigneten sich keine Anschläge mehr. Das Bedürfnis nach Wiederkehr normaler

Verhältnisse war unverkennbar und die Reihen der Vaterländischen Front füllten sich zusehends. Daß es gelang, die nationalsozialistische Terrorwelle niederzuzwingen u. wieder leidliche Verhältnisse, Ruhe, Ordnung zu schaffen, ist wohl der beste Beweis für die selbstverständliche Pflichttreue u. Vaterlandsliebe der österr. Exekutive. Das Jahr 1934 hat der ehrenvollen Geschichte der österr. Gendarmerie ein neues Ruhmesblatt einverleibt.«[119]

Sie erhielten für ihre hervorragenden Verdienste für die Verteidigung und Erhaltung des Staates Österreich 1935 Auszeichnungen.

Diese Eintragung kann nicht darüber hinwegtäuschen, daß damals offenbar große Unsicherheit, zu einem gewissen Teil aber auch Sympathie dem Nationalsozialismus gegenüber unter der Beamtenschaft herrschte. Es gab zweifellos Fälle, wo Exekutivbeamte bei Ermittlungen gegen Nationalsozialisten eher zögernd vorgingen. Demonstrativ für die Gesamtsituation in Österreich wird eine vom Historiker Harald Walser aufgearbeitete Sequenz dargestellt, welche die Lage in der Gendarmerie, im Unternehmertum und in der Bevölkerung beleuchtet: Der Posten Dornbirn geriet damals immer wieder ins Kreuzfeuer der Kritik. Der Sicherheitsdirektor für Vorarlberg, Ludwig Bechinie, schrieb in einem Bericht nach Wien:»Dornbirn war der Sitz der Großdeutschen, die fast in ihrer Gesamtheit ins nationalsozialistische Lager übergingen. Diesem gehörten die führenden Industriellenfamilien F.M. Hämmerle, F.M. Rhomberg und Herrburger und Rhomberg an. Dieser Führung war es nicht schwer, fast ganz Dornbirn und Umgebung in diese Richtung zu zwingen, waren doch Arbeiter, Gastwirte und Geschäftsleute aller Art von ihr abhängig. Die Abhängigkeit griff selbst auf das ganze Land (Vorarlberg) über, da diese Familien reichlichst Wohltaten üben konnten. Zu den reichlich Beschenkten gehörte auch der Vorarlberger Heimatdienst... Auf diese Weise wurde das Land auch von der nationalsozialistischen Welle stark mitgerissen. Die Industrie, die sich durch die Aufrüstung Deutschlands große Vorteile versprach, vergaß ihre österreichische Zugehörigkeit zur Gänze. Die immer stärker werdende nationalsozialistische Welle hatte in der Industrie ihre geistige und finanzielle Stütze. Der gegen diese Bewegung einsetzende Kampf der Behörden auf Grund der Verordnungen war defensiv und wirkungslos und schuf eine Atmosphäre, in der die Bevölkerung nicht einmal mehr zu atmen wagte.«[120] Eine Reihe von Gendarmerieprotokollen zeigt, wie real die Angst großer Teile der Bevölkerung vor der Allmacht der Industriellen war. Immer wieder kam es in den Dornbirner Betrieben zu politisch motivierten Entlassungen. Betroffen davon waren neben Kommunisten und Sozialdemokraten zunehmend auch Mitglieder der Vaterländischen Front und des Heimatdienstes. In einer solchen Situation war es für Gendarmeriebeamte natürlich sehr schwer, ihren Auftrag, die Bekämpfung nationalsozialistischer Umtriebe, zu erfüllen. In Dornbirn wurde deshalb ein in der Bekämpfung des Nationalsozialismus besonders engagierter Postenkommandant, Bezirksinspektor Hugo Lunardon, eingesetzt. Er hatte einen schweren Stand. Einzelne Beamte sabotierten seinen Kampf. Unter anderem auch sein Stellvertreter Franz Walch, der die illegalen Nationalsozialisten mit aktuellsten Informationen belieferte. Ein Schreiben an die Gestapo-Zentrale in Innsbruck aus der Zeit unmittelbar nach dem Anschluß an Deutschland im März 1938 lautet: »Walch war einer der wenigen Gendarmeriebeamten, auf die sich die Nationalsozialisten wirklich 100prozentig verlassen konnten... In erster Linie hat er die SS mit Nachrichten versorgt, dann sind Fälle bekannt, in denen er Parteigenossen oder Anhänger der Partei aufmerksam machte, daß eine Hausdurchsuchung bevorstehe, oder sonst irgend eine Amtshandlung gegen sie eingeleitet sei, wodurch meistens eine Verabredung möglich wurde.« Walch wurde aufgrund seiner »Verdienste« später von den neuen Herren entsprechend belohnt. Postenkommandant Hugo Lunardon wußte bald über die Einstellung seiner Beamten Bescheid. So ordnete er dann eben kurzfristige Hausdurchsuchungen an und hatte dabei schließlich auch namhafte Erfolge in der Bekämpfung des Nationalsozialismus zu verzeichnen. Es gelang hauptsächlich ihm und dem aus Altach stammenden Kriminalbeamten Anton König, hochrangige SS-Führer auszuforschen und Aktivitäten des Sturmbannes III aufzudecken. Insgesamt 70 Männer der Dornbirner SS-Einheit konnten im Zuge der Untersuchungen ausgeforscht und verhaftet werden. 57 von ihnen wurden von der BH Feldkirch aufgrund politischer Delikte abgeurteilt, 13 SS-Männer wurden vom Schwurgericht Feldkirch zu Kerkerstrafen zwischen fünf und 15 Jahren verurteilt.[121] Hugo Lunardon wurde mit der »Österreichischen Großen Silbernen Verdienstmedaille« ausgezeichnet. Im Jahre 1938 jedoch sollte ihm seine staatstreue Pflichterfüllung zum Verhängnis werden. Siehe NS-Zeit!

Hugo Lunardon

Ab 1935 wurde der höhere Fachkurs »Gendarmerieakademie« benannt. Postenkommandanten wurde erlaubt, bestimmte Dienstverrichtungen in Zivilkleidung anzuordnen, wenn der Zweck der Dienstverrichtung in Uniform nicht erreicht werden konnte. Hiefür kamen Überwachungs-, Ausforschungs- und Kundschaftsdienste in Betracht. Beamte in Zivil durften jedoch nicht amtshandeln, da man der Ansicht war, daß sich dies mit der Zweckbestimmung der Gendarmerie als »uniformierter Wachkörper« nicht vereinbaren lasse. Da in diesen Jahren die Gendarmerie auch zur Mitwirkung im defensiven Kundschaftsdienst herangezogen wurde, mußte dieser neue Dienst durch die »Kundschaftsvorschrift« 1935 geregelt werden.

1936 wurde der § 1 des GG 1918 insofern ergänzt, als bestimmt wurde, daß die Gendarmerie für den Kriegsfall unbeschadet ihrer allgemeinen Bestimmung ausnahmsweise auch mit besonderen militärischen Aufgaben betraut werden könne. Die zu solchen Aufgaben bestimmten Gend.Beamten waren militärischen Dienststellen zu unterstellen.

In diesem Jahr wurden alle Selbstschutzverbände aufgelöst und eine uniformierte, nach militärischem Muster eingerichtete Formation, die »Frontmiliz«, gebildet. Sie diente der Zusammenfassung der freiwilligen Wehrfähigen in der Vaterländischen Front, der Einheitsbewegung des austrofaschistischen Staates. Sie konnte zur Unterstützung des Bundesheeres und der Exekutive aufgeboten werden.

Auch wurde die sogenannte Gendarmerieseelsorge eingeführt. Sie bezweckte in den Gendarmerieschulen die Abhaltung sittlich-religiöser Vorträge, sonn- und feiertägiger Gottesdienste, Sprechstunden für Gendarmerieangehörige in religiösen und familiären Angelegenheiten und den Besuch erkrankter Gendarmeriepersonen in Spitälern.

1937 erschien das Bundesangestellten-Krankenversicherungsgesetz 1937 (BKVG 1937). Mit ihm wurden alle unter das GG 1927 fallenden Bundesangestellten versichert.

Jahreshaushaltsrechnung des RevInsp Johann Reitinger aus Ludesch/Vbg. aus dem Jahre 1937

Der Gemeinde Ludesch: Grundsteuer = 4,68 S, Gebäudesteuer = 10,60 S, Einzugsgebühr = 1,05 S, Umlage = 45,86	S	62,19
Gehaltsabzugssteuern /Einkommens? Besoldung? Krisensteuer	S	248,74
Wasserzins = 26,– S, Hundetaxe = 15,– S, Remisedach = 147,36	S	203,–
Für 200 Buscheln = 50,– S, 16 m^3 Spalten = 220,– S, 4 m^3 ....holz (vielleicht Nutzholz) = 47,– S, Taglöhne = 55,– S, Dünger = 12,75	S	384,75
für 930 Liter Milch = 268.68 S, 7 kg Käse = 20,23 S., 100 kg Äpfel = 21,– S, 100 Liter Most = 37,–	S	346,92
für 560 Wecken Brot = 354,30 S, 192 kg Mehl = 173,42 S, Teigwaren = 20,–	S	547,72
für 61 kg Rindfleisch = 182,45 S, 10 kg Schweinfleisch = 32,40 S, für Würste = 37,58 S., 5 kg Kalbfleisch = 10,– S, Fische = 6,–	S	263,03
für Geräte = 152,53 S, Kleider = 211,66 S, Schuhe = 47,– S, Material = 189,49	S	602,68
für Elektrischen Strom = 104,31 S, Kaminkehrer = 9,30	S	113,61
für 110 kg Reis = 41,50 S, 60 kg Mehl = 42,– S, 15 kg Salz = 6,–	S	89,50
für Kaffee = 21,50 S, Zucker = 43,60	S	65,10
für 250 Eier = 31,– S, Beeren = 6,– S, 9 l Schnaps = 27,–	S	64,–
für 26 kg Butter = 91,62 S, 3 kg Schmalz = 10,– S, Öhl = 1,80	S	103,42
für Verschiedenes = 140,– S, Reifen = 114,25 S, Zeitungen = 42,50 S, Bücher = 8,10	S	304,85
für Zechen = 45,40 S, Tabak = 26,– S, Spenden = 37,–	S	108,40
Krankenkassenbeitrag = 160,40 S, Zähne = 107,– S, Augengläser = 3,50 S,	S	270,90
Pensionsbeitrag = 138,24	S	138,24
Studentenausgaben für (Sohn) Ambros = 1325,– S, für (Tochter) Marie = 971,41	S	2.296,41
Personal-Bruttogebühren für 12 Monate:	S	5.737,98
Pauschalgebühr = 550,–		
Stypendium = 200,– S, Massarückersatz = 25,–	S	6.592,48
Summe an Einnahmen:	S	6.592,48
Summe an Ausgaben:	S	6.218,45
Verbleibt ein Plus von	S	374,03

Einkommen

Mit der im Jahre 1919 erfolgten Unterstellung der Gendarmerie unter die Dienstpragmatik[122] waren Dienstverhältnis und Dienstbezüge neu geregelt worden. Die bisherigen (seit Nov.1918) Gagisten (Beamte) wurden in das Rangklassensystem der Staatsbeamten eingereiht. Bezirksleiter waren als »Bezirksinspektoren« in der IX. Rangklasse, Postenleiter als »Revierinspektoren« in der X. Rangklasse und jene aktiven Patrouillenleiter, welche die vierjährige Dienstverpflichtung erfüllt und die Chargenschulprüfung abgelegt hatten, in die XI. Rangklasse einzureihen. Gendarmen und Patrouilleleiter ohne Chargenschulprüfung wurden zu Staatsbeamten ohne Rangklasse ernannt.[123] Im Besoldungsübergangsgesetz vom 18. 12. 1919[124] wurde allen Zivilstaatsbeamten ein Grundgehalt aus 11 Rangklassen, ein Ortszuschlag, Teuerungszulagen und gleitende Zulagen zugestanden.

Das Besoldungsgesetz von 1921[125] setzte dann nahezu alle gesetzlichen Bestimmungen zwischen 1873 und 1921 außer Kraft. Dieses neue Gesetz entsprach der Aufgabenqualität des Gendarmeriedienstes.[126] Eingeteilte und dienstführende Beamte wurden in die 7. bis 14. und leitende Gendarmeriebeamte in die 15. bis 19. Besoldungsgruppe der Zivilstaatsbediensteten eingereiht. Für alle Beamten wurden Biennalsprünge eingeführt. Ein definitiver Gendarm war in der Besoldungsgruppe 7 mit einem Anfangsgehalt von 4.400 K, ein Postenkommandant eines Einzelpostens (= Einmannposten) in der Besoldungsgruppe 10 mit 5.500 K, ein Bezirkskommandant in der Besoldungsgruppe 13 mit 7.400 K und der Dienst eines leitenden Beamten als Kommandant eines BGK von besonderer Bedeutung in der BGr 14 mit 8.300 K. Der Landesgendarmeriekommandant in der Besoldungsgruppe 17 (kleineres Kommando) hatte 13.000 K und jener eines größeren Kommandos in der BGr 18 18.000 K Jahresgehalt. Die Besoldung dieser Zeit war von der fortschreitenden Geldentwertung beeinflußt. Obwohl außerordentliche Geldzubußen und Teuerungszulagen gewährt wurden, hinkten die Gehälter der zunehmenden Teuerung stets hinten nach. Ab März 1921 erhielten die Beamten beispielsweise in der höchsten Ortsklasse[127] eine Teuerungszulage von 50.760 K. Dies bedeutete für einen jungen Gendarmen mit etwa 22 Lebensjahren eine 500 %ige Teuerungszulage zum damaligen Jahresgehalt, der sich allerdings aufgrund der Geldentwertung laufend stark veränderte.

Beamten, die unverschuldet in Not geraten waren oder sonstige wichtige Gründe vorbringen konnten, wurden Gehaltsvorschüsse bis zu einem Viertel des Jahresgehaltes bewilligt. Diese Vorschüsse waren dann innerhalb von vier Jahren zurückzubezahlen.

Im Juni 1922 wurde das Indexsystem eingeführt. Die Gehaltszahlungen wurden nun wegen der galoppierenden Inflation monatlich festgesetzt, zeitweise gar in zwei und drei Teilbeträgen pro Monat ausbezahlt.

1924 wurde die Währung von Kronen auf Schilling umgestellt. Die bisherigen Jahresgehälter wurden durch 10.000 dividiert, was zur Gehaltssumme in Schilling führte.

Das Grundbuchblatt des Probegendarmen Friedrich Hanl[128] demonstriert plakativ die Entwicklung dieser bewegten Zeit: Hanl erhielt, 20 Jahre alt, 1919 ein Jahresgehalt von 900 Kronen. Am 1. Jänner 1920 stieg dieses Einkommen auf 3.600 K. Mit der Definitivstellung im selben Jahr stand ihm zusätzlich die Gendarmeriezulage von 180 K jährlich zu. Am 1. Okt. 1920 wurde das Jahresgehalt auf 9.000 K, sechs Monate später auf 18.451 K erhöht. Am 1. Mai 1924 standen Hanl 16,075.000 K (16 Millionen!) an Jahresgehalt und 1,476.114 K an Ergänzungszulage zu. Aus diesem Letzteinkommen wurde dann am 1. Juli 1925 für den 26-Jährigen ein Jahresgehalt von1.695,– Schilling mit einer Ergänzungszulage von 47,19 S jährlich.

Mit dem Gehaltsgesetz von 1924 wurden die Beamten des Sicherheitsdienstes aus der allgemeinen Beamtenbesoldung herausgenommen und erstmals als eigene Kategorie »Wachebeamte«[129], bestehend aus Gendarmerie, Sicherheits-, Zoll- und Justizwache, besonderen Besoldungsbestimmungen unterworfen. Ihre Dienstposten wurden in 9 Dienstklassen eingereiht. Der Gendarm hatte die Dienstklasse 9 mit 1.520,– Schilling jährlich. Hinzu kam eine Dienstzulage, die zwischen 7,– und 1.305,– Schillung jährlich betrug, ebenso ein Ortszuschlag, der das Gehalt um zusätzliche 8 bis 15 % erhöhte. Die Mehrheit der Gendarmen lehnte damals die Herauslösung der Exekutivbeamten aus dem allgemeinen Gehaltsschema ab.

Das Gehaltsgesetz 1927 faßte das Gehaltsgesetz 1924 sowie zwei Gehaltsgesetznovellen zusammen.

und Kriminalbeamten werden durch Verordnung der Bundesregierung festgesetzt.

Erläuterungen auf Seite 325.

§ 80.

(1) Das Diensteinkommen der Wachebeamten auf Dienstposten der Dienstklassen 3 bis 9 besteht aus dem Gehalt (§ 81), der nach § 82 vorgesehenen Dienstzulage und dem Ortszuschlag (§ 83), das Diensteinkommen der Beamtenanwärter aus einem Jahresbezug (§ 81) ohne Ortszuschlag.

(2) Das Diensteinkommen der Wachebeamten auf Dienstposten der Dienstklassen 1 und 2 sowie des Gendarmeriegenerals richtet sich nach den Bestimmungen des II. Hauptstückes, wobei die Dienstklasse der Wachebeamten 1 und 2 der Dienstklasse III und IV des II. Hauptstückes und der Dienstposten des Gendarmeriegenerals der Dienstklasse II des II. Hauptstückes gleichgehalten wird.

Erläuterungen auf Seite 326.

§ 81.

(1) Der Gehalt der Wachebeamten auf Dienstposten der Dienstklassen 3 bis 9 ist in 19 Gehaltsstufen festgesetzt. Er beträgt jährlich:

In der Gehaltsstufe	Schilling	In der Gehaltsstufe	Schilling
1 (Anfangsgehalt)	1710	11	2850
2	1810	12	2990
3	1910	13	3130
4	2010	14	3270
5	2110	15	3430
6	2210	16	3590
7	2330	17	3750
8	2450	18	3910
9	2570	19 (Höchstgehalt)	4070
10	2710		

Gendarmerie-Vorschriften II. 5

Gehaltstabelle des GG 1927 nach dem Stand von 1934.

Es enthielt also dasselbe Dienstpostenschema wie das GG 1924. Das Diensteinkommen der Wachebeamten auf Dienstposten der Dkl 3 bis 9 bestand nun aus dem Gehalt, einer Dienstzulage und einem Ortszuschlag.[130] Ein eingeteilter Beamter konnte nach 26 Dienstjahren die Anfangsdienstzulage des Gendarmerierevierinspektors (das war damals ein dienstführender Beamter mit Fachkurs) erreichen. Ein Gendarmerierevierinspektor erreichte nach zwölf Jahren die erste Dienstzulagenstufe des Gendarmeriebezirksinspektors und nach 24 Jahren die erste Dienstzulagenstufe des Gendarmerieoberinspektors II. Klasse. Ein Oberleutnant erreichte nach vier Jahren die erste Dienstzulagenstufe der Dienstklasse 4. Damit war bei den Offizieren auch der höhere Amtstitel – Gendarmerieabteilungsinspektor (Rittmeister) und Gendarmerieoberinspektor II. Klasse (Stabsrittmeister) – verbunden. Wurde ein Gendarmeriemajor zum Gendarmerieoberstleutnant ernannt, so wurde er mit allen Bezügen in die Dienstklasse 4 des Gehaltsschemas für die Beamten der allgemeinen Verwaltung überstellt und rückte in diesem Gehaltsschema (Verwendungsgruppe 7) vor. Eine Dienstzulage war für ihn nicht mehr vorgesehen. Vom Gendarmerierayonsinspektor bis zum Gendarmeriemajor gab es – ausgenommen beim Stabsrittmeister – je drei Dienstzulagenstufen.

Die Ortsklasseneinteilung A, B und C dieses GG löste großen Unmut aus, da sich die Einteilung in erster Linie nach der Einwohnerzahl eines Ortes, nicht aber nach den Lebenshaltungskosten richtete. Fürböck berichtet hiezu: »...Auf die Lebensverhältnisse der Beamten auf dem Lande wurde dabei keine Rücksicht genommen...Mit dieser Kategorisierung waren die Gendarmeriebeamten (deshalb) sehr unzufrieden.« In die Ortsklasse A eingereiht wurden Gemeinden mit mindestens 10.000 Einwohner oder solche Orte, die mittels VO der Bundes-regierung aufgrund der höheren Lebenshaltungskosten in diese Klasse aufgenommen wurden, in die Ortsklasse B alle Gemeinden zwischen 3.000 u. 10.000 Einwohnern und in die Ortsklasse C alle übrigen Orte. Dem Preisniveau entsprechend wurden in allen Bundesländern nahezu die Hälfte der Orte in eine höhere Teuerungsstufe eingestuft.[131] Der Ortszuschlag variierte ständig. Je nach Teuerungsverhältnissen lag er zwischen 8% und 100 % des Gehaltes.

Ab 1. Jänner 1927 erhöhte sich das Anfangsgehalt auf jährlich 1.710,– S für Definitive.[132] Hinzu kamen 100,– S Dienstzulage jährlich.

Zacharias Unteregger[133] beispielsweise kam am 30. 9. 1927 als 21-Jähriger zur Gendarmerie. Er bekam 1.580,80 S Gehalt, 459,20 S Ergänzungszulage und 180,– S Wachdienstzulage jährlich. Mit 1. Juli 1929 wurde er definitiv und erhielt damit 1.710,– S Gehalt, 94,50 Dienstzulage und 18,96 Ergänzungszulage. Die Wachdienstzulage betrug künftig 240,– S. Mit jedem Biennalsprung, also alle zwei Jahre, erhöhte sich das Gehalt um 100,– S, so daß Unteregger 1937 mit zehn Dienstjahren als 31-jähriger Patrouilleleiter (eingeteilter Beamter) 2.110,– S Jahresgehalt hatte. An Ortszuschlag bezog er 12 % des Gehalts.

Johann Greif kam 1918 als 26-Jähriger zur Gendarmerie, wurde 1919 mit 4-jähriger Gendarmeriedienstverpflichtung definitiv, erhielt damit die erste Massaeinlage von 100 K und ein Jahresgehalt von 1.180 Kronen, 1926 nach Absolvierung der Chargenschule zum RevInsp befördert, erhielt er am 1. Jänner 1930 in der 11. Gehaltsstufe 2.710 Jahresgehalt, 770,– S Dienstzulage und 300,– S Wachdienstzulage und am 1. 7. 1936 als 44-jähriger dienstführender Beamter in der Gehaltsstufe 14 ein Jahresgehalt von 3270,– S, 910,– S Dienstzulage und 300,– S Wachdienstzulage. Ortszuschlag erhielt er 15 % des Gehaltes.

Ab 1928 erhielten die Bundesangestellten im Juni und Dezember je 15 % eines Monatsbezuges als Sonderzahlung.[134] 1929 wurde sie auf 30 % erhöht.[135] Diese Sonderzahlung wurde später der »Dreizehnte« oder das »Urlaubsgeld« genannt.

Im Jahre 1931 wurden zur Budgetsanierung die Bezüge aller Bundesangestellten und Pensionisten um 4 bis 6 Prozent gekürzt. Familienzulagen, Mietzinsbeihilfen und Reisegebühren waren nicht betroffen.[136] Unter 2.040,– S bei Personen ohne Kinder und 2.400,– S bei Personen mit Kindern durfte der Betrag jedoch nicht sinken, andernfalls gab es eine Ausgleichszulage. Gleichzeitig konnten Bundesangestellte – ausgenommen Richter, Hochschulprofessoren und zeitverpflichtete Heeresangehörige – aus »Gründen der Vereinfachung der Verwaltung«, oder solche Beamte, die »wegen ihres nicht befriedigenden Arbeitserfolges« entbehrlich waren, unter Anrechnung der Ruhegenußansprüche im Wege einer paritätischen Kommission ausgeschieden werden. Damit konnten auch definitive Gendarmen entgegen aller gesetzlichen Regelungen aus dem Amt entfernt werden. Gleichzeitig trat eine Aufnahmesperre in Kraft. Neu war auch eine Krisensteuer. Bei einem Haushaltseinkommen von 2.400,– S waren 0,55 % des Einkommens zu berappen. Ledige, die keine Sorgepflichten hatten, wurden außerdem zu einer Sonderkrisensteuer in der Höhe eines Fünftels der Einkommensteuer verhalten.

Die im Jahre 1928 eingeführte Sonderzahlung in Höhe von zwei mal 30 % eines Monatsgehalts wurde 1933 ebenfalls Opfer der Budgetsanierung. Diese Budgetsanierungsmaßnahmen hielten bis zum Umsturz 1938 an.

Überstunden: Lag kein Zehrgeldanspruch vor, so stand ab Februar 1920 eine Überstundengebühr von 1 Krone zu, wenn die Dienstdauer in einer Kalenderwoche 48 Stunden überschritt. Nachtstunden wurden doppelt gezählt, somit doppelt entlohnt.[137] Ab August 1920 erhielten alle Gendarmen vom Bezirksinspektor (damals höchster Titel eines Dienstführenden) abwärts 8 Kronen je Überstunde.

Pauschalgebühr:

In der Chronik des LGK f. Vbg. ist am 19. 3. 1925 festgehalten: »Die Maßnahmen der Bundesregierung zur finanziellen Gesundung des Staates trafen besonders dessen Staatsangestellte ungemein hart. Nicht nur, daß sie einen gewaltigen (Personal-)Abbau über sich ergehen lassen mußten – im Gendarmeriekorps innerhalb von 4 Jahren 100 % (gemeint war die Hälfte des Personalstandes), sondern es wurde ihr Einkommen nach allen Richtungen geschmälert. Zu diesen Maßnahmen zählt auch der mit der AV d. Gend.Zentraldirektion Nr. 3/1925 erschienene Erlaß des BKA betreffend die Neuregelung der Nebengebühren der Exekutivbeamten. Ungeachtet der fortschreitenden Teuerung u. der ohnehin harten Existenzbedingungen der Bundesangestellten im allgemeinen u. der Gend.Beamten im besonderen, wurden durch diesen Erlaß die Zehrgelder stark reduziert. Die Folge war, daß sich der gesamten Gend.Beamtenschaft eine ungeheure Erregung bemächtigte. In allen Bundesländern wurde in Versammlungen gegen die Maßnahme Stellung genommen. Der ungemein stürmische Verlauf derselben, welchem überall Vertreter der politischen Parteien beiwohnten, überzeugte dieselben von der Unhaltbarkeit derartiger Maßnahmen und erst die Zusage einer Revision des obzitierten Erl. seitens der Regierung vermochte die erregten Gemüter wieder zu beruhigen.«[138]

Vier Monate später wurden die Nebengebühren neu geregelt.[139] Für sämtliche geleisteten Inspektions- und Bereitschaftsdienste für alle eingeteilten Beamten des Außendienstes und Pkdt-Stv gab es nun eine Pauschalgebühr von 40 S, für die Postenkommandanten, Stv v. Bezirkskommandanten und Bezirkskommandanten eine von 45,– S und für die übrigen Beamten (Kanzleidienst und Kursteilnehmer) monatlich 20,– S. Sie wurde auch bei Krankheit und Urlaub ausbezahlt. Mit dieser Pauschalgebühr waren die Zehrgelder und die Überstundengebühren (wieder) aufgehoben. Die Sätze wurden ab Juli 1927[140] auf 50,– bzw 55,– S erhöht. Beamtenanwärter erhielten 12,50 S. Leitende Beamten erhielten, wenn sie nicht Anspruch auf Diäten hatten, anläßlich angeordneter Ausrückungen für jeden über sieben Stunden täglich hinausreichenden Dienst eine Vergütung von 75 Groschen je Stunde. Die Pauschalgebühren bestanden in dieser Höhe bis 1. Okt. 1938. Reduziert wurden sie allerdings 1932 für die nicht im Exekutivdienst stehenden Bezirks- und Revierinspektoren auf 20,– S, für Gendarmen, Ptltr und Gend.RayInsp auf 17,– S monatlich. Die Einführung der Pauschalgebühr bewährte sich, da der Außendienst nicht mehr von der Höhe der monatlich erhofften Zehrgelder abhängig war. Mit dieser Pauschalgebühr wurde jedoch nur der Mehraufwand abgegolten, nicht aber die Mehrdienstleistung (Überstunden), die die Gendarmen jeden Monat über das Maß der allgemeinen Dienstesverpflichtung erbringen mußten. Diese Mehrdienstleistung wurde bei der Gendarmerie erst nach langwierigen harten Kämpfen ab 1929 in Form von Gebühren für den Bereitschaftsdienst bezahlt.[141]

Zehrgeld, Übernachtungsgebühr, auswärtige Dienstreisten, Reisegebühren:

Ab 1. Nov. 1919 gebührten anstelle des bisherigen Zehrungskostenbeitrages 4 Kronen Zehrgeld täglich, wenn der auswärtige Dienst mindestens 7 Stunden dauerte.[142] Ab 1. 4. 1920 wurden 8 Kronen täglich bei mindestens 8-stündiger dienstlicher Abwesenheit vom Standort bezahlt. Soweit Dienst zwischen 9 Uhr abends und 6 Uhr früh zu verrichten war, wurden die Dienststunden doppelt gezählt. Waren Gendarmen gezwungen, außerhalb der Station zu nächtigen, ohne einen Gend.Posten als Unterkunft finden zu können, so erhielten sie zwei Kronen Übernachtungsgebühr.

Bei außergewöhnlichen Verhältnissen wurden Zehrgeld und Übernachtungsgebühr doppelt ausbezahlt.[143] Diese Regelung hatte Tradition, denn beispielsweise noch beim Besuch Ihrer Majestäten in Bregenz im Oktober 1918 erhielt die Lokomannschaft das 2 1/2 fache und die von auswärts kommandierten Beamten das 4-fache des Zehrungskostenbeitrages.[144] Grund für diese erhöhte Entschädigung war offenbar das zusätzliche Gefahrenpotential, dem die bewachenden Gendarmen bei solchen Anlässen ausgesetzt waren.

Im Jahre 1925[145] trat eine aufgrund eines Gesetzes aus dem Jahre 1919[146] erlassene VO in Kraft, mit der die Vergütungen für den Vorspann und die vorübergehende Einquartierung festgesetzt wurden. Anstelle der nach dem Reichsgesetz von 1905[147] entfallenden Vergütungssätze für den Vorspann sowie der durch die Reichsgesetze von 1879 und von 1895[148] ziffernmäßig festgesetzten Geldbeträge für Unterkünfte u. Nebenerfordernisse bei der vorübergehenden Einquartierung traten bis auf weiteres die Vergütungsbestimmungen dieser neuen VO. Für die Unterbringung der Wehrmänner und Unteroffiziere – und damit auch der Gendarmen – im Wege der Einzeleinquartierung wurden 6,5 Groschen »einschließlich Beleuchtung u. Beheizung, jedoch ausschließlich der Vergütung für die Liegestätte (das Liegestroh) und für die Mitbenützung des Kochfeuers (Brennmaterials) und Kochgeschirres pro Kopf u. Tag« bezahlt, für die »Unterbringung eines Pferdes einschließlich Stallicht u. Stallgeräte, jedoch ausschließlich der Vergütung für die Streu«, wurden ebenso 6,5 Groschen bezahlt. 10 Groschen erhielten Wegweiser u. Boten für jeden Kilometer des Hin- u. Rückweges. Für Wagenremisen bezahlte man je Wagen 10 Groschen.

1926 wurde die 1925 eingeführte provisorische[149] Reisegebührenvorschrift definitiv eingeführt. Die Tagesgebühren wurden damit dem Dienstklassensystem des GG 1924 angepaßt. Gendarmen, Patrouilleleiter und Rayonsinspektoren erhielten nun 4,– S Tages- und 3,– S Nächtigungsgebühr[150].

Ab 1927 wurde der normale Sicherheits(Patrouillen-)dienst durch die Pauschalgebühr abgegolten.[151]

1929 wurde verfügt, daß 20 g je Fahrkilometer in jenen seltenen Fällen, die die Benützung eines »privateigenen« Kfz des Gend.Beamten im Dienste unbedingt erheischen, bezahlt würden.[152]

Noch recht vorsintflutlich lesen sich Regelungen aus dem Jahre 1931 über den Vorspann und die vorübergehende Unterkunft[153] für Visitierungsreisen und bei dringenden, über 2 km entfernten Außendienstverrichtungen. Mußte beispielsweise ein Täter über diese Strecke hinaus verfolgt, oder etwa bei Elementarereignissen oder Unglückskatastrophen geamtshandelt werden, so konnte, sofern der Ort der Dienstverrichtung mit einem vorhandenen Massenbeförderungsmittel infolge der Verkehrsverhältnisse nicht zeitgerecht erreicht werden konnte und der Zweck der Dienstverrichtung im Falle eines Aufschubes vereitelt worden wäre, ein Vorspann, also ein Pferdegespann mit Kutsche oder leichtem Wagen verwendet werden. Wurde ein solches von mehreren Gend.Beamten gemeinsam beansprucht, so gebührte Gend.Beamten der Dienstklassen 5 bis 9 für je vier Personen, Gend.Beamten von der Dkl 4 aufwärts für je zwei Personen ein zweispänniger Wagen.

Zur Beförderung von zwei Beamten der Dkl 5 bis 9 und von Einzelpersonen aller Dienstklassen gebührte bei einer solchen Dienstverrichtung nur ein einspänniger Vorspann.

In Gebieten, wo der einspännige Vorspann unbedingt landesüblich war, hatten Beamte der Dienstklassen 5 bis 9 für je zwei Personen, Beamte von der Dkl 4 aufwärts für je eine Person auf einen einspännigen Vorspannwagen Anspruch.

Abteilungs- und Bezirkskommandanten sind, sofern nicht Eisenbahn- oder Buslinien bis zu den Dienststellen hin bestanden, noch in den Dreißigerjahren mit zweispänniger Pferdekutsche auf Visitierung gefahren. Denn ihnen gebührte bei Visitierungsreisen ohne Rücksicht auf ihre Dienstklasse ein zweispänniger Vorspannwagen, es sei denn, daß der einspännige Vorspann Landesbrauch war.

Bei vorübergehenden Einquartierungen, wo eine größere Anzahl von Beamten zusammengezogen wurden, wie etwa bei Konzentrierungen, Postenverstärkungen, Kursen usw., waren alle Gendarmen und Patrouilleleiter gemeinsam unterzubringen. Gend.Beamte der Dienstklassen 6 u. 7 (hauptsächlich jüngere Bezirks- und Postenkommandanten) hatten auf ein Zimmer zu zweit, alle übrigen Gend.Beamten v. d. 5. Dkl aufwärts auf ein Zimmer allein Anspruch.

Für Einlieferungen und Vorführungen hatte der Gendarmeriebeamte die niedrigste Wagenklasse des Massentransportmittels zu verwenden. Auf der Rückreise konnte er standesgemäß nach seiner Dienstklasse reisen.

Bei Massenbeförderungsmitteln war für Wachebeamte der Dienstklassen 5 bis 9 die Wagenklasse III, für die übrigen die Wagenklasse II vorgesehen.

Zu- und Abstreifgebühr bei dienstlich anbefohlenen Übersiedlungsreisen standen in Fällen zu, in denen hiefür ein Vorspannwagen oder ein Tragtier nicht gebührte.[154]

Für die besonderen Erschwernisse des Exekutivdienstes wurde mit 1. Jänner 1928 eine Wachdienstzulage eingeführt, die für Gendarmen, Patrouilleleiter u. Rayonsinspektoren 180 S, für Gend.RevInsp und Gend.BezInsp 240,– S und für leitende Wachebeamte von der 5. Dienstklasse aufwärts 360,– S betrug.[155]

Kinderzulagen, -beihilfen und Haushaltszulage

Nach dem Besoldungsübergangsgesetz von 1919 stand für jedes unversorgte Kind unter 21 Jahren eine Teuerungszulage von jährlich 1.200 K zu. Diese Zulage ist die Vorgängerin der Kinderzulage (nicht Kinderbeihilfe, da sie nur Staatsbeamten zustand). Das Besoldungsgesetz von 1921 erhöhte die Teuerungszulage für Kinder auf 4.200 K und gestand für die Gattin 3.000 K jährlich zu. Kurz darauf wurden die Teuerungszulagen für Kinder und die Gattin auf 6.000 K erhöht. Die Kinderzulage stieg bis zum Jahre 1924 auf 600.000 K im Jahr. Durch die Umrechnung wurden daraus 60,– Schilling je Kind. Neu war, daß verheirateten Beamten auch eine Haushaltszulage von jährlich 60,– Schilling zustand. – Ebenso gab es 1927 erstmals eine progressive Steigerung bei den Kinderzulagen.[156]

§ 13.

Familienzulagen.

(1) Beamte mit einem oder mehreren Kindern, die nach den geltenden Vorschriften für einen staatlichen Versorgungsgenuß in Betracht kämen, das 21. Lebensjahr noch nicht vollendet haben und als unversorgt anzusehen sind, erhalten eine zur Ruhegenußbemessung nicht anrechenbare Kinderzulage.

Die Kinderzulage beträgt

für Beamte mit	1 Kind	60	S	jährlich
" " "	2 Kindern	180	"	"
" " "	3 "	420	"	"
" " "	4 "	720	"	"
" " "	5 "	840	"	"
" " "	6 "	1140	"	"

und erhöht sich bei einer höheren Kinderanzahl für jedes weitere Kind um 120 S jährlich.

(2) Ein älteres, anderweitig nicht versorgtes eigenes eheliches Kind kann bei der Bemessung der Kinderzulage dann berücksichtigt werden, wenn das Kind infolge körperlicher oder geistiger Gebrechen oder infolge schwerer Krankheit dauernd außerstande ist, sich selbst einen Unterhalt zu verschaffen, ferner dann, wenn es wegen Studien oder erweiterter fachlicher Ausbildung die Selbsterhaltungsfähigkeit noch nicht erlangt hat, im letzteren Falle aber höchstens bis zur Vollendung des 24. Lebensjahres. Bezüglich des Ausmaßes gelten die Bestimmungen des Abs. (1).

(3) In berücksichtigungswürdigen Fällen kann dem Beamten für jedes in seinem Haushalt lebende und von ihm erhaltene eheliche Kind, das für eine Kinderzulage gemäß Abs. (1) nicht in Betracht kommt, Stiefkind ehelicher Geburt, Wahlkind oder eigene uneheliche Kind, welches das 21. Lebensjahr noch nicht vollendet hat und als unversorgt anzusehen ist, eine Aushilfe bewilligt werden. Diese Aushilfe ist unter sinngemäßer Anwendung der Bestimmungen des Abs. (1) zu ermitteln. In besonderen Ausnahmefällen kann von dem Erfordernis des gemeinsamen Haushaltes abgesehen werden.

(4) Verheiratete Beamte männlichen Geschlechtes, ferner Witwer, die auf eine Kinderzulage gemäß Abs. (1) Anspruch haben oder denen eines Aushilfe gemäß Abs. (3) bewilligt ist, erhalten einen Haushaltungszuschuß von jährlich 60 S.

Erstmals gab es 1927 bei der Familienzulage eine progressive Steigerung.

Ruhestand, Pension, Witwen- und Waisenrente

Gendarmeriebeamte sowie die Witwen und Waisen wurden 1919 den Versorgungsvorschriften für die Zivilstaatsbediensteten zugeordnet. Offiziere wurden Staatsbeamte der Zeitvorrückungsgruppe »C«. Ihnen gebührten nach 10 Dienstjahren 40 % und für jedes weitere Dienstjahr 2,4 % der anrechenbaren Aktivitätsbezüge als Ruhegenuß.[157] Gendarmeriebeamten vom Bezirksinspektor abwärts rechnete man für die Bemessung des Ruhegenusses nach Vollendung von vier effektiven Dienstjahren jedes Gendarmeriedienstjahr als eine Dienstzeit von 16 Monaten an. Bereits 1919[158] wurden die Versorgungsansprüche nach dem Gesetz vom Jahre 1897 auch auf im praktischen Dienst tätige Probegendarmen und ausnahmsweise auch auf Probegendarmen anwendbar erklärt, die noch in theoretischer Ausbildung standen, falls sie bei Ruhestörungen usw. eingesetzt waren und ohne ihr Verschulden zu jedem Broterwerb unfähig oder getötet werden sollten.

Die Kriegszeit 1914–1918 wurde doppelt angerechnet.

Ab 1920[159] wurden bei allen Staatsbediensteten 80 % ihrer Aktivbezüge als Ruhegenußbemessungsgrundlage herangezogen. Diese Berechnung war auch bei den Gendarmeriepensionisten anzuwenden.

Mit dem Pensionsgesetz 1921 wurden den Staatsbediensteten Ruhegenüsse zuerkannt, die nach zehn Dienstjahren 50 % und nach jedem weiteren Dienstjahr weitere 2 % der Ruhegenußbemessungsgrundlage betragen sollten.[160] Für die Witwen wurden als Bemessungsgrundlage 90 % des Gehaltes des Gatten herangezogen. Von diesem Betrag erhielten sie 50 % Witwenpension. Vollwaisen erhielten den Gesamtbetrag der Witwenpension.

Im Zuge des Beamtenabbaues anfangs der Zwanzigerjahre konnte ein in den Ruhestand tretender Gendarm, falls er eine Abfertigung vorzog, mit zwei Jahresgehältern der zuletzt bezogenen anrechenbaren Aktivitätsbezüge abgefunden werden. Wählte er diese Variante, hatte er allerdings ein Gesundheitszeugnis beizubringen und auf alle aus der bisherigen Dienstleistung für sich und die Angehörigen erworbenen Ansprüche zu verzichten.[161]

Mit dem Gehaltsgesetz 1927 wurden für die ersten 10 Dienstjahre 40 % und für jedes weitere Dienstjahr 2 % für den Ruhestand angerechnet. Als Pension wurden 78,3 % des Diensteinkommens und der anrechenbaren Zulagen ausbezahlt.

Witwen erhielten 50 % des Ruhegenusses des Gatten, Waisen erhielten nun 50 % der Witwenpension.

Ab November 1934 wurde der Pensionsbeitrag mit 3,2 % der Ruhegenußbemessungsgrundlage für alle Wachebeamten eingeführt, sofern ihnen bei der Bemessung des Ruhegenusses für 12 Monate Aktivzeit 16 Monate angerechnet wurden.[162]

Gendarmeriejubiläumsfonds, Stiftungen, Geldaushilfen etc.

Anläßlich des 75-jährigen Gründungsjubiläums der Gendarmerie im Jahre 1924 beschloß der Ministerrat die Schaffung eines Unterstützungsfonds für hilfsbedürftige oder im Dienste verunglückte Gendarmen und allenfalls deren Hinterbliebene, wenn sie unverschuldet in Not geraten waren.

Dieser Fonds wurde mit 666,000.000 Kronen aus der 11. Staatswohltätigkeitslotterie, mit 54,680.000 K aus freiwilligen Spenden von Gendarmen, mit 284,034.000 K aus einer Sammlung bei den Landesregierungen, mit 191,967.000 K aus den Erträgnissen der Ansichtskartenserien »Uniformierungsbilder« und mit 34,487.000 K aus den Erträgnissen bzw. Reingewinnen der Festlichkeiten zum 75-jährigen Gendarmeriebestande gespeist. Darlehen wurden idR nur bis zu drei Monatsgehältern bewilligt. Sie konnten nur gegen eine 7 %ige dekursive Verzinsung bei einer Rückzahlungszeit von 24 Monaten erwirkt werden.[163]

1938–1945 im NS-Regime

Am 12. März 1938 marschierten nach dem Willen Hitler-Deutschlands Truppen in Österreich ein, wie in einem separaten Artikel eingehender beschrieben sein wird. Die Entdemokratisierung zwischen 1933 und 1938 hatte Österreichs Abwehrkraft gegen den propagierten nationalsozialistischen Machtanspruch indirekt sehr geschwächt. Wirtschaftliche Not und politischer Druck hatten zudem viele Gegner eines »Anschlusses« müde werden lassen oder gar Befürworter aus ihnen gemacht. Die österreichischen Nazis gebärdeten sich laut und unerschrocken. Sie waren von ihrer Untergrundarbeit trotz polizeilicher Abstrafungen nicht abzuhalten gewesen. Die Österreichische Gendarmerie dürfte nahezu im gesamten Bundesgebiet vor ähnlichen Problemen gestanden haben wie die Gendarmen in der Steiermark oder in Vorarlberg. So wurden etwa im Bezirk Bregenz zwischen 1933 und 1938 über 1.000 Anzeigen gegen illegale NSDAP-Aktivisten erstattet.[164]

Innenminister Seiyss-Inquart hatte auf Anweisung Görings nach dem Rücktritt von Bundeskanzler Schuschnigg die Regierungsgeschäfte in Österreich übernommen.

Die Nazis rissen in Österreich unverzüglich die Macht an sich und übten »Privatjustiz« aus. Bereits nachts vom 11. auf den 12. März waren NS-Gegner von SA und SS aus ihren Wohnungen geholt, teilweise mißhandelt und öffentlich verhöhnt worden. Als demonstratives Beispiel soll die Schilderung eines Betroffenen dienen. Der ehemalige Landesobmann der Katholischen Jugend in Vorarlberg, Toni Winkler, wurde auf den Marktplatz in Dornbirn geführt, wo er eine »Ehrenrunde« laufen mußte und dabei von den feiernden Nazis »beschimpft und angespuckt« wurde. Winkler berichtet: »Vor dem Rathaus forderte dann eine wütende Menge, daß ich an eine Laterne geknüpft (Anm.: aufgehängt) werden sollte. Die Polizei (Anm.: Es war hauptsächlich Gendarmerie), bereits mit Hakenkreuzbinden ausgestattet, kämpfte um mein Leben.«[165]

V.

Lunardon Hugo, Gend.Meister, Jselo Ernst, Gend. Wachtm., Dösch Ferdinand, Gend.Wachtm., Entlassung.

Mit 30.11.1938 werden Gend. Meister Hugo Lunardon, seinerzeitiger Postenkommandant in Dornbirn, derzeit im Anhaltelager Dachau, gemäss Erlass des Jnsp. der Ordnungspolizei O-Kdo.II G 11 Nr.72/38 vom 11.11.1938 bezw. Entscheidung des Reichsstatthalters STK/I-32683 vom 11.11.1938 auf Grund des § 4, Abs.1 der Verordnung zur Neuordnung des östrr. Berufsbeamtentums vom 31.5.1938, RGBl.I S.607,

Ernst Jselo, Gend. Wachtm. und eingeteilter Gend. Beamter auf dem Posten Au, gemäss Erlass des Jnsp. der Ordnungspolizei O-Kdo.II G 9 Nr.34/38 vom 5.11.1938 bezw. Entscheidung des Reichsstatthalters STK/I-32688 vom 5.11.1938 auf Grund des § 4, Abs.1 der obzitierten Verordnung u.

Ferdinand Dösch, Gend.Wachtm. und eingeteilter Gend. Beamter auf dem Posten Bregenz, derzeit im Krankenstande, gemäss Erlass des Jnsp. der Ordnungspolizei O-Kdo.II G 11 Nr.79/38 vom 17.11.1938 bezw. Entscheidung des Reichsstatthalters STK/I-36085 vom 17.11.1938 auf Grund des § 4, Abs. 1 der obzitierten Verordnung, aus der Gendarmerie entlassen.

E.Nr.2925/38.

Der Landesgendarmeriekommandant beurlaubt:

Monschik, o.h. Oberstlt. d. Gend.

Beglaubigt:

Gendarmeriepostenkommando Langen

Eingelangt am 3.12.1938.

No. 3. mit Beilagen

Ein Großteil Führungsfunktionäre sowie führende Beamte des alten Regimes, aber auch politisch Andersdenkende, wurden festgenommen. Auch der bereits zitierte Postenkommandant von Dornbirn, Bezirksinspektor Hugo Lunardon. Er wurde noch in der Nacht vom 11. auf den 12. März 1938 von Nazis verhaftet und über verschiedene Stationen ins KZ Dachau eingeliefert. Später kam er nach Mauthausen. 1940 wurde er total entkräftetet von einem Wachsoldaten in diesem Lager geschlagen. Seine Mithäftlinge mußten ihn auf Befehl der Wache im Schnee liegen lassen, wo er erfror. Er hatte für die pflichtgemäße Bekämpfung der verbrecherischen nationalsozialistischen Terroraktionen mit dem Leben bezahlen müssen.

Lunardon dürfte bis zuletzt konsequent seine antinationalsozialistischen Haltung bewahrt haben. Ein überlebender Mithäftling berichtet über ihn und die Lagersituation: »...Was die halbverhungerten, schwachen Menschen hier an Schlägen mit allen möglichen Gegenständen und an Fußtritten erdulden mußten, ehe sie der Tod erlöste, spottet jeder Beschreibung. Viele Tausende sind hier einfach totgeschlagen worden. An dieser Stätte des unermeßlichen Grauens ließ auch der bekannte Vorarlberger Lunardon sein mutiges Leben...«[166] Lunardon hatte bei allen Verhören stets zur Antwort gegeben, er habe nur seine Pflicht getan.

Der Umbau der öffentlichen Verwaltung war von den Nazis vorgeplant. Bei der Gendarmerie wurden Kommissionen gebildet, die den »politischen Umbau« innerhalb des Korps bewerkstelligten.[167] Von den rund 200 Gendarmen Vorarlbergs wurden 58 politisch gemaßregelt. In der Steiermark wird die Zahl nach vorsichtigen Schät-

Häftlinge in Dachau, 1938.

zungen auf rund 20 % geschätzt. Zu den Prominentesten zählte der ranghöchste Gendarmeriebeamte, Gendarmerie-Generalinspektor Franz Zelburg. Er wurde nach seiner Verhaftung zusammen mit vielen anderen wichtigen Persönlichkeiten Österreichs im Konzentrationslager Dachau interniert.[168]

In Österreich dürfte also etwa ein Viertel des Personalstandes gemaßregelt worden sein. Maßregelung bedeutete strafweise Versetzung, Pensionierung mit reduzierten Bezügen oder Entlassung ohne Anrecht auf Ruhebezug, weiters Haft oder, wie im Falle Zelburgs und Lunardons, Einweisung in ein Konzentrationslager.[169]

Die Uniformen wurden vorerst beibehalten, lediglich am linken Arm war die Hakenkreuzbinde zu tragen. In den Gendarmerieunterkünften waren alle Bilder und Gegenstände, die an den österreichischen Ständestaat erinnerten, zu entfernen. Man betonte, keinen Groll oder Haß gegenüber Gendarmen zu hegen, die eine andere Weltanschauung vertraten, vielmehr wolle man durch Überzeugungskraft auch diese Kollegen gewinnen. Major Sager, der als Mitglied der NSDAP und der SS in der Steiermark das Landesgendarmeriekommando übernahm, stellte hiezu jedoch wörtlich fest: »Wer aber nicht mit uns sein will, dem wollen wir kein Hindernis sein: er gehe!«[170] So sah die Realität für die Gendarmeriebeamten Österreichs am Tage des Einmarsches aus. Wer nicht Arbeit und Einkommen, damit die Grundlage für die Ernährung der Familie verlieren wollte, mußte sich »anpassen«. Weitere personelle Umwälzungen folgten in den anschließenden Wochen. Allein im Monat Mai 1938 wurden beispielsweise in der Steiermark 255 von den rund 1.300 Gendarmen »aus zwingenden Dienstesrücksichten« strafversetzt. Darüber hinaus mußten aber auch Gendarmen, die »gehässig gegen die nationalsozialistische Bewegung« aufgetreten waren, mit der Außerdienststellung rechnen. Es kam im Laufe des Jahres 1938 zu vielen Ermittlungsverfahren gegen Gendarmen, bei denen insbesondere ihr Verhalten gegenüber den illegalen Nationalsozialisten in den Jahren zuvor geprüft wurde. Dabei reichte es schon aus, daß der Gendarm in Vollziehung des Dienstes einen Nationalsozialisten verhaftet oder gegen ihn ermittelt hatte. Das Ergebnis war in vielen Fällen die fristlose Entlassung ohne irgendwelche Bezugsansprüche – also faktisch die Existenzvernichtung. Insgesamt waren allein in der Stmk. 41 Gendarmen verhaftet und 19 entlassen worden. Weitere rund 140 Beamte, die nur minderschwere »Übergriffe« gegen die terroristischen Nationalsozialisten gesetzt hatten, waren in den Ruhestand versetzt worden – mit einer meist um ein Viertel oder der Hälfte gekürzten Pension.[171] Andererseits wurden ab April 1938 ehemalige Gendarmen, die in der Zeit vor der Okkupation Österreichs durch das Hitler-Regime wegen illegaler nationalsozialistischer Betätigung aus dem Gendarmeriedienst entfernt worden waren, wieder eingestellt.[172]

Alle Säuberungsmaßnahmen wurden von »Sonderausschüssen« ausgesprochen, die nach der Neuordnungs-VO einzurichten waren. Im Bereich der Gendarmerie gab es neben eigenen Sonderausschüssen bei den LGK, die für die dienstführenden und eingeteilten Beamten zuständig waren, auch einen eigenen Ausschuß in Wien, dem die Gendarmerieoffiziere unterworfen waren. Als Mitglieder der Ausschüsse fungierten zumeist ehemalige illegale nationalsozialistische Parteiangehörige aus den Reihen der Gendarmerie.

Einen Tag nach Erlassung des Wiedervereinigungsgesetzes, am 14. März 1938, wurde dem Reichsführer SS und Chef der deutschen Polizei, Himmler, die direkte Einflußnahme auf die österreichische Sicherheitsorganisation ermöglicht. Gleichzeitig erhielt er dabei die Vollmacht, auch außergesetzlich alle notwendigen Maßnahmen zur Aufrechterhaltung der Sicherheit und Ordnung zu treffen. Schließlich wurde ihm insbesondere auch das Recht eingeräumt, eigenmächtig die künftige Organisation der Sicherheitsbehörden in Österreich festzulegen.[173] Himmler war bereits am 12. März 1938 in Wien erschienen, um die Maßnahmen einzuleiten. Überdies befand sich unter den einmarschierenden deutschen Truppen ein rund 12.000 Mann starkes Kontingent der Ordnungspolizei, das auf ganz Österreich verteilt wurde und in der ersten Okkupationszeit auch Befehlsgewalt über die österreichichen Gendarmerie- und Polizeieinheiten hatte. Einige dieser Teilnehmer blieben in Österreich und übernahmen maßgebliche Positionen im Sicherheitsapparat.

Die Tage nach dem Anschluß waren neben den personellen Veränderungen vor allem durch Feierlichkeiten und äußerliche Umstellungen geprägt. Zunächst hatten die Gendarmen, wie alle öffentlichen Beamten, einen Diensteid auf den Führer zu leisten, wobei die Nichtleistung des Eides zur sofortigen Entlassung führte. Juden waren von vornherein von einer Anstellung im Staat ausgeschlossen.

Für jeden redlich denkenden Menschen begann mit diesem Schreckensregime eine von Angst erfüllte Zeit voller Aggression und politischer Bevormundung. Das Damoklesschwert der Denunziation mit ihren manchmal sogar tödlichen Folgen, der Sippenhaftung mit Verlust jeder Einkommensgrundlage oder gar Inhaftierung, des Zwanges zu politischem Bekennertum schwebte ständig über den Menschen, vor allem auch über Beamten und hier insbesondere über Polizei und Gendarmerie.

Der Reichsführer SS, Himmler, brachte bereits am Tag seiner Ernennung zum Chef der deutschen Polizei zum Ausdruck, daß er seine Aufgabe darin sehe, »die Polizei, zusammengeschweißt mit dem Orden der Schutzstaffeln (SS), zum Schutze des Volkes im Innern aufzubauen«. Aus dieser gewählten Formulierung ging bereits die Absicht Himmlers hervor, die Polizei mit der SS nicht nur organisatorisch zu verklammern, sondern auch personell zu verschmelzen. Dies sollte durch die Aufnahme möglichst vieler Polizeiangehöriger in die SS und zum andern durch die unmittelbar nach der Machtübernahme eingeleitete Besetzung der einflußreichsten Positionen der Polizei durch »bewährte« SS-Führer geschehen. Im Jänner 1938 konnten alle Polizisten und Gendarmen bei Erfüllung der allgemeinen Bedingungen auf Antrag in die SS aufgenommen werden, die vor 1933 Mitglied der NSDAP oder einer ihrer Gliederungen geworden oder vor 1933 förderndes Mitglied der SS waren. Nach der »Wiedervereinigung« Österreichs mit dem Reich konnten auch jene Gendarmen und Polizisten in die SS aufgenommen werden, die in Anerkennung ihrer besonderen Verdienste beim Einmarsch in Österreich am 12. März 1938 eingesetzt waren. In einem gesonderten Runderlaß vom 4. März 1938 sprach der RFSSuChdDtPol die Erwartung aus, daß die Angehörigen der uniformierten Ordnungspolizei, die Mitglieder der SA, des NSKK oder der HJ waren, nunmehr in die SS überträten. Diese Aufforderung fand nur wenig Widerhall; die Möglichkeit des Übertritts scheint kaum genutzt worden zu sein. In einem Erlaß vom 16. Dez. 1938 erging nämlich ein ausdrücklicher Hinweis auf den Ablauf der Antragsfrist zum 31. Jänner 1939. Das Verfahren zur Aufnahme uniformierter Angehöriger der Ordnungspolizei in die SS wurde im Laufe der Zeit ständig vereinfacht bzw. gelockert, was zunehmend auf mangelhaftes Interesse, geistigen Widerstand oder innere Kündigung von Polizisten und Gendarmen schließen läßt. So hieß es bereits 1939, Polizei- und Gendarmeriebeamte, die sich in der Werbung von SS-Bewerbern oder in der Ausbildung von SS-Einheiten besonders verdient gemacht hätten, könnten Anträge um Aufnahme in die SS stellen. Diese Aufnahmekriterien wurden noch weiter heruntergeschraubt.[174] Letztlich waren nur noch die allgemeine SS-Tauglichkeit ohne Berücksichtigung der Körpergröße und des Alters sowie die arische Abstammung der Großeltern nachzuweisen. Im März 1940 ordnete der Stellvertreter des Führers an, daß die Angehörigen der uniformierten Vollzugspolizei in Zukunft grundsätzlich nur noch der SS angehören dürften und deshalb von den anderen Gliederungen (SA und NSKK) im Einvernehmen mit diesen überführt werden sollten.

1940 wurde die Aufnahmemöglichkeit in die SS für Angehörige der Ordnungspolizei um folgende Gruppen erweitert:

a) Teilnehmer am Feldeinsatz der SS-Polizeidivision,

b) Träger von im gegenwärtigen Krieg erworbenen Kriegsauszeichnungen,

c) nach dem 1. Juli 1940 zum Leutnant beförderte Offiziere der Ordnungspolizei,

d) aufgrund des geheimen Erlasses des RFSSuChdDtPol. vom 11. Okt. 1939 in die Ordnungspolizei zum aktiven Polizeidienst Eingestellte nach 6-monatiger Bewährung.

Auf aus der Kriminalpolizei hervorgegangene Beamte der Sicherheitspolizei und auf Offiziere der Ordnungspolizei (Gendarmerie) in hohen Positionen übte der Reichsführer-SS ab dem Jahr 1938 massiven Druck aus, um Aufnahme in die SS nachzusuchen. Im Falle der Ablehnung mußten die betreffenden Beamten und Offiziere aus der Sicherheits- bzw. der Ordnungspolizei ausscheiden.[175]

In Zuge dieses Verschmelzungsprozesses und der Verpolitisierungsversuche von Polizei und Gendarmerie sind manche fanatische Charaktere auch in die Reihen der Gendarmerie gekommen, die hier versuchten, ihre dunklen Seiten auszuleben. Sofern sie nicht schon bei der Okkupation Österreichs in die Gendarmerie integriert wurden oder als Gendarmen bereits Illegale gewesen waren. Auch dies ist ein Faktum, und alle, die nicht fanatisiert und blind diesem politischen System gegenüberstanden, werden im Laufe der Zeit selbst unter diesen Elementen in irgendeiner Form gelitten haben.

Etwa ein Viertel bis ein Drittel aller Beamten dürfte das Nazi-Regime aktiv befürwortet haben und gleichzeitig fanatisch dafür eingestanden sein. Dies entspricht etwa dem Anteil an nach 1945 entlassenen Beamten. Die restlichen zwei Drittel werden die Entwicklung ertragen haben oder innerlich Gegner gewesen sein. Diese Gegnerschaft dürfte im Laufe der Zeit stärker ausgeprägt worden sein und die Zahl der Gegner zugenommen haben.

Denn aus der Erlaßentwicklung läßt sich ableiten, daß viel mehr Gendarmen als angenommen zumindest mit dem politischen Teil, vielleicht aber auch mit dem gesamten Nazi-System, nichts zu tun haben wollten. Beispielsweise waren in den Gendarmerie- und Polizeikasernen Schaukästen der Schwarzen Brigade, wie die SS genannt wurde, aufzuhängen und laufend zu betreuen. Dies geschah jedoch offenbar derart mangelhaft, daß wiederholt Ermahnungen an die unterstellten Dienststellen und sogar die Androhung von Maßnahmen nötig waren, um den politischen Willen durchzusetzen.

Gendarmen und Polizisten verkörperten zwar nach außen hin den autoritären Staat. Vom System gefördert, etwa durch staatliche Verbalreißer wie »...sei rücksichtslos im Kampf gegen alle Feinde des Volkes und Staates...«, wird es wohl auch aus diesen Reihen vor allem durch Systembefürworter zu exzessiver Machtausübung gekommen sein, wie dies in totalitären Regimen immer wieder der Fall ist. Das Gros an Gendarmen und Polizisten erlebte aber von innen her den Würgegriff des nahezu allumfassenden Machtanspruches der Partei im Staate, dem sich alles und alle unterzuordnen hatten. Eine Psychotortur für viele, der sie nur durch Ausgrenzung oder Abspaltung eines Teiles ihrer Persönlichkeit begegnen bzw. Situationen ungefährdet überstehen konnten, wollten sie nicht Amt und Stellung, Beruf und Einkommen verlieren oder ihre Familie gefährden. Ein Entkommen gab es kaum. Wer Familie im weitesten Sinne hatte, mußte stets gewärtig sein, daß die Familienmitglieder Leid zu tragen hatten, falls jemand zivilen Widerstand leistete oder gar die Flucht aus der Sackgasse antrat.

Die anfängliche Euphorie in der Bevölkerung über die heißersehnte Arbeits- und Verdienstmöglichkeit wandelte sich bald, als innerhalb weniger Jahre Jahrgang um Jahrgang zu den Waffen gerufen wurde und sich schließlich alles dem totalen Kriegseinsatz unterzuordnen hatte. Die Menschen in ihrer damaligen Lebenssituation wurden derart mit Propaganda überschüttet, daß es ihnen anfänglich kaum möglich war, die wahren Hintergründe in ihren Zusammenhängen zu erkennen. Oder aber, sie hielten die wahren Dimensionen an Grausamkeit, die dieses Regime noch ausüben sollte, in einem zivilisierten Europa gar nicht für möglich. Nach und nach dürften viele zumindest eine Ahnung von der Verlogenheit des Regimes, dessen Brutalität und Unbeugsamkeit sowie den ungerechtfertigten Motiven der angeblichen Kriegsnotwendigkeit erhalten haben. Die Tageszeitungen hatten ja bereits zwischen 1933 und 1938 über das in Deutschland an die Macht gekommene Nazi-Regime berichtet. Daß immer wieder Gerüchte über die unmenschliche Behandlung der Juden hin bis zum Genozid durchsickerten, gilt heute durch viele Aussagen von Zeitzeugen sowie damaligen Presseberichten als belegt. Dennoch war ein ganzes Volk in einem derart engen politischen Korsett, daß es kein Entrinnen gab.

Die österreichische Bevölkerung wurde von Anfang an über die tatsächliche Ernährungs- und Wirtschaftslage getäuscht. Mit Gulaschkanonen waren Lastwagen der Deutschen Wehrmacht im März 1938 nach Österreich gefahren, um die angeblich hungernde Bevölkerung der »Ostmark« von den »Segnungen« des Dritten Reiches zu überzeugen. Daß das nur ein propagandistischer Akt war, wurde bald klar, zumal die erwähnten Lastwagen oft vollbeladen mit Lebensmitteln wieder ins Altreich zurückfuhren. Zudem gab es in Deutschland, wo die Wirtschaft ja schon seit langem auf die Kriegserwartung umgestellt war, eine Reihe von Waren nicht mehr.[176] 1939 mußten die Lebensmittel dann bereits im Bezugsscheinsystem staatlich bewirtschaftet werden. Gleichzeitig wurde den Beamten aufgetragen, alles zu unternehmen, um vorübergehende Schwierigkeiten zu überbrücken und »den ihnen anvertrauten Volksgenossen die Überzeugung zu vermitteln, daß für ihr Wohl bestens gesorgt ist.«[177]

Alles, was im Deutschen Reich verordnet wurde, galt nun auch in Österreich. So auch die Rassengesetze zum »Schutz des deutschen Blutes«.

Beamtenverhältnis

Hitler hatte 1933 dem Reichsminister ohne Geschäftsbereich Hermann Göring die kommissarische Leitung des Preußischen Ministeriums des Innern übertragen. Wichtigste Aufgabe für Göring war, »das Machtinstrument der Schutzpolizei und der politischen Polizei fest in die Hand zu bekommen«[178]. Am 17. Februar 1933 gab Göring seinen berüchtigten Schießbefehl bekannt, in dem er die ihm unterstellten Polizeikräfte nicht nur anwies, zu den nationalen Verbänden (SA, SS und Stahlhelm) das beste Einvernehmen herzustellen. Er forderte sie auch zum rücksichtslosen Gebrauch der Schußwaffe gegen »Staatsfeinde« auf, falls sie von diesen angegriffen würden. Er übernahm ausdrücklich die Verantwortung für »jede Kugel, die aus dem Laufe einer Polizeipistole geht«[179]. In allen Ländern setzten nach der Übernahme der Polizeigewalt durch NS-Kommissare »Säuberungsaktionen« ein, denen zahlreiche Polizeibeamte und -offiziere zum Opfer fielen. In Österreich geschah dies zwar mit fünfjähriger Verspätung, aber deshalb um nichts weniger grausam und rücksichtslos. Das 1933 erlassene »Gesetz zur Wiederherstellung des Berufsbeamtentums« bot eine gesetzliche Handhabe zur Eliminierung »nichtarischer und politisch unzuverlässiger« Beamter.[180] Dieses Gesetz wurde durch die »Verordnung zur Neuordnung des österreichischen Berufsbeamtentums« mit 31. Mai 1938 auch in Österreich in Kraft gesetzt ...Alle »fremdrassigen und politisch unzuverlässigen« Beamten waren zu entlassen, damit ein »sauberer, nationalsozialistisch ausgerichteter, dem Führer ergebener und dem Großdeutschen Reiche und Volke verbundener Beamtenkörper« geschaffen werden konnte. Betroffen waren in erster Linie Beamte jüdischer Herkunft, wobei es aber ausreichte, mit einer Jüdin verheiratet zu sein.[181] In zweiter Linie aber, wie schon erwähnt, vor allem Exekutivbeamte, die ja die illegalen Nationalsozialisten als schwerkriminelle Staatsgefährliche zu bekämpfen gehabt hatten.

Das nationalsozialistische Regime war von Anfang an im besonderen auf die Schaffung einer starken Reichspolizeigewalt ausgerichtet. Bereits 1936 war mit dem bedeutungsvollen Schritt auf dem Wege zur Zusammenfassung aller Polizeikräfte im Reich das Institut eines »Chefs der Deutschen Polizei im Reichsministerium des Innern« errichtet worden. Damit war die Tendenz Hitlers und Himmlers erkennbar, in der Führungsspitze ebenso wie in allen Ebenen eine systematische personelle Verklammerung von SS und Polizei herzustellen.[182] Hitler pflegte dem Reichsführer-SS und Chef der Deutschen Polizei Weisungen direkt zu erteilen.[183] Mit den beiden Untergruppen »Chef der Ordnungspolizei« (betrifft die Gendarmerie und die motorisierte Gendarmerie) und »Chef der Sicherheitspolizei« (betrifft die geheime Staatspolizei und die politische Polizei) wurde die Eroberung (Verpolitisierung) der Polizei durch die SS ermöglicht.[184]

Das Polizeibeamtengesetz regelte in insgesamt 35 Paragraphen die Rechtsverhältnisse der Polizeivollzugsbeamten, insbesondere ihre Anstellung, Ernennung, Beförderung und Versetzung und legte die Altersgrenzen für die Versetzung in den Ruhestand fest. Dieses Deutsche Polizeibeamtengesetz (PBG) wurde von der Reichsregierung 1937 erlassen.[185] Dessen Geltungsbereich schränkte der § 1 ausdrücklich auf die Polizeivollzugsbeamten ein. Eine zu diesem Gesetz ergangene Durchführungsverordnung führte alle Ränge innerhalb der Gendarmerie[186] auf, deren Inhaber als Polizeivollzugsbeamte anzusehen waren. Es handelte sich dabei um Beamte, die grundsätzlich zum Vollzug polizeilicher Anordnungen bestellt waren, also in der Regel Außendienst versahen.[187]

Jeder Beamte wurde auf den Führer des Deutschen Reichs und Volks, Adolf Hitler, vereidigt. Wer sich weigerte, den Treueeid zu leisten, wurde entlassen.

Was von jedem Beamten – ob in der Polizei oder in anderen Bereichen – erwartet wurde, kam im Gesetzestext unverblümt zum Ausdruck: »Der deutsche Beamte steht zum Führer und zum Reich in einem öffentlich-rechtlichen Dienst- und Treueverhältnis. Er ist der Vollstrecker des Willens des von der Nationalsozialistischen Deutschen Arbeiterpartei getragenen Staates. Der Staat fordert vom Beamten unbedingten Gehorsam und äußerste Pflichterfüllung: er sichert ihm dafür seine Lebensstellung.

Die Berufung in das Beamtenverhältnis ist ein Vertrauensbeweis der Staatsführung, den der Beamte dadurch zu rechtfertigen hat, daß er sich der erhöhten Pflichten, die ihm seine Stellung auferlegt, stets bewußt ist. Führer und Reich verlangen von ihm echte Vaterlandsliebe, Opferbereitschaft und volle Hingabe der Arbeitskraft, Gehorsam gegenüber den Vorgesetzten und Kameradschaft gegenüber den Mitarbeitern. Allen Volksgenossen soll er ein Vorbild treuer Pflichterfüllung sein. Dem Führer, der ihm seinen besonderen Schutz zusichert, hat er Treue bis zum Tode zu halten. Der Beamte hat jederzeit rückhaltlos für den nationalsozialistischen Staat einzutreten und sich in seinem gesamten Verhalten von der Tatsache leiten zu lassen, daß die Nationalsozialistische Deutsche Arbeiterpartei in unlöslicher Verbundenheit mit dem Volke die Trägerin des deutschen Staatsgedankens ist. Er hat Vorgänge, die den Bestand des Reichs oder der Nationalsozialistischen Deutschen Arbeiterpartei gefährden könnten, auch dann, wenn sie ihm nicht vermöge seines Amtes bekanntgeworden sind, zur Kenntnis seines Dienstvorgesetzten zu bringen.«[188]

Auch zur künftigen politischen Herkunft und Erziehung von Beamten gab es klare Worte:»...Zur Verwirklichung des nationalsozialistischen Staatsgedankens ist es erforderlich, daß in Zukunft diejenigen, die Beamte werden wollen, schon von Jugend auf in nationalsozialistischer Weltanschauung erzogen worden sind. Bewerber um Beamtenstellen, die nach dem 31.12.1935 das sechzehnte Lebensjahr vollenden, müssen künftig mit Erfolg der Hitlerjugend angehört haben. In Zukunft sind deshalb nur solche Bewerber um Beamtenstellen anzunehmen, die dieser Bedingung entsprechen oder aus der Wehrmacht als Offiziere oder als Soldaten mit Versorgungsberechtigung entlassen sind. Sollte aus besonderen Gründen einem Bewerber die Teilnahme an der nationalsozialistischen Schulung der Jugend oder die Zugehörigkeit zur Hitlerjugend nicht möglich gewesen sein«, war eine Ausnahme möglich.[189]

Durch sein Verhalten in und außer dem Amte hatte er sich der Achtung und des Vertrauens, die seinem Berufe entgegengebracht wurden, würdig zu erweisen. Sippenhaftung war großgeschrieben! Er durfte beispielsweise nicht dulden, daß ein seinem Hausstande angehörendes Familienmitglied eine unehrenhafte Tätigkeit ausübte.

Beamter konnte nur werden, wer deutschen oder artverwandten Blutes war, dasselbe galt für den Ehegatten.

Berief sich ein Beamter, der Mitglied der NSDAP war, auf eine Parteianordnung, so hatte der Vorgesetzte besonders sorgfältig zu prüfen, in welcher Weise die Belange des Staates sich mit denen der Partei in Einklang bringen ließen. In Zweifelsfällen hatte er zu versuchen, Unstimmigkeiten durch eine Aussprache mit der Parteistelle auszuräumen. Mit anderen Worten: Was Parteiwille war, hatte zu geschehen. Die eigene gesetzliche und hierarchische Verantwortung hatte hintanzustehen.

Verletzte ein Beamter schuldhaft seine Amtspflicht, so hatte er dem Staat den Schaden zu ersetzen.

War der Beamte aus der NSDAP ausgeschlossen oder ausgestoßen, so konnte er nicht mehr ernannt werden.

Dienstliche Beurteilungen über seine Person, seine Kenntnisse und Leistungen waren geheim, der Beamte erfuhr nichts über deren Inhalt.

Das gesamte Umfeld des Beamten generell, und besonders des Polizei- oder Gendarmeriebeamten, wurde in Pflicht und Verantwortung gegenüber Partei und Staat genommen. So verlautete, der Führer habe der Partei die Aufgabe gestellt, alle deutschen Menschen zum nationalsozialistischen Denken und Handeln im Dienst am deutschen Volk zu erziehen. Die Hitler-Jugend im Rahmen dieser Aufgabe sei allein berufen, die deutschen Jungen und Mädchen nationalsozialistisch in Haltung und Lebensauffassung zu führen und auf ihre einstige Aufgabe als Träger des Reichs körperlich und geistig vorzubereiten. Es sei deshalb selbstverständlich, daß alle, die es mit ihrem Bekenntnis zum Führer und seiner Bewegung ehrlich meinen, aus Verantwortungsbewußtsein gegenüber der deutschen Zukunft ihren Kindern den Weg zur Hitler-Jugend freigeben und so das Werk des Führers unterstützten.

»Ich erwarte das insbesondere von allen auf den Führer und Reichskanzler vereidigten Beamten des nationalsozialistischen Staates.«[190]

Die Österreichische Gendarmerie wurde mit der Eingliederung ins Deutsche Reich ein Bestandteil der deutschen Polizei. Sie wurde dem Inspekteur der Ordnungspolizei unterstellt. Es läßt sich diskutieren, ob wir es hier noch mit der Österreichischen Gendarmerie zu tun haben, oder ob es ein völlig fremder Abschnitt im Zeitlauf war, der in die 150-jährige Geschichte der Gendarmerie nicht miteingerechnet werden kann: Faktum ist aber jedenfalls, daß wie in allen staatlichen Bereichen im wesentlichen Österreicher die Amtsgeschäfte weiterführten – wenn auch vielfach politisch »vergewaltigt« –, es österreichisches Land war und die Bevölkerung Österreicher waren. Auch wenn Österreich als Teil des Deutschen Reiches Ostmark wurde, sind dies Fakten, die für sich sprechen. Die Abstimmung über den Anschluß ist rechtlich irrelevant, da sie im nachhinein erfolgte und irreführenderweise die Wiedervereinigung als ein selbstverständliches Faktum vorwegnahm. In Wirklichkeit war sie aber nur die Scheinlegitimierung eines ungesetzliches Aktes. Sehr bezeichnend ist die Eintragung eines Chronisten aus dieser Zeit: »15. 4. 1938 Volksabstimmung: Die an diesem Tage durchgeführte Volksabstimmung, bei der jeder Österreicher durch Abgabe seiner Ja-Stimme sein Bekenntnis zu der am 13. 3. 1938 erfolgten Wiedervereinigung Österreichs mit dem Deutschen Reich abzulegen hatte, gestaltete sich zu einem Erfolg...«[191] Der Chronist, offenbar selbst Anhänger des NS-Regimes, dokumentiert hier den Spielraum der NS-Toleranz. Für eine Nein-Stimme war von vornherein keine Wahl. Jeder »hatte« durch die Ja-Stimme sein Bekenntnis zur »Wiedervereinigung« abzugeben. Denn in den Wahllokalen gab es keine Möglichkeit zu geheimer Abstimmung. Die gesamte Kommission konnte mangels Wahlzellen dem jeweiligen Wähler genau auf die Finger schauen.

Aus der Feder des Herausgebers des Gendarmerie-Almanachs 1939 klang Wehmut durch, als er folgendes »Vorwort (und) zugleich Schlußwort« schrieb: »Die Geschichte des österr. Gendarmeriekorps findet in diesem Jahre ihren Abschluß. Wir Gendarmen blicken auf einen Zeitraum von neun Jahrzehnten einer ruhmreichen Vergangenheit unseres Korps zurück, dem anzugehören für jeden aufrechten Gendarmen Lebensinhalt und Stolz war. Kriegsstürme, der Zusammenbruch der österreichisch-ungarischen Monarchie und die schwersten Erschütterungen politischer Zerrissenheit der Nachkriegszeit vermochten das feste Gefüge dieses einfach organisierten und einheitlich geführten Körpers nicht zu erschüttern. Die ersehnte Einkehr Österreichs in das große deutsche Mutterland bringt für das Gendarmeriekorps die Eingliederung in die deutsche Gendarmerie, die Änderung in der Verwaltungsgliederung der Ostmark durch Wegfall einer einheitlichen Leitung in Österreich, Änderungen im Aufbau des Korps. In dieser geschichtlichen Zeitwende schließt auch der Gendarmeriealmanach der österr. Gendarmerie sein Erscheinen. Zum letztenmal sind die Namen jener Korpsangehörigen verzeichnet, die beim Abschluß einer großen Zeitepoche mit dabei sind und die eintreten in die neue Zeit mit dem Sinnspruch: Ein Volk, ein Reich, ein Führer – und eine deutsche Gendarmerie.«[192]

Die Ordnungspolizei umfaßte die Verwaltungspolizei, die Schutzpolizei (in Österreich bis dahin Bundessicherheitswache), die Gendarmerie, (nun zusätzlich auch die motorisierte Gendarmerie), die Gemeindepolizei, die Feuerschutzpolizei und die Technische Nothilfe.[193]

Das Reich trat in alle vermögensrechtlichen Pflichten und Rechte ein, die mit der Gendarmerie zu tun hatten, auch auf Versorgungsbezüge für bereits versorgungsberechtigte Personen.[194]

Bis 1. Okt. 1938 galten beamtenrechtlich noch die österreichischen Vorschriften. Ab diesem Zeitpunkt wurde das Deutsche Polizeibeamtengesetz und subsidiär auch das Deutsche Beamtengesetz eingeführt. Sämtliche Bestimmungen für die Polizei hatten nun auch für die Gendarmerie der Ostmark Gültigkeit, die Gendarmen waren nun Reichsbeamte. Hauptmerkmal des deutschen Beamtenrechts war die unbedingte Treuebindung an den Führer, die nicht nur bis zum Ausscheiden des Beamten aus dem Dienst reichte, sondern bis zum Tod. Daher konnten auch pensionierte Beamte wegen schwerer Verfehlungen dienstrechtlich verfolgt werden. Ebenso konnten die Hinterbliebenen, die gegen die Treuepflicht verstießen, ihren Anspruch auf Witwen- und Waisengeld verlieren.

Die im Dritten Reich erstellten Grundsätze für die Polizei besagten *»I. Halte Deinen Eid in voller Treue und ganzer Hingabe an Führer, Volk und Vaterland. II. Die außerordentlichen Vollmachten, Dir als dem sichtbarsten Träger der Staatsgewalt gegeben, sind keine Vorrechte, sondern Pflichten. Erfülle sie vorbildlich als Diener Deines Volkes. III. Sei aufmerksam und verschwiegen in dienstlichen Dingen, mutig und selbstbewußt, aber gerecht, rücksichtslos im Kampf gegen alle Feinde des Volkes und Staates. IV. Handle so gegen andere, wie Du an ihrer Stelle behandelt zu werden wünschest. V. Sei wahr, schlicht und genügsam. Lügen sind gemein; Geschenke verpflichten; Genußsucht ist unwürdig. VI. Hilf dem, der Deiner Hilfe bedarf. VII. Vernachlässige nicht den äußeren Menschen, er ist das Spiegelbild des Inneren. VIII. Sei gehorsam Deinen Vorgesetzten, ein Vorbild Deinen Untergebenen, halte Mannszucht und pflege Kameradschaft. IX. Du bist als Träger einer Waffe der größten Ehre des deutschen Mannes teilhaftig, sei dessen stets eingedenk. X. Schule Dich und arbeite an Dir. Wer viel leistet, wird anerkannt. Anerkennung sei Dein höchster Stolz.«*[195]

Laufbahn, Amtstitel

Ab 1938 gab es neue Dienststellen- und Funktionsbezeichnungen: Der Landesgendarmeriekommandant hieß nun Kommandeur der Gendarmerie, der Abteilungskommandant hatte seinen Distrikt und war Distriktführer, das BGK hieß Gendarmerieinspektion mit dem Gendarmerie-Inspektionskommandant, dann gab es für eine kleine Gruppe von Gend.Posten die Gendarmerieabteilung mit dem Gendarmerieabteilungskommandant (Anm.: nicht ident mit der bisherigen und späteren Abteilung, die ja nun Distrikt mit Distriktführer war), der Gendarmerieposten hieß nun Gendarmeriestation mit dem Gendarmerie-Stationsführer. Gendarmerieeinzelposten waren nur mit einem Mann besetzte Gendarmerieposten.[196]

Die Laufbahnen der Wachtmeister der Gendarmerie (vor und nach dem Krieg vergleichbar mit dem Amtstitel »Gendarm«) bis zum Gendarmerie-Inspektionskommandant bildeten je eine einheitliche Laufbahn besonderer Art.

Die Gendarmeriewachtmeister, -oberwachtm., -bezirksoberwachtm. galten als Beamte des einfachen Dienstes (vergleichbar etwa mit den »eingeteilten« Beamten),

die Gendarmeriehauptwachtmeister, -meister und - obermeister als Beamte des mittleren Dienstes (vergleichbar etwa mit den »dienstführenden« Beamten) und

die Gend.Inspektoren als Beamte des gehobenen Dienstes.[197]

Bei der Beförderung eines Hauptwachtmeisters zum Gendarmerie-Meister war ausdrücklich die Führereigenschaft als Voraussetzung erforderlich.

In der Leitung eines Bezirks tätige Gendarmen waren Bezirksoffiziere, die dem Offizierskorps angehörten. Ausdrücklich wurde angeordnet, sie zu allen dienstlichen und außerdienstlichen Veranstaltungen des Offizierskorps heranzuziehen.[198] Bezirksoffiziere wurden durch Beförderung von Gendarmeriemeistern und Gend.Hauptwachtmeistern rekrutiert. Voraussetzung war eine Dienstzeit von drei Jahren als Gend.Hauptwachtmeister in der Gendarmerie, ein Höchstalter von 45 Jahren, die erfolgreiche Teilnahme an einem Lehrgang für Anstellung auf Lebenszeit auf einer Gend.Schule oder einem als gleichwertig anerkannten Lehrgang. Weiters eine hervorragende dienstliche Eignung und Befähigung, insbesondere Führereigenschaften und nationalsozialistische Haltung, nachgewiesen durch die bisherige Diensttägigkeit in der Gendarmerie sowie das bisherige dienstliche und außerdienstliche Verhalten. Ein Bez.-Offz-Anw.-Lehrgang dauerte drei Monate. Vor der Beförderung zum Bezirks-Leutnant der Gendarmerie hatten die Kandidaten sechs Monate Vorbereitungsdienst zu leisten. Sie führten während dieses Vorbereitungsdienstes ihre bisherige Amtsbezeichnung Gend.Meister oder Gend.Hauptwachtmeister und den Zusatz »und Gend.-Abteilungsführer i.VD (= im Vorbereitungsdienst)«[199].

Gendarmerie-Offiziere:

Bei den Dienstgraden der Offiziere gab es nur geringfügige Änderungen. Aus dem österreichischen Oberleutnant wurde ein Leutnant, aus dem Rittmeister wurde der Oberleutnant, der Stabsrittmeister wurde Hauptmann; Major, Oberstleutnant, Oberst und General blieben unverändert.

Im Juli 1939 konnten laut AV der Österreichischen Gendarmerie Wachtmeister der Gendarmerie und sonstiger Polizeieinheiten, die für eine Offizierslaufbahn in Frage kamen, gemeldet werden. Bevorzugt wurden Beamte mit Matura, der Zugang war jedoch bei guten geistigen und körperlichen Fähigkeiten, weit über dem Durchschnitt liegenden dienstlichen Leistungen, Führereigenschaften und vorbildlicher dienstlicher und außerdienstlicher Führung auch anderen möglich. Parteizugehörigkeit wurde erwartet. Die endgültige Zulassung für eine Ausbildung wurde von der erfolgreichen Teilnahme an einem 3-monatigen Gruppen- und Zugsführerlehrgang abhängig gemacht.[200]

Ab 1941 wurde der Offiziersnachwuchs in der Gendarmerie auch aus jüngeren aktiven Offizieren der Schutzpolizei des Reichs und der motorisierten Gendarmerie rekrutiert.[201] Angesichts der Tatsache, daß die Tätigkeit in der Gendarmerie von der Tätigkeit in der Schutzpolizei des Reichs und der motorisierten Gendarmerie erheblich abwich, war vor der endgültigen Übertragung der Stelle eines Gend.-Hauptmannschaftsführers an Offiziere der Schutzpolizei eine eingehende Ausbildung und Erprobung erforderlich.

Diese hatten zuerst eine einjährige Ausbildung zu absolvieren und ihre Eignung für die Besonderheiten dieses vielfältigen Dienstes zu beweisen.

Insbesondere war es notwendig, diese Offiziere auf kriminalistischem Gebiet einschließlich des Brandermittlungsdienstes zu schulen und ihre Kenntnisse auf dem Gebiet des Gewerbe-, Gesundheits-, Sozial- und Arbeitsrechts, des Jagd-, Fischerei- und Naturschutzes sowie der Wege-, Feld-, Forst-, Fremden-, Bau-, Feuer-, Veterinär- und Marktpolizei einschl. Preisüberwachung, ferner in den auf diesen Gebieten jeweils in Frage kommenden landesrechtlichen Bestimmungen zu vertiefen sowie sie mit den Mobilmachungsaufgaben vertraut zu machen. Ihre Stellung setzte außerdem eine genaue Kenntnis der Behördenorganisation und der gesamten inneren Verwaltung voraus. Diese Offiziere waren zunächst drei Monate in die Tätigkeit des Gend. Postens, -Gruppenpostens, -Abteilungsführers und Gendarmerie–Kreisführers (Anm.: Bezirk) einzuweisen. Anschließend waren sie vier Monate bei der höheren Verwaltungsbehörde unter Aufsicht des Kommandeurs der Gendarmerie (Anm.: wie Landesgendarmeriekommandant) zu beschäftigen und bei der Bearbeitung der Dienstsachen weitgehendst zu beteiligen. Nebenbei waren sie auch mit den Pflichten des Gend.Hauptmannschaftsführers vertraut zu machen. Ab Beginn des achten Monats der Verwendung in der Gendarmerie hatten die Offiziere die Geschäfte der ihnen zugewiesenen Gend.Hauptmannschaft probeweise wahrzunehmen. Zu Beginn des 12. Monats der Verwendung war über den Verlauf der Ausbildung und über die Eignung der Offiziere für den Gendarmerie-Einzeldienst zu berichten. Die Dienstbezeichnung »Oberleutnant« oder »Hauptmann der Gendarmerie« durften die aus der Schutzpolizei stammenden Offiziere erst ab ihrer endgültigen Verwendung im Gendarmeriedienst führen, bis dahin blieben sie Offiziere der Schutzpolizei und trugen auch deren Dienstkleidung.[202]

Ab 1941 wurden die Dienstgradbezeichnungen in der Gendarmerie neu festgesetzt:[203] Es gab nun:

Anwärter der Gend., nach einem Jahr Beförderung zum

Unterwachtmeister der Gend., nach einem Jahr Beförderung zum

Rottwachtm. d. Gend., nach einem Jahr Beförderung zum

Wachtmeister der Gend., nach einer Gesamtdienstzeit v. 5 Jahren oder mit dem 27. Lj Beförderung zum

Oberwachtm. d. Gend.,

Zugwachtm. d. Gend. (nur bei Gendarmeriebereitschaften, also konzentrierten Abtlgn.)

Bezirksoberwachtm. der Gend. (Gesamtdienstzeit von 7 Jahren incl. 1 Jahr als Oberwachtm. oder Vollendung des 28. Lj incl. 1 Jahr als Oberwachtm.)[204]

Hauptwachtm. der Gend. als Werkmeister in den mot. Gend.Kompanien,

Kompaniehauptwachtm. der mot. Gend. (bei Gendarmeriebereitschaften)

Hauptwachtmeister der Gend. (Gesamtdienstzeit v. 12 J. u. erfolgreiche Teilnahme an einem Lehrgang für Anstellung auf Lebenszeit)

Meister der Gend. (nach 4-jährigem Dienst des Hauptwachtmeisters auf Lebenszeit)

Bezirks-Leutnant (bisher Gendarmerie-Obermeister). Von den zur Ernennung zum Meister und Obermeister (jetzt Bezirks-Leutnant) heranstehenden Beamten wurde grundsätzlich auch die Befähigung als Unterführer gefordert.[205]

Bereits im November 1939 verlautete aufgrund der Kriegsentwicklung, die Wiederaufnahme der unterbrochenen und die Einrichtung neuer Lehrgänge bei der Gendarmerie, mit Ausnahme der Oberstufenlehrgänge bei der Schutzpolizei und Gendarmerie, würden sich voraussichtlich in absehbarer Zeit nicht ermöglichen lassen. Von der Voraussetzung der erfolgreichen Teilnahme an solchen Lehrgängen wurde deshalb abgesehen, sofern sich der Beamte sonst bewährte.

Im Mai 1940 trat für die Kriegsdauer anstelle der mündlichen Prüfung die Beurteilung der Vorgesetzten, daß der Beamte durch genügend Dienstleistung im Gendarmeriedienst unter den durch den Kriegszustand bedingten erschwerten Umständen u. erhöhten Anforderungen hinreichend geprüft und damit seine Eignung für die Anstellung auf Lebenszeit nachgewiesen habe.

Blieb ein Beamter in seinen Arbeitsleistungen zurück, so konnte ihm das in jeder Dienstaltersstufe vorgesehene gehaltsmäßige Aufrücken bis zu zwei Jahren versagt werden.[206]

Beamter auf Lebenszeit wurde, wer eine Urkunde erhielt, in der die Worte »auf Lebenszeit« enthalten waren. Beamter auf Lebenszeit konnte nur werden, wer das 27. Lj. vollendet hatte, bei Frauen das 35. Lj. Im Gendarmeriedienst waren außerdem 5 Dienstjahre erforderlich.[207]

Die Probedienstzeit dauerte ein Jahr und konnte um ein halbes Jahr verlängert werden.[208] Während dieser Zeit führte der Beamte, sofern er aus einem anderen Bereich überstellt werden sollte, eine seiner neuen Laufbahn entsprechende Amtsbezeichnung, z. B. Gendarmeriebezirksoberwachtmeister z. Pr. (= zur Probedienstleistung).

Ab Sept. 1942 galt als Berufung in das Beamtenverhältnis, Beförderung usw. während des Krieges schon der Tag der Vollziehung der Ernennungsurkunde. Zur Rechtswirkung bedurfte es keiner Zustellung mehr. Offenbar waren viele nicht mehr sofort erreichbar bzw. starben, ehe sie die Urkunde zugestellt erhielten und damit eine rechtswirksame Ernennung erreichen konnten.[209]

Ab diesem Zeitpunkt fielen auch die Bezeichnungen »Meister« und »Wachtmeister« weg. Statt dessen wurde innerhalb der Ordnungspolizei die Unterteilung in Offiziere, Unterführer und »Männer« vorgeschrieben, wobei überdies für die Unterführer der Gendarmerie die neuen Amtstitel Bezirksleutnant, Bezirksoberleutnant und Bezirkshauptmann eingeführt wurden.[210]

Die Beliebtheitskurve des Exekutivbeamten dürfte sich rapide nach unten entwickelt haben. Bereits im Sept. 1939 mußten Werbebroschüren mit dem Titel »Willst Du zur Polizei« zwecks intensivster Werbung herausgebracht werden, um den Personalstand auffüllen zu können.[211] Allerdings hatten viele Gendarmen in die Kriegsgebiete einzurücken. Im Okt. 1939 wurden deshalb als Ergänzung des Personalstandes beispielsweise in Vorarlberg 32 Gendarmen aus dem Ruhestand wieder in den Dienst aufgenommen. Sie wurden als Beamte auf Widerruf mit ihrem zuletzt innegehabten Amtstitel und Besoldungsdienstalter eingestellt. Da für sie dieselben Rechte und Pflichten wie für Beamte auf Lebenszeit galten, hatten sie Anspruch auf Grundgehalt, Wohnungsgeldzuschuß und Kinderzuschläge, weiters die Zehrzulage, die Pauschvergütung, die Reisekostenvergütung einschließlich Trennungsentschädigung und die Vergütung für die Haltung eines eigenen Fahrrades. Diese Beamten hatten sich in allen Ausfertigungen als Beamte auf Widerruf zu bezeichnen. Da eine Anordnung des Umzuges an den Dienstort vorläufig nicht erfolgte, kam es auf die im Amtsblatt des Inspekteurs der Ordnungspolizei für das Land Österreich vorgeschriebene Bewerbung um eine Wohnung am neuen Dienstorte nicht an. Sonst eine Voraussetzung für den Wohngeldzuschuß.[212]

Zur Gendarmerie oder Polizei kamen nicht nur Deutschsprachige aus den besetzten Gebieten, sondern auch Deutschsprachige aus Oberitalien, vor allem Südtiroler Carabinieri, die in Marburg an der Lahn umgeschult wurden.[213]

Dienstzeit: Die Absentierung wurde von den Nazis im Oktober 1938 eingestellt.

Die tägliche Arbeitszeit dauerte anfänglich 9 Stunden täglich.

1943 verlautete, der Einsatz aller für kriegsentscheidende Aufgaben erfordere die Freimachung weiterer zahlreicher Arbeitskräfte aus den öffentl. Verwaltungen. Neueinstellungen dürften grundsätzlich nicht mehr vorgenommen werden. Die Erledigung der Dienstgeschäfte durch Verminderung der Arbeitskräfte dürfe nicht leiden, sondern müsse schnell und fristgerecht erfolgen. Deshalb wurde nun die Mindestarbeitszeit der Beamten auf 56 Stunden, in Orten mit durchgehender Arbeitszeit auf 53 Stunden wöchentlich erhöht. Am Sonnabendnachmittag und Sonntag war so weit zu arbeiten, als kriegswichtige Aufgaben zu erfüllen waren. Eine Begrenzung der Dienststunden nach oben gab es also nicht mehr.

Der Behördenleiter oder ein Vertreter mußte jederzeit erreichbar sein. Die Leiter der Behörden wurden ermächtigt, bei sich häufendem nächtlichem Fliegeralarm für den darauffolgenden Tag einen späteren Dienstbeginn festzusetzen. Ausgenommen hievon blieben die mit der

Feststellung und Beseitigung von Luftangriffsschäden und deren sonstigen Folgen beauftragten Dienststellen.[214]

Urlaub: Grundsätzlich waren Auslandsreisen nur im Rahmen eines Urlaubsausfluges bis zu drei Tagen gestattet. Die Gruppenreise von mehr als drei Personen war durch den Reichsinnenminister persönlich genehmigungspflichtig. Dienstausweise durften ins Ausland nicht mitgenommen werden.[215]

Der generelle Urlaubsanspruch für eingeteilte und dienstf. Beamte bis zum Meister der Gendarmerie bis zum 30. Lj betrug 18 Kalendertage, zwischen 30 und 40 Lj 25 Kalendertage und über 40 Jahren 31 Tage. Mußte der Beamte den Urlaub auf Veranlassung der vorgesetzten Dienstbehörde in der Zeit vom 1. Nov. bis 30. April konsumieren, so wurde ihm ein Zusatzurlaub bis zu höchstens sieben Tagen versprochen.[216] Für das Urlaubsjahr 1942 wurde Erholungsurlaub jedoch nur noch gewährt, soweit die Kriegsverhältnisse dies zuließen. Mehr als drei Wochen grundsätzlich nicht mehr. Lediglich 54 Jahre alten und älteren Beamten und Angestellten im öffentlichen Dienst konnten 5 Wochen gewährt werden.[217]

Für das Urlaubsjahr 1943 wurde Erholungsurlaub nur mehr gewährt, wenn nach Ansicht des Dienstvorgesetzten eine Urlaubsbedürftigkeit vorlag und »die Geschäftslage der kriegswichtigen Arbeiten« den Urlaub zuließ. Der EU betrug nur noch höchstens zwei Wochen, für Beamte, die 49 Jahre oder älter waren, höchstens drei Wochen.[218]

Gendarmen, die früher in der Landwirtschaft tätig waren, konnten für die Frühjahrsbestellung, die Heuernte und die Getreideernte beurlaubt werden. Solche Urlaube gingen zu Lasten des Erholungsurlaubes unter dem Titel »Landwirtschaftsurlaube 1943«. Erholungsurlaube anderer Beamten waren hinter diesen Urlauben zu reihen.[219]

Der politischen Entwicklung entsprechend wurden ab September 1943 Urlaubsanträge nach Italien nur mehr bei Todesfällen genehmigt.[220]

Im März 1944 wurde verheirateten Beamten noch zweimal und für Ledige einmal im Jahr eine Familienheimreise gewährt, sofern sie bereits sechs Monate von der Familie getrennt waren. Für Entfernungen bis zu 300 km kamen drei, darüber fünf Kalendertage in Frage.[221]

Am 25. August 1944 hieß es, der totale Krieg fordere von jedem Deutschen den vollen Einsatz. Der Erholungsurlaub für die Beamten werde bis auf weiteres gesperrt. Beurlaubte Beamte hatten ihren Urlaub sofort abzubrechen.[222]

Disziplinarangelegenheiten, Erziehungsmaßnahmen: Die Reichsdienststrafordnung galt nun auch in Österreich. Somit unterlagen alle Beamten der Dienststrafkammer beim Reichsstatthalter.

Die Einleitung von Disziplinarverfahren gegen Parteimitglieder der NSDAP war dem Stellvertreter des Führers schriftlich mitzuteilen. Dasselbe galt für Anwärter auf die Mitgliedschaft zu dieser Partei.[223]

Vorgesetzte in den Schulen, in den Ausbildungshundertschaften, den Reitstaffeln und den motorisierten Gendarmeriebereitschaften (jetzt Gend.Komp. [mot.] bzw. Gend.-Züge) konnten sogenannte »nichtdienststrafrechtliche Erziehungsmaßnahmen« anordnen. Darunter waren z.B. die Heranziehung zu besonderen Dienstleistungen außer der Reihe, die Auferlegung der Pflicht zur vorzeitigen Rückkehr in die Unterkunft, Urlaubsentzug, Strafdienste usw. zu verstehen. Dieses Recht gegenüber den Wachtmeistern (einfachen Gendarmen) wurde durch die Reichsdienststrafordnung nicht berührt.[224]

Am 30. Okt. 1939 trat für SS und Polizei eine Sonderstrafgerichtsbarkeit in Kraft.[225] Dieser unterstanden u.a. die in besonderem Einsatz stehenden Angehörigen der Polizeiverbände, also die Polizeibataillone sowie die Ausbildungsbataillone der Ordnungspolizei.[226] Für die Bestrafung von Dienstvergehen der den Ausbildungsbataillonen angehörenden Polizeivollzugsbeamten auf Widerruf galten für die Dauer des Krieges an Stelle der Reichsdienststrafordnung sinngemäß die Bestimmungen der Disziplinarstrafordnung für das Heer.[227] Diese VO wurde ab 1. Dez. 1939 dann auch auf andere Polizeibeamte, die bei truppenähnlichen Polizeiverbänden oder in den eingegliederten Ostgebieten, im besetzten polnischen Gebiet, im Protektorat Böhmen und Mähren oder im westlichen Operationsgebiet Dienst leisteten, sowie auf die nichtbeamteten Hilfskräfte im Polizeivollzugsdienst ausgedehnt. Also nur auf Polizeibeamte im Kriegseinsatz bzw. als Besatzungsmacht.[228] Ab September 1942 wurde schließlich die gesamte Ordnungspolizei – und damit auch die Gendarmerie – den SS- und Polizeigerichten unterworfen. Von diesen Gerichten wurden Gendarmen belangt und in Konzentrationslager eingewiesen, zu Gefängnisstrafen verurteilt oder zu Strafkompanien versetzt. Auch Todesstrafen wurden verhängt. Beispielsweise in der Stmk. wurden drei Beamte zum Tode verurteilt und hingerichtet. Einer hatte ein Spottgedicht auf den Führer abgeschrieben, einer wurde wegen Kollaboration mit den Partisanen verurteilt. Ein weiterer war als Postenkommandant-Stv mit dem gesamten Posten, bestehend aus sechs Gendarmen und neun Hilfsgendarmen, vor einer Übermacht von 240 Partisanen geflüchtet. Deshalb wurde er wegen Feigheit vor dem Feind hingerichtet.[229]

Jeder Fall von Trunkenheit von Angehörigen der Ordnungspolizei wurde rigoros bestraft.[230] Einzige Ausnahme war bei Fronteinsatz, »zumal im Osten, wo wegen der dort herrschenden Witterungs- und Trinkwasserverhältnisse« das Alkoholverbot aufgehoben wurde. Der Genuß von Alkohol in »selbstverständlich mäßigen Grenzen« galt dort als gerechtfertigt und konnte mitunter »aus gesundheitlichen Gründen auch geboten« sein. Nach Beendigung des Einsatzes lief das Alkoholverbot weiter.[231]

Traten Beamte mit Personen polnischen Volkstums früherer polnischer Staatsangehörigkeit in geschlechtliche Beziehung, so lag ein Dienstvergehen unwürdigen Verhaltens in- und außer Dienst vor. Der Betreffende war ohne Ruhegehalt aus dem Dienst zu entfernen.[232]

Auch wurde von der Polizei erwartet, daß keiner ihrer Angehörigen der Frau eines im Felde stehenden Soldaten oder sonst abgeordneten Ehemannes (z.B. zum Arbeitseinsatz) nahetrete. Durch Anknüpfung einer geschlechtlichen Beziehung zu solchen Frauen durch Polizeibeamte würde militärischer Ungehorsam verübt, was für strafbar erklärt wurde.[233]

Auf Radio-Apparaten waren Klebezettel mit der Aufschrift »Das Abhören ausländischer Sender ist ein Verbrechen gegen die nationale Sicherheit unseres Volkes. Es wird auf Befehl des Führers mit schweren Zuchthausstrafen geahndet. Denk daran!« Zugleich wurde erklärt, diese Aktion trage keinen entehrenden Charakter, sondern verfolge das Ziel, gedankenlose Menschen durch eine ständige Mahnung vor Strafe zu bewahren. Beamte hatten dies bei allen Gelegenheiten zur Sprache zu bringen.[234] Doch gab es auch in ihren Reihen dagegen Widerstand. Ein Angehöriger der Ordnungspolizei beispielsweise wurde wegen fortgesetzten absichtlichen Abhörens ausländischer Sender zu zwei Jahren Zuchthaus verurteilt.[235]

NSDAP: Eine wesentliche Neuerung des nationalsozialistischen Beamtenrechts war, daß der Beamte nicht nur dem Staat, sondern auch der NSDAP rechtlich verbunden war. Die Beamten hatten sich zur politischen Gefolgschaft des Führers zu bekennen, waren aber zunächst nicht verpflichtet, der NSDAP beizutreten. Erst ab Feber 1939 wurde allen Bewerbern um eine Beamtenstelle die Mitgliedschaft bei der NSDAP oder einer ihrer Gliederungen vorgeschrieben. Für im Dienst stehende Beamte war die Mitgliedschaft erwünscht.[236] Ein Großteil der Gendarmen wurde daraufhin entweder direkt Mitglied bzw. Parteianwärter der NSDAP oder der eher »harmlosen« Vorfeldorganisation NSKK (Nationalsozialistisches Kraftfahrkorps) und NSV (Nationalsozialistische Volkswohlfahrt). Viele traten mit Begeisterung in diese Parteiformationen ein; für viele bedeutete dies aber auch innerer und äußerer Zwang.[237] Trat ein Beamter aus der NSDAP aus, so verständigte der Stellvertreter des Führers und »Leiter der Parteikanzlei« die oberste Dienstbehörde des Beamten. Es wurde dann in jedem einzelnen Fall eingehend geprüft, welche Gründe den Beamten dazu bewogen, aus der Partei auszutreten. Waren die Gründe hiefür, weil er das Programm oder die politische Haltung der Partei ablehnte, so drohte ihm von vornherein und generell die Entlassung. Aber auch wenn es nicht dazu kam, mußte der Beamte mindestens damit rechnen, daß er bei bevorzugten Beförderungen ausgeschlossen und bei normalen Beförderungen zurückgestellt wurde. Denn, so wurde interpretiert, der Austritt eines Beamten aus der Partei könne bei den engen Beziehungen zwischen Partei und Staat darauf schließen lassen, daß dem Beamten die innige Verbundenheit mit dem nationalsozialistischen Staate oder daß ihm jedenfalls der erforderliche Opfersinn fehle.[238]

Beamtenvereinigungen

Mit der Okkupation Österreichs wurden alle bisher bestandenen Vereinigungen von Gendarmeriebeamten dem Kameradschaftsbund Deutscher Polizei-Beamter eingegliedert. Dieser war dem Reichsbund der Deutschen Beamten untergeordnet. Das Vermögen wurde eingezogen. Dem Kameradschaftsbund Deutscher Polizei-Beamter hatte nun jeder neu zur Gendarmerie Kommende beizutreten. Wollte jemand austreten, hatte er dies schriftlich zu erklären. Eine solche Austrittserklärung wurde von höchster Stelle untersucht und bereits vorbeugend in Form versteckter Drohungen nahezu verunmöglicht. Hiezu gibt ein Erlaß des Reichsinnenministers Aufschluß:[239] »Der Kameradschaftsbund Deutscher Polizei-Beamter soll ...die deutsche Polizei-Beamtenschaft ... ohne Unterschied des Dienstzweiges oder der Dienststellung einheitlich zusammenfassen und sich die Pflege einer von nationalsozialistischem Geiste getragenen Berufskameradschaft sowohl nach der geselligen wie auch nach der wirtschaftlich-fürsorglichen Seite angelegen sein lassen. Daneben ist er berufen, im engen Zusammenwirken mit der SS die staatliche Polizei-Führung bei der Erfüllung weltanschaulicher Schulungsaufgaben in der Polizei zu unterstützen. Kraft dieses Auftrags ist der Kameradschaftsbund Deutscher Polizei-Beamten der allein anerkannte Berufsverband der deutschen Pol-Beamten... Neben dem Kameradschaftsbund Deutscher Pol-Beamten ist für besondere Vereinsbildungen innerhalb der Polizei-Beamtenschaft, mögen sie gesellige oder wirtschaftliche Zwecke verfolgen, mit alleiniger Ausnahme der amtlich anerkannten Polizei-Sportvereine kein Raum mehr...«[240]

Die Mitgliedsbeiträge für den Kameradschaftsbund Deutscher Polizeibeamter »werden im Gehaltsabzugswege hereingebracht. Das Einverständnis ist nicht nötig, weil jedes Mitglied schon bei seinem Eintritt eine diesbezügliche Erklärung abgegeben hat. Sollte aber ein Beamter mit dem Abzuge nicht mehr einverstanden sein, so hat er dies allsbald zu melden«[241].

In den Reihen der Polizei und Gendarmerie wurde jedoch nicht nur für die Mitgliedschaft beim »Kameradschaftsbund Deutscher Polizeibeamten« geworben, sondern insbesondere auch für den Eintritt zur SS – nicht zuletzt, »um die Verbindung von SS und Polizei weiter zu verfestigen«[242].

Die Gendarmerie hatte nicht nur mit der SS zusammenzuarbeiten, sondern auch mit den anderen Dienststellen der NSDAP zu kooperieren. Den höheren Parteifunktionären der NSDAP und ihrer Vorfeldorganisationen war beispielsweise Akteneinsicht und Aktenauskunft zu gewähren.[243]

1939 wurde erstmalig der »Tag der Deutschen Polizei« begangen. Dieser Festtag am 29. Jänner sollte Zeugnis ablegen »von dem Geist der Volksverbundenheit« der Polizei und Gendarmerie. Neben Paraden mit Flaggenhissung und Totengedenken sollte dies vor allem durch Straßensammlungen für das Winterhilfswerk dokumentiert werden. Dieser neue Gedenktag löste den vorher bestandenen Gendarmerie-Gedenktag ab. Die Unterstützung und Teilnahme am Winterhilfswerk war für Beamte eine »freiwillige Pflicht«, wie es hieß. Wer nicht teilnehmen wollte, hatte dies schriftlich zu erklären.

Mit 31. Jänner 1939 wurde auch in Österreich die Abtretung von Beamtenbezügen zum Bau von Heimstätten eingeführt.[244]

Sogenannte Gefolgschaftsappelle fanden meist aus besonderen Anlässen oder anläßlich allgemeiner Gedenktage statt. Sie »bekunden den nationalsozialistischen Geist der Betriebs- und Behördenangehörigen und ihre Verbundenheit untereinander und mit den übrigen Volksgenossen. Sie werden, sofern es sich nicht um rein dienstliche Angelegenheiten handelt, vom Dienststellenleiter im Einvernehmen mit den Vertretern der Deutschen Arbeitsfront und des Reichsbundes der Deutschen Beamten – Betriebsobmann und Fachschaftsgruppenwalter – anberaumt und durchgeführt. Die Zeit, die für einen vom RMfVuP angeordneten allgemeinen Appell in Anspruch genommen wird, gilt als Arbeitszeit«[245].

Presse, Zeitungen, RMBl etc.

Vom Beamten wurde erwartet, daß er täglich die nationalsozialistische Presse las, insbesondere das alte Kampfblatt der Bewegung »Der Völkische Beobachter«, weil er »dem Führer und Reichskanzler Adolf Hitler durch den Eid, durch den er ihm Treue geschworen hat, zu unlösbarer Gefolgschaft verbunden (ist). Er hat damit die Pflicht übernommen, in seinem amtlichen und außeramtlichen Wirken den auf das Wohl des ganzen Volkes gerichteten Willen des Führers und Reichskanzlers mit allen seinen Kräften in seinem Bereiche zu verwirklichen. Nichts kann den Beamten aber über den Willen des Führers gerade in den gegenwärtigen Zeitverhältnissen eingehender und lückenloser auf dem laufenden halten als das Organ zur Verlautbarung seiner Absicht und Ziele: die nationalsozialistische Tagespresse. Ich halte es deshalb für selbstverständlich, daß jeder deutsche Beamte sich die Möglichkeit verschafft, ständig die nationalsozialistische Presse zu lesen, und auch davon täglichen Gebrauch macht. Erst mit deren regelmäßigem Studium wird der Beamte in den Stand gesetzt sein, den Geist des Nationalsozialismus so erschöpfend zu erfassen und in sich aufzunehmen, daß er seine ganze Arbeit mit ihm durchdringen und damit dem Staatsleben die vom Führer gewiesene Richtung sichern kann«. Behördenleitern oblag, die Werbung hiefür zu fördern.[246]

Den Gendarmen wurde in der AV vom Jänner 1939 verkündet, neben der parteiamtlichen Presse würden die SS-Leithefte ein wesentliches Hilfsmittel bei der Durchführung der weltanschaulichen Schulung bilden. Der Bezug der SS-Leithefte wurde deshalb allen Angehörigen der Ordnungspolizei empfohlen. Die Kosten waren aus eigenem zu tragen. Der Kommandeur ordnete hiezu in einem Nachsatz an, die Beamten einer Station hätten die Bestellung gemeinsam zu erwirken. Sollten es die Standesverhältnisse jedoch nicht ermöglichen, wären Bestellungen eben gemeinsam mit dem Nachbarposten zu bewirken. Die Nachdrücklichkeit wurde mit dem Satz unterstrichen: »Inspektionskommando und Distriktsführer interessieren sich sehr für das Interesse der Beamten.«[247]

Auch wurde die enge Verbundenheit der Gendarmerie mit der SS angemahnt und daran die Erwartung geknüpft, daß sich von der Bestellung der Zeitschrift »Das Schwarze Korps«, Zeitung der Schutzstaffeln (SS) der NSDAP-Organ der Reichsführung der SS, niemand ausschließe. Die Gendarmerie solle überdies bei allen Volksgenossen, insbesondere aber bei allen Beamten und bei den Gast- und Schankbetrieben werben.[248]

Die Beamten hatten zur Aneignung des nötigen Wissens über politische und wirtschaftliche Vorgänge auf jeder Dienststelle insgesamt also ein RMBliV sowie die Zeitungen 1. Völkischer Beobachter, 2. Das Schwarze Korps, 3. Illustrierter Beobachter und 4. Die Gauzeitung zu halten. Die Kosten hatten sie, selbstverständlich, aus ihrer Pauschalvergütung, also aus eigener Tasche zu bestreiten.[249] Die Aufteilung der Kosten auf die zur Dienststelle zählenden Beamten wurde dem Dienststellenleiter nach eigenem Gutdünken überlassen.[250]

Religion, Weltanschauung, Glauben, Ethik

Die im Jahre 1936 eingeführte Gendarmerie-Seelsorge wurde 1938 unter dem Hitler-Regime sofort aufgehoben.[251]

Es wurde erklärt, jedermann habe ein Anrecht auf seine Religion oder Weltanschauung. Ausdrücklich wurde darauf hingewiesen, daß auch bei jedermann die Weltanschauung oder ein Nichtbekenntnis zu einer Religion anzuerkennen sei und ihm daraus kein Nachteil erwachsen dürfe. Erklärte jemand den Wechsel seiner Glaubensrichtung, so war ihm die Bedeutung des neuen Glaubens zu erklären. Ausdrücklich bestand für jeden Angehörigen der Ordnungspolizei, also auch für die Gendarmen, die Verpflichtung, den Wechsel der Glaubensrichtung zu melden. Wie diese Thematik zu interpretieren war bzw. in welche Richtung hier gearbeitet wurde, läßt sich aus einer Amtlichen Verlautbarung vom März 1941 ableiten, wo die nationalsozialistische Weltanschauung als »unser Glaube« bezeichnet wurde.

Die Mitgliedschaft in berufsständischen konfessionellen Vereinigungen wurde strikt untersagt, weil dies den Organisationsgrundsätzen des nationalsozialistischen Staates zuwiderlaufe und sich daher nicht mit der Stellung der Beamten und Lehrer als Staatsdiener vertrage.[252]

Priestern wurden alle mit ihrem Berufe zusammenhängenden Tätigkeiten in Unterkünften der Gendarmerie verboten.

In Gendarmerieunterkünften war jede Art des Vertriebes von Schriften der Religionsgemeinschaften ohne Unterschied ihres rechtlichen Charakters und von Schriften der Weltanschauungsgemeinschaften untersagt. Ausdrücklich untersagt war der Vertrieb der Schriften der »Deutschen Wehrmacht- und Schutzpolizeimission«, des »Kameradschaftsdienstes an der wehrhaften Mannschaft Deutschlands«, der »Jugendhilfe« des »Deutschen Jungverbandes für entschiedenes Christentum« sowie des »Dienstes an der Reichswehr- und Schutzpolizei« und ähnlich geartete Schriften und Traktate.[253]

Die Ausgrenzung von Religion und eigener Weltanschauung wurde konsequent in allen Bereichen betrieben, wo die Gefahr einer anderen Beeinflussung möglich gewesen wäre. So verlautete bspw., heilfürsorgeberechtigte Männer der Reichspolizei und ihre Familienangehörigen dürften nicht in Krankenhäuser und Heilanstalten überwiesen werden, die im Besitz oder unter Leitung von Religions- oder Weltanschauungsgemeinschaften stünden. Ausnahmen waren nur in Notfällen erlaubt.[254]

Bei der Beerdigung von Selbstmördern durften Angehörige der Ordnungspolizei nicht teilnehmen, selbst wenn es sich um die nächsten Angehörigen handelte.[255]

Polizeisportvereine: Die Dienstvorgesetzten hatten die Pflicht, die Arbeit des Polizeisportvereines zu beaufsichtigen und mit allen Mitteln zu fördern. Himmler erklärte: »Bei der Bedeutung der außerdienstlichen sportlichen Betätigung der Polizei und Gendarmerie für den Dienstbetrieb erwarte ich außerdem von allen Dienststellenleitern eine verständnisvolle Unterstützung der Polizei-Sportvereine. Ich halte es für eine selbstverständliche Pflicht eines jeden Pol-Offiziers, dem Pol-Sportvereine anzugehören, und ersuche, in geeigneter Weise auf die unterstellte Beamtenschaft einzuwirken, sich dem Polizei-Sportverein des Standortes anzuschließen. Die Mitgliedschaft aller Beamten wird es ermöglichen, den Mitgliedsbeitrag, bei dessen Festsetzung der das Bestätigungsrecht ausübende Dienstvorgesetzte mitzuwirken hat, für jeden Beamten wirtschaftlich tragbar zu gestalten.«[256]

Sport: Für Offiziere und Offiziersanwärter wurde 1941 das Fechten mit leichtem Säbel als Teil der dienstlichen Körperschulung eingeführt.[257]

Erstmals waren zu den Polizeimeisterschaften in Leichtathletik und im Mannschaftsgepäckmarsch 1939 auch Gendarmen der Ostmark zu entsenden. Nur die Besten wurden ausgelesen. Es wurden Mindestleistungen vorgeschrieben. Bei der Gendarmerie waren alle in Betracht kommenden Wachtmeister zu erfassen und einem intensiven Training mindestens dreimal wöchentlich zu unterziehen. Auch am Mannschaftsgepäckmarsch in Uniform über 25 km mit einem Offizier und 20 Mann nahm man teil.[258]

Unerwünschte Musik

Musik, die als unerwünscht erklärt wurde, durfte von Gendarmerie- und Polizeikapellen ausdrücklich weder im noch außer Dienst gespielt werden. Welche Musik dies betraf und welche fadenscheinigen Begründungen verwendet wurden, zeigen die amtlichen Verlautbarungen:

Im Dez. 1938 wurde das Lied »Deutschland erwache, s'ist Frühling am Rhein« von Otto Höser, als nationaler Kitsch für unerwünscht erklärt.[259]

1938 wurde verboten, »Swing« zu tanzen.[260]

Die Musik jüdischer Komponisten durfte nicht mehr gespielt werden. Auch der Modetanz »Lambeth Walk« war für Gendarmen und Polizisten verboten. Den Musikkorps in der Ordnungspolizei wurde 1939 das Werk v H. Brückner und C.M. Rock, »Judentum und Musik mit dem ABC«, das als vollständiges Nachschlagewerk über die Namen derjenigen jüdischen und nichtarischen Komponisten anzusehen war, deren Werke nicht mehr aufgeführt werden durften, amtlich zugewiesen.[261]

Die Musikstücke »Non significa nulla« und »Help«, »Canto negro«und »Rhapsodie in Swing« wurden, weil ausgesprochene Hotmusik und artfremd, als unerwünscht erklärt.[262]

Zu unerwünschter Musik wurden der Slowfox »Schubertiana« und der »International-Fox« wegen Verjazzung klassischen Melodiengutes erklärt. Mit »Peelin the Peach«, »There's a village in a valley«, »You never know« und »Marilu« sollte ein neuer Tanz eingeführt werden. Die Form dieses Tanzes, hieß es, entspreche nicht dem Empfinden des deutschen Volkes, weil es negroide Musik im Hotstil sei. »Adolf Hitlers Lieblingsblume ist das schlichte Edelweiß« galt als nationaler Kitsch, was die äußere Aufmachung und den Text betraf.[263]

Unerwünschte Musik war weiters 1. »Ha-Ra-Ki-Ri«, Musik von J. Lindsay-Theimer, wegen des geschmacklosen Titels. Ferner bestehe keine Veranlassung, daß eine dem seinerzeit bekannten jüdischen Kapellmeister Lady Löwenthal gewidmete Komposition heute noch gespielt werde. 2. »Max und Moritz«, weil die Verwendung von musikalischen Zitaten unserer größten Meister in Verbindung mit den Originalversen von Wilhelm Busch in der vorliegenden Form kulturpolitisch untragbar sei. Da der Verfasser auch jüdische Komponisten zitiere, sei eine Verbreitung des Werkes in der heutigen Zeit nicht zu verantworten.[264]

Unerwünschte Musik war ferner das Marschlied »Marburg, du schöne Stadt im deutschen Süden« von Paul Günther (Günther Eisel), Text von Frau E. Thöny. Grund: Der Komponist Günther Eisel sei mit einer Volljüdin verheiratet und deshalb nicht Mitglied der Reichskulturkammer. Die Textdichterin E. Thöny sei Volljüdin. Ferner wurde »Der Jazzpianist« von Fred Myers wegen würdeloser Nachahmung fremdländischer Vorbilder und Verwendung eines von der Reichsmusikkammer verbotenen engl. Decknamens verboten.[265]

Ab 1942 wurden musikalische Werke von Autoren der Vereinigten Staaten sowie sämtliche Werke, die in USA-Verlagen erschienen, verboten. Auch solche von Verbündeten oder ehemaligen Verbündeten der USA, oder Tonträger, die mit Werken von Angehörigen von Feindstaaten bespielt waren.[266]

Als weitere Gründe für ein Musikverbot wurden angegeben, das betreffende Werk widerspreche nach Methode wie Qualität des Übungsmaterials den Grundsätzen einer verantwortungsbewußten Volksmusikpflege oder es handle sich um einen geschmacklosen und in seiner politischen Anspielung abzulehnenden Text.[267] Eine dieser Begründungen war wohl stets anwendbar.

Eheschließung, Unterbringung Lediger etc.

Eheschließungen mit Angehörigen einer fremden Rasse waren verboten. Zur Eheschließung mit Angehörigen der polnischen oder tschechischen Nationalität bedurfte es einer besonderen Bewilligung. Die Gründe wurden ungeschminkt formuliert: »...Die Angehörigen der Ordnungspolizei werden dadurch davor bewahrt, eine Verbindung mit einer in rassischer oder erbgesundheitlicher Hinsicht ungeeigneten Frau einzugehen und infolge einer solchen Heirat nicht in die SS aufgenommen werden zu können...«[268]

Das seit 1933 bestehende grundsätzliche Eheverbot[269] für junge Gendarmen blieb weiterhin gültig. Zur Eheschließung bedurften die Wachtmeister der kasernierten Einheiten der Gendarmerie (z.B. der mot. Gend.Bereitschaften) einer Erlaubnis. Die Erlaubnis durfte nicht vor Vollendung des 25. Lj. erteilt werden. Mehr als 20 % der Iststärke dieser Dienstgrade einer kasernierten Einheit durften nicht verheiratet sein.

Ledige Angehörige der kasernierten Einheiten der Schutzpolizei und der Gendarmerie waren zum gemeinsamen Wohnen in Polizeiunterkünften (Polizei- oder Gendarmeriekasernen) verpflichtet. Die Verpflichtung sollte sich idR nicht über das 27. Lj hinaus erstrecken.[270]

Personen, die als Beamte berufen werden sollten, hatten für sich und ihre Gattin den Nachweis deutschblütiger Abstammung zu erbringen. Alle Beamten, mit Ausnahme der Exekutivbeamten, konnten diesen Nachweis nach Kriegsende nachbringen.[271]

Unterkünfte, Wohnungen etc.

Das Reich erklärte sich als Arbeitgeber für die Wohnungsfürsorge zuständig.[272] In den Wohnungsfürsorgerichtlinien wurden die Grundsätze bestimmt. Die Unterbringung der verheirateten Gendarmen des Einzeldienstes (als Einzeldienst waren die Gendarmerieposten anzusehen) und der motorisierten Gend.-Bereitschaften in der Nähe der Gend.Kasernen wurde für dienstlich erforderlich erklärt. Für die Wohnungsfürsorge kam jedoch nur in Betracht, wer voraussichtlich noch mindestens 5 Jahre Reichsdienst versah.

Wohnungen sollten zwischen 75 und 90 m², bei Einfamilienhäusern zwischen 100 und 120 m² sein. Dienstwohnungen durften nur für Inhaber solcher Dienstposten zugewiesen werden, deren Anwesenheit auf der Dienststelle auch außerhalb der Dienststunden aus dienstlichen Gründen sichergestellt sein mußte und die daher im Dienstgebäude oder in erreichbarer Nähe der Dienststelle zu wohnen hatten. Gendarmen zählten zu diesem Personenkreis. Ein Anspruch auf eine Dienstwohnung bestand jedoch nicht. Reichsbeamte, denen eine Dienstwohnung zugewiesen wurde, waren zu deren Bezug verpflichtet.

Die Größe der Dienstwohnungen hing von der Besoldungsgruppe des Reichsbeamten ab, mit dem der Dienstposten idR besetzt war. Bei Tod des Wohnungsinhabers konnte die Familie noch drei weitere Monate dort wohnen. Der Beamte hatte die Nutzgelegenheit für die Dienstwohnung zu vergüten. Diese Vergütung durfte den Wohnungsgeldzuschuß, den er erhielt, nicht übersteigen.[273] Dienstwohnungsvergütungen mußten knapp gehalten werden. Es gab u. a. auch deshalb das Verbot, Preise zu erhöhen.

Dienstwohnungen (Raumausdehnung)

1	2	3	4	5	6	7	8	9	10	11	12	13	14
Stufe	Dienstposten von Reichsbeamten, deren Grundgehalt gewährt wird nach der Besoldungsordnung A aus den Besoldungsgruppen	B	JL	planm. Führern des RArbD. AD	Soldaten C	Wohn- und Schlafräume einschl. für Hausangestellte (Wohnfläche) im allgemeinen qm	Nebenräume: Küche	Anrichte	Aborte	Badezimmer mit Einrichtung	Badeeinrichtung in anderen Räumen	Außerdem können vorgesehen werden: Empfangsräume höchstens	Aborte für Empfangsräume	Bemerkungen
Ia	—	3	—	1	1	180	1	1	2	1	1	4	1	1) nur f. Reichsbeamte usw. der Besoldungsgruppen B 4 bis 8, JL 1 u. 2, AD 2 u. 3, C 2 u. 3 2) in der Regel genügt Badezimmer mit Aborteinrichtung
Ib	1a	4 bis 9	1 bis 3	2 bis 4	2 bis 4	160	1	1	2	1	1	2 bis 3 1)	1	
II	1b bis 3	10	4 bis 6	5 bis 7	5 bis 7	120	1	1	2	1	.	—	—	
III	4	—	7 u. 8	8	8	90	1	—	1 2)	1 2)	.	—	—	
IV	5 bis 7	—	—	9	—	80	1	—	1 2)	1 2)	.	—	—	
V	8 bis 10	—	—	10	—	65	1	—	1 2)	1 2)	.	—	—	
VI	11 u. 12	—	—	11	—	50	1	—	1 2)	1 2)	.	—	—	

306

Gendarmerie-Handbuch 1942; Wohnungsgröße und die Nebenräume von Dienstwohnungen.

Medizinische Situation, ärztliche Versorgung

Die Unfallfürsorge bestand aus dem Heilverfahren, einem Ruhegehalt bei Dienstunfähigkeit und einer Hinterbliebenenversorgung im Ablebensfalle.

War anzunehmen, daß sich ein Beamter durch einen Krankenhausaufenthalt Aufwendungen für die Verköstigung sparte, so war eine Reduzierung seiner Dienstbezüge bis zu einem Drittel vorgesehen.

Ab August 1939 wurde vorgesehen, alle Polizei- und Gendarmeriebeamten jährlich einmal polizei- oder amtsärztlich auf ihren Gesundheitszustand zu untersuchen.[275] Bei allen Offizieren der Schutzpolizei und Gendarmerie, die 40 Jahre oder älter waren, sollte grundsätzlich eine elektrokardiographische Untersuchung des Herzens und ferner eine Röntgenuntersuchung durchgeführt werden. Außerdem war der Blutdruck zu messen und der Urin auf Eiweiß und Zucker sowie mikroskopisch zu untersuchen. Diese Untersuchungen dürften aufgrund der Entwicklung nicht lange stattgefunden haben.

In den Polizei-Kuranstalten Wiesbaden, Badgastein und Karlsbad war für Polizei- und Gendarmeriebeamte eine Kur mit einer Mindestzeit von 4 Wochen möglich. Der Polizeiarzt der Polizeikuranstalt konnte bei Notwendigkeit die Kurdauer verlängern.

Nicht geringfügige Behandlungen in Zahnangelegenheiten waren in den Polizeikliniken, in Innsbruck bestand beispielsweise eine, durchführen zu lassen. Jeder Patient hatte zu erscheinen. Blieb er unentschuldigt fern, wurde er bestraft.[276]

Versicherungen: 1940 wurde die freie Heilfürsorge auf alle aktiven Gendarmen ausgedehnt. Die bis dahin bestandene Hilfskasse der ehem. österr. Gendarmerie wurde aufgelöst bzw. konnte privat weitergeführt werden.[277]

Die Mitgliedschaft bei der Unterstützungskasse der berittenen Gendarmerie war für alle berittenen Gendarmen mit eigenem Pferd Pflicht. Sie hatten für die Versicherung des Pferdes monatlich 1 RM zu bezahlen.[278]

Kriegslage, Kriegseinsatz

Viele Gendarmen hatten vorerst in den Osteinsatz abzugehen und anschließend im besetzten Gebiet Dienst zu verrichten. Darüber wird in einem speziellen Artikel eingehender berichtet werden. Fest stand für die Nazis, daß nur die besten Kräfte abgestellt werden sollten, um »am Aufbauwerk des Führers im Osten des Reiches mitzuwirken«. Der auswärtige Einsatz wurde als Ehrenpflicht dargestellt, zu dem man sich freiwillig zu melden hatte. Allen Gesuchen von Polizeivollzugsbeamten um Verwendung an der Front konnte jedoch nicht entsprochen werden. Es hieß dann auch, die restlose Erfüllung der polizeilichen Aufgaben, sei es an der Front, sei es in der Heimat, sei eine der Voraussetzungen für die Durchführung der Absichten und Anordnungen des Führers und der Reichsregierung. Jeder habe daher seine Pflicht an der Stelle und auf dem Posten zu erfüllen, auf den er gestellt sei.[279]

Ab Oktober 1941 ging man so weit, festzulegen, daß in der Heimat nur 40 % der Sollstärke an aktiven Gendarmen verbleiben durften. Posten mußten deshalb geschlossen werden und Abteilungsführer hatten gleichzeitig mehrere Abteilungen zu führen.

Den Gendarmen kam ab Kriegsbeginn eine entscheidende Rolle an der »Heimatfront« zu. Sie sollten gegenüber der Bevölkerung politischen Einfluß ausüben und bei Gesprächen die tagespolitischen und kriegsbedingten Entwicklungen im Sinne der nationalsozialistischen Machthaber erklären. Insbesondere hatten sie bei Engpässen in der wirtschaftlichen Versorgung sowie bei beunruhigenden Gerüchten aufklärend in Aktion zu treten. Um diesen Herausforderungen gewachsen zu sein, wurde ab Kriegsbeginn die weltanschauliche Erziehung der Gendarmen verstärkt betrieben. Deshalb war auch die oben zitierte NS-Literatur notwendig. Ziel war, daß sich die Gendarmen im Umgang mit der Bevölkerung »als politisch geschulte Organe der nationalsozialistischen Staatsführung« bewährten.

Seit Kriegsbeginn waren zudem in vielen Bereichen die strafrechtlichen Bestimmungen verschärft worden, was zu einem höheren Arbeitsanfall für die Gendarmerie führte. Im Bereich der kriegswirtschaftlichen Beschränkungen gab es neue Tatbestände, wie etwa die Zurückhaltung von Lebensmitteln und Rohstoffen oder das teilweise Verbot von Hausschlachtungen, die mit schweren Strafen – bis zur Todesstrafe – bedroht waren. Dazu kamen Delikte des Kriegsstrafrechts, wie etwa Plünderungen bei Fliegeralarm oder das Abhören von ausländischen Sendern.[280]

Auch spezielle Einsätze im Würgegriff des NS-Terrorregimes waren zu vollziehen, insbesondere bei der Verfolgung von Juden und Roma. Bereits 1938 waren die Maßnahmen zur »Bekämpfung der Zigeunerplage« verschärft worden. Gendarmen hatten auch bei der Beaufsichtigung von Transporten von Roma in Konzentrationslager mitzuwirken.[281]

Zur Auffüllung des Personalstandes griff man auf pensionierte Gendarmen zurück, die als Beamte auf Widerruf eingestellt wurden. Auch Neueinstellungen waren nötig. In Werberichtlinien wurde vorgegeben, daß Polizei und Gendarmerie »das beste Menschengut« benötige. Die Anwerbung war daher »unter den rassisch und erbbiologisch wertvollsten Volksgenossen« vorzunehmen.[282] Aufgrund der kriegsbedingten Lage wurden die angehenden Gendarmen ohne Ausbildung sofort auf die Posten eingeteilt, wo sie sich zunächst im praktischen Dienst unter Anleitung des Postenführers die notwendigen Kenntnisse anzueignen hatten. Ausbildungskurse wurden auf die Zeit nach dem Krieg verschoben.

Zur Verstärkung der Ordnungspolizei wurden Hilfsgendarmen und Polizei-Reservisten eingesetzt, die zusammenfassend auch als »Landwacht« bezeichnet wurden. Insbesondere waren dies Ladeninhaber, Gastwirte und Büroangestellte, also Leute, die noch nicht eingezogen worden waren. Sie wurden für alle möglichen Hilfstätigkeiten verwendet, vor allem für Überwachungs- und Patrouillengänge. Dabei hatten sie sich strikt an die Befehle der Gendarmen zu halten. Offenbar nutzten sie ihre uniformierte Stellung, um sich Zivilkleidung zu sparen. 1940 wurde ihnen deshalb ausdrücklich aufgetragen, bei Ausübung ihres Berufes während des Urlaubes bürgerliche Kleidung zu tragen.

Aufgaben in der Dienstleistung im Dritten Reich für Gendarmen

Neben normalem Sicherheits- bzw. Ordnungsdienst kam die Gendarmerie z. B. aus Anlaß von Luftangriffen und der damit zusammenhängenden Aufgaben, weiters bei Truppentransporten, der Fahndung nach entwichenen Kriegsgefangenen, für Gefangenentransporte über weitere Strecken, auch vor andere Gerichte, zum Einsatz.

Aber auch scheinbar völlig fremde Agenden hatte sie wegen Kriegsnotwendigkeit zu unterstützen. So mußte sie etwa bei der Erfassung von Altmaterial, Schrott und Alteisen, die von sehr großer Bedeutung waren, voll mitarbeiten. Auch bei Viehzählungen hatte sie die Ordnungspolizei mit ganzer Kraft zu unterstützen.[283]

Weiters gab es den Auftrag, bei Beschuß feindlicher Flugzeuge das Räumen der Straßen zu überwachen. Ebenso war die Verdunkelung der Häuser zu beobachten. Gegen Verstöße war schärfstens einzuschreiten.[284]

In Kirchen wurden Sammlungen für den Unterhalt von Priestern veranstaltet. Dies war genehmigungspflichtig. Das Kirchenbeitragsgesetz, hieß es, weise den Weg, in welcher Weise die Personalbedürfnisse der Kirchen sicherzustellen seien, nämlich durch Einhebung von Kirchenbeiträgen von den Mitgliedern der Kirchen. Der Genehmigung unterlagen auch Sachspenden. Sammlungen für Kosten baulicher Herstellungen an den kirchlichen Gebäuden waren bewilligungsfrei, sofern schon zuvor solche Sammlungen in den betreffenden Kirchen üblich waren. In Fällen des Zuwiderhandelns war von den zuständigen Dienststellen einzuschreiten und das Sammlungsergebnis einzuziehen.[285]

1940 verlautete, normale Dienstversammlungen der Gendarmerie seien einzustellen, nicht jedoch solche aus besonderem Anlaß, insbesondere sei eine Unterweisung der Gendarmerie in den kriegsrechtlichen Bestimmungen gerade in der Gegenwart besonders vordringlich.[286]

Die Gendarmerie hatte streng auf den Schutz der Jugend durch Fernhaltung von öffentlichen Lokalen und von öffentlichen Lichtspielvorführungen zu achten. Verstöße waren anzuzeigen. Bei Strafanzeigen gegen Jugendliche war stets auch eine Gleichschrift der Anzeige an die »Abteilung HJ-Gericht der Gebietsführung« zu übersenden, aus der neben Personaldaten auch die Mitgliedschaft in der Hitlerjugend zu entnehmen sein mußte.[287] Jedes jugendliche Vergehen wurde somit gleichzeitig zu einem politischen Akt.

Die Gendarmerieposten hatten im Rahmen der Fürsorge für die Familienangehörigen auswärts eingesetzter oder zur Wehrmacht einberufener Angehöriger der Ordnungspolizei die Pflicht, die Angehörigen monatlich mindestens einmal zu besuchen. Da diesem Auftrag nicht gewissenhaft entsprochen wurde, gab es Schelte. Vermutlich lag die Hauptursache in der Personalnot, sowie darin, daß mehr als die Hälfte der Gendarmen durch Reserveleute aus der Bevölkerung ersetzt worden waren.[288]

1944 wurde nach einer VO über die Anpassung der sozialen Unfallversicherung an den totalen Kriegseinsatz beim Tod eines Verletzten nicht einmal mehr die Ortspolizeibehörde des Unfallortes verständigt. Ebenso fand eine Unfalluntersuchung durch die Ortspolizeibehörde (Gendarmerie) von Amts wegen nicht mehr statt.[289] Der Hauptgrund lag darin, daß der Großteil an ausgebildeten Gendarmeriebeamten im Kriegseinsatz war, womit eine qualitative Bearbeitung solcher Angelegenheiten nicht mehr stattfinden konnte, da die Polizei-Reservisten und Hilfskräfte nicht oder nur mangelhaft ausgebildet waren.

1942 beschloß der Großdeutsche Reichstag, der Führer müsse im Kampf um Sein oder Nichtsein nötigenfalls jeden Deutschen, sei er einfacher Soldat oder Offizier, niedriger oder hoher Beamter, mit allen ihm geeignet erscheinenden Mitteln zur Erfüllung seiner Pflichten anhalten können und bei Verletzung dieser Pflichten ohne Rücksicht auf sogenannte wohlerworbene Rechte mit der ihm gebührenden Sühne belegen, ihn im besonderen ohne Einleitung vorgeschriebener Verfahren aus seinem Amte, aus seinem Rang und seiner Stellung entfernen können.[290] Damit war Gesetz geworden, was die Nazis schon lange mißbräuchlich praktiziert hatten.

Der Wahnsinn des Nazisystems zeigte sich schon lange auch dem eigenen Volk. Anfänglich waren einzige und letzte Söhne vom Kriegseinsatz verschont geblieben. Nun wurden auch sie eingezogen. Die Schutzbestimmungen für Väter von 5 oder mehr lebenden unversorgten Kindern und die Vergünstigung für Familien mit 5 und mehr im Wehrdienst stehenden Söhnen blieben noch bis Sept. 1944 bestehen. Dies hieß aber auch, daß Väter mit 4 im Wehrdienst stehenden Söhnen, unabhängig davon, wie groß die Familie aufgrund der Zahl der Töchter war oder wie klein die Kinder noch waren, einzurücken hatten.– Von diesen Bestimmungen waren auch die Angehörigen von Polizeibeamten erfaßt.[291]

Die Kriegslage, verlautete, »zwang« im Juli 1944 zur vollen Ausschöpfung aller Kräfte für Wehrmacht und Rüstung. Göring erhielt die Macht, das gesamte öffentliche Leben in jeder Beziehung den Erfordernissen der totalen Kriegsführung anzupassen.[292]

Im Sept. 1944 wurde der Volkssturm, alle zwischen 16 und 60 waffenfähigen Männer, einberufen. Den Menschen wurde vorgegaukelt, der Feind strenge seine Kräfte an, um das deutsche Volk und seine soziale Ordnung zu vernichten. Sein letztes Ziel sei die Ausrottung des deutschen Menschen. Noch einmal mußten die Juden als Feindbild herhalten: »Dem uns bekannten totalen Vernichtungswillen unserer jüdisch-internationalen Feinde setzen wir den totalen Einsatz aller deutschen Menschen entgegen...«[293] Aus österreichischer Zeitsicht war somit innerhalb von nur fünf Jahren ein Volk von vielen Millionen in das größte Desaster der Weltgeschichte geführt worden.

Ausstattung

Alle zu Lehrgängen abgeordneten Gendarmeriebeamten hatten ihre Lehrbücher selbst zu bezahlen. Bei drei- und mehrmonatigen Lehrgängen erhielten die Lehrgangsersten Buchpreise im Wert bis zu 10 RM und die Zweitbesten bis zu 7,20 RM.[294]

1938 wurde für alle Gendarmerie- und Polizei-Offiziere der SS-Degen eingeführt.[295]

Wie knapp die Ressourcen im Deutschen Reich waren, ist aus einem Befehl über die Benagelung der Schuhe aus dem Jahr 1941 zu ersehen. »Der sehr große Verbrauch an Halbsohlen für das Schuhzeug der Ordnungspolizei läßt darauf schließen, daß meine Anordnungen über die Instandsetzung und Benagelung des Schuhzeuges nicht beachtet werden. Die Dienstvorgesetzten haben strengstens darauf zu achten, daß vom Hauptwachtmeister abwärts nur Schuhzeug (ausgenommen die leichten Schnürschuhe, Schaftstiefel der Kraftfahrer, Reitstiefel der Berittenen, Sportschuhe und das Schuhzeug der Wasserschutzpolizei und Feuerschutzpolizei) mit vollzählig benagelten Sohlen getragen wird. Gendarmerie-Wachtmeister, Polizei-Reservisten usw., die den Weisungen der Dienstvorgesetzten durch Abgabe des Schuhzeugs an die Verwaltungsstellen zum Zwecke der Benagelung nicht sofort nachkommen, sind zu bestrafen.«[296]

Der Papierverbrauch war auf das Sparsamste einzuschränken. Hochwertige und schwere Papiere durften nicht mehr verwendet werden.[297]

Gendarmen durften ab 1940, sofern sie keine dienstlichen Kfz hatten, private Kraftfahrzeuge benutzen, wenn sie vorher schriftlich erklärten, vom Staat keine Kosten zu beanspruchen.[298] Dafür erhielten diese Beamten Pauschvergütungen von 12,50 RM monatlich für Fahrräder mit Hilfsmotor und 25 RM für Krafträder und Kraftwagen.

Gendarmerie-Kraftfahrzeugmechaniker hatten Sonntagsdienst für die Gendarmerieposten und für die Verkehrsdienst versehenden Beamten.[299]

Fahrräder wurden bereits seit 1936 dienstlich nicht mehr beschafft. Gendarmen erhielten jedoch für die Benützung ihres eigenen Fahrrades im Dienst eine jährliche Fahrradvergütung von 36 RM. Wachtmeistern auf Probe oder Hilfspolizisten und Pol-Reservisten der Gendarmerie erhielten zum Fahrradankauf auf Antrag einen Vorschuß bis zu 90 RM. Der Vorschuß wurde direkt an die Lieferfirma gegen Vorlage der Rechnung gewährt. Die Fahrräder wurden im Zuge von Dienstkontrollen geprüft. Entsprach eines den Anforderungen des Gend.Dienstes nicht mehr, so erhielt der betreffende Gendarm so lange keine Fahrradvergütung, bis die Mängel beseitigt waren oder ein neues FR beschafft wurde. Für die Instandhaltung und Reinigung eines amtlich zugewiesenen FR wurden jährlich 27 RM bezahlt. Schied ein Gendarm während der Laufzeit eines Dienstfahrrades aus, so konnten er oder seine Angehörigen das Fahrrad zum Restwert erwerben.[300]

Ab Juni 1943 war in und außer Dienst zum Anzug mit Koppel die Pistole zu tragen. Nun waren auch private Pistolen zulässig.[301]

Äußerste Sparsamkeit war wie überall auch bei der Telefonbenützung angesagt. Private Gespräche mit dienstlichem Telefon waren zu bezahlen, nicht jedoch Ortsgespräche. »Dienstliche Ferngespräche in Ermittlungs- und sonstigen Angelegenheiten zur Benachrichtigung aller Gendarmen eines Dienstbezirks erfordern wegen der damit entstehenden, meist nicht unerheblichen Gesprächsgebühren eine eingehende Sichtung der durchzugebenden Anordnungen, Funksprüche oder sonstigen Mitteilungen. Es ist daher in jedem Falle zu prüfen, ob die Weiterleitung nicht auf andere Weise, z.B. durch Brief, sichergestellt werden kann.«

Das totalitäre Regime ließ sich eine gutorganisierte Polizei einiges kosten. In Wohnungen konnten dienstliche Fernsprechanschlüsse bei Gend.Hauptmannschaftsführern sowie bei den Postenführern und ihren Stellvertretern eingerichtet und erhalten werden, sofern ihre Wohnungen sich nicht im Gebäude des Postens befanden. Diese Regelung galt auch für alle Gendarmen eines Postens, die nicht im Postengebäude oder in dessen unmittelbarer Nähe wohnten. Bei größeren Posten ab 6 Gendarmen einschließlich des Postenführers war von dieser Regelung abzusehen, wenn eine größere Zahl von Gendarmen im Postengebäude wohnte und dadurch eine ständige Einsatzbereitschaft des Postens gewährleistet war. Bei den besonders großen Posten ab 10 Gendarmen einschließlich des Postenführers durften idR höchstens die Hälfte aller Gendarmen, die nicht im Postengebäude oder in dessen unmittelbarer Nähe wohnten, Fernsprechanschlüsse in Wohnungen erhalten.[302]

Orden und Ehrenzeichen

Von allen ehemals österreichischen Gendarmen wurde erwartet, daß sie das Tragen der österreichischen Auszeichnungen aus der Ersten Republik unterließen. Viele dieser Auszeichnungen waren ja aus der nachhaltigen Bekämpfung des Nationalsozialismus verliehen worden.

Als Anerkennung für langjährige treue Dienstleistung als Polizeivollzugsbeamter wurde eine Polizeidienstauszeichnung in drei Stufen verliehen: für 8-jährige treue Dienstleistung die 3. Stufe, für 18-jährige treue Dienste die 2. Stufe und für 25-jährige treue Dienstleistung die 1. Stufe.[303] Als Anerkennung für 40-jährige Dienstzeit als Polizeivollzugs-(Gend.-)beamter wurde ab August 1944 ein Eichenlaub in Gold mit der Zahl 40 am Bande der 1. Stufe unter dem Hoheitszeichen eingewoben.[304]

Gehalt, Bezug, Einkommen, Zulagen etc.

Vorerst blieben nach der Okkupation Österreichs die alten besoldungsrechtlichen Vorschriften weiterhin gültig. Erst mit der VO über die Einführung des Reichsbesoldungsrechts im Lande Österreich vom 15. 8. 1938, RGBl I S. 1017 wurde bestimmt, daß für die Bundesangestellten des Landes Österreich mit Ausnahme der Soldaten des ehem. österr. Bundesheeres ab 1. Okt. 1938 die reichsrechtlichen Vorschriften für die Besoldung der Deutschen Reichsbeamten vom 16. 12. 1927, RGBl I S. 349 gelten. Ab diesem Zeitpunkt bestand auf die bisherigen Nebengebühren, wie Inspektions- und Bereitschafts- sowie die Pauschalgebühr kein Anspruch mehr. Ebenso wurde die Fahrpreisermäßigung auf den Bundesbahnen für Gendarmen eingestellt.[305]

Auf die vor dem 1. 10. 1938 in den Ruhestand getretenen sowie auf die Hinterbliebenen der vor diesem Zeitpunkt gestorbenen Bundesangestellten blieben die Bestimmungen aus der Ersten Republik gültig.

Die planmäßigen Reichsbeamten erhielten ein Grundgehalt und einen Wohnungsgeldzuschuß. Daneben erhielten sie Kinderzuschläge und, soweit vorgesehen, Zulagen.

Das Grundgehalt wurde nach Dienstaltersstufen geregelt. Die Dienstalterszulagen wurden bezahlt, sobald der Beamte in die neue Dienstaltersstufe fiel (heute Vorrückung). Auf die Gewährung der Dienstalterszulagen hatten die planmäßigen Beamten einen Rechtsanspruch, sofern durch die Nazidiktatur nicht Willkür ausgeübt wurde.[306]

Die vor dem 17. Lebensjahr liegende Zeit blieb mit Ausnahme einer tatsächlich geleisteten Kriegsdienstzeit für die Anrechnung und Vorrückung unberücksichtigt. Die Dienstzeiten vor dem 12. März 1938 als Mitglied in der NSDAP wurden voll angerechnet, wenn sich die Personen in der NSDAP betätigt hatten.[307] Ebenso erhielten Beamte »für die im Kampf für die NS- Erhebung Österreichs erlittenen Dienststrafen und sonstigen Maßregelungen« eine Wiedergutmachung.

Bei Vorrückungen in eine andere Besoldungsgruppe erhielt der Beamte die nächsthöhere betragsmäßige Dienststufe. Teilweise gab es noch weitergehende Vergünstigungen, vor allem ab dem Hauptwachtmeister, der in der BesGr A7c war.

In A 8c-5 waren ab 1941 die Rottwachtmeister als Jüngste, in A 8c-1 alle bis zur Vollendung des zwölften Jahres Gesamtdienstzeit, sofern sie keine Ausbildung in eine höhere Funktion hatten.[308]

Ab 1.4.1941 erhielten die Anwärter der Gend. 1.140 RM. Sie konnten bei Bewährung nach einem Jahr zu Unterwachtm. d. Gend. mit einem Grundgehalt von 1410 RM befördert werden.[309]

256 Anhang

Übersicht über die SS- und Polizeidienstgrade

Polizeiverwaltung und Ordnungspolizei	Entsprechender SS-Dienstgrad	Sicherheitspolizei	Bes. Gr.	Jahresgehalt* RM.
Reichsführer-SS und Chef der Deutschen Polizei			B 3a	24 000
Chef der Ordnungspolizei General der Polizei	SS-Obergruppenführer General der Waffen-SS	Chef der Sicherheitspolizei	B 3a	24 000
Höherer SS- und Polizeiführer	SS-Gruppenführer			
Generalleutnant der Polizei			B 4	19 000
Ministerialdirektor	SS-Brigadeführer		B 5	18 000
Generalmajor der Polizei			B 7a	16 000
Ministerialdirigent	SS-Oberführer		B 7a	16 000
Polizeipräsident (ab 1943)			B 8	14 000
Polizeipräsident (bis 1942) Ministerialrat	SS-Standartenführer			
Oberst der Polizei/ Gendarmerie			A 1a	8 400 – 12 600
Regierungsdirektor	SS-Standartenführer	Reichskriminaldir.	A 1b	6 200 – 10 600
Oberregierungsrat	SS-Obersturm- bannführer	Oberregierungs- u. Kriminalrat	A 2b	7 000 – 9 700
Oberstleutnant			A 2b	9 700
Polizeidirektor	SS-Obersturm- bannführer		A 2c1	4 800 – 8 800
Regierungsrat Major der Schutzpol./ Gendarmerie	SS-Sturmbannführer	Regierungs- und Kriminalrat	A 2c2	4 800 – 8 400
Amtsrat	SS-Sturmbannführer	Kriminaldirektor	A 2d	4 800 – 7 800
Polizeirat	SS-Sturmbannführer	Kriminalrat mit über 15 Dienstj.	A 3b	4 800 – 7 000
Hauptmann der Schutzpol./ Gendarm.	SS-Hauptsturmführer	Kriminalrat m. bis zu 15 Dienstj.	A 3b	4 800 – 7 000
Polizeioberinspektor	SS-Hauptsturmführer		A 4b1	4 100 – 5 800
Polizeiinspektor	SS-Hauptsturmführer	Krim.Kommiss. mit über 15 Dienstj.	A 4c1	2 800 – 5 300
Polizeikommissar	SS-Obersturmführer	Krim.Kommiss. m. bis zu 15 Dienstj.	A 4c1	3 900 – 5 300
Schutzpolizeiinspektor	SS-Obersturmführer	Kriminalinspektor	A 4c2	2 800 – 5 000
Oberleutnant d. Schutzpol./ Gend.	SS-Obersturmführer		A 4e	2 400 – 4 200
Leutnant der Schutzpol./ Gendarm.	SS-Untersturmführer		A 4e	2 400 – 4 200
Polizeiobersekretär Polizeiobermeister	SS-Untersturmführer	Kriminal- obersekretär	A 5b	2 300 – 4 200
Polizeisekretär Polizeimeister	SS-Untersturmführer	Kriminalsekretär	A 7a	2 350 – 3 500
Polizeihauptwachtmeister	SS-Hauptscharführer	Kriminaloberass.	A 7c	2 000 – 3 000
Polizeioberwachtmeister	SS-Oberscharführer	Kriminalassistent	–	2 040
Polizeiwachtmeister	SS-Scharführer		–	1 410 – 1 980

Stand: 1. April 1942
Quellen: Gesetz über die 31. Änderung des Besoldungsgesetzes vom 9.12.1937 (RGBl. I S. 1355).
RdErl. des RFSSuChdDtPol. im RMdI. vom 18.1.1938 (RMBliV. S. 157).
RdErl. des RFSSuCHdDtPol. im RMdI. vom 23.6.1938 (RMBliV. S. 1089).
W. Best, Die deutsche Polizei, Darmstadt 1940, S. 64 ff.
*Gehaltsangaben ohne Wohnungsgeldzuschuß

Polizeigehälter im Vergleich 257

Polizeigehälter im Vergleich

Mtl. Bruttolohn bzw. -gehalt * RM.	Polizei	Lehrer	Wehrmacht	Arbeiter
1200,–	Pol.Präsident		Oberst	
1000,–	Reichskriminaldirektor Reg.Direktor	Oberschulrat		
920,–	Ob.Reg.Rat Ob.Reg.- u. Krim.Rat	Oberstudiendirektor	Oberstleutnant	
850,–	Pol.Direktor	Studiendirektor Schulrat		
815,–	Reg.Rat Reg.- u. Krim.Rat	Studienrat	Major	
750,–	Krim.Direktor			
700,–	Pol.Rat, Krim.Rat, Pol. Hauptmann	Oberreallehrer Mittelschulrektor	Hauptmann	
570,–	Pol. Oberinspektor			
525,–	Pol.Inspektor Krim. Kommissar	Mittelschullehrer, Oberlehrer an Volkssch.		
500,–	Krim. Inspektor	Hauptlehrer an Volkssch.		
440,–	Pol.Ltn. / Pol.Oberltn.		Leutn. / Oberltn.	
310,–	Pol.Hauptwachtmeister		Oberfeldwebel	
215,–	Pol.Oberwachtmeister		Feldwebel	Facharbeiter (Maurer u.a.)**
145,–	Pol.Wachtmeister			Hilfsarbeiter, Frauen

* *Brutto-Monatsgehälter in der letzten Dienstaltersstufe unter Zugrundelegung des Wohnungsgeldzuschusses der Ortsklasse A.*
** *Berechnet nach den im Sommer 1941 bezahlten Stundentariflöhnen bei einer wöchentlichen Arbeitszeit von 49,9 Std. (Männer) und 45,2 Std. (Frauen).*
Qu.: »Wirtschaft und Statistik« (Hrsg. vom Stat. Reichsamt), 21. u. 22. Jahrg. (1941 u. 1942)

Bei der Beförderung vom Gend.Bezirksoberwachtmeister zum Gend.Hauptwachtmeister (Anm.: diese sind etwa mit einem jungen dienstführenden Beamten mit GAL für dienstführende Gend.Beamte zu vergleichen) erhielten die Beamten in der Bes. Gr A7c ein Besoldungsdienstalter von acht Jahren. Ab 1941[310] wurden Gend.Hauptwachtmeister mit 80 – 100 RM höher besoldet.

Die besoldungsmäßige Entwicklung wird anhand einer konkreten Laufbahn dargestellt: Gendarm Siegfried F. hatte 1938 als 28-jähriger Gendarm nach österr. Recht ein Jahresgehalt von 1.710,– S, eine Dienstzulage von 100,– S, einen Ortszuschlag von 271,50 S und eine Wachdienstzulage von 240,– S. Gesamt also 2321,50 S Jahresbezug (monatlich 193,40 S brutto). Die österr. Währung wurde 1938 im Verhältnis von 1 RM = 1,50 S umgerechnet. Dies hätte bei Gendarm Siegfried F. einen Jahresbezug von 1.547,– RM ergeben. Siegfried F. stieg im Oktober 1938 als Wachtmeister der Gendarmerie mit mehr als 4 Dienstjahren in den Gehaltssatz von 1.860,– RM jährlich. Der Monatsbezug betrug also 155,– RM. 1939 wurde Fischer zum Gendarmerieoberwachtmeister (Anm.: nach dem Krieg vergleichbar etwa mit Patrouillenleiter) mit 2.040,– RM jährlich ernannt. 1940 wurde er Gendarmeriebezirksoberwachtmeister mit 2.160,– RM Jahressold (nach dem Krieg vergleichbar mit Rayonsinspektor). Ab 1942 bezog er 2340,– RM jährlich.

Siehe auch das Beispiel des Bauhilfsarbeiters von 1939, der monatlich ungefähr 120,– RM verdiente. Diesem Hilfsarbeiter wurden also 48 Wochenstunden berechnet.

Ab September 1939 wurde zur Lohnsteuer als Kriegszuschlag ein 50 %iger Aufschlag eingehoben, sofern der Monatslohn 234 RM[311] überstieg.[312] Aufgrund der hohen Auslagen für den Kriegshaushalt wurden dann 1940 außerdem die Dienstbezüge der Beamten sowie Pensionen, Witwen- und Waisengeld um 6 % gekürzt. Lediglich die Kinderzuschläge waren davon nicht betroffen.

Als Steuerausgleich blieb für Werbungskosten und Sonderausgaben automatisch ein Betrag von 39 RM monatlich unbesteuert. Wurde dieser Betrag überschritten, waren die tatsächlichen Aufwendungen nachzuweisen. Beiträge zu Versicherungsprämien sowie an Bausparkassen zur Erlangung von Baudarlehen wurden jedoch nur bis zu 500 RM berücksichtigt. Für die Gattin und den ersten Angehörigen erhöhte sich dieser Betrag um je 300 RM, für den zweiten Angehörigen um 400 RM, für den dritten um 600 RM, für den vierten Angehörigen um 800 und für den fünften und jeden weiteren Angehörigen um je 1.000 RM pro Jahr. Der weiter oben zitierte Gendarmeriebezirksoberwachtmeister Siegfried F. bezahlte 1942 eine Lohnsteuersumme von 2,80 RM monatlich, vom Kriegszuschlag war er noch befreit, da der Monatslohn noch unter 234 RM lag.[313]

Die Reisekostenvergütung bestand aus der Fahrtkostenentschädigung einschl. der Entschädigung für Fußwegstrecken, Tagegeld, Übernachtungsgeld und Nebenkostenersatz. Beamte des einfachen Dienstes erhielten 5,50 RM Tag- und 4,50 RM Übernachtungsgeld, Beamte des mittleren Dienstes 6,50 RM und 5,50 RM. Beamte des gehobenen 8,– RM bzw. 7,– RM.

Nur Oberste durften in der 1. Wagenklasse reisen, Oberstleutnant bis Leutnant in der 2., die übrigen Beamten in der 3. Wagenklasse.

Gendarmen ohne Führerstellung erhielten monatlich 33,– RM Pauschvergütung für Dienstreisen innerhalb ihres Dienstbezirks, zur auswärtigen Verpflegung an Abteilungs- und Kreisdienstversammlungen und Schießübungen, für das Einstellen des Dienstpferdes oder Kraftwagens, für das Reinigen von Ausrüstung und Waffen, für das Beschaffen und Unterhalten einer Taschenlampe, für Geschäftsbedürfnisse und für die Anschaffung amtlicher Nachrichtenblätter. Gend.Postenführer erhielten 36,– RM, Kreis- und Abteilungsführer 58,– RM.[314] Beamte der mot. Gend.Bereitschaften erhielten, wenn sie ständig im Außendienst tätig waren, 35,– RM.[315]

Gendarmerie- und Polizeibeamte hatten auf Fahrten der Deutschen Reichsbahn keinen Anspruch auf Vergütungen. Sie hatten Fahrkarten des öffentlichen Verkehrs zu lösen. In der Ersten Republik war ihnen meist 50 % Ermäßigung gewährt worden.[316]

Gend.Inspektoren, Gend.Oberleutnante und -Leutnante sowie Gend.Obermeister konnten ab Sept. 1939 bei Dienstreisen, wenn sie in Uniform fahren mußten, die zweite statt der dritten Wagenklasse benützen.[317]

Ab 1. Nov. 1940 erhielten verheiratete Beamte, die in den eingegliederten Ostgebieten Dienst versahen, statt der bisherigen Reisezulagen eine Aufbauzulage je nach Reisekostenstufe zwischen 30 und 90 RM.[318]

Den ledigen deutschen Beamten, die in Ostgebieten eingesetzt wurden, wurde ab Nov.1940 ein Zuschuß zur teilweisen Vergütung ihrer Verpflegung und ihrer Aufwendungen für Wohnungsmiete gewährt.

Mit 6. 1. 1941 wurden die Zehrzulage und der Verpflegungszuschuß (Reisezulagen) aufgehoben. Polizei-Vollzugsbeamte, also auch Gendarmeriebeamte vom Hauptmann abwärts bis zum Rottwachtmeister der Gendarmerie, sowie Beamte zur Probe, erhielten an deren Stelle einen Gehaltszuschuß (Vergütungszuschuß). Die weiblichen Beamten der Kriminalpolizei, solche gab es damals offenbar schon, erhielten den gleichen Gehaltszuschuß wie die männlichen Beamten. Unterwachtmeister und Anwärter der Gend. erhielten diesen Zuschuß nicht. Der Gehaltszuschuß betrug monatlich bei Orten über 100.000 Einwohnern 12 RM, bis zu 100.000 Einwohnern 13 RM und in Orten ohne regelmäßig verkehrendes öffentliches Beförderungsmittel 15 RM.[319]

Wohngeldzuschuß (WGZ)

Alle Beamten erhielten einen Wohngeldzuschuß je nach Kopfzahl der Familie. Da bei Verringerung der Kopfzahl ein sofortiger Wohnungswechsel nicht zumutbar war, galt die vorige Einstufung noch zwölf Monate lang weiter. In der Tarifklasse VI für den Wohngeldzuschuß waren Anwärter der Gendarmerie, Unterwachtmeister, Rottwachtmeister, Wachtmeister und Oberwachtmeister, also alle bis zu sieben Dienstjahren. Sie erhielten bis zu drei Kindern 534,– RM, mit drei oder vier Kindern 624,– RM und darüber 714,– RM jährlich. Bezirksoberwachtmeister, Hauptwachtmeister und Meister waren für den WGZ in der Tarifklasse V und erhielten nach obigem Schema 732,– RM, 858,– oder 984,– RM jährlich. Bezirksleutnante, Leutnante und Oberleutnante sowie Bezirksoberleutnante waren in der Tarifklasse IV und erhielten 1.008,–, 1.176,– und 1.344,– RM jährlich. Hauptleute, Majore und Oberstleutnante in der Kl III erhielten 1.368,–, 1.596,– und 1.824,– RM jährlich. Ledige Beamte erhielten den WGZ der nächstniedrigen Klasse. Insgesamt gab es fünf Ortsklassen.

Der Wohnungsmietezuschuß betrug für Beamte der Reisekostenstufen I bis V zwischen 8 und 24 RM.

Erfrischungszuschüsse

Wurden aus Anlaß eines besonderen, meist örtlich begrenzten Ereignisses Alarmbereitschaft oder Einsatz angeordnet und war für die beteiligten Gendarmen diese Alarmbereitschaft oder der Einsatz mit außerordentlichen Anstrengungen verbunden sowie die Voraussetzungen für die Gewährung unentgeltlicher Verpflegung dabei nicht gegeben, so gab es Erfrischungszuschüsse zwischen 1 RM und 1,50 RM täglich. Für Gendarmen galt der Anspruch für die Gewährung als erfüllt, wenn sie neben ihrem regelmäßigen Dienst durch bestimmte Ereignisse, wie bei Einsatz wegen Luftangriffen und der damit zusammenhängenden Aufgaben, beim Einsatz bei Truppentransporten, bei der Fahndung nach entwichenen Kriegsgefangenen usw. zu besonderen zusätzlichen Dienstleistungen herangezogen werden mußten und hiebei mehr als 12 Stunden ununterbrochen Dienst versahen.

Kinderbeihilfen: Generell gebührte jedem Haushaltsvorstand für das dritte und jedes weitere zu seinem Haushalt gehörende Kind eine Kinderbeihilfe, sofern er deutscher Staatsangehöriger oder deutscher Volkszugehöriger war. Die Kinderbeihilfe betrug 10,– RM für jeden vollen Kalendermonat.[320] Für die ersten beiden Kinder stand keine Kinderbeihilfe zu.

Studienstipendien wurden ab 1939 deshalb nicht mehr gewährt, weil »für kinderreiche Familien anderweitig vorgesorgt« werde.[321]

Kinderzuschläge

Beamtenfamilien erhielten für ein Kind 10 RM, für zwei 20 RM, für drei 25 RM und für vier Kinder 30 RM monatlich an Kinderzuschlägen. Für weitere Kinder gab es keinen Zuschlag mehr. Der Zuschlag konnte bis zu 24 Jahren gewährt werden, wenn die Kinder ab dem 16. Lebensjahr nicht selbst monatlich 40 RM verdienten. Verheiratete weibliche Beamte erhielten Kinderzuschläge für gemeinsame Kinder dann, wenn der Ehemann außerstande war, seine Familie ohne Gefährdung des standesgemäßen Unterhalts zu versorgen. Auch Geschiedene erhielten die Kinderzuschläge.[322]

1941 wurde der Kinderzuschlag auf 20 RM je Kind erhöht.[323] Beamten konnte der Kinderzuschlag entzogen werden, wenn das Kind im Ausland lebte und dabei seine deutsche Erziehung nicht gewährleistet war.

Notstandsbeihilfen

Kamen für Gendarmen der Ostmark im allgemeinen nicht in Frage. Ausnahmsfälle waren jedoch möglich. Bei Geburten waren die Ausgaben für Säuglingswäsche und sonstige Kinderausstattung bei der erstmaligen Gewährung einer Beihilfe aus Anlaß einer Geburt nach dem 30. 6. 1937 bis zum Höchstbetrage von 150 RM und bei weiteren Geburtsfällen bis zum Höchstbetrage von 40 RM neben den Leistungen aus der Krankenkasse regelmäßig beihilfefähig. Es konnten aus diesem Anlaß also »Notstandsbeihilfen« beantragt werden.[324]

Beihilfe für Badekuren konnten bewilligt werden, wenn eine Badekur zur Wiederherstellung der vollen Dienstfähigkeit ärztlich angeraten wurde.

Vorschüsse

Offenbar war sich das NS-System der schlechten Bezahlung zumindest der unteren Dienstgrade bewußt. Denn 1941 wurden Vorschüsse bis zu 100 RM zur Beschaffung von Brennstoffen für Reichsbedienstete gewährt. Die Rückzahlung hatte in Monatsraten zu 10 RM zu erfolgen.[325]

Gendarmeriejubiläumsfond: Ab Jänner 1939 wurden Darlehen aus dem Gendarmeriejubiläumsfond nicht mehr gewährt. Der Fond wurde aufgelöst und die noch vorhandenen Gelder dem Kameradschaftsfond Deutscher Polizeibeamten zugeführt. Dieser führte nun die Bezeichnung »Unterstützungsfonds für Gendarmeriebeamte der Ostmark«. Die Gelder konnten jedoch nicht mehr beansprucht werden.[326] Anzunehmen ist, daß sie in die Kriegskasse flossen, wie auch alle Zuwendungen in Geldeswert an Beamte, die bisher an den Jubiläumsfond abgeführt worden waren, nun dem »Winterhilfswerk« zugeführt werden mußten.[327]

Ruhebezug, Sterbegeld, Witwen- und Waisenversorgung

Der Beamte konnte nach Vollendung des 62. Lj. auch ohne Nachweis der Dienstunfähigkeit in den Ruhestand versetzt werden. Ansonsten galt als Pensionsalter für gewöhnliche Beamte die Vollendung des 65. Lebensjahres.

Für Gendarmerieleutnante, -oberleutnante und -hauptleute des Reichs wurde die Altersgrenze auf den Tag, an dem sie das einundfünfzigste Lj vollendeten, festgesetzt. Für Gendarmeriemajore auf die Vollendung des 53. Lj. Für höhere Gendarmerieoffiziere galt das 56 Lj als Altersgrenze. 1939 und 1940 wurde dieses Pensionsalter für Beamte auf Lebenszeit hinausgeschoben.[328] Es war daher zulässig, daß

a) Pol.Offiziere, die jeweils innerhalb eines Jahres die bisherige Altersgrenze erreichen würden,

b) Polizei-Vollzugsbeamte, die jeweils innerhalb zweier Jahre die bisherige Altersgrenze erreichen würden, in eine höhere Gruppe befördert werden, vorausgesetzt, es war beabsichtigt, sie noch ein Jahr bzw. zwei Jahre im Dienst zu belassen.

Die Altersgrenze der Gendarmerieoffiziere durfte nicht über das sechzigste Lebensjahr hinausgeschoben werden. Gendarmerieoffiziere durften Anträge auf Hinausschiebung ihrer Altersgrenze nicht selbst stellen. Hiefür waren ausschließlich dienstliche Gesichtspunkte ausschlaggebend.[329]

Unabhängig davon konnte der Gendarmerieoffizier (Polizei-) auf Lebenszeit jederzeit in den Ruhestand versetzt werden, wenn er den dienstlichen Anforderungen für seine Dienststellung nicht mehr genügte. Es genügte das Urteil des Dienstvorgesetzten, daß mangelnde Eignung bestehe, die für seine dienstliche Verwendung nötigen Fähigkeiten zu »richtigem Verhalten und Wirken« als Gendarmerieoffizier noch zu besitzen.[330] Auch alle anderen Beamten konnten jederzeit in den Ruhestand versetzt werden, wenn sie nicht mehr die Gewähr dafür boten, jederzeit für den nationalsozialistischen Staat einzutreten.[331]

Vollzugsbeamte der Schutzpolizei des Reiches konnten zur Gendarmerie und Gendarmeriebeamte zur Schutzpolizei des Reiches oder zu Gemeinden oder in den Polizeiverwaltungsdienst versetzt werden. Insbesondere war dies zur Vermeidung einer vorzeitigen Versetzung in den Ruhestand möglich, wenn sie für den Polizeivollzugsdienst durch Krankheit oder körperliche Beschädigung dienstuntauglich, für den Polizeiverwaltungsdienst aber tauglich geblieben waren.[332] Kriegsbeschädigte Wachtmeister der Gendarmerie auf Widerruf, die infolge von Kriegseinwirkungen außendienstunfähig geworden waren, waren an geeigneter Stelle im Innendienst der Gendarmerie zu verwenden.[333]

Im Todesfall wurden drei Monatsdiensteinkommen des Beamten an Sterbegeld ausbezahlt.

An Witwengeld wurden 60 % der Ruhebezüge des Verstorbenen bezahlt oder 45 % des Diensteinkommens des Beamten. Das Waisengeld betrug, sofern die Witwe noch lebte, ein Fünftel des Witwengeldes. Lebte die Witwe nicht mehr, ein Drittel des Witwengeldes.

Ruhegehalt, Witwen- und Waisengeld wurden nicht bezahlt, wenn der Versorgungsberechtigte nicht deutscher Staatsbürger war oder wenn er ohne Zustimmung der obersten Dienstbehörde seinen Wohnsitz außerhalb des Deutschen Reiches genommen hatte.

Witwen und Waisen konnten die Versorgungsgenüsse, also auch Unfallfürsorgeleistungen, bis zu zwei Jahren entzogen werden, wenn sie sich staatsfeindlich betätigten, was in einem Untersuchungsverfahren festzustellen war.

Zweite Republik

1945–1950

Am 30. April 1945 wurde die Bundesverfassung in der Fassung von 1929 wieder in Kraft gesetzt. In Art. IV der Unabhängigkeitserklärung Österreichs wurden alle von Österreichern dem Deutschen Reiche und seiner Führung geleisteten militärischen, dienstlichen oder persönlichen Gelöbnisse für nichtig und unverbindlich erklärt.[334]

An die Spitze der Österr. Bundesgendarmerie traten die in Dachau durch Jahre festgehaltenen Gendarmerieoffiziere Stillfried, Jany und Dr. Kimmel. Als Gendarmeriezentralkommandant wurde Major Emanuel Stillfried eingesetzt.[335]

In diesen Tagen ging im österreichischen Staatsgebiet noch alles drunter und drüber. Teilweise waren bereits Besatzungstruppen da, gebietsweise wurde noch gekämpft. In der 3. Sitzung der provisorischen Regierung Renners am 4. Mai 1945 berichtete Staatssekretär Honner über Maßnahmen zur Verbesserung der öffentlichen Sicherheit. Er führte aus, daß das gegenwärtige Chaos insbesondere durch verbrecherische dunkle Elemente faschistischer Verbände des In- und Auslandes hervorgerufen werde. Besonders faschistische Ausländergruppen nähmen rücksichtslos Requirierungen vor. (Anm.: Viele hochkarätige Naziführer hatten sich nach Österreich geflüchtet und suchten hier noch den »Endsieg« zu verwirklichen.) Die Aufstellung der Polizei und Gendarmerie zeige Anfangsschwierigkeiten, da einerseits im polizeilichen Hilfsdienst Personen tätig seien, die nach Durchsicht entfernt werden müßten, andererseits alte Polizeibeamte mit Diensterfahrung, speziell die gemaßregelten, in den Polizeiapparat wieder einzubauen seien.

Zu dieser Zeit waren fast alle wehrfähigen Männer noch beim Militär oder in Gefangenschaft. Die einzelnen Gemeindeverwaltungen waren faktisch aufgelöst, der Sicherheitsdienst auf Patrouillen der Militärverwaltung beschränkt. Die Rechtsauffassung dieser Personen deckte sich in vielen Fällen nicht mit mitteleuropäischen Rechtsbegriffen.

Als sich am 27. April 1945 Österreich als selbständiger Staat proklamierte, erstand auch das Gendarmeriekorps wieder als eine »österreichische« Einrichtung.

Für die Dienstverrichtung der Gendarmerie mangelte es jedoch vorerst an allem, auch am Notwendigsten. Hiezu kamen unsägliche Erschwernisse, die besonders in den von der Sowjet-Armee besetzten Landesteilen von der Gendarmerie zu überwinden waren.[336] Aber auch in den anderen Besatzungsgebieten herrschte das Diktat des Siegers. Zimperlich ging es dabei nicht zu.

Das LGK f. NÖ allein berichtete im Juni 1945, daß 24 Berufsgendarmen im Zuge der Besetzung des Landes, nicht bei Kampfhandlungen, sondern durch die Besatzungsmacht erschossen worden waren und 19 Berufsgendarmen den Freitod gewählt hatten.[337]

Bereits am 10. Mai 1945 erging ein Erlaß zur Aktivierung der Gendarmerie, worin die Bezirkshauptleute angewiesen wurden, an der Wiedererrichtung der Gendarmeriepostenkommanden mitzuwirken. Als Richtlinie hätte zu dienen, daß sämtliche ehemaligen Gendarmerieangehörigen, welche bis zum 13. März 1938 in der österreichischen Gendarmerie gedient hatten – ihre physische Tauglichkeit und einwandfreier politischer Leumund vorausgesetzt – einen provisorischen Sicherheitsdienst im vertrauensvollen Einvernehmen mit der örtlichen Hilfspolizeistelle auf der ihrem Wohnort nächstgelegenen Gendarmeriedienststelle vorerst aus eigenem einrichten sollten. Überdies wären die Gendarmerieorgane anzuweisen, soferne es die Verkehrs- und örtlichen Verhältnisse gestatteten, mit dem LGK Verbindung aufzunehmen und über die vorhandenen Personen bei den Posten sowie über den eingerichteten Dienstbetrieb zu berichten.[338]

Gleichzeitig wurde Gendarmen, welche vor dem Krieg bei der Bundesgendarmerie gedient hatten, anbefohlen, unverzüglich den Dienst wieder anzutreten und einen provisorischen Sicherheitsdienst auf ihrer nächstgelegenen Gendarmeriedienststelle »in Vollzug zu setzen«. Als Grundlage galt die vor dem Krieg bestandene Vorschriftenlage. Für den Außendienst nicht mehr taugliche Gendarmeriepensionisten hatten nach Erfordernis die Aktivierung der nächstgelegenen Gendarmeriedienststelle in die Wege zu leiten und den Kanzleidienst »dortselbst« zu leiten. Da die vorhandenen Gendarmen nicht ausreichten, den Sicherheitsdienst zu bestreiten, waren zur Komplettierung auf den systemisierten Stand von 1938 im Einvernehmen mit den Rayons-Gemeinden Hilfsgendarmen »fürzuwählen«. Als Hilfsgendarmen kamen in erster Linie jüngere, ledige, über 18 Jahre alte Bewerber in Betracht, die die Absicht hatten, Berufsgendarmen zu werden und neben der allgemeinen Tauglichkeit auch über eine militärische Ausbildung verfügten. Bewerber, die auch nur entfernt jemals mit der NS-Bewegung sympathisiert hatten, waren von vornherein auszuschließen.[339]

In der Gendarmerie war neben den dringendsten Sicherheitsaufgaben dieser Zeit vor allem die Säuberung von Nationalsozialisten vordringlichste Aufgabe. Gendarmeriebeamte, die zwischen 1933 und 1938 Mitglieder der NSDAP oder einer ihrer Wehrverbände, also sogenannte Illegale, gewesen waren, wurden sofort ausgesondert. Man ging dabei nach dem von der Staatsregierung unter Karl Renner am 8. Mai 1945 beschlossenen »Verbotsgesetz« vor. Beamte, die erst nach dem 13. März 1938 Parteimitglieder oder Parteianwärter geworden waren, wurden vorerst nur registriert und später einer genaueren Überprüfung unterzogen. Stellte sich dabei heraus, daß sie nicht rückhaltlos für das unabhängige Österreich eintraten, konnten auch sie entlassen werden.[340] Im November 1945 wurden dann für Österreich sogenannte »Liquidatoren« zur »Überprüfung der unter dem Hitler-Regime vollzogenen Personalmaßnahmen« bestellt.[341]

Bis 1948 wurden insgesamt 47 Gendarmerieoffiziere und 2736 Gendarmen wegen ihrer meist extremen nationalsozialistischen Gesinnung entlassen. Die Maßnahmen zur Entnazifizierung dauerten bis zum Jahre 1949[342], Befreiung von Sühnefolgen nach dem Verbotsgesetz. Allerdings wurden bereits 1947 viele Beamte nach einem Gnadengesuch von Bundespräsident Renner amnestiert und wieder in den Dienst gestellt. In einer Gesamtbilanz der Entnazifizierung aus dem Jahre 1950 scheinen unter den rund 10.000 österreichischen Gendarmen nur mehr 619 ehemalige Nationalsozialisten auf.[343]

Formalrechtlich erhielt die Bundesgendarmerie im Behörden-Überleitungsgesetz vom 20. Juli 1945 ihre gesetzliche Grundlage.

Fürböck beschreibt die Situation nach dem Zweiten Weltkrieg folgendermaßen: »...1945 war ein Jahr des dornenvollen, schweren Beginnes auf allen Gebieten des öffentlichen Lebens. Die österr. Gendarmen waren in der Zeit der deutschen Gewaltherrschaft in alle Himmelsrichtungen geschickt worden, sie mußten für Hitler auf den Schlachtfeldern kämpfen, leiden und ihr Leben lassen. Sie wurden zur Unterdrückung anderer freiheitsliebender Menschen, deren Länder durch die Usurpatoren gewaltsam besetzt worden waren, verwendet. Alle diese Beamten hätte man nun zum Aufbau Österreichs gebraucht, sie fehlten aber. Deshalb mußte mit den wenigen in der Heimat verbliebenen Gendarmen, bereits im Ruhestand befindlichen Beamten und Männern, die vom Krieg oder der Kriegsgefangenschaft heimgekehrt, sich zum Dienst in der österr. Gendarmerie meldeten, begonnen werden. Viele Gendarmeriedienststellen waren durch die Kampfhandlungen beschädigt oder zerstört worden. Doch mußte die Diensttätigkeit auch in schlechten oder behelfsmäßigen Unterkünften aufgenommen werden. Neue Uniformen gab es nicht, weshalb viele Gendarmeriebeamte in Zivilkleidern, mit einer rot-weiß-roten Armbinde und der Aufschrift ›Gendarmerie‹ ihren Dienst verrichten mußten.

Am Anfang der Wiedererrichtung der Gendarmerie gestatteten die Besatzungsmächte nicht die Bewaffnung der Gendarmen. Als sie dann doch zustimmten, wurden die Gendarmen mit den Waffen ausgerüstet, die in den Besatzungszonen vorhanden waren oder von den Besatzungsmächten zur Verfügung gestellt wurden... Es muß anerkannt werden, daß in Österreich die Besatzungsmächte wertvolle Hilfe in schwerer Zeit geleistet haben. Unsinnig und ungerecht wäre es (jedoch), zu verschweigen, daß sie sich manchmal über das (gesunde) Maß in innerösterreichische Angelegenheiten mischten und dadurch den Dienst der Sicherheitsbehörden und -organe sehr erschwerten. Besonders in den Besatzungszonen der UdSSR waren österr. Gendarmen starken seelischen Belastungen ausgesetzt. Ein Fehltritt – von einer Kommandantur schlecht ausgelegt – führte unter Umständen zu einer Verschickung des Beamten nach Sibirien.«[344]

Der Chronist des LGK f. Vbg. berichtet über diese Zeit: »...Bei Errichtung des LGK (Vbg.) waren die Standesverhältnisse absolut unzureichend, der Großteil der ehemals aktiven österr. Gendarmen war zum Kriegseinsatz abgestellt worden und noch nicht zurückgekehrt. Der Gendarmeriedienst auf dem Lande wurde zumeist durch mangelhaft ausgebildete Gendarmerie-Reservisten versehen, die in den Jahren 1939–1945 eingestellt wurden und fast durchwegs aus der SA hervorgegangen waren.

Aufgrund der von der Landeshauptmannschaft erlassenen Richtlinien wurde eine gründliche Säuberung der Beamtenschaft von nazistischen Elementen durchgeführt. Bis Ende 1945 sind 30 Gendarmen aus dem Dienstverhältnis entlassen und weitere 35 vorläufig des Dienstes enthoben worden. (Anm.: Dies bei einem zu dieser Zeit systemisierten Personalstand von etwa 200 Gendarmen.) Gleichzeitig mit diesen Säuberungsmaßnahmen gingen Standesergänzungen durch Neueinstellungen vor sich. Nach gründlicher Auswahl wurden noch in diesem Jahre 100 Hilfsgendarmen als Gend.Anwärter einberufen und in mehreren Turnussen einer ersten Ausbildung unterzogen.

Auch die Uniformfrage konnte für den Anfang in befriedigender Weise gelöst werden. Aus den Beständen der ehemaligen Polizeibekleidungsstelle in Ibk. wurden einige 100 Blusen, Hosen, Mäntel und Mützen in der grünen Polizeifarbe für den allerersten Bedarf sichergestellt. Die reichsdeutschen Abzeichen wurden durch die früheren österreichischen Distinktionen ersetzt. Dadurch war es möglich, eine tunlichst einheitliche u. gleichmäßige Uniformierung aller Gend.Beamten zu erzielen und auch die Neueingestellten einkleiden zu können.

Beim Einmarsch der Truppen der 1. Französischen Armee mußte die Gendarmerie weisungsgemäß sämtliche Waffen an die Besatzungsmacht abliefern. Nach Wiedererrichtung des LGK wurde die Gendarmerie mit Karabinern Modell 98 K, die die Militärregierung zur Verfügung gestellt hatte, ausgerüstet.

Damit waren in knapp einem halben Jahr die Wiederaufbauarbeiten in der Vbg. Gend. weitgehendst vorgeschritten u. zugleich erträgliche Sicherheitsverhältnisse im Lande geschaffen worden.«[345]

Am 22. August 1945 wurde das Gesetz zur »Wiederherstellung des österreichischen Berufsbeamtentums« vom Nationalrat erlassen.[346]

Im November 1945[347] wurde die Zeitbeförderung von Gendarmeriebeamten festgelegt. Alle Gendarmen mußten jenen Dienstgrad führen, den sie am 13. März 1938 zu führen berechtigt waren. Hätten sie bei Weiterbestehen der vor diesem Zeitpunkt gültigen Gesetzeslage jedoch eine Zeitbeförderung gehabt, so wurde diese Beförderung nun nachgeholt.[348]

Für die Dienstbezüge machte es keinen Unterschied, ob die Dienstzeit in der deutschen oder österr. Gendarmerie zugebracht wurde. Freie Beförderungen wurden noch nicht durchgeführt. Ausnahmen davon wurden jedoch bei einem Rehabilitierungsverfahren gemacht. So wurde beispielsweise der im KZ Mauthausen zu Tode gebrachte Bezirksinspektor Hugo Lunardon in Anerkennung seiner großen Verdienste für Österreich posthum zum Rittmeister befördert, was für seine Familie nicht nur eine Rehabilitierung bedeutete, sondern ihre Situation auch finanziell ein wenig verbesserte.[349]

Bereits im Mai 1945 wurde die neue Interessensvertretung der Gendarmerie – die Bundessektionsleitung der Gendarmerie mit acht Landessektionsleitungen – als Bestandteil der »Gewerkschaft der öffentlich Angestellten« gegründet.[350] Sie gehörte dem Österr. Gewerkschaftsbund an. Der Beitritt zur Gewerkschaft war jedoch in den ersten Jahren nicht sehr zahlreich. Der Grund war, daß manche Gendarmeriebeamte wegen ihrer früheren Zugehörigkeit zur NSDAP oder ihr nahestehenden Organisationen aus der Gendarmerie entlassen, pensioniert, in andere Bundesländer versetzt oder in ihrem Fortkommen gehemmt worden waren. Ein weiterer Grund war in der Angst zu suchen, sich politisch wieder zu irgendeiner Gemeinschaft bekennen zu müssen, was bekanntlich in den 12 Jahren zwischen 1933 und 1945 fatale Folgen gehabt haben konnte.

Besonders bemerkenswert ist daher die Ende 1945 erfolgte staatspolitische Weichenstellung, die allerdings in geheimen Wahlen zustande kam. Bei den Nationalratswahlen am 25. Nov. 1945 sprachen sich 97 % für die demokratischen Parteien ÖVP und SPÖ aus, und damit gegen die von den Sowjets unterstützte KPÖ. Österreich konnte somit seinen Weg in Richtung parlamentarischer Demokratie westlicher Prägung marschieren. Für die Besatzungsmächte war ja bis dahin die politische Lage unklar gewesen, was nun bereinigt war. Damit war insbesondere aus der Sicht der Westmächte ein wesentlicher Vertrauensschritt getan worden. Das Wahlergebnis zeigte erstmals, welche Unterstützung die politischen Proponenten in der Bevölkerung besaßen. Gleichzeitig war mit diesem Ergebnis eine klare Distanzierung zum Nationalsozialismus demonstriert, auch wenn keine solche Partei mehr auf den Listen stand.

Nicht nur in der kommunistischen Besatzungszone, sondern auch in den anderen wurde die Arbeit der Gendarmerie von den Besatzungsmächten sehr kritisch beobachtet, insbesondere, wenn gegen Besatzungssoldaten eingeschritten werden mußte. In Sulz in Vbg. verübte Hilfsgendarm Bauer 1945 einen Schußwaffengebrauch gegen den gewalttätigen marokkanischen Deserteur Mohamed Taibi Ben, bei dem dieser getötet wurde. Der Chronist berichtet dazu: »...Hilfsgendarm Alois Bauer wurde wegen des vorstehend geschilderten u. nach österreichischen Begriffen gesetz- u. instruktionsmäßig durchgeführten Waffengebrauches noch im Laufe des 7. 10. 1946 durch die französische Behörde in Haft genommen u. dem Landesgericht Feldkirch zur Verfügung des französischen Militärtribunals eingeliefert. Am 7. u. 8. Okt. 1946 fand vor diesem Tribunal in Innsbruck die Hauptverhandlung gegen Bauer statt. Er war der Tötung eines Alliierten und, was besonders verwundert und nur den damaligen Verhältnissen zuzuschreiben ist, des unerlaubten (!) Waffenbesitzes angeklagt. Am 8. 11. 1946 wurde er nach zweitägiger Verhandlung wegen § 335 des öst. StG. zu einem Jahr strengen Arrest bedingt verurteilt. Obwohl der Gendarm von der Anklage der Tötung eines Alliierten u. des unerlaubten Waffenbesitzes freigesprochen wurde und im Urteile stand, daß er im Dienste verbleiben könne, außerdem sofort nach der Verhandlung auf freien Fuß gesetzt wurde, mußte er am 10. 11. 1946 zum LGK für Tirol versetzt werden. Ungeachtet der im Urteile ausgesprochenen Bewilligung, bei der Gendarmerie verbleiben zu dürfen, wurde er aus dem Dienste entlassen.«[351] Der außergerichtliche Druck durch die Besatzungsmacht war offenbar stärker gewesen als der Richterspruch.

Bei der Anwendung von Schußwaffen gegen alliierte Soldaten legten die Besatzungsmächte ihren eigenen strengen Maßstab an. Im Anschluß an den oben beschriebenen Waffengebrauch hatte der Posten Bregenz am 9. 10. 1946 aus Sulz durch Stabsrittmeister Böhler, der dort im Zusammenhang mit dem Waffengebrauch des Hilfsgendarmen Bauer Erhebungen durchzuführen hatte, fernmündlich den Befehl erhalten, zwei mit dem Abendzug nach Bregenz gefahrene Personen, und zwar A. L. und A. W. zu einer dringenden Einvernahme auf den Gend. Posten zu bringen. Bei den beiden handelte es sich um Frauenspersonen, die mit marokkanischen Soldaten intim befreundet waren u. keinen guten Ruf genossen. Der Chronist berichtet: »Schon bei der Ankunft dieser beiden Frauen auf dem Bahnhof Bregenz wurden die verhältnismäßig zahlreich dort anwesenden Marokkaner wahrscheinlich durch die beiden Vorgenannten gegen die Gendarmen aufgewiegelt. Obwohl zwei französische Gendarmen den österr. Beamten Assistenz leisteten, wurden die eskortierenden Gendarmen auf dem Wege vom Bahnhof zur Gend.Kaserne (LGK) von den Marokkanern verfolgt und mit Steinen beworfen. Vor der Gendarmerie-Kaserne rotteten sich daraufhin eine immer größer werdende Anzahl von Marokkanern zusammen, die mit Zaunlatten, Stöcken oder Knüppeln bewaffnet waren. Das Kommandogebäude wurde mit Steinen beworfen u. dabei 16 Fensterscheiben zertrümmert. Als etwa 100 Marokkaner vor dem Gebäude angesammelt waren, die Lage bedrohlicher wurde u. angenommen werden mußte, daß (sie)... das Gebäude erstürmen würden, machten die Gendarmen des Postens einen Ausfall und feuerten aus ihren Karabinern einige Schreckschüsse ab. Auf die Schüsse hin zogen sich die Marokkaner von der Kaserne zurück. Die in der Zwischenzeit eingetroffene französische Gendarmerie drängte nun die Randalierenden in die Rathausstraße u. in weiterer Folge in die Kaserne in der Reichsstraße ab. Marokkaner, in einzelnen Gruppen von 3 bis 10 Mann, durchstreiften jedoch die Straßen der Stadt und hielten wahllos friedliche, nichtsahnende Straßenpassanten beiderlei Geschlechtes an und mißhandelten, verletzten u. beraubten mehrere von ihnen. An verschiedenen Stellen der Stadt wurden Schaufensterscheiben eingeschlagen, geplündert u. Gasthauseinrichtungen demoliert. Von den verletzten Zivilpersonen mußten 10 ärztliche Hilfe in Anspruch nehmen. Eine weitere Person erlitt durch Hiebe mit einer Eisenstange einen Schädelbruch und mußte in bedenklichem Zustande in das Spital eingeliefert werden. Während der Unruhen wurde der Hilfsgendarm Stieren, der beim franz. Waffendepot in der Reichsstraße Dienst versah, durch Schläge ins Gesicht leicht verletzt. Eine Gend.Patrouille von 2 Mann, die sich auf dem Wege zur franz. Gendarmerie befand, wurde tätlich angegriffen. Eine Überzahl an Marokkanern entrissen ihnen die Karabiner, durch Fußtritte wurde hiebei ein Gendarm leicht verletzt. Sieben Personen erstatteten bei der Gendarmerie Anzeige wegen Beraubung. Über die Ausschreitungen brachte die eigene Presse zensurierte Berichte, die der benachbarten Schweiz jedoch ausführliche Darstellungen.

Seitens der Besatzungsmacht wurden ob diesem Vorfalle Erhebungen gepflogen und der Gen.Adm. Voizard führte persönlich die Erhebungen durch. Im Zusammenhange damit erfolgte schließlich mit Erl. Zl. 152.357-5/46 vom 29. 10. 1946 die vorläufige Beurlaubung des Landesgendarmeriekommandanten Gend.Oberst Franz Schmid, des Kommandanten der Stabsabteilung Gend.Strtm. Johann Böhler und des Postenkommandanten von Bregenz Arnold Zimmermann...Als weitere Maßnahmen wurden die vier prov. Gendarmen des Postens Bregenz, die seinerzeit aus ihren Karabinern Schüsse in die Luft abgefeuert hatten, aus der Gendarmerie entlassen.«[352] Die Franzosen wollten Sühne, ob gerechtfertigt oder nicht! Hätten die vier tüchtigen Gendarmen nicht so tapfer gehandelt, wäre das Landesgendarmeriekommando durch die marokkanischen Besatzungssoldaten damals gestürmt worden.

Der Landesgendarmeriekommandant stellte sich gegenüber Regierung und französischer Besatzungsmacht schützend vor seine Gendarmen. Es gab dennoch keinen Pardon. Landesgendarmeriekommandant Oberst Franz Schmid, ein untadeliger Offizier alter Garde, mußte nach der vorläufigen Beurlaubung seinen Hut nehmen. Welche Ironie des Schicksals in seiner Pensionierung liegt: Zuerst wurde er durch die Nazis entlassen, nun durch die Franzosen verschickt.[353]

An die bescheidenen sozialen und rüstungsmäßigen Verhältnisse der damaligen Zeit erinnert die Bestimmung aus der Reisegebührenvorschrift 1926, die 1945 weiterhin Gültigkeit hatte. Mangels anderer Fahrmittel wurde bei Benützung eines Fahrrades anläßlich von Dienstreisen ein Kilometergeld von 10 Groschen pro km unter der Voraussetzung zuerkannt, daß die Dauer der auswärtigen Dienstverrichtung dadurch wesentlich abgekürzt werden konnte.[354] War die Benützung eines beamteneigenen Pkw dienstlich dringend geboten, so wurden je Pkw 0,64 S je km bezahlt, für zwei weitere Insassen 6 Groschen dazu, für mehr als zwei weitere 12 Groschen. Für Krafträder wurden je km 25 Groschen, bei Mitnahme einer Person zusätzlich 3 Groschen bezahlt.[355]

1946 regelte das BKA erlaßmäßig den Umgang mit Personalvertretungen. Die personalführenden Stellen waren unbeschadet der Diensthoheit des Bundes angewiesen, bei der Regelung von Personalangelegenheiten die gewerkschaftlich bestellten provisorischen Personalausschüsse zu einer entsprechenden Mitwirkung heranzuziehen. Insbesondere bei der Regelung des internen Dienstbetriebes und bei Personalangelegenheiten der Gesamtheit der Beamten oder einzelner Dienstgruppen, dann bei Einzelvertretungen, wenn dies gewünscht wurde, oder wenn andere Bedienstete durch eine Maßnahme beeinträchtigt wurden. Weiters waren Personalvertreter zur Mitwirkung hinsichtlich wirtschaftlicher und sozialer Einrichtungen sowie hinsichtlich gesundheitlicher Verhältnisse der Amtsräume heranzuziehen. Rechte und Pflichten allgemeiner Natur oder ministeriumsübergreifend wurden vom BKA mit der Gewerkschaft direkt behandelt.[356]

Im Dezember 1946 wurde wegen zunehmender Verschlechterung der Sicherheitsverhältnisse und der vielen Tötungen von Gendarmen im Dienst statt der im § 67 der Dienstinstruktion vorgesehenen Einzelpatrouille für den normalen Sicherheitsdienst die Doppelpatrouille eingeführt. Ausnahmen waren nur noch bei Loco-Patrouillen, also im engeren Ortsbereich, während des Tages, wo keine Gewalttätigkeiten zu befürchten waren, erlaubt.[357]

Auch wurde Gendarmeriebeamten im Nov 1946 ausnahmslos der Übertritt über die Grenzen der Republik Österreich sowohl in- wie außer Dienst verboten, um notfalls jederzeit auf einen entsprechend großen Personalstand zurückgreifen zu können.

Zum Jahresende 1946 berichtet AbtInsp i.R. Karl Burgstaller: »Das Jahr brachte für die wiedererstandene österr. Gendarmerie die größte Belastungsprobe, und diese wurde gut bestanden. Der Nachwuchs hat sich bewährt und mehr als nur seine Pflicht erfüllt. Trotz schlechter Ausrüstung, Entlohnung und Ernährung haben die Gendarmen bei 70 bis 90 Stunden in der Woche eine allmähliche Besserung der Sicherheitsverhältnisse erzwungen...«[358]

Ab Februar 1947[359] war für definitive Gendarmen bei Notwendigkeit grundsätzlich wieder die Dienstleistung in Zivilkleidung erlaubt, für alle provisorischen nur bei genügender Erprobung.

Auch 1947 wurde streng darauf hingewiesen, daß bei der Bewilligung zum Entfernen aus dem Stationsort, insbesondere an Sonn- und Feiertagen, auf ev. mögliche dienstliche Belange Rücksicht zu nehmen u. entsprechend Vorsorge zu treffen sei, so daß jederzeit noch genügend Beamte außer dem Inspektionsgendarmen rasch für unvorhergesehene Erfordernisse erreichbar wären. »Auf keinen Fall aber ist es zulässig, daß der Großteil der Beamten einer Dienststelle sich zum Wochenende (Samstag nach der Beschäftigung bis Montag früh) regelmäßig, ohne Absentierung oder Ersatzruhetag, aus dem Stationsort entfernt, in oft recht weit gelegene Orte reist oder Ausflüge ohne genauere Adressenangabe unternimmt und ganze Tage, ja sogar die Nächte, außerhalb des Stationsortes verbringt. Durch derart lange Abwesenheit vom Stationsort leidet nicht nur der Dienstbetrieb, sondern auch die Schlagfertigkeit und Einsatzmöglichkeit der Gendarmerie.«[360]

Im Februar 1947 wurde der Journaldienst neu geregelt. Es war nun auf allen Posten am Sitz eines Bezirksgendarmeriekommandos und Bezirksgerichts sowie bei Posten mit einem dienstbaren Stand von sieben Beamten und bei den Kommanden ein Journaldienst einzurichten. Auf größeren, arbeitsreichen Dienststellen konnte mit Genehmigung des BMfI ein Doppeljournaldienst eingerichtet werden. Der grundsätzlich 24-stündige JD währte i.d.R. von 13.00 Uhr bis 13.00 Uhr. Nach Beendigung des JD konnte der Beamte nach Zulässigkeit des Dienstes von den Amtsstunden am Nachmittag befreit werden. Vor Beginn des JD waren ihm zwei Stunden zur Essenseinnahme frei zu geben. Bei den übrigen Posten mußte ein Gendarm anderweitig erreichbar sein. An den Postenunterkünften wurde deshalb eine Tafel mit der Anschrift des betreffenden Erreichbarkeitsbeamten angebracht.[361]

Leitende Beamte erhielten für einen Inspektionsdienst wochentags 7,– S, dienstführende 6,– und eingeteilte Beamte 5,– S (heute Journaldienst), für Sonn- und Feiertagsdienste 8,–, 7,50 und 7,– S.[362] Für Bereitschaftsdienste wurden bis zu drei Stunden für Leitende 2,– S, für Dienstführende 1,50 S und für Eingeteilte 1,– S und jeweils für je weitere drei Stunden 1,– S Zuschlag bezahlt.[363]

Ab 1. Okt. 1947 wurde im Bereitschaftsfall für Eingeteilte für die ersten zwei Stunden 2,80 S und für jede weitere Stunde 1,50 S an Bereitschaftsgebühr bezahlt, für Dienstführende und Leitende um 0,20 – 0,30 S mehr.[364] Bereitschaft wurde i.d.R. nur bei außergewöhnlichen Sicherheitsverhältnissen meist für die Zeit außerhalb der Tagstunden angeordnet, wie etwa bei befürchteten Unruhen oder Demonstrationen. Im alpinen Bereich hatten die Gendarmerieschulen manchmal bei akuten Lawinensituationen für allfällige Noteinsätze an den Wochenenden Bereitschaftsdienst.[365]

Die 1947 durchgeführte Währungsreform »zum Zwecke der Abschöpfung des Notenüberhanges wurde in der Weise durchgeführt, daß die in den Händen eines jeden Lebensmittelkartenempfängers befindlichen Bargeldbeträge auf ein Drittel abgewertet wurden. Ausgenommen hievon war eine Kopfquote von 150,– S; lediglich dieser Betrag wurde 1 : 1 umgewechselt. Ebenso wurden die bei einer Kreditunternehmung bestehenden, auf Schilling lautenden Guthaben auf einem Neukonto in Höhe des mit Stichtag am 12. Nov. 1947 lautenden Betrages im Werte von 1 : 1 umgeschrieben«[366].

Eskorten waren ab November 1947 i.d.R. wieder als Einzelpatrouille durchzuführen.[367]

Ab 1948 konnte für ledige Beamte ein Raum angemietet werden, falls ihre Unterbringung unzulänglich oder die Räume überbelegt waren. Dasselbe galt, falls die Räume sanitär oder hygienisch nicht entsprachen.[368]

Auf dem personellen Sektor ergab sich langsam eine spürbare Entspannung. Die Hilfsgendarmen hatten inzwischen an den ersten Schulungskursen teilgenommen und sich auch in der praktischen Tätigkeit bewährt. Außerdem waren allmählich auch wieder einige ehemals nationalsozialistische Gendarmen, die als minderbelastet eingestuft worden waren, in den Dienst gestellt. (Minderbelastete waren i.d.R. solche, die unter dem Zwang der Verhältnisse einer nationalsozialistischen Organisation beitreten mußten, sonst aber politisch nicht aktiv waren.) Schließlich kehrten auch noch aus der Kriegsgefangenschaft ehemalige Gendarmen zurück, die ihre Tätigkeit teilweise wieder aufnehmen konnten.[369]

Nach und nach wurden auch wieder Musikkapellen in der Gendarmerie gegründet, wobei anfänglich die Beschaffung der Instrumente große Schwierigkeiten bereitete.

Unter dem Eindruck des vergangenen Schreckensregimes hatte die Gendarmerie noch 1948 dem BMfI über staatsbürgerliches und moralisches Verhalten von Staatsbürgern zu berichten.[370]

Für die Instandsetzung von Dienstschuhen wurde im Feber 1948 ein Schuhpauschale von 20,– S für das Halbjahr festgesetzt.

In diesem Jahr waren bereits mehr als zwei Drittel der Gendarmen Gewerkschaftsmitglieder. Sie erhielten nun die Zeitung »Der öffentliche Bedienstete«. (Ab 1953 enthielt sie die Beilage »Der Wachebeamte«.)

In den Kinderschuhen steckte damals noch das heute selbstverständliche Schreibmittel eines Kugelschreibers. Dessen Verwendung wurde untersagt, weil festgestellt wurde, ...»daß der in dem Kugelschreiber enthaltene blaue Farbstoff nicht wie Tinte vom Papier aufgesaugt wird, sondern oberflächlich auf der Papierfaser haften bleibt, so daß sehr leicht – schon durch einfache Erwärmung – Abdrücke hergestellt werden können, welche zu Fälschungen verwendbar sind...«[371]

1949

Im Sept. 1949 erfolgte eine neue Regelung der Amtsstunden bei den Dienststellen und der Anwesenheitspflicht der Beamten außerhalb der Amtsstunden. Die Amtsstunden wurden für alle Wochentage auf 8 bis 12 Uhr und 14 bis 17 Uhr festgesetzt. An Samstagen waren die Amtsstunden von 8 bis 12 Uhr zu halten und von 12 bis 13 Uhr die innere Ordnung, wie Reinigung der Waffen, Uniformen u. dgl. durchzuführen. Bei den Stäben war für die Mittagspause analog den Sicherheitsdirektionen vorzugehen, allerdings ein Erreichbarkeitsdienst einzurichten, ebenso für die Zeit bis 19.00 Uhr. Auf Posten ohne Inspektionsdienst (unter 7 Mann) hatte auch am Samstag mindestens ein Beamter von 14 bis 17 Uhr und, falls am Posten ein Telephon vorhanden war, solange Kanzleidienst zu bestehen, als am zuständigen Postamt Telephondienst verrichtet wurde. Ebenso hatte am Sonntag unabhängig davon, ob ein Telephon am Posten vorhanden war, mindestens ein Beamter von 8 bis 12 Uhr anwesend zu sein. Falls notwendig, war jeder Postenkommandant berechtigt, den Kanzleidienst an Samstagen im vollen oder beschränkten Umfang hinsichtlich Zeit und Zahl der Beamten anzuordnen. Entlohnung gab es dafür nicht, jedoch war im Laufe der Folgewoche für solche kurzfristigen Samstagnachmittag- und Sonntagsdienste Freizeit zu geben. Die Vorschrift besagte, außer in den vorstehend angeführten Fällen sei es unzulässig, außerhalb der Amtsstunden Anwesenheitspflicht zu fordern. Diese Anwesenheitspflicht betraf jedoch nur die Amtsstunden. Findige Vorgesetzte konnten Beamte im Außendienst noch unbegrenzt einteilen.[372] Gendarmen erzählen beispielsweise immer wieder, daß sie noch viele Jahre lang nach dem Krieg am Sonntagvormittag gemeinsam mit dem Postenkommandanten die Messe zu besuchen hatten. General i.R. Alois Patsch, damals ein junger Beamter, erzählt über diese Zeit: »Wir Gendarmen hatten außer Dienst fast nichts, es galt eine Sechseinhalbtagewoche. Weder Ausrüstung war da, noch war das Einkommen ausreichend. Gendarmen wurde jahrzehntelang gesagt, das Geld werde zum Aufbau des Staates benötigt. Aber damit konnte man doch niemanden motivieren. Dazu kam, daß die Postenkommandanten das Kommandieren im Deutschen Reich gelernt hatten. Da gab es keinen Pardon. Wer nicht parierte, konnte gehen. Diese Kommandanten konnten sich fast alles leisten. Sie hatten eine ungeheure Macht. Dann die Ausrüstung: Für Taschenlampen braucht man Batterien, solche gab es nicht, um Rad zu fahren braucht man Schläuche, solche waren ebenfalls nicht vorhanden. War irgendwo eine Schreibmaschine, fehlten womöglich einzelne Tasten. So ging es mit allem. Entweder es fehlte, oder es war beschädigt. Das einzige was vorhanden war, das waren Waffen. Die gab es überall zur Genüge. – In den ersten Jahren kamen Gewerkschaftsvertreter und redeten über Adjustierungsstücke statt über das Nötigste, nämlich die Bezahlung. Nicht einmal Hoffnung auf ein besseres Einkommen konnten sie uns machen in dieser schwierigen Zeit. Jahre später war es dann aber die Gewerkschaft, die eine finanzielle Besserstellung erreichte. Deshalb habe ich mich auch immer dazu bekannt. Ohne die Gewerkschaft wäre in dieser schwierigen Zeit weder eine Verbesserung der Arbeitssituation noch des Einkommens möglich gewesen.«

Erst 1949 wurde die notwendige Vergünstigung der Absentierung zur Besorgung dringender persönlicher Angelegenheiten, wie zum Beispiel für Einkäufe, Körperreinigung, Besuch der nächsten Angehörigen, fachärztliche und zahnärztliche Behandlung, Rücksprache mit Lehrpersonen an höheren Schulen, die von Gendarmenkindern besucht wurden, im Ausmaß von zwei Absentierungstagen wieder ermöglicht.[373] Bis dahin war es dem Wohl und Wehe des Postenkommandanten überlassen, ob ein Gendarm einmal ausnahmsweise einige Stunden für solche wichtigen persönlichen Angelegenheiten frei erhielt.

1949 wurde die Internationale Polizei-Assoziation (IPA) gegründet. Ihr Wahrspruch lautet »Servo per Amiceco«, was »Dienen durch Freundschaft« bedeutet. Diese Vereinigung von Exekutivbeamten sollte ein weltumspannendes Netzwerk der Freundschaft und des gegenseitigen Austausches werden. In ihr sind seither viele engagierte Funktionäre zum Wohle der Kameraden aus reinem Idealismus tätig. Ein Einsatz für die Kameraden, der nicht genug bedankt werden kann. Auch wurde mit Schloß Gimborn in Deutschland eine internationale Schulungsstätte geschaffen, in der Fachseminare von hochqualifizierten Exekutiv-Spezialisten allen IPA-Mitgliedern zugänglich sind.

Im Dez. 1949 wurden vom Nationalrat Überbrückungsbeihilfen für die Bundesbediensteten, Kinderbeihilfen u. eine Steuerermäßigung beschlossen.

An Pensionsbeitrag waren damals aufgrund des niedrigen Einkommens der Bundesbeamten 4 % zu entrichten.

1949 wurde das Kinderbeihilfengesetz verabschiedet. Die Kinderbeihilfe betrug für jedes Kind monatlich 105,– S.

Gendarmerieball: war immer ein gesellschaftliches Ereignis von Rang. Nach zehnjähriger Unterbrechung fand am Mittwoch, dem 2.Feber 1949 der erste Gendarmerieball in der Zweiten Republik in den Sofiensälen in Wien unter dem Ehrenschutz von Bundeskanzler Dipl.-Ing. Leopold Figl, Bundesminister für Inneres Oskar Helmer und Staatssekretär Ferdinand Graf statt. Diese Veranstaltung war in schwieriger Zeit eine Abwechslung, nach der sich die Menschen damals besonders sehnten.[375]

In diesen Jahren bemühten sich alle Landesgendarmeriekommanden sehr um die soziale Betreuung der Gendarmenfamilien. In Vbg. fand beispielsweise am 23. 12. 1949 eine Weihnachtsfeier mit Kinderbescherung statt, »...bei der eine größere Anzahl Gendarmeriekinder samt ihren Müttern mit einer Jause bewirtet wurden. Dank der vom Landesgendarmeriekommandanten eingeleiteten Sammelaktion bei den größeren Firmen des Landes war es möglich, bei diesem Anlasse 172 Gendameriekinder mit sehr wertvollen Geschenken zu beteilen und große Freude bei allen Beschenkten auszulösen. – Am Abend fand ein kameradschaftliches Beisammensein statt, zu welchem auch die Gend. Pensionisten aus Bregenz eingeladen waren«[376].

Um diese Zeit besser zu verstehen, muß man wissen, daß Lebensmittel und sonstige lebensnotwendige Güter durch die Mißwirtschaft und die totale Kriegsorientierung des Hitler-Regimes nach dem Krieg nur mehr sehr knapp vorhanden waren. Bis 1950 wurden deshalb u.a. die Lebensmittel bewirtschaftet. Bedingt durch den Krieg mußte die Bevölkerung 1945 pro Kopf und Tag mit 800 Kalorien auskommen.[377] Erst nach und nach war es möglich, dieses Kontingent zu erhöhen, bis die Normalverbraucherration im Sept. 1948 auf 2100 Kalorien erhöht werden konnte. Erst 1949 konnte die Brot- und Mehlrationierung aufgehoben werden.[378]

1950

1950 wurde die Teilnahme von Personalvertretern an der Regelung der Rechte und Pflichten der Bediensteten des Bundes (vorläufige provisorische Personalausschüsse) gesetzlich geregelt.[379] Personalvertretungen im Sinne des Art. 21 BVG[380] waren bisher noch nicht eingerichtet worden, doch hatten sich einheitlich Gewerkschaften zur Vertretung der Interessen der öffentlich Bediensteten gebildet, und zwar u. a. die Gewerkschaft der öffentlich Angestellten für die öffentlich Bediensteten.

Im Oktober 1950 lehnte die Bundesregierung ein kommunistisches Ultimatum zum Generalstreik ab und forderte in einem Aufruf zur Verteidigung Österreichs auf. Die Regierung erklärte, die würgende Not der ersten Nachkriegsjahre sei überwunden und die Sorge um Nachschub wesentlich gemildert. Der Staat könne nicht mehr länger jene Unterstützungsbeträge weiterzahlen, die er bisher bei jedem Kilogramm Mehl, jedem Laib Brot, bei Zucker und Kohle geleistet habe. Die erhöhten Aufwendungen auf Grund der neu festgesetzten Preise betrügen nach sorgfältigen Berechnungen der Kammern 55,– S im Monat für zwei Köpfe; der Lohnzuschuß betrage jedoch 100,– S. Der Staat müsse dafür mehr als 700 Millionen S für Beamte, Pensionisten und Rentner aufbringen, die Wirtschaft mehr als 1.200 Millionen S im Jahr. Innenminister Oskar Helmer erklärte: »...(Es verlautete), den Kommunisten sei der wirtschaftliche Aufstieg Österreichs ein Dorn im Auge, sie wollten Unruhe, Zerstörung und Zerrüttung der Wirtschaft. Sie suchten die Bevölkerung aufzuputschen, wollten die Demokratie beseitigen. Der Österreichische Gewerkschaftsbund lehne den Streik jedoch ab.« Dieser Aufruf hatte Erfolg. Es war damals ein Versuch der Kommunisten, auf diesem Weg zur Macht im Staat zu gelangen. Auch in den Reihen der Exekutive gab es Befürworter des Revolutionsgedankens, wie aus einer Verlautbarung des Innenministers auszugsweise zu entnehmen ist: »...Von kommunistischer Seite wird der Versuch unternommen, die Sicherheitsexekutive, die dazu berufen ist, Ruhe und Ordnung aufrechtzuerhalten und Gesetzesübertretungen zu ahnden, von der Erfüllung ihrer beschworenen Pflicht abzubringen. Dieser Versuch ist bei dem bekannten Pflichtbewußtsein der Polizei- und Gendarmeriebeamten von vornherein auch dann zum Scheitern verurteilt, wenn angebliche Vertreter dieses Berufsstandes in kommunistischen Versammlungen das Gegenteil behaupten und damit ihre beschworene Pflicht selbst verletzen oder andere dazu zu verleiten suchen...« Die Leiter der Sicherheitsdienststellen wurden deshalb angewiesen, Exekutivbeamte disziplinär zu ahnden, die gegen die verfassungsmäßige Regierung auftraten und damit ihre Pflicht, dieser Regierung zu gehorchen, verletzten, »da sie in den Reihen der Exekutive nicht geduldet werden« konnten. Innenminister Helmer berichtete dann im Parlament über die Beendigung der Unruhen: »Hohes Haus! Es ist mir als Innenminister ein Bedürfnis, ... den Angehörigen der Polizei und Gendarmerie, die das von der Bevölkerung in sie gesetzte Vertrauen so voll gerechtfertigt haben, den Dank auszusprechen (lebhafter Beifall bei der Volkspartei und bei den Sozialisten). In Erfüllung ihrer Pflicht wurden bei diesen Unruhen in den letzten zwei Wochen 115 Polizei- und Gendarmeriebeamte von den Putschisten mehr oder weniger schwer verletzt. Ich grüße diese Braven von dieser Stelle aus im Namen der Regierung und ich kann auch annehmen im Namen der Volksvertretung...«

In Wien rückten am 11. Okt. 1950 die ersten 150 Hilfsgendarmen in die Rennwegkaserne ein. Damit hatte das BMfI seine eigene Schulabteilung. Diese Schule bildete Gendarmen hauptsächlich für NÖ und das Burgenland, vereinzelt aber auch für andere Bundesländer aus. Da es kein Militär gab, hatte diese Schule auch teilweise militärspezifische Aufgaben durchzuführen, wie etwa die Parade vor dem Bundespräsidenten Dr. Körner, Trauerkondukte sowie Ehrenkompanien. Auch Katastropheneinsätze, wie etwa in der Steiermark, wurden durchgeführt.

Die Schule war, wie Oberst Hesztera berichtet, zum Schutz der österreichischen Bundesregierung eingerichtet. Die Teilnehmer dieser Ausbildungslehrgänge hatten zwei Jahre Ausbildung, die alle Unterrichtsfächer des Gendarmeriedienstes umfaßte. Sie galt als besonders intensiv, vor allem auch in militärischer Hinsicht, weshalb ehemalige Teilnehmer noch heute sich stolz als »Rennweger« benennen. Hier wurden bis 1963 etwa 1500 Gendarmen ausgebildet. Da die Beschreibung des Dienstes in dieser Kaserne stellvertretend für alle Schulen der Gendarmerie gelten kann, wird die Erzählung des AbtInsp i.R. Josef Kappel hier wiedergegeben: »Tagwache war jeden Tag um 06.00 Uhr, anschließend Frühsport, Körperpflege, Bettenbauen, Frühstück, Befehlsausgabe, dann begann der Dienst bis 17.00 Uhr. Aber dann gab es noch die besonderen Appelle – raustreten mit Marschgepäck, alles mußte im Rucksack sein, dann in 5 Minuten antreten in Sportbekleidung, wieder in 5 Minuten antreten in Ausgangsuniform. Hatte man die geringste Kleinigkeit vergessen, gab es Ausgangssperre für das Wochenende. Auch das Packen des Tornisters mit der gerollten Decke war eine eigene Wissenschaft. Wenn man keinen Dienst hatte, war Ausgang bis 22.00 Uhr. Dann gab es noch den Zimmerdurchgang, bei dem der RevInsp vom Dienst noch den Hockerbau kontrollierte ...Nur bei besonderen Anlässen, wie Theaterbesuche, konnte man um Überzeit bis 24.00 Uhr ansuchen. Samstag Vormittag war Waffen- und Stubenreinigung, anschließend Zimmerappell. Wenn dann keine Beanstandung war, konnte man den Absentierungsschein für das Wochenende in Empfang nehmen und um 13.00 Uhr war Dienstschluß... Wir waren damals die Paradesoldaten der Regierung und somit die Vorgänger der heutigen Garde...«[381]

1951 erstand mit der Gründung des Gendarmeriesportvereins Vorarlberg der erste in der Gendarmerie sportlich tätige Verein. Im Burgenland wurde er kurz darauf, in der Steiermark und in Salzburg 1951, in Kärnten 1957, in Niederösterreich 1958, an der GZSch 1959 und in Tirol 1968 gegründet. OÖ begründete 1960 aus dem mit kurzer Unterbrechung aus dem Jahre 1932 stammenden Schiverein für die Gendarmen den OÖ Gendarmeriesportverein. Der Österreichische Gendarmerie-Sportverband als Dachorganisation für alle Landesverbände wurde am 9. 1. 1959 gegründet.[382] Anfänglich gab es von verschiedenen Vorgesetzten gewisse Vorhalte. Es wurde befürchtet, daß sich Sport und die durch ein Jahrhundert geprägte Dienstauffassung nicht vereinbaren lassen würden. Hier sollte noch viel Überzeugungsarbeit nötig sein, um zu beweisen, daß sich diese beiden Komponenten nicht gegenseitig ausschließend, sondern im anspruchsvollen Gendarmerieberuf zueinander gehören.[383]

1951 wurde die Doppelpatrouillenregelung »wegen Besserung der allgemeinen Sicherheitsverhältnisse« gelockert. Wesentlich mitbestimmend dürfte jedoch wohl der Kostenfaktor gewesen sein. Es konnte nun, wenn keine Bedenken bestanden, auch ein Beamter allein einen Patrouillengang versehen, »...bei grundsätzlicher Beibehaltung der Doppelpatrouille...«[384].

1951 wurde ein Gesetz geschaffen, das bezweckte, Wohnungssuchenden mittels einer Wohnungsbeihilfe die Kostenlast der Nachkriegszeit ein wenig zu lindern. Die Wohnungsbeihilfe betrug monatlich 30,– S, wöchentlich 7,– S, täglich 1,– S. Beamte mit Dienst- oder Naturalwohnung hatten jedoch keinen Anspruch,[385] da sie ohnehin etwas, teilweise sogar wesentlich günstiger, versorgt waren.

Mit dem »Wohnbauförderungsbeitrag«, den Dienstnehmer wie Dienstgeber zu je 5 % des Dienstnehmereinkommens zu speisen hatten, verschaffte sich der Staat im Jahre 1952 zusätzliche Mittel zur Errichtung von Kleinwohnungshäusern durch den Bundes-Wohn- und Siedlungsfonds.[386]

Für den Empfang von Besuchen in Gendarmerieunterkünften wurde folgende Regelung getroffen: Gend. dürfen nur Besuche von männlichen Personen bekommen, die mit ihnen verwandt, befreundet oder gut bekannt sind. In allen Fällen war tadelloser Leumund des Besuchers Voraussetzung.

Jeder Gendarm hatte sein eigenes Dienstbuch mit Patrouillenbeginn und -ende sowie dem Nachweis zu führen, wo und wann er mit welchen Personen Kontakt aufgenommen hatte.

1953

Die unzureichende Besoldung der öffentlichen Bediensteten war schon seit längerer Zeit Gegenstand von Verhandlungen des ÖGB mit der BR. Der Chronist berichtet hiezu 1953: »...Beabsichtigt war eine Entnivellierung der Bezüge u. es sollte dieses Ziel allmählich in mehreren Etappen erreicht werden. Es war die Forderung auf volle Valorisierung der Bezüge nach dem GÜG von 1946 um das 5,7fache bis 1. Juli 1954 gestellt worden. Als Ergebnis wurde aber lediglich ein Valorisierungsfaktor von 4,4 als Endstufe erreicht u. dieser wird erst in 3 Etappen, u. zwar zu je 3/10 am 1. 7. 1953 u. 1. 1. 1955 u. die restl. 4/10 am 1. 12. 1955 fällig. Mit diesem von der Gewerkschaft erzielten Ergebnis wollte u. konnte sich die Beamtenschaft nicht einverstanden erklären. Es kam zu Protestkundgebungen u. sogar zu einem Umzug mehrerer 100 Beamten..., eine wohl bisher einmalige Erscheinung. In Versammlungen wurde die Gewerkschaft heftig angegriffen, u. es wurde den Obmännern vielfach das Mißtrauen ausgesprochen.«[387]

Mit diesem Gesetzesakt wurden die Zuschläge zum Gehalt der Beamten stufenweise auf 370 % angehoben. Mindestens sollten 340 % zuzüglich eines Betrages von 220,– S erreicht werden.[388] Doch auch mit diesen Erhöhungen blieb der Einkommenswert im Verhältnis zu den Lebenshaltungskosten sehr bescheiden.

1953 wurde das »Einkommensteuergesetz 1953« eingeführt, dem alle im Inland wohnenden Personen unterlagen. Die Einkommensteuerpflicht erstreckte sich auf sämtliche Einkünfte. Zu versteuern waren also auch Einkünfte, die nicht in Geld bestanden, wie Wohnung, Heizung, Beleuchtung, Kleidung, Kost, Waren und sonstige Sachbezüge. Die ersten 8.500,– S pro Jahr waren steuerfrei. Je Kind konnten bis zu einem Einkommen von 12.500,– S von der Steuer 200,– S abgezogen werden.[389]

1954

Im Oktober 1954 wurde die Dienstzweigeverordnung für Wachebeamte im Bundesdienst erlassen. Gegenstand war die Festsetzung der Dienstzweige für Wachebeamte und ihre Zuweisung zu Verwendungsgruppen, die Festsetzung der Amtstitel für die Dienstposten und die Festsetzung der besonderen Erfordernisse für die Erlangung von Dienstposten und für die Definitivstellung. Eine unterschiedliche Behandlung der Wachebeamten männlichen und weiblichen Geschlechtes fand nur mehr insofern statt, als dies ausdrücklich bestimmt war. Für die Laufbahn zum leitenden Beamten (Offizier) wurde ein Lebensalter von höchstens 34 Jahren zu Beginn der Ausbildung vorgeschrieben. Ernennungserfordernis waren Matura oder Beamtenaufstiegsprüfung (früher B-Matura), eine mindestens sechsjährige Dienstzeit im Gendarmeriedienst, davon eine zweijährige gehobene Fachausbildung. Beamte mit B-Matura hatten das Erfordernis einer achtjährigen Dienstzeit im Gendarmeriedienst. Leitende Gendarmeriebeamte des ökonomisch-administrativen Dienstes hatten außer der gehobenen Fachprüfung die Prüfung aus der Staatsrechnungswissenschaft abzulegen. Dienstführende Beamte mußten eine mindestens achtjährige Exekutivdienstzeit, davon eine mindestens sechsjährige Praxis aufweisen. Als Amtstitel waren Gendarmerierevierinspektor, -bezirksinspektor und -kontrollinspektor vorgesehen. Zum eingeteilten Beamten war die Vollendung des 20. und ein Höchstalter von 30 Jahren vorgesehen. Für die Definitivstellung war eine Grundausbildung und praktische Erprobung von mindestens zwei Jahren sowie eine mindestens gute Gesamtbeurteilung erforderlich. Der Eingeteilte hatte die Amtstitel Gendarm, Gendarmeriepatrouillenleiter und Gendarmerierayonsinspektor. War der Bewerber jünger als 20 Jahre, so wurde er in W-4 mit dem Amtstitel Hilfsgendarm eingereiht.

Der Gendarm hatte sich zum ehelosen Stand innerhalb der ersten drei Jahre sowie zur Kasernierung zu verpflichten. Vorher eingetretene Gendarmen hatten, sofern sie ledig waren, diese Verpflichtungserklärung nachträglich zu unterfertigen.[390]

1954 wurde das Familienlastenausgleichsgesetz geschaffen. Sein Zweck war, die Familiengründung und -erhaltung zu erleichtern. Es wurden Familienbeihilfen für selbständig Erwerbstätige und für Nichtselbständige der Ergänzungsbetrag zur Kinderbeihilfe nach dem Kinderbeihilfengesetz eingeführt. Für die Gendarmerie interessiert der Teil über die nicht in selbständiger Arbeit stehenden Bevölkerungskreise. Ihnen gebührte ein Ergänzungsbetrag zur 1950 eingeführten Kinderbeihilfe. Demnach wurde für Kinder unter 18 Jahren, die nicht mehr als 500,– S Monatseinkommen verdienten, weiters für Kinder, die bis zur Vollendung des 25. Lj studierten, sowie insbesondere für »bresthafte Kinder«, Ergänzungszulagen zur Kinderbeihilfe bezahlt. Bresthafte Kinder waren solche, die wegen körperlicher oder geistiger Gebrechen dauernd außerstande waren, sich selbst den Unterhalt zu beschaffen. Der Ergänzungsbetrag betrug für drei zu berücksichtigende Kinder monatlich 45,– S, bei vier 90,– S, bei fünf 185,– S und erhöhte sich für jedes weitere Kind um 95,– S monatlich. Der Anspruch auf Beihilfen war durch eine Beihilfenkarte, die i.d.R. von der Gemeinde auszustellen war, zu bestätigen.[391] Der Ergänzungsbetrag, die Kinderbeihilfe sowie die Wohnungsbeihilfe galten nicht als Entgelt im Sinne der sozialversicherungsrechtlichen Bestimmungen. Der Anspruch auf Beihilfe war nur zugunsten des betreffenden Kindes pfändbar.

Ab 1954 konnten Absentierungstage zweier Monate zusammengezogen werden.[392]

Aufgrund der Dienstzweigeverordnung 1954[393] hatten sich Personen zum ehelosen Stand in den ersten drei Dienstjahren und zum Wohnen in den Kasernen zu verpflichten. Ansuchen um vorzeitige Eheschließung waren möglich, wenn der Gendarm die gendarmeriefachliche Ausbildung abgeschlossen hatte, in das provisorische Dienstverhältnis (es gab ja noch immer den Wachehilfsdienst) übernommen war und berücksichtigungswürdige Umstände vorlagen. Gendarmeriebewerber mußten unbedingt ledig sein.[394]

1956

1956 erschien das Gehaltsgesetz 1956. In seinen Grundzügen gilt es noch heute, allerdings mit einer fast jährlichen Novellierung.

Beamte, die 1933–1938 oder 1938–1945 Opfer ihrer politischen Gesinnung geworden waren, konnte das Erreichen höherer Gehaltsstufen zugestanden werden.

Mit dem neuen Gehaltsgesetz wurde die Kinderzulage auf 100,– S je Kind und die Haushaltszulage ebenfalls auf 100,– S erhöht (bei kinderlosen Beamten, deren Gatte ein entsprechendes Einkommen hatte, auf 40,– S).

Die Wachdienstzulage wurde nun auch Gendarmen gewährt, die infolge eines im Wacheexekutivdienst erlittenen Dienstunfalles nicht mehr außendienstfähig waren.

Für die Berechnung der Dienstzulagenstufe konnte nun auch die aus 1938–1945 anrechenbare Zeit hinzugezählt werden.

Das Gesetz sah weiters Aufwandsentschädigungen und Mehrleistungsvergütungen sowie Sonderzulagen vor. Auch wurden »Einmalige Belohnungen« ermöglicht. Solche Belohnungen konnten auch anläßlich des 25- und 40-jährigen Dienstjubiläums gewährt werden.

Für im Ausland verwendete Beamte wie etwa beim Gendarmerieposten Kleinwalsertal in Vbg., der mit Kfz nur über deutsches Gebiet erreichbar ist, wurde eine Kaufkraftausgleichszulage eingeführt.

Für Nebentätigkeiten im Bundesdienst wurde eine gesonderte Entschädigung normiert.

1956 wurde der Erholungsurlaub neu geregelt. Beamte mit weniger als fünf Dienstjahren erhielten 14 Werktage, solche mit über fünf Jahren 20 Werktage und Beamte mit zehn Dienstjahren 26 Werktage Erholungsurlaub.[395]

Die Außendienstverpflichtung für eingeteilte Beamte von 160 Stunden auf 145 Stunden im Monat herabgesetzt.[396]

Ab 1956 galt für Freizeitausgleich die Zeit zwischen 20.00 Uhr und 06.00 Uhr als Nachtzeit.[397]

Mit Wirkung vom 1. 2. 1956 trat das neue GG für Bundesangestellte in Kraft. Mit diesem Gesetz sollte eine Anpassung der Bezüge der öffentl. Bediensteten an die Lebenshaltungskosten erreicht werden. Die Gehaltsansätze wurden allerdings erst in mehreren Etappen erreicht. Vorläufig kamen nur 85 % zur Auszahlung.[398] 100 % gab es erst ab 1. Jänner 1957.

Die Anrechnung der Heeresdienstzeit wurde nach dem Krieg neu geregelt. Zuerst wurde die vier Jahre übersteigende Dienstzeit im Bundesheer für die Vorrückung in höhere Bezüge angerechnet. Durch die entsprechende Einstufung im Gehaltsgesetz 1956 wurde die gesamte Dienstzeit im Bundesheer für die Vorrückung in höhere Bezüge anrechenbar.

1958

1958 wurde der motorisierte Patrouillendienst eingeführt. Die bei den Bezirksposten eingeteilten Beamten versahen mit dem beim BGK eingeteilten Kleintransporter Bezirkspatrouillen. Nach und nach wurden diese KT mit Funk ausgestattet. Während dieser Patrouillenfahrten mußte beim Bezirksposten das stationäre Funkgerät besetzt sein.[399]

Das GZK berichtete 1958: Seit Bestehen der BUWOG konnten 7 Gendarmerieunterkünfte und 246 Beamtenwohnungen errichtet werden.

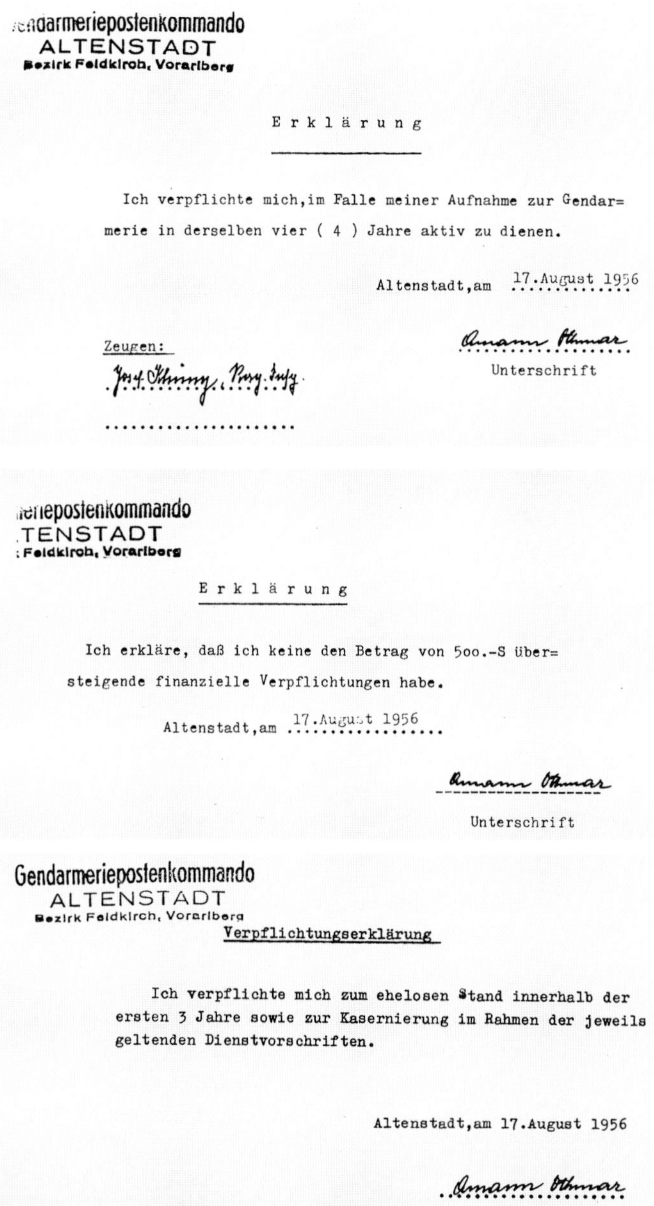

...ndarmeriepostenkommando
ALTENSTADT
Bezirk Feldkirch, Vorarlberg

Erklärung

Ich verpflichte mich,im Falle meiner Aufnahme zur Gendar=
merie in derselben vier (4) Jahre aktiv zu dienen.

Altenstadt,am 17.August 1956

Zeugen:

Unterschrift

...iepostenkommando
.TENSTADT
: Feldkirch, Vorarlberg

Erklärung

Ich erkläre, daß ich keine den Betrag von 5oo.-S über=
steigende finanzielle Verpflichtungen habe.

Altenstadt,am 17.August 1956

Unterschrift

Gendarmeriepostenkommando
ALTENSTADT
Bezirk Feldkirch, Vorarlberg

Verpflichtungserklärung

Ich verpflichte mich zum ehelosen Stand innerhalb der
ersten 3 Jahre sowie zur Kasernierung im Rahmen der jeweils
geltenden Dienstvorschriften.

Altenstadt,am 17.August 1956

Noch bis 1964 gab es erschwerte Aufnahmebedingungen, wie die Verpflichtung, vier Jahre in der Gendarmerie zu bleiben oder keine zu hohen finanziellen Verpflichtungen zu haben. Ebenso die Verpflichtung, drei Jahre nicht zu heiraten.

1959

Mit der 1. GG-Novelle 1959 konnte die einmalige Belohnung zum 40. Dienstjahr Beamten, die in den Ruhestand traten oder verstarben, auch bereits nach Vollendung des 35. Dienstjahres gewährt werden. Die Haushaltszulage erhielten nun auch geschiedene Beamte, sofern sie eine Kinderzulage erhielten oder für den Unterhalt der geschiedenen Gattin zu sorgen hatten.[400]

Für die Unterbringung lediger Beamter war nun eine Bodenfläche von 6 m² zur Verfügung zu stellen. Amtsräume sollten stets im untersten Stockwerk (Erdgeschoß) gelegen und der Blick auf die Straße und Umgebung möglich sein. Räume, die im Hintertrakt eines Gebäudes lagen, durften nicht angemietet werden.

Weiters wurde bestimmt, daß alle bisher als Gemeinschaftsküchen geführten Dienstküchen weitergeführt werden durften, sofern ihr Betrieb im Dienstesinteresse gelegen war. Falls diese Voraussetzung nicht gegeben war, konnte die Küche als Werksküche weiter unterhalten werden. Als solche mußte sie allerdings nach privatrechtlichen Grundsätzen geführt werden und daher einem eigenen Rechtsträger unterstellt sein.[401]

Die samstäglichen Amtsstunden wurden nicht mehr bis 13.00 Uhr, sondern bis 12.00 Uhr geführt.[402]

Die Abänderung der Raumbezeichnung »Abort« auf die Bezeichnung »WC« bedurfte 1959 eines Erlasses.

1960

Noch in der Verlautbarung der Richtlinien über den Inspektionsdienst von 1960 wurde angeordnet, daß bei Gendarmeriedienststellen, die nicht durchgehend Inspektionsdienst versehen, ein Gendarmeriebeamter für die Bevölkerung erreichbar zu sein hatte. Es wurde ein Namensschild mit seiner Erreichbarkeitsadresse an der Dienststelle angebracht. Diese Bestimmung sollte noch bis 1972 gelten.[403]

Ab 1960 bestand Anspruch auf drei Absentierungstage monatlich. Nicht mehr gestattet war jedoch die Zusammenziehung solcher Tage von zwei Monaten. Bei Abwesenheit von 8 bis 21 Tagen reduzierte sich der Anspruch auf 1 1/2 Tage.[404]

Auch eine neue Dienstzeitregelung – die 5-Tage-Woche – wurde eingeführt. Dafür wurden die Amtsstunden von Montag bis Donnerstag von 08.00 – 12.00 Uhr und von 13.30 bis 18.00 Uhr festgesetzt. Am Freitag war um 17.30 Uhr Amtsschluß. Außerhalb dieser Amtsstunden wurde beim LGK ein Journaldienst eingerichtet.[405] Die größeren Gendarmerieposten hatten zu dieser Zeit ohnehin bereits täglich Journaldienst. Bei den kleinen Gendarmerieposten wurden die Beamten allerdings weiterhin aus »dienstlicher Notwendigkeit«, welche ausschließlich der Postenkommandant bestimmte, in den Dienst beordert. Sonntag vormittags oft nur, damit ein Gendarm von den Kirchgängern gesehen wurde. Die Kommandanten waren in dieser Zeit noch kleine Dorfkaiser und die Gendarmen von ihrer militärischen Ausbildung her an Gehorsam gewohnt. – Die per Gesetz bestimmte Maximaldienstzeit wurde nun mit 242 Stunden monatlich festgesetzt.[406] Die Minimalaußendienststundenzahl wurde für die eingeteilten Beamten mit 121 Stunden, für die Stv. v. Pkdtn mit 115 und für die Pkdtn mit 80 Stunden festgesetzt. Als Tageszeit galt die Zeit zwischen 6 und 18 Uhr. Für Dienste an Samstagnachmittagen, Sonn- und Feiertagen bis zu zwei Stunden wurde im Laufe der kommenden Woche Freizeit im gleichen Ausmaß gewährt. Bis zu sechsstündige solche Dienste wurden mit einem halben, darüberliegende Dienste mit einem ganzen Ersatzruhetag abgegolten. Für 24-stündige Inspektionsdienste von Samstag auf Sonntag und von Sonntag auf Montag sowie an Feiertagen und deren Vortagen wurde ein Ersatzruhetag gewährt. Die Absentierung berechtigte nun zum Verlassen des Stationsortes. Für einen 24-stündigen Inspektionsdienst wurde eine Tagesquote von zehn Stunden und für jeden sonstigen Tag, an dem kein Außendienst verrichtet werden konnte (Krankheit, Urlaub, Dienstenthebung, Teilnahme an Gerichts- u. Dis-Verhandlungen sowie an einem 24-stündigen Bereitschaftsdienst) eine Quote von 8 Stunden auf das Monatsdienstsoll angerechnet. Ersatzruhetage waren grundsätzlich im folgenden Monat zu konsumieren, war dies nicht möglich, innerhalb der folgenden zwei Monate.

Mit der Einführung der Straßenverkehrsordnung 1960 trat die Kraftfahrgeneration in ein neues Zeitalter. Denn nun galt jeder mit 0,8 Promille Alkohol im Blut und darüber als alkoholisiert. Dieser Bestimmung entsprechend wurde im gleichen Jahr die Kraftfahrzeugvorschrift für die öBG eingeführt. Allen Gendarmeriekraftfahrern wurde ein absolutes Nüchternheitsgebot auferlegt. Gendarmeriebeamte waren bei Verstoß als Gendarmeriekraftfahrer abzulösen. Beamten der Verkehrsabteilungen wurde bei Mißachtung des Nüchternheitsgebotes die unverzügliche Versetzung auf einen Gendarmerieposten angekündigt. Gendarmeriekraftfahrern, die alkoholisiert einen VU hatten, war der gesamte entstandene Schaden zum Ersatz vorzuschreiben. In gleicher Weise war bei Schwarzfahrten vorzugehen.[407] Diese Blutalkoholgrenze und das Nüchternheitsgebot für Gendarmeriekraftfahrer waren insgesamt und für die Gendarmerie in doppelter Hinsicht eine Zäsur. Jahrhundertelang war Alkohol, in Österreich meist Wein oder Most, Begleiter des Menschen in seinem Leben und seiner Arbeitswelt gewesen. Die früheren Generationen kannten kaum etwas anderes, als daß die Väter und älteren Brüder in Feld und Wald gegen den Durst zur Arbeit und zur Jause Most oder Wein getrunken hatten. Die StVO 1960 bereitete dem zumindest für die Gendarmeriekraftfahrer ein Ende. Gendarmen waren beruflich von dieser Maßnahme persönlich betroffen und hatten gleichzeitig nach außen für die Einhaltung der Grenzwertbestimmungen nach der StVO zu sorgen. Auch nicht jedem Gendarmen wird diese neue Zeit ganz leicht gefallen sein, wenn er vielleicht schon Jahrzehnte zu seinem Mittagsmahl ein Glas Wein oder Bier konsumiert hatte, nun aber, sofern er Dienst hatte oder dienstliches Fahrzeuglenken in Aussicht war, sich dessen völlig enthalten mußte. Mittlerweile sind nahezu 40 Jahre durchs Land gezogen und die diesbezügliche Einstellung hat sich in der Gendarmerie und in der Gesellschaft ganz wesentlich gewandelt. Sehr zum Guten und ganz im Interesse der Sicherheit der Menschen.

1961

Bis jetzt waren Sonderurlaube für eine Genesung oder Kur nur gewährt worden, wenn eine schwere Erkrankung vorlag und der Patient zuvor auch in einem Krankenhaus gewesen war. Nun gab es Sonderurlaube bei schwerer Erkrankung auch, wenn der Patient in keiner Krankenanstalt heilbehandelt worden war.[408]

Versehrten Beamten wurden nun bei einer Erwerbsminderung von mindestens 30 % 2 Werktage Zusatzurlaub zugestanden, bei 40 % 4 Werktage, bei 50 % 5 Werktage und bei 60 % 6 Werktage. In Jahren, in denen aus den Gründen der Versehrtheit Sonderurlaub für eine Kur bewilligt wurde, entfiel dieser Zusatzurlaub.[409]

Das neue Einsatzmittel bei der Gendarmerie, der Hubschrauber, erlebte im wahrsten Sinne des Wortes seinen »Höhenflug«. 1961 konnte aus dem Gebiet des Kleinen Walsertales erstmals eine Eskorte per Hubschrauber durchgeführt werden. Da das Kleine Walsertal per Kfz noch heute nur über deutsches Hoheitsgebiet erreichbar ist, mußten deutsche StA stets in mühevollem Gebirgsmarsch dem österreichischen Gericht eingeliefert werden.[410]

1962

Die Außendienstverpflichtung für Stv. v. Pkdtn wurde 1962 von 115 auf 105 Stunden herabgesetzt. Bei der Zusammenziehung von Absentierungs- und Ersatzruhetagen berechtigten nun auch die Ersatzruhetage zum Verlassen des Stationsortes, was bisher nicht erlaubt war.

Auch zusammengezogen durften jedoch nicht mehr als insgesamt drei Tage Abwesenheit entstehen. Für einen 24-stündigen Inspektionsdienst wurden ab diesem Jahr 12 Stunden Tagesquote angerechnet, konnten also von der Monatsdienstverpflichtung abgezogen werden.[411]

Ebenfalls ab 1962 waren Gend.Beamte vor Antritt und nach Beendigung eines Dienstes, tagsüber eines mehr als fünfstündigen Dienstes, je zwei Stunden von jedem Dienst befreit. Weiters war für jede zwischen 20.00 und 06.00 Uhr zugebrachte Dienststunde je eine in die Zeit der Tagesbeschäftigung hineinreichende Stunde freizugeben, um dem Beamten einen achtstündigen ununterbrochenen Schlaf an einem Tag zu ermöglichen. Bei Außendiensten bis zu fünf Stunden zwischen 06.00 Uhr und 20.00 Uhr entfiel die Ruhezeit vor Antritt oder nach Beendigung eines Dienstes. War jedoch vor oder nach einem solchen Dienst eine Hauptmahlzeit einzunehmen, konnten ebenfalls zwei Stunden freigegeben werden.[412]

Um den schon Monate zurückliegenden Forderungen der Exekutive nach Erhöhung der Nebengebühren (Pauschalgebühr-, Inspektions- u. Bereitschaftsgebühr) entsprechenden Nachdruck zu verleihen, griff die Gewerkschaft öffentlicher Dienst (Exekutive) zu gewerkschaftlichen Kampfmaßnahmen. Ab 28. Juli 1962 versah die Bundessicherheitswache keine Bereitschaftsdienste mehr. In den Städten unterblieb die Verkehrsregelung während bestimmter Stunden. Die Zollwache prüfte an den Grenzübergängen genau, was endlose Schlangen von Fahrzeugen in beiden Richtungen zur Folge hatte. Ab 9. August sollte dann auch die Bundesgendarmerie in den Streik treten u. nur noch die allerwichtigsten Dienste leisten. Der Chronist berichtet: »...Die Sektion Vbg. des ÖGB tat noch ein übriges, indem sie in ihrer Mitteilung vom 6. August 1962 die Anordnung hinausgab, wonach ›Befehle von Vorgesetzten, Aufträge der Behörden u. Aufforderungen der Gerichte‹ abzulehnen seien.« Eine Anfrage des LGK beim BMI über Verhaltensanweisungen für den Fall, daß es tatsächlich zu solchen Ungehorsamshandlungen innerhalb der Gendarmerie gekommen wäre, blieb unbeantwortet, da noch am 8. bzw. 9. 8. 1962 aufgrund der sogenannten »Klagenfurter Besprechungen« eine Einigung in Form einer Übergangslösung gefunden wurde. Ein Streik der Gendarmerie unterblieb somit, die Streikabsicht der Gendarmerie fand in der Öffentlichkeit jedoch »keine gute Aufnahme«, wie der Chronist berichtet.[413]

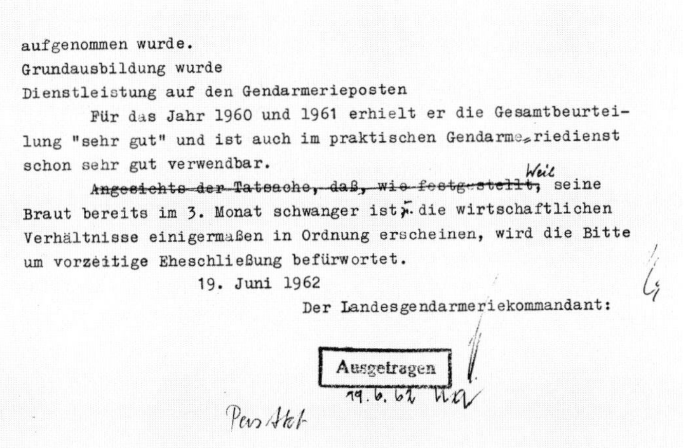

aufgenommen wurde.
Grundausbildung wurde
Dienstleistung auf den Gendarmerieposten

Für das Jahr 1960 und 1961 erhielt er die Gesamtbeurteilung "sehr gut" und ist auch im praktischen Gendarmeriedienst schon sehr gut verwendbar.

~~Angesichts der Tatsache, daß, wie festgestellt,~~ Weil seine Braut bereits im 3. Monat schwanger ist u. die wirtschaftlichen Verhältnisse einigermaßen in Ordnung erscheinen, wird die Bitte um vorzeitige Eheschließung befürwortet.

19. Juni 1962

Der Landesgendarmeriekommandant:

Ausgetragen
19. 6. 62

Pers Akt

Ab 1962 galt als »Heizperiode« im Sinne der Heizvorschrift der jeweils nach der Witterung verschieden lange Zeitraum vom ersten Heizen nach dem Sommer bis zum letzten Heizen nach dem Winter. – Bisher war die Heizperiode datumsmäßig angeordnet gewesen. – Ob zu heizen war, entschied der Dienststellenkommandant. In Kanzleiräumen war dies aber jedenfalls bei einem Sinken der Raumtemperatur unter 16° Celsius vorgesehen. In anderen Räumen konnte die Temperatur durchaus noch weiter sinken. Bade- und Waschräume durften außerhalb der Benützungszeit nur beheizt werden, wenn Frostschäden zu befürchten waren. Wasserklosettanlagen waren nur bei Frostgefahr zu beheizen. Anspruch auf ein »Brausebad« hatten Gendarmerieschüler und Kursteilnehmer sowie Lehrer nach Außendiensten, bei denen sie besonders stark verschwitzt und beschmutzt wurden sowie jeweils anläßlich der Judo-Ausbildung. Ferner hatten Schüler und Kursteilnehmer im Winter (Oktober bis März) obligatorisch Anspruch auf ein Brausebad, war keine Dusche vorhanden, auf ein Wannenbad. Im Sommer (März bis Oktober) durften sie zweimal wöchentlich duschen oder baden. Gänge durften nur beheizt werden, wenn es die Betriebstechnik erforderte oder in Schulen, soweit es für die Erhaltung der Gesundheit der Kursteilnehmer erforderlich war, die sich »zum Zwecke eines ungestörten Lernens« auf den Gängen aufhielten. Für die Berechnung des Heizmaterials galt, daß für Kanzleiräume mit täglichem 24-stündigem Dauerdienst 48 kg Holz je Kubikmeter Raum innerhalb einer Heizperiode berechnet werden durften. Kanzleiräume ohne Dauerdienst sowie Schlafräume in Gendarmerieschulen, Sanitätszimmern, Krankenzimmern usw. erhielten 32 kg Holz, sonstige Schlafräume und Werkstätten 16 kg. Garagen, Wasserklosetts, Waschräume und Speisesäle erhielten 8 kg Holz.

1962 war erstmals die Benützung privater Rundfunkgeräte – und Fernsehrundfunk-Empfangsgeräte (wie sie damals genannt wurden) – Gegenstand eines Erlasses. Das Finanzministerium verfügte, in Ausnahmefälle könne der Betrieb von privaten Rundfunkgeräten mit Stromanschluß in Amts-, Betriebs- und sonstigen Diensträumen des Bundes, wenn ein zwingendes dienstliches Interesse vorlag, nach Maßgabe verschiedener Bestimmungen genehmigt werden. Die Genehmigung erteilte der Dienststellenleiter. Der Benützungsberechtigte hatte alle mit dem Betrieb zusammenhängenden elektrotechnischen und hausordnungsmäßigen Vorschriften zu beachten sowie dem Bund alle Schäden und Verluste, die er nachweisbar im Zusammenhang mit dem Betrieb des Gerätes am Eigentum des Bundes verursachte, zu ersetzen. Der Bewerber hatte einen Revers zu unterfertigen, der die von ihm zu beachtenden Vorschriften enthielt.

Als Stromkostenersatz war an die Staatskasse ein Pauschalbetrag von mindestens 3,– S monatlich je Rundfunkgerät zu leisten.

Keine Ausnahme war für Behörden und sonstige Dienststellen des Bundes vorgesehen. Auch sie hatten für jedes Rundfunk- beziehungsweise Fernsehrundfunk-Empfangsgerät nach dem Fernmeldegesetz einen Berechtigungsschein zu erwirken und damit gleichzeitig die Abgaben für den Betrieb dieser Geräte zu entrichten. Konnten mit einem einzigen Gerät sowohl Rundfunk- als auch Fernsehrundfunksendungen empfangen werden, mußten beide Berechtigungsscheine erwirkt werden.

1963

Die Nebengebühren der Exekutive wurden 1963 teilweise erhöht, teilweise verdoppelt.[415]

Das Einkommen war im Geldwert, dann im Verhältnis zur Entlohnung in der Privatwirtschaft trotzdem noch immer sehr gering. Fürböck schrieb als Zentralkommandant 1963 darüber: »...Wir wollen hoffen, daß in absehbarer Zeit auch die Bezahlung der Exekutivorgane verbessert wird, so daß ein stärkerer Anreiz für tüchtige junge Männer besteht, den schweren, aber interessanten und sittlich wertvollen Beruf eines Gendarmeriebeamten zu wählen.«[416]

Das Gebot der Nüchternheit – und zwar 0,0 Promille – wurde den Gendarmeriekraftfahrern erneut besonders ans Herz gelegt.[417] Offenbar gab es diesbezüglich noch Anfangsschwierigkeiten.

1963 hatten von den 1407 Gendarmerieposten 500 einen Patrouillenwagen und jeder ein Motorfahrrad.[418]

Für Dienststunden vor oder nach einem Inspektionsdienst gab es nun ebenfalls Ersatzruhezeit.[419]

In diesem Jahr wurden 250 Dienstposten in der Gend. zusystemisiert.

Fürböck schreibt 1963: »Hielt man in der Vergangenheit daran fest, daß die Beistellung der Unterkunft für die Gendarmeriedienststellen Sache der Gemeinde und die Sorge für die Wohnraumbeschaffung Sache des Beamten selbst sei, so sind im letzten Jahrzehnt bis zur Gegenwart der Bund, die Länder und die Gemeinden bemüht, Wohnraum zu schaffen oder den Erwerb von Eigenheimen und Wohnungen zu fördern. In Verfolgung dieses Grundsatzes konnte des BMfI im Zusammenwirken mit dem BMfHuW und der BUWOG sowie durch Neumieten im abgelaufenen Jahr 78 neue Gendarmerieunterkünfte, 23 Garagen, zwei Bootshütten und 29 Wohnungen für Gendarmeriebeamte ihrer Bestimmung übergeben. Darüber hinaus war es möglich, im Wege von Bezugsvorschüssen 112 Beamten zu menschenwürdigen Wohnungen oder Eigenheimen zu verhelfen.«[420]

1964

Gendarmen und Polizisten erhielten für ihren UNO-Einsatz auf Cypern hohes Lob des österr. Botschafters in Athen, Dr. Ludwig Steiner: »...(die Gendarmen) haben damit besonders der Bevölkerung Cyperns einen großen Dienst bei der Erhaltung der Ruhe u. Ordnung erwiesen, darüber hinaus aber den Namen Österreich in diesem Teil der Welt zu einem Inbegriff der Menschlichkeit, der Gerechtigkeit und der Ordnung gemacht.«

Aufgrund der schlechten Bezahlung und speziell auch des Heiratsverbotes nahm Ende der 50er und anfangs der 60er Jahre das Interesse am Gendarmerieberuf rapide ab. Es bewarben sich immer weniger Leute.

Im November 1964[421] wurde deshalb die »Pflicht zum ehelosen Stand« zu Beginn der Dienstzeit aufgehoben. Die Eheschließung war nun lediglich noch binnen 14 Tagen dem LGK zu melden. Bewerber zur Gendarmerie hatten jedoch weiterhin eine Verpflichtungserklärung zu unterfertigen, daß sie sich der Kasernierung im Rahmen der jeweils geltenden Dienstvorschriften unterziehen werden.[422]

Eine einschneidende Neuerung war der Funkpatrouillendienst, da er auf die Sicherheit der Gendarmen wesentlichen Einfluß haben sollte. Künftig konnten sie stets zu dritt einschreiten, da jede FP i.d.R. aus 3 Beamten bestand. Dieses System bewährte sich außerordentlich. Die Funkpatrouille, meist in der Zeit zwischen 18.00 und etwa 04.00 Uhr eingeteilt, war für die Journaldiensthabenden bei sicherheitsdienstlichen Ereignissen eine große Unterstützung. Ganz gleich, ob diese Verstärkung nun bei einem Brand, einem Einbruch in ein Betriebsgebäude oder der Aufnahme eines Verkehrsunfalles, bei aggressiven Gewalttätigkeiten oder der Überwachung der Jugendgesetze benötigt wurde. Stets war sie in der Zeit der Dunkelheit, wo ohnehin weniger Schutz für den einzelnen Beamten gegeben ist, zur Stelle. Damit konnten gemeinsam mit dem Journaldiensthabenden eben gleichzeitig mindestens vier Beamte einschreiten. Und in Gebieten kleiner Gendarmerieposten, wo wochentags kein Journaldienst versehen wurde, waren mit der dorthin entsandten Funkpatrouille Beamte mit Kompetenz am Werk, die sich gegenseitig unterstützten.

Ab 1964 wurde die Konsumation des Erholungsurlaubs unterbrochen, wenn der Beamte mehr als drei Tage erkrankte. Bei Erkrankungen im Ausland galt nur stationärer Krankenhausaufenthalt als Unterbrechung.[423]

In der Gendarmerieschule in Gisingen in Vbg. wurden 5 Polizeibeamte des Fürstentums Liechtenstein nach erfolgreicher Ausbildung ausgemustert. Damit fand die seit den Dreißigerjahren geübte Gepflogenheit ihre Fortsetzung. Das Fürstentum Liechtenstein hat noch heute österreichische Richter und die österreichischen Strafgesetze.

1964 wurde erstmals vom GZK die Nachwuchswerbung für die Gendarmerie in der öffentlichen Presse gestattet. Diese Werbung war gebietsweise dringend nötig. Aufgrund der florierenden Wirtschaft einerseits und der minimalen Bezahlung des öffentlichen Dienstes hatte das Interesse am Gendarmerieberuf, wahrscheinlich auch am übrigen öffentlichen Dienst, stark abgenommen.

Mit 1. Juli 1965

wurde leitenden Beamten die Lernzeit für die 5. Klasse Oberstufe an einer höheren Lehranstalt angerechnet. Dienstführenden Beamten wurde ihre Dienstzeit so angerechnet, als ob sie ab dem Einstellungstage Dienstführende gewesen wären. Leitenden wurde die Zeit ab Vollendung des 2. Dienstjahres als W-1-Zeit angerechnet, Beamten mit B-Matura jedoch erst ab 4 Dienstjahren. Diese Bestimmungen waren anzuwenden, als ob sie bei der Aufnahme der einzelnen Beamten bereits bestanden hätten, also rückwirkend.[424]

Fürböck schrieb 1965 zu den noch immer massiven Gehaltsforderungen der Exekutivbeamten: »...Die meisten Gendarmeriebeamten sind der Ansicht, daß die Entlohnung der Exekutivbeamten in der Ersten Republik besser und gerechter war. Das Verlangen nach einem eigenen Gehaltsgesetz für die Wachebeamten ist vollauf berechtigt...«[425]

Ab 1965 gab es bis zu fünf Jahren Dienstzeit 18 WT Erholungsurlaub, darüber 24 WT, nach 10 Jahren Dienstzeit 26 Werktage u. nach einer Dienstzeit von 18 Jahren 30 Werktage. 32 Werktage standen zu, sofern das Gehalt der Verwendungsgrupppe C der Dienstklasse V/3 oder der VGr B der Dienstklasse V/4 für Beamte der Allgemeinen Verwaltung erreicht war. Für die Berechnung des Urlaubsanspruches galt auch eine in einem Vertragsverhältnis zum Bund zurückgelegte Zeit unter 18 Lebensjahren. Dem Beamten gebührte nun, soweit nicht zwingende dienstliche Gründe entgegenstanden, die Hälfte des Urlaubsausmaßes ungeteilt. Bei Vorliegen besonders berücksichtigungswürdiger Umstände konnte ihm nun auch der Urlaub des nächsten Kalenderjahres im vorhinein gewährt werden.[426]

Mit der Dienstpragmatik-Novelle 1965 wurde auch »Urlaub aus besonderem Anlaß« neu eingeführt. Als solcher waren 1. Urlaube, deren Erteilung aus öffentlichen Rücksichten geboten erschienen, oder 2. die zur Regelung besonders berücksichtigungswürdiger und begründeter persönlicher oder ebensolcher Familienverhältnisse dienten, wie schwere Erkrankungen oder Todesfälle von Familienangehörigen, unaufschiebbare Besorgungen vermögensrechtlicher Angelegenheiten, Übersiedlungen udgl., sowie auch solche, die zur Ableistung eines außerordentlichen Präsenzdienstes in Form von freiwilligen Waffenübungen benötigt wurden.

Anstelle der Quartiervorschrift aus dem Jahre 1922 wurde die »Unterkunftsordnung für die österr. Bundesgendarmerie« eingeführt. Innerhalb der Gendarmerieunterkunft waren die Dienst- und Schlafräume nun getrennt zu halten. Jeder Amtsraum sollte das Ausmaß von 12 m^2 nicht unterschreiten sowie natürlich belichtet und belüftbar sein. Für die Bereitstellung von Quartieren für die auf einer Dienststelle eingeteilten ledigen Beamten, für die grundsätzlich Kasernierungzwang bestand und die von Amts wegen unterzubringen waren, war nach Möglichkeit vorzusorgen. Notfalls waren in der Nähe entsprechende Unterkünfte anzumieten. Das Mitnehmen und Halten von Tieren jeder Art war nun verboten. Nach Hause durfte nur der Gummiknüppel mitgenommen werden. Wenn es die Sicherheitsverhältnisse erforderten, konnte in besonders begründeten Fällen der Kdt der Dienststelle den Beamten die Ermächtigung erteilten, die Faustfeuerwaffe in die Privatwohnung mitzunehmen, wo sie sie auf eigene Verantwortung gesichert zu verwahren hatten.[428]

Angehörigen der Alpinen Einsatzgruppen wurde ab 1965 eine jeweils zum 1. Jänner und 1. Juli fällige Aufwandsentschädigung von 150,– S (ab 1971 240,– S) gewährt. Sofern der Beamte jedoch an der alpinen Einsatzübung teilgenommen hatte, wurden ihm 300,– S (ab 1971 480,– S) gewährt. Gendarmeriebergführern wurde diese Zulage gewährt, wenn sie im Kalenderjahr mindestens einmal als Leiter oder Lehrer einer Hochgebirgsschule verwendet wurden, sofern ihnen die

Gebühr nicht bereits als Angehörige der Alpinen Einsatzgruppe zuerkannt worden war.

Außerdem erhielten sie eine Mehrleistungsvergütung für die Teilnahme an alpinen Rettungs- und Bergungseinsätzen, die ab der dritten Einsatzstunde pro Monat 10,– S pro Einsatzstunde betrug (ab 1972 erhielten diese Beamten statt dessen eine, die pro Einsatzstunde 15,– S betrug).[429]

Aufgrund der Nachwuchssorgen gestattete das GZK 1965 nicht nur die pressemäßige, sondern auch die individuelle Werbung. Für geworbene Gendarmeriebewerber gab es eine Prämie von 100,– S.

Ab 1966 konnten die Gendarmeriebewerber nun auch als sogenannte »Vorschulbeamte« direkt auf Gendarmerieposten einberufen werden, bis ein Grundkurs begann. Damit sollte verhindert werden, daß Gendarmeriebewerber aufgrund zu langer Wartezeiten bis zum nächsten Kurs wieder absprangen. Diese Einrichtung bewährte sich sehr, denn die anschließend in die Schulen eintretenden Probegendarmen konnten sich in der Vorschulzeit wertvolle praktische Erfahrung für die theoretische Ausbildung aneignen.[430]

Landesgendarmeriekommando für Vorarlberg
E.Nr. 2764/66

E i n b e r u f u n g

An Herrn
Arnold P e r f l e r
K o b l a c h

Auf Grund Ihres Ansuchens vom September 1966 werden Sie mit Wirkung vom 1.Oktober 1966 in den Stand der österr. Bundesgendarmerie aufgenommen. Sie haben sich am 1.Oktober 1966 ~~im Laufe~~ 09.00 Uhr des Vormittages beim Landesgendarmeriekommando für Vorarlberg in Bregenz, Seestraße 3, zum Dienstantritt zu melden.

Nach erfolgter Vereidigung, Aushändigung des Anstellungsdekretes als prov.Gendarm und eventueller Beteilung mit lagernden Massa-, Rüstungs- und Sondersorten werden Sie zur vorschulischen Ausbildung auf dem Schulposten Götzis eingeteilt.

Sollten Sie der Einberufung aus was immer für einem Grund nicht rechtzeitig entsprechen können, so haben Sie dies umgehend schriftlich auf der Rückseite dieser Einberufung dem Landesgendarmeriekommando direkt mitzuteilen.

Mitzubringen sind:

1. Dieser Einberufungsbefehl; 1 Stempelmarke zu 75.- S
2. die Lohnsteuerkarte, die Ihnen, falls Sie noch keine besitzen, beim zuständigen Gemeindeamt ausgestellt wird;
3. die polizeiliche Abmeldebestätigung bei Unterkunftsaufgabe;
4. Strapazanzug, Strapazschuhe, Leibwäsche, Schuhputzzeug und Toiletteartikel.

Verheiratete Gend.Bewerber haben überdies die standesamtliche Heiratsurkunde, die Geburtsurkunden der Gattin und allfälliger Kinder sowie die Kinderbeihilfenkarte beizubringen.

Außerdem haben Verheiratete ohne Kinder eine Erklärung beizuschließen, daß die Ehegattin keine Einkünfte von mehr als S 1188 brutto monatlich ohne Wohnungsbeihilfe bezieht.

Bregenz, am 27. September 1966

Der Landesgendarmeriekommandant:

Mit dem 1966 erschienenen Sozialprogramm wurde für die Ablegung der Beamtenmatura, für die Reifeprüfung und für Staatsprüfungen beim Jus-Studium sowie bei Hochschulstudien, die im Interesse des Dienstes gelegen waren, sowie für die Fachprüfung und die Gehobene Fachprüfung Prüfungsbelohnungen vergeben. Das Sozialprogramm beinhaltete neben den Studienbeihilfen und Bildungsbelohnungen begünstigte Diensteinteilungen oder über Ansuchen des Beamten Versetzungen für die Dauer des Studiums, um die Absolvierung der Studien zu erleichtern, sowie Dienstbefreiungen an Prüfungstagen.

1966

wurden alle bis dahin erteilten Bewilligungen zur Übernahme von Fernsehgebühren widerrufen und ausschließlich auf amtlich zugewiesene Geräte beschränkt.[431]

Nach der 1966 erlassenen Vorschrift für Gendarmerieküchen hatte diese Einrichtung die Aufgabe, den in Ausbildung stehenden Gendarmeriebeamten sowie den aus Gründen einer ständigen Einsatzbereitschaft anwesenden und zur Einnahme der Mahlzeiten im Dienstbereich genötigten sonstigen Bediensteten der Bundesgendarmerie ausreichende, abwechslungsreiche, einwandfreie und nach Möglichkeit in Anlehnung an neuzeitige Ernährungsgrundsätze bereitete Speisen gegen angemessenes Entgelt zu verabreichen. Als Küchenpersonal waren VB des Entlohnungsschemas II einzuteilen. Die Küche war nach dem Prinzip der Selbsterhaltung zu führen und hatte sich aus ihren eigenen Einnahmen zu erhalten, doch zählten die Dienstbezüge des Küchenleiters, die Kosten der Unterbringung u. der notwendigen Ausstattung und Erhaltung sowie der anteilige Personalaufwand der Küchenhilfskräfte nicht zu den Ausgaben, die in den Einnahmen ihre Deckung finden mußten.[432]

Die Statistik zeigte, daß auf dem Sektor des Wohnungsbaues für die Gend.Beamten und des Baues von Unterkünften für die Gend.Dienststellen seit 1945 1.154 neue Unterkünfte für Gendarmeriedienststellen und 1.019 Wohnungen für Gend.Beamte geschaffen worden waren. Seit 1958 wurden 231 Gendarmerieposten mit anderen vereinigt.

1966 waren bemerkenswerte 87 % der Gendarmeriebeamten Gewerkschaftsmitglieder.

Noch 1967 wurde ausdrücklich bestimmt, daß für sämtliche ledigen Gendarmeriebeamten vom Kommandanten eines Gendarmeriepostens abwärts, sowie für Teilnehmer an Gendarmerieausbildungskursen aller Art, grundsätzlich Kasernierungszwang besteht. In begründeten Fällen, insbesondere wenn keine geeigneten Unterkunftsräume vorhanden und eine Anmietung nicht möglich war, konnten Ausnahmen gestattet werden.[434]

Ab 1967 konnte Wachebeamten bei Versetzung in den Ruhestand der nächsthöhere Amtstitel ihrer VGr verliehen werden; ebenso an Eingeteilte der Amtstitel »Revierinspektor« (damals der unterste Amtstitel eines df Beamten).[435]

1967 erhielt der Rittmeister in der Dkl IV die Dienstzulage des Majors von 418,– S.[436]

1967 erschien das »Personalvertretungsgesetz 1967«, das die im wesentlichen bereits provisorisch seit 1945 praktizierten Regelungen endgültig sanktionierte. Die Personalvertretung ist seither gesetzlich dazu berufen, unter Beachtung der Gesamtinteressen die Interessen der Bediensteten gegenüber dem zuständigen Bundesminister zu vertreten.[437]

1967

wurde die durch Sicherheitsorgane zu versehende Grenzkontrolle an die Bediensteten der Zollämter und der Zollwache übertragen.[438]

Die Tätigkeit der Gendarmeriesportvereine und die Überzeugungskraft ihrer Funktionäre überzeugte endlich auch die Gendarmerieführung in der Haltung, daß Sport im Dienst nötig ist. Mit den ausgearbeiteten »Richtlinien für die Sportausübung im Dienst« wurde allen Gendarmeriebeamten die dienstliche Sportausübung ermöglicht, »um die schädlichen Auswirkungen der Zivilisation in bezug auf Körperschäden zu vermeiden«. Mit diesen Richtlinien wurde die Grundlage für die Organisation der dienstlichen Sportausübung in der Gendarmerie geschaffen. Mit ihnen wurde aber auch die Aufgabenteilung zwischen Sportausübung im Dienst und Sportbetrieb des Österreichischen Gendarmeriesportverbandes und der Gendarmeriesportvereine sowie die Durchführung der Sportausübung geregelt. Zu Disziplinen, die der Eigenart des Gendarmeriedienstes Rechnung tragen, wurden Leichtathletik (Erwerb des ÖSTA), Schwimmen und Rettungsschwimmen,

Judo, Schießen und Schisport erklärt. Kondition, Alter und Gesundheitszustand der Beamten sollten berücksichtigt werden. Für jede Gendarmeriedienststelle wurde zunächst – nach Zulässigkeit des Sicherheitsdienstes – monatlich ein Sportnachmittag eingeführt, der inklusive Zu- und Rückfahrt fünf Stunden nicht übersteigen durfte.[439]

Der Fahrzeugbestand wurde von 1962 mit 1.002 Fz bis 1967 auf 1.852 Fz erhöht, Patrouillenwagen von 482 auf 959.

Mit dem Gendarmeriedienstgesetz 1967[440] wurde die Dienstpragmatik zur Gänze in Geltung gesetzt. Das Gendarmeriedienstgesetz aus dem Jahre 1919 trat damit außer Kraft .

Ab 1967 erhielt der Gendarm auch für die eigene Eheschließung Urlaub aus besonderem Anlaß.

1967 trat das Beamtenunfallschutzgesetz in Kraft, mit dem ein anerkennenswerter Fortschritt in der sozialen Sicherheit der Beamtenschaft erreicht und gleichzeitig eine Benachteiligung der Beamten gegenüber den VB beseitigt wurde.[441]

Erklärung

Auf Grund der Dienstzweigeverordnung für Wachebeamte im Bundesdienst vom 12.1o. 1954, BGBl. 26o/54, verpflichte ich mich zur Kasernierung im Rahmen der jeweil geltenden Dienstvorschriften für die Bundesgendarmerie.

Bregenz, am 8. 3. 1967

Helmut. Wieland......

Kasernierungsverpflichtung des Probegendarmen Helmut Wieland. Die Kasernierungsverpflichtung der Gendarmen blieb weiterhin bestehen.

1968

Ab 1968 konnte Stellvertreter eines Bezirkskommandanten nur werden, wer mindestens drei Jahre Postenkommandant oder Lehrer an einer Schulabteilung oder Stv. d. Kdtn eines 20-Mann-Postens gewesen war. Bezirkskommandant konnte nur werden, wer mindestens ein Jahr Stv. d. BGKdtn oder vier Jahre Lehrer bei einer Schule gewesen war.[442]

1968 wurde die Zulage für den Inspektionsdienst an Wochentagen auf 90,– S für leitende, 85,– S für dienstf. und 80,– S f. eingeteilte Beamte erhöht. Für Inspektionsdienste an Sonn- u. Feiertagen gab es 110,–, 105,– bzw 100,– S.[443] Für Bereitschaftsdienste wurden für die ersten zwei Stunden an Wochentagen 54,– S, 46,– S bzw. 40,– S an ltde. df. u. einget. Beamte bezahlt, an Sonn- u. Feiertagen 62,– S, 54,– S und 46,– S, für jede weitere Stunde an Wochentagen 28,– , 24,– und 22,– sowie an Sonntagen 32,–, 28,– und 26,– S Für die Nachtstunden gab es 50 %ige Zuschläge.[444]

1968 wurde die Regelung des Heizbetriebes etwas vernünftiger gestaltet. Der Heizbetrieb sollte nur dann aufgenommen werden, wenn die für Arbeitsräume angemessene Temperatur unerträglich unterschritten wurde. Dies war jedenfalls der Fall, wenn die Temperatur auf 18° Celsius absank, während die Temperatur in anderen Räumen allerdings noch niedriger sein konnte.[445]

1969

wurden anläßlich einer Kundgebung für ein »Freies Bodenseeufer« wegen Entscheidung über die Trassenführung der Autobahn im Raume Bregenz und Umgebung 150 Beamte konzentriert. Als absolute Neuerung in »der hier gepflogenen Einschreittaktik« wurde vom Chronisten vermerkt, »wurden die Beamten nur mit Gummiknüppel, also mit keiner Schußwaffe, ausgerüstet. Dadurch sollten verschiedene Gefahren vermieden werden, gleichzeitig aber auch die Demonstranten darauf hingewiesen werden, daß die Gendarmerie die disziplinierte Ausübung von Grundrechten durchaus respektiert und die Autorität auch so zu wahren vermag. 4.000 bis 6.000 Demonstranten blieben friedlich«[446].

1969 berichtet der Chronist in Vorarlberg: »Die jahrelange äußerst schwierige ...Werbung gibt es nicht mehr. Eine große Anzahl von jungen Menschen meldet sich wieder für den Gend.Dienst und es wird eine verhältnismäßig strenge Auslese gezogen. Nur jeder 5. Bewerber bzw. jeder 6. besteht die Aufnahmeprüfung bzw. erfüllt die Bedingungen. Es ist dies eine Situation, wie sie jahrelang undenkbar war.«[447]

Aus dem Sicherheitsbereich fand ein neues Kriminalphänomen in der Chronik erstmals Eingang. Die Suchtgefahr! Der Chronist ahnt wegen des Überhandnehmens suchtgiftsüchtiger Jugendlicher Schlimmes. »...Mit Ende 1969 waren bei der Erhebungsabteilung bereits 80 Jugendliche als süchtig registriert. Ein Großteil von ihnen wurde dem Gerichte angezeigt. In mehr als 25 % der Fälle sind bereits Rückfallerscheinungen aufgetreten.

Das Suchtgift, vorwiegend Haschisch, dürfte durch Gammler, Hippies oder süchtige Jugendliche aus dem benachbarten Ausland eingeschmuggelt und hier mit mehr oder weniger Gewinn an interessierte Kreise abgesetzt werden. Die Aufklärungsquoten sind äußerst minimal, eine internationale Erscheinung.

Zur Eindämmung dieser erschreckenden Wohlstandserscheinung wurden von den zuständigen Behörden u. Institutionen sämtliche Exekutivgendarmen in Vorträgen der Erhebungsabteilung bei Gruppenunterrichten geschult. Es bleibt abzuwarten, wie sich die Dinge in Zukunft entwickeln.

Abschließend darf gesagt werden, daß es sich in allen bisher bekannt gewordenen Fällen um Einzelaktionen handelt, daß also organisierte Gammler, Hippies oder Rocker bisher nicht in Erscheinung getreten sind .«[448]

Auch ein anderes Phänomen taucht erstmalig auf: Die illegale Einschleusung von Türken aus der Schweiz.

1970

Ab 1970 wurden für Inspektionsdienste 18 Stunden vom monatlichen Plansoll abgerechnet (9 Stunden Außen- und 9 Innendienst).[449]

Auch wurde die Dienstpragmatik novelliert, womit das für Gendarmen geltende Disziplinarrecht neu gestaltet wurde. Die Vorschriften aus 1919 traten damit außer Kraft.[450]

Der Nationalrat beschloß die Erhöhung der Witwenpension auf 60 Prozent.[451]

Ab 1970 erhielt der Beamte für eine Dienstzeit von 25 Jahren einen halben Monatsbezug an Jubiläumsbelohnung, für eine Dienstzeit von 40 Jahren einen ganzen Monatsbezug. Diese Belohnung konnte auch bereits nach einer Dienstzeit von 35 Jahren gewährt werden, wenn der Beamte aus dem Dienststand ausschied.

1971

Da durch die in der monatlichen Pauschalgebühr enthaltene geringe Mehrdienstleistungsvergütung die von den Gend. in stets zunehmendem Maße geforderten Mehrdienstleistungen finanziell bei weitem nicht abgegolten waren, forderten die Beamten zunehmend lauter die gesonderte Vergütung der Überstunden.

Diesen Bestrebungen wurde in den Jahren 1968–1970 zum Teil bei verkehrsdienstlichen Einsätzen dadurch Rechnung getragen, daß für zusätzlich zu leistende Verkehrsdienste Bereitschaftsgebühren verrechnet werden konnten.[452] Die seit dem Jahre 1960 mit 242 Stunden festgesetzte monatliche Maximaldienstzeit wurde rückwirkend mit 1. 5. 1970 auf 218 Stunden verkürzt u. zugleich festgelegt, daß bei dienstlicher Notwendigkeit Üst. angeordnet u. mit Bereitsschaftsgebühr vergütet werden können.[453]

1971 wurde ein Fahrtkostenzuschuß für alle Beamten eingeführt, wenn die Wegstrecke zw. Dienststelle und Wohnung mehr als 2 km betrug und die monatlichen Fahrtauslagen für das billigste öffentliche Beförderungsmittel den Fahrtkostenanteil überstieg. Der vom Beamten selbst zu tragende Fahrtkostenanteil wurde 1971 mit 130,– S und ab 1. Juli 1971 mit 185,– S monatlich festgesetzt. Dieser Fahrtkostenzuschuß galt als Aufwandsentschädigung.[454]

Die Dienstzeit wurde leitenden Beamten nun so angerechnet, als ob sie ab Beginn ihrer Gendarmerielaufbahn bereits leitende Beamte gewesen wären.[455]

Im Zuge der II. Phase der Arbeitszeitverkürzung bei der öBG wurde die monatliche Maximaldienstzeit der nicht im Turnusdienst stehenden Beamten von 218 auf 205 Stunden rückwirkend mit 1. 12. 1970 verkürzt.

Zur Arbeitszeitverkürzung 1970 ergingen eine Reihe von Durchführungsbestimmungen u. Sonderregelungen, wie z.B. für Dienstreisen, für Inspektionsdienste, Turnusdienste, dann für Kursteilnehmer, Diensthundeführer sowie Personalvertreter usw.

Die »Dienstzeitregelung bei der BG« (DZR 1960) wurde am 1. 3. 1971 in abgeänderter u. neugefaßter Form wiederverlautbart.[457] Eine Neuerung bildete jedoch die mit 186 Stunden festgesetzte monatliche Minimal-Arbeitszeit. Feiertage und Dienstverhinderungen durch Kranheit, Urlaub usw. konnten abgezogen und somit die verbindliche Minimal- und Maximalarbeitszeit eruiert werden. Darüber hinaus geleistete Überstunden wurden nach den jeweils gültigen Bereitschaftsgebühr-Stundensätzen vergütet.

Diese Stunden-Sätze befriedigten schon damals nicht. Sie betrugen für:

Leitende Beamte	dienstf. B	einget. B
WT 28,– S	24,– S	22,– S
WN 42,– S	36,– S	33,– S
ST 32,– S	28,– S	26,– S
SN 48,– S	42,– S	39,– S

Einkommen:

Gendarmeriebeamte und VB erhielten im Nov. 1945 die vollen Nettobezüge, die ihnen nach den besoldungsrechtlichen Vorschriften des Deutschen Reiches für April 1945 gebührt hätten. Gend.Offiziere erhielten die vollen Aprilbezüge nach den gleichen Vorschriften, wenn die nachstehend angeführte Höchstgrenze der Nettobezüge nicht überschritten wurde: Gend.General 1.200 RM, GendOberst 950 RM, GendObstlt 750 RM, GendMajor 600 RM, Gend.Stabsrittmeister 470 RM, Gend.Rtm 470 RM.

Die Einkommensbeträge wurden bis zum Erscheinen des Gehaltsüberleitungsgesetzes 1947[458] einige Male erhöht. Empfänger von Ruhe- und Versorgungsgenüssen, die nicht im Dienst verwendet wurden, erhielten im Okt. 1945 folgende Beträge: Bei einem Monatsbezug bis höchstens 200 RM die vollen Nettobezüge und bei einem Monatsbezug von mehr als 200 RM netto 80 % des Nettobezuges für April 1945, mindestens 200 RM und höchstens 500 RM.

Angehörige von Gendarmeriebeamten, die vom Kriegseinsatz nicht zurückgekehrt waren, erhielten das Nettogehalt für April 1945 zur Gänze weiter, wenn der Betrag von 200 RM nicht überstiegen wurde.[459] Jenen Bediensteten, die aus politischen oder rassischen Gründen, jedoch nicht wegen nationalsozialistischer Betätigung, ab 1933 entlassen oder mit gekürzten Bezügen in den Ruhestand versetzt worden waren, wurde diese Zeit als volle Aktivzeit angerechnet.

Im Gehaltsüberleitungsgesetz 1947[460] wurden neue Bestimmungen erstellt. Bedienstete in einem öffentlich-rechtlichen Dienstverhältnis zur Republik Österreich wurden nun Bundesbeamte genannt. Die Bundesbeamten wurden in 8 Besoldungsgruppen eingeteilt, die Wachebeamten waren in der 7. Besoldungsgruppe. Der Gendarmeriegeneral wurde in die Verwendungsgruppe A, höherer Dienst, eingereiht. Für die Offiziere (W-1) kam der gehobene Fachdienst, für die Dienstführenden der Fachdienst (W-2) (C) und für die Eingeteilten der mittlere Dienst (W-3) (D) in Betracht. Der Wachehilfsdienst war in W-4 eingereiht. Der Wachehilfsdienst war dazu bestimmt, einen vorübergehenden Bedarf an Wachedienstpersonal zu decken, ähnlich wie dies mit der Einrichtung der Aspiranten im Jahr 1933 geschehen war. Wachebeamte erhielten während des Wachehilfsdienstes, solange sie kaserniert waren, anstelle des Gehaltes und der Wachdienstzulage einen Wachesold.

Vorrückungen erfolgten für alle Bundesbeamte von nun an alle zwei Jahre. Die provisorische Dienstzeit der Gendarmen wurde auf vier Jahre festgesetzt.

Verheiratete Beamte erhielten einen grundsätzlichen Haushaltungszuschuß von 20,– S monatlich, dazu für jedes unversorgte, eigene Kind, welches das 21. Lj noch nicht vollendet hatte, weitere 20,– S monatlich. In besonderen Fällen war eine Erweiterung bis zur Vollendung des 24. Lj möglich, bei außergewöhnlichen Fällen sogar darüber hinaus. Bei Eheschließung oder Geburt eines Kindes wurden der Haushaltungszuschuß und die Familienzulage einmalig doppelt ausbezahlt.

Die zum Gehalt hinzukommende Dienstzulage bewegte sich in der VGr W3 von 15,– S und in der VGr W-2 von 30,– S je nach Dienstalter bis zu 90,– S.

Die Wachdienstzulage war nun noch das einzige Sondereinkommen der Gendarmen gegenüber anderen Beamtenkategorien. Sie betrug für Offiziere 30,– S, für Dienstführende 25,– S und für Eingeteilte sowie den Wachehilfsdienst 20,– S. Dies entsprach etwa dem Preis von 0,45 – 0,50 dkg Butter im Schwarzhandel.[461] Zu diesen Einkommen wurden wegen der Geldwertbewegung und der permanent am Limit lebenden Beamten, die ständig um eine Werterhaltung ihres niedrigen Einkommens kämpfen mußten, mehrmals Teuerungszulagen hinzugeschlagen.

Die Einkommensentwicklung eines jungen Gendarmen in der Zeit von 1945 bis 1951anhand eines konkreten Beispiels: Der 19-jährige Probegendarm Romuald Kopf rückte im Dezember 1945 zur Gendarmerie ein. Er wurde nach dem Reichsbesoldungsgesetz in die niedrigste Stufe, A-8c-4, eingereiht und erhielt ein Bruttogehalt von 187,56 S. Am 1. Sept. 1946, bezog er 258,– S (darin waren 20,– S Wachdienstzulage u. 50,– S Teuerungszuschlag enthalten). Zum 1. Juli 1947 hatte er ein Gehalt von 192,– S plus 20,– S Wachdienstzulage und 100,– S Teuerung, gesamt also 312,– S brutto. Im August 1947 wurde die Teuerungszulage auf 140,– S erhöht. Im Juni 1950 erhielt er 192,– S Gehalt, 20,– S Wachdienstzulage sowie je zwei Teuerungs- und je zwei Ausgleichszulagen, so daß er auf ein Bruttogehalt von 585,46 S kam. Im Juli 1950 verdiente er bei 276,– S »Fester Teuerungszulage« und 75 % »Teuerungszulage,« brutto also 689,– S. Im Juli 1951 verdiente er mit je 40,– S Haushalts- und Kinderzulage sowie den Teuerungszulagen insgesamt 934,– S brutto.[462]

Einkommensentwicklung eines jungen eingeteilten Beamten:

Monat/Jahr	1945	1946	7/1947	8/1947	6/1950	7/1950	7/1951
Gehalt	187,56 S	188,– S	192,– S	192,– S	192,– S	192,– S	216,– S
Teuerung		50,– S	100,– S	140,– S	373,46 S	477,– S	618,– S
Wachd.Zul.		20,– S	20,– S	20,– S	20.– S	20,– S	20,– S
Gesamteink.	187,56 S	258,– S	312,– S	352,– S	585,46 S	689,–	854,– S

1956 trat ein neues Gehaltsgesetz, das »GG 1956« in Kraft. In seinen Grundzügen gilt es noch heute. Das Gehalt der Beamten wurde (bis zur Besoldungsreform 1994) durch die Verwendungsgruppe, die Dienstklasse und in dieser durch die Gehaltsstufe bestimmt. Für die VGr W-1 kamen die Dkl II bis VII, für die VGr W-2 die Dkl I bis V und für die VGr W-3 die Dkl I bis IV in Betracht. Provisorische Gendarmen waren Beamte der VGr W-3 mit denselben Rechten und Pflichten. Die einzige Ausnahme war nur, daß sie kündbar waren. Die Biennalsprünge wurden beibehalten. Ein junger Beamter erhielt monatlich 1.060,– S Bruttogehalt. Hinzu kamen die Dienstzulage und die Wachdienstzulage. Dem eingeteilten Beamten (W-3) gebührte nach vier Jahren in der höchsten Gehaltsstufe eine ruhegenußfähige Dienstalterszulage im Ausmaß von eineinhalb Vorrückungsbeträgen seiner Dienstklasse. Trat der Beamte nach zwei Jahren in der letzten Gehaltsstufe in den Ruhestand, hatte er bereits Anspruch auf Anrechnung dieser Zulage. Dem W-2-Beamten der Dienstklassen IV und V gebührte nach zwei in der höchsten Gehaltsstufe seiner Dienstklasse verbrachten Jahren eine für die Bemessung des Ruhegenusses anrechenbare Dienstalterszulage in der Höhe eines Vorrückungsbetrages seiner Dienstklasse. Die Dienstalterszulage erhöhte sich beim Dienstführenden dann nach vier in der höchsten Gehaltsstufe verbrachten Jahren auf das Ausmaß von zweieinhalb Vorrückungsbeträgen seiner Dienstklasse. War der Beamte bei Übertritt in den Ruhestand mindestens zwei Jahre in der höchsten Gehaltsstufe, so gebührte ihm die erhöhte Dienstalterszulage.

Einem Beamten, der in W-2 eingestuft wurde, wurde die gesamte Dienstzeit als W-2-Zeit berechnet. Einem leitenden Beamten (Offizier) wurde die sechs Jahre übersteigende Zeit als W-1-Zeit berechnet.

Der Wachebeamte erhielt nun nach der Definitivstellung eine ruhegenußfähige Dienstzulage. Eine junger Gendarm erhielt 30,– S, ein junger Dienstführender 180,– S, ein junger Leitender 160,– S Dienstzulage. Die Wachdienstzulage betrug für W-3 100,– S, für W-2 125,– S und für W-1 150,– S.

Mit der 1. GG-Novelle 1959 wurden einem eingeteilten Beamten bei der Beförderung in die Dkl IV bis zu vier Jahren gutgeschrieben, d.h. er begann mit der Dkl IV/3. Wurde ein dienstführender Beamter in die Dkl V befördert, so wurden ihm nun die in den Gehaltsstufen 4, 5 und 6 der Dkl IV verbrachte Zeiten für die Vorrückung in der Dkl V angerechnet, d.h. er konnte in der Dkl V bis zu sechs Jahren begünstigt werden.

Leitenden Beamten wurde ihre Dienstzeit so angerechnet, als ob sie bereits nach vier Dienstjahren Offiziere gewesen wären.

1959 ist das Geburtsjahr des vierzehnten Monatsgehaltes. Die im GG 1956 eingeführte halbjährliche Sonderzahlung mit je einem halben Monatsbezug, der sogenannte dreizehnte Monatsgehalt, wurde nun vierteljährlich, also viermal pro Jahr an alle Bundesbeamten angewiesen. Für Dez. 1959 gab es noch eine separate Sonderzahlung in der Höhe von 25 % des Monatsbezuges. Auch die Pensionisten erhielten diese vierteljährlichen Sonderzahlungen, ebenso die 25 %ige im Dez. 1959.[463]

1964 wurde die Haushaltszulage von 100,– auf 150,– S erhöht. Dienstführenden Beamten der Dienstklassen III und IV (bis zum Bezirksinspektor der Dkl IV) wurde die bezugsrechtliche Stellung um zwei Jahre verbessert. Die Dienstzulage wurde für das provisorische Dienstverhältnis nun mit 60,– S neu eingeführt. Die anfänglichen Dienstzulagen betrugen nun 90,– S, 250,– S und 200,– S für Eingeteilte, Dienstführende und Leitende.[464]

1965 konnten auch Dienstführenden der Dkl V zwei Jahre hinzugerechnet werden.[465]

Mit der 13. GG-Novelle 1965 gebührte kinderlosen verheirateten Beamten, dessen Ehegattin Einkünfte hatte, eine Haushaltszulage von 40,– S. Verheiratete mit Kindern oder einer einkommenslosen Gattin, dann unverheiratete Beamte, deren Haushalt ein Kind angehörte, und für die geschiedene Gattin unterhaltspflichtige Beamte erhielten 150,– S zuzüglich je 130,– S für jedes unversorgte Kind. Ebenso gebührten 130,– S dem Beamten für jedes unversorgte Kind, das nicht zu seinem Haushalt gehörte, für das er jedoch zu sorgen hatte. Die Ruhestandsbeamten erhielten dieselben Sätze.[466]

Die Gehaltstabellen wurden für Wachebeamte der VGr W-3 eigens erstellt und statt auf 1.855,– S auf 1.885,– S erhöht. Dienstführende und Leitende erhielten dasselbe Gehalt wie die Beamten der Allgemeinen Verwaltung.

Die Dienstzulage wurde 1965 für provisorische Beamte mit 65,– S, für eingeteilte mit mindestens 100,–, für Dienstführende mit 267,– S und für Leitende mit mindestens 225,– S festgelegt. Die Wachdienstzulage betrug nun 160,– S, 187,– S und 214,– S.[467]

Ab 1967 wurde die Haushaltszulage für die Kinder auf 150,– S erhöht. Für Präsenzdiener gab es nun ebenfalls die Haushaltszulage von 150,– S. An Dienstzulage erhielten provisorische Beamte 69,– S, für Eingeteilte, Dienstführende und Leitende gab es 106,–, 290,– u. 238,– S. Die Wachdienstzulage betrug nun 174,–, 203,– und 233,– S.[468]

1968: Die Bezugsansätze 2.598,– S, 2.779,– S, 3.386,– S für Eingeteilte, Dienstführende und Leitende gebührten ab 1. Okt. 1968 im Ausmaß von 93,6 %, ab 1. Sept. 1969 von 95,7 %, ab 1. 8. 1970 mit 97,9 % und ab 1. 7. 1971 zu 100 %. Leitenden Beamten wurde die bezugsrechtliche Stellung um eine Vorrückung verbessert.[469] Die Dienstzulage für prov. Gend. betrug 90,– S, sonst 144,–, 369,– und 311,– S.

Jahr	eingeteilte Beamte	dienstführende Beamte	leitende Beamte (Offiziere)
1961[470]	1.360,– S	1.460,– S	1,865,– S
1963[471]	1.517,– S	1.633,– S	2.063,– S
1964[472]	1.625,– S	1.721,– S	2.136,– S
7/1964	1.705,– S	1.801,– S	2.214,– S
1965	1.885,– S	1.951,– S	2.370,– S
7/1966	2.005,– S	2.071,– S	2.512,– S
1967	2.230,– S	2.296,– S	2.755,– S
1968	2.598,– S	2.779,– S	3.386,– S

Die Bezugsansätze 1968 gebührten ab 1. Okt. 1968 zu 93,6 %,
ab 1. Sept. 1969 zu 95,7 %,
ab 1. August 1970[473] zu 97,9 % und
ab 1.7.1971 zu 100 %.

Überstunden:

Von 1946 bis 1970 galt die Pauschalgebühr als Vergütung für außerplanmäßige Dienste.[474] Im Zusammenhang mit der Arbeitszeitverkürzung im Jahre 1970 erhielt die Bereitschaftsgebühr für die Zeit bis zur DZD 1972 den Charakter einer Überstundenvergütung. Alle aus dienstlicher Notwendigkeit über die monatliche Maximaldienstzeit von 218 Stunden geleisteten Stunden galten als Überstunden und wurden mit den zu diesem Zeitpunkt geltenden Sätzen für die Bereitschaftsgebühr abgegolten. Leitende Beamte erhielten zu dieser Zeit je Überstunde an Wochentagen 28,– S, an Sonntagen 32,– S, dienstführende 24,– und 28,– S, eingeteilte 22,– und 26,– S. Zu den Nachtstunden zwischen 22.00 Uhr und 06.00 Uhr gab es einen 50 %igen Zuschlag.[475] Die Bereitschaftsgebühr diente als Äquivalent zur Pauschalgebühr. Die mit 1. April 1946 eingeführte Pauschalgebühr diente als »Entschädigung für den erhöhten Aufwand während des normalen Sicherheitsdienstes sowie als Vergütung für sämtliche außerhalb der Normaldienstverpflichtungen geleisteten Dienste«[476]. Die Bereitschaftsgebühr entlohnte hingegen Bereithaltezeiten. Bereitschaft wurde nur in besonderen Anlaßfällen angeordnet.

Pauschalgebühr:

Monat Jahr	eingeteilte Beamte	dienstführende Beamte	leitende Beamte (Offiziere)
1946	30,– S	33,50	40,– S
1947	60,– S	67,– S	80,– S
1955	180,– S	195,– S	228,– S (f Abtlgskdtn)
1963	450,– S	470,– S	520,– S
1968	580,– S	600,– S	640,– S
1970	650,– S	670,– S	710,– S

1947 erhielten Eingeteilte, die nicht im Exekutivdienst standen, 52,– S und Gendarmerieschüler 20,– S Pauschalgebühr.[477] Für die bei den Stäben des LGK und des BMfI eingesetzten Beamten wurde 1955 zwischen 150,– S und 198,– S Pauschalgebühr bezahlt. Die Bezahlung erfolgte auch bei Krankheit und Urlaub. Bei Fachkursbesuch wurde sie eingestellt. Bei Dienstunfähigkeit infolge eines Dienstunfalles blieb sie zur Gänze erhalten. Für die in theoretischer Ausbildung stehenden prov. Gend. betrug die Pauschalgebühr 160,– S. Bei Erkrankung bis zu einem Monat sowie bei Urlaub blieb sie erhalten.[478] Die Pauschalgebühr betrug 1968 für Innendienstbeamte 375,– S (f df B) und 325.-S (f einget B) bzw. für Schüler 205,– S. Diese Gebühr war in einen Aufwandsanteil und einen Mehrleistungsanteil untergliedert. Von den 600,– S f df Beamte entfielen bspw. 290,– S auf den Aufwand und 310,– S auf die Mehrleistung.[479]

Diese Gebühr wurde letztmals im Jahre 1971 ausbezahlt. Im Gendarmeriejargon wurde sie »Pausch« genannt und bildete für viele Beamte ein »schwarzes« Taschengeld. D. h. es wurde oft der häuslichen Abrechnung, wenn die Abgabeforderungen seitens der besseren Hälfte zu rigoros ausfielen, unterschlagen. Es soll Frauen gegeben haben, die erst nach dem Ableben ihres Gatten und nur durch puren Zufall Kenntnis von dieser Beigabe erhielten.[480] Gehälter und Zulagen wurden ja bis Anfang der Siebzigerjahre auf den Dienststellen bar ausbezahlt.

Ruhestand, Pension, Witwen- und Waisenrente:

Das GÜG vom Dez. 1946[481] gründete auf dem Pensionsgesetz von 1921 und ging von einer Ruhegenußbemessungsgrundlage von 78,3 % aus. Die Witwenpension blieb bei 50 %, mußte aber mindestens 35 % der Ruhegenußbemessungsgrundlage betragen. Zur Witwenpension kam je Kind ein Fünftel der Witwenpension an Erziehungsbeitrag hinzu. Die Waisenpension betrug die Hälfte der Witwenpension.

Die Anrechnung von 16 Monaten für ein Jahr exekutiven Dienst bei der Pensionsbemessung blieb weiterhin aufrecht.

Die Wachdienstzulage war ruhegenußfähig.[482]

1966 wurden mit dem neuen Pensionsgesetz (PG 1965[483]) für den Übertritt in den Ruhestand und die Pensionsverbesserung neue Bestimmungen geschaffen. 12 Aktivmonate ergaben nun 12 Pensionsmonate. Die Berechnung 16 für 12 fiel für neu in den Staatsdienst Tretende somit weg. Für Beamte, die vor dem 1. Jänner 1966 bereits im Dienststand waren, war die Ruhegenußbemessung sowohl nach dem Pensionsgesetz von 1921 wie nach dem Pensionsgesetz 1965 durchzuführen. Die günstigere Variante war anzuwenden. Dieser Berechnungsvorgang wird ab den Geburtsjahrgängen 1941 und jünger nicht mehr stattfinden, weil diese mit 35 Dienstjahren ohnehin den vollen Anspruch auf Ruhegenuß erwirkt haben, sofern sie vor dem 60. Lj dienstunfähig werden sollten. AbtInsp W. R., Jg. 1938, trat 1989 mit 51 Lebensjahren aus gesundheitlichen Gründen in den Ruhestand. Er hatte samt Ruhegenußvordienstzeiten rund 32 Dienstjahre. Bei der Berechnung nach dem alten Modell erreichte er 100 % Ruhegenußbemessung, nach dem neuen Modell hätte er 94 % erreicht. Es war daher das alte Modell aus 1921 anzuwenden. Nach dem Pensionsgesetz 1965 bilden 80 v.H. des ruhegenußfähigen Monatsbezuges die Ruhegenußbemessungsgrundlage. Der Ruhegenuß beträgt seither bei einer ruhegenußfähigen Gesamtdienstzeit von zehn Jahren 50 v.H. der Ruhegenußbemessungsgrundlage. Er erhöht sich für jedes weitere ruhegenußfähige Dienstjahr um 2 v.H. Wurde der Beamte infolge einer von ihm nicht vorsätzlich herbeigeführten Krankheit oder körperlichen Beschädigung dienstunfähig und betrug seine ruhegenußfähige Gesamtdienstzeit noch nicht zehn, jedoch mindestens fünf Jahre, so war er so zu behandeln, als ob er eine ruhegenußfähige Gesamtdienstzeit von zehn Jahre aufzuweisen hätte. War die Dienstunfähigkeit auf einen Dienstunfall oder eine Berufskrankheit zurückzuführen und gebührte dem Beamten aus diesem Grund die Versehrtenrente aus der Unfallversicherung der öffentlich Bediensteten, so bestand der Anspruch auf die 50 % Ruhegenußzuerkennung ohne Rücksicht auf die Dauer der ruhegenußfähigen Gesamtdienstzeit. War der Beamte infolge Blindheit, Geisteskrankheit oder einer anderen schweren Krankheit zu einem zumutbaren Erwerb unfähig geworden, so hatte ihm die oberste Dienstbehörde zu seiner ruhegenußfähigen Bundesdienstzeit einen Zeitraum von zehn Jahren zuzurechnen.

Dem Wachebeamten gebührte durch die Wachdienstzulage eine Ruhegenußzulage. Sie betrug für jedes der ersten zehn Dienstjahre 5 % und für jedes weitere Dienstjahr 2,5 % der Bemessungsgrundlage. Mit dieser Berechnung durften mehr als 100 % nicht erreicht werden.

Der Witwe eines Beamten stand ein Witwenversorgungsgenuß von 50 % des Ruhegenusses zu, den Halbweisen 10 v.H. und den Vollwaisen 25 v.H. des Ruhegenusses des Beamten. Die Bestimmungen über die Witwenversorgung galten sinngemäß auch für frühere Ehefrauen, sofern der Beamte zu Lebzeiten diesen gegenüber Unterhalt zu leisten hatte. Diese Unterhaltsleistungen und die Witwenversorgung durften jedoch den Ruhegenuß, den der Beamte gehabt hatte, nicht überschreiten. Notfalls war der Unterhalt der früheren Ehefrau(en) zu reduzieren. Versorgungsgenüsse mehrerer Ehefrauen waren allenfalls im selben Verhältnis zu kürzen. Personen, die Anspruch auf Ruhe- oder Versorgungsgenuß hatten, der aber die Höhe des Mindestsatzes nicht erreichte, stand eine Ergänzungszulage bis zur Höhe des Mindestsatzes zu. Der Mindestsatz war so festzusetzen, daß der notwendige Lebensunterhalt des Beamten und seiner Angehörigen sowie der Hinterbliebenen gesichert war. 1965 wurde dieser Mindestsatz für den notwendigen Lebensunterhalt des Beamten mit 979,– S veranschlagt. Er erhöhte sich für dessen Ehefrau um 375,– S sowie für jedes Kind, das bei der Bemessung der Haushaltszulage zu berücksichtigen war, um 200,– S. Für die Witwe wurde der Mindestsatz mit ebenfalls 979,– S angesetzt, für eine Halbwaise bis zum 25. Lj mit 369,– S und nach diesem Zeitpunkt mit 647,– S, für eine Vollwaise bis zur Vollendung des 25. Lj mit 556,– S und nachher mit 979,– S.[484]

Für den Anspruch auf Witwen- und Waisenpension wurde bestimmt, daß Witwen und Waisen die Versorgung in dem Betrag gebührte, welcher entfallen wäre, wenn der betroffene Verstorbene das 40. Dienstjahr zurückgelegt gehabt hätte, sofern der Gendarm ohne eigenes Verschulden in Ausübung des Dienstes den Tod gefunden hatte.

Mit dem GG 1956 hatten Beamte 4 % Pensionsbeitrag zu bezahlen, ab 1959 5 %.[485]

An Sterbegeld gebührte der dreifache Monatsbezug oder der dreifache Ruhegenuß.

Bei Gendarmeriejubiläumsfonds, Stiftungen, Geldaushilfen etc.:

Anläßlich des hundertjährigen Gendarmeriejubiläums gab das BMfI im Jahre 1949 eine Festschrift heraus. Aus dem Erträgnis dieser Festschrift wurde für die Wiedererrichtung des Gendarmeriejubiläumsfonds ein Betrag von 600.000,– S als Grundkapital gewidmet. Zweck des Fonds sollte künftig die Unterstützung hilfsbedürftiger Gendarmen und ihrer Hinterbliebenen durch Geldaushilfen und Darlehen sein. Darlehen konnten gegen eine 4 %ige dekursive Verzinsung gewährt werden. Sie waren i.d.R. binnen 24 Monaten, maximal aber innerhalb fünf Jahren zurückzubezahlen.[486] Beispiel: 1965 gewährte der Fonds Darlehen im Betrag von 312.000,– S. Dieser Betrag erhöhte sich jährlich geringfügig auf 428.000,– S im Jahre 1972. Der Andrang boomte, weshalb 1967 eine kurzfristige Sperre für die Vorlage von Ansuchen verordnet werden mußte.

1962 vermachte der verstorbene Gend.General i.R. Hofrat Karl Laurenz Schindler einen Teil seines Vermögens der nach seiner Gattin zu benennenden »Emilie-Schindler-Stiftung«, die zur Unterstützung bedürftiger Angehöriger von im Dienste gefallenen (ermordeten) oder im Dienste verunglückten und invalid gewordenen Gendarmen verwendet werden sollte. Stiftungskapital waren 133.391,52 S.[487]

Mit dem GG 1956 wurden folgende Arten von Bezugsvorschüssen ermöglicht:

1. normalmäßige Bezugsvorschüsse, das waren solche im Ausmaß des dreifachen Monatsbezuges bei pragmatisierten, und des zweifachen bei provisorischen Beamten,

2. erweiterte Bezugsvorschüsse, die das Dreifache bzw. Zweifache des Monatsbruttobezuges überstiegen,

3. Parallelvorschüsse, die zu einem noch aushaftenden Vorschußrest gewährt wurden und das dreifache bzw. zweifache Monatsbruttoeinkommen überstiegen,

4. Bezugsvorschüsse für Wohnzwecke zur Beschaffung oder Errichtung einer familiengerechten Wohnung, wie Eigentumswohnung,

BUWOG-Wohnung oder eines Einfamilienhauses mit verlängerter Rückzahlungsdauer und in einer jeweils vom BMfF festgesetzten Höhe.

Die Rückzahlung eines normalen Bezugsvorschusses einschließlich eines ev. noch aushaftenden normalen Bezugsvorschußrestes hatte zum Unterschied von einem Bezugsvorschuß für Wohnzwecke längstens innerhalb von acht Jahren zu erfolgen.

Zweck der Gewährung von Bezugsvorschüssen für Wohnzwecke war in erster Linie, jenen Bediensteten zu einer Wohnung zu verhelfen, die entweder keine Wohnung hatten, oder bei denen Wohnverhältnisse vorlagen, die als unleidlich zu bezeichnen waren, oder deren Wohnung vom Dienstort derart weit entfernt war, daß sie dauernd von der Familie getrennt gewesen wären. Die Höhe solcher Vorschüsse war damals 30.000,– S. Diese Vorschüsse f. Wohnzwecke waren innerhalb von 12 Jahren zurückzuzahlen. Zur Frage der Bedürftigkeit wurde damals speziell darauf hingewiesen, daß die Voraussetzung dafür insbesondere dann nicht gegeben war, wenn der Vorschußwerber oder seine Ehegattin im Besitze eines Pkw waren und diesen zu einer Zeit erworben hatten, zu welcher der Tatbestand, der zur Begründung des Ansuchens um Bewilligung eines Bezugsvorschusses herangezogen wurde, bereits vorlag. Es waren daher , wenn ein Kfz vorhanden war, im Ansuchen die Kaufsumme, das Baujahr, Type und der Zeitpunkt des Erwerbes und der Grund zum Erwerb anzuführen.

Das Eingehen einer Lebensgemeinschaft wurde nicht als Grund für die Vorlage eines Ansuchens um Gewährung eines Bezugsvorschusses für Wohnzwecke anerkannt.[488]

Beamte, die unverschuldet in eine wirtschaftliche Notlage gerieten, konnten bei Vorliegen ganz besonders berücksichtigungswürdiger Umstände, wie Todesfällen engster Familienangehöriger oder schwerer, mit großen Kosten verbundener Erkrankungen oder Operationen eine einmalige, nicht rückzahlbare Geldaushilfe aus Bundesmitteln beantragen. 1967 wurde dazu ergänzt, daß aus diesem Titel heraus bei der Geburt eines Kindes, bei Todesfällen der nächsten Angehörigen und bei schweren Erkrankungen der Bediensteten oder seiner nächsten Angehörigen, soweit dadurch zusätzliche Aufwendungen erwachsen waren, um eine Geldaushilfe angesucht werden könne.[489]

Fremdwörter

Retraite: Zapfenstreich
Proprietät: Eigentum
Subsistenz: Lebensunterhalt

Gedruckte Quellen

Adolph Auffenberg Komarow Gustav, Generalleutnant a. D., und andere, »Unser Heer«, mit wissenschaftlicher Beratung von Univ.-Doz. Dr. Ludwig Jedlicka des Österreichischen Institutes für Zeitgeschichte, 1963, Herausgeber und Verleger: Herbert St. Fürlinger, Wien–München–Zürich
Brandt Wilfried, siehe Dr. Hans Fürböck
Brettner Friedrich, Für Heimat Volk und Ehre, Gendarmen der ersten Stunde, nicht Beruf, sondern Berufung, Die Gendarmerie in Niederösterreich von 1945–1955
Bundschuh Werner, siehe Walser Harald
Butschek Felix, Die österreichische Wirtschaft im 20. Jahrhundert, Gustav Fischer Verlag, Österreichisches Institut für Wirtschaftsforschung, 1985
Fürböck Hans, Dr., Gend.Oberst, und Gend.Oberstleutnant Wilfried Brandt, Sammlung von Vorschriften des Wirtschafts- und Verwaltungsdienstes für die österreichische Bundesgendarmerie, 1956, Selbstverlag
Fürböck Johann Dr., Die österreichische Gendarmerie in den beiden demokratischen Republiken, Heft 1 von 1918 bis 1938
Fürböck Johann Dr., Die österreichische Gendarmerie in den beiden demokratischen Republiken, Heft 2 von 1945 bis 1966
Gabriel Josef, Kriegsaufzeichnungen des Maurermeisters Josef Gabriel von Nenzing (1917 bis 1919). Mit einem Vorwort von Elmar Schallert. In Rheticus, Vierteljahresschrift der Rheticus-Gesellschaft, Heft 1–1998, Jahrgang 20
Gebetsroiter/Grüner, Das Pensionsgesetz 1965, Österreichische Staatsdruckerei, Wien 1967
Gebhardt Helmut, Die Gendarmerie in der Steiermark von 1850 bis heute, Leykam Verlag, 1997
Gendarmerie-Handbuch 1942, herausgegeben vom Verlag und von der Schriftleitung der Zeitschrift: Der Gendarm, Hauptschriftleiter: Hauptmann d. Gend. W. Maak, 24. Jahrgang, Kameradschaft Verlagsgesellschaft Gersbach & Co., Berlin
Hackl Viktor, Dr., Die Dienstpragmatik, Sechste Auflage, Österreichische Staatsdruckerei, Wien 1970
Helmer Oskar, 50 Jahre erlebte Geschichte, 1957, Verlag der Wiener Volksbuchhandlung
Hesztera Franz, Oberst, »Rennweger«, abgedruckt in Brettner, Seite 180 ff
Hesztera Franz, Oberst der Gendarmerie i.R., Von der »A-Gendarmerie« zur B-Gendarmerie – der Aufbau des Österreichischen Bundesheeres 1945 bis Herbst 1952, Aumayer Druck und Verlag, Mattighofen
Lichem Arnold, Dr., Gendarmerievizedirektor und Wirtschaftsoberinspektor 1. Klasse Johann Karsch, Ökonomischer Referent an der Zentralschule der österr. Bundesgendarmerie, Graz 1931, Druck u. Verlag der steiermärkischen LR
Lichem Arnold, Dr., Gendarmerieoberst, Gendarmerievorschriften, Zweite Auflage, Wien 1935, Druck und Verlag der steiermärkischen Landesdruckerei
Lichem Arnold, Dr., Gendarmerieoberst, Gendarmerievorschriften, ökonomisch-administrativer Teil, 2. Neustädter-Stürmer Odo, Die berufsständische Gesetzgebung in Österreich, Österr. Bundesverlag, 1936 Auflage, 1936, Selbstverlag des Verfassers
Öffentliche Sicherheit, Polizei-Rundschau, 75 Jahre österreichische Gendarmerie, Schriftleiter Hofrat Dr. Oskar Dreßler, 4. Jahrgang, Nummer 9–10, Wien–Graz im Mai 1924
Österreichischer Gendarmerie-Sportverband, 20 Jahre, Festschrift, 1979
Fünfundsiebzig Jahre Gendarmerie, Festnummer aus Anlaß der Fünfundsiebzigjahrfeier der österreichischen Gendarmerie, 1849–1924; Herausgeber, Eigentümer und Verleger: Freie Gewerkschaft der österreichischen Bundesgendarmerie, Wien III
100 Jahre Österreichische Gendarmerie 1849 – 1949, herausgegeben vom Bundesministerium für Inneres, Generaldirektion für die öffentliche Sicherheit, redigiert von Gendarmerieoberst Dr. Josef Kimmel
Amtliche Verlautbarungen der österreichischen Bundesgendarmerie
Staatsgesetzblätter und Bundesgesetzblätter
Almanache der österr. Bundesgendarmerie
Amtliche Verlautbarungen des LGK f. Vbg.
Amtliche Verlautbarungen des Kommandeurs der Gendarmerie in Vorarlberg
Walser Harald, Werner Bundschuh, Dornbirner Stadt-Geschichten, Studien zur Geschichte und Gesellschaft Vorarlbergs, Vorarlberger Autoren Gesellschaft, 1987
Wanner Gerhard, Von den Montfortern bis zur Ersten Republik (Buchbesprechung); Rheticus, Vierteljahresschrift der Rheticus-Gesellschaft, Heft 1 – 1998, Jahrgang 20
Wanner Gerhard, siehe auch bei Gabriel Josef
Wilhelm Friedrich, Die Polizei im NS-Staat, Schöningh-Verlag, 1997
Zach Wilhelm, Dr., Ministerialkommissär im BKA, Das Gehaltsüberleitungsgesetz, Stand 1. Okt. 1953, Österreichische Staatsdruckerei, Wien 1953

Sonstige Quellen

Tagebuch Franz Wechner, LGKV-Archiv
Interview General i.R. Alois Patsch
Archivalien des LGKV
Personalakten des LGKV

Fußnoten

[1] *In den Grenzen des zur Verfügung stehenden Raumes konnten nur Ereignisse und Bilder angeboten werden. Auf Aspekte, die von der Fragestellung geleitet sind, wer Zugang zu welchen gesellschaftlichen Ressourcen hat, in welcher Form und in welchem Maß, konnte nur bedingt eingegangen werden. Vor allem waren nur wenig vergleichende Darstellungen möglich. Interpretation und Rückschlüsse bleiben daher weitgehend dem Leser überlassen.*

[2] *Erst Artikel 88 des dritten und letzten Textes des Staatsvertrages von St. Germain verbot den Anschluß an das Deutsche Reich, nachdem dieser Artikel in den Fassungen vom 2. Juni und vom 20. Juli 1919 noch nicht enthalten gewesen war.*

[3] *Nicht z. B. in Vorarlberg, wo die Revolution ausschließlich von »oben«, von konservativen und nicht etwa progressiven Kräften vorbereitet und auch durchgeführt wurde. Diese strebten keine von den auch in Vbg. vorhandenen »linken« Arbeiter-, Bauern- und Soldatenräten anvisierte Veränderung der Produktionsverhältnisse in Form einer Neuverteilung des Kapitals an. Es war eine staatsrechtlich verstandene Revolution. Dazu gehörte die Selbständigkeitserklärung Vorarlbergs und die damit erfolgte Loslösung vom Kronland Tirol. Außerdem anerkannten Vorarlbergs christlichsoziale Eliten die Republik Deutsch-Österreich und traten ihr auch als erstes österreichisches Bundesland freiwillig (!), wenn auch vorerst nur »provisorisch« bei. (Aus Rheticus, Heft 1 – 1998, Gerhard Wanner »Von den Montfortern bis zur Ersten Republik«, Buchbesprechung, Seite 62)*

[4] *Dr. Julius Deutsch, einstmals Offizier der Artillerie und knapp vor Ende des Krieges Vertrauensmann zwischen dem Kriegsministerium, den Gewerkschaften und der Armee im Felde tätig, wurde zum Organisator der neuen Wehrmacht, die er als Freiwilligenarmee als »unausweichlich« bezeichnete, bestimmt. Er mußte sich dabei gegen seine eigenen Parteifreunde nach harten Kämpfen erst durchsetzen und neben dem liquidierenden letzten kaiserlichen Kriegsminister entstand aus dem Nichts gewissermaßen die Keimzelle zu einer österr. Heeresmacht. Daß dieses Heer revolutionären Charakter trug, war selbstverständlich, denn Dr. Deutsch hatte schon vor dem Zusammenbruch*

der k.u.k. Armee als Vertrauensmann seiner Partei konspirativ Vorbereitungsarbeiten geleistet, wobei allerdings seine Tätigkeit von Viktor Adler und anderen Parteifunktionären nicht gerne gesehen wurde. Letzten Endes sahen diese Funktionäre, ehe der Zusammenbruch des habsburgischen Vielvölkerreiches eintrat, nur ungerne ein solches Beginnen, da nach den letzten Forschungen zwischen manchen Sozialdemokraten und Kaiser Karl, dessen Friedensliebe und soziale Aufgeschlossenheit durch die jüngsten Veröffentlichungen immer klarer wird, Beziehungen bestanden.

[5] Körner beschäftigte sich seit langem mit dem Sozialismus. Er sollte nach dem Zweiten Weltkrieg nach Dr. Renner Bundespräsident werden.

[6] Oskar Helmer, »50 Jahre erlebte Geschichte«, Seite 91. Helmer war Sozialdemokrat und in der Zweiten Republik von 1945 – 1959 Innenminister

[7] Fürböck, Die österreichische Gendarmerie in den beiden demokratischen Republiken, Heft 1 von 1918 bis 1938

[8] Hans Huebmer: Dr. Otto Ender, 1957, Seite 28

[9] F. Butschek, Die österreichische Wirtschaft im 20. Jahrhundert, G. Fischer-Verlag, 1985, Seite 29

[10] J. Garamvölgyi, Otto Bauer zwischen Innen- u Außenpolitik, in I. Akerl/W.Hummelberger u. H. Mommsen, Politik u. Gesellschaft im alten u. im neuen Österreich, Festschrift f. Rudolf Neck zum 60. Geburtstag, Bd. II, Wien, 1981, Seite 31

[11] G. Schöpfer, Zur Genesis der österr. Sozialpartnerschaft, in ders. (Hrsg.), Phänomen Sozialpartnerschaft, 1980

[12] VO des Bundeskanzleramtes vom 6. Nov. 1918

[13] Butschek, Seite 31

[14] Kommission von Gewerkschaft und Industriellenvereinigung – Vorläuferin der paritätischen Kommission. E. März, Österreichische Bankpolitik in der Zeit der großen Wende 1913–1923, Wien 1981

[15] Pribram 1920/21, Seite 615, E. Talos, Dimensionen staatlicher Sozialpolitik, Entwicklung u. Perspektiven in Österreich, Habilitationsschrift, eingereicht an der Uni Wien, 1980

[16] Schreiben BH Bregenz, 12.11.1918, A-Zl 5350/3 (LGKV-Archiv-Akten)

[17] Auftrag BH Feldkirch v 14.1.1920, Zl E 53 an alle Gendarmerieposten (LGKV-Archiv-Akten)

[18] Auftrag BH Bregenz vom 10. Nov. 1920, B-Zl 242/35 an den GendPosten Bregenz (LGKV-Archiv-Akten)

[19] VO der Vbg Lreg vom 11.8.1919, LGBl Nr. 64

[20] BH Bregenz vom 9.2.1920, B-Zl 896/1 (LGK-Archiv-Akten)

[21] BH Feldkirch, Zl E 317/4 v 26.4.1919 an alle Gend.Posten, LGKV-Archiv

[22] Kundmachung der LR f Vbg vom 2.6.1920, Zl 1907/1 I

[23] Auftrag BH Bregenz v. 3.12.1920, B-Zl 4431/1, und 10. 12. 1920, B-Zl 4280/1,(LGKV-Archiv-Akten)

[24] Befehl d LGK f Tirol u. Vorarlberg vom 16.9.1919, Nr. 2828 Adj. (LGKV-Archiv-Akten)

[25] Kriegsaufzeichnungen des Maurermeisters Josef Gabriel von Nenzing (1917 bis 1919). Mit einem Vorwort von Elmar Schallert. In »Rheticus«, Heft – 1998, Jahrgang 20

[26] Auftrag BH Feldkirch vom 22.11.1919, Zl II 3245/1 (LGKV-Archiv-Akten)

[27] Auftrag BH Feldkirch vom 11.12.1919, Zl II 3245/2 (LGKV-Archiv-Akten)

[28] Auftr. BH Bregenz v. 26.3.1923, B-Zl 979/22, zuf Vbg Lreg v 21.2.1923, Zl II-546/114 (LGKV-Archiv-Akten)

[29] Nach § 2 des Gendarmeriegesetzes vom 25. Dez. 1894, RGBl 1/1895 hatte der Minister für LV mit dem Minister des Innern das Einvernehmen zu pflegen, wenn besondere Sicherheitsmaßregeln zu verfügen waren.

[30] Erl des ö Staatsamtes für Inneres u. Unterricht vom 1. Okt. 1920, Nr. 47167, AVdÖBG Nr. 20/1920, ftl Zl 123. Im Gesetz vom 27. November 1918, StGBl Nr. 75 wurde die Rechtsstellung der Gendarmerie als eines Zivilwachkörpers geschaffen und durch das Gendarmeriedisziplinargesetz vom 6. Feber 1919, StGBl Nr. 92, sowie das Gendarmeriedienstgesetz vom 30. Okt. 1919, StGBl Nr. 519 weiter ausgebaut. Dem im Dienste stehenden Gendarmen kamen auch weiterhin gemäß § 11 des GG vom 25. Dez. 1894, RGBl Nr. 1 von 1895 die gesetzlichen Rechte der Militärwache zu.

[31] Anm. d Verf.: Ehemals Hotel »Österreichischer Hof«, seit 1997 steht dort das Kunsthaus in Bregenz.

[31] Wie vor

[33] Fürböck, Seite 12

[34] LGK f Tirol u Vbg Nr. 3 v 15.7.1919, (LGKV-Archiv-Akten)

[35] StGBl Nr. 519 v. 30. Okt. 1919, betr. die Neuregelung des Dienstverhältnisses u der Dienstbezüge der Gendarmerie (Gendarmeriedienstgesetz). Vollzugsanweisung vom 31. Jänner 1920, StGBl Nr. 47

[36] Gendarmeriegesetz vom 30.10.1919

[37] Erl d StAdl vom 7.3.1919, Zl 7201, AV 1/1919

[38] Gendarmerie Rundschau, 1. JG. Dez. 1934, Heft 14, Artikel »Fünfundachtzig Jahre österr. Gendarmerie, ein geschichtlicher Rückblick«, Seite 21

[39] Gem. § 21 Abs. 2 des GG von 1894 wurden die Offiziere durch stufenweise Beförderung im Korps selbst, dann durch Übertritt geeigneter Offiziere aus dem aktiven oder nichtaktiven Stand des Heeres und der Landwehr, durch die Übernahme geeigneter Offiziere aus dem Ruhestand oder dem Verhältnisse außer Dienst des Heeres und der Landwehr ergänzt. Mit GG vom 27. November 1918 wurde diese Bestimmung aufgehoben.

[40] Erl d Staatsamtes des Innern vom 23. Jänner 1919, Zl. 2620 betr. Gradabzeichen u. Chargenbezeichnungen

[41] Erl d ö StAfluU vom 11. Dez. 1919, Zl. 44.617, AVdGZD Nr. 22, ftl Zl 151

[42] Erl d StAdl v. 6.8.1919

[43] Erl d StAdl v 25. Okt. 1919

[44] Erl d d ö StAfluU vom 16. Okt. 1919, Zl. 35.644, AVdGZD Nr. 16, ftl Zl 123/1919

[45] Erl d StAfluU v 6.7.1920, Nr. 25.681, AVdGZD Nr. 15/1920, ftl Zl 93

[46] LGK f Tirol u Vbg, Nr. 627 Ö.R. vom 25.4.1919 an alle GP. LGKV-Archiv-Akten

[47] Erl d dö StAdl Nr. 38.328 v 23.10.1919, verlautbart mit Befehl des LGK f T u V Nr. 1773-ÖR v 6.11.1919

[48] Befehl E.Nr. 319 ad d LGK f Tirol und Vbg

[49] Schreiben d LGK f Tirol und Vbg v Feber 1920, LGKV-Archiv-Akten

[50] Bef d LGK f T u Vbg, 7.2.1920, Nr. 305-ÖR (LGKV-Archiv-Akten)

[51] GAK-Bregenz, E.Nr. 457, ohne Datum. LGKV-Archiv-Akten

[52] Befehl-GAK Bregenz Nr 7, Enr. 208/1920 vom 7.2.1920, LGKV-Archiv-Akten

[53] Erl d ö StAfluU vom 24.4.1920, Nr. 7556, AV d GZD Nr. 9, ftl Zl 63

[54] Erl d BKA v 7.5.1924, Nr. 42.492, AVdGZD Nr. 6/1924, ftl Zl. 28, Lichem Seite 287

[55] Erl d ö. StAfluU vom 29.5.1920, Nr. 47.109 von 1919 betr. Beheizung, Beleuchtung und Reinigung der GP-Kanzleien

[56] Quartiervorschrift, Erl d BMfl v 9.6.1922, Nr. 17.190, AVdGZD 6/1922, ftl Zl 57

[57] Beleuchtungsauslagenverrechnung, Erl d BMfl v 16.12.1922, Nr. 61.599, AV d GZD Nr. 14/1922, ftl Zl 150

[58] Befehl Nr. 8 vom 14. Okt. 1918 des GAK Bregenz Nr. 7

[59] Vorl Regelung d Dienstbetriebes d Gend., Erl v 6. Juli 1920, Nr. 25681, AV d GZD 15/1920, Zl 93

[60] Ab 1922 für zwischen 0.00 Uhr und 24.00 Uhr geleistete mindestens 6-stündige Sonntagsdienste. AV 9/1922, ftl Zl 101

[61] Beleidigungen, Erl d ö. StAfluU vom 2. Jänner 1920, Nr. 46.955 von 1919, AVdGZD Nr. 1/1920, ftl Zl 2

[62] RGBl 228/1853 vom 27. Okt. 1953 und Anwendung des Art. V des Gesetzes vom 17.12.1862, RGBl Nr. 8

[63] Ehrenbeleidigungsklagen, Erl d StAfluU vom 24.5.1919, Nr. 15.070 (AVdGZD 2/1919, ftl Zl 32)

[64] Gendarmeriedisziplinargesetz vom 6. 2. 1919, StGBl Nr. 92, Gendarmeriedisziplinarvorschrift vom 2. März 1919, StGBl Nr. 161

[65] Schober war zu diesem Zeitpunkt Leiter des gesamten Sicherheitswesens und 1921, 1922, 1929/30 österr. Bundeskanzler. Sein Reformplan hatte lediglich Einsparungsziele, nicht Effizienzgründe, weshalb er von der Gendarmerieleitung unter Gendarmeriezentraldirektor Nusko strikt abgelehnt wurde.

[66] Fürböck, Heft 1, Seite 18

[67] Vorläufige Regelung des Dienstbetriebes der Gendarmerie, Erl d ö StAfluU v 6.7.1920, Nr. 25681, AVdGZD 15/1920, ftl Zl 93

[68] Tabakgebühren, Erl d döStAfluU v 25.4.1919, Nr. 14.707, AVGZD 4/1919, ftl Zl 46 u -Bestätigung d Tabakbestellung d d BGK statt Gemeinde, Erl d d ö StAfluU vom 8. Nov. 1919, Zl. 40.079, AVdGZD Nr. 17, ftl Zl 139 , Erl d dö StAfluU v 20.1.1920, Nr. 2.260, AVdGZD Nr. 2, ftl Zl 16

[69] Erl d ö StAfluU vom 22.11.1919, Zl. 42.408, AVdGZD Nr. 20, ftl Zl 142, entgeltliche Überlassung v beschlagnahmtem Tabak

[70] Schreibbehelfe, Erl d GZD v 23.10.1922, Nr. 55228, AV d GZK 12/1922, ftl Zl 131

[71] Erholungsurlaube, Erl Nr. 19680 vom 21.4.1923, AV d GZD 5/1923, Zl 56

[72] Beförderungen u. Ernennungen in die BGr 7 bis 14, Erl d BMfl v 1.4.1923, Zl 5898, AV d GZD 4/1923, Zl 42

[73] Nebengebühren und Außendienststunden der Bundesgendarmerie; provisorische Regelung ab 1. August 1925, Nr. 116084 vom 17. August 1925, AVdGZD 33/1925. Dieses Provisorium wurde mit AVdGZD 11/1926 verlängert.

[74] Erl d StAdluU v 17.8.1925 betr provisorische Regelung der Nebengebühren der BG ab 1. August 1925, AVdGZD Nr. 33/1925, Abschnitt C. Regelmäßiger Inspektionsdienst ab sieben Beamten. Weiters Erl Nr. 80935 v 16.9.1925, AV d GZD 9/1925, Zl 37

[75] RGBl 96/1854 und Strafgesetz-Novelle v 1867, RGBl 131/1867, siehe Gebhardt, Seiten 71 und 220

[76] Fürböck, Seite 15

[77] LGKV-Chronik vom 1.7.1925

[78] Nebengebühren, Angleichung an die Wiener Sicherheitswache, Erl v 9.2.1925, Nr. 48790, AV d GZD 1/1925, Zl 10

[79] Erl d BKA v 7.11.1925, Nr. 141.357/10 idF d Erl des BKA v 19.3.1927, Nr. 90.158/10, Erl d BKA v 17.4.1926, Zl 102.158/10, Erl d BMfl v 2.5.1947, Zl 151.718-GD 5/47

[80] Massavorschrift für d öBG, Erl. d Nr. 86468 v 9. Juli 1925, AVdGZD 7/1925, ftl Zl. 27

[81] Reparaturpauschale, Erl. d BKA v 8.3.1930, Nr. 123-144-10, abgedruckt in Lichem, Gendarmerievorschriften – Ökonomisch-administrativer Teil, Seite 251

[82] LGKV-Chronik vom 4.11.1925

[83] Fürböck, Seite 19

[84] Fahrradinstandhaltungspauschale, Erl d BKA v 14. Juli 1927, Nr. 80.463-10, auszugsweise abgedruckt in Lichem, Gendarmerievorschriften, Ökonomisch-administrativer Teil, 1931, Seite 303. Mit Erl d BKA v 18.2.1931, Nr. 213.832-5/1930 teilweise abgeändert

[85] Erl d BKA v 4.1.1932, Nr. 241.767-GD 3/1931, Kupon zu Lichem, öa Dienst, Seite 304

[86] LGKV-Chronik vom 16.12.1927. Die Verbesserungen traten rückwirkend mit 1. Okt. 1927 in Kraft
[87] Fürböck, Seite 12
[88] LGKV-Chronik v 1.5.1927
[89] Erl d BKA Zl 165.237-10
[90] Erl d BKA Zl 170.059-10 v 3. Nov. 1927
[91] LGKV-Chronik vom 18.12.1927
[92] Dieser war regierungstreu, also konservativ orientiert
[93] LGKV-Chronik vom 31.12.1927
[94] Verfassungserkenntnis vom 9. Okt. 1928, V 4/28/7
[95] Fürböck, Seite 19
[96] LGKV-Chronik v 21.11.1928
[97] Erl. d BKA vom 13.2.1929, Nr. 84.329 (AVd GZD 3/1929, z 13) idF d Erl d BKA v 27.3.1929, Nr. 107.149-10 (AVd GZD 4/1929, Z 19)
[98] Zulage f Bereitschaftsdienst, Erl d BKA Nr. 209194-GD 3 v 25.10.1930, AV d GZD 12/1930, Zl 60
[99] LGKV-Chronik v 8.12.1928
[100] Fürböck, Die österr Bundesgendarmerie, Heft 1, 1918-1938, Seite 22
[101] BG vom 30.10.1929, BGBl 357/1929, LGKV-Chronik vom 1. Nov. 1929
[102] BG vom 20.12.1929, BGBl 436/1929, 3. Gehaltsgesetznovelle
[103] LGKV-Chronik vom 31.12.1929
[104] LGKV-Chronik vom 1.8.1931
[105] LGKV-Chronik vom 1. Okt. 1931
[106] LGKV-Chronik
[107] Fürböck, Seite 18
[108] LGKV-Chronik vom 2. Jänner 1933
[109] VO der Bundesregierung vom 21. Juni 1933, BGBl 84/1933, Nr 265, über die Aufnahme v Aspiranten id Bundesdienst u über den Vorbereitungsdienst der Bundesbeamten
[110] Fürböck, Heft 1, Seite 25
[111] Erl Zl 152.215 vom 16.6.1921, AVdGZD 8/1921, Zl 52; Erl d BKA v 31.10.1933,Nr. 226.989-GD-3, beziehend auf die VO d Bundesregierung 28.9.1933, BGBl 460; Erl Zl 164.827-GD 3/1930 vom 10.7.1931, AVBG 6/1931, Zl. 30
[112] Fürböck, Heft 1, Seite 25. Das Freiwillige Schutzkorps wurde mit BGBl Nr. 55/1934 eingerichtet
[113] Wie vor
[114] Fürböck, Seite 23
[115] LGKV-Chronik vom 8.1.1934
[116] Gendarmerie Rundschau, 1. Jg Dez. 1934, Heft 14, Artikel »Fünfundachtzig Jahre österr. Gendarmerie, ein geschichtlicher Rückblick«, Seite 21
[117] Gendarmerie-Rundschau, 4. Jg., Juni/1937, Heft 6, Seiten 8–10
[118] BGBl 294/1934 und 377/1934
[119] LGKV-Chronik vom 31.12.1934
[120] Walser, Der Tod eines Staatsdieners, Hugo Lunardon und der Nationalsozialismus in Dornbirn, in Dornbirner Stadt-Geschichten, Seite 217 f.
[121] Walser, Seite 218 ff. Zitiert nach einem Bericht der Stadtpolizei Dornbirn vom 9.3.1946, enthalten im Akt des Landesgerichtes Feldkirch Vr 226/47
[122] StGBl Nr. 519 v 30. Okt. 1919, betr. die Neuregelung des Dienstverhältnisses u der Dienstbezüge der Gendarmerie (Gendarmeriedienstgesetz). Vollzugsanweisung vom 31. Jänner 1920, StGBl Nr. 47.
[123] Erl des ö Staatsamtes für Inneres u Unterricht vom 19. Feber 1920, Nr. 5618, betreffend Exekutionsführung auf die Bezüge der Gendarmeriepersonen. Die Vollzugsanweisung zur Regelung des Dienstverhältnisses und der Dienstbezüge der Gendarmen ist im StGBl Nr. 47/1920 enthalten. Offenbar gab es in dieser Zeit Anlaßfälle, in denen auch Gendarmen exekutiert werden mußten. Die soziale Not dürfte überall ihre Opfer gefunden haben.
[124] StGBl Nr. 570 vom 18.12.1919 (Besoldungsübergangsgesetz)
[125] Besoldungsgesetz, BGBl Nr. 376 vom 13. Juli 1921. Im § 73 dieses Gesetzes wurden nahezu alle einschlägigen gesetzlichen Vorschriften der Jahre 1873 bis 1921 außer Kraft gesetzt.
[126] Hofrat Dr. Dreßler, Die Gendarmerie nach dem Umsturz. In »Öffentliche Sicherheit, Polizei-Rundschau, 75 Jahre österreichische Gendarmerie«, Jubiläums-Festnummer
[127] Anm.: außer Wien
[128] Friedrich Hanl war von 1948–1964 Landesgendarmeriekommandant von Vorarlberg. LGK-V-Archiv
[129] BGBl Nr. 245 vom 18. Juli 1924, §§ 79 ff mit Anlage
[130] §§ 80 – 83 des GG 1927
[131] Gehaltsgesetz 1927 idF d 3 GGNov v 1929, Seite 147 bei Lichem. In Vorarlberg wurden mit der VO aus den Jahren 1924–1928 insgesamt 44 (von 96) Gemeinden in die Teuerungsstufe A, di die höchste Teuerungsstufe, einteilt
[132] BGBl 364 v 10.12.1926, Gehaltsgesetznovelle (1. Nov.)
[133] 7.3.1906 in Brixen, Südtirol geb., theoretische Ausbildung in Bruck-Neudorf, Kapfenberg und GendZentralschule in Graz, war auf den GP Bregenz, Schwarzenberg, Alberschwende, Höchst und zuletzt beim GAK Bregenz als SB tätig (LGK-V-Archiv)
[134] Anm.: Wohl Vorläufer des Urlaubs- und Weihnachtsgeldes
[135] BGBl 319/1928 und BGBl 436/1929 (Seite 1782)
[136] Budgetsanierungsgesetz, BGBl 294/1931
[137] Erl d ö StAfI u U vom 23.2.1920, Nr. 7048, AVdGZD Nr. 8, ftl Zl. 60
[138] LGKV-Chronik
[139] Nebengebühren der Bundesgendarmerie; provisorische Regelung ab 1. August 1925, Erl. d StAfluU v 17.8.1925, Nr. 116084, AVdGZD 33/1925
[140] Erl d BKA v 31.3.1927, Nr. 174.495/1926 (AVdGZD 2/1927, Zl 8) idF d Erl d BKA v 28.7.1927, Nr. 142.698 (AVdGZD 6/1927, Zl 22)
[141] Fürböck, Seite 13!
[142] Erl d dö StAfluU v 10.10.1919, Zl. 33.778, AVdGZD Nr. 122/1919
[143] Erl d dö StAfluU vom 14. Okt. 1919, Zl. 36.666, AVdGZD, Nr. 16, ftl Zl 125
[144] LGK f T u Vbg Nr. 3, Norm.Bef Nr. 1-ÖR v 7. Okt. 1918 (LGKV-Archiv-Akten)
[145] VO d Bundesregierung vom 25.5.1925, BGBl 171/1925
[146] STGBl Nr. 558 vom 5. 12. 1919
[147] RGBl v 22.5.1905, RGBl 86/1905
[148] RGBl v 11.6.1879, RGBl Nr. 93/1879 und RGBl v 25.6.1895, RGBl 100/1895
[149] VO d BR v 17.3.1925, BGBl 110/1925
[150] BGBl 184/1926 und VO der Bundesregierung, BGBl 247/1931
[151] Mit Erl v 31.3.1927, Nr. 174.495, AVdGZD Nr. 2/1927, ftl Zl 8, eingeführt
[152] Erl d BKA vom 27.11.1929, Nr. 181.677, AVdGZD Nr. 12/1929, Zl 56
[153] Erl d BKA v 13.4.1931, Nr. 135.880-GD 3 (AVBG 3/1931 Zl 18), in der Fassung des Erl d BKA v 23.9.1931, Nr. 198.075-GD 3 (AVBG 8/1931 Zl 42)
[154] Erl d d ö Staatsamtes f I u U vom 16. Okt. 1919, Zl. 37.110, AVdGZD, Nr. 16, ftl Zl 126
[155] GG v 16.12.1927, BGBl 354, BGBl 105/1928 idF d BGBl 436 aus 1929
[156] Lichem, ökonomisch-administrative Gendarmerievorschriften, Seite 56; 1936
[157] Versorgungsvorschriften f d Gend., Erl d ö StAfluU vom 18.4.1920, Nr. 6149, AVBG (/1920, Zl 58)
[158] Mit Erl vom 5. März 1919 wurden die Versorgungsansprüche nach dem Gesetz vom 29. Jänner 1897, RGBl Nr. 42, § 5, geregelt.
[159] Ges vom 18. März 1920 über die Regelung von Ruhe(Versorgungs)genüssen der Staatsangestellten, StGBl 45/1920, Zl 132
[160] Pensionsgesetz 1921, BGBl vom 29.12.1921, Zl 735.
[161] Erl d StAfluU v 18.4.1920, Nr. 6149, AVdGZD Nr. 8, ftl Zl 58
[162] BGBl 317/1934 vom 19.10.1934 (5. GG-Novelle)
[163] Erl d BKA v 7.7.1931, Nr. 161-477-GD.3 (AVBG Nr. 5/1931, ftl Zl 28), idF d Erl d BKA v 17.3.1932, Nr. 133.888-GD.3
[164] VLA, BH Bregenz III-2204/38; die BH Bregenz verhängte in diesem Zeitraum 1.157 Arrest- und Geldstrafen gegen Aktivisten, die meisten dieser Verfahren beruhten auf Gendarmerieanzeigen.
[165] Neue Vorarlberger Tageszeitung, 13.3.1979
[166] Paul Geier, »Meine Erlebnisse im Konzentrationslager Mauthausen«, in Rheticus, Heft 3/4–1998 auf Seite 224, Feldkirch
[167] In der Vorarlberger Kommission befand sich auch Franz Walch, der frühere Stellvertreter des Postenkommandanten von Dornbirn, der die Nazis illegal unterstützt hatte
[168] Gebhardt, Seite 296. Er verweist auch auf Binder, Beobachtungen, Seite 116
[169] Verzeichnis über gemaßregelte Vorarlberger Gendarmen im Archiv des LGKV
[170] CL vom 14.3.1938, zitiert in Gebhardt, Die Gendarmerie in der Steiermark, Seite 295
[171] LGKV-Chronik und LGK Stmk-Chronik
[172] Gebhardt, Seiten 296 ff. Auch Erl d Reichsstatthalter-Inspekteur der Ordnungspolizei vom 28.3.1938 und Erl d Führers vom 10.4.1938, RGBl I S 375/1938.
[173] Zweite VO zum Ges über die Wiedervereinigung Österreichs mit dem Deutschen Reich, GBl f Ö Nr. 37/1938
[174] AVLGKV 15/1939, ftl Zl 132
[175] F. Wilhelm, Die Polizei im NS-Staat; 6. Kapitel, Die Verschmelzung von SS und Polizei, Seiten 93–95
[176] Harald Walser, Der Stoff, aus dem Profite wurden, das Textilland Vorarlberg nach dem »Anschluß«, in »Die Wacht am Rhein«, Studien zur Geschichte und Gesellschaft Vorarlbergs, Band 2, Seite 37
[177] AVlGKV 17/1939, ftl Zl 148
[178] H. Göring, Aufbau einer Nation, Berlin 1934, S. 84, zitiert in F. Wilhelm, »Die Polizei im NS-Staat«, Seite 37
[179] RdErl d PRMdI v 17.2.1933 – I 1272. MbliV 1933, S. 169
[180] RGBl I 1933, S. 175
[181] RGBl I Seite 607/1938
[182] Wilhelm, Die Polizei im NS-Staat, Seite 75
[183] Wilhelm, Seite 76
[184] Wilhelm, Seite 76/77
[185] Polizeibeamtengesetz vom 24. Juni 1937, RGBl I 1937, S. 653
[186] Auch der Schutzpolizei des Reichs und der Gemeinden, der Kriminalpolizei des Reichs, der Geheimen Staatspolizei und sonstiger Dienstzweige der Sicherheitspolizei und der Kriminalpolizei der Gemeinden (Seite 92 »Die Polizei im NS – Staat« von Friedrich Wilhelm)
[187] Durchführungs-VO zum PBG vom 26.7.1937, RGBl I 1937, Seite 858
[188] Siehe dazu den RuPrME v 1.11.1935 (MBl 1319)
[189] Gendarmerie-Handbuch 1942, Seite 113, LGKV-Archiv
[190] RdErl d RuPRMdI. v 17.11.1935 – IISV 6850/24. 8. – MbliV S. 1403, abgedruckt in

AVfdöGend vom 20. Dez. 1938, Nr. 13/1938, Pkt 3
[191] LGKV-Chronik vom 15.4.1938
[192] AVLGKV 21/1938, ftl.Zl I.
[193] O.Dko. II, MG 1, Nr. 93/38 v 20.6.1938), AVfdöGend v 24.6.1938, Nr. 1/1938. Kommissarischer Leiter wurde 1938 der Oberst der Schutzpolizei Meyszner. Sein Sitz war im Wien I. Herrengasse 7. Abgedruckt in der Beilage zur AVLGKV 8/1938. Weiters AVfdGend in Österreich Nr. 6/1938, Nr. 4618-GD 3 vom 15.3.1938
[194] Ges. über Finanzmaßnahmen auf dem Gebiete der Polizei vom 19.3.1937, RGBl I S. 325 (auch Gendarmerie-Handbuch, Seite 214)
[195] RdErl d RMdI v 18.1.1935 (MBl. 77), abgedruckt im Gendarmerie-Handbuch 1942 als Einleitung, LGKV-Archiv
[196] AVLGKV 19/1938, ftl Zl III
[197] Seite 531 des Gend.Handbuches 1942, Teil II der Durchführungsverordnung zum Polizeibeamtengesetz
[198] RFSSuChdDtPol. 17.12.1940 (RMBl 2304), auch Gendarmerie-Handbuch 1942, Seite 249
[199] RME. 30.12.1939 (RMBl 1940 S 46), auch Gendarmerie-Handbuch 1942, Seite 247 ff
[200] AVLGKV 13/1938, ftl Zl 111
[201] RFSSuChdDtPol. 6.2.1941 (MBl. 226), Seite 378 des Gendarmerie-Handbuchs 1942 (LGKV-Archiv)
[202] RFSSuChdDtPol 6.2.1941, MBl 226, auch Gendarmerie-Handbuch 1942, Seite 378
[203] RME v 10.4.1941, RMBl 638
[204] RFSSuChdDtPol. 16.6.1939 (RMBl 1316a), Seite 118, auch Gend.-Handbuch 1942. Auch RFSSuChdDtPol v 16.8.1939, RMBl 1745/1939. RME v 20. Nov. 1939, RMBl 2369; RFSSuChdDtPol v 29.5.1940, RMBl 1053. RFSSuChdDtPol v 15.2.1940, RMBl 300
[205] RdErl v 21.2.1937, RMBl 322
[206] § 25 Deutsches Beamtengesetz
[207] § 28 Deutsches Beamtengesetz
[208] Ausführungsbestimmungen zum Deutschen Pol-Beamtengesetz Nr. 2, RME 22.7.1938, RMBl 1201, Seite 532 Gend.-Handbuch 1942
[209] VO v 23.9.1942, RGBl I, Nr. 99/1942
[210] RdErl d RFSSuChdDtPol v 18.9.1942, AV d KdG v 7.10.1942
[211] AVLGKV 16/1939, ftl Zl 146
[212] AVLGKV 19/1939, ftl Zl 162 und AVLGKV 20/1939, ftl Zl 174 u ftl Zl 175 sowie Amtsblatt des Inspekteurs der Ordnungspolizei für das Land Österreich Nr. 3/1939, Seite 50
[213] AVKTuV 33/1940, ftl Zl 1. Auch Lebensbeschreibung vom Meister der Gendarmerie Franz Perfler, Jg 1904, (Vater des Autors dieses Artikels) der als Südtiroler 1939 für Deutschland optierte und in Marburg an der Lahn umgeschult wurde.
[214] RGBl I, Nr. 27/1943 v. 10.3.1943
[215] AvfdöGend v 10.8.1938, Nr. 5/1938
[216] Gendarmerie-Handbuch 1942, Seite 473
[217] RGBl I, 11.4.1942, Nr. 35/1942
[218] RGBl I Nr. 22/1943 v 2.3.1943
[219] AVKTuV 10/1943, ftl Zl 4
[220] AVKTuV 22/1943, ftl Zl 13
[221] RGBl I, Nr. 13/1944 vom 20.3.1944
[222] Diese Anordnung trat am 25.8.1944 in Kraft. RGBl I Nr. 37/1944 vom 24.8.1944
[223] AVLGKV 4/1939, ftl Zl 30
[224] Erziehungsmaßnahmen nichtdienststrafrechtlicher Art, in Reichsdienststrafordnung, Seite 594 Gend.-Handbuch 1942
[225] VO v 17.10.1939, RGBl I S. 2107
[226] AVLGKV 22/1939, ftl Zl 198, Einlagebl mit Datum 20. Nov. 1939 vom RFSSuChdDPi Reichsministerium dI
[227] VO v 18.5.1926, RGBl II S. 265.
[228] VO über Dienststrafen in Polizeitruppen v 17.12.1939, RGBl 1939, S. 2427, Gend.-Handbuch 1942, Seite 594
[229] Gebhardt, Seite 334 ff
[230] AVKTuV 3/1941, ftl Zl 8
[231] AVKTuV 28/1941, ftl Zl 3
[232] AVKTuV 7/1941, ftl Zl 12
[233] AVKTuV 25/1943, ftl Zl 6 aufgrund eines Befehles des Reichsführers SS vom 30.1.1940
[234] AVKTuV 20/1941, ftl Zl 4
[235] AVKTuV 9/1940, ftl Zl 7
[236] VO über Vorbildung u Laufbahn der deutschen Beamten v 28.2.1939, RGBL I S 371/1939
[237] Gebhardt verweist auf Seite 311 auf Interviews mit BezInsp iR Gottfried Bernhart sowie auf die Personalakten Berhart und Franz Putz
[238] RuPrME 27.2.1936, RMBl 275, auch Gendarmerie-Handbuch 1942, Seite 443
[239] Wie vor
[240] RuPrME v 21.4.1938, RMBl 735
[241] AVLGKV 22/1939, ftl Zl 192
[242] Abl. IdO. Nr. 6/1938, Seite 44 Eine Reihe von Gendarmen folgten diesen Aufrufen, Gebhardt erwähnt u.a. auch den Steirischen Landesgendarmeriekommandanten
[243] Abl. IdO. Nr. 13/1938, Seite 150
[244] RGBl I vom 31.1.1939, Seite 193
[245] RuPrME 27.8.1937, RMBl 1426, Seite 445 des Gendarmerie-Handbuches 1942
[246] RME 27.6.1939, RMBl 1352, auch Gendarmerie-Handbuch 1942, Seite 448
[247] AVLGKV 2/1939, ftl Zl 14
[248] AVlGKV 5/1939, ftl Zl 41
[249] AVKTuV 4/1943, ftl Zl 5
[250] AVLGKV 22/1939, ftl Zl 191
[251] Erl Zl 315.538-GD.3 v 16.3.1938, zitiert unter »IX. Gend.-Seelsorge«, Aufhebung, in AV d LGKV Nr. 5/1938
[252] RME. 4.10.1938 (RMBl 1645), auch Gendarmerie-Handbuch 1942, Seite 411
[253] AVLGKV 11/1938, ftl Zl 1
[254] AVKTuV 7/1942, ftl Zl 4
[255] AVKTuV 4/1943, ftl Zl 6
[256] 1. RuPrME 28.11.1935, MBl 1439. RFSSuChdDtPol. 27.10.1941 (RMBl 1930) weist darauf hin, daß die Pol-Sportvereine künftig die Bezeichnung »Sportgemeinschaften der Ordnungspol.« führen. Seite 537 Gend.-Handbuch 1942
[257] RFSSuChdDtPol. 20.5.1941(RMBl 960), auch Gendarmerie-Handbuch 1942, Seite 409
[258] AVLGKV 6/1939, ftl Zl 46
[259] AVLGK 21/1938, ftl Zl X.
[260] AVLGK 11/ö1938, flt. Zl 6
[261] AVLGKV 8/1939, ftl Zl 64
[262] AVLGKV 12/1939, ftl Zl 97
[263] AVLGKV 14/1939, ftl Zl 124
[264] AVLGKV 19/1939, ftl Zl 167
[265] AVKTuV 17/1941, ftl Zl 7
[266] AVKTuV 9/1942, ftl Zl 2
[267] AVKTuV 27/1942
[268] AVKTuV 16/1942, ftl Zl4
[269] BGBl Nr. 137/1933 idF d BG 31/1938 und Erl d IdOP Zl 4220 GD.3 v 6.5.1938, AVLGKV 9/1938
[270] § 5 Polizeibeamtengesetz, besondere Rechtsverhältnisse, auch Gendarmerie-Handbuch 1942, Seite 511
[271] FME 2.11.1934 (MB 1416); VO v 1.8.1940, RGBl I S 1063; auch Gend.-Handbuch Seiten 21 und 27
[272] AVfdösterrGend Nr. 10/1938 vom 14. Okt. 1938, Auszug aus den Bestimmungen des Reichsarbeitsministers (RAM) vom 3.5.1938
[273] DWG v 30.1.1937, Reichshaushalts- u Bes.Bl Seite 9, auch Gendarmerie-Handbuch 1942, Seiten 299 ff
[274] RdErl d RFM v 11.2.1938
[275] RME. 17.8.1939 (RMBl.1768) Heilfürsorge, abgedruckt in Gendarmerie-Handbuch 1942, Seite 393
[276] AVKTuV 16/1944, ftl Zl 5
[277] 1. RME. V 22.8.1940 (RMBl 1693), auch Gendarmerie-Handbuch 1942, Seite 398
[278] Wie Fußnote 99, jedoch Seite 400
[279] AVLGKV 17/1939 ftl Zl 159
[280] Vgl etwa die Kriegswirtschaft-VO v 4.9.1939, RGBl I, S 1609, novelliert d d VO v 25.3.1942, RGBl I, S 147, sowie die Verbrauchsregelungs-Strafverordnung idF v 26.11.1941, RGBl I, S 734, die VO gegen Volksschädlinge v 5.9.1939, RGBl I, S 1679 und die VO über außerordentliche Rundfunkmaßnahmen v 1.9.1939, RGBl I, S 1683.
[281] Gebhardt, Seite 323 f
[282] Merkblatt des RFSSuChDtPol. vom Sept. 1938.
[283] RFSSuChdDtPol v 3.2.1939, RMBl 242, Gend.-Handbuch 1942, Seite 788, und AVKTuV 25/1942, Zl 4
[284] AVLGKV 19/1939, ftl Zl 172
[285] AVLGKV 22/1939, ftl Zl 190
[286] AVLGKV 1/1940, ftl Zl 2
[287] AVKTuV 28/1943, ftl Zl 6
[288] Erl v 2.1.1940, MbliV S 44
[289] RGBl I, Nr. 60/1944 v. 9.11.1944
[290] RGBl I, 26.4.1942, Nr. 44/1942
[291] AVKTuV 2/1943, ftl Zl 5
[292] RGBl I, Nr. 34/1944, 25.7.1944
[293] RGBl v 20. Okt. 1944, Nr. 53/1944
[294] RFSSuChdDtPol. 1.2.1938 (RMBl 221). Auch Gend.-Handbuch 1942, Seiten 381 und 382
[295] AV 6/1938 v. 25.8.1938
[296] AVKTuV 9/1941, ftl Zl 5
[297] AVLGKV 17/1939, ftl Zl 149, AVKTuV 16/1943, ftl Zl 3
[298] 1. RFSSuChdDtPol. 14.3.1940 (RMBl 516), Seite 412, Gendarmerie-Handbuch 1942
[299] AVlGKV 7/1939, ftl Zl 59
[300] RuPrME 25.3.1936, RMBl 413, auch Gendarmerie-Handbuch 1942,Seite 334
[301] AVKTuV 14/1943, ftl Zl 6
[302] RDErl v 26.7.1939, RMBl 1575, Seite 342, auch Gendarmerie-Handbuch 1942

[303] V 30.1.1938, RGBl I S. 55, auch Gend.-Handbuch Seite 489
[304] RGBl I Nr. 43/1944, 12.8.1944
[305] RGBl I vom 28.9.1938, Seite 1225, abgedruckt in AVfdGend 17/1938, Pkt VI
[306] Ausführungsbestimmungen zum Besoldungsgesetz idF v 15.5.1940, RGBl S 139, mit Änderungen, Ergänzungen und der Gehaltskürzungsverordnungen
[307] AVKTuV 16/1941, ftl Zl 6
[308] Die Besoldung der Wachtm (SB) vom Rottwachtmeister bis Hauptwachtm und die Überleitung der am 31.3.1941 vorhandenen Wachtmeister in die neuen Besoldungssätze wurde durch RdErl v 20.3.1941, RMBl 487 geregelt.
[309] Anwärter zur Gendarmerie und Unterwachtm erhielten nicht den Gehaltszuschuß nach dem Rd-Erl v 6.1.1941, RMbl 136. Seite 126 Gend.-Handbuch
[310] Gendarmerie-Handbuch 1942, Seite 221
[311] Seite 427, auch Gendarmerie-Handbuch 1942
[312] Kriegswirtschafts-VO v. 4.9.1939, auch Gendarmerie-Handbuch 1942, Seite 427
[313] Seite 429 und 431 Gendarmerie-Handbuch 1942
[314] Seite 668 des Gend.-Handbuches 1942, Reisekosten (Pauschvergütung f.d.Gend.)
[315] Seite 673, Gend.-Handbuch 1942, Reisekosten (Pauschvergütung f.d.Gend.)
[316] AVlGKV 13/1939, ftl Zl 114
[317] AVlGKV 16/1939, ftl Zl 144
[318] Gendarmeriehandbuch 1942, Seite 243
[319] Gend.-Handbuch 1942, Seite 241
[320] RFME 30.1.1941, RbesBl 74 betr Gewährung von Kinderbeihilfe, abgedr. ArchGR. S. 55, Seite 408, auch Gendarmerie-Handbuch 1942
[321] AVLGKV 4/1939, ftl Zl 35
[322] O-VuR IV (5) 1 Nr. 454/38 v. 29.10.1938, abgedruckt in AVfdöGend vom 5. Dez. 1938, Nr. 12/1938, ftl Zl 11
[323] Gesetz über Vereinfachung der Kinderzuschläge für Beamte v 15.1.1941, RGBl I S. 33, in Kraft vom 1.1.1941 ab. RFM. v 6.2.1941 (RbesBl S. 70 Nr. 3642 u RMdI v 24.2.1941) RMBliV S 345 begründen die Beseitigung der bisherigen Staffeln der Kinderzuschläge von 10 bis 30 RM und regeln folgende einmalige Abfindung: Die Beamten, die nach dem Stand vom 1.1.1941 a) an Kinderzuschlägen nach dem Gesetz über die Vereinfachung der Kinderzuschläge für Beamte vom 15.1.1941 ab und b) an Kinderbeihilfen nach der Kinderbeihilfen-VO v 9.12.1940 (RGBl I. S 1571) zusammen weniger erhalten als sie an Kinderzuschlägen nach dem bisherigen Recht erhalten haben würden, werden mit dem Achtzehnfachen des monatlichen Unterschiedsbetrages abgefunden. Dasselbe gilt für die Empfänger von Kinderzuschlägen nach § 31 des Bes.Ges. (voller Wortlaut des RdErl. im ArchGR. 1941 S. 54/55). Seite 229, auch Gendarmerie-Handbuch 1942 (LGKV-Archiv)
[324] RFSSuChdDtPol 3.8.1939, RMBl 1620, auch Gendarmerie-Handbuch 1942, Seite 453. § 28 Abs 4 der Beihilfengrundsätze
[325] AVKTuV 15/1941, ftl Zl 7
[326] AVLGKV 4/1939, ftl Zl 34
[327] AVLGKV 1/1938, ftl Zl 6
[328] VO über Maßnahmen auf dem Gebiete des Beamtenrechts vom 1.9.1939, RGBL I S. 1603 idF d VO v 3.5.1940, RGBl I S 732
[329] Polizeibeamtengesetz, Abschnitt VII., § 15, Erläuterungen hiezu, Seite 519 Gendarmerie-Handbuch 1942
[330] Polizeibeamtengesetz, Abschnitt VII., § 16, Erläuterungen hiezu, Seite 519 Gendarmerie-Handbuch 1942
[331] § 71 DBG
[332] Erläuterungen zu § 21 des Polizeibeamtengesetzes, Gend.-Handbuch 1942, Seite 524
[333] RFSSuChdDtPol. 16.12.1940, RMBl 2299, auch Gendarmerie-Handbuch Seite 420
[334] Fürböck, Seite 2
[335] Brettner, Für Heimat, Volk und Ehre, Die Gendarmerie in NÖ von 1945 – 1955, Seite 9
[336] Brettner, Seite 12
[337] Brettner, Seite 17
[338] Erl vom 10.5.1945, Zl 4010/5/45, Brettner, Seite 12
[339] Erl vom 10. Mai 1945, Zl 4012-5/45, Brettner, Seite 13 f
[340] Verfassungsgesetz vom 8. Mai 1945 über das Verbot der NSDAP, STGBl Nr. 13/1945 und NS-Registrierungs-VO v 11.6.1945, StGBl Nr. 18/1945
[341] Erl d StAfI v 23.11.1945, Nr. 50.008-GD, AVBG 1/1945, Zl 1, Seite 7
[342] Amnestiegesetz vom 22.4.1948
[343] Dieter Stiefel: Entnazifizierung in Österreich. 1981, Seiten 147, 160 und 161
[344] Fürböck, Heft 2, Seite 8
[345] LGKV-Chronik, 28.6.1945 – 31.12.1945
[346] BGBl 134/1945 vom 22. August 1945
[347] Erl d StAfI Nr. 50.002-5/45 vom 24. Nov. 1945
[348] Diese Einrichtung wurde auf die fiktive Weitergeltung des GG vom 20. Dez. 1929, BGBl 436, 5. Hauptstück, während der NS-Zeit gestützt.
[349] LGKV Archivakten
[350] Gewerkschaftsjahrbuch 1959, Chronik Seite 15
[351] Erl Zl 153.446-GD 5/46 vom 6.12.1946, LGKV-Chronik vom 13.10.1946
[352] Die Entlassung erfolgte zuf. Erl d BMfI-GZK v 16.11.1946, Zl. 152.909-5/46, LGK-Bef E.Nr. 2444/46, siehe auch LGKV-Chronik vom 9.10.1946. Alle vier Gendarmen wurden später, als »Gras über die Sache gewachsen war«, wegen ihres aus österreichischer Sicht tapferen Verhaltens wieder in die Gendarmerie aufgenommen.
[353] Altlandeshauptmann Ulrich Ilg, Lebenserinnerungen; LGKV-Archivakten, LGKV-Chronik
[354] Erl d BMfI v 8.4.1947, Zl. 170.310-GD. 6/47, AVBG 5/1947, ftl Zl 3
[355] Erl BMfI v 15.6.1948, Nr. 201.605-GD 6/48, AVBG 5/1948, ftl Zl 16
[356] Erl v 2.8.1946, Zl 111.680-5/46 und Erl d BKA v 17.7.1946, Zl 47.538-3/46, verlautbart mit Erl v 22.2.1950, Nr. 206.972-5/50, AVBG 3/1950, ftl Zl 7
[357] Erl d BMfI v 28.12.1946, Zl 159.944-GD, AVBG 7/1946, ftl Zl 2
[358] Brettner, Seite 85
[359] Erl d BMfI/GDfdöS, Zl. 150.189-GD.5/47 vom 4. Feber 1947
[360] Erl d BMfI v 3.11.1947, Zl. 158.108-GD 5/47, AVBG 8/1947, ftl Zl 2
[361] Erl d BMI v 17.2.1947, AVBG 2/1947, ftl Zl 7.
[362] Erl d BMfI, Zl. 159.815-GD 5/46 vom 17. Feber 1947; Erl. v. 4. August 1947, Zl. 173.397-GD.6/47
[363] Erl vom 17.2.1947, Z. 159.815-GD.5/46, AVBG Nr. 2/47, ftl Zl. 7; Erl vom 18. Nov. 1947, Zl. 175.148-GD.6/47
[364] Erl d BMfI v 18.11.1947, Zl 175.148-GD 6/47, AVBG 9/47, ftl Zl 6
[365] Der Verfasser erlebte dies selbst im Jahre 1967
[366] LGKV-Chronik vom 31.12.1947
[367] Erl d BMfI v 6.11.1947, Zl 160.852-GD 5/47, AVBG 8/1947, ftl Zl 8
[368] Fürböck, Seite 12
[369] Bis 1955 kehrten immer wieder Gendarmen aus der Kriegsgefangenschaft zurück. Gebhardt, Seite 364 und CLGKStmk
[370] Berichte über staatsbürgerl Verhalten, Erl d BMfI v 24.6.1948, Nr. 188.849-GD 5/48, AVBG 6/1948, ftl Zl 18
[371] Erl d BMfI v 3.12.1948, Nr. 196.250-GD, AVBG 10/1948, ftl Zl 30
[372] Erl d BMfI v 28.9.1949, Nr. 196.017-5/49, AVBG 11/1949, ftl Zl 53
[373] Erl d BMfI v 17.2.1949, Nr. 186.212-GD.5/49, AVBG 4/1949, ftl Zl 21
[374] Ges v 16. Dez. 1949, BGBl Nr. 31/1950 mit verschiedenen Fassungen. Siehe auch Fürböck-Brandt, Sammlung von Vorschriften des Wirtschafts- und Verwaltungsdienstes für die österreichische Bundesgendarmerie, 1956
[375] Fürböck, Seite 13
[376] LGKV-Chronik vom 23.12.1949
[377] Fürböck, Seite 8
[378] Fürböck, Seiten 3 ff
[379] Personalausschüsse, Erl d BMI-GD v 22.2.1950, Nr. 206.972-5/50
[380] BVG idF von 1929
[381] Bericht von Oberst Franz Hesztera über die »Rennweger«, abgedruckt in Brettner, Seiten 180 ff
[382] 20 Jahre Österreichischer Gendarmerie-Sportverband, Festschrift; Chronik des GSV Vorarlberg und Gebhardt, Seite 369
[383] Oberst Siegfried Weitlaner, Gf. Präsident des ÖGSV zum Jubiläum 20 Jahre ÖGSV, Seite 14
[384] Erl d BMfI v 3.10.1951, Nr. 215.178-5/51, AVBG 6/1951, ftl Zl 32
[385] Gesetz v 21. Sept. 1951, BGBl 229/1951, enthalten in Fürböck-Brandt, siehe auch Fußnote 108
[386] Gesetz vom 17. Dez. 1951, BGBl 13/1952, idF BGBl 155/1954 u folgende, siehe auch Fn 108
[387] LGKV-Chronik vom 1.7.1953
[388] VO d Breg vom 28.Mai 1953, womit die Zuschläge zu den Bezügen der Bundesbediensteten neu geregelt wurden (Bezugszuschlagsverordnung 1953), BGBl 77/1953
[389] Gesetz vom 3. Dez. 1953, BGBl 1/1954, idF BGBl 98/1954, 181/1954 und 59/1955, siehe auch Fußnote 108
[390] VO d Bundesregierung v 12. Okt. 1954, BGBl 260/54 idf d BGBl 81/55 zur Durchführung der Bestimmungen des Gehaltsüberleitungsgesetzes über die Dienstzweige, die Amtstitel und die Erfordernisse zur Erlangung von Dienstposten im Wachedienst. Siehe auch Fn 108. Siehe auch Fürböck-Brandt, Seite 172!
[391] Familienlastenausgleich, Gesetz vom 15. Dez. 1954, BGBl Nr. 18/1955; betroffen ist auch das Kinderbeihilfengesetz, BGBl 31/1950; enthalten auch in Fürböck-Brandt Seite 119.
[392] Erl d BMfI v 22.2.1954, Zl 224.495-5/53, AVBG 3/1954, ftl Zl 25
[393] Dienstzweigeordnung, BGBl 260/1954 v 12. Okt. 1954
[394] Erl d BMfI v 8.3.1955, Zl 206.948-5/55, AVBG 2/1955, ftl Zl 16
[395] Erl d BMfI v 16.5.1956, Zl 212.065-5/56, AVBG 3/1956, ftl Zl 34
[396] Erl d BMfI v 6.12.1956, Zl. 224.839-5/55, AVBG 1/1956, ftl Zl 8
[397] Erl d BMfI v 26.6.1956, Zl 205.240-5/56, AVBG 4/1956, ftl Zl 45
[398] GG 1956, BGBl vom 19.3.1956, Nr. 54/1956
[399] Erl d BMfI v 27.1.1958, Zl 224.373-5 A, AVBG 2/1958, ftl Zl 10
[400] 1. GG-Novelle 1959
[401] Erl d BMfI v 6.3.1959, Zl 227.000-5 A, AVBG 4/1959, ftl Zl 25, Erl d BMfI v 30.6.1959, Zl 229.149-5 B, AVBG 7/1959, ftl Zl 50, Miet- und Bauangelegenheiten, Zusammenfassung u Neuverlautbarung
[402] Erl d BMfI v 18.6.1959, Zl 232.898-5 A, AVBG 6/1959, ftl Zl 44
[403] Erl d BMI v 16.11.1960, Zl 240.270 A, AVBG 8/1960, ftl Zl 65
[404] Absentierungstage, Erl d BMfI v 6. Okt. 1960, Zl. 238.099-5 A, AVBG 7/1960, ftl Zl 57
[405] Runderlaß des BKA vom 29. Juni 1960, Zl. 51.200-3/60; LGKV-Chronik vom

17.7.1960

[406] Dienstzeitregelung, BMfI, ZI 234.723-5 A vom 19.7.1960, AVBG 7/1960, ftl ZI 56

[407] Kfz-Vorschrift, Nüchternheitsgebot, Vorgehen bei VU etc, Erl d BMfI v 11.10.1963, ZI. 285.490-5 A/63, AVBG 1/1964, ftl ZI 7

[408] Sonderurlaube, Erl d BMfI v 28.6.1961, ZI 289.665-5 A, AVBG 5/1961, ftl ZI 42

[409] Erhöhtes Urlaubsausmaß f Versehrte, Erl d BMfI v 29. 12.1961, ZI 299.750-5 A, AVBG 1/1962, ftl ZI 6

[410] LGKV-Chronik vom 14.9.1961

[411] Zusammenziehung v Absentierungs- u Ersatzruhetagen, Tagesquote f JD, Erl d BMfI v 7.3.1962, AVBG 6/1962, ftl ZI 27

[412] Dienstzeiterleichterungen, Erl d BMfI v 28.2.1962, AVBG 2/1960, ftl ZI 15

[413] LGKV-Chronik vom 28.7.1962

[414] Erl d BMfI v 27.3.1962, ZI 275.300-5 B, AVBG 3/1962, ftl ZI 21. Heizvorschrift neu; die vorl. Heizvorschrift v 1960 tritt außer Kraft

[415] LGKV-Chronik vom 1.1.1963

[416] Fürböck, »Die österr. Gendarmerie in den beiden demokratischen Republiken, Heft 2 von 1945 bis 1966«, Seite 22

[417] Erl d BMfI, ZI. 285.490-5 A/63 vom 11. Okt. 1963, Fürböck Seite 21

[418] Fürböck, Seite 23!

[419] Ersatzruhezeit, Erl d BMfI v 7.5.1963, ZI. 274.953-5 A/63, AVBG 8/1963, ftl ZI 38

[420] Fürböck, Seite 23!

[421] Aufhebung des ehelosen Standes bei Eintritt, VO d Bundesregierung v 3. Nov. 1964, BGBI Nr. 263/1964

[422] Kasernierungspflicht, Erl d BMfI v 25.11.1964, ZI 292.750-5 A 64, AVBG 1/1965, ftl ZI 7

[423] EU-Unterbrechung b Krankheit, Erl d BMfI v 12.6.1964, ZI. 280.805-5 A/64, AVBG 4/1964, ftl ZI 36

[424] BGBI 190/1965 v 30.6.1965, 14. GG-Novelle

[425] Fürböck Seite 25

[426] Urlaubsregelung, Erl d BMfI v 8.4.1965, ZI. 106.412-5 A/65, AVBG 4/1965, ftl ZI 38

[427] Urlaub aus besonderem Anlaß; BGBI 165/1965, und Erl d BMfI vom 15. Juli 1965, ZI. 112.300-5 A/65, AVBG 7/1965, ZI 60

[428] Unterkunftsordnung, Erl. d BMfI v. 28.10.1965, 110.712-5 A/65, AVBG 11/65, ftl ZI 81

[429] Alpindienst-Zulagen, Erl d BMfI v 15. 6. 1965, ZI. 110.000-5 B, AVBG 6/1965, ftl ZI 51 und Erl v 30.11.1971, ZI 139.139-14/71, AVBG 14/1971, ftl ZI 78

[430] Der Verfasser dieses Artikel gehörte selbst zu diesen Vorschulbeamten. Eine Erfahrung dabei war allerdings auch, daß die Lehrer keine große Freude mit diesen nun plötzlich »vorlauten«, weil bereits ein wenig besser informierten Probegendarmen in der Schule hatten.

[431] Rundfunk- und Fernsehgebühren, Erl d BMfI v 12.7.1962, ZI. 274.874-5 B, AVBG 8/1962, ftl ZI 42 u Erl d BMfI v 25.3.1966, ZI. 144.637-B/66, AVBG 7/1966, ftl ZI 24

[432] Erl d BMfI v 1.7.1966, ZI 151.000-B/66, AVBG 8/1966, ftl ZI 37

[433] Fürböck, Seite 27

[434] Kasernierungszwang, Erl. d. BMfI v 6.4.1967, ZI. 204.828-B/67, AVBG 4/1967, ftl ZI 38

[435] 17. GG.-Novelle, BGBI 235/1967 v 21. Juni 1967, mit dem das GÜG neuerlich abgeändert wird

[436] BGBI 236/1967 vom 21. Juni 1967, 17. GG-Novelle

[437] BG v 10.3.1967, BGBI 133/1967

[438] Grenzkontrolle d Zollwache, Erl d BMfI v 1.8.1967, ZI 214.320-B/67, AVBG 7/1967, ftl ZI 64

[439] Sportausübung im Dienst

[440] Gendarmeriedienstgesetz 1967, BGBI 255/1967

[441] LGKV-Chronik vom 1.7.1967

[442] BGK-Bestellungen, Erl d BMfI v 18.11.1969, ZI 268.619-14/69, AVBG 12/1969

[443] Inspektionsdienst-Zulage, Erl d BMfI v 6.11.1968, ZI. 137.070-14/68, AVBG 11/1968, ftl ZI 90

[444] Bereitschaftsdienst-Entschädigung, Erl d BMfI v 4.11.1968, ZI 137.069-14/68, AVBG 11/68, ftl ZI 89

[445] Heizbetrieb, Erl d BMfI v 24.9.1968, ZI 133.180-15/68, AVBG 9/1968, ftl ZI 73

[446] LGKV-Chronik vom 24.1.1969

[447] LGKV-Chronik vom 6.6.1969

[448] LGKV-Chronik vom 20.12.1969

[449] Inspektionsdienst, Regelung, Erl d BMfI v 29.7.1970, ZI 180.786-15/70, AVBG 9/1970, ftl ZI 57

[450] Dienstpragmatik-Novelle 1970, BGBI 225/1970 vom 1. Juli 1970

[451] BGBI 226/1970 vom 1. Juli 1970

[452] Dies wurde erstmalig mit Erl ZI 130.496-15/68 vom 17.6.1968 angeordnet.

[453] Erl ZI 178205-15/70 vom 2.7.1970, ergänzt durch Erl 178.206-15/70 vom 16.7.1970. Bereitschaftsdienste im Sinne des Erl ZI 159.815-GD 5/46 vom 17.2.1947 sowie nach den Erl über den verkehrsdienstlichen Einsatz wurden eingestellt.

[454] BGBI 73/1971 v 17.2.1971 und 140/1971, VO der Bundesreg v 30. März 1971 betr. Fahrtkosteneigenanteil, sowie VO d Breg v 21.12.1971, BGBI 483/1971

[455] BG v 23. Juni 1971, BGBI 279/1971, Gehaltsüberleitungsgesetz-Novelle 1971

[456] Erl ZI 121.677-14/71 vom 8.2.1971

[457] Mit Erl ZI 121.930-15/71 vom 9.2.1971 wurde die DZR 1960, Erl 234.723-5A/1960 vom 19.7.1960 in abgeänderter u neugefaßter Form wiederverlautbart. LGKV-Chronik v 1.7.1971

[458] BGBI 22/1947

[459] Erl d StAfI v 29.10.1945, ZI 37.958-GD 6/45, AVBG 1/1945, Seite 9

[460] BGBI 22/1947 vom Dez. 1946

[461] Brettner, Seite 79

[462] AbtInsp Romuald Kopf, Jg 1926, war bei der Erhebungsgruppe des LGK f Vbg, dann Lehrer bei Schule und zuletzt Dienstaufsichtsführender bei der VA in Bregenz. LGKV-Archiv

[463] 2. GG-Novelle, BG v 18. Nov. 1959, BGBI 247/1959 und BG v 18.11.1959, BGBI 248/1959

[464] BGBI 153/1964 v 1. Juli 1964, 11. GG-Novelle

[465] BGBI 102/1965 v 7.4.1965, 12. GG-Novelle

[466] BGBI 125/1965 v 26.5.1965, mit dem das GÜG abgeändert wurde

[467] BGBI 124/1965 v 26. Mai 1965, 13. GG-Novelle

[468] BGBI 109/1966 v. 8. Juni 1966, 15. GG-Novelle

[469] BGBI 259/1968 v 19.6.1968, 18. GG-Novelle

[470] BG v 13. Dez. 1960, BGBI 281/1960, 4. GG-Novelle

[471] BGBI 117/1963 v 29.5.1963

[472] BGBI 312/1963 v 12. Dez. 1963, 10. GG-Novelle

[473] BGBI 245/1970 v 9. Juli 1970

[474] Erl BMfI v 19.8.1946, ZI 107.450-GD 6/46, AVBG 5/1946, ftl ZI 5

[475] Erl d BMfI v 22.7.1970, ZI 180.840-14/70, AVBG 11/1970, ftl ZI 74

[476] Erl d BMfI v 19.8.1946, ZI. 107.450-GD 6/46, AVBG 5/1946, ftl ZI 5

[477] Erl v 19.8.1946, ZI 107.450-GD 6/46 und vom 18. Nov. 1947, ZI. 175.147-6/47

[478] Erl d BMfI v 30. Jänner 1963, ZI 271.476-5 B, AVBG 4/1963, ftl ZI 19

[479] Erl d BMfI v 12.11.1968, ZI 134.522-14/68 und v 20.11.1968, ZI 140.251-14/68, AVBG 11/1968, ftl ZI 91 und Erl d BMfI v 28.10.1970, ZI 186.279-14/70, AVBG 10/1970, ftl ZI 69

[480] Der Verfasser erlebte die Pausch als junger Beamter selbst noch und hörte öfters solche erwähnten »Geschichten«

[481] Der Erl d BKA vom 14. Juli 1925, ZI. 101.053 Nr. 7/25 über das Verfahren bei der Versetzung in den Ruhestand (Pensionierung, Wiedereinstellung) von Gendarmen wurde mit Erl d BMfI ZI 153.433-GD 5/47 vom 12. Juli 1947 aufgehoben

[482] GÜG v 12. Dezember 1946, BGBI 22/1947, über das Diensteinkommen und die Ruhe- und Versorgungsgenüsse der Bundesbeamten idF BGBI 107/1949, 221/1950, 137/1951, 105/1953, 87/1954, 95/1955, 182/1955, 268/1955 und 55/1956 mit einer Ergänzung BGBI 93/1959

[483] BGBI 340/1965 vom 18. Nov. 1965

[484] VO der Bundesregierung vom 15. Dez. 1965 über die Mindestsätze für die Bemessung der Ergänzungszulage nach dem Pensionsgesetz 1965 (Ergänzungszulagenverordnung), BGBI 356/1965

[485] 3.GG-Novelle, BGBI 297/1959 v 18.Dez.1959

[486] Erl d BMfI v 1.2.1950, Nr. 206.148-5/50, AVBG 2/1950, ftl ZI 2 mit Anlage

[487] Erl d BMfI v 15.12.1964, ZI. 294.200-5/64, AVBG 1/1964, ftl ZI 8

[488] Erl d BMfI v 30.5.1967, ZI. 208.671-14/67, AVBG 5/1967, ftl ZI 46

[489] Erl d BMfI v 24.3.1967, ZI. 204.721-14/67, AVBG 3/1967, ftl ZI 30. Auch Erl v 21.9.1965, ZI 116.990-15/65, AVBG 10/1965, ZI 77

Bilder: LGK Vorarlberg, Arnold Perfler

Ernst Fojan

Geschichte des Gendarmeriekorps für Bosnien und Herzegowina

Seit dem Ende des 14. Jahrhunderts beherrschten die Türken die Balkanhalbinsel und somit auch die Länder Bosnien und Herzegowina. Moslems, Kroaten, Serben und ein geringer Anteil von Juden lebten relativ friedlich zusammen. Erst gegen Ende des 18. Jahrhunderts kam es nach und nach zum Verfall des türkischen Reiches. Im Jahre 1875 verstärkten sich in Bosnien und der Herzegowina die Spannungen, wobei die Serben Anlehnung an das Fürstentum Serbien suchten. Die von Rußland geförderten panslawistischen Ideen hatten als grundlegenden Gedanken die Vertreibung der Türken aus den slawischen Siedlungsgebieten am Balkan. Der russisch-türkische Krieg im Jahre 1877 schreckte die Großmächte auf, denn eine allzuweite Ausdehnung des Zarenreiches war unerwünscht, ebenso der Zugang zur Adria. Im Juni 1878 trat auf Antrag Österreich-Ungarns der sogenannte Berliner Kongreß zusammen, an dem die Großmächte Rußland, Großbritannien, Italien und die Türkei unter dem Vorsitz des deutschen Reichskanzlers Bismarck beschlossen, Bosnien und Herzegowina unter österr.-ungar. Militärverwaltung zu stellen.

Bosnien und Herzegowina stand vor der Okkupation unter türkischer (osmanischer) Herrschaft. Den Sicherheitsdienst zur Unterstützung der Verwaltungsbehörden versah ein sogenanntes Zaptia-Regiment. Dieses war aus 7 Bataillonen mit einer Gesamtstärke von 3.091 Mann zusammengesetzt. Es wurde von einem Oberst (Alaj-Beg) kommandiert. Die Stabsstation befand sich in Sarajevo. Als Stellvertreter des Oberst fungierte der Kommandant des 1. Bataillons. In jedem Kreisbereich (Sandschak) war ein weiteres Bataillon unter dem Kommando eines Majors (Bimbasi) disloziert. Die Stärke der Bataillone richtete sich nach der geographischen Lage und der Anzahl der im Kreisbereich lebenden Bevölkerung. Die Bataillone gliederten sich wieder in Kompanien mit einer Stärke von 70 bis 100 Mann. Die Stärke der Posten war in der Regel zwischen 10 bis 20 Mann. 10 Zaptie wurden von einem Korporal (Onbasi) und 20 von einem Wachtmeister (Caus) befehligt. Dieses Zaptia-Regiment ergänzte seinen Nachwuchs nur aus dem mohammedanischen Teil der Bevölkerung. Für die Aufnahme in dieses Regiment waren keinerlei Bedingungen gefordert. Geistige Fähigkeiten, körperliche Eignung oder Lebenswandel waren nicht normiert. Die Mehrzahl der Zaptie waren drahtige, sehnige Burschen. Doch fand man in diesem Regiment auch Jünglinge vor, die kaum den Kinderschuhen entwachsen waren. Lesen und Schreiben konnten nur wenige Offiziere und dies auch nur sehr schlecht. Der Dienstbetrieb war durch keine Richtlinien geregelt; eine berufsmäßige Ausbildung war ebenfalls nicht vorgesehen. Ebensowenig kannte man den Diensteid oder die feierliche Verpflichtung zur gewissenhaften Erfüllung der den Zaptie auferlegten Pflichten.

Die Mannschaft diente in der Regel in ihren Geburtsorten oder zumindest in der nächsten Umgebung. Dadurch verfügten sie über gute Lokal- und Personalkenntnisse. Für den eigentlichen Dienstbetrieb wirkte sich dieser Umstand aber störend aus, weil freundschaftliche und verwandtschaftliche Bindungen vorherrschten. Die Gebühren der Mannschaft wurden mit Naturalien und Geld beglichen. Da die türkische Regierung wegen ihrer schlechten Finanzlage die Gebühren jedoch nicht pünktlich auszahlen konnte, hielt man sich bei den Patrouillendiensten bei der christlichen Bevölkerung frei. Mehrmals am Tag wurden die Zaptie verköstigt und tranken dabei nach Belieben alkoholische Getränke. In den meisten Fällen wurden ihnen auch noch die Torbas (Rucksäcke) gefüllt.

Bei Verhaftungen und Eskortierungen wurden die Gesetzesübertreter fallweise mißhandelt, erpreßt und wieder freigelassen. Nicht jede Verhaftung war faktisch auch in Ordnung. Es kam schon vor, daß Zaptie eine Person verhafteten und erpreßten und den Grund dafür frei erfanden. Dieser Umstand und die Tatsache, daß Zaptie auch zum Vollzug der Körper- und Todesstrafen berechtigt waren, machte sie bei der Bevölkerung nicht beliebt.

Durch diese trostlosen und anarchischen Zustände, von denen man schon vor der Okkupation Kenntnis hatte und die auch nach der Okkupation bestätigt wurden, war man bestrebt einen neuen Sicherheitsdienst möglichst rasch zu organisieren und diesen auch nach den damaligen modernen Prinzipien zu errichten.

FZM Phillipovic erteilte schon vor dem Berliner Kongreß dem Serezaner-Kommandanten Oberleutnant Ritter von Bründl vertraulich den Befehl, sich um geeignete Serezaneroffiziere umzusehen, die die für den Gendarmeriedienst notwendige Landessprache beherrschen und sich mit einer Kommandierung nach Bosnien und Herzegowina einverstanden erklärten. (Es mußten schriftliche Erklärungen abgegeben werden.) Man war in erster Linie darauf bedacht, an das neu zu errichtende Gendarmerieoffizierkorps besondere Anforderungsprofile zu stellen. Ruhe, Übersicht, große Erfahrung im Sicherheitsdienst, längere militärische Verwendung im Kordon, große Kenntnis von Land und Leuten, wirtschaftliche Verhältnisse, Volksansichten, eigentümliche Ausdrücke und Gewohnheiten in Bosnien. Aus dem Stand der Serezanermannschaft konnte der kommandierende General 4 Feldwebel, 2 Wachtmeister, 24 Oberserezaner, 80 Serezaner und vom königl. ungar.-kroatisch-slawonischen Gendarmerieregiment 100 Gendarmen abgeben. Der eventuell weitere Bedarf wurde durch freiwilligen Eintritt geeigneter Reserve- und Landwehrmänner gedeckt. Beim Serezanerkorpskommando befanden sich zu diesem Zeitpunkt noch 90 Mann aus dem Reservestand, der aus Kroatien und Slawonien und dem Grenzgebiet sich ergänzenden Infanterie-Regimenter zum Übertritt in das Serezanerkorps in Vormerkung. Der durch die bevorstehende Okkupation und der Errichtung des Gendarmeriekorps für Bosnien und Herzegowina entstandene Personalnotstand wurde dadurch ergänzt. Bezüglich der Ausbildung der Offiziere und des Mannschaftsstandes des neu zu errichtenden Gendarmeriekorps für Bosnien und Herzegowina, schlug der kommandierende General der Militärkanzlei des Kaisers vor, daß für Offiziere mindestens 4 bis 6 Wochen und für die Mannschaft 6 bis 8 Wochen Ausbildung notwendig seien, um den Erfordernissen des Gendarmeriedienstes gerecht werden zu können.

Der kommandierende General und Landeschef FZM Wilhelm Herzog von Württemberg.
Bild: Banja Luka – Jajce, von Hauptmann Joseph BECK, Wien 1908

Weiters regte er an, daß der Kommandant für das neue Gendarmeriekommando schon vorher bestimmt und mit dem Entwurf der Organisierung und Einteilung des Kommandos, nach der politischen Landes- und Bezirkseinteilung, der sonst erforderlichen Zusammenstellung des Offiziers- und Mannschaftsstandes für die einzelnen Abteilungen, sowie für alle anderen Erfordernisse betraut werde. Es mußte daher in relativ kurzer Zeit ein Gendarmeriekontingent zusammengestellt werden, welches den Sicherheitsdienst in den zu okkupierenden Ländern zu verrichten hatte. Neben den finanziellen Belastungen, die die Okkupation Bosniens und der Herzegowina für die Monarchie bedeutete, war man anfangs sehr schwer in der Lage, die geeigneten Sicherheitskräfte in ausreichender Zahl aufzubringen. Zu dem kam noch der Umstand, daß FZM Phillipovic Bedenken äußerte, wenn man aus den deutsch-slawischen Provinzen (Böhmen, Mähren und Krain) Gendarmen für diesen Einsatz vorsah. Der königlich-ungarische Verteidigungsminister wies in einer Note vom 23. Juli 1878 darauf hin, daß es unmöglich wäre vom kroatisch-slawonischen Gendarmeriekommando ein Kontingent zu entziehen, weil der Gesamtstand dieses Kommandos vom Wachtmeister abwärts nur noch 483 Mann betrage und in diesem Gebiet 124 Gendarmerieposten bestehen. Durch die Abgabe von Sicherheitskräften würde der Sicherheitsdienst in Kroatien und Slawonien völlig lahmgelegt werden. Im Interesse der Aufrechterhaltung der Ordnung, Ruhe und Sicherheit ersuche er daher, von der Beistellung eines Kontingentes abzusehen.

Bereits am 26. Juni 1878 berichtete der kommandierende General aus Agram, FZM Phillipovic an die Militärkanzlei Seiner Majestät des Kaisers, daß es die erste Aufgabe im Falle einer Okkupation Bosniens und der Herzegowina sein werde, die Sicherheit von Personen und des Eigentums zu gewährleisten. Dies sei nur unter der steten Leitung einer für den Sicherheitsdienst speziell ausgebildeten Gendarmerie möglich. In Agram war zu diesem Zeitpunkt das Generalkommando der Grenzlandesverwaltungsbehörde disloziert. In diesem Gebiet nahe der ehemaligen Militärgrenze versahen sogenannte »Serezaner« den Sicherheitsdienst. Da im gesamten Schriftverkehr vor und unmittelbar nach der Okkupation zwischen dem Generalkommando in Agram und der Militärkanzlei Seiner Majestät des Kaisers, von der Aufstellung eines Serezanerkorps die Rede war, möchte ich den Lesern zum besseren Verständnis die Aufgaben des Serezanerkorps erläutern. Die Serezaner versahen im Frieden den Dienst einer Gendarmerie im Regimentsbezirk, im Kriege bildeten sie eine Art Leibwache des Feldherrn und versahen neben dem Stabstruppendienst auch die Angelegenheiten der Feldgendarmerie. Mit »Allerhöchster Entschließung vom 30. November 1871« wurde die Organisierung dieses Serezaner-Korps als Landessicherheitswache für die kroatisch-slawonische Militärgrenze angeordnet. Das Korps wurde als militärisch organisierter Wachkörper nach den für die Gendarmerie im allgemeinen, und für jene in Kroatien und Slawonien bestehenden Vorschriften im besonderen, errichtet. Es unterstand in militärischer Hinsicht im Wege des Generalkommandos in Agram dem Reichs-Kriegsministerium in Wien und bezüglich der Verwendung als Sicherheitsorgan den politischen Behörden der Militärgrenze. Es unterteilte sich in Flügel, Züge und Posten. Die Offiziersdienstgrade waren gleich denen der k. u. k.Armee. Bei der Mannschaft gab es die Dienstgrade, Oberserezaner, Serezaner I. Klasse, Serezaner II. Klasse. Mit kaiserlicher Entschließung vom 10. September 1881 wurde die Vereinigung dieses Korps mit der königlich ungarischen-kroatisch-slawonischen Gendarmerie angeordnet.

Man war bestrebt, nach der Okkupation eine sogenannte Elitetruppe für die Aufrechterhaltung der Sicherheit und Ordnung aufzustellen und die chaotischen Zustände, wie sie unter türkischer Verwaltung in diesen Provinzen herrschten, für immer zu unterbinden.

Beim Vortrag dieses Aufrufes am 20. August 1878 konnte der k. u. k. Kriegsminister dem Kaiser unterbreiten, daß sich 630 Mann für diesen Dienst freiwillig gemeldet hatten. Davon wurden 120 der am besten qualifizierten Gendarmen auserwählt und in Evidenz genommen.

Am 5. September 1878 wurde von der Militärkanzlei des Kaisers bekanntgegeben, daß der Rittmeister Ludwig Czetsch von Lindenwald des Ulanenregimentes Nr. 7, der zur Zeit der Okkupation im Hauptquartier des 13. Armeekorps als Kommandant der Feldgendarmerieabteilung Dienst versah, zum Kommandanten des neu zu errichtenden Sicherheitskorps mit gleichzeitiger Beförderung zum Major ernannt wurde. Das ursprüngliche Kontingent von 120 Mann wurde auf 140 Mann und in weiterer Folge noch erhöht. Am 5. Oktober 1878 gingen von Wien unter der Führung von Hauptmann Julius Grohs des galizischen Landwehrinfanterie-Baons Nr. 37, insgesamt 96 Mann und am 7. Oktober unter der Führung von Leutnant Rudolf Riedlinger des Landesgendarmeriekommandos Nr. 2 zu Prag, ebenfalls 42 Mann von Laibach aus nach Brood (Ort an der kroatisch-bosnischen Grenze) ab. Der zusammengestellte Kader dieser neuen Sicherheitstruppe bestehend aus 3 Offizieren, 151 Mann der k. k. Gendarmerie, 50 Gendarmen der könglich ungarisch–kroatisch-slawonischen Gendarmerie und 50 Serezanern aus dem Bereiche der Militärgrenze, rückte in 2 Transporten am 22. und 24. Oktober 1878 in Sarajevo ein. Der weitere Bedarf an Offizieren wurde aus dem k. u. k. Heer entnommen. In Sarajevo wurde sofort mit der Unterweisung der Offiziere und Mannschaften in die neuen Aufgaben begonnen. Gleichzeitig wurde der provisorische Entwurf der Organisation dieser Sicherheitstruppe ausgearbeitet. Dieser Entwurf sah vor, daß für die Provinz Bosnien 5 Flügelkommanden und für die Provinz Herzegowina 2 Flügelkommanden zu errichten sind. Am 24. November 1878 marschierten die für die 5 bosnischen Flügel bestimmten Offiziere mit den Mannschaften in die verschiedenen Kreisorte ein. Die für die Herzegowina bestimmte Mannschaft (2 Flügel) blieb vorerst in Sarajevo. In der Herzegowina stellte der Kommandant der XVIII. Infanterietruppendivision, FMLt Stephan Freiherr von Jovanovic, zwei Sicherheitskorps auf. Ein sogenanntes Zaptie-Korps (auch Pandurenkorps), welches die Sicherheitspolizei in den geschlossenen Ortschaften verrichtete und ein Serezanerkorps. Dieses Korps war für den Sicherheitsdienst außerhalb der Ortschaften zuständig. FMLt Jovanovic berichtete am 19. Oktober 1878 in einem Telegramm aus Mostar an die Militärkanzlei des Kaisers, daß er bei der Okkupation in der Herzegowina in allen Orten brauchbare Zaptie übernommen habe und ihnen die gleichen Gebühren bezahle, wie sie sie von der türkischen Regierung erhalten hätten. Da das II. Armeekommando in Sarajevo jedoch niedrigere Gebühren anordnete, traten viele Zaptie aus diesem Sicherheitskorps aus, allein in Mostar 20 Mann. Am 21. Oktober erließ FMLt Jovanovic eine provisorische Instruktion für diese Sicherheitskräfte. Zweck dieses Korps war der Schutz der Bevölkerung gegen Räuber und Landstreicher sowie die Sicherung und Begleitung der Reisenden und Karawanen. Vor den errichteten Postenstationen wurde eine Art Schildwache gehalten. Die Wache dauerte eine ganze Woche und wurde immer an Samstagen abgelöst. Von einer Einheitlichkeit des Sicherheitskorps in Bosnien und der Herzegowina konnte man in keiner Weise sprechen. Verrichteten in Bosnien k. k. Gendarmen, k. ung.-kroat.-slawonischen Gendarmen und Serezaner aus dem Bereich der Militärgrenze den Sicherheitsdienst, so in der Herzegowina jedoch die in ehemalig türkischem Dienste stehenden Zaptie und Panduren und ein Serezanerkorps. Am 14. November 1878 telegrafierte der Kommandant der II. Armee, FZM Phillipovic, an die Militärkanzlei des Kaisers: »FMLt Jovanovic hat in seiner in der Herzegowina bereits durchgeführten Organisierung des Sicherheitskorps eine konfuse Dienstinstruktion und Einrichtung, die an Originalität nichts zu wünschen übrig läßt.« So z. B. wurde der katholische Geistliche Don Ivan Mussic zu einer Art Flügelkommandanten in Stolac eingesetzt. Weiters wies FZM Phillipovic darauf hin, daß die Stärke des Korps mit 900 Mann das Dreifache dessen beträgt, wie es unter türkischer Verwaltung bestanden hatte. Auch würden die dadurch anfallenden Verwaltungskosten in der relativ wenig ertragreichen Provinz Herzegowina nicht durch Einnahmen gedeckt sein und müßten daher der Monarchie zur Last fallen. Er regte weiters an, in der Herzegowina die gleichen politischen Einrichtungen, wie sie in Bosnien vorhanden sind, aufzustellen. Beide Provinzen sollten dann von der Zentralbehörde in Sarajevo regiert werden. Bis Jänner 1879 war man sich über die genaue Organisation des Sicherheitskorps für Bosnien und der Herzegowina nicht einig. Man suchte immer noch Erfahrungswerte. Am 13. Jänner 1879 erstattete der kommandierende General in Sarajevo, FZM Wilhelm Herzog von Württemberg, er war als Landeschef gleichzeitig auch Chef der Landesregierung und somit unterstand ihm auch die Gendarmerie, folgenden Bericht: »Die räumliche Ausdehnung der Herzegowina sowie die lokalen und politischen Verhältnisse dieser Provinz lassen die im Entwurf des Statutes für das Gendarmeriekorps für Bosnien und der Herzegowina beantragte Aufstellung bloß eines Flügels als ungenügend erscheinen. Die Errichtung eines zweiten Flügels in Trebinje erachte er als zwingend notwendig.

FMLt Stephan Freiherr von Jovanovic organisierte in der Herzegovina das Panduren- und Serezanerkorps.
Bild: Privatbesitz

Auch habe man bei der Zusammenstellung des gedachten Organisationsstatutes die Entfernungs-, Kommunikations- und die sonstigen Verhältnisse unterschätzt. Namentlich in der Herzegowina sowie in den Kreisen Bihac, Banja Luka, Tuzla und Travnik hält sich wohl der meiste Zündstoff verborgen. Zahllose Räuberbanden, bei denen Mord, Totschlag und Raub auf der Tagesordnung standen, trieben auch nach der Okkupation ihr Unwesen. Der Flügelkommandant von Bihac, Hauptmann Lukic, wurde vom Chef der Landesregierung nach Mostar beordert, um dort die für den Sicherheitsdienst notwendigen Maßnahmen zu setzen und die gleiche Struktur wie in Bosnien einzuführen. Am 15. Jänner 1879 setzte sich dann der Kader des 6. und 7. Flügels von Sarajewo aus nach Mostar bzw. Trebinje ab. Vorerst wurden 25 Posten, in 2 Flügel und 7 Zügen verteilt, aufgestellt. Das bestehende Pandurenkorps wurde den Flügel-, Zugs- und Postenkommanden unterstellt. Dieser 6. und 7. Flügel nahm bereits Anfang März 1879 die Diensttätigkeit auf. Der Dienst mußte unter schwierigsten Verhältnissen durchgeführt werden. In Ermangelung an Gebäuden mußte die Mannschaft in primitiven Hütten und Zelten wohnen. An der Spitze des Korps trat ebenfalls eine Änderung ein. Der seit einiger Zeit beurlaubte Major Ritter von Czetsch wurde über eigene Bitte seines Amtes enthoben. An dessen Stelle wurde am 13. Jänner 1879 Oberstleutnant Josef Adzia, Reservekommandant im IR Nr. 37, zum Kommandanten des Gendarmeriekorps ernannt. Gleichzeitig wurde über Antrag der Landesregierung an die Spitze des Korps ein Oberst oder Oberstleutnant gestellt, dem 3 inspizierende Stabsoffiziere oder Hauptleute in Majorsgebühren beigegeben wurden. Anfang des Jahres 1879 war somit das Gendarmeriekorps für Bosnien und Herzegowina vollständig organisiert. Mit Zirkularverordnung vom 8. April 1879, PraesNr. 1730, wurde das provisorische Statut für dieses Korps erlassen. Der Erlassung dieses Statutes gingen zahlreiche Diskussionen voraus. Man war sich anfangs nicht einig, wie man dieses Sicherheitskorps benennen sollte. Unbedingt wollte man jedoch das berüchtigte türkisch-arabische Wort »Zaptie«, was so viel wie Einfänger heißt, vermeiden. Mit dem nur im Bereiche des kroatisch-slawonischen Grenzgebietes verwendeten Ausdruckes »Serezaner« konnte man sich ebenfalls nicht anfreunden. Schließlich einigte man sich auf den gebräuchlichen und damals auch im Fürstentum Serbien verwendeten Namen »Gendarmeriekorps« mit dem Zusatz für Bosnien und Herzegowina. Nach diesem Statut unterstand die Gendarmerie hinsichtlich des öffentlichen Sicherheitsdienstes den politischen Behörden, in ökonomisch und administrativen Angelegenheiten ihren militärischen Vorgesetzten. Diese Vorgesetzten waren die Landesregierung in Sarajevo, bzw. das k. u. k. gemeinsame Finanzministerium in Wien und der kommandierende General in Sarajevo, bzw. das k. u. k. Kriegsministerium in Wien. Das Gendarmeriekorpskommando wurde am Sitze der Landesregierung errichtet. Der Mannschaftsstand des Gendarmeriekorps wurde ergänzt durch

1) Aufnahmen von Landesangehörigen aus Bosnien und Herzegowina
2) k. k. und k. u. Gendarmen, sowie k. k. Serezanern, welche den Eintritt oder Übertritt in das Gendarmeriekorps anstrebten
3) Staatsangehörige aus Österreich-Ungarn, die ihrer Stellungspflicht nachgekommen sind
4) von Freiwilligen des k. k. Heeres sowie
5) von Freiwilligen aus der nicht aktiven k. k. oder k. u. Landwehr

Zur Aufnahme war erforderlich
Der Nachweis über die Heimatzuständigkeit
unbescholtener Lebenswandel, geistige Fähigkeiten und gewandtes Benehmen
ein Alter nicht unter 20 und nicht über 40 Jahren
ein gesunder starker Körperbau und entsprechende Körpergröße (k. k.Militärmaße)
und die Kenntnis der Landessprache
hinlängliche Kenntnis des Schreibens, Lesens und Rechnens
Der in das Korps Eintretende mußte sich zu einer mindestens fünfjährigen Dienstzeit verpflichten.

Nach § 37 dieses Statutes wurde die Bewilligung zur Heirat nur dann erteilt, wenn die Zahl der Verheirateten nicht die Zahl der Gendarmerieposten in Bosnien und Herzegowina überschritt. Die dem Statut beigegebene Dienstinstruktion wurde im wesentlichen der für die k. k. Gendarmerie aus dem Jahre 1876 nachgebildet.

Die Dienstleistung der Offiziere im Gendarmeriekorps war vorerst nur eine provisorische. Die Offiziersstellen wurden besetzt, durch freiwillige Zuteilung von geeigneten Offizieren aus dem Stand der k. k. und k. u. Gendarmerie. Durch Einteilung geeigneter und mit dem Gendarmeriedienst vertrauter Offiziere aus dem Ruhestande des k. k. Heeres oder der Landwehren, sowie durch Zuteilung von geeigneten Offizieren aus dem Aktivstand des k. k. Heeres oder der Landwehren, welche sich zur Dienstleistung bereit erklärten.

Für die Gendarmerieoffiziere wurde festgelegt, daß sie – aus dem Aktivstand des Heeres oder der Landwehr zugeteilt –nicht nur während der Probedienstleistung, sondern auch nach der definitiven Überstellung zum Gendarmeriekorps weiterhin bei ihren Truppenkörpern als überkomplett zu führen sind und auch den Anspruch auf Beförderung bei der betreffenden Standestruppe haben. Weiters war für sie zwingend die Kenntnis der Landessprache erforderlich. Offiziere bekamen zur Anschaffung und Haltung eigener Pferde eine Pauschale. Auf ärarische Pferde und Futtermittel hatten sie keinen Anspruch. Bald nach Verlautbarung des Statutes wurde zur Ergänzung des Mannschaftsstandes geschritten. Zahlreiche Aufrufe in den Flügelkommandobereichen brachten nicht den gewünschten Erfolg. In den Flügelbezirken Mostar, Trebinje, Travnik und Tuzla verstanden die Flügelkommandanten den Kommandobefehl falsch und schritten zu zwangsweisen Assentierungen. Dies rief den Unmut der Bevölkerung hervor und die betreffenden Rekrutierungen wurden wieder zurückgenommen. Manche der neu eintretenden Mohammedaner wollten nur einen Eid leisten, wenn sie die vorgesehene mehrwöchige militärische und gendarmerieinterne Ausbildung nicht mitmachen mußten. Im August 1879 wurde Oberstleutnant Adzia über eigene Bitte seines Postens enthoben und Oberstleutnant Ludwig Sostaric an seiner Stelle ernannt. Auch unter seinem Kommando versuchte man den fehlenden Stand der Gendarmeriemannschaft zu ergänzen. Man war wiederum nicht in der Lage, bildungsfähige und intelligente Bewohner für den Gendarmeriedienst zu begeistern. Der Hauptgrund dafür lag sicherlich in der Bewältigung des anstrengenden Dienstes und in der unzulänglichen Bezahlung. Die bosnisch-herzegowinischen Postenführer bezogen eine um 200 Gulden und die Gendarmen eine um 160 Gulden geringere Löhnung als gleichgestellte Gendarmen in der Monarchie. Die k. k. Gendarmen in der Monarchie waren gut einquartiert und verrichteten in relativ zivilisierten Gegenden ihren Dienst. Jene in Bosnien hatten aber die harten Strapazen des Dienstes zu tragen, sie mußten vierzehn Tage und länger Streifungen durchführen und ihr Quartier bestand oft nur aus einem Unterstand oder einem Zelt. Auch die Ausbildung und Bewaffnung ließ in jeder Beziehung zu wünschen übrig. Bosnisch-herzegowinische Rekruten wurden in den Flügelstationen in vier- bis sechswöchigen, später sechs- bis achtwöchigen Kursen zu Gendarmen herangebildet. Bis zum Jahre 1880 fand man auf den Gendarmerieposten unter Umständen bis zu 5 verschiedene Gewehrsysteme. Man beteilte die Gendarmerie mit 2000 Stück Wänzl Extrakorpsgewehre, obwohl diese damals schon überholt waren. Erst 1882 wurden die Repetierkarabiner Marke Kropatschek eingeführt. Ebenso uneinheitlich wie die Bewaffnung war auch die Adjustierung. In den Jahren 1878 und 1879 sah man den Patrouillenführer in Gendarmerieuniform mit Federbuschhut, dazu einige Infanterieunteroffiziere als Probegendarmen mit den Uniformen ihrer Truppenkörper, einige Zaptie in ihren stark abgetragenen türkischen Uniformen und Panduren in ihren Hauskleidern mit gelb-schwarzen Armbinden. In der Adjustierungsfrage machte die Wahl der Kopfbedeckung die größten Schwierigkeiten. Man entschied sich für eine rote schirmlose Feldkappe für die im Korps dienenden Christen und einen niedrigen Fez ohne Quaste für die Mohammedaner. Die übrigen Uniform- und die Ausrüstungssorten waren analog denen der Gendarmen in der Monarchie. Unzweckmäßig war auch die Patronen- und die Patrouillierungstasche. Für weit gedehnte Streifungen, die meist über mehrere Tage dauerten, konnte weder der nötige Proviant, noch Dinge des täglichen Lebens mitgenommen werden. In dieser oft ausweglosen Situation kehrten die Gendarmen, sowie seinerzeit die Zaptie in Gasthäusern und Bauernhäusern ein, ließen sich verköstigen und gelangten dadurch oft in ein Abhängigkeitsverhältnis zur Bevölkerung. Im April 1879 bestand das Korps aus 31 Offizieren, 365 Mann aus der Monarchie, 18 Zaptie-Offizieren, 565 einheimischen Probegendarmen zu Fuß und 158 Probegendarmen zu Pferd. Ende April 1879 existierten 89 und Ende 1880 231Gendarmerieposten. Das Postennetz wurde den Sicherheitsverhältnissen angepaßt und verdichtete sich von Jahr zu Jahr. Ein neues Problem tauchte auf, als die zweijährige Dienstverwendung der 251 aus der Monarchie zugeteilten Gendarmen endete. Unerfahrene und im Sicherheitsdienst wenig erprobte Gendarmen, die man unter geregelten Verhältnissen nicht einmal als Patrouillenführer verwendet hätte, wurden Postenkommandanten. Die Sicherheitsverhältnisse in Bosnien und Herzegowina waren nicht günstig. Wie schon erwähnt, bildeten sich aus den ehemaligen Insurgenten (Aufständischen) Räuberbanden. Speziell im Bihacer Kreis kam es vorwiegend zu Diebstählen. Von den im Jahre 1879 in Bosnien und Herzegowina verübten 1386 Verbrechen des Diebstahles, wurden allein im Kreis Bihac 822 dieser Straftaten verübt. Es handelte sich dabei vorwiegend um Viehdiebstähle. Außerordentliche Maßnahmen wurden von der gesetzgebenden Gewalt (Landesregierung) angeordnet, um diese Cetas (Räuberbanden) zu bekämpfen. Verbrechen gegen die Kriegsmacht des Staates, Mord, Raub, Brandlegung, Aufstand und Aufruhr zogen ein standrechtliches Verfahren nach sich. Der unbefugte Waffenbesitz wurde strenger unter Strafe gestellt. Erwähnenswert ist ein Dienstbericht des Serezanerkorpskommando aus Sarajevo. In der Zeit zwischen 1. und 30. April 1879 wurden in Bosnien und der Herzegowina durch Hausdurchsuchungen bei der Bevölkerung und in Verstecken, 73 Snyder Gewehre, 63 Hinterladergewehre, 118 Vorderladergewehre, 31 Steinschloßgewehre, 54 Jagdgewehre, 191 Gewehre ohne nähere Bezeichnung, 862 Pistolen, 2 Revolver, eine Vielzahl von Säbeln, Bajonetten, Handscharen sowie 67.864 Stück Gewehrpatronen verschiedener Art sichergestellt. Von diesen 67.864 Stück Gewehrpatronen wurden allein in der Moschee von Kupres 48.000 Stück sichergestellt. Allein dieser Dienstbericht läßt den Schluß zu, daß die Banden nicht nur in der auf dem Land lebenden Bevölkerung, sondern auch in den Kirchen und Moscheen Helfer und Mitwisser hatten. Der Pandurenaufstand 1879 und der Aufstand in der Herzegowina und in Südbosnien in den Jahren 1881 und 1882 ist ein leidvolles Kapitel in der Geschichte der Gendarmerie in Bosnien und Herzegowina. FZM Württemberg telegrafierte am 21. August 1879 an die Militärkanzlei des Kaisers nach Wien, daß im Bezirk Nevesinje mehrere Panduren desertiert seien. Mehrere Pandurenposten wurden von Aufständischen bestochen und es finden am Südende des Nevisinskopolje Zusammenrottungen statt. Da weitere Desertionen zu befürchten waren und die öffentliche Sicherheit gefährdet erschien, erließ FZM Württemberg eine Proklamation (K. K. Generalkommando in Sarajevo, M.A.Nr 15439, vom 27.8.1879) in der er feststellte, daß jeder Pandur, der mit der ihm von der Regierung anvertrauten Waffe allein oder in Gesellschaft mit anderen entweiche oder desertiere, bei Aufgreifung desselben vom Militärgericht standrechtlich mit dem Tod durch Erschießen bestraft werde. Ebenso werde standrechtlich erschossen, wer einen Panduren zur Desertion oder Entweichung verleite, berede oder bei der Entweichung mit Rat und Tat behilflich sei. Derjenige der einen desertierten Panduren bei der k. k. Behörde einbringe oder unter Angaben von Beweisen anzeige, erhielte 100 Kronen österr. Währung als Belohnung. Die bei diesem Aufstand beteiligten Panduren flüchteten nach Montenegro, nachdem vom zuständigen XVIII. Infanterietruppendivisionskommando im Zusammenwirken mit der Gendarmerie Streifungen durchgeführt wurden. Bei diesen militärischen Operationen leisteten die Gendarmen wertvolle Aufklärungs- und Nachrichtendienste. 3 Offiziere, und 64 Gendarmen wurden sichtbar ausgezeichnet, 2 erhielten die goldene Tapferkeitsmedaille. In weiterer Folge wurden dann wiederum neue Posten errichtet, um eine Verdichtung des Postennetzes zu erreichen. Im Oktober, November und Dezember 1881 wurden mehrmals Gendarmeriepatrouillen und deren Assistenzmannschaften von Aufständischen und Räuberbanden angegriffen und es kam zu Schießereien. Angriffe auf Gendarmeriepatrouillen und Gendarmeriekasernen waren an der Tagesordnung. Bei einer genauen Beurteilung der damaligen Lage stellte man fest, daß speziell in der Herzegowina in den Bezirken Gacko und Trebinje größere Bewegungen von Banden vorkamen, denen man durch weitere Aufstellung von Gendarmerieposten begegnen wollte. Zusätzlich wurden im Februar 1882 100 k. k. österreichische Gendarmen dem Gendarmeriekorps für Bosnien und Herzegowina zugeteilt und in Trebinje stationiert. Die während der Aufstände 1881 und 1882 zur Bekämpfung der Aufständischen aufgebotenen Truppen wurden im September 1882 zur Schonung des Staatshaushaltes stark reduziert. Auch war man der Ansicht, daß militärische Operationen mit größeren Truppenbewegungen speziell in diesem unwegsamen Gelände der Herzegowina nicht den gewünschten Erfolg bringen würden. Die Gendarmerie in den ihr zugewiesenen Postenbereichen war durch die Vielzahl von Tätigkeiten einfach nicht in der Lage, Räuberbanden auszuforschen und über mehrere Postenbereiche hinaus zu verfolgen. Die Landesregierung sah sich daher genötigt, zur Bekämpfung dieser schwer faßbaren Räuberbanden eine mobile Gendarmerieabteilung aufzustellen.

Das Streifkorps

Im November 1882 wurde mit der Errichtung dieser mobilen Einheit in Mostar begonnen. Sie führte die Bezeichnung Streifkorps für die Herzegowina. Das Streifkorps gliederte sich in 3 Flügel zu je 100 Mann, dann in Züge, Halbzüge, Schwärme und Patrouillen. Das Gendarmeriekorps für Bosnien und Herzegowina stellte für diese Einheit 3 Offiziere als Flügelkommandanten, 6 Bezirksfeldwebel (Bezirkswachtmeister) als Zugskommandanten, 12 Postenführer als Halbzugskommandanten, 82 Gendarmen und 4 Offiziersdiener. 3 Rechnungs-unteroffiziere und 200 Mann stellten die militärischen Einheiten in Bosnien und Herzegowina. Beim Kontingent von 203 Mann handelte es sich vorwiegend um Unteroffiziere und Soldaten der Okkupationstruppen, die sich freiwillig zum Streifkorps meldeten. Bei der Auswahl der Offiziere und Mannschaften ging man mit größter Sorgfalt vor. Nur bewährte, körperlich gesunde Gendarmen und Soldaten und vor allem besonders gute Schützen wurden für dieses Korps auserwählt. Kommandant des Streifkorps wurde der Inspizierende und Flügelkommandant von Banja Luka, Hauptmann Emanuel Cveticanin. Hauptmann Cveticanin war einer der bedeutendsten Gendarmerieoffiziere in Bosnien und Herzegowina. Auf seine Biographie, die ebenfalls ein Teil der Geschichte dieses Korps ist, wird verwiesen. Die Mannschaft wurde mit dem 10schüssigen Repetiergewehr der Marke Kropatschek ausgerüstet. Die Ausrüstung selbst wurde der Mannschaft leicht gemacht, ebenso wurde die Adjustierung dem Karstgebiet und unwegsamen Gelände angepaßt. Wasserdichte Rücksäcke, nicht wie die damals üblichen Tornister, wurden verwendet. Die gesamte Mannschaft trug blaugraue Feldkappen und schwarzgelbe Armstreifen und krapprote Paroli als Egalisierungsfarbe wie sie bei der Gendarmerie verwendet wurde. Spezielle Anforderungen an die Flügelkommandanten sowie an die Mannschaft wurden gestellt. Besondere Aktivität, Energie, Initiative und genaue Kenntnis der Eigentümlichkeiten von Land und Leuten in jedem zu operierenden Gebiet waren Voraussetzung. Vermeidung von Nervosität im Disponieren und eigenem Handeln. Der Mannschaft wurde auch zur Pflicht gemacht, bei jeder sich bietenden Gelegenheit Kontakt mit den stabilen Gendarmerieposten sowie mit den militärischen Kommanden aufzunehmen. Man hatte an diese Mannschaft vor über hundert Jahren schon jene Anforderungsprofile gestellt, die man sich heute bei jedem einzelnen Gendarmeriebeamten wünschen könnte. Die ganze Taktik des Streifkorps lag in der Irreführung und Ermüdung des Gegners. Dies erforderte jedoch die genaue Lokalkenntnis, die Kenntnis jeder Höhle, jedes Schlupfwinkels sowie der Wege und Steige. Am 11. November 1882 begann die relativ kurze Ausbildung der Mannschaft für den neuen Dienst. Das Hauptgewicht der Ausbildung bestand im Schießen, Kennenlernen der neuen Waffe und der geschickte Umgang damit. Schlechtere Schützen wurden zu ihren Dienststellen zurückversetzt und neue wieder einberufen. Diese spezielle Schießausbildung war mitunter auch ein Grund dafür, daß es bei Zusammenstößen mit den Banden jedesmal tote oder verwundete Räuber gab. Am 26. November war die Ausbildung abgeschlossen und bereits am 27. November 1882 führte das Korps die ersten Streifungen zur Überprüfung der Marschfähigkeit und Erprobung des Materials durch. Am 28. November und 1. Dezember 1882 gab es schon die ersten Zusammenstöße mit den Banden, wobei mehrere Räuber erschossen wurden. Als weitere Maßnahme gegen die Banden war die Schaffung von 37 Kordonsposten entlang der herzegowinisch-montenegrinischen Grenze. Schon unter türkischer Herrschaft war hier eine gewisse Freizügigkeit zu bemerken und von den Türken auch geduldet. Banden im Grenzgebiet führten ihre Raubzüge durch und wechselten immer wieder ihre Standorte. Nach Verübung von Verbrechen flüchteten sie über die nahegelegene Grenze und konnten nur selten oder gar nicht zur Verantwortung gezogen werden. Durch die Aufstellung dieser Kordonsposten, die größtenteils festungsartig ausgebaut wurden, konnte der 1. Flügel des Streifkorps aus Mostar abgezogen werden. Es folgte dann eine neue Gebietszuweisung für die einzelnen Flügel, wobei der 1. Flügel nach Bilek, der zweite nach Gacko und der dritte nach Nevesinje verlegt wurde. Als im Jahre 1883 auch in Bosnien und hier vor allem im Kreis Tuzla und Gradacac das Räuberunwesen wieder aufflammte und die Bekämpfung nicht mehr effizient durchgeführt werden konnte, wurde die Erhöhung des Streifkorps auf 6 Flügel verfügt. Mit 1. März 1884 erfolgte die Aufstellung der drei neuen Flügel in Sarajevo. Das Korps führte ab dieser Zeit die Bezeichnung bosnisch-herzegowinisches Streifkorps. Die Organisation und die Aufgabenstellung blieb dieselbe wie beim herzegowinischen Streifkorps. Als wesentliche Neuerung galt jedoch die Schaffung einer berittenen Einheit, d. h. dem Korpsstab in Sarajevo und jedem Flügelkommando wurde eine berittene Abteilung zu je 4 Mann zugewiesen. Zur Verstärkung der stabilen Posten wurde je nach Bedarf eine dauernde Assistenzmannschaft von 900 Mann des k. u. k. 15. Korps verfügt. Den Flügeln wurde folgendes Überwachungsgebiet zugewiesen:

1. Flügel die Bezirke Bilek und Ljubinje
2. Flügel der Bezirk Gacko
3. Flügel die Bezirke Nevesinje und Mostar
4. Flügel der Bezirk Foca
5. Flügel der Bezirk Cajnica
6. Flügel der Kreis Tavnik

Mit Ende März 1891 wurde das Streifkorps aufgelassen. Jene 100 Gendarmen, die durch Jahre hindurch dieser Eliteeinheit angehörten, versahen wieder auf den verschiedensten Posten Dienst. Über acht Jahre lang verrichteten die Angehörigen dieses Korps unter schwierigen Verhältnissen mit Ausdauer, viel Geschick und Entbehrungen der verschiedensten Art ihren Dienst. Ihre Aufgabenstellung, nämlich die Herstellung und Aufrechterhaltung der Ruhe, Ordnung und Sicherheit, sowie die Vernichtung der Räuberbanden hatten sie hervorragend gelöst. Die »Strafuni« wie die Angehörigen im Volksmund gerne genannt wurden, waren bei der redlichen Bevölkerung angesehen und beliebt.

Offiziere und Mannschaft der Gendarmerie in Bosnien um 1896.
Bild: Heeresgeschichtliches Museum Wien

Verschiedene Ursachen lagen der Reorganisierung des Gendarmeriekorps im Jahre 1883 zu Grunde. Waren es einerseits mangelhafte Dienstvorschriften und Fehler bei der Organisation, so war man auch bei der Auswahl der Bewerber in einer nicht allzu glücklichen Lage. Die unzureichende Bezahlung und der Umstand, daß Angehörige des Gendarmeriekorps nicht ruhegenußfähig waren, hielten viele vom Eintritt ab. Ein weiterer Punkt war die mangelhafte Bewaffnung und Ausbildung. Am 11. Oktober 1883 wurde das bisher in Geltung gewesene provisorische Statut, durch das »Statut sammt Dienstinstruktion« für das Gendarmeriekorps für Bosnien und Herzegowina ersetzt. Dieses Statut stand mit kleinen Änderungen bis zum Zusammenbruch der Monarchie in Kraft. Die wesentlichen Änderungen betrafen die Handhabung des Sicherheitsdienstes. Das Recht zur Leitung des Sicherheitsdienstes lag vor 1883 einzig in den Händen des Postenkommandanten. Er mußte der Dienstbehörde nur nachträglich melden, wieviele Patrouillen und vor allem warum er diese ausgesendet hat. Den Dienstbehörden kamen nun mehr Rechte zu und sie konnten bei Bedarf über die Sicherheitstruppen ihres Bereiches verfügen. Auch die Offiziere hatten in bezug auf den Sicherheitsdienst wenig Einfluß, weil sie nach den früheren Bestimmungen nur für die Schulung, Disziplin und für ökonomisch administrative Angelegenheiten zuständig waren. Zum aktiven Eingreifen in den Sicherheitsdienst fühlten sie sich nicht berufen. Dadurch fiel diese schwierige Aufgabe den vielfach jungen und unerfahrenen Postenkommandanten zu. Jedem Flügelkommando wurde mit der Neuorganisation ein Offizier für ökonomisch administrative Angelegenheiten beigegeben. Der Flügelkommandant konnte sich daher vermehrt um die Schulung und Disziplin, vor allem aber um die Leitung und Überwachung des Sicherheitsdienstes kümmern.

Das Postennetz wurde seit Aufstellung des Gendarmeriekorps verstärkt ausgebaut und den jeweiligen Sicherheitsverhältnissen angepaßt. 92 Posten im Jahre 1879, 262 stabile und 16 Sommerposten während der Weidezeit im Jahre 1896. Im Jahre 1914 gliederte sich die Gendarmerie in 8 Flügel, 27 Züge und 354 Posten. Auch die Postenunterkünfte entsprachen den Verhältnissen der damaligen Zeit. Mußte man sich bei der Aufstellung des Korps teilweise mit primitiven Bauten und Hütten begnügen, so verfügte man im Jahre 1900 über solide, praktisch eingerichtete, teilweise verteidigungfähige Kasernen. Diese Gendarmeriekasernen wurden nach den von der Landesregierung in Sarajewo vorgegebenen Typen erbaut. Speziell jene Posten, die mit landesärarischen Mitteln erbaut wurden, verfügten schon über den für die damalige Zeit üblichen Komfort. Die vom bosnisch-herzegowinischen Streifkorps errichteten Stützpunkte wurden im Jahre 1891 in Sommerposten umgewandelt. Diese Dienststellen befanden auf Gebirgssätteln oder Hochweiden. Ihre Aufgabe war die Kontrolle des Weideviehs und die Verhinderung von Viehdiebstählen. Zwischen 15 und 17 Posten wurden in Bosnien und der Herzegowina während der Weidezeit errichtet. Die abgelegenen Posten und die Sommerposten verfügten damals schon über Diensthunde.

Ausbildung der Offiziere und Mannschaft

Eine eigene Akademie für Gendarmerieoffiziere gab es in Bosnien und Herzegowina nicht. Junge Offiziere aus dem k. u. k. Heer bewarben sich um Aufnahme in die Gendarmerie. Nicht immer stand die Überzeugung unbedingt Gendarmerieoffizier zu werden im Vordergrund. Vielfach waren diese Offiziere oft in den entlegensten Garnisonen der Monarchie stationiert und sahen als einzigen Ausweg, wieder in die Nähe ihrer Heimat zu kommen, nur den Übertritt zur Gendarmerie. Der Dienstposten beim Gendarmeriekorps konnte erst dann angetreten werden, wenn die praktische und theoretische Einführung in den Gendarmeriedienst abgeschlossen war. Die Ausbildungsphase dauerte in der Regel 6 Monate, wobei ein Teil bei der Stabsstation in Sarajevo und der zweite Teil, ca. 2 Monate, bei einer Flügelstation durchgeführt wurde. Nach Ende der Ausbildung wurde der meistens als Zugskommandant eingeteilte Offizier vom Flügelkommandanten in sein neues Aufgabengebiet eingewiesen. Bei den durchgeführten Bereisungen wurden ihm die Posten und die Mannschaft seines Bereiches vorgestellt. Die definitive Übernahme nach der 6monatigen Ausbildungszeit war nicht immer obligatorisch. Der Offizier mußte den erhöhten Anforderungen seines Dienstpostens sehr wohl gewachsen sein. Die Ausbildung der Mannschaft erfolgte anfangs in den Flügelstationen. Bei den einzelnen Flügeln wurde für die Dauer von 3 Monaten eine sogenannte Instruktionsabteilung der Probegendarmen eingerichtet. Jede dieser Instruktionsabteilungen hatte einen selbständigen Lehrer, der die Gendarmeriekorpschargenschule mit sehr gutem Erfolg absolviert haben mußte. Neben diesem »Instruktor« unterrichteten auch noch die Zugskommandanten und Bezirkswachtmeister des Flügelbereiches. Die Flügelkommandanten leiteten den Unterricht und überzeugten sich bei den vor ihnen abzulegenden Prüfungen, ob der Aspirant über die für den praktischen Dienst notwendigen Kenntnisse der Vorschriften verfügte. Zeitweise wurden auch Stabsoffiziere vom Korpskommando für diese Prüfungen entsendet. Erst nach Absolvierung der Schießausbildung und nach einigen Patrouillengängen unter Aufsicht des Instruktors, wurden die Probegendarmen auf die einzelnen Posten versetzt. Die weitere Schulung wurde dann auf den Posten fortgesetzt. Die Heranbildung des Chargennachwuchses erfolgte in drei Etappen. Vorbereitung für die Korpschargenschule in sogenannten Zugs-Vorbereitungsschulen und anschließend in der Flügel-Chargenschule. Jene Gendarmen, welche nach Absolvierung dieser Flügel-Chargenschule genügend vorbereitet waren, wurden erst zum Besuch und zur Prüfung in der Korps-Chargenschule in Sarajevo zugelassen. Jener Chargenschüler, der die Schlußprüfung mit gutem Erfolg bestand, wurde zuerst als provisorischer Stellvertreter auf einem Posten eingeteilt. Erst wenn er sich in allen Belangen des Dienstes bewährte, wurde er definitiver Stellvertreter und zum Gendarmen I. Klasse oder zum Titular-Postenführer befördert.

Korpschargenschule in Sarajevo 1901–1902. *Bild: Privatbesitz*

Dienstbetrieb

Der Dienstbetrieb in den Posten wurde durch die Kasernenvorschrift geregelt. Der Außendienst wurde im Sinne der Bestimmungen der Dienstinstruktion, der sonstigen Weisungen des Posten- oder Zugskommandanten und der vom Korpskommando zahlreich herausgegebenen belehrenden Befehle verrichtet. Der abgehenden Patrouille wurde genau vorgegeben, wann und wo sie sich wie lange aufhalten durfte und wo sie bei längeren Patrouillengängen zu rasten hatte. Die Postenkommandanten mußten die im Außendienst stehende Mannschaft mindestens fünfmal im Monat kontrollieren, und sich überzeugen ob der Dienst korrekt verrichtet wird und ob das Benehmen der Gendarmen ihres Postens auch klaglos ist. Der Wirkungskreis der Bezirkswachtmeister wurde genau festgelegt. Sie waren die unmittelbaren militärischen Vorgesetzten der Gendarmen eines Bezirkes und zugleich auch Kommandanten der Bezirksposten. Den Bezirkswachtmeistern wurde die Pflicht auferlegt, jeden Posten ihres Bereiches einmal im Monat bei Tag oder bei Nacht überraschend zu visitieren. Dabei wurde auch die im Außendienst stehende Mannschaft kontrolliert. Durch rationelle Schulungen in Fortbildungs- und Wiederholungskursen, die in der Regel von Zugs- und Bezirkskommandanten durchgeführt wurden, konnte das Niveau der Gendarmen besonders gehoben werden.

Dienstleistungen

In den ersten Jahren nach Aufstellung des Gendarmeriekorps konnten die in diesen Provinzen herrschenden, teilweise chaotischen Zustände in bezug auf Recht und Ordnung von der Gendarmerie unter Kontrolle gebracht werden. Der unter türkischer Verwaltung herrschenden Gesetzlosigkeit begegnete man durch vermehrte Präsenz von Gendarmerie und der Umsetzung der in der Monarchie geltenden Gesetze, sowie der Erlassung von zusätzlichen Verordnungen. Daß in der Bevölkerung auch ein Umdenken und vor allem ein Rückgang der Gewaltdelikte stattfand, belegen gewisse Dienstleistungen und Diensterfolge.

	1879	1889	1896
Raubmord, Mord, Totschlag	282	99	94
Einbruchsdiebstahl und Diebstahl	1.386	1.876	1.163
Vergehen nach dem Waffengesetz	2.999	577	626

Von 1879 bis 1896 wurden 19 Gendarmen in Ausübung ihres Dienstes getötet und 50 schwer verletzt. 98 Personen wurden von Gendarmen bei einem gewaltsamen Widerstand oder auf der Flucht erschossen.

Adjustierung

Bot sich mit der Aufstellung des Gendarmeriekorps, wie schon kurz erwähnt ein relativ buntes Bild in bezug auf Adjustierung (k. k. Gendarmen aus Österreich, k. ung. Gendarmen, Serezaner aus der Militärgrenze, Panduren in ihren Hauskleidern), so war man bestrebt, eine gewisse Einheitlichkeit zu erreichen. Neueste Änderungen in den Jahren 1894 und 1895 war bei den Offizieren die Einführung von Goldschnüren an den unteren Ärmellängen der Uniformbluse. Dies wurde in erster Linie deshalb eingeführt, weil Gendarmerieoffiziere immer wieder mit Offizieren der Sanitätstruppe verwechselt wurden. Gleichfalls führte man bei der Mannschaft die, wie bei den ungarischen Infanterieregimentern verwendeten, Verzierungen mit lichtroten Rundschnüren ein. Die Adjustierungsvorschrift aus dem Jahre 1907 brachte wieder gewisse Änderungen mit sich.

Von li. Berittener Gendarm, Dienstadjustierung um 1908. Fußgendarm, Dienstadjustierung um 1908. Wachtmeister – Postenkommandant, Paradeadjustierung. *Bild: Kriegsarchiv Wien*

Man kann davon ausgehen, daß bis zum Ende der österr.-ungar. Monarchie die Gendarmerie in Bosnien und Herzegowina einheitlich adjustiert war.

Für Offiziere

Hut mit Federbusch wie Offiziere der k. u. k. Jägertruppe, jedoch statt des Jägeremblems eine versilberte Granate, mit schiefer, vergoldeter Flamme. Kappe schwarz, wie für Offiziere der k. u. k. Infanterie, mit glatten gelben Knöpfen. Der Rock aus feinem dunkelgrünem Tuch hatte die Form und den Schnitt wie der der Gendarmeriemannschaft, jedoch ohne Achselspangen und Achselwülste. Auf der linken Achsel war eine goldene, mit schwarzer Seide melierte Achselschlinge angebracht. Die Pantalons (Hose) waren aus blaugrauem Tuch mit krapprotem Passepoil. Handschuhe, Halsbinde, Säbel, Säbelkuppel, Portepee, Revolver und Feldbinde waren wie für Offiziere der k. u. k. Infanterie. Reitzeug wie für Offiziere der k. u. k. Kavallerie. Die dem Gendarmeriekorps probeweise zugeteilten Offiziere trugen während der Dauer der Probedienstleistung die Uniform ihres Stammkörpers. Bei einer Parade oder anderen Festlichkeiten war der Offizier mit Kappe, Rock, Feldbinde, Stiefelhose, Stiefel mit Anschnallsporen adjustiert. Dazu trug er sämtliche Dekorationen, den Hut mit Federbusch durfte er aber nur in der Monarchie tragen. Im Dienst trug er Kappe, Bluse, Feldbinde, Stiefelhose mit Stiefel und Anschnallsporen und – den Witterungsverhältnissen entsprechend – Mantel mit oder ohne Pelzkragen. Die Anschnallsporen wurden zum Reiten nicht verwendet. Dazu gab es Anschlagsporen wie sie von den Dragoneroffizieren verwendet wurden.

Mannschaft

Kappe aus dunkelgrünem Tuch für Wachtmeister und Postenkommandanten. Die Form und der Schnitt wie für Offiziere. Die übrige Mannschaft trug Kappen aus blaugrauem Tuch, mit kleinen glatten, gelben Knöpfen und statt des Messingröschens trug sie den »Allerhöchsten Namenszug« z. B. FJI, ausgeführt aus vergoldetem Metallblech. Der Fez wurde von der Mannschaft mohammedanischen Glaubens getragen. Er glich in der Ausführung jenem für die Mannschaft der bosnisch-herzegowinischen Infanterieregimenter, war jedoch aus feinerem, in dunkelroter Farbe hergestellten Stoff und mit einer schwarzen Seidenquaste versehen. Auch am Fez war der »Allerhöchste Namenszug«, gleich wie bei der Kappe angebracht. Die Bluse war aus dunkelgrünem Tuch. Die Achselspangen, Achselwülste und Ärmelaufschläge waren mit krapprotem Passepoil versehen. Die Gendarmeriemannschaft war zu Paraden immer vollständig bekleidet und auch ausgerüstet.

Bewaffnung

Die Gendarmen zu Fuß führten als Bewaffnung den Repetierstutzen M 95, mit Bajonett und Scheide. Die Bezirkswachtmeister (Bezirksgendarmeriekommandanten) waren ebenso wie die berittenen Gendarmen mit dem Repetierkarabiner M 95 sowie mit einem etwas kleineren Armeerevolver (wurde auch ungarischer Gendarmerierevolver genannt), Kaliber 9 mm, bewaffnet. Bezirkswachtmeister und berittene Gendarmen führten nicht den Gendarmeriesäbel, sondern den für die k. u. k. Kavallerie normierten Säbel M 77. Als besondere Ausrüstungsgegenstände waren die Blendlaterne, eine Schließkette mit Schloß (60 cm lang) und eine Verbindungskette mit Schloß (85 cm lang) vorgesehen.

Verpflegung

Die Verpflegung der Mannschaft eines Gendarmeriepostens wurde durch die sogenannte Menagewirtschaft geregelt. Auf jeder Dienststelle war eine Köchin oder ein Koch beschäftigt, der für die Verpflegung der Mannschaft zuständig war. Jeder Gendarmerieposten verfügte über einen eigenen Backofen. In abgelegenen Gegenden wurden von den

Menageteller aus der Gendarmeriekaserne in Bihac. *Bild: Privatbesitz*

Gendarmen eigene Kühe, Schafe und Ziegen gehalten. In den Postengärten wurden Obstbäume gepflanzt und teilweise auch veredelt. Dort wo es die klimatischen Verhältnisse zuließen, wurde teilweise auch Wein angebaut.

In der Zeit von 1887–1918 führten sehr viele Offiziere das Gendarmeriekorps für Bosnien und Herzegowina. Der wohl legendärste Kommandant war Generalmajor Emanuel Cveticanin. So wie viele seiner Offizierskollegen, die in der k. u. k. Armee geschätzt und geachtet waren, wurde auch er im Bereich der ehemaligen Militärgrenze am 8. August 1833 in Kroatien als Sohn eines Grenzverwaltungsoffiziers geboren. Nach dem Besuch der Normalschule trat er am 17. September 1848 als unobligierter Regimentskadett in das Linieninfanterieregiment Nr. 58 ein. Von 1848–1851 absolvierte er die Kadettenschule in Graz. Nach dem Besuch der Kadettenschule wurde er wieder in das Linieninfanterieregiment Nr. 58 zurückversetzt und diente dort vorerst als Kadett, Korporal und Feldwebel. Im Mai 1854 wurde er zum Leutnant minderer Gebühr und im Oktober 1854 zum Leutnant I. Klasse befördert. Im April 1859 trat er in das Gendarmerieregiment Nr. 17 ein. Es folgten dann verschiedene Verwendungen bei einigen Gendarmerieregimentern. Durch 2 Jahre hindurch versah er beim Gendarmerieflügel der Armee in Italien seinen Dienst. Im Jahre 1863 wurde er zum Gendarmerieregiment Nr. 3 transferiert, wo er bei der Botenjägerabteilung seinen Dienst versah. Nach seiner Beförderung zum Oberleutnant im Jahre 1866 kam er zum Infanterieregiment Nr. 53 und am 30. 11. 1878 wurde er als Hauptmann I. Klasse dem Gendarmeriekoprs für Bosnien und Herzegowina, bei Überkomplettführung in seinem Stammregiment, zugeteilt und wurde Referent für Sicherheitsangelegenheiten bei der Landesregierung in Sarajewo. Schon in den ersten Tagen seiner Zuteilung war er für die Aufstellung der Flügel, Züge und Posten zuständig und erstellte auch die diesbezüglichen Pläne. Von 1880 bis 1883 war er Inspizierungskommandant in Banja Luka und teilweise auch in Mostar. Den wohl legendären Ruf eines Haudegens erhielt er beim Streifkorps (Strafunis). Von 1882 (auch als Inspizierender für Banja Luka) bis 1889 war er Kommandant dieser Eliteeinheit. Am 2. April 1890 wurde er zum Kommandanten des Gendarmeriekorps für Bosnien und der Herzegowina ernannt und zum Oberstleutnant befördert.

Generalmajor Emanuel Cveticanin, Kommandant des Gendarmeriekorps für Bosnien und Herzegowina von 1890 – 1903.
Bild: »Von Gestern ins Heute« von Friedrich Funder

Die Beförderungen 1892 zum Oberst und 1898 zum Generalmajor bildeten sicherlich die Krönung der so erfolgreichen Dienstzeit in der Gendarmerie. Aus den jährlichen Dienstbeschreibungen des k. u. k. Kriegsministeriums, Präsidialbüro, geht hervor, daß Generalmajor Emanuel Cveticanin im Jahre 1903 aus Anlaß der Vollendung seines 70. Lebensjahres um Übertritt in den Ruhestand bittlich geworden ist. Sein unmittelbarer Vorgesetzter, der Kommandant des 15. Korps, Johann Freiherr von Appel, wollte sein Ansuchen um Übertritt in den Ruhestand vorerst nicht genehmigen. Mit Ablauf des Jahres 1903 trat Generalmajor Cveticanin nach einer Dienstzeit von 54 Jahren und 10 Monaten in den Ruhestand. In den jährlichen Beschreibungen – sie werden im Kriegsarchiv in Wien aufbewahrt – bescheinigten ihm seine Vorgesetzten, daß er ein vorzüglicher Gendarmeriekorpskommandant war, der seinen Dienst unter den schwierigen Verhältnissen mit viel Umsicht, besonderer Sachkenntnis und Energie versah. Immer wieder wurden seine besonderen Verdienste als Streifkorpskommandant gewürdigt. Anläßlich seines Übertrittes in den Ruhestand wurde ihm der Titel Feldmarschalleutnant verliehen.

Bildberichte

Stellvertretend für die Zusammenstöße, welche die Gendarmen und Streifkorpseinheiten mit den Cetas (Räuberbanden) hatten und wo mancher Gendarm oder Militärangehöriger getötet wurde, sei hier eine erwähnt:

Am 22. Juli 1895 befand sich zufällig eine Kompanie des in Avtovac dislozierten Bataillons des k. u. k. Infanterriegiments Nr. 21 im Bezirk Gacko auf einer Übung. Korporal Nakowsky erhielt den Befehl, sich auf der Kuppe südlich der Quelle Nenida voda, als stehende Patrouille zu postieren und den Gegner zu beobachten. Als er über eine Karstspalte sprang, bemerkte er einen bewaffneten Mann in montenegrinischer Tracht. Der bewaffnete Mann eröffnete sofort das Feuer, weil er der Meinung war, daß diese Patrouille zu seiner Verfolgung erschienen war. Korporal Nakowsky sprang hinter einen Felsblock und suchte sofort eine geeignete Deckung. Der bewaffnete Mann flüchtete ins nächste Karstloch und schoß wieder gegen die Patrouille. Korporal Nakowsky ließ die Gewehre seiner Mannschaft scharf laden und als der Unbekannte aus seiner Deckung fliehen wollte, wurde er angeschossen. Der Gendarmerie-Zugskommandant von Gacko, Oberleutnant Coloman von Klempay, war zu diesem Zeitpunkt mit einer berittenen Patrouille auf dem Wege von Gacko nach Klinja unterwegs. Als die Schüsse fielen war er ca. 150 Meter davon entfernt. Er wendete sofort mit seiner Patrouille und erhielt die Auskunft, daß die übende Truppe gerade von Montenegrinern angeschossen worden sei. Als Oberleutnant von Klempay zum Ort des Überfalles kam, verdeckte der Angeschossene mit den Händen sein Gesicht. Er verweigerte auch jede Auskunft und verstarb wenige Minuten danach. Bei ihm wurden Schriftstücke gefunden, die der Angeschossene noch vernichten wollte, sowie 3 montenegrinische Medaillen und ein Werndl Gewehr Modell 1882. Von der Bevölkerung wollte niemand den Toten kennen und erst nach intensiven Erhebungen konnte festgestellt werden, daß es sich dabei um den berüchtigten Räuber Obren Miric handelte. In Montenegro empfand man den Verlust dieses verwegenen Räubers äußerst schmerzlich und beschloß, seinen Tod blutig zu rächen. Der bald darauf versuchte nächtliche Überfall auf den Sommerposten Stepen mißlang, weil durch die Wachhunde und die Kasernenbereitschaft die Annäherung des Gegners rechtzeitig entdeckt worden war. Einige Tage danach gelang aber an einem anderen Punkt der Landesgrenze der von den montenegrinischen Räuberbanden geplante Akt. Eine Patrouille des Postens Vrbanje im Bezirk Trebinje trat in der Nacht zum 11. August 1895 den Außendienst an und hatte am Aufstieg auf Orjenska lokva von 01.30 bis 03.30 Uhr in Baljesin-dol Vorpaß gehalten. Anschließend streiften sie gegen Orjenska lokva mit der Absicht weiter, um über Orjen Velika Prasa zu erreichen um dort von 09.00 bis 12.00 Uhr das Gelände zu beobachten. Beim Anstieg auf Orjenska lokva fühlte sich Patrouillenführer Gendarm Baic nicht wohl, daher mußte die Patrouille mehrmals rasten und kam nur sehr zögernd weiter. Während einer kurzen Rast auf Orjenska lokva hörten die Gendarmen im Gebiet östlich von Podorjen, auf dalmatinischem Gebiet, mehrmals verschiedene Zurufe, ähnlich jenen der Hirten. Aus diesem Grunde und vor allem deshalb, weil sie den Beobachtungspunkt Velika Prasa nicht mehr rechtzeitig erreichen konnte, wichen sie von der vorgeschriebenen Route insoweit ab, daß sie Prasa nicht über Orjen, sondern östlich am Abhang des Orjen gingen, um so Prasa schneller zu erreichen. Die Patrouille bewegte sich in Schwarmlinienform – ca. 8 Schritte von einander entfernt – durch teilweise bewaldetes, stark verkarstetes und zerklüftetes Terrain weiter. Als die Gendarmen in die Nähe der Cote 1793 kamen, hörten sie jemanden Holz schlägern. Titular-Wachtmeister Ribaric, der von Patrouillenführer

Vuga durch eine Fichtengruppe getrennt war sah nach, wer diese Holzarbeiten durchführte. Patrouillenführer Vuga, der zum selben Zeitpunkt eine Bewegung von Menschen im vor sich liegenden Jungwald wahrnahm, hielt dieselben mit den Worten:»Tko ste vi i sta tamo radite?« (Wer seid ihr und was macht ihr dort) an. Im selben Moment krachte bereits ein Schuß, der jedoch Gendarm Vuga nicht traf. Vuga schoß zurück, wurde jedoch gleichzeitig durch einen Schuß unterhalb der linken Brustwarze und durch einen zweiten in die Brust tödlich getroffen. Titular-Wachtmeister Ribaric der unmittelbar vor dem Angriff durch das Unterholz des Jungwaldes zwei Personen mit angeschlagenem Gewehr entdeckte und hierauf seinem Patrouillenführer »Schnellfeuer« zugerufen hatte, wollte ebenfalls schießen, wurde aber vorher am rechten Arm unterhalb des Ellenbogens und zweimal in den Bauch getroffen, worauf ihm das Gewehr aus der Hand fiel und er ohnmächtig zusammenbrach. Gendarm Baic sah die Angreifer wegen der dem Wald vorlagernden Felsblöcke nicht. Als er einen geeigneten Standort zur Abgabe von Schüssen suchte, wurde auch auf ihn geschossen. Während er das Feuer erwiderte, wurde er durch einen Schuß in den linken Oberschenkel, welcher ihm die Hauptgefäße zerriß, getroffen. Er brach unweit von Gendarm Vuga zusammen und verblutete. Als Titular-Wachtmeister Ribaric wieder zu sich kam, sah er, daß die Angreifer die Mäntel, Patrouillierungstaschen, Leibriemen mit Patronentaschen und Patronen, die Karabiner mit den Bajonetten, dem Gendarmen Baic sogar die Bluse abgenommen hatten und geflüchtet waren. Titular-Wachtmeister Ribaric konnte mit Gendarm Baic noch einige Worte wechseln und dabei klagte dieser, daß die Angreifer ihm auch seine Uhr und fünfzig Gulden abgenommen hätten. Anschließend verstarb er. Titular-Wachtmeister Ribaric raffte sich auf und schleppte sich, Hilfe rufend, auf Orjenska lokva zu. Dabei wurden seine Hilferufe von mehreren Holzarbeitern gehört. Er gab noch Anweisungen, daß jemand zum Stationskommando nach Crkvice und ein weiterer nach Vrbanje gehen soll, um die Anzeige über den Überfall zu machen. Titular-Wachtmeister Ribaric wurde nach sechsmonatiger Spitalsbehandlung als dienstuntauglich und erwerbsunfähig aus dem Gendarmeriekorps für Bosnien und Herzegowina entlassen. Er erhielt eine Pension und Verwundungszulage. Als Täter dieses Überfalles wurden durch Erhebungen Alexa Buljanovic, Jefto Vucinic, Vuketa Tukovic und Jovo Custovic bezeichnet. Sie hielten sich in Montenegro auf und konnten sich dort frei bewegen. Offiziell hieß es, man könne sie nicht finden. Das Gendarmeriekorps für Bosnien und Herzegowina errichtete an der Stelle des Überfalles ein Denkmal. Ein Obelisk aus Stein und eine Gedenktafel mit der Aufschrift »Hier ruhen die Gendarmen Stefan BAIC und Peter VUGA, welche am 11. August 1895 bei Orjenska lokva in treuer Pflichterfüllung von meuchlerischer Hand ihren Tod fanden. Zur ehrenden Erinnerung gewidmet von den Offizieren und der Mannschaft des Gendarmeriekorps für Bosnien und der Herzegowina.«

Um 1900 beruhigte sich die Lage für die Gendarmerie zusehends und man konnte stolz auf diese Einrichtung sein. Mit ein Grund für die immer günstiger werdenden Sicherheitsverhältnisse war sicherlich der Umstand, daß die Gendarmen sehr gut ausgebildet wurden und vor allem die Angleichung der Bezahlung an die übrigen Gendarmen der Monarchie erfolgte.

Die lang erwartete Annexion der Provinzen Bosnien und Herzegowina wurde im Jahre 1908 vollzogen. Am 5. Oktober 1908 kam es zur Allerhöchsten Entschließung durch Kaiser Franz Joseph, damit wurde für alle Truppen in Bosnien und Herzegowina die Bezeichnung »k. u. k.« eingeführt. Die Gendarmerie führte ab diesem Zeitpunkt die Bezeichnung »k. u. k. Gendarmeriekorps für Bosnien und Herzegowina«. Im Jahre 1910 erhielten die beiden Länder eine Verfassung, die der dort lebenden Bevölkerung mehr Rechte zusicherte. Die Einführung von neuen Gesetzen, z. B. das Vereinsgesetz und Versammlungsgesetz, brachte für die Gendarmerie wieder eine zusätzliche Aufgabenstellung. Am 28. Juni 1914 kam es in Sarajevo zum Attentat auf den Thronfolger Erzherzog Franz Ferdinand. In Sarajevo bestand eine staatliche Si-

Denkmal der im Dienst getöteten Gendarmen Peter Vuga und Stefan Baic bei Orjenska lokva/Herzegowina. *Bild: Privatbesitz*

Feier anläßlich des Geburtstages Seiner Majestät des Kaisers in Bihac um 1910 mit Gendarmen. *Bild: Privatbesitz*

cherheitswache, deren Aufgabe es war für Ruhe, Ordnung und Sicherheit in der Stadt zu sorgen. Neben der Sicherheitswache gab es noch einen Gendarmerieposten (Bezirksposten) in der Stärke von insgesamt 17 Mann, davon 2 beritten. Der durch das Attentat ausgelöste Erste Weltkrieg stellte die Gendarmerie vor neue Probleme. Es galt nun, die für den Kriegs- und Alarmfall bereits im Jahre 1907 unter PräsNr. 3174, vom k. u. k. 15. Korpskommando festgelegten Maßnahmen umzusetzen. Zusätzlich zu diesen Vorgaben wurden von den Flügelkommanden noch Übersichten über die Belagsfähigkeit der Gendarmeriepostenkasernen erstellt. Die Gendarmerieposten wurden in der Zeit der Mobilisierung auf eine harte Probe gestellt. Die dem jeweiligen Flügelkommando unterstellten Gendarmerieposten unterstanden dem jeweiligen Gebirgsbrigadekommando, in dessen Bereiche sie disloziert waren. Mit den politischen Behörden wurde vereinbart, welche Posten zu rein militärischen Diensten herangezogen wurden und welche für den normalen Sicherheitsdienst zuständig blieben. Durch die Mobilisierung wurden die Posten verstärkt. In der Regel mit Mannschaften, die schon im bosnisch-herzegowinischen Gendarmeriekorps gedient hatten, sowie aus dem Bereich der nicht aktiven Mannschaft des k. u. k. Heeres, der Landwehr oder des Landsturmes. Die verstärkten Posten wurden in 5 bis 10 Mann starke Schwärme eingeteilt. Die zugewiesene Verstärkungsmannschaft wurde gleichmäßig auf die Schwärme verteilt. Als Schwarmführer wurden nur Gendarmen eingeteilt. Die oft nur notdürftig mit militärischer Ausrüstung versehene Assistenzmannschaft wurde teilweise mit überzähligen Massasorten der Gendarmeriemannschaft bekleidet. Reservisten und Landwehrmänner die eine Charge bekleideten, durften diese auch auf der Gendarmerieuniform tragen.

Um für die Assistenzmannschaft die Unterbringung zu sichern war es notwendig, die Bestimmungen über den Notbelag in den Gendarmeriekasernen anzuwenden. Die mit militärischen Aufgaben betrauten Gendarmerieposten mußten der Verteidigung ihrer Kasernen ein besonderes Augenmerk zuwenden. In der Regel hielt ein Fünftel, bei besonders bedrohten Posten jedoch mindestens ein Drittel der Postenmannschaft, Bereitschaft. Von dieser Bereitschaft wurden wiederum häufig Patrouillen zur Sicherung der Postenkasernen sowie zur Auskundschaftung des Gegners entsandt. Die Assistenzmannschaft wurde bei jeder sich bietenden Gelegenheit vom Postenkommandanten in der Handhabung und im Gebrauch des Gewehres geschult. Je nach Lage des Gendarmeriepostens kamen diesem allgemeine und besondere Aufgaben zu. Zu den allgemeinen Aufgaben gehörte die Grenzsicherung, die Eisenbahnsicherung, die Sicherung von Telegrafen- und Telefonleitungen, die Sicherung der Postrouten und die Grenzräumung. Der Grenzsicherungsdienst wurde vom Korpskommando an den Landesgrenzen angeordnet. Bis zum Eintreffen der militärischen Einheiten und sonstiger Verstärkungen traf die Grenzsicherung die Gendarmerie und die Finanzwachabteilungen. Den an der Grenze dislozierten Gendarmerieposten kam die Aufgabe zu, die Grenze abzusperren oder falls die Mannschaftsstärke dieses Postens zu gering war, zumindest die Beobachtung der Landesgrenze an gewissen neuralgischen Punkten durchzuführen. Im Bereiche der nassen Grenze (Drina) waren Gendarmeriemannschaften genötigt, die dort befindlichen Flußübersetzungsmittel (Boote, Kähne, Flöße und dgl.) sofort zu beseitigen. Der Sicherung der Eisenbahnanlagen sowie der Sicherung der Telegrafen- und Telefonleitungen mußte ein besonderes Augenmerk zugewendet werden. Häufiges Patrouillieren entlang dieser Einrichtungen war notwendig, um eventuelle Schäden in Grenzen zu halten. In jenen Gegenden wo während der Okkupation und danach immer wieder Insurgenten (Aufständische) auf sich aufmerksam machten, wurden öffentliche Gebäude permanent bewacht. Auch bei der Grenzräumung hatte der Gendarmerieposten mitzuwirken. Er erhielt in diesem Falle seine Weisungen vom zuständigen Bezirksamt (Expposituren). Im allgemeinen oblag ihm aber die Übermittlung der behördlichen Anordnungen an die Dorfvorsteher, die Belehrung derselben und die Information der Bevölkerung über den Sinn und Zweck der Räumung. Als im Jahre 1915 mit der Evakuierung Sarajevos begonnen wurde, war die Gendarmerie dabei nicht nur am Rande beteiligt. Gegen Ende des Ersten Weltkrieges mußten sich die Gendarmerie und die Assistenzmannschaften wieder mit sogenannten Räuberbanden beschäftigen. Waren es während der Okkupation und einige Zeit danach die Insurgenten und Cetas, so bildeten sich aus Flüchtlingen, Deserteuren und jenen Bevölkerungsgruppen, die mit dem System nicht zufrieden waren, die sogenannten »grünen Kader«. Raub und Plünderungen standen an der Tagesordnung. Diese Banden war teilweise gut bewaffnet und traten in verschiedenen Mannschaftsstärken auf. Die im August 1918 auf einer Konferenz des Kriegsministeriums besprochenen Maßnahmen gegen diese Banden, nämlich die Verstärkung der Gendarmerie, zusätzlicher Einsatz von Assistenzmannschaften und zusätzliche Militärpatrouillen zur Sicherung des Eisenbahnverkehrs, brachten jedoch nicht den gewünschten Erfolg. Am 30. Oktober 1918 verfügte der Landeschef und kommandierende General für Bosnien und Herzegowina, Generaloberst Stefan Freiherr Sarkotic von Lovcen, daß die Gendarmerie wie bisher ausschließlich den politischen Behörden unterstehe und von keiner anderen Seite Befehle entgegennehmen dürfe. Am 6. November 1918 verließ der Landeschef Sarajevo für immer. Dieser Tag ist auch das Ende der österreichisch-ungarischen Herrschaft und des k. u. k. Gendarmeriekorps in Bosnien und Herzegowina. Die Gendarmen österreichischer Nationalität verließen ebenfalls diese Provinzen. Vielfach fanden sie in der in Österreich ausgerufenen Republik bei der Gendarmerie keine Anstellung mehr. So erging es nicht nur den Gendarmen aus Bosnien und Herzegowina, sondern auch jenen die aus Böhmen, Mähren, Galizien, Bukowina, sowie aus den Bereichen der Landesgendarmeriekommanden für Tirol, Steiermark, Laibach und Triest in ihre neue Heimat, die Republik Österreich, zurückkehrten.

Quellenangaben

Geschichte der Sicherheitstruppen und der öffentlichen Sicherheit in Bosnien und der Herzegowina 1878 bis 1898.

Referat zum provisorischen Statut für das Gendarmeriekorps für Bosnien und Herzegowina, Wien Jänner 1879. (Kriegsarchiv Wien)

Provisorisches Statut für das Gendarmeriekorps für Bosnien und Herzegowina. (Kriegsarchiv Wien)

Statut für das Gendarmeriekorps für Bosnien und Herzegowina vom 26.5.1884.

Adjustierungsvorschrift vom Jahre 1907 und Änderung vom 24.6.1910.

Handschriftliche Unterlagen aus dem Kriegsarchiv in Wien. Schriftverkehr zwischen der Militärkanzlei Seiner Majestät des Kaisers und dem kommandierenden General in Bosnien u. Herzegowina sowie den Kommandanten der Okkupationsarmeen.

40 Jahre österr.-ungarische Herrschaft in Bosnien-Herzegowina von 1878 bis 1918 von Dr. Gerhard ZOPPOTH aus Baden.

Der letzte Paladin des Reiches von Ernest BAUER, Verlag Styria.

Gerald Hesztera

Die Gendarmerie im Ersten Weltkrieg: Die Verteidigung der Bukowina

Der Erste Weltkrieg ist im Gegensatz zum Zweiten fast vollkommen aus unserer heutigen Gedankenwelt verschwunden. Es gibt keine überlebenden Kriegsteilnehmer mehr, die uns berichten können. Unsere persönlichen Verbindungen sind abgerissen.

Dennoch kann die Bedeutung des Ersten Weltkriegs für das Entstehen unserer heutigen Welt nicht genügend betont werden. Er bedeutet nicht nur den Untergang der alten Ordnung, sonder vielmehr den Aufstieg von Ideologien und gesellschaftlichen Strömungen, die das gesamte Jahrhundert prägten.

Weitgehend vergessen ist auch, daß die Gendarmerie der k. u. k. Monarchie einen nicht unwesentlichen Beitrag im Rahmen der k. u. k. Armee leistete.

Postkarte 1915; »Verteidigung der Bukowina«.
Bild: Gendarmeriemuseum Wien

Nachdem am 28. Juni 1914 die verhängnisvollen Schüsse in Sarajevo gefallen waren, begann auf dem diplomatischen Parkett hektische Aktivität. Schon in den Jahren vor 1914 hatte es einige Krisen gegeben, deren Eskalation nur mit Mühe hatte verhindert werden können.

In Europa stand das Deutsche Reich gemeinsam mit Österreich-Ungarn (und theoretisch Italien) der Entente, bestehend aus Frankreich und Rußland, (Großbritannien sollte später folgen) gegenüber.

Ein Konflikt schien unvermeidlich, da sich die imperialistischen Ziele der Gegner unvereinbar gegenüberstanden. Überdies wurde auch in der Gesellschaft Krieg nicht als Übel, sondern teilweise als erstrebenswerte Läuterung gesehen.

Da die Karten schon gemischt, d. h. die Verbündeten schon verteilt waren, genügte ein Funke, um den Brand zu entfachen: der Mord an Thronfolger Franz Ferdinand und seiner Gattin war dieser Funke.

Sofort wurde von Österreich-Ungarn ein Ultimatum an Serbien gestellt. Serbien versicherte sich seines Verbündeten Rußland, Rußland pflegte Konsultationen mit Frankreich und Österreich holte sich seine Rückversicherung beim Deutschen Reich – der Krieg war unvermeidlich geworden.

Auf Grund des langen Bündnisses mit Deutschland waren auch die Kriegsplanungen der beiden Verbündeten eng aufeinander abgestimmt.

Im wesentlichen war geplant, daß Deutschland den westlichen Gegner, Frankreich, durch einen raschen Vorstoß durch Belgien neutralisieren d. h. niederwerfen sollte. Die Neutralität Belgiens wurde dabei ignoriert, genauso wie das Faktum, daß diese Neutralitätsverletzung schließlich ein Grund für den Eintritt Großbritanniens in den Krieg sein sollte.

Der Osten war vorläufig nur als Nebenkriegsschauplatz gedacht. Nicht etwa weil man glaubte Rußland ignorieren zu können – nein, es herrschte vielmehr eine fast panische Angst vor diesem Gegner. Rußland war die Dampfwalze, die mit ihren Menschenmassen jeden Feind unter sich begraben konnte. Daher sollten vorläufig nur wenige deutsche Truppenteile und die österreichisch-ungarische Armee so lange verteidigen, bis frische Truppen aus dem Westen herbeigeführt werden konnten.

Für Österreich ergab sich überdies eine weitere Zersplitterung der eigenen Kräfte, den auch der Krieg mit Serbien und Montenegro kostete erhebliche personelle Ressourcen.

Es herrschte also Not an Soldaten und daher sah sich der k. u. k. Generalstab gezwungen, Prioritäten zu setzen: im Osten wurde die gesamte Macht nach Galizien geworfen, andere Teile der Habsburgermonarchie wie zum Beispiel die Bukowina blieben unverteidigt.

Hier beginnt nun die Geschichte der Gendarmerie in der Bukowina, die es unter dem Kommando ihres Landesgendarmeriekommandanten, Oberstleutnant Eduard Fischer, schaffte, den übermächtigen russischen Truppen erfolgreichen Widerstand entgegenzusetzen.

Fischer wurde im Jahre 1862 geboren und genoß eine bürgerliche Erziehung. Nach dem Gymnasium trat er als Kadett bei der Armee ein und wurde 1888 als Leutnant in die Bukowina ausgemustert.

Eine für damalige Verhältnisse normale Entscheidung und Karriere. Sie änderte sich aber schlagartig, als Fischer in der Bukowina war, denn sofort nachdem er dort die Tätigkeit der Gendarmerie kennengelernt hatte, bewarb er sich um eine Überstellung zu dieser. Schon zwei Jahre später, 1890 wurde er vorerst probeweise, 1891 dann gänzlich zur Gendarmerie überstellt.

Seine gesamte Dienstzeit bei der Gendarmerie verbrachte Fischer in der Bukowina. Er führte die Ergänzungsabteilung (Schulabteilung) und

Generalmajor Dr. h.c. Fischer, 1914. *Bild: Gendarmeriemuseum Wien*

wurde 1901 zum Stellvertretenden Landesgendarmeriekommandanten ernannt. Im April 1914 wurde er als einer der jüngsten Stabsoffiziere der Gendarmerie Landesgendarmeriekommandant der Bukowina.

Eine mustergültige Karriere, die anscheinend ausschließlich auf den besonderen Fähigkeiten Fischers beruhte.

Was Fischer noch weiter aus dem Stand seiner Offizierskameraden heraushob, war, daß er auch außerhalb des Dienstes zahlreiche Interessen hatte, denen er äußerst erfolgreich nachging.

Er betätigte sich als Historiker und Landeskundler, schrieb mehrere Bücher, von denen eines noch Jahrzehnte später ein Standardwerk der Heimatkunde war. Gleichzeitig beschäftigte er sich mit der Kartographie der Bukowina und gab standardisierte Kartenwerke heraus.

Vor allem aber gelang es ihm, eine bekannte, vielmehr aber auch beliebte Persönlichkeit in der Bukowina zu werden.

Fischer wußte natürlich um den sich anbahnenden Konflikt zwischen Rußland und der Habsburgermonarchie. Als Kommandant einer besonders exponierten Provinz setzte er schon vor dem Krieg entsprechende Maßnahmen. Er baute ein Netz von Kundschaftern auf, die zum größten Teil unentgeltlich die militärische Vorbereitung der Russen ausspionierten.

Schon ab 29. Juli 1914, also am ersten Tag der Teilmobilmachung des russischen Heeres, erhielt Fischer entsprechende Informationen von seinen Agenten. Obwohl er sie weiterleitete, folgten keine Reaktionen seitens des Armeekommandos – was er damals nicht wußte, war, daß die Bukowina als vernachlässigenswerter Kriegsschauplatz angesehen wurde.

Am 6. August 1914 erklärte Österreich-Ungarn Rußland den Krieg. Am selben Tag tat Fischer etwas vollkommen Waghalsiges: mit einigen aus Gendarmen der Bukowina aufgestellten Zügen griff er russisches Staatsgebiet an.

Damit waren Gendarmen die ersten k. u. k. Truppen, die im Ersten Weltkrieg russisches Gebiet betraten.

Trotz der zahlenmäßigen Unterlegenheit gelang es der Gendarmerie sämtlich angepeilten Angriffsziele – taktisch wichtige Grenzorte auf der russischen Seite – zu nehmen. Obwohl die russischen Truppen sofort zurückschlugen und mit überlegenen Kräften massive Angriffe durchführten, mußten sich die Gendarmen erst am 30. August 1914 aus den eroberten Gebieten zurückziehen.

Am gleichen Tag verließen die letzten regulären k. u. k. Truppen, die 35. Landwehrbrigade, die Hauptstadt der Bukowina, Czernowitz.

Fischer war damit mit seinen Gendarmen vollkommen auf sich allein gestellt – am folgenden Tag wurde ihm die zweifelhafte Ehre zuteil, zum Oberkommandierenden aller in der Bukowina befindlichen Truppen, Gendarmerieassistenzen, Eisenbahn- und Spezialsicherungen ernannt zu werden.

Die Aufzählung sagt mehr als viele Worte: die zur Verfügung stehenden Kräfte waren marginal, Erfolge wurden vom Generalstab nicht erwartet, die Bukowina sollte nur nicht ganz kampflos aufgegeben werden.

Fischer bildete unter der Führung von Gendarmerieoffizieren einige Bataillone und bezog im Raum Czernowitz im Rahmen eines groß angelegten Sicherungskordons Stellung. Die Besetzung Czernowitz´ selbst am 2. September 1914 konnte dadurch jedoch nicht verhindert werden. Die Fischer zur Verfügung stehenden Kräfte waren dafür zu schwach – sehr wohl war es jedoch möglich, einen ausgedehnten Kleinkrieg im Rücken des Feindes zu beginnen. Diese Form des Angriffes verursachte den Russen nicht nur erhebliche Verluste, sondern band vor allem Kräfte und demoralisierte die gegnerischen Truppen.

Mit diesen Maßnahmen war es Fischer möglich, die Bukowina vorläufig zu sichern und den Vormarsch der Russen zu stoppen.

In der Zwischenzeit hatten sich in Galizien die Ereignisse überschlagen. Waren zuerst k. u. k. Truppen auf russisches Gebiet vorgerückt, so mußten diese Angriffe sehr bald eingestellt werden, da die Russen zu Gegenoffensive antraten. Die Österreicher mußten zurückweichen und konnten eine größere Katastrophe nur mit Mühe verhindern.

Zwar waren die Leistungen der österreichischen Soldaten bemerkenswert, diese konnten aber nicht darüber hinwegtäuschen, daß die k. u. k. Armee unter großen Mängeln litt. Zu einer unterlegenen Bewaffnung – vor allem bei der Artillerie – kam eine überholte Taktik, die jener der Russen, die im russisch-japanischen Krieg von 1905 Erfahrungen sammeln konnten, nicht mehr gewachsen war.

Von den schrecklichen Verlusten an aktiven, gut ausgebildeten Offizieren und Unteroffizieren in diesen ersten Kriegsmonaten sollte sich die k. u. k. Armee während des gesamten Krieges nicht mehr erholen.

Im Zuge dieser Krisen wurde im Oktober auch Ungarn von russischen Truppen bedroht. Hastig wurden alle verfügbaren Kräfte zusammengekratzt, um dieser Gefahr Herr zu werden. So auch fünf Bataillone unter Fischers Kommando.

Die Bukowina wurde dadurch zwar fast vollständig von Truppen entblößt, aber durch Täuschungsmaßnahmen glaubten die Russen, daß sich Fischer mit seinen Gendarmen noch vollständig im Lande befand.

Am 8. Oktober 1914 führte Fischer seine fünf Bataillone über den Pristoppaß. In diesem Jahr war der Winter sehr früh eingebrochen und entlang des gesamten Weges lag hoher Schnee. Überdies setzte währen des Marsches ein starker Schneesturm ein. Trotzdem gelang es die 78 zu marschierenden Kilometer in einer Rekordzeit von 32 Stunden zu absolvieren. Das mit nur geringen Ausfällen (ein Mann starb an Herzschlag) und in einer Weise, die die fünf Bataillone in vollkommen kampffähigem Zustand ankommen ließ.

Obwohl die Gendarmen Fischers in Ungarn nicht mehr zum Einsatz kamen, da der russische Angriff schon vorher zurückgeschlagen worden war, stellt dieser Marsch eine außerordentliche Leistung aller Beteiligten dar.

Nach der Rückkehr in die Bukowina war Fischers nächstes Ziel die Rückgewinnung von Czernowitz. Trotz starker feindlicher Überlegenheit gelang es ihm, die Hauptstadt am 20. Oktober 1914 wieder zu besetzen. Obwohl Fischer nach dieser Tat um Unterstützung ersuchte, wurde ihm diese verwehrt, so daß Czernowitz am 24.November 1914 neuerlich geräumt werden mußte.

Es folgte ein Rückzug auf eine weiter hinten gelegene Verteidigungslinie. Trotz der noch immer guten Moral der Gendarmen und übrigen Truppen machten sich nun die ersten Ausfallserscheinungen bemerkbar. Kein Wunder, zur unterlegenen Bewaffnung – alte Gewehre und praktisch keine Artillerie – kam das Faktum, daß für die gefallenen und verwundeten Gendarmen kein Ersatz geschickt wurde. Nur durch die verstärkte Einbeziehung von Freiwilligen, die nicht mehr im wehrfähigen Alter waren, konnte der Mannschaftsstand annähernd beibehalten werden.

Fischer fürchtete daher den nächsten feindlichen Angriff und hoffte ihm zuvorkommen zu können. Am 28. Dezember 1914 starteten Fischers Einheiten daher lokale Angriffe, die über Anfangserfolge jedoch nicht hinaus kamen. Bei Temperaturen von bis zu minus 25° C mußte der Rückzug angetreten werden.

Dieser Rückschlag und der unermüdliche Einsatz Fischers zeigten auch bei ihm selbst Wirkung. Am 1. Jänner 1915 erkrankte er schwer. Trotzdem versuchte er weiter seinen Platz zu behalten. Am 6. Jänner 1915 mußte er jedoch endgültig die Front verlassen und sich in Wien behandeln lassen.

Die Erfüllung seiner Forderung nach Truppenverstärkung mußte Fischer daher von Wien aus mitverfolgen: am 17. Februar 1915 gelang es den nun verstärkten k. u. k. Truppen, Czernowitz endgültig zurückzuerobern.

Will man die Leistungen von Eduard Fischer und der Gendarmerie in der Bukowina richtig einschätzen, so muß man zugestehen, daß die geschilderten Erfolge nur möglich waren, da die Bukowina für beide Seiten ein Nebenkriegsschauplatz war.

1927: Militär-Maria-Theresia-Orden an Generalmajor Fischer verliehen.
Bild: Gendarmeriemuseum Wien

Nichtdestoweniger stellt die Verteidigung dieses Kronlandes in mehrerer Hinsicht eine Meisterleistung dar:

Fischer selbst war seit dem Jahr 1891 bei der Gendarmerie tätig, er war über die militärische Ausbildung eines Subalternoffiziers nicht hinaus gekommen und meisterte dennoch schwierige strategische Lagen mit Bravour.

Es war weiters sein Verdienst, daß er Truppen und Verstärkungen praktisch aus dem Nichts aufstellte – seine einzige Hilfe dabei war seine eigene Persönlichkeit und der Patriotismus der Bevölkerung.

Durch sofortiges Handeln konnte er immer wieder die Initiative an sich reißen und dem weit überlegenen Gegner seinen Willen aufzwingen.

Nicht zulezt vollbrachte er gemeinsam mit seinem Stab organisatorische, vor allem aber motivationsmäßige Glanzleistungen.

Eduard Fischer hatte den Krieg mit dem Rang eines Oberstleutnants begonnen. Auf Grund seiner Leistungen wurde er auf Allerhöchsten Entschluß hin, d. h. auf Weisung des Kaisers, am 23. Oktober 1914 außertourlich zum Oberst ernannt. Überdies wurden ihm mehrere hohe Auszeichnungen verliehen und zusätzlich der Militär-Maria-Theresien-Orden versprochen.

Vorläufig wurde jedoch nichts daraus, Fischer trat nach seiner Genesung wieder seinen Dienst an und wurde im Laufe des Krieges noch zum Generalmajor ernannt.

Im Jahr 1918, nach dem Zusammenbruch der Monarchie, wurde er von den Rumänen gefangengenommen und mußte gemeinsam mit seiner Frau zwei Jahre im rumänischen Jasy im Hausarrest verbringen. Erst durch die Intervention früherer Offizierskameraden konnte seine Freilassung erwirkt werden.

Erst 1927 wurde ihm der lange versprochene Maria-Theresien-Orden verliehen.

Generalmajor Eduard Fischer war damit einer der höchst dekorierten und am schnellsten beförderten Offiziere der k. u. k. Armee. Daraus kann man auch die Bedeutung seiner Leistungen ablesen: in einer Zeit wiederholter schwerer Krisen des österreichischen Heeres konnte er überraschende und unmöglich scheinende Erfolge erringen. Seine Leistungen hatten daher vor allem moralischen Wert oder, wie es Kaiser Franz Joseph I. selbst ausdrückte:

»Auf allen Kriegsschauplätzen bisher nur Niederlagen, in Galizien, in Serbien. Bloß in der Bukowina erringt mein Gendarmerieoberstleutnant Fischer Erfolge und hat jetzt meine Hauptstadt Czernowitz wiedererobert.«

Bibliographie

Franz NEUBAUER, Die Gendarmerie in Österreich 1849–1924 (Wien 1924)
Eduard FISCHER, Krieg ohne Heer (Wien 1935)
Leopold KEPLER, Die Gendarmerie in Österreich 1849–1974 (Wien 1974)
Anton WAGNER, Der erste Weltkrieg (Wien 19819
Manfried RAUCHENSTEINER, Der Tod des Doppeladlers (Wien 1997)
Barbara TUCHMAN, The Guns of August (New York 1994)
John KEEGAN, The First World War (London 1998)
Walter KLEINDL, Österreich. Daten zur Geschichte und Kultur (Wien 1978)

Leopold Salcher

Kärntens Gendarmerie hat sich in schwerster Zeit großartig behauptet

Die Zeit heilt bekanntlich Wunden – und das ist gut so. Kärnten, Italien und Slowenien bewerben sich am Ende des ausgehenden 20. Jahrhunderts gemeinsam um die Olympischen Winterspiele 2006. »Senza confini – Spiele ohne Grenzen« nennt sich diese völkerverbindende Großveranstaltung im Zeichen der fünf Ringe. Vor etwas mehr als 80 Jahren hingegen sprachen in den Karnischen und Julischen Bergen die Waffen. Nicht nur die Einheit, vielmehr die Existenz Kärntens war in höchster Gefahr.

Diese Zeilen stehen daher für die Generation jener Kärntner Gendarmen, insbesonders jene aus dem Gail- und Kanaltal, die in dem Zeitraum von 1915 bis 1917 an der Kärntner Südwestgrenze – in den Karnischen Bergen – im härtesten Fronteinsatz gestanden haben. Sich ihrer und ihrer Opfer zu erinnern, zeugt von Anerkennung und Dankbarkeit. Primär die Gendarmerie in den Bezirken Hermagor und Villach sowie im Kanaltal hatte in den Jahren 1914–1918 eine der härtesten Bewährungsproben in ihrer jüngeren Geschichte zu bestehen.

Vorkehrungsmaßnahmen an der italienischen Grenze

Die ablehnende Haltung Italiens gegenüber den Achsenmächten beim Ausbruch des Ersten Weltkrieges verlangte in den Grenzgebieten von Kärnten, dem Küstenland und Tirol bald militärische Vorkehrungsmaßnahmen. Dabei gingen, nachdem sich die ganze Aufmerksamkeit der Wiener Behörden auf die Frontgebiete gerichtet hatte, die wesentlichen Initiativen für eine etwaige Verteidigung vorerst von den regionalen Institutionen aus. Als einer der bedeutendsten Faktoren in diesen Planungen dienten die Gendarmerieposten, deren Vorteile in der ständigen Präsenz von Personal und deren genauen Ortskundigkeit in der Kärntner Grenzregion bestanden.

Ende Juli 1914 hatte das Landesgendarmeriekommando Kärnten unter Kommandant Oberstleutnant Dabroviecky in weiser Voraussicht sämtliche Posten im Gailtal mit je 30 Landsturm-Männern verstärkt. Es waren militärisch ausgebildete Männer, die jedoch altersbedingt zum regulären Armeedienst nicht mehr einberufen wurden. Ihre Aufgabe war es, unter Führung von Gendarmerie-Unteroffizieren einen verstärkten Grenzdienst zu versehen. Dieser bestand hauptsächlich im Schutz staatlicher und strategisch wichtiger Punkte vor Anschlägen feindlicher Freischärler, wie Brücken, Bahnlinien und Bahnhöfe oder etwa Einrichtungen des Fernmeldewesens.

Es versteht sich von selbst, daß der normale Sicherheitsdienst dennoch nicht vernachlässigt werden durfte.

Der Krieg, der sich noch an weit entfernten Fronten abspielte, verlangte aber auch von den Gendarmeriebeamten des Kärntner Hinterlandes zusätzliche Dienstleistungen. So wurde die Gendarmerie ebenso bei der Mobilisierung und Aufstellung von Landsturmformationen und der Aufbringung kriegswichtiger Güter für die Front eingesetzt.

Mißtrauen gegenüber Wien

Unruhe hatte sich bereits 1914 unter den Gail- und Lesachtalern breit gemacht: So nah an der Grenze konnte die Bevölkerung beinahe instinktiv die Kriegsgefahr voraussehen. Um die Ängste in der Bevölkerung zu beruhigen, hatten die Gendarmen den strikten Auftrag,

Rekrutierung und Vereidigung der Kärntner Freiwilligen Schützen in Wolfsberg. *Bild: L. Salcher*

weithin zu verbreiten, daß die Beziehungen zum südlichen Nachbarn die denkbar besten seien. Doch wurde ihnen kaum Glauben geschenkt. Das Interesse Italiens für ein »größeres Italien« war hinlänglich bekannt. Man brauchte nur Augen und Ohren ein bißchen offen zu halten, um die politische Lage richtig einschätzen zu können. Im Gailtal wußten italienische Arbeiter schon im Herbst 1914 von fieberhaften Kriegsvorbereitungen auf ihrer Seite zu berichten. Der kommende Krieg in Kärnten war ein offenes Geheimnis. Auch die Kärntner Gendarmerie war sich dies nur allzusehr bewußt.

Sowohl sie wie auch der Landsturm hatten den Beteuerungen Wiens, es werde zu keinem Krieg mit Italien kommen, keinen Glauben geschenkt und schon Anfang 1915 massive Kundschafterdienste geleistet. Nur so konnten sie genau über Stärke und Einsatzgebiet der italienischen Truppen Bescheid erlangen und die taktischen Grundlagen für die spätere Verteidigung schaffen. Da sollte sich auch ihre genaue Kenntnis des Grenzgebietes als unschätzbarer Vorteil erweisen.

Gendarmeriepatrouille am Mte. Peralba 1915. *Bild: L. Salcher*

Das Handeln der Kärntner Gendarmen erwies sich in der Folge als eine realistische Einschätzung der Lage. Die einzige Möglichkeit einen italienischen Angriff abwehren zu können, lag im gründlichen und gezielten Ausbau von Verteidigungsanlagen. So begannen vor allem im Plöckengebiet Landsturm-Männer und Gendarmen bereits im Herbst 1914 mit dem Bau von Befestigungsanlagen.

Der Krieg steht vor der Tür

Über den Winter 1914/15 wurde das Verhältnis zum südlichen Nachbarn immer gespannter. Schließlich kam es am 3. Mai 1915 zur Kündigung des Dreibundes zwischen Italien, Deutschland und Österreich-Ungarn. Doch ließ der Krieg mit Italien noch fast drei Wochen auf sich warten. Dies gab zumindest Zeit für weitere Vorkehrungsmaßnahmen, die nun auch verstärkt im personellen Sektor vorgenommen wurden. So trieb man die Anwerbung zu den Kärntner Freiwilligen Schützen, die man bereits seit Beginn des Jahres 1915 durchführte, noch stärker voran. Die Durchführung dieser Werbung lag wiederum primär im Aufgabengebiet der Gendarmerie. Das Ergebnis erwies sich jedoch nicht als zufriedenstellend, da der Großteil der Wehrtauglichen bereits für den Krieg an der russischen Front rekrutiert wurde. So konnte sich nur ein geringer Teil Kärntner Männer als Freiwillige zur Verteidigung ihrer Heimat melden: Es waren Knaben ab dem Alter von 16 und Kriegsveteranen bis 70 wenn nicht mehr an Jahren. Diese Truppen freiwilliger Schützen wurden vereidigt, eher schlecht wie recht ausgerüstet und von eigenen Gendarmerie-Instruktoren in militärischen Übungen für den Gefechtsdienst ausgebildet. Noch war kaum Militär in Kärnten präsent.

Mannschaft mit Landsturmmännern des Gendarmeriepostens Malborgeth 1914 (Kanaltal). *Bild: L. Salcher*

Aufgrund des nun mit Sicherheit bevorstehenden Krieges hatte sich im Gailtal Mutlosigkeit breit gemacht. Es wurde mit der Evakuierung der Bevölkerung begonnen. Viele begaben sich mit ihren wenigen Habseligkeiten auf den Weg in ein ungewisses Schicksal. Einige Wochen zog dieser Strom verzweifelter Gail- und Lesachtaler, die Haus und Hof verließen, durchs Tal. Es war ein Bild des Jammers. Ziel dieser Flüchtlinge war das sicher scheinende Lavanttal, Unterkärnten, der Raum um Feldkirchen und das Mölltal. Zurück blieben nur mehr wenige, zumeist ältere Bewohner.

Der Krieg marschiert ins Land

Am 18. Mai 1915 waren Gendarmerietruppen gemeinsam mit Einheiten des Landsturms und der Kärntner Freiwilligen Schützen – angeführt von erfahrenen Gendarmerie-Unteroffizieren – an die Grenze verlegt worden. Sie besetzten nach Plan sofort die strategisch wichtigsten Punkte am Karnischen Kamm. Der Zeitpunkt war gut gewählt, denn wenige Tage danach war es soweit: Am Pfingstsonntag, dem 23. Mai 1915, wurde Österreich-Ungarn von Italien der Krieg erklärt. Um 3/4 6 Uhr abends zerriß der erste Kanonendonner die bedrückende Stille im Gailtal.

Was die Kärntner bereits lange Zeit zuvor mit Schrecken vorhersahen, wurde in Wien nun erst mit Schrecken erkannt. Die neue Front war militärisch entblößt. Die k. u. k. Truppen lagen in Serbien oder an der russischen Grenze. Wie dem italienischen Angriff nun entgegenwirken?

Mannschaft des Gendarmeriepostens Uggowitz 1915 (Kanaltal). *Bild: L. Salcher*

Die Last ruhte auf jenen, die stets gewarnt hatten: Kärntner Gendarmerie, Landsturm, eine Anzahl Freiwilliger! An ihnen allein lag es, dem Ansturm solange Einhalt zu gebieten, bis von der Armeeführung schlagkräftige Truppen an die Kärntner Front geschickt werden konnten. Diese zahlenmäßig schwache Frontbesatzung – hinzu kamen noch insgesamt drei Bataillone und Gendarmerieassistenzen – mußte einer zehn- bis 15-fachen Übermacht des Angreifers Stand halten. Die Versorgung war erdenklich schlecht: Keine Unterstände, nur wenige Lebensmittelvorräte und kaum Munition. Es dauerte lange zwei Wochen bis endlich Ende Mai mit dem 7. Korps reguläres Militär ins Gailtal einmarschierte.

Zum Zeitpunkt ihres Anrückens hatte der Krieg bereits überall seine unverkennbaren Zeichen hinterlassen: So hatten etwa Landsturm-Pioniere unter Aufsicht der Gendarmerie und Mithilfe der Bevölkerung die Gailbrücken abgetragen. Stehen blieben nur die Brücken in Dellach, Mauthen, Kirchbach, Rattendorf und Möderndorf. Sie wurden aber mit Sprengsätzen bestückt und hätten – wäre der italienische Einbruch ins Gailtal gelungen – gesprengt werden müssen.

Wie wäre der Krieg in Kärnten verlaufen, wenn sich der Plan der obersten Heeresleitung in Wien, nämlich das gesamte Gail- und Lesachtal als Pufferzone mehr oder weniger kampflos aufzugeben, durchgesetzt hätte? Doch dazu kam es nicht. Die Kärntner Verbände – und unter ihnen die Gendarmerie – vereitelten unter Einsatz ihres Lebens ein weiteres Vorrücken der italienischen Truppen. Ihr Einsatz war entscheidend für den weiteren Kriegsverlauf.

Tollkühne Gendarmen – der Handstreich am Cellon

Bezirkswachtmeister Simon Steinberger, Gendarmerieposten Mauthen. Bild: L. Salcher

Einer der tapfersten und verwegensten Gailtaler war der Postenkommandant von Mauthen, Bezirkswachtmeister Simon Steinberger. Seine Husarenstreiche zählen zu den kühnsten des Karnischen Krieges.

Am 27. Mai 1915 meldete er sich freiwillig für eine selbstmörderische Erkundungspatrouille auf den Kleinen Pal. Mit 16 Kampfgefährten drang er weit hinter die feindlichen Linien vor und konnte so wertvolle Aufklärungsergebnisse erhalten. Steinberger kehrte nur mehr mit vier seiner Gefährten zurück, alle anderen waren gefallen.

Am 24. Juni 1915 durchstieg Steinberger mit fünf Assistenzgendarmen in voller Ausrüstung die berüchtigte, gefährliche Ostwand des 2.226 Meter hohen Cellon, griff im Morgengrauen an und eroberte trotz heftiger Gegenwehr der italienischen Gipfelbesatzer diesen strategisch wichtigen Gipfel. Damit fand die Beschießung Kötschachs ein – wenn auch nur vorläufiges – Ende.

Die Alpini streuten Blumen

In den Annalen der Gendarmerie läßt sich eine Vielzahl von jenem Kriegsheldenmut finden, der den Kärntner Abwehrkampf erst möglich machte:

Um einen der wagemutigsten Kriegshelden handelte es sich dabei um Wachtmeister Christoph Velikogne vom Posten Tröpolach. Er verlegte – ungeachtet des heftigen feindlichen Sperrfeuers – über die wilden Felsabstürze des Monte Cermola eine für die Kampfführung ungemein wichtige Nachrichtenverbindung.

Vizewachtmeister Christoph Velikogne, Gendarmerieposten Tröpolach. Bild: L. Salcher

Wachtmeister Andreas Will, Gendarmerieposten Pontafel. Bild: L. Salcher

Andere hingegen mußten ihren heldenhaften Einsatz mit dem Leben bezahlen: Während einer Aufklärungs-Patrouille fiel am 13. Juli 1915 auf der Deutschen Alpe Wachtmeister Andreas Will vom Posten Pontafel. Dem tapferen Gendarmen zollte selbst der Gegner Anerkennung: Italienische Alpinis schmückten sein Grab mit Blumen.

Die Mannschaft des Postens Wolfsbach, dem heutigen Valbruna, unter der Führung Wachtmeisters Konrad Hermann, schlug im Laufe des Sommers 1915 mehrere blutige Angriffe der Alpinis auf dem Somdognasattel mit größtem Heldenmut zurück. Auch die völlige Vernichtung von Wolfsbach durch die italienische Artillerie ließ sie nicht wanken. Zwei Jahre lang boten sie dem Feind die Stirn. Ein überhängender Felsen oberhalb des Talbodens diente ihnen dabei als Unterkunft.

Am 15. September 1915 gelangen unter Führung von Gendarmerie-Vizewachtmeister Franz Falkner vom GP Kirchbach die Erstürmung des Findenigkofels, des Duartis und des Hohen Trieb. Am Kleinen Pal kam es zu heftigen Kämpfen, ebenso auf der Grünen Schneid.

Harte Winter

Während die Kämpfe andauerten, wurde im Tal die Versorgungslage immer schlechter. Die Einführung von Lebensmittelkarten wurde zur Notwendigkeit, während die Heeresleitung immer mehr Rüstungsgüter benötigte. Hinzu kam 1916/17 ein katastrophal harter

»Villa Hermann« in Wolfsbach (heute Valbruna); in Bildmitte Konrad Hermann, Unterkunft unter einem Felsvorsprung. Bild: L. Salcher

Winter. Auf den Bergen lagen bis über zwölf Meter Schnee und auch im Tal betrug die Schneehöhe drei bis vier Meter.

Diese Situation beschleunigte die Not in der Bevölkerung. Trotzdem wurden die Menschen zu allen nur denkbar möglichen Ablieferungen für die Truppen an den einzelnen Kriegsschauplätzen gezwungen. Neben Lebensmitteln waren es Messing, Kupferdächer, Kirchenglocken – sogar die Messing-Signalpfeifen der Gendarmen mußten abgeliefert werden. Die wichtigsten Bedarfsgüter wurden streng rationiert und die Nahrungsquoten immer kleiner. Nichtselbstversorger und vor allem Kinder starben an Unterernährung.

Die Gendarmerie hatte die undankbare Aufgabe, die Maßnahmen der Aufbringung und Sicherstellung der eingezogenen Güter zu überwachen. Ebenso hatten sie die für die Sicherung der Kriegsversorgung geschaffenen Verordnungen, wie etwa das Verbot von Hausschlachtungen und den Betrieb von Hausmühlen zu verfolgen.

Mannschaft des Gendarmeriepostens Raibl. *Bild: L. Salcher*

Als im Oktober 1917 endlich der österreichisch-ungarische Durchbruch den Vormarsch der k. u. k. Truppen nach Italien einleiten konnte, war die Kärntner Bevölkerung ausgehungert und kriegsmüde. Doch schien noch lange nicht Aussicht auf ein Ende des Krieges zu bestehen.

Schlechte Sicherheitsverhältnisse

Die immer mehr um sich greifende Kriegsmüdigkeit sowie Hunger und Mangel an allem, hatte der Bevölkerung auch in Kärnten den Glauben an einen Sieg der Habsburger-Monarchie genommen. Dies ging mit einem ansteigenden Autoritätsverlust der Behörden einher, der aufgrund der radikalen Anordnungen für die Heeresversorgung verstärkt wurde. Hinzu kam eine gravierende Verschlechterung der Sicherheitsverhältnisse, die zusätzlich zur herrschenden Armut durch die ansteigende Zahl desertierter Soldaten, entflohener Kriegsgefangener, Flüchtlinge und aufgelöster Truppenteile ausgelöst wurde. Die schwierige Situation war für die Gendarmerie nur mehr mit größtem Einsatz unter Kontrolle zu halten. Demonstrationen und Haß gegen Verwaltungsbehörden und auch gegen die Gendarmen waren unmittelbar vor und nach Kriegsende mit dem Zusammenbruch der Monarchie die Folge.

SHS-Truppen dringen im Südosten Kärntens ein

Die Destabilisierung, die der Zusammenbruch der Donaumonarchie mit sich zog, mußte gerade in einer Region wie Unterkärnten, welches von verschiedenen Volksgruppen bewohnt war, zu Konflikten führen. Nachdem nun der Großteil der Bevölkerung den Glauben an den österreichischen Habsburgerstaat verloren hatte, konnten nun endgültig jene Gegensätze zwischen den einzelnen Volksgruppen hervorbrechen, die nun auf ihrer Suche nach einer neuen Identität bereit waren, für eine politische Neuordnung zu kämpfen. Der Einbruch der SHS-Truppen Jugoslawiens in Kärnten zur Sicherung ihrer Gebietsansprüche führte schließlich zu jenem sogenannten »Kärntner Abwehrkampf«, an dem sich auch Männer aus dem Gailtal unter Führung von Major Karl Gressel beteiligten. Wieder waren es Gendarmen, die am 5. Jänner 1919 als Gruppenführer bei der Vertreibung der jugoslawischen Besatzer aus Arnoldstein fungierten. Dieser Angriff war gleichsam das Signal für die Kämpfe im Raum Klagenfurt, bei denen schließlich die Besatzungstruppen über die Karawanken zurückgedrängt werden konnten.

Zugskontrolle 1916. *Bild: L. Salcher*

Ein Gendarm war auch das erste Opfer dieses »Abwehrkampfes«. Wachtmeister Johann Hubmann, damals Postenkommandant von St. Stefan/Gail, gab an der Spitze seiner 28-köpfigen St.-Stefan-Vorderberger Freiwilligentruppe das Leben für seine Kärntner Heimat. Der gebürtige Weißpriacher fand am Friedhof Watschig seine letzte Ruhestätte. Am Marktplatz in Arnoldstein erinnert heute noch eine Gedenktafel an ihn.

Eines darf ebenso nicht ungesagt bleiben: Die Kämpfe an der Karnischen Front wurden trotz aller Tragik ritterlich und militärisch anständig geführt. Es hat keine Fälle von Folterungen, Raub oder seelische Demütigungen von Gefangenen gegeben. Für die damals überlebenden Frontsoldaten auf beiden Seiten blieb somit kein Rachegefühl zurück.

Wohl daraus resultiert die Tatsache, daß sich Gegner von einst vor allem an der ehemaligen Karnischen Front bald wieder die Hände zur Versöhnung reichten. Somit konnte eine aktive Vergangenheits- und Konfliktbewältigung auf diesem einzigen innerösterreichischen Kriegsschauplatz des Ersten Weltkrieges möglich werden. 22 Soldatenfriedhöfe im Gail- und Lesachtal sind stumme Zeugen dieses Krieges, allein die sieben Friedhöfe rund um den Plöckenpaß sind letzte Ruhestätte für mehr als 3000 tote Frontkämpfer. Doch: Kriegssteige von einst – wie am Plöcken – sind heute museale Friedenswege, an deren Bau Jugendliche aus ganz Europa Hand angelegt haben. Es sind Wege, die in ein friedliches Europa führen mögen.

Wolfgang Ortner

Der Kärntner Abwehrkampf und die Gendarmerie

Einen wesentlichen Anteil an den Geburtswehen der Ersten und auch der Zweiten Republik Österreich in territorialer Hinsicht hatte sicherlich die Frage der Einheit Kärntens.

So kam es nach dem Ersten Weltkrieg zum »Kärntner Abwehrkampf« mit der Volksabstimmung am 10. Oktober 1920. Aber auch nach dem Zweiten Weltkrieg kam es zu reger diplomatischer Tätigkeit um die Frage der Südgrenze Kärntens. Anfang Mai 1945 trafen sogar jugoslawische Partisanenverbände in Klagenfurt ein, mußten jedoch über energische Intervention der britischen Wehrmacht das Land wieder verlassen.

Die Kärntner Grenzfrage wurde auch im Jahre 1934, im Zusammenhang mit den Bestrebungen Deutschlands unter Hitler aktuell, Österreich in das Deutsche Reich einzugliedern.

Norbert Schausberger schreibt unter anderem in seinem Buch »Der Griff nach Österreich«:

Das massive Auftreten Italiens in der Österreichfrage (quasi Schutzmacht für Österreich) beunruhigte besonders die Jugoslawen, sodaß die Kontakte zwischen Belgrad und Berlin weiter verstärkt wurden. Die Nationalsozialisten versuchten schon seit 1933, sich des SHS-Königreichs für die Anschlußidee zu versichern und scheuten nicht davor zurück, die gemischtsprachigen Gebiete Kärntens für eine Anschlußunterstützung anzubieten.

Ein Redakteur des »Völkischen Beobachters« meinte zu dieser Angelegenheit: Wir Nationalsozialisten stehen auf dem Standpunkt der Reinrassigkeit. Im Falle eines Anschlusses reflektieren wir nicht auf die Kärntner Slowenen und auch nicht auf die »Deutschtümler« – (Windischen) – Zitat Ende.

Über die Geschichte des Kärntner Abwehrkampfes wurde schon in den beiden Dokumentationswerken von 1924 (75 Jahre Gendarmerie in Österreich) und 1974 (125 Jahre Gendarmerie in Österreich) ausführlich berichtet. Nunmehr soll der Schwerpunkt bei interessanten Einzelheiten aus Chroniken der betroffenen Gendarmerieposten liegen.

Dazu ist allerdings anzumerken, daß damit keine Chronologie der Ereignisse möglich ist, sondern die Vorkommnisse in den einzelnen Bereichen mehr oder weniger isoliert beleuchtet werden können. Die Eintragungen in den Chroniken sind zwangsläufig vom Geschichtsverständnis des Chronisten beeinflußt und erheben keinen Anspruch auf eine präzise historische Wiedergabe, wohl aber zeigen sie die Ereignisse und Verhältnisse aus der Sicht der unmittelbar betroffenen Gendarmen. Krasse Einseitigkeiten oder tatsachenwidrige Schilderungen sind nicht feststellbar.

Auch die sprachliche Formulierung zeigt noch recht deutlich Anklänge an das wohl schon längst vergessene »Gendarmeriekanzleideutsch« dieser Zeit.

Zum allgemeinen Verständnis des historischen Ablaufes muß aber doch eine kurze, schlagwortartige Aufstellung der wichtigsten Ereignisse in zeitlicher Folge gegeben werden, um Zusammenhänge besser erkennen zu lassen.

Am 19. Oktober 1918
übernimmt der Nationalrat der Slowenen, Kroaten und Serben die Führung der nationalen Politik mit folgenden territorialen Forderungen des slowenischen Nationalrates gegenüber Kärnten:

1) Als Maximalforderung ganz Kärnten.
2) Die sogenannte wirtschaftliche Grenze mit Klagenfurt und Villach.
3) Als Minimalforderung die »lebende Sprachgrenze« – das Klagenfurter Becken bis Hermagor.

Am 5. November 1918
ersucht eine Abordnung Kärntner Slowenen bei der Nationalregierung in Laibach um die sofortige Besetzung Kärntens. Darauf erfolgt ein Beschluß zum bewaffneten Widerstand und die Weisung an die bedrohten Gemeindeämter, die Verwaltung wie bisher weiterhin zu gewährleisten und südslawischen Kommissionen nur im Falle von Gewaltanwendung zu weichen.

Am 11. November 1918
beschließt die vorläufige Kärntner Landesversammlung in ihrer ersten Sitzung den Beitritt zum Staat Deutsch-Österreich aufgrund des Selbstbestimmungsrechtes. Das Land Kärnten wird durch das »geschlossene deutsche Siedlungsgebiet des ehemaligen Herzogtums Kärnten und jene gemischtsprachigen Siedlungsgebiete dieses Herzogtums gebildet, die sich auf Grund des Selbstbestimmungsrechtes ihrer Bewohner dem Staatsgebiet des Staates Deutsch-Österreich verfassungsmäßig anschließen«.

Am 12. November 1918
hat mittlerweile bereits die Besetzung Kärntner Gebietes mit dem Einfall in Eisenkappel durch jugoslawisches Militär und Gendarmerie begonnen. Bis 4. Dezember 1918 folgen weitere Einfälle unter anderem in Rosenbach, Ferlach, Bleiburg und Arnoldstein.

Daraufhin beginnt der bewaffnete Widerstand der Kärntner; in der Folge auch mit Unterstützung von auswärts.

Vom 9. bis 12. Dezember 1918
laufen ergebnislose Waffenstillstandsverhandlungen als letzter Versuch einer friedlichen Beilegung. Die Laibacher Nationalregierung bezeichnet dabei aber nur die Orte nördlich der Linie St. Veit – Spittal als strittig, nicht aber Klagenfurt und Villach.

Anfang 1919
war bereits das Gebiet südlich der Drau, dazu die Stadt Völkermarkt mit Umgebung und das untere Lavanttal von Jugoslawen besetzt.

Bis 7. Mai 1919
dauert der nun ausgebrochene Kärntner Abwehrkampf im engeren Sinne und wird auf allen Linien erfolgreich geführt, sodaß an diesem Tage kein jugoslawischer Soldat mehr auf Kärntner Boden steht.

In der Zwischenzeit hat die sogenannte »Miles Mission«, von den Alliierten eingesetzt, ihre Tätigkeit auch in Kärnten durchgeführt, um die wahre Situation zu erkunden und festzustellen, ob die Forderungen Jugoslawiens den tatsächlichen Gegebenheiten entsprechen.

Shermann Miles, Mitglied der amerikanischen Studienkommission in Wien, hielt sich als Abgesandter dieser Kommission im Jänner 1919 bei den Waffenstillstandsverhandlungen zwischen Kärnten und Jugoslawien in Graz auf. Als diese zu scheitern drohten, gestattete ihm der Vorsitzende mit drei Assistenten aus den Reihen der Kommission sowie mit Repräsentanten beider Seiten Kärnten zu bereisen, um an Ort und Stelle die Verhältnisse studieren zu können. Diese »Miles Mission« verließ am 25. Jänner 1919 Wien, traf am 29. Jänner 1919 in Kärnten ein und blieb hier bis zum 5. Februar 1919. Das Miles-Gutachten und zugleich Mehrheitsgutachten dieser Kommission sah die Karawanken als Grenze vor. Obwohl es niemals offiziell veröffentlicht wurde und daher nicht als offizielle Verhandlungsgrundlage dienen konnte, beeinflußte es doch die Haltung der amerikanischen Friedensdelegation dahingehend, die Kärntner Frage unter einem anderen Gesichtspunkt (Karawanken – an Stelle der Draugrenze) zu betrachten. Es war daher ein wichtiger Markstein auf dem Wege zur Bewilligung einer Volksabstimmung in Kärnten.

Dieser besondere Umstand wurde längere Zeit (auch von österreichischen Historikern) angezweifelt und damit darzustellen versucht, daß der bewaffnete Einsatz zur Erhaltung der Einheit Kärntens gar nicht notwendig gewesen sei, sondern auf dem diplomatischen Wege der gleiche Erfolg möglich gewesen wäre. Solche Stimmen sind nach den neuesten Forschungen allgemein verstummt.

14. Mai 1919
SHS-Truppen nähern sich der Landesgrenze im Gebiet von Unterdrauburg bis zum Seebergsattel.

Nach verschiedenen Aufklärungstätigkeiten und Aufklärungsversuchen beginnen am 28. Mai 1919 um 4 Uhr früh neuerliche, groß angelegte Einfälle jugoslawischer Truppen in Kärnten mit einer festgestellten sechsfachen Übermacht an Soldaten und Kriegsgerät. Der Landesbefehlshaber gibt Befehl zum allgemeinen Rückzug.

Am 6. Juni 1919
erfolgt die jugoslawische Besetzung der Stadt Klagenfurt.

Am 28. Juli 1919
erfolgt das Übereinkommen zur Festlegung einer endgültigen Demarkationslinie und

am 31. Juli 1919 ziehen sich die jugoslawischen Truppen hinter diese Linie zurück. Die Österreichische Gendarmerie kehrt nach Klagenfurt zurück und übernimmt die Verwaltung in diesem Gebiet (allgemein südl. der Drau) unter der Oberaufsicht der internationalen Abstimmungskommission. Diese Kommission beschließt unter anderem, daß keine Zeitung ohne ihre vorherige Genehmigung verboten werden dürfe und daß die Gendarmerie gegen die jugoslawischen »Prügelbanden« energisch einzuschreiten habe.

Der Stand der Gendarmerie in diesem Gebiet – Zone A – bestand nach den Ausweisen jugoslawischer Stellen aus 1.014 Gendarmen, während nach österreichischen Schätzungen ein viel geringerer Stand zur Aufrechterhaltung der Ruhe und Ordnung ausgereicht hätte. Von den 1.014 Gendarmen waren nur 425 Kärntner, der größte Teil bestand aus slowenischen Flüchtlingen aus Görz und Triest, die sehr scharf gegen die Heimattreuen vorgingen. Chef der Gendarmerie war General Majster, von dem man sich gewiß keine unparteiische Haltung erwarten konnte. Die Offiziere waren mit zwei Ausnahmen alles Nichtkärntner. Wegen des unparteiischen Verhaltens verlangte die Abstimmungskommission, daß Angehörige beider Parteien in die Gendarmerie aufgenommen werden. Es wurde tatsächlich ein Teil der jugoslawischen Gendarmen entlassen, doch blieben diese als Zivilisten in der Zone zurück. Über Intervention der Österreicher wurde am 20. September 1920 die Gendarmerie dem britischen Oberst Stocks, der Dienst in der Abstimmungskommission machte, unterstellt. Das Verhalten General Majsters hatte zur Folge, daß er den Auftrag erhielt, die Zone A zu verlassen.

Bemerkenswert ist in diesem Zusammenhang, daß die Beschlüsse der Abstimmungskommission hinsichtlich der Aufhebung der von den Jugoslawen einseitig verfügten Sperre der Abstimmungszone für den Verkehr aus den nicht besetzten Gebieten, die Umgestaltung der Gendarmerie und die Ausweisung Majsters in Slowenien Empörung hervorrief.

Diese richtete sich nicht nur gegen die Abstimmungskommission, sondern auch gegen Belgrad, dem man den Vorwurf machte, daß es sich für die »unerlösten« südslawischen Gebiete zu wenig einsetzte. Die tatsächliche Öffnung der Demarkationslinie scheiterte aber am Widerstand der Jugoslawen.

1. September 1920
Die Abstimmungskommission beschließt die militärische Räumung der Zone A.

Plakat zur Kärntner Volksabstimmung von 1920. Bild: Landesarchiv Kärnten

13. September 1920
Abzug der südslawischen Truppen aus der Zone A. Rücktritt der Laibacher Nationalregierung.

10. Oktober 1920
Volksabstimmung, mit 22.025 Stimmen für Österreich und 15.279 Stimmen für Jugoslawien.

14. Oktober 1920
offizielle Verkündigung des Abstimmungsergebnisses auf dem Neuen Platz in Klagenfurt.

Neuerlicher Einmarsch von jugosl. Truppen in Kärnten.

16. Oktober 1920
Aufforderung der Botschafterkonferenz an die jugoslawische Regierung, die Zone A sofort zu räumen.

3. November 1920
Anerkennung des Ergebnisses der Volksabstimmung durch eine Note der Botschaftskonferenz.

18. November 1920
Übergabe der Verwaltung der Zone A an Österreich.

19. November 1920
Wiederinkrafttreten der österr. Gesetze in der Zone A.

Auszüge aus den Gendarmeriechroniken

Gendarmerieposten Bleiburg

23. November 1918
Während Gutenstein, Prävali, Miess und Schwarzenbach (kam nach 1920 zu Jugoslawien) bereits von jugoslawischem Militär besetzt war, rückte in Bleiburg »an diesem Tage um 4 Uhr nachmittags eine 80 Mann

starke jugoslawische Militärabteilung mit drei Offizieren unter dem Kommando von Obleutnant Malgay ein, welche sofort die jugoslawischen Fahnen hissen ließen.«

Am 5. November 1920
um 1/2 11 Uhr vormittags wurde der Posten wieder besetzt, und zwar durch 10 Kärntner und 50 fremde Gendarmen als Reserve unter Anführung des Landesgendarmeriedirektors Fabian Forstner. Der Posten war gänzlich ausgeplündert.

Der Abzug der jugoslawischen Gendarmerie, bestehend aus ca. 75 Mann, unter dem Kommando eines Leutnants vollzog sich vollkommen ruhig, und zwar unter dem Schutz der hiesigen Organe, weil von Seite der nicht für Jugoslawien eingestellt gewesenen Bevölkerung den Abziehenden ein Schmähnachruf geplant war. Auch sollte der Abmarsch mit flatternden Fahnen erfolgen, was aufreizend gewirkt hätte. Diese Absicht wurde untersagt, welcher Anordnung der hiesigen Organe nur mit Widerwillen gefolgt wurde.

14. November 1920 Siegesfeier
Vormittags deutsche Messe in der Stadtpfarrkirche. Anschließend am Hauptplatz Versöhnungsfeier, wo selbst »Carinthia« den Versöhnenden Brot und Wein reichte. Letztere verzehrten zum Zeichen der Brüderlichkeit die dargebotene Gabe gemeinsam, worauf sie sich umarmten und brüderlich küßten. Die Umarmung zum Zeichen der Verbrüderung war rührend.

1. Dezember 1920
Die Entwaffnung der Prügelbandisten wird über behördlichen Auftrag begonnen.

23.3.1921
Der Briefbote Josef T(rapp) in Sorgendorf hat zur Palmenweihe einen mit slawischen Farben verzierten Palmenbuschen gebracht, worüber sich die kärntnerisch gesinnte Bevölkerung aufhielt, so daß T(rapp) durch Gendarmerieintervention geschützt und verschwindend gemacht werden mußte.

Gendarmerieposten Eisenkappel

Am 12. November 1918
traf mit 2 Automobilen eine mit Handgranaten und Maschinengewehren wohlbewaffnete jugoslawische Abteilung von Krain über den Seeberg hier ein. Der Kommandant derselben kündigte sogleich die Besetzung Kärntens bis zur Drau mit der Begründung an, daß dieses Gebiet zum jugoslawischen Staate gehöre. Es herrschte große Panik und Bestürzung.

Von den Gendarmen des Postens verschrieben sich zwei, trotz all dem ihnen vom Postenkommandanten der vom vorgesetzten Landesgendarmeriekommando eingegangene Rückzugbefehl zur Einrückung zum Landesgendarmeriekommando nach Klagenfurt zeitgerecht zugemittelt wurde, den Jugoslawen und verpflichteten sich eidlich für die Dienste des jugoslawischen Staates.

Einer der beiden hat dem Hörensagen nach seinen Schritt später sehr bereut und ist am 27. 11. 1919 vermutlich an Grippe und Rippenfellentzündung gestorben. Der Zweite diente den eingedrungenen Jugoslawen als Kundschafter und ortskundiger Führer. Als Lohn dafür wurde er dann Kommandant des Postens Seeland in Oberkrain.

Am 29. Mai 1919
neuerliche Besetzung Eisenkappels durch serbische Soldaten. Auch die geflohenen jugoslawischen Funktionäre und Beamten kehrten wieder zurück. Nun sollte ein Strafbericht über die kärntnertreue Bevölkerung losbrechen. Jedoch der kommandierende serbische General besaß soviel Ehr- und Menschengefühl und Gerechtigkeitssinn, um den Plan der rachedurstigen Eindringlinge zu zerschlagen. Ganz energisch wies er diese in ihre Schranken zurück, wodurch er, der als Feind gekommen war, zum Retter der kärntnerisch gesinnten Bevölkerung wurde. Dieser edle Feind dürfte für immerwährende Zeiten der Dankbarkeit der betroffenen Bewohnerschaft sicher sein.

Am 5. November 1920 wurde der hiesige Posten nach Abzug der Jugoslawen mit 10 Gendarmen wieder besetzt. Der Einzug der Gendarmen gestaltete sich sehr imposant und feierlich. Die ganze zum Empfang der Gendarmen am Bahnhof erschienene Bewohnerschaft begleitete die Gendarmen zur Postenunterkunft. Unterwegs wurde noch dem letzten Überbleibsel der jugoslawischen Besatzungsgewalt, dem seinerzeit am hiesigen Posten eingeteilt gewesenen Vizewachtmeister Johann V(elikogne) begegnet, welcher mit gesenktem Haupte zur letzten Fahrt aus Kärnten dem Bahnhofe zusteuerte.

Der gewesene jugoslawische Postenkommandant, welcher über spezielle Anordnung der Abstimmungskommission den Posten seinem Nachfolger vereinbarungsgemäß zu übergeben gehabt hätte, war bereits nach vorheriger vollständiger Ausplünderung, wohl aus Angst vor Racheakten bei Nacht und Nebel abgezogen.

Der Sicherheitsdienst gestaltete sich anfänglich in Anbetracht der bestehenden nationalen Reibereien unter der Bewohnerschaft noch sehr schwierig.

Gendarmerieposten Eberndorf

Am 14. Jänner 1918 rückte ein jugoslawischer Hauptmann mit einigen Männern in Eberndorf ein, dem sich sogleich einige ortsansässige Männer zur Seite stellten. Von den öffentlichen Funktionären wurde nun ein Gelöbnis abverlangt, gegen den jugoslawischen Staat nichts zu untenehmen, wogegen von der Gendarmerie die sofortige Leistung des Eides, dem jugoslawischen Staate treu und gehorsam zu dienen, gefordert wurde.

Die Bürgerwehr, die keine Folge leistete, wurde aufgelöst und mußte die Waffen abgeben. Die verweigernden Gendarmen mußten den Ort sofort verlassen. Zwei Beamte hatten den Eid geleistet und traten in den jugoslawischen Dienst; unter ihnen auch Vizewachtmeister Franz M(üller), der später der Heimat gute Dienste leistete.

Anfang Jänner 1919
setzten die Kärntner Abwehrkämpfe mit einer Mächtigkeit ein, die selbst die Entente aufzuhorchen veranlaßten.

Vom 8. bis 18. Jänner 1919
haben die jugoslawischen Machthaber die Jahrgänge 1895–1898 zur militärischen Dienstleistung einberufen, jedoch hat dieser Einberufung nur ein kleiner Teil Folge geleistet, wogegen die Mehrzahl sich durch die Flucht über die Demarkationslinie in das nicht besetzte Gebiet entzog.

Inzwischen wurde von einer Gruppe von Männern mit dem Sitze in Velden die Propaganda zur Gründung einer selbständigen Republik Kärnten ins Land getragen. Durch Sammlungen von Unterschriften zu diesem Zwecke sollte das Ziel erreicht und den Kämpfen in Kärnten ein Ende gesetzt werden. Drei Personen, die sich in Eberndorf bemühten, Unterschriften zu sammeln, trug dies nur einen achttägigen Arrest seitens der Jugoslawen ein.

Am 4. Mai 1919
wurde die jugoslawische Front von den Abwehrkämpfern durchbrochen und es erfolgte ein allgemeiner Rückzug der Jugoslawen. Aus Eberndorf zogen sie um 4 Uhr nachmittags ab.

Alle verfügbaren Fuhrwerke wurden requiriert und 30 Geiseln sollten ausgehoben werden. Doch alle Männer waren rechtzeitig verschwunden, denn der Gendarm M(üller), der am Gendarmerieposten Eberndorf nach dessen Besetzung in jugoslawische Dienste getreten war, hatte die Leute gewarnt. Es konnten nur mehr einige, meist alte Personen als Geiseln mitgenommen werden. Während des Transportes versucht der Gerichtsdiener Lukas H(ribernig) im Einverständnis mit Müller zu fliehen. Er stieg angeblich zur Verrichtung der Notdurft aus und verschwand im Wald. Müller nahm die Verfolgung auf und verschwand ebenfalls. Man schoß den Flüchtenden nach und (H). blieb stehen. Er wurde nach Laibach geschleppt und dort mehrere Wochen gefangen gehalten.

Müller entkam und begab sich nach Eberndorf, wo er seine Waffen den eingerückten Kärntnern übergab. Müller begab sich hierauf zum Landesgendarmeriekommando nach Klagenfurt und bat um Wiederaufnahme zur deutsch-österreichischen Gendarmerie, wurde aber abgewiesen. Sodann trat derselbe zur Volkswehr ein und kämpfte tapfer gegen die Jugoslawen, wobei er sich infolge eines Absturzes über einen Felsen ein Bein brach und das Spital aufsuchen mußte. Während der Heilungsdauer wurden über sein Verhalten in jugoslawischen Diensten Erhebungen gepflogen, die ergaben, daß Müller den Deutschgesinnten gute Dienste leistete, worauf er wieder in die österreichische Gendarmerie in seiner Charge übernommen wurde. Er ist heute Postenkommandant in Burgenland.

Am 10. Oktober 1920
ein herrlicher Morgen, alles war beizeiten auf den Beinen und bereitete sich auf die Abstimmung vor. Die Jugoslawen fuhren mit 15 Autos von Ort zu Ort und beförderten ihre Anhänger zur Urne, wogegen den Kärntnern nur 1 Auto zur Verfügung stand, da ihnen das zweite Auto dadurch unbrauchbar gemacht wurde, daß dessen Kugellager mit Sand gefüllt wurden. Man wußte sich aber zu helfen. Aus abgelegeneren Ortschaften wurden Frauen, Mädchen und alte Männer auf Pferdewagen geladen, während die jüngeren Männer den Wagenzug in geschlossener Reihe begleiteten.

Am 13. Oktober 1920
wurde das Abstimmungsergebnis inoffiziell bekannt. Sofort wurden in aller Stille Pöller geladen und abgefeuert, doch sogleich rannte die jugoslawische Gendarmerie herbei und beschlagnahmte die Pöller.

Am 23. Oktober 1920
begann die Übergabe der Ämter seitens der jugoslawischen Verwaltung an die interalliierte Kommission, welche dieselben wieder unverweilt an die österreichische Verwaltung übergab.

Am 5. November 1920
verließ auch die jugoslawische Gendarmerie den Ort und die österreichischen Gendarmen rückten ein.

Nun wurden allerorts Befreiungsfeste gefeiert. Die Eberndorfer erwählten sich hiezu den 14. November. Nach dem Festgottesdienst, den nicht der Propst des Stiftes Eberndorf halten durfte, da er als Jugoslawe abgelehnt wurde, hielt Herr Pater Rainer die Festrede in deutscher und Herr Lutschonig aus Maria Rain in slowenischer Spache. Bei diesem Festakt wurden die Mitglieder der Kärntner Heimwehrkompanie Eberndorf vom Landesbefehlhaber, Obstlt Hülgerth, mit dem Kärntner Kreuz für Tapferkeit dekoriert. Die Feier schloß mit einem großen Festzug und mit Unterhaltungen in allen deutschen Gasthäusern.

Gendarmerieposten Völkermarkt

Am 30. November 1918
um 1/2 10 Uhr kam der Kommandant der Besatzungstruppen Oblt Malgaj mit dem im Jahre 1916 als Bezirksgendarmeriekommandant in Völkermarkt pensionierten WM iR und nunmehr jugoslawischer Gendarmerieleutnant Josef L(ederer) mit 2 Feldwebeln und einigen Zugsführern und erklärte die Übernahme des Gendarmeriepostens. Oblt Malgay setzte den Lt. L(ederer) als Bezirksgendarmeriekommandant ein. Malgay richtete an die anwesenden Gendarmen eine Ansprache und erklärte die Vorteile, die sie hätten, wenn sie im SHS-Staate verblieben. Zwei Gendarmen gaben ihre Einwilligung, im SHS-Staate zu dienen. Die übrigen versagten ihre Einwilligung und wurden entwaffnet mit dem Befehl Völkermarkt in Zivilkleidung sofort zu verlassen. Diese begaben sich nach Klagenfurt.

Am 4. November 1920
Aufgrund des Abstimmungsergebnisses rückten auch in Völkermarkt wieder die Kärntner Gendarmen ein und wurden von der Bevölkerung mit Freude begrüßt.

Die jugoslawischen Gendarmen zogen als letzte von Völkermarkt ab und wurden von einigen Leuten noch verhöhnt.

Die Ruhe im Stadtbereich und Umgebung wurde rasch wieder hergestellt und kehrte allgemeine Zufriedenheit ein.

Gendarmerieposten Galizien

Am 15. November 1918
traf der erste jugoslawische Fanatiker, GendVizewachtmeister Gustav G(utmann) vom Posten Kirchbach am hiesigen Posten ein, um das Postenkommando im Falle des Abzuges der österreichischen Gendarmerie zu übernehmen und über Befehl eines südslawischen Rittmeisters den Posten in slawischer Amtssprache zu führen.

Am 27. November 1918
mußten alle Gendarmen des Postens, welche sich nicht für Jugoslawien bekannten, unter dem Drucke der Übermacht die Postenstation verlassen. Sie stellten sich alle dem Landesgendarmeriekommando in Klagenfurt zur Verfügung.

Am 7. Mai 1919
wurde der anläßlich der Besetzung durch die Jugoslawen aufgelassene Posten Gallizien nach Vertreibung des Feindes wieder aufgestellt.

Am 28. Mai 1919
um 4 Uhr nachmittags setzte der südslawische Angriff auf der ganzen Linie ein. Die Kärntner Abwehrabteilungen hielten der vielfachen Übermacht bis gegen Mittag des folgenden Tages stand. Die unhaltbare Lage veranlaßte den Landesbefehlshaber Hülgerth, die Rücknahme aller Verbände bis zur Draulinie anzuordnen.

An den Rückzugsgefechten beteiligte sich auch die Gendarmerie und verlor hiebei einige Gefangene.

Am 5. November 1920
wurde aus Anlaß der Rückübernahme des Abstimmungsgebietes Zone A in die österreichische Verwaltung der Posten Galizien wieder errichtet. Ohne nennenswerten Zwischenfall ging die Übernahme der vielfach ausgeplünderten Postenunterkunft vor sich. Die befreite Bevölkerung hat erzählt, daß sie während der jugoslawischen Invasion vieles zu leiden hatte.

Gendarmerieposten St. Margarethen im Rosental

Der Posten ist bereits im November 1918 von den in das Rosental eingedrungenen Südslawen (Krainer) besetzt worden. Die damals hierpostens eingeteilten Gendarmen, und zwar: Wachtmeister Josef B(aumaier), Vizewachtmeister Hubert L(ucnik) und Führer Bartolomäus J(ahn) haben sich mit dem neuen Regime einverstanden erklärt und den Dienst weiter verrichtet.

Anfang Jänner 1919
ist es den tapferen Kärntner Heim- und Volkswehren nach heftigen Kämpfen gelungen, die südslawischen Soldaten aus dem Rosental zu vertreiben, wobei auch St. Margarethen befreit wurde. Um weitere Kämpfe zu unterbinden, hat damals eine amerikanische Schiedskommission eine Demarkationslinie festgesetzt und das zwischen den beiden Linien liegende Gebiet als neutrale Zone erklärt. Diese Zone wurde jedoch nach einiger Zeit, ungeachtet des vorerwähnten Schiedsspruches, wieder von den Südslawen besetzt.

Am 4. Mai 1919
ist anläßlich der Kärntner Befreiungskämpfe St. Margarethen von den Alarmkompanien aus Unterferlach, Maria Rain und Feldkirchen im Sturme genommen worden. Bei diesen Kämpfen ist der damals dem Posten Ferlach zugeteilt gewesene GendPatrouillenleiter Jakob Kuss aus Liebe für die Heimat gefallen. Er ist bei der Durchsuchung des Pfarrhauses, wo sich jugoslawische Infanterie eingenistet hatte, durch einen Brustschuß getötet worden.

Diese mit großen Opfern erkämpfte Befreiung Kärntens währte leider nur kurze Zeit und mußten bereits Ende Mai 1919 die Volks- und Heimwehrformationen den regulären serbischen Truppen weichen, die nicht nur das Rosental, sondern auch Gebiete jenseits der Drau besetzten, welche Besetzung bis nach erfolgter Volksabstimmung, bzw. bis zur Übernahme der Abstimmungszone durch die österreichische Regierung am 6. 11. 1920 dauerte.

Bei der erwähnten Volksabstimmung am 10.10.1920 sind in St. Margarethen, trotz des während der Vorbereitungszeit stattgefundenen jugoslawischen Terrors 291 Stimmen für Deutsch-Österreich und 279 für Südslawien abgegeben worden.

Die Wiederbesetzung des Postens durch österreichische Gendarmerie erfolgte am 6.11.1920 bei festlichem Empfang durch die vom jugoslawischen Joche befreite Bevölkerung.

Gendarmerieposten Ferlach

Am 4. November 1918
trafen 2 Lastautos mit 20 jugoslawischen Soldaten und einem Offizier mit 2 Maschinengewehren in Ferlach ein, um angeblich die slowenische Minderheit zu schützen.

Am 19. November 1919
in den Morgenstunden wurde Ferlach durch eine 80 Mann starke jugoslawische Militärabteilung besetzt. Die gewählte Gemeindevertretung wurde aufgelöst; eine solche, bestehend aus meist slawischen Anhängern, eingesetzt und slowenisch als Amtssprache eingeführt.

Am 7. Jänner 1919
erfolgte der Angriff unserer Volkswehr vom nördlichen Drauufer aus auf die Stellungen des Feindes am südlichen Ufer, der Erfolg hatte und zur Befreiung Ferlachs führte.

In der Nacht zum 29. April 1919
leiteten die Jugoslawen durch einen allgemeinen Angriff ihren zweiten Einbruch ein, der aber durch einen Gegenangriff vorerst abgeschlagen wurde.

Am 21. Mai 1919
wird Ferlach noch einmal besetzt und verbleibt von da an bis zur Volksabstimmung unter jugoslawischer Besetzung.

Am 28. Mai 1919
wurden der vom Posten in Zell-Mitterwinkel exponierte Patrouillenleiter Valentin Komar und die Probegendarmen Johann Kirchbaumer und Josef Rohrer während eines Patrouillenganges von einer jugoslawischen Patrouille aus dem Hinterhalt beschossen. Komar wurde dabei schwer verwundet, die beiden Probegendarmen erlitten ebenfalls Verletzungen, konnten sich aber zu ihrer Unterkunft zurückziehen und den Vorfall melden.

Der Postenkommandant von Ferlach, Franz Cresnik, wollte mit einer Patrouille dem verwundeten Komar zu Hilfe kommen, geriet dabei aber in einen Feuerkampf und erlitt durch einen Kopfschuß den Heldentod. Er wurde vom Feinde sogar seiner Kleider beraubt, an Ort und Stelle verscharrt und konnte erst später am Friedhof in Ferlach beerdigt werden.

Im Jahre 1922 errichteten ihm Kameraden der damaligen Berufsorganisation einen Gedenkstein.

Komar war mit einem Durchschuß des linken Unterschenkels und des rechten Sprunggelenks in Gefangenschaft geraten. Ausgeraubt und entkleidet ließ man ihn vorerst in seinen Wunden, die er nur mit dem eigenen Verbandszeug notdürftig versorgen konnte, liegen. 4 Tage lang wurde er von einem heimattreuen Pächter notdürftig versorgt, bis sich eine jugoslawische Sanitätspatrouille um ihn bemühte.

Gendarmerieposten Rosenbach

23. November 1918
An diesem Tage, als der Rückzug der österr. Armee von der Isonzofront beendet war, erschienen in der Station Rosenbach 30 jugoslawische Soldaten mit einem Offizier und übernahmen die Aufrechterhaltung der Ruhe und Ordnung am Bahnhofe. Auch am Gendarmerieposten Rosenbach erschien ein Gendarmerieoberleutnant mit 3 Gendarmen und brachte dem Postenkommandanten zur Kenntnis, daß das Land Kärnten bis zur Drau von der Laibacher Regierung in Besitz genommen wird, und forderte die Gendarmen unter hohen Gehaltversprechungen auf, sich zum neuen jugoslawischen Staate zu bekennen. Der Oberleutnant ist mit seinen Gendarmen von Posten zu Posten gezogen und kam bis Nötsch. In Nötsch wurde er von kärntnertreuen Bauernburschen mit den Gendarmen verjagt.

Am 8. Dezember 1918
wurde das Rosenbacher Becken und das untere Gailtal von den Jugoslawen besetzt.

Am 17. Dezember 1918
erhielt der Gendarmerieposten Rosenbach vom Landesgendarmeriekommando den Auftrag über das Selbstbestimmungsrecht und es trat an diesem Tage der Postenkommandant Johann P(odobnig) mit den Gendarmen I(bounig) und Sch(nabl) zu den Jugoslawen über. Der am Posten zugeteilt gewesene Wachtmeister Johann Wocher reiste an diesem Tage zur Abteilung nach Villach ab und meldete bei seinem Eintreffen den Übertritt des P(odobnig), I(bounig) und Sch(nabl) zur S.H.S-Regierung.

6. Jänner 1919
Die heimattreue Bevölkerung war mit der Besetzung nicht einverstanden und trat den jugoslawischen Truppen entgegen. Diese wurden in der Folge mit Verstärkung von Villacher Volkswehren und solchen der Umgebung bis zum Portal des Karawankentunnels zurückgejagt.

Am 29. April 1919
brachen die Jugoslawen wieder in das Rosenbacher Becken ein und nahmen die 4 Gendarmen des Postens gefangen. Sie wurden aber bis zum 5. 5. 1919 wieder zurückgeworfen.

10.10.1920
Nach der Volksabstimmung wurde unser Gebiet neuerlich von den jugoslawischen Truppen besetzt und die deutschgesinnte Bevölkerung glaubte schon, daß die jugosl. Regierung den in Besitz genommenen Teil Kärntens überhaupt nicht freigeben wird.

Erst am 3. und 4. November 1920,
als die Kärntner Gendarmerie wieder in das besetzte Gebiet einzog und die Slawen sich zum Abzuge bereit machten, fühlten sich die Kärntnertreuen erlöst.

Das Gendarmerieabteilungskommando Nr 3 in Villach erhielt am 30. 10. 1920 vom Landesgendarmeriekommando den Auftrag, die Gendarmerieorgane zum Abgehen in die Zone A in Bereitschaft zu halten.

Der Einmarschplan war folgender: Herr Abteilungsinspektor Rudolf Handl erhielt den Auftrag, mit Herrn Bezirksinspektor Stranig, RevInsp Nischelwitzer und 13 Gendarmeriebeamten am 4. 11. 1920 um 8 Uhr früh von Villach mit dem Zug nach Ledenitzen abzugehen und von dort den Fußmarsch anzutreten.

Vor Rosenbach erwarteten die Gendarmerie-Abteilung einige Kärntnertreue mit einer Musikkapelle. Dann ging der Marsch unter Musikbegleitung weiter bis Rosenbach, wo eine feierliche Begrüßung erfolgte. Herr Abteilungsinspektor Handl dankte dem Bürgermeister für die Begrüßung in markigen Worten.

Am GendPosten in Rosenbach erwartete der jugoslawische Wachtmeister Johann L(aure) mit 3 Führern die Ablösung von der österreichischen Gendarmerie.

Um 1/2 3 Uhr nachmittags ist der letzte jugoslawische Zug aus Ferlach in Rosenbach eingetroffen und befanden sich auf diesem Zug ca. 200 slawische Gendarmen. Auch Herr Abteilungsinspektor Rudolf Handl und Bezirksinspektor Nikolaus Stranig haben sich dort dienstlich betätigt.

Um 1/2 4 Uhr nachmittags ist der Zug nach Assling abgerollt. Sämtliche jugosl. Sicherheitsorgane und Militär waren von den besetzten Teilen Kärntens abgezogen und es trat Ruhe und Ordnung im Postenrayone ein.

Ein Teil der Bevölkerung wollte gegen die slawische (slowenisch sprechende) Bevölkerung vorgehen, was durch das energische und taktvolle Einschreiten der Gendarmerie in kürzester Zeit unterdrückt wurde.

Am 5. November 1920
mußte der Posten Rosenbach wegen des unbefugten Betretens des Eisenbahntunnels durch den starken Abzug slowenisch gesinnter Personen nach Jugoslawien den Tunnel besetzen. Es waren zur damaligen Zeit auch Gerüchte im Umlauf, daß die aus dem Raume St. Jakob iR geflüchteten Prügelgardisten zurückkehren und im Rayone brandschatzen werden.

Um 1/2 9 Uhr abends bemerkte ein Gendarm, daß sich 4 Gestalten aus dem Tunnel gegen die Brücke anschlichen. In einer Entfernung von 20 Schritten wurden diese angehalten, worauf sie auseinanderstoben und durch Hinabspringen in den Gratschitzengraben infolge der Finsternis entkommen konnten. Auch wurde ein Schuß gegen die Eindringliche abgefeuert. Nach dem Schuß hörte man im Tunnel ein Trampeln und Laufen von mehreren Personen. Die Beamten des Postens hatten den Schuß gehört und kamen im Eilschritte zu Hilfe. Die sofort eingesetzte Verfolgung nach den 4 Burschen blieb erfolglos.

Im Laufe des Jahres 1921 wurde von zurückgekehrten Prügelgardisten erfahren, daß in der kritischen Nacht 24 geflüchtete Prügelgardisten nach Rosenbach und Umgebung zurückkehren und die Ruhe und Ordnung stören wollten, was nur durch das Einschreiten des Gendarmeriepostens verhindert wurde.

Am 4. Februar 1921
wurden 2 Besitzersöhne aus Rosenbach wegen öffentlicher Gewalttätigkeit 4. Falles vom Postenkommandanten und einem zweiten Gendarmen verhaftet und dem Bezirksgericht Rosegg eingeliefert. Die beiden Deutschgesinnten drangen bei einem slowenisch gesinnten Gastwirt ein und haben dort die Hausbewohner verprügelt. Beide wurden mit 4 Monaten Kerker bestraft.

Gendarmerieposten Arnoldstein

25. November 1918
An diesem Tage langte vom jugoslawischen Gendarmerierittmeister Z(watka), welcher seinen Sitz in Ferlach hatte, am hiesigen Gendarmerieposten ein Schreiben ein, worin dieser Rittmeister die Übernahme des Gendarmeriepostens durch jugoslawische Gendarmen ankündigte.

1. Dezember 1918
heute wurde der hiesige Gendarmerieposten von 9 jugoslawischen Gendarmen besetzt, worauf sich die Gendarmen des Postens, welche den Befehl hatten, gegen die Besetzung des Postens durch Jugoslawen keinen bewaffneten Widerstand zu leisten, nach Villach zurückzogen.

14. Dezember 1918
Die jugoslawischen Gendarmen treffen Anstalten, um für das bereits avisierte jugoslawische Militär Quartiere zu bestimmen. Tatsächlich trafen um ca. 11 Uhr nachts 110 Mann mit 4 Offizieren in Arnoldstein ein, erzwangen sich den Eingang ins Schulhaus und bequartierten sich in den Schulzimmern. Beim Einzug zerrissen sie in der Halle und in den Lehrzimmern vorhandene Bilder und Tabellen und heizten hiemit den Ofen.

5. Jänner 1919
Die einzelnen Ortswehren, welche sich aus freiwilligen Männern aller Klassen der Bevölkerung hauptsächlich des unteren Gailtales formierten, versammelten sich nachts auf den einzelnen Bahnhöfen und fuhren gemeinsam mit dem separat zu diesem Zwecke eingesetzen Zug von Kötschach-Mauthen bis vor Arnoldstein. Um 1/2 7 Uhr früh griffen sie gemeinsam mit den zu Fuß vorgerückten Ortswehren der Umgebung zuerst die jugoslawische Bahnhofswache, die Gendarmeriekaserne und Offizierswohnungen an. Die Bahnhofswache wurde nach einem kurzen Kampf überwältigt und gefangengenommen. Die ahnungslosen Offiziere und Gendarmen wurden aber in ihren Quartieren noch schlafend überrumpelt und ebenfalls gefangen genommen. Gleichzeitig wurde das Schulhaus, in welchem sich ca. 90 Mann jugoslawischer Militär einquartiert befanden, umstellt und – da diese der Aufforderung, sich bedingungslos zu ergeben – keine Folge leisteten, sondern auf die Ortswehrmänner das Feuer eröffneten, gestürmt und die ganze jugoslawische Besatzung, welche sich mittlerweile bedingungslos ergab, gefangen genommen. Nicht unerwähnt soll es bleiben, daß sich an diesem Kampfe auch zahlreiche Gendarmen der verschiedenen Posten aus dem Gailtale tapfer beteiligt haben.

Leider verlor bei der Erstürmung des Schulhauses der wackere und tapfere Kollege Johann Hubmann, Kommandant des Gendarmeriepostens St. Stefan an der Gail, durch einen Kopfschuß das Leben.

Gedenkstätte von Johann Hubmann in Arnoldstein.
Bild: Wolfgang Ortner

Nachdem sie ihre Aufgabe erfüllt hatten, fuhren die Gailtaler mit ihrem Zug wieder heim. Den tapferen Gendarmeriewachtmeister Hubmann nahmen sie mit. An den Eisenbahnwagen brachten sie einige eroberte jugoslawische Fahnen an. Brausende Rufe der dankbaren Bevölkerung von Arnoldstein begleiteten noch lange den Zug.

Wie sie sich am Vortag gesammelt hatten, verabschiedeten sie sich stationsweise nun nacheinander; in allen Stationen wurden sie begeistert empfangen und überall war Freude und Jubel. Nur in St. Stefan, dem Dienstorte Hubmanns, fuhr der Zug ernst und ruhig ein. Hier verabschiedeten sie sich vom toten Mitkämpfer.

Gendarmerieposten St. Stefan im Gailtal

Anfang November 1918
erschien ein jugoslawischer Gendarmerie-Rittmeister mit 2 Gendarmen und wollte den Gendarmerieposten übernehmen. Der hier stationierte Postenkommandant Johann Hubmann widersetzte sich jedoch dieser Übergabe und erklärte dem Rittmeister, daß er und die eingeteilten Gendarmen den Posten nur dann übergeben, wenn sie mit Gewalt verdrängt werden. Hierauf entfernte sich der Rittmeister und die 2 Gendarmen mit der Bemerkung, daß am nächsten Tag Verstärkung kommen wird, um den Posten mit Gewalt zu übernehmen. Dies blieb jedoch aus.

Am 5. Jänner 1919
erfolgten die Abwehrkämpfe gegen die bis Arnoldstein vorgedrungenen Jugoslawen. An diesen beteiligten sich sehr viele Bewohner der Gemeinden St. Stefan, Vorderberg und Görtschach unter Oberlehrer Millonig aus Vorderberg. Auch der Kommandant des hiesigen Postens, Wachtmeister Hubmann, beteiligte sich an den Kämpfen. Dabei wurde er durch einen Kopfschuß getötet (siehe Chronik des GendPostens Arnoldstein).

Wolfgang Bachkönig

Burgenland, die Landnahme 1921

Das Burgenland findet als jüngstes österreichisches Bundesland in den für Österreich bzw. Ungarn geltenden Friedensverträgen von St. Germain-en-Laye vom 10. September 1919 und von Trianon vom 4. Juni 1920 seine rechtlichen Wurzeln. Darin wurde jener Teil Westungarns aufgrund seiner deutschsprachigen Bevölkerung und der an die Metropole Wien ausgerichteten wirtschaftlichen Abhängigkeit gemäß des 14-Punkte-Programms des amerikanischen Präsidenten Woodrow Wilson der noch jungen österreichischen Republik zugeschlagen. Doch sollte sich für Österreich, da mit Widerstand von Ungarn zu rechnen war, die Durchführung der Landnahme als äußerst schwierig erweisen. Dies wurde zusätzlich dadurch erschwert, daß von den Alliierten die Landnahme nur durch zivile Wachkörper, jedoch nicht durch militärische Einheiten erlaubt war. Diese Aufgabe fiel selbstverständlich der Gendarmerie zu. Beamte der Zollwache wurden zur Unterstützung zugeteilt.

Österreichische Gendarmen in ihrem Quartier in der Kaserne Neusiedl am See.
Bild: LGK Burgenland

Am 21. August 1921 wurde offiziell das Landesgendarmeriekommando für das Burgenland geschaffen und gemäß Befehl E.Nr. 140/21 angeordnet, seinen Dienstbetrieb aufzunehmen. Dem ging eine bereits zweijährige Vorbereitungszeit voraus, die vollends auf den Zeitpunkt einer reibungslosen Übernahme des Burgenlandes ausgerichtet war. Bis dahin galt es jedoch für die Gendarmen des noch provisorischen Landesgendarmeriekommandos unterstützend zur Zollwache einen verstärkten Grenzschutz zu versehen und dem regen Schmuggel, der zwischen Österreich und Ungarn herrschte, Einhalt zu gebieten.

Am 28. August 1921 wurde schließlich Gendarmerielandesdirektor Georg Ornauer zum Landesgendarmeriekommandanten für das Burgenland bestellt. Es war der Tag, an dem der Einmarsch der Gendarmerieabteilungen in die vertraglich zugesprochenen Gebiete zu erfolgen hatte. Zur Landnahme waren insgesamt elf Kolonnen der Gendarmeriegrenzschutzabteilung mit 1.950 Gendarmen eingesetzt. Aufmarschstationen waren: Berg, Bruck an der Leitha, Ebenfurt, Wiener Neustadt, Hochwolkersdorf, Kirchschlag, Friedberg, Hartberg, Burgau, Fürstenfeld und Fehring. Die Stärke der einzelnen Kolonnen schwankte von 18 bis zu mehreren hundert Gendarmen, wobei die stärkste Gruppe aus 367 Männern unterstützt von 27 Zollwachebeamten bestand.

Die österreichischen Sicherheitskräfte wurden von der deutschsprachigen Bevölkerung fast überall mit Sympathiekundgebungen begrüßt. Die Ungarn hingegen waren keinesfalls bereit, ihre ehemaligen Gebiete kampflos an Österreich abzutreten. Organisierte ungarische Freikorps, die sich als Freischärler ausgaben, verhinderten eine friedliche Landnahme. Die einmarschierenden Kolonnen hatten sich bald überall gegen einen bewaffneten Widerstand zur Wehr zu setzen.

Die einrückenden Gendarmen mußten mit Unterstützung der Zollwache fast jeden Meter des Burgenlandes erobern. Dabei verloren insgesamt 15 Gendarmeriebeamte ihr Leben. Es konnte kaum eine Ortschaft in Besitz oder ein Gendarmerieposten errichtet werden, wo man nicht einen Toten oder Schwerverletzten zu beklagen hatte.

Kurze Schilderungen einzelner Ereignisse sollen die schwierige Lage bei der Landnahme besser veranschaulichen:

Als eine der ersten Dienststellen wurde der Gendarmerieposten St. Margarethen errichtet. Die Dienststelle war in den frühen Morgenstunden des 28. August 1921 von RevInsp Wacht mit neun Gendarmen bezogen worden. Gegen 19.00 Uhr kamen aus der fünf Kilometer entfernten Stadt Ödenburg 35 mit Gewehren und Handgranaten bewaffnete Freischärler in die Gemeinde und drangen in die Postenunterkunft ein. Trotzdem gelang es vier auf der Dienststelle anwesenden Beamten sich unbemerkt nach Eisenstadt abzusetzen. Nicht so glücklich verlief es für ihre Kameraden RevInsp Michael Trattner und Patrltr Karl Stadler, die sich gerade auf einer Patrouille in Oggau befanden und von dem Überfall nichts wissen konnten. Als diese gegen 22.00 Uhr auf den Posten in St. Margarethen einrücken wollten, wurden sie bereits am Ortsrand von den Freischärlern beschossen. Während dieser Kampfhandlungen wurde RevInsp Trattner tödlich getroffen und Patrltr Stadler leicht verletzt.

Auch der Posten Siegendorf wurde am 28. August bezogen. Der Überfall auf den GP ereignete sich in den Nachtstunden, während der Postenkommandant sich mit einem zweiten Beamten gerade auf einer Patrouille befand. Etwa ein Dutzend Freischärler nahm vier Gendarmen gefangen und verschleppte sie nach Ödenburg. Auch das auf der Dienststelle befindliche Gepäck, samt Ausrüstung, wurde geraubt.

Aber nicht nur im Norden, sondern auch im Süden des Burgenlandes wurden Posten überfallen und Gendarmen getötet oder verletzt. Als die Kolonne 7 unter dem Kommando von Gendarmerieoberinspektor Vycichl mit 202 Gendarmen und 22 Zollwachebeamten in Pinkafeld einmarschierte, geriet die Einheit unter starkes Maschinengewehrfeuer der Freischärler, wobei OberInsp Meyszner vom Landesgendarmeriekommando für Steiermark durch einen Oberschenkelsteckschuß schwer verletzt wurde.

Diese Kampfhandlungen am ersten Tag waren derart heftig, daß Gendarmerielandesinspektor Ornauer von dem italienischen Oberst Jivaldi, der den Vorsitz der interallierten Militärkommission in Ödenburg führte, angewiesen wurde, den Vormarsch der burgenländischen Gendarmeriekolonnen einzustellen. Dies führte vorerst zu einem Stillstand in der weiteren Landnahme, beendete jedoch für die nächsten Tage nicht die Kampfhandlungen mit den Freischärlern. Als von ungarischer Seite schließlich Militärtruppen eingesetzt wurden, zog sich die Gendarmerie am 9. September wieder in ihre Grenzexposituren zurück.

Dort jedoch sahen sich die Gendarmen sogleich neuen Aufgaben gegenüber: Die schwierige Situation hatte eine Flüchtlingswelle unter der deutschsprachigen Bevölkerung ausgelöst, welche die von den Kampfhandlungen noch völlig erschöpften Gendarmen vor neue Schwierigkeiten stellte.

Sturmwehr und Gendarmen, bereit zur Landnahme 1921.
Bild: LGK Burgenland

Somit blieb das Burgenland noch vorerst unter ungarischer Kontrolle. Doch erwies sich auch für die Ungarn die Situation als schwer kontrollierbar. Der Norden des Landes befand sich unter dem ungarischen Kommando von Major Ostenburg, im Süden unter dem Befehl von Paul Pronay. Diesem gelang es, die Führung an sich zu reißen und am 4. Oktober 1921 in Oberwart einen selbständigen und unabhängigen Staat mit dem Namen Leitha-Babat bzw. Lajtabansag auszurufen. Dieser Staat hatte jedoch nur kurzen Bestand und befand sich bereits nach einigen Wochen in Auflösung.

Der Protest der Republik Österreich bei der Pariser Botschafterkonferenz gegen die Präsenz ungarischer Freischärler im Burgenland hatte kaum eine Änderung der Lage zur Folge. Zwar wurde Ungarn ein Ultimatum zur Räumung der besetzten Gebiete gestellt, doch zog die ungarische Regierung nur ihre regulären Truppen zurück. Auf die Freischärler, so jedenfalls die ungarische Regierung, sei keine Einflußnahme möglich.

Somit war auch keine Lösung der Situation in Aussicht. Ebensowenig trat eine Phase der Entspannung ein. Im Gegenteil! Bis zum November 1921 kam es immer wieder zu Gefechten an der Grenze. Eine Inbesitznahme des Burgenlandes schien nicht ohne größeres Blutvergießen durchführbar zu sein.

Da kam Hilfe von außen! Italien und die Tschechoslowakei boten sich als Vermittler an. Man kam schließlich überein, sich in Venedig an den Verhandlungstisch zu setzen, um zwischen Österreich und Ungarn eine einvernehmliche Lösung zu finden. Schon die Zustimmung zu Verhandlungen bedingte, daß die Republik Österreich zu Zugeständnissen bereit sein mußte. Der Streitpunkt kreiste vor allem um das wirtschaftliche und kulturelle Zentrum des Gebietes – um die Stadt Ödenburg. Mit dem Abschluß der Venediger Protokolle am 30. Oktober 1921 wurde schließlich eine Volksabstimmung angesetzt, die über den Verbleib der Stadt Ödenburg und von acht umliegenden Ortschaften entscheiden sollte. Im Gegenzug garantierte Ungarn den Abzug der Freischärler.

Als sich diese auch tatsächlich bis zum 13. November 1921 zurückgezogen hatten, konnte nun dieses Mal das Österreichische Bundesheer und mit ihr erneut die Gendarmerie in das Burgenland einmarschieren und am 30. November 1921 die Landnahme formell abschließen. Noch am selben Tag wurde der Sicherheitsdienst für das ganze Burgenland aufgenommen. Ein noch provisorisches Landesgendarmeriekommando wurde in der damaligen Landeshauptstadt Sauerbrunn, dem heutigen Bad Sauerbrunn, errichtet.

Die ersten Aufgaben der Gendarmerie bestanden in der Befriedung der von zahlreichen Banden durchzogenen Landstriche, welche vor allem im Grenzgebiet bis in das Jahr 1922 andauerte. Ebenso hatte die Gendarmerie eine Flut von Anzeigen zu bewältigen, die sich während der Zeit der mangelnden Strafverfolgung angestaut hatte. Doch wurde die Gendarmerie auch für die Erhebung für statistisches Material eingesetzt, welches für den Aufbau der neuen Landesverwaltung notwendig war.

Am 5. Dezember 1921 konnte das Burgenland endgültig an Österreich übergeben werden.

Am 14. Dezember 1921 erfolgte die Volksabstimmung in Ödenburg und der umliegenden Ortschaften über die zukünftige Staatszugehörigkeit. Die von ungarischer Seite manipulierte Wahl hatte eine 64%ige Mehrheit für den Verbleib zu Ungarn zum Ergebnis. Zwar hatten die umliegenden Landgemeinden für Österreich gestimmt, doch entschied schließlich die Abstimmung in der Stadt. Das endgültige Landesgebiet war jedoch mit Ausgang dieser Abstimmung für das Burgenland noch nicht endgültig festgelegt: Als letzter Ort wurde die Gemeinde Luising im Jänner 1923 in das burgenländische Landesgebiet aufgenommen.

Quellen:
Archiv des LGK Burgenland
Gerhard Schlag, Die Kämpfe um das Burgenland. Bundesverlag

Gedenkstätte für die bei der Landnahme 1921 gefallenen Gendarmen.
Bild: LGK Burgenland

Wolfgang Bachkönig

Dezember 1921 – Die Volksabstimmung von Ödenburg

Mit der Zustimmung Österreichs zur Volksabstimmung war klar, daß Ödenburg mit den acht umliegenden Ortschaften für Österreich verloren war. Daß an keine echte und objektive Volksabstimmung gedacht war, war den Aussagen des den Verhandlungen beiwohnenden italienischen Generals Ferrario zu entnehmen. Bundeskanzler Schober hatte es verabsäumt, entsprechende Garantien für eine korrekte Durchführung der Volksabstimmung zu erreichen. Wie Augenzeugen noch heute berichten, haben damals selbst die Toten für einen Verbleib Ödenburgs bei Ungarn gestimmt. Man ging in die Friedhöfe, schrieb Namen von den Grabsteinen und trug diese in die Wählerlisten ein.

Die Volksabstimmung wurde für den 14. Dezember 1921 in Ödenburg und für den 16. Dezember 1921 in den acht umliegenden Ortschaften angesetzt. Zur Überwachung waren 150 französische, 120 italienische und 40 englische Soldaten eingesetzt. Den Oberbefehl hatte der Italiener Oberst Marini.

Wahlplakat zur Volksabstimmung in Ödenburg. *Bild: Landesarchiv*

Die Namenslisten der Stimmberechtigten erhielten die Österreicher erst zwischen dem 5. und 7. Dezember, weshalb eine Überprüfung unmöglich schien. Österreich protestierte zwar dagegen und ersuchte um Verlegung auf den 18. Dezember, was aber die Interalliierten ablehnten. Der Protest wurde zurückgezogen und die Volksabstimmung fand zum festgesetzten Zeitpunkt statt. Die Auszählung der Stimmen brachte dann auch das erwartete Resultat.

Das Ergebnis wurde am 18. Dezember 1921 kundgemacht und lautete: 65,2 % stimmten für den Verbleib bei Ungarn, 34,8% waren für Österreich. Den Ausschlag gab die Stadt Ödenburg, wo 72,8% für die bisherige Regelung stimmten. Die Bürger der umliegenden Gemeinden entschieden sich mit 52,8 % für einen Anschluß an Österreich.

Dieses Ergebnis, das selbst ungarische Pressestimmen als »beschämend« bezeichneten, hatten die Ungarn nur durch massivste Propaganda und unverhüllten Terror erreicht. In Ödenburg, wo auch der Grundstein für den Ausgang der Abstimmung gelegt wurde, wurden unter anderem viele Deutschsprachige von der Wahl abgehalten, während Studenten und Militär zur Vermehrung der Stimmen für Ungarn herangezogen wurden. Die österreichische Regierung protestierte zwar und wollte eine Wiederholung der Volksabstimmung erreichen. Es war aber von vornherein klar, daß man nichts erreichen würde. Der Antrag wurde dann auch erwartungsgemäß von der Pariser Botschafterkonferenz abgelehnt. Schon mit der Zustimmung zur Durchführung einer Volksabstimmung hatte man inoffiziell den Verlust Ödenburgs in Kauf genommen. Den Schein hatte man gewahrt und so nahm man jetzt auch den offiziellen Verlust zur Kenntnis. Daß aber die Bevölkerung auch noch nach dem Zweiten Weltkrieg darunter leiden würde, konnte man zu diesem Zeitpunkt nicht vorhersehen.

Es muß aber darauf hingewiesen werden, daß Ende 1921 und Anfang 1922 das Burgenlandproblem keineswegs die größte Sorge unserer Regierung bildete. Vielmehr hatte man mit der katastrophalen Wirtschaftslage zu kämpfen und man mußte auch versuchen, aus der wirtschaftlichen Isolierung herauszukommen.

Für die Regierung war es das kleinere Übel, den Verlust von 371 km^2 Boden und 56.416 Personen zu akzeptieren. Interessant, daß 29.239 Personen die deutsche, 5.912 die kroatische und 20.601 (648 waren anderssprechend) die ungarische Muttersprache hatten. Die Volksabstimmung ging dennoch für Ungarn aus !

Quelle

Gerald Schlag
Die Kämpfe um das Burgenland
Bundesverlag

Kurt Janetschek

Die Gendarmerie von 1922 bis 4. März 1933

Mit Jahresanfang 1922 traten zwei territoriale Bestimmungen in Kraft, die bleibende Bedeutung erlangen sollten: das »Ödenburger Ländchen« blieb – entsprechend einem Volksentscheid vom Dezember 1921 – für Österreich verloren, und die Trennung von Wien und Niederösterreich wurde rechtskräftig. Damit waren Österreichs politische Grenzen nach außen, aber auch im Innern (von nun an neun Bundesländer!) abgesteckt. Der Bundesregierung stand damals der parteilose Dr. Johannes Schober vor, der mit dem Vertrag von Lana die bisherige Isolierung Österreichs zu überwinden vermochte. Seine Annäherung an die Tschechoslowakei bildete die Basis für das steigende Vertrauen der internationalen Finanz in die Leistungsstärke Österreichs und damit auch für das Gewähren einer Völkerbundanleihe, die wieder der Grundstein für die wirtschaftliche Gesundung Österreichs werden sollte.

Auf eine innenpolitische Kuriosität sei noch hingewiesen: Schobers Regierungsarbeit ist vom 26. zum 27. Januar 1922 durch den »Eintagesbundeskanzler« Walter Breisky unterbrochen worden! Im Vordergrund der Politik der Regierung Schober stand die Stabilisierung der durch die Inflation herbeigeführten besorgniserregenden finanziellen Lage Österreichs. So konnten auf der Konferenz zu Genua, im April 1922, wohlwollende Kreditzusagen ausländischer Mächte erreicht werden. Doch während dieser Verhandlungen in Italien ereilte Schober die Nachricht von seinem politischen Sturz.

Nun nahm jener Mann, der schon längst die Fäden der österreichischen Politik gesponnen hatte, die Zügel fest in seine Hand, Prälat Dr. Ignaz Seipel, der Obmann der Christlich-Sozialen Partei. Durch zahlreiche Auslandsreisen versuchte nun auch er einflußreiche Finanzkreise für Österreich zu interessieren. Einen Höhepunkt stellte dabei sein Auftreten vor dem Völkerbund in Genf dar. Infolge seiner Überzeugungskraft sicherte er einige Millionen Goldkronen (Völkerbundanleihe!) Der Preis dafür war allerdings so hoch, daß heftige innenpolitische Streitigkeiten ausbrachen. Außerdem übernahmen internationale Finanzkreise die Vormundschaft über das Wirtschaftsleben und die Staatsgebarung Österreichs. Das Schreckgespenst der Inflation konnte jedoch gebannt werden. Denn gigantisch hatten sich bisher die Lebenshaltungskosten erhöht. Nimmt man z.B. die Lebensmittelausgaben einer Familie für den Juli 1919 mit 2.540,99 Kronen an, so muß man für den Juli des darauffolgenden Jahres schon 4.689,46 Kronen ansetzen. Im Juli 1921 lägen sie bei 9.054,16 Kronen und zwölf weitere Monate später bereits bei 296.734 Kronen!

Durch die gewaltige Entwertung der Krone hatten die Sparer ihre Einlagen verloren, die Schuldner ihre Schulden angebracht. Vor allem jene, die vom Rentenertrag gelebt hatten, verarmten vollends.

Als am 12. Juni 1922 innerhalb von 12 Stunden der Brotpreis von 940 auf 1.230 Kronen emporschnellte, zwei Monate darauf sogar schon bei 5.670 Kronen angelangt war, nahm die Unruhe in der Bevölkerung immer größere Ausmaße an. Zahlreiche Streiks lähmten das Wirtschaftsleben. Immer wieder war die Exekutive gefordert. Dabei hatte sie ebenfalls sehr unter der Inflation zu leiden. Wohl wurden Teuerungszuschläge, Aushilfen, Lebensmittelzubußen u. ä. gewährt, dennoch hinkten die Gehälter ständig der ungeheuren Teuerungswelle nach. Ab 1. Juli 1922 trat insofern eine Verbesserung ein, da von nun an durch ein Indexsystem und die Auszahlung des Monatsgehaltes in Teilbeträgen größere Härten genommen wurden.

Am 18. November 1922 wurden die österreichischen Notenpressen still gelegt und versiegelt. Damit konnten die eigentlichen Sanierungsmaßnahmen beginnen. Sie bezogen sich jedoch weitgehend nur auf die Währung. Eine echte Sanierung der Volkswirtschaft ist durch Seipel nicht durchgeführt worden. Dieses Versäumnis führte bald zu zahlreichen Arbeitsplatzverlusten und im Zusammenhang damit zu ständigen innenpolitischen Spannungen.

Durch die von der Regierung in Genf übernommenen Einsparverpflichtungen mußten in etwa 30 Monaten 85.000 Staatsbeamte freigesetzt werden! Natürlich wirkte sich diese Maßnahme auch auf die Gendarmerie aus. Von den rund 12.000 Beamten im Jahre 1921 blieben 1923 nur mehr 9.303 übrig. Und das, obwohl die Zahl der Dienstleistungen um rund 65.000 zugenommen hatte. Dabei nahm die Zahl der Gendarmeriebeamten bis 1927 weiter bis auf 5.930 ab!

Uniformierung; Postkartenserie aus 1924. Bild: Gendarmeriemuseum Wien

Nachdem Gendarmeriezentraldirektor Dr. Friedrich Gampp, der die schwierige Aufgabe der Umwandlung der militärischen Gendarmerie in einen Zivilwachkörper beispielhaft vollzogen hatte, in den Ruhestand versetzt worden war, mußte sein Nachfolger, Gendarmerielandesdirektor Georg Ornauer, eine nicht minder schwere lösen. Mit seiner gewaltig dezimierten Schar von Beamten sollte er Sicherheit und Ordnung in einem Staate garantieren, der von Zwiespalt geprägt war! Die für die Gendarmeriebeamten sich ergebenden Härten versuchte er zu mildern. Ornauer wollte das Beste und scheiterte dennoch. Vielfach angegriffen, ließ er sich 1924 in den Ruhestand versetzen. Sein schwieriges Amt übernahm Gendarmerielandesdirektor Franz Nusko.

Obwohl die Gendarmeriebeamtenschaft ständig vermindert worden war, vergrößerte sich der Umfang ihrer Arbeit laufend. So stieg z. B. von 1922 auf 1923 die Zahl der Verhaftungen von 26.991 auf 30.619, die der Anzeigen von 243.934 auf 276.044. Die Eskorten wiesen ein Mehr von über 500 auf und die Vorführungen ein solches von 1.500. Die Zahl der erledigten Poststücke erreichte 1923 fast die 2-Millionen-Grenze!

Seipels Sanierungsprogramm blieb nicht ohne Widerspruch. Neben den Kommunisten waren es vor allem die Sozialdemokraten, die sich gegen die Abhängigkeit vom ausländischen Kapital stellten. Ihr »Sprachrohr« Dr. Otto Bauer sah nach wie vor im Anschluß an Deutschland die einzige Alternative. Am Parteitag 1923 kündigte er der Regierung »verschärfte und verstärkte« Opposition an. Die Radikalisierung nahm ihren Weg, da auch Seipel nicht bereit war von seinem Kurs abzugehen.

Dazu kam, daß sich ab 1923 verstärkt Ortsgruppen der NSDAP zu bilden begannen. Hitler, Himmler, Goebbels und andere Größen der Nationalsozialistischen Deutschen Arbeiterpartei weilten zu deren Unterstützung in Österreich.

Da verstärkt Mißtrauen, Haß und Mißgunst das politische Leben prägten, war die Ausweitung der paramilitärischen Schutzverbände der

Parteien (Frontkämpfer, Heimwehr, Republikanischer Schutzbund usw.) nur eine logische Folge. Man erwartete eben ständig bewaffnete politische Auseinandersetzungen, wollte dabei die Oberhand behalten, und die gegebenen Rechte geschützt wissen.

Durch das Fehlen demokratischer Reife, von Toleranz und Kompromißbereitschaft, häuften sich jetzt politische Zusammenstöße, so am 17. Feber 1923, am 2. April (»Schlacht auf dem Exelberg«), am 4. Mai, am 30. September ... Immer gab es Verletzte, mitunter auch Tote zu beklagen. Man wollte dem politischen Gegner Stärke zeigen!

Wenn Wien damals als die »Stadt der starken Männer« bezeichnet wurde, so hatte das damit allerdings nichts zu tun. Vielmehr sind die errungenen Weltmeistertitel im Stemmen dafür verantwortlich zu machen. Auch im Eiskunstlauf errangen Österreichs Vertreter alljährlich zahlreiche internationale Titel und Medaillen. Sensationell jedoch war der erkämpfte Europameistertitel unser Eishockeynationalmannschaft!

Die Regierung Seipel zog nach und nach – und zwar trotz zahlreicher Anfeindungen (nicht zuletzt aus dem eigenen Lager) – ihre Finanzpläne durch: die Einführung neuer Steuern sowie die Herabsetzung staatlicher Ausgaben. Dabei ging die Regierung selbst mit gutem Beispiel voran, indem zwei ihrer Mitglieder eingespart und die Zahl der Ministerien um vier vermindert wurde. So wies man z. B. die inneren Staatsangelegenheiten dem Bundeskanzleramt zu. Im Nationalrat wieder setzte man die Zahl der Mandatare von 183 auf 165 herab!

Durch die gegebenen Umstände stieg natürlich die Zahl der Arbeitslosen. Verschiedene Maßnahmen sollten ihr Schicksal erleichtern helfen. So errichtete die Gemeinde Wien in fünf Jahren 25.000 Wohnungen. Bis 1934 waren es dann 60.000. Hinzu kamen noch zahlreiche soziale Einrichtungen, wie Kindergärten, Bäder, Parkanlagen, Sportstätten u. ä.

Große sportliche Erfolge bei den Olympischen Spielen bzw. Weltmeisterschaften leiteten das Jahr 1924 ein. Bald jedoch verdüsterte sich der Himmel über Österreich: eine Börsenkrise erschütterte unser Wirtschaftsleben. Zusammenbrüche verschiedener Banken, bedingt durch mißglückte Franc- und Aktienspekulationen folgten. Der dadurch eintretende allgemeine Produktionsrückgang, der wieder zahlreiche Betriebsstillegungen zur Folge hatte, löste eine Welle der Arbeitslosigkeit aus. Das Vertrauen in den jungen demokratischen Staat schwand zusehends, während der Einfluß paramilitärischer Verbände zunahm.

Ein Revolverattentat auf Bundeskanzler Dr. Seipel – das dieser schwer verletzt überlebte – legte u. a. Zeugnis für die Verhärtung der politischen Fronten ab. Eine fast ununterbrochene Kette von Streiks (1924 mehr als zwei Millionen bestreikte Arbeitstage!), eine Massendemonstration für das Durchsetzen der »Fristenlösung« sowie das stärker werdende Mitmischen der SA in Braunhemden beim Geschehen auf der Straße, sorgten bei der Exekutive für zusätzliche Arbeit. Da löste ein Eisenbahnerstreik den Rücktritt Seipels und seiner Regierung aus. Der Christlich-Soziale Dr. Rudolf Ramek bildete in Koalition mit den Großdeutschen eine neue. Kurz darauf wurde Dr. Michael Hainisch von der Bundesversammlung erneut auf vier Jahre zum Bundespräsidenten gewählt.

Das literarische Leben erlitt durch das Ableben von Alfons Petzold und Franz Kafka einen großen Verlust. Die Musikwelt beklagte den Tod von Carl Michael Ziehrer. Über 600 Märsche und Tänze sowie 22 Operetten hat er der Nachwelt hinterlassen.

Nicht unerwähnt bleiben darf, daß 1924 – anläßlich des 75. Geburtstages der Gendarmerie – der Gendarmerie-Jubiläumsfonds geschaffen worden war. Sein Hauptziel war die Unterstützung unverschuldet in Not geratener Beamter bzw. derer Familien.

Das Jahr 1925 begann mit einem Währungstausch. Anstelle von 10.000 Kronen trat nun ein Schilling (= 100 Groschen). Der damit geschaffene »Alpendollar« gehörte von nun an zu den stabilsten Währungen dieser Zeit. Die innenpolitischen Verhältnisse allerdings verschlimmerten sich fortlaufend.

Bei einer Protestversammlung kommunistischer Arbeitsloser am 7. April 1925 hatte die Exekutive zehn verletzte Beamte zu beklagen. Dauernd fanden regierungsfeindliche und antisemitische Demonstrationen statt; ebenso Anschlußkundgebungen. Hauptbetreiber waren die Nationalsozialisten, die auch für das Attentat auf den jüdischen Schriftsteller Hugo Bettauer verantwortlich zeichneten. Bei einer Auseinandersetzung zwischen ihnen und Schutzbündlern am 20. Mai 1925 in Mödling kam der sozialdemokratische Gemeinderat Leopold Müller ums Leben. »Nur« Verletzte, nämlich 21 zählte man beim »Stockerauer Zusammenstoß« im Juli. Und auf diese Art ging es weiter.

Unterdessen kam es beim Gendarmeriekorps mittels Bundesgesetz zu einer bemerkenswerten Änderung: die Bahngendarmerie wurde aus dem Korps ausgegliedert und der Wiener Polizeidirektion unterstellt. Im Dezember 1918 zur Verhinderung der vielen Diebstähle und Plünderungen von Bahngut aufgestellt, hat diese Sondereinheit ursprünglich verschärften Sicherheitsdienst auf Wiener Bahnhöfen geleistet. Darüber hinaus bot sie die Möglichkeit, bei Bedarf an größeren geschlossenen Einheiten zu schnell notwendig gewordenen Einsätzen auf sie zurückgreifen zu können. Milliardenschäden konnten so verhindert bzw. aufgeklärt werden. Ein Beispiel: durch gute Zusammenarbeit verschiedener Bahngendarmeriedienststellen konnte 1921 ein auf listige Weise entführter Eisenbahnwaggon mit kostbarem Ladegut sichergestellt und die drei italienischen Täter festgenommen werden. Ein anderes: monatelang kam es auf der Strecke Wien–Krems–Grein zu großangelegten Diebstählen. Durch Indizien gelang die Überführung von 102 (!) Tätern, davon waren 28 Eisenbahnbedienstete. Die Kette der Erfolge der Bahngendarmerie könnte beliebig lange fortgesetzt werden.

Bei der Aufklärung der Fälle half nicht unwesentlich die laufende Weiterentwicklung technischer Hilfsmittel. Einzig die großen finanziellen Schwierigkeiten des Staates waren ein Hemmschuh bei der vollen Umsetzung eines geradezu revolutionären Modernisierungsplanes der Gendarmerie.

Neue Vervielfältigungsapparate standen ab 1924 zur Verfügung, elektrische Taschenlampen ab 1927. Im gleichen Jahre setzte eine großzügige Motorisierung ein.

Gendarmerie-Kraftradfahrer ab 1927. *Bild: Gendarmeriemuseum Wien*

Jedes Bezirksgendarmeriekommando bekam ein Motorrad zugeteilt. Daneben standen über 1.600 Fahrräder zur Verfügung. Allerdings verfügten 1923 von rund 1.300 Gendarmeriedienststellen nur 429 über einen Telefonanschluß. Dafür waren es fünf Jahre später bereits 1.174!

Der bedeutenden Zunahme des Schriftverkehrs wurde Rechnung getragen, indem Schreibmaschinen in den Kanzleien Einzug hielten »wenn auch viel zu wenige«. Doch da halfen dann der Diensteifer und der gute Geist der Beamten nach, die mit eigenen Mitteln Maschinen anschafften und für den Dienstbetrieb zur Verfügung stellten!

Schreibmaschine bedeutete großen Fortschritt im Gendarmeriealltag.
Bild: Gendarmeriemuseum Wien

Änderungen traten zu dieser Zeit nicht zuletzt bei der Ausbildung der Beamten ein. Eine »Höhere Gendarmeriefachschule«, später Gendarmerieakademie genannt, sorgte für eine entsprechende Schulung der zukünftigen leitenden Beamten (Gendarmerieabteilungsinspektoren). Bei den niederen und höheren Fachprüfungen lag die Leistungslatte schon so hoch, daß nur Leute mit ausgezeichnetem Wissen sowie mustergültiger Einstellung in Führungspositionen gelangten. Um für spezielle Dienstleistungen gewappnet zu sein, sind Sonderkurse abgehalten worden, so für Alpin- und Schiausbildung, für Rettungsschwimmen und Zillenfahren.

Im Dienstvollzug, im Rahmen des Ausforschungsdienstes, hielten das Lichtbildwesen und die Daktyloskopie mit Zinkplatten Einzug. Ende 1928 bestanden außerdem auf unserem Bundesgebiet bereits 11 Kriminalhundestationen.

Ende 1925 gab besonders die außenpolitische Situation Österreichs zu denken Anlaß. Die Spannungen mit Italien hatten sich zusehends verstärkt, da dieses argwöhnisch auf die deutliche Verbesserung der Beziehungen zwischen Österreich und den übrigen Donaustaaten blickte. Ebenso auf die vielfach von deutscher Seite unterstützten Anschlußbestrebungen, die noch immer eine zu betreibende Wiedereingliederung des verlorenen Südtirols einschlossen. Gerade diesen Bestrebungen wirkte jedoch die seit 1922 regierende faschistische Partei mit Benito Mussolini durch eine verstärkte Italianisierung Südtirols entgegen. Dabei wurde sie von den Ententemächten unterstützt.

Heeresminister Vaugoin gelang in dieser verzwickten Lage ein diplomatisches Meisterstück. Er brachte es zuwege, daß sich im Falle eines Einmarsches italienischer Truppen in Tirol der Republikanische Schutzbund der Arbeiterschaft und die Heimwehr des bürgerlichen Lagers einem gemeinsamen Bundesheerkommando unterzuordnen bereit wären.

Im Jänner 1926 fand wieder einmal ein Rücktritt der Bundesregierung statt. Dr. Rudolf Ramek bildete ein neues Kabinett, das allerdings nur neun Monate im Amt blieb. Ein Zeichen für die große innenpolitische Instabilität. Es folgte als Bundeskanzler ein bekannt »starker« Mann: Dr. Seipel. Die Antwort von sozialdemokratischer Seite ließ nicht lange auf sich warten. Am Parteitag in Linz legte Dr. Otto Bauer ein vielschichtiges, neues Programm vor. Es ist das klassische Dokument des »Austromarxismus«, der über eine politische Ideologie hinaus (Diktatur des Proletariats), eine umfassende Bewegung mit eigener Kultur- und Lebensform vorstellt, und auch zu verwirklichen trachtet. Nicht unerwähnt darf – gerade im Zusammenhang mit dem derzeitigen Entwicklungsprozeß ein gemeinsames Europa betreffend – der erste Kongreß der Paneuropa-Bewegung im Wiener Konzerthaus, vom 3.– 6. Oktober 1926, bleiben. Den Vorsitz führte Richard Nikolaus Graf Coudenhove-Kalergi. Auf dem Wirken dieser Bewegung fußt das Werden zahlreicher europäischer Institutionen, wie Europaparlament, Europarat etc.

Als das Jahr 1926 sich dem Ende zuneigte, beklagten viele den Tod dreier besonders verdienter Persönlichkeiten: Albin Egger-Lienz (expressionistischer Maler), Rainer Maria Rilke (Lyriker) und Fritz Franz Maier (Schiffskonstrukteur).

Das Jahr 1927 begann sehr turbulent. Im burgenländischen Schattendorf erfolgte ein politischer Zusammenstoß mit weitreichenden Auswirkungen. Örtliche paramilitärische Verbände provozierten sich gegenseitig, bis schließlich zwei Tote und elf Verletzte am Platz des Geschehens lagen. Nicht zuletzt deshalb standen die Nationalratswahlen im April im Zeichen eines erbittert geführten »Klassenkampfes«. »Bürgerliches« oder »Rotes« Österreich, das war die zu klärende Frage.

Die von Seipel geführte »Einheitsliste« (Christlich-Soziale, Großdeutsche und Landbund) siegte und bildete eine Mehrheitsregierung, die jedoch weiterhin steigenden innenpolitischen Spannungen ausgesetzt war. Das umso mehr, als nun verstärkt Rechts- und Linksextremisten in das politische Tagesgeschehen eingriffen. Am 15. Juli 1927 kam es dann zur emotionell gesteuerten Entladung.

Der am Tage zuvor zu Ende gegangene »Schattendorfer Prozeß« gegen die »bürgerlichen« Todesschützen, brachte diesen einen Freispruch durch das Geschworenengericht. Die große Empörung darüber in der Arbeiterschaft mündete in Streiks und Demonstrationen. Die Ereignisse eskalierten. Der Justizpalast ging in Flammen auf. In der folgenden Auseinandersetzung blieben 89 Tote, davon vier Exekutivbeamte, und weit über 1.000 Verwundete, darunter rd. 600 Polizisten, am Ort des Unglücks zurück.

Die Folgen dieses Tages begleiteten die junge Republik weit in die Zukunft. Die Auseinandersetzungen fanden bald nicht nur unter den Anhängern verschiedener politischer Gesinnungsgruppen, sondern in verstärktem Maße auch innerhalb dieser statt. So trat Dr. Bauer gegenüber der Bundesregierung für einen harten, kompromißlosen Kurs ein, während Dr. Renner einen gemäßigten vertrat, der sogar die Teilnahme an der Regierungsverantwortung nicht ausschloß.

Für das Gendarmeriekorps brachte das Jahr 1927 den Beginn einer planmäßigen alpinen Ausbildung. In ihren Grundzügen läßt sich sogar die heutige Alpinvorschrift noch auf die damals gegebene zurückführen.

Ein Erlaß aus dem gleichen Jahre, das Verkehrswesen betreffend, verdient ebenfalls Aufmerksamkeit. Da es vor allem an Wochenenden zu einer größeren Zahl von Verkehrsunfällen gekommen war, mußten von nun an samstags ab 12 Uhr und sonntags von 7 Uhr bis zum Eintritt der Dunkelheit die Ortseingänge an wichtigen Durchzugsstraßen mit einem Gendarmeriebeamten besetzt werden. Dieser hatte – ausgerüstet mit einer schrillen Signalpfeife – durch Hochheben der Hand und gleichzeitigem Zuruf »Ortschaft, langsam fahren!« sämtliche Raser einzubremsen!

Gleichzeitig kündigte man zur Hebung der Verkehrssicherheit die Aufstellung einer »Verkehrsbrigade« an. Das war die Geburtsstunde der Verkehrsabteilung.

Neben sinnvollen Erneuerungen gab es jedoch zu dieser Zeit eine Reihe organisatorischer Maßnahmen, die wenig oder keinen Gewinn für den Dienstvollzug brachten, ja vielfach sich sogar als nachteilig erwiesen. Sie mußten mitunter in den Folgejahren rückgängig gemacht werden.

Das Jahr 1927 endete mit dem wohl bedeutendsten Betrugsprozeß der Ersten Republik. In diesem »Fall Marek« ging es immerhin um 400.000 US-Dollar. Später konnten Frau Martha Marek nicht nur zahlreiche Betrügereien nachgewiesen werden, sondern auch die Ausrottung ihrer Familie mittels Rattengift. Das Fallbeil bereitete ihrem Leben 1938 ein Ende.

Mit sportlichen Welterfolgen begann für Österreich das Jahr 1928. Man stellte den Weltmeister im Tischtennis, sowohl bei den Damen als auch bei den Herren. Außerdem konnten bei den Olympischen Winterspielen bzw. den Weltmeisterschaften eine Reihe von Medaillen errungen werden. Ähnliche sportliche Erfolge stellten sich auch in den folgenden Jahren ein.

Die Radikalisierung in der politischen Landschaft nahm jedoch weiter zu. So sprengte am 24. März 1928 die Heimwehr im kärntnerischen Feldkirchen eine sozialdemokratische Arbeiterversammlung, wobei es 22 Verletzte gab. Um aber die Arbeiterschaft vom sozialdemokratischen Druck zu befreien, gründete der christlich-soziale Abgeordnete Leopold Kunachak den »Freiheitsbund«.

Furcht und großes Bangen herrschte als Heimwehr und Republikanischer Schutzbund gleichzeitig Großkundgebungen für den 7. Oktober in Wiener Neustadt anmeldeten. An dieser Provokationsveranstaltung nahmen rund 20.000 Heimwehrleute, meistens aus der Steiermark, und an die 16.000 Schutzbündler teil. 8.000 Mann der Exekutive, davon 2.200 Gendarmeriebeamte, gelang die Verhinderung jeglicher Zwischenfälle. Dagegen gab es beim großen Heimwehraufmarsch in Innsbruck am 12. November, bei Auseinandersetzungen mit sozialdemokratischen Arbeitergruppen, eine Anzahl von Verletzten.

Die Heimwehr durfte sich immer mehr der Unterstützung von Bundeskanzler Dr. Seipel erfreuen, dessen Worte »ja, ich bekenne mich zu den Heimwehren«, diesen eine beachtliche politische Aufwertung brachten. Dazu stellte Italien nicht unbedeutende finanzielle Mittel zu ihrem Aufbau zur Verfügung. Kunachak, als Verfechter demokratischer Zielsetzungen, trat dagegen stets gegen die autoritär ausgerichtete Heimwehrbewegung und für die Verständigung der beiden großen politischen Lager ein.

In den folgenden Monaten ereigneten sich weitere politische Zusammenstöße, die zahlreiche Opfer forderten: am 3. Februar 1929 in Gloggnitz, am 24. März in Gratwein und am 1. Mai in Kapfenberg. Besonders tragisch verlief jedoch eine politische Auseinandersetzung in St. Lorenzen im Mürztal am 18. August, wobei es neben 250 Verletzten auch drei Tote zu beklagen gab. Eine weitere in Vösendorf bei Wien kostete dem Heimwehrmann Franz Janisch, der zusätzlich NSDAP-Mitglied war, das Leben. Er galt für die NSDAP als erster Blutzeuge für ihre Ideenwelt auf österreichischem Boden.

Immer lauter erscholl der Ruf nach einer vom Druck bewaffneter Gruppen unabhängigen Regierung. Dr. Seipel mußte zurücktreten und Bundespräsident Dr. Wilhelm Miklas, der Nachfolger von Dr. Michael Hainisch, beauftragte Ernst Streeruwitz mit der Bildung einer neuen Regierung. Doch bereits nach wenigen Monaten mußte dieser dem langjährigen Polizeipräsidenten von Wien, Dr. Johann Schober, seinen Sessel überlassen. Nach erbitterten parlamentarischen Kämpfen gelang es dem Bundeskanzler jene Verfassungsreform durchzuboxen, die dem Bundespräsidenten vermehrte Machtbefugnisse zuteilte.

Bundespräsident Miklasch schreitet Ehrenformation der Gendarmeriezentralschule ab. Bild: Gendarmeriemuseum Wien

Gleichzeitig bemühte sich Dr. Schober – im Gefolge von Einsparungsmaßnahmen – eine Reihe von Reformen zur Verwaltungsvereinfachung durchzusetzen. Soweit diese die innere Struktur der Bundesgendarmerie betrafen, z. B. die Auflassung der 38 Abteilungskommanden, brachten sie weder dienstliche Vorteile, noch den erwünschten Spareffekt. Einsparungen traten allerdings durch die weitere Verminderung des Personalstandes im Gendarmeriekorps ein. Von 5.930 systematisierten Posten im Jahre 1928 blieben 1929 nur mehr 5.869. Und das, obwohl die Zahl der Dienstleistungen ständig im Steigen begriffen war; vor allem die für den Verwaltungszweig der sozialen Fürsorgeleistungen: (1928: 814.173, 1929: 1,040.580, 1930: 1.399.195, 1931: 1,530.320, 1932: 1,787.155). Vielfach hatte diese Entwicklung mit der sich verschlechternden wirtschaftlichen Lage zu tun.

Infolge des New Yorker Börsenkrachs am »Schwarzen Freitag« (25. Oktober 1929) begann die Weltwirtschaftskrise ihren Lauf zu nehmen. Verstärkt durch die unsicheren innenpolitischen Verhältnisse wirkte sie sich rasch auch in Österreich aus. Wegen des Abziehens zahlreicher Guthaben von den Banken kam es zu finanziellen Schwierigkeiten der Geldinstitute, die sich bis zur Zahlungsunfähigkeit steigerten. Andererseits führte die vermehrte Rationalisierung zur Produktionsvermehrung und in Folge zu Absatzkrisen. So mußten immer mehr Betriebe ihre Produktion einschränken, mitunter sogar ihre Tore schließen. Die Arbeitslosenzahl stieg sprunghaft an (Oktober: 125.850, November: 167.487, Dezember: 226.567). Ihre Spitze erreichte sie im Feber 1932, wo man insgesamt 401.321 zu unterstützende Dienstnehmer zählte. Die Gesamtzahl der Arbeitsuchenden betrug sogar 600.000!

Die daraus hervorgehende wirtschaftliche Not vieler heizte die mißliche Stimmung auf der Straße neu an und schuf laufend vermehrte Arbeit für die Exekutive. 1929 bestanden 1.329 Gendarmeriepostenkommanden, die acht Landesgendarmeriekommanden zugeordnet waren. Zur Unterstützung der Beamten hatten bereits im Jahre vorher der »Gendarmerieverband«, eine freie Gendarmeriegewerkschaft, bzw. parallel dazu die »Berufsvereinigung der Gendarmeriebeamten Österreichs« ihre gewerkschaftliche Tätigkeit aufgenommen. Die Standesvertretung erreichte nach langen Bemühungen 1929 eine Vergütung des Inspektions- und Bereitschaftsdienstes mittels Zulage.

Im gleichen Jahre erschienen die »Fahndungsvorschrift für die österreichische Bundesgendamerie«, verschiedene neue Bestimmungen für das Verfahren in Waffengebrauchsfällen, eine Instruktion für die Verwendung von Schnellhindernissen, eine Grundsatzregelung betreffend die Nachrichtenübermittlung an die Presse sowie eine provisorische Vorschrift für den Dienst mit Fahrrädern und Kraftfahrzeugen. Außerdem wurde mit der Ausbildung von Trompetern und Sanitätern begonnen. Dem Einrichten einer ersten Brieftaubenstation beim Landesgendarmeriekommando für Niederösterreich folgten bald die anderen Kommanden.

Gendarmerie-Brieftauben in Niederösterreich. Sie wurden auch in Tirol zur Nachrichtenübermittlung eingesetzt. Bild: Gendarmeriemuseum Wien

Doch auch der gefallenen bzw. verunglückten Kameraden gedachte man. Im Mai 1928 war bereits am Gebäude des Landesgendarmeriekommandos für Niederösterreich eine Gedenkstätte für diese errichtet worden, der bald weitere folgen sollten.

Unterdessen fiel der Gendarmeriezentraldirektor Franz Nusko beim Bundeskanzler – wegen der Ablehnung von dessen Reformplänen – immer mehr in Ungnade. Die ständigen Schwierigkeiten, die er bei der Durchsetzung seiner Aufbauarbeit vorfand, nötigten ihn schließlich Ende 1929, obwohl erst 50-jährig, in den Ruhestand zu treten. Die Nachfolge trat sein Stellvertreter Jakob Burg an.

Etwa gleichzeitig nahm der ehemalige Gendarmerielandesdirektor Karl Schindler eine Berufung als Berater für den Aufbau der Exekutive ins ferne China an. Dort konnte er nicht zuletzt bei der Ausbildung der Leibgarde des Marschalls Tschiang-Kai-schek seine Erfahrungen und Kenntnisse aus Österreich gut verwerten.

Informationsaustausch Österreich–China 1929. Chinesische Polizeioffiziere mit Gendarmerie-Stabsrittmeister Dr. Kreml und Gendarmerie-Rittmeister Stöger. Bild: Gendarmeriemuseum Wien

Österreichs ausgezeichneter Ruf im Ausland wurde aber auch durch beachtliche Leistungen sportlicher, wissenschaftlicher und kultureller Art unter Beweis gestellt. Karl Schäfer wurde von 1930 an sechs Jahre hindurch Weltmeister im Eiskunstlauf. Der Schwerathlet Franz Andrysek und die Fechterin Ellen Müller-Preis kehrten von den Olympischen Spielen mit Goldmedaillen heim. Unser Fußball-Wunderteam, das im Juli 1931 eine neue Heimstätte im Wiener Stadion erhalten hatte, eilte von Erfolg zu Erfolg: Schottland wurde 5:0, Deutschland 5:0, die Schweiz 2: 1, Italien 2:1 und »Erbfeind« Ungarn sogar 8:2 besiegt!

Salzburg aber wurde damals nicht zuletzt wegen seiner Festspiele – innig verbunden mit den Namen Max Reinhardt, Richard Strauss und Hugo von Hofmannsthal – zu einer Kulturmetropole. Unvergessen Richard Tauber als Don Ottavio in »Don Giovanni« oder Werner Krauß in »Jedermann«, den Tod in Lederhosen(!) spielend. Ein Arthur Schnitzler (gest.1931) hinterließ im literarischen Leben ebenso seine Spuren wie Anton Wildgans (gest. 1932). Willi Forst, einer der ganz Großen in der glitzernden Filmwelt, feierte seine erste bedeutende Rolle in »Atlantik«. Rastlos schuf auch Architekt Clemens Holzmeister an seinen Werken im In- und Ausland. Die Reihe anerkannter österreichischer Persönlichkeiten könnte beliebig lange fortgesetzt werden !

Nachdem 1928 der Lyriker Ottokar Kernstock, von dem u. a. der Text zu einer österreichischen Bundeshymne (1934–38) stammt, verstorben war, folgten ihm 1929 vier weitere bedeutende Österreicher in den Tod: die Erfinder Auer von Welsbach (Gasglühlicht) und August Musger (Zeitlupe), der Arzt und Ernährungswissenschaftler Clemens Pirquet sowie der Nobelpreisträger für Chemie, Richard Zsigmondy.

Österreich war damals bereits von drei Seiten von Staaten mit autoritären Regimen umgeben. Der Ruf der Heimwehren sowie eines Teiles der Christdemokraten nach einem »starken« Mann fand Niederschlag in der Ernennung von Bundeskanzler Dr. Johann Schober. Er verzeichnete bald beachtliche außenpolitische Erfolge, so die Beseitigung der Reparationslasten. Eine innerpolitische Stabilisierung, die vor allem durch eine zeitgerechte Entwaffnung der paramilitärischen Verbände hätte erreicht werden können, blieb ihm allerdings versagt. Die Parteienvertreter vergriffen sich zunehmend bei ihren Verhandlungen im Ton, und da jeder sich hintergangen fühlte, wuchs das schon gegebene Mißtrauen, wodurch es zu einer weiteren Verschärfung der schon vorhandenen Gegensätze kam. Durch den »Korneuburger Eid« der Heimwehren wollten diese kein Anhängsel politischer Parteien sein, sondern eine eigene politische Kraft darstellen, die »nach der Macht im Staate greifen, und zum Wohle des Volkes Staat und Wirtschaft neu ordnen« wollte.

Der westlich-demokratische Parlamentarismus und der Parteienstaat wurden verworfen. Jeder Kamerad habe Bekenner einer neuen deutschen Staatsgesinnung zu sein und drei Gewalten anzuerkennen: den Gottesglauben, seinen eigenen harten Willen und das Wort seiner Führer. In der Heimwehrführung herrschten darüber geteilte Ansichten; auch in der Regierung. Deshalb trat nun Schober zurück. Es folgte Carl Vaugoin als Bundeskanzler.

Die Minderheitsregierung Vaugoin fristete nur ein kurzes Dasein. Als Folge durchgeführter Nationalratswahlen kam es im Dezember 1930 zur Bildung einer neuen Regierung unter Dr. Otto Ender.

Unterdessen wurde erstmals ein österreichischer Fußballverein Sieger des seit 1927 ausgetragenen Mitropacups: Rapid Wien.

In Graz verstarb damals einer der Pioniere der mikrochemischen Forschung: Nobelpreisträger Fritz Pregl. Ebenfalls in der steirischen Landeshauptstadt hatte am 1. Januar 1930 die Gendarmeriezentralschule ihren Betrieb aufgenommen, nachdem schon im Jahre vorher Chargenschüler in einem Kurs ausgebildet worden waren. Die Ausbildung zu Postenkommandanten, zu leitenden Beamten, die Fortbildung dieser und – nicht zuletzt die Abhaltung von Spezialkursen für Funker, Kraftfahrer, Lichtbildner u. ä. waren die gesteckten Ziele dieses Bildungsinstitutes. Gendarmerieanwärter allerdings sollten bei den Ergänzungsabteilungen der Landesgendarmeriekommanden geschult werden. Erster Kommandant der dem Bundeskanzleramt direkt unterstellten Lehranstalt wurde Dr. Arno Lichem. Auf ihn folgte 1934 Ernst Sieber.

Noch im Jahre 1930 sind – in Verfolgung der Reformpläne Schobers – alle sicherheitsdienstlichen Angelegenheiten in der »Generaldirektion für die Öffentliche Sicherheit« zusammengefaßt worden. Die Abteilung 3 (GD 3) übernahm dabei die Gendarmerieangelegenheiten.

Die allgemeine Lage und verschiedene besondere Vorfälle erforderten damals die Anschaffung von Waffenschränken auf den Gendarmerieposten. Für die Bewaffnung waren vorhanden: 1. der Stutzen, Muster 1895, mit Bajonett samt Scheide, 2. die Pistole, ab Feber 1932 die achtschüssige Steyr-Repetierpistole, 9 mm, M 12, 3. der Gendarmeriesäbel, 4. der lange Säbel (für den Patrouillendienst). Intensiv wurde zusätzlich die Ausrüstung mit schweren Maschinengewehren und Handgranaten betrieben.

Zwei besondere politische Ereignisse des Jahres 1931 gehören herausgehoben: die mit großer Anstrengung betriebenen Zollunion-Pläne mit Deutschland sowie der Putschversuch des steirischen Heimwehrkommandanten Dr. Walter Pfriemer.

Das erstgenannte war eine verhängnisvolle Aktion, die auf heftigen Widerstand vor allem Frankreichs stieß und daher aufgegeben werden mußte. Das zweitgenannte, als »Sonntagsputsch« in die Geschichte eingegangen, bewies, daß der Heimatschutz – eingeschworen auf den »Korneuburger Eid« – seine Ideen auch mit Waffengewalt durchzusetzen bereit war. Es gab Tote und Verwundete, doch nach einem Tag waren Ruhe und Ordnung wiederhergestellt.

Panzerwagen für die Gendarmerie. *Bild: Gendarmeriemuseum Wien*

Unterdessen war mit Dr. Karl Buresch ein neuer Bundeskanzler in dieses Amt eingetreten. Zusehends verschlechterte sich die wirtschaftliche und damit auch die soziale Lage im Lande. Vorübergehend rettende Auslandskredite brachten eine Abhängigkeit vom ausländischen Kapital. Arbeitslosigkeit und Not bildeten die Basis für den rasch zunehmenden Radikalismus, der schon 1932 voll zum Tragen kam. So hatten bei den Landtagswahlen in Wien, Niederösterreich, Salzburg und Vorarlberg die Nationalsozialisten gegenüber der Nationalratswahl 1930 beachtliche Gewinne zu verzeichnen gehabt. Sie vermehrten ihr Stimmenpotential um das Fünffache, von 66.000 auf 336.000 Stimmen. 15 ihrer Mandatare zogen in den Wiener Landtag ein, 8 in den niederösterreichischen und 6 in den salzburgischen. Ähnliche Abstimmungsergebnisse ergaben sich bei den in Kärnten und der Steiermark abgehaltenen Kommunalwahlen.

Am 20. Mai 1932, vierzehn Tage nach dem Rücktritt der Regierung Buresch, trat der bisherige Landwirtschaftsminister Dr. Engelbert Dollfuß an die Spitze einer neuen Bundesregierung. Damit begann jener Mann Regierungsverantwortung zu übernehmen, der in den Fußstapfen Ignaz Seipels marschierend, dem Staat eine Radikalkur verordnete, die schließlich zu einer völligen Neustrukturierung führen sollte. Das Ziel hieß: Schaffung eines totalitären Ständestaates!

Immer heftiger bekämpften sich die drei bestimmenden politischen Gruppen in unserem Lande: die Christlich-Sozialen, die Sozialdemokraten und die Nationalsozialisten. Die wirtschaftliche Not vieler heizte die herrschende Atmosphäre noch weiter auf.

Am 27. Mai 1932 kam es in Hötting bei Innsbruck zu einer Saalschlacht, am 10. Juli in Göß bei Leoben, am 16. Oktober in Wien-Simmering und am 4. Dezember in Wolfern/OÖ. zu schweren Zusammenstößen. Zahlreiche Opfer waren zu beklagen. Die Exekutive hatte Hochbetrieb. Oftmals konnten die Beamten monatelang kein freies Wochenende genießen. Sämtliche Erholungsurlaube waren gesperrt.

Das Jahr 1933 begann mit der sogenannten Hirtenberger Waffenaffäre. Kriegsmaterial aus Italien nahm seinen Weg über eine vorgetäuschte »Reparatur« in Hirtenberg nach Ungarn. Ein Teil dieser Waffen war außerdem für die Heimwehr bestimmt. Heftige Proteste im In- wie im Ausland (Verletzung der Bestimmungen von St. Germain!) waren die Folge.

Für die weitere historische Entwicklung wurde jedoch besonders die Ernennung Adolf Hitlers zum deutschen Reichskanzler am 30. Januar 1933 von ausschlaggebender Bedeutung.

In Österreich stand damals die Dollfuß-Regierung auf schwachen Beinen, da sie sich im Nationalrat bloß auf die Mehrheit von einer Stimme stützen konnte. Ein politischer Balanceakt!

Die Schwierigkeiten, denen sich der Bundeskanzler im Hohen Haus immer wieder gegenüber sah, waren sicherlich nicht dazu angetan seine sowieso nur bescheiden vorhandenen parlamentarischen Neigungen besonders zu beleben.

Da führte ein Eisenbahnerstreik am 4. März 1933 zu einer hitzig geführten Debatte im Nationalrat, deren Produkt schließlich der Rücktritt der drei Nationalratspräsidenten war. In diesem, in die Geschichte als »Selbstausschaltung des Nationalrats« eingegangenen Ereignis, erblickte Dollfuß eine wahrlich geschenkte Gelegenheit das Hohe Haus aus dem politischen Geschehen zu verbannen. Geschickt und kaltblütig verstand er es, diese Situation für das Durchsetzen seiner politischen Ziele zu nützen. Der Weg in den autoritären Staat war frei!

Verwendete Literatur

Scheithauer Brich, Woratschek Grete, Tscherne Werner: Geschichte Österreichs in Stichworten, 4. u. 5. Bd. Wien 1976 bzw. 1983
Lexikon zur Geschichte und Politik im 20. Jh., hrsg. von Stern Carola etc., Köln 1971
Kleindel Walter: Österreich. Daten zur Geschichte und Kultur, Verlag C. Ueberreuter, Wien 1978
Neubauer Franz: Die Gendarmerie in Österreich 1849–1924, Wien 1925
80 Jahre Sicherheitswache, hrsg. von der Bundespolizeidirektion Wien, Wien 1949
Die Gendarmerie in Österreich 1849–1974, Graz 1974
75 Jahre Österreichische Gendarmerie, in: »Öffentliche Sicherheit« (Jubiläumsnummer), Wien 1924
Fürböck Johann: Die Österreichische Gendarmerie in den beiden demokratischen Republiken, Heft 11, Wien 1965
Heinrich Michetschläger: Unser Österreich, Wien 1935
Mit den Objektiv von heute, Jb. d. Österr. Bundesgendarmerie
Almanach der Österreichischen Bundesgendarmerie, versch. Jge.
Österreich von 1918–1934, in »Österreich in Geschichte und Literatur«, Sonderheft 1960
Österreich Lexikon, Insp. v. Maria Bamberger etc. 2 Bde., Wien 1995

Wolfgang Bachkönig

Die Schüsse von Schattendorf – eine Grenzgemeinde schreibt österreichische Geschichte

Das Jahr 1927 ist in Österreich untrennbar mit dem Brand des Justizpalastes in Wien verbunden. Dieser Brand aber hat seine Wurzeln in der Grenzgemeinde Schattendorf, im Bezirk Mattersburg, das damals 2.500 Einwohner zählte. Die Schüsse von Schattendorf leiteten indirekt jene Radikalisierung in der österreichischen Innenpolitik ein, an deren Ende die Abschaffung der Demokratie und die Auflösung der Parteien stand. Sozialdemokraten und Christlichsoziale hatten schon 1923 vereinbart, im Burgenland keine privaten Wehrverbände aufzustellen. Im neuentstandenen Bundesland wollte man alle parteipolitischen Unruhen vermeiden, um Ungarn keinen Anlaß für eine bewaffnete Intervention zu geben. Diese Vereinbarung hielt aber nur einige Jahre. Die Unruhen begannen bereits zum Jahreswechsel 1925/26, als rechtsgerichtete Frontkämpfergruppen auch in sozialdemokratischen Gemeinden der Bezirke Eisenstadt, Mattersburg und Oberpullendorf gegründet wurden. Besonders die Orte an den Bahnlinien und in der Grenzregion um Ödenburg wurden von den Frontkämpferorganisationen erfaßt. Das hatte einen besonderen Grund: Das rechtsgerichtete Horthy-Regime in Ungarn unterstützte die Frontkämpfer und auch die Heimwehren mit Geld und Waffen. Die Sozialdemokraten reagierten mit dem raschen Aufbau von Ortsgruppen des Republikanischen Schutzbundes. Auseinandersetzungen zwischen diesen »Privatarmeen« blieben nicht aus. Und die Schüsse von Schattendorf waren eine traurige, jedoch fast zu erwartende logische Folge.

Chronologische Schilderung der Ereignisse

In den Nachmittagsstunden des 30. Jänner 1927 sollte in einem Gasthaus eine Versammlung der Frontkämpfervereinigung, zu der auch

Ehrenwache für die Opfer von Schattendorf. *Bild: Landesarchiv*

Mitglieder aus der näheren Umgebung, aber vor allem aus Wien, zu erwarten waren, stattfinden. Zu diesem Zeitpunkt wurde aber auch eine unangemeldete Versammlung der Sozialdemokraten, die von insgesamt 110 Republikanischen Schutzbündlern aus Schattendorf, Klingenbach, Baumgarten und Draßburg geschützt wurde, abgehalten.

Der örtliche Gendarmerieposten war damals mit nur drei Beamten besetzt. Da die Gendarmen laut Aufzeichnungen der Postenchronik von einer Versammlung der Sozialdemokraten erst im letzten Augenblick Kenntnis erlangten, waren sie nicht mehr in der Lage Verstärkung anzufordern, um einer etwaigen Eskalation vorbeugen zu können.

Am Versammlungsort der Frontkämpfer kam es vorerst nur zu Beschimpfungen und unbedeutenden Tätlichkeiten mit den Schutzbündlern. Diese marschierten dann anschließend zum Bahnhof, um den Zugang weiterer Frontkämpfer zu verhindern. Dort aber kam es zu den ersten tätlichen Auseinandersetzungen, wobei auch Verletzte zu beklagen waren. Den ankommenden Frontkämpfern gelang es auch tatsächlich nicht, in die Ortschaft zu gelangen. Sie mußten wieder abziehen. Als die Schutzbündler wieder zu ihrem ursprünglichen Treffpunkt zurückgingen, mußten sie bei jenem Gasthaus, in dem die Frontkämpfer ihre Veranstaltung abhielten, vorbei. Es kam wieder zu wörtlichen und tätlichen Auseinandersetzungen. Nach kurzer Zeit schien sich aber die Lage beruhigt zu haben und die Schutzbündler zogen ab. Plötzlich wurden aus der Wohnung des besagten Gasthauses aus einem Jagdgewehr insgesamt 14 Schüsse in den Rücken der sich entfernenden Menschen abgegeben. Der Schutzbündler Matthias Csmarits aus Klingenbach erlitt einen Kopfschuß und der 6jährige Josef Größing aus Schattendorf, der zufällig auf der Straße gestanden war, wurde ins Herz getroffen. Beide waren sofort tot.

Die Augenzeugin Maria T., Gattin des Angeklagten Josef T., stellte den Sachverhalt etwas anders dar. In der Ortschronik hat sie die Begebenheit wie folgt geschildert:

»Auf dem Rückweg vom Bahnhof kamen die Schutzbündler wieder an unserem Gasthaus vorbei. Die Schattendorfer marschierten an der Spitze des Zuges, die Kroaten folgten. Ich stand bereits vor unserem Haus auf der Straße, weil Kinder gerufen hatten: ›Sie kommen schon!‹ Ich glaubte die Frontkämpfer seien damit gemeint und stellte mich deshalb vors Gebäude. Als ich sah, daß es die Schutzbündler waren, ging ich auf die gegenüberliegende Straßenseite, wo schon mehrere Frauen standen. Als die kroatischen Schutzbundmänner zu unserem Haus kamen, schrie einer: ›Sturm auf!‹ und schon ging die Schießerei los. Ich lief aus Angst in das Haus des Johann Grafl. Dieser alte Mann lehnte am Fenster und sah dem Spektakel auf der Straße zu; ich gesellte mich zu ihm. Der Csmarits lief unter das Gasthausfenster und schoß auf das Fenstersims. Er wurde von einem seiner Kameraden von hinten getroffen und erschossen, das bezeugte der Kopfeinschuß. Es gab nur einen Einschuß, Ausschuß war keiner vorhanden, weil die Kugel im Kopf steckenblieb, wie die spätere Obduktion ergab. Die Schutzbundmänner waren mit Kugelstutzen bewaffnet. Sie leugneten nur später im Besitze dieser Waffen gewesen zu sein. Im Gasthaus hatte man nur Jagdgewehre, der Schwiegervater war schon 20 Jahre Jäger. Mein Mann und die Schwägerin hatten nur mit den Schrottflinten in Notwehr Schüsse abgegeben. Das Unglück mit dem Kind stammte nicht von einem direkten Schuß; es war ein Geller, da die Schrotkörner von einem Stein abprallten und unglücklicherweise das Kind trafen.«

Die Beerdigung fand am 2. Februar 1927 statt. An den Begräbnissen in Klingenbach und Schattendorf nahmen ca. 20.000 Menschen teil. Ein Aufgebot von 80 Gendarmeriebeamten konnte Ausschreitungen zwischen den beiden verfeindeten Parteien verhindern.

Die Täter, acht Männer, konnten noch am selben Tag ausgeforscht und verhaftet werden. Bei einer Hausdurchsuchung wurden auch die Tatwaffen, vier Jagdgewehre und ein Militärkarabiner, sichergestellt.

Die Verhandlung fand vom 5. bis 14. Juli 1927 im Schwurgerichtssaal des Landesgerichtes II in Wien statt. Wie bekannt, endete der Prozeß mit einem Freispruch und der sofortigen Enthaftung der Angeklagten.

Dieses Urteil löste besonders in der Arbeiterschaft große Empörung aus. Es folgten vor allem in Wien aber auch in den Bundesländern Versammlungen und Demonstrationen, die zu großen Unruhen führten und mit dem Brand des Justizpalastes endeten. Bei diesen bürgerkriegsähnlichen Zuständen wurden insgesamt 85 Personen getötet. Ein Generalstreik, der nahezu lückenlos eingehalten wurde, legte das Land für mehrere Tage lahm.

In Schattendorf und Umgebung befürchtete man nach der Entlassung der Häftlinge ebenfalls schwere Unruhen, weshalb der Posten auf 17 Beamte aufgestockt wurde. Da die Täter auch mit dem Tode bedroht wurden, mußten fünf von ihnen in Schutzhaft genommen werden. Die restlichen drei entzogen sich dieser vorbeugenden Maßnahme durch die Flucht über die Grenze nach Ungarn. Der Ortspfarrer, der mit einem der Haupttäter verwandt war, wurde ebenfalls bedroht und mußte in Sicherheit gebracht werden.

Quellen:
Archiv des LGK Burgenland, Chronik des GP Schattendorf
Ortschronik der Gemeinde Schattendorf, verfaßt von dem Polizeibeamten Josef Grafl

Erwin A. Schmidl

Zwischen Bürgerkrieg und »Anschluß«: Die Österreichische Gendarmerie 1934 bis 1938

»...Und immer wieder mußten wir einschreiten!« – so lautet der Titel der eindrucksvollen Erinnerungen des österreichischen Gendarmerieinspektors Leo Schuster, der als Gendarm alle wichtigen Phasen der Ersten Republik oftmals als Zeitzeuge direkt am örtlichen Geschehen selbst miterlebte. Sein Leben »im Dienste der Ordnung« kann in gewisser Weise auch als Motto für die Gendarmerie im österreichischen »Ständestaat« dienen, der 1933/34 mit der Ausschaltung der Demokratie und den beiden Bürgerkriegen des Jahres 1934 begann und vier Jahre später mit dem »Anschluß« an das nationalsozialistische »Dritte Reich« endete. Denn angesichts der innenpolitischen Spannungen wurde die Exekutive neben ihren »normalen« alltäglichen Aufgaben verstärkt gegen die – mittlerweile in den Untergrund verbannte – politische Opposition eingesetzt. Um eine straffere Führung des Sicherheitswesens zu ermöglichen, die bis dahin Kompetenz der Landeshauptleute im Wege der mittelbaren Bundesverwaltung war, wurden im Juni 1933 Sicherheitsdirektoren auf Landesebene bestellt, die als Bundesbehörden unmittelbar dem Sicherheitsminister – denn die Generaldirektion für die öffentliche Sicherheit gehörte zum Bundeskanzleramt – unterstellt waren. Damit waren Sicherheitswesen und Exekutive dem direkten Einfluß der Landeshauptleute entzogen und ganz der Verfügungsgewalt der Ständestaat-Regierung unterworfen.

Postenschild aus der Zeit des Ständestaates.
Bild: Gendarmeriemuseum Wien

Die »Re-Militarisierung« der Gendarmerie

Diese neue Aufgabenverteilung war bald in einer Umstrukturierung nach militärischen Gesichtspunkten ersichtlich. Dabei bestanden zwei wesentliche Maßnahmen in der Wiedereinführung der militärischen Offiziersdienstgrade mit 28. September 1933 und in der umfassenden Verbesserung von Ausrüstung und Bewaffnung. Mitte 1933 wurde »dank der vorzüglichen Bewährung des Gummiknüppels bei der Bundespolizei« diese Waffe auch bei der Gendarmerie eingeführt. So ist aus einer Gendarmeriepostenchronik diesbezüglich zu entnehmen, daß diese Maßnahme »vollste Befriedigung« auslöste, doch es wünschenswert gewesen wäre, »wenn die Anwendungsvorschriften nicht so allzu eng gezogen sein würden«. Inwieweit nun diese Anmerkung der beruflichen Notwendigkeit entsprang, die sich durch die prekäre Situation in den 30er Jahren ergab oder nur das subjektive Wunschdenken des Eintragers ausdrückt, bleibt dahingestellt.

Abzeichen der »Vaterländischen Front«. Bild: Gendarmeriemuseum Wien

Einen Monat nach dem nationalsozialistischen Juli-Putsch im Jahr 1934 wurden »Alarmanweisungen« erlassen, die den Einsatz der Gendarmerie für den Fall eines neuerlichen Putschversuches regelten. Knapp ein Jahr später wurden diese Vorschriften ergänzt. Die Angst vor der illegalen Opposition ließ die Regierung aber auch weiterhin die materielle Strukturverbesserung vorantreiben: 1935/36 wurde die Gendarmerie mit Stahlhelmen und Gasmasken ausgerüstet und die Bewaffnung erneut verbessert: Mit Ende 1936 verfügten alle Beamten zusätzlich zum Stutzen vom Typ Mannlicher M 95 über Steyr-M-12-Dienstpistolen. Dazu wurde jeder Gendarmerieposten mit mindestens einer Maschinenpistole bestückt sowie mit Maschinengewehren, Spezialscheinwerfern und Sperrmittel. Ferner sah man für jede der acht motorisierten Gendarmerie-Alarmkompanien je einen Austro-Daimler Radpanzer M 35 ADGZ – später ADGP – vor.

Als Teil der Bemühungen, die Stellung der Exekutive im Staat zu festigen, wurde im November 1934 der 8. Juni, der Aufstellungstag der Gendarmerie durch die Entschließung von Kaiser Franz Joseph I. von 1849, zum »Gendarmeriegedenktag« bestimmt und in der Folge feierlich begangen. Um die Identifikation sowohl der einzelnen Gendarmen als auch der Bevölkerung mit der Gendarmerie perfekt zu machen, wurde noch zusätzlich im Mai 1935 der von Rudolf Kummerer komponierte »Gendarmeriemarsch« eingeführt.

Gendarmerie mit Rad-Panzerwagen ausgerüstet.
Bild: Gendarmeriemuseum Wien

Aber dies war an Maßnahmen noch nicht genug: Die Gendarmerie wurde immer mehr als starke, gut bewaffnete Institution im Staat ausgebaut. Im Kriegsfall sollte sie militärische Aufgaben, insbesonders Grenzschutz und Einsatz als Feldgendarmerie übernehmen; damit wurde die seit 1918 bestehende strikte Trennung zwischen Gendarmerie und Militär wieder aufgehoben. 1936 wurde auch die Reitausbildung für Gendarmerieoffiziere wieder obligat. Die Gendarmerie als Ordnungskörper der Regierung!

Tatsächlich spielte die Gendarmerie in den beiden Bürgerkriegen des Jahres 1934 – im Februar bei der Niederschlagung des Republikanischen Schutzbundes und im Juli gegen den nationalsozialistischen Putschversuch – eine wichtige Rolle. Dabei wurde die Gendarmerie von Angehörigen der »regierungstreuen« Wehrverbände unterstützt. Diese – Heimwehren bzw. Heimatschutz, Ostmärkische Sturmscharen, Freiheitsbund, Christlich-Deutsche Wehrturner, Burgenländische Landesschützen und Bauernwehren – waren in den Jahren nach 1918 teils als lokale Selbstschutzverbände, teils als bürgerlich-konservative Bewegungen gegen den sozialdemokratischen Republikanischen Schutzbund entstanden, entwickelten aber zunehmend eine nur schwer kontrollierbare Eigendynamik. Vor allem die Heimwehren (auch Heimatschutz – Organisation und Zusammensetzung waren von Bundesland zu Bundesland unterschiedlich) wurden in den 20er Jahren zu eigenständigen politischen Gruppierungen und vertraten als solche einen klar anti-demokratischen, teils am faschistischen Italien orientierten Kurs. Angesichts der zunehmenden Radikalisierung der politischen Auseinandersetzungen entschloß sich die Regierung im Jahr 1933, in deren Reihen mit Emil Fey einer der Heimwehrführer das Amt des Innenministers bekleidete, die »regierungstreuen« Wehrverbände stärker an die Exekutive zu binden und als eine staatliche Hilfspolizei einzusetzen. Mit Billigung der Mächte, die, um nicht die Bestimmungen des Staatsvertrages von St. Germain zu umgehen, erforderlich war, entstanden das »Militär-Assistenzkorps« zur Unterstützung des Bundesheeres und das »Freiwillige Schutzkorps« – auch »Schuko« genannt – als Reserve für die Exekutive. Zusätzlich zu Gendarmerie (ca. 6.000 Mann), Polizei (ca. 10.000) und Bundesheer (ca. 22.000) standen damit rund 45.000 Mann zur Verfügung, von denen jedoch nur ein kleiner Teil – überwiegend Arbeitslose – ständig kaserniert war. Diesen standen mit dem Republikanischen Schutzbund im Jahr 1933/34 ca. 62.000 Mann und mit den Nationalsozialisten ca. 26.000 SA- und SS-Männer gegenüber. (Diese Zahlen beruhen auf Schätzungen; in der Literatur finden sich teils widersprüchliche Angaben. Vor allem bei Heimwehren/Heimatschutz war die Grenze zwischen »regierungstreuen« und NS-Sympathisanten oft schwer festzulegen.)

Ab 1933 wurden zahlreiche Gendarmerieposten durch »Schukomänner« verstärkt. Vor allem während der Kämpfe im Februar und im Juli 1934 übernahmen letztere den Dienst in den Posten, wodurch die besser ausgebildeten und bewaffneten Gendarmen vermehrt für Patrouillen verfügbar waren. In der »Gendarmerie-Rundschau« vom November 1933 hieß es diesbezüglich: »Zum selbständigen Gendarmeriedienst, der eine mindestens einjährige gründliche theoretische Schulung und eine gewisse praktische Erfahrung zur Voraussetzung hat, werden die Assistenzmänner nicht herangezogen.«

Viele Gendarmen dürften die Verstärkung durch »Schukos« trotz deren fehlender polizeilicher Vorbildung als Unterstützung in einer Zeit hoher beruflicher Anforderungen begrüßt haben. Zahlreiche Freiwillige des Assistenz- bzw. Schutzkorps konnten auf Kriegserfahrung verweisen und beteiligten sich aus patriotischer Gesinnung. Manche freilich verfolgten ihre eigenen politischen Pläne mit dem Ziel der Umwandlung Österreichs in einen »autoritären« Staat nach italienisch-faschistischem Vorbild. Die Vorgangsweise dieser Teile ging oftmals mit äußerster Brutalität einher: So ist aus Greifenburg in Kärnten ein Zwischenfall im April 1934 überliefert, wonach sich Angehörige des Schutzkorps bei der Fahrt durch den Ort durch »Pfui!«-Rufe illegaler Nationalsozialisten provozieren ließen und ein Gasthaus nach den Schuldigen durchsuchten. Als sie diese nicht fanden, »schlugen [sie] schließlich im Gastzimmer auf nichtsahnende Gäste mit Gewehrkolben, Gummiknütteln und Stahlruten los«. Eine Frau wurde aus dem ersten Stock die Treppe hinabgestoßen. Mehrere Verletzte waren die Folge, und die Gendarmen mußten schließlich gegen die Schutzkorps-Männer einschreiten. Obwohl derartige Fälle vergleichsweise selten waren, herrschte in der Bevölkerung das Bild von den gegen Sozialdemokraten, Kommunisten und Nationalsozialisten gleichermaßen »brutalen« Heimatschützern vor. In seiner Studie bezeichnete Peter Huemer die Schaffung der Assistenzkörper bzw. des Schutzkorps als eine jener Maßnahmen, »die am meisten zur Vergiftung des politischen Klimas in Österreich beitrugen und jenen Haß erzeugten, der das autoritäre Österreich der Regierung Dollfuß kennzeichnet«. Sozialdemokraten wie Nationalsozialisten sahen ihre Hauptgegner weniger in Exekutive und Bundesheer, als vielmehr in den Heimwehren und Assistenzkorps. Daher hofften vor allem die NS-Putschisten im Juli 1934, Bundesheer und Gendarmerie würden im Kampf zwischen »braunen« und »schwarzen« Wehrverbänden neutral bleiben. Dem war freilich nicht so: Exekutive und Heer erwiesen sich in beiden Bürgerkriegen 1934 als verläßliche Instrumente der Regierung, wo auch immer die politischen Sympathien der einzelnen Gendarmen und Soldaten gelegen sein mochten.

Die christlich-soziale Regierung unter Dr. Engelbert Dollfuß ersetzte 1933/34 die Demokratie schrittweise durch eine »autoritäre« Herrschaft – beginnend mit der Ausschaltung des Parlaments im März 1933 über die Betätigungsverbote für Kommunisten und Nationalsozialisten sowie das Verbot der sozialdemokratischen Wehrorganisation, des »Republikanischen Schutzbundes«, bis hin zur neuen »ständestaatlichen« Verfassung vom Mai 1934. Dahinter steckte eine beinahe panische Furcht vor Sozialdemokraten und – vor allem – Nationalsozialisten: Letztere hatten bei den Landtags- und Gemeinderatswahlen 1932 beachtliche Erfolge erzielt und erhielten nach der »Machtergreifung« der NSDAP im Deutschen Reich im Jänner 1933 einen zusätzlichen Auftrieb.

Doch vorerst kam es zur gewaltsamen Auseinandersetzung zwischen der Regierung und des bereits mit dem Rücken an der Wand agierenden sozialdemokratischen Schutzbundes. Angesichts der schrittweisen Zerstörung der Demokratie entschloß sich der oberösterreichische Schutzbundführer Richard Bernaschek Anfang 1934 – gegen den Willen der sozialdemokratischen Parteiführung – weiteren Verhaftungen von Funktionären oder Waffendurchsuchungen gewaltsam zu begegnen. Am frühen Morgen des 12. Februar 1934 war es dann soweit: Eine Waffensuche im Linzer Hotel »Schiff«, in dem sich ein sozialdemokratisches Parteilokal befand, eskalierte zu einem bundesweiten Bürgerkrieg, in dem der Schutzbund allerdings, da vor allem die leitenden Funktionäre früh verhaftet werden konnten, von vornherein auf verlorenem Posten stand. Gleichzeitig scheiterte auch ein letzter Versuch einer Versöhnung zwischen der christlich-sozialen Regierung und der sozialdemokratischen Opposition. Dies hatte entscheidende innenpolitische Konsequenzen. Die anti-demokratischen Heimwehren gewannen in der Folge immer mehr an Einfluß, während hingegen die politische Betätigung für die Sozialdemokratische Arbeiterpartei verboten wurde. Der Etablierung des »autoritären« Ständestaates schien im Mai 1934 nichts mehr im Wege zu stehen.

Der Einsatz gegen den Republikanischen Schutzbund im Februar 1934

Es würde zu weit führen, hier jede einzelne Aktion der Kämpfe vom Februar des Jahres 1934 anzuführen, in die Gendarmen verwickelt waren. Die Auseinandersetzungen spielten sich zum Großteil in den Städten ab, vor allem in Linz, Wien und Steyr. Daher kamen in erster Linie Polizei, Bundesheer und Heimatschutz zum Einsatz, doch wurden zur Verstärkung auch Gendarmen in die Städte verlegt.

Leo Schuster, damals Rayonsinspektor im niederösterreichischen Asparn an der Zaya, kann über diese Verlegungen von Gendarmen in die Städte zum Einsatz gegen Schutzbündler folgendes in seinen Erinnerungen berichten: »Wir wurden in Ermangelung von Autobussen auf requirierten Lastwagen wie Schlachtvieh nach Stammersdorf gefahren, das heißt, wir wußten überhaupt nicht, was los ist und wohin wir fahren. (...) Wir mußten uns Schützenlöcher graben oder Misthaufen und dergleichen als Deckung benützen. Wir vom Lande wußten ja gar nicht, daß wir so nah am Feind waren – das sahen wir erst am Morgen. Die Nacht war ohne Zwischenfall verlaufen. Erst im Morgengrauen setzte plötzlich Artilleriefeuer ein. Die Armee hatte nachts ihre Stellungen bezogen und beschoß die Gemeindehäuser, von wo das Feuer heftig mit Maschinengewehren erwidert wurde. Es dauerte aber nicht lange, da wurden vereinzelt weiße Fahnen auf den besetzten Häusern angebracht, und der Kampf flaute ab.«

Stärker bei den Kämpfen involviert war die Gendarmerie in den Bundesländern, vor allem in Oberösterreich und der Steiermark. Angesichts der oft kleinen und isolierten Aktionen ist es fast unmöglich, eine vollständige Darstellung des Einsatzes zu geben. In Linz, wo ja der »Februar-Aufruhr« begonnen hatte, kam es an mehreren Stellen zu heftigen Kämpfen. Von kleineren Scharmützeln abgesehen – so hatten Gendarmen vom Posten Steg am Nordufer schon am frühen Morgen versucht, die Bewaffnung des lokalen Schutzbundes zu verhindern – wurde die Gendarmerie am 12. Februar vor allem bei der Diesterwegschule und beim Allgemeinen Krankenhaus, wo Rittmeister Dr. Ernst Mayr 30 Gendarmerieschüler unter seinem Kommando hatte, eingesetzt. Das restliche Oberösterreich blieb zum Großteil ruhig. Nur in wenigen Orten und Städten kam es zu Unruhen. In Steyr war neben der Polizei auch das örtliche Gendarmerieabteilungskommando in die Kämpfe involviert. In Ebensee mußte der Gendarmerieposten – durch 40 Mann des IX. Heimatschutz-Bataillons verstärkt – am Morgen des 13. Februar geräumt werden. Die Zahl der dort auftretenden Salinen-Arbeiter wurde mit 3.000 angegeben. Erst am 14. Februar gelang es mit Assistenz des Bundesheeres, wieder den Posten in Ebensee zu besetzen. Da am Morgen des 12. Februar auch ein Überfall von Nationalsozialisten auf den Grenzposten in Haibach im Bezirk Schärding gemeldet worden war, wurde verstärkter Gendarmerieeinsatz zur Überwachung der Landesgrenze befohlen. Eine Besonderheit in Oberösterreich war die Unterstellung der Exekutive unter die militärische Befehlsgewalt, während in den übrigen Bundesländern der Einsatz des Bundesheeres entsprechend den Vorschriften für Assistenzeinsätze erfolgte.

Die Steiermark war neben Wien jenes Bundesland, das die heftigsten Kämpfe zu verzeichnen hatte. Dort kam es teils schon am 12., teils erst am 13. Februar zu Schießereien. Doch durch die Verhaftungen bekannter sozialdemokratischer Funktionäre und Schutzbundführer konnte dem Ausbruch weiterer Kampfhandlungen zuvorgekommen werden. In einzelnen Ortschaften, wie Gratkorn und Eggenberg, gelang es dem Republikanischen Schutzbund dennoch, die Gen-

Parade; Antreten der Gendarmeriezentralschule in Mödling, 1938. *Bild: Gendarmeriemuseum Wien*

darmerieposten zu besetzen. Zahlreiche andere Posten – etwa in Gösting, wo der Kommandant gefangengenommen, der Posten jedoch von drei Gendarmen und fünf »Schukos« verteidigt wurde – waren hart bedrängt. Bei den anschließenden Kämpfen in Eggenberg wurde der II. Zug der Gendarmerie-Chargenschule, wo 30 Mann unter dem Kommando von Stabsrittmeister Roland Graß standen, eingesetzt.

Dabei fielen der Kommandant und drei Chargenschüler. In Bruck an der Mur wurden die Gendarmeriekaserne und eine in einer Fabrik dislozierte Gendarmerieabteilung von Schutzbündlern eingeschlossen und belagert. In Kapfenberg wurde der Gendarmerieposten von starken Schutzbund-Kräften belagert und hatte sich nach 30 Stunden schon »fast völlig verschossen«, als Gendarmerieverstärkungen und Heimatschützer aus dem Mürztal sowie aus dem südlichen Niederösterreich noch rechtzeitig eingreifen konnten. Auch in Bruck an der Mur war es mittlerweile gelungen, den Schutzbund zurückzudrängen. Schließlich zogen sich die »roten Aufrührer«, wie es in der Darstellung des Heimatschutzes hieß, in die Berge südlich und westlich der Mur zurück.

Die Februarkämpfe des Jahres 1934 sind – für »Rot« und »Schwarz« – bis heute ein »wunder Punkt« der österreichischen Geschichte. Dies zeigt sich auch in der unklaren Terminologie: »Februar-Aufruhr« lautete die damalige amtliche Bezeichnung. Allgemein findet man die Bezeichnungen »Bürgerkrieg« oder »Februarkämpfe«, während »Revolte« oder »Defensiv-Putsch« unterschiedliche politische Präferenzen erkennen lassen. Als Kampf von Österreichern gegen Österreicher markiert der Februar 1934 jedenfalls einen traurigen Höhepunkt eines in der Zwischenkriegszeit herrschenden »kalten Bürgerkrieges«. Während der Geltung des Standrechts vom 12. bis zum 21. Februar wurden neun Todesurteile vollstreckt. Einschließlich der Zivilpersonen forderten die Kampfhandlungen insgesamt rund 500 Tote, darunter zwölf Gendarmen.

Der Einsatz gegen die Nationalsozialisten im Juli 1934

Nach der Ausschaltung der Sozialdemokratie und des Schutzbundes drohte dem Regime nun von der politisch anderen Richtung die größte Gefahr. Die Nationalsozialisten erlebten seit ihren Wahlerfolgen in Österreich von 1932 und der »Machtergreifung« im Deutschen Reich ein Jahr danach einen enormen Aufschwung. Dabei erwiesen sie sich auf ihrem Weg zur Machtergreifung nicht gerade zimperlich: Sie wählten die Mittel des Terrors als politische Taktik! So wurden an Briefkästen und Telefonzellen, aber auch an öffentlichen Gebäuden und Bahnanlagen, kurz an alles, was als »Symbole des Staates« angesehen werden konnte, Sprengstoffanschläge verübt. Andere NS-Aktionen in diesen Jahren, wie das Verstreuen von Flugzetteln und Hakenkreuzen aus gestanztem Blech oder das Beschmieren von Hauswänden mit Parolen, erforderten bei der Exekutive zusätzliche Belastungen durch verstärkte Nachtpatrouillen. Wurden Nationalsozialisten bei Schmieraktionen ertappt, so zwang man sie in »Putzscharen«, um die Wandmalereien zu entfernen – Maßnahmen, die einige Jahre später gegen die Juden ihre schreckliche Steigerung fanden.

Hakenkreuzschmierereien illegaler Nazis. *Bild: Gerald Hesztera, Wien*

Die Aktionen der Nationalsozialisten hielten die Gendarmerie im Dauereinsatz. Manch ein Gendarm suchte früher oder später um Versetzung in den Innendienst an, um dem aufreibenden Dienst zu entkommen. Dies bestätigt Leo Schuster in seinen Erinnerungen: In der Hoffnung auf einen ruhigeren Dienst ließ er sich in die Generaldirektion für die öffentliche Sicherheit, die sich damals im Bundeskanzleramt befand, abkommandieren, wünschte sich später allerdings oft, »wieder zurückgehen zu können, denn hier in Wien war es wie in einem Narrenhaus«.

Mitte 1934 glaubten die Nationalsozialisten – zumal ihnen mit der Ausschaltung der Demokratie die Hoffnung auf eine »legale« Machtübernahme genommen war – in Österreich über genügend Anhänger zu verfügen, um in einem Putsch die Regierung stürzen zu können. Doch der Anschlag am 25. Juli 1934 mißlang! Zwar gelang es den Putschisten ins Kanzleramt einzudringen – beim Versuch, zu entkommen, wurde Bundeskanzler Dollfuß erschossen –, doch konnten sie in keiner Hinsicht durchsetzen, als neue Regierung anerkannt zu werden. Die Putschisten mußten binnen weniger Stunden aufgeben. Doch aufgrund dieser Aktion kam es in den folgenden Tagen in ganz Österreich, vor allem in der Steiermark, Kärnten und Oberösterreich, zu gewaltsamen Aktionen illegaler Nationalsozialisten. Anders als im Februar fanden die Scharmützel meist im Gelände oder in kleineren Orten, weniger in den Städten statt, was sich auf die unterschiedliche Anhängerstruktur zurückführen läßt. Stärker als die Schutzbündler in den Februarkämpfen verfügten die Nationalsozialisten im Juli 1934 über kriegserfahrene Anführer. Eine zusätzliche Stärke lag auch in der durchschnittlich guten Bewaffnung unter den Putschisten.

Aufgrund der zahlreichen Kämpfe in ländlichen Gebieten war die Gendarmerie stärker im Einsatz. Dies natürlich auch, da die einzelnen Gendarmerieposten in den meisten Fällen einen der Hauptangriffspunkte für die Nationalsozialisten darstellten.

In der Steiermark wurden am 25. Juli 1934 die ersten Überfälle gemeldet. In Frohnleiten bei Graz wurden bei einem Feuerüberfall ein Gendarm und zwei Schutzkorpsmänner getötet. In Mureck, Halbenrain und Radkersburg gelang es den Nationalsozialisten, die Gendarmerieposten zu überwältigen. Beim Überfall auf die Posten in Stainz und Deutschlandsberg fiel der Postenkommandant von Stainz. Mit Unterstützung des Bundesheeres gelang es allerdings rasch, die südliche Steiermark unter Kontrolle zu bringen. Zahlreiche NS-Putschisten konnten sich nur mehr durch Flucht nach Jugoslawien retten. Im steirischen Industriegebiet mußten sich die Gendarmen von Donawitz nach einem Überfall, bei dem ein Mann getötet und zwei schwer verletzt wurden, nach Leoben zurückzuziehen. Dort gelang es den Aufständischen sogar, eine Gendarmeriepatrouille gefangenzunehmen. Nur der Einsatz des Bundesheeres konnte wieder für klare Verhältnisse sorgen. Weitere Aufstandszentren befanden sich im oberen Murtal und im oberen Ennstal. Auch dort besetzten die Aufständischen in mehreren Ortschaften die Gendarmerieposten. Die Nationalsozialisten scheuten selbst vor kaltblütigem Mord nicht zurück. So wurde in St. Gallen der Postenkommandant erschossen. Die Kämpfe forderten unter den Gendarmen und den Schutzkorps-Männern zahlreiche Verluste. Erst durch den Einsatz von Verstärkungen aus Oberösterreich – neben Militär eine durch Schutzkorps verstärkte Gendarmerieabteilung unter Major Anton Kuchar, die von Steyr nach Admont und weiter nach Liezen marschierte – gelang es, die Lage unter Kontrolle zu bringen.

Etwas »ruhiger« verlief es in Oberösterreich: An mehreren Orten im Salzkammergut und im Bezirk Kirchdorf kam es zu Scharmützeln, bei denen die Gendarmerie ebenfalls Tote zu beklagen hatte. In Wilhering im Hausruckviertel wurde ein Gendarm erschossen und in Gaspoltshofen kurzfristig der Gendarmerieposten besetzt. Auch bei einem Vorstoß von Angehörigen der »Österreichischen Legion« – dabei handelte es sich um bereits ins Deutsche Reich ausgewanderte Nationalsozialisten – über die Grenze bei Kollerschlag im Mühlviertel wurde ein Gendarm ermordet.

Obwohl sie erst am 26. Juli begannen, waren die Kämpfe in Kärnten besonders heftig. Im Lavanttal besetzten Aufständische die Gendarmeriekasernen bzw. -posten in Wolfsberg, Feldkirchen und in mehreren kleineren Ortschaften. In Bleiburg konnten Nationalsozialisten in der Nacht zum 27. Juli sogar die Gendarmerie- und Zollwachekaserne einnehmen. Hingegen gelang es ihnen in St. Veit an der Glan nicht, das Bezirksgendarmeriekommando zu nehmen, wo sich elf Gendarmen und 32 Schutzkorpsmänner gegen rund 900 Aufständische solange verteidigen mußten, bis am 27. Juli gegen Mittag Heeresassistenz eintraf. Auch in Oberkärnten kam es zu heftigen Kämpfen. Ähnlich wie in der Steiermark setzten sich auch dort zahlreiche Nationalsozialisten – insgesamt rund 2.000 – nach Jugoslawien ab. Die Mehrzahl wurde in der Folge ins Deutsche Reich verbracht und in der »Österreichischen Legion«, welche offiziell die Bezeichnung »Hilfswerk Nordwest« der SA trug, organisiert.

In Salzburg, wo ein SA-Führer im Frühjahr bereits einen Großteil der für den Putsch vorbereiteten Waffen der Gendarmerie »verkauft« hatte, kam es – von Überfällen in Seekirchen und Liefering abgesehen – lediglich im Raum Bischofshofen, wo ein Vorstoß aus dem oberen Ennstal erfolgte, sowie bei Lamprechtshausen zu größeren Kämpfen. In Tirol, Vorarlberg und Niederösterreich sowie dem Großteil des Burgenlandes blieb es während dieses Juliputsches ruhig. Doch waren auch hier höchste Alarmbereitschaft und verstärkte Patrouillen angeordnet worden.

Insgesamt hatte die Gendarmerie im Juli 1934 zehn Tote zu beklagen. Zusätzlich fielen auf der Regierungsseite 23 Soldaten, vier Polizisten, ein Zollwachebeamter, sowie 66 Angehörige der Heimwehren und anderer regierungstreuer Wehrverbände, also insgesamt 104 Mann. Auf der Seite der Nationalsozialisten zählte man 153 Tote.

Als Folge des Putsches wurde die Grenze zu Jugoslawien verstärkt kontrolliert. Dabei richtete man in der Steiermark einen Grenzkordon in vier Abschnitten – Deutschlandsberg, Leibnitz, Radkersburg und Feldbach – ein, der von der Gendarmerie unter Mitwirkung von 1.400 Mann des Freiwilligen Schutzkorps überwacht wurde. Seit Oktober 1934 wurden auch die Fremden- und Paßkontrollen, die bis dahin von der Zollwache durchgeführt worden waren, in den Zuständigkeitsbereich der Gendarmerie übertragen. Zusätzlich führte man zum Schutz vor Anschlägen verstärkt regelmäßige Patrouillen auf Bahnstrecken durch. Zur Bewältigung dieser Zusatzaufgaben war es notwendig, den Personalstand der Gendarmerie von 5.901 auf 6.899 Mann zu verstärken. Um diesen Personalstand erzielen zu können, mußten sogar teilweise Soldaten zur Gendarmerie abkommandiert werden. Gendarmeriebeamte, die mit den Nationalsozialisten sympathisierten, wurden seit 1933 ausgeforscht und teils disziplinär belangt, teils versetzt bzw. entlassen. Nach dem Vorbild der Kärntner »Brandgruppe« von 1932 wurden zur Durchführung staatspolizeilicher Ermittlungen im August 1935 bei den Landesgendarmeriekommanden eigene Erhebungsgruppen eingerichtet, deren Angehörige Zivil trugen.

Auch die Bewachung der »Anhaltelager«, wie zum Beispiel im niederösterreichischen Wöllersdorf, oblag der Gendarmerie. Hier wurden verdächtige Nationalsozialisten, Sozialdemokraten und Kommunisten – im September 1934 waren es bereits über 13.000 Menschen – »angehalten«, nachdem sie oftmals ohne Urteil oder richterlichen Befehl aus ihrem gesellschaftlichen Leben gerissen worden waren. Damit sollte ihre parteipolitische Betätigung, verbunden mit dem Versuch einer politischen »Umerziehung«, verhindert werden. Die Betroffenen mußten selbst die Kosten für den Aufenthalt im Lager tragen. Die Bedeutung der Anhaltelager ging jedoch ab 1935/36 unter dem Druck Deutschlands zurück. Im Zuge der Amnestie vom 16. Februar 1938 – kurz nach dem Treffen zwischen Hitler und Schuschnigg in Berchtesgaden – wurden dann auch die letzten 80 Häftlinge, 38 Nationalsozialisten, zwei Sozialdemokraten und 40 Kommunisten, aus Wöllersdorf freigelassen.

Anders als in den späteren deutschen Konzentrations- und Vernichtungslagern oder in den sowjetischen Gulags ging es in den österreichischen Anhaltelagern nicht um die physische Vernichtung bzw. Ausbeutung der nicht systemkonformen Häftlinge durch Terror und Zwangsarbeit. Auch blieben die »politischen« Gefangenen unter sich – während in den deutschen Konzentrationslagern oder in den Gulags Schwerverbrecher bewußt zur Drangsalierung der politischen Gefangenen eingesetzt wurden. Waren die deutschen KZ Teil der SS-Bürokratie, so gelang es in Österreich – sofern ein Vergleich möglich ist – den Heimwehren nie, die Lager als Herrschaftsinstrument zu vereinnahmen. Die Bewachung oblag, wie erwähnt, der Exekutive. Obwohl man sich vor Verharmlosungen hüten muß, wäre daher eine Gleichsetzung der österreichischen Anhalte- mit den NS-Konzentrationslagern nicht gerechtfertigt. Trotzdem: Die Anhaltelager waren Teil des anti-demokratischen Kurses des Ständestaates und somit schlimm genug.

Gendarmeriedienst in den 30er Jahren

So wichtig diese »politischen« Einsätze mit Verhaftungen und Hausdurchsuchungen bei »verdächtigen« Nationalsozialisten auch waren – sie waren nur ein Teilaspekt des Gendarmeriedienstes in den 30er Jahren. Die Eintragungen der Gendarmeriepostenchroniken sowie die Berichte in den Zeitschriften »Die Gendarmerie« (1930–33) bzw. »Gendarmerie-Rundschau« (1933–38) vermitteln einen gewissen Eindruck vom vielfältigen Dienst der Gendarmen. Der »normale« Streifendienst, die Ausübung der Gesundheitspolizei auf dem Lande, die Untersuchung von Bränden und Unfällen, die Verhaftung von »kleinen« Einbrechern prägten den Gendarmerie-Alltag weit stärker als die politischen Kämpfe. Tragische Kriminalfälle – wie die Verhaftung einer Magd, die

Die Fahne der Gendarmeriezentralschule, mit dem Wappen der Ersten Republik, senkt sich. *Bild: Gendarmeriemuseum Wien*

ihr Neugeborenes getötet hatte – und jede Menge Selbstmorde lassen die Mühsal des Lebens während der enorm hohen Arbeitslosigkeit und der tristen wirtschaftlichen Lage erahnen. In ländlichen Gebieten kam es immer wieder zu Zusammenstößen mit Wilderern: Von den vier Gendarmen, die 1936 in Ausübung ihres Dienstes starben, wurden zwei von Wilderern erschossen, während ein weiterer bei einem Patrouillengang verunglückte und der vierte Opfer eines Autounfalls wurde.

Gegen das Überhandnehmen der zahlreichen Bettler und Landstreicher aufgrund der sozialen Schwierigkeiten wurden in mehreren Bundesländern »Landesstreifungen« durchgeführt. Vor allem im Burgenland waren diese Maßnahmen gegen die Volksgruppen der Roma und Sinti gerichtet: Die für heutige Leser oft erschreckende Diktion eines Beitrags in der »Gendarmerie-Rundschau« (»viele sind geborene heimtückische Verbrecher ... auf primitivster Kulturstufe ... sie halten sich an kein Gesetz und an keine Religion ... kulturlose, gefährliche Parasiten«) läßt ahnen, welche Spannungen zwischen lokaler Bevölkerung und den Roma und Sinti herrschten.

Vor allem in den westlichen Bundesländern mußten Gendarmen immer wieder verunglückte Bergsteiger retten. Spektakulärer Einzelfall hingegen war die Notlandung eines Verkehrsflugzeuges, einer Junkers Ju 52 OE-LAL der Österreichischen Luftverkehrs A.G. (ÖLAG), am 16. März 1936 auf der Saualpe aufgrund eines Schneesturmes. Auch der Einsatz eines Gendarmerie-Motorbootes mit dem Namen »New York« auf dem Wörthersee seit 1933 als Seepolizei und bei Regatten, aber auch zur Kontrolle der Schwarzfischerei, gehört eher zu den Kuriositäten der Gendarmeriegeschichte.

Für heutige Begriffe noch höchst selten waren in den 30er Jahren Verkehrsunfälle: 1937 waren in ganz Österreich 119.600 Kraftfahrzeuge registriert, davon waren 65.500 Motorräder. Die Unfallursachen ließen sich hauptsächlich auf die schlechten Straßenzustände zurückführen. Noch hatte es den Anschein, als kollidierten Autos öfter mit Schafherden als mit anderen Verkehrsteilnehmern. Doch kündigte sich die »neue Zeit« bereits 1936/37 dadurch an, daß die Verkehrsüberwachungen – insbesondere in Niederösterreich, Kärnten, Steiermark und Tirol – verstärkt und eigene motorisierte Verkehrspatrouillen eingeführt wurden. Die ursprünglich in ganz Österreich geltende Linksfahrordnung wurde im Interesse des Fremdenverkehrs mit 15. Juni 1935 zunächst in Vorarlberg, Tirol, Kärnten sowie im Salzburger Pinzgau geändert. Diese Umstellung auf Rechtsverkehr ging höchst »diszipliniert« über die Bühne. In den restlichen Bundesländern erfolgte die Umstellung auf Rechtsverkehr erst nach dem »Anschluß« an Deutschland im Sommer 1938.

Auf dem Weg ins Dritte Reich

Gerade angesichts der langen »Zermürbung« durch innenpolitische Einsätze und der schlechten wirtschaftlichen Lage kann es nicht überraschen, daß sich auch in den Reihen der Exekutive zahlreiche Beamte von einer nationalsozialistischen Machtübernahme eine Verbesserung der Verhältnisse erhofften.

Im Nationalsozialistischen Soldatenring (NSR), der illegalen NS-Organisation innerhalb von Bundesheer und Exekutive, bestand unter Major Dr. Johann Eregger von der Gendarmeriezentralschule Mödling eine eigene »Hauptabteilung II« für die Gendarmerie. Das erst nach dem »Anschluß« angelegte und nicht einwandfrei verläßliche NSR-Mitgliederverzeichnis nennt 54 Offiziere und 551 Gendarmen als Mitglieder, also etwa zehn Prozent der gesamten Gendarmeriebeamtenschaft. Andererseits bildete die Exekutive bis zuletzt eine wesentliche Stütze der Regierung Schuschnigg. Diese Treue mußten auch zahlreiche Gendarmen und Polizisten nach dem »Anschluß« damit büßen, indem sie entweder vom Dienst entlassen oder von den nationalsozialistischen Machthabern verhaftet wurden. Ab 17. März 1938 wurden überall »Landesausschüsse« eingerichtet, um Anschuldigungen der NS-Formationen gegen mißliebige Gendarmen zu untersuchen.

Abschließend sei aus den Aufzeichnungen des Gendarmeriekontrollinspektors Adolf Nagiller zitiert, der den »Anschluß« 1938 in Imst erlebte: Die Gendarmerie wurde noch in der Nacht zum 12. März 1938 – also noch vor dem Einmarsch deutscher Truppen – de facto der formal noch illegalen SS unterstellt: »[Gegen Mitternacht] stürmten ungefähr 20 Personen wie eine wilde Horde bei der Kanzleitüre herein und besetzten (...) sämtliche Räume des Postens. Die politischen Sieger sprangen auf die Tische, rissen sämtliche Bilder der österreichischen Staatsmänner von den Wänden und warfen alles, was nur österreichischen Namen oder Rahmen hatte, mit entsprechenden Kraftworten auf den Boden.« Schließlich mußten die Gendarmen noch in der Nacht vaterlandstreue Bürger verhaften: »Jene aufrechten Österreicher, mit denen der Gendarm bis zur letzten Stunde für das österr. Gedankengut eintrat, mußte er unter Aufsicht von ortsbekannten SA-Männern verhaften und einsperren.« Ab dem 12. März wurden Gendarmen, die noch kurz zuvor pflichtgemäß gegen nationalsozialistische Demonstranten eingeschritten waren, »wie gefährliche Verbrecher aus den Wohnungen geholt« und eingesperrt; »ein Siegeszug folgte dem anderen, bei denen die Gendarmen als ›System- und Spottfiguren‹ mitmarschieren mußten und hinter den Schulkindern eingereiht wurden«.

Noch im Jänner 1938 hatte die »Gendarmerie-Rundschau« von der Ernennung des steiermärkischen Landesgendarmeriekommandanten Franz Zelburg – »der bestausgezeichnetste Offizier der Bundesgendarmerie« – zum General und Generalinspektor der Österreichischen Bundesgendarmerie berichtet. Drei Monate später wurde er verhaftet und auf dem Weg nach Dachau. Mehrere hohe Gendarmerieoffiziere teilten sein Schicksal. Für viele brach eine Welt zusammen.

Auf die unruhigen Jahre der Ersten Republik folgte nun die »Ordnung« und »Ruhe« des Dritten Reiches.

Hinweise zu Quellen und Literatur

Eine zusammenfassende Darstellung der Gendarmerie in diesem Zeitabschnitt fehlt bislang. Die Arbeit von Helmut Gebhardt, Die Gendarmerie in der Steiermark von 1850 bis heute (Graz: Leykam 1997), bietet Angaben über das Bundesland hinaus. Weitere Hinweise wurden den genannten Zeitschriften und den Gendarmeriepostenchroniken entnommen, die für diesen Zeitraum zum Teil im Dokumentationsarchiv des österreichischen Widerstandes in Kopie aufliegen. Von Interesse sind auch die Erinnerungen Leo Schusters, die von Peter Paul Kloß ediert wurden: »...Und immer wieder mußten wir einschreiten!« Ein Leben »im Dienste der Ordnung« (Reihe »Damit es nicht verlorengeht...« Band 8, Wien – Köln – Graz: Böhlau 1986).

Über die Bürgerkriege im Februar und Juli 1934 liegen detaillierte amtliche Darstellungen des Verteidigungsministeriums vor, die jedoch nur die militärischen Operationen berücksichtigen: Der Februar-Aufruhr 1934: Das Eingreifen des Österreichischen Bundesheeres zu seiner Niederwerfung (Wien: BMLV 1935 – zwei Bände) sowie Die Juli-Revolte 1934: Das Eingreifen des Österreichischen Bundesheeres zu ihrer Niederwerfung (Wien: BMLV 1936). Für den Einsatz der Gendarmerie liefern lediglich die Berichte in der »Gendarmerie-Rundschau« einen gewissen Überblick. Ergänzend sei auf einige neuere Arbeiten verwiesen: Helmut Fiereder, Der Republikanische Schutzbund in Linz und die Kampfhandlungen im Februar 1934 (Linz: Kulturamt der Stadt Linz, Sonderdruck aus dem Hi-storischen Jahrbuch der Stadt Linz 1978; 2. verm. Aufl. 1983); Erwin A. Schmidl, Das Bundesheer und der Bürgerkrieg im Februar 1934 (Kurzstudie, Wien: BMLV 1984); Wolfgang Etschmann, Die Kämpfe in Österreich im Juli 1934 (Militärhistorische Schriftenreihe Heft 50, Wien: Bundesverlag 1984).

Weiters wurden für diesen Beitrag herangezogen: Isabella Ackerl, Unterdrückungsmaßnahmen des autoritären Regimes in Österreich von 1933 bis 1938, in: Erich Zöllner (ed), Wellen der Verfolgung in der österreichischen Geschichte (Schriften des Institutes für Österreichkunde Band 48, Wien: Bundesverlag 1986), 130–143; Hans von Hammerstein, Im Anfang war der Mord: Erlebnisse als Bezirkshauptmann von Braunau am Inn und als Sicherheitsdirektor von Oberösterreich in den Jahren 1933 und 1934, ed. Harry Slapnicka (Studien und Quellen zur österreichischen Zeitgeschichte Band 3, Wien: Verlag für Geschichte und Politik 1981); Peter Huemer, Sektionschef Robert Hecht und die Zerstörung der Demokratie in Österreich: Eine historisch-politische Studie (Wien: VGP 1975); Gerhard Jagschitz, Die Anhaltelager in Österreich, in: Ludwig Jedlicka – Rudolf Neck (eds.), Vom Justizpalast zum Heldenplatz: Studien und Dokumentation 1927 bis 1938 (Wien: Staatsdruckerei 1975), 128 ff; Erwin A. Schmidl, Der »Anschluß« Österreichs: Der deutsche Einmarsch im März 1938 (3. verb. Aufl. Bonn: Bernard & Graefe 1994); Erwin Steinböck, Österreichs militärisches Potential im März 1938 (Wien–München: VGP und Oldenbourg 1988); Walter Wiltschegg, Die Heimwehr: Eine unwiderstehliche Volksbewegung? (Wien: VGP 1985).

Gerald Hesztera

Opfer und Täter: Die Gendarmerie in der Zeit des Nationalsozialismus

In den bisher erschienenen Werken zur Geschichte der Gendarmerie ist die Zeit des Nationalsozialismus weitgehend ausgeklammert worden.[1]

Eine Lösung, die uns heute nicht mehr befriedigen kann und soll. Denn möglicherweise hat Österreich 1938 zu bestehen aufgehört – auch hier gibt es widerstreitende Meinungen – die Menschen jedoch, die bis zum 12. März 1938 in Österreich gelebt haben, haben auch nach dem Anschluß weiter hier gelebt. Genauso haben die österreichischen Gendarmen nach 1938 nicht aufgehört, von einem Moment auf den anderen zu existieren – sie haben vielmehr unter dem neuen Regime gelitten, mit ihm kooperiert oder von ihm profitiert.

Mehr als fünfzig Jahre nach dem Ende des Nationalsozialismus, wenn die Schrecken dieses Regimes nur zu gerne bagatellisiert werden, ist es Zeit, sich wieder zu erinnern. Auch die Gendarmerie kann und soll sich nicht mehr um eine »Aufarbeitung« – so negativ dieses Wort auch besetzt sein mag – herumdrücken.

Das Thema Exekutive und Drittes Reich ist außerordentlich umfassend. Der in diesem Buch vorhandene Platz reicht daher nur dazu aus, einen kurzen Überblick zu geben.

März 1938; das »Krukenkreuz« – Symbol des Ständestaates wird zertreten.
Bild: Gerald Hesztera

Auf jeden Fall ist es ein heikles Thema, das jeden in der einen oder anderen Weise berührt – wie schon Hans Weigel gesagt hat: *»Man kann nicht ruhig darüber reden.«*

Österreich war seit der Machtübernahme Hitlers in Deutschland immer mehr unter den Druck des übermächtigen, nördlichen Nachbarn gekommen. Ein erster Versuch der Nazis im Juli 1934, die Macht zu überzunehmen, war an der Unfähigkeit der Verschwörer und an der noch vorhandenen Gegenwehr Österreichs gescheitert. Aber immerhin wurde dabei Bundeskanzler Engelbert Dollfuß ermordet.

Nur zu deutlich war es, daß Hitler Österreich lieber früher als später an das Deutsche Reich anschließen wollte. Vorerst hinderte ihn nur der Widerstand des Auslands daran. Vor allem Mussolini betrachtete Österreich als sein Einflußgebiet und machte dies im Jahr 1934 durch massive Truppenverlegungen an den Brenner klar. Die westlichen Alliierten Frankreich und Großbritannien zeigten hingegen weniger Interesse.

Diese für Österreich relativ günstige Lage änderte sich nach Mussolinis Angriff auf Abessinien. Italien wurde international geächtet und näherte sich zwangsläufig Deutschland an. Österreich hatte dadurch den wichtigsten bzw. einzigen Bündnispartner verloren.

Im »Juliabkommen« von 1936 wurde daher eine Art Friede mit Deutschland geschlossen. Der Preis für die Erklärung Hitlers, die Souveränität Österreichs zu respektieren, waren weitgehende Zugeständnisse an die österreichischen Nationalsozialisten.

Dieses Abkommen begründete den Anfang vom Ende des souveränen Österreich. Zum ersten Mal wurden Deutsch-Nationale mit Regierungsämtern betraut. Die Nazis wurden damit salonfähig. Ein Faktum, das vor allem den Beamten und damit auch der Gendarmerie zu schaffen machte. Das Engagement beim Widerstand gegen die Nazis kühlte merklich ab. Die Regierung hatte ihren Frieden mit Hitler gemacht, dasselbe galt nun für die Beamten.

Dennoch glaubte man noch an eine beschränkte Zukunft Österreichs. Zwar war Deutschland ein übermächtiger Nachbar, doch man hoffte in seinem Windschatten einen ruhigeren, österreichischen Kurs segeln zu können.

Am 12. Februar 1938 wurde klar, daß dies ein Irrglaube war. Der nach Berchtesgaden zitierte Bundeskanzler Schuschnigg erhielt von Hitler einen Forderungskatalog präsentiert, der praktisch das Ende Österreich bedeutete.

Am selben Tag erließ der Reichsführer SS und Chef der deutschen Polizei, Heinrich Himmler, einen Geheimerlaß, in dem er die Zusammenziehung von 20.000 Mann der Ordnungspolizei befahl. Vorgeblicher Zweck dieses Unternehmens sollte eine große »Frühlingsparade der Deutschen Polizei« sein, in Wahrheit war es der Anfang vom Ende Österreichs.

Schuschniggs verzweifelte Versuche, die gesamte österreichische Opposition gegen Hitler zu mobilisieren und eine Volksabstimmung über die Zukunft Österreichs durchzuführen, mußte daher fehlschlagen.[2]

Am 12. März 1938, um 05.30 Uhr, besetzten deutsche Truppen die österreichischen Grenzstellen – der deutsche Einmarsch begann. Schon eine halbe Stunde zuvor waren Heinrich Himmler, Reinhard Heydrich und Kurt Daluege – die obersten Polizeichefs des Deutschen Reichs – in Wien eingetroffen, um eine reibungslose Übernahme der Sicherheitsverwaltung zu garantieren.[3]

Unter den deutschen Truppen, die in Österreich einmarschierten, waren auch 12.000 uniformierte Ordnungspolizisten und eine große Zahl von Gestapo-Beamten, die ihre »Frühlingsparade« kurzfristig verlegt hatten.[4]

Die deutschen Polizeikräfte übernahmen ab dem Einmarsch, vorerst noch gemeinsam mit lokalen Parteistellen, die österreichische Sicherheitsverwaltung.

Die Besetzung Österreichs war bei weitem nicht so gut organisiert, wie es für die Zeitgenossen den Anschein hatte. Die so überlegen scheinende Wehrmacht war noch im Aufbau begriffen und für einen größeren Kampf nicht gerüstet. Etwaiger bewaffneter Widerstand des Österreichischen Bundesheeres wäre schlußendlich zwar gebrochen worden, hätte aber zumindest verzögernd gewirkt. Der Welt wäre bewiesen worden, daß Österreich bereit gewesen wäre, seine Freiheit zu verteidigen.

So aber wurde der deutsche Einmarsch zum »Blumenfeldzug«, und die größten Gefahren ergaben sich aus der österreichischen »Linksfahrregelung« im Straßenverkehr.

Auch die Zusammenziehung einer genügend großen Anzahl von Ordnungspolizisten hatte große Probleme aufgeworfen.

Die Schwierigkeiten, die die Deutschen beim Einmarsch in Österreich überwinden mußten, dürfen nicht als Unerfahrenheit seitens der Nazis ausgelegt werden. Denselben Nazis war es schon seit dem Jahr 1933 gelungen, das gesamte Deutsche Reich und damit auch die Sicherheitsverwaltung fest in ihre Hand zu bekommen. Die Eingliederung der Österreichischen Gendarmerie und Polizei war nur mehr Verwaltungsroutine. Eine Routine, die in ihrer bürokratischen Unmenschlichkeit auf kommendes Unheil schließen ließ.

Das Naziregime war – wie jede Diktatur – darauf aus, die Exekutive unter ihre Kontrolle zu bringen. Vor 1933 war Deutschland – wie auch heute – in relativ unabhängige Länder geteilt, die eigene, weitgehend selbständige Landespolizeien hatten. Diese Selbständigkeit beschränkte sich nicht nur auf Administration, Bezahlung und Uniformierung, sondern fand sogar in eigenen Gesetzen ihren Ausdruck.[5]

Das Reichsministerium des Inneren in Berlin hatte nur durch die Zuteilung oder Rückhaltung von Budgetmitteln eine gewisse finanzielle Kontrolle und konnte so Einfluß auf die Landespolizei ausüben.[6]

Dieses föderalistische System, das ein Mindestmaß an Unabhängigkeit gewährleistete, war natürlich keineswegs im Sinne der Nationalsozialisten. Hitler hatte schon früh das Primat des Zentralstaates postuliert – was in Hinblick auf die »Führerideologie« auch nicht weiter verwunderlich war.

Überdies benötigten die Nazis für ihre künftigen Pläne eine ihrer Sache treu ergebene Polizei. Daher wurde schon wenige Monate nach der Machtübernahme im Jahr 1933 mit der »Gleichschaltung« der Polizei begonnen.

Ein wesentlicher Teil der Arbeit war den Nazis schon zuvor noch unter der Weimarer Republik abgenommen worden. Im Jahr 1932 war es zu heftigen Auseinandersetzungen zwischen Nationalsozialisten und anderen politischen Gruppierungen gekommen. Die zahlreichen Toten, die nach jeder Straßenschlacht zurückblieben, boten der von Reichspräsident Hindenburg eingesetzten »Regierung der nationalen Konzentration« einen Vorwand, gegen die Polizei vorzugehen.

Am 14. Juli 1932 unterzeichnete Hindenburg zwei Notverordnungen, die es der Regierung ermöglichten, gegen die selbständigen Länder vorzugehen. In Preußen wurden der unbotmäßige Ministerpräsident und der Innenminister abgesetzt, außerdem wurde der militärische Ausnahmezustand verhängt.

Schon zuvor hatte man sich von seiten der Regierung der Unterstützung der Reichswehr versichert.

In der Folge dieses sogenannten »Preußenschlages« wurden zahlreich hohe Repräsentanten der Polizei entfernt, die sich durch ihr Vorgehen gegen die Nationalsozialisten oder ihre Nähe zur Sozialdemokratie mißliebig gemacht hatten.

Die Nationalsozialisten hatten daher im Jahr 1933 nur mehr Arrondierungsarbeiten zu leisten.

Anfänglich wurden alle Landesregierungen und damit auch die Stellen, die die Landespolizeien kontrollierten, übernommen. Von dort aus wurde die Polizei sofort von Beamten gesäubert, die dem neuen Regime feindselig, kritisch oder auch nur indifferent gegenüberstanden.

Ersetzt wurden diese Polizisten vornehmlich durch »alte Kämpfer«, die sich nicht durch fachliche Befähigung, sondern durch unbedingte Loyalität zur Sache des Dritten Reiches auszeichneten. Überdies wurde eine große Anzahl von SS- und SA-Männern als Hilfspolizisten eingestellt. Insbesondere der letzte Schritt mußte auch dem naivsten Menschen klar machen, in welche Richtung sich das Regime bewegen würde – waren es doch gerade die SA-Horden, die zuvor für die meisten Übergriffe und Straßenschlachten verantwortlich zeichneten.[7]

Einen besonderen Stellenwert nahm die Gründung bzw. Erweiterung einer politischen Polizei ein, denn vor den Nazis hatte es in Deutschland nur eine unbedeutende Staatspolizei gegeben.

Die ersten Schritte dazu wurden in Preußen gesetzt, wo Göring – der spätere Reichsmarschall und Chef der Luftwaffe – Landeschef war. Aus der bereits existierenden preußischen politischen Polizei wurde am 26. April 1933 die Geheime Staatspolizei. Göring war zwar Oberbefehlshaber dieser neuen Einheit, überließ die eigentliche Arbeit aber seinem Stellvertreter Oberregierungsrat Diehls. Die später so gefürchtete und berüchtigte Gestapo war daher ursprünglich eine preußische Einrichtung, die erst später auf das gesamte Reich ausgedehnt wurde.

Ihre eigentliche Bedeutung bzw. ihren traurigen Ruhm sollte die Gestapo, genauso wie die gesamte deutsche Polizei, aber erst unter einem anderen Chef bekommen. Unter der Führung von Heinrich Himmler wurde die Gestapo zum Synonym für Unterdrückung, Folter und Mord.

Heinrich Himmler.
Bild: Gerald Hesztera

Himmler, geboren 1900, diente noch kurze Zeit im Ersten Weltkrieg. Danach studierte er Landwirtschaft in München und schlug sich mit einer Vielzahl von Gelegenheitsarbeiten recht erfolglos durchs Leben (für kurze Zeit war er auch Geflügelzüchter).

Nach seinem Eintritt in die NSDAP war er vorerst SA-Chef Röhm beigeordnet und machte den Marsch auf die Feldherrnhalle in München mit. Nach der Wiederzulassung der Partei im Jahre 1925 begann Himmler seinen Weg nach oben. 1927 wurde er von Hitler zum Stellvertretenden Kommandanten der SS erhoben, schon zwei Jahre später wurde er zum Reichsführer SS ernannt.

Die SS – die Leibwächter Hitlers – hatte zur damaligen Zeit eine Stärke von nur 270 Mann. Durch das rücksichtslose Machtstreben Himmlers konnte der Personalstand bis zum Jahre 1933 auf ca. 50.000 Mitglieder erhöht werden. Der »Durchbruch« für die SS kam am 30. Juni 1934 durch die Ermordung der SA-Führung. Röhm, der ehemalige Vorgesetzte Himmlers, wurde dabei von SS-Männern gemeinsam mit seinem gesamten Stab umgebracht. Die Belohnung für die SS war die Unabhängigkeit von der SA und die Übernahme der politischen Führungsrolle.

Die wachsende Bedeutung der SS und somit Himmlers zeigte sich in den Mitgliedszahlen – zu Kriegsbeginn umfaßte die allgemeine SS ca. 300.000 Mitglieder – nicht dazugerechnet die Angehörigen der Waffen-SS, der Polizei oder der Wachmannschaften der Konzentrationslager.

Himmler war während der Machtergreifung 1933 Oberbefehlshaber der SS und Chef des Sicherheitsdienstes (SD). Der SD war vorerst der interne Geheimdienst der NSDAP, der vor allem dem Auskundschaften der eigenen Parteimitglieder diente.

Himmlers Ziel war die Steigerung seiner Macht, er trachtete daher danach, daß die Landespolizei – ausgenommen Preußen, hier war der Einfluß Görings zu stark – unter seine Kontrolle kam. Dies gelang ihm auch, nämlich als »Politischer Polizeikommandeur der Länder«. Abgesichert wurden diese Veränderungen durch legistische Maßnahmen:

Am 30. 1. 1934 wurde im Gesetz über den Neuaufbau des Reiches die Unterordnung der Länder unter die Reichsregierung beschlossen. Äußerlich behielten die Länder zwar weiter die Verfügungshoheit, die wirkliche Macht lag aber nun in Berlin und damit bei Hitler (und Himmler).

Himmlers eigentliches Ziel war es aber, auch den Sonderstatus Preußens – des wichtigsten Landes des Deutschen Reiches – zu durchbrechen. Als Chef des SD war es ihm im Frühjahr 1934 möglich, ein angebliches »Komplott« gegen Göring aufzudecken. Daraufhin entließ Göring, der glaubte, daß »seine« Gestapo versagt hatte, Oberregierungsrat Diehls und ernannte Himmler statt dessen zum Stellvertretenden Gestapo-Chef.

Himmlers erste Tätigkeit nach der Übernahme einer Landespolizei war es, Polizisten, die gegen das neue Regime eingestellt waren zu entfernen und die nun vakanten Stellen mit Angehörigen der SS aufzufüllen. SS-Männer waren loyal gegenüber der Partei, vor allem aber loyal gegenüber Himmler.

Die Unterwanderung der Polizei mit SS-Angehörigen stellte nur einen vorläufigen Schritt dar, der erst mit der Vereinigung von Sicherheitspolizei und SS beendet werden sollte.

Den Aufstieg der neuen Polizeimacht konnte auch ein erheblicher Aderlaß – die Transferierung der kasernierten Landespolizei zur Wehrmacht – nicht verhindern.[8] Die kasernierten Landespolizisten waren – da Deutschland Streitkräfte durch die Versailler Verträge auf 100.000 Mann beschränkt waren – eine Art Ersatzheer. Sie waren als Infanterie ausgerüstet und ausgebildet, firmierten aber unter dem Titel Polizei. Mit dem Gesetz über die Eingliederung der Landespolizei in die Wehrmacht vom 3. Juli 1935 ließ Hitler die Tarnung gegenüber dem Ausland fallen und begann offiziell mit der Wiederaufrüstung Deutschlands.

Ab März 1936 wurden die Landespolizeiangehörigen ohne Einschränkung dem Oberbefehlshaber des Heeres unterstellt. Insgesamt wurden so ca. 56.000 Mann von der Polizei an das Heer verschoben.[9]

Wie wichtig der Beitrag der Landespolizei zur Militarisierung Deutschland war, zeigte sich später im Krieg: Unter dem Titel »Die deutsche Polizei ehrt ihre mit dem Ritterkreuz des Eisernen Kreuzes ausgezeichneten früheren Kameraden« veröffentlichte die Zeitschrift »Die deutsche Polizei«[10] im Jahr 1940 einen Artikel, in dem 5 Ritterkreuzträger vorgestellt wurden, die alle in den Jahren 1935 bis 1936 von der Landespolizei zur Wehrmacht überstellt worden waren. Zu diesem Zeitpunkt war erst der Polen- und Frankreichfeldzug beendet worden, diese hohen Auszeichnungen daher noch äußerst selten und nicht der Inflation der letzten Kriegsjahre unterworfen. Es ist daher ein guter Beweis für den hohen Grad an Militarisierung in der deutschen Polizei.

Am 17. Juni 1936 ernannte Hitler Himmler zum Chef der deutschen Polizei – einem neu geschaffenen Amt. Himmlers Titel war von nun an Reichsführer SS und Chef der deutschen Polizei.

Als Chef der deutschen Polizei war Himmler dem Reichsinnenminister Frick unterstellt – als Reichsführer SS aber direkt Hitler. Er hatte daher immer die Möglichkeit, auch in Rahmen seiner Polizeiagenden Frick zu übergehen und sich direkt an Hitler zu wenden. Ausdruck fand dies dadurch, daß Befehle oder Erlässe Fricks und Himmlers gleichwertig waren.

Am 26. Juni 1936 erließ Himmler in seiner neuen Funktion die »Geschäftseinteilung im Geschäftsbereich des Chefs der deutschen Polizei«.

Durch diese Geschäftseinteilung erfolgte die Teilung der Polizei in Ordnungspolizei (Orpo) – die beiden uniformierten Wachkörper Schutzpolizei und Gendarmerie sowie die Verwaltungspolizei – und die Sicherheitspolizei (Sipo) – bestehend aus Kriminalpolizei und Gestapo.

Angehöriger einer Panzerwagenabteilung der Ordnungspolizei. Aquarell, Andrea Schelch. *Bild: Gerald Hesztera*

Zum Leiter der Ordnungspolizei wurde SS-Obergruppenführer und Generaloberst der Polizei Kurt Daluege, zum Leiter der Sicherheitspolizei SS-Gruppenführer Reinhard Heydrich ernannt.

Heydrich wurde später zusätzlich zu seinen »Polizeifunktionen« auch zum Stellvertretenden Reichsprotektor in Böhmen und Mähren ernannt. Tatsächlich übernahm er die Führung im Reichsprotektorat und überzog dieses innerhalb kürzester Zeit mit einer perfiden Mischung aus Zuckerbrot und Terror. Sein Schreckensregime wehrte jedoch nicht lange – am 27. Mai 1942 wurde durch Agenten der tschechischen Exilregierung ein Attentat auf ihn verübt – er starb am 4. Juni 1942. Sein Nachfolger wurde der Österreicher Dr. Kaltenbrunner.

Daluege war eine weniger schillernde Persönlichkeit als Heydrich. Seine größten Leistungen vollbrachte er bei Trinkgelagen, bis Himmler 1943 Dalueges Alkoholismus zuviel wurde. Aus »Gesundheitsgründen« wurde er durch Alfred Wünneberg ersetzt.

In jedem Wehrkreis wurden als Koordinatoren zwischen lokaler und Zentralregierung Inspekteure der Orpo und Sipo eingesetzt. Sofern diese nicht spezielle Weisungen des Reiches erhielten, standen sie unter Befehl der lokalen Regierungsadministratoren.

Außerdem wurden Generalinspekteure für Schutzpolizei, Gendarmerie und Schutzpolizei der Gemeinden sowie die Polizeischulen eingesetzt.

Schon zuvor, am 25. März 1936, wurden Ränge und Uniformen der Polizeien im Reichsgebiet vereinheitlicht.

Standarte der Schutzpolizei. Aquarell, Andrea Schelch.

Bild: Gerald Hesztera

Zusätzlich zu den Inspekteuren von Orpo und Sipo wurde ab 13. November 1937 in jedem Wehrkreis ein höherer SS- und Polizeiführer eingerichtet. Diese sollten bei Eintritt des Mobilmachungsfalles im Rahmen der Reichsverteidigung eine gemeinsame Führung aller Himmler unterstehenden SS und Polizeikräfte ermöglichen.[11]

Hauptaugenmerk wurde natürlich dem Aufbau der Sipo, vor allem der Gestapo geschenkt. Die Gestapo wurde erst am 1. Oktober 1936 gesetzlich verankert, hatte aber schon drei Jahre zuvor ohne jegliche gesetzliche Deckung gearbeitet. Dabei hatte sie schon die Erlaubnis zur willkürlichen Verhängung der Schutzhaft und im Jahr 1935 hatte der preußische Gerichtshof festgestellt, daß die Gestapo nicht der Kontrolle der Gerichte unterstand. Daher schrieb auch das preußische Gesetz (nicht das Reichsgesetz) für die Staatspolizei vom Jahre 1936 fest, daß Angelegenheiten, die von der Gestapo besorgt werden, nicht von den Gerichten überprüft werden durften.

Eine besondere Stellung nahm der parteieigene Geheimdienst – der Sicherheitsdienst (SD) – ein.

Durch Himmler und Heydrich war die erste Verbindung zwischen SD und der Sipo geschaffen worden. Im Jahr 1938 wurde dem SD die Überwachung aller gegen den Nationalsozialismus gerichteten Tätigkeiten übergeben. Dabei hatte die Sipo unter der Leitung des SD zu arbeiten. Damit war der SD praktisch »Oberste Polizei« des gesamten Deutschen Reiches und später der eroberten oder okkupierten Länder.

1944 wurden vom SD auch sämtliche Agenden des militärischen Nachrichtendienstes übernommen.[12]

Ebenfalls im Jahr 1938 wurden alle Sipo-Angehörigen – also auch die gewöhnlichen Kriminalpolizisten – in SS-Ränge übernommen.

Obwohl, wie gesagt, Gestapo und SD zu den eifrigsten Helfern des nationalsozialistischen Terrorregimes gehörten, waren sie nicht allmächtig. Die Gestapo war vielmehr ein personell stets unterbesetzter Überwachungsapparat, der vor allem von seiner Legende lebte. Die Erfolge der Gestapo waren zu einem nicht unbeträchtlichen Teil auf die Kooperationsbereitschaft und positive Stimmung der deutschen Bevölkerung zurückzuführen.

Von einer Überwachung der gesamten Bevölkerung konnte nie gesprochen werden – nur Mitwisserschaft und Mithilfe der einzelnen Bürger ermöglichten der Gestapo die Erfolge, die ihren Ruf begründeten.[13]

Vom Fegefeuer zur Hölle – der Einmarsch der Nazis in Österreich

Mit mir im Abteil saßen Dr. Rudolf Kalmar, ein junger Journalist vom »Telegraph«, drei Gendarmerieoffiziere, darunter der Stellvertreter Schuschniggs als Reichsführer der Ostmärkischen Sturmscharen, Dr. Josef Kimmel, Major Zenz, späterer Landesgendarmeriekommandant der Steiermark, und Major Dr. Paul Schmittner.[14]

Franz Olah über seinen Abtransport ins KZ Dachau

Wie wirkte der Einmarsch auf den einzelnen Gendarmen?

Eine sicher schwer zu beantwortende Frage, da zuviele Eindrücke einander gegenüberstehen – im wesentlichen werden sich aber die Gefühle der einzelnen Gendarmen nicht grundsätzlich von denen der übrigen Bevölkerung unterschieden haben.

Mit einer Ausnahme – auf Grund der Tätigkeit als Staatsangestellte war unmittelbar mit der In-Frage-Stellung Österreichs die (vorerst nur) wirtschaftliche Existenz und künftige Karrierechancen vom Wohlwollen der neuen Machthaber abhängig. Weiters war schon vorauszusehen, daß die illegalen Nationalsozialisten, gegen die in den Zeiten des Ständestaates vorgegangen worden war, nun offene Rechnungen begleichen würden.

Wie diese Reaktion ausfallen würde, war den meisten der Gendarmen, die sich zuvor exponiert hatten, nicht bewußt. Sie rechneten wahr-

Deutsche Truppen überschreiten die österreichische Grenze.
Bild: Gerald Hesztera

scheinlich mit einer Maßregelung, vielleicht mit einer vorzeitigen Pensionierung – nicht aber mit sofortiger Verhaftung.

Den übrigen Gendarmen blieb in Zeiten überschäumender Volksbegeisterung und Aussichtslosigkeit der Lage keine andere Wahl, als sich ruhig zu verhalten und auf den Großmut der Sieger zu hoffen.

Fast als natürlich muß die Reaktion angesehen werden, daß man versuchte, sich den neuen Machthabern anzubiedern und gefällig zu erweisen. Österreich war aus damaliger Sicht für immer als selbständiger Staat verschwunden. Keine der großen Mächte hatte es für notwendig gefunden, gegen die Besetzung zu protestieren. Die Lage war aussichtslos und man versuchte, das Beste daraus zu machen oder zumindest das eigene Überleben zu sichern.

Dabei kam es auch zu haltlosen Anbiederungen. Die »Illustrierte Rundschau der Gendarmerie« zierte ihre April-Ausgabe mit dem Bild des neuen »Führers« und brachte im Blattinneren »Augenblicksbilder aus dem vom Schuschnigg-Joch befreiten Wien«. Noch wenige Monate zuvor hatte derselbe Herausgeber den Ständestaat in den höchsten Tönen gepriesen.

Als Akt der ausgleichenden Gerechtigkeit wurde die Zeitung trotz dieser Kriecherei von den Nazis eingestellt.

Wie weit die österreichische Exekutive mit dem Nationalsozialismus einverstanden war oder ihm Widerstand entgegensetzte, wird auch von Historiker zu Historiker sehr verschieden beurteilt. Die Bandbreite reicht dabei von einer starken nationalsozialistischen Durchsetzung, die die Verläßlichkeit äußerst verringerte, bis hin zu einer Hervorstreichung von einzelnen Widerstandsaktionen.

Stark durchsetzt waren auch Gendarmerie und Polizei, deren Verläßlichkeit daher als sehr gering anzusetzen war.[15]

Norbert SCHAUSBERGER, Der Griff nach Österreich

Natürlich waren bei weitem nicht alle Gendarmen mehr oder weniger prononcierte Anhänger eines selbständigen Österreich. Unter ihnen gab es auch schon vor 1938 eifrige Nationalsozialisten. Wie hoch die nationalsozialistische Durchsetzung tatsächlich war, läßt sich heute nicht mehr feststellen. Fest steht, daß sie nicht unerheblich war, wurden doch schon vor 1938 vier Gendarmerieoffiziere wegen nationalsozialistischer Betätigung entlassen. Wenn man bedenkt, daß es bei der Gendarmerie damals nur außerordentlich wenige Offiziere gab – etwas mehr als hundert – und wahrscheinlich nur ein Teil der illegalen Nazis enttarnt wurde, läßt dies auf eine erhebliche Dunkelziffer schließen.

Der letzte Offizierskurs der Gendarmerie vor 1938 war zum Beispiel fast überwiegend mit Nationalsozialisten durchsetzt.

Angelobung des letzten Offizierskurses 1938. Bild: Gendarmeriemuseum Wien

Der spätere Gendarmeriezentralkommandant, GL Otto Rauscher, berichtet dem Autor während eines Gespräches von den Drangsalierungen, die er auf Grund seiner österreichischen Haltung von seinen Kurskameraden auch schon vor dem Einmarsch der Deutschen erleiden mußte. Nach dem Einmarsch wurde er in der Gendarmeriezentralschule Mödling unter Hausarrest gestellt und nur auf Grund besonderer »Milde und Nachsicht« seitens der neuen Machthaber einige Tage später freigelassen und dann doch zum Offizier ernannt.[16]

Die illegalen Nationalsozialisten unter den Gendarmen triumphierten nun und in ihrem Gefolge versuchten viele, die noch wenige Tage zuvor den Nazis reserviert gegenüber gestanden waren, auch in der neuen Zeit ihre Chancen zu wahren. Vielfach wollten sie ihre frühere politische Indifferenz durch besonderen Eifer ausgleichen.

In Imst/Tirol war es noch wenige Tage vor der Machtübernahme zu einer Konfrontation zwischen illegalen Nationalsozialisten und einer Abteilung Gendarmen gekommen. Da die Illegalen sich weigerten, ihre Versammlung aufzulösen, ordnete der Bezirkskommandant, BezInsp Federspiel, an, die Demonstranten mit aufgepflanztem Bajonett zu vertreiben. Nur mit Mühe konnte eine blutige Auseinandersetzung vermieden werden.

Während des Aufeinanderpralles kam es aber zu Schreiduellen zwischen Federspiel und dem 1934 wegen illegalen nationalsozialistischen Verhaltens pensionierten RayonsInspektor Gabl.

Nach der Machtübernahme wurde der Posten Imst sofort von den örtlichen Nationalsozialisten besetzt. Alle Gendarmen hatten sich den Befehlen der lokalen SS-Führer unterzuordnen, der Posten wurde zum Hauptquartier der örtlichen SS.

Die Rollen von vor einigen Tagen waren nun auf schreckenerfüllende Weise vertauscht. Der pensionierte Rayonsinspektor Gabl übernahm das Kommando über den Posten, während der langjährige Postenkommandant Niederkofler und der Bezirkskommandant verhaftet wurden.

Niederkofler wurde wenige Wochen später enthaftet, nur um einer wütenden Menge von Imster Nationalsozialisten in die Hände zu fallen, die ihn im Rahmen der berüchtigten »Imster Kreuzwegsprozession« durch die Stadt schleiften und auf das gröbste mißhandelten.[17]

In Amstetten/Niederösterreich wurden Gendarmen, die sich am 11. April 38 zwischen Heimwehr und Nationalsozialisten gestellt hatten, nach der Rundfunkrede Schuschiggs entwaffnet, beschimpft, bespuckt und in eine Arrestzelle der Gemeindewache gesperrt.

Postenkommandant und Stellvertreter wurden abgelöst, der letztere von Nazis zusammengeschlagen. Interessant, daß beide Beamte, obwohl die Nazis sie schwer mißhandelten, nicht entlassen, sondern nur versetzt wurden.[18]

Natürlich ist es schwer von Einzelfällen auf die Situation der gesamten Gendarmerie zu schließen. Imst und Amstetten sind sicher auch deswegen so gut dokumentiert, da hier österreichische Gendarmen verfolgt wurden.

Nach dem Krieg wurden solche Vorfälle gerne als »Beweis« für die aufrechte Gesinnung der Österreichischen Gendarmerie herausgegriffen. Vergessen wurde auf die Fälle, in denen die Machtübernahme von den Gendarmen freudig begrüßt wurde.

Die Quellenlage ist hier sehr dürftig, weil nach dem Ende des Dritten Reiches Quellen zum Teil bewußt vernichtet, teilweise sogar ge- oder verfälscht wurden. So bieten die erhaltenen Gendarmeriechroniken nur beschränkt Aufschlüsse.

Teilweise wurden Chroniken sogar vollkommen neu geschrieben. In der Chronik des Landesgendarmeriekommandos von Kärnten findet man zum Beispiel zu den von Gendarmen begangenen Straftaten gleich die Urteile der österreichischen Gerichte aus der Zeit nach dem Krieg.

Am 13.3.1945 wurde von der Polizei-Gebirgsjägerkompanie Alpenland im Schwarzwaldgebiet ein Partisanenlager angegriffen. Im Kampf fielen 9 Partisanen, während 2 gefangengenommen wurden. Die Gefangenen wurden dem Gend.Einsatzleiter Bezirksoberleutnant Andreas F. übergeben. Dieser führte die Gefangenen angeblich über Befehl der Gestapo St. Veit/Glan in den Wald nächst St. Oswald und erschoß sie dort. Gegen Genannten wurde im Jahr 1949 nach dem Kriegsverbrechergesetz ein Verfahren anhängig gemacht und Feldner wegen Ermordung der beiden Gefangenen zum Tode durch den Strang verurteilt, später jedoch durch den Bundespräsidenten auf 20 Jahre schweren Kerker begnadigt.

Chronik des Landesgendarmeriekommandos für Kärnten

Andererseits darf man nicht vergessen, daß es auch Gendarmen waren, die gegen die illegalen Nationalsozialisten vorgingen und sich dadurch keine Freunde machten.

Beweisbar ist, daß schon am Tag des Einmarsches zahlreiche hohe Gendarmerieoffiziere – gemeinsam mit anderen Funktionsträgern des bisherigen Österreich – verhaftet wurden. Zu ihnen zählten unter anderen der General der Gendarmerie Franz Zelburg, Major Emanuel Stillfried und Rathenitz (auf dessen Schicksal später noch genauer eingegangen wird) und Major Friedrich Kimmel.

Diese Beamten wurden natürlich nicht nur vorläufig verhaftet, sondern später mit dem ersten, dem sogenannten »Prominententransport« in das KZ Dachau eingeliefert.

Viele andere Offiziere, aber auch dienstführende und eingeteilte Beamte wurden entweder verhaftet, außer Dienst gestellt, zwangspensioniert oder zwangsversetzt.

Zu diesen »entfernten« Beamten zählten auch sämtliche Landesgendarmeriekommandanten und teilweise auch ihre Vertreter.

Eine ungefähre Annäherung an das Ausmaß der von den Nationalsozialisten verfolgten Beamten kann nur unter Zuhilfenahme der Gendarmerie-Almanache für die Jahre 1937 bis 1939 vorgenommen werden.

In diesen Almanachen (der letzte erschien 1939) wurden die Kommandanten sämtlicher Gendarmerieposten namentlich erwähnt, so daß ein Vergleich zwischen den Jahren 1938 und 1939 möglich ist.

Es war aber auch ein Vergleich zwischen 1937 und 1938 nötig, um die normale Fluktuation, die wegen Versetzung, Beförderungen, Pensionierungen oder Todesfällen geschah, statistisch zu ermitteln.

	Vbg	Sbg	Tirol	Ktn	NÖ	Bgld	OÖ	Stmk	Total:
1938	0	14	16	25	45	10	21	45	176
1939	22	35	53	66	121	34	79	119	499
Total:	48	96	97	150	422	76	238	232	1359

Bgld	NÖ	Ktn	Tirol	Sbg	Vbg	OÖ	Stmk	Total:
44,7	28,7	44	54,6	36,5	45,8	33,2	51,3	36,8

In diesem Vergleich zeigt sich, daß in einem normalen Jahr bundesweit ca. 13% der Postenkommandantenstellen aus dem einen oder andern Grund (Pension, Versetzung, Beförderung ...) umbesetzt wurden.

Für den Zeitraum von 1938 bis 1939 ergibt sich da ein ganz anderes Bild: fast 37% der Postenkommandanten waren nicht mehr auf ihren Dienststellen eingeteilt. Das bedeutet, daß fast ein Viertel aller Postenkommandanten unter Repressalien der Nationalsozialisten zu leiden hatten. Wahrscheinlich ist der Schluß auch zulässig, daß der Prozentsatz bei den anderen dienstführenden bzw. eingeteilten Beamten ähnlich gewesen ist.

Interessante Unterschiede ergeben sich bei einer regionalen Betrachtung, da in einigen Bundesländern überproportional viele Kommandanten ausgetauscht wurden. So verloren in Tirol (54,6%) und in der Steiermark (51,3%), also mehr als 50% der Postenkommandanten, ihre Arbeit.

Unklar ist aber, warum es zum Teil außerordentlich gravierende regionale Unterschiede gab (Niederösterreich 28,7% gegenüber 54,6% in Tirol).

Es bleiben im wesentlichen nur zwei Erklärungsansätze: Erstens, in den Bundesländern mit diesen hohen Opferzahlen waren die Gendarmen besonders gegen die Nationalsozialisten eingestellt bzw. vorgegangen – was andererseits heißen würde, daß die nationalsozialistische Durchsetzung bei der niederösterreichischen Gendarmerie am größten gewesen wäre. Oder zweitens, daß die NSDAP-Führer im Osten ein viel weniger hartes Maß anlegten als in anderen Bundesländern.

Die hier angestellte Vermutung wird auch durch eine in diesem Buch abgedruckte Untersuchung von Gerald Fuchs bekräftigt.

Fuchs hat die Situation im Land Salzburg im Detail untersucht.

Dabei stellte er fest, daß von insgesamt 444 Salzburger Gendarmen 71 auf die verschiedensten Arten von denen Nazis gemaßregelt wurden – das entspricht etwa 16%.

Wie aus der oben dargestellten Tabelle zu entnehmen ist, wurden 1939 35 der 96 Salzburger Postenkommandanten ausgetauscht – das entspricht 36,4 %. Zieht man davon die normale Fluktuation (ca. 13%) ab, so verbleiben ca. 23 % an außertourlichen, von den Nazis verursachten Umbesetzungen.

Die Differenz auf den von Fuchs errechneten Prozentsatz läßt sich leicht dadurch erklären, daß seine Zahl für alle Gendarmen galt, die andere aber nur für Beamte der mittleren Führungsebenen, deren Position an sich wichtiger war und die sich in der Zeit des Ständestaates wahrscheinlich auch mehr engagiert hatten.

Dafür, daß es sich bei der Entfernung von Gendarmeriebeamten nicht nur um vorübergehende Außerdienststellungen handelte, spricht auch eine andere Quelle aus dieser Zeit.

Unmittelbar nach dem Anschluß, bereits am 15. April 1938, wurde die erste Stellenausschreibung der Schutzpolizei in Österreich durchgeführt. Dabei wurden insbesondere Bewerber aus den Bundesländern Steiermark, Tirol und Salzburg gesucht. Also Bundesländer, die, wie man der Statistik entnehmen kann, besonders von den Säuberungsaktionen der neuen Machthaber betroffen waren.

Interessant ist dabei auch zu sehen, wie sich die Anforderungsprofile an die neuen Beamten gewandelt hatten.

Die künftigen Polizisten sollten vor allem Nationalsozialisten sein, mußten von deutschblütiger oder artverwandter Abstammung sein (jüdische Mischlinge waren ausgeschlossen), entweder Mitglied der NSDAP sein oder eine Bescheinigung der lokalen Parteidienststelle über ihre Verläßlichkeit beibringen.

Natürlich waren auch die körperliche und geistige Eignung gefordert, deren Bedeutung aber im letzten Satz der Ausschreibung wieder relativiert wurde, denn »*bei der Prüfung wird hierbei nicht kleinlich verfahren*«.

Das hieß auf »gut Großdeutsch«, daß einige Ungereimtheiten in der deutschen Rechtschreibung durch eine aufrechte deutsche, d. h. nationalsozialistische Gesinnung wettgemacht werden konnten.[19]

Noch etwas wurde dadurch bewiesen – nach 1938 war es nicht mehr möglich, ohne Nahebeziehung zur NSDAP, noch besser Mitgliedschaft, der Gendarmerie beizutreten. Der Schluß, daß nach der Okkupation nur mehr überzeugte Nationalsozialisten Gendarmen werden konnten, liegt nahe.

Aber auch den Beamten, die nach dem Jahr 1938 bei der Gendarmerie blieben, wurde sofort der Eintritt in die Partei oder zumindest eine ihrer Folgeorganisationen nahegelegt bzw. befohlen.

Um festzustellen, welche Gendarmen eines Verbleibens in der neuen nationalsozialistischen Gendarmerie noch würdig waren, wurden »Sonderausschüsse zur Durchführung der Berufsbeamtenverordnung« ins Leben gerufen.[20]

Die Sonderausschüsse wurden natürlich mit nationalsozialistisch gesinnten Beamten besetzt, die über jeden Gendarmeriebeamten (natürlich auch Schutz- und Gemeindepolizisten) zu entscheiden hatten.

Gegen die Beschlüsse dieser Sonderausschüsse waren keine Rechtsmittel möglich und sie entschieden auch über Beamte, die nach dem 1.3.1933 in den Ruhestand getreten waren.

Als Maßnahmen gegen unbotmäßige Gendarmen waren

❖ die Entlassung

❖ die Versetzung in den Ruhestand mit drei Viertel oder der Hälfte des Ruhegenusses

❖ die Rückstufung auf einen niedrigeren Dienstposten und

❖ die Versetzung auf einen anderen Dienstposten möglich.

Gendarmen, die von den Nationalsozialisten nicht verfolgt wurden, wurden in die deutsche Ordnungs- oder Sicherheitspolizei überstellt.[21]

Die Beamten, die schon vorher Nationalsozialisten gewesen waren übernahmen nun – gemeinsam mit der Orpo aus dem Deutschen Reich – das Kommando. Alles, was an den selbständigen österreichischen Staat bzw. an den Ständestaat erinnerte, wurde verbannt, egal ob Gegenstand oder Ideologie.

So wurde zum Beispiel schon am 16.3.1938 die Gendarmerieseelsorge aufgehoben.[22]

Gendarmeriebeamte waren nun, wie der frischgebackene Landesgendarmeriekommandant der Steiermark, Major Rudolf Sager, schrieb: »Repräsentanten des nationalsozialistischen Staates«. Für alle, die nicht dieser Ansicht waren, hatte er eine andere Lösung, denn »*Wer nicht mit uns sein will, dem wollen wir kein Hindernis sein: er gehe!*«[23]

Vorangetrieben wurde der Umbau der Gendarmerie vorerst mit einer Umschulung. In 14-tägigen Kursen wurden die Gendarmen auf das vorbereitet, was nun auf sie zukommen sollte. Natürlich wurde auch eine ausgiebige weltanschauliche Schulung verpaßt.

Sämtliche Polizei- und Gendarmeriebeamtenverbände wurden unter die Führung des SS-Oberführers Luckner gegeben. Mit 16. 3. 1938 ernannte der Reichsführer SS Luckner zum Bundesführer der deutschen Kameradschaftsbundes und betraute ihn mit der Führung sämtlicher Wirtschafts- und Berufsverbände.[24]

Die Österreichische Gendarmerie wurde natürlich vollkommen an die deutschen Verhältnisse angepaßt. Daher ist es notwendig, sich in groben Umrissen die Struktur der Deutschen Gendarmerie vor Augen zu führen.

Die Gendarmerie

Die deutschen Gendarmen waren – hier bestand nicht viel Unterschied zu Österreich – für die Aufrechterhaltung der Sicherheit und Ordnung auf dem Land und in Städten mit weniger als 2.000 (später 5.000) Einwohnern zuständig. Durch diesen speziellen Dienst war die Gendarmerie auch dazu ausgebildet, die Staatsgewalt in allen Belangen zu repräsentieren. Das hieß, daß der Gendarm damals unter Umständen der einzige Repräsentant des Staates war, der dem Bürger gegenüber stand.

Deutscher Gendarm. Aquarell, Andrea Schelch. *Bild: Gerald Hesztera*

Die kleinste Organisationseinheit in der Gendarmerie war der Gendarmerie-Einzelposten, der aus einem einzelnen Gendarmen in einer zumeist nur dünn besiedelten Gegend bestand. In stärker besiedelten Gegenden gab es Gendarmerieposten, die aus mehreren Gendarmen bestanden und zumeist von einem Hauptwachtmeister oder Meister der Gendarmerie geleitet wurden.

Mehrere Einzelposten wurden zu Gendarmerie-Gruppenposten zusammengezogen, die von einem Meister befehligt wurden.

Die Posten innerhalb eines Landkreises wurden in einem Gendarmerie-Kreis – geführt von einem Bezirksleutnant oder Oberleutnant – zusammengezogen. Wobei der Bezirks-Leutnant oder Oberleutnant gleichzeitig auch Berater des Landrates in Sicherheitsfragen war.

Ein Gendarmerie-Kreis sollte aus mindestens 40 Gendarmen bestehen.

Im Falle, daß ein größeres Gebiet zu verwalten war konnte noch eine Gendarmerie-Abteilung zwischengeschaltet werden.

Mehrere Gendarmeriekreise (normalerweise zwei) bildeten eine Gendarmeriehauptmannschaft, die von einem Hauptmann oder Major befehligt wurde und direkt dem Kommandeur der Gendarmerie des Regierungsbezirkes unterstand.

Ärmelabzeichen der Deutschen Gendarmerie. Bild: Gendarmeriemuseum Wien

Der Kommandeur der Gendarmerie war dem Befehlshaber der Ordnungspolizei im Wehrkreis unterstellt und außerdem dem Generalinspekteur der Gendarmerie und der Schutzpolizei der Gemeinden verantwortlich.

Als – insbesondere für Österreich – interessanter Spezialzweig der Gendarmerie wurde im August 1941 die Hochgebirgsgendarmerie gegründet. Gendarmeriestationen, die höher als 1500 Meter lagen, wurden zu Hochgebirgsposten.

Diese für Österreich vollkommen selbstverständliche Einrichtung führte zu Ende des Kriegs bei den westlichen Alliierten zu einiger Besorgnis. Die NS-Führung hatte es in den letzten Kriegsjahren verstanden, das Phantasiegebilde der »Alpenfestung« zu erfinden. In dieser schwer befestigten Festung, die mit eigenen Waffenfabriken ausgestattet sein sollte, würden sich – zumindest dem Wunschdenken Hitlers nach – die Eliteeinheiten der SS zurückziehen, um bis zum Endsieg zu kämpfen.

Abzeichen für Gendarmerie-Hochalpinisten. Bild: Gerald Hesztera

Auf Grund der Kriegslage konnte dieses Vorhaben nie verwirklicht werden, doch löste es bei den Alliierten Beunruhigung aus. Die Errichtung einer Gebirgsgendarmerie, die vor allem in der Gegend der Alpenfestung eingesetzt war, steigerte diese Besorgnis.

Neueste Entwicklungen und öffentliche Äußerungen deutscher Führungspersönlichkeiten weisen deutlich daraufhin, daß diese Gebirgsregionen in starke Widerstandszentren sowohl für reguläre als auch Guerillaeinheiten verwandelt werden.

Die Gebiete, die von der Hochgebirgsgendarmerie gesichert werden, sind daher von besonderem Interesse für die angreifenden bzw. okkupierenden alliierten Armeen.

The German Police

Im Zuge des Krieges wurden immer mehr aktive Gendarmen zur Wehrmacht als Feldgendarmen eingezogen, den besetzten Gebieten zugeteilt (vor allem dem Generalgouvernment Polen) oder kamen zur SS-Polizeidivision oder zu Regimentern.

Um den nun im eigenen Land bestehenden Mangel an Sicherheitstruppen zu begegnen, wurde im Jänner 1942 die Landwacht zur Unterstützung der Gendarmerie und der Schutzpolizei der Gemeinde gegründet. Im Bereich der Schutzpolizei wurde die Stadtwacht aufgestellt.

Die Mitglieder der Landwacht waren normalerweise SA-Wehrmannschaften, zwischen 18 und 65 Jahren alt und für einen aktiven Wehrdienst – aus gesundheitlichen Gründen oder weil sie in kriegswichtigen Produktionsstätten arbeiteten – nicht vorgesehen. Die Mitgliedschaft in der Landwacht war vorerst freiwillig, wurde dann jedoch verpflichtend. Als einziges »Uniformstück« diente ein weißes Armband mit der Aufschrift »Landwacht«.

Im Dienst sollte die Landwacht die regulären Gendarmen vor allem bei der Bewachung von Kriegsgefangenen und der mehr als 12 Millionen in Deutschland befindlichen Fremdarbeiter unterstützen.

Die Gendarmerie wurde aber nicht nur in den schon gewohnten Aufgaben eingesetzt. Insbesondere in Kärnten und der Steiermark kam es zu heftigen Auseinandersetzungen zwischen Partisanen und Kräften der Ordnungspolizei.[25]

Die motorisierte Gendarmerie

Eine für die österreichische Exekutive vollkommen neuartige Einführung war die motorisierte Gendarmerie (Gend.mot.). Diese Spezialeinheit war, obwohl in die Kommandostruktur der Gendarmerie integriert, eine Einheit die der NSDAP nahestand.

Im Rahmen der SA wurde vor der Machtübernahme ein Feldjägerkorps aufgestellt, das im Kriegsfalle als eine Art »Militärpolizei« eingesetzt worden wäre. Nach der Entmachtung der SA wurde dieses Feldjägerkorps im Jahr 1935 aufgelöst und entweder zur »kasernierten Landespolizei« transferiert oder bildeten die neue »motorisierte Gendarmerie«.

Fahrzeug der Schutzpolizei. *Bild: Gendarmeriemuseum Wien*

Mit Erlaß vom 29. Juni 1937 erklärte der Reichsführer SS und Chef der deutschen Polizei die mot. Gendarmerie für das gesamte Reich zuständig und als ihre Aufgaben die Kontrolle des Verkehrs auf Landstraßen und Autobahnen. Zusätzlich sollten Unfallaufnahmen, die Suche nach gestohlenen Fahrzeugen und allgemeine Straßenangelegenheiten (Zustandsüberprüfung, Verkehrszeichen usw.) zu ihren Aufgaben gehören.

Eine Ausnahme bei der Zuständigkeit ergab sich nur in den Städten, in denen eine staatliche Polizeiverwaltung angesiedelt war, hier beschränkte sich die Kompetenz der Gend.mot. auf die Autobahnen.

Anders als die Gendarmerie im Einzeldienst war die motorisierte Gendarmerie nach militärischen Richtlinien in motorisierte Kompanien und motorisierte Züge organisiert.

Normalerweise operierte sie in kleinen Verkehrspatrouillen, konnte aber in speziellen Fällen auch zusammengezogen werden, um außerhalb ihres normalen Aufgabenbereiches tätig zu werden. In solchen Fällen mußte jedoch eine spezielle Anfrage an die Höheren Kommanden der Gend.mot. gestellt werden, im Falle von Einsätzen, die länger als drei Tage dauerten, mußte sogar die Genehmigung von Himmler persönlich eingeholt werden.

In Österreich wurde unmittelbar nach dem Anschluß in einer Konferenz im Hotel Imperial in Wien, die unter Vorsitz von General Daluege stand, die Aufstellung einer motorisierten Gendarmerie beschlossen.

Das Stammpersonal sollte aus dem »Altreich« kommen, ansonsten sollten aber Neuzugänge aufgenommen werden – allerdings nicht aus den Reihen der bereits bestehenden Ordnungspolizei. Vielmehr sollte mit der »Motor-SA« und den motorisierten Verbänden der »österreichischen Legion« Verbindung aufgenommen werden. Die »österreichische Legion« war eine Gruppe fanatischer österreichischer Nazis, die in Bayern zusammengezogen worden war. Von dort organisierten sie vor dem Einmarsch Sabotageakte in Österreich.

Im Rahmen dieser motorisierten Gendarmerie war in Wien eine Panzerwagenabteilung aufzustellen, die vorhandene österreichische Panzerfahrzeuge zu verwenden hatte.

Ehemalige Panzerwagen der motorisierten Gendarmerie Österreichs.
Bild: Gerald Hesztera

Der Offiziersersatz setzte sich aus jungen Offizieren der Schutzpolizei zusammen, wobei darauf Bedacht gelegt wurde, daß es sich dabei um SS-Offiziere handeln sollte.[26]

Im Endausbau, der für den Herbst 1938 geplant war, sollte die mot. Gendarmerie in Österreich eine Stärke von insgesamt 1.086 Mann haben. Für die Panzerwagen-Abteilung waren zusätzlich 346 Mann vorgesehen.[27]

Daß diese neue Truppe – die ja auch zum Teil mit Panzerfahrzeugen ausgestattet war – auch für den Einsatz gegen innere Aufstände vorgesehen war, ist durchaus möglich.

Die komplizierten Anforderungswege, vor allem aber auch das Faktum, daß durch die Eingliederung in die Gend.mot. ein politisch nicht so zuverlässiger Teil der NSDAP zufriedengestellt werden sollte, spricht jedoch gegen einen geplanten Einsatz der Gend.mot. Dem gegenüber steht die Tatsache, daß die motorisierte Gendarmerie strategisch auf ganz Österreich verteilt wurde, so daß eine beinahe lückenlose Kontrolle im Falle von inneren Unruhen möglich gewesen wäre. Standorte waren in Purkersdorf bei Wien, Linz, Graz, Klagenfurt, Innsbruck, Bregenz, Krems, Bruck a. d. M., Lienz und St. Johann/Pg. Wahrscheinlich wären in solchen Fällen aber eher SS-Formationen oder Wehrmachteinheiten verwendet worden.[28]

Im Normalfalle wurden Angehörige der motorisierten Gendarmerie nach ungefähr sechs Jahren zur Gendarmerie des Einzeldienstes versetzt. Diese Einheit war damit ein Durchgangs- bzw. Trainingslager für die normale Gendarmerie geworden.

Die Gendarmerie als Helfer des Nationalsozialismus

Wie weiter oben dargestellt worden ist, gelang es den Nazis mit erstaunlicher Gründlichkeit, etwaige Opposition aus der Österreichischen Gendarmerie zu entfernen.

Wie wir der Statistik entnehmen können, wurden fast 40% der Gendarmen aus ihren Positionen entfernt – es ist anzunehmen, daß diese sich zu einem großen Teil aus Gegnern des Nationalsozialismus zusammensetzten.

Die verbleibenden 60% setzten sich daher aus Gendarmen, die in den Augen der NSDAP »minderbelastet« waren zusammen und durften daher im Gendarmeriedienst verbleiben, fanden sich mit dem Nationalsozialismus ab oder waren glühende Anhänger Hitlers.

Wie die Prozentverteilung dabei gelegen war, kann heute nicht mehr gesagt werden, da nach dem Krieg eine Beteiligung naturgemäß von allen verbleibenden Gendarmen abgestritten wurde. Es kann aber auch nicht aus der Mitgliedschaft bei der NSDAP oder einer ihrer Folgeorganisationen abgeleitet werden, daß der Beamte überzeugter Nazi war – war es innerhalb von Orpo und Sipo fast verpflichtend, der Partei beizutreten.

Verbunden mit den Neuaufnahmen von ausschließlich nationalsozialistischen Parteigängern bleibt daher leider nur ein Schluß übrig: ab April 1938 war ein überwiegender Teil der früheren Österreichischen Gendarmerie dem Nationalsozialismus aus Überzeugung oder Opportunismus treu ergeben. Systemkritische Geister waren auf Tauchstation gegangen und mußten sich anpassen, wollten sie nicht selbst unter die Räder kommen.

Die neuen Führer wußten, daß wo die Peitsche regiert hatte auch Zuckerbrot gegeben werden mußte – man nahm sich der Exekutive daher in der Propaganda besonders an.

Die Schutzpolizei wurde »vom Prügelknaben der Republik« zum »bestgeschliffenen Instrument des Staates«[29] hochstilisiert.

Die neue nationalsozialistische Polizei sollte volksverbunden sein – das Schlagwort vom »Freund und Helfer« wurde daher auch von den Nazis geboren – gleichzeitig aber auch einen »Elitestatus« unter den Volksgenossen einnehmen.

Mit Aufmärschen und Veranstaltungen, der Einführung eines »Tages der deutschen Polizei« u. a. sollte das Selbstwertgefühl der Exekutive gestärkt werden.

Dem Elitestatus entsprach es, daß die weitere Verschmelzung von Polizei und SS betrieben wurde. »Im März 1940 ordnete Rudolf Heß, damals noch Stellvertreter des Führers, an, daß die Angehörigen der uniformierten Vollzugspolizei (also auch Gendarmen) in Zukunft grundsätzlich nur noch der SS angehören durften und deshalb von den anderen Gliederungen (SA usw.) im Einvernehmen mit diesen überstellt werden sollten.«[30]

1943 sollte diese Verschmelzung auch nach außen in Erscheinung treten. Himmler ordnete daher den Austausch der militärischen Kragenspiegel auf den Uniformen der Orpo gegen solche der SS an.[31]

Der Preis der dafür gezahlt werden mußte, war allerdings hoch.

Die Gendarmerie wurde sofort als Überwachungs- und Terrorinstrument des neuen Regimes benutzt. Die Gestapo bekam das Recht zugestanden, sich bei der Erledigung ihrer Aufgaben der allgemeinen Sicherheitsbehörden – also auch er Gendarmeriedienststellen – zu bedienen.[32]

Die Dienste für die Gestapo waren vielseitig. Die Gendarmerie mußte über besondere Ereignisse und »staatsfeindliche Vorfälle« berichten – das reichte von Berichten über inkriminierende Äußerungen gegen das Regime oder seine Vertreter, bis hin zur Bespitzelung verdächtiger Personen, und die Gendarmerieposten wurden angewiesen, jeden Vorfall eines Streites oder einer Arbeitsniederlegung unverzüglich der Staatspolizeistelle Klagenfurt (telephonisch) mitzuteilen«[33].

Nur wenige Monate nach der Okkupation Österreichs erging ein Befehl der Staatlichen Kriminalpolizeileitstelle Wien,[34] in dem die Festnahme von politischen Gegnern des Nationalsozialismus angeordnet wurde.

In dem Befehl heißt es weiter: »Die Festnahme dieser Personen hat in der Nacht vom 13. zum 14. Juni 1938 möglichst schlagartig zu erfolgen, so daß sie am 14. Juni 1938 in den Morgenstunden abgeschlossen ist.«

Die Gendarmen wurden nicht im unklaren darüber gelassen, was mit den Opfern geschehen sollte, denn »zur Orientierung des Postens diene, daß die festgenommenen Personen einem Konzentrationslager zugeführt werden«[35].

Dieser Befehl erging an alle Gendarmerieposten in deren Bereich sich Personen aufhielten, die zur Verhaftung ausgeschrieben waren. Die Zahl dieser Personen war manchmal so groß, daß einige Posten personell verstärkt werden mußten.

Ab Juni 1938 wußte jeder Gendarm daher nicht nur wie das neue Regime politische Gegner behandelte, sondern mußte auch Beihilfe dazu leisten.

Daß es ich um Verbrechen handeln mußte, ging auch klar aus dem zitierten Befehl hervor, denn warum sonst wurden die Gendarmeriebeamten sonst angewiesen »strengstes Stillschweigen zu bewahren und auch dem Festgenommenen nichts darüber zu sagen, daß sie in ein KZ überführt werden«[36].

Auch für die Bewachung der Häftlinge auf ihrem Transport ins KZ wurden zum Teil Schutzpolizisten und Gendarmen herangezogen.

Erhalten geblieben ist der Bericht eines Leutnants der Schutzpolizei Wien, der im Jahr 1941 dafür verantwortlich war einen Transport Juden nach Polen zu begleiten.

Es herrschte Hochsommer und die Juden wurden in viel zu kleine Waggons gepfercht und mußten darin drei Tage ohne Wasser, Verpflegung und Kühlung dahinvegetieren.

In seinem Bericht geht der Leutnant nicht auf die Leiden seines »Transportgutes« ein – er führt aber Klage darüber, daß die Bewachungsmannschaft 3. statt 2. Klasse fahren mußte und daß die mitgegebene Verpflegung in der Hitze verdarb.[37]

Kein Wort wird über das Schicksal der Juden verloren. Zwangsläufig müssen während der dreitägigen Reise viele – vor allem Alte und Schwache – gestorben sein. Wahrscheinlich zählte aber am Ende der Fahrt nur, ob die Zahlen übereinstimmten – zwischen lebendigen und Toten wurde kein Unterschied gemacht.

Die neuen Zeiten hatten eindeutig die menschlichen Werte vernichtet und moralische Schranken fallen lassen. Nur wer sich anpaßte konnte Karriere machen. Nach den Säuberungen innerhalb der Gendarmerie kam nun die große Zeit der alten Kämpfer – der illegalen Nationalsozialisten unter den Gendarmen. Unabhängig von Alter und Fähigkeit wurden diese bevorzugt befördert und übernahmen so die vakant gewordenen Stellen ihrer früheren Kameraden.

Der beginnende Vernichtungskrieg begann sich für die Gendarmerie ebenfalls abzuzeichnen. Vorerst wurden im November 1938 verschärfte Maßnahmen zu Bekämpfung der »Zigeunerplage« eingeführt. Vorgesehen waren unter anderem verstärkte Razzien in Romasiedlungen.[38]

Diese Maßnahme stieß sicher nicht auf besonderen Widerstand. Die Gendarmerie hatte schon vor der Okkupation durch die Nazis ein völlig inkorrektes Verhalten zu Roma und Sinti. In einer Artikelserie in der »Illustrierten Rundschau der Gendarmerie« wurde schon vor dem Anschluß die »Zigeunerplage« in Worten geschildert, die kein Hehl daraus machten, daß Zigeuner nicht als vollwertige Menschen betrachtet wurden.

Als die Roma und Sinti in späterer Folge im KZ Lackenbach inhaftiert wurden, wurden Gendarmen zur Bewachung des Lagers eingesetzt.

Hier zeigte sich – ein trotz aller Grausamkeiten – ein doch tragikkomischer Effekt: Die Bewachung wurde von einigen Gendarmen anscheinend nicht mit dem nötigen Ernst betrieben bzw. stellten einige Gendarmen bei näherer Bekanntschaft mit den Lagerinsassen Gemeinsamkeiten fest.

Die Folge war, daß zahlreiche Gendarmen wegen Fraternisierung – gemeinsames Essen und Trinken mit den Häftlingen, musizieren und tanzen mit weiblichen Gefangenen – diszipliniert wurden.

Die relativ lange Reihe von Strafverfügungen, die in den »Amtliche Verlautbarungen« aufgezeichnet ist, belegt, daß die ideologische Umpolung der Gendarmen doch nicht von vollem Erfolg gekrönt war.[39]

Eine neue Dimension erreichten die nationalsozialistischen Verbrechen mit dem Beginn des Zweiten Weltkrieges.

Den deutschen Truppen, die nach Polen einmarschierten, folgten Verbände der Polizei, um das Hinterland zu sichern. Die eroberten Gebiete mußte natürlich auch besetzt werden, daher wurden erfahrene Gendarmen und Polizisten aus dem Altreich in das neu geschaffene Generalgouvernement Polen verlegt.

Zu Kriegsbeginn hatte die Ordnungspolizei im gesamten Deutschen Reich eine Stärke von 131.000 Mann. Auf dieses große Potential von wehrfähigen Männern wurde natürlich auch von der Wehrmacht zugegriffen. Die Ordnungspolizei mußte daher erhebliche Truppenteile abgeben. So 16.000 Mann, die in einer Polizeidivision zusammengefaßt wurden (die spätere 4. SS-Polizeigrenadierdivision) und weitere zwei Polizeiregimenter. Außerdem wurden vorerst 8.000 weitere Ordnungspolizisten der Feldgendarmerie eingegliedert.[40]

Das bedeutete, daß mit einem Schlag mehr als ein Fünftel der zur Verfügung stehenden Polizeikräfte ausfielen. Um diese Verluste aufzufüllen, durfte Himmler junge Freiwillige (ca. 26.000) und fast 92.000 ältere Reservisten rekrutieren.

Diese quantitaive – wenn auch nicht qualitative – Verstärkung war auch notwendig, um neue Aufgaben wahrzunehmen.

Ausbildungslehrgang für Polizeireservisten. Bild: Gendarmeriemuseum Wien

Die Erfolge der Deutschen Wehrmacht beschränkten sich nicht nur auf Polen. Bis 1941 kamen noch der Balkan, die skandinavischen Länder Norwegen und Dänemark, Frankreich und die übrigen westeuropäischen Staaten und nicht zuletzt die eroberten Teile der Sowjetunion hinzu.

Um dem neuen Personalbedarf gerecht zu werden wurden die Dienststellen im Reich rücksichtslos entblößt. Allein im Bereich des LGK Steiermark wurden in der ersten Kriegswoche im September 1939 193 Gendarmen nach Polen transferiert. Im November 1939 folgten weitere 102 Beamte. Von Dienststellen in Niederdonau wurden im März 1940 240 Beamte »zum Dauerverbleib im Osten abgeordnet«. In den nächsten Monaten folgten regelmäßig weitere Versetzungen.[41]

Obwohl die Gendarmen sich für drei Jahre verpflichten sollten, bürgerte sich ein Sechs-Monats-Turnus ein.

Im Oktober 1941 wurde festgelegt, daß in der Heimat nur mehr 40% aktive Gendarmen zu verbleiben hatten.[42]

Die so abgezogenen Gendarmen und Schutzpolizisten wurden analog der Organisation im Deutschen Reich auf Städte und Dörfer als Garnison und für Bewachungsaufgaben verteilt.[43]

Durch diese Einteilung wurden die Gendarmeriebeamten mit der widerwärtigsten Ausformung des Dritten Reiches in Kontakt gebracht: dem Holocaust.

Inwieweit sich Gendarmen daran aktiv beteiligt haben, bleibt ungewiß. Sicher ist, daß alle Gendarmen, die in Polen oder Rußland eingesetzt waren, vom Vernichtungskrieg wußten. Es ist auch sicher, daß sich zumindest einige von ihnen aktiv daran beteiligten und später zur Rechenschaft gezogen wurden.[44]

Das folgende Zitat aus einem Propagandabuch über den »Kriegseinsatz« der Ordnungspolizei zeigt wie die Beamten auf die Ideologie des Massenmordes eingeschworen wurden. Juden sollten nur mehr als minderwertige Untermenschen betrachtet werden.

»Gestern, in einer Ortschaft bei Radom, in einem richtigen Judennest, in dem die Mischpoke wörtlich genommen wie in einer Kaninchenfarm in einer geradezu ekelerregenden Enge aufeinanderhockt, trat uns ein ganzes Rudel dieser verlausten Kaftanträger als eine Art Gesandtschaft entgegen, wahrscheinlich um für die ganze Verwandtschaft um gut Wetter zu bitten.«[45]

Die Polizeibataillone

Bei Kriegsbeginn wurden im Deutschen Reich aus den verschiedenen Polizeihundertschaften 21 Polizeibataillone zu je 500 Mann Stärke gebildet. Im Jahr 1940 war die Zahl dieser Bataillone bereits auf 101 gestiegen. Zweck der Polizeibataillone war die Niederhaltung der besetzten Gebiete.[46]

Die Bataillone entstanden auf zwei Arten:

Bei Reserve-Polizeibataillonen wurden erfahrene Kader mit älteren Reservisten ergänzt – die Polizeibataillone bestanden aus jungen, 1939 der Ordnungspolizei zugeteilten, Reservisten.

Vorerst nur für Sicherungsaufgaben und zur Entwaffnung der geschlagenen Armeen verwendet, entwickelten sich die Polizeibataillone bald zu einem der Mordinstrumente des Dritten Reiches.

Nach den Recherchen von Daniel Goldhagen haben sich mindestens 38 Polizeibataillone an den Massentötungen oder Deportationen in die Vernichtungslager beteiligt.[47]

Die genaue Zahl der Opfer kann man nicht abschätzen, sie dürfte aber wahrscheinlich die Millionengrenze übersteigen.

Zumindest zwei dieser Bataillone hatten ihren Rekrutierungsbezirk in der damaligen Ostmark. Die Bataillone Nr. 256 und Nr. 314 setzten sich aus Angehörigen der Wehrkreise XVII »Donau« (Ober-, Niederösterreich und Wien) und XVIII »Alpenland« (Salzburg, Tirol, Vorarlberg, Kärnten und Steiermark) zusammen.[48]

Das Bat. 256 ermordete in Bialystok in der Zeit vom 16. – 20. August 1943 25.000–30.000 Juden, das Bat. 314 in Dnjepropetrowsk mehrere 1.000 und in Charkow 10.000–20.000 Juden.[49]

Gendarmen im Widerstand

Abschließend soll den Gendarmen Gerechtigkeit widerfahren lassen werden, die sich trotz Gefahr für ihr Leben nicht abhalten ließen, aktiv gegen den Nationalsozialismus zu kämpfen.

Wieder können nur einige Beispiele aufgezählt werden, diese sollen jedoch für alle stehen, die diesen Mut bewiesen haben.

An erster Stelle muß man sicher die Widerstandsgruppe im Ausseerland nennen. Schon im Jahr 1940 war diese Organisation ins Leben gerufen worden. Mitgründer war unter anderem Revierinspektor Valentin Tarra.[50]

Die Gruppe konnte – trotz einiger schmerzlicher Verluste – den ganzen Krieg über aktiv bleiben.

Hauptsächlich in Erscheinung trat die Gruppe dann am Ende des Krieges. Im April 1945 zählte sie schon mehr als 360 Mann.[51] RI Tarra, der aus der Gendarmerie entlassen worden war, wurde zu dieser Zeit zum Stellvertreter der Partisanengruppe ernannt. In der gleichen Zeit wechselten die Gendarmen von Bad Aussee und Alt Aussee zum Widerstand. Sie lieferten den Partisanen Waffen und wichtige Informationen bzw. unterliefen die Anordnungen der lokalen Parteigrößen.

Mitte April wurde die Gendarmerie bereits auf das neue Österreich vereidigt und Valentin Tarra zum Gendarmerie-Major ernannt.

Den Partisanen gelang es in den letzten Kriegswochen, einen deutschen Radiosender zu erobern und von dort aus die ersten freien österreichischen Sendungen auszustrahlen.

Eine Wiedereroberung dieses Senders war trotz starkem Einsatz von SS-Truppen nicht mehr möglich, in regelrechten Kampfhandlungen wurden die deutschen Truppen zurückgeworfen und geschlagen. Sogar der berühmte SS-Führer Otto Skorzeny und seine Truppe flüchteten vor den Partisanen in die Berge. Zu diesem Zeitpunkt hatte die Widerstandsbewegung bereits Panzer erobert und forderte sogar schon erfolgreich amerikanische Luftunterstützung an.

Eine besondere Großtat des Widerstandes war die Rettung der von den Nazis im Salzbergwerk von Alt Aussee gelagerten Kunstschätze.

Die Nazis hatte diese Artefakte in ganz Europa zusammengeraubt und wollten sie zerstören, damit sie nicht den Alliierten in die Hände fielen.[52]

Widerstand konnte aber auch viel unspektakulärere Züge haben als zuvor geschildert.

Um die Arbeitsmoral der Volksgenossen zu erhöhen, wurden von den Nazis Listen mit den Namen von Gewohnheitssäufern erstellt und Wirtshausverbote verhängt.

Im September 1939 verlas ein Gendarmeriehauptwachtmeister in einem Gasthaus in Böckstein/Salzburg die Namen der ortsbekannten Trinker. Bei den Säufern von denen er wußte, daß sie Mitglieder der NSDAP waren, setzte er vor der Verlesung des Namens den Titel »Parteigenosse«.

Der Gendarm erregte dadurch so viel Unwillen, daß er wegen Erregung öffentlichen Ärgernisses und staatsfeindlicher Äußerungen des Amtes enthoben und verhaftet wurde.[53]

Ein anderes Beispiel ist das Verhalten von Revierinspektor Franz Ganahl des Landesgendarmeriekommandos Tirol. Ganahl war 1938 einer der Beamten, die dem neuen Regime nicht mit besonderer Freude entgegensahen, die aber gezwungen waren sich zu arrangieren, um nicht ihre Existenz bzw. vielleicht sogar Freiheit und Leben zu verlieren.

Ganahl beugte sich daher auch den guten Ratschlägen der lokalen Politbonzen und den in Befehlsform gefaßten Ratschlägen des Kommandeurs der Gendarmerie, der Partei beizutreten.[54]

Damit endete aber auch schon seine Loyalität zum neuen Regime und Ganahl zeigte, wie man durch Untätigkeit und »Nicht-Hören« erfolgreich Widerstand leisten konnte.

Negative Äußerungen gegen das Regime überhörte Ganahl. Fahnenflüchtige von denen er wußte, ließ er unbehelligt und wie ein Zeitgenosse es schildert: »Er verlor so manchen Akt und wendete dadurch viel Unheil ab.«[55]

In der Endphase des Krieges wurde Ganahl von der Widerstandsbewegung aufgefordert, in seinem Bereich ein Kommando zu übernehmen und eine Flakstellung der deutschen Luftwaffe unschädlich zu machen.

In Kooperation mit österreichisch gesinnten Soldaten war es Ganahl möglich, die Verschlußstücke der Geschütze auszubauen und sie dadurch unbrauchbar zu machen. Die Luftwaffe gab daraufhin die Stellung auf – die Soldaten räumten kampflos das Feld, um sich in ihre Heimat abzusetzen.[56]

Zuletzt sei die Tat des damaligen Wehrmachts-Oberfeldwebels Käs genannt. Als Angehöriger der von Mj. Szokoll geleiteten Wiener Widerstandsbewegung unternahm er das Wagnis die Frontlinie zu durchbrechen und mit der Roten Armee Kontakt aufzunehmen.

Dadurch und durch die Informationen die Käs über die Verteidigungsstellungen der Deutschen rund um Wien geben konnte, war es den Sowjets möglich, Wien großräumig zu umgehen und vom unverteidigten Westen aus anzugreifen.

In Wien selbst brach zur gleichen Zeit ein Aufstand der Widerstandsbewegung aus. Daß Wien nicht vollkommen zerstört wurde bzw. daß die Kämpfe in Wien selbst nur kurz dauerten, ist zu einem nicht unwichtigen Teil Ferdinand Käs zu verdanken.

Käs trat nach dem Krieg in die Gendarmerie ein und beendete seine Karriere als General der Gendarmerie.[57]

Bibliographie

Bei Werken, die im Text zitiert werden, sind am Ende die Kurzzitate angegeben.

Christopher R. BROWNING, Ganz normale Männer. Das Reserve-Polizeibataillon 101 und die »Endlösung« in Polen (Hamburg 1996) (BROWNING, Polizeibataillon)

Gerhard BOTZ, Die Eingliederung Österreichs in das Deutsch Reich. Planung und Verwirklichung des politisch-administrativen Anschlusses (1938–1940) (³Wien 1988) (BOTZ, Eingliederung)

Brian DAVIS, Malcolm McGREGOR, Flags of the Third Reich 3: Party and Police Units (London 1994)

Bodo DENNEWITZ, Volk und Staat in Lehre, Geschichte und Gegenwart (Staatslehre) (Wien 1943)

Helmut GEBHARDT, Die Gendarmerie in der Steiermark von 1850 bis heute (Graz 1997) (GEBHARDT, Steiermark)

Franz HESZTERA, Die Befehlshierarchie der OPol in Österreich während der Zeit des »Anschlusses«. III. Rundschau der Gendarmerie (F. HESZTERA, Befehlshierarchie)

Franz HESZTERA, Das Offizierskorps der Gendarmerie 1938 – 1945. III. Rundschau der Gendarmerie (F. HESZTERA, Offizierskorps)

Raul HILBERG, Die Vernichtung der europäischen Juden. Bd. 1–3 (Frankfurt 1994)

Heinz HOEHNE, Gebt mit vier Jahre Zeit. Hitler und die Anfänge des Dritten Reiches (Augsburg 1995) (HOEHNE, Vier Jahre)

Heinz HOEHNE, Der Orden unter dem Totenkopf. Die Geschichte der SS (Berlin/Frankfurt/Main 1996)

Hilde KAMMER, Elisabet BARTSCH, Jugendlexikon Nationalsozialismus (Hamburg 1982)

Gert KERSCHBAUMER, Faszination Drittes Reich. Kunst und Alltag der Kulturmetropole Salzburg. (Salzburg) (KERSCHBAUMER, Faszination)

Heiner LICHTENSTEIN, Himmlers grüne Helfer. Die Schutz- und Ordnungspolizei im »Dritten Reich« (Köln 1990) (LICHTENSTEIN, Grüne Helfer)

Robin LUMSDEN, Paul HANNON, The Allgemeine SS. (London 1993)

Fritz MOLDEN, Die Feuer in der Nacht. Opfer und Sinn des österreichischen Widerstandes 1938–1945. (Wien 1988) (MOLDEN, Feuer)

Franz OLAH, Die Erinnerungen (Wien 1995) (OLAH, Erinnerungen)

Josef PLAIMER, Der März 1938 und die folgende NS-Zeit am Beispiel des GP Amstetten. (III. Rundschau der österr. Bundesgendarmerie) (PLAIMER, März 1938) (PLAIMER, GP Amstetten)

Josef RAUSCH, Der Partisanenkampf in Kärnten im Zweiten Weltkrieg. Militärhistorische Schriftenreihe Heft 39/40 (RAUSCH, Partisanenkampf)

Norbert SCHAUSBERGER, Der Griff nach Österreich (³Wien 1988) (SCHAUSBERGER, Griff)

Erwin A. SCHMIDL, Der »Anschluß« Österreichs. Der deutsche Einmarsch im März 1938. (Bonn 1994) (SCHMIDL, Anschluß)

Friedrich WILHELM, Die Polizei im NS-Staat. (Paderborn 1997) (WILHELM, Polizei)

Gordon WILLIAMSON, German Military Police Units 1939–45 (London 1995)

Robert E. WITTER, Die deutsche Militärpolizei im Zweiten Weltkrieg (Wölfersheim-Bestadt 1995)
ROT-WEISS-ROT-Buch. Gerechtigkeit für Österreich! Erster Teil (Wien 1946) (Gerechtigkeit für Österreich)
Vorschrift für die Verwendung der Schutzpolizei und der Gendarmerie (Einzeldienst) im täglichen Dienst Teil I (Abschnitt A, B und C) (Berlin 1940)
Vorschrift für die Verwendung der Schutzpolizei und der Gendarmerie (Einzeldienst) im täglichen Dienst Teil I (Abschnitt A, B und C) Dienstvorschrift für die Gendarmerie (Berlin 1941)
Die deutsche Polizei Jg. 1940, Nr. 17 S. 281
Die Gendarmerie in Österreich 1849 – 1974 (Graz 1974)
Erinnerungen des österreichischen Gendarmen Adolf NAGILLER, aufgezeichnet im Mai 1938 (DÖW Akt 87189) (NAGILLER, Erinnerungen)
Erl. d. Staatssekretärs für die Sicherheit in Österreich und HSSPF v. 24. 11. 1938, Okdo II g3 Nr. 140/1938
Amtliche Verlautbarungen des Landesgendarmeriekommandos für Niederösterreich bzw. des Kommandeurs der Gendarmerie beim Reichsstatthalter in Niederdonau (Niederdonau) 1938 bis 1945
Gendarmeriealmanache 1937 bis 1939
Runderlaß vom 18.3.1938 über die Organisation der Polizei im RMBliV S. 472 und GesBlatt für das Land Österreich Nr 47/1938 vom 18.5.1938
Abschrift-Niederschrift über die Besprechung vom 3.4.1938 in Wien (Hotel Imperial) betr. Aufbau der mot. Gendarmerie in Österreich.
Persönliches Gespräch mit GGL i. R Otto Rauscher
Feldgendarmerievorschrift vom 29.7.1940 (Berlin 1940)
The German Police. Supreme HQ Allied Expeditionary Force Evaluation and Dissemination Section (G-2 (Counter Intelligens Sub-Division) April 1945 (Nachdruck Axis Europe 1997)

Fußnoten

[1] Z. B. im Jubiläumsband von 1974 »Die Gendarmerie in Österreich 1849 – 1974« (Graz 1974). Eine wohltuende Ausnahme stellt das ausgezeichnete Buch von Helmut Gebhardt dar.
[2] Siehe SCHMIDL, »Anschluß«
[3] SCHMIDL, »Anschluß« 109
[4] WILHELM, Polizei 86
[5] Für die Geschichte der Polizei in der Weimarer Republik bzw. in der Anfangsphase des Nationalsozialismus siehe insbesondere WILHELM, Polizei und The German Police
[6] The German Police 1ff
[7] WILHELM, Polizei 32ff
[8] WILHELM, Polizei 63
[9] WILHELM, Polizei 69f
[10] Die deutsche Polizei Jg. 1940, Nr. 17 S. 281
[11] WILHELM, Polizei 106
[12] The German Police 78
[13] HOEHNE, Vier Jahre 12
[14] OLAH, Erinnerungen 72
[15] SCHAUSBERGER, Griff 564. Zitiert aus Preradovich N., Der nationale Gedanke in Österreich 1866–1938 (Göttingen) S. 29
[16] Interview mit GGL i. R. RAUSCHER
[17] Siehe NAGILLER, Erinnerungen
[18] Siehe PLAIMER, GP Amstetten
[19] AVNÖ Nr.10, 22.4.1938
[20] RGBl I, 31.5.1938
[21] Runderlaß vom 18.3.1938 über die Organisation der Polizei im RMBliV S. 472 und GesBlatt für das Land Österreich Nr 47/1938 vom 18. 5. 1938
[22] AVNÖ Nr. 7, 24.3.1938
[23] Zit. nach GEBHARDT, Steiermark 295
[24] AVNÖ Nr. 7, 24.3.1938
[25] Für eine genauere Behandlung siehe: GEBHARDT, Steiermark 326; und RAUSCH, Partisanenkampf
[26] Abschrift-Niederschrift über die Besprechung vom 3.4.1938 in Wien (Hotel Imperial) betr. Aufbau der mot. Gendarmerie in Österreich
[27] Abschrift-Niederschrift über die Besprechung vom 3.4.1938 in Wien (Hotel Imperial) betr. Aufbau der mot. Gendarmerie in Österreich. Anlage 1 und 1a
[28] The German Police 26
[29] Herrmann GÖRING, Aufbau einer Nation (1934 zit. nach WILHELM, Polizei 70)
[30] WILHELM, Polizei 94
[31] WILHELM, Polizei 78
[32] Gebhardt, Steiermark 303
[33] LGK Ktn, Res.Nr. 130 23. Juli 1938
[34] Note I C 20011/38 vom 9. Juni 1938
[35] Unterstreichung im Original
[36] LGK Ktn, Res.Nr. 102/1938, Klagenfurt am 10. Juni 1938
[37] Siehe BROWNING, Polizeibataillon 101 49f
[38] Gebhardt, Steiermark 323f
[39] Amtliche Verlautbarungen des Landesgendarmeriekommandos für Niederösterreich bzw. des Kommandeurs der Gendarmerie beim Reichsstatthalter in Niederdonau (Niederdonau) 1938 bis 1945
[40] BROWNING, Polizeibataillon 25
[41] AV Niederdonau, Nr. 6 v. 6.3.1940, Nr. 11 v. 27.4.1940 u. Nr. 15 v. 10.6.1940
[42] GEBHARDT, Steiermark 321f
[43] GOLDHAGEN, Willige Vollstrecker 234
[44] Siehe z. B LICHTENSTEIN, Grüne Helfer. 124ff und GEBHARDT, Steiermark 332f
[45] Helmuth KOSCHORKE, Polizei greift ein! (Berlin 1941)
[46] BROWNING, Polizeibataillon 26
[47] GOLDHAGEN, Willige Vollstrecker 322ff
[48] The German Police Annex E 5
[49] GOLDHAGEN, Willige Vollstrecker 322ff
[50] Gendarmerie-Almanach 1938 bei MOLDEN wird der Name falsch als V. Karrer angegeben.
[51] MOLDEN, Feuer 198
[52] Siehe Rot-WEISS-ROT-Buch. Gerechtigkeit für Österreich! Erster Teil (Wien 1946) 146ff
[53] KERSCHBAUMER, Faszination 286f
[54] Lebenslauf des RevInsp Franz Ganahl von ihm selbst verfaßt (ohne Datum), zur Verfügung gestellt von KI Gottlieb HUTER
[55] Österreichische Volkspartei, Ortsparteileitung Patsch, Politisches Gutachten über Gend.Rayonsinspektor Franz Ganahl vom 27.7.1947
[56] Bescheinigung der österr. demokrat. Freiheitsbewegung und Ortsvertretung Vill vom 30.1.1946
[57] MOLDEN, Feuer 169ff

Gerald Hesztera

Die Feldgendarmerie

Diese Arbeit kann sich nicht auf die Darstellung der »zivilen« Ordnungspolizisten beschränken, denn zahlreiche Gendarmen waren während des Zweiten Weltkrieges Angehörige der Wehrmacht. Nicht als gewöhnliche Soldaten, sondern in ihrer Funktion als Sicherheitsorgane – als Feldgendarmen.

Dies war an sich keine unübliche Tätigkeit. In jeder Armee gab und gibt es Einheiten, die für Ordnung innerhalb der Truppe sorgen. Auch die Verwendung von ausgebildeten Exekutivbeamten war nichts Neues – schon im Ersten Weltkrieg war die k. k. Gendarmerie als Feldgendarmerie verwendet worden.

Im Deutschen Reich gab es bis zum Jahr 1938 innerhalb der Wehrmacht keine Militärpolizei oder Feldgendarmerie. Erst ab diesem Jahre – schon als Vorbereitung auf den kommenden Krieg – wurde eine Feldgendarmerie erlaßmäßig eingerichtet. Wie damals im Deutschen Reich üblich, gab es aber nicht nur eine solche Einheit bei der Armee – neben der »gewöhnlichen« Feldgendarmerie tummelten sich auch Feldjägerkorps, geheime Feldpolizei, Heeresstreifendienst, Zugwache, Bahnhofswache und Marineküstenpolizei auf den Kriegsschauplätzen herum. Alle Einheiten hatten mehr oder weniger Militärpolizeifunktion.

Diese Zersplitterung mag verwundern, hatte aber System. Eine Diktatur strebt immer danach zu überwachen und daher mußten sich die Überwacher gegenseitig kontrollieren. Außerdem war das Dritte Reich nicht so homogen wie es sich nach außen darstellte. Es gab verschiedenste Gruppierungen innerhalb der Partei, die wiederum der der Wehrmacht gegenüberstanden. Und auch innerhalb der bewaffneten Truppe gab es erhebliche Rivalitäten zwischen Heer, Luftwafffe, Marine und Waffen-SS.

Daher hatten natürlich auch die verschiedenen Wehrmachtsteile unterschiedliche Feldgendarmerien – es gab daher auch Luftwaffen- und SS-Feldgendarmerie.

Die Feldgendarmerie setzte sich vor allem aus Angehörigen der Ordnungspolizei – also Schutzpolizei und Gendarmerie – zusammen. Überproportional war die motorisierte Gendarmerie vertreten – was aber nicht Wunder nimmt, da diese auch in Friedenszeiten an Heeresmanövern teilnahm. Zusätzlich konnten – sofern Bedarf bestand – verdiente Wehrmachtsunteroffiziere bzw. Soldaten, die bereits die Befähigung zum Unteroffizier hatten, eingestellt werden.

Gendarmen und Schutzpolizisten wurde als Feldgendarmen auch in die Rangstruktur der Wehrmacht eingefügt.

Es entsprach dabei

Wachtmeister	= Unteroffizier des Heeres
Oberwachtmeister	= Feldwebel des Heeres
Bezirksoberwachtmeister und Hauptwachtmeister bis zu 12jähriger Dienstzeit	= Oberfeldwebel des Heeres
Hauptwachtmeister mit mehr als 12jähriger Dienstzeit	= Stabsfeldwebel
Meister	= Leutnant
Obermeister	= Leutnant
Inspektor	= Oberleutnant

Für die Offiziere richtete sich ihr Dienstgrad nach dem Besoldungsdienstalter das sie bei der Ordnungspolizei besaßen (im wesentlichen war das ihr Rang bei der Orpo).

Feldgendarm 1940.
Bild: Sammlung Gerald Hesztera, Aquarell v. Andrea Schelch

Unteroffiziere konnten im Heer befördert werden, ihr militärischer Rang wurde aber bei der Ordnungspolizei nicht anerkannt. Offiziere konnten nicht selbständig von der Wehrmacht befördert werden, hier war die persönliche Zustimmung Himmlers erforderlich.

Die Befehlsstruktur der Feldgendarmerie war der Wehrmacht angeglichen und in sie integriert:

Beim Oberkommando des Heeres war ein »höherer Feldgendarmerieoffizier« im Rang eines Generalmajors eingesetzt, auf Armee-Ebene ein Oberst als »Stabsoffizier der Feldgendarmerie«. Er war zuständig für Befehl und Kontrolle aller Feldgendarmerieeinheiten im Bereich der Armee, im Falle von umfangreichen Truppenbewegungen mußte er den Verkehrsregelungsdienst leiten.

Jedes Korps und jede Division hatte als Fachberater einen Feldgendarmerieoffizier der auch seine Feldgendarmerieeinheit befehligte.

Die einzelnen Feldgendarmerietrupps, die einer Division beigeordnet waren, bestanden aus 30 – 40 Offizieren, Feldgendarmen und Fahrern.

Hauptaufgabe der Feldgendarmerie war normalerweise die Verkehrsregelung im Bereich ihrer Einheit. In der Feldgendarmerievorschrift wurde sogar festgelegt, daß dies die wichtigste Aufgabe der Feldgendarmerie war.

Eine recht harmlos erscheinende Aufgabe, die aber in ihrer Bedeutung nicht zu unterschätzen ist. In das Verkehrschaos von angreifenden oder flüchtenden Armeen Ordnung zu bringen, den Verkehr richtig zu leiten, konnte schlachtentscheidend sein. Bester Beweis dafür ist, daß die Rolle der Feldgendarmen auch von den Alliierten hervorgestrichen wurde.

Aber auch die Aufrechterhaltung der Disziplin innerhalb der Wehrmacht gehörte zu den Agenden der Feldgendarmerie.

Diese Aufgaben wären an sich nicht so schlimm gewesen, wenn man davon absieht, daß auch die Gefangennahme von Deserteuren zum Aufgabenbereich gehörte.

Die Feldgendarmerie war aber auch für die Behandlung von Kriegsgefangenen und die Sicherung des Hinterlandes zuständig. Dabei wurde sie sowohl im Osten wie im Westen zur Partisanenbekämpfung eingesetzt. Die Feldgendarmerie war als Ordnungstruppe der Armee auch für die weitere »Behandlung« von gefangenen Partisanen zuständig.

Besonderen »Ruhm« erntete die Feldgendarmerie in den letzten Tagen des Dritten Reiches durch die strikte und menschenverachtende Behandlung von Deserteuren.

Die Feldgendarmerie genießt daher die Auszeichnung bei Freund und Feind gleich unbeliebt gewesen zu sein. Der Spitzname »Kettenhunde«, der vom Ringkragen abgeleitet wurde, den jeder Feldgendarm zu tragen hatte, sagt darüber sehr viel aus.

Natürlich wäre es falsch alle Feldgendarmen über einen Kamm zu scheren. Für manche Gendarmen und Schutzpolizisten war die Feldgendarmerie auch eine Art »Fluchtmöglichkeit« vor dem Zugriff der Partei. Die Wehrmacht, obwohl den Eroberungszielen des Nationalsozialismus treu ergeben, versuchte sehr oft den Schein des unpolitischen aufrechtzuerhalten. Dadurch wurden Nischen für weniger treue Gefolgsleute des Systems aufgetan. So berichtete der spätere General Rauscher, daß er als Feldgendarmerieoffizier mehrmals schriftlich aufgefordert wurde, der Partei beizutreten. Mit der Unterstützung seiner Vorgesetzten bei der Wehrmacht, die ihm falsche Bestätigungen ausstellten, konnte er dies jedoch verhindern.

Die Feldgendarmerie hatte in der Ausübung ihres Dienstes naturgemäß eine Vielzahl von Befugnissen. So kam den Feldgendarmen bei gemeinsamen Operationen bzw. Amtshandlungen immer die Befehlsgewalt über ranggleiche Wehrmachtssoldaten zu.

In Ausübung ihres Dienstes durften sie alle militärisch gesperrten Gebiete betreten und alle Wehrmachtsangehörigen – egal welchen Ranges – befragen. Alle Wehrmachtsangehörigen waren nach Aufforderung verpflichtet, der Feldgendarmerie Hilfe und Unterstützung zu leisten.

Ebenso hatten sie den Aufforderungen von in Dienste befindlichen Feldgendarmen nachzukommen. Bei Befehlsverweigerung konnte die Festnahme ausgesprochen werden – auch gegen Offiziere, sofern sich diese nicht ausweisen konnten.

Gegenüber der Zivilbevölkerung im eigenen bzw. im Feindesland hatte sie die Befugnisse nach dem deutschen Polizeirecht.

Interessant ist auch, daß an die Feldgendarmen Tarnsoldbücher oder doppelte Soldbücher ausgegeben wurden. Im Falle einer Gefangennahme durch die Sowjets wurden die Angaben über die Tätigkeit bei der Feldgendarmerie herausgerissen oder das richtige Soldbuch weggeworfen. Auf Grund des traurigen Ruhmes der Feldgendarmerie, den sie sich bei der Partisanenbekämpfung erworben hatten, erschossen die Sowjets – in einer ebenso inhumanen Praxis – gefangengenommene Feldgendarmen sofort.

Auch in anderer Funktion wurden Angehörige der Ordnungspolizei im Rahmen der kämpfenden Truppe eingesetzt. Auf Betreiben Himmlers wurden insgesamt zwei SS-Polizeidivisionen und mehr als 30 Polizeiregimenter aufgestellt.

Dabei ging der spezifische Polizeicharakter verloren, die dort tätigen Schutzpolizisten und Gendarmen hatten keinerlei polizeiliche Funktion mehr, sondern waren ausschließlich Kampftruppen.

Feldpostkarte im Zweiten Weltkrieg. *Bild: Sammlung Gerald Hesztera*

Sie unterschieden sich aber insofern von den übrigen Wehrmachteinheiten, als man bestrebt war ihnen nur altes oder erbeutetes Material zuzuführen.

So wurden zum Beispiel die vom Bundesheer der Ersten Republik verwendeten Austro-Daimler Panzerspähwagen an die Polizei weitergegeben.

Die Polizeieinheiten hatten daher einen geringeren Kampfwert als vergleichbare Einheiten und wurden daher nur beschränkt gegen reguläre Truppen eingesetzt.

Ihre Hauptverwendung war daher im Partisanen- oder – wie es damals im Deutschen Reich hieß – im Bandenkrieg.

Gerald Hesztera

Von Wöllersdorf nach Dachau – das Schicksal von Major Emanuel Stillfried und Rathenitz

Einer der ersten Gendarmen, welche die neue Macht der Nazis am eigenen Leibe zu spüren bekamen, war der damalige Major Emanuel Stillfried und Rathenitz.

Noch am Abend des 12. März wurde Stillfried von der Gestapo aus seiner Wiener Wohnung geholt. Seiner Frau sagt er zum Abschied, sie solle mit dem Zubettgehen nicht auf ihn warten, er werde später nach Hause kommen. Stillfried wußte nicht wie recht er haben sollte – er sah seine Frau erst fünf Jahre später wieder.

Stillfried war auch schon vor 1938 ein Sonderfall unter den österreichischen Gendarmerieoffizieren gewesen. Aus einer adeligen Familie stammend, war er nach dem Zusammenbruch der Habsburgermonarchie in die Gendarmerie eingetreten. Ein ungewöhnlicher Schritt für einen Mann, der dem letzten Offizierskurs der k. u. k. Armee angehörte. Ein Schritt, der bei seinen Akademiekameraden auf Unverständnis stieß – einfacher Gendarm zu sein, war für sie unter der Würde eines Mannes, der zur Elite der Monarchie gezählt hätte.

Aber auch bei der Gendarmerie stieß er als einfacher Gendarm auf Grund seines extrem militärischen Auftretens auf Verwunderung bzw. Kritik.

Stillfried durchlief dennoch von 1919 bis 1924 den Weg eines normalen Postengendarmen und arbeitete sich zum Offizier hoch. 1926 wurde er mit ausgezeichnetem Erfolg aus der Gendarmerie-Akademie ausgemustert.

Wie damals üblich wurde er aber erst 1928 auch wirklich zum Offizier befördert.

Besonders wurde seine Karriere erstmals, als er im Jahre 1933 zum Adjutanten des Staatssekretärs für Sicherheitswesen, Major Fey, ernannt wurde.

Emanuel Stillfried und Rathenitz vor dem Anschluß. *Bild: E. Stillfried*

Den Juliputsch des Jahres 1934 erlebte er als Adjutant des Sicherheitsdirektors für die Steiermark.

Im gleichen Jahr heiratete er seine Frau Norberta. Das Zustandekommen dieser Verbindung stellte Stillfried vor gravierende Probleme. Da Norberta zuvor schon evangelisch verheiratet gewesen war, fragte der strenggläubige Katholik extra in Rom bei der Rota an, ob eine legale Ehe zwischen ihm und Norberta überhaupt möglich sei. Später bezeichnete er es als einen seiner glücklichsten Tage, als Rom der Ehe den Sanktus gab.

Im Frühjahr 1935 wurde Stillfried das Gendarmerieabteilungskommando Wr. Neustadt übertragen. Damit war er gleichzeitig bis zum Frühjahr 1937 Kommandant des Anhaltelagers Wöllersdorf.

Die Funktion des Kommandanten hatte Stillfried seinem früheren Chef Major Fey zu verdanken. Auf die Frage Stillfrieds, warum er für diesen Posten ausgewählt worden war, sagte Fey sich auf andere Kandidaten beziehend: »Des is a Roda, des a Nazi, des a Schwoaza – Du bist nix.«[1]

In Wöllersdorf wurden Oppositionelle des Ständestaatsregimes, vor allem Sozialisten, Kommunisten und zu einem großen Teil Nazis festgehalten und von Gendarmen bewacht. Wöllersdorf war natürlich auch die Ausgeburt eines diktatorischen Regimes – konnte aber mit den Konzentrationslagern der Nazis nicht verglichen werden.

Zwar wurde den Insassen ihre Freiheit genommen, ansonsten wurden sie aber relativ human behandelt. Übergriffe von seiten der Bewacher kamen nur selten vor und wurden sogar geahndet.

Vor allem bei den gefangenen Nationalsozialisten wurde Wöllersdorf und der Lagerleiter zum Symbol ihrer »Unterdrückung«.

Nach dem Einmarsch der Deutschen in Österreich war Stillfried daher auch einer der ersten, derer man sich erinnerte.

Nach seiner Verhaftung, die wie damals üblich natürlich ohne jegliche Begründung erfolgte, wurde er ins Wiener Hotel Metropol, der später so berüchtigten Gestapo-Zentrale, gebracht und dort die ganze Nacht über »verhört«. In anderen Worten hieß dies, daß er rücksichtslos zusammengeschlagen wurde. Bis zum 1. April 1938 verblieb er im Wiener Polizeigefangenenhaus, danach wurde er als einer der ersten Österreicher mit dem sogenannten »Prominententransport« in das KZ Dachau geschafft.

Als würde die unbegründete Verschleppung nicht ausreichen, wurde von den damaligen Machthabern auch noch ein Verfahren vor dem Sonderausschuß für »Offiziere der Gendarmerie« eingeleitet.

Penibel wurden in diesem Verfahren Zeugen befragt, ob sich Stillfried in seiner Zeit als Lagerkommandant von Wöllersdorf Vergehen gegen Nationalsozialisten zuschulden kommen hatte lassen.

Insbesondere eine Aussage des Kanzlerputschisten Josef Golliasch, der es 1938 zum SS-Untersturmbannführer gebracht hatte, belastete Stillfried schwer.

Golliasch behauptete, daß Stillfried ihn nach einem Fluchtversuch mit den Fäusten ins Gesicht geschlagen hätte. Eine Aussage, die durch die Untersuchung, die während des Ständestaates durchgeführt wurde, revidiert wird. Zwar hatte Golliasch bei einer Befragung nach seiner Flucht Kopfverletzungen davongetragen, aber nicht von Stillfried, sondern von einem Revierinspektor, der Stillfried vor den Angriffen des anscheinend durchdrehenden Golliasch schützen mußte.

Der Sonderausschuß machte sich auch die Mühe Stillfried zu befragen. Dazu wurde Stillfried in Dachau zur Stellungnahme verhalten.[2]

Ob der tiefere Sinn dieser Untersuchung war, dem neuen Regime zumindest den Anschein der Legalität zu geben, ist nicht bekannt. Wie das Verfahren ausgehen würde, war aber schon von Anfang an bekannt: Stillfried wurde nicht nur im KZ Dachau inhaftiert, sondern auch aus dem Beamtenstand gestoßen. Folge davon war, daß seine Frau und seine Stieftochter ihren Anspruch auf Versorgung verloren und vor dem Nichts standen.

Zahlreiche Eingaben von Norberta Stillfried an die neuen Machthaber belegen die verzweifelte und unwürdige Situation.[3] Die Ersuchen wurden immer wieder abgelehnt und die Frau mußte sich und ihre Tochter mit Gelegenheitsarbeiten über Wasser halten.

Nach dem Krieg erstattete Stillfried Selbstanzeige wegen seiner Tätigkeit als Lagerkommandant von Wöllersdorf. Da zahlreiche ehemalige Nazis, Sozialisten bzw. Kommunisten für ihn aussagten, wurde er freigesprochen.

Stillfried soll sogar einem seiner Gefangenen, einem Kommunisten, durch persönliche Intervention das Leben gerettet haben. Eines Nachts wurde Stillfried – er wohnte damals in der Nähe von Wöllersdorf – von einem seiner Chargen angerufen, der meldete, daß ein Kommunist wieder eine Krankheit simuliere. Stillfried ließ sich sofort nach Wöllersdorf fahren und den Gefangenen unverzüglich ins Krankenhaus überstellen. Wie sich später herausstellte, hatte der Mann gerade einen Blinddarmdurchbruch erlitten.

In Dachau war Stillfried ein »persönlicher Gefangener« des Reichsführers SS und Chef der deutschen Polizei, Heinrich Himmler. Dies beinhaltete natürlich auch eine negative Sonderbehandlung. So wurde Stillfried anläßlich eines Besuches von Himmler in Dachau von diesem persönlich angesprochen: »Na Herr Lagerleiter von Wöllersdorf, wie geht es Ihnen jetzt?« Worauf Stillfried antwortete: »Ich sage Ihnen gegen Dachau war Wöllersdorf das Paradies.«[4]

Alle Mitgefangenen die dies hörten, erwarteten, daß Stillfried hingerichtet werden würde – dies geschah jedoch nicht.

Sehr wohl wurde ihm jedoch eine spezielle Quälerei zu teil. Er wurde in mehreren Winternächten in den frühen Morgenstunden aufgeweckt und im Nachthemd ins Freie gejagt. Bei Temperaturen, die weit unter Null lagen, mußte er die vereisten Kloaken aufhacken. Dann stieß ihn die Wachmannschaft hinein und ließ ihn in der dreckigen, eisigen Brühe um sein Leben schwimmen. Kurz bevor er ertrunken wäre, wurde er aus der Kloake gefischt und – am ganzen Körper von nassem Kot und Unrat triefend – in die Kälte gestellt. Die Wärter beschimpften ihn als stinkendes Schwein und jagten ihn zum »Säubern« unter eisiges Wasser.

Stillfried wurde dennoch nicht gebrochen. Seine Leidensfähigkeit und sein Durchhaltevermögen fanden sogar in der Literatur ihren Widerhall. Ernst Wiechert beschreibt in seinem Buch der »Totenwald« den österreichischen Offizier Stillfried, der noch nach der Peinigung zynische Worte für seine Folterer fand.

Aber auch die politischen Gegner von einst fanden anerkennende Worte. Franz Olah schildert ihn als tapferen Mann, der in Dachau zum Demokraten geworden war.[5]

Im Jahr 1943 wurde für Stillfried das unmöglich scheinende wahr – er wurde aus dem KZ entlassen. Dies geschah auf Grund einer Intervention des Generals der Deutschen Wehrmacht, Waldemar von Stillfried und Rattonitz. Waldemar von Stillfried und Rattonitz gehörte dem preußischen Zweig der adeligen Stillfrieds an und war schon im 100.000-Mann-Heer der Weimarer Republik Offizier. Zur Zeit des Zweiten Weltkrieges war er ein hochangesehener General und Lehrer an der Kriegsschule. Im Zuge eines Rapports bei Hitler verbürgte er sich persönlich für seinen Verwandten Emanuel Stillfried.

Die Freiheit, die Stillfried erlangt hatte, war natürlich relativ. Er mußte andauernd gewärtig sein von der Gestapo überwacht zu werden. Bis zum Endes des Dritten Reiches stand er unter Polizeiaufsicht und mußte sich zweimal wöchentlich bei dem für ihn zuständigen Kommissariat melden.

An eine Wiedereinstellung bei der Gendarmerie, ja überhaupt im öffentlichen Dienst, war natürlich auch nicht zu denken. Er mußte daher zuerst als Hilfsarbeiter, und später als kaufmännischer Angestellter bei der Fa. Steyr in Wien arbeiten.

Gegenüber seinen Verwandten und Freunden erzählte er nichts von dem was er im KZ erlebt hatte.

Seiner Frau Norberta sagte er nach seiner Rückkehr, daß sie ihn, wenn sie sein und ihr Leben liebte, nichts fragen sollte. Auch sperrte er sich von der Zeit seiner Rückkehr an zum Umziehen immer ins Badezimmer ein und kam erst vollkommen angezogen daraus hervor. Für seine Frau Norberta war dieses Verhalten nicht nur ungewöhnlich, sondern auch unverständlich. Durch Zufall blieb die Badezimmertür eines Tages offen und Norberta konnte den nackten Rücken Stillfrieds sehen, auf dem sich deutlich breite Peitschen- und Prügelstriemen abzeichneten.

Norberta Stillfried. Bild: E. Stillfried

Schon bald nach seiner Entlassung nahm Stillfried Kontakt mit ehemaligen Dachauer Kameraden auf und wurde so Mitglied der O5. Da er jedoch unter Polizeiaufsicht stand, wurde ihm die aktive Teilnahme an der Widerstandstätigkeit verboten.

Nach eigenen Angaben betrieb er aber Einzelsabotage in den Steyr-Werken. Da er, obwohl nur Hilfsarbeiter, Leiter des Zentralausrüstungslagers war, konnte er durch die verzögerte Lieferung von Ausrüstungsbestandteilen die Heeresabnahme von Lkws verzögern.

Nach dem Krieg stellte sich Stillfried sofort im Innenministerium zur Verfügung und wurde bald darauf zum ersten Nachkriegs-Zentralkommandanten der Gendarmerie ernannt.

Sehr bald geriet er aber in Konflikt mit seiner Umgebung, insbesondere mit dem damaligen Innenminister Helmer.

Stillfried war ein großer Zyniker und machte auch nicht vor dem Minister halt. Außerdem zeigte er oft deutlich, wieviel ihn, den hochgebildeten Adeligen, vom einfachen Handwerker Helmer trennte.

So wurde bei einem Staatsempfang das Essen in mit dem kaiserlichen Wappen versehenen Tellern serviert und mit Besteck gegessen, in das ebenfalls das kaiserliche Wappen eingeprägt war. Stillfried nahm eine der Gabeln, sah sie ostentativ an und deutet dann zu Helmer auf das Wappen und dann im Raum herum, was soviel heißen sollte – eine Republik haben, aber die lebt von der Monarchie.

Ob es an seinem Zynismus gelegen sein mag oder an den politischen Konstellationen weiß man nicht, aber als das Gerücht aufkam, Stillfried sei homosexuell, wurde dies zum willkommenen Anlaß genommen, ihn in den Ruhestand zu drängen. Stillfried schied von der Gendarmerie als gebrochener Mann. Dies umso mehr, als ihn diese Anschuldigung als strenggläubigen Katholiken besonders tief traf.

Seiner Schwägerin gegenüber äußerte er: »Mir wird vorgeworfen, daß ich homosexuell sei. Bin ich es, dann sag es mir, denn dann erschieße ich mich sofort.«

Die Anschuldigung wurde übrigens nie verifiziert und gründete sich ausschließlich auf die Aussage eines ehemaligen Gendarmen, der von Stillfried abgeschoben worden war.

Emanuel Stillfried und Rathenitz, nach dem Zweiten Weltkrieg.
Bild: E. Stillfried

Im Laufe seiner Pension legte Stillfried zahlreiche Gesuche um Reaktivierung vor, keinem wurde Gehör geschenkt.

Erst als Franz Olah Innenminister wurde, rollte man auf seine Weisung hin das Verfahren neu auf. Stillfried wurde darin vollkommen rehabilitiert und wieder als Gendarmeriezentralkommandant eingesetzt.

Auf Grund seiner angegriffenen Gesundheit konnte Stillfried aber nur einen symbolischen Monat im Dienst bleiben, dann ging er endgültig in den Ruhestand.

Nur wenige Jahre später starb Emanuel Stillfried und Rathenitz.

Bibliographie

Originalakten des Sonderausschusses für Offiziere – Gendarmeriemuseum Wien
Originalakten der Besoldungsstelle – Gendarmeriemuseum Wien
Franz Olah, Erinnerungen (Wien 1995)
Ernst Wiechert, Der Totenwald

Besonders gedankt sei Bgdr Rüdiger Stillfried, österr. Militärattache in Bern, und seiner Frau Ingrid Stillfried für die Gewährung eines Interviews und die Überlassung von Fotos und anderen Aufzeichnungen.

1 Interview mit Bgdr Rüdiger Stillfried und Frau Ingrid Stillfried am 14.1.1998
2 Originalakten des Sonderausschusses für Offiziere – Gendarmeriemuseum Wien
3 Originalakten der Besoldungsstelle – Gendarmeriemuseum Wien
4 Wurde Brgd Stillfried von Herrn Robelli, Präsident des österr. Aeroclubs, erzählt, der ein Lagerkamerad Stillfrieds war. In anderem Wortlaut bei Franz Olah, Erinnerungen (Wien 1995) 79
5 Franz Olah, Erinnerungen (Wien 1995) 79

Gernod Fuchs

Gendarmerie 1938 und 1945 am Beispiel Salzburgs

Dem Verfasser wurde 1998 eine im April 1938 erstellte Auflistung über die politische Einstellung der Gendarmen Salzburgs übergeben. Nachdem diese Liste unter Historikern unbekannt war, versuchte er diese Liste zu bearbeiten, um Schlüsse über das Verhalten des einzelnen Gendarmen und der Gendarmerie als Wachkörper zur Anschlußzeit ziehen zu können. Mit anderen Quellen in Verbindung gebracht (z. B. Personallisten 1946) wird das Ergebnis dieser Bearbeitung ohne jede politisch/moralische Bewertung in Kurzfassung dargestellt.

Angelobung österreichischer Gendarmen auf das Hitler-Regime 1938.
Bild: Gendarmeriemuseum Wien

Entstehung der Auflistung

Am 21. und 22. April 1938, die Volksabstimmung über die Vereinigung Österreichs mit dem Deutschen Reich war soeben für die Nationalsozialisten erfolgreich abgelaufen, fand bei der Geheimen Staatspolizei Salzburg eine Besprechung von 18 Salzburger Gendarmen statt. Ziel dieser Besprechung war es, die politische Einstellung der Gendarmen des Landes Salzburg während der Kampfzeit der NSDAP zu beurteilen.

Diese NS-Verbindungsmänner kamen aus allen Bezirken Salzburgs und waren Mitglieder der »illegalen NSDAP« und es war kein Gendarmerieoffizier unter ihnen.

Sie erstellten auf 22 maschingeschriebenen Seiten eine alphabetische Auflistung über die 444 Gendarmeriebeamten Salzburgs mit folgenden Angaben:

Name, Vorname, Dienstgrad, Gendarmerieposten, politische Einstellung. Bei der politischen Einstellung wurden auch Angaben über geistige und moralische Eigenschaften vorgenommen.

Bearbeitung der Auflistung

Auf Grund der Beschreibung des einzelnen Gendarmen im Hinblick auf seine politische Einstellung zur »Kampfzeit der NSDAP« wurden Strukturen erkennbar und diese in folgender Gruppen-Einteilung dargestellt.

Deutsche und österreichische Gendarmerieoffiziere im März 1938.
Bild: Gendarmeriemuseum Wien

1. Gruppe – Illegale Nationalsozialisten (bei diesen wurden keine weiteren Angaben gemacht)
2. Gruppe – National eingestellte Beamte
3. Gruppe – Indifferente Beamte
4. Gruppe – Systemanhänger
5. Gruppe – Eifrige/Bösartige Systemanhänger

(Diese zugegebenermaßen »subjektive« Einteilung wurde vom Verfasser und unabhängig davon von einer weiteren Person vorgenommen und abgeglichen.)

Die unter den Gruppen 2 bis 5 genannten Gendarmen wurden oftmals auch noch mit Zusätzen positiver, meist aber negativer Art versehen:

Positiv: (z. B.)
korrekt, sonst korrekt, nicht gehässig, objektiv, keine Übergriffe, anständig und charaktervoll, hat sich immer anständig benommen, sehr anständig, taktvoll benommen, gewissenhaft

Negativ: (z. B.)
dienstlich schwach, harmlos, unfähig, in nationalen Kreisen nicht geachtet, Drückeberger, übereifriger Bekämpfer, fanatisch, radikal, kommt für Exekutivdienst nicht in Frage, Deutschenhasser, fanatischer Hasser, abnormal, Denunziant, Gesinnungsschwein, Gesinnungslump, pensionsreif, Protektionskind, unkameradschaftlich, charakterlos, Kriecher, Kriechernatur, moralisch minderwertig, minderwertiger Charakter, gehässig, Konjunkturmensch, verbissener Hasser, Verräter, Spionage gegen das Reich, vollkommen defekt, eigener Vorteil, Feigling, Mißbrauch der Amtsgewalt, Jesuit, religiös abnormal, geistig minderwertig, williges Werkzeug, dachaureif, wird von Gestapo bereits behandelt

Zuordnung zur Gruppe (war nur bei 433 Beamten möglich)

Tabelle: Gendarmen Salzburgs – Angaben in Prozenten:

	Gruppe 1 illegale NS	Gruppe 2 national eingestellt	Gruppe 3 indifferent	Gruppe 4 System-anhänger	Gruppe 5 Extreme Systemanh.
Bundesland Salzburg	**12,0%**	**17,8%**	**25,2%**	**25,4%**	**19,6%**
Flachgau + LGK	11,4%	16,2%	25,3%	29,5%	17,4%
Tennengau	15,9%	15,9%	15,9%	22,7%	29,5%
Lungau	9,1%	21,2%	30,3%	18,1%	21,2%
Pinzgau	11,7%	18,1%	21,2%	26,5%	22,3%
Pongau	12,5%	19,7%	31,2%	20,8%	15,6%

Grafik: Angaben in Prozenten: (wie oben)

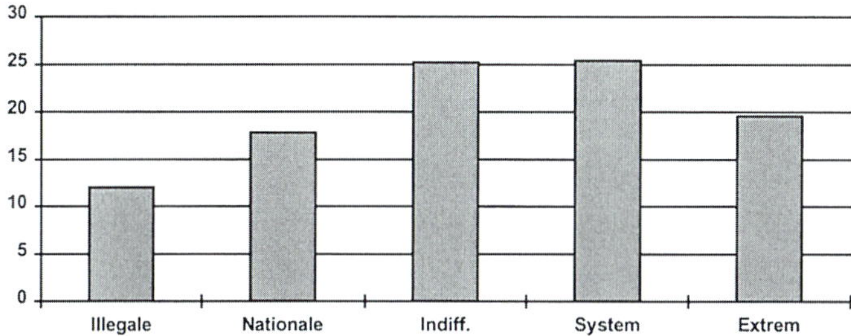

Beschreibung der Gruppen

Gruppe 1 – Illegale Nationalsozialisten (52 Beamte = 12%)

Bei Betrachtung dieser Auflistung stellt sich sofort die Frage, wieviele illegale Nationalsozialisten es in den Reihen der Gendarmerie Salzburgs gegeben hat.

Laut Auflistung waren 52 Gendarmeriebeamte illegale Nationalsozialisten, also 12%.

Diese Zahl ist vermutlich die sicherste all dieser Angaben, da anzunehmen ist, daß die NSDAP-Organisation innerhalb der Gendarmerie wohl wußte, wer zu ihrer Partei gehörte. Gefestigt wird diese Zahl dadurch, daß keiner dieser Gendarmen in irgendeiner Form nach dem Anschluß gemaßregelt worden war. Außerdem konnte festgestellt werden, daß keiner dieser 52 Beamten zum Stichtag März 1946 noch als Gendarm eingesetzt war, somit wurden sie vermutlich alle nach dem Krieg als untragbar »Belastete« eingestuft und entlassen.

Wie es möglich war, daß 12% aller Gendarmen unerkannt Mitglieder der NSDAP sein konnten, scheint auf den ersten Blick unverständlich.

Daß dies doch möglich war läßt mehrere Schlüsse zu:

- Die »Illegalen« agierten besonders geschickt und konspirativ.
- Das System des Ständestaates war schon derartig morsch und gefährdet, daß das »Wegschauen«, insbesondere nach dem Deutsch-Österreichischen Verständigungsabkommen vom 11. Juli 1936 und der Amnestierung vieler Nationalsozialisten, wobei die Partei weiter hin verboten blieb, üblich wurde. Die Annäherung Italiens an Deutschland im Jahre 1937 und der zunehmende Druck Italiens, sich mit Deutschland zu arrangieren, verfehlten nicht ihre Wirkung. Zur Jahreswende 1937/38 scheint es schon so weit gewesen zu sein, daß einem erkannten Nationalsozialisten nichts Existenzbedrohendes mehr geschah.
- Die Gendarmerie war ein Abbild der zerrissenen Gesellschaft. Im Hinblick auf die Anzahl der illegalen Nationalsozialisten entsprach sie etwa dem Durchschnitt der Bevölkerung.
  Im Hinblick aber darauf, daß Gendarmeriebeamte nur nach Bewährung im Militär und auch dann nur nach entsprechender Überprüfung eingestellt wurden, erscheint die Zahl der illegalen Nationalsozialisten in der Gendarmerie doch relativ hoch. Zuerst staatstreue Beamte, dürften viele erst im Verlaufe ihres Dienstes politisiert worden sein. Viele glaubten auch, Position beziehen zu müssen, da sie ansonsten gegen die Masse der Bevölkerung stehend, zwischen »Links« und »Rechts« zerrieben worden wären.
- Die sogenannten »Innenminister Fey-Versetzungen«, (Straf-)Versetzungen von Beamten, die der Illoyalität verdächtigt wurden, denen aber nichts bewiesen werden konnte, waren schon früh ein Ausdruck der Hilflosigkeit des Systems.
- Die Kenntnis über die Machtergreifung im Deutschen Reich und die daran anschließenden Säuberungen im Sicherheitsapparat Deutschlands waren auch nicht dazu angetan, sich durch besondere Aktivität hervorzutun.
- »Falsche« Kameradschaft unter Gendarmen erschwerte die Anzeige »verdächtigter« Illegaler.

Vermutlich ist es die Kombination mehrerer dieser Erklärungsversuche, daß diese 52 Beamten unerkannt oder unbehelligt agieren konnten. Andererseits erforderte es schon eine gehörige Portion Mut bzw. Überzeugung als Gendarmeriebeamter Nationalsozialist zu werden und damit die Arbeitslosigkeit zu riskieren oder gar in ein Anhaltelager zu kommen.

Solche Fahrzeuge waren ausschließlich der oberen Führungsebene zugeteilt. *Bild: Gendarmeriemuseum Wien*

Allein das Gerücht, daß im Beamtenapparat, also auch bei Polizei und Gendarmerie viele »Illegale« säßen, hinderte manchen Bürger daran, sich den Sicherheitsbehörden anzuvertrauen. Dies ging soweit, daß es in der Landesleitung der Vaterländischen Front einen Abwehrdienst gab, der von sich aus polizeiähnliche Erhebungen gegen die Na-

1938; Gendarmerie-Ehrenkompanie wird von einem deutschen Offizier abgeschritten. *Bild: Gendarmeriemuseum Wien*

tionalsozialisten betrieb. Die Landesleitung nahm dann beispielsweise direkten Kontakt mit dem Polizeidirektor von Salzburg auf, um ihre Informationen weiterzugeben und dadurch den Informanten zu schützen.

In dieser Hinsicht gesehen war die Zahl von 12% Illegaler eine extrem gefährliche. Man kann sich auch vorstellen wie schwierig es für die Gendarmerieführung war, einerseits zu wissen, daß es Zuträger für die Nationalsozialisten gab, andererseits bei der Suche nach diesen die staatstreuen Beamten nicht zu verdächtigen bzw. dadurch zu beleidigen.

Folgende Behauptungen, die heute immer noch kursieren, wie:

- die Gendarmen waren größere Nazis als wir (Aussagen von Illegalen)
- die Gendarmerie bestand bereits zu 80% aus Nazis (Aussage eines ernstzunehmenden, politisch verfolgten Sozialdemokraten)
- die Nazis hatten die Sicherheitsorgane bereits in der Hand

sind der Legende zuzuordnen. Die Behauptung, daß die Sicherheitsorgane bereits in der Hand der Nationalsozialisten waren, traf für Salzburg und die Salzburger Gendarmerie sicher nicht zu. Die extreme polizeiliche Absicherung des militärischen Einmarsches in Österreich durch deutsche Ordnungs- und Sicherheitspolizei weist auch daraufhin, daß man sich des Polizeiapparates nicht sicher war.

Gruppe 2 – National eingestellte: (77 Beamte = 17,8%)
Dazu werden Beamte gezählt, die dem Nationalsozialismus positiv, zumindest aber nicht ablehnend gegenüberstanden.
Es dürften Beamte gewesen sein, die es nicht wagten, der NSDAP beizutreten bzw. denen der Begriff »Deutsch/Deutschland« etwas Besonderes bedeutete. Jedenfalls wurden sie von den Nationalsozialisten als die ihnen am nächsten stehend betrachtet.

Gruppe 3 – Indifferente: (109 Beamte = 25,2%)
Beamte, die keine politische Haltung hatten, oder diese nicht zeigten.
Die Bewertung diese Gruppe war am schwierigsten. Es bot sich sofort der Schluß an, daß dies die typischen Rückversicherer waren und ihre Gesinnung den Umständen anpaßten. Sie wollten oder konnten sich eben nicht festlegen.
Die nähere Beschäftigung mit diesem Personenkreis läßt aber eher den Schluß zu, daß viele dieser Beamten ihren Dienst so versahen, wie es dem »Schober'schen Ideal« eines unpolitischen altösterreichischen Beamten entsprach. Durch diese staatspolitische Haltung (im positiven wie auch im negativen) konnten sie vermeiden, durch ständige Zweifel an ihrer Dienstleistung innerlich zerrieben zu werden.

Gruppe 4 – Systemanhänger: (110 Beamte = 25,4%)
Beamte, die dem Ständestaat ergeben waren.

Gruppe 5 – Eifrige/Bösartige Systemanhänger: (85 Beamte = 19,6%)
Diese Gruppe war die im Salzburger Gendarmeriekorps vermutlich am deutlichsten erkennbare Gruppe. Es waren dies besonders staatstreue und/oder auch besonders gesetzestreue Beamte. Es waren dies die sogenannten 100-Prozentigen.
In diese Gruppe wurden auch jene Beamten eingereiht, die körperliche Übergriffe gegen Nationalsozialisten durchführten oder zuließen und es waren dies auch jene Beamten, die eine Machtübernahme der NS am meisten zu fürchten hatten.

Maßregelungen – Methoden

Nachdem die Nationalsozialisten ab 11. März 1938 abends bis zum 13. März 1938 die Staatsgewalt in Österreich übernommen hatten, begannen Säuberungen bzw. Maßregelungen unter den Beamten aller Dienstgrade. Die meisten Maßregelungen wurden allerdings erst nach der vollzogenen Volksabstimmung vom 10. April 1938 durchgeführt, um das günstige Abstimmungsklima nicht zu gefährden.

- **Örtliche Parteiorganisationen** entschieden, welche staatlichen Organe weiter Dienst versehen durften. Diese »wilden« Säuberungen geschahen meist nur in den ersten Tagen der »Machtübernahme«, waren oft persönlich motiviert und nur kurzfristiger Natur.
- **Dienstrechtliche Behandlung durch die Dienstbehörde**
  Dabei wurde die Verordnung zur Neuordnung des österreichischen Berufsbeamtentums vom 31. Mai 1938 (BBV) als bevorzugtes legales Mittel der Maßregelung eingesetzt. Von Versetzung, Versetzung in den Ruhestand mit 2/3 oder 1/2 des Ruhebezuges, bis fristloser Entlassung, reichten derartige Maßregelungen.Nachdem ungerechtfertigte Beschuldigungen festgestellt wurden, durfte nach einer ergänzenden Weisung einer Anzeige nicht nachgegangen werden, wenn sie vom eventuell künftigen Nachfolger des zu entfernenden Beamten ausging.
- **Strafrechtliche Behandlung durch das Gericht**
  Erhebungen über vermeintliche oder tatsächliche Übergriffe gegen die zuvor illegalen Nationalsozialisten wurden in einigen Fällen eingeleitet.
- **»Verwaltungsrechtliche« Behandlung durch die Gestapo** unter Anwendung der Schutzhaft mit Einweisung in ein Konzentrationslager. Die Schutzhaft war das wirksamste Mittel staatlicher Repression im NS-Staat und war von den ordentlichen Gerichten unabhängig. Die Verhängung der Schutzhaft war ein reiner Verwaltungsakt und wurde ausschließlich durch das Gestapa (Geheimes Staatspolizeiamt) in Berlin vollzogen.

Maßregelungen – Zahlen

Informationen über Maßregelungen stammen aus dem Staatsarchiv/Archiv der Republik, dem Dokumentationsarchiv des österreichischen Widerstandes (DÖW) und aus Akten der US Allied Commission for Austria (USACA), die auf österreichischen Akten basieren.
Neben den, gemäß der Verordnung zur Neuordnung des österreichischen Berufsbeamtentums vom 31.05.1938 (BBV), als offiziell gemaßregelt bekannt gewordenen Beamten, wurden vom Verfasser noch etliche Beamte hinzugefügt, deren Schicksal es zuläßt, als solche betrachtet zu werden.

Insgesamt wurden 71 Beamte gemaßregelt

9 Beamte in Konzentrationslagern:
1 Beamter – Entlassung, 1939 im KZ verstorben
1 Beamter – Entlassung, KZ, Militärdienst
5 Beamte – KZ
1 Beamter – Mißhandlung, Spital, Entlassung, KZ
1 Beamter – Im Auftrag Görings in Schutzhaft genommen

5 sonstige Festnahmen
1 Beamter – Mißhandelt, verübte später Selbstmord
1 Beamter – Verhaftet, – dem Gericht übergeben
1 Beamter – Festnahme, dann Zimmerarrest, da Arrest überfüllt war
1 Beamter – Festnahme, muß Systemsymbole im Umzug durch den Ort tragen, Hausarrest
1 Beamter – Verhaftet, jedoch kurz daraufhin wieder entlassen

29 Ruhestandsversetzungen:
1 Beamter – Ruhestandsversetzung, zweimal inhaftiert
1 Beamter – Ruhestandsversetzung, Verfahren wegen Gewaltanwendung
1 Beamter – Ruhestand mit 50%, Militärdienst

16 Beamte – Ruhestandsversetzung
9 Beamte – Ruhestandsversetzung, 3/4-Ruhegenuß
1 Beamter – Ruhestandsversetzung, 3/4-Ruhegenuß, Delogierung

28 Versetzungen:
1 Beamter – Versetzung, 1939 als Gendarm festgenommen (Heimtückegesetz)
2 Beamte – Versetzung, später Zuchthaus wegen Rundfunkverbrechens
1 Beamter –Versetzung, dann Haft
23 Beamte – Versetzung
1 Beamter – Versetzung, als GendHptWchtm gefallen

Einberufungen von Gendarmen zum Militärdienst wurde nicht in diese Liste aufgenommen, da die Daten dafür fehlen bzw. es unklar ist ob diese Einberufung als Maßregelung anzusehen war. In etlichen Fällen war dies sicherlich die einfachste Lösung, einen unliebsamen Gendarmen auf »elegante« Art loszuwerden.

Motorradfahrer der deutschen Gendarmerie mit Beiwagenmaschine.
Bild: Gendarmeriemuseum Wien

Maßregelungen – Beispiele

Name	DGr	Ort	Beurteilung durch NS *(Maßregelung kursiv vom Verfasser)*
S.S.	RevInsp	B.	Ehem. Marxist, eifrigster Systemanhänger, schärfster Gegner der NS, Tschechenstämmling, dachaureif. *Maßregelung – Entlassung, 1939 im KZ verstorben.*
L.J.	Gend	S.	Genannter ist bereits wegen schwerer Übergriffe in Dachau. *Maßregelung – Entlassung, KZ, dann Militärdienst*
P.A.	KrB	S.	Systemanhänger, Gegner der NSDAP, Übergriffe. *Maßregelung – kurzzeitig KZ*
W.H.	KrB	S.	Größtes Gesinnungsschwein bis 33 Nat.soz. dann eifriger Gegner und Verräter, schwere tätliche Übergriffe, unbedingt dachaureif. *Maßregelung – Festnahme, war mit F. im KZ. 11/1940 Schreiben Ltr der Kripo Sbg an RSTH Sbg. Kripo wollte ihn wieder in den Dienst stellen. W. dürfte zu diesem Zeitpunkt Mil-Dienst versehen haben.*
W.A.	RevInsp	A.	Eifriger Systemanhänger und Bekämpfer der NSDAP. *Maßregelung – Ruhestandsversetzung, KZ*
P.F.	RevInsp	N.	Sadistischer Draufgänger gegen die NS, hat sich ganz gemeine Übergriffe zuschulden kommen lassen, dachaureif. *Maßregelung – Entlassung, KZ*
G.J.	RevInsp	Z.	Schwerster Feind der NS, Marxist, hat sich schwerste Übergriffe zuschulden kommen lassen, wird von Gestapo bereits behandelt, dachaureif. *Maßregelung – Verhaftung, KZ*
B.B.	RevInsp	G.	Gesinnungsschwein, hat sich schwere Übergriffe zuschulden kommen lassen, Dachau. *Maßregelung – Festnahme, Mißhandlung, Spital, Entlassung, KZ*
P.S.	RevInsp	M.	Tschechenstämmling, verbitterter Deutschenhasser, radikaler Gegner der NSDAP, dachaureif. *Maßregelung – Im Auftrag GÖRINGS in Schutzhaft genommen*
K.I.	BezInsp	W.	Mißbrauch der Amtsgewalt begangen und Dienstgelder unterschlagen, eifriger Systemanhänger und Bekämpfer des NS, erheben. *Maßregelung – Festnahme, muß Systemsymbole abmontieren und im Umzug durch den Ort tragen, Hausarrest*
A.M.	Patrl	S.	Übergriffe werden erhoben. Kommt für den Exekutivdienst nicht mehr in Frage. *Maßregelung – Festnahme, Entlassung NSDAP-Anw. 1942*
A.J.	Gend	S.	Politisch indifferent. Hat sich keine Übergriffe zuschulden kommen lassen. *Anm: wurde mißhandelt und verübte später Selbstmord*
K.A.	Gend	G.	Eifriger Systemanhänger, schwarzes Protektionskind, erheben. *Maßregelung – Verhaftet, dem Gericht übergeben. NSDAP seit 1940, NSKK seit 1939*
B.J.	RayInsp	S.	Gegner der NSDAP, hat sich schwere Übergriffe zuschulden kommen lassen. *Maßregelung – Ruhestandsversetzung, zweimal inhaftiert*
A.M.	BezInsp	H.	War bis zum Feberputsch 1934 Marxist, nachher untertänigster Systemanhänger und Gegner der NSDAP. Direkte Vergehen sind nicht bekannt. Er ist schon wegen seiner schlechten Charaktereigenschaften pensionsreif. *Maßregelung - Ruhestandsversetzung*
A.V.	BezInsp	T.	Gesinnungslump, pensionsreif. *Maßregelung – Ruhestandsversetzung*
B.F.	RevInsp	B.	Gesinnungsschwein, Deutschenhasser, Tschechenstämmling, dachaureif, Übergriffe werden erhoben. *Maßregelung – Ruhestandsversetzung 3/4-Ruhegenuß*
D.F.	RevInsp	E.	War vor dem Verbot Mitglied der NSDAP, dann schwerer Systemanhänger, Legitimist in Verbindung mit Otto v. Habsburg und Dollfuß. Ganz besonders schwerer Bekämpfer der NSDAP. Geistig vollkommen minderwertig, Übergriffe werden erhoben. *Maßregelung – Ruhestandsversetzung, 3/4-Ruhegenuß*

Kappe der deutschen Gendarmerie. *Bild: Gendarmeriemuseum Wien*

Das Kriegsende

Mit der Besetzung Österreichs durch die Alliierten traten auch deren rechtliche Bestimmungen in Kraft. Die Militärregierung(en) wurden vorerst in Österreich auf der Ebene der Reichs-Gaue durch die jeweilige Besatzungsmacht organisiert, bis die zu bildende »Alliierte Kommission für Österreich« ihre Aufgaben für ganz Österreich übernehmen konnte. Die Aufgaben der Militärregierung bzw. der einzelnen Funktionen innerhalb der Militärregierung wurde zuerst durch die Kommandeure der Besatzungstruppen wahrgenommen. Erst nach Konsolidierung der Verhältnisse bzw. auch parallel dazu traten die dazu ausgebildeten Offiziere der Militärregierung auf den Plan.

Die »Public Safety Branch« (Abteilung für öffentliche Sicherheit) der Militärregierung Salzburg mit ihren »Public Safety Officers« in den Landkreisen (Bezirken) hatte die Aufgabe, mit der Ordnungspolizei (Schutzpolizei und Gendarmerie) und der Sicherheitspolizei die öffentliche Ordnung und Sicherheit wiederherzustellen und aufrechtzuerhalten. Die Sicherheitspolizei war auf die Kriminalpolizei reduziert worden, nachdem die Geheime Staatspolizei (Gestapo) und der Sicherheitsdienst (SD) gemeinsam mit der NSDAP aufgelöst worden waren.

Diese Aufgaben wurden in enger Zusammenarbeit der Militärregierung / Gerichtsabteilung (Legal Division), der US-Militärpolizei (MP – Military Police) und dem US-Abwehrdienst (CIC – Counter Intelligence Corps) durchgeführt.

In der »Proklamation Nr. 2«, die sofort nach der Besetzung bekanntgegeben wurde, war unter Punkt IV befohlen worden:

»Alle Beamten und andere Personen sind, soweit sie nicht von der Militärregierung suspendiert oder entlassen worden sind, verpflichtet bis auf weitere Anordnung auf ihren Posten zu verbleiben und alle Befehle oder Anordnungen der Militärregierung oder der Alliierten Behörden zu befolgen sowie für deren Ausführung Sorge zu tragen. [...]

Die Ordnungs- und Kriminalpolizei wird für die Aufrechterhaltung von Recht und Ordnung verantwortlich gehalten.«

Sehr rasch wurden auch wieder die alten Organisationsformen der Polizei, der Kriminalpolizei und der Gendarmerie eingenommen. Als Kennzeichnung hatte die uniformierte Exekutive bis zum 23. Mai 1946 die rot-weiß-rote Armbinde zu tragen.

Die nun beginnende »Entnazifizierung« wurde von den Alliierten unter folgenden Grundsätzen im Alliierten »Austria Military Government Handbook«, Kapitel 2 (General Instructions), Punkt 30 (Treatment of Nazi officials) festgelegt:

Es wird die Politik der Militärregierung sein, soweit wie möglich durch Oberaufsicht über die Verwaltungsmaschinerie, unter Elimination aktiver Nazis und österreichischer Anti-Demokraten, indirekt zu regieren.

Da die meisten Verwaltungsorgane, zumindest nominell, Mitglied der Nazi-Partei sind, wird es nicht möglich sein, alle zu entfernen oder zu internieren. Dies würde den Zusammenbruch der Verwaltungsmaschinerie und der technischen Dienste wie Transportwesen bedeuten.

Alle aktiven Nazis und solche in Schlüsselpositionen sollen rasch entfernt werden.

Solche in untergeordneten Positionen, die nur Parteimitglied waren, können vorbehaltlich künftiger Untersuchungen im Dienst bleiben.

Alle Österreicher, die vor 1938 der Nazi-Partei angehörten, sollen mit dem größten Argwohn betrachtet und entfernt werden.

Unabhängig von der Alliierten Militärregierung wurde durch das von der provisorischen Staatsregierung erlassene »Verbotsgesetz« vom 8. Mai 1945 die Säuberung in Verwaltung und Wirtschaft von belasteten Personen geregelt. Im Bereich der staatlichen Verwaltung wurden in den jeweiligen Bundesministerien Kommissionen gebildet, die über die Zulässigkeit der Verwendung der Berufsausübung von »Minderbelasteten« entschieden. Minderbelastete konnten nur in der Exekutive dienen, wenn die Kommission die Zulässigkeit der Verwendung aussprach.

Beispiel der Behandlung von NS-Gendarmen

In Hallein waren 11 Gendarmeriebeamte des Bezirkes über Anordnung des Public Safety Officer vom 18. Juli 1945 wegen ihrer Zugehörigkeit zur NSDAP aus dem Dienst zu entlassen.

Bereits am 9. August 1945 fand durch das Landesgendarmeriekommando Salzburg eine Überprüfungsverhandlung nach dem Verbotsgesetz gegen 6 von ihnen statt. 5 Beamte wurden für den Gendarmeriedienst als »tragbar« und 1 Beamter als »bedingt tragbar« eingestuft.

Nach diesem Verfahren hatten drei Gendarmen, der Bezirkskommandant, sein Stellvertreter und ein Postenkommandant, einer davon war selbst im Konzentrationslager gewesen, ein dienstliches Schreiben an den Public Safety Officer mit der Bitte um Wiedereinstellung dieser Beamten gerichtet.

Sie versuchten in ihrer Bitte die Beweggründe zu erklären, die einen Gendarmen dazu brachten, nach dem Anschluß der NSDAP beizutreten.

»[...] die unter dem Drucke des damaligen Dienstgebers – nationalsozialistischer Staat – sich beugen mußten und aus Sorge um Familie und Existenz der Partei beigetreten sind, ohne jemals überzeugte Nationalsozialisten gewesen zu sein. Sie mußten den Treueid auf den Führer leisten und waren als altösterreichische Soldaten gewohnt, den geleisteten Eid bis zur letzten Konsequenz zu halten.

[...] Beamte, die die Parteimitgliedschaft ablehnten oder zurücklegten, wurden aus dem Dienste entfernt. Aus diesen Gründen nahmen die vorgenannten Gend.Beamten die Parteimitgliedschaft und die verschiedenen Funktionen in der Partei an.

Die Mitglieder der Kommission und die Unterzeichneten sind der vollkommenen Überzeugung, daß die genannten Gend.Beamten, die ihnen durch viele Jahre bekannt sind und dauernd mit ihnen in Fühlung standen, niemals Nationalsozialisten gewesen sind und nach wie vor treue Diener des Staates Österreich waren und bleiben.

[...] Die Wiedereinstellung wäre auch im Interesse des Dienstes dringend notwendig, da es sich im gegebenen Falle um vollwertiges Personal handelt.«

Diese 6 Beamten wurden wieder eingestellt, zumindest waren sie im März 1946 wieder im Dienststand.

Aus der Praxis kann man für Salzburgs Gendarmerie folgendes aussagen. Von den ehemals illegalen Nationalsozialisten war mit dem Stichtag März 1946 kein einziger mehr im Dienst. Sie wurden ausnahmslos entlassen. Ob und wieviele von diesen nach dem März 1946 wieder in den Gendarmeriedienst zurückkamen, ist dem Verfasser derzeit noch unbekannt.

Gendarmen, die erst nach dem Anschluß der NSDAP oder einer ihrer unbedeutenderen Gliederungen beigetreten waren, konnten im Regelfall nach Kriegsende ihren Dienst weiter versehen. Sie wurden aber nach Konsolidierung der politischen Situation entlassen und konnten dann durch die Überprüfungsverhandlung beim Landesgendarmeriekommando als »tragbar«, »bedingt tragbar« oder »untragbar« eingestuft werden, oder es wurde diese Überpüfungsverhandlung im Dienststande durchgeführt.

Daneben gab es auch noch die Möglichkeit der Pardonierung durch den Bundespräsidenten. So berichtete der oberste Berater des amerikanischen Hochkommissars am 29. Jänner 1948 an den US-Außenminister u. a., daß bisher 1.269 Personen, darunter 435 Polizei- und Gendarmeriebeamte durch den Bundespräsidenten pardoniert wurden.

Unabhängig von dieser österreichischen Behandlung hatte natürlich die Militärregierung das letzte Wort und diese bestimmte in vielen Fällen, auch gegen die Meinung der Gendarmerieführung, die einzuschlagende Richtung.

Vergleich 1938/1946

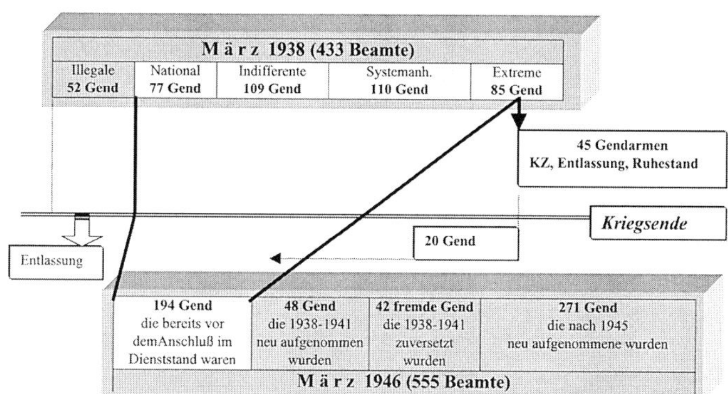

Im März 1946 war kein einziger der 52 ehemals illegalen Gendarmen im Dienststande.

Josef Innerhofer

Gendarmerie nach Ende des Krieges 1945 in Osttirol – ein Gendarm erinnert sich

Allgemeine Sicherheitsverhältnisse

Dieser Artikel soll nur die allgemeinen Sicherheitsverhältnisse in Osttirol, das dort noch zu Kärnten gehört hat, und die Schwierigkeiten der neu entstandenen »Gendarmerie« im Jahre 1945 schildern.

Nach der Kapitulation Deutschlands im Mai 1945, teilweise aber schon knapp davor, also schon im April, war der Großteil der Deutschen Wehrmacht auf dem Rückzug aus den von ihr besetzten Gebieten, aus Osttiroler Sicht Jugoslawien und Italien, sodaß die grenznahen Gebiete vom zurückströmenden, führungslosen »Haufen« überschwemmt wurde. Da diese ausgemergelten und hungrigen Menschen von niemandem auch nur notdürftig versorgt wurden, auch gar nicht versorgt werden konnten, mußten sie selber schauen, wie sie zu Essen und Bekleidung kamen. Solange die »besiegten« Soldaten Geld hatten oder etwas einzutauschen (z. B. Wehrmachtsausrüstung: Waffen, Ferngläser usw.), erfolgte das auf legale Weise. Wer aber nichts hatte, beschaffte sich das Lebensnotwendige durch Betteln, Diebstähle usw. Auf das Erbarmen der einheimischen Leute konnte man auch nicht mehr bauen, weil diese auch nicht genug zu essen und anzuziehen hatten, um davon auch noch an verhältnismäßig viele »andere« abzugeben. Für die Einheimischen in Rückzugsgebieten waren die letzten »Kriegstage« – oder ersten Tage nach der Kapitulation die schlimmsten des ganzen Krieges.

So erhielt die »örtliche« Gendarmerie viele Anzeigen über Einbrüche in Bienenhäuser, Dachböden und nicht bewachte Hühner- und Hasenställe. Die Aufklärung und die Verhinderung waren unmöglich, ja äußerst gefährlich, denn ein Menschenleben war in einem solchen Chaos nichts wert. Die Gendarmerie, die eine Zeitlang nach der Kapitulation noch Dienst nach den Vorschriften der deutschen Schutzpolizei versah, war personell schon stark dezimiert, weil die Polizisten aus dem »Altreich« (Deutschland), die während des Krieges in Österreich Dienst versehen hatten, nicht daran interessiert waren, in Österreich Ruhe, Ordnung und Sicherheit aufrechtzuerhalten und teilweise sogar gegen ihre Landsleute vorzugehen. Auch für sie war der Krieg aus, und deshalb verließen sie die bisherigen Dienststellen und »setzten« sich in ihre Heimat ab. Es handelte sich ja meist um ältere »Jahrgänge«, die während des Krieges für den Fronteinsatz oder den Sicherheitsdienst in den »besetzten« Gebieten nicht mehr in Frage gekommen waren. Sie wurden deshalb in der »Heimat« zu einem Dienst mit der Waffe eingesetzt.

Der Großteil der zurückströmenden Soldaten kam aus Italien und Nord-Jugoslawien über Sillian nach Osttirol. Sie zogen meist nur durch den Bezirk gegen Norden oder Osten, um so schnell wie möglich in ihre Heimat zu kommen. Aber es waren Tausende. Solange es sich um deutsche Wehrmachtsangehörige handelte, nahm die Bevölkerung diese Belastung noch einigermaßen hin. Als aber eine fast komplette »Armee« aus Nord-Jugoslawien zuerst in Südtirol und dann über Sillian in Osttirol »einmarschierte«, war es mit dem Verständnis aus. Es handelte sich um die ca. 5.000 Mann starke sogenannte »Wlassow-Armee«. Den Namen hatte diese Einheit von ihren Kommandeur, dem ehemaligen russischen General Wlassow. Dieser General lief zu den Deutschen über, sammelte Freiwillige aus Weißrußland, der Ukraine, Kroatien und anderen slawischen Gruppen um sich und kämpfte hauptsächlich gegen Rußland und die Partisanenverbände in Jugoslawien.

Das Gegenstück war die »Seydlitz-Armee« auf der Seite Rußlands. Auch Seydlitz war ein General, aber in der Deutschen Wehrmacht. Beim Rußlandfeldzug geriet er in russische Gefangenschaft. Dort entschloß er sich zum Kampf gegen Hitler. Ihm folgten dann verhältnismäßig viele gefangene Deutsche. Der Unterschied zwischen den beiden Armeen war aber gravierend.

Die Wlassow-Armee

war »landsknechtsartig« organisiert. Das heißt: Zum Troß dieser »Kampfgruppe« gehörten nicht nur die Versorgungseinheiten (Waffen, Technik, Verpflegung und Unterkunft), sondern die verheirateten Soldaten hatten ihre ganzen Familien (Frauen und Kinder) und ihre Haustiere mit (Kühe, Ziegen und Pferde, ja sogar 12 Kamele hatten sie). So zog die Armee während des ganzen Kriegseinsatzes in einer Wagenkolonne (größtenteils von Pferden gezogene Planwagen wo ihre Familien lebten) von Einsatz zu Einsatz. Da sich die Armee größtenteils selber versorgen wollte und mußte, nahm diese »angeheuerte Legion mit Anhang« das Kriegsrecht der »Plünderung« und der selbständigen Requirierung in Anspruch. Dort, wo sie einen »Sieg« errungen oder einen Landstrich besetzt hatten, holten sie sich von der »besiegten« Bevölkerung alles, was sie brauchten oder haben wollten. Gleich organisiert kamen sie auch in den Talkessel von Lienz. Die Führung dieses internationalen Haufens beschloß plötzlich, ihren Rückzug zu beenden und sich in diesem Talkessel niederzulassen.

Außerhalb von Lienz gab es das große Barackenlager »Peggetz«, das bis zum Kriegsende der Deutschen Wehrmacht als Kaserne diente. Der Generalstab, die Offiziere und Höheren der Wlassow-Armee bezogen mit ihrem Anhang dieses Lager. Die anderen bauten meist in den Erlenwäldern entlang des Debantbaches und der Drau ihre Behausungen auf und gingen in kleinen Gruppen (Familien) oder jeder für sich auf »Erwerb« aus. Viele hatten nicht einmal Zelte, sodaß sich die Ärmeren nur Laubhütten bauten oder für eine primitive Hütte die Bretter von den Bauern und Sägewerken stahlen. Klar, daß alle leeren Heuscheunen kurzerhand »besetzt«, und die mit Heu gefüllten »geleert« wurden. Zusätzlich trieben sie ihre rund 1.000 Haustiere einfach in die umliegenden Wiesen, wo sie das halbhohe, noch nicht reife Gras abfraßen, sodaß die Bauern nicht mehr wußten, wie sie ihr Vieh über den nächsten Winter bringen würden. Es waren also plötzlich 5.000 Leute und ca. 1.000 Haus-Großtiere im Talkessel von Lienz. Die Leute lebten nur von der Hand in den Mund und konnten oder wollten nichts kaufen. Da sie also »Selbstversorger« waren, lebten sie einfach so weiter wie in der Kriegszeit. Sie betrachteten die einheimische Bevölkerung als »habende Brüder« und »holten« sich einfach alles, was sie zum Leben brauchten.

Den allgemeinen Sicherheitsdienst versah aber nur mehr der »Gendarmerierest« der in Osttirol oder Oberkärnten wohnhaften »Gendarmen«. Das reichte bei weitem nicht aus, um diese kriegsähnliche Besetzung durch so viele Ausländer in den Griff zu bekommen. Es kam, wie es kommen mußte. Die Bauern, die ja unter dem »Heuschrecken-Angriff« am meisten zu leiden hatten, sahen, daß von der Exekutive keine Abhilfe zu erwarten war, machten die Not zur Tugend und organisierten einen Selbstschutz, der sich mit den vorhandenen Jagdwaffen und anderen abenteuerlichen Waffen bewaffnete. Aber auch die heuschreckenartigen Besetzer waren teilweise noch bewaffnet und benützten diese auch. An eine Entwaffnung der Wlassow-Armee durch die einheimischen Behörden oder durch einheimisches Militär war nicht zu denken. Die Behörde war im Umbruch begriffen, und Militär gab es ja keines mehr! Die übriggebliebenen Sicherheitsorgane waren viel zu schwach. Alles befürchtete, daß die Selbstjustiz in einem Chaos enden werde. Auch das fast unlösbare Problem der ca. 1.000 Großtiere (ca. 400 Pferde, ca. 500 Kühe, ja sogar 12 Kamele) »machte« die Selbsthilfe der Bevölkerung notwendig. Immerhin mußten die Tiere der »Armee« gefüttert werden. Noch dazu war die Gefahr einer Seuche da, denn eine tierärzliche Betreuung gab es für das halbwilde Vieh der »Nomaden« nicht. Der Selbstschutz versuchte, das völlige Kahlfressen der für die einheimischen Bauern zum Leben wichtigen Wiesen dadurch zu verhindern, daß die Jäger auf die weidenden Kosakentiere schossen und einige töteten. Doch die »Landsknechte« übten Rache, schossen zurück oder überfielen irgendeinen Bauernhof und holten einige Tiere als Ersatz aus dem Stall. Verschiedentlich wollten Bauern ihre Heuernte wiederum so retten, daß sie das mittelhoch stehende Gras sofort abmähten und glaubten, daß das »Kosakenvieh« dieses welke Gras nicht fressen, und wenn, dann durch eine Kolik umkommen würde. Die »Besetzer« waren aber sehr flexibel. Sobald die Bauern das Gras gemäht und die Wiese verlassen hatten, trieben sie eine ganze Herde dorthin. Das frisch gemähte Gras war sehr schnell aufgefressen. Aber auch wenn das Gras welk war, tat es den ausgemergelten und abgehärteten Tieren nicht viel. Alle Mittel der einheimischen Bevölkerung schienen also »untauglich« zu sein. Sie lebte unter einer viel größeren Angst und einem viel größerem Terror als während des Krieges.

Eine gewisse Ordnung versuchte man durch Verhandlungen mit dem »Kommando« der W-Armee zu erreichen. Aber auch das brachte keine echte Hilfe. Der Krieg war aus, und die »Landsknechte« ließen sich von ihren früheren Offizieren nichts mehr sagen. Die Verhinderung von Straftaten oder die Ausforschung der Täter war für die wenigen noch verbliebenen Gendarmen aussichtslos. Es gab ja noch keine voll funktionierenden, sicherheitspolizeilichen Einrichtungen (ein viel zu kleines und auf sich allein gestelltes Bezirksgericht sowie die im »Umbau« stehende Bezirksverwaltungsbehörde vom deutschen Landratsamt zur Bezirkshauptmannschaft. Die Behörden konnten nur ein Notprogramm durchführen. Viele Beamte aus der »deutschen« Zeit mußten als »Nazi« das Feld räumen und geschulter Ersatz war nicht da. Mitte Mai marschierten dann die englischen Streitkräfte in Kärnten und Osttirol ein. Man erwartete nun, daß die Besatzungsmacht »aufräumen« werde. Sie tat wirklich etwas. Das mußte sie auch, sonst wäre das Chaos zum offenen »Krieg« zwischen der W-Armee und der einheimischen Bevölkerung geworden. Der erste Schritt der Engländer war, daß sie das Lager Peggetz beschlagnahmten und für die Wlassow-Armee freimachte. Dann übergaben sie es der UNNRA (Amerikanische Organisation zur Hilfe für die notleidenden Völker nach dem Zweiten Weltkrieg). Der Kommandeur der englischen Besatzungszone in Südösterreich, General Churchill, Sohn des englischen Premiers Churchill, und der kommandierende Offizier für den Bezirk Lienz, Major Hunt, verfügten schließlich, daß alle »wild« lebenden Angehörigen der Wlassow-Armee ins Lager Peggetz müßten. Aber da »bissen« sich die Engländer die Zähne aus. Es gelang ihnen nur zu einem kleinen Teil. Deshalb folgte eine weitere Verfügung gegen die Leute der Wlassow-Armee. Das englische Militär nahm den »Landsknechtsfamilien« das Großvieh mit der Begründung weg, daß unter den Großtieren der »Kosaken«, so nannte man die Angehörigen der W-Armee, eine Seuche grassiere und die Gefahr groß sei, daß diese Seuche auch das einheimische Großvieh befallen werde. Eine erfolgreiche tierärztliche Betreuung sei unter den herrschenden Verhältnissen unmöglich. Das englische Militär sammelte die Großtiere (Pferde, Kühe und Kamele) ein und trieb diese in einen Erlenwald nahe dem »Kärntner Tor« (Talenge zwischen Oberdrauburg und Nikolsdorf). Dort wurde ein ca. 1 km langer und 3 m tiefer Graben ausgebaggert. Am Rande dieses Grabens erschossen die englischen Soldaten die ca. 1.000 Tiere, und stießen sie dann in den Graben. Dann wurde das »Massengrab« wieder zugeschoben.

Der letzte Akt der Engländer wirbelte am meisten Staub auf. Obwohl man die »Kosaken« loswerden wollte, aber dieses Vorgehen hätte man gerade den »Engländern« nie zugetraut. Die englische Besatzungsmacht holte ca. 200 Offiziere der Wlassow-Armee heraus (die meisten stammten aus Weißrußland und der Ukraine) und nahmen sie gefangen. Dann wurden sie am Bahnhof Dölsach in Viehwaggons eines unter Dampf stehenden Zuges gesperrt und in Richtung Osten abtransportiert. Wie später einige Angehörige von Offizieren der »Kosaken-Armee« erzählt haben, hätten sich ca. 20 Kosakenoffiziere noch vor der Gefangennahme durch die Engländer erschossen, weil sie das vermuteten, was dann eintraf (Übergabe an die Russen).

Von den 200 Kosakenoffizieren kam einer nach ca. einem Jahr lebend zurück und erzählte, daß der Transport mit den gefangengenommenen Offizieren der Wlassow-Armee Richtung Polen gegangen sei. An der russisch-polnischen Grenze hätten die Engländer den Transport der russischen Armee übergeben. Als die Kosakenoffiziere ausgestiegen seien, hätte ein Maschinengewehr auf die aussteigenden, ehemaligen Offiziere das Feuer eröffnet. Er, der Überlebende, habe einen Schlag verspürt und dann einige Zeit das Bewußtsein verloren. Als er zu sich gekommen sei, seien über ihm mehrere Männerkörper gelegen, und an seinem Oberkörper habe er Blut gespürt. Als er das Geschehene überdachte habe, sei ihm klar geworden, daß er durch Glück und dem Schutz der über ihm liegenden Körper mit dem Leben davongekommen sei. Als er sich überzeugt gehabt habe, daß es wirklich Abend und dunkel geworden sei, habe er sich unter den Körpern herausgerappelt und einmal die Umgebung beobachtet. Da er nirgends mehr Leben oder eine Wache erkennen habe können, habe er seine Schulterverletzung (Durchschuß) notdürftig versorgt und sich davongemacht. Polnische Zivilisten hätten ihm immer weitergeholfen, sodaß er schließlich doch zurück zu seinen Angehörigen nach Lienz gekommen sei. Er könne es aber nicht ganz ausschließen, daß von den 200 Offizieren auch andere mit dem Leben davongekommen seien. Lebenszeichen habe er seither von keinem der ausgelieferten Offiziere bekommen. Dieser zurückgekehrte Kosaken-Offizier blieb in Lienz, nahm Arbeit an (wahrscheinlich ist er schon längst österreichischer Staatsbürger) und veranstaltet jedes Jahr zum Gedenken an die »ausgelieferten« und erschossenen Offiziere ein »Kosakentreffen«.

Wie man auf Umwegen erfuhr, und was neuerdings auch von den Geschichtsforschern bestätigt wird, bestand zwischen der russischen und der englischen Militärführung ein Geheimvertrag, nach dem die »abgefallenen« Wlassow-Armee-Offiziere den Russen zu übergeben waren.

Durch die Vernichtung des Viehs entzog die englische Besatzungsmacht dem Familientroß eine wichtige Lebensgrundlage und durch die Gefangennahme und Auslieferung der Offiziere machte sie den Kosakentreck führerlos. Der vor der Tür stehende Winter 1945/46 tat das seinige dazu, daß ein großer Teil der »wild« campierenden Kosaken-Familien notgedrungen in dieses Lager zog. Dort gab die UNNRA den Frauen und Kindern doch eine Überlebenschance. Diejenigen, die im Lager Peggetz keinen Platz bekamen, wurden in Lager in Oberkärnten eingewiesen.

Die UNNRA als mächtiger Schutzpatron

ließ durch die englische Besatzung verfügen, daß die Insassen dieses Lagers nicht der österreichischen Gerichtsbarkeit unterliegen, sondern der englischen Militärgerichtsbarkeit. Damit hatten auch österreichische Sicherheitsorgane im Lager keinerlei direkten Zugriff. Die Besatzung errichtete aus Lagerinsassen eine eigene Lagerpolizei und verbot der österreichischen Gendarmerie im Lager selbständig und allein zu agieren, sondern nur in Begleitung der Lagerpolizei. An eine »Unterstützung« von der Lagerpolizei brauchte man gar nicht zu denken. Es ging ja meist um ihre Landsleute, immer aber um ihre »Kriegsbrüder«. Es gab im Lager keine ordentliche Personenstandes-Verzeichnisse, und dem allgemeinen österreichischen Meldeamt brauchten die Lagerinsassen nicht gemeldet zu werden. Nur wenn die Insassen das Lager verließen, konnten sie angehalten und kontrolliert worden. Fast keiner dieser »Landsknechte« hatte aber einen Personalausweis bei sich, sodaß die angegebenen Namen nie überprüft werden konnten.

Sie paßten die Namen einfach der Situation an. Die gesetzliche Deckung der Gendarmerieaktionen war auch noch nicht klar. Das »deutsche« Recht »mußte« verschwinden und das »altösterreichische« war noch nicht eindeutig, So agierten die aus der altösterreichischen Ära stammenden Vorgesetzten der Gendarmerie meist nach ihrem »Rechtsgefühl«.

Es gab fast keine Nacht, in der nicht schwere Eigentumsdelikte verübt wurden, und das meist von den »Peggetzlern«. Inzwischen kamen so nach und nach die altgedienten Soldaten (Berufssoldaten) »heim« und traten fast vollzählig in die Gendarmerie ein. Damit entspannte sich die Personalsituation in der Gendarmerie ein wenig. Die Neueingetretenen wurden in erster Linie im »Waffengebrauchsrecht« der altösterreichischen Gendarmerie-Dienstinstruktion geschult, weil die Täter sehr oft bewaffnet waren und fast immer flüchteten, auch wenn man sie auf frischer Tat ertappte. Die Verfolgung bis ins Lager war bis zum Frühjahr 1946 ja aussichtslos, weil der Flüchtige dort sehr leicht untertauchen konnte und die Lagerpolizei kein Interesse hatte, ihn auszuliefern. Erst recht hatte man mit der Flucht zu rechnen, wenn Lagerinsassen aufgrund von Konfidentenangaben oder von Verdachtsmomenten angehalten wurden. Schußwaffengebräuche waren also nicht sehr selten. Die englische Militärpolizei (FSS) beurteilte unsere Waffengebräuche immer sehr großzügig. Sie war eben eine Militäreinrichtung. Erfolgte der Waffengebrauch wegen eines schweren Verbrechens, wo die Abschiebung des Angeschossenen in sein Heimatland vorgesehen war, dann bekamen wir oft den Vorwurf zu hören, zu schlecht gezielt zu haben. Die Abschiebung war nämlich gleichzusetzen mit der Todesstrafe, weil die Kosaken ja in ihrer Heimat als Fahnenflüchtige galten, und für Fahnenflucht war überall nur der Tod als Strafe vorgesehen.

Drei Offiziere der englischen Militärpolizei »residierten« in einer Kanzlei am Gendarmerieposten Lienz, die Mannschaft aber war in der heutigen Haspinger-Kaserne untergebracht, die während der Besatzungszeit ein englisches Militärgefängnis war. Um die Sicherheitssituation in der geschilderten Zeit richtig zu beurteilen, muß man wissen, daß die Einbrüche in Lebensmittellager der Geschäfte, die Vieh- und Honigdiebstähle die einheimische Bevölkerung wesentlich härter trafen als heute, denn die Lebensmittel und Textilien (Leinen, Loden, Schuhe usw.) waren ja alle noch »rationiert«, also nur auf »Karten« zu bekommen. Honig, Obst und andere bäuerliche Erzeugnisse dienten als begehrte Eintauschobjekte, weil das Geld ja nichts mehr wert war.

Das Leben der an und für sich freiheitsliebenden Kosaken im Lager förderte die Bandenbildung. Teilweise wollten sie sich mit der rationierten UNNRA-Verpflegung nicht abfinden und ihre Ansprüche so wie während des »Feldzuges« aufbessern. Immer mehr mußten wir uns mit »organisierten« Banden herumschlagen. Das erschwerte den Versuch, eine gewisse Ordnung und Sicherheit nach rechtlichen Vorschriften herzustellen. Um so größer war aber der persönlichen Einsatz der »alten« Junggendarmen.

Erst Mitte 1946 bekamen zwei namentlich ausgewählte Gendarmen des Postens Lienz (einer davon war ich) die Berechtigung, im Lager Peggetz allein Erhebungen durchzuführen.

Solang wir nicht ins Lager konnten, mußten wir uns damit behelfen, Täter außerhalb des Lagers zu »erwischen«, ins Bezirksgerichtsgefängnis einzuliefern und dem Bezirksgericht Anzeige zu erstatten. Bis die englische Militärpolizei verständigt war und eine Verhandlung durchführte (die Verzögerung kann auch Taktik gewesen sein), vergingen meist einige Wochen. In dieser Zeit waren zumindest einige Täter außer Haft gesetzt.

Um aber Verdächtige oder Täter außerhalb des Lagers dingfest zu machen, mußten wir sie auf frischer Tat oder mit Diebsgut betreten. Sonst hieß es zuwarten, bis uns ein »Konfident« aus dem Lager außerhalb des Lagers den Täter zeigte. Jeder von uns hatte einige Konfidenten. Das hatte aber zwei Seiten. Um die »Konfidenten« zu animieren, ihre Freunde oder Bekannten zu »verraten«, mußte man den »Verrätern« vieles nachsehen, sonst war diese »Quelle« zu.

Obwohl die Reste der Wlassow-Armee im UNNRA-Lager Peggetz einigermaßen versorgt wurden, wollten viele dieser Armeeangehörigen ihr Landsknechtsleben weiterführen und holten sich alles, wo und wie es sich anbot. Im Lager blühte ein reger Schwarzhandel mit gestohlenen und sonstwie »beschafften« Gütern. So holten sie sich Schafe von der Weide und Hühner aus den Ställen, brachen in Bienenhäuser ein und stahlen den Honig.

Schließlich begnügten sich die Lagerleute mit so einer kleinen Beute nicht mehr, sondern begannen Raubzüge in großem Stil durchzuführen. Sie schlugen junge Ochsen und Kalbinnen auf der Alm, schnitten das beinlose Fleisch (Keule) heraus, ließen den Rest an Ort und Stelle liegen und verkauften dann das beinlose Fleisch im Lager. Die Hirten getrauten sich nicht, gegen diese Leute vorzugehen, weil diese meist bewaffnet waren. Die Gendarmerie verstärkte die Patrouillentätigkeit auf den Almen, die Bauern bewaffnete die Hirten und organisierten einen Selbstschutz aus Jägern, die in den Gemeinden wohnten. Die Gendarmerie veranlaßte die Hirten, am Abend das Vieh zu größeren Gruppen zusammenzutreiben, damit die Bewachung oder der Vorpaß durch die Gendarmerie und dem Selbstschutz konzentriert werden konnte. Es war aber unmöglich, jede Alpe rund um die Uhr zu bewachen. Sicher wurden dadurch einige »Schlachtungen« verhindert, doch abstellen konnte man es nicht. Immer wieder verloren die Bauern durch die angeführte Art des Diebstahls meist die schönsten Kalbinnen oder Ochsen. Obwohl die Personalsituation in der Gendarmerie durch die verhältnismäßig vielen Neuzugänge an »arbeitslos« gewordenen Berufssoldaten recht gut war, brachten die Alpenpatrouillen doch nicht den erwünschten Erfolg. Wir begannen, die Zivilbevölkerung als Beobachter einzubauen.

12. August 1946, Viehdiebstahl

Eine Bäuerin aus Tristach meldete am späten Nachmittag dem Gendarmerieposten Lienz, daß sie bei der Feldarbeit 5 »Ausländer« gesehen habe, die Jutesäcke umgehängt gehabt hätten, und auf dem Abkürzungssteig zum Tristacher See gegangen seien. Aus den Jutesäcken hätten Hackenhelbe (Stiele) herausgeschaut. Der Postenkommandant gab dem Schneider Hans (ein altgedienter Berufssoldat) und mir den Befehl, diesen Leuten nachzugehen und sie zu kontrollieren. Beide wußten wir, daß wir in die Nacht kommen würden. Wir bewaffneten uns mit je einem Mannlicher-Stutzen (ein eher kurzer Karabiner des Bundesheeres) und je einer Pistole. Weiters gaben wir alle hellen Bekleidungsstücke weg, wie z. B. die Armbinde »Austria-Police«. Die größte Sorge machte uns, daß wir kein Licht hatten. Es gab ja noch keine Taschenlampenbatterien. Wir behalfen uns zwar schon bei früheren Nachtkontrollen mit dem Feuerzeug oder einer Kerze. Der kleinste Windhauch löschte beide aber aus. Dann stand man in völliger Dunkelheit da, und die zu Kontrollierenden konnten leicht angreifen oder das Weite suchen. Wenn also die gemeldeten Männer wirklich eine Alpe heimsuchen, und wir in der Nacht auf sie stoßen würden, dann durfte uns das nicht passieren, sonst ging es uns schlecht. Da hatte ich ein wenig vorgesorgt.

Im Herbst 1945 war ich in meiner Heimatgemeinde bei einer Prechelgrube (eine ausgemauerte Grube, in der Feuer brannte und die mit einem Eisenrost abgeschlossen war) und sah zu, wie die Frauen den geernteten Lein (Haar) rösteten, brechelten, dann hachelten (die durchs Rösten brüchig gewordenen Stengel wurden über ein Brett mit Eisenspitzen gezogen und so von der harten Rinde befreit). Es blieben haarige Fasern übrig, die dann zu Leinwand gewebt wurden. Da kam mir der Gedanke den Abfall als Docht zu verwenden und diesen mit dem brennbaren Pech der Lärche zu umgeben. Ich wußte schon aus den Kindertagen, daß Pech, wenn es brannte, sehr schwer »auszublasen« war. Das schien mir ein guter Ersatz für die Kerze zu sein. Ich bat um etwas Werg (Leinabfall), holte Lärchenpech aus dem Wald, ließ es über einem Feuer zergehen, tauchte einen Wergstrang in das warme, flüssige Pech und ließ alles erkalten. So bekam ich mehrere dünne, ca.10 cm lange kleine Fackeln. Diese teilte ich zu kleinen Stücken, die man in eine Rocktasche stecken konnte. Die Erprobung ergab, daß kaum ein Windstoß diese Minifackel auslöschen konnte. Da ich einige auf der Dienststelle hatte, steckten wir beide ein paar ein.

Mit einer alten, aus deutschem Militäreigentum stammenden Beiwagenmaschine brachte man uns zum Tristacher See. Von dort aus wollten wir nach diesen gemeldeten Männern suchen. Das Restaurant am See war noch nicht bewirtschaftet, sodaß wir von dort aus nicht telefonieren konnten und auch keine Auskunft über den Verbleib der Männer bekamen. Wir beschlossen trotzdem, bis zur Tristacher Alm zu gehen. Klar war uns, daß wir nicht auf dem Fahrweg gehen durften, weil man uns dann leicht hören konnte. Wir gingen also neben dem Weg und da möglichst auf Wiesengrund. Es war schon dunkel, aber der Himmel sternenklar, sodaß man bei einem helleren Hintergrund gewisse Umrisse erkennen konnte. Einigemal glaubten wir, daß vor uns Menschen lägen oder stünden. Wenn wir aber aus Vorsicht einige Zeit ruhig blieben, stellte es sich heraus, daß vor uns Kühe oder Kälber gelegen waren. Einmal war es sogar nur ein faulender Erlenstrunk, der in der Dunkelheit leuchtete. Als wir die Schrettis-Wiese erreichten, sahen wir wieder etwas Verdächtiges vor uns, das dann aber wirklich Menschen waren. Als wir uns sicher waren, zündete ich eine meiner »Taschenfackeln« an und warf sie auf den Boden vor die schemenhaften Gestalten. Beide erschraken wir gehörig, als plötzlich 3 Männer vor uns standen. Als ich den Kleinsten besser ansah, erkannte ich ihn. Es war ein Türke namens Muchmatowitsch, einer meiner Konfidenten, der mir sehr fleißig Täter aus dem Lager verriet. Er verstand ein wenig Deutsch und behauptete auf meine Fragen immer wieder, sie seien nur die Träger. Die Schlächter seien die anderen zwei. Dann sahen wir in der Nähe dieser Männer 3 gefüllte Jutesäcke. Wie ich mich überzeugte, waren sie mit frischem Fleisch gefüllt. Das waren also die Gesuchten. Aber es waren nur drei. Wo waren die anderen zwei? Als wir uns entschlossen, den Männern die Schließketten anzulegen, flüchtete einer talwärts. Ich lief ihm ein Stück nach, gab die Verfolgung aber auf, als in der Dunkelheit einige Male herfiel. Ich sah dann auf einmal vor dem Hintergrund des hellen Sternenhimmels die Silhouette des Flüchtigen als dieser gerade über einen Hügel lief. Da schoß ich auf diese Gestalt. Da ich aber in der Dunkelheit das Korn des Karabiners gar nicht sehen konnte, und nach dem Schuß nichts mehr sah und hörte, war ich überzeugt, die Gestalt verfehlt zu haben. Die anderen zwei wollten wir nun zum Kreithof bringen, dem höchsten Bauern auf dieser Talseite. Dort erhofften wir uns irgendeine Hilfe. Ohne Licht verfehlten wir aber den Weg dorthin und gerieten in unbekanntes Gebiet. Da es zu gefährlich war, bei Nacht weiterzugehen, bat ich meinen Kollegen, den Kreithof zu suchen, während ich auf die beiden aneinander Geschlossenen aufpaßte. Es fehlten ja zwei von den 5 Gemeldeten. Kollege Schneider fand den Hof und kam mit einem Sohn und einer brennenden Sturmlaterne zurück. Auf dem Weg zum Kreithof brachten es die beiden aber fertig, sich der Schließkette zu entledigen (sie drehten ein Kettenglied ab). Einer lief in den Hochwald und der andere in das ca. mannshohe Erlengebüsch. Der Bauernsohn erschrak so, daß er die Sturmlaterne fallen ließ, worauf diese erlöschte. So standen wir wieder im Dunkeln. Ich hörte nur den einen, der in das Erlengebüsch geflüchtet war, und lief diesem nach. Im moorigen Wiesengrund kam ich ihm zwar nach, stolperte aber über irgend etwas, und kam mit dem Kopf in einer Moorpfütze zu liegen. Sofort war der Flüchtige über mir. Da ich eine Pistole in der Hosentasche hatte, holte ich sie heraus und schoß, ohne zielen zu können, auf den Körper über mir. Der Montenegriner (sein Name war Schepanowitsch) ließ von mir ab, sodaß ich aufspringen konnte. Vom Schuß alarmiert, kam auch mein Kollege Schneider zu mir. Im Laternenschein sahen wir, daß ich den Montenegriner in der linken Schulter getroffen hatte. Nun eskortierten wir diesen Verletzten in Richtung Kreithof. Auf dem Weg dorthin hörten wir ein eigenartiges Stöhnen, das wir nirgends einordnen konnten. Wir mußten ja daran denken, daß uns die noch ausständigen 2 Diebe oder der in den Hochwald Geflüchtete in eine Falle locken könnten. Da wir auf keinen Fall ein weiteres Risiko eingehen durften, wollten wir zuerst den Verletzten zum Kreithof bringen. Auf dem Weg dorthin ließ es mir aber keine Ruhe, weil ich an den ersten Waffengebrauch dachte. So entschloß ich mich, den Schulterverwundeten mit der Verbindungskette an einen Baum zu fesseln und mit Schneider vorsichtig dem Gestöhne nachzugehen. Wir fanden dann den zuerst Geflüchteten (Mandic), auf den ich mit dem Karabiner geschossen hatte. Er hatte eine Kopfwunde und lebte. Ich verband die Wunde, ließ den bewußtlosen Kopfverletzten aber dann doch vorerst liegen, weil wir zuerst den Montenegriner zum Kreithof bringen wollten. Dort sperrten wir ihn im »Gaden« (Speise) ein und holten dann mit einer Pferde-Heuschleife den Mann mit der Kopfverletzung. In der Stube sah ich mir die Kopfverletzung besser an und fand aber auch nur eine Einschußverletzung. Da rasche Hilfe notwendig war, ließ ich den Kollegen Schneider als Bewachung am Hof zurück und lief hinunter in den Wallfahrtsort Lavant. Von dort aus verständigte ich telefonisch den Posten. Ich wurde geholt, mußte aber sofort mit dem Bezirkskommandanten, den Gefängnisarzt und meinem Postenchef zurück zum Kreithof. Dort fand der Arzt beim Kopfverletzten den Ausschuß. Der Schuß war am Hinterkopf eingedrungen und durchs rechte Auge ausgetreten. Der Arzt war fest überzeugt, daß wir den Kopfverletzten nicht lebend nach Lienz ins Krankenhaus bringen würden. Wir kamen aber mit beiden ohne weitere Komplikationen nach Lienz und ins Krankenhaus. Nun trat etwas fast Unglaubliches ein. Nach ca. einer Woche verständigte der behandelnde Arzt des Krankenhauses den Posten, daß Mandic (der mit dem Kopfdurchschuß) allein aufs Klosett gehe, also eine Bewachung notwendig sei.

Mandic überlebte seinen Kopfschuß, konnte sich aber, wie er in der Verhandlung vorgab, an nichts erinnern. Den Flüchtigen, meinen ehemaligen Konfidenten, der sich auf der Schrettis-Wiese von der Schließkette befreite hatte und in den Hochwald geflüchtet war, nahmen wir einige Tage später in einer abenteuerlichen Aktion im Lager Peggetz fest.

Die Gerichtsverhandlung gegen diese drei Diebe war für Osttirol eine Attraktion. Das Ungewöhnliche war, daß die Gerichtsverhandlung im Saal des Wanner-Kinos in Lienz stattfand und der Militärgerichtssenat die englische Originalrobe (Perücke und Talar) trug. Der Saal war bei der Verhandlung voll wie bei einer Kinovorstellung. Die Angeklagten bekamen einen österreichischen Pflichtverteidiger, dem dann aber das Gericht während der Verhandlung die Berechtigung entzog, weil er die Tatsachen total verdrehte.

Bis die Engländer Österreich verließen, blieben die Sicherheitsverhältnisse in Osttirol wegen der vielen »Kosaken« störungsanfällig. Von einem Viehdiebstahl auf der Alm habe ich aber nach diesem Einsatz nie mehr etwas gehört. Doch Schafe und anderes Kleinvieh wurden immer wieder von der Weide »geholt« und im Lager verarbeitet. Bei unseren Erhebungen kamen wir immer wieder drauf, daß sogar Einheimische im Lager »einkauften«.

Nach dem Staatsvertrag zog sich die UNNRA als Organisation zurück und gab das Lager auf. Viele Ausländer zogen dann weg, sodaß wohnungssuchende Inländer im Lager Peggetz eine vorläufige Bleibe bekamen.

Friedrich Brettner

Der Wiederaufbau der Österreichischen Bundesgendarmerie 1945 bis 1950

Die Nachkriegspläne der alliierten Mächte sahen bereits lange bevor das Ende des Krieges vorauszusehen war, ein selbständiges und unabhängiges Österreich vor. Als schließlich in den letzten Kriegsmonaten auch das österreichische Staatsgebiet zum Kriegsschauplatz wurde, konnte bereits konkret an der Schaffung eines Nachkriegsösterreichs gearbeitet werden. Wien wurde bereits am 14. April 1945 von den sowjetischen Truppen erobert. In der Folge wurden das Burgenland und das gesamte Niederösterreich und ein Teil der Steiermark von der Roten Armee besetzt. Im Westen und im Süden drangen amerikanische, englische und französische Truppen im Eilmarsch in das Bundesgebiet ein, da diesen Truppen kaum Widerstand entgegengesetzt wurde. Hinzu kamen noch jugoslawische Partisanenverbände unter Tito, deren Ziel hauptsächlich der Besetzung Kärntens galt.

Das *Erste Kontrollabkommen* vom 4. Juli 1945 teilte Österreich unter den vier Besatzungsmächten auf. Niederösterreich, das Burgenland sowie der nördlich der Donau gelegene Teil von Oberösterreich fielen vorerst der sowjetischen Besatzung zu. Aus der Steiermark hingegen mußten sich die sowjetischen Besatzer und die Tito-Verbände zurückziehen. Salzburg, Oberösterreich – ohne das Mühlviertel – und das steirische Ausseerland bis zur Enns in Liezen wurden zur amerikanischen Besatzungszone erklärt. Vorarlberg und Tirol kam unter französische Verwaltung, nachdem das von den Amerikanern besetzte Tirol den französischen Truppen übergeben worden war. Großbritannien erhielt Kärnten und die Steiermark.

Ab 27. April 1945 wurde bereits eine provisorische Regierung mit 40 Mitgliedern gebildet, an deren Spitze folgende Politiker standen: Als Staatskanzler Dr. Karl Renner (SPÖ), als Staatssekretäre Adolf Schärf (SPÖ), Leopold Figl (ÖVP), Johann Koplenig (KPÖ), als Unterstaatssekretär für das Heerwesen Franz Winterer (ÖVP), als Staatssekretär für das Staatsamt für Inneres Franz Honner (KPÖ) und als weitere Unterstaatssekretäre Oskar Helmer (SPÖ) und Raoul Bumballa.[1]

Bereits mit demselben Datum erhielt die oberste Leitung der Bundesgendarmerie die Bezeichnung GENDARMERIEZENTRALKOMMANDO und wurde dem Staatsamt für Inneres unterstellt. An ihre Spitze traten die in Dachau über Jahre festgehaltenen Gendarmerieoffiziere Stillfried, Jany und Dr. Kimmel. Als Gendarmeriezentralkommandant wurde Major Emanuel Stillfried eingesetzt.

Im Monat April 1945 – im Semmering-Gebiet und westlichen Niederösterreich wurde noch gekämpft – boten sich diese Offiziere und Beamte der noch provisorischen Regierung an, den notwendigen Sicherheitsdienst zu organisieren und zu aktivieren.[2]

Somit konnte bereits in der 3. Sitzung der provisorischen Regierung Renners am 4. Mai 1945 Staatssekretär Honner über die ersten Maßnahmen zur Verbesserung der öffentlichen Sicherheit berichten. Mit gleichem Datum erfolgte noch der Erlaß Zahl 4012-5/45, dessen wichtigste Bestimmungen lauteten:

»Zur Aktivierung des Sicherheitsdienstes im Gendarmeriebereich des österreichischen Staates wird verfügt:

Sämtliche ehemaligen Gendarmerieangehörigen des Exekutivdienstes, welche bis einschließlich 13. März 1938 jemals in der österreichischen Bundesgendarmerie gedient haben und bis zu diesem Zeitpunkt nicht wegen eines disziplinären oder gerichtlichen Urteiles pensioniert oder entlassen wurden, haben ihre physische Tauglichkeit vorausgesetzt, unverzüglich den Dienst wieder anzutreten und einen provisorischen Sicherheitsdienst auf ihrer nächstgelegenen Gendarmeriedienststelle nach folgenden Richtlinien in Vollzug zu setzen:

1. *Mit sofortiger Wirkung gelten für den Dienstbetrieb die Vorschriften der bestandenen österreichischen Bundesgendarmerie, die auf die heutigen Verhältnisse sinngemäß abzuändern sind.*
2. *Für den Außendienst physisch nicht mehr taugliche Gendarmeriepensionisten haben nach Erfordernis die Aktivierung der nächstgelegenen Gendarmeriedienststelle in die Wege zu leiten und den Kanzleidienst dortselbst zu leiten.*
3. *Zur Komplettierung auf den systemisierten Stand von 1938 sind Hilfsgendarmen im Einvernehmen mit den Rayons-Gemeinden zu wählen. Als Hilfsgendarmen kommen in erster Linie jüngere, ledige, über 18 Jahre alte Bewerber in Betracht, die die Absicht haben Berufsgendarmen zu werden und im allgemeinen die Eignung für einen Gendarmerie-Anwärter besitzen. Bewerber die auch nur entfernt jemals mit der NS-Bewegung sympathisierten, kommen nicht in Betracht.*
4. *Über Uniformierung, Bewaffnung und Ausrüstung ist das engste Einvernehmen mit dem zuständigen Kommandanten der Besatzungstruppen hauptsächlich durch die Landesgendarmerie- und Abteilungskommandanten zu pflegen ...«*

In der 7. Sitzung der provisorischen Regierung am 15. Mai 1945 brachte Staatssekretär Honner zur Kenntnis, daß am 12. Mai 1945 am Nachmittag 171 Angehörige des 2. Österreichischen Freiheitsbataillons in der Uniform der jugoslawischen Armee kriegsmäßig ausgerüstet in Wien eingetroffen und gegenwärtig in der Hofburg einquartiert waren. Honner gelang es, die Regierung vom wesentlichen Wert dieser Freiheitskämpfer für den Aufbau einer Exekutive zu überzeugen. Für eine weitere Verwendung dieser Männer wurde dabei auch an eine Eingliederung in ein zukünftiges österreichisches Heer gedacht.[5]

Die Umwälzungen, die das Kriegsende vor allem in Ost- und Mitteleuropa ausgelöst hatten, führten zu riesigen Flüchtlingswellen. Mit nachstehendem angeführten Erlaß des Gendarmeriezentralkommandos, Zahl 4371-5/45 vom 13. Juli 1945 wurde hierzu die Aufstellung von Assistenzzügen befohlen:

»Der Flüchtlingszuzug aus der Tschechoslowakei, der Einfall von Banden aus der Slowakei, wie überhaupt die ungünstigen Sicherheitsverhältnisse im nördlichen und östlichen Niederösterreich bedingen einen verstärkten Sicherheits- und Grenzüberwachungsdienst in den erwähnten Gebieten des Landes Niederösterreich, da mit den örtlichen Sicherheitsorganen nicht das Auslangen gefunden werden kann. Zu diesem Zweck werden aus dem in Wien stationierten österreichischen Freiheitsbataillon 9 Züge, in der Stärke von je 2 Offizieren und 28 Mann gebildet ...«[6]

Diese Assistenzzüge hatten die Aufgabe, den Grenzschutz im Osten und Nordosten von Österreich zu bilden und die Gendarmerie bei der Versehung des Sicherheitsdienstes zu unterstützen.

Am 25. November 1945 wurden die ersten freien Nationalratswahlen für Gesamtösterreich abgehalten, bei denen sich 97 Prozent der Bevölkerung für die demokratischen Parteien und eine Demokratie westlicher Prägung entschieden.

Ab 20. Dezember 1945 gab es eine Konzentrationsregierung aller drei Parteien ÖVP, SPÖ und KPÖ unter Bundeskanzler Leopold Figl und Vizekanzler Adolf Schärf. Oskar Helmer wurde Innenminister.[7]

So war ab Dezember 1945 auch das Gendarmeriezentralkommando schließlich in der Lage, seine Befehlsgewalt über das gesamte Bundesgebiet auszuüben.

Am 15. Dezember 1945 konnte die erste Nummer der Amtlichen Verlautbarungen für die Österreichische Bundesgendarmerie erscheinen.

Am 10. April 1950 beschloß der Alliierte Rat die »Umbewaffnung der Österreichischen Gendarmerie«. Dabei wurde der Österreichischen Gendarmerie gestattet, Gewehre und der Sicherheitswache, Revolver zu tragen. Offiziere der Gendarmerie wurden mit Revolvern als Bewaffnung ausgerüstet.

Am 8. Juni 1949 feierte die Gendarmerie ihr 100-jähriges Jubiläum. Aus diesem Anlaß fand in Wien vom 10. bis 12. Juni ein Empfang bei Bundespräsident Dr. Karl Renner und eine Parade von Gendarmerieeinheiten aus ganz Österreich über die Ringstraße bis zum Heldenplatz statt. Es handelte sich hier um die erste Parade nach dem Krieg.

Mit 1. Jänner 1950 wurde General Dr. Josef Kimmel definitiv als Gendarmeriezentralkommandant bestellt. Mit gleichem Tag wurde Oberstleutnant Johann Kunz Landesgendarmeriekommandant von NÖ.[8]

Niederösterreich

Das Landesgendarmeriekommando für Niederösterreich, dem damals noch das nördliche Burgenland und fünf Gerichtsbezirke von Oberösterreich angegliedert waren, übernahm Major Dr. Josef Kimmel. Sein Stellvertreter wurde Major Johann Kreil.

Die Probleme in der sowjetisch besetzten Zone bestanden hauptsächlich in dem unstabilen Zustand der öffentlichen Sicherheit. Ein Großteil der Bevölkerung war aus politischen und persönlichen Gründen und viele auch aus bloßer Angst in den Westen geflüchtet.

Die meisten Gendarmerieposten wurden aufgelöst und der Sicherheitsdienst überall einer von den Sowjets eingesetzten Ortspolizei übertragen, die sich vor allem aus lokalen Kommunisten zusammensetzte. Die einzelnen Gemeindeverwaltungen waren faktisch aufgelöst, der Sicherheitsdienst auf Patrouillen der Militärverwaltung beschränkt. Doch erwies sich diese Situation als äußerst unbefriedigend. In der Folgezeit wurde der Sicherheitsdienst zuerst durch Männer der einzelnen Ortschaften versehen, die lediglich durch rot-weiß-rote Armbinden gekennzeichnet waren und von den Besatzern keine Berechtigung zum Führen einer Waffe bekamen. Diese Männer durchstreiften zur Nachtzeit die Ortschaften, um so die Bevölkerung vor Übergriffen der herumziehenden Banden zu schützen bzw. wenigstens durch »Alarmschlagen« zu warnen.

Bereits am 10. Mai 1945 erfolgte unter Zahl 4010/5/45 der 1. Erlaß zur Aktivierung der Gendarmerie im Lande Niederösterreich, der für das Staatssekretariat für Inneres von Major Stillfried unterzeichnet wurde.

»Das Staatsamt für Inneres würde es begrüßen, wenn die an ihren Dienstort abgehenden Bezirkshauptleute angewiesen werden würden, im Rahmen der ihnen zur Verfügung stehenden Möglichkeit, an der Wiedererrichtung der Gendarmeriepostenkommanden mitzuwirken. Als Richtlinien für diese zur Aufrechterhaltung der Sicherheit außerordentlich wichtige Tätigkeit hätte zu dienen, daß sämtliche ehemaligen Gendarmerie Angehörigen, welche bis zum 13. März 1938 in der österreichischen Gendarmerie gedient haben, ihren physische Tauglichkeit vorausgesetzt und einwandfreier politischer Gesinnung sind, angewiesen werden, einen provisorischen Sicherheitsdienst im vertrauensvollen Einvernehmen mit der örtlichen Hilfspolizeistelle auf der ihrem Wohnort nächstgelegenen Gendarmeriedienststelle einzurichten.

Es ist selbstverständlich, daß die aus der örtlichen Hilfspolizei herausgezogenen geeigneten Kräfte vor allem einwandfrei österreichisch-demokratisch gesinnt sind und die entsprechende körperliche und geistige Tauglichkeit besitzen müssen.»

Empfindliche Nachteile ergaben sich weiters auch dadurch, daß der Kontakt mit dem Großteil der Dienststellen mangels an Postverbindungen, sowie gänzlicher Zerstörung des Telefonnetzes und des Fehlens von Beförderungsmitteln wie Eisenbahn, Kraftfahrzeugen und dergleichen fast völlig unterbunden war.

Am 25. Mai 1945 wurden die neu errichteten Bezirkskommandos Perg und Freistadt mit Rücksicht auf die ganz besonders gelagerten Verhältnisse – sowjetische Besatzungszone – dem LGK NÖ unterstellt. Das LGK Niederösterreich meldete am 10. Juni 1945 dem Gendarmeriezentralkommando, daß 24 Berufsgendarmen im Zuge der Besetzung des Landes, nicht bei Kampfhandlungen, sondern durch die Besatzungsmacht erschossen wurden und 19 Berufsgendarmen den Freitod wählten.

Der Zuzug der Sudetendeutschen nach Niederösterreich nahm weiterhin zu. Allein im Bezirk Mistelbach trafen 20.000 Südmährer und Sudetendeutsche ein, wodurch in den ersten Nachkriegsjahren die allgemein schlechte Ernährungslage noch verschlechtert wurde. Doch mit der Stabilisierung der politischen Verhältnisse zeichneten sich auch in Niederösterreich leichte Besserungen der Gesamtsicherheitslage ab. Zumindest konnten von den aufgestellten Gendarmerieposten Streifen durchgeführt, Lebensmittel- und Milchtransporte bewacht werden. Uniformen kamen an die Gendarmeriebeamten zur Ausgabe und auch Waffen wurden schon von einigen sowjetischen Ortskommandanturen bewilligt.[9]

Burgenland

Bereits am 14. Mai 1945 wurde vom Staatssekretär für Inneres, Franz Honner, Gendarmeriegeneral i. R. Karl Schindler zum Sicherheitsdirektor für das Burgenland bestellt. Bereits am nächsten Tag fand in Eisenstadt unter dem Vorsitz von Rayonsinspektor Alois Dolezal eine konstituierende Besprechung über den Wiederaufbau der Gendarme-

13. April 1954; Befreiungsfeier vor dem Schloß Esterhazy in Eisenstadt.
Bild: Friedrich Brettner

rie im Burgenland statt. Dabei wurde für jeden früheren Gendarmerieposten ein Postenkommandant bestellt. Der Personalstand umfaßte zu diesem Zeitpunkt jedoch bloß 20 aktive Beamte, die unbewaffnet waren.

Am 1. September 1945 erfolgte die Wiedererrichtung des Landesgendarmeriekommandos für das Burgenland. Erster Landesgendarmeriekommandant wurde Major Dr. Paul Schmittner. Unter seiner Order hatten Bezirksgendarmeriekommandanten monatlich über die politische und wirtschaftliche Lage im Bezirk berichten. In diesen Berichten mußten immer die Verhältnisse zur Besatzungsmacht angeführt sein.[10]

Steiermark

Am 8. Mai 1945 bildete sich unter Reinhard Machold in Graz eine provisorische Landesregierung. Zum Sicherheitsdirektor wurde Hauptmann Alois Rosenwirth, der gleichzeitig auch die Funktion des Grazer Polizeipräsidenten übernahm, ernannt.

Die Führung des Landesgendarmeriekommandos übernahm Bezirksinspektor Franz Stenzl gemeinsam mit dem vom Sicherheitsdirektor bestellten Gendarmeriereferenten Ferdinand Wieser.

Die Gendarmerie unterstand zu Beginn der Zweiten Republik aufgrund der Aufteilung der Steiermark unter fünf Besatzungstruppen einem Konglomerat an Einflußssphären. So blieb den einzelnen Gendarmen nichts anderes übrig, als sich nur an die mündlichen Anordnungen der örtlichen Kommandanten zu halten.

In den britischen und amerikanischen Einflußbereichen war die Situation für die Gendarmerie noch am günstigsten. Zwar wurden vorerst die noch im Dienst befindlichen Gendarmen entwaffnet, doch wurden ihnen bald wieder begrenzte Kompetenzen zur Ausübung ihres Dienstes gewährt.

Am 22. Mai 1945 gab Bezirksinspektor Franz Stenzl in Entsprechung eines Erlasses des Zentralkommandos vom 10. Mai 1945 einen ersten Dienstbefehl an alle Gendarmeriedienststellen des Landes heraus, in dem er alle Angehörigen des Landesgendarmeriekommandos aufforderte, sich bei den Posten zum Dienstantritt zu melden. Alle Beamten hatten einen Fragebogen nach dem Verbotsgesetz bzgl. ihrer Parteizugehörigkeit auszufüllen.

Als Uniformen wurden entweder alte Uniformen der Bundesgendarmerie oder die reichsdeutschen Uniformen ohne Hoheitszeichen verwendet. Außerdem hatten die Gendarmen eine rot-weiß-rote Armbinde mit der Aufschrift »Österreichischer Gendarm« zu tragen.

Mit Zustimmung der sowjetischen Besatzungsmacht wurde am 31. Mai 1945 von der Landesregierung im Einvernehmen mit Sicherheitsdirektor Rosenwirth, Major Franz Zenz zum Landesgendarmeriekommandanten ernannt. Zu seinem Stellvertreter wurde am 1. Juni 1945 Major Arthur Windisch ernannt. Beide waren im Jahr 1938 aus der Gendarmerie entlassen worden.

In seinem ersten Tagesbefehl verfolgte Major Zenz drei Ziele: Säuberung der Gendarmerie von Nationalsozialisten, Reaktivierung des Gendarmeriedienstes und Wiedererringung des Vertrauens in der Bevölkerung.

Am 9. Juli 1945 wurden die Grenzen der endgültigen Besatzungszonen in Österreich festgelegt. Für die Steiermark fand damit die mehrfache Besatzungszeit ein Ende. Die Steiermark wurde zur britischen Besatzungszone. Mit 8. August 1945 erhielten die meisten Bezirksgendarmeriekommandos sowie alle Abteilungskommandos auf Weisung der britischen Militärregierung neue Kommandanten.

Ab 17. September 1945 wurde die steirische Zollwache wieder aktiviert. Auf Befehl der britischen Militärregierung wurden am 25. September 1945, im Einvernehmen mit dem Landeshauptmann, 15 Gendarmerieangehörige wegen ihrer Mitgliedschaft zur NSDAP bzw. SS aus dem Gendarmeriedienst entlassen.

Am 22. Oktober 1945 wurden den Gendarmen auf Anordnung der britischen Militärregierung 565 Pistolen samt Munition aus Beständen der Deutschen Wehrmacht zugewiesen. Auch war es genehmigt Privatpistolen zu verwenden, doch durfte jeder Gendarm im Besitz von nur einer Waffe sein. Karabiner und Säbel waren verboten.

Die Sicherheitsverhältnisse in der Steiermark waren besorgniserregend: Der Schwarzhandel blühte, die Raubüberfälle in den ländlichen Gebieten häuften sich, wobei in den meisten Fällen Banden mit Waffengewalt vorgingen und vor nichts zurückschreckten. Die triste Versorgungslage trieb vor allem Flüchtlinge und Kriegsvertriebene – in der Steiermark gab es 25 von den Briten verwaltete Lager mit ca. 100.000 Flüchtlingen – zu illegalen Mitteln.

Auf Grund der personellen Situation war die Gendarmerie nicht in der Lage diese Übergriffe abzustellen. Es wurden daher die Bürgermeister angewiesen eigene Trupps aufzustellen, um derartige Raubüberfälle zu verhindern. Als Bewaffnung durften diese Trupps Schrotgewehre führen. Sie wurden ausdrücklich angewiesen im Falle eines Einsatzes sofort die Gendarmerie zu verständigen.

Zur Bewachung der Eisenbahntransporte stellte man auch eigene Bahnposten und zwar auf den Bahnhöfen Graz-Hauptbahnhof, Selzthal, Unzmarkt, Knittelfeld, St. Michael, Niklasdorf, Bruck an der Mur, Mürzzuschlag, Leibnitz und Fehring auf.

Anfang Mai 1946 bekam die Gendarmerie von den Briten 26 Kontrollstellen zur Überwachung zugewiesen. Hierbei handelte es sich um das Sprengmittelmagazin in St. Lambrecht und um die Kontrollstellen an den Demarkationslinien, wo eigene Wachhütten und Schlagbäume errichtet und von den Gendarmerieexposituren Palfau, Mitterbach, Steinhaus am Semmering, Schaueregg am Wechsel, Neudau, Grillersdorf, Hohenbrugg an der Raab besetzt wurden. Bei ihrer Aufgabenerfüllung hatte die Gendarmerie auch mit dem britischen Geheimdienst FSS (Field Security Sections) zusammenzuarbeiten.

Im Zweiten Kontrollabkommen vom 28. Juni 1946 wurden die Eingriffsbefugnisse der Besatzungsmächte in Sicherheitsangelegenheiten geregelt. So wurden darin der österreichischen Exekutive Beschränkungen im Einschreiten gegen Kriegsverbrecher und bei den Grenzkontrollen auferlegt. Auch die Immunität der alliierten Truppen wurde geregelt. Eine weitere Maßnahme der Briten war die Entwaffnung und Außerdienststellung der von den sowjetischen Militärs eingesetzten Hilfspolizisten.[11]

Gendarmeriegedenktag in Leoben am 16. Juni 1951. Antreten der Gendarmerieschule anläßlich des Besuches von Staatssekretär Ferdinand Graf.
Bild: Erich Lex

Oberösterreich

Die amerikanischen Truppen besetzten das Land zwischen dem 1. und 4. Mai 1945. Dabei wurden sämtliche Gendarmen entwaffnet und zum Teil gefangengenommen oder außer Dienst gestellt.

An der Einrichtung der Gendarmerie wurde jedoch von den amerikanischen Besatzern nichts verändert. Es erfolgte auch keine Auflösung von Dienststellen. Nach und nach wurde der Gendarmerie gestattet, Dienst in Uniform und mit weißer Armbinde zu versehen. Teilweise erging von den Besatzungstruppen selbst der Befehl zur Wiederaufnahme des Dienstes aus und öfters versah die Gendarmerie gemeinsam mit den Besatzungstruppen Dienst.

Am 17. Mai 1945 wurde das Landesgendarmeriekommando neu errichtet. Der bereits pensionierte 67-jährige Gendarmerieoberst Johann Kundmann erklärte sich bereit, das Kommando so lange zu führen, bis der in Dachau inhaftiert gewesene Gendarmeriemajor Dr. Ernst Mayr aus der Kriegsgefangenschaft zurückgekehrt war.

Der Landesgendarmeriekommandant amtierte mit einer Hilfskraft vorerst provisorisch in einem kleinen Raum des Polizeipräsidiums in Linz. Erst am 22. Mai 1945 gelang es für das LGK im Linzer Haus Tummelplatz Nr. 8 eine Anzahl von Räumen frei zu bekommen und die Kanzleieinrichtung aus einer Dienststelle des ehemaligen Reichsarbeitsdienstes herbeizuschaffen.

Die Erhebungsabteilung und das Bezirksgendarmeriekommando Linz wurden notdürftig in den Räumen des ehemaligen Divisionskommandos in der Museumstraße untergebracht. Am selben Tag wurde auch der erste Landesgendarmeriebefehl herausgegeben. Er enthielt Anweisungen über die Rückorganisation der Gendarmerie aus der reichsdeutschen Gesetzesordnung und die ersten Maßnahmen zur Entnazifizierung. Aufgrund dieser Bestimmungen wurden bis 1. Juli 1945 315 Beamte entlassen und gegen 220 Gendarmen sonstige Maßnahmen, wie Außerdienststellung, Pensionierung und Versetzung verfügt.

Aufgrund eines Erlasses des Bundesministeriums für Inneres vom 15. Juni 1946 erfolgte zur Aufstellung von Gendarmeriekompanien die Einberufung von Hilfsgendarmen auf Widerruf (Higend. A. W.). Für Oberösterreich war neben dem Stand von 904 aktiven Gendarmen ein Stand von 1.000 Hilfsgendarmen vorgesehen. In der Realität konnte jedoch dieser Stand nicht so schnell erreicht werden. Mit 1. Juli 1946 hatte das Landesgendarmeriekommando folgenden Personalstand:

Aktive Gendarmen 377, Hilfsgendarmen und Gendarmerieanwärter 308, Hilfsgendarmen 682.

Da sich zahlreiche Gendarmen und Polizisten aus Niederösterreich und Wien befehlsgemäß nach Westen abgesetzt hatten, meldeten sich diese Beamten zuallererst in Oberösterreich zum Dienstantritt, wodurch die Posten zu einer wertvollen Verstärkung an erfahrenen Sicherheitsorganen gelangten.

Nach der Besetzung des Mühlviertels durch die Sowjets mußte für diesen Teil von Oberösterreich ein eigenes Landesgendarmeriekommando errichtet werden. Am 16. August 1945 wurde Gendarmerieoberst Alois Renoldner Landesgendarmeriekommandant für das Mühlviertel. Die sowjetische Besatzungsmacht ließ in diesem Gebiet jene Beamten nicht zum aktiven Dienst zu, die im Krieg als Feldgendarmen eingesetzt waren oder denen ein Naheverhältnis zur NSDAP nachzuweisen war.

Zur Unterstützung der Gendarmerie bei der Bekämpfung von Plünderungen usw. wurden in allen oberösterreichischen Gemeinden Hilfspolizisten eingestellt. Diese Hilfspolizisten wurden ehrenamtlich angestellt und nur im Bedarfsfall eingesetzt. Ein geringer Teil versah auf den Gendarmerieposten gegen Bezahlung Dienst.

Die Militärbehörden bedienten sich zwar der Gendarmerie, wachten aber anderseits mit Argusaugen und größtem Mißtrauen über die Tätigkeit des Korps.

Die Amerikaner interessierten sich mehr für den Verkehr, während sich die Sowjets in alle Personalangelegenheiten einmengten. Alle NS-Akten mußten dem sowjetischen Landeskommandanten vorgelegt und alle Versetzungen von Gendarmeriebeamten mit ihm besprochen werden. Ohne dessen Genehmigung durfte keine einzige Maßnahme getroffen werden.

Große Schwierigkeiten bereiteten für das oberösterreichische Landesgendarmeriekommando vor allem die verschiedenen Auffassungen der beiden Besatzungsmächte. In manchen Bezirken war das Tragen von Uniform und Waffen noch immer nicht gestattet, während in anderen Bezirken längst der normale Dienstbetrieb ablief.

Am 7. August 1945 bewilligte der kommandierende General der 65. US-Infanterie Division, Generalmajor S. R. Reinhard, die Errichtung eines Waffenmagazins und einer Waffenwerkstätte für die Gendarmerie. Ende 1945 erhielt die Gendarmerie in der amerikanischen Zone den reichsdeutschen Karabiner K 98 und 500 Pistolen verschiedenen Kalibers zugewiesen.

Im Herbst 1945 konnten aus den Beständen der ehemaligen deutschen Luftwaffe blaugraue Flak-Uniformen für die oberösterreichische Gendarmerie sichergestellt werden. An jeden Gendarmen wurde eine Garnitur, bestehend aus Hose, Bluse und Mantel, ausgegeben. Es war aber auch noch die grüne, reichsdeutsche Uniform zugelassen und ein Teil der älteren Beamten trug sogar noch die graue Uniform aus dem Jahre 1938.[12]

9. Juni 1948; Gendarmeriegedenktag mit Gendarmen des Stabes, der umliegenden Posten und der Gendarmeriekompanie 1 am Übungsgelände der Schloßkaserne in Linz. Bild: LGK Chronik Linz

Tirol

Der Einmarsch der amerikanischen Truppen in Innsbruck erfolgte ohne Gegenwehr am 3. Mai 1945. Das Landesgendarmeriekommandogebäude wurde vorübergehend besetzt, die Gendarmerie entwaffnet und mit der Weisung, am 4. Mai wieder gestellt zu sein, entlassen.

In der Nacht zum 4. Mai 1945 erfolgte durch amerikanische Soldaten eine gründliche Durchsuchung des Kommandogebäudes nach Waffen und Munition. Seitdem fehlt die Gendarmeriefahne samt den Fahnenbändern. Auch die Chronik des Landesgendarmeriekommandos dürfte in dieser Zeit abhanden gekommen sein. Ferner wurden aus der Garage drei Personenwagen und zwei Motorräder entwendet.

Am 7. Mai 1945 wurde Stabsrittmeister Wilhelm Winkler vom Ordnungsausschuß der österreichischen Widerstandsbewegung mit der Führung des Landesgendarmeriekommandos für Tirol betraut.

Am 1. Juni 1945 erging der Rückversetzungsbefehl an alle Gendarmerieangehörigen, die ehemals zum LGK Vorarlberg gehörten. Die in der französischen Besatzungszone gelegene Gendarmerie Vorarlbergs hatte bis zu diesem Tage mit Tirol keine Verbindung mehr.

Am 1. Juli 1945 wurde Stabsrittmeister Wilhelm Winkler vom Landeshauptmann für Tirol im Einvernehmen mit dem amerikanischen Militärkommando zum Gendarmerieobersten ernannt.

Am 8. August 1945 erfolgte der feierliche Einzug des französischen Armeegenerals Bethouart und am 17. August 1945 wurden der Gendarmerie von der französischen Besatzungsmacht 80 Gewehre mit je fünf Schuß Munition zugewiesen.

Am 19. August 1945 langten mit einem Kurier die ersten Erlässe aus Wien ein. Deren Erledigung, wie überhaupt jede Fühlungnahme mit Wiener Zentralstellen, wurde vorerst vom Landeshauptmann untersagt.

Im Monat August wurde mit der Ausgabe der grünen Uniformen begonnen. Bis dahin war der Dienst in Zivilkleidung mit Armbinden zu versehen. Ausgegeben wurden eine lange und eine Keilhose, eine Bluse, eine Feldmütze und ein Mantel. Ferner erhielt jeder Gendarm zwei Paar Schuhe, zwei Hemden und Unterhosen und ein Paar Handschuhe aus Beständen der ehemaligen deutschen Polizei.

Erst am 8. November 1945 wurde zum ersten Mal ein Erlaß an das Staatsamt des Inneren vom Tiroler Gendarmeriezentralkommando erledigt.[13]

Salzburg

Am 4. Mai 1945 erfolgte der Einmarsch der amerikanischen Truppen in die Stadt Salzburg, nachdem sich die letzten deutschen Einheiten in Richtung Paß Lueg in die Berge abgesetzt hatten. Es dauerte bis 10. Mai 1945, bis die übrigen Gemeinden des Landes endgültig besetzt waren.

Über Ersuchen der sogenannten Freiheitsbewegung und im Einvernehmen mit der amerikanischen Besatzungsmacht übernahm am 5. Mai 1945 Oberstleutnant Andreas Steiner die Führung des Landesgendarmeriekommandos. Adjudant wurde Revierinspektor Josef Cesak.

Mit den einzelnen Gendarmerieposten in den Salzburger Gemeinden konnte nur mittels Kurier Verbindung aufgenommen werden. Durch die allgemeine Waffenablieferung wurden sämtliche Gendarmen entwaffnet. So mußten die Beamten unbewaffnet und in Zivilkleidung den Sicherheitsdienst versehen. Ihr Kennzeichen war eine weiße Armbinde mit der Aufschrift POLIZEI. Der Landesgendarmeriekommandant erhielt seine Weisungen vom amerikanischen Sicherheitsoffizier und zum Teil von der provisorisch aufgestellten Landesregierung. Mit den Dienststellen in Wien war keine Verbindung möglich.

Ab dem 15. September 1945 wurde der Gendarmeriedienst wieder in Uniform und bewaffnet versehen. Auf den grünen deutschen Uniformen wurden die ehemaligen österreichischen Distinktionen getragen.

Am 22. März 1946 übernahm schließlich Major Rudolf Pernkopf das Landesgendarmeriekommando.

Über Auftrag der amerikanischen Militärregierung wurde in Mühlbachau bei St. Gilgen eine 30 Mann starke Expositur errichtet. Dieser oblag die Bewachung von Gefangenen des Landes- und Militärgerichtes Salzburg. Das Lager führte die Bezeichnung Le Jeune. Mit 31. Oktober 1945 wurde das Lager wieder aufgelassen.

Über Auftrag der amerikanischen Militärregierung wurde in Kleßheim bei Salzburg ein Gefangenenlager für vom amerikanischen Militärgericht verurteilte Häftlinge errichtet. Zur Bewachung wurden 30 Gendarmen zugeteilt.

Am 1. Oktober 1945 wurde aufgrund der vielen Waggonberaubungen und Diebstähle im Eisenbahnbetrieb die Aufstellung von Bahngendarmerieposten in Salzburg-Gnigl, Bischofshofen, Schwarzach im Pongau und in Saalfelden verfügt. Diesen Posten oblag in erster Linie die Bewachung und Begleitung hochwertiger Sendungen mit Güterzügen.

Mit 1. Juli 1946 wurde der Landesgendarmeriekommandant Obstleutnant Rudolf Pernkopf zum Oberst ernannt.

Am 16. Dezember 1947 wurde über Auftrag der amerikanischen Militärregierung und Weisung des BMfI in der Stadt Salzburg ein Gendarmerie-Detachement in der Stärke von 190 Beamten aufgestellt. Das Detachement hatte die Außenbewachung des amerikanischen Gefangenlagers in der Alpenstraße durchzuführen. In diesem Lager waren alle ehemaligen NS-Ortsgruppenleiter und SS-Angehörige interniert. Für dieses Detachement hatte das LGK Salzburg 80 Gendarmen und das LGK Linz 100 Gendarmen dauernd abzustellen.[14]

Kärnten

Am 8. Mai 1945 rückten britische Panzer in Kärnten ein und errichteten eine Militärregierung mit verschiedenen Dienststellen. Die Organe der öffentlichen Sicherheit, insbesondere die Gendarmerie, konnten, soweit sie nicht aus politischen Gründen entlassen wurden, bestehen bleiben. Sie waren zur Unterstützung der britischen Militärpolizei vorgesehen.

Die jugoslawischen Truppen unter Tito hatten Klagenfurt, Ferlach, Feistritz, Windischbleiberg, Pfarre Zell, St. Margarethen, Ludmannsdorf, Schiefling am See, Grafenstein und große Teile des Bezirkes Völkermarkt besetzt. Sie übten in diesen Tagen auch an der Zivilbevölkerung ein Terrorregime aus. Es verging kein Tag ohne Mordtaten. Geschäfte und eine Vielzahl von Gendarmerieposten wurden geplündert, Gendarmen gefangengenommen. So mußten die Partisanen vorerst von den britischen Truppen nach Jugoslawien zurückgedrängt werden. Die in Kärnten errichtete Organisation »Oswobodilna Fronta« forderte immer wieder die Abtrennung des gemischtsprachigen Gebietes von Kärnten und den Anschluß an Jugoslawien.

Dies führte zu erheblichen Spannungen in der Kärntner Bevölkerung. Die Feuerwaffen mußten vorerst abgeliefert werden und ein Ausgehverbot von 22.00 bis 05.00 Uhr wurde erlassen. Die Bewegungsfreiheit wurde für einige Wochen auf einen Umkreis von fünf Kilometer des Aufenthaltsortes, später auf zehn Kilometer eingeschränkt. Ferner wurde ein 20 Kilometer tiefer Sperrgürtel errichtet – die sogenannte *Sperrzone.* Der Aufenthalt in dieser Zone war nur jenen Personen gestattet, die dort schon vor dem 1. Mai 1944 ihren ordentlichen Wohnsitz hatten.

Mit 13. Mai 1945 wurde vom Landesgendarmeriekommando eine Verstärkung der Gendarmerie durch Neuaufnahmen angefordert. Die Aufnahmebedingungen entsprachen allgemein jenen der früheren Österreichischen Bundesgendarmerie.

Gendarmeriemajor Karl Korytko wurde am 19. Mai 1945 mit der Führung des Landesgendarmeriekommandos betraut. Sicherheitsdirektor für Kärnten war Gendarmerieoberst Josef Stossier.

Mit 1. Dezember 1946 erfolgte die Aktivierung der Gendarmerie und die Einführung der Bestimmungen betreff der Dienstränge und Chargendienstgrade wie vor dem Jahre 1938.

Unter der britischen Militärverwaltung wurde die österreichische Gerichtsbarkeit weiter ausgebaut und die meisten strafbaren Handlungen wieder den österreichischen Gerichten zur Aburteilung zugewiesen.[15]

12. September 1948; Bundespräsident Renner schreitet die Ehrenformation der Gendarmerie in Spittal/Drau ab. *Bild: Friedrich Brettner*

Vorarlberg

Mit der Aufgabe des Neuaufbaues der Gendarmerie Vorarlbergs betraute am 24. Juni 1945 der Vorarlberger Landeshauptmann Ulrich Ilg mit Genehmigung der französischen Militärregierung für Vorarlberg den

Gendarmerieoberstleutnant i. R. Franz Schmid. Dieser war durch viele Jahre in Vorarlberg als Gendarmerieoffizier tätig und 1938 von den Nationalsozialisten seines Dienstes enthoben und schließlich pensioniert worden.

Nach langwierigen Verhandlungen und Bemühungen gelang es, das verwahrloste Landesgendarmeriekommandogebäude in der Seestraße in Bregenz frei zu bekommen und soweit in Stand zu setzen, daß darin das Landesgendarmeriekommando, die Stabsabteilung, Bezirksgendarmerie, Postenkommando Bregenz und die Gendarmerieanwärterschule untergebracht werden konnten. Durch das Entgegenkommen der französischen Militärregierung war es ferner möglich, die fehlenden Einrichtungsgegenstände wenigstens teilweise zu beschaffen, so daß anfangs Juli 1945 der Dienstbetrieb aufgenommen werden konnte.

Bei Errichtung des Vorarlberger Landesgendarmeriekommandos waren die Standesverhältnisse absolut unzureichend. Der Großteil der ehemals aktiven österreichischen Gendarmen war zum Kriegseinsatz abgestellt worden und noch nicht zurückgekehrt. Der Gendarmeriedienst auf dem Lande wurde zumeist durch mangelhaft ausgebildete Gendarmeriereservisten versehen, die in den Jahren 1939 bis 1945 eingestellt wurden und durchwegs aus der SA hervorgegangen waren.

Auf Grund der von der Bundesregierung erlassenen Richtlinien wurde eine gründliche Säuberung der Beamtenschaft von nationalsozialistischen Elementen durchgeführt. Bis Ende 1945 wurden 30 Gendarmen aus dem Dienstverhältnis entlassen und weitere 35 vorläufig des Dienstes enthoben. Gleichzeitig mit diesen Säuberungsmaßnahmen gingen Standesergänzungen durch Neueinstellungen vor sich. Nach gründlicher Auswahl wurden noch in diesem Jahre 100 Hilfsgendarmen als Gendarmerieanwärter einberufen und in mehreren Turnussen einer ersten Ausbildung unterzogen.

Auch die Uniformfrage konnte für den Anfang in befriedigender Weise gelöst werden. Aus den Beständen der ehemaligen Polizeibekleidungsstelle in Innsbruck wurden einige 100 Blusen, Hosen, Mäntel und Mützen in der grünen Polizeifarbe für den allerersten Bedarf sichergestellt. Die reichsdeutschen Abzeichen wurden durch die früheren österreichischen Distinktionen ersetzt. Dadurch war es möglich, eine einheitliche Uniformierung aller Gendarmeriebeamten zu erzielen.

Beim Einmarsch der Truppen der französischen Armee mußte die Gendarmerie weisungsgemäß sämtliche Waffen an die Besatzungsmacht abliefern. Nach der Wiedererrichtung des Landesgendarmeriekommandos wurde die Gendarmerie mit Karabinern Modell 98, die von der französischen Militärregierung zur Verfügung gestellt wurden, ausgerüstet.

Nach knapp einem halben Jahr waren die Wiederaufbauarbeiten in der Vorarlberger Gendarmerie so weit fortgeschritten,daß die Sicherheitsverhältnisse im Lande zumindest als zufriedenstellend bezeichnet werden konnten.[16]

Streik und Unruhen 1950

Für kurze Zeit war der eingeschlagene demokratische Weg der Republik Österreich innenpolitisch gefährdet. Auch in dieser Situation kam der Gendarmerie eine bedeutende, staatstragende Funktion zu: Gegen Ende des Monats September des Jahres 1950 begann die Arbeiterschaft vor allem in den sowjetisch besetzten Gebieten zu streiken. Als Anlaß diente das 4. Lohn- und Preisabkommen. In Wahrheit handelte es sich aber vor allem um einen geplanten Putschversuch kommunistischer Anhänger, um in der sowjetischen Zone mit Unterstützung der Roten Armee doch noch an die Macht zu kommen. Allein in Niederösterreich nahmen von den größeren Betrieben ca. 15.000 Arbeiter an dem Streik teil. Im südlichen Niederösterreich – vor allem in Wiener Neustadt – kam es sogar zu gewaltsamen Zusammenstößen zwischen Polizei, Gendarmerie und Streikenden, bei dem auf der Seite der Exekutivkräfte auch Schwerverletzte zu beklagen waren. Schließlich mußte die Gendarmerie über Befehl des sowjetischen Landeskommandanten binnen zehn Minuten das Stadtgebiet von Wiener Neustadt verlassen. Es erging sogar von der sowjetischen Landeskommandantur an das niederösterreichische LGK der Befehl, gegen Streikende und Demonstranten keinen Gebrauch der Waffen zu machen. Auch war es Gendarmeriebeamten untersagt, außerhalb ihres Bezirkes Dienst zu versehen, um somit eine Konzentrierung von Gendarmerieeinheiten gegen die Streikenden zu verhindern.

Auch in Oberösterreich kam es – vor allem in Linz und Steyr – zu Unruhen. So waren allein in Linz ca. 1.000 Gendarmen konzentriert, nachdem immer wieder Streikende aus der sowjetischen Zone von Urfahr kommend in der Stadt Linz zu agieren begannen. In Linz mußten sogar Gendarmerieeinheiten zur Verstärkung der Polizei eingesetzt werden. Arbeiterkammer und der Hauptbahnhof wurden aus Sicherheitsgründen geräumt. Je eine Einheit wurde zum Schutz der Landesregierung und des Radiosenders eingesetzt.

In der Steiermark legten nur wenige Arbeiter in Fohnsdorf, Eisenerz und Leoben die Arbeit kurzfristig nieder. Zu einem Einschreiten von Gendarmerieorganen in geschlossenen Formationen kam es nicht.

Im Burgenland und in den westlichen Bundesländern blieb alles ruhig.

Nachdem sich der Gewerkschaftsbund von der kommunistischen Streikbewegung distanziert hatte, war es vor allem die von Franz Olah organisierte Bau- und Holzarbeitergewerkschaft die durch ihre Gegenaktionen eine Ausbreitung des Streiks verhindern konnte.

So hing die demokratische Zukunft Österreichs im ganz besonderem Maße von der Haltung der Arbeiterschaft ab. Diese aber setzte sich in einer jeden Zweifel ausschließenden Weise für die Erhaltung der demokratischen Verfassung mit Mut und Entschlossenheit ein. Der Umstand, daß es den staatlichen Machtmitteln an geschlossenen Verbänden, die sofort eingesetzt werden könnten, im größten Maße mangelte, führte schließlich dazu, daß mit dem Ausbau der sogenannten Gendarmeriealarmeinheiten begonnen wurde, um in Fällen besonderer Bedrohung der Staatssicherheit geschlossene Einheiten in Kompanie- allenfalls Bataillonsstärke einsetzen zu können.[17]

Fußnoten

[1] *Kammerhofer, Protokolle der Provisorischen Regierung Karl Renner 1945, Band 1, Seite XXII*
[2] *Chronik LGK NÖ*
[3] *Kammerhofer, Protokolle der Provisorischen Regierung Karl Renner 1945, Band 1 Seite 15*
[4] *Chronik LGK NÖ*
[5] *Kammerhofer, Protokolle d. Provisorischen Regierung Karl Renner 1945, Band 1, Seite 100*
[6] *Chronik LGK NÖ*
[7] *Brettner, Für Heimat, Volk und Ehre, Seite 59*
[8] *Chronik LGK NÖ*
[9] *Chronik LGK NÖ*
[10] *Chronik LGK Burgenland*
[11] *Chronik LGK Steiermark*
[12] *Chronik LGK Oberösterreich*
[13] *Chronik LGK Tirol*
[14] *LGK Chronik Salzburg*
[15] *LGK Chronik Kärnten*
[16] *Chronik LGK NÖ, OÖ, Stmk.*
[17] *Brettner, Für Heimat, Volk und Ehre, Seite 132*

Wolfgang Bachkönig

Aufstand in Gols – der Schußwaffengebrauch einer geschlossenen Gendarmerieabteilung

Die Gemeinde Gols, Bezirk Neusiedl/See, hatte ihr vorgeschriebenes Kontingent zur Ablieferung von Brotgetreide nicht erfüllt. Da viele Menschen hungerten und man Verstöße gegen die gesetzlichen Bestimmungen vermutete, fand am 31. Oktober 1947 eine Begehung der Steegmühle durch Beamte des österreichischen Brauwirtschaftsverbandes (Ernährungsamt) statt. Es wurde auch tatsächlich festgestellt, daß Schwarzvermahlungen durchgeführt wurden und Schwarzbestände an Getreide vorhanden waren. Aufgrund dessen wurden die Besitzer der Mühle über Auftrag der Bezirkshauptmannschaft Neusiedl/See durch Beamte des Gendarmeriepostens Gols verhaftet und in das Bezirksgericht Neusiedl/See eingeliefert. Am Nachmittag des 5. November 1947 kam ein Beamter der Bezirkshauptmannschaft zur Mühle um weitere Erhebungen zu pflegen.

Vor dem Objekt hatte sich zu diesem Zeitpunkt bereits eine größere Menschenmenge angesammelt. Diese forderte die Herausgabe ihrer in der Mühle gelagerten Mahlprodukte. Der Beamte untersagte aber die Ausfolgung des Brotmehls. Er soll dem Bürgermeister die Schuld zugewiesen haben, da dieser angeblich den Leuten die Mahlkarte nicht ausgefolgt hätte. Als der Beamte nach Beendigung der Amtshandlung in sein Fahrzeug steigen und wegfahren wollte, wurde er von den Menschen umringt und wieder zum Aussteigen gezwungen. Als er seinen Dienstwagen verließ, verprügelten ihn ca. 10 Burschen und er blieb blutüberströmt liegen. Beamte des Postens Gols mußten ihm Erste Hilfe leisten. Erst danach konnte er nur unter dem Schutz der Gendarmen die Mühle verlassen.

Über Ersuchen des Bezirkshauptmannes von Neusiedl/See wurde die Schulabteilung der Gendarmerieschule Rust/See zur Ausforschung der Rädelsführer angefordert. Die Gendarmen trafen am Morgen des 6. November 1947 in Gols ein.

Zum Zwecke der Erhebungen bzw. Einvernahmen wurden die Räume des Gemeindegasthauses benützt. Gegen 10.00 Uhr gelang es, auch tatsächlich drei Verdächtige auszuforschen und zum Gasthaus zu bringen. Diesen Umstand hatte ein Landarbeiter bemerkt.

Gemeindegasthaus in Gols. *Bild: LGK Burgenland*

Er fuhr sofort mit seinem Fahrrad durch die Gemeinde und forderte die Leute per Trommelschlag auf sich vor dem Gasthaus einzufinden und die Festgenommenen zu befreien. Um die Mittagszeit hatten sich etwa 1.200 Personen versammelt. Der Kommandant der Gendarmerieeinheit postierte daraufhin mehrere Gendarmen vor dem Eingang, um so das Eindringen der Demonstranten zu verhindern. Als gutes Zureden und die Aufforderung zum Verlassen des Versammlungsplatzes nichts nützte, wurde der Waffengebrauch angedroht. Dadurch geriet aber die Menge noch mehr in Rage und begann die Gendarmen zu verhöhnen und wüst zu beschimpfen. Überwiegend Alkoholisierte unter den Demonstranten sollen sich als Hetzer betätigt haben. Besonders ein Mann, dessen Sohn sich unter den Festgenommenen befand und wegen angeblicher Schwachsinnigkeit freigelassen wurde, rief verstärkt zum Widerstand auf, obwohl er bei der Enthaftung versprach, auf die Menge beruhigend einzuwirken. Die Situation begann nun zu eskalieren und einige Leute drängten zum Eingang, wodurch die dort postierten Beamten die Kontrolle verloren. Mit Unterstützung weiterer Kräfte gelang es den Gendarmen, vorübergehend die Eindringlinge noch zurückzudrängen. Kurz darauf gingen aber die Demonstranten gegen die Beamten tätlich vor, weshalb diese sich zum Teil bis ins Gastzimmer zurückziehen mußten. Ein Beamter wurde von mehreren Burschen erfaßt und zu Boden gedrückt.

Mittlerweile war es etwa 12.15 Uhr und die Menschenmenge war derart aufgebracht, daß sie zu allem entschlossen schien. Man begann nun Steine gegen die Gendarmen zu werfen. Plötzlich flog ein 10 x 10 cm großer Klinkerstein durch das Fenster des als Haftraum dienenden Extrazimmers. Sofort sprang ein Bursche auf die Fensterbank und riß das Fenster auf. Als auch noch eine zweite Person hinzukam, mußte der Kommandant die Erstürmung des Gebäudes und die Befreiung der Festgenommenen befürchten. Deshalb gab er den Befehl zum Schußwaffengebrauch, jedoch mit der Einschränkung, daß nur auf die Rädelsführer geschossen werden dürfe. Es wurden auch tatsächlich mehrere Schüsse abgegeben, wodurch die Menge auseinanderlief.

Daraufhin wurde das Feuer sofort eingestellt. Nach ca. 10 Minuten begann sich wieder eine Menschenmenge von etwa 100 Personen anzusammeln, weshalb neuerlich Warnschüsse in die Luft abgegeben werden mußten. Diese neuerliche Demonstration löste sich aber sofort auf.

Bei dieser Amtshandlung waren 29 Gendarmen im Einsatz, die bei Einbruch der Dunkelheit durch weitere 30 Beamte aus den Bezirken Eisenstadt und Mattersburg verstärkt wurden. Die Sicherheitskräfte gaben bei diesem Einsatz insgesamt 20 Schüsse ab. Von den Demonstranten wurde ein 19jähriger Bursche getötet und vier weitere Personen verletzt. 25 Personen wurden verhaftet und in das Bezirksgericht Neusiedl/See eingeliefert. Die Gendarmerie hatte keine Verletzten zu beklagen. Bemerkenswert ist, daß sich die sowjetische Besatzungsmacht weder in die Amtshandlung gemengt, noch sich dazu geäußert hat.

Von der Bezirkshauptmannschaft Neusiedl/See wurde für die Gemeinde Gols vorübergehend der Ausnahmezustand mit folgenden Auflagen verhängt:

1) Die Steegmühle mußte weiter gesperrt bleiben,
2) sämtliche Tanzunterhaltungen und sonstige Belustigungen wurden verboten,
3) die Sperrstunde in den Gasthäusern wurde mit 20.00 Uhr festgesetzt und
4) der Verkehr und Aufenthalt auf den Straßen wurde nur bis 20.00 Uhr gestattet.

Quellen

Waffengebrauchsmeldung des Landesgendarmeriekommandos und Chronik des GP Gols

Gerald Hesztera

Das Heer der Besatzungszeit Die Gendarmerie als »Mutter« des Bundesheeres

Nach Ende des Zweiten Weltkrieges hatten die Österreicher nicht den Wunsch ein neues, österreichisches Heer aufzustellen. Der Horror des Krieges und die brennenden Alltagssorgen ließen solche Gedanken nur bei wenigen aufkommen. Auch hätte das schönste Wünschen nichts geholfen – die vier Alliierten Mächte verboten nach ihrem Einmarsch 1945 ohnedies jegliche militärische Betätigung Österreichs.

Für Staatsbesuche und sonstige repräsentative Aufgaben wurden Formationen der Polizei, vor allem aber der Gendarmerie verwendet.

Mit den Vorgängen in Osteuropa begann sich die Haltung der westlichen Alliierten – USA, Großbritannien und Frankreich – zu ändern. Grund dafür waren der »Umbau« von CSSR und Ungarn in Volksdemokratien und der sich immer mehr verschärfende »Kalte Krieg«. In dieser Situation versuchte man auch Österreich in das eigene Lager zu ziehen und für den vielleicht kommenden Kampf zu rüsten.

War bis 1948 eine eigene Militärmacht für Österreich verpönt, so wurde die Wiederbewaffnung nun von den Westalliierten als Bedingung für die staatliche Selbständigkeit Österreichs genannt.

Die österreichische Regierung hatte die Gefahr einer kommunistischen Machtübernahme schon erkannt, zögerte aber Konsequenzen daraus zu ziehen. Einerseits ließen die Kriegsschäden eine neues Heer alleine schon aus wirtschaftlichen Gründen nicht erstrebenswert erscheinen, andererseits hatten die Alliierten ja dezidiert den Aufbau einer neuen Armee verboten. Auch wenn dies nun von seiten der Westalliierten gefordert wurde – die Sowjets besetzten noch immer einen großen Teil Österreichs. Die Reaktion der UdSSR auf eine mit westlicher Hilfe betriebene Wiederaufrüstung war nicht vorhersehbar.

Österreich ging daher den Weg des Kompromisses: im Rahmen der bereits bestehenden Gendarmerie wurden Alarmformationen gebildet, die man den Westalliierten als Vorstufe zu einem Heer verkaufen konnte. Am 9. März 1949 beschloß der Ministerrat die Aufnahme von 1.100 zusätzlichen Vertragsbediensteten des Gendarmeriedienstes für diese Truppe. Die Ausrüstung der neuen »Gendarmeriesoldaten« sollte durch die USA erfolgen.

Von Anfang an legte die Gendarmerie bei der Schulung der neu aufgenommen VB nicht viel Wert auf militärische Ausbildung – die Gendarmeriefächer überwogen und nur an wenigen Tagen der Woche standen militärische Fächer auf dem Dienstplan.

Ein zusätzliches Problem stellten die Vertragsbediensteten selbst dar, die nur wenig Gefallen an der ihnen zugedachten Rolle fanden und zur »richtigen Gendarmerie« versetzt werden wollten.

Diese Unzulänglichkeiten blieben natürlich auch den westlichen Alliierten nicht verborgen und sie forderten Ende 1949, daß der Unterricht in den Gendarmeriefächern eingestellt werden sollte – was jedoch vorläufig am Widerstand der Gendarmerie scheiterte.

Im August 1950 wurden zwischen Briten, Franzosen und Amerikanern in Washington Verhandlungen geführt, wie es mit der österreichischen Wiederbewaffnung weiter gehen sollte. Einigkeit wurde dabei nicht erzielt und als Kompromiß beschloß man die Bewaffnung der Gendarmerie weiter voranzutreiben.

Eine ein Jahr später stattfindende Leistungsvorführung der Alarmeinheiten und Fahrformationen im September/Oktober 1951 geriet trotzdem zu einem Debakel. Die in der Übungsannahme vorgegebene Bekämpfung von bewaffneten von Österreich operierenden Banden – hier standen anscheinend die Ausschreitungen nach dem 4. Lohn- und Preisabkommen in der Sowjetzone Pate – konnte nicht erfolgreich gelöst werden.

Auf Betreiben der USA wurde daher ein vollkommen neues System kreiert, das im wesentlichen zwei Punkte umfaßte:

Neue Gendarmerieeinheiten – die nur mehr unwesentliche Verbindungen zur eigentlichen Gendarmerie haben sollten, wurden aufgebaut und die wehrfähige männliche Bevölkerung wurde erfaßt und evident gehalten.

Im Falle eines sowjetischen Angriffes sollten dadurch österreichische Personalreserven in den Westen verlagert und ausgebildet werden.

Damit schlug die Geburtsstunde der B-Gendarmerie, die ihren Namen bekam, um sie von der herkömmlichen (A)-Gendarmerie unterscheiden zu können.

Die Offiziersstellen der neuen Truppe wurden fast vollständig von ehemaligen Offizieren der Deutschen Wehrmacht eingenommen.

Ab 1. August 1952 wurden die früheren »Gendarmeriebereitschaften« in Gendarmerieschulen umbenannt. Am selben Tag traten die Heeresoffiziere ihren Dienst an.

Spähpanzer des Typs M 8 »Greyhound« der B-Gendarmerie.
Bild: Gerald Hesztera

Ausfahrt mit einem amerikanischen Dodge-Lkw. *Bild: Gerald Hesztera*

Noch war die neue Truppe von Anfangsschwierigkeiten geplagt Unterkünfte, Freiwillige und Ausrüstung fehlten.

Die Ausrüstung wurde fast vollständig von den USA »leihweise« zur Verfügung gestellt.

Die USA beharrten daher auch auf einem Inspektionsrecht, das sich aber »ausschließlich« auf die Verwahrung der Waffen bezog, ansonsten oblagen Ausbildung und Kontrolle der B-Gendarmerie ausschließlich österreichischen Stellen.

Amerikanischer Militärpolizist und österreichischer Gendarm an der Zonengrenze – am Check Point Enns/OÖ, Ennsbrücke. Bild: Gerald Hesztera

Der Aufbau der B-Gendarmerie lief so erfolgreich, daß die USA Mitte 1953 sogar an eine Ausweitung dachten, diese wurde aber von der österreichischen Bundesregierung abgelehnt: Grund – die Staatsvertragsverhandlungen mit der Sowjetunion sollten nicht gefährdet werden.

Dies galt um so mehr als die B-Gendarmerie schon die längste Zeit zum Liebkind der sowjetisch beeinflußten Zeitungen geworden war. Immer wieder erschienen dort Meldungen, die vor einer Militarisierung Österreichs warnten und der neu geschaffenen B-Gendarmerie die verschiedensten Delikte – meist rücksichtsloses Fahren – vorwarfen.

Diese Berichte konnten die weitere Trennung von B-Gendarmerie und richtiger Gendarmerie jedoch nicht aufhalten. Am 29. 10. 1953 wurde im Innenministerium die Abteilung 5/Sch gegründet, die sich ausschließlich mit der B-Gendarmerie beschäftigte. Ende 1954 umfaßte die B-Gendarmerie daher auch schon annähernd 8.000 Mann, die bereits Truppen der Alliierten abgelöst hatten.

Danach schien es aber zu einem Einbruch zu kommen. In einer Sitzung des Alliierten Rates in Wien verlas der sowjetische Hochkommissar eine Erklärung, die preisgab, daß der UdSSR sämtliche Details über die Aufstellung der B-Gendarmerie bekannt waren. Anschließend wurde von der Sowjetunion die Auflösung der Abteilung 5/Sch gefordert, da sie nicht im Einklang mit den Auflagen der Alliierten aus dem Jahr 1945 stand.

Diese Enthüllungen und Forderungen hatten wahrscheinlich deswegen keine Konsequenzen, da die Staatsvertragsverhandlungen in die Endphase kamen und erfolgreich abgeschlossen wurden. Das Problem der B-Gendarmerie war im weltpolitischen Konnex zu unwichtig, um ein ernstes Hindernis darzustellen.

Die Sowjetunion wollte mit dem österreichischen Staatsvertrag einen Geste gegenüber Deutschland setzen, um dieses wiedervereinigt zu neutralisieren.

Am 27. Juli 1955 endete mit deren Umbenennung in »Provisorische Grenzschutzabteilung« die Geschichte der B- Gendarmerie.

Literatur

Manfried RAUCHENSTEINER, Die B-Gendarmerie – mehr als eine Episode. In: Truppendienst, 21. Jg/Heft 4, August 1982 340–346

Manfried RAUCHENSTEINER, Der Sonderfall. Die Besatzungszeit in Österreich 1945–1955. (Graz 1995)

Michael Ahrer

Landesalarm – Erlebnisse des Gendarmen Haller

Ein plötzlicher Ruck durchfuhr Gendarm Haller. Beinahe wäre er von dem Sessel, auf dem er nun schon seit zwei Stunden auf einen freien Schlafplatz wartete, heruntergefallen. Für einen Moment mußte er scharf überlegen, wo er eigentlich war. Jedenfalls nicht auf seiner Dienststelle, dem Posten R. Dazu war der Raum zu groß, die Fenster zu hoch und zu viele Kameraden um ihn herum. Er befand sich in der Schloßkaserne der Gendarmerie und war einer von fast 1.000 Gendarmen, die in diesen Tagen des September und Oktober 1950 in Linz aus dem ganzen Land südlich der Donau zusammengezogen worden waren, um die Polizei zu unterstützen.

Gendarm Haller erinnerte sich. Als er 1946 in die Gendarmerie eintrat verdiente er 146,– Schilling im Monat. Ein Arbeiter in der Textil- oder chemischen Industrie verdiente 65 Groschen pro Stunde. Damit war er kaum in der Lage, kümmerlichst seine Existenz zu fristen.

Streikdrohung der Arbeiterschaft der Bezirkshauptmannschaft bekannt

Was Gendarm Haller nicht wußte, war, daß im Juli 1946 eine Bezirkshauptmannschaft einen streng vertraulichen Bericht an die Sicherheitsdirektion verfaßte. Der Gewerkschaftsbund hatte die Behörde in letzter Zeit mehrmals in Kenntnis gesetzt, daß unter der industriellen Arbeiterschaft wegen der schlechten Lohn- und Ernährungsfrage Streiktendenzen bestehen. Besonders galt dies für die erwähnte Textil- und chemische Industrie sowie für das Baugewerbe. »Jede zusätzliche Belastung oder Schwierigkeit werde vom Arbeiter auf das unangenehmste empfunden und geradezu als untragbar erachtet«, schrieb der besorgte Bezirkshauptmann.

Zum Beispiel hatte die Tatsache, daß keine Kirschenzuteilung an die Arbeiter erfolgte, größte Entrüstung ausgelöst.

Mangels Zuteilung von Fahrraddecken und Schläuchen könnten Arbeiter vielfach ihre Arbeitsstätten auch mit dem Fahrrad nicht erreichen, wegen des schlechten Straßenzustandes komme es immer wieder zum Ausfall der Kraftwagenlinien.

Der Gewerkschaftsbund und die Vertretung der Gastwirte im Bezirk verhandelten darüber, ob es den Arbeitern möglich sein sollte, ihre notwendige Bierration auch auf der Arbeitsstätte zu konsumieren.

Weiters erregte bei der Arbeiterschaft die Tatsache, daß seitens der Besatzungsmacht vielfach größere Lebensmittelmengen vernichtet würden, Unwillen.

Der Bezirkshauptmann kommt abschließend zu dem Schluß, daß die Stimmung unter der Bevölkerung als äußerst gespannt anzusehen ist.

Im Falle einer Erhöhung der Lebensmittelpreise wäre mit größeren Streiks zu rechnen.

Auch von Gerüchten unter der Bevölkerung berichtete der Bezirkshauptmann, von vermuteten Schiebungen mit Textilien und Reifen.

Flurdiebstähle seien im Zunehmen. Fremde Personen fielen über die Kirschenbäume her und teilweise würden ganze Äste abgerissen um an die Früchte zu kommen. Vereidigte Flurhüter seien eingesetzt worden, ihnen fehlten jedoch Waffen, um ihre Autorität durchzusetzen. Zum Thema Gendarmerie klagte der Bezirkshauptmann, daß der Personalstand am untersten Limit angekommen sei, weitere Einschränkungen jedoch nicht hingenommen werden könnten, ohne die Sicherheitsverhältnisse maßgeblich zu beeinflussen. Trotzdem sei das Ergebnis der Tätigkeit der Gendarmerie in staatspolizeilicher Hinsicht zufriedenstellend. Wöchentlich würden einige Fälle nach dem Verbots- und Kriegsverbrechergesetz angezeigt.

Vermutlich hatte der Bezirkshauptmann auch die geschilderte Stimmung in der Arbeiterschaft über die Gendarmerie erheben lassen.

Gendarm Haller jedenfalls wußte schon bald nach seinem Eintritt in die Gendarmerie von dieser Unzufriedenheit in der Bevölkerung. Auf seinen Fußpatrouillen im Rayon kam er mit sehr vielen Leuten ins Gespräch und viele erzählten ihm von ihren Schwierigkeiten, sich und ihre Familie mit dem Notwendigsten zu versorgen. Dabei war Gendarm Haller selbst keine Ausnahme, auch wenn ihn so mancher um seine Beamtenstelle beneidete. Auch für ihn hieß es meistens: Zum Leben zuwenig, zum Sterben zuviel.

27. September 1950 – Alarmstufe 4

Als am 27. September 1950 um 14.40 Uhr mit Fernschreiber die Alarmstufe 4 für sämtliche Bezirke angeordnet wurde, war Gendarm Haller vorgewarnt, weil schon mittags die Alarmstufe 2 nach dem in Oberösterreich bestehenden Alarmplan für die Bezirke Linz, Grieskirchen, Eferding, Schärding und Wels verfügt worden war. Bei Stufe 2 waren von allen alarmierten Bezirken 20 Gendarmen (von Eferding nur 10) zu stellen, weil die genannten Bezirke als ländliche am leichtesten Gendarmen entbehren konnten. Während jedoch die Kompanie noch zusammengezogen wurde, überstürzten sich die Ereignisse, sodaß der Landesalarm angeordnet wurde. Alle Gendarmen des Landes mußten zu den jeweiligen Konzentrierungsorten abgehen, nur auf den wichtigsten Posten blieben einige Gendarmen für die notwendigsten Arbeiten zurück, quasi als Brückenköpfe. Zusätzlich forderte die Sicherheitsdirektion Kräfte aus Salzburg, worauf die Gendarmerieschulen Stadl Paura und Hohenwerfen nach Linz dirigiert wurden. Bis Mitternacht standen sämtliche aufgerufenen Gendarmen zur Verfügung. Nach dem Eintreffen erfolgte in der Schloßkaserne die Einteilung in Kompanien zu ungefähr 90 Mann. Sofort wurden sie zu den einzelnen, von der Polizeidirektion im Wege der Sicherheitsdirektion verlangten Einsätzen geschickt. Als auch noch eine Kompanie aus Tirol (Chargenschule Innsbruck, Fortsetzungskurs Absam-Eichat und Bregenz) eingetroffen war, standen mit 1. Oktober 1950, 20.00 Uhr, folgende Einheiten zur Verfügung:

3 Schulkompanien unter dem Kommando von Stabsrittmeister Thamm, Stabsrittmeister Kimmel und Major Böhler.

5 Kompanien aus den Bezirken Oberösterreichs, die von den zuständigen Abteilungskommandanten befehligt wurden.

Von diesen 8 Kompanien verblieben 5 in Linz: die Schulkompanie unter Stabsrittmeister Thamm, sowie die Kompanien von Major Hirt, Major Ziegler, Major Simon und Stabsrittmeister Zauner. Die Technische Abteilung bildete aus sämtlichen Fahrzeugen und Kraftfahrern, zu denen zahlreiche angemietete Postomnibusse und sonstige Zivilfahrzeuge kamen, eine Troßkompanie.

Zunächst aber meldete der Landesgendarmeriekommandant noch am 27. September dem Gendarmeriezentralkommando mit Fernschreiben Nr. 7901: Momentane Gesamtzahl der in Linz konzentrierten Gendarmeriekräfte ca. 600 Gendarmen, welche laufend durch eintreffende Abteilungen verstärkt werden. Derzeit befinden sich eingesetzt 3 leitende Beamte und 124 Gendarmen und haben diese Kräfte folgende Objekte besetzt: die Arbeiterkammer, den Sender, das Studio Rot-Weiß-Rot und das Landesregierungsgebäude. Verschiedene Kräfte waren kompanie- und halbkompanieweise eingesetzt zur Säuberung des Bahnhofes und eines Teiles der Straßen um die Arbeiterkammer sowie zur beabsichtigten Eskortierung des französischen Hochkommissars ab Wels per Auto. »... Es steht jedoch zu erwarten, daß morgen insbesondere die Besetzung der Arbeiterkammer den Unwillen von Demonstranten erregen dürfte, sodaß möglicherweise im Laufe des Vormittags der Einsatz größerer Kräfte zu erwarten steht.« Dem Einschreiten der Gendarmerie wurde bisher sowohl vom Herrn Sicherheitsdirektor sowie auch vom Herrn Polizeidirektor Lob gezollt. Haltung und Geist der Gend.Beamten sehr gut, Dienstwilligkeit ist im höchsten Maße vorhanden.

Zu Zwischenfällen und Waffengebräuchen ist es bisher nicht gekommen. In den späteren Abendstunden wurde von einer größeren Gruppe Jugendlicher versucht, den Weg durch die Schloßkaserne gegen das Wohngebäude des Herrn Bürgermeisters Dr. Koref zu nehmen. Die Demonstranten kehrten nach Abgabe von Schüssen in die Luft und energischem Vorgehen der Gendarmerie unter persönlicher Leitung des Landesgendarmeriekommandanten zurück und konnten abgedrängt werden.«

Gendarm Haller wurde der Kompanie Hirt zugeteilt. Die erste Aufgabe dieser Kompanie war es, den Bahnhofsvorplatz von Demonstranten zu räumen. Diese Aufgabe ließ sich noch relativ leicht bewältigen.

Szene von der Räumung des Bahnhofsvorplatzes in Linz.
Bild: Stadtmuseum Nordico, Linz

Der zweite Einsatz bei der Arbeiterkammer war schon wesentlich heikler. Um 20.15 des 27. September 1950 bewegte sich ein Troß von 59 eingeteilten Gendarmen, 4 dienstführenden Beamten und einem Offizier (Stabsrittmeister Thamm) unter persönlicher Leitung des Landesgendarmeriekommandanten Oberst Dr. Mayr in Richtung Promenade zur Arbeiterkammer. Der Auftrag: Besetzen der Arbeiterkammer, die zu einem Symbol des Widerstandes und Protests geworden war. Bereits unterhalb der Auffahrt zur Gendarmeriekaserne am Tummelplatz versuchte eine große Menschenmenge, die hauptsächlich aus Jugendlichen von 18 bis 25 Jahren bestand, die Durchfahrt des Gendarmeriekonvois durch Absperren der Straße und Stürmen der Fahrzeuge zu verhindern. Mehrmals forderte Stabsrittmeister Thamm die Demonstranten auf, die Straße freizugeben. Als die mündlichen Aufforderungen nichts halfen, befahl er das Absitzen und Räumen der Straße. Der Widerstand brach erst zusammen, als Warnschüsse abgegeben wurden. Derart vorbereitet, gelang es auch, die vor der Arbeiterkammer versammelte Menschenmenge innerhalb kürzester Zeit abzudrängen und das Gebäude um Punkt 21.15 Uhr schlagartig zu besetzen. Sofort ordnete Thamm die Sicherung des Haupteinganges und der Seiteneingänge durch Schließ- und Eisenketten an. Der Haupteingang wurde mit 21 Gendarmen, die Seiteneingänge mit je 4 Mann besetzt. Nach einer Durchsuchung des gesamten Gebäudes wurden auch alle Fenster und wichtigen Räume gesichert. Als daher um ca. 01.30 Uhr der Sekretär der Arbeiterkammer Dr. Kleiner und der Sekretär des Bürgermeisters Herr Grill erschienen, um sich über die Lage zu informieren, konnte ihnen die vollständige Beherrschung der Arbeiterkammer bekanntgegeben werden. Zufrieden zogen die beiden Herrn nach etwa 30 Minuten Aufenthalt wieder ab.

Die Oberösterreichischen Nachrichten schrieben in ihrer Ausgabe vom 28. September 1950 unter der Schlagzeile »Linz – Zentrum der Demonstrationen« unter anderem: »Streikende Arbeiter der VÖEST, der Stickstoffwerke und anderer Linzer Betriebe, die in den Mittagsstunden in das Kammergebäude (Arbeiterkammer) eingedrungen waren, zwangen den Präsidenten Kandl und die meisten übrigen anwesenden Kammer- und Gewerkschaftsfunktionäre unter Gewaltandrohung, das Kammergebäude zu verlassen. Die Streikenden besetzten daraufhin das ganze Kammergebäude und die Telefonvermittlung. Nach außen hin wurde die Arbeiterkammer von den Streikenden abgeriegelt. Ein ›Überfallskommando‹ der Polizei und der Gendarmerie mit Stahlhelm und gefälltem Bajonett, das in den Nachmittagsstunden versuchte, in das Gebäude einzudringen, wurde von außerhalb des Hauses stehenden Streikenden erfolgreich daran gehindert. Kurz nach Schluß dieser Versammlung (Anm.: Betriebsrätesitzung im Kinosaal der Arbeiterkammer) um 17.00 Uhr des 27. September um 18.30 Uhr traf die bereits angekündigt gewesene Abteilung der Gendarmerie unter Landesgendarmeriekommandant Dr. Mayr und der Polizei unter Polizeidirektor Dr. Ruppertsberger ein. Die Demonstranten wurden mit Lautsprechern aufgefordert, sich zu zerstreuen. Gleichzeitig versuchten Einheiten der Gendarmerie mit Stahlhelm und gefälltem Seitengewehr sowie Polizeieinheiten mit umgehängten Karabinern die Räumung der Straße vor der Arbeiterkammer zu erreichen. Da dies nicht durchführbar war, einigten sich die Kommandanten der Einheiten und die Streikleitung auf ein Kompromiß, um Blutvergießen zu verhindern. Die Exekutive zog sich auf ihre Fahrzeuge zurück und die Demonstranten bröckelten langsam ab, doch waren gegen 19.15 Uhr die Straßen um die Kammer noch immer stark verstopft. Bei dem Vorgehen der Gendarmerie wurde ein Demonstrant leicht am Arm verletzt. Gegen 19.45 Uhr zogen sich Gendarmerie und Polizei endgültig zurück, nachdem auch die Demonstranten zum Großteil die Straße geräumt hatten .... Von Salzburg wurde ein ›Überfallskommando‹ nach Linz zur Verstärkung der Linzer Exekutive abkommandiert.«

28. September 1950

Aber bereits am Morgen des 28. September sammelten sich wieder kleinere Trupps von demonstrierenden Arbeitern vor dem Haupteingang und drohten, die AK im Laufe des Tages wieder zu besetzen. Nach entsprechend nachdrücklicher Aufforderung zerstreuten sich diese Gruppen aber bald wieder. Gendarm Haller spürte den inneren Zwiespalt schon seit Beginn seines Einsatzes. Einerseits hatten die führenden Politiker in dramatischen Aufrufen versucht, den roten Teufel des kommunistischen Putsches an die demokratisch weiße Wand zu malen, andererseits kannte er sehr wohl die tägliche Not der Bevölkerung aus seiner dienstlichen Praxis und empfand nicht selten Sympathie für die Forderungen der einfachen Arbeiter. Aber er hatte bei seinem Eintritt in die Gendarmerie gewußt, daß dienstlicher Auftrag und persönliches Empfinden nicht immer im Einklang stehen mußten. Dennoch hatte er seine Wahl getroffen und diese Wahl bisher nicht bereut.

Um 16.00 Uhr des 28. September versammelten sich wieder rund 200 VÖEST-Arbeiter am Haupteingang der Arbeiterkammer und forderten lautstark die Gendarmerie auf, sofort das Gebäude zu räumen, ansonsten würden weitere 10.000 VÖESTler herbeigeholt. Gott sei Dank stellte sich das als leere Drohung heraus, denn als die vor der Arbeiterkammer eingesetzten Sicherheitswachebeamten den Platz geräumt hatten, blieben die angedrohten 10.000 Mann aus.

Schlechteste Unterbringung der Einsatzkräfte

Gendarm Haller ärgerte sich über die unzumutbaren Zustände in der Schloßkaserne, die für eine derartige Konzentrierung nicht eingerichtet war. Richtige Nächtigungsmöglichkeiten gab es höchstens für 200 Gendarmen. In diesen Tagen aber mußte einschließlich des Stabspersonals und des technischen Personals für 800 Beamte gesorgt werden. Obwohl sämtliche Magazine geöffnet wurden, um Liegeplätze zu schaffen und alle Matratzen und Feldbetten ausgegeben wurden, so daß die Gendarmen auf Gängen, in Magazinen und Lehrsälen auf Matratzen lagen, blieben immer noch 200 Gendarmen übrig, die überhaupt keinen Liegeplatz hatten und daher so wie Gendarm Haller auf Sesseln oder überhaupt auf dem Boden sitzen mußten. Erst später wurden Ausweichquartiere in der Römerbergschule und in der Artilleriekaserne geschaffen, um die ärgsten Mißstände zu beseitigen. Aus taktischen Gründen wurde diese Lösung von der Gendarmerieführung allerdings nicht gutgeheißen, weil dadurch die Anfahrtswege im Einsatzfall vergrößert und die Kräfte zersplittert wurden.

Diese offenkundige Raumnot war ein weiteres zugkräftiges Argument für den notwendigen Neubau einer neuen Gendarmeriekaserne. Es sollte allerdings noch 10 Jahre dauern, bis dieser sehnliche Wunsch der Gendarmerieführung in Oberösterreich in Erfüllung ging.

Gendarm Haller spürte inzwischen, daß sein Rücken wegen der Stellung im Sessel schmerzte und sah sich nach einem freien Liegeplatz um. Als er feststellen mußte, daß noch immer keine Matratze frei war, nahm er seinen schweren Mantel von der Sessellehne, stellte den Sessel ein Stück beiseite und legte sich auf den dicken Kotzen, dessen Wert er in diesem Moment erst richtig ermessen konnte. Er wollte gar nicht erst versuchen einzuschlafen, weil ohnedies Bereitschaft angeordnet war und jederzeit mit einem Alarm gerechnet werden mußte.

Entsprechend lautete auch die Situationsmeldung an das Gendarmeriezentralkommando vom 28. September 1950, morgens:

»Stimmung und Haltung aller Gendarmen sehr gut, trotz größerer Strapazen und schlecht verbrachter Nacht, da in den völlig unzulänglichen Räumen der Schloßkaserne die meisten Gendarmen keine Gelegenheit hatten zu schlafen, sondern die Nacht auf einem Sessel sitzend verbringen mußten.«

Den zweiten Teil der Meldung konnte Gendarm Haller bestätigen, zum ersten Teil hatte ihn noch niemand gefragt. Gegen Mittag des 28. September ordnete der Sicherheitsdirektor an, daß die Gendarmerie den Hauptplatz und im weiteren Verlauf einige Straßenzüge in Richtung Landstraße zu räumen habe. Während dieser Aktion mußten immer mehr Einsatzkräfte herbeigebracht werden, bis letztendlich dreieinhalb Kompanien eingesetzt waren. Der Landesgendarmeriekommandant persönlich leitete diesen Einsatz. Er wurde ohne besonderen Widerstand, das heißt ohne Gewalt beendet.

Mit Fernschreiben Nr. 7930 vom 28. September 1950, 15.10 Uhr, meldete der Landesgendarmeriekommandant an das Gendarmeriezentralkommando, daß beabsichtigt sei, im Einvernehmen mit dem Herrn Sicherheitsdirektor eine Lockerung der Konzentrierung und eine teilweise Rücksendung der Kräfte auf die Posten, sobald es die Situation erlaube, anzuordnen. Es habe sich wieder der Mangel einer Gendarmeriekaserne in verheerender Weise gezeigt. »Die Gendarmen lägen auf den Gängen zusammengepfercht, teilweise ohne Matratzen, da diese nicht in der nötigen Anzahl vorhanden seien, teilweise nächtigten sie auf den Tischen liegend oder auf Sesseln sitzend.«

Die Oberösterreichischen Nachrichten schreiben in der Ausgabe vom 29. September 1950 unter der Schlagzeile »Ruhe kehrt zurück« unter anderem:

»Gegen Mittag hatten sich am Hauptplatz wieder mehrere Hundert Personen eingefunden, die in größeren Gruppen herumstanden und die Passanten zum Streik ermunterten. Gegen diese Ansammlungen wurde um 12 Uhr mittags eine Kompanie Gendarmen mit Gewehren in Anschlag eingesetzt, die den Platz in zwei Schwarmlinien durchzogen und von den umherstehenden Gruppen säuberten. Aus den Seitengassen strömten jedoch immer neue Leute ein, so daß die Gendarmerie vor-

Hauptplatz Linz in Richtung Süden. Im Hintergrund ist die Räumkette der Gendarmerie zu sehen. *Bild: Stadtmuseum Nordico, Linz*

übergehend den Hauptplatz umstellen mußte ... Im Zusammenhang mit der gestern (Anm.: 27.9.1950) mittags durchgeführten Säuberung des Hauptplatzes wurden fünf Jugendliche verhaftet, weil sie gegen Polizeiorgane handgreiflich geworden waren.

Zur größten Räumungsaktion kam es am 29. September mittags auf dem Hauptplatz. Dreieinhalb Kompanien wurden eingesetzt und nach einigen Verhaftungen konnte der Hauptplatz wieder für den normalen Personen- und Fahrzeugverkehr freigegeben werden.«

Inzwischen hatte das Landesgendarmeriekommando innerhalb von 48 Stunden 500 Stahlhelme anfertigen lassen und noch während der Unruhen an die eingesetzten Gendarmen ausgegeben, so daß alle Einsatzkompanien bis auf eine mit Stahlhelm und größtenteils auch mit Bajonett ausgerüstet werden konnten.

6. Oktober 1950 – Einsatzkräfte in zwei Etappen abgezogen

Das Sicherungskommando der Arbeiterkammer berichtete am 6. Oktober 1950 an das Landesgendarmeriekommando:

3. 10. 1950

11.00 Uhr Ablöse der Gendarmerie, Kammer neu besetzt vom 1. Zug, 2. Kompanie, in der Stärke von einem Oberleutnant, 4 Dienstführenden und 36 Gendarmen.

11.30 Uhr anonymer Anruf an den Portier der Kammer, daß kommunistische Störtrupps in Anmarsch seien. Meldung um 11.35 an PolDion weitergegeben. Parteienverkehr wurde eingestellt, jedoch um 13 Uhr im vollen Umfang wieder aufgenommen, da keine konkreten Tatsachen vorlagen, die den anonymen Anruf bestätigten.

4. 10. 1950 Keine Zwischenfälle

5. 10. 1950 14 Uhr Ablöse der Gendarmerie, Kammer wieder besetzt durch 2. Zug, 4. Kompanie, in Stärke von 1 Bezirksinspektor und 37 Mann

6. 10. 1950 Keine Zwischenfälle
11 Uhr Sicherung der Arbeiterkammer aufgehoben.

Nachdem die Bundesregierung die Aufhebung der allgemeinen Alarmbereitschaft verfügte, wurde das Abfließen der konzentrierten Kräfte in 2 Etappen planmäßig durchgeführt. Es wurden zunächst die Gendarmen des eigenen Kommandobereiches auf ihre Dienststellen entlassen, da das flache Land durch 9 Tage fast ohne Sicherheitsorgane war, so daß die Notwendigkeit bestand, zum Schutze der Bevölkerung zunächst diese Kräfte zu entlassen.

Gendarm Haller meldete sich bei seinem Postenkommandanten zurück. Er hatte in den letzten Tagen den größten Gendarmerieeinsatz erlebt, der bisher in Oberösterreich stattgefunden hatte.

Über Haltung und Geist der Gendarmen konnte Landesgendarmeriekommandant Oberst Dr. Mayr in seiner Abschlußmeldung am 9. Oktober 1950 sehr positive Feststellungen treffen. So schrieb er, daß er sich durch Rundgänge bei Tag und Nacht sowie durch Gespräche mit den verschiedenen Gendarmen und durch die Beobachtungen der unterstellten Einheitskommandanten überzeugen konnte, daß auf die konzentriert gewesenen Formationen ein unbedingter Verlaß war. Entschlossenheit und Dienstfreude seien überall zu bemerken gewesen. »Gehorsam« und »Willigkeit« sowie das Bewußtsein, einer gerechten und guten Sache zu dienen, sei die unumstößliche Überzeugung aller Gendarmen gewesen. Es habe nirgends auch nur das leiseste Murren oder Miesmachen gegeben. Er buche dies als einen besonderen Gewinn und stelle mit freudigem Stolz und Genugtuung fest, daß die Gendarmerie in keiner Weise moralisch angekränkelt sei. Der Umstand, daß auch alle leitenden Beamten mit Mut, Entschlossenheit und großer Schneid überall dort aufgetreten seien, wo es gefährlich war, habe in weitem Maße das Vertrauen zwischen den leitenden Beamten und der übrigen Beamtenschaft gefördert.

Oberst Dr. Mayr vermag schließlich dem Einsatz auch eine positive Seite insofern abzugewinnen, als die Konzentrierung der Gendarmeriekräfte eine Generalprobe für die innere und äußere Kraft der Gendarmerie bedeutet habe. Der Alarmplan habe sich als richtig erwiesen und bedürfe nur einiger kleinerer Verbesserungen. Der Landesgendarmeriekommandant vergißt auch nicht zu erwähnen, daß sämtliche Behörden und Ämter, die in diesen »Sturmtagen« mit dem Landesgendarmeriekommando zu tun hatten, wie Landesregierung, Sicherheitsdirektion, Polizeidirektion usw. mündlich und schriftlich dem Landesgendarmeriekommando für die Haltung, Exaktheit und Präzision der gendarmeristischen Einsätze ihre vollste Anerkennung ausgesprochen haben.

Resümee aus Sicht der Zeitgeschichte

In dem vom Heeresgeschichtlichen Museum und dem Militärwissenschaftlichen Institut herausgegebenen Buch »Der Sonderfall, Die Besatzungszeit in Österreich 1945–1955«, von Manfried Rauchensteiner ist folgender dramatischer Appell des damaligen Innenministers Helmer nachzulesen: »Nach den Ankündigungen der Kommunisten muß damit gerechnet werden, daß diese von ihrem Ziel, nämlich der Zerstörung der demokratischen, unabhängigen Republik Österreich, nicht Abstand nehmen werden, sondern da und dort versuchen könnten, den Willen ihrer kleinen Minderheit der übergroßen Mehrheit des Volkes mit Gewalt aufzuzwingen. Einem solchen Versuch entgegenzutreten ist beschworene Pflicht der österreichischen Sicherheitsexekutive.«

Manfried Rauchensteiner resümiert: Der »große Streik«, der »Putsch«, der »Anschlag auf Österreich« war gescheitert, nicht obgleich ihn die Russen unterstützt, sondern weil sie ihn nicht unterstützt hatten, weil die Sowjetunion genauso wie der Westen nicht daran interessiert war, einen neuen Konfliktherd entstehen zu lassen.

Der große Streik des Jahres 1950 war vorüber, aber die wirtschaftlichen und sozialen Probleme noch lange nicht überwunden. Schon am 14. Juli 1951 meldete der Postenkommandant des Gendarmeriepostens Asten, Bezirk Linz: Die Arbeiter und Angestellten sind über das neue (5.) Lohn- und Preisabkommen unzufrieden, weil sie der Meinung sind, daß sie mit ihren Löhnen und Gehältern nicht mehr ausreichen. Sie sind sich trotz Versprechungen der zuständigen Stellen darüber einig, daß auch während der Zwischenzeit vom 5. zum 6. Lohn- und Preisabkommen wichtige Bedarfsartikel wie bisher Preiserhöhungen erfahren und diese erst nach Monaten mit kleinen Beträgen zu ihrem Nachteile abgefunden werden. Die Arbeiter und Angestellten können nicht verstehen, daß der Staat nicht in der Lage ist, die Preise zu stoppen. Sie sind der Meinung, daß die Lohn- und Preisabkommen schließlich zur Inflation und gänzlichen Verarmung des Mittelstandes führen.

Zur Vorwarnung und Information hatte der Landesgendarmeriekommandant bereits am 3. Juli 1951 ein Fernschreiben an alle Abteilungs- und Bezirksgendarmeriekommanden abgesetzt. Darin heißt es unter anderem, daß die KP (Kommunistische Partei) beabsichtigt, aus Protest gegen ein 5. Lohn- und Preisabkommen in Linz Demonstrationsumzüge durchzuführen. Die Alarmpläne seien nochmals durchzusehen und es sei alles bereitzustellen, damit im Falle einer Alarmierung die Zusammenziehung der Kräfte klappe. Dem »Radioabhören« sei besondere Bedeutung zuzumessen.

Auch der Gendarm Haller auf dem Gendarmerieposten R. hörte in diesen Tagen sehr viel Radio. Eine leichte Unruhe ließ sich nicht verleugnen.

Herbert Stocker

Das Geheimnis vom Toplitzsee

Der in der Gemeinde Grundlsee, Bezirk Liezen, Steiermark, inmitten des Toten Gebirges gelegene, von steilen Felswänden umrahmte, abgelegene und nur vom Ortsteil Gössl aus zugängliche, 106 m tiefe Toplitzsee war ab dem Jahre 1943 bis Kriegsende – und auch das ist eine Besonderheit – eine geheime, mitten in den Alpen gelegene Marine-Versuchsstation, die streng abgeriegelt war und wo u. a. bereits Unterwasserraketen abgeschossen wurden. Aufgabe dieser Forschungsstation war es, Unterwasserminen mit verschiedensten Zündmechanismen zur Explosion zu bringen und auch bereits lenkbare Unterwassergeschosse auszutesten. Bei diesen Geschossen handelte es sich um Vorläufer der späteren Polarisraketen.

Bei den zur Explosion gebrachten Unterwasserminen wurde unter anderem auch die Wirkung der Druckwelle an verankerten Metallgegenständen erforscht.

In den letzten Kriegstagen kamen von der SS streng bewachte Lkw nach Gössl, die ihre damals unbekannte, in 46 Holzkisten verpackte Fracht auf Pferde- und Ochsengespanne umluden und zu dem noch zugefrorenen Toplitzsee transportierten. Dort wurden diese Kisten im See versenkt.

Vielerlei Gerüchte um Reichsschatz des Hitlerregimes

Schon in den nächsten Jahren wurden Gerüchte laut, im Toplitzsee sei der bis heute verschwundene Reichsschatz und geheimste Dokumente versteckt worden. Auch wurde behauptet, am Toplitzsee sei bereits damals »schweres Wasser« für Atomwaffen erzeugt worden. Weiters hätte man im Toplitzsee Kisten mit Geheimplänen und Muster deutscher Wunderwaffen versenkt. Immer wieder wurde auch von Depositarlisten gesprochen, von denen man sich Aufschluß über die in das Ausland geschafften deutschen Vermögenswerte erhoffte. Tatsächlich warteten politische Führungsgrößen, wie etwa Dr. Ernst Kaltenbrunner, Dr. Hugo Jury, Otto Skorzeny, Adolf Eichmann usw. das Kriegsende im Ausseer Land ab. Sie verlagerten hierher riesige Vermögenswerte, um sich nach dem Zusammenbruch des Deutschen Reiches ihre Existenz sichern zu können. Diese Aktivitäten sind natürlich nicht unbeobachtet geblieben und rätselhafte Todesfälle, die in der Gegend bekannt geworden sind, wurden immer wieder mit dem Geschehen am Toplitzsee in Verbindung gebracht.

»Unternehmen Bernhard« – erste Tauchgänge durch Amerikaner

Erstmals nach Kriegsende tauchten offiziell Amerikaner im Toplitzsee. Der Tod eines ihrer Tauchspezialisten soll jedoch ihr Vorhaben gestoppt haben. Aber auch die Briten, gegen die sich das »Unternehmen Bernhard« in erster Linie richtete, zeigten bald großes Interesse am Toplitzsee. Verschiedene Geheimdienste befaßten sich mit der Materie und später begannen sich auch die Sowjets für den Toplitzsee zu interessieren.

Obwohl für den Toplitzsee ein Tauchverbot verfügt worden war, kam es immer wieder zu illegalen Tauchgängen von In- und Ausländern.

Illustrierte »Stern« finanzierte »1. Toplitzsee-Aktion«

Von 15. Juli bis 18. August 1959 kam es mit Genehmigung des BMI zur sogenannten »1. Toplitzsee-Aktion«, die von der deutschen Illustrierten »Stern« in Auftrag gegeben und von Redakteur Wolfgang Löhde geleitet worden war. Damals wurde von einer Bergeplattform aus der Seegrund mit Unterwasserkameras abgesucht und interessante Gegenstände von Helmtauchern geborgen. Dabei wurden Unmengen von britischen Pfund-Falsifikaten in Packungen zu zehn, zwanzig und fünfzig Pfund, die dazugehörenden Druckstöcke sowie Kisten mit »Dokumenten« aus dem Seegrund gehoben.

Bergung der Pfund-Falsifikate und dazugehörende Druckstöcke. Im Bild die seinerzeitigen Postenkommandanten (v. l. n. r.) Josef Ritt, aus Irdning, Karl Eglau aus Bad Aussee und Leopold Reiter aus Grundlsee.
Bild: Herbert Stocker, Altaussee

Da die Bergeaktion sehr kostenintensiv war, wurde sie schließlich eingestellt. Etwa ein Drittel des Seegrundes war abgesucht worden.

Die gefälschten Pfundnoten waren während des Krieges vom deutschen Geheimdienst unter dem Codenamen »Unternehmen Bernhard« im KZ Sachsenhausen von internierten, hochqualifizierten, meist jüdischen Insassen in der Absicht hergestellt worden, die britische Wirtschaft zu zerstören. Daneben sollte aber auch der weltweit agierende deutsche Geheimdienst finanziert werden. Die ausgezeichneten Fälschungen, die von britischen Fachleuten nicht von echten Pfundnoten unterschieden werden konnten, wurden von SS-Major Schwend, gegen Provision, für Schmuck und Devisen in Umlauf gebracht. Lediglich Cicero, ein in der Türkei agierender berühmter Spion, erhielt die gefälschten Pfundnoten zum direkten Vertrieb.

1963 – tödlicher Tauchunfall

1963 wurde der 19 Jahre alte deutsche Sporttaucher Alfred Egner aus Haar bei München, von zwei namentlich bekannten Personen, die aus Starnberg bzw. Bonn stammten, engagiert, im Toplitzsee nach dem Reichsschatz zu tauchen. Sie hatten ihm vorgeschwindelt, sie seien bereits im Besitz von Goldmünzen, die aus dem Toplitzsee stammen.Tatsächlich tauchte Alfred Egner in den frühen Morgenstunden des 6. Oktober 1963 in Gegenwart der beiden Männer, und lediglich mit einer Sporttaucherausrüstung versehen, illegal im Toplitzsee. Dabei verunglückte er tödlich, er kam nicht mehr an die Wasseroberfläche. Seine beiden Begleiter verließen den Toplitzsee, ohne den Vorfall den österreichischen Behörden zu melden. Erst der verständigte Vater des Verunglückten, Anton Egner, erstattete die Anzeige.

»2. Toplitzsee-Aktion« des BMI

Der tödliche Unfall von Alfred Egner löste schließlich die vom BMI in Auftrag gegebene, großangelegte und in der Zeit vom 10. Oktober bis 5. Dezember 1963 unter größter Bewachung durchgeführte »2. Toplitzsee-Aktion« aus, bei der in einer sehr aufwendigen Aktion Alfred Egner geborgen und etwa ein Drittel des Seegrundes abgesucht wurde. Auch dabei wurden wieder Unmengen von Pfund Falsifikaten, Kisten mit Dokumenten, Meßgeräte, Unterwasser-Abschußrampen, Sprengstoff und dgl. mehr geborgen.

Seeminenbergung am 13. und 14. November 1978 mit Spezialisten des Entminungsdienstes. Bild: Herbert Stocker, Altaussee

Der Leiter des jüdischen Dokumentationszentrums, Simon Wiesenthal, hatte den damaligen Innenminister zu überzeugen versucht, daß die von den Führungspersönlichkeiten des Deutschen Reiches verfaßten Geheimdokumente, die zur Gründung eines »Vierten Reiches« führen sollten, im Toplitzsee versenkt worden sind.

Über hundert Sicherheitsbeamte waren damals Tag und Nacht eingesetzt – der Toplitzsee hermetisch abgeriegelt.

In den folgenden Jahren kam es immer wieder zu illegalen Tauchgängen im Toplitzsee. Aber auch der österr. Entminungsdienst führte wiederholt die Bergung von Kriegsrelikten, durchwegs von der geheimen Marine-Versuchsstation stammend, durch.

Mit Mini-U-Boot im Toplitzsee

In der Zeit von 17. Juni bis 6. Juli 1983 wurde erstmals unter völlig anderen Möglichkeiten mit einem Mini-U-Boot des deutschen Meeresbiologen Prof. Dr. Hans Fricke des Max-Planck-Institutes München im Toplitzsee getaucht, Prof. Fricke hatte die erforderlichen Tauchgenehmigungen zum Zwecke »fischereibiologischer Untersuchungen« erhalten und führte mit seinem Team die Tauch-Aktivitäten lange Zeit völlig unbeaufsichtigt durch.

Prof. Fricke, der als Meeresbiologe bekannt war und noch nie mit seinem U-Boot in einem Süßwassersee getaucht hatte, gab vorerst öffentlich an, er habe erst vor Ort erfahren, welche Bewandtnis es mit dem Toplitzsee habe. Schließlich mußte er jedoch eingestehen, sich schon lange vorher bei einem kompetenten Zeitzeugen gründlichst über die Geschichte des Toplitzsees informiert zu haben, womit die Gerüchteküche geheimdienstlicher Aktivitäten abermals angeheizt wurde.

Von Prof. Fricke soll auch ein sogenanntes Kurierflugzeug mit einem toten Piloten im Toplitzsee entdeckt worden sein. Auch bei dieser Aktion sind Unmengen gefälschter britischer Pfundnoten, Sprengstoff, Kriegsrelikte und Gerät der Marineversuchsstation geborgen worden. Die Pfundnoten wurden unter Protest von Prof. Fricke, der daran Eigentumsansprüche geltend gemacht hatte, der österr. Nationalbank übergeben.

Eine Seemine wurde geborgen und vom Entminungsspezialisten Vavra (l.) entschärft. Sie soll ins Museum nach Wien

Seemine und Flugzeug statt Gold und seltenem Toplitzsee-Wurm

Jetzt will man auch die versunkene Kuriermaschine bergen

Heerestaucher und Bombenexperten im Einsatz

Vom Gold im Toplitzsee fand man noch keinen Schimmer, dafür holten Taucher des Bundesheeres und des Entminungsdienstes interessante feldgraue Kriegsrelikte an die Oberfläche. Am Montag wurde eine Seemine geborgen und entschärft, am Dienstag ein acht Meter langer Schwimmer eines Wasserflugzeuges aufgefischt, der Bestandteil einer Raketenabschußrampe war. Dazu kamen 40 Kilo Sprengstoff. Heute, Mittwoch, soll das mysteriöse Kurierflugzeug mit dem toten Piloten geborgen werden, das Unterwasserforscher Fricke im Vorjahr am Seegrund gefunden hat. In der Maschine könnte bemerkenswertes Material liegen.

Unterwasserforscher Fricke, der eigentlich einen Wurm suchte, konnte das Tierchen nicht fangen. Jetzt wird er die Unterwasserfahrten abbrechen, die vom Haus der Natur in Salzburg gesponsert werden, soweit sie wissenschaftliche Zwecke verfolgen.

Kältefest: Josef Vavra

»Kurier« vom 14. November 1984.

Das Österr. Bundesheer, das sich an der Bergeaktion beteiligte, eröffnete 1985 im Heeresgeschichtlichen Museum in Wien unter dem Titel »Kriegsrelikte aus dem Toplitzsee« eine von Erich Gabriel gestaltete Sonderausstellung.

Wolfgang Bachkönig

Burgenland 1956 – Ungarnkrise – Rolle der Gendarmerie

Es gab Tage, in denen sie auf die Mahlzeiten vergaßen, Nächte, in denen sie kein Auge zumachten. Da gab es Situationen, in denen der Einfachste unter ihnen plötzlich wichtige Entscheidungen treffen mußte. Jeder konnte sich nur auf sich und seinen Nebenmann verlassen. Auf Befehle, oder gar auf Hilfe von »oben« konnte man in diesen spannungsgeladenen Wochen und Monaten nicht immer rechnen, als jenseits der Grenze ein Volk um seine Freiheit kämpfte, in nebeligen Nächten das Klirren sowjetischer Panzerketten an den Nerven der Gendarmen zerrte und Zehntausende Menschen im Nachbarland Hilfe und Aufnahme suchten.

Hunderte von Gendarmen hatten in den letzten Monaten des Jahres 1956 an der burgenländisch-ungarischen Grenze weit mehr als ihre Pflicht getan. Die öffentliche Anerkennung für den geleisteten Einsatz wurde diesen Beamten im Frühjahr 1957 zuteil, als 34 Gendarmen – zwei Offiziere, 24 Inspektoren und acht Patrouillenleiter – vor dem Schloß Esterhazy in Eisenstadt aus der Hand des Innenministers goldene, silberne und bronzene Medaillen überreicht erhielten. Der feierliche Rahmen, den man dieser Auszeichnung gegeben hatte, und die Anwesenheit des Bundeskanzlers, Ing. Julius Raab, der in seiner Eigenschaft als Amtsführender Bundespräsident erschienen war, verlieh diesem Festakt ein besonderes Gepräge. Mit diesen 34 Gendarmen wurden stellvertretend alle burgenländischen Gendarmeriebeamten geehrt, die menschlich, mutig und wachsam, schützend an Österreichs Grenzen standen, als sich die große Welt über die Tragik und den Ernst der Ereignisse noch nicht bewußt war.

Welche Vorkommnisse waren diesem Festakt vorangegangen?

Gleich nach Bekanntwerden der Unruhen am 23. Oktober 1956 hatten die 43 Gendarmerieposten an der Staatsgrenze zwischen Ungarn und Österreich, die eine Länge von 393 km aufweist, den Befehl erhalten, die Grenzposten zu verstärken und damit einen erhöhten Schutz zu gewährleisten.

Freundschaftliches Treffen von Gendarmen, Zöllnern und ungarischen Grenzsoldaten bei der Grenze in Mogersdorf. *Bild: LGK Burgenland*

Zunächst war es an der Grenze relativ ruhig und die Lage durch die noch ungeklärten Verhältnisse in Ungarn ungewiß. Nur langsam bekamen die Aufständischen die Oberhand, der erwartete Flüchtlingsstrom blieb jedoch vorerst aus. Dafür fanden sich aber Ärzte, Sanitäter und Volksvertreter bei den Schlagbäumen der wenigen, noch intakt gehaltenen Verbindungsstraßen oder auf verwucherten Wegen an anderen Grenzstellen ein, um Hilfe und Unterstützung für die Verwundeten bei uns zu suchen.

Keine Krieger, keine Waffen wollte man, sondern Medikamente, Blutkonserven, Brot und Bekleidung. Der Ort Nickelsdorf wurde Samariterplatz des österreichischen Herzens. Pausenlos kamen Rotkreuzwagen und Kraftfahrzeuge aller Art, um dringend benötigte Heil- und Bedarfsgüter heranzubringen. An der Grenze wurden sie auf ungarische Kraftfahrzeuge verladen und in die Magyarenhauptstadt transportiert. Damit ergab sich für die Gendarmerie ein neues Problem, das es rasch zu lösen galt, eine klaglos funktionierende Verkehrsregelung. Durch Aufrufe im Rundfunk beteiligten sich hilfsbereite Kraftfahrer am Einsatz. Neugierige Sonntagsgäste wurden von ihren Absichten, an die Staatsgrenze zu fahren, abgehalten, um die Anlieferung der Hilfssendungen nicht ins Stocken geraten zu lassen. Die Hilfsbereitschaft der Österreicher und der übrigen Welt war so groß, daß für den Transport der Hilfsgüter für das ungarische Volk in die Städte und Dörfer die Bahn zu Hilfe genommen werden mußte.

Freudenkundgebungen der ungarischen Grenzbewohner, wie sie noch kaum zwischen Nationen wahrzunehmen waren, fanden bei Mogersdorf, Heiligenkreuz/Lafnitztal, Deutsch-Schützen, Rattersdorf und Schattendorf statt, die natürlich die eingesetzten Kräfte vor neuerliche Probleme stellten.

Die Aufständischen festigten in Ungarn ihre Stellung und damit setzte am 28. Oktober 1956 auch der Flüchtlingsstrom, der sich aus den politischen Gegnern rekrutierte, an die Staatsgrenze ein. Die Asylwerber wurden in der Anfangszeit vom ganzen Burgenland nach Eisenstadt gebracht, wo man ein provisorisches Auffanglager errichtete. Das Landesgendarmeriekommando für das Burgenland leistete mit Zustimmung des Gendarmeriezentralkommandos zur Errichtung dieses Lagers nicht nur durch Beistellung von Erhebungsbeamten, Dolmetschern und Aufsichtspersonen, sondern auch durch die Überlassung einer großen Anzahl von Betten, Matratzen, Decken, Leintüchern, ferner von Kübeln, Geschirr und überhaupt von Hausratsgegenständen verschiedenster Art aus eigenen Beständen zur menschenwürdigen Unterbringung der Flüchtlinge einen bedeutenden Beitrag.

Der Verlauf der Grenze wurde mit rot-weiß-roten Fähnchen ausgesteckt. Dies hat sich sehr gut bewährt. Nicht nur die Flüchtlinge wußten, daß sie sich auf sicherem Boden befanden. In der Folge bemerkten auch ungarische und russische Grenzorgane das auffällig abgegrenzte österreichische Hoheitsgebiet, wodurch sicherlich manche Grenzverletzung vermieden werden konnte.

Dem gut funktionierenden Nachrichtendienst war es zuzuschreiben, daß die Gendarmerie des Burgenlandes durch besondere Beweglichkeit ihre Aufgabe fast ausnahmslos mit eigenen Kräften meisterte und immer dort eingesetzt wurde, wo es am notwendigsten war. Inzwischen

Der durch Gendarmen mit Fahnen markierte Grenzverlauf.
Bild: LGK Burgenland

wurde auch Militär im grenznahen Hinterland in Bereitschaft gestellt und der Grenzdienst der Gendarmerie gemeinsam mit der Zollwache organisiert. Jetzt setzten auch begrüßenswerte Aktionen des Roten Kreuzes und des Malteser Ritterordens sowie anderer Hilforganisationen in breitestem Umfange ein.

Am Sonntag, dem 4. November 1956, erreichten die Aufgaben der burgenländischen Gendarmerie ihren Höhepunkt. Der Aufstand wurde durch sowjetische Militäreinheiten niedergeschlagen, wodurch es zur Wende in unserem Nachbarland kam.

Ungeheuere Massen von Flüchtlingen und Militärpersonen gelangten nach Österreich. Allein am Grenzübergang Klingenbach waren es an jenem Tag 4.000 Personen. Frauen, Männer, Soldaten, Studenten und Politiker, Ärzte, Ingenieure, Chemiker und Professoren, darunter Kranke und Invalide, waren anzutreffen. Mütter suchten schreiend ihre Kinder, weinende Kinder wieder ihre Eltern. Ein herzzerreißendes Bild bot sich die an Härte gewohnten Beamten. An diesem unvergeßlichen denkwürdigen Sonntag hatten die Gendarmen im ganzen Lande, ob sie im Außen- oder Innendienst standen, ob es Funker, Fernschreiber, Telefonisten oder Kraftfahrer waren, alle Hände voll zu tun. Die verstopften Straßen wurden rasch freigemacht, Flüchtlinge zu den Bahnhöfen transportiert und die geflüchteten Soldaten entwaffnet und interniert. Auch die Bezirke Mattersburg, Oberpullendorf, Oberwart und Güssing wurden von Flüchtlingen überschwemmt. Die für Flüchtlinge vorgesehene formale Behandlung all dieser Menschen war aber im Burgenland nicht mehr möglich, denn fast ganze Ortschaften wanderten über die Grenze. Die Bahnhöfe wurden Lagerplätze für Volksmassen. Mehr als 9.000 Flüchtlinge zählte man an diesem Tag im Lande.

Eine ungarische Flüchtlingsgruppe wird an der grünen Grenze von Gendarmen in Empfang genommen. *Bild: LGK Burgenland*

Auch in den folgenden Tagen kamen schier endlose Menschenkolonnen aus Ungarn ins Burgenland. Sie wurden teils von Gendarmen und Zollorganen schon direkt an der Grenze aufgegriffen oder von der Bevölkerung zu den Dienststellen verwiesen. Teilweise hatten sie sehr viel Gepäck und Hausratsgegenstände bei sich. Ausgehungert, ermüdet und erschöpft erreichten sie österreichischen Boden. Die Gendarmerieposten wurden zu den ersten Sammellagern. Bis zum Weitertransport nahmen sich in erster Linie die Gendarmen der Flüchtlinge an.

Lebensmittelverteilung an ungarische Flüchtlinge. *Bild: LGK Burgenland*

Die Beamten errichteten provisorische Lager in Schulen oder in ihren eigenen Privaträumen, um dort die Flüchtlinge unterzubringen. In vielen Fällen übernahmen die Frauen der Gendarmen die Aufgabe, für die Flüchtlinge zu kochen, ihre Kinder zu versorgen und ihnen die nötigste Hilfe angedeihen zu lassen, bis ihr Weitertransport in die Flüchtlingslager möglich war.

Alle möglichen Unterkünfte werden als primitive Sammellager eingerichtet.
Bild: LGK Burgenland

Mit Autobussen privater Unternehmer, der Post und der Bundesbahn wurden sie im Norden des Landes in die Auffanglager nach Eisenstadt, Traiskirchen und Judenau gebracht, während die südlichen Bezirke Oberwart, Güssing und Jennersdorf die Flüchtlinge in Jennersdorf und Fehring sammelten, von wo sie in die westlichen Bundesländer abtransportiert wurden. Später wurden Auffanglager auch in Andau, Kaisersteinbruch und Neckenmarkt errichtet. Kleinere Lager befanden sich noch in vielen Grenzorten. In all diesen Lagern verrichtete die Gendarmerie den Sicherheits- und Ordnungsdienst und leitete den Abtransport in Lager anderer Bundesländer bzw. in andere Staaten Westeuropas.

4. November 1956; auf dem Bahnhof Eisenstadt wartet ein Flüchtlingsstrom auf den Weitertransport. *Bild: LGK Burgenland*

Der Umstand, daß viele burgenländische Gendarmen die ungarische Sprache beherrschten und sich als Dolmetscher betätigen konnten, kam der ganzen Aktion sehr zugute.

Leider gab es auch skrupellose Verbrecher, die das Elend und die Angst der Flüchtlinge brutal ausnützten, wie der nachstehend angeführte Fall zeigt. Ein ungarischer Förster befand sich mit Rippenfellentzündung in einem Krankenhaus in Budapest. Seine 22jährige Tochter, eine Lehrerin, besuchte ihn im Spital und teilte ihm mit, daß sie durch vertrauliche Personen in Erfahrung gebracht hätte, sie würde in den nächsten Tagen verhaftet werden, weil sie ihren Schülern angeblich das Verbrennen kommunistischer Schulbücher befohlen hatte. Der Förster verließ trotz seines schweren Leidens das Krankenhaus, begab sich mit seiner Tochter nach Hause und bereitete mit ihr alles zur Flucht vor. Am 8. Jänner 1957 fuhren beide mit dem Zug bis Hegyeshalom und hatten die Absicht, die Grenze nach Österreich zu überschreiten. In Hegyeshalom biederte sich ihnen ein unbekannter Mann an und machte sich erbötig, sie gegen 3.000 Forint wohlbehalten nach Österreich zu bringen. Der Unbekannte erhielt von dem Förster sofort das Geld, verlangte aber noch zusätzlich Schmuck, da er wußte, daß fast alle Flüchtlinge Wertgegenstände mit sich führten. Der Förster gab ihm noch ein Paar goldene Ohrringe und war dabei so unvorsichtig, ein Säckchen mit ca. 37 dkg Goldschmuck sehen zu lassen. Der unbekannte Führer brachte nun den Förster und seine Tochter gegen Mitternacht bis kurz vor die österreichische Grenze. Dort entfernte er sich und gab den beiden Flüchtlingen zu verstehen, daß sie nun das letzte Stück (200 bis 300 Meter) alleine gehen könnten. Kurz darauf wurden sie von Grenzorganen, welche vermutlich mit dem unbekannten Führer in Verbindung

Flüchtlingskolonne in Jennersdorf, im Vordergrund ein Forststudent (Eichenlaub auf der Kappe). *Bild: LGK Burgenland*

gestanden waren, angerufen und zum Stehenbleiben aufgefordert. Aus Angst kamen sie dieser Aufforderung nicht nach und liefen in Richtung österreichische Grenze weiter. Hierauf wurde von den Grenzorganen das Feuer eröffnet und die Tochter des Försters blieb nach ca. 200 Metern auf ungarischem Gebiet tödlich getroffen liegen. Der Förster blieb unverletzt. Die Grenzorgane nahmen ihm, seinen Angaben zufolge, seine ganzen Ersparnisse, und zwar 30.000 Forint und das Säckchen mit dem Schmuck, das sie ausdrücklich verlangten, sowie einen Koffer mit Kleidern ab. Er erhielt sodann die Weisung, sich sofort nach Österreich zu begeben. Die vorangeführten Umstände schilderte er den erhebenden Gendarmeriebeamten, als diese mit ihm im Grenzabschnitt nächst dem ungarischen Zollhaus Hegyeshalom – Nickelsdorf einen Lokalaugenschein vornahmen.

Im gesamten Burgenland betrug die Flüchtlingszahl von Beginn der Unruhen bis Jahresende 1956 162.143 erfaßte Personen. Daneben gelang es bestimmt einer ansehnlichen Zahl von Flüchtlingen, sich ohne behördliche Erfassung durchzuschlagen. Als Fluchtwege wurden jene Abschnitte an der Grenze, die am tiefsten nach Ungarn reichen, bevorzugt. Etliche wählten auch die Waldgegend und andere wieder den wohl schwierigsten Weg im Bereich der Schilfgegend des Neusiedler Sees und des Einserkanals.

Statistik, der nach Bezirken gegliederten registrierten Flüchtlingsaufgriffe:

Bezirk Neusiedl/See	87.480	Personen
Bezirk Eisenstadt	11.060	Personen
Bezirk Mattersburg	5.624	Personen
Bezirk Oberpullendorf	29.447	Personen
Bezirk Oberwart	5.904	Personen
Bezirk Güssing	18.584	Personen
Bezirk Jennersdorf	4.044	Personen

Den größten Anfall ungarischer Flüchtlinge hatte der Ort Andau im Bezirk Neusiedl/See zu verzeichnen. Dort waren allein 45.286 Flüchtlinge über die Grenze gekommen. Der Höhepunkt des Flüchtlingsanfalles wurde am 21. November 1956 mit 9.574 Personen erreicht.

Um all diese Aufgaben mit verhältnismäßig wenigen Gendarmeriebeamten bewältigen zu können, mußte in dieser Zeit jeder einzelne Gendarm dieses Landes nicht nur Freizeit unbezahlt opfern, auf Urlaub, Erholung und Familienleben verzichten, sondern auch manche gefahrvollen Dienste zum Schutze der Flüchtlinge an der Grenze verrichten. So hatten am 23. November 1956 bei Rechnitz drei bewaffnete russische Soldaten Flüchtlinge auf österreichischem Boden verfolgt, wobei sie versuchten eine Ungarin zu vergewaltigen und zu berauben. Vorerst schritten Zollwachebeamte ein, die jedoch von den Russen entwaffnet wurden. Durch den raschen Einsatz und das geschickte Vorgehen gelang es schließlich den Gendarmen des Postens Rechnitz, die mit besseren Waffen ausgerüsteten Russen ebenfalls zu entwaffnen und zu verhaften. Als einer von den russischen Soldaten flüchtete, wurde er erschossen. In zahlreichen anderen Fällen gelang es österreichischen Gendarmen, die Flüchtlinge vor Übergriffen der ungarischen Grenzwachen zu schützen.

Die meisten Ungarn waren mit den Grenzverhältnissen nicht vertraut und gerieten dadurch in die Abhängigkeit von Männern, die als Menschenschmuggler und Wegweiser über die Grenze blühende Geschäfte machten. Andere nutzten wieder die Not der Flüchtlinge aus, um billig zu Devisen, Schmuck und Gebrauchsgegenständen aller Art zu gelangen. Wie skrupellos manche dieser Schlepper vorzugehen pflegten, hat das Beispiel des kranken Försters veranschaulicht. Aber auch Geldfälscher waren am Werk. Bald tauchten falsche Dollarnoten auf, wurden Hilfsgüter der verschiedenen Organisationen gehandelt, vertauscht oder dunkle Geschäfte damit geführt.

Abtransport und Überwachung der ungarischen Asylanten in Sonderzügen.
Bild: LGK Burgenland

Zahlreiche Flüchtlinge suchten nach ihrer Ankunft die Verbindung mit anderen bereits in Österreich befindlichen Ungarn oder mit ihren eigenen Verwandten.

Besondere Gefahr für die Flüchtlinge, Gendarmen und anderen Personen, die damit zu tun hatten, waren die drohenden Seuchen und Epidemien. Auch hier galt es vorbeugend zu agieren und bereits aufgetretene Krankheitsfälle sofort zu isolieren. Mit all diesen Geschehnissen und Nöten hatte sich die Gendarmerie in unermüdlichem Einsatz zu befassen. Mancher Ungar dankte mit Tränen in den Augen den österreichischen Beamten, oder schrieb ihnen später eine Karte aus dem Ausland, um sich auf diese Weise für die Hilfestellung und die menschliche Fürsorge zu bedanken. Die Vorfälle waren auch geprägt von unbeschreiblichem Leid. In einem Falle wurde die Mutter noch auf ungarischem Boden erschossen, während ihr überlebendes Kind von anderen Flüchtlingen nach Österreich gebracht werden konnte. Bei der Dreiländerecke Ungarn – CSSR – Österreich wurde ein Vater, der mit seiner Tochter nach Österreich fliehen wollte, angehalten, ihm seine Barschaft und der Schmuck geraubt und schließlich die Tochter vergewaltigt und erschossen. Er selbst konnte sich, körperlich und seelisch total zusammengebrochen, auf österreichisches Gebiet retten. Ein Invalide, welcher beide Unterschenkel amputiert hatte, legte auf den Knien einen Fluchtweg von über 20 km zurück. Die Tragödien, die sich unter diesen Armen abgespielt haben, werden nie alle ans Tageslicht kommen. Aber allein die bekanntgewordenen Fälle würden schon Bände füllen. Überall aber halfen die Gendarmen nach besten Kräften. Wochenlang zählte man fast täglich 2.000 bis 3.000 Flüchtlinge pro Tag. Alle Bundesländer nahmen sie mit warmem Herzen und offener Nächstenliebe auf. Zug um Zug rollte durch das Donautal und weiter über den Semmering in die Alpenwelt oder darüber hinaus in westliche Staaten.

Die Gedanken derer aber, die diesmal keine Fahrkarte zu bezahlen brauchten, hingen an ihrer geliebten Heimat. In ihren Ohren wollte das *»Isten ald meg a magyvart ...«* (Gott segne den Ungarn), ihre Nationalhymne, die sie mit Begeisterung sangen, als sie sich einige Tage frei glaubten, nicht verstummen. Dennoch war es rauhe Wirklichkeit: Sie waren Flüchtlinge!

Die Gendarmeriepostenkommanden des Burgenlandes wurden in diesen schweren Tagen durch die eigene Schulabteilung in Rust sowie durch einen verstärkten Zug der Gendarmerieschule des Bundesministeriums für Inneres in Wien und zeitweise auch durch Einheiten des Landesgendarmeriekommandos für Steiermark unterstützt. Der Landesgendarmeriekommandant, seine wenigen Offiziere und alle eingesetzten Kräfte haben neben ihrer hohen Verantwortung in dieser harten Zeit bis zu jedem einzelnen Gendarmen alles Menschenmögliche unternommen, um den heimatlos gewordenen Ungarn diese leidvolle Situation zu erleichtern.

Quellen

Archiv des Landesgendarmeriekommandos für das Burgenland
Augenzeugenbericht von Oberst i. R. Michael Lehner, während des Einsatzes Kommandant der Stabsabteilung
Wolfgang Bachkönig, Archivaufzeichnungen

Gottlieb Huter

»Südarmee«

Gendarmen auf Grenz- und Objektschutz an den Südgrenzen Tirols in den 60er Jahren

Ende der 50er- und Anfang der 60er Jahre kam es in Südtirol zu offensichtlich politisch motivierten Sprengstoffanschlägen gegen verschiedene Einrichtungen. Im speziellen waren dies Sprengstoffanschläge auf Hochspannungsmasten von E-Versorgungsunternehmen.

Durch diese Vorfälle wurde das Verhältnis der italienischen Exekutive und sonstiger Behörden zu den Einwohnern Südtirols in schmerzlicher Weise belastet. Bei einem dieser Anschläge wurden sogar mehrere italienische Exekutivbeamte durch Bomben buchstäblich zerfetzt. Daß sich aus all diesen Vorkommnissen für Österreich, welches ja die Schutzmacht Südtirols ist und war, eine äußerst sensible und ungute politische Situation ergab, kann nicht weggeleugnet werden. Immer wieder gerieten Menschen aus Nord- und Osttirol unter Verdacht, die damals sog. »Südtirolaktivisten« mit Sprengstoff und anderen Mitteln bei ihren Unternehmungen zu unterstützen.

Eine weitere politische Darstellung und Wertung will sich der Verfasser dieses Artikels ersparen, zumal bis zum heutigen Tage viele Vorkommnisse und Hintergründe nicht restlos abgeklärt werden konnten. Ziel ist es vielmehr, die Arbeit der Gendarmerie darzustellen.

Über Weisung der Sicherheitsdirektion für das Bundesland Tirol wurde mit Wirksamkeit vom 13. Juni 1961 die Bewachung der Europabrücke durch vorerst 13 Beamte mit Standort Sillwerk angeordnet. Zugleich wurden die Gendarmerieposten im Umgebungsbereich der Europabrücke sowie im Bereich der Brennergrenze personell verstärkt.

Besonders prekär war die Situation deshalb, weil aufgrund vertraulicher Hinweise verschiedene Terroranschläge gegen Einrichtungen in Nordtirol von italienischen Untergrundleuten angedroht wurden. Es galt, rasch zu handeln, da sich um diese Zeit die Europabrücke im Bau befand und drei Pfeiler bereits standen. Dazu kam noch, daß umfangreiche Mengen an Sprengstoff der Baufirmen am Gelände gelagert waren, und naturgemäß Bedarf an einem solchen zur Verübung weiterer Anschläge in Südtirol bestand. Im speziellen setzte man für diese sehr heikle und auch gefährliche Überwachung Diensthundeführer des Landesgendarmeriekommandos für Tirol ein, die rund um die Uhr Überwachungsarbeit zu leisten hatten. Wie ernst es diese Untergrundgruppen meinten, wurde den Tirolern am 01. Oktober 1961 vor Augen geführt, als gegen 04.15 Uhr morgens das legendäre Andreas-Hofer-Denkmal am Innsbrucker Bergisel von bis heute unbekannten Tätern heruntergesprengt wurde.

Die Explosion war so heftig, daß die überlebensgroße Bronzestatue des Freiheitshelden von 1809, Andreas Hofer, vom Sockel geschleudert wurde (siehe Bild). Andererseits kam es vom 23. auf den 24. Juni 1961 in Graz zu einem Anschlag, bei dem ein italienischer Reisebus in Brand gesetzt und die Reifen eines italienischen Pkws beschädigt wurden. Die Täter konnten nie ausgeforscht werden.

Durch all diese Vorfälle, und weil speziell in Südtirol keine Ruhe einzukehren schien, mußten Objektschutzwachen nach und nach an allen wichtigen Einrichtungen, wie Brücken, Sende- und Bahnanlagen, Elektroversorgungsleitungen usw. rund um die Uhr von der Gendarmerie eingerichtet werden.

Sämtliche zur Verfügung stehende freie Kapazitäten an Beamten und Diensthundeführern waren notwendig, um einigermaßen Sicherheit zu gewährleisten.

Trotz all dieser Maßnahmen sowohl auf italienischer als auch auf Tiroler Seite konnte die Ruhe in Südtirol nicht gänzlich wiederhergestellt werden. Aufgrund der italienischen Forderung nach einer schärferen Grenzüberwachung beschloß die österr. Bundesregierung, an den Südgrenzen Nord- und Osttirols sowie Salzburg besondere Schwerpunkte zu setzen.

Andreas-Hofer-Denkmal am Bergisel vor und nach der Sprengung.
Bild: LGK Tirol

Im Rahmen dieser politischen Willensbildung verfügte das Bundesministerium für Inneres, zusätzlich zu den bereits bestehenden Objektschutzwachen, einen eigenen Grenzkontrolldienst und betraute das

Landesgendarmeriekommando für Tirol mit der Durchführung desselben. Erlaßgemäß wurden daraufhin von den Landesgendarmeriekommanden Tirol und Salzburg »Konzentrierte Abteilungen« errichtet, wie es damals hieß: »zur Besorgung besonderer sicherheitsdienstlicher Aufgaben im Grenzgebiet«.

Mit dem Kommando dieser Konzentrierten Abteilung (später auch Südarmee genannt) wurde Rittmeister Erich Schimek des Landesgendarmeriekommandos für Tirol betraut. Der Sicherheitsdienst dieser Abteilung richtete sich nach den von der Sicherheitsdirektion für das Bundesland Tirol gegebenen Weisungen. Das hieß insbesondere, daß alle Erfahrungsberichte vertraulicher und offizieller Natur direkt von den zuständigen Kommandanten an die Sicherheitsdirektion für das Bundesland Tirol zu richten waren. Staatspolizeiliche Berichte mußten besonders vertraulich behandelt werden.

Wie prekär die Situation damals war, zeigt sich insofern, als diesbezügliche Akte bis zum heutigen Tage noch unter besonderen Verschluß gehalten werden.

Vor allem galt es aber, mit minimalem Personal- und Materialaufwand gegenüber den Italienern eine effiziente Grenzüberwachung zu demonstrieren. Es hieß damals, daß die Überwachungstätigkeit derartig professionell vorgenommen wurde, daß die Italiener annehmen durften, zwei- bis dreitausend Leute an den Grenzen zu wissen. Tatsächlich aber waren, wenn auch nur zeitweise, nicht mehr als 80 Beamte für diese Tätigkeit eingesetzt. Die generalstabsmäßige Führung dürfte wohl auch zu der Bezeichnung »Südarmee« geführt haben.

Es ist selbstredend, daß beim LGK für Tirol für eine derartige Personalunterbringung vorerst keine Quartiere vorhanden waren und man versuchte, durch Improvisationen Behelfsquartiere für Hochalpinisten, Hundeführer usw. einzurichten.

Um eine Ersteinquartierung der Gendarmeriekräfte zu ermöglichen, stellte die Tiroler Landesregierung den Gendarmen einen Rohbautrakt der damals neu erbauten chirurgischen Klinik zur Verfügung. Die Situation war für die Gendarmen überaus triste und alles eher als wohnlich oder menschenwürdig.

Ein paar blau-weiße Schilder im Klinikbereich wiesen den Weg zur Gendarmerie. Im Unterbringungstrakt selbst führten die Wegweiser durch unverputzte Gänge, die noch keinen Boden hatten, die Decken bestanden aus einem Gewirr von Kabeln und Rohren.

Mit einer provisorischen Glastüre war der eigentliche Wohn- und Kommandotrakt, in welchem sich auch der gesamte Informationsstab befand, notdürftig abgesichert worden. Für Patienten oder Ärzte wären diese Bereiche völlig untauglich gewesen. Es mangelte so gut wie an allem. Es gab noch keine Lifte, keine Bäder, kein warmes Wasser, keine Heizung, auch das elektrische Licht mußte erst in Eigenregie eingebaut werden, sowie vieles andere, das sich die Gendarmen selbst bastelten.

Objektschutzwache an der Trisanna-Brücke – im Hintergrund Schloß Wiesberg.
Bild LGK Tirol

Nur Männer, die Hochgebirgsbiwaks gewohnt waren, hielten das Leben in diesem Rohbau aus. (Siehe Artikel der Tiroler Nachrichten vom 20. Mai 1967.)

Täglich wurden von dort Patrouillen abkommandiert, die fast durchwegs 12 bis 14 Stunden unterwegs waren. Nach ihrer Rückkehr mußten sie einen ausführlichen Rapport (Bericht) verfassen, der nicht nur der hiesigen Sicherheitsdirektion wertvolle Informationen vermittelte, sondern auch der Staatspolizei und der Zollwache dienlich war.

In der Kommandozentrale der »Südarmee« – rechts der Leiter, Rittmeister Erich Schimek, erklärt Oberst Peter Fuchs die aktuelle Einsatzlage.
Bild: LGK Tirol

Die »Südarmee« unterstand direkt dem Landesgendarmeriekommandanten, Oberst Peter Fuchs, und der Sicherheitsdirektion unter der Leitung von HR Dr. Stocker. Ein Detail am Rande: die damalige Bauleitung der Klinik war offensichtlich sehr froh über den Einzug der Gendarmerie in diese Gebäude, weil die Unterkunft selbst von den Gendarmen scharf bewacht wurde und die Diebstähle auf der Baustelle und das Herumtreiben von verdächtigen Personen in den Gebäuden so gut wie aufhörten.

Mitte bis Ende des Jahres 1967 gelang es schließlich nach fieberhafter Suche, eine Unterkunftsalternative zur Klinikeinquartierung in Innsbruck zu finden. Es wurde damals der sog. Gasthof »Wiesenhof« in Gnadenwald bei Absam angemietet. Da in diesem Gasthof, auf dessen Areal heute die neue Schulungsabteilung des LGK für Tirol steht, wesentlich freundlichere Wohn- und Lebensumstände herrschten, konnte die Unterbringung der Konzentrierten Abteilung nach und nach von dem Klinikneubau dorthin verlegt werden, so daß man sagen kann, daß im Jahre 1968 die Konzentrierte Abteilung (Südarmee) dort bis zur endgültigen Auflassung der Südarmee ihre Bleibe hatte.

Der Personalstand der Konzentrierten Abteilung setzte sich zusammen aus dem Kommandanten Rittmeister Erich Schimek, 10 Beamten des Führungspersonales und zwischen 20 und 80 je nach Notwendigkeit übrigen Einsatzbeamten. Besonders hervorgehoben werden müssen zwei Beamte des Führungspersonales, RevInsp Franz Friedrich der Stabsabteilung, er war zuständig für Dienstorganisation, Dienstkontrolle und Dienstplanung. Weiters der für alle ökonomisch-administrativen Belange zuständige RevInsp Johann Peer. Diese beiden Beamten hatten neben dem Einsatzleiter Rittmeister Schimek die Hauptlast für alle Einsätze sowohl in organisatorischer als auch in administrativer Hinsicht zu tragen. Es war nicht immer leicht, wenn man sich die bereits beschriebenen Unterkunftsprobleme vor Augen führt, befriedigende Lösungen zu finden, aber das Organisationstalent der beiden Beamten machte die Situation oft erträglicher.

Das Führungspersonal (10 Beamte) wurde aus dem Personalstand des LGK für Tirol zu dieser Abteilung kommandiert, der übrige Teil des Personals sowie der überwiegende Teil der technischen Ausrüstung (z. B. Kraftfahrzeuge – Puch Haflinger, VW Käfer, VW Kombi, Funkgeräte usw.) mußte aus den LGK-Bereichen Salzburg, Steiermark, Ober- und Niederösterreich, Kärnten, Burgenland und Vorarlberg zugeteilt werden.

Konzentrierung von Gendarmeriekräften in den Zillertaler Alpen.
Bild: LGK Tirol

Die Zuteilungsdauer der Beamten, es handelte sich hiebei nur um ausgebildete Alpinisten und Diensthundeführer, dauerte von mindestens drei Monaten bis zu drei Jahren.

Ca. ab dem Jahre 1967 wurde zur Verstärkung der »Südarmee« auch das Österreichische Bundesheer im Assistenzwege beigezogen, speziell waren es die Hubschrauber des Bundesheeres, die für die Luftüberwachung von großem Vorteil waren. Seitens der Gendarmerie wurde die Luftüberwachung ebenso mit einem Hubschrauber und einem Flächenflugzeug durchgeführt.

Die Begegnung mit den italienischen Grenzkontrollorganen war grundsätzlich sehr freundlicher Natur. Es gab aber auch Grenzkommandanten auf italienischer Seite, die keinen besonders großen Wert auf den Kontakt mit der Gendarmerie legten. Obwohl die Lage damals sehr angespannt war und Vertrauen klein geschrieben wurde, wurden irrtümliche Grenzverletzungen sowohl durch österreichische Organe als auch durch italienische Organe im kurzen Wege erledigt. Dies zeigt auch eine Begebenheit, bei der sich eine Gendarmeriepatrouille im hochalpinen Gelände verirrt hatte und anstatt auf Tiroler Seite den Abstieg auf italienischem Staatsgebiet durchführte. Die Gendarmen mußten sich dann bei der örtlichen Carabinieri-Station stellen, wurden entwaffnet und nach einer kurzen Befragung samt ihren Waffen wieder nach Tirol über die Grenze geschickt. Dasselbe Mißgeschick soll auch einer italienischen Patrouille widerfahren sein, auch hier wurde gleichermaßen vorgegangen. Dazu wäre noch zu sagen, daß im hochalpinen Gelände die Grenzen oft sehr schwer auszumachen und daher solche Vorkommnisse durchaus verständlich waren.

Wie bereits erwähnt, wurde von Mitte 1967 bis Ende 1967 auch das Österr. Bundesheer im Rahmen eines Assistenzeinsatzes zur Grenzsicherung herangezogen. Da die Soldaten des Bundesheeres eingehend auf ihre Aufgabe vorbereitet werden mußten, hatte die Gendarmerie die Soldaten entsprechend zu schulen. Sehr oft war es so, daß sich die

Hubschrauber des Innenministeriums im Bereich des Grenzgebietes zu Südtirol in den Zillertaler Alpen. Der Treibstoff wurde zu geeigneten Landeplätzen gebracht, um nicht ständig zur Betankung zum Flughafen Innsbruck fliegen zu müssen.
Bild: LGK Tirol

Patrouillen aus Zollbeamten, Bundesheersoldaten und Gendarmen zusammensetzten. An diesem Einsatz waren auch bergunerfahrene Soldaten aus dem Osten Österreichs beteiligt. Gerade diesen jungen Präsenzdienern wurde bei den teils hochalpinen Patrouillen ein besonders kräfteraubender Einsatz abverlangt. Der Militäreinsatz zur Verstärkung der Südarmee war eine große Erleichterung für die Gendarmerie, zumal dadurch für die Grenzüberwachung genügend Personal vorhanden war. Auch die Fahrzeuge des Bundesheeres auf dem Boden und in der Luft brachten eine merkliche Verbesserung der Überwachungssituation.

Auszug aus einem Protokoll aus dem Jahre 1968:

»Grenzsituation: Allgemein: Im Frühjahr 1968 war eine erhöhte Patrouillentätigkeit der Italiener wahrzunehmen. In den Monaten März bis Mai wurden im Rahmen der eigenen Flug- und Schipatrouillen häufig Spuren in Grenznähe, von Südtirol kommend, festgestellt, so daß anzunehmen ist, daß alle wesentlichen Übergänge der ›Grenze‹ fallweise durch italienische Grenzorgane abpatrouilliert wurden, ähnlich wie dies auf österr. Seite durch die Beamten der Konzentrierten Abteilung geschehen ist. Eine Kontaktnahme mit den Italienern war nicht möglich, weil das Sicherungssystem in dieser Zeit auf beiden Seiten ein sehr loses war. Im Laufe der Monate Mai und Juni 1968, je nach den geographischen Verhältnissen, wurden die Stützpunkte in unmittelbarer Grenznähe auf der Südtiroler Seite von den Italienern besetzt. Von diesen Stützpunkten aus erfolgte während der Sommermonate eine intensive Überwachung des gesamten Grenzgebietes. Im Spätherbst haben sich die Italiener in mehreren Etappen zurückgezogen, und zwar wurden die Stützpunkte mit dem Einsetzen der ersten Schneefälle in den obersten Gebirgsregionen in die tieferen Almlagen zurückverlegt und mit Einbruch des Winters in die eigentlichen ganzjährig besetzten Stützpunkte in die Tallagen verlegt.

Die italienischen Grenzorgane zeigen sich den Beamten der Abteilung gegenüber größtenteils äußerst zuvorkommend und höflich. Besonders von den Kommandanten aller Dienstgrade wird großer Wert auf eine gute Zusammenarbeit gelegt. Die Beamten der Abteilung sind verhalten, mit den ital. Grenzorganen freundlichen Kontakt zu halten, jedoch die Grenze nicht zu überschreiten und keine Auskünfte über die Stärke und Organisation der Abteilung zu geben.

Der Großteil der Grenzbevölkerung stellt sich positiv zur verstärkten Grenzüberwachung und den damit verbundenen Maßnahmen. Lediglich von einzelnen Touristen und vereinzelten Grenzbewohnern wurden negative Stimmen laut.«

Statistik

Im Jahre 1968 wurden von der »Südarmee«

1.400 Fuß- und Fahrpatrouillen
92 Schipatrouillen
95 Patrouillen zur Überwachung der Trisanna-Brücke
63 Patrouillen zur Überwachung der Senderanlage auf dem Patscherkofel
314 Patrouillen zur Überwachung der beiden Großbrücken (Europa- und Lueg-Brücke) und der Senderanlage in Aldrans
136 Flugpatrouillen (mit Flächenflugzeug und Hubschraubern)
32 Verkehrspatrouillen
75 Zugskontrollen
83 Observationen und
130 Kontrollpatrouillen
durchgeführt.

Im Zuge der Patrouillentätigkeiten wurden 6.526 Personen kontrolliert und namentlich festgehalten. Weiters wurden im Berichtszeitraum 7.005 im Grenzgebiet abgestellte Kfz teils kontrolliert oder deren Kennzeichen festgehalten und ebenfalls der Sicherheitsdirektion für das Bundesland Tirol berichtet. An die 40 Assistenzdienstleistungen für die Gendarmeriedienststellen im Lande durch Alpinisten und Hundeführer der Südarmee kamen dem allgemeinen Sicherheitsdienst zugute. Unter anderem steht da:

Vierbeiner als treue Gefährten im Grenzdienst werden mit »Speckwurst« verwöhnt. *Bild: LGK Tirol*

14. 03. 1968: Assistenzdienstleistung mit Diensthund bei einem Diebstahl in Volders.
18. 07 .1968: Assistenzdienstleistung bei einem Raubüberfall in Völs, den Täter verhaftet und der Erhebungsabteilung übergeben.
25. 07. 1968: Assistenzdienstleistung bei der Bergung eines tödlich verunglückten Bergsteigers.
31. 08. 1968: Abtransport eines schwer erkrankten Touristen von der Greizerhütte.
03. 11. 1968: Suchaktion nach abgestürztem Segelflugzeug – im Halltal aufgefunden
27. 11. 1968: Assistenzdienstleistung bei Zugsunglück in Rotholz für GP Strass im Zillertal.
08. 12. 1968: Suchaktion nach zwei abgängigen Buben in Steinach, die Abgängigen aufgefunden und den Eltern übergeben u.a.m.

Diese Liste ließe sich noch weiter fortsetzen. Vergessen sollte nicht werden, daß auch im Bereich des Landesgendarmeriekommandos für Salzburg die Grenze zu Italien entsprechend durch Gendarmen und Zollwachebeamten zu sichern war.

Mit der endgültigen Auflassung der Konzentrierten Abteilung (Südarmee) am 20. Feber 1971 endete ein fast zehnjähriger Grenz- und Objektschutzeinsatz, der den Gendarmen einiges an Durchhaltevermögen und Härte abverlangte und bei Gott nicht gefahrlos war. Es sollte aber auch nicht verschwiegen werden, daß im Zusammenhang mit diesem Einsatz Zollwachebeamte und Bundesheersoldaten aus ganz Österreich wertvolle Arbeit im Dienste der Sicherheit unserer Heimat leisteten.

Josef Innerhofer

Flugzeugabsturz 1964 am Glungezer bei Innsbruck (83 Tote)

Der Verfasser dieses Artikels war zum Zeitpunkt der bis heute größten Flugzeugkatastrophe in der Geschichte der Luftfahrt Österreichs Leiter des Einsatzes vor Ort. Er war Lehrer an der Gendarmerieschule des Landesgendarmeriekommandos für Tirol in Innsbruck, während des Krieges Heeresbergführer-Anwärter in der Gendarmerie, Gendarmerie-Bergführer, Schilehrer und zehn Jahre lang alpiner Einsatzleiter im Bezirk Kufstein. Der damalige Alpinreferent beim Landesgendarmeriekommando für Tirol, Rittmeister Erich Schimek, betraute daher den alpinistisch und fachlich bestens versierten Abtinsp Josef Innerhofer mit der Einsatzleitung an der Unfallstelle. Er versuchte in diesem Artikel, nicht nur Fakten darzustellen, sondern im speziellen die menschliche Seite eines solchen Einsatzes sowie auch die einsatztaktischen Maßnahmen. Eines der Hauptprobleme war zweifelsohne die Tatsache, daß zur Bewältigung eines solchen Einsatzes so gut wie keine Erfahrungswerte vorlagen.

Vorgeschichte

Am 29. Februar 1964 (das Olympiajahr), um 15.15 Uhr, flog das mit 83 Personen besetzte Verkehrsflugzeug »Britania 312« der »British Eagle International Airlines« bei sehr schlechten Sichtverhältnissen ca. 100 m unter dem Glungezer-Gipfel in der Nähe von Innsbruck gegen eine Felswand und zerschellte. Die Explosion löste außerdem eine Lawine aus, welche die Flugzeugtrümmer und die Toten einige hundert Meter über die steile, felsige Südflanke in ein Kar mitriß und dort bis zu 2 m tief verschüttete.

Die Britania hatte englische Wintergäste an Bord, die zum Großteil die Olympischen Winterspiele besuchen wollten, die für 1964 an Innsbruck vergeben worden waren. Der Flughafen Innsbruck hatte zu dieser Zeit noch keine Funkleiteinrichtung und war deshalb auch bei gutem Wetter wegen der Berge und des Föhns nicht gerade leicht anzufliegen.

Zur Zeit des Absturzes herrschte aber sehr schlechtes Wetter bei tief hängenden Wolken, sodaß eine Landung nicht möglich war und auch nicht gestattet wurde. Der Pilot erhielt per Funk die Aufforderung, in die Wartezone zu fliegen und in 11.000 Fuß Höhe (ca. 4.000 m, also über den höchsten Bergspitzen) und über der Wolkendecke auf die Landeerlaubnis zu warten.

Wie die Flugsicherung (Tower) nachher angab, hatte sie am 29. 02. 1964, um 15.05 Uhr, den letzten Funkkontakt mit dem Flugzeug, in dem der Pilot meldete, daß er in 11.000 Fuß über der Wolkendecke im Raum vom Patscherkofel warte und fragte, ob er irgendwo die Wolkendecke durchstoßen und landen könne. Das mußte aber bei diesem Gespräch verneint werden. Als sich aber um 15.18 Uhr im Unterinntal ein Wolkenloch auftat, versuchte der Flughafen, dies der Britania mitzuteilen. Diese meldete sich aber nicht mehr. Als auch alle weiteren Versuche erfolglos blieben, befürchtete man einen Unfall und leitete eine großräumige Suchaktion am Land und in der Luft ein. Von drei oder vier Stellen erhielt die Suchzentrale beim Landesgendarmeriekommando in Innsbruck Meldungen von Wahrnehmungen: z. B. einen starken Knall in der Gegend der Lamsenjochhütte im Raume Schwaz, eine Explosion mit einem Feuerschein in der Nähe der Bayreuther Hütte im Rofangebirge, einen starken, aufheulenden Motorenlärm in der Wattener Lizum und eine Meldung ähnlicher Art aus dem Außerfern. Allen Mitteilungen mußten die Alpinen Einsatzgruppen der betreffenden Gebiete nachgehen. Die Nachforschungen blieben aber bis zum Vormittag des nächsten Tages ohne Erfolg. Erst um ca. 11.45 Uhr des 1. März 1964 entdeckt der Piper-Pilot Bodem in der Nähe der Gamslahnerspitze, südlich des Glungezergipfels, das Leitwerk und Wrackteile eines englischen Flugzeuges, die nur von der Britania stammen konnten. Da Bodem sofort sagen konnte, daß die Absturzstelle im hochalpinen Gelände liege und auf keinem befahrbaren Weg erreichbar sei, wurde der Hubschrauber des Bundesministeriums mit dem Piloten Landl angefordert. Das Landesgendarmeriekommando zog sofort 30 Alpingendarmen zusammen und setzte 25 Gendarmerieschüler als Unterstützung ein. Wie schon erwähnt, erhielt ich das Kommando dieser Rettungs- bzw. Bergungsmannschaft. Beim ersten Erkundungsflug mit dem Hubschrauber am Nachmittag des 1. März suchten wir einen Landeplatz in der Nähe der Unfallstelle und entschieden uns für einen in der Nähe des erkennbaren Leitwerkes. Dieser Flug zeigte mir aber auch die großen Schwierigkeiten, die auf mich zukamen, zum Beispiel Unterkunft und Verpflegung. Als Unterkunft kam nur die Glungezerhütte in Frage, und die war von der Absturzstelle eine geschätzte Gehstunde entfernt. Verpflegungsmäßig wurden wir am Morgen und am Abend in dieser Hütte notdürftig versorgt. Notdürftig deshalb, weil sie für so viele Leute nicht eingerichtet war. Mittags wurde uns per Hubschrauber ein Eintopf gebracht.

Ein weiteres Problem bei diesem schlechten Wetter war der Lawinenschutz für die Mannschaft. Deshalb war meine erste Entscheidung, in eine Schneewächte eine Kaverne zu graben. Damit war ein wettergeschützter Platz geschaffen. Dann mußte entschieden werden, welche Ausrüstung zweckmäßig und angeordnet werden soll, welche Bergungsgeräte notwendig und eingesetzt werden, dann die Durchführungstechnik, der Nachschub, der Abtransport und die von der Sicherheitsdirektion angeordnete Absperrung der Absturzstelle für alle nicht eingesetzten Leute, so auch für Reporter.

Alles, was ich beim ersten Flug über die Absturzstelle gesehen hatte, ähnelte in vielen Punkten den Situationen, wie ich sie im Zweiten Weltkrieg erlebt hatte. Auszuschließen war nur eine »Feindeinwirkung«. Sonst gab es viele Parallelen: unbekannte Details im Einsatzgebiet, wie genaue Geländebeschaffenheit, Wetter, benötigte Geräte, Zustand der »Truppe«, Einsatzdauer, Nachschub und genaues Ziel des Einsatzes. Es lagen ja keine Erfahrungswerte vor und deshalb auch keine dezidierten Anweisungen der »höheren« Einsatzführung. Es handelte sich um den schwersten Flugunfall, den es je in Österreich gegeben hatte. Was ich als ehemaliger Offizier im Fach »Taktik« in der »Kriegsschule« (Offiziersschule) gelernt hatte, kam mir jetzt irgendwie zugute. Der erste Grundsatz war, die logischen Prioritäten herauszufiltern und sie zu reihen. Der zweite: jeder Einsatz ist so gut wie die »Reserve« (Mensch und Material), nur so kann man spontan auftauchenden Problemen rasch begegnen. Aber einige überraschten uns trotzdem.

Heck des Flugzeuges am Lawinenhang. *Bild: LGK Tirol*

Ein nicht vorherzusehendes Problem

Als wir nach diesem Erkundungsflug landeten, kam plötzlich ein weiteres Problem auf uns zu: die Presse. Plötzlich waren 12 Fotoreporter von österreichischen, italienischen und deutschen Zeitungen da und verlangten, mit dem Hubschrauber zur Absturzstelle geflogen zu werden. Wie sie so schnell nach Innsbruck gekommen sind, wird mir ein Rätsel bleiben.

Selbstverständlich wurde der Flug abgelehnt, worauf aber alle drohten, sie würden auf irgendeine andere Weise zur Absturzstelle kommen und ihre Fotos machen. Sie ließen sich von »niemanden« zurückweisen. Der Gesamtleiter des Einsatzes, der Alpinreferent, damals Rittmeister Schimek, befand sich in einer Klemme. Auf der einen Seite die klare Weisung der Sicherheitsdirektion, niemanden auf die Absturzstelle zu lassen, auf der anderen aber die Gewißheit, daß die Unfallstelle auch mit 100 Gendarmen nicht erfolgversprechend abgesperrt werden konnte.

Plötzlich kam ein Fotoreporter einer Grazer Zeitung auf mich zu und begrüßte mich mit meinem Vornamen. Schließlich erkannte ich ihn, es war ein Kriegskamerad, der im Krieg schwer verwundet worden war und nur mit einem Stock gehen konnte. Auch er machte mich darauf aufmerksam, daß die Drohungen seiner Kollegen ernstzunehmen seien. Ein Fotoreporter bekomme für ein Negativ vom Ereignis je nach Aktualität und Raschheit bis zu S 1.000,– Honorar. Auch er werde trotz seines steifen Beines mit allen Mitteln versuchen, auf die Absturzstelle zu kommen, auch wenn er gestraft werden sollte. Ich fragte ihn, wie man das verhindern könne. Wir berieten verschiedene Vorschläge, bis mir ein durchführbarer einfiel. Ich bat meinen Kriegskameraden, seine anwesenden Kollegen zu fragen, ob sie damit einverstanden wären, wenn ich beim nächsten Flug von jedem je einen bereitgemachten Fotoapparat mitnehmen und mit jedem drei Bilder »schießen« würde.

Er sprach mit ihnen, und sie stimmten zu. Da auch Rittmeister Schimek damit einverstanden war, wurde dieser Plan ausgeführt. So hatten wir den ersten Ansturm zum Großteil abgewehrt. Es blieben aber immer noch viele Fragen und Entscheidungen offen, von denen wir die Antwort und die Richtigkeit nicht kannten. Es fehlte einfach an Vergleichswerten.

Flug in einen unbekannten Einsatz

Beim »Reportageflug« nahm Landl mich und einen weiteren Gendarmeriebergführer samt zwei Funkgeräten mit. Über dem »ausgemachten« Landeplatz lud uns der Pilot aus (ohne aufzusetzen), damit wir einen provisorischen Landeplatz herstellen konnten. Während des Fluges und während des Ausschaufelns des Landeplatzes machte ich die versprochenen Fotos.

Obwohl niemand mehr daran glaubte, daß es noch Überlebende gab, bekam ich vom sofort errichteten Krisenstab den dezidierten Befehl, zuerst nach solchen zu suchen. So wurden die eingeflogenen Kameraden unter Leitung eines Bergführers zur »Oberflächensuche« eingeteilt.

Einigen wird es auffallen, daß ich den zivilen Bergrettungsdienst nirgends erwähne. Leider durfte er uns bei der Bergungsaktion nicht helfen. Der strikte Befehl der Sicherheitsdirektion lautete sogar, daß die Gendarmerie-Einsatzleitung die Bergrettungsmännern, die an der Unfallstelle mitarbeiten wollten, aufzufordern hatte, »nach Hause zu gehen«.

Nur die Bergwacht als vereidigtes Organ durfte mithelfen. Wie mir erklärt worden war, hatte die Sicherheitsdirektion die Mitteilung erhalten, daß die Passagiere des abgestürzten Flugzeuges im großen Ausmaß Wertgegenstände bei sich gehabt hatten. Das habe den Sicherheitsdirektor zu dieser Maßnahme bewogen. Ich aber, der selbst Leiter und sogar Gründer einer Bergrettungsdienststelle war, hatte diese Weisung auszuführen, und wurde deswegen von der Bergrettungsleitung zuerst in den Zeitungen »verrissen«. Erst bei einer Landesverbandssitzung konnte ich alles aufklären, worauf sich nach und nach der »Sturm« legte.

Ungefähr innerhalb einer Stunde waren ca. 20 Alpingendarmen bzw. Schüler per Hubschrauber zum Einsatzort gebracht worden, so daß mit der eigentlichen Tätigkeit begonnen werden konnte. Die Oberflächensuche brachte nicht den geringsten Anhaltspunkt, jemand könnte den Absturz überlebt haben. Die sichtbaren Leichen waren fast alle nackt, nur einige hatten noch Stücke der Bekleidung am Leib; zum Beispiel der Pilot, der noch einen Ärmel seiner Uniformbluse am Arm hängen hatte. Diese furchtbare »Arbeit« hatten wahrscheinlich zuerst die Explosion, dann die dadurch ausgelösten Lawinen und schließlich der Sturz über die sehr steile, mit kleinen Felszacken durchsetzte Wand vollbracht.

Es war klar, daß dieser nun zur Gewißheit gewordene »Bergungseinsatz« eine Woche weit überschreiten werde. Deshalb mußten die vorher angeführten Sicherheitsmaßnahmen (Warnposten, Schutz gegen Kälte und Sturm, Verpflegung, Unterkunft usw.) für die Mannschaft geklärt und getroffen werden.

Sicherheit der Mannschaft und körperliche Bedürfnisse

Wetterschutz

Innerhalb von ungefähr einer Stunde brachte der Hubschrauber 20 Gendarmen zum Einsatzort, was für diese Zeit fast unglaublich war. Das Wetter war zwar nicht schlecht, die Voraussage schloß aber Schneefall und Sturm auf dieser Höhe nicht aus. Schon ohne zusätzlichen Schneefall gingen immer wieder kleinere Lawinen ab, so daß das Gelände dauernd beobachtet und die Einsatzkräfte gewarnt werden mußten. Für diese notwendige Vorsichtsmaßnahme waren unbedingt zwei Posten notwendig, die wiederum von Zeit zu Zeit abgelöst werden mußten. Wie oben schon erwähnt, ließ ich sofort nach der Oberflächensuche eine Kaverne in eine Wächte graben, wo ungefähr 30 Menschen stehend Schutz fanden. Die Gendarmerie hatte keine transportablen Notunterkünfte, und nicht einmal vom Bundesheer bekamen wir geeignete Zelte. Erst nach diesem Einsatz kaufte die Gendarmerie Zelte an.

Um die Glungezerhütte herum entwickelte sich eine sehr rege Besuchertätigkeit. Darunter immer wieder Journalisten und neugierige Zivilisten, die auf irgendeine Weise zur Absturzstelle kommen wollten. So band die Lawinenwarnung, kombiniert mit der Absperrung, vier erfahrene Alpinisten, die bei der eigentlichen Arbeit fehlten.

Einen kurzzeitigen Schutz (zum Beispiel um den Eintopf einzunehmen oder zum Jausnen) bot das Leitwerk des abgestürzten Flugzeuges. Dieses fast unversehrt gebliebene Leitwerk (Sollbruchstelle) blieb so schräg auf der Lawinenoberfläche liegen, daß die Flügel mit den Höhenrudern für ca. 15 Mann einen gewissen Schutz gegen einen »Segen« von oben boten. Als Wind- oder Sturmschutz kam das übriggebliebene Leitwerk nicht in Frage (siehe Bild). Das Wetter zwang uns aber nie, unsere Kaverne aufzusuchen, doch es gab uns Sicherheit, sie zu haben.

Verpflegung am Einsatzort

Da uns während der ersten vierzehn Tage das Wetter hold war, konnte der Hubschrauber ungehindert fliegen und uns aus Innsbruck jeden Tag eine warme Mahlzeit bringen. Das konnte aber nur ein »Eintopf« sein, denn alles andere wäre nur unnötiger Aufwand gewesen. Denken wir nur an das Gewicht für den Hubschrauber (Besteck, Tassen und Teller) und an das Fehlen von Möglichkeiten, ein Menü einigermaßen ordentlich einzunehmen. Der Eintopf war gut, unkompliziert zu konsumieren und erfüllte seinen Zweck.

Nächtigung, An- und Rückmarsch

Am Einsatzort zu biwakieren (kochen, nächtigen, Trocknen der Kleider usw.) war für so lange Zeit nicht möglich, weil zu dieser Zeit dafür keine Notunterkünfte (Zelte usw.) vorhanden waren. Für eine geschützte und noch warm zu nennende Unterkunft kam nur die Glungezerhütte in Frage. Ich wußte, daß sie nicht sehr groß war, hatte auch keine Ahnung, ob uns der Hüttenwirt zumindest Frühstück und ein Abendessen wurde geben können.

Außerdem mußte ich wissen, wie lange man zur Hütte ging und wie schwierig der tägliche Marsch für viele Nichtalpinisten war. Ich stellte fest, daß man gut und gern 45 Minuten ging. Der Schnee am steilen Hang zur Glungezerhütte war so hart gefroren, daß man mit den Gummisohlen der Bergschuhe kaum genügend Halt hatte. Wer aber wegrutschte, das galt auch für erfahrene »Bergler«, der hatte keine Chance, den Fall oder Sturz innerhalb einer 200 m langen Rutschpartie zu bremsen, sodaß größere Verletzungen zu befürchten waren.

Einen anderen Weg, zur Absturzstelle zu kommen, gab es aber nicht. Da dieser Weg zweimal am Tag zurückzulegen war und Randbeschläge, Steigeisen usw. nicht genügend vorhanden waren (es waren nur einige Eispickel, Kletterseile und Lawinenschnüre da, von denen wir einen Teil zum Ausgraben und Ziehen der Leichen brauchten), mußte ich über den steilsten und gefährlichsten Teil des Hanges ein »Seilgeländer« bauen, damit sich die weniger berggewohnten Gendarmerieschüler besonders beim Bergabmarsch zum Einsatzort festhalten, ja teilweise sogar mit einem »Brustgeschirr« und Kletterkarabiner einhängen konnten.

Diese Vorsichtsmaßnahme trug zwar Früchte, verlängerte aber die Marschzeit. Wichtig war aber, daß keiner beim Marsch verletzt wurde.

In der Hütte war dann höchstens Platz für 20 Leute. Das Hüttenpersonal und wir waren vorerst ratlos. Auch die Versorgung mit Lebensmitteln und Getränken stieß auf Schwierigkeiten. Es bestand ja noch kein Schilift, so daß alles mit Tragtieren oder Trägern zur Hütte gebracht werden mußte. Ich kann mich noch erinnern, daß einige Bauernburschen besonders im Winter ihr Geld als »Hüttenträger« verdienten. Sie bekamen für eine »gelieferte« Bierflasche fünf Schilling. Starke Männer trugen bis zu drei Kisten Bier zur Hütte. Für so viele Leute reichten die Träger und die vorhandenen zivilen Tragtiere nicht aus. Schließlich »sprang« das Bundesheer mit einer Tragtierstaffel ein, so daß die Zulieferung kein Problem mehr war.

Mit den Schlafplätzen war es auch so eine Sache. Zwei nicht geheizte Zimmer für je vier Personen (Stockbetten) und ein ebenfalls »kaltes Matratzenlager für 18 ließen ein »normales« Übernachten nicht zu. Wohin also mit den restlichen Gendarmen und den Bergwachtmännern. Da gab es nur eine Lösung: Damit nicht jeden Abend der Kampf um ein Bett (Stockbett oder Matratzenlager) entbrannte und zum Schluß alle Eingesetzten sauer waren, teilte ich die Mannschaft in zwei Gruppen. Eine schlief in den Betten oder im Lager, um die Stockbetten war kein großes »G'riss«, die andere Gruppe mußte für eine Nacht auf die Tische, Bänke oder den Fußboden im Gastraum und die Küche. In der folgenden Nacht wurde dann gewechselt. Diese Lösung wurde sehr gut angenommen, denn die Schläfer in den Zimmern und im Lager hatten es kalt, die anderen im Gastlokal einigermaßen warm, wenn auch bei schlechter Luft, weil ja die nassen Kleider in diesen Räumen zum Trocknen ausgebreitet oder aufgehängt waren. Täglich mußten kleinere Reibereien geschlichtet werden, weil sich die jüngeren Kameraden mit diesen Verhältnissen schwerer taten als die älteren, denen solche Verhältnisse vom Krieg her nicht neu waren.

Kleinarbeit zur Identifizierung und Aufklärung der Absturzursache unter makabren Umständen

Als wir nach dem ersten »Probeschlafen« (die meisten hatten ja kein Auge zugetan) am Morgen des nächsten Tages an der Absturzstelle eingetroffen waren und ich die Mannschaft eingeteilt hatte, erhielt ich einen Funkspruch vom Einsatzstab beim Landesgendarmeriekommando, daß mit dem gerichtsmedizinischen Institut Innsbruck eine Stelle zur Identifizierung der Absturzopfer eingerichtet worden sei. Diese Stelle verlangte, daß der Schnee (durchschnittlich 1 m tief) in der Absturzschneise schaufelbreit zu durchsuchen und jeder gefundene Leichenteil sowie jeder Gegenstand, gleich, ob er von den Menschen in der Maschine oder von dieser selbst herrühre, in einer Skizze zu fixieren sei. Wenn ich das Gebiet ansah, auf dem die Überbleibsel des abgestürzten Flugzeuges herumliegen konnten, dann fiel mir kein einfacher und doch sicherer Weg ein, mit unseren Mitteln (Maßband und Kompaß) diesem »Auftrag« nachkommen zu können. Deshalb schlug ich vor, ein Vermessungsteam des Landesbauamtes mit der Vermessung, Markierung und Numerierung eines »Netzes« zu betrauen. Dafür hatte man aber, wahrscheinlich wegen der äußerst unguten äußeren Bedingungen, keine Ohren, sondern versprach mir nur, den »Tausendsassa« Feistenauer der damaligen Erhebungsabteilung einzufliegen. Mit ihm zusammen müßte es doch gelingen, die Fundstellen mit den primitiven Mitteln örtlich zu fixieren. Es blieb uns schließlich nichts anderes übrig, als den Absturzraum in 50-m-Quadrate einzuteilen und mit 1,50 m

Die Trümmer des Flugzeuges mußten mittels »Netzvermessung« in eine Skizze eingezeichnet werden. *Bild: LGK Tirol*

hohen Holzpflöcken sowie roten Lawinenschnüren ein Gitternetz herzustellen und zu numerieren. So erhielten wir eine bleibende Markierung. Die Holzstangen wurden nach unseren Wünschen in Innsbruck angefertigt und die Lawinenschnüre von einigen Dienststellen eingesammelt. Ich glaube, jeder kann sich vorstellen«, wieviel Zeit und wieviele Leute das Anlegen dieses Gitternetzes gebraucht hat, bevor mit der Detailbergung begonnen werden konnte.

Auf dem Teil, wo vor der Fertigstellung des Vermessungsgitters gegraben und der Schnee Schaufel für Schaufel untersucht worden war, behalfen wir uns mit Zetteln, auf dem die gefundenen Gegenstände oder Teile vermerkt waren und die wir an der Fundstelle mit Eisbrocken oder Steinen beschwerten.

Dadurch, daß auch die Leichen und Leichenteile am Unfallort vor dem Transport zum Hubschrauber-Landeplatz der gleichen Prozedur (Bezeichnung, Fundort und Bezettelung) unterlagen, konnte man diese nicht einfach mit der Schaufel oder dem Krampen talwärts »befördern«. Jeder Bergungsmann war gezwungen, sie zumindest einmal, meistens aber mehrmals in die Hand zu nehmen, um sie mit den Werkzeugen nicht zu beschädigen. Anschließend war alles zu bezetteln und für den Transport in Jutesäcke zu verpacken. Das ging auch nicht ohne direkte Berührung. Teilweise mußten Teile sogar mit den Fingern aus dem Schnee gegraben werden. Schließlich zogen wir die gefüllten Säcke auf Plastikplanen in den angelegten Schneerinnen zum Landeplatz.

Persönliche Utensilien der Passagiere wurden in Säcke verpackt und numeriert. Bild: LGK Tirol

In den ersten Tagen hatte ich die größte Mühe, darauf zu sehen, daß das Gefundene ordentlich freigelegt, bezettelt verpackt und zum Hubschrauber gebracht wurde. Immer wieder bekamen besonders die jüngeren Kollegen Schwierigkeiten bei dieser makabren Arbeit. Es wurde ihnen schlecht, und ich mußte sie dann einige Stunden von den Leichenteilen weggeben. Aber auch die »Abgebrühteren« hatten mit sich zu kämpfen, denn die »Arbeit« Tag für Tag mit so vielen und völlig verstümmelten Leichen kannte noch keiner von uns. Es war eine Mischung von Leichenschauhaus und Kühlhaus eines Schlachthofes. Auch ich hatte mit mir zu kämpfen, besonders wenn es um Kinderleichen ging.

Zwischen Trümmern des Flugzeuges mußten bis zur Unkenntlichkeit verstümmelte Leichen ausgegraben werden. Bild: LGK Tirol

Ich möchte auf eine nähere Beschreibung der geborgenen Toten verzichten, weil ich nicht die richtigen Worte finde, damit die Schilderung von denjenigen, die nicht dabei waren, nicht als Übertreibung und von der Bergungsmannschaft nicht als Untertreibung bezeichnet wird. Wer aber Filme oder Dokumentationen über einen Flugzeugabsturz im Fernsehen mitverfolgt hat, kann sich selbst ein Bild machen.

Als ich dem Landesgendarmeriekommando die psychischen Probleme meldete und bat, eventuell die Mannschaft von Zeit zu Zeit auszutauschen, überzeugte man mich, daß der Ersatz von neuem mit diesen Problemen zu kämpfen haben würde. Als »Hilfe«, so glaubten zumindest die älteren Vorgesetzten, bekam ich mit dem täglichen Eintopf auch einige Flaschen Schnaps, die der Sicherheitsdirektor und der Landesgendarmeriekommandant gestiftet hatten. Damit glaubte man, die »Totengräberarbeit« erträglicher machen zu können. Das war gut gemeint, ich als gebranntes Kind aus dem Krieg kannte die Wirkung des Alkohols in Grenzsituationen. Ich ließ nicht alle Flaschen zur freien Benützung »kreisen«, sondern ließ sicherheitshalber immer nur eine unter dem abgebrochenen Leitwerk stehen. Die anderen vergrub ich im Schnee. Aber in immer kürzeren Abständen mußte ich Flasche für Flasche herausgeben, so eifrig besuchte man die »Quelle«. Schließlich trat das ein, was ich befürchtet hatte. Die »Einstellung« zur »Arbeit« veränderte sich ins Gegenteil. Die in den ersten Tagen deutlich erkennbare Bedrücktheit, die Scheu, ja bei vielen sogar ein gewisser Ekel, wichen plötzlich einer unnatürlichen »Lustigkeit«, was schließlich in Zoten ausartete, wobei die nackten Leichen als Untermalung herhalten mußten. Da aber laufend hohe Persönlichkeiten eingeflogen wurden, konnte ich solche Reaktionen auf keinen Fall brauchen, wenn sie auch menschlich erklärbar waren.

Alle Persönlichkeiten erlitten zwar beim Anblick des »Totenackers« einen Schock und trachteten, so schnell wie möglich wieder wegzukommen, waren aber überfordert, sich in die Lage der Bergungsmänner zu versetzen, denn sie blieben ja nie länger als einige Minuten. Bei einem Schwall von Lob und Anerkennung blieb es meist. Ich aber war überzeugt, daß sie das unnatürliche Verhalten meiner Männer völlig falsch aufgenommen und beurteilt hätten. Nachträglich wäre sicher die Kritik gekommen, und der »Chef« der Truppe hätte die Verantwortung übernehmen müssen.

Als ich sicher war, daß der Alkohol die Schranken von Ethik und Pietät verschoben oder schon aufgehoben hatte, gab es nur eine Entscheidung: der Alkohol mußte rationiert und nur im vertretbaren Ausmaß ausgegeben werden. Es gab zwar von seiten der Obrigkeit Kritik an meiner Entscheidung, als sie davon erfuhr. Trotzdem mußte ich bei meiner Entscheidung bleiben, weil die menschlichen Schwierigkeiten in der Mannschaft ein »Fressen« für die Presse geworden wären. Sicher ist aber auch, daß nicht nur der Alkohol zu den auffälligen, psychischen Veränderungen geführt hat, sondern auch der gefürchtete »Gewöhnungseffekt«.

Auch diejenigen, die den Alkohol nicht brauchten, um bei diesem Einsatz »arbeiten« zu können (darunter auch ich), gingen nach einer Woche mit viel mehr Gleichgültigkeit, ja mit einer gewissen Härte an die »Sache« heran. Dieser Effekt stumpfte die Gefühle bei manchen ab. Bei anderen wiederum verstärkte er die Kunst, ihre Gefühle zu übertünchen. Der Gewöhnungseffekt war, von der Aufgabe her betrachtet, zu akzeptieren, weil die Abgestumpften es ja nicht mit Lebenden zu tun hatten, also die Gewöhnung sich nur auf die Arbeit mit Toten bezog. Bis zum Abschluß der Bergung gab es dann auch keine größeren »Ausrutscher« mehr. Meine Leute waren mir nachträglich dankbar, daß ich bestimmte Schwierigkeiten in Grenzen hielt, und sie mit Recht von allen Seiten in reichem Maße Lob und Anerkennung ohne Einschränkung entgegennehmen konnten. Lob und Anerkennung möchte auch ich jedem einzelnen aussprechen.

Als am vierzehnten Tag die einundachtzigste Leiche, die einer Stewardess, gefunden war, wurde die Suche nach den letzten zwei Leichen und dem Rest der persönlichen Gegenstände unterbrochen, weil man zur Einsicht kam, daß nur die Schneeschmelze den Rest zutage bringen konnte. Auf dem Unfallsort blieb nur eine Wache zurück, weil bis ins späte Frühjahr hinein ganze Scharen von Neugierigen aus verschiedensten Absichten zum Unfallsort pilgerten.

Die zwei Leichen und viele noch ausständige, zum Teil wertvolle Gegenstände, wurden wirklich erst nach der Schneeschmelze Ende April gefunden und abtransportiert.

Landesgendarmeriekommando für Tirol
– Stabsabteilung –

Wolfgang Bachkönig

Der »Prager Frühling« 1968 – die Krise in der Tschechoslowakei

Nach der Ungarn-Krise im Jahre 1956 wurde die österreichische Neutralität im Jahre 1968 mit der Krise in der Tschechoslowakei neuerlich auf eine harte Probe gestellt.

Mit der gewaltsamen Beendigung des sogenannten »Prager Frühlings« herrschte an Österreichs Grenzen zu den zwei östlichen Nachbarstaaten eine Situation, die von dem weltpolitischen Spannungsverhältnis des »Kalten Krieges« beherrscht war und sich in Grenzverletzungen ausdrückte.

Dieser Krise in der CSSR war eine bereits mehrjährige Entwicklung eines Reformkommunismus vorausgegangen, deren vorzeitiger Höhepunkt die Wahl des 47-jährigen Slowaken Alexander Dubcek zum 1. Parteisekretär der KPC darstellte. Die Politik Alexander Dubceks fügte dem seit 1965 eingeschlagenen Weg eines absatzorientierten Wirtschaftsprogramms einen »Sozialismus mit menschlichem Antlitz« hinzu, der auf den Grundlagen demokratischer Werte basierte. Natürlich mußte dieser tschechoslowakische Alleingang zu erheblichem Mißtrauen unter den anderen kommunistischen Staaten des Ostblocks führen. Trotz Warnungen der Warschauer-Pakt-Staaten blieben die tschechoslowakischen Kommunisten ihrem Kurs treu. So lenkten sie auch nicht – trotz scheinbarer Einigungen – bei den Konferenzen von Cierna pad Tisou und von Bratislava auf einen von der UdSSR diktierten Kurs ein. Selbst die im Juli 1968 von Leonid Breschnjew aufgestellte Doktrin, daß die Souveränität jedes einzelnen kommunistischen Staates sich den Interessen der sozialistischen Gemeinschaft unterzuordnen habe, ließ die tschechoslowakische Führung unbeeindruckt.

Erst mit dem Einmarsch der fünf Warschauer-Pakt-Staaten UdSSR, DDR, Ungarn, Polen und Bulgarien – Rumänien hingegen stellte keine Truppen zur Verfügung – am 21./22. August 1968 sahen sich die Bürger der CSSR mit der harten Realität des sowjetischen Sozialismus konfrontiert. Innerhalb kürzester Zeit befanden sich 650.000 fremde Soldaten, von denen 80% die sowjetische »Rote Armee« stellte, im Land. Doch ließen sich vor allem die Einwohner von Prag nicht von Panzern und Gewehren beirren! Unter der Parole »Der Elefant kann keinen Igel fressen!« leisteten sie offenen passiven Widerstand, verwickelten die Soldaten in politische Diskussionen und versuchten sich mit zivilem Ungehorsam gegen die Besatzer zu wehren. Doch war jeglicher Widerstand zwecklos. Alexander Dubcek wurde verhaftet und nach seiner Entlassung zum »Einlenken« gezwungen. Dem abrupten Ende des »Prager Frühlings« folgte eine »Normalisierung der Lage« nach sowjetischem Muster.

Von westlicher Seite war für die Prager Führung keine Hilfe zu erwarten. Ein direktes Eingreifen der amerikanischen Regierung stand außerhalb jeder Diskussion, denn spätestens seit dem Aufstand in Ungarn war offenkundig, daß beide Supermächte stillschweigend die gegenseitigen Einflußsphären in Mitteleuropa respektierten.

Obwohl der sowjetische Botschafter der Regierung in Wien erklärte, daß der Einmarsch gegen keinen anderen Staat gerichtet sei, entstand für die Republik Österreich eine prekäre Situation. Offiziell wurde die österreichische Bevölkerung am 21. August 1968 um 07.00 Uhr durch eine Rundfunkansprache des damaligen Bundeskanzlers Dr. Josef Klaus über die Ereignisse in der CSSR informiert. Seine Worte waren bewußt neutral und zurückhaltend gewählt. Gerade deshalb stieß seine Haltung sofort auf Kritik: Indirekt wurde ihm vorgeworfen, daß er in dieser ersten Stellungnahme weder Worte des Bedauerns noch der Sympathie für die tschechoslowakische Regierung und Bevölkerung fand. Man vermißte auch die Aufforderung zum Rückzug der Besatzungstruppen bzw. eine Verurteilung dieser Vorgangsweise.

Obwohl man davon ausgehen konnte, daß Österreich durch den Einmarsch von Warschauer-Pakt-Truppen in die CSSR keiner militärischen Bedrohung ausgesetzt war, erforderte die politische Lage trotzdem eine erhöhte Wachsamkeit. Aus diesem Grunde beorderte Bundeskanzler Klaus alle Regierungsmitglieder nach Wien, um einen Krisenstab zu bilden.

Gendarmerie, Bundesheer und Zoll wurden in erhöhte Alarmbereitschaft versetzt. Es mußten immer wieder Grenzverletzungen, vor allem Verletzungen des Luftraumes, festgestellt werden. Doch wie schon das Verhalten der amerikanischen Regierung während der Libanonkrise im Jahre 1958, in der US-Einheiten unter Verletzung der österreichischen Lufthoheit von Süddeutschland ins Mittelmeer verlegt wurden, gezeigt hatte, hatte der Status der Neutralität nicht automatisch eine strikte Respektierung des Staatsgebietes zur Folge. Nun stand Österreich wiederum einer ähnlichen Situation – jedoch nun von sowjetischen Verbänden verursacht – gegenüber. Bereits am Abend des 21. August 1968 berief der damalige Außenminister Dr. Kurt Waldheim den sowjetischen Botschafter Podzderov zu sich, um gegen die zahlreichen Verletzungen der österreichischen Lufthoheit zu protestieren. Doch blieben für Österreich nur die Worte des Protests die einzigen Mittel der Abwehr. Konnten nämlich die Luftraumverletzungen vom 21. und 22. August noch als Fehlorientierungsflüge eingestuft werden, so wertete die Bundesregierung die zahlreichen Luftraumverletzungen vom 25. August 1968 schließlich als Aufklärungsflüge. Dabei zeigte die sowjetische Luftwaffe besonders für die Gebiete ihrer ehemaligen Besatzungszone starkes Interesse, vor allem für den Zivilflughafen Schwechat und für die Militärflugplätze Linz, Langenlebarn und Bad Vöslau.

Ein erneuter Protest des österreichischen Botschafters Wodak in Moskau wurde nur mit einer offiziellen Entschuldigung für technische bzw. Navigationsfehler erwidert.

Hinzu kommt, daß die sowjetische Literaturzeitung »Literaturnaja Gazeta« in ihrer Ausgabe vom 28. August 1968 schlichtweg behauptete, daß amerikanische Spezialeinheiten von amerikanischen und deutschen Offizieren in der Schwarzenbergkaserne in Salzburg ausgebildet und dann mit großen Mengen von Waffen in die Tschechoslowakei eingeschleust worden seien. Doch handelte es sich hiebei um eine Meldung, der allgemein nur wenig Bedeutung beigemessen wurde.

Ein wesentlich ernsteres Problem als diese propagandistischen Angriffe bestand jedoch in jenen sowjetischen Versuchen, Druck auf die österreichische Bundesregierung auszuüben, um eine Einschränkung der freien Berichterstattung der heimischen Massenmedien zu erreichen. Die Bedeutung des österreichischen Rundfunks als Informationslieferant für die tschechoslowakischen Einwohner stellte für die Maßnahmen der

Besatzer einen nicht unbedeutenden Problemfaktor dar. Nur zu gern hätten sie sich eine harmlose Berichterstattung gewünscht, die nicht von einer »Niederschlagung« oder »gewaltsamen Besetzung«, sondern vielmehr von »Befreiung durch die Bruderländer« oder vom »Dank des tschechoslowakischen Volkes« gesprochen hätte.

Russische Panzer wurden in Prag von protestierenden Bürgern »besetzt«.
Bild: Österreichisches Bundesheer

Innenpolitische Reaktionen auf die Krise in der Tschechoslowakei

Den Voraussagen der Führungsspitze des Österreichischen Bundesheeres, die auf Beobachtungen von Truppenmassierungen gegen die Tschechoslowakei bereits ca. sechs Wochen vor dem 21. August 1968 beruhten, wurde von den politischen Entscheidungsträgern kein Glauben geschenkt.

So zeigte sich Außenminister Waldheim vor dem Ministerrat über den Einmarsch überrascht und mußte eingestehen, daß die militärische Intervention für die österreichische Bundesregierung völlig unerwartet kam.

Trotz der Annahme eines Nichteingreifens von Warschauer-Pakt-Truppen in der CSSR fand am 23. Juli 1968 zwischen Verteidigungsminister Prader und Innenminister Soronics eine Besprechung statt, wobei für den Fall eines militärischen Konfliktes folgende sieben Punkte festgelegt wurden:

1. Verstärkung der Exekutive im Grenzbereich in kürzester Zeit
2. Kennzeichnung des Grenzverlaufes durch Fähnchen in den österreichischen Farben
3. Verlegung von Bundesheereinheiten in die vorgesehenen Sicherungsräume nördlich der Donau
4. Zusammenarbeit mit der Zollwache sowie gemeinsame Patrouillentätigkeit von Gendarmerie und Zoll
5. Motorisierung und Ausrüstung der vorgesehenen Bereitschaften der Exekutive mit Funkgeräten
6. Alarmierung der Bezirksverwaltungsbehörden
7. Unverzügliche Berichterstattung an den Bundesminister für Inneres

Als es einen Monat später durch den Einmarsch in die CSSR tatsächlich zu einer Krisensituation kam, funktionierte dieser Siebenpunkteplan nur bei Gendarmerie und Zoll. Beim Bundesheer waren eklatante Mängel im Entscheidungsprozeß festzustellen. Im Innenministerium hingegen konnten die zur Sicherung der Grenze und Grenzübergänge vorgesehenen Maßnahmen reibungslos durchgeführt werden, sodaß am Morgen des 21. August 1968 bereits insgesamt 930 Gendarmen im Grenzbereich zur CSSR und zu Ungarn stationiert waren. Obwohl das Bundesheer bereits um 08.00 Uhr abmarschbereit gewesen wäre, verzögerte eine dringliche Anfrage der FPÖ diesen Einsatz um acht Stunden.

Das Österreichische Bundesheer ging in Grenznähe in Stellung.
Bild: Österreichisches Bundesheer

Als Reisende in den Abendstunden des 20. August 1968 beim Grenzübergang Nickelsdorf über verstärkte Truppenbewegungen im Raume Preßburg berichteten, wurde beim Landesgendarmeriekommando für das Burgenland unter Führung des Landesgendarmeriekommandanten Oberst Michael Lehner ein Krisenstab eingerichtet. Als Einsatzleiter wurde der Abteilungskommandant der Bezirke Eisenstadt und Neusiedl am See, Major Otto Krischka, bestimmt. Die Einsatzzentrale befand sich auf dem Gendarmerieposten Gattendorf. Für die im Grenzbereich gelegenen Gendarmeriedienststellen, Kittsee, Deutsch-Jahrndorf und Nickelsdorf wurde angeordnet, daß sie rund um die Uhr besetzt sein mußten.

Michael Lehner, zur damaligen Zeit interimistisch mit der Führung des Landesgendarmeriekommandos für das Burgenland betraut (Landesgendarmeriekommandant von 1.1.1969 bis 31.12.1978) und Einsatzleiter im burgenländischen Grenzabschnitt, schildert seine Erlebnisse wie folgt:

»Am 21. August 1968 wurde ich um 02.10 Uhr vom diensthabenden Offizier des Landesgendarmeriekommandos für das Burgenland in meiner Wohnung in Eisenstadt verständigt, daß laut einer Meldung der Zollwache am tschechischen Donaubrückenkopf im Raume von Engerau Panzergeräusche in schier endloser Folge zu hören seien. Da auch unaufhörlich Lichter von Kraftfahrzeugen, die sich in Richtung Preßburg bewegten, wahrgenommen wurden, mußte mit einem massiven Militäreinsatz gegen unseren Nachbarstaat gerechnet werden. Von meiner Wohnung aus ordnete ich sofort an, daß die Hauptposten Neusiedl am See und St. Andrä zusätzlich eine Funkpatrouille mit je fünf Mann zu stellen und die an der Grenze gelegenen Posten Kittsee und Deutsch-Jahrndorf zu verstärken haben. Weiters veranlaßte ich, daß ein Kraftfahrzeug mit Fahrer bereitzustellen und mit fünf Maschinenpistolen samt 200 Schuß Munition zu beladen sei. Der Kraftfahrer habe mich anschließend von meiner Wohnung abzuholen und mich an den Einsatzort zu bringen. Bereits um 03.00 Uhr traf ich mich mit den Funkpatrouillen in Grenznähe, übergab ihnen die Waffen und leitete vor Ort den Einsatz. Da ich von burgenländischer Seite nicht genug Einblick gewinnen und das Geschehen nicht entsprechend definieren konnte, begab ich mich zum Grenzübergang Berg, wo ich einen Lkw-Lenker traf. Dieser erzählte mir, daß er soeben aus Preßburg komme und die tschechische Grenzabfertigung ohne Kontrolle passieren konnte. In Preßburg habe er mindestens 300 russische Panzer gesehen, die vor seinen Augen kampflos in die slowakische Hauptstadt eingefahren seien. Diese Wahrnehmung leitete ich exakt um 03.15 Uhr vom Zollamt Berg per Funk an das Landesgendarmeriekommando weiter und erteilte den Auftrag, diese Meldung sofort an das Gendarmeriezentralkommando nach Wien weiterzuleiten. Plötzlich meldete sich ›Mike‹, die Funkleitstelle des Innenministeriums und teilte mir mit, daß mein soeben abgesetzter Funkspruch abgehört worden und dies die erste offizielle Meldung über den Einmarsch in die CSSR sei. Unmittelbar nach mir trafen der Bezirkshauptmann und der Bezirksgendarmeriekommandant des Bezirkes Bruck an der Leitha am Grenzübergang ein. Nachdem ich ihnen die Lage geschildert hatte, trafen sie für ihren Bezirk die erforderlichen Maßnahmen. Am nächsten Morgen ordnete ich vom Landesgendarmeriekommando in Eisenstadt aus an, daß die im unmittelbaren Grenzbereich gelegenen Posten zu verstärken seien und für die Nächtigung der Beamten Sorge zu tragen sei. Mit Zustimmung des Verteidigungsministeriums wurden in der Kaserne Neusiedl am See 20 Gendarmeriebeamte als Bereitschaftstruppe zusammengezogen. Am darauffolgenden Sonntag fand das Golser Volksfest statt. Dort waren zur Bewältigung der Verkehrs- und Sicherheitsverhältnisse 100 Gendarmen konzentriert. An diesem Tag hielt ich mich bereits um 06.00 Uhr an der Grenze auf. Etwa um die Mittagszeit fuhr ich nach Gols, um mir auch dort ein Bild über den Einsatz ›meiner‹ Gendarmen machen zu können. Als um 14.00 Uhr der Festzug beginnen sollte, wurde ich von der Funkleitzentrale des Landesgendarmeriekommandos gerufen, da ich angeblich von Innenminister Dr. Soronics nicht erreicht werden konnte. Der Minister hatte sich zu Beginn des Einmarsches auf Urlaub in Südtirol befunden und sei nur unvollständig über die Ereignisse informiert. Er ordnete an, daß bis zu seinem Eintreffen (noch vor Einbruch der Dunkelheit) 100 Gendarmen im Raume Kittsee – Deutsch-Jahrndorf zu konzentrieren seien. Ich zog einen Teil der Beamten ab, und erteilte die Weisung, daß alle verfügbaren Gendarmen der Bezirke Neusiedl am See, Eisenstadt, Mattersburg und Oberpullendorf nach Kittsee zu kommen hätten. Mit Einbeziehung der in der Kaserne Neusiedl am See stationierten Beamten gelang es mir, die erforderlichen 100 Mann zu stellen. Sie waren auch tatsächlich noch vor dem Eintreffen des Innenministers, der mit dem Generaldirektor für die öffentliche Sicherheit, Dr. Peterlunger, gekommen war, am Einsatzort. Nachträglich erst stellte sich heraus, daß es nur ein Probealarm gewesen war …«

Auch General Otto Krischka, er war von 1984 bis 1992 Landesgendarmeriekommandant im Burgenland, konnte sich noch genau an jene Krisentage im August 1968 erinnern:

»Da sich beim Ungarnaufstand im Jahre 1956 die Kennzeichnung der Staatsgrenze mit rot-weiß-roten Fähnchen außerordentlich gut be-

Grenze zur Tschechoslowakei. *Bild: LGK Burgenland*

Absteckung der österreichischen Grenze mit rot-weiß-roten Fähnchen. *Bild: LGK Burgenland*

währt hatte, wurde dies neuerlich veranlaßt. Hubschrauberpiloten des Innenministeriums brachten diese Fähnchen an die Grenze. Gendarmen und Zollwachebeamte legten selbst Hand an und steckten den Grenzverlauf ab. Wie wichtig diese Entscheidung war, zeigt, daß im Grenzraum bei Kittsee eine sowjetische Panzereinheit von Ungarn kommend in das österreichische Hoheitsgebiet einfahren wollte. Als der Kommandant die Fähnchen bemerkte, sah er sofort seinen Irrtum ein und drehte ab.

Die ungarischen Grenzeinheiten haben ebenfalls ihre Patrouillentätigkeit verstärkt und alle Wachtürme mit mehreren Soldaten besetzt. An der Dreiländerecke (Österreich–CSSR–Ungarn) bei Deutsch-Jahrndorf kam es zu einem gefährlichen Zwischenfall, als ich mit dem Lichtbildner einige Aufnahmen machen wollte. Obwohl wir uns auf österreichischem Staatsgebiet befanden, bedrohte uns ein ungarischer Soldat mit einer MP im Anschlag. Obwohl wir österreichisches Hoheitsgebiet nicht verlassen hatten, mußten wir unsere Arbeit sofort einstellen und uns ins Hinterland begeben. Dieser Vorfall soll zeigen, daß die Situation sehr angespannt war. Jeder einzelne Beamte mußte Fingerspitzengefühl beweisen. Wir erledigten eben unsere Arbeit einige Tage später. Die tschechischen Grenzsoldaten waren sehr zurückhaltend und kaum zu sehen. Von großem Vorteil war die Zweisprachigkeit unserer Beamten, die sich mit Soldaten und Zivilbevölkerung problemlos verständigen konnten. Dadurch wurden auch viele wichtige Details über die Lage in unserem Nachbarstaat in Erfahrung gebracht.

Von unschätzbarem Wert für die eingesetzten Kräfte war auch, daß sich Innenminister Soronics, der Sicherheitsdirektor des Burgenlandes, Dr. Wonesch und der Landesgendarmeriekommandant, Oberst Michael Lehner, sehr oft vor Ort aufhielten und dort wichtige Entscheidungen trafen. Als sich mit der Verhaftung der politischen Führung die Lage zum Wochenende (25. August 1968) noch zuspitzte, wurde erhöhte Alarmbereitschaft ausgelöst. Das Bundesheer wurde in den Kasernen mit scharfer Munition und Minen versorgt. Es herrschte eine äußerst angespannte Situation, in der man deutlich spürte, daß Österreich bereit war, seine Neutralität mit allen ihm zur Verfügung stehenden Mitteln zu verteidigen. Erst in den folgenden Wochen ließ die Spannung nach. Da die Grenze äußerst ›dicht‹ war, wurden nur wenige Flüchtlinge aufgegriffen. Der große Flüchtlingsstrom wie beim Ungarnaufstand im Jahre 1956 blieb diesmal aus. Immer wieder wurde von der verunsicherten Bevölkerung zum Ausdruck gebracht, daß sie unschlüssig waren und mit einer Flucht in ein anderes Land noch zuwarten wollten. Die relativ wenigen Personen, die ihre Heimat verlassen wollten, hatten sich bei der österreichischen Botschaft in Prag Visa besorgt und kamen per Auto oder Bahn legal nach Österreich. Unser Botschafter in der Stadt an der Moldau war damals der spätere Bundespräsident Dr. Rudolf Kirchschläger.«

Die Unterdrückung des Ungarnaufstandes 1956 und die Besetzung der Tschechoslowakei im Jahre 1968 haben in Österreich zur damaligen Zeit zu einer lebhaften Diskussion über das adäquate Verhalten eines neutralen Staates während Krisensituationen, deren Herde sich in nächster Nachbarschaft befinden, deren Verlauf und Ausgang jedoch von der weltpolitischen Gesamtkonstellation abhängen, geführt. Diese Diskussion trug wesentlich zum Verständnis jedes Österreichers gegenüber den verfassungsrechtlichen Status der Neutralität bei.

Als am 16. Jänner 1969 der 21-jährige Philosophiestudent Jan Palach sich am Prager Wenzelsplatz aus Protest gegen die Niederschlagung des »Prager Frühlings« selbst verbrannte, befanden sich die Truppen des Warschauer Paktes bereits seit fünf Monaten im Land. Diese Tat war für eine lange Zeit der letzte verzweifelte Aufschrei gegen die Ungerechtigkeit, die einem Land widerfahren war.

Quellen

Buch von Reiner Eger: Krisen an Österreichs Grenzen
Tatsachenberichte von: Oberst i. R. Michael Lehner und General i. R. Otto Krischka

Emil Stanzl

Der Ortstafelkonflikt in Kärnten

Kaum schwiegen die Waffen nach dem Ersten Weltkrieg 1918, als in Kärnten wieder eine neue Gefahr drohte. Nach dem Zerfall der österreichisch-ungarischen Monarchie erstand u. a. auch das SHS-Königreich (Serbien–Kroatien–Slowenien). Dieser neue Staat forderte fast ein Drittel des Landes Kärnten unter Berufung darauf, daß es uraltes slowenisches Siedlungsgebiet wäre. Zur Durchsetzung dieser Forderung marschierten serbische und slowenische Truppen in Unterkärnten ein. So kam es 1918/19 zu schweren Abwehrkämpfen.

Am 10. September 1919 unterzeichnete Dr. Karl Renner in St. Germain den Staatsvertrag zwischen der neuen Republik Österreich und den alliierten und assoziierten Mächten. Die endgültige Grenze im Süden Österreichs war aber erst nach der für Österreich und das Land Kärnten positiven Volksabstimmung am 10. Oktober 1920 gesichert. Der Abwehrkampf und die damit verbundene Angst der deutschsprechenden Bevölkerung in Unterkärnten, die Heimat zu verlieren, waren auch mitentscheidend für die Sensibilität der Menschen in der Volksgruppenfrage. In der Zwischenkriegszeit war die slowenische Politik bestrebt, das Ergebnis der Volksabstimmung als ungerecht darzustellen und beanspruchte Teile von Unterkärnten.

Als nach dem Zweiten Weltkrieg der jugoslawische Staat unter Tito wieder Gebietsansprüche auf Teile von Kärnten stellte, brach unter der deutschsprechenden Mehrheitsbevölkerung in Unterkärnten wieder die Befürchtung aus, die Heimat zu verlieren – aufgrund der Ereignisse nach dem Ersten Weltkrieg sicher verständlich.

Der Staatsvertrag, betreffend die Wiederherstellung eines unabhängigen und demokratischen Österreichs, vom 15. Mai 1955, BGBl. Nr. 152/55, legte die Grenzen Österreichs so fest, wie sie am 1. Jänner 1938 bestanden hatten. Somit war für die Bevölkerung Unterkärntens nun die Heimat gesichert.

Um jedoch auch der Minderheit gerecht zu werden, bestimmt der Artikel 7 des Staatsvertrages, welche Rechte der slowenischen (auch kroatischen) Minderheit zustehen. So wird u. a. das Recht auf eigene Presse, Unterricht in slowenischer Sprache und in bestimmten Gebieten – zusätzlich zum Deutschen – das Recht auf die slowenische Sprache als Amtssprache zugebilligt. Ebenso wird die Verpflichtung festgehalten, die Bezeichnungen und Aufschriften topographischer Natur doppelsprachig zu verfassen. Dieser Artikel 7 des Staatsvertrages war Ausgangspunkt des Ortstafelkonfliktes.

Es soll nun keine lückenlose Chronologie aller Belastungen gebracht werden, sondern es werden nur Schwerpunkte aufgezeigt, die Anlaß waren, daß die Gendarmerie in Kärnten jahrelang über die Norm im Einsatz sein mußte, um ihrer Aufgabe, der Aufrechterhaltung von Ordnung, Ruhe und Sicherheit nachkommen zu können.

Der Abstand zu den Ereignissen ist auch noch zu gering, und die Meinungen zwischen den Volksgruppen sind noch nicht abgeklärt, so daß Details des Gendarmerieeinsatzes nur neue Emotionen wecken würden. Der Konflikt drehte sich jedenfalls um die Erfüllung des Art. 7 des Staatsvertrages.

Erste Aktionen der slowenischen Volksgruppe im Oktober 1970

Im Oktober 1970 begannen die ersten größeren Aktivitäten der slowenischen Volksgruppe. Verantwortlich dafür zeichnete ein »Komitee zur Aufdeckung versteckter Konflikte«. In verschiedenen Orten der Bezirke Klagenfurt, Villach und Völkermarkt, sowie entlang der Bundesstraße 81 (B 81) wurden auf die deutschsprachigen Ortstafeln auch die slowenischen Namen der jeweiligen Orte hinzugefügt und Flugzettel gestreut.

Nachdem am 10. Oktober 1970 die 50-Jahr-Feier der Kärntner Volksabstimmung besonders feierlich durchgeführt wurde, waren starke Störversuche der Minderheit festzustellen.

Presseangriffe, das Beschmieren von topographischen Aufschriften und versuchte Sprengstoffanschläge auf Denkmäler waren an der Tagesordnung. Allein vom 18. auf 19. Dezember 1970 wurden 22 deutschsprachige Ortstafeln überstrichen (unleserlich gemacht).

Im Dezember 1970 mußte aufgrund der Ereignisse in den betroffenen Bezirken eine verstärkte Überwachung angeordnet werden. Verbunden damit war natürlich eine mühevolle Ausforschungsarbeit und umfangreiche Anzeigenerstattung.

Von diesem Zeitpunkt an wurden alle notwendigen Maßnahmen im Wege der Sicherheitsdirektion durch das Landesgendarmeriekommando für Kärnten koordiniert. Nun waren auch personelle Maßnahmen und materielle Verstärkungen notwendig. Diese Zusatzarbeit traf den Organisations- und Dienstreferenten beim LGK und späteren Landesgendarmeriekommandanten Oberst W. Ortner

Im Februar 1971 verstärkten sich die Protestaktionen der slowenischen Minderheit – Ortstafeln, Denkmäler, Brücken und Kurswagen der Post wurden beschmiert. Selbst der Landeshauptmann von Kärnten wurde in Flugblättern verunglimpft. Bei Gerichtsverhandlungen im gemischtsprachigen Gebiet mußten zusätzlich Sicherheitsdienste eingeteilt werden. Die Jahrestagung des KHD (Kärntner Heimtdienst) am 8. Mai 1971 in Eberndorf, Bez. Völkermarkt, mußte besonders abgeschirmt werden, um Zusammenstöße zu vermeiden. Immer mehr verstärkten sich die Gegensätze zwischen der deutschen Mehrheit und der slowenischen Volksgruppe.

77 Ortstafeln in einer Nacht beschmiert

In den Gemeinden St. Kanzian, Eberndorf, Sittersdorf und Gallizien wurden in einer Nacht 77 Wegweiser beschmiert und Flugblätter in

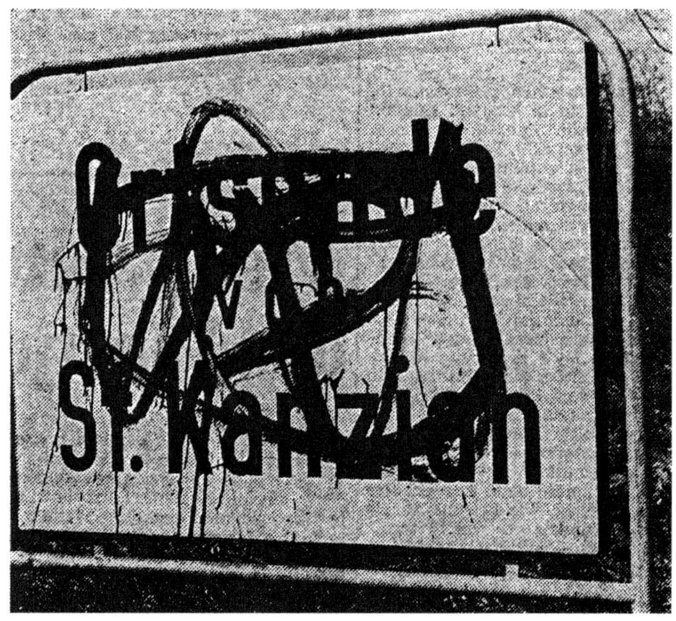

Schmieraktion in Unterkärnten, Ortstafel St. Kanzian. Bild: Trenkwalder

deutscher, slowenischer, englischer und holländischer Sprache gestreut. Die Tatverdächtigen konnten ausgeforscht werden. An diesen Aktionen hatten sich vorwiegend Schüler aus dem slowenischen Gymnasium und Hochschüler beteiligt. Verantwortlich dafür zeichnete das Komitee »Aktion geheimer Konflikte«.

Nunmehr wurde auch vom Gendarmeriezentralkommando im Bundesministerium für Inneres zusätzliche Ausrüstung zur Verfügung gestellt. Damit konnte besonders der Funkpatrouillendienst in den Nachtstunden verstärkt werden. Allmählich wurde der Bezirk Völkermarkt zum Schwerpunkt der Protestaktionen der Minderheit. Das Gendarmerieabteilungskommando (GAK) Wolfsberg, Kdt Rtm. Hugo Resinger, stand nun an vorderster Front des Sicherheitsdienstes, ganz ausgezeichnet unterstützt von Kontrollinspektor F. Furtner, späterer Bezirksgendarmeriekommandant von Völkermarkt.

Das Jahr 1972 brachte besonders schwere Belastungen für die Gendarmerie in Kärnten. Die Protestaktionen bestimmter slowenischer Gruppen breiteten sich aus. Betroffen waren nun auch die Bezirke Klagenfurt, Villach und Hermagor. Immer öfters mußten auch Kräfte der Verkehrsabteilung (VA), Kdt. Oberstleutnant Emil Stanzl, und der Erhebungsabteilung (ErhAbt), Kdt Oberstleutnant Egon Payer, eingesetzt werden. Bei größeren Aktionen waren oft neben den Gendarmen der zuständigen Dienstabteilung die vollen Personalstärken der Sonderabteilung im Dienst.

Jetzt kamen auch Drohungen aus Gruppen der deutschsprechenden Mehrheitsbevölkerung. Auch Protestaktionen und Demonstrationen nahmen von dieser Seite immer mehr zu. Immer lauter wurden die Forderungen der Mehrheit nach einem Minderheiten-Feststellungsgesetz, welches die slowenische Minderheit jedoch vehement ablehnte.

Am 28. März 1972 wurden im Raume Eberndorf – Kühnsdorf, Bez. Völkermarkt, 30 Ortstafeln und Wegweiser mit Nitrolack besprüht und Flugblätter gestreut. Zu dieser Aktion bekannte sich ein »Komitee für soziale und nationale Befreiung«.

Das »Haus der Heimat« in Eberndorf wurde ebenfalls Opfer einer Schmieraktion.

Ab Juli 1972 – topographische Bezeichnungen und Aufschriften zweisprachig

Mit Bundesgesetz vom 6. Juli 1972, BGBl. Nr. 270/72 wurde angeordnet, daß in bestimmten Gebieten Kärntens mit slowenischen oder gemischtsprachiger Bevölkerung alle topographischen Bezeichnungen und Aufschriften zweisprachig anzubringen sind. Insgesamt waren davon 205 Ortschaften betroffen. Tatsächlich kam es nur in 35 Ortschaften zur Aufstellung solcher Tafeln. Mit diesem Gesetz sollte eine Forderung der slowenischen Minderheit und eine Bestimmung aus dem Artikel 7 des Staatsvertrages erfüllt werden.

Als man Ende September 1972 mit der Aufstellung der Tafeln begann, war die deutschsprechende Mehrheit empört. Und die Gendarmerie hatte nun einen Einsatz gegen zwei Fronten zu führen, um Recht und Ordnung sicherzustellen.

Die Mehrheitsbevölkerung sah in der Aufstellung doppelsprachiger Tafeln ein verzerrtes Bild des Siedlungsraumes der slowenischen Minderheit. Schon in der Nacht nach der Tafelaufstellung kam es zu zahlreichen Demontagen und Beschmierungen. Die Straßenverwaltung war bemüht, die Tafeln sofort wieder zu erneuern, und so kam es wieder zu Protesten der Mehrheit und bei Demonstrationen zu Ausschreitungen gegen die Gendarmerie.

Am 27. September 1972 wurde in Ferlach ein Partisanendenkmal beschmiert. Durch die Verschärfung der Auseinandersetzungen waren die Gendarmen des LGK so ausgelastet, daß eine Verstärkung aus anderen Bundesländern unbedingt notwendig war.

Es wurde eine »Konzentrierte Gendarmerieabteilung« mit dem Standort in der Gendarmerie-Kaserne Krumpendorf aufgestellt. Diese

Mehr als lange Berichte drücken die Schlagzeilen der Presse verschiedener politischer Richtungen und auch der unparteiischen Presse aus........

Kärnten: Sorge im Unterland

Nun auch Gewalt im Konflikt um die Ortstafeln?

Zweisprachige Aufschriften - ein Symbol der Gleichberechtigung

Wien beleidigt die Kärntner

Im Südkärntner Raum zwei Beamte für eine Tafe[l]

Optimaleinsatz der Exekutive!

Gewaltige Demonstration der „schweigenden Mehrheit“ Kärntens in Klagenfurt

Toleranz“ für Tafelstürmer

Kreisky: Gegen Waffengebrauch! Lieber mehr Ortstafeln kaufen

Kärntner Heimatdienst fordert: „Setzen wir uns zusammen!“

Schlagzeilen der Presse aus allen politischen Richtungen und unparteiischer Zeitungen. Bild: Emil Stanzl

Sondereinheit erreichte eine Stärke von 180 Gendarmen und war mit Kraftfahrzeugen und Funk sehr gut ausgerüstet. Als Kommandant dieser Abteilung wurde Rittmeister Hugo Resinger und in weiterer Folge der Kommandant der Schulabteilung, Major E. Bernhart, bestellt.

Täglich versahen starke Gruppen der »Konzentrierten Gendarmerieabteilung« zusätzlich zu den örtlichen Kräften in der Nacht den Sicherheitsdienst. Bei größeren Aktionen wurde diese Abteilung geschlossen eingesetzt.

Dazu kamen noch personelle Maßnahmen durch das LGK, so daß in den Krisengebieten kleine Gendarmerieposten über einen Stand von 20 Gendarmen verfügten. Erst nach Nachlassen der größten Spannungen konnte die »Konzentrierte Gendarmerieabteilung« Ende November 1972 aufgelassen werden.

Am 3. Oktober 1972 kam es in St. Veit im Jauntal zu massiven Ausschreitungen von 400 Demonstranten gegen die Gendarmerie, welche auftragsgemäß die zweisprachigen Ortstafeln zu sichern hatte. Weitere Demonstrationen fanden am 5. Oktober 1972 in St. Kanzian und am 6. Oktober 1972 in Obersammelsdorf statt. 120 Personen entfernten die verbliebenen Ortstafeln im Raume Klopeinersee.

Diesmal kamen die Proteste von der Mehrheit. Zugleich erfolgten Bombendrohungen gegen den Zentralverband slowenischer Organisationen. Überall waren natürlich starke Gendarmeriepatrouillen im Dienst. Am 10. Oktober 1972 (Tag der Volksabstimmung 1920) protestierten Angehörige der deutschsprechenden Mehrheit mit 300 Kraftfahrzeugen im Rosental gegen die doppelsprachigen Ortstafeln. Weitere Kolonnen fuhren nach Völkermarkt, der Stadt der Volksabstimmung. Ebenso fand in St. Kanzian eine größere Demonstration statt. Für die Gendarmerie gab es wieder zusätzliche Arbeit, zahlreiche Anzeigen mußten erstattet werden. Der erste Sprengstoffanschlag – von insgesamt 13 – erfolgte am 16. Oktober 1972 in der Gemeinde St. Kanzian auf einen Hochspannungsmasten.

Der Landeshauptmann von Kärnten, H. Sina, berief nun am 29. Oktober 1972 eine Versammlung der Vertrauensmänner und -Frauen seiner Partei (SPÖ) nach Völkermarkt ein um die Ortstafelproblematik zu erläutern. Während der Versammlung füllte sich der Hauptplatz der Stadt mit einer großen Anzahl von deutschsprechenden Kärntnern, die lautstark gegen die Aufstellung doppelsprachiger Ortstafeln protestierten. Beim Verlassen des Rathauses wurde der Landeshauptmann von der Menschenmenge ausgepfiffen und attackiert. Die Demonstranten konnten nur durch ein Großaufgebot der Gendarmerie zurückgehalten werden. Die gesamte »Konzentrierte Abteilung«, Gendarmen des GAK-Bereiches Wolfsberg, der Verkehrs- und der Erhebungeabteilung, sowie ein Zug Polizisten der Bundespolizeidirektion Klagenfurt mußten eingesetzt werden. Unter Gendarmerie-Bedeckung verließ der Landeshauptmann die Stadt.

Aufstellung von doppelsprachigen Ortstafeln ausgesetzt

Um eine Beruhigung in Unterkärnten herbeizuführen, sprachen 32 Bürgermeister bei Bundeskanzler Dr. Bruno Kreisky vor. Daraufhin wurde die Aufstellung von doppelsprachigen Ortstafeln – wie dies gesetzlich vorgesehen war – ausgesetzt.

Nach den Angriffen auf Dr. Kreisky und Landeshauptmann Sina kam Dr. Kirchschläger als Außenminister im Oktober 1972 auf Informationstour nach Völkermarkt, Bad Eisenkappel und Bleiburg. Er wurde von der Bevölkerung recht kühl empfangen. Ein großes Gendarmerieaufgebot war zum notwendigen Personenschutz eingesetzt.

1973 – slowenische Volksgruppe gegen Ortstafelstopp

Waren es im Jahre 1972 vor allem Angehörige der deutschen Mehrheitsgruppe, die gegen die doppelsprachigen Tafeln protestierten, so waren es 1973 Angehörige der slowenischen Volksgruppe, die wieder mit Schmieraktionen, Großveranstaltungen und mit Hilfe der Nachbarschaft (Slowenien) gegen den Ortstafelstopp protestierten. Bei insgesamt 28 gemeldeten Schmieraktionen im Bezirk Völkermarkt wurden in 47 Orten 48 Gebäude und 25 Ortstafeln bzw. Wegweiser angestrichen, beschädigt und z. T. topographische Zeichen ausgerissen. Außerdem verzeichnete man 9 Flugzettelaktionen.

Am 16. 9. 1973 wurde das Partisanendenkmal in Robesch, Bezirk Völkermarkt, gesprengt. Vom BMI taf eine Untersuchungskommission, Leiter Dr. O. Peterlunger, ein. Die Täter konnten ausgeforscht werden. Zu den üblichen Schmieraktionen bekannte sich ein »Demokratischer Ausschuß für Südkärnten«. Von beiden Seiten wurden die Pro- und Kontraaktionen fortgesetzt. Besonders Gäste aus dem Ausland waren zumindest verwundert, wenn sie die verschiedenen Flugblätter lasen, unter anderen z. B. auch Totenkopfzeichnungen mit der Aufschrift »Tod dem Kärntner Heimatdienst«.

Die Volks- und Hauptschule in Eisenkappel beschmierte man am 10. November 1973 mit Parolen in slowenischer Sprache. Es entstand ein Sachschaden von 166.000 Schilling.

Das Minderheitenproblem konnte auch 1974 keiner Lösung zugeführt werden. Die Verantwortlichen der slowenischen Volksgruppe lehnten jeden Kontakt mit der Mehrheit ab, nachdem die im Nationalrat vertretenen Parteien (SPÖ, ÖVP, FPÖ) eine »besondere Volkszählung« (Minderheitenfeststellung) anstrebten.

Mit Hilfe Jugoslawiens versuchte die Minderheit die Erfüllung des Artikel 7 des Staatsvertrages vor die UNO zu bringen.

Durch weitere Beschmierungen von Gebäuden und Tafeln im Raume Kühnsdorf entstand ein Schaden von 120.000 Schilling.

In vielen Gemeinden des Bezirkes Völkermarkt gab es allmählich keine topographischen Zeichen mehr, so daß für Fremde eine Orientierung schwierig wurde. Auch an die Sommergäste wurden im Sommer 1974 von der slowenischen Volksgruppe wieder Flugblätter verteilt.

Aufgrund der Ereignisse trat LHptm H. Sina zurück, und es folgte L. Wagner. Dieser versuchte nun, mit der slowenischen Volksgruppe ins Gespräch zu kommen, erhielt jedoch eine Absage.

Wieder gab es einen Sprengstoffanschlag, und zwar am 7. Juni 1974 auf das »Haus der Heimat« in Miklautzhof, Gemeinde Sittersdorf. Verantwortlich für diesen Anschlag zeichnete ein »Bund für Gerechtigkeit und Gleichberechtigung«.

Nicht verschont von den diversen Schmieraktionen blieben auch die Bahnhofsgebäude von Kühnadorf, Tainach, Stein, Mittlern und Aich.

Aber auch in anderen Bezirken (Klagenfurt, Villach) wurden Bahnhofsgebäude beschmiert. Zu diesen Aktionen bekannte sich eine »Antifaschistische Bewegung«.

Aus Protest gegen die angekündigte »Besondere Minderheitenfeststellung« hielten die Schmieraktionen auch im Jahre 1975 an. Nach wie vor wurde die Erfüllung des Artikel 7 des Staatsvertrages gefordert.

Größere Unruhen brachte das Jahr 1976 in Unterkärnten. Am 15. 6. 1976 wurde in Völkermarkt das dem bekannten Abwehrkämpfer Dr. H. Steinacher gewidmete Denkmal vor dem Schulzentrum durch Sprengung total zerstört, wobei auch das nahe Schulgebäude beschädigt wurde. Als Reaktion beschädigten unbekannte Täter das Büro der slowenischen Spar- und Darlehenskasse.

Am 23. Juni 1976 wurden sechs Burschen bei den üblichen Schmieraktionen betreten und festgenommen.

1976 – Volksgruppengesetz tritt in Kraft

Das Bundesgesetz vom 7. Juli 1976, BGBl. Nr. 396/76, über die Rechtsstellung von Volksgruppen in Österreich (Volksgruppengesetz) trat am 1. Februar 1977 in Kraft (spätere Fassung BGBl. Nr. 24/1988). Mit diesem Gesetz werden die Gebietsteile bestimmt, in denen wegen der verhältnismäßig beträchtlichen Anzahl (ein Viertel) der dort wohnhaften Volksgruppenangehörigen zweisprachige topographische Bezeichnungen anzubringen sind. Ebenso bestimmt dieses Gesetz, daß die Behörden und Dienststellen sicherzustellen haben, daß die Sprache einer Volksgruppe verwendet werden kann.

In St. Kanzian, Bez. Völkermarkt, wurde am 8. August 1976 ein Krieger- und Abwehrkämpferdenkmal feierlich eingeweiht. An dieser Feier nahmen 4.000 Personen teil.

Angehörige der slowenischen Volksgruppe, empört über die Sprachenermittlung, führten eine Gegendemonstration durch. Für den Ordnungs- und Sicherheitsdienst mußten über 150 Gendarmen eingesetzt werden. Kräfte des GAK-Bereiches Wolfsberg, der Verkehrs- und der Erhebungsabteilung bemühten sich, die Ordnung und Ruhe aufrechtzuerhalten. Es kam zu tätlichen Ausschreitungen und 26 Personen – Angehörige der slowenischen Volksgruppe – mußten vorläufig festgenommen werden. Schon am 9. August 1976 wurde auf das Denkmal ein Sprengstoffanschlag verübt. Am 4. September 1976 sprengte man zwei Stromleitungsmasten, und rund um den Klopeinersee kam es zur Demontage von 28 deutschsprachigen Wegweisern.

In dieser spannungsgeladenen Atmosphäre wurde am 26. September 1976 in Globanitz ein Partisanendenkmal errichtet, was für die Gendarmerie wieder Großeineatz bedeutete. Am Kömmel, in der Gemeinde Bleiburg, sprengten am 31. Oktober 1976 unbekannte Täter ein Partisanendenkmal.

Auch vor einem Anschlag auf die Bahnlinie Klagenfurt – Lavamünd wurde nicht Halt gemacht. Zum Glück bemerkte am 11. November 1976 der Lokführer, daß im Raume der Gemeinde Grafenstein ein 80 cm langes Schienenstück herausgesprengt war, sodaß ein größeres Unglück vermieden werden konnte.

Der Tag der offiziellen Sprachenermittlung war für den 14. November 1976 festgelegt. Nachdem die slowenische Minderheit im gemischtsprachigen Gebiet mit Boykottmaßnahmen gedroht hatte, war an diesem Tag für die Gendarmerie wieder Großeinsatz angesagt. Erwartungsgemäß kam es zu mehreren Störversuchen, und in der Gemeinde Zell-Pfarre verbrannte man die Wahlurne.

Ein Urnenraub im Wahllokal in der Volksschule Ebriach, Gemeinde Bad Eisenkappel, konnte durch rechtzeitigen und massiven Gendarmerieeinsatz verhindert werden. Die Proteste der Minderheit gegen das Volksgruppengesetz wurden weiter fortgesetzt.

Slowenische Sprache zur deutschen Sprache als Amtssprache

Mit Verordnung der Bundesregierung vom 31. Mai 1977, BGBl. Nr. 306/77 und BGBl. Nr. 308/77 wurden nun Bestimmungen für Gebietsteile erlassen, in denen topographische Bezeichnungen in deutscher und slowenischer Sprache anzubringen sind bzw. setzte man die slowenischen Bezeichnungen für die Ortschaften fest. Gegenüber früherer Bestimmungen, in denen die Aufstellung doppelsprachiger Ortstafeln in 205 Ortschaften festgelegt war, wurden nur noch 91 Ortschaften in diese Regelung einbezogen. Ebenso legte man mit Verordnung der Bundesregierung vom 31. Mai 1977, BGBl. Nr. 307/77 fest, bei welchen Gerichten, Verwaltungsbehörden und sonstigen Dienststellen die slowenische Sprache zusätzlich zur deutschen Sprache als Amtssprache zugelassen wird. Mit dieser Bestimmung ist auch die Gendarmerie gehalten, auf einigen Gendarmeriedienststellen Gendarmeriebeamte mit slowenischen Sprachkenntnissen zur Verfügung zu haben. Alle zitierten Verordnungen traten mit 1. Juli 1977 in Kraft.

Wie zu erwarten, gab es wieder Proteste der Minderheit. Die slowenische Jugend veranstaltete am 14. August 1977 in St. Jakob i. R. eine Demonstration, und damit verbunden war natürlich auch für die Gendarmerie wieder ein Großeinsatz. Kräfte aus den Bezirken Villach, Spittal und Hermagor sowie der Verkehrsabteilung und der Erhebungsabteilung mußten eingesetzt werden. Selbstverständlich protestierte man am gleichen Tag auch im unruhigen Gebiet von St. Kanzian gegen das Volksgruppengesetz. Der übliche Einsatz mit Gendarmen aus dem GAK-Bereich Wolfsberg war notwendig. In Bleiburg stellten Angehörige der Minderheit eine nicht genehmigte Ortstafel in slowenischer Sprache auf. Auf Anordnung der Kärntner Landesregierung mußte diese Tafel am 29. August 1977 entfernt werden.

Nachdem sich aber auch eine große Anzahl von Angehörigen der Minderheit versammelt hatte, war wieder ein Einsatz der schon genannten Gendarmerieeinheiten erforderlich, um die Aktion zu sichern. Dabei beschimpfte man die Gendarmen mit Ausdrücken wie »Faschisten-Nazischweine« udgl. Fünf Gendarmen wurden durch tätliche Angriffe bekannter Hochschüler verletzt. Wieder einmal sprengte man auch Starkstromleitungen, und zwar zwei Masten in den Gemeinden Bleiburg-Edling und Schwabegg, so daß fünf Orte ohne Stromversorgung waren.

Durch die Häufung von Sprengstoffanschlägen, zu den erwähnten kamen noch Anschläge in Maria Saal und Bleiburg, welche ohne Zweifel im Zusammenhang mit dem Minderheitenproblem standen, wurde über Weisung des Bundesministeriums für Inneres im Jahre 1977 eine Sondergruppe mit dem Standort in der Gendarmerie-Kaserne Krumpendorf gebildet, die den Auftrag hatte, alle in den letzten Jahren in Unterkärnten verübten Sprengstoffanschläge zu untersuchen sowie eine Observierungstätigkeit durchzuführen.

Vom Oktober bis November 1977 gab es neuerlich eine verstärkte Überwachung im Südkärntner Raum. Die Gendarmen der Bezirksgendarmeriekommanden, der Verkehrsabteilung und der Erhebungsabteilung kamen wieder verstärkt zum Einsatz. Bahnanlagen, gefährdete Objekte, Straßen und Ortstafeln mußten gesichert werden.

Ein großer Sprengstoffanschlag erfolgte am 18. September 1979 auf das Heimatmuseum in Völkermarkt. Der Leiter des Museums wurde schwer verletzt. Das Museum, eine »Erinnerungsstätte des Kärntner Abwehrkampfes« wurde zerstört. Auch die Täter, ein Mann und ein Frau, beide aus Jugoslawien, erlitten schwere Verletzungen. Damit deckte man auch interessante Spuren in Richtung Ausland auf.

Zerstörte Räume im Heimatmuseum Völkermarkt. *Bild: Emil Stanzl*

Im gemischtsprachigen Gebiet trat nun allmählich Ruhe ein. Wo eine größere Anzahl von Angehörigen der slowenischer Minderheit lebte, wurden die zweisprachigen Ortstafeln von den übrigen Einwohnern akzeptiert. Nach amtlicher Feststellung wurden die Bedingungen des Art. 7 des Staatsvertrages gegenüber der slow. Minderheit erfüllt.

Selbstverständlich wurden alle Maßnahmen der Gendarmerie auf Weisung und im besten Einvernehmen mit den zuständigen Behörden durchgeführt. Sowohl mit der Sicherheitsdirektion für das Bundesland Kärnten (unter Hofrat Dr. H. Bachner und seinem Nachfolger Hofrat Dr. A. Pichler), die auch eigene Kräfte einsetzte, als auch mit dem Amt der Kärntner Landesregierung herrschte gute Zusammenarbeit. Von den Bezirkshauptmannschaften muß besonders der Bezirkshauptmann von Völkermarkt, Hofrat Dr. H. Wagner hervorgehoben werden, der mit der Gendarmerie immer in vorderster Linie war.

Jede Aktion, Demonstration und Sprengung, erforderte den vollen Einsatz der Gendarmerie. Die Postenkommandanten im gemischtsprachigen Gebiet waren mit ihren Gendarmen oft tage- und nächtelang im Dienst. Nach dem anstrengenden Außendienst kam dann aber noch die Kanzleiarbeit, Anzeigen- und Berichterstattung.

Wenn auch nicht alles Rechtswidrige verhindert werden konnte, so wurde durch den Gendarmerieeinsatz doch eine weitere Eskalation hintangehalten. Es ist für die Exekutive sicherlich nicht angenehm, zwischen zwei Gruppen von Staatsbürgern stehen zu müssen, und für Recht und Ordnung zu sorgen, wenn sich jede Gruppe im Recht glaubt.

Stefan Biricz

Die Flucht bei St. Margarethen Der Anfang vom Ende der Deutschen Demokratischen Republik als selbständiger Staat

Über vier Jahrzehnte lang hatte der Gegensatz zwischen zwei Ideologien, angeführt von den USA und der UdSSR, die Welt in zwei Hälften geteilt, deren markanteste Grenze sich durch das mittlere Europa zog und von Winston Churchill einst als »Eiserner Vorhang« bezeichnet wurde. Das zwar politisch neutrale, ideologisch jedoch der sogenannten »westlichen« Welt zugehörige Österreich befand sich mit seiner Nachbarschaft zur CSSR, zu Ungarn und zu dem blockfreien, jedoch kommunistischen Jugoslawien an jener Nahtstelle zum Reich des »roten Teufels«, dessen Grenzen aus Stacheldraht und Minenfeldern so schwer bewacht waren, daß ein illegales Überschreiten beinahe unmöglich war.

Diese Ordnung des sogenannten »Kalten Krieges« schien jedoch mit der Wahl Michail Gorbatschows zum Generalsekretär der KPdSU im Jahre 1985 langsam ein Ende zu finden. Unter den Schlagwörtern Glasnost (Offenheit) und Perestroika (Umbau) führte er die UdSSR zu einer politischen und wirtschaftlichen Umgestaltung, die sich ebenso in deren kommunistischen Satellitenstaaten in Mittel- und Osteuropa auszuwirken begann. Diese Wende bedeutete zugleich der Anfang vom Ende des Kommunismus in Europa.

Ungarn wagte sich am weitesten voran. Auf dem Wege zur allseitigen Liberalisierung des Systems wurde von seiten der noch kommunistischen ungarischen Regierung beschlossen, den an der Grenze zwischen Österreich und Ungarn bestehenden Stacheldrahtverhau zu beseitigen. Die beiden Außenminister von Österreich und Ungarn, Dr. Alois Mock und Dr. Gyula Horn, setzten bei Siegendorf am 2. Mai 1989 einen symbolischen Akt, indem sie mit Eisenscheren den Stacheldrahtverhau durchtrennten. Der »Eiserne Vorhang« hatte Risse bekommen!

Doch wurde in den darauffolgenden Monaten Juli und August 1989 der Stacheldrahtverhau auf großen Abschnitten der Staatsgrenze zu Österreich, so auch zum Gebiet der Bezirke Eisenstadt und Mattersburg, noch belassen. Auch war die Grenzbewachung durch die ungarischen Grenzorgane noch voll aufrecht, so daß eine Flucht von Personen aus osteuropäischen Ländern nach Österreich kaum möglich war.

So erregte es natürlich einiges Aufsehen, als am 9. Juli 1989 drei Staatsangehörige der DDR am Gendarmerieposten St. Margarethen um politisches Asyl ansuchten und erklärten, sie hätten von Ungarn kommend die Staatsgrenze illegal überschritten.

Grenze zu Ungarn 1989, Neusiedler See bei Mörbisch. *Bild: W. Bachkönig*

Dies sollte kein Einzelfall bleiben: Bereits zwei Tage später suchte in den Abendstunden ein ostdeutsches Ehepaar mit einem Kind den Gendarmerieposten Mörbisch am See auf! Zur völligen Überraschung der Gendarmen gab der Mann an, daß noch weitere drei DDR-Staatsangehörige von Ungarn kommend nach Mörbisch unterwegs wären. In den folgenden Wochen begann die Anzahl der illegalen Grenzübertritte sich kontinuierlich zu steigern. Kaum war in der DDR durch den westlichen Rundfunk bekannt geworden, daß die Grenze zwischen Österreich und Ungarn nicht mehr der strengsten Bewachung unterzogen war, brachen immer mehr Ostdeutsche nach Ungarn auf, um von dort aus die Flucht in den Westen zu versuchen.

Am 13. Juli 1989 trafen weitere vier DDR-Staatsangehörige (zwei Männer und zwei Frauen) in Mörbisch ein, zwei Tage später abermals vier Personen. Am 19. Juli 1989 suchten eine ostdeutsche Familie mit zwei Kindern am Gendarmerieposten Siegendorf und zwei weitere Personen am Gendarmerieposten St. Margarethen um politisches Asyl an.

Der Raum Mörbisch war einer der Hauptzielpunkte der DDR-Flüchtlinge. Bis zum 15. August 1989 wurden 177 Männer, Frauen und Kinder am Gendarmerieposten Mörbisch registriert. Doch die Zahl nahm von Tag zu Tag zu! Allein am 16. August wurden 21 Personen aufgenommen! Am nächsten Tag waren es bereits 34 und den Tag danach 39 Personen! Aber auch in den anderen Gendarmerieposten an der ungarischen Grenze war die Situation zum selben Zeitraum nicht viel anders. So verzeichnete der Gendarmerieposten St. Margarethen 44 und der Gendarmerieposten Siegendorf 56 DDR-Staatsbürger, die um politisches Asyl ansuchten. Der Großteil all der Übertritte an der österreichisch-ungarischen Grenze ging von Sopron aus und erfolgte zwischen dem Neusiedler See und der Grenzkontrollstelle Klingenbach. Es wurde von ungarischer Seite kaum etwas unternommen, den Übertritten Einhalt zu gebieten.

An der ungarischen Grenze 1989, v.l.n.r.: ChefInsp. Hans Götl, ungarischer Zollbeamter, österr. Zollbeamter Insp. Horvarth. *Bild: Lobenwein, Sopron*

19. August 1989, Picknick, organisiert von der Pan-europäischen Union (Präsident Dr. Otto Habsburg) in der sogenannten Sopron-Puszta im Gemeindegebiet von Fertörakos (Ungarn), ca. 2 Kilometer von der Staatsgrenze entfernt. *Bild: W. Bachkönig*

Innerhalb kurzer Zeit war die Aufregung über die sensationellen Übertritte einer alltäglichen Routine gewichen, die weder für die Behörden und die Bevölkerung noch für die Grenzgänger Überraschungen bot. Die illegal über die Grenze gekommenen Personen wurden einfach von der Bevölkerung zu den Gendarmerieposten verwiesen, wo man sie registrierte und anschließend mit öffentlichen Verkehrsmitteln, oder je nach Größe ihrer Zahl, mit Taxis oder Bussen zur BRD-Botschaft nach Wien fuhr, wo ihre Weiterreise in die Bundesrepublik Deutschland organisiert wurde. Alle Kosten für die Verpflegung und für den Transport wurden bei Vorlage der Rechnungen von der Botschaft der BRD in Wien sofort bar bezahlt.

Doch stand für die Behörden ein richtiger Ansturm von Flüchtlingen noch bevor! Für den 19. August 1989 wurde von der Pan-euro-

Flucht bei St. Margarethen anläßlich des Pan-Europatages. *Bild: W. Bachkönig*

Grenz-Szene bei Mörbisch 1989. *Bild: W. Bachkönig*

Der Weg in die Freiheit. *Bild: W. Bachkönig*

päischen Union ca. 2 Kilometer von der österreichischen Staatsgrenze entfernt, in der sogenannten Sopron-Puszta im Gemeindegebiet von Fertörakos, für Österreicher und Ungarn ein Picknick organisiert. Durch Plakate in den Grenzgemeinden wurden österreichische Staatsbürger zu dieser Veranstaltung eingeladen. Der Beginn war für 15.00 Uhr angesetzt und die Zufahrt zum Veranstaltungsort über die sogenannte »Preßburgerstraße« in St. Margarethen vorgesehen. Zu diesem Zweck wurde von den österreichischen und ungarischen Behörden an der Preßburgerstraße ein von 15.00 bis 18.00 Uhr zeitlich befristeter Grenzübergang eingerichtet, der auch die Öffnung des zu dieser Zeit über die Straße verlaufenden Stacheldrahtverhaues vorsah. Die Grenzkontrolle sollte durch Beamte des Zollamtes Klingenbach und ungarischen Grenzorganen erfolgen.

Auch die Gendarmerie traf für dieses Ereignis die notwendigen Maßnahmen. BezInsp Luckenberger vom Gendarmerieposten St. Margarethen fand sich um 14.00 Uhr bei dem Grenzübergang ein, um ein ungeordnetes Parken im Bereich der Preßburgerstraße zu verhindern. AbtInsp. Biricz, Gendarmerie-Bezirkskommandant von Eisenstadt, fuhr ebenfalls nach St. Margarethen, wo er gegen 14.30 Uhr vor dem zur Öffnung vorgesehenen Grenzübergang eintraf. Nichts deutete auf irgendein besonderes Ereignis hin.

Pünktlich um 15.00 Uhr wurde das Tor des Stacheldrahtverhaues geöffnet und die auf österreichischer Seite wartenden ca. 200 Personen stellten sich zur Grenzabfertigung an. AbtInsp Biricz, BezInsp Luckenberger und KontrInsp Göltl standen unmittelbar neben dem geöffneten Tor auf österreichischer Seite. Plötzlich kam, für die österreichischen Beamten überraschend, eine unübersehbare Menschenmenge von der ungarischen Seite zum geöffneten Tor und drängte durch dieses nach Österreich. Eine Kontrolle dieser Personen war weder von den ungarischen noch von den österreichischen Zollbeamten möglich. Die Personen ignorierten die Weisungen der Grenzorgane und versuchten im Laufen und Drängen nach Österreich zu gelangen. Es handelte sich offensichtlich um Staatsangehörige der DDR. Die Personen hatten bereits die Grenze längst überschritten und waren in einem geschlossenen Block schreiend und lärmend die Preßburgerstraße in Richtung St. Margarethen gelaufen, als sie endlich von AbtInsp Biricz angehalten werden konnten. Kaum hatte dieser den Leuten erklärt, daß sie sich bereits auf österreichischem Staatsgebiet befänden, brach unter ihnen ein enormer Jubel aus. Die Erleichterung der Menschen, sich nun im westlichen Europa zu befinden, drückte sich in Freude und Tränen zugleich aus. Erst die Mitteilung von AbtInsp Biricz, daß sie bis zum nächsten Ort, St. Margarethen, nur mehr ca. 3 km zu gehen hätten, konnte die Leute wieder zum Weitergehen bewegen.

Während des folgenden Marsches nach St. Margarethen kam den Flüchtlingen GrInsp Johann Dinhof, der stellvertretende Postenkommandant von St. Margarethen, der sich jedoch außer Dienst befand und im Begriff war zu dem Picknick nach Ungarn zu fahren, in seinem Privat-Pkw entgegen. Er wurde von AbtInsp Biricz sofort in den Dienst gestellt und angewiesen, umgehend vom Gendarmerieposten St. Margarethen den Patrouillenwagen zu holen. Das Glück schien der Lage hold zu bleiben, denn kurz danach traf die Gruppe auf den Autobusunternehmer Toni Eichberger aus Rust. Auch er war gerade im Begriff, mit seinem Kleinbus nach Ungarn zu fahren. Toni Eichberger, der bereits für den Gendarmerieposten Mörbisch wiederholt Transporte von DDR-Staatsbürgern nach Wien durchgeführt hatte, wurde von AbtInsp Biricz ersucht, Busse zu organisieren, um die Leute zur deutschen Botschaft nach Wien bringen zu können. Toni Eichberger erklärte sich spontan bereit diese Aufgabe zu übernehmen.

Nachdem GrInsp Dinhof mit dem Patrouillenwagen des Gendarmerieposten St. Margathen zurückgekehrt war, konnte er die weitere Führung des Marsches übernehmen und die Menschen zum Freizeitzentrum von St. Margarethen bringen, wo die bestmöglichen Versorgungseinrichtungen für eine derart große Menschengruppe vorhanden waren. Somit war AbtInsp Biricz in der Lage, per Funk notwendige Maßnahmen zu treffen und einige weitere Beamte des Bezirkes nach St. Margarethen zu beordern. Anschließend fuhr er zum Gendarmerieposten St. Margarethen, von wo er dem BezHptm von Eisenstadt-Umgebung, Hofrat Dr. Schußter, der Sicherheitsdirektion für das Burgenland und dem Landesgendarmeriekommando vom Vorfall berichtete. Zusätzlich teilte AbtInsp Biricz dem Botschafter der BRD in Wien persönlich den Vorfall mit und versicherte ihm, daß die Flüchtlinge noch am selben Tag zur deutschen Botschaft nach Wien gebracht werden würden. Daraufhin wurde von der deutschen Botschaft alles unternommen, einen Sonderzug zu organisieren, um die Personen so schnell als möglich in die BRD bringen zu können.

Als AbtInsp Biricz sich schließlich zum Freizeitzentrum von St. Margarethen begab, war GrInsp Dinhof mit dem Großteil der Asylanten dort bereits eingetroffen. Auch einige zusätzliche Beamte waren schon zugegen. Kurze Zeit später trafen die ersten von Toni Eichberger organisierten Busse ein und somit konnte begonnen werden, die Leute nach Aufnahme der Daten zur deutschen Botschaft nach Wien zu fahren. Das letzte Fahrzeug verließ St. Margarethen gegen 21.00 Uhr. Auch der Bezirkshauptmann von Eisenstadt-Umgebung war beim Freizeitzentrum eingetroffen und konnte von dort die erforderlichen behördlichen Weisungen erteilen.

Doch handelte es sich an diesem Tag nicht um die einzigen Grenzübertritte von Staatsangehörigen der DDR. Auch im Bereich des Gendarmeriepostens Mörbisch am See kamen an diesem Tag 45 und im Bereich des Postens Siegendorf 17 DDR-Flüchtlinge über die Grenze.

Noch immer lag die Betreuung dieser Personen bei der Gendarme-rie, die mit Zustimmung der Behörde ihre Registrierung, Labung, Versorgung und ihren Weitertransport besorgte bzw. organisierte. Doch als sich am 20. August fast zur selben Zeit 163 Flüchlinge am Gendarmerieposten Mörbisch am See meldeten und die Beamten dieser Dienststelle sogar mit der Registrierung überfordert waren, wurde vom Po-stenkommandanten, GrInsp Portschy, der Bezirkskommandant zu Hilfe gerufen. AbtInsp Biricz ersuchte telefonisch die Bezirksstelle des Roten Kreuzes in Eisenstadt die Betreuung der Flüchtlinge zu übernehmen. Die Hilfe wurde rasch geleistet. Noch am selben Tag wurde als erste Station des Roten Kreuzes eine Betreuungsstelle in Mörbisch, unmittelbar neben dem Gendarmerieposten, errichtet. Doch damit war es nicht genug. In der Folge mußten schließlich vom Roten Kreuz an mehreren Grenzübergängen zu Ungarn solche Labe- bzw. Versorgungsstationen aufgebaut werden.

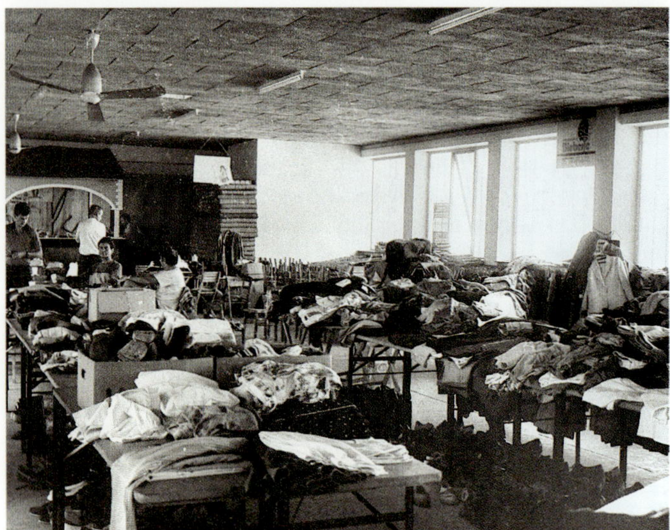

Kleidersammelstelle in der Winzerhalle Mörbisch. *Bild: W. Bachkönig*

Am 21. August 1989 überschritten im Bereich des Grenzüberganges Klingenbach 206 DDR-Staatsbürger illegal die Staatsgrenze nach Österreich. Sie wurden von ungarischen Grenzsoldaten in drei Militär-Lkws, die nur im Schrittempo fuhren, »verfolgt«. Auch diese Personen wurden in organisierten Bussen zur BRD-Botschaft nach Wien gefahren. Doch ist für denselben Tag auch ein tragischer Vorfall zu vermerken: Gegen 0.45 Uhr starb ein DDR-Staatsangehöriger bei der Grenzkontrollstelle Klingenbach an den Folgen eines Herzinfarktes. Für ihn dürften die Strapazen und die Aufregung der Flucht zuviel gewesen sein.

In Mörbisch am See kamen ebenfalls am 21. August 93 und an dem nachfolgenden Tag 131 Flüchtlinge über die Grenze. Allein im Zeitraum vom 23. August bis 10. September 1989 wurden dort weitere 942 DDR-Staatsbürger registriert.

Im Bereich Klingenbach waren es vom 22. bis 27. August 1989 151 und im Bereich St. Margarethen 21 DDR-Staatsbürger, die von der Gendarmerie aufgenommen wurden.

Stilleben, DDR-Flüchtlingswelle 1989. *Bild: W. Bachkönig*

Ab dem 11. September 1989 durften die DDR-Staatsbürger auch ohne Genehmigung ihrer Heimatbehörden von Ungarn nach Österreich ausreisen. Ab 0.00 Uhr rollte eine unübersehbare Fahrzeugkolonne mit DDR-Staatsbürgern über alle österreichisch-ungarischen Grenzübergänge nach Österreich. Die meisten Flüchtlinge fuhren mit ihren Fahrzeugen gleich in die BRD weiter. Damit war die Notwendigkeit des illegalen Grenzübertrittes nicht mehr erforderlich.

Hunderte Flüchtlinge wurden mit Bussen in die BRD transportiert.
Bild: W. Bachkönig

Auch die Begeisterung der einheimischen Bevölkerung war derart groß, daß die ostdeutschen Flüchtlinge immer wieder an der Grenze mit Applaus begrüßt wurden. Auch eine Vielzahl von Institutionen engagierte sich für die Ankömmlinge: So überreichte zum Beispiel das Rote Kreuz jedem DDR-Bürger einen Geldbetrag von 100 DM, so daß die Weiterfahrt in die BRD finanzierbar war.

Doch war der Zeitpunkt bereits erreicht, daß sich die Ausreise von DDR-Staatsbürgern aus Ungarn normalisieren konnte. Täglich kamen Hunderte solcher Personen, die mit ihren Fahrzeugen von der DDR über Ungarn und Österreich in die BRD fahren wollten. Auch die politischen Verhältnisse in der DDR schienen sich zu ändern.

Ab Anfang Oktober 1989 kam es in Ost-Berlin und anderen größeren Städten der DDR zu Aufmärschen Tausender Menschen für Reformen. Die Zahl der Demonstranten wuchs ständig und erreichte am 4. November 1989 in Ost-Berlin mit einer Million Teilnehmern ihren Höhepunkt. Am 9. November 1989 wurde die Berliner Mauer von Demonstranten gestürmt und teilweise niedergerissen. Die DDR-Grenzpolizei schritt nicht mehr ein und die Menschen konnten ungehindert nach West-Berlin gelangen. An den beiden folgenden Tagen besuchten ca. eine Million DDR-Bürger West-Berlin.

Am 3. Oktober 1990 trat nach dem Volkskammerbeschluß vom 23. August 1990 die DDR dem Geltungsbereich des Grundgesetzes der BRD bei. Ab diesem Zeitpunkt gibt es nur mehr ein Deutschland.

Die Flucht der DDR-Staatsbürger über Ungarn in den »Westen« und vor allem die Flucht der ca. 600 Personen am 19. August 1989 bei St. Margarethen, ist in die Geschichte eingegangen und wird weltweit als der Anfang vom Ende der Deutschen Demokratischen Republik als selbständiger Staat bezeichnet.

Der deutsche Bundeskanzler Helmut Kohl wies am Tag der deutschen Wiedervereinigung im Jahre 1990 darauf hin, daß der Boden unter dem Brandenburger Tor ein Stück ungarischen Bodens sei. Er besuchte am 18. Juli 1996 das Burgenland, um sich bei jenen Personen zu bedanken, die im Jahre 1989 bei der Betreuung der DDR-Flüchtlinge mitgewirkt hatten. Er besichtigte auch jene Stelle, wo die 600 DDR-Staatsbürger am 19. August 1989 nach Österreich gelangen konnten.

Welche Bedeutung die damalige Flucht auch in der DDR erlangte, kann aus der Aussage des letzten Ministerpräsidenten der DDR, Lothar Maizire, entnommen werden, als er im Jahre 1990 bei einer Veranstaltung in Ost-Berlin erklärte:
»Der Fall der Berliner Mauer begann in Sopron.«

Konrad Klotz

Die Leiche vom Hauslabjoch – der Ötzi, der Mann aus dem Eis

Der berufliche Alltag verlangt einem Gendarmen einiges ab. Dazu gehört auch der Umgang mit Leichen. Dabei kommt es gar nicht so selten vor, daß es sich um Leichen von bereits seit längerem verstorbenen Personen handeln kann. Wie kommt es dazu? Nun: Allein zwischen den Jahren 1990 und 1992 gaben die Gletscher des Ötz- und Stubaitales sieben Leichen frei, von denen sechs an die 50 Jahre im Gletscher lagen. Es handelte sich dabei hauptsächlich um Bergsteiger oder Wanderer, die abgestürzt oder erfroren waren und erst nach Jahren wieder von den Gletschern freigegeben wurden. Die Identität dieser Leichen konnte von Beamten der Kriminalabteilung Innsbruck nur durch das Studium der Postenchroniken von Sölden und Neustift im Stubaital geklärt werden. Nur so konnten Angehörige ermittelt und die Leichen in ihren Heimatorten beerdigt werden.

Doch bedeuteten diese Funde im Vergleich zu jenem vom 19. September 1991 in den Ötztaler Alpen für die Tiroler Gendarmerie nur Routinefälle. Niemand ahnte vorerst, welche Bedeutung dieser Fund wirklich haben sollte: An diesem Tag nämlich entdeckte ein deutsches Ehepaar beim Abstieg von der Fineilspitze zur Similaunhütte auf dem Niederjochferner in einer Seehöhe von ca. 3.200 Meter eine Leiche. Aufgrund dieses Fundes äußerst beunruhigt, verständigten sie sofort den Wirt der Similaunhütte, Markus Pirpamer, der sich noch am Nachmittag dieses Tages zur angegebenen Auffindungsstelle begab, um die Angaben der deutschen Bergsteiger zu überprüfen. An der bezeichneten Stelle stieß er tatsächlich auf eine, mit dem Hinterkopf und den Schultern aus dem Eis herausragende unbekleidete Leiche. Auf dem ersten Blick konnte Markus Pirpamer zwar erkennen, daß es sich dabei um eine bereits etwas ältere Leiche handelte, aber mehr konnte er jedoch noch nicht feststellen. Auf der Hütte zurückgekehrt stellte Markus Pirpamer anhand einer Alpenvereinskarte fest, daß sich der Auffindungsort der Leiche im unmittelbaren Grenzbereich zwischen Österreich und Italien, seiner Meinung nach aber mit Sicherheit auf österreichischem Staatsgebiet befand. Aus diesem Grund verständigte er die Gendarmerie in Sölden und gab an, daß es sich bei der aufgefundenen Leiche möglicherweise um die eines italienischen Bergsteigers handeln konnte, der im Jahre 1938 in diesem Gebiet vermutlich einem Alpinunfall zum Opfer gefallen sein dürfte.

Am Tag nach dem Fund flog der damalige Leiter der alpinen Einsatzgruppe der Gendarmerie für den Bezirk Imst, BezInsp Kohler, mit dem Hubschrauber des BMfI zur Auffindungsstelle, um die Leiche unter Mithilfe von Bergrettungsmännern zu bergen und ins Tal zu bringen. Bereits vor diesem Abflug hatten Beamte des Gendarmeriepostens Sölden die Angaben hinsichtlich des abgängigen italienischen Bergsteigers überprüft und festgestellt, daß dieser bereits einige Jahre früher tot aufgefunden wurde. Also stellte sich erneut die Frage, um wen es sich bei der Leiche handelte. Die Lösung dieser Frage mußte jedoch aufgrund eines Schlechtwettereinbruches, der eine Bergung unmöglich machte, auf unbestimmte Zeit verschoben werden. Die Identität der Leiche blieb also weiterhin ein Rätsel. Einen wertvollen Hinweis leistete der bekannte Südtiroler Bergsteiger Reinhold Messner, der sich gerade in diesen Tagen in Begleitung zweier weiterer Bergsteiger auf einer Umrundung Südtirols entlang der Staatsgrenze befand und sich zufällig auf der Similaunhütte aufhielt. Wie dem Verfasser mitgeteilt wurde, besichtigte Reinhold Messner mit seinen Begleitern die teilweise noch im Gletschereis steckende Leiche und stellte dabei fest, daß diese Leiche nach seinem Dafürhalten mit Sicherheit bereits einige hundert Jahre im Eis gelegen sein dürfte.

Auffindungssituation am Niederjochferner. *Bild: LGK Tirol, Roger Teissl*

Bereits bei diesen ersten Besichtigungen der Leiche fanden sich in deren näheren Umgebung Ausrüstungsgegenstände, die auf eine möglicherweise aus der Urzeit stammende Leiche hindeuteten. Die von BezInsp Kohler telefonisch benachrichtigte Staatsanwaltschaft und der zuständige Untersuchungsrichter des Landesgerichts Innsbruck erteilten den sofortigen Auftrag, die Leiche zu bergen und sie mit den am Auffindungsort aufgefundenen Gegenständen in das Institut für gerichtliche Medizin nach Innsbruck zu überführen. Weitere Weisungen über durchzuführende Untersuchungen der Leiche würden nach deren Eintreffen in der Gerichtsmedizin erteilt. Auch die Kriminalabteilung in Innsbruck wurde vom Leichenfund telefonisch unterrichtet und ersucht, eventuelle weitere notwendige Ermittlungen durchzuführen. Der Leichenfund begann seinen Behördenlauf.

Am 23. September 1991 gegen Mittag klarte das Wetter endlich wieder auf. Doch blieb den Behörden aufgrund einer bereits angekündigten erneuten Wetterverschlechterung nicht viel Zeit für die Bergung. Alles mußte rasch erfolgen. Zu diesem Zweck flog der damalige Vorstand der Gerichtsmedizin an der Universität Innsbruck, Prof. Dr. Rainer Henn, mit dem Hubschrauber des BMfI zur Auffindungsstelle. Gemeinsam mit Beamten der Alpinen Einsatzgruppe der Gendarmerie befreite er die Leiche aus dem Eis – immer unter Berücksichtigung eines möglichen altertümlichen Leichenfundes. Mit äußerster Sorgfalt wurde die Leiche aus dem Eis befreit und die in der näheren Umgebung der Auffindungsstelle vorgefundenen Gegenstände geborgen. Die Spannung stieg. Immer wahrscheinlicher wurde die Vermutung, daß es sich um eine Leiche mit einer bereits langen Liegezeit handelte. Kaum aus dem Eis befreit wurde die Leiche mitsamt den aufgefundenen Gegenständen nach Vent im Ötztal geflogen und von dort von einem Bestattungsunternehmen in einem Transportsarg in das Institut für gerichtliche Medizin nach Innsbruck gefahren, wo sie bereits vom Gerichtsmediziner Dr. Hans Unterdorfer, dem Fotografen der Kriminalabteilung, BezInsp Teissl, und vom Verfasser dieses Artikels mit Spannung erwartet wurde. Dr. Unterdorfer war sich nach einer ersten Besichtigung sofort im klaren, daß die Leiche mit Sicherheit mehrere Jahrhunderte alt und von größtem wissenschaftlichem Interesse war. Aus diesem Grund beschloß er, eine Untersuchung nur mit Beiziehung wissenschaftlicher Experten durchzuführen, deren Sachkenntnis mehr Licht in die Angelegenheit bringen konnte.

Am Tag darauf versammelte sich um die Leiche eine mittlerweile größere Gruppe, bestehend aus dem Institutsvorstand der gerichtlichen Medizin, Prof. Dr. Rainer Henn, Oberarzt Dr. Hans Unterdorfer, dem Vorstand des Institutes für Ur- und Frühgeschichte, Prof. Dr. Spindler mit seinem Mitarbeiterstab, dem Staatsanwalt, dem Untersuchungsrichter sowie den Beamten Klotz und Teissl von der Kriminalabteilung Innsbruck. Nun sollte geklärt werden, wer bzw. was nun auf dem Obduktionstisch zu sehen war. Nur wenige der Beteiligten konnten ahnen, um welche Sensation es sich bei der Leiche handelte! Prof. Dr. Spindler erläuterte, daß die bei der Leiche aufgefundenen Gegenstände – Bronzeaxt, Köcher mit Pfeilspitzen, die Reste der vorhandenen Fellkleidung usw. – eindeutig auf einen »antiken« Fund hindeuten würden. Von Prof. Dr. Henn und OA. Dr. Unterdorfer wurde diesbezüglich bestätigt, daß die Liegezeit der Leiche mit Sicherheit mehrere hundert, wenn nicht gar einige tausend Jahre alt sein dürfte. Übereinstimmend erklärten die Ärzte und auch Prof. Dr. Spindler mit seinem Team, daß an dieser Leiche und auch den Ausrüstungsgegenständen ganz sicher ein hohes wissenschaftliches Interesse bestehe und die weiteren Untersuchungen der Leiche und der Ausrüstungsgegenstände eine sehr sorgfältige Vorgehensweise verlangen würden. Aufgrund dieser Feststellungen erklärten der Staatsanwalt und der Untersuchungsrichter, daß ihrerseits an der Leiche kein weiteres strafrechtliches Interesse bestehe und somit von ihnen die Leiche freigegeben sei. Zusätzlich wurde von Prof. Dr. Spindler ein sofortiges Fotografierverbot ausgesprochen, da er jegliches Risiko ausschließen wollte, eventuelle für die Forschung wesentliche Spuren zu zerstören.

Somit war die offizielle Tätigkeit an dieser Leiche für die Gendarmerie beendet. Da sich aber die Gendarmeriekriminalabteilung noch im Besitz von Fotografien befand, welche am 23. September von der Leiche sowie den aufgefundenen Gegenständen angefertigt worden waren, wurde vom Innenministerium, das über das Wissenschaftsministerium vom Fund dieser »kostbaren Leiche« informiert worden war, der Kriminalabteilung in Innsbruck die Weisung erteilt, daß der die Leiche betreffende Film sofort unter Verschluß zu halten sei. Weiters wurde die Anordnung erteilt, daß die genaue Auffindungsstelle nur Wissenschaftlern der Universität Innsbruck zu zeigen sei und Lichtbilder von der Leiche und den Ausrüstungsgegenständen nur nach Genehmigung durch das BMfI anzufertigen und berechtigten Stellen zu übergeben seien.

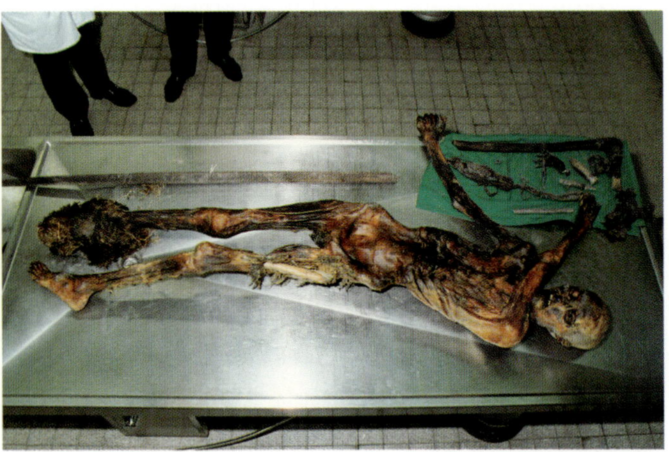

Der »Ötzi« am Obduktionstisch im Institut für gerichtliche Medizin in Innsbruck. *Bild: LGK Tirol, Roger Teissl*

Somit wurden die von BezInsp Teissl gemachten Lichtbilder für verschiedene wissenschaftliche Institutionen von großer Bedeutung. Die von ihm angefertigte Lichtbildmappe mußte in weiterer Folge für die verschiedensten wissenschaftlichen Institute immer wieder neu erstellt werden.

Die Leiche selbst wurde von der Gerichtsmedizin in das anatomische Institut der Universität Innsbruck überführt, wo entsprechende Kühlkammern als Aufbewahrungsräume ausgebaut wurden. Diese gleichen beinahe einem Hochsicherheitstrakt und waren nur mehr Wissenschaftlern nach vorheriger Anmeldung und entsprechender Genehmigung durch die Universität Innsbruck und des Wissenschaftsministeriums zugänglich.

Die bei der Leichenbergung und noch später am Fundort aufgefundenen und offensichtlich zur Leiche gehörenden Ausrüstungsgegenstände kehrten nach einer Untersuchung an der Universität Mainz wieder nach Innsbruck zurück.

Zwischenzeitlich wurde geklärt, daß sich die Auffindungsstelle der Leiche und der Ausrüstungsgegenstände auf italienischem Staatsgebiet befand – eine Tatsache mit der sich manche nur schwer und einige auch gar nicht abfinden konnten. So bestritt der Bürgermeister der Gemeinde Sölden, Mag. Ernst Schöpf, auf das Entschiedenste, daß es sich bei der Leiche um einen »Italiener« handelte. Er berief sich in seiner Argumentation auf den Vertrag von Saint Germain, wonach die Wasserscheide die Grenze zwischen Österreich und Italien bildet und sich seiner Meinung nach die Auffindungsstelle der Leiche eindeutig diesseits der Wasserscheide auf österreichischem Gebiet befindet.

Doch war der Streit um den Auffindungsort im Grunde unbedeutend, da er klar an der wesentlichen Bedeutung des Fundes vorbeiging. Und nachdem die Tiroler erfuhren, daß in Bozen für die Leiche eigens ein Museum eingerichtet werden sollte, konnte zumindest damit argumentiert werden, daß »Ötzi« – so der moderne Taufname der Leiche – in Tirol seine letzte, wenn auch vielbesuchte Ruhestätte haben würde.

Bei den seit der Auffindung bisher durchgeführten wissenschaftlichen Untersuchungen der Leiche wurde festgestellt, daß es sich einwandfrei um die Leiche eines ca. 45 Jahre alten Mannes handelt und die Liegezeit der Leiche ca. 5.300 Jahre betragen dürfte.

Dieser Fund ist in der Geschichte Österreichs mit Sicherheit einmalig. Allein an der Universität Innsbruck befaßten sich mit dem Institut für Anatomie, dem Institut für Ur- und Frühgeschichte sowie mit dem eigens gegründeten Institut für Alpine Vorzeit insgesamt drei Institute mit der Leiche vom Hauslabjoch.

Reinhold Hribernig

Der Krieg in Slowenien

Der Beginn der Tragödie um Jugoslawien

Am 27. Juni 1991 begann für unser Nachbarland Slowenien eine schicksalshafte Zeit, die für die weitere Entwicklung und die zukünftige Gestaltung des gesamten Balkanraumes von enormer Bedeutung sein wird. Die jugoslawische Volksarmee war aus ihren Kasernen in Slowenien ausgerückt, um gegen die am Tage zuvor feierlich proklamierte Unabhängigkeit mit Waffengewalt vorzugehen. An zahllosen Punkten im gesamten slowenischen Territorium kam es zu Kampfhandlungen und zu schweren Gefechten zwischen der slowenischen Territorialarmee und den Kräften der jugoslawischen Volksarmee. Mit brutaler Waffengewalt (zum Teil durch Freischießen von Blockaden mittels Panzerkanonen) sollte versucht werden, die Republik Slowenien in die Knie zu zwingen. Auch von den Luftwaffenbasen der jugoslawischen Volksarmee waren Militärjets gestartet und nahmen an den Kampfhandlungen aktiv teil. Der Flughafen Laibach wurde für den gesamten zivilen Luftverkehr gesperrt und war Schauplatz von heftigen Kämpfen. Ziel dieser militärischen Aktion war augenscheinlich die Übernahme der Grenzkontrolle durch die Soldaten der jugoslawischen Volksarmee und die Beseitigung der Unabhängigkeitsbestrebungen Sloweniens. Mit zahlreichen Blockaden auf den wichtigsten Verkehrswegen wurde versucht, das Vorrücken der Panzer der Volksarmee zu stoppen. Die Hauptstadt Laibach war durch diese Blockaden praktisch von jedem Verkehr lahmgelegt. Hauptschauplätze der Gefechte waren der Flughafen Laibach und die Bereiche der Grenzregion zu Österreich, (Steiermark und Kärnten) wobei es vor allem um die Grenzkontrollstellen Gefechte zwischen der slowenischen Territorialverteidigung und der Miliz auf der einen Seite und der jugoslawischen Volksarmee auf der anderen Seite gab.

Das in Brand geschossene Gebäude der Grenzkontrolle Grablach.
Bild: Reinhold Hribernig

Zahlreiche Tote und Verletzte (auch Zivilisten) waren die Folge dieser Kampfhandlungen. Es bestand auch die Gefahr, daß bewaffnete Kräfte sowohl der jugoslawischen Volksarmee als auch der slowenischen Territorialverteidigung und der Miliz grenzüberschreitend auch österreichisches Hoheitsgebiet verletzen könnten. In diesen ersten Stunden und Tagen der Kriegshandlungen in Slowenien trugen die Zollwache und die Gendarmerie in Kärnten die Hauptlast der Sicherung der Grenzübergänge und der Staatsgrenze. Ungenügend für derartige militärische Einsätze ausgerüstet, mußten Gendarmerie- und Zollbeamte in diesen kritischen Phasen des beginnenden Krieges diese schwierige Aufgabe übernehmen und erfüllten sie zur vollsten Zufriedenheit. Erst nachdem die gesamte Tragweite dieses Konfliktes im Nachbarland abgeschätzt werden konnte, nahm das Bundesheer mit starken Kräften sowohl in der Steiermark als auch in Kärnten die militärische Grenzsicherung auf. Hiebei wurden insgesamt 5.000 Soldaten aus dem Bereich Niederösterreich und Oberösterreich nach Kärnten und in die Steiermark verlegt, die über fünf Wochen für die Sicherheit der Bürger im Grenzland sorgten. Dadurch kam es auch zu einer Entlastung der Gendarmeriekräfte und der Zollwache.

Der Abteilungskommandant von Völkermarkt, Viktor Musil, nimmt die Meldung eines Bundesheersoldaten entgegen. Bild: Walter Fritz, Klagenfurt

Durch den großen Widerstand und die Entschlossenheit der slowenischen Territorialarrnee und der eingesetzten Kräfte der Miliz gelang es diesen, den Vormarsch der jugoslawischen Volksarmee zu stoppen und den regulären Militärkräften empfindliche Niederlagen zuzufügen. Nicht zuletzt auch durch die gute Unterstützung der einheimischen slowenischen Bevölkerung für ihre eigenen Soldaten (Territorialverteidigung und Miliz) wurde die jugoslawische Volksarmee in die Defensive gedrängt und mußte anerkennen, daß gegen die Territorialarmee mit herkömmlichen Mitteln keine militärischen Erfolge zu erzielen waren. Unter anderem wurde auch das Gerücht verbreitet, daß von seiten der jugoslawischen Volksarmee mit Giftgaseinsätzen gedroht worden war, jedoch kam es Gott sei Dank zum Einsatz dieser verheerenden Kampfmittel nicht. Dies hätte auch für Kärnten unabsehbare und schwerwiegende Folgen gehabt.

Durch die Bemühungen der Europäischen Gemeinschaft und die Vermittlungsversuche der EG-Troika gelang es, in der Erklärung von Brioni einen Waffenstillstand herbeizuführen, der ein Moratorium für drei Monate und Verhandlungen über die weiteren Unabhängigkeitsbestrebungen Sloweniens und Kroatiens vorsah. In diesem Moratorium war auch ein Abzug der jugoslawischen Volksarmee aus Slowenien binnen drei Monaten vorgesehen, der dann überraschenderweise schon im Juli begann. Hiebei kam es auch zum Austausch von erbeuteten Waffen und Kriegsgerät zwischen der jugoslawischen Volksarmee und den Behörden der Territorialverteidigung. Durch die Kriegshandlungen in

Größtes Medieninteresse an den Kampfhandlungen im Grenzgebiet.
Bild: Walter Fritz, Klagenfurt

Slowenien sind nach letzten Schätzungen Schäden in der Höhe von rund 50 Milliarden Schilling entstanden, die die wirtschaftlichen Probleme des slowenischen Staates auf dem Weg in die Selbständigkeit wohl noch bedeutend vergrößern werden. Aber trotz allem wurden in diesen Juni- und Julitagen 1991 historische Schritte in Richtung Freiheit und Unabhängigkeit Sloweniens gesetzt. Nicht zuletzt durch die große Tapferkeit und den großen Mut der eingesetzten Kräfte der slowenischen Territorialverteidigung mußte die Miliz Jugoslawiens zur Kenntnis nehmen, daß Slowenien seine Freiheit und Unabhängigkeit mit der Waffe zu verteidigen gewillt ist. Es hat dafür einen hohen Preis gezahlt. Für Österreich und seine Sicherheitspolitik hat dieser Krieg bewiesen, daß das Gerede vom »Abschaffen des Bundesheeres« wohl nur leeres und sinnloses Gewäsch von verantwortungslosen Grünpolitikern gewesen ist. Die sich bei diesem Konflikt ergebenden Fragen einer zukünftigen Strategie für die Bewältigung von Krisen werden sicher noch lange nicht ausdiskutiert sein. Eines ist aber unleugbar: Nur mit einer flexiblen und auf die entsprechende Lage rasch und effizient reagierenden Landesverteidigung kann die Sicherheit Österreichs garantiert werden. Dafür müssen die Mittel vorhanden sein.

Werner Sabitzer

Briefbombenserie, dem Terror keine Chance!

**Die Causa Briefbomben war einer der aufsehenerregendsten und aufwendigsten Kriminalfälle der Zweiten Republik.
Das mutmaßliche »Bombenhirn« steht vor Gericht.**

1. Oktober 1997: Für die beiden Gendarmeriebeamten Arno Schreiner und Bernhard Schwarz war es ein Routineeinsatz. Zwei Frauen hatten sich im südsteirischen Ort Gralla belästigt gefühlt. Ein Mann war in einem Kombi dem Auto der Frauen gefolgt und hatte sich seltsam benommen. Die beiden Gendarmen sahen den Pkw des Unbekannten vor einem Haus, stellten den Streifenwagen ab und stiegen aus. Schwarz stellte sich hinter den Kombi, Schreiner ging zur Fahrerseite und ersuchte den Autofahrer um seine Fahrzeugpapiere. Der Angesprochene zögerte zunächst, stieg danach aus, hielt dem Beamten ein Paket hin und erwiderte: »Da habt's.«

Plötzlich gab es einen Blitz und einen lauten Knall. Schreiner griff sich an sein verletztes Auge. Sein Kollege Schwarz verfolgte den flüchtenden Autolenker. Auch Schreiner, vom ersten Schock erholt, lief dem Unbekannten nach. Die beiden Gendarmen gaben bei der Verfolgung mehrere Warnschüsse ab. Schließlich holten die Beamten den Flüchtenden ein. Beim Versuch, ihm die Handfesseln anzulegen, bemerkte Schwarz, daß es dem Mann beide Hände weggerissen hatte.

Erst jetzt registrierten die Gendarmeriebeamten die Gefährlichkeit der Amtshandlung: Der Angehaltene hatte eine Bombe zur Detonation gebracht.

Splitter hatten sich in das rechte Auge Arno Schreiners gebohrt, sein rechter Unterarm war von Stahlstiften des Sprengkörpers zerschnitten worden, im rechten Oberschenkel steckte ein zwei Zentimeter großer Splitter und Brandwunden bedeckten den Kopf. Sein Kollege Bernhard Schwarz erlitt glücklicherweise nur leichtere Verletzungen am Bauch und am rechten Oberschenkel.

Kurze Zeit später traf Verstärkung ein. Der Bombenbastler wurde als Franz Fuchs identifiziert, ein zurückgezogen lebender Mann aus Gralla. Beamte des Entschärfungsdienstes fanden in seiner Wohnung im Elternhaus Schaltpläne, Zeitverzögerungseinrichtungen, Nitroglycerin, andere Bombenteile und in einem Blumentopf eine gefährliche Sprengfalle mit Verzögerungszünder. Im Topf lag ein Zettel mit der Aufschrift: »Wir wehren uns – Friedrich der Streitbare«.

Als Blumentopf getarnte Sprengfalle: Im Haus des mutmaßlichen Briefbombenattentäters sichergestellt.

Nach den ersten Untersuchungen der sichergestellten Gegenstände und den folgenden Ermittlungen verfestigte sich für die Sicherheitsbehörden folgendes Bild: Die Routinekontrolle der beiden Gendarmeriebeamten hatte zur Verhaftung des mutmaßlichen Brief- und Rohrbombenattentäters geführt, der mit sechs Briefbombenserien und drei Sprengfallen seit 1993 Österreich erschüttert hatte. Eines der aufsehenerregendsten Verbrechen der Zweiten Republik stand vor der Aufklärung.

Der Terror begann am 3. Dezember 1993

Der Hartberger Pfarrer Mag. August Janisch öffnete kurz nach elf Uhr einen Brief. Plötzlich detonierte das Schreiben und verletzte den Priester an der linken Hand und im Gesicht. Kurze Zeit später ging in der Minderheitenredaktion im ORF-Zentrum in Wien-Hietzing eine weitere Briefbombe hoch: Die Redakteurin und Moderatorin der Sendung »Heimat, fremde Heimat« erlitt Verletzungen.

Am nächsten Tag wurde in der Caritas-Zentrale in Wien eine Briefbombe entdeckt. Sie war an den damaligen Leiter von Caritas-Österreich, Mag. Helmut Schüller, gerichtet. Wieder einen Tag später konnten zwei weitere Sprengfallen in der Post abgefangen und entschärft werden. Die Briefbomben waren an den »Slowenischen Kulturverein Artikel 7« in der steirischen Bezirksstadt Bad Radkersburg und an die damalige Klubobfrau der Grünen, Dr. Madeleine Petrovic, adressiert.

Am Abend des 5. Dezember öffnete der Wiener Bürgermeister Dr. Helmut Zilk, gerade von einer Reise zurückgekehrt, in seiner Wohnung in der Naglergasse in der Wiener Innenstadt seine Post. Die Detonation der fünften Briefbombe verletzte den Politiker schwer. Seine linke Hand blieb verstümmelt. Tags darauf gab es eine weitere Verletzte. Die 18-jährige Astrid Bileck, Sekretärin in einer Wiener Rechtsanwaltskanzlei, öffnete einen Brief, der an den »Islamischen Ausländer-Hilfsverein« gerichtet war, jedoch an den Masseverwalter des Vereins zugestellt wurde. Die junge Frau erlitt Verletzungen an den Händen und im Gesicht.

Zehn Briefbomben umfaßte diese erste Attentatsserie. Eine an die Migrationssprecherin der »Grünen«, Nationalratsabgeordnete Terezija Stoisits, adressierte Briefbombe landete irrtümlich im Wiener Handelsgericht und konnte entschärft werden. Bei einer Routinekontrolle wurde in der Post des Bundeskanzleramtes ein an die damalige Frauenministerin Johanna Dohnal gerichteter Sprengsatz entdeckt und ein weiterer brisanter Brief, der für die ARGE Ausländerbeschäftigung der Wirtschaftskammer in Wien bestimmt war, konnte ebenfalls rechtzeitig abgefangen und entschärft werden.

Ab 4. Oktober 1994 – wieder Anschläge

Zehn Monate später wurden die heimtückischen Anschläge fortgesetzt. Am 4. Oktober 1994 wurden im Gastarbeiterreferat der Diözese Feldkirch, im Wieser-Verlag in Klagenfurt und in der Hallein Papier AG

Briefbomben zugestellt. Alle drei Sprengsätze konnten erkannt und entschärft werden – nicht zuletzt aufgrund der eindringlichen Warnungen des Innenministeriums und der Sensibilisierung der Bevölkerung.

Zwei Tage später wurde die vierte Minibombe der zweiten Anschlagserie rechtzeitig entdeckt. Adressiert war der Brief an den Abt des Stifts Wilten in Tirol.

Dritte Briefbombenserie 1995

Bei der dritten Briefbombenserie im Juni 1995 kamen drei Menschen zu Schaden. Am 9. Juni verletzte die Detonation einer Briefbombe in München eine Mitarbeiterin des Privatfernsehsenders »Pro 7«. Das gefährliche Schreiben war für die aus Wien stammende farbige Fernsehmoderatorin Arabella Kiesbauer bestimmt. Am selben Tag wurde in Linz die gebürtige Ungarin Eva Kulmer beim Öffnen einer Briefbombe schwer verletzt. Kulmer betreibt eine Agentur für Partnervermittlung. Fünf Tage später detoniert die dritte Bombe dieser Serie in der norddeutschen Stadt Lübeck. Die Anschrift lautete auf den Vizebürgermeister Lübecks, Dietrich Szameit. Der Geschäftsführer der SPD-Fraktion im Rathaus, Thomas Rother, der den Brief geöffnet hatte, erlitt Verletzungen.

Die nächste Anschlagsserie sorgte am 16. Oktober 1995 für Aufsehen. Der Gemeindearzt von Stronsdorf im nördlichen Niederösterreich, Dr. Mahmoud Abou-Roumie, öffnete in seiner Ordination eine Briefbombe. Glücklicherweise wurde der aus Syrien stammende Mediziner nur leicht verletzt. Schwerere Verletzungen erlitt die Poysdorferin Maria Loley, als sie im Postamt einen an sie adressierten Brief mit einer Sprengladung öffnete. Die ehemalige Fürsorgerin begann 1981 mit Hilfsprojekten. 1992 baute sie ein Hilfsnetz für Kriegsflüchtlinge aus dem ehemaligen Jugoslawien auf. Die 71-jährige Niederösterreicherin ist dafür mehrmals ausgezeichnet worden. Das dritte Schreiben dieser Attentatsserie war an ein aus Südkorea stammendes Ärztehepaar gerichtet. Dieser Brief konnte entschärft werden.

W I R   W E H R E N   U N S !

"Graf Ernst Rüdiger von Starhemberg

Sechs Tage vor der Nationalratswahl ereignete sich die Briefbombenserie Nummer Fünf: Am 11. Dezember 1995 detonierten in einem Postkasten in Graz-Gösting zwei Briefbomben, zwei weitere konnten vom Entschärfungsdienst sichergestellt werden. Durch einen besonders heimtückischen Zünder detonierten diese beiden Sprengkörper während des Transports nach Wien. Adressaten der vier Briefe waren das Flüchtlingshochkommissariat (UNHCR) in Wien, eine in der Bundeshauptstadt lebende indische Familie, eine von einem Grazer betriebene Partnervermittlungsagentur in der ungarischen Stadt Güns sowie Angela Resetarits, die aus einer überwiegend kroatisch sprachigen Ortschaft im Burgenland stammende Mutter des Kabarettisten Lukas, des Sängers Willi (»Kurt Ostbahn«) und des ORF-Redakteurs Peter Resetarits (»Am Schauplatz«).

9. Dezember 1996 – letzte Briefbombe

Ein knappes Jahr später gab es die letzte Briefbombe. Ein sprengstoffkundiger Sicherheitswachebeamter (SKO) der Wiener Polizei stellte am 9. Dezember 1996 in Wien einen verdächtigen Brief sicher. Bei der Untersuchung detonierte der Sprengsatz und verletzte den Beamten an den Fingern leicht. Adressiert war das Schreiben an die Schriftstellerin Lotte Ingrisch, der Stiefmutter des damaligen Innenministers.

Besonders heimtückisch waren die Sprengfallen von Klagenfurt und Oberwart, als deren Hersteller auf Grund der Beweise und Indizien ebenfalls Franz Fuchs gilt.

In der Nacht auf den 24. August 1994 wurde auf dem Gelände der zweisprachigen Rennerschule im Klagenfurter Stadtteil St. Peter ein verdächtiges Rohr entdeckt. Der im Erkennen von Sprengsätzen ausgebildete Sicherheitswachebeamte Theodor Kelz und zwei Kollegen brachten das PVC-Rohr mit dem Funkwagen zum Klagenfurter Flughafen, um es in der Gepäck-Röntgenstraße des Airports zu durchleuchten. Eine perfide Kombination aus Zeit- und Rüttelzünder ließ den Sprengsatz im Flughafengebäude detonieren. Kelz wurden beide Unterarme weggerissen, die beiden anderen Sicherheitswachebeamten wurden leicht verletzt. Theodor Kelz versieht inzwischen wieder Dienst in der Polizeidirektion Klagenfurt, mit seinen Armprothesen kann er auch wieder seinem Hobby nachgehen, dem Motorrad fahren.

Kreuze, Blumen und ein Mahnmal erinnern an die vier Ermordeten von Oberwart.

Roma-Siedlung bei Oberwart.

Trauriger Höhepunkt des Terrors war die Sprengfalle von Oberwart. In der Nacht auf den 4. Februar 1995 wurden in der Nähe der Roma-Siedlung außerhalb von Oberwart vier Angehörige der Roma-Minderheit durch eine Detonation getötet. Die Bombe war einem Verkehrszeichen nachempfunden, an einer Tafel stand »Roma zurück nach Indien«. Am nächsten Tag wurde in Stinatz, einem kroatischsprachigen Ort unweit von Oberwart, ein Umweltarbeiter von einem weiteren getarnten Sprengsatz an der Hand schwer verletzt.

Die Terrorserie umfaßte insgesamt 25 Briefbomben, eine Rohrbombe und zwei Sprengfallen. Vier Menschen wurden bei diesen Anschlägen getötet und 15 Personen verletzt, zum Teil schwer.

Die Fahndung nach den Attentätern – in einer Reihe von Bekennerbriefen wurde als Urheber eine »Bajuwarische Befreiungsarmee« (BBA) genannt – gestaltete sich zu einer der langwierigsten und umfangreichsten in der Geschichte der Zweiten Republik und stellte das Innenressort vor eine große Belastungsprobe. Die Exekutive stand dieser neuen Dimension des Terrors zunächst unvorbereitet gegenüber. Es fehlte an Erfahrung in der Bewältigung von Ausnahmesituationen dieser Art – aber auch an Ausrüstung und spezifischer Ausbildung. Dieses Manko wurde im Laufe der Ermittlungen ausgeglichen. Die Probleme bei der Fahndung, durch die es auch zu Fehlern kam, wurden nach und nach überwunden.

Spurensuche mit Metalldetektoren nach Bombenteilen.

Die Tätersuche konzentrierte sich aufgrund der Bekennungen und der Auswahl der Opfer der ersten Briefbombenserie zunächst auf die rechtsradikale Szene. Mitte Dezember 1993 wurden zwei Rechtsextremisten als mutmaßliche Urheber der Attentate bzw. Beteiligte an den Anschlägen festgenommen. Die beiden Männer wurden zwar wegen nationalsozialistischer Wiederbetätigung zu mehrjährigen Haftstrafen verurteilt; in der Briefbombencausa erfolgte allerdings ein Freispruch.

Anfang 1995 setzte sich unter den Ermittlern die Überzeugung durch, hinter den Anschlägen könnte ein Einzeltäter oder eine sehr kleine Gruppe stehen, die nicht unbedingt der rechtsradikalen Szene angehörten. Am 7. März 1995 wurde ein erstes Täterprofil veröffentlicht – zugeschnitten auf eine Gruppe von drei Personen. Für sachdienliche Hinweise wurde eine Belohnung von zehn Millionen Schilling ausgesetzt.

Im Herbst 1995 wurde die Sonderkommission Briefbomben gebildet und räumlich von der Einsatzgruppe zur Bekämpfung des Terrorismus (EBT) getrennt. Für die Medienarbeit in der Briefbombencausa wurde ein eigener Pressesprecher eingesetzt. In allen staatspolizeilichen Abteilungen wurden Verbindungsbeamte für die Soko installiert. Dadurch wurde die Zusammenarbeit mit den nachgeordneten Dienststellen entscheidend verbessert.

Neue Ermittlungsmethoden: Bei der aufwendigen Fahndung wurden neue Wege beschritten und einzigartige Ermittlungsmethoden eingesetzt wie die »Aktion Briefkästen«, die Restwasseruntersuchung und eine vor allem in Zusammenarbeit mit dem Kriminalpsychologen Mag. Thomas Müller ausgearbeitete psychologisch ausgeklügelte Kommunikationstaktik mit dem bzw. den Täter(n).

Anfang 1996 wurde ein elektronisches Gerät entwickelt, das durch Abgabe eines Impulses den Sensor einer mit einem Funksensor ausgestatteten Briefbombe betätigen und dadurch den Sprengsatz detonieren lassen sollte. Damit sollten Postbedienstete und mögliche Adressaten von Briefbomben vor der Sprengwirkung geschützt werden.

Unter größtmöglicher Geheimhaltung statteten Beamte des Gendarmerieeinsatzkommandos, die in Postuniformen und mit Postautos unterwegs waren, 2.000 Postkästen in Niederösterreich und der Steiermark mit diesen Geräten aus. Die Postkästen waren aufgrund der Vorgangsweise des Täters bzw. der Täter ausgewählt worden. Im Falle des Einwurfs einer Briefbombe mit Funksensor wäre der Sprengkörper im Briefkasten detoniert.

In einem der präparierten Briefkästen im steirischen Ort Weißkirchen wurde am 27. September 1996 ein verschlüsseltes Schreiben an das Nachrichtenmagazin »profil« eingeworfen. Der Brief enthielt allerdings keinen Sprengsatz.

Ab 1996 wurde über Printmedien und via Fernsehen verstärkt versucht, mit dem oder den Täter(n) zu kommunizieren und ihn bzw. sie unter Druck zu setzen. Im November 1996 erschien ein Buch zum Thema »Briefbomben«, das aus dem Bundesministerium für Inneres unterstützt worden war, die Einzeltätertheorie vertrat und ein akzentuiertes Täterprofil entwarf.

Im Dezember 1996 wurde ein in der Geschichte der Kriminologie einzigartiger Versuch gestartet, die Herkunft des Wassers festzustellen, mit dem die Mörtelmischung des Sockels der Sprengfalle in Oberwart angerührt worden war.

Ein Forscher aus Deutschland kam auf die Idee, das Restwasser auszuscheiden und molekularphysikalisch zu untersuchen. Später wurden zu diesem Projekt auch österreichische Wissenschaftler zugezogen und zuletzt die Atomenergiebehörde befaßt. Im Frühjahr 1997 gab es ein konkretes Ergebnis: Die Herkunft des Wassers konnte geographisch auf sieben burgenländische und steirische Bezirke eingegrenzt werden – mit Schwerpunkt Leibnitzer Becken.

Ab März 1995 wurde der Straßenverkehr stärker überwacht, und bei Planquadraten wurden die Kofferräume der angehaltenen Autos durchsucht, um den Täter auf seinen Fahrten durch Österreich unsicher zu machen.

Im Zuge der Fahndung nach den Bombenlegern verstärkte sich die Forderung des Innenministeriums zur Schaffung der rechtlichen Grundlagen für den automationsunterstützten Datenabgleich (»Rasterfahndung«) und das elektronische Abhören (»Lauschangriff«). Am 10. Juli 1997 wurde das Gesetz über die besonderen Ermittlungsmethoden im Parlament beschlossen, am 1. Oktober 1997 ist mit der Möglichkeit der Rasterfahndung der erste Teil dieses Gesetzes in Kraft getreten.

Die Briefbombencausa wäre der erste Fall eines automatischen Datenabgleichs in Österreich gewesen. Die Soko Briefbomben hatte bereits alle Vorbereitungen für eine Rasterfahndung in jenen sieben Bezirken getroffen, die aufgrund der Restwasseruntersuchung in Frage gekommen wären. Die Rasterfahndung erübrigte sich jedoch mit der »Bombe von Gralla« und der Verhaftung des mutmaßlichen Attentäters. Innenminister Mag. Karl Schlögl zeigte sich überzeugt, daß die Exekutive mit der Rasterfahndung aufgrund der genauen Vorgaben auf Franz Fuchs gestoßen wäre.

Die Festnahme des mutmaßlichen Bombenhirns sei nicht nur Glück und Zufall gewesen, berichtete der Innenminister in einer Rede über die Aufklärung der Anschläge am 13. Mai 1998 vor dem Nationalrat. Die Verhaftung sei »auch das Ergebnis der konsequent eingehaltenen Strategie, den Täter unter Druck zu setzen, ihm das Gefühl zu vermitteln, die Sicherheitsbehörden seien ihm bereits auf der Spur«, so Schlögl. Die Aussage des psychiatrischen Sachverständigen in der Hauptverhandlung werde beweisen, daß diese Strategie aufgegangen sei. »Tatsächlich begann Franz Fuchs schon im November 1996, ihn belastendes Material zu vernichten. Er notierte die Kennzeichen von Autos, durch die er sich verfolgt fühlte und vermied es zuletzt immer mehr, das Haus zu verlassen. Am meisten Angst hatte er – wir wissen dies alles aus seinen Aussagen – vor der Rasterfahndung, deren Effizienz er als Techniker und EDV-Fachmann hoch einschätzte. Dies alles führte schlußendlich zu der bekannten Überreaktion dieses Mannes bei der Kontrolle durch die Gendarmerie«, berichtete der Minister dem Parlament.

Schlögl wies auch die schweren Vorwürfe zurück, die im Lauf der Briefbombenermittlungen immer wieder gegen das Innenministerium und die Sicherheitsexekutive erhoben worden seien: »Die Sicherheitsexekutive hat gezeigt, daß sie aus Fehlern lernen und die notwendigen Konsequenzen ziehen kann. Dies hat sie unter anderem in der professionellen Aufarbeitung des Falles Fuchs gezeigt. Die Beamten der Sonderkommission und der anderen beteiligten Organisationseinheiten haben unter jahrelangem physischen und psychischen Druck mit größter Genauigkeit und Objektivität gearbeitet. Sie sind penibel allen Spuren und Hinweisen nachgegangen und haben sich auch durch zahlreiche Trittbrettfahrer nicht aus dem Konzept bringen lassen.«

Erhebungen in 1.525 Aktenordnern

Die Vollanzeige der Soko Briefbomben an die Staatsanwaltschaft hat 947 Seiten. Das Ermittlungsergebnis, das von den Beamten der Sonderkommission zusammengetragen wurde, umfaßt rund 400.000 Seiten in 1.525 Aktenordnern. Seit Beginn der Ermittlungen im Dezember 1993 gab es 103 Hausdurchsuchungen und 54.000 Personenüberprüfungen. Die Beamten der Soko Briefbomben und der anderen Behörden gingen knapp 10.000 Hinweisen nach. Die Ermittlungen ergaben, daß Franz Fuchs die Anschläge mit größter Wahrscheinlichkeit allein verübt hatte. Es wurden keine Anhaltspunkte auf allfällige Mittäter oder Helfer gefunden.

Der Tatverdacht gegen Franz Fuchs beruht laut dieser Anzeige auf Sachbeweisen und einer dichten Indizienkette. So stimmt die Auswertung der sichergestellten Schaltpläne, elektrischen Meßreihen sowie Beschreibungen zum Aufbau von Briefbomben und anderer Sprengvorrichtungen mit dem Ergebnis der kriminaltechnischen Untersuchungen einiger Anschläge überein. Bei den im Haus des mutmaßlichen Attentäters sichergestellten elektronischen Bauteilen, Schaltungen, Sprengfallen und Zündauslösern gibt es einen engen Zusammenhang mit der Bauweise der zwischen 1993 und 1996 detonierten Sprengvorrichtungen. Die in der Wohnung des Verdächtigen sichergestellten Sprengstoffe Nitroglycerin, Nitrozellulose sowie die Initialsprengstoffe Silberfulminat und Quecksilberfulminat wurden bei den Anschlägen verwendet. Bei den sichergestellten Schriftstücken gibt es Übereinstimmungen mit Bekennerschreiben.

Tatmotiv dürften Minderheiten- und Fremdenfeindlichkeit, Deutschtümelei sowie Ablehnung der staatlichen Institutionen, insbesondere der Sicherheitsexekutive und der Justizbehörden sein.

Innenminister Mag. Karl Schlögl: »Terror – ob aus politischen oder anderen Gründen – darf und wird in Österreich keine Chance erhalten.«

Für Bundesminister Karl Schlögl wurde mit der Verhaftung des mutmaßlichen Bombenhirns und den Ermittlungen »ein wichtiger Schritt zur Bekämpfung des Terrorismus gesetzt«. In seiner Parlamentserklärung bedankte sich der Minister für »die ausgezeichnete Arbeit der Exekutive in den letzten Jahren und für die intensiven und engagierten Ermittlungen zur Aufklärung der entsetzlichen Attentate«. Allen Mitarbeiterinnen und Mitarbeitern der Sicherheitsbehörden gebühre die Anerkennung für ihren Einsatz und ihre über das übliche Maß hinausgehende Motivation zur Klärung der Anschläge. »Ich möchte insbesondere der Sonderkommission Briefbomben, der Einsatzgruppe zur Bekämpfung des Terrorismus und der Staatspolizei für ihr Engagement und ihr professionelles Vorgehen danken.« Schlögl erwähnte auch die ausgezeichnete Kooperation und Unterstützung durch die Justizbehörden und die Mithilfe der Bevölkerung, aus der Tausende Hinweise an die Sicherheitsbehörden herangetragen worden waren. Der Minister wies darauf hin, daß sich die Österreicherinnen und Österreicher »einig gegen politisch motivierte Gewalttaten gestellt und jeder Art des Terrorismus, der Einschüchterung und des Fremdenhasses eine deutliche Absage erteilt« hätten. Schlögl: »Terror – ob aus politischen oder anderen Gründen – darf und wird in Österreich keine Chance erhalten.«

Der Generaldirektor für die öffentliche Sicherheit, Mag. Michael Sika, ist überzeugt, daß der Kriminalfall Briefbomben »weltweit in die Geschichte der Kriminologie eingehen« wird: »Erstens durch die psychologische Strategie, um den unbekannten Täter unter Druck zu setzen, und zweitens durch die geniale Idee der Restwasseruntersuchung. Sie brachte eine geographische Einengung, die einer Rasterfahndung ganz sicher eine Chance gegeben hätte.«

Gerald Hesztera

Die Gendarmerie im Auslandseinsatz

Bereits kurz nach der Entstehung der UNO im Jahre 1945 wurde von der internationalen Staatengemeinschaft versucht, Frieden zwischen oder in souveränen Staaten mit militärischen Mitteln zu erhalten bzw. zu erreichen.

Schon nach den ersten UNO-Einsätzen zeigte sich, daß Militär zwar Frieden schaffen, jedoch nicht sichern konnte.

In Krisengebieten war fast grundsätzlich der Verfall der öffentlichen Ordnung und Sicherheit festzustellen. Dies erschwerte, ja verhinderte sogar die Rückkehr zur normalen Friedensordnung.

Um eine dauerhafte Beruhigung in Krisengebieten zu erzielen, wurde von der UNO der Plan geboren »United Nations Civilian Police« – abgekürzt UNCivPol – einzusetzen.

Civilian Police war dabei ein verwirrender Name. Nahm und nimmt man doch an, daß es sich dabei um Polizisten in Zivil, also Kriminalbeamte handeln muß. Dem ist aber nicht so; UNCivPol verrichtet in den Uniformen ihrer Herkunftsländer Dienst. Das Wort »Civilian« soll vor allem zur Unterscheidung von der auch eingesetzten Military Police dienen – Militärpolizei, die für Ordnungsfunktionen innerhalb der Heereseinheiten sorgen.

Für Österreich begann 1964 der erste Einsatz von UNCivPol. Im Jahr davor war es in Zypern zu schweren inneren Unruhen zwischen der türkischen und der griechischen Volksgruppe gekommen. Der UNO-Kommandant vor Ort schlug daraufhin den Einsatz von UNCivPol vor, um die Sicherheitssituation wieder zu stabilisieren.

Österreich beteiligte sich mit 33 Gendarmen und Polizisten an dieser Mission.

Aufgabe in Zypern war es, mit der lokalen Polizei auf der operativen Ebene zusammenzuarbeiten. Dadurch sollten Mißverständnisse, vor allem aber Übergriffe verhindert werden.

Diese Aufgabe wurde sehr lange gut gemeistert. Nach der türkischen Invasion im Jahr 1974 änderte sich aber die Sicherheitslage vollkommen. Nun standen sich zwei ethnisch getrennte Volksgruppen gegenüber, die durch UNO-Militär auseinandergehalten wurden. Für polizeiliche Aufgaben blieb dabei nicht mehr viel Platz. UNCivPol wurde daher reduziert und auch das österreichische Kontingent kehrte im Jahre 1977 heim.

Schon diese erste Mission zeigte einen Mangel der CivPol, der bis zum heutigen Tage nicht behoben werden konnte: Im Gegensatz zum Militär verfügt die Exekutive über keine stehenden Verbände für Auslandseinsätze. Und im Gegensatz zum Militär, dessen Tätigkeit sich im Frieden auf die Ausbildung beschränkt, gibt es auf der ganzen Welt keine Polizeieinheit, die sich über Arbeitsmangel beklagt.

Gleichzeitig ist es auch innerhalb der Bevölkerung viel schwieriger, Verständnis für diese Einsätze zu gewinnen – die Sicherheit im eigenen Land geht vor.

Die politische Situation Ende der siebziger und in den achtziger Jahren schloß weitere Polizeieinsätze aus. Erst mit dem Zusammenbruch des Kommunismus war wieder ein erfolgversprechender Neubeginn möglich.

Insbesondere da sich nun der Schwerpunkt auf die Friedenssicherung verlegte. Waren zuvor Konflikte zwischen verschiedenen Staaten am häufigsten gewesen, so wandelte sich das Bedrohungsbild nun immer mehr zu innerstaatlichen Konflikten.

Zuvor war es möglich gewesen, Truppen zwischen die beiden Streitparteien zu stellen und dadurch eine weitere Eskalation zu verhindern. Dies war nun nicht mehr möglich, die Gegner saßen im gleichen Land, oft in denselben Ortschaften und waren nicht voneinander zu trennen.

In solchen Konflikten konnte das Militär nur mehr beschränkt stabilisierend wirken. Die Folge war, daß die zivile Komponente der UNO wie z. B. UNHCR, vor allem aber UNCivPol größere Bedeutung erlangten.

Auf Patrouille im Urwald von Kambodscha. *Bild: F. Katschnig*

Der Einsatz in Namibia in den Jahren 1989 bis 1990 markierte daher nicht nur für Österreich eine Wende, sondern auch für die UNO. Für Österreich war es der Wiedereinstieg in die internationale Tätigkeit, für die UNO der Beginn einer langen Reihe von CivPol-Einsätzen.

Die UNO-Mission in Namibia (UNTAG) ist der erste Einsatz überhaupt, der als »richtiger« CivPol-Einsatz angesehen werden kann. Das dabei verwendete Modell eines UNCivPol-Einsatzes ist bis zum heutigen Tage gleich geblieben und ist Vorbild für beinahe alle anderen Einsätze.

Grundlage für die Mission in Namibia war, daß ein relativ absehbares und greifbares Ziel – in diesem Fall die Abhaltung einer Wahl und die Entstehung Namibias als souveräner Staat – vorhanden war. Außerdem waren sich alle beteiligten Parteien mehr oder minder einig, Wahlen unter der Oberhoheit der UNO zu akzeptieren.

Um diese Wahlen frei und fair zu gestalten, war es notwendig, die lokale Polizei, die von Südafrika aufgebaut worden war, zu überwachen. Gleichzeitig waren aber auch die »zivilen« SWAPO-Aktivitäten zu kontrollieren.

Die CivPol-Komponente war daher dadurch charakterisiert, daß sie unbewaffnet als eine Art Mediator ohne jegliche Exekutivgewalt eingesetzt war. Ihre Aufgabe war es, durch »Monitoring« der lokalen Polizei bzw. der verschiedenen anderen bewaffneten Gruppen die Menschenrechte zu garantieren. Überdies dienten die UNCivPol-Stationen als Anlaufstelle für Beschwerden der Bevölkerung gegen Polizei, Justiz oder andere Funktionsträger. Im Falle von Menschenrechtsverletzungen hatte UNCivPol nicht direkt einzugreifen, sondern (zumindest in der Theorie) ausschließlich zu berichten. Endziel war es, die Voraussetzungen für freie und faire Wahlen zu schaffen.

Im Zuge der Wahlen wurden dann auch andere Tätigkeiten, insbesondere solche der Wahlbeobachtung bzw. der Wahlüberwachung übernommen.

Das in Namibia angewandte Einsatzmuster wurde in der Folge nur für neue Missionen adaptiert und erweitert. So stand zum Beispiel in El Salvador das Training der lokalen Polizei im Vordergrund, in Bosnien-Herzegowina hingegen kann man nicht von einem absehbaren und greifbaren Ziel sprechen.

An eine Besonderheit der UNO-Einsätze mußte man sich ebenfalls gewöhnen – UNCivPol verrichtet ihren Dienst grundsätzlich unbewaffnet.

Dies barg natürlich handfeste Nachteile in sich: das gewaltsame Durchsetzen von Recht und Ordnung wird unmöglich gemacht, ja sogar eine Selbstverteidigung von UNCivPol ist weitestgehend ausgeschlossen.

Es gibt aber auch einen unbestreitbaren Vorteil: die Neigung zu Gewalt gegenüber CivPol ist vergleichsweise geringer als gegenüber der bewaffneten Militärkomponente. Österreichische CivPol wurden zum Beispiel nur in Missionen direkt angegriffen, in denen das Tragen von Waffen vorgeschrieben war. Es ist außerdem fraglich, was eine leichte Polizeibewaffnung gegen einen hochgerüsteten Gegner ausrichten könnte.

Der »Namibia-Typ« ist auch heute noch die Grundlage für UNCivPol-Missionen, d. h. alle derzeit laufenden Einsätze entsprechen diesem Muster.

Bei diesem ersten Einsatz zeigten sich aber auch einige Probleme, an denen UN-Einsätze zum Teil bis zum heutigen Tage kranken.

Auf Grund der spezifischen Tätigkeit als Polizeibeamte in ihrem Heimatland sollten UNCivPol über hohes professionelles Können und eine besondere persönliche Eignung verfügen. Da in den meisten Fällen eine der wesentlichsten Aufgaben die Überwachung der lokalen Polizei ist, müssen die professionellen Fähigkeiten sogar besonders hoch sein.

Zusätzlich müssen sich die Beamten schnell an das Missionsland gewöhnen und zumindest über sehr gute Kenntnisse der Missionssprache – zumeist Englisch – verfügen.

Dieses hohe Niveau wurde in Namibia, aber auch den folgenden Missionen nie vollkommen erreicht. Sehr oft mußte festgestellt werden, daß ein erheblicher Teil, das heißt mindestens 50 % der eingesetzten Polizisten, nicht über die erforderlichen Fähigkeiten verfügte. Polizeibeamte, die über keinerlei Englischkenntnisse verfügten und/oder die noch nie ein Fahrzeug gelenkt hatten, waren bei den ersten Missionen keine Seltenheit. Ja sogar Polizeibeamte, deren eigentlicher Beruf Soldat war, waren nur zu häufig anzutreffen.

Aufnahmeprüfungen im Missionsgebiet und Vorselektionen in truppenstellenden Staaten sorgen dafür, daß sich die Qualität der eingesetzten Polizisten rapide verbessert hat.

Der Namibiaeinsatz überraschte die zuständigen Stellen im Innenministerium. Zwar waren die personellen Kapazitäten für die Aufstellung eines Kontingentes vorhanden, nicht aber die erforderliche Logistik im Ministerium selbst.

Der letzte Einsatz in Zypern lag lange zurück – auf Erfahrungen, die man dort gemacht hatte, konnte man nicht zurückgreifen. Nichtsdestoweniger mußten innerhalb von kürzester Zeit Beamte ausgewählt, ausgebildet und ausgerüstet werden. Nebenbei mußte die politische Situation im Einsatzland analysiert und Kontakt mit dem Außenamt und der UNO gehalten werden.

Vorerst wurde versucht, diese Aufgaben einer Stelle der zivilen Verwaltung anzuvertrauen, dies bewährte sich aber nur kurze Zeit und so suchte man nach einer Alternative. Gefunden wurden sie im Gendarmeriezentralkommando und in der Person von Oblt Strohmeyer, der sich innerhalb kürzester Zeit in den Koordinator für Auslandseinsätze verwandelt sah.

Ohne entsprechende Ressourcen aber mit Tatkraft organisierte er praktisch im Alleingang den ersten UNO-Einsatz.

Erfolgreich, denn in vielen Bereichen, zum Beispiel dem Standard der Ausrüstung und Bekleidung, legte Österreich damals Maßstäbe vor, die von vielen anderen Nationen zehn Jahre später noch nicht erfüllt wurden.

Erfolgreich auch deswegen, da dem Namibiaeinsatz sofort neuerliche Anforderungen der UNO an Österreich folgten.

Es wäre zuviel, würde man über alle Einsätze genau berichten, daher seien nur einige Höhepunkte hervorgehoben.

Ein solcher Einsatz war der österreichischer Gendarmen und Polizisten als UN-Guards im Nordirak.

Im Jahr 1991 wurde nach Beendigung der Operation »Wüstensturm« und den anschließenden Kämpfen zwischen irakischen Truppen und Kurden im Nordirak UN-Schutzzonen für Kurden eingerichtet. Auf Grund der mangelhaften Versorgungssituation war es erforderlich, die dorthin vertriebenen Kurden durch Hilfstransporte zu versorgen.

Da auf diese Hilfstransporte Anschläge zu befürchten waren, wurde von der UNO das UNGCI (United Nations Guard Contingent) aufgestellt.

Die Struktur dieses Kontingentes orientierte sich an den Bewachungseinheiten der drei UNO-Hauptsitze, als Personal wurden UN-Guards aus New York, Genf und Wien sowie Polizisten und Soldaten aus mehreren UNO-Mitgliedsstaaten rekrutiert.

Einsatz in Irak, Josef Nothdurfter in einem kurdischen Dorf.
Bild: Josef Nothdurfter

Im Gegensatz zum Einsatz in Namibia waren die Guards bewaffnet. Auf Grund des mit dem Irak abgeschlossenen Memorandum of Understanding beschränkte sich diese Bewaffnung jedoch auf Faustfeuerwaffen, was für die gestellte Aufgabe vollkommen unzureichend war.

Die Tätigkeit von UNGCI beschränkte sich, wie schon gesagt, auf die Begleitung und Bewachung der Hilfstransporte. Später kam dann auch noch die Beratung von UNO-Agencies und NGOs in Sicherheitsfragen dazu.

Wie sich zeigte war der Einsatz eines Guard Contingent relativ erfolglos. Zwar wurde der Hauptzweck des Einsatzes, nämlich die Sicherung der Hilfsgüter, zumindest teilweise erfüllt – wenngleich dieser Erfolg immer vom Gutdünken der lokalen Warlords abhängig war – die bei den Guards entstandenen Verluste rechtfertigten diese Erfolge jedoch nicht (alleine Österreich, das über 4 Jahre 20 Gendarmen und Polizisten stationiert hatte, mußte vier durch Waffenwirkung schwerverletzte Beamte beklagen).

Im Irak zeigte sich, daß äußerst schwach bewaffnete Polizisten nicht ausreichen, um Einrichtungen bzw. Transporte zu bewachen, an deren Zerstörung eine oder mehrere Konfliktparteien ein vitales Interesse haben. De facto wurde versucht, um eine neuerliche politische bzw. militärische Konfrontation zu vermeiden, einen klassischen Militäreinsatz in der »Light-Version« durchzuführen.

Der UNGCI-Einsatz ist bis jetzt der einzige Einsatz seiner Art geblieben. Pläne, die noch vor wenigen Jahren gewälzt wurden, ein eigenes Guard Contingent als eine Art »UNO-Polizei« aufzustellen, haben sich als unrealistisch erwiesen und daher in Luft aufgelöst.

Eine vollkommen andere Art des Dienstmachens lernten die Österreicher in Haiti kennen.

Im Jahr 1995 wurde vom Sicherheitsrat der Vereinten Nationen beschlossen, eine Mission in Haiti zu errichten. Aufgabe der CivPol-Komponente war es, die lokale Polizei zu überwachen bzw. auszubilden und ein funktionierendes Sicherheitssystem aufzubauen. Im Gegensatz zu den früheren UN-Missionen waren die UNCivPol nicht nur bewaffnet, sondern auch ermächtigt, gemäß dem geltenden haitianischen Recht Exekutivgewalt auszuüben.

UNCivPol wurden daher gemeinsam mit ihren zumeist erst kurz zuvor aufgenommenen und ausgebildeten haitianischen Kollegen eingesetzt. Im gemeinsamen Dienst sollte durch Vorbildwirkung bzw. Kontrolle eine Verbesserung der Qualität des polizeilichen Einschreitens erzielt werden.

Der Haiti-Einsatz zeigte ebenfalls einige der CivPol auferlegten Limitationen. Zwar war der Ansatz durchaus positiv – nämlich die Übernahme von Exekutivgewalt durch CivPol – er wurde aber nicht in seiner ganzen Intensität erfaßt.

RevInsp Katschnig bewacht mit einer kanadischen Kollegin ein Lebensmittellager in Haiti. *Bild: F. Katschnig*

Übernahme der Exekutivgewalt setzt voraus, daß ein funktionierendes Rechtssystem besteht oder ein solches zumindest aufgebaut wird. Gerade im Falle Haitis verließ man sich jedoch vollkommen auf die vorhandenen unzureichenden Justizstrukturen. Auch die Zusammenarbeit mit der lokalen Polizei konnte in dieser Form nicht vollkommen funktionieren. Vor allem die beinahe unüberwindlichen Sprachschwierigkeiten erschwerten eine gedeihliche Zusammenarbeit.

Grundvoraussetzung für einen erfolgreichen CivPol Einsatz ist immer ein funktionierendes, vor allem aber haltbares Memorandum of Understanding zwischen allen Konfliktparteien und der UNO, in dem auch die Rolle von UNCivPol festgelegt wird und ihre Aufgaben klar definiert werden.

Außerdem ist CivPol – im Gegensatz zur landläufig geäußerten Meinung – auf Grund ihrer Struktur, des unbewaffneten Auftretens und ihrer Ausbildung, nicht fähig in einem Kriegs- oder Krisengebiet Frieden zu schaffen. Das von der UNO oft als Endziel einer Mission angesehene »Peaceful and stable environment« ist daher eigentlich eine Grundvoraussetzung für einen CivPol-Einsatz.

Aufgabe von CivPol ist es, eine zivile lokale Polizeiverwaltung aufzubauen oder eine bestehende Polizei zu überwachen bzw. auszubilden. Diese lokale Polizei soll dadurch einerseits ihr polizeiliches Handeln in Einklang mit den Menschenrechten bringen, andererseits soll ausschließlich durch die lokale Polizei ein Höchstmaß an ziviler Sicherheit gewährleistet sein.

Liegengebliebenes Polizeifahrzeug in Mosambique. *Bild: F. Katschnig*

UNCivPol ist daher ein Instrument, um in einem Land, in dem bereits militärische Stabilität herrscht, die Sicherheit der Bevölkerung vor Menschenrechtsverletzungen zu gewährleisten. Ob diese Stabilität durch einen Friedensvertrag zwischen den Streitparteien (wie zum Beispiel in Mosambique) oder durch starke internationale Truppenpräsenz (wie zum Beispiel in Bosnien-Herzegowina) erreicht wurde, ist dabei gleichgültig.

Trotz der Verschiedenheit der Einsätze, den immer neuen Anforderungen, blieb eines gleich – die konstant guten Leistungen der österreichischen Beamten. Die Österreicher zeichneten sich vor allem durch außerordentliche Professionalität, Motivation und Anpassungsfähigkeit aus. Sie sind dadurch immer im Spitzenfeld der Missionen zu finden.

Dies zeigt sich auch dadurch, daß Österreichern überproportional häufig hohe und höchste Funktionen im Rahmen der UNO-Hierarchie angeboten werden.

Erwähnt sei hier nur, daß Österreich den Commissioner in Ruanda (Obst Bliem, LGK Vbg), in der Westsahara (Bgdr Fallmann, BPD Graz) und in Ostslawonien (GL Fallmann, BPD Graz) stellte.

Ermöglicht wurden diese Spitzenleistungen auch durch den entsprechenden Rückhalt im Innenministerium. Im Jahr 1995 wurde nach langem Ringen ein eigenes Referat für Auslandseinsätze geschaffen, das bei der Abt II/4 des Gendarmeriezentralkommandos angesiedelt ist.

Hier werden gemeinsam mit dem Außenamt die Vorbereitungen für den österreichischen Ministerrat getroffen, Kontakt mit internationalen Organisationen gehalten, geeignete Beamte aus hunderten Bewerbern ausgesucht, die Freiwilligen ausgerüstet und in mehrwöchigen Kursen ausgebildet sowie die Kontingente entsandt und im Einsatzgebiet betreut.

Um die gleiche Behandlung aller Beamten im Auslandseinsatz zu gewährleisten, ist in diesem Fall die Gendarmerie auch für Angehörige der Gruppe Bundespolizei zuständig.

Auch in Zukunft wird sich die Entsendung österreichischer Gendarmen und Polizisten zu internationalen Einsätzen nicht verringern. Eher das

Gegenteil ist der Fall: bedingt durch die immer lauter werdenden Rufe nach einem verstärkten Engagements Österreichs wurde im Jahr 1998 die für Auslandseinsätze zur Verfügung stehende Beamtenzahl sogar aufgestockt.

Bibliographie

Erwin A. SCHMIDL, Police in Peace Operations. (Wien 1998)

Erwin A. SCHMIDL (Ed.), Peace Operations between Peace and War: Four Studies. (Wien 1998)

Gerald HESZTERA, Die österreichische Exekutive im internationalen Einsatz – rechtliche Probleme und Aufgabenstellungen. In: Aktuelle Probleme des Wehrrechtes – 14. Seminar. (Wien 1997)

Gerald HESZTERA, Die Zukunft der Civilian Police im Rahmen der OSZE. In: Dieter LUTZ, OSZE-Jahrbuch 1998. (Baden-Baden 1998) 265–275

Gerald HESZTERA, Civilian Police im internationalen Einsatz: Die öst-erreichische Erfahrung. In: S+F. Vierteljahresschrift für Sicherheit und Frieden. Jg. 16, Heft 1. (Baden–Baden 1998) 19–21

UN-Missionen

An folgenden UN-Missionen sind bzw. waren österreichische Polizei- und Gendarmeriebeamte beteiligt:

UNFICYP (United Nations Forces in Cyprus)

Beteiligung österreichischer Exekutivbeamter vom 14. 04. 1964 bis 27. 07. 1977

Eingesetzte Beamte: 276 (ohne Mehrfacheinsätze)

Aufgaben:

Überwachung der örtlichen Polizei, Patrouillentätigkeit, Rückführung von Flüchtlingen, Zusammenarbeit mit der UN-Militärkomponente, Begleitung von Konvois

UNTAG (United Nations Transition Authority Group)

Dauer des Einsatzes: März 1989 bis 04. 04. 1990

Stärke des Kontingentes: 50 Beamte

Eingesetzte Beamte: 80

Aufgaben:

Überwachung der örtlichen Polizeikräfte, Rückführung von Flüchtlingen, Registrierung der Wähler, Beobachtung der freien und fairen Wahlen, Begleitung und Schutz des UN-Wahlteams

UNGCI (United Nations Guard Contingent in Iraq)

Dauer des Einsatzes: 13. 07. 1991 bis 19. 09. 1992 und 28. 01. 1993 bis 02. 05. 1995

Stärke des Kontingentes: 20 Beamte

Eingesetzte Beamte: 90

Aufgaben:

Bewachung und Eskortierung der UN-Hilfstransporte für die Kurden, Schutz- und Patrouillentätigkeiten

ONUSAL (Mision de Observadores de las Naciones Unidas en El Salvador)

Dauer des Einsatzes: 10. 02. 1992 bis 30. 11. 1994

Stärke des Kontingentes: 3 Beamte

Eingesetzte Beamte: 6

Aufgaben:

Überwachung der örtlichen Polizei, Ausbildung und Aufstellung einer neuen Polizei, Überwachung der Einhaltung von Menschenrechten

UNTAC (United Nations Transition Authority Cambodia)

Dauer des Einsatzes: 02. 07. 1992 bis 16. 08. 1993

Stärke des Kontingentes: 20 Beamte

Eingesetzte Beamte: 31

Aufgaben:

Ausbildung und Überwachung der örtlichen Polizei, Schutz für die UN-Wahlkommissionen, Überwachung der Wahlen

MINURSO (Mision de las Naciones Unidas para la Referendum en la Sahara Occidental)

Dauer des Einsatzes: 02. 07. 1993 bis 29. 05. 1997

Stärke des Kontingentes: ursprünglich 10, zuletzt 2 Beamte

Eingesetzte Beamte: 29

Aufgaben:

Überwachung der örtlichen Polizei, Mitwirkung bei der Registrierung der Wahlberechtigten, Schutz der UN-Wahl und -Registrierungskommission

Anmerkung:

Von 03. 01. bis 28. 07. 1996 stellte Österreich mit **Brigadier Walter FALLMANN den Commissioner dieser Mission.**

UNAMIR (United Nations Assistance Mission in Rwanda)

Dauer: Commissioner Obst Manfred BLIEM ab 25. 12. 1993, das restliche Kontingent ab 21. 01. 1994 bis 25. 04. 1994

Stärke des Kontingentes: 20 Beamte

Eingesetzte Beamte: 20

Aufgaben:

Überwachung und Ausbildung der örtlichen Gendarmerie und Kommunalpolizei, Unterstützung der Wahlkommission, Zusammenarbeit mit UN-Militärkomponente und allfällige sonstige Polizeiaufgaben

ONUMOZ (Organacao de Nacoes Unidas en Mozambique)

Dauer des Einsatzes: 07. 07. 1994 bis 20. 12. 1994

Stärke des Kontingentes: 20 Beamte

Eingesetzte Beamte: 21

Aufgaben:

Abhaltung von freien und fairen Wahlen, Überwachung der lokalen Polizei, Wählerregistrierung, Wahlbeobachtung, Überwachung der Einhaltung der Menschenrechte

UNMIH II (United Nations Mission in Haiti II)

Dauer des Einsatzes: 06. 03. 1995 bis 07. 02. 1996
Stärke des Kontingentes: 20, zuletzt 17 Beamte
Eingesetzte Beamte: 21
Aufgaben:
Überwachung und Ausbildung der lokalen Polizei, Aufbau einer Polizeischule und eines funktionierenden lokalen Sicherheitssystemes, Übernahme von Exekutivdienstaufgaben, Vorbereitung und Durchführung freier und fairer Wahlen

WEU/EU-MISSIONEN MOSTAR

Dauer des Einsatzes: 19. 07. 1995 bis 17. 10. 1996
Stärke des Kontingentes: 10 Beamte
Eingesetzte Beamte: 15 (davon 1 weibliche)
Aufgaben:
Bildung einer vereinten (kroatischen und bosnischen) Polizeitruppe in Mostar, Patrouillentätigkeit, Mittlertätigkeit zwischen den Konfliktparteien
Anmerkung:
Im Rahmen dieser Mission wurde zum ersten Mal eine weibliche Exekutivbeamtin entsandt.

Derzeit aktuelle Missionen (Stand 2. Juni 1998)

UNIPTF (United Nations International Peace Task Force)

Dauer des Einsatzes: seit 10. 03. 1996
Stärke des Kontingentes: anfänglich 17, dzt 39 Beamte
Bisher eingesetzte Beamte: 67 (davon 2 weibliche)
Aufgaben:
Überwachung und Training der örtlichen Polizei; Vorbereitung der Wahlen; Sicherung der internationalen Hilfstransporte

UNTAES (United Nations Transitation Administration in Eastern Slavonia) seit 15.1.1998 UNPSG (United Nations Police Support Group)

Dauer des Einsatzes: seit 31. 07. 1996
Stärke des Kontingentes: anfänglich 4, dann 11 Beamte – seit 1. 2. 1998 8 Beamte
Bisher eingesetzte Beamte: 12
Aufgaben:
Überwachung der lokalen kroatischen Polizei, bis 15. 1. 1998 Aufbau und Überwachung der lokalen aus Serben und Kroaten bestehenden TPF (Transitional Police Force)
Österreich stellte mit **Brigadier Walter FALLMANN bis 31. 1. 1998 den Commissioner dieser Mission.**

UNMOT (United Nations Mission of Observers in Tadjikistan)

Beginn: 26. 5. 1998
Es wurde Mjr Felix GAUTSCH als Police Adviser des Special Representativ of the Secretary General entsandt.

Auf Wunsch der UNO soll der Beamte gemeinsam mit einem Kollegen aus Polen die Tadschikische Regierung beim Aufbau einer neuen Polizei beraten.
Vermutliche Dauer: bis 31. Mai 1999

Verification Mission Kosovo – OSZE

Noch im Jahr 1998 werden 10 Gendarmerie- und Polizeibeamte in den Kosovo entsandt werden.
Ihre Aufgabe wird die Überwachung der Sicherheitssituation, insbesondere der örtlichen Polizei sein.

Albanien – WEU

Es ist geplant, in den nächsten Monaten 2 Beamte zur WEU-Mission nach Albanien zu entsenden. Aufgabe wird unter anderem das Training der lokalen Polizei sein.

Stefan Herbst

Pilotstudie – Hubschraubereinsätze der Gendarmerie Salzburgs

Zeitraum, Grundlagen, Mannschaft, Fluggerät

Am 22. September 1983 wurde in Salzburg eine auf 3 Jahre angesetzte Pilotstudie über Hubschrauberrettung begonnen. Die Studie hatte das Ziel, fundierte Unterlagen über Organisation, Kosten und Zweckmäßigkeit einer solchen Einrichtung zu erhalten.

Die rechtliche Grundlage dafür bildete ein Staatsvertrag gemäß Art. 15a Bundes-Verfassungsgesetz zwischen dem Bund und dem Land Salzburg, sowie privatrechtlichen Vereinbarungen zwischen Bundesministerium für Inneres, Bundesland Salzburg, Allgemeine Unfallversicherungsanstalt und Rotes Kreuz Salzburg.

Vom Bundesministerium für Inneres wurden die Piloten, die Bergespezialisten, das Hubschrauber-Wartungspersonal und die Logistik beigestellt.

Die Allgemeine Unfallversicherungsanstalt übernahm die Kosten der Studie und stellte auch die Notärzte, die zum größten Teil von der Ärzteschaft des Unfallkrankenhauses Salzburg kamen.

Als Notfallsanitäter fungierten hochqualifizierte, hauptberufliche Bedienstete des Roten Kreuzes Salzburg.

Eine Einsatzmannschaft bestand im Normalfall aus Pilot, Notarzt und Notfallsanitäter. Bei geländebedingt besonders schwierigen Einsätzen wurde die Mannschaft mit einem Bergespezialisten komplettiert. Bergespezialisten waren ausschließlich besonders befähigte Gendarmerie-Bergführer des Landesgendarmeriekommandos für Salzburg.

Für die Pilotstudie wurden zwei speziell ausgerüstete Hubschrauber von den jeweiligen Erzeugerfirmen angemietet. Jede der beiden Hubschraubertypen war ca. die Hälfte der Dauer der Pilotstudie eingesetzt.

Hubschrauber Ecureuiel AS 355 F 2, mit dem Rufnamen »Martin«. Bild: Martin Hönegger, Salzburg

Betrauung der Flugeinsatzstelle Salzburg

Die Flugeinsatzstelle Salzburg des Bundesministeriums für Inneres war als eine der ersten Flugeinsatzstellen in Österreich am 31. Oktober 1956 gegründet worden. Seit der Gründung gehörten zu ihren Hauptaufgaben die unerläßlichen Hilfeleistungen bei Unfällen in schwer zugänglichen Gebieten, die Suche nach vermißten Personen, die Hilfe bei Lawinenunfällen, bei Waldbränden in gebirgigen Gegenden und bei Katastrophenfällen aller Art. Dazu kam die Unterstützung anderer Bundes- und Landesbehörden, wie z. B. der Wildbach- und Lawinenverbauung, der Lawinenwarndienste, des meteorologischen Dienstes und natürlich der Exekutivdienststellen, insbesondere denen der Bundesgendarmerie bei besonderen Sicherheitsaufgaben.

Die Flugeinsatzstelle Salzburg hatte daher schon zu Beginn der Pilotstudie langjährige Erfahrung in der möglichst effektiven Abwicklung von Hilfs- und Rettungseinsätzen mit Hubschraubern und in der Zusammenarbeit mit den verschiedensten Hilfsorganisationen und Behörden. Dazu stand der Flugeinsatzstelle das flächendeckende Gendarmeriefunknetz nicht nur im Lande Salzburg, sondern in ganz Österreich zu Verfügung, eine wesentliche Voraussetzung für das Gelingen eines solchen Unternehmens.

Personelle Besetzung der Flugeinsatzstelle

Während der Dauer der Pilotstudie bestand die Besatzung der Flugeinsatzstelle Salzburg im wesentlichen aus vier Piloten, von denen einer gleichzeitig der Leiter der Einsatzstelle war. Die Piloten waren ausschließlich Beamte der Bundesgendarmerie und der Bundespolizei.

Die geplante Einsatzzeit richtete sich im Jahresverlauf nach der Länge der Tage. Die längsten Einsatzzeiten waren daher in den Sommermonaten von 06.00 bis 21.30 Uhr. Bei Bedarf mußte früher begonnen

Hubschrauber Agusta-Bell Jet Ranger, mit dem Rufnamen »Libelle« im alpinen Gelände der Torsäule. Der Landeplatz liegt am Hochkönig unterhalb der Torsäule auf etwa 2.300 Meter Seehöhe. Bild: Flugeinsatzstelle, Salzburg

bzw. später beendet werden, wobei an Spitzentagen 10 und mehr Einsätze zu fliegen waren. Insgesamt ergab das eine gewaltige Belastung für die Piloten, weil nebenbei auch der übrige Flugdienst für die Exekutive und alle anderen Aufgaben abzuwickeln war.

Praktische Durchführung des Flugbetriebes

Der Standort Salzburg wurde für die Pilotstudie gewählt, weil hier die Voraussetzungen optimal waren. Im Lande Salzburg war die Zusammenarbeit zwischen Flugeinsatzstelle und dem Landesgendarmeriekommando für Salzburg einerseits und den zahlreichen Hilfs- und Rettungsorganisationen und einer starken freiwilligen Ärztegruppe andererseits schon über viele Jahre hervorragend.

Auf Grund der topographischen Gegebenheiten waren Hubschraubereinsätze in nahezu allen Geländeformen, besonders im Gebirge, aber auch im flachen Land und im Seenbereich zu erwarten.

Darüber hinaus gab es eine enge Zusammenarbeit mit den angrenzenden bayrischen Hilfsorganisationen, besonders mit dem Bayrischen Roten Kreuz und dem bayrischen Rettungshubschrauber in Traunstein und der bayrischen Polizei-Hubschrauberstaffel in München, so daß auch die Staatsgrenzen überschreitende Hubschraubereinsätze für Rettungsaufgaben häufig und rasch ausgeführt werden konnten.

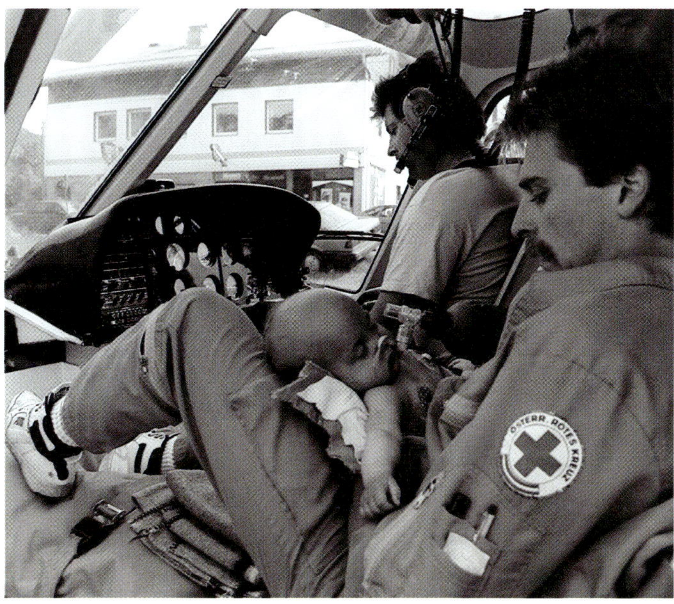

Rettungseinsatz für ein lebensgefährlich erkranktes Kind mit Pilot Norbert Huber und Flugbegleiter Gerhard Thalmaier. Bild: Flugeinsatzstelle, Salzburg

Zusammenfassung

Während der Dauer der Studie wurden jährlich im Durchschnitt mehr als 600 Rettungseinsätze geflogen. Viele davon waren lebensrettend und nahezu bei jedem waren wegen der raschen ärztliche Hilfe und dem schonenden Transport ein wesentlich kürzerer Krankenhausaufenthalt und kürzerer Krankenstand zu erreichen, wodurch neben den menschlichen Aspekten auch ein wesentlicher volkswirtschaftlicher Gewinn zu erreichen war.

Da fast bei jedem Einsatz dicht besiedelte Gebiete überflogen werden mußten und viele Einsätze bei Nacht, bei Schlechtwetter oder unter anderen widrigen Umständen durchzuführen waren, galt es auch die Notwendigkeit zu untermauern, daß für diese Aufgaben Hubschrauber mit zwei Triebwerken eingesetzt werden müssen, um auch von technischer Seite höchstmögliche Sicherheit zu erlangen.

Die Österreichische Bundesgendarmerie kann stolz darauf sein, daß Gendarmeriebeamte bei der Erarbeitung von Grundlagen zur Gründung und nun zur täglichen Abwicklung der im ganzen Bundesgebiet eingeführten Hubschrauberrettung ganz wesentliche Leistungen erbracht haben und noch immer erbringen.

Hubschrauberaußenlandung zu einem alpinen Einsatz in der Osterhorngruppe. Bild: Martin Hönegger

Ergänzende Information

In Österreich war nach dem Zweiten Weltkrieg die Motorfliegerei von den alliierten Siegermächten verboten.

Anfang der fünfziger Jahre erlaubten die westlichen Alliierten unter dem Titel FLUGRETTUNG, daß einige Beamte der Bundesgendarmerie und der Bundespolizei in der Schweiz Pilotenscheine auf einmotorigen Flugzeugen erwerben konnten. Sie wurden von dem legendären schweizer Gletscherpiloten Hermann Geiger auch in der Technik von Gletscherlandungen mit Motorflugzeugen unterwiesen. Zwei Gendarmerie- und 3 Polizeibeamte konnten auch schweizerische Hubschrauber-Pilotenscheine erwerben.

Vom Bundesministerium für Inneres wurden danach drei einmotorige Flugzeuge der Type PIPER gekauft, die in Österreich aber nur mit Schweizer luftfahrtbehördlichen Zulassungen und Kennzeichen betrieben werden durften. Erst unmittelbar nach Abschluß des Staatsvertrages erhielten diese Maschinen österreichische Kennzeichen.

Gendarmerie- und Polizeibeamte waren daher nach dem Zweiten Weltkrieg in Österreich die ersten, die motorfliegerische Aktivitäten gesetzt haben. Leiter dieser Fliegergruppe war Rittmeister Gustav Hauck, der später beim Aufbau der Militärfliegerei wesentlichen Anteil hatte.

Einsätze im Jahr 1998

Im Jahre 1998 sind von der Flugeinsatzstelle Salzburg 779 Rettungs- und 304 Exekutiveinsätze geflogen worden. Insgesamt 603 verletzte Personen mußten geborgen werden. Die Gesamtflugzeit für 1998 betrug 1.030 Flugstunden.

Wolfgang Bachkönig

Seedienst der Österreichischen Bundesgendarmerie

Beispiel anhand eines Einsatzes am Neusiedler See

Österreich ist nicht nur das Land der Berge. Es ist auch eines der wasserreichsten Länder Europas. Durch dieses Geschenk der Natur müssen daher viele fließende und stille Gewässer von der Gendarmerie überwacht und die Sicherheit auf den zahlreichen Seen und Flüssen gewährleistet werden.

Vom Boden- bis zum Neusiedler See, vom Inn über die Drau bis zur Donau – an allen größeren Seen bzw. Flüssen sind Motorbootstationen eingerichtet. Sie haben die Aufgabe, den exekutiven Bereich auf und um den See abzudecken. Daraus erwächst eine der Hauptaufgaben: die Erhebung von Unfällen und damit zwangsläufig auch Menschen aus lebensgefährlichen Situationen zu retten. Eine reizvolle, aber auch gefährliche Aufgabe, denn die Kraft der Natur wird vor allem von den »Freizeitkapitänen« maßlos unterschätzt.

Gefahr durch Wind und Wellen – Gendarmen als Retter

Besonders der Neusiedler See, auch genannt »das Meer der Wiener«, birgt trotz seiner geringen Wassertiefe viele Gefahren in sich und hat durch die Leichtsinnigkeit mancher Urlauber bereits Todesopfer gefordert. Aber es sind nicht nur die »Kapitäne« die Wind und Wellen unterschätzen. Der Surfsport hat in den letzten Jahren einen nahezu kometenhaften Aufschwung erlebt und dadurch die Arbeit der Gendarmeriebeamten nicht gerade erleichtert. Auf der Suche nach dem Abenteuer sind sich viele Menschen nicht bewußt, daß sie nicht nur ihr eigenes Lebens aufs Spiel setzen.

Der Wind peitscht die Wellen über den See – Surfer suchen die Herausforderung

Es ist Mai und man schreibt das Jahr 1998. Den ganzen Tag schon peitscht der unberechenbare Südwind die Wellen des Neusiedler-Sees von Podersdorf nach Breitenbrunn. Der Sturm pfeift mit mindestens sieben Beaufort, also mit 60 km/h. An Land bewegt der Wind ausgewachsene Bäume, auf See bildet das Wasser Schaumkronen. Sogar erfahrene Hobbykapitäne sitzen lieber bei einem wärmenden Gläschen in der Kajütte. Bei solch einem Hundewetter herrscht aber auf dem Nordstrand in Podersdorf Hochbetrieb, denn jetzt ist – trotz – oder gerade wegen ausgelöster Sturmwarnung – »Surftime« angesagt. Unzählige Surfer reißen nach langem Hoffen die Bretter von den Dächern ihrer Autos und begeben sich ins Wasser – Freiheit pur!

Aufgrund ihrer langjährigen Erfahrung wissen die Gendarmen, daß heute eine Rettungsaktion unerläßlich sein wird. Es ist 17.30 Uhr, als nördlich von Podersdorf ein Surfer mit gebrochenem Mast gemeldet wird, der Richtung Seemitte treibt. Die Beamten sind sofort einsatzbereit, denn sie wissen, daß im Extremfall jede Minute über Leben und Tod entscheiden kann.

Die Suchaktion wird zur Herausforderung

Der heftige Sturm läßt das Patrouillenboot ungemütlich über die Wellen schaukeln. Die Fontänen des Wassers spritzen gegen die Windschutzscheibe. Mensch und Maschine kämpfen gegen Natur und Zeit. Es scheint ein Kampf gegen Windmühlen zu sein, der von der Laune des Sees abhängig ist. Den Beamten läuft die Zeit davon, denn es beginnt bereits zu dämmern. Nun müssen die Boote der Gendarmerieposten Neusiedl, Purbach und Mörbisch zur Unterstützung beigezogen werden. Auch Feuerwehrboote werden eingesetzt. Und die Natur scheint diesen beispiellosen Einsatz zu belohnen, denn mit zunehmender Dunkelheit schwindet der Wind. Eine komplette Flaute stellt sich ein. Der See wirkt nun wie ein Spiegel, in dem sich glitzernde Sterne reflektieren.

Der Aufwand hat sich gelohnt – glückliches Ende

Angespannt blicken alle eingesetzten Kräfte auf den unendlichen See, die Lider weit aufgerissen, in jedem schwimmenden Stück Schilf wird der Surfer vermutet, in jedem Geräusch der Nacht, ein Hilfeschrei, der sie zusammenzucken läßt. Doch ergebnislos.

Immer wieder leuchten sie ins dunkle Schilf, lassen die Scheinwerfer über den glatten See gleiten und geben die Hoffnung nicht auf. Doch als man schon der Verzweiflung nahe ist und überlegt die Suchaktion abzubrechen, geschieht das Wunder. Nähe der vier Schocken (Schilfinsel in der Nähe von Rust) wird ein im Wasser treibender Mast mit Segel gesichtet. Nun hofft man, daß sich auch der Gesuchte in unmittelbarer Nähe befindet. Mit den Scheinwerfern wird die Umgebung dieser Schilfinsel zentimetergenau ausgeleuchtet und ein Glücksgefühl überkommt die Beamten – der Surfer wird gesichtet. Erschöpft und bereits stark unterkühlt wird er geborgen und mit Decken und heißen Getränken versorgt. Bereits während der Fahrt werden Arzt und Rettung alarmiert. Als man das Ufer erreicht, kann der Verletzte bereits versorgt werden.

Bevor es ins Krankenhaus geht, noch ein kurzes Lächeln und ein Händedruck als Dank für die Rettung an die Beamten.

Entwicklung und Modernisierung der Motorbootstationen

Der fortlaufenden Entwicklung wird natürlich auch auf dem Gebiet der Ausrüstung für den Seedienst Rechnung getragen. In regelmäßigen Abständen werden Motorboote und Ausrüstung auf den neuesten Stand gebracht. Die nachfolgende Fotoserie, zur Verfügung gestellt vom Gendarmerieposten Weyregg am Attersee, dokumentiert die Modernisierung auf diesem Sektor:

Motorboot aus dem Jahre 1952 mit Motorbootführer Josef Heindl und Leo Stocker. *Bild: GChr. Weyregg am Attersee*

Motorboot aus dem Jahre 1969 mit Motorbootführer Leo Stocker und Hermann Einberger. *Bild: GChr. Weyregg am Attersee*

Motorboot aus dem Jahre 1989 mit Motorbootführer Leopold Schmölzer und einem weiblichen Oberleutnant der italienischen Karibineri. Sie war zur Einschulung zugeteilt. *Bild: GChr. Weyregg am Attersee*

Motorboot aus dem Jahre 1996 mit Motorbootführer Leopold Schmölzer und Ehrengästen bei einer Probefahrt. *Bild: GChr. Weyregg am Attersee*

Suchformation am Bodensee. *Bild: GChr. BGK Bregenz*

Gerhard Sippl

Aufbau einer Verkehrsabteilung am Beispiel Oberösterreichs

Man schrieb das Jahr 1945. Der Krieg war zu Ende. Unsere Heimat lag in Trümmern. Chaos und Unordnung waren an der Tagesordnung. Verbrechen beherrschten die Sphäre der öffentlichen Sicherheit. In dieser schweren Zeit war die Österreichische Bundesgendarmerie eine der ersten Institutionen, die sich wiederfand und unter großen Schwierigkeiten und mit improvisierten Mitteln daranging, Recht und Ordnung wiederherzustellen. In jene Zeit fällt auch die Einführung einer bis dahin in der Gendarmerie unbekannten Dienstsparte, nämlich der motorisierten Verkehrsüberwachung, mit speziell geschulten Beamten.

Verkehrsgruppe formiert sich

Von den einzelnen Gendarmerieposten wurden jüngere Gendarmeriebeamte, die gerade von der Feldgendarmerie bzw. der Deutschen Wehrmacht in die Reihen der Österreichischen Bundesgendarmerie gekommen waren, beim Landesgendarmeriekommando im Verband der »Technischen Abteilung« zusammengezogen und zur sogenannten »Verkehrsgruppe« formiert.

So also patrouillierten schon in den Wirren der ersten Nachkriegszeit Verkehrsbeamte durch das gesamte Bundesland, um landesweit bei zunehmender Motorisierung für Sicherheit und Ordnung zu sorgen, wobei der Verkehrsdienst nur ein Teil ihres Aufgabengebietes war.

Nicht selten wurden die ersten Männer der heutigen Verkehrsabteilung zu Kurierfahrten, zur Bekämpfung des Schleichhändlerunwesens, zum aktiven Einschreiten bei Plünderungen und dergleichen sowie auch zur Herbeischaffung und zum Transport von Ausrüstungsgegenständen herangezogen. Schon damals waren diese wenigen Verkehrsbeamten eine Art »Feuerwehr« im Verband unseres Korps, wobei sie jahrelang ihren vielseitigen Dienst ohne eindeutige rechtliche Grundlagen versahen.

Bei der umstrittenen Errichtung der ersten militärisch formierten Einheit der Österreichischen Gendarmerie, der sogenannten »Fahreinheit«, waren es in erster Linie diese Beamten, die das Fundament dieser Institution zu sein hatten.

Sprunghaft ansteigender Verkehr führte zur Spezialisierung

In den folgenden Jahren konsolidierten sich die Verhältnisse. Die ersten Ansätze einer wirtschaftlichen Aufwärtsentwicklung zeichneten sich ab und der motorisierte Verkehr stieg sprunghaft an. Damit spezialisierte sich die Verkehrsgruppe immer mehr, indem sie sich auf ihre ureigenste Aufgabe, nämlich auf die Verkehrsüberwachung, konzentrierte.

Noch einige Male mußten die Beamten der nunmehr schon bedeutend verstärkten Verkehrsgruppe »Feuerwehraufgaben« in der Gendarmerie erfüllen. Es sei hier auf die Unruhen im Jahr 1950 hingewiesen, auf die Hochwasserkatastrophen in den folgenden Jahren und nicht zuletzt auf die Katastrophen in unseren Bergen, bei denen auch die Verkehrsbeamten als ausgebildete Alpinisten und als Nachrichtenleute ihren Mann zu stellen hatten.

Die weitere Zunahme des Straßenverkehrs brachte auch für die Verkehrsbeamten schließlich die Ausstattung mit modernerem technischem Gerät im Hinblick auf die Fahrzeuge und besonders auf die Nachrichtenübermittlung. Es sei hier vermerkt, daß von der Verkehrsgruppe schon im Jahr 1954, also zu einer Zeit, da in ganz Mitteleuropa noch niemand daran dachte, die ersten Funkpatrouillen versuchsweise gefahren wurden. Die Funkverbindung konnte oftmals nur schwierig hergestellt werden, wobei auch die Gerätebedienung ziemlich aufwendig war.

Das Jahr 1957 brachte schließlich die Loslösung der Verkehrsgruppe aus der Technischen Abteilung und nach einigen Anlaufschwierigkeiten und Turbulenzen die Schaffung einer eigenen Abteilung.

Neu geschaffene Verkehrsabteilung erhält Außenstellen

Neue Einsatzmöglichkeiten ergaben sich in weiterer Folge durch die Verbesserung der Nachrichtenmittel, durch die Zuweisung von Spezialgeräten und nicht zuletzt durch die Anschaffung von Flugzeugen durch das Innenministerium. Auch hier kann die Verkehrsabteilung des Landesgendarmeriekommandos für Oberösterreich auf eine Pioniertat hinweisen: Anläßlich einer sportlichen Großveranstaltung wurde ein Hubschrauber für die Durchführung von Verkehrsaufgaben erstmalig eingesetzt.

Die rasche Zunahme der Zulassungsziffern und insgesamt das überaus starke Ansteigen des Straßenverkehrs führten schließlich durch den weiteren Ausbau des hochrangigen Straßennetzes zur Errichtung der Autobahn. Wiederum ergab sich ein weiteres Betätigungsfeld für die Verkehrsabteilung mit neuen Herausforderungen. Die Geburtsstunde für die Außenstellen der Verkehrsabteilung an der Autobahn hatte geschlagen.

Im Jahr 1958 wurde das erste Autobahnteilstück in OÖ (Rems bis Sattledt) eröffnet und in Haid ein Autobahnposten errichtet.

Ins gleiche Jahr fällt der Beginn der schulischen Verkehrserziehung durch Beamte der Verkehrsabteilung.

Mit der Eröffnung eines weiteren Autobahnteilstückes war die Errichtung des Autobahnpostens Steyrermühl 1961 notwendig geworden. In diesem Jahr übersiedelte die Verkehrsabteilung von der Artilleriekaserne in das neue Gebäude des Landesgendarmeriekommandos.

Im Jahr 1962 wurde durch die Landesregierung das erste Radargerät für Geschwindigkeitsmessungen zugewiesen. Ein Jahr später wurde der Autobahnposten Steyrermühl aus Gründen der Zweckmäßigkeit nach Seewalchen am Attersee verlegt.

Erstmalig kamen in Oberösterreich im Jahr 1963 Zivilstreifen zur Verkehrsüberwachung zum Einsatz.

Letztendlich wurde im Jahr 1964 die aufgabenmäßige und organisatorische Struktur der Verkehrsabteilung durch einen Erlaß des Bundesministeriums für Inneres geregelt.

Wirtschaftlicher Aufschwung brachte viele Sonderaufgaben

Der enorme wirtschaftliche Aufschwung brachte den Beamten der Verkehrsabteilung viele Sonderaufgaben, beispielsweise die Begleitung von Spezialtransporten. An vielen Tagen wurden dabei alle dienstlichen Kapazitäten gebunden. Motorsportliche Großveranstaltungen bzw. Massenveranstaltungen erforderten zahlreiche Einsätze, die den

Routineverkehrsdienst auf Grund der damals schon herrschenden Personalknappheit wesentlich beeinträchtigten.

In der nun folgenden Spezialisierung des Aufgabenbereiches kamen in weiterer Folge auch Lärmmeßkontrollen (Lärmmeßgeräte) und Gewichtskontrollen (Radlastmesser) dazu.

Im Jahr 1978 wurde nach der Eröffnung der Linzer Autobahn A 25 in Wels eine weitere Verkehrsabteilung-Außenstelle (VAASt) errichtet. Mit dem Weiterbau der A 25 bzw. der Innkreis-Autobahn A 8 nahm im Jahr 1985 die Verkehrsabteilung-Außenstelle Ried i. I. den Dienst auf.

Die Verkehrsfreigabe des ersten Teilstückes der Pyhrn-Autobahn A 9 in OÖ bzw. des Bosruck-Tunnels bedingte die Errichtung einer weiteren Außenstelle im Jahr 1985 in Pichl bei Windischgarsten mit dem zusätzlichen Dienstbereich der Bundesstraße 138.

Mit der Errichtung eines neuen Dienstgebäudes wurde der Standort der VAASt Pichl/W. im Jahr 1991 nach Klaus verlegt.

Durch die 19. Novelle zur StVO 1960 wurde mit 1. Juli 1994 die budgetmäßige Bindung von Strafeinnahmen für Ausgaben der Verkehrsüberwachung geschaffen. Aufgrund dieser Möglichkeit wurde 1995 der systemisierte Personalstand der Verkehrsabteilung um 51 Planstellen erhöht. Im Jahr 1996 ergab sich durch die Öffnung der Nordgrenze (Tschechien) und der enormen Transitbelastung auf der B 125 die Notwendigkeit zur Errichtung einer weiteren Außenstelle der Verkehrsabteilung in Neumarkt/M.

Seit April 1997 wird am Autobahngrenzübergang Suben die Grenzkontrolle von der Verkehrsabteilung-Außenstelle Ried (Grenzkontrollstelle Suben-Autobahn) durchgeführt.

Für diese Sonderaufgabe waren 25 Beamte aus dem Bereich der Verkehrsabteilung (VA Linz und VAASt) sowie 20 Beamte aus verschiedenen Bezirken Oberösterreichs bis zum Inkrafttreten des Schengener Durchführungsübereinkommens eingesetzt.

Trotz steigendem Verkehr – Unfallszahlen stagnieren

Die enorm gestiegenen Anforderungen der Verkehrsabteilung finden sich in einem Auszug der Tätigkeitsübersicht des Jahres 1998 wieder: 131.624 Verwaltungsanzeigen, Bearbeitung von 2.946 Verkehrsunfällen, Verhängung von 72.103 Organstrafverfügungen, Durchführung von 294 Transportbegleitungen sowie im Zuge der Verkehrsüberwachung 4.002 Radarkontrollen, 1.393 Zivilstreifen und 70.499 Gewichtskontrollen.

Bei diesen Zahlen ist anzumerken, daß die Verwaltungsanzeigen seit 1976 um 27 Prozent gestiegen, die Anzahl der Verkehrsunfälle, dank verstärkter Überwachung und trotz steigendem Verkehrsaufkommen, annähernd gleich geblieben sind.

Technischer Fortschritt im Fahrzeugpark der Verkehrsabteilung Oberösterreichs von 1950 – 1980

Die Bildserie soll die Entwicklung auf dem Fahrzeugsektor in Österreich dokumentieren, wobei anzumerken ist, daß nach dem Weltkrieg alle möglichen Vehikel eingesetzt wurden die Räder hatten und fahren konnten. Dabei waren jene Bundesländer, die von den westlichen Besatzungsmächten besetzt waren im Vorteil gegenüber jenen der russischen Besatzungszone.

Bilder: Verkehrsabteilung Oberösterreich (Gerad Sippl), Landesgendarmeriekommando für Salzburg (Martin Hönegger)

GENDARMERIE
GENDARMERIE
GENDARMERIE

Haid
GENDARMERIE
W 117.091

W 119.000

W 119.000

GENDARMERIE
W 117.100

BG 4.015
FAHRSCHULE

KTM
HONDA
HONDA

Gerhard Glaser

Grenzdienst

Österreich ist am 28. April 1995 als Mitglied der Europäischen Union dem Schengener Durchführungsübereinkommen (SDÜ) beigetreten. Eine der daraus resultierenden Verpflichtungen stellt den Aufbau einer wirksamen Grenzkontrolle und -überwachung zu allen Nachbarstaaten innerhalb einer bestimmten Übergangsfrist dar. Aufgrund des positiven Schengener Prüfbesuches im April 1997 wurde das Schengener Regelwerk mit Beschluß des Exekutivausschusses vom Oktober 1997 per 1. Dezember 1997 mit der Maßgabe in Kraft gesetzt, daß die Grenzkontrolle

- auf Flughäfen sofort, und
- an Landgrenzübergängen schrittweise bis 1. April 1998 abgebaut wird.

Die gesamte Grenzlänge Österreichs beträgt 2.706,4 km, davon EU-Ostgrenze 1.259,2 km und EU-Westgrenze 201,3 km.

Grenzdienst der Bundesgendarmerie

Dem Grenzdienst der Bundesgendarmerie obliegt

- die Überwachung der gesamten grünen und blauen Grenze
- im Bereich der EU-Ostgrenze die Grenzkontrolle an 20 Zollämtern 1. Klasse inklusive der Bahnlinien und der Flughäfen Linz und Graz sowie 10 Zollämtern 2. Klasse und Zollposten
- im Flugverkehr darüber hinaus die Grenzkontrolle an 55 Flugfeldern und Hubschrauberlandeplätzen im örtlichen Bereich der Bundesgendarmerie.

Zu dem oblag dem Grenzdienst der Bundesgendarmerie bis zum vollen Wirksamwerden des SDÜ mit 1. April 1998 die Grenzkontrolle zu Deutschland in den Bundesländern Oberösterreich und Salzburg sowie die Grenzkontrolle zu Italien und Deutschland im Bundesland Tirol.

Die Grenzkontrolle und -überwachung wird grundsätzlich von

- 31 Grenzkontrollstellen für die Durchführung der Grenzkontrolle an den der Bundesgendarmerie zugewiesenen Straßen- und Zugsübergangsstellen sowie den Flughäfen Graz u. Linz-Hörsching
- 53 Gendarmerieposten im Bereich der 55 Flugfelder, deren geringe Frequenz keinesfalls die Schaffung eigenständiger Grenzkontrollstellen rechtfertigt und
- 39 Grenzüberwachungsposten für den Bereich der grünen und blauen Grenze an der EU-Ostgrenze vollzogen.

Aufbau des Grenzdienstes der Bundesgendarmerie

Beginnend mit 1. Mai 1995 hatte der Grenzdienst der Bundesgendarmerie bereits die Überwachung der gesamten grünen Grenze (unter Beibehaltung des Assistenzeinsatzes des Bundesheeres an der grünen Grenze zu Ungarn) sowie punktuell die Grenzkontrolle an sieben Grenzübergangsstellen zu übernehmen.

Mit 1. Juli 1997 wurden alle 31 Grenzkontrollstellen und 39 Grenzüberwachungsposten der EU-Ostgrenze in Betrieb genommen. Dadurch konnte planmäßig vor dem Wirksamwerden des SDÜ die Grundlage für schengenkonforme Kontrollen an Österreichs Grenzen sichergestellt werden.

Dem Grenzdienst der Bundesgendarmerie stehen seit 1. September 1998 3.000 Bedienstete zur Verfügung. Zusätzlich werden im Rahmen der Grenzkontrolle noch ca. 800 Zollwachebedienstete sowie ca. 250 Bedienstete der Bundespolizei im jeweiligen Zuständigkeitsbereich und in Assistenz ca. 1.950 Soldaten des Bundesheeres an der grünen Grenze zu Ungarn eingesetzt, sodaß seit 1. September 1998 gesamt ca. 6.000 Bedienstete zur Überwachung der gesamten EU-Außengrenze zur Verfügung stehen.

Überwachungspatrouille an der grünen Grenze durch Gendarmerieorgane.
Bild: Gerald Hesztera

Fachspezifische Ausbildung

Neben der allgemeinen gendarmeriespezfischen Ausbildung ist im Bereich des Grenzdienstes die Durchführung spezifischer grenzpolizeilicher Fachausbildungen unerläßlich. Die im Grenzdienst eingesetzten Bediensteten werden zusätzlich in den Bereichen

- Erkennen von ge- und verfälschten Dokumenten
- Erkennen gestohlener und verschobener Kraftfahrzeuge
- grenzüberschreitender Suchtgifthandel
- Bekämpfung der organisierten Schlepperei
- Vollzug grenzspezifischer kraftfahrrechtlicher Bestimmungen bei der Einreise nach Österreich
- Asylrecht, Fremdenrecht, Grenzkontrollrecht geschult.

Technische Ausstattung

Maßgeblicher Bestandteil einer erfolgreichen Grenzkontrolle und Grenzüberwachung ist neben der fachspezifischen Ausbildung der Bediensteten die erforderlich technische Ausstattung.

Neben der allgemeinen polizeilichen technischen Ausstattung sind für den Bereich der grünen Grenze insbesondere

- Wärmebildgeräte und Nachtsichtgeräte zur flächenmäßigen Überwachung und Verhinderung des illegalen Übertrittes
- Heranziehung von Luftfahrzeugen zur großräumigen Steuerung des Kräfteeinsatzes und unterstützenden Überwachung der grünen

Grenze insbesondere zur Nachtzeit mit Wärmebildgeräten vorgesehen.

Im Bereich der Grenzkontrollstellen werden insbesondere

- mobile Fahndungsterminals für die Durchführung von Zugskontrollen
- zur Überprüfung von ge- und bzw. verfälschten Dokumenten UV-Lampen und Doku-Boxen,
- Hohlraumsonden und CO_2-Meßgeräte zwecks Kontrolle des illegalen Grenzübertrittes insbesondere im Schwerverkehr,
- Ätztestsets zur Bekämpfung der internationalen Kfz-Verschiebung und
- Suchtgiftschnelltests

eingesetzt.

Besonderes Augenmerk wird an den Grenzkontrollstellen auf den kombinierten Einsatz von Anfrageterminals mit Paßlesegeräten gelegt.

Erfolge

Die Effektivität des Grenzdienstes der Bundesgendarmerie wird durch die Aufgriffszahlen bestätigt:

1998 wurden bis 27.09.1998 (39. Kalenderwoche) 10.333 Personen nach ihrem illegalen Grenzübertritt von Organen der Bundesgendarmerie beamtshandelt, was einer Steigerung von 14,44 % gegenüber dem Vergleichszeitraum im Vorjahr entspricht.

Natürlich konnte auch der grenzüberschreitenden Kriminalität im Rahmen der Grenzkontrolle und Grenzüberwachung durch den Grenzdienst der Bundesgendarmerie wirkungsvoll entgegengetreten werden. Insbesondere im Bereich der ge- und verfälschten Dokumente, des illegalen Handels und Transportes mit Suchtmitteln und Waffen und der Kfz-Verschiebung.

Inkraftsetzung der Schengener Verträge für Österreich und Italien mit 1. Dezember 1997

Durch die Inkraftsetzung der Schengener Verträge und damit des Schengener Durchführungsübereinkommens (SDÜ) für Österreich und Italien und den dadurch bedingten Entfall der Grenzkontrolle als Kontrollfilter, gilt es durch entsprechende polizeiliche Maßnahmen diesen Wegfall zu kompensieren

Die Hauptaufgabenstellung umfaßt die Bekämpfung typisch grenzüberschreitender kriminal- und verwaltungspolizeilicher Deliktsbereiche, wie die Einreise Illegaler, Schlepperei, Menschenhandel, Verschiebung von Kfz, illegaler Transport und Handel mit Suchtmitteln, Waffen und Sprengstoffen, Ausfuhr von Diebsgut, Fälschungen und Verfälschungen von Dokumenten.

Auch wird die Überwachung bisher typisch im Rahmen der Grenzkontrolle vollzogener sonstiger Materiengesetze wie Schwer- und Gefahrgutverkehr, Bundesstraßenfinanzierungsgesetz (Vignette) und ÖKO-Punkte Überwachung in die Ausgleichsmaßnahmen miteinbezogen.

Im Bereich der Kriminal- und Sicherheitspolizei erfolgt im gesamten Bundesgebiet durch Polizei und Gendarmerie eine Ausweitung intensivierter Kontroll- und Fahndungsmaßnahmen. Grundsätzlich gilt es alle Sicherheitsorgane auf die neue Situation zu sensibilisieren und entsprechend einzusetzen.

So erfolgte im Bereich der Bundesgendarmerie im Zuge des stufenweisen Abbaues der Grenzkontrolle von 1. Dezember 1997 bis 1. April 1998 sukzessive eine Verlagerung von primär stationären Kontrollen an Grenzübergangsstellen zu verstärkten mobilen Überwachungen im gesamten Binnenland.

Verstärkte Streifen, gezielte Überwachungsmaßnahmen und Kontrollen, sowie verstärkte Anhaltungen im Rahmen der Streifendienste aufgrund aktueller Lagebilder und Fahndungsraster, tragen den neuen Erfordernissen Rechnung. Durch eine optimierte Koordination, bis hin zu abgestimmten länderübergreifenden Maßnahmen, wird einerseits die Reisefreiheit so gering als möglich beeinträchtigt und andererseits den Sicherheitserfordernissen und Sicherheitsinteressen, insbesondere der ortsansässigen Bevölkerung im grenznahen Raum, entsprochen.

Diese mobilen Überwachungstätigkeiten werden sich nicht nur auf den Straßenverkehr beschränken, sondern auch im grenzüberschreitenden Zugsverkehr durchgeführt.

1998 wurden bis dato (27. September 1998 = 39. Kalenderwoche) im Zuge der Ausgleichsmaßnahmen und Schwerpunktaktionen gesamt 3.515 Illegale im Binnenland aufgegriffen (davon 484 in Reisezügen); um bereits 57 % mehr als im gesamten Jahr 1997.

Die Ausstattung mit zusätzlichen zweckentsprechenden Fahrzeugen und insbesondere mit spezifischer Kontrolltechnik zur Bekämpfung grenzüberschreitender Kriminalität und illegaler Migration ist bereits erfolgt bzw. im Gange. Die Investition beläuft sich auf ca. 35 – 40 Millionen Schilling.

So werden speziell mobile Fahndungsterminals, Nachtsichtgeräte, Suchtgiftschnelltestsets, sowie CO_2-Sonden zur Detektion der Atemluft von etwaig in Hohlraumverstecken von Fahrzeugen befindlichen illegalen Migranten, Dokumenten-Boxen bzw. UV-Lampen zum Erkennen von ge- und verfälschten Dokumenten eingesetzt.

Als besonders wichtige Ausgleichsmaßnahme nach Inkraftsetzen des SDÜ gilt das Schengener Informationssystem. Durch die Zugriffsmöglichkeit auf über 8 Millionen Daten entfallen oft aufwendige und bürokratische Melde- bzw. Anfragevorgänge. Binnen Sekunden ist es sowohl den Grenzkontrollorganen als auch allen Exekutivorganen möglich, in das SIS einzusteigen und ein Ergebnis zu erhalten.

Schon in der ersten Woche der Inbetriebnahme konnten 77 Trefferfälle verzeichnet werden. In der Zeit von 1. Dezember 1997 bis 5. Oktober 1998 wurden bereits gesamt 3.166 Inlandstreffer zu ausländischen SIS-Ausschreibungen erzielt, wovon 2.586 Treffer auf die Personenfahndung und 520 Treffer auf die Sachfahndung entfielen.

Vorhersehbare grenzüberschreitende Observation

Exekutivbeamte sind befugt, eine in ihrem Staat eingeleitete Observation in einem anderen Schengener Staat fortzusetzen, wenn die observierte Person im Verdacht steht, an einer auslieferungsfähigen Straftat beteiligt zu sein und die zuständige Justizbehörde dieses Schengener Staates zuvor der Weiterführung der Observation auf ihrem Territorium zugestimmt hat.

Unvorhersehbare grenzüberschreitende Observation

Es bedarf keiner vorherigen Zustimmung der Justizbehörde des Schengener Staates, auf dessen Territorium die Observation fortzusetzen ist, wenn die Notwendigkeit zur Fortsetzung der Observation auf fremdem Territorium erst so spät bekannt wird, daß die Bewilligung der zuständigen Justizbehörde nicht mehr rechtzeitig vor dem Grenzübertritt eingeholt werden kann. Solche Observationen sind nur bei in einem in Art. 40 SDÜ angeführten Straftatenkatalog taxativ aufgezählten schwereren Straftaten zulässig.

Kurt Schober

Alpindienst

Allgemeines

Der Alpindienst ist eine Sonderverwendung. Geeignete Bedienstete werden speziell ausgebildet und ausgerüstet und versehen den Dienst im alpinen Gelände zusätzlich zum »normalen« Exekutivdienst.

Aufgaben

Der Bundesgendarmerie obliegt die Besorgung des sicherheitspolizeilichen Exekutivdienstes für jene Behörden, denen sie unterstellt ist, sowie die Vollziehung jener polizeilichen Aufgaben, die ihr durch Bundes- oder durch Landesgesetze ausdrücklich übertragen sind – natürlich auch im alpinen Gelände! Der sicherheitspolizeiliche Exekutivdienst besteht aus dem Streifen- und Überwachungsdienst, der Ausübung der ersten allgemeinen Hilfeleistungspflicht und der Gefahrenabwehr.

Organisation

Alpin qualifizierte Bedienstete sind regional zu »Alpinen Einsatzgruppen (AEG)« zusammengefaßt. Im Einsatzfall wird eine oder werden mehrere AEG über die Bezirksgendarmeriekommanden aktiviert. Derzeit sind 41 AEG errichtet, ihr systemisierter Personalstand beträgt zwischen 8 und 25 Bediensteten, derzeit gesamt 486. Der Personalstand berücksichtigt auch die Überwachung der grünen Grenze im alpinen Gelände.

Aus- und Fortbildung, Qualifikationen

Die alpine Ausbildung beginnt mit einem Schikurs im Rahmen der Grundausbildungslehrgänge für Wachebeamte. Geeignete Bedienstete werden bei Bedarf in »Hochgebirgsschulen (HGSch)« einberufen. Nach erfolgreicher Absolvierung je einer HGSch ihres Landesgendarmeriekommandos im Winter, im Frühjahr, im Sommer im Fels und im Eis wird die Qualifikation »Gendarmerie-Alpinist« zuerkannt. Nach je einer weiteren HGSch im Frühjahr, im Sommer in Fels und Eis kann die Qualifikation »Gendarmerie-Hochalpinist« zuerkannt werden. Ein »Gendarmerie-Bergführer« muß schließlich 3 Bundeskurse (HGSch im Winter, im Sommer im Eis und im Fels) erfolgreich absolvieren. Auf dieser Qualifikation baut die Ausbildung zum Flugretter des Bundesministeriums für Inneres und zum staatlich geprüften Schilehrer auf.

Die Leiter der AEG (Gendarmerie-Bergführer, Flugretter und möglichst staatlich geprüfte Schilehrer) sind für die Fortbildung und Erhaltung des körperlichen und fachlichen Leistungsstandes der AEG-Mitglieder verantwortlich. Sie gestalten die Sommer- und Wintereinsatzübungen und die Übungstage.

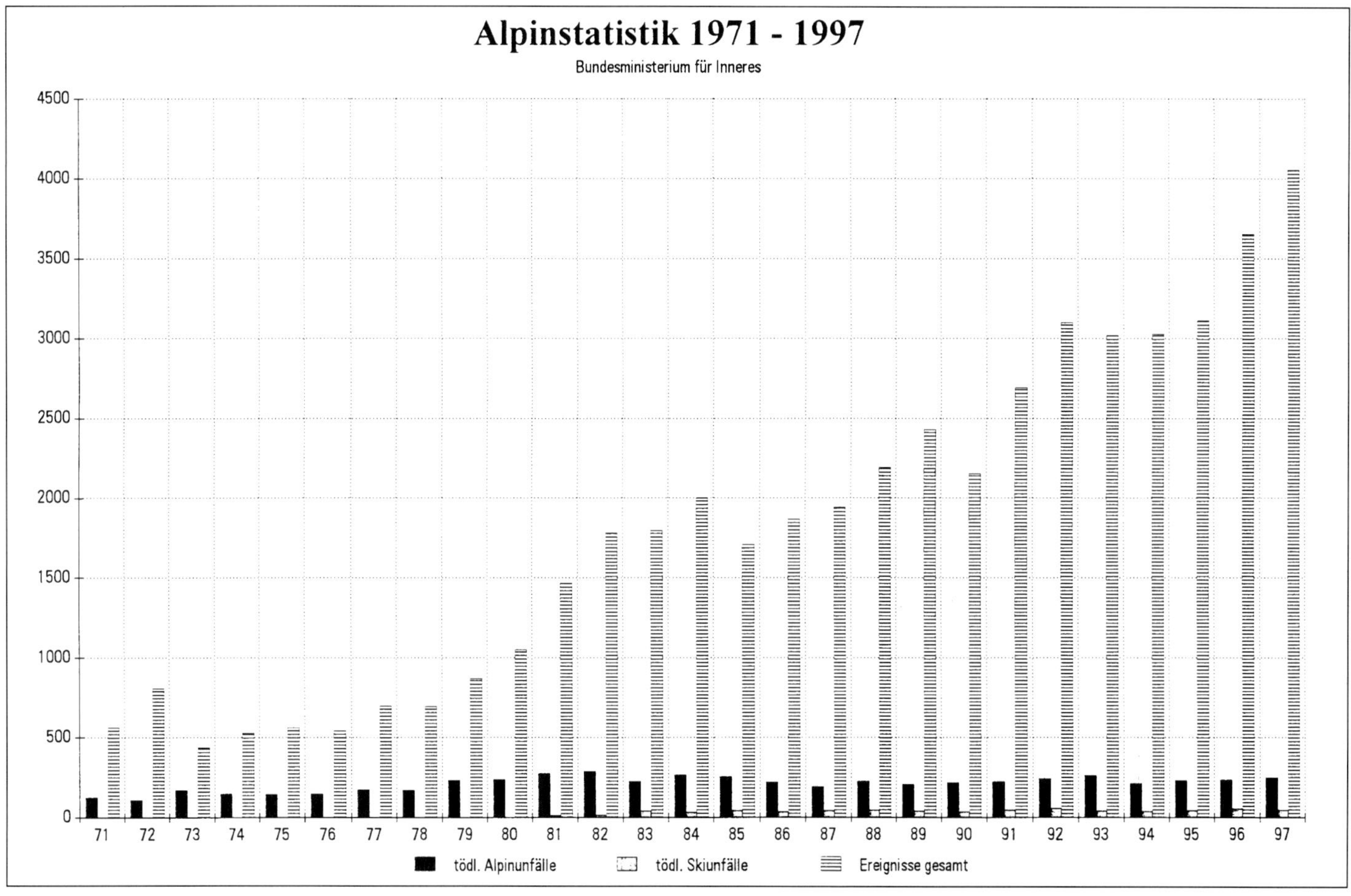

Alpinstatistik 1971 – 1997 (323)

Alpine Straftatbestände und Unfallgeschehen

Der Gerichtsmediziner Univ.-Prof. Dr. Grassberger sagte einmal, daß in der heutigen Zeit der perfekte Mord eigentlich nur noch im Gebirge möglich sei. Späte Hüttenrunden scherzen in diesem Zusammenhang über die »Scheidung Alpin«. Doch Spaß beiseite: Bergsteigen und Schifahren sind juristisch sensible Bereiche. Neben strafrechtlichen Tatbeständen (Fahrlässige Körperverletzung, Gefährdung der körperlichen Sicherheit, Imstichlassen eines Verletzten, Unterlassung der Hilfeleistung ...) sind eine Reihe verwaltungsrechtlicher Tatbestände relevant (z. B. nach dem Forstgesetz und einer Vielzahl von Landesgesetzen wie Sportgesetz, Jagdgesetz oder Bergführergesetz).

Die Gesamtzahl der von der Gendarmerie erhobenen Alpinunfälle hat sich seit dem Beginn der Zählung 1971 kontinuierlich von ca. 500 auf fast 4.000 gesteigert. Dies entspricht sehr gut der Zunahme der Gesamtzahl jener Personen, die eine alpine Sportart ausüben. Demgegenüber blieb die Anzahl der tödlichen Alpinunfälle relativ konstant. Dies kann auf bessere Ausrüstung und Ausbildung zurückgeführt werden, auf die rasche Bergung mittels Rettungshubschrauber und die bessere notärztliche Versorgung, aber auch auf die laufende Aufklärungsarbeit durch die alpinen Vereine und die Alpingendarmerie, welche gemeinsam das Schlimmste zu verhindern versuchen.

Flugrettung

Der sicherheitspolizeiliche Exekutivdienst wird durch die Hubschrauber des Bundesministeriums für Inneres wesentlich erleichtert. Die Flugretter der Bundesgendarmerie sind Spezialisten für Suchaktionen aus der Luft, für Bergungen im unwegsamen Gelände und für Erste Hilfe. Spektakuläre Bergeseileinsätze finden in den Medien Anerkennung und heben das Ansehen der Gendarmerie.

Kapperbergung. *Bild: Kurt Schober*

Nachdem 1954 im Bundesministerium für Inneres die Abteilung »Flugpolizei« geschaffen worden war, fand am 14. März 1956 der erste Flugrettungseinsatz statt: Damals flog der Pilot Erhard Landl mit einem mit Kufen ausgerüsteten Motorflugzeug Piper eine schwer verletzte Schifahrerin aus dem Kühtai aus.

Die Flugretter versehen ihren Dienst tageweise entweder direkt bei den Flugeinsatzstellen oder werden im Einsatzfall unterwegs aufgenommen (»Pick-Up-System«).

Geschichte

Bis ins 19. Jahrhundert wurde alpines Gelände zumeist nur aus beruflichen und wirtschaftlichen Gründen von Hirten und Jägern oder aus wissenschaftlichen Gründen betreten. Zu den frühen Aufgaben der Gendarmerie zählte die Verfolgung von Wilderern und Schmugglern.

Noch um 1900 herrschte in militärischen Kreisen die Ansicht, daß das Hochgebirge nicht als Kampfstätte in Betracht käme. Doch die expansive Politik Italiens veranlaßte Zdarsky, Bilgeri und Conrad von Hötzdendorf auf das Problem des Grenzschutzes im Hochgebirge hinzuweisen.

1906: Truppenteile der k. k. Landwehr werden zu Gebirgstruppen umgebildet. Gemeinsam mit den Standschützen-Grenzschutzkompanien hatten diese die Grenze zu sichern, die k. k. Gendarmerie leistete Assistenz. In Schi-, Fels-, Eis-, Gletscher- und Rettungskursen wurden die Gendarmen auf einen militärischen Ernstfall vorbereitet. Die Eis- und Gletschertechnik wurde im Adamellogebiet, das Klettern in der Presanella- und Brentagruppe geübt. Schikurse wurden in Madonna di Campiglio abgehalten.

Schikurs 1924 in Obernberg am Brenner. *Bild: Kurt Schober*

1917: »Anleitung für den alpinen Dienst«, bestehend aus einem allgemeinen Teil und acht Spezialheften.

Nach dem Ersten Weltkrieg wurde eine Ausbildung im Erkennen alpiner Gefahren und in der Orientierung mit Karte und Kompaß durchgeführt.

Ab 1923 wurde die Ausbildung unter der Leitung von Oberst Bilgeri intensiviert. Die Bekleidung bestand aus Breecheshosen, Wickelgamaschen bis zu den Knien und einer Windjacke aus grauem Zeltleinen, zur Ausrüstung gehörten Eispickel, Seil und Bilgerischi.

1925: Ein Erlaß regelt die Inanspruchnahme alpiner Rettungspatrouillen des Bundesheeres durch Gendarmeriedienststellen.

1927: Erste Alpin-Vorschrift für die Österreichische Bundesgendarmerie von Regierungsrat Obstlt. a. D. Georg Bilgeri und Gend.Ob.Insp. I. Josef Albert, herausgegeben von der Gendarmerie-Zentraldirektion in Wien.

Bergung und Abtransport eines tödlich verunglückten Bergsteigers durch Gendarmerie und Rettung am Hagengebirge in Werfen (1930).
Bild: Fritz Hörmann, Werfen

Inhalt:

1. Teil – Die Alpinistik und der alpine Schilauf
I. Die alpinen Gefahren
II. Fels- und Grastechnik
III. Gletscher und Eistechnik
IV. Schilauftechnik
V. Gebirgs-Ausrüstung
VI. Verpflegung, Ernährung, Unterkünfte und Gesundheitspflege
VII. Zurechtfinden
VIII. Allgemeine Anleitung für die Ausbildung
2. Teil – Sonderbestimmungen für die Österr. Bundesgendarmerie
I. Instruktion für den alpinen Dienst
II. Gebirgsausrüstung der Gendarmerie
III. Alpine Gendarmerielehrkurse

Auszug aus dem 1. Teil, Abschnitt VI.:

Persönliche Reinhaltung:
Nicht bloß das Gesicht, sondern besonders die durch Kleider bedeckten und Schweiß absondernden Körperteile (Füße, Achselhöhlen, Gesäß usw.) sind fleißig zu waschen. Vor dem Kochen und Essen, nach der Notdurftverrichtung, vor dem Schlafengehen sind die Hände stets gründlich zu reinigen. Wollstrümpfe sollen mit der Innenseite nach außen häufig in die Sonne gehängt werden.

Der Zweite Weltkrieg unterbrach die weitere Entwicklung des Gendarmerie-Alpinismus weitgehend, obwohl auch in dieser Zeit eine »Alpingendarmerie« eingerichtet war.

Doch schon am 12. Februar 1947 äußerte das Staatsamt für Inneres mit Erlaß die Absicht, die Alpinausbildung der Gendarmerie so rasch als möglich wieder in die Wege zu leiten. Als Gründe wurden die Zunahme des Fremden- und Touristenverkehrs, die Steigerung des Wintersports und des Bergsteigens genannt.

Sicherungsmethode auf einem Fuß sitzend – Therorie und Praxis.
Bilder: Kurt Schober, Fritz Hörmann, Werfen

1949: Erstmals werden Gendarmerie-Alpinisten und Lehrer für den hochalpinen Dienst ernannt.
In einem Erlaß wird das Verhältnis zwischen Gendarmerie und Bergrettungsdienst behandelt.

Lawineneinsatz gemeinsam mit dem Österr. Bergrettungsdienst.
Bild: Kurt Schober

1950: Beginn einer zentral geregelten Alpinausbildung.

Mit Erlaß vom 29. 6. 1951 werden die Gendarmeriedienststellen mit der neuen Alpinvorschrift (Erste Auflage) beteilt. Die mit Erlaß vom 3. 3. 1927 ausgegebene Alpinvorschrift wird außer Kraft gesetzt.

1952: In allen LGK-Bereichen (ausgenommen Burgenland) werden Alpine Einsatzgruppen errichtet.

Auszüge aus dem Aufstellungserlaß vom 20. 6. 1952:

»Mit den Anwachsen des Fremdenverkehrs in den Alpenländern, insbesonders aber mit der Zunahme der Winter- und Sommertouristik nehmen die Anforderungen an die Gendarmerie im alpinen Rettungs- und Bergungsdienst und im Einsatz bei Lawinenunglücken ständig zu ...Wenn Österreich seinen guten Ruf als Fremdenverkehrsland nicht verlieren will, so muß auch mit allen zur Verfügung stehenden Mitteln für die Sicherheit der Fremden in den alpinen Regionen und auf den Bergen gesorgt werden ...Es wäre personell aber nicht tragbar, die große Zahl der bestehenden Alpin- und Hochalpinposten so zu verstärken, daß sie jeder Anforderung im alpinen Gelände gewachsen wären...

Um aber die Schlagfertigkeit der Gendarmerie im alpinen Rettungs- und Bergungsdienst zu erhöhen, hat das Bundesministerium für Inneres die Absicht, auf Gendarmeriedienststellen, die zentral im alpinen Gelände liegen und über einen entsprechenden Personalstand verfügen ›Alpine, Einsatzgruppen‹ einzubauen.«

Die Anzahl der AEG beträgt 41, ihre Personalstärke 4 bis 6 Beamte.

1954: Erster aufsehenerregender Großeinsatz der AEG anläßlichder »Dachsteinkatastrophe« zur Suche nach 10 Schülern und 3 Lehrern, die bei einer Wanderung bei Nebel und Schneesturm die Orientierung verloren und ums Leben kamen.

Zweite Auflage der Gendarmerie-Alpinvorschrift.

1957: Es gibt 54 Alpine Einsatzgruppen.

1962: Dritte erweiterte Auflage der Gendarmerie-Alpinvorschrift. Zusätzlich sind als alpine Lehrschriften in Verwendung: Wastl Mariners »Neuzeitliche Bergrettungstechnik« und der »Österreichische Schilehrplan«.

Geländewagen (Steyr-Puch-Haflinger) werden der Dringlichkeit nach bei den AEG stationiert.

1968: Eine Versicherung der im alpinen Dienst und in alpiner Ausbildung stehenden Gendarmeriebeamten wird abgeschlossen.

1971: Erste Alpinstatistik.

Als Alpinreferent im Gendarmeriezentralkommando (seit 1960) und zuletzt als Gendarmeriezentralkommandant stellte Sektionschef i. R. Dr. Erich Bosina, in Alpinistenkreisen respektvoll »Doktor« genannt, die Weichen für die kontinuierliche Weiterentwicklung der »Alpingendarmerie«.

Heute

Die 1996 in Kraft getretenen »Richtlinien für den Alpindienst der Bundesgendarmerie« bilden eine zeitgemäße Grundlage für die erfolgreiche Arbeit der »Alpingendarmerie«. Sie betonen aber auch ausdrücklich die besondere Gefährlichkeit des Alpindienstes.

Erinnerungstafel am Rande des Taschachferners in Tirol. Bild: Kurt Schober

Die früheren »Fachlichen Richtlinien«, jenes für den Alpindienst notwendige Wissen im Bereich der alpinen Gefahren, Wetterkunde, Schnee- und Lawinenkunde, Orientierung usw. stehen in Form einzelner Skripten zur Verfügung.

Die Bekleidung (funktionelle Bergsportbekleidung) und Ausrüstung (z. B. geländegängige, allradgetriebene Dienstkraftfahrzeuge) entsprechen dem derzeitigen Stand der Technik.

Kurt Schober

Strahlenschutz

Die Dienstvorschrift für die Mitwirkung der Organe des öffentlichen Sicherheitsdienstes im Strahlenschutz nennt als Ziel das Erkennen einer Gefahr im Zusammenhang mit radioaktiven Stoffen, um durch Setzen notwendiger Maßnahmen einer Gefährdung von Personen und Sachen entgegenzuwirken und die weitere Durchführung von Amtshandlungen ermöglichen zu können.

Die Mitwirkung im Strahlenschutz kann – über die Zwecke des Selbstschutzes hinaus – auf viele gesetzliche Grundlagen zurückgeführt werden, zum Beispiel das Strahlenschutzgesetz, das Sicherheitspolizeigesetz, das Sicherheitskontrollgesetz oder die Transportvorschriften (insb. betreffend den Transport gefährlicher Güter).

Denkbare Szenarien sind entsprechend vielfältig:

- Transportunfälle

Beamter mit Schutzanzug und -maske im Einsatz

- Brände in Verbindung mit radioaktiven Stoffen
- Illegaler Handel oder Diebstahl von radioaktiven Stoffen
- Verlust oder Fund von radioaktiven Stoffen
- Großräumige Kontamination aufgrund eines Unfalles in einem Kernkraftwerk, eines Satellitenabsturzes oder der Detonation einer Kernwaffe – einen diesbezüglichen und hoffentlich endgültigen Höhepunkt stellte der GAU (Größter Atomarer Unfall) im Jahre 1996 in Tschernobyl dar.

Strahlenspüren mittels Hubschrauber. *Bild: Martin Hönegger*

Seit 1997 regeln Richtlinien die Organisation, Aus- und Fortbildung der Strahlenspürer des öffentlichen Sicherheitsdienstes. Demnach stehen für den Bereich eines jeden Bezirksgendarmeriekommandos grundsätzlich vier ausgebildete und ausgerüstete Strahlenspürer zur Verfügung. Außerdem sind für den Bereich eines jeden Landesgendarmeriekommandos vier bis acht Bedienstete für das Strahlenspüren aus der Luft mittels Hubschrauber des BMI ausgebildet.

Die Ausbildung erfolgt durch die Zivilschutzschule des Bundesministeriums für Inneres gemeinsam mit dem Österr. Forschungszentrum Seibersdorf.

Durch die Öffnung der Ostgrenze und den Umbruch im ehemaligen Ostblock so wie zuletzt durch die Schengener Verträge wurden Maßnahmen zur Bekämpfung des illegalen Handels mit Kernmaterialien aller Art notwendig. Derzeit läuft eine Pilotstudie mit dem Ziel, taugliche Grenzmonitorsysteme zu installieren.

Den Strahlenspürern der Österreichischen Bundesgendarmerie wünscht man im Interesse ihrer und der eigenen Gesundheit und Sicherheit möglichst wenig Einsätze. Doch trägt auch diese »exotische« Sonderverwendung ihren Teil zur Erfüllung der Aufgabe der Bundesgendarmerie im Dienste der Sicherheit der Bevölkerung Österreichs bei.

Wolfgang Bachkönig, Christian Lukatsch

Der Diensthund – ein treuer Helfer des Gendarmen

Wer sich eine Maschine kauft, liest ausführlich ihre Betriebsanleitung, studiert ihre Anwendungsmöglichkeit mit allen Vor- und Nachteilen und geht sehr sorgfältig damit um. Beim Lebewesen ist das anders. Gebrauchsanweisungen gibt es nicht. Man braucht aber vor allem viel Liebe und Einfühlungsvermögen. Kann man diese Komponenten auf einen Nenner bringen, so kann das Tier oft mehr leisten als eine Maschine, ja sogar manchmal mehr als der Mensch. Und das hat man bei der Gendarmerie schon sehr früh erkannt.

Diensthunde gibt es bereits seit 1904

Die Gendarmerie feierte gerade ihren »55. Geburtstag«, als 1904 die ersten Hunde im Patrouillendienst eingesetzt wurden. Es waren vorerst private Vierbeiner, zumeist Schäferhunde, die die Beamten während der Dienstzeit begleiteten und schützten. Die Vorgesetzten erkannten aber bald, daß die Tiere für den Dienst unerläßlich sind. Die offizielle Einführung des Diensthundewesens erfolgte im Jahre 1910 durch Gendarmerieinspektor Feldmarschalleutnant Michael Tisljar von Lenutis beim Landesgendarmeriekommando Nr. 1 in Wien. Bereits drei Jahre später wurden drei weitere Diensthundestationen errichtet. Während des Ersten Weltkrieges verschwand der Hund in der Gendarmerie von der Bildfläche. In der Zwischenkriegszeit erfolgte die neuerliche Installierung des Hundewesens. 1928 gab es österreichweit wieder 11 Diensthundestationen, wobei die Tiere bereits ausgebildet und auch im Kriminaldienst, vor allem als Fährtenhunde, verwendet wurden.

Kontinuierlicher Aufbau des Diensthundewesens ab 1945

Der Krieg war vorbei und parallel zur Wiedererrichtung der Gendarmerie erfolgte der Aufbau des Diensthundewesens. Wurden im Jahre 1948 die Hundeführer noch bei der Bundespolizeidirektion Wien ausgebildet, so wurde bereits im Jahre 1965 eine zentrale Diensthundestation beim Landesgendarmeriekommando für Niederösterreich eingerichtet. Ab diesem Zeitpunkt erlebte das Hundewesen einen derartigen Aufschwung, daß man bald an allen neuralgischen Punkten des gesamten Bundesgebietes Diensthundestationen errichten konnte.

Suchtgifthunde werden seit dem Jahre 1979 ausgebildet

Der allgemeine Wohlstand brachte auch das Suchtgift nach Westeuropa. Die Beamten kämpften gegen Windmühlen, denn der Einfallsreichtum an Verstecken schien bei den Kriminellen sowohl in Fahrzeugen, im Gelände oder in Wohnhäusern schier unermeßlich. Nun erinnerte man sich auch hier der besonderen Gabe unserer Vierbeiner und bildete sie erstmals im Jahre 1979 in der Zollhundeschule in Neuendettelsau, BRD, auch für diesen Zweig der Kriminalitätsbekämpfung aus. Derzeit sind österreichweit 30 Suchtgifthunde mit großem Erfolg im Einsatz.

Vielfältige Verwendung durch gezielte Ausbildung

Wurden die Diensthunde in den Anfangsjahren vorwiegend als Schutz- und Fährtenhunde verwendet, so hat sich dies teilweise geändert. Die Ausbildung vom Junghund zum Diensthund beträgt durchschnittlich 14 Wochen. Ist der Vierbeiner für einen Spezialeinsatz vorgesehen, nimmt die Schulung noch weitere acht Wochen in Anspruch. Derzeit hat die Österreichische Bundesgendarmerie 162 Fährten-, Stöber und Schutzhunde im Einsatz. Weiters unterstützen 29 Lawinensuchhunde, fünf Trümmersuchhunde, 11 Sondereinsatzhunde, drei Antiterrorhunde und 30 Suchtgifthunde die Beamten bei ihrer Arbeit. Es gibt kaum einen gefährlichen Einsatz oder eine große Veranstaltung, wo nicht der »treue Gefährte« seinen Herrn unterstützt oder vor gefährlichen Angriffen schützt.

Scharfer Diensthundeeinsatz vor dem Durchstöbern einer Scheune.
Bild: Martin Hönegger, Salzburg

Viele Erfolge bei gefährlichen Einsätzen

Müßte man hier die Fahndungserfolge unserer Vierbeiner aufzählen, so wäre in diesem Buch nicht genügend Platz vorhanden. Ein spektakulärer Fall soll aber dennoch geschildert werden: Im Herbst des Jahres 1995 wurden die burgenländischen Bezirke Oberwart, Güssing und Jennersdorf von einer unglaublichen Einbruchsserie durch eine rumänische Diebsbande heimgesucht. Allein am 21. Oktober 1995 wurden in Neuberg, Bezirk Güssing, fünf Wohnhäuser aufgebrochen. Eine Alarmfahndung wurde ausgelöst und RevInsp Bauer des GP Jennersdorf mit dem Schäferhund »Quina von der Heilquelle Güssing« beigezogen. Der Beamte patrouillierte am Waldrand, als das Tier plötzlich zu ziehen begann. Der Gendarm folgte bereitwillig und konnte im Gestrüpp ein Beutelager auffinden. Das Tier ließ aber nicht locker und zwang sein »Herrl« ihm in den Wald zu folgen. Im Unterholz stöberte »Quina« drei Personen, die sofort die Flucht ergriffen, auf. Es entwickelte sich eine wilde Verfolgungsjagd und das Tier konnte einen der Täter stellen. Die anderen zwei konnten vorerst entkommen, wurden aber später ebenfalls gefaßt. Ein toller Erfolg! Beamte werden ausgezeichnet und belohnt. Was ist aber mit den Tieren? Selbstverständlich gabs für »Quina« eine Knackwurst – und sie bedankte sich durch lautes Bellen. Quina hatte übrigens in ihrer »sechsjährigen Gendarmeriegeschichte« 28 Fahndungserfolge bis am 7. März 1999 das tragische Ende kam. An einem Sonntagvormittag war sie mit ihrem Spielgefährten, einem Junghund, ausgerissen und in unmittelbarer Nähe der Ortschaft Königsdorf, Bezirk Güssing, umhergelaufen. Ein Jäger konnte seiner Schießwut nicht Einhalt gebieten und streckte das Tier gnadenlos nieder.

Andreas Sammer

Entwicklung einer Kriminalabteilung am Beispiel Oberösterreichs

Zum Kriminaldienst in der Bundesgendarmerie muß festgestellt werden, daß seit Bestehen der Gendarmerie die Träger dieses komplexen Bereiches der Gendarmerieposten war und auch heute noch ist. Die ersten »Zivilisten« des Korps verrichteten bereits sporadisch um die Jahrhundertwende Anlaßdienste. Die Geburtsstunde des Kriminaldienstes heutiger Prägung begann nach dem Ersten Weltkrieg mit einem verschärften Sicherungsdienst auf den Bahnhöfen. In Wien wurde dazu ein »Gendarmeriedetachement« aufgestellt, deren Beamten versuchsweise in Zivilkleidung zu Diensten herangezogen wurden. Nach Auflösung des Bahngendarmeriekommandos Wien wurden die nichtuniformierten Bahngendarmeriebeamten als Kriminalbeamte der Polizeidirektion Wien eingegliedert. Dieses Modell der Dienstverrichtung, das sich während dieser vier Jahre bestens bewährt hatte, war Vorbild zur Aufstellung von »Ausforschungskommandos".

Seit 1924 »Ausforschungsgruppe« Oberösterreich

Anhand von Chroniken läßt sich die Vergangenheit der Kriminalabteilung des Landesgendarmeriekommandos für Oberösterreich bis in das Jahr 1924 zurückverfolgen. Mit Erlässen des Bundeskanzleramtes wurde in diesem Jahr die geplante Aufstellung einer »Ausforschungsgruppe« mit einem vorläufigen Stand von 11 Beamten beim Landesgendarmeriekommando in Linz angekündigt, sowie eine Planstellenausschreibung mit detaillierter Qualifikationsbeschreibung veranlaßt.

Demnach kamen für die Einteilung in die geplante Ausforschungsgruppe neben den Absolventen des sechsmonatigen Ausforschungskurses in Wien in erster Linie jene Gendarmeriebeamte in Betracht, die sich »... freiwillig melden und infolge ihrer Intelligenz, ihrer vollkommenen Verläßlichkeit, Diensterfahrung und erprobter erfolgreicher Betätigung im Ausforschungswesen eine besondere Eignung für diesen Dienst besitzen«.

Ein erheiterndes Lächeln würde vermutlich heutzutage folgende Passage der damaligen Ausschreibung bewirken: »Unter diesen Beamten wäre ein geübter Amateurfotograf erforderlich, der auch gewillt ist, vorläufig gegen Entschädigung der verbrauchten Utensilien seinen Apparat in den Dienst der guten Sache zu stellen«.

Mit diesem ältesten Dokument, das auf eine kriminalistische Spezialeinheit innerhalb der oberösterreichischen Gendarmerie hinweist, beginnt die Geschichte der Kriminalabteilung Oberösterreich, die mit 1. Juli 1924 ihren Dienstbetrieb aufnahm.

Bereits mit 1. Mai 1925 wurde sie als »Ausforschungsabteilung« bezeichnet und in allen Belangen direkt dem Landesgendarmeriekommando unterstellt.

1928 bis 1935 Auflösung gegen den Willen der Gendarmerieführung

Überraschend wurde mit Erlaß des Bundeskanzleramtes vom 2. Juli 1928 die Ausforschungsabteilung wieder aufgelöst und deren Agenden, die Führung des zentralen Fahndungswesens und die Bearbeitung von großen und schwierigen Kriminalfällen, aus unverständlichen Gründen der Bundespolizeidirektion Linz übertragen.

Mehr als sieben Jahre mußte die oberösterreichische Gendarmerie darum kämpfen, wieder Herr im eigenen Haus zu werden.

Am 2. September 1935 – zu einer Zeit als sich die Entwicklung des politischen Geschehens deutlich spürbar in einer Krise befand – mußte, wiederum über Erlaß des Bundeskanzleramtes, beim Landesgendarmeriekommando für Oberösterreich eine »provisorische Erhebungsgruppe« errichtet werden, die mit 1. Februar 1936 definitiv installiert wurde. Die Beamten dieser Erhebungsgruppe hatten, dem damaligen Zeitgeist entsprechend, hauptsächlich staatspolizeiliche Aufträge zu vollziehen. Sie arbeiteten vorwiegend im Untergrund, deklarierten sich nur in Ausnahmefällen und überließen das exekutive Einschreiten den uniformierten Kollegen.

Auch dieser Gruppe war kein langes Wirken beschieden. Kurz nach dem Einmarsch der deutschen Truppen in Österreich wurden sämtliche Erhebungsgruppen der Gendarmerie in Österreich aufgelassen. Die staats- und kriminalpolizeilichen Agenden übernahmen die dafür zuständigen deutschen Einheiten (Gestapo – Landeskriminalämter). Erst nach dem Zusammenbruch des Dritten Reiches wurde in der jungen Republik Österreich wieder auf die Gendarmerie als Hüter der öffentlichen Ordnung, Ruhe und Sicherheit zurückgegriffen.

Von der Erhebungsabteilung zur Kriminalabteilung

Am 1. Mai 1946 wurde beim Landesgendarmeriekommando für Oberösterreich unter dem damaligen Landesgendarmeriekommandanten GendOberst Johann Kundmann eine »Erhebungsabteilung« errichtet. In den folgenden Jahren kam es auch noch zur Installierung einer Reihe von Expposituren, die jedoch inzwischen alle wieder aufgelassen wurden. Mit 1. März 1971 erhielt die Erhebungsabteilung, die früher auf andere Verkehrsmittel angewiesen war, eine eigene Kraftfahrstation samt »Chauffeuren«. Ab Jänner 1975 »mußten« die Erhebungsbeamten jedoch selbst ans Steuer der Dienstfahrzeuge. In der Zwischenzeit wurde die Erhebungsabteilung in »Kriminalabteilung« (August 1973) unbenannt, jene Bezeichnung, die sich bis heute gehalten hat.

Vorerst im Gebäude des LGK in der Gruberstraße untergebracht, übersiedelte die Kriminalabteilung am 21. August 1981 aus Platzgründen in das neu errichtete Bundesamtsgebäude in der Nietzschestraße, in dem auch die Sicherheitsdirektion und die Bundespolizeidirektion Linz untergebracht sind.

Örtliche und sachliche Zuständigkeit

Nachdem die Kriminalabteilung bis zur LGK-Umstrukturierung am 1. Jänner 1995 innerorganisatorisch »nur« ein Referat innerhalb der Referatsgruppe 1 war, erhielt sie durch die angeführte Reform tatsächlich den Status einer Abteilung. Die Kriminalabteilung ist eine der drei Spezialabteilungen innerhalb der Gruppe 1 beim Landesgendarmeriekommando. Der örtliche Zuständigkeitsbereich ist das Bundesland Oberösterreich mit Ausnahme der drei Statutarstädte. Somit betreut die Kriminalabteilung ca. 1 Mio. oberösterreichischer Bürger, was etwa 3/4 der Gesamtbevölkerung entspricht. Die sachliche Zuständigkeit der

Kriminalabteilung umfaßt die Bekämpfung und Aufklärung qualifizierter und schwerer Kriminalität (Mord, Raub, Geiselnahme, etc.), die überörtliche Verbrechensbekämpfung, sowie die Erhebung von Straftaten, deren Bearbeitung einer besonderen Ausbildung bedarf (Wirtschaftskriminalität, Suchtgiftdelikte, Umweltkriminalität, Brandursachenermittlung, Tatortarbeit, Spurenuntersuchung usw.). Aufgrund der geänderten Stellung Österreichs innerhalb Europas, das »Schwinden« der Grenzen und damit verbunden auch das vermehrt staatsübergreifende Agieren der Täter wurde auch innerhalb der europäischen Exekutive die Notwendigkeit erkannt, enger zusammenzurücken und zusammenzuarbeiten. Es werden gemeinsame Seminare besucht und abgehalten, immer wieder der Erfahrungsaustausch gesucht und sowohl im technischen wie auch im taktischen Bereich neue Wege beschritten. Im Detail darauf einzugehen, würde jedoch den Rahmen dieser Kurzvorstellung sprengen.

Erwähnenswert ist noch die Schulungs- und Ausbildungstätigkeit der Kriminalabteilung. Nach der Einführung des koordinierten Kriminaldienstes in den Bezirken, der Fotogrammetrie und der Schengener Ausgleichsmaßnahmen ergab sich die Notwendigkeit, die dort eingesetzten Beamten auf ihren angestrebten Spezialgebieten einer Ausbildung zu unterziehen. So gibt es inzwischen auf folgenden Gebieten bei der Kriminalabteilung ausgebildete Spezialisten in den Bezirken: Kontaktbeamte für organisierte Kriminalität, Suchtgiftermittler, Observanten, Ermittler in Sittlichkeitsdelikten, Bezirksspurensicherer, Fahndungsbeauftragte, Kfz-Ermittler, Bezirksbetrugsermittler, Kridabearbeiter und Bezirksbrandermittler. Seit Einführung der Grenzgendarmerie werden auch Ausbildungen im Bereich der Erkennung von Dokumentenfälschungen durchgeführt, wobei die Kriminalabteilung Oberösterreich sogar bundesweit eine führende Stellung einnimmt.

Es bleibt zu hoffen, daß die derzeitige Entwicklung weiter voranschreitet und in den nächsten Jahren auch die Möglichkeit des personellen Zuwachses bei der Kriminalabteilung wieder erwartet werden kann, so daß die hohen Aufklärungsquoten von heute auch weiterhin das Sicherheitsgefühl der Bevölkerung bewahren können.

Martin Hönegger

Tatortarbeit und Kriminalfotografie

Die Tatortarbeit (Spurensicherung, Fotografie usw.) zählt zu den wichtigsten Arbeiten des Gendarmerieberufes. Jeder Gendarm erfährt bereits in der Grundausbildung eine entsprechende Schulung und ist daher in der Lage allgemeine Spurensicherungen und Tatortfotografien selbst durchzuführen. Reicht dafür die Standardausrüstung auf den Gendarmerieposten nicht aus, müssen Spezialisten der Tatortgruppen von den Kriminalabteilungen angefordert werden.

Aufgabenbereiche der Tatortgruppen:

1) Tatortarbeit, insbesondere Dokumentation, Rekonstruktion, Sicherung von biologischen Spuren, Fingerspuren, Werkzeugspuren usw.,
2) Chemische Sichtbarmachung von Fingerspuren,
3) Schuhspurensammlung und Vergleichsuntersuchungen,
4) Dokumentenuntersuchungen und vieles mehr ...

In den letzten Jahren hat der Sachbeweis, nicht nur infolge der Veränderungen in der Gesetzgebung und deren Anpassung an andere europäische Rechtsnormen, gegenüber dem Personenbeweis im gerichtlichen Verfahren immer mehr an Bedeutung gewonnen. Die Spuren, als stumme Zeugen der Tat, bilden eine wichtige Grundlage für die Wahrheitsfindung im Strafprozeß. Diese Entwicklung zwingt Angehörige der Exekutive, sich neueste Methoden der Spurensuche, -sicherung und -auswertung anzueignen, diese in Schulungen weiterzugeben und am Tatort bzw. bei der Spurenauswertung anzuwenden.

Sichtbarmachung einer Fingerspur durch UV-Bestrahlung.

Lichtbildstelle

Ein Bild sagt mehr als tausend Worte! Dieser wahre Spruch gilt selbstverständlich auch für die Arbeit der Gendarmeriebeamten, denn Bilder sind hier nicht nur visuelle Information, sondern in erster Linie Beweismittel, die den Staatsanwaltschaften, den Gerichten, den Sachverständigen und Gutachtern als wesentliche Grundlage zu ihrer Beurteilung dienen. Gerade bei besonders schwierigen oder schweren Kriminalfällen, bei Großereignissen aller Art und in Angelegenheiten, wo einerseits spezielle Ausrüstung oder andererseits profundes Fachwissen und Erfahrung notwendig sind, sind die Beamten der Lichtbildstelle gefordert, das erforderliche Bild- und/oder Videomaterial herzustellen und mit erklärenden Texten dem Endverbraucher in sachgerechter Form vorzulegen.

Notwendigerweise müssen die Beamten dazu in jedem Gelände, bei jeder Tageszeit, bei jedem Wetter und in jeder Situation die Anforderung bewältigen, von der Marko- bis zur Luftbildfotografie.

Ein wesentlicher Bereich ist die Laborarbeit, von der Routine der Farbausarbeitung des eigenen Materials und jener der Gendarmerieposten über Entwicklung von SW-Filmen und Bildern aus den Überwachungskameras, der Radarfilme und Reproduktionen und auch von Diafilmen für Schulungszwecke jeder Art. Dazu kommen die Aus- und Fortbildung der Postengendarmen, das Materialwesen und die betriebliche Administration. Als Innovationen sind die Fotogrammetrie und die digitale Fotografie zu sehen, die eine ständige Auseinandersetzung mit neuen Materialien und Möglichkeiten erfordern.

Die folgende Fotodokumentation, zusammengestellt von Martin Hönegger aus Salzburg, soll einen kleinen Einblick in die Arbeit dieser Gruppen gewähren.

Kriminalfotografie; Detail einer Tatwaffe.

Tatortarbeit nach einem Mord an einem slowenischen Staatsangehörigen am 13. April 1999 in Zell am See.

Schuhspurenauswertung.

Auswertung der Bilder im Fotolabor.

Dokumentenuntersuchung mittels »Doko-Box«.

Luftbildfotografie.

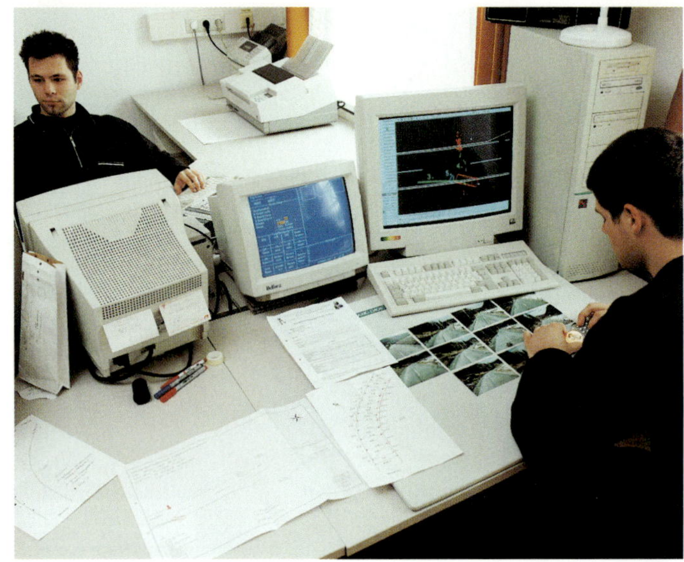

Fotogrammetrie, erstellen einer Unfallskizze anhand von Unfallfotos.

Anton Haumer

EDV-Einsatz in der Gendarmerie

Die internationalen Veränderungen, der Beitritt Österreichs zur EU, der Wegfall von Grenzkontrollen, Reisefreiheit, die Bekämpfung der regionalen und internationalen Kriminalität stellen an die österreichische Exekutive zunehmend steigende Anforderungen. Dabei befindet sich die Gendarmerie in einer schwierigen Lage: Denn einerseits dazu verpflichtet, all die an sie gestellten Anforderungen zufriedenstellend zu erfüllen, um mit den Veränderungen Schritt halten zu können, muß die Exekutive auch andererseits den Spargedanken der Bundesregierung mittragen. Dieser offensichtliche Gegensatz kann nur durch eine Effektivitätssteigerung kompensiert werden. Einen wesentlichen Beitrag dazu liefert der EDV-Einsatz im Bereich des Innenressorts mit der Kurzbezeichnung BAKS (Büro-, Automatisations- und Kommunikationssystem) für die Bereiche Gendarmerie, Polizei und für ministerielle Stellen.

Die Exekutive stellt an die EDV-Ausstattung besonders große Anforderungen, einerseits wegen der Größe und Disloziertheit der Dienststellen, andererseits wegen der zu gewährleistenden Sicherheit des Systems. Die Sicherheit der Daten hängt von einem Schutz vor Zerstörung, der Bewahrung vor unerlaubten Eingriffen und letztendlich vom ordnungsgemäßen Zugriff durch die vorgesehenen Benutzer ab.

Das BAKS-Konzept basiert auf drei grundsätzlichen Säulen, nämlich der Textverarbeitung und den lokalen GENDIS-Anwendungen (GENDIS = Gendarmerieinformationssystem), wie zum Beispiel Organmandatsabrechnung, Dienstplanung, Aktenverwaltung, der Kommunikation und dem Zugriff zu den zentralen Fahndungsdaten.

Der Beginn der EDV-Anwendung war im Jahre 1988, als beim Landesgendarmeriekommando für Tirol der Versuch gestartet wurde, die automationsunterstützte Verrechnung von Organmandaten mit einem Personalcomputer vorzunehmen.

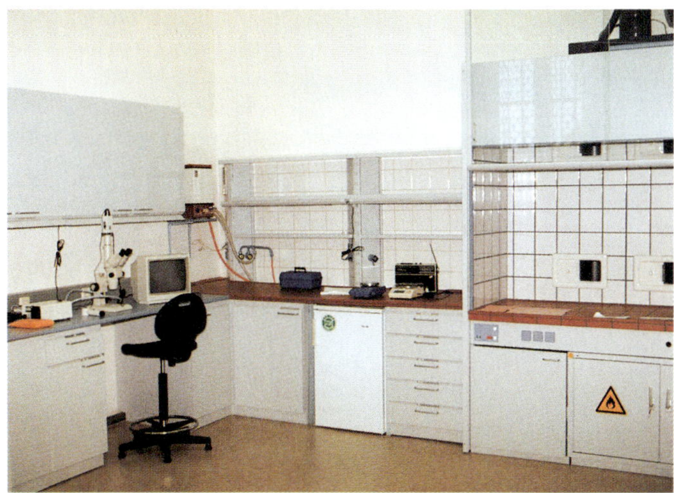

EDV – auch im Labor Einzug gefunden.
Bild: Gendarmeriezentralschule Mödling

Der Einsatz des nunmehrigen EDV-Großprojektes in der Gendarmerie bietet eine totale Modernisierung des Büroalltags durch eine Reduktion des administrativen Aufwandes und einer Verbesserung der Qualität der Arbeit. Damit verbunden ist auch eine Entlastung der hochqualifizierten Dienststellenleiter, die sich nun vermehrt exekutivdienstlichen Aufgaben widmen können.

Die Ausbildung der Anwender erfolgt durch eine intensiv geschulte Truppe von Trainern, die selbst Erfahrung im jeweiligen Aufgabengebiet aufweisen.

Wenn sich für die Gendarmeriebediensteten bei der EDV-Anwendung Probleme ergeben, können sie während der Amtsstunden in jedem Bundesland über eine Hotline mit einem Betreuer Kontakt aufnehmen. Da aber der Betrieb über die Normaldienstzeit hinaus aufrechterhalten werden und die Qualität der Arbeit auch an Wochenenden garantiert sein muß, ist für diese Zeiten ein Dauerdienst für die Bundesländer Burgenland, Niederösterreich und Steiermark und einer für die Bundesländer Kärnten, Oberösterreich, Salzburg, Tirol und Vorarlberg eingerichtet.

EDV-Schulungsraum in der Gendarmeriezentralschule Mödling.
Bild: Gendarmeriezentralschule Mödling

Insgesamt sind ca. 1200 Standorte zu versorgen.

Unabhängig davon erfolgt die Betriebsüberwachung des BMI-Netzes mit eigenem Personal.

Das EDV-Projekt ist noch immer im Ausbau begriffen, um den ständig wachsenden Anforderungen im Sinne der Sicherheit und einer effektiven Arbeit gerecht werden zu können.

Arthur Reis

Die Entwicklung der Ausbildung in der (Bundes-)Gendarmerie

Einleitend wäre darauf hinzuweisen, daß eine funktionierende Exekutive nur so gut sein kann, wie es die Schulungsmaßnahmen zulassen.

Oberste Maxime kann daher nur sein, für Ruhe, Ordnung und Sicherheit zu sorgen, wobei das Anforderungsprofil an einen Exekutivbeamten stets eine direkte Reflexion der augenblicklichen sicherheitspolitischen Situation in einem Land darstellt bzw. darstellen sollte. Dies setzt natürlich ideelle und materielle Investitionen in die Fähigkeiten und Fertigkeiten der staatlichen Vollzugsorgane voraus.

Gab es in den Anfängen der (Bundes-)Gendarmerie verhältnismäßig lange Innovationsintervalle auf dem Ausbildungssektor, so entsprach dies durchaus den sicherheitspolitischen Erfordernissen der jeweiligen Epoche.

In der Gegenwart vergeht aber kaum ein Jahr, ohne auf eine wie auch immer geartete Entwicklung reagieren bzw. präventive Maßnahmen setzen zu müssen.

Im Juli 1849 wurde Feldmarschalleutnant Freiherr von Kempen, einer der einflußreichsten Männer der Armee, von Kaiser Franz Joseph mit der Errichtung der Gendarmerie betraut. Ein provisorisches Gendarmeriegesetz wurde ausgearbeitet und im Jahre 1850 zufolge allerhöchster Entscheidung allgemein kundgemacht. Die Zweckbestimmung wurde im Punkt 1 dieses Gesetzes festgelegt und hatte folgenden Wortlaut:

»Sie (also die Gendarmerie) ist bestimmt, die öffentliche Sicherheit, Ruhe und Ordnung nach jeder Richtung hin aufrecht zu erhalten.«

Bei jedem Regimentskommando befand sich ein »Depotflügel«, bei dem die erste theoretische Ausbildung der sogenannten »Probegendarmen« erfolgte.

Bevor die Regimentskommandanten die Gendarmen auf ihre vorgesehenen Dienstposten abgehen lassen konnten, mußten sie über ihre wichtigsten Befugnisse und Pflichten belehrt werden. Mit dieser Aufgabe wurden die Offiziere des lombardischen Gendarmerieregiments betraut, nach dessen Muster die neuerrichtete Gendarmerie organisiert war.

Mit dem Gesetz von 1876 wurde dann die Gendarmerie gänzlich aus dem Verband des stehenden Heeres herausgelöst und bildete nun einen eigenen, nach militärischem Muster organisierten Wachkörper zur Aufrechterhaltung der öffentlichen Ruhe, Ordnung und Sicherheit. Auch im Hinblick auf das Ausbildungswesen unterstand die Gendarmerie nun nicht mehr dem lombardischen Regiment, sondern korpseigenen Vorgesetzten.

Mit bereits zitiertem Gesetz wurde auch zum ersten Mal zum Ausdruck gebracht, wie die Ausbildung auszusehen hat bzw. welche Anforderungen prüfungstechnischer Art an die Gendarmen zu stellen sind:

Die Gendarmerieanwärter mußten zunächst eine Prüfung ablegen, die aus Diktat, Schriftproben und Rechenaufgaben bestand. Gleichzeitig wurden genaue Erkundigungen über das Vorleben der Bewerber eingeholt, um einigermaßen sicherstellen zu können, daß nur wirklich geeignete Personen aufgenommen werden. Nach fünf Monaten theoretischer Ausbildung bei den Ergänzungsabteilungen wurden die Probegendarmen zur praktischen Dienstleistung auf die jeweiligen Gendarmerieposten eingeteilt. Hatten sie sich bewährt, so wurden die »Provisorischen« nach einem Jahr definitiv zu Gendarmen befördert.

Für die Heranbildung zum Postenkommandanten wurde durch die Errichtung von Chargenschulen vorgesorgt.

Aus der Reihe der Postenkommandanten wurden in weiterer Folge die besten nach mehrmonatiger Erprobung zu Bezirksgendarmeriekommandanten ernannt.

Obwohl das Gendarmeriegesetz 1876 die Beförderung von Offizieren durch stufenweise Vorrückung innerhalb des eigenen Korps, also aus dem Mannschaftsstand, vorsah, so machten doch sehr wenige Gendarmen von dieser Möglichkeit Gebrauch.

Areal der Gendarmeriezentralschule in Mödling. *Bild: Gendarmeriezentralschule*

Die überwiegende Zahl der Gendarmerieoffiziere bestand daher aus erprobten und bewährten Heeresoffizieren, die vor ihrer Ernennung zu Gendarmerieoffizieren ebenfalls eine halbjährige, ab 1905 ganzjährige Probedienstzeit abzuleisten hatten.

Um mit der Zeit Schritt halten und allen neuzeitlichen Anforderungen gerecht werden zu können, wurde ab dem Jahre 1924 dem Ausbau des Kraftfahrwesens und der Sportpflege besonderes Augenmerk geschenkt. Abteilungs- und Bezirkskommanden wurden (teilweise) mit Kraftwagen oder Krafträdern ausgestattet und in mehrtägigen Schulungen im Umgang damit vertraut gemacht.

Schikurse, Alpin- und Kletterkurse sorgten dafür, daß die Beamten für den Dienst in alpinen- und hochalpinen Bereichen entsprechend geschult wurden.

Bei den auf Stromposten eingeteilten Gendarmen wurde das Hauptgewicht der sportlichen Ausbildung auf Schwimmen und Zillenfahren gelegt. Die erforderlichen Hilfeleistungen der Gendarmerie bei Elementarereignissen haben bewiesen, daß mit der Aufnahme der körperlichen Ertüchtigung in die Ausbildung der richtige Weg eingeschlagen wurde.

Durch den Ausbau des Ausforschungsdienstes wurden nun auch Schulungen auf dem Gebiet der Daktyloskopie und des Lichtbildwesens durchgeführt; Dauer etwa drei Tage.

Die Heranbildung des Nachwuchses erfuhr im Jahre 1930 eine Vereinheitlichung durch die Errichtung der Gendarmerie-Zentralschule in Graz, wo von nun an in Chargenschulkursen die zukünftigen Postenkommandanten und im höheren Fachkurs, der bereits im Jahre 1924 erstmalig in Graz abgehalten worden war, die angehenden leitenden Beamten ausgebildet wurden.

Außerdem bestand im Rahmen der Zentralschule ein Informationskurs für die Weiterbildung von Offizieren.

Aus allen Teilen Österreichs wurden nun Gendarmen zur Führung verantwortungsvoller Dienstposten von einem fixen Lehrkörper nach einheitlichen pädagogisch-didaktischen Grundsätzen herangebildet.

Im Jahre 1933 war in der Gendarmerie-Zentralschule der erste Jahrgang im Rahmen der neuerrichteten Gendarmerieakademie eröffnet worden, in der geeignete Beamte zu Offizieren herangebildet werden sollten.

1934 wurde die Zentralschule von Graz nach Mödling verlegt. Nach dem Ende des Zweiten Weltkrieges war die Grundausbildung einer unverhältnismäßig großen Zahl von neu aufgenommenen Gendarmeriebeamten erforderlich. Aus der Erfahrung des bisherigen Schulbetriebes wußte man, daß drei Gruppen der Schulung und Ausbildung benötigt würden, nämlich eine Grundausbildung, eine Fortbildung und eine Spezialausbildung.

Zur Gruppe der Grundausbildung gehörten Grundausbildungslehrgänge, Fachkurse sowie gehobene Fachkurse. In diesen Ausbildungskategorien erhielten die Frequentanten das grundlegende Wissen für ihre spätere Verwendung als eingeteilte, dienstführende oder leitende Beamte.

Es mangelte jedoch an Gendarmerieschulen und geeigneten Lehrkräften. Außerdem wurden die jungen Beamten dringend im praktischen Exekutivdienst benötigt. Als Zwischenlösung erfolgte die Grundausbildung der Beamten in Erstausbildungs- und Fortsetzungslehrgängen in der Dauer von je drei Monaten. Im Jahre 1950 konnte erstmalig ein Unterrichtsprogramm für Grundausbildungskurse in der Dauer von 12 Monaten ausgegeben werden, das jedoch 1954, infolge des zu bewältigenden, umfangreichen Lehrstoffes, auf 16 Monate ausgedehnt werden mußte.

Die Ausbildung der dienstführenden Beamten wurde in der Zweiten Republik umständehalber zunächst ebenfalls verkürzt vorgenommen. Die Fachkurse dauerten für die bereits beförderten Dienstführenden vier Monate, für die übrigen Beamten sechs Monate, später acht, dann 10 Monate.

Die Fachkurse wurden sowohl bei der Gendarmeriezentralschule als auch bei den Landesgendarmeriekommanden durchgeführt, da in die Lehrgänge an der Gendarmeriezentralschule nur Beamte aus der sowjetischen Besatzungszone kommandiert werden durften.

Im Jahre 1956 konnte erstmalig seit 1938 wieder ein zentraler Fachkurs mit Bediensteten aus allen Landesgendarmeriekommanden an der Gendarmeriezentralschule (GZSch) Mödling eingerichtet werden.

Die Ausbildung der leitenden Gendarmeriebeamten wurde erst durch die Installierung der gehobenen Fachkurse, mit einer Kursdauer von zwei Jahren, auf eine entsprechende Basis gestellt. Die Wissensinhalte in diesen Lehrgängen wurden auf folgende Lehrgegenstände verteilt:

Allgemeines österreichisches Staatsrecht, Verwaltungslehre und österreichisches Verwaltungsrecht, Strafrecht, Strafprozeßrecht, Kriminalistik (Tatbestands-, Vernehmungs- und kriminalistische Untersuchungslehre), Gendarmerievorschriften, Ausbildungsvorschrift, Gendarmerietaktik, Kommandoführung, Waffenhandhabung, Schießen, Disziplinarrecht, Lehrmethode der deutschen Sprache, allgemeine Rechtslehre, österreichisches Privatrecht, Gerichtsmedizin, Pädagogik, Waffen- und Schießwesen, Geländekunde und Geländedarstellung, Dienstrecht, Volkswirtschaftslehre, Vaterlandskunde, Gendarmeriegeschichte, Kanzleiführung, Gesundheitslehre, Gebührenwesen, Kraftfahrwesen, Nachrichtenwesen, Sport, Kurzschrift, Maschinschreiben und Anstandslehre.

Die Ausbildung zum eingeteilten und zum dienstführenden Wachebeamten umfaßte einen Teilbereich des umfangreichen Lehr- und Lernvolumens für leitende Gendarmeriebeamte.

Der beruflichen Fortbildung diente zunächst der Unterricht durch den Postenkommandanten am Gendarmerieposten. Der sogenannte »Postenunterricht« war nach dem vom Gendarmeriezentralkommando ausgearbeiteten Jahresprogramm regelmäßig abzuhalten.

Die praktischen Erfahrungen des Schulbetriebes hatten aber ergeben, daß allein die Postenschulung zur Weiterbildung nicht ausreicht. Die Aktivierung erweiterter Fachausbildungen war die Folge.

Diese Art der Schulung erfolgte bei den Landesgendarmeriekommanden in der Dauer von ursprünglich sechs, später dann vier Wochen. Im Rahmen dieser Kurse wurden die »Eingeteilten« mit neuen Gesetzen und Vorschriften vertraut gemacht.

Aufgrund der mit den erweiterten fachlichen Ausbildungskursen für eingeteilte Beamte gemachten Erfahrungen erfolgte im Jahre 1953 die Einführung dieser Art der Ausbildung auch für leitende Gendarmeriebeamte sowie für Bezirksgendarmeriekommandanten und Lehrer; ab 1954 wurden auch Postenkommandanten einbezogen.

Auf sportliche Ausbildung wird hier viel Wert gelegt.
Bild: Gendarmeriezentralschule Mödling

Diese umfangreiche, großzügige und den Erfordernissen der Bundesgendarmerie Rechnung tragende Schulungs- und Ausbildungsarbeit konnte von den damals bestehenden Ergänzungsabteilungen und der Gendarmeriezentralschule nicht mehr bewältigt werden. Es wurde daher die Gendarmerieschule des Bundesministeriums für Inneres in Wien errichtet, die sich neben der Grundausbildung auch mit der erweiterten fachlichen Ausbildung zu befassen hatte. Die Heranbildung der dienstführenden und leitenden Beamten in Fachkursen oblag weiterhin der Gendarmeriezentralschule.

Die Gendarmerieschule des Innenministeriums wurde im Jahre 1962 wieder geschlossen, die bisher wahrgenommenen Agenden auf die einzelnen Landesgendarmeriekommanden übertragen.

Die Vielseitigkeit des Gendarmeriedienstes erforderte, daß für besondere Verwendungsgebiete speziell ausgebildete Gendarmen zur Verfügung standen. Diesen Spezialausbildungen dienten die Kraftfahr-, Funk-, Lichtbild-, Brandermittlungs-, Ausforschungs-, Diensthundeführer-, Lawinensuchhundeführer- und Motorbootführerkurse, die je nach Bedarf abgehalten wurden.

In den Hochgebirgsschulen der Gendarmerie wurden geeignete Beamte zu Alpinisten, Hochalpinisten und Bergführern ausgebildet. Diese hatten sowohl den Sicherheitsdienst als auch den alpinen Rettungs- und Bergungsdienst auf den Alpin- und Hochalpinposten zu versehen.

Neben der organisatorischen Arbeit auf dem Gebiet des Schulwesens muß die Beschaffung, Herausgabe und Bereitstellung der Unterrichts- und Lehrbehelfe besonders hervorgehoben werden. In rascher Folge wurden nämlich 14 wichtige Vorschriften zur Regelung des internen Dienstbetriebes und 45 verschiedene Lehr- und Nachschlagebehelfe über die gesetzlichen Bestimmungen, soweit diese für den praktischen Dienst von Bedeutung waren, erstellt und an die Gendarmeriedienststellen im gesamten Bundesgebiet verteilt.

Eine weitere Zäsur erfolgte mit dem Beamtendienstrechtgesetz des Jahres 1979 (BDG '79). Diese Rechtsnorm bildet u. a. auch die gesetzliche Grundlage für die derzeitige Form der Ausbildung in der Bundesgendarmerie. Danach gliedert sich nun die dienstliche Ausbildung: in Grundausbildung und berufsbegleitende Fortbildung. Damit sollen den Beamten die für die Erfüllung ihrer dienstlichen Aufgaben erforderlichen Kenntnisse, Erfahrungen und Fertigkeiten vermittelt, erweitert und vertieft werden.

Die Grundausbildung ist jene Ausbildung, die u. a. auch zur Erfüllung von Ernennungs- und Definitivstellungserfordernissen führen soll.

Entsprechend der hierarchischen Gliederung der Gendarmerie in Beamte der Verwendungsgruppe E 1/Leitende (bisher: W 1) , E 2 a/Dienstführende (bisher: W 2) und E 2 c/Eingeteilte (bisher: W 3) finden auch getrennte Grundausbildungen statt. Die bei den Landesgendarmeriekommanden eingerichteten, bisher als »Schulabteilungen« bezeichneten Ausbildungsstätten für die »unterste Ebene« wurden 1995 in »Schulungsabteilungen« umbenannt; Ausbildungsdauer: 24 Monate, ein viermonatiges Praktikum eingerechnet. Bestrebungen hinsichtlich einer Verkürzung sind derzeit im Gange.

Die Grundausbildungslehrgänge (GAL) für E 2 a-Bedienstete finden an der GZSch Mödling statt, wobei eine Trennung in Gendarmeriedienst (= praktische Außendienstverwendung) und ökonomisch-administrativen Gendarmeriedienst (Wahrnehmung wirtschaftlicher Belange) erfolgt.

Die bis dahin einheitliche Ausbildung für den Gendarmeriedienst wurde 1993 dahingehend reformiert, als nun ein sechsmonatiger, gemeinsamer Basisteil für Bedienstete des Gendarmeriedienstes zu absolvieren ist, im unmittelbaren Anschluß eine dreimonatige spartenspezifische Ausbildung für den Dienst auf einem Gendarmerieposten, bei einer Kriminalabteilung, Verkehrsabteilung oder in einer Stabsverwendung erfolgt.

Als eines der wesentlichsten Ausbildungselemente im Rahmen der berufsbegleitenden Fortbildung für E 2 a -Bedienstete darf die im Jahre 1995 eingeführte »Funktionsausbildung« bezeichnet werden. Mit dieser einmonatigen Ausbildung soll den Dienststellenleitern das »Rüstzeug« als Dienststellenleiter (»Dienststellenmanager«,) an die Hand gegeben werden.

Ebenso reformiert (1993) und auf eine völlig neue Basis gestellt wurde die bisherige Abteilungsschulung, an deren Stelle nun ein sogenannter »Ausbildungstag« (ABT) durchgeführt wird. Dieser ABT, mit dem weit über 90 % aller Bediensteten erreicht werden, besteht aus einem theoretischen (aktuelle Wissensinhalte/Gesetzesänderungen etc.) und einem praktischen (Körperausbildung/Anwendung einsatzbezogener Körperkraft/Notwehrselbstverteidigung für Frauen) Ausbildungsteil.

Die oberste Ausbildungsebene führt zum Offizier

Die Zulassung zu diesem (E 1-) Grundausbildungslehrgang setzt ein zweiteiliges (fachlich/psychologisch) Ausleseverfahren voraus. Leiter der »Sicherheitsakademie«, in deren Rahmen diese Lehrgänge durchgeführt werden, ist der Generaldirektor für die öffentliche Sicherheit.

Als wesentliche Innovation darf wohl der Umstand angesehen werden, daß nun auch Bedienstete ohne Matura zugelassen werden können. Die Absolvierung des GAL für dienstführende Exekutivbeamte, verbunden mit einer dreijährigen Diensterfahrung (Maturant: 1 Jahr), ist jedoch Voraussetzung für eine Zulassung. Daraus ergibt sich, daß hinkünftig niemand mehr Offizier werden kann, ohne eine Dienstführenden-Ausbildung absolviert zu haben.

Zu diesen »herkömmlichen« Ausbildungsvarianten kam hinzu – ausgelöst durch die Übernahme des Grenzdienstes durch die Bundesgendarmerie – daß auch ehemalige Zollwachebeamte durch entsprechende Ergänzungsausbildung in das bestehende System nahtlos eingefügt werden mußten.

Eine sechsmonatige Ausbildung von in erster Linie im Grenzdienst verwendeten Vertragsbediensteten, die eine 10monatige Ergänzungsausbildung teilweise bereits abgeschlossen haben, ergänzt das Gesamtbild der sehr breiten Ausbildungspalette.

Abschließend wäre daher festzuhalten:

»Jede Gesellschaft hat die Exekutive, die sie verdient!« Eine Analyse dieses Zitates bringt klar zum Ausdruck, daß in den letzten Jahren gerade auf dem Ausbildungssektor enorm viel geschehen ist – enorm viel geschehen mußte. Eine grundlegende gesellschaftliche Veränderung, wie sie in der jüngsten Vergangenheit zu verzeichnen war – und noch immer ist –, setzt rasche (Schulungs-)Maßnahmen innerhalb der Exekutive voraus.

Die zunehmend an Dynamik gewinnenden gesellschaftlichen, wirtschaftlichen und technologischen Wandlungsprozesse verlangen daher auch von der Gendarmerie, sich diesen Vorgängen und Veränderungen zu stellen, ihre eigene Aufbau- und Ablauforganisation immer wieder zu überprüfen und neue Formen der Arbeits- (=Schulungs-)Organisation zu entwickeln. Durch verstärkte Implikation von Theorie und Praxis, aber auch durch neue theoretische Inputs, soll daher den Ausbildenden – neben unverzichtbarem Faktenwissen – vor allem Managementkompetenz vermittelt werden: In der Bundesgendarmerie wird seit Beginn des Jahres 1998 »Berufsethik« (vorerst als Pilotprojekt) unterrichtet. Vor allem für ältere Jahrgänge nicht ganz überraschend, können doch vereinzelt auch Elemente der alten »GDI« entdeckt werden.

Bleibt also nur zu hoffen, daß die dynamischen (Weiter-) Bildungsprozesse innerhalb der Bundesgendarmerie auch weiterhin nicht nur einen Garten für zunehmende Flexibilität, sondern auch einen Indikator für zeitgemäßes, praxisorientiertes Agieren darstellen mögen, denn: jede(r) einzelne Bedienstete muß als personifizierte Säule einer gesellschaftsorientierten – und nun schon 150 Jahre alten – Bundesgendamerie legitimiert und zudem in der Lage sein, polizeiliches Handlungswissen in gesellschaftliches Integrationswissen zu implementieren.

Berthold Garstenauer

Der vielfache Wandel der Gendarmerie bis zur Gegenwart

Gliederung und Aufgaben der Gendarmerie im ersten Jahrzehnt ihres Bestehens

Die Gendarmerie wurde bei ihrer Gründung im Jahr 1849 als ein Bestandteil der k. k. Armee geschaffen und blieb bis zum Ende der Habsburgermonarchie militärisch organisiert. Somit galten alle wesentlichen Militärvorschriften auch für die Mitglieder der Gendarmerie. Dasselbe gilt für die Anwendung der Militärgerichtsbarkeit sowie militärischer Auszeichnungen. Der Zuständigkeitsbereich der Gendarmerie erstreckte sich auf alle Kronländer der Monarchie und wurde in Rücksicht auf diese in 16 Regimenter eingeteilt. So sah beispielsweise das provisorische Gesetz des Jahres 1850 das Gendarmerie-Regiment Nr. 1 für Österreich ob und nieder der Enns – das heutige Ober- und Niederösterreich – sowie Salzburg mit Sitz der Stabsstation Wien vor. Überall in der Monarchie waren dieselben Uniformen der k. k. Gendarmerie anzutreffen, sei es nun in Böhmen (RegNr. 2) oder Mähren-Schlesien (RegNr. 3) im Norden oder in Dalmatien (RegNr. 16) im Süden , in der Lombardei (RegNr. 14) im Westen oder in Galizien-Bukowina (RegNr. 4) im Osten.

Im allgemeinen waren Rittmeister als Flügelkommandanten zur Überwachung des Dienstbetriebes eingeteilt. In der Größenordnung waren diese Flügelkommanden mit einem Überwachungsbereich zwischen den früheren GAK und den heutigen LGK zu vergleichen, wobei sie zwei bis sechs Züge umfaßten. Diese wurden von Ober- bzw. Unterleutnants kommandiert.

Pickelhaube mit schwarzem Roßhaarbusch. Sie wurde von Offizieren bei Paraden und von Gendarmen zu Pferd getragen. Bild: Berthold Garstenauer

Die Züge selbst umfaßten mehrere Sektionen und wurden in der Regel von Wachtmeistern kommandiert. Die Sektionen waren wiederum in mehrere Korporalschaften und Posten unterteilt. Bei einer Korporalschaft handelte es sich um einen mit fünf bis acht Mann starken Posten, dessen Kommando ein Gendarm im Range eines Korporals innehatte. Eine etwas kleinere Variation stellte ein Posten dar: Dieser wurde gewöhnlich von einem Vizekorporal kommandiert und wies eine Stärke von drei bis vier Mann auf.

Die Rittmeister erhielten täglich Dienstanzeigen von den Korporalschafts- und Postenkommandanten, aus denen sie regelmäßig Auszüge an das Regimentskommando zu senden hatten.

Der Regimentskommandant verfaßte aus den ihm von den Rittmeistern zukommenden Rapporten einen »Totalbericht« an den Generalinspektor. Ebenso mußte er seine Berichte den obersten Militärbehörden vorlegen und zugleich alle Berichte, welche politische Vorfälle behandelten, den politischen Behörden zukommen lassen.

Erinnerungsmedaille – Feldmarschalleutnant Johann Franz Kempen Freiherr von Fichtenstamm. Er stand von 1849 bis 1859 an der Spitze der Gendarmerie. Bild: Berthold Garstenauer

Das provisorische Gesetz der Gendarmerie vom 18. Jänner 1850 enthielt in 95 Paragraphen und elf Kapiteln vor allem die Grundlagen für die Zweckbestimmung, die öffentliche Sicherheit, Aufrechterhaltung von Ruhe und Ordnung, die Organisation, die Dienstobliegenheiten, die Durchführung des Sicherheitsdienstes, den Waffengebrauch, den Stand und die Aufnahme, die Grundlagen für das Verhältnis zu den Zivil- und Militärbehörden, für die Bewaffnung und Adjustierung sowie die ökonomische Verwaltung.

Dabei erwies sich insbesondere die beiderseitige Abhängigkeit der Gendarmerie gegenüber Zivil- und Miltärbehörden als eine schwere Last, die eine zufriedenstellende Dienstausübung beinahe unmöglich machte. Zu sehr prallten über den Köpfen der Gendarmerie zwei konträre Interessen aufeinander. Hinzu kam natürlich der Mißbrauch der Gendarmerie für das Spitzelwesen der Monarchie, der schließlich eine Neuorganisation notwendig machte.

Die Reformen von 1860 bis 1874

Die aufgrund kaiserlicher Entschließung vom 14. November 1859 erlassenen Richtlinien vom 16. Juli 1860 brachten u. a. den Wegfall der für das Spitzelwesen verantwortlichen unheilvollen »höheren Polizei« aus dem Aufgabenbereich der Gendarmerie, die Einleitung einer prinzipiellen Reform und den Grundsatz, daß die Gendarmerie als Hilfsorgan der Sicherheit den mit deren Versehung betrauten Zivilbehörden zur Verfügung zu stehen habe. Damit war eine Reform in Kraft getreten, die nicht von sachlichen Erwägungen, sondern vielmehr von der Antipathie jener Bevölkerungsgruppen gegenüber der Gendarmerie bestimmt war, die unter dem unglücklichen Polizeisystem gelitten hatten.

Bei dieser Reorganisation der k. k. Gendarmerie wurde den Offizieren die Leitung des allgemeinen Sicherheitsdienstes praktisch entzogen. Den Subalternoffizieren wurden Flügelgeschäfte zugewiesen. Es erfolgte die vollständige, bedingungslose Dispositionsstellung der Gendarmerie unter den politischen Bezirks- und Landesbehörden. Außerdem wurde – als offizielle Begründung diente die schlechte Situation der Staatsfinanzen – der Stand der Offiziere von 555 auf 200 und der Gesamtstand von 18.985 auf 7.923 Mann reduziert. Neun Regimenter, zahlreiche Flügel-, Zugs- und Postenkommanden – die Sektionen zur Gänze – wurden aufgelassen. Gendarmerieposten befanden sich im Regelfall nur noch am Sitz eines Bezirksamtes, was eine stark anwachsende Verschlechterung der öffentlichen Sicherheit zur Folge hatte.

Um auch das Erscheinungsbild des Gendarmen zu ändern, kam es zu einer wesentlichen Änderung der Adjustierung. So wurde anstatt des messingmontierten, hohen, martialisch wirkenden Helmes der Jägerhut mit Federbusch und brennender Granate eingeführt.

Jägerhut mit Federbusch, beim Offizier mit versilberter Granate und vergoldeter Flamme. *Bild: Berthold Garstenauer*

Doch von schwerwiegenderer Bedeutung war jener gravierende Gegensatz, zwischen den übergeordneten Zivilbehörden und dem militärisch denkenden Gendarmenbestand. Den Bezirksbehörden war nämlich auch die Organisation des Patrouillendienstes übertragen worden. Diese unterlagen strengen Inspizierungen durch die Statthalter und deren Beauftragten.

Die Zahl der Offiziere wurde bis zum Jahr 1866 auf 150 und bis 1870 sogar auf 67 weiter herabgesetzt.

Unter dieser radikalen Dezimierung des Offizierskorps hatten sowohl die Ausbildung der Gendarmen als auch die notwendigen Kontrolldienste zu leiden. Die Visitierungen wurden auf ein Minimum reduziert. Die Gesetzes- und Vorschriftenkenntnisse der Mannschaft sanken beträchtlich. Die Qualität der von Gendarmen verrichteten Tätigkeiten ließ immer mehr zu wünschen übrig.

Dies auch deshalb, da die Ergänzung der Gendarmerie ab Mitte der 60er Jahre vom Assentierungsplatz der Rekruten erfolgte. Von diesen aufgenommenen Rekruten waren etwa 30 Prozent des Lesens und Schreibens unkundig.

Der Ruf nach Reformen zwang im Jahr 1868 das Abgeordnetenhaus und das Herrenhaus schließlich zu einer Neuorganisation der Gendarmerie. Als eine Wendung zum Besseren wurde 1869 v. a. zur Vertretung der Offiziere die Wiedereinführung der Sektionskommandanten (Wachtmeister) angesehen.

Doch führte erst die Berufung des am 28. Dezember 1871 zum Gendarmerieinspektor ernannten Obersten Heinrich Ritter Giesl von Gieslingen, einer starken, hochqualifizierten Persönlichkeit, zu einer Kehrtwende. In der Thronrede Kaiser Franz Josephs I. vom 5. November 1873 wurde ein Gesetzesentwurf angekündigt, der die Organisation und Verwendung der Gendarmerie auf eine neue Basis stellen sollte. Das Herrenhaus sprach sich dafür aus, daß bei der Neugestaltung des Gendarmeriekorps jene Reformen ins Auge gefaßt würden, *»welche diese Institution ihrer ursprünglichen Bestimmung vollkommen wiedergeben und sie zu einem unermüdlichen und geachteten Hüter und Bürgen der öffentlichen Sicherheit zu machen geeignet sind«.* Demnach sollte das Gendarmeriekorps wieder als ein militärisch gegliederter Wachkörper eingesetzt werden: *»... doch ist nur die Handhabung der Disziplin, die Unterweisung der Mannschaft in ihren Dienstesobliegenheiten, deren Überwachung und Administration den militärischen Vorgesetzten (Offizieren) zugewiesen, während die Leitung des Sicherheitsdienstes in den Wirkungskreis der politischen Behörden fällt«.* Diese Anordnung wurde damit begründet, *»... daß die politische Behörde wohl zunächst in der Lage sein wird, den Bedarf an Dienstleistung zu ermessen, und eine Trennung des äußeren Dienstes von dem inneren war auch dadurch geboten, daß die zur Vermeidung eines größeren Kostenaufwandes in weit geringerer Anzahl eingeteilten Oberoffiziere nicht ohne Beeinträchtigung der Gesamtleistung beide Dienstzweige in der Weise versehen konnten, wie dies in dem früheren Gesetz vorgeschrieben war«.*

Mit der Reform 1874 wurden Organisationsänderungen in Angriff genommen: Mit der Entschließung vom 22. Oktober 1872 und 23. Oktober 1873 wurden die Flügel- und Zugskommanden aufgelassen, Abteilungskommanden neu geschaffen und mit 1. Jänner 1874 die Landesgendarmeriekommanden am Sitz der politischen Landesbehörden in Kärnten, Oberösterreich, Salzburg und Steiermark errichtet.

Weiters wurden die Aufgaben der Bezirkskommandanten (BezWM) festgelegt.

Die Reform 1876

Das am 20. Februar 1876 erlassene Gendarmerie-Gesetz sah die Ausscheidung der k.k. Gendarmerie aus dem Verband des stehenden Heeres vor. Ab nun war die Gendarmerie ein militärisch organisierter, zur Aufrechterhaltung der öffentlichen Ruhe, Ordnung und Sicherheit bestimmter, einheitlicher Wachkörper und in bezug auf die Ausübung des Dienstes den politischen Bezirks- und Landesbehörden in militärischen, ökonomischen und administrativen Angelegenheiten sowie hinsichtlich des Unterrichts und der Kontrolle des Exekutivdienstes ihren militärischen Vorgesetzten unterstellt.

§ 17 des neuen Gesetzes sah eine Beschränkung des Wirkungskreises der im Jahr 1874 geschaffenen Abteilungskommanden auf die Handhabung der militärischen Aufsicht und Disziplin sowie auf die Ausbildung im praktischen Dienst vor. Mit dieser Verfügung wurde die 1860 ebenfalls gesetzlich getroffene Ausschaltung der Gendarmerieoffiziere aus dem regulären Sicherheitsdienst bestätigt. Somit war endgültig statuiert, daß die Leitung des Sicherheitsdienstes ausschließlich Sache der Bezirks- und Landesbehörden sei. Dieser Zustand sollte innerhalb der Gendarmerie – bis auf seine Beseitigung 117 Jahre später – nie auf vollstes Verständnis stoßen.

Von dem im Budget 1874 ausgewiesenen Personalabgang von 12,5% – bei einem Stand von 6.533 Gendarmen – wurde die Entscheidung des Ausschusses des Abgeordnetenhauses abgeleitet, *»daß der militärische Apparat von Offizieren nicht über das strikte Maß des Bedarfes erweitert werden soll, weil, abgesehen vom Kostenpunkt, die übermäßige Pflege militärischer Äußerlichkeiten dem ausübenden Sicherheitsdienst abträglich ist«.* Ferner hielt der Ausschuß an der Ansicht fest, »*daß der Schwerpunkt der Gendarmerie bei den Gendarmen selbst, namentlich bei den Wachtmeistern, als Seele des Sicherheitsdienstes und als Arm des Bezirkshauptmannes gelegen ist*«.

Die gesetzliche Normierung von 1894

Im § 4 des Gendarmeriegesetzes 1894 wurde normiert: Die Gendarmerieoffiziere stellen die militärischen Vorgesetzten der Gendarmeriemannschaft. Sie haben den Unterricht der Mannschaft bezüglich des öffentlichen Sicherheitsdienstes und der militärischen Ausbildung zu leiten sowie die Disziplin, Adjustierung und Bewaffnung derselben zu überwachen.

Der § 17 des Gendarmerie-Gesetzes 1894 enthielt die Berechtigung der Landeschefs und Bezirkshauptleute, einzelne Gendarmerieposten ihres Verwaltungsgebietes auf einen lokalen Ort zusammenzuziehen, sofern im Bedarfsfalle die öffentliche Ordnung und Sicherheit in bedenklicher Weise gefährdet erschien, wobei § 28 (2) GDI die Leitung einer »geschlossenen Abteilung« (§ 66 a GDI) durch einen leitenden Gendarmeriebeamten (Gendarmerieoffizier) vorsah.

Die Reform 1918

Ein Memorandum des nach dem Ersten Weltkrieg gebildeten Gendarmenrates gab Anlaß, die Unterstellung der Gendarmerie unter das Staatsamt des Innern und die Entmilitarisierung der Gendarmerie zu betreiben. Beide Maßnahmen erfolgten durch das Gesetz vom 27. November 1918, StGBl 75, wodurch die Umwandlung der Gendarmerie von der militärischen Organisation in einen nach militärischem Muster organisierten Zivilwachkörper und damit das endgültige Ausscheiden aus dem Verband des Heeres bewirkt wurde. »*Jeder politischen Bezirksbehörde ist ein Bezirksgendarmeriekommando unterstellt, welches unter der Leitung des Vorstandes der Bezirksbehörde den öffentlichen Sicherheitsdienst im Bezirk zu versehen hat. Die Angelegenheiten des inneren Dienstes, der Unterricht sowie die Kontrolle des Dienstes werden von den eigenen Organen der Gendarmerie besorgt.*« (§ 2 leg cit)

Der Rauscherplan

Der spätere Gendarmeriezentralkommandant GGI Dr. Johann Piegier und der spätere Abteilungsvorstand im BMfI GI Otto Wünsch legten zu Beginn der 70er Jahre dem für eine Reform eintretenden Gendarmeriegeneral Otto Rauscher einen bis ins Detail ausgearbeiteten Plan zur Besetzung der Bezirkskommandanten-Planstellen durch W1-Beamte vor. Dieser versuchte in seiner Funktion als Gendarmeriezentralkommandant der Jahre 1971 bis 1976 mit großer Beharrlichkeit bei der Personalvertretung und beim damaligen Bundesminister für Inneres, Otto Rösch den Plan durchzusetzen. Der Plan scheiterte jedoch sowohl an der Personalvertretung als am Bundesminister.

Die Reform 1993

Das Dienststellenstrukturkonzept 1991 (DSK 91), das im wesentlichen der Forderung nach Zusammenlegung kleinerer Gendarmerieposten zu größeren Dienststellen Rechnung getragen hatte, um primär die Außendienstpräsenz zu erhöhen und einen konzentrierteren Einsatz von Personal- und Sachmittel zu ermöglichen, bildete für die Strukturreformen des Jahres 1993 eine wesentliche Grundvoraussetzung.

§ 9 (1) des Sicherheitspolizei-Gesetzes (BGBl 566/1991– Inkrafttreten mit 1. Mai 1993) beinhaltet den Grundsatz des Verhältnisses der Gendarmerie zur zivilen Verwaltung: »*Die Bezirksgendarmeriekommanden und ihre nachgeordneten Dienststellen sind diesen [Bezirksverwaltungsbehörden] bei Besorgung der Sicherheitsverwaltung unterstellt.*« § 10 (2) des Sicherheitspolizei-Gesetzes legt fest, daß den Bezirksgendarmeriekommanden die Organisation des Streifendienstes innerhalb des Bezirkes obliegt.

Im Jänner 1992 wurde vom Gendarmeriezentralkommando ein Arbeitspapier zur »Strukturreform der Bundesgendarmerie auf Bezirksebene« erstellt.

Somit konnten in der Folge mit 1. Mai 1993 für den Dienstbetrieb der Österreichischen Bundesgendarmerie bedeutsame Neuerungen in Kraft treten.

Es erfolgte eine Umgestaltung, die neben den Reformen der Jahre 1860, 1874, 1876, 1894 und 1918 für die Organisation und den Dienstvollzug zu den nachhaltigsten gehören sollte.

Als eine der organisatorisch-strukturellen Maßnahmen zur Effizienzsteigerung und Verstärkung der Patrouillentätigkeit sowie wirksameren Bekämpfung der Klein- und Mittelkriminalität auf der Ebene der Bezirksgendarmeriekommanden statuierten die Erlässe des BMfI vom 3. Juli 1992 und 24. Juni 1993 die Neuorganisation des Bezirksgendarmeriekommandos. Der zuletzt zitierte Erlaß über die Organisation und Geschäftsordnung der BGK (OGO/BGK) verfügte, daß der Landesgendarmeriekommandant nach Einholung der Zustimmung des BMfI (GZK) einen leitenden Beamten zum Bezirksgendarmeriekommandanten bestellt.

Frühere Bezirksgendarmeriekommandanten konnten durch Nachsichterteilung vom Alterserfordernis – damals 34 Jahre – und vom Erfordernis der Reifeprüfung oder Beamtenaufstiegsprüfung nach einer fünf Monate dauernden W1-Ausbildung samt Dienstprüfung in die Verwendungsgruppe W1 überstellt werden.

Bezirksgendarmeriekommandant von Linz-Land Major Günther Kobleder bei der Leitung eines sicherheitsdienstlichen Einsatzes. Bild: Berthold Garstenauer

Dem BMfI gelang es auch, als eine der flankierenden Maßnahmen für die Besetzung der BGK-Planstellen im Stellenplan des BMfI die erforderlichen W1-Planstellen zu schaffen und für verbleibende Stellvertreter der BGKdten die gleiche Bewertung zu erreichen, die vorher BGKdten innehatten.

Die Reformmaßnahmen von 1993 bewirkten im wesentlichen:

1. Neuorganisation des BGK (mit einem/einer leitenden BeamtenIn an der Spitze, der/die jedenfalls das Referat Organisation und Verwaltung leitet, der erforderlichen Zahl von ReferentenInnen für die Referate Verkehr und Einsatz sowie Kriminaldienst mit einem/einer oder mehreren SachbearbeiternInnen);

2. Auflasssung der Bereichsabteilungskommanden;

3. Die Errichtung von ständig durch zwei BeamteInnen des Bezirkspostens besetzte Bezirksleitzentralen als Führungsinstrument des BGK zur Koordinierung, Leitung und Unterstützung des öffentlichen Sicherheitsdienstes bei Einsätzen und dem Streifendienst;

4. Die Einteilung der Bezirke in Sektoren und Verstärkung des von den Bezirksgendarmeriekommanden zu organisierenden Streifendienstes (Sektorstreifen, koordinierte Verkehrs- und Kriminalstreifen, Diensthunde- sowie Sonderstreifen);

5. Neue Dienstzeit- und Exekutivdienstregelungen

sowie

6. Bedeutende Verbesserungen am Ausrüstungs-, Schulungs- und Unterkunftssektor als begleitende Maßnahmen.

Als Resümee kann festgestellt werden, daß es dem damaligen Bundesminister für Inneres Dr. Franz Löschnak im Zusammenwirken mit dem Gendarmeriezentralkommandanten Gendarmeriegeneral Mag. Johann Seiser und dem für organisatorische Maßnahmen zuständigen Abteilungsleiter im BMfI sowie Stellvertreter des GZKdten General Alois Weichselbaum, unter Einbindung einer verständnisvollen neuen Generation der Personalvertretung gelungen ist, einen mehr als 130jährigen unbefriedigenden Zustand zu beseitigen und funktionell vom Routinesicherheitsdienst ausgeschlossene Gendarmerieoffiziere in der Funktion als Bezirksgendarmeriekommandanten wieder einzusetzen.

Quellen

Festnummer des Organs der Gendarmerie-Gewerkschaft aus Anlaß der 75-Jahr-Feier der Gendarmerie aus 1924: »Die Gendarmerie in Österreich 1849–1924«, Chronik der Ergänzungsabteilung (Schulungsabteilung) des LGKfOö, Konzept über die Reform des Gendarmeriedienstes auf Bezirksebene des BMI GDfdöS GZK (RGB 1992).

Karin Hechenblaickner

Frauen in der Gendarmerie

Der Beruf eines Gendarmen stellte Zeit seines Bestehens stets eine Männerdomäne dar. Der unregelmäßige und damit familienfeindliche Dienst und die besonderen Gefahren, die dieser Beruf mit sich brachte, ließen ihn in der früheren Gesellschaft für Frauen unzumutbar erscheinen. Es ließ sich wohl kaum eine Frau und noch weniger ein Mann finden, der einer Frau die Ausübung dieses Berufes zugetraut hätte. So gab es lange Zeit weder auf der einen noch auf der anderen Seite der Geschlechter ein merkbares Interesse, daß auch Frauen Gendarmen bzw. Gendarmen Frauen sein könnten.

Unsere Gesellschaft befindet sich in einer ständigen Entwicklung. Die Werte früherer Jahrzehnte besitzen heute eine ganz andere Gewichtung. Selbstbestimmung und Gleichberechtigung der Frauen sind heutzutage keine leeren Floskeln mehr. Die Rollen- und Aufgabenverteilungen innerhalb der Familien weisen in vielen Fällen bereits keine starren Trennungen mehr zwischen Mann und Frau auf. Kinderbetreuungseinrichtungen wurden geschaffen und erleichtern die Berufsausübung auch bei unregelmäßigen Dienstzeiten.

Viele Berufe, die für Frauen früher undenkbar waren, stehen ihnen heute offen und werden von ihnen erfolgreich ausgeübt.

Frauen verrichten gleiche Arbeit als ihre männlichen Kollegen.
Bild: Karin Hechenblaickner

Im Jahre 1984 war es auch im Bereich der Österreichischen Bundesgendarmerie so weit. Die ersten acht Frauen wurden aufgenommen. Ihre Verwendung war vorläufig nur auf den Kriminaldienst beschränkt. In erster Linie sollten sie in frauenspezifischen Angelegenheiten, wie zum Beispiel bei der Vernehmung von Frauen nach Sittlichkeitsdelikten und zur Befragung von Kindern eingesetzt werden. Unter Bedachtnahme auf diese geplanten Verwendungen war es deshalb bei der Auswahl der ersten Bewerberinnen erwünscht, aber nicht unbedingt Voraussetzung, daß diese bereits eine Ausbildung bzw. Praxis in einem Sozialberuf absolviert hatten.

Die Ausbildung erfolgte an der Gendarmeriezentralschule in Mödling. Die Funktion des Ausbildungsleiters wurde Oberst Adolf Strohmaier (damals noch Major), die des Dienstaufsichtsbeamten und unmittelbaren Ansprechpartners der Frauen, Kontrollinspektor Josef Steiner (damals noch Bezirksinspektor) übertragen.

Der Kurs dauerte 6 Monate. Nach ungefähr einem Jahr in praktischer Verwendung folgte noch eine dreimonatige berufsbegleitende Fortbildung.

In der Folge wurden bis 1986 drei Kurse dieser Art, und zwar zweimal mit acht und einmal mit neun Teilnehmerinnen abgehalten.

Die ausgebildeten Frauen bewährten sich in ihrer Dienstausübung und wurden bei den Kriminalabteilungen der Landesgendarmeriekommanden bald nicht nur in ihren rein frauenspezifischen Bereichen eingesetzt.

Im Jahre 1990 wurde ein letztes Mal speziell für Frauen an der Gendarmeriezentralschule ein Kurs mit elf Teilnehmerinnen einberufen. Dieser war bereits auf die Dauer von zwei Jahren ausgerichtet und in zwei Theorieteile und einen Praxisteil gegliedert.

Schulverkehrserziehung. *Bild: Gendarmerieposten Leibnitz*

Seit dieser Zeit sind Frauen in der Gendarmerie voll integriert und absolvieren ihre Grundausbildung gemeinsam mit ihren männlichen Kollegen bei den einzelnen Landesgendarmeriekommanden. Zwischenzeitlich schlossen 26 Beamtinnen an der Gendarmeriezentralschule die Ausbildung zu Dienstführenden ab. Eine Kollegin ist bereits E1-Beamtin, trägt also bereits einen Offiziersrang, eine weitere nimmt gerade an der Ausbildung an der Sicherheitsakademie teil.

Frauen haben in kürzester Zeit in der Gendarmerie Fuß gefaßt und ihre Einsatzfähigkeit bewiesen. Die Zweifler sind verstummt und finden mittlerweile schon selbst nichts mehr daran, wenn Frauen »ihren Mann stellen« oder sollte man besser sagen ... »ihre Frau«?

Maßnahmen in Vollziehung des Bundes-Gleichbehandlungsgesetzes

Die Bestrebungen der Gruppe B, Gendarmeriezentralkommando, die Unterrepräsentation von Frauen zu beseitigen, konnte angesichts der im Rahmen der Budgetkonsolidierung auferlegten Sparmaßnahmen nicht im vom Gesetzgeber gewünschten Ausmaß durchgeführt werden. Der derzeitige Frauenanteil der Gruppe B aufgeschlüsselt nach Gendarmeriezentralkommando und den nachgeordneten Kommanden ist der untenstehenden Tabelle zu entnehmen.

In den letzten 2 Jahren gab es insgesamt 18 Anträge weiblicher Mitarbeiter auf Herabsetzung der Wochendienstzeit zur Betreuung von Kindern, alle wurden positiv entschieden.

Im entsprechenden Zeitraum konsumierten 60 weibliche Bedienstete einen Karenzurlaub nach dem Mutterschutz bzw. Elternkarenzurlaubsgesetz.

Mit Stand vom 1. Februar 1999 absolvieren bzw. absolvierten in den Verwendungsgruppen 84 Teilnehmerinnen den entsprechenden Grundausbildungslehrgang.

Die Zulassung zu diesen Grundausbildungslehrgängen erfolgt aufgrund eines Auswahlverfahrens, wobei unter Beachtung des Frauenförderungsgebotes nur die bestgeeignetsten BewerberInnen berücksichtigt werden können.

Zur Zeit kann im Rahmen der beruflichen Aus-und Weiterbildung keine Frau als Teilnehmerin an der Führungsausbildung der Sicherheitsakademie nominiert werden, da momentan keine Beamtin die erforderlichen Vor- bzw. Ausbildungskriterien erfüllt. Die einzige aufgrund ihrer Ausbildung hiefür in Frage kommende Bedienstete hat diesen Lehrgang bereits 1996 absolviert.

Seit 1. Jänner 1996 bekleidet eine Frau eine Planstelle der Verwendungsgruppe E1 im Gendarmeriezentralkommando.

Zu den in § 10 der Frauenförderungsverordnung vorgeschlagenen geschlechterparitätischen Regelungen der Bestellung von Mitgliedern von Kommissionen, Beiräten und Arbeitsgruppen oder vergleichbaren entscheidenden oder beratenden Gremien wird angemerkt, daß die bis dato einzige Beamtin der Verwendungsgruppe E1, so weit es ihr terminlich möglich ist, eingebunden wird. Derzeit stehen in der Gruppe B keine weiteren Frauen mit einem entsprechenden fachlich fundierten Wissens- bzw. Ausbildungsstand zur Verfügung.

Einsatz der Frauen an den Grenzübergängen. Bild: Karin Hechenblaickner

Förderungsmaßnahmen in der Gruppe B, Gendarmeriezentralkommando, zum Abbau von Benachteiligungen von Frauen

- Bevorzugte Aufnahme von Frauen in den Gendarmeriedienst, soweit dies unter Bedachtnahme auf die im Stellenplan des Bundes hiefür vorgesehenen Planstellen möglich ist.

BM für INNERES
GZK, Abt II/4-Pers

BUNDESGENDARMERIE

WEIBLICHE BEAMTE/VB/S

Stand: 01.02.1999

Kommando	Grundausbildung	Kriminalabteilung.	Gendarmerieposten			Sonstige	Summe	PISt- Bereich 1141 (StVO)	
			GP	GrD	GrD				
	WB	WB	WB	WB	VB	WB		WB	VB
GZK	0	0	0	0	0	5	5	0	0
GZSch	0	0	0	0	0	0	0	0	0
GEK	0	0	0	0	0	0	0	0	0
Bgld	0	3	11	1	77	0	92	0	0
Ktn	0	3	12	4	14	0	33	1	2
NÖ	35	3	65	12	83	2	200	3	4
OÖ	29	5	12	6	1	0	53	0	2
Sbg	1	3	25	0	0	0	29	0	0
Stmk		7	29	9	61	3	109	0	2
TI		4	24	0	0	0	28	0	0
Vbg	12	3	37	0	0	3	55		1
Summen	**77**	**31**	**215**	**32**	**236**	**13**	**604**	**4**	**11**

- Zulassung von Frauen zu Aufstiegsveranstaltungen bei zumindest gleicher Eignung.
- Besondere Berücksichtigung der familiären Verhältnisse bei der Zuweisung/Auswahl des Dienstortes.
- Familienfreundliche Gestaltung des Dienstsystems für AlleinerzieherInnen.
- Besondere Bedachtnahme auf AlleinerzieherInnen bei der Zuteilung von Naturalwohnungen.
- Umfassende Publikationen an die Öffentlichkeit der getroffenen bzw. vorgesehenen Maßnahmen zur Erhöhung der Frauenquote durch Auflegen von Informationsfoldern in Arbeitsämtern, Berufsberatungsstellen u. dgl.
- Seminarprojekt »Frauen und Männer in der Bundesgendarmerie« als Forum für eine Auseinandersetzung mit den unterschiedlichsten Perspektiven, die sich durch den verstärkten Einsatz weiblicher Mitarbeiter für die bis dato nur männlichen Vorgesetzten ergibt. Darüber hinaus werden die Teilnehmer mit den einschlägigen gesetzlichen Bestimmungen vertraut gemacht.

Entsendung der E1-Beamtin zu den diversen Veranstaltungen des »European Network of Policewomen« in verschiedensten europäischen Staaten sowie zur Jahreskonferenz der »International Association of Women in Police Forces« in Alaska, USA, zum Zwecke des internationalen Erfahrungsaustausches mit KollegInnen aus aller Welt bezüglich Dienstsysteme, Aus- und Weiterbildungsmaßnahmen und Arbeitsalltag von ExekutivbeamtInnen.

Innerhalb der Gruppe B ist seit 1. Jänner 1997 bei der Abteilung 11/4 ein eigenes Referat II/4/GBA (=Gleichbehandlungsangelegenheiten) eingerichtet. Dieses wird derzeit in Personalunion von der Gleichbehandlungsbeauftragten im Sinne des Bundesgesetzes zur Gleichbehandlung und Förderung von Frauen im Bundesdienst, Hptm Karin Hechenblaickner, geführt. Daher steht prinzipiell die gesamte Dienstzeit dieser Beamtin für die Anliegen, Anfragen, Wünsche und Beschwerden der DienstnehmerInnen zur Verfügung. Nach den Erfahrungen der Jahre 1996–1999 wäre es in Anbetracht der vielfältigen Aufgabenstellungen des Referates II/4/GBA (z. B. Seminare, Schulungen, Bearbeitung von Beschwerden zum Thema »Sexuelle Belästigung«, Ausbildung und Uniformierung von Frauen, Kontakte zum European Network of Policewomen, etc.) gänzlich unmöglich, diesen Bereich in einem anderen Referat mitzuführen und quasi »nebenbei« mit zugesagter »freier« Zeit zu operieren. Die Vorreiterrolle der Bundesgendarmerie bezüglich des Referates II/4/GBA darf hier als besonders beispielgebend für den Abbau von Benachteiligungen von Frauen hervorgehoben werden.

Einsatz der Frauen an der grünen Grenze. *Bild: Karin Hechenblaickner*

Prognosen über zukünftige Maßnahmen

Dazu ist anzumerken, daß sich die Gruppe B, Gendarmeriezentralkommando, auch weiterhin bemühen wird, unter Maßgabe der gesetzlichen Richtlinien und der vorhandenen budgetären Mittel die Gleichbehandlung und Förderung von Frauen in der Bundesgendarmerie durchzuführen bzw. auszubauen und somit Benachteiligungen von Dienstnehmerinnen hintanzuhalten.

Ebenso wird die Frauenförderungsverordnung des Bundesministers für Inneres befürwortet, jedoch wird eine hundertprozentige Umsetzung in die alltägliche Praxis mangels finanzieller und personeller Ressourcen zum momentanen Zeitpunkt in Zweifel gezogen.

Jedenfalls wird es als absolutes Zukunftsziel angestrebt, ein gutes und gedeihliches Miteinander von Männern und Frauen im Dienstbetrieb der Österreichischen Bundesgendarmerie für die nächsten 150 Jahre zu gewährleisten.

Anton Haumer

Dienstzeitregelungen für Gendarmeriebeamte

Dienstzeit-Durchführungsbestimmungen 1972 (DZD 72)

Mit der Schaffung der Dienstzeit-Durchführungsbestimmungen im Jahre 1972 konnte eine Phase unzureichender Regelungen bezüglich der Dienstplanung und damit verbundener Mängel bei der Berücksichtigung der sozialen Aspekte, welche in vielen Fällen zu Ungleichbehandlungen und zur berechtigten Unzufriedenheit bei den Gendarmen führten, beendet werden.

Diese Regelung stellt einen Quantensprung in Richtung ausgewogener Dienstplanung und besoldungsrechtlicher Verbesserungen dar.
Es wurden drei Arten von Dienstplänen festgelegt: der Normaldienstplan, der Wechseldienstplan und der Schichtdienstplan.

Die Wochendienstzeit mußte nun unter Berücksichtigung der dienstlichen Erfordernisse und der berechtigten Interessen der Beamten möglichst gleichmäßig auf die Tage der einzelnen Wochen aufgeteilt werden.

Der Normaldienstplan mit täglich gleichbleibenden Dienstzeiten fand überwiegend in den Kommanden Anwendung. In diesem Zusammenhang wurde auch die Möglichkeit der gleitenden Dienstzeit geschaffen.

Schichtdienst lag vor, wenn der Dienst über die Zeit des Normaldienstplanes hinaus aufrechterhalten werden mußte und sich die Beamten ohne wesentliche zeitmäßige Überschneidungen ablösten.

Für den überwiegenden Teil der Beamten, nämlich der Postengendarmen, der Beamten der damaligen Gendarmerieabteilungskommanden, der Bezirksgendarmeriekommanden, der Verkehrs- und der Kriminalabteilungen fand der Wechseldienstplan Anwendung, der für sie wesentliche Verbesserungen brachte. Diese Art von Dienstplan kam nicht nur den Beamten, sondern auch den dienstlichen Erfordernissen besonders entgegen.

Die Ablöse der Beamten untereinander erfolgte den Erfordernissen angepaßt mit mehr oder weniger großen zeitlichen Überschneidungen. Die monatlich zu leistende Dienstzeit errechnete sich aus der Anzahl der Arbeitstage multipliziert mit 8. So waren z. B. in einem Monat mit 21 Arbeitstagen 168 Stunden Dienst zu leisten, die nach dienstlicher Notwendigkeit und unter angemessener Berücksichtigung der persönlichen Interessen des jeweiligen Beamten auf die Tage des Monats, also auch auf Samstage, Sonntage und eventuelle Feiertage verteilt wurden. Es durften aber nur 2 Wochenenden eines Monats für Plandienste herangezogen werden. Für jeden durch einen Plandienst entfallenden dienstfreien Sonntag, gesetzlichen Feiertag und Samstag war dem Beamten ein anderer Wochentag so dienstfrei zu halten, daß sich eine ununterbrochene Wochenruhe von mindestens 48 Stunden ergab. Auf alle Fälle hatte der Beamte jeden Monat Anspruch auf 9 ganze freie Tage. Für jeden durch einen Plandienst entgangenen Sonntag oder gesetzlichen Feiertag mußte am nächsten dienstfreien Werktag eine entsprechende Ersatzruhezeit festgelegt werden. Fielen während einer solchen Ersatzruhezeit für den Beamten Überstunden an, so galten diese als Sonn- bzw. Feiertagsüberstunden. Weiters wurde die Möglichkeit geschaffen, die Freizeit zu Blöcken bis zu 5 Tagen zusammenzuziehen. Zusätzlich konnte an diese Freizeit ein eventueller Überstundenausgleich angeschlossen werden.

Wenn man bedenkt, daß Entfernungen von 150 km zwischen Wohn- und Dienstort von Gendarmen keine Seltenheit waren, so ist dieser Möglichkeit eine große soziale Bedeutung beizumessen.

Plandienste mußten am jeweiligen Tag tunlichst zusammenhängend geplant werden, wobei die Gesamtdauer möglichst mit nicht weniger als acht und nicht mehr als zwölf Stunden festzusetzen war.

Auch die Ruhezeiten zwischen den einzelnen Diensten waren in den DZD 72 geregelt. So durften die Beamten nach Plandiensten von acht und mehr Stunden erst wieder nach mindestens 11 Stunden und nach Plandiensten von 11 und mehr Stunden erst nach mindestens ebenso vielen Stunden neuerlich zu einem Plandienst eingeteilt werden.

Der Dienststellenkommandant oder der von diesem beauftragte Beamte mußte den Dienstplan bis zum 27. Tag, 24.00 Uhr, jedes Monats für den folgenden Monat erstellen.

Bei der Planung hatten die Beamten nicht nur die Möglichkeit, ihre Freizeitwünsche einzubringen, sondern sie waren ab dem 27. Tag des Vormonats informiert, wann genau sie im folgenden Monat ihren Dienst zu verrichten hatten.

Freizeit war vor 1972 spärlich und nicht gleichbedeutend mit der Möglichkeit, auch den Aufenthaltsort frei wählen zu dürfen. Freizeit bedeutete nur, daß der Beamte keinen Dienst verrichten mußte. Wollte er auch den Dienstort verlassen, so hatte er zusätzlich bei seinem Vorgesetzen um Stationsverlaß anzusuchen.

Ab dem Inkrafttreten der DZD 72 berechtigte die Freizeit zum Verlassen des Stations-(Dienst-) und Wohnortes.

Überstunden konnten vom Dienststellenkommandanten oder dessen Vertreter angeordnet werden. War ein solcher nicht erreichbar, die Überstundenleistung aber dringend notwendig, waren solche Überstunden den angeordneten gleichgestellt, wenn der Beamte sie nachträglich unverzüglich meldete.

Überstunden konnten entweder durch Freizeit im Verhältnis 1 : 1 ausgeglichen oder nach den besoldungsrechtlichen Vorschriften finanziell abgegolten werden.

Erholungsurlaub mußte grundsätzlich vor der Dienstplanerstellung beantragt werden. Sollte ein Erholungsurlaub von Montag bis Freitag dauern, also 40 Wochenstunden, so war das anschließende Wochenende in die Urlaubszeit eingeschlossen, was bedeutete, daß der betreffende Beamte an diesem zu keinen Plandiensten eingeteilt werden durfte. Beantragte ein Beamter einen Erholungsurlaub erst nach der Dienstplanerstellung, wurden ihm so viele Stunden als Urlaub verbucht, die der Zahl der Plandienststunden entsprach, die er in der beantragten Zeit zu leisten gehabt hätte.

Die Dienststellenleiter waren bei der Führung des Dienstes an die Verwendung einheitlicher Formblätter gebunden, wie z. B. die Formblätter »Dienstplan«, »Dienststundenblatt« und »Überstundenmeldeblätter«.

Im Sinne einer gleichmäßigen und gerechten Verteilung der Dienste wurde auch festgelegt, daß vorwiegend im Außendienst verwendete Beamte rund zwei Drittel ihrer Plandienste als Außendienste und davon wiederum die Hälfte in der Zeit zwischen 18.00 und 06.00 Uhr zu verrichten hatten.

Journaldienst

Eine weitere bedeutende Verbesserung auch in besoldungsrechtlicher Hinsicht war die Neuregelung des Journaldienstsystems.

Durch den Journaldienst wurde sichergestellt, daß bestimmte Gendarmerieposten ständig für die Bevölkerung und die vorgesetzten Führungsstellen erreichbar waren und überdies in jedem Bezirk stets eine entsprechende Anzahl von Beamten im Dienst war, die innerhalb eines angemessenen Zeitraumes, bei Bedarf auch überörtlich, einschreiten konnten.

Obwohl die DZD 72 eine große Errungenschaft war, mußte sie auch immer wieder den geänderten Bedürfnissen angepaßt werden.

Zu Beginn wurden z.B. auf den Gendarmerieposten immer 18 Plandienststunden mit 6 Journaldienststunden kombiniert, es wurden also 24stündige Dienste geleistet. Später wurden kurzzeitig Plandienste mit 4 Journaldienststunden verbunden und zuletzt hatte jeder Beamte monatlich insgesamt 28 Journaldienststunden in der Form zu leisten, daß er jeweils nun an einen achteinhalbstündigen Journalvordienst (Plandienst) dreieinhalb Journaldienststunden anhängte. Diese nunmehr 12 Stunden dauernden Dienste begannen grundsätzlich um 08.00 Uhr und endeten um 20.00 Uhr. Jeder Beamte hatte somit in einem vollen Dienstmonat 8 Journaldienste zu leisten. Bei Abwesenheiten des Beamten verringerten sich die Journaldienste anteilsmäßig.

Da kleinere Gendarmerieposten nicht durchgehend besetzt werden konnten, waren bei den Bezirks- und Hauptposten Dauerjournaldienste eingerichtet.

Wenn es zur Erstellung des Dienstplanes und zur Wahrung der Freizeitansprüche der Beamten erforderlich war, konnten vor dem Vordienst eines Nachtjournaldienstes Plandienste bis zu einer Dauer von 12 Stunden im Dienstplan festgelegt werden, z. B. 08.00 bis 20.00 Uhr Plandienst, 20.00 bis 04.30 Uhr Journalvordienst, 04.30 Uhr bis 08.00 Uhr Journaldienst, oder an Wochenenden ein Tagjournaldienst mit einem Nachtjournaldienst samt Vordiensten verknüpft werden, z. B. 08.00 bis 16.30 Uhr Journalvordienst, 16.30 bis 20.00 Uhr Journaldienst, 20.00 bis 04.30 Uhr Journalvordienst, 04.30 bis 08.00 Uhr Journaldienst.

Der Hauptjournaldienst eines Bezirkspostens mußte diesen dauernd besetzen. Jener eines Hauptpostens hatte bei Gefahr im Verzug aber auch in den Außendienst abzugehen.

Die Journaldienstbeamten der übrigen Gendarmerieposten hatten zur rationellen Nutzung sogenannte Ereignis- oder Anlaßdienste wahrzunehmen. Unter Ereignisdienste verstand man unvorhersehbare Dienste. Anlaßdienste waren Außendienste, deren Notwendigkeit schon vorher bekannt oder überhaupt ständig zu leisten waren, wie z. B. tägliche Schulwegsicherungen, kurzzeitige Verkehrsregelungen oder Überwachungen von Geldinstituten, etc...

Bis 1972 wurde die Journaldienstleistung finanziell nur sehr geringfügig abgegolten. Nun erhielten die Beamten je nach ihrer Verwendungsgruppe – W1-, W2- oder W3-Beamte – eine fixe Journaldienstgebühr, die sich prozentmäßig aus dem Gehalt eines Beamten der Dienstklasse V, Gehaltsstufe 2, errechnete.

Die Prozentsätze betrugen je Stunde:
Für W1-Beamte 0,91 an Werktagen und 1,22 an Sonn- und Feiertagen
Für W2-Beamte 0,68 an Werktagen und 0,91 an Sonn- und Feiertagen
Für W3-Beamte 0,54 an Werktagen und 0,71 an Sonn- und Feiertagen

Dienstzeitregelung 1993 (DZD 93)

Mit 1. Mai 1993 trat das Sicherheitspolizeigesetz in Kraft. Dieser Zeitpunkt läutete zugleich den Beginn einer Strukturreform in der Gendarmerie ein. Bis dahin waren für zwei oder mehrere politische Bezirke Gendarmerieabteilungskommanden eingerichtet, die unter der Leitung eines Beamten der Verwendungsgruppe W1 (leitende Gendarmeriebeamte) standen. Diese Gendarmerieabteilungskommanden wurden aufgelassen und ihre Aufgaben den Bezirksgendarmeriekommanden übertragen. Die Leitung dieser Bezirksgendarmeriekommanden übernahmen teilweise die ehemaligen Gendarmerieabteilungskommandanten und teilweise die bestehenden Bezirksgendarmeriekommandanten – Beamte der Verwendungsgruppe W2 (dienstführende Gendarmeriebeamte) – denen die Möglichkeit geboten wurde, eine verkürzte Ausbildung zu W1-Beamten zu absolvieren.

Diese Maßnahmen erforderten eine Anpassung zahlreicher Vorschriften. So mußte auch das 1972 in bezug auf Dienstplanung und soziale Ausgewogenheit geschaffene richtungsweisende Werk der Dienstzeit-Durchführungsbestimmungen 1972 (DZD 72) in manchen Bereichen abgeändert werden, woraus die Dienstzeitregelungen 1993 (DZR 93) resultieren. Ab diesem Zeitpunkt sollen diese nun in Anpassung an die Richtlinien über die Organisation und Vollziehung des Exekutivdienstes der Bundesgendarmerie jedem Organisationsbereich der Gendarmerie eine effiziente Planung unter Beachtung der arbeitsmedizinischen und sozialen Aspekte ermöglichen.

In der Folge werden nur jene Neuerungen und Bereiche, die von der DZD 72 abweichen, behandelt:

Dem Umstand, daß seit 1984 in der Gendarmerie auch Frauen exekutivdienstlich eingesetzt werden, wird in den folgenden Erläuterungen dadurch Rechnung getragen, daß sich der Begriff Bediensteter auch auf alle weiblichen Bediensteten der Gendarmerie bezieht.

Hinsichtlich der Dienstplanarten (Normal-, Schicht- und Wechseldienstplan) trat keinerlei Änderung ein. Die Möglichkeit der Handhabung der gleitenden Dienstzeit im Rahmen des Normaldienstplanes bei den Landesgendarmeriekommanden, der Gendarmeriezentralschule und dem Gendarmerieeinsatzkommando wurde beibehalten, aber an die Bedingung der Installierung eines elektronischen Zeiterfassungssystems geknüpft.

Bei der Verteilung der Dienstzeit ist nunmehr darauf zu achten, daß die Heranziehung eines Bediensteten zu mehr als zwei täglich aufeinanderfolgenden Plandiensten, die nach 24.00 Uhr enden, unzulässig ist. Nach einem Plandienst von mindestens 8 Stunden darf der Bedienstete erst wieder nach mindestens 12 Stunden zu einem weiteren Plandienst eingeteilt werden. Bei der Verplanung von Wochenenden ist nur mehr von einem »Plandienstwochenende« pro Monat auszugehen. Dieses eine Plandienstwochenende muß aber rationell ausgenützt werden.

Grundsätzlich darf nach der Erstellung des Dienstplanes nicht mehr in die Planung eingegriffen werden. Ist dies aber aus zwingenden dienstlichen oder berechtigten persönlichen Gründen notwendig, so stellen entfallene Dienste Minus- und die daraus resultierenden Ersatzstunden Plusstunden dar. Im Gegensatz zu den Bestimmungen der DZD 72 können nicht nur entfallene Dienste durch Plusstunden ausgeglichen werden, sondern auch zuerst Plusstunden geleistet und dann mit Minusstunden ausgeglichen werden.

Journaldienst

Zu Journaldiensten dürfen nur Exekutivbeamte und Vertragsbedienstete in exekutivdienstlicher Verwendung – man denke an die VB/S im Grenzdienst – herangezogen werden.

Alle in Betracht kommenden Bediensteten haben pro Monat grundsätzlich 28 Journaldienststunden zu verrichten.

Die Anordnung dienstlicher Tätigkeiten während der Journaldienststunden zur Nachtzeit ist auf den Bereich unmittelbar notwendiger dienstlicher Verrichtungen beschränkt. Zur Tageszeit hat der Bedienstete während der Journaldienststunden Innendienst zu verrichten, kann aber bei spontanen dienstlichen Erfordernissen auch zum Außendienst herangezogen werden.

Von den 28 Journaldienststunden pro Monat ist man von einer 3-Stunden-Regelung auf eine 4-Stunden-Regelung übergegangen. Das bedeutet, daß im Wechseldienst bei den Bezirksgendarmeriekommanden, den Gendarmerieposten und den Verkehrsabteilungs-Außenstellen pro Monat 7mal wenigstens 8 Plandienststunden mit je 4 Journaldienststunden verknüpft werden müssen.

Bei anderen Dienststellen mit Wechseldienst können mindestens 8 Stunden dauernde Plandienste auch nur mit 1 bis 4 Journaldienststunden verknüpft werden.

Im Normaldienst sind Dauerdienste bei den Landesgendarmeriekommanden, der Gendarmeriezentralschule und beim Gendarmerieeinsatzkommando zwingend durch Verknüpfung der an Arbeitstagen anfallenden 8 Plandienststunden mit 16 Journaldienststunden und wenn keine Plandienststunden zur Verfügung stehen, z. B. an Samstagen, Sonn- oder Feiertagen, mit 24 Journaldienststunden abzudecken.

Im Wechseldienst sind Dauerdienste (Dienste rund um die Uhr) beim Gendarmerieeinsatzkommando, bei den Landesleitzentralen, den Verkehrs- und Kriminalabteilungen und deren Außenstellen zur Nachtzeit zwingend mit 4 Journaldienststunden zu verknüpfen, die aber ausschließlich zwischen 22.00 Uhr und dem Ende der Dienstzeit festzulegen sind.

Bei Dienststellen mit Normaldienst können diese Journaldienststunden jeweils an die Normaldienstzeit (jeweils 1–4 Stunden) angehängt werden.

Journaldienststunden können entweder durch die Journaldienstgebühr finanziell abgegolten oder 1 : 1 in Freizeit ausgeglichen werden.

Überstunden

Überstunden konnten bislang nur im Verhältnis 1 : 1 in Freizeit ausgeglichen werden. Die DZR 93 ermöglichte anfangs bis 31. 12. 1994 einen Ausgleich im Verhältnis 1 : 1,25 und danach im Verhältnis 1 : 1,5. Es wurde auch neben der Abgeltung der Überstunden nach den besoldungsrechtlichen Vorschriften im gesamten Ausmaß die Möglichkeit geschaffen, Überstunden im Verhältnis 1 : 1 in Freizeit auszugleichen und sich den Überstunden-Zuschlag auszahlen zu lassen.

Verpflegungszeit

Den Bediensteten wurde nun auch schriftlich eine Verpflegungszeit zugestanden. Während dieser müssen sie aber unbedingt einsatzbereit sein.

Sonstige Änderungen

Mit der DZR 93 wurden – teilweise in Anlehnung an das Beamtendienstrechtsgesetz – auch viele Teilbereiche im Rahmen der Dienstplanung konkret geregelt, wie z. B.
- die Teilnahme an exekutivdienstlichen Einsätzen
- die einem Diensthundeführer zur Betreuung seines Hundes zur Verfügung stehende Zeit
- die Vorgangsweise bei der Teilnahme an Kursen
- die Schulung am Arbeitsplatz für Teilnehmer an den Grundausbildungslehrgängen für E 2 b (Ausbildung für neu aufgenommene Bedienstete) und die Sicherheitsakademie (Offiziersausbildung)
- die Tätigkeit des Verteidigers in Disziplinarverfahren
- die Dienstfreistellung und die Freizeitgewährung für Personalvertreter und Gewerkschaftsfunktionäre
- Freizeitregelungen bei Personalvertretungswahlen

Weitere diesbezügliche Regelungen wurden für Bedienstete getroffen, die sich um politische Ämter bewerben, ein solches Mandat innehaben (Bundespräsident, Abgeordnete zum Nationalrat oder Landtag) oder politische Funktionen innerhalb einer Gemeinde ausüben.

Ebenso enthält die DZR 93 Definitionen, wann eine Reisezeit als Dienstzeit zu gelten hat, da es gerade in diesem Bereich immer wieder zu Unklarheiten kam.

Sie regelt weiters die Vorgangsweise bei Zeugenladungen und bei der Einteilung von Erholungsurlaub.

Die Aufnahme von Frauen in die Bundesgendarmerie machte es auch notwendig, auf die Bestimmungen des Mutterschutzes einzugehen. So wurden Regelungen für werdende und stillende Mütter festgelegt. Mit der Herabsetzung der Wochendienstzeit auf die Hälfte wurde ebenfalls auf einen Bereich, in dem insbesonders Frauen die Erziehungsaufgaben erfüllen, eingegangen.

Zusammenfassend kann gesagt werden, daß mit der DZR 93 versucht wurde, so gut wie alle Bereiche innerhalb des Gendarmeriedienstes inklusive des Flugsicherungshilfsdienstes – also des Dienstes auf den Flugfeldern – in eine Vorschrift zu fassen, um somit einen reibungslosen Ablauf des Dienstbetriebs gewährleisten zu können.

Ein wesentlicher Teil der DZR 93 ist ebenso wie in den DZD 72 der Vorgangsweise bei der Dienstplanung gewidmet.

Eine bedeutende Änderung stellt die Befugnis des Bezirksgendarmeriekommandos dar, das über 1/3 der im Monat vorhandenen Plandienst- und Journaldienststunden verfügen und diese für die Abdeckung überörtlicher Dienste, wie z. B. Verkehrs- und Kriminaldienststreifen verwenden kann. Die Koordination dieser überörtlichen Dienste hat durch eine monatliche Besprechung zu erfolgen.

War in den DZD 72 generell der 27. Tag des Monats als Fristende für die Erstellung des Dienstplanes für den Folgemonat festgelegt, so ist in der neuen Regelung der Dienstplan bis 24.00 Uhr des viertletzten Tages des Monats zu erstellen.

Die Dienstpläne unterliegen einer laufenden Kontrolle. Die Ergebnisse von z. B. den Bezirksgendarmeriekommanden durchgeführten Überprüfungen sind quartalsmäßig den Landesgendarmeriekommanden und von diesen dem Gendarmeriezentralkommando zu melden.

Eine Änderung bilden auch die Bestimmungen bezüglich der Kasernierung. Ledige Gendarmeriebeamte mußten in der alten Regelung eine Gendarmerieunterkunft beziehen, was einer Kasernierung entsprach. Der Wunsch auf Aufhebung der Kasernierung mußte eigens beantragt werden. Der militärische Begriff Kasernierung war aber nicht immer ein Nachteil für die jungen Beamten. Gerade diese hatten oft lange Anfahrtswege zur Dienststelle und aufgrund der Kasernierung einen Anspruch auf eine dienstliche Unterkunft.

Die seit dem Beitritt Österreichs zur Europäischen Union geltenden Rechtsvorschriften über die Gleichbehandlung von Frau und Mann im Arbeitsleben enthalten unter anderem den verbindlichen Grundsatz, daß keine Diskriminierung aufgrund des Geschlechts oder des Familienstandes erfolgen darf. Der Kasernierungszwang stand dazu im Widerspruch und mußte daher 1996 aufgehoben werden. Die Kasernierungspflicht gilt aber für alle Teilnehmer an Grundausbildungslehrgängen der Verwendungsgruppe E2c, also die erste unmittelbare Ausbildung nach der Aufnahme in den Gendarmeriedienst, uneingeschränkt weiter.

Richtlinien für die Organisation und Vollziehung des Exekutivdienstes der Bundesgendarmerie (Exekutivdienstrichtlinien – EDR)

Der Bundesgendarmerie obliegt im Rahmen der Sicherheitsverwaltung die Besorgung des Exekutivdienstes für jene Behörden, denen sie unterstellt ist. Ein Bezirksgendarmeriekommando mit seinen Gendarmerieposten ist der Bezirksverwaltungsbehörde (idR Bezirkshauptmannschaft), ein Landesgendarmeriekommando der für das Bundesland eingerichteten Sicherheitsdirektion und das Gendarmeriezentralkommando dem Bundesministerium für Inneres unterstellt.

Bis 1993 fand man grundsätzliche Regelungen für den Exekutivdienst der Bundesgendarmerie nur ansatzweise im Behördenüberleitungsgesetz, in den beiden Gendarmeriegesetzen und in der Gendarmeriedienstinstruktion. Darauf aufbauend wurde mit Erlässen gearbeitet. Beispielsweise wären die Funkpatrouillendienstanweisung und der Erlaß über die Verpflichtung zur Durchführung von Doppelpatrouillen anzuführen.

1993 bot das Inkrafttreten des Sicherheitspolizeigesetzes die Möglichkeit, Exekutivdienstrichtlinien mit dem Ziele zu schaffen, nicht nur Definitionen und Bestimmungen für ein effektives Zusammenwirken im Rahmen des Exekutivdienstes festzulegen, sondern auch die Verantwortung und Bedeutung jedes einzelnen Bediensteten hervorzuheben. Es wurde versucht, eine langjährig bewährte Praxis mit neu aufgetretenen Notwendigkeiten und Erfordernissen derart in einer Vorschrift zu vereinen, so daß diese den vielfältigen Anforderungen des Gendarmeriedienstes gerecht werden kann, ohne die Dienststellenleiter in der von ihnen bei der Führung des Dienstes erwarteten Flexibilität einzuschränken.

Eigenverantwortlichkeit soll die Devise jedes Vorgesetzten und auch einzelnen Mitarbeiters sein. Eingriffe durch höhere Stellen sollen nur in einem unbedingt notwendigen Maße stattfinden.

Spezielle Kenntnisse von Bediensteten sind für den Dienst zu nützen, einer gezielten Fortbildung wird ein hoher Stellenwert eingeräumt.

Wenn Sie das Wort Exekutivdienst hören, werden Sie zwangsläufig an Außendienst denken. Exekutivdienst ist aber nicht nur Außen-, sondern auch Innendienst, wie zum Beispiel die Durchführung einer Vernehmung oder die Verfassung einer Anzeige. Organisations- und Verwaltungsaufgaben sind natürlich nicht als Exekutivdienst zu werten.

Die Organisation und Vollziehung des Gendarmeriedienstes ist auf die Ebenen

- Gendarmerieposten
- Bezirksgendarmeriekommanden
- Landesgendarmeriekommanden und
- Gendarmeriezentralkommando

aufgeteilt.

Der Gendarmerieposten bildet die Basis für die Verrichtung des Exekutivdienstes und ist auf eine universelle Aufgabenerfüllung ausgerichtet. Dazu kommen noch bezirks- und landesweite Dienste im Rahmen des Kriminal- und Verkehrsdienstes. Das Bezirksgendarmeriekommando stellt eine Leit - und Koordinationsstelle dar und bedient sich dabei einer dauernd besetzten Bezirksleitzentrale. Jeder Bezirk ist in Sektoren eingeteilt. In diesen Bereichen sorgen insbesondere zur Nachtzeit sogenannte Sektorstreifen für Sicherheit. Das Landesgendarmeriekommando koordiniert bezirksübergreifende Streifen und Tätigkeiten, wie etwa Alarmfahndungen. Zu diesen Zwecken ist dort eine Landesleitzentrale eingerichtet. Zusätzlich ist rund um die Uhr ein leitender Gendarmeriebeamter als Offizier vom Dienst für Leitung und Koordination erreichbar. Das Gendarmeriezentralkommando ist im Rahmen des Exekutivdienstes Koordinationsstelle bei bundesländerübergreifenden Einsätzen.

Ein Bereich der Exekutivdienstrichtlinien ist auch der Sicherung der eigenen Gendarmerieobjekte und -einrichtungen gewidmet: Denn nur ausgehend von einer sicheren Basis kann für Sicherheit im großen Überwachungsbereich der Gendarmerie gesorgt werden.

Christine Altrichter

Sport in der Gendarmerie am Beispiel Salzburgs

Gendarmeriesportverein Salzburg

Bereits während der Ersten Republik gewann der Fremdenverkehr zunehmend an Bedeutung. Zwischen 1923 bis 1929/30 stiegen die Fremdenmeldungen um 82 Prozent, sie erreichten 1929/30 den Höhepunkt von 4,2 Mill. Meldungen. Nicht nur der Sommer, auch der Winter gewann an Urlaubsattraktivität. 1925 betrug in Salzburg das Verhältnis Winterhalbjahr zu Sommerhalbjahr 28 zu 72 Prozent. Doch die Winterfrequenz holte rasch auf. In den 1930er Jahren setzten die ersten Schulschikurse und Wintergruppenreisen ein. Mit dem Fremdenverkehr wurde der Sport Freizeitbeschäftigung und in Salzburg kam – bedingt durch seine topographische Lage – insbesondere der Alpinsport in Mode.

Alpingendarmen und Touristen 1935 am Tennengebirge bei Werfen.
Bild: Hugo Eder, Werfen

Die Gendarmerie trug dieser Entwicklung Rechnung, indem sie bereits in den 1920er Jahren erste Alpinkurse abhielt, wobei die Teilnehmer natürlich eine entsprechende Kondition mitzubringen hatten. Meist mit den regionalen Vereinen organisierten Gendarmeriebeamte die ersten Sportveranstaltungen. Die erste größere überregionale Veranstaltung der Gendarmerie war 1930 auf der Mutterer Alm in Tirol, als der erste Schiwettbewerb der Österreichischen Bundesgendarmerie abgehalten wurde. Spätestens ab diesem Zeitpunkt erkannte der Dienstgeber, daß Exekutivtätigkeit und Sport, im Sinne körperlicher Ertüchtigung, für eine erfolgreiche Berufsausübung untrennbar miteinander verbunden sind und begann den Dienstsport durch organisatorische und dienstrechtliche Maßnahmen zu fördern. Am 10. Februar 1935 war Bad Ischl Austragungsort der Schiwettbewerbe. Viele Salzburger Gendarmen nahmen daran teil. Die Anreise erfolgte bereits zum Teil mit Dienstfahrzeugen und zur Organisation der Veranstaltung wurde Dienstzeit zur Verfügung gestellt. Die Beamten aus Salzburg konnten schöne Erfolge erzielen.

1949 war Salzburg Vorreiter mit dem »Ski-Sportverein der Gendarmen Salzburg«

Nach dem Zweiten Weltkrieg fanden sich im Herbst 1950 einige Idealisten zusammen, die sich zum Ziel setzten einen Verein zur Förderung des Sportes in der Gendarmerie zu gründen. Ein Proponentenkomitee erarbeitete die ersten Vereinsstatuten für einen »Ski-Sportverein der Gendarmen Salzburg«. Bei der Konstituierung des Vereines wurde GMjr Benno Beer zum provisorischen Obmann bestellt. Der Sitz des Vereines war Zell am See und er zählte zu diesem Zeitpunkt 18 Mitglieder. Ein Jahr später, am 24. November 1951, war dann die 1. Jahreshauptversammlung in Bischofshofen. Zum Obmann wurde Oberleutnant Siegfried Weitlaner gewählt. Die 1. Schi-Meisterschaften wurden am 16. Februar 1952 in Zell am See durchgeführt. Nenngeld 2,– Schilling.

Bei der Jahreshauptversammlung im Oktober 1952 in Bischofshofen erfolgte die Umbenennung des Vereines in »Gendarmeriesportverein Salzburg«. Mitgliedsbeitrag war damals 12,– S.

1958 wurden in Salzburg die Statuten für den Dachverband Österreichischer Gendarmerie-Sportverband (ÖGSV) ausgearbeitet. Ziel des Vereines ist es, der Pflege und Förderung des Sportes in der Gendarmerie zu dienen und die Interessen der in Österreich bestehenden Gendarmerie-Sportvereine gegenüber den Bundesbehörden, den Fachverbänden und anderen Sportverbänden zu vertreten und die Programme der einzelnen Gendarmerie-Sportvereine aufeinander abzustimmen.

Die zur Erfüllung dieser Aufgaben erforderlichen Mittel bezieht der Verein aus den Beiträgen seiner Mitglieder, aus Subventionen, Einnahmen eigener Veranstaltungen, Spenden sowie der Herausgabe eines Jahrbuches. Als erster Präsident des ÖGSV wurde General Dr. Kimmel gewählt.

1960 wurde Sepp Maier bei den alpinen Schimeisterschaften Juniorenmeister und Waldemar Heigenhauser erreichte beim Internationalen Sprunglauf in Chamonix den ersten Platz. 1961 war Heigenhauser der erste Gendarm, der bei einer Weltmeisterschaft teilnahm (Zakopane).

1971 wurde Oberst Siegfried Weitlaner zum Ehrenmitglied ernannt. Und 1972 der Vereinssitz nach Salzburg verlegt.

Bei der Jahreshauptversammlung am 7. November 1995 wurde Brigadier Ernst Kröll vom Vorstand zum Präsidenten des GSV gewählt. Ehrenpräsident wurde General Franz Gritzner.

Sportler und Sportveranstaltungen

Bis jetzt wurden folgende Gendarmerie-Bundesmeisterschaften bzw. Bundessportfeste in Salzburg durchgeführt:

- vom 3. bis 7. September 1974 das 13. Bundessportfest in Salzburg. Unsere Sportler erkämpften 13 Gold-, 6 Silber- und 10 Bronzemedaillen,
- vom 23. bis 26. Juni 1981 die 20. Bundesmeisterschaften in Zell am See und
- vom 3. bis 6. Juli 1990 die 29. Bundesmeisterschaften in Hallein-Rif – unsere Sportler erkämpften 49 Medaillen!

1996 – Alexander Neumüller, eingeteilt am Gendarmerieposten Großgmain, gewann im Ringen im griechisch-römischen Stil und im Freistil 2 Goldmedaillen.

1998 – Alexandra Meißnitzer, derzeit in Ausbildung in der Schulungsabteilung Großgmain, erreichte im Februar bei den Olympischen Spielen in Nagano/Japan die Silbermedaille im Riesenslalom und die Bronzemedaille im Super-G.

Alexander Neumüller des GP Großgmain erkämpfte mit seiner Mannschaft bei den Staatsmeisterschaften der Ringer (griechisch-römisch) viermal Gold.

1999 – Bei der Skiweltmeisterschaft in Vail/USA gewann Alexandra Meißnitzer im Super-G und im Riesentorlauf jeweils eine Goldmedaille. Sie wurde außerdem Siegerin des Gesamt-Weltcups.

Siegfried Gruber, eingeteilt am Gendarmerieposten Bad Gastein, wurde bei der Senioren-Weltmeisterschaft in Andorra bereits zum vierten Mal Weltmeister.

Derzeitiger Vereinsvorstand

Präsident	Bgdr	Kröll Ernst
Obmann	Obstlt	Struber Albert
Obmann-Stellv.	Obstlt	Grill Ernst
	ChefInsp	Tischer Heinz
Schriftführerin	FInsp	Altrichter Christine
Kassier	BezInsp	Nestler Siegfried
Pressereferent	Mjr	Schiefer Richard

sowie mehrere Sektionsleiter

Special Olympics

Viele verschiedene Veranstaltungen (Fackelläufe, Bälle, T-Shirt-Verkauf usw.) wurden und werden von Salzburger Exekutivbeamten, gemeinsam mit dem GSVS, für die Special Olympics abgehalten. Dabei wurden in den letzten fünf Jahren ca. 3 Millionen Schilling für mental behinderte Sportler gesammelt.

Special Olympics zugunsten behinderter Sportler.
Bild: Martin Hönegger, Salzburg

Die als Bildseite zusammengestellten »sportlichen Blitzlichter« aus Veranstaltungen des Gendarmeriesportvereines wurden von Martin Hönegger aus Salzburg eingefangen.

Sportliche Blitzlichter

Alexander Stockner und Wolfgang Bachkönig

Unsere Gendarmeriemusik

Für das Wohlbefinden des Menschen genügt es bei weitem nicht, nur die leiblichen Bedürfnisse zu befriedigen. Essen und Trinken hält sicher den »Leib zusammen« – bisweilen geht er aber auch beträchtlich auseinander! – doch die Seele braucht auch »geistige Nahrung«.

In allen Kulturkreisen nimmt die Musik als »Seelenspiegel« eine unentbehrliche Stellung ein. Sie ist ganz einfach für die meisten Menschen lebensnotwendig. Ihr Stellenwert ist ein verläßliches Maß für den Grad der Humanität einer Gesellschaft. Besonders für Gendarmen, die während ihrer Dienstzeit sehr oft von negativen Einflüssen geprägt werden, stellt sie einen fast unerläßlichen Faktor des menschlichen Ausgleiches dar: »Wo man singt, da laß dich ruhig nieder; böse Menschen haben keine Lieder!«

Besonderes Zusammengehörigkeitsgefühl durch Musik

Für uniformierte und nach militärischem Muster ausgerichtete Gemeinschaften ist die Erhaltung einer leistungsstarken und optisch eindrucksvollen Blasmusikkapelle ein besonderer Vorteil. Bei gemeinschaftlichen Anlässen, wie Gedenktagen, Einweihungen oder Begräbnissen, in denen sich das Korps in der Öffentlichkeit darstellt, entsteht gerade durch die Marschmusik in jedem einzelnen das stolze Gefühl, einer wichtigen und geschätzten Berufsgruppe anzugehören. In dieser Gemeinschaft verspürt er auch ein starkes Zusammengehörigkeitsgefühl, das ganz wesentlich zu hoher Leistungsmotivation beiträgt.

Gründung der Musikkapellen bei den Landesgendarmeriekommanden

In der Gendarmerie hatte man schon sehr früh die Bedeutung der Musik für Gemeinschaft und Kultur erkannt und die Gründung von Musikkapellen nicht nur gefördert, sondern trotz angespannter finanzieller Lage auch den Fortbestand gesichert. Derzeit gibt es in der Österreichischen Bundesgendarmerie in den einzelnen Bundesländern sechs Musikkapellen mit insgesamt 283 aktiven Musikern. Die älteste Musikkapelle ist jene des Landesgendarmeriekommandos Kärnten. Sie

Musikkapelle des Landesgendarmeriekommandos Burgenland bei einem Auftritt in Neufeld/Leitha. *Bild: LGK Burgenland*

wurde bereits im Jahre 1922 gegründet. Es folgten Niederösterreich 1930, die Steiermark und Tirol 1948, das Burgenland 1950 und Oberösterreich 1951.

Instrumente wurden beschlagnahmt

Mit welch großen Problemen unsere Gendarmeriemusik in der Zeit ihres langjährigen Bestehens zu kämpfen hatte, sollen Vorfälle aus der Steiermark und dem Burgenland zeigen.

Obwohl die Gründung der Musikkapelle des Landesgendarmeriekommandos für die Steiermark offiziell mit dem Jahr 1948 angegeben wird, muß es dort schon 1935 eine Kapelle gegeben haben. Diese Gendarmeriemusik wurde aber bereits am 28.3.1939 aufgelöst, da wie es hieß – »für ihren weiteren Bestand keine Notwendigkeit vorhanden ist«. Sämtliche vorhandenen Instrumente, die die Gendarmen aus eigenen Mitteln finanziert hatten, mußten an den Gaumusikzug der NSDAP übergeben werden.

Gründungsspende von S 2 im Burgenland

Da im Burgenland keine finanziellen Mittel vorhanden waren, stieß die Gründung einer Gendarmeriemusik lange Zeit auf taube Ohren. Erst durch die Einrichtung eines Musikfonds war die Anschaffung von Instrumenten möglich. Jeder Gendarm wurde um eine Spende von S 2 gebeten und fast alle Beamten kamen diesem Ersuchen nach. Nun hatte man auch noch zu wenige Musiker um alle Register besetzen zu können. Talentierte Beamte wurden in der damaligen Gendarmerieschule Rust/See zusammengezogen und in einem Schnellkurs auf den fehlenden Instrumenten ausgebildet. Die Musikkapelle des Landesgendarmeriekommandos für das Burgenland war geboren.

Wie wichtig die Musikkapellen für die PR-Arbeit der Österreichischen Bundesgendarmerie sind, zeigen die vielen Besucher bei den einzelnen Auftritten. In einer Zeit, die nur von Leistungsdruck, Streß und Motorisierung geprägt ist, ist die Musik bei ihren vielen Auftritten bemüht, die Gendarmerie in der Öffentlichkeit als Wachkörper für den Bürger zu präsentieren und der Bevölkerung gleichzeitig ein Gefühl der Verbundenheit zu vermitteln.

Dipl.-Ing. Hermann Hinterstoisser

Die Uniformierung der Österreichischen Gendarmerie 1849–1999

Der in der österreichischen Bevölkerung wohl bestbekannte und im positivsten Sinne verankerte uniformierte Wachkörper ist die Gendarmerie. Die Bewahrung der öffentlichen Ordnung, Ruhe und Sicherheit sowie die Verhinderung bzw. Aufklärung krimineller Handlungen waren stets ihre vordringlichsten Anliegen. Ihre Organisation, Gliederung und auch die Einsatzgrundsätze unterlagen freilich im Laufe der Zeit großen Wandlungen. Dies zeigte sich auch im äußeren Erscheinungsbild. Die Änderungen in der Adjustierung, im Aussehen der Uniform, widerspiegeln sohin politische und gesellschaftliche Strömungen ebenso, wie sie Antworten auf geänderte Aufgabenbereiche und neue Technologien darstellen.

Die vorliegende Arbeit will versuchen, die ersten 150 Jahre Adjustierungsgeschichte der Österreichischen Gendarmerie nachzuzeichnen. Nach Möglichkeit wurde hiebei auf Primärquellen wie Verordnungsblätter, Zirkularverordnungen, amtliche Verlautbarungen und Erlässe sowie Realien aus den Beständen des Gendarmeriemuseums in Wien zurückgegriffen. Die schriftlichen Quellen wurden primär in der Österreichischen Nationalbibliothek, im österreichischen Staatsarchiv-Kriegsarchiv und im Salzburger Landesarchiv eingesehen. Zur Uniformentwicklung in der Zweiten Republik konnten Unterlagen des Landesgendarmeriekommandos Salzburg herangezogen werden. Die Arbeit wäre nicht ohne die tatkräftige Hilfe und mannigfachen Ratschläge der Herren Obst. i. R. Franz Hesztera und Herbert Klima möglich gewesen, denen der Autor zu ganz besonderem Dank verpflichtet ist. Wichtige Hinweise gaben die Herren Gend.General Sektionschef i. R. Dr. Erich Bosina, Brigadier der Bundesgendarmerie i. R. Erich Lex, Hptm. Gerald Hesztera, Abt.-Insp. Fritz Hörmann, Vzlt. i. R. Franz Mahler, Reg.-Rat Friedrich Mayer, Abt.-Insp. i. R. Ernst Oberascher und OAR i. R. Karl Zwittlinger. Für seltenes Fotomaterial dankt der Verfasser Frau Mag. Lotte Aschenbrenner und Frau OSR Marianne Keplinger sowie den Herren Brig. d. BG Erich Lex, HR Dipl.-Ing. Nikolaus Hinterstoisser und Dr. Rudolf Tomann.

Biedermeier

Mit dem Ende des klassischen Absolutismus und der Aufhebung des Untertänigkeitsverhältnisses der Landbevölkerung gegenüber der bislang von den Grundherrschaften ausgeübten Patrimonialgerichtsbarkeit im Gefolge der Revolution von 1848,[1] wurde eine völlige Neuordnung des öffentlichen Sicherheitswesens erforderlich. Die Neuordnung der Gemeinden,[2] die Einführung der Bezirkshauptmannschaften und die Neuregelungen im Gerichtswesen machten die Einrichtung eines staatlichen Sicherheitswachkörpers erforderlich. Als Vorbild diente das von Napoleon aufgestellte Gendarmeriekorps: als Österreich 1815 seine oberitalienischen Provinzen zurückerhielt, fand man in der Lombardei und Südtirol ein Gendarmerieregiment vor, das auch weiterhin in Funktion blieb und seit 1817 einen Bestandteil der k. k. Armee bildete.

Das österreichische Gendarmerieregiment in der Lombardei

Die Adjustierung dieses Gendarmerieregimentes[3] bestand aus dreieckig gestülptem schwarzem Filzhut, wobei die vordere Stülpung als Bug in der Krempe, die beiden seitlichen Stülpungen so ausgeführt waren, daß sie Ecken bildeten, in denen jeweils eine gelbwollene (für Offiziere goldene) Hutrose angebracht war, in deren kreisrundem schwarzem Mittelfeld der »Allerhöchste Namenszug« FJ I in gelber Wolle für Mannschaften und in Gold für Offiziere eingestickt war. Die etwas vage Beschreibung, vor allem aber im Gendarmeriemuseum Wien erhalten gebliebene Abbildungen lassen den Schluß zu, daß dieser Hut an sich eher den Eindruck eines quer aufgesetzten Zweispitzes vermittelte. Offiziere trugen nach der Vorschrift von 1837 am Hut einen Federbusch von schwarzen und gelben Hahnenfedern,[4] der auch schon auf den Abbildungen von 1827 erkennbar ist. Mannschaften hatten einen entsprechenden, aufrecht stehenden Federstutz am Hut. Der 1827 noch sehr hoch aufragende Hut wurde im Laufe der Zeit immer niedriger. Als Interimskopfbedeckung diente schon 1827, wie damals auch bei Teilen der Kavallerie, eine Tellerkappe mit schwarzem Lederschirm und weichem grünem Deckel.

K. k. lombardische Gendarmerie 1827. Deutlich zu sehen der frackartige Rock, der schwere Paletot (rechte Figur) und der mit Federstutz geschmückte hohe Zweispitz. Der Offizier links und der Gendarm in der Mitte tragen Sommerhosen.

Gendarmerie zu Fuß 1827. Beachtenswert: die weiche Tellerkappe als Interims-Kopfbedeckung bei der mittleren Figur.

Der frackartige Rock war von dunkelgrüner Farbe mit rosenroten Passepoilierungen und gelbmetallenen Knöpfen. Dazu wurden je nach Dienstgrad unterschiedliche Achselschnüre und Contre-Epaulets, letztere auf der rechten Schulter, getragen. Die Hosen waren von dunkelgrünem Tuch mit »deutschem Bunde« (= mit Latz), dazu trug man bis unter die Wade reichende schwarze Gamaschen. Vom 1. Mai bis Ende September jeden Jahres konnten

K. k. lombardische Gendarmerie zu Pferd 1827.

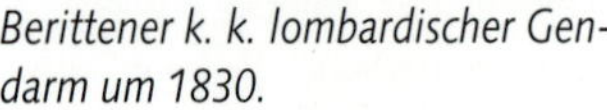

Berittener k. k. lombardischer Gendarm um 1830.

K. k. lombardo-venezianische Gendarmerie 1836 – 1848.

lichte Sommerhosen (für Offiziere »von weißem Zeuge« vorgeschrieben) mit gleichfärbigen Gamaschen (bzw., schwarzen Stiefeln für Offiziere und Berittene) verwendet werden. 1836 erhielt die lombardisch-venezianische Gendarmerie dunkelgrüne Pantalons mit rosenrotem Passepoil. Anstelle eines Mantels war ein entsprechend weiter Überrock aus dunkelgrünem Tuch, ohne egalisierungsfärbige Vorstöße, jedoch mit vorne am Kragen ausgezackten Egalisierungs-Tuchleisten[5] eingeführt, doch gab es auch einen weiten, dunkelgrünen Paletot. Das goldene Portepee der Offiziere entsprach dem des k. k. Heeres. Neu aufgenommene Gendarmerie-Manschaften hatten aufgrund der Bestimmungen der Organisirungs-Vorschrift vom 1. November 1817 während ihrer Probezeit Portepees von gänzlich gelber Wolle, danach die im k. k. Heer ab dem Korporal vorgeschriebenen schwarz-gelben Portepees zu tragen. Die Angehörigen des Regimentes trugen auf der Patronentasche eine metallene Granate mit 3 Flammen.

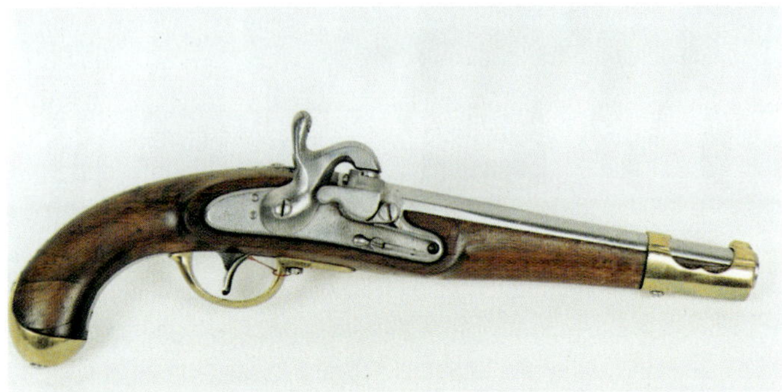

Kavalleriepistole M. 1844; glattläufiger Vorderlader mit Zünderschloß System Augustin, Kal.16,9 mm.

Besondere Beachtung verdient die Achselschnur, welche in der Uniformierungsgeschichte der Gendarmerie bis 1938 immer wieder auftritt und über die Leibgarde-Gendarmerie von 1849 zu einem wichtigen Attribut der Uniformen verschiedener Garden des k. k. Hofes wurde. Von dort führt ein direkter Weg zu den noch heute vom Gardebataillon des Österreichischen Bundesheeres verwendeten Achselschnüren. In der Adjustierungsvorschrift von 1828 ist für die Mannschaften des Gendarmerie-Regiments diesbezüglich vorgeschrieben: »Die erwähnte Achselschnur hat zwey dopelte und zwey einfache Enden; letztere sind mit gelbmetallenen Stiften beschlagen. Das vordere dieser einfachen Enden wird am dritten Rockknopfe, das hintere, welches unter dem Arm durchläuft, am vierten, von den beyden doppelten Enden aber das vordere an seiner Mitte am zweyten Rockknopfe befestiget; das hintere hängt unbefestigt am Oberarme herab, welcher durchgesteckt wird.«[3] Für Offiziere waren die Achselschnüre in Form und Größe gleich wie für die Mannschaft, aber aus Chenillen von mattem Gold gewirkt und die beiden einfachen Enden mit vergoldeten metallenen Stiften, auf welchen der k. k. Doppeladler erhaben gearbeitet war, versehen.[4] Vor Ausbruch der Revolution 1848 betrug der Stand dieses Gendarmerieregimentes 992 Gens d'armes und 38 Offiziere.[6]

Die kaiserlich-königliche Gens d'armerie 1849–1860

Die bereits erwähnte Neuorganisation der Gerichtsbehörden und Staatsanwaltschaften sowie die gänzliche Umgestaltung der politischen Administration ließen es angebracht erscheinen, für die Errichtung eines Exekutivkörpers Sorge zu tragen. Mit kaiserlicher Verordnung vom 8. Juni 1849 wurde schließlich, basierend auf einem umfangreichen und sehr weitblickenden Vortrag des provisorischen Innenministers Alexander v. Bach, die »Errichtung einer Gendarmerie im ganzen Umfange des österreichischen Kaiserthums« bewilligt. Sie sollte als militärisch organisierte, zum Teil berittene Landes-Sicherheitswache in Stärke von 13 Regimentern organisiert werden.[7] Im XII.Stück des Reichs-Gesetz- und Regierungsblattes für das Kaisertum Österreich, Jahrgang 1850, wurde schließlich unter Nummer 19 die Verordnung des Ministeriums des Innern vom 18. Jänner 1850 »über die Organisirung der Gens d'armerie« verlautbart. Die umfassenden Bestimmungen dieser Verordnung erläutern ausführlich alle dienstlichen Obliegenheiten, von der Organisation der Gendarmerie über die Dienstpflichten, den Wirkungskreis, das Verhältnis zum k. k. Militär, die Geld- und Naturalgebühren bis hin zur ökonomischen Verwaltung einschließlich der Adjustierung. Deren genauere Beschreibung wird jedoch einer »abgesonderten Adjustirungs-Vorschrift« überlassen. Besonders erwähnenswert ist in diesem Zusammenhang die mit § 67 der zitierten Verordnung erfolgende Einführung des »Massa-Systems«.

Der Massa-Fonds war durch die erste Einlage und durch monatliche Pauschalgelder für die gesamte Gendarmerie-Mannschaft zu speisen. Die erste Einlage diente der Beschaffung sämtlicher Montursorten, Mannes- und Pferderüstung mit Ausnahme der Waffen und Pferde, welche vom Ärar beizustellen waren. Jeder in die Gendarmerie neu Eintretende mußte die erste Einlage bar erlegen, nur von der k. k. Armee Transferierte konnten unter bestimmten Umständen diese vom Ärar bezahlt erhalten.

Bei den tiefgreifenden Änderungen in der Adjustierung der k. k. Armee vom 14. 2. 1849, die u. a. die Einführung des Waffenrockes anstelle des bisherigen Uniformfrackes brachten, wurde interessanterweise das Gendarmerieregiment nicht berücksichtigt.[8] Erst mit Circular-Verordnung vom 19. Jänner 1850 legte das k. k. Kriegsministerium die oben angekündigte neue »Adjustirungs-Vorschrift für die kaiserl. königl. Gensd'armerie« fest.[9] Augenfälligste Neuerung in der Adjustierung der nunmehr in der gesamten Monarchie aufgestellten Gendarmerie war, neben dem Waffenrock, die Einführung einer neuartigen Kopfbedeckung: der »Pikkelhaube«, die übrigens in den österreichischen Vorschriften, anders als in deutschen Reglements (die stets bloß vom »Helm« sprechen) offiziell so bezeichnet wurde.

Helm für Mannschaften der k. k. Gendarmerie Muster 1850.

Die Pickelhaube war zuerst 1842 im Königreich Preußen,[10] 1844/46 in Rußland[11] eingeführt worden. Der Überlieferung nach soll der ursprüngliche Entwurf vom russischen Zaren Nikolaus I. stammen. Die im März 1848 in vielen österreichischen Städten, so u. a. in Wien und Salz-

Angehörige der Salzburger Nationalgarde 1848/49. Links ein Nationalgarde-Kavallerist mit der schwarz lackierten Pickelhaube aus dünnem Eisenblech mit weiß-metallenen Beschlägen.

burg aufgestellte »Nationalgarde« übernahm, ihrer tendentiell deutschnationalen Gesinnung entsprechend, nach preußischem Vorbild, die Pickelhaube für die Nationalgarde-Kavallerie. Diese Nationalgardehelme waren aus geschwärztem Blech oder Leder mit weißer Montierung erzeugt. Als Helmwappen diente ein stilisierter k. k. Doppeladler, die Spitze war mit einem bis zur Schirmschiene herabfallenden Roßhaarbusch versehen.[12] Nun war die Nationalgarde schon bald nach ihrer Gründung in eine zwiespältige Haltung zwischen Loyalität zu den Errungenschaften der bürgerlichen Märzrevolution, staatlicher Ordnungsmacht und weitergehenden proletarischen Forderungen geraten[13] und genoß sicherlich nicht das unbedingte Vertrauen der Staatsführung. Daß man sich also gerade deren Adjustierung – trotz vieler bemerkenswerter Parallelitäten wie dem dunkelgrünen Waffenrock – zum Vorbild für die der innerstaatlichen Sicherheit dienende Gendarmerie genommen hätte, ist wenig wahrscheinlich. Eher dürfte das Vorbild in den Pickelhauben der zaristisch russischen Armee zu suchen sein, deren Eingreifen auf Seiten des österreichischen Kaiserstaates ja erst die Niederringung des ungarischen Aufstandes ermöglicht hatte. Dafür spricht auch die Ausformung etwa der Helmspitze, die weniger der schlanken Form der preußischen Pickelhaube, als der eine flammende Granate symbolisierenden »Spitze« des russischen Helmes ähnelt.

Wie auch immer: Die erste Kopfbedeckung der k. k. österreichischen Gendarmerie war eine Pickelhaube von schwarzem Leder mit gelben Metallbeschlägen. Für Berittene war ein schwarzer Roßhaarbusch vorgesehen, dessen Haare bis an die Schirmeinfassung reichten. Als Helmwappen diente ein großer k. k. Doppeladler aus Tombak, welcher im Mittelschild den allerhöchsten Namenszug des Kaisers und in einem unter dem Schilde am Stoß des Adlers befindlichen Feld die jeweilige Regimentsnummer, von weißem Metall erhaben geprägt, enthielt. Innen war ein Schweißleder angebracht. Ferner gab es zwei Ohrenlappen aus wasserdichtem Stoff, die zwischen Helmglocke und Schweißleder seitlich eingenäht waren und beim Gebrauch unter den gelbmetallenen Schuppenbändern zu liegen kamen. Für Offiziere war die Pickelhaube gleich jener der Mannschaften, jedoch von feiner schwarzer Lackierung, alle Metallteile vergoldet und jedenfalls mit einem (abnehmbaren) Roßhaarbusch wie für die berittene Mannschaft ausgestattet.

Der Waffenrock war von dunkelgrünem Tuch im Schnitt gleich jenem der »Deutschen Kavallerie« (= Dragoner und Kürassiere des k. k. Heeres). Er wurde vorne mit zwei Reihen aus Messing gegossener (für Offiziere vergoldeter) Knöpfe geschlossen, auf denen die jeweilige Regimentsnummer ersichtlich war. Kragen und Ärmelaufschläge, ebenfalls dunkelgrün, waren für Mannschaften mit rosenroter Egalisierungsfarbe passepoiliert, ebenso die vordere Kante entlang der Knopfleiste und die beiden Taillenfalten. Am Kragen befanden sich rosenrote Paroli mit je einem kleinen Knopf, wie bei den Kürassieren sowie, je nach Dienstgrad, entsprechenden Distinktionssternen. Stabsoffiziere trugen natürlich die entsprechenden Bortenbesätze an Kragen und Ärmelaufschlag. Die im Wiener Gendarmeriemuseum aufbewahrten Sorten zeigen einen sehr dunklen, fast schwarzen Grünton mit rosaroter Egalisierungsfarbe. Auf den Achseln wurden Leistchen von gelber Wolle (für Offiziere von Gold) und mit egalisierungsfarbigem Tuch gefüttert getragen, an welchen Epauletten (für Offiziere in Gold gestickt, mit dem allerhöchsten Namenszuge »FJ I« versehen) und die Achselschnüre zu befestigen waren.

Mannschaften der k.k.Gendarmerie 1850–1860, in der Mitte ein Gendarm in Sommer-Pantalons.

Die Pantalons[14] waren aus lichtgrau-meliertem Tuch mit rosenrotem Passepoil gefertigt, für berittene Offiziere an den Schenkel-Innenteilen mit Leder besetzt. Die Sommerbeinkleider waren aus weißem »leichten Zeug«[15] nach der Form der grauen Pantalons. Der General-Inspektor hatte lichtgraue Paradepantalons mit seiner Generalscharge entsprechendem Goldbortenbesatz und »Pantalons en campagne« für den gewöhnlichen Dienst wie die Generäle der k. k. Armee.

K. k. Gendarmerie 1850–1860.

Für Kasernen- und Stalldienste gab es einen Kittel aus ungebleichtem Zwilch, ohne Taillen-Schnitt, mit umgeschlagenem Kragen, auf dem sich an jedem Ende ein rosenrotes Paroli befand. Der Kittel wurde mit einer Reihe von 6 beinernen Knöpfen geschlossen. Für kühleres Wetter gab es weiters ein »Leibel« von dunkelgrünem Tuch, nach Vorschrift für die Infanterie gefertigt. Bei Regen oder im Winter war außerdem ein Mantel vorgeschrieben. Er hatte den Schnitt eines Paletot und war von grau-meliertem Tuch mit egalisierungsfärbigen Paroli am Kragen, der für Mannschaften von Tuch, für Offiziere aus Samt war. Für Berittene hatte der Mantel hinten einen mit schwarzbeinernen Knöpfen schließbaren Schlitz. Der Dragoner an der Taille, bei Offizieren auch die Ärmelaufschläge, Taschen- und Schlitzpatten, waren passepoiliert. Geschlossen wurde der Mantel mittels 2 Reihen zu je 6 Rockknöpfen.

Ein besonderes Bekleidungsstück stellten die anstelle von Reitstiefeln ausgegebenen schwarzen Ledergamaschen der berittenen Gendarmerie-Mannschaft dar. Sie waren aus leichtem Kalbleder erzeugt und reichten bis oberhalb des Knies.

Das Portepee des Gendarmen war aus gelber, schwarz durchwirkter Wolle, wie für die Unteroffiziere des k. k. Heeres (für Berittene das Band mit gelbem Sämischleder gefüttert). Portepees und Achselleisten der Vice-Korporale, Korporale und Wachtmeister waren von Seide (statt Wolle), sonst wie die vorbeschriebenen. Die Chargen trugen auch entsprechende Kragendistinktionen, der Vice-Korporal wie der Gefreite, die anderen wie die entsprechenden Chargen des k. k. Heeres.[16] Portepee, Säbelkuppel, Feldbinde, Handschuhe, Halsbinde, Stiefel und Sporen der Gendarmerieoffiziere entsprachen den für die leichte deutsche Kavallerie des k. k. Heeres vorgeschriebenen Sorten.

Die interimsmäßig zu tragende Mütze der Mannschaften entsprach in ihrem Schnitt der schwarzen Offizierskappe der k. k. Armee, nur war sie von dunkelgrünem Tuch, Kappenrose und Schnüre von gelber Wolle, schwarz geritzt. Offiziere setzten die Offizierskappe des k. k. Heeres von schwarzem Tuch mit Lederschirm und goldener, schwarz geritzter Garnitur auf. Im Dienst trug der Gendarm Handschuhe von weißem Waschleder.

Säbelüberschwungriemen und Kartuschriemen waren aus weißem Sämischleder. In der Mitte des Deckels der ledernen Kartusche (Patronentasche) selbst war ein messingenes Granatemblem wie bei den Grenadieren der k. k. Infanterie angebracht. Damit weist die Vorschrift von 1850 das bis heute für die Österreichische Gendarmerie charakteristische Korpsabzeichen aus!

Extracorps-Gewehr M. 1854; gezogener Vorderlader System Lorenz mit Perkussionsschloß, Kal. 13,9 mm.

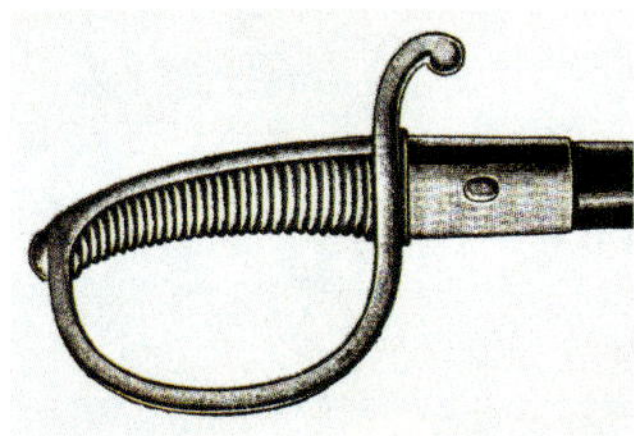

Messing-Griff des 1850 allgemein eingeführten Gendarmeriesäbels; Scheide mit gelbmetallenen Beschlägen aus schwarzem Leder. Klinge M. 1824; ab 1851 durch neues Muster ersetzt.

Als Bewaffnung führten die Gendarmen zu Fuß eine kurzes Extracorps-Gewehr mit Tüllenbajonett (Stichbajonett) und zusätzlich einen gelb montierten kurzen Säbel mit einfachem messingenem Bügelkorb, der weitgehend dem französischen »Sabre briquet« (AN IX) aus der Napoleonischen Ära entsprach. Die berittenen Gendarmen führten neben dem Gewehr samt Bajonett und einer am Sattel links zu versorgenden Perkussionspistole einen längeren Säbel mit Spangenkorb. Für beide Säbelmodelle gab es eine schwarze Lederscheide mit gelber Montierung. Offiziere trugen Säbel wie die leichte deutsche Kavallerie des k. k. Heeres mit blanker Metallscheide und gelbem Gefäß.

Ein interessantes Detail am Rande ist, daß in der Vorschrift von 1850 für den Rechnungsführer und Ökonomie-Offizier der Gendarmerie als Kopfbedeckung noch immer der alte, dreieckig gestülpte Hut mit goldener Schlinge und Rosen nebst Federbusch – zu Waffenrock und Pantalons – vorgeschrieben war.

Im Laufe des aktiven Dienstbetriebes stellten sich rasch kleinere Mängel heraus, die in der Folge beseitigt werden sollten. Die ersten Maßregeln betrafen die Pickelhaube: es wurde untersagt, den Roßhaarbusch so aufzustecken, daß er mehr nach rückwärts fiel (womit das schöne Helmwappen gut sichtbar wurde). Vielmehr wurde anbefohlen, »zur Erzielung einer Gleichförmigkeit in der gesammten Gendarmerie« den Roßhaarbusch unbedingt gerade und so aufzustecken, daß die Haare allseits gleichmäßig herabfallen und mit der unteren Helmschiene abschließen und dem Helm » gleichsam das Aussehen einer Grenadiermütze«[17] geben.[18] Ein weiterer Erlaß der Gendarmerie-General-Inspektion vom 25. Februar 1851 ordnet an, daß die ledernen Unterlagen der Schuppenketten der Pickelhaube vorzustehen hätten, damit die metallenen Schuppenglieder nicht den Lack der Helmglocke abschaben.[19] Auch mußten, um eine Provokation der Gendarmen durch mutwilliges Abstreifen der Kopfbedeckung zu verhindern, die Pickelhauben im Dienst stets mittels Sturmbandes am Kopf »befestigt« werden.[20] Für die Montur- und Rüstungssorten wurden »Dauerzeiten« festgelegt, um rechtzeitige Nachbeschaffungen organisieren bzw. »Unwirthschaft mit den Monturen« abstellen zu können.[21] 1852 wurde die Spitze (»Pickelhaubenturm«) der Pickelhaube geändert bzw. mit einer neuartigen Halterung für den Roßhaarbusch versehen.[22]

Die Adjustierungsvorschrift von 1855[23] brachte nur marginale Änderungen und Präzisierungen einzelner Sorten. Der General-Gendarmerie-Inspektor erhielt für die Pickelhaube (logischerweise), im Unterschied zu den übrigen Offiziershelmen, einen Adler ohne Regimentsnummer vorgeschrieben, auch wurden ihm Generalsknöpfe an seinem Waffenrock zugebilligt. Seine Parade- und Campagne- Pantalons waren fortan in dunklerem »russisch-Grau« auszuführen, letztere mit rosenroten Lampassen. Es wurde ihm schließlich auch gestattet, die für die Generalität im allgemeinen vorgeschriebene Campagne-Uniform zu tragen. Die Offizierspickelhaube hatte eine Glocke aus schwarz lackiertem Leder und Augen- sowie Nackenschirm aus dünnem Eisenblech. Für Stabs- und Oberoffiziere waren Säbel wie bei den Husaren vorgesehen, Säbelkuppel, Portepee, Feldbinde, Kappe, Stiefel etc. waren wie bei der deutschen Kavallerie des k. k. Heeres, jedoch trug man die Stulphandschuhe nur en parade zu Pferde. Der »dreieckig gestülpte Hut« der Rechnungsführer und Ökonomie-Offiziere scheint noch immer auf.

K. k. Gendarmerie-Rittmeister 1855

Im Jahrzehnt des Neo-Absolutismus zwischen 1850–1860 sahen maßgebliche politische Kreise in der Gendarmerie eine revolutionäre Einrichtung. Dem liberalen Geist ihrer Gründung entsprechend wirkte die Gendarmerie nicht nur äußerst effizient, sie vermochte in der Regel auch gute Kontakte zur Bevölkerung ihrer jeweiligen Dienstbezirke herstellen. Diese grundweg positive Entwicklung erweckte freilich das Mißtrauen reaktionärer Kreise. Die Gendarmerie wurde zusehends stärker in den polizeistaatlichen Apparat eingebunden, sie hatte entsprechende politische Dossiers über Richter, Lehrer usw. abzuliefern, womit das mühsam aufgebaute Vertrauen der Bevölkerung schwand. Mit dem Sturz des neoabsolutistischen Regimes in Folge der militärischen Niederlagen von 1859 wurden rasch Stimmen laut, die Gendarmerie überhaupt aufzulösen. Dies konnte zwar abgewendet werden, doch erfolgte eine sukzessive Standesverminderung und Reorganisation, die auch den Bereich der Uniformierung betraf.

Die k. k. Gendarmerie nach 1860

Im Mai 1860 wurde aufgrund Allerhöchster Entschließung vom 22. Jänner d. J. eine neue Adjustierungsvorschrift für die k. k. Gendarmerie verlautbart.[24] Die deutlichste Änderung betraf die Kopfbedeckung: statt des schweren Lederhelmes wurde nunmehr der Hut aus schwarzem Filz nach Art des für die k. k. Jägertruppe normierten eingeführt. Auf der linksseitig hohen Krempe wurde am Gendarmeriehut jedoch statt des Jägerhornes ein k. k. Adler aus gelbem Metall angebracht, auf dessen Stoß wie schon beim (wesentlich größeren) Helmadler die aus weißem Pakfong geprägte Regimentsnummer angebracht war. Wachstuch-Futteral und an der linken Seite anzubringender Federbusch waren wie für die k. k. Jägertruppe ausgeführt.

Die an den Mantel- und Rockparolis sowie diversen Vorstößen sichtbare Egalisierungsfarbe wurde auf Krapprot (lichte Nuance) geändert. Der Waffenrock erhielt Achselwülste. Die gelben bzw. für Offiziere goldgestickten Leistchen entfielen ebenso wie die Achselschnur. Statt dessen wurde für die Gendarmerie-Mannschaft eine »Anhangschnur« für die Signalpfeife aus grasgrüner Isphahanwolle eingeführt. Diese war geflochten und in Knoten geschlungen, mit Quasten »ähnlich jener der Jäger«. Die im Gendarmeriemuseum Wien erhaltenen Stücke sind sehr ähnlich der 1868 eingeführten Schützenauszeichnung für die k. k. Jägertruppe,[25] jedoch mit einem etwas längeren geflochtenen Schnurteil und einem Knoten im freien Ende. Diese Signalpfeifenschnur wurde mit der Schlinge des oberen Endes in den eigens dafür vorgeschriebenen Knopf unterhalb des Kragenrandes auf der linken Achsel eingehängt und »in einem von der linken zur rechten Schulter längs der Brustwölbung gehenden Bogen derart getragen, daß die Signalpfeife zwischen dem 2. und 3. Rockknopfe mit dem Mundstücke... herausragend ihre Lage findet«. Berittene hatten auf der linken Schulter einen Achseldragoner aus Egalisierungstuch. Die Distinktionsborten der Postenführer waren von gelber Wolle, jene der Wachtmeister aber von gelber Seide. Die Pantalons blieben lichtgraumeliert, nur die Farbe des Passepoils wurde auf Krapprot geändert.

Gendarmeriesäbel, aus dem französischen »Sabre briquet« AN IX entstanden, mit Säbeltasche aus schwarzem Leder seit 1860.

Völlig neu war der Patronentaschenriemen für die Gendarmen zu Fuß, der nunmehr um die Leibesmitte als Gürtel getragen wurde. Er bestand aus Oberleder, schwarz lackiert, am linken Ende mit einer Schnalle, dann mit verschiebbarer Bajonett- und einer durch Messingringe befestigten Säbeltasche.

Die Patronentasche selbst war aus Leder und wurde mittels zweier an der Rückwand angenähter Schleifen am Patronentaschenriemen befestigt. Am Deckel von schwarz lackiertem Leder war vorne die messingene Granate angebracht. Extrakorps-Gewehr mit Bajonett und Säbel blieben wie bisher. Berittene Gendarmen erhielten einen en bandouliere über die linke Schulter zu tragenden, schwarz lackierten Patrontaschenriemen (die Patronentasche oben beschriebener Form hatte statt der rückwärtigen Schlaufen seitliche Messingringe zum Einhängen in den Riemen angenäht) und als Emblem vorne am Patrontaschenriemen einen bronzenen Löwenkopf, von welchem zwei messingene Kettchen samt Räumnadeln herabhingen. Diese wurden in einem darunter angebrachten bronzenen Doppeladler versorgt. Bei umgehängtem Riemen sollte der Löwenkopf zwischen 2. und 3. Rockknopf zu liegen kommen.

Für den General-Gendarmerie-Inspektor wurde nunmehr der Stulphut mit grünen Geierfedern wie für die übrige Generalität vor-

Kavalleriepistole M. 1859, gezogener Vorderlader mit Perkussionsschloß System Lorenz, Kaliber 13,9 mm.

geschrieben. Er behielt aber den dunkelgrünen Waffenrock mit krapproter Egalisierung. Der Hut der Stabs- und Oberoffiziere war wie jener bei der k. k. Jägertruppe ausgeführt, erhielt aber im Unterschied zur Mannschaft eine versilberte Granate mit schiefer vergoldeter Flamme aus Metall. Alle Offiziere, einschließlich des General-Gendarmerie-Inspektors, erhielten Patronentasche (Kartusche) und Bandelier wie die Husarenoffiziere des k. k. Heeres, aber mit krapprotem Samt gefüttert. Diese Uniformattribute mußten immer dann, wenn die Feldbinde zu tragen war, angelegt werden, aber auch in Gala und en campagne, wenn die Feldbinde nicht zu tragen war. Allerdings durften sie nicht über dem Mantel getragen werden. Für die Ökonomie-Offiziere, Auditore und Rechnungsführer wurde die Uniform wie für die übrigen Gendarmerieoffiziere normiert, letztere beide allerdings ohne Feldbinde und Patronentasche. Der »dreieckig gestülpte Hut« samt Federbusch scheint nunmehr als Kopfbedeckung für die an sich dem Mannschaftsstand angehörenden Fouriere und den Regiments-Profoß[26] (letzterer mit dunkelblauem Waffenrock) auf – mit goldener Hutschlinge, aber mit gelbseidenen Hutrosen.

Mit Zirkularverordnung vom 20. 05. 1863[27] wurde bekanntgegeben, daß fortan auch die Gendarmeriemannschaften anstelle des k. k. Doppeladlers das bisher nur für die Gendarmerieoffiziere vorgeschriebene Granatemblem am Hut zu tragen haben. Die Flamme war aus gelbem Metall. Der Jägerhut hatte mittlerweile (1861) eine etwas niedrigere Form und anstelle der einseitig links hochgeschlagenen eine an beiden Seiten gleichartig aufgewölbte Krempe erhalten. Auch war mit der neuen Hutform eine runde Hutschnur, für Mannschaften grasgrün, für Offiziere gold mit schwarzer Ritzung eingeführt worden.

Die militärische Niederlage im Krieg gegen Preußen 1866 verursachte große politische Umwälzungen, die auch die Gendarmerie betrafen. Die wohl bedeutsamste innenpolitische Änderung betraf die sukzessive Verselbständigung Ungarns. Mit Zirkularverordnung vom 8. Mai 1867 wurde auf Grundlage eines kaiserlichen Handschreibens vom 23. März d. J. die Auflassung der k. k. Gendarmerie im Königreich Ungarn und die Übertragung des derselben obgelegenen Sicherheitsdienstes an die Landesbehörden und Municipien bekanntgegeben.[28] Die kgl. ungarische Gendarmerie nahm fortan eine von der k. k. Gendarmerie weitgehend unabhängige Entwicklung. Die Landesgendarmeriekommanden Nr. 5, 6, 7, 8 und 9 wurden mit Ende Mai 1867 aufgelöst. Dies erforderte naturgemäß auch eine Änderung der Gendarmerieorganisation in den im Reichsrat vertretenen Ländern. Mit Zirkularverordnung vom 15. September 1868 wurde die Einstellung der Tätigkeit der Gendarmerie-Zentral-Inspektion mit 15. September d. J. bekanntgegeben.[29] Ihre Agenden gingen an das k. k. Landesverteidigungsministerium in Wien über. Damit war klargestellt, daß die k. k. Gendarmerie künftig ein Teil der k. k. Landwehr sein sollte.

Neuuniformierung 1868

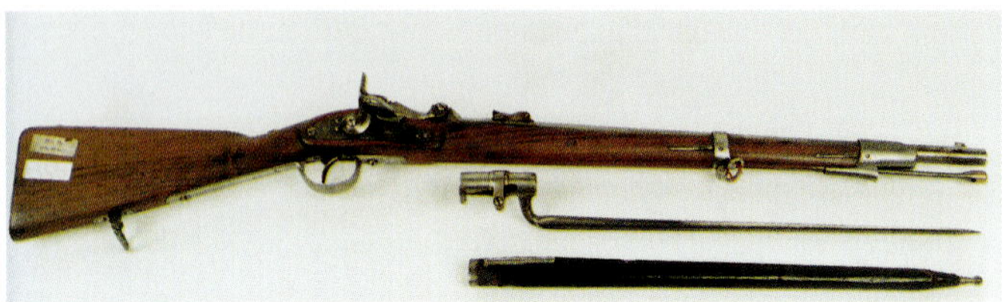

Extracorps-Gewehr M. 1867 mit Stichbajonett; gezogener Hinterlader System Wänzel, Kal.13,9 mm.

K. k. Gendarmerie 1868–1899.

Die schwere Niederlage im Krieg gegen Preußen führte auch zu umfassenden Armeereformen, die u. a. die Adjustierung des k. k. Heeres und damit auch jene der k. k. Gendarmerie betrafen. Aufgrund einer Allerhöchsten Entschließung vom 21. November 1868 wurden mit Zirkularverordnung vom 2. Dezember 1868 die »Änderungen in der Adjustierung und Ausrüstung«[30] für die k. k. Gendarmerie und das Militär-Polizei-Wachkorps bekanntgegeben. Der etwas leichtere Hut wurde dem neuen für die k. k. Jägertruppe vorgeschriebenen, etwas leichteren Muster angeglichen. Die Gendarmerie behielt für Mannschaften eine grüne runde Hutschnur, die rückwärts in zwei grün übersponnenen Eicheln endete. Für Offiziere war diese Hutschnur von Gold mit schwarzer Ritzung. Das Emblem wurde links vorne über der Hutschnur angebracht und deckte die Tuchhülse zur Aufnahme des Hahnenfederstoßes. Der Waffenrock blieb dunkelgrün mit krapproter Egalisierung, im Schnitt jedoch mit einer Reihe von 6 gelbmetallenen Knöpfen, welche die Nummer des jeweiligen Landesgendarmeriekommandos zeigten. Der Stehkragen war nun vollständig in der Egalisierungsfarbe gehalten. Neu eingeführt wurde, wie im k. k. Heer, die Feldbluse. Für die k. k. Gendarmerie war sie von dunkelgrünem Wollstoff, mit Stehkragen und darauf angebrachten krapproten Paroli. Die je 2 Brust- und Schoßtaschen wurden von geschweiften Patten gedeckt, die Bluse war mittels verdeckter Knopfleiste vorne zu schließen. Auf den Achseln wurden Achselspangen aus Blusenstoff, ohne Passepoils, getragen. Ebenso wie im k. k. Heer waren für die Mannschaften auch Achselrollen eingeführt, die ein Abrutschen des Gewehrriemens am Marsche verhindern sollten.[31] Das bisher eingeführte Leibel war durch die Einführung der Bluse obsolet geworden und entfiel daher. Die Pantalons von blaugrauem (in der Praxis fast schwarzem) Tuch hatten Passepoils von krapproter Farbe. Aus dem Tuch der Pantalons wurde auch die »Lagermütze« hergestellt, die das gelbseidene Kappenröschen behielt.

Hut für Offiziere der k. k. Gendarmerie 1868–1899.

Gendarmerie-Wachtmeister um 1890 in Bluse mit Leibgürtel von schwarzem Lackleder, Gendarmeriesäbel mit Unteroffiziers-Portepee und einer der damaligen Mode entsprechenden hohen Kappe nach Offiziersschnitt, welche aber im Unterschied zu jener eine gelbseidene, schwarz geritzte Schnurgarnitur besaß.

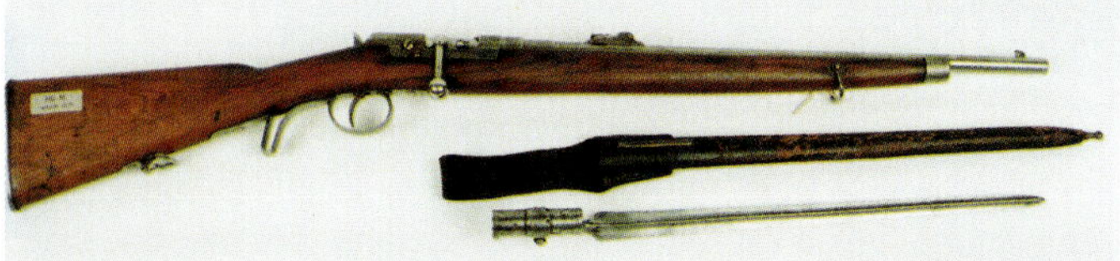

Repetiergewehr System Fruhwirth M. 1871 mit Vorderschaftsmagazin, Kal. 11 mm.

Die übrigen Adjustierungssorten blieben im wesentlichen gleich. Der schwarz lackierte Leibriemen war aus Oberleder vom Rind herzustellen. 1872 bestimmte ein Erlaß, daß die grüne Anhängschnur nur noch zum Waffenrock zu tragen war.[32]

K. k. Gendarm in Bluse 1872

Mit dem Gendarmeriegesetz von 1876[32] wurde die k. k. Gendarmerie aus dem Heeresverband herausgelöst, blieb jedoch in militärischen Belangen dem k. k. Ministerium für Landesverteidigung unterstellt.[33]

Da die k. k. Gendarmerie im Kriegsfalle als Feldgendarmerie herangezogen wurde, mußte sie auch diesbezüglich besonders kenntlich gemacht werden. Die Adjustierungsvorschrift für das k. k. Heer von 1878 führt dazu aus, daß die Feldgendarmen grundsätzlich ihre Gendarmerieuniformen beibehalten. Unteroffiziere und Offiziere erhielten als besonderes Kennzeichen ein Bandoulier. Dieses war für Mannschaften aus braunem Juchtenleder und am vor der Brust liegenden Teil mit einem messingenen Emblem (ovaler Schild mit eingeprägtem Doppeladler) verziert. An beiden Enden befand sich je ein Federhaken (Karabiner), in welche eine Ledertasche eingehängt werden konnte. Diese war aus braunem Leder, die Narbenseite nach außen gekehrt, erzeugt und war an der rechten Körperseite zu tragen. Sie wurde im oberen Drittel mittels eines halbrund geschnittenen Lederdeckels geschlossen, der mittig ein ledernes Strupfenstück angenäht hatte. Als dessen Gegenstück war an der Vorderwand der Tasche ein eindorniges Schnallenstück angebracht. In der Tasche waren von jedem Feldgendarmen 1 Handlaterne, 1 Notizbuch, 1 Handschließ- und 1 Verbindungskette mitzuführen. Das Bandoulier für Offiziere war außen mit rotem Saffianleder überzogen, das Adleremblem vergoldet. An diesem Bandoulier konnten die Offiziere der Feldgendarmerie die Kartentasche befestigen. 1907 wurde dieses Bandelier durch eine gelbe Armbinde mit schwarzem Mittelstreifen für Feldgendarmen ersetzt.[34]

Mit Erlaß vom 5. November 1884 wurde eine neue Signalpfeife aus massivem Messing eingeführt, die zum Waffenrock weiterhin an der grünen Anhängschnur zu tragen war. Zur Feldbluse wurde eine einfachere schwarze Harrasschnur ausgegeben.

Repetier-Karabiner M. 1890, Kaliber 8 mm für Berittene. Der ähnliche, in geringer Stückzahl gefertigte Repetierstutzen M. 1890 für die Gendarmerie hatte ein Klappbajonett.

Das neue Gendarmeriegesetz von 1894 überließ die Regelung der Bekleidungsfragen dem Verordnungswege. Mit Allerhöchster Entschließung vom 24. November 1895 wurde die Ausrüstung der wirklichen Wachtmeister der k. k. Gendarmerie mit Revolvern (anstelle des Karabiners) und mit Infanterie-Offizierssäbeln bewilligt.[36] Mit dem Säbel wurden alle wirklichen Wachtmeister einschließlich der in dieser Charge stehenden Adjutanturs-Hilfsarbeiter und Rechnungs-Unteroffiziere, mit dem Revolver und dem Leibgürtel nur die als Bezirks-Gendarmeriekommandanten und Hilfslehrer bei den Ergänzungs-Abteilungen eingeteilten wirklichen Wachtmeister (nicht jedoch die Titular-Wachtmeister) beteilt. Der Leibgürtel diente als Dienstabzeichen und war in allen jenen Fällen anzulegen, in welchen die Gendarmerie-Mannschaft mit der Patronentasche zu erscheinen hatte.

Offiziersrevolver System Gasser-Kropatschek, Modell 1872, Kaliber 9 mm.

Die nächste Adjustierungsänderung betraf die Rechnungsführer der k. k.Gendarmerie. 1898 erhielten sie die Adjustierung wie die Truppen-Rechnungsführer der k. k. Landwehr (also dunkelgrüner zweireihiger Rock mit lichtblauer Egalisierung, blaugraue Pantalons mit lichtblauem Passepoil, schwarzer Stulphut mit schwarzem Hahnenfederbusch), jedoch statt der weißen gelbmetallene Knöpfe mit der Nummer des jeweiligen Landes-Gendarmeriekommandos.[37] Bisherige Monturen waren bis Ende Juni 1899 auszutragen.

Ebenfalls 1898 erhielten Unteroffiziere der k. k. Gendarmerie, die ihren Präsenzdienst freiwillig fortsetzten, Armstreifen wie sie für das k. u. k. Heer vorgeschrieben waren.[38] Je nach Dienstzeit bestand diese Auszeichnung aus einem 16 mm breiten und bis zu drei 6 mm breiten dessinierten Goldbörtchen, die als nach oben zeigende Winkel an der Außenseite des linken Ärmels von Waffenrock oder Feldbluse so angebracht wurden, daß ihre Enden in den Ärmelnähten steckten.

Die zunehmende Wertschätzung der Uniform im ausgehenden 19. Jahrhundert, vor allem aber die »optische Konkurrenz« verschiedenster Organisationen wie Kommunalwachen, Veteranenverbände, Schützenkorps usw., die allesamt den Jägerhut als bevorzugte Kopfbedeckung trugen, ließen offenkundig zu Ende des vorigen Jahrhunderts eine Neugestaltung des äußeren Erscheinungsbildes der k. k. Gendarmerie ratsam erscheinen. Zwar gab es eine Vielzahl von Versuchen des k. k. Innenministeriums, im Verein mit dem k. k. Landesverteidigungs-Ministerium und dem k. u. k. Kriegsministerium, der Uniformierungsflut Einhalt zu gebieten. Uniformsorten, die Übereinstimmung oder zu große Ähnlichkeit mit solchen der k. u. k. Armee, der k. k. Landwehr oder der k. k. Gendarmerie hatten, wurden immer wieder rigoros verboten[39] – trotzdem war die Entwicklung nicht aufzuhalten. So faßte man den Entschluß, der k. k. Gendarmerie ein martialischeres Aussehen zu verleihen.

Stulphut mit schwarzem Hahnenfederbusch für Rechnungsführer (IX.–XI. Rangklasse) 1898.

Die Gendarmerieuniform von 1899

K. k. Gendarmerie 1899–1918.

Für die Gendarmerie der im Reichsrat vertretenen Königreiche und Länder wurden aufgrund Allerhöchster Entschließung vom 5. Juli 1899 einschneidende Veränderungen hinsichtlich der Adjustierung verfügt:[40] der Jägerhut wurde durch einen aus schwarz lackiertem Leder erzeugten, mit einem Doppeladler und einer Spitze gezierten und mittels Metallschienen verstärkten Helm ersetzt. Dieser war in der Form wesentlich niedriger und gefälliger, aber auch leichter als der 1850 eingeführte. Sämtliche Beschläge

K. k. Gendarmerie 1899–1918.

waren aus gelbem Metall (Messing bzw. Tombak). Für Mannschaften war ein flaches Schuppenband vorgeschrieben, die Verstärkungsleisten, die seitlich von den Rosetten des Schuppenbandes zur Spitze und mittig über den Hinterkopf verliefen, waren einfach profiliert, die kurze Spitze kanneliert. In der Spitze waren runde Lüftungsöffnungen angebracht, die Spitze selbst hatte eine von 4 Rundkopfschraubsplinten gehaltene Kreuzblattbasis. Beim Offiziershelm waren alle Beschlagteile vergoldet,[41] die Schuppenketten entsprachen jenen des Dragoneroffiziershelmes. Die etwas höhere, ebenfalls kannelierte Spitze zeigte an den Rippen eine Perlung, ebenso waren die Verstärkungsschienen ornamental verziert.

Helm für Mannschaften der k. k. Gendarmerie Muster 1899.

Die Kappe wurde, wie die Offizierskappen des k. u. k. Heeres, aus schwarzem Tuch hergestellt. Gendarmerie-Mannschaften hatten jedoch statt der goldenen gelbseidene Kappenrosen und Schnüre sowie rot passepoilierte Nähte.[42]

Helm für Offiziere der k. k. Gendarmerie Muster 1899.

Der Waffenrock wurde nunmehr an der Vorderseite wiederum von zwei Reihen zu je 8 numerierten Knöpfen geschlossen.[40] Am Mannschaftsrock waren an der Rückseite rot passepoilierte, mit je drei Knöpfen versehene Patten wie beim Offizierswaffenrock angebracht. Die Mannschaftsröcke erhielten rote Achselklappen und Achselwülste sowie vollen roten Stehkragen und Ärmelaufschlag. Am Offiziersrock fehlten die Achselklappen und Achselwülste, dafür erhielt er eine Achselschlinge aus goldener, schwarz durchwirkter Kantschnur wie die Dragoneroffiziere.

Die Anhängschnur, die nur zur Paradeadjustierung anzulegen war, feierte ihre Auferstehung. Sie war für Mannschaften von gelber Wolle, für Offiziere golden. Die Enden steckten in gelbmetallenen (für Offiziere vergoldeten) Hülsen, in die der k. k. Doppeladler erhaben eingeprägt war. Sie wurde an der linken Achsel des Waffenrockes befestigt, bogenförmig vor der Brust zur Körpermitte geführt und am 2., 3. und 4. Rockknopf eingehängt. Bis zur sukzessive erfolgenden Anschaffung der doppelreihigen Röcke war die Anhängschnur in entsprechender Weise am alten einreihigen Rock zu tragen, jedoch am 1., 2. und 3. Knopf eingehängt.

Gendarmerie-Wachtmeister 1901 mit den 1898 bei der k. k. Gendarmerie eingeführten Winkeln für freiwillig den Präsenzdienst fortleistende Unteroffiziere.

Gendarmerie-Wachtmeister im Rock mit zur Parade angelegter Anhängschnur, die 1899 wieder eingeführt worden war.

Die Sommerhosen sollten fortan von lichtgrauem Waschstoff[43] sein und konnten von den Mannschaften aller Landesgendarmerie-Kommanden »nach Bedürfnis in der warmen Jahreszeit, sowohl in, als außer dem Dienste, doch niemals zur Parade-Adjustierung« getragen werden.[44] Zwei oder mehrere gemeinsam ausrückende Gendarmen mußten jedoch stets gleich adjustiert sein.

Gendarmerie-Stabsoffizier in Paradeadjustierung um 1900.

Ledersorten waren nicht mehr schwarz zu lackieren, sondern bloß zu schwärzen und mit Wachs glänzend zu machen. Die bisherige Kartusche (lederne Patronentasche) war bis zum Austragen für die neue 8-mm-Karabinermunition zu adaptieren und erhielt als Emblem am Deckel anstelle der Granate den k. k. Doppeladler aus Tombak.[45] Das Granatemblem war damit aus dem Gendarmeriegebrauch vorerst verschwunden. Die Granate wurde durch Erlaß des k. k. Innenministeriums vom Jahre 1900 als Hutabzeichen der k. k. Militärveteranen- und Kriegervereine bewilligt und von diesen auch als Kragenabzeichen in ähnlicher Form wie das heutige Korpsabzeichen der Bundesgendarmerie getragen. Die k. k. Militär-Veteranen- und Kriegervereine, ab 1914 zum k. k. Kriegerkorps umgebildet, waren landsturmpflichtige Körperschaften und wurden im Ersten Weltkrieg mancherorts tatsächlich zur militärischen Assistenzleistung eingesetzt.[46]

Die Gendarmerie in Ungarn und Bosnien-Herzegowina

Die k. k. Gendarmerie hatte damit ein dem Zeitgeschmack sicherlich sehr entsprechendes, den militärischen Charakter des Exekutivkörpers unterstreichendes, aber doch vom k. u. k. Heer deutlich verschiedenes Aussehen erlangt. Der Hut nach Jägerart blieb bei der kgl. ungarischen Gendarmerie, die in 8 Gendarmeriedistrikte und ein kroatisch-slavonisches Gendarmeriekommando gegliedert war, weiterhin in Gebrauch. Er wurde mit dem jeweils auch für den Tschako der kgl. ungar. Honvéd-Infanterie vorgeschriebenem Emblem[47] getragen, ja er überdauerte dort, mit dem zuletzt 1908 modifizierten Hutemblem, sogar bis 1945, da Ungarn formell ja bis zum Ende des Zweiten Weltkrieges Königreich blieb. Die (doppelt gelegten) Hutschnüre der kgl. ungarischen Gendarmerie-Mannschaften blieben grün, Offiziere trugen sie von Gold mit roter Ritzung. Als Grundfarbe für Röcke und Blusen behielt man auch in Ungarn dunkelgrün bei, es gab jedoch Ärmelaufschläge bzw. rote Schnurverzierungen nach nationaler Tradition, für Gendarmerieoffiziere ähnlich den Honvéd-Husaren. Anstelle der Feldbinde trugen die ungarischen Gendarmerieoffiziere den speziellen Schnurgürtel, wie die Honvéd-Offiziere. Nach 1919 erhielt die kgl. ungarische Gendarmerie Rockblusen mit 4 aufgesetzten Taschen und stark geschweiften Patten zum Durchknöpfen.

Emblem für Mannschaftskappen und Fez des k. u. k. Gendarmeriekorps für Bosnien-Herzegowina.

Der Hut mit dem Granatemblem verschwand übrigens auch nicht völlig: das 1879 als gemeinsame Einrichtung der Gesamtmonarchie[48] begründete Gendarmerie-Korps für Bosnien und die Herzegowina behielt für die Offiziere den Hut mit dem Granatemblem (versilberte Granate mit schiefer vergoldeter Flamme) weiterhin bei,[49] wobei der Hut gemäß Vorschrift von 1907 aus unerfindlichen Gründen nur bei Aufenthalten in der Monarchie (also außerhalb Bosnien-Herzegowinas) aufgesetzt werden durfte. Die Mannschaften trugen je nach Dienstgrad die stahlgrüne (Wachtmeister und Postenkommandanten) oder die blaugraue (Gendarmen zu Fuß oder beritten) Kappe mit dem aus Tombak gepreßten Allerhöchsten Namenszug anstelle der sonst üblichen Kappenrose. Für die Mohammedaner unter den Gendarmen war, ein Zeugnis für die religiöse Toleranz der alten k. u. k. Monarchie, ein dunkelroter Fez mit dem beschriebenen Abzeichen vorgesehen.[50] Offiziere des k. u. k. Gendarmeriekorps für Bosnien und die Herzegowina trugen die Kappe wie die Offiziere des k. u. k. Heeres, mit gelben glatten Knöpfen.

Die übrige Adjustierung war mit dunkelgrünen Röcken und Blusen sowie blaugrauen Pantalons (lichten Sommerpantalons aus Baumwollstoff) bzw. blaugrauen Stiefelhosen für Berittene ähnlich jener der k. k. Gendarmerie. Die Röcke und Blusen der Mannschaften hatten jedoch Ärmelaufschläge ähnlich der kgl. ungarischen Gendarmerie. Die Signalpfeifen-Anhängschnur für das k. u. k. Gendarmeriekorps war rot, wie die Schützenauszeichnung für die Infanterie des k. u. k. Heeres und war zum Rock anzulegen. Zur Feldbluse oder zum Mantel fand eine einfache schwarze Signalpfeifenschnur Verwendung. Daneben gab es einige, den lokalen Verhältnissen entsprechende Adjustierungssorten wie Pelzkrägen und Pelzblusen für den Winter, leichte Sommerstiefel, Opanken und Tozluci (landesübliche Wadenstutzen) für den Dienst im Karstterrain usw...

Die k. k. Gendarmerie 1900 bis 1914

K. k. Gendarmerie 1902–1918.

Radfahrer und Hundeführer der k. k. Gendarmerie 1902–1918.

Die 1899 eingeführte neue Adjustierung erwies sich als nicht in allen Teilen befriedigend. Zuallererst wurde der von der Wiener Uniformierungsfirma Mayer[51] gelieferte Lederhelm sogar in einer parlamentarischen Anfrage heftig kritisiert, weil er als zu schwer, nässeempfindlich und auch zu teuer erachtet wurde.[52] Daß Lederhelme sich bei längerer Nässeeinwirkung ausdehnen und bei Trockenheit wieder schrumpfen, tw. brüchig werden, war auch von den gleichartigen Feuerwehrhelmen schon bekannt (und führte dort zum schrittweisen Ersatz durch Eisenblech-, später Stahlblech- und Aluminiumhelme). Gesundheitliche Probleme durch die mangelhafte Ventilation und der große zeitliche Aufwand bei der Pflege des Leders, vor allem aber der Tombakbeschläge, wurden geltend gemacht.

Als Folge davon wurde mit Allerhöchster Entschließung vom 25. Mai 1902 die Einführung eines leichten Korkhelmes »als zweite Garnitur für das Gendarmerie-Korps der im Reichsrathe vertretenen Königreiche und Länder allergnädigst« genehmigt.[52] Der Helm war aus Korkplattensegmenten erzeugt und mit wasserdicht imprägniertem khakibraunem Stoff überzogen, von ähnlicher Form wie der Lederhelm. Der Schirmansatz wurde von einem umlaufenden, ebenfalls khakibraunem Stoffstreifen gedeckt. Der Adler entsprach jenem des Lederhelmes. Die im Scheitel angebrachte Ventilationsöffnung wurde von einer kurzen kannelierten und oben abgestumpften Spitze auf Rundblattbasis gedeckt. Das schmale metallene Schuppenband diente lediglich der Zierde, zur Befestigung eines ledernen Kinnriemens waren innen seitlich Halterungen angebracht. Die Befestigungssplinte des Schuppenbandes wurden von je einer runden Metallrosette überdeckt. Alle Metallbeschlagteile waren von Tombak. Der Offiziershelm ent-

Helm (Dienstausführung) für Mannschaften der k. k. Gendarmerie Muster 1902.

sprach weitgehend dem Mannschaftshelm, doch waren die Beschläge wie am Lederhelm für Offiziere. Der Korkhelm durfte von der Mannschaft nur im Sicherheitsdienst getragen werden, wogegen der bisherige Lederhelm hauptsächlich zur Parade, im Bedarfsfall aber auch (z. B. als Ersatz für einen eventuell unbrauchbar gewordenen Korkhelm) im Dienst Verwendung zu finden hatte. Der Korkhelm gehörte auch zur Adjustierung der bei der Feldgendarmerie eingeteilten Gendarmen.

Die Diskussionen um die Gendarmeriekopfbedeckungen waren damit freilich noch nicht verstummt. In den »Gendarmerie-Nachrichten« – einer für die Zeit bemerkenswert kritischen Zeitschrift – wurde beispielsweise 1905 eine intensive Diskussion via Leserbriefe geführt, in der u. a. die Wiedereinführung des Jägerhutes gefordert wurde.[53] Ob dieser mit seinem einseitig aufgesteckten filigranen Hahnenfederbusch tatsächlich praktischer für den Gendarmeriedienst gewesen wäre als die Helme, mag freilich dahingestellt beiben. Der lederne Gendarmeriehelm und die »Dienstausführung« aus stoffbespanntem Kork blieben schließlich bis zum Ende der Monarchie 1918 in Verwendung.

K. k.Gendarmen in Dienstadjustierung mit dem 1902 eingeführten khakifärbigen Korkhelm.

Klage geführt wurde in den »Gendarmerie-Nachrichten« auch über offenbar immer wieder auftretende Mängel der Stoffqualität der Gendarmerieuniformen und über den wenig bequemen Konfektionsschnitt, vor allem der Waffenröcke.[54] Die Adjustierung blieb jedoch bis zur Einführung der Felduniformen für die bei der Feldgendarmerie im Kriegsdienst stehenden Gendarmen unverändert. Marginale Neuerungen bedeuteten z. B. die mit Zirkular-Verordnung Nr. 22904/X vom 27. Juni 1901 bekanntgegebene Einführung von aus Zelluloid gepreßten Distinktionssternen anstelle der bisherigen aus weißem Tuch vom Wachtmeister abwärts, die jedoch erst ab 1902 wirklich Verwendung fanden.[55] Verschiedene Änderungen geringerer Art, die beispielsweise die Trageweise bestimmter Dekorationen betrafen, ergaben sich mit den Adjustierungsänderungen für das k. u. k. Heer von 1906, die 1907 auch für die k. k. Gendarmerie in Geltung gesetzt wurden.[56] Im diesbezüglichen Gendarmerie-Verordnungsblatt Nr. 7 ex 1907 ist unter Punkt 21 auch festgelegt, daß Titular-Wachtmeister-Postenführer und Wachtmeister-Postenkommandanten statt der bisherigen gelben, silberne dessinierte Distinktionsborten erhalten.

Schon ein Jahr später wurde dies dahingehend geändert, daß für sämtliche Wachtmeister (und Titularwachtmeister), für welche diese Silberborte nicht vorgeschrieben worden war, eine neue Distinktion eingeführt wurde.[57] Diese bestand aus einer seidenen, 20 mm breiten, kaisergelben Zackenborte nebst drei weißen Zelluloidsternen, welche in der für Wachtmeister vorgesehenen Weise aufzunähen waren. Die wirklichen Postenführer und Wachtmeister (Bezirksgendarmeriekommandanten, Instruktionsunteroffiziere, Adjutantur- und Rechnungshilfsarbeiter) erhielten als besonderes Abzeichen am Waffenrockkragen, auf den Blusen- und Mantelparoli beiderseitig je einen, den Namenszug Seiner k. u. k. Majestät mit der Krone tragenden vergoldeten Distinktionsknopf von 17 mm Durchmesser. Der Knopf wurde jeweils hinter dem oberen Distinktionsstern, am Mantelparoli im vorderen Teil (entgegen der Anbringungsart der kleinen Rockknöpfe beim Offiziersmantelparoli!) angebracht.

Noch knapp vor Ausbruch des Ersten Weltkrieges erfolgte eine neuerliche Änderung des Distinktionsschemas der k. k. Gendarmerie. Mit Zirkularverordnung vom 4. Juli 1914 wurde der bisherige Gendarmerie-Titularpostenführer in Entsprechung des korrespondierenden Heeresdienstgrades in »Führer« umbenannt. Der »Gendarmerie-Titularwachtmeister« erhielt die Bezeichnung »Vizewachtmeister« und die Feldwebelsdistinktion (Borte aber von kaisergelber Seide). Der bisherige Postenführer/Titularwachtmeister wurde nun »Wachtmeister 2. Klasse« und der bisherige Wachtmeister-Postenkommandant »Wachtmeister 1. Klasse«. Beide erhielten als Distinktionszeichen am Kragen ein 13 mm breites Börtchen aus Silberdraht und drei Sterne, gestickt aus weißer Seide (im Unterschied zu den Zelluloidsternen der vorherigen!). Die bisherigen Adjutantushilfsarbeiter und Rechnungshilfsarbeiter bekamen die prestigeträchtigere Bezeichnung »Stabswachtmeister« und die bisherigen Wachtmeister-Bezirksgendarmeriekommandanten sowie die »Wachtmeister-Aushilfslehrer« wurden »Bezirkswachtmeister«. Distinktion für beide waren am Kragen ein 13 mm breites und zusätzlich ein 6 mm breites jeweils silbernes Börtchen, durch einen 3 mm breiten Zwischenraum getrennt und drei Sterne, gestickt aus weißer Seide.

Vom Ausbruch des Ersten Weltkrieges bis zum Ende der Monarchie

Als 1914 der Erste Weltkrieg ausbrach, fand die 1908 für das k. u. k. Heer normierte hechtgraue Felduniform[58] auch bei der Gendarmerie Eingang. Hechtgraue Uniformen wurden zunächst im Frontgebiet bei der Feldgendarmerie (mit dem khakifärbigen Korkhelm als Kopfbedeckung) getragen. Die zur personellen Verstärkung eingeteilten Hilfsgendarmen (»Ersatzgendarmen«) trugen eine schwarz-gelbe Armbinde mit der Aufschrift »Feldgendarm« am linken Oberarm ihrer Feldbluse oder des Mantels und dazu die normale Feldkappe. Die Feld-

Offizier zu Pferd der k. k. Gendarmerie 1899–1918.

Berittner k. k. Feldgendarm 1915–1918 mit gelbgrauem Pelzrock.

kappe mit kurzem ledernem, im Verlauf des Krieges dann häufig auch aus Filz oder stoffbespanntem Karton erzeugtem Augenschirm und den als Kälteschutz herabziehbaren Seitenteilen erwies sich als derart praktisch, daß sie bald generell getragen wurde und zum wohl typischst österreichischen Uniformstück avancierte. Nach dem Tod von Kaiser Franz Joseph änderte man die Initialen der blechernen Kappenrosen der Mannschaft und der gestickten der Offiziere auf die neuen Herrscherinitialen »K«, doch wurden aus Einsparungsgründen auch die alten Kappenrosen mit »FJ I« bis Kriegsende weitergetragen.

K. k. Gendarmerie und Feldgendarmerie 1915–1918 in gelbgrauer Adjustierung.

Während die Feldgendarmen zumindest anfangs des Krieges neben dem Gendarmeriekarabiner M. 1890 noch den messingmontierten Gendarmeriesäbel zusätzlich zum Bajonett mitführten, trugen die Ersatzgendarmen von Haus aus als Blankwaffe nur das Bajonett, dazu das Repetiergewehr oder den Repetierstutzen M. 95, nebst zugehörigen Patronentaschen. Offiziere der Feldgendarmerie trugen die allgemein 1908 für Offiziere des k. u. k. Heeres eingeführte hechtgraue Felduniform mit krapproten Paroli. Als Waffe führten sie regelmäßig Repetierpistolen und zu Beginn des Krieges auch noch den Infanterieoffizierssäbel M.1861.

Berittener k. u. k. Feldgendarm (Gend-Wachtmeister Tomann) 1914, bewaffnet mit dem österreichischen Infanterie-Offizierssäbel M. 1861.

Für die Bezirks- und Stabswachtmeister der k. k. Gendarmerie wurde mit Zirkularverordnung vom 18. Dezember 1914 ein Mantel im Schnitt wie für Offiziere (also mit krapproten Passepoilierungen und rückwärts 2 Knöpfen), jedoch mit Kragen aus Mantelstoff (nicht Samt, wie bei Offizieren) und ohne Paroliknöpfe vorgeschrieben. Die bisherigen Mäntel waren »der Abschätzung zuzuführen und in den Magazinsvorrat zu übernehmen«[59]. Angesichts der absehbaren Fortdauer des Krieges und der eingetretenen Materialengpässe ein bemerkenswert unnötiger Schritt.

Die hechtgraue Feldadjustierung hat sich freilich, vor allem am östlichen Kriegsschauplatz, nicht bewährt. Ihr heller Farbton paßte sich dem Terrain zu wenig an und die österreichisch-ungarischen Soldaten wurden viel zu leicht das Ziel feindlicher Schützen. So wurde bereits 1915, nach Vorbild des deutschen Bündnispartners, eine feldgraue Uniform für alle Angehörigen des k. u. k. Heeres, einschließlich der Kavallerie, eingeführt.[60] Die feldgraue Farbe sollte einen grünen Unterton aufweisen. Berittene Feldgendarmen erhielten neben feldgrauen Reithosen und Feldblusen auch ebensolche Pelzröcke (nach Vorschrift für die Dragoner des k. u. k. Heeres). Im Laufe des Krieges wurden die einfacher und billiger zu beschaffenden feldgrauen Sorten zunehmend auch im Hinterland verwendet.

K. u. k. Feldgendarm 1915.

Eine unvermittelte Renaissance erlebte das mit Wiedereinführung der Pickelhaube 1899 bei der k. k. Gendarmerie abgekommene Granatemblem: zur Kennzeichnung besonderer Ausbildungszweige oder spezieller Verwendungen waren im k. u. k. Heer verschiedene Abzeichen eingeführt worden, von denen im Verlauf des Ersten Weltkrieges vor allem die Kragen- und Kappenabzeichen einige Bedeutung erlangen sollten. 1917 wurde eine kleine flammende Granate aus Metall als »Feldgendarmerieabzeichen« eingeführt.[61] Zu tragen war es vom gesamten Personal der k. u. k. Feldgendarmerie, einschließlich der Ersatzgendarmen, ausschließlich an der linken Kappenseite. Damit hatte das »Korpsabzeichen« der Gendarmerie seinen heute noch bestehenden Platz an der Kappe des Gendarmen gefunden! Das Feldgendarmerieabzeichen war etwas größer als das heutige Korpsabzeichen und hatte eine weniger stark auswehende Flamme.

Standardwaffe im Ersten Weltkrieg und weiter bis 1938: Steyr-Repetierstutzen M. 1895, Kal. 8 x 50 R. Die Waffe wurde von der Österreichischen Bundesgendarmerie auch nach dem Ende des Zweiten Weltkrieges wieder geführt, dann in der Regel in dem 1930 geänderten Kaliber 8 x 56 R.

Helm für Mannschaften der k. k. Gendarmerie und Feldgendarmerie mit dem Wappen gemäß RGBl. Nr. 327 vom 3. November 1915.

Steyr-Repetierpistole M.1912, Kaliber 9 mm Steyr.

Von der Monarchie zur Republik

Gendarmerie-Patrouillenleiter 1919/20, noch im dunkelgrünen Rock der k. k. Gendarmerie, aber mit den 1919 eingeführten Kragendistinktionen der Republik. Zur Hochzeit wurde sogar die alte »Anhängschnur« noch einmal ausgeführt. Gut zu sehen ist auch der Messinggriff des alten Gendarmeriesäbels Muster 1850.

Der Zusammenbruch der alten Donaumonarchie hatte tiefgreifende Auswirkungen, auch auf die Österreichische Gendarmerie. Die junge Republik suchte zunächst, alle militärischen Wurzeln in die Vergangenheit zu kappen. Mit dem Gendarmeriegesetz vom 27. November 1918 wurde die Gendarmerie vom Teil des Heeres zum uniformierten, bewaffneten, »nach militärischem Muster organisierten« Zivilwachkörper umgewandelt und dem Staatsamt für Inneres unterstellt. Die Angehörigen der Gendarmerie waren nun keine Soldaten mehr und erhielten bald den Beamtencharakter, mit Einreihung in das Rangklassenschema für Staatsbeamte und Unterstellung unter die Zivilgerichtsbarkeit.

Diese rechtlichen Änderungen spiegelten sich auch in der Uniformierung wider. Der Erlaß des Deutschösterreichischen Staatsamtes des Innern vom 23. Jänner 1919 schrieb vor, daß die alten dunkelgrünen und feldgrauen Monturen »bis auf weiteres getragen werden« sollten.[62] Die bisherigen Chargenbezeichnungen und Gradabzeichen waren jedoch, in Anbetracht des mit dem neuen Gendarmeriegesetz normierten »zivilen Charakters« des Korps zu ändern. Probegendarmen, Gendarmen (bisher: Führer) und Gendarmeriepatrouillenleiter (bisher: Vizewachtmeister) erhielten neben einem 13 mm breiten dessinierten Silberbörtchen und einem dahinter anzubringenden kleinen versilberten Metallknopf am Kragenparoli je ein bis drei 0,5 cm breite dessinierte Silberbörtchen. Gendarmeriepostenleiter (bisher: Wachtmeister 1. u. 2. Klasse) Gendarmeriebezirksleiter (bisher: Bezirks- und Stabswachtmeister) sowie die Wirtschaftsoffiziale II. Klasse (bisher: Leutnantrechnungsführer und Rechnungsakzessist) und Gendarmeriewirtschaftsoffiziale I. Klasse (bisher: Oberleutnantrechnungsführer und Rechnungsoffizial) erhielten die Gradabzeichen wie jene von Probegendarm bis Gendameriepatrouillenleiter, aber in Gold.

Gendarmerieabteilungsinspektoren (bisher: Rittmeister) und Gendarmeriewirtschaftskommissäre (bisher: Hauptmannrechnungsführer und Rechnungsoberoffizial) bekamen eine 2,2 cm breite dessinierte Goldborte, an deren äußerem Ende ein kleiner vergoldeter Knopf am Paroli zu befestigen war. Gendarmerieoberinspektoren II. Klasse (bisher: Major) und Gendarmeriewirtschaftsoberkommissäre (bisher: Gendarmerierechnungsrat) erhielten zusätzlich ein 0,5 cm breites Goldbörtchen. Der Gendarmerieoberinspektor I. Klasse (bisher: Oberstleutnant) und der Gendarmeriewirtschaftsrat (bisher: Gendarmerieoberrechnungsrat I. Klasse) erhielten entsprechend zwei 0,5 cm breite Goldbörtchen. Drei solche bekamen der Gendarmeriezentraldirektor (Vorstand der Gendarmerieabteilung im Staatsamte des Innern), die Gendarmerielandesdirektoren (bisher Oberst) und der Gendarmeriewirtschaftsinspektor (bisher: Gendarmerieoberrechnungsrat I. Klasse).

Die beschriebenen Gradabzeichen waren am Kragen der je nach Verfügbarkeit immer noch getragenen dunkelgrünen oder feldgrauen Bluse, aber auch am immer noch verwendeten Waffenrock, in einer Länge von 9 cm für jedes Bortenstück zu tragen. Die krapprote Aufschlagfarbe blieb. Die Gendarmerieoberinspektoren, der Gendarmerielandesdirektor und der Gendarmeriezentraldirektor behielten zunächst am Rockärmel die bisherigen Stabsoffiziersborten. Abgeschafft hingegen wurden für alle Gendarmen die Anhängschnüre. Die Achselspangen waren nur noch von den Gendarmerieabteilungsinspektoren, Oberinspektoren, Landesdirektoren und dem Gendarmeriezentraldirektor zu tragen, doch waren sie statt schwarz rot zu durchwirken, wie das heute noch für die Gendarmerieoffiziere (leitende Gendarmeriebeamte) der Fall ist. Die bisherigen Kappen konnten ausgetragen werden, doch waren künftig für Probegendarmen, Gendarmen und Patrouillenleiter silberne, für alle anderen goldene, jeweils rot durchwirkte Schnüre an den Kappen anzubringen.

Auf den Mantelparolis waren ab sofort für alle Gendarmen kleine gelbmetallene Knöpfe, wie früher exklusiv den Offizieren vorbehalten, aufzunähen. Sämtliche Knöpfe der Gendarmerieuniformen waren nunmehr mit glatter Oberfläche vorgeschrieben, zumal die Bezeichnung der Landesgendarmeriekommanden mit Nummern entfiel. Die Not der Zeit machte es aber erforderlich, daß die Vorräte an alten numerierten Knöpfen aufgebraucht werden durften.

Postenbesatzung in Oberösterreich 1919: auf den grünen Vorkriegsblusen (ganz rechts und Mitte) sowie an den feldgrauen Blusen werden die 1919 eingeführten Dienstgrad-Borten am Kragenspiegel getragen.

Für alle uniformierten Gendarmen wurde mit dem Erlaß vom 23. Jänner 1919 ein silbernes geschlossenes Portepee (»silberner Faustriemen mit geschlossener Säbelquaste«) vorgeschrieben, dessen Band 2 rote Streifen aufwies. Der ebenfalls silberne Knopf war mit roten Fäden durchwebt. Die mit dem Infanterieoffizierssäbel bewaffneten Gendarmen erhielten Säbelkuppel mit silbernem Bortenbesatz. Bisherige Sorten (Portepees wie Säbelkuppel) konnten ausgetragen werden, der Knopf eines alten Portepees mußte jedoch mit einem rot-weiß-roten Seidenband umwickelt werden.

Im Hinblick auf das am 30. Oktober erlassene neue Gendarmeriedienstgesetz[63] erfolgte schon sehr bald eine neuerliche Änderung der Gradabzeichen und Chargenbezeichnungen mit den dienstlichen Verfügungen vom 17. Jänner 1920.[64] Von nun an bestanden bei der Österreichischen Gendarmerie folgende Dienstgrade:

a) Beamte außerhalb des bestehenden Rangklassensystems
   Provisorischer Gendarm, Gendarm, Gendarmeriepatrouillenleiter
b) In Rangklassen eingereihte Beamte
   in Zeitvorrückungsgruppe E:
      Gendarmerierayonsinspektor,
      Gendarmerierevierinspektor
      Gendarmeriebezirksinspektor
   in Zeitvorrückungsgruppe C:
      Gendarmerieabteilungsinspektor und

Gendarmeriewirtschaftskommissär
Gendarmerieoberinspektor 2. Klasse und
Gendarmeriewirtschaftsoberkommissär
Gendarmerieoberinspektor 1. Klasse und
Gendarmeriewirtschaftsrat (VII. Rangklasse)
Gendarmeriezentraldirektor,
Gendarmerielandesdirektor und
Gendarmeriewirtschaftsinspektor.

Als Gradabzeichen wurden anstelle der bisherigen Gradstreifen Sternrosetten in ähnlicher Form, wie sie heute noch üblich sind, festgelegt. Für die Beamten außerhalb des bestehenden Rangklassensystems waren diese in Silber (1 bis drei Rosetten), für die Beamten der Zeitvorrückungsgruppe E sowie Gendarmerieabteilungsinspektoren und Gendarmeriewirtschaftskommissäre der IX. Rangklasse in Gold. Die übrigen, also ab der VIII. Rangklasse aufwärts, trugen 4 cm breite goldene dessinierte Borten und dazu silberne Rosetten am Kragen. Die Borten ab der VIII. Rangklasse waren für das Blusenparoli 8 cm lang, am Waffenrock wurden sie um den ganzen Kragen laufend aufgenäht, überdies verblieben die Borten an den Ärmeln des Waffenrockes. Beamte außerhalb des Rangklassensystems hatten 8 cm vom Kragenende entfernt ein senkrecht gestelltes, 0,5 cm breites Silberbörtchen (Dessin wie die früheren Distinktionsborten) zu tragen.

Gendarm 1920: noch im grünen Rock der Kaiserzeit, aber mit den 1920 eingeführten Distinktionsrosetten am Kragen.

Neu eingeführt wurden »Funktionsabzeichen« für die in eine Rangklasse eingeteilten Beamten. Sie bestanden für Beamte der Zeitvorrükkungsklasse E aus ein bis drei je 7 cm langen und 0,5 cm breiten dessinierten Goldborten, für die Beamten der IX. Rangklasse der Zeitvorrückungsklasse C aus einer 7 cm langen und 2,2 cm breiten dessinierten Goldborte. Diese Funktionsbörtchen waren an einem Ende spitz zulaufend gefaltet und am Mantel, am Rock und an der Bluse jeweils am linken Ärmel (9 cm vom Ärmelende parallel zu diesem, die Spitze nach links zeigend) anzubringen. Die 2. und 3. Funktionsbörtchen waren analog, mit Abstand von je 0,3 cm gegen das Ärmelende hin aufzunähen.

Für die Bekleidungssorten galten i. W. noch immer die alten kaiserlichen Reglements, doch sollten nun an den Waffenröcken die für Mannschaften früher vorgesehenen Achselklappen entfallen (deren Weitertragen allerdings gestattet wurde). Die silbernen Portepees erhielten am Knopf ein von einem Lorbeerkranz umfaßtes Schildchen mit den Staatsfarben rot-weiß-rot, der Quastenboden einen Bezug in krapproter Aufschlagfarbe. Außer Dienst wurde allen Beamten das Tragen des Infanterieoffizierssäbels gestattet, zu dem ein offenes Portepee (frei hängende Fransen) getragen werden konnte. Für alle Beamten wurden weiters goldene, rot durchwirkte Kappenschnüre normiert.

Um für die Österreichische Gendarmerie eine zentrale Bekleidungsstelle zu haben, wurde Anfang 1919 das »Bekleidungsamt für die Österreichische Gendarmerie« errichtet, das später die Bezeichnung »Gendarmeriebeschaffungsamt« erhielt. Das Verfassungsgesetz vom 1. Oktober 1920 betreffend den Übergang zur bundesstaatlichen Verfassung legte fest, »die bisherige Gendarmerie wird Bundesgendarmerie«.[65]

Neue Farbe: Khaki

Die ersten Jahre der jungen Republik waren von kaum vorstellbarer Not und materiellen Engpässen begleitet. Die ständigen – aufwendigen – Änderungen der Dienstgradabzeichen innerhalb kürzester Zeit mögen daher aus heutiger Sicht unverständlich erscheinen, doch zeigen sie das Ringen im Spannungsfeld altösterreichischer Traditionen und republikanischen Selbstverständnisses. Bis 1920 wurden immerhin die alten Bekleidungssorten aus der eben erst untergegangenen Donaumonarchie weiterverwendet, doch stellte sich bald die Frage der Nachbeschaffung. Diese führte schließlich zu einer uniformkundlichen Zäsur: das traditionelle Grün bzw. Feldgrau verschwand, die neuen Gendarmerieuniformen wurden khakifarben.

Die genauen Hintergründe sind nicht ganz klar. Den im Wiener Gendarmeriemuseum erhaltenen Unterlagen und Sachzeugen gemäß wurden die ersten khakifärbigen Gendarmerieuniformen aus einer britischen Stoffspende hergestellt, was auch den für Österreich neuen und ungewöhnlichen Farbton erklärt. Dies wird auch durch die Angaben von Kollmann (1949)[66] erhärtet: »Diesem ärgsten Mangel an Uniformen abzuhelfen, wurden zunächst alliierte Khakiuniformen eingeführt und dann aus Khakistoff Uniformen in Österreich selbst angefertigt.« Daraus wird auch die Verwendung gerader Taschenpatten und von 5 Knöpfen (statt der bei österreichischen Röcken früher üblichen sechs zum Schließen des Rockes, wie bei britischen Khaki-Felduniformen aus dem Ersten Weltkrieg,) ableitbar.[67] Ähnlich wie beim Österreichischen Bundesheer, änderte man auch gleich die Kopfbedeckung. Die Tellerkappe hielt Einzug.

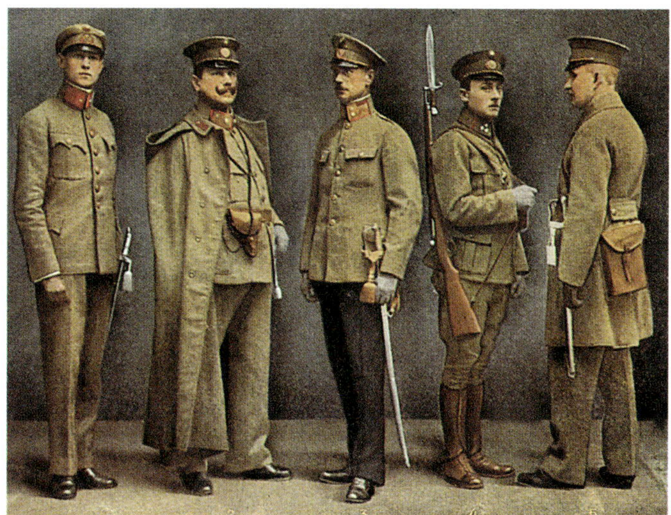

Österreichische Bundesgendarmerie 1921–1925 in khakifärbiger Montur.

Mangels erhaltener Vorschrift wird diese 1921–1924/25 getragene Gendarmerieuniform anhand der erhaltenen Sachzeugen beschrieben. Sie bestand aus einer Tellerkape mit Deckel und Kopfstreifen aus Khakistoff und schwarzem Lederschirm. Am Deckel vorne befand sich eine goldfärbige Kokarde, in deren kreisrundem Zentrum die Staatsfarben gezeigt wurden. Darunter, am Kopfstreifen vorne mittig angebracht, war ein dem heutigen ähnliches goldfärbiges Emblem mit dem Bundesadler im Eichenlaubkranz angebracht. An der linken Seite des Kopfstreifens wurde das Granatabzeichen befestigt. Als Oberbekleidung diente nun einheitlich eine Rockbluse, hochgeschlossen, mit je 2 aufgesetzten Brust- und Schoßtaschen mit Falte, die mit durchknöpfbaren, gerade geschnittenen Patten zu schließen waren. Die Rockbluse hatte einen Stehumlegkragen und wurde vorne mit einer Reihe von 5 glatten, braungrauen Knöpfen geschlossen. Dazu wurden gleichfärbige Pantalons oder Stiefelhosen (in seltenen Fällen auch noch die alten hellen Sommerpantalons), im Dienst graue Handschuhe getragen. Die ledernen Rüstungssorten (Leibriemen mit metallener Eindornschnalle, Gewehrriemen, Bajonettasche usw.) waren braun.[68] Ihren ersten größeren Einsatz in dieser Adjustierung erfuhr die Bundesgendarmerie im Zuge der Burgenland-Landnahme 1921.[69]

Polizeihundeführerkurs: Gendarmen in der Adjustierung 1921–25 – khakifärbige Rockbluse (mit gerader Taschenpatte) und Tellerkappe. Der Gendarm in Bildmitte trägt noch die feldgraue Bluse aus den Tagen des Ersten Weltkrieges, der Gendarm rechts die Sommerpantalons.

Infolge der durch das Besoldungsgesetz vom 13. Juli 1921 erfolgten Aufhebung des Rangklassensystems erfolgte eine neuerliche Änderung bei den Gradabzeichen und Dienstgradbezeichnungen, die nunmehr als »Funktionsabzeichen« normiert wurden.[70] Es erhielten auf den nach wie vor krapproten Kragenparoli:

1 silberne Rosette .... Gendarmerieanwärter
2 silberne Rosetten .... Gendarm
3 silberne Rosetten .... Patrouillenleiter
1 goldene Rosette .... Patrouillenleiter in gehobener Verwendung und Rayonsinspektor
2 goldene Rosetten .... Einzelposten od. Stellvertreter eines Postenkommandanten (Rayonsinsp.)
3 goldene Rosetten .... Postenkommandant, Wirtschaftsdienst u. Verwaltungsdienst (Revierinspektor)
1 silberne Rosette auf 4 cm breiter Goldborte: Bezirksgendarmeriekommandant, Lehrdienst, geh. Wirtschafts- u. Verwaltungsdienst (Bezirksinspektor)

Abteilungskommandanten, Adjutanten, gehobener Lehrdienst, Stellvertreter des Landesgendarmeriekommandanten, Leiter des Gendarmerie-Bekleidungsamtes und ähnliche Verwendungen erhielten 2 silberne Rosetten auf der Goldborte, die Landesgendarmeriekommandanten, der Bahngendarmeriekommandant und Gruppenleiter der Abt. 15 des BMI 3 silberne Rosetten auf der Goldborte. Der Gendarmeriezentraldirektor erhielt eine 4 cm breite Goldborte mit speziellem Dessin und einer silbernen Rosette.

Die 1919 vorgeschriebenen Funktionsabzeichen am linken Ärmel entfielen, dafür wurde ein goldener, glatter Knopf von 1 cm Durchmesser für die Stellvertreter der Bezirksgendarmeriekommandanten und Landesgendarmeriekommandanten und die ökonomischen Referenten der Landesgendarmeriekommanden vorgeschrieben. Er war in der Mitte der Kragenhöhe, 8 cm vom vorderen Kragenende entfernt, beiderseits zu tragen.

Neuuniformierung der Bundesgendarmerie 1925

Mit den amtlichen Verlautbarungen der Gendarmeriezentraldirektion vom 28. Februar 1925 kam die neue »Bekleidungsvorschrift für die österreichische Bundesgendarmerie« zur Ausgabe,[71] die Ende 1924 erstellt und am 16. Jänner 1925 vom Ministerrat beschlossen worden war. Die neue Vorschrift änderte das Aussehen der österreichischen Gendarmen grundlegend. Anstelle des khakifärbigen wurde nun eisengraues Tuch für die entsprechenden Sorten verwendet. Damit hatte die Gendarmerieuniform jene Farbe angenommen, die bis heute für sie bestimmend blieb. Die Farbe der Aufschläge wurde in Dunkelgrün, mit krapproter Einsäumung (Passepoil) für den Gendarmeriedienst und dunkelgrün mit himmelblauer Einsäumung für den Gendarmerie-Wirtschaftsdienst geändert.

Die Dienstuniform bestand aus Rockbluse, Hose, Mantel, Halsbinde und Kappe. Die Rockbluse mit niedrigem gleichfärbigem Stehkragen und je 2 aufgesetzten Brust- und Schoßtaschen mit Falte, die mittels zum Durchknöpfen eingerichteter geschweifter Taschenpatten geschlossen werden konnten, wurde vorne mit einer Reihe von 6 Knöpfen geschlossen. Diese Knöpfe waren für den Gendarmerie-Zentraldirektor aus vergoldetem Metall mit dem schon in der Zeit der Donaumonarchie für Generäle üblichen Dessin, bei den leitenden Beamten glatt von gelbem Metall und für die übrigen Gendarmeriebeamten zunächst aus dunkelgrauem Steinguß mit glatter Oberfläche, ab 1930 glatt aus weißem Metall.[72] Leitende Beamte des Gendarmeriedienstes trugen auf der linken Achsel eine Achselschlinge aus doppelt gelegter goldener, mit roter Seide durchflochtener Soutacheschnur mit einer in der Mitte der Schlinge festgemachten geflochtenen Schleife. Sie wurde 1,5 cm vom Kragenansatz entfernt von einem kleinen Rockknopf gehalten. Zur Anbringung der Achselrolle (Gewehrrolle) wurde die Rockbluse für alle Beamten vom Gendarmerie-Revierinspektor abwärts, auf der rechten Schulter mit einem kleinen Knopf und einer eisengrauen Zwirnschlinge nahe der Ärmelnaht versehen.

An den Enden des Oberkragens der Rockbluse war je ein Aufschlag aus dunkelgrünem Tuch mit krapproter (Gendarmeriedienst) bzw. himmelblauer (Wirtschaftsdienst) Einfassung. Der Aufschlag war 8 bis 9 cm lang, beim Gendarmerie-Zentraldirektor 11 bis 12 cm einschließlich eines 3 cm großen, am rückwärtigen Ende angebrachten krapproten Vorstoßes. Die Höhe des Kragens, 4,5 cm bis 6,5 cm richtete sich nach der Größe bzw. Halslänge des Trägers. Das System der am Kragenaufschlag anzubringenden Distinktionen änderte sich nicht grundsätzlich. Gendarmerie-Beamtenanwärter behielten die eine silberne Rosette, Gendarmen, Patrouillenleiter und Rayonsinspektoren erhielten ein bis drei goldene Rosetten. Für den Revierinspektor wurde am rückwärtigen Teil des Aufschlages, für den Gendarmerie-Bezirksinspektor am vorderen Teil eine silberne 4 cm breite Borte normiert, die so anzubringen war, daß die krapprote Einsäumung sichtbar blieb. Der Revierinspektor hatte dazu drei goldene Rosetten auf dunkelgrünem Grund, der Bezirksinspektor eine Goldrosette auf der Silberborte vorgeschrieben. Leitende Beamte hatten innerhalb der krapproten Einsäumung eine 4 mm breite doppelte Goldschnur. Der Gendarmerie-Abteilungs- und Wirtschaftsinspektor trugen darin drei Goldrosetten. Der Gendarmerie-(Wirtschafts-) Oberinspektor 2. Klasse hatte die Distinktionsrosette auf einer silbernen, 3,3 cm bis 4 cm breiten Silberborte, der Gendarmerie-(Wirtschafts-) Oberinspektor 1. Klasse 3 Rosetten auf einer Goldborte angebracht. Für den Gendarmerie-Zentraldirektor gab es eine besondere Stickerei. Auf der rückwärtigen Hälfte des Aufschlages wurde die flammende, aus Blech gestanzte Granate in der Farbe der

Rosetten getragen. Wurde die Granate auf Silber- oder Goldborte getragen, war sie mit dunkelgrünem Tuch zu unterlegen. Für den Gendarmerie-Zentraldirektor war die Granate gestickt.

Rayonsinspektor 1925 mit Regenpelerine (Radmantel).

Rock für einen Gendarmerie-Vizedirektor 1925–1930. Beachtenswert: Ärmeldistinktion mit für »leitende Beamte des Dienststandes« vorgeschriebenem Eliotsauge.

Wiederum eingeführt wurden Distinktionen an den Ärmeln der Rockbluse in Form rechtwinkelig zugespitzter Silberborten, die liegend, parallel zur Ärmelmündung 8 cm von dieser entfernt aufgenäht wurden. Leitende Beamte hatten an deren Stelle eine 5 mm breite Goldborte, die für die leitenden Beamten des Dienststandes überdies ein – für einen Gendarmen etwas kurioses – »Eliotsauge« von 2 cm Durchmesser (ähnlich dem früher von der k. u. k. Kriegsmarine gebrauchten) aufwies.

Die aus eisengrauem Stoff erzeugten langen Hosen hatten kein Passepoil. Zur Rockbluse konnte allerdings bei entsprechenden Anlässen die althergebrachte schwarze Salonhose mit rotem Passepoil, in der warmen Jahreszeit eine weiße Sommerhose getragen werden.

Revinsp. F. Lehner im Mantel mit Pistole und kurzem Gendarmeriesäbel.

Der ebenfalls eisengraue Mantel wurde vorne mit 2 Reihen von je 6 Knöpfen geschlossen und hatte an den beiden Vorderteilen je eine mäßig schräge Tasche eingearbeitet, die mittels einer nicht geschweiften Patte geschlossen werden konnte. Die Kragenparoli wiesen je einen kleinen Knopf auf. Gendarmerie-, Revier- und Bezirksinspektoren trugen die zur Rockbluse vorgeschriebenen Ärmeldistinktionen auch am Mantel.

Die Kappe hatte runde, nunmehr steife Tellerform und war aus eisengrauem Tuch oder Filz herzustellen. Der Aufsatzstreifen war für Bezirks- und Revierinspektoren krapprot eingesäumt. Leitende Beamte des Gendarmeriedienstes trugen um den Aufsatzstreifen ein 4 bis 5 cm breites krapprotes, leitende Beamte des Gendarmerie-Wirtschaftsdienstes ein solches himmelblaues Tuchband. Der Augenschirm war zunächst aus eisengrauem, bald aus schwarzem Lackleder vorgeschrieben. Oberhalb des Schirmes verlief eine gedrehte, einfach gewundene doppelte Goldkordel in der noch heute üblichen Form, die beiderseits des Schirmes von je einem kleinen Rockknopf gehalten wurde. Vorne mittig war am Aufsatzstreifen der von einem Eichenlaubkranz umwundene Wappenschild mit dem Bundesadler aus gelbem Metall (mit krapprotem Tuch bzw. für leitende Beamte mit dunkelgrünem Tuch unterlegt) und darüber die Bundeskokarde (damals noch richtigerweise als »Kappenrose« bezeichnet!) von 3 cm Durchmesser angebracht, welche im runden, emaillierten Mittelfeld die Staatsfarben rot-weiß-rot in drei gleich breiten horizontalen Querbalken zeigte. Alle Gendarmeriebeamten trugen an der linken Kappenseite das für ihre Kragendistinktion der Rockbluse systemisierte Korpsabzeichen in gelber Ausführung und mit krapprotem, bei den leitenden Beamten mit dunkelgrünem Tuch, wie das Bundesemblem, unterlegt. Gendarmerie-Bezirksinspektoren und leitende Beamte durften das Korpsabzeichen an der Kappe statt aus Metall in gestickter Ausführung tragen.

Kappe für leitende Gendarmeriebeamte 1925–1930.

Das Portepee war für die Beamten bis einschließlich Bezirksinspektor von Silber, für die leitenden Beamten von Gold. Bei feierlichen Anlässen waren weiße, sonst graue Handschuhe vorgeschrieben. Die Bewaffnung des Gendarmen bestand üblicherweise aus dem 8-mm-Steyr-Repetierkarabiner samt Bajonett, dem kurzen Gendarmeriesäbel und einer Repetierpistole. Zur weiteren Ausrüstung zählten die Signalpfeife samt einfacher Anhängschnur, zweiteilige Patronentasche, Leibriemen und die ebenfalls aus braunem Leder gefertigte Patrouillierungstasche, die an einem braunen Lederriemen über die rechte Schulter zur linken Hüfte gehängt wurde.

Gendarmen in der 1925 vorgeschriebenen eisengrauen Adjustierung, die beiden Bezirksinspektoren mit Ärmelborten. Letztere wurden 1933 wieder abgeschafft, das offene Säbelportepee wurde 1930 eingeführt, folglich muß die Aufnahme zwischen 1930 und 1933 entstanden sein.

Änderungen 1930

1930 erfuhr die Gendarmerieuniform eine Ergänzung, die einerseits eine Konsolidierung des Selbstverständnisses, andererseits die Vielfalt der zu bewältigenden Aufgaben widerspiegelt.[73] Das bemerkenswerteste, auf alten Fotos kaum zu sehende aber in wenigen Exemplaren in verschiedenen Sammlungen erhalten gebliebene Stück ist der »Helm«, der grundsätzlich von allen Beamten im Patrouillendienst und bei anderen Sicherheitsdiensten, außer bei großer Hitze (-Kappe) oder im Hochgebirge bzw., bei Schipatrouillen (-Mütze) zu tragen gewesen wäre. Es dürften aber nur einige Probeexemplare tatsächlich ausgegeben worden sein.

Grauer Gendarmeriehelm M. 1930, aber mit dem Wappen des Bundesstaates von 1935. Von diesen Helmen wurden offensichtlich nur wenige Versuchsmuster ausgegeben.

Dieser Helm geht unzweifelhaft auf die Dienstausführung des alten Gendarmeriehelmes der Kaiserzeit, also den 1902 eingeführten Korkhelm zurück, dem er in der äußeren Form auch weitgehend entsprach. Er war aus steifem Haarhutfilz mit grauem Oberflächenbezug erzeugt und außen mit einem Metallbeschlag, bestehend aus Spitze, Bundeswappen und Randeinfassung versehen. Der Beschlag war für die leitenden Beamten des Gendarmeriedienstes und des Gendarmeriewirtschaftsdienstes aus gelbem Metall, bei allen übrigen Gendarmeriebeamten aus Aluminium hergestellt. Er war stets mit dem Sturmband zu tragen gewesen.

Die neu eingeführte »Mütze« entsprach weitgehend der schirmlosen Feldkappe des k. u. k. Heeres, aus eisengrauem Stoff erzeugt. Sie hatte längliche Form, vorne einen aufklappbaren Augenschirm aus Mützentuch und einen herunterziehbaren Nacken- und Ohrenschutz, der vorne mittels zweier kleiner Knöpfe zugeknöpft werden konnte. Sie war von allen Beamten bei Schipatrouillen, Schiübungen und bei der Schiausbildung, bei Dienstleistungen im Hochgebirge und beim Führen von Kraftfahrzeugen zu tragen.

Winterliche Patrouille auf der Hinteralm/Steiermark. V. l.: 2 Bergrettungsmänner (2. v. l. ist der damalige Einsatzleiter von Krampen, Oberförster Hans Hinterstoisser, der Großvater des Verfassers) und 2 Gendarmen des GP Neuberg/Mürz mit schirmlosen Mützen von 1930.

Für den Dienst in der warmen Jahreszeit sowie bei Schipatrouillen und Dienstleistungen im Hochgebirge wurde eine »Bluse« eingeführt, die im Schnitt der Rockbluse glich, aber einen Umlegkragen anstelle des Stehkragens besaß. Sie wurde aus leichterem Stoff für den Sommer und aus stärkerem Stoff für den Alpindienst hergestellt. Für letztere Verwendung gab es nun außerdem eine doppelreihige Windjacke aus imprägniertem, eisengrauem Segelleinen, mit je zwei Schoß- und Schubtaschen, sowie eine Windhose aus demselben Material. Die Bezirksgendarmeriekommandanten erhielten zu Rockbluse und Bluse eine silberne, rot geritzte Achselspange, die auf der linken Achsel anzubringen war.

Die langen Hosen erhielten an den äußeren Nähten der Hosenbeine je ein 3 mm breites krapprotes Passepoil. Da sie aber für viele Dienstleistungen unpraktisch waren, wurde mit derselben Vorschrift eine Kniehose (ähnlich der früher bei der k. u. k. Artillerie eingeführten) aus eisengrauem Stoff, ebenfalls passepoiliert, eingeführt. Sie war in den Gesäßteilen und den Oberschenkeln ballonförmig weit, im Knie enger und an den Unterschenkeln anliegend geschnitten, womit sie mehr Bewegungsfreiheit erlaubte. Für verschiedene Einsatzzwecke wurden weiters Ledergamaschen (»Stiefelröhren«), Wadenstutzen (für den Alpindienst anstelle der Gamaschen), »Lederstutzen« (eigentlich: kurze Ledergamaschen zur langen Hose) und Hosenspangen nach Vorbild der bereits vor 1908 im k. u. k. Heer verwendeten eingeführt. Zum langen (Infanterieoffiziers-)Säbel wurde wiederum das offene Portepee vorgeschrieben, am kurzen Gendarmeriesäbel sowie, wenn an dessen Stelle das Bajonett getragen wurde an diesem, war das geschlossene Portepee zu verwenden. Ein – später als »Pelerine« bezeichneter – Radmantel (Umhang) mit Kapuze ergänzte die Adjustierung bei Regenwetter.

Auch für die Kraftfahrzeugführer wurde eine Spezialbekleidung eingeführt, nämlich ein brauner Lederrock und braune Stulpenhandschuhe nebst Schutzbrillen für Kradfahrer (die als Kopfbedeckung in der Regel die hiefür denkbar ungeeignete Stoffmütze aufzusetzen hatten) und ein pelzgefütterter Mantel für die Kraftwagenlenker. Der für Motorradfahrer ebenfalls eingeführte graue Overall wurde ab 1935 auch von den Panzerwagenbesatzungen der Gendarmerie getragen, die dazu einen schwarzen ledernen Schutzhelm nach Art des beim Österreichischen Bundesheer eingeführten trugen.[74,75,76]

Ab 1932 wurde der Kragen des Mantels und Radmantels für leitende Beamte aus grauem Samt hergestellt.[77] 1933 erhielten die Frequentanten und Absolventen der Gendarmeriechargenschule bis zu ihrer Ernennung zum Revierinspektor einen kleinen gelben Rockknopf am Kragen als besonderes Abzeichen.[78]

Der Gummiknüppel

Das in den zwanziger und dreißiger Jahren vermehrte Erfordernis, geschlossene Formationen der Exekutive gegen Demonstrantengruppen einzusetzen, legte die Einführung einer mindergefährlichen aber nichtsdestotrotz wirkungsvollen Schlagwaffe nahe, die anstelle des traditionellen, aber unpraktischen und hinsichtlich des Verletzungsrisikos doch eher kritischen Säbels Verwendung finden konnte. Mit Erlaß des BKA/Generaldirektion für die öffentliche Sicherheit, vom 25. Juli 1933 wurde schließlich der Gummiknüppel eingeführt. Er war 38 cm lang, hatte an seinem Ende einen Durchmesser von 30 mm und wurde an einem Handriemen aus Leder getragen, der in eine am Leibriemen aufzuschiebende Lederschlupfe mit Karabiner eingehängt werden konnte.

Die Verwendung des Gummiknüppels unterlag den Bestimmungen über den Waffengebrauch im Gendarmeriegesetz von 1894. Eine mißbräuchliche Verwendung wurde wie jeder andere vorschriftswidrige Waffengebrauch geahndet. »Unbedingt unzulässig ist die Verwendung des Gummiknüppels zu Zwecken der Vergeltung oder gar der Züchtigung«, heißt es im zitierten Erlaß. Der Gummiknüppel durfte nur von geschlossenen Abteilungen (also nicht im normalen Patrouillendienst) bei Ausrückungen zur Aufrechterhaltung der öffentlichen Ordnung, Ruhe und Sicherheit verwendet werden, wenn diese Verwendung »unter dem Schutze einer mit dem Stutzen bewaffneten Gendarmerieabteilung (Assistenztruppe des Bundesheeres oder des Freiwilligen Schutzkorps) vor sich gehen kann«.

Der tatsächliche Einsatz des Gummiknüppels durch Sicherheitswache und Gendarmerie dürfte ihn bei Nationalsozialisten wie auch Kommunisten geradezu zum Symbol ständestaatlicher Staatsmacht gemacht haben. Nach dem Anschluß 1938 war die Einziehung der Gummiknüppel von Gendarmerie und Bundespolizei eine der ersten Aktionen der neuen Machthaber. Nach 1945 gab es eine Reihe von Zwischenfällen mit der sowjetischen Besatzungsmacht, die einer »Bewaffnung« der Gendarmen mit Gummiknüppeln teilweise entschieden entgegentrat.[75]

Adjustierungsänderungen nach 1933

Mit 30. Dezember 1933 wurde in den Amtlichen Verlautbarungen für die Österreichische Bundesgendarmerie Abänderungen bzw. Ergänzungen der bisherigen Bekleidungsvorschrift erlassen,[76] welche eine

Bergrettungs-Einsatzstelle auf der Hinteralm/Steiermark, 20.01.1935; Revierinspektor Wind (links) und Rayonsinspektor Reisner (Mitte) des GP Mürzsteg.

Geländestreifung: OFö. Hans Hinterstoisser (links) und Inspektor Wehrl, GP Mürzsteg 1936.

Tellerkappe für die Österreichische Gendarmerie mit dem seit 1936 getragenen Emblem (bundesstaatlicher Doppeladler).

zunehmende Militarisierung widerspiegeln. Die Gendarmerieoffiziere erhielten zur Kenntlichmachung ihres Ranges Distinktionssterne wie die Offiziere des Bundesheeres, die bisherigen Sternrosetten verblieben für die Gendarmerie-Wirtschaftsbeamten und die Beamten des Gendarmeriedienstes. Stabsoffiziere erhielten dessinierte Goldborten wie das Militär. Gendarmerieaspiranten trugen am Kragen weder Stern noch Rosette, sondern nur das Korpsabzeichen. Die bisherigen Ärmeldistinktionen entfielen.

Die Farbe der Aufschläge, Parolis, Lampassen, Passepoils und des Tuchbandes (Umlaufbandes) der Kappe war bei den Gendarmerieoffizieren und den anderen Beamten des Gendarmeriedienstes nun wieder hellkrapprot, bei den leitenden Gendarmerie-Wirtschaftsbeamten rotbraun. Die bisherige Einsäumung (Passepoilierung) der Aufschläge der Parolis, ferner die Unterlegung des Korpsabzeichens mit Egalisierungstuch entfiel. Damit war die bis heute im Prinzip gültige Kombination von grauer Uniform mit krapproten Aufschlägen eingeführt.

Verkehrskontrolle im Mühlviertel um 1933: gut zu sehen der Mantel mit den 1930 eingeführten krapproten Parolis und die Patrouillierungstasche aus braunem Leder.

Außer Dienst und zur langen schwarzen Hose sowie zu den weißen Sommerpantalons wurde es gestattet, eine schwarze Kappe nach Art der altösterreichischen Offizierskappe zu tragen, wobei Gendarmerieoffiziere anstelle des früheren Kappenröschens eine Kokarde aus Goldbouillons, die übrigen Gendarmeriebeamten eine silberne Kokarde zu tragen hatten, deren Zentrum von einem runden roten Schild mit weißem Querbalken gebildet wurde. Die Knöpfe an der Kappe und das Korpsabzeichen waren für Offiziere goldfarben, für die übrigen silberfarben. 1934 wurde für Gendarmerieoffiziere eine in Form und Ausstattung der schwarzen Kappe gleichende steife Kappe in der grauen Farbe der Rockbluse vorgeschrieben, welche bei den Gendarmerieoffizieren die Tellerkappe ablöste.[79] Ein ergänzender Erlaß vom 23. Oktober 1934 besagte, daß Schirm und Sturmband dieser grauen Kappe »selbstverständlich aus grau lackiertem Leder (Farbe der Rockbluse) bestehen« müsse. Diese Kappen wurden teilweise auch noch nach dem Ende des Zweiten Weltkrieges bis 1950 von den Gendarmerieoffizieren getragen.

Patrouille auf der Schneealm 1935. Gendarm Wehrl (links) und Revierinspektor Wind (Mitte) in Alpinadjustierung mit charmanter Begleitung.

Gendarmerie-Leutnant in Salonhosen und Radmantel.

Graue Kappe für Gendarmerie-Offiziere.

Schwarze Kappe für Gendarmerie-Offiziere bis 1938.

Ende 1933 neu eingeführt wurde mit der zitierten Verordnung auch der »Gesellschaftsrock«, der außer Dienst zur langen schwarzen Hose oder den weißen Sommerpantalons getragen werden durfte – jeweils mit der schwarzen Kappe. Sein Vorbild war der 1899 systemisierte doppelreihige grüne Gendarmerierock, dem er weitgehend ähnelte. Er wurde aus dunkelgrünem Stoff (Tuch oder Kammgarn) geschneidert und vorne mit 2 Reihen zu je 8 glatten Knöpfen geschlossen. Er hatte einen krapproten Stehkragen, auf welchem die entsprechenden Distinktionen anzubringen waren, war an den Außenkanten und Taschenpatten krapprot passepoiliert und trug auf der linken Schulter eine Achselschlinge analog der für den grauen Rock vorgeschriebenen. In den beiden rückwärtigen Schoßfalten war von den beiden Taillenknöpfen abwärts in vertikaler Richtung herab je eine Tasche eingeschnitten, die von je einer doppelt geschweiften, mit 2 Knöpfen versehenen Patte gedeckt wurde. Stabsoffiziere und gleichrangige Gendarmerie-Wirtschaftsbeamte trugen am Kragen und an den Ärmelaufschlägen umlaufend die ihnen zustehenden Goldborten. Die Knöpfe der Offiziere waren goldfarben, die der übrigen Gendarmen silberfarben. Zum Gesellschaftsrock waren weiße Handschuhe und der Infanterieoffizierssäbel mit Portepee zu tragen. Die Anschaffung des Gesellschaftsrockes erfolgte auf eigene Kosten. Die bewußte Hinwendung zur altösterreichischen Tradition sollte der spezifisch österreichischen Identitätsfindung dienen und mit dazubeitragen, ein mentales Bollwerk gegen die nationalsozialistische Ideologie innerhalb der Exekutive (gleich wie im Bundesheer besonders seit 1933) aufzurichten. Auch die Übergabe von Fahnen (z. B. in Graz 1935) oder die Errichtung von Gendarmerie-Musikkapellen sollte in diese Richtung wirken.

Der Mürzzuschlager Gendarmerie-Bezirkskommandant BezInsp. Tomann in der 1925 eingeführten eisengrauen Rockbluse mit Ärmelborte. Kragendistinktion und Achselspange für Bezirksgendarmeriekommandanten entsprechen der Vorschrift von 1930. Ebenfalls 1930 wurde das offene Portepee aus Silbergespinst (hier am Infanterie-Offizierssäbel M.1861 getragen) eingeführt. Die schwarze Kappe wurde 1933 zum Tragen außer Dienst gestattet.

Zum Gesellschaftsrock war von Gendarmerieoffizieren bei besonders feierlichen Anlässen, wie etwa Bälle, Empfänge usw., die Anhängschnur zu tragen, die damit wieder auferstand. Sie war ähnlich der schon in der Monarchie vorgeschriebenen, hatte jedoch in der Rose das Bundeswappen, welches auch an den frei hängenden Metallenden der Anhängschnur sichtbar war. Die Trageweise war wie vor 1918, an der linken Schulter.

1935 wurde es dem Gendarmeriegeneral gestattet, in und außer Dienst die Mantelumschläge (Revers) offen oder geschlossen zu tragen.[80] Bei offener Trageweise wurde das rote Futter sichtbar. Die Frequentanten der Gendarmerieakademie erhielten anstelle der 1924 vorgeschriebenen zwei kleinen Knöpfe ein 1 cm breites, dessiniertes »Akademikerbörtchen« aus Goldgespinst mit krapprotem Mittelstreifen am Unterärmel.[81] Vor allem in Anbetracht der politisch instabilen Zeit wurde es Anfang 1934 Gendarmen in bestimmten Fällen gestattet, Amtshandlungen in Zivilkleidung vorzunehmen, womit Ausforschungs- und Kundschaftsdienste unauffälliger durchgeführt werden konnten.[82] Bis 1936 wurden schließlich definitiv Erhebungsgruppen der Gendarmerie eingerichtet, deren Beamte ihren Dienst in Zivil (unter Mitführung von Dienstabzeichen und Legitimation) versahen. Zu den augenfälligsten Neuerungen jener Tage zählte die Einführung des Stahlhelmes bei der Gendarmerie. Obschon erst 1937 allgemein eingeführt,[83] wurden schon 1934 anläßlich der bürgerkriegsartigen Unruhen und zur Niederringung des nationalsozialistischen Putschversuches von den Gendarmen Stahlhelme getragen. Zumeist handelte es sich, wie 1937 auch offiziell normiert, um österreichische Stahlhelme Mod. 1917, grau gestrichen und spätestens seit 1937 an der linken Seite unterhalb der Lüftungsbuchse mit dem gelbmetallenen Korpsabzeichen versehen. Teilweise, z. B. in Oberösterreich,[84] wurden 1934 aber auch fallweise »Berndorfer«-Stahlhelme M. 1916 getragen, in einigen Fällen auch grau gestrichene ehemalige italienische Stahlhelme M. 16 bzw. französische Adrian-Helme (vermutlich italienischer Provenienz) M. 15. Die Helme hat-

Viehmarkt auf der Capellarowiese in den Mürztaler Alpen 1935. Gendarmerie-Revierinspektor Wind des GP Mürzsteg (in Bildmitte) trägt die schirmlose »Mütze«, am Bajonett deutlich sichtbar das Portepee von Silbergespinst.

Ehemals österreichische Gendarmerie-Tellerkappe Muster 1930, 1938 behelfsmäßig für die Deutsche Gendarmerie umgearbeitet.

ten braune Lederkinnriemen. Auch die Bewaffnung wurde damals verbessert: jeder Gendarmerieposten wurde mit zumindest einer Maschinenpistole[85] bestückt. Ebenso wurden Handgranaten und Gasmasken an die Gendarmen ausgegeben. Schließlich erhielt die Gendarmerie einige der bereits erwähnten Austro-Daimler Achtrad-Panzer-

Schirmmütze für Offiziere der Deutschen Gendarmerie 1936–1945.

Schirmmütze für Mannschaften der Deutschen Gendarmerie 1936–1945.

spähwagen, deren Besatzung die schon beschriebene Schutzkleidung trug.

1934 hatte es auch eine Änderung des österreichischen Staatswappens gegeben, anstelle des einköpfigen Adlers wurde mit Bundesgesetz vom 2. Juli 1934 der ständestaatliche Doppeladler als neues Staatswappen festgelegt.[86] Demzufolge mußten bei der Gendarmerie die Kappenembleme der Tellerkappe und die Mittelschilder der Leibriemenschließe erneuert werden, wofür aber erst 1935[87] und Anfang 1936 die entsprechenden Erlässe ergingen.[88] Damit war die Uniformentwicklung der Österreichischen Bundesgendarmerie vorerst im wesentlichen zum Abschluß gekommen. Im März 1938 verdunkelte sich der politische Himmel über Österreich vollends, mit der Besetzung durch deutsche Truppen (darunter viele deutsche Polizei- und Gendarmerie-Verbände) hörte die Erste Republik auf zu bestehen.

Zäsur 1938: Der »Anschluß«

Am 12. März 1938 marschierten deutsche Truppen in Österreich ein. Mit Bundesverfassungsgesetz vom 13. März 1938 wurde die »Wiedervereinigung« Österreichs mit dem Deutschen Reich verankert.[89] Mit der Kundmachung Nr. 3 des Reichsstatthalters für Österreich vom 15. März 1938 wurde der Erlaß des Reichskanzlers Adolf Hitler über die Vereidigung der öffentlichen Beamten in Österreich auf die Person des Führers, von der jüdische Beamte explizit ausgenommen wurden, kundgemacht. Eine Verweigerung der Eidesleistung war mit sofortiger Dienstenthebung verbunden.[90] Sukzessive erlangten die deutschen Rechtsvorschriften Geltung in Österreich.

Umbruch 1938: Gendarmen am Seeufer. Der Gendarm rechts trägt Rock, Hose und Kappe aus früheren österreichischen Beständen für die deutsche Gendarmerie umgearbeitet.

Parallel dazu wurde, unmittelbar nach dem »Anschluß«, begonnen, den bisherigen österreichischen Sicherheitsapparat in die reichsdeutschen Strukturen zu überführen, wobei sich der Reichsführer-SS Heinrich Himmler umfassende Einflußmöglichkeiten sicherte. Viele österreichische Gendarmen, die ja Hauptträger des Kampfes des Bundesstaates gegen die subversive, teils terroristische Tätigkeit der illegalen Nationalsozialisten waren, verloren ihren Posten, nicht wenige wurden inhaftiert, bzw. kamen ins KZ. Die verbleibenden österreichischen Gendarmen wurden nach deutschen Grundsätzen »umgeschult« und so zu einem Teil der Ordnungspolizei gemacht. Kurze Zeit hindurch wurden noch die österreichischen Uniformen weitergetragen, jedoch anstelle der Kappenadler und österreichischen Kokarden die deutschen Polizeiembleme angebracht. Sehr rasch wurden aber die graugrünen deutschen Gendarmerieuniformen, welche auf die in Deutschland mit 1. April 1937 in Kraft getretene »Reichspolizei-Bekleidungsvorschrift« zurückgingen, eingeführt.[91] Der kurze Gendarmeriesäbel und der Gummiknüppel wurden unmittelbar nach dem »Anschluß« abgeschafft.

In den Tagen des Umbruches trugen die Gendarmen vielfach rote Armbinden mit schwarzem Hakenkreuz auf weißem Feld, bald auch statt der Kappenrose und dem Bundeswappen die deutsche Reichskokarde und darunter den deutschen Polizeiadler an der Kappe. Bis zum Sommer 1938 wurden fast überall die neuen deutschen Gendarmerieuniformen ausgegeben.

Tschako M. 1938 für Mannschaften der Gendarmerie des Deutschen Reiches.

Neben der nun graugrünen Uniformfarbe mit orangegelber Egalisierung für die deutsche Gendarmerie und den neuen Dienstgradabzeichen auf den Schulterstücken, zählte der graugrüne Tschako mit (für die Gendarmerie) hellbraunem Lederdeckel, Augen- und Nackenschirm sowie Kinnriemen zu den wohl augenfälligsten Neuerungen. Der Tschako, dessen Form vom preußischen Jägertschako M. 1895 abgeleitet war,[92] trug vorne einen großen silberfarbigen deutschen Polizeiadler in einem Eichenlaubkranz als Emblem, darüber das ovale »Nationale«, eine längliche Steckkokarde in den Reichsfarben schwarz-weiß-rot. Offiziere trugen anstelle des ledernen Kinnriemens silberfarbige Schuppenketten. Zu Paraden und sonstigen feierlichen Anlässen erhielten die Tschakos der Mannschaften einen schwarzen Roßhaarbusch (Spielleute und Musikkorps rot). Für alle Offiziere war der Busch von weißem Büffelhaar, bei Generälen bestand er aus Hahnenfedern weiß, innen schwarz).[93)]

Wachtmeister der Deutschen Gendarmerie 1938 mit Tschako.

Anstelle des Tschakos wurde häufig die Schirmmütze, meist in der typischen »Sattelform« geschnitten, verwendet. Sie hatte einen graugrünen, an der Außenkante orangegelb passepoilierten Deckel und einen braunen, orangegelb passepoilierten Kopfstreifen, auf dem vorne mittig der Polizeiadler, darüber die Reichskokarde angebracht waren. Offiziere trugen anstelle des ledernen Kinnriemens an der Schirmmütze eine doppelte, gedrehte Kordel aus Aluminiumgespinst. Der Mützenschirm aus Vulkanfiber war außen schwarz, innen grün (manchmal auch braun) lackiert. Für den Verkehrsdienst gab es weiße Überzüge bzw. weiße Schirmmützen. Für die motorisierten Verkehrsbereitschaften gab es sogar weiß lackierte Tschakos mit gelbmetallenen Abzeichen.[93] Während des Krieges kamen auch Kappen im Schnitt der in der Wehrmacht eingeführten Einheitsfeldmütze 43 in Gebrauch. Das Polizei-Hoheitszeichen dafür und die darüber sitzende Kokarde waren in einem Stück gewebt, oder aus weißem Metall. Offiziere hatten um den Mützendeckel einen Vorstoß aus Aluminiumschnur.

Die in Österreich vorhandenen Stahlhelme der Polizei und Gendarmerie wurden teilweise umlackiert und mit den Abziehbildern der deutschen Polizei (links Polizeiadler auf schwarzem Feld, rechts roter Wappenschild mit schwarzem Hakenkreuz auf weißem Kreisfeld; in dieser Form eingeführt am 28. 7. 1936[94]) versehen. In weiterer Folge gelangten auch bei der Gendarmerie deutsche Stahlhelme M. 35 bzw. M. 43 (letztere in der Regel als kriegsbedingte Einsparung ohne Abzeichen) zur Ausgabe.[95]

Die graugrünen Rockblusen der reichsdeutschen Gendarmerie wurden mittels einer Reihe von 8 silberfärbigen gekörnten Metallknöpfen geschlossen. Sie hatten je 2 Brust- und Seitentaschen, die jeweils mittels einer zum Durchknöpfen gerichteten leicht geschweiften Taschenpatte geschlossen wurde. Kragen (mit silberfärbigen Litzen auf den beidseitig getragenen Kragenspiegeln) und Ärmelaufschläge waren braun. Am linken Oberärmel von Rockbluse bzw. Mantel wurde ein orangegelber Polizeiadler mit Standortbezeichnung in orangegelber Farbe aufgenäht. (Die aus Silberdraht gestickten Ärmelabzeichen der Gendarmerieoffiziere enthielten diese Standortbezeichnung nicht.) Dazu wurden (meist weit ausgestellte) Stiefelhosen, in selteneren Fällen graugrüne lange Hosen getragen. Spielleute trugen am Rock Schwalbennester aus braunem Besatztuch mit sieben senkrechten Streifen und einem Querstreifen aus gemusterter Aluminiumtresse. Ab 1942 gelangten Feldblusen, die vorne mit einer Reihe von 6 feldgrauen Knöpfen zu schließen waren, zur Ausgabe. Sie hatten 2 aufgesetzte Brust- und 2 eingeschnittene Schoßtaschen, jeweils mit durchgeknöpften Patten zum Schließen.

Hauptwachtmeister der Deutschen Gendarmerie 1940.

Sonderbekleidungen gab es u. a. für die im Deutschen Reich 1937 aufgestellte »Motorisierte Gendarmerie« (u. a. braune lederne Sturzhelme mit Polizeiadler aus Metall, Ärmelband »Motorisierte Gendarmerie«) und die im August 1941 geschaffene »Hochgebirgsgendarmerie«.[96] Letztere erhielt die bei den Gebirgsjägern der Deutschen Wehrmacht 1935 eingeführte Bergmütze, die ihrerseits aus der 1868 im k. k. Heer eingeführten Feldkappe entwickelt worden war. An der Vorderseite wurde oberhalb der Knöpfe des Ohrenschutzes der deutsche Polizeiadler angebracht. Ab 1. November 1941 trugen Angehörige der Hochgebirgsgendarmerie auch das Edelweißabzeichen an der linken Kappenseite.

Charakteristisch war auch das deutsche Polizei-Seitengewehr mit Hirschhorngriff und darauf angebrachtem metallenen Polizei-Abzeichen, zu welchem eine dem früheren Portepee entsprechende »Troddel« mit geschlossener Quaste von rundem Querschnitt getragen wurde. Offiziere trugen bei feierlichen Anlässen einen Degen. Neben verschiedenen Typen von Pistolen, deren Modell- und Kalibervielfalt mit Fortschreiten des Krieges infolge Verwendung von Beutematerial immer größer wurde, mit den jeweils dazugehörigen Taschen, war das Mausergewehr Mod. 98 k im Kaliber 8 x 57 JS die Standardwaffe. Es wurden aber häufig auch Maschinenpistolen, so die MP-38 und MP-38/40 Kaliber 9 mm Para sowie die Steyr Maschinenpistole 36 Kal. 9 mm Steyr eingesetzt.

Krieg und Verderben

Da in der Friedensorganisation der Deutschen Wehrmacht eine eigene Militärpolizei nicht vorgesehen war, wurde erst bei der Mobilisierung die Feldgendarmerie aus Polizei- und Gendarmeriebeamten sowie Unteroffizieren des Heeres aufgestellt.[97]

Aufgrund der Bedeutung verkehrsdienstlicher Aufgaben wurden zunächst vor allem Angehörige der motorisierten Gendarmerie zur Feldgendarmerie eingeteilt.[98] Neben dem Verkehrsdienst waren die disziplinäre Überwachung der Wehrmachtsangehörigen und die Verhinderung bzw. Ahndung strafbarer Handlungen die Hauptaufgaben der Feldgendarmerie, die mit Fortschreiten des Krieges jedoch auch in die Repressionsmechanismen des NS-Staates verstrickt wurde. So wurden ihr Aufgaben in der Spionage- und Sabotageabwehr, vor allem aber bei der Partisanenbekämpfung und Aufgreifung von Deserteuren übertragen.

Die Feldgendarmerie trug üblicherweise die Uniformen und Dienstgradabzeichen des Heeres, am linken Oberärmel von Feldbluse und Mantel außerdem den Polizeiadler (ohne Standortbezeichnung). Für die Offiziere der Feldgendarmerie war dieses Abzeichen aus feinem Silber- oder Aluminiumdraht auf ovalem feldgrauem Untergrund gestickt. Die niedrigeren Dienstgrade trugen es in orangefarbener Stickerei mit schwarzem Hakenkreuz. Die Angehörigen der Feldgendarmerie trugen außerdem ein braunes, 3 cm breites Band mit grauer Baumwolleinfassung und der Aufschrift »Feldgendarmerie« in grauen, maschinengewebten gotischen Buchstaben am linken Unterärmel von Feldbluse und Mantel. Sandfarbene Tropenbekleidung – sogar mit Tropenhelm – trug die Feldgendarmerie in Nordafrika, tw. auch in Süditalien und am Balkan.

Einheitsfeldmütze M. 43 der deutschen Polizei und Gendarmerie.

Überdies waren die Feldgendarmen im Dienst durch einen speziellen halbmondförmigen metallenen Ringkragen mit der Aufschrift »Feldgendarmerie« kenntlich, der an einer Kette um den Hals getragen wurde. Davon leitete sich auch der wenig schmeichelhafte Spitzname »Kettenhunde« für die Feldgendarmen ab. Häufig anzutreffen war bei der Feldgendarmerie Kraftfahr-Sonderbekleidung, wie insbesonders die bekannten gummierten Kradmäntel, Motorradbrillen und Motorrad-Fäustlinge aus gummiertem Stoff mit Stulpen.

Neubeginn 1945

Das katastrophale Kriegsende 1945 stellte die Gendarmerie vor ihre wohl härteste Bewährungsprobe seit ihrem Bestehen. Es ist vor allem dem Pflichtgefühl, Mut und Beharrungsvermögen vieler einzelner österreichischer Gendarmeriebeamter zu verdanken, daß ein polizeilicher Ordnungs- und Sicherheitsdienst selbst in der Phase des Umbruches im Mai 1945 zum Schutz der Zivilbevölkerung in vielen Gebieten aufrechterhalten werden konnte. Viele Gendarmen haben, vor allem in Ost- und Südösterreich, ihren Einsatz mit dem Leben bezahlt.

Die allgemeine Not jener Tage war natürlich auch für die Gendarmen groß. Zwar hatte die provisorische Staatsregierung unter Dr. Karl Renner schon am 27. April 1945 die Unabhängigkeitserklärung Österreichs proklamiert und kurz darauf auch bereits in Wien ein Gendarmeriezentralkommando eingerichtet, doch mangelte es – abgesehen von den politischen Wirrnissen – an allem, auch an Uniformen und Ausrüstung. So wurde hinsichtlich der Adjustierung angeordnet, daß entweder noch vorhandene alte Uniformen der Bundesgendarmerie vor 1938 oder reichsdeutsche Uniformen verwendet werden sollten, von denen natürlich die nationalsozialistischen Embleme zu entfernen waren.[99] Außerdem waren zunächst rot-weiß-rote Armbinden mit der Aufschrift »Österreichischer Gendarm« – in deutsch und der jeweils erforderlichen »Zweitsprache«, also englisch, französisch oder russisch, zu verwenden. Häufig waren jedoch keine brauchbaren Uniformen vorhanden, sodaß der Sicherheitsdienst in Zivilkleidung absolviert werden mußte.[99] Auch Mischformen von zivilen Röcken und deutschen Uniformhosen, Wehrmachtsblusen und Zivilhosen etc. waren nicht selten, wie das spärliche aber aussagekräftige erhaltene Bildmaterial jener Tage und diverse Unterlagen im Gendarmeriemuseum Wien belegen. Fallweise wurden auch, als »nicht deutsch« und »nicht alliiert« klar erkennbare alte Uniformsorten des Österreichischen Bundesheeres verwendet. Mancher 1938 zwangspensionierte Gendarm meldete sich in seiner alten österreichischen Gendarmerieuniform wieder zum Dienst. Vor allem in der russischen Besatzungszone war tunlichst das Einvernehmen mit den jeweils örtlich zuständigen Kommandanten der Besatzungsmacht herzustellen. Ein Erlaß des LGK Niederösterreich besagt, daß jedenfalls die Armbinden mit dem Rundstempel des zuständigen Kommandos der Besatzungsmacht zu versehen wären.[100] Sonstige Ausrüstung oder gar Bewaffnung war kaum vorhanden, ihre Verwendung von der Willkür der örtlichen Besatzungsmacht abhängig. So konnten teilweise bereits knapp nach Kriegsbeginn auf einzelnen Posten wieder Pistolen oder Karabiner geführt werden, während die Gendarmen anderer Posten höchstens einen Holzstock zur Verfügung hatten. Erst am 10. April 1946 wurde durch einen Beschluß des Alliierten Rates die allgemeine Wiederbewaffnung der österreichischen Polizei und Gendarmerie gestattet, wobei den Gendarmerieoffizieren die Verwendung von Pistolen, den übrigen Gendarmen aber nur das Führen von Gewehren erlaubt wurde.[101]

Österr. Gendarm 1945 in umgearbeiteter ehemals deutscher Uniformbluse mit österreichischen Kragenspiegeln.

Im Juni 1945 wurden die Dienstvorschriften, die vor 1938 galten, wiederum in Kraft gesetzt,[102] im wesentlichen galt dies wohl auch für die Adjustierung – nach Maßgabe der Möglichkeiten. Mit dem Behörden-Überleitungsgesetz vom 20. Juli 1945 wurde schließlich die Wiedererrichtung der österreichischen Verwaltungs- und Justizbehörden rechtlich verankert. Dies betraf auch die formelle Wiedererrichtung der Gendarmerie als »militärisch organisierter bewaffneter Wachkörper«[103]. Doch selbst die Ausgabe der Armbinden stieß in jenen Tagen drückendster Not mangels Material auf Schwierigkeiten.[104]

So behalf man sich weiter mit Provisorien. Soferne nicht alte österreichische Uniformen vorhanden waren, nähte man zumindest die österreichischen Kragendistinktionen auf die requirierten deutschen Monturen. Trotz der außerordentlich schwierigen Verhältnisse konnten im Jahre 1946 dann die ersten grauen Gendarmerieuniformen aus Nachkriegsproduktion ausgegeben werden. Sie glichen in Schnitt und Ausstattung jenen von vor 1938.[105] Die Uniform bestand aus hochgeschlossener Rockbluse mit (abweichend von vor 1938) gelben gekörnten Metallknöpfen und langen, rot passepoilierten Hosen für die Gendarmen sowie Stiefelhosen in Breeches-Schnitt und schwarzen Schaftstiefeln für die Gendarmerieoffiziere. Dazu wurden Feldkappen mit festem Stoffschirm, von den Gendarmerieoffizieren auch die steifen Offizierskappen in Vorkriegsfasson getragen. Für kaltes Wetter und Regen gelangte auch der ersehnte zweireihige Mantel mit krapproten Kragenparoli zur Ausgabe. Soweit vorhanden, konnten die Gendarmen bei besonderen Anlässen zum grauen Rock wieder die schwarze, rot passepoilierte Hose tragen.

Graue Kappe für österreichische Gendarmerieoffiziere mit Bundeskokarde in der Trageweise 1945–1950.

Als Rüstungssorten wurden hellbraune Lederleibriemen mit Zweidornschnalle und Patrouillierungstaschen mit aufgesetzter Außentasche aus braunem Leder ausgegeben. Aufgrund der Typenvielfalt an Faustfeuerwaffen waren entsprechend unterschiedliche Modelle von Pistolentaschen, häufig solche aus Beständen der ehemaligen Deutschen Wehrmacht oder Polizei, in Verwendung. Die mit Gewehr oder Karabiner bewaffnete Mannschaft trug bisweilen eine passende Patronentasche mit Reservemunition vorne am Leibriemen. Je nach Zone wurden britische Gewehre Enfield No.1 MK-III, deutsche Mauser-Karabiner 98 k oder österreichische Steyr-Karabiner M. 95/30, in der Regel mit dem zugehörigen Bajonett, verwendet. Ab 1. März 1948 wurde außerdem in der britischen Zone der kurze Gendarmeriesäbel der Zwischenkriegszeit als »minder gefährliche Waffe« wieder eingeführt.[106] Er wurde allerdings nur bis 1950 getragen und 1951 durch den Gummiknüppel ersetzt.[107]

1949 gab es bereits einige Sonderbekleidung, so einen doppelreihigen schwarzen Lederrock nach Vorkriegsmodell, Stulpenhandschuhe und Staubschutzbrillen für Motorradfahrer und die doppelreihige Windjacke aus imprägniertem Leinen, Hosenbänder, Bergschuhe und Alpinausrüstung für die Gendarmen im Alpindienst.[108] Ab 1. Juli 1950 wurde die graue Tellerkappe, in gefälligerer Form als in der Ersten Republik, wieder eingeführt, womit für die Gendarmerieoffiziere die graue steife Kappe, eine der letzten altösterreichischen Reminiszenzen, entfiel.[109] Die Tellerkappe war annähernd in Sattelform geschnitten, hatte einen kurzen, außen schwarz lackierten Augenschirm und für alle Dienstgrade gleiche Garnitur (Bundeskokarde aus Goldbouillons, Wappenschild mit Bundesadler in Eichenlaubkranz aus gelbem Metall und doppelte, verdrillte Goldkordel mit geflochtenen Schubern). Die aus gendarmeriegrauem Tuch erzeugten Schirmmützen (Feldkappen) blieben aber für Konzentrierungen, Ausbildungsvorhaben und für Schipatrouillen sowie den Alpindienst weiterhin in Gebrauch. 1950 wurde auch die seit 1945 bestehende Naturalwirtschaft hinsichtlich der Normalbekleidung wieder durch das bewährte Massasystem abgelöst.

Hüttenkontrolle bei St. Martin/Tennengebirge 1949.

Bisweilen traten Formationen der Gendarmerie, spätestens ab 1950 mit Stahlhelm auf, wobei sowohl deutsche Stahlhelme M. 35 als auch M. 43 grau übermalt und mit neuem braunem Innenfutter sowie braunen Kinnriemen ausgestattet wurden. Der früheste Hinweis auf die Verwendung von Stahlhelmen bei der Gendarmerie findet sich bei Leopold Kepler (Die Gendarmerie in Österreich, Graz 1974), der ein Foto der Inspizierung einer angetretenen Gendarmerieformation durch Bundespräsident Dr. Karl Renner in Klagenfurt im Jahre 1948 bringt. Für 1950 liegen bereits mehrere Bildbelege, auch aus anderen Bundesländern, für die zumindest fallweise Verwendung des Stahlhelmes vor. Der kommunistische Putschversuch von 1950 scheint für die Ausgabe der Stahlhelme zumindest katalytisch gewirkt zu haben. Vereinzelt wurden auch noch vorhandene Helme M. 17 verwendet, auf allen drei Helmmodellen wurde anfänglich an der linken Seite das gelbmetallene Korpsabzeichen getragen.[110] Ab 1951 gehörte der adaptierte deutsche Stahlhelm standardmäßig zur Ausrüstung der Schulabteilungen, Alarmbataillone bzw. MU-Einheiten der Gendarmerie und der späteren B-Gendarmerie.[111]

Ehrenformation der Österr. Bundesgendarmerie in Bruck/Mur 1951. Die Gendarmen tragen grau gestrichene deutsche Stahlhelme M. 35 und M. 42 und britische Gewehre System Enfield No.1 Mk. III Kaliber 7,7 mm. Beachtenswert: Das traditionelle altösterreichische Feldzeichen, der Eichenlaubbruch an der linken Seite der Kopfbedeckung und an der Fahnenspitze.

Gendarmerieuniformen nach der Uniformierungsvorschrift von 1952

Eine Zusammenfassung bisheriger Regelungen und teilweise Neufassung der einschlägigen Bestimmungen brachte die vom Leiter des Gendarmeriebeschaffungsamtes, Oberst Karl Kollmann, bearbeitete Uniformierungsvorschrift für die Österreichische Bundesgendarmerie vom Jahre 1952.[112] Darin manifestiert sich eine bedeutende Verbesserung der Verhältnisse, wie u. a. aus einer Vielzahl neu eingeführter Spezialbekleidungssorten ersichtlich ist. Erlaßmäßig Ende 1951 ausgefertigt wurde diese grundlegende Vorschrift 1952 herausgegeben.

Die »Normalbekleidung« beinhaltete die graue Tellerkappe (zusätzlich mit braunem ledernem Kappensturmriemen), die Mütze mit Schirm (Bergmütze), die Mütze ohne Schirm (eine der früheren Kavallerie-Feldkappe des k. u. k. Heeres ähnliche Schiffchenmütze mit gewebter Bundeskokarde von 2,5 cm Durchmesser), den doppelreihigen schweren Winter- und den im Schnitt sehr ähnlichen leichten Sommermantel, den (ebenfalls doppelreihigen) Gummimantel (Regenmantel), die fast knöchellange Pelerine (mit innen angebrachten Tragbändern zum Umhängen), sowie die hochgeschlossene Rockbluse aus gendarmeriegrauem Tuch (für den Winter) oder Kammgarn (Sommerbluse) mit Achselrolle für die Mannschaft, die auf der rechten Schulter aufgeknöpft werden konnte, um das Abrutschen des Gewehres (Karabiners) zu verhindern.

Die Rockbluse hatte einen Stehumlegkragen, auf welchem die viereckigen roten Kragenpatten mit den jeweiligen Distinktionszeichen und dem Korpsabzeichen angebracht wurden. Sie wurde vorne mit einer Reihe von 6 gelben gekörnten Metallknöpfen geschlossen. Für Gendarmerie-Generäle wurden die schon für die Generalität der k. u. k. Armee normierten goldenen »Knöpfe mit Dessin«, einem aufgeprägten floralen Ornament, beibehalten. Die Oberbekleidung vervollständigte das gendarmeriegraue Uniformhemd mit 2 aufgesetzten Brusttaschen und vorne einer Reihe von 5 gelben gekörnten Uniformknöpfen sowie spitz zulaufenden roten Kragenpatten mit aufgenähten Distinktionen, welches auch als oberstes Bekleidungsstück (in der warmen Jahreszeit) getragen werden konnte. Eine gendarmeriegraue gestrickte »Schneehaube« und graue sowie weiße Handschuhe ergänzten nach Bedarf die Adjustierung.

Rockbluse für Gendarmen mit goldfärbigen gekörnten Knöpfen und braunem Gendarmerie-Leibriemen nach der Uniformierungsvorschrift 1952.

Zur gendarmeriegrauen langen Hose (aus Tuch für den Winter, aus Kammgarn für die wärmere Jahreszeit) mit rotem Passepoil an den Seitennähten gab es eine mittels drei Knopfpaaren zu schließende Hosenspange. Zur Normalbekleidung zählte außerdem die Stiefelhose, die für leitende Beamte (Offiziere) ohne, für dienstführende und eingeteilte Beamte mit Knüppeltasche gefertigt wurde. Beide Hosen konnten in »Hosenträgerschnitt« oder in »Rundbundschnitt« – mit Gürtelschlaufen – hergestellt werden, wobei zum Hemd als oberstem Bekleidungsstück nur Hosen im Rundbundschnitt Verwendung finden durften. In der Vorschrift sind auch noch die schwarzen Hosen mit rotem Passepoil für besondere Anlässe (z. B.: dienstliche Meldungen und Vorstellungen, dienstliche Feiern, Ballbesuch, außer Dienst zur Uniform) und die drapfarbenen Sommerhosen vorgesehen. Letztere durften in der Zeit zwischen 1. April und 15. Oktober außer Dienst (zur Uniform, niemals zur Zivilkleidung), bei repräsentativen Anlässen und auf besondere Anordnung bei Ordnungsdiensten, nicht jedoch im Patrouillen-, Eskorte- oder Zugbegleitungsdienst getragen werden.

Die Keilhose aus gendarmeriegrauem Tuch oder Kammgarncord wurde nur in Rundbundschnitt angefertigt und konnte sowohl im als auch außer Dienst getragen werden. Zur Keilhose waren stets Bergschuhe, Schischuhe oder Strapazschuhe zu tragen. Für die Strapazschuhe waren eine Mauskopfnagelung sowie Absatzeisen und Spitzenplattel aus Eisen vorgeschrieben. Die Bergschuhe waren als »Goiserer« auszuführen, der Oberteil aus einem Stück fehlerfreiem, kräftigem schwarzem Waterproofleder. Die Sohle der Bergschuhe wies den bekannten Tschernkenbeschlag auf. Die Vorschrift von 1952 enthält aber auch schon Bergschuhe mit Gummisohle, deren Sohlenspitze einen Schibeschlag aus Messing oder rostfreiem Metall haben mußte. Die Schnürung der Bergschuhe erfolgte durch Ösen. Die Schischuhe hatten ebenfalls bereits Gummisohle, sie waren jedoch steifer, mit speziell gepolsterter Knöchelpartie. Ihre Schnürung erfolgte durch Haken. Zusätzlich wiesen sie einen »Achterriemen« zur festen Verschnürung des Fußes auf. Sämtliche beschriebenen Schuhe, ebenso wie die kniehohen Schaftstiefel, die knöchelhohen leichten »Stadtschuhe« oder die Halbschuhe hatten von schwarzer Farbe zu sein.

Als Sonderbekleidung waren gemäß Vorschrift von 1952 die weiße Tellerkappe bzw. der weiße Kappenüberzug, die weißen Baumwollfäustlinge und die weiße Baumwollbluse (im Schnitt der grauen Rockbluse) für die Beamten im Verkehrsdienst vorgesehen. Ebenso wie die grauen Oberbekleidungssorten hatte auch die weiße Bluse gelbe gekörnte Knöpfe.

Für Motorradfahrer gab es eine schwarze Lederhaube mit seitlichem Ohrenschutz und Lammfellfutter, an der vorne das gelbmetallene Kappenemblem angebracht wurde. Die hüftlange schwarze Lederweste mit drei Taschen, die vorne mit zwei Reihen von je 6 gekörnten Metallknöpfen geschlossen wurde, wies an jedem Ärmel eine lederne Ärmelspange auf, die mittels eines gekörnten gelben Metallknopfes am Ärmel befestigt wurde. Sie wurde während der warmen Jahreszeit angezogen. Dazu trug der Gendarmerie-Motorradfahrer eine schwarze Lederstiefelhose, deren Taschen mit Zippverschlüssen zu verschließen waren. Im Winter war für die Motorradfahrer ein schwarzer Lederrock, der über der Bluse getragen werden konnte, als Schutzbekleidung vorgesehen. Er wurde vorne mit zwei Reihen zu je 5 gelben gekörnten Metallknöpfen geschlossen und hatte 2 seitlich schräg eingeschnittene Schoßtaschen. Während auf der Lederweste die normalen roten Kragenpatten mit entsprechenden Distinktionen getragen wurden, wies der Lederrock nur rote Paroli wie der Gummimantel auf, an deren rückseitigem Ende ein kleiner gekörnter gelbmetallener Splintknopf befestigt war. Der Lederrock gehörte auch zur Sonderbekleidung für Kraftfahrer, Motorbootfahrer und Diensthundeführer.

Für die Motorradfahrer gab es als Sonderbekleidung auch einen wasserdichten weißen Kappenüberzug und schwarze Lederhandschuhe mit Stulpen (letztere in Winterausführung mit Lammfellfütterung) sowie Motorradbrillen. Dem Kradmantel der ehemaligen Deutschen Wehrmacht ähnlich war der Kraftfahrer-Gummimantel in modifiziertem Raglanschnitt. Er wurde mittels Druckknöpfen geschlossen und hatte einen speziellen Beinverschluß. In der Taillentiefe waren beidseits 5 cm lange Gürtelschlaufen angenäht, durch welche der 4 cm breite Gürtel aus doppelt liegendem gummiertem Stoff durchgezogen werden konnte. Dieser Gürtel hatte einem verschiebbare Kunststoff-Rahmenschnalle zum Schließen.

Für den Alpindienst in der Österreichischen Bundesgendarmerie war als markantestes Bekleidungsstück der Anorak aus gendarmeriegrauer Popeline mit fest angeschnittener Kapuze normiert. Er war vorne der ganzen Länge nach mittels Reißverschluß zu verschließen. Auf jedem Vorderteil war eine geräumige Brusttasche mit außenliegender Quetschfalte aufgesteppt, die mittels einer geschweiften Taschenpatte gedeckt wurde. Zum Verschließen derselben diente je ein grauer glatter Knopf von der Größe der Rockknöpfe. Auf der linken Brusttasche wurde mittig ein gelbes Korpsabzeichen auf ovalem, gelb gesäumtem Grund mit der ebenfalls gelben Aufschrift »Bundesgendarmerie« aufgenäht. Zur Alpinadjustierung zählten ferner graue Wollfäustlinge mit langen Stulpen, wasserdichte Überfäustlinge mit Stulpen und Verschluß, die Schneebrille (Allaisbrille) mit grünen Gläsern und Kletterschuhe mit profilierter Gummisohle.

Der Leibriemen war für alle Gendarmen gleich, aus braunem Leder mit zweidorniger, glatter Messingschnalle. Ebenfalls von braunem Leder waren die Pistolentaschen und die Bajonettaschen sowie die Patrouillierungstasche samt Umhängriemen. Die Verwendung von Portepees ist zumindest für die Ausbildner der Gendarmerieschule des BMI Wien in den Jahren 1953–55 belegt.[113]

Das Bild, welches insbesonders geschlossene Formationen der Gendarmerie damals boten, war ein ausgeprägt österreichisches. In ihren graublauen Uniformen mit der hochgeschlossenen Rockbluse, dazu die traditionelle und überdies praktische Bergmütze oder den altbekannten Stahlhelm und das braune Lederzeug, erinnerten die Gendarmen in der äußeren Erscheinung sehr an die kaiserlichen Truppen zur Zeit des Ersten Weltkrieges. Dies förderte offenkundig sehr stark die Identitätsfindung, nicht nur innerhalb der Gendarmerie selbst, sondern allgemein in der Bevölkerung. Entsprechend freudig wurde das Auftreten der Gendarmerie bei allen möglichen Anlässen von den Zusehern akklamiert, womit andererseits wiederum die Akzeptanz des Wachkörpers in der Gesellschaft gefördert wurde. Die jüngsten, stilistisch teils radikalen Änderungen der Gendarmerieuniformen lassen diese positiv bewahrenden Elemente altösterreichischer Tradition leider zunehmend vermissen.

Die »B-Gendarmerie«

Nachdem die Aufstellung eigener Streitkräfte 1946 mit der vom Alliierten Rat erzwungenen Auflösung des Heeresamtes zunächst gescheitert war, begann man 1949, als getarnte Vorbereitung für die spätere Wiedererrichtung des Österreichischen Bundesheeres, in den westalliierten Zonen mit leichten Infanteriewaffen ausgerüstete Alarmbataillone der Gendarmerie aufzustellen. Wohl in Anbetracht der kommunistischen Umstürze in Ungarn und der Tschechoslowakei 1948 unterstützten die Westmächte dieses Vorhaben. Für die daraus 1950 entstandenen MU-Einheiten[114] und die aus ihnen 1952 hervorgehende B-Gendarmerie galten grundsätzlich dieselben Uniformierungsvorschriften wie für die »normale« Gendarmerie. Die Beschaffung und Ausgabe der Adjustierungssorten erfolgte über das GBA (Gendarmerie-Beschaffungs-Amt). Die Angehörigen dieser Einheiten waren durchwegs mit adaptierten deutschen Stahlhelmen M. 35 oder M. 43 ausgestattet, fallweise gab es auch umgearbeitete deutsche Luftschutzhelme M. 41 mit dem charakteristischen umlaufenden Wulst. Der militärischen Ausrichtung entsprechend erhielten sie auch diverse Ausrüstung, die der »normale« Postengendarm nicht benötigte, wie Tornister, Feldflasche oder Kochgeschirr.[115] In weiterer Folge erhielt die B-Gendarmerie neben Waffen auch Fahrzeuge und Ausrüstung vor allem

(Berg-)Mütze der B-Gendarmerie 1952–54 aus eisengrauem Tuch.

US-amerikanischer Provenienz, sodaß für den Gefechtsdienst und Manöver zur Gendarmerieuniform auch US-Webbing-Rüstung getragen wurde. Zumindest in der US-Zone wurden nach 1953 für den Gefechtsdienst auch US-Stahlhelme M-1 ausgegeben. Die gendarmeriegrauen Bergmützen und Lagerkappen (mit aufklappbarem Tuchschirm) der Mannschaft der B-Gendarmerie hatten gewebte Kokarden.

Mit der Aufstellung der B-Gendarmerie mußten auch neue Dienstgrade geschaffen werden, da die Mannschaften ja als »Vertragsbedienstete des Gendarmeriedienstes« mit Sondervertrag angestellt wurden. So entsprach schließlich der »Hilfsgendarm« dem späteren Wehrmann des Bundesheeres (er trug eine silberne Sternrosette am Kragenspiegel als Distinktion). Darauf aufbauend wurde der Gendarmerie-Aspirant II. und III. Klasse mit 2 Silbersternrosetten, der Gendarmerie-Aspirant I. Klasse mit 3 Sternrosetten sowie der »Offiziersdiensttuende Zugskommandant« mit 3 Silbersternrosetten und zusätzlich einem kleinen glatten gelben Knopf am Kragenspiegel geschaffen. Die bei der B-Gendarmerie eingeteilten Gendarmeriebeamten behielten dagegen ihre Amtstitel weiter. Aufgrund des raschen personellen Ausbaues der B-Gendarmerie wurden ab 1954 vermehrt kriegsgediente Unteroffiziere des Bundesheeres der Ersten Republik bzw. der ehemaligen Deutschen Wehrmacht als VB mit dem Amtstitel und den Distinktionen Rayonsinspektor angestellt.[118] Von den dienstführenden Beamten wurden am Aufschlag beider Mantelärmel spitz zulaufende Armdistinktionen aus dessinierten Silberborten getragen.

Ein Vergleich der Dienstgrade von Bundesgendarmerie und B-Gendarmerie ergibt folgendes Bild :

Verwendung	Bundesgendarmerie	Verwendung	B-Gendarmerie
Vertragsbed.	Hilfsgendarm	VB (Mannschaft)	Hilfsgendarm
eingeteilte	prov.Gendarm	Chargen	Hilfsgendarm I.Kl.
Beamte	Gendarm		Gend.Aspirant II.Kl
	Gend.Patrouillenleiter		Gend.Aspirant III.Kl
	Gend.Rayonsinspektor		
dienstführende	(Chargenschulabsolv.)	Unteroffiziere	Gend.Aspirant I.Kl.
Beamte	Gend.Revierinspektor		Gend.Aspirant II.Kl.
			(m.ZugsKdt.Kurs)
	Gend.Bezirksinspektor		
	Gend.Kontrollinspektor		Gend.Rayonsinsp.
		Offiziersanwärter	Offiziersdienst-
			tuender Zugskdt.

Die Offiziersdienstgrade der B-Gendarmerie entsprachen denjenigen der Leitenden Beamten der »normalen« Bundesgendarmerie (n. Urrisk 1994).

Offiziere trugen an der Tellerkappe ein auf roter Unterlage goldgesticktes Kappenemblem und ebensolches Korpsabzeichen sowie auf der linken Schulter der Bluse der Parade- bzw. Ausgangsuniform eine goldene, rot geritzte Achselschlinge.[119] Bei parademäßiger Ausrückung zogen Offiziere in der Regel zur Rockbluse Stiefelhose und schwarze Schaftstiefel an. Bei Bällen und anderen besonderen Feiern konnte auch die schwarze Hose mit Passepoil, wie bei der übrigen Gendarmerie, Verwendung finden. Obschon in der Uniformierungsvorschrift 1952 nicht mehr vorgesehen, fand (wohl nicht nur) in der B-Gendarmerie die 1949 in der Uniformierungsübersicht der Gendarmerie noch aufscheinende zweireihige Windjacke aus gendarmeriegrauem Segelleinen mit Schoß- und seitlichen Schubtaschen gelegentlich Verwendung.

Schon 1930 eingeführt, wurde die Windjacke aus imprägniertem eisengrauem Segelleinen in leicht modifizierter Form auch noch nach dem Zweiten Weltkrieg getragen. Das abgebildete Stück fand offenbar 1954/55 in der B-Gendarmerie Verwendung.

Die Bewaffnung war in den einzelnen Besatzungszonen freilich unterschiedlich. Während in der britischen Zone ab 1949 Enfield Gewehre No.1 MK-III (mit Bajonett) und Webley-Revolver, bis 1950 auch der alte österreichische Gendarmerie-Kurzsäbel getragen wurden, waren in der amerikanischen und französischen Zone zunächst deutsche Karabiner 98 k mit Bajonett in Verwendung. Die Einheiten der Gendarmerieschule des BMI in Wien (die nicht zur B-Gendarmerie gehörten, aber zeitweise gewisse militärisch-protokollarische Aufgaben zu erfüllen hatten) wiederum trugen die österreichischen Steyr-Repetierkarabiner M. 95/30 mit zugehörigem Bajonett. Sukzessive wurden von den Westalliierten aber an die B-Gendarmerie dann US-Karabiner M-1, Garand-Rifles, MP-Thompson und verschiedene MG-Modelle ausgegeben. Interessant ist der Hinweis von Obst Hesztera, daß bei einer Parade der Gendarmerieschule Tirol I im Jahre 1952 die Offiziere österreichische Infanterieoffizierssäbel M. 1861 trugen.[117]

Empfang von Bundespräsident General a. D. Dr. Theodor Körner am Bahnhof Obertraun. Die Ehrenformation der Gendarmerie trägt die traditionelle Bergmütze mit dem Korpsabzeichen an der linken Seite der Kappe.

Abschreiten der Front durch den Bundespräsidenten General a. D. Dr. Theodor Körner in Obertraun. Der Tambour der Gendarmeriemusik in der schon für die Regimentstamboure der alten K. (u.) k. Armee typischen Präsentierhaltung, trägt, ebenso wie die ausgerückte Mannschaft, die Bergmütze mit dem Korpsabzeichen.

Ende 1952 umfaßte die B-Gendarmerie bereits 5 motorisierte Infanterie-Bataillone und drei mechanisierte Kompanien (»Fahreinheiten«, mit dreiachsigen US-Panzerspähwägen M-8). Die Panzerbesatzungen erhielten in der Folge gendarmeriegraue Overalls und (vermutlich grau gefärbte) Lederhelme des schon vor 1938 von Gendarmerie und Bundesheer verwendeten italienischen Panzerhelmtyps M. 35,[116] für den es ein an der Vorderseite des Helms zu montierendes Emblem (stilisierter Bundesadler) aus Messing gab. Die Gendarmerie-Fahreinheiten trugen als Sonderkopfbedeckung für den normalen Dienst eine gendarmeriegraue Pullmannmütze (dem Barett ähnliche Kopfbedeckung, wie sie in schwarzer Farbe schon von der Panzertruppe des Ersten Bundesheeres verwendet wurde) mit gewebter Kokarde, die vermutlich auf Initiative des Kommandanten der Fahreinheit Oberösterreich, Major Nekola (der im Ersten Bundesheer Kommandant einer Kleinkampfwagenkompanie gewesen war) beschafft und ab 1954 generell getragen[120] wurde. Dazu verwendete man einen grauen Drillichanzug. Als weitere Sonderbekleidung gelangte in der B-Gendarmerie für den Winter eine Plüschmütze mit aufklappbarem Ohrenschutz und vorne mittig angebrachter gewebter Kokarde zur Ausgabe, für deren Form wohl die russischen Pelzmützen Pate gestanden hatten.[121] Diese Mützen wurden später vom Bundesheer noch eine Zeitlang vor allem bei der Panzertruppe weiterverwendet und erhielten dann statt der gewebten eine kleine gepreßte Metallkokarde.

Das weitestgehend gleiche Aussehen von »normaler« Gendarmerie und B-Gendarmerie, die ja primär militärischer und nicht sicherheitsdienstlicher Ausbildung unterzogen wurde, führte naturgemäß zu gewissen Problemen. Schließlich sah sich das BMI 1953 zu einer erlaßmäßigen Klarstellung veranlaßt, derzufolge die Vertragsbediensteten des Gendarmeriedienstes der Gendarmerieschulen (so die offizielle Bezeichnung der B-Gendarmen) nur in Fällen gerechter Notwehr sowie bei Betretung von Tätern unzweifelhaft auf frischer Tat von sich aus einschreiten durften, wobei Täter dem nächsten zuständigen Exekutivorgan zu übergeben waren. Auch im äußeren Erscheinungsbild wurde schließlich eine Unterscheidung getroffen: 1954 wechselte man die gelben gekörnten Knöpfe an den Monturen gegen graue glatte Knöpfe aus.[122]

Rockbluse für Hilfsgendarmen und Hilfsgendarmen I. Klasse (silberne Sternrosette und goldfärbiges Korpsabzeichen) der B-Gendarmerie mit grauen glatten Knöpfen 1954–1955. Patronentaschen für den Steyr-Repetierstutzen M. 1895/30. Beachte: Achselrolle.

Mit der Wiedererlangung der vollen staatlichen Souveränität und Wehrhoheit Österreichs 1955 wurden die Verbände der B-Gendarmerie zunächst in »provisorische Grenzschutzabteilungen« umbenannt. Das Korpsabzeichen der Gendarmerie entfernte man daraufhin ebenso von den Uniformen, wie die roten Passepoils aus den Hosen und änderte – je nach Waffengattung – die Kragenspiegel. Auf Grundlage des Wehrgesetzes vom 7. September 1955 wurden diese Grenzschutzabteilungen in das neue Österreichische Bundesheer überführt. Die Uniformen der B-Gendarmerie wurden im Bundesheer noch eine Zeitlang weitergetragen – natürlich ohne das Korpsabzeichen und mit jeweils entsprechender Waffenfarbe als Unterlage der Kragendistinktionen. Sogar die deutschen Stahlhelme wurden, neben den US-amerikanischen, noch bis Ende der fünfziger Jahre verwendet.

Die Gendarmerieuniformen nach 1952

Die Entwicklung der Uniformierung blieb natürlich auch außerhalb der B-Gendarmerie nicht stehen. 1957 wurden die Sonderbekleidungen für Alpinisten, Diensthundeführer, Motorradfahrer und Verkehrsposten geändert.[123] Zusätzlich zu den bestehenden Abzeichen für Gendarmeriealpinisten und Bergführer führte man solche für Funker, Kraftfahrer und Diensthundeführer ein.[124]

Mit dem Ende der Besatzungszeit konnte auch an eine Vereinheitlichung der Bewaffnung geschritten werden. Neben dem US-Karabiner M-1 im Kaliber 7,62 mm wurde die Pistole FN-HP M 1935 Kaliber 9 mm Para zur Standardbewaffnung der Gendarmen. Später kam noch die israelische Maschinenpistole UZI Kal. 9 mm Para hinzu. Für die FN-Pistole wurden kantige Pistolentaschen samt Schulterriemen aus braunem Leder eingeführt, die erst in den achtziger Jahren durch die noch gebräuchlichen Kunststoffholster der Glock-17 abgelöst wurden. Für die im Kriminaldienst arbeitenden Beamten der Erhebungsabteilung gab es die 7,65-mm-Pistole, System Walther-PPK aus französischer Manurhin-Fertigung.

Die augenfälligste Neuerung brachte dann die neue Uniformierungsvorschrift vom Jahre 1958,[125] mit welcher die »Uniformbluse mit offener Kragenfasson« eingeführt wurde, die sukzessive die hochgeschlossene Rockbluse ablöste. Diese neue Uniformbluse war einreihig, mit vier gelben gekörnten Knöpfen zu schließen, wobei der umgeschnallte Leibriemen zwischen dem dritten und vierten Knopf getragen wurde. Die Dienstgradabzeichen erhielten, der Form des Ausschlagkragens entsprechend, eine etwas geänderte, nunmehr annähernd rechteckige Form. Dazu wurde eine zunächst schwarze Krawatte getragen, für die es eine eigene Anleitung zum Krawattenbinden gab.

Um ein Verrutschen des Leibriemens zu verhindern, waren seitlich in Hüfthöhe bei Blusen für eingeteilte und dienstführende Beamte je drei Rundlöcher von 7 mm Durchmesser übereinander eingenäht und korrespondierend an der Innenseite jedes Vorderteiles der Bluse, vom Armloch abwärts, lose hängende Tragbänder angebracht, in welche ein metallener Traghaken eingehängt und durch die oberwähnten Rundlöcher durchgesteckt werden konnte. In diese, von den früheren Wehrmachtsfeldblusen als »Koppelhaken« bekannten Traghaken konnte der Leibriemen eingehängt und so vor einem unschönen Tieferrutschen bewahrt werden. Die neuen Blusen waren um 4–5 cm länger geschnitten als die älteren Röcke, hatten aber nach wie vor für dienstführende und eingeteilte Beamte auf der rechten Schulter den kleinen Knopf und die Zwirnschlaufe zum Einknöpfen der Gewehrrolle. Charakteristisch für diese ersten Blusen mit »Fassonkragen« sind auch die zur Mitte hin leicht schräg angesetzten, wie üblich geschweiften, Patten der Brusttaschen. In den sechziger Jahren wurden die Patten der Brusttaschen dann gerade aufgenäht, die Löcher und Vorrichtungen für die Traghaken entfielen und auch die Gewehrrolle wurde abgeschafft. Damit hatte die mittlerweile in den Vorschriften als »Rock« bezeichnete

Gendarm in Dienstadjustierung mit Kappe.

Bluse im wesentlichen ihr heutiges Aussehen erhalten. Zu dieser Bluse wurde auch eine dunkelgraue Krawatte eingeführt, die mit kleineren Änderungen, ebenso bis heute zur Adjustierung des Gendarmen zählt.

Die Hosen wurden nur noch in Rundbundschnitt mit Schlaufen für den Leibriemen geschneidert. 1967 wurde für sie ein »Bremsbundband« am oberen Bündelrand normiert.[126] Um einen optimalen Sitz zu gewährleisten, erhielten die Hosen am Bund rückwärts ein Gummiband, welches seitlich in der Taille mittels zweier Knöpfe verstellbar festgeknöpft werden konnte.

Vielen Änderungen unterlagen auch die übrigen Uniformsorten. So wurde 1968 ein mittelgrauer Wollpullover (»Mottenecht und nicht filzend, maschinenwaschbar im Schongang laut IWS-Vorschrift...«) mit V-Ausschnitt und Ärmelbündchen eingeführt,[127] ebenfalls 1968 ein neuer gummierter Regenmantel,[128] 1970 nach dem Vorbild des Bundesheeres ein grauer Hosengürtel mit geschwärzter Klemmschnalle, auf welcher das Staatswappen (Bundesadler) eingeprägt ist.[129]

Auch die Sonderbekleidung unterlag, den steigenden Anforderungen entsprechend, ständigen Erneuerungen, Ergänzungen und Verbesserungen. 1962 erhielten die Alpingendarmen neue Anoraks aus Perlon und gelblichweiße Steinschlaghelme mit ovaler glatter Kalotte und seitlich je drei Lüftungslöchern mit weißen Ösen[129)] welch letzteren 1970 Steinschlaghelme aus fester Kunststoffmasse in weißer Farbe mit im Nacken tiefer gezogenem Helmrand folgten[132)]. An beiden Helmseiten waren je zwei Belüftungslöcher sowie seitlich und rückwärts drei Plastikschlaufen als zusätzliche Befestigungsmöglichkeit von Hilfsausrüstungsmitteln wie Schneebrillen angebracht. Der deutsche Stahlhelm wich dem 1958 beim Österreichischen Bundesheer eingeführten zweiteiligen Helm amerikanischen Musters und in den achtziger Jahren dem israelischen Kampfhelm OR 201.

1971 folgte generell ein neues Anorakmodell.[130] Die leichte Ausführung (Anorak »S«) aus Diolen-Baumwoll-Gemisch war für die wärmere Jahreszeit vorgesehen und hatte eine ungefütterte Kapuze, die unter dem Kragen eingerollt mitgeführt werden konnte. Der Anorak verfügte über 2 seitlich schräg eingeschnittene und mittels Zippverschluß zu schließende Schoßtaschen. An der linken Brustseite war das Abzeichen der Bundesgendarmerie aufgenäht. Für die Winterzeit gab es einen ähnlich aussehenden, dunkelgrauen Perlonanorak (Anorak »W«) mit Kunststoffbeschichtung, der auch für den Hochgebirgsdienst vorgesehen war. An den Ärmeln hatte dieses Modell elastische Strickbündchen.[131] Diese Anoraks prägten noch bis vor kurzem das Erscheinungsbild der Gendarmerie im Winter.

Beamtin der Österr. Bundesgendarmerie im Blazer der Repräsentationsuniform 1998.

Es würde zu weit führen, im Rahmen dieser Abhandlung alle Neuerungen bzw. Änderungen der diversen Adjustierungssorten, von Brillen über Kniestrümpfe bis zu Mänteln, Kletterausrüstung oder Schuhwerk seit dem Ende der Besatzungszeit zu schildern. In jüngster Zeit erfolgten Änderungen, die auch neue Materialien bis hin zu modernen Microfasern berücksichtigten, um den Gendarmen eine jeder Einsatzsituation möglichst adäquate Bekleidung und Ausrüstung bei möglichst hohem Tragekomfort zu gewähren. In den achtziger Jahren wurden spezielle Einsatzoveralls von grauer Farbe mit geräumigen Brust- und beidseits aufgenähten Beintaschen für Angehörige der GEK, SEG und Einsatzeinheiten angeschafft, zu deren Ausrüstung auch Schutzhelme mit Kunststoffvisier, Schutzschilde und spezielle Schlagstöcke gehören. Beamte der Einsatzeinheiten und Sondereinsatzgruppen (SEG) erhielten blaue, Beamte des speziell zur Terrorbekämpfung aufgestellten Gendarmerie-Einsatzkommandos (GEK) rote Barette, an denen jeweils das Kappenemblem getragen wird. Die speziell vom GEK ursprünglich verwendeten olivgrünen israelischen Kampfhelme wurden in jüngster Zeit durch graue Einsatzhelme aus ballistischem Kunststoffmaterial abgelöst. Auch Strahlenschutzkleidung, Einsatzbekleidung für Gendarmerie-Taucher, weibliche Gendarmeriebeamte (seit 1984) und Piloten ist in verschiedensten Ausführungen vorhanden. Besondere Adjustierungssorten, wie das berühmte lichtblaue Barett, erhielten jeweils die im UN-Einsatz stehenden Gendarmeriebeamten, z. B. auf Zypern (UNFICYP 1964–1977) oder in Namibia (UNTAG 1989–90).

Gendarmeriebeamtin in Streifenadjustierung mit schwarzem Stoffblouson und dem neuen Ärmelabzeichen der MZ-Uniform 1995.

Gendarm in Kälteschutzjacke 1998.

Gendarmeriebeamtin in MZ-Uniform 1995 mit Kurzarm-Bluse als oberstem Bekleidungsstück.

Auch das Aussehen der Tellerkappen wurde immer wieder etwas modifiziert. Der kurze Vulkanfiberschirm war schon Anfang der sechziger Jahre durch einen längeren, aus schwarzem Kunststoff gefertigten Augenschirm abgelöst worden. Die dienstführenden Beamten erhielten statt der roten silberfärbige Passepoils am oberen und unteren Rand des Kopfstreifens, Gendarmerieoffiziere (nunmehr: Beamte der Verwendungsgruppe E 1) solche Passepoils von Gold. Der Gendarmeriezentralinspektor, der Gendarmeriegeneral und der später hinzugekommene Brigadier erhielten eine Goldstickerei am Kappenschirm, die Ende der achtziger Jahre auch der Oberst der 8. Dienstklasse tragen durfte.

GUTV 1995

Mit 1. Dezember 1995 wurden die Uniformierungsvorschriften und bezughabenden Erlässe in der neuen »Gendarmerieuniformtrageverordnung« (GUTV) zusammengefaßt.[133] Die neu eingeführte »Mehrzweckuniform« (MZ-Uniform) besteht aus variabel kombinierbaren Sorten, deren Grundelemente die graue MZ-Hose mit seitlich aufgesetzten Beintaschen, das graue Uniformhemd (Uniformbluse für weibliche Beamte), der graue Selbstbinder und die graue Tellerkappe sind. Dazu können nach Erfordernis das schwarze Stoffblouson mit dem neu eingeführten Ärmelabzeichen und der gelbgestickten Aufschrift »Gendarmerie« oberhalb der rechten Brusttasche und entsprechend der Witterung Rollkragenpullover, Regenjacke, MZ-Anorak, Überhose u. dgl. getragen werden. Für den Verkehrsdienst verblieb – zur MZ-Uniform – die weiße Tellerkappe, auf Anordnung kann ein weißes Hemd/Bluse getragen werden. Ein reflektierender Warnüberwurf zur Eigensicherung im Verkehrsdienst (z. B. Unfallaufnahme bei Dunkelheit) und eine ärmellose schwarze Überziehjacke mit gelber Aufschrift »Gendarmerie« für den Kriminaldienst (über der Zivilkleidung der ermittelnden Beamten zu tragen) ergänzen das Programm ebenso, wie eine Fülle von Sonderbekleidungen, z. B. für den Flugdienst, den See- und Stromdienst (u. a. selbsttragender Rettungsanorak, blau-weißer Wasserschutzanzug) und die Diensthundeführer. Dafür wurden die weißen PVC-Verkehrsjacken mit Leuchtstreifen, die weißen Verkehrsmäntel sowie, neben anderem, die grauen Sommeranoraks Ende 1997 abgelegt.

Für den Motorraddienst ist ein weißer Vollvisier-Sturzhelm (MR-Helm) und ein Overall mit dunkler regendichter Hose und orangefarbener Jacke mit dunklem Schulter- und Ellbogenbesatz zu tragen. In Ruhestellung oder bei Standkontrollen kann die Jacke des Overalls ausgezogen sowie der Helm abgenommen werden. Als Kopfbedeckung ist dann die weiße Tellerkappe zu tragen. Das von den Kradfahrern seit den siebziger Jahren diesfalls verwendete weiße Schiffchen (»Faltmütze«) wurde 1996 abgeschafft. Die schwarzen Lederwesten für Motorradfahrer sowie die zugehörigen Lederstiefelhosen, Schaftstiefel, Stulpenhandschuhe und Regenoveralls sind gemäß GDV-GöV 71 vom 15. 1. 1998 mit 31. Dezember 1999 auszuscheiden.

Verschiedenen Änderungen waren auch immer wieder die Dienstgradabzeichen und ihre Bezeichnungen unterworfen. Schon in den siebziger Jahren wurde der traditionelle Dienstgrad »Rittmeister« durch den prosaischeren Hauptmann ersetzt. Im Laufe der Jahre kamen der »Provisorische Gendarm«, der Patrouillenleiter und der Rayonsinspektor sowie der »Chargenschulabsolvent« in Fortfall. Dafür mutierte der »Gendarm« zum »Aspiranten«. Gruppeninspektor, Abteilungsinspektor und Chefinspektor kamen hinzu, das frühere Dienstgradzeichen des einfachen Gendarmen belegt seit 1989 der Inspektor. Mit Aufstellung der Grenzgendarmerie wurde eine neue Schulterdistinktion für die Vertragsbediensteten des Grenzüberwachungsdienstes eingeführt (gelbes Korpsabzeichen auf roter schmaler Aufschiebeschlaufe), für die es keine Kragendistinktionen gibt. Die übrigen Distinktionszeichen werden als Schulterdistinktion (Aufschiebeschlaufen) für MZ-Anorak, Blouson usw. getragen, die Kragenspiegel verblieben am Uniformrock bzw. dem Blazer der Repräsentationsuniform. Für den Alpindienst sind alpine Sonderbekleidung (SB), alpine Schutzkleidung (SK) und alpine Sonderausrüstung (SA) normiert.[135] Zur Adjustierung gehören die nunmehr amerikanischen Baseballkappen nachempfundenen Mützen, der orangefärbige Alpinanorak, ebensolche Überhose, die anthrazitfärbige Kletterhose, das graue Uniformhemd, der lichtgraue Alpinrollkragenpullover bzw. Stehkragenpulli für den Alpindienst, nach Erfordernis Kletter- oder Schischuhe, Wollhaube, Alpinhandschuhe, Wollfäustlinge mit Lederbesatz, Alpingamaschen, Bergsteigerschutzhelm und Gletscherbrille. Die alten Alpinanoraks, die graue Kniebundhose mit Wadenstrümpfen (Stutzen), der graue Wollpullover, die Stiefelhose (Breeches) sowie die Keilhose wurden per 30.06.1996 abgeschafft. Die altehrwürdige Bergmütze, über Jahrzehnte Symbol des Alpingendarmen, ereilte mit 31.12.1997 dasselbe Schicksal.[136]

Auch der hellbraune Leibriemen mit der messingenen Zweidornschnalle ist mittlerweile aus der Einsatzadjustierung der Gendarmerie verschwunden. 1998 hat man neue »Einsatzgürtel« angeschafft, die allerdings geteilte Aufnahme fanden.[134] An den anthrazitfarbigen Gürteln aus Kunststoffmaterial können Dienstwaffe, Handschellen, Pfefferspray u. a. Ausrüstung befestigt werden.

Das Barett darf nur zur MZ-Uniform getragen werden, allerdings ist bei Verkehrsregelungs-, -lenkungs- oder -kontrollmaßnahmen jedenfalls die weiße Tellerkappe zu verwenden. Die Beamten des Gendarmerieeinsatzkommandos (GEK) tragen ein scharlachrotes, die Sondereinsatzgruppen (SEG) ein weinrotes und alle anderen Beamten ein dunkelblaues Barett, jeweils mit dem messingfarbigen Kappenemblem (Bundesadler im Eichenlaubkranz) als Barettabzeichen.

An den besonderen Erfordernissen spezieller Einsätze orientiert sind naturgemäß die Adjustierungs- und Ausrüstungssorten für Fallschirmspringer, Taucher und Kampfschwimmer. Für eine Reihe von Spezialisten gibt es besondere Abzeichen. Am bekanntesten sind wohl jene für Gendarmeriebergführer, Gendarmeriealpinisten und -hochalpinisten. Auch für die Gendarmeriehundeführer, Gendarmeriesanitäter, Waffenmeister und Waffenmeistergehilfen, Gendarmeriefunker, Sprengstoffsachkundige, Fahrschullehrer, Gendarmeriemotorbootführer und Piloten gibt es emaillierte Metallabzeichen, die meist an der linken Brustseite an der Uniform zu tragen sind. Für die Fallschirmspringer und Fallschirmsprunglehrer des GEK sowie die Taucher und Tauchlehrer des GEK sind auf schwarzer Stoffunterlage gewebte Abzeichen eingeführt, ebenso eine Fliegerspange – ähnlich dem Brustabzeichen der Fliegerkräfte des österreichischen Bundesheeres. Bei der Grenzgendarmerie stehen ein metallenes Ansteckschild und ein gesticktes Stoffabzeichen mit der Aufschrift »Grenzdienst« in Verwendung. Als Ärmelabzeichen sind ein allgemeines »Korpsabzeichen« (schwarzer französischer Schild mit gelber Einfassung, mittig der österreichische Bindenschild in rot-weiß-rot mit aufgelegter, gelber, flammender Granate, umgeben von einem gelben Eichenlaubkranz, im oberen Viertel der Schriftzug »Bundes« im unteren Viertel der Schriftzug »Gendarmerie«, jeweils gelb) und Ärmelabzeichen für das Gendarmerieeinsatzkommando, Gendarmeriediensthundeführer, Sondereinsatzgruppe, Einsatzeinheit, Gendarmerie-Sportlehrer sowie AEK-Ausbildner eingeführt.

Der gendarmeriegraue Rock und die grauen Pantalons mit dem roten Passepoil sind seit 1995 der »Repräsentationsuniform « vorbehalten. Diese setzt sich aus der grauen Tellerkappe, dem nun als »Uniformsakko» bezeichneten Rock bzw. dem mit 2 Reihen zu je 3 gelben gekörnten Knöpfen zu schließenden Uniformblazer für weibliche Gendarmeriebeamte, grauer Uniformhose, dem grauen oder weißen Hemd (bzw. Bluse für Damen) und dem grauen Selbstbinder zusammen. Dazu werden schwarze Halbschuhe (ggf. Pelzhalbstiefel) und schwarze oder dunkelgraue Sockets oder Halbstrümpfe getragen. Entsprechend der Witterung und dem Anlaß kann weiters der graue Uniformmantel in Raglanschnitt mit roten Paroli am Kragen, der MZ-Anorak, grauer Schal, Lederhandschuhe sowie ein Tellerkappenüberzug als Regenschutz Verwendung finden. Mit Ergänzung der GUTV vom 26.1.1999 wurde die Verwendung einer schwarzen Uniformhose für besonders festliche Anlässe gestattet, eine erfreuliche Rückbesinnung auf alte Uniformtraditionen und elegante Note der Dienstkleidung für Gendarmen. Für weibliche Gendarmeriebeamte wurde gleichzeitig ein schwarzer Damenuniformrock eingeführt. Die Knöpfe an der Repräsentationsuniform erhielten anstelle der bisher gekörnten Oberfläche einen eingeprägten Bundesadler, wie bei den Offiziersuniformen des Österreichischen Bundesheeres. Bei Ehrungen, Repräsentationen oder bei festlichen und öffentlichen Anlässen sowie bei Begräbnissen ist anstelle des grauen das weiße Uniformhemd zu tragen. Damit ist bei der Gendarmerie, ähnlich wie im militärischen Bereich, eine deutliche Trennung zwischen der an den praktischen Erfordernissen orientierten Adjustierung für den facettenreichen Einsatz im Exekutivdienst und der eher festlichen Veranstaltungen vorbehaltenen Repräsentationsuniform vollzogen worden.

Mit 1. Dezember 1995 wurden die Uniformierungsvorschriften und bezughabenden Erlässe in der neuen »Gendarmerieuniformtrageverordnung« (GUTV) zusammengefaßt,[133] die freilich mittlerweile auch wieder einige Adaptierungen erfahren hat.

Schlußbetrachtung

150 Jahre Entwicklungsgeschichte der Adjustierung der Österreichischen Gendarmerie zeigen ein stetes Wechselspiel von historischen Bezügen, praktischen Erfordernissen, technischen Möglichkeiten und modischen Entwicklungen. Dies ist freilich kein österreichisches Spezifikum, sondern auch in den meisten anderen europäischen Staaten festzustellen, wobei auch das jeweils herrschende politische System mehr oder weniger deutlich bemerkbar ist. Mit der fortschreitenden Angleichung internationaler Standards und Verhaltensweisen einerseits und der zunehmenden sozioökonomischen Bedeutung des Tourismus andererseits, gewann das äußere Erscheinungsbild der staatlichen Polizeien zunehmend an Bedeutung als nationales Identifikationsobjekt in Europa.

Der Pariser »Flic«, der Londoner »Bobby« oder der Berliner »Schupo« stehen gleichsam als Synonym für ihre Länder, ebenso wie der schmucke italienische Carabiniere oder der Angehörige der spanischen Guardia Civil. Der englische Bobbyhelm, das französische Képi oder das spanische Kaskett symbolisieren für jedermann erkenntlich nationale Eigenart und Eigenständigkeit, ohne dabei auch nur im entferntesten nationalistisch zu sein. Die unnötige Preisgabe solcher Identifikationsobjekte durch wahllose Anbiederung an allgemeine internationale Modetrends führt zum Verlust des Bewußtseins eigener Lebensart und Überlieferungen, zum Verschwinden historisch gewachsener Identifikation nach innen und nach außen. Nicht umsonst werden solche Traditionen, die sich gerade in Details der Uniformierung äußern, in anderen Ländern hochgehalten. Leider ist in jüngster Zeit bei uns eher ein gegenläufiger Trend zu beobachten. So wurde 1997 die bewährte, typisch österreichische Bergmütze bei der Exekutive abgeschafft. An ihre Stelle trat das Allerweltsbarett und eine etwas kurios wirkende Golfkappe, von der es seit 1997/98 auch eine Winterausführung mit seitlich abklappbarem Ohrenschutz aus Plüsch gibt. Einige wenige Details der Uniformierung, so der graue Rock oder das omnipräsente Korpsabzeichen weisen allerdings noch typisch österreichische Uniform-Charakteristika auf. Ein Überdenken der Entwicklung im Lichte der mit großem und berechtigtem Stolz zu betrachtenden einhundertfünfzigjährigen Geschichte der Österreichischen Gendarmerie erschiene es wert, überlegt zu werden.

Anhang

Die Entwicklung des Gendarmerierockes

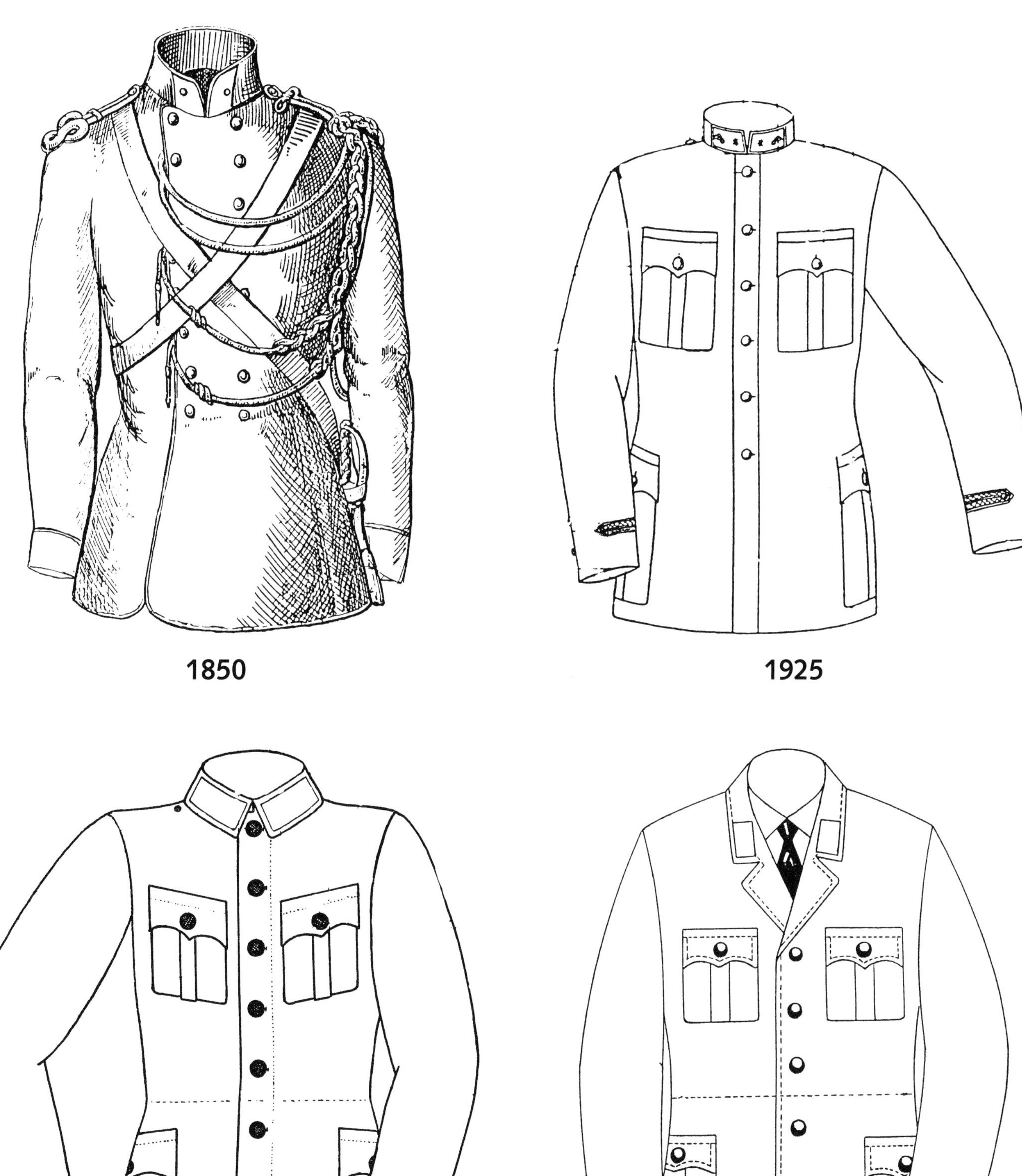

1850

1925

1952

1968

Kragendistinktionen der Österreichischen Bundesgendarmerie 1925

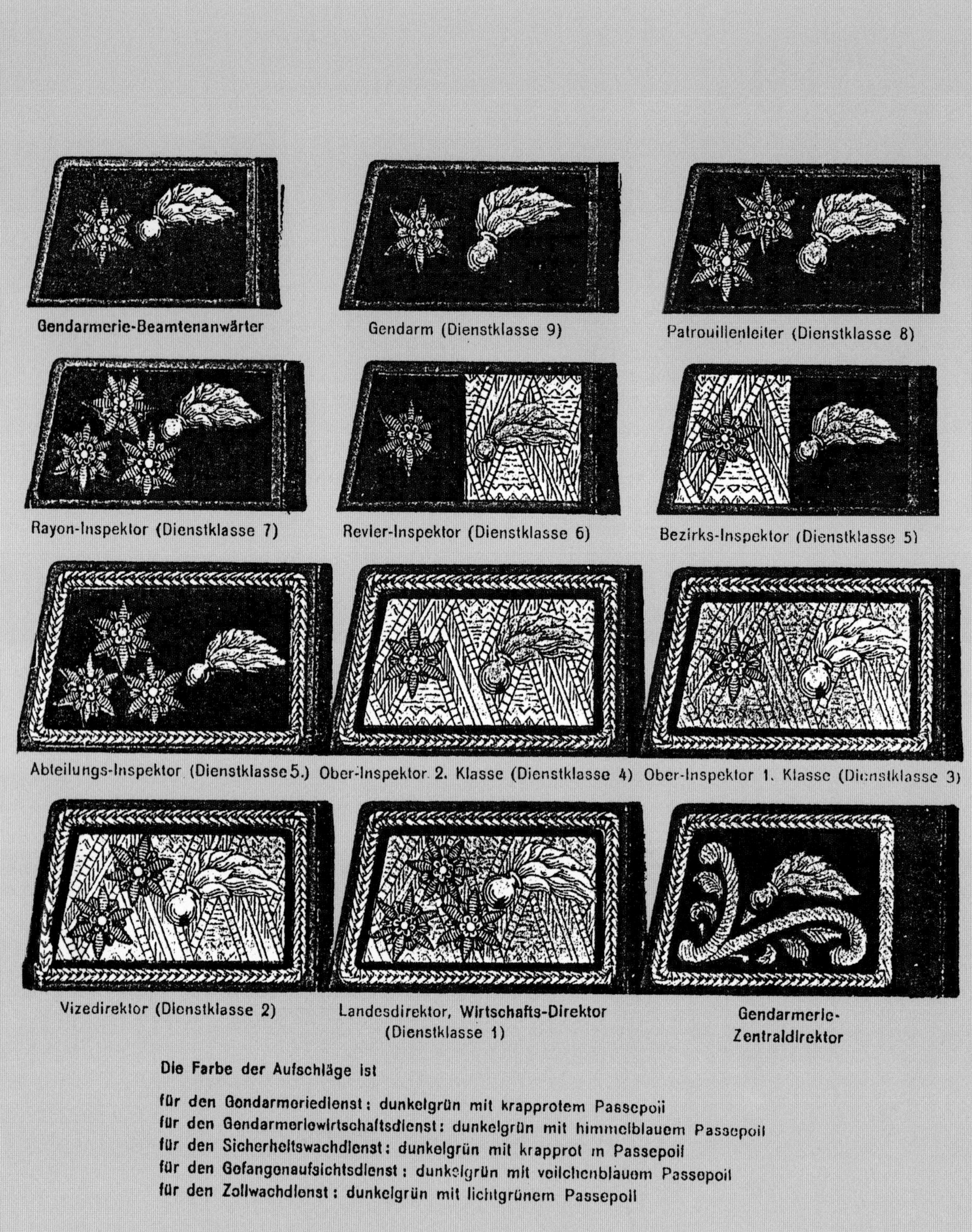

Gendarmerie-Beamtenanwärter | Gendarm (Dienstklasse 9) | Patrouillenleiter (Dienstklasse 8)

Rayon-Inspektor (Dienstklasse 7) | Revier-Inspektor (Dienstklasse 6) | Bezirks-Inspektor (Dienstklasse 5)

Abteilungs-Inspektor (Dienstklasse 5.) | Ober-Inspektor 2. Klasse (Dienstklasse 4) | Ober-Inspektor 1. Klasse (Dienstklasse 3)

Vizedirektor (Dienstklasse 2) | Landesdirektor, Wirtschafts-Direktor (Dienstklasse 1) | Gendarmerie-Zentraldirektor

Die Farbe der Aufschläge ist

für den Gendarmeriedienst: dunkelgrün mit krapprotem Passepoil
für den Gendarmeriewirtschaftsdienst: dunkelgrün mit himmelblauem Passepoil
für den Sicherheitswachdienst: dunkelgrün mit krapprotem Passepoil
für den Gefangenenaufsichtsdienst: dunkelgrün mit veilchenblauem Passepoil
für den Zollwachdienst: dunkelgrün mit lichtgrünem Passepoil

Dienstgradabzeichen
der österreichischen Bundesgendarmerie

Leitende Gendarmeriebeamte

Mantel mit rotem Aufschlag

Gendarmeriegeneral

Hose mit roten Lampasse

Tellerkappe des Gend Generals

Stabsoffiziere

Gend. Oberst

Gend. Oberstleutnant

Gend. Major

Tellerkappe für leitende Gend Beamte

Achselschlinge f. leitende Gend Beamte

Akademikerbörtchen

Oberoffiziere

Gend. Stabsrittmeister

Gend. Rittmeister

Gend. Oberleutnant

Tellerkappe f. dienstf. Gend Beamte

Dienstführende Gendarmeriebeamte

Ärmeldistinktion für Kontroll-, Bezirks- u. Revierinspektoren

Gend. Kontrollinspektor

Gend. Bezirksinspektor

Gend. Revierinspektor

Achselschlinge f. Bez. Gend. Komdten.

Eingeteilte Gendarmeriebeamte

Abs. Chargenschüler

Gend. Rayonsinspektor

Gend. Patrouillenleiter

Gendarm

Tellerkappe f. einget. Gend. Beamte

Mantelärmel d. eingel. Gend. Beamten

Legende:

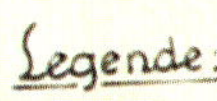

Aufschläge: Hellkrapprot

Sterne: in Silber f. General u. Stabsoffiziere; in Gold f. Oberoffiziere

Rosetten: in Gold f. dienstf. u. eingeteilt. Gend. Beamte; in Silber f. prov. Gend. Beamte

Korps-Abzeichen: in Silber (gestickt) f. Gd. General u. Stabsoffiziere; in Gold (gestickt) f. Oberoffiziere; in gelb. Blech f. dienstf. u. eingel. Gend. Beamte; in weiss. Blech f. prov. Gend. Beamte
(Den Kontr. u. Bz. Insp. ist es gestattet, das Korpsabzeichen in gestickter Ausführung zu tragen)

Distinktions-Borten und Schnüre: in Gold f. leitende Gend. Beamte; in Silber f. dienstf. Gd. Beamte u. absolv. Chargenschüler

Achsel-schlingen: in Gold f. leitende Gend. Beamte; in Silber f. Bez. Gend. Komdten.

Provisorischer Gendarm

Frequentant der Chargenschule

Jos. Allmann Bez. Insp.

Dienstgrade ab 1945

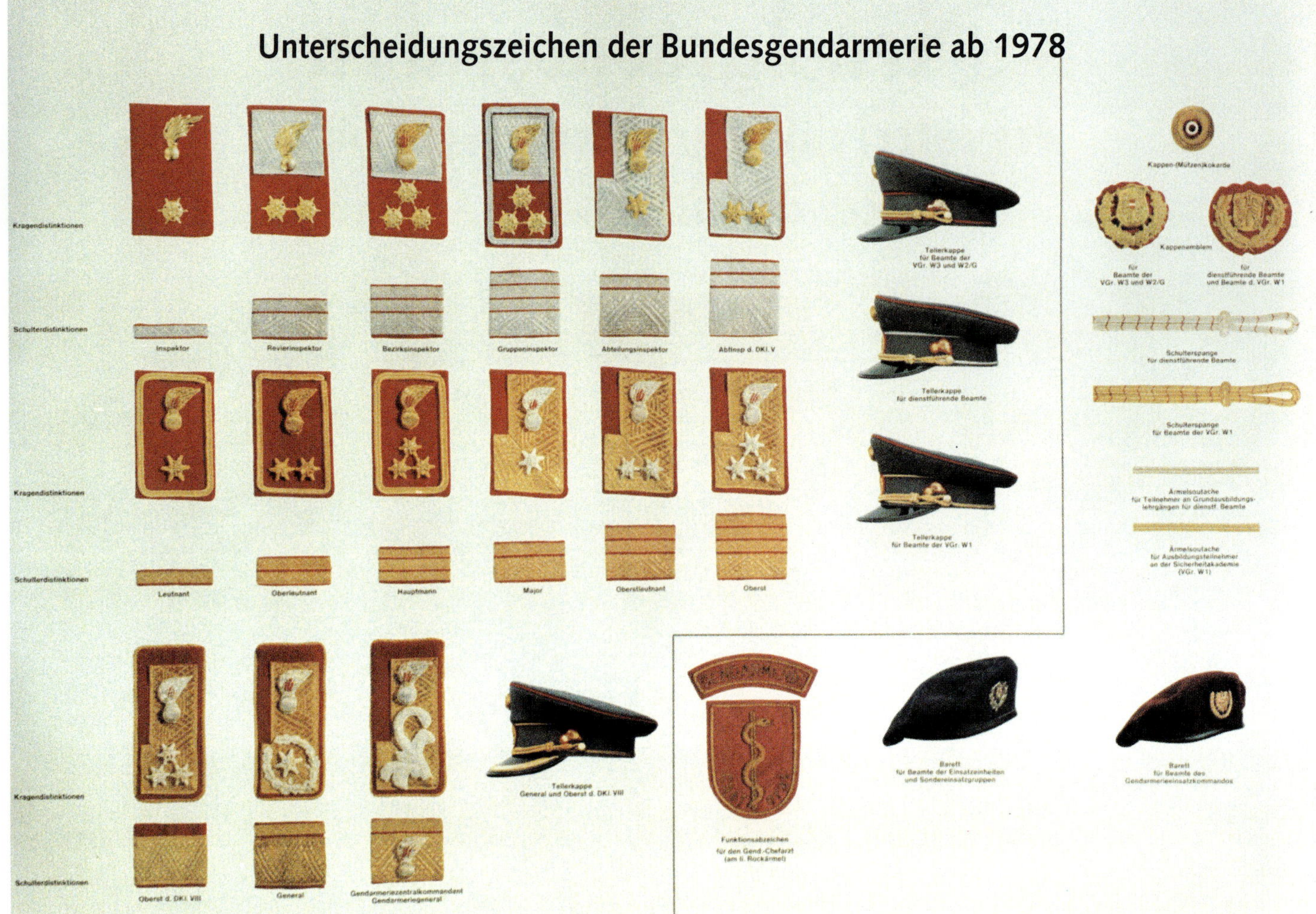
Unterscheidungszeichen der Bundesgendarmerie ab 1978
Kragendistinktionen
Schulterdistinktionen
Inspektor
Revierinspektor
Bezirksinspektor
Gruppeninspektor
Abteilungsinspektor
Abtinsp d. DKl. V
Kragendistinktionen
Schulterdistinktionen
Leutnant
Oberleutnant
Hauptmann
Major
Oberstleutnant
Oberst
Kragendistinktionen
Schulterdistinktionen
Oberst d. DKl. VIII
General
Gendarmeriezentralkommandant
Gendarmeriegeneral
Tellerkappe
für Beamte der
VGr. W3 und W2/G
Tellerkappe
für dienstführende Beamte
Tellerkappe
für Beamte der VGr. W1
Kappen-(Mützen)kokarde
Kappenemblem
für
Beamte der
VGr. W3 und W2/G
für
dienstführende Beamte
und Beamte d. VGr. W1
Schulterspange
für dienstführende Beamte
Schulterspange
für Beamte der VGr. W1
Ärmelsoutache
für Teilnehmer an Grundausbildungs-
lehrgängen für dienstf. Beamte
Ärmelsoutache
für Ausbildungsteilnehmer
an der Sicherheitakademie
(VGr. W1)
Tellerkappe
General und Oberst d. DKl. VIII
Funktionsabzeichen
für den Gend.-Chefarzt
(am li. Rockärmel)
Barett
für Beamte der Einsatzeinheiten
und Sondereinsatzgruppen
Barett
für Beamte des
Gendarmerieeinsatzkommandos

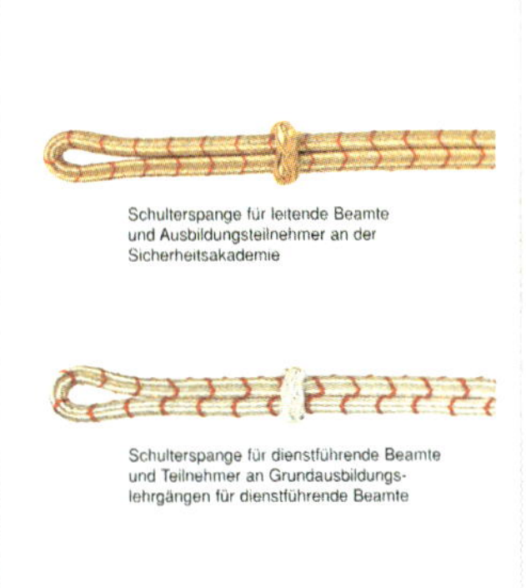
Schulterspange für leitende Beamte und Ausbildungsteilnehmer an der Sicherheitsakademie

Schulterspange für dienstführende Beamte und Teilnehmer an Grundausbildungslehrgängen für dienstführende Beamte

Barette

für Beamte und Einsatzeinheiten

für Sondereinsatzgruppe und Gendarmerieeinsatzkommando

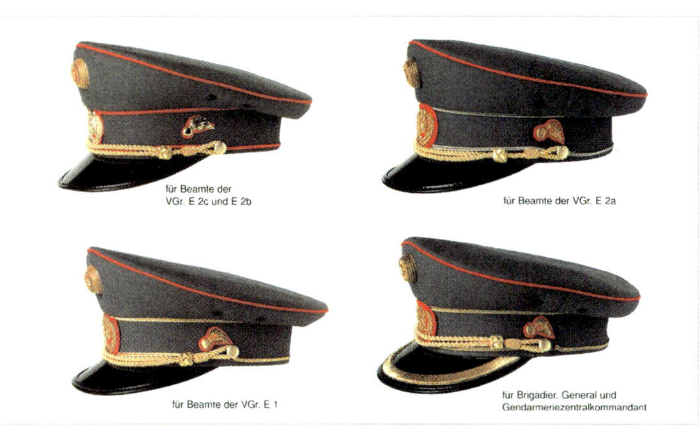
für Beamte der VGr. E 2c und E 2b

für Beamte der VGr. E 2a

für Beamte der VGr. E 1

für Brigadier, General und Gendarmeriezentralkommandant

Ärmelabzeichen

Gendarmerieeinsatzkommando

Sondereinsatzgruppe

Korpsabzeichen

Einsatzeinheit

Diensthundeführer

Unterscheidungszeichen der Bundesgendarmerie ab 1995

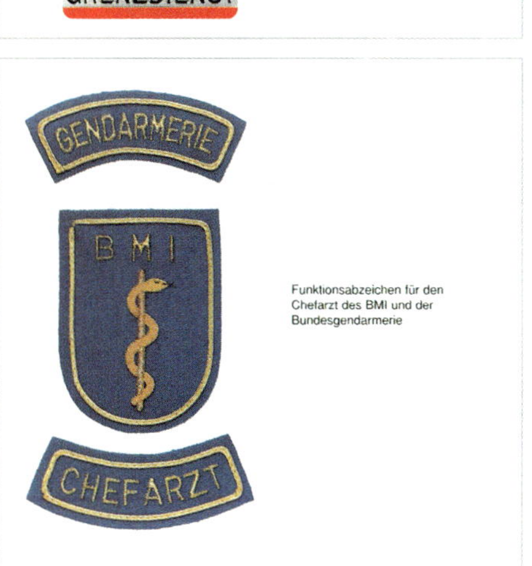

Abzeichen für den Grenzdienst

Funktionsabzeichen für den Chefarzt des BMI und der Bundesgendarmerie

❶ *Pistole FN, Highpower, (M 35), Browning's Patent, Kal. 9 mm, Para*

❷ *Walther PPK, Lizenz Manurhin 7,65 mm*

❸ *Glock 17, 9 mm, Para*

❹ *Steyr: AUG (Armee-Universal-Gewehr) StG 77, Kal. 5,56 mm*

❺ *Steyr: AUG (Armee-Universal-Gewehr) MP 88, Kal. 9 mm*

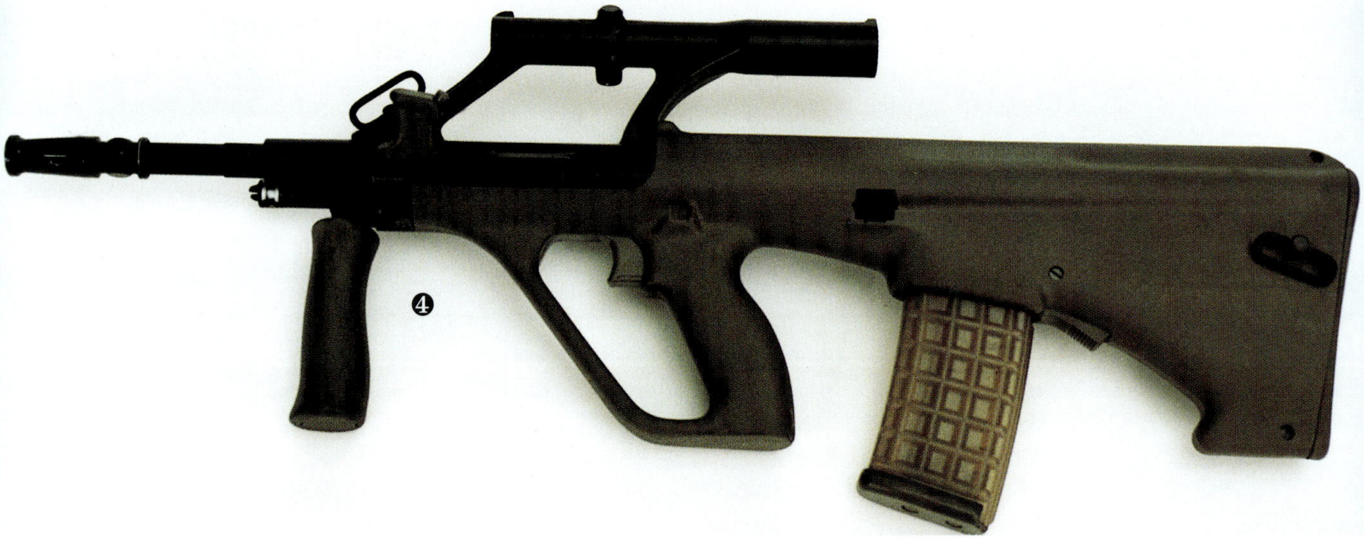

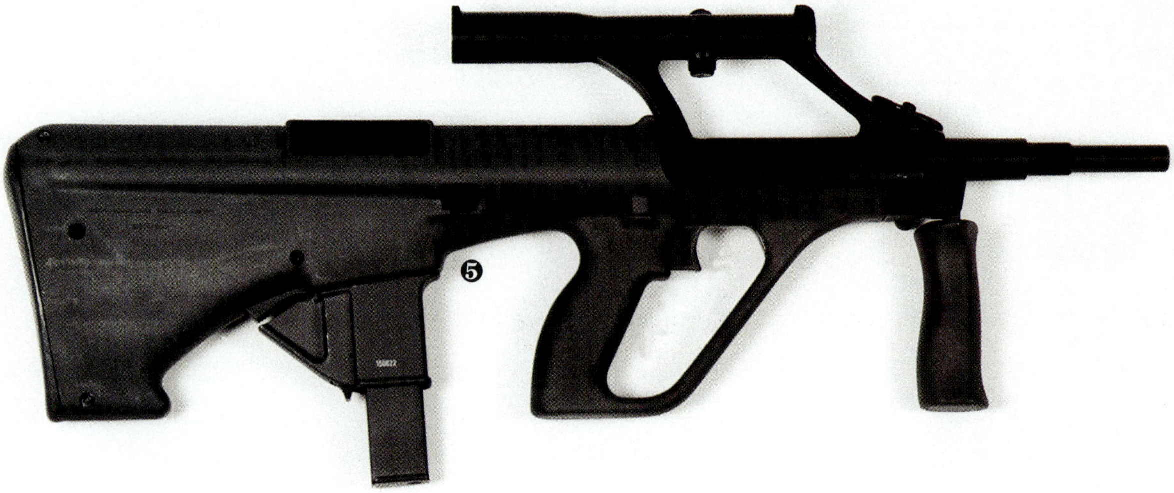

Anmerkungen und Quellen

1 RGuVOBl. Nr.150 ex 1849 – Reichsverfassung für das Kaiserthum Österreich und RGuVOBl. Nr.152 ex 1849 – Durchführung der Aufhebung des Unterthans-Verbandes und der Entlastung des Grund und Bodens; S.167 ff
2 RGuVOBl. Nr. 170 ex 184–Kaiserliches Patent vom 17. März 1849, Beilage: Provisorisches Gemeindegesetz §§ 119 – 125 und §§ 131 – 138
3 Vorschrift zur Adjustierung der Mannschaft vom Feldwebel abwärts der kaiserlich-königlichen Armee (in Folge Seiner Majestät Allerhöchster Entschließung vom 16. Julius 1828, Nr. 2913); S.162–19
4 Adjustirungs-Vorschrift für die Generalität, Stabs- und Ober- Offiziere, dann Feldärzte der kaiserlich-königlichen Armee vom Jahre 1837; S. 57–59
5 Eine Art Paroli
6 Vortrag des prov. Ministers des Innern Alexander v. Bach (Beilage zum RGuVOBl. Nr. 272 ex 1848) vom 30. Mai 1849, S. 299
7 RGuVOBl. Nr. 272 ex 1849; kaiserliche Verordnung vom 8. Juni 1849
8 RGuVOBl. Nr. 127 ex 1849; Erlaß des Kriegsministeriums vom 14. 2.1849, womit die ah. genehmigten Änderungen in der bisherigen Adjustierung der Generalität, der Stabs- und Oberoffiziere, dann der Feldärzte mitgetheilt werden. Enthält u. a. die Einführung des Waffenrockes und der bis heute üblichen Sterndistinktionen am Kragen.
9 10. Circular-Verordnung des Kriegsministeriums vom 19. Jänner 1850; Nr. 286-536/ MK
10 Jan K. KUBE: Militaria der deutschen Kaiserzeit – Helme und Uniformen; München 1977; S.35 f
11 Boris u. John MOLLO: Uniforms of the Imperial Russian Army; Poole/Dorset 1979; S. 35 f
12 Hermann HINTERSTOISSER: Adjustierung einst und jetzt – in: Salzburgs Schützen und Bürgergarden, Salzburg 1996; S. 85–146
13 Historisches Museum der Stadt Wien (Hg): Bürgersinn und Aufbegehren – Biedermeier und Vormärz in Wien 1815–1848, Wien 1987; S. 637 ff; dazu auch: Revolution 1848 – Katalog zur Ausstellung im Österreichischen Staatsarchiv; Wien 1998, S. 17
14 Pantalons = lange Hosen
15 Leinen
16 Rescript vom 13. Jänner 1850, Nr. 322 M. K. e
17 Die martialischen Bärenfellmützen der Grenadiere des k. k. Heeres standen damals knapp vor der Abschaffung.
18 Erlaß der Gendarmerie-General-Inspekzion Nr. 1495 vom 19. März 1850
19 Erlaß der Gendarmerie-General-Inspekzion Nr. 2453 vom 25. Februar 1851
20 Erlaß der Gendarmerie-General-Inspekzion Nr. 5109 vom 26. April 1851
21 Erlaß der Gendarmerie-General-Inspekzion Nr. 5110 vom 26. April 1851
22 Erlaß der Gendarmerie-General-Inspekzion Nr. 8915 vom 23 Juli 1852
23 Adjustirungs-Vorschrift für die Generale, Stabs- und Ober- Offiziere der kaiserlich-königlichen Armee von 1855
24 Circular-Verordnung vom 23. Mai 1860, Abt. 13, Nr. 2209
25 Circular-Verordnung vom 31. Juli 1868, Abt.1 3, Nr. 3057
26 Eine Art Militärpolizist
27 Circular-Verordnung vom 20. Mai 1860, Abt. 13, Nr. 2373
28 Circular-Verordnung vom 8. Mai 1867, Präsid. Nr. 1739
29 Circular-Verordnung vom 15. September 1868, Präsid. Nr. 3182
30 Circular-Verordnung vom 2. Dezember 1868, Abt. 13, Nr. 4616
31 Vgl. dazu: Hermann HINTERSTOISSER: Die Adjustierung des k. (u.) k. Heeres 1868 – 1918, 1. Teil – Infanterie; Wien 1998, S. 40–44
32 RGBl. Nr. 19 vom 26. 2. 1876 – Gendarmeriegesetz
33 VOBl. für das k. k. Heer Jg. 1876; Normalien 13. Stk., Nr. 48; S. 89–99
34 Adjustierungsvorschrift 1907
35 Erlaß vom 5. Juli 1872 Nr. 6702/1518 III
36 Circular-Verordnung vom 17. Dezember 1895, Nr. 32010/5358 III
37 Circular-Verordnung vom 28. Juli 1898, Abt. 11, Nr. 3555
38 VOBl. für die k. k. Gendarmerie Nr. 2, zu Nr. 435/91 III ex 1898
39 Vgl. z. B. MANZ (Hg): Normalien-Sammlung für den politischen Verwaltungsdienst, Wien 1903; Nr. 587 f, 1514, 1424 f, 2703, 2560
40 Circular-Verordnung vom 11. Juli 1899; Nr. 21925/2988 III
41 Herbert KLIMA: Helme militärischer Formationen und ziviler Wachkörper in Österreich-Ungarn um 1900; München 1971; S. 39 u. 40
42 Franz NEUBAUER: Die Gendarmerie in Österreich 1849–1924; Wien 1924; S.92
43 Baumwollgewebe
44 Wie 40, S. 27 Punkt 4
45 Kupferreiche Messinglegierung
46 Dazu: Hermann HINTERSTOISSER: Die Uniformierung der k. k. österr. Militär-Veteranen- und Kriegervereine in Salzburg; in: Mitteilungen der Gesellschaft für Salzburger Landeskunde Band 136, S. 225–254; Salzburg 1996
47 Lortnd PRESZLY: A Magyar Kir.Csendörség – Törtenete 1881–1918; Budapest 1920
48 Provisorisches Statut für das Gendarmerie-Korps für Bosnien und die Herzegovina 1879; verlautbart im VOBl. für die k. k. Gendarmerie, 4. Jg. Nr. 18 ex 1879
49 NVOBl. für das k. u. k. Heer, 30. Stk., zu Präs. Nr. 6068 von 1907; S.19
50 Wie 49, S. 8
51 Firma Julius Mayer in Wien IX, Müllnergasse 23, Fabrikant von Uniformen, Uniformierungs-, Ausrüstungs- und Armaturs-Sorten, Lieferant der k. k. Gendarmerie (Anzeige auf Seite 4 der »Gendarmerie-Nachrichten« Jg. 1905, Nr 1; ÖNB 465962-DJ)
52 VOBl. für die k. k. Gendarmerie – Circular-Verordnung vom 8. August 1902, Nr. 28455/X
53 Gendarmerie-Nachrichten Nr. 6 vom 1. Oktober 1905, S. 2 und Nr. 11. vom 20. November 1905, S. 2; ÖNB 465962-D
54 Gendarmerie-Nachrichten Nr. 4 aus 1905, S. 2; ÖNB 465962-D
55 VOBl. f. d. k. k. Gendarmerie, Circular-VO vom 25.Juni 1901, Nr. 22904/x
56 VOBl. f. d. k. k. Gendarmerie, Circular-VO vom 1. März 1907, Nr. 5372/xx
57 VOBl. f. d. k. k. Gendarmerie, Circular-VO vom 14. November 1908, Dep.XX, Nr. 4581
58 VOBl. f. d. k. u. k. Heer, ZVO vom 7. Oktober 1908, Abt. 13, Nr. 545
59 VOBl. f. d. k. k. Gendarmerie, ZVO vom 18. Dezember 1914, Dep. XX, Nr. 5659
60 VOBl. f. d. k. u. k. Heer, ZVO vom 13. Sept. 1915, Abt. 13, Nr. 55340
61 Neuer Krakauer Schreibkalender/Militärkalender; Wien 1918; S.109
62 Amtsblatt der inneren Verwaltung, I. Jg. (1919); Z. 2620
63 StGBl. Nr. 519 vom 30. Oktober 1919 betreffend die Neuregelung des Dienstverhältnisses und der Dienstbezüge der Gendarmerie
64 Amtliche Verlautbarungen der Gendarmerie-Zentraldirektion Nr. 1 vom 17. 1. 1920; Nr. 38 508
65 StGBl. Nr. 451 vom 1. Oktober 1920; § 102)
66 KOLLMANN Karl: Hundert Jahre Gendarmerie-Bekleidung; in: Hundert Jahre Österreichische Gendarmerie 1848–1949; Wien 1949; S. 90 u. 91
67 Vgl. dazu: Robert and Christopher WILKINSON-LATHAM/Jack CASSIN-SCOTT: Infantry-uniforms, vol. 2; Poole – Dorset 1970; Tafel 80 und S. 189 f
68 Vgl. dazu auch Abb. bei Leopold KEPLER (1974)
69 BMI (Hg.): Die Gendarmerie in Österreich; Wien 1989; S. 142 ff
70 Amtliche Verlautbarungen der Gendarmerie-Zentraldirektion, Jg. 1921; Nr. 11 vom 5. September 1921, Nr. 178.071
71 Amtliche Verlautbarungen der Gendarmerie-Zentraldirektion, Jg. 1925; Nr. 2 vom 28. Februar 1925, Nr. 153374/1924
72 Amtliche Verlautbarungen f. d. österr. Bundesgendarmerie, Jg. 1930; Nr. 7/Zl. 35
73 Wie 72 Nr. 113984-10
74 Eigentlich handelte es sich um Nachbauten oder direkt übernommene Exemplare des italienischen Panzerhelmes M. 1935, der ursprünglich vom Österreichischen Bundesheer bei Anschaffung der Fiat Ansaldo Panzerkampfwagen übernommen worden war. Vgl. dazu: Paolo MARZETTI: Elmetti di tutto il mondo; Parma 1984; S. 126 und: Helmut GEBHART: Die Gendarmerie in der Steiermark 1850 bis heute; Graz 1997; S. 283
75 Vgl. dazu: Friedrich BRETTNER: Für Heimat, Volk und Ehre – Gendarmen der ersten Stunde; Mattighofen 1997; S. 228
76 Amtliche Verlautbarungen f. d. österr. Bundesgendarmerie, Jg. 1933; Nr. 12 vom 30. Dezember 1933, Nr. 88 (Abänderung bzw. Ergänzung der Bekleidungsvorschrift f. d. österr. Bundesgendarmerie BKA/GD. f.d. ö. S. Nr. 250.944-GD. 3 vom 20. Dezember 1933)
77 Arnold LICHEM: Gendarmerie-Vorschriften – ökonomisch-administrativer Teil; Wien 1936; S. 146 ff (ÖNB 643895 B) und Erlaß BKA vom 3. 11. 1932, Nr. 224.225-GD. 3
78 Amtsblatt f. d. öst. Bundesgendarmerie Jg. 1933; Nr. 2, Zl. 7 (Erlaß BKA vom 9. 2. 1933, Nr. 109.885-GD. 3)
79 Amtsblatt f. d. öst. Bundesgendarmerie Jg. 1934; Nr. 14, Zl. 46 (Erlaß BKA v. 3.

10. 1934, Nr. 206.545-GD. 3)
80 Amtsblatt f. d. öst. Bundesgendarmerie Jg. 1935; Nr. 2, Zl. 4 (Erlaß BKA v. 4. 12. 1934 Nr. 303.391-GD. 3)
81 Amtsblatt f. d. öst. Bundesgendarmerie Jg. 1935 (Erlaß BKA vom 5. 8. 1935 Nr. 346.505-GD. 3)
82 GEBHART aaO S. 260
83 Amtsblatt f. d. öst. Bundesgendarmerie Jg. 1937; Nr. 8, Zl. 26 (Erlaß BKA vom 2. 8. 1937)
84 Vgl. Abb. bei MAIMANN/MATTL »Die Kälte des Februar«, Wien 1989; S. 27
85 Zumeist MP Steyr-Solothurn Kal. 9 mm Para
86 BGBl. 38. Stk. 1934; Kundmachung der Bundesregierung vom 2. Juli 1934 betreffend die bildliche Darstellung des Staatswappens Österreichs
87 Amtsblatt f. d. öst. Bundesgendarmerie Jg. 1935; Nr. 10, Zl. 43 (Erlaß BKA vom 13. 6. 1935)
88 Amtsblatt f. d. öst. Bundesgendarmerie Jg. 1936; Nr. 3, Zl. 14 Erlaß BKA vom 24. 1. 1936)
89 BGBl. für den Bundesstaat Österreich Jg. 1938, 25. Stk. Nr. 75: Bundesverfassungsgesetz vom 13. Mai 1938 über die Wiedervereinigung Östereichs mit dem Deutschen Reich und: Gesetzblatt für das Land Österreich Jg. 1938, 1. Stk.; 1. Kundmachung des Bundeskanzleramtes
90 Gesetzblatt für das Land Österreich Jg. 1938, 2. Stk.; 3. Kundmachung des Reichsstatthalters für Österreich; 5
91 RADECKE; S. 82
92 KUBE aaO S. 74 f
93 RADECKE aaO S. 83
94 Ludwig BAER: Geschichte des Deutschen Stahlhelms; Eschborn 1977; S. 180
95 BAER aaO S. 103
96 GEBHART aaO S. 325 f
97 BÖCKLE S. 158 ff
98 GEBHART aaO S. 331
99 GEBHART aaO S. 345 und BRETTNER aaO S. 10 ff
100 BRETTNER aaO S. 14
101 GEBHART aaO S. 355
102 GEBHART aaO S. 347
103 StGBl. Nr. 94 aus 1945; Gesetz vom 20. Juli 1945 über die Überleitung der Verwaltungs- und Justizeinrichtungen des Deutschen Reiches in die Rechtsordnung der Republik Österreich; 20
104 BRETTNER aaO S. 31
105 KOLLMANN aaO S. 91
106 GEBHART aaO S 355
107 VvBG Nr. 2/1951, Zl.2 (Erlaß BMI vom 18. September 1950 und Erlaß BMI vom 7. 2. 1951)
108 100 Jahre österr. Gendarmerie (hg.vom BMI); Wien 1949; S. 54
109 Erlaß BMI vom 23. 4. 1949
110 Vgl. BRETTNER aaO S. 127 und BAER aaO S. 227
111 Vgl. Franz HESZTERA: Von der A-Gendarmerie zur B-Gendarmerie, Mattighofen 1997; S. 48 ff; Bezeichnung »B-Gendarmerie« ab Ende 1952 (s. auch S. 121 op.cit.).
112 Erlaß BMI vom 24. 12. 1951, Zl. 218.335-5/1991
113 BRETTNER aaO S. 183
114 MU = Mobile units
115 Erlaß BMI vom 12. 8. 1951, Zl. 215.852-5/1951
116 Vgl. HESZTERA aaO S. 82, 105 und 114
117 HESZTERA S. 115
118 Rolf M. URRISK: Die Uniformen des Österreichischen Bundesheeres 1952 bis heute; Graz 1994; S. 15 ff
119 URRISK aaO S. 16 u. 17
120 Hans EDELMAIER: Das Barett; in: Pallasch Nr. 1, Salzburg 1997; S. 11–34 (betr. B-Gendarmerie insbesonders S. 16 ff).
121 URRISK aaO S. 18
122 URRISK aaO S. 20
123 Erlaß BMI vom 26. 6. 1957, AVBG Nr. 4/1957, Zl. 51
124 Erlaß BMI vom 19. 6. bzw. 3. 9. 1957, AVBG Nr. 5/1957 Zl. 62 u. 63
125 Erlaß BMI vom 17. Jänner 1958, Zl. 381.538-5C/57 (Uniformierungsvorschrift für die österreichische Bundesgendarmerie; Wien 1958)
126 Erlaß BMI 1967, AVBG Nr. 8/1967
127 Erlaß BMI Nr. 136.463-15/68
128 Erlaß BMI 172.443-15/70
129 Erlaß BMI 1962, AVBG Nr. 6/1962, Zl. 46
130 Erlaß BMI 135.470-15/71, Beilage 1
131 Wie 130, Beilage 2
132 Erlaß BMI 181.470-15/70
133 VO des BMI vom 18. 10. 1995, GUTV XII-1
134 SVZ Nr. 293 vom 19. 12. 1998, S. 12
135 Alpindienstrichtlinien XI-1 v. 4.–9. 1996. § 21 ff
136 GDV-GÖV 71-15.1.1998

Abkürzungen

aaO	an anderem Ort (Zitierung)
Abt.	Abteilungs(s-)
AVBG	Amtliches Verordnungsblatt für die Bundesgendarmerie
BG	Bundesgendarmerie
BGBl	Bundesgesetzblatt
BMI	Bundesministerium für Inneres
BKA	Bundeskanzleramt
Brig.	Brigadier
GDV	Gendarmerie Dienstvorschrift
Gend.	Gendarmerie
Hg.	Herausgeber
Hptm.	Hauptmann
HR	Hofrat
Insp.	Inspektor
i.R.	im Ruhestand
KA	Kriegsarchiv
Kdt.	Kommandant
k. k.	kaiserlich-königlich
k. u. k.	kaiserlich und königlich
MP	Maschinenpistole
MU	Mobil unit
OAR	Oberamtsrat
Obst.	Oberst
ÖNB	Österreichische Nationalbibliothek
OSR	Oberschulrat
prov.	provisorisch(er)
RGuVOBl	Reichsgesetz- und Verordnungsblatt
RGBl	Reichsgesetzblatt
S.	Seite
v.	von, vom
VB	Vertragsbedienstete(r)
VO	Verordnung
VOBl	Verordnungsblatt
Vzlt.	Vizeleutnant
ZVO	Zirkularverordnung

Ergänzende Literaturhinweise

BAER Ludwig: Geschichte des deutschen Stahlhelms; Eschborn 1977
BARCY Zoltan und SOMOGYI Győző: Királyért és Hazáért; Budapest 1990
BÖCKLE Karlheinz: Feldgendarmen-Feldjäger-Militärpolizisten; Stuttgart 1987
BRETTNER Friedrich: Für Heimat, Volk und Ehre – Gendarmen der ersten Stunde, nicht Beruf, sondern Berufung; Mattighofen 1997
Bundesministerium für Inneres/Generaldirektion für die öffentliche Sicherheit (Hg.): Festschrift zur Hundertjahrfeier der österreichischen Bundesgendarmerie; Wien 1949
Bundesministerium für Inneres (Hg.): Die Gendarmerie in Österreich; Wien 1989
COMMANDO Generale dell'Arma dei Carabinieri (Hg.): I Copricapo dei Carabinieri; Roma o. J.
DAVIS Brian L.: Uniformen und Abzeichen des Deutschen Heeres 1933–1945; Stuttgart 1973
EDELMAIER Hans: Das Barett; in: Pallasch Heft 1; Salzburg 1997; S. 11–33

FUNK Bernd-Christian: Einführung in das österreichische Verfassungs- und Verwaltungsrecht; Graz 1983

FÜRBÖCK Hans: Alphabetisches Erlaß-Verzeichnis für die Österreichische Bundesgendarmerie; Graz 1954, ÖNB 838871-B

GEBHARDT Helmut: Die Gendarmerie in der Steiermark; Graz 1997

Gesetze betreffend die Gendarmerie der im Reichsrathe vertretenen Königreiche und Länder, sammt Durchführungs-Verordnungen, dann organische Bestimmungen und Dienst-Instruction für dieses Corps; Wien 1903

HANISCH Ernst: Der lange Schatten des Staates – österreichische Gesellschaftsgeschichte im 20. Jahrhundert; Wien 1994

HESZTERA Franz u. BIETZINGER Fritz: Abzeichen, Plaketten und Gedenkmünzen der Gendarmerie; in: Die Bundesgendarmerie Jg. 1994; Wien 1994; S. 42–44

HESZTERA Franz: Von der »A-Gendarmerie« zur B-Gendarmerie – Der Aufbau des Österreichischen Bundesheeres 1945 bis Herbst 1952; Mattighofen 1997

Historisches Museum der Stadt Wien (Hg.): Bürgersinn und Aufbegehren – Biedermeier und Vormärz in Wien 1815–1848; Wien 1987

HÖRMANN Fritz: Gendarmerie Werfen 1850–1985; Werfen 1985

HÖRMANN Fritz und ZAISBERGER Friederike (Hg.): Salzburgs Schützen und Bürgergarden – Landesverteidigung und Brauchtum; Salzburg 1996

HINTERSTOISSER Hermann: Militärische Dienstgrade und ihre Abzeichen; in: Pallasch Heft 2; Salzburg 1997; S. 2–17

HINTERSTOISSER Hermann: Die Adjustierung des k. (u.) k. Heeres 1868–1914, Teil I Infanterie; Wien 1998

MARZETTI Paolo: Elmetti di tutto il mondo; Parma 1986

JÄGER Friedrich: Das große Buch der Polizei & Gendarmerie in Österreich; Graz 1990

KEPLER Leopold (Red.): Die Gendarmerie in Österreich 1849 – 1974 –125 Jahre Pflichterfüllung; Graz 1974

KLIMA Herbert: Helme militärischer Formationen und ziviler Wachkörper in Österreich-Ungarn um 1900; München 1971

KNÖTEL Herbert u. SIEG Herbert: Handbuch der Uniformkunde; Hamburg 1937

KOLLMANN Karl (Bearb.): Uniformierungsvorschrift für die Österreichische Bundesgendarmerie, 2. Aufl, Wien 1958

KUBE Jan K.: Militaria der deutschen Kaiserzeit - Helme und Uniformen 1871–1914; München 1977

Landesgendarmeriekommando für Salzburg/Referat III/c (Hg): Landesgendarmeriekommando Salzburg; Salzburg 1993

LICHEM Arnold v.: Gendarmerie-Vorschriften, ökonomisch-administrativer Teil; Wien 1936

MAIMANN Helene u. MATTL Siegfried: Die Kälte des Februar, Österreich 1933–1938; Wien 1989

MANZ'sche k. u. k. Hof-Verlags-und Universitätsbuchhandlung (Hg.): Normalien Sammlung für den politischen Verwaltungsdienst; 1. Band, Wien 1901; 2. Band, Wien 1902 und 3. Band, Wien 1903

NEUBAUER Franz: Die Gendarmerie in Österreich 1849 – 1924; Wien 1924

Österreichisches Staatsarchiv (Hg.): Revolution 1848; Ausstellungskatalog; Wien 1998

PATRIA-Verlag (Hg.): Handbuch der österreichischen Uniformen; Wien 1937

RADECKE Erich: Geschichte des Polizei-Tschakos; Hilden/Rhld. 1981

RAUCHENSTEINER Manfried: Die B-Gendarmerie – mehr als eine Episode; in: Truppendienst 4/92; Wien 1992 S. 4–10

RAUSCHER Otto: Gendarmerie, B-Gendarmerie, Bundesheer; in: Truppendienst 4/92; Wien 1992; S. 1–3

RUMPLER Helmut: Eine Chance für Mitteleuropa – Bürgerliche Emanzipation und Staatsverfall in der Habsburgermonarchie; Wien 1997

SCHMIDL Erwin A: Police in Peace Operations, Wien 1998

SCHMID Hugo: Handbuch für Unteroffiziere, 7. Auflage; Wien 1915

SUSSMANN Anton: Die Gendarmerie Österreichs; Leipzig 1926

URRISK Rolf M.: Die Uniformen des österreichischen Bundesheeres 1952–1995; Graz 1994

WITTAS Paul: Unser Heer und seine Waffen; Wien 1936

ZÖLLNER Erich: Geschichte Österreichs – von den Anfängen bis zur Gegenwart; 8. Auflage; Wien 1990

Fritz Hörmann

Österreichische Landes- und Bezirksgendarmeriekommanden stellen sich vor

Anton Haumer

Gendarmeriezentralschule Mödling

Gründung und geschichtliche Entwicklung

Die Gendarmeriezentralschule wurde am 1. Jänner 1930 in Graz mit dem Ziel gegründet, die Ausbildung von dienstführenden Gendarmeriebeamten österreichweit zentral durchzuführen.

Mit 4. Mai 1935 wurde die Gendarmeriezentralschule nach Mödling verlegt und in den Gebäuden des ehemaligen Francisco Josephinums, einer landwirtschaftlichen Mittelschule, die nach Wieselburg verlegt worden war, untergebracht.

Als Gründe für die Verlegung von Graz nach Mödling wurden die Nähe zur Bundeshauptstadt, die Infrastruktur und die günstige Lage nahe der zentralen staatlichen Einrichtungen genannt. Ein weiterer Faktor für die Verlegung nach Mödling wird aber auch die damals schwierige politische Lage der Zwischenkriegszeit gewesen sein.

In der Zeit des Zweiten Weltkrieges verlor die Gendarmeriezentralschule ihre Stellung als zentrale Ausbildungsstätte der Österreichischen Bundesgendarmerie. Sie wurde in eine gewöhnliche Polizeischule des Deutschen Reiches umfunktioniert. Nach dem Krieg wurden die Gebäude von der russischen Besatzungsmacht in Anspruch genommen. In der Folge war nur mehr eine eingeschränkte Ausbildungstätigkeit und diese wiederum auch nur für den Bereich der russischen Besatzungszone möglich.

Im Jahre 1951 mußte die Gendarmeriezentralschule für die Dauer von 5 Jahren nach Horn (NÖ) in die Albrechtskaserne übersiedeln. Erst 1956 konnte sie an ihren angestammten Ort in Mödling zurückkehren und nach erfolgreicher Aufbauarbeit wieder mit der österreichweiten Ausbildung von dienstführenden Gendarmeriebeamten beginnen.

Unterstellungsverhältnis und Organisation

Die Gendarmeriezentralschule hat den Status eines Landesgendarmeriekommandos und ist daher direkt dem Gendarmeriezentralkommando im Bundesministerium für Inneres unterstellt.

Die Gendarmeriezentralschule wird vom Kommandanten (Brigadier Gottfried Höller) und seinem ersten und zweiten Stellvertreter (Oberst Adolf Strohmaier und Oberst Robert Kripta) geleitet und gliedert sich weiters in 5 Referatsgruppen, und zwar

in die Referatsgruppe I, zuständig für die Unterrichtsorganisation,
Referatsgruppe II, zuständig für die Lehrtätigkeit,
Referatsgruppe III, zuständig für Personal, Verwaltung und Organisation,
Referatsgruppe IV, zuständig für Kraftfahrzeuge, Waffen und Fernmeldewesen und
in die Referatsgruppe V, zuständig für Besoldung, Hausverwaltung, Küchenwesen und Bauangelegenheiten.

Schulischer Aufgabenbereich für alle Führungsebenen

Die Aufgaben liegen grundsätzlich in der Ausbildung von Gendarmeriebeamten der Verwendungsgruppe E 2 b, das sind Beamte, die keine besondere Funktion bekleiden und allgemeinen Gendarmeriedienst verrichten, mit mindestens fünfjähriger Dienstzeit zu Gendarmeriebeamten der mittleren Führungsebene. Das sind zum Beispiel Kommandanten von Gendarmerieposten, deren Stellvertreter und Sachbearbeiter. Aber auch Sachbearbeiter und Sachbereichsleiter bei den Landesgendarmeriekommanden und den dazugehörigen Kriminal- und Verkehrsabteilungen.

Die Ausbildungszeit beträgt neun Monate. Vor einer Bestellung zum Postenkommandanten, Postenkommandantenstellvertreter oder Sachbereichsleiter ist im Rahmen der berufsbegleitenden Fortbildung noch ein einmonatiger Zusatzkurs zu belegen, der ebenfalls an der Gendarmeriezentralschule veranstaltet wird.

Die Ausbildung von leitenden Gendarmeriebeamten (Offizieren) obliegt seit dem Jahre 1976 nicht mehr der Gendarmeriezentralschule sondern der Generaldirektion für die öffentliche Sicherheit im Bundesministerium für Inneres. Diese Ausbildung – Sicherheitsakademie – erfolgt für Polizei-, Gendarmerie- und Kriminalbeamte gemeinsam. Die Gendarmeriezentralschule stellt aber nach wie vor die Unterkünfte und Arbeitsbehelfe zur Verfügung, sorgt für die Verpflegung der Lehrgangsteilnehmer, übernimmt administrative Aufgaben und entsendet einen Offizier als Ausbildungsleiter sowie zwei weitere Gendarmeriebeamte zu seiner Unterstützung.

Die Gendarmeriezentralschule bildet in ihrer Gesamtheit aber auch eine Einsatzeinheit zur Unterstützung bei exekutiven Großeinsätzen und hat ihre Einsatzkraft bei zahlreichen Großereignissen in den letzten Jahren mehrfach bewiesen.

Strenges Auswahlverfahren sichert hohes Bildungsniveau

Gendarmeriebeamte und -beamtinnen, die eine Position in der mittleren Führungsebene der Gendarmerie anstreben, müssen sich einem strengen Auswahlverfahren unterziehen. Man muß davon ausgehen, daß je nach Bundesland nur ca. 15 bis 30% der Bewerber(Innen) aufgenommen werden können. Das Auswahlverfahren wird bundesländerweise von Senaten der Auswahlprüfungskommission durchgeführt und besteht aus einem schriftlichen und einem mündlichen Teil. Im Rahmen des schriftlichen Teiles sind ein Entwurf einer Strafanzeige zu verfassen und 15 Fragen aus dem Fachwissen zu beantworten. Im mündlichen Teil wird dem Prüfungswerber bzw. der Prüfungswerberin von einem Mitglied des Prüfungssenates ein meist allgemeines Thema mit teilweise dienstlichem Bezug gestellt, zu dem möglichst ausführlich 10 bis 15 Minuten Stellung zu beziehen ist.

Die Auswahlprüfungskommission setzt sich aus Offizieren der Gendarmeriezentralschule zusammen. Jeder der drei Senate dieser Kommission besteht aus 4 Mitgliedern.

Bei dieser Prüfung können insgesamt 100 Punkte erreicht werden, ab 60 Punkte gilt sie als bestanden. Dies reicht aber für eine Aufnahme in den nächsten Lehrgang aufgrund der hohen Bewerberzahlen so gut wie nie aus. So ist es schon vorgekommen, daß in manchen Bundesländern über 80 Punkte erforderlich waren, um sich in die Reihe jener Bewerber einordnen zu können, für die freie Schulungsplätze zur Verfügung standen.

Moderne Ausbildung – Modell eines Lehrganges

Pro Lehrgang werden durchschnittlich 200 Teilnehmer(Innen) ausgebildet. Der Kurs beginnt Mitte September, endet Mitte Juni des Folgejahres und gliedert sich in zwei Abschnitte, wobei für Beamte und Beamtinnen des Gendarmeriedienstes, genauer gesagt, des exekutiven Gendarmeriedienstes, und für Beamte und Beamtinnen des ökonomisch administrativen Gendarmeriedienstes getrennte Ausbildungswege beschritten werden.

Um eine möglichst gute verwendungsorientierte Ausbildung zu gewährleisten, werden im zweiten Abschnitt , beginnend etwa mit April des Ausbildungsjahres, die Teilnehmer(Innen) der Ausbildung für den Gendarmeriedienst je nach der angestrebten zukünftigen Verwendung, in eine spartenspezifische Ausbildung einbezogen. Das heißt, sie werden nun entweder für die Tätigkeit auf Gendarmerieposten, bei den Kriminalabteilungen, den Verkehrsabteilungen oder in den Stabsdienststellen bei den Landesgendarmeriekommanden speziell ausgebildet.

Zusätzlich wird Beamten und Beamtinnen in Sonderverwendung bei Bedarf eine verkürzte Ausbildung zum Dienstführenden geboten. Darunter fallen z. B. Bedienstete in den technischen Bereichen, wie Hubschrauberpiloten, Fernmeldetechniker etc.

Diese Bediensteten nehmen dazu nur am 1. Abschnitt der Ausbildung für den Bereich Gendarmeriedienst teil und schließen schon im März des Folgejahres mit einer kommissionellen Dienstprüfung ab. Wollen diese Bediensteten in späterer Zeit eine Führungsfunktion auf einem Gendarmerieposten übernehmen, so ist es erforderlich, daß sie auch am zweiten Ausbildungsabschnitt für den Gendarmeriedienst in Form eines Ergänzungslehrganges an der Gendarmeriezentralschule teilnehmen.

Wöchentlich sind 34 Unterrichtsstunden zu absolvieren. Die verbleibende Zeit auf die erforderlichen 40 Wochenstunden dient zur Vorbereitung auf den Unterricht und auf Prüfungen.

Im Rahmen der Ausbildung werden eine Vielzahl von Gegenständen unterrichtet, und zwar:

- Verfassungsrecht und Behördenorganisation inklusive politischer Bildung
- Materielles und formelles Verwaltungsrecht
- Dienstrecht
- Besoldungsrecht
- Strafrecht und Strafverfahrensrecht
- Privatrecht
- Vollzugsdienst
- Kriminalistik
- Verkehrslehre
- Einsatztaktik
- Polizeitechnik
- Schriftverkehr und Kanzleiführung einschließlich EDV
- Deutsch
- Wirtschaftsvorschriften
- Erste Hilfe
- Sport und Körperausbildung

Die Beamten des ökonomisch administrativen Gendarmeriedienstes haben in den angeführten Unterrichtsgegenständen eine verminderte Stundenzahl zu absolvieren, erhalten aber zusätzlich noch Unterricht in den Gegenständen Nebengebühren, Grundbuch und Mietenrecht, Unterkunftswesen, Staatliches Rechnungswesen, Bestellwesen, Bekleidungswirtschaft, Versorgungswesen und Küchenverwaltung.
Der gesamte Ausbildungsverlauf ist begleitet von Seminarveranstaltungen, wie Einführung in die Soziologie und Psychologie, Unterrichtslehre, Gesprächsführung und Sprechschulung, Maßnahmen bei Gewalt in der Familie, Management und Führung und Dienstplanung. Nicht fehlen dürfen natürlich die Schießausbildung, Vorträge in gerichtlicher Medizin, Entschärfungs- und Entminungsdienst und Lehrfahrten in die EDV-Zentrale des Innenministeriums, zu den Gerichten, in das Parlament und zu den Flugeinsatzstellen.

Die gesamte Ausbildung wird durch die Einbeziehung von Praktikern so praxisnah wie möglich gestaltet.

Der Abschluß jeder Ausbildung ist natürlich eine Dienstprüfung. Aber auch diese Hürde wird von fast allen Kursteilnehmern gemeistert, haben sie doch schon eine Auswahlprüfung bestanden und eine anspruchsvolle Ausbildung hinter sich gebracht.

Diese Dienstprüfung setzt sich aus einer 4stündigen umfangreichen schriftlichen Arbeit und in der Folge aus einer kommissionellen Prüfung in acht Gegenständen zusammen.

Den feierlichen Abschluß bildet die Ausmusterungsfeier, an der Bundesminister für Inneres und die höchstrangigsten Vertreter des Gendarmeriekorps regelmäßig teilnehmen.

Der Abschluß der Ausbildung zum Beamten bzw. zur Beamtin der mittleren Führungsebene in der Gendarmerie bedeutet aber nicht das Ende des Lernens. Alle Lehrgangsteilnehmer/Innen haben einen Wissensgrundstock für ihre weitere dienstliche Tätigkeit erhalten und es liegt nun an ihnen, diesen in ihrer praktischen Tätigkeit im Dienste der Bevölkerung umzusetzen und weiter auszubauen.

Personal

14 Offiziere, 46 dienstführende Gendarmeriebeamte, 4 eingeteilte Gendarmeriebeamte, 1 Verwaltungsbeamter, 7 Küchenbedienstete, 6 Hausarbeiter, 17 Reinigungskräfte

Gebäude

Grutschgasse 3:	Kommandogebäude, Technisches Gebäude und Nebengebäude (Garagen, Werkstätte)
Grutschgasse 18:	Unterkunftsgebäude
Quellenstraße 13:	Lehrgangs- und Unterkunftsgebäude
Quellenstraße 4:	Sporthalle und -anlagen
Technikerstraße 16:	Sicherheitsakademie
Bettenkapazität:	340
Fahrzeuge:	22 davon 8 Pkw, 11 Kombi, 3 Autobusse
Ausmaß des Areals:	33.570 m^2

Grundausbildungslehrgänge für dienstführende Wachebeamte: 91
Lehrgänge der Sicherheitsakademie: 26 (seit 1976)

Gendarmerieeinsatzkommando »Cobra« – Die Sondereinheit der Gendarmerie

Christoph Scherz

Das Gendarmerieeinsatzkommando ist eine dem Bundesministerium für Inneres unmittelbar nachgeordnete Organisationseinheit der Österreichischen Bundesgendarmerie zur Besorgung besonderer Aufgaben im öffentlichen Sicherheitsdienst. Im Einsatzfall untersteht es direkt dem Generaldirektor für die öffentliche Sicherheit. In Angelegenheiten des inneren Dienstes ist es dem Gendarmeriezentralkommando nachgeordnet. Die Zuständigkeit erstreckt sich über das ganze Bundesgebiet.

Klar umrissener Aufgabenbereich

Die Aufgaben des Gendarmerieeinsatzkommandos ergeben sich aus der Sondereinheiten-Verordnung zum Sicherheitspolizeigesetz vom 1. Mai 1993. Danach obliegt es dem Gendarmerieeinsatzkommando schwerpunktmäßig

- die gewaltsame Beendigung von Geiselnahmen
- die Festnahme bewaffneter und gefährlicher Gewaltverbrecher
- der Einsatz im Kampf gegen die organisierte Kriminalität zur Unterstützung kriminalpolizeilich tätiger Sondereinheiten
- der Schutz besonders gefährdeter Personen und Objekte sowie
- der Sicherungsdienst an Bord von Flugzeugen der Austrian Airlines und der Lauda-Air.

Die »geschichtliche« Entwicklung

Das Anforderungsprofil und Einsatzspektrum war für das Gendarmerieeinsatzkommando jedoch nicht immer so umfangreich wie heute. Ursprünglich war das Gendarmerieeinsatzkommando 1978 als Antiterroreinheit geschaffen worden.

Vorläuferdienststelle des Gendarmerieeinsatzkommandos war das »Gendarmeriekommando Bad Vöslau«, das 1973 zur Sicherung der per Zug aus der UdSSR über Marchegg einreisenden jüdischen Emigranten und ihrer Weiterreise vom Flughafen Wien-Schwechat nach Israel aktiviert worden war. Nach einem Terroranschlag auf den römischen Flughafen Fiumicino wurde das Gendarmeriekommando Bad Vöslau auch mit der permanenten Sicherung des Flughafens Wien-Schwechat beauftragt.

Die folgenden Jahre waren von einer europaweiten Zunahme des Terrorismus gekennzeichnet, wovon auch Österreich nicht verschont blieb. Der entscheidende Impuls, auch hierzulande eine Antiterroreinheit aufzustellen, war aber die Entführung und Ermordung des deutschen Arbeitgeberpräsidenten Hans-Martin Schleyer durch die RAF (Rote Armee Fraktion, deutsches Terrorkommando) und die im Zusammenhang damit erfolgte Entführung einer Lufthansamaschine nach Mogadischu. (Das Flugzeug konnte in einer bereits legendären Kommandoaktion im Oktober 1977 von der GSG 9, der deutschen Antiterroreinheit, gestürmt werden. Drei der vier Geiselnehmer fanden dabei den Tod. Alle 86 Geiseln wurden befreit. Die GSG 9 war in vielerlei Hinsicht Vorbild bei der Errichtung des Gendarmerieeinsatzkommandos als Antiterroreinheit, sowohl bei der Organisation und dem internen Dienstbetrieb, als auch hinsichtlich Ausbildung, Ausrüstung und Bewaffnung.)

Schloß Schönau an der Triesting. *Bild: GEK*

Mit der Installierung des Gendarmerieeinsatzkommandos am 1. Jänner 1978 war gleichzeitig auch die Übersiedelung in das Schloß Schönau an der Triesting verbunden, das beinahe 15 Jahre lang Hauptquartier der österreichischen Antiterroreinheit bleiben sollte.

Im Volksmund als »Cobra« bekannt, hatte sich das Kommando bereits einen internationalen Ruf erworben.

In der Zwischenzeit auf eine Personalstärke von fast 170 Beamten angewachsen, konnte die Unterkunft bald nicht mehr den personellen und technischen Anforderungen gerecht werden. Mit der Neuerrichtung einer Ausbildungs- und Einsatzzentrale in Wiener Neustadt im Jahre 1992 wurde deshalb dem Gendarmerieeinsatzkommando ein modernst ausgestattetes, funktionelles Sicherheitszentrum geschaffen, das alle Möglichkeiten für eine effiziente Ausbildung und zeitgemäße Unterbringung seiner Mitarbeiter bietet.

Sicherheitszentrum Wiener Neustadt. *Bild: Franz Posch*

Vom Terror zur organisierten Kriminalität

Durch den politischen Umbruch in Europa kam es auch zu einem Wandel in den Erscheinungsformen internationalen Terrors und grenzüberschreitender Kriminalität. So stellt heute die Bekämpfung der organisierten Kriminalität die große Herausforderung für die gesamte Sicherheitsexekutive dar. Diesen geänderten Rahmenbedingungen mußte sich auch das Gendarmerieeinsatzkommando anpassen.

Strenge Auslese sichert hohes Niveau

Fertig ausgebildete Gendarmeriebeamte aus dem gesamten Bundesgebiet können sich zum Dienst bei der »Cobra« melden. Sie müssen alle Eignungen für den Exekutivdienst besitzen, sportlich trainiert sein und niemals disziplinär beanstandet worden sein. In einem speziellen dreitägigen Auswahlverfahren wird festgelegt, ob sie die geforderten Grundvoraussetzungen besitzen. Dazu gehören die ärztliche und sportmedizinische Untersuchung sowie die Überprüfung der Flugtauglichkeit. Diesen Tests folgt die psychologischen Eignung durch ein Psychologenteam, danach wird die sportliche Leistungsfähigkeit des Kandidaten getestet. Ein Geschicklichkeitsparcours zur Feststellung der Beweglichkeit und motorischer Eigenschaften, ein Stufentest zur Überprüfung der Kondition und Willensstärke, ein Lauf auf der Hindernisbahn, bei dem jeder Bewerber an die Grenzen seiner Leistungsfähigkeit gebracht wird, sowie ein Schießleistungstest zur Überprüfung der Waffenhandhabung und der Treffsicherheit unter Belastung ergeben ein komplexes Bild über den körperlichen Allgemeinzustand und die Belastungsfähigkeit des Kandidaten.

Den Abschluß des Auswahlverfahrens, das nach einem Punktesystem angelegt ist, bildet ein Vorstellungsgespräch, das der Kommission die Möglichkeit bieten soll, das äußere Erscheinungsbild, das Auftreten, die Ausdrucksfähigkeit und die Gesamtpersönlichkeit des Bewerbers zu beurteilen.

Wurden alle Tests bestanden, ist letztlich die Reihung der Kandidaten nach der erfolgten Punktebewertung entscheidend für eine Aufnahme zum Gendarmerieeinsatzkommando.

Training, Training, Training

Sechs Monate Grundausbildung stehen am Beginn der »Karriere« eines Cobra-Mannes. Jeder Beamte wird speziell auf die Anforderungen und Einsätze des Gendarmerieeinsatzkommandos vorbereitet. Einsatztaktisches Training, Schießen, Sport und Nahkampf sind die Grundsäulen der Ausbildung, die durch Sprachenunterricht, psychologische Schulung, Gesetzeskunde und theoretische Lehrinhalte ergänzt werden. Nach und nach kommen Sonderausbildungen wie Seiltechnik, Fahrtechnik oder das Abseilen vom Hubschrauber hinzu. Den Abschluß bildet die Absolvierung des militärischen Fallschirmspringerbasislehrganges.

Seiltechnikausbildung am Kletterturm. *Bild: Franz Posch*

Wenn die Beamten nach Beendigung des Grundkurses in die vier Einsatzzüge des GEK eingegliedert werden, müssen sie alle Fertigkeiten und Kenntnisse beherrschen, die für den Erfolg bei schwierigsten und gefährlichsten Einsätzen notwendig sind.

Auch in den Einsatzzügen steht regelmäßiges Training auf dem Programm. Für spezielle Anforderungen werden zusätzlich noch Sonderausbildungen wie Tauchen, Sprengtechnik, Einsatztechnik oder Präzisionsschießen durchgeführt.

Der Schwerpunkt der dienstlichen Tätigkeit liegt nun aber in der Verwendung im Flugsicherungsdienst, für Personen- und Objektschutzmaßnahmen sowie für verschiedenste Einsätze und Sonderdienste.

Einsatz in Graz-Karlau

Einer der spektakulärsten und erfolgreichsten Einsätze des Gendarmerieeinsatzkommandos in den letzten Jahren war die Beendigung einer Geiselnahme in der Justizvollzugsanstalt Graz-Karlau. Drei verurteilte Schwerverbrecher hatten in der Anstaltskantine drei dort beschäftigte Frauen als Geiseln genommen und drohten, diese in die Luft zu sprengen, falls ihre Forderungen nach 7 Mill. Schilling Lösegeld und Bereitstellung eines Fluchthubschraubers nicht erfüllt werden würden. Nach stundenlangen Verhandlungen konnten die Geiselnehmer in einer Blitzaktion von den Cobra-Männern überwältigt und ihre Opfer unverletzt befreit werden.

Die Cobra-Männer im Einsatz. *Bild: Franz Posch*

Doch nicht nur in Österreich sind die Beamten des Gendarmerieeinsatzkommandos tätig. Auch zu oft monatelangen Auslandseinsätzen werden die Mitglieder dieser Spezialeinheit herangezogen, wenn es darum geht, Repräsentanten und Vertretungsbehörden der Republik Österreich an Brennpunkten im Ausland zu schützen, wie zum Beispiel in Algerien und Albanien während der Zeit der größten politischen Unruhen in diesen Ländern.

Das Gendarmerieeinsatzkommando hat sich längst zu einer international renommierten Sondereinheit entwickelt. Als sicherlich größtes Aushängeschild der Österreichischen Bundesgendarmerie hat das Gendarmerieeinsatzkommando in den vergangenen zwei Jahrzehnten diesem Korps immer wieder bedeutende Impulse gegeben und wesentlich zur Entwicklung der gesamten Sicherheitsexekutive Österreichs beigetragen.

Landesgendarmeriekommando für das Burgenland

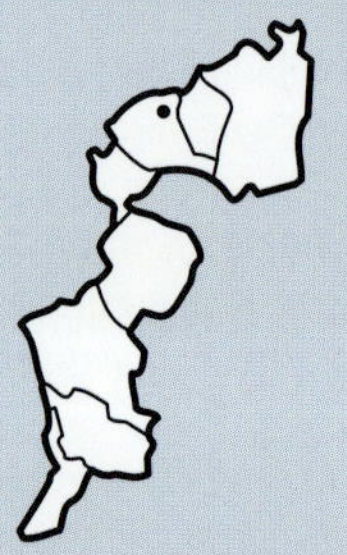

Größe in km²	*3.965,35*
Gemeinden:	*171*
Einwohner:	*273.000*
Anzahl der Dienststellen:	*89*
Systemisierter Personalstand:	*1520*
Auf einen Exekutivbeamten entfallende Einwohner:	*218*
Bundesgrenze in km:	*414*
Autobahnen in km:	*93*
Bundesstraßen in km:	*562*
Landesstraßen in km:	*1181*

Wolfgang Bachkönig

Im Burgenland leben ca. 273.000 Menschen, wovon etwa 260.000 ihren Wohnsitz im Überwachungsgebiet des Landesgendarmeriekommandos haben. 9 % gehören der kroatischen, 6,1 % der ungarischen Minderheit an, 1,5 % werden zur Volksgruppe der Roma gezählt. An der engsten Stelle ist das Burgenland nur vier Kilometer breit.

Mit dem Auslauf der Alpen beginnt im Norden bereits die ungarische Tiefebene. Das Mittel- und Südburgenland wird von einer sanften Hügellandschaft geprägt. Die Waldgebiete in diesen Landesteilen gehören zu den gesündesten der westlichen Welt. Durch das milde Klima gibt es überdurchschnittlich viele Sonnentage, wodurch edler, vollmundiger Qualitätswein reift. Es wachsen auch viele Gemüsearten und an der Thermenbruchlinie sprudeln viele verschiedene Mineralwässer.

Jüngstes Bundesland Österreichs

Da das Burgenland als letztes der neun Bundesländer zu Österreich kam, ist die geschichtliche Entwicklung von Land und Gendarmerie fast ident. Bereits während der Friedensverhandlungen die im Jahre 1919 in Trianon stattfanden, wußte man, daß Ungarn das Burgenland keinesfalls freiwillig abtreten wird, weshalb festgelegt wurde, daß nur die reguläre Sicherheitsexekutive ohne Beteiligung des Militärs zur Landnahme eingesetzt werden dürfe. Für den Einsatz der Gendarmerie wurde von der österreichischen Staatsverwaltung Wiener Neustadt als Kommandozentrum bestimmt.

Nachdem das Burgenland im Jahre 1921 noch immer nicht bei Österreich war, wurde als Tag des Einmarsches der 28. August 1921 bestimmt. Es gab aber noch kein Landesgendarmeriekommando, weshalb die Zeit drängte und die Gründung sofort erfolgen mußte. Als offizielle Geburtsstunde gilt der 21. August 1921. Als erster Kommandant des Landesgendarmeriekommandos für das Burgenland wurde Georg Ornauer zum Gendarmerie-Landesdirektor bestellt.

Doch bald nach dem Einmarsch kam es bei Agendorf, nächst der vorgesehenen Hauptstadt Ödenburg, zu schweren Kämpfen, weshalb der Rückzug der Gendarmen angeordnet werden mußte. Im November kam es zum zweiten Versuch der Landnahme, wobei auch das Militär eingesetzt werden durfte. Nun konnte das gesamte Gebiet mit Ausnahme der Stadt Ödenburg in wenigen Tagen in Besitz genommen werden. Da die erste Landesregierung ihren Sitz in Sauerbrunn hatte, wurde auch dort das Landesgendarmeriekommando samt einer Schulabteilung eingerichtet.

Eisenstadt seit 1925 Landeshauptstadt

Im Jahre 1925 wurde Eisenstadt zur Landeshauptstadt gewählt. Man begann sofort mit dem Bau eines Regierungsgebäudes, in dem auch Räume für das Landesgendarmeriekommando und die Schulabteilung samt Wohnung für den Landesgendarmeriekommandanten vorgesehen waren. Unser »Landhaus« wurde im Jahre 1930 fertiggestellt und der Umzug in die neue Landeshauptstadt konnte binnen kürzester Zeit erfolgen. In der Zwischenzeit wurde Oberst Ladislaus Kuczynski zum Landesgendarmeriekommandanten bestellt. 1933 wurde Österreich ein Ständestaat und die Sicherheitsdirektionen der Gendarmerie unterstellt. In seiner Funktion als Landesgendarmeriekommandant war Oberst Ladislaus Kuczynski jetzt auch Sicherheitsdirektor, wodurch ihm die Bundespolizeidirektion Eisenstadt ebenfalls untergeordnet war.

1934 – Unruhen auch im Burgenland

Die politischen Verhältnisse spitzten sich in dieser Zeit mehr und mehr zu und am 12. Februar 1934 revoltierte der Sozialdemokratische Republikanische Schutzbund. Besonders in Wien, Oberösterreich und der Steiermark kam es zu wüsten Ausschreitungen. Im Burgenland gab es mit Ausnahme der Gemeinden Siegendorf und Mörbisch/See nur kleinere Zwischenfälle. In Mörbisch/See revoltierten die Nationalsozialisten. Dabei wurde der Gendarmerieposten überfallen. Der Postenkommandant wurde aus der im ersten Stock gelegenen Kanzlei gezerrt und die Stiegen hinuntergestoßen, wobei er sich schwere Verletzungen zuzog. Während seine Beamten mit den Waffen flüchteten, gelang es ihm trotz seiner Verletzungen, das Landesgendarmeriekommando zu verständigen. Während sich die Aufständischen zum katholischen Pfarrhof begeben hatten, traf Verstärkung aus Eisenstadt ein. Den Gendarmen gelang es binnen kürzester Zeit die Revolte zu beenden. Insgesamt wurden 40 Demonstranten samt dem evangelischen Pfarrer festgenommen, nach Eisenstadt gebracht und in der Garage der Bezirkshauptmannschaft inhaftiert.

Während des Juliputsches im Jahre 1934 kam es im Burgenland in Mogersdorf, Bezirk Jennersdorf, zu einer Revolte. Vor dem Gendarmerieposten, der sich im Zollhaus befand, gab es eine wilde Schießerei, wobei ein Finanzbeamter von den Nationalsozialisten verletzt wurde.

1938 – Gendarmerie beim »Anschluß« zurückhaltend

Das Jahr 1938 hat dann zum Umbruch und »Anschluß« unseres Staates an das Deutsche Reich geführt. Zu Hunderten zogen nahezu aus jeder Ortschaft Nationalsozialisten in Bezirksvororte und die Landeshauptstadt Eisenstadt, wo es teilweise zu gewalttätigen Demonstrationen kam. Die Gendarmerie reagierte allgemein zurückhaltend, weshalb es im Burgenland nie zu einer Schießerei gekommen war. Oberst Ladislaus Kuczynski wurde abgelöst und durch Oberst Weinrichter ersetzt. Im Oktober 1938 wurde das Burgenland als selbständiges Bundesland aufgelöst und die Gebiete an Niederösterreich und die Steiermark angegliedert.

Statt dem Landesgendarmeriekommando wurde in Eisenstadt nur mehr eine Abteilung, die damals Gendarmeriehauptmannschaft hieß, geführt.

Die Gendarmen haben zumeist um Versetzung zum Landesgendarmeriekommando nach Wien oder Graz angesucht.

Gendarmerie Burgenland in der Zweiten Republik

Nach dem Zweiten Weltkrieg wurde mit 1. Oktober 1945 das Burgenland wieder ein selbständiges Bundesland. Zum Landesgendarmeriekommandanten wurde Oberst Dr. Paul Schmittner bestellt. Bereits am 3. Oktober wurde ein provisorisches Landesgendarmeriekommando errichtet und in zwei Räumen des Postens Eisenstadt, in der Ödenburgerstraße 2, untergebracht. Nach zehn Tagen konnte man schon ins Schloß Esterhazy übersiedeln, wo neben der Landesregierung auch bald die Sicherheitsdirektion einige Kanzleien bezog. Das ökonomische Referat blieb vorerst in Wien, übersiedelte anschließend nach Bad Sauerbrunn, ehe es im heutigen Museum der israelitischen Kultusgemeinde, unweit des Schlosses, untergebracht werden konnte.

Oberst Dr. Paul Schmittner wurde am 1. November 1946 von Rittmeister Rudolf Bahr abgelöst. Aber schon nach vier Monaten, am 28. Februar 1947, mußte sich Bahr nach Graz absetzen, weil ihn die Sowjets wegen seines Kriegseinsatzes in Jugoslawien verfolgten. Sein Nachfolger wurde bereits mit 1. März Oberst Josef Ebenhöh. Eine neue Ära der Aufbauarbeit begann aber erst mit der Bestellung von Oberst Johann Kreil, am 9. Juni 1948. Er übergab 1953 die Führung an Oberst Franz Krivka.

Während der schweren Besatzungszeit waren sie eigentlich die Männer der ersten Stunde, die zum Aufbau unserer Gendarmerie einen wesentlichen Beitrag geleistet haben. Es ist ihnen stets gelungen, mit den Sowjets auch bei der Lösung schier unüberwindbar scheinender Probleme einen Konsens zu finden.

Nach der Unterzeichnung des Staatsvertrages begann man mit der Renovierung des Landhauses und das Landesgendarmeriekommando konnte im Jahre 1956 wieder in die alte Heimstätte übersiedeln. Für die Schulabteilung war jedoch kein Platz vorhanden, weshalb unsere Gendarmen weiter in der Freistadt Rust ausgebildet werden mußten. Da dieser Zustand nicht zufriedenstellend war, hatte man seit damals jährlich den Bau eines eigenen Gebäudes beantragt.

Hunderte ungarische Flüchtlinge warten in Eisenstadt auf ihren Weitertransport. Bild: GChr. Rechnitz

Ostgrenze – Flüchtlingswellen im Burgenland

Begann sich unser Burgenland von den Kriegswirren und den Schikanen der sowjetischen Besatzungsmacht langsam zu erholen, so mußte es im Jahre 1956 die nächste Bewährungsprobe bestehen. Ein schier unendlich scheinender Strom von Flüchtlingen drängte während des Ungarnaufstandes über die Grenze nach Österreich. Um diesen Flüchtlingsstrom bewältigen zu können, waren unsere Gendarmen rund um die Uhr unermüdlich im Einsatz.

In Zusammenarbeit mit den vorgesetzten Behörden und verschiedenen Hilfsorganisationen konnte dieses kaum lösbare Problem hervorragend bewältigt werden. Die ganze Welt blickte damals auf unsere Heimat und sparte auch nicht mit Lob für die geleistete Arbeit. Vor allem war man von der selbstlosen und aufopferungsvollen Hilfeleistung von Gendarmen und Zivilisten beeindruckt. Wie die Geschichte gezeigt hat, sollte diese Krise nicht die letzte an der Ostgrenze sein.

Nach der Tschechenkrise im Jahre 1968 folgte 11 Jahre später neuerlich ein Umbruch in Europa. Mit dem Zerfall der DDR und der Auflösung des Warschauer Paktes drängten die Flüchtlinge wieder in den Westen. Es waren vor allem Tausende Bürger der DDR, die über Ungarn in die Bundesrepublik Deutschland flüchteten. Aber auch damals haben es die Gendarmen geschafft, dieses Problem zum Wohle unseres Landes und seiner Bevölkerung zu bewältigen.

Unbeschreibliche Szenen unter den DDR Flüchtlingen. Bild: LGK Burgenland

Zeitgemäßes Kommandogebäude

Den Gendarmen ist es zwar gelungen, die Sicherheit im Land zu gewährleisten, ein eigenes Gebäude hatte das Landesgendarmeriekommando aber noch immer nicht. Anfang der 80er Jahre wurde die Zustimmung zum Kauf eines Grundstückes erteilt und man konnte mit der Planung beginnen. Der Bau wurde in mehrere Abschnitte gegliedert, wodurch es möglich war, vorerst einzelne Abteilungen zu übersiedeln. Die neue Heimstätte, in der Landeshauptstadt Eisenstadt, Neusiedlerstraße 84, konnte im Herbst 1990 bezogen werden. Die offizielle Eröffnung fand am 3. Dezember 1990 statt. Heute sind in diesem modernen Gebäude das Landesgendarmeriekommando, die Sicherheitsdirektion und die Bundespolizeidirektion Eisenstadt untergebracht.

Landesgendarmeriekommando für das Burgenland. Bild: LGK Burgenland

Landesgendarmeriekommandanten seit 1961
1961 – 1962 Alois Dolezal
1962 – 1968 Edgar Witzmann
1969 – 1978 Michael Lehner
1979 – 1983 Heinrich Rudolf
1984 – 1992 Otto Krischka

Seit 1. Juli 1992 steht die Gendarmerie des Burgenlandes unter der Führung von Brigadier Adolf Kanz.

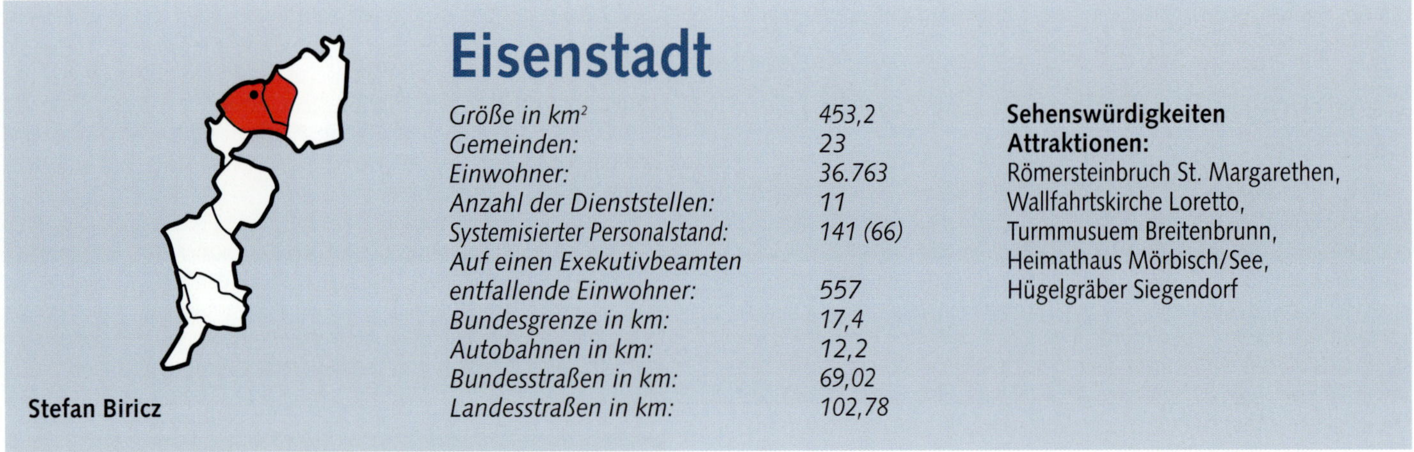

Eisenstadt

Größe in km²	*453,2*
Gemeinden:	*23*
Einwohner:	*36.763*
Anzahl der Dienststellen:	*11*
Systemisierter Personalstand:	*141 (66)*
Auf einen Exekutivbeamten entfallende Einwohner:	*557*
Bundesgrenze in km:	*17,4*
Autobahnen in km:	*12,2*
Bundesstraßen in km:	*69,02*
Landesstraßen in km:	*102,78*

Sehenswürdigkeiten Attraktionen:
Römersteinbruch St. Margarethen, Wallfahrtskirche Loretto, Turmmusuem Breitenbrunn, Heimathaus Mörbisch/See, Hügelgräber Siegendorf

Stefan Biricz

Der Bezirk Eisenstadt, verwaltungsrechtlich als Bezirk Eisenstadt-Umgebung geführt, gehört mit den Bezirken Mattersburg und Neusiedl am See zu den drei nördlichsten Bezirken Burgenlands. Seine östliche Grenze verläuft durch den Neusiedler See, die nördliche, zu Niederösterreich, markiert der Leithafluß und das Leithagebirge und die südliche wird durch die Staatsgrenze nach Ungarn gebildet. Nur in Richtung Westen gibt es keine natürliche Abgrenzung oder Barriere zum Bezirk Mattersburg. Der Hauptfluß des südlichen Bezirksteiles ist die Wulka, die in den Neusiedler See mündet. Der Nordteil wird vom Leithafluß entwässert. Die höchste Erhebung im Bezirk ist der 484 m hohe Sonnberg im Leithagebirge.

Der Straßenverkehr nach Wien wird über die A 3, jener nach Süden über die S 31 und der in den Bezirk Neusiedl/See über die B 50 geführt. Die B 16, die von Wien über den Grenzübergang Klingenbach nach Sopron in Ungarn führt, erhält erst nach der Einmündung der A 3 verkehrsmäßig eine größere Bedeutung.

Ein Bezirk am Weg von der Landwirtschaft in die Industrie

War in den 60er Jahren noch die Landwirtschaft, und hier vor allem der Weinbau, die wichtigste Einnahmequelle der Bevölkerung, so hat sich das in den letzten Jahrzehnten grundlegend geändert. Besonders im Bezirk Eisenstadt war der »edle Saft« ein bedeutender Wirtschaftszweig. Auf den Südhängen des Leithagebirges, aber vor allem am Westufer des Neusiedler Sees, können besonders edle Tropfen produziert werden. Die bekanntesten Weinbaugemeinden sind hier zweifellos die Freistadt Rust und die Festspielgemeinde Mörbisch/See. Aber auch St. Margarethen durch den Römersteinbruch und die Stadt Purbach, oft in aller Munde wegen dem »vergessenen Türken«, sind weit über die Grenzen Österreichs ein Begriff.

Weinbaubetriebe werden stillgelegt

Die Technik hielt auch in der Landwirtschaft Einzug. Die Arbeitskräfte wurden zum Teil durch moderne Maschinen ersetzt. Der Weinskandal im Jahre 1987 leistete ebenfalls seinen »Beitrag« und trieb viele Betriebe in den Ruin.

Die meist ungelernten Landarbeiter mußten nach Wien auspendeln, arbeiteten aber vorerst noch als sogenannte Nebenerwerbslandwirte weiter. Da die Weinpreise im wahrsten Sinne des Wortes in den »Keller« fielen, mußten auch diese Betriebe geschlossen werden.

Fortschreitende Industrie – neue Aufgaben im Sicherheitsbereich

Die Landeshauptstadt Eisenstadt, am Südhang des Leithagebirges gelegen, bildet für den gesamten Bezirk das Einkaufs-, Verwaltungs- und Schulzentrum. Gab es in den 60er Jahren kaum Industriebetriebe, so war durch die zunehmende Abwanderung der Menschen aus der Landwirtschaft die Schaffung neuer Arbeitsplätze ein Gebot der Stunde. Die Firma »Isosport« war einer der ersten größeren Industriebetriebe, die sich im Raume Eisenstadt ansiedelten. Sie bildet wohl auch heute noch mit ca. 300 Beschäftigten den Schwerpunkt im Bezirk Eisenstadt. Im Gewerbepark Donnerskirchen sind ebenfalls mehrere Firmen etabliert. In Breitenbrunn sorgt die Firma »Masterfoods« mit ihren weltweit anerkannten Produkten wie zum Beispiel »Mars oder Bounty« für Arbeitsplätze in dieser Region. Mit der fortschreitenden Industrialisierung kamen auf die Gendarmerie neue Aufgaben zu. Der Industrie-Arbeiter ist sicherheitspolizeilich auf einer ganz andere Ebene angesiedelt als der Landarbeiter.

Die Kultur boomt – St. Margarethen und Mörbisch – Mekka von Oper und Operette

1957 schlug Kammerschauspieler Professor Herbert Alsen die Aufführung von Seefestspielen vor und im Sommer wurde bereits zum ersten Mal der Zigeunerbaron aufgeführt. Waren es zuerst Laienspieler aus der Gemeinde, so sind heute ausschließlich Profis am Werk. Von Jahr zu Jahr wurde das Gelände erweitert und mit den für die Landschaft typischen Stücken Gräfin Marica, Zigeunerbaron, der Vogelhändler usw., wurden die Festspiele bald weit über die Grenzen unseres Landes bekannt. Schauspieler wie Heinz Conrads, Vico Torriani, Karl Merkatz oder Ossi Kollmann lockten Tausende Zuschauer an. Mörbisch wurde zum festen Bestandteil der Operettenaufführung im Osten Österreichs.

Aber nicht nur der See eignet sich vorzüglich für kulturelle Veranstaltungen. Die Geschichte vom Leiden Christi wird schon seit Jahrzehnten im Römersteinbruch bei St. Margarethen aufgeführt. Seit drei Jahren hat man dort eine weitere Marktlücke entdeckt und geschlossen. Die Aufführung von Opern hat sich bestens bewährt und ist beim Publikum derart gut angekommen, daß sämtliche Vorstellungen ausverkauft sind. Im Jahre 1999 kommt Mozarts Stück »Die Zauberflöte« zur Inszenierung.

Diese Aufführungen und der damit verbundene Kultur-Tourismus bringen für die Gendarmerie vielfältige Aufgaben sowohl im verkehrs- als auch am kriminalpolizeilichen Sektor.

Römersteinbruch in St. Margarethen, Aufführung der Passionsspiele. *Bild: BGK Eisenstadt*

80 Jahre Gendarmerie – Entwicklung im Bezirk Eisenstadt

Mit dem am 1. August 1919 in St. Germain geschlossenen Friedensvertrag wurden Teile des damaligen West-Ungarn, das heutige Burgenland, Österreich zugesprochen. Die endgültige Landnahme erfolgte im November 1921 durch Gendarmerieeinheiten aus ganz Österreich. Der Bezirk Eisenstadt umfaßte damals eine Fläche von 516 km^2 mit 27 Gemeinden und zehn Gendarmerieposten.

Im Jahre 1924 erfolgte die Errichtung eines Polizeikommissariates in Eisenstadt und Ausgliederung der Freistadt Eisenstadt aus dem Gendarmeriebereich. Bereits im April 1927ging auch die Freistadt Rust in die Hoheitsverwaltung der Bundespolizeidirektion Eisenstadt über.

Mit der Machtübernahme der Nationalsozialisten wurde am 15. November 1938 das Bezirksgendarmeriekommando Eisenstadt unter das Kommando der Gendarmerie Nieder-Donau gestellt.

Aber noch vor Kriegsende, am 1. April 1944, wurde das Polizeiwachzimmer in Rust wieder aufgelassen und die Freistadt Rust in das Überwachungsgebiet der Gendarmerie eingegliedert.

Der Krieg war kaum zu Ende und bereits am 5. Juni 1945 erfolgte die Wiedererrichtung sämtlicher Dienststellen. Der wirtschaftliche Aufschwung ging zwar nur langsam voran, aber die Menschen entdeckten den Neusiedler See als Ausflugs- und Urlaubsgebiet. Neben dem ständig zunehmenden Tourismus mit all seinen sicherheitsdienstlichen Auswirkungen, wurde auch eine verstärkte Überwachung des Sees notwendig, weil Fisch-, Wild- und Schilfdiebstähle stark zunahmen.

Aus diesem Grund wurde bereits am 10. Februar 1951 in Rust/See eine Bootsstation eröffnet und das erste Motorboot in Betrieb genommen.

Am 9. Mai 1955 wurde der Gendarmerieposten Rust/See wieder geschlossen und der Sicherheitsdienst abermals von der Bundespolizeidirektion Eisenstadt übernommen.

Der Eiserne Vorhang war nun so dicht geworden, daß die Notwendigkeit der Grenzgendarmerie nicht mehr gegeben schien. Am 16. August 1955 wurden die Grenzgendarmerieposten Mörbisch, St. Margarethen und Klingenbach aufgelassen. Aber wie die Geschichte gezeigt hat, war mit dem Umbruch in Europa die Aufstellung einer Grenzgendarmerie wieder notwendig geworden. Am 1. April 1996 wurde der Grenzüberwachungsposten Mörbisch wieder in Betrieb genommen und am 1. April 1997 erfolgte die Übernahme der Ein- und Ausreisekontrolle auf dem Grenzübergang Klingenbach durch die Gendarmerie.

Bezirksgendarmeriekommando und Gendarmerieposten erhalten neue Heimstätte

Das Bezirksgendarmeriekommando Eisenstadt und der Gendarmerieposten Eisenstadt sind im Bundesamtsgebäude in Eisenstadt untergebracht. Da sich das Bundesamtsgebäude im Überwachungsgebiet der Bundespolizeidirektion Eisenstadt befindet, wird in absehbarer Zeit eine Übersiedlung der beiden Dienststellen nach Wulkaprodersdorf erfolgen.

Grenzschutz – neue Herausforderung neben dem normalen Sicherheitsdienst

Wurde bis zum Jahre 1989 die Ostgrenze von unseren Nachbarn bewacht, so hat sich dies nun grundlegend geändert. Mit dem Abbau des Eisernen Vorhanges wurde die Gendarmerie vor völlig neue Probleme gestellt, die, wie sich gezeigt hat, hervorragend gelöst wurden.

Die wohl bekannteste Dienststelle ist die Grenzkontrollstelle in Klingenbach. Dieser Übergang wird täglich von ca. 10.000 Personen frequentiert.

Der Grenzüberwachungsposten Mörbisch/See wurde erst kürzlich mit dem 3,5 Millionen Schilling teuren Wärmebildwagen ausgerüstet. Durch die in diesem Fahrzeug befindlichen technisch hochwertigen Geräte kann man auch während der Dunkelheit die »grüne Grenze« bestens überwachen.

Auch im »Hinterland« – die Gendarmerie präsent

Die entlang des Sees gelegenen Posten Mörbisch/See, Schützen/Geb. und Purbach haben neben dem normalen Sicherheitsdienst noch besonders die Einhaltung des Naturschutzgesetzes sowie die See- und Flußverkehrsordnung zu gewährleisten.

Für den Sicherheitsdienst im »Hinterland« sorgen die Gendarmerieposten St. Margarethen, Siegendorf, Wulkaprodersdorf, Eisenstadt, Neufeld/L. und Hornstein. Erwähnenswert wäre hier besonders Neufeld/L. aufgrund seines großen Badesees. Ein aufgelassenes Bergwerk wurde vor allem durch die Bewohner der nahen Bundeshauptstadt Wien zu einem Ferienparadies umgewandelt. Hier kommt es oft zu Eigentums- und Gewaltdelikten, wodurch ein hoher Arbeitsanfall gegeben ist.

Der Bereich des Bezirksgendarmeriekommandos ist in zwei Sektoren gegliedert. Eine Kriminaldienstgruppe und eine Verkehrssondereinsatzgruppe sorgen dafür, daß die Kriminellen nicht zur Ruhe kommen, bzw. die Sicherheit auf unseren Straßen gegeben ist. Mehrere Diensthundeführer sind jederzeit einsatzbereit und unterstützen die Beamten mit ihren treuen Vierbeinern bei vielen gefährlichen Einsätzen.

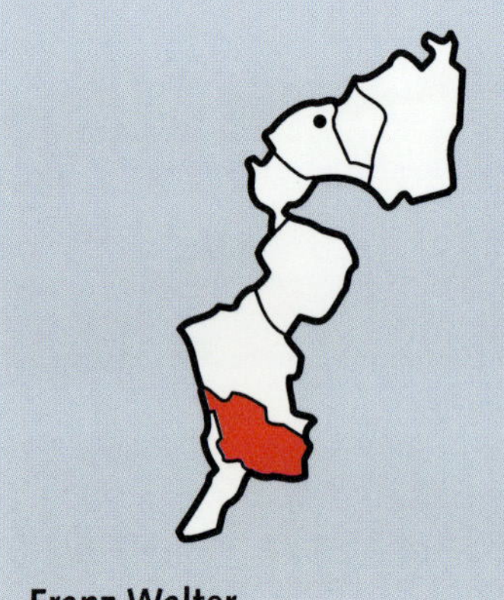

Franz Walter

Güssing

Größe in km²	*486,99*
Gemeinden:	*24*
Einwohner:	*28.060*
Anzahl der Dienststellen:	*8*
Systemisierter Personalstand:	*101*
Auf einen Exekutivbeamten entfallende Einwohner:	*510*
Bundesgrenze in km:	*73,5*
Autobahnen in km:	*–*
Bundesstraßen in km:	*69*
Landesstraßen in km:	*556*

Sehenswürdigkeiten Attraktionen:
Burg Güssing, Kellerviertel Heiligenbrunn, Gerersdorfer Freilichtmuseum, Pinkataler Weinstraße mit Weinmuseum Moschendorf, Wallfahrtskirche Maria Weinberg bei Gaas, Kumpftherme Stegersbach, Klosterkirche Güssing mit Gruft, Schnapsbrennereimuseum Neusiedl b. Güssing, Telegraphenmuseum Stegersbach

Entstehung des Bezirkes

Nach dem Ersten Weltkrieg wurde von den Siegermächten im Jahre 1919 das Burgenland, bis dahin ein Teil von »Deutsch-westungarn«, Österreich zuerkannt. Die Übergabe durch Ungarn erfolgte jedoch nicht freiwillig, weshalb am 28. August 1921 der erste landesweite Versuch einer friedlichen Landnahme durch österreichische Gendarmerie- und Zollwacheeinheiten durchgeführt wurde. Wie überall, scheiterte dieser auch im Bezirk Güssing am Widerstand ungarischer Freischärlerverbände. Aus ihren Stützpunkten in Oberwart und Heiligenkreuz im Lafnitztal operierend, drängten sie die Gendarmerie- und Zollwacheverbände in heftigen Gewehrfeuergefechten noch am gleichen Tag über die alte Staatsgrenze zurück. Erst nach Unterzeichnung des Venediger »Protokolls« am 13. Oktober 1921 konnten auch im Bezirk Güssing mit Beginn 13. November 1921 Truppen des Österreichischen Bundesheeres mit der Besitznahme des Burgenlandes beginnen.

Die genauen Grenzverlaufsverhandlungen wurden im Bezirk Güssing erst im Jänner 1923 mit der Zuteilung der Gemeinde Luising an Österreich beendet.

Die mit der Landnahme errichteten Gendarmerieposten im Bezirk wurden dem in Fehring (Steiermark) stationierten Gendarmerie-Grenzabschnittskommando (GAK) Nr. V unterstellt. Dieses wurde mit 13. Dezember 1921 nach Güssing verlegt, aber bereits mit 1. März 1923 wieder aufgelöst und der Bezirk dem GAK Nr. 3 in Oberwart angeschlossen. Am 1. Jänner 1928 wurden die GAK allgemein aufgelassen und die Bezirksgendarmeriekommanden als zwischenvorgesetzte Stellen eingeführt.

Deutsche Verwaltung

In der Zeit der deutschen Verwaltung wurde der Bezirk Güssing nach dem »Gebietsveränderungsgesetz« vom 1. Oktober 1938 ohne die Gemeinden Deutsch Schützen, Edlitz i. Bgld, Eisenberg a. d. Pinka, Harmisch, Höll, St. Kathrein und Kirchfidisch der Gendarmerieinspektion (Gendarmeriekreis) Fürstenfeld eingegliedert.

Mit dem Ende des Krieges endete auch die deutsche Verwaltung im Bezirk.

Zeit der Besatzung

Nach dem Rückzug der russischen Besatzungsmacht an die ehemals burgenländisch-steirische Grenze (Demarkationslinie) wurde die Selbstverwaltung im Bezirk wiederhergestellt und am 21. August 1945 auch das BGK Güssing wiedererrichtet. Die ersten Gendarmen verrichteten in »Räuberzivil« (Kombination von Wehrmacht- mit Zivilkleidung) und zum Teil in Zivilkleidung mit rot-weiß-roten Armbinden mit der cyrillischen Aufschrift »Gendarm« gekennzeichnet ihren schweren Dienst in der nunmehr russischen Besatzungszone. Die russischen Kommandos versuchten immer wieder auf die Dienstverrichtung Einfluß zu nehmen, und dagegen auftretende Gendarmen wurden von den Besatzungssoldaten oft kurzfristig festgenommen.

Am 12. März 1946 wurde zur Bewachung der Bundesgrenze und Verhinderung von illegalen Grenzübertritten eine Grenzschutztruppe aufgestellt und im Bezirk dazu 5 Grenzwachschutzposten installiert.

Die Motorisierung hielt am 23. Dezember 1947 mit der Zuweisung eines Lkw Dodge, 1948 mit der Zuweisung eines Motorrades der Marke Indian und im Jahre 1949 mit einem Pkw, Marke VW, im Bezirk ihren Einzug. Im Jahre 1953 wurde der erste Fernschreiber im Bezirk installiert.

Am 20. August 1955 verließ der letzte russische Soldat von Stegersbach aus den Bezirk Güssing.

Ungarnaufstand 1956 – Bewährungsprobe für die Gendarmerie

Wegen der ruhigen Lage an der Grenze wurden die errichteten Grenzschutzposten wieder aufgelassen. Die Technisierung fand in der Errichtung der ersten Funkstelle im Bezirk und in der Bewaffnung der Beamten mit der Pistole M 35 im Jahre 1956 ihre Fortsetzung.

Aber bereits am 28. Oktober 1956 wurden die Gendarmen durch den Beginn des offenen Aufstandes in Ungarn neuerlich gefordert. Immer wieder kam es im Bezirk zu Freudenkundgebungen von der über die Grenze gekommenen ungarischen Grenzbevölkerung in den österreichischen Grenzorten. Diese verliefen jedoch alle ohne Zwischenfälle.

Mit Beginn der Niederwerfung des ungarischen Aufstandes am 4. November 1956 durch russische Militärverbände setzte im Bezirk Güssing ein Flüchtlingsstrom von Ungarn nach Österreich mit täglich 300 bis zu 1.400 Personen ein. Auch eine gegenüber dem Grenzort Luising stationiert gewesene ungarische Grenzeinheit in der Stärke von 1 Offizier und 59 Mann sowie im Bereich von Gaas von weiteren 30 Mann flohen samt der Ausrüstung nach Österreich. Der Bewachungs- und Ordnungsdienst sowie die Transportbegleitungen dieser Flüchtlinge wurden von den Gendarmen des Bezirkes, welche dabei von Bundesheersoldaten unterstützt wurden, durchgeführt. Die Betreuung dieser Flüchtlinge wurde im Bezirk vom Roten Kreuz, Malteser Orden und privaten in- und ausländischen Hilfsorganisationen in 20 Flüchtlingsdurchgangslagern bzw. Auffang- und Sammellagern durchgeführt. Um die Bundesgrenze im Bezirk für die Flüchtlinge zu kennzeichnen, wurden von allen Gemeinden des Bezirkes ca. 800 kleine rot-weiß-rote Fahnen gesammelt und damit der Grenzverlauf markiert.

Nach der Niederwerfung des Aufstandes wurde die Grenze von den Ungarn hermetisch abgeriegelt. Es kam es zu vermehrten Grenzzwischenfällen, wobei Personen durch Minen verletzt oder Arbeiter von Ungarn aus beschossen wurden. Vom 11. April bis 12. Juni 1957 wurde von ungarischen Pioniereinheiten ein Stacheldrahtverhau an der Staatsgrenze des Bezirkes Güssing (Eiserner Vorhang) aufgebaut und fertiggestellt. Ein Jahr später wurden auch die aus Stahlkonstruktionen gefertigten Wachtürme entlang der Grenze errichtet. Mit Beginn des Jahres 1960 wurde dann noch ein zweiter Stacheldrahtverhau mit 3 m hohen Betonsäulen aufgebaut. Trotzdem kamen immer wieder Flüchtlinge über die Grenze.

Am 20. Dezember 1960 verfolgten ungarische Soldaten verletzte Flüchtlinge sogar bis auf österreichisches Staatsgebiet und verschleppten diese nach Ungarn zurück. Die Lage an der Grenze beruhigte sich in den darauffolgenden Jahren (tote Grenze), weshalb auch einige der an der Grenze gelegenen Gendarmerieposten aufgelassen wurden.

Wahrzeichen des Bezirkes – die Burg Güssing. Auf dem Basaltkegel stand schon im 12. Jahrhundert eine Holzburg. *Bild: Stadtgemeinde Güssing*

Beginn der Ostöffnung

In der Zeit vom April 1969 bis Juli 1971 wurden im Bereich des Bezirkes Güssing von den Ungarn die Minen wieder geräumt und der zweite Stacheldrahtverhau abgebaut.

Vom Juli bis September 1989 wurden von der Gendarmerie in Zusammenarbeit mit dem Roten Kreuz Hunderte DDR-Flüchtlinge, welche illegal die ungarische Grenze zum Bezirk Güssing überschritten hatten, versorgt und formlos an die BRD-Botschaft in Wien weitergeleitet. Erst die ungarische Grenzöffnung am 11. September 1989 und die Möglichkeit der formlosen Einreise von DDR-Bürgern nach Österreich beendete den Flüchtlingsstrom.

Mit 5. Februar 1990 begannen die ungarischen Soldaten, den Eisernen Vorhang im Bereich den Bezirkes Güssing abzubauen.

Als Reaktion auf die politischen Veränderungen in Ungarn und die damit verbundene Öffnung der Grenzen wurde auf Beschluß der österreichischen Bundesregierung mit September 1990 der verstärkte Grenzüberwachungsdienst an der Staatsgrenze zu Ungarn im Bezirk Güssing wieder aufgenommen und mit Unterstützung zugeteilter Gendarmeriebeamten aus Kärnten vollzogen.

Installierung einer neuen Struktur der Grenzüberwachung

Am 29.06.1991 wurde der Grenzübergang Eberau-Szentpeterfa für den Personenverkehr für österreichische und ungarische Staatsbürger eröffnet. Um die notwendige Grenzsicherung durchführen zu können, wurden im September 1991 und Oktober 1995 Vertragsbedienstete in Sonderverwendung (VB/S) aufgenommen und im Schulungsraum des Bezirksgendarmeriekommandos Güssing jeweils 6 Monate lang von dienstführenden Beamten der Bezirke Güssing und Jennersdorf ausgebildet.

Am 30. Oktober 1991 begann im Bezirk Güssing der Assistenzeinsatz des Österreichischen Bundesheeres zur Sicherung der Grenze mit 3 Zügen und 120 Mann.

Mit Erlaß des Bundesministeriums für Inneres wurden die Gendarmerieposten Eberau und Strem mit 1. März 1992 als Grenzabschnittsposten (GAP) eingerichtet und die gleichzeitig ausgemusterten VB/S des Grenzdienstes diesen in der Stärke von 15 Mann zugewiesen.

Im Zuge des Dienststellenstrukturkonzeptes wurde im Jahre 1991 eine Dienststelle aufgelöst und dem Gendarmerieposten Güssing eingegliedert.

Am 1. Dezember 1998 wurde die österreichische Zollabfertigung beim Grenzübergang Eberau/Szentpeterfa in das auf ungarischem Staatsgebiet erbaute Zollamtsgebäude verlegt, wodurch sich auch für die Gendarmerie bei Amtshandlungen auf dem Amtsplatz im »Ausland« Probleme ergeben.

EU-Beitritt: Schengener Abkommen – umfangreiche Umstrukturierungen

Aufgrund der Vorbereitungshandlungen zur Erfüllung des Schengener Abkommens wurde mit 1. Oktober 1995 die Zollwacheabteilung Eberau aufgelöst. Ein Teil der Beamten optierte zur Grenzgendarmerie und versieht seither in diesem Wachkörper an der Staatsgrenze seinen Dienst.

Am 1. Jänner 1996 wurde auch im Bezirk Güssing, als Folge des Schengener Vertragswerkes und des EU-Beitrittes, der Grenzdienst als eigener Teilbereich innerhalb der Gendarmerie aufgestellt und am Standort des Gendarmeriepostens Eberau die Gendarmeriegrenzkontrollstelle (GendGreko) Eberau in der Stärke von 17 Bediensteten zur Grenzkontrolle errichtet. Mit 1. April 1996 wurde ihr Tätigkeitsbereich auf die Überwachung der grünen Grenze und später auf die Vollziehung von Zollagenden erweitert. Gleichzeitig wurde der Gendarmerieposten Eberau stillgelegt und der Aufgabenbereich dem Gendarmerieposten Strem übertragen, wohin auch die Hälfte der Beamten übersiedelte. Weiters wurde auch die Grenzkontrolle am Flugplatz Punitz-Güssing der Gendarmerie übertragen und wird seither von den Beamten des Gendarmeriepostens St. Michael durchgeführt.

Mit 1. Juni 1996 wurde der Grenzüberwachungsposten (GOP) Inzenhof in der Stärke von 18 Bediensteten zur Überwachung der grünen Grenze errichtet.

Im Zuge des im Jahre 1996 durchgeführten Strukturanpassungskonzeptes innerhalb der Gendarmerie wird im Bezirk Güssing der systemisierte Personalstand von 64 auf 55 Beamte absystemisiert.

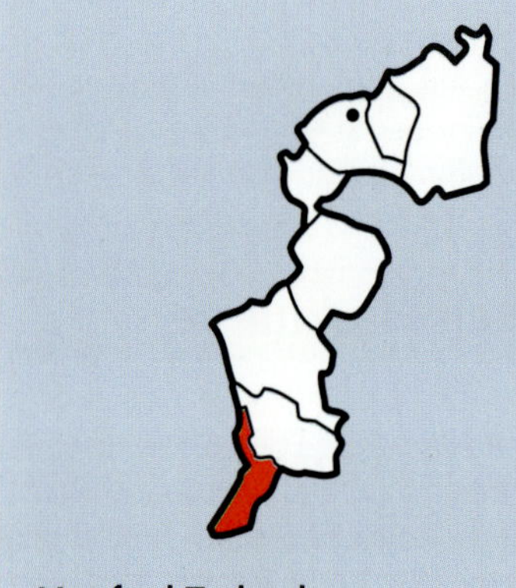

Manfred Tschank

Jennersdorf

Größe in km²	*253,30*
Gemeinden:	*12*
Einwohner:	*18.045*
Anzahl der Dienststellen:	*7*
Systemisierter Personalstand:	*145*
Auf einen Exekutivbeamten entfallende Einwohner:	*392*
Bundesgrenze in km:	*47,486*
Autobahnen in km:	*–*
Bundesstraßen in km:	*61,40*
Landesstraßen in km:	*112,90*

Sehenswürdigkeiten Attraktionen:
Schloß Tabor und Burgruine in Neuhaus a. Klb., Künstlergalerie mit Atelierhäusern in Künstlerdorf-Neumarkt a. d. Raab, Schlößlberg mit Türkenkreuz in Mogersdorf

Der südlichste Bezirk des Bundeslandes

Der Bezirk Jennersdorf liegt im Dreiländereck Österreich – Ungarn – Slowenien. Die Raab und die Lafnitz teilen das Gebiet in das Raab- und Lafnitztal. Im Süden liegt das Neuhauser Hügelland mit seinen allseits bekannten Obstplantagen. Im Norden liegt der Bezirk Güssing und im Westen grenzt der Bezirk an die Steiermark.

Ein besonderer Anziehungspunkt ist die von Professor Feri Zotter gegründete Künstlergalerie mit den Atelierhäusern in Neumarkt-Raab. Berühmte Künstler gaben sich hier schon ein Stelldichein.

Ein besonderes Naturjuwel bildet der landesübergreifende Naturpaark Raab. Er erstreckt sich von Ungarn über das südliche Burgenland bis nach Slowenien. Weiters kann man die herrliche Landschaft durch die gut ausgebauten Rad- und Wanderwege genießen.

Jennersdorf (Ganoufalua) – Siedlung an der Grenze

Die Besiedlung des heutigen südöstlichsten Bezirkes des Burgenlandes erfolgte etwa in der jüngeren Steinzeit, um 3000 bis 2000 v. Chr., was durch jungsteinzeitliche Funde in den Ortschaften Rax und Grieselstein bestätigt wurde.

Im Jahre 907 drangen die Magyaren in dieses Gebiet ein. Nach Moór hatten die windischen Siedlungen von Mogersdorf bis zu Jennersdorf ungarische Grenzwächter inne. Jennersdorf kam dann zu dem 1183 gegründeten Zisterzienserkloster St. Gotthard, das hier 1187 eine Grangie (Großwirtschaftshof mit umliegendem Kulturland) besaß. Damals begann auch die deutsche Besiedlung. Im 12. Jahrhundert wurde die Ostgrenze mit einem Sicherungsgürtel von Burgen ausgestattet. Die erste Nennung Jennersdorfs erfolgte im Jahre 1350 mit der Schreibung »Ganoufalua«.

Atelierhaus in Neumarkt/Raab; laufend werden hier musische Kurse und Ausstellungen abgehalten. *Bild: BGK Jennersdorf*

Die Lederer und Bäcker des Ortes wurden 1625 in die Hauptinnung von Fürstenfeld aufgenommen.

Das Zeitalter der Glaubenskämpfe und Türkenkriege war angebrochen. Im Laufe des 16. Jahrhunderts benützten die Türken dieses Grenzland als Durchzugs- und Aufmarschgebiet. In einer denkwürdigen Schlacht wurden sie am 1. August 1664 vom Feldherrn Raimund Montecuccoli zurückgedrängt. Die Schlacht von Mogersdorf stellte eine entscheidende Wende in der europäischen Geschichte dar. Es gibt noch heute das Mogersdorfer Schlößl mit dem Türkenkreuz als Mahnmal.

Danach kam eine ruhige und relativ glückliche Epoche bis zum Ersten Weltkrieg. Bei den Kämpfen um die Landnahme wurden vorerst die Gendarmerieposten Welten und Neumarkt an der Raab errichtet, mußten jedoch wieder aufgelassen werden. Erst beim zweiten Einmarsch konnte sich die Gendarmerie mit der Errichtung des Bezirksgendarmeriekommandos Jennersdorf am 25. November 1921 im Bezirk auf Dauer etablieren.

Arbeitsplätze – auch in dieser Grenzregion ein Problem

Wie auch in anderen Landesteilen war die Landwirtschaft für die Bevölkerung die Haupteinnahmequelle. Der Bauernstand wurde auch hier so rigoros zurückgedrängt, daß der Großteil der Bewohner nun in die Großstädte Wien und Graz pendeln muß, was sich sehr stark zum Nachteil der Familien auswirkt.

Die Infrastruktur ist nicht zufriedenstellend, weil sich größere Firmen zum Leidwesen der Bevölkerung nur in Jennersdorf, Heiligenkreuz/L und Rudersdorf niedergelassen haben.

Die Errichtung der Therme Loipersdorf in der benachbarten Steiermark brachte auch einen wesentlichen wirtschaftlichen Aufschwung für die Bezirksstadt Jennersdorf. Auswirkungen hatte dies in erster Linie auf die Gastronomie, da viele Kur- und Tagesgäste auch die Umgebung besuchen und die burgenländische Gastfreundschaft schätzen. Den wirtschaftlichen Mittelpunkt in dieser Region bilden aber allemal die Klein- und Mittelbetriebe.

Intaktes Verhältnis zwischen Bevölkerung und Exekutive

In Gegensatz zu größeren Bezirken herrscht hier aufgrund der typisch burgenländischen Mentalität zwischen den Menschen ein nahezu freundschaftliches Verhältnis. Eingebunden in die Bevölkerung ist auch die Exekutive. Dieses gute Einvernehmen wirkt sich natürlich äußerst positiv auf die Sicherheitsverhältnisse im Bezirk aus. Diese sind, trotz der enormen Belastung seit der Grenzöffnung, als ausgezeichnet zu bezeichnen. Unsere Gendarmen können auf großartige Erfolge zurückblicken. Vor allem der Verschiebung von gestohlenen Kraftfahrzeugen konnte Einhalt geboten werden.

Im Blickpunkt der Geschehnisse steht hier besonders der Grenzübergang Heiligenkreuz/L. Als südlichste Hauptverkehrsroute in Richtung Budapest und Plattensee wurde und wird er auch heute noch von vielen Kriminellen zum Transport von Suchtgift und anderen gestohlenen Gütern benützt. In Zusammenarbeit mit der Zollwache konnten im Sommer des Jahres 1998 in einem Tank eines Pkws 13 Kilogramm Heroin im Schwarzmarkwert von ca. 20 Millionen Schilling sichergestellt werden.

Gendarmeriedienststellen an allen neuralgischen Punkten

Der Bereich des Bezirksgendarmeriekommandos Jennersdorf gliedert sich in zwei Sektoren mit vier Gendarmerieposten, zwei Grenzüberwachungsposten und einer Grenzkontrollstelle.

Der Gendarmerieposten Jennersdorf ist in einem Bundesamtsgebäude untergebracht und hat die Gemeinden Jennersdorf, Markt St. Martin/Raab und Weichselbaum zu betreuen. Im Überwachungsrayon sind mit den Firmen Vossen und Leder Schmidt zwei renommierte Betriebe etabliert. Es finden etwa 1.800 Personen Arbeit, was jedoch nicht ausreichend ist. Durch verstärkte Werbung und dem damit verbundenen Zuwachs des Fremdenverkehrs konnte im vergangenen Jahr die Nächtigungszahl von 100.000 überschritten werden.

Heiligenkreuz/L. ist seit der Eröffnung des Lyocellwerkes wohl ebenso bekannt wie Jennersdorf und hat mit dem Gendarmerieposten und dem Grenzüberwachungsposten zwei Sicherheitsdienststellen. Obwohl es seit der Eröffnung dieses Werkes einen Politstreit gibt, wurden in dieser wirtschaftlich armen Region zahlreiche Arbeitsplätze geschaffen. Mit der Erweiterung auf einen länderübergreifenden Wirtschaftspark scheint hier doch ein wichtiger Schritt für den Fortbestand dieses bedeutenden Wirtschaftsstandortes gelungen zu sein.

Der Gendarmerieposten Rudersdorf ist eine der ältesten Dienststellen des Burgenlandes. Er besteht bereits seit dem 26. November 1921. Das Überwachungsgebiet umfaßt 46 km^2, wobei ca. 4.000 Personen zu betreuen sind. Wirtschaftlich gesehen sind mit einem Textilwerk, einer Fenster- und Türenerzeugungsfirma und einer Dachdeckerei drei größere Betriebe im Rayon ansässig. Die etwa 150 Arbeitsplätze reichen aber bei weitem nicht aus, weshalb Einwohner zum Auspendeln in andere Regionen gezwungen sind.

In Minihof-Libau befindet sich der südlichste Gendarmerieposten des Burgenlandes. Zum Überwachungsrayon gehörten die Grenzen zu Ungarn und Slowenien sowie der Grenzübergang Bonisdorf (nach Slowenien). Die Bevölkerung hat hier wie auch in vielen anderen Teilen des Burgenlandes besonders an der grenzüberschreitenden Kriminalität zu leiden. Durch das ausgezeichnete Einvernehmen der Gendarmen mit den Exekutivbeamten beider Nachbarländer konnten in den letzten Jahren großartige Erfolge verbucht werden. Besonders erwähnt sei hier die Aufklärung eines Raubüberfalles am 14. Februar 1978, wobei die Täter in Slowenien gefaßt werden konnten. In dieser Region herrscht ein akutes Tankstellensterben, weil der Tanktourismus nach wie vor blüht und trotz Preissenkungen durch die Pächter das Niveau des Nachbarstaates nicht erreicht werden kann.

Oberdrosen, Obelisk in der Dreiländerecke mit den Wappen der angrenzenden Staaten Ungarn/Slowenien/Österreich. Ein Treffpunkt für grenzüberschreitende und kulturelle Veranstaltungen. *Bild: Marktgemeinde St. Martin/R.*

Ein beliebtes Ausflugsziel bildet die Dreiländerecke in Oberdrosen. Aufgrund der jahrzehntelangen toten Grenze zum Osten sind hier nur wenige Kleinbetriebe angesiedelt, weshalb nur ein geringer Teil der Bevölkerung Arbeit in der Gemeinde Minihof-Libau und Umgebung findet.

Mattersburg

Größe in km²	*237,86*
Gemeinden:	*18*
Einwohner:	*34.600*
Anzahl der Dienststellen:	*9*
Systemisierter Personalstand:	*109*
Auf einen Exekutivbeamten entfallende Einwohner:	*384*
Bundesgrenze in km:	*22*
Autobahnen in km:	*–*
Bundesstraßen in km:	*34,1*
Landesstraßen in km:	*101,9*

Sehenswürdigkeiten Attraktionen:
Burg Forchtenstein, Rosalien-Kapelle

Robert Götz

Mattersburg – wirtschaftlicher Mittelpunkt des Wulkabeckens

Urkundlich ist der Bezirkshauptort Mattersburg anläßlich einer Schenkung 808 erwähnt und übertraf im Spätmittelalter als Herrschaftsvorort (Nagy-Marton) Eisenstadt. Eng verbunden mit der Geschichte der Burg Forchtenstein, die sich in etwa 6 km Entfernung dominierend am Hang des Rosaliengebirges erhebt, war Mattersdorf (wie der Ort bis 1924 hieß) vom 16. bis zum 18. Jahrhundert die größte Weinbaugemeinde (rund 700 Viertelweingärten) neben Ödenburg im westungarischen Raum. Nach Rückgang des Weinbaues im 19. Jahrhundert konnte der Markt dank der zentralen Lage seine Stellung als wirtschaftlicher Mittelpunkt des Wulkabeckens behaupten. Dem Umstand, daß Ödenburg nach dem Anschluß des Burgenlands bei Ungarn verblieb, verdankte Mattersburg die immer größere Bedeutung seiner Viehmärkte, die um 1930 als die drittgrößten in Österreich galten, jedoch nach dem Zweiten Weltkrieg stark in ihrer Bedeutung gesunken sind.

Das ungarische Nagy-Marton wird 1921 österreichisches Staatsgebiet

Die hier relevante Geschichte des Burgenlandes und der Bundesgendarmerie im Bezirk Mattersburg ist in engem Zusammenhang mit dem Jahr 1921 zu betrachten, wo die Republik Österreich durch die Eingliederung unseres Bundeslandes ihre territoriale Gestalt und Vielfalt gewann. Einer der wichtigsten Schritte zur tatsächlichen Einbindung in den Staatsverband war die Inbesitznahme des Landes und die Erlangung

Die Burg Forchtenstein mit ihrem mächtigen Bergfried und ihrer 142 m tiefen Zisterne beherbergt im Zeughaus wertvolle Exponate, die neben den Rüstkammern in Wien und Graz die größte Sammlung dieser Art und ein Kulturdenkmal darstellt. *Bild: LGK Burgenland*

der Rechtshoheit über das neue Bundesland. Die sogenannte Landnahme führten trotz heftigen Widerstandes ungarischer Freischärler unter großen Opfern Gendarmen durch und es findet sich in den Aufzeichnungen die mit 28. August 1921 datierte Gründung eines Gendarmeriepostens der Österreichischen Bundesgendarmerie in Mattersburg. Gut zweieineinhalb Monate später etabliert sich am 16. November 1921 das Bezirksgendarmeriekommando in Mattersburg.

Ausschreitungen in Schattendorf prägten Österreichs Geschichte

Die folgenden Jahre der jungen Republik dokumentieren den – gelinde gesagt – nicht unproblematischen Übergang von der Monarchie zur Republik. Parteinahe Wehrverbände wie Frontkämpfer (später von Heimwehr abgelöst) und Schutzbund prägten oft das Bild der Straßen. Bei einem dieser Aufmärsche des Schutzbundes am 30. Jänner 1927 in Schattendorf im Bezirk Mattersburg kam es zu einem der folgenschwersten Zwischenfälle der Ersten Republik: Angehörige der Frontkämpfer gaben auf vorbeimarschierende Schutzbündler 14 Schüsse aus Jagdgewehren ab.

Ein Schutzbündler und ein sechsjähriges Kind erlitten tödliche Verletzungen. An den Begräbnissen der Opfer nahmen ca. 20.000 Personen, darunter 15.000 Schutzbundangehörige und Spitzenfunktionäre der Sozialdemokratischen Partei teil.

Die Ereignisse erschütterten das Vertrauen in die Republik nachhaltig. Die Gendarmerie im Bezirk Mattersburg wurde von Kräften des LGK Oberösterreich verstärkt. Mit dem Freispruch der tatverdächtigen Frontkämpfer eskalierten die Unruhen und mündeten im Juli 1927 unter anderem in den Brand des Justizpalastes, wobei 85 Menschen den Tod fanden.

Bemerkenswert ist, wie sich das vorhin geschilderte, historisch bedeutsame Ereignis aus dem Bezirk Mattersburg mit relativ Belanglosem mischt. So wird über die zahlreichen Verlegungen der Dienststellen von Unterkunft zu Unterkunft berichtet. Eine besonders hervorgehobene und zur Anekdote neigende Quartierverlegung erfolgte 1922 in ein Objekt in der ehemaligen Königstraße in Mattersburg, bezeichnet mit Bierdepot. Nur der Vollständigkeit halber und um falsche Schlüsse zu vermeiden, sei hier erwähnt, daß diese Dienststellenverlegung sicherlich aus sachbezogenen Gründen erfolgte und weniger mit Vorlieben für bestimmte Getränke zu tun hatte.

Not, Elend und Chaos unter russischer Besatzung

Kontinuierliche Aufzeichnungen erfolgten wieder mit dem Jahr 1945 und den folgenden von russischer Besatzung, Not und Elend geprägten Nachkriegsjahren.

Der Zweite Weltkrieg war zwar offiziell zu Ende, die gendarmerieinternen Quellen über die ersten Nachkriegsjahre drängen aber den Schluß auf, daß Frieden zwar proklamiert, de facto aber der Kriegszustand prolongiert war.

Permanent waren Morde, Überfälle, Vergewaltigungen, Explosionen von Kriegsrelikten etc. unter schwierigsten Bedingungen seitens der Gendarmerie zu bewältigen.

In der Gendarmeriechronik finden sich zwischen Notizen mit vergleichsweise banalen Inhalten wie Landesgendarmeriekommando für das Burgenland errichtet oder Abteilungskommando-Änderung einem Spiegel dieser Zeit gleichende Aufzeichnungen wie Ermordung von Bürgermeistern, Gendarmen, Zivilpersonen, sogar Pfarrern, über Raubüberfälle auf Personenzüge bis zur Tötung und Verletzung von Feldarbeitern und Kindern durch Kriegsrelikte.

Über Panzer der Besatzungsmacht wird ebenso berichtet, wie über Hungerdemonstrationen, über entlassene Arbeiter bis zur Typhusepedemie im Bezirk.

Haarsträubend war die Beschießung von Rettungswägen und der Abwurf (oder Verlieren) von Bomben über Bad Sauerbrunn im Jahr 1946 durch russische Flugzeuge.

Aber auch vom Auftreten eines Heuschreckenschwarmes im Jahr 1947 in Rohrbach mit gezählten 500 Tieren pro Quadratmeter wird berichtet.

Erst gegen Ende der vierziger Jahre ebbten diese heute unvorstellbaren Ereignisse ab und man spricht seitens der Gendarmerie im Bezirk Mattersburg von langsamer Normalisierung mit beginnender Funktionsfähigkeit der staatlichen Funktionen.

Offene Ostgrenze – eine besondere Herausforderung für die Gendarmerie

Die nun offene Staatsgrenze zu Ungarn mit der in unmittelbarer Nähe liegenden ungarischen Stadt Sopron wird seit 1990 mit steigender Tendenz von international operierenden Schlepperbanden genutzt. Die besonders günstigen topographischen Gegebenheiten in bezug auf die grüne Grenze im Bezirk begünstigen die kriminellen Machenschaften dieser Organisationen. 1996 wurden an der grünen Grenze zu Ungarn im Bezirk Mattersburg über 1.000 illegale Grenzgänger aufgegriffen, die damit einhergehende Belastung der Bediensteten des Grenzüberwachungspostens Schattendorf war und ist in jeder Hinsicht hart am Rande des Erträglichen.

Die Aufgriffe, die darauffolgenden umfangreichen Erfordernisse der administrativen Belange, das Verbringen und Abholen aus diversen Unterkünften und Schubhaftplätzen innerhalb ganz Österreichs, nicht zuletzt die ständig hautnah miterlebten Schicksale der Menschen, die oftmals ihr gesamtes Gut in ihren Heimatländern in Geld umgesetzt haben, um die von den Schleppern geforderten Unsummen bezahlen zu können, stellen hohe Anforderungen an die mit der Grenzüberwachung betrauten Gendarmeriebediensteten.

Kulturelle Großveranstaltungen erfordern außergewöhnliche Überwachung

Besondere Überwachungsmaßnahmen seitens der Gendarmerie erfordern die im Bezirk in der Gemeinde Wiesen jährlich stattfindenden Veranstaltungen wie das überregional bekannte Jazz-Festival. Etliche dieser über den Sommer verteilten Konzerte erstrecken sich über einen mehrtägigen Zeitraum, wobei Zehntausende Besucher sowohl im unmittelbaren Festivalgelände als auch außerhalb in Zeltstätten in sicherheits- und verkehrsdienstlicher Hinsicht zu betreuen sind.

Nicht außer acht zu lassen ist dabei der in Zusammenarbeit mit der Kriminalabteilung zu bewältigende Anfall an Suchtgiftdelikten im Hinblick auf Konsum und Handel weicher und harter Drogen.

Trotz Spezialisierung – Gendarm bleibt Allrounder

Der Personalstand der Jahre nach 1945 mit dem heutigen verglichen, ergibt nahezu idente Zahlen, läßt man die heute vorhandenen Kräfte für die Grenzüberwachung dabei unberücksichtigt.

Hinsichtlich der Aufgabenstellung ging es damals um die Notwendigkeit des Amtshandelns im eigenen Bereich unter der allgemeinen Nachkriegsnot – und oft primär um das reine Überleben. Diese Zeiten, wo kriminelle Aktivität auf den Ebenen von Postenrayonen und Bezirkszuständigkeiten beschränkt waren, gehören auch im Bezirk Mattersburg endgültig der Vergangenheit an. Jedoch, untrennbar mit der Geschichte der Gendarmerie verbunden ist die universelle Einsetzbarkeit – und der Einsatz – des Postengendarmen auf allen Ebenen.

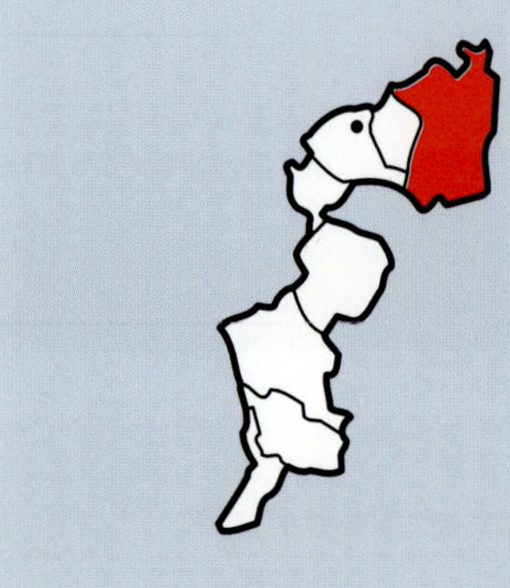

Neusiedl-See

Größe in km²	*1.041*
Gemeinden:	*27*
Einwohner:	*51.097*
Anzahl der Dienststellen:	*16*
Systemisierter Personalstand:	*309*
Auf einen Exekutivbeamten entfallende Einwohner:	*165*
Bundesgrenze in km:	*112*
Autobahnen in km:	*72*
Bundesstraßen in km:	*77*
Landesstraßen in km:	*132*

Sehenswürdigkeiten
Attraktionen:
Nationalpark »Neusiedler See«, Basilika Frauenkirchen, Schloß Halbturn, Schloß Kittsee

Tiefstgelegener Bezirk Österreichs – ein Naturreservat

Im geographisch langgestreckten Burgenland, dem jüngsten Bundesland Österreichs mit seiner ausgeprägten Grenzlandstellung, nimmt der Bezirk Neusiedl am See die nördlichste Position ein.

Westlich ist der Bezirk durch den Neusiedler See und die Ausläufer des Leithagebirges begrenzt. Während er nördlich an Niederösterreich grenzt, findet er im Osten und Süden durch die Staatsgrenze der Slowakei und zu Ungarn, südlich noch unterstützt durch den Einser Kanal, seine räumliche Abgrenzung. Der Raum um den Neusiedler See ist der westliche Ausläufer der Kleinen Ungarischen Tiefebene und das am tiefsten gelegene Gebiet Österreichs (Illmitz 117 Meter Seehöhe).

Typisches Landschaftsbild mit Ziehbrunnen und Pusztahütte bei Illmitz.
Bild: BGK Neusiedl/See

Als bestimmendes Kernstück gilt der ca. 320 km² große Neusiedler See (Bezirksanteil mehr als die Hälfte), der größte Steppensee Europas mit seinem breiten Schilfgürtel und den feuchten Wiesen als Randzonen. Touristisch genutzt wird der Seewinkel mit seinen über 40 größeren und kleineren Seen (Lacken genannt), wo sich in St. Andrä wohl die bekannteste Badeanlage und der größte Campingplatz am ausgebauten Zicksee befindet.

Grenzregion im Wandel der Zeit – Gendarmerie schreibt Geschichte

Durch die Lage als Grenzland war der Bezirk immer wieder Durchzugs- und Unruhegebiet feindlicher Mächte. Die Mongolen fielen 1241, die Türken 1529 und 1683 und die Kuruzzen 1605 und 1708 ins Land ein und verwüsteten die Region um den Neusiedler See.

Während der Herrschaft der Habsburger gehörte die Region zum ungarischen Teil des Reiches. Erst mit dem Zerfall der Monarchie und durch den Staatsvertrag von St. Germain aus dem Jahre 1919 wurde der westliche Teil Ungarns Österreich zugesprochen. Von ungarischer Seite bildete sich gegen diesen Vertrag heftiger Widerstand. Bei den anschließenden Gefechten von ungarischen Freischärlern und Gendarmen wurden viele Gendarmen getötet und verwundet. Ab 28. November 1921 waren zur Besetzung des Bezirkes Neusiedl am See insgesamt 49 Mann eingesetzt und in der alten Kavalleriekaserne in Neusiedl am See einquartiert. Zur gleichen Zeit wurden im Bezirk Neusiedl am See 10 Gendarmerieposten errichtet. Nach schweren Kämpfen konnten die Freischärler schließlich nach Ungarn zurückgedrängt werden.

Unter den Nationalsozialisten wurde am 15. Oktober 1938 das Bezirksgendarmeriekommando Neusiedl am See aufgelassen und dem Kreiskommando Bruck/L. einverleibt.

Nach dem Zweiten Weltkrieg, mit Errichtung des Landesgendarmeriekommandos Burgenland im Jahre 1945, wurden die Gendarmeriedienststellen im Bezirk Neusiedl am See, wie sie vor 1938 bestanden hatten, wieder geschaffen.

Im Jahr 1997 gab es im Bezirk 12 Gendarmerieposten (drei davon sind auch Grenzabschnittsposten), zwei Gendarmeriegrenzkontrollstellen und einen Grenzüberwachungsposten.

Die Zahl der Bediensteten hat sich in den letzten Jahren nahezu verdreifacht und wird mit der Erfüllung des Schengener Abkommens mit großer Wahrscheinlichkeit noch weiter steigen.

Veränderte Aufgabenstellungen fordern die Exekutive

Die Hauptbelastungen der Gendarmerieposten auf dem Kriminalitätssektor stellt die Eigentumskriminalität dar, die letztendlich auch durch die illegale Einwanderung in großem Ausmaß negativ beeinflußt wird. Aufgebrochene Kraftfahrzeuge und Diebstähle von Kraftfahrzeugen gehören fast zum Alltag.

Daher wird der Grenzüberwachung entlang der „grünen Grenze" ein besonderes Augenmerk geschenkt. Hier steht auch das Bundesheer mit rund 500 Mann im Assistenzeinsatz.

Der Aufbau des Grenzdienstes im Bezirk ist noch nicht abgeschlossen. Derzeit bestehen die Grenzüberwachungsposten Andau, Apetlon und Deutsch Jahrndorf mit insgesamt 58 Bediensteten und die Grenzkontrollstellen Nickelsdorf und Bruckneudorf mit insgesamt 155 Bediensteten. Zusätzlich sind schon Jahre hindurch rund 20 Gendarmen aus den westlichen Bundesländern zur Verstärkung zugeteilt.

Ein besonderes Augenmerk richten die Grenzkontrollstellen auf den organisierten Menschenschmuggel, internationale Kfz-Verschiebungen und auf Dokumentenfälschungen. Unterstützt wird der Fahndungssektor durch das Schengener Informationssystem, womit schon große Erfolge erzielt werden konnten.

Die Grenzdienststellen verfügen über hervorragende technische Ausrüstungen wie Doku-Boxen, Paßlesegeräte, CO_2-Meßgeräte, Wärmebildkameras und Nachtsichtgeräte.

Der Erfolg dieser neuartigen Organisationsformen und technischer Ausrüstung zeigt sich in der Statistik. Im Jahr 1998 wurden im Bezirk 2.645 illegale Grenzgänger aufgegriffen, das sind rund 50 % der Gesamtaufgriffe in Burgenland.

Für den Seedienst auf dem Neusiedler See sind die Motorbootstationen Podersdorf am See und Neusiedl am See verantwortlich. Weil die Gefährlichkeit des bis zu zwei Meter tiefen Neusiedler Sees beim plötzlichen Aufkommen eines Sturmes von Urlaubern vielfach unterschätzt wird, kommt es vermehrt zu Rettungs- und Hilfseinsätzen durch die Gendarmerie und so mancher »Hobbykapitän« verdankt sein Leben der Aufmerksamkeit der Gendarmerie.

Aus der Chronik

Am 4. November 1947, gegen 16.00 Uhr kam es bei Verhandlungen in der Steegmühle in Gols, bei denen es um die Ablieferungspflicht von Brotgetreide ging, zu Auseinandersetzungen, bei denen ein Referent der Bezirkshauptmannschaft Neusiedl am See verletzt wurde. Die Verantwortlichen wurden festgenommen und sollten am nächsten Tag in einem Gasthaus in Gols von der Gendarmerie vernommen werden. Bereits vor der Einvernahme begann sich abzuzeichnen, daß die Bevölkerung die Freilassung der Festgenommenen erzwingen wollte. Es sicherten daher 30 Gendarmen der Gendarmerieschule Rust die Örtlichkeit ab. Vor dem Gemeindegasthaus sammelten sich ca. 1.000 Personen, darunter auch Frauen und Kinder, die die Freilassung der Festgenommenen forderten. Die Situation eskalierte, die wütende Volksmenge warf mit Pflastersteinen gegen die Gendarmen, versuchte in das Gasthaus einzudringen und die Gendarmen zu entwaffnen. Als gegen 16.00 Uhr die wiederholten Aufforderungen des Gendarmeriekommandanten den Platz zu räumen fruchtlos blieben und plötzlich aus der Volksmenge ein Schuß abgefeuert wurde, sah der Einsatzkommandant keinen anderen Weg als den Befehl zum Waffengebrauch. Es wurden ca. 20 Schüsse gegen die tobende Volksmenge abgefeuert. 25 Personen wurden verhaftet und dem Bezirksgericht Neusiedl am See eingeliefert. *(Näheres lesen Sie dazu im allgemeinen Teil.)*

Absturz einer ungarischen Militärmaschine am 7. Juli 1981:

Der ungarische Soldat Istvan Meszaros flog mit einem ungarischen Düsenjet MIG 21 in der Nähe des Grenzsteines A 64 im Gemeindegebiet von Tadten von Ungarn aus in den österreichischen Luftraum ein. Über der Ortschaft von Tadten zog der Pilot eine Schleife und wollte nach Ungarn zurückfliegen. Als der Pilot über Andau in ca. 500 m Höhe eine enge Schleife zog, verlor die Maschine stark an Höhe und Geschwindigkeit und stürzte 500 m östlich von Andau in ein Getreidefeld. Der Pilot konnte sich unmittelbar vor dem Absturz mit dem Schleudersitz retten. Das Flugzeug explodierte beim Aufprall und fing sofort Feuer. Bei seiner Einvernahme gab der Pilot an, daß er in Folge eines technischen Gebrechens die Herrschaft über das Flugzeug verloren und daher die Staatsgrenze überflogen habe. Der Pilot wurde den Ungarn übergeben. Der durch den Flugzeugabsturz verursachte Gesamtschaden betrug ca. 400.000 Schilling.

Schloß Halbturn. Das am östlichsten gelegene Schloß Österreichs, erbaut in der 1. Hälfte des 18. Jahrhunderts, ist schon von seiner geographischen Lage am besten prädestiniert für ein dem europäischen Osten und Südosten gewidmetes ethnographisches Museum.

Traktorblockade am Grenzübergang in Nickelsdorf am 26. April 1986:

Die Notwehrgemeinschaft der Bauern, die sich aus Landwirten des Bezirkes zu einer Aktionsgemeinschaft zusammengeschlossen hatte, hatte für diesen Tag bei der Behörde eine Protestversammlung im Bereich des Grenzüberganges nach Ungarn in Nickelsdorf angemeldet. Bei der Versammlung wurde die Beseitigung der Härten nach dem neuen Weingesetz, die Abschaffung der Düngemittelabgabe und die Beendigung der Liberalisierung der Ostimporte für Gemüse gefordert. Zu der Veranstaltung kamen zahlreiche Bauern mit Zugmaschinen und Pkws. Während der Kundgebungen wurde durch die Redner die Stimmung der Anwesenden derart angeheizt, daß schließlich eine Blockade der B 10 beschlossen wurde. Gegen 10 Uhr begannen die Bauern die Fahrbahn mit ihren Traktoren so zu verstellen, daß der Verkehr von und nach Ungarn unterbunden wurde.

In weiterer Folge wurde die Blockade zwar aufgehoben, da aber die Forderungen der Bauern nicht erfüllt wurden, kam es erneut zu weiteren Blockaden. Der Bundesminister für Inneres ordnete daraufhin die zwangsweise Beendigung der Blockade an. Zu diesem Zweck wurden neben 200 Beamten aus dem Burgenland weitere 200 Beamte aus Niederösterreich nach Nickelsdorf beordert. Für die Gendarmerie stellte dieser Einsatz eine große Bewährungsprobe dar, weil die Beamten durch den tagelangen Einsatz an ihrer physischen und psychischen Belastungsgrenze angelangt waren. Bei den Blockaden kam es einige Male zu Zwischenfällen mit den Bauern, die jedoch dank der Besonnenheit der Beamten glimpflich verliefen.

DDR-Massenflucht über den Grenzübergang Nickelsdorf im September 1989:

Die sich abzeichnenden politischen Veränderungen im Ostblock, vor allem in der DDR, führten durch die Liberalisierungen in Ungarn zu einem rapiden Ansteigen von Flüchtlingen aus der DDR über Ungarn nach Österreich. Der Höhepunkt wurde an den Tagen nach dem 12. September erreicht, wo täglich bis zu 1.000 Personen und mehr, teils mit eigenen Kfz und zu Fuß, über die Grenzkontrollstelle Nickelsdorf kamen, um von hier aus in die BRD zu gelangen. Insgesamt wurden ca. 35.000 DDR-Bürger registriert. Die Gendarmerieposten an der Staatsgrenze zu Ungarn haben sich auch in humanitärer Weise ausgezeichnet, indem sie Personen, die über die »grüne Grenze« kamen, Unterkunft gewährten sowie mit Bekleidung und Verpflegung versorgten. *(Näheres lesen Sie dazu im allgemeinen Teil.)*

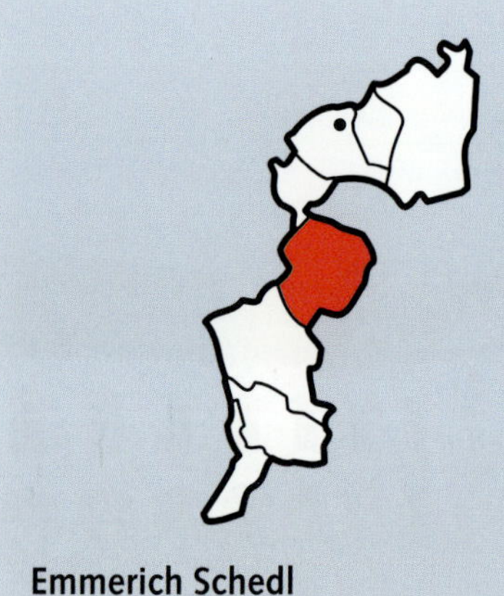

Emmerich Schedl

Oberpullendorf

Größe in km²	*706,6*
Gemeinden:	*28*
Einwohner:	*38.462*
Anzahl der Dienststellen:	*14*
Systemisierter Personalstand:	*205*
Auf einen Exekutivbeamten entfallende Einwohner:	*187*
Bundesgrenze in km:	*90*
Autobahnen in km:	*–*
Bundesstraßen in km:	*95*
Landesstraßen in km:	*206*

Sehenswürdigkeiten Attraktionen:
Liszt-Haus in Raiding, Burg Lockenhaus, Burgruine Landsee, Wasserschloß Kobersdorf, Thermalbad Lutzmannsburg

Bezirk Oberpullendorf im Mittelburgenland – Kleinausgabe des Burgenlandes

Sanfte Hügel und Wälder zum Verlieben, Felder und Wiesen, die ein buntes Mosaik bilden. Dörfer, die daran erinnern, wie die Heimat einmal gewesen sein könnte.

Der Bezirk Oberpullendorf bildet das »Mittelburgenland« und hier befindet sich naturgemäß auch der geographische Mittelpunkt des Burgenlandes, der durch einen Mittelpunktstein in der Gemeinde Frankenau-Unterpullendorf gekennzeichnet ist.

Der Raum »Mittelburgenland« wird im Norden vom Rosalien- und Ödenburgergebirge, im Westen vom Landseergebirge bzw. der Buckligen Welt und im Südosten vom Günsergebirge begrenzt und öffnet sich im Osten zur ungarischen Tiefebene.

Die geographische Lage war für das historische Schicksal des Raumes einerseits günstig, andererseits aber auch mit Nachteilen verbunden. Vorteilhaft waren die Verteidigungsmöglichkeiten – einige Burgen und Schlösser geben davon Zeugnis – und die Siedlungsmöglichkeiten auf den bewaldeten Hügeln. Nachteilig wirkte sich schon seit der Völkerwanderung die nach Osten offene und ungeschützte Grenze aus, über die immer wieder fremde Heerscharen einfielen. Darum ist der Mittelburgenländer heute noch ein Mensch, dessen Schicksal die Grenze ist.

Der Pendlerbezirk

Der Bezirk Oberpullendorf ist flächen- und einwohnermäßig der drittgrößte Bezirk des Burgenlandes. In wirtschaftlicher Hinsicht kann aber dieser Rang nicht eingenommen werden. Bis auf wenige Industriebetriebe sind Klein- und Mittelbetriebe vorherrschend. Die ungünstige Arbeitsplatzsituation zwingt viele Mittelburgenländer in andere Bundesländer oder vor allem nach Wien auszupendeln und hat leider auch zu einer starken Abwanderung, vor allem aus jenen Gemeinden, die an der ungarischen Grenze liegen, geführt.

Vielleicht hat aber gerade auch die »wirtschaftliche Schwäche« dazu beigetragen, daß Natur und Umwelt noch in Ordnung sind.

Von wirtschaftlicher Bedeutung sind die keramische Industrie und die Töpfereien in Stoob. In dieser Ortschaft befindet sich auch die einzige Fachschule für Keramik und Ofenbau Österreichs, die sogar mit Matura abgeschlossen werden kann.

Die Zukunft: der »sanfte Tourismus« und die Kultur

Der Fremdenverkehr soll im lieblichen Mittelburgenland eine bedeutendere Rolle spielen. Landschaft und Natur bieten ideale Rahmenbedingungen für den »sanften Tourismus«. Der Bezirk Oberpullendorf verfügt bereits jetzt über ein sehr gut ausgebautes Radwegenetz. Ein lohnendes Ausflugsziel wurde auch durch den Naturpark Geschriebenstein geschaffen. Große Hoffnungen werden auch in die Familientherme Lutzmannsburg gesetzt. Von ihr werden entscheidende Impulse für einen Aufschwung im Fremdenverkehr erwartet.

In der Kulturszene hat der Bezirk Oberpullendorf schon jetzt einiges zu bieten. Das Theater hat in Kobersdorf eine herausragende Pflegestätte, wo jedes Jahr klassische Theaterstücke mit anerkannten Schauspielern zur Aufführung gelangen.

Ein international anerkanntes Musikereignis findet alljährlich in Lockenhaus statt. Gidon Kremer, der weltbekannte Geigenvirtouse, ist der Präsentator der Kammermusiktage. Dieses Musikfestival, das viel internationales Publikum anlockt, wird jedes Mal zu einer unkomplizierten Begegnung – oft mit gekonnten Improvisationen – von bekannten Musikern aus aller Welt.

Wer die Kulturlandschaft des Bezirkes sehen möchte, in der Franz Liszt seine Kinderjahre verbracht hat, wird einen Abstecher nach Raiding und die umliegenden Ortschaften machen. Vielleicht wird er dann die Musik dieses großen Tonkünstlers aus dem pannonischen Dorf besser verstehen oder zu ihr vom Landschaftserlebnis her einen neuen Zugang finden.

»Blaufränkischland Mittelburgenland«

In der Landwirtschaft hat der Bauernstand des waldreichsten Bezirkes des Burgenlandes mit den gleichen strukturellen Problemen wie in vielen Regionen zu kämpfen. Von großer wirtschaftlicher Bedeutung ist aber die Rotweinproduktion. In den Weinbaugemeinden Deutschkreutz, Horitschon, Lutzmannsburg und Neckenmarkt werden exzellente Rotweine, die auch internationale Vergleiche nicht zu scheuen brauchen, gekeltert. Unter der Gebietsbezeichnung »Blaufränkischland Mittelburgenland« werden diese Qualitätsweine professionell beworben und auch vermarktet.

Der Bezirk an der Grenze

Im Zuge der Eingliederung des Burgenlandes in die Republik Österreich marschierten am 25. November 1921 Beamte der Gendarmeriegrenzschutzabteilung Wiener Neustadt, im Verband einer Heeresgruppe des Bundesheeres, in den Bezirk Oberpullendorf ein. In Oberpullendorf wurde ein Bezirksgendarmeriekommando errichtet und unter dessen Leitung in größeren Ortschaften Gendarmerieposten aufgestellt, die den exekutiven Sicherheitsdienst aufnahmen.

In der Nachkriegszeit von 1946 bis 1955 war in Oberpullendorf auch ein Grenzgendarmerieabteilungskommando eingerichtet, dem 4 Grenzbezirkskommanden und 44 Grenzgendarmerieposten unterstellt waren. Die Grenzgendarmerie wurde nach Abschluß des Staatsvertrages aufgelassen. Am 18. August 1955 um 13.00 Uhr verließen die letzten Soldaten der russischen Besatzungsmacht Oberpullendorf. Der Dienstbetrieb der Gendarmerie, der durch die Besatzungsmacht sehr beeinträchtigt war, konnte nun frei von fremden Weisungen und Einwendungen durchgeführt werden.

Am 4. November 1956 setzte auch im Bezirk Oberpullendorf anläßlich des Ungarnaufstandes der Flüchtlingsstrom nach Österreich ein. Bis Ende März 1957 überschritten ca. 40.000 Flüchtlinge im Bezirk Oberpullendorf die Grenze nach Österreich. Der Abtransport in die vorgesehenen Flüchtlingslager mußte vom Bezirksgendarmeriekommando organisiert werden. Dies hatte zur Folge, daß die Beamten des BGK von Ende Oktober 1956 bis Ende Februar 1957 keinen einzigen dienstfreien Tag hatten.

Auch heute wird der Bereich des Bezirksgendarmeriekommandos Oberpullendorf seiner historisch besonderen Rolle in der wechselvollen Geschichte des Burgenlandes an der Grenze wieder gerecht. Ca. 90 km der EU-Außengrenze müssen im Sinne des Schengener Übereinkommens überwacht und gesichert werden.

Diese Aufgabe erforderte eine Neuorganisation der Dienststellenstruktur. Die modern ausgestatteten Grenzüberwachungsposten Lackenbach, Lockenhaus und Nikitsch sowie die Bundesgendarmeriegrenzkontrollstellen Deutschkreutz und Rattersdorf wurden zur Grenzkontrolle und zur Grenzüberwachung errichtet, der Personalstand wurde entsprechend aufgestockt. Aber auch den neun Gendarmerieposten des Bezirkes kommt in diesem Zusammenhang besondere Bedeutung zu, da sechs Gendarmerieposten, nämlich Deutschkreutz, Großwarasdorf, Horitschon, Lockenhaus, Lutzmannsburg und Mannersdorf an der Rabnitz unmittelbar an der österreichisch-ungarischen Grenze liegen. So konnten zum Beispiel von Beamten der Grenzdienststellen in gemeinsamen Fahndungsmaßnahmen mit den Gendarmerieposten mehrere in Wien gestohlene Kraftfahrzeuge sichergestellt werden, die im Bezirk Oberpullendorf nach Ungarn hätten verschoben werden sollen. Die Täter wurden festgenommen und überführt. Auch die Gendarmerieposten Oberpullendorf, Draßmarkt und Kobersdorf werden immer wieder mit Straftaten konfrontiert, die von Tätern begangen wurden, die vorher die österreichisch-ungarische Grenze illegal überschritten haben. Neben der allgemeinen Sicherheitspolizei, dem Verkehrsdienst und verwaltungspolizeilichen Aufgaben, liegt in der Bekämpfung der grenzüberschreitenden Kriminalität mit all ihren Begleiterscheinungen, heute das Schwergewicht der Gendarmeriedienststellen im Bezirk Oberpullendorf.

Der Grenzüberwachungsposten auf der Burg

Das Bezirksgendarmeriekommando ist, gemeinsam mit dem Gendarmerieposten Oberpullendorf, in einem Bundesgebäude untergebracht, das vier verschiedene Ressorts beheimatet:

Das Innenministerium mit den Gendarmeriedienststellen, das Justizministerium mit dem Bezirksgericht, das Verkehrsministerium mit dem Postamt und das Wirtschaftsministerium mit dem Vermessungsamt. Bis vor einigen Jahren war auch das Finanzministerium mit einer Außenstelle des Finanzamtes Eisenstadt in diesem Gebäude untergebracht.

Bundesamtsgebäude Oberpullendorf. *Bild: BGK Oberpullendorf*

Im Hinblick auf die Unterbringung der Dienststelle stellt der Grenzüberwachungsposten Lockenhaus eine Besonderheit dar.

Entsprechend ihrem »Wehrauftrag« an der österreichisch-ungarischen Grenze, ist diese Dienststelle auf unkonventionelle und interessante Weise in die mächtige Wehranlage der Burg Lockenhaus integriert.

Burg Lockenhaus: In der äußeren Wehranlage bzw. im Bereich der Burgaußenmauer wurde auf 446 qm die neue Grenzdienststelle geschaffen.
Bild: BGK Oberpullendorf

Der Schutz unserer Grenzen ist gewährleistet

Die Grenzkontrollstellen Deutschkreutz und Rattersdorf sind besonders in den Sommermonaten äußerst stark frequentiert. Sie dienen vor allem als Ausweichrouten für die oft überlasteten Übergänge in Klingenbach und Schachendorf.

An der grünen Grenze sorgen die Dienststellen in Lackenbach, Nikitsch und wie bereits angeführt Lockenhaus für die Sicherheit der Bevölkerung. Den Beamten dieser Dienststellen kommt seit etwa einem Jahr besondere Bedeutung zu, da sich der Schwerpunkt der illegalen Grenzübertritte und ein Teil der organisierten Kriminalität vom Norden in die Landesmitte verlagert hat. Hier dürfte vor allem Sopron als »Schleppermetropole« auf ungarischem Gebiet eine wesentliche Rolle spielen. Aber die Aufgriffe zeigen, daß die Gendarmen hoch motiviert und mit vollem Eifer bei der Sache sind.

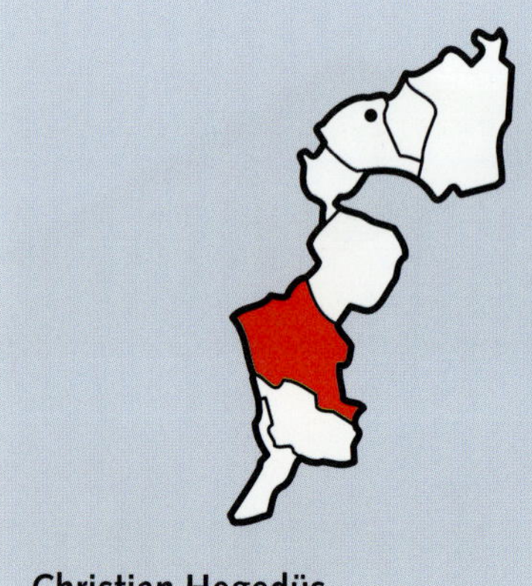

Christian Hegedüs

Oberwart

Größe in km²	*732,69*
Gemeinden:	*31*
Einwohner:	*54.483*
Anzahl der Dienststellen:	*13*
Systemisierter Personalstand:	*131*
Auf einen Exekutivbeamten entfallende Einwohner:	*415*
Bundesgrenze in km:	*39,538*
Autobahnen in km:	*20,683*
Bundesstraßen in km:	*125,170*
Landesstraßen in km:	*316,901*

Sehenswürdigkeiten Attraktionen:
Schloß Bernstein,
Grabhügel aus der Kelten- und Römerzeit in Bernstein,
spätgotische Kirche in Mariasdorf,
Arkadenhäuser in Oberwart,
Burg Schlaining

Der Bezirk Oberwart ist die wirtschaftlich aktivste Region des Südburgenlandes und zugleich der bevölkerungsreichste Bezirk des Burgenlandes. Im Norden bilden Bernsteiner und Günser Gebirge eine natürliche Grenze zum Bezirk Oberpullendorf. Im Westen ist mit der Lafnitz eine klare Abgrenzung zur Steiermark gegeben. Nach Süden und insbesondere nach Osten ist unser Bezirk weit offen. Die sprachliche Vielfalt des Burgenlandes spiegelt sich im Bezirk Oberwart in besonderer Weise. Hier sind alle Volksgruppen des Landes (Kroaten, Magyaren und Roma) anzutreffen. Bezeichnend ist auch, daß im Bezirk Oberwart drei christliche Konfessionen auf engstem Raum vertreten sind. Neben den Katholiken bekennt sich fast ein Drittel zum evangelischen Glauben, und als einzige Pfarrkirche Österreichs existiert die reformierte Kirche Oberwarts durchgehend von der Reformationszeit bis in unsere Tage. Bis 1939 bestand eine israelitische Kultusgemeinde. Der Bezirk Oberwart nimmt mit seinen aufgeschlossenen und zugleich gemütlichen Menschen neue Strömungen oft vorweg und ist kennzeichnend für Struktur- und Einstellungsänderungen der Gesamtbevölkerung.

Von den Römern bis ins 20. Jahrhundert

Das Vordringen der Römer in unser Gebiet erfolgte im Zuge der militärischen Besetzung des Gebietes zwischen Drau und Save in den letzten Jahrzehnten vor Christi Geburt im Gefolge langer und blutiger Kämpfe unter dem späteren Kaiser Tiberius. Bestätigt wird dies durch Funde von Grabdenkmälern in der Umgebung des Pinkatales. Auch die Bestattung in Hügelgräbern gibt Zeugnis vom Vorhandensein einer vorrömischen Bevölkerung.

Oberwart – »Felsööra« reicht auf eine ungarische Wehrsiedlung aus der Zeit der Landnahme zum Schutz der Westgrenze zurück. Reste vormagyarischer Siedlungen finden sich in der Umgebung. In einer Urkunde aus dem Jahre 1327 bestellte König Karl Robert I. den »Comes Nicolaus de Seperiori Eör« zum Örnagy, Major der Grenzwächter.

Durch die Lage an der Grenze wurde Oberwart in verschiedene kriegerische Ereignisse verwickelt. Die Stadt litt vor allem durch Plünderungen in den Türkenkriegen anläßlich der Belagerung von Güns 1532. In der Kuruzzenzeit (1704 – 1714) wurde der ganzen Bevölkerung wegen der tapferen Verteidigung des »Roten Berges« der Adel bestätigt. 1809 plünderten Napoleons Truppen die Stadt. 1842 erhielt Oberwart von Kaiser Ferdinand I. das Marktrecht. Während der Unruhen 1849 gewährten die Oberwarter Deserteuren Unterschlupf und wurden zur Brandschatzung verurteilt, was jedoch verhindert werden konnte. 1921 verursachten ungarische Irridentakreise den Anschluß an Österreich mit Waffengewalt zu verhindern. In diesem Zusammenhang proklamierten die Freischärler einen unabhängigen Staat »Lajtabansag«. Die Hauptstadt dieses kurzlebigen Gebildes war Oberwart.

Teile der alten katholischen Pfarrkirche stammen aus dem 14. Jahrhundert. In der Reformationszeit nahm ein Großteil der Bevölkerung die Lehre Calvins an.

1656 erfolgte die Barockisierung der evangelischen Kirche, aus der 1663 die Protestanten mit Waffengewalt vertrieben wurden. 1681 erklärte der Landtag Oberwart zum Artikularort, das heißt, er gestattete die Ausübung der reformierten Konfession. Nach Überwindung großer Widerstände konnte 1772 die reformierte Kirche fertiggestellt werden.

Aus den österreichischen Erblanden vertriebene Anhänger Luthers siedelten sich nahe der Grenze an. So entstand eine dritte Pfarrgemeinde, deren Kirche 1815 erbaut wurde.

Für die Wirtschaft war die königliche Markterhebung 1841 von besonderer Bedeutung. Seither findet jeden Mittwoch ein Wochenmarkt statt, der bis heute seine Anziehungskraft nicht verloren hat.

Wirtschaft, Sport, Schulen

Die Wirtschaft des Bezirkes Oberwart hatte sowie das gesamte Burgenland jahrzehntelang unter der »toten Grenze« zum Osten zu leiden. Der wirtschaftliche Aufschwung ging deshalb nur sehr langsam vor sich. Obwohl man sich in den letzten Jahren sehr bemühte, fehlen viele Arbeitsplätze. Ein überwiegender Teil der Bevölkerung ist daher gezwungen, nach Wien oder Graz auszupendeln. Im Süden der Stadt Oberwart begann man vor zehn Jahren mit der Errichtung eines Indu-

Das klassizistische Rathaus in Oberwart. *Bild: BGK Oberwart*

striezentrums. Derzeit sind dort ca. zehn Betriebe angesiedelt. Aber die Stadt Oberwart hat auch die Tradition des Wochenmarktes und einer Einkaufsstadt sinnvoll genutzt und sich in konsequenter Weise zu einer Messestadt entwickelt. Eine Entwicklung, der auch in der Gendarmerie Rechnung getragen wurde. Verstärkte Überwachungen an Markt- und Messetagen sind angesagt, um – wie überall bei solchen Veranstaltungen – die Kleinkriminalität so gut es geht hintanzuhalten.

Wir Oberwarter freuen uns darüber, daß der Sport bei uns einen hohen Stellenwert hat. Einerseits können wir stolz sein, daß wir sowohl im Fußball wie auch im Basketball erfolgreich vertreten sind, andererseits hat die Stadtgemeinde durch die Errichtung vieler moderner Sportstätten für eine positive Entwicklung des Breitensports wesentliche Voraussetzungen geschaffen.

Eine gute Ausbildung der Jugend ist eine wichtige Voraussetzung für die Bewältigung der Zukunft. Es sind daher zahlreiche berufsbildende und maturaführende Schulen etabliert worden. Erfreulich ist es, daß das einzige zweisprachige Bundesgymnasium des Burgenlandes für kroatisch- und ungarisch sprechende Schüler in Oberwart gegründet wurde.

Oberwarts leistungsfähige und allseits beliebte Gastronomie ist ein Grund mehr, gerne nach Oberwart zu kommen. Das wirtschaftliche, kulturelle und gesellschaftliche Leben in Oberwart zieht viele an, die ihre berufliche und wirtschaftliche Existenz hier aufbauen.

Nicht unerwähnt soll die Kurgemeinde Bad Tatzmannsdorf sein, die jährlich Tausende Kurgäste frequentieren. Die damit verbundene Mehrbelastung der zuständigen Gendarmerie ergibt sich aus allen jenen Vorfällen und Ereignissen, die der Massentourismus nach sich zieht.

Seit 1921 bei Österreich – Gendarmerie von der Landnahme bis zur Gegenwart

Bis 1921 waren Stadt und Bezirk Oberwart Bestandteil des Königreiches Ungarn und gehörten zum Komitat Vasvar-Eisenburg. Bereits 1855 erfolgte die Verlegung des k. k. Stuhlrichteramtes von Pinkafeld nach Oberwart. Bezirksgericht und Kommissariat wurden eingerichtet

Die Geschichte der Österreichischen Bundesgendarmerie ist mit jener des Burgenlandes eng verbunden und beginnt erst mit dem Jahre 1921. Bis zu diesem Zeitpunkt wurde der Sicherheitsdienst im gesamten Bezirk von der ungarischen Gendarmerie verrichtet. Ab September 1921 wurde die Landnahme durch die Gendarmerie vorbereitet und als am 26. September 1921 die Gendarmerie eintraf, kam es im Raume Pinkafeld zu schweren Kämpfen mit ungarischen Freischärlern. Nachdem zwei Gendarmen getötet und fünf verwundet wurden, mußte man sich in die Steiermark zurückziehen. Nach dem Scheitern dieses Einmarsches rückten österreichische Gendarmen am 25. November 1921, aber diesmal mit Unterstützung des Militärs, abermals in den Raum Oberwart vor. Am 30. November 1921 konnte die Landnahme abgeschlossen, der Sicherheitsdienst aufgenommen und das Bezirksgendarmeriekommando in der Bahnhofstraße eingerichtet werden. Dieses Gebäude wurde im Jahre 1896 vom ungarischen Staat erbaut und diente bereits der ehemaligen ungarischen Gendarmerie als Unterkunft.

Im Bezirk sind derzeit 11 Gendarmerieposten und zwei Grenzüberwachungsposten etabliert. Der Grenzüberwachungsposten Schachendorf stellt eine wichtige Verbindung zur Komitatsstadt Szombathely dar und hat vor allem im Sommer regelrecht mit Verkehrslawinen zu kämpfen. Durch den ständig steigenden Schwerverkehr sind Bevölkerung und Exekutive großen Belastungen ausgesetzt. So mußten im Jahre 1998 insgesamt 1.874 Verkehrsunfälle bearbeitet werden, 273 davon mit Verletzungsfolgen.

Ein besonderes Augenmerk wird auch dem kriminalpolizeilichen Bereich gewidmet. Spezialisierung und koordinierte Kriminaldienste in Verbindung mit hervorragender Arbeit der einzelnen Gendarmerieposten führen zu einer hohen Aufklärungsquote bei den strafrechtlichen Delikten. Von den im Jahr 1998 angefallenen 480 Verbrechen wurden 272 geklärt. Eine sehr hohe Aufklärungsquote ist bei den Vergehen zu verzeichnen. 815 geklärte Fälle stehen 653 ungeklärte Fälle gegenüber. Im Bereich der Suchtgiftdelikte sind im genannten Zeitraum 48 Personen zur Anzeige gebracht worden.

Einen doch beträchtlichen Teil der Arbeit der Exekutive im Bezirk Oberwart nimmt die Sicherung der EU-Außengrenze in Anspruch. Rund 290 illegal eingereiste Personen konnten 1998 angehalten werden. Mit modernsten technischen Hilfsmitteln und dem unermüdlichen Einsatz der Bediensteten, gelingt es immer wieder, zahlreicher international gesuchter Verbrecher habhaft zu werden und dadurch für ein »sicheres Österreich« mitverantwortlich sein zu können.

Burg Schlaining mit Stadtschleining. Sie zählt zu den mächtigsten Burgen des Landes. 1445 schenkte Kaiser Friedrich III. die Burg Ritter Andreas Baumgartner; nach dem Zweiten Weltkrieg wurde die völlig verwüstete Burg mit Mitteln des Bundes und Landes restauriert. Bild: BGK Oberwart.

Aus der Chronik

Am 1. April 1945 tötete eine 28jährige Lehrersgattin aus Pinkafeld ihren 18 Monate alten Sohn, ihre 62jährige Mutter, ihre Schwester und deren Töchter im Alter von zwei und vier Jahren. Danach richtete sie sich selbst. Die Familie zählte zu den Anhängern des NS-Regimes und wollte den Einmarsch der sowjetischen Truppen nicht miterleben.

Einen Raubmord gab es am 25. September 1993 in Unterwart. Der pensionierte Viehhändler wurde von dem rumänischen Staatsbürger Pal L. ermordet.

Den wohl aufsehenerregendsten Mordfall gab es am 4. Februar 1995 in Oberwart. In der Romasiedlung fielen vier Angehörige der Roma einem hinterhältigen Sprengstoffanschlag zum Opfer. Trotz intensivster und mit allen zur Verfügung stehenden Mitteln geführter Erhebungen konnte der Täter vorerst nicht ausgeforscht werden. Erst als der Techniker Franz F. bei einer Gendarmeriekontrolle die Nerven verlor und sich durch Zündung eines Sprengsatzes verletzte (es wurden ihm beide Unterarme abgerissen), kam man auf die Spur des Täters. Er hat zwar die Tat nie gestanden, konnte jedoch aufgrund von Indizien überführt und im März 1999 zu lebenslanger Haft verurteilt werden.

Landesgendarmeriekommando für Kärnten

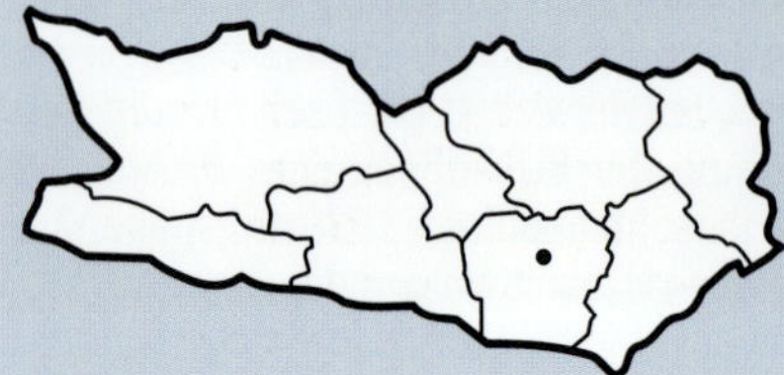

Reinhold Hribernig

Größe in km²	*9.533*
Gemeinden:	*132*
Einwohner:	*564.431*
Anzahl der Dienststellen:	*115*
Systemisierter Personalstand:	*1.483*
Auf einen Exekutivbeamten entfallende Einwohner:	*403*
Bundesgrenze in km:	*279,7*
Autobahnen in km:	*358,1*
Bundesstraßen in km:	*1.139,1*
Landesstraßen in km:	*1.578,6*

Das LG Kärnten gliedert sich in acht politische Bezirke: Feldkirchen, Hermagor, Klagenfurt-Land, St. Veit a. d. Glan, Spittal/Drau, Villach-Land, Völkermarkt und Wolfsberg sowie zwei Städte mit eigenem Statut, Klagenfurt und Villach.

1850 – Gendarmerieregiment Nr. 10 für Kärnten, Kroatien und Slawonien zuständig

Das Landesgendarmeriekommando für Kärnten hat eine äußerst wechselvolle und ereignisreiche Geschichte. Ausgehend von den erheblichen Poblemen, die im Jahre 1848 die Habsburgermonarchie erschütterten, entschloß sich der damalige Kaiser Franz Joseph I., auf Empfehlung seines Ministers für innere Angelegenheiten, Dr. Alexander Bach, eine eigene bewaffnete Truppe – ähnlich der schon bestehenden Gendarmerie in Frankreich – aufzustellen. Am 8. Juni 1849 kam dann die kaiserliche Entschließung zur Errichtung der Gendarmerie.

Sehr rasch erfolgte dann in den Kronländern die Umsetzung. Für den Bereich des heutigen Kärnten war damals das Regiment Nr. 10 (Kroatien und Slawonien) zuständig. Ein eigentliches Kommando für Kärnten existierte also noch nicht. Auch durch die in der weiteren Folge zahlreichen Umgruppierungen und Reformmaßnahmen blieb das Kommando des Regimentes Nr. 10 in Agram, dem heutigen Zagreb, wobei zu erwähnen ist, daß das Regiment Nr. 10 auch für die Gebiete Dalmatien und Triest verantwortlich war.

Unter dem Gendarmerieinspektor Oberst Heinrich Giesel von Gieslingen gab es im Jahre 1873 eine neuerliche Umgliederung. In dieser Folge wurde das Kommando von Agram nach Laibach verlegt, von wo aus bis zum Zusammenbruch der Monarchie nach dem Ersten Weltkrieg die Geschicke der Gendarmerie in Kärnten geleitet wurden. Ein zugehöriges Flügelkommando saß aber in der Zwischenzeit bereits in Klagenfurt, das in der Villacher Straße Nr. 23 nächst dem Lendkanal situiert war.

1874 – das Flügelkommando Klagenfurt entstand

Die eigentliche Geburtstunde des Landesgendarmeriekommandos Kärnten lag im Jahre 1874, in welchem das Flügelkommando Klagenfurt aus dem Regiment Laibach herausgelöst wurde. Erster Landesgendarmeriekommandant von Kärnten war der Rittmeister 1. Klasse Emanuel Herdiborsky.

Rittmeister Emanuel Herdiborsky. *Bild: LGK Kärnten*

Das Kommando bestand aus zwei Unterabteilungen (Klagenfurt und Villach), die von den Offizieren Oberleutnant Eduard Müller und Oberleutnant Karl Morvan befehligt wurden. In den ersten Augusttagen des Jahres 1897 fand die Übersiedlung in den sogenannten Amalienhof am Völkermarkter Ring statt. Von dort wurde bis zum November 1992 die Gendarmerie in Kärnten geführt.

Amalienhof am Völkermarkter Ring; 1897–1992 Sitz des Landesgendarmeriekommandos Kärnten. *Bild: LGK Kärnten*

Ab diesem Zeitpunkt ist Krumpendorf am Wörther See Standort des Landesgendarmeriekommandos für Kärnten. Lediglich die Kriminalabteilung verblieb im Klagenfurt. Ein Projekt zur Verlegung dieser Abteilung nach Krumpendorf ist in Umsetzung befindlich, so daß damit gerechnet werden kann, daß ab dem Jahr 2000 in Krumpendorf auch die Führung des Kriminaldienstes der Gendarmerie ihren Sitz haben wird.

Krumpendorf – von der Kaserne 1939 zum hochmodernen Gendarmerie-Verwaltungsgebäude 1992

Die Geschichte des heutigen Standortes des Landesgendarmeriekommandos für Kärnten, Krumpendorf, begann im Jahre 1939, wo am 8. März mit dem Bau einer Kaserne für die in den diversen Reichsgauen vorgesehenen Hundertschaften der Mot.-Gendarmerie begonnen wurde. Zu deren Einquartierung kam es aber nicht, da die oberste Heeresleitung hier eine Versuchsstation der Kriegsmarine zur Erprobung spezieller Seekriegswaffensysteme einrichten ließ.

Nach dem Ende des Krieges im Jahre 1945 wurde die Kaserne Krumpendorf von den Besatzungstruppen der Engländer übernommen und als Kommandoquartier verwendet. Ende Oktober 1949 übergaben die Engländer die Kaserne Krumpendorf wieder der im Aufbau befindlichen Gendarmerie. Ab diesem Zeitpunkt war Krumpendorf Standort für die als mobile Fahreinheiten bezeichneten Alarmkräfte, aus denen in späterer Folge die B-Gendarmerie und schließlich das Bundesheer hervorgingen.

Von 1949 an war Krumpendorf neben dem Standort Klagenfurt als zentraler und wichtiger Fixpunkt der Kärntner Gendarmerie bekannt. Es war hier neben der Technischen Abteilung auch die Schulabteilung konzentriert, wobei zu erwähnen ist, daß es auch Ausbildungsstandorte in Obere Fellach (Bezirk Villach), Waisenhauskaserne (Klagenfurt) und Unterbergen (Bezirk Klagenfurt-Land) gab. In Unterbergen war die legendäre Gendarmerieschule »Karawankenhof« untergebracht, der bei einem katastrophalen Brand vollständig vernichtet wurde.

Krumpendorf war auch die »Wiege« der heutigen modernen Verkehrsgendarmerie des Landesgendarmeriekommandos, die als »Die Krumpendorfer« noch heute einen ganz besonderen Bekanntheitsgrad genießen. Weiters waren in Krumpendorf noch die Dienststellen des seinerzeitigen Gendarmerieabteilungskommandos Klagenfurt und des zugehörigen Bezirksgendarmeriekommandos untergebracht. Nach der Anfang der 1990er Jahre durchgeführten Strukturanpassung (generelle Auflassung aller Abteilungskommanden) befinden sich in Krumpendorf nun die zentralen Schaltstellen der Kärntner Gendarmerie, ausgenommen die Kriminalabteilung.

Neue Unterkunft und Sitz des Landesgendarmeriekommandos Kärnten (seit 1992). Bild: LGK Kärnten

In der Zentrale in Krumpendorf sind heute die diversen Fachabteilungen (Stabsabteilung, Organisations- und Einsatzabteilung, Personalabteilung, Ausbildungsabteilung, Verkehrsabteilung, Technikabteilung sowie die Haushalts- und Wirtschaftsabteilung zusammengefaßt. Es werden von Krumpendorf aus alle Verwaltungs- und Logistikagenden der Kärntner Gendarmerie zentral wahrgenommen. Eine eigens eingerichtete Landesleitzentrale koordiniert den landesweiten Funkverkehr, außerdem werden von hier aus bezirksübergreifende Gendarmerieeinsätze geleitet. Weiters befinden sich in Krumpendorf eine eigene Kfz- und Funkwerkstätte, eine Haustischlerei sowie eine nach modernsten Erkenntnissen adaptierte Raumschießanlage, in der die Schießausbildung durchgeführt wird.

Gendarmerie Kärnten – heute ein moderner Sicherheitswachkörper

Die Gendarmerie Kärnten, seit 1. Jänner 1996 von Brigadier Willibald Liberda geleitet, präsentiert sich heute als moderner Wachkörper, der in den vielfältigsten Bereichen des öffentlichen Sicherheitsdienstes ausgezeichnete Arbeit leistet und immer wieder schöne Erfolge zu verbuchen hat.

Durch die stets fortschreitende Technisierung und Adaptierung der Einsatzmittel stehen der Gendarmerie die nötigen Mittel zur Verfügung, um ihren Aufgaben zur Aufrechterhaltung der öffentlichen Ruhe, Ordnung und Sicherheit in entsprechender Weise nachzukommen.

Durch den Beitritt Österreichs zur Europäischen Union und den damit verbundenen Verpflichtungen für die effiziente Grenzüberwachung kamen ab dem Jahre 1995 für die Kärntner Gendarmerie neue und sehr personalintensive Aufgabenstellungen im Rahmen des Aufbaues der Grenzgendarmerie hinzu. Dazu ist erwähnenswert, daß zahlreiche Zollwachebeamte zur Gendarmerie wechselten und innerhalb der Grenzgendarmerie an der EU-Außengrenze Dienst verrichten.

Mit dem Schengenbeitritt mußten umfangreiche strukturelle, organisatorische und betriebswirtschaftliche Änderungen vorgenommen werden und es wußte zu diesem Zeitpunkt noch niemand, wie sich das Jahr 1998 sicherheitsspezifisch zeigen wird. Wenn auch nicht alle Ziele verwirklicht werden konnten, zeigt sich allerdings eines, daß der Aufbau des Grenzdienstes annähernd abgeschlossen ist und hervorragend arbeitet. 1998 wurden im Bereich der Gendarmerie Kärnten 2.140 Fremde beamtshandelt, das ergab eine Steigerung von 44 Prozent gegenüber dem Vorjahr. 1.559.832 Fahndungsanfragen bedeuteten eine Steigerung von 50 Prozent gegenüber 1997 und 49 Kfz-Sicherstellungen runden das ausgezeichnete Ergebnis für 1998 am fremdenpolizeilichen Sektor ab.

Die geographische Lage des Bundeslandes Kärnten innerhalb des Alpen-Adria-Raumes bedingt für die Gendarmerie insbesondere eine Belastung im Sektor der Verkehrsüberwachung, vor allem jener des immer mehr zunehmenden Transitverkehrs, der sowohl aus Norden über die Tauernautobahn wie auch in den letzten Jahren – durch die Ostöffnung bedingt – aus Osten eine sehr große Bedeutung für die Arbeitsbelastung bei der Verkehrsüberwachung darstellt. Im Jahr 1998 kamen bei 13.467 Verkehrsunfällen 69 Menschen ums Leben und 2.851 wurden verletzt.

Ebenso ergaben sich durch die Tatsache, daß Kärnten als Tourismusland (Winter/Sommer) jährlich Millionen (1998/13.245.758) Nächtigungen ausländischer Gäste zu verbuchen hat, für die Dienstverrichtung der Gendarmerie insgesamt entsprechende sicherheitsdienstliche Schwerpunkte, die in der Vergangenheit aber trotz sehr knapp bemessener Personalressourcen immer zufriedenstellend bewältigt werden konnten. Ganz besonders erfreulich ist, daß im kriminalpolizeilichen Arbeitsfeld die Kärntner Gendarmerie eine sehr gute Aufklärungsquote aufweisen kann, wie die Statistik beweist: Von den 2.248 Verbrechenstatbeständen konnten 57,8 Prozent und von den 15.042 angefallenen Vergehen 63,8 Prozent geklärt werden. Ein Beweis mehr dafür, daß die in der Gendarmerie praktizierte Zusammenarbeit zwischen den örtlichen Gendarmerieposten und den Kriminalisten der Kriminalabteilungen sehr gut funktioniert.

Abschließend sei festgehalten, daß die Kärntner Gendarmerie mit Stolz auf eine sehr bewegte Geschichte in der Vergangenheit zurückschauen kann. Sie hat Höhen und Tiefen durchlebt und viele Kameraden bei der Erfüllung ihrer Pflichten ihr Leben opferten.

Die Herausforderungen des nächsten Jahrtausends werden sicher nicht leicht sein, doch mit gemeinsamer Anstrengung, mit Motivation und mit der Bereitschaft, sich allen notwendigen Veränderungen anzupassen, wird es gelingen, diese Zukunft positiv und sicher zu gestalten.

Krieg in Slowenien 1991, Grenzübergang Bleiburg/Stablach mit dem im Hintergrund zerstörten Grenzgebäude; für die Gendarmerie in Kärnten höchster sicherheitsdienstlicher Einsatz. Bild: Militärkommando Kärnten

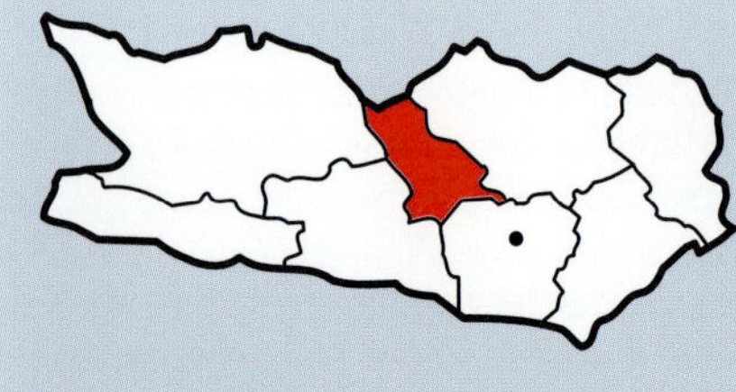

Feldkirchen

Arnold Holzmann

Größe in km²	559
Gemeinden:	10
Einwohner:	30.323
Anzahl der Dienststellen:	7
Systemisierter Personalstand:	51
Auf einen Exekutivbeamten entfallende Einwohner:	595
Bundesgrenze in km:	–
Autobahnen in km:	–
Bundesstraßen in km:	100
Landesstraßen in km:	106

Sehenswürdigkeiten Attraktionen:
Nationalpark Nockberge,
Benediktinerstift Ossiach,
Bamberger Amthof,
Michaeli-Kirche und Stadtpfarrkirche »Maria im Dorn« in Feldkirchen,
Wehrkirche Tiffen,
Burgruine Glanegg

Unser Bezirk liegt im Herzen des Bundeslandes Kärnten und grenzt im Süden mit den Ossiacher Tauern bis hin zum Glantal beim Haidensee an die Bezirke Klagenfurt und Villach. Im Norden liegt hinter den Bergkämmen der Gurktaler Alpen die Steiermark (Bezirk Murau). Im Westen bildet das wohl einzigartige Naturparadies der Nockberge bis zur Gerlitzen die Grenze zum Bezirk Spittal/Drau und im Osten zieht sich die Bezirksgrenze zu St.Veit/Glan wieder durch die Gurktaler Alpen über den Goggausee bis ins Glantal. Die Flüsse Gurk und Glan bilden die wesentlichsten Talschaften des besonders waldreichen Bezirkes Feldkirchen.

Von den Römern in die Gegenwart

Bereits vor der Römerzeit führte die »Welsche Straße«, damals eine der bedeutendsten Handelsstraßen, von Italien über Feldkirchen nach Norden in die Steiermark. Die Eingliederung Feldkirchens in die Provinz Norikum des römischen Imperiums erfolgte 45 n.Chr. Tempelreste, Römersteine und weitere Funde aus dieser Zeit befinden sich noch heute in den Kirchen und Schlössern des Bezirkes.

Unter Karl dem Großen wurde das Gebiet von Feldkirchen im Jahre 803 in die Mark »Karantanien« eingegliedert und Herzog Arnulf von Kärnten erwähnte im Jahre 888 Feldkirchen in einer Urkunde erstmals als »Veldchiricha«. Das Marktrecht bekam Feldkirchen bereits im Jahre 1311, 1448 ein eigenes Wappen und 1453 die Berechtigung zur Abhaltung eines Jahrmarktes. Im gleichen Jahr erhielt der Markt mit der Blutgerichtsbarkeit den Bonus, bei verurteilten Rechtsbrechern selbständig über Leben und Tod richten zu können.

1759 kaufte Kaiserin Maria Theresia den Bezirk vom Bistum Bamberg. Das Gebiet erlebte nun durch Eisen- und Kupferhämmer, Schmiede- und Sensenerzeuger einen bedeutenden Aufschwung und wurde zum Zentrum der Eisenverarbeitung. Erwähnenswert sind noch die Stadterhebung von Feldkirchen im Jahre 1930, eine Gebietsreform im Jahre 1973 und die Ernennung zum selbständigen Verwaltungsbezirk Feldkirchen im Jahre 1982.

Tourismus durch unberührte Natur

Besucher aus aller Welt finden vor allem in der noch weitgehend unberührten Natur Erholung und Kraft für den Alltag. Besonders der Nationalpark »Nockberge« mit dem größten zusammenhängenden Zirbenbestand Europas und der Nockalmstraße als »Entdeckungsader« dieser unberührten Landschaft bilden einen wohl einzigartigen Anziehungspunkt für Touristen aus aller Welt. Aber auch kristallklare Bergseen auf der Turracher Höhe und dem Falkert, sowie idyllische Badeseen wie Ossiacher-, Urban-, Goggau-, Maltschacher-, Flatschacher- und Haidensee zeichnen diese weitgehend noch kaum veränderte Landschaft aus. Zeugen dieser auch geschichtsträchtigen Region sind viele Ruinen, Burgen, Schlösser, Kirchen, Stifte, Bürgerhäuser und die bäuerliche Holzarchitektur der Nockregion. Gäste und Einheimische schätzen das reiche Sommer- und Wintersportangebot. Der Bogen spannt sich vom Paragleiten und Segelfliegen über das Schwimmen, Segeln, Tauchen und Tennis bis hin zum Reiten, Golfen, Radeln und Wandern. Pisten und Loipen in den schneesicheren Schigebieten Turrach, Falkert, Hochrindl und Simonhöhe bieten den Wintersportlern hervorragende Bedingungen. Rund 1.650.000 Gästeübernachtungen waren im Jahre 1998 zu verzeichnen. Für die Gendarmerie bedeuten diese Zahlen erhöhten Arbeitsanfall in allen Bereichen die mit dem Tourismus ursächlich zusammenhängen (z. B. Alpineinsätze, Schiunfälle, Schidiebstähle, Einmietebetrügereien, erhöhtes Verkehrsaufkommen, usw.).

Aber auch auf kulturellem Gebiet gibt es ein reichhaltiges Programm. Hier sei vor allem der »Carinthische Sommer« im Stift Ossiach, oder Konzerte, Lesungen, Ausstellungen und Theateraufführungen im Kulturzentrum Bamberger Amthof in Feldkirchen erwähnt. Aber was wäre Kärnten ohne Blasmusik und Volkslied. Zahlreiche Musikkapellen und Gesangsvereine sorgen in den einzelnen Gemeinden für Unterhaltung.

Arbeitslosenrate liegt bei 9,7 Prozent

Obwohl man ständig um die Ansiedlung neuer Betriebe bemüht ist, liegt die Arbeitslosenrate mit 9,7 % weit über dem österreichischen Durchschnitt. Die Bevölkerung findet vor allem in der holzverarbeitenden Industrie mit einer Vielzahl von Sägewerken und Zimmereien Arbeit. Große wirtschaftliche Bedeutung haben auch die Erzeugung von Lederschuhen und Leinenbekleidung, die Stahlindustrie mit dem Bau von Turbinen und Maschinen, sowie die Verpackungsindustrie und zahlreiche Entsorgungsbetriebe. Zu den bekanntesten Firmen im Industriegebiet Feldkirchen zählen die Fertighausproduktionsfirma Rath mit 215 Beschäftigten, die ARA-Schuhfabrik mit 510 Angestellten und der Stahlbaubetrieb Haslinger mit 230 Bediensteten.

Die Landwirtschaft hat mit allen in der EU bekannten Problemen zu kämpfen. Durch den starken Preisverfall ihrer Produkte sind zahlreiche Betriebe in große wirtschaftliche Schwierigkeiten geraten.

Auch in der Forstwirtschaft gab es Rationalisierungsmaßnahmen und viele Bedienstete mußten ebenso wie von der Landwirtschaft in die Industrie abwandern. Dadurch ergibt sich zwangsläufig ein Überangebot an Arbeitskräften und die daraus resultierende hohe Arbeitslosigkeit.

Ein Aushängeschild des Bezirkes ist das weit über die Landesgrenzen hinaus bekannte forstwirtschaftliche Ausbildungszentrum in Ossiach.

Gendarmerie seit 1853 im Bezirk

Der älteste Gendarmerieposten ist jener in Feldkirchen. Er wurde bereits im Jahre 1853 errichtet und war bis zur Gründung des Postens

Himmelberg am 10. Oktober 1896 die einzige Dienststelle im Bezirk. Es folgten die Posten St. Margarethen 1875, Gnesau 1878 und Mauthbrücken 1898. Um die Jahrhundertwende gab es im Bezirk somit fünf Gendarmeriedienststellen. Mit Anfang des 20. Jahrhunderts wurden Dienststellen in Patergassen 1903, Glanegg 1905, Sirnitz 1907, und Steindorf 1911, errichtet.

Die Gründung des Bezirksgendarmeriekommandos Feldkirchen geht auf das Jahr 1918 zurück. Durch ständig steigende Bevölkerungszahlen konnte die Sicherheit nicht mehr gewährleistet werden und man mußte auch in den Gemeinden Steuerberg 1919, St. Urban 1919, Buchscheiden 1921, Ossiach 1934, St. Martin-Sittich 1939 und Bodensdorf 1934 Dienststellen eröffnen.

Durch zahlreiche Strukturreformen innerhalb der Gendarmerie mußten einzelne Posten wieder geschlossen werden, weshalb heute im Bezirk neben dem Bezirksgendarmeriekommando noch die Gendarmerieposten Feldkirchen, Patergassen, Glanegg, Sirnitz, Bodensdorf und Ossiach bestehen.

Bevölkerungszahlen steigen – Sicherheit muß gewährleistet werden

Die Stadtgemeinde Feldkirchen hat derzeit den größten Bevölkerungszuwachs Kärntens, wobei mit 14.000 Einwohnern fast die Hälfte der im Bezirk wohnhaften Menschen in der Bezirkshauptstadt lebt. Die Stadt gilt nicht nur als Handelszentrum, sie ist auch Schul- und Einkaufsstadt und durch ein Krankenhaus medizinisches Zentrum des Bezirkes. Durch die Veranstaltung von Messen und den Ausbau eines internationalen Flugfeldes erlebt Feldkirchen einen weiteren Aufschwung.

Um die Sicherheit der Bevölkerung gewährleisten zu können, hat sich auch die Gendarmerie ständig zu »erneuern«, wobei Dienstsystem, Einsatzmittel und technische Ausrüstung den Anforderungen der jeweiligen Epoche zu entsprechen haben. Durch die hohe Arbeitslosenrate sind die Gendarmen vor allem auf dem Gebiet der Kriminalitätsbekämpfung gefordert. Im vergangenen Jahr 1998 wurden von 141 Verbrechen 91 (64,5%) geklärt und von 1.031 Vergehen konnten 586 oder 56,8% ebenfalls positiv erledigt werden.

Gendarmeriepräsenz auch im Verkehrsdienst

Im Bezirk gibt es zwar keine Autobahn, jedoch sehr stark frequentierte Bundes- und Landesstraßen. Aber auch die Schulwegsicherung gehört zu den wichtigsten Aufgaben der Gendarmen. Allein in Feldkirchen halten sich täglich ca. 4.000 Schüler auf. Die Turracher Bundesstraße B 95 verbindet Klagenfurt und Bad Kleinkirchheim, die Ossiacher Bundesstraße B 94 von St. Veit nach Villach und die Gurktaler Bundesstraße B 93 von Feldkirchen zum Bistum Gurk weisen eine hohe Verkehrsdichte auf. Es kommt hier auch zu zahlreichen schweren Verkehrsunfällen, die Dank des vorbildlichen Einsatzes unserer Beamten rückläufig sind. Im Jahre 1998 ereigneten sich 932 Unfälle mit 172 Verletzten und vier Toten. Auch der Kampf gegen Alkolenker gehört zum »Alltag« der Beamten. Durch die mit besonderer Effizienz durchgeführte Verkehrsüberwachung konnten (1998) 120 alkoholisierte Lenker aus dem Verkehr gezogen und die Anzahl der Alko-Unfälle mit Verletzten und Toten halbiert werden.

Aus der Chronik

Im Juli 1934 kam es in Feldkirchen zu einem gewaltsamen Aufstand der Nationalsozialisten, der zahlreiche Todesopfer forderte. Bereits in der ersten Jahreshälfte 1934 wurden in Feldkirchen viele Straßen und Mauern mit Propagandaschriften und Hakenkreuzen beschmiert sowie Hakenkreuzfeuer abgebrannt. Sprengstoffanschläge waren gegen die Schutzkorpskaserne (Gendarmerieposten) Feldkirchen, das Haus des Postenkommandanten, das Wohnhaus des Schutzkorpskommandanten und gegen das Schloß »Poitschach« des Kreiswehrführers des Heimatschutzverbandes Feldkirchen, Josef S., gerichtet. Dazu berichtet die Gendarmeriechronik:

26. Juli 1934

»Der Frächter Stefan M. hatte die Nazis im Bezirk zum Aufstand alarmiert, wurde jedoch kurz vor dem Ausbruch von Gendarmen verhaftet. Die 600 bis 800 Aufständischen standen unter dem militärischen Kommando des 29jährigen Frächters Josef E. und waren mit ca. 20 MGs, MPs, Gewehren und Pistolen bewaffnet. Die politische Macht wurde vom Buchhalter der Fa. Blaas, Karl K., übernommen.

Unmittelbar vor Ausbruch der Revolte wurden über Weisung des Bezirksgendarmeriekommandos Beamte des Postens Steindorf und St. Urban zur Verstärkung des Postens Feldkirchen kommandiert.

Gegen 15.30 Uhr verließen zwei Gendarmen und 15 Schutzkommandoleute die Gendarmeriekaserne auf dem Hauptplatz in Feldkirchen mit dem Auftrag, den weiteren Anmarsch von Rebellen aus Richtung Himmelberg zu stoppen. Die Aufständischen hatten bereits alle Zugänge zum Hauptplatz, das Postamt und die politische Expositur Feldkirchen besetzt und eröffneten aus ihren Deckungen sofort das Feuer. Obwohl der Schutzkorpskommandant, Karl Waldy, durch zwei Gewehrschüsse an der linken Hand und am linken Oberschenkel schwer verwundet wurde, erwiderte er das Feuer auf seine Angreifer. Im folgenden Feuerkampf beschossen die Aufständischen die Kaserne, Gendarmerieposten- und Bezirkskommando, die durch sieben Gendarmen und 14 Schukoleute besetzt waren. Gegen 17.00 Uhr wurde der Schuko.-Kommandant des Gendarmeriepostens Glanegg, Ferdinand Haslinger, durch einen Beckenschuß schwer verwundet.

In der Zwischenzeit rückte der Postenkommandant von Steindorf, RevInsp Franz Wolf, mit zwei Gendarmen und 10 Schukoleuten von Süden in Schützenkette gegen die Stadt vor. Die vorrückende Abteilung wurde aus Richtung Feldkirchen und Waiern heftig beschossen. RevInsp Wolf wurde gegen 18.00 Uhr durch einen Kopfschuß getötet. Der Rest der Abteilung mußte sich nach zweistündigem Feuerkampf wegen Aussichtslosigkeit zurückziehen.

Für die Gendarmeriekaserne bestand keine Aussicht auf rasche Verstärkung, die Besatzung war zur Aufgabe um 20.30 Uhr gezwungen.

Heftige Feuergefechte mit MG-Feuer entbrannten zwischen 04.00 und 10.00 Uhr auf dem Bahnhof gegen die 60 Mann starke Abteilung des Villacher Heimatschutzes und am Stadtrand von Feldkirchen gegen die anrückende Kompanie des Alpenjägerregimentes Nr. 11 aus Villach.

Die Kämpfe forderten auf Seiten der Exekutive neun Todesopfer (RevInsp Franz Wolf der Gendarmerie, vier Tote des Bundesheeres und vier Tote des Villacher Heimatschutzes) sowie 30 meist Schwerverwundete.

Um 10.00 Uhr entsandten die Nationalsozialisten den Schulleiter Friedrich M. aus Radweg und den Gerichtsbeamten Kurt T. aus Feldkirchen mit einer weißen Fahne zu Waffenstillstandsverhandlungen. Mjr Berger erklärte, mit Verbrechern nicht zu verhandeln und forderte die bedingungslosen Übergabe aller Waffen bis 12.00 Uhr.

Gegen 12.30 Uhr legten viele der Aufständischen die Armbinden ab, kehrten heim oder flüchteten in Waldungen.

Um 15.00 Uhr marschierte Mjr Berger in Feldkirchen ein. Der Posten nahm den Sicherheitsdienst wieder auf. Zur Unterstützung des Postens und zur Aufgreifung und Stellung von Aufständischen rückten am 28. Juli 1934 Ostmärkische Sturmscharen, ein Bataillon des niederösterreichischen Heimatschutzes aus Melk und eine halbe Kompanie des Villacher Heimatschutzes ein.

Sieben prominente Nationalsozialisten wurden ins Aufhaltelager in Wöllersdorf (NÖ) eingeliefert. 16 Personen wurden wegen Sprengstoffanschlägen, sechs wegen Hochverrats und 112 wegen Aufstandes verhaftet und ins Landesgericht Klagenfurt eingeliefert. 98 Personen wurden wegen Aufruhrs dem Landesgericht angezeigt ....«

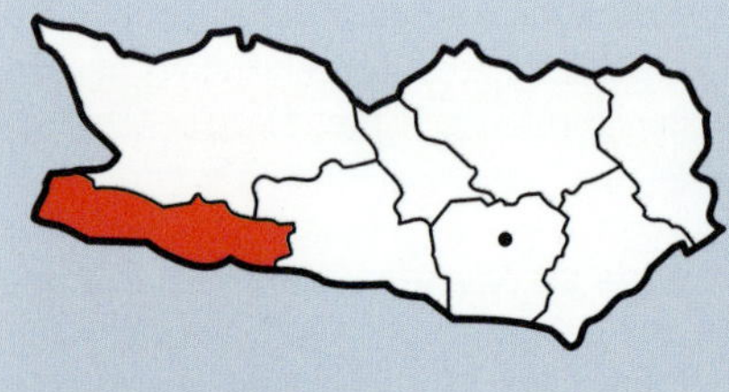

Leopold Salcher

Hermagor

Größe in km²	*804*
Gemeinden:	*7*
Einwohner:	*21.200*
Anzahl der Dienststellen:	*7*
Systemisierter Personalstand:	*60*
Auf einen Exekutivbeamten entfallende Einwohner:	*320*
Bundesgrenze in km:	*90*
Autobahnen in km:	*–*
Bundesstraßen in km:	*110*
Landesstraßen in km:	*107*

Sehenswürdigkeiten Attraktionen:
Basilika Minor in Maria Luggau (Marienwallfahrt), Mühlenmeile Lesachtal, Freilichtmuseum Erster Weltkrieg am Plöcken und Kriegsmuseum im Rathaus Kötschach, Keltensiedlung Gurina, Dellach, voreiszeitliche Blume »Wulfenia« am Gartnerkofel, Naßfeld, Gailtaler Heimatmuseum und Garnitzenklamm, Möderndorf bei Hermagor

Es gibt viele größere Bezirke in Österreich. Da kann der Bezirk Hermagor mit rund 22.000 Einwohnern im Gail-, Lesach- und Gitschtal nicht mithalten. Wohl aber, wenn herrliche Natur, gepflegte Landschaft, saubere Dörfer, selbstbewußte, ehrliche Menschen gefragt sind, dann ist der südwestlichste Bezirk Kärntens, benannt nach dem Talfluß Gail, zweifellos der größte. Diesen Namen bekam der Fluß und damit das Tal von den Illyrern (»Gailias« – die Überschäumende). Das Gailtal ist – eingebettet zwischen den Karnischen Alpen im Süden (zugleich Staatsgrenze zu Italien) und den Gailtaler Alpen im Norden – mit rund 100 km die längste fast schnurgerade Längstalfurche der Ostalpen, beginnend am Kartitscher Sattel in Osttirol bis zum Beginn des Klagenfurter Beckens im Osten mit drei Abschnitten: das enge Lesachtal im Westen, das sohlenförmige Obere Gailtal zwischen Kötschach-Mauthen und Hermagor sowie das Untere Gailtal von Hermagor bis zum Eintritt in das Villacher Feld.

Der Presseggersee: die »Gailtaler Badewanne« *Bild: Verderber, Hermagor*

Klimatisch nimmt der Bezirk eine Sonderstellung ein. Die oberitalienische Tiefebene beginnt 40 km weiter südlich, zur Adria sind es nur 90 km (jeweils Luftlinie). In höheren Lagen geht es daher oezanisch zu, das Talklima hingegen ist mit heißen Sommern und kalten, schneereichen Wintern typisch kontinental.

Das Gailtal war und ist Grenzland, es liegt am Schnittpunkt dreier Kulturkreise (deutsch, italienisch und slawisch) das hat auch den Menschenschlag geprägt.

Die Menschen

Erste sichere Hinweise auf eine Besiedelung des Tales gehen auf die Urnenfelderzeit (1800–1200 v.Chr.) zurück. Im Gailtal waren mindestens 10 verschiedene Völker (Italiker, Illyrer, Veneter, Kelten, Römer, Goten, Langobarden, Awaren, Slawen, Deutsche) mehr oder weniger lang seßhaft. Die Veneter betrieben um 200 v. Chr. schon blühenden Bergbau im Tal, Gurina, die prähistorische Siedlung bei Dellach war ein wichtiges Zentrum im damaligen Königreich Norikum. Der Bergbau hatte bis in das vergangene Jahrhundert eine zentrale wirtschaftliche Bedeutung, abgebaut und im Tal verhüttet wurde Eisenerz und Blei, doch auch Silber und Gold ließen sich finden.

Die Stürme der Völkerwanderung hinterließen auch im Gailtal ihre Spuren, wie Jahrhunderte später die Türken. Kirchlich hatten seit dem Edikt von Karl d. Gr. die Bischöfe von Aquilea das Sagen. Einer hieß Hermagoras, von ihm hat die Bezirksstadt Hermagor (1169 erstmals als Hermachor urkundlich erwähnt) wohl auch ihren Namen.

Infrastruktur

Der Bezirk Hermagor teilt als Randregion das Schicksal mit seinesgleichen, wobei vor allem die Zurücknahme an Leistungen des Bundes und der Länder, primär bei den öffentlichen Verkehrsträgern und Einrichtungen, spürbar ist. Das heißt Zurücknahme von Busverbindungen, über der Gailtalbahn hängt ebenfalls das Damoklesschwert der Einstellung. Demgegenüber bedeutet der neue Gailtal-Zubringer (direkte Verbindung zur A 2 bei Arnoldstein), der im Herbst 1999 fertig sein soll, eine wesentlich verbesserte verkehrsmäßige Anbindung an den Kärntner Zentralraum. Ein Faktum, auf das die Gailtaler Wirtschaft schon beinahe 30 Jahre wartet. Eine positive Entwicklung ist glücklicherweise auch im höheren Schulwesen zu verzeichnen, mit dem BORG wie der neuen HBLA in Hermagor sind junge GailtalerInnen nicht mehr zum Auspendeln nach Villach, Klagenfurt, Spittal/Dr. oder Lienz gezwungen.

Lesachtal, keine Feier ohne Blasmusik. *Bild: A. Stabentheiner*

Hervorzuheben ist die kulturelle Vielfalt des Bezirkes, zahlreiche Gesangsvereine, 14 Trachtenmusikkapellen, dazu Volkstanz- und Trachtengruppen, Bürgerfrauen, starke Feuerwehren, Sportvereine und viele Burschenschaften in den Ortschaften sorgen für ein starkes Band der Gemeinschaft und ein aktives Dorfleben.

Energie für Europa

Ein militärischer Überläufer aus dem ehemaligen Warschauer Pakt brachte es an den Tag: das friedlich und weit abseits der Zentren gelegene Gailtal wäre in einer kriegerischen Auseinandersetzung zumindest im Zweitschlag Ziel von Atomsprengköpfen gewesen.

Konkretes Ziel: die TAL (Transalpine Ölleitung) und die AWP (Adria–Wien-Pipeline) mit der Steuerzentrale und dem Zwischenlager (250.000 m³ Rohöl) in Würmlach im Oberen Gailtal. Diese Nabelschnur der flüssigen Energieversorgung Mitteleuropas verläuft von Triest aus durch die Karnischen Alpen nach Ingolstadt, Karlsruhe und weiter in die Tschechei, die AWP verbindet Würmlach mit Wien (über Graz). Täglich wird durch diese Leitungen das Fassungsvermögen von 14.000 (!) Tankzügen gepumpt. Man stelle sich dieses Horrorszenario vor: Täglich 14.000 Tankzüge auf den Routen von Triest nach Norden und zurück. Würmlach verlangt demgemäß besondere Sicherheitsaspekte und -maßnahmen.

Arbeitsplätze sind rar

Der Bezirk Hermagor mit seiner bisher dominanten landwirtschaftlichen Struktur befindet sich in einem starken Strukturwandel, wobei ähnlich wie in vergleichbaren Regionen der Tourismus als wirtschaftliches Standbein an Bedeutung zunimmt. Das wirtschaftliche Rückgrat bilden die Klein- und Mittelbetriebe, die drei größeren metallverarbeitenden Betriebe (Fa. Petritsch, weiters die ital. Firmen Intercold und Ecco), dazu die Installationsfirma Zoppoth und die Holzverarbeitungsindustrie Hasslacher mit Standorten in Hermagor und Kötschach wie die Holzleimbaufirma Buchacher zählen zu den arbeitsplatzintensivsten Betrieben des Bezirkes.

Die Tourismusgemeinden des Bezirkes zählen jährlich etwas über eine Million Nächtigungen, wobei der Winter (Karnische Schiregion Naßfeld, Weißbriach, Kötschach) wesentlich an Bedeutung gewinnt. Ende 1999 wird mit der Eröffnung der Talbahn Tröpolach – Naßfeld ein weiterer Schritt in Richtung Komplettierung gesetzt. Die Karnische Schiregion ist damit zum zweitgrößten zusammenhängenden Schigebiet Österreichs aufgestiegen, weitere Erschließungsmaßnahmen von Italien aus sind in der Planungsphase.

»Schifohrn« in der schneesicheren Karnischen Schiregion.
Bild: Verderber, Hermagor

Ein Schigebiet dieser Größenordnung stellt an die Gendarmerie wesentliche Anforderungen, die neu adaptierte Expositur Naßfeld trägt dem auch Rechnung. Neben der Sicherheit auf den Pisten bereitet die steigende Kriminalität – u. a. vermehrte Diebstähle und Versicherungsbetrügereien – den Verantwortlichen einiges Kopfzerbrechen.

Vom »blutigen« Grenzland zum sichersten Bezirk Österreichs

Die Karnischen Berge waren im Ersten Weltkrieg das einzige innerösterreichische Frontgebiet. Im Mai 1915 erklärte Italien dem greisen Kaiser Franz Joseph I. den Krieg. Es ist allein dem Heldenmut der Gailtaler und den rund 8000 Kärntner Freiwilligen Schützen zu verdanken, daß die Italiener trotz ihrer 10fachen Übermacht dieses Bollwerk der Heimatliebe und des Opfermutes nicht zu überrennen vermochten. Heute ist diese dunkle Seite der jüngeren Geschichte auch geistig verarbeitet, die Beziehungen der Menschen über die Grenze zu den italienischen Nachbarn und umgekehrt sind beispielhaft gut.

Mit dem Schengen-Abkommen 1998 sah sich die Gendarmerie in diesem Bezirk mit rund 90 km Bundesgrenze zu Italien und zwei internationalen Grenzübergängen (Plöcken- und Naßfeldpaß) mit einer gänzlich neuen Situation konfrontiert. Offene Grenzen, Schleierfahndung, Ausgleichskontrollen und -maßnahmen bedeuten neue Herausforderungen, die dank großzügigster Ausstattung mit technisch modernsten Geräten, dazu Grenzüberwachung mit Hubschraubern und der positiven Einstellung der Beamten gemeistert werden. Für neue Aufgaben und vermehrte Anforderungen müßte eigentlich mehr Personal zur Verfügung stehen, dem ist leider nicht so. 1960 zählte unser Bezirk noch 12 Gendarmerieposten und 83 Beamte, heute sind es sieben Gendarmerieposten mit 60 Beamten.

Noch vor drei Jahren lag der Bezirk Hermagor in Sachen Sicherheit österreichweit auf Platz eins. Nirgends sonst lebte es sich so sicher wie im Tal an der Gail. Inzwischen hat sich das Blatt gewendet, die Absystemisierung um 13 Beamte schlug sich logischerweise in weniger Präsenz der Gendarmerie und in weiterer Folge in der Kriminalstatistik wie bei den Verkehrsunfällen natürlich negativ nieder. Mittlerweilen liegt Hermagor in der Hitliste der Bezirke auf Platz 15. Neue Aufgabenstellungen bei sinkendem Personalstand drücken auf die Aufklärungsrate. Die Belastungsstudie 1994–1996 brachte dem Bezirk Hermagor eigentlich nur Nachteile.

Dennoch ist auch Freude angesagt: Ende des Jahres 1999 werden der Gendarmerieposten wie das Bezirksgendarmeriekommando Hermagor als zentrale Sicherheitsdienststelle des Bezirkes ein nach modernsten Erfordernissen errichtetes Sicherheitszentrum, dessen Errichtung 20 Mill. S kosten wird, beziehen. Dieses Projekt wurde wegen unbedingten Raumbedarfes außerhalb des bundesweiten Gendarmerie-Bauprogrammes innerhalb von sechs Monaten dank der gedeihlichen Zusammenarbeit zwischen Gendarmerie und den politisch Verantwortlichen in Bezirk, Land wie im Bund genehmigt und finanziert. Widerstände gab es allein in der mittleren Entscheidungsebene. Doch die wurden durch entsprechende Überzeugungsarbeit beseitigt.

Sollte Olympia 2006 für Kärnten, Slowenien und Friaul Wirklichkeit werden, wartet auf die Gendarmerie des Bezirkes Hermagor die bislang größte sicherheitspolizeiliche Herausforderung, die sie – wie so viele Aufgaben in der 150jährigen Gendarmerie-Geschichte des Bezirkes – zweifellos mit Bravour bewältigen wird.

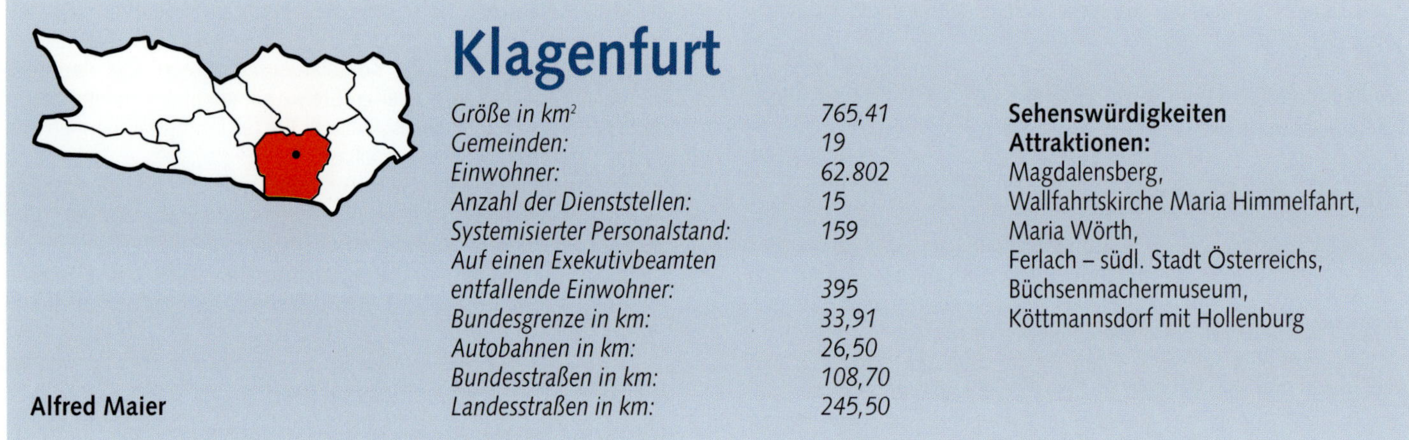

Klagenfurt

Alfred Maier

Größe in km²	*765,41*
Gemeinden:	*19*
Einwohner:	*62.802*
Anzahl der Dienststellen:	*15*
Systemisierter Personalstand:	*159*
Auf einen Exekutivbeamten entfallende Einwohner:	*395*
Bundesgrenze in km:	*33,91*
Autobahnen in km:	*26,50*
Bundesstraßen in km:	*108,70*
Landesstraßen in km:	*245,50*

Sehenswürdigkeiten
Attraktionen:
Magdalensberg,
Wallfahrtskirche Maria Himmelfahrt,
Maria Wörth,
Ferlach – südl. Stadt Österreichs,
Büchsenmachermuseum,
Köttmannsdorf mit Hollenburg

Ein Bezirk um die Landeshauptstadt Klagenfurt

Der Bezirk Klagenfurt erstreckt sich rund um die Landeshauptstadt Klagenfurt und dehnt sich nach Osten bis zum Tainacher Feld und gegen Norden zum Zollfeld aus. Der Wörther See mit den bekannten Badeorten Pörtschach, Krumpendorf, Reifnitz und Maria Wörth, das Gebiet um das Klagenfurter Becken, und südlich der Drau das Rosental mit dem farbenprächtigen Hintergrund der Karawanken sind begehrte Ziele der Sommergäste, Touristen und Wanderer.

Uralte Siedlungsgeschichte

Durch Funde und Ausgrabungen ist bekannt, daß der Mensch schon vor etwa 4.000 Jahren die hiesige Gegend bewohnte (Steinfunde aus der jüngeren Steinzeit in Reifnitz, Reste von Pfahlbauten am Keutschacher See).

»Kärntner Herzogstuhl«, seit dem 8. und 9. Jahrhundert Herrschafts- und Rechtsprechungssymbol. *Bild: BGK Klagenfurt*

Auf der Ausgrabungsstätte am Magdalensberg findet man Reste einer von römischer Kultur überlagerten keltischen Stadt. Im großen Kirchenbau des Maria Saaler Domes wird die Verschmelzung heidnischen Kulturgutes mit christlichem augenscheinlich. Karnburg und der Herzogstuhl am Zollfeld (Zeremonie der Herzogkrönung) sind Zeitzeugen der Karolinger Zeit.

Zentrum der Besiedlung war jedoch Klagenfurt am Ostufer des Wörthersees. Sie wurde von Hermann von Spanheim (1170–90) auf sumpfigem Gelände an einer wichtigen Furt durch den Glanfluß errichtet und wird am Ende des 12. Jahrhunderts urkundlich erwähnt. Zwischen 1246 und 1252 wird sie auf den trockenen Schuttkegel vor dem Kreuzbergl verlegt; Mittelpunkt war damals wie heute der Alte Platz. 1514 vernichtete ein verheerendes Feuer fast die ganze Stadt. Aus der folgenden vorbarocken Phase des Aufbaues stammen die wesentlichen Baudenkmäler. 1809 wurden die Stadtmauern von französischen Truppen gesprengt. Danach war der Weg frei für die moderne Ausweitung der Stadt.

In der Umgebung sind die Wallfahrtsorte Maria Saal und Maria Wörth von höchstem Interesse. Maria Saal beheimatet die urkundlich älteste Kirche des Landes überhaupt und nördlich davon, in etwa fünf Kilometer Entfernung, erstreckt sich am Zollfeld die Römerstadt Virunum mit dem wohl berühmtesten Findling, dem »Kärntner Herzogstuhl«, einem Relikt vergangener Rechtsprechung.

Idyllisch gelegen auf der Halbinsel Maria Wörth liegt die Wallfahrtskirche St. Primus und Felician aus dem 12. Jahrhundert. Alle diese Sehenswürdigkeiten werden jährlich von Tausenden Besuchern bewundert. Neben der allgemeinen Überwachung dieser Kulturdenkmäler durch die Gendarmerie, bringt der Besucherstrom alle Facetten sicherheitsdienstlicher Aufgaben.

Maria Wörth mit Wallfahrtskirche. *Bild: BGK Klagenfurt*

Ferlacher Waffenerzeugung – ein Betrieb von Weltruf

Die quellenreichen Karawanken boten früh Gelegenheit zur Ausnützung der Wasserkräfte für den Betrieb der Eisenwerke. Ferlach erlangte schon 1558 durch die Eisenindustrie und Waffenerzeugung Berühmtheit. Ferlach genießt heute mit der Erzeugung von Jagd- und Präzisionswaffen Weltruf (eigene Lehranstalt für Waffentechnik, Waffenmuseum). Ferlach war 1997 Mittelpunkt des kulturellen Interesses mit der Kärntner Landesausstellung »Alles Jagd«, die Tausende Besucher anlockte und eine besondere Herausforderung für den Sicherheitsdienst der Gendarmerie war.

Neben zahlreichen kleineren Betrieben wäre noch die Akkumulatorenfabrik in Feistritz im Rosental (Bärenbatterien) zu erwähnen.

Klagenfurt und Ferlach – seit 1850 mit Gendarmen

Nach Gründung der Gendarmerie wurden im Jahr 1850 im Bezirk Klagenfurt die Gendarmerieposten Klagenfurt und Ferlach errichtet. Nach dem Ersten Weltkrieg hatte die Gendarmerie mit großen, zeitbedingten Schwierigkeiten zu kämpfen. Die Lage verschlimmerte sich noch, als südslawische Einheiten in Kärnten eindrangen. Wie im gesamten südlichen Kärnten, kam es auch im Bezirk Klagenfurt zu lokalen Kampfhandlungen. Gendarmeriewachtmeister Josef Kuss und der Postenkommandant Franz Cresnik aus Ferlach kamen dabei ums Leben. Sie handelten, wie viele Kärntner empfanden, für ein freies und ungeteiltes Kärnten. Die Entscheidung dafür fiel bei der Volksabstimmung am 20. Oktober 1920.

Im Jahre 1934 zählte der Bezirk Klagenfurt bereits 21 Gendarmerieposten.

Nach der Kapitulation des Deutschen Reiches 1945 wurden alle Gendarmerieposten südlich der Drau von den sogenannten »Titotruppen« besetzt, die jedoch am 25. Mai 1945 aus Südkärnten wieder abziehen mußten.

Die Gendarmen machten schwere Zeiten mit. Mangels Uniformen mußten deutsche Uniformen weiterbenützt werden, wobei weiße Armbinden mit der Aufschrift »MILITARY-GOUVERNEMENT-CIVIL-POLICE« als Kennzeichnung getragen werden mußten.

Innerbetrieblich wurde am 9. November 1946 die Gendarmerieschule von St. Andrä im Lavanttal in den »Karawankenhof« nach Unterbergen verlegt und sechs Jahre später, 1952, erhielt der Abteilungsbereich Klagenfurt die alpine Einsatzgruppe »Zell Pfarre«, die seither an vielen Alpineinsätzen mitgewirkt und zahlreichen in Not geratenen Bergsteigern und Touristen geholfen hat.

Blick von der Hollenburg ins Rosental und auf die Karawanken.
Bild: BGK Klagenfurt

Gendarmerie heute

Mit Inkrafttreten des Landesstruktur-Verbesserungsgesetzes im Jahre 1973 kam es zu zahlreichen Gemeindezusammenlegungen und zwangsläufig zu innerorganisatorischen Maßnahmen der Gendarmerie. Es wurden die Gendarmerieposten Viktring, Maria Rain, Wölfnitz und Köttmannsdorf aufgelassen und der neue Hauptposten Lambichl errichtet.

Seither gibt es im Bezirk Klagenfurt 13 Gendarmerieposten. Mit Inkrafttreten des Sicherheitspolizeigesetzes 1993 wurde der Gendarmerieposten Ferlach als Bezirksleitzentrale eingerichtet. Gleichzeitig übersiedelte das Bezirksgendarmeriekommando Klagenfurt von Krumpendorf nach Ferlach.

1996 wurden der Grenzüberwachungsposten Ferlach und die Grenzkontrollstelle Loibltunnel zur Sicherung der EU-Außengrenze bzw. zur Grenzkontrolle errichtet.

Neben dem befahrbaren Grenzübergang Loibltunnel gibt es noch mehrere alpine Touristenübergänge.

Der größte Teil des Wörthersees gehört zum Bezirk Klagenfurt, wodurch die Seeposten eine hohe Arbeitsbelastung haben. Die Gendarmerieposten Reifnitz, Pörtschach und Krumpendorf sind als Motorbootstationen eingerichtet.

Für die Überwachung der Draustauseen im Bezirk sind die Gendarmerieposten Ferlach und Feistritz im Rosental zuständig. Sie verfügen über je eine Motorzille.

Wie alle diese »Seeposten« müssen deren Beamte oft bei widrigsten Verhältnissen in den Einsatz um Unfälle zu erheben oder Leben zu retten.

Durch den Bezirk Klagenfurt führen mehrere stark frequentierte Verkehrsadern, wobei die Packer Straße B 70 zu einer der meist befahrenen Bundesstraßen Österreichs zählt.

Aus der Chronik

Am 29. Oktober 1959 ereignete sich eine Tragödie in den Karawanken. Das Ehepaar Stepan und Slata B. aus Kroatien flüchtete mit seinen beiden Kindern im Alter von 15 Monaten und 7 Jahren in der Nähe des Loiblpasses über die Grenze nach Österreich. Aufgrund des kalten, stürmischen Wetters, verbunden mit Regen und starkem Schneetreiben, verirrten sie sich auf der Teppealm. Wegen der Hochwasser führenden Gräben und der schlechten Sicht trennten sie sich. Die Mutter irrte mit ihrem 15 Monate alten Sohn in den Armen umher. Als sie zur Behausung eines Forstarbeiters kam, war das Kind in ihren Armen tot. Der Vater und der 7jährige Sohn wurden von einer Suchpatrouille auf der Teppealm in einer Unterstandshütte aufgefunden. Der 7jährige Bub starb noch während des Transportes ins Tal.

Am 17. November 1976 überfielen der 22jährige Friedrich P. und der 24jährige Gottfried P. die Raiffeisenkasse in Köttmannsdorf und erbeuteten 260.000,– Schilling. Sie fesselten den ihnen persönlich bekannten Geschäftsführer Erich M., sperrten ihn in den Kofferraum seines Pkw und versenkten diesen im Völkermarkter Stausee. M. konnte sich aus dem Kofferraum des absinkenden Pkw befreien und ans Ufer retten. Dort wurde er abermals schwerstens mißhandelt, an einen Betonsockel gebunden und in den See geworfen, wo er ertrank. Wegen der Brutalität dieses Verbrechens entbrannte in der Bevölkerung eine lebhafte Debatte über die Wiedereinführung der Todesstrafe.

Trotz dieser grauenhaften Verbrechen, die Gott sei Dank Einzelfälle sind, ist der Bezirk Klagenfurt, dank der positiven Motivation aller Gendarmeriebeamten, als sicher zu bezeichnen. Ihr Einsatz schlägt sich besonders auf die hohe Aufklärungsquote bei Kriminalfällen nieder.

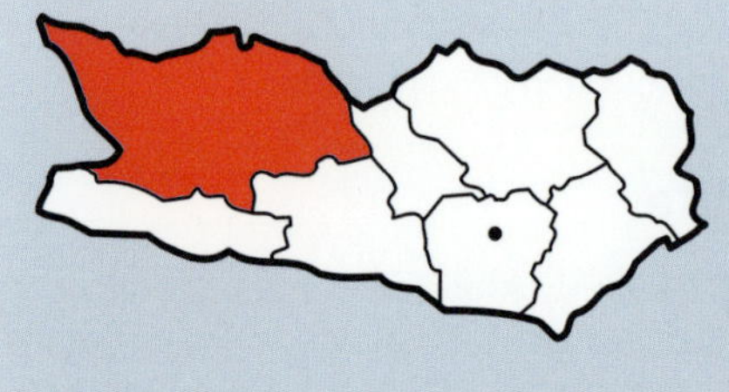

Spittal an der Drau

Größe in km²	*2.764*
Gemeinden:	*33*
Einwohner:	*84.000*
Anzahl der Dienststellen:	*20*
Systemisierter Personalstand:	*161*
Auf einen Exekutivbeamten entfallende Einwohner:	*521*
Bundesgrenze in km:	*–*
Autobahnen in km:	*55*
Bundesstraßen in km:	*234*
Landesstraßen in km:	*161*

Sehenswürdigkeiten Attraktionen:
Schloß Porcia in Spittal an der Drau, Teurnia, römische Siedlung und Bischofssitz in Lendorf, romanisches Benediktinerstift Millstatt, die mittelalterliche Tauernstadt Gmünd, Großglockner Hochalpenstraße, Heiligenblut, Schi- und Thermenort Bad Kleinkirchheim, Weißensee

Johann Schunn

Der Bezirk mit Österreichs höchstem Berg – dem Großglockner

Der Bezirk Spittal an der Drau umfaßt mehr als ein Viertel der Fläche Kärntens und ist somit der größte Bezirk des gesamten Bundeslandes Kärnten und nach dem Bezirk Liezen in der Steiermark der zweitgrößte von Österreich. Mit seiner Gesamtfläche ist dieses Gebiet größer als das Bundesland Vorarlberg.

Geographisch ist der Bezirk in vier Talschaften gegliedert, in das obere Drautal mit dem Weißenseegebiet, das Mölltal, das Lieser- und Maltatal sowie das südliche Nockgebiet um den Millstätter See. Diese Täler haben ihren Endpunkt in einem klimatisch begünstigten, ca. 25 Kilometer langen Becken, dem Lurnfeld, an dessen Ostrand die Bezirksstadt Spittal/Drau liegt.

Die Hochalpenregion des Bezirkes beheimatet einige Dreitausender, darunter auch das Dach Österreichs, den Großglockner. Der Bezirk hat Anteil an zwei Nationalparks, dem Nationalpark Hohe Tauern und dem Nationalpark Nockberge.

Die Region kann auf eine Vielzahl von Zeugnissen einer bis auf die Jungsteinzeit zurückreichenden Besiedelung verweisen. Durch die eingewanderten Kelten entstand bereits um 200 v. Chr. mit dem Königreich Noricum das erste faßbare Staatsgebilde auf österreichischem Territorium. Die keltische Ansiedelung auf dem Lurnfeld dürfte Liburnia geheißen haben. Daraus entstand Teurnia, welches bereits um die Zeitenwende römisches Stadtrecht besaß und über 500 Jahre lang ein derart wichtiges Zentrum der Provinz Noricum darstellte, daß es im 6. Jh. n. Chr. sogar zur Hauptstadt der Provinz erhoben wurde. Das Christentum konnte sich in Teurnia zu Beginn des 5. Jahrhunderts endgültig behaupten. Nach Ende der römischen Herrschaft kamen Slawen und Bajuwaren. Sie kämpften, wie die Bischöfe von Salzburg und Aquilea, um den Einfluß auf die Provinz Caratanien und das Lurnfeld.

Schloß Porcia in Spittal/Drau, bedeutendster Renaissance-Bau außerhalb Italiens. *Bild: BGK Spittal/Drau, Rainer*

Im Mittelalter wurden die Grafen von Ortenburg die mächtigsten Herren der Region und gründeten im Nahbereich der Mündung des Lieserflusses in die Drau ein Hospiz, welches im Jahr 1191 urkundlich erwähnt wurde. Um dieses namensgebende Hospital entstand ein Markt, der rasch an Bedeutung gewann und heute die zentrale Stadt der Region ist.

Der Bergbau als Quelle des Wohlstandes

Der Bergbau war im Bezirk Spittal/Drau lange Zeit von wesentlicher Bedeutung. Bereits in der Hallstattzeit wurde in Baldramsdorf bei Spittal Eisen gefördert. Aus dem 2. Jh. v. Chr. berichtet bereits Polybius von den Goldvorkommen in den Tauern und vom Goldwaschen an der oberen Drau. Noch im 16. Jahrhundert sollen jährlich bis an die 150 Kilogramm Gold und an die 1.000 Kilogramm Silber gefördert worden sein.

Nach dem Erliegen des Bergbaus werden jetzt die reichen Wasservorkommen der Alpen für die Energiewirtschaft genutzt. 1884 brannten die ersten 50 Glühbirnen in einem Oberkärntner Sägewerk, im Jahre 1892 hatte der Markt Spittal/Drau bereits seine erste Stromversorgung. Mehrere hochgelegene Speicherbecken wurden im gesamten Mölltal errichtet. Das größte und leistungsfähigste davon ist das Langzeitspeicherwerk im Maltatal.

Die Berge waren aber auch ein Anziehungspunkt für den Techniker Ferdinand Porsche, der von 1945 bis 1950 in Karnerau bei Gmünd ein Konstruktionsbüro betrieb. Hier entstand die Porsche-Konstruktion Nr. 356, der weltberühmte Porsche-Sportwagen. Das Gmündner Porschemuseum und die jährlichen Porsche-Vergleichsrennen auf dem Katschberg erinnern an diese Legende des Fahrzeugbaus.

Die Überwindung gewaltiger Gebirgsbarrieren durch Straßen und Bahnlinien

Der Tauernkamm bildet eine gewaltige Barriere zwischen Nord- und Südeuropa. Zu allen Zeiten suchten die Menschen nach kurzen und sicheren Übergängen. Die Verkehrsfurchen durch das Drautal und über den Felbertauern, durch das Mölltal und über den Großglockner und durch die Hohen Tauern bei Mallnitz, insbesonders aber durch das Liesertal und über bzw. durch den Katschberg führen ohne besondere Umwege zu den Fernzielen Rom, Venedig, Laibach etc.

Im Jahre 1871 dampfte erstmals der Drautalexpreß auf der erweiterten Südbahnstrecke von Villach bis Franzensfeste in Südtirol.

1909 wurde die Tauernbahn eröffnet, womit eine direkte Verbindung zwischen Salzburg und Kärnten geschaffen wurde.

Von 1930 bis 1935 wurde die 48 Kilometer lange Großglockner Hochalpenstraße von Heiligenblut nach Bruck an der Glocknerstraße gebaut. Diese technische Meisterleistung entwickelte sich zu einer touristischen Attraktion internationalen Ranges.

Die Tauernautobahn mit dem Katschbergtunnel erfüllt seit dem Jahr 1975 eine wesentliche Funktion in der Bewältigung des noch immer stark ansteigenden europäischen Transitverkehrs.

Tourismus damals und heute

Die immer effektiver werdenden Verkehrsverbindungen brachten eine neue Quelle des Wohlstands in die Region: den Tourismus. Um die Jahrhundertwende wurde Millstatt von der Aristokratie und vom Geldadel der Monarchie als nobler Kurort für die Sommerfrische auserkoren. Das romanische Benediktinerstift, dessen Wurzeln bis in das 11. Jahrhundert zurückreichen, gab hierzu den würdigen Rahmen. Auch Seeboden verstand es, sich zu einem Fremdenverkehrsort zu entwickeln.

Während der 11 Kilometer lange Weißensee als höchstgelegener Badesee Europas zunächst nur für die Sommersaison geschätzt wurde, wird er jetzt auch im Winter zum Eislaufen genützt. Ein Angebot, das gerade von den niederländischen Gästen gerne angenommen wird.

Mit Zunahme des Massentourismus kamen auch auf die Gendarmerie neue Aufgaben zu. Um diese Aufgaben bewältigen zu können, war eine ständige Anpassung des Dienstbetriebes an die regionalen und überregionalen Gegebenheiten geboten und notwendig.

Historische Entwicklung der Gendarmerie im Bezirk

Nach dem Revolutionsjahr 1848 trat mit Jahresbeginn 1850 die Bezirkshauptmannschaft Spittal »in Dienstwirksamkeit«. Gleichzeitig wurde in Spittal ein Bezirksgericht I. Klasse errichtet, in Millstatt, Gmünd, Greifenburg, Obervellach und Winklern und Kötschach Bezirksgerichte II. Klasse. An den Standorten dieser Bezirksgerichte wurden 1850 Gendarmerieposten installiert. Der Bezirk Spittal/Drau gehörte zum Flügel Nr. 5 in Villach und war dem Gendarmerieregiment Nr. 11 für Illyrien in Laibach unterstellt.

Im Bezirk war es der Gendarmerieposten Millstatt, der als erster seinen Dienstbetrieb aufnahm, wie eine Haftanzeige aus dem Jahr 1850 beweist. Sie trägt die Bezeichnung: »k. k. Gendarmerie Regiment Nr. 11, 5. Flügel zu Villach, Posten zu Millstat«.

1911 wurde das Gendarmerieabteilungskommando Nr. 4 in Villach geschaffen, welches nur den Bezirk Spittal/Drau mit 15 Posten, mit nur 61 Mann umfaßte. 1914 kam zusätzlich zum Bezirk Spittal/Drau auch der Bezirk Hermagor. Die mit Jahresanfang 1928 aufgelassenen Gendarmerieabteilungskommandos wurden 1933 wieder aufgestellt und neu strukturiert. Das Kärntner Gendarmerieabteilungskommando Nr. 4 (mit den BGK Spittal/Drau und Hermagor) wurde nunmehr in Spittal/Drau errichtet.

Mit dem »Anschluß« im Jahr 1938 kam Osttirol zum Reichsgau Kärnten und somit das Bezirksgendarmeriekommando Lienz zum Gendarmerieabteilungskommando Spittal/Drau. Erst 1950 wurde Osttirol wieder zum Landesgendarmeriekommando für Tirol rückgegliedert.

Gendarmerie Spittal/Drau – moderner Dienstleistungsbetrieb

Die Gendarmerie umfaßt im Bezirk Spittal/Drau 19 Gendarmerieposten: Spittal/Drau, Seeboden, Millstatt, Radenthein, Bad Kleinkirchheim, Gmünd, Rennweg, Möllbrücke, Steinfeld, Greifenburg, Weißensee, Dellach/Drau, Oberdrauburg, Kolbnitz, Obervellach, Mallnitz, Stall, Winklern und Heiligenblut. Sie sind in sieben Sektoren zusammengefaßt. Es bestehen vier Motorrad- und drei Motorbootstationen sowie zwei Alpineinsatzgruppen.

Die Verkehrsabteilung-Außenstelle Spittal/Drau mit 23 Beamten ist in Lieserhofen beheimatet.

Damals wie heute bilden der Transit- und Fremdenverkehr die wesentlichen Arbeitsinhalte. Im bevölkerungsreichsten Bezirk Kärntens sind jährlich ca. 2.600 Gerichtsanzeigen zu erstatten, die Gesamtaufklärungsrate liegt bei 60%, somit im landesweiten Gendarmerie-Durchschnitt.

Das »Schengen-Zeitalter« und die nahegelegenen Staatsgrenzen zu Italien und Slowenien haben zusätzliche Notwendigkeiten (Alternativkontrollen, Schlepperunwesen) mit sich gebracht. Die Sicherheitsverhältnisse im Bezirk können als überschaubar beschrieben werden, woran die Arbeit der Gendarmerie sicherlich einen wesentlichen Anteil hat.

Alpineinsatz am Großglockner

Wie gefährlich der Beruf des Gendarmeriealpinisten sein kann, zeigt nachstehender Einsatz im Großglocknergebiet:

Am 19. August 1982 wurde bei einer alpinen Suchaktion nach zwei vermißten Bergsteigern auf dem Großglockner auch der Hubschrauber der Flugeinsatzstelle Salzburg eingesetzt. Nach mehreren Einsatzflügen nahm der Pilot Kurt Reinhold nördlich der Erzherzog-Johann-Hütte die beiden Gend.-Alpinisten Kurt Seiwald und Max Labernig auf. Kurz nach dem Abheben steuerte der Pilot aus der Standposition nach rechts in Richtung Norden, wobei sich der Hubschrauber plötzlich nach rechts um die Hochachse weiterdrehte. In der Folge bekam der Hauptrotor Bodenberührung und der Hubschrauber stürzte aus mehreren Metern Höhe auf den Gletscher, rutschte 26 Meter ab und blieb auf einer Gletscherspalte unmittelbar vor einem mehrere hundert Meter hohen Steilabfall liegen. Seiwald wurde herausgeschleudert und stürzte direkt unter dem Hubschrauber in eine sechs Meter tiefe Gletscherspalte. Die Beteiligten hatten großes Glück, lediglich BezInsp Seiwald und der Pilot erlitten leichte Verletzungen. Mehr als einen Monat später fanden Mitglieder der alpinen Einsatzgruppe Hallein die vermißten Bergsteiger in einer Gletscherspalte tot auf.

Suchaktion nach zwei Bergsteigern am Großglockner 1982: der Hubschrauber wurde total beschädigt. *Bild: BGK Spittal/Drau*

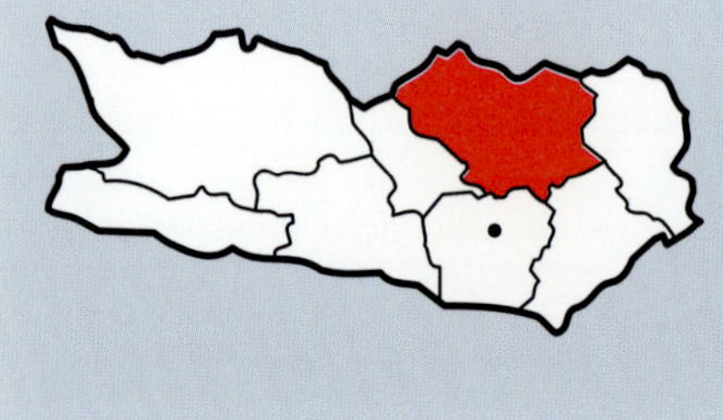

St. Veit a. d. Glan

Größe in km²	*1.496*
Gemeinden:	*20*
Einwohner:	*62.000*
Anzahl der Dienststellen:	*11*
Systemisierter Personalstand:	*108*
Auf einen Exekutivbeamten entfallende Einwohner:	*554*
Bundesgrenze in km:	*–*
Autobahnen in km:	*–*
Bundesstraßen in km:	*144*
Landesstraßen in km:	*353*

Sehenswürdigkeiten Attraktionen:
Dom zu Gurk,
Burg Hochosterwitz,
die Städte St. Veit an der Glan,
Friesach und Althofen
mit historischem Stadtkern

Johann Schranzer

St. Veit an der Glan – historisches und geographisches Zentrum Kärntens

Nur ein gegen Süden, in Richtung Klagenfurt ausgerichtetes breites Tal durchbricht die den Bezirk St. Veit an der Glan umgebenden Gebirgszüge, von denen die Saualpe, die Gurktaler und Seetaler Alpen die bekanntesten sind. Der Bezirk setzt sich aus einer Vielzahl von Tälern zusammen, von denen jedes eine eigene, voneinander unabhängige Geschichte aufweisen kann. Die größten dieser Täler sind jene der Flüsse Gurk, Metnitz, Görtschitz und der Glan. Inmitten des Bezirkes befindet sich das Krappfeld, das wegen seiner Fruchtbarkeit auch als Kornkammer Kärntens bezeichnet wird.

Die Bezirkshauptstadt St. Veit an der Glan liegt am Nordrand des Glantales am Fuße der Sörger Berge. Die günstige Lage der Stadt im Herzen Kärntens und an einem wichtigen Verkehrsknotenpunkt begünstigte ihren Aufstieg im Mittelalter. Hier kreuzte sich die alte Handelsstraße Wien–Venedig mit der Straße Gurk–Klagenfurt. Nicht unweit der vermutlichen Hauptstadt des keltischen Königreiches Noricum und der späteren gleichnamigen römischen Provinz, nämlich Virunum, war die Stadt im Mittelalter lange Zeit Sitz der Kärntner Herzöge. Diese Bedeutung als politisches, wirtschaftliches und kulturelles Zentrum – so verweilte auch Walther von der Vogelweide am herzöglichen Hof – verlor St. Veit jedoch im Jahr 1518 an die neue Landeshauptstadt Klagenfurt. Trotzdem blieb sie aufgrund ihres Eisenhandels und des verliehenen Stapelrechts für Eisen noch über lange Zeit eine wohlhabende Stadt.

Arbeit und Wirtschaft

Dank des Fehlens massiver Schwerindustrie behielt der Bezirk St. Veit an der Glan seinen ländlichen Charakter. Aufgrund seines Waldreichtums siedelten sich im Bezirk zahlreiche holzverarbeitende Betriebe an, die sich, wie zum Beispiel die Fa. Funder in St. Veit oder Tilly Holzindustrie in Treibach/Althofen, auch österreichweit behaupten können. Die Bewirtschaftung der fruchtbaren Wiesen und Felder macht aber auch die Landwirtschaft zu einem nicht unbedeutenden Wirtschaftsfaktor. So zählen die Bauern aus dem Krappfeld und verschiedenen Tälern St. Veits zu den größten Grundbesitzern Kärntens.

Neben vielen anderen noch nennenswerten Betrieben bilden die Chemischen Industriebetriebe in Treibach/Althofen und Brückl wichtige Eckpfeiler der heimischen Wirtschaft.

Auch finden sich weitere wichtige Arbeitgeber außerhalb des Bezirkes, insbesonders im nahegelegenen Klagenfurt.

Erste urkundliche Erwähnung

St. Veit an der Glan wurde im Jahr 1131 erstmals urkundlich erwähnt. Bereits im Jahr 1199 wurde der Ort als Markt und 1224 als Stadt bezeichnet. In diese Zeit fällt die Glanzzeit von St.Veit/Glan, die eng mit den Spanheimer Herzögen verbunden ist. Die Stadt wurde Münzstätte und gelangte von 1145 bis 1518 in den Rang der Landeshauptstadt. Auch nachdem die Landstände ab dem Jahr 1518 nach Klagenfurt abgewandert waren, blieb St. Veit weiterhin ein wirtschaftliches Zentrum der Region.

Altstadt St. Veit an der Glan mit blumenreichem Hauptplatz.
Bild: Verlag Franz Schilcher, Klagenfurt

Die Burgenstadt Friesach kann ebenso wie St. Veit/Glan eine historische Altstadt aufweisen. Von besonderem Interesse ist die sehr gut erhaltene Stadtmauer und der noch aus dem Mittelalter stammende wasserführende Stadtgraben. Bekannt sind die Friesacher Burghofspiele, die ausschließlich von Laienschauspielern in den Sommermonaten auf der Burghofbühne am Petersberg aufgeführt werden.

Der Bau des Doms zu Gurk reicht auf das Jahr 1160 zurück. Heute zählen die Sehenswürdigkeiten des Gurker Doms, das Schloß Straßburg und der Zwergenpark in Gurk jährlich ca. 400.000 Besucher.

Außerdem erwähnenswert ist noch die Altstadt von Althofen. Das im Mittelalter salzburgische Althofen stand lange Zeit in Konkurrenz mit St. Veit/Glan als Handelsplatz für das Hüttenberger Eisen. Heute ist Althofen ein Industrie- und Schulzentrum. Seit 1993 besitzt die Gemeinde das Stadtrecht.

Als eine der bedeutendsten und ältesten Burgen Österreichs gilt Hochosterwitz. Im Jahre 860 erstmals urkundlich erwähnt, besteht die Burg aus einer gewaltigen Wehranlage. Allein 14 Tore führen auf die Spitze des 170 m hohen Felskegels, wo Funde aus vorgeschichtlicher Zeit ausgestellt sind.

Aus der Gendarmeriegeschichte

Die ersten Posten im Bezirk St. Veit/Glan wurden im Jahre 1850 in Klein St. Paul, Althofen, Friesach, St. Veit/Glan und Gurk errichtet.

Burg Hochosterwitz. Hervorragend erhaltene Burg- und Festungsanlage; Burgkapelle; Sammlung zur Geschichte der Familie und Burg der Khevenhüller; 14 Tore führen auf die Spitze des Felsens in den Burghof.
Bild: Verlag Franz Schilcher, Klagenfurt

St. Veit an der Glan gehörte zum 4. Flügel des Kommandos Klagenfurt mit der Stabstation in Laibach. 1874 wurden die 16 Gendarmerieregimenter aufgelöst und dafür Landesgendarmeriekommandos errichtet. Kärnten erhielt das Landesgendarmeriekommando Nr. 14 mit der Stabstation in Klagenfurt. Der Posten St. Veit/Glan gehörte zur Abteilung Nr. 1 in Klagenfurt und war mit sechs Mann (ein Wachtmeister und fünf Gendarmen) besetzt. Mit der steigenden Bevölkerungszahl fand der Posten St. Veit an der Glan mit seinem Personalstand nicht mehr das Auslangen und es wurden im Laufe der Jahre weitere Posten (1891 Kraig, 1902 Launsdorf und 1911 Radelsdorf) errichtet. Der Postenkommandant von St. Veit/Glan war damals zugleich Bezirksgendarmeriekommandant des politischen Bezirkes St. Veit/Glan und erster Vorgesetzter.

Nach Beendigung des Ersten Weltkrieges griffen jugoslawische Truppen das Kärntner Unterland an und erhoben Gebietsansprüche. Am 5. Mai 1919 wurde die Landeshauptstadt Klagenfurt besetzt und das Landesgendarmeriekommando vorübergehend in den Bezirk St. Veit/Glan nach Friesach verlegt.

Nach der Machtergreifung Hitlers in Deutschland und des im Jahr 1938 erfolgten Anschlusses Österreichs fand eine Umbenennung der Gendarmeriedienststellen und der altösterreichischen Chargenbezeichnung statt. Gendarmen aus dem Bezirk St. Veit an der Glan wurden abgezogen und als Sicherheitskräfte in den eroberten Gebieten eingesetzt. Es kam aber auch zu Verfolgungen von Gendarmen, von denen bekannt war, daß sie vor dem Anschluß gegen Nationalsozialisten vorgegangen waren.

Am Ende des Zweiten Weltkrieges kam es im Bezirk zu einer verstärkten Partisanentätigkeit. Ihre bevorzugten Angriffsziele waren nicht nur die entlegenen Gehöfte, sondern auch Gendarmeriedienststellen, wo von ihnen zahlreiche Waffen erbeutet wurden. Der Gendarmerieposten in Brückl wurde aus Angst vor möglichen Angriffen verbunkert und mit einem Stacheldrahtverhau versehen. 1946 wurde er von Partisanen besetzt und die Gendarmen entwaffnet.

Die Gendarmerie stellt sich den Anforderungen der Zeit

Begann man im Jahre 1850 mit fünf Gendarmerieposten und ca. 20 Mann Besatzung, so waren es 100 Jahre später 20 Posten und 134 Beamte. Derzeit hält der Bezirk bei einen Beamtenstand von 108 Beamten und elf Dienststellen, wobei es aufgrund der gespannten Budgetlage bundesweit Bestrebungen gibt, den Personalstand zu reduzieren.

In den letzten Jahren war die Gendarmerie wieder starken Struktur- und Organisationsänderungen unterworfen. Mit der Auflösung der Abteilungskommanden wurden mit der Führung der Bezirksgendarmeriekommanden leitende Gendarmeriebeamte betraut.

Aus der Chronik

1877 konnte der legendäre und gefürchtete Räuber Josef Romanov vom Postenkommandanten von St. Veit/Glan, Anton Jochum, verhaftet werden.

Im Jahre 1909 wurde in einem Kukuruzfeld in Glandorf die Taglöhnerin Juliana Albrecht ermordet. Als Raubmörder wurde von Bezirkswachtmeister Andreas Brandner der in Glandorf stationierte Soldat Josef Gaszpar der 3. Eskadron verhaftet, der während der Untersuchungshaft starb.

Im Jahre 1923 traten 248 Arbeiter bei den Wietersdorfer Zementwerken für 15% Lohnerhöhung in den Streik. Bei Ausschreitungen unter den Streikenden, die von den Gendarmen zum Teil erfolgreich unterdrückt werden konnten, wurden 65 streikende Arbeiter verletzt und von der Firmenleitung fristlos entlassen.

Im Jahre 1931 stellte der Pfarrer von Weitensfeld während eines Kontrollganges den Diebstahl eines Fensters aus der Kirche in Hadernitzen bei Weitensfeld fest. Das aus dem 12. Jahrhundert stammende Fenster war das älteste Glasgemälde Österreichs und stellte bereits damals einen Wert von ca. 100.000 Schilling dar. Nach Ermittlung der Täter in Villach und Wien konnte das Gemälde in Berlin sichergestellt werden.

Im Jahre 1946 wurde der am GP Eberstein stationierte Bez.Oblt. der Gendarmerie, Andreas Feldner, durch ein britisches Militärgericht in Klagenfurt zum Tode verurteilt, weil er im Frühjahr 1945 zwei gefangene Partisanen erschossen hatte. Das Todesurteil wurde später in eine lebenslängliche Kerkerstrafe umgewandelt.

Im Jahre 1981 ereignete sich in Treibach der am schnellsten aufgeklärte Raubüberfall Kärntens. Während mehrere Beamte am GP Treibach für eine erfolgreiche und rasche Klärung eines Raubüberfalles belobigt wurden, überfiel ein 23jähriger Maurer in unmittelbarer Nähe der Dienststelle ein Uhrengeschäft. Der Täter konnte unmittelbar nach dem Überfall auf der Flucht von den gerade erst Ausgezeichneten verhaftet werden.

Im Jahre 1987 setzte im Bereiche Hüttenberg der Beginn einer unheimlichen Serie von Brandstiftungen ein. Bis zum 4. November 1987 wurden insgesamt zwölf Brände mit Sachschäden größeren Ausmaßes gelegt. Glaubte man vorerst an einen einzigen Feuerteufel, so konnten bei den Erhebungen insgesamt vier voneinander unabhängige Verdächtige ermittelt werden.

Im Jahre 1995 fand in Hüttenberg die 2. Kärntner Landesausstellung unter dem Motto »Grubenhunt und Ofensau« statt. Bei dieser Ausstellung wurden 160.000 Besucher gezählt.

Eine besondere Herausforderung für die Gendarmerie, die 2. Kärntner Landesausstellung 1995. *Bild: Verlag Franz Schilcher, Klagenfurt*

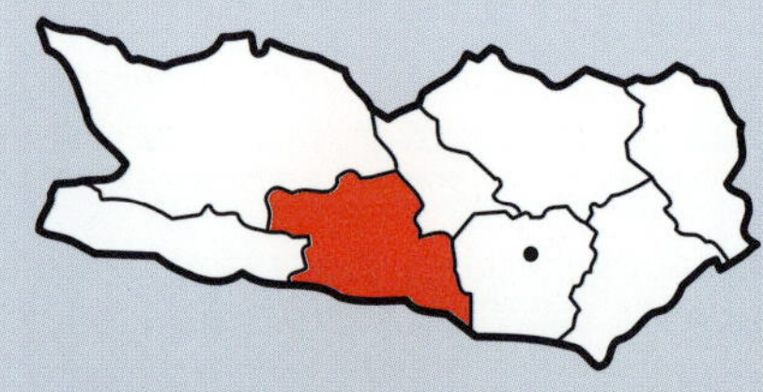

Villach

Größe in km²	*1.009*	**Sehenswürdigkeiten**
Gemeinden:	*19*	**Attraktionen:**
Einwohner:	*63.000*	Terra Mystica in Bad Bleiberg,
Anzahl der Dienststellen:	*19*	Schloß Rosegg mit Ausstellungen
Systemisierter Personalstand:	*310*	während der Sommermonate,
Auf einen Exekutivbeamten		Tierpark Rosegg,
entfallende Einwohner:	*478*	Casino Velden am Wörther See
Bundesgrenze in km:	*56,4*	
Autobahnen in km:	*52*	
Bundesstraßen in km:	*195,6*	
Landesstraßen in km:	*205,8*	

Ernst Fojan

Ein Bezirk mit mediterranem Flair

Von den acht Bezirken Kärntens zeigt sich der Bezirk Villach am wenigsten geschlossen. Er erstreckt sich rund um die autonome Stadt Villach. Im Süden bilden die Karnischen Alpen und in deren Verlängerung die Karawanken die natürliche Grenze zu Italien und Slowenien. Auf dem Dreiländereck treffen Österreich, Italien und Slowenien zusammen. Landschaftlich bietet der Bezirk vielfältige Formen. Den Kalkgebirgen mit Hochgebirgscharakter und teilweise Nockformen im Süden stehen das Villacher Becken mit seinen Ausläufern, das untere Gailtal, das Drautal und das Gegendtal als Tallandschaften gegenüber. Durch die Öffnung des Bezirkes gegen Süden ist ein mediterraner Einfluß spürbar, der sich mit seinem warmen Sommer, jedoch schneereichem Winter für Tourismus und Landwirtschaft klimatisch günstig auswirkt.

Archäologische Funde aus allen Epochen

Für die frühe Besiedelung des Bezirkes zeugen die Hügelgräber von Frög. Durch gezielte Grabungen konnte nachgewiesen werden, daß der Burgberg von Rosegg bereits 800 bis 400 Jahre v. Chr. Geburt besiedelt war. Bislang wurden ca. 600 Hügelgräber aus der mittleren bis späteren Hallstattzeit gefunden.

Schon zur Römerzeit war Villach ein bedeutender Verkehrsknotenpunkt. Als die Römer die Stadt Bilachinum gründeten, dachten sie sicherlich an die für Handel und Militär günstige Lage. Im Jahre 878 erstmals urkundlich erwähnt, erlangte Villach bereits im Jahr 1060 das Marktrecht und um 1240 das Stadtrecht. Obwohl Kärnten bereits im Mittelalter an die Habsburger gelangte, blieb Villach bis 1759 Eigentum des Bistums Bamberg. Der Bezirk wurde immer wieder durch Katastrophen, wie etwa das Erdbeben im Jahr 1348 oder durch die Auswanderungswelle nach Siebenbürgen eines nicht unerheblichen Teiles der Bevölkerung im Zuge der Gegenreformation im 17. Jahrhundert heimgesucht.

Historische Entwicklung der Gendarmerie des Bezirkes

Bei der Aufstellung der Gendarmerie im Jahre 1849 gehörten der Bezirk Villach sowie das heutige Bundesland Kärnten zum k. k. Gendarmerieregiment Nr. 11. Der Überwachungsbereich dieses Regimentes war Krain, Kärnten und das Küstenland. Die ersten schriftlichen Aufzeichnungen über dieses Regiment sind in der Gendarmerie-Gliederung des Jahres 1856 enthalten. Die Stabsstation befand sich in Laibach. Für das damalige Herzogtum Kärnten war in Klagenfurt eine Regimentsabteilung disloziert. Der erste Zug dieses Flügels war in Villach stationiert. Der Flügel Villach gliederte sich in die Sektion I mit den Gendarmeriestationen Villach, Paternion, Velden und Arnoldstein mit einem dienstbaren Stand von einem Wachtmeister, vier Korporälen und 22 Gendarmen. Der Sektion II zu Hermagor unterstanden die Gendarmeriestationen Feistritz an der Gail, Hermagor, Tarvis und Malborgeth. In der II. Sektion verrichteten ein Wachtmeister, vier Korporäle und 15 Gendarmen Sicherheitsdienst. Der zweite Zug dieses Flügels zu Villach befand sich in Spittal an der Drau mit der Sektion III in Spittal/Drau und IV in Greifenburg. Ob bereits im Jahre 1849 im Bezirk Villach Gendarmeriestationen aufgestellt worden sind, läßt sich heute nicht mehr genau feststellen. Es ist jedoch nachvollziehbar, daß der Gendarmerieposten Paternion am 15. Mai 1850 und der Gendarmerieposten Arnoldstein am 15. Juni 1850 errichtet wurden. In dieses Jahr dürfte auch die Aufstellung der Gendarmerieposten Villach und Velden am Wörther See fallen. Durch die Umgliederung der Gendarmerieregimenter im September 1860 kam Kärnten zum Gendarmerieregiment Nr. 1, welches für die Herzogtümer Österreich ob und unter der Enns, Salzburg, Steiermark und Kärnten zuständig war. Der 7. Flügel dieses Regimentes befand sich in Klagenfurt. Der dritte Zug war in Villach disloziert. Dem Zugskommandanten unterstanden die Posten Villach, Arnoldstein, Tarvis, Hermagor, Kötschach, Paternion, Spittal an der Drau, Greifenburg, Winklern, Obervellach, Gmünd und Millstatt mit einem Wachtmeister, elf Postenführer und 25 Gendarmen.

Mit 1. Jänner 1874 erfolgte wiederum eine Umstrukturierung der Gendarmerie. Bei jeder politischen Landesbehörde wurde ein Landesgendarmeriekommando errichtet. In Kärnten war dies das Landesgendarmeriekommando Nr. 14. Erwähnenswert ist noch, daß das Kanaltal, das seit dem Ende des Ersten Weltkrieges italienisch ist, mit den Gendarmerieposten Tarvis, Uggowitz, Wolfsbach, Raibl, Pontafel und Malborgeth ebenfalls zum Bereich des Bezirksgendarmeriekommandos Villach gehörte. Die Mannschaften dieser Posten, insbesondere

Im zweiten Stock dieses Hauses war der Gendarmerieposten Malborgeth untergebracht. *Bild: BGK Villach*

des Postens Malborgeth, hatten während des Ersten Weltkrieges aufgrund des Angriffes italienischer Truppen und der dadurch entstandenen Flüchtlingsbewegungen einen sehr schweren Dienst zu leisten.

Am 11. April 1918 wurde in Tarvis ein eigenes Bezirksgendarmeriekommando errichtet, dem die Gendarmerieposten Tarvis, Raibl, Pontafel, Malborgeth, Uggowitz, Wolfsbach, Amoldstein und Nötsch unterstellt waren. Am 30. Oktober 1918 machte sich der italienische Durchbruch auch in Malborgeth bemerkbar. Bei den zurückströmenden österreichisch-ungarischen Truppen war ein geordnetes Einschreiten durch die dortigen Gendarmen nicht mehr möglich. Am 14. November 1918 marschierten zwei italienische Regimenter in Malborgeth und Umgebung ein. Sämtliche Lokale und auch die Gendarmeriekaserne wurden besetzt. Am 17. Oktober 1918 mußten alle Kasernen- und Kanzleigeräte den Gemeindevorstehungen übergeben werden und die Gendarmen des Kanaltales nach Villach einrücken. Wurden die Gendarmen des Kanaltales bereits schon während des Ersten Weltkrieges auf ein harte Probe gestellt, so konnten sie sich auch während des Kärntner Abwehrkampfes auszeichnen. Mit 1. September 1931 wurde die Bundespolizei Villach errichtet und übernahm den Dienstbetrieb in der Stadt.

Maschinengewehrabteilung beim Übungsschießen auf der Napoleonwiese bei Villach Im Jahre 1932. *Bild: BGK Villach*

Gendarmerie im heutigen Bereich

Der Sitz des Bezirksgendarmeriekommandos Villach lag stets in der autonomen Stadt Villach. Mit der Errichtung eines neuen Bezirksgendarmeriekommandos im Jahre 1993 übersiedelte das BGK von Villach-Landskron nach Velden am Wörther See.

Im Bezirk stellt, neben den Routinediensten, die jeder Gendarmerieposten zu leisten hat, die Sommer- und Wintersaison im Fremdenverkehr die größten Anforderungen an die Beamten. Velden am Wörther See, ein international bekanntes Urlaubsziel, sowie die Ferienregionen Faaker See, Ossiacher-, Millstätter- und Weißensee werden in den Sommermonaten von Millionen Gästen frequentiert. Die Wintersportgebiete Gerlitzen, Dobratsch, Dreiländereck, Goldeck und Verditz fordern ein hohes Maß an Einsatzbereitschaft. Der Einsatz eines ständigen Pistendienstes ist unerläßlich, zumal in der Wintersaison mehr Schiunfälle als Verkehrsunfälle zu erheben sind.

Durch die Nähe des Bezirkes zu Italien und Slowenien ist auch in der Zwischensaisonzeit ein reges Ansteigen von ausländischen Gästen zu bemerken. Am 1. Oktober 1995 wurden im Bezirk Villach von der Gendarmerie die GREKOS Karawankentunnel und Wurzenpaß übernommen. Im Bereich des GREKO Karawankentunnel werden jährlich ca. 1,8 Millionen und im Bereich des GREKO Wurzenpaß 700.000 Fahrzeuge aller Art bei der Aus- und Einreise abgefertigt.

Mit 1. Jänner 1996 wurde der Grenzüberwachungsposten Tschau errichtet und nahm den Dienstbetrieb zum Zwecke der Überwachung der grünen Grenze, die sich größtenteils auf hochalpines Gelände erstreckt, auf. Mit 1. März 1997 wurde die GREKO Rosenbach-Eisenbahn übernommen. Damit erhielt die Gendarmerie den ihr durch das Übertragungsgesetz vom Jahre 1968 abgetretenen Aufgabenbereich der Paß- und Grenzkontrolle zurück. Dies bedeutete zugleich für das Korps eine erhebliche Mehrbelastung, sowohl in arbeitsmäßiger als auch personeller Hinsicht.

Durch den Wegfall der Grenzkontrolle zum südlichen Nachbarn Italien mit 1. April 1998 kam der Gendarmerie wieder ein neues Aufgabengebiet zu. Ausgleichsmaßnahmen sind nach dem Schengener Durchführungsübereinkommen vorzunehmen. Ständige Kontrollen in den Reisezügen und auf den Straßen erweitern das Arbeitsgebiet der Gendarmeriebeamten über die Postenebene hinaus.

Schloß Velden am Wörther See. *Bild: BGK Villach*

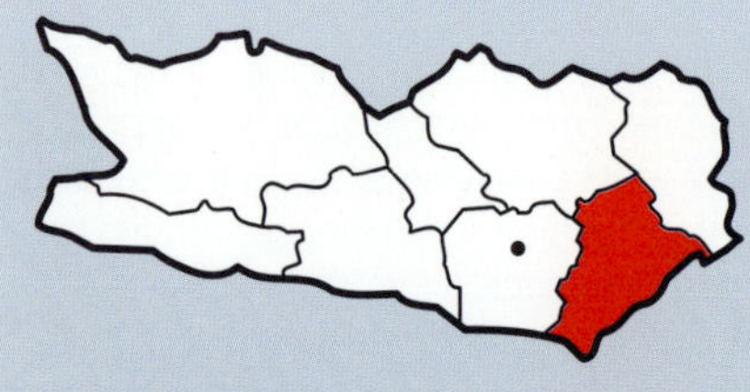

Völkermarkt

Größe in km²	*907*	**Sehenswürdigkeiten Attraktionen:**
Gemeinden:	*13*	Obir-Tropfsteinhöhlen,
Einwohner:	*44.203*	Griffner-Tropfsteinhöhle,
Anzahl der Dienststellen:	*13*	römische Ausgrabungen auf dem
Systemisierter Personalstand:	*153*	Hemmaberg, Gmd. Globasnitz,
Auf einen Exekutivbeamten entfallende Einwohner:	*288*	Benediktinerstift Eberndorf,
Bundesgrenze in km:	*87*	Trögener Klamm,
Autobahnen in km:	*10*	Wildensteiner Wasserfall
Bundesstraßen in km:	*145*	
Landesstraßen in km:	*200*	

Viktor Musil

Bezirk mit reicher geschichtlicher Vergangenheit und eigener Sprache

Das traditionsreiche Kärntner Unterland, das sich zu einem Großteil mit dem Bezirk Völkermarkt deckt und im Süden vom mächtigen Gebirgszug der Karawanken gegen Slowenien abgegrenzt ist, kann auf eine reiche geschichtliche Vergangenheit zurückblicken. Die ältesten menschlichen Spuren reichen bis in die mittlere und jüngere Altsteinzeit zurück. In der kleinen Südkärntner Gemeinde Globasnitz finden sich auf dem Hemmaberg frühchristliche Ausgrabungen aus dem 5. Jahrhundert, die historisch wertvolle und faszinierende Funde zutage brachten. Kelten und Römer haben hier ihre Spuren hinterlassen. Im 6. Jahrhundert kam es im Südkärntner Raum zu einem einschneidenden geschichtlichen Vorgang und zwar zu Kämpfen zwischen dem vom Westen kommenden germanischen Stamm der Bajuwaren gegen die von Osten kommenden Slawen. In dieser Zeit wurden die bestehenden spätantiken Siedlungen von den eindringenden Slawen vernichtet. Die heutige in diesem Raum lebende slowenische Minderheit beruft sich gerne auf diese Wurzeln.

Diese slawischen Wurzeln machen sich bis heute in diesem Raum in Form des soziologischen Phänomens des Majoritäten-Minoritäten-Verhältnisses bemerkbar. Nicht selten ging die Bruchlinie auch quer durch die Familien. Obwohl die Mehrheitsbevölkerung und die slowenische Minderheit heute friedlich miteinander zusammenlebt, gab es dunkle Zeiten, wo extreme Standpunkte auf beiden Seiten zum Minderheitenproblem in den siebziger Jahren (Ortstafelkonflikt) führten.

Benediktinerstift Eberndorf, erbaut in der 1. Hälfte des 12. Jahrhunderts, das heutige Aussehen wurde im 2. Drittel des 17. Jahrhunderts geprägt.
Bild: Gemeinde Eberndorf

Ein weiteres Charakteristikum des südöstlichsten Zipfels Österreichs ist auch das Vorhandensein einer eigenen slowenischen Volkssprache, dem sogenannten »Windischen«. Dieser slowenische Dialekt ist ein sprachliches Kauderwelsch, das ohne Schriftform auskommt und wo deutsche und slowenische Wörter in unregelmäßiger Abfolge gemeinsam vermischt werden. Dies hat auch sprachliche Blüten hervorgebracht: Dann zum Beispiel, wenn den deutschen Fremden zuliebe eine Urlauberunterkunft »Gostilna Germany« genannt wird.

Heute präsentiert sich der Bezirk Völkermarkt vor allem als Fremdenverkehrsregion. Seine fünf Seen, darunter der Klopeiner See als wärmster Badesee Österreichs, seine reizvolle und abwechslungsreiche Landschaft waren bisher stets das Kapital, das den Fremdenverkehr richtig aufblühen ließ und die wirtschaftliche Basis des Grenzbezirkes bildete.

Gendarmerie Völkermarkt – vom Kärntner Abwehrkampf (1918–1920) bis zum Ortstafelsturm (1972)

Die Abwehrkämpfe (1918–1920), die Vorbereitung für die Volksabstimmung, deren Durchführung und die Wiederbesitznahme des so gefährdet gewesenen Gebietes sind die wohl bedeutendsten Marksteine in der Geschichte des Landes Kärnten und auch der Gendarmerie im Bezirk Völkermarkt. Nach dem Zusammenbruch der Donau-Monarchie forderte die am 31. Oktober 1918 gebildete slowenische Nationalregierung in Laibach die bedingungslose Abtretung von einem Drittel des Landes Kärnten, darunter auch der Stadt Völkermarkt. Ihre Forderung ging dahin, daß Gebiete mit slowenischer Bevölkerung – es waren durchwegs Gebiete mit gemischtsprachiger Bevölkerung – ethnisch dem jugoslawischen SHS-Staat (Serben, Kroaten, Slowenen) angehörten. Die jugoslawischen Truppen rückten im November 1918 in Südkärnten ein und besetzten einen Großteil des Bezirkes. Nachdem Wien einen Konflikt mit dem SHS-Staat offensichtlich vermeiden wollte, entschied sich die Kärntner Landesregierung für den bewaffneten Widerstand.

Seite an Seite mit der Bevölkerung kämpften Gendarmen um das heutige Kärnten,

wobei die Gendarmerieposten des Bezirkes nach und nach in die Hände der jugoslawischen Truppen gerieten und nicht wenige Gendarmen bei diesen Kämpfen ihr Leben lassen mußten. Angriffe der SHS-Truppen besonders in den Orten Völkermarkt, Tainach und Eisenkappel wurden durch Gendarmerieabteilungen abgewehrt und verlorenes Territorium konnte durch Gegenmaßnahmen wiedergewonnen werden. So berichtet die Chronik, daß am 2. Mai 1919 »... der Brückenkopf von Völkermarkt nach kurzem Kampfe mit einem Verlust von acht Toten genommen wurde«. Am Nachmittag desselben Tages belegte die südslawische Artillerie die Stadt Völkermarkt , die heute das Prädikat »Abstimmungsstadt« trägt, mit einem schweren Vergeltungsfeuer, das bedeutende Verluste unter der Zivilbevölkerung forderte.

Mit der Volksabstimmung am 10. Oktober 1920 sprachen sich 59,04 Prozent der Kärntner für den Verbleib bei der Republik Österreich aus.

Nach dem Zweiten Weltkrieg wurde Südkärnten abermals von den Jugoslawen bedroht. Sie forderten wiederum den Anschluß des gemischtsprachigen Gebietes an Jugoslawien. Die britische Besatzungsmacht erklärte daraufhin Südkärnten zur Sperrzone, die erst 1948 aufgehoben wurde. Im Staatsvertrag 1955 ist die Südgrenze Kärntens von 1920 erneut bestätigt worden. Die Rechte der hier lebenden slowenischen Minderheiten sind im Artikel 7 des Staatsvertrages festgelegt.

Der Ortstafelkonflikt begann mit einer »Nacht- und Nebelaktion«

1972 wurden in Südkärnten 205 zweisprachige topographische Aufschriften angebracht. Die Aufschriften lösten vor allem im Bezirk Völkermarkt den sogenannten »Ortstafelsturm« aus und viele Ortstafeln wurden gewaltsam entfernt. Damit begann eine Zeit, wo es einen extremen Bruch zwischen der Mehrheits- und Minderheitsbevölkerung gab. Vier Sprengstoffanschläge und eine Unzahl von Schmieraktionen forderten die Leistungsfähigkeit der Gendarmerie im Bezirk bis zum Äußersten.

Nicht zuletzt wegen der konsequenten und besonnenen Art und Weise des Einschreitens konnte die Gendarmerie – die sich zwischen beiden extremen Lagern befand – behaupten und trug wesentlich dazu bei, daß sich die Minderheitenproblematik bis zum Jahre 1976/77 langsam entspannte.

Im Garten vor dem Schulzentrum Völkermarkt das am 15. Juni 1976 gesprengte Denkmal des Dr. Hans Steinacher, der maßgeblich am Kärntner Abwehrkampf mitwirkte. *Bild: BGK Völkermarkt*

Die Gendarmerie heute

Der eher ländlich strukturierte Bezirk Völkermarkt kann in der heutigen Zeit als ein sehr sicherer Bezirk bezeichnet werden. Obwohl die Ostöffnung mit all ihren negativen organisierten Kriminalitätserscheinungen auch vor dieser Region nicht halt gemacht hat, dürfte doch die Lage außerhalb der Ballungszentren dazu führen, daß sich die Bevölkerung sicher fühlen kann. Eine engagierte Kriminalitätsbekämpfung mit modernen Mitteln und einer Aufklärungsrate bis zu 75 Prozent bei allen gerichtlich strafbaren Handlungen trägt ihr Übriges dazu bei. Die Neuentstehung des selbständigen demokratischen Nachbarstaates Slowenien im Jahre 1991, durch blutige Kämpfe auch vor den Augen der Gendarmerie errungen, trägt nicht unwesentlich zur Verhinderung grenzüberschreitender Kriminalität bei. Regelmäßige dienstliche Kontakte der Sicherheitsbehörden auf beiden Seiten fördern nicht nur das Vertrauen, sondern haben schon sichtbare Erfolge bei der Bekämpfung von Kriminalitätsformen gebracht.

Mit seiner insgesamt 87 km langen EU-Außengrenze und vier Grenzübergängen zu Slowenien hat sich der Aufgabenbereich von der Aufrechterhaltung der öffentlichen Ordnung, Ruhe und Sicherheit auf den Grenzsicherungsdienst erweitert, was für die Gendarmerie im Bezirk eine große Herausforderung ist. Daneben gilt es besonders während der Sommermonate den Urlauberstrom mit rund einer Million Gästenächtigungen zu bewältigen, wobei es notwendig ist, den für den Klopeiner See zuständigen Gendarmerieposten St. Kanzian aus anderen Bereichen personell zu verstärken.

Im Vordergrund der Klopeiner See – der »wärmste See Österreichs«, dahinter links der Turnersee und rechts der Kleinsee. *Bild: Gemeinde St. Kanzian*

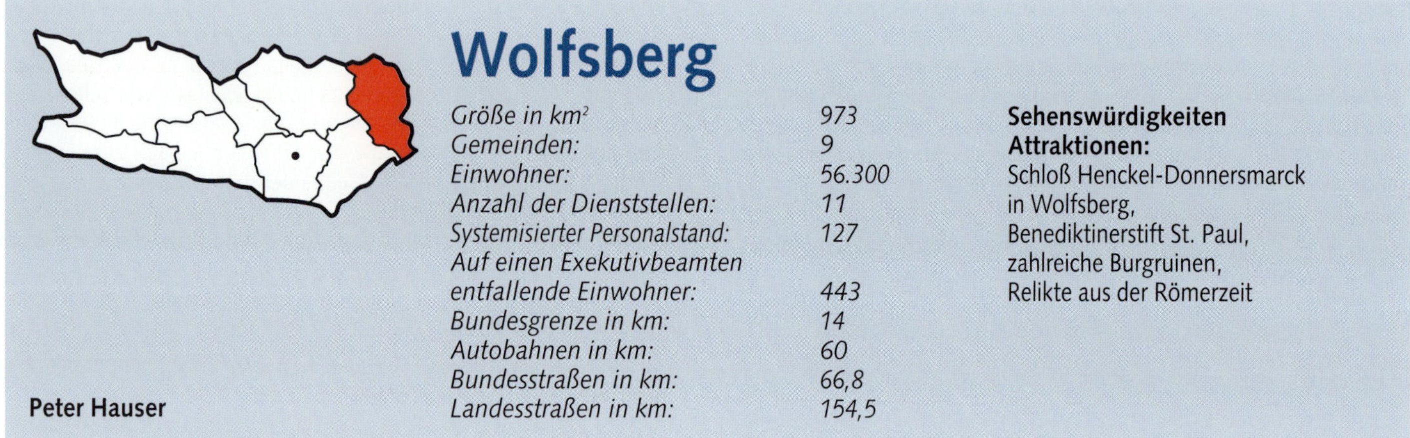

Wolfsberg

Größe in km²	*973*	**Sehenswürdigkeiten Attraktionen:**
Gemeinden:	*9*	Schloß Henckel-Donnersmarck in Wolfsberg, Benediktinerstift St. Paul, zahlreiche Burgruinen, Relikte aus der Römerzeit
Einwohner:	*56.300*	
Anzahl der Dienststellen:	*11*	
Systemisierter Personalstand:	*127*	
Auf einen Exekutivbeamten entfallende Einwohner:	*443*	
Bundesgrenze in km:	*14*	
Autobahnen in km:	*60*	
Bundesstraßen in km:	*66,8*	
Landesstraßen in km:	*154,5*	

Peter Hauser

Das Lavanttal

Das Lavanttal, als »Paradies Kärntens« weithin bekannt, ist eine Kulturlandschaft von besonderem Gepräge. Seine urwüchsige Kraft und Schönheit rühren noch aus einer Zeit, als Erde, Wasser, Luft und Feuer in glücklichem Zusammenspiel das Tal formten, fruchtbar machten und zum paradieshaften Lebensraum für seine Bewohner bestimmten. Dort, wo sich in grauer Vorzeit ein See erstreckte und der Sage nach ein Zwergenvolk im Innern der Berge tummelte, bahnt sich heute der Fluß Lavant seinen Weg durch das Tal. Schon vor Jahrtausenden siedelten Jäger, Bauern und Handwerker an seinen Ufern, um von den reichhaltigen Gaben der Lavanttaler Natur zu kosten. Und lange bevor das keltische Königreich Noricum Teil des römischen Weltreiches wurde, lebten hier Kelten und Römer in Gastfreundschaft friedlich miteinander. Während die einen die Früchte des Bodens ernteten, brachten die anderen den Handel ins Tal und mit ihm die Offenheit einer weltumspannenden Kultur, die im Lavanttal ihre ganz spezifische Ausprägung erfahren hat. Inschriften und Grabplatten, eindrucksvolle Statuen und Tongefäße, wie sie sich an vielen Orten des Tales bis heute erhalten haben, sind die Zeugen jener frühen Blütezeit. Verträumte Burgen und Schlösser, mächtige Festungsbauten und prunkvolle Adelssitze verleihen der Kulturlandschaft des Lavanttales ihren ganz besonderen Reiz.

Das Lavanttal – im Bereich südlich von Twimberg so eng, daß außer Straße und Fluß kein Meter frei ist, im Süden kilometerbreite fruchtbare Ebenen – ist ein uraltes Bauernland. Auch heute bedeutet das Ernten der Früchte harte Arbeit. Soviel sich hier auch Urtypisches in der Kultur, im reichen Brauchtum, in der Sprache und im Leben der Menschen erhalten hat, ist es doch nicht Ausdruck einer oberflächlichen Idylle. Die Landschaft, die Menschen, ihre Arbeit und Feste bilden jene Lebenskultur, in der Gastfreundschaft eine gepflegte Tradition ist, die nicht käuflich und daher besonders wertvoll ist.

Wolfsberg – eine der bedeutendsten Kärntner Städte

Wolfsberg nahm seinen Ausgang an der alten Bamberger Burg, die 1178 erstmals genannt wird. Zwischen dem Burgberg und der Lavant entwickelte sich dann die Stadt, deren Stadtrecht 1331 bestätigt wird. Im späten Mittelalter wird auch die Siedlung westlich des Flusses befestigt, jedoch sind von der einst mächtigen Anlage heute nur noch spärliche Reste erhalten. Jedenfalls war sie um 1480 so stark, daß die plündernden Türken- und Ungarnscharen die Stadt nicht erobern konnten. Schicksalsschläge mußten die Bewohner jedoch durch das zweimalige Auftreten der Pest und durch viele Großbrände hinnehmen.

Einen zuverlässigen Eindruck vom ursprünglichen Stadtbild gewinnt man im östlichen Gebiet zwischen Fluß und Buchberg. Dort befinden sich die schönen gotischen Bauten des ehemaligen Forstamtes und des Bauereschen Hauses.

Heute ist die Stadt mit mehr als 28.000 Einwohnern Sitz aller wichtigen Behörden und der Bezirksleitzentrale der Gendarmerie. Sie ist wirtschaftlicher Mittelpunkt, Einkaufs- und Schulzentrum des Lavanttales. Die altertümliche Oberstadt, deren Mittelpunkt der Hohe Platz mit der aus dem Jahre 1718 stammenden Pestsäule bildet, ist für Einheimische und Touristen ebenso sehenswert wie die großzügig angelegte Unterstadt.

Als Tourismus noch ein Fremdwort war

Das Kulturerlebnis Lavanttal findet heute seine Ergänzung in einer Fülle von Urlaubs- und Erholungsangeboten. Schifahren, Schitouren, Wandern, Mountainbiken, Hängegleiten, Paragleiten und vieles andere mehr stehen in unserer Zeit an der Tagesordnung. Aber das war nicht immer so.

Die Koralpe, an und für sich ein Höhenzug für gemütliche Wanderungen bis knapp über 2.000 m, kann dem Bergfreund überraschende und kritische Wetterbedingungen bringen. So auch am 8.

Schloß Wolfsberg; der ehemalige romanisch/gotische Bestand wurde bereits im 16. Jh. verändert. Mitte des 19. Jh.s wurde die Fassade im Windsorstil historisierend verkleidet. *Bild: Photo R. Polsinger, Wolfsberg*

Jänner 1934, als die Überquerung der Koralpe noch ein richtiges Abenteuer war. Franz Weinberger, Sohn eines Kaufmannes aus St. Marein und der Handelsangestellte Alois Thonhauser brachen in den frühen Morgenstunden zu einer Schitour auf und beabsichtigten über die Koralpe nach Graz zu gehen. Auf der sogenannten Landrichterwiese gerieten sie in einen heftigen Schneesturm, in dem Weinberger ums Leben kam. In der Nacht kam sein Partner völlig erschöpft wieder zu Hause in St. Stefan an. Weinbergers Leiche wurde zwei Tage später von der Rettungspatrouille und vier Gendarmen erfroren aufgefunden. Dies war der erste Sporttouristenunfall im Lavanttal.

Der Anfang vom Ende des Kohlebergbaus

Am 1. November 1967 brach in der Zentralschachtanlage Wolkersdorf aus unbekannter Ursache explosionsartig ein ausgedehnter Grubenbrand aus. In dem Labyrinth des Stollensystems verursachte das Feuer eine derartige Hitzeentwicklung, daß eingebaute Eisenteile weißglühend wurden. Die Schichtbelegschaft, an diesem Feiertag weit unter der normalen Stärke, flüchtete panikartig. Vier Bergmänner kamen aber nicht mehr ober Tag und galten als vermißt. Es wurden sofort Rettungstrupps gebildet, entsprechend ausgerüstet und unter Tag eingesetzt. Sie standen bei ständigem Wechsel pausenlos im Einsatz. Es schien aber, daß die heilige Barbara als Schutzherrin der Bergmänner ihren schützenden Mantel zurückgezogen hätte. Immer wieder kamen die Rettungsmänner, denen die Strapazen im Gesicht geschrieben standen, unverrichteter Dinge von ihren Einsätzen zurück. Unter anderen wurde auch der Reviersteiger Walter Mitterer aus Kleinedling als Führer eines betriebseigenen Rettungstrupps eingesetzt. Mitterer, der die Nachtschicht verfahren hatte und sich zu Hause ausruhen wollte, verlor schon beim ersten Einsatz das Atemschutzgerät und konnte nur mehr tot geborgen werden. Er hinterließ eine Frau und drei Kinder.

Etwas später wurde es zur traurigen Gewißheit, daß auch die vier vermißten Familienväter Opfer ihres Berufes geworden waren. Für Karl Kreuzer wurde die Grube seine letzte Ruhestätte; er wurde, im Gegensatz zu den anderen, nie gefunden.

Wie später von der Bergbehörde und der Gendarmerie erhoben wurde, wütete der Brand in einer Tiefe von 380 bis 500 m und erreichte eine Ausdehnung von ca. einem Kilometer. Im Brandbereich wurden sämtliche Fördereinrichtungen und Eisenkonstruktionen vernichtet. Damit verbunden wurde auch die Hauptförderanlage, das Herz des Bergbaubetriebes, lahmgelegt. Zur Eindämmung des Grubenbrandes mußte der Brandbereich eingemauert werden.

Die tägliche Arbeit der Gendarmerie

Der Bezirk Wolfsberg ist in drei Sektoren eingeteilt, wobei jeweils drei Gendarmerieposten einen dieser taktischen Bereiche betreuen. Der mittlere Sektor ist bei weitem der arbeitsintensivste, weil in diesem einerseits unsere schöne Bezirkshauptstadt, andererseits aber auch aber auch alle großen Industrien, das Bundesschulzentrum, das Stadionbad und andere bedeutende Einrichtungen angesiedelt sind. Sie alle verursachen natürlich Arbeit im Kriminal-, Verkehrs- und Verwaltungsbereich. Gleich vier Schigebiete – die Koralpe, das Klippitztörl, die Weinebene und die Hebalpe – lassen die Gendarmen auch im Winter keine Ruhe finden. Es gilt Schiunfälle zu erheben, Suchaktionen zu starten, Sportgerätediebstähle aufzuklären und vieles andere mehr.

Wer aber jetzt glaubt, daß außer diesen Standardfällen oder in den peripheren Sektoren nicht viel los ist, hat sich getäuscht. In den letzten drei Jahren hatten wir – abgesehen von Raubüberfällen, Vergewaltigungen, zahlreichen Einbruchsdiebstählen – zwei Morde und einen Doppelmord; jeder für sich einzigartig grausam und für normale Menschen nicht nachvollziehbar. Ein geistig verwirrter Sohn martert in einem lange andauernden Kampf seine alte Mutter mit zahlreichen Tatwaffen zu Tode; ein Minderjähriger erdrosselt und ersticht aus Eifersucht seine 4jährige Schwester; ein Pensionist erschießt wegen eines Erbschaftsstreites seine Gattin und einen Verwandten. Ich erspare dem Leser aber weitere Einzelheiten und erinnere ihn wieder an den schönen Seiten unseres Berufsalltages, indem ich auf die vielen gut ausgegangenen Situationen hinweise.

Verirrte und Vermißte wurden aufgefunden, Verunglückte gesund geborgen, Menschen vor Selbstmorden gerettet, Kinder in letzter Sekunde vor fatalen Unglücken bewahrt und und und ...

Einerseits sind wir Gendarmen des Bezirkes Wolfsberg für dieses abwechslungsreiche Betätigungsfeld dankbar, andererseits sind wir in Anbetracht der ständig steigenden, immer brutaler werdenden Kriminalität auch besorgt, ob unserer beruflicher Alltag und das Schicksal es erlaubt, uns bis ins hohe Alter an unseren Familien und am Leben allgemein zu erfreuen.

Als es ernst wurde – Krieg im ehemaligen Jugoslawien

Am 27. Juni 1991 begann für unser Nachbarland Slowenien eine schicksalhafte Zeit, die für die weitere Entwicklung und Gestaltung des gesamten Balkanraumes von enormer Bedeutung war. Die jugoslawische Volksarmee rückte aus ihren Kasernen, um mit Waffengewalt gegen die am Vortag proklamierte Unabhängigkeit Sloweniens vorzugehen. Die Kampfhandlungen mit der slowenischen Territorialarmee dehnten sich durch den Einsatz von Panzern und Jagdflugzeugen rasch vom Landesinneren bis zur österreichischen Bundesgrenze aus. Dabei galt es auch Blockaden zu durchbrechen.

Eine solcher Blockaden war an einer Engstelle 15 km südöstlich von Dravograd errichtet. Sie bestand aus in aller Eile gefällten Bäumen und einem Tankzug, der mit einer höchst explosiven Flüssigkeit gefüllt war. Für die aus Richtung Marburg angerollten Panzer war somit dort Endstation; ein Glück für Dravograd und die slowenischen Grenzstationen – bis MIGs der jugoslawischen Volksarmee diese Barriere überflogen und als Vorwarnung mehrere Raketen abfeuerten.

Die Gendarmeriebeamten des Bezirkes Wolfsberg, die an der Grenze eingesetzt waren, beobachteten gerade die Kampfflugzeuge, die im Tiefflug quer über das slowenische Drautal donnerten, als ein junger Oberleutnant der Territorialarmee angerannt kam und die Gendarmen informierte, daß der Einsatz chemischer Waffen nicht ausgeschlossen sei; Gott sei Dank trat dieser Umstand nicht ein.

Die Gendarmerie trug bis zum Eintreffen des Bundesheeres die Hauptlast der Grenzsicherung. Es bestand permanent die Gefahr, daß eine in die Enge getriebene Einheit auf unser Staatsgebiet ausweichen würde. Auch eine Flucht der Zivilbevölkerung im größeren Ausmaß war zu befürchten. Obwohl die Gendarmen des Bezirkes Wolfsberg für diese Fälle weder personell noch materiell gerüstet waren, stellten sie tapfer ihren Mann und fungierten an vorderster Front als unmittelbare militärische Berichterstatter und Koordinatoren.

Nach zwei Tagen bezog das Österreichische Bundesheer seine Verteidigungslinien. Panzer wurden eingegraben, Straßensperren aufgebaut und MG-Stellungen errichtet. Aufgrund dieser massiven Vorkehrungen für den Ernstfall konnten die Uniformierten annehmen, daß spätestens ab diesem Zeitpunkt auch für die Zivilbevölkerung der Ernst der Lage klar war – aber dies war nur eine Wunschvorstellung. Noch tagelang zog es Schaulustige in den Nahbereich der Kriegshandlungen. Für sie erhob sich nur die Frage, ob der verbilligte Zigaretteneinkauf in Slowenien nun noch möglich sei oder nicht.

Landesgendarmeriekommando für Niederösterreich

Rupert Malli

Größe in km²	*18.955*
Gemeinden:	*568*
Einwohner:	*1.421.000*
Anzahl der Dienststellen:	*290*
Systemisierter Personalstand:	*3.962*
Auf einen Exekutivbeamten entfallende Einwohner:	*612*
Bundesgrenze in km:	*399*
Autobahnen in km:	*324*
Bundesstraßen in km:	*314,7*
Landesstraßen in km:	*10.684*

Niederösterreich ist das größte der neun Bundesländer. Das Land grenzt im Westen an Oberösterreich, im Süden an die Steiermark, im Südosten an das Burgenland, im Osten an die Slowakei und im Norden an Tschechien. Die Grenzen folgen natürlichen Landschaftslinien, im Westen mit dem Unterlauf der Enns (»Land unter der Enns«), im Osten dem Unterlauf der March und im Südosten der Kammlinie des Leithagebirges, im Norden hingegen nur der allgemeinen Richtung des Thayaflusses.

Durch die Donau, die das Land von Westen nach Osten durchströmt, wird Niederösterreich in zwei ungefähr gleich große Hälften geteilt. Niederösterreich zählt 21 politische Verwaltungsbezirke und zuzüglich vier Städte mit eigenem Statut, nämlich St. Pölten, Wiener Neustadt, Krems an der Donau und Waidhofen an der Ybbs, wobei in den beiden erstgenannten Bundespolizeidirektionen errichtet sind.

Wien ist seit 1922 ein eigenes Bundesland. Landeshauptstadt von Niederösterreich ist seit 10. Juli 1986 St. Pölten (50.000 Einwohner).

Ostarrîchi-Urkunde von 996 macht Niederösterreich zum Kernland Österreichs

Historisch gesehen kann man das Gebiet des heutigen Niederösterreich als das Kernland Österreichs betrachten. In der Ostarrîchi-Urkunde vom 1. November 996 (erste urkundliche Erwähnung Österreichs) wird Neuhofen an der Ybbs im Bezirk Amstetten einem Gebiet zugeordnet, das man Ostarrîchi nannte. Man kann davon ausgehen, daß Österreich im Mittelalter in etwa die Ausdehnung des heutigen Niederösterreich hatte. Das Herzogtum (1156 Privilegium Minus) und spätere Erzherzogtum (Privilegium Maius) Österreich unter der Enns behielt diese Bezeichnung bis zum Ersten Weltkrieg bei.

Ostarrîchi-Urkunde Ottos III. für Bischof Gottschalk von Freising. Darin schenkt er der Freisinger Kirche den Hof Neuhofen samt 30 weitere benachbarte Königshufen »... in der Gegend, die in der Volkssprache Ostarrîchi heißt ...« *Bild: Peter Urbanitsch*

In der Monarchie

Kurz nach der Errichtung der Gendarmerie am 8. Juni 1849 begann auch in Niederösterreich der Aufbau.

Das Gendarmerieregiment Nr. 1 mit seinem Stab war in Wien, anfangs im Gebäude der ungarischen Leibgarde am Neubau, stationiert. Ihm waren bis 31. August 1860 alle Gendarmeriedienststellen in Wien, Nieder- und Oberösterreich sowie in Salzburg unterstellt. Dazu ist zu bemerken, daß bis 1860 auch in Wien ein Flügel mit mehreren Zügen und vielen Gendarmerieposten mit rund 400 Gendarmen aufgestellt war. Von 1. September 1860 bis 30. April 1866 kamen dann noch die Gendarmeriedienststellen in Kärnten und in der Steiermark hinzu.

Ab 1. Mai 1866 wurden die Regimenter in Landesgendarmeriekommanden umbenannt. Das Gendarmerieregiment Nr. 1 hieß nun Landesgendarmeriekommando (LGK) Nr. 1, das mit gleichem Datum die Gendarmeriedienststellen in Kärnten und in der Steiermark abgab. Am 1. Juni 1867 wurden in Oberösterreich und Salzburg eigene Landesgendarmeriekommanden errichtet, womit das LGK Nr. 1 nur mehr das Kronland Niederösterreich zu betreuen hatte.

In der Periode von 1860 bis 1874 – der Zeit schwacher Staatsfinanzen – gab es in Niederösterreich sechs Flügel mit insgesamt 74 Gendarmerieposten. Ab 1874 gab es überhaupt nur mehr vier Abteilungskommanden. Die Instruktions- später Ergänzungsabteilung (Schulabteilung) war bereits 1860 abgeschafft worden.

Postenkommandant war gleichzeitig Ausbildner

Die Ausbildung der Mannschaft erfolgte notdürftig durch den Postenkommandanten und erst mit dem Konzept des von 1871 – 1894 amtierenden Gendarmerieinspektors, FZM Heinrich Giesl von Gieslingen, kam es wieder zu einer für die Ausbildung so wichtigen Schule; zuerst als Instruktions-, später als Ergänzungsabteilung. Sein Konzept sah möglichst viele Einzelposten vor, was die Nähe und Verbundenheit der Bevölkerung zur Gendarmerie besonders förderte.

Gendarmerie in Wien zur Bahnsicherung eingesetzt

Nach dem Ersten Weltkrieg war es dann vornehmlich die Gendarmerie, die diesem von vielen für lebensunfähig gehaltenen Staat

Bestand verlieh. Aber nicht nur in der Provinz war zu dieser Zeit die Gendarmerie präsent. Sogar in Wien wurde, nach der Volkswehr, die sich als unzuverlässig herausgestellt hatte, Gendarmerie im Bahnschutz eingesetzt. Ab Anfang 1919 wurde mit dem Gendarmeriedetachement zum verschärften Sicherheitsdienst auf den Wiener Bahnhöfen eine Institution geschaffen, die die Sicherung der damals für die Versorgung so wichtigen Bahnlinien und Bahnhöfe sicherstellte.

Aus diesem wurde ein eigenes LGK, in deren Bereich, zum ersten Mal in der Geschichte der Gendarmerie, auch Dienst in Zivil verrichtet wurde.

Nach dem gleichen Muster wurden dann in ganz Österreich Bahngendarmerieposten errichtet.

Auf Betreiben des damaligen Polizeipräsidenten von Wien, Schober, mußte 1924 diese Institution der Polizei übergeben werden.

1938 – 1945 als Niederösterreich »Niederdonau« hieß

Auch die Zeit zwischen 1938 und 1945 soll kurz beleuchtet werden. Niederösterreich hatte – es hieß zu dieser Zeit Niederdonau, da das Wort Österreich in jedem Zusammenhang verpönt war – eine andere territoriale Ausdehnung. Während die Randgemeinden noch 1938 zu Großwien kamen, wurde das Burgenland zwischen Niederösterreich und der Steiermark geteilt. Die nördlichen Bezirke des Burgenlands, einschließlich des Bezirks (des Kreises) Oberpullendorf kamen zu Niederösterreich, die südlichen zur Steiermark.

Nicht unerwähnt soll bleiben, daß durch das Münchner Abkommen vom 29. September 1938 Teile der CSSR zu Deutschland kamen. Die südlichen Gebiete Böhmens und Mährens wurden zwischen 1. und 10. Oktober 1938 besetzt. Es kam in Unterstellung unter den Kommandeur der Gendarmerie beim Reichsstatthalter Niederdonau zur Errichtung eines Abteilungskommandos (Gendarmeriehauptmannschaft) in Znaim und mehrerer BGK mit vielen Posten.

Jene Gendarmen, die nicht von den Nazis eingesperrt oder entlassen worden waren, kamen zur deutschen Gendarmerie. Der andere Teil der oft hart diskriminierten Beamten, wurde vornehmlich zur Feldgendarmerie und zu den Zivilverwaltungen in den von den Nazis besetzten Ländern versetzt.

Unter sowjetischer Besatzungsmacht

Nach 1945, als Österreich als eigenständiger Staat wieder entstand, war es wieder vornehmlich die Gendarmerie, die diesen Staat gegen die überbordende Kriminalität und gegen die Übergriffe der Besatzungsmächte, hier insbesondere der Sowjets, mit vielen Opfern verteidigte und die Bevölkerung wieder hoffen ließ.

Zu den sich sofort zum Dienst meldenden meist von den Nazis entlassenen Gendarmen, die oft eine langjährige KZ-Haft hinter sich hatten, kamen freiwillig Pensionisten und einige wenige alte Gendarmen. Letztlich wurde der Personalstand durch die vielen aus dem Krieg zurückflutenden Soldaten, trotz kümmerlicher Anfangsgehälter, aufgefüllt. Sie wurden nach einem dreimonatigen Ausbildungskurs auf die Posten versetzt und dort weitergeschult. Danach schließlich für ein Jahr auf irgendeinen gottverlassenen Grenzposten versetzt. Anfänglich war dieser Dienst überaus wichtig und gefährlich, da es beständig zu Übergriffen bewaffneter Banden aus der CSSR kam. Bis 1947 versahen Gendarmen gemeinsam mit der sowjetischen Besatzungsmacht Grenzdienst. Dabei ging es den Sowjets allerdings nicht um den Schutz der Bevölkerung, sondern um eine Absperrung ihrer Zone gegenüber der CSSR, die ja damals noch keine Volksdemokratie war. Als nach Übernahme der Macht in der CSSR der »Eiserne Vorhang« errichtet wurde, zog die Besatzungsmacht ihre Soldaten wieder zurück. Die Gendarmerie mußte bis Mitte 1955 bleiben und die Grenze gegen Flüchtlinge absperren.

Nach und nach wurden nach 1945 in Niederösterreich wieder über 400 Gendarmerieposten errichtet. Nachdem der Aufbau der Gendarmeriestrukturen einigermaßen bewerkstelligt war, kam es zu sozialen Verbesserungen (z. B. Verkürzung der Arbeitszeit), die wiederum eine Umorganisierung des Dienstbetriebes erforderten. Um den Dienst aufrechterhalten zu können, begann man ab 1967 personell schwach besetzte Gendarmerieposten aufzulösen.

Am 30. April 1993, also am letzten Tag des Bestandes der Abteilungskommanden, gab es in Niederösterreich neun Abteilungskommanden (Baden, Bruck/Leitha, Hollabrunn, Horn, Korneuburg, Krems, St. Pölten, Waidhofen/Thaya und Wr. Neustadt). Mit 1. Mai 1993 übernahmen 23 Bezirksgendarmeriekommanden deren Aufgaben.

Garanten der Sicherheit in Niederösterreich

Gegenwärtig werden die Städte St. Pölten, Wiener Neustadt und Schwechat von Bundespolizeidirektionen mit Sicherheitswache- und Kriminalbeamtenkorps betreut. In allen übrigen Gemeinden Niederösterreichs wird diese Aufgabe durch die Gendarmerie geleistet, doch soll der Vollständigkeit halber nicht vergessen werden, daß es noch in einigen wenigen Orten zumeist kleine Gemeindepolizeien, so in Amstetten, Baden, Berndorf, Gmund und Heidenreichstein gibt.

Das Landesgendarmeriekommando für Niederösterreich ist in der Meidlinger Kaserne etabliert. *Bild: LGK für NÖ*

Landesgendarmeriekommandant ist derzeit Brigadier Gerhard Schmid. Er ist verantwortlich für das LGK mit all seinen Abteilungen; der Kriminalabteilung (KA) mit 4 Außenstellen, der Verkehrsabteilung (VA) mit neun Außenstellen, die 23 Bezirksgendarmeriekommanden (BGK) und die 233 Gendarmerieposten (GP) wovon zehn Grenzkontrollstellen und zwölf Grenzüberwachungsposten sind. Letztere sind für die Einhaltung der Bestimmungen des Schengener Abkommens an den 399 km EU-Außengrenzen etabliert. Das sind die Grenzen zur CSSR und zur Slowakei. Daneben gibt es im Inneren des Landes noch eine Schleierfahndung. Insgesamt hat das LGK NÖ einen Personalstand von 3.740 Gendarmen. In dieser Zahl eingeschlossen sind natürlich auch jene Beamten, die bei der Schulabteilung des LGK und den beiden Außenstellen (Ybbs und Zwentendorf) in Ausbildung stehen. So werden praktisch 612 Einwohner von einem Gendarmen betreut.

Im Jahre 1998 fielen im Bereich des Landesgendarmeriekommandos Niederösterreich 17.947 Verbrechen an. Davon konnten 9.935 geklärt werden. Von den 62.302 angefallenen Vergehen wurden 43.602 geklärt. Auf dem Sektor der Suchtgiftkriminalität wurden 1998 2.956 Anzeigen erstattet.

Die Gendarmen mußten bei 51.300 Verkehrsunfällen intervenieren, bei denen 10.677 Menschen verletzt und 274 getötet wurden. In diesem Zusammenhang ist bemerkenswert, daß 5.813 Lenkern wegen Alkoholisierung der Führerschein abgenommen werden mußte.

Amstetten

Josef Plaimer

Größe in km²	*1.188*
Gemeinden:	*34*
Einwohner:	*109.000*
Anzahl der Dienststellen:	*14*
Systemisierter Personalstand:	*128*
Auf einen Exekutivbeamten entfallende Einwohner:	*852*
Bundesgrenze in km:	*–*
Autobahnen in km:	*42,8*
Bundesstraßen in km:	*173,4*
Landesstraßen in km:	*1052,3*

Sehenswürdigkeiten Attraktionen:
Wallfahrtsbasilika Sonntagberg, Benediktinerstift Seitenstetten, Ostarrichigedenkstätte Neuhofen/Ybbs, ehem. barocke Stiftskirche Ardagger, Schloß Ulmerfeld, Freilichtmuseum und Tierpark Haag, Mostviertler Bauernmuseum Giggerreith

Der Verwaltungsbezirk Amstetten ist der drittgrößte Bezirk im Bundesland Niederösterreich. Er umfaßt die Gerichtsbezirke Amstetten, Haag, St. Peter/Au und Waidhofen/Ybbs. Die Statutarstadt Waidhofen/Ybbs wird ringsum vom Verwaltungsbezirk Amstetten umschlossen. Amstetten ist seiner Lage nach der westlichste Bezirk in Niederösterreich. Im Norden bildet die Donau, im Westen die Enns, der Ramingbach und die Kämme der Voralpen bei Weyer die Grenze gegen das Bundesland Oberösterreich. Im Süden grenzt der Bezirk Amstetten gegen die Steiermark. Die östlichen Nachbarbezirke sind Melk und Scheibbs.

Das Mostviertel

Besonders stolz sind die Amstettener auf ihr Kernland, das »Mostviertel«. Die wesentlichen Merkmale der Gegend sind das sanfte hügelige Voralpenland, der ausgeprägte Vierkanthof, mit den dazugehörigen Kellerstöckeln und den Dörrhäusern. Der »Mostviertler Mensch« ist strebsam, traditionsbewußt und mit stiller Fröhlichkeit auch tief religiös. Im Volksmund heißt es hier nicht umsonst: »A Mosthaus, a guats Haus«. Den Namen hat dieser malerischen Gegend der Mostobstbaum gegeben.

Wallfahrtskirche Sonntagberg. Sie wurde zwischen 1718 und 1732 auf einer Seehöhe von 704 Meter von Jakob Prandtauer und Josef Mungenast errichtet.
Bild: BGK Amstetten

Leidvolle Geschichte

In geschichtlicher Hinsicht kann der Bezirk Amstetten auf viele Ereignisse verweisen. Am ehemaligen römischen Handelsweg der »Limesstraße« gelegen, war dieses Gebiet immer den West-Ost-Strömungen ausgeliefert. Während der »Völkerwanderung« zogen viele Völker und Stämme durch. 451 wütete hier der Hunnenkönig Attila kampfestrunken gegen Gallien, Karl der Große besiegte bei der Ausdehnung seines Reiches 791 in einem Gefecht auf dem Ybbsfelde zwischen Amstetten und St. Georgen die Avaren, Kaiser Konrad III., landete 1170 auf seiner Kreuzfahrt in das Heilige Land mit 70.000 Rittern an der Donau bei Ardagger, ebenso Friedrich Barbarossa 1189; 1529 und 1683 brandschatzten herumstreunende Heerscharen der Türken eine Reihe von Orten des Mostviertels, so auch Amstetten und Waidhofen/Y.

Während des Erbfolgekrieges (1741–1748) wurde Amstetten mehrmals von bayerisch-französischen Heeren besetzt, wobei immer wieder Häuser in Brand gesteckt und die Bevölkerung malträtiert wurde. Zwischen 1800 und 1805 wurde Amstetten dreimal von den napoleonischen Heeren besetzt, wobei jedesmal -zigtausende Soldaten verpflegt werden mußten. 1944 und 1945 wurde Amstetten als letzter großer Nachschubbahnhof in Richtung Osten von den alliierten Streitkräften laufend bombardiert, wodurch die Bevölkerung wieder schwer zu Schaden kam. In der sogenannten »Besatzungszeit« waren die Menschen dieses Bezirkes wiederholt Repressalien der russischen Besatzer ausgeliefert. Erst ab dem Jahre 1955 kann sich das Mostviertel und somit der Bezirk Amstetten wieder einer ruhigen und dynamischen Entwicklung erfreuen.

Gewerbe – Industrie – Landwirtschaft

Der Verwaltungsbezirk Amstetten ist in seiner wirtschaftlichen Struktur nach ein vorwiegend landwirtschaftlicher Bezirk. Im Alpenvorland herrschen noch Ackerbau und Viehzucht vor, daneben wird auch Obstbau betrieben. Die Forstwirtschaft ist ein ebenfalls nicht unbedeutender Wirtschaftszweig und ist in der südlichen Voralpenregion beheimatet.

Der wirtschaftlich bedeutendste Aufschwung für die Region kam zweifelsohne in den Jahren 1858 und 1869. In diese Zeit fällt die Errichtung der Westbahn und die Kronprinz-Rudolf-Bahn.

In Gewerbe und Industrie überwiegen weitaus die Klein- und Mittelbetriebe. Die größeren Betriebe des Bezirkes sind die in Amstetten ansässigen Firmen Umdasch mit ca. 2.000 und die glastechnische Industrie LISEC mit rund 550 Beschäftigten. Weitere Großbetriebe sind die Firma VEW Böhler-Ybbstal mit ca. 1.000 und das Nibelungenwerk

Romanisches Glasfenster (um 1237) im Stift Ardagger.
Bild: Brigitte Schwarz, Scheibbs

St. Valentin und die Firma Engel Maschinenbau GesmbH mit je über 500 Arbeitsplätzen.

Auch in dieser Region hat man die Bedeutung des Fremdenverkehrs erkannt. In der Werbung werden große Anstrengungen unternommen. Der Slogan: »Niederösterreich, wo Ferien noch Ferien sind«, ist europaweit bekannt.

Seit 1850 Gendarmerie im Bezirk

Die Gendarmeriedienststelle in Amstetten wurde im Jahre 1850 als eine der ersten im ehemaligen Kronland »Österreich unter der Enns« eingerichtet, wobei der Bezirk Amstetten vorerst dem Flügelkommando Nr. 5 in St. Pölten unterstand. Zur Gründung wurde in der Chronik vermerkt: »1850 wurde in Amstetten der erste Gendarmerieposten aufgestellt, der in der Ybbsstraße im Gasthaus Schillhuber untergebracht war. Der Stand zählte sechs Mann, welche teilweise beritten waren.« Erstmalig wird das Bezirksgendarmeriekommando unter dem Kommandanten Bezirkswachtmeister Johann Kreizel am 1. Jänner 1872 erwähnt. Seit Bestehen dieser Dienststelle waren die Gendarmen in acht verschieden Gebäuden untergebracht, ehe sie mit 2. Jänner 1958 in der Mozartstraße 9 wirklich seßhaft werden konnten. Auch das Gebiet des Bezirkes Amstetten war seither vielen Veränderungen unterworfen. So war beispielsweise das Überwachungsgebiet des ehemaligen Gendarmeriepostens Neustadtl/D. bis nach dem Zweiten Weltkrieg dem Verwaltungsbezirk Melk zugeordnet gewesen. Besonders in der Zeit nach 1945 gab es vielerorts Neueröffnungen aber auch Schließungen von Dienststellen. Die letzte bezirksinterne Strukturierung wurde am 1. Jänner 1978 durchgeführt. Damals wurde der Bezirk Amstetten in die Hauptpostenbereiche Amstetten, Kematen, St. Peter/Au und St. Valentin mit insgesamt vierzehn Gendarmerieposten und 120 Beamten aufgeteilt. Aufgrund der Neuordnung der Bezirksgendarmeriekommanden mit 1. Mai 1993 gliedert sich der Bezirk Amstetten nun in die Sektorbereiche Amstetten, Kematen/Ybbs und St. Valentin.

Bekämpfung des Kriminaltourismus hat Vorrang

Als sicherheitsdienstliche Schwerpunkte für die Zukunft gelten vor allem die Bekämpfung des Kriminaltourismus, hier besonders die durch ausländische Täter verübten Ladendiebstähle in der »Einkaufsstadt Amstetten« und die Überwachung der Industriezentren durch Streifendienste während der Nacht. Mit der Verhaftung von mehreren Tätergruppen haben sich bereits erste Erfolge gezeigt. Aber auch im verkehrsdienstlichen Bereich gibt es noch viel zu tun. Zwar konnten durch eine intensive Überwachung die Unfallzahlen gegenüber den Vorjahr beträchtlich gesenkt werden, aber jeder Unfall ist zuviel.

Besondere Ereignisse im Laufe der Zeit

Steuern zahlte man auch um die Jahrhundertwende nicht gerne…»Steuerdemonstrationen« gab es in den Jahren 1903 und 1912 in Amstetten, wobei Tausende Menschen aus dem Bezirk gegen die knüppelnde Praxis der damaligen Steuereinhebung protestierten und das Gebäude der Bezirkshauptmannschaft zu stürmen versuchten.

Ein weiteres Großereignis war der Eisenbahnerstreik im Jahre 1919 – es war damals der erste in Österreich – und der Streik von 400 Metallarbeitern in der Fa. Scheid in Amstetten.

Bittere Stunden erlebten rund 20 Gendarmen und Polizeiangehörige am 11. März 1938 auf dem Hauptplatz in Amstetten, als sie zwischen den »österreichtreuen Anhängern« und den »Nationalsozialisten« standen. Nach der Machtergreifung durch die Nationalsozialisten wurden die Gendarmen entwaffnet, gefangengenommen, geschlagen, danach in einen Raum des nahegelegenen Rathauses gepfercht und degradiert.

Eine leidvolle Zeit brach nun in den folgenden Jahrzehnten über die Gendarmerie dieses Bezirkes herein. Am 21. Juli 1951 wurde der Gendarm Franz Gassner des GP Kematen/Ybbs , als er zwei tatverdächtige junge Männer angehalten hatte, von dem älteren Burschen mit einem Schuß aus einem deutschen Militärkarabiner getötet. Die Täter konnten kurze Zeit später ausgeforscht und verhaftet werden, da einer von ihnen auf dem Tatort einen Lohnzettel verloren hatte.

Am 25. Juli 1954 wurde der Gendarm Leopold Hochgatterer erschossen. Da es schon seit geraumer Zeit wiederholt Einbrüche in ein Bierdepot St. Peter/Au gab, mußte das Gelände überwacht werden. Dazu waren zwei Beamte des GP St. Peter/Au eingeteilt. Als diese das Depot betraten, kam es zu einem Schußwechsel, wobei Hochgatterer tödlich getroffen zusammenbrach. Der zweite Gendarm blieb unverletzt. Bei den Ermittlungen konnte einwandfrei nachgewiesen werden, daß die Täter Angehörige der russischen Besatzungsmacht waren. Eine Verurteilung der Täter bei Gericht konnte aber nicht erfolgen, da sie Soldaten der »Roten Armee« waren.

Für europaweite negative Schlagzeilen sorgte der 18jährige Reinhard H. aus Aschbach, als er am 12. Oktober 1994 im Laufe des Tages im elterlichen Anwesen mit einer »Pumpgun« seinen 52jährigen Vater, seine 43jährige Mutter, seinen 14jährigen Bruder und seine 55jährige Tante erschoß. Beweggrund der Wahnsinnstat dürfte die jahrelange Bevorzugung seines jüngeren Bruders gewesen sein. Dieser Fall war auch Anlaß zur Änderung des Waffengesetzes. Seit damals sind der Erwerb und Besitz dieser gefährlichen Waffen an besondere Voraussetzungen gebunden.

Wolfgang Eisenkölbl

Baden

Größe in km²	*753*	**Sehenswürdigkeiten Attraktionen:**
Gemeinden:	*30*	Zisterzienserstift Heiligenkreuz,
Einwohner:	*131.652*	Spielcasino Baden,
Anzahl der Dienststellen:	*15*	Forschungszentrum Seibersdorf,
Systemisierter Personalstand:	*226*	Jagdschloß Mayerling,
Auf einen Exekutivbeamten entfallende Einwohner:	*33*	Leopold-Figl-Observatorium Mitterschöpfl
Bundesgrenze in km:	*–*	
Autobahnen in km:	*54*	
Bundesstraßen in km:	*144,6*	
Landesstraßen in km:	*290,8*	

Baden – der Bezirk südlich von Wien

Eine geographische Trennlinie durch den Bezirk zwischen dem Hügelland des Wienerwaldes im Westen und den Ebenen des Steinfeldes im Osten bildet die Thermenlinie, eine nahe dem 16. östlichen Längengrad verlaufende Bruchstelle in der Erdkruste, aus der Mineral-, Thermal- und Schwefelquellen emporsteigen. Nicht zuletzt deshalb waren die Städte Baden und Bad Vöslau bereits von den alten Römern als heilklimatische Kurorte geschätzt.

Drei von West nach Ost verlaufende Flüsse teilen den Bezirk quer zur Thermenlinie. Die Schwechat windet sich durch das malerische Helenental. Sie birgt jedoch auch Gefahren und ist speziell bei Schneeschmelze oder tagelangem Regen wegen des Hochwassers gefürchtet, so wie die Triesting im nicht minder schönen Triestingtal.

Kirche – Kaiser – EU-Prominenz

Die geschichtliche Bedeutsamkeit wie auch die Beliebtheit des Gebietes des heutigen Bezirkes Baden spiegelt sich unter anderem auch in zahlreichen Sehenswürdigkeiten wider. Kirchengeschichtlich wie auch architektonisch berühmt ist das 1132–1135 erbaute Zisterzienserstift Heiligenkreuz unter anderem wegen des Grabmales des letzten Babenbergers und wegen der Baustile in der Kirche und im Kreuzgang.

Traurige Berühmtheit erlangte das kleine Jagdschloß von Kronprinz Rudolf durch die Tragödie von Mayerling im Jahre 1889. Die Gruft der Baronesse Mary Vetsera befindet sich auf dem Friedhof in Heiligenkreuz und hat 1992 die Gendarmerie beschäftigt, als bekannt wurde, daß 1988 ihre Gebeine aus der Gruft entwendet und um 30.000 Schilling an einen Linzer Geschäftsmann verkauft wurden. Die Gebeine konnten in Wien sichergestellt werden.

Eine besondere Attraktion ist das Kongreß-Casino Baden. Es wurde 1994/95 von Grund auf restauriert und ist derzeit das größte und modernste Europas mit einer täglichen Besucherzahl von über 1.000 Personen. Die Anlage ist jedoch auch bestens eingerichtet für Kongresse und Tagungen. So fanden allein während der österreichischen EU-Präsidentschaft im Jahre 1998 in diesen Räumlichkeiten mehrere Tagungen der EU-Minister statt. Für die Sicherheit der hohen Gäste sorgte die Gendarmerie des ganzen Bezirkes. Ansonsten fällt die Überwachung des Kasinos ebenfalls in den Aufgabenbereich der Gendarmerie.

Der Start zum Staatsvertrag erfolgte in Bad Vöslau

Am 11. April 1955 startete über Einladung der sowjetischen Regierung die österreichische Regierungsdelegation, bestehend aus Bundeskanzler Ing. Julius Raab, Dr. Adolf Schärf, Dipl.-Ing. Leopold Figl und Dr. Bruno Kreisky, vom Flugplatz Bad Vöslau zu Verhandlungen über den Staatsvertrag nach Moskau. Was sich dann am 15. April 1955 bei der Landung, als die Delegation praktisch mit dem Staatsvertrag in der Tasche, aus Moskau zurückkam, abspielte, kann heute nur noch unzulänglich beschrieben werden. Endlich war Österreich frei.

In den Jahren 1986 bis 1996 war auf diesem Flugplatz eine Flugsicherungshilfsstelle der Gendarmerie eingerichtet. Die spezialisierten Beamten führten außer der Paßkontrolle auch noch die Abwicklung des Flugfunks mit Erteilen der Start- und Landeerlaubnis bei jährlich 60.000–80.000 Flugbewegungen sowie den Wetterdienst durch. Heute wird von den Beamten des Gendarmeriepostens Leobersdorf dort zwar nur mehr die Grenzkontrolle durchgeführt, allerdings nimmt die Zahl der Flüge von Privatpiloten ständig zu. 1998 wurden bei 593 österreichischen und 83 ausländischen Flugzeugen 1.541 Personen kontrolliert.

Verkehrsverbindungen und Verkehrssicherheit

Daß der Bezirk Baden auch schon seit jeher durch die Nähe zur Stadt Wien an bedeutsamen Verkehrsverbindungen liegt, ergibt sich fast von selbst. Führten früher die alten Römerstraßen hierher, so sind es heute die Bundesstraßen B 16, B 17, B 18, die Autobahnen A 2-Südautobahn, A 3-Südostautobahn und A 21-Allander Autobahn, sowie die Eisenbahnlinien Richtung Ungarn bzw. Richtung Westen. Die A 2-Südautobahn weist auf Höhe von Traiskirchen mit durchschnittlich über 87.000 Kfz täglich das höchste Verkehrsaufkommen in Österreich außerhalb von Wien auf. Mit täglich rund 26.000 Fahrzeugen ist daneben die B 17 die meistfrequentierte Bundesstraße nach Wien und Graz. Der enorme Verkehr schlägt sich auch auf die Verkehrsstatistik nieder. Bei 3.050 Verkehrsunfällen wurden 15 Menschen getötet und 769 verletzt. Aus diesen Zahlen ist ersichtlich, daß der Verkehrsdienst für die zuständigen Gendarmeriebeamten eine enorme Belastung darstellt.

Wirtschaft und Industrie

Durch die gut erschlossenen Verkehrswege und die entsprechende Infrastruktur ist der Bezirk Baden auch ein bedeutender Wirtschaftsfaktor. Von den unzähligen Betrieben sollen hier nur einige der bekanntesten erwähnt werden: In Bad Vöslau befindet sich die »Vöslauer«, bekannt durch ihre Mineral- und Tafelwasserproduktion. In Hirtenberg ist das größte Unternehmen die Hirtenberger Munitionsfabrik. In Enzesfeld-Lindabrunn wurden in der Fa. ENZ-CARO Metallwerke unter anderem auch die Metallegierungen für den österreichischen Schilling hergestellt. In diesen Orten ist eine meist städtische Bevölkerungsstruktur angesiedelt und es damit für die Gendarmerie besonders schwer, unter dem Mantel der Anonymität Erhebungen und Ausforschungen durchzuführen.

Kunst und Kultur

Die Gemeinde Pottenstein an der Triesting wird als »Raimund-Ort« bezeichnet, weil sich der Dichter Ferdinand Raimund einige Jahre dort aufgehalten hat.

Die Stadt Baden ist wohl die Operettenstadt schlechthin. Die kulturellen Aufführungen ziehen natürlich regional erhöhtes Verkehrsaufkommen nach sich, das von der Gendarmerie bewältigt werden muß. Als Beispiel sei die Freiluftaufführung der modernen Oper »Carmina Burana« 1997 genannt, wo trotz Schlechtwetters 10.000 Besucher zur Aufführung kamen.

Kongreß-Casino Baden, neben dem Casino-Betrieb internationales Kongreßzentrum. Bild: Fotostudio Haslinger, Wien

Es wird a Wein sein ...

Durch das relativ milde Klima gedeihen an den sonnigen Hängen auch ausgezeichnete Weine. Nicht nur Schlumberger hat seine Wurzeln in Bad Vöslau. Unzählige Buschenschenken und einige Großheurige tragen heute ihren Teil zum Bekanntheitsgrad dieser Gegend bei. Das Augenmerk der Gendarmerie richtet sich hier natürlich auf Lenker, die zuviel dem Traubensaft zugesprochen haben. Im Verhältnis zu den vielen Ausschankbetrieben dürften jedoch die 485 Führerscheinabnahmen im Jahre 1998 im österreichischen Durchschnitt liegen.

Von der Kadettenschule zur Sicherheitsakademie

In Traiskirchen wurde 1897 der Beschluß zum Bau einer Artillerie-Kadettenschule gefaßt und bereits am 14. Oktober 1903 feierlich eröffnet.

Am 4. November 1956 begann anläßlich der Ungarnkrise die Aufnahme der Flüchtlinge. Seither wurde und wird das Areal als Flüchtlingslager verwendet. Ende der 80er, Anfang der 90er Jahre war der Lagerstand mit etwa 3.500 Flüchtlingen aus über 50 Nationen am höchsten. Die Probleme und Unannehmlichkeiten, aber auch Gefahren für die dort Dienst verrichtenden Gendarmeriebeamten sind für Außenstehende einfach nicht vorstellbar. Es wurden zeitweise bis zu 200 Flüchtlinge pro Tag aufgenommen, die erkennungsdienstlich behandelt und ständig beaufsichtigt werden mußten. Die Beamten stehen oft zwischen verfeindeten Bevölkerungsgruppen, die auf engsten Raum zusammenleben müssen. Eine Verständigung ist in vielen Fällen nicht möglich, weil Dolmetscher seltener Sprachen und Dialekte Mangelware sind. Seit 1992 heißt das ehemalige Flüchtlingslager Betreuungsstelle des BMI Traiskirchen. Heute ist der Lagerstand mit 1.000 Flüchtlingen zahlenmäßig begrenzt, die Probleme sind weit weniger geworden.

Im nordwestlichen Teil des Areals wurde der Grundstein für den Bau einer modernen Sicherheitsakademie gelegt, in der zukünftig Sicherheitsoffiziere ausgebildet werden sollen.

Ein Querschnitt durch die Gendarmeriegeschichte

In der Gründungszeit der Gendarmerie gab es in Baden ein Zugskommando für die Gerichtsbezirke Baden und Mödling. Vermutlich mit der Einrichtung der Gendarmerieabteilungskommanden im Jahre 1874 kamen die Gendarmerieposten im Gerichtssprengel Pottenstein dazu. Die Dienststellen im Bezirk Mödling wurden erst 1896 einem eigenen Bezirksgendarmeriekommando Mödling unterstellt. Eine ähnliche Entwicklung konnten wir gendarmerieintern mit der Strukturreform am 1. 5. 1993 miterleben: Als die Gendarmerieabteilungskommanden aufgelassen wurden, wurde der Bezirk Mödling völlig von Baden losgelöst. Das heutige Gebiet des Verwaltungsbezirkes Baden (mit den Bezirksgerichtssprengeln Baden, Ebreichsdorf und Pottenstein) besteht so seit 1938.

Der Bezirk Baden ist mit 131.652 Einwohnern der mit Abstand einwohnerstärkste Bezirk Niederösterreichs. Dazu kommt mit ca. 18.000 registrierten, fast ausschließlich aus dem nichtdeutschsprachigen Raum stammenden Fremden, der höchste Ausländeranteil (knapp 14 %) eines Bezirkes im Bereich der Gendarmerie in ganz Österreich. Diese Umstände in Verbindung mit der Nähe zu Wien bewirken naturgemäß eine relativ hohe Arbeitsbelastung am Kriminalsektor genauso wie am Verkehrs- oder Fremdensektor und verlangen auch entsprechende innerbetriebliche Strukturen sowie eine gute Kooperation mit den zuständigen Behörden. Die Kriminalstatistik des Bezirkes spiegelt diese Belastungen wider. Im Jahr 1998 waren 1.181 Verbrechen und 4.461 Vergehen zu verzeichnen. Die Aufklärungsrate lag bei Verbrechen bei 37 und bei den Vergehen bei 64 Prozent. Am Suchtgiftsektor mußten 221 Personen angezeigt werden.

Zur Motorisierung

Zu Beginn der Motorisierung der Gendarmerie nach dem Zweiten Weltkrieg gab es im Bezirk Baden nur einzelne Gendarmerie-Kraftfahrer und wenige Einsatzfahrzeuge. Der Gendarmerieposten Baden erhielt am 29. August 1947 ein Motorrad der Marke Puch, Type 125, beim Gendarmerieabteilungskommando Baden gab es ein Motorrad mit Beiwagen, Marke Harley-Davidson. Im Jahr 1949 fuhr man einen Austin 40 und einen Skoda 1100. 1950 kam ein Lkw der Marke Chevrolet zum Bezirksgendarmeriekommando Baden und am 1950 wurde aus »zwingenden dienstlichen Gründen« die Harley-Davidson vom Bezirksgendarmeriekommando Baden zum Gendarmerieposten Traiskirchen versetzt.

Heute ist praktisch jeder Gendarmeriebeamte Kraftfahrer. Den Dienststellen im Bezirk Baden stehen 31 Streifenwagen, davon 5 geländegängige und 8 zivile, weiters 5 Kleinbusse sowie 3 Motorräder und 6 Fahrräder zur Verfügung.

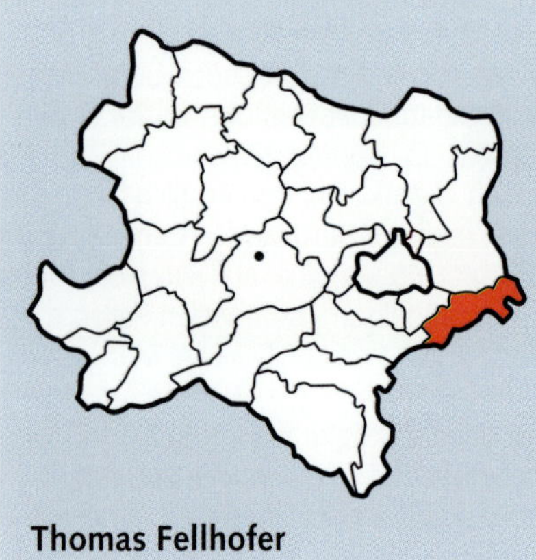

Thomas Fellhofer

Bruck an der Leitha

Größe in km²	*494,69*	**Sehenswürdigkeiten Attraktionen:**
Gemeinden:	*20*	Heidentor und röm. Ausgrabungen in Petronell-Carnuntum, Nationalpark »March-Donau-Auen«, Haydn-Geburtshaus in Rohrau, Schloß Harrach mit Harrach'scher Gemäldegalerie, mittelalterliche Befestigungsanlagen der Städte Hainburg und Bruck, St.-Stephans-Kirche in Bad Deutsch Altenburg
Einwohner:	*38.503*	
Anzahl der Dienststellen:	*10*	
Systemisierter Personalstand:	*174*	
Auf einen Exekutivbeamten entfallende Einwohner:	*228*	
Bundesgrenze in km:	*10,9*	
Autobahnen in km:	*16*	
Bundesstraßen in km:	*104*	
Landesstraßen in km:	*142*	

Der zwischen Donau und Leithagebirge gelegene Verwaltungsbezirk Bruck an der Leitha reicht von allen Bezirken Niederösterreichs am weitesten nach Osten. Im Westen wird er durch die Fischa, im Süden durch das Leithagebirge und den Leithafluß, im Norden durch die Donau begrenzt. Jenseits der Donau schließt der Bezirk Gänserndorf an, im Westen grenzt er an Wien-Umgebung sowie Baden und im Süden und Osten an die Bezirke Neusiedl am See und Eisenstadt-Umgebung. Die höchste Erhebung des Bezirkes ist der Hundsheimer Berg mit 480 Meter, der tiefste Punkt liegt an der Donau östlich von Wolfsthal in 138 Meter Seehöhe.

Schon die Römer schätzten dieses Gebiet

Funde aus der Alt- und Jungsteinzeit dokumentieren die sehr frühe Besiedelung dieses Raum durch Menschen. Im Norden bildete die Donau zur Zeit der Römer die Grenze gegen die Germanen. Zur Befestigung wurde das Standlager Carnuntum errichtet, und es entstand eine große Zivilstadt mit zwei Amphitheatern. Bedeutende Funde der Römerzeit sind im »Museum Carnuntinum« in Bad Deutsch Altenburg zugänglich. Die meisten Orte entstanden vom 11. bis zum 13. Jahrhundert, wurden jedoch großteils während der Türkenkriege wieder zerstört. Auch in den Franzosenkriegen war der Bezirk schwer in Mitleidenschaft gezogen. Am Ende des Zweiten Weltkrieges kam es in den letzten Kriegswochen im Frühjahr 1945 zu schweren Kampfhandlungen. Die Rote Armee nahm dieses Gebiet jedoch in wenigen Tagen ein, wodurch sich die Schäden für die Bevölkerung in Grenzen hielten. Der letzte russische Besatzungssoldat verließ am 19. September 1955 österreichisches Staatsgebiet.

Der Verkehr von Wien nach Preßburg und Budapest

Durch den Bezirk führen zwei wichtige Bahnlinien, die Ostbahn von Wien nach Budapest und die Preßburger Bahn von Wien über Hainburg nach Wolfsthal. Die Ostautobahn (A 4), welche unmittelbar nach der Ostöffnung fertiggestellt wurde, verläuft quer durch den Bezirk Bruck und stellt eine der wichtigen Transitachsen Europas dar.

Der Bau der Autobahn war aber nicht unumstritten. In der Nacht zum 15. Juni 1990 besetzten Demonstranten der Gruppe »Global 2000« die Baustellen der Ost-Autobahn in den Gemeindegebieten Pachfurth und Parndorf. Sie errichteten auf den Zufahrtsstraßen Barrikaden. Etwa 100 Demonstranten waren ständig anwesend. Doch diese Aktion der angeblichen »Naturschützer« erhitzte die Gemüter der unter dem Verkehr auf der Bundesstraße 10 (B 10) leidenden Bevölkerung. Die Besetzung wurde von den Einwohnern der Anrainergemeinden der B 10 als Provokation empfunden. Die gespannte Verkehrssituation auf der B 10 – kilometerlange Staus, zahlreiche Verkehrsunfälle und eine unzumutbare Abgasbelastung – veranlaßten die Bevölkerung zu Gegendemonstrationen. Die Behörden ordneten daher die Räumung an. Am 19. Juni 1990, ab 5.30 Uhr, räumten verschiedene Einheiten der Bundesgendarmerie, unter ihnen auch Beamte des Postens Bruck/Leitha, die Baustelle, wobei 96 Personen festgenommen wurden.

Ein enormer Verkehrsfluß läuft auch über die Preßburger Bundesstraße B 9 in die Slowakei.

Das hohe Verkehrsaufkommen verlangt zur Hebung der Sicherheit eine permanente Verkehrsüberwachung. Der Gendarmerie gelang es mit zahlreichen Schwerpunktaktionen, die Anzahl der Toten im Straßenverkehr von 15 aus dem Jahre 1993 auf 3 Tote im Jahre 1998 zu senken.

Donauauen – ein einzigartiges Naturjuwel

Die feuchten Felder in den Niederungen der Fischa und Leitha liefern auch in trockenen Jahren gute Ernten. Die Aulandschaft entlang der Donau ist das letzte geschlossene Augebiet Mitteleuropas und beherbergt eine einzigartige Pflanzen- und Tierwelt.

Ein Eingriff in der Au zur Energiegewinnung führte 1984 zu Protestaktionen und in der Folge zum spektakulärsten Einsatz der Gendarmerie in diesem Bezirk. Am 8. Dezember nahmen rund 1.000 Personen an einer Kundgebung gegen ein geplantes Donaukraftwerk in der Stopfenreuther Au teil. Am 10. Dezember besetzten sie die Au, errichteten mehrere Lager und erregten weltweites Aufsehen. An der Aubesetzung nahmen hauptsächlich Studenten und Künstler, jedoch auch Politiker aller Parteien teil. Mehrere Räumungsversuche der Gendarmerie blieben ohne Erfolg. Am 4. Jänner 1985 endete die Besetzung, nachdem die Regierung eine »Nachdenkpause« angeordnet hatte. Die bereits begonnene Rodung wurde eingestellt und das Kraftwerk nicht gebaut.

Elf Jahre später, am 27. Oktober 1996, ist mit der Gründung des Nationalparks »March-Donau-Auen« der Fortbestand der Aulandschaft auch für die kommenden Generationen gesichert.

Landwirtschaft, Industrie und Kaiserbad

Seit der Schließung der Zuckerfabrik in Bruck hat der Zuckerrübenanbau stark abgenommen, während der Raps- und Sonnenblumenanbau an Bedeutung gewonnen hat.

Wichtige bodenständige Industriezweige im Bezirk sind die Stein- und Zementindustrie. Weitere Industriebetriebe sind die Austria Tabak AG in Hainburg/Donau sowie eine Tier-Fertignahrungserzeugung in Bruck/Leitha.

Für den Fremdenverkehr bedeutende Anziehungspunkte sind die Orte Petronell-Carnuntum sowie Bad Deutsch Altenburg mit seinem

Kurzentrum (Jod-Schwefelquelle) und den vielen Überresten aus der Römerzeit, die Stadt Hainburg an der Donau aber auch der Wallfahrtsort Maria Elend. Der Geburtsort von Joseph und Michael Haydn in Rohrau sowie die Bezirkshauptstadt Bruck an der Leitha sind ebenfalls Ziel vieler Touristen.

Bruck/Leitha – Schul- und Behördenstadt

Mittelpunkt des Bezirkes ist die alte Stadt Bruck an der Leitha. Gehörte früher das Gebiet dem Kloster Freising, wurden später die Diepolder Herren der Stadt. Trotzdem die Stadt bei der ersten Türkenbelagerung eingenommen wurde , haben sich von der ehemaligen Ortsanlage noch Befestigungsmauern aus dem 13. Jahrhundert erhalten. Die rund 7.200 Einwohner zählende Bezirksstadt ist Sitz aller wichtigen Behörden und eine Schulstadt. Neben den Pflichtschulen bestehen hier Bundesrealgymnasium, Handelsakademie, sowie eine Musikschule. Wie in allen Schulstädten ergibt sich daraus für die Gendarmerie eine umfangreiche Palette von Dienstverrichtungen, angefangen von der Schulverkehrserziehung bis zur täglichen Schulwegsicherung für Hunderte Schüler.

Gendarmerie im Bezirk

Während in Hainburg/Donau bereits nach 1850 ein Gendarmeriepostenkommando bestand, kann die Existenz eines Bezirksgendarmeriekommandos erst später nachgewiesen werden.

Das genaue Gründungsdatum vom Bezirksgendarmeriekommando Bruck/Leitha ist nicht bekannt. Wahrscheinlich 1871, manche Quellen sprechen von 1869 oder 1870, wurden Kommanden der Bezirksposten mit Führungsaufgaben betraut, wobei die damalige Bezeichnung »Bezirksposten« in den meisten Fällen mit dem Sitz der Bezirkshauptmannschaft verbunden war. Obwohl von den Gendarmeriedienststellen seit Juli 1914 Chroniken zu führen waren, wurden diese vor allem 1945 in der russischen Besatzungszone vernichtet, sodaß es nur noch aufgrund von Akten bzw. Belobigungszeugnissen des Kriegsarchives möglich war die Tätigkeiten der Gendarmerie in der Monarchie zu eruieren. In der Monarchie lagen die Hauptaufgaben der Gendarmerie im Bezirk Bruck/Leitha in der Bekämpfung des Wildererunwesens sowie des Schmuggels. Da auch jährlich immer wieder große Manöver im Bereich des Brucker Lagers stattfanden, mußten während dieser Zeit die Gendarmen nicht selten in den verschiedenen Gasthäusern die Ruhe und Ordnung zwischen verschiedenen rivalisierenden Truppenkörpern der k. k. Armee herstellen. 1921 war der Bezirk Bruck/Leitha auch ein bedeutender Konzentrierungspunkt für die Vorbereitungen der »Burgenlandnahme« und dem Einmarsch in das nördliche Burgenland.

Stadt Hainburg/D., vom Braunsberg in Richtung Wien gesehen. Im Hintergrund die Hainburger Donaubrücke mit den Donauauen, das Fabriksgebäude und die Lagerhalle der Austria Tabakwerke (Vierkanthof). Bild: BGK Bruck/Leitha

Die sowjetische Besatzungsmacht hat auch in diesem Bezirk ihre Spuren hinterlassen. Die Soldaten haben nicht nur der Bevölkerung viel Leid zugefügt. Auch die Gendarmerie hatte mehrere Todesopfer zu beklagen. Besonders tragisch kam der Kommandant des Gendarmeriepostens Hof am Leithagebirge, Rayonsinspektor Martin Weinkum, ums Leben. Weil er sich am 23. Dezember 1945 weigerte, einem Soldaten der russischen Besatzungsmacht sein Dienstfahrrad zu überlassen, wurde er von diesem erschossen. Am 1. Oktober 1995 übernahm die Gendarmerie im Bezirk Bruck die Grenzsicherung. Mit dem Grenzübergang Berg untersteht dem BGK Bruck/Leitha der größte Grenzübergang in die Slowakei. Kurz darauf wurde der Stromposten Hainburg/Donau in einen Grenzüberwachungsposten umfunktioniert und mit der Überwachung der »grünen« und »blauen« Grenze betraut. Durch diese zusätzlichen Aufgaben mußte der Personalstand mehr als verdoppelt werden.

Sicherheitsdienstlich wird der Verwaltungsbezirk von sieben Gendarmerieposten betreut. Die Grenzkontrolle bzw. Grenzüberwachung wird von der Grenzkontrollstelle Berg und dem Grenzüberwachungsposten Hainburg/Donau durchgeführt.

Im Bezirk Bruck/Leitha verrichten insgesamt 174 Gendarmen Dienst, wobei mehr als die Hälfte, 98 Bedienstete, für den Grenzkontroll- und Grenzüberwachungsdienst eingesetzt wird.

Der Grenzüberwachungsposten Hainburg/Donau wurde bereits am 1. Mai 1954 als Stromgendarmerieposten Hainburg/Donau als Exposital des Gendarmeriepostens Hainburg/Donau errichtet und in den 90er Jahren mit der Überwachung der »grünen« und »blauen« Grenze betraut. 1996 wurden 127, 1997 484 und 1998 wurden 371 illegale Grenzgänger aufgegriffen. Die Überwachung der »blauen Grenze« – Donau – umfaßt nicht nur die Überwachung der Rechtsvorschriften auf den Wasserstraßen, sondern auch die Wahrnehmung aller Großschiffahrtsbewegungen, Begleitung von Frachtschiffen, Kontrolle der Schiffsmannschaft bei Außenlandungen, Unterbindung von Schmuggel sowie die Hilfeleistung in Katastrophenfällen und bei Schiffsunfällen.

Die Hauptaufgabe der Grenzkontrollstelle Berg und der Grenzüberwachungsposten Hainburg/Donau ist die Sicherung der Außengrenze der EU. Sie wurde mit 1. Oktober 1995 in Betrieb genommen. Jährlich werden ca. 9 Mill. Reisebewegungen mit 3 Millionen Fahrzeugen registriert, wobei bei den Überprüfungen zahlreiche strafbare Handlungen im Bereich der Dokumentenfälschungen, des Suchtgiftschmuggels und der Kfz-Verschiebungen geklärt werden konnten. Zur Hebung der Verkehrssicherheit finden daneben jährlich ca. 90 Schwerpunktaktionen unter Einsatz der technischen Prüfzüge des Landes Niederösterreich und des Bundes statt.

Aufgrund der verdienstvollen Leistungen bei der Aufklärung von zahlreichen strafbaren Handlungen gegen fremdes Vermögen, insbesondere im Bereich international organisierter (Einbruchs-)Diebstähle, der Wirtschaftskriminalität und im Bereich der Suchtgiftkriminalität erhielten ein Beamter des Gendarmeriepostens Hainburg/Donau und 1998 fünf Beamte des Gendarmeriepostens Bruck an der Leitha den »Sicherheits-Verdienstpreis«.

Heinrich Kirchner

Gänserndorf

Größe in km²	*1271*
Gemeinden:	*44*
Einwohner:	*87.187*
Anzahl der Dienststellen:	*17*
Systemisierter Personalstand:	*286*
Auf einen Exekutivbeamten entfallende Einwohner:	*601*
Bundesgrenze in km:	*74,1*
Autobahnen in km:	*–*
Bundesstraßen in km:	*186,7*
Landesstraßen in km:	*537,4*

Sehenswürdigkeiten Attraktionen:
Prinz-Eugen-Schlösser Schloßhof und Niederweiden, Jagdmuseum Schloß Marchegg, Fischereimuseum Schloß Orth, Museumsdorf Niedersulz, Schloß Eckartsau, Safaripark Gänserndorf, Nationalpark Donau-Auen

Die Ebene des Marchfeldes und die Hügel des östlichen Weinviertels

Der Bezirk Gänserndorf gehört mit einer Größe von 1.271 km² und einer Einwohnerzahl von 87.000 zu den größten Bezirken Niederösterreichs. Er liegt im Nordosten Niederösterreichs und erstreckt sich vom Zayatal bis zur Donau entlang der March, die die Staatsgrenze zur Slowakei bildet. An den Bezirk grenzen im Norden und Westen der Bezirk Mistelbach, im Südwesten die Bundeshauptstadt Wien und südlich der Donau die Bezirke Wien-Umgebung und Bruck an der Leitha. Er teilt sich in vier Gerichtsbezirke (Gänserndorf, Groß-Enzersdorf, Marchegg und Zistersdorf) mit insgesamt 44 Gemeinden, wovon fünf das Stadtrecht haben.

Die Landschaft des Bezirks ist in das hügelige, östliche Weinviertel im Norden und in die Ebene des Marchfelds im Süden geteilt. Im Süden und im Osten wird der Bezirk Gänserndorf von zwei Wasserläufen abgegrenzt: der Donau und der March. Die Hälfte der Einwohner des Bezirkes wohnt im Ballungsraum Gänserndorf – Strasshof – Deutsch-Wagram – Groß-Enzersdorf. Auf dem schulischen Sektor finden wir in der Bezirkshauptstadt ein Bundesgymnasium und eine Handelsakademie. Ein Manko ist noch lediglich auf dem Gebiet der medizinischen Versorgung anzumerken: Doch wird dem vermutlich 1998 durch die Errichtung einer Tagesklinik entgegengetreten. Durch die Grenzöffnung im Jahr 1989 wurde der Bezirk auch ein wichtiges Anlaufziel für Arbeitskräfte aus dem Osten.

Ein Denkmal erinnert heute noch an die Schlacht von Dürnkrut und Jedenspeigen im Jahre 1278. *Bild: BGK Gänserndorf*

Schlachtfelder und Schloßanlagen

Bereits die Römer, die südlich der Donau in Carnuntum stationiert waren, lieferten sich auf dem Marchfeld erbitterte Kämpfe mit den Markomannen und den Quaden. Während der Völkerwanderungszeit kamen der Reihe nach die Rugier, Markomannen, Quaden, Hunnen, Langobarden und die Awaren. Viele Ansiedlungen entstanden, wurden aber meistens durch umherziehende Völker in Schutt und Asche gelegt. Eines der wichtigsten Ereignisse für das Entstehen des Habsburgerreiches war die Schlacht bei Dürnkrut und Jedenspeigen, wo Rudolf von Habsburg Ottokar von Böhmen besiegte und den böhmischen Anspruch auf die ehemaligen Herrschaftsgebiete der Babenberger zunichte machte.

Der heutige Bezirk Gänserndorf blieb auch in den folgenden Jahrhunderten ein stetiges Plünderungsobjekt von umherziehenden Völkern (Schweden, Kuruzzen usw.). Im 19. Jahrhundert erlangte der Bezirk nochmalig weltpolitische Bedeutung, als Napoleon im Jahr 1809 nach seiner ersten Niederlage bei Aspern die Österreicher unter Erzherzog Carl in der Schlacht bei Deutsch-Wagram erneut besiegen konnte. Doch standen ab diesem Zeitpunkt die weiteren Feldzüge des französischen Generals und Kaisers unter keinem guten Stern mehr.

Für die landschaftliche Schönheit des Bezirkes Gänserndorf spricht die Tatsache, daß sich viele Adelige auf dem Boden des Bezirkes Jagdschlösser und prunkvolle Herrschaftssitze errichten ließen (Marchegg, Matzen, Niederweiden, Schloßhof usw.) Schloßhof zählte zu den Lieblingsschlössern von Kaiserin Maria Theresia und Prinz Eugen.

Auch die jahrhundertelange Herrschaft des Hauses Habsburg endete dort, wo sie ursprünglich ihren Ausgang genommen hatte: Im Jagdschloß Eckartsau unterzeichnete Kaiser Karl am 11. November 1918 die Verzichtsprotokolle und verließ 1919 vom Bahnhof Eckartsau aus das Land ins Exil.

Seit Jahrhunderten die Kornkammer Österreichs

Der Bezirk Gänserndorf ist seit Jahrhunderten die Kornkammer Österreichs. Im Marchfeld entstand einer der wichtigsten Agrarräume des Landes. Neben den herkömmlichen Feldfrüchten wie Weizen, Gerste, Mais und Zuckerrüben, werden in den letzten Jahren vermehrt Alternativprodukte wie Raps, Soja, Erdbeeren und Spargel angebaut.

Rund um Groß-Enzersdorf finden sich viele Betriebe, die sich auf den Gemüseanbau spezialisiert haben und zu den Hauptlieferanten der Fa. Unifrost gehören.

Das östliche Weinviertel verdankt seine Fruchtbarkeit den Lößablagerungen, die während der Eiszeit in mehreren Metern Dicke angeweht wurden. Auf hochwertigen Schwarz- und Braunerdeböden wurden Äcker und Weingärten angelegt. Zur natürlichen Vegetation auf den Schotterrücken gehören größere Eichenmischwälder, deren Bestand derzeit jedoch aufgrund des immer mehr fallenden Grundwasserspiegels und der zunehmenden Umweltverschmutzung stark gefährdet ist. Gegen die Austrocknung des Bodens und der drohenden Winderosion wurden Föhrenwälder und Windschutzgürtel angelegt. Derzeit werden im Bezirk Gänserndorf etwa 87.000 Hektar Ackerland bewirtschaftet.

Bedrohung einheimischer Arbeitsplätze

Enorme Bedeutung hatten im Bezirk Gänserndorf die Erdöl- und Erdgasvorkommen, die viel zum Wirtschaftsaufkommen des Landes beitrugen. Auch der Weinbau stellt weiterhin einen nicht unwesentlichen Faktor des Wirtschaftslebens dar.

Der Bezirk leidet sehr stark unter der Abwanderung der Großbetriebe. Speziell im Norden des Bezirkes ist von den traditionellen Großbetrieben, wie Siemens oder OMV, nur mehr Agrana in Hohenau verblieben. Auch das Unilever-Werk, das Produkte wie Eskimo-Eis und Iglo-Gemüse herstellt, wurde in Groß-Enzersdorf bereits zum Teil stillgelegt. Als Großfirmen verblieben nur mehr der OMV-Standort in Gänserndorf, die Firmen Novoferm, Agrana, Glock und Unilever in Hohenau und Leopoldsdorf. Als nennenswerteste Neugründung wäre das Computerwerk Actebis in Groß-Enzersdorf zu nennen.

Ein Verkehrsnetz älter als die Gendarmerie

Für die enorme historische und wirtschaftliche Bedeutung des Bezirkes Gänserndorf spricht auch die Tatsache, daß 1837 die erste Bahnlinie (Kaiser-Ferdinands-Nordbahn) zwischen Floridsdorf und Deutsch-Wagram in Betrieb genommen wurde, wodurch in der Folge auch die Orte Deutsch-Wagram und Gänserndorf an Bedeutung gewannen und Strasshof entstand.

Da der Bezirk Gänserndorf in Hohenau an der March nur über einen unbedeutenden bilateralen Grenzübergang in die Slowakei verfügt, blieb er bislang von der mit der Ostöffnung verbundenen Verkehrslawine verschont.

Durch den Bezirk laufen acht Bundesstraßen, wobei es sich bei der von Norden nach Süden verlaufenden B 49, der Bernsteinbundesstraße, um eine der wichtigsten historischen Handelsrouten Mitteleuropas handelt. Weiters führen mit der Nord- und Ostbahn auch zwei internationale Bahnlinien durch den Bezirk. Noch vor dem Zweiten Weltkrieg existierten mehrere Brücken über die March, von denen aber jede nach Kriegsende gesprengt wurde. Seit dem Zerfall des »Eisernen Vorhangs« versuchen Initiativen durchzusetzen, daß wenigstens ein Grenzübergang über die March errichtet wird. Ein Anfang wurde mit der Errichtung einer Pontonbrücke in Hohenau gemacht.

Dienst im Bezirk Gänserndorf

Aufzeichnungen über die ersten Dienststellen der Gendarmerie gehen bereits auf das Jahr 1850 zurück. In vielen Orten wurden in der Folge Gendarmerieposten errichtet, von denen heute noch 14 existieren. Hatte früher die Ostgrenze wenig bis gar keine Bedeutung (»Eiserner Vorhang«) für die Verrichtung des Sicherheitsdienstes im Bezirk, so stellt heute die Außensicherung bzw. das Kriminalitätsaufkommen seit der Ostöffnung einen wesentlichen Bestandteil des Arbeitsaufkommens dar. Ein weiterer Schwerpunkt ist die Überwachung des immer noch steigenden Verkehrsaufkommens.

Das Schloß Marchegg beheimatet ein Jagdmuseum. Bild: BGK Gänserndorf

Das größte Problem für die Gendarmerie ist die Tatsache, daß nur etwa die Hälfte der Beamten aus dem Bezirk stammt, da die Nähe zu Wien für die Bewohner des Bezirkes immer wieder genügend lukrative Arbeitsplätze bietet. Daher kommt es, daß der Bezirk seit Jahren mit Personalproblemen zu kämpfen hat.

Erwähnenswert ist auch die Tatsache, daß seit Kriegsende insgesamt 22 Gendarmerieposten im Bezirk geschlossen bzw. zusammengelegt wurden.

Der Bezirk Gänserndorf ist mit derzeit 286 Beamten systemisiert. Von den knapp 3.500 Verbrechen und Vergehen entfallen über 40% auf die Dienststellen Gänserndorf, Groß-Enzersdorf und Deutsch-Wagram, die für den Sicherheitsdienst im Großraum Gänserndorf – Strasshof – Deutsch-Wagram – Groß-Enzersdorf verantwortlich sind.

Der nördlichste Ort im Marchfeld ist die Bezirksstadt Gänserndorf. Vor ca. 100 Jahren noch ein mehr oder minder unbedeutendes Dorf, entwickelte sich Gänserndorf zu einer Stadt von 10.000 Einwohnern. Begünstigt wird der stetige Zuwachs vor allem durch die günstige Verkehrslage entlang der Nordbahn. Hohe Anforderungen an die Beamten stellt auch die Bewältigung des Verkehrs entlang der durch die Stadt führenden B 8, welche täglich von Tausenden Pendlern bei ihrer Fahrt nach Wien benützt wird. Neben der Bezirksleitzentrale sind in Gänserndorf auch sämtliche Ämter, Behörden und sonstige Institutionen angesiedelt. Gleichzeitig pendeln in die Schulstadt Gänserndorf 2.500 Schüler ein.

Neben Gänserndorf weist der Gendarmerieposten Deutsch-Wagram eine hohe Kriminalitätsbelastung auf. Diese Dienststelle, ebenfalls entlang der B 8 gelegen, muß zudem jährlich noch bis zu 70 Verkehrsunfälle mit Personenschaden bewältigen. Die Einführung der Fotogrammetrie brachte für die dortigen Beamten eine wesentliche Erleichterung, zumal die Unfallaufnahme jetzt außerhalb der Stoßzeit durchgeführt werden kann.

Seit Inkrafttreten des Schengener Vertragswerkes wird die EU-Außengrenze des Bezirks Gänserndorf durch die Dienststellen Greko Hohenau, GÜP Dürnkrut und Marchegg mit insgesamt 140 BeamtInnen betreut. Eine Besonderheit stellt die Greko Hohenau dar, die die Ein- und Ausreisekontrollen in den Zügen entlang der Nordbahn durchführt. Allein diese Dienststelle führt jährlich über 3,5 Millionen Fahndungsabfragen im Zusammenhang mit dem Reiseverkehr durch. Die BeamtInnen sind mit Laptops ausgestattet, die einen jederzeitigen Zugriff auf das Schengener Informationssystem und das EKIS zulassen.

Die grüne Grenze wird von den GÜP Dürnkrut und Marchegg überwacht. Auch hier verfügen beide Dienststellen über modernste Ausstattung, wie Wärmebildkameras, Bodensensoren usw. Zusätzlich obliegt dem GÜP Marchegg auch die Kontrolle der Züge von und nach Preßburg (Bratislava). Die meisten Delikte, mit denen diese Dienststellen konfrontiert werden, betreffen die Bekämpfung der illegalen Einwanderung und den Suchtgiftschmuggel.

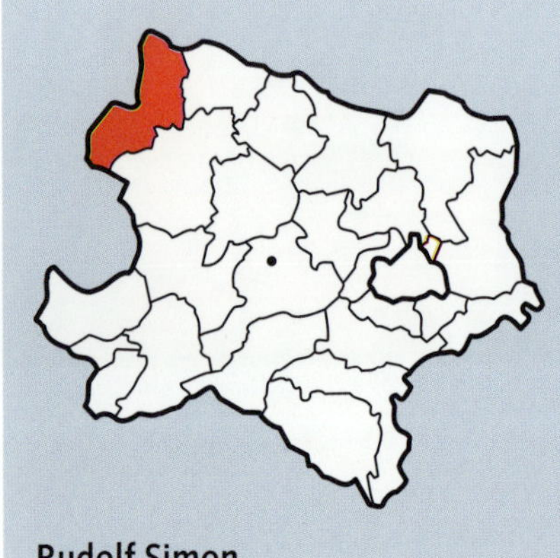

Rudolf Simon

Gmünd

Größe in km²	*786,24*
Gemeinden:	*21*
Einwohner:	*41.314*
Anzahl der Dienststellen:	*12*
Systemisierter Personalstand:	*242*
Auf einen Exekutivbeamten entfallende Einwohner:	*503*
Bundesgrenze in km:	*105*
Autobahnen in km:	*–*
Bundesstraßen in km:	*109,5*
Landesstraßen in km:	*511*

Sehenswürdigkeiten Attraktionen:
Nebelstein, Mandelstein, Blockheide bei Gmünd mit Malerwinkel und Wackelsteinen, Wasserburg in Heidenreichstein, Rogner-Feriendorf in Litschau, Stadtplatz in Weitra

Der nördlichste Zipfel Österreichs

Der Bezirk Gmünd liegt im nordwestlichsten Teil von Österreich und grenzt im Westen und Norden an das heutige Tschechien, im Osten an den Bezirk Waidhofen an der Thaya und im Süden an den Bezirk Zwettl. Im Überwachungsgebiet von Litschau liegt der nördlichste Punkt Österreichs. Bemerkenswert ist auch die Tatsache, daß durch die Bezirkshauptstadt Gmünd der 15. Meridian verläuft.

Geschichtliche Entwicklung

Die frühesten Nachweise einer menschlichen Anwesenheit im Gmünder Raum stammen aus der Jungsteinzeit. Das beweisen einige Funde bei Gmünd, Weitra und Stölzles bei Hirschbach. Danach klafft eine Lücke von 3.000 Jahren bis zur nachchristlichen Zeit, aus der einige römische Münzen gefunden wurden. Erst ab dem 9. Jahrhundert kann eine dauernde Besiedlung des Bezirkes Gmünd nachgewiesen werden. In dieser Zeit zogen von Niederösterreich Slawenstämme in das nördliche Waldviertel und gründeten vor allem in den Flußniederungen kleine Siedlungen. So sprechen nicht nur zahlreiche Fluß- und Ortsnamen, sondern auch slawische Hügelgräber für eine slawische Besiedlung. Davon gibt es jedoch nur mehr unwesentliche Reste. Erst ab der Wende vom 11. zum 12. Jahrhundert begann die große planmäßige Besiedlung im Rahmen der deutschen Südostkolonisation. Im 11. Jahrhundert bekam das Geschlecht der Kuenringer die südliche Hälfte und die Grafen von Raabs die nördliche Hälfte dieses Grenzgebietes durch Königsschenkung in ihren Besitz. Im 12. und 13. Jahrhundert entstanden 200 Siedlungen in Form von Anger-, Straßen- oder Waldhufendörfern, die auch heute noch das Siedlungsgebiet prägen.

Burg Heidenreichstein, die angeblich schönste Wasserburg Österreichs.
Bild: BGK Gmünd

Wirtschaftswachstum durch die tote Grenze lange blockiert

Diese Randlage, bis zum Jahr 1990 an einer toten Grenze, bestimmte die wirtschaftliche Situation des Bezirkes Gmünd. Betriebsschließungen in den vergangenen 25 Jahren verstärkten den offenkundigen Mangel an Arbeitsplätzen, was vornehmlich die jungen Arbeitskräfte zwingt, in Wien oder Linz Arbeit zu suchen.

Verkehrswege müssen ausgebaut werden

Der Personenverkehr auf den Schmalspurbahnen Gmünd–Groß-Gerungs wurde eingeschränkt, auf der Strecke Gmünd–Litschau, bzw. Heidenreichstein wurde er völlig eingestellt und die Franz-Joseph-Bahn, die direkte Verbindung Wien-Prag, wird seit einigen Jahren ab Sigmundsherberg nur mehr eingleisig geführt.

Viele Gemeinden waren deshalb gezwungen, durch verstärkte Förderung von Gesundheitstourismus und Fremdenverkehr die Beschäftigungssituation zu verbessern. Dies gelang beispielsweise in Litschau mit dem Bau eines Feriendorfes oder in Harbach mit der Errichtung einer Kuranstalt. Dem Fremdenverkehr kommt zugute, daß der Bezirk Gmünd vorwiegend Mittelgebirgscharakter hat und die Landschaft mit ihren ausgedehnten Fichtenwäldern, Flüssen oder Teichen und der gepflegten Kulturlandschaft, als sehr reizvoll empfunden wird. Auch der Golfsport hat im Waldviertel Einzug gehalten. In Haugschlag, nördlich von Litschau entstand ein 18-Loch-Golfplatz, der von Kennern als einer der schönsten und anspruchsvollsten Österreichs beschrieben wird. Obwohl das Klima im Bezirk Gmünd sehr rauh ist, bewirkt es einen hohen Erholungswert und ist auch für die Landwirtschaft sehr günstig. Es werden vorwiegend Roggen, Gerste, Hafer und besonders Kartoffeln angebaut. Eine besondere Tradition hat hier der Anbau von Mohn. In diesem Klima besteht daher auch eine Landschaftsform, die als »Blockheide« bezeichnet wird. Dieses Gebiet liegt nördlich von Gmünd und wird als Ausflugsziel gerne besucht. Es handelt sich um eine karge Landschaft mit Birkenhainen und Kiefernwäldern, Teichen und auffälligen Felsformationen. Dazwischen Äcker und Wiesen.

Granitstein – weltweit geschätzt und begehrt

Eine Besonderheit in der Gmünder Blockheide bilden die sogenannten Wackelsteine. Es handelt sich hier um große, viele Tonnen schwere Felsblöcke, die durch die Verwitterung auf einem anderen Felsblock so labil gelagert sind, daß die Kraft eines Kindes ausreicht, um sie zum Schwanken zu bringen.

Diese Granitblöcke sind nicht etwa »Findlinge«, wie vielfach angenommen wird. Die hier vorkommende einzigartige Gesteinsart hat im

Einer der »Wackelsteine« in der Gmündner Blockheide. *Bild: BGK Gmünd*

Bezirk Gmünd einen Industriezweig entstehen lassen, der Tradition hat. Der Granit im Raum Schrems – Schremser Granit – ist im Baugewerbe bestens bekannt und wird für anspruchsvolle Bauwerke im Hinblick auf Stabilität und auch Gestaltung gerne verwendet. Bemerkenswert ist, daß dieser Granitstein besonders säurefest und widerstandsfähig ist und daher beim Bau des Wiener Kanalnetzes und bei der Errichtung der Brücke über das Donaudelta am Schwarzen Meer Verwendung gefunden hat. Der in Schrems gebrochene »Feinstgranit« ist aufgrund seiner besonderen Härte und der einmaligen Blaufärbung einzigartig in Europa.

Ein bedeutender Wirtschaftszweig ist die Forstwirtschaft. Die Betriebe können Holz, das hier in dem bereits erwähnten Klima in vorzüglicher Qualität wächst, anbieten.

Grenzland und Flüchtlingslager

Die bedeutendsten Gewässer sind die Lainsitz und die Braunau. Seit dem Jahre 1918, als das Sudetenland im Friedensvertrag von St. Germain der damaligen Tschechoslowakei zugesprochen wurde, bildet die Lainsitz die natürliche Grenze zu unserem Nachbarn. Nach dieser neuen Grenzziehung fiel auch der größte Teil der Stadt Gmünd der Tschechoslowakei zu. Nach der Machtergreifung der Kommunisten in der Tschechoslowakei wurde die deutschsprachige Bevölkerung aus dem Sudetenland vertrieben. Eine große Anzahl dieser Flüchtlinge mußte in Gmünd aufgenommen und versorgt werden, wobei das nach dem Krieg leerstehende Lager des RAD (Reichsarbeitsdienst) als Flüchtlingslager diente.

Aber Gmünd war schon einmal die Zuflucht für Heimatvertriebene. 1914, nach Ausbruch des Ersten Weltkrieges, wurden in Gmünd die Flüchtlinge aus der ehemaligen Donaumonarchie, den »Kronländern«, Bosnien, Herzegovina, Galizien, auch aus Montenegro und Albanien aufgenommen.

Auf einer Fläche von etwa 40 ha wurde ein Barackenlager errichtet. In 160 Wohnbaracken waren im September 1915 rund 53.000 Menschen untergebracht. Es gab Küchen- und Wäschereibaracken, Verpflegungsmagazine, Verwaltungsgebäude, Fleischhauerei und Bäckerei, wie auch eine Barackenkirche. Die Versorgung so vieler Menschen war nicht immer gewährleistet. Von Zeitzeugen wurde berichtet, daß die Lagerinsassen in den umliegenden Dörfern um Nahrung bettelten. Für die Errichtung des Lagers bei Gmünd entschied man sich, weil es an der Bahnlinie Wien–Prag lag und weil Gmünd schon damals über eine zentrale Wasserversorgung verfügte. Für die Sicherheit in diesem dicht bewohnten Lager sorgte eine 250 Mann starke Lagerwache. Aber schon im Februar 1915 wurde ein Gendarmerieposten eingerichtet, der bis heute besteht. Aus dem Lager, das 1919 geräumt wurde, entwickelte sich ein neuer Ortsteil von Gmünd.

Die Gendarmerie im Bezirk

Der Posten Gmünd 1 besteht seit dem Jahre 1871. Er wurde gegen den Willen der Stadtväter von Gmünd, die die Errichtung um zwei Jahre verzögern konnten, eingerichtet. Wie schwer muß es sie wohl getroffen haben, daß sie auch noch die Unterkunft für die Gendarmen zur Verfügung stellen mußten.

Hauptplatz von Gmünd mit Sgraffito-Häusern. *Bild: BGK Gmünd*

Der älteste Gendarmerieposten im Bezirk ist jedoch der 1849 errichtete in Schrems. Es folgten von 1850 bis 1892 Bad-Großpertholz, Weitra, Litschau und Heidenreichstein. Aber auch in jüngster Zeit gab es Neueröffnungen von Gendarmeriedienststellen. Am 1. November 1997 wurde die längst notwendige Zusammenlegung der Gendarmerieposten Gmünd 1 und Gmünd-Neustadt vollzogen.

Die Öffnung der Ostgrenzen mit allen damit verbundenen Vor- und Nachteilen sowie dem Entschluß Österreichs sich in ein vereintes Europa einzugliedern, brachte auch die Verpflichtung zur verstärkten Grenzsicherung. Diese Aufgabe wurde der Gendarmerie übertragen, weshalb Dienststellen in Gmünd-Böhmzeil, Neu-Nagelberg, Gmünd, Harmanschlag und Schönau bei Litschau errichtet wurden. Das dafür notwendige Personal kommt zum überwiegenden Teil aus den Reihen der Zollwache.

Anläßlich der Feierlichkeiten zum 150jährigen Jubiläum der Österreichischen Bundesgendarmerie werden die Gendarmen in Gmünd ein besonderes Geschenk erhalten. Es wurde ein neues Geandarmeriegebäude errichtet, das am 17. April 1999 offiziell eröffnet wurde

Besonders aufsehenerregende Kriminalfälle

Der Eiserne Vorhang zur Tschechoslowakei forderte im Laufe der Jahre durch das brutale Vorgehen der tschechischen Grenzorgane viele Opfer. Am 5. November 1984 wurde in der Nähe von Wielands eine vorerst unbekannte männliche Leiche aufgefunden. Die Erhebungen ergaben, daß es sich um einen 33jährigen Flüchtling handelte. Es konnte festgestellt werden, daß er bereits am 30. Oktober 1984, aber auf österreichischem Gebiet erschossen worden war.

Einen grauenhaften Mord gab es in der Vorweihnachtszeit des Jahres 1992 in Gmünd. Am 21. Dezember wurden der 76jährige Johann Sch. und sein 38jähriger Sohn in deren gemeinsamer Wohnung erschossen aufgefunden. Trotz umfangreicher Erhebungen durch Kriminalabteilung und Postengendarmen konnte die Tat bis dato, trotz Aussetzung einer Hinweisprämie in der Höhe von 45.000 Schilling, nicht geklärt werden.

Am 17. März 1996 klickten für den Pfarrer von Unserfrau die Handschellen. Er hatte einem 20jährigen Slowaken ein Messer in den Rücken gerammt. Im gesamten nördlichen Waldviertel wußte man, daß der Pfarrer dem Alkohol verfallen war und außerdem von Keuschheit nicht viel hielt. Daß er auch noch homosexuell veranlagt war, kam für viele nicht überraschend. An diesem 3. März gab es wieder wilde Liebesspiele mit dem jungen Mann aus der Slowakei. Als man sich über den Preis nicht einigen konnte, griff der Geistliche zum Messer.

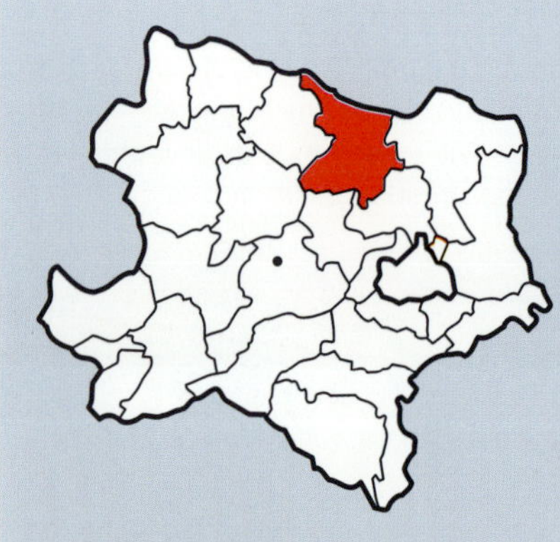

Hollabrunn

Rudolf Heberger

Größe in km²	*1010,88*
Gemeinden:	*128*
Einwohner:	*50.353*
Anzahl der Dienststellen:	*9*
Systemisierter Personalstand:	*101*
Auf einen Exekutivbeamten entfallende Einwohner:	*514*
Bundesgrenze in km:	*71*
Autobahnen in km:	*–*
Bundesstraßen in km:	*214,3*
Landesstraßen in km:	*572,7*

Sehenswürdigkeiten Attraktionen:
Schlösser in Schönborn, Großwetzdorf, Hardegg, Guntersdorf, Seefeld und Maissau, Weingärten und Kellergassen im Retzerland und Pulkautal, größter Weinkeller Österreichs auf dem Hauptplatz in Retz

Der Bezirk Hollabrunn befindet sich in der nordöstlichen Ecke des Bundeslandes Niederösterreich und erstreckt sich von den Abhängen des Manhartsberges im Westen weit in das sanfte Hügelland des Weinviertels hinein. Große Flußsysteme hat der Bezirk aufgrund seiner geringen Niederschläge nicht zu bieten. Die wichtigsten Bäche sind Schmida, Göllersbach und Pulkau. Die Nordgrenze bildet die Thaya zur Hälfte auf österreichischem und zur Hälfte auf tschechischem Gebiet. Als landschaftliche Attraktion gelten die Mäander sowie der Umlaufberg bei Hardegg. Zwei geologische und geomorphologische Gegensätze prägen das Landschaftsbild des Bezirkes Hollabrunn. Im Westen reichen die Ausläufer des Böhmischen Massives herein und bilden mit dem Manhartsberg sein östliches Ende. Östlich des Manhartsberges, in einer deutlichen Geländestufe abgesetzt, beginnt das sanfte Hügelland des Weinviertels, eine geologisch wesentlich jüngere Landschaft.

Mariensäule (Pestsäule) am Marktplatz Göllersdorf. Sie wurde 1731 von Lukas v. Hildebrandt errichtet und zeigt die Pestheiligen Sebastian, Rochus und Karl Borromäus. Gekrönt ist der Obelisk mit der Statue der Maria Immaculata.
Bild: GP Göllersdorf

Erstmalige Erwähnung im 12. Jahrhundert

Der Name Hollabrunn wurde das erste Mal im 12. Jahrhundert genannt, jedoch damals noch mit dem ungleich bedeutenderen Niederhollabrunn verwechselt. Um Verwechslungen hintanzuhalten wurden den beiden Orten Zusätze superior, maior beigegeben.

Die Bezirkshauptstadt Hollabrunn, rund 20 km nördlich von Stockerau, ist mit mehr als 10.100 Einwohnern das Verwaltungszentrum des westlichen Weinviertels. Seine Blüte erreichte der Markt im 14. Jahrhundert. Im 17. Jahrhundert baute G. v. Dietrichstein ein Kapuzinerkloster, das heute als Amtsgebäude Verwendung findet. Neben der Pestsäule aus dem Jahre 1723 ist das Heimatmuseum interessant, das in einem alten Wehrbau untergebracht ist.

Hollabrunn ist auch Schulstadt des Bezirkes. Für die Gendarmerie ergibt sich daraus ein umfangreiches Programm im Rahmen der Schulverkehrserziehung, ebenso zählt die Schulwegsicherung zu den täglichen Dienstverrichtungen.

Die immer im August stattfindende Weinlandmesse, die mit einem Volksfest verbunden ist, bedeutet für die Gendarmen erhöhten Einsatz und Bereitschaft im Rahmen des Verkehrs- und Kriminaldienstes. Zu dieser Veranstaltung mußten früher sogar Beamte von anderen Posten dienstzugeteilt werden.

An Sehenswürdigkeiten gibt es im Bezirk Hollabrunn viele im gotischen und barocken Stil erbaute Pfarrkirchen und Pfarrhöfe sowie mehr als 25 Burgen und Schlösser. Durch verschiedene Veranstaltungen versucht die Bevölkerung eine Steigerung des Fremdenverkehrs zu erreichen. Dabei nützt man vor allem diese Kulturdenkmäler, sowie die für das Weinviertel typisch sanfte hügelige Landschaft mit den Städten im Retzerland und Pulkautal, den Weingärten und Kellergassen und dem größten Weinkeller von Österreich unter dem Hauptplatz in Retz.

Wirtschaftliche Lage

Fast 45 Jahre hindurch lag der Bezirk Hollabrunn an der toten Grenze, am Eisernen Vorhang zur Republik Tschechien. Diese Randlage wirkte sich in wirtschaftlicher Hinsicht fatal aus und die Arbeitsmarktlage ist sehr gespannt. Im Bezirk sind wenig Gewerbe- und Industriebetriebe. Große Konzerne gibt es überhaupt nicht. Die bekanntesten Arbeitgeber sind in Hollabrunn ein Kartoffelverwertungsbetrieb und ein neu errichteter EU-Schlachthof sowie ein Holzwerk in Brandstätten. Durch die in Tschechien weit geringeren Betriebs- und Personalkosten ist von diesen wenigen Betrieben noch eine weitere Abwanderung zu erwarten. Um Arbeit zu finden muß daher ein Großteil der Bevölkerung nach Wien bzw. in die Großstädte rund um Wien auspendeln.

In der Landwirtschaft ist heute nur mehr ein geringer Teil der Bevölkerung hauptberuflich beschäftigt. Es werden sämtliche Getreidearten, Hackfruchtarten und Alternativfrüchte angebaut. Wie der Name »Weinviertel« schon sagt, wird im Bezirk Hollabrunn, und da vor allem im Retzerland und Pulkautal, der edle Rebensaft produziert. Kein Zufall, daß eine der bekanntesten Weinkellereien Österreichs, das Weingut Graf-Hardegg in Groß-Kadolz beheimatet ist. Diese Region ist vor allem für ihren ausgezeichneten Rotwein weltbekannt.

Bereits 1850 Gendarmerie im Bezirk

Im Jahre 1850 erfolgte die Aufstellung der Gendarmerieposten Haugsdorf, Ravelsbach und Retz im Bezirk Hollabrunn. Diese Posten waren dem Sektionskommando Oberhollabrunn, dem Zugskommando in Stockerau und letztens dem Flügelkommando in Korneuburg unterstellt. Die Posten-und Sektionskommanden bestanden aus drei bis acht Gendarmen zum Teil beritten und zum Teil zu Fuß.

In den Jahren 1868 bis 1869 erfolgte die Umwandlung der Flügelkommandos in Abteilungskommandos und der Sektionskommandos in Bezirksgendarmeriekommandos. Das Bezirksgendarmeriekommando Hollabrunn umfaßte von 1868 an die Posten der Gerichtsbezirke Haugsdorf, Ravelsbach, Retz und Oberhollabrunn. Von 1872 bis 1889 wurden die Gendarmerieposten in Göllersdorf, Waschbach, Sitzendorf, Pulkau, Ziersdorf, Wullersdorf, Großkadolz, Enzersdorf im Thale und Nappersdorf errichtet

In den Jahren nach dem Ersten Weltkrieg wurden aus Gründen der Sicherheit und der schlechten wirtschaftlichen Verhältnisse auch in Unterretzbach, Hardegg, Riegersburg, Pfaffendorf, Hadres, Mühlbach, Frauendorf und Sonnberg Gendarmerieposten etabliert.

Es folgte im Jahre 1932 die Errichtung einer Dienststelle in Maissau. Der Gendarmerieposten in Mühlbach wurde aufgelassen. 1946 wurden in Riegersburg, Hardegg, Niederfladnitz, Kleinhaugsdorf, Untermarkersdorf und Seefeld Grenzdienststellen geschaffen. Mit der Errichtung des Gendarmeriepostens Breitenwaida im Jahre 1949 wurde der Posten in Sonnberg aufgelassen.

Die Mobilität der Gendarmen begann mit den Fahrrädern

Eine Errungenschaft stellte in den Jahren 1946 und 1947 die Zuweisung von zwei Fahrrädern und zwei Mannschaftstransportern sowie eines Motorrades mit Beiwagen dar. Im Laufe der Zeit folgte eine weitere, fast revolutionäre technische Aufrüstung und man kann sagen, daß heute die Gendarmerie im Bezirk Hollabrunn auf dem neuesten Stand ist. Da sich die Sicherheitsverhältnisse in den Nachkriegsjahren laufend verbessert haben, konnte man wieder einige Dienststellen auflösen bzw. die Überwachungsrayone zusammenlegen. Die letzte Reform war im Jahre 1991.

Neuralgischer Verkehrsknotenpunkt – ständige Herausforderung der Gendarmerie

Der Fall des Eisernen Vorhanges und das dadurch ständig steigende Verkehrsaufkommen unterstreicht die verkehrsgeographische Bedeutung dieses Bezirkes. Zwei Bahnlinien mit Güter- und Personenverkehr führen durch den Bezirk Hollabrunn. Es sind dies die Franz-Joseph-Bahn, auf der nicht nur Regional- und Schnellzüge, sondern auch internationale Züge nach Prag und Berlin verkehren und die Nordwestbahn, auf der die Züge nach Znaim und Iglau fahren.

Das Wahrzeichen der Stadt Retz, die 1772 erbaute und noch heute funktionsfähige Windmühle. *Bild: BGK Hollabrunn*

Mit der Bundesstraße 2 nach Tschechien und der Bundesstraße 4 in Richtung Waldviertel, die ebenfalls weiter nach Tschechien führt, gibt es noch zwei stark frequentierte Verkehrsadern.

Bedingt durch das starke Verkehrsaufkommen ist die Gendarmerie in diesem Bereich besonders gefordert. Zur Veranschaulichung einige Zahlen: 1998 ereigneten sich 2.060 Verkehrsunfälle, davon 353 Verletzungsunfälle mit 18 Todesopfern. Durch eine effiziente Überwachung ist es jedoch gelungen, die Unfallziffern gegenüber dem Vorjahr um 1,2 Prozent zu senken.

Steigende Kriminalität steht hoher Aufklärungsquote gegenüber

Durch den Fall des Eisernen Vorhanges hat sich am Kriminalsektor vieles geändert. Die Kriminalitätsrate steigt stetig, was nicht zuletzt durch den Grenzbereich bedingt ist. Die Gendarmen versuchen diesem Trend durch verstärkte Überwachung und Aufklärung entgegenzutreten. 1998 fielen im Bezirk 423 Verbrechen (36, 5 % Steigerung gegenüber dem Vorjahr) an, davon konnten 257 Fälle (rund 60 %) geklärt werden. Eine noch bessere Aufklärungsquote konnte bei den Vergehen erreicht werden. Sie stiegen zwar gegenüber dem Vorjahr um 34,7 Prozent auf 2.723 Fälle, es konnten davon aber 2.106 Fälle (rund 77 %) geklärt werden. Die ausgezeichnete Aufklärungsquote ist nicht zuletzt auf die Spezialisierung der Beamten in verschiedene Sachgebiete und auf die hohe Einsatzbereitschaft aller Gendarmen zurückzuführen. Besonders bewährt hat sich in diesem Zusammenhang der koordinierte Kriminaldienst, der auch mit viel Erfolg im Bereich der Suchtgiftkriminalität arbeitet. Hier ist eine Abnahme gegenüber dem Vorjahr um 34,9 Prozent auf 157 Fälle zu verzeichnen.

Hand in Hand mit allen diesen Maßnahmen tritt dazu eine verstärkte Grenzüberwachung und Fahndung mit dem Erfolg, daß mehr als 420 illegale Personen aufgegriffen und wieder in ihr Herkunftsland rückgestellt werden konnten. Zu diesen Erfolgen tragen wesentlich die im Jahre 1996 (aufgrund des EU-Beitrittes und des Schengener Übereinkommens) errichteten Grenzdienststellen in Hardegg, Untermarkersdorf, Kleinhaugsdorf (1995) und Mitterretzbach bei.

Alle diese Zahlen und Fakten sagen eines aus: Grenznähe, enormes Verkehrsaufkommen und steigende Kriminalität stellen an die Gendarmen hohe Anforderungen, denen diese sicher gerecht werden. Daher sind die Gendarmeriebeamten im Bezirk der Garant dafür, daß Hollabrunn als »sicherer Bezirk« zu bezeichnen ist und auch für die Zukunft bleiben wird.

Erwin Birkhahn

Horn

Größe in km²	*784*
Gemeinden:	*20*
Einwohner:	*32.681*
Anzahl der Dienststellen:	*11*
Systemisierter Personalstand:	*111*
Auf einen Exekutivbeamten entfallende Einwohner:	*295*
Bundesgrenze in km:	*16,2*
Autobahnen in km:	*–*
Bundesstraßen in km:	*160,430*
Landesstraßen in km:	*581,397*

Sehenswürdigkeiten Attraktionen:
Schloß Rosenburg, Stift Altenburg und Geras, Kloster Pernegg, Burgruine Gars-Thunau mit Gertrudskirche, Österreichs Wappenschloß Wildberg in Messern, Renaissanceschloß Greillenstein

Der Bezirk Horn umfaßt den Osten des niederösterreichischen Waldviertels und reicht über den Manhartsberg noch bis in das Weinviertel hinein. Das Gebiet weist daher die für beide Regionen typischen Landschaftsformen mit den weiten Ebenen des Weinviertels und den Hügeln des Waldviertels auf.

Zwei Flußtäler bilden die landschaftlich schönsten Teile des Bezirkes Horn. Im Norden durchfließt die Thaya mit ihren engen Windungen das Gemeindegebiet von Drosendorf. Im Süden beherrscht das landschaftliche Erscheinungsbild die Kamp, die zunächst in einem engen Tal durch viele Kehren an der Rosenburg vorbei zur Donau fließt. Im Norden liegt Tschechien, im Osten der Bezirk Hollabrunn, im Süden Krems und im Westen die Bezirke Waidhofen/Thaya und Zwettl.

Geschichtliche Entwicklung – Erschließung durch die Bahn

Auf dem Schimmelsprung im Raume von Gars/Kamp konnte durch umfangreiche Ausgrabungsarbeiten eine der wichtigsten Siedlungsanlagen am Ostrand des Waldviertels, ein spätbronzezeitliches Stammeszentrum, freigelegt werden. Daß Horn schon in sehr früher Zeit ein bedeutendes Handelszentrum war, zeigt die Verleihung des Stadtrechtes im Jahre 1282. Viele Ortschaften wurden etwa um das 12. Jahrhundert gegründet. In diese Zeit fällt auch die Errichtung der Stifte Altenburg, Pernegg und Geras. 1873 schlossen sich die zugewanderten jüdischen Bürger zusammen und errichteten 1903 in Horn eine Synagoge. Die Vertreibung der Juden geht wie allgemein bekannt auf das Jahr 1938 zurück.

Das mit reichem Sgraffitoschmuck ausgestattete Haus in Horn steht am Kirchplatz und beheimatet heute das Bezirksgericht. Bild: BGK Horn

Erstmalig erfuhr der Bezirk einen wirtschaftlichen Aufschwung mit der Eröffnung der Franz-Josephs-Bahnlinie im Jahre 1869. Es folgte die Bahnlinie Sigmundsherberg–Zellerndorf. Einen weiteren Höhepunkt bildete die Eröffnung der Kamptalbahnlinie im Jahre 1889. Aber auch viele andere technische, bauliche und soziale Vorhaben wurden realisiert. Die Situation der Bauern wurde durch die Errichtung von mehreren Milchgenossenschaften und Lagerhäusern deutlich verbessert. Bürgerspitäler, Kranken-, Armen- und Waisenhäuser, Bäder und eine Kaltwasserkuranstalt in Walkenstein wurden erbaut. In Eggenburg entstand 1888 eine Erziehungsanstalt Knaben und Mädchen, deren Zöglinge die Gendarmerie bis zum heutigen Tage immer wieder durch spektakuläre Kriminalfälle mit Arbeit versorgen. Durch die Errichtung von Elektrizitätswerken in Horn und Drosendorf wurde die Industrie angekurbelt.

Berühmte Persönlichkeiten lebten und arbeiteten im Bezirk

Berta von Suttner, die im Jahre 1905 für ihren Roman »Die Waffen nieder«, den Nobelpreis erhielt, hatte ihren Sommersitz im Schloß Harmannsdorf. Wilhelm Miklas, er war von 1928 bis 1938 Bundespräsident, hatte vor seiner Wahl die Stelle des Gymnasiumsdirektors in Horn inne. Dr. Rudolf Kirchschläger, Bundespräsident von 1974 bis 1986, besuchte in Horn das Gymnasium und versah 1945 und 1946 Dienst beim Bezirksgericht in Horn. Bis heute ist er dem Bezirk Horn treu geblieben und verbringt vor allem die Sommermonate in seinem Haus in Rosenburg.

Industrie, Landwirtschaft, Fremdenverkehr

94% des Bezirks Horn werden land- und bzw. forstwirtschaftlich genützt. Neben diesem dominierenden Wirtschaftszweig herrschen auf dem gewerblichen Sektor Klein- und Mittelbetriebe vor, die insgesamt rund 9.000 Personen Arbeit bieten. Die renommiertesten Betriebe des Bezirkes sind die in Horn ansässigen Firmen Riegl, bekannt durch die Herstellung der Laserpistole und die Druckerei Berger, sowie die Baufirma Buhl mit der Erzeugung von Fertighäusern in Gars/Kamp. So wie überall in Österreich ist auch im Bezirk Horn der Fremdenverkehr von großer wirtschaftlicher Bedeutung. Besonderen Wert legt man hier auf den sanften Tourismus. Durch viele kulturelle Veranstaltungen und den großzügig angelegten Rad- und Wanderwegen soll hier besonders der erholungssuchende Gast umworben werden. Hier sei speziell die Fremdenverkehrsgemeinde Gars/Kamp erwähnt, die durch das Dungl-Zentrum und die Open-Air-Festspiele auf der Burgruine Gars/Kamp weit über die Grenzen des Bezirkes bekannt ist.

Verkehrsmäßig wird der Bezirk Horn durch die Franz-Josephs-Bahnlinie und einige wichtige Durchzugsstraßen, wie die Waldviertler Bundesstraße B 303, die Horner Bundesstraße B 4 und die Kamptalbundesstraße B 34, erschlossen.

Österreichs Wappenschloß Wildberg in Messern. *Bild: BGK Horn*

Zur geschichtlichen Entwicklung der Gendarmerie

Die Gendarmerie war zur Zeit ihrer Gründung im Jahre 1849 in Regimente, Dienstflügel und Züge organisiert. Der Bezirk Horn gehörte zum Gendarmerieregiment Nr. 1 für Niederösterreich, Oberösterreich und Salzburg mit dem Sitz in Wien. Die nächste für Horn zuständige Kommandoebene war der Flügel Nr. 4 in Krems mit den Zügen Krems, Horn und Waidhofen/Thaya.

Die Regimente wurden 1874 aufgelassen und in Landesgendarmeriekommanden, Gendarmerieabteilungs- und Bezirksgendarmeriekommanden umgewandelt. Das Bezirksgendarmeriekommando Horn unterstand dem Abteilungskommando in Krems/Donau, zeitweise aber auch dem in Korneuburg und dem Landesgendarmeriekommando in Wien. Erst nach dem Zweiten Weltkrieg bekam Horn ein eigenes Abteilungskommando. Neben den bereits bestehenden Gendarmerieposten Horn, Geras und Eggenburg wurden auch in Gars/Kamp 1870, Irnfritz 1875, Drosendorf 1876, Weitersfeld 1879, Sigmundsherberg 1892 und Hötzelsdorf 1898 Dienststellen errichtet. In der ersten Hälfte des 20. Jahrhunderts kamen noch die GP Harmannsdorf 1919, Röschitz 1920, Rosenburg 1921 und Brunn/Wild 1923 hinzu. Durch den Bau einer Kaserne wurde Horn im Jahre 1937 auch Garnisonsstadt, wodurch die Bezirkshauptstadt weiter an Bedeutung gewann.

Schwere Zeit nach dem Zweiten Weltkrieg

Besonders aber die Zeit nach dem Zweiten Weltkrieg war sowohl für die Bevölkerung als auch die Gendarmen des Bezirkes eine Bewährungsprobe. Horn wurde 1945 Sitz der sowjetischen Kommandantur, Soldaten wüteten, Mord, Vergewaltigungen und Totschlag waren an der Tagesordnung. Es waren schwere Jahre. Mit schier unglaublichem persönlichem Einsatz stemmten sich die Gendarmen gegen die Schikanen der Besatzungsmacht. Die Bevölkerung schätzte diese Arbeit und die Leute wußten, was sie an »ihrer Gendarmerie« hatten. In den Aufzeichnungen der Chronik findet sich »nur« ein Gendarm, der damals von einem Angehörigen der Besatzungsmacht ermordet worden ist. Wie viele aber tatsächlich ihr Leben lassen mußten oder schwer verletzt wurden, ist nicht bekannt.

Nach dem Ende der Besatzungszeit war wohl die bedeutendste Reform, die auch die Gendarmerie im Bezirk Horn betraf, die Zusammenlegung zahlreicher Gemeinden. Dies hatte auch in den Jahren 1966 und 1967 die Auflösung der Gendarmerieposten Hötzelsdorf, Langau, Rosenburg, Röschitz und Harmannsdorf zur Folge. Heute gibt es im Bezirk Dienststellen in Horn, Brunn/Wild, Drosendorf, Eggenburg, Gars/Kamp, Geras, Sigmundherberg und Weitersfeld, eine Grenzkontrollstelle in Oberthürnau und einen Grenzüberwachungsposten in Drosendorf.

Verkehrsüberwachung und Grenzschutz

Sowohl sicherheits- als auch verkehrsdienstlich liegt der Schwerpunkt der Arbeit der Gendarmerie des Bezirkes Horn im Überwachungsgebiet des Gendarmeriepostens Horn.

Die Bezirkshauptstadt ist Sitz zahlreicher Behörden, Ämter und Standort eines auf Unfälle spezialisierten Schwerpunktkrankenhauses, das auch für die angrenzenden Bezirke des Wald- und Weinviertels von großer Bedeutung ist. Mehrere berufsbildende und höhere Schulen werten die Stadt zusätzlich auf.

Auch die wichtigste und daher besonders stark frequentierte Verkehrsverbindung des Waldviertels mit der Bundeshauptstadt, die Bundesstraße 4 bzw. 303, führt direkt an der Stadt vorbei. Besonders viele Menschen zieht jedoch ein erst im Herbst 1998 auf insgesamt 24.000 m² Verkaufsfläche erweitertes Einkaufszentrum nach Horn. Genau genommen eigentlich nach Frauenhofen, weil mehr als die Hälfte des EKZ auf dem Gebiet der Nachbargemeinde St. Bernhard-Frauenhofen errichtet wurde.

Auf zusätzlichen 6.000 m² stehen im sogenannten Entertainementcenter viele Unterhaltungsmöglichkeiten, wie z. B. vier moderne Kinosäle, zwei Diskotheken, ein Fitnessstudio sowie mehrere Gastronomiebetriebe für die Besucher zur Verfügung.

Der starke Zustrom an Einkaufs- und Erlebnishungrigen versorgt die 20 GendarmInnen der Bezirksleitzentrale auf den Gebieten der Kleinkriminalität und des Straßenverkehrs ständig mit Arbeit.

Die Entwicklung der Stadt Horn als wirtschaftliches Zentrum macht aber immer mehr den umliegenden Stadt- und Marktgemeinden zu schaffen, die selbst einmal blühende Wirtschaftsstandorte waren und nun zu verwelken drohen.

Einige dieser Gemeinden, wie Gars/Kamp und Eggenburg verlagern daher ihr Hauptinteresse auf den Fremdenverkehr und setzen ihre Akzente im kulturellen Bereich. Dies bedeutet für die Gendarmen der betroffenen Gendarmerieposten eine nicht unerhebliche Mehrbelastung auf dem Gebiet der Verkehrsüberwachung und -leitung, weil in der Nähe der Veranstaltungsorte oft die nötige Infrastruktur fehlt. Durch Engagement, Ideenreichtum und gute Zusammenarbeit der Gendarmerie mit den betroffenen Gemeinden wurde diese Aufgabe bisher immer zur Zufriedenheit aller Betroffenen gelöst.

Als zweiter Schwerpunkt für die Arbeit der Gendarmerie im Bezirk Horn muß seit der Ostöffnung 1989 der Bereich an der Bundesgrenze zur Tschechischen Republik genannt werden. Ausgestattet mit modernster Technik, wie Nachtsichtgeräten, tragbarer Wärmebildkamera, Paß-Lesegerät oder der sogenannten Doku-Box zur Überprüfung der Echtheit von Dokumenten, sind die Bediensteten der Grenzdienststellen mit Hirn und Herz bei der Sache.

Glücklicherweise kann der Bezirk Horn sowohl im Bereich der GP als auch der Grenzdienststellen sicherheitsdienstlich als ruhiger Bezirk – beinahe als Insel der Seligen – bezeichnet werden. Hauptanliegen der Gendarmerie des Bezirkes Horn ist es daher, diesen hohen Sicherheitsstandard, der gleichermaßen von der Bevölkerung wie auch von der Gendarmerie geschätzt wird, für die Zukunft zu bewahren.

Korneuburg

Rainer Bierbaumer

Größe in km²	*626,42*	**Sehenswürdigkeiten Attraktionen:**
Gemeinden:	*19*	Burg Kreuzenstein,
Einwohner:	*67.132*	Leiser Berge mit ihrem Wildpark
Anzahl der Dienststellen:	*11*	
Systemisierter Personalstand:	*108*	
Auf einen Exekutivbeamten entfallende Einwohner:	*622*	
Bundesgrenze in km:	*–*	
Autobahnen in km:	*20,5*	
Bundesstraßen in km:	*98,5*	
Landesstraßen in km:	*404,3*	

Der Bezirk Korneuburg liegt nordwestlich der Bundeshauptstadt, zwischen 170 m und 380 m über dem Meeresspiegel. Das Gebiet ist somit auch »Ausläufer« des Tullnerfeldes sowie des Wiener Beckens. Korneuburg trennt sich sehr stark in einen südlichen, entlang der Hauptverbindungen A 22 und B 3 gelegenen städtischen Teil, mit den im Bezirk größten Gemeinden Langenzersdorf, Bisamberg, Korneuburg und Stockerau. Der flächenmäßig weit größere Teil liegt im Norden, hat eine ländlich-bäuerliche Struktur und ist weit dünner besiedelt als der Süden.

Aus »Niwenburg« entsteht Korneuburg

Bereits in vorgeschichtlicher Zeit führte nächst dem heutigen Stadtgebiet von Korneuburg eine Furt durch die Donau und ihre angrenzenden Auen, seichte Stellen also, die bald als Stromübergang und damit als Handelsweg benutzt wurden. Dies war die Ursache früher Siedlungen auf beiden Ufern sowie den damals dort befindlichen Inseln im Donaustrom. Nach dem Untergang des weströmischen Reiches entstanden etwa um 790 abermals Ufersiedlungen und bildeten den Grundstein für das durch Kaiser Heinrich II. im Jahr 1042 gegründete »Niwenburg«. Die erste Kunde von Neuburgs Existenz gibt jedenfalls eine Urkunde Heinrichs III. vom 8. November 1042. Der deutsche Kaiser kehrte zu dieser Zeit siegreich aus Ungarn zurück und widmete sich friedlichen Regierungsgeschäften. 1298 erfolgte auch die formelle Trennung in Korneuburg auf dem nördlichen und Klosterneuburg auf dem südlichen Donauufer. Bis dahin bezog sich der Name Neuburg immer auf die beiden heutigen Städte, die bis zu diesem Zeitpunkt eine einzige Gemeinde darstellten.

Der Verwaltungsbezirk Korneuburg, als Bezirk vor den Toren der einstigen Hauptstadt des Kaiserreiches und heutigen Bundeshauptstadt Wien, blickt seit dieser Zeit auf eine wechselvolle Geschichte zurück. Ob es nun Brände waren oder feindliche Heere die gegen Wien zogen, die Bevölkerung wurde, bedingt durch die geographische Lage, im Laufe der Jahrhunderte immer in Mitleidenschaft gezogen. Natürlich wirkt sich die Nähe der Bundeshauptstadt auch heute sehr stark auf die Struktur des Bezirkes aus. Durch viele Pendler, die in Wien arbeiten, sind für eine Bezirkshauptstadt sehr wenige Handels- und Gewerbebetriebe etabliert, wodurch auch das charakteristische Bild geprägt wird.

Gewerbe, Landwirtschaft und Industrie

Aus regionaler Sicht weist die gewerbliche Wirtschaft des Bezirkes in ihrer Struktur kein einheitliches Bild auf. Dem südlichen Bereich, mit den Ballungsräumen Stockerau, Spillern, Leobendorf, Korneuburg, Bisamberg, Langenzersdorf Autobahn, Bundesstraße und Schnellbahn in einer Ost-West-Richtungsachse gelegen, sowie dem Gewerbe-, Handels- und Industriegebiet Hagenbrunn/Brünner Straße, steht der nördliche Teil des Bezirkes mit den Gemeinden Ernstbrunn, Großrußbach und Großmugl gegenüber. Dieser Teil des Bezirkes weist die bekannten Schwierigkeiten der angrenzenden Weinviertelbezirke, wie Abwanderung, Pendler, Auftragsdefizite und geringe Wirtschaftskraft auf. Mit 31. Dezember 1998 gab es im Bezirk 2.649 aktive Betriebsstandorte, wobei im Vergleich zu 1997 ein Zuwachs von + 4,1 % zu verzeichnen war.

Korneuburg ist auch reich an landwirtschaftlichen Gütern. Infolge des Höhenunterschiedes ist der südliche Teil um den Bisamberg vom Klima begünstigt, wo auch der Weinbau des Bezirkes beheimatet ist. Die Gäste aus Wien, Stockerau und Korneuburg können die ausgezeichneten Weine und das köstliche Buffet in den Buschenschenken genießen. Angebaut werden auch alle Getreidesorten. Im Frühjahr erblüht die Landschaft in Gelb, zunächst durch Raps und später durch Sonnenblumenfelder. Des weiteren werden Zuckerrüben, Mais und Kartoffeln angebaut.

Die Gendarmerie hat Tradition

Solange Korneuburg das Landgericht ausübte, hatte die Stadt einen Gerichtsdiener und bis zum Jahr 1848 war zur Aufrechterhaltung der Ordnung in der Au dem Stadtrichter ein Auknecht beigegeben. Nach dem Gemeindegesetz von 1849 wurde der Stadt die »Localpolizei« übertragen. Sie bestand aus drei Mann und einem Polizeiwachtmeister. 1872 wurde der Name in Sicherheitswache geändert und ein zusätzlicher Wachmann eingestellt. 1896 wurde die Wache auf einen Inspektor, einen Oberwachmann und vier Wachleute erweitert.

Im Jahr 1866 wurden die Landes-Gendarmerie-Regimenter in Landes-Gendarmerie-Commanden umgewandelt, wovon eines für den Bereich Österreich unter der Enns bestimmt wurde. Im Jahr 1873 erfolgte die Systemisierung von Abteilungs-Commanden an Stelle der Flügel-Commanden. Das Korneuburger Abteilungskommando erhielt die Nr. 6. Sein Sprengel reichte über das Viertel unter dem Manhartsberg hinaus und umfaßte zusätzlich die Posten Drosendorf, Eggenburg, Gars und Geras.

Durch das Gesetz vom 26. Februar 1876 wurde am Sitz jeder Bezirkshauptmannschaft ein Bezirks-Gendarmerie-Kommando errichtet, dessen Führung einem Wachtmeister anvertraut ist. Das Bezirksgendarmeriekommando Korneuburg umfaßte die Posten Korneuburg, Hagenbrunn, Karnabrunn, Niederkreuzstetten, Groß Mugl, Stetteldorf, Stockerau und Wolkersdorf. Die Gründung des Gendarmeriepostens in Rückersdorf-Harmannsdorf wird im Heimatbuch des Bezirkes Korneuburg mit 1918 angegeben.

Das oben angeführte Gendarmerie-Flügel-Kommando, das heißt der Sitz der Gendarmerie vor 1873, war im Hause Schaumannstraße 38 untergebracht. Im Jahr 1902 wird »die neue Gendarmeriekaserne« in der Jochingergasse 2 vom Land Niederösterreich erbaut und im »Führer durch Korneuburg und auf Kreuzenstein, Verlag der Stadtgemeinde Korneuburg« als Sitz des Gendarmerieabteilungskommandos bezeichnet. In diesem Gebäude blieb die Gendarmerie bis zum Februar 1971. Danach übersiedelten die Dienststellen in das neue Gebäude in die Stockerauerstraße 28.

Beispiel Gendarmerie Stockerau – stetes Anpassen an sich ändernde Gegebenheiten

Zur Entwicklung der einzelnen Dienststellen sei das Beispiel des personalstärksten Gendarmeriepostens im Bezirk Korneuburg, des Gendarmeriepostens Stockerau angeführt:

Zur Gründungszeit (1850) war die Dienststelle mit einem Postenkommandanten (Vizekorporal) und fünf Gendarmen besetzt. Die Besatzung wurde 1858 auf vier Gendarmen reduziert, 1863 wurde um einen Gendarmen verstärkt und 1864 wieder auf den Stand von 1850 gebracht.

Es ist wirklich nicht sehr schmeichelhaft, womit das Kommando des zuständigen Gendarmerieregiments die angeführte Erhöhung der Postenmannschaft begründete:

»... Der Bezirk enthält viel Gesindel, starkes Arbeiter-Proletariat und eine exzessive Bevölkerung. Als Bahnstation auch viel Zufluß von Fremden und einen starken Verkehr auf den Straßen, die sich abzweigen und durch Wegelagerer unsicher gemacht werden. Raubmorde, Unfälle, Einbrüche kommen hier vor und ist hievon besonders die Korneuburger und Horner Straße viel beunruhigt.«

Zwischen 1918 und 1920 wurde die Dienststelle auf 12 Mann aufgestockt und mit diesem Personalstand bis 1941 geführt. Nach der Machtübernahme durch »Hitler-Deutschland« wurde der Gendarmerieposten aufgelöst und durch die »örtliche Schutzpolizei« ersetzt. Die frei werdenden Beamten wurden teilweise für den Dienst bei der Feldgendarmerie herangezogen.

Nach Kriegsende wurde der Gendarmerieposten am 10. Juni 1945 wiedererrichtet und bis Oktober sukzessive mit 10 Mann besetzt.

1946 wurde der Personalstand auf 13 Beamte erhöhte, Begründung: »starke Kriminalität, vor allem durch sogenannte Männer in russischer Uniform«. Im Mai entstand, als Außenstelle des Gendarmeriepostens, am Bahnhof in Stockerau ein Bahngendarmerieposten mit acht Mann.

Nach dessen Auflassung, im Mai 1947, kamen drei Beamte zum örtlichen Gendarmerieposten, womit dieser mit 13 Beamten besetzt war.

1948 wurde der Personalstand auf 15 und 1949 auf 16 Beamte aufgestockt. Durch die Schließung des Gendarmeriepostens Spillern 1967 erhielt die Dienststelle einen Zuwachs von zwei weiteren Beamten.

1971 wurde die Stadpolizei Stockerau mit sechs Mann aufgelassen, die sicherheitsdienstlichen Agenden dieser Stadtpolizei gingen auf den Gendarmerieposten über, der zu diesem Zweck um sage und schreibe einen ganzen Mann aufgestockt wurde.

1976 und 1987 erfolgte eine weitere personelle Aufstockung auf 21 Beamte. Am 1. Juli 1989 wurde die Motorbootstation Korneuburg in die neu errichtete Unterkunft beim Donaukraftwerk Greifenstein verlegt und als organisatorischer Bestandteil des Gendarmeriepostens Stockerau mit 6 Beamten in Betrieb genommen.

1995 erfolgte die letzte Personalaufstockung auf nunmehr 28 Beamte.

Sicherheitsdienst in der Gegenwart

Die heutige Situation im Bezirk wird bestimmt durch die Stadtnähe. Mit vier Sektorbereichen und koordinierten Kriminal- und Verkehrsdiensten wird versucht, einerseits das hohe Verkehrsaufkommen und andererseits sämtliche Formen der Kriminalität in den Griff zu bekommen. Daneben sind die Gendarmerieposten Stockerau und Korneuburg – die sich in Schulstädten befinden – mit der Schulverkehrserziehung bzw. Schulwegüberwachung belastet. Wichtige Dienstleistungen, um die zukünftige Generation mit den Gefahren des Straßenverkehrs vertraut zu machen und damit eine Reduktion der Verkehrsunfälle zu erreichen. Daß ein Rückgang der Verkehrsunfälle angestrebt werden muß, dafür sprechen die Zahlen der Statistik: Im Beobachtungszeitraum 1998 waren 2.271 Verkehrsunfälle zu bearbeiten. Sechs Menschen kamen dabei ums Leben, 384 wurden verletzt.

Insbesondere in den Schulzentren wird seitens der Gendarmerie auf den Suchtgiftmißbrauch ein besonderes Auge geworfen. Spezifische Vorträge, fachgerechte Beratungen und besondere Kontakte mit speziell geschulten Beamten dienen dazu durch Aufklärung Mißbrauch zu vermeiden. Trotzdem mußten im Beobachtungszeitraum 64 Anzeigen nach dem Suchtgiftgesetz erstattet werden.

Die Stadtnähe spiegelt sich auch in der Kriminalstatistik wider. Im Jahr 1998 waren 737 Verbrechenstatbestände und 2.234 Vergehen angefallen. Davon konnten 138 Verbrechen und 1.306 Vergehen geklärt werden. Alles in allem kann aus den Zahlen und Fakten abgeleitet werden, daß Korneuburg als sicherer Bezirk zu bezeichnen ist.

Neugotisches Rathaus in Korneuburg mit altem Stadtturm (1447).
Bild: Kellner Verlag, Maria Anzenbach

Manfred Matousovsky

Krems-Land

Größe in km²	*924,54*
Gemeinden:	*30*
Einwohner:	*55.200*
Anzahl der Dienststellen:	*10*
Systemisierter Personalstand:	*91*
Auf einen Exekutivbeamten entfallende Einwohner:	*606*
Bundesgrenze in km:	*–*
Autobahnen in km:	*–*
Bundesstraßen in km:	*154*
Landesstraßen in km:	*1.064*

Sehenswürdigkeiten Attraktionen:
Stadt Dürnstein, Benediktinerstift Göttweig, Schloß Grafenegg, Kamptalstauseen Ottenstein, Dobra, Thurnberg

Krems-Land – der Wachauer Bezirk

Der im Bundesland Niederösterreich relativ zentral etablierte Bezirk Krems-Land erstreckt sich größtenteils nördlich der Donau und befindet sich im südöstlichsten Teil des Waldviertels. Die östliche Begrenzung zum Weinviertel bildet das Kamptal mit dem Manhartsberg, südlich schließt der Bezirk mit dem Dunkelsteiner Wald zum Bezirk St. Pölten hin ab, wobei sich auf einem seiner Erhebungen das Benediktinerstift Göttweig befindet und wiederholt namhafte Gäste des öffentlichen Lebens anlockte. Das zwischen Krems und Melk gelegene Donaudurchbruchstal, besser bekannt als Wachau, trennt den Dunkelsteiner Wald vom Wachauer Bergland, das sich nach Norden in das Kremser Hochland fortsetzt.

Die sowohl im In- als auch Ausland bekannte Wachau wird immer wieder von zahlreichen Touristen besucht. Sei es im Frühjahr zur Marillenblüte oder im Herbst zur Weinlesezeit. An einem Ort kommt jedoch keiner vorbei; dem Herzstück der Wachau, das 1.000 Einwohner zählende Städtchen Dürnstein mit seinem Augustiner-Chorherrenstift. Nicht nur Touristen finden den Weg hierher, jedes Jahr kommen auch zahlreiche prominente Personen, Delegationen und Politiker an diesen geschichtsträchtigen Ort, wo 1192/93 der englische König Richard Löwenherz gefangengehalten, von seinem getreuen Sänger Blondel entdeckt und nach Bezahlung eines Lösegeldes wieder freigelassen wurde.

Geschichte und Entwicklung der Region

Der Beginn der industriellen Revolution, welche auch in der Region ihre Spuren hinterließ, fällt in das 18. Jahrhundert. Damals spielten Weinbau und Handel eine in Relation zu anderen Sektoren und zur heutigen Lage größere Rolle. Im 19. Jahrhundert kam es zu Betriebsgründungen, die zum Teil noch heute bestehen und die zu den traditionellen Industriebetrieben zählen. Den größten Teil des heutigen Handels und der Industrie bilden aber Unternehmen, die nach dem Zweiten Weltkrieg gegründet wurden. Ausschlaggebend für diese Betriebsgründungen waren die günstige Verkehrslage und die Arbeitsmarktsituation. Die am stärksten vertretenen Branchen sind die Holzverarbeitung und die Nahrungs- und Genußmittelerzeugung. Weiters waren und sind die Herstellung von Metallwaren, Bekleidung sowie die Getränkeerzeugung wichtige Wirtschaftszweige.

Ausbau der Verkehrswege schaffte Voraussetzungen für Hebung des Fremdenverkehrs

Die Entwicklung der Verkehrsverbindungen schritt rasch voran, insbesondere die verstärkte Anbindung an den Wiener Raum. So wurde die Bundesstraße 3 Richtung Tulln errichtet und wird voraussichtlich noch auf mehrere Spuren je Fahrtrichtung ausgebaut. Der Bau der Kremser Schnellstraße S 33 als Anbindung zur Westautobahn, stellte eine verkehrstechnisch nicht unerhebliche Maßnahme dar, wodurch eine bessere Verbindung zu St. Pölten erreicht werden konnte. Als nicht unwichtiges Bauvorhaben kann der derzeitige Ausbau der Bundesstraße 37 angesehen werden, welche quer durch den Bezirk verläuft und im Endstadium eine Verbindung Krems–Zwettl herstellt.

Nicht nur die Straßenverbindungen wurden und werden verbessert, so wurde die von Krems nach Wien führende Franz-Joseph-Bahn elektrifiziert, um die Zugfrequenz für die zahlreichen in Wien arbeitenden Pendler zu erhöhen.

Auch der Wasserweg gewinnt zunehmend an Bedeutung und es werden immer mehr Waren auf der Donau befördert. Bei dieser Gelegenheit sei auch das diesem Umstand Rechnung tragende Projekt Rhein-Main-Donau-Kanal erwähnt. Hinsichtlich der Bildungs- und sonstigen öffentlichen Einrichtungen sei angemerkt, daß sich alle wesentlichen Schulen, Ämter und Behörden, darunter auch die Bezirkshauptmannschaft, in Krems befinden.

Probleme durch schwache Infrastruktur

Da sich im Bezirk Krems-Land keine wirtschaftlich bedeutenden Unternehmungen bzw. Industriebetriebe befinden, stellt der derzeitige Zubau einer Gasturbine in dem ca. acht Kilometer östlich von Krems gelegenen EVN-Wärmekraftwerk Theiß sowie dem damit verbundenen Ausbau des Fernwärmenetzes für 7.500 Haushalte und einem Gesamtinvestitionsvolumen von 2, 7 Milliarden Schilling einen nicht unerheblichen Wirtschaftsfaktor dar.

Wärmekraftwerk Theiß. *Bild: BGK Krems/Land*

Der Fremdenverkehr – Motor der Wirtschaft – erfordert stete Anpassung der Gendarmerie

Der wirtschaftliche Schwerpunkt des Bezirkes liegt jedoch eindeutig beim Fremdenverkehr, was dazu führt, daß jährlich ca. 400.000 Fremde nur in der Region Wachau nächtigen und die drei Schifffahrtslinien etwa 120.000 Personen auf der Donau befördern. Erwähnenswert ist auch das etwa 10 km östlich von Krems inmitten einer wunderschönen Parkanlage liegende romantische Schloß Grafenegg. Dort finden zahlreiche Konzerte und der mittlerweile weit über die Grenzen bekannte Grafenegger Advent statt. Bei der letztgenannten viertägigen Veranstaltung wurden 23.000 Besucher gezählt.

Um auch die ansässige Bevölkerung in den heimischen Fremdenverkehr einzubinden, wurde der Schilift auf dem Jauerling erst im Herbst 1998 um 6,5 Millionen Schilling erneuert und eine weitere Schneekanone angeschafft.

Die ständig steigenden Nächtigungsziffern erfordern von der Gendarmerie eine stete Angleichung und Anpassung des Dienstbetriebes an sich immer ändernde Verhältnisse, wie sie eben der Massentourismus mit sich bringt. Als Beispiel sei hier der Radtourismus genannt, der vor wenigen Jahren fast keine Rolle spielte und heute ein fixer Bestandteil im Werbekonzept der ganzen Region ist.

Entwicklung der Gendarmerie

Mit der Gründung der Gendarmerie im Jahre 1849 wurden im Bezirk Krems-Land 30 Gendarmerieposten errichtet. Da in dieser Zeit technische Ausrüstung wie Fahrzeuge, Kommunikations- und sonstiges technisches Material nicht oder nur sehr eingeschränkt vorhanden war, erscheint in diesen vergangenen Jahren die hohe Dichte an Sicherheitsdienststellen als durchaus berechtigt. Zum Vergleich dazu sei erwähnt, daß der Bezirk Krems-Land zur Zeit nur mehr 10 Gendarmeriedienststellen aufweist, wobei die kleineren Dienststellen einen Personalstand von fünf Beamten und die größeren Dienststellen von bis zu 14 Beamten aufweisen. Die erst kürzlich erfolgten Postenschließungen im Bezirk betrafen die Dienststellen Dürnstein-St. Leonhard und Aggsbach-Markt. Diese wurden jeweils mit anderen so zusammengelegt, daß keine Reduktion von Planstellen erfolgte. Aufgrund des von der Bundesregierung zuletzt vorgegebenen Sparkurses kam es nunmehr jedoch auch innerhalb der Bundesgendarmerie zu einschneidenden Sparmaßnahmen. So wurde mit 1. Mai 1997 die größte Dienststelle des Bezirkes, der Gendarmerieposten Krems-Land mit anderen Dienststellen zusammengelegt. Diese Maßnahme bewirkte, daß die Planstellen des Bezirkes Krems-Land von 108 auf 91 Dienstposten reduziert wurden. Der Sicherheitsdienst auf der Donau, der weit über die Bezirksgrenzen durchgeführt wird, wurde im Zuge dieser Umstrukturierung dem Gendarmerieposten Mautern übertragen. Dieser Umstand gewinnt im Hinblick auf den bereits erwähnten Rhein-Main-Donau-Kanal dahingehend noch mehr an Bedeutung, da in Zukunft mit einem noch stärkeren Verkehrsaufkommen auf dieser Wasserstraße gerechnet werden muß.

Die Öffnung der Ostgrenzen ist auch in diesem Bezirk, der als einer der sichersten Niederösterreichs bezeichnet wird, nicht spurlos vorübergegangen. Die strafbaren Handlungen im Bezirk haben sich leider erhöht. Durch die Einsatzwilligkeit und Spezialisierung der Gendarmen ist es jedoch gelungen, die Aufklärungsquote überdurchschnittlich zu steigern und dieser unerfreulichen Entwicklung entgegenzusteuern.

Besonders erfolgreich waren die Beamten im Jahre 1998. Es konnte eine Serie von Einbruchsdiebstählen, begangen von Tätern aus dem ehemaligen Ostblock, geklärt und die Täter verhaftet werden. Die Erhebungen erstreckten sich dabei bis nach Deutschland und in die Schweiz. Im selben Zeitraum konnten in Zusammenarbeit mit benachbarten Organisationseinheiten zwei Suchtgiftringe zerschlagen und die Täter überführt werden.

Abschließend ist noch anzumerken, daß trotz des Umstandes, daß wir mit der Wachau eine weltweit bekannte Weinbauregion haben, wir bei Verkehrsunfällen und Alkoholdelikten im niederösterreichischen Durchschnitt liegen.

Aus der Chronik

Zu Jahresanfang 1985 herrschte in Österreich ein äußerst strenger Winter, wobei in Krems und Umgebung minus 19 Grad gemessen wurden. Die Donau wurde mit einer Eisdecke überzogen, wodurch sich am 8. Jänner ein Eisstoß bildete, der von der neuen Donaubrücke in Krems bis nach Oberloiben reichte. Ein derartiges Naturschauspiel gab es zuletzt im Winter 1928/29.

Gendarmeriepatrouille auf Höhe des Städtchens Dürnstein mit der gleichnamigen Ruine im Hintergrund. *Bild: BGK Krems/Land*

Eduard Hintermayer

Krems-Stadt

Größe in km²	*51,6*
Gemeinden:	*1*
Einwohner:	*23.800*
Anzahl der Dienststellen:	*2*
Systemisierter Personalstand:	*53*
Auf einen Exekutivbeamten entfallende Einwohner:	*500*
Bundesgrenze in km:	*–*
Autobahnen in km:	*–*
Bundesstraßen in km:	*8,7*
Landesstraßen in km:	*25,9*

Sehenswürdigkeiten Attraktionen:
Altstadtgebiete von Krems und Stein mit zahlreichen denkmalgeschützten Bauten und der Europa-Nostra-Auszeichnung

Die Gendarmerie Krems-Stadt feierte im Jahr 1997 ihr 25jähriges Bestehen und zählt somit zu den jüngsten Organisationseinheiten der Österreichischen Bundesgendarmerie. Dieses verhältnismäßig kurze Bestehen des Bezirkes Krems-Stadt ist aber nur eine von mehreren Besonderheiten, auf die im folgenden eingegangen werden wird, wie zum Beispiel die rein städtische Struktur des Überwachungsgebietes, die spartenspezifische Dienststruktur und anderes mehr. Bevor auf diese Besonderheiten eingegangen wird, sollen die Topographie und die Geschichte des Bezirkes Krems-Stadt näher beleuchtet werden.

Das Steinertor in Krems (errichtet 1480) mit barockem Aufbau, eines der Wahrzeichen von Krems. Bild: Kriminalabteilung Niederösterreich

Krems – bevorzugte Lage in der Wachau

Die Wachau benennt das Donautal zwischen Melk und Krems, wo der größte Strom Österreichs die böhmische Masse durchfließt. Bis zur Donauregulierung im vorigen Jahrhundert bestimmten die Verzweigungen des Stromes nach dem Austritt aus der Talenge und die dort abgelagerten Flußschotter den Raum Krems-Stein als Verkehrsknotenpunkt (Oberfuhr), war doch der Wasserweg die wichtigste Transportart seit der Vorgeschichte. Auch der jahrtausendealte Landweg vom Traisental in das Waldviertel führte – wie übrigens die Schnellstraße (S 33) seit 1992 – über Krems. Die Urgesteins-Uferterrassen entlang der Donau und dem von Norden einmündenden Kremsfluß waren die strategischen Voraussetzungen für die Stadtentwicklung, während die darauf abgelagerten Eiszeit-Lößschichten zusammen mit dem milden Klima den Weinbau begünstigen.

Die Doppelstädte Krems und Stein

Die Geschichte des Gendarmeriebezirkes Krems-Stadt deckt sich mit der Stadtgeschichte von Krems-Stein. Eine mittelalterliche Besonderheit stellten die drei auf engstem Raum liegenden Städte Krems, Stein und Mautern dar. Das passauische Mautern entstand am südlichen Donauufer, während die landesfürstlichen (österreichischen) Städte Krems und Stein am nördlichen Ufer lagen. Krems entstand auf dem Felsplateau zwischen Donaustrom und Kremsfluß, ebenso entwickelte sich Stein auf dem Felsplateau entlang der Donau gegenüber von Mautern. Urkundlich wurde Krems am 16. August 995 erstmals erwähnt. Die befestigte Felsplateausiedlung war Ausgangspunkt des Wachsens der Stadt hinunter (südlich) zum Donauufer und in westlicher Richtung bis zum heutigen Wahrzeichen der Stadt, dem Steinertor.

Das Stadtrecht wurde urkundlich 1305 verliehen, wobei die städtischen Einrichtungen (Bürgerrecht, Stadtbefestigung u. a.) schon viel früher vorhanden waren.

Das Besondere der Doppelstädte Krems und Stein war, daß sie jeweils eine eigene Bürgergemeinde, einen eigenen Burgfrieden und eine eigene Wehr- sowie Finanzhoheit hatten; gemeinsam war ihnen das Stadtrecht, der Stadtrichter (später der Bürgermeister) und die Privilegien.

Die wirtschaftlichen Grundlagen während des Mittelalters bis zur Neuzeit waren der Salz- sowie der Eisen- und Weinhandel. Krems war immer eine Ackerbürgerstadt, das heißt die Handelsherren, Kaufleute und Gewerbetreibenden bewirtschafteten neben ihrem eigentlichen Beruf auch landwirtschaftliche Gründe in der Umgebung der Stadt.

Im 19. Jahrhundert bewirkte die Industrialisierung die Ausbreitung der Stadt über die mittelalterlichen Mauern hinaus. In der Folge des Revolutionsjahres 1848 wurden beide Städte selbständig. Im Nationalsozialismus (1939) gliederte man Stein in die Stadt Krems ein. Diese Vereinigung blieb dann auch nach Kriegsende 1945 bestehen. Weitere Eingemeindungen erfolgten 1968 mit Gneixendorf, 1972 mit Egelsee, 1973 mit Hollenburg, Angern u. a.

Die Gendarmerie des Bezirkes Krems-Stadt

Krems ist seit dem vorigen Jahrhundert Statutarstadt und hatte deshalb bis zum 31. 5. 1972 eine eigene Stadtpolizei (50 Beamte, davon 6 Kriminalbeamte).

Die Sicherheitsagenden wurden mit Erlaß der Sicherheitsdirektion für Niederösterreich vom 8. Mai 1972, Zahl 1306/1074, mit 1. Juni 1972 dem Bezirksgendarmeriekommando Krems-Stadt übertragen. Von den ehemaligen Stadtpolizisten traten 27 in den Gendarmeriedienst über. Dem Bezirksgendarmeriekommando Krems-Stadt wurde nur der Gendarmerieposten Krems-Stadt unterstellt, dessen Überwachungsgebiet mit dem Stadtbereich (Magistratsgebiet) ident ist.

Nach einer einmonatigen Übergangszeit mit höherem Personalstand (51 Beamte), waren dann folgende Beamte eingeteilt: Bezirksgendarmeriekommando – zwei Beamte (Kommandant und Stellvertreter) Postenkommando: 42 Beamte. Zusätzlich versahen sechs Beamte der Erhebungsabteilung (jetzige Kriminalabteilung) als Kriminalbeamte der Erhebungsexpositur Krems-Stadt (später Kriminalaußenstelle) in Zivil Dienst.

Nach der Eingemeindung von Hollenburg (siehe oben) wurde mit 1. Juli 1976 der Gendarmerieposten Hollenburg aufgelöst und das Überwachungsgebiet dem Gendarmerieposten Krems-Stadt übertragen.

Mit 1982 wurde der Postenkommandant in Personalunion gleichzeitig Stellvertreter des Bezirksgendarmeriekommandanten, somit ist seitdem das Bezirksgendarmeriekommando nur mehr mit einem Beamten besetzt (der Gendarmerieposten bekam einen Beamten dazu).

Seit Februar 1988 ist im Gendarmerieposten Krems-Stadt eine Diensthundestation errichtet.

Mit 2. November 1990 wurde die Kriminalaußenstelle Krems-Stadt aufgelassen, der Personalstand beim Gendarmerieposten um vier Beamte erhöht (insgesamt 47) und eine Kriminaldienstgruppe vom Personalstand des Postens mit vorerst fünf und später sechs Beamten installiert.

Mit Errichtung des Bezirksgendarmeriekommandos-Neu (1. Mai 1993) wurde die Personalunion beseitigt.

Seit 1. Mai 1997 wurden der Gendarmerieposten Krems-Land und die Bezirksleitzentrale Krems-Land aufgelöst. Gleichzeitig wurde der Gendarmerieposten Krems-Stadt in Krems-Donau umbenannt, der Personalstand auf 52 Beamte erhöht und zusätzlich zur eigenen auch mit der Bezirksleitzentraltätigkeit für den Bezirk Krems-Land betraut.

Städtische Bevölkerungsstrukturen in Krems

Die rund 24.000 Einwohner wohnen in 9.700 Haushalten. Von den 14.600 Beschäftigten sind 13.800 unselbständig und arbeiten in rund 1.100 Betriebsstätten.

Die größten Arbeitgeber sind Industriebetriebe: 4.200 (zur Zeit größte Betriebe VÖEST-ALPINE-Krems mit 1.400 und Krems-Chemie mit rund 700 Beschäftigten), gefolgt vom Einzelhandel mit rund 2.000 Beschäftigten, im Gesundheits- und Fürsorgewesen sind rund 1.200 Beschäftigte, im Unterrichtswesen rund 1.100 und das Baugewerbe und Gebietskörperschaften halten sich die Waage mit jeweils 1.000 Beschäftigten.

Im Schulzentrum Krems besuchen zur Zeit 8.000 Schüler 24 Schulen. Seit 1994 ist Krems auch Sitz der Donauuniversität.

Die rasante Entwicklung im Tourismus ist durch folgende Nächtigungszahlen dokumentiert: 1978 (49.600), 1986 (67.300) und 1996 (135.000).

Donauuniversität in Krems-Stein; ehemalige Virginier-Fabrik (zeigt symbolisch den Übergang von der Industrie- zur Informationsgesellschaft).
Bild: Kriminalabteilung Niederösterreich

Krems ist Sitz eines Schwerpunktkrankenhauses, in dem auch ein Notarzthubschrauber stationiert ist.

Anziehungspunkt für Kriminelle

Aus den angeführten Zahlen wird die städtische Struktur von Krems verdeutlicht. Krems ist im mittleren Donauland Niederösterreichs das regionale Zentrum für Industrie, Handel, Behörden, Bildung, Verkehr, Tourismus und somit auch Anziehungspunkt für Kriminelle, wie die Belastung im Vergleich mit dem Umland zeigt. Dadurch mußte man schon immer andere Wege im Dienstsystem beschreiten, als die meisten anderen Dienststellen, zum Beispiel gab es hier durchgehende Außendienste (Tag- und Nachtstreifen) und auch reine Spezialdienste wie Verkehrs- und Kriminaldienste in Zivil, die die übrigen Gendarmerieposten teilweise erst seit 1993 kennen. Somit darf sich die Gendarmerie Krems-Stadt als Vorreiter der Gendarmeriestrukturreform 1993 fühlen.

Trotz der Kleinheit des Bezirkes Krems-Stadt ergibt sich eine hohe Belastung der Beamten, vor allem hinsichtlich der zu bearbeitenden Delikte und Veranstaltungen. Angeführt seien nur die jährlichen Gerichtsdelikte mit 1.500 und Verkehrsunfälle mit 1.200 (einschließlich der Verkehrsunfälle mit Parkschäden). Mit Fertigstellung des Rhein-Main-Donau-Kanals wurde auch der Kremser Hafen ausgebaut, dessen Güterumschlag zur Zeit eine gewaltige Expansion erlebt. Als größte Veranstaltung in Krems stellt sich die Niederösterreichische Landesmesse mit dem Wachauer Volksfest (rund 400.000 Besucher) dar. Im Stadtbereich befinden sich auch zwei Justizanstalten, wovon die Justizanstalt Stein die größte Österreichs ist (rund 300 Justizwachebeamte, 800 Häftlinge) und auch die gefährlichsten Häftlinge verwahrt. Das Kremser Landesgericht verhandelt immer wieder aufsehenerregende Strafprozesse, wie 1993 den Rechtsextremistenprozeß oder 1997 den Giftmordprozeß (Blauensteiner) und demnächst wird die Neuverhandlung im Mekis-Kalal-Prozeß stattfinden, die ebenso mit einem entsprechenden Personalaufwand überwacht werden muß.

Im Stadtteil Gneixendorf liegt auch der Flugplatz Krems-Langenlois, sodaß der Gendarmerieposten Krems-Donau auch für die Grenzkontrolle der EU-Außengrenze zuständig ist. Abgesehen vom normalen Flugbetrieb und den entsprechenden Paßkontrollen werden jährlich Flugveranstaltungen (Flugtage, Meisterschaften im Heißluftballonfahren u. ä.) abgehalten.

Lilienfeld

Größe in km²	*931*
Gemeinden:	*14*
Einwohner:	*27.280*
Anzahl der Dienststellen:	*8*
Systemisierter Personalstand:	*69*
Auf einen Exekutivbeamten entfallende Einwohner:	*395*
Bundesgrenze in km:	*–*
Autobahnen in km:	*–*
Bundesstraßen in km:	*134,814*
Landesstraßen in km:	*142,949*

Sehenswürdigkeiten Attraktionen:
Zisterzienserstift in Lilienfeld

Anton Muhr

Lilienfeld – der »grüne« Bezirk in Niederösterreich

Der Bezirk Lilienfeld liegt fast zur Gänze in den Kalkvoralpen in einer Seehöhe zwischen 340 m und 1.893 m. Seine südliche Bezirksgrenze ist gleichzeitig die Landesgrenze zur Steiermark, im Westen ist Scheibbs, im Norden St. Pölten und Osten Baden, Wiener Neustadt und Neunkirchen benachbart. Der Bezirk Lilienfeld hat 4,9 % der Gesamtfläche Niederösterreichs. Durch seine gebirgige Lage sind nur 27 % der Gesamtfläche als Dauersiedlungsraum geeignet – das ist der geringste Anteil aller niederösterreichischen Bezirke.

Das Hauptcharakteristikum der Landschaft des Bezirkes Lilienfeld ist der Wald; die Waldfläche (70.515 ha) nimmt drei Viertel der Gesamtfläche ein. Entlang der Grenze zur Steiermark erstreckt sich die vom Ötscher bis zum Göller und Gippel reichende Mariazeller Paßlandschaft, an die in nordöstlicher Richtung das Einzugsgebiet der Traisen mit den Traisentaler Bergen anschließt. Im Nordosten des Bezirkes bildet die Gölsen-Triesting-Furche einen markanten West-Ost-Einschnitt.

Die Grenze zwischen Flyschzone (im Norden) und den Kalkvoralpen verläuft im Gölsental. Südlich von Göller und Gippel reicht auch noch die Kalkhochalpendecke in den Bezirk.

Verwaltungsmäßig ist der Bezirk Lilienfeld in zwei Gerichtsbezirke (Hainfeld und Lilienfeld) gegliedert. Die insgesamt 14 Gemeinden (davon zwei Stadt- und sechs Marktgemeinden) setzen sich aus 83 Katastralgemeinden zusammen.

Wander- und Kulturtourismus

Der waldreichste Bezirk Österreichs liegt nicht irgendwo in der Steiermark oder in Tirol, sondern im Herzen Niederösterreichs.

Die landschaftliche Schönheit des Bezirkes hat seit Jahrzehnten dazu geführt, daß die Region als Naherholungsgebiet besonders geschätzt wird. Heute liegt das Schwergewicht eher im Ausflugstourismus. Neben Wandern, Schifahren und Langlaufen gewinnen in letzter Zeit der Radtourismus und das Golfen an Bedeutung für die Region.

Inmitten der Landschaft erhebt sich eines der größten Kulturdenkmäler im Bezirk und auch innerhalb Niederösterreichs – das von Herzog Leopold VI. von Österreich 1202 gegründete Zisterzienserstift Lilienfeld, das damals wie heute neben seiner kulturgeschichtlichen genauso eine wichtige wirtschaftliche Rolle spielt. Als Anziehungspunkt für Touristen, aber auch als Veranstaltungsort der internationalen Kirchenmusiktage ist das Stift weit über die Bezirksgrenzen hinaus bekannt.

Industriestandort und Bergbauerngebiet

Neben dem Fremdenverkehr hat die Industrie immer eine große Rolle gespielt. Lilienfeld gehört nach wie vor zu jenen niederösterreichischen Gebieten, die den prozentmäßig höchsten Beschäftigungsanteil in der Industrie pro Kopf der Bevölkerung aufweisen. Die Klein- und Mittelbetriebe dominieren die heimische Wirtschaft. Neben der stark dominierenden Metallindustrie, die zu den größten Dienstgebern zählt, ist das Holz auch heute noch ein wichtiger Wirtschaftsfaktor. Fast in jeder Ortschaft gibt es ein Sägewerk.

Zu den größten Betrieben zählen die Georg Fischer Fittings GesmbH und die traditionelle Voest Alpine GesmbH in Traisen, die Firma Fried von Neuman in Marktl, die Roth-Technik Austria GesmbH in St. Aegyd, usw.

Die durchschnittliche land- und forstwirtschaftliche Betriebsgröße liegt bei 80 ha. Ein Blick auf die Eigentumsarten ergibt folgendes Bild: Privatwald 91,5 %; Gemeinde- und Genossenschaftwald 5,4 %, Staatswald 1,4 %, Sonstiges 1,7 %.

An die 600, vor allem kleinere Bauern, sind gezwungen, ihren Hof im Zu- oder Nebenerwerb zu bewirtschaften. Im Bezirk Lilienfeld sind niederösterreichweit die meisten Almen (35) und Eigenjagden (172) zu finden.

Seit 1850 Gendarmerie in Lilienfeld

Das Bezirksgendarmeriekommando Lilienfeld wurde 1850 das erste Mal erwähnt und ist seit 27. Mai 1997 in Lilienfeld, Babenbergerstraße 18, etabliert. Vorher war der Sitz jahrelang im Gebäude der Bezirkshauptmannschaft in Lilienfeld. Es gibt derzeit acht Gendarmerieposten, und zwar Lilienfeld (BLZ), Annaberg (seit 1877), Hainfeld (seit 1852), Mitterbach a. E. und Traisen (seit 1905), St. Aegyd/Nw (seit 1871), St. Veit a. d. G. (seit 1875) und Türnitz (seit 1885).

Die Gendarmerieposten Terz, Freiland, Kaumberg, Kleinzell, Hohenberg und Rohrbach a. d. G. wurden in den letzten Jahren aufgelassen.

Lilienfeld ist auch Sitz der alpinen Einsatzgruppe der Gendarmerie des Bezirkes.

Am Gendarmerieposten Lilienfeld ist die Bezirksleitzentrale eingerichtet. Zuerst befand sich die Unterkunft im sogenannten Gendarmerieturm – jetzt Zdarsky-Museum – später war der Gendarmerieposten an mehreren Adressen in der Dörflstraße und jetzt Am Anger 2 untergebracht. Das Überwachungsgebiet umfaßt einen Bereich von 54 km² und betrifft den Gemeindebereich der Stadtgemeinde Lilienfeld.

Mehrere öffentliche Einrichtungen, wie ein Krankenhaus, eine Landesberufsschule, ein Schulzentrum und das Babenbergerstift Lilienfeld sind erwähnenswert.

Aus der Chronik sind hier die Hochwasserkatastrophen vom September 1899, Juni 1921 (als 2 tote Kinder zu beklagen waren) und das Jahrhundert-Hochwasser im Juli 1997 sowie die niederösterreichische Jubiläumsausstellung »1000 Jahre Babenberger in Österreich« 1976 im Stift Lilienfeld, wo innerhalb sechs Monaten 465.000 Besucher gezählt wurden, erwähnenswert.

An der Wallfahrtsstraße nach Mariazell

Das Überwachungsgebiet des Gendarmeriepostens Annaberg umfaßt rund 63,5 km² und ist ident mit der Gemeinde Annaberg. Der Gendarmerieposten Annaberg liegt auf einer Seehöhe von 976 Metern auf der stark frequentierten Wallfahrtsstraße (B 20) nach Mariazell. Die Fremdennächtigungen belaufen sich im Jahresdurchschnitt auf etwa 60.000 Menschen.

Während des Baues der Mariazellerbahn und des NÖ Landeselektrizitätswerkes in Wienerbruck, wurden sogar kurzfristig Exposituren errichtet. Die eingesetzten Gendarmen hatten in dieser Zeit mit unbeherrschten Bauarbeitern viel Arbeit. Da wurde von einem Arbeiter eine Dynamitpatrone in einen brennenden Barackenofen geworfen. Mehrere Tote und Schwerverletzte waren die Folge.

Weitere Überwachungsgebiete im Bezirk

Der Gendarmerieposten Hainfeld umfaßt die Gemeindegebiete Hainfeld, Ramsau, Kaumberg, Rohrbach a. d. G. 1928 wurde der Dienststelle das erste Fahrrad, 1952 ein Motorrad und 1963 ein Patrouillenwagen zugewiesen.

Das Überwachungsgebiet des Gendarmeriepostens Mitterbach am Erlaufsee hat ein Flächenausmaß von 67,5 km². Der Ort Mitterbach am Erlaufsee liegt auf einer Seehöhe von ca. 800 m und wird vom Tourismus geprägt. Es befinden sich eine katholische und die älteste evangelische Kirche mit der größten evangelischen Kirchengemeinde Österreichs im Ort. Der Ort Erlaufboden und Josefsberg, das höchstgelegene Kirchendorf Niederösterreichs, gehören ebenfalls zum Gemeindegebiet. Im letzteren denken die Einwohner mit Trauer an ein Verbrechen zurück, als am 29. März 1948 sowjetrussische Soldaten in das Gasthaus Haiderer eindrangen und im Tanzsaal des Gasthauses auf die tanzende Menge schossen. Damals kamen zwei Menschen ums Leben, 14 wurden lebensgefährlich verletzt.

Der Gendarmerieposten St. Aegyd am Neuwalde betreut die Gemeinden St. Aegyd/Nw. und Hohenberg. Im Jahre 1878 forderte eine Lawine vom Göller in Lahnsattel 13 Todesopfer. Von 1949 bis 1953 war hier eine russische Ortskommandantur errichtet, die die Überwachung der Demarkationslinie zur Aufgabe hatte. In den Jahren 1937, 1938, 1949, 1975, 1991 und 1997 wurde der Bezirk von Hochwasserkatastrophen heimgesucht. Es gab auch mehrere Flugzeugabstürze. Sie ereigneten sich alle im alpinen Gelände des Gippel- und Göllergebietes, was immer den zusätzlichen Einsatz der alpinen Einsatzgruppe der Gendarmerie des Bezirkes Lilienfeld erforderte.

Das Überwachungsgebiet des Gendarmeriepostens St. Veit an der Glan umfaßt 172 km² mit den Gemeindegebieten St. Veit a. d. G. und Kleinzell. Seit 20. Mai 1993 ist der Gendarmerieposten in der neuen Unterkunft etabliert.

Aufgrund der zahlreichen Motorradausflügler kommt es im Rayon St. Veit a. d. G, wo sich angeblich die schönste Motorradstrecke Österreichs befindet, immer wieder zu Verkehrsunfällen mit tödlichem Ausgang.

Der Gendarmerieposten Traisen ist für die Gemeinden Traisen und Eschenau-Rothenau zuständig und hat im Schnitt gesehen die stärkste Arbeitsbelastung im Bezirk Lilienfeld. Im Rayon gibt es auf den stark frequentierten Bundesstraßen 18 und 20 immer wieder zahlreiche Verkehrsunfälle mit tödlichem Ausgang. Auch im Kriminalsektor ist, bedingt durch die industrielle Bevölkerungsstruktur (Voest), die Arbeitsbelastung enorm.

Der Überwachungsrayon des Gendarmeriepostens Türnitz besteht aus dem Hauptort Türnitz und den Katastralgemeinden Lehenrotte. Früher führte hier die alte Wallfahrerstraße »via sacra« nach Mariazell und es waren bedeutende Industriebetriebe, wie eine Glasfabrik, zwei Sensenwerke und eine Gewehrfabrik im Gemeindegebiet ansässig. In den Jahren 1771 bis 1813 wurde in Türnitz Blei und Silber abgebaut. Heute ist Türnitz eine Fremdenverkehrsgemeinde.

Westportal der Stiftskirche Mariae Himmelfahrt. Bild: Hörmann, Werfen

Niederösterreich

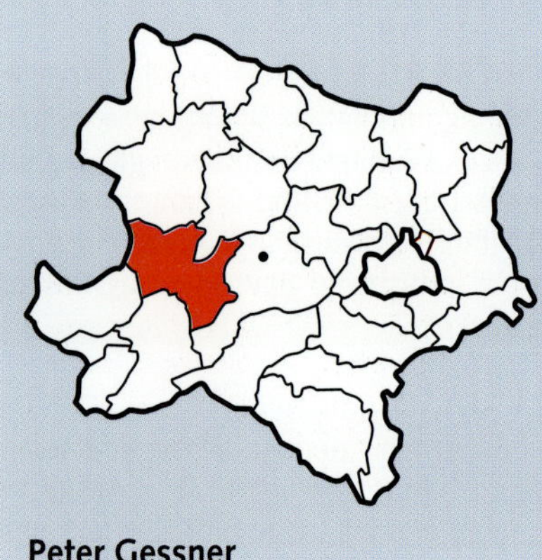

Peter Gessner

Melk

Größe in km²	*1.014*
Gemeinden:	*40*
Einwohner:	*76.000*
Anzahl der Dienststellen:	*14*
Systemisierter Personalstand:	*110*
Auf einen Exekutivbeamten entfallende Einwohner:	*690*
Bundesgrenze in km:	*–*
Autobahnen in km:	*39,9*
Bundesstraßen in km:	*43*
Landesstraßen in km:	*183,5*

Sehenswürdigkeiten Attraktionen:
Stift Melk, KZ-Gedenkstätte Melk, Stift Artstetten, Wallfahrtskirche Maria Taferl, Strafrechtsmuseum Pöggstall, Ysperklamm, Ruine Aggstein, gotischer Schnitzaltar in Mauer

Die gesamte Fläche des Bezirkes wird in annähernd gleichem Ausmaß von dem nördlich der Donau gelegenen Waldviertel und dem südlich der Donau gelegenen Mostviertel eingenommen. Der politische Bezirk Melk wurde 1896 gegründet und umfaßte damals lediglich die südlich der Donau befindlichen Gebiete, die von den angrenzenden Bezirken Amstetten, St. Pölten und Scheibbs abgetrennt wurden. Erst im Jahre 1938, mit der Auflassung des Verwaltungsbezirkes Pöggstall, gelangten die nördlichen Gebiete zum Bezirk Melk. Seit diesem Zeitpunkt und mit heutigem Stand verwalten 40 Gemeinden die Anliegen und Interessen ihrer Bürger.

Donau bestimmt die Geschichte

Ein wesentlicher Teil des Bezirkes Melk liegt im Alpenvorland südlich der Donau, der seit Jahrhunderten einen wichtigen Durchzugsraum für Menschen aller Rassen und Länder darstellte. In der Römerzeit war die Donau als natürliche Grenze gegen die Barbaren aus dem Norden von größter Wichtigkeit und demzufolge mit zahlreichen militärischen Kräften abgesichert. Melk als bekanntester Ort und römisches Castell sowie der Donauhafen bei Pöchlarn überdauerten das Chaos der Völkerwanderung genauso wie die frühmittelalterlichen Siedlungsphasen diverser Volksstämme. Entscheidend war wohl die Tatsache, daß die Babenberger die Burg auf dem heutigen Stiftsfelsen von Melk zu ihrer Residenz machten, als Ausgangspunkt für die Rückeroberung des Landes gegen die Ungarn. Die Besiedelung machte sowohl in dem landwirtschaftlich gut nutzbaren Süden als auch im eher unwirtlichen Norden Fortschritte. Die Züge der Kreuzritter forcierten die Entstehung von Städten und Märkten entlang der Donau; die ersten Urpfarren entstanden. Der Weinbau gewann an großer Bedeutung, große Grundstückskomplexe wurden gegründet. Bedeutete der Umstand, ein sog. Durchzugsraum zu sein, in Friedenszeiten durchwegs positive Aspekte, so wirkte sich dies in Zeiten von Kriegen sehr nachteilig aus. Die Bevölkerung litt stets unter dem Joch fremder Truppen, seien dies nun Türken, Bayern, Franzosen oder letztlich die russische Armee gewesen.

Klima prägt Mensch und Natur

Bedingt durch die große Nord-Süd-Erstreckung hat der Bezirk Melk Anteil an drei Großlandschaften. Im Norden liegt das dem böhmischen Massiv zuzurechnende Waldviertel, das auch teilweise in den südlichen Teil ausläuft. Gekennzeichnet durch ein eher rauhes Klima und einen kargen, nur schwer zu bearbeitenden Boden beherbergt dieser Teil einen besonderen, durch schwere Arbeit geprägten Menschenschlag. Anfangs eher verschlossen und eigenbrötlerisch wirkend, öffnen sich die Menschen bei näherem und längerem Kontakt um so bereitwilliger und entbehren wie ihre Heimat nicht eines gewissen Reizes. Im Süden liegt das Alpenvorland, mit einem schmalen Alpenteil in der Flyschzone der Voralpen, die zweite Großlandschaft des Bezirkes Melk. Hier herrschen Acker- und Grünlandwirtschaft vor, weshalb dieser Teil auch den landwirtschaftlichen Schwerpunkt des Bezirkes Melk darstellt – die Heimat des echten »Mostviertlers«. Im tiefsten Süden findet man jedoch auch ein echtes Bergbauerngebiet, das einen widerstandsfähigen, zähen und mit der Heimat verbundenen Menschen erfordert. Waldviertel und Alpenvorland werden durch die Donau getrennt. Der Nibelungengau und die Wachau, bewohnt von aus Tradition aufgeschlossenen, kontaktfreudigen Menschen, sind die dritte Großlandschaft.

Zu allen diesen verschiedenen Charakteren haben die dort Dienst verrichtenden Gendarmen das Vertrauen gewonnen und gute Kontakte aufgebaut, was sich nicht zuletzt in der hervorragenden Kriminalstatistik ablesen läßt: Von den 1998 angefallenen 742 Verbrechen konnten 466, also fast 63 Prozent und von den 2.971 Vergehenstatbeständen konnten sogar 78 Prozent aufgeklärt werden.

Mit Melk untrennbar verbunden und vom Stift Melk herrlich einzusehen, bahnt sich die Donau von West nach Ost ihren Weg. Aus dem Norden stoßen Ysper- und Weitenbach mit Nebenbächen zur Donau, aus dem Süden Ybbs, Erlauf und Melk und in ihrem Unterlauf die Pielach. Die vorhandene Möglichkeit der Nutzung der Wasserkraft wurde durch den Bau der Donaukraftwerke (DOKW) Ybbs-Persenbeug (seit 1959) und Melk (seit 1982) ermöglicht. Während der Bauarbeiten waren die zuständigen Gendarmerieposten durch die Großbaustellen, sei es durch Unfälle, Kleinkriminalität, Verkehrsmaßnahmen usw. erheblich belastet.

Hohes Verkehrsaufkommen auf den Durchzugsstraßen

Der Bezirk Melk ist sowohl für den Individual- als auch für den öffentlichen Verkehr sehr gut erschlossen. Die wichtigste Eisenbahnlinie ist zweifelsohne die Westbahn im Süden, deren nicht unumstrittener Ausbau zur Hochleistungsstrecke stetig voranschreitet. Eine Nebenlinie zweigt von Pöchlarn in das Erlauftal ab, eine weitere Nebenlinie verbindet die Erlauftalbahn mit der im Bezirk St. Pölten gelegenen Mariazellerbahn. Im Norden verläuft die Donauuferbahn als Ost-West-Verbindung.

Die wohl verkehrsmäßig wichtigste Straße im Bezirk stellt die Westautobahn, A 1 dar. Der dreispurige Ausbau dieser Autobahn wird aufgrund des sich ständig steigernden Fahrzeugverkehrs unumgänglich sein. Als annähernd parallel verlaufende und einzige Alternative zur A 1 hat die Bundesstraße 1 zwischen Blindenmarkt und Loosdorf für den Bezirk immer noch erhebliche Bedeutung. Die Verbindung ins Waldviertel erfolgt im Norden durch die Bundesstraße 36 ins Yspertal und die Bundesstraße 216 nach Pöggstall. Die Bundesstraße 3 entlang der Donau hat ihre Bedeutung als Verbindung zwischen Oberösterreich und der Wachau. Die Fahrt in den Süden erfolgt über die Bundesstraße 25 nach Scheibbs und die Bundesstraße 215 in den Raum Markt St. Leonhard.

Das hohe Verkehrsaufkommen spiegelt sich auch in der Verkehrsstatistik wider. Insgesamt waren im Beobachtungszeitraum 1998 1.970 Verkehrsunfälle. Dabei kamen 15 Menschen ums Leben, 456 wurden verletzt.

Wirtschaft, Arbeitsplätze

Die Bevölkerung des Bezirkes bestreitet ihren Lebensunterhalt überwiegend aus diversen Erwerbstätigkeiten in nicht landwirtschaftlichen Betrieben. Die Landwirtschaft würde zwar grundsätzlich gute Voraussetzungen vorfinden, jedoch ist das Interesse, diesen Wirtschaftszweig im Bezirk zu erhalten bzw. zu vergrößern als eher gering zu bezeichnen. Man versucht zwar immer wieder Industriebetriebe anzusiedeln, was in Anbetracht der angespannten Wirtschaftslage sehr schwierig ist. Die bedeutendsten Firmen sind der Möbelerzeugungsbetrieb Sonnenmöbel in Marbach, die Druckerei Gradwohl in Melk und der holzverarbeitende Betrieb Schweighofer in Ybbs. Durch den Mangel an Arbeitsplätzen ist eine überdurchschnittliche Pendlertätigkeit der Bevölkerung gegeben. Selbst die größeren Gemeinden und Städte im Bezirk können keine Arbeitsplätze in ausreichender Zahl schaffen, um so die Menschen im und für den Bezirk einzusetzen.

Ein wichtiger Eckpfeiler der Wirtschaft ist der Fremdenverkehr. Mit dem »Publikumsmagneten« Stift Melk, den Donauradwegen, einem wertvollen Erholungswert vor allem im Norden des Bezirkes, können realistische und durchaus auch positive Zukunftsprognosen erstellt werden. Für die Gendarmerie bringt dieser Massentourismus erhöhte Arbeitsaufkommen für alle Einsatzbereiche.

Seit 1850 Gendarmerie im Bezirk

Die Aufzeichnungen der Bundesgendarmerie im Bezirk Melk reichen bis in das Jahr 1850 zurück. Die Kommandostrukturen mußten aufgrund unterschiedlicher Bedürfnisse wiederholt verändert werden. Durch beide Weltkriege arg geschwächt gelang nach dem Jahre 1945 ein kontinuierlicher Aufbau. Das Jahr 1971 stellt sich als das wichtigste Jahr in der Geschichte der Bundesgendarmerie für den Bezirk dar. Das zunächst in Pöggstall errichtete Bezirksgendarmeriekommando wurde aufgelöst und dessen Agenden dem Bezirksgendarmeriekommando Melk übertragen. Damals gab es 17 Gendarmerieposten mit insgesamt 111 Beamten. Wie die Geschichte zeigt, hat sich die Zahl der Beamten kaum verändert. Im Zuge des Dienststellenstrukturkonzeptes fielen jedoch drei Dienststellen dem Sparstift zum Opfer.

Heute versehen in drei Sektorenbereichen 110 Beamte auf insgesamt 14 Dienststellen (BGK Melk, GP Altenmarkt, Yspertal, Erlauf Klein-Pöchlarn, Loosdorf, Mank, Marbach/Donau, Melk, Neumarkt-Ybbs, Persenbeug, Pöchlarn, Pöggstall, St. Leonhard/Forst, Ybbs-Donau) ihren Dienst. Im Verwaltungsbezirk Melk sind zudem noch eine Verkehrsabteilung-Außenstelle in Melk sowie eine Schulungsabteilung-Außenstelle in Ybbs/Donau etabliert.

Für die für die Sicherheit Verantwortlichen im Bezirk Melk ergeben sich unter anderen folgende sicherheitspolizeiliche Schwerpunkte:

Verkehr – die Anzahl der Fahrzeuge entlang den Transitrouten wird sich voraussichtlich weiter erhöhen. Ausgleichende Maßnahmen sind gefragt und werden in Angriff genommen. Die Verkehrsüberwachung samt den geforderten Alkoholkontrollen (1998 waren 55 Unfälle mit alkoholisierten Lenkern zu verzeichnen, 242 Lenker mußten das »rosa Papier« abgeben) wird weiterhin ein Eckpfeiler der Tätigkeit der Gendarmerie im Bezirk sein.

Suchtgift – bedingt durch die Etablierung von einigen Diskotheken im Bezirk und dem teilweise sorglosen Umgang mit Suchtmitteln vor allem unter den Jugendlichen ergaben und ergeben sich für die Gendarmerie zahlreiche Anlässe (1998 allein 377 Anzeigen) zum Einschreiten.

Sonstige Kriminalität – der Bevölkerungszuwachs in den Ballungszentren sowie der Tourismus mit allen unerwünschten Begleiterscheinungen lassen auf weitere »Beschäftigung« der Gendarmerie für die nächsten Jahre schließen.

Ereignisse, die die Bevölkerung erschütterten

Am 21. August 1976 wurden bei einem Autobusunglück in Aggsbach acht Menschen getötet und 43 zum Teil schwer verletzt.

Einen grauenhaften Mord gab es am 19. Mai 1983 in Wolfsmuth, wobei der Täter eine Frau mit der Axt durch mehrere Hiebe niederstreckte und tötete. Den Beamten gelang es, den Mann auszuforschen. Er wurde zu einer langjährigen Gefängnisstrafe verurteilt.

Weitere Gewaltdelikte gab es mit einem Mord in der Gemeinde Gretzenbach (1989) sowie einem Mordversuch an dem Bürgermeister von Marbach/Donau (1990), wobei der Täter nach der Tat Selbstmord beging.

Ein schweres Eisenbahnunglück ereignete sich am 13. Februar 1993 auf der Westbahn bei Melk. Damals wurden drei Menschen getötet, sieben schwer und 14 leicht verletzt.

Ein Flugzeug stürzte am 12. Mai 1996 im Raum St. Oswald ab. Dabei fanden vier Menschen den Tod.

Das Benediktinerstift Melk, erbaut von Jakob Prandtauer, wurde 1728 vollendet und ist Wahrzeichen des Bezirkes. *Bild: Alpine Luftbild, Innsbruck*

Friedrich Pitsch

Mistelbach

Größe in km²	*1.300*	
Gemeinden:	*40*	
Einwohner:	*78.000*	
Anzahl der Dienststellen:	*19*	
Systemisierter Personalstand:	*278*	
Auf einen Exekutivbeamten entfallende Einwohner:	*251*	
Bundesgrenze in km:	*97*	
Autobahnen in km:	*–*	
Bundesstraßen in km:	*157*	
Landesstraßen in km:	*572*	

Sehenswürdigkeiten Attraktionen:
Ruine Falkenstein, Ruine Staatz, Schloß Asparn/Zaya

Der Bezirk Mistelbach liegt im nordöstlichen Viertel von Niederösterreich und erstreckt sich von der Grenze zur tschechischen Republik bis vor die Tore Wiens. Im Osten bildet die Thaya die Grenze zu Tschechien.

Mistelbach liegt in jenem Teil des Weinviertels, der vom Manhartsberg nach Osten verlaufend ein 200 bis 400 m hoch gelegenes, leicht welliges Sand-und Mergelhügelland darstellt und im Norden durch die Laaer Ebene abgegrenzt wird. Östlich von diesem Hügelland erheben sich wurzellose Inselberge. Diese isolierten Erhebungen, wie die Leiser Berge, die Staatzer Klippe, und die Falkensteiner Berge bestehen zumeist aus Kalk. Im Osten dieses Klippenzuges setzt sich das Hügelland fort und geht im Süden über das Zayatal ins Marchfeld über.

Geschichte

Die frühesten wissenschaftlich nachgewiesenen Besiedlungsspuren im Verwaltungsbezirk Mistelbach reichen von der ältesten Wallburg Mitteleuropas in Höhenlage am sogenannten Schanzboden zu Falkenstein, über die Siedlung der Linearbandkeramik-Kultur in Poysdorf bis hin zum frühgeschichtlichen Riesengrabhügel Schmalzberg beim Rothenseehof im Gemeindegebiet von Laa/Thaya.

Der Ort Mistelbach im Herzen des östlichen Weinviertels wird erstmals um 1130 urkundlich erwähnt. Im Jahre 1340 vererbten die Herren von Mistelbach das Gericht an die Kuenringer mit dem Sitz in Seefeld, die sich schon damals mit der Einführung einer Maut eine fortlaufende Einnahmsquelle verschafften. Um 1370 wurde der ursprünglich königliche Besitz der Herrschaft Wilfersdorf den Fürsten Liechtenstein zugeschlagen. Sehenswert ist die hochgelegene gotische Pfarrkirche aus dem 15. Jahrhundert mit dem mächtigen Turm und das daneben liegende romanische Beinhaus (Karner).

Die heutige Bezirkshauptstadt zählt rund 10.200 Einwohner und beheimatet alle wichtigen Behörden. Mistelbach ist auch das Schulzentrum des Bezirkes.

Im Laufe der Zeit war der Bezirk Mistelbach immer wieder von verschiedenen kriegerischen Einflüssen arg betroffen, ob es nun die Kreuzzüge gegen die Hussiten, die Auswüchse des 30jährigen Krieges, die Schwedeneinfälle unter Torstenson, die Kuruzzen und Türken, oder die französischen Armeen gegen die österreichische Erbmonarchie waren.

Mit Ende des Zweiten Weltkrieges kam die deutsch-sowjetische Heereshauptkampflinie im April 1945 auf Höhe Laa – Stronsdorf – Patzmannsdorf – Stockerau zum Stillstand.

Nicht nur der Weinanbau bestimmt das Leben im Weinviertel

Der Haupterwerbszweig der hier ansässigen Bevölkerung liegt überwiegend im landwirtschaftlichen Bereich und erstreckt sich auf den Getreide- und Weinanbau. Die Landmaschinenindustrie konnte sich im 20. Jahrhundert marktführend entfalten (Fuhrmann-Anhänger, Wottle-Weinpressen usw.). In den sechziger Jahren etablierten sich die Nebenerwerbslandwirte sehr stark. Der heute integrierte und kontrollierte Umweltschutz im Agrarbereich mit Alternativanbauten veränderte aber die landwirtschaftliche Betriebsstruktur wesentlich.

Von besonderer Bedeutung für den Bezirk sind die Zitronesäureerzeugung und das Kabelwerk Gebauer & Griller. Von den üblichen Dienstleistungsbetrieben unserer Gesellschaft im Bezirk abgesehen, muß die Bevölkerung überwiegend zum Arbeitsmarkt in den Großraum Wien pendeln.

Alte Verkehrswege

Durch Handelsreisen im Mittelalter entstanden Fernverkehrswege, wie Bernsteinstraße, Alte Nikolsburgerstraße, Alte Laaerstraße und Staatzer Weg, die noch heute neuralgische Verkehrsknotenpunkte in Mistelbach, Wolkersdorf, Poysdorf und Laa darstellen.

Die Alte Nikolsburgerstraße, auch als Kaiserstraße und später als Brünner Reichsstraße bekannt, erinnert noch an die Zeit des Pferdefuhrwerkbetriebes. Das an der Landstraße (heute Bundesstraße 7) nördlich von Wolkersdorf stehende Kasernenwirtshaus ist noch Zeugnis dieser Zeit. Eine dort stationierte Kavallerieeinheit hatte über die Sicherheit der Reisenden zu wachen, weil es sich dort seit der Schwedenzeit unter Torstenson, bis zur Zeit Maria Theresias, und später unter dem berüchtigten Grasel, um eine gefürchtete Raubgegend gehandelt hatte.

Heute ist dieser Straßenzug als Europastraße die wichtigste Fernverkehrsader zwischen Wien und Brünn. Die Verkehrsdichte auf der im Bezirk Nord-Süd verlaufenden Bundesstraße liegt bei 20.000 Fahrzeugen pro Tag.

Arm an Sehenswürdigkeiten, reich an landschaftlichen Impressionen

Als Attraktionen sind im Bezirk die Burgruine Falkenstein als bedeutendste Grenzfestung und die von den Schweden zerstörte Burg Staatz, das Schloß Asparn an der Zaya mit dem Urgeschichtlichen Museum sowie die Heimatmuseen Laa/Thaya, Wolkersdorf und Poysdorf mit dem Weinlehrpfad besonders hervorzuheben.

Jene, die schwärmerisch und verliebt die Natur sehen, werden an den sanften Sandhügelgebieten mit ihren parademäßigen Weinbaufluren und dem an die Jahreszeiten angepaßten Farbenspiel der Getreide-, Raps- und Sonnenblumenfelder besonderen Gefallen finden.

Die Weinkellergassenidylle und die dort zu findenden alten Kellergewölbe laden ein.

150 Jahre Sicherheitsdienst im Grenzbereich

Im Jahre 1850 wurde in »Poisdorf« ein Gendarmeriezug errichtet, der im Gendarmerieregiment Nr. 1 dem 3. Flügel angehörte. Zu diesem Zug, der 1854 nach Mistelbach verlegt wurde, gehörten 1869 die Posten Poisdorf, Laa und Wolkersdorf.

Seit Bestehen der Gendarmerie zeigten die Gendarmen in Zeiten, in denen Lebensmittel knapp waren und die Not in der Bevölkerung vorherrschte, besonderes Geschick in der Pflichterfüllung. Schwarz- und Schleichhandel, Hamsterkäufe, Plünderungen, Einbruchsdiebstähle und Raubüberfälle galt es zu bekämpfen.

Daß schon vor der Jahrhundertwende der koordinierte Kriminaldienst auf Bezirksebene als notwendig erkannt worden war, zeigte die Vorgangsweise im Falle der Ermordung des Coburgschen Hegers Johann Brandl, der im Jahre 1894 von Wildererhand erschossen worden war. Der damalige Bezirksgendarmeriekommandant Wachtmeister Josef Wrba entsandte sofort Streifenpatrouillen des Bezirkspostens Mistelbach sowie der Nachbarposten Poisdorf und Böhmischkrut. Der Täter konnte ausgeforscht und der gerechten Strafe zugeführt werden.

Der Staatsvertrag von Saint-Germain brachte für die Erste Republik veränderte Staatsgrenzen. Der Bezirk Mistelbach war davon ebenfalls betroffen. Feldsberg (Valtice), als Gerichtsbezirk des politischen Bezirkes Mistelbach mit Eisgrub (Sedlice) und Nikolsburg (Mikulov) fielen mit drei Gendarmerieposten an die damalige Tschechoslowakei.

Nach 1945 war zur Sicherung der Staatsgrenze die Errichtung einer Grenzgendarmerie mit einem eigenen Grenzbezirksgendarmeriekommando notwendig geworden. Diese Einrichtung blieb bis zum Abschluß des österreichischen Staatsvertrages im Jahre 1955 erhalten.

In der Zeit zwischen 1945 und 1996 wurden im Bezirk 41 vorsätzliche Tötungsdelikte geahndet. Interessant ist, daß bei 17 Tathandlungen eine Schußwaffe im Spiel war, wobei anzumerken ist, daß von 1945 bis 1955 (sowjetische Besatzung) 20 Tötungsdelikte, davon neun mit der Schußwaffe, begangen wurden.

Öffnung der Ostgrenze – krimineller europäischer Ost-West-Trail durch den Bezirk

Nach der Grenzöffnung zur damaligen Tschechoslowakai im Jahre 1989 wurde es notwendig, im Bezirk zur Überwachung der beinahe 100 km langen Bundesgrenze (zum Teil Flußgrenze – Thaya) einen Grenzüberwachungsdienst einzurichten. Mit der Errichtung der Grenzüberwachungsposten Laa/Thaya und Katzelsdorf sowie der Grenzkontrollstellen Drasenhofen und Schrattenberg wurden die Voraussetzungen für einen sicheren Grenzdienst im Sinne der Bestimmungen des Schengener Abkommens im Bezirk geschaffen.

Der politische Umbruch in Osteuropa war vom Anbeginn mit dem Virus mafioser Aktivitäten und der organisierten Kriminalität infiziert. Eine der Routen der europaweit organisierten Kriminalität ist Brünn–Wien mit dem nachvollziehbaren Weg über den Bezirk Mistelbach.

Organisierte Tätergruppen schleppen Staatsbürger östlicher Nationalitäten nach und durch Österreich. Allein im Jahr 1998 wurden 1.138 illegale Personen von Gendarmeriebeamten des Bezirkes Mistelbach aufgegriffen.

Ein besonderer Schlag gegen die organisierte Kriminalität gelang 1998 im Bezirk, als zwei Täter mit gestohlenen Kfz an der grünen Grenze verhaftet wurden. Den beiden Tschechen konnten 40 Kfz-Diebstähle nachgewiesen werden. Einer der Täter verübte Selbstmord.

Die Grenznähe schlägt sich einerseits auf die Kriminal- und andererseits auf die Verkehrsunfallstatistik nieder. Im Beobachtungszeitraum 1998 mußten die Beamten 2.967 Verkehrsunfälle bearbeiten. Bei diesen Verkehrsunfällen wurden 12 Menschen getötet und 550 verletzt. Aus diesen Zahlen ist die enorme Belastung der Gendarmen am Verkehrssektor erkennbar. Ebenso sprechen die Zahlen der Kriminalstatistik eine deutliche Sprache. 500 Verbrechen und 2.287 Vergehen sind 1998 angefallen. Davon konnten von den ersteren Delikten 139 und von den Vergehen 1.340 geklärt werden. Wegen Übertretungen nach den Verwaltungsgesetzen mußten im Beobachtungszeitraum rund 6,8 Mill. Schilling eingehoben werden, womit in dieser Hinsicht der Bezirk Mistelbach Spitzenreiter im gesamten Niederösterreich ist.

Das raumgreifende Konzept der Bundesgendarmerie, das nicht nur eine Überwachung direkt an der grünen Grenze und an den offiziellen Grenzübergängen, sondern auch Kontrollen im Hinterland vorsieht, schafft Voraussetzungen den neuen Gegebenheiten Herr zu werden. Dazu ist aber auch eine Spezialisierung einzelner Beamter in verschiedensten Fachrichtungen, koordiniert mit überörtlichen Kriminal-, Verkehrs- und Fahndungsdiensten, erforderlich. Der menschliche Einsatz und der Einsatz von modernstem technischen Gerät wie Wärmebildbusse, Nachtsichtgeräte und Paßlesegeräten unter Ausschöpfung des Schengener Informationssystemes, sind Garanten dafür, daß jeder Art von der Kriminalität erfolgreich entgegengetreten und dem Bezirk Sicherheit geboten werden kann.

Burgruine Falkenstein; die bedeutendste Festung des Grenzlandes stammt aus dem 12. Jahrhundert.

Bild: Alfred Gepperth

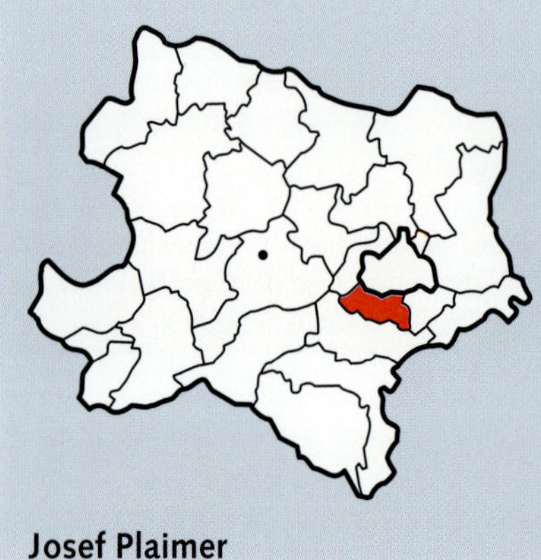

Josef Plaimer

Mödling

Größe in km²	*276,97*	**Sehenswürdigkeiten Attraktionen:**
Gemeinden:	*20*	Schloß Laxenburg,
Einwohner:	*113.000*	Burg Perchtoldsdorf,
Anzahl der Dienststellen:	*13*	Burg Liechtenstein in
Systemisierter Personalstand:	*238*	Maria-Enzersdorf,
Auf einen Exekutivbeamten entfallende Einwohner:	*475*	Seegrotte in Hinterbrühl
Bundesgrenze in km:	*–*	
Autobahnen in km:	*29,173*	
Bundesstraßen in km:	*65,434*	
Landesstraßen in km:	*154,082*	

Der Bezirk Mödling ist flächenmäßig der kleinste Verwaltungsbezirk im Bundesland Niederösterreich. Er grenzt im Norden an die Bundeshauptstadt Wien, im Süden und Westen an den Verwaltungsbezirk Baden und im Osten an den Bezirk Wien-Umgebung an. Trotz seiner bescheidenen Fläche zählt der Bezirk – durch die Stadtnähe von Wien und seiner städtischen Strukturen – zu den für die Gendarmerie arbeitsintensivsten Bezirken Niederösterreichs.

Gemütliche Heurigenorte und kulturelle Sehenswürdigkeiten

Der Bezirk Mödling beherbergt auch einen der weltberühmtesten Heurigenorte, nämlich Gumpoldskirchen. Im seinem östlichen Teil, in Laxenburg, weist das gerne als Ausflugsziel gewählte Schloß Laxenburg auf die geschichtliche Bedeutung dieses Bezirkes hin. Im Schloß Laxenburg ist auch das Internationale Institut für angewandte Systemanalyse IIASA etabliert. Als Sehenswürdigkeiten des Bezirkes wären noch die Burg Perchtoldsdorf und die Burg Liechtenstein im Gemeindegebiet von Maria-Enzersdorf zu erwähnen. Die Seegrotte im Gemeindegebiet von Hinterbrühl stellt einen der größten unterirdischen Seen Mitteleuropas dar. Es handelt sich dabei um ein aufgelassenes Gipsbergwerk mit Wassereinbruch, das während der Nazi-Diktatur zur Produktion von Fliegerbestandteilen verwendet wurde.

Durch den Kulturtourismus weniger aber durch die vielen Heurigen mehr belastet ist die Gendarmerie, wobei dem Bereich »Alkohol am Steuer« ein besonderes Augenmerk geschenkt wird.

Bezirkshauptstadt Mödling

Die Bezirkshauptstadt Mödling geht auf eine Slawensiedlung im 6. Jahrhundert zurück. 1252 erhielt der Ort das Marktrecht, 1529 zerstörten die Türken den Ort, der sich jedoch bald erholte und 1875 zur Stadt erhoben wurde. Heute ist die Stadt, mit den malerisch zerklüfteten Kalkfelsen seiner Umgebung und ihren mehr als 21.000 Einwohnern, Zentrum aller Behörden und Institutionen und eine bedeutende Schulstadt; in Mödling befinden sich die größte HTL Österreichs, die Gendarmeriezentralschule und alle sonstigen Schultypen. Tausende Schüler, die täglich in die Stadt einpendeln, sind für den Dienstbetrieb der Gendarmerie ein eigener Bereich. Die täglichen Schulwegsicherungen sind ebenso wichtig wie die Verkehrserziehung und Suchtgift-Prävention durch speziell geschulte Beamte.

Gendarmerie im Strudel geschichtlicher Ereignisse

Die Geschichte des Bezirkes Mödling in den vergangenen 100 Jahren ist, wie sich aus den noch erhaltenen Chroniken nachvollziehen läßt, eng mit jener der Entwicklung der Gendarmerie und der Rechtsprechung von Österreich verbunden. Das Bezirksgendarmeriekommando Mödling mit seiner inneren Gliederung wurde erstmalig 1897 erwähnt. Damals umfaßte der Bezirk ein wesentlich größeres Gebiet als heute und erstreckte sich auch auf den Gerichtsbezirk Ebreichsdorf und Teile des heutigen Bezirkes Wien-Umgebung. Auch in den Anfängen der für die Gendarmerie Mödling historischen Nachvollziehbarkeit gab es schon aufsehenerregende Straftaten, so zum Beispiel am 6. August 1915 in Deutsch-Brodersdorf, als ein Soldat einen mehrfachen Mord verübte und dafür von einem Militärgericht zum Tode verurteilt und hingerichtet worden war. Ab dem Jahr 1923 war die sicherheitsdienstliche Aufgabenbewältigung der Gendarmerie des Bezirkes einerseits von Zusammenstößen zwischen Nationalsozialisten und Sozialdemokraten bzw. Kommunisten und andererseits von Auseinandersetzungen zwischen Angehörigen der Heimwehr und des Republikanischen Schutzbundes gekennzeichnet, die am 20. Mai 1925 im Bezirk das erste Todesopfer forderten.

Anläßlich des Ausganges des Schattendorfer Prozesses kam es im Raum Mödling zu umfangreichen Arbeiterdemonstrationen, die schließlich in Sachbeschädigungen endeten und bei denen die Gendarmerie zwischen den Fronten stand und nur durch ihr besonnenes Einschreiten Vorfälle wie in Wien (Justizpalastbrand) verhindern konnte.

In den Folgejahren nahmen die Auseinandersetzungen zwischen Angehörigen der Heimwehr und dem Republikanischen Schutzbund an Intensität und Umfang zu, und es mußten zur Unterbindung gegenseitiger Feindseligkeiten am 29. September 1929 in Mödling neben allen verfügbaren Gendarmeriekräften auch Wiener Gemeindepolizisten und das Bundesheer eingesetzt werden. Bei solchen Einsätzen der Exekutive kam es nicht selten zur Anwendung des Bajonettes.

Unter dem Hakenkreuzsymbol

Am 11. März 1938, anläßlich der Machtübernahme der Nazis in Österreich, wurde um 07.05 Uhr für die Gendarmeriekräfte des Bezirkes und für die Gemeindepolizei von Mödling Alarm angeordnet. Die Frontmiliz wurde entwaffnet, die Waffen wurden von der Gendarmerie an Verbände der SS und SA übergeben. Ab dem Folgetag hatten die Gendarmerie- und Gemeindepolizeieinheiten auf ihren Uniformen Armbinden mit Hakenkreuzsymbolen zu tragen. Die Vereidigung auf Adolf Hitler erfolgte am 16. März 1938. Mit 15. Oktober 1938 fand die Eingemeindung Mödlings und anderer Randgemeinden in die Stadt Wien statt. Die Gendarmerie und die Gemeindepolizei wurden dem Kommando der Schutzpolizei Wien unterstellt. Die Bezirkshauptmannschaft Mödling wurde in Bezirkshauptmannschaft für den 24. Wiener Gemeindebezirk umbenannt. Ab dem 15. März 1939 wurden im Großraum Mödling die Gendarmeriestation Mödling und die Gemeindepolizei Mödling aufgelassen, den Sicherheitsdienst besorgte das 81. Polizeirevier. Die Beamten der Gendarmerie und der Gemeindepolizei wurden zur Wiener Polizei übernommen. Die Agenden der Bezirkshauptmannschaft wurden gleichfalls zum größten Teil dem 81. Polizeirevier übertragen.

»Wiedergeburt« nach dem Zweiten Weltkrieg

Auf Grund des Bundesverfassungsgesetzes vom 26. Juli 1946, Bundesgesetzblatt Nummer 110/54, wurden mit 1. September 1954 ein Großteil der an Wien abgetretenen Gebiete wieder in den niederösterreichischen Landesverband eingegliedert und der Verwaltungsbezirk mit dem Gerichtsbezirk gleichgestellt.

Das Bezirksgendarmeriekommando Mödling bildete sich organisatorisch aus Teilen des Bezirkspolizeikommissariates Mödling und des Bezirkspolizeikommissariates Liesing. Wegen eines Einspruches der russischen Besatzungsmacht konnte in der Stadt Mödling selbst der Sicherheitsdienst erst am 26. Oktober 1955 übernommen werden.

120.000 Besucher mit 48.000 Fahrzeugen stürmen Einkaufszentren

Trotz seiner flächenmäßig kleinen Ausdehnung kennzeichnen diesen Bezirk zahlreiche Besonderheiten, die auch auf sicherheitsdienstlichem Gebiet ihren Niederschlag finden. So liegt beispielsweise im Bezirk Mödling die Shopping-City-Süd mit Spitzenzahlen an Besuchern bis zu 120.000 Personen und bis zu 48.000 Fahrzeugeinfahrten pro Tag. Verbunden mit dem Multiplex-Konzern stellt die SCS das größte zusammenhängende Einkaufszentrum Mitteleuropas dar. Dieses Einkaufszentrum erstreckt sich fast bis zur Stadtgrenze Wien und geht im Süden in das Industriezentrum-Süd über, das sich bis Guntramsdorf ausdehnt.

Die Folgejahre bis hin in die jüngste Vergangenheit prägten den Bezirk Mödling wegen der Großstadtnähe zu Wien einerseits durch eine kontinuierliche Zunahme an Kriminalität, andererseits durch ein enormes Ansteigen des Individualverkehrs.

Wissenschaftliche Untersuchungen haben ergeben, daß es im Bezirk Mödling in den vergangenen Jahren besonders zu einer Anhäufung an Tötungsdelikten gekommen ist und der Bezirk Mödling österreichweit eine Spitzenposition einnimmt.

Stellvertretend für eine Vielzahl an spektakulären Kriminalfällen im Bezirk soll die am 12. November 1988 angelaufene Fahndung nach dem des Mordes und zahlreicher Raubüberfälle überführten Johann Kastenberger erwähnt werden, die sich über mehrere Tage hindurch auf den Bezirk Mödling erstreckte und an der ca. fünfhundert Exekutivbeamte beteiligt waren. Der Verdächtige konnte schließlich dermaßen in die Enge getrieben werden, daß er aus dem Bezirk Mödling flüchtete. Er wurde von einer Polizeistreife auf der Westautobahn bei St. Pölten gestellt und erschossen.

Trotz großstädtischem Charakter – hohe Aufklärungsquote

Für die 13 Gendarmeriedienststellen des Bezirkes Mödling ergibt sich ein breites Spektrum an Tätigkeiten, die mit den jeweiligen rayonsspezifischen Gegebenheiten eng zusammenhängen. Am stärksten im Bezirk Mödling sind die Gendarmerieposten Vösendorf und Wiener Neudorf, also jene Dienststellen, in deren Überwachungsbereich die Shopping-City-Süd und der Multiplex-Konzern liegen, belastet. Nach Öffnung der Ostgrenzen kam es hier zu einem explosionsartigen Ansteigen an Kriminalität, insbesondere in den Deliktsformen Diebstahl, gewerbsmäßiger und räuberischer Diebstahl sowie Kreditkartenbetrug.

Am 1. September 1998 bezogen; Wiener Neudorf wird der modernste Gendarmerieposten im Bezirk Mödling. *Bild: BGK Mödling*

Insgesamt wurden von den 13 Gendarmerieposten des Bezirkes in den vergangenen Jahren rund 13.000 gerichtlich strafbare Handlungen pro Jahr bearbeitet – im vergangenen Jahr 1998 konnte bei 12.967 angezeigten Verbrechen und Vergehen die Aufklärungsquote auf mehr als 64,2 Prozent angehoben werden. Die erwähnte Aufklärungsquote ist insofern bemerkenswert, als die meisten Gendarmerieposten des Bezirkes Mödling in ihren Rayonen großstädtischen Charakter haben.

Im Bereich des Multiplex-Konzernes, in dem die UCI-Kinowelt mit neun Kinoräumen, zahlreichen Lokalen, Geschäften und die Großraumdiskothek »A-2-Südpol« untergebracht sind, mußten die Beamten des GP Wiener Neudorf in den letzten beiden Jahren vermehrt auch wegen Straftaten nach dem Suchtmittelgesetz (1998 127 Anzeigen) einschreiten.

Für den Gendarmerieposten Laxenburg, in dessen Überwachungsbereich sich die IIASA befindet, ergeben sich insbesondere auch umfangreiche staatspolizeiliche Agenden zur Gewährleistung des Schutzes und der Sicherheit des Forschungspersonals – meist international tätige Wissenschafter mit diplomatischem Status.

Enormer Verkehr fordert viele Todesopfer

Ähnlich der sicherheits- und kriminalpolizeilichen Situation prägt die Großstadtnähe zu Wien auch das Verkehrsgeschehen. Bei Erliegen des Verkehrs auf den Autobahnen A 2 und A 21 nach Unfällen oder infolge Verkehrsüberlastung kommt auch auf dem untergeordneten Straßennetz des Bezirkes Mödling der Verkehr weitgehend zum Erliegen. Das enorme Verkehrsaufkommen schlägt sich 1998 in der Statistik mit 5.803 Verkehrsunfällen nieder, wobei 11 Menschen ums Leben kamen und 964 verletzt wurden. Bei 69 Verkehrsunfällen war Alkohol im Spiel. Dem »Alkohol am Steuer« gilt ebenfalls besonderes Augenmerk. 349 Lenker mußten 1998 in diesem Zusammenhang ihren Führerschein abgeben.

Pro Jahr erstatten die Gendarmerieposten des Bezirkes ca. 27.500 Verwaltungsanzeigen, erlassen ca. 31.000 Organstrafverfügungen und heben dabei für die Bezirkshauptmannschaft Mödling Geldbeträge in der Höhe von ca. 8 Mill. Schilling ein.

Mit dem weiteren Ausbau der Industrie-, Geschäfts- und Veranstaltungszentren in den Gemeinden Vösendorf, Wiener Neudorf, Laxenburg, Biedermannsdorf und Guntramsdorf werden in den kommenden Jahren neue polizeiliche Aufgaben an die Gendarmeriekräfte des Bezirkes herangetragen werden, die es gemeinsam zu bewältigen gilt. Letztlich soll auch die traditionell gute Zusammenarbeit mit den Beamten der Wiener Polizei nicht unerwähnt bleiben.

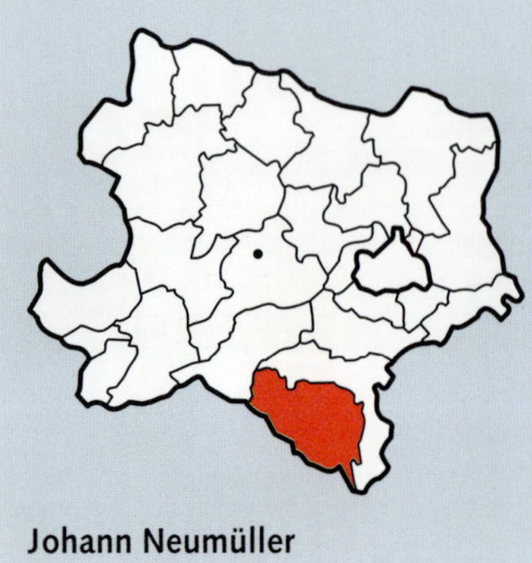

Johann Neumüller

Neunkirchen

Größe in km²	*1.146,07*
Gemeinden:	*44*
Einwohner:	*91.811*
Anzahl der Dienststellen:	*13*
Systemisierter Personalstand:	*140*
Auf einen Exekutivbeamten entfallende Einwohner:	*656*
Bundesgrenze in km:	*–*
Autobahnen in km:	*93,739*
Bundesstraßen in km:	*158,216*
Landesstraßen in km:	*448,100*

Sehenswürdigkeiten Attraktionen:
Ghega-Bahn über den Semmering (Südbahn), Zahnradbahn auf den Hochschneeberg, Hermannshöhle (Tropfsteinhöhle) in Kirchberg am Wechsel, Höllental, Adlitzgräben, Wallfahrtskirche Maria Schutz

Bezirk der Gegensätze

Der Bezirk Neunkirchen ist geprägt von landschaftlichen Gegensätzen: findet sich im Nordosten als Bezirksgrenze zu Wiener Neustadt das weitläufige Steinfeld als Teil des Wiener Beckens, so erhebt sich gegen Norden hin die eindrucksvolle »Felsmauer« der Hohen Wand und gegen Westen die gewaltigen Ausläufer der Ostalpen, die als »Hausberge der Wiener« bekannten Gipfel des Schneeberges und der Rax. An diese letzten Bastionen der Alpen schmiegt sich der Semmeringpaß (980 m), der gegen Südwesten hin in das Sonnwendgebiet übergeht und sich nahtlos in die reizvollen Höhenzüge des Wechselgebietes und der im Südosten lagernden Buckligen Welt anschließt.

Der Schneeberg ist mit seinem 2.076 Meter hohen Gipfel Klosterwappen der höchste Berg Niederösterreichs. Durch das Höllental der Schwarza ist das Plateau der Rax vom Schneeberg getrennt. Beide versorgen mit ihren zahlreichen Wasserreservoirs mit der 1. Wiener Hochquellenwasserleitung die Millionenstadt Wien. Die beiden Flußläufe Schwarza und Pitten, die sich auf ihren Wegen im Bezirk Wiener Neustadt zur mächtigen Leitha vereinen, teilen den Bezirk in zwei Zentralräume, nämlich in das Schwarzatal von Schwarzau am Steinfeld bis nach Schwarzau im Gebirge und in das Pittental, welches von Grimmelstein bis nach Pitten reicht.

Das Zentrum der Region bildet die Bezirkshauptstadt Neunkirchen. Mit ihren herrlichen Renaissance- und Barockhäusern zeigt sich die Stadt heute als Verwaltungszentrum sowie als Schul- und Einkaufsstadt. Im Jahre 1920 zur Stadt erhoben, ist Neunkirchen Ausgangspunkt für die zahlreichen Sehenswürdigkeiten der Region.

Das industrielle Zentrum des südlichen Niederösterreichs

Ausgrabungen im Raume Neunkirchen lassen ab ca. 500 bis 400 v. Chr. auf eine Besiedelung durch die Kelten schließen. Zahlreiche römische Funde bekräftigen die Vermutungen, daß sich in diesem Raum eine nicht unbedeutende römische Besiedelung befunden haben dürfte. Eine Bestätigung findet man vor allem in der »Lapidea platea«, der Blätterstraße, die noch zwischen Neunkirchen und Bad Fischau zu erkennen ist und Teil einer Römerstraße war, die einst von Wien nach Neunkirchen führte. Urkundlich erstmals 1094 erwähnt, gewann Neunkirchen Bedeutung als Münzstätte. Im 16. Jahrhundert kam es unter den Grafen der Familie Hoyos wieder zu einer länger einsetzenden Hochblüte. Die Industrialisierung brachte der Region im 19. Jahrhundert einen erneuten Aufschwung. Die Vielzahl an Fabriken, die sich entlang des Schwarza- und Pittentales ansiedelten, machten den Bezirk zum großen industriellen Zentrum im südlichen Niederösterreich.

Den Höhepunkt der industriellen Entwicklung erlebte die Region rund um Neunkirchen und Ternitz wohl Mitte der 1970er Jahre, als die Stahlproduktion in Ternitz und die Reifenerzeugung in Wimpassing das Leben der Bürger dominierte. Aber auch die Papierindustrie entlang des Pitten- und des Höllentales war weit über die Bezirksgrenzen hinaus bekannt. Der schrittweise Zerfall der verstaatlichten Industrie und die fortschreitende Liberalisierung des Arbeitsmarktes wirkte sich fatal auf die Beschäftigungssituation aus. Dies zeigt sich an der seit den 1980er Jahren ansteigenden Arbeitslosenrate, die zu einer der höchsten in Österreich zählt. Diese Situation auf dem Arbeitsmarkt birgt ein ernsthaftes soziales Konfliktpotential in sich.

Trotz dieser Entwicklung ist der Bezirk Neunkirchen von keiner Abwanderung betroffen, vielmehr findet ein Wandel in der Form statt, daß viele Einwohner aufgrund gestiegener Mobilität im Großraum Wien ihre Anstellung, andere in der wiedererstarkten Tourismusbranche neue Arbeitsplätze finden.

Tourismus als neuer Hoffnungsträger für Beschäftigung

Gerade wegen dieser Entwicklung und der von der Natur geschenkten landschaftlichen Reize besinnt man sich auf eine lang gehegte Tradition des Ausflugs- und Erholungsgebietes im Semmering- und Raxgebiet.

Wallfahrtskirche »Maria Schutz« mit Blick gegen den Semmering. Im Hintergrund das Hotel »Panhans«. *Bild: BGK Neunkirchen*

Fährt man von Gloggnitz kommend in das von der Schwarza so überwältigend geschaffene »Höllental« zwischen Rax und Schneeberg, so fühlt man sich aufgrund der Architektur vieler Hotels, Villen aber auch Bahnhofsgebäude in die Nostalgie der Donaumonarchie versetzt.

Besonderes Augenmerk verdient ebenso die Region um den Semmering, die seit jeher ein Tor zum Süden war. Seit dem Jahr 1995 finden hier in regelmäßigen Abständen Schi-Weltcup-Veranstaltungen statt, deren Marketing dem Semmeringgebiet den Ruf einer Region von »Zauberbergen« verpaßte.

Besondere Tradition und weltweites Ansehen genießt die von Carl Ritter von Ghega erbaute Bahnstrecke über den Semmering. Diese im Jahre 1854 fertiggestellte erste Gebirgsbahn Europas wurde 1998 zum UNESCO-Weltkulturerbe erklärt.

Herausforderungen für die Gendarmerie

Die Geschichte der Gendarmerie im Bezirk Neunkirchen läßt sich nur schwer nachvollziehen, da viele schriftliche Unterlagen in den Kriegswirren verschwunden sind. Einer der ersten Gendarmerieposten wurde jedoch im Jahre 1851 in Gloggnitz gegründet, womit gleichzeitig dem sich anbahnenden Wirtschaftsaufschwung, der sich mit der Fertigstellung der Ghega-Bahn im Jahre 1854 über den Semmering abzeichnete, Rechnung getragen wurde.

Der »Kalte-Rinne-Viadukt« der Ghega-Bahn – höchster Viadukt der Semmeringbahn mit 46 m Höhe und 184 m Länge. *Bild: BGK Neunkirchen*

Waren es anfangs noch drei Gendarmen, die teils zu Fuß, teils zu Pferd das Recht vertraten, verrichten nunmehr 14 Bedienstete mit modernsten Hilfsmitteln in der »Stadt in den Bergen« ihren verantwortungsvollen Dienst. Ähnlich wie in Gloggnitz finden wir auch auf den anderen Dienststellen des Bezirkes Arbeitsbedingungen vor, die eine zeitgemäße Dienstverrichtung erlauben. Besonders hervorstechend sind die neu ausgestatteten Dienststellen in Reichenau an der Rax, in Aspang, auf dem Semmering und schließlich auf dem im Jahre 1993 neu errichteten Gendarmerieposten Grimmenstein, der die früheren Posten Edlitz und Warth in sich vereinigt.

Die Aufgaben der 13 Gendarmerieposten des Bezirkes sind vielfältig. Die Industrieregion Neunkirchen–Ternitz–Gloggnitz weist seit jeher eine hohe Kriminalitätsrate auf und stellt an die örtlichen Kräfte große Anforderungen. In dieser Region findet sich etwa die Hälfte der Gesamtbevölkerung des Bezirkes und wird nachdrücklich geprägt von einem hohen Ausländeranteil. Neben der Zentrallage im Schwarzatal ermöglicht es die große Zahl an Dienststellen der Gendarmerie auch in entlegenen Gebieten für die Bevölkerung gegenwärtig zu sein.

Vor allem die Freizeitsportarten des alpinen Raumes mit all den neuen Trends bringen für die örtlichen Gendarmen viel Arbeit mit sich. Die hohe Anzahl von Alpinunfällen bedeuten für die zwölf Beamten der Alpinen Einsatzgruppe insbesonders in den Wintermonaten eine enorme Belastung. So reiht die bundesweite Statistik des Jahres 1998 die 70 Gesamteinsätze und die Erhebung von zwölf Kletterunfällen die Neunkirchener Alpingendarmerie an vorderste Stelle.

Besonders erwähnenswert, da nicht überall in diesem Ausmaß vorhanden, sind auch die Tätigkeiten und Erfolge im Rahmen des Kriminaldienstes. Hier kommt es primär im Großraum Neunkirchen–Ternitz–Gloggnitz immer wieder zu großen und spektakulären Kriminalfällen, die von den örtlichen Gendarmeriebeamten geklärt werden können.

Am 5. Mai 1997 kam es in der idyllisch gelegenen Landgemeinde Zöbern zu einem Verbrechen, das österreichweit für Aufsehen sorgte und zu nachhaltigen Änderungen in der Handhabung des Waffengesetzes führte.

Ein 15jähriger Schüler nahm die großkalibrige Waffe seines Vaters an sich, stürmte in den Handarbeitsraum der Hauptschule in Zöbern und erschoß aus nächster Nähe eine Lehrerin, die versuchte, sechs ihr anvertraute Mädchen vor dem Täter zu schützen. Danach bedrohte er die Mädchen, indem er den Revolver im Handarbeitsraum leer schoß, lud anschließend die Waffe nochmals und ging in Richtung Schulausgang. Als er dabei eine weitere Lehrerin im großen Vorraum der Hauptschule bemerkte, streckte er auch diese durch Schüsse nieder. Die Lehrerin überlebte diese Attacke mit schwersten Verletzungen. Der Jugendliche konnte bereits kurz nach der Tat gestellt werden, war zu der Tat geständig und verbüßt seine Freiheitsstrafe in der Strafanstalt für Jugendliche in Gerasdorf/Steinfeld.

Eine weitere Wahnsinnstat ereignete sich ein Jahr später am 13. August 1998: Ein 27jähriger arbeitsloser Gewaltverbrecher streckte in seinem Elternhaus in Unteraspang seinen Vater mit einer Schußwaffe nieder, schoß auf seine flüchtende Mutter und ermordete auf brutale Weise den zur Hilfe gerufenen Gendarmeriebeamten Manfred S. vom Gendarmerieposten Grimmenstein mit mehreren gezielten Schüssen. Ein weiterer vom Täter getroffener Gendarm überlebte mit schweren Verletzungen. Der Täter konnte schließlich nach einer abenteuerlichen Flucht, bei der er einen Sanitäter als Geisel genommen hatte, gestellt werden.

Trotz dieser unvergeßlichen Gewaltverbrechen kann die Gendarmerie im Bezirk Neunkirchen bei ihrer Dienstverrichtung mit Stolz auf die vielen Erfolge im Kampf gegen die verschiedensten Kriminaldelikte zurückblicken, die sicherlich dem Engagement, der Umsichtigkeit und vor allem der Menschlichkeit aller Beamten dieses Bezirkes zuzuschreiben sind.

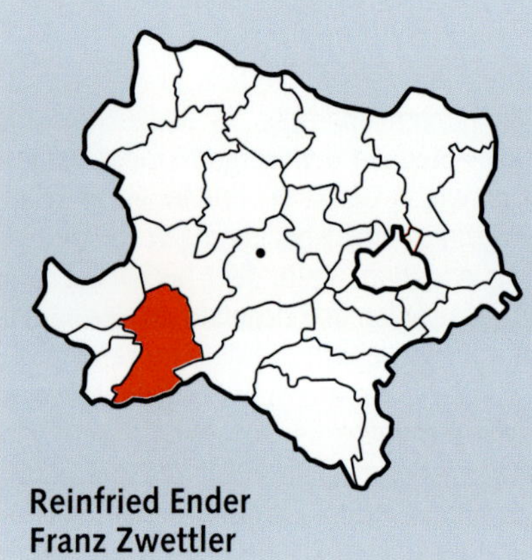

Reinfried Ender
Franz Zwettler

Scheibbs

Größe in km²	*1.022,40*
Gemeinden:	*18*
Einwohner:	*42.553*
Anzahl der Dienststellen:	*8*
Systemisierter Personalstand:	*60*
Auf einen Exekutivbeamten entfallende Einwohner:	*709*
Bundesgrenze in km:	*–*
Autobahnen in km:	*–*
Bundesstraßen in km:	*138,99*
Landesstraßen in km:	*275,16*

Sehenswürdigkeiten Attraktionen:
Kartause Gaming,
Naturpark Ötscher–Tormäuer,
Schloß Scheibbs

Ötscherland – Perle der Voralpen

Der im niederösterreichischen Mostviertel gelegene Bezirk Scheibbs umfaßt eine Fläche von 1.022 km² und gliedert sich in das Große und Kleine Erlauftal. Dieses Gebiet, das zwischen dem Tal der Steyr und dem Ötschermassiv dem steirischen Erzberg vorgelagert ist, gehört zur sogenannten »Eisenwurzen«. Entlang der niederösterreichischen Eisenstraße war dieses »Land der Eisenhämmer« seit dem Mittelalter vom Erzabbau, aber auch von der Verhüttung und der Verarbeitung des Eisens zu Werkzeug, kunsthandwerklichen Gegenständen und natürlich vor allem auch zu Waffen, geprägt. Fand man hier vor zwei Jahrhunderten noch unzählige Schmelzhütten, Sensenschmieden, Nagelschmieden oder Hammerwerke, so brachte das vorhergegangene Jahrhundert mit dem Aufkommen moderner industrieller Techniken und schließlich mit der Eisenbahn einen drastischen Rückgang in der Metallverarbeitung. Heute zeugen manche alten Anlagen, die noch immer betrieben werden, von der einstigen Produktivität in den Tälern der Eisenwurzen. Doch Arbeit bieten diese Betriebe nur mehr für wenige. Diese wird nun in Großbetrieben angeboten, die man im Laufe des 20. Jahrhunderts zur Aufrechterhaltung der Infrastruktur in der Region angesiedelt hatte, und in der Land- und Forstwirtschaft.

Ein Siedlungsgebiet nach jahrhundertelangen Rodungen

Vor ca. 3.000 Jahren war Scheibbs ein Urwaldgebiet. Erst im Laufe der Zeit entstand durch mühevolle Rodungen – insbesonders durch die Kartäuser aus Gaming – eine Landschaft aus Wäldern, Wiesen, Feldern, Almen und Dörfern. Über diese ragen mit dem Dürrenstein, Hochkar und Ötscher die höchsten Erhebungen im Bezirk. Sie weisen eine Höhe zwischen 1.808 und 1.893 Metern auf. Die mit der Besiedelung entstandenen Land- und Forstwirtschaften zählen auch heute noch zu den maßgeblichen Wirtschaftszweigen. Zusätzlich stellt die Jagd mit großen, ausgedehnten Revieren einen nicht unbedeutenden Faktor dar.

Besonders bemerkenswert ist, daß im Bezirk Scheibbs die Errungenschaften der modernen Technik sehr bald Einzug hielten. So waren bereits im Jahre 1886 die Straßen der Stadt Scheibbs mit elektrischem Licht beleuchtet.

Im Laufe der Zeit ist vieles, was einst noch eine Besonderheit war, selbstverständlich geworden. Dies betrifft vor allem das Freizeitverhalten unserer modernen Gesellschaft. In der zweiten Hälfte dieses Jahrhunderts kam der Tourismus in das Ötscherland. Die Schaffung von Gästequartieren und Freizeitanlagen waren notwendige Voraussetzungen, um mit der bundesweiten Konkurrenz Schritt halten zu können. Heute zählen mit dem Ötscher und dem Hochkar zwei Schiregionen zu den begehrtesten Tourismuszielen Niederösterreichs. Die zahlreichen Sehenswürdigkeiten und die landschaftliche Attraktivität des Bezirkes tun ihr weiteres, um den Bezirk für Sommer- und Wintergäste interessant zu machen. Dabei wird die Gendarmerie durch den Massentourismus in allen Belangen, sei es auf verkehrssicherheitsdienstlichem wie auf kriminalpolizeilichem Sektor, zu Spitzenzeiten enorm belastet.

Die Kartause Gaming

In der flächenmäßig größten Gemeinde Niederösterreichs liegt in einem Talkessel eingebettet die altehrwürdige Kartause Gaming, die einmal den Namen Marienthron trug. Der Eremitenorden der Kartäuser wurde im Jahr 1330 durch den Habsburger Herzog Albrecht II., der sowohl mit den Beinamen der Lahme als auch der Weise versehen wurde, aus dem steirischen Kloster Seiz angeworben. Mit dieser Schenkung erfüllte der Herzog ein altes Gelübde, das er im Jahr 1322, nachdem sein Bruder Friedrich der Schöne von Ludwig dem Bayern nach der Schlacht bei Mühldorf gefangengenommen worden war, getätigt hatte. In der Kartause Gaming hat der Stifter auch seine letzte Ruhestätte gefunden. Doch konnte er noch zu seinen Lebzeiten die wachsende Bedeutung der Kartause an Ort und Stelle mit verfolgen. Kaum in der Region ansässig, trugen nämlich die Kartäuser Wesentliches zur Kultivierung des noch stark bewaldeten Gebietes bei. Mit ihren 20 Mönchszellen stellte sie die größte Kartause der deutschen Ordensprovinz. Die Aufhebung durch Kaiser Joseph II. im Jahr 1782 gab das Kloster über lange Jahre dem Zerfall preis. Erst der Kauf durch das Stift Melk im Jahr 1917 und schließlich die hervorragende Renovierung im Zuge der niederösterreichischen Landesausstellung in den 80er und 90er Jahren bewahrte die Anlage vor dem Zusammenbruch. Heute zählt sie wieder zu einer der am meisten besuchten Attraktionen und – wie einst – zu den wirtschaftlichen Standbeinen des Bezirkes.

Ein Bezirk zahlreicher, kleiner Kostbarkeiten

Die Region um Scheibbs ist ein ideales Gebiet für Wanderer und Naturfreunde. So gilt gerade der Naturpark Ötscher–Tormäuer als ein beliebtes Ausflugsziel. Die Hinteren und Vorderen Tormäuer mit dem immerhin auch fast zehn Kilometer langen Ötschergraben stellen eine faszinierende Schluchtenlandschaft dar, die durch den Lassing- und Trefflingfall eine besondere Ergänzung finden. 1745 führte Kaiserin Maria Theresia die »Holzschwemme« im Erlauftal ein, um die Stadt Wien mit billigem Holz zu versorgen. Diese sogenannte Holztrift war in der damaligen Zeit oft die einzige Möglichkeit, geschlägertes Holz zu befördern. Eine solche Triftanlage kann seit 1998 wieder in Mendling, Gemeinde Göstling an der Ybbs, besichtigt werden.

Kartause Gaming, erbaut 1330–1342 von Herzog Albrecht II.
Bild: BGK Scheibbs

Die Stadt Scheibbs selbst bietet mit ihrem mittelalterlichen Stadtbild einen romantischen Ort, der reich an kleinen kunsthistorischen Kostbarkeiten ist. Einst Sitz der Pfleger der Kartause Gaming findet der Besucher hier noch schöne Renaissancehäuser mit einladenden Höfen, mittelalterliche Wehranlagen und noch zwei erhaltene Stadttore. Als eine besondere Sehenswürdigkeit kann das Schloß Scheibbs erwähnt werden. Das Schloß ist mit einem wunderschönen Arkadenhof mit schmiedeeisernen Fensterkörben und Torgittern ausgestattet.

Wasser aus Scheibbs für die Versorgung Wiens

Nicht unweit von Scheibbs entfernt findet der Wanderer die aus Naturstein gefertigten Aquädukte der II. Wiener Hochquellenwasserleitung. Diese führen klares Quellwasser vom Hochschwabgebiet bis in die Millionenstadt Wien. Das rasante Ansteigen der Einwohnerzahl der alten österreichischen Metropole nach 1890 machte eine neue Erschließung von Wasserreserven notwendig. Im Jahre 1900 beschloß der Wiener Gemeinderat die Errichtung der II. Hochquellenwasserleitung. Nach rund 10 Jahren Bauzeit, bei der die Beamten der Gendarmerieposten entlang der Baustelle mit allen Gegebenheiten von Großbaustellen, seien es Unfälle, Ausschreitungen, Kriminaldelikte usw., stark belastet wurden, war am 2. Dezember 1910 die feierliche Eröffnung dieses Bauwerkes durch Kaiser Franz Joseph I. Es werden seither konstant täglich 200 Millionen Liter Wasser transportiert.

Die Gendarmerie im Bezirk

Im Jahre 1850 wurde der erste Gendarmerieposten des Bezirks in Gaming errichtet. 1856 folgte sodann der Gendarmerieposten und später das Bezirksgendarmeriekommando Scheibbs. In weiterer Folge bis zum Jahre 1922 wurden die Gendarmerieposten Wieselburg an der Erlauf, Göstling an der Ybbs, Gresten, Puchenstuben, Steinakirchen am Forst, Lunz am See, Oberndorf an der Melk, St. Anton an der Jeßnitz, Purgstall an der Erlauf und Lackenhof errichtet. Etliche der angeführten Dienststellen wurden vorerst als Exposituren geführt und hatten auch andere Bezeichnungen und Standorte.

Im Vergleich zur Gegenwart erfolgte die Dienstausübung noch mit den spärlichsten Mitteln. So dauerte es im Vergleich mit anderen Bezirksgendarmeriekommandos relativ lange, bis die ersten Dienststellen allein mit einer Schreibmaschine versehen wurden. Für die damaligen Gendarmen kam dies einer besonderen Errungenschaft gleich. Dies war im Jahr 1928. Doch dann erfolgte die Verbesserung der Ausstattung rascher. Im gleichen Jahr bekamen einige Dienststellen auf Grund der Rayonsgröße ein Fahrrad zugewiesen. Die Motorisierung im Bezirk begann 1929 mit der Zuweisung eines Motorrades mit Beiwagen (BMW 750) für das Bezirksgendarmeriekommando.

In der Folge wurde auf dem Gendarmerieposten Scheibbs 1938 eine Funkstelle und 1941 eine Hundestation errichtet. Doch hatte dies hauptsächlich militärischen Nutzen. Die Zeit nach dem Krieg brachte mit dem österreichischen Wirtschaftswunder auch eine gewaltige Verbesserung der Infrastruktur mit sich. Dies war längst notwendig, um den Anforderungen der Zeit entsprechen zu können. Im Jahre 1950 wurde der erste Volkswagen im Bezirk eingesetzt. Einen weiteren Aufschwung erfuhr die Gendarmerie 1964 mit der Errichtung einer UKW-Sprechfunkanlage und mit dem Beginn des Funkpatrouillendienstes. Bis zum Jahre 1973 waren sodann alle Gendarmerieposten mit einem Fahrzeug ausgerüstet.

Im Zuge der Reorganisation bei der Bundesgendarmerie wurden einige Gendarmerieposten wieder aufgelassen, bzw. mit anderen Dienststellen zusammengelegt.

Die Bundesgendarmerie weist heute im Bezirk nach der Strukturreform ein Bezirksgendarmeriekommando mit einer Bezirksleitzentrale und sieben Gendarmerieposten auf. Der Personalstand beträgt zur Zeit 60 Beamte.

Der kleinste Gendarmerieposten ist mit drei Beamten systemisiert. Die erwähnten Gendarmeriedienststellen im Bezirk sind technisch gut ausgerüstet und weisen zusammen einen Fuhrpark von 17 Fahrzeugen auf.

Schloß Scheibbs, es beherbergt die Bezirksverwaltungsbehörde und das Bezirksgericht.
Bild: BGK Scheibbs

Reinhard Obermayer

St. Pölten-Land

Größe in km²	*1.121*
Gemeinden:	*39*
Einwohner:	*88.000*
Anzahl der Dienststellen:	*17*
Systemisierter Personalstand:	*125*
Auf einen Exekutivbeamten entfallende Einwohner:	*640*
Bundesgrenze in km:	*–*
Autobahnen in km:	*38,5*
Bundesstraßen in km:	*108,0*
Landesstraßen in km:	*818,6*

Sehenswürdigkeiten Attraktionen:
Augustiner-Chorherrenstift Herzogenburg, Barockmuseum Heiligenkreuz, Nixhöhle Frankenfels, Römermuseum Nußdorf, Saurierpark Traismauer, Soldatenfriedhof Oberwölbling

Im Herzen Niederösterreichs gelegen

Heute umgibt der Bezirk die jüngste Landeshauptstadt und grenzt durch seine Zentrallage an die Bezirke Wien-Umgebung, Tulln, Krems-Stadt, Krems-Land, Melk, Scheibbs, Lilienfeld und Baden. Auch die geographische Mitte Niederösterreichs liegt in diesem Bezirk, nämlich in Kapelln. 350 Katastralgemeinden erstrecken sich im Norden von der Donau bis in den Süden, weit in die Kalkvoralpen hinein. Weiters bestimmen das Erscheinungsbild dieses Bezirkes Traisenfeldebene, Pielachtal, Dunkelsteinerwald, Perschling -,Tullner Hügelland und die geographische Nähe zur Bundeshauptstadt Wien.

Geschichte

St. Pölten-Land ist ein historischer Siedlungsraum und war schon vor 4.000 Jahren dicht besiedelt. Während der Römerzeit war der Bezirk Grenzregion zu den Germanen, um 1000 n.Chr. mit dem östlichen Teil der Mark »Ostarrichi«, dem Kernstück des späteren Österreich.

Die Stadt St. Pölten selbst besitzt mit den vom 3. Mai 1159 datierten Privileg Bischof Konrads von Passau das älteste verbriefte Stadtrecht Österreichs.

Die Geschichte der heutigen Verwaltungseinheit begann mit 16. Jänner 1850, als anstelle einer von vier niederösterreichischen Kreishauptmannschaften in St. Pölten eine Bezirkshauptmannschaft eingerichtet wurde. Aus diesem Bereich sind die Gerichtsbezirke Melk und Atzenbrugg, sowie 1922 die Stadt St. Pölten (eigener Statutarbezirk) ausgeschieden.

Niederösterreichisches Barockmuseum Heiligenkreuz-Gutenbrunn. Das Schloß wurde 1738 erbaut und 1745 erweitert. Bemerkenswert sind das Stiegenhaus, Stukkaturen und Marienkapelle mit Fresken von Paul Troger.
Bild: BGK St. Pölten-Land

Bezirk mit hohem Bevölkerungszuwachs

Im Gegensatz zu vielen Prognosen hat nicht die Stadt St. Pöten mit der Ernennung zur Landeshauptstadt, sondern der Bezirk einen starken Bevölkerungszuwachs erfahren. Besonders stark sind die Zuwachsraten bei den Gemeinden des St. Pöltner Umlandes und in der Wienerwaldregion. In der Zeit zwischen den Jahren 1981 und 1991 gab es dort eine Steigerung der Einwohnerzahlen um 14,5 %. Augenscheinlich ist auch eine ausgeprägte Verkehrsinfrastruktur. So ist der Bezirk der einzige in Österreich, der gleich von vier Verkehrsabteilungsaußenstellen betreut wird. Wirtschafts- und Beschäftigungsdaten zeigen ebenfalls ein positives Bild. Dadurch ist die Arbeitslosenrate relativ gering und die Einkommenssituation der Bevölkerung zufriedenstellend. Der Pendleranteil bei den Beschäftigten ist aber enorm hoch. Bei 43.000 Arbeitsplätzen sind insgesamt 33.000 Personen gezwungen, innerhalb des Bezirkes zu pendeln. Die Land- und forstwirtschaftliche Bodennutzung ist sehr hoch. 55 Industriebetriebe, unter ihnen so bekannte Firmen wie der metallverarbeitende Betrieb Grundmann in Herzogenburg, das Folienwalzwerk Teich in Weinburg, oder das Hoch- und Tiefbauunternehmen Trepka in Obergrafendorf, geben der Bevölkerung Arbeit und Einkommen.

Im nördlichen Teil des Bezirkes befinden sich die traditionell guten Heurigen, von denen täglich etwa 15 geöffnet haben.

Sämtliche Zentralstellen befinden sich strukturbedingt außerhalb des Bezirkes St. Pölten-Land, nämlich in der vom Bezirk umgebenen Landeshauptstadt St. Pölten, die noch vor 77 Jahren Bezirkshauptstadt war. Dies erfordert auch eine effiziente und kameradschaftliche Zusammenarbeit mit den Beamten der Bundespolizeidirektion St. Pölten.

Österreichischer Saurierpark in Traismauer mit einer umfassenden Darstellung der Tierwelt des Erdaltertums und Erdmittelalters. Dort werden Sauriermodelle, deren Größe zwischen 50 cm und 30 Meter liegt, gezeigt.
Bild: BGK St. Pölten-Land

Die Gendarmerie im Wandel der Zeit

Die »Spezies homo gendarmiensis« trat im Bezirk erstmals 1850 auf. Im Umkreis der Bezirkshauptmannschaft St. Pölten wurde ein Flügel des 1. Gendarmerieregiments mit 60 Mann aufgestellt. Die Standorte waren St. Pölten, Herzogenburg, Neulengbach, Kirchberg sowie Melk, Atzenbrugg, Lilienfeld, Hainfeld, Türnitz und Hohenberg.

Flügelkommandant war ein Rittmeister, der einen Oberleutnant, 10 »Gensd'armes« zu Pferd, davon 1 Trompeter, 46 »Gensd'armes« zu Fuß und 2 Privatdiener befehligte. Für den heutigen Bezirksbereich waren damit etwa 25–30 Mann tätig. Zu dieser Gründerzeit war die Gendarmerie noch mit einfachem »Circulare« des Bezirkshauptmannes Alexander Graf Mniszech gehalten, über die Sicherheit des Lebens und der Person zu wachen und Übelstände abzustellen.

Jetzt ist die Gendarmerie hingegen in einem Dickicht von Zehntausenden Seiten an Gesetzen, Erlässen und Befehlen, von etwa 500 Formularen und 15 Statistiken eingebunden.

Hoher Arbeitsanfall durch Verkehr und Ballungszentren

Dort wo die Komponenten Verkehrsinfrastruktur, Arbeitsplätze und Bevölkerungsdichte aufeinandertreffen, ist auch der Arbeitsanfall der Gendarmerie sehr hoch. Vor allem durch die Arbeitslosigkeit infolge der teilweise abwandernden Industriebetriebe entlang der Traisen, wovon die Gendarmerieposten Wilhelmsburg, Herzogenburg und Traismauer betroffen sind. Besonders in Herzogenburg kommt es aufgrund des hohen Anteils der Gastarbeiter vor allem zu sprachlichen Problemen, wobei die Beamten besonderes Fingerspitzengefühl beweisen müssen. Die im Einzugsbereich entlang der Westautobahn gelegenen Dienststellen wie Prinzersdorf, Ober-Grafendorf, Böheimkirchen und Neulengbach weisen durch das ständig steigende Verkehrsaufkommen und der verbundenen Begleitkriminalität rund um die Autobahn erhöhte Arbeitsbelastung auf.

Die im Wienerwald gelegenen Posten Neulengbach, Altlengbach und Eichgraben haben zur ansässigen Bevölkerung noch etwa 9.000 Personen mit Zweitwohnsitz zu betreuen.

Die Gendarmerieposten St. Pölten sowie Statzendorf im Nordwesten des Bezirkes, der Posten Kapelln an der Wiener Bundesstraße, der Posten Pyhra südöstlich von St. Pölten in der Voralpenregion und die beiden Dienststellen im südlichen Pielachtal, Rabenstein und Kirchberg/Pielach, sind von ländlichen Komponenten geprägt.

Aber nicht nur Aufklärung, auch Vorbeugung wird im Bezirk St. Pölten ganz groß geschrieben. Derzeit läuft das Pilotprojekt »Suchtgiftprävention in Schulen«, wobei bisher 130 Vorträge gehalten und 3.000 Schüler und Eltern erfaßt worden sind.

In einem weiteren Pilotprojekt, das unter dem Motto: »Gemeinsam sicher« stand, kamen bei sechs Gendarmerieposten 380 Gemeindebürger zu Informationsveranstaltungen, bei denen die Vortragenden besonders auf die Anliegen der Bevölkerung eingingen und im Rahmen der gesetzlichen Möglichkeiten Abhilfe versprachen.

Voraussichtlich im Jahre 2000 erfolgt die Verlegung des Bezirksgendarmeriekommandos und des Gendarmeriepostens St. Pölten nach Ober-Grafendorf, was eine Veränderung der Überwachungsgrenzen für die Posten Prinzersdorf und Statzendorf zur Folge haben wird.

St. Pölten-Land – der Alarmfahndungsbezirk

Von 1985 bis 1997 konnten von 25 bewaffneten Raubüberfällen im Bezirk 23 geklärt und viele Täter noch bei laufender Alarmfahndung oder bei späteren Erhebungen verhaftet werden.

Diese Erfolge beruhen vor allem auf persönlichem Engagement jedes einzelnen Postengendarmen sowie auf einem gut ausgeklügelten Alarmfahndungssystem. Viele der Vorfälle stießen auf hohes mediales Interesse und sind ganz Österreich bekannt.

Am 15. November 1988 konnte nach einem Feuergefecht einer der gefährlichsten Verbrecher der österreichischen Kriminalgeschichte gestellt werden. Er beging, als er die Ausweglosigkeit seiner Situation erkannte, Selbstmord. Johann Kastenberger, genannt der »Pumpgun-Ronni«, hatte Österreich wochenlang in Atem gehalten. Allein im Bezirk hatte er vier Banken ausgeraubt, zwei innerhalb von 30 Minuten.

Am 9. April 1990 wurden sämtliche verfügbare Beamte in Dienst gestellt. An diesem Tag gab es den größten Postraub in der Geschichte der österreichischen Exekutive. Auf der Westbahnstrecke wurde ein an einem Personenzug gekoppelter Postwaggon überfallen und ein Postbeamter regelrecht hingerichtet. Geraubt wurden damals rund 35 Millionen Schilling. Die Täter wurden drei Jahre später ausgeforscht. Es waren drei slowakische Staatsbürger.

»CHAROUS«-Großfahndung am 9. Juli 1993 nach einer langen Nacht erfolgreich beendet. Der völlig enthemmte Charous kidnappte mit seiner Pumpgun zwei Autofahrer, ermordete seinen Schwager, lieferte der Exekutive ein Feuergefecht und konnte nach einer langen Nacht von Postengendarmen des Bezirkes St. Pölten bei Obergrafendorf verhaftet werden. Die Bevölkerung in diesem Raum war aufgefordert worden, ihre Häuser nicht zu verlassen.

Eine gefürchtete rumänische Tresorknackerbande konnte ebenfalls im Bezirk verhaftet werden. Der erfolgreiche Zugriff gelang am 2. September 1995 nach einem Einbruch in das Postamt Oberwölbling.

Im Jahre 1992 versetzte ein Brandstifter die Bevölkerung in Furcht und Unruhe. Ein Bediensteter der Firma Teich in Weinburg konnte nach vier von ihm gelegten Bränden mit einer Schadensumme von 780 Millionen Schilling ausgeforscht werden.

Stift Herzogenburg. Die Kirche wurde 1112 nach Herzogenburg verlegt, 1148 das Augustiner-Chorherrenstift gegründet und 1246 die Kirche geweiht. 1709–21 wurden Kloster und Kirche barockisiert. Der alte Baukörper wurde bis auf wenige Teile geschliffen. *Bild: BGK St. Pölten-Land*

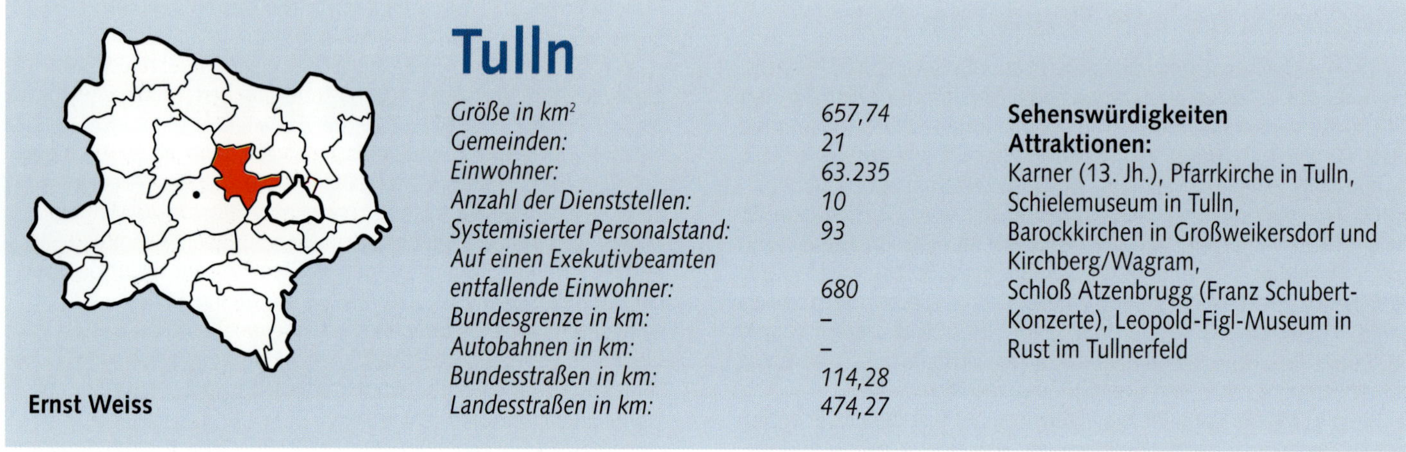

Tulln

Größe in km²	*657,74*
Gemeinden:	*21*
Einwohner:	*63.235*
Anzahl der Dienststellen:	*10*
Systemisierter Personalstand:	*93*
Auf einen Exekutivbeamten entfallende Einwohner:	*680*
Bundesgrenze in km:	*–*
Autobahnen in km:	*–*
Bundesstraßen in km:	*114,28*
Landesstraßen in km:	*474,27*

Sehenswürdigkeiten Attraktionen:
Karner (13. Jh.), Pfarrkirche in Tulln, Schielemuseum in Tulln, Barockkirchen in Großweikersdorf und Kirchberg/Wagram, Schloß Atzenbrugg (Franz Schubert-Konzerte), Leopold-Figl-Museum in Rust im Tullnerfeld

Ernst Weiss

Wie ein breites, helles Band zieht sich die Donau durch den Bezirk Tulln, in dem sie durch die Kraftwerke in Altenwörth und Greifenstein fast zur Gänze aufgestaut ist. Der Bezirk gliedert sich in die zwei Gerichtsbezirke Kirchberg am Wagram und Tulln. Im Norden steigt als Grenze zum Weinviertel in drei Stufen der fruchtbare Wagram auf, während im Süden die Ausläufer des Wienerwaldes die Grenzen des Bezirkes bilden. Die Tullner Region ist von den Bezirken Krems, Hollabrunn und Korneuburg, Wien-Umgebung und Bezirk St. Pölten umringt. Insgesamt setzt sich der Bezirk aus 21 Gemeinden zusammen.

Verkehrsmäßig ist der Bezirk durch ein dichtes Straßennetz als auch durch die Eisenbahn gut erschlossen. Wichtigste Bundesstraßen sind die Bundesstraße 1, die von Wien über den Riederberg nach St. Pölten führt, weiters die Bundesstraße 3 von Stockerau nach Krems, die Bundesstraße 14 von Tulln nach Wien und die Bundesstraße 19 von Hainfeld nach Göllersdorf. Besonders erwähnenswert sind die Tullner Donaubrücken, die für das Land Niederösterreich eine wichtige Verbindung des Weinviertels mit dem Mostviertel bedeuten.

Vom römischen »Comagena« bis zum »Tulne« der Nibelungen

Wie der Fund eines Lagers von Mammutjägern in Gösing/Wagram zeigt, ist das Gebiet des heutigen Bezirkes Tulln seit der jüngeren Altsteinzeit (ca. 40.000 v.Chr.) besiedelt.

Bereits die Römer hatten die Region zu einem wichtigen Zentrum gemacht: So wurde im 1. Jh. n. Chr. das römische Grenzkastell »Comagena« für 600 Reiter errichtet. Mit dem Abzug der Römer und den Wirren der Völkerwanderung versank das Gebiet für beinahe 300 Jahre in Vergessenheit.

Erst mit Karl dem Großen setzte eine dichtere Zuwanderung ein. Historisch belegt sind die im Mittelalter als Landtaidinge bezeichneten Gerichtstage unter dem Babenberger Herzog Leopold 1081 in Tulln. Für kurze Zeit war Tulln auch Sitz der Babenbergischen Herzöge von Österreich.

Im Laufe der Jahrhunderte waren die Einwohner der Tullner Region stets kriegerischen Wirren ausgesetzt, insbesondere der nördliche Bezirksteil litt stark unter den Folgen des 30jährigen Krieges. Die Auswirkungen der beiden Türkenbelagerungen von Wien 1529 und 1683 hingegen waren besonders im östlichen und südlichen Bezirksbereich spürbar. Friedlichere Perioden wie nach 1700 hielten nicht lange: Mit den Truppen Napoleons um 1800 hinterließ der Krieg erneut seine zerstörerischen Spuren.

Einen wesentlichen Einschnitt bedeutete die Beseitigung der Grundherrschaft in den Jahren von 1848 bis 1851, da damit die Entwicklung eines selbständigen Bauernstandes ermöglicht wurde. 1891 wurde der Bezirk Tulln errichtet, dessen »Selbständigkeit« mit 1. Jänner 1892 begann, als die Bezirkshauptmannschaft Tulln ihren Betrieb aufnahm.

Rasante Entwicklung des Bezirkes im 20. Jahrhundert

Die Bevölkerungsentwicklung im Tullner Bezirk im Laufe der letzten fünf Jahrhunderte gibt interessante Einsichten und macht deutlich wie schnell in den letzten Jahren die Region Zuwächse erfahren hatte. Während im Jahr 1553 im Gerichtsbezirk Tulln noch 12.000 Einwohner und im Gerichtsbezirk Kirchberg/Wagram 6.000 Menschen lebten, so waren es im Jahr 1795 schon 18.000 bzw. 9.000, im Jahr 1869 27.000 bzw. 13.000 und 1910 30.000 bzw. 15.000.

Heute weist der Bezirk 63.235 Einwohner auf – Tendenz weiterhin stark ansteigend. Generell kann man sagen, daß in all diesen Zeitperioden etwa 2/3 der Einwohner im südlichen und 1/3 im nördlichen Bezirksbereich wohnten. Dies deshalb, weil im südlichen Bereich mit der Stadt Tulln eine bessere Infrastruktur vorhanden war.

Bis etwa 1900 bestand im Bezirk so gut wie keine Industrie. Die Wirtschaft bestand bis zum Jahr 1960 größtenteils aus Landwirtschaftsbetrieben und handwerklichem Kleingewerbe. Großgewerbe wie Ziegelöfen wurden zum Großteil am Ende des 19. Jh.s. eingestellt. Der bescheidene Beginn der Industrialisierung setzte mit der Errichtung der Pulverfabrik Moosbierbaum im Jahr 1916 ein. Im Jahr 1936 wurde die Tullner Zuckerfabrik gegründet, 1952 folgte die Errichtung des Stahlwerkes Haselgruber in St. Andrä-Wördem. Erst nach dem Zweiten Weltkrieg setzte eine Welle der Industrialisierung ein.

Aber auch der Landwirtschaft kommt als Arbeitgeber noch immer eine wesentliche Bedeutung zu: Hier ist insbesonders der Weinbau im Gebiet des Wagram hervorzuheben, wo hauptsächlich der Anbau von den Weinsorten Grüner Veltliner und des Rieslings Sylvaner betrieben wird. Weiters werden Mais- und Zuckerrübenanbau sowie Schweinemast intensiv betrieben. Doch ist durch die europäische und globale Wirtschaftsentwicklung auch im Bezirk ein Rückgang der landwirtschaftlichen Betriebe bemerkbar.

Die Stadt Tulln hat sich in den letzten 20 Jahren zum Messezentrum Niederösterreichs entwickelt. Neben der Internationalen Gartenbaumesse, die jährlich von etwa 130.000 bis 150.000 Personen besucht wird, findet hier regelmäßig die Bootsmesse, die Campa (Wohnwagenmesse), die Tiermesse sowie seit einigen Jahren die »Grüne Messe« statt. Für die Gendarmerie bedeuten die Messen verstärktes Verkehrsaufkommen und erhöhte Wachsamkeit auf kriminalpolizeilichem Sektor.

Kunst und Kultur

Die Stadt Tulln bildet den kulturellen Schwerpunkt des Bezirkes. Die bedeutendsten kunsthistorischen Bauwerke stellen der spätromanische Karner aus dem 13. Jh. und weiters die 1014 erstmals erwähnte Pfarrkirche St. Stephan dar. Für die Region jedoch am prägendsten war das österreichische Barock. So stammt die Kirche von Großweikersdorf von dem bedeutendem Architekten Johann Bernhard Fischer von Erlach. Auch die Kirche von Kirchberg/Wagram ist ein Juwel aus dem Barock. Einer der bekannten Söhne der Tullner Region ist der im Jahr 1718 in Grafenwörth geborene Barockmaler Martin Johann Schmidt, der unter dem Namen »Kremser Schmidt« zu Berühmtheit gelangte.

Im Schloß Atzenbrugg, in dem Franz Schubert mit seinen Freunden lebte, finden alljährlich Konzerte bedeutender Schubertinterpreten statt. In Rust im Tullnerfeld wurde 1902 der Staatsmann Leopold Figl geboren. Hier ist im ehemaligen Volksschulgebäude ein Figl-Museum eingerichtet. Aber auch die Malerei des 20. Jh.s ist vertreten: Anläßlich der 100. Wiederkehr des Geburtstages von Egon Schiele wurde in dessen Heimatstadt Tulln im ehemaligen Gefangenenhaus des Bezirksgerichtes ein Schiele-Museum eröffnet. In Altenberg bei St. Andrä-Wördern lebte der 1989 verstorbene Verhaltensforscher und Nobelpreisträger Konrad Lorenz.

Recht und Ordnung in der Zeit vor der Gendarmerie

Die Sicherung der öffentlichen Ordnung sowie die damit verbundene Gerichtsbarkeit waren seit dem Mittelalter Aufgaben des Landesfürsten. Die Städte pachteten oder kauften das »Stadtgericht« und übten selbst die Sicherheitspflege und die Gerichtsbarkeit aus. Im Tullnerfeld gab es um 1500 das Tullner Stadtgericht, das aber nur bis zur Gemeindegrenze reichte, weiters die Landgerichte Neulengbach, Königstetten, Judenau, Pixendorf, Zwentendorf, Gutenbrunn und Herzogenburg. Jedes Landgericht sollte einen geeigneten Richter, Gerichtsdiener, einen Arrest und ein »Hochgericht« – einen Galgen – besitzen. Sie waren auf den Gemeinschaftssinn der Dorfbewohner angewiesen, um Anordnungen durchzusetzen oder einen Verbrecher dingfest machen zu können. Im Notfall konnten kaiserliche Truppen durch »Streifungen« bzw. »Portaschen« Hilfe leisten. Hatte man allerdings einen Verbrecher gefaßt, so folgte ein kurzer Prozeß, an dessen Ende oftmals eine barbarische Strafe stand. Im 18. Jh. erfolgte unter Kaiserin Maria Theresia eine Neuordnung des Sicherheits- und Gerichtswesen.

Neue Gerichtssprengel oder eine Polizeitruppe wurden aber nicht geschaffen. Die alten Landgerichte bestanden bis zum Jahre 1848. Immerhin gab es jetzt fachlich ausgebildete Juristen, die Justiziäre, und nach Verbrechern wurde mittels gedruckter Personenbeschreibungen gefahndet. Diese nicht zufriedenstellende Situation änderte sich, als am 8. Juni 1849 Kaiser Franz Joseph mit »Allerhöchster Entschließung« die Gründung der Gendarmerie genehmigte.

Die Gendarmerie im Bezirk Tulln

Im Bezirk Tulln bestehen außer dem Bezirksgendarmeriekommando noch zehn Gendarmerieposten: Tulln, Atzenbrugg, Sieghartskirchen. Zwentendorf, Königstetten, St. Andrä-Wördern, Absdorf, Großweikersdorf, Kirchberg/Wagram und Grafenwörth. Diese Dienststellen wurden zwischen 1849 und 1919 errichtet. Der Gendarmerieposten Tulln wurde im Jahr 1849 errichtet und ist somit die älteste und erste Gendarmeriedienststelle des Bezirkes. Manchmal wurden auch wegen schlechter örtlicher Sicherheitsverhältnisse kurzzeitig Posten wie Königsbrunn in den Jahren von 1920 bis 1925 eingerichtet.

Die Gendarmerieposten waren bei der Errichtung durchwegs mit zwei bis drei Gendarmen besetzt. Der Posten Tulln wurde wegen der Bedeutung der Stadt mit acht Gendarmen besetzt. Die personelle Aufstockung der Dienststellen hing einerseits mit der wirtschaftlichen und andererseits mit der gesellschaftlichen Entwicklung zusammen.

Bemerkenswert ist auch die Tatsache, daß in manchen Überwachungsrayonen mit Ende des Krieges auffallend viele Selbstmorde erfolgten. So ereigneten sich im Jahre 1945 32 Selbstmorde innerhalb von zwei Tagen in St. Andrä-Wördem und zwölf in Sieghartskirchen. Aber auch durch sowjetische Besatzungssoldaten kamen Menschen ums Leben.

Heute ist die Bezirkshauptstadt Tulln Sitz aller wichtigen Behörden und Schulstadt. Mehr als 3.500 Schüler frequentieren täglich zahlreiche verschiedene Schulen und der Gendarmerie fallen die Schulwegsicherung und die überaus wichtige Schulverkehrserziehung zu.

Im Verhältnis zur Einwohnerzahl kann Tulln als sicherer Bezirk bezeichnet werden. Im Beobachtungszeitraum 1998 waren 569 Verbrechen zu verzeichnen. 184 Fälle konnten geklärt werden. 2.063 Vergehensdelikten steht eine Aufklärungsrate von knappen 64 Prozent gegenüber. Ein besonderer Schwerpunkt liegt auf dem Bereich der Verkehrsüberwachung. Grund sind die vielen zum Teil schweren Verkehrsunfälle. Im Beobachtungszeitraum waren 2.380 Verkehrsunfälle zu verzeichnen, 20 Menschen kamen dabei ums Leben, 527 wurden verletzt. In diesem Zusammenhang ist erwähnenswert, daß 172 alkoholisierten Lenkern der Führerschein abgenommen werden mußte.

Heute ist jede Dienststelle mit entsprechenden Fahrzeugen, modernem Funk, EDV und Gerät ausgerüstet und hochmotivierte Beamte sorgen dafür, daß nicht nur gegenwärtig, sondern auch in Zukunft sich der Bezirk Tulln als »sicher« bezeichnen kann.

Hauptplatz Tulln mit Bezirkshauptmannschaft. Bild: Stadtgemeinde Tulln

Waidhofen an der Thaya

Paul Palisek

Größe in km²	*669,08*
Gemeinden:	*15*
Einwohner:	*30.391*
Anzahl der Dienststellen:	*9*
Systemisierter Personalstand:	*107*
Auf einen Exekutivbeamten entfallende Einwohner:	*859*
Bundesgrenze in km:	*45,33*
Autobahnen in km:	*–*
Bundesstraßen in km:	*93*
Landesstraßen in km:	*515*

Sehenswürdigkeiten Attraktionen:
Rathaus Waidhofen/Th. mit Glockenspiel, Schloß Raabs/Th., Schloß Tröbings, Burgruine Kollmitzgraben, Wehrkirche Kl. Zwettl, Wüstung, Hard bei Thaya, Naturpark mit Wildgehege Dobersberg

Der Bezirk Waidhofen an der Thaya liegt fast am nördlichsten Ende Österreichs und wird eingegrenzt im Norden durch die Bundesgrenze zur Tschechei, im Westen durch den Bezirk Gmünd, im Süden durch den Bezirk Zwettl und im Osten durch den Bezirk Horn.

Der Bezirk besitzt Mittelgebirgscharakter mit einer Landschaft aus ausgedehnten Fichtenwäldern. Trotz des rauhen Klimas gibt es sehr viele landwirtschaftliche Betriebe. Die podsoligen Braunerden auf Kristalin erlauben den Anbau von Roggen, Gerste, Hafer und besonders Kartoffeln.

Beginn der planmäßigen Besiedlung im 11./12. Jahrhundert

Obwohl bereits die Gegend in der Jungsteinzeit bevölkert war und die Römer hier ihre Spuren hinterlassen haben, kann erst ab der Jahrtausendwende eine dauernde Besiedlung nachgewiesen werden. In dieser Zeit zogen von Niederösterreich Slawenstämme in das nördliche Waldviertel. Aus dieser Zeit haben sich zahlreiche Fluß- und Ortsnamen slawischen Ursprungs überliefert. Erst ab der Wende vom 11. zum 12. Jahrhundert begann die große planmäßige Besiedlung im Rahmen der deutschen Südostkolonisation. Während dieser zwei Jahrhunderte entstanden zahlreiche Siedlungen. Eine davon war auch die heutige Bezirkshauptstadt Waidhofen an der Thaya.

Kriege und Brände bestimmten Geschichte der Bezirkshauptstadt

Gegründet wurde Waidhofen an der Thaya etwa im Jahre 1171 von den Grafen von Pernegg. Die Burgsiedlung, die um 1230 zur Stadt wurde, bestand in einer länglichen Dreiecksanlage mit angerartigem Platz. Bereits 1278 wurde die Siedlung durch die Truppen König Ottokars gebrandschatzt und 50 Jahre später durch die einfallenden Böhmen total zerstört. Durch groß angelegte Fluchtgänge versuchte sich die Bevölkerung zu schützen. Einige davon, manche zweistöckig mit Brunnen aus dem 16. Jahrhundert, sind heute noch zu sehen. Insgesamt fünfmal brannte die Stadt fast vollständig nieder, das letzten Mal 1873. Diese Katastrophen, verbunden mit Pestepidemien, hemmten das Wachstum und brachten die Wirtschaft immer wieder zum Erliegen. 1850 wurde Waidhofen Sitz einer Bezirkshauptmannschaft und damit verbunden zog auch die Gendarmerie in den Bezirk ein. Durch den Bau der Franz-Josephs-Bahn und durch die Grenzziehung nach den Weltkriegen kam es zu einer Verkehrs- und Marktverlagerung, deren wirtschaftliche Verluste durch die Gründung von Schulen 1869 und 1912 einigermaßen ausgeglichen werden konnte. Ein prominenter Österreicher war hier zwischen 1903–1905 Direktor des Landesrealgymnasiums, der spätere Bundespräsident Wilhelm Miklas.

Heute besuchen mehr als 2.000 Schüler die verschiedensten Schultypen. Für die Gendarmerie ergeben sich daraus wichtige Dienstverrichtungen wie die tägliche Schulwegsicherung und die Aufgaben der Schulverkehrserziehung.

Tote Grenze blockierte lange das Wachstum

Der Bezirk mit seinen drei Stadt- und neun Marktgemeinden (173 Katastralgemeinden) lag bis zum Jahr 1990 an einer toten Grenze, die auch die wirtschaftliche Situation des Bezirkes bestimmte. Viele Betriebsschließungen in den vergangenen Jahrzehnten zwangen und zwingen die Menschen heute noch in Wien oder Linz Arbeit zu suchen.

Gendarmerie im Bezirk Waidhofen an der Thaya

1850 wurde in Waidhofen an der Thaya ein Zugs- und ein Sektionskommando aufgestellt, aus dem die ersten Gendarmerieposten in Waidhofen an der Thaya, Raabs an der Thaya, Dobersberg, Litschau und Schrems entstanden. Weitere Gendarmerieposten entstanden in den 1870er Jahren in Dietmanns, Gmünd, Eggern, Kirchberg/W., Weikertschlag, Heidenreichstein und Vitis.

Die historische Entwicklung der Gendarmerie im Bezirk ist mit der Gendarmerie im heutigen Bezirk Gmünd eng verknüpft. Der heutige Verwaltungsbezirk Gmünd gehörte zur Gründerzeit zur Bezirkshauptmannschaft Waidhofen a. d. Thaya. Die Bezirkshauptmannschaft Gmünd wurde erst im Jahre 1896 errichtet und damit kamen die Gendarmerieposten Litschau, Heidenreichstein, Schrems, Eggern und Kirchberg am Walde zum Verwaltungsbezirk Gmünd.

Wechselnde Aufgaben der Gendarmerie

Zufällig bei Umbauarbeiten gefunden, die alte Postenbezeichnung.

Bild: BGK Waidhofen an der Thaya

Zur Gründungszeit gab es außer den nach Böhmen führenden Straßen, heute Bundesstraße 303 und Bundesstraße 5, noch wenig ausgebaute Straßen im Bezirk. Die heutige Bundesstraße 30, auch Romantikstraße genannt, wurde erst in den Jahren 1860–1870 gebaut. Im Jahre 1895 wurde eine Lokalbahn von Göpfritz a. d. Wild nach Gr. Sieghарts geführt und im Jahre 1900 bis Raabs a. d. Thaya verlängert. Mit dem Ausbau der Bahnlinie von Waidhofen/Th. bis Zlabings wurde im Jahre 1899 begonnen, Postwagenfahrten wurden eingestellt. Die Folge waren Auseinandersetzungen der Fuhrwerksleute mit der Bahnverwaltung, bei denen die Gendarmerie immer wieder einschreiten mußte.

Die Hauptaufgaben der Gendarmerie bestanden aber damals vorwiegend auf dem kriminal- und staatspolizeilichen Sektor. Es galt die Bevölkerung und Reisende vor Überfällen und Diebstählen zu schützen, wobei die Bekämpfung von Fischdiebstahl und Wilderei besonders herausragte und beinahe zum täglichen Aufgabengebiet der Gendarmerie zählte. Das Betteln, oft auch Folge von Wirtschaftskrisen und Armut, war in der Gesellschaft verpönt und daher oft Ursache für Anforderungen der Gendarmerie. Das »fahrende Volk«, Bandlkramer, Pfannenflicker, Reitermacher, Schwingenmacher usw., war nicht auffallend kriminell und findet daher wenig Erwähnung in den Gendarmeriechroniken.

Eine Häufung von schweren Straftaten wie Mord, Raubüberfälle, Plünderungen, Vergewaltigungen usw. trat jeweils nach den beiden Weltkriegen auf. Im Jahre 1918 wurden mit Heimkehrern Schutzgruppen zum Schutze der Bevölkerung aufgestellt, z. B. in Raabs a. d. Thaya 40 Mann. Nach dem Zweiten Weltkrieg wurden Ortsschutzgruppen als Ortspolizei geschaffen.

Lagerbewachungen nach dem Ersten Weltkrieg

Von 1914–1918 wurde in Raabs an der Thaya eine Konfinierungsstation errichtet. Insgesamt wurden 512 Personen (Engländer, Russen, Franzosen, Belgier, Serben und Montenegriner) in Gasthöfen und Privathäusern untergebracht, die von einem Konfinierungskommando überwacht werden mußten.

Die Burg Karlstein wurde als Internierungslager für den montenegrinischen Generalstab verwendet. Kurz nach Ende des Ersten Weltkrieges war dort der ungarische Kommunistenführer Bela Kun interniert, der in Ungarn nach dem Zusammenbruch der Donaumonarchie die Macht übernommen hatte und nach 133 Tagen Regierungszeit nach Österreich flüchten mußte. Ein eigenes Wachkommando der Gendarmerie übernahm seine Bewachung vom Sommer 1919 bis Frühjahr 1920, wobei ein Anschlag verhindert werden konnte.

Schwere Zwischenkriegszeit

Die Nachkriegsjahre waren mit Wirtschaftskrisen und Hungersnöten verbunden.

Ein Vorfall am 26. November 1925 gibt Zeugnis über die damals in der Bevölkerung aufgestaute Unzufriedenheit. An diesem Tag hielt am Rathausplatz in Waidhofen/Th. der NÖ Landbund eine Protestversammlung gegen Steuerwillkür und Parteimißwirtschaft ab. An der Demonstration nahmen ca. 900 Personen teil. Nach Kundgebungen durch Abgeordnete wurde eine 7köpfige Delegation zur Steuerbezirksbehörde entsandt. »... Die Volksmenge wartete vor dem Gebäude. Eine Anordnung zur Freimachung der Straße erzürnte die erregte Menge derart, daß sie mit Gewalt in das Amtsgebäude einzudringen versuchte. Der Kommandant der vier eingesetzten Gendarmeriebeamten konnte durch Rückholung der Delegation einen Waffengebrauch bzw. Verletzungen von Führungsorganen der Steuerbehörde verhindern ...«

Die politischen Spannungen zwischen Heimwehrleuten und Nationalsozialisten aus Waidhofen an der Thaya und Brunn entluden sich am 25. Juni 1933, wobei einige Schüsse fielen aber niemand verletzt wurde. Im Revolutionsjahr 1934 gab es im Bezirk keine gewaltsamen Auseinandersetzungen.

Das Rathaus in Waidhofen an der Thaya, im Hintergrund die Pfarrkirche. Für Kunstkenner ist ein Holzrelief aus dem 15. Jahrhundert (14 Nothelfer und Madonna) in der Bürgerspitalkapelle von Interesse.

Bild: BGK Waidhofen /Thaya

Die Zeit des Eisernen Vorhanges

Mit der Errichtung der Volksdemokratie in der Tschechoslowakei im Jahre 1948 wurde damit begonnen, Orte an der Grenze zu räumen. 1951 wurden Stacheldrahtzäune und Kontrollstreifen angelegt und damit eine »tote Grenze« geschaffen.

Nach der Niederschlagung des »Prager Frühlings« standen am Morgen des 21. August 1968 russische Panzer an den Grenzen Österreichs. Die Gendarmerie war wieder einmal gefordert, die Staatsgrenze zu überwachen. Die Gendarmerieposten Kautzen, Dobersberg, Karlstein und Raabs/Th. wurden sofort mit allen verfügbaren Gendarmeriebeamten des Bezirkes für etwa zwei Monate verstärkt.

Der Stacheldraht wurde nach der Grenzöffnung im Dezember 1989 entfernt und der Grenzübergang Fratres im Bezirk Waidhofen an der Thaya am 23. März 1991, nach einer 45jährigen Schließungszeit, wieder geöffnet.

Gendarmerie in der Gegenwart

Heute versieht am Grenzübergang die Gendarmerie die Grenzkontrolle und das Verhältnis zur tschechischen Polizei hat sich normalisiert. Durch Dienstbesprechungen erfolgt ein laufender Informationsaustausch. Der Kontakt wird noch durch sportliche Aktivitäten mit gegenseitigen Einladungen vertieft.

Mit den vorhandenen sechs Gendarmerieposten des Bezirkes Waidhofen a. d. Thaya, der in drei Sektorenbezirke eingeteilt ist, können bei einem vollen Personalstand die sicherheitsdienstlichen Aufgaben zufriedenstellend bewältigt werden.

Trotz der Grenznähe ist am kriminalpolizeilichen Sektor im Beobachtungszeitraum 1998 eine sehr gute Aufklärungsquote zu verzeichnen. Von 135 Verbrechen konnten 60 geklärt und von den 719 Vergehenstatbeständen konnten 513, also ausgezeichnete 71 Prozent geklärt werden. Am Verkehrssektor waren im Beobachtungszeitraum 1.022 Unfälle zu registrieren, wobei zwei Menschen ums Leben kamen und 237 verletzt wurden.

Neue große Herausforderungen, die durch die Sicherung der EU-Außengrenzen und durch Intensivierung der Fahndung mittels neuer Computertechnik entstanden sind, erfordern auch künftig weiterhin den vollen Einsatz aller Gendarmeriebeamten.

Erich Eslitzbichler

Waidhofen an der Ybbs

Größe in km²	*131,5*
Gemeinden:	*1*
Einwohner:	*12.984*
Anzahl der Dienststellen:	*1*
Systemisierter Personalstand:	*21*
Auf einen Exekutivbeamten entfallende Einwohner:	*650*
Bundesgrenze in km:	*–*
Autobahnen in km:	*–*
Bundesstraßen in km:	*19*
Landesstraßen in km:	*51,5*

Sehenswürdigkeiten Attraktionen:
Stadtpfarrkirche hll. Maria Magdalena und Lambert (1439–1510), Grabenkirche (1644), Heimatmuseum, das zu den bedeutendsten Stadtmuseen Niederöstereichs zählt

»Stadt und Land, Hand in Hand«

Viele Beinamen hat sich die Stadt erworben: Perle des Ybbstales, Tor zur Eisenwurzen, Ybbstalmetropole und wegen des gut erhaltenen mittelalterlichen Stadtbildes sogar das Prädikat »Niederösterreichisches Rothenburg«. Eine Stadt in der stets Bürgertum vorherrschte, was sich erst durch die Gebietsreform und Gemeindezusammenlegung 1972 änderte. Aus einem Stadtkern mit 4,5 km² Fläche wurde eine Großgemeinde mit 131,5 km², und dadurch trat eine Änderung in der Bevölkerungsstruktur ein. Doch der Spruch, unter dem damals die Gemeindezusammenlegung vollzogen wurde, ist inzwischen wahr geworden: »Stadt und Land, Hand in Hand«. Aus sechs Gemeinden ist eine Großgemeinde geworden.

Bis 1803 in bayerischem Besitz

995, 996 und 1033 schenkte Kaiser Otto dem Hochstift Freising Rodungsland im Ybbstal, was zur Folge hatte, daß bis zum Reichsdeputationshauptschluß im Jahre 1803 Waidhofen bei Freising geblieben war. Der Ort nannte sich bis in das letzte Jahrhundert Bayerisch Waidhofen und führt heute noch im Wappen den Freisinger Mohren.

Die Statutarstadt Waidhofen an der Ybbs wurde erstmals 1186 urkundlich genannt. Anfang des 13. Jahrhunderts wird Waidhofen von Freising zur befestigten Stadt ausgebaut. Die Anlage schloß die aus dem Waidhof hervorgegangene Burg, den später sogenannten Oberen Stadtplatz und den Hohen Markt ein, die um 1273 durch den »Freisinger Berg« mit der »Unteren Stadt« verbunden wurde. Durch einen Gauhandelsvertrag kam im Tauschweg steirisches Eisen nach Waidhofen und wurde dort zu Schwertern, Messern und Sensen weiterverarbeitet. Vor 1500 gab es fast 60 Meisterstühle der Klingenschmiede und 250 Handwerksbetriebe.

Die Stadt war um diese Zeit zur Hochblüte aufgestiegen und in der weiten Welt ob ihrer Eisenerzeugnisse bestens bekannt. Aus dieser Zeit stammt der Spruch: *»Waidhofner Eisen tut alle Welt preisen«*. Die Reformation stürzte die Stadt ins Unglück. Die einsetzende Gegenreformation veranlaßte viele Protestanten zur Auswanderung; 1608 sollen von 270 Häusern kaum noch 70 bewohnt gewesen sein. Bedingt durch die fortschreitende Handwerkstechnik der Sensenschmiede begann im ersten Drittel des 19. Jahrhunderts der endgültige Verfall der Kleineisenindustrie. Doch durch den Fleiß und die Zähigkeit seiner Bürger ging der Weg immer wieder nach oben. Daran konnten auch Türken, Franzosen und zuletzt die Russen, die alle hierher kamen, nichts ändern.

Waidhofen war zwischen 1850 und 1869 Sitz einer Bezirkshauptmannschaft. Als diese nach Amstetten verlegt wurde, gewährte man Waidhofen eine autonome Verwaltung und schied sie als kleinste der vier Statutarstädte in Niederösterreich aus dem Verwaltungsbereich der Bezirkshauptmannschaft aus.

Eine Stadt mit vielen Facetten

Waidhofen mit seinen gut 11.500 Einwohnern ist Zentrum des Ybbstales mit weltweit bekannten Betrieben wie z. B. die Firma Forster, die im Jahre 1956 von Ing. Franz Forster gegründet wurde und die sich zu einer dynamischen Unternehmensgruppe bildete, die aus mehreren Produktionsstätten und einer Reihe von Verkaufsorganisationen besteht. Nahezu 700 Mitarbeiter sind an den Standorten Waidhofen/Ybbs, Gaflenz, St. Peter/Au sowie in den Niederlassungen Wien und Salzburg beschäftigt. Die Fa. Forster-Verkehrstechnik ist im heimischen Straßenverkehr allgegenwärtig. Die Verkehrszeichen sind nicht die einzige Produktionslinie der Waidhofner, die Palette reicht vom Lärmschutz über die Objektbeschilderung bis hin zu Regalsystemen und Zulieferteilen.

Die Unternehmensgründung der Firma Bene Büromöbel KG erfolgte bereits im Jahre 1790. Zentrale und Produktion befinden sich in Waidhofen/Ybbs. Bene beschäftigt ca. 680 Mitarbeiter. In Österreich wurde die unumstrittene Marktführerschaft erreicht. In den letzten Jahren forcierte Bene die Internationalisierung des Unternehmens. Bene ist heute mit eigenen Tochtergesellschaften in Deutschland, der Schweiz, Ungarn, Tschechien, der Slowakei, Polen, Rußland und England vertreten.

Zuletzt sei noch die Firma IFE genannt, die 1947 als Institut für Forschung und Entwicklung gegründet wurde und heute als eines der weltweit führenden Unternehmen auf den Gebieten der automatischen Türsysteme, Aufbereitungstechnik und Fahrzeugtechnik gilt. 1990 wurde das deutsche Industrieuntemehmen Kiekert Automatiktüren GmbH als 100 %ige Tochter übernommen, wodurch auch die Produktpalette der Sparte automatische Türsysteme vergrößert werden konnte.

Waidhofen, die Stadt mit ihren gepflegten alten Häusern, gehört zu den reizvollsten Niederösterreichs und ist Ziel vieler Touristen des In- und Auslandes. Waidhofen ist aber auch Einkaufsstadt und vor allem Schulstadt mit allen nur erdenklichen Einrichtungen, die es der Jugend aus ganz Österreich ermöglicht, bis zur Reifeprüfung die Schulausbildung zu vollenden. Damit verbunden ergibt sich für die Gendarmerie ein breites Betätigungsfeld, sei es in der Schulverkehrserziehung oder Schulwegüberwachung oder aber auch im kriminalpolizeilichen Beratungsdienst um durch präventive Maßnahmen aufklärend zu wirken und Gesetzesübertretungen entgegenzutreten.

Seit 1874 Gendarmerie in Waidhofen an der Ybbs

Über die Errichtung des Gendarmeriepostens liegen keinerlei Unterlagen vor. Lediglich aus einem Inventarverzeichnis aus dem Jahre 1874 geht hervor, daß am 1. Jänner 1874 dem Gendarmerieposten Waidhofen/Ybbs Kaserneneinrichtungsstücke und Küchenrequisiten übergeben worden sind. Man kann also als Zeitpunkt der Errichtung des Gendarmeriepostens Waidhofen an der Ybbs das Jahr 1874 annehmen. In den ersten Jahren wurde der Gendarmerieposten im Stadtgebiet Waidhofen an der Ybbs mehrmals umgesiedelt. Im Jahre 1932 wurde der Gendarmerieposten im Hause Graben 25 untergebracht, wo er sich auch heute noch befindet. Im Zuge des Bedarfes mußten immer wieder Räume angemietet werden, so daß zur Zeit für das Bezirksgendarmeriekommando und den Gendarmerieposten mehr als 300 m^2 für Kanzlei und Nebenräume zur Verfügung stehen.

Wenn auch der Gendarmerieposten Waidhofen/Ybbs im autonomen Stadtgebiet untergebracht war, wurde in der Statutarstadt der Exekutivdienst von der Städtischen Sicherheitswache versehen. Der Gendarmerieposten war dem Bezirksgendarmeriekommando Amstetten unterstellt und das Überwachungsgebiet erstreckte sich auf die rund um Waidhofen an der Ybbs liegenden Landgemeinden des Verwaltungsbezirkes Amstetten.

Den Bestimmungen des niederösterreichischen Gemeindestruktur-Bereinigungsgesetzes zufolge wurden mit 1. Jänner 1972 die Gemeinden Waidhofen/Ybbs-Stadt, Waidhofen/Ybbs-Land, Zell an der Ybbs, Windhag, St. Leonhard/Wald und St. Georgen/Klaus zur Großgemeinde (Statutarstadt) Waidhofen an der Ybbs zusammengelegt. Sie schieden aus dem Bereich des Verwaltungsbezirkes Amstetten aus und wurden dem Verwaltungsgebiet der autonomen Stadt Waidhofen an der Ybbs eingegliedert. Als Chef der hiermit neu geschaffenen Bezirksverwaltungsbehörde fungiert der jeweilige Bürgermeister der Statutarstadt.

Gemäß Erlaß der Sicherheitsdirektion für das Bundesland Niederösterreich vom 26. Mai 1972 hat der Gendarmerieposten Waidhofen an der Ybbs ab 1. Juni 1972 den Vollzug des öffentlichen Sicherheitsdienstes im gesamten Verwaltungsbereich der autonomen Stadt zu übernehmen. Mit diesem Tag hörte die bisher bestandene »Städtische Sicherheitswache Waidhofen an der Ybbs« zu bestehen auf. Ein Teil der Beamten wurde in den Personalstand der Bundesgendarmerie übernommen. Gleichzeitig wurde verfügt, daß für den Bereich der autonomen Stadt Waidhofen ein Bezirksgendarmeriekommando zu errichten und dem Magistrat Waidhofen an der Ybbs (als Bezirksverwaltungsbehörde) zu unterstellen ist. Diese Bestimmung erforderte eine Novellierung des Gendarmeriegesetzes dahingehend, daß die Bezeichnung Bezirkshauptmannschaft in Bezirksverwaltungsbehörde abgeändert werden mußte.

Der Personalstand des Gendarmeriepostens Waidhofen an der Ybbs wurde in Anbetracht der neuen Situation und des erweiterten Aufgabengebietes auf insgesamt 19 Beamte festgesetzt, denen das Bezirksgendarmeriekommando mit einem Beamten vorgesetzt wurde. 1996/97 waren Bestrebungen im Gange, das Bezirksgendarmeriekommando Waidhofen/Ybbs aufzulösen und die Agenden dem Bezirksgendarmeriekommando Amstetten zu übertragen. Aus verfassungsrechtlichen Gründen konnte diese Fusion nicht erfolgen.

Alte Gendarmeriechronik verschwunden

Die Chronik des Gendarmeriepostens Waidhofen an der Ybbs wurde im Mai 1945 von einem namentlich nicht bekannten Gendarmeriebeamten vernichtet. Es waren hier politische Erwägungen maßgebend. Angeblich hätten verschiedene Eintragungen auf Grund ihrer nationalsozialistischen Tendenz für die Besatzungsmacht Anhaltspunkte zur Verfolgung von Beamten enthalten.

Ein für das Ansehen des Gendarmeriepostens Waidhofen an der Ybbs wohl trauriges Kapitel, das aber nicht unerwähnt bleiben soll, vollzog sich Ende 1960, als der damalige Postenkommandant und sein Stellvertreter wegen Eigentumsdelikten rechtskräftig verurteilt und fristlos entlassen wurden.

In diesem Zusammenhang muß man aber auch dem Nachfolger des Postenkommandanten, dem allzufrüh im Jahre 1972 im 52. Lebensjahr verstorbenen BezInsp Franz Haider gedenken. Unter seiner Führung, durch seine Persönlichkeit und seiner Bürgernähe gelang es schon nach kurzer Zeit das Vertrauen der Bevölkerung wieder zu gewinnen und das Ansehen des Postens in einem Ausmaß herauszustellen, wie es nur wünschenswert sein kann.

Waidhofen an der Ybbs. *Bild: BGK Waidhofen/Ybbs*

Gerhard Reitzl

Wiener Neustadt

Größe in km²	*969,61*
Gemeinden:	*35*
Einwohner:	*73.473*
Anzahl der Dienststellen:	*12*
Systemisierter Personalstand:	*103*
Auf einen Exekutivbeamten entfallende Einwohner:	*713*
Bundesgrenze in km:	*–*
Autobahnen in km:	*17,5*
Bundesstraßen in km:	*164,6*
Landesstraßen in km:	*365*

Sehenswürdigkeiten Attraktionen:
Raimund-Gedenkstätte in Gutenstein,
Gauermann-Museum in Scheuchenstein,
Gedenkraum über die Entstehung der Zweiten Republik in Hochwolkersdorf,
Keltenausgrabungen in Schwarzenbach

Dieses Gebiet des Bezirkes Wiener Neustadt reicht in seiner südlichen Ausdehnung bis nach Kirchschlag in der Buckligen Welt an der burgenländischen Landesgrenze und in seiner westlichen Ausdehnung bis nach Rohr im Gebirge mit der Bezirksgrenze zu Lilienfeld. Von diesen beiden an der Peripherie liegenden Orten führt ein jeweils ca. 50 Kilometer langer und durchschnittlich ca. 10 Kilometer breiter Landstrich nach Sollenau, wo sich die Schnittstelle und auch der Sitz des Bezirksgendarmeriekommandos befinden. Unmittelbar südlich von Sollenau liegt die Stadt Wiener Neustadt, durch die der Bezirk, der auf der Landkarte die Form eines von West nach Ost und von Nord nach Süd verlaufenden Winkels aufweist, in zwei Teile geschnitten wird.

Topographisch besticht der Bezirk durch seine landschaftliche Schönheit, die ihren Reiz aus der Vielfalt der Geländeformen schöpft, die von den steppenartigen Ebenen des Steinfeldes rund um Wiener Neustadt über die sanften Hügel der Buckligen Welt bis zu den Ausläufern der Kalkalpen (Hohe Wand, Fuß des Schneeberges) reichen. Aufgrund dessen ist der Bezirk auch ein beliebtes Ausflugs- und Naherholungsgebiet, wobei die Zentren im Bereich der Buckligen Welt, der Hohen Wand und des Piestingtales liegen.

Zahlreiche Sehenswürdigkeiten fördern den Kulturtourismus

Zusätzlich gefördert wird diese Entwicklung durch zahlreiche Sehenswürdigkeiten, wie z. B. die Raimund-Gedenkstätte in Gutenstein, dem Geburtsort des großen österreichischen Volksdichters, dem Gauermann-Museum in Scheuchenstein und dem Gedenkraum in Hochwolkersdorf, der an die Entstehung der Zweiten Republik erinnert. Gerade Hochwolkersdorf und das nicht sonderlich weit davon entfernte Schloß Eichbüchel sind zeitgeschichtlich besonders interessant, da dort die ersten Treffen zwischen dem späteren Staatskanzler und Bundespräsidenten Dr. Karl Renner und Vertretern der russischen Besatzungsmacht erfolgten, in denen Dr. Renner seine Pläne für die Zukunft Österreichs präsentierte.

Die Hohe Wand von Netting aus gesehen. Immer wieder Ziel alpiner Einsätze; 1998 mußten 10 Alpinunfälle mit einem Toten bearbeitet werden. *Bild: BGK Wiener Neustadt*

Wirtschaftliches Zentrum

Vielfältig sind die Erwerbsmöglichkeiten im Bezirk. Während in einigen Gebieten die Landwirtschaft in ihren verschiedenen Ausprägungen dominiert (Ackerbau, Viehzucht, in einem geringen Umfang Weinbau), nehmen anderswo Handel, Gewerbe und Industrie, Dienstleistungsbetriebe und Verwaltungszweige eine bedeutende Rolle ein. Diesbezügliches Zentrum ist natürlich Wiener Neustadt mit seinen rund 35.000 Einwohnern, das mit Beschluß der Landesregierung im Jahre 1973 auch zur Hauptstadt des Viertels unter dem Wienerwald erhoben wurde.

Wiewohl die Gendarmerie von den Geschehnissen in der Stadt nicht direkt betroffen ist, da sie im Zuständigkeitsbereich einer Bundespolizeidirektion liegt, strahlt ihre bedeutende Stellung doch auch in die Umgebung aus, was seinen Niederschlag insbesondere im Verkehrsgeschehen, der im Vergleich zu anderen Teilen des Bezirkes hohen Bevölkerungsdichte und der Ansiedelung von zahlreichen Betrieben findet. Industriell bedeutend ist aber auch das Piestingtal mit den ca. 360 Menschen beschäftigenden Wopfinger Stein- und Kalkwerken Schmid & Co in Wopfing und der Papierfabrik SCA Hygiene Austria GmbH in Pernitz, die ca. 730 Beschäftigte aufweist.

Wiener Neustadt und Johann Franz Freiherr Kempen von Fichtenstamm

Eng mit Wiener Neustadt verknüpft ist auch das Leben des Organisators und ersten Generalinspektors der Österreichischen Bundesgendarmerie, Johann Franz Freiherr Kempen von Fichtenstamm, der im Jahre 1803 in die Theresianische Militärakademie eintrat und 1809 als Fähnrich ausgemustert wurde. Zeit seines Lebens blieb er Wiener Neustadt und seiner Militärakademie, auf deren Friedhof er im Jahre 1869 zur letzten Ruhe gebettet wurde, treu verbunden. Dort und an dem von ihm im Föhrenwald gestifteten »Kempenkreuz«, einer ehemaligen »Bethalle«, von der im Laufe der Zeit leider nur mehr das große

Kreuz mit der Christusfigur übrigblieb, legt die Gendarmerie alljährlich Kränze und Buketts nieder und gedenkt so ihres ersten Generalinspektors.

Der genaue Gründungstag des Bezirksgendarmeriekommandos Wiener Neustadt läßt sich heute nicht mehr mit Sicherheit feststellen. Historischen Quellen zufolge muß es allerdings am 1. Jänner 1874 bereits bestanden haben, da mit diesem Datum einige Gendarmerieabteilungskommanden errichtet wurden, unter denen sich auch das »Gendarmerieabteilungskommando Nr. 2 Wien« befand, dem die Bezirksgendarmeriekommanden Baden, Bruck an der Leitha, Hernals, Neunkirchen und eben Wiener Neustadt unterstellt waren.

Die weitere Entwicklung der Dienststelle spiegelt die generellen Veränderungen im Bereich des Landesgendarmeriekommandos für Niederösterreich wider, die ihrerseits stark von den politischen Geschehnissen beeinflußt waren.

Eine besondere Herausforderung bedeutete die bewegte Geschichte Österreichs in der Zwischenkriegszeit. Die allgemein bekannten historischen Ereignisse führten im hiesigen Bereich, vor allem aufgrund der stark ausgeprägten industriellen Struktur, zu zahlreichen Auseinandersetzungen zwischen den damaligen politischen Lagern und den von ihnen nach paramilitärischen Grundsätzen ausgerichteten Formationen.

Enorm belastend waren auch die Wirren der letzten Tage des Zweiten Weltkrieges, als durch die großangelegten Bombardierungen von Wiener Neustadt und den Einmarsch der Roten Armee ein geordneter Dienstbetrieb kaum mehr aufrechtzuerhalten war (die starke Konzentration kriegswichtiger Industrie in und um Wiener Neustadt während des Zweiten Weltkrieges führte zu einer fast vollständigen Zerstörung der Stadt, auf die in 29 Luftangriffen 53.000 Bomben fielen).

Nachdem das Bezirksgendarmeriekommando während der nationalsozialistischen Herrschaft in der deutschen Gendarmerie aufgegangen war (verbunden mit mehreren Umbenennungen), kam es 1945/46 zu seiner Wiedererrichtung und zur Festlegung jenes Gebietes, das ihm bis zum heutigen Tag unverändert als Wirkungsbereich zugewiesen ist.

Gendarmerie heute

Sicherheitsdienstlich werden nach letzter Volkszählung 73.473 Einwohner betreut, die in 35 Gemeinden ihren Hauptwohnsitz haben. Hiefür stehen dem Bezirksgendarmeriekommando 12 Gendarmerieposten mit einem systemisierten Personalstand von 103 Beamten zur Verfügung. Der Bezirk ist in drei Sektoren eingeteilt, in deren Bereichen ständig Streifen unterwegs sind und innerhalb kürzester Zeit jeden Punkt des Bezirkes anfahren können. Die angeführten Daten reihen den Bezirk Wiener Neustadt sowohl hinsichtlich der Größe als auch seiner Einwohnerzahl und der Exekutivdienstkräfte im Mittelfeld der niederösterreichischen Bezirksverwaltungsbehörden ein.

Heute haben das Bezirksgendarmeriekommando Wiener Neustadt und die ihm unterstellten Dienststellen in einer äußerst dynamischen Gesellschaft und immer schnellebigeren Zeit ihre verwaltungs-, sicherheits- und kriminalpolizeilichen Aufgaben wahrzunehmen und in Anwendung immer komplexer werdender Rechtsnormen für geordnete Sicherheitsverhältnisse zu sorgen. Gegenwärtig wird der Verkehrsüberwachung und dem kriminalpolizeilichen Bereich ein besonderes Augenmerk geschenkt, das sich dahingehend auswirkt, daß die schweren Verkehrsunfälle rückläufig sind und eine hohe Aufklärungsrate zu verzeichnen ist. Dazu einige Zahlen aus der Statistik 1998: Von 582 bekanntgewordenen Verbrechen konnten 303 geklärt und von 1.713 Vergehenstatbeständen konnten 1.119, also 65,3 Prozent geklärt werden.

Blick auf Kirchschlag in der Buckligen Welt.
Bild: BGK Wiener Neustadt

Die Beamten hatten im Beobachtungszeitraum 1.612 Verkehrsunfälle zu bearbeiten, fünf Menschen kamen dabei ums Leben, 393 wurden verletzt. Nicht unerwähnt bleiben soll der Kampf gegen »Alkohol am Steuer«; 243 alkoholisierte Lenker mußten ihren Führerschein 1998 abgeben.

Obwohl sich die Arbeit der Beamten generell auf die mehr oder weniger gewöhnlichen, jedoch unerläßlichen Dienstleistungen beschränkt, kam und kommt es aber immer wieder auch zu spektakulären Vorfällen, von denen hier einige exemplarisch genannt seien:

Am 6. Oktober 1965 stürzte im Raume Waldegg ein mit Fallschirmspringern besetztes Flugzeug des Österreichischen Bundesheeres ab. Bei dem Unglück starben alle sechs Insassen.

Am 14. Februar 1996 attackierte ein bosnischer Staatsbürger während des Parteienverkehrs zwei Bedienstete der Bezirkshauptmannschaft Wiener Neustadt mit einem Messer und verletzte sie schwer. Nur durch das rasche und entschlossene Einschreiten von zwei Beamten des damals noch bestehenden Postens Wiener Neustadt, die den Mann durch gezielte Schüsse aus ihren Pistolen niederstreckten, konnte Ärgeres verhindert werden. Die beiden Beamten wurden für ihre wahrscheinlich lebensrettende Aktion mit der Verleihung einer hohen Landesauszeichnung geehrt.

Am 11. August 1996, zwischen Mitternacht und den Morgenstunden, tötete Anna W. in einem Wochenendhaus ihren Gatten Erich, Sektionschef im Bundesministerium für wirtschaftliche Angelegenheiten, durch mehrere Hammerschläge und durch Strangulieren mit einem Bademantelgürtel. Die Täterin konnte tags darauf in Wien gestellt werden.

Zum Glück stellen derlei drastische Ereignisse die Ausnahme dar. Sie sind für die Sicherheitsverhältnisse im Bezirk Wiener Neustadt jedenfalls nicht repräsentativ. Was diese anbelangt, so dürfen sie, ohne sich hier Eigenlob spenden zu wollen, als sehr gut bezeichnet werden. Der Grund hierfür wird in der von Menschlichkeit und Qualität getragenen Arbeit der Beamten sowie darin zu finden sein, daß sich die Bevölkerung größtenteils ihre Verbundenheit zur Gendarmerie bewahrt hat, wobei das eine wohl das andere bedingen wird. Und dies möge auch die nächsten 150 Jahre so bleiben.

Herbert Rogl

Wien-Umgebung

Größe in km²	*440*
Gemeinden:	*22*
Einwohner:	*89.034*
Anzahl der Dienststellen:	*17*
Systemisierter Personalstand:	*187*
Auf einen Exekutivbeamten entfallende Einwohner:	*476*
Bundesgrenze in km:	*–*
Autobahnen in km:	*25,7*
Bundesstraßen in km:	*72,6*
Landesstraßen in km:	*202*

Sehenswürdigkeiten Attraktionen:
Augustiner-Chorherrenstift Klosterneuburg, Lourdesgrotte in Maria Gugging, Stadtturm Fischamend, Kartause Mauerbach, Wallfahrtskirche Maria Lanzendorf, Sanatorium Purkersdorf (Wiener Werkstätten)

Der Bezirk Wien-Umgebung stellt ein Gebilde dar, das sich aus vier von einander getrennten – Enklaven gleichenden – Bereichen im Westen, Norden und Osten der Bundeshauptstadt Wien zusammensetzt. Die heutige Form erhielt der Bezirk am 1. Jänner 1958, wobei die drei heute bestehenden Gerichtsbezirke (Klosterneuburg, Schwechat und Purkersdorf) zu den Landesgerichten Korneuburg (Klosterneuburg und Schwechat) und St. Pölten (Purkersdorf) zugehörig sind.

Diese Gebiete um die Bundeshauptstadt ergeben eine Gesamtfläche von 440 km² mit einer Einwohnerzahl von rund 89.000 Personen. Durch den Nahbereich zu Wien ergibt es sich, daß viele Städter Zweitwohnsitze im Bereich Wien-Umgebung anlegten und überhaupt der Wienerwald, das Wiener Becken und die Donaugebiete als Naherholungsraum sehr geschätzt werden, worin sich neben dem ohnehin vorhandenen starken Pendlerverkehr in die Bundeshauptstadt zusätzlich großes Verkehrsaufkommen begründet.

Die Nähe zu Wien sowie die wunderschönen Gebiete im Wienerwald sorgten im Laufe der Jahre zu einem auch heute noch steten Zuzug von prominenten Persönlichkeiten aus Politik, Wirtschaft und Kunst.

Juwel im Bezirk – sagenumwobene Babenbergerstadt Klosterneuburg

Einen besonderen Stellenwert nimmt Klosterneuburg ein. Die sagenumwobene Babenbergerstadt wurde 1298 von Herzog Albrecht zur Stadt erhoben und war Regierungssitz der Babenberger. Als besondere Kulturstätte des Abendlandes mit der Schatzkammer und dem »Verduner Altar« wird das Augustiner-Chorherrenstift jährlich von Hunderttausenden Besuchern besichtigt und ist immer wieder Ziel höchster Prominenz und Staatsoberhäupter. So waren unter anderem Königin Elisabeth II. von England, US-Präsident Jimmy Carter und im Jahre 1983 Papst Johannes Paul II. Gäste in Klosterneuburg. Im Jahre 1998 konnte man in Klosterneuburg die Gattin des derzeit amtierenden US-Präsidenten, Hillary Clinton, willkommen heißen.

Eine besondere Einrichtung in Klosterneuburg stellt die »Höhere Bundeslehr- und Versuchsanstalt für Weinbau« dar, wobei der damalige Direktor Freiherr von Babo vor rund 120 Jahren zur Messung des Alkoholgehaltes im Wein eine Mostwaage konstruierte, die noch heute in den europäischen Weinbauländern Anwendung findet und den Weinalkoholgehalt in »Klosterneuburger Graden« ausdrückt.

Enormer Bevölkerungszuwachs in Wien erforderte in den Randgebieten ständige Umschichtungen der Gendarmermiebereiche

Die dem Bezirksgendarmeriekommando Wien-Umgebung unterstellten Dienststellen in den vier Teilbereichen wurden unterschiedlich errichtet:

Bezirksbereich Klosterneuburg:
Gendarmerieposten Klosterneuburg (1850), Weidling (1908), Kierling (1945) und Gendarmerieposten Kritzendorf (1908)
Bezirksbereich Gerasdorf bei Wien:
Gendarmerieposten Gerasdorf bei Wien (1954)
Bezirksbereich Purkersdorf:
Gendarmerieposten Purkersdorf (1868), Pressbaum (1875), Tullnerbach (1896), Gablitz (1939) und Gendarmerieposten Mauerbach (1914).
Bezirksbereich Schwechat (die Stadt Schwechat wird von der Bundespolizei betreut):
Gendarmerieposten Himberg (1878), Leopoldsdorf bei Wien (1957), Fischamend (1872), Schwadorf (1954), Ebergassing (1892) und Gendarmerieposten Gramatneusiedl (1874)
1938, nach dem Anschluß an das Deutsche Reich, wurden alle im Nahbereich der Bundeshauptstadt liegenden Gebiete zu Groß-Wien angegliedert und der Sicherheitsdienst von der Polizei übernommen. Alle vorhandenen Gendarmeriedienststellen wurden aufgelöst.

16 Gendarmerieposten sorgen in der Umgebung von Wien für Sicherheit

1954 wurde der vor dem 13. März 1938 bestandene Zustand wiederhergestellt und die Gendarmerieposten rund um Wien wieder errichtet. Durch Strukturanpassungen im Laufe der Jahre sind nunmehr 16 Gendarmerieposten im Bezirksbereich Wien-Umgebung eingerichtet, die den Sicherheitsdienst in vier räumlich nicht zusammenhängenden Gebieten im Westen, Norden und Osten der Bundeshauptstadt Wien gewährleisten. So sind die Gendarmerieposten Klosterneuburg, Kierling, Kritzendorf und Weidling im Nordwesten zu Wien, die Gendarmerieposten Purkersdorf, Tullnerbach, Pressbaum, Gablitz und Mauerbach im Westen zu Wien, die Gendarmerieposten Leopoldsdorf bei Wien, Himberg, Fischamend, Schwadorf, Ebergassing und Gramatneusiedl im Osten zur Bundeshauptstadt sowie Gerasdorf bei Wien im Norden zu Wien zur Aufrechterhaltung der Ordnung, Ruhe und Sicherheit zuständig.

Zur Koordination des Sicherheitsdienstes im Bezirksbereich ist in Klosterneuburg das BGK Wien-Umgebung mit der Bezirksleitzentrale beim Gendarmerieposten Klosterneuburg eingerichtet.

Kriminalität in Wien schwappt auch auf die Randbezirke über – Flughafen besonders überwacht

Durch die Randlage zu Wien ergibt sich auch der Umstand, daß die Kriminalität in vielen Fällen ihren Ausgang in dieser Stadt nimmt und

Blick vom Buchberg auf die Stadt Klosterneuburg mit dem Chorherrenstift. *Bild: Michael Himml, Wien*

flüchtende Straftäter erst im BGK-Bereich Wien-Umgebung gefaßt werden können oder Alarm- und Großfahndungen auslösen.

Zu einer Besonderheit der Aufgabenstellungen des Bereiches Wien-Umgebung zählt die Flughafenaußensicherung des internationalen Flughafens Wien-Schwechat, wobei der Schutz an- und abfliegender Luftfahrzeuge sowie der Objekte und Einrichtungen des Flughafens gegen allfällige Angriffe im außerhalb des Flughafens liegenden Gendarmeriebereich zu gewährleisten ist. Diese Überwachung wurde aufgrund der in den Jahren 1973/74 massiv einsetzenden internationalen Terrorwelle erforderlich, die vorwiegend auf Flugzeugentführungen mit Mord und Geiselnahmen ausgerichtet war. Traurige Bestätigung dieser Maßnahme lieferte der Anschlag arabischer Terroristen auf den Flughafen Wien-Schwechat am 27. Dezember 1985, wobei Beamte des Gendarmeriepostens Fischamend und der Flughafenaußensicherung bei der Verfolgung der flüchtenden Täter zum Einsatz gelangten und die Beamten der Polizeieinsatzstelle Flughafen bei der Festnahme von zwei Terroristen unterstützten. Ein dritter Terrorist wurde beim Schußwechsel im Gemeindegebiet von Fischamend getötet. In der Abfertigungshalle des Flughafens Wien-Schwechat starben damals drei Passagiere, vierzig wurden zum Teil schwerst verletzt.

Aus der Chronik

Vor nunmehr über 100 Jahren, am 27. Oktober 1896, wurde der 25jährige Gendarm des Postens Klosterneuburg, Postenführer Adolf Robl, während eines Patrouillenganges westlich der Stadt in einem Wald von zwei Männern, die er bei der Herstellung von Falschgeld betreten hatte, überwältigt, entwaffnet und mit dem eigenen Bajonett erstochen. Die Täter wurden niemals ausgeforscht.

Bedingt durch den Flughafen Wien-Schwechat und der Tatsache, daß die Einflugschneisen durch den Bezirksbereich führen, mußten immer wieder Flugzeugabstürze mit tödlichem Ausgang erhoben werden. Hier auf jeden einzelnen Flugzeugabsturz einzugehen, würde den Rahmen sprengen. Erwähnt seien jedoch aufgrund des glimpflichen Ausgangs für Menschen zwei Flugzeugkatastrophen. Einerseits der Absturz eines Verkehrsflugzeuges der »Air France« mit 24 Passagieren an Bord am 24. Dezember 1958 im Gemeindegebiet von Schwadorf. Trotz Feuer an Bord des Wracks konnten alle Passagiere gerettet werden, wobei niemand ernsthafte Verletzungen davongetragen hatte. Damals sprach man von einem Weihnachtswunder.

Am 29. Oktober 1995 verfehlte der Pilot eines zweimotorigen Privatflugzeuges mit drei Passagieren an Bord bei starkem Nebel die Piste des Flughafens Wien-Schwechat und stürzte in das Gelände der Bezirksmülldeponie, wobei das Fluggerät in zwei Teile zerbrach und sofort Feuer fing. Alle Insassen konnten sich selbst in Sicherheit bringen und überlebten mit Prellungen und Hautabschürfungen. Lediglich zwei Passagiere erlitten Knochenbrüche.

Karl Gruber

Zwettl

Größe in km²	*1.399*
Gemeinden:	*24*
Einwohner:	*46.247*
Anzahl der Dienststellen:	*11*
Systemisierter Personalstand:	*77*
Auf einen Exekutivbeamten entfallende Einwohner:	*600*
Bundesgrenze in km:	*–*
Autobahnen in km:	*–*
Bundesstraßen in km:	*225,5*
Landesstraßen in km:	*811,3*

Sehenswürdigkeiten Attraktionen:
Stift Zwettl, Burg Rappottenstein und Burgruine Arbesbach, Schloß Schwarzenau, Schloß Rosenau (Freimaurerausstellung), Stausee Ottenstein, medizinisch-meteorologisches Zentrum Dürnhof, Altstadt Zwettl und Hundertwasserbrunnen

Der Bezirk Zwettl, der größte Bezirk Niederösterreichs (7,3%), nimmt die Mitte des Waldviertels ein, womit alle Bezirke dieses Landesviertels, und zwar Gmünd, Waidhofen an der Thaya, Horn, Krems sowie Melk an Zwettl grenzen. Im Westen bildet die Bezirksgrenze gleichzeitig die Landesgrenze nach Oberösterreich zum Mühlviertel hin. Verwaltungsmäßig ist der Bezirk in 24 Gemeinden unterteilt, davon sind drei Stadtgemeinden und 21 Marktgemeinden, die sich insgesamt aus 353 Katastralgemeinden zusammensetzen.

Zwettl – uralte Stadt mit Tradition

Kamp, Zwettlfluß, Gradnitzbach und Sierningbach bilden hier einen Flußknoten mit engen Tälern, die Stadt ist nach dem Zwettlfluß benannt. Im Jahre 1132 kommt in einem Urkundenfragment erstmals der Name Zwettl vor.

Die Burg- und Kirchenanlage, im 12. Jahrhundert errichtet, ist eine Gründung der Kuenringer, des bedeutendsten Ministerialengeschlechtes des Waldviertels. Zwettl kann bereits im Jahre 1200 auf Privilegien (Stadtrecht, Stadtgericht) verweisen und ist damit eine der ältesten Städte Österreichs. Die Liechtensteiner, die Nachfolger der Kuenringer als Stadtherren, verkauften 1419 ihr »rechtes Eigen« an die Habsburger, womit Zwettl eine landesfürstliche Stadt wurde und damit große Rechte (Hochgerichtsstätte Zwettl etc.) erwarb, aber auch schwerwiegende Pflichten übernehmen mußte. Die »Ackerbürgerstadt« litt in der Folge sehr unter böhmischen und mährischen Einfällen, unter Pest und Brand.

Als nach der Revolution 1848 die Neuordnung Österreichs eingeleitet wurde, gelang es Zwettl, Bezirksstadt zu werden, wodurch die Stadt Sitz aller Behörden und Ämter aber auch Mittelpunkt der Kultur, Wirtschaft, Politik etc. wurde.

Bei den Gemeindezusammenlegungen im Jahre 1971 erfolgte der Anschluß von 12 umliegenden Gemeinden an die Stadtgemeinde Zwettl. Dadurch wurde sie zur flächenmäßig drittgrößten Stadtgemeinde und zur siebentgrößten Gemeinde Österreichs.

Zwettel ist Schulstadt. Rund 3.000 Schüler besuchen die verschiedensten Schultypen und die Gendarmerie ist einerseits in der täglichen Schulwegsicherung andererseits in der Schulverkehrserziehung durch speziell geschulte Beamte gefordert.

Ein Teil des Gemeindegebietes von Zwettl liegt im militärischen Sperrgebiet des Truppenübungsplatzes Allentsteig. Im Jahre 1938 wurde zur Errichtung des Truppenübungsplatzes Döllersheim mit der Entsiedlung des gleichnamigen Gemeindegebietes begonnen. Dabei wurden 27 Ortschaften gänzlich und 28 Ortschaften teilweise entsiedelt, wodurch in der Folge die größte militärisch genützte Fläche Österreichs entstand.

Mit großer Tradition wird in Zwettl seit dem Jahre 1708 Bier gebraut. Die heutige Privatbrauerei Zwettl ist seit 1890 und nunmehr bereits in der sechsten Generation im Besitz der Familie Schwarz. Die hervorragende Qualität des Zwettler Bieres, das in Niederösterreich die meistverkaufte Marke ist, hält bundesweit einen Marktanteil von rund vier Prozent.

Johann Exel – erster Gendarmeriekommandant in Zwettl

Aus ersten Aufzeichnungen geht hervor, daß am 1. Jänner 1860 in Zwettl, Hauptplatz 11, unter der Führung des Wachtmeisters Johann Exel das Bezirksgendarmeriekommando errichtet wurde.

Zisterzienserkloster Stift Zwettl, 1138 gegründet. *Bild: BGK Zwettl*

Aus einer Dislokationstabelle (Dienststellenverzeichnis) aus dem Jahre 1951 geht hervor, daß dem Bezirksgendarmeriekommando Zwettl 25 Dienststellen mit 115 Beamten unterstellt waren.

Derzeit verfügt der Bezirk Zwettl nach Zusammenlegungen von Gendarmerieposten und Strukturbereinigungen über elf Dienststellen (10 GP und BGK) mit 77 Beamten, die in drei Sektorenbereichen ihren Dienst versehen.

Im Bezirk fielen im Jahre 1998 1.173 Verbrechens- und Vergehenstatbestände an; die Aufklärungsquote liegt bei guten 67,3 Prozent.

Durch verstärkte Verkehrsüberwachung und koordinierte Verkehrsdienste ist die Zahl der schweren Unfälle rückläufig. 1998 wurden bei 1.572 Unfällen 303 Personen verletzt und acht Menschen kamen ums Leben.

Zehn Gendarmerieposten stellen sich vor

Der Gendarmerieposten Zwettl, gegründet am 1. Jänner 1860, hat derzeit einen Personalstand von 18 Beamten. Die Postenunterkunft ist seit 18. Juli 1975 im neu erbauten Bundesamtsgebäude in der Weitraerstraße 17, gemeinsam mit dem Bezirksgendarmeriekommando, Bezirksgericht und dem Arbeitsmarktservice untergebracht. Als Bezirksleitzentrale obliegt dem Gendarmerieposten Zwettl neben den Koordinierungsarbeiten und den allgemeinen Aufgaben des Exekutivdienstes die Bekämpfung der Kleinkriminalität sowie der zunehmenden Suchtgiftprobleme. Dem wird im Rahmen des koordinierten Kriminaldienstes entschlossen entgegengetreten. Nach intensiver Vorarbeit konnte in den ersten Monaten 1999 ein Suchtgiftring mit rund 60 Personen ausgeforscht werden.

Gendarmerieposten Allentsteig

Allentsteig, die Stadt im Tal des Thauabaches, ist vermutlich eine der ältesten Siedlungen des Waldviertels und erlangte 1380 das Stadtrecht. Ein großer Teil des Gemeindegebietes liegt im Bereich des Truppenübungsplatzes, der für mehr als 600 Menschen einen Arbeitsplatz bietet.

Der Gendarmerieposten Allentsteig wurde im Jahre 1867 errichtet. Die Dienststelle ist mit neun Beamten besetzt. Ihre Hauptaufgaben bestehen in der Bekämpfung der Kleinkriminalität, es gab aber im Rayon auch mehrere Morde und Raubüberfälle.

Der Gendarmerieposten Gutenbrunn verdankt sein Entstehen im Jahre 1854 zahlreichen Raubüberfällen, Diebstählen und einem ausgeprägten Wildererunwesen. Seine Personalstärke beträgt drei Beamte.

Gendarmerieposten Ottenschlag: Erstmals hörte man von Ottenschlag gegen Ende des 11. Jahrhunderts. 1390 wird der Ort bereits als Markt bezeichnet. In der Region wird vorwiegend Landwirtschaft betrieben. Neben zahlreichen Handwerksbetrieben gibt es auch einige größere Betriebe wie Bau- und Transportfirmen.

Der Gendarmerieposten Ottenschlag wurde bereits im Jahre 1854 im sogenannten »Kasernhaus« errichtet, wo auch das Finanzamt untergebracht war. Die Dienststelle mit zehn Beamten hatte im Gerichtsbezirk Ottenschlag bis zum heutigen Tag immer eine dominierende Funktion. Zum Überwachungsbereich gehören sechs Gemeinden.

Gendarmerieposten Arbesbach: Das Wahrzeichen des Marktes und beliebten Fremdenverkehrsortes ist der weithin sichtbare Turm der Ruine, der »Stockzahn des Waldviertels«. Die Einwohner leben vorwiegend von der Landwirtschaft. Ein Teil der Bevölkerung ist in den ansässigen Kleinbetrieben beschäftigt.

Der Gendarmerieposten Arbesbach wurde 1873 gegründet. Das Überwachungsgebiet hat eine Größe von 159 km^2. Im Überwachungsgebiet liegen die Greiner und die Königswiesner Bundesstraße mit einer Länge von 40 km. Die Hauptaufgaben liegen in der Verkehrsüberwachung und Bekämpfung der Kleinkriminalität.

Gendarmerieposten Göpfritz/Wild, installiert am 1. Juli 1882, liegt an einem wichtigen Straßen- und Eisenbahnknotenpunkt, da sich hier die Franz-Joseph-Bahn mit der Lokalbahn nach Gr. Siegharts und Raabs kreuzt. Derzeit ist der Gendarmerieposten Göpfritz/Wild mit sieben Beamten besetzt. Die Aufzeichnungen der bestehenden Chronik beginnen erst 1945. Daraus geht hervor, daß während der Besatzungszeit vom 9. Mai 1945 bis 15. September 1955 von den Angehörigen der Besatzungsmacht, die als unbekannte Männer in russischer Uniform beschrieben werden mußten, viele Morde verübt wurden.

Gendarmerieposten Gr. Gerungs: Seit 1969 ist Gr. Gerungs eine Großgemeinde mit ca. 5.000 Einwohnern. Gr. Gerungs wurde im Jahre 1983 das Stadtrecht zuerkannt. Die Einwohner leben zum Teil von der Landwirtschaft sowie Klein- und Mittelbetrieben. Durch die geringe Anzahl von Arbeitsplätzen muß ein Teil der Gemeindebürger nach Wien und Linz auspendeln.

Der Gendarmerieposten Gr. Gerungs wurde 1884 errichtet und war im Haus Zwettler Straße Nr. 86 untergebracht. Er ist derzeit mit sieben Beamten besetzt, deren Hauptaufgaben in der Verkehrsüberwachung und Bekämpfung der Kleinkriminalität bestehen wobei sie auch sporadisch mit schweren Verbrechen, wie Mord, Raubüberfällen und Suchtgiftfällen stark belastet werden.

Der Gendarmerieposten Schweiggers wurde am 1. Juni 1877 in Jagenbach errichtet. Wegen der schlechten Unterkunft wurde der Posten 1878 nach Schweiggers verlegt und ist derzeit mit vier Beamten besetzt. Einer der besonderen Vorfälle, die in der Chronik des Gendarmerieposten Schweiggers vermerkt sind, war die tödliche Verfolgungsjagd des Patrouillenleiters Franz Garschall, der 1923 einen Einbrecher verfolgte und von diesem erschossen wurde. Ein Denkmal am Wege erinnert uns noch an den Vorfall.

Der Gendarmerieposten Schwarzenau, am 1. Juli 1882 als k. k. Gendarmerieposten Nr. 23 gegründet, war in drei verschiedenen Häusern stationiert. Seit 16. September 1983 ist der sechs Mann starke Posten im Bundesgebäude Schwarzenau, Zwettler Straße 3 untergebracht. Die Chronik des Gendarmerieposten Schwarzenau berichtet, daß nach der Kapitulation der Deutschen Wehrmacht am 8. Mai 1945 bereits am nächsten Tag russische Soldaten durch den Postenrayon zogen. Es kam zu Plünderungen und Notzuchtfällen. Die am Gendarmerieposten Schwarzenau eingeteilten Gendarmen verließen bis auf den Postenkommandanten Alois Haas am 9. Mai 1945 die Dienststelle. Haas wurde am selben Tag von Fremdarbeitern, vermutlich Polen, erschlagen.

Der Gendarmerieposten Waldhausen wurde am 1. Februar 1907 in Waldhausen, Nr. 28, errichtet. Seit 16. Oktober 1968 befindet sich die Postenunterkunft im Gemeindehaus Nr. 4. Der Gendarmerieposten ist derzeit mit fünf Beamten besetzt. Mit Schrecken denken die Beamten und die Bevölkerung an das Fußballspiel gegen Allentsteig am 13. Juni 1992 zurück, als ein Blitz einschlug und einen Spieler tötete. Zwei weitere Spieler wurden ebenfalls zu Boden geschleudert, konnten aber gerettet werden.

Burg Rappottenstein; 1157 wurde die Höhenburg erbaut. Sie ist eine der am besten erhaltenen Burgen Österreichs. Bild: BGK Zwettl

Landesgendarmeriekommando für Oberösterreich

Michael Ahrer

Größe in km²	*11.811,16*
Gemeinden:	*445*
Einwohner:	*1.090.660**
Anzahl der Dienststellen:	*136***
Systemisierter Personalstand:	*2.293****
Auf einen Exekutivbeamten entfallende Einwohner:	*475*
Bundesgrenze in km:	*320,8*
Autobahnen in km:	*257*
Bundesstraßen in km:	*3.202*
Landesstraßen in km:	*1.187*

* *Ohne Linz, Wels und Steyr*
** *Dazu kommen 15 Bezirksposten und 5 VAASt*
*** *Nur Exekutivbeamte*

Die Geschichte des Landesgendarmeriekommandos für Oberösterreich beginnt mit der »Allerhöchsten Entschließung« vom 23. Oktober 1873, mit der bestimmt wurde, daß mit 1. Jänner 1874 am Sitz jeder politischen Landesbehörde ein Landesgendarmeriekommando zu errichten sei. Als erster Landesgendarmeriekommandant wurde Oberstleutnant Johann Arthofer eingesetzt. Das Landesgendarmeriekommando und die dazugehörige Schule waren ursprünglich in Linz, in der Auerspergstraße Nr. 14 untergebracht und übersiedelten am 1. Juni 1903 in die von der Oberösterreichischen Landesregierung für die Gendarmerie errichteten Kaserne in der Tegetthoffstraße Nr. 11. Bei seiner Errichtung wies das Landesgendarmeriekommando einen Stand von sechs Offizieren und etwa 300 Mann auf, es war in drei Abteilungen und 12 Bezirksstationen gegliedert.

Einsatzgebiet war die ganze Monarchie

Innenpolitisch wuchsen in den letzten Jahrzehnten der Monarchie ständig die Schwierigkeiten, die ihre Schatten auch auf Oberösterreich warfen. Den Unruhen in den einzelnen Teilen der Monarchie wußte man nur mit verstärktem Gendarmerieeinsatz, der oftmals vom Militär unterstützt werden mußte, wirksam zu begegnen. So wurde am 1. Dezember 1908 ein Detachement von 40 Gendarmen nach Prag kommandiert, da es dort zu großen Unruhen und Ausschreitungen gekommen war. Oberösterreichs Gendarmen standen außerhalb des eigenen Kronlandes bei der Annexionskrise in Bosnien und während des Balkankrieges im Einsatz.

Während des Ersten Weltkrieges

Bereits am 11. August 1914 gingen die ersten Gendarmen zum 3. Armee-Flaggen-Kommando nach Lemberg (Galizien) ab. Bis zum Jahresende folgten noch weitere Abteilungen an die verschiedensten Fronten. Obwohl Oberösterreich das von allen Kriegsschauplätzen am weitesten entfernte Kronland war, brachte der Krieg für die Gendarmerie viele neue Aufgaben. Sie war u. a. für die Einberufungen, Requirierungen für die Armee (Pferde und Fuhrwerke, Futtermittel, Bauholz und ähnliches) verantwortlich. Ab April 1915 wurde die Gendarmerie auch noch zur Aufbringung der Lebensmittel und zur Bekämpfung des Schleichhandels herangezogen. Am 26. Mai 1915 ging neuerlich ein Großkontingent von 112 Gendarmen unter Oberleutnant Johann Schubert nach Bielitz in Galizien ab. Gegen Ende des Krieges gab es in Oberösterreich kaum einen Gendarmen, der nicht im Frontdienst gewesen wäre.

Mit dem Zerfall der staatlichen Ordnung gegen Kriegsende in den letzten Oktober- und ersten Novemberwochen 1918 nahmen die anarchischen Zustände auch in Oberösterreich zusehends überhand. Das Militär lief auseinander und die Gendarmerie war der letzte Ordnungsfaktor, der aber in den Tagen des allgemeinen Zusammenbruchs völlig überfordert war. Am 1. November 1918 kam es in Linz zu Ausschreitungen und Plünderungen, der kaiserliche Statthalter trat zurück, der Landeshauptmann übernahm die Regierungsgewalt und bildete die Provisorische Landesregierung.

Kriegsende mit Bewährungsproben

Bereits am 8. November 1918 erklärte der sogenannte Sicherheitsausschuß, daß die Gendarmerie das berufene Organ zur Aufrechterhaltung der Ordnung und Sicherheit sei. Der Gendarmerie wurden paramilitärische Selbstschutzeinheiten als Assistenzeinheiten zur Seite gegeben. Mit 1. Jänner 1919 erfolgte eine personelle Aufrüstung auf 800 Gendarmen.

Am 4. Februar 1919 kam es zu einem der schwärzesten Tage in der Geschichte der Stadt Linz. Die Fleischhauer konnten die geringe Wochenration von 10 dag Fleisch pro Person nicht mehr abgeben. Aufgebrachte Menschen zogen randalierend durch die Straßen – rund 300 Geschäfte wurden geplündert. Die vom Landesgendarmeriekommando eingesetzten Probegendarmen konnten sich gegen die wütende Menschenmenge nicht durchsetzen. Von der städtischen Sicherheitswache war nichts zu sehen und ein Teil der sogenannten Volkswehr beteiligte sich selbst an den Plünderungen.

Durch die steigende Inflation angeheizt, machte sich im Jahre 1920 in der Bevölkerung von Linz neuerlich Unruhe breit. Es gab Gerüchte, wonach die Kommunisten versuchten, in Oberösterreich die Macht zu übernehmen. Das Landesgendarmeriekommando hatte rechtzeitig Vorkehrungen getroffen, so daß am 10. Mai 1920, als die Kommunisten zur Tat schritten, in Linz 500 Gendarmen konzentriert waren. Als die Demonstrierenden auf dem Hauptplatz gegenüber der Gendarmerie eine immer drohendere Haltung einnahmen, wurden die Beamten von der Volkswehr abgelöst und in die Reserve zurückgenommen. Die Volkswehr, durch Steinwürfe provoziert, eröffnete auf die Menge das Feuer. Acht Personen wurden getötet und 21 verletzt. Das Standrecht wurde ausgerufen, 450 Personen verhaftet.

In der Ersten Republik

Zur Bekämpfung der damals häufigsten Kriminalitätsformen, wie Diebstahl, Betrug und Hochstapelei wurde am 1. Juni 1924 eine Ausforschungsabteilung (heutige Kriminalabteilung) eingerichtet. Sie hatte zu Beginn eine Stärke von 20 Mann.

Die politische Situation spitzte sich allerdings immer mehr zu. Bei dem von Dr. Pfrimer mit dem steirischen Heimatschutz versuchten Putsch wurden auch die oberösterreichischen Orte Kirchdorf, Bad Hall und Scharnstein in Mitleidenschaft gezogen. Der von den Putschisten gefangene Bezirkshauptmann, Dr. Kiesenmoser, und die in Scharnstein gefangenen Geiseln kamen wieder frei. Durch das energische Einschreiten der Exekutive brach der »Pfrimerputsch« innerhalb kürzester Zeit zusammen.

Als die Linzer Polizei am 12. Februar 1934 im »Hotel Schiff« eine Waffensuche vornehmen wollte, befahl der Schutzbundführer Richard Bernaschek den bewaffneten Widerstand. In Oberösterreich kam es daraufhin in Steyr, Stadl Paura, im Hausrucker Kohlenrevier und in Ebensee zu bewaffneten Aufständen. Bei den Kämpfen um Linz verloren Polizei, Gendarmerie und Heimatschutz je einen Mann und das Bundesheer zehn Angehörige.

Im Juliputsch kam es in Oberösterreich am Pyhrnpaß, im Salzkammergut und im Mühlviertel zu größeren Kämpfen mit SS- und SA-Einheiten. Etwa 30 Angehörige der sogenannten Österreichischen Legion in Bayern griffen den Gendarmerieposten in Kollerschlag an und töteten dabei RevInsp Richard Hölzl.

Die Gendarmerie nach 1938

Der Anschluß Österreichs an das Großdeutsche Reich hinterließ auch bei der Gendarmerie tiefe Spuren. Ein Teil der österreichischen Gendarmen wurde pensioniert und politisch exponiert gewesene Beamte, wie Mjr Dr. Mayr, wurden im KZ Dachau interniert. Nach der neuen Gliederung stand an der Spitze der Gendarmerie in Oberösterreich der »Kommandeur der Gendarmerie Oberdonau«. Verwaltungsmäßig gliederte man das Land in sieben Hauptmannschaften, die in je zwei oder drei Gendarmeriekreise aufgeteilt wurden. Je nach Größe umfaßten die Kreise zwei bis vier Gendarmerieabteilungen, denen je fünf bis sieben Gendarmerieposten unterstellt waren.

Auch im Zweiten Weltkrieg wurden Gendarmen als Feldgendarmen verwendet.

Gegen Kriegsende wird beim letzten schweren Bombenangriff auf Linz, am 25. April 1945, auch der Gebäudekomplex Tegetthoffstraße 11, das Landesgendarmeriekommando, völlig zerstört. Provisorisch kam man im Landhaus Linz unter. Am 29. April 1945 wurde ein Teil des Stabes nach Walding und der andere nach Kremsmünster verlegt. Bereits vor der Gefangennahme des Gendarmeriekommandeurs am 5. Mai 1945 durch die Amerikaner gab es keinen zentralen Führungsapparat mehr. Die einzelnen Posten machten »ihren Frieden« mit den vorrückenden Amerikanern durchwegs auf eigene Faust.

In der Zweiten Republik

Nachdem die Amerikaner am 17. Mai 1945 die Bewilligung gegeben hatten, stellte sich der bereits pensionierte Obst Kundmann für den Wiederaufbau der Gendarmerie in Oberösterreich zur Verfügung. Durch die Zerstörung des alten Kommandogebäudes mußten die einzelnen Organisationseinheiten über die ganze Landeshauptstadt verteilt werden. Erst eineinhalb Jahrzehnte später konnte dieser Zustand durch den Bau des Kommandogebäudes in der Gruberstraße beseitigt werden.

Um dem akuten Personalmangel abzuhelfen, stellte man am 1. September 1945 252 Gendarmerieanwärter ein. Sie mußten ohne Ausbildung Dienst versehen. Erst 1951 konnte der erste normale Grundausbildungslehrgang aktiviert werden.

18. Juni 1960; Eröffnung des neuerbauten LGK-Gebäudes durch Innenminister Oskar Helmer und LGK-Kommandant Dr. Ernst Mayr. Bild: LGK Oberösterreich

Am 1. Juli 1946 hatte das Landesgendarmeriekommando einen Stand von 377 aktiven Beamten, 308 Gendarmerieanwärtern und 682 Hilfsgendarmen, insgesamt 1.367 Gendarmen.

Zu all diesen Schwierigkeiten kam noch die Teilung des Bundeslandes. Das Mühlviertel wurde bis 8. August 1945 von den Amerikanern geräumt und von den Russen besetzt. Am 14. August 1945 trat nördlich der Donau die »Zivilverwaltung Mühlviertel « ihr Amt an, damit war das Mühlviertel verwaltungsmäßig vom übrigen Oberösterreich abgetrennt. In der Rudolfstraße im Stadtteil Urfahr wurde das Landesgendarmeriekommando für das Mühlviertel bis zur Auflassung nach dem Staatsvertrag 1955 untergebracht. Für das gesamte Mühlviertel standen dem ersten Kommandanten Obst Alois Renoldner nur 30 aktive Beamte zur Verfügung.

Die Zeit nach dem Staatsvertrag

Infolge des Ungarnaufstandes im Oktober 1956 flüchteten ca. 180.000 Ungarn nach Österreich. In den Lagern Haid, Enns, Stadl-Paura und Ried i. I. mußten die zuständigen Posten verstärkt oder Exposituren errichtet werden, um die Flüchtlinge erkennungsdienstlich zu behandeln.

Nach dem Scheitern von Verhandlungen zwischen Italien und Österreich im Jahre 1961 erfolgte der erste Sprengstoffanschlag auf das Reiterdenkmal in Weidbruck bei Bozen.

Am 22. September 1961 ging ein Kontingent von sechs dienstführenden Beamten und 31 Gendarmerieschülern zur sogenannten »Südarmee« nach Tirol ab. Im Jahre 1963 kam es auch zu Anschlägen auf Karabinieristützpunkte. Für ihre Vergeltungsmaßnahmen suchten sich die Italiener Oberösterreich aus. So kam es am 23. September 1963 im Raume Traunkirchen–Ebensee zu Anschlägen. Auf der Straße von Gmunden nach Ebensee wurde das sogenannte Löwendenkmal gesprengt, an einer Gondel der Ebenseer Seilbahn brachte man eine Zeitzünderbombe an, die aber rechtzeitig entfernt werden konnte. Im Sudhaus der Saline Ebensee kam es schließlich doch zu einem tragischen Zwischenfall. Eine Bombenexplosion tötete den Rayonsinspektor Kurt Gruber und verletzte acht Beamte. Der Festsaal des Landesgendarmeriekommandos diente schließlich im Mai 1967 als Gerichtssaal für den »österreichischen Südtirolprozeß«.

Die 1990er Jahre – größte Reformen seit Bestehen der Gendarmerie

Durch das Dienststellenstrukturkonzept 1991 wurden zu Beginn der 90er Jahre mehr als 50 Gendarmerieposten geschlossen bzw. mit anderen Dienststellen zusammengelegt. Eine Maßnahme, die gehörig politischen Wirbel erzeugte, aber deren Notwendigkeit letztendlich von allen eingesehen wurde.

Durch den Abbau des Eisernen Vorhangs und der damit verbundenen Öffnung der Grenzen nach Osten hin im Jahre 1989 wird die Gendarmerie mit früher kaum in Erscheinung getretenen Kriminalitätsformen konfrontiert. Illegaler Grenzübertritt verbunden mit Schlepperei, Kriminaltourismus und organisierte Kriminalität müssen bekämpft werden. Der Beitritt Österreichs zum Schengener Abkommen hat den Aufbau der Grenzgendarmerie notwendig gemacht. Mit 1. April 1997 mußte zusätzlich bis zum Inkrafttreten des Schengener Abkommens die Grenzkontrolle an der Grenze zu Bayern von der Zollwache übernommen werden.

Das Landesgendarmeriekommando für Oberösterreich wird zur Zeit von Bgdr Manfred Schmidbauer geleitet. Er wird vertreten durch den 1. Stellvertreter und Gruppenleiter 2 Obst Norbert Ebner, den 2. Stellvertreter und Gruppenleiter 3 Oberst Berthold Garstenauer und den 3. Stellvertreter und Gruppenleiter 1 Oberstleutnant Josef Reiter.

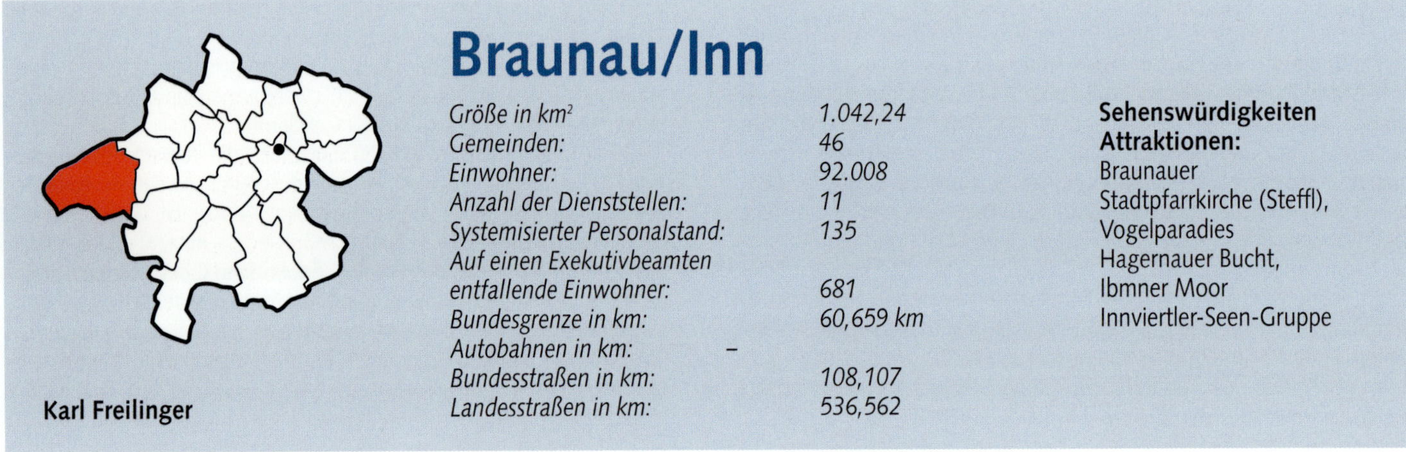

Braunau/Inn

Karl Freilinger

Größe in km²	*1.042,24*
Gemeinden:	*46*
Einwohner:	*92.008*
Anzahl der Dienststellen:	*11*
Systemisierter Personalstand:	*135*
Auf einen Exekutivbeamten entfallende Einwohner:	*681*
Bundesgrenze in km:	*60,659 km*
Autobahnen in km:	–
Bundesstraßen in km:	*108,107*
Landesstraßen in km:	*536,562*

Sehenswürdigkeiten Attraktionen:
Braunauer Stadtpfarrkirche (Steffl),
Vogelparadies Hagernauer Bucht,
Ibmner Moor
Innviertler-Seen-Gruppe

Der Bezirk Braunau bildet den westlichsten Teil des Landes Oberösterreich. Die Grenzen des Bezirkes sind rund zur Hälfte naturgegeben. Die Westgrenze wird von der Salzach gebildet, die Nordwest- und die Nordgrenze vom Inn. Beide Flüsse sind Staatsgrenzen gegen Deutschland. Dort wo die Ache in den Inn mündet, beginnt die Ostgrenze und führt an den Kobernaußerwald heran, den sie bis Schneegattern durchschneidet. Südlich grenzt der Bezirk an das Bundesland Salzburg. Der Grenzverlauf führt vom Krenwald über den Tannberg (784 m), den Ufern des Niedertrumer- und Grabensees über das Moor- und Moränengebiet zur Salzach.

Hohe Bevölkerungsdichte – große Wald- und Moorflächen

Der Bezirk Braunau ist der viertgrößte Bezirk des Landes Oberösterreich und nimmt rund 1/11 (8,8 %) der Fläche des Landes ein.

Der Bezirk umfaßt 46 Gemeinden, darunter die Städte Braunau und Mattighofen und fünf Marktgemeinden. Sitz der Bezirkshauptmannschaft ist Braunau am Inn.

Die Sitze der vier Gerichtsbezirke sind Braunau, Mattighofen, Mauerkirchen und Wildshut.

35 % des Bezirkes sind mit Wald bedeckt. Zwei riesige Forste dehnen sich im Osten und im Westen des Bezirkes aus: der Kobernaußerwald und der Weilhartsforst. Eingebettet in diese Landschaft ist die bekannte Innviertler Seen- und die 1000 ha große Moorlandschaft, eine für Mitteleuropa einmalige Landschaft.

Vom Agrarbezirk zum führenden Industriebezirk des Innviertels

Der Bezirk Braunau war bis zum Beginn des Zweiten Weltkrieges vorwiegend landwirtschaftlich orientiert. Da ca. ein Drittel des nutzbaren Bodens auf Waldflächen entfällt, hatte auch die Forstwirtschaft eine entsprechende Bedeutung. Diese agrarisch ausgerichtete Wirtschaftsstruktur war mit einem bunten Kranz von kleineren Handwerksbetrieben durchsetzt, wobei sich in den Märkten gewisse Schwerpunkte bildeten. Nur in wenigen Orten hatte die Industrie das Obergewicht. Mit dem Bau des Aluminiumwerkes Ranshofen und des Innkraftwerkes Ering begann ein wirtschaftlicher Umbruch, der eine Verlagerung der Schwerpunkte von der Urproduktion (Land- und Forstwirtschaft) zum verarbeitenden Sektor (Gewerbe und Industrie) und zu den Dienstleistungen (Handel, Geld- und Kreditwesen, Fremdenverkehr) zur Folge hatte.

Gegenwärtig bringt das Innviertel rund 10 Prozent der gesamten oberösterreichischen Industrieleistung. Der jährliche Produktionswert des Bezirkes Braunau beträgt rund 14 Milliarden Schilling.

Auch bei den Industriebeschäftigen nimmt Braunau trotz eines Rückganges in den letzten Jahren mit 7.300 Mitarbeitern die klare Spitzenstellung ein. Damit trägt die Industrie im Bezirk rund 45 Prozent der gesamten Arbeitsplätze.

Die Wirtschaftsstruktur im Bezirk Braunau ist von einer steten Aufwärtsentwicklung gekennzeichnet. Alleine seit 1990 ist die Zahl der gewerblichen Betriebe um 770 Unternehmen auf 3.418 gestiegen.

Ein nicht unwesentlicher Teil der Industriebeschäftigten ist in Deutschland bei Großbetrieben wie Wacker-Chemie Burghausen, Firma Marathon, OMV, u. v. a. tätig.

Entwicklung der Gendarmerie im Bezirk Braunau

Im Jahre 1850 wurde der Gendarmerieposten Braunau am Inn errichtet und in den Folgejahren von 1852 bis 1918 wurden weitere 12 Gendarmerieposten im Bezirk installiert. Insgesamt waren damals 39 Gendarmeriebeamte für die Sicherheit im Bezirk zuständig.

Einmarsch der Deutschen Wehrmacht in Braunau am Inn:

Am 12. März 1938 um 6 Uhr rückten die ersten Verbände der Deutschen Wehrmacht in Braunau über die damalige Reichsbrücke ein. Um ca. 16 Uhr kam Adolf Hitler per Auto in Braunau am Inn an, wo er begrüßt wurde. Der Durchmarsch der Truppen dauerte bis zum Abend des 14. März 1938. Dies war der erste und auch der einzige Besuch Hitlers in seiner Geburtsstadt. Die Gendarmen wurden hier gleich wie alle anderen Kollegen in Österreich behandelt.

Einmarsch der amerikanischen Truppen in Braunau am Inn:

Um ein weiteres Vordringen der bereits in Simbach am Inn (Deutschland) stehenden amerikanischen Truppen zu verhindern, sprengte am 1. Mai 1945 gegen 12 Uhr ein Kommando der Waffen SS von Braunau aus die Brücke über den Inn. Jedoch nur gut einen Tag verzögerte man damit den Vormarsch der amerikanischen »Black Cat-Division«. Schon am 3. Mai setzte diese 13. US-Division auf der rasch errichteten Pontonbrücke, die an den im Inn liegenden Trümmern der gesprengten Brücke verankert worden war, über den Fluß und besetzte die Stadt.

Die Stadt wurde kampflos den Amerikanern übergeben, die Gendarmerie entwaffnet. An der Organisation der Gendarmerie wurde vorläufig nichts geändert.

Ab Mai 1945 wurden in Mauerkirchen und Altheim Kriegsgefangenenlager errichtet. In Mauerkirchen waren ca. 120.000 deutsche Soldaten und in Altheim ca. 15.000 Angehörige der Waffen SS vorübergehend interniert.

1945 – Neuordnung des Gendarmeriekorps

Die Träger dieser Entwicklung waren die Gendarmen aus der Zeit vor dem Anschluß Österreichs an Deutschland. Mit diesen Männern war es möglich, die Wirren der Nachkriegszeit, die Flüchtlingsströme und das damit verbundene stark aufkommende Kriminalgeschehen, gekennzeichnet von Raubüberfällen, Plünderungen, Schleichhandel u. a. m. erfolgreich zu bekämpfen und schließlich die Ordnung, Ruhe und Sicherheit wieder herzustellen.

Im Jahre 1946 standen im Bezirk Braunau 65 Gendarmen zur Verfügung, die laut Chronik mit Arbeit stark überlastet waren. Es gab damals im Bezirk 18 Gendarmerieposten, die 1991 nach dem Dienststellenstrukturkonzept auf 11 Gendarmerieposten reduziert wurden.

In der 18.000 Einwohner zählenden Bezirkshauptstadt Braunau am Inn bringt die rasante Entwicklung der Wirtschaft es mit sich, daß zu den Hauptverkehrszeiten ein sehr hohes Verkehrsaufkommen auf den Verkehrswegen Richtung Salzburg und Richtung Ried im Innkreis zustandekommt. Der starke Pendlerverkehr führt zu einer hohen Verkehrsdichte, wobei sich zu den Stoßzeiten viele schwere Verkehrsunfälle erreignen.

1998 waren leider 31 Tote zu beklagen. Vorwiegend sind diese Unfälle auf nicht angepaßte Geschwindigkeiten zurückzuführen. Aber auch das offensichtlich überforderte Straßennetz (31. 12. 1998, 77.780 Fahrzeuge) mit den schmalen und vielen engen Kurven trägt dazu bei, daß die Unfallstatistik im Bezirk relativ hoch ist im Vergleich zu anderen Bezirken.

Trotz intensivster Verkehrsüberwachung, Sonder- und Alkoholkontrollen konnten die Unfallszahlen nicht wesentlich gesenkt werden.

Aus kriminalpolizeilicher Sicht gesehen steht der Bezirk sehr gut da. In den vergangenen Jahren konnten über 70 % der angefallenen Vergehen und Verbrechen von der Gendarmerie geklärt werden. 1998 konnte diese Quote noch gesteigert werden. Diese Erfolge sind das Ergebnis der ständigen Weiterschulung der Beamten und die hohe Motivation der Gendarmen des Bezirkes.

Mit 1. April 1997 wurden die Grenzkontrolle und Grenzüberwachung der Bundesgendarmerie übertragen. Zur Bewältigung der Grenzkontrolle an den sechs Grenzübergängen im Bezirk wurden 32 Beamte (überwiegend ehemalige Zollwachebeamte) dienstzugeteilt.

Den Beamten des Bezirkes stehen vier Gendarmeriediensthunde zur Verfügung, die durch ihren gezielten Einsatz laufend beachtliche Erfolge erzielen und auch regelmäßig an der EU-Außengrenze eingesetzt werden.

Bereits vor einigen Jahren wurde im Bezirk versuchsweise ein dienstführender Gendarmeriebeamter des Gendarmeriepostens Braunau am Inn als sogenannter Jugendkontaktbeamter eingesetzt, der sich in der Praxis sehr gut bewährt.

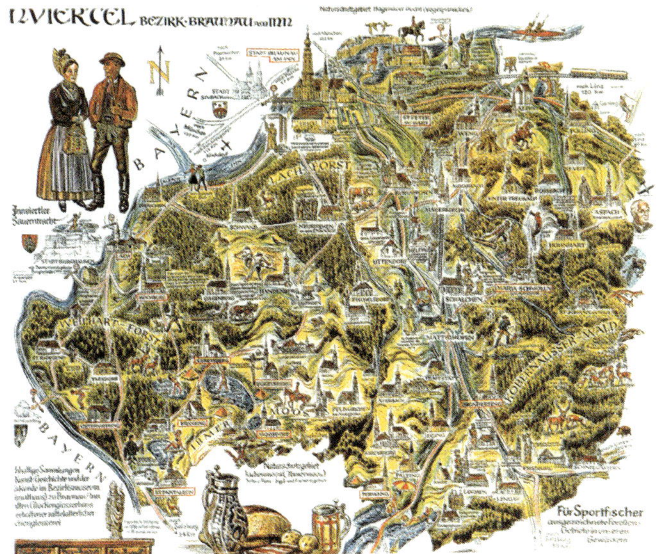

Der Bezirk Braunau am Inn, Ölgemälde v. Martin Stachl, geboren 8. 11. 1914, gestorben 7. 12. 1997. *Bild: BGK Braunau/Inn*

Stadtplatz Braunau am Inn. *Bild: Baier, Braunau am Inn*

Stürme in Orkanstärke

Am Nachmittag des 2. März 1987 setzten schwere Regenfälle ein, die sich infolge der niedrigen Temperaturen sofort zu Eisregen verwandelten und innerhalb weniger Minuten schwerste Schäden, insbesondere in den Waldgebieten, verursachten. Durch umgestürzte Bäume, abgebrochene Wipfel und Äste, gespaltene Bäume sowie gerissene Stromleitungen waren die wichtigsten Verkehrsverbindungen blockiert und mehrere Orte ohne Strom. Die Bundesstraße 156 konnte infolge der Dauer der Aufräumungsarbeiten erst am 12. März 1987 wieder für den Verkehr freigegeben werden.

Am 27. und 28. Feber 1990 richteten Stürme in Orkanstärke wieder schwerste Schäden an Wäldern und Gebäuden an. In Oberösterreich fällte der Sturm ca. vier Millionen Festmeter Holz. Der Bezirk Braunau war von den Schäden ganz besonders in Mitleidenschaft gezogen worden. Die Schäden erreichten dreistellige Millionensummen.

Bei beiden Katastrophen standen alle Beamte des Bezirkes im Dauereinsatz.

Der Schrecken vom Kobernaußerwald

Am 24. März 1947 wurde der Schrecken des Kobernaußerwaldes, der Gendarmenmörder Georg Hamminger, der in den Jahren 1944 bis 1945 ingesamt 11 Morde und zwei Mordversuche begangen hatte, verhaftet. Der Verbrecher war am 27. April 1944 aus der Strafanstalt des Kreisgerichtes Ried im Innkreis entwichen und hatte seit dieser Zeit im Kobernaußerwald und Umgebung sein Unwesen getrieben. Am 25. Juli 1944 ermordete er den im Dienst befindlichen Postenführer Johann Traxler des Gendarmeriepostens Friedburg. Der Beamte wurde durch einen Gewehrschuß in den Rücken auf der Fahrt zu seiner Dienststelle regelrecht hingerichtet. Mit dem kaltblütigen Todesschuß auf den Gendarmen begann eine, für Oberösterreich einzigartige, unheimliche Mordserie.

Jahrelang versetzte der unberechenbare Mörder die Bevölkerung rund um den Kobernaußerwald in Angst und Schrecken und als sich der elffache Mörder Georg Hamminger 1947 in der Untersuchungshaft erhängte, atmete das ganze Innviertel erleichtert auf.

Guinness-verdächtig?

Der Bezirk kann nicht nur auf eine Reihe bedeutender, sondern auch auf zwei »große« Menschen verweisen. Da ist einmal Franz Winkelmeier, der Riese von Friedburg-Lengau, der mit 2,58 Metern der wahrscheinlich größte Mensch der Welt seiner Zeit war, und Martina Hinterberger, die Riesin aus Pfaffstätt, die die stattliche Größe von 2,64 Meter maß. Sie starben im Alter von 27 bzw. 26 Jahren.

Karl Köpplmayr

Eferding

Größe in km²	*266*	**Sehenswürdigkeiten**
Gemeinden:	*12*	**Attraktionen:**
Einwohner:	*ca. 30.000*	Schloßmuseum Starhemberg in Eferding,
Anzahl der Dienststellen:	*4*	Ruine Schaunburg – Hartkirchen,
Systemisierter Personalstand:	*47*	Schlögener Donauschlinge
Auf einen Exekutivbeamten entfallende Einwohner:	*ca. 638*	Gemeinde Haibach o. d. D.
Bundesgrenze in km:	*–*	
Autobahnen in km:	*–*	
Bundesstraßen in km:	*66*	
Landesstraßen in km:	*79,5*	

Der Bezirk Eferding liegt im Zentrum von Oberösterreich, gehört zum Hausruckviertel und ist flächen- und einwohnermäßig der kleinste Bezirk des Bundeslandes. Die Donau bildet nördlich die Bezirksgrenze zum Mühlviertel, im Westen grenzt das Gebiet an die Bezirke Schärding und Grieskirchen, im Süden an Wels-Land und im Osten an den Bezirk Linz-Land.

Charakteristisch für das Eferdinger-Becken ist das fruchtbare Ackerland, wo vorwiegend landwirtschaftlicher Gemüsebau betrieben wird. Eingebettet in ein klimatisch mildes Hügelland wird das Gebiet auch als »Meran von Oberösterreich« bezeichnet, in dem bis zum Ende des 19. Jahrhunderts noch Weinbau betrieben wurde.

Eferding – drittälteste Stadt Österreichs

Die Stadt Eferding selbst (Bezirkshauptstadt mit 3.300 Einwohnern) gehört zwar zu den kleinsten Städten, ist aber die drittälteste Stadt Österreichs und bekam bereits kurz nach Enns und Wien im Jahr 1222 das Stadtrecht verliehen. Das kleine Nibelungenstädtchen gehört schon seit dem Mittelalter zum kulturellen und wirtschaftlichen Mittelpunkt im Zeitgeschehen. Selbst in der größten deutschen Dichtung, der Nibelungen-Sage, findet der Ort Eferding als Brautweg der Königstochter Kriemhild ins Hunnenland seine Erwähnung. Berühmte Geschlechter wie die Schaunburger (1367–1559) und die Starhemberger (– 1858) haben hier ihre Spuren hinterlassen. So die aus dem 15. Jahrhundert stammende Pfarrkirche St. Hippolyt mit spätgotischer Steinmetzkunst, der langgestreckte Platz im Ortszentrum aus der Zeit der passauischen Stadtherrschaft mit vielen beachtenswerten Häusern oder das fürstliche Familienmuseum der Starhemberger im Schloßmuseum, mit hervorragender Ausstattung und reichen Exponaten zur Geschichte der Stadt. Große Persönlichkeiten weilten in Eferding. Hier schrieb Paracelsus bei seinem Freund Johann von Brandt über die »Entstehung und Heilung von Steinkrankheiten« und 1613 feierte der berühmte Astronom Johannes Kepler seine zweite Hochzeit mit der Eferdinger Bürgerstochter Susanna Reuttinger.

Die Donau – jahrtausendalte Verkehrsader zwischen West und Ost

Durch die Öffnung des Rhein-Main-Donau-Kanals wurde die wirtschaftliche Bedeutung der Wasserstraße stark gesteigert. Durch vermehrte Beförderungen von Wirtschaftsgütern aller Art nahm die Schiffahrt – welche zwar nicht zum schnellsten, aber zum billigsten Transportmittel zählt – enorm zu und man kann eine Frequenz von jährlich etwa 15.000 Schiffsbewegungen auf der Donau verzeichnen. Im Bezirk Eferding bildet Aschach/Donau einen Hafenstandort, der als Hauptumschlagplatz für Getreide und sonstige Futtermittel dient und es werden dort fast täglich Schiffsladungen für Ex- und Import bewegt.

Auch die Fahrten der »weißen Flotte« (die Ausflugs- und Personenschiffahrt) nahmen durch die Verbindung mit dem Rhein und Main spürbar zu. Dadurch hat der Städtetourismus entlang der Donau bestimmt Vorteile erlangt.

Erholungsraum Eferding – Radtourismus

Einen nicht unwesentlichen Faktor bildet der Radtourismus, der seit etwa zehn Jahren zum wirtschaftlichen Aufschwung in dieser Region beigetragen hat. Speziell die Donauregion zählt zum »Mekka« der Radfahrer, da der Radweg entlang dem natürlichen Gefälle der Donau für die Radwanderer keine zu schwierige Aufgabe bildet, aber doch als »Aktivurlaub« bezeichnet werden kann. Die Attraktion – und wohl eine der schönsten Abschnitte der Donau auf österreichischem Gebiet – ist die Schlögener-Schlinge, um die sich die Donau in einer mächtigen Kehre windet.

Naturgenuß für die Radfahrer: Schlögener Donauschlinge. Bild BGK Eferding

Aus der Gendarmeriegeschichte

Seit dem Jahr 1907, als die Gerichtsbezirke Eferding und Waizenkirchen von Wels getrennt wurden, hat die Bezirkshauptmannschaft ihren Sitz in Eferding. Zeitgleich wurde am 19. August 1907 auch das Bezirksgendarmeriekommando Eferding gegründet. Es entstand aus dem Gendarmerieposten Eferding, der bereits durch »Allerhöchste Entschließung« am 18. Juni 1849 errichtet und vorerst mit 3 Mann (zwei zu Fuß und einer zu Pferd) besetzt worden war.

Erster Bezirksgendarmeriekommandant war Titularwachtmeister Johann Gasthuber, damaliger Postenführer von Eferding, der knapp acht Jahre später bei der Festnahme eines Reserve-Fähnrichs »... vorsätzlich mit einer Repetierpistole ...« erschossen wurde. In Folge wurden 1873 Aschach an der Donau, 1903 St. Marienkirchen an der Polsenz , 1911 Alkoven, 1912 Haibach ob der Donau und 1919 Scharten und Prambachkirchen Gendarmerieposten errichtet.

Aufgrund des Dienststellenstrukturkonzeptes wurden in den Jahren 1992 und 1993 im Bezirk Eferding drei Gendarmeriedienststellen geschlossen und die Überwachungsrayone den übrigen Gendarmerieposten zugewiesen. Derzeit unterstehen dem Bezirksgendarmeriekommando Eferding die Dienststellen

Eferding (Bezirksleitzentrale) systemisiert mit 22 Beamten
Aschach an der Donau mit 10 Beamten
Alkoven und Prambachkirchen mit 6 Beamten.

Was tat sich im Bezirk?

1874: Brandkatastrophe in Pupping, bei welcher fünf Personen getötet und Häuser vernichtet wurden.
1890: Großbrand in Alkoven, Vernichtung der gesamten Ortschaft.
1896: Brandkatastrophe in Eferding, 18 Häuser wurden vernichtet.
1909: Lustmord an einem 6jährigen Kind in Stroheim.
1915: Mord am ersten Bezirksgendarmeriekommandanten Bezirkswachtmeister Johann Gasthuber durch einen Geisteskranken.
1954: Schwer betroffenes Gebiet der Anrainergemeinden zur Donau anläßlich der damaligen Hochwasserkatastrophe.
1955: Grauenhafter Sexualmord eines schwachsinnigen 22jährigen an einem 14jährigen Mädchen in Stroheim.

1954: Amtshaus von Alkoven mit Gendarmerieposten Aschach/Donau unter Wasser. *Bilder: BGK Eferding*

Großbaustelle Donaukraftwerk legt Gendarmerie die Latte hoch

Besonders gefordert wurden die Beamten beim Bau des Donaukraftwerkes Aschach a. d. Donau und des parallel laufenden Donaubrückenbaues in den Jahren 1959–1963. Bei der damals größte Baustelle Mitteleuropas waren insgesamt 12.000 vorübergehend tätige Bauarbeiter aus ganz Österreich (darunter viele vorbestrafte und ausgeschriebene, 67 Vorstrafen eines Arbeiters waren Rekord) beschäftigt und aufhältig. Die 17 ständig Dienst verrichtenden Gendarmen mußten zahlreiche Waffengebräuche gegen gewalttätige verrohte Männer durchführen und haben gleichzeitig bei außergewöhnlichen Erfolgsserien durch Aufklärung von vielen Gewaltverbrechen und Eigentumsdelikten mitgewirkt. Zusätzlich mußten die Erhebungen von 21 tödlichen und weit über tausend schweren und leichten Arbeitsunfällen erledigt werden.

Ein Hund schreibt Gendarmeriegeschichte

Der in OÖ wohl meist bekannteste Gendarmeriediensthund »Billa vom steinernen Brückl« (Diensthundeführer Alois Markschläger des GP Aschach/D) hat in der Nacht zum 1. November 1968 seine treuen und klugen Hundeaugen für immer geschlossen. Seit dem Jahr 1959 (Baubeginn des Kraftwerkes war auch Gründung der Diensthundestation) hat die vorzüglich abgerichtete Hundedame an mindestens 230 zum Teil sehr harten Einsätzen mitgewirkt und als eine der (wenn nicht überhaupt) fähigsten Fährtenhunde im Lande gegolten. Auch bekam die Hündin für spektakuläre Verbrecher- und Rettungseinsätze, im Zusammenhang mit ihrem Ausscheiden aus dem aktiven Dienst, die Lebensretter-Medaille am (Hals-)Band verliehen.

Die letzten vier Jahrzehnte

Seit dem Jahre 1968 verzeichnete der Bezirk sieben Morde, wovon sechs geklärt werden konnten. Der Raubmord an der 57jährigen Hausfrau in Pfaffing bei Hartkirchen im Jahre 1968 ist bis heute ungeklärt.

1972: Kuwait'scher Lkw-Kühlwagen transportierte 1,5 t Haschisch. Endstation in Hartkirchen-GP Aschach/D; damaliger Handelswert 30 Mill. Schilling.

1978: Zwei Gangster erschossen nach illegalem Grenzübertritt in Achleiten/Passau zwei österr. Zollwachebeamte. Auf der Flucht und nach einer ausgeweiteten Alarmfahndung wurden die beiden Mörder, die bereits zuvor in Holland einen Mann auf einem Autobahnparkplatz erschossen hatten, von zwei Aschacher Gendarmen in Hartkirchen gestellt. Es entwickelte sich daraufhin ein neuerlicher Schußwechsel, bei welchem ein Beamter im Hüft-Lendenbereich schwer getroffen wurde, glücklicherweise aber überlebte. Der zweite Beamte konnte einen Verbrecher erschießen und den zweiten, nachdem sich dieser ergeben hatte, in Verwahrung nehmen.

Es ließen sich noch Seiten füllen mit Aufzählungen und Schilderungen von spektakulären Einsätzen bei Verbrechensbekämpfungen und Unfällen aller Art, doch der kurze Überblick in Schlagzeilen soll deutlich machen, daß im Bezirk Eferding große Einsätze und Taten von Beamtenseite in vorzüglicher Weise vollbracht worden sind, worüber das Bezirksgendarmeriekommando Eferding noch nachträglich den Dank aussprechen möchte.

Mit August 1997 wurde einem großen Wunsch Rechnung getragen und der Gendarmerieposten Eferding (mit dem Bezirksgendarmeriekommando) bekam wieder seinen Sitz im Stadtzentrum von Eferding, nachdem ein Amtsgebäude errichtet wurde, in dem das Stadtamt, die Gebietskrankenkasse, das Bezirksgericht und die Gendarmerie untergebracht sind. Somit endete für die Gendarmerie eine nicht optimale Quartierung in einem Wohnblock am Stadtrand.

Freistadt

Gerhard Haag

Größe in km²	*944*
Gemeinden:	*27*
Einwohner:	*64.399*
Anzahl der Dienststellen:	*11*
Systemisierter Personalstand:	*196*
Auf einen Exekutivbeamten entfallende Einwohner:	*767*
Bundesgrenze in km:	*50,8*
Autobahnen in km:	*1,6*
Bundesstraßen in km:	*127,09*
Landesstraßen in km:	*357,23*

Sehenswürdigkeiten Attraktionen:
Flügelaltäre in den katholischen Pfarrkirchen Kefermarkt, Waldburg und St. Michael ob Rauchenödt, rekonstruiertes Teilstück der Pferdeeisenbahn in Kerschbaum, Pferdeeisenbahnviadukt in Waldburg, Waldhaus und Waldlehrpfad in Windhaag, Hinterglasbildmuseum in Sandl, Bauernmöbelmuseum in Hirschbach

Der Bezirk Freistadt liegt im unteren Mühlviertel und grenzt im Norden an Tschechien, im Osten an das niederösterreichische Waldviertel mit den Bezirken Gmünd und Zwettl, im Süden an den Bezirk Perg und im Westen an den Bezirk Urfahr-Umgebung. Als Hauptverkehrswege sind die Prager Bundesstraße B 125, die Königswiesener Bundesstraße B 124, die Böhmerwald Bundesstraße B 38 und die Mauthausener Bundesstraße B 123 zu nennen.

Geschichte und Kultur

Freistadt bildet das Zentrum des gleichnamigen Bezirkes und wurde um 1220 gegründet. Die Stadt wurde ursprünglich im gotischen Baustil errichtet und erst im 18. Jahrhundert barockisiert. Eine gut erhaltene Stadtmauer liegt wie ein Mantel um den Stadtkern und hat die Bewohner über Jahrhunderte vor Plünderungen und kriegerischen Einfällen bewahrt. Vorbildlich renovierte Bürgerhäuser fallen ebenso ins Auge wie schöne, gotische Erker und gepflegte Arkadenhöfe. Ein aus dem 15. Jahrhundert stammender Flügelaltar in der katholischen Pfarrkirche Kefermarkt stellt eine europaweit bekannte Sehenswürdigkeit dar. Nicht unerwähnt bleiben dürfen aber die nicht minder kunstvoll geschnitzten Flügelaltäre in den Kirchen der Gemeinden von Waldburg und St. Michael ob Rauchenödt. Das Schloß Weinberg in Kefermarkt wurde Anfang der 80er Jahre als Kulturzentrum »entdeckt«, renoviert und mit der Landesausstellung im Jahre 1988 eröffnet. In den Räumen ist derzeit das Oberösterreichische Landesbildungszentrum untergebracht. Der örtliche Kulturverein lädt hier vor allem an den Wochenenden zu verschiedenen Musikseminaren ein. Einen festen Platz im Veranstaltungskalender hat der weit über die Grenzen des Bezirkes bekannte »Weinberger Advent«. Während eines dreitägigen Weihnachtsmarktes kann man hier etwa 10.000 Besucher begrüßen.

Die historische Stadt Freistadt mit ihrer gut erhaltenen Stadtmauer.
Bild: BGK Freistadt

Preisverfall bei landwirtschaftlichen Produkten – Wirtschaft kämpft mit Infrastruktur

Der Bezirk Freistadt hat vorwiegend ländlichen Charakter und wird zum größten Teil von der Landwirtschaft dominiert. Vorherrschend sind vor allem kleinbäuerliche Familienbetriebe mit durchschnittlich 30 bis 40 ha Grund pro Hof. Die Bauern beschäftigen sich weitgehend mit der Viehwirtschaft und dem Anbau von Kartoffeln und Getreide. Durch den ständigen Preisverfall ihrer Produkte sind sie gezwungen, die Landwirtschaft als Nebenerwerb zu betreiben. Sie drängen daher auf den ohnehin angespannten Arbeitsmarkt und müssen zu den Industriezentren in den Großraum Linz auspendeln.

Durch die jahrzehntelange tote Grenze zu Tschechien hat dieses Gebiet besonders gelitten. Die wirtschaftliche Lage ist daher durch geringe Infrastruktur nicht besonders gut. Die Arbeitslosenrate liegt aber mit ca. 7,3 % im oberösterreichischen Durchschnitt.

Im Bezirk sind etwa 1.500 Unternehmen etabliert, die jedoch nicht genügend Arbeitsplätze bieten können. Größere Industriebetriebe gibt es vorwiegend um die Bezirkshauptstadt Freistadt. Erwähnenswert wären hier die Brauerei »Braucommune« in Freistadt, die FM-Möbelerzeugungsfirma in Kefermarkt und eine Schlosserei in Neumarkt/Mühlkreis, die Elektroschaltkästen erzeugt. Im nördlichen Teil bei Windhaag und Lasberg wird der weltweit bekannte Granitstein, der vorwiegend für Grabsteine und Sockelverkleidungen verwendet wird, gebrochen.

Hightechnology wird im Schloß Hagenberg gelehrt. Dort ist seit 11 Jahren eine Außenstelle der Linzer Kepler-Universität mit dem Forschungsinstitut RISC untergebracht. Der ehemalige Maierhof wurde zu einem Softwarepark mit einer Fachhochschule für Softwareentwicklung,

Medientechnik und -design umgebaut und beheimatet derzeit noch weitere Spezialfirmen der Computertechnik.

Fremdenverkehr

Der Fremdenverkehr spielt derzeit noch eine untergeordnete Rolle und hat Nachholbedarf. Ausgenommen sind die Orte mit den bereits angeführten Sehenswürdigkeiten. Wer aber die unberührte Natur und die Erholung vom täglichen Alltagsstreß sucht, sollte vor allem dem ländlichen Raum des Bezirkes einen Besuch abstatten. Hier findet er durch die freundliche Art der Bewohner Erholung und wird mit so manchem kulinarischen Schmankerl verwöhnt.

Eine Ausnahme bildet die Mühlviertler Messe in Freistadt. Sie ist die bedeutendste wirtschaftliche Veranstaltung dieser Region und wird bereits seit dem Jahre 1862 abgehalten. Stellten die Gewerbetreibenden anfangs ihre Produkte alle vier Jahre aus, so ist man auf einen zweijährigen Rhythmus übergegangen. Im heurigen Jahr findet die Messe, die fast immer an die 200.000 Besucher anlockt, in der Zeit vom 11. bis 15. August 1999 statt. Um hier die Sicherheit gewährleisten zu können, müssen dem Gendarmerieposten Freistadt auch Beamte der umliegenden Posten zugeteilt werden.

Schloß Weinberg in Kefermarkt. Ein stattlicher Renaissancebau mit mächtigem Fassadenturm. Das durch Kriegsschäden verwüstete Schloß wurde zur Landesausstellung 1988 generalsaniert. *Bild: BGK Freistadt*

Historische Entwicklung der Gendarmerie im Bezirk

Bezirksgendarmeriekommando und Gendarmerieposten Freistadt wurden im Jahr 1850 errichtet. Ab diesem Zeitraum begann der eigentliche Sicherheitsdienst durch die Gendarmerie. Nach und nach wurden die Dienststellen Pregarten, Harrachsthal, Unterweißenbach, Leopoldschlag und Zell bei Zellhof – heute Bad Zell – errichtet.

Anfang des 20. Jahrhunderts gab es im Bezirk Freistadt insgesamt 22 Gendarmerieposten. Manche wurden im Laufe der Zeit aufgelassen, andere wieder neu errichtet.

Das Zeitalter der Mobilität brach am 5. Dezember 1928 mit der Zuweisung des ersten Fahrrades an. Mit gleichem Datum wurde »aus dienstlichen Rücksichten und für Zwecke des Feuerwehr- und Rettungswesens« eine »telefonische Dauerverbindung« vom Gendarmerieposten Pregarten nach Linz und vom Gendarmerieposten Freistadt zum Gendarmerieposten Pregarten eingerichtet.

In den Jahren 1939 bis 1945 war die Gendarmerie unter deutscher Führung tätig, was zwangsläufig eine weitgehende Umstrukturierung zur Folge hatte. Am 15. August 1946 mußte über Weisung der sowjetischen Besatzungsmacht vor allem wegen der Grenzüberwachung zur Tschechoslowakei die Grenzgendarmerie eingerichtet werden. Das zuständige Bezirksgendarmeriekommando wurde zuerst in Bad Leonfelden und ab 1. Juli 1953 in Freistadt stationiert. Insgesamt waren damals dem Grenzbezirksgendarmeriekommando Freistadt sechs Gendarmerieposten mit insgesamt 88 Beamten unterstellt. Die Zeit schritt fort und Österreich bekam nach langen Verhandlungen den Staatsvertrag. Man war wieder Herr im eigenen Haus. Nun konnte die Exekutive die Weisungen der eigenen Regierung vollziehen. Die Auflösung der Grenzgendarmerie erfolgte exakt auf den Tag genau 9 Jahre nach der Gründung.

Das Bezirksgendarmeriekommando wurde bis zum Jahre 1999 von insgesamt 24 Bezirksgendarmeriekommandanten geführt. Die ersten Aufzeichnungen von der Errichtung eines Gendarmerieabteilungskommandos stammen aus dem Jahre 1876. Diese Dienststellen wurden mit der Strukturreform im Jahre 1993 wieder aufgelassen. In diesem Zeitraum gab es 39 Abteilungskommandanten.

Gendarmerie heute

Durch die im Zuge mehrerer Dienststellenstrukturkonzepte erfolgte Zusammenlegung von Gendarmerieposten hat sich nunmehr die Anzahl auf neun verringert. Der Gendarmerieposten Leopoldschlag wurde mit Wirkung vom 1. Dezember 1997 auf unbestimmte Zeit stillgelegt und in einen Grenzüberwachungsposten umgewandelt. Diese Dienststelle ist mit einem systemisierten Personalstand von 53 Beamten für die Überwachung der 50,8 km langen grünen Grenze zu Tschechien, sowie der Zugskontrolle ab dem Bahnhof Summerau zuständig. Wie wichtig die Bewachung der grünen Grenze ist, wird an einem Beispiel das sich Mitte September 1998 zugetragen hat, deutlich. Ein Schlepper brachte im Gemeindegebiet von Leopoldschlag vier Chinesen illegal über die Grenze. Eine 30jährige Frau brach in einem Sumpfgebiet erschöpft zusammen und verstarb nach einigen Stunden. Rücksichtslos setzte der Schlepper mit den anderen Personen seinen Weg fort, konnte jedoch gestellt und verhaftet werden. Die illegalen Grenzgänger wurden ebenfalls festgenommen und abgeschoben.

Eine Grenzkontrollstelle (Straßengrenzübergang) zu Tschechien gibt es seit 1. April 1996 in Wullowitz. 59 Beamte haben auf dieser wohl größten Dienststelle Oberösterreichs grenz- und sicherheitspolizeiliche Aufgaben zu vollziehen.

Freistadt – ein sicherer Bezirk

Daß die Gendarmen des Bezirkes Freistadt mit großem Engagement bei der Sache sind, beweist die hohe Aufklärungsquote von 84 % aller angezeigten Delikte. Jährlich sind etwa 370 Verbrechen und 2.500 Vergehen zu bearbeiten. Die hohe Arbeitsbelastung liegt vorwiegend im Grenzdienst, wobei vor allem das Schlepperunwesen und der Kriminaltourismus bekämpft werden müssen. So wurden zum Beispiel 1998 nach mühevoller Kleinarbeit von Beamten einiger Gendarmerieposten im Bezirk insgesamt 20 Personen nach dem Verbotsgesetz angezeigt (die Anzeige umfaßt zehn Aktenordner). Aber auch im Verkehrsdienst sind die Gendarmen gefordert. Es müssen jährlich durchschnittlich 2.000 Verkehrsunfälle mit 450 Verletzten und neun Toten erhoben und bearbeitet werden. Durch die teilweise rigorose Überwachung konnten bereits Erfolge erzielt werden, denn die Unfallszahlen sind so wie im gesamten Bundesgebiet rückläufig.

Walter Hölczli

Gmunden

Größe in km²	*1.432*
Gemeinden:	*20*
Einwohner:	*107.369*
Anzahl der Dienststellen:	*11*
Systemisierter Personalstand:	*140*
Auf einen Exekutivbeamten entfallende Einwohner:	*766*
Bundesgrenze in km:	*–*
Autobahnen in km:	*19*
Bundesstraßen in km:	*134,8*
Landesstraßen in km:	*154,5*

Sehenswürdigkeiten Attraktionen:
Kaiservilla, Seeschloß Orth mit der Villa Toscana, Gosausee mit Dachstein, Schloß Scharnstein mit Kriminalmuseum, Rathaus Gmunden mit dem Glockenspiel, Leharvilla

Der Bezirk Gmunden liegt ca. in der Mitte des österreichischen Staatsgebietes, etwa auf halbem Weg zwischen den Landeshauptstädten Eisenstadt und Bregenz. Im Süden bildet der Dachstein die Grenze zu den Bundesländern Steiermark und Salzburg. Im Norden liegt der Bezirk Wels-Land, im Osten Kirchdorf/Krems und im Westen der Bezirk Vöcklabruck. Die Nord-Süd-Ausdehnung beträgt mehr als 80 Kilometer. Die wohl bekannteste Region ist das Salzkammergut mit ihren zahlreichen Seen und der Stadt Bad Ischl, die schon von Kaiser Franz Joseph geschätzt wurde.

Geschichtliche Bedeutung durch Bergbau und Salzgewinnung

Funde aus der mittleren Steinzeit zeigen, daß der Bezirk bereits damals besiedelt gewesen sein muß. Als Beweis und einziger Fundort gilt hier der »Ischler Nagelfluh«. Aber auch aus der jüngeren Steinzeit existieren in vielen Gemeinden zahlreiche Hinweise auf unsere Vorfahren. Aus der Bronzezeit rühren Relikte der Attersee- sowie Urnenfelderkultur und die Pfahlbausiedlungen am Traunsee. Der hallstattzeitliche Bergbau reicht auf die Zeit um 800 v. Chr. zurück. Die Salzgewinnung erfolgte bereits damals auf bergmännische Art. Um 400 v. Chr. kam es zur Einwanderung keltischer Völkerschaften. Durch Gewinnung und Vermarktung des Salzes begann der wirtschaftliche Aufschwung und eine Phase selbständiger kultureller Entwicklung. In die Zeit der von Salzburg aus ab 700 betriebenen Christianisierung fällt auch die Gründung einiger Klöster wie z. B. die Errichtung der Abtei Trunseo am Traunsee oder des Klosters Traunkirchen.

Das See- und Landschloß Orth am südlichen Stadtrand von Gmunden ist auf einer kleinen Felsinsel gelegen und durch eine 123 Meter lange Holzbrücke mit dem Land verbunden. Nach einem Brand erhielt die Anlage 1626 das heutige Aussehen. *Bild: BGK Gmunden*

Von St. Wolfgang bis zum Dachstein

Wer vom Bezirk Gmunden hört, denkt sicher unwillkürlich an den Salzhandel, das Kammergut, Hallstatt, Ischl oder St. Wolfgang und nicht zuletzt an den Fremdenverkehr. Die Dachsteinhöhlen, der oft gemalte Gosausee und die Ischler Kaiservilla sind weltbekannt. Kaiser Franz Joseph, Franz Lehar, der Pacher Altar oder das Weiße Rößl sind einerseits Persönlichkeiten und andererseits Bauten, um die sich Sagen, Romane und Operetten ranken.

Während man in Ebensee die Krippen gesehen, den Faschingsumzug erlebt oder die Gmundner Glöckler bewundert haben muß, genügt es manchem Touristen bereits, den Traunsee mit dem Kloster Traunkirchen, das Schloß Orth oder den Stadtkern von Gmunden betrachtet und fotografisch festgehalten zu haben.

Aber das Gebiet ist nicht nur durch seine Seen, Schlösser und den Klöstern bekannt, denn auch die Bergwelt bietet ihre ganz besonderen Reize. Während geübte Bergsteiger- oder -wanderer glücklich sind, König Dachstein, den Traunstein oder die Toten- und Höllengebirgsstöcke zu erklimmen, sind die anderen zufrieden, die Zwieselalm, die Katrin, den Feuerkogel oder den Grünberg mit der Seilbahn erreicht zu haben.

Diese Bergmassive mit dem Almtal, ihren vielen verfallenen Almhütten, den zahlreichen heute noch zum Großteil unberührten Almseen samt ihren winzigen Moorlandschaften sind nicht wegzudenkende Bestandteile einer gewachsenen Einheit.

Wirtschaft und Tourismus

Die wirtschaftliche Struktur des Bezirkes wird heute von großen Industrie- und Gewerbebetrieben wie z. B. Papierfabriken, die sich im Raum Laakirchen und Steyrermühl angesiedelt haben, geprägt. Aber auch die zahlreichen Mittelbetriebe sind für den Bezirk sehr vorteilhaft. Vor allem diese Unternehmen geben der Region den wirtschaftlichen Rückhalt und den Menschen in der unmittelbaren Umgebung Arbeit. Es gibt zwar viele Pendler, doch können sie ihre Arbeitsplätze aufgrund der günstigen geographischen Lage schnell erreichen.

Für den Fremdenverkehr wurden schon im vorigen Jahrhundert durch Kaiser Franz Joseph die Weichen gestellt. Er hatte bereits damals die Schönheit dieser Landschaft sowie die zentrale Lage von Bad Ischl erkannt und diese Stadt zu seiner »Sommerresidenz« gemacht. Der dadurch ausgelöste Tourismusboom erfaßte das gesamte Salzkammergut, setzte sich aber speziell in Bad Ischl, Hallstatt und St. Wolfgang bis heute fort. Es gibt kaum einen Besucher, der sich in Bad Ischl aufgehalten und nicht die Spezialitäten der Konditorei Zauner genossen hat.

Die Region lebt aber selbstverständlich nicht nur vom Sommertourismus. Man hat die Zeichen der Zeit erkannt und sich ein zweites Standbein geschaffen. Durch den Ausbau der Schigebiete am Dachstein, in Gosau und Obertraun bildet dieses Gebiet auch einen Anziehungspunkt für alle Wintersportler. Selbstverständlich mußte dem auch die Gendarmerie Rechnung tragen, um durch ein angepaßtes Dienstsystem die Sicherheit der Besucher sowohl im Sommer als auch im Winter gewährleisten zu können.

1850 erhielt Gmunden den ersten Gendarmerieposten

Im Jahre 1848 umfaßte der Bezirk Gmunden 19 Gemeinden, die sich auf die neu gebildeten Gerichtsbezirke Bad Ischl und Gmunden aufteilten. Die Ära der Gendarmerie begann aber erst im Jahre 1850. Am 1. Dezember wurden in Gmunden das Bezirksgendarmeriekommando und der erste Gendarmerieposten mit einem Korporal und vier Gendarmen errichtet. Diese Dienststellen unterstanden dem Zugskommando Nr. 2 des in Vöcklabruck installierten Flügelkommandos Nr. 7. Sowohl das Flügel-, als auch das Zugskommando wurden 1873 aufgelassen. Im Jahre 1874 wurden die Gendarmerieabteilungskommanden erstmals errichtet. Gmunden unterstand vorerst dem Abteilungskommando Nr. 2 in Steyr, ab 1887 dem Abteilungskommando Nr. 1 in Linz. Ab 1918 bestand dann ein eigenes Abteilungskommando in Gmunden, das Ende 1927 aufgelassen, jedoch 1933 wiedererrichtet und im Gebäude der Bezirkshauptmannschaft Gmunden untergebracht wurde. Infolge der Strukturreform wurde diese Dienststelle mit Wirkung vom 30. April 1993 nun endgültig geschlossen.

Heute bestehen im Bezirk neben dem koordinierten Verkehrs- und Kriminaldienst auch zwei alpine Einsatzgruppen und vier Motorbootsstationen. Die einzelnen Dienststellen verfügen über insgesamt 28 Kraftfahrzeuge, wovon fünf Zivilfahrzeuge für den Kriminaldienst abgestellt sind.

Gmunden ist ein sicherer Bezirk

Die am stärksten belasteten Dienststellen im Bezirk sind naturgemäß in den einwohnerreichsten Gemeinden Bad Ischl und Gmunden etabliert. Da es in beiden Städten auch eine Stadtpolizei gibt, werden die Beamten entlastet und können der Bevölkerung das von ihr gewünschte Sicherheitsgefühl geben. Der Bezirk ist in vier Sektorenbereiche eingeteilt, in denen nachts ständig Patrouillen unterwegs sind, die alle Ereignisse rasch und effektiv aufzunehmen in der Lage sind. Im inneren Salzkammergut werden die Gendarmen vor allem durch Einmiete- und Zechbetrug, Einbruchs- und Schidiebstähle, sowie durch die Erhebung von Alpinunfällen in Anspruch genommen. Für die Strafrechtsdelikte notiert die Bezirksstatistik im Jahre 1998 folgende Zahlen: von 744 angezeigten Verbrechen konnten 267 geklärt und von 3.434 Vergehenstatbeständen konnten 2.050, also 59,6 Prozent, geklärt werden. Vor allem im nördlichen Teil des Bezirkes haben die Beamten mit Eigentums- und Gewaltdelikten zu kämpfen, wobei aber hier regional eine hohe Aufklärungsrate hervorzuheben ist.

Das neue Amtsgebäude, am 16. Juni 1994 bezogen, beheimatet Gendarmerieposten mit Bezirksleitzentrale sowie das Bezirksgendarmeriekommando. *Bild: BGK Gmunden*

Bedingt durch das dicht ausgebaute Straßennetz mit der Bundesstraße 145, die durch das Salzkammergut führt und täglich von vielen Tausenden Fahrzeugen frequentiert wird, ist die Verkehrsbelastung für die Bevölkerung sehr hoch. Dies schlägt sich natürlich auf die Statistik nieder. Bei 2.697 Verkehrsunfällen kamen 15 Menschen ums Leben und 816 wurden verletzt. Dank intensivster Verkehrsüberwachung gelingt es, den Verkehr in geordneten Bahnen zu halten und die Unfallszahlen fast jährlich geringfügig zu senken. Eng verbunden damit ist der Kampf gegen »Alkohol am Steuer«, wo im Beobachtungszeitraum 546 Lenkern der Führerschein abgenommen werden mußte.

Aus der Chronik

Lawinenunglück am Krippenstein

In der Bundessportschule Obertraun, am Fuße des Dachsteins, wollten im Jahre 1954 mehrere Schülergruppen aus Deutschland ihre Osterferien verbringen. Am 15. April brach eine Gruppe von 10 Schülern und drei Lehrern zu einer Tagestour auf. Die Leitung dieser Expedition hatte der 40jährige Lehrer Hans Seiler aus Heilbronn. Die Gruppe wollte über die Schönbergalpe zu dem im Bereich der Gjaidalpe gelegenen Krippenstein. Im Laufe des Vormittags setzte ein heftiger Sturm mit starkem Schneetreiben ein. Obwohl ihnen auf der Schönbergalpe von der Fortsetzung ihrer Tour abgeraten wurde, ließen sie sich nicht von ihrem Vorhaben abbringen.

Als die Gruppe am Abend nicht nach Obertraun zurückgekehrt war, wußte man sofort, daß sie von einer Lawine verschüttet worden sein mußte. Am 16. April 1954 begann dann eine der größten Rettungsaktionen dieses Jahrhunderts, zu der alle verfügbaren Kräfte des Bergrettungsdienstes und der Bundesgendarmerie im Dachsteingebiet zusammengezogen wurden. Orkanartige Stürme und ein täglicher Neuschneezuwachs bis zu zwei Meter erschwerten noch zusätzlich die Bergungsarbeiten. Obwohl die Suchmannschaften pausenlos im Einsatz waren und außerdem noch von Hubschraubern unterstützt wurden, gab es keinen einzigen Überlebenden. Das erste Opfer konnte erst am 24. April geborgen werden.

Hubschrauber stürzte in den Traunsee

Ein Hubschrauber des Innenministeriums von der Flugeinsatzstelle Hörsching stürzte am 21. Juli 1979, gegen 14.30 Uhr, während eines Verkehrsüberwachungsfluges in unmittelbarer Nähe des Teufelsgrabens in den Traunsee und versank. Die beiden Gendarmen, Insp. Günter Karner und BezInsp Helmut Buder, konnten sich nicht mehr befreien und wurden mit dem Hubschrauber in die Tiefe gerissen. Für die Beamten gab es keine Überlebenschance. Da der Hubschrauber in einer Tiefe von 170 m lag, gestaltete sich die Bergungsaktion äußerst schwierig und mußte mehrmals abgebrochen werden. Erst nach einigen Tagen gelang es mit Unterstützung von Wasserrettung und Feuerwehr, das Wrack mit den zwei toten Gendarmen zu heben. Absturzursache dürfte die zu geringe Flughöhe gewesen sein.

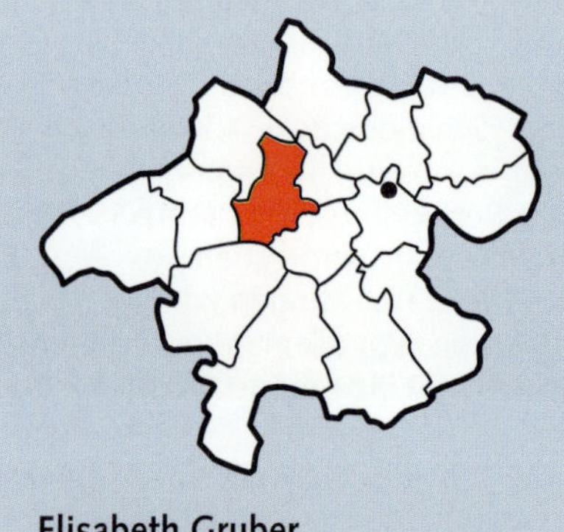

Elisabeth Gruber
Winfried Parzer

Grieskirchen – »Das Landl«

Größe in km²	*579,13*
Gemeinden:	*34*
Einwohner:	*62.582*
Anzahl der Dienststellen:	*8*
Systemisierter Personalstand:	*80*
Auf einen Exekutivbeamten entfallende Einwohner:	*782*
Bundesgrenze in km:	*–*
Autobahnen in km:	*26,50*
Bundesstraßen in km:	*60,70*
Landesstraßen in km:	*316,63*

Sehenswürdigkeiten Attraktionen:
Schloß Parz im Stadtgebiet von Grieskirchen,
Schloß Aistersheim,
Schloß Starhemberg in Haag a. H.,
Schloß Tollet,
Schloß Peuerbach

Das »Landl« bezeichnet das Gebiet zwischen der ehemaligen bayerischen Grenze am Salletwald und der Welser Heide einerseits und der Donau und dem Hausruck, der Grenze zum Innviertel, andererseits. Im Norden begrenzt die Donau den Bezirk bei Schlögen, die Aschach und der Innbach bilden die östliche Grenze, während der Hausruck den Südwesten und der Sauwald den Nordwesten des Bezirks abschließen. Die höchste Erhebung im Bezirk ist der Mayrhofberg mit 654 m Seehöhe.

Der Bezirk im Wandel der Zeit

Auch geschichtlich kann der Bezirk Grieskirchen einige Überraschungen aufweisen. Orts- und Flußnamen wie Aschach und Trattnach (Dratinaha) weisen auf eine frühe keltische Besiedlung hin. Ebenso führte eine Römerstraße von Ovilava (Wels) nach Burghausen durch den Bezirk. Römische Funde konnten in Gaspoltshofen, Geboltskirchen, Haag und im Trattnachtal nachgewiesen werden sowie eine römische Siedlung am linken Trattnachufer bei Grieskirchen sind Zeugen dieser Epoche.

Nach den Wirren der Völkerwanderung und während des Frühmittelalters geriet dieses Gebiet in historische Vergessenheit. Erst mit dem Auftreten der Schaunberger im Raum Donau – Traun – Salletwald und mit der Erlangung der schaunbergischen Hochgerichtsbarkeit Ende des 12. Jahrhunderts ist eine kontinuierliche historische Entwicklung bekannt. Die ganzen Jahrhunderte herauf war der Bezirk Grenzgebiet mit bewegter Geschichte z. B. war er Hauptschauplatz des Oberösterreichischen Bauernkrieges der Jahre 1626 und 1632. Charakteristisch dafür sind die Fülle von Burgen und Wehranlagen aus allen Jahrhunderten, die im ganzen Bezirk verteilt sind: so zum Beispiel die Burg Starhemberg bei Haag/Hausruck, oder die Schloßanlagen von Aistersheim, Gallspach und Würting, Gemeinde Offenhausen, ebenso das Landschloß Parz oder Schloß Weidenholz in der Gemeinde Waizenkirchen.

Das letzte Mal fungierte diese Region als Grenzgebiet zur Zeit der Napoleonischen Kriege, als Salzburg, das Innviertel und Teile des Hausruckkreises an Napoleon abgetreten werden mußten. Die Grenzlinie des Jahres 1809 führte von Schlögen über St. Agatha nach Waizenkirchen, Michaelnbach, Pollham, Grieskirchen, Gallspach, Meggenhofen und Gaspoltshofen weiter bis nach Attersee. Während der bayerischen Herrschaft der Jahre 1810 bis 1816 wurden fünf königlich-bayerische Landgerichte eingerichtet, die erst einige Zeit nach der Rückgabe wieder aufgelöst wurden. Das Gebiet kam wieder zum Kreisamt Wels. Erst im Jahr 1911 wurde aus 32 Gemeinden der Gerichtsbezirke Grieskirchen, Haag/Hausruck und Peuerbach die Bezirkshauptmannschaft Grieskirchen errichtet.

Landwirtschaft – Handel – Gewerbe

Obwohl die Wirtschaft dieser Region lange Zeit von der Landwirtschaft getragen wurde, kann Grieskirchen jedoch bereits auf eine längere gewerbliche Tradition zurückblicken. Bereits im 14. Jahrhundert darf der Markt drei Jahrmärkte, einen Wochenmarkt und verschiedene Garn- und Schweinemärkte abhalten. Den Höhepunkt erreicht die Wirtschaftstätigkeit an der Wende vom 16. zum 17. Jahrhundert als 25 verschiedene Gewerbe verzeichnet waren. Die folgenden Jahrhunderte mit ihren verheerenden Kriegsfolgen drängten den Bezirk wirtschaftlich wieder in den Hintergrund. Dennoch konnte sich auch im vorigen Jahrhundert die aus Grieskirchen stammende Familie Lobmeyr mit ihrer Glasproduktion einen Namen machen.

Eisenbahn und Straßen als Wirtschaftsmotor

Zu einer kontinuierlichen wirtschaftlichen Aufwärtsentwicklung des Bezirkes trug der Bau der Bahnlinie Wels–Passau bei, die 1856 eröffnet wurde und derzeit im Rahmen der »Schnellen Bahn« modernisiert wird.

Durch den Bau der »Fernstraße« von Wels nach Schärding (Innviertler Bundesstraße 137), die 1954 eröffnet wurde, entstand ein leistungsfähiger Verkehrsträger und eine wichtige Verkehrsverbindung zum oberösterreichischem Zentralraum.

Der ständig steigende Straßenverkehr, besonders von Nordeuropa in den südosteuropäischen Raum, machte die Errichtung einer Autobahnverbindung notwendig. Die Innkreisautobahn A 8 zwischen dem Knoten Wels und dem Grenzübergang Suben, Bezirk Schärding, ist seit 1992 durchgehend befahrbar und führt quer durch den Bezirk Grieskirchen. Sie brachte eine spürbare Entlastung der B 137. Nach der Ostöffnung 1989 nahm auf der A 8 besonders der Schwerverkehr in beiden Richtungen erkennbar zu.

Der ständig steigende Straßenverkehr, besonders im Zentralraum von Grieskirchen, machte es erforderlich, daß von der Gendarmerie sowohl der Verkehrsüberwachung als auch dem Kriminaltourismus ein besonderes Augenmerk zugewendet werden muß.

Gesundheit und Kultur – zwei Standbeine im Tourismus

In den letzten Jahrzehnten wurde der Bezirk immer mehr durch den Tourismus entdeckt, sei es nun durch Kurorte wie das Schwefelbad Bad Schallerbach und der Luftkurort Gallspach, der durch die Anwendungen des Institutes Zeileis bekannt geworden ist. Der Bezirk bietet jedoch auch mit diversen Ferienangeboten wie Urlaub am Bauernhof, Radwanderwege oder Kulturwanderungen Erholungsmöglichkeiten, die sowohl im Sommer als auch im Winter gerne genützt werden. So zum Beispiel das Fremdenverkehrszentrum Haag/Hausruck, das mit seinem Waldlehrpfad, den Schipisten und dem die Ortskulisse dominierenden Schloß Starhemberg immer mehr Erholungssuchende anzieht. Auch der

Markt Hofkirchen/Trattnach bietet Kulturinteressierten Unerwartetes: ab dem Jahr 1712 war hier der passauische Stiftsbaumeister Jakob Pawanger tätig, der mit dem Umbau der Kirche im Barockstil beauftragt worden war. Die Stadt Peuerbach, die »Perle des oberen Hausruckviertels« kann ebenfalls mit einigen kulturellen Sehenswürdigkeiten aufwarten. Die Pfarrkirche und Teile des Ortsbildes sind auch heute noch stark von der Gotik geprägt.

Die Gendarmerie im Bezirk

Am 1. Juli 1911 wurde aus 32 Gemeinden der Gerichtsbezirke Grieskirchen (vorher Bezirk Wels-Land), Haag am Hausruck (vorher Bezirk Ried im Innkreis) und Peuerbach (vorher Bezirk Schärding) die Bezirkshauptmannschaft Grieskirchen gebildet. Gleichzeitig wurde auch das Bezirksgendarmeriekommando Grieskirchen installiert und die Gendarmerieposten Grieskirchen, Gallspach, Gaspoltshofen, Haag a. H., Neumarkt im Hausruckkreis, Peuerbach, Waizenkirchen und Neukirchen am Walde aufgestellt und mit einem Gesamtstand von 22 Gendarmen besetzt.

In den folgenden Jahren wurden im Bezirk noch fünf Gendarmerieposten (Pram, Bad Schallerbach, St. Agatha, Hofkirchen an der Trattnach und Natternbach) errichtet. Nach Abschluß der Reformmaßnahmen im Rahmen des Dienststellenstrukturkonzeptes 1991 bestehen derzeit acht Gendarmerieposten (Grieskirchen, Bad Schallerbach, Gaspoltshofen, Haag a. H., Neumarkt i. H., Peuerbach, Waizenkirchen und Neukirchen a. W.) mit einem Personalstand von 80 Gendarmeriebeamten.

Zwei Gendarmen ermordet

Am 1. März 1925 wurde Revierinspektor Franz Stifter, Postenkommandant in Neukirchen a. W., von einem Schwerverbrecher bei einer Perlustrierung in Tal, Gemeinde Natternbach, erschossen.

Am 4. April 1929 wurde Revierinspektor Josef Latzel, Postenkommandant in Waizenkirchen, von einem geistig verwirrten Arzt, der aufgrund eines Gerichtsbeschlusses einem Gerichtssachverständigen vorgeführt werden sollte, in der Ordination dieses Arztes in Waizenkirchen erschossen.

Am 21. Mai 1974 wurden Bezirksinspektor Josef Schano, Postenkommandant in Peuerbach, und Bezirksinspektor Friedrich Almesberger, Stellvertreter des Postenkommandanten in Neukirchen a. W., beim Einschreiten gegen einen vorerst unbekannten Einbrecher in Natternbach durch Schüsse lebensgefährlich verletzt.

Geographische Lage bestimmt Arbeit der Gendarmerie

Das Bezirksgendarmeriekommando Grieskirchen wird derzeit von Obstlt Winfried Parzer geführt. Als Stellvertreter und Referent für den Kriminaldienst sind ChefInsp Josef Hatzmann und als Sachbearbeiter RevInsp Josef Haböck eingeteilt.

Obwohl in den ländlichen Regionen bäuerliche Strukturen vorherrschen, verrichten die örtlichen Gendarmerieposten großteils hochqualifizierte Arbeit. Der Bezirk wird von einigen Hauptverkehrsadern (A 8, B 137, B 141 etc.) durchzogen. Diese Verkehrsströme bedürfen, wie bereits erwähnt, einer intensiven Verkehrsüberwachung, um die Anzahl der Verkehrsunfälle in Grenzen zu halten.

Der Bezirk ist in drei Sektoren (Grieskirchen, Haag a. H. und Peuerbach) eingeteilt, und in jeder Nacht verrichtet pro Sektor mindestens eine Sektorstreife Außendienst. Bei dienstlicher Notwendigkeit werden die Nachtstreifen durch zusätzliche Sektorstreifen sowie Kriminaldienst-, Diensthunde- und Alkostreifen verstärkt.

Im Kriminaldienst ist durch die geographische Nähe zu Deutschland und Tschechien eine besondere Situation gegeben. Durch den Wegfall der Binnengrenzen ist ein wertvoller Filter, die sicherheitsbehördliche Grenzkontrolle, entfernt worden. Aus diesem Grunde ist es notwendig, daß alle Gendarmen des Bezirkes bei all ihren Dienstverrichtungen die Ausgleichsmaßnahmen von sich aus vollziehen und ständig entsprechende Fahndungsaktivitäten setzen. Diese Aufgabe setzt natürlich eine hohe Einsatzbereitschaft, Motivation und einen hohen Ausbildungsstand der Beamten voraus. Nur so kann der Wegfall der Grenzkontrolle kompensiert werden.

Eine neue Form der Kriminalität hat sich durch die Ostöffnung für den Bezirk Grieskirchen ergeben, der sogenannte Kriminaltourismus. Organisierte Banden suchen immer wieder Geschäfte in den Städten auf, schlagen blitzartig zu und verschwinden wieder. Durch den schnellen Zugriff ist es sehr schwierig, die Täter dingfest zu machen. Trotz dieser Schwierigkeiten ist es in fast allen Fällen gelungen, die Täter auszuforschen und den Justizbehörden anzuzeigen. Leider ist auch in den letzten Jahren ein Anstieg der Suchtmittelkriminalität zu verzeichnen. Die hohe Aufklärungsquote in diesem Bereich ist sicherlich auf die hochmotivierte Arbeit einiger Beamter zurückzuführen, die immer wieder große Fälle aufrollen. Die modernen Formen der Kriminalität machen auch vor ländlichen Bezirken nicht halt.

Einige Beamte haben sich auf die Betrugsbekämpfung im Bereich der Wirtschaftskriminalität spezialisiert und decken jedes Jahr Betrugsdelikte mit Schadensbeträgen in Millionenhöhe auf.

Stadtplatz von Grieskirchen.
Bild: BGK Grieskirchen

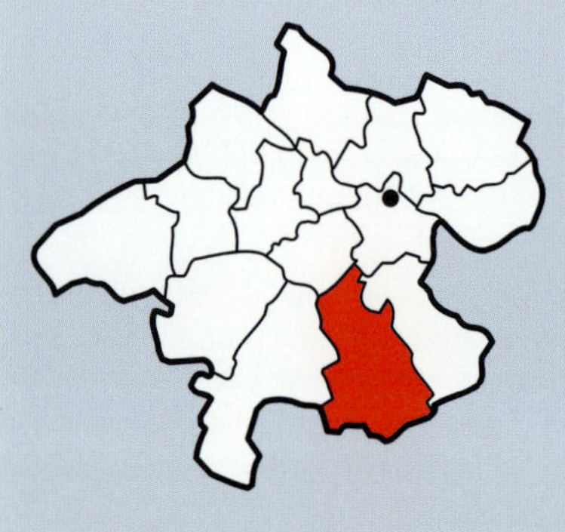

Gernot Wührleitner

Kirchdorf an der Krems

Größe in km²	*1.239,79*	
Gemeinden:	*23*	
Einwohner:	*55.000*	
Anzahl der Dienststellen:	*9*	
Systemisierter Personalstand:	*90*	
Auf einen Exekutivbeamten entfallende Einwohner:	*611*	
Bundesgrenze in km:	*–*	
Autobahnen in km:	*28,64*	
Bundesstraßen in km:	*108*	
Landesstraßen in km:	*110,9*	

Sehenswürdigkeiten Attraktionen:
Stift Kremsmünster mit Sternwarte, Stift Schlierbach mit Schaukäserei, ehemaliges Stift Spital/Pyhrn mit Felsbildermuseum, Musikinstrumentemuseum Kremsmünster, Dr.-Vogelgesang-Klamm in Spital/Pyhrn

Der Bezirk Kirchdorf/Krems grenzt Oberösterreich im südöstlichen Teil des Bundeslandes zur Steiermark hin ab. Die Hauptflüsse des Bezirkes sind die Krems und die Steyr, durch deren Täler auch die beiden Hauptverkehrswege, die Bundesstraße 138 von der Steiermark kommend in Richtung Wels und die Bundesstraße 140 von Kirchdorf/Krems nach Steyr, führen. Die topographischen Grenzen des Bezirkes bilden im Osten das Sengsengebirge und im Süden und Südwesten das Tote Gebirge. Das Kremstal geht im Norden in das Voralpenland über, das Steyrtal führt in nordöstlicher Richtung zur alten Eisenstadt Steyr, wo der Steyrfluß in die Enns mündet.

Der Bezirk ist das Herzstück der »Pyhrn-Eisenwurzen-Region«. Diese Bezeichnung weist auf den seit jeher bedeutenden Pyhrnpaß als Hauptverbindung in die Steiermark hin.

Geschichte und Kultur

Den geschichtlich und kulturellen Schwerpunkt des Bezirkes bildet die Marktgemeinde Kremsmünster mit dem gleichnamigen Stift. Eingebettet in die geschützten Talniederungen des Kremsflusses liegt auf historischem Boden am Rande des Städtedreieckes der Markt, von Linz 33 km, von Wels 18 km und von Steyr 25 km entfernt.

Als Herzog Tassilo III. von Bayern im Jahre 777 das Münster an der Krems, eine der ältesten Kulturstätten Oberösterreichs, gründete, war das Gebiet bereits besiedelt. Dieses Benediktinerstift ist eines der ältesten und entwickelte sich zum größten, historisch und kunsthistorisch bedeutendsten Kloster Österreichs, zu einer Stätte abendländisch-christlicher Kultur. Die Gebäude des Stiftes erheben sich auf einer Terrasse, 50 Meter über dem Kremstal, und umfassen 23.800 m³ umbauten Raum, sechs Höfe und ausgedehnte Gartenanlagen. Zu seinen größten Schätzen zählt der weltberühmte Tassilokelch, der zwischen 768 und 788 entstanden ist.

Die erste urkundliche Erwähnung des Dorfes Kremsmünster geht auf das Jahr 1299 zurück, das unter Schutz und Einflußbereich des Stiftes immer bedeutender und 1489, zur Zeit Kaiser Maximilians, zum Markt erhoben wurde. Um diese Zeit blühte hier eine Eisenindustrie. 1748 bis 1759 wurde das erste »Hochhaus« Europas, der »Mathematische Turm« errichtet. Im 50 Meter hohen modern wirkenden Gebäude sind ein naturhistorisches Museum und außerdem eine der ältesten Wetterstationen Österreichs, in der auch Erdbebenmessungen vorgenommen werden, untergebracht.

Auch das Stift Schlierbach ist einen Besuch wert. Hier kann in einer Schaukäserei die Erzeugung des »Schlierbacher«, des weltweit bekanntesten Klosterkäses, miterlebt werden.

Früher Heimat der Sensenmacher

Der Begriff Eisenwurzen zeigt die wirtschaftliche Bedeutung der Region vom 19. Jahrhundert bis in das erste Viertel des 20. Jahrhunderts, als die sogenannten »Schwarzen Grafen«, die Hammerherren, mit der Sensenherstellung eine Wirtschaftsmacht darstellten. Mit der Industrialisierung der Landwirtschaft waren die Sensenerzeugung samt den dazugehörigen anderen metallverarbeitenden Gewerben zum Untergang verurteilt. Dem interessierten Besucher zeigen zahlreiche Museen und Ausstellungen im gesamten Bezirk die wirtschaftliche Vergangenheit in anschaulicher Weise.

Heute sind die wirtschaftlichen Schwerpunkte im Bezirk vor allem in der kunststoffverarbeitenden Industrie angesiedelt. Die in Kremsmünster beheimatete und weltweit bekannte Firma Greiner hat auch im Bezirk mehrere Standorte mit Produktionsbetrieben. Weiters sei die dem Surf-Fan bekannte Firma »F2« in Micheldorf erwähnt, welche Surfbretter in die ganze Welt liefert. Außer einer Glasindustrie in Kremsmünster und einem holzverarbeitenden Betrieb in Windischgarsten sind die Betriebe im Bezirk klein- und mittelständisch strukturiert.

Ein Paradies für Wintersportler

Touristisch gesehen bilden die beiden Wintersportorte Windischgarsten und Hinterstoder das Zentrum im Bezirk. Hinterstoder wurde besonders in den letzten Jahren als Austragungsort von Weltcupslaloms bekannt. Die Schigebiete auf der Hutterer Höß und der Bärenalm in Hinterstoder sowie die Wurzeralm in Spital/Pyhrn sind beliebte Ziele der Wintersportler aus dem Zentralraum Oberösterreichs. Durch den ständig steigenden Fremdenverkehr werden auch die Gendarmen um diese Wintersportgebiete immer mehr gefordert und es ist eine ständige Angleichung des Dienstbetriebes an die sich ändernden Gegebenheiten erforderlich.

Ein Nadelöhr – die Pyhrnpaßbundesstraße

Mit der B 138, der sogenannten Pyhrnpaßbundesstraße und der noch nicht fertiggestellten A 9 führen die wohl wichtigsten Nord-Süd-Verbindungen Oberösterreichs durch den Bezirk. Der internationale Durchzugsverkehr auf der Nord-Süd-Achse ist für die Bevölkerung im Bereich Kirchdorf durch das ständig steigende Verkehrsaufkommen und dem noch fehlenden Anschluß der A 9 bis St. Pankraz fast unerträglich geworden. Aber nicht nur die Anrainer dieser stark frequentierten Verkehrsrouten sind in Mitleidenschaft gezogen, die Gendarmen sind ebenfalls gefordert und neben dem Verkehrsüberwachungsdienst sind zahlreiche schwere Verkehrsunfälle zu erheben. Vor allem der Urlauberverkehr in den Sommermonaten nimmt enorm zu. Das noch fehlende Autobahnteilstück der A 9 von Inzersdorf bis St. Pankraz wird hier eine merkliche Entlastung bringen, ist aber derzeit noch im Bau.

Seit 1852 viele Postengründungen und -schließungen

Erste Aufzeichnungen in der Chronik belegen die Gründung des Bezirksgendarmeriekommandos Kirchdorf/Krems im Jahre 1869. Die Dienststelle war am Marktplatz 144 untergebracht. Von der Gründung bis zur Jahrhundertwende betrug der Personalstand im Bezirk 15 Beamte.

Die ältesten, noch bestehenden Gendarmeriedienststellen sind die Gendarmerieposten Grünburg, Windischgarsten und Kremsmünster, die alle im Jahre 1852 entstanden. Insgesamt wurden im Laufe der Zeit 14 Dienststellen im Bezirk eingerichtet, wobei der Gendarmerieposten Vorderstoder mit zwei Mann bereits 1902 mit dem Gendarmerieposten Hinterstoder zusammengelegt wurde. 1964 mußte der Gendarmerieposten St. Pankraz und 1992 mußten die Dienststellen Micheldorf, Spital/Pyhrn, Klaus, Ried/Trkr. und Nußbach aufgelöst und mit größeren Dienststellen zusammengelegt werden.

Die größte Dienststelle, die Bezirksleitzentrale und das Bezirksgendarmeriekommando, besteht in Kirchdorf/Kr. mit 26 Beamten, es folgen die Gendarmerieposten Windischgarsten mit 14, Kremsmünster mit 13, Molln mit 8, Pettenbach und Grünburg mit 7, Wartberg/Kr. mit 6 und der Gendarmerieposten Hinterstoder mit 5 Beamten.

Pferd, Fahrrad, Schreibmaschine, Auto

Die Entwicklung und »Modernisierung« einer Dienststelle ist am Beispiel des Gendarmeriepostens Kremsmünster anhand der Postenchronik nachvollziehbar.

Bei seiner Gründung Jahre 1852 dienten zwei Pferde für den Streifendienst, die allerdings bald aus Kostengründen abgeschafft wurden. In der Folge mußten alle Dienstleistungen zum größten Teil zu Fuß oder in Ausnahmefällen mit der Bahn durchgeführt werden. Einen »großen Fortschritt« gab es 1927, als der Dienststelle ein Dienstfahrrad und zur Erleichterung der Schreibarbeiten die erste Schreibmaschine zugewiesen wurde. Nach weiteren 25 Jahren hielt mit der Zuweisung eines Motorrades die Motorisierung Einzug in den Dienstbetrieb. Den ersten Pkw erhielt der Gendarmerieposten am 2. Juli 1963. Erst im Jahre 1970 wurden Kremsmünster und andere wichtige Dienststellen mit Funkgeräten ausgerüstet.

Einsatzgebiete im Alpin-, Verkehrs- und Kriminaldienst

Da sich das Pyhrn-Priel-Gebiet in den letzten Jahren zu einer Winter- und Sportregion entwickelt hat, kommt die alpine Einsatzgruppe, die derzeit aus 15 Beamten besteht, immer wieder zum Einsatz – Tendenz steigend.

Dem starken Verkehrsaufkommen wurde ebenfalls Rechnung getragen und eine Verkehrsdienstgruppe geschaffen. Sie besteht aus 11 Mann, deren Einsätze bezirksweit koordiniert werden. Neben vielen technischen Geräten (Laserpistolen, Videokamera usw.) ist sie mit zwei Motorrädern ausgerüstet. Zur Hebung der Verkehrssicherheit sind in der Schulverkehrserziehung sechs Beamte eingesetzt.

Der in letzter Zeit stark forcierte Kriminaldienst auf Bezirksebene besteht aus derzeit 19 Beamten, die sich auf den verschiedenen Gebieten dieses Bereiches spezialisiert haben. Sie werden für die Bereiche Spurensicherung, Branderhebung, Suchtgiftermittlung und als Fahndungs-

Der Gebäudekomplex des Stiftes Kremsmünster, im Hintergrund mit dem »Mathematischen Turm«. Bild: BGK Kirchdorf an der Krems

und Observationsspezialisten mit herausragendem Erfolg eingesetzt. Der technische Standard ist hervorragend, hochwertige Geräte wie ein »Daktylight« (Querschnittswandler zum Sichtbarmachen von Finger und Schuhspuren) und andere Technologien kommen zum Einsatz.

Aus der Chronik

Der erste, in der Chronik dokumentierte und von der Gendarmerie geklärte Kriminalfall war 1863 eine Brandstiftung durch einen 18jährigen Burschen in Kremsdorf. Bei dem Feuer, das aus Rache gelegt wurde, kamen drei Menschen ums Leben.

Unmittelbar nach Ende des Ersten Weltkrieges zogen marodierende Banden durch den Bezirk und wollten das »Montur- und Wäschemagazin« in Kremsmünster plündern. Zwei Gendarmen konnten dies vorerst verhindern, worauf die Täter mit etwa 200 Mann anrückten und das Lager vollständig ausräumten. Erst durch die Bildung einer 60 Mann starken Bürgerwehr konnte die Ordnung wiederhergestellt werden.

Der erste dokumentierte Verkehrsunfall ereignete sich am 2. September 1930 auf dem Magdalenaberg, Gemeinde Inzersdorf, wobei ein Pkw in einer unübersichtlichen Kurve mit einem Einspännerfuhrwerk zusammenstieß und am 16. September 1931 gab es in der Gemeinde Schlierbach den ersten tödlichen Verkehrsunfall.

Am 5. Februar 1990 kam es zu einer folgenschweren Verwechslung, als unbekannte Täter in das Sägewerk Drack in Steinfelden, Gemeinde Pettenbach, einbrachen. Die Bewohner verständigten die Gendarmerie, wobei sie die einschreitenden Beamten für die Einbrecher hielten und auf die Gendarmen das Feuer eröffneten. Dabei wurden ein Beamter und ein Bewohner schwer verletzt.

Im Februar 1996 mißachtete bei einer Verkehrsstreife in Windischgarsten ein Pkw-Lenker die Haltezeichen und das Fahrzeug konnte erst mit einer Straßensperre angehalten werden. Die Insassen flüchteten. Es stellte sich heraus, daß das Fahrzeug gestohlen war und am nächsten Tag konnte einer der Täter in Windischgarsten festgenommen werden. Er gab zu, Mitglied einer österreichweit gesuchten rumänischen Einbrecherbande zu sein und verriet jenes Objekt, in dem das Diebsgut gelagert war. Nach tagelanger Observation konnten schließlich auch die anderen drei Männer verhaftet werden.

Linz-Land

Größe in km²	*461*	**Sehenswürdigkeiten Attraktionen:**
Gemeinden:	*22*	Stift St. Florian mit großer barocker Klosteranlage,
Einwohner:	*126.642*	Stift Wilhering, gegründet 1146, mit Österreichs schönster Rokokokirche, heutige Form seit 1733,
Anzahl der Dienststellen:	*11*	Enns, älteste Stadt Österreichs (1212)
Systemisierter Personalstand:	*236*	
Auf einen Exekutivbeamten entfallende Einwohner:	*536*	
Bundesgrenze in km:	*–*	
Autobahnen in km:	*36*	
Bundesstraßen in km:	*75*	
Landesstraßen in km:	*62*	

Günter Kobleder

Der Bezirk grenzt im Norden an das Stadtgebiet von Linz, im Osten an den Bezirk Perg und an das Bundesland Niederösterreich, wo die Enns die natürliche Landes- und somit auch Bezirksgrenze bildet. Im Süden grenzt Linz-Land an die Bezirke Steyr-Land und Kirchdorf/Krems, im Westen an die Bezirke Wels-Land und Eferding. Der Sitz der Bezirkshauptmannschaft ist Linz. Es gibt drei Gerichtsbezirke (Linz-Land, Enns und Neuhofen/Krems).

Die Voralpen- und Donaulandschaft des Bezirkes zeigt eine deutliche Gliederung. Von der Enns bis zur Traun erstreckt sich die Traun-Enns-Platte, die schließlich steil in das bis zu acht Kilometer breite Terrassental der unteren Traun abfällt. Dem Gelände schließt sich ein Teil der Welser Heide als extremes Schotterfeld, das nur von einer dünnen Humusschicht bedeckt ist, an. Im Norden geht diese Ebene in Form einer Geländestufe mit einer fruchtbaren Lehm-Löß-Schwelle über Wagrem zum Harterplateau über. Allmählich ansteigend folgt eine fruchtbare Hochterrasse bis zur Schwelle von Kirchberg/Thening, einem Ausläufer des Hausruckviertler Schlierhochlandes. Diese Schwelle leitet zum geschlossenen Waldgebiet des Kürnbergs, der als Sporn des Mühlviertler Granit- und Gneishochlandes über die Donau reicht.

Enormer Bevölkerungszuwachs in den letzten 50 Jahren

Der Bezirk Linz-Land ist von einem durch den Flüchtlingsstrom der Kriegs- und Nachkriegszeit ausgelösten Wachstum geprägt. Während im äußeren Bereich des Bezirkes nach wie vor die Landwirtschaft vorherrscht, überwiegen im Nahbereich der Landeshauptstadt Linz an den wichtigen Verkehrsachsen Gewerbe und Industrie.

Die Funktion der »Bezirksmetropole« übt Linz aus. Während Eggendorf, die kleinste Gemeinde im Traunkreis, lediglich 657 Einwohner zählt, leben in Traun bereits mehr als 24.936 Menschen. Die Bevölkerungszahl des gesamten Bezirkes ist von etwa 47.000 im Jahre 1938 auf etwa 70.000 im Jahre 1950 und inzwischen auf knapp 127.000 gestiegen. Der ständigen steigenden Bevölkerungszahl trug auch die Gendarmerie Rechnung, indem die stadtnahen Posten personell ständig verstärkt wurden.

Zunehmende Industrialisierung

Kontinuierlich mit der Bevölkerungsentwicklung kam auch die Ansiedlung zahlreicher Gewerbe- und Industriebetriebe. Aufgrund der günstigen infrastrukturellen Verhältnisse sind viele Unternehmen aus Linz in den Bezirk Linz-Land übersiedelt. Zur Zeit gibt es weit über 3.000 Gewerbe- und mehr als 250 Industriebetriebe. Diese haben vor allem die Erzeugung von Nahrungs- und Genußmitteln, von Papier, Zellulose, Schuhen und Bekleidung, sowie den Maschinenbau, die Feinmechanik und die Optik zum Gegenstand. Die Einkaufscenter »Plus-City« in Pasching und »UNO Shopping-Center« in Leonding zählen zu den sechs größten Einkaufszentren von Österreich. Diese Zentren bringen für die Gendarmerie sowohl im Verkehrsbereich als auch in kriminalpolizeilicher Hinsicht enormen Arbeitsaufwand.

Etwa 30.000 Hektar oder 65 Prozent des Bezirkes werden noch immer landwirtschaftlich genutzt. Rund 6.000 Hektar der Gesamtfläche sind von Wäldern bedeckt.

Günstige Verkehrslage

Die Dynamik des Bezirkes ist in entscheidendem Maße auf die positive Verkehrslage zurückzuführen. Die wichtigsten und am stärksten frequentierten Verkehrswege Österreichs führen durch diesen Raum bzw. kreuzen sich hier. Die Lage des Bezirkes an der Donau hat zur Entwicklung des Hafens Enns geführt und erweist sich damit ebenso vorteilhaft wie der günstige Anschluß an den internationalen Flugverkehr durch den im Bezirk liegenden Flughafen Linz/Hörsching. Die West- und die Pyhrnautobahn, die Mühlkreisautobahn, sowie Wiener- und Kremstal-Bundesstraße führen durch den Bezirk und bieten dem Personen- und Güterverkehr aus nah und fern günstige Verbindungen.

Das Werden der Gendarmerie im Bezirk

1849: Errichtung des ersten Gendarmeriepostens in Neuhofen-Krems, 1850: Gendarmerieposten St. Florian und Enns, 1860: Bezirksgendarmeriekommando Linz in Linz, 1875: Gendarmerieposten Hörsching, der aber bereits 1884 wieder aufgelassen und nach Traun verlegt wurde, 1884: Gendarmerieposten Traun, 1900: Gendarmerieposten Wilhering, 1901: Gendarmerieposten Kronstorf, 1906: Gendarmerieposten Hörsching, Wiedererrichtung,1910: Gendarmerieposten Kremsdorf,1918: Gendarmerieposten Leonding, 1919: Gendarmerieposten Pasching, Gendarmerieposten St. Marien, Gendarmerieposten Niederneukirchen, Gendarmerieposten Kematen an der Krems, 1920: Gendarmerieposten Oftering, 1940: Errichtung der Abteilungskommanden im Zuge der Umorganisation der Gendarmerie nach deutschem Muster. In diesem Jahr wurde dem Bezirk Linz auch der ganze ehemalige Bezirk Urfahr angegliedert, 1940: Gendarmerieposten Asten, 1942: Gendarmerieposten Haid/Ansfelden, 1956: Ansfelden, 1990: BGK Linz-Land, Verlegung von Linz nach Traun zum Bezirksposten, 1996: Gendarmeriegrenzkontrollstelle Flughafen Linz/Hörsching.

Die Entstehungsgeschichte der einzelnen Dienststellen und deren Personalstände sind heute leider nur ab dem Jahre 1945 exakt nachvollziehbar, weil die Bezirkschronik bei einem Bombenangriff auf Linz und der Zerstörung des Landesgendarmeriekommandogebäudes vernichtet wurde.

Stadt Enns; Wahrzeichen ist der 60 Meter hohe Glocken- und Wachturm (1564–1568). Bild: BGK Linz-Land

Struktur und Schwerpunkt im Sicherheitsbereich

Aufgrund der dynamischen Entwicklung des Bezirkes waren und sind die Gendarmen einer überdurchschnittlichen Arbeitsbelastung sowohl am Kriminalsektor als auch bei der Verkehrsüberwachung ausgesetzt.

Der Bezirk weist im Vergleich zu den übrigen 14 Bezirken Oberösterreichs die höchste Kriminalitätsrate auf und nimmt leider auch in der Verkehrsunfallstatistik den Spitzenplatz ein. 4.279 Verkehrsunfälle mußten im vergangenen Jahr 1998 bearbeitet werden. 11 Menschen kamen ums Leben und 1.322 wurden verletzt. Immer wieder ist in diesem Zusammenhang auch Alkohol im Spiel; 419 Lenkern mußte im Beobachtungszeitraum der begehrte rosa Zettel abgenommen werden.

Dieser Entwicklung Rechnung tragend haben sich bereits in den 70er Jahren beim Bezirksposten Traun – der größten Gendarmeriedienststelle Oberösterreichs mit 46 Beamten, sowie bei den Gendarmerieposten Leonding, Ansfelden und Enns Verkehrs- und Kriminalgruppen gebildet. Knapp 25 Prozent – also ein Viertel – aller erkennungsdienstlichen Behandlungen der Gendarmerie Oberösterreichs werden von den Dienststellen des Bezirkes Linz-Land durchgeführt.

Die Angehörigen der Kriminaldienstgruppen tragen durch ihren hervorragenden Ausbildungsstand zu einer wesentlichen Entlastung der Kriminalabteilung des LGK f OÖ bei, weil selbst schwere Straftaten und komplizierteste Kriminalfälle (Betrugs- und sonstige Seriendelikte) von ihnen effizient und flexibel bearbeitet werden können.

Es sind vorwiegend Eigentumsdelikte, wie Einbruchsdiebstähle, Betrugshandlungen oder Sachbeschädigungen, aber auch Delikte gegen Leib und Leben, die den Arbeitstag eines Gendarmeriebeamten bestimmen, wie ein Blick in die Statistik beweist: Im Beobachtungszeitraum sind 1.588 Verbrechen angezeigt, davon 485 geklärt worden. Von den 7.549 Vergehenstatbeständen sind 5.065, also 67 Prozent geklärt worden. Am Gebiet des Suchtgiftsektors arbeiten die Beamten ebenfalls hervorragend; 347 Personen konnten wegen Suchtgiftmißbrauch ausgeforscht und angezeigt werden. Leider hat sich herausgestellt, daß hier die meisten Raubüberfälle auf Geldinstitute begangen werden. Beruhigend ist jedoch die Tatsache, daß fast 90 Prozent dieser schweren Delikte geklärt und die Täter ausgeforscht werden konnten.

Im Jahre 1996 wurde im Bereich des Flughafens Linz eine eigene Dienststelle mit 40 Beamten eröffnet. Bis zu diesem Zeitpunkt wurde der Sicherheitsdienst vom Gendarmerieposten Hörsching wahrgenommen, in dessen Rayon der Flughafen Linz liegt.

Aus der Chronik

Am 3. März 1932 wurde Franz L., der bereits 10 Jahre seines Lebens im Kerker verbrachte, von Beamten des Gendarmeriepostens Neuhofen/Krems verhaftet. Er hatte nur wenige Tage zuvor zwei Frauen beraubt und getötet. Während der Untersuchungshaft gestand der Täter, schon vor Antritt der gegen ihn wegen Raubes verhängten Strafe, sechs weitere Morde verübt zu haben. Es handelte sich durchwegs um Frauen, die er nur kurz kannte, beraubte und anschließend ermordete. Am 23. November 1932 wurde er zu lebenslänglichem Kerker verurteilt. Im Gefängnis verschluckte er eine Zahnbürste und verstarb bei der Operation.

Sprengstoffanschlag auf Gendarmerieposten und Gendarmenmord

Der wohl schwärzeste Tag in der bisherigen Geschichte der Gendarmerie des Bezirkes ereignete sich am Abend des 5. Februar 1992. Um 21 Uhr kam es in einem Wohngebäude in Ansfelden, in dem auch der Gendarmerieposten untergebracht ist, zu einer schweren Detonation. Obwohl erheblicher Sachschaden entstand, wurde glücklicherweise niemand verletzt. Rasch stellte sich heraus, daß es sich um einen Racheakt des Ansfeldener Sprengtechnikers Georg B. handelte, der aus Haß auf die Gendarmerie eine selbstgebaute Sprengladung im Haus zur Detonation brachte. Als der Täter im Gasthaus Rutzing in Hörsching gestellt wurde, schoß der Waffennarr aus kürzester Distanz und völlig überraschend mit einem großkalibrigen Revolver auf die ihn kontrollierenden Gendarmen Erwin F., Albert H. und Robert M. Im Kugelhagel wurde der damals 24jährige Gendarm Erwin F. tödlich getroffen.

Trotz schwerster Schußverletzungen konnte Albert H. mit einer MP 88 auf den flüchtenden Georg B. das Feuer erwidern. Dieser wurde zwar mehrfach getroffen, aber nicht lebensgefährlich verletzt. Er überlebte so wie der Gendarm Albert H. das Schußattentat mit schwersten Verletzungen. Nur durch das entschlossene Einschreiten der drei Gendarmen konnten die geplanten Bombenattentate auf die Posten Traun und Aschach an der Donau verhindert werden.

Die unfaßbare Straftat verursachte nicht nur in Gendarmeriekreisen, sondern auch in weiten Teilen der Bevölkerung Oberösterreichs Entsetzen und große Trauer.

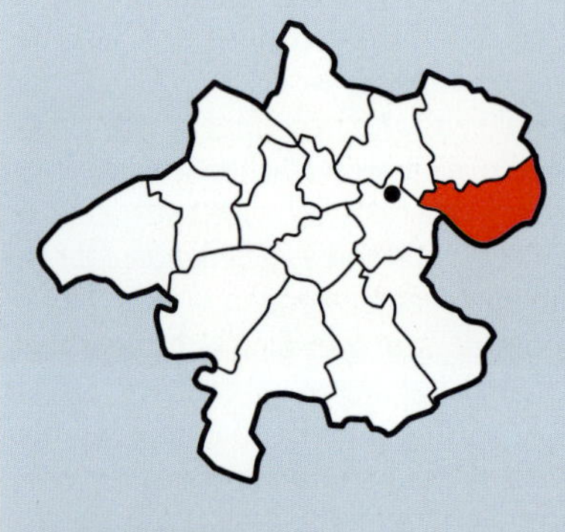

Andreas Pilsl

Perg

Größe in km²:	*611,86*
Gemeinden:	*26*
Einwohner:	*63.440*
Anzahl der GP:	*7 (ohne BGK)*
Systemisierter Stand:	*81 Beamte*
Auf einen Exekutivbeamten entfallende Einwohner:	*793*
Bundesgrenze in km:	*–*
Autobahnen in km:	*–*
Bundesstraßen in km:	*87 km*
Landesstraßen in km:	*68 km*

Sehenswürdigkeiten Attraktionen:
Schloß Greinburg mit Schiffahrtsmuseum, Altes Stadttheater Grein (1792) Stiftskirche Mauthausen, Burg Clam mit Konzertgelände (Grönemeyer usw.), ehemaliges KZ Mauthausen (Gedenkstätte), Kloster Baumgartenberg

Donauauen und Kornkammer

Der Bezirk Perg erfreut sich in den letzten Jahren eines großen Zuzuges, wofür u. a. die Nähe zur Landeshauptstadt Linz verantwortlich ist. Die Donau mit ihren endlosen Auen prägt die Landschaft dieses Bezirkes genauso wie landwirtschaftlich genutzte Flächen. So das Machland – die Kornkammer des Bezirkes – die große landwirtschaftliche Betriebe, die Getreide und Gemüse produzieren, beherbergt, wogegen das in Richtung Tschechien sanft ansteigende Mühlviertler Hügelland die Heimat kleiner landwirtschaftlicher Anwesen – teilweise Bergbauern – darstellt, die Milch- und Grünlandwirtschaft betreiben. Zahlreiche Schlösser und Burgen, kilometerlange Wanderwege – all das macht den östlich von Linz gelegenen Bezirk Perg nicht nur für die Touristen, sondern auch für die Einwohner zu einem ganz besonderen Stück Österreich.

Historisches Perg – Geburtsort eines prominenten Österreichers

Bereits um 1100 nannte sich in dieser Gegend ein Dynastengeschlecht die Herren von Perg, das 1194 ausstarb. Der am Fuße der heute verschwundenen Burg entstandene gleichnamige Ort erhielt von König Ottokar v. Böhmen 1269 dieselben Handelsrechte wie Enns und Linz und wurde damit, aus heutiger Sicht, zum Markt. Anzumerken ist, daß Marktrechte erst seit 1356 urkundlich bezeugt sind. Der wirtschaftliche Aufschwung des Marktes ab dem 14. Jahrhundert wurde durch die Sandsteinvorkommen und die damit ermöglichte Mühlsteinerzeugung eingeleitet. Dieses Handwerk hatte seinen Niedergang gegen Ende des 19. Jahrhunderts durch die Herstellung künstlicher Steine. Zur Stadt wurde Perg 1969 erhoben. Perg ist der Geburtsort vom ehemaligen Polizeipräsidenten und Bundeskanzler Dr. Johannes Schober (1874–1932).

Die Pfarrkirche St. Andreas aus dem 14. Jahrhundert, hübsche Häuser, besonders Heerenstraße 1, das »Seifensiederhaus« bzw. ein Pranger von 1683 sind Sehenswürdigkeiten dieser Bezirksstadt, die seit 1869 einen eigenen Gendarmerieposten besitzt.

Wirtschaft und Tourismus

Durch den boomenden Radfahrtourismus und dem dafür bestens erschlossenen Donauradwanderweg erlebt der Fremdenverkehr ab Ende der 80er Jahre einen ständigen Aufschwung. Die Donau, die die südliche Grenze zu Niederösterreich darstellt, bietet mit ihren endlosen Auen ein Erholungsgebiet erster Klasse. Zahlreiche Klöster, Schlösser und Burgen locken die Touristen genauso wie kilometerlange Wanderwege durch den bewaldeten Norden oder ein Reitwanderweg vom nördlich gelegenen Bezirk Freistadt kommend quer durch den Bezirk. Ergänzend zu den landschaftlichen Schönheiten wird den mehr als 230.000 Fremden, die jährlich im Bezirk nächtigen, auch kulturell einiges geboten. Die alljährlichen Donaufestwochen – unter anderem mit Aufführungen im ältesten Stadttheater des deutschsprachigen Raumes in Grein – sind fixer Programmpunkt des Kultursommers genauso wie 1999 das Festival der Regionen in Grein gastierte.

Vor der Burg Clam finden jedes Jahr großartige Konzerte namhafter Sänger wie Herbert Grönemeyer oder Bryan Adams statt. Überhaupt ist der Strudengau rund um Grein, das schon 1491zur Stadt erhoben wurde und damals große wirtschaftliche Bedeutung hatte, sowohl landschaftlich als auch kulturell eine Reise wert.

Aber auch starke Wirtschaftsbetriebe sind Grund dafür, daß der Bezirk Perg der drittkaufkräftigste Bezirk Oberösterreichs ist. Große Baufirmen (z.B. Habau), der Autospediteur Hödlmayr, der Spritzgußmaschinenhersteller Engel oder die Tischlereigroßbetriebe Anrei und Pabneu sind mit ein Garant dafür, daß die Bevölkerung zumeist im Bezirk Arbeit findet, weshalb die Arbeitslosenquote im österreichweiten Vergleich eine der niedrigsten ist.

20. Februar 1851 – in Grein wird der erste Gendarmerieposten installiert

Schon kurz nach der Gründung der Bundesgendarmerie wurde im Bezirk Perg am 20. Februar 1851 der erste Gendarmerieposten in Grein, wo damals auch der Sitz der Bezirkshauptmannschaft war, errichtet. 1860 wurde dann der GP Mauthausen, 1869 der GP Perg eingerichtet. In den folgenden Jahren kamen noch 11 weitere Dienststellen dazu, die im Laufe der Jahre, zuletzt mit der Schließung des Gendarmeriepostens Waldhausen am 1. Jänner 1997 sich auf sieben Dienststellen reduzierten.

Heute versehen die Dienststellen Grein (errichtet 1851), Mauthausen (errichtet 1860), Perg (errichtet 1869), Pabneukirchen (errichtet 1873), Schwertberg (errichtet 1893), Baumgartenberg (errichtet 1897), St. Georgen a. d. Gusen (errichtet 1906) erfolgreich ihren Sicherheitsdienst. Sie sind in zwei Sektorenbereiche in folgender Organisation zusammengefaßt:

Sektorbereich Perg:	GP Perg	21 Beamte
	GP Schwertberg	7 Beamte
	GP Mauthausen	11 Beamte
	GP St.Georgen a. d. Gusen	12 Beamte
Sektorbereich Grein:	GP Grein	16 Beamte
	GP Baumgartenberg	5 Beamte
	GP Pabneukirchen	6 Beamte

Grein an der Donau mit dem Schloß Greinburg im Vordergrund; dahinter das sanft ansteigende Mühlviertler Hügelland. *Bild: BGK Perg*

Das Bezirksgendarmeriekommando Perg hat aufgrund des systemisierten Standes des Bezirks von 81 Beamten eine Stärke von drei Beamten und ist im gleichen Gebäude wie der Gendarmerieposten Perg untergebracht.

Der Zuzug verbunden mit steigender Kriminalität

sind Faktoren, die für die sicherheitspolizeilichen Belange der Gendarmerie eine besondere Rolle spielen. Der Bezirk Perg ist in den letzten Jahren aufgrund seiner geographischen Lage für viele Menschen ihr neues Zuhause geworden. Die Nähe zur Landeshauptstadt, die wirtschaftlich starke Position und vor allem die landschaftlichen Schönheiten des Bezirks tragen dazu bei, daß dieser Trend sich fortsetzt.

Die hohe Lebensqualität und die Nähe zu Linz führten in den letzten Jahren zu einem massiven Zuzug. Das Arbeitsaufkommen in sicherheitsdienstlicher Hinsicht ist dadurch sprunghaft angestiegen. Neben den fast alljährlichen wiederkehrenden Einsätzen anläßlich der Hochwässer der Donau, den Großkonzerten auf der Burg Clam (Grönemeyer, Schürzenjäger...) oder den Befreiungsfeiern im ehemaligen KZ Mauthausen, zu denen bis zu 50.000 Besucher (1995) aus ganz Europa anreisen, ist ein deutliches Ansteigen der Kriminalität zu erkennen.

Durch gute Teamarbeit der einzelnen Gendarmerieposten untereinander und mit dem BGK und Beamte, die ein überaus hohes Maß an Einsatzfreude, Innovation und Flexibilität auszeichnet, konnten in letzter Zeit eine Vielzahl zum Teil spektakulärer Amtshandlungen erfolgreich abgeschlossen werden, so daß dabei in den Jahren 1996/97/98 eine Aufklärungsquote von mehr als 80 % (!) erreicht wurde.

Eine der herausragendsten Amtshandlungen war sicher die SOKO ALI. Über mehrere Monate hinweg waren 17 Beamte des Bezirkes Perg einer türkischen Schlepperorganisation auf den Fersen. Mit dem abschließenden Zugriff im März 1996, bei dem fast 100 Beamte zeitgleich eingesetzt waren, wurden mehr als 20 Personen verhaftet, unter ihnen sechs Aktivisten der türkischen Terrororganisation DHKP-C oder DevSol, denen zahlreiche Brandanschläge in ganz Österreich nachgewiesen werden konnten. Bei den erfolgten Hausdurchsuchungen stellten die Kriminalisten viele Waffen, u. a. eine Kalashnikov und Handgranaten, sicher.

Der SOKO-Leiter Oblt Pilsl hinter 32.000 Seiten Akten, sowie sichergestellter automatischer Waffen, Handgranaten und von Verbrechern verwendeten Scannern und Blaulicht. *Bild: BGK Perg*

Bei der Urteilsverkündung am LG Wels wurde die DHKP-C als kriminelle Organisation gemäß § 278a StGB qualifiziert, da in den Einvernahmen neben Schutzgelderpressungen auch massive Körperverletzungen bis hin zum Mord nachgewiesen werden konnten.

Das Außergewöhnliche an der ganzen Aktion war, daß von der Telefonüberwachung, über die Observation bis hin zu den Zugriffen (SEG-Unterstützung) und Einvernahmen alles ausschließlich von Beamten des Bezirks Perg ausgeführt wurde.

Im Jahr 1997 hatte der Bezirk auch einige große Amtshandlungen aufzuarbeiten. Zum einen arbeitete eine Ermittlungsgruppe am Pyramidenspiel Titan, bei dem über 1.000 Mitspieler mehr als 42 Millionen Schilling Schaden erlitten haben, zum anderen eine weitere an der Aufarbeitung eines Kinderporno-Pädophiliefalles durch einen 45jährigen Logopäden aus St. Georgen a. d. Gusen, der über Jahrzehnte hinweg unmündige Knaben mißbraucht hatte.

Am 24. Juni 1997 ereignete sich im Gemeindegebiet von Arbing das schwerste Zugsunglück in der Geschichte Oberösterreichs, bei dem 92 Personen – zum Großteil Kinder – teilweise lebensgefährlich verletzt wurden. Am Unfallort waren mehr als 200 Kräfte erfolgreich koordiniert im Einsatz.

Bezirkskommandant Andreas Pilsl zur internen Situation:

Kameradschaft, Freundschaft, Korpsgeist und Teamarbeit werden in Hinkunft noch wichtiger werden, um das von der Bevölkerung in uns gesetzten Vertrauen rechtfertigen zu können. Als Schlüssel für ein erfolgreiches Arbeiten sehe ich auch das Verhältnis der Beamten untereinander innerhalb unserer Organisation. Angenehme Rahmenbedingungen zur Bewältigung der hohen, an uns gestellten Anforderungen zu schaffen, sehe ich als eine der Hauptaufgaben, die die Führungskräfte hinkünftig vermehrt beachten sollten. Solange es uns gelingt, daß jeder die ihm übertragenen Aufgaben gerne erledigt, wird der Erfolg uns begleiten und vor den nächsten 150 Jahren braucht uns sicher nicht bange zu sein.

August Weidenholzer

Ried/Innkreis

Größe in km²	*558,2*
Gemeinden:	*36*
Einwohner:	*58.000*
Anzahl der Dienststellen:	*7*
Systemisierter Personalstand:	*84*
Auf einen Exekutivbeamten entfallende Einwohner:	*690*
Bundesgrenze in km:	*19*
Autobahnen in km:	*20*
Bundesstraßen in km:	*77*
Landesstraßen in km:	*97*

Sehenswürdigkeiten Attraktionen:
Stift Reichersberg, Volkskundehaus Ried/I. mit Schwanthalerausstellung, Stadtpfarrkirche Ried/I. mit großen Kunstschätzen

Der Bezirk Ried/I. ist ein vorwiegend ländlicher Bezirk und bildet das Zentrum des Innviertels. Das gesamte Gebiet ist eine gelungene Mischung zwischen Bauerntum, Industrie, Handwerk und Gewerbe. Die Höhen des Kobernaußer- und Hausruckwaldes bilden im größten zusammenhängenden Waldgebiet Mitteleuropas die Grenze zu den Nachbarbezirken Grieskirchen und Vöcklabruck. Im Westen trennt der Inn mit seinen einzigartigen Vogelschutzgebieten unseren Bezirk von der Bundesrepublik Deutschland. Im Norden und Osten liegen die Bezirke Schärding und Grieskirchen.

Der Innviertler – ein friedfertiger Mensch

Da das Innviertel bis zum Jahre 1779 von den »weiß-blauen« Königen aus Bayern beherrscht wurde, kamen die Vorfahren der Innviertler fast durchwegs aus dem bayrischen Raum. Die Bewohner genießen hier den Ruf eines ehrsamen, fleißigen und äußerst friedfertigen Volkes. Natürlich gibt es auch genug Beispiele, daß diese Friedfertigkeit gebrochen und so mancher Streit durch Gewalt beendet wurde. Aber größtenteils werden Meinungsverschiedenheiten bei einem guten Rieder Bier ausgeräumt. Das Bier ist in dieser Region auch die wichtigste »flüssige Nahrung«, weil in der knapp 12.000 Einwohner zählenden Stadt Ried gleich zwei Brauereien etabliert sind.

Das Thermenzentrum Geinberg. Mit einem Kostenaufwand von 1 Milliarde Schilling soll es den Fremdenverkehr in der Region beleben. Bild: Ried i.I.

Infrastruktur – Industrie – Landwirtschaft

Die wirtschaftliche Lage ist im Gegensatz zum Bundesdurchschnitt relativ gut. Das zeigt auch die mit 922 Personen oder 4,3% äußerst geringe Arbeitslosenrate. Für diese ausgezeichneten Wirtschaftsdaten sorgen etwa 2.000 Klein- und Mittelbetriebe. Durch die in aller Welt geschätzte Qualitätsarbeit sind die Firmen gut ausgelastet und die Region relativ krisensicher. Der wohl bekannteste Betrieb ist der Fischer-Konzern, mit dessen Schi schon zahlreiche Weltcuprennen gewonnen wurden. Es gibt aber auch viele metall- und holzverarbeitende Betriebe. Fleckviehzuchtverbände im Inn- und Hausruckviertel sorgen für den weltweiten Export der für ihre ausgezeichnete Fleischqualität bekannten und dort beheimateten Rinder. Ein Problem stellt wie fast im gesamten westeuropäischen Raum die Landwirtschaft dar. Durch den Beitritt Österreichs zur EU mußten viele kleine Bauern ihre Betriebe auflassen und in die Industrie abwandern. Dies wird vor allem in Zukunft für die Landschaftspflege ein Problem darstellen. Aber auch manche bäuerliche Großbetriebe geraten durch die Abhängigkeit von den Lebensmittelkonzernen in Schwierigkeiten. Die Preise für die landwirtschaftlichen Produkte sind derzeit so niedrig, daß die Bauern oft nicht kostendeckend arbeiten können.

Die Rieder Messe – ein Wirtschaftsbarometer für die ganze Region

Die Rieder Messe ist die bedeutendste Veranstaltung im gesamten Bezirk, weil hier neben zahlreichen Ausstellern auch viele Persönlichkeiten aus Wirtschaft und Politik anzutreffen sind. Es werden nicht nur Geschäfte angebahnt, sondern auch abgeschlossen, was sich sehr positiv auf den Arbeitsmarkt auswirkt. Diese Wirtschaftsschau hat bereits Volksfestcharakter und kann ständig steigende Besucherzahlen aufweisen. Im vergangenen Jahr wurden in neun Tagen 1.300.000 Besucher gezählt. Um die Sicherheit dieser Veranstaltung gewährleisten zu können, müssen Gendarmen aus allen Teilen des Bezirkes dem Gendarmerieposten Ried zugeteilt werden.

Erstmalig wurde in Ried im Jahre 1867 eine Messe veranstaltet. Damals ging es noch etwas gemütlicher zu. Wie aus der Chronik ersichtlich, kam Unterleutnant Matthias Buchinger, zu jener Zeit Bezirkskommandant, ohne Verstärkungen aus. Heute sind bei diesen Anlässen knapp 90 Gendarmen, die in zwei Schichten Dienst versehen, im Einsatz. Es waren aber auch schon 150 Beamte eingesetzt. Dies war im August 1995, als gleichzeitig mit der Rieder Messe das Fußballspiel Austria Wien gegen SV Ried stattfand. Das Match wurde von 11.000 Fans besucht, im Messegelände hielten sich 100.000 Personen auf. Die Gendarmen waren aber darauf gut vorbereitet und ausgezeichnet organisiert. Man konnte alle neuralgischen Punkte besetzen, einen Verkehrsinfarkt verhindern und Ausschreitungen durch die gefürchteten Rowdys verhindern.

Dichtes Gedränge auf der Rieder Messe. Sie fordert die Gendarmerie in allen Bereichen. *Bild: Rieder Messe*

Die Gendarmerie im Bezirk

Im November 1805 besetzte Napoleon mit seinen Truppen Ober- und Niederösterreich. Am 3. Dezember 1805 verfügte er in Linz die einstweilige Errichtung einer Gens d'armerie zur Erhaltung der Sicherheit der Landstraßen und der öffentlichen Ruhe, sowie auch zur »Hindanhaltung aller Räubereyen in Österreich«. An den Kommandostellen saßen wohl Franzosen, doch auch die heimische Bevölkerung wurde zum Dienst in diese Gendarmerieeinheit einberufen.

Die ältesten Aufzeichnungen über die Gendarmerie im Bezirk Ried/I. reichen in das Jahr 1805 zurück. Ein Leutnant zu Braunau befehligte seine »dreyssig Individuen« deren Dienstbereich das gesamte Innviertel einschließlich Haag am Hausruck war. Die Angehörigen hatten sich auf eigene Kosten einzukleiden, auszurüsten und mit einem Pferde zu versehen. An Bewaffnung waren eine Muskete, ein paar Pistolen, Patronentaschen und selbstverständlich auch ein Säbel vorgeschrieben. Von den damals dienstverrichtenden Gens d'armeren scheint in der Chronik nur der Name des Paul Heinrich Scha auf. Er fiel am 17. August 1809 dem damals in dieser Gegend wütenden Faulfieber zum Opfer.

Napoleon entging in Ried nur knapp einem Anschlag

Auch Kaiser Napoleon kam bei seinen Raubzügen durch Europa nach Ried. Es war der 2. Mai 1809, als er seinem Marschall Qudinot gefolgt war und sich im Haus Hauptplatz Nr. 7 einquartierte. Der Holzschuhmacher Tschurl gab damals mehrere Schüsse auf den Regenten ab, verfehlte ihn aber. Wäre dieser Anschlag geglückt, die Weltgeschichte hätte wohl anders geschrieben werden müssen. Daß die Gens d'armerie bereits ein fester Bestandteil des Bezirkes war, zeigen weitere Aufzeichnungen aus dem Jahre 1814. Damals hatte die Rieder Gens d'armerie die Gattenmörderin Anna Maria Topf – sie hatte ihren Mann mit »Ratzennudeln« vergiftet – auf den Weg vom Gefängnis in der Bahnhofstraße bis zum Hauptplatz vor der aufgebrachten Bevölkerung zu schützen. Dort wurde sie, vor 15.000 Schaulustigen, vom Henker mit dem Schwert ins Jenseits befördert.

21. Juli 1850 – Gens d'armerie bezieht in Ried Quartier

Die Gründung der Gens d'armerie als organisierter Wachkörper geht im Bezirk Ried/I. auf das Jahr 1850 zurück. Am 21. Juli rückten die uniformierten Ordnungshüter unter Führung eines Leutnants in Ried/I. ein und bezogen Quartier. Die erste Dienststelle war somit gegründet. In den folgenden Jahren erlebte die Stadt Ried/I. durch den Bau der Eisenbahnlinie Neumarkt–Ried–Brauau einen bedeutenden wirtschaftlichen Aufschwung und etablierte sich zu einem Handelszentrum. Daraus resultierte auch ein ständig steigender Arbeitsanfall für die Gendarmerie und der Personalstand mußte laufend aufgestockt werden.

Im Jahre 1927 waren die Gendarmen des Bezirkes auf ihre Vorgesetzten besonders stolz, denn sie durften sechs Fahrräder in Empfang nehmen. Die Fahrräder waren unter dem Gesichtspunkt angekauft um, wie es in der Begründung hieß, *»... der Verbrecherwelt besser nachjagen zu können.«* Einen Höhepunkt stellte die Zuweisung einer 500er BMW-Beiwagenmaschine für das Bezirksgendarmeriekommando im Jahre 1928 dar. Wegen leerer Staatskassen mußten die Gendarmen im Jahre 1931 auf 6,5% ihres Gehaltes verzichten.

Einen schweren Stand hatte unser Korps besonders während der Herrschaft der Nationalsozialisten. Es gab ständig Auseinandersetzungen zwischen Kommunisten, Heimwehr und Nationalsozialisten. Auch die Gendarmerie war in zwei Lager gespalten, denn viele Beamte sympathisierten mit den Nazis.

Nach 1945

Der Krieg war nun vorbei und es mußte eine neuer Anfang gemacht werden. Für die Gendarmen unseres Bezirkes war dies besonders schwer, weil nicht nur die eigene Bevölkerung betreut werden mußte. In Ried wurde ein Lager für Kriegsgefangene errichtet und mit 18.000 Mann belegt. Damit stieg die »Einwohnerzahl« auf 80.000, für deren Sicherheit 25 Beamte sorgen mußten. Aber auch diese Aufgabe haben unsere Gendarmen durch viel Fleiß und Fingerspitzengefühl gelöst. Im Laufe der Jahre gab es innerhalb der Gendarmerie mehrere Umstrukturierungen, verbunden mit zahlreichen Postenschließungen, aber auch Neueröffnungen.

Gendarmerie heute

Mit Stolz kann man vermerken, daß der Bezirk heute einen hohen Sicherheitsstandard aufweist. Die Beamten sind zum Großteil hoch motiviert, die Dienststellen modern eingerichtet und die technische Ausrüstung zufriedenstellend. In zwei Sektorenbereichen liegt der besondere Schwerpunkt auf dem Verkehrs- und Kriminaldienst. Durch die verstärkte Verkehrsüberwachung ist die Anzahl der schweren Unfälle rückläufig, aber immer noch zu hoch wie die Statistik aussagt: 2.140 Verkehrsunfälle mußten im Beobachtungszeitraum 1998 aufgenommen werden, dabei wurden acht Menschen getötet und 511 verletzt. Der Kampf ist auch den alkoholisierten Fahrern angesagt. 310 Lenkern mußten ihren Führerschein abgeben.

Ried ist eine Schulstadt, etwa 5.000 Schüler besuchen hier die diversen Schultypen. Die Gendarmerie ist in diesem Bereich in der Schulverkehrserziehung und Schulwegsicherung tätig. In den höheren Schulen wird Suchtgift-Prävention in Form von Aufklärungsveranstaltungen betrieben. Eine eigene Gruppe engagierter Beamter ist in diesem Bereich eingesetzt und es konnten 1998 77 Personen wegen Suchtgiftdelikte ausgeforscht und angezeigt werden.

Ried ist aber auch Einkaufsstadt mit zahlreichen Einkaufszentren. Diebstähle aller Art, oft von Jugendbanden durchgeführt, halten die Gendarmen auf Trab. Ein koordinierter Kriminaldienst mit besonders geschulten und hochmotivierten Beamten kann die Gesetzesübertretungen zwar nicht immer verhindern, jedoch eine hohe Aufklärungsrate erzielen. Von 473 angezeigten Verbrechen konnten 257 geklärt und von den 5.795 Vergehenstatbeständen konnten 4.909 also fast 85 Prozent (!) geklärt werden.

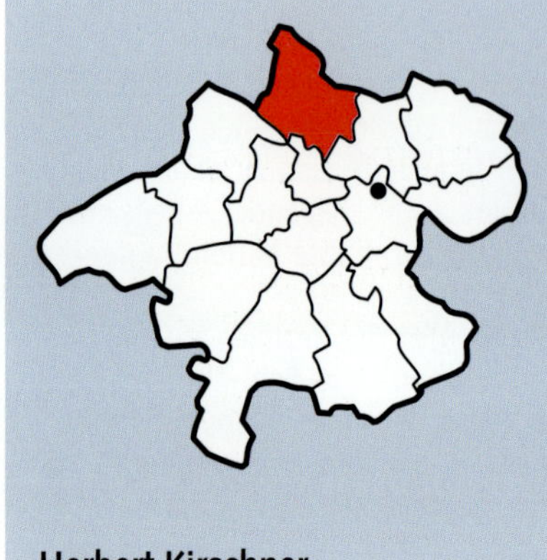

Rohrbach im Dreiländereck

Herbert Kirschner

Größe in km²	*827*
Gemeinden:	*42*
Einwohner:	*ca. 56.000*
Anzahl der Dienststellen:	*11*
Systemisierter Personalstand:	*143*
Auf einen Exekutivbeamten entfallende Einwohner:	*391*
Bundesgrenze in km:	*108*
Autobahnen in km:	*–*
Bundesstraßen in km:	*72*
Landesstraßen in km:	*111*

Sehenswürdigkeiten Attraktionen:
Stift Schlägl,
Ortsbild Neufelden,
Ortsbild in Haslach mit mehreren interessanten Museen,
Schwarzenberger Schwemmkanal,
Wildpark Altenfelden

Der Bezirk Rohrbach liegt an der Nordwestspitze des Bundeslandes Oberösterreich im Dreiländereck (Österreich, Bundesrepublik Deutschland und Republik Tschechien). Im Süden grenzt der Bezirk an die Donau. Der Hauptfluß des Bezirkes – die Große Mühl – hat dem Mühlviertel, zu dem noch die Bezirke Urfahr-Umgebung, Freistadt und Perg gehören, den Namen gegeben.

Der Bezirk Rohrbach hat seine tiefste Stelle ca. 280 Meter über dem Meeresspiegel und im Böhmerwaldgebiet seine höchsten Stellen mit ca. 1300 – 1400 Metern. Die meisten Ortschaften und Märkte haben in diesem Bezirk, der durch unzählige Hügel (Granithochland) gekennzeichnet ist, eine Höhenlage von ungefähr 400 Metern.

Altes Siedlungsgebiet

Funde im Bezirk Rohrbach weisen darauf hin, daß dieser Bereich von Bewohnern südlich der Donau bereits in der Steinzeit als Jagdgebiet genutzt worden ist. Aus der Bronze-Zeit ist bekannt, daß durch den Bezirk bereits ein Handelsweg in die böhmischen Gebiete führte. Dieser Handelsweg ist erstmals in der Raffelstätter Zollurkunde (905 n.Chr.) genannt.

Obwohl die planmäßige Rodung dieses waldreichen Gebietes erst nach der Gründung der Ostmark (955) einsetzte, dürften die Märkte Rohrbach, Haslach, Neufelden und Sarleinsbach schon in der Zeit der Karolinger (um 800) entstanden sein.

Schwer in Mitleidenschaft gezogen wurde der Bezirk durch die Hussitenkriege (1419–1436), dem Oberösterreichischen Bauernkrieg (1626) und dem Dreißigjährigen Krieg (1618–1648). Danach erhielt das Gewerbe in diesem Gebiet durch den Leinen-, Salz- und Viehhandel einen enormen wirtschaftlichen Aufschwung, der allerdings vom Österreichischen Erbfolgekrieg (1741–1748) unterbrochen wurde. Das Gebiet profitierte in der Folge durch die Reformen von Kaiserin Maria Theresia. Der nächste wirtschaftliche Niedergang erfolgte in den Koalitionskriegen (1805–1809), von dem sich das Obere Mühlviertel erst langsam wieder erholen mußte.

Im Zuge der Revolution 1848 wurden bei der Verwaltungsreform 52 Gemeinden in diesem Gebiet zum Verwaltungsbezirk Rohrbach zusammenfaßt.

Hopfenanbau, Textil- und Leinenweberei im 19. Jahrhundert

Der Bezirk Rohrbach war vor der Jahrhundertwende fast ausschließlich durch die Landwirtschaft dominiert. Gegen Ende des letzten Jahrhunderts etablierten sich im Bezirk Rohrbach Betriebe mit industriellem Charakter wie die Textil- und Leinenweberei Vonwiller-Fölser in Haslach a. d. M., die weit über die Grenzen Österreichs hinaus bis in den oberitalienischen Raum bekannt war, die Lederfabrik Pöschl in Rohrbach und die Papierfabriken in Obermühl und in Pürnstein.

Besonders die Textilfabriken (die nicht nur in Haslach a. d. M., sondern auch beispielsweise in Aigen, Ulrichsberg und Helfenberg entstanden sind) waren für viele Klein- und Familienbetriebe (oft nur ein oder zwei Hauswebstühle) das Ende. Ihre und die Geschichte der Textilindustrie, die für den Bezirk Rohrbach von Bedeutung war, kann heute im Webereifachmuseum in Haslach a. d. M. bestaunt werden.

Das beginnende Industriezeitalter führte zu einem raschen Anstieg der Wiener Bevölkerung und damit verbunden zu umfangreicher Bautätigkeit. Holz wurde zur wichtigen Handelsware. Die großen Wälder Böhmens boten sich dazu an. Um den Transport am Wasserweg nach Wien zu ermöglichen, mußte ein Kanal quer durch den Bezirk gebaut werden, der »Schwarzenberger Schwemmkanal«. Er gehört zweifellos zu den europaweit beeindruckendsten Ingenieurs- und Handwerksleistungen.

Schon sehr lange vor der Jahrhundertwende hat auch der Hopfenanbau in diesem Gebiet eine größere Bedeutung gehabt als heute. Dies wird auch mit ein Grund dafür sein, daß sich die Brauerei Hofstetten-Krammer in St. Martin i. Mühlkreis (erste urkundliche Erwähnungen im Jahr 1229) mit Stolz als die älteste Brauerei Österreichs bezeichnet. Die besonders schönen Bürgerhäuser in Neufelden gehen ebenfalls auf die Hochblüte dieses Wirtschaftszweiges zurück. In diesem Ort gibt es seit einigen Jahren eine Renaissance des Neufeldner Bieres der Brauerei Breuss.

Von der Jahrhundertwende bis zum Ende des Zweiten Weltkrieges

Da in dieser Region keine Rüstungsindustrie war, blieben die Bewohner von gezielten Bombardements verschont, obwohl das Gebiet sehr häufig von alliierten Bomberverbänden überflogen wurde.

Nach Kriegsende wurde der Bezirk Rohrbach zunächst von US-amerikanischen Truppen besetzt. Es kam kaum mehr zu echten Kampfhandlungen, da die Bevölkerung und Teile der Truppen ein schnelles Kriegsende für vernünftig hielten. Diese Einstellung kostete einigen Bürgern von Peilstein i. M. das Leben (Erschießung wegen Zersetzung der Wehrkraft).

Die US-amerikanischen Truppen räumten aber innerhalb weniger Monate den Bezirk Rohrbach, da dieser Bezirk (wie die anderen drei Bezirke Oberösterreichs nördlich der Donau) für die Besetzung durch die Rote Armee vorgesehen war.

Die Verwaltung in Oberösterreich war damals zweigeteilt (Landesregierung für die Gebiete südlich der Donau; Zivilverwaltung für das Mühlviertel).

Stift Schlägl. *Bild: BGK Rohrbach*

In Analogie zur Trennung der Zivilverwaltung wurde auch ein eigenes Landesgendarmeriekommando für das Mühlviertel mit dem Sitz in Linz-Urfahr errichtet. Diese Abtrennung und die Errichtung des Eisernen Vorhanges auf der tschechoslowakischen Seite führten den Bezirk Rohrbach in eine gewisse wirtschaftliche, aber auch soziale Isolation, da sich vor allem in den ersten Jahren der russischen Besatzung wegen der sehr ungewissen Zukunft niemand traute, in Gewerbebetriebe, Fabriken usw. zu investieren. Dieser extreme Nachteil endete im Oktober 1955 mit dem Abzug der Roten Armee.

Die Gendarmerie im Bezirk

Obwohl aus der Anfangszeit wenig konkrete Daten vorhanden sind, kann eindeutig belegt werden, daß 1850 (bereits ein Jahr nach der Gründung der Gendarmerie) eine Gendarmeriesektion Rohrbach errichtet worden ist.

In der Anfangsphase gab es nur in Rohrbach und in Neufelden einen Gendarmerieposten. Ab 1860 wurden auch in Aigen, Haslach und Lembach Gendarmeriestationen errichtet. Ab 1899 kamen – der allgemeinen Entwicklung entsprechend – die Gendarmerieposten Klaffer, Peilstein, St. Martin und Helfenberg dazu.

Später – in der Zwischenkriegszeit – wurden im Grenzbereich zum damaligen Dritten Reich die Gendarmerieposten Kollerschlag und Schwarzenberg errichtet.

Statt des Gendarmeriepostens Klaffer etablierte sich der Gendarmerieposten Ulrichsberg.

Eng verbunden mit der wirtschaftlichen Entwicklung im Bezirk war das »Schicksal« des Gendarmeriepostens Obermühl, der offenbar wegen der Papierfabrik in Obermühl und deren Wohnsiedlungen entstand, mit dem Niedergang der Papierindustrie aber auch wieder verschwunden ist.

Während der russischen Besatzungszeit bekam der Bezirk Rohrbach einige Grenzgendarmeriedienststellen (z. B. in Rudolfing, Freundorf und Hörleinsödt).

Die Grenzgendarmerie von damals, von deren Existenz viele gar nichts mehr wissen, erlebt heute durch den Fall des Eisernen Vorhanges eine Renaissance in völlig anderer Form. Die Grenzüberwachung nach den Erfordernissen des Schengener Abkommens wird heute vom Grenzüberwachungsposten Rohrbach durchgeführt. Mit diesem Grenzüberwachungsposten hat der Bezirk Rohrbach elf Gendarmerieposten. Vor dem Dienststellenstrukturkonzept 1991 hatte der Bezirk 16 Gendarmeriedienststellen. Die Zusammenlegung von sechs Gendarmeriedienststellen wurde – wie fast überall – nicht ganz ohne Widerstände akzeptiert. Im wesentlichen gab es dadurch aber keine besonderen Probleme.

Wirtschaftliche und sicherheitspolizeiliche Schwerpunkte

Die Bezirkshauptstadt Rohrbach hat eine sehr gute Infrastruktur mit einem umfangreichen Schulangebot (Bundesrealgymnasium, Bundeshandelsakademie, Berufsschule, Handelsschule, Lehranstalt und Fachschule für wirtschaftliche Berufe, Krankenpflegefachschule). Dieses Angebot wird durch die HTL für Elektrotechnik in Neufelden, die Webereifachschule in Haslach und durch eine Landwirtschaftsschule in Schlägl sehr gut ergänzt.

Der Bezirk Rohrbach hat keine typischen Industriebetriebe, sondern sehr viele Klein- und Mittelbetriebe, die für solide Produkte und hochwertige Dienstleistungen bekannt sind.

Trotzdem müssen – sicher auch bedingt durch die Randlage im Bundesland – leider viele Berufstätige innerhalb des Bezirkes, vor allem aber auch nach Linz pendeln.

Es gibt aber bereits hoffnungsvolle Projekte und Vorstellungen, die diese Situation verbessern sollen (Projekte für Telearbeit, Vorstellungen über die Gründung eines Technologiezentrums etc.).

Da der Bezirk Rohrbach ein typischer Landbezirk mit einer charaktervollen Bevölkerung ist, haben sich bisher nie besondere sicherheitspolitische Probleme ergeben. Neben der normalen Kleinkriminalität, wie sie wohl überall vorkommt, sind große Kriminalfälle eine seltene Ausnahme.

Auch die Öffnung der Grenzen zu den ehemaligen Ostblockländern, die in anderen Gebieten zu besonderen sicherheitspolizeilichen Problemen geführt haben mag, hat im Bezirk Rohrbach zu keinen wesentlichen Veränderungen beigetragen.

Um diesen Sicherheitsstandard zu erhalten, ist es aber notwendig, die gute Präsenz Gendarmerie und die hervorragende Zusammenarbeit mit der Bevölkerung aufrechtzuerhalten, um entsprechend repressiv, vor allem aber auch präventiv agieren zu können.

Teilstück des »Schwarzenberger-Schwemmkanals«. *Bild: BGK Rohrbach*

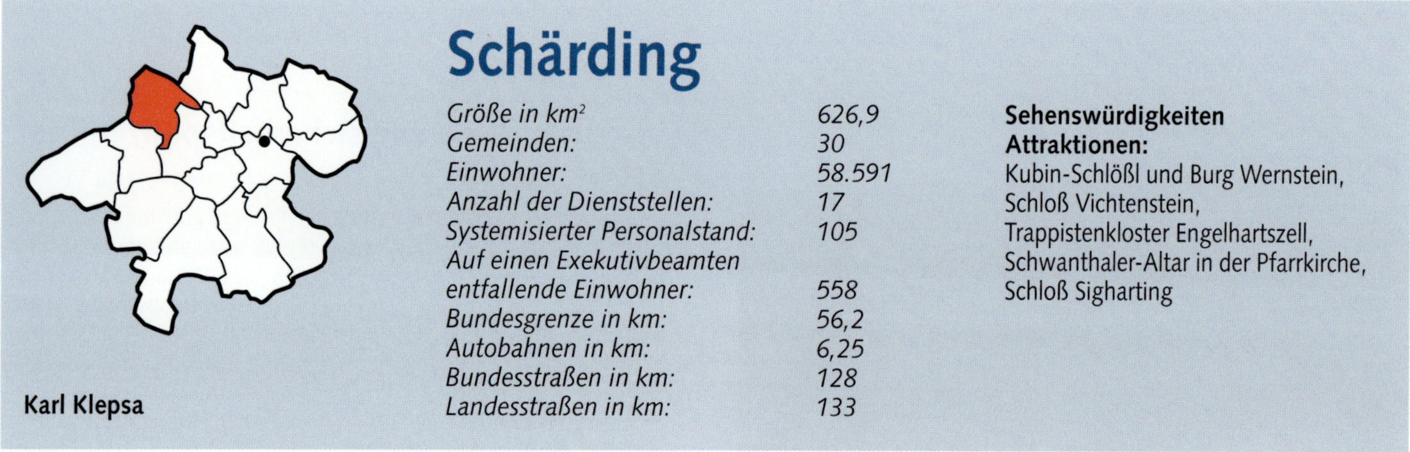

Schärding

Größe in km²	*626,9*
Gemeinden:	*30*
Einwohner:	*58.591*
Anzahl der Dienststellen:	*17*
Systemisierter Personalstand:	*105*
Auf einen Exekutivbeamten entfallende Einwohner:	*558*
Bundesgrenze in km:	*56,2*
Autobahnen in km:	*6,25*
Bundesstraßen in km:	*128*
Landesstraßen in km:	*133*

Sehenswürdigkeiten Attraktionen:
Kubin-Schlößl und Burg Wernstein, Schloß Vichtenstein, Trappistenkloster Engelhartszell, Schwanthaler-Altar in der Pfarrkirche, Schloß Sigharting

Karl Klepsa

Zwischen Sauwald und Pramtal – ein geographisch vielschichtiger Bezirk

Der Bezirk Schärding liegt im Winkel zwischen dem Inn ab der Antiesenmündung und der Donau bis zur Schlögener Schlinge und ist ein Grenzbezirk zu Bayern. Der Inn und die Donau sind der markante Grenzverlauf und die Stadt Passau grenzt in den Bereichen der Gemeinden Freinberg und Schardenberg unmittelbar an den Bezirk Schärding.

Das Sauwaldgebiet erreicht mit seiner höchsten Erhebung, dem Haugstein, eine Seehöhe von 876 Meter. Rauheres Klima, starke Hanglagen, Versteinerungen und damit verbunden beschwerliche landwirtschaftliche Nutzung sind die Merkmale dieser Gegend. Ökonomisch besser genutzt werden kann das Übergangsgebiet zwischen den »Höhen« des Sauwaldes und den »Niederungen« des Pramtales auf einer Seehöhe zwischen 350 – 500 Meter. Die Niederung, das Pramtalgebiet, besitzt ein aus landwirtschaftlicher Sicht günstigeres Klima und hier sind überhaupt fruchtbare Böden vorzufinden. Diese Gebiete teilen sich in 391 km² landwirtschaftliche Nutzflächen und 158 km² Wald.

Der Bezirk gliedert sich in die Gerichtsbezirke Engelhartszell, Raab und Schärding. In den 30 Gemeinden sind sechs Märkte und eine Stadt inkludiert. Die Stadtgemeinde Schärding ist mit 5.542 Einwohner die größte Ansiedlung, die einwohnermäßig kleinste Gemeinde (übrigens in ganz Oberösterreich) ist Mayrhof mit 248 Einwohnern.

Schnittpunkt zwischen Inn und Rott – uralter idealer Siedlungsplatz

Die verkehrsgeographisch günstige Lage von Schärding (Straße entlang der Rott aus dem Niederbayerischen stößt auf den Inn und findet ihre Fortsetzung Pramtal aufwärts) begünstigte auf diesem Schnittpunkt die Anlegung einer Niederlassung. Funde belegen, daß die Umgebung von Schärding bereits in der Jungsteinzeit (3500 – 1800 v. Chr.) besiedelt wurde.

Der anschließenden keltischen Besiedlung folgten im Jahr 15 v. Ch. die Römer, welche mit dem »Limes« zur Donau hin eine mit Festungen und Verteidigungsanlagen versehene Reichsgrenze errichteten.

Nach deren Abzug besiedelten Bajuwaren das Gebiet des nunmehrigen Bezirkes Schärding und es stammt aus dieser Zeit der Name »Scardinga«. Auch die erste urkundliche Erwähnung dieses Namens im Jahr 804 fällt in diese Ära. 1316 wurde Schärding das Stadtrecht verliehen. Die Inn-Schiffahrt verhalf der Schärdinger Region zu Wohlstand und die Wittelsbacher (1248 – 1779) errichteten in ihrer wichtigen Grenzstadt Schärding entsprechende Festungsanlagen. Im Zuge des Bayerischen Erbfolgekrieges, der durch den Frieden von Teschen 1779 beendet wird, kam der Großteil des Innviertels und damit auch Schärding zu Österreich.

Schärdinger Stadtplatz – städtebauliches harmonisches Ensemble

Die Bezirksstadt Schärding und die Stadt Grafenau in Bayerischen Wald sind Partnerstädte aus der Verbindung heraus, daß früher die Salz-Säumerzüge von Schärding über Grafenau nach Böhmen unterwegs waren. Die Salzhandel- und Schiffstransporte brachten Wohlstand, der sich heute noch im Stadtplatz widerspiegelt, als ein städtebauliches Ensemble von seltener Harmonie und Unversehrtheit. Besonders eindrucksvoll ist die Nordwand des Oberen Platzes, die sogenannte »Silberzeile«. Im Hintergrund erhebt sich die mächtige Stadtpfarrkirche mit dem stattlichen Turm. Von der ehemaligen Befestigungsanlage haben sich einige Mauern, Türme und vier Tore erhalten; am malerischsten das »Wassertor«, das am Ende des Unteren Stadtplatzes zum Inn führt.

Als bekannter und sehr bedeutender Künstler ist Alfred Kubin zu nennen. Er kam anfangs des 20. Jahrhunderts nach Zwickledt in der Gemeinde Wernstein am Inn und lebte bis 1959 im sogenannten »Kubin-Schlössl« in Zwickledt. Als Zeichner und Schriftsteller wurde er in aller Welt bekannt. Seit 1997 ist seine Wirkungsstätte nach umfassender Restaurierung allgemein zugänglich gemacht.

Unwegsame Gebiete verlangten zahlreiche Errichtungen und Verlegungen einzelner Gendarmerieposten

Die historische Entwicklung der Gendarmerie im Bezirk Schärding verlief in mehreren Etappen und zahlreichen Errichtungen und Verlegungen von Dienststellen.

Im Jahre 1850 wurde die Gendarmerie Schärding errichtet. Im gleichen Jahr entstanden auch noch die GP Raab und Münzkirchen.

Zur Überwachung des teilweise damals noch sehr unwegsamen Gebietes sah man sich veranlaßt, im Jahre 1854 weitere Dienststellen in Engelhartszell und Gattern zu errichten. Bis zur Jahrhundertwende wurden noch weitere 13 Dienststellen eingerichtet. In den folgenden Jahrzehnten, mit Ausbau der Straßen und Wege, kam es aber immer wieder zu Verlegungen und Zusammenführungen von Dienststellen. Diese Maßnahmen veränderten aber die Struktur der Gendarmerie im Bezirk nicht wesentlich.

Eine sehr schwierige Zeit für die Gendarmerie war von 1933 bis 1938. So kam es am 12. Februar 1934 in Haibach, Gemeinde Freinberg, zu einem Grenzzwischenfall. Ein Gendarm und ein Grenzschutzorgan der Heimwehr wurden im unmittelbaren Grenzbereich beschossen und schwerst verletzt. Durch weitere Überfälle veranlaßt, mußten Personalverstärkungen im Grenzraum zu Bayern vorgenommen werden.

Nach Kriegsende im Jahre 1945 wurden im Bezirk Schärding die Gendarmeriedienststellen im Ausmaß der Vorkriegszeit wieder errichtet. Bis zum Beginn der Strukturreform verfügte der Bezirk Schärding über das BGK und 19 Gendarmerieposten.

Grenzdienst

Nach Abschluß der Strukturreform verblieben mit September 1992 im Bezirk Schärding das BGK und 9 Gendarmerieposten. Trotz der Reduktion der Gendarmerieposten sind die Überwachungsgebiete der einzelnen Dienststellen überschaubar geblieben. Die Sicherheitsverhältnisse und die Einsatzmöglichkeiten wurden verbessert und haben zu keiner Benachteiligung der Bevölkerung geführt.

Durch den Beitritt Österreichs zur EU und den daraus sich ergebenden Übertritt von Zollwachebeamten zur Gendarmerie wurde im Februar 1995 in Suben eine Außenstelle der Schulungsabteilung errichtet, deren Aufgabe es war, die Kollegen der Zollwache in den Gendarmeriedienst einzuschulen.

Mit 1. April 1997 kam auf die Gendarmerie des Bezirkes Schärding eine sehr personalaufwendige und umfangreiche Aufgabe zu. Die Grenzkontrolle zur Bundesrepublik Deutschland mußte übernommen werden. Im Zuständigkeitsbereich des Bezirksgendarmeriekommandos Schärding waren mit diesem Zeitpunkt sieben Grenzübergänge und der Bahnhof Passau zu besetzen. Der Personalstand wurde vorübergehend um rund 70 Beamte erhöht.

Es war auch erst- und einmalig, daß dem Bezirksgendarmeriekommando Schärding eine Dienststelle, die ihren Sitz im Ausland hat (Passau Bahnhof), kurzfristig unterstellt wurde. Grundsätzlich kann gesagt werden, daß die Grenzkontrolle durch die Bundesgendarmerie eine entsprechende Wirkung und eine sehr positive Bewertung durch die zuständigen Behörden und die Bevölkerung erhalten hat.

Routine wird lebensgefährlich

Um die Gefährlichkeit dieses Dienstes zu dokumentieren, seien zwei Beispiele herausgegriffen: Am 26. Mai 1978 hatten sich zwei Männer beim damaligen Zollamt in Achleiten der Zoll- und Grenzkontrolle durch Flucht entzogen. Zwei Zöllner nahmen die Verfolgung auf und konnten die Flüchtigen in der Nähe der Burg Krämpelstein einholen und stellen. Während der Amtshandlung gelang es den beiden Wienern, die Zöllner zu entwaffnen und in der Folge durch Genickschüsse regelrecht hinzurichten. Bei der nachfolgenden landesweiten Großfahndung wurden Helmut T. und Oskar M. im Bezirk Eferding von einer Gendarmerie-Streife angehalten. Bei dem folgenden Schußwechsel kam Oskar M. ums Leben. Helmut T. wurde vom LG Ried/I. zu lebenslanger Haft verurteilt.

Am 11. November 1993, kurz nach 01.00, Uhr wurden von zwei bayerischen Grenzpolizisten im Raume Andorf im Schnellzug »Donaukurier« Grenz- und Personenkontrollen durchgeführt. Bei der Kontrolle des Predrad B. bzw. bei der Personalfeststellung zog dieser plötzlich eine Pistole und erschoß die Grenzpolizisten.

In Gopperding, Gmd. St.FlorianI/Inn, wurde der Zug angehalten. Predrad B. flüchtete. Durch die Mitteilung einer Frau, in deren Haus Predrad B. eingedrungen war, konnte er ausfindig gemacht werden. Er wurde nach neun Stunden im Rahmen eines Großeinsatzes überwältigt und festgenommen.

Vielfältige Aufgaben für die Gendarmerieposten im Bezirk

Der Gendarmerieposten Schärding ist der Bezirksposten bei dem auch die Bezirksleitzentrale untergebracht ist. Weiters ist der Posten auch die Schubstation zu Passau (BRD). Durch diesen Umstand hat der Posten auch einen relativ großen Personalstand, weil fast täglich Schubtransporte in ganz Österreich durchzuführen sind.

Teilausschnitt vom Stadtplatz Schärding. *Bild: BGK Schärding*

Nach dem Posten Schärding ist der Gendarmerieposten Schardenberg die nächste direkte Kontaktstelle zur Polizei Passau. Außerdem verfügt der Posten über eine relativ große grüne Grenze zur Bundesrepublik Deutschland.

Der Gendarmerieposten Engelhartszell ist Motorbootstation und hat in dieser Funktion auch die internationale Schiffahrt (Rhein-Main-Donau-Kanal) zu überwachen. Durch sein Rayon führt der von Tausenden Radfahrern befahrene internationale Radwanderweg Passau – Wien.

Drei Dienststellen zu einer zusammengefaßt ergaben für den Gendarmerieposten Münzkirchen, daß er die flächen- und personalmäßig größte Dienststelle im Sauwald wurde. Landwirtschaftliche Betriebsstrukturen sind hier vorrangig. Dasselbe gilt für die Gendarmerieposten Raab, Riedau. Der Gendarmerieposten Andorf überwacht den zweitgrößten Markt im Bezirk und der Gendarmerieposten Taufenkirchen hat neben der ländlichen Struktur auch einige größere Industriebetriebe in seinem Rayon.

Der Gendarmerieposten Suben liegt neben der Autobahn A 8 und hat den Zubringerverkehr zu überwachen. Weiters hat er im Rayon die Strafvollzugsanstalt Suben mit ca. 300 Inhaftierten.

Hochwasser – ein immer wiederkehrendes Problem

Die Stadt Schärding und die Gemeinden am Inn und an der Donau wurden in den vergangenen Jahrhunderten in wiederkehrenden Abständen von großen Hochwässern heimgesucht.

In diesem Jahrhundert war das Hochwasser im Jahre 1954 am höchsten. Der Wasserstand hatte die Höhe von 13,47 m erreicht. Ganze Landstriche wurden unter Wasser gesetzt, Millionenschäden entstanden. Zum Vergleich sei erwähnt, daß der Normalpegelstand in Schärding bei ca. vier Meter liegt.

Bei diesen Katastrophen war die Gendarmerie des ganzen Bezirkes besonders gefordert. Sie stand im Dauereinsatz und half Schulter an Schulter mit anderen Rettungsorganisationen, wo es nur irgendwie ging.

Diese Einsätze bleiben in Erinnerung und werden von der Bevölkerung, jahrelang nach der Katastrophe, immer wieder positiv hervorgehoben.

Steyr-Land

Josef Wageneder

Größe in km²	*971*
Gemeinden:	*21*
Einwohner:	*54.590*
Anzahl der Dienststellen:	*7*
Systemisierter Personalstand:	*90*
Auf einen Exekutivbeamten entfallende Einwohner:	*607*
Bundesgrenze in km:	*–*
Autobahnen in km:	*–*
Bundesstraßen in km:	*100*
Landesstraßen in km:	*169*

Sehenswürdigkeiten Attraktionen:
Nationalpark Kalkalpen, Wallfahrtskirche Christkindl mit Weihnachtspostamt, Stiftskirche Garsten, Ennsmuseum in Kastenreith

Der Bezirk Steyr-Land liegt in der Südostecke des Bundeslandes Oberösterreich. Zwischen Garsten und Weyer an der Enns reihen sich im landschaftlich reizvollsten Teil des Bezirkes die Erholungsdörfer des Ennstales und seiner Seitentäler. In der südlichsten Gemeinde Weyer-Land befindet sich die höchste Erhebung des Bezirkes, die Stumpfmauer. Sie überragt mit 1769 m Höhe den Traunstein und bietet einen wunderschönen Rundblick vom Dachstein bis zum Hochschwab. Die höchstgelegene Gemeinde ist der Wallfahrtsort Maria-Neustift mit 607 m. St. Ulrich hat sich als Friedensgemeinde weltweiten Ruf erworben. Geologisch interessant ist das Buchdenkmal im Pechgraben; ein Findlingsblock aus Granit.

Das Gebiet war schon im 10. Jahrhundert uralter Kulturboden und im Besitz der steirischen Otakare. Ihre Residenz war die »Styraburg«, die an der Mündung der Steyr in die Enns errichtet wurde. Das Herrschaftsgebiet reichte von der Steyr im Westen bis zu den Höhenzügen östlich der Enns und im Süden bis zur Frenz. In diesem Herrschaftsgebiet findet sich im wesentlichen das Territorium des heutigen Bezirkes vorgezeichnet. Von größter Bedeutung für das Wirtschaftsleben dieses Raumes, insbesondere des Ennstales, war, daß die Otakare das Bergregal erwarben und damit in den Besitz des steirischen Erzberges kamen. Damit wurde im Ennstal die sogenannte »Eisenstraße« schon frühzeitig ein wichtiger Verkehrsweg.

Der Bezirk umfaßt 21 Gemeinden, darunter sechs Marktgemeinden. Die bekanntesten sind Bad Hall das, als weltbekannter Kurort, über die stärkste Jodquelle Mitteleuropas verfügt und der Markt Garsten, der auf eine Klostergründung im 11. Jahrhundert zurückgeht. Hier ist in dem unter Joseph II. erbauten Stift eine Männerstrafanstalt untergebracht, die immer wieder die Gendarmerie beschäftigt, wenn es gilt entsprungene Gefangene wieder hinter Schloß und Riegel zu bringen. Die Benediktinerabtei entwickelte sich zum überragenden Kulturzentrum für das Enns- und Steyrtal. Die Stiftskirche zählt zu den bedeutendsten Bauten des österreichischen Barock in der zweiten Hälfte des 17. Jahrhunderts.

Land der Hämmer – Heimat Eisenwurzen

Die Kleineisenindustrie bildete schon frühzeitig eine wichtige Erwerbsquelle. Mit den Stahl- und Eisensorten der Hammerwerke wurden die Erzeugnisse der »Eisenwurzen« bis in die west- und nordeuropäischen Länder exportiert. Messer und andere Klingenwaren wurden auch nach Venedig geliefert. Besondere Erwähnung verdienen die Zünfte der Sensen- und Nagelschmiede. Letzte Nachfahren dieser Eisenindustrie sind die Erzeuger des »Taschenfeitels« im Trattenbachtal, die noch heute ihre Messer in alle Welt exportieren. In der zweiten Hälfte des 16. Jahrhunderts wurde für den Eisentransport die Schiffahrt auf der Enns eingerichtet, da sie mehr Roheisen befördern konnte als die Flöße. Die Enns, noch bis ins 20. Jahrhundert ein rauschender und oft gefährlicher Wasserweg zur Holzbeförderung, wurde manchem Flößer zum feuchten Grab. Zum Gedenken an die vielen Verunglückten haben die Ennskraftwerke in der Taverne am Kasten und beim Talübergang Gaflenz an der Eisenbundesstraße der Holzflößerei ein Denkmal gesetzt.

Die in mehr als 30jähriger Bauzeit errichtete Kette der Ennskraftwerke ist aus der Energieversorgung unseres Bundeslandes nicht mehr wegzudenken. Von den zehn Kraftwerken liegen acht im Bezirk Steyr-Land. Sie haben für die betroffenen Gemeinden einen entsprechenden Schutz gegen Hochwässer sowie strukturelle und verkehrsmäßige Verbesserungen gebracht.

Die Bedeutung der »Eisenwurzen« wurde in der Landesausstellung 1998 mit dem Motto: »Land der Hämmer, Heimat Eisenwurzen« besonders hervorgehoben. Diese Ausstellung, die erstmals dezentral organisiert wurde (28 Projekte in 26 Orten), war mit 700.000 Besuchern die bisher bestbesuchte Landesausstellung. Für die Gendarmerie bedeutete diese Veranstaltung eine permanente verstärkte Überwachung der Veranstaltungsorte.

Rückgang der Land- und Forstwirtschaft, sinkende Nächtigungszahlen

Während im nördlichen Teil des Bezirkes hauptsächlich der Anbau von Feldfrüchten vorherrscht, liegt im südlichen Teil das Hauptgewicht auf Forstwirtschaft und Viehzucht. Die Anzahl der landwirtschaftlichen Betriebe geht aber ständig zurück. Von derzeit 2.513 Betrieben werden 1.033 im Vollerwerb und 1.437 im Nebenerwerb bewirtschaftet. 43 Betriebe werden genossenschaftlich verwaltet. Die Bodennutzung verteilt sich auf je 19 % Ackerland und Wiesen, sechs Prozent Almen und Weiden und 56 % Wald. Die Waldfläche, die zu 46 % im Besitz der Bundesforste ist, nimmt durch Aufforstungen zu.

Nach den derzeitigen Unterlagen befinden sich im Bezirk 1.968 Mittel- und Kleinbetriebe der gewerblichen Wirtschaft. In nur 962 sind unselbständig Erwerbstätige beschäftigt. Obwohl die Anzahl der Lehrbetriebe zurückgeht, ist die Zahl der Lehrplätze mit 846 fast unverändert geblieben. Ein Großteil der Arbeitnehmer ist als Pendler in anderen Gemeinden, hauptsächlich in Steyr, beschäftigt.

Daraus ergibt sich auch eine vorwiegend ländliche mittelständische Bevölkerungsstruktur. Allein 31 Musikkapellen zeugen davon, daß die Menschen dieser Gegend das kulturelle Leben und ihre Traditionen hochhalten, aber auch die Arbeit der Gendarmerie schätzt und mit ihr zusammenarbeitet.

Trotz des Ausbaues der Fremdenverkehrseinrichtungen und des stark beworbenen Urlaubes am Bauernhof ist die Zahl der Nächtigungen sinkend.

Viel Arbeit für die Gendarmerie bringen die Schigebiete Forsteralm, Viehtaleralm, Hohe Dirn und Herndleck, wo 22 Lifte betrieben werden. Verstärkte Verkehrsaufkommen, Schiunfälle, Sportgerätediebstähle und alle jene Vorfälle, die jeder Massentourismus mit sich bringt, sind zu bearbeiten und zu erledigen.

Im Nationalparkgebiet, der »Schleierfall« im Reichraminger Hintergebirge. Bild: BGK Steyr-Land

Die Gendarmerie im Wandel der Zeit

Mit der Aufhebung des Grundherrschaften im Jahre 1848 gingen Verwaltung und Rechtspflege auf den Staat über. Die Gemeinden erhielten 1849 ihre Verfassung in Form eines Gemeindegesetzes. Die Bezirkshauptmannschaften, damals 12 im Land ob der Enns, übernahmen die Verwaltungsgeschäfte; die Bezirksgerichte wurden unabhängig und Steuerämter wurden geschaffen. Für die Sicherheit sorgte die neu gegründete Gendarmerie. Der erste Gendarmerieposten im Bezirk wurde 1849 in Weyer/Enns errichtet, dies offenbar deshalb, weil sich dort auch ein Bezirksgericht befand. Ab 1945 gab es im Bezirk 18 Gendarmerieposten. Von 1960 bis 1991 erfolgte eine Verringerung auf 15 Dienststellen.

Das Dienststellenstrukturkonzept 1991 brachte eine völlige Neuordnung der Gendarmerie im Bezirk. Von den 15 Gendarmerieposten blieben sieben übrig. Die Bezirksleitzentrale, die bis 1996 im Schloß Lamberg, also in der Stadtmitte Steyr angesiedelt war, wurde in einen Neubau nach Garsten verlegt und hat dort eine dauerhafte Bleibe gefunden.

Das Amtsgebäude der Bezirksleitzentrale in Garsten. Bild: BGK Steyr-Land

Neben den kriminalpolizeilichen Angelegenheiten ist der Bezirk durch Verkehrsunfälle stark belastet. Rund 2.000 Verkehrsunfälle, davon ca. 400 mit Personenschäden sind auf den Hauptverkehrsadern der Eisenbundesstraße, die Voralpenbundesstraße, die Steyrtalbundesstraße sowie auf dem Netz der Bezirks- und Gemeindestraßen zu bearbeiten. Um die Unfallszahlen zu senken und Verkehrsunfälle mit Kindern vorzubeugen wird seit Jahren in den Schulen der Kinderverkehrserziehung von der Gendarmerie ein besonderes Augenmerk geschenkt. 32 Volks- und acht Hauptschulen gilt es zu betreuen.

Im kriminalpolizeilichen Bereich sind im Bezirk jährlich etwa 200 Verbrechen und 1.300 Vergehen zu bearbeiten. Dafür wurden in den letzten Jahren für die verschiedensten Bereiche (Spurensicherung, Fahndung, Suchtgift) Spezialisten ausgebildet, die, neben den Beamten der Gendarmerieposten, im überörtlichen koordinierten Kriminaldienst sehr erfolgreich sind.

Die Hauptlast der anfallenden Arbeit tragen die Posten Sierning und Bad Hall. Der Gendarmerieposten Sierning mit dem größten Bevölkerungsanteil und dem längsten Straßennetz, der Gendarmerieposten Bad Hall, der zu den normalen Sicherheitsaufgaben die anfallenden Probleme mit den Kurgästen – der weltbekannte Kurort verzeichnet jährlich ca. 250.000 Nächtigungen – zu bewältigen hat.

Der Fall »Engleder« – ein Begriff in der österreichischen Kriminalgeschichte

Von den mehr oder weniger spektakulären Kriminalfällen ist wohl der Fall »Engleder« zu erwähnen, der weit über die Landesgrenzen hinaus bekannt wurde. Alfred Engleder überfiel von 1951 bis 1957 insgesamt fünf Frauen, um sie sexuell zu mißbrauchen. Zwei davon, und zwar die Krankenschwestern Bernhardine Fluch und Herta Feichtinger, kamen dabei zu Tode. Engleder war bei seinen Taten stets mit dem Fahrrad unterwegs, schlug die Frauen mit einem Maurerfäustl bewußtlos und mißbrauchte sie geschlechtlich. Obwohl Engleder in unmittelbarer Nähe des zuständigen Gendarmeriepostens Sierning wohnte, konnte er erst nach dem zweiten Mordfall ausgeforscht werden. Er verbüßte eine lebenslange Haftstrafe in der Justizanstalt Garsten und später in Karlau. Interessant ist in diesem Zusammenhang, daß er einige Zeit nach seiner Haftentlassung von einer Prostituierten, mit der er ein Verhältnis hatte, ermordet wurde.

Urfahr-Umgebung

Andreas Feilmayr
Hermann Furtmüller

Größe in km²	*648*
Gemeinden:	*27*
Einwohner:	*74.871*
Anzahl der Dienststellen:	*10*
Systemisierter Personalstand:	*123**
Auf einen Exekutivbeamten entfallende Einwohner:	*608*
Bundesgrenze in km:	*20,2*
Autobahnen in km:	*9,5*
Bundesstraßen in km:	*98,75*
Landesstraßen in km:	*225,89*

Sehenswürdigkeiten Attraktionen:
Sternsteinwarte,
Schwedenschanze,
Ruinen Wildberg und Waxenberg
Schloß Riedegg

* incl. 25 GÜP-Beamte

Der Bezirk Urfahr-Umgebung grenzt gegen Norden an Tschechien. Im Nordwesten des Bezirkes ist die Landschaft durch den auslaufenden Böhmerwald, einem weitmaschig zerteilten welligen Granit- und Gneishochland, gekennzeichnet. Markant für die Nordgrenze des Bezirkes ist auch die dort verlaufende Europäische Wasserscheide Donau–Moldau. Im Süden bildet die Donau eine natürliche Bezirksgrenze zur Landeshauptstadt und zum Bezirk Linz-Land. Im Westen, zum Bezirk Rohrbach hin, deckt sich die Bezirksgrenze annähernd mit der Mühlsenke.

Die 1962 eröffnete Aschacher Donaubrücke bildet ein wichtiges Verbindungsglied zwischen dem Mühlviertel und dem Eferdinger Becken. Im Osten verläuft die Bezirksgrenze von den westlichen Ausläufern des Machfeldes zwischen den Gemeinden Luftenberg und Steyregg entlang des Gusentales bis Gallneukirchen. Sie zieht sich zwischen Großer und Kleiner Gusen bis nach Schenkenfelden und entlang der östlichen Gemeindegrenze von Reichenthal bis zur Bundesgrenze.

Von Ottensheim bis Bad Leonfelden

Donauabwärts, im Vorland des Linzer Beckens, liegen die Gemeinden Ottensheim und Puchenau. Archäologische Funde beweisen, daß der Mündungsplatz der großen Rodl in die Donau, unweit des Marktplatzes Ottensheim, bereits zu Urzeiten besiedelt war. Steyregg liegt zwischen dem Pfenningberg und der Donau und ist die einzige Stadt im Bezirk Urfahr, jedoch nicht »Bezirkshauptstadt«. Gallneukirchen, mit einem Gemeindegebiet von nur 5,15 km² ist die kleinste Gemeinde des Bezirkes. Sie ist wegen der Nähe zu Linz, den guten Verkehrsverbindungen zur Landeshauptstadt und wegen des milden Klimas des Gallneukirchner Beckens dicht besiedelt. Unmittelbar neben dem Markt Gallneukirchen, jedoch bereits im Gemeindegebiet von Alberndorf, bieten Schloß und Ruine Riedegg ein lohnendes Ausflugsziel und einen Blick in das Gusental. An das Linzer Becken schließt in nördlicher Richtung der Linzer Wald, ein stark gegliedertes Rücken- und Kuppenland. Dieses Gebiet zerfällt durch den tief als Kerbtal eingesenkten Haselgraben, ein uralter, aber dem Verkehr unserer Tage angepaßter steil nach oben führender Straßenzug (B 126), in einen östlichen und westlichen Teil. Dicht neben dieser Nord-Süd-Verbindung liegt die Ruine Wildberg. Sie war fast 700 Jahre hindurch das Tor zum Böhmerland und hat in dieser Eigenschaft den Charakter eines Wahrzeichens für den Bezirk erlangt. Ein weiterer Verkehrsknotenpunkt an der ehemaligen Salzstraße nach Böhmen ist Zwettl an der Rodl. Hier führt eine Straße über Oberneukirchen in den westlichen Teil des Bezirkes und verläuft dann weiter als Bundesstraße 126 über Bad Leonfelden bis zur Staatsgrenze.

Steigende Bevölkerungszahlen

Die Bevölkerung des Bezirkes ist von 52.335 Personen im Jahr 1971 auf 70.064 im Jahr 1991 angewachsen. Urfahr liegt damit in Oberösterreich mit 33,9 % Bevölkerungszunahme an der Spitze, im österreichweiten Vergleich an zweiter Stelle. Heute zählt man 74.871 Menschen, wodurch sich in nur 25 Jahren eine Zuwachsrate von 43 % ergibt. Der stärkste Bevölkerungsanstieg ist in den Gemeinden um die Landeshauptstadt festzustellen.

Sternsteinwarte Bad Leonfelden in 1.125 m Seehöhe.
Bild: Franz Huemer, Bad Leonfelden

Kleingewerbliche Struktur

Von der erwerbstätigen Bevölkerung des Bezirkes sind 72,3 % gezwungen auszupendeln. Die nach Linz führenden Hauptverkehrsadern des Bezirkes sind daher entsprechend belastet. Zusätzlich benützen auch die Pendler aus den Bezirken Rohrbach und Perg auf ihrem Weg zur Arbeitsstätte in die Landeshauptstadt diese Verkehrsrouten. Von 1989 bis 1996 stieg das tägliche Verkehrsaufkommen auf der B 126 pro Jahr durchschnittlich um ca. 30 %. Ein Ausweichen auf öffentliche Verkehrsmittel ist nur begrenzt möglich. Lediglich sechs Gemeinden des Bezirkes werden von der Mühlkreisbahn bzw. Summerauer Bahn berührt.

Signifikantestes Merkmal der Wirtschaft des Bezirkes ist die überwiegend kleingewerbliche Struktur. Mehr als die Hälfte der Arbeitgeberbetriebe beschäftigt weniger als fünf Personen. Auf die einzelnen Wirtschaftssektoren verteilen sich die Arbeitskräfte folgendermaßen: In der Land- und Forstwirtschaft sind etwa 8,6 %, in der Industrie 33,6 % und im Dienstleistungsbereich 57,8 % der Erwerbstätigen beschäftigt. Durch die Errichtung des »Eisernen Vorhanges« an der Grenze zu Tschechien wurden die jahrhundertelang mit Böhmen gepflogenen Handelsbeziehungen großteils beendet. Erst nach der Ostöffnung wurde die Wirtschaft wieder belebt, was jedoch wegen des billigen Warenangebotes zu einer beträchtlichen Kaufkraftabwanderung führt.

Donau mit Flußkraftwerk bei Ottensheim.
Bild: Rudolf Hagenauer, Ottensheim

Gendarmerie von 1869 bis 1999

Mit Tagesbefehl vom 15. Mai 1869 wurde das Bezirksgendarmeriekommando Urfahr errichtet und die bereits bestehenden Gendarmerieposten Urfahr, Ottensheim und Leonfelden unterstellt. 1872 wurden Posten in Gallneukirchen und Steyregg, 1873 in Hellmonsödt, 1886 in Gramastetten, 1889 in Oberneukirchen, 1894 in Reichenau und 1903 in Reichenthal geschaffen.

1903 wurde die Bezirkshauptmannschaft Urfahr-Umgebung mit Sitz in Linz/Urfahr geschaffen. In deren Bereich wurden Gendarmerieposten in Altenberg (1904), in Magdalena, Schenkenfelden und Puchenau (1919), Vorderweißenbach (1925), Alberndorf (1927), Zwettl (1929), Feldkirchen und Herzogsdorf gegründet. 1938 wurden die Bezirkshauptmannschaften in Landkreisämter umgewandelt und das Bezirksgendarmeriekommando aufgelöst.

Das Kriegsende brachte Österreich wieder seine Selbständigkeit, Bezirkshauptmannschaft und Bezirksgendarmeriekommando nahmen im August 1945 wieder ihre Tätigkeit auf. Im Zuge der Umstrukturierung wurden der Bezirksposten Urfahr und sieben weitere Dienststellen 1987 aufgelassen. Mit 1. Oktober 1987 bezog das Bezirksgendarmeriekommando Räumlichkeiten beim Landesgendarmeriekommando, die Bezirksleitzentrale wurde aber nach Gallneukirchen verlegt. Da sich diese Konstellation jedoch nicht bewährte, wurde die Errichtung einer gemeinsamen Unterkunft für Gendarmerieposten und Bezirksgendarmeriekommando beschlossen. Nach einer entsprechenden Planungsphase konnte das Projekt Einsatzzentrum Gallneukirchen in nur einjähriger Bauzeit realisiert werden und bietet nun seit November 1997 neben dem GP Gallneukirchen und BGK Urfahr-Umgebung auch der Rot-Kreuz-Ortsstelle Gallneukirchen eine moderne und äußerst zweckmäßige Unterkunft.

Sicherheitsdienstliche Schwerpunkte

Den topographischen Besonderheiten des Bezirkes wurde durch die Einteilung in drei Sektorbereiche Rechnung getragen, wobei die Gendarmerieposten Gallneukirchen, Steyregg und Hellmonsödt zum Sektorbereich I, die Gendarmerieposten Ottensheim, Puchenau, Gramstetten und Feldkirchen zum Sektorbereich II und die Gendarmerieposten Bad Leonfelden und Oberneukirchen zum Sektorbereich III gehören. Zusätzlich zu diesen Gendarmerieposten wurde im Zuge der schrittweisen Realisierung des Schengener Übereinkommens am 1. Jänner 1996 der Grenzüberwachungsposten Bad Leonfelden eröffnet.

Die Hauptaufgaben der Gendarmerie im Bezirk Urfahr-Umgebung ergeben sich einerseits durch die unmittelbar an den Bezirk angrenzende Landeshauptstadt Linz und andererseits durch die im Norden des Bezirkes gelegene Grenze zur Tschechischen Republik.

Wie bereits erwähnt pendeln auf den vier wichtigsten Hauptverkehrswegen des Bezirkes, der Mühlkreis-Autobahn (A 7), der Leonfeldener- (B 126), der Rohrbacher- (B 127) und der Donau-Bundesstraße (B 3) täglich Tausende Menschen mit ihren Fahrzeugen zur Arbeit nach Linz und wieder zurück. Durch das dadurch bedingte Verkehrsaufkommen kommt es natürlich zwangsläufig immer wieder zu schweren Verkehrsunfällen. Im vergangenen Jahr 1998 mußten 2.072 Verkehrsunfälle bearbeitet werden, bei denen sechs Menschen ums Leben kamen und 561 verletzt wurden. Diese Zahlen sprechen eine deutliche Sprache und rechtfertigen den Aufwand im Bereich des Verkehrsüberwachungsdienstes, wobei trotz verschärfter Gesetzeslage leider auch immer wieder alkoholisierte Lenker festgestellt werden mußten. 503 Lenkern mußte daher im Beobachtungszeitraum der Führerschein abgenommen werden.

Durch die Nähe zu Linz muß im Bezirk aber nicht nur eine erhöhte Verkehrsfrequenz, sondern leider auch ein verstärktes Auftreten von Kriminaldelikten beobachtet werden. Im besonderen sind Einbrüche, Gewaltdelikte und ein deutlicher Anstieg des Suchtgiftmißbrauches zu verzeichnen. Allein 460 Personen mußten beispielsweise im Beobachtungszeitraum alleine wegen Übertretungen nach dem Suchtmittelgesetz angezeigt werden. Vor allem den Beamten des Koordinierten Kriminaldienstes ist es zu verdanken, daß hier wirkungsvoll entgegengesteuert werden kann und die Aufklärungsquote sehr hoch liegt.

Der Schutz der exakt 20,2 km langen EU-Außengrenze im Bezirk Urfahr-Umgebung wird vom Grenzüberwachungsposten Bad Leonfelden in sehr wirkungsvoller Weise wahrgenommen. Die Mannschaft dieser Dienststelle, welche sich zum Großteil aus ehemaligen Zollwachebeamten rekrutiert, leistet hervorragende Arbeit und bewirkt damit, daß insbesondere der organisierten Schlepperei und illegalen Migration weitgehend Einhalt geboten werden kann.

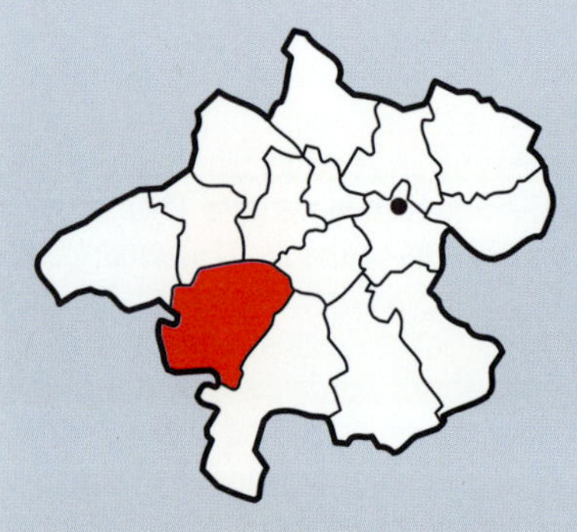

Vöcklabruck

Hermann Feldbacher

Größe in km²	*1.083,8*
Gemeinden:	*52*
Einwohner:	*130.601*
Anzahl der Dienststellen:	*17*
Systemisierter Personalstand:	*198*
Auf einen Exekutivbeamten entfallende Einwohner:	*660*
Bundesgrenze in km:	*–*
Autobahnen in km:	*47,2*
Bundesstraßen in km:	*176,88*
Landesstraßen in km:	*88,4*

Sehenswürdigkeiten Attraktionen:
Vöcklabrucker Wappenturm, Häuser mit barocken oder klassizistischen Fassaden, Pfahlbausammlungen des Atterseeraums, Lustschloß Neuwartenburg, Schloß Puchheim

Der Bezirk Vöcklabruck ist nach dem Zentralraum Linz das am dichtesten besiedelte Gebiet Oberösterreichs. Die Bevölkerung ist besonders in den Städten Vöcklabruck und Attnang-Puchheim sowie in den Orten Lenzing, Timelkam und Regau konzentriert, wo über 30% der Bevölkerung des Bezirkes leben.

An einer Brücke entstand Vöcklabruck

Das Städtchen Vöcklabruck liegt etwa auf halber Strecke am Rande der Hauptverkehrsstraße zwischen Salzburg und Linz. Die Gründung verdankt Vöcklabruck einer Brücke über die Vöckla, die erstmals 1134 genannt wurde. Diese, eine Kirche und ein Bürgerspital/Hospiz hatte Pilgrim von Weng seinerzeit gestiftet. Längs der Straße entwickelte sich die Siedlung, die 1246 Marktort wurde und im 14. Jahrhundert Stadtcharakter erhielt. Zwei Wappentürme Kaiser Maximilians I. (um 1500) sind europäische Unikate (Wappenfresken der burgundischen Erbländer bzw. das Stadtsiegel). Sie begrenzen den historischen Stadtkern (Stadtplatz).

Die Stadt mit ihren rund 12.000 Einwohnern ist heute ein lebhafter Handelsplatz, Einkaufsstadt, Sitz aller Behörden und Ämter sowie Schulstadt des Bezirkes. Tausende Schüler aus der Umgebung werden hier ausgebildet. Sie bilden ein breites Betätigungsfeld für die Gendarmerie im Bereich der Schulwegsicherung, der Schulverkehrserziehung, aber auch der ständigen Aufklärungsarbeit über den Suchtgiftmißbrauch. Immerhin mußten im Jahr 1998 238 Anzeigen wegen diverser Suchtgiftdelikte erstattet werden.

Stadtzentrum von Vöcklabruck mit dem Wappenturm im Hintergrund.
Bild: Spandschuster

Da die Stadt direkt an den nördlichen Toren der touristischsten Region Österreichs, dem Salzkammergut, liegt, liegen hier die weiteren wirtschaftlichen und sicherheitspolizeilichen Schwerpunkte. Der enorme Fremdenverkehr, der ca. 2 Mill. Nächtigungen pro Jahr rund um den Attersee und Mondsee verzeichnet, macht es sogar erforderlich, daß in der Sommersaison die Posten Schörfling und Mondsee, im Gegensatz zu anderen Posten, auch nachts besetzt müssen.

Starke Wirtschaft

Neben dem Fremdenverkehr liegt der Schwerpunkt der Wirtschaftsregionen eindeutig im Bereich Vöcklabruck–Timelkam–Lenzing–Seewalchen. Die Chemiefaser Lenzing AG, einschließlich der Austria-Faser, ist der größte Betrieb des Bezirkes. Timelkam ist Wohn- und Schlafgemeinde für die Arbeitnehmer in Vöcklabruck und Lenzing. Das gleiche gilt auch für Seewalchen, das allerdings auch selbst einige potente Betriebe aufweist. Ausgesprochene Wohngemeinden sind Schörfling, Gampern und Regau, was sich in der Zunahme der Wohnbevölkerung und im Wohnbau ausdrückt.

Die Wirtschaftsregion Attnang-Puchheim beschränkt sich auf die Stadt und ihre Umgebung. Die Österreichischen Bundesbahnen sind hier noch immer der größte Arbeitgeber, und der von den Attnangern ungern gehörte Witz, man könne in Attnang-Puchheim nicht nur umsteigen, sondern auch geboren werden, enthält somit auch ein Körnchen Wahrheit.

Gendarmerie seit 1850 präsent

Die Errichtung der Bezirkshauptmannschaft Vöcklabruck (unter dem Statthalter in Linz) sowie die Gendarmerieposten Vöcklabruck, Schwanenstadt, Frankenmarkt, Frankenburg und Mondsee gehen auf das Jahr 1850 zurück. Wachsende Aufgaben, die sich nach der Eröffnung der Westbahnstrecke Linz – Frankenmarkt im Jahr 1858 ergaben, führten nach und nach zur Errichtung weiterer Posten.

1869 wurde ein Bezirksgendarmeriekommando eingerichtet. 1899 hatte der Bezirk 14 Posten: den »Bezirksposten Vöcklabruck« mit den Dienststellen Ampflwang, Attnang, Frankenburg, Frankenmarkt, Gampern, Mondsee, Roitham, St. Georgen, Schörfling, Schwanenstadt, Unterach, Vöcklamarkt und Wolfsegg. Im Oktober 1904 kam der »Posten« Vöcklabruck zum damals errichteten Gendarmerieabteilungskommando Wels Nr. 4.

Zwischen 1938 und 1945 war das Bezirksgendarmeriekommando Vöcklabruck ein »Gendarmeriekreis (GK)« und gemeinsam mit dem

Gendarmeriekreis Gmunden der »Gendarmeriehauptmannschaft (GHS)« Gmunden unterstellt. Nach dem 27. Juli 1955 gehörte das Bezirksgendarmeriekommando Vöcklabruck gemeinsam mit dem Bezirksgendarmeriekommando Gmunden zum Gendarmerieabteilungskommando Gmunden.

1993 organisatorische Änderungen im Dienstbetrieb der Gendarmerie

Eine organistorische Änderung ging mit dem Inkrafttreten des Sicherheitspolizeigesetzes (SPG), welches die Befugnisse von Sicherheitsorganen genau definiert und regelt, sowie der Einführung der Dienstzeitregelung 1993 (DZR 93) einher und führte eine grundlegende Änderung bei der Abwicklung des Dienstbetriebes herbei. Diese Änderungen führten dazu, daß das Gendarmerieabteilungskommando Gmunden am 30. April 1993 aufgelassen und deren Aufgaben nun den Bezirksgendarmeriekommanden übertragen wurden.

Von nun an erfolgte die Koordination und Leitung des Streifendienstes über eine am Bezirksposten Vöcklabruck eingerichtete Bezirksleitzentrale, die durchgehend von zwei Beamten in Form eines sogenannten Dauerdienstes besetzt ist. Hier werden bezirksweit Notrufe jeglicher Art entgegengenommen und die erforderlichen Maßnahmen (Entsendung verfügbarer Streifen) getroffen sowie die Kontakte zu anderen Einsatzorganisationen (Feuerwehr, Rotes Kreuz, Straßenmeisterei) hergestellt. Die Dienststellen des Bezirkes sind auf fünf Sektoren aufgeteilt und der Streifendienst wird vom Bezirksgendarmeriekommando entsprechend koordiniert und vorgegeben. Pro Sektor verrichten jede Nacht mindestens zwei Sektorstreifen ihren Dienst, die fallweise von bezirksweit agierenden Kriminaldiensten und Diensthundestreifen sowie sog. Alkoholstreifen unterstützt werden.

Zum Bezirksgendarmeriekommando Vöcklabruck gehören heute die Posten Ampflwang, Attersee, Attnang-Puchheim, Frankenburg, Frankenmarkt, Lenzing, Mondsee, Ottnang, Regau, Schörfling, Schwanenstadt, St. Georgen, Timelkam, Unterach, Vöcklabruck, Vöcklamarkt und Weyregg.

Hohe Arbeitsbelastung in den Ballungszentren

Der Bezirk Vöcklabruck ist derzeit mit 198 Beamten systemisiert. Aufgrund von Fehlständen und Zuteilungen zu anderen Gendarmerieeinheiten stehen derzeit allerdings nur rund 170 Beamte zur Verfügung. Da im Bundesland die anfallenden Erhebungsfälle in allen Bereichen der Bevölkerungsdichte entsprechen, ergeben sich für die hier einsetzbaren Beamten erhebliche Mehrbelastungen. So hat der Bezirk Vöcklabruck jährlich die meisten Verkehrsunfälle mit Verletzungsfolge zu verzeichnen, und nur der Bezirk Linz-Land erreicht annähernd hohe Zahlen. Auf dem Kriminalsektor verhält es sich analog. Kontinuierliche Aufklärungs- und Vorbeugungsarbeit ist im Bereich jeder Deliktsgruppe zu leisten. 1996 schrumpften die Verbrechenstatbestände gegenüber 1995 um beachtliche 61,6 Prozent auf 916 Fälle. 1998 sind jedoch wieder 1.025 Verbrechenstatbestände angefallen, wovon 408 geklärt werden konnten. Wesentlich besser war die Aufklärungsrate bei den Vergehenstatbeständen, wo von 7.361 angezeigten Fällen 5.538 geklärt werden konnten.

Enorm ist die Anzahl der Verkehrsunfälle. 1998 hatten die Gendarmen 3.777 Verkehrsunfälle aufzunehmen, bei denen 15 Menschen ums Leben kamen und 1.235 verletzt wurden. In diesem Zusammenhang war und ist es erforderlich auf »Alko-Lenker« ein besonderes Augenmerk zu werfen. 1998 mußten 319 Lenker ihren begehrten rosa Schein abgeben.

Die Seenlandschaft mit dem Tourismusverkehr und die zentrale Lage sind ideale Voraussetzungen für Großveranstaltungen, die hier jedes Jahr von Tausenden Zuschauern besucht werden (»Seespektakel«, Oldtimer- und Radfahrveranstaltungen, Segelmeisterschaften und Alpintriathlon im Seengebiet, »Open Air« in Vöcklabruck, Motor-Cross-Weltmeisterschaftslauf in Oberndorf bei Schwanenstadt und (1981) Feuerwehrolympiade im Bezirk.

Dienst der Gendarmerie Oberösterreichs bei einem Motor-Cross-Weltmeisterschaftslauf in Oberndorf bei Schwanenstadt.
Bild: Hans Spitzer, Neuhofen/Krems

Das alles ist in vielerlei Hinsicht natürlich sehr erfreulich und bedeutsam, weil aber solche Veranstaltungen stets an den Wochenenden stattfinden, muß das an den Wochenenden ohnedies sehr knappe Personal entsprechend verstärkt werden, was sowohl in personeller als auch in administrativer Hinsicht den Dienststellenleitern einiges Know-how abverlangt.

Aus der Chronik

Bomben über Attnang-Puchheim: Der Bahnknoten Attnang-Puchheim wurde am 19. und 31. März sowie am 8., 15. und 21. April 1945 von den Amerikanern schrecklich verwüstet. Beim letzten Angriff zählte man mindestens 28 von Süden, Westen und Nordwesten kommende Bomberwellen, die zwischen 11.00 und 15.30 Uhr den Bahnhof sowie Alt- und Neu-Attnang bombardierten. Es wurde finster von aufwirbelndem Staub, Rauch und Schmutz sowie dem Hagel von Steinen, Ziegeln und Betontrümmern. Schienen und Traversen, Puffer, Maschinen- und Waggonbestandteile, Balken und Frachtgüter sausten durch die Luft. Steine wurden bis zu zwei Kilometer weit geschleudert. 23,5 km Gleis- und 61 Weichenanlagen, 30 Lokomotiven und 300 Waggons wurden total zerstört. Im Ort wurden 120 Häuser vernichtet und 276 schwerst beschädigt. Die Angriffe hinterließen über 700 Tote, von denen 208 namentlich festgestellt werden konnten, darunter der Bürgermeister. Seit den Bauernkriegen hatte der Ort keine solche Katastrophe erlebt. Zwei Wochen später war der Zweite Weltkrieg vorbei. Weil in den 1943 beschlagnahmten Kellerminen der Brauerei Zipf ein Rüstungswerk bzw. ein Prüfstand für V-Waffen, die anderswo erzeugt wurden, existierte und das anrollende Material zwecks Irreführung des Feindes zunächst nach Attnang-Puchheim gelenkt wurde, liegt der Verdacht nahe, der entsetzliche Luftangriff am 21. April 1945 habe nicht nur dem Bahnhof gegolten, sondern vielmehr dem in Attnang-Puchheim vermuteten geheimen Rüstungszentrum.

Mordfall Maria Posch: Von den 30 Morden, die in den letzten 30 Jahren im Bezirk verübt wurden, beschäftigte wohl kaum einer so nachhaltig die Bevölkerung wie der Mord an der 17 Jahre alten Martina Posch. Das mag vor allem darauf zurückzuführen sein, daß der Mörder nie gefunden wurde und der Fall viele Rätsel aufgibt. Zur Orientierung des Lesers: Die junge Frau erschien am Morgen des 12. November 1986 nicht bei ihrem Arbeitgeber in Attnang-Puchheim. Möglicherweise stieg sie gegen 6.42 Uhr im Vöcklabrucker Stadtteil Dümau bei einer Bushaltestelle in das Auto ihres Mörders. Jedenfalls stieg sie normalerweise dort täglich in den Bus. 10 Tage später fanden zufällig Sporttaucher ihre Leiche im Mondsee.

Wels-Land

Größe in km²	*457,54*
Gemeinden:	*24*
Einwohner:	*64.439*
Anzahl der Dienststellen:	*8*
Systemisierter Personalstand:	*98*
Auf einen Exekutivbeamten entfallende Einwohner:	*663*
Bundesgrenze in km:	*–*
Autobahnen in km:	*35*
Bundesstraßen in km:	*47,752*
Landesstraßen in km:	*200,7*

Sehenswürdigkeiten Attraktionen:
Burg Wels – Sterbeort von Maximilian dem »Letzten Ritter«, Benediktinerstift Lambach, Schiffleutemuseum Stadl-Paura, Wallfahrtskirche Maria Schauersberg, Vogelpark Schmiding, Moorbad Bad Wimsbach/Neydharting

Franz Höretzeder

Der Bezirk Wels-Land liegt im Zentrum des oberösterreichischen Alpenvorlandes und ist der natürliche Mittelpunkt Oberösterreichs. Er wird durch die Traun in beinahe zwei gleich große Hälften geteilt, die nach alter Bezeichnung zu verschiedenen Vierteln gehören. Es ist das Hausruckviertel im Norden und das Traunviertel im Süden. Die Traun ist auch die Lebensader der Welser Heide, die sich von Lambach bis Linz erstreckt.

Stift Lambach – religiöser Mittelpunkt

Im Gebiet des Bezirkes Wels-Land siedelten im 5. Jahrhundert v.Chr. die Noriker, ein aus dem Westen eingewanderter keltischer Stamm. Die Einwanderung der Bayern kam für große Teile der Region einer Erstbesiedelung gleich. Die Ortsnamenkunde belegt viele Siedlungsgründungen bis ca. 800 n.Chr.

Im 10. Jahrhundert kam Wels in den Besitz der Grafen von Wels-Lambach. Durch eine Stiftung der Traungauer Grafen, die ihr Stammschloß »Lampah« zuerst zu einem Weltpriesterstift machten, wurde Lambach zum religiösen Mittelpunkt des Gebietes.

Zu Beginn des 19. Jahrhunderts gab es während der Zeit der Franzosenkriege durch Napoleons Truppen drei Besetzungen, wodurch das Gebiet arg in Mitleidenschaft gezogen und die Wirtschaft total zerstört wurde. Ein wirtschaftlicher Aufschwung erfolgte erst mit der Errichtung von Eisenbahnstrecken. Mit dem Bau der Westbahn (1859) wurde Wels an das internationale Fernverkehrsnetz angeschlossen.

Bergbau, Industrie und Landwirtschaft

Der Bezirk ist nicht reich an Bodenschätzen. Lehm wird in Haiding und Krenglbach abgebaut und zu Ziegel verschiedenster Formen gebrannt. Erdöl wird in Sattledt gefördert. Eine wesentlich größere Bedeutung haben Industrie und Gewerbe. Nach 1945 siedelten sich im Bezirk viele Unternehmen in den stadtnahen Gemeinden Marchtrenk, Gunskirchen, Thalheim, aber auch in Stadl-Paura und Sattledt an.

Es sind dies hauptsächlich Betriebe der metall- und textilverarbeitenden Industrie, der Holz-und Papierindustrie, der chemischen und der Kunststoffindustrie sowie des Lebensmittelgroßhandels.

Es gibt mehrere Großbetriebe, wie die Motorenwerke in Gunskirchen, den Kremsmüller-Industrieanlagenbau in Steinhaus oder das Hoval Ofenwerk in Marchtrenk.

Der Ackerbau hat im Bezirk gegenüber der Viehwirtschaft an Bedeutung gewonnen. Da es im ländlichen Bereich nur sehr wenige Arbeitsplätze gibt, sind viele Menschen gezwungen, in die Städte Linz und Wels zu pendeln. Dadurch ergibt sich zwangsläufig vor allem in den Morgen- und Abendstunden ein erhöhtes Verkehrsaufkommen. Die an diesen neuralgischen Punkten eingesetzten Gendarmen sind aber äußerst flexibel und sorgen täglich durch eine entsprechende Verkehrsüberwachung für einen reibungslosen Verkehrsablauf.

Von den römischen Statthaltern zur Gendarmerie

In den römischen Provinzen oblag die Sicherheitsverwaltung den Statthaltern. Sie beschränkte sich hauptsächlich auf die »Markt- und Verkehrspolizei«. Die Stadt Wels besitzt den historischen Nachweis, daß bereits im 3. Jahrhundert ein »Benefiziarier« des damaligen Statthalters als Polizeiorgan eingesetzt war.

Als erster Welser Richter ist urkundlich der Name »Wernhardus iudex de weis« erwähnt.

An der Spitze der Stadtverwaltung stand bis 1568 der Stadtrichter, der alle zwei Jahre gewählt wurde. Im Jahre 1422 gestattete Herzog Albrecht der Stadt, innerhalb des Burgfriedes einen Galgen zu errichten. Erst im Jahre 1489, unter Kaiser Friedrich III. erhielt der Welser Stadtrichter »Acht und Bann«, also auch das Recht, selbständig Todesurteile auszusprechen.

Während der Franzosenkriege (1793–1815), die zur mehrmaligen Besetzung der Stadt Wels führten, übernahmen sogenannte »Bürgerkorps« die Sicherheitsaufgaben.

Die Biedermeierzeit war geprägt von rigorosen Polizei- und Zensurgesetzen, um die staatliche Ordnung zu erhalten. Das Polizei- und Sicherheitswesen erreichte einen Tiefpunkt.

Nach der Revolution

1849 wurde mit dem neuen provisorischen Gemeindegesetz auch das Polizeiwesen reformiert. In Wels wurden die polizeilichen Aufgaben zu jener Zeit von der Gemeinderepräsentanz der Stadt Wels wahrgenommen.

Die geschichtliche Entwicklung der Gendarmerie des Bezirkes Wels-Land geht einher mit der Historie der Stadt Wels. An der Traun gelegen, war sie stets ein wichtiger Verkehrsknotenpunkt und Umschlagplatz.

1850 wurde der erste Gendarmerieposten auf dem Lande in Lambach eingerichtet. 1873 kam es zur Installierung des Gendarmeriepostens Offenhausen, der am 25. Mai 1992 der Strukturreform zum Opfer fiel und geschlossen wurde. Offenhausen wurde bekannt durch den Verein »Dichterstein«, dessen Aktivitäten von seinen Gegnern als »rechtstendenziös« ausgelegt und mit erlaubten und unerlaubten Mitteln bekämpft wurden und immer wieder die Gendarmerie zum Einschreiten zwang. 1999 ist der Verein durch die Sicherheitsdirektion untersagt worden.

Acht Gendarmerieposten im Bezirk

Das Überwachungsgebiet von Gunskirchen umfaßt die Gemeinden Gunskirchen, Offenhausen und Pennewang. Etwa 8.500 Einwohner wohnen in diesem Bereich des Bezirkes, am südwestlichen Rand der Stadt Wels.

Die ideale Infrastruktur sorgte dafür, daß sich viele Betriebe in Gunskirchen ansiedelten, was die Marktgemeinde Gunskirchen zu einer der reichsten Kommunen in Oberösterreich werden ließ. Offenhausen und Pennewang sind vorwiegend landwirtschaftlich strukturiert.

Der Rayon des Gendarmeriepostens Krenglbach schließt auch das Gemeindegebiet von Buchkirchen und Pichl ein. Die Dienststelle, nordwestlich von Wels, betreut rund 9.000 Personen und wurde 1994 neu gegründet, nachdem die GP Buchkirchen und Pichl bei Wels aufgelöst wurden. Als Attraktionen sind der international bekannte »Vogelpark Schmiding« und das »Museum der Begegnung« zu nennen, die jährlich Tausende Besucher aus der ganzen Welt anlocken.

Der alte Markt Lambach liegt an der Traun, 15 km südwestlich von Wels, mit dem mächtigen Benediktinerkloster (1056) und ist seit 1850 Standort eines Gendarmeriepostens.

Lambach, mit seiner wechselvollen Geschichte, war über Jahrhunderte ein religiöser und kultureller Mittelpunkt des Traungaues. Bekannt wurde Lambach vor allem in den Jahren 1996/97 durch den Baubeginn eines geplanten und heute bereits zum Großteil fertiggestellten Wasserkraftwerkes. Viele Kraftwerksgegner besetzten damals tagelang die Baustelle und wollten den Bau verhindern. Es kam zu Auseinandersetzungen mit der Gendarmerie, die über behördlichen Auftrag den gesetzmäßigen Zustand wiederherzustellen hatte. Dank der Besonnenheit aller eingesetzten Beamten kam es dabei zu keiner Eskalation und es gab kaum Verletzte.

Die Marktgemeinde Marchtrenk liegt 5 km nordöstlich von Wels. Der einst kleine Ort nahm nach dem Zweiten Weltkrieg einen gewaltigen Aufschwung. Zwischen den beiden größten Städten des Landes Oberösterreich, Linz und Wels, wurde Marchtrenk zur bedeutendsten Gemeinde, in der heute annähernd 15.000 Menschen wohnen. Das Überwachungsgebiet schließt auch die Gemeinden Weißkirchen und Holzhausen ein. Im Jahre 1999 übersiedelt das Bezirksgendarmeriekommando Wels-Land von Thalheim bei Wels nach Marchtrenk, um sich den veränderten Sicherheitserfordernissen anzupassen.

Der Gendarmerieposten Sattledt, 10 km von Wels entfernt, an der Pyhrnpaßbundesstraße mit Anschluß an die Westautobahn, ist der südlichst gelegene Posten des Bezirkes mit der Gemeinde Sipbachzell.

Der Gendarmerieposten Stadl-Paura liegt südwestlich von Lambach und ist nur durch die Traun getrennt. Die Gemeinde Bad Wimsbach/Neydharting (Moorbad) gehört seit der Auflösung des Gendarmeriepostens 1972 zum Überwachungsgebiet dieses Gendarmeriepostens.

Der Gendarmerieposten Steinerkirchen ist personalmäßig betrachtet der kleinste des Bezirkes, umfaßt aber gebietsmäßig die Gemeinden Eberstalzell, Fischlham, wodurch er so betrachtet zu den größten gehört. Das Landschaftsbild ist geprägt von Bauernhand. Interessant ist der Umstand, daß die Gemeinde Eberstalzell als eine der wenigen Gemeinden in Österreich mehrheitlich gegen den EU-Beitritt stimmte.

Das Gemeindegebiet von Thalheim bei Wels befindet sich südlich der Stadt Wels, durch die langsam fließende Traun (Rückstau Marchtrenk) von ihr getrennt. Die Verbindung stellt eine im Jugendstil errichtete Brücke her, die im Jahre 1997 saniert wurde. Der Gendarmerieposten Thalheim betreut die Gemeinden Schleißheim und Steinhaus und war jahrzehntelang Sitz des Abteilungskommandos (Bezirke Wels/Grieskirchen/Schärding 1993 aufgelöst) und des Bezirksgendarmeriekommandos (1967 aufgelöst).

Sicherheitspolizeiliche Schwerpunkte

Das Überwachungsgebiet des Bezirksgendarmeriekommandos Wels hat in seiner Mitte die Stadt Wels mit 65.000 Einwohnern. Sie ist die zweitgrößte Stadt Oberösterreichs und wird von der Bundespolizeidirektion Wels betreut. Es ist selbstverständlich, daß in diesem Ballungsraum sowohl durch Kriminalität, als auch durch Verkehrsaufkommen an die Exekutive hohe Anforderungen gestellt werden. Um diese schwierigen Aufgaben auch entsprechend erfüllen zu können, ist eine funktionierende Zusammenarbeit zwischen beiden Wachkörpern unbedingt notwendig.

Die durch den Bezirk führende Innkreisautobahn wird von den Beamten der Verkehrsabteilung betreut. Seit Inkrafttreten des Schengener Abkommens und der damit verbundenen Stillegung der Grenzübergänge ist sie eine der meist frequentierten Verkehrswege durch Österreich. Aber auch die Westautobahn führt durch den Bezirk und stellt eine weitere Belastung für die Gendarmen dar. Weitere wichtige Straßenzüge sind die Bundesstraßen 1 (Wiener-), 137 (Innviertler-) und 138 (Pyhrnpaßstraße). Aufgrund dieses hohen Verkehrsaufkommens ereignen sich im Bezirk jährlich etwa 2.000 Verkehrsunfälle, davon ca. 400 mit Personenschaden.

Im Kriminaldienst bildet die Bekämpfung des Drogenmißbrauches den Schwerpunkt. Durch den hohen persönlichen Einsatz aller Beamten konnten schon beträchtliche Fahndungserfolge erzielt werden, obwohl man hier gegen Windmühlen zu laufen scheint. Wenn auch der Bezirk keine EU-Außengrenze hat, werden durch die Nähe des Verschubbahnhofes Wels – Ende der rollenden Landstraße – immer wieder illegale Grenzgänger und Schlepper aufgegriffen. Eine weitere Belastung stellten die jährlichen Demonstrationen in Offenhausen (Dichterstein) (inzwischen untersagt) dar. Außerdem waren in den Jahren 1996/97 viele Kräfte wegen Demonstrationen gegen den Kraftwerksbau gebunden.

Das mächtige Benediktinerstift Lambach wurde 1056 durch Bischof Adalbero gegründet. *Bild: BGK Wels-Land*

Landesgendarmeriekommando für Salzburg

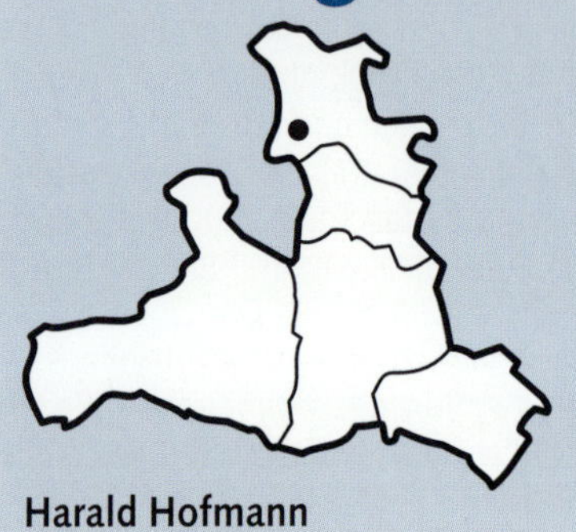

Größe in km²	*7.088,31*
Gemeinden:	*118*
Einwohner:	*366.269*
Anzahl der Dienststellen:	*61*
Systemisierter Personalstand:	*828*
Auf einen Exekutivbeamten entfallende Einwohner:	*490*
Bundesgrenze in km:	*174*
Autobahnen in km:	*145,5*
Bundesstraßen in km:	*687,36*
Landesstraßen in km:	*633,08*

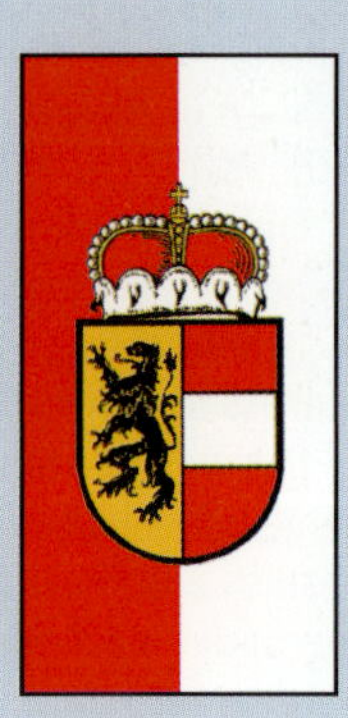

Harald Hofmann
Fritz Hörmann

1850 – Gendarmen marschierten in sieben Tagen nach Salzburg

Als mit kaiserlicher Entschließung vom 8. Juni 1849 die Gendarmerie als Sicherheitsexekutive gegründet wurde, war von insgesamt 16 Gendarmerieregimentern das Regiment Nr. 1 für Niederösterreich, Oberösterreich und Salzburg bestimmt. Der Flügel Nr. 7, bestehend aus 51 Mann unter Leutnant Sebastian Romani, bekam mit Regimentsbefehl Nr. 435 am 24. Mai 1850 in Wien die Weisung nach Salzburg abzugehen. Die Abteilung traf, nach einem siebentägigen Fußmarsch (Eisenbahn gab es noch nicht), am 31. Mai 1850 Salzburg ein und bezog vorübergehend auf der Festung Hohensalzburg Quartier. Vorher, am 10. Mai 1850, hatten bereits zwischen der Statthalterei des Kronlandes Salzburg und dem k. k. Regimentskommando Verhandlungen über die Unterbringung stattgefunden. Man einigte sich auf das Daun'sche Kapitularhaus in Salzburg Nr. 166 und bezog im Juni das Gebäude.

Für den Dienstbetrieb »außer Gebirg«, sowie für den Lungau standen 53 Mann mit 17 Pferden bereit.

Mit der Aufnahme des Sicherheitsdienstes im Bezirk Werfen am 2. Juni 1850 erfolgte die Besetzung »inner Gebirg« mit 32 Mann und acht Pferden. Sieben Tage später, am 9. Juni 1850, trafen im Bezirk Saalfelden 36 Gendarmen mit neun Pferden ein.

Der Aufteilungsschlüssel für die verschiedenen Orte richtete sich nach der Einwohnerzahl und Größe des Rayons. Folgende Orte erhielten 1850 Gendarmerieposten, die jeweils mit vier bis acht Mann besetzt waren: Oberndorf, Mattsee, Neumarkt, Thalgau, St. Gilgen, Abtenau, Eugendorf, Großgmain, Werfen, St. Johann, Hüttau, Radstadt, Untertauern, Gastein, Lend, Mauterndorf, St. Michael, Tamsweg, Saalfelden, Weißbach, Lofer, Unken, Zell am See, Mittersill, Taxenbach.

Mit 1. Mai 1866 erfolgte die Umbenennung der Regimenter in Landesgendarmeriekommanden und am 1. Jänner 1874 kam es zur Neueinteilung der Kommanden. Salzburg erhielt sein eigenes Landesgendarmeriekommando am Sitz der politischen Landesbehörde. Salzburg fungierte von nun an als k. k. Landesgendarmeriekommando Nr. 11.

Bequartierungs- und Fouragekosten

Offiziere, Rechnungswachtmeister und Kanzleidiener erhielten Quartiergelder, die Mannschaft Schlafgelder und eine Pauschalentschädigung für die Stabskanzleilokalitäten. Überschritten diese Kosten die vom Gendarmeriefonds ausgeschütteten Gelder, mußte der Landesfonds die Restkosten abdecken – was natürlich auf wenig Gegenliebe stieß, weil es nicht unbeträchtliche Kosten waren. Die gesamten Ausgaben des Landesfonds beliefen sich von 1861 bis 31. Dezember 1909 auf 562.035 Kronen 30 Heller. 1911 betrug der Zuschuß 34.628 Kronen 12 Heller, wobei sich dabei die Mieten mit 25.096 Kronen zu Buche schlugen. Zu dieser Zeit bestand das Gendarmeriekorps in Salzburg aus einer Stabsabteilung mit dem Landesgendarmeriekommandanten (Oberst), einem Hauptmann-Rechnungsführer, einem Wachtmeister-Hilfsarbeiter in der Adjutatur, einem Postenführer und einem Kanzleidiener 11. Klasse. Die Ergänzungsabteilung führte ein Oberleutnant und ein Wachtmeister-Instruktionsunteroffizier. Bei den Dienstabteilungen waren zwei Rittmeister, sieben Wachtmeister-Postenkommandanten, 52 Postenführer und 141 Gendarmen tätig, wobei auf einen Gendarmen 1030 Einwohner entfielen.

Erste Republik – Wirtschaftskrise, Arbeiterkämpfe, Großbaustellen

Nach dem Ersten Weltkrieg wurde aus der k. k. Gendarmerie die Österreichische Bundesgendarmerie. Während der Nachkriegswirren mußte, wie in anderen Bundesländern auch, in Salzburg eine rasch aufgestellte Bahngendarmerie Lebensmittel- und Brennmaterialtransporte auf den Bahnhöfen überwachen, wobei es immer wieder zu regelrechten Feuergefechten mit Plündererbanden kam.

Auf politischer Ebene festigten sich Sozialdemokraten, Christlichsoziale und die großdeutsche Bewegung mit zum Teil gegensätzlichen Interessen. Ausgelöst durch die Schattendorfer Ereignisse kam es 1927 zu ersten Auseinandersetzungen, die in Salzburg insbesondere in den Gebieten mit industriellen Strukturen stattfanden (Hallein, Mühlbach, Lend usw.) Durch den Börsenkrach 1924 und die für Österreich besonders hartnäckig anhaltende (1931–1937) Weltwirtschaftskrise gab es fast alle Tage Demonstrationen, Versammlungen und spontane Hungerrevolten (z. B. Lend, Mühlbach a. Hochkönig, Werfen, Hallein usw.). In einem schwierigen Balanceakt konnten die Salzburger Gendarmen, trotz der chaotischen Zustände, über weite Strecken hinweg für Ordnung, Ruhe und Sicherheit sorgen. Alle diese Krisen machten es der ab 1931 auftretenden nationalsozialistischen Bewegung auch in Salzburg leicht Fuß zu fassen.

In Salzburg versuchte man durch wirtschaftsbelebende Maßnahmen, wie die Eröffnung von Großbaustellen (Großglockner Hochalpenstraße, Kraftwerksbau Kaprun usw.), Arbeitsplätze zu schaffen. Tausende Arbeiter waren über Jahre beschäftigt und hielten die Gendarmerie – wie bei allen Großbaustellen – ständig in Atem.

Um die Jahrhundertwende begann zögernd die Ausstattung der Posten mit technischen Geräten. Vereinzelt kamen dort und da Fahrräder zum Einsatz und man erkannte die Vorteile der Mobilität. »... Um der Verbrecherwelt nachjagen zu können...«, damit wurde die Anschaffung der Fahrräder begründet, die 1926 auf die Posten kamen. 1927 folgten die Schreibmaschinen (Modell Adler 7) und die Dienststellen wurden mit Taschenlampen ausgerüstet, Alpinposten wurden geschaffen und mit Alpinmaterial ausgestattet. 1928 wurden die ersten Motorräder (BMW mit Beiwagen) geliefert, 1929 die ersten Telefone installiert und in Salzburg, St. Johann und Zell am See drei Lichtbildstellen eingerichtet.

Vom NS-Regime gemaßregelt

Mit der Machtübernahme durch die Nationalsozialisten unter Adolf Hitler wurde die Österreichische Gendarmerie der deutschen Polizei eingegliedert. Der »Umbruch« von 1938 löst jene Rachegelüste aus, die in radikalen Systembrüchen stets wach werden, wie unter anderem Aufzeichnungen in den Gendarmeriechroniken beweisen. Demnach wurden im Land Salzburg von den 444 Gendarmeriebeamten (Stand März 1938) 71 Gendarmeriebeamte gemaßregelt, 28 Beamte auf andere Posten versetzt, 29 entlassen oder zwangspensioniert, fünf Beamte wurden vorübergehend festgenommen und neun wanderten ins Gefängnis oder ins KZ.

Große Reformen in der Gendarmerie bis 1999

Nach dem Zweiten Weltkrieg nahm die Gendarmerie unter amerikanischer Besatzung am 20. Juli 1945 den Dienstbetrieb, gleich strukturiert wie vor 1938, unter schwierigsten Verhältnissen wieder auf. Die bis dato letzte große Umstrukturierung gab es 1993, als mit 1. Mai die Abteilungskommanden aufgelöst und leitende Beamte mit der Führung der fünf Bezirksgendarmeriekommanden von Anif, Hallein, St. Johann/Pg., Zell am See und Tamsweg betraut wurden. Diesen nachgeordnet sind 61 Gendarmerieposten. Sie alle unterstehen direkt dem Landesgendarmeriekommandanten. Am 1. April 1995 wurde in zweiter Etappe das Landesgendarmeriekommando neu strukturiert. Neben der Stabsabteilung, die unmittelbar dem Landesgendarmeriekommandanten unterstellt ist, wurde die Organisation auf drei Gruppenbereiche (Gruppe 1 – Organisation/Einsatz, Gruppe 2 – Personal/Ausbildung und Gruppe 3 – Technik/Wirtschaft) umgestellt.

Die Reform 1993 bedeutet sicherlich den größten organisatorischen Umbruch in der Geschichte der Gendarmerie. Durch die Einführung des Sektorenstreifensystems und der Bezirksleitzentralen, der neuen Dienstzeitregelung sowie neuen Organisationsstrukturen auch für Bezirksgendarmeriekommanden und Gendarmerieposten, wurde der Arbeitsalltag des Gendarmen völlig neu geregelt. In Salzburg kam dazu noch die Schließung von 15 Gendarmerieposten seit 1990.

Überwachung des starken Transitverkehrs

Schon immer stellten in Salzburg die Überwachung des erhöhten Transitverkehrs, Alpineinsätze sowie Aufgaben hinsichtlich des starken Fremdenverkehrsaufkommens und der damit verbundenen Kriminalität hohe Anforderungen an jeden einzelnen Beamten. Angesichts dieser Situation sind rasche Anpassung an geänderte Verhältnisse und Einschreiten mit Fingerspitzengefühl von seiten der Exekutive besonders wichtig. In Salzburg befindet sich mit dem Autobahngrenzübergang Walserberg der meistbefahrenste Straßengrenzübergang Europas. Für die Gendarmeriebeamten erstreckt sich dort das Arbeitsspektrum vom normalen Reiseverkehr über Transit bis hin zu fremdenpolizeilichen Aufgaben aufgrund starker Schleppertätigkeit in Richtung BRD.

Im Jahr 1998 wurden 197 Ausländer zurückgewiesen. 680 erfolgreiche Fahndungstreffer führten zu 193 Festnahmen.

Ähnliches gilt für die Tauernautobahn. Sie ist die zweitwichtigste Nord-Süd-Verbindung in Österreich. Auch hier findet der Reiseverkehr und der Transit Richtung Italien und Exjugoslawien seinen Niederschlag im erhöhten Einsatz der Gendarmen. Im Land Salzburg waren im Beobachtungszeitraum 9.630 Verkehrsunfälle, davon 1.936 Unfälle mit Verletzungsfolge bei denen 64 Menschen ums Leben kamen.

Schutz von Staatsoberhäuptern

Die Mozart- und Festspielstadt wie auch das Land Salzburg waren schon immer beliebte Zielpunkte von ausländischen Staatsoberhäuptern und Regierungschefs. Als Beispiele seien hier nur die Besuche von Nikita Chrustschow (1960), Königin Elisabeth II. (1969), Richard Nixon (1972), König Hussein von Jordanien (1976) und Papst Johannes Paul II. (1988 und 1998) genannt.

Bis zu seinem Rücktritt 1998 bildete die Bewachung von Helmut Kohl, der als deutscher Bundeskanzler zu den fünf meistgefährdeten Personen der Weit zählte, zu den wichtigsten Aufgaben der Gendarmerie im Rahmen des Personenschutzes. Seit 28 Jahren verbringt er seinen Sommerurlaub nach wie vor in St. Gilgen und kommt einmal im Jahr zur Kur nach Gastein.

Ordnungsdienst bei Großveranstaltungen

Eine weitere Bewährungsprobe für Salzburgs Gendarmen stellten immer wieder die Sicherheitsmaßnahmen bei diversen Großereignissen dar. Dazu gehören der Papstbesuch 1988, der bis 1994 regelmäßig stattfindende Motorrad-Weltmeisterschaftslauf auf dem Salzburgring, die alpine Schiweltmeisterschaft 1990 in Saalbach-Hinterglemm und als jährliches Ereignis die Sprungwettbewerbe in Bischofshofen, die dort 1999 mit der Austragung der nordischen Schiweltmeisterschaften einen Höhepunkt fanden.

Schlagkräftige Alpingendarmerie

Als Bundesland mit einem hohen Anteil an alpinem Gelände ist es selbstverständlich, daß Schi-, Kletter- und sonstige Freizeitunfälle in den Bergen den Arbeitsalltag der Gendarmen gleichermaßen prägen. Die besonders geschulten und ausgebildeten Beamten der alpinen Einsatzgruppen waren 1998 zur Klärung von 1.002 Alpinunfällen im Einsatz. Oftmals müssen sie auch Verunglückte unter Einsatz des eigenen Lebens bergen. Die Einsätze erfolgen in Zusammenarbeit mit den Hubschrauberpiloten des BMI und der Flugeinsatzstelle Salzburg, welche seit 1956 in Salzburg besteht.

Alte und neue Probleme

Um dem auch hierzulande auftretenden Suchtgiftproblem entgegenzutreten, wird einerseits durch Informationsveranstaltungen des Kriminalpolizeilichen Beratungsdienstes versucht, Überzeugungsarbeit zu leisten, andererseits werden im Rahmen des koordinierten Kriminaldienstes in den Bezirken speziell geschulte Beamte eingesetzt, die sich vorrangig mit Suchtgiftdelikten beschäftigen. 1998 mußten 655 Personen wegen Mißachtung des Suchtgiftgesetzes angezeigt werden; Tendenz steigend. Die vorangetriebene Spezialisierung in Kriminal- bzw. Verkehrsabteilung, welche aufgrund der enormen Fülle an Gesetzen notwendig ist und auch im Bereich der Gendarmerieposten immer mehr forciert wird, ist die Basis für erfolgreiche Verbrechensbekämpfung und die Bewältigung von neuen Aufgaben. Dies drückt sich positiv in der Aufklärungsrate aus. In Salzburg wurden 1998 von 19.746 Verbrechens- und Vergehenstatbeständen 56,9 Prozent geklärt.

Denn neue Aufgaben, welche die Flexibilität der Beamten erfordern, ergeben sich immer wieder. Aktuelle Beispiele sind der Vollzug des Tiertransportgesetzes oder die Überprüfung der Autobahnvignette.

Durch die Übernahme der Grenzkontrolle an den Grenzübergängen zur BRD mit 1. April 1997 bekam die Gendarmerie wieder neue Agenden übertragen. Doch gemeinsam mit den von der Zollwache optierten Beamten – zu deren Ausbildung mußte eine Expositur der Gendarmerieschule in der Schwarzenbergkaserne in Wals eingerichtet werden – wird auch diese Aufgabe, die sich bis zum Inkrafttreten von Schengen stellt, bewältigt. Nach der Ratifizierung von Schengen, 1998, gab es anstelle der Grenzkontrollen vermehrte Kontrollen im Bundesland.

Alles in allem herrschen im Land Salzburg unter dem derzeitigen Kommandanten Brigadier Ernst Kröll ausgezeichnete Sicherheitsverhältnisse. Sie zu bewahren und ständig zu verbessern ist das Ziel aller Gendarmen in Salzburg.

Hallein

Größe in km²	668
Gemeinden:	13
Einwohner:	57.122
Anzahl der Dienststellen:	8
Systemisierter Personalstand:	79
Auf einen Exekutivbeamten entfallende Einwohner:	723
Bundesgrenze in km:	32
Autobahnen in km:	32
Bundesstraßen in km:	71
Landesstraßen in km:	59

Sehenswürdigkeiten Attraktionen:
Salzbergwerk (Schaubergwerk) Dürrnberg, Keltendorf und Keltenmuseum in Hallein, Halleiner Altstadt, Marmorbrüche in Adnet, die Schlösser Urstein, Puchstein und St. Jakob am Thurn in Puch, Lammer- und Salzachöfen

Paul Pirchner

Das Tor zu »inner Gebirg«

Für viele Reisende besteht der Tennengau aus dem 30 km langen Teilstück der Tauern(auto)bahn zwischen der Stadt Salzburg und dem Paß Lueg, das es möglichst schnell zu durcheilen gilt, um »inner Gebirg« zu gelangen.

Der flächenmäßig kleinste Gau des Landes entpuppt sich aber bei genauerem Hinsehen als Kleinod am Fuße der Alpen.

Seine prächtigen Landschaften gehören zu den Nördlichen Kalkalpen, liegen also im Außenraum der Alpen. Sie steigen stufenförmig von der Ebene des Salzburger Beckens über Mittelgebirgshöhen zum Hochgebirge an, das den Gau in einem großen Halbkreis gegen Westen und Süden abschließt.

Das Salzachtal von Urstein bis zum Paß Lueg ist sicherlich das Herz des Tennengaues, aber auch das Lammertal und das Adneter Becken prägen den »Benjamin« unter den Salzburger Gauen.

Erst im Jahr 1896 wurde der Bezirk von der Bezirkshauptmannschaft Salzburg-Umgebung abgetrennt.

Das »weiße Gold« – Salzabbau am Dürrnberg

Die Wiege der Salzburger Industrie und Kultur stand im Tennengau. Funde beweisen, daß Menschen schon vor 4.000 Jahren Salzquellen in Dürrnberg entdeckt und bearbeitet hatten. Eine erste Hochblüte erlebte der Salzabbau unter den Kelten vor fast 2.500 Jahren. Eindrucksvolle Funde, wie etwa die berühmte Schnabelkanne, zeugen von dieser Glanzperiode.

Schließlich verschaffte das »weiße Gold« aus dem Tennengau Salzburg ab dem Hochmittelalter derart hohe Einkünfte, daß die Erzbischöfe zu den vier reichsten unter allen deutschen Fürsten zählten. Ohne Salz hätten die Salzburger Erzbischöfe wohl kaum ein »deutsches Rom« mit dem herrlichen Dom, den vielen prächtigen Kirchen, Schlössern und Palästen entstehen lassen. Das Salz des Dürrnberges schuf dazu als einer der »Quellen des Reichtums« erst die Voraussetzungen.

Der Industrialisierungsprozeß im letzten Jahrhundert ließ aufgrund der Salz-Monokultur im Raum Hallein düstere Wolken aufziehen.

Anstatt in Holzfäßchen wurde das Salz in Jutesäcke verpackt. Der Eisenbahnanschluß 1871 machte viele Transportunternehmer, insbesondere die »Salzachschiffer« arbeitslos und die Umstellung der Feuerung von Holz auf Kohle bei der Halleiner Saline 1876 beschwor eine Existenzkrise für jene Berufsgruppen herauf, die seit Jahrhunderten vom gewaltigen Holzbedarf der Salzindustrie gelebt hatten.

Da aber alle Voraussetzungen für die Industrie vorhanden waren, schaffte Hallein die Umstellung zu einem bedeutenden Industriestandort. Noch in den 80er Jahren stammten über 35 Prozent der industriellen Produktion des Landes aus dem Tennengau.

Die Grabbeigaben eines Fürstengrabes zeugen vom Salzhandel und dem daraus resultierenden Wohlstand. *Bild: Keltenmuseum Hallein*

In den letzten Jahren hat sich die Situation des ehemals blühenden Industriestandortes aber deutlich zugespitzt, so daß fallweise schon von einer »sterbenden Industriestadt« gesprochen wird.

Bei einem der größten Industriegebiete des Landes, der Zellulosefabrik SCA – ehemals Hallein Papier – wurden über 300 Arbeitsplätze abgebaut. Ein gänzliches Zusperren des Betriebes mit derzeit 850 Beschäftigten wäre für die ganze Region eine Katastrophe, da zahlreiche Firmen indirekt betroffen wären.

Bei der Firma EMCO verloren ebenfalls mehrere hundert Personen ihren Job. Bekannte Firmen wie Solvay, Halvic, Blendax, Benckiser, 3-Pagen oder Schweppes haben für immer ihre Pforten geschlossen oder einen Großteil der Produktion in das Ausland verlagert. Nur schwer gelingt es, zusätzliche Arbeitsplätze im Bezirk anzusiedeln.

Eine der vielbesuchten Naturattraktionen im Bezirk Hallein, die Salzachöfen. Die Salzach durchtrennt hier die Kalkstöcke des Tennen- und Hagengebirges.
Bild: BGK Hallein

Die Gendarmerie im Wandel der Zeit

Die älteste Dienststelle des Bezirkes befindet sich in Golling. Der Gendarmerieposten Golling wurde bereits 1849 gegründet. Am 1. Februar 1856 folgte der Gendarmerieposten Hallein.

Die Stärke des Gendarmeriepostens Hallein betrug fünf Mann, nämlich ein Korporal und vier Zugeteilte, wovon zwei beritten waren. Die zwei Berittenen bestreiften bei ihren Dienstritten den gesamten Bezirk und könnten als »Urväter« des »überörtlichen Verkehrsdienstes« angesehen werden.

1866 wurde der Posten Abtenau und im Oktober 1882 der Posten in Annaberg errichtet.

Ein Kommandant im vorigen Jahrhundert schrieb über die Bevölkerung von Annaberg in die Chronik: »Die Bevölkerung Annabergs weise mangelhafte Bildung auf und habe derbe Umgangsformen. Ihr Charakter sei gutmütig, jedoch mit Starrsinn behaftet.«

1903 entstand der Gendarmerieposten Adnet, 1910 Puch und 1912 der Gendarmerieposten Kuchl.

1911 wurde über Befehl des damaligen Besitzers der örtlichen Jagd, Erzherzog Josef Ferdinand von Toskana, wegen des Mordes an einem erzherzoglichen Jäger in St. Koloman eine Expositur eingerichtet. Die Diensttätigkeit bestand anfangs hauptsächlich in der Bekämpfung des Wildererunwesens. Die Posten in St. Koloman und in Rußbach wurden im Rahmen des »Dienststellenstrukturkonzeptes« in den neunziger Jahren geschlossen.

In den letzten Jahren galt es, zahlreiche Zollwachebeamte, die durch den Beitritt zum Schengener-Durchführungsübereinkommen zur Gendarmerie überstellt wurden, in die Gendarmerie zu integrieren, was für alle Kollegen und Vorgesetzten eine enorme Herausforderung bedeutete. Heute sind etwa ein Drittel des tatsächlichen Personalstandes im Bezirk ehemalige Zollwachebeamte.

Heute hat sich die Gendarmerie zu einem modernen Dienstleistungsbetrieb, dessen oberste Aufgabe der Dienst an der Bevölkerung, die Gewährleistung der Ordnung, Ruhe und Sicherheit, insbesondere die Anhebung des ohnedies bereits hohen subjektiven Sicherheitsgefühls ist, entwickelt.

Schwerpunktmäßig ist der Gendarmerieposten Hallein in der zweitgrößten Stadt des Landes Salzburg am meisten von den Gemeinden des Salzachtales belastet. Hallein ist auch »Schulstadt« und wird von 6.000 Schülern täglich frequentiert. Die Industriezone Hallein und das damit vorhandene Angebot an Arbeitsplätzen erforderte in den 70er und 80er Jahren die Ansiedlung neuer Arbeitskräfte, insbesondere vieler Gastarbeiter, vorwiegend aus der Türkei und dem ehemaligen Jugoslawien. Hallein hat einen überdurchschnittlich hohen Anteil an Fremden. Von knapp über 19.000 Einwohnern der Salinenstadt sind über 3.200 fremder Nationalität, das sind rund 18 Prozent der Bevölkerung.

Amtshandlungen mit Personen anderer Kulturkreise, Religionen und ethnischer Herkunft, verlangen von den Beamten sehr viel Einfühlungsvermögen und sind nicht immer unproblematisch.

Die gespannte Lage auf dem Arbeitsmarkt wirkt sich für die Gendarmerie auch nicht unbedingt positiv aus. Arbeitslosigkeit, hier vor allem Jugendarbeitslosigkeit, führt unter anderem zu Aggression und Gewalt. So wurden im Jahre 1998 am Gendarmerieposten Hallein rund 1.800 Verbrechen und Vergehen registriert und alleine 13mal mußte nach »Auseinandersetzungen im häuslichen Bereich« mit einem sogenannten »Rückkehrverbot« nach dem Gewalt-Schutz-Gesetz vorgegangen werden.

So kann man einem »jungen Gendarmen« nur raten, die Lehrjahre am Posten Hallein, der mit 79 Beamten systemisiert ist, zu verbringen, denn hier kann er die ganze »breite Palette« des Gendarmeriedienstes erleben. Bekanntlich ist ja »Learning by doing« die beste Ausbildung.

Das Lammertal ist eine traditionelle Fremdenverkehrsregion. Für die örtliche Gendarmerie bedeutet dies Mehrbelastungen in Form von Erhebungen wegen Ruhestörungen, Schi- und Alpinunfällen, Suchaktionen, Einmiete- und Zechbetrügereien. Aber auch die Gemeinden Annaberg-Lungötz und Rußbach haben sich zu bedeutenden Wintersportzentren entwickelt und sich mit Gosau/OÖ zur Schiregion »Dachstein-West« zusammengeschlossen.

Bedingt durch die hohe Präsenz und die enorme Einsatzbereitschaft der Gendarmerie sind die angezeigten Verbrechens- und Vergehenstatbestände heute nicht höher als zu Beginn der 80er Jahre.

Die intensive Verkehrsüberwachung führte in den letzten Jahren zu einer Verringerung der Unfälle mit Personenschäden, obwohl der Verkehr ständig ansteigt.

So konnte im Jahre 1998 erstmals die »Schallmauer« von 200 Verkehrsunfällen mit Verletzten unterschritten werden.

Da die Aufgaben der Exekutive und die an uns gestellten Anforderungen immer schwieriger und komplexer werden, hat sich auch die Gendarmerie in unserem Bezirk umstrukturiert und spezialisiert. Für den Bereich der Schengen-Ausgleichsmaßnahmen, des Fremdenwesens und der Suchtgiftkriminalität wurden in den letzten Jahren spezielle Bedienstete ausgebildet, die in diesen Sparten, die in enger Verbindung mit der organisierten Kriminalität stehen, hervorragende Arbeit leisten.

Die Exekutive hat daher allen Grund optimistisch in die Zukunft zu blicken, auch wenn die Aufgaben und die an sie gestellten Anforderungen immer schwieriger und umfangreicher werden.

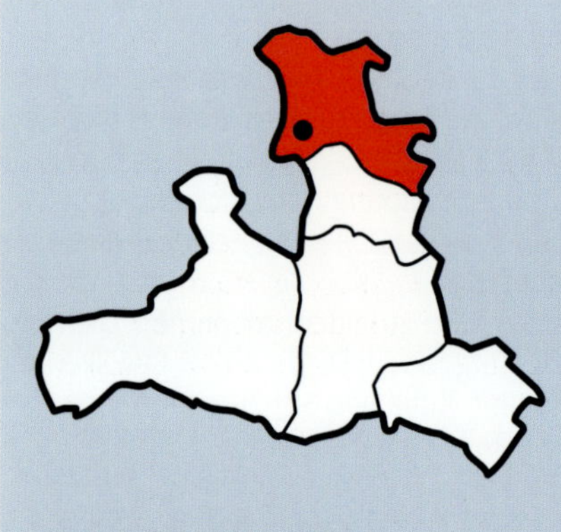

Salzburg-Umgebung

Walter Praschberger

Größe in km²	*1.005,5*
Gemeinden:	*37*
Einwohner:	*135.000*
Anzahl der Dienststellen:	*18*
Systemisierter Personalstand:	*200*
Auf einen Exekutivbeamten entfallende Einwohner:	*675*
Bundesgrenze in km:	*54,5*
Autobahnen in km:	*41,2*
Bundesstraßen in km:	*129,7*
Landesstraßen in km:	*268,5*

Sehenswürdigkeiten Attraktionen:
Schloß Anif
Freilichtmuseum Großgmain
Stift Mattsee
Stift Michaelbeuern
Stille-Nacht-Kapelle Oberndorf
Schloß Fuschl
Strubklamm Faistenau/Ebenau

Der nördlichste Gau Salzburgs

Der Bezirk Salzburg ist der nördlichste Gau des Bundeslandes Salzburg. Im Westen grenzt er an Bayern (Grenzflüsse Saalach und Salzach), im Norden und Osten an das Bundesland Oberösterreich und im Süden an den Bezirk Hallein (Tennengau). Das südlich gelagerte Kalkgebirge (z. B. der 1.853 m hohe, sagenumwobene Untersberg) geht nordwärts in niederes, fruchtbares Hügelland über, das zum Moränengebiet des Alpenvorlandes gehört. Im Südosten des Bezirkes – vom Gaisberg bis zum Schafberg – befinden sich niedrigere Höhenzüge, ein beliebtes Wander- und Ausflugsgebiet. Eine weite Moorlandschaft mit Torfabbau befindet sich in der Senkungsebene westlich der Landeshauptstadt sowie an der Grenze zu Oberösterreich nördlich von Oberndorf. Wichtige Fremdenverkehrszentren und Naherholungsgebiete sind die Bereiche um den Wolfgangsee (Abersee), Fuschlsee, Wallersee, Obertrumer- sowie Niedertrumersee (Mattsee).

Seit 1961 – Verdoppelung der Bevölkerung und sprunghaft steigende Wirtschaftskraft

Im Jahr 1961 hatte der Bezirk Salzburg-Umgebung (Flachgau) rund 70.000 Einwohner, bis heute hat sich diese Zahl annähernd verdoppelt. Pro Dezennium ist eine Bevölkerungszunahme von 20 Prozent zu verzeichnen, nicht wenige Orte haben aber Steigerungen bis zu 50 Prozent. Insbesondere im Bereich um die Stadt Salzburg (Anif, Wals, Bergheim, Eugendorf) siedelten sich laufend neue Betriebe an und es entstanden gewaltige Einkaufs- und Unterhaltungszentren. Allein bei einem CD-Erzeuger in Anif und Thalgau fanden mehr als 1.000 Menschen einen neuen Job. Diese nach wie vor anhaltende Entwicklung brachte und bringt für die Gendarmerie einen größeren Arbeitsanfall und ständig neue Herausforderungen. Dem Kriminaldienst kam immer mehr Bedeutung zu. Durch besonders engagierte Arbeit der Beamten auf diesem Gebiet liegt die Gesamtaufklärungsquote im Bezirk Salzburg mit 60 Prozent immer noch weit über den Durchschnitt.

Benediktinerabtei Michaelbeuern, eine Klostersiedlung aus dem 8. Jahrhundert. Bild: Verlag St. Peter, Salzburg

Wegen der im Umkreis der Landeshauptstadt ständig steigenden Grundpreise dehnt sich der Zentralraum mehr und mehr aus, neue Bevölkerungs- und Betriebsansiedlungen entstehen immer weiter vom Ballungszentrum entfernt und berühren plötzlich Dienststellen, die vorher einer ländlichen Struktur gegenüberstanden und jetzt plötzlich eine gemischte ländlich-industrielle Bevölkerungsstruktur aufweisen.

Eine Besonderheit ist, daß sich der Sitz der Bezirkshauptmannschaft in der Stadt Salzburg befindet. Trotz ständiger Bestrebungen zur Verlegung der Behörde in den Flachgau ist bisher noch kein Bezirkshauptort entstanden.

Die Entwicklung der Gendarmerie

Am 7. Mai 1851 wurde die Sektion Salzburg errichtet und erhielt 1869 den Namen Bezirksgendarmeriekommando. Den Verwaltungsbezirk der Bezirkshauptmannschaft Salzburg bildeten damals der Flachgau und der Tennengau mit den Gendarmerieposten Salzburg, Oberndorf, Mattsee, Neumarkt, Thalgau, St. Gilgen, Hallein, Golling und Abtenau. Im Jahr 1896 wurde der Tennengau vom Flachgau verwaltungsmäßig getrennt. 1899 scheinen dann weitere Gendarmerieposten in Grödig, Gnigl, Maxglan, Großgmain, Anthering, Michaelbeuern, Straßwalchen, Seekirchen, Faistenau, Hof und Strobl auf, später auch Liefering, Itzling, Morzg und Glas.

Durch Eingemeindung in die Stadt Salzburg im Jahr 1939 ging ein Teil des Überwachungsgebietes der Stadtrandposten verloren.

Aus der Chronik des Jahres 1953 ist zu entnehmen, daß dem Bezirksgendarmeriekommando Salzburg 27 Gendarmerieposten sowie fünf Grenzkontrollstellen mit 149 Beamten untergeordnet waren. Die neun wichtigsten Posten (Grödig, Glasenbach, Gnigl, Wals, Oberndorf, Seekirchen, Neumarkt, Straßwalchen und St. Gilgen) hatten einen 24stündigen Inspektionsdienst. Insgesamt gab es ein Motorboot in St. Gilgen, einen Patrouillenwagen und neun Motorräder. Der Bezirk war damals und ist auch heute noch in fünf Bezirksgerichtssprengel unterteilt, und zwar mit dem Sitz in Salzburg, Oberndorf, Neumarkt, Thalgau und St. Gilgen.

In den 90er Jahren hat sich in der Organisation des Dienstbetriebes sehr viel geändert. Von den im Jahr 1991 noch bestehenden 23 Gendarmerieposten wurden fünf Zwei-Mann-Posten mit größeren Nachbardienststellen zusammengelegt. Diese Maßnahme hat sich aber gut bewährt. Der 1966 eingeführte Funkpatrouillendienst wurde im Jahr 1993 vom Sektorstreifensystem abgelöst. Zur Nachtzeit ist nur mehr der Gendarmerieposten Anif (Bezirksleitzentrale) besetzt, die Beamten der übrigen Dienststellen befinden sich im Außendienst auf Sektorenstreifen. Im Zuge dieser Reform wurden auch die Gendarmerieabteilungskommanden aufgelöst und die Bezirksgendarmeriekommanden mit leitenden Beamten besetzt.

In den Jahren 1996 und 1997 hat das Bezirksgendarmeriekommando Salzburg insgesamt 127 Zollwachebeamte übernommen und auf den Gendarmerieposten in den praktischen Dienst eingeführt. Der Personalstand (systemisiert 181) ist damit auf 282 Beamte angewachsen. Mit April 1997 kam aber eine umfangreiche und personalintensive Aufgabe dazu: Die im Jahr 1968 aufgelassenen Grenzkontrollstellen der Gendarmerie wurden wieder errichtet, die Grenzkontrolle erfolgt nun nicht mehr durch die Zollwache, sondern durch Gendarmeriebeamte.

Am 1. April 1998 trat Österreich dem Schengener Durchführungsübereinkommen bei, womit die Grenzkontrollstellen endgültig der Vergangenheit angehörten. Zur Bekämpfung der internationalen Kriminalität und der illegalen Migration erfolgt nun eine intensive Fahndungstätigkeit im Rahmen der Ausgleichsmaßnahmen durch alle Gendarmerieposten und im Zuge des »Koordinierten Kriminaldienstes«. Zusätzlich zur bereits bestehenden Suchtgiftermittlungsgruppe wurde nun eine Fahndungsgruppe errichtet.

Veranstaltungen und Großereignisse

Neben einer Vielzahl von Veranstaltungen im Bezirk ist die Gendarmerie immer wieder am Salzburgring, einer am 20. September 1969 im Bereich der Gemeinden Koppl, Plainfeld und Hof errichteten Rennstrecke, besonders gefordert. Seither gibt es dort laufend Renn- und Konzertveranstaltungen, deren Auswirkungen (Verkehr, Ausschreitungen) sehr oft nur durch ein massives Aufgebot an Einsatzkräften bewältigt werden können.

Die Stadt Salzburg und die umliegenden Orte sowie das Salzkammergut sind beliebte Ziele bei Staatsbesuchen sowie Privataufenthalten ausländischer Persönlichkeiten. Alljährlich macht der ehemalige deutsche Bundeskanzler Dr. Helmut Kohl einen vierwöchigen Urlaub in St. Gilgen, dies erfordert wegen der besonderen Gefährdungslage einen umfangreichen Personen- und Objektschutz. Am 20. Mai 1972 kam US-Präsident Richard Nixon nach Salzburg und nahm bis 22. Mai Unterkunft im Schloß Kleßheim. In diesem Zusammenhang kam es zu Demonstrationen und massiven Ausschreitungen am Flughafen. Vom 31. Mai bis 3. Juni 1975 trafen sich US-Präsident Ford und der ägyptische Präsident Sadat in Salzburg, sie waren im Schloß Kleßheim bzw. im Schloß Fuschl untergebracht. Nach wie vor kommen alljährlich hohe Staatsgäste nach Salzburg und in den Flachgau.

Aufgabenvielfalt, Spezialisierung, Schwerpunkte

Mit der großen Zahl an neuen Gesetzen und Vorschriften ist ein enormer Schulungsaufwand verbunden. Postenunterrichte, Ausbildungstage und jährliche Ausbildungswochen der Schulungsabteilung finden ihre Ergänzung in Fachseminaren, anderen Fortbildungsveranstaltungen und im Selbststudium.

Die starke Bevölkerungszunahme, die Ansiedlung von Industrie- und Gewerbebetrieben, der damit verbundene Schwer- und Berufsverkehr sowie größere Mobilität bei den Straftätern ließen den Arbeitsanfall im Sicherheits- und Verkehrsdienst ständig steigen. Nach wie vor baut ein erfolgreicher Kriminaldienst auf der engagierten Arbeit aller Beamten der Gendarmerieposten auf, was den Gendarmeriedienst besonders auszeichnet. Das Geständnis eines Täters verliert im Strafverfahren immer mehr an Bedeutung. Die Gendarmerie ist daher gefordert, im Bereich des Sachbeweises gute Arbeit zu liefern. So war auch eine Spezialisierung und besondere Ausbildung in bestimmten Bereichen nicht mehr aufzuhalten. Die Schaffung eines »Koordinierten Kriminaldienstes«, der im Bezirk überörtlich arbeitet, und die Einrichtung von Ermittlungsgruppen in bestimmten Fällen haben sich als wirkungsvolle Maßnahmen erwiesen.

Stille-Nacht-Kapelle in Oberndorf – Ausgangspunkt des berühmten Weihnachtsliedes. *Bild: BGK Salzburg-Umgebung*

Der ständig steigende Anfall an illegalen Ausländern an den Grenzübergängen und die damit verbundene Schleuserkriminalität brachte für die Grenzposten sehr viel langwierige Arbeit. Die Beamten des Gendarmeriepostens Wals hatten pro Jahr bis zu 2.000 Fremdenakte zu bewältigen und entwickelten sich so zu Spezialisten auf diesem Gebiet.

Aber auch im Verkehrsdienst sind gut ausgebildete Beamte gefragt. Um die Unfallzahlen auf den verkehrsreichen Straßenzügen im Rahmen zu halten, ist eine effektive Verkehrsüberwachung erforderlich. Die Koordinierung des Verkehrsdienstes ermöglicht ständige überörtliche Verkehrsdienste mit Streifenwagen und Motorrädern. Die Beamten sind mit neuester Ausrüstung sowohl im Kriminal- als auch im Verkehrsdienst ausgestattet.

Fritz Hörmann
Josef Nothdurfter

St. Johann im Pongau

Größe in km²	*1.755,17*
Gemeinden:	*25*
Einwohner:	*70.000*
Anzahl der Dienststellen:	*14*
Systemisierter Personalstand:	*145*
Auf einen Exekutivbeamten entfallende Einwohner:	*480*
Bundesgrenze in km:	*6*
Autobahnen in km:	*47*
Bundesstraßen in km:	*155*
Landesstraßen in km:	*115*

Sehenswürdigkeiten Attraktionen:
Festung Hohenwerfen, Eisriesenwelt Werfen, Liechtensteinklamm, Schloß Goldegg, Heilquellen und Heilstollen Gasteinertal, Nationalpark Hohe Tauern

Gau »Inner Gebirg« – der Pongau

Der Pongau zählt mit seinem intensiven Fremdenverkehr, ca. 7 Millionen Gästeübernachtungen 1998 und rund 250 Liften und Seilbahnen, zu den herausragenden Fremdenverkehrsregionen Österreichs.

Seine räumliche Geschlossenheit ist durch seine geographische Lage bedingt. Im Norden bilden die Kalkhochalpen mit ihren schroffen Felsen und weiten Karsthochflächen den Grenzsaum des Pongaues zum Tennengau, während im Süden die Hohen und Niederen Tauern (Nationalparkgebiete) eindrucksvolle Barrieren setzen.

Den zentralen Teil beherrschen die stark bewaldeten Pongauer Grasberge, die als »Grauwackenzone« bekannt sind. Dieses alte sandsteinartige Sedimentgestein ermöglichte seinen Bewohnern den bergwerksmäßigen Abbau von Erzen. Die Gewinnung von Eisen ist 1960 und die von Kupfer ist 1977 zur Gänze eingestellt worden. Sie bedeutete aber, insbesondere in den vergangenen Jahrhunderten, einen wichtigen Erwerbszweig zur Landwirtschaft.

Die beiden Flußläufe Enns und Salzach gliedern den flächenmäßig zweitgrößten Bezirk des Landes Salzburg in zwei Kernräume auf. Einerseits in den durchschnittlich auf einer Seehöhe von 600 Metern liegenden Salzachpongau, der von der Taxenbacher Enge bis zum Paß Lueg reicht, und andererseits in die durchschnittlich 300 Meter höher gelegene Ennsebene mit dem Becken von Altenmarkt und Radstadt.

Geländestufen, in die sich sehenswerte Klammen eingeschnitten haben, trennen das Gasteiner Tal als drittes der maßgebenden Täler und das Großarler Tal vom Salzachtal.

5.000 Jahre Geschichte

Nachweislich war der Pongau bereits vor 5.000 Jahren besiedelt. Der Abbau und die Verhüttung von Kupfererz erreichten in der Hallstattzeit (900–400 v.Chr.) ihre Hochblüte und verliehen diesem Gebiet seine große prähistorische Bedeutung. Mit den Forstschenkungen der Agilolfinger (8. Jh. n. Chr.) an die neuen Siedler im Raum von Bischofshofen fand die Siedlungstätigkeit bis zum heutigen Tag ununterbrochen ihre Fortsetzung. Zwei schwere Siedlungsrückschläge trafen den Pongau. Im 14. Jh. grassierte europaweit die Pest, und in den Jahren 1731/32 emigrierten rund 25.000 Protestanten nach Ostpreußen, Holland und in die USA, was zur teilweisen Verödung ganzer Talschaften führte. Die ersten Jahre im 19. Jahrhundert brachten für Salzburg und damit auch für den Pongau tiefgreifende Änderungen. Mit der Säkularisation (1803) endete die geistig weltliche Macht der Erzbischöfe. Der Pongau verlor seine Selbständigkeit. 1809 kam der Pongau als Folge der Franzosenkriege vorübergehend für sieben Jahre unter bayerische Herrschaft.

Die Revolutionsjahre 1848–1850 brachten die Trennung des Justizwesens von der Verwaltung. In der Folge wurden 1850 in Werfen die neuen Verwaltungsbehörden (Bezirkshauptmannschaft, Steueramt, usw.) installiert. Gleichzeitig wurden die Gendarmerieposten Werfen und St. Johann errichtet. 1851 kam es in Bad Hofgastein und 1855 in Radstadt zu Postengründungen, womit alle drei Haupttäler, der Salzach-Pongau, der Enns-Pongau und das Gasteinertal mit einem Gendarmerieposten ausgestattet waren.

Die Grenzen des neugeschaffenen Bezirkes St. Johann im Pongau entstanden aus den Gebieten der alt-salzburgischen Pfleggerichte.

Heftige Auseinandersetzungen zur Standortfrage führten dazu, daß 1868 die Bezirkshauptmannschaft mit allen anderen Verwaltungsbehörden nach St. Johann im Pongau kam.

Hochrangiges Verkehrsnetz für schnellwachsende Bevölkerung

Der Pongau liegt innerhalb Österreichs verkehrsgeographisch im Schnittpunkt zwischen den Verbindungen West-Ost und Nord-Süd und mußte sich früh dem Zwang der Erschließungsfunktion beugen. Dazu kam das rasante Wachstum des Pongaues, insbesondere nach dem Zweiten Weltkrieg. 1890 lebten im Pongau 30.421, 1934 42.877, 1961 57.100 und 1998 70.000 Menschen.

Über 47 km Autobahn, 270 km Bundes- und Landesstraßen bilden für diesen Bevölkerungszuwachs ein hochrangiges Verkehrsnetz zu den Regionalzentren und der Landeshauptstadt. Stark belastet wird der Pongau durch den Durchzugsverkehr, der sich natürlich auf die Verkehrsstatistik schlägt. Ca. 300 Verkehrsunfälle mit Verletzten, davon durchschnittlich 15 Tote, ereignen sich jährlich auf Pongaus Straßen. Dank intensivster Verkehrsüberwachung, verbunden mit hohem Personaleinsatz und modernstem technischem Gerät, gehen die Verkehrsunfälle ständig zurück.

Vom Pflug zur High Technology

Der karge Boden, unvorteilhafte Betriebsgrößen und die Tatsache, daß zwei Drittel der landwirtschaftlichen Nutzfläche alpines Grünland einnehmen, erklären die grundsätzlichen Veränderungen in der Land- und Forstwirtschaft, die heute den Großteil der Landwirte zwingt, einem Nebenerwerb nachzugehen.

Die Schwerpunkte der industriell-gewerblichen Tätigkeit liegen heute auf den Sektoren Metall-, Holz- und Textilverarbeitung. Bis 1960 rauchte der letzte Hochofenschlot aus dem Eisenwerk Tenneck, der mit Erz aus dem nahen Höllental beschickt wurde. Heute steht an seiner Stelle eine stark auf Export ausgerichtete modernst ausgestattete Walzengießerei.

Große Industrie- und Gewerbebetriebe gründeten sich in den letzten 40 Jahren im Raum Bischofshofen und Altenmarkt. Daraus entstand die Notwendigkeit zahlreiche Fremdarbeiter, vorwiegend aus dem ehemaligen Jugoslawien und der Türkei stammend, zu beschäftigen. Dieses Arbeiterpotential bringt neben den mannigfaltigen Problemen im privaten und gesellschaftlichen Zusammenleben, auch kriminalistisch gesehen für die Gendarmerie viel Arbeit.

Bad Gastein, Wiege des Pongauer Tourismus

Für den Fremdenverkehr wurde im Gasteiner Tal bereits im vorigen Jahrhundert das Signal für eine neue Zeit gesetzt. Als dort der Goldabbau zum Stillstand kam, mußte eine neue Einnahmequelle gefunden werden. Die Fassung der warmen Quellen für den Kurbetrieb, die Schaffung von Gästequartieren und letztlich die Erschließung durch die Tauernbahn waren die Vorläufer einer Fremdenverkehrswirtschaft, die wesentlich zum heutigen Wohlstand der Bevölkerung beigetragen hat. Der Fremdenverkehr im übrigen Pongau kam nach dem Zweiten Weltkrieg mit der großräumigen Erschließung der Bergwelt, dem Zusammenschluß von Talschaften durch Liftanlagen so richtig in Schwung. Besonders die Nebentäler zeigten große Risikobereitschaft. Sie sahen ihre einzige wirtschaftliche Chance im Fremdenverkehr und schwangen sich durch gezielt gesetzte Investitionen hoch zum begehrten Reiseziel für den Erholungssuchenden und Aktivurlauber. Namen wie Bad Gastein, Flachau, Altenmarkt-Zauchensee, Obertauern oder Bischofshofen sind heute als Austragungsorte internationaler Großveranstaltungen (z. B. Schiweltcuprennen, Internationale Springertournee) weltbekannt. Aber auch Fremdenverkehrsattraktionen wie die Eisriesenwelt Werfen, die Burg Hohenwerfen (täglich oft bis zu 6.000 Besucher), das Schloß Goldegg mit den Goldegger Dialogen und die Liechtensteinklamm machen diese Region zum begehrten Reiseziel. Dementsprechend enorm ist das Verkehrsaufkommen, das ohne den vollen Einsatz der Gendarmerie nicht zu bewältigten wäre.

Hinzu kommen für die Gendarmerie auch der Personen- und Objektschutz, wenn Prominenz aus Politik und Wirtschaft im Pongau urlauben, wie beispielsweise Margreth Thatcher oder der deutsche Bundeskanzler Helmut Kohl.

Die wirtschaftlich positive Seite des Fremdenverkehrs hat zwangsläufig auch negative Seiten, die eine Herausforderung für Bewohner und Umwelt darstellen.

Die Erschließung für den Winterfremdenverkehr zog landschaftsprägende Eingriffe wie die Einbetonierung von Liftmasten auf Almmatten oder Bodenerosionsschäden durch Applanierungen und Hanganschnitte nach sich. Heute ist man jedoch bemüht, derartige Eingriffe in die Naturlandschaft so geringfügig wie möglich zu halten.

Neben diesen Landschaftsveränderungen und den damit anfallenden Umweltproblemen bringt der Fremdenverkehr eine gesteigerte Kriminalität mit sich. Fingierte und tatsächliche Schidiebstähle, Einbruchsdiebstähle, Einmietebetrügereien usw. sind in diesen Gebieten an der Tagesordnung. Daneben belasten die unzähligen Schi- und Alpinunfälle nicht nur die Spitäler der Umgebung, sondern auch im hohen Maße die Beamten der Gendarmerie.

Arbeitsintensives Überwachungsgebiet

Schwerpunktmäßig ist die Gendarmerie in den sieben Gemeinden des Salzachtales, die knapp die Hälfte der Gesamtbevölkerung des Bezirkes beheimaten, am meisten belastet.

Schwarzach, noch vor der Jahrhundertwende eine Katastralgemeinde von St. Veit, wuchs seit der Tauernbahneröffnung im Jahre 1909 stark an und konnte seine verkehrsmäßig günstige Lage durch die Ansiedlung leistungsfähiger Betriebe nutzen. Bahnkotenpunkt und Durchzugsstraße bringen für die Gendarmerie sowohl kriminalistische als auch straßenpolizeiliche Belastungen.

Markanter Blickpunkt in der Landschaft ist der auf Hangterrassen liegende Bezirkshauptort St. Johann im Pongau. Das schulische und verwaltungsmäßige Bezirkszentrum, das auch die Gendarmerie Bezirksleitzentrale beheimatet, bietet ebenso im Fremdenverkehr Eignungsvoraussetzungen, die mit dem Zusammenschluß zur 3-Täler-Schischaukel (Salzburger Sportwelt Amadé) verstärkt genutzt werden. Daneben stellt St. Johann heute ein bedeutendes Einkaufszentrum des Pongaues dar. Diese Entwicklung, die St. Johann als zentraler Ort des Pongaues in Wirtschaft und Fremdenverkehr vorzuweisen hat, schlägt sich in der Kriminalstatistik nieder. Der Gendarmerieposten St. Johann verzeichnet durchschnittlich jährlich 2.000 Verbrechen und Vergehen.

Burg Hohenwerfen, Gendarmerieschule von 1945–1987, heute Landesfalkenhof, Freilichtmuseum und Ausstellungsort des Museumsvereines Werfen. Bild: Poschacher, Werfen

Das durch den Bahnbau (1875) stark aufgewertete Bischofshofen – die städtischste aller Pongauer Gemeinden – erhielt 1900 sein Marktrecht. Das Ortsbild des mehr als 10.000 Einwohner zählenden Gemeinde wurde durch die in letzter Zeit errichtete Umfahrungsstraße und durch die Salzachkraftwerke wesentlich verändert. Seine Funktion als Eisenbahn- und Straßenknotenpunkt sowie die dort angesiedelten großen Gewerbe-und Industriebetriebe belasten die Gendarmerie sowohl in kriminalpolizeilicher als auch straßenpolizeilicher Hinsicht.

Der alte Straßenmarkt Werfen wird von seiner Burg aus dem 11. Jahrhundert überragt. Durch seine weltberühmten Attraktionen Eishöhle und Burg sowie durch Einsätze bei alpinen Unfällen sind die Beamten des örtlichen Hochalpinposten nach allen Einsatzrichtungen hin gefordert.

Die an der Tauernautobahn liegenden Orte Altenmarkt und Radstadt bilden die beherrschenden wirtschaftlichen Zonen des Enns-Pongaues.

Die durch die Höhenlage des Ennsbeckens bedingte Schneesicherheit führte zu einem erfreulichen Aufschwung im Winterfremdenverkehr, wovon die Übernachtungszahlen im Fremdenverkehrsjahr 1997/98 von 3,8 Mill. Nächtigungen ein deutliches Bild zeichnen. Das immense Fremdenverkehrsaufkommen in dieser Region belastet die Gendarmerieposten insbesondere im Winter. Allein die Dienststellen Radstadt, Altenmarkt und Flachau verzeichneten im Winter 1997/98 100 Schidiebstähle und 90 Schi- und Alpinunfälle.

Die Vormachtstellung Gasteins im Fremdenverkehr wird vom Kurbetrieb (Heilstollen) und den vermehrten Anstrengungen im Wintersportbereich und Kongreßwesen getragen. Ausländerprobleme und erhöhte Kriminalität (Einmiete- und Zechbetrügereien, Einbruchsdiebstähle usw.) aber auch viele alpine Unfälle und Suchaktionen belasten die zuständigen Gasteiner Gendarmerieposten.

Heute wird der gesamte Bezirk, bedingt durch die günstige Erreichbarkeit und Erlebnisvielfalt, zum Erholungsraum der Städter, deren Einfluß sich in der Anpassung an städtische Lebensformen ausdrückt.

In bezug auf Sicherheit kann sich der Pongau als »sicherer Bezirk« bezeichnen, ein Privileg, das durch die enorme Einsatzbereitschaft der Gendarmerie, auch für die Zukunft gesichert sein wird.

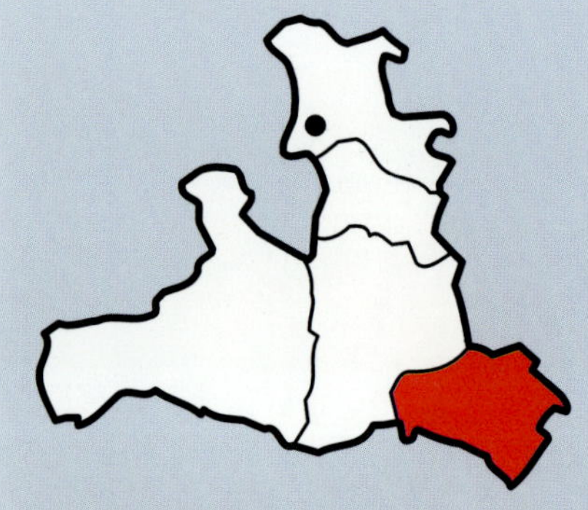

Matthias Lüftenegger

Tamsweg

Größe in km²	*1.019,52*
Gemeinden:	*15*
Einwohner:	*20.977*
Anzahl der Dienststellen:	*6*
Systemisierter Personalstand:	*46*
Auf einen Exekutivbeamten entfallende Einwohner:	*456*
Bundesgrenze in km:	*–*
Autobahnen in km:	*23*
Bundesstraßen in km:	*68.816*
Landesstraßen in km:	*–*

Sehenswürdigkeiten
Attraktionen:
St. Leonhardskirche in Tamsweg und historischer Marktplatz, Schloß Moosham in Unternberg, Burg und mittelalterlicher Ortskern in Mauterndorf, Silberbergwerk und Burg Finstergrün in Ramingstein, Hochofenmuseum in Bundschuh, Zechnergut in Göriach, Almhüttendorf im Göriachtal

Der Lungau, einziger südlich des Alpenhauptkammes gelegener Bezirk des Landes Salzburg, (geographisch eher den Ländern Kärnten oder Steiermark zuzuordnen) bildet durch seine kesselförmige Anordnung eines der höchsten Hochtäler Europas, und wird größtenteils durch die hier entspringende Mur entwässert.

Umgeben von den Ausläufern der Hohen Tauern, der Radstädter- und Schladminger Tauern, sowie den Nockbergen der Gurktaler Alpen war der Bezirk jahrhundertelang äußerst schwer zugänglich.

Vagen Hinweisen zufolge sollen die Kelten den ersten Saumpfad über den Oberhüttensattel in Richtung Radstadt angelegt haben.

In der Römerzeit durchquerten zwei hochwertige Straßen den Gau (von Murau bzw. Spittal/Dr. kommend nach Mauterndorf über den Radstädter Tauern nach Salzburg).

Von den 15 Gemeinden liegt lediglich ein Teil der Gemeinde Ramingstein unter einer Seehöhe von 1.000 m, so daß auch das Klima als ausgesprochen rauh, wenn auch niederschlagsarm zu bezeichnen ist.

Römer erschlossen mit hochwertigem Verkehrsweg den Lungau

»Halbdunkel« schwebt über der frühesten Geschichte des Lungaus, Flurnamen und Funde weisen jedoch deutlich auf die Besiedelung durch den keltischen Stamm der Taurisker hin.

Nachdem die nach Norden vorrückenden Römer durch ihr Straßennetz den Lungau erschlossen hatten, bevölkerte sich dieser in den ersten Jahrhunderten unserer Zeitrechnung zusehends. Nach den Stürmen der Völkerwanderung waren es die Slawen, die sich im Lungau ansiedelten. Berg-, Fluß- und Hausnamen bezeugen heute noch diese Epoche. Der Name »Lungau« dürfte slawischen Ursprunges sein. 923 wird der Lungau als »ecclesia ad Lungouue« erstmals urkundlich erwähnt, wobei hier die Örtlichkeit Mariapfarr bezeichnet, später aber der Name auf den ganzen Gau übertragen wird.

Schließlich siedelten sich die Bajuwaren im Zentralraum des Lungaues an. Im Zuge der Christianisierung (ab 754) entwickelte sich der Gau schrittweise zu einem geschlossenem politischen Gebiet und gehört seit dem 13. Jahrhundert gänzlich zum Erzbistum Salzburg. Ab dem 15 Jh. wurde reger Bergbau betrieben. In dieser Zeit wurden die Märkte Tamsweg und Mauterndorf von türkischen Heeresabteilungen geplündert.

Die Reformationsperiode verschonte den Lungau ebensowenig wie die Franzosenkriege; 1797 wurde der Markt Tamsweg durch von Kärnten vordringende französische Regimenter besetzt.

Von 1809 – 1816 geriet der Lungau unter bayrische Herrschaft. Ab 1816 ist der Lungau Teil des Kronlandes Salzburg.

Rathaus Tamsweg, Mitte des 16. Jahrhunderts von der Familie Gressing erbaut.
Bild: BGK Tamsweg

Geschlossener Gau – historisches Brauchtum

Im verhältnismäßig abgeschlossenen Gau haben sich einzigartige Bräuche erhalten. Die »vereinige Bruderschaft zu Tamsweg« zählt heute rund 900 Mitglieder und wurde vor 262 Jahren von drei Handwerkern gegründet, die keiner Zunft angehörten. Alle drei Jahre wird ein neuer »Kommissär« als Vorstand der humanitären Bruderschaft gewählt. Ein Ereignis an dem der ganze Lungau teilnimmt. Einzigartig sind auch die »Prangstangen« in Muhr und Zederhaus, die zu Fronleichnam getragen werden. Mit ca. 20.000 Blüten geschmückt werden die bis zu acht Meter hohen und 60 kg schweren Stangen von Junggesellen getragen. Ebenso einmalig ist das »Preberschießen« am Prebersee bei Tamsweg, wo auf das Spiegelbild am See geschossen und durch das abgellende Geschoß die Scheibe getroffen werden soll.

Von 200 auf 1.300.000 Nächtigungen

Nach nahezu 400 Jahren kam der Bergbau Ende des 19. Jh.s völlig zum Stillstand, u. a. bedingt durch die fehlenden modernen Transportmittel. Viele Lungauer suchten Arbeit in den benachbarten Kronländem. Besonders hervorzuheben sind hier die »Sauschneider« (Viehkastrierer), die bis Ungarn und Kroatien reisten.

Mit der Eröffnung der »Murtalbahn« zwischen Unzmarkt und Mautemdorf begann der erste Fremdenverkehr. Sogenannte »Verschönerungsvereine« wurden gegründet und der Markt Tamsweg verzeichnete im Jahre 1894 stolze 200 Fremdennächtigungen!

Nach Ende des Ersten Weltkrieges schließen schrittweise sämtliche ansässige Kleinbrauereien, was einen weiteren wirtschaftlichen Rückschritt bedeutet. Immerhin scheinen in den 20er Jahren Nächtigungsziffern von ca. 8.000 Gästen jährlich im Bezirk auf. Mitte der 50er Jahre entwickelt sich der Fremdenverkehr mit der einsetzenden Motorisierung relativ stark (ca. 60.000 Nächtigungen jährlich); eine massive Zunahme ergab jedoch erst der Massen-Wintertourismus ab Anfang 1980. Derzeit stehen 63 Schilifte und Seilbahnen dem Gast zur Verfügung. Heute weist der Bezirk eine Jahresbilanz von 1.306.000 Fremdennächtigungen auf. Neben dem Fremdenverkehr – insbesondere in der Region Obertauern – gibt es an Industriebetrieben einige größere Sägewerke, holzverarbeitende Handwerksbetriebe und neuerdings auch ein Holz-Technologiezentrum.

Gendarmerie Lungau – stetes Anpassen an neue Gegebenheiten

1849 wurde der erste Gendarmerieposten in Mauterndorf (zwei berittene Beamte) errichtet. Im Jahre 1868 erhielt der Lungau eine Bezirkshauptmannschaft in Tamsweg; 1869 wurde der Gendarmerieposten Tamsweg zum Bezirksposten erhoben.

Der Dienstvollzug im Jahre 1865 wurde von sechs berittenen Gendarmen im Bezirk versehen; heute bewältigen 50 Beamte den Sicherheitsdienst. Der sich ständig ändernde Aufgabenbereich, nach den relativ ruhigen »20er« Jahren drückt sich z. B. in der Anzahl der jährlichen Verhaftungen aus; so scheint 1936 eine Verhaftung auf, 1937 sind 309 (!) Verhaftungen zu verzeichnen. Zwischen den Jahren 1939 und 1941 werden 15 Beamte des Bezirkes in die von deutschen Truppen besetzten Gebiete nach Polen, Jugoslawien und Rußland versetzt.

Nach dem Zweiten Weltkrieg wird der Dienst anfangs nach den Weisungen der Besatzungsmächte vollzogen. Der zunehmenden Motorisierung und dem damit erforderlichen Verkehrsdienst wird, wenn auch zunächst bescheiden, durch Ausrüstung mit Kraftfahrzeugen Rechnung getragen.

Historischer Marktplatz in Tamsweg mit Bürgerhäusern. Bild: BGK Tamsweg

Mit dem wirtschaftlichen Aufschwung ab 1955, dem spürbaren Einsetzen des Fremdenverkehrs sowie der Bevölkerungszunahme, geht leider auch ein stetiger Anstieg der Kriminaldelikte einher: 1955 werden 345 Gerichtsanzeigen erstattet, 1996 hat sich diese Zahl verdreifacht.

Auch vom Suchtgiftkonsum bleibt der Bezirk nicht verschont; eine eigene Suchtgiftgruppe bemüht sich diese Entwicklung in Grenzen zu halten. Trotz stark zunehmender Arbeit im Kriminaldienst wird selbstverständlich auch der Verkehrsdienst nicht vernachlässigt.

Verkehrsmäßig ist der Bezirk Tamsweg seit der Eröffnung der Tauernautobahn im Jahre 1975 endgültig an Europa angeschlossen. Gute Straßenverbindungen bestehen zu den Nachbarbezirken Murau, Spittal/Drau und St. Johann/Pg.

Die Scheitelstrecke der Tauernautobahn, mit dem 5,4 km langen Katschberg- und den 6,4 km langen Tauerntunnel, wird von 25 Beamten der Verkehrsabteilung, Außenstelle St. Michael/Lg. betreut.

Obwohl die Anzahl der Verkehrsunfälle bedingt durch massive Steigerung der Verkehrsdichte, ständig ansteigt, sind zumindest die schweren Verkehrsunfälle rückläufig. Insbesondere sinkt derzeit die jährliche Anzahl der Verkehrstoten (1991: 9 Tote, 1996: 3 Tote). Nicht unerwähnt sollte auch die sehr hohe Selbstmordquote im Lungau bleiben (bis zu 16 Selbstmorde im Jahr).

Die Gendarmerieposten – abgesehen vom Gendarmerieposten Obertauern – sind im Zentralraum des Lungaues angeordnet und, entsprechend der anfallenden Belastung, auch ausreichend besetzt.

Der Bezirkshauptort Tamsweg beheimatet das Bezirksgendarmeriekommando und die Bezirksleitzentrale. Hier sind auch sämtliche Behörden, Bezirksgericht, eine Kaserne, Bezirkskrankenhaus und Schulen mit ca. 2.000 Schülern untergebracht, die täglich einpendeln. Weiters ist Tamsweg als wirtschaftlicher Mittelpunkt des Bezirkes auch »Einkaufsstadt«, so daß der Gendarmerieposten Tamsweg hauptsächlich durch diese Kriterien ausgelastet ist.

Die Gendarmerieposten des »Oberlungaues« sind, neben dem Verkehrs- und Kriminaldienst, vielfach auch durch den starken Fremdenverkehr mit all seinen Nebenwirkungen beschäftigt.

Eine schlagkräftige Alpine Einsatzgruppe bewährte sich bei ungezählten Rettungseinsätzen, Suchaktionen und teils schwierigen Bergungen, sowie in Katastropheneinsätzen. Hier sind zu erwähnen: Lawinenabgang 1965 in Obertauern mit 14 Toten, Murenabgang 1975 in Ramingstein mit 12 Toten, drei Flugzeugabstürze in Ramingstein, St. Margarethen und Obertauern mit insgesamt acht Toten.

Gestützt auf eine ausgezeichnete Arbeitsmoral der Gendarmeriebeamten, verbunden mit einem hohen Standard an technischen Hilfsmitteln, werden die gestellten Aufgaben immer wieder positiv gelöst, so daß zuversichtlich der Jahrtausendwende entgegengesehen werden kann.

Zell am See

Größe in km²	*2.641,75*
Gemeinden:	*28*
Einwohner:	*86.892*
Anzahl der Dienststellen:	*–*
Systemisierter Personalstand:	*154*
Auf einen Exekutivbeamten entfallende Einwohner:	*553*
Bundesgrenze in km:	*65*
Autobahnen in km:	*–*
Bundesstraßen in km:	*162*
Landesstraßen in km:	*90*

Sehenswürdigkeiten Attraktionen:
Großglockner Hochalpenstraße, Tauernkraftwerke Kaprun, Krimmler Wasserfälle, Maria Kirchental

Johann Jäger
Fritz Hörmann

Der Bezirk Zell am See erstreckt sich vom Gerlospaß im Westen bis zum Gasteiner Tal im Osten. Er wird von der Salzach und Saalach durchflossen und im Norden von den Kitzbüheler Alpen, im Süden von den Hohen Tauern eingerahmt. Landschaftlich reizvolle Seitentäler führen von Norden nach Süden in die Bergwelt und werden von wichtigen Verkehrsverbindungen durchzogen. Wie zahlreiche Funde beweisen, benützten bereits die Römer die Übergänge über die Alpen auf Saum-pfaden (z. B. Krimmler Achental–Italien) und trieben regen Handel. Heute können die Gebirgsbarrieren einfacher und bequemer über- bzw. durchquert werden. Dazu gehören die Straßen über den Paß Thurn, den Gerlos Paß, die Felber-Tauern-Straße, die Verbindung durch das Saalachtal – am Zeller See vorbei – nach Saalfelden und über den Steinpaß weiter nach Deutschland, die Großglockner Hochalpenstraße nach Heiligenblut und die Salzachtalstraße durch das Salzachtal zum benachbarten Pongau und weiter nach Salzburg, wobei die Einmündung der Gasteiner Straße bei Lend etwa die nördliche Bezirksgrenze bildet.

Zell am See – 743 als »Cella in Bisontio« gegründet

Die Bezirksstadt Zell am See liegt auf einem halbinselartigen Schwemmkegel des Schmittenbaches am Westufer des Zeller Sees, dem größten Gewässer des Pinzgaues, mit einer Länge von 4 und einer Breite von 1,5 Kilometer. Die Bezirksstadt ist gleichzeitig Schnittpunkt der wichtigsten Verkehrswege und Zentrum des Pinzgaues mit allen wichtigen Behörden und der Bezirksleitzentrale der Gendarmerie.

Gründung und Name dieser Siedlung gehen auf eine Mönchszelle zurück, die bereits um 790 in den »Notitia Arnonis«, dem unter Erzbischof Arno angelegten Güterverzeichnis der Salzburger Kirche, angeführt ist. Mitte des 10. Jahrhunderts entsteht ein ottonischer Kirchenbau, der zwischen 1121 und 1125 durch eine dreischiffige Pfeilerbasilika mit angeschlossenem Augustiner-Chorherrnstift ersetzt wird. Als Markt und Landgericht wird Zell am See erst 1350 erwähnt.

Durch die Gerichtsbarkeit, das Handwerk und den Handel zählte Zell am See immer, neben Saalfelden, zu den führenden Hauptorten des Pinzgaues. Der im ausgehenden 19. Jahrhundert einsetzende Fremdenverkehr verhalf diesen Regionen zu wirtschaftlichem Aufschwung und Wohlstand. Nach dem Zweiten Weltkrieg ging es für den Pinzgau steil bergauf. Dafür sorgten wichtige Urlaubsziele wie die Großglockner Hochalpenstraße, die Schmittenhöhe, der Zeller See, die Krimmler Wasserfälle, das Gletscherschigebiet Kitzsteinhorn, die 36-Loch-Golfanlage in Zell am See, das großartige Schigebiet Saalbach-Hinterglemm (1991 Austragungsort der Schi-Weltmeisterschaft), die Tauernkraftwerke Kaprun, das Schi- und Bergsteigergebiet im Stubachtal, die Hohen Tauern mit dem Nationalpark, die zahlreichen Gipfel über 3.000 m und vieles mehr.

Die sprunghafte Entwicklung des Massentourismus war und ist für die Gendarmerie eine enorme Herausforderung. Es wird allen diesen positiven – aber auch negativen – Erscheinungen mit ständigen Anpassungen und Reaktionen zu allen Veränderungen sowohl am kriminalistischen- wie auch am Verkehrssektor begegnet.

Es begann 1850 mit einem Gendarmerieposten in Saalfelden

Vor Einführung der Gendarmerie sprachen Pfleger (Richter) und ihnen unterstellte Landrichter Recht. Die Verfolgung der Rechtsbrecher oblag dem Gerichtsdiener, der bei besonders schweren Fällen vom Nachtwächter oder von den Schützen bzw. Pfleger und Landrichter unterstützt wurde. Die Art der Strafverfolgung war weder für die Gerichte noch für die Bevölkerung akzeptabel und ungenügend. Daher war auch 1850, als in Saalfelden die Gendarmerie den Bereich der Strafverfolgung und Überwachung der Ruhe und Ordnung übernahm, die Bevölkerung nicht gegen diese neuartige Einrichtung. In Neukirchen ging der Bürgermeister sogar so weit, daß er einer Gendarmeriekaserne den Vorzug gegenüber den wirtschaftlichen Interessen eines Einheimischen gab.

Unterer Krimmler Wasserfall. *Bild: BGK Zell am See*

Die Gründung des Gendarmeriepostens Zell am See erfolgte im Jahr 1868. Ein Jahr später kam es zur Errichtung eines Bezirksgendarmeriekommandos im Pfarrerstöckl in Zell am See. Erster Bezirksgendarmeriekommandant war Wachtmeister Matthias Stix.

Vorfälle im Alpintourismus, bei Großbaustellen und im Verkehr füllen die Seiten der Gendarmeriechroniken

Bereits sehr früh besann man sich im Pinzgau der herrlichen Bergwelt und vermarktete sie einerseits für den Tourismus und nutzte andererseits den Wasserreichtum zur Energiegewinnung. Abläufe und Ereignisse innerhalb dieser Schwerpunkte bestimmen deshalb vom Anfang an den Alltag des Gendarmen in dieser Region und fanden ihre Niederschrift als wertvolle Beiträge zur Regionalgeschichte auf den Seiten der Gendarmeriechroniken.

Als eine der ersten technischen Errungenschaften wurde 1928 die Schmittenhöhenseilbahn eröffnet, die der Fremdenverkehrswirtschaft Sommer wie Winter kräftige Impulse gab. Um diese Zeit aber bereits längst bekannt und berühmt waren die »Krimmler Wasserfälle« am Eingang des Krimmler Achentales bzw. die Erschließung der Gletscherregionen durch den Alpintourismus, der bereits 1841 mit der Besteigung des Großvenedigers einen ersten Höhepunkt erreichte.

Der wachsende Tourismus beschäftigte die Gendarmerie von Beginn an mit allen seinen Facetten. Alle größeren Ereignisse und Einsätze sind in den Chroniken der verschiedenen Posten festgehalten. Breiten Raum nimmt der Bau der Großglockner Hochalpenstraße ein. Baubeginn war 1930 unter der Leitung des Planers Franz Wallack. Tausende Arbeiter waren über Jahre beschäftigt und hielten die Gendarmerie – wie auf allen Großbaustellen – ständig in Atem. Die Gesamtkosten beliefen sich auf eine für damals ungeheure Summe von 24. 502.000 Schilling. Der Bau bildete in dieser äußerst schwierigen Zeit einen Wirtschaftsmotor für die Region. Am 3. August 1935 wurde die Großglockner-Hochalpenstraße feierlich eröffnet. Zur Aufrechterhaltung der »Ordnung« waren allein von Zell am See bis zum Hochtor 140 Gendarmeriebeamte konzentriert, die aus den Bundesländern Salzburg, Oberösterreich, Kärnten und Tirol zusammengezogen wurden. Unmittelbar nach der Eröffnung führte der »Automobilclub« das erste internationale Wettrennen durch, an dem 109 Rennfahrer aus sämtlichen Staaten Europas teilnahmen. Die Rennstrecke war 21 km lang. Es siegte ein italienischer Sportsmann. Die beste Rennzeit war 14,17 Minuten. Die Veranstaltung überwachten rund 140 Gendarmen aus dem Bezirk und ihre Dienstleistung wurde von der Bundesregierung gesondert gelobt.

Die Darstellung dokumentiert die Wichtigkeit, die diesem einmaligen Alpenübergang zur damaligen Zeit beigemessen wurde, zumal bereits im ersten Jahr der Freigabe 742.984 Schilling und 1936 bereits 1.006.931 Schilling Mauteinnahmen flossen.

So hat sich der Bezirk Zell am See schon sehr früh zu einem Reiseziel entwickelt, in dem es etwas zu sehen gab.

Als weitere Großbaustellen folgen die Kraftwerksanlagen Kaprun mit den riesigen Speichern und Staumauern (1938 begonnen – 1951 Hauptwerk eröffnet). Bis zu 3.600 Arbeiter befanden sich an Spitzenzeiten auf der in einer Seehöhe zwischen 1.500 bis 2.000 Meter liegenden Baustelle. Sie waren in Barackenlagern auf engstem Raum (pro Person 8 m^3 Luftraum) untergebracht und es ist daher nicht verwunderlich, daß es immer wieder zu Reibereien und Ausschreitungen kam. Viele dieser Vorfälle wurden untereinander in der Belegschaft ausgefochten. Mußten aber die Gendarmen einschreiten, hatten sie mit den vielen »Barabern« (abwertend für ungelernte Arbeiter), selbst nicht verwöhnt durch härteste Arbeit, ihre liebe Not. Daneben bildeten die häufigen Arbeitsunfälle einen weiteren Schwerpunkt im Gendarmeriedienst. Seit Beginn der Arbeiten 1938 bis 1954 galt es 134 tödliche

Stauseen Mooserboden (links) und Wasserfallboden (rechts) mit dem 3.204 m hohen Kitzsteinhorn. *Bild: Tauernkraftwerke*

Arbeitsunfälle zu erheben. Im Zeitraum 1945 bis 1954 ereigneten sich 1.765 Arbeitsunfälle. Dem Abtransport der Verletzten stellten sich insbesondere im Winter große Schwierigkeiten entgegen und es bedurfte vieler Stationen, um das Tal zu erreichen. Umgekehrt standen die erhebenden Gendarmen vor dem gleichen Problem und mußten oft unter widrigsten Verhältnissen die vorortige Unfallsaufnahme durchführen. Da die Höhenbaustellen nicht neben- sondern übereinander situiert, zum Teil ungünstig gelegen und den Naturkräften ausgesetzt waren, bildeten sowohl die Erreichbarkeit als auch die Erhebungen für die Gendarmen besondere Gefahrenmomente.

Pulsierendes Leben im Bezirk – Gendarmerie zwischen Interessenskonflikten

Den Bezirk Zell am See mit derzeit mehr als acht Millionen Gästenächtigungen pro Jahr kann man ohne Übertreibung heute als eines der wesentlichsten Fremdenverkehrszentren Österreichs bezeichnen.

Das Bezirksgendarmeriekommando hat bei der Führung des Sicherheitsdienstes im Bezirk in gleicher Weise auf die Bedürfnisse der einheimischen Bevölkerung wie auch der zahlreichen Gäste Rücksicht zu nehmen. Das hohe Maß an gewährleisteter Sicherheit – mit dem ein Urlauber hier rechnen kann – wird von diesen stets geschätzt und honoriert, indem er gerne wiederkommt.

Der Massentourismus prägt auch heute die intensive Arbeitsbelastung der 16 Pinzgauer Gendarmerieposten in allen Belangen, wie aus der Statistik für das Jahr 1998 deutlich hervorgeht:

Verkehrsunfälle:	2.109, davon 434 mit Personenschaden und 598 Verletzten sowie 14 Toten,
Alpinunfälle:	524, davon 338 mit Verletzungen und 10 tödliche Unfälle,
Verbrechen:	545, davon 220 geklärt,
Vergehen:	4.437, davon 1.888 geklärt.

Daneben klärten die Beamten 113 Suchtgiftfälle auf und erstatteten gegen die Verdächtigen Anzeige.

Die Bezirksleitzentrale in Zell am See ist Anlaufzentrale für alle Vorfälle im Pinzgau und rund um die Uhr besetzt. Von hier aus werden während der Nachtzeit vier Sektorenstreifen zu den Einsätzen dirigiert. Umgekehrt werden die von den Einsatzbeamten einlaufenden Wünsche und Meldungen quasi im Background verarbeitet und alle jene Maßnahmen gesetzt, die dem erfolgreichen Abschluß des Einsatzes dienlich sind.

Das derzeitige System hat sich in den vergangenen Jahren nach Anlaufschwierigkeiten bestens eingespielt und dazu beigetragen, daß man den Pinzgau als sicheren Bezirk bezeichnen kann.

Landesgendarmeriekommando für die Steiermark

Harald Lecker

Größe in km²	*16.152,83*
Gemeinden:	*543*
Einwohner:	*934.844*
Anzahl der Dienststellen:	*182*
Systemisierter Personalstand:	*2.388*
Auf einen Exekutivbeamten entfallende Einwohner:	*483*
Bundesgrenze in km:	*145,3*
Autobahnen in km:	*452*
Bundesstraßen in km:	*1.520*
Landesstraßen in km:	*3.289*

Das heute bestehende Gebäude des Landesgendarmeriekommandos für Steiermark in Graz-Wetzelsdorf wurde nach einer Bauzeit von rund vier Jahren im Dezember 1974 von der Verkehrsabteilung, Technischen Abteilung und Teilen der Kriminalabteilung bezogen. Die Übersiedelung vom alten Landesgendarmeriekommando wurde mit der Übergabe des Gebäudes am Karmeliterplatz in Graz an das Land Steiermark mit 30. März 1977 abgeschlossen.

Sicherheitswesen in der Steiermark – historische Entwicklung

Zur historischen Entwicklung der Gendarmerie in der Steiermark sei zu Beginn erwähnt, daß die heutigen Landesgrenzen mit den damals bestehenden nicht ident waren.

Über den am besten ausgebildeten Sicherheitsapparat verfügte schon seit dem Jahre 1786 die Stadt Graz, wo durch eine umfassende Neuorganisation des Polizeiwesens durch Kaiser Franz Joseph II. eine staatliche Polizeidirektion eingerichtet worden war. Während also in Graz bereits ein funktionsfähiger Sicherheitsapparat bestand, war das Sicherheitswesen in der übrigen Steiermark noch völlig unzureichend. Aus diesem Grunde wurde die Grazer Polizei auch immer wieder für Erhebungen und Einsätze außerhalb der Landeshauptstadt herangezogen.

Die Kontrolle des Sicherheitswesens lag an sich im Kompetenzbereich des Gouverneurs in Graz und den ihm unterstellten Kreisämtern in Judenburg, Bruck a. d. Mur, Graz, Marburg und Cilli. Diese übten jedoch nur eine koordinierende Funktion aus und konnten auf keinen Exekutivwachkörper zurückgreifen. Die niedrigste Instanz in Verwaltungs- und Gerichtsangelegenheiten wurde zu dieser Zeit von den Grundherrschaften wahrgenommen.

8. Juni 1849 – Kaiser Franz Joseph I. unterzeichnet Gründungsdokument der Gendarmerie

Ein sehr wesentlicher Schritt zur tatsächlichen Umsetzung der Gendarmerieeinführung war die Ernennung der Kommandanten der vorgesehenen Gendarmerieregimenter am 5. Dezember 1849 durch den Kaiser. In Graz wurde das Gendarmerieregiment Nr. 12 im sogenannten »Coliseum« des Benedikt Withalm im Bereich Jakomini zwischen der heutigen Zimmerplatzgasse und dem Grazbach eingerichtet.

Mit kaiserlicher Entschließung vom 28. Jänner 1866 wurde von der militärischen Bezeichnung Regimentskommando, zum zivilen Terminus »Landesgendarmeriekommando« übergegangen. Dabei wurde unter anderem für den Bereich der Steiermark eine neue Stabsstation in Laibach eingerichtet.

Kaiser Franz Joseph ordnete am 23. Oktober 1873 die Neugliederung der Österreichischen Gendarmerie an und es wurde der Kommandostab wiederum in Graz, Reitschulgasse Nr. 10, eingerichtet.

Am 5. Mai 1894 wurde das neue Kommandogebäude am Schönaugürtel Nr. 56 bezogen, in dem erstmalig alle Grazer Dienststellen und auch Dienstwohnungen der Gendarmerieoffiziere unter einem Dach zentral untergebracht waren. Mit dem 15. Juni 1928 erfolgte die Übersiedelung des Landesgendarmeriekommandos auf den Karmeliterplatz im Zentrum von Graz.

Ansicht von Graz 1929 mit der alten Albrechtsbrücke und Blick auf den Schloßberg *Bild: Hörmann*

Die letzte Reform der Landesgendarmeriekommanden wurde im Jahre 1995 mit der Einführung der neuen OGO-LGK vollzogen. Das LGK wurde in acht Abteilungen, der Organisations- und Einsatz-, der Kriminal-, der Verkehrs-, der Personal, der Schulungs-, der Haushalts- und Wirtschafts-, der Technischen- und der Stabsabteilung unterteilt.

Die geschichtsträchtigsten Abteilungen sind die Kriminal- und Verkehrsabteilung.

Mit Wirksamkeit vom 12. August 1935 wurde beim Landesgendarmeriekommando für Steiermark eine Erhebungsgruppe provisorischen Charakters errichtet. Diese Gruppe hatte aus Gendarmeriebeamten zu bestehen, die in kriminalistischer und staatspolizeilicher Hinsicht besonders gut vorgebildet sein mußten. Zweck der Errichtung dieser Gruppe war, den Sicherheitsdirektor in staatspolizeilichen Aufgaben, die er infolge ihrer Ausdehnung auf den Rayonen verschiedener Dienststellen oder aus sonstigen Gründen nicht einer einzigen Dienststelle übertragen wollte, zu unterstützen. Ferner wurden die Gendarmerieposten in Erhebungsfällen, deren Aufklärung innerhalb des jeweiligen Postenrayons nicht möglich war oder besondere Spezialkenntnisse erforderten, unterstützt. Zur damaligen Zeit wurde die Ansicht vertreten, daß derartig ausgebildete Erhebungsbeamte im eigentlichen Sinn nicht Exekutiv-, sondern Unterstützungsdienste zu leisten haben. Sie hatten in der Regel weder Exekutivhandlungen, wie Verhaftungen, Festnahmen, Beschlagnahmungen, Haus- und Personsdurchsuchungen, durchzuführen, noch Anzeigen zu erstatten, wobei Ausnahmen nur in Fällen von Gefahr im Verzuge vorgesehen waren.

Am 10. Mai 1938 erfolgte aufgrund des Erlasses des Reichsstatthalters in Österreich die Auflassung der errichteten Erhebungsgruppe und die Inaussichtstellung der Überleitung zur Kriminalpolizei Graz.

Nach dem Ende des Zweiten Weltkrieges ordnete das Staatsamt für Inneres die Aktivierung des Sicherheitsdienstes bzw. die Wiedererrichtung der Österreichischen Bundesgendarmerie an. In der Folge kam es am 1. Jänner 1946 auch zur Errichtung der Erhebungsabteilung des Landesgendarmeriekommandos für Steiermark, um die ständig zunehmenden schweren Verbrechensfälle wie Mord, Totschlag, Raub, Einbruch, Plünderung, Brandlegung usw. wirksam bekämpfen zu können.

Die Verkehrsabteilung des Landesgendarmeriekommandos für Steiermark wurde im November des Jahres 1947 zum ersten Mal zur Vornahme von Verkehrskontrollen im ganzen Bundesland eingesetzt. Die ersten Einsätze wurden noch mit wrackähnlichen Fahrzeugen der ehemaligen Wehrmacht vorgenommen. Erst in den darauffolgenden Jahren gelang es Kraftfahrzeuge und witterungsbeständige Bekleidung nach und nach zur Verfügung gestellt zu bekommen. Mit dem neuen Aufschwung und der zunehmenden Motorisierung nahm leider auch die Zahl der Verkehrsunfälle zu. Dies erforderte nicht nur eine erhebliche Verstärkung der Patrouillen im Verkehrsüberwachungsdienst, sondern es wurde auch ein besonderes Augenmerk auf die Verkehrserziehung gelegt. Unter schwierigen Verhältnissen und mit tatkräftiger Unterstützung durch das Gendarmeriezentralkommando und des Landesgendarmeriekommandos wurden zwei Verkehrserziehungsfilme hergestellt und zahlreiches Lehr- und Anschauungsmaterial beschafft. Diese Filme wurden im Laufe der Jahre zahlreichen Erwachsenen und ca. 150.000 Schülern im Rahmen von Verkehrserziehungsaktionen vorgeführt. Bis zum 31. Dezember 1954 unterstand die »Verkehrskontrolle« als Vorläufer der heutigen Verkehrsabteilung der Technischen Gendarmerieabteilung.

Am 1. Jänner 1955 kam es zur eigentlichen Errichtung der Verkehrsabteilung mit einer Stärke von 25 Beamten. Diese neugestaltete Abteilung wurde für die damalige Zeit mit modernen Funkgeräten und Lautsprecheranlagen ausgestattet, welche bei verschiedensten Großveranstaltungen zum Einsatz kamen. Im besonderen waren Beamte der Verkehrsabteilung beim »Ungarnaufstand« 1956 im Grenzgebiet Burgenland – Ungarn mit den mannigfaltigsten Aufgaben betraut.

Im Laufe der Zeit wurden auf steirischem Gebiet nach und nach insgesamt 450 km Autobahnen und Schnellstraßen errichtet.

Zur Zeit versehen 191 Beamte bei der Verkehrsabteilung und den insgesamt 6 Außenstellen ihren Dienst.

Die restlichen Abteilungen des Landesgendarmeriekommandos sind mit den vielfältigsten Aufgaben in Organisations-, Personal-, Technik- und Wirtschaftsangelegenheiten befaßt. Das Landesgendarmeriekommando für Steiermark fungiert nicht nur als Dienstbehörde, sondern ist auch in vielen Fällen als Servicestelle für alle Beamte des Kommandobereiches tätig.

Über die Sicherheitsverhältnisse und Verkehrssicherheit im Bundesland Steiermark gibt die Statistik Auskunft. Im Beobachtungszeitraum 1998 fielen 5.714 Verbrechen an, wovon 2.998 geklärt werden konnten. Von den 43.412 Vergehen nach dem Strafgesetzbuch konnten 22.952, also mehr als die Hälfte, aufgeklärt werden. Im Bereich des Verkehrs nahm die Gendarmerie 26.686 Unfälle auf. Bei 5.760 Unfällen mit Verletzungsfolgen wurden 159 Personen getötet.

Areal des Landesgendarmeriekommandos für Steiermark in Graz-Wetzelsdorf. *Bild: LGK Graz*

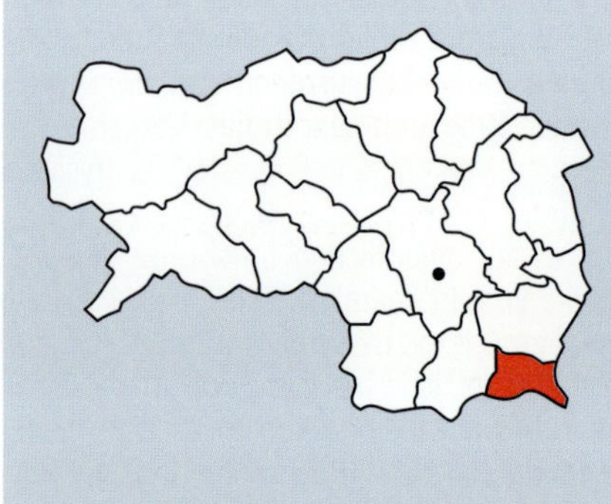

Bad Radkersburg

Herbert Karner

Größe in km²	*336*
Gemeinden:	*19*
Einwohner:	*24.216*
Anzahl der Dienststellen:	*8*
Systemisierter Personalstand:	*151*
Auf einen Exekutivbeamten entfallende Einwohner:	*471*
Bundesgrenze in km:	*58*
Autobahnen in km:	*–*
Bundesstraßen in km:	*32,5*
Landesstraßen in km:	*106,5*

Sehenswürdigkeiten Attraktionen:
Bad Radkersburg – mittelalterliche Altstadt (Europa-Goldmedaille für Denkmalpflege), Thermalbad / Kurzentrum, Straden Kirchdorfsiedlung, 4 Kirchen mit 3 Türmen, Aussicht über das südoststeirische Hügelland, Schloß Halbenrain, Schloß Brunnsee, Schloß Weinburg, einzigartige Aulandschaft entlang der Mur (Radwanderweg)

Radkersburg – im Südosten der Steiermark – Grenzbezirk zu Slowenien

Der politische Bezirk Radkersburg liegt im südöstlichsten Teil der Steiermark. Die Mur ist der einzige Fluß und bildet gleichzeitig die Staatsgrenze zu Slowenien. Die Landschaft neben dem Murfluß ist das zweitgrößte zusammenhängende Augebiet in Österreich nach der Hainburger Au. Es reicht von Mureck bis nach Bad Radkersburg und ist gekennzeichnet von seinem üppigen Pflanzenwuchs und einem Paradies für die Tierwelt.

Zwischen den Hügelketten verlaufen Bachtäler, wie etwa der Kutschenitzbach, der schon seit Jahrhunderten die Grenze zu Ungarn und seit dem Ersten Weltkrieg zu Jugoslawien und jetzt zu Slowenien bildet und besondere Aktualität insofern besitzt, als im Zusammenhang des Beitrittes Österreichs zur Europäischen Union dem neugeschaffenen Grenzüberwachungsposten Klöch die Überwachung dieser 23 km langen Außengrenze übertragen wurde.

Hauptverkehrsträger sind die südsteirische Grenzbundesstraße und die Eisenbahnlinie Spielfeld–Bad Radkersburg. Hauptorte dieses Teiles sind die Stadt Mureck, eine alte Kaufmannssiedlung, der Markt Halbenrain als Sitz einer ehemaligen Grafschaft und schließlich die Bezirksstadt Bad Radkersburg mit ihrem gut erhaltenen mittelalterlichen Stadtkern.

Die Marktgemeinde Klöch, geprägt von ihrem Wein- und Obstbaugebiet, die Marktgemeinde Tieschen mit bedeutenden Ausgrabungen aus vorgeschichtlicher Zeit, die Marktgemeinde Straden als alte Kirchdorfsiedlung mit ihren vier Kirchen und drei Türmen geben einen Überblick über das gesamte oststeirische Hügelland und die Marktgemeinde St. Peter/Ottersbach sind die Hauptorte des Grabenlandes.

Bezirk Radkersburg – uraltes Siedlungsgebiet mit landwirtschaftlichem Schwerpunkt

Der Bezirk Radkersburg war schon in ältester Zeit von Menschen bewohnt, wie Werkzeugfunde aus Stein beweisen, aber auch Geräte und Schmuckgegenstände aus der Bronzezeit geben davon Zeugnis. Aus der Eisenzeit stammen mehrere Hügelgräber. Auf dem Kindsberg (Königsberg) bei Tieschen wurde eine Ringwallanlage entdeckt, eine Befestigungsanlage, in der die Bewohner bei Gefahr Schutz vor drohenden Überfällen aus dem Osten suchten und auch fanden.

Die Bevölkerung des Bezirkes lebte hauptsächlich von der Landwirtschaft. Der fruchtbare Boden, die bewaldete Grabenlandschaft mit vielen Gewässern, die vulkanische Erde, besonders geeignet für den Weinbau – der bekannte Klöcher Traminer muß erwähnt werden – der Obstbau, die Viehzucht und eine weitgehend unberührte Natur ließen die Menschen zufrieden leben, sofern sich nicht kriegerische Ereignisse und Naturkatastrophen vernichtend auswirkten.

Die Burgruine Klöch wurde 1998 restauriert. *Bild: BGK Radkersburg*

20. Mai 1850 – die Gendarmerie hält Einzug in Radkersburg, schwere Zeiten nach dem Ersten Weltkrieg

Der erste Gendarmerieposten im Bezirk wurde am 20. Mai 1850 in Radkersburg errichtet, dem im Jahre 1866 das Bezirksgendarmeriekommando folgte. Eng mit dem Schicksal des Bezirkes und seiner Bezirksstadt war auch das Los der Gendarmeriebeamten verbunden. Mit dem Zerfall der österr.-ungarischen Monarchie und dem Ende des Ersten Weltkrieges tritt auch für die Gendarmerie im Bezirk eine bedeutsame Änderung ein. Nicht nur, daß die »Untersteiermark« mit dem Vertrag von St. Germain dem neu gegründeten Staat der Serben, Kroaten und Slowenen angeschlossen wurde (SHS-Staat), besetzten südslawische Truppen die Stadt Radkersburg und einen Teil des Bezirkes muraufwärts. Die Gendarmerie mußte sich vorübergehend aus Radkersburg zurückziehen. Am 4. Februar 1919 unternahmen Männer aus Radkersburg und der Umgebung einen verzweifelten Versuch, die Stadt von den Besatzern zu befreien. Erst im Juli 1920 marschierten die Gendarmen wieder in Radkersburg ein.

1920–1945 – Gendarmen wurden enorm gefordert

Auch die Zwischenkriegszeit brachte den Gendarmen des Bezirkes viele Probleme. Die wirtschaftliche Not der Bevölkerung, die neue Staatsgrenze mit all ihren negativen Auswirkungen – Verlust des Hinterlandes – die politischen Verhältnisse und der aufkeimende Nationalsozialismus forderten die Beamten bis an die Grenzen des Möglichen.

Doch das Ende des Zweiten Weltkrieges bedeutete auch das vorläufige Ende der Gendarmerie im Bezirk. Die Unterkünfte waren zum Teil ausgebrannt, die Beamten geflüchtet, vertrieben, verschleppt. Zu Kriegsende beherrschten sowjetische Soldaten und Tito-Partisanen Radkersburg und den Bezirk.

Bereits am 4. Juni 1945 gingen über Befehl des Landesgendarmeriekommandos für Steiermark drei Gendarmen nach Radkersburg ab und errichteten am Hauptplatz einen Posten. Sie wurden schon in der folgenden Nacht verschleppt. Ein Beamter konnte flüchten, zwei blieben verschollen.

Eine neuerliche Errichtung des Gendarmeriepostens Radkersburg gelang schließlich am 2. Juli 1945. Das Bezirksgendarmeriekommando war in Mureck stationiert. Erst mit der Übernahme der Befehlsgewalt durch das englische Militär und nach Abzug der sowjetischen Truppen und der Partisanenverbände trat eine allgemeine Erleichterung ein.

Durch harte Arbeit und besonderen Fleiß zu bescheidenem Wohlstand

In den folgenden Jahren und Jahrzehnten entwickelte sich der Bezirk Radkersburg zwar etwas langsamer als andere Bezirke, doch konnte auch hier durch Tüchtigkeit und Fleiß der Bewohner jener Wohlstand geschaffen werden, der heute allgemein herrscht. Es war stets Aufgabe und Verpflichtung der Gendarmeriebeamten des Bezirkes, der Bevölkerung beizustehen, wenn Unrecht Fuß zu fassen drohte.

Der Zerfall Jugoslawiens – Gendarmen sicherten die Grenze

Die letzte Herausforderung an die Gendarmerie, die die Sicherheit des Bezirkes zu bedrohen schien, war die Zeit des slowenischen Unabhängigkeitskrieges vom 28. Juni bis 4. Juli 1991, als Truppen der jugoslawischen Volksarmee die Grenzübergänge, hier auch jenen von Bad Radkersburg, auf slowenischer Seite besetzten. Das Bezirksgendarmeriekommando Radkersburg und der Gendarmerieposten Bad Radkersburg mußten vorübergehend wegen ihrer unmittelbaren Grenznähe geschlossen und in sichere Gebäude verlegt werden, was jedoch nicht die Funktion beider Organisationseinheiten beschränkte.

Therme Bad Radkersburg, ein touristisches Standbein im Bezirk.
Bild: Foto Klöckl, Bad Radkersburg

Bezirksgendarmeriekommando Radkersburg heute

An der Spitze steht das Bezirksgendarmeriekommando mit vier Beamten. Die größte Dienststelle ist der Grenzüberwachungsposten Klöch mit 51 Beamten, davon 8 Beamtinnen. Der größte Gendarmerieposten und zugleich Bezirksleitzentrale im Bezirk ist der Gendarmerieposten Radkersburg mit 19 Gendarmeriebeamten. Größere Dienststellen sind weiters der Grenzüberwachungsposten Weitersfeld mit 25 Beamten und der Gendarmerieposten Mureck mit 12 Beamten. Auf dem Gendarmerieposten St. Peter/O. verrichten sechs Beamte ihren Dienst. Kleinere Posten sind der Gendarmerieposten Halbenrain mit 5 und der Gendarmerieposten Straden mit 4 Beamten.

Die 58 km lange EU-Außengrenze zu Slowenien erfordert aufgrund der derzeitigen Lage eine besondere Sicherung. Vor allem Schlepper bringen illegale Grenzgänger ins Land.

Die beiden Grenzüberwachungsposten Klöch und Weitersfeld sind derzeit, vor allem durch den Kosovo-Konflikt voll beschäftigt, den Flüchtlingsstrom an der grünen Grenze aufzufangen.

Einen wichtigen Beitrag zur Sicherung der EU-Außengrenze leistet auch der Straßengrenzübergang Bad Radkersburg mit 28 Bediensteten, davon 3 Frauen, die bei allen einreisenden Personen eine sogenannte Schengenkontrolle durchführen müssen.

Erhöhter Arbeitsanfall nach dem EU-Beitritt

Für die Beamten des Bezirkes Radkersburg stellt der Beitritt Österreichs zur Europäischen Union und mit der damit notwendigen Sicherung der EU-Außengrenze eine neue Herausforderung dar. Die neu geschaffenen Dienststellen und zwar die Grenzüberwachungsposten Klöch, Weitersfeld und die Grenzkontrollstelle Bad Radkersburg, deren Personal hauptsächlich aus optierten Zollwachebeamten und Neuaufnahmen besteht, sind in die Gendarmerie des Bezirkes integriert worden. Es sind aber weiterhin Umschulungsmaßnahmen und ein umfangreiches Ausbildungsprogramm notwendig, um organisatorische und verwaltungsmäßige Maßnahmen gezielt durchführen zu können.

Die Gendarmerie als »Arbeitgeber«

Mit einem Gesamtpersonalstand von mittlerweile 151 Beamten, die auch größtenteils im Bezirk wohnen, ist die Österreichische Bundesgendarmerie einer der größten »Betriebe« in einem ansonsten schwachen wirtschaftlichen Randgebiet.

Trotz Grenzgebiet – ein sicherer Bezirk

Die relativ hohe Gendarmeriepräsenz und das ländliche Umfeld sorgen für ausgezeichnete Sicherheitsverhältnisse, die es den Kurgästen dieser außerordentlich schönen Region auch nach Mitternacht gefahrlos ermöglichen, durch die wunderschöne Aulandschaft zu spazieren. Aber nicht nur ihre eigene Sicherheit ist gewährleistet, sie können auch mit ihrem »eigenen« Fahrzeug wieder die Heimreise antreten.

Um diesen hohen Sicherheitsstandard und das gute Verhältnis zur Bevölkerung auch weiterhin beibehalten zu können, wird von den Gendarmen auch in Zukunft viel Geschick und Einfühlungsvermögen erforderlich sein. Vor allem wenn es darum geht, in dieser wirtschaftlich schwachen Region den zahlreichen Urlaubsgästen das Gefühl zu geben, daß die Beamten ein wahrer »Freund und Helfer« sind.

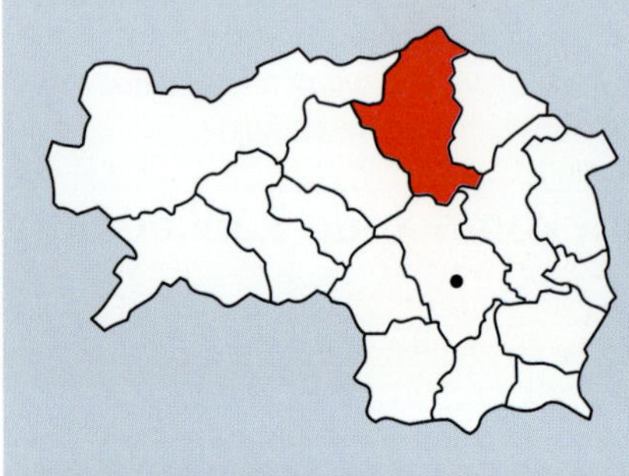

Bruck an der Mur

Herbert Huber
Günther Karner

Größe in km²	*1.307,04*
Gemeinden:	*21*
Einwohner:	*67.774*
Anzahl der Dienststellen:	*10*
Systemisierter Personalstand:	*133*
Auf einen Exekutivbeamten entfallende Einwohner:	*510*
Bundesgrenze in km:	*–*
Autobahnen in km:	*–*
Bundesstraßen in km:	*139,77*
Landesstraßen in km:	*287,3*

Sehenswürdigkeiten Attraktionen:
Basilika Mariazell,
Kornmesserhaus Bruck an der Mur,
Stadtpfarrkirche Bruck an der Mur,
Neues Rathaus Kapfenberg,
Schmidthaus Kapfenberg,
Burg Oberkapfenberg,
Bärenschützklamm Mixnitz,
Erdfunkstelle Graßnitz,
Luftkurort Aflenz

Der Bezirk im Hochschwabmassiv

Der in der Obersteiermark gelegene Bezirk Bruck an der Mur wird durch das bis 2.200 Meter hohe Hochschwabmassiv beherrscht. Dies ist auch der Grund für die geographische Trennung des Mariazeller Landes im Norden vom südlichen Teil der Mur-Mürz-Furche. Bruck an der Mur ist der flächenmäßig drittgrößte Bezirk der Steiermark und wird von vielen Gegensätzen beherrscht.

Innerhalb der Steiermark liegt der Bezirk verkehrsmäßig gesehen im Schnittpunkt zwischen den Verbindungen West-Ost und Nord-Süd, wobei sich die Verbindung Nord-Süd durch den Ausbau der Phyrnautobahn A 9 eher in den Bezirk Leoben verlagert hat.

Basilika Mariazell. *Bild: Raimund Wrana, Bruck an der Mur*

Wallfahrtsbasilika Mariazell

Hauptgrund für die frühe Besiedlung des Ballungsraumes Bruck an der Mur–Kapfenberg waren die günstige geographische Lage und die bereits im Altertum errichteten guten Verbindungswege. Hier, am Treffpunkt von drei Tälern, siedelte der Mensch seit der Jungsteinzeit durch alle Epochen der Vorgeschichte. Während Bruck an der Mur bereits im Jahre 860 erstmals urkundlich erwähnt wird, findet sich die erste schriftliche Aufzeichnung über das Entstehen der Stadt Kapfenberg erst im Jahre 1145. Im Mittelalter waren beide Städte ein blühendes Handelszentrum, im 17. und 18. Jahrhundert fand jedoch ein wirtschaftlicher Niedergang statt, der erst im 19. Jahrhundert durch die technische und industrielle Entwicklung, sowie den Anschluß an das Eisenbahnnetz ein Ende fand. Beide Städte erhielten dadurch einen starken Auftrieb, der ihnen das Gepräge einer zukunftsorientierten Verkehrs-, Einkaufs- und Industriestadt gab und gibt.

Seit mehr als 800 Jahren brennen in Mariazell die Kerzen vor dem berühmtesten Marienheiligtum Mitteleuropas. Mariazell ist jedoch nicht nur als Marienwallfahrtsort bekannt, sondern auch als Urlaubsort zu jeder Jahreszeit und bildet das Zentrum des Bezirkes im Norden des Hochschwabmassives.

Wirtschaftsaufschwung und Rezession

Nach dem Zweiten Weltkrieg war der Bezirk von den Briten besetzt. Die Bevölkerung ließ sich davon jedoch nicht beirren und bald ging es in der Region durch die verstaatlichte Industrie wirtschaftlich steil bergauf, was zu einer gewissen Erleichterung der Arbeit im Gendarmeriebereich führte.

Die verstaatlichten Betriebe schlitterten jedoch in den vergangenen Jahren aufgrund der weltweiten Rezession in eine Krise, was zu vielen Rationalisierungsmaßnahmen, verbunden mit dem Verlust von Arbeitsplätzen in der gesamten Region führte.

Zwischenzeitlich wurde jedoch durch Neuerungen und Umstrukturierungen in der Industrie sowie dem Aufbau eines leistungsfähigen Handels- und Dienstleistungsgewerbes eine Änderung herbeigeführt. Diese Maßnahmen sind aber derzeit noch nicht von Erfolg gekrönt. Die Arbeitslosigkeit ist nach wie vor hoch.

Arbeit und Erholung

So ist der Ballungsraum Bruck an der Mur – Kapfenberg mit seinen 50.000 Einwohnern das wirtschaftliche, kulturelle und sportliche Zentrum der Obersteiermark. Eine hochentwickelte Industrie mit modernsten umweltfreundlichen Technologien im Bereich der Edelstahlverarbeitung, Papiererzeugung und Holzverarbeitung sowie modernster Herstellung von Zubehörteilen für die Rennfahrtechnik hat sich hier neben touristischen Angeboten im Sportbereich etabliert.

Obwohl der Bezirk Bruck der Mur durch die Schwerindustrie gezeichnet ist, finden die Menschen auch reichlich Erholungsgebiete vor. Hier wären vor allem das Mariazeller Land und der Kurort Aflenz mit den teilweise unberührten, wunderschönen Waldgebieten, die Gegend um Tragöß und Breitenau, zu erwähnen. Die Nächtigungszahlen können fast jährlich gesteigert werden, wodurch dem Fremdenverkehr eine immer größer werdende Bedeutung zukommt. In der Sommersaison gab es im Jahre 1998 rund 240.000 Übernachtungen, im Winter nächtigten rund 130.000 Personen. Obwohl es in Aflenz und Turnau gut ausgebaute Schigebiete gibt, geht der Trend zum Sommertourismus.

Von den unselbständig Erwerbstätigen sind rund 4,4 Prozent in der Land- und Forstwirtschaft, rund 45 Prozent in Industrie, Gewerbe und Bauwesen und rund 50,6 Prozent im Dienstleistungsbereich tätig.

Kapfenberg – allseits beliebter Trainings- und Wettkampfort für Fußballvereine

Das Sportzentrum Kapfenberg hat sich zu einer anerkannten Trainingsstätte für professionelle Fußballclubs aus dem In- und Ausland entwickelt. Die Stadt ist aufgrund ihrer engagierten Mitarbeiter und ihres hohen Sicherheitsstandards Garant für organisatorische Höchstleistungen bei der Austragung von UEFA-Cup-Spielen, Länderspielen und internationalen Leichtathletik-Wettkämpfen.

Gleichzeitig ist der Bereich Bruck an der Mur – Kapfenberg das Einkaufszentrum der Obersteiermark mit einer Vielzahl von Handels- und Kaufhausbetrieben. Damit verbunden sind natürlich auch viele Betriebe im Dienstleistungsbereich.

Auch die Gendarmerie hat Tradition

Nach der »Geburtsstunde« der Gendarmerie im Jahre 1849 wurden im Folgejahr im Bezirk Bruck an der Mur vier Gendarmerieposten errichtet. Es waren dies Bruck an der Mur, Aflenz, Mariazell und Seewiesen. In den nächsten fünf Jahren folgten Breitenau, Kirchdorf, Weichselboden und Wegscheid. Nach vielen Verlegungen und Umstrukturierungen von Dienststellen, die sich aufgrund der sich ständig ändernden Voraussetzungen ergaben, gibt es heute im Bezirk 10 Gendarmerieposten. Es sind dies Bruck a. d. Mur, Breitenau am Hochlantsch, Kirchdorf bei Pernegg, Kapfenberg, Schirmitzbühel, St. Marein im Mürztal, St. Kathrein an der Laming, Thörl, Gußwerk und Mariazell. Weiters ist in Bruck a. d. Mur eine Außenstelle der Verkehrsabteilung errichtet.

Die historische Entwicklung der Gendarmerie im Bezirk ist durch das Zeitalter der Industrialisierung gegen Ende des 19. Jahrhunderts geprägt. Durch die zahlreichen Arbeitersiedlungen in Bruck an der Mur, Kapfenberg und St. Jakob in der Breitenau und die dort aufgrund der sozialen Mißstände immer wieder vorkommenden Unruhen mußten in diesen Orten verstärkt Gendarmen stationiert werden. Auch die Entwicklung Bruck an der Mur und Kapfenberg als Verkehrsknotenpunkte waren Gründe für eine Verstärkung der bereits vorhandenen Gendarmeriekräfte. In den Tagen des Bürgerkrieges von 1934 war die Gendarmeriekaserne in Bruck an der Mur Ziel heftigen Beschusses durch sozialdemokratische Schutzbündler unter Koloman Wallisch. Im Zuge dieser Gefechte wurde ein Gendarm getötet, ein weiterer kam in Thörl ums Leben.

Eine äußerst schwierige Aufgabe kommt den besonders ausgebildeten Alpingendarmen bei der Dienstverrichtung im Gebirge zu. Das Gebiet des Hochschwabs ist ein besonders beliebtes Ziel für Bergsteiger und Bergwanderer. Dementsprechend hoch ist auch die Zahl der Verunglückten, die von den Beamten oft nur unter Einsatz ihres eigenen Lebens gerettet werden können.

Einzigartig in Österreich ist sicherlich die im Jahre 1456 erbaute, sogenannte Burg-Kaseme, die seit dem Jahre 1925 als Amtsgebäude der Gendarmerie dient. Heute ist sie Unterkunft für das Bezirksgendarmeriekommando Bruck an der Mur, den Gendarmerieposten, sowie der Außenstelle der Verkehrsabteilung.

Die »Gendarmeriekaserne« in Bruck an der Mur.
Bild: Raimund Wrana, Bruck an der Mur

Aus der Chronik

Während des Aufstandes im Feber 1934 kam es auch in Bruck/Mur zur schweren Ausschreitungen. Unter Leitung von Koloman W. versuchten Schutzbündler am 12. Feber auch die Gendarmeriekaserne in der Herzog-Ernst-Gasse zu stürmen. Im Zuge der Auseinandersetzungen wurden ein Gendarm und ein Angreifer getötet. Die Gendarmen konnten nur unter größtem Einsatz das Eindringen der Aufständischen in die Kaserne verhindern.

Am 23. Juni 1934 gab es einen Sprengstoffanschlag auf das Katholische Pfarramt in Kapfenberg, wobei der Kaplan Franz E. getötet wurde. Verwendet wurde ein selbstgebastelter Sprengkörper mit Zeitzünder. Der Täter, Max K., konnte zwei Monate später bei einem weiteren Sprengstoffattentat ausgeforscht werden.

Der 12. August 1958 zählt zu den schrecklichsten Tagen für die Bewohner des Mürztales. In den Nachmittagsstunden gab es ein fürchterliches Gewitter, wodurch Feisterer Bach, Breitenauer Bach und Eiweggbach aus den Ufern traten und zu reißenden Flüssen wurden. Innerhalb von zwei Stunden stand man dem entfesselten Treiben dieser Naturgewalt hilflos gegenüber. Meterhoch schoß das Wasser über den Dorfplatz von Breitenau, zwischen den Häusern hindurch, so daß es in die ebenerdigen Räume eindrang und die Menschen in die oberen Stockwerke flüchten mußten.

Wie gefährlich der Einsatz im alpinen Gelände ist, zeigt ein tragischer Vorfall am 25. März 1998. Damals fand der Alpingendarm Oberst Günther Karner bei einer Einsatzübung in den Stubaier Alpen den Tod. In der Mittagszeit kam er auf dem Schrankogel in 3.275 Meter Höhe auf einem steilen Schneefeld zu Sturz, rutschte 25 Meter ab und stürzte über mehrere felsdurchsetzte Steilstufen in eine Schneerinne.

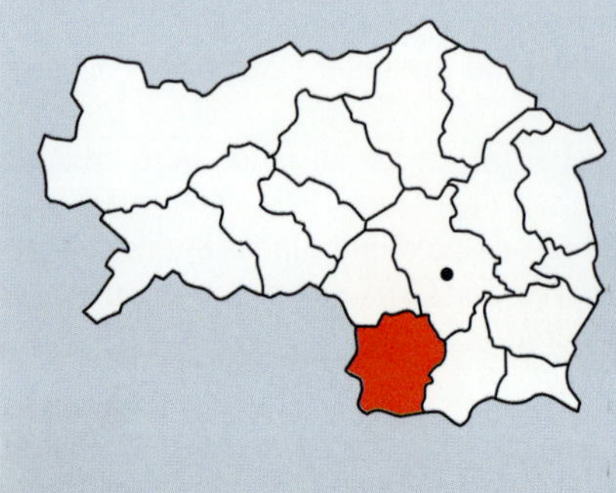

Deutschlandsberg

Größe in km²	*863*
Gemeinden:	*40*
Einwohner:	*60.581*
Anzahl der Dienststellen:	*13*
Systemisierter Personalstand:	*125*
Auf einen Exekutivbeamten entfallende Einwohner:	*599*
Bundesgrenze in km:	*24,4*
Autobahnen in km:	*4,7*
Bundesstraßen in km:	*90,8*
Landesstraßen in km:	*280*

Sehenswürdigkeiten Attraktionen:
Burgruine Deutschlandsberg (11. Jh.), Klöpfenmuseum Eibiswald, Feuerwehrmuseum Groß St. Florian, Schloß Stainz, Flascherlzug, Nostalgieschmalspurbahn von Stainz nach Preding Lannach, Schloß Lannach (16. Jh.)

Alois Herzog

Der Bezirk liegt in der Südwestecke der Steiermark, angrenzend an die junge Republik Slowenien. Er ist eingebettet zwischen den hochaufragenden Felsen der Koralm, der Gleinalm und der Stubalm im Westen und dem Hügelland der Gleinz und Greith im Osten. Die Grenze im Süden bildet der mächtige Kapunerkogel, sanfte Hügel in Norden schließen den Kreis. Unsere »Nachbarn« sind im Westen das Bundesland Kärnten und der Bezirk Voitsberg, in Norden und Osten die Bezirke Graz-Umgebung und Leibnitz.

Landwirtschaft vom Klima begünstigt

Reiche Fruchtbarkeit, bedingt durch ein mildes, fast südliches Klima, das vor allem die Landwirtschaft begünstigt, verleiht dieser Landschaft die unverwechselbare Schönheit, Ausgewogenheit und Harmonie. Bereits Erzherzog Johann hat dieses Gebiet wohl zu Recht als das »steirische Paradies« bezeichnet. Hier wächst der berühmte »Schilcher«, das Blut der Weststeiermark, hier gedeiht das dunkle Kernöl wohl am besten.

Die geschichtliche Entwicklung des Bezirkes

Frühe Spuren der Menschheit im Bezirk stammen aus den 4. Jahrtausend v. Chr. Doch erst seit dem 12. Jahrhundert n. Chr. mehren sich die geschichtlichen Hinweise. So wurde der Name der Burg Landsberg 1188 erstmals urkundlich erwähnt. Zum Zeitpunkt der Gründung der Österreichischen Bundesgendarmerie im Jahre 1849 hatte der damalige Markt Deutschlandsberg gerade 600 Einwohner. 1868 kam die damals neu errichtete Bezirkshauptmannschaft nach Deutschlandsberg.

Burg Deutschlandsberg aus dem 12. Jahrhundert.
Bild: Max Deix, Deutschlandsberg

Der damalige Bezirkshauptmann Ferdinand Praunegger und der Kaufmann Florian Pojatzi, Gründer der Zündholzfabrik »Solo« in Deutschlandsberg, waren maßgeblich daran beteiligt, daß die Bahnlinie Lieboch–Wies gebaut und – trotz eines Umweges – über Deutschlandsberg geführt wurde. Das Ende der Monarchie im Jahre 1918 war für den Bezirk ein schwerer wirtschaftlicher Rückschlag, der im Niedergang einiger Papierfabriken, insbesondere aber mit der Schließung der Zündholzfabrik »Solo« seinen Niederschlag fand.

Langsamer Wirtschaftsaufschwung

Der Bezirk Deutschlandsberg bildete lange Zeit aufgrund seiner geographischen Randlage ein wirtschaftliches Stiefkind der Steiermark. Doch neue Betriebe wurden nach Deutschlandsberg geholt, so vor allem im Jahre 1970 das Elektronikwerk »Siemens«, das derzeit mehr als 1.200 Arbeitskräfte beschäftigt. Erwähnenswert ist vor allem auch die Inbetriebnahme des Krankenhauses Deutschlandsberg im Jahre 1985 und die rasante Entwicklung der Stadt Deutschlandsberg zur Schul-, Industrie- und Einkaufsstadt.

Die Zahl der Betriebe wächst von Jahr zu Jahr und liegt derzeit bei etwa 2.200. Die Beschäftigungslage ist im großen und ganzen zufriedenstellend. Die Arbeitslosigkeit liegt derzeit deutlich unter dem österreichischen Durchschnitt. Allerdings macht der allgemeine wirtschaftliche Strukturwandel auch vor den Bezirksgrenzen nicht halt. Die teilweise beängstigende Entwicklung im Bereich der Nahversorgung durch die Ansiedlung von Mega-Einkaufszentren, entwickelt sich zu einem fast unlösbaren Problem.

Die »Schornsteinindustrie« ist praktisch zur Gänze verschwunden. Dafür etablieren sich in vielen Marktnischen ideenreiche und gesunde Unternehmungen. Leitbetriebe wie z. B. Siemens-Matushita Computers mit 1.600 Beschäftigten oder die Holzindustrie Leitinger prägen nachhaltig das wirtschaftliche Erscheinungsbild des Bezirkes. Rund 11.000 Menschen finden derzeit in der gewerblichen Wirtschaft Arbeit, davon bilden ca. 10 % als Lehrlinge künftigen Facharbeiterzuwachs.

Gendarmerie im Wandel

Waren bis etwa zur Mitte des 19. Jahrhunderts die Menschen des Bezirkes fast ausschließlich in der Landwirtschaft beschäftigt gewesen, so änderte sich dies ab diesem Zeitpunkt durch die einsetzende rasche industrielle Entwicklung des Bezirkes völlig. Durch diese Zuwanderung von Arbeitskräften kam es zwangsläufig immer wieder zu sozialen Spannungen, die zu Auseinandersetzungen, Schlägereien und Gewaltdelikten führten. Als Reaktion der für die Aufrechterhaltung der öffentlichen Ordnung, Ruhe und Sicherheit verantwortlichen Stellen wurden weitere Gendarmerieposten eröffnet. Im Jahre 1921 war dieser Prozeß

»Klapotetz« mit Blick auf Deutschlandsberg. Bild: Max Deix, Deutschlandsberg

vorläufig abgeschlossen, es gab im Bezirk insgesamt 17 Dienststellen. Wegen Rationalisierungsmaßnahmen wurden im Jahre 1967 der Gendarmerieposten Trahütten und im Jahre 1969 der Gendarmerieposten Wettmannstätten geschlossen, im Jahre 1993 wurden der GP Pölfing-Brunn mit dem GP Wies und der GP Frauental mit dem GP Deutschlandsberg zusammengelegt. Zur Erfüllung des Schengener Abkommens nach dem EU-Beitritt Österreichs wurde mit 1. Jänner 1996 in Soboth eine neue Grenzdienststelle, der Grenzüberwachungsposten (GÜP) Soboth, eingerichtet.

Motivierte Beamte sind Garant für eine hohe Aufklärungsquote

Alle Dienststellen sind durchwegs in modernen, geräumigen und zweckentsprechenden Unterkünften untergebracht, das Bezirksgendarmeriekommando und der Gendarmerieposten Deutschlandsberg beispielsweise in einem architektonisch äußerst modernen Bundesbau in der Bahnhofsstraße in Deutschlandsberg.

Die Sicherheitsverhältnisse im Bezirk sind außergewöhnlich gut, Verbrechen und Vergehen liegen unter dem allgemeinen Durchschnitt. Von Morden, Banküberfällen oder andere Formen der Gewaltkriminalität blieb der Bezirk in den letzten Jahren weitgehend verschont, und wenn, dann wurden derartige Verbrechen in kürzester Zeit geklärt. Auch die Suchtgiftkriminalität konnte im Bezirk dank einer diesbezüglichen massiven Prävention nur in sehr geringem Ausmaß Einzug halten.

Kampf gegen Raser durch Kreisverkehr

Das Verkehrsaufkommen ist auch im Bezirk Deutschlandsberg in den letzten Jahren massiv angestiegen. Die Zahl der Verkehrsunfälle, Alkoholdelikte und Geschwindigkeitsübertretungen ist dementsprechend hoch. Erwähnenswert ist in diesem Zusammenhang der Bau einer Serie von Kreisverkehren auf der B 76 von Eibiswald nach Graz. Insgesamt acht neue Kreisverkehre zwingen hier die Lenker zur Verringerung der Geschwindigkeit.

Grenze zu Slowenien ist gut gesichert

Die Sicherheitsbedingungen an der Staatsgrenze zu Slowenien sind außergewöhnlich gut. Bedingt durch die beinahe alpinen topographischen Verhältnisse sind Schleppertätigkeiten und demzufolge auch Aufgriffe von Schleppern und Geschleppten äußerst selten. Zudem sorgen die derzeit 25 Bediensteten des Grenzüberwachungspostens Soboth durch kontinuierliche Tag- und Nachtstreifen für eine möglichst lückenlose Überwachung der grünen Grenze. Der Grenzübergang Radlpaß wird derzeit noch von der Zollwache betreut. Eine Einbindung in die Aufgaben der Gendarmerie ist vorgesehen.

Schlagzeilen in den Medien

Wolfsjagd im Koralmgebiet

Im Mai 1913 tauchte im Koralmgebiet ein Raubtier – man nannte es »Bauernschreck« – auf, worauf vom 15. September 1913 bis zum 10. Dezember 1913 eine Konzentrierung von 140 Gendarmen unter der Leitung von Rittmeister Ragossnigg angeordnet wurde. Hiezu wurden in Osterwitz, Kloster und St. Oswald o. E. sogar Gend.-Expondituren errichtet. Am 5. März 1914 wurde das Raubtier, es handelte sich um einen 6jährigen Wolfsrüden, von einem Jäger erlegt.

Sturm auf Gendarmerieposten Pölfing-Brunn

Am 5. Juli 1959 gab es durch Angehörige der Blasmusik Pölfing-Brunn, die nach einem ausgelassenen Fest sichtlich alkoholisiert waren, einen Sturm auf den örtlichen Gendarmerieposten. Der Kriegsversehrte, einbeinige Johann Landtner mußte, nachdem er in einem Lokal randaliert hatte, festgenommen und zum Gendarmerieposten eskortiert werden. Innerhalb kürzester Zeit versammelten sich etwa 100 Personen, die versuchten, die Dienststelle zu stürmen. Nachdem die Beamten Verstärkung angefordert hatten, konnte die Belagerung nur durch den Einsatz von Gummiknüppeln und durch Abgabe von Warnschüssen beendet werden.

Großfahndung nach entwichenem Affen in St. Stefan o. Stainz

Am 1. Mai 1969 entwich aus einem Wanderzirkus ein Pavian. Auf der Flucht biß das Tier zwei Schulkinder, stieg in Lernsitz bei St. Stefan o. Stainz in ein Haus ein und fraß dort 30 Eier, ein kg Honig, fünf Stück Wienerschnitzel und eine Schüssel Pudding. Dazu trank er einen Liter Milch. Anschließend biß er den Besitzer 13mal in den linken Unterarm. Das Tier konnte nur durch ein Großaufgebot von Gendarmen wieder eingefangen werden.

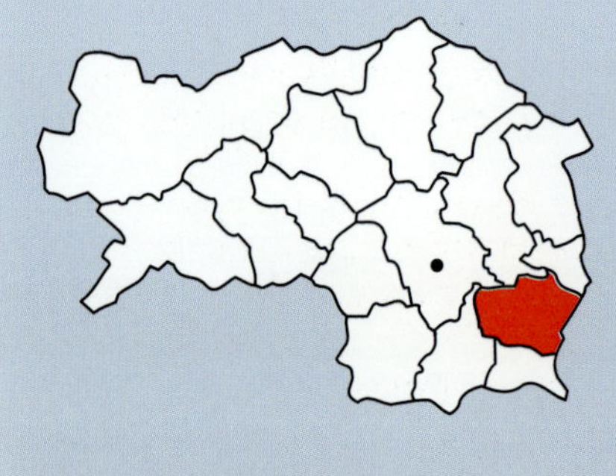

Feldbach

Anton Schuh

Größe in km²	*726,96*
Gemeinden:	*55*
Einwohner:	*67.161*
Anzahl der Dienststellen:	*9*
Systemisierter Personalstand:	*100*
Auf einen Exekutivbeamten entfallende Einwohner:	*671*
Bundesgrenze in km:	*3,8*
Autobahnen in km:	*–*
Bundesstraßen in km:	*57,6*
Landesstraßen in km:	*238,8*

Sehenswürdigkeiten Attraktionen:
Riegersburg mit Haxenmuseum, Tabor in Feldbach mit verschiedenen Museen, Schloß Kornberg, Schloß Kapfenstein, Heimatmuseum Mühldorf, Weltmaschine in Edelsbach

Der östlichste Bezirk der Steiermark

Der Bezirk Feldbach liegt im südöstlichen Teil von Österreich, grenzt im Norden an die Bezirke Fürstenfeld und Weiz, im Westen an die Bezirke Leibnitz und Graz-Umgebung. Im Osten befindet sich die burgenländische Landesgrenze zum Bezirk Jennersdorf, im Süden liegt der Bezirk Bad-Radkersburg, aber auch eine 3,8 km lange Bundesgrenze zu Slowenien.

Immer wieder in Kriegswirren hineingezogen

Schon zur Römerzeit dürften im Feldbacher Raum Siedlungen bestanden haben, was durch den Fund einer römischen Haarnadel (Fibel) abgeleitet werden kann. Eine geordnete Besiedelung des Feldbacher Raumes kann durch verschiedene Funde aus dem 11. Jahrhundert belegt werden. Die gesamte Region war aber zu allen Zeiten Gefahren aus dem Osten ausgesetzt, weshalb zum Schutz vor einfallenden Völkern verschiedene Burgen und Schlösser entstanden sind. Die mächtigste Burg ist die Riegersburg, die stets zum Schutz des christlichen Abendlandes diente und nie eingenommen werden konnte. 1605 fielen mehrmals die Hajducken in Feldbach ein und brannten den Ort nieder. Um 1700 fanden mehrere Überfälle durch die Kuruzzen statt, wo abermals ein Großteil der Häuser zerstört und durch Feuer vernichtet wurde. An diese Zeit erinnert der Kuruzzenkogel zwischen Feldbach und Bad Gleichenberg.

Riegersburg; die Entstehungsgeschichte der wohl mächtigsten Burg in der Steiermark reicht bis auf das Jahr 1122 zurück. *Bild: BGK Feldbach*

Kriegsgefangenenlager im Ersten, schwere Schäden im Zweiten Weltkrieg

Im Ersten Weltkrieg bestand im Raum Feldbach ein riesiges Kriegsgefangenenlager, in dem mehr als 50.000 Menschen interniert waren. Noch heute befindet sich dort eine Baracke und erinnert an diese schreckliche Zeit. In den letzten Tagen des Zweiten Weltkrieges tobten wilde Gefechte zwischen sowjetischen und deutschen Armeeinheiten, da die Front bei Feldbach, am sogenannten Steinberg, verlief. Es gab derart heftige Kämpfe, daß kein einziges Haus dieser Gemeinde unversehrt blieb.

Mariannenquelle Bad Gleichenberg. *Bild: BGK Feldbach*

Das Territorium des Bezirkes besteht in der jetzigen Form seit 15. Oktober 1938. Gab es ursprünglich die Gerichtssprengel Feldbach, Fehring und Kirchbach, so ist für den gesamten Bezirk heute nur mehr der Sprengel Feldbach aufrecht. Ein dazugehöriges Gefangenenhaus wurde in den 50er Jahren aufgelassen.

Agrarbezirk mit zahlreichen Firmenansiedlungen

Der Bezirk Feldbach ist überwiegend ein Agrarbezirk. Durch die günstige Hügellage und das milde Klima wird Acker-, Obst- und Weinbau betrieben. Den ausgezeichneten Wein kann man in gemütlichen Buschenschenken genießen und sich mit deftigen Produkten aus eigener Schlachtung stärken. Die Bezirks-Vinothek in St. Anna/A. bietet viele Raritäten aus der gesamten Region. In jüngster Zeit haben viele Landwirte zur Selbstvermarktung ihrer Produkte gegriffen und man kann diese auf Bauernmärkten und auch direkt ab Hof erwerben. Bekannt ist aber vor allem das Kürbiskernöl, das durch Anbau von Kürbissen und Ausschlagen der Kerne gewonnen wird. Aufgrund seiner besonderen Qualität ist es auch von der EU markenrechtlich geschützt.

Neue Perspektiven ergeben sich auch durch den Bau von Biomasse-Heizanlagen, in denen Hackschnitzel zur Befeuerung verwendet werden, was einer effizienten Waldbewirtschaftung zugute kommt.

Hinsichtlich der Industrie- und Handelsbetriebe hat in den letzten zehn Jahren eine starke Aufwärtsentwicklung eingesetzt. Zahlreiche Firmen haben sich in und um Feldbach angesiedelt. Von den Industriebetrieben sind eine Lederfabrik, ein Basaltsteinbruch, ein Leiterplattenwerk, sowie ein Textilerzeugungsbetrieb mit insgesamt ca. 1.500 Beschäftigten zu erwähnen.

Die Beamten einiger Gendarmieposten mußten sich, verbunden mit der Gründung der Großbetriebe, von der ländlichen Bevölkerungsstruktur auf andere industrielle Bevölkerungschichten umstellen und damit neue Wege der Ausforschung und Fahndung beschreiten.

Schwerpunktkrankenhaus Feldbach

Das in kürzester Zeit ausgebaute und mit modernsten medizinischen Geräten eingerichtete Schwerpunktkrankenhaus in Feldbach gewährleistet eine ausgezeichnete ärztliche Versorgung der gesamten Region. Durch die hohe Auslastung und des damit verbundenen Besucherstromes ergeben sich aber für die Gendarmen vor allem auf dem Gebiete des Verkehrs- und Kriminaldienstes noch zusätzliche Aufgaben.

Viele Schulen binden Kräfte der Gendarmerie

Während in der Bezirksstadt alle höheren Schulen (BORG, HAK, HASch, Fachschule für wirtschaftliche Frauenberufe) samt einer Landesberufsschule für Bürolehrlinge angesiedelt sind, befinden sich in Bad Gleichenberg Gastgewerbe- und Tourismusschulen. Im Schloß Stein bei Fehring gibt es außerdem noch eine Fachschule für wirtschaftliche Berufe. In Feldbach halten sich an den Wochentagen täglich ca. 400 und in Bad Gleichenberg etwa 1.000 SchülerInnen auf, wodurch zusätzlich Kräfte der Gendarmerie gebunden sind.

Fremdenverkehr

Eine immer größere Bedeutung kommt dem Fremdenverkehr zu, liegt der Bezirk Feldbach doch in der Thermenregion. Bad Gleichenberg ist einer der ältesten Kurorte Österreichs. Diese Gemeinde hat durch Villen und Häuser aus der Kaiserzeit ein eigenes Flair und zieht daher nicht nur Gesundheitstouristen an. Äußerst beliebte Ausflugsziele sind auch der gepflegte Kurpark, sowie der wunderschöne 9-Loch-Golfplatz und das Schloß Bad Gleichenberg. Von dem unmittelbar neben dem Schloß gelegenen Golfcafe kann man das gesamte Gleichenbergtal überblicken und bei Kaffee und Kuchen die wunderschöne Landschaft genießen.

Feldbach, Marktplatz mit Pfarrkirche St. Leonhard. Nach schwerer Beschädigung im Zweiten Weltkrieg wurde sie wiederhergestellt und ein neuer Turm daneben errichtet. *Bild: BGK Feldbach*

Ausgezeichnete Erholungsmöglichkeiten bieten neben einem gut ausgebauten Netz von Radwegen, Tennis- und Sportplätze, Frei- und Hallenbäder, sowie viele qualitativ äußerst hochstehende Hotel- und Gastronomiebetriebe.

Im Bildungshaus des Schlosses Johnsdorf und im »Haus der Region« beim Schloß Kornberg finden nationale und internationale Bildungsveranstaltungen statt.

Mit seinen vielen Burgen und Schlössern zählt dieses Gebiet zur »Steirischen Schlösserstraße«. In den restaurierten, jahrhundertealten Bauten sind jährlich viele Ausstellungen und zahlreiche kulturelle Veranstaltungen zu sehen.

Entwicklung der Gendarmerie

Die Aufstellung eines Gendarmeriekorps geht auf das Jahr 1850 zurück. Wie die Gendarmerie damals strukturiert war, konnte nicht mehr eruiert werden. Es gibt auch keine Aufzeichnungen oder Dokumentationen über die Entstehung der einzelnen Gendarmerieposten. Sicher ist jedoch, daß der Gendarmerieposten Feldbach die älteste Dienststelle im Bezirk ist. Die Errichtung der Bezirkshauptmannschaft Feldbach erfolgte nach Trennung von Justiz und Verwaltung am 31. 8.1868. Im Jahre 1996 gab es mit der Zusammenlegung der Gendarmerieposten Hatzendorf und Riegersburg die vorerst letzte Umstrukturierung der Gendarmerie im Bezirk. Somit bestehen nunmehr neun Dienststellen, wovon St. Anna/Aigen mit sechs den geringsten und Feldbach mit 30 Beamten den größten Personalstand aufweisen.

Einer der sichersten Bezirke Österreichs

Da sich die Stadt Feldbach innerhalb der letzten 10 Jahre zur bedeutendsten Einkaufs- und Schulstadt der südöstlichen Steiermark und des südlichen Burgenlandes entwickelt hat, ist ein entsprechend hohes Verkehrsaufkommen zu verzeichnen. Im Beobachtungszeitraum 1998 waren 2.330 Verkehrsunfälle zu verzeichnen, bei denen neun Menschen ums Leben kamen und 547 verletzt wurden. In diesem Zusammenhang ist auch »Alkohol am Steuer« von Interesse; 306 alkoholisierten Lenkern mußte der Führerschein abgenommen werden.

Durch das Ballungszentrum rund um die Bezirkshauptstadt ist auch die Kriminalität, und hier besonders der Suchtgiftmißbrauch, im Steigen begriffen. Vor allem in den zahlreichen Schulen müssen die Schüler vor diesem heimtückischen Gift gewarnt werden. Mit zusätzlicher Aufklärungsarbeit von speziell geschulten Gendarmeriebeamten soll einerseits bereits im Vorfeld präventiv gewirkt und andererseits die Bekämpfung gegen Dealer mit allen Mitteln verstärkt werden. Im Beobachtungszeitraum wurden 84 Personen wegen Suchtgiftdelikten angezeigt.

Im Bereich der übrigen Kriminalität ist natürlich im Bereich der Einkaufszentren eine erhöhte Kriminalitätsrate – bedingt durch viel Kleinkriminalität wie Ladendiebstähle etc. – angefallen. Trotzdem konnte bezirksweit ein sehr gute Aufklärungsquote erzielt werden. Bei 254 bekanntgewordenen Verbrechenstatbeständen konnten 131 geklärt und bei 2801 Vergehensdelikten 2.026, also mehr als 72 Prozent, geklärt werden.

Durch den Beitritt Österreichs zur EU sind die Gendarmen noch zusätzlich mit der Grenzsicherung zu Slowenien belastet.

Trotz dieser vielfältigen Aufgaben und der extremen Arbeitsbelastung kann mit Stolz vermerkt werden, daß der Bezirk Feldbach als einer der sichersten Österreichs gilt. Dies wurde auch in den Medien eindrucksvoll dokumentiert und ist vor allem auf die Einsatzbereitschaft und das hohe Engagement jedes einzelnen Beamten zurückzuführen.

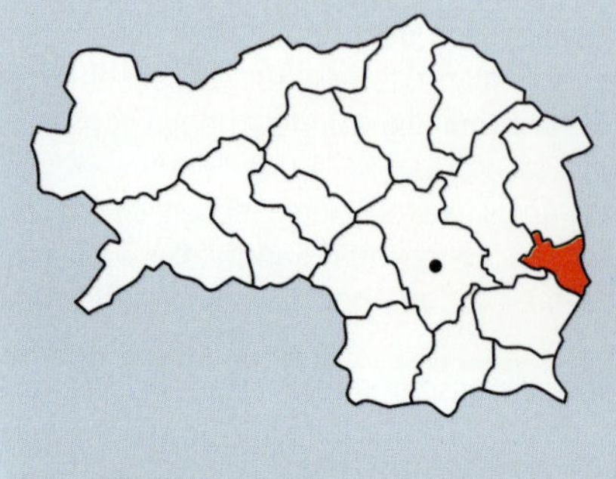

Fürstenfeld

Walter Ehmann

Größe in km²	*265,03*
Gemeinden:	*14*
Einwohner:	*22.983*
Anzahl der Dienststellen:	*4*
Systemisierter Personalstand:	*47*
Auf einen Exekutivbeamten entfallende Einwohner:	*700*
Bundesgrenze in km:	*–*
Autobahnen in km:	*5,0*
Bundesstraßen in km:	*25,82*
Landesstraßen in km:	*134*

Sehenswürdigkeiten Attraktionen:
Stadtpfarr- und Augustinerkirche Fürstenfeld, Austria-Tabak-Werke Fürstenfeld mit Tabakmuseum, Therme Loipersdorf, Rogner-Hundertwassertherme Bad Blumau, Wasserschloß Burgau, älteste Eiche Europas in Bierbaum, österreichisches Kräuterdorf Söchau

Der Bezirk im Oststeirischen Hügelland

Der Bezirk Fürstenfeld liegt im südöstlichen Teil der Steiermark. Im Osten bildet die Lafnitz in einer Länge von 12 Kilometern einen Teil die natürliche Grenze zu den burgenländischen Bezirken Güssing und Jennersdorf. Die Bezirksgrenze nach Norden zum Bezirk Hartberg erstreckt sich über Speilbrunn, Kleinsteinbach, Schwarzmannshofen, Lindegg Hainersdorf, Obgrün, Großsteinbach bis nach Kroisbach. Sie zieht sich weiter nach Süden, das Feistritztal überquerend, zum Bezirk Feldbach. Im Westen grenzt der Bezirk Fürstenfeld an den Bezirk Weiz. Die höchste Erhebung ist der Hofberg mit 363 m Seehöhe. Das bedeutendste Gewässer ist der Feistritzfluß, der auf burgenländischem Gebiet bei Dobersdorf in die Lafnitz mündet.

Fürstenfeld – eine Stadt mit bewegter Vergangenheit

Die Stadt Fürstenfeld ist ein uralter Siedlungsboden und liegt auf einer 24 m hohen Talstufe über dem Feistritztal, in einer Seehöhe von 276 m. Die erste Besiedlung erfolgte bereits in der Jungsteinzeit. Der steirische Markgraf legte im 12. Jahrhundert zum Schutze der umliegenden Dörfer an Stelle der heutigen Tabakfabrik eine Burg an. Im Jahre 1178 wurde Fürstenfeld erstmals urkundlich erwähnt. Der Bau der Stadt erfolgte im 13. Jahrhundert planmäßig um diese Burg. Im 14. Jahrhundert erreichte sie als Grenzhandelsstadt ihre erste wirtschaftliche Blüte. Vor den beiden Stadttoren entwickelten sich im 18. Jahrhundert kleine Vorstädte. Hajducken, Kuruzzen und Türken fielen im 17. Jahrhundert ein und verwüsteten das flache Land, ermordeten und verschleppten zahllose Menschen. Mit dem Friedensschluß und durch die allgemeine Zurückdrängung der Türken aus Ungarn durch die Feldzüge Prinz Eugens begann für die leidgeprüfte Oststeiermark endlich eine friedvollere Zeit. Alte Handelswege öffneten sich wieder, wobei auch der Tabakanbau – bereits Ende des 17. Jahrhunderts – und die Errichtung einer ersten Tabakverarbeitungsanlage im Jahre 1691 beitrugen. Im Jahre 1776 wurde die alte Stadtburg zur Tabakfabrik ausgebaut.

Die Bevölkerung blieb auch vom Zweiten Weltkrieg nicht verschont, denn zu Ostern 1945 wurde der Raum Fürstenfeld wieder zum Kriegsgebiet. Zuletzt kämpften nur mehr Reste der Waffen-SS, der Volkssturm und Hitlerjugendeinheiten gegen die sowjetischen Truppen, die letztlich die Stadt im Häuserkampf eroberten und fast alle Gebäude zerstörten. Die Stadt wurde aber wieder zur Gänze aufgebaut und ist aufgrund der einladenden Geschäfts- und Einkaufszentren die »Metropole« der Oststeiermark.

»Hundertwassertherme« in Bad Blumau

Wie in fast allen Bezirken der Steiermark sind auch im Bezirk Fürstenfeld nicht genug Arbeitsplätze vorhanden. Die Bewohner sind daher teilweise gezwungen, nach Graz oder Wien auszupendeln. Dem Fremdenverkehr kommt eine immer wichtigere Rolle zu. Die wohl bedeutendsten Arbeitgeber sind die Thermenregionen Loipersdorf und Bad Blumau (»Hundertwassertherme« – die Anlage wurde vom Künstler Friedensreich Hundertwasser entworfen). In Loipersorf zählt man derzeit ca. 500.000 und in Blumau 200.000 Nächtigungen pro Jahr.

Dieser gewaltige Touristenstrom stellt die Gendarmerie vor immer größere Aufgaben in kriminalpolizeilichen- und verkehrsdienstlichen Bereichen.

Das Stadt-Tor in Fürstenfeld, errichtet über Resten des alten Befestigungsgürtels aus dem 16. Jahrhundert. *Bild: Langhans, Fürstenfeld*

Fürstenfeld. *Bild: Langhans, Fürstenfeld*

Östlich des Bezirksvorortes Fürstenfeld befindet sich ein Industriepark, wo ebenfalls viele Arbeitsplätze geschaffen wurden. Die wohl bekanntesten Firmen sind hier eine Tochterfirma des Elektrolux-Zanussi-Konzernes, die Kompressoren für Kühlschränke erzeugt, die Firma Kapsch, sie ist auf Hochfrequenztechnik spezialisiert, die Firma Stahlcord, sie erzeugt Einlagen für Reifen und die Firma Tridonic-Bauelemente, die Hochdrucklampen und Transformatoren für Halogenlampen herstellt. In diesem Industriepark sind derzeit ca. 1.000 Arbeiter beschäftigt.

Die Gendarmerie im Bezirk Fürstenfeld

Mit Kundmachung des Statthalters für das Kronland Steiermark, Dr. Friedrich Burger, wurden mit Wirksamkeit vom 20. Mai 1850 auch in der Steiermark Gendarmerieposten errichtet. Das Überwachungsgebiet des Postens Fürstenfeld umfaßte damals die gesamte Fläche des heutigen Bezirkes, sowie Teile der Bezirke Weiz, Hartberg und Feldbach. Die Mannschaft bestand zu dieser Zeit aus einem Wachtmeister als Kommandanten und zeitweise aus bis zu 10 Gendarmen, die teils zu Pferd und teils zu Fuß ihren Dienst versahen.

Nun stand auch hier eine zuverlässige Sicherheitstruppe zur Verfügung, die für Ruhe und Ordnung sorgen konnte. Die Aufstellung dieses Wachkörpers wurde von der Bevölkerung mit großer Zufriedenheit aufgenommen, weil die Gendarmerie schon damals als Symbol des Rechtes galt.

Der Gendarmerieposten Fürstenfeld war von 1850 bis zum Jahre 1904 im Hause Stiegengasse 1, von 1904 bis 1906 im Hause Kommendegasse 9, und ab dem Jahre 1909 bis 1973 im Hause Parkstraße Nr. 5 untergebracht. Im Jahre 1973 erfolgte die Übersiedlung in das Bundesamtsgebäude Schillerstraße Nr. 9, wo sich die Dienststelle heute noch befindet.

Da die Gendarmen damals nicht mobil waren, erkannte man bald, daß dieses Überwachungsgebiet viel zu groß war und richtete weitere sechs Dienststellen ein.

Das Dienststellenstrukturkonzept führte im Jahre 1992 zur Auflösung des Gendarmeriepostens Großsteinbach bzw. zur Zusammenlegung mit dem Posten Ilz. Auch der Posten Großwilfersdorf wurde stillgelegt und das Überwachungsrayon in jenes des Gendarmeriepostens Söchau eingegliedert. Dieses Konzept diente der Strukturverbesserung und hat aufgrund modernster technischer Einrichtungen das Ziel der Steigerung zur Effizienz des Sicherheitsdienstes bestens erreicht.

Personalreduktion durch Umsystemisierung

Waren bis zum Jahre 1952 noch 59 Beamte auf den Gendarmerieposten den Bezirkes tätig, so reduzierte sich dieser Personalstand bis 1968 auf 43 Beamte. Durch die Gastarbeiterroute in der Obersteiermark und die dadurch aufgetretene erhöhte Verkehrsfrequenz, wurde eine Umsystemisierung vorgenommen, wodurch der Bezirk Personal abtreten mußte.

Verkehrslawine durch die Ostöffnung

Seit der Ostöffnung rollt auf der Bundesstraße 65 regelrecht eine Lawine durch den Bezirk in Richtung Grenzübergang Heiligenkreuz. Der Bevölkerung macht vor allem der Schwerverkehr zu schaffen. Durch die angespannte Personalsituation sind die Beamten oft vor schier unlösbare Probleme gestellt. Aber es ist nicht nur im Straßenverkehr eine starke Steigerung zu verzeichnen. Die Kriminalität ist ebenfalls sprunghaft angestiegen. Durch die Reisenden werden vor allem Betrugs- und Eigentumsdelikte gesetzt. Die Ausforschung gestaltet sich hier besonders schwierig, weil die Täter nur kurze Zeit vor Ort sind und dann vor allem in den Osten weiterfahren.

Chronik – grausames Blutdelikt schockte die Bevölkerung

Am Heiligen Abend des Jahres 1962 wurde die seit zwei Wochen abgängige 20jährige Textilarbeiterin Gerlinde Aigner am Stadtrand von Fürstenfeld tot aufgefunden. Die Leiche hatte an Kopf und Hals mehrere Stich- und Schnittwunden. Raubmord war auszuschließen, da ihr nichts gestohlen worden war. Vom Täter fehlte jede Spur. Trotz massivster Erhebungen konnte die Tat bis zum Jahre1979 nicht geklärt werden. Erst im August 1979 wurde im Zusammenhang mit dem Mord an einer jungen Kellnerin in Kärnten der Lebensgefährte dieses Opfers verhaftet. Es handelte sich um einen Vertreter aus Fürstenfeld, der auch diesen Mord gestand.

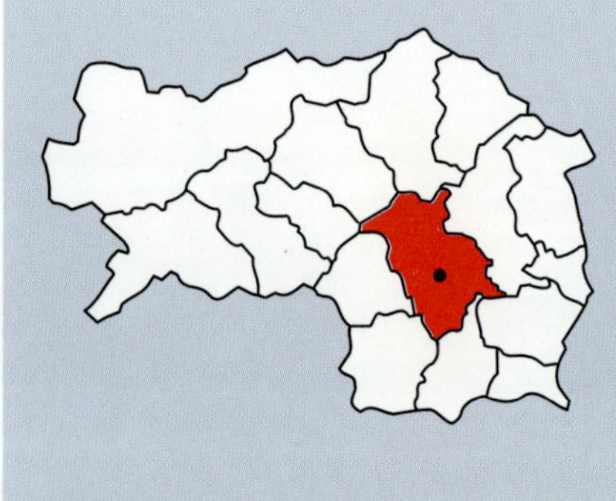

Graz-Umgebung

Harald Schoiswohl

Größe in km²	*1.100*
Gemeinden:	*57*
Einwohner:	*137.000*
Anzahl der Dienststellen:	*23*
Systemisierter Personalstand:	*224*
Auf einen Exekutivbeamten entfallende Einwohner:	*611*
Bundesgrenze in km:	*–*
Autobahnen in km:	*50*
Bundesstraßen in km:	*78,8*
Landesstraßen in km:	*443,3*

Sehenswürdigkeiten Attraktionen:
Freilichtmuseum Stübing, Lurgrotte, Wallfahrtskirche Judendorf-Straßengel, Burg Rabenstein-Frohnleiten, Schloß Waldstein-Deutschfeistritz, Zisterzienserstift Rein, Schwarzl-Freizeitzentrum, Schloß Weißenegg in Mellach, Schloß Thal, Tausendlust, Reiterregg, Altenberg

Bezirk Graz-Umgebung – die bürokratische Schöpfung des 19. Jahrhunderts

Die Fläche des Bezirkes Graz-Umgebung ist keine historisch gewachsene Einheit, sondern eine bürokratische Schöpfung des späten 19. Jahrhunderts. Das Gebiet umfaßt das Engtal der Mur von Röthelstein bis Straßengel, das Übelbachtal, die Umgebung von Semriach am Fuße des Schöckels, sowie Teile des Grazer Beckens und des oststeirischen Hügellandes. Im Norden liegen die Bezirke Bruck/Mur und Leoben, im Westen Voitsberg und Deutschlandsberg. Die südliche Grenze bilden die Bezirke Leibnitz und Feldbach, im Osten liegt der Bezirk Weiz.

Kunst, Geschichte und Kultur

Die Verteilung der Kultur- und Kunstdenkmäler im Bezirk Graz-Umgebung hängt weitgehend mit den topographischen Gegebenheiten zusammen. So dominieren im strategisch wichtigen Murtal die großen und wehrhaften Burgen, während in unmittelbarer Umgebung der Landeshauptstadt das Zisterzienserstift Rein und zahlreiche, meist alte Kirchenbauten der Landschaft ihren Stempel aufdrücken. Das Grazer Feld umschließen mehrere Schlösser, die in der Renaissance und im Barock hier entstanden sind. Rund um den Schöckel findet man mächtige Burgruinen, Kirchen und Kurorte, die schon im vorigen Jahrhundert beliebte Ausflugsziele waren. Das kulturelle und wirtschaftliche Zentrum im Mur- bzw. Übelbachtal liegt im 1276 von den Pfannbergern gegründeten und urkundlich erstmals 1306 erwähnten Markt Frohnleiten.

Auf dem kulturellen Sektor gibt es ein mannigfaltiges Angebot von Konzerten, Serenaden, Jazz, mittelalterlicher Folkmusik, Literaturabenden, Musiktheatern und Vernissagen. In der Gemeinde Stübing befindet sich das Schloß Stübing, 1147 erstmals erwähnt und 1863 im Windsorstil erbaut. Hier wurde 1960 ein SOS-Kinderdorf eingerichtet.

Wirtschaft, Tourismus und Sport

Der Bezirk Graz-Umgebung läßt sich touristisch in fünf Regionen einteilen. Im nördlichen Teil lockt das »Bergland« mit seinen wunderbaren Almen und Wiesen. Zentrum dieser Region ist der alte Markt Frohnleiten, der zu Wanderungen in das Glein- oder Teichalmgebiet, zu Radpartien entlang des Murradweges oder zum Golfplatz Murhof, einem der schönsten Golfplätze Mitteleuropas, einlädt. Ein Bergerlebnis der besonderen Art ist der Schöckel, beherrschendes Bergmassiv des oststeirischen Hügellandes und Hausberg der Grazer. Auf seinem Gipfel, den man entweder zu Fuß oder mit der neuen Schöckelseilbahn erklimmen kann, stehen das alte Stubenberghaus und eine Sendeanlage des ORF.

Die Gemeinden des »Schöckellandes«, allen voran das sonnige Semriach, bieten dem Gast ein malerisches Wanderparadies und Ausflugsziele, wie den romantischen Kesselfall oder die Lurgrotte, die schönste und tropfsteinreichste Schauhöhle Österreichs.

Lurgrotte Semriach, »Märchensee«. *Bild: BGK Graz-Umgebung*

Judendorf-Straßengel nannte man um die Jahrhundertwende das steirische Meran. Es gibt kilometerlange Promenaden und Wanderwege. In der Umgebung des Zisterzienserstiftes Rein kann man reiten, schwimmen, die Haflingerweiden am Pleschkogel oder die interessante Vogelwelt der Reiner Teiche besuchen. Aber auch für das leibliche Wohl ist gesorgt, denn in den zahlreichen Buschenschenken werden die Gäste mit regionalen Spezialitäten verwöhnt.

Das Kur- und Obstland liegt östlich der Landeshauptstadt. St. Radegund war schon im vorigen Jahrhundert ein beliebter Kurort. Heute setzt man im modernen Kurhaus vermehrt auf natürliche Heilmethoden und die wohltuende, heilbringende Kraft von heißen, heilbringenden Ziegelsteinen, Magnetfeldern, Sauerstoff, kaltem Wasser, Pflanzenölen und Massagen. Laßnitzhöhe ist ein heilklimatischer Kurort, der bereits vor mehr als 100 Jahren ein beliebtes Ausflugsziel für die Grazer und Wiener Bevölkerung war. Die Gemeinden Kumberg, Weinitzen und Stattegg locken ebenfalls mit reichlichem Freizeitangebot.

Der zum Teil sehr starke Tourismus beschäftigt die Gendarmerie in den Fremdenverkehrszentren mit allen positiven und negativen Auswirkungen sowohl in verkehrsdienstlicher wie auch kriminalpolizeilicher Hinsicht.

Zisterzienserstift Rein, 1129 von Markgraf Leopold I. gegründet, älteste Abtei dieses Ordens in Österreich. *Bild: BGK Graz-Umgebung*

Sportzentrum Schwarzl-Halle

Im »Radwander- und Wasserland« des Grazer Beckens liegt das 1984 gegründete Schwarzl-Freizeitzentrum, ein Ferienparadies für jung und alt, das zu jeder Jahreszeit benützt werden kann. Das Kernstück ist die Schwarzl-Halle, wo im März 1994 der Daviscup-Länderkampf Österreich gegen Deutschland vor mehr als 40.000 Besuchern zu einem unvergeßlichen und für Österreich erfolgreichen Sportereignis wurde.

Daviscup 1994, Nagelprobe für die Verkehrslogistik der Gendarmerie. *Bild: Gery Wolf*

Der Badesee bietet mit rund 65 ha Wasserfläche gute Sport-und Erholungsmöglichkeiten. Ein absolut reichhaltiges Veranstaltungsprogramm rundet das Ganzjahresangebot dieses Grazer Naherholungsgebietes ab. Im Jahr 2000 wird dort die größte internationale Gartenschau stattfinden.

Land- und Forstwirtschaft sowie Industrie schaffen und sichern Arbeitsplätze

Graz-Umgebung gehört zu jenen Bezirken, in denen die Land- und Forstwirtschaft eine große Bedeutung hat. Mehr als ein Viertel der Bezirksbewohner leben in land- und forstwirtschaftlichen Haushalten. Die größten wirtschaftlichen Zentren des Bezirkes sind die Gemeinden Frohnleiten, Feldkirchen/G, Gratkorn, Seiersberg, Kalsdorf/G, Gratwein, Lieboch, Deutschfeistritz und Unterpremstätten. Die meisten Arbeitsplätze gibt es im verarbeitenden Gewerbe und in der Industrie, speziell in der Papier- und Pappenbranche, in der Holzverarbeitung und im Maschinenbau. Die größte Papiermaschine der Welt, die PM 11 von Sappi, ist in Gratkorn in Betrieb. Das 6,5 Milliarden Schilling teure und 300 Meter lange Ungetüm erzeugt jährlich 470.000 Tonnen Hochglanzpapier. Um diese Kapazität erreichen zu können sind 1500 Motoren, mit zusammen 140.000 PS und einem Stromverbrauch wie jener der Stadt Klagenfurt nötig.

Die Flugschau in Graz – ein unvergeßliches Ereignis

Anläßlich des 80-Jahr-Jubiläums und der Eröffnung des neuen Flughafengebäudes fand im Oktober 1994 auf dem Flughafen Graz eine internationale Flugschau statt, zu der insgesamt 130.000 Besucher kamen. Zum reibungslosen Ablauf dieser Großveranstaltung haben auch die Beamten des Bezirkes Graz-Umgebung einen sehr wesentlichen Beitrag geleistet. Mit Jänner 1996 wurde die Gendarmeriegrenzkontrollstelle Flughafen eingerichtet. Innerhalb der Flughäfen Österreichs rangiert Graz bezüglich der Flugbewegungen an dritter Stelle. Die Passagierzahlen stiegen von 561.893 (1996) auf 627.233 (1997).

Gendarmerie von der Monarchie bis zur Gegenwart

Bei der Errichtung des Gendarmeriekorps im Jänner 1850 wurde auch in Graz ein Gendarmerieposten in der Stärke von einem Wachtmeister und 15 Gendarmen aufgestellt, der dem 12. Gendarmerieregiment mit dem Sitz in Laibach unterstellt war. Das Gendarmerieabteilungskommando Nr. 1 in Graz wurde 1874 errichtet und dem Landesgendarmeriekommando für Steiermark unterstellt. Weil das Bezirksgendarmeriekommando Graz am 1. Mai 1919 bereits 30 Dienststellen umfaßte, war eine Umstrukturierung notwendig. Es folgte eine Teilung in zwei Bereiche. Dem Bezirksgendarmeriekommando Graz I wurde das Gebiet des rechten Murufers mit 17 Dienststellen und dem Bezirksgendarmeriekommando Graz II das Gebiet des linken Murufers mit 13 Dienststellen zugewiesen.

In den Jahren 1938/39 wurden zahlreiche Dienststellen der Polizeidirektion Graz nachgeordnet. Nach 1945 gab es im Bezirk zunächst zwei Bezirksgendarmeriekommanden, die im Zuge einer Strukturreform am 1. Mai 1993 zum heutigen Bezirksgendarmeriekommando Graz-Umgebung zusammengelegt wurden. Der Bezirk Graz-Umgebung ist der einzige steirische Bezirk, der keine eigene Bezirkshauptstadt hat. Daher ist die Landeshauptstadt Graz zugleich Verwaltungszentrum, geographischer und historischer Mittelpunkt des Bezirkes.

Bevölkerungszahlen »explodieren« – Gendarmen sind gefordert

Während in vielen Bezirken die Menschen abwandern und in Ballungszentren drängen, kann Graz-Umgebung ständig Zuwachsraten verzeichnen. Eine Prognose besagt, wonach im Jahre 2011 wahrscheinlich ca. 170.000 Einwohner hier ihren Wohnsitz haben werden. Das Überwachungsgebiet des Bezirksgendarmeriekommandos Graz-Umgebung ist mit seinen 22 Dienststellen und der Grenzkontrollstelle im Flughafen in sechs Sektoren eingeteilt.

Im Jahresdurchschnitt müssen ca. 3.000 Verkehrsunfälle und 4.500 Verbrechen/Vergehen bearbeitet werden. Diese Zahlen beweisen, daß der Bezirk der arbeitsreichste der Steiermark ist. Nur durch viel Engagement und Einsatzfreude können die Gendarmen diesen hohen Arbeitsanfall bewältigen und der Bevölkerung das von ihr gewünschte Sicherheitsgefühl geben.

Hartberg

Josef Stögerer

Größe in km²	*956,4*
Gemeinden:	*50*
Einwohner:	*66.787*
Anzahl der Dienststellen:	*11*
Systemisierter Personalstand:	*94*
Auf einen Exekutivbeamten entfallende Einwohner:	*711*
Bundesgrenze in km:	*–*
Autobahnen in km:	*36,128*
Bundesstraßen in km:	*63,8*
Landesstraßen in km:	*320,4*

Sehenswürdigkeiten Attraktionen:
Löffelbach, Reste einer römischen Siedlung Hartberg, Zentrum mit Stadtpfarrkirche, Karner und Rathaus, Pöllau mit ehemaliger Stifskirche, Schloß Herberstein mit Tierpark, Augustinerkirche, Chorherrenstift Vorau, Wallfahrtskirche Pöllauberg, Festenburg Thalberg, Schloß Obermayerhofen, Schloß Neu-Schielleiten

Hartberg – »Flammende Grenze«

Die Oststeiermark wird gerne als »Land an der Grenze« bezeichnet. Man meint damit die Funktion dieses Landesteiles in historischer Sicht. Bis 1921 hatte die Oststeiermark und damit der Bezirk Hartberg mit Ungarn eine gemeinsame Grenze und mußte diese immer wieder schützen. Fritz Posch, Verfasser der Bezirksgeschichte, prägte für den Bezirk Hartberg den Begriff »Flammende Grenze« und charakterisierte damit die wechselvolle 900jährige Geschichte am »Hofzaun des Reiches«.

Die Kolonisationstätigkeit wurde durch die gegen Ende des 9. Jahrhunderts einfallenden Ungarn gestoppt.

Das 1163 gegründete Chorherrnstift Vorau mit der prachtvollen Stiftskirche und der reichhaltigen Stiftsbibliothek. Bild: Fremdenverkehrsverein Vorau

König Heinrich III. eroberte das verlorene Gebiet wieder zurück und gliederte es endgültig dem Deutschen Reich ein. Als Grenze gegen Ungarn wurde die Lafnitz ausersehen, die diese Funktion bis 1921 behielt. Um 1120 gründete der Traungauer Markgraf Leopold I. die Stadt Hartberg.

Mit dem Tod des letzten Traungauers kam die mittlerweile zum Herzogtum erhobene Steiermark an die Babenberger, die schon 1194 aus einem Teil des Lösegeldes für König Richard Löwenherz von England die Stadt Friedberg gründeten.

Bis ins 18. Jahrhundert kam es immer wieder zu Einfällen der Ungarn, die bei ihren Heerzügen nicht nur den unmittelbaren Grenzraum verwüsteten, sondern mehrmals tief ins Landesinnere vorstießen. Auch von den Türken blieb die Oststeiermark, insbesondere der Bezirk Hartberg nicht verschont, als die Heerscharen bei ihrem Rückzug von der Wienbelagerung über den Wechsel kamen und Dörfer und Gehöfte in Schutt und Asche legten.

Umsomehr ist die Sehnsucht der Menschen nach Frieden und Freiheit verständlich, die jahrhundertelang unter der Grundherrschaft, den kriegerischen Auseinandersetzungen und mitunter auch dem Klerus zu leiden hatte.

Erster Gendarmerieposten in Hartberg

Mit 1. Februar 1850 entstand der politische Bezirk Hartberg mit den Gerichtsbezirken Friedberg, Hartberg, Pöllau und Vorau.

Am 20. Mai 1850 wurde in Hartberg der erste Gendarmerieposten errichtet, dem bis 1852 die Posten Friedberg, Vorau und Pöllau folgten, die ursprünglich für den gesamten Gerichtssprengel zuständig waren. Erst allmählich stießen weitere Postenstandorte hinzu, die zu einer steten Verkleinerung der Rayone und besseren Überschaubarkeit führten.

Eingegrenzt – nicht eingesperrt

Geographisch ist der Landstrich im Norden vom Wechselgebirge, dem östlichsten Ausläufer der Alpen, im Osten vom Flußlauf der Lafnitz, sowie im Süden und Westen von der Feistritz eingegrenzt. Gleichzeitig bilden der Wechsel und die Lafnitz die Landesgrenze zu Niederösterreich und Burgenland. Der Bezirk ist Teil des oststeirischen Hügellandes und wird als Folge urzeitlicher tektonischer Vorgänge von der Thermenlinie durchzogen. Die Thermenregion um Bad Waltersdorf legt ein lebendiges Zeugnis davon ab.

Bis zum Jahr 1955 wurde der Bezirk Hartberg erneut zum Grenzgebiet. Die ehemalige Grenze zu Ungarn war nunmehr Demarkationslinie zwischen russischer und britischer Besatzungszone. In dieser Zeit hatte der Gendarmerieposten Friedberg enorme Bedeutung, als zwei Exposituren betrieben werden mußten, um den Grenzübergang in die russische Besatzungszone zu sichern und gleichzeitig sicherheitsdienstlich die unsichere Lage nach Kriegsende zu bewältigen.

Schon während der Besatzungszeit wie auch in der Nachkriegszeit bis in die Gegenwart leistete die Bevölkerung Aufbauarbeit und zeigte Pioniergeist. Trotz großer Entbehrungen und vieler leidvoller Erfahrungen ist der Bezirk Hartberg heute ein von Sicherheit und bescheidenem Wohlstand gekennzeichnetes Gebiet, das zwar wirtschaftlich noch einen Aufholbedarf aufweist, doch ob seiner landschaftlichen Schönheit und Vielfalt den Bewohnern einiges bieten kann.

Neues Zuhause für Flüchtlinge

Doch auch für Fremde scheint dieses Territorium eine besondere Anziehungskraft auszuüben. Anläßlich der Ungarnkrise 1956 überschwemmte eine Flüchtlingswelle den Bezirk. Obwohl die heimische Bevölkerung die Kriegsfolgen noch nicht überwunden hatte, wurde den Flüchtlingen geholfen und viele von ihnen leben seitdem in dieser Gegend, die mittlerweile zu ihrem Zuhause geworden ist.

Die Zeit der Polenkrise und der Ostöffnung konfrontierte den Bezirk Hartberg erneut mit einem ungeahnten Flüchtlingsstrom. In Spitzenzeiten mußten bis zu 2.000 Menschen aus Polen bzw. Rumänien in diversen Gaststätten beherbergt werden. Stand im Jahr 1956 die Befriedigung der Lebensbedürfnisse im Mittelpunkt, so stellt in jüngster Vergangenheit die Begleitkriminalität die Bevölkerung vor neue Aspekte, die mitunter Unverständnis, Abneigung und Angst erzeugten. Gegenwärtig versucht eine Vielzahl von Schwarzafrikanern hier eine neue Heimat zu finden.

Pfarrkirche St. Martin mit spätromanischem Karner, Schölbingerturm und Rochussäule, Ortskern, Wallfahrtskirche Lebing, Mariensäule.
Bild: Alpine Luftbild, Innsbruck

Wirtschaft und Tourismus in der Thermenregion

Für den wirtschaftlichen Aufschwung der Oststeiermark, die infrastrukturell weit hinter anderen steirischen Regionen lag, sorgte der Bau der Wechselstraße und Aspangbahn. Dem erhöhten Verkehrsaufkommen Rechnung tragend, wurde sukzessive die Wechselbundesstraße ausgebaut und 1985 die Südautobahn A 2 über den Wechsel eröffnet.

Grundsätzlich ist der Bezirk ländlich strukturiert. Ein Gutteil der Bevölkerung ist noch in der Landwirtschaft tätig, was durch die relativ kleinen Betriebsgrößen im Vergleich zum EU-Raum künftig enorme Probleme erwarten läßt. Eine Vielzahl von Menschen findet in der gewerblichen Wirtschaft einen Arbeitsplatz, die typisch klein- bis mittelständisch ausgerichtet ist. Im industriellen Bereich sind die Textilverarbeitung, die Metall- und die Holzverarbeitung hervorzuheben.

Durch hervorragende Konzepte erlangte in letzter Zeit der Tourismus eine besondere Bedeutung. Die Vermarktung der Thermenregion und der gesamte Gesundheitstourismus ermöglichten sowohl die Schaffung neuer Arbeitsplätze als auch die Erschließung neuer Einnahmsquellen. Dies hat umsomehr Bedeutung, als ein nicht geringer Bevölkerungsanteil in die Ballungszentren Graz und Wien auspendeln muß.

Bürgersicherheit und Bürgerdienst ist Sicherheitsdienst

Von einigen Ortsveränderungen abgesehen, blieb die Anzahl der Gendarmerieposten seit der Gründerzeit nahezu unverändert. Erst mit dem Dienststellenstrukturkonzept 1991 wurden die Gendarmerieposten Wenigzell, Dechantskirchen, Neudau und St. Johann/Haide aufgelöst und die Rayone anderen Posten zugewiesen. Bürgernähe sollte nicht nur auf die geographische Entfernung abgestellt werden, sondern auf eine zeitmäßig möglichst rasche Verfügbarkeit. Hier kann man nicht auf der Stufe der Gründerzeit stehenbleiben, wo Einsätze fast ausschließlich zu Fuß absolviert wurden. So gesehen hat die Gendarmerie allgemein in den letzten Jahren eine »technische Revolution« erfahren, die der Sicherheit des Bürgers ebenso zugute kommt wie auch der Beamtenschaft.

Daß hier im Bezirk Hartberg von einem relativ hohen Sicherheitsstandard gesprochen werden kann, kommt in den niedrigen Zahlen der Kriminalstatistik und in einer relativ hohen Aufklärungsquote zum Ausdruck.

Aus der Gendarmeriechronik

Allerdings war dies nicht immer so. Sowohl in der Zwischenkriegszeit als auch in der Zeit des Zweiten Weltkrieges mußten Gendarmeriebeamte in Ausübung des Dienstes ihr Leben lassen:

Ein besonders trauriges Kapitel der Kriminalgeschichte des Bezirkes stellt der sogenannte »Liebespaarmord« in Unterrohr am 12. August 1980 dar, als ein Tierpräparator ein junges Pärchen bestialisch tötete. Das Motiv blieb bis heute ungeklärt, zumal der Verdächtige die Tat stets bestritt, doch anhand von Indizien überführt und verurteilt werden konnte.

Für gewaltiges Aufsehen sorgten am 25. August 1983 drei junge Rumänen, die in einem Flugzeug zur Schädlingsbekämpfung nach Österreich flüchteten und auf der Wechselbundesstraße bei Lafnitz landeten.

Bis zur Eröffnung der Autobahn A 2 über den Wechsel im Jahr 1985 mußten zahlreiche Menschen auf der Bundesstraße 54 ihr Leben lassen. Der neue Verkehrsträger brachte eine spürbare Entlastung der Bundesstraße und ein deutliches Absinken der Verkehrsunfallsbilanz.

Nach dem Vorbild Hainburgs kam es vom 10. bis 13. September 1992 auf der Baustelle der Mülldeponie in St. Johann in der Halde zu massiven Ausschreitungen von Gegnern der Abfallbeseitigungsanlage. Nur durch den Einsatz von Hunderten Gendarmeriebeamten aus der ganzen Steiermark, der sich über mehrere Monate erstreckte, konnte dieses Bauvorhaben realisiert werden.

Trotz all dieser Vorfälle kann der Bezirk Hartberg als überdurchschnittlich sicher bezeichnet werden. Obwohl die Bevölkerung das Sicherheitsgefühl nur subjektiv wahrnimmt, liegt die oberste Maxime der Gendarmerie darin, den hohen Standard des »Produktes Sicherheit« mit aller Entschiedenheit zu bewahren.

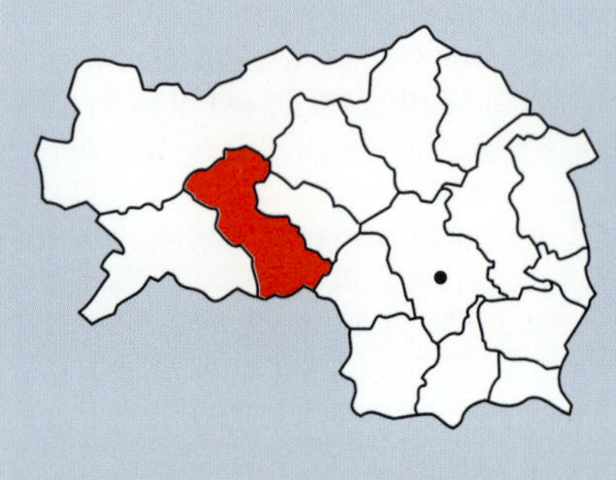

Judenburg

Meinhard Novak

Größe in km²	*1.105*
Gemeinden:	*24*
Einwohner:	*50.112*
Anzahl der Dienststellen:	*8*
Systemisierter Personalstand:	*83*
Auf einen Exekutivbeamten entfallende Einwohner:	*603*
Bundesgrenze in km:	*–*
Autobahnen in km:	*6,6*
Bundesstraßen in km:	*131,53*
Landesstraßen in km:	*–*

Sehenswürdigkeiten Attraktionen:
Stadtturm und Altstadt Judenburg, Bergbaumuseum Fohnsdorf, Silberbergwerk in Oberzeiring, Ruine Frauenburg in Unzenmarkt – Sitz des Minnesängers Ulrich von Lichtenstein, Burg Eppenstein

Erholungsraum im oberen Murtal

Der Bezirk Judenburg liegt im oberen Murtal der Obersteiermark, der im Norden von den Rottenmanner Tauern und den Triebener Tauern und im Süden von den Seetaler Alpen eingegrenzt ist. Die angrenzenden Bezirke sind im Westen Murau, im Norden Liezen, im Süden Voitsberg und Wolfsberg und im Osten Knittelfeld.

Die Bewohner des Bezirkes Judenburg haben die Möglichkeit, ihre Freizeit in allen Belangen innerhalb des eigenen Bereiches mit den anspruchsvollsten Sportarten und Vergnügungen aller Art zu nützen. Dazu stehen viele Sportanlagen und – natürlich auch unsere Landschaft – zur Verfügung. Viele Gäste kommen insbesondere in das schöne Gebiet rund um den Zirbitzkogel und finden hier Ruhe, Entspannung und Besinnlichkeit.

Nicht zu vergessen ist der ständig steigende Schitourismus. Besonders beliebt sind hier auch wieder das Zirbitzkogelgebiet sowie die Triebener und Wölzer Tauern. Alljährlich ereignen sich besonders in diesen Regionen schwere Alpinunfälle oder Lawinenabgänge, die besonders die Beamten der Alpingendarmerie in vielen Rettungseinsätzen fordern.

Bewegte Geschichte

Wie Bodenfunde beweisen, ist das Gebiet um Judenburg uralter Siedlungs- und Kulturboden. Älteste Zeugnisse reichen bis ins 3. Jahrtausend v. Chr. zurück. Schon zur Zeit der Illyrer ging von Hallstatt aus der Salzhandel über die Gaberlstraße in den Osten und durch das Lavanttal in den Süden. Durch das Zusammentreffen dieser Handels-

Stadtzentrum von Judenburg mit der Stadtpfarrkirche St. Nikolaus. Der freistehende Stadtturm wurde 1448–1520 erbaut, 1840, nach einem Brand, fügte man ein Obergeschoß an und schloß den Turm durch einen spitzen Helm ab. *Bild: BGK Judenburg*

straßen wurde Judenburg ein wichtiges merkantiles und künstlerisches Zentrum der Steiermark.

Unter zahlreichen Funden aus Ton und Bronze rund um Judenburg ist der Strettweger Kultwagen (dzt. im Landesmuseum Schloß Eggenberg, Graz) der bedeutendste. 1851 in einem zufällig entdeckten Fürstengrab gefunden, ist seine Herkunft noch immer umstritten. Es dürfte sich um einen Import aus dem Mittelmeerraum handeln, der um 500 v. Chr. in das Grab gelangte, aber vermutlich Jahrhunderte früher entstanden ist.

1103 wird ein »mehrcatum Judenburgense« erwähnt – Judenburg ist demnach die älteste steirische Kaufmannssiedlung, deren Bedeutung im folgenden Jahrhundert weiter zunahm, so daß Herzog Leopold VI. von Österreich am 24. April 1224 den Markt zur Stadt erhob.

Durch politische und wirtschaftliche Veränderungen im mitteleuropäischen Raum verlagerten sich die Schwerpunkte des Judenburger Handels. An die Stelle des Handels mit Roheisen trat der mit Eisenwaren. In der Umgebung von Judenburg entstanden Hammerwerke. Judenburg entwickelte sich zu einem der Zentren steirischer Blankwaffenerzeugung und bis zum 16. Jahrhundert war die Stadt Schwertschmiede des Landes.

Wirtschaftlicher Aufschwung durch Bau der Kronprinz-Rudolf-Bahn und Anschluß an das Eisenbahnnetz

1849 wurde die Stadt Judenburg Sitz einer Bezirkshauptmannschaft. Etwa von der Mitte dieses Jahrhunderts begann in und um Judenburg ein deutlicher wirtschaftlicher Aufschwung. Der Wohlstand nahm zu, die Stadt wurde durch die Kronprinz-Rudolf-Bahn an das Eisenbahnnetz angeschlossen. 1874 erhielt Judenburg die erste Hochquellwasserleitung der Steiermark, öffentliche Gebäude wurden errichtet und fortschreitende Industrialisierung veränderten das gesellschaftliche Gefüge. Die Zeit der Hammerherren in Judenburg ging zu Ende.

Entwicklung zu bedeutendem Industriegebiet

In den folgenden Jahren entwickelte sich der Bezirk Judenburg zu einem Industriegebiet, wie kaum ein anderer in Österreich. Derzeit sind im Bezirk zahlreiche namhafte Firmen angesiedelt. Bedeutende Standorte sind Zeltweg mit der VAE-Eisenbahnsysteme AG, die Voest-Alpine Bergetechnik GesmbH und die Verpackungsindustrie Napiag, Judenburg mit einem Gußwerk, einem Federnwerk und einem Kunststoffwerk, sowie einer Papierfabrik in Pöls. Der Schwerpunkt der Beschäftigten liegt in der Stahlindustrie. Derzeit sind mehr als 11.000 unselbständige Arbeitnehmer im Bezirk beschäftigt. Die Arbeitslosenrate liegt bei ca. 8 %. Um auch in Zukunft wettbewerbsfähig zu bleiben, werden laufend große Anstrengungen unternommen, die Betriebe zu modernisieren und dem neuesten Stand der Technik anzupassen. Es wurden bereits beachtliche Erfolge erzielt und es ist zu hoffen, daß diese Entwicklung auch in Zukunft anhält.

Fohnsdorf – auf dem Weg vom »schwarzen Gold« zur Thermenregion

Fohnsdorf hatte mit Beginn der Kohlengewinnung im Jahre 1670 einen großen wirtschaftlichen Aufschwung erlebt, der mit dem Niedergang im Jahre 1978 sein Ende fand. Der höchste Beschäftigungsgrad war in den Jahren 1947 bis 1949 mit ca. 2.500 Bergleuten. Gab es vor der Schließung in diesem Bereich für die Gendarmerie viel Arbeit durch alle möglichen Ereignisse, die sich in und außerhalb eines solchen Großbetriebes abspielen, waren es nach der Schließung die hohe Zahl der Arbeitslosen mit all ihren sozialen und wirtschaftlichen Problemen.

Vom einstigen Braunkohlebergwerkes zeugt heute ein Bergbaumuseum, es ist übrigens das einzige in Österreich, in dem eine Dampffördermaschine mit 3.600 PS, ein Schaustollen, Mineralien und vieles andere zu sehen ist.

In Fohnsdorf wurden im Jahre 1995 positiv verlaufende Probebohrungen nach Thermalwasser durchgeführt. Es ist nun die Errichtung eines Thermalbades geplant, womit ein weiterer Aufschwung der Fremdenverkehrswirtschaft erhofft wird.

Bezirk Judenburg – eine Herausforderung für die Arbeit der Gendarmerie

Der Bezirk Judenburg wird derzeit von acht Gendarmerieposten, nämlich Judenburg, Zeltweg, Fohnsdorf, Oberzeiring, Pöls, Unzenmarkt, Weißkirchen und Obdach in sicherheitspolizeilicher Hinsicht betreut. Die Hauptlast liegt im Aichfeld mit den Städten Judenburg und Zeltweg. Das Ballungszentrum der Industriebetriebe und auch der Bevölkerung befindet sich in diesem Bereich. Durch die ständige Auf- und Abwärtsentwicklung der Industriebetriebe mit einer großen Anzahl von Beschäftigten ändern sich auch die Aufgaben der Gendarmerie. Demonstrationen der Belegschaften werden bei anstehenden Kündigungen oder Betriebsveränderungen sogleich durchgeführt. Gerade in diesem Bereich, wo es um Arbeitsplätze und Existenzfragen der Bevölkerung geht, ist ein äußerst sensibles Vorgehen beim Einschreiten der Exekutive bei Übergriffen erforderlich. Aber die Gendarmen werden durch die Umgebung und die Lebensgewohnheiten der hier lebenden Bevölkerung geprägt und sind daher in der Lage, sich den Herausforderungen in allen Belangen des Sicherheitsdienstes zu stellen.

Demonstrationen, Großveranstaltungen und Gewaltdelikte

Großangelegte Demonstrationen fanden gegen die Errichtung einer geplanten Mülldeponie in Murwald, Gemeinde Fohnsdorf im Jahre 1987, gegen die Stationierung der Abfangjäger Saab-35-Draken im Jahre 1989 auf dem Fliegerhorst Hinterstoisser in Zeltweg und gegen den Bau eines Murkraftwerkes in Murwald von 1989 bis 1991 statt.

Weiters fordern die alljährlich durchgeführten Großveranstaltungen, das Formel-1-Rennen, Großkonzerte, Flugveranstaltungen etc. auf dem A-1-Ring bei Zeltweg mit weit über 100.000 Besuchern einen enormen Einsatz der Gendarmeriebeamten.

Wie in allen Ballungszentren gibt und gab es auch im Bezirk Judenburg viele Gewaltdelikte. Diese ziehen sich wie ein roter Faden durch die Geschichte des Bezirkes.

In Obdach gab es innerhalb von vier Jahren zwei Morde. Am 3. Juli 1961 beendete Raimund P. gewaltsam das Leben des Altbauern Alexander M. Im Jahre 1965 erstach der Landwirt Anton M. seinen Schwiegersohn Anton P. Einer der brutalsten Morde in der Kriminalgeschichte ereignete sich aber am 12. Juni 1985 in Zeltweg. Zwei Burschen schlugen auf einen Bundesheersoldaten mit Ziegelsteinen so lange ein, bis sein Körper völlig zertrümmert war und er seinen Verletzungen erlag.

Am 28. September 1996 wurde in Weißkirchen ein Bekennerschreiben der BBA aufgegeben, das offensichtlich vom »Bomber der Nation«, Franz Fuchs, stammte.

Das letzte aufsehenerregende Gewaltverbrechen ereignete sich im Jahre 1998 im Stadtgebiet von Judenburg, als eine Frau eine Pensionistin fesselte, ihr den Mund verklebte und sie anschließend erwürgte.

Günther Perger

Knittelfeld

Größe in km²	*853*
Gemeinden:	*14*
Einwohner:	*32.455*
Anzahl der Dienststellen:	*3*
Systemisierter Personalstand:	*53*
Auf einen Exekutivbeamten entfallende Einwohner:	*612*
Bundesgrenze in km:	*–*
Autobahnen in km:	*17,816*
Bundesstraßen in km:	*11,9*
Landesstraßen in km:	*123*

Sehenswürdigkeiten Attraktionen:
Benediktinerstift Seckau, Schloß Wasserberg des Stiftes Heiligenkreuz in Gaal, Schloß Spielberg-Arbesser in Spielberg, Schloß Hauzenbichl in Knittelfeld-Kobenz, gotische Pfarrkirche in St. Marein – erbaut 1437, A-1-Ring in Spielberg

Knittelfeld – der Bezirk im Murtal

Der Bezirk Knittelfeld liegt im sogenannten Aichfeld und wird im Norden von den Seckauer Alpen, im Westen von den Seetaler Alpen, im Süden von der Stubalpe und im Osten von der Gleinalpe begrenzt. Das Tal in dem der Bezirk Knittelfeld liegt, wird auch das Murtal genannt.

Ein Lindwurm mußte besiegt werden

Knittelfeld, auf einer Schotterstraße des auslaufenden Ingeringtales, wurde im Jahre 1224 von Leopold VI. als Markt in der für die Steiermark typischen H-Form angelegt. Die verschiedenartige Deutung und Auslegung des Namens der Stadt Knittelfeld geben ein Rätsel auf. Nach einer altbekannten Sage hätten die Talbewohner sich mit großen stacheligen Knitteln bewaffnet und bekämpften mit vereinten Kräften ihren gefährlichen Feind, einen Lindwurm. Der Ort, wo dies geschah, wird heute Lind genannt. Die Nachkommen dieser wackeren Siedler haben sich in jener gesegneten Ebene des Murbodens ein Städtchen erbaut und nannten es Knittelfeld. Aus der Vergangenheit haben sich ein Rundturm an der Nordostecke sowie Reste eines Mauerrringes (14./16. Jh.) erhalten.

Benediktinerstift Seckau – religiöses und kulturelles Zentrum

Um 1140 wurde in Seckau ein Augustiner-Chorherrenstift gegründet, das als solches bis 1782 bestand und Bischofssitz war. Erst mehr als 100 Jahre später erfolgte die Neugründung des Klosters durch die Benediktiner von Beuron. Heute leben in der Abtei, zu der rund 180 Hektar Wald und eine rund 50 Hektar große Landwirtschaft gehören, 18 Mönche.

Das 1926 gegründete Abteigymnasium zählt zu den besten Schulen Österreichs und bietet die Möglichkeit, neben der schulischen Ausbildung auch ein Handwerk zu erlernen.

Die »Eisenbahnerstadt«

Bis zur Mitte des 19. Jahrhunderts stand die Stadt Knittelfeld in mancher Hinsicht im Schatten der Stadt Judenburg, weil Judenburg sich ältere Handelsrechte erworben hatte und als langjährige Kreisstadt mit dem Sitz von Behörden und Ämtern Knittelfeld übergeordnet war. Die Bewohner Knittelfelds könnte man in dieser Epoche als Ackerbürger bezeichnen, denn nahezu jedem Bürgerhaus war eine Landwirtschaft angeschlossen.

Mit dem Anschluß der Bahnlinie ins Murtal erfolgte sowohl in wirtschaftlicher, als auch in räumlicher Entwicklung eine sprunghafte Aufwärtsentwicklung. Es folgten die Errichtung eines Heizhauses, einer Bahnwerkstätte und bald etablierten sich auch die »Austria-Emaillierwerke« in diesem Gebiet. Dadurch war ein Schritt von größter Bedeutung für die wirtschaftliche Entwicklung der Stadt Knittelfeld getan.

Derzeit sind im Bezirk Knittelfeld Großbetriebe wie die ÖBB-Hauptwerkstätte mit ca. 1.500 Bediensteten, das ehem. Bauknecht Motorenwerk in Spielberg, heutige ATB, mit einstmals über 2.000 und heute mit ca. 900 Beschäftigten etabliert. Ebenso sorgen das Landeskrankenhaus Knittelfeld mit ca. 250 Bediensteten und die Stadtgemeinde Knittelfeld mit ca. 300 Beschäftigten, sowie zahlreiche Großbetriebe und Großkaufhäuser für viele Arbeitsplätze. Die Arbeitslosenrate liegt mit etwa 7% im österreichweiten Durchschnitt.

Schwere Bombenangriffe

Überschattet wurde die Geschichte der Stadt Knittelfeld durch eine schwere Bombardierung am 23.02.1945. Durch mehrere Wellen feindlicher Flugzeuge wurden der Bahnhof und der Stadtkern mit der Stadtpfarrkirche schwerst beschädigt. Zahlreiche Personen, die in der Kirche Zuflucht gesucht hatten, kamen in den Trümmern ums Leben. Insgesamt gab es an diesem Tag 149 Tote und zahlreiche Schwerverletzte. Grund für die Bombardierungen war das in Bahnhofsnähe befindliche, zu einem Rüstungsbetrieb umfunktionierte Werk Austria Email.

Bis zum Jahre 1945 war es der aufstrebenden und bevölkerungsreichen Stadt Knittelfeld trotz verschiedener Versuche nicht gelungen, eine eigene Bezirksverwaltungsbehörde zu erhalten.

Es bestand lediglich eine Expositur, deren Gebäude beim Luftangriff 1945 zerstört worden ist. Erst im Jahre 1946 wurde mit Verordnung der Steiermärkischen Landesregierung die Errichtung einer Bezirksverwaltungsbehörde für die Gemeinden des Gerichtsbezirkes Knittelfeld genehmigt und damit die Loslösung von der Bezirkshauptmannschaft Judenburg vollzogen.

Gendarmerie im Wandel der Zeit

Die Entstehung des Gendarmeriepostens Knittelfeld geht auf das Jahr 1850 zurück. Dieser war 26 Jahre lang für den gesamten Bezirk zuständig. Die heute noch bestehenden Gendarmerieposten Seckau und St. Lorenzen bei Knittelfeld wurden später errichtet. Aufgrund der zunehmenden Sicherheitsbedürfnisse wurden dann die Gendarmerieposten Ingering II, St. Marein bei Knittelfeld, Kobenz und Großlobming geschaffen. Gründe für die Errichtung waren vor allem Unruhen und verstärktes Verbrechertum nach den Weltkriegen. In den Kriegs- und Nachkriegsjahren (1914, 1938 und 1948) wurden, zur Bewältigung des Sicherheitsdienstes, auch Gendarmerieexposituren am Bahnhof in Knittelfeld eingerichtet.

Die Aufgaben des Gendarmeriepostens Knittelfeld waren schon immer sehr umfangreich. Da sich die Stadt nun auch zu einem Ballungsraum entwickelte, hat sich der Arbeitsanfall besonderes auf allen Gebieten, hier besonders im Kriminal- und Verkehrsdienst, noch beträchtlich erhöht. Im Überwachungsgebiet befinden sich 22 Schulen, mit ca. 4.000 Schülern, dadurch sind die Beamten durch den Verkehrsdienst, der Verkehrserziehung und der täglichen Schulwegsicherung erheblich belastet.

Der Gendarmerieposten Seckau ist zugleich auch Alpinposten. Da sich das Hochplateau von Seckau besonders für den nordischen Schisport ausgezeichnet eignet, finden hier zahlreiche Schisportveranstaltungen statt. Hier seien vor allem die Schlittenhunderennen, die ein enormes Publikumsinteresse hervorrufen, zu erwähnen. Interessant ist auch, daß infolge der Eingliederung der Gemeinde Gaal mit dem Forstbetrieb des Stiftes Heiligenkreuz und dem in Seckau befindlichen Benediktinerstift eine für Österreich einmalige Tatsache eingetreten ist, nämlich das Vorhandensein zweier Äbte innerhalb eines Gendarmerierayons.

Das Überwachungsgebiet des Gendarmeriepostens St. Lorenzen bei Knittelfeld stellt sich vor allem als landwirtschaftliches und weiters als besonders erholsame Wohnlandschaft dar. Das Gebiet wird auch von Radfahrern sportlich genützt. Die Gemeinde Rachau ist vor allem durch die Veranstaltung »Hill Climbing«, ein internationales Steilhangrennen, weit über die Grenzen Österreichs bekannt geworden. Mit etwa 400 Teilnehmern und rund 20.000 Zuschauern zählt diese Veranstaltung zu den größten Sportereignissen im Bezirk Knittelfeld.

Eine erhebliche Beanspruchung, die oft bis zur Grenze der Belastbarkeit geht, stellt die Verrichtung des Sicherheits- und Verkehrsdienstes auf dem A-1-Ring in Spielberg dar. Die Veranstaltungen beginnen bereits im März und enden meist im Oktober. Nahezu an jedem Wochenende finden auf der neu ausgebauten Rennstrecke Motorrad- oder Autorennen statt. Darunter die größte Sportveranstaltung Österreichs, der Formel-1-Grand Prix, mit über 100.000 Zuschauern. Weiters wurden im Jahr 1995 zwei Pop-Konzerte der Gruppen »Bon Jovi« mit ca. 70.000 Besuchern und den »Rolling Stones« mit ca. 95.000 Besuchern veranstaltet.

Trotz der hohen Arbeitsbelastung hat der Bezirk eine sehr hohe Aufklärungsquote. Viele strafbare Handlungen, wie Gewaltverbrechen, Körperverletzungen oder Einbruchsdiebstähle konnten durch entsprechende Motivation und die dadurch bedingte Einsatzbereitschaft geklärt werden.

A-1-Ring. Die Rennstrecke wird sowohl für Sport- als auch für kulturelle Veranstaltungen genutzt. *Bild: BGK Knittelfeld*

Aus der Chronik

Zwei Ereignisse haben sich besonders tief in das Gedächtnis der Bevölkerung eingegraben und werden heute noch erzählt:

Einmal war es ein grauenhafter Kindesmord, der am 18. Jänner 1989 die Bevölkerung des Bezirkes schockte, als Hermine U., ihr Lebensgefährte und ihr Bruder dem 2jährigen Mario durch Fußtritte und Schläge lebensgefährliche Verletzungen zufügten. Danach befestigten sie am Fuß des Buben einen Stein und versenkten ihn in der Mur.

Anderseits ist ein fingierter Postraub – mit einem Gendarmen als Täter – heute nach 55 Jahren noch Wirtshausgespräch:

In St. Lorenzen bei Knittelfeld wurde am 30. September 1934 ein Postraub angezeigt, wobei 10.285 Schilling und Postwertzeichen gestohlen wurden. Drahtzieher des Verbrechens war, wie sich nach der Klärung herausstellte, ein schwarzes Schaf in der Gendarmerie. Die Postbeamtin Stefanie T. hatte mit dem Gendarmen Rudolf L., der als ausgezeichneter Kriminalist galt, ein Verhältnis. Da der Beamte immer in Geldschwierigkeiten war, vereinbarte er mit T. einen Postraub vorzutäuschen. Als Komplicen heuerte der Gendarm den Fabriksarbeiter Wilhelm O. an. Gegen 20 Uhr begann das Spiel. Der Fabriksarbeiter wurde von der Postbeamtin ins Postamt gelassen, die Frau händigte das Geld aus, er fesselte und knebelte sie und flüchtete. Sie wurde dann etwa nach einer Stunde von ihrer Mutter gefunden und täuschte Ohnmacht vor. Der herbeigerufene Arzt durchschaute die Flunkerei, zumal er keinerlei Gewalteinwirkung feststellen konnte. Der Fall konnte rasch geklärt und die Täter verhaftet werden. Alle Beteiligten wurden zu langjährigen Freiheitsstrafen verurteilt. Die Beute jedoch blieb verschwunden, weil das Versteck nie verraten wurde.

Stift Seckau. *Bild: Abtei Seckau*

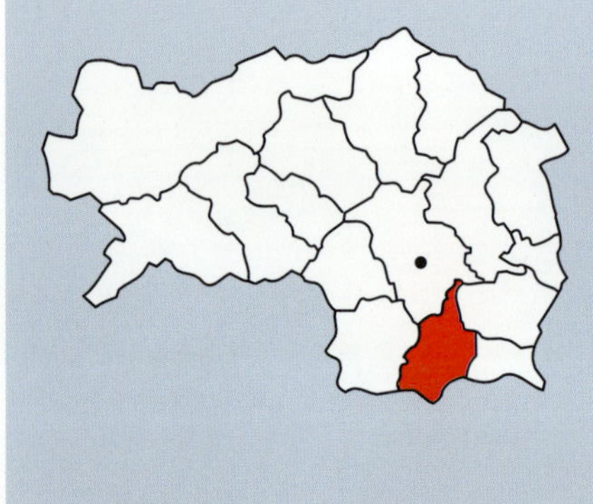

Franz Ratz

Leibnitz

Größe in km²	*2.681*
Gemeinden:	*48*
Einwohner:	*71.712*
Anzahl der Dienststellen:	*16*
Systemisierter Personalstand:	*295*
Auf einen Exekutivbeamten entfallende Einwohner:	*243*
Bundesgrenze in km:	*46,8*
Autobahnen in km:	*30*
Bundesstraßen in km:	*104*
Landesstraßen in km:	*397*

Sehenswürdigkeiten Attraktionen:
Südsteirische Weinstraße, Schloß Seggau, Kirche St. Veit, Blumendorf Gamlitz-Kitzeck – höchster Weinbauort Österreichs, Flavia Solva – römische Ausgrabungen

Leibnitz – der Bezirk im Südsteirischen Weinland

Der Bezirk Leibnitz ist einer der beiden Bezirke der Südsteiermark. Der Begriff Südsteiermark entwickelte sich nach dem Verlust der Untersteiermark, dem ehemals steirischen Land an der Drau und der Save, durch den Frieden von St. Germain und bezeichnet nun den österreichischen Anteil am unteren Murtal.

Der Bezirk ist an Landschaften einer der abwechslungsreichsten der Steiermark. Er beginnt beim Wildoner Berg, umfaßt das Leibnitzer Feld und das Murtal bis Spielfeld, das Südsteirische Weinland und den Sausal, eingeschlossen von Sulm und Laßnitz. Begleitet von der »Südsteirischen Weinstraße« durchschneidet die Staatsgrenze vom Possruckgebirge bis zur Mur das Südsteirische Weinland, das im slowenischen Teil »Windische Bühel« heißt. Er grenzt im Norden an den Bezirk Graz-Umgebung, im Osten und Südosten an die Bezirke Feldbach und Radkersburg, im Süden an Slowenien und im Westen an Deutschlandsberg.

Die Wirtschaft – Weinbau und Industrie

Ein wesentlicher Wirtschaftsfaktor des Bezirkes ist der Weinbau. Das »Südsteirische Weinland« ist mit 1.783 Hektar Rebenfläche das größte zusammenhängende Weinbaugebiet der Steiermark. Von Leibnitz führt die »Sausaler Weinstraße« vorbei an der landwirtschaftlichen Berufsschule für Weinbau in Silberberg über die Sausaler Höhenrücken nach Kitzeck, der höchstgelegenen Weinbaugemeinde Österreichs. Die beliebtesten Ausflugsziele sind hier wohl die Seggauburg und die größte Weinbaugemeinde der Steiermark, Gamlitz. Leibnitz ist heute die einzige Stadt im Bezirk und zählt mit den Vororten 15.000 Einwohner.

Während sich in der Landwirtschaft Wein- und Ackerbau die Waage halten, sind die Industriebetriebe im Bezirk Leibnitz eher dem Bereich der Kleinindustrie zuzuordnen. Die bestehenden Wirtschafts- und Betriebsansiedlungen bieten der im Bezirk lebenden Bevölkerung jedoch zu wenig Arbeitsplätze, weshalb viele Bewohner in die Landeshauptstadt Graz auspendeln müssen. Bei den ansässigen Industriebetrieben ist die Firma Philips in Lebring mit ihren 1.100 Mitarbeitern der größte Betrieb im Bezirk Leibnitz.

Die Firma Assmann in Leibnitz bietet, trotz ihrer wirtschaftlichen Turbulenzen, wieder für etwa 300 Menschen Arbeit. Zu einem Großbetrieb mit 600 Arbeitnehmern hat sich das Fensterwerk Stabil in Latscha/Gabersdorf entwickelt. Auf dem Bausektor wären die Firmen Frühwald in Tillmistsch und Badendorf sowie das Zementwerk Lafarge in Retznei zu erwähnen. Zwei große Schlachtbetriebe in Wolfsberg-Schwarzautal und Straß, sowie die Firmen Krainer in Wagna und Frühwirth in Leibnitz sorgen österreichweit für das leibliche Wohl vieler Menschen.

Die Großbetriebe sind aber auch hier nicht in der Lage, die Arbeitslosensituation, die wie in anderen Bezirken auch, besorgniserregend ist, zu entspannen.

Von den Kelten bis zur Donaumonarchie

Einst errichteten die um 400 v. Chr. eingewanderten Kelten auf dem Frauenberg bei Leibnitz eine große Siedlung, die später zur römischen Siedlung Flavia Solva erweitert wurde. Nach dem Ungarnkrieg Ende des 15. Jahrhunderts, türkischer Brandschatzung im Jahre 1532, wiederholter Pest und Hungersnot und dem Durchzug der Franzosen Anfang des 19. Jahrhunderts erlebte Leibnitz erst seinen großen Aufschwung, als die Stadt Sitz einer Bezirkshauptmannschaft wurde, die einen großen Bezirk zu verwalten hatte.

Mit dem Ende der Donaumonarchie und dem Friedensschluß von St. Germain verlor die Steiermark das Unterland. Nach dem Verlust von Marburg wurde Leibnitz im Jahre 1913 zur Stadt erhoben. Durch die schrittweise Normalisierung der Beziehungen zum südlichen Nachbarn wurde die Stadt nach dem Zweiten Weltkrieg zu einem der wichtigsten Einkaufszentren der Region und auch zum Sitz zahlreicher Behörden und Ämter.

Schloß Seggau. *Bild: Max Deix, Deutschlandsberg*

Gendarmerie von 1850 bis heute

Die Errichtung des Bezirksgendarmeriekommandos Leibnitz geht auf die Jahre 1850 zurück – ein genaues Datum konnte nicht mehr eruiert werden. Entsprechend der damaligen verwaltungsorganisatorischen Einteilung in Kreise, Bezirkshauptmannschaften und Bezirksgerichte war die zu dieser Zeit einem heutigen Bezirksgendarmeriekommando entsprechende Einteilung die Sektion Leibnitz. Sie unterstand in militärischer Hinsicht dem Zug Graz, der wieder dem Flügelkommando Graz und dem ebenfalls in Graz stationierten Regimentsstab unterstellt war.

1860 wurde der Regimentsstab in Graz aufgelöst und die Zahl der Zugsstationen auf fünf reduziert, so daß ab diesem Jahr die in Posten umbenannte Sektion Leibnitz der Zugsstation und dem Flügelkommando Marburg unterstellt wurde. 1874 wurde für das Herzogtum Steiermark das Landesgendarmeriekommando Nr. 6 in Graz errichtet; gleichzeitig trat die Unterteilung der steirischen Gendarmerie in fünf Abteilungskommanden in Kraft, von denen das Kommando Nr. 3 in Marburg unter anderem für den Bezirk Leibnitz zuständig war. 1896 wurde als Zwischenebene zwischen Landesgendarmeriekommando und Bezirksgendarmeriekommando, das für die Bezirke Leibnitz und Deutschlandsberg zuständige Abteilungskommando Nr. 6 mit Sitz in Leibnitz errichtet. Abgesehen von zwei Unterbrechungen von 1938 bis 1945 bestand dieses Kommando bis zur Auflösung aller Abteilungskommanden am 1. Mai 1993.

Neuorganisation durch Strukturkonzept und Übernahme des Grenzdienstes

Nach dem Wegfall der Untersteiermark waren Dienstbetrieb und Organisation der Gendarmerie im Bezirk Leibnitz maßgeblich von der Lage an der Grenze zu Jugoslawien geprägt. Diese Situation hat sich trotz neuer politischer Verhältnisse nicht wesentlich geändert.

Von insgesamt 16 Gendarmeriedienststellen im Bezirk liegen immerhin neun Dienststellen unmittelbar an der Grenze oder im Nahbereich davon.

Gendarmen an der »grünen Grenze«. *Bild: BGK Leibnitz*

Der Grenzdienst

Die Errichtung des Grenzdienstes hat ab Anfang 1996 den Personalstand von vormals 140 Beamt/innen auf derzeit 300 Bedienstete ansteigen lassen und stellte eine gewaltige Herausforderung für alle Führungsebenen dar.

Besonders selektive Aufgaben für den Grenzdienst sind wohl die intensive Überwachung des Grenzverlaufes der »grünen Grenze« entlang der weithin bekannten und außergewöhnlich stark frequentierten Weinstraße, aber auch der Betrieb der Grenzkontrollstelle Spielfeld, die mit 100 Bediensteten eine für die Gendarmerie ungewöhnlich große Dienststellendimensionierung aufweist.

Schwieriger Sicherheitsdienst in zersiedelter Landschaft

Dominant im täglichen Dienstbetrieb ist der in Weinbaugebieten naturgemäß sensible Verkehrsdienst, die Wahrnehmung fremdenpolizeilicher Aufgaben und vor allem die Verfolgung der durch die Grenznähe ausgeprägten Kleinkriminalität im Großraum der Bezirkshauptstadt Leibnitz. Wegen der von Norden nach Süden querenden Pyhrnautobahn ist zu den Verkehrsspitzenzeiten oft Assistenzleistung durch die Postengendarmen für die ansonsten zuständige Außenstelle der Verkehrsabteilung erforderlich. Insgesamt ist der Bezirk Leibnitz ein Gendarmeriebezirk, in dem unter Berücksichtigung des ausgeprägten Grenzdiensteinsatzes, des starken Verkehrsaufkommens und der grenzüberschreitenden Kriminalität alle Aufgabengebiete des Gendarmeriedienstes intensiv wahrzunehmen sind.

Vorfälle, die die Bevölkerung in Atem hielten

Am 8. Dezember 1939 ermordete der Schlossergehilfe Josef H. die drei Grenzorgane Johann L., Anton M. und Raimund O., um sich einer Kontrolle und Identitätsfeststellung nach Anhaltung zu entziehen. H. wurde schließlich am 10. Dezember 1939 von einem Aufgebot gestellt und erschossen. In seinem Gepäck wurden Einbruchswerkzeuge und gefälschte Münzen gefunden, deren Entdeckung H. durch den Gebrauch der Waffe gegen die Grenzorgane zu verhindern suchte.

In der Nacht vom 27. zum 28. Juni 1947 wurden drei Hilfsgendarmen im Zuge einer Grenzpatrouille Opfer eines Feuergefechtes mit »Weißgardisten« (Soldaten der sowjetischen Besatzungsmacht), die ein unmittelbar neben der Staatsgrenze gelegenes Gehöft überfallen und dabei den Besitzer und seine Kinder ermordet hatten.

Nach der Unabhängigkeitserklärung Sloweniens kam es im Bereich der Staatsgrenze, insbesondere im Bereich der Grenzübergänge, zu bewaffneten Auseinandersetzungen zwischen Kräften der jugoslawischen Bundesarmee und der slowenischen Territorialverteidigung. Als sich die Lage an der Grenze bedenklich zuspitzte, wurde vom Innenministerium am 27. Juni 1991 der »Alarmfall Süd« verfügt. Dadurch wurde der Personalstand vorübergehend um 300 Beamte erhöht. Am nächsten Tag wurde der Sicherungseinsatz des Bundesheeres angeordnet, der in den folgenden Tagen ein Übergreifen der teilweise hartnäckig geführten Kampfhandlungen auf österreichisches Territorium verhindern konnte. Die Alarmierung wurde am 9. Juli 1991 ausgesetzt, die verstärkte Patrouillentätigkeit entlang der Staatsgrenze mußte aber beibehalten werden.

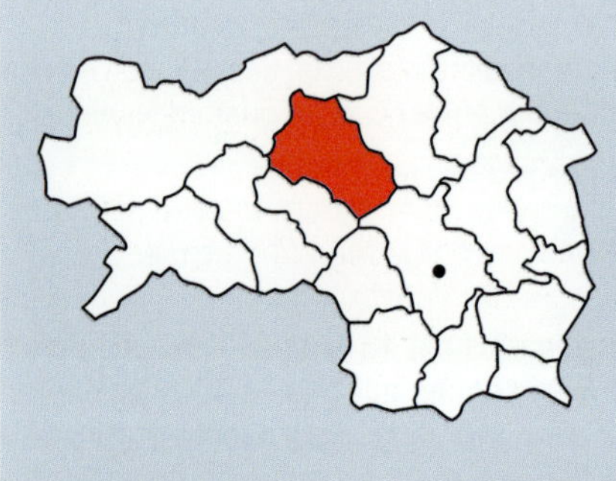

Leoben

Manfred Glavanovitz

Größe in km²	*1.100*
Gemeinden:	*19*
Einwohner:	*43.870*
Anzahl der Dienststellen:	*9*
Systemisierter Personalstand:	*114*
Auf einen Exekutivbeamten entfallende Einwohner:	*385*
Bundesgrenze in km:	*–*
Autobahnen in km:	*45,91*
Bundesstraßen in km:	*114*
Landesstraßen in km:	*48*

Sehenswürdigkeiten Attraktionen:
Steirischer Erzberg, Oswaldi-Kirche in Eisenerz, Hochofenmuseum im Radwerk IV in Vordernberg, Wildpark Mautern, Dreifaltigkeitskirche in Trofaiach, Naturschutzgebiet rund um den Krumpensee am Fuße des Eisenerzer Reichensteines

Vom Erzberg zu den Niederen Tauern

Der Bezirk Leoben umfaßt den mittleren Teil der Obersteiermark und reicht von den Eisenerzer Alpen im Norden bis zur Gleinalm im Süden. Die östliche Grenze bildet der Bezirk Bruck an der Mur, im Westen beginnen mit den Seckauer Alpen bereits die Niederen Tauern.

Die bestimmenden Gewässer der gebirgigen, jedoch durchaus fruchtbaren Landschaft sind die Mur, die Liesing und der Vordernbergbach.

Wohlstand durch Eisengewinnung

Die wirtschaftliche Entwicklung des Bezirkes Leoben beruht vor allem auf den riesigen Erzvorkommen rund um den Erzberg. Das Eisenwesen stellt seit Jahrhunderten einen der wichtigsten Wirtschaftszweige im gesamten Gebiet rund um den Steirischen Erzberg dar und hinterläßt damit geschichtlich interessante Spuren. Zur Zeit der Hochkonjunktur wurde vor allem die Infrastruktur in Bezirk enorm verbessert und viele Arbeitsplätze geschaffen. In der Gegend um die Hütte Donawitz siedelten sich viele Arbeiter mit ihren Familien an, da es in den großen stahlverarbeitenden Betrieben ein für die damalige Zeit ausgesprochen hohes Lohnniveau gab. Daraus resultierte ein enormer Bevölkerungszuwachs und aus den Dörfern »Leoben, Eisenerz und Trofaiach« wurden bald Städte von bis zu 10.000 Einwohnern.

Die Wirtschaftskrise und ihre Folgen

Die weltweite Krise in der Stahlindustrie hinterließ besonders Anfang der 90er Jahre auch in dieser Region ihre Spuren. Durch einschneidende Rationalisierungsmaßnahmen mußte die Zahl der Beschäftigten drastisch gesenkt oder viele Betriebe geschlossen werden. Mit Wehmut denkt man an jene Zeit zurück, die dem Bezirk ihren Aufschwung und Reichtum brachte. Was übrigblieb sind stumme Zeitzeugen wie z. B. der Erzberg in Eisenerz oder die Radwerke in Vordernberg. Sie haben nur als Sehenswürdigkeiten »überlebt« und sind heute Anziehungspunkt für viele Fremde.

Erzberg. *Bild: Foto Freisinger, Eisenerz*

Mit dem Niedergang der Eisen- und Stahlindustrie haben viele Menschen ihre Arbeit verloren. Zahlreiche Betriebsauflösungen und -absiedlungen, sowie die hohe Arbeitslosigkeit sind Grund für die sinkenden Bevölkerungszahlen. Diesem Strukturwandel mußte natürlich auch die Gendarmerie Rechnung tragen. Wurden in der Zeit der Hochkonjunktur Dienststellen neu errichtet oder aufgestockt, so mußten diese teilweise wieder geschlossen werden. Auch das Dienstsystem mußte der Zeit angepaßt und mehrmals geändert werden. Bedingt durch die hohe Arbeitslosenrate stiegen auch die Kriminaldelikte, allem voran die Suchtgiftkriminalität, wobei in Trofaiach in den letzten Jahren bereits mehrere Tote zu beklagen waren. Durch besondere Ausbildung einiger Beamter im Rahmen des koordinierten Kriminaldienstes sind in diesem Bereich große Erfolge zu verzeichnen. Im Jahr 1998 erfolgten 241 Anzeigen nach dem Suchtgiftgesetz. Durch die vorangetriebene Spezialisierung in den anderen Bereichen des Kriminaldienstes konnte ebenfalls eine erfolgreiche Basis zur Verbrechensbekämpfung geschaffen werden. Im vergangenen Jahr konnten von 3.255 Verbrechens- und Vergehenstatbeständen 2.565 geklärt werden, was einer Aufklärungsquote von 78,8% (!) entspricht.

Industrie und Fremdenverkehr

Von den seinerzeit etablierten Unternehmen sind in der Region heute die VOEST-Alpine Donawitz, der Erzberg in Eisenerz, die ATS-Leiterfabrik in Leoben-Hinterberg und die Papierfabrik Brigl & Bergmeister in Niklasdorf die wichtigsten Arbeitgeber. Durch die angespannte Arbeitsmarktlage in der Industrie kommt dem Fremdenverkehr eine immer größere Bedeutung zu. Zu den besonderen Attraktionen für die zahlreichen Besucher zählt die Besichtigung des Erzberges mit einer Führung im Hüttenwerk Donawitz. Höchste Priorität hat aber der Ausbau von Schipisten und die Schaffung von Wanderwegen rund um den Präbichl. Auch das Projekt »Eisenstraße« mit Eisenerz und Vordernberg soll für die Besucher eine besondere Attraktion bilden. Mit dem Ausbau des Erholungsgebietes um den sagenumwobenen Leopoldsteinersee soll vor allem um den »sanften Tourismus« geworben werden.

Aber Urlaub und Freizeit bedeuten gleichzeitig auch Arbeit für die Gendarmerie. Durch den ständig steigenden Bergtourismus mußte eine alpine Einsatzgruppe geschaffen werden, die sich über Arbeitsmangel wahrlich nicht beklagen kann. Im vergangenen Jahr gab es insgesamt 47 Einsätze mit 33 Verletzten und vier Toten.

Pfarrkirche St. Oswald, einzige vollständig erhaltene Wehrkirche (Taborkirche) Österreichs. Zur Zeit der Türkeneinfälle wurde der 1512 eingeweihte Neubau durch umfangreiche Wehranlagen befestigt.

Bild: Foto Freisinger, Eisenerz

Nordisches Ausbildungszentrum in Eisenerz

Die eigentliche Schulstadt ist Leoben mit der wohl bekanntesten und weltweit anerkannten Montanuniversität. Sie fällt jedoch in den Überwachungsbereich der Bundespolizeidirektion Leoben. Eine bedeutende Schulstadt ist aber auch Eisenerz. Neben einem Bundesrealgymnasium und einer Handelsschule gibt es dort ein nordisches Ausbildungszentrum für Schispringer und Langläufer. Mit der Ausbildung der jungen Sportler ist der seinerzeitige Weltrekordhalter im Schifliegen, Reinhold Bachler, betraut. Das besondere an dieser Schule ist, daß zwar der Sport im Vordergrund steht, aber parallel dazu ein handwerklicher Beruf erlernt werden kann.

Entlastung der Gastarbeiterroute durch die Pyhrnautobahn A 9

Die Entwicklung der Gendarmerie wurde besonders in verkehrsdienstlicher Hinsicht durch die geographische Lage des Bezirkes einschneidend geprägt. St. Michael gilt als Verkehrsknotenpunkt der Steiermark, weil sich hier die Eisenstraße als Nord-Süd-Verbindung und die Mur-Mürz-Furche als Ost-West-Verbindung schneiden. Durch die Hochkonjunktur entwickelte sich auch ein reger Handelsverkehr, was zunächst wie ein Segen für die Bevölkerung schien. Das Straßennetz war aber nicht entsprechend ausgebaut und das Verkehrsaufkommen konnte trotz intensiver Überwachung durch die Gendarmerie kaum bewältigt werden. Die Umfahrung St. Michael war immer ein Nadelöhr und eine der unfallsträchtigsten Straßenstücke Österreichs. Der damals erworbene Reichtum erblaßte aber auf dem sogenannten »Nord-Süd-Trampelpfad«, der Schoberpaßbundesstraße B 113, auch Gastarbeiterroute genannt. Unzählige Tote pflastern jeden Kilometer von Niklasdorf bis Wald am Schoberpaß.

Eine spürbare Entlastung der umliegenden Posten und damit auch jedes einzelnen Beamten brachte die leider viel zu spät errichtete und im Jahr 1993 fertiggestellte Pyhrnautobahn A 9.

Trotz des immer noch steigenden Verkehrsaufkommens sind auch im Bezirk Leoben die Unfallszahlen rückläufig. Im vergangenen Jahr mußten 870 Verkehrsunfälle mit 224 Verletzten und drei Toten bearbeitet werden. Wenn man bedenkt, daß im Jahre 1974 an nur einem Tag 10 Todesopfer zu beklagen waren, so ist dies bereits ein beachtlicher Erfolg, zufrieden kann man aber trotzdem nicht sein.

Kaiser Franz Joseph I. als Jagdgast in Mürzsteg

Der Bezirk hat nicht nur das Eisenerz, sondern auch viele wunderschöne Waldgebiete zu bieten. Schon der Kaiser hielt sich in dieser Region oft auf und ging mit seinem Sohn, Kronprinz Rudolf, zur Jagd. Es war im Jahre 1885 oder 1886, als man im Höllengraben bei Mürzsteg nach Kahlwild jagte. Der Kronprinz befand sich im Graben, während der Kaiser in der Lehne gegen den Bockkogel »im Reiser« stand. Man hatte schon ziemlich viel geschossen und der Trieb neigte sich dem Ende zu. Plötzlich erblickte der Kronprinz ein Rudel Hochwild. Nachdem er einen Schuß abgegeben hatte, flüchtete das Wild in Richtung des Standortes seines Vaters. Rudolf verließ entgegen aller Jagdregeln seinen Stand, folgte dem Wild und gab mehrere Schüsse ab. Eine Kugel traf dabei einen hinter dem Kaiser sitzenden Träger in den Ellbogen. Der Vorfall durfte selbstverständlich nicht an die Öffentlichkeit gelangen, weshalb der Monarch dem Träger 50 Gulden gab. Der Thronfolger durfte zur Strafe am nächsten Tag an der Jagd nicht teilnehmen.

Vom Landgendarmen zum »Manager im Sicherheitsbereich«

Das Berufsbild des Gendarmen hat sich in den letzten Jahren mit der Wandlung vom Patrouillengendarmen zum Spezialisten grundlegend verändert. Das altertümliche Bild des Landgendarmen, der mit dem Karabiner geschultert von Bauernhof zu Bauernhof als Ordnungshüter im gesamten Rayon patrouillierte, scheint schon längst vergessen. Der Beamte ist heute in einem modernen Dienstleistungsbetrieb integriert, muß aber trotz der zunehmenden Spezialisierung viele Tätigkeiten ausüben. Sein Aufgabengebiet reicht vom Erhebungs- über den Verkehrsdienst bis hin zum modernen Manager.

Aus der Chronik

In den vergangenen Jahren ereigneten sich bereits mehrere Flugzeugunglücke. Vor allem die »Hohe Lins« und der »Kreuzen« in der Umgebung von Trofaiach dürften diese Ereignisse nahezu anziehen. Besonders tragisch erscheint hier der Absturz eines Helikopters des Innenministeriums am 15.4.1986. Gegen 7.30 Uhr befand sich die Maschine auf einem Suchflug nach in Bergnot geratenen Touristen. Dabei wurde das Flugzeug vermutlich durch eine Windböe am Reiting im Gebirgsmassiv der Eisenerzer Alpen, im Bereich des Gösseck, gegen eine Felswand geschleudert und stürzte ab. Bei dem Unfall wurden der Pilot und seine beiden Flugbegleiter getötet.

Eine der gefährlichsten Straßen Österreichs war bis zur Entlastung durch den Bau der Pyhrnautobahn A 9 die Schoberpaßbundesstraße, B 113. Auf der sogenannten Gastarbeiterroute ereigneten sich unzählige schwere Verkehrsunfälle. Auf diesem Streckenabschnitt waren im Laufe der Zeit weit mehr als hundert Todesopfer zu beklagen. Der schwerste und bis zum damaligen Zeitpunkt spektakulärste Unfall ereignete sich am 9. September 1974. An diesem Tag fanden 10 Menschen den Tod.

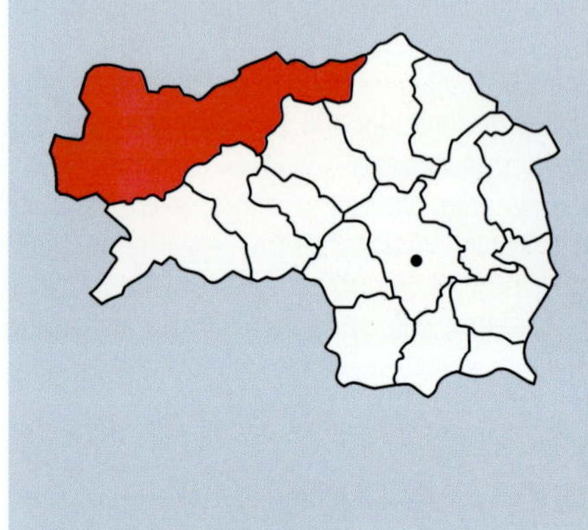

Herbert Brandstätter

Liezen

Größe in km²	*3.269,89*	**Sehenswürdigkeiten**
Gemeinden:	*51*	**Attraktionen:**
Einwohner:	*81.532*	Stift Admont mit der weltgrößten
Anzahl der Dienststellen:	*18*	Stiftsbibliothek, Burg Strechau bei
Systemisierter Personalstand:	*166*	Rottenmann, Ausseerland mit Loser,
Auf einen Exekutivbeamten		Tauplitzalm und dem Salzbergwerk in
entfallende Einwohner:	*493*	Altaussee, Pürgg – das steirische
Bundesgrenze in km:	*–*	Kripperl mit Johanniskapelle, Schloß
Autobahnen in km:	*45*	Trautenfels, Ramsau a. D. mit
Bundesstraßen in km:	*340*	Gletscherbahn Dachstein,
Landesstraßen in km:	*300*	St. Gallen mit Ruine Gallenstein

Österreichs größter Bezirk

Liezen als der größte politische Bezirk, liegt in der geographischen Mitte Österreichs und ist der Gesamtfläche nach betrachtet größer als das Bundesland Vorarlberg. Der Bezirk gliedert sich – im Westen beginnend – in die Dachstein-Tauern-Region mit den Hauptorten Schladming und Gröbming, in das Ausseerland mit den Kurorten des steirischen Salzkammergutes Bad Aussee und Bad Mitterndorf, in die Region »Rund um den Grimming« mit Irdning, Stainach und der Bezirksstadt Liezen, in das untere Ennstal mit den Märkten Admont und St. Gallen inmitten der bekannten Gesäuseberge, einem Teil des Mariazeller Landes mit Wildalpen, dem Trinkwasserlieferanten für die Bundeshauptstadt Wien, sowie in das Paltental im Südosten des Bezirkes mit den Kleinstädten Rottenmann und Trieben.

50.000 Jahre alte Felszeichnungen

Erste Spuren der Besiedelung gibt es von Höhlenbärenjägern aus der Zeit der Neandertaler. Mehr als 50.000 Jahre alte Felszeichnungen sind an den Kalkwänden in der Salzofenhöhle im Toten Gebirge bei Bad Aussee zu finden. Keltengräber gibt es am Fuße des mächtigen Grimming an der Krugel bei Bad Mitterndorf. Von einer frühen Besiedelung zeugen auch noch Reste von Straßen auf denen die Römer das im Ausseerland gewonnene Salz in alle Gebiete des Reiches transportiert haben. Ab dem 11. Jahrhundert sind die Siedlungen in Rottenmann, Admont, Pürgg, Bad Aussee, Liezen, Haus und Schladming urkundlich nachgewiesen.

Heute leben über 80.000 Bürger in den Kleinstädten Liezen, Rottenmann, Trieben, Schladming und Bad Aussee, in den Märkten Haus, Irdning, Stainach, Bad Mitterndorf, Admont und St. Gallen, sowie in vielen lieblichen Dörfern.

Größe des Bezirkes verlangt einzigartige Verwaltungsstruktur

Für Österreich einzigartig ist, daß der Bezirkshauptmannschaft Liezen, vorrangig wegen der Größe des Bezirkes, aber auch als Folge der geschichtspolitischen Entwicklung, als Verwaltungsbehörde I. Instanz, zwei politische Exposituren als Außenstellen, eine in Bad Aussee und eine in Gröbming, angeschlossen sind. Die politische Expositur Gröbming mit den Bereichen der Gerichtsbezirke Schladming und Gröbming war vor dem »Anschluß« im Jahr 1938 eine eigene Bezirkshauptmannschaft. Der Bereich der politischen Expositur Bad Aussee, umfassend die Gemeinden Bad Aussee, Grundlsee, Altaussee, Pichl bei Aussee und Bad Mitterndorf kam mit dem Anschluß im Jahre 1938 zum Kreis Oberdonau. Die Rückgliederung zur Steiermark und damit zum Bezirk Liezen erfolgte erst im Jahre 1948, zu einer Zeit, als in Oberösterreich noch die Amerikaner und in der Steiermark die Engländer als Besatzungsmächte agierten.

Fremdenverkehr – Forstwirtschaft – Industrie

Eckpfeiler der heimischen Wirtschaft ist der Fremdenverkehr mit den Schwerpunkten in der Dachstein-Tauernregion, im Ausseerland und im Gesäuse mit insgesamt etwa 4,5 Millionen Fremdennächtigungen. Der wohl bedeutendste Industriestandort samt Einkaufszentrum ist der Bezirksvorort Liezen. Neben mehreren metallverarbeitenden Betrieben ist die Maschinenfabrik Liezen der wichtigste Arbeitgeber. In Rottenmann sind die Austria-Haustechnik und in Admont die holzverarbeitende Industrie zu erwähnen. Weitere größere Firmen befinden sich in St. Gallen und in Paltental. Die Forstwirtschaft wird durch die Bundesforstverwaltung in Bad Aussee, Bad Mitterndorf und Großreifling, sowie durch die Landesforstverwaltung im unteren Ennstal wahrgenommen. Das Stift Admont gilt als der größte Waldbesitzer Österreichs. Daneben sorgen die Salzgewinnung in Bad Aussee/Altaussee,

Benediktinerstift Admont (1074 gegründet). Es beheimatet seit 1776 die größte Klosterbibliothek der Welt. *Bild: Kulturabteilung, Stift Admont*

der Gipsabbau und die diesen Rohstoff verarbeitenden Gipsplattenwerke, Textilbetriebe in Ramsau und Bad Mitterndorf, die Landgenossenschaft Ennstal mit der Molkerei Stainach und der ihr angeschlossenen Alpenfleisch AG, sowie die heimischen Kleingewerbebetriebe für Beschäftigung.

Schiwettkämpfe in Schladming und am Kulm

Von enormer wirtschaftlicher Bedeutung waren und sind auch die sportlichen und kulturellen Großveranstaltungen im Bezirk, wie die alpine Schi-Weltmeisterschaft in Schladming, die nordische WM in Ramsau, die Schi-Weltcuprennen in Schladming und Haus, die Schiflugveranstaltungen auf dem Kulm in Bad Mitterndorf – Tauplitz oder das jährliche Narzissenfest im Ausseerland.

Obwohl man bemüht ist, neue Firmen anzusiedeln, die sportlichen und kulturellen Veranstaltungen zu fördern, hat der Bezirk aber mit 13% eine der höchsten Arbeitslosenraten Österreichs.

Seit Jahren umstritten – die Ennstaltrasse

Seit Jahren gibt es nicht nur auf dem grünen Tisch Auseinandersetzungen wegen einer besseren Verbindung zwischen der A 9 (Phyrnautobahn) und der A 10 (Tauernautobahn) durch das Ennstal. Gendarmen und Behördenleiter müssen bei den Demonstrationen, die meist gewalttätig enden, viel Fingerspitzengefühl beweisen und werden daher oft vor große Probleme gestellt. Es sollte jedoch für alle Entscheidungsträger klar sein, daß einerseits eine bessere Infrastruktur für die Region geschaffen werden muß, andererseits sind bessere und vor allem sicherere Verkehrsverbindungen notwendig, um eine Reduktion der Verkehrsunfälle zu erreichen.

Die Gendarmerie im Wandel der Zeit

Im Jahre 1850 sind in den Sprengeln der schon eingerichteten Bezirksverwaltungsbehörden und der Bezirksgerichte im Bereich der Bezirkshauptmannschaft Liezen die Gendarmerieposten in Liezen, Rottenmann und St. Gallen, im Bereich der damals noch selbständigen Bezirkshauptmannschaft Gröbming die Gendarmerieposten Gröbming und Bad Aussee aufgestellt worden. Es folgten die Gendarmerieposten in Schladming (1851), Irdning (1853), Admont (1867), Großreifling (1869), Bad Mitterndorf (1875), Wildalpen (1879), Stainach (1893), Selzthal (1896), Stein a. d. E. (1905), Haus (1906) und Ramsau am Dachstein (1935).

Diese Gendarmerieposten waren anfänglich dem Flügel Graz, dem heutigen Landesgendarmeriekommando und der Zugsstation Judenburg, den seinerzeitigen Gendarmerieabteilungskommanden unterstellt. Im Jahre 1868 waren am Sitz der Bezirkshauptmannschaften in Liezen und in Gröbming »Bezirks-Wachtmeister« ernannt worden, die unmittelbar die Befehle des Bezirkshauptmannes entgegenzunehmen hatten und Inspizierende für alle Gendarmerieposten ihres Bezirkes waren. Somit waren in etwa die Bezirksgendarmeriekommanden der heutigen Form gegründet. Im Jahre 1874 erfolgte dann die Einteilung und Umbenennung in Bezirksgendarmeriekommando.

Mit 1. Mai 1993, dem Zeitpunkt des Inkrafttretens des Sicherheitspolizeigesetzes, wurden die Bezirksgendarmeriekommanden Gröbming und Liezen zu einem Bezirksgendarmeriekommando mit dem Standort Liezen zusammengelegt, weil in der Zwischenzeit die Bezirkshauptmannschaft Gröbming der Bezirkshauptmannschaft Liezen einverleibt worden war. Sie hat nun den Status eines ständigen Amtstages, später einer politischen Expositur mit Sitz in Gröbming bekommen. Das Gendarmerieabteilungskommando Liezen wurde mit gleichem Zeitpunkt aufgelöst. Heute sind dem Bezirksgendarmeriekommando Liezen wie bereits angeführt 17 Gendarmerieposten mit insgesamt 166 Beamten unterstellt.

Schifliegen am Kulm, Bad Mitterndorf, große Herausforderung für Verkehrslogistik der Gendarmerie. *Bild: BGK Liezen*

Besondere Kriminalfälle und die Tragödie von Lassing

Im Jahre 1934 wurde beim sogenannten Nazi-Putsch auf dem Hauptplatz in Schladming der damals im Dienst stehende stellvertretende Bezirksgendarmeriekommandant von Gröbming von einem Aufständischen erschossen. Im gesamten Bezirk kamen bei Kämpfen zwischen der Heimwehr und den Putschisten viele Menschen ums Leben.

Bei einem Überfall auf einen Geldtransport der Post vor dem Bahnhof in Bad Aussee wurden im Jahr 1984 von Ewald P. ein Gendarm und ein Postbeamter erschossen und ein weiterer Postbeamter schwer verletzt. Der Täter wurde zu lebenslanger Haft verurteilt.

Internationales Aufsehen erregte im Jahr 1991 ein schwerer Autobusunfall auf der Triebener-Tauern-Paßstraße, wo ein Reisebus mit 43 ungarischen Insassen bei der Talfahrt von der Fahrbahn abgekommen und mehrere hundert Meter in die Tiefe gestürzt war. 17 Personen kamen dabei ums Leben, die übrigen zum Teil schwerst verletzten Mitfahrer wurden bei einem Großeinsatz von Rettung, Feuerwehr, Bundesheer und Gendarmerie geborgen und zum Teil mit Hubschraubern in die Krankenhäuser der Umgebung gebracht.

Lebendig begraben – Ich hab um mein Leben geklopft – Einer lebt – 10 Retter bezahlten ihren Einsatz mit dem Leben – lauteten nur einige der Schlagzeilen vieler Tageszeitungen im Juli 1998. In der kleinen Bergmannsgemeinde Lassing hatte sich das schwerste Grubenunglück in der Geschichte des österreichischen Bergbaues ereignet. Der Alptraum begann damit, daß eine ganze Siedlung langsam versank. Während 10 Kameraden versuchten, ihren unter Tag eingeschlossenen Kumpel zu befreien, stürzte das Bergwerk ein und verschlang Häuser, Straßen und Menschen. Trotz eines wochenlangen beispiellosen Einsatzes von Mensch und Material, konnte nur ein Bergmann gerettet werden. Georg Hainzl, der in einem Jausenraum gefangen war, konnte nach 10 Tagen aus einer Tiefe von 60 Meter fast unverletzt geborgen werden. Seine 10 Kameraden gab die Erde nicht mehr frei. Die genaue Unglücksursache konnte bis dato nicht einwandfrei geklärt werden. Es konnte jedoch nachgewiesen werden, daß seit dem Jahre 1997 Schwarzabbau betrieben wurde und als möglicher Auslöser der Katastrophe in Frage kommt.

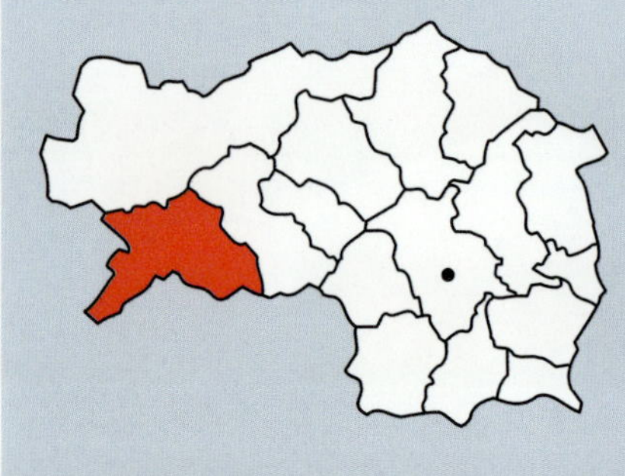

Murau

Größe in km²	*1.384*	**Sehenswürdigkeiten**
Gemeinden:	*35*	**Attraktionen:**
Einwohner:	*32.257*	Altstadt Murau mit Schloß und
Anzahl der Dienststellen:	*7*	Stadtpfarrkirche, Naturpark
Systemisierter Personalstand:	*64*	Grebenzen und Hörfeld-Moor,
Auf einen Exekutivbeamten		Altstadt Oberwölz, Benediktinerstift
entfallende Einwohner:	*504*	St. Lambrecht, Günstner Wasserfall,
Bundesgrenze in km:	*–*	Holzmuseum in St. Ruprecht ob
Autobahnen in km:	*–*	Murau
Bundesstraßen in km:	*131*	
Landesstraßen in km:	*133*	

Bernhard Winkler

Murau – der Bezirk im Dreiländereck

Der Bezirk Murau liegt im obersten Murtal und grenzt im Westen mit den Talengen Predlitz und Seetal an Salzburg und im Süden mit den Gurktaler und Metnitzer Alpen an Kärnten. Im Norden trennen die Niederen Tauern das Murtal vom Ennstal und im Osten begrenzen den Bezirk zum Teil die Seetaler Alpen. In nordwestlicher Richtung verläuft von Predlitz bis Unzmarkt das Murtal und von der Ortschaft Seetal bis Oberwölz das Kammertal. Der dazwischenliegende Bergrücken wird vom Rantental, dem Katschtal und dem Wölzertal durchtrennt.

Besiedelung erfolgte bereits in der Jungsteinzeit

Die ersten Spuren menschlichen Lebens in der Region Murau stammen aus der Jungsteinzeit, wie Funde auf der Turracher Höhe beweisen. Aber auch die Funde der nachfolgenden Epochen (Kupfer-, Bronze- und Eisenzeit) dokumentieren die fortlaufende Besiedlung. Illyrer bewohnten das Gebiet, ehe die Kelten ab dem 2. Jahrhundert v. Chr. in die Gebirgstäler eindrangen. Unter den Römern wurden die ersten Straßen angelegt. Die Reichsstraße führte von Kärnten über die Poststation Noreia nach Neumarkt i. Stmk. und über den Perchauer Sattel nach »Ad Pontem« (Lind bei Scheifling) ins Murtal. Von hier aus ging eine Nebenstraße muraufwärts in den Lungau zum Radstädter Tauernpaß.

Murau war im Mittelalter ein bedeutender Handels-und Umschlagplatz für Salz und Eisen. Auf Saumwegen über den Sölkpaß wurde Salz von Nord nach Süd und als Gegenfracht Wein befördert. Aber auch die Eisenindustrie prägte den Bezirk. Durch zweieinhalb Jahrhunderte hindurch war Turrach Zentrum des Eisenbergbaues und der -verhüttung. Im Jahr 1863 war in Turrach als technische Neuheit die erste Bessemerbirne von Österreich errichtet worden. Auch unzählige Hammerwerke in Murau, in Katsch, Niedenvölz, Oberwölz, Teufenbach und Scheifling verarbeiteten das Roheisen, das zum Teil auch auf der Mur mit Flößen befördert worden war. Zu Beginn des 20. Jahrhunderts endete die Eisenindustrie in der nun hauptsächlich von der Land- und Forstwirtschaft geprägten Region Murau.

Fremdenverkehr ist der wichtigste Wirtschaftszweig

In heutiger Zeit ist der Bezirk auf den Fremdenverkehr ausgerichtet. Der Schwerpunkt liegt im Wintersport. Die Turracher Höhe, der Kreischberg, das Lachtal, die Frauenalpe und die Grebenzen sind begehrte Wintersportgebiete. Dennoch gibt es zuwenige Arbeitsplätze im Bezirk, so daß viele Bewohner ihren Wohnsitz in die an Industrie reicheren Ballungszentren verlegen. Viele Arbeitnehmer sind aber auch gezwungen, nach Wien, Salzburg, aber auch nach Deutschland auszupendeln. Die Arbeitslosenrate beträgt derzeit im Jahresdurchschnitt ca. 7,7 %. Aufgrund der extremen Lage und der schlechten verkehrsmäßigen Erschließung des Bezirkes gestalten sich die Betriebsansiedlungen äußerst schwierig. Es gibt aber auch viele schon lange etablierte traditionsreiche Betriebe, wie zum Beispiel die Obermurtaler Brauerei in Murau oder die Tischlereiwerkstätte Leitner und das Dynamitwerk Nobel in St. Lambrecht, sowie die Zeman Bauelemente in Scheifling und das Rauter Betonwerk in Niederwölz. Sie schätzen die Verläßlichkeit der Murauer Bevölkerung und bieten den Menschen in dieser Region Arbeit.

Die Gendarmerie im Bezirk

1849 entstand in Murau eine Bezirkshauptmannschaft, die der Kreisregierung in Bruck an der Mur als übergeordnete Instanz unterstand. Daneben wurden ein Bezirks-Collegialgericht und ein staatliches Steueramt installiert. Der Gendarmerieposten Murau wurde am 20. Mai 1850 gegründet. Die damalige Mannschaft bestand aus einem Wachtmeister, einem Korporal und sechs Gendarmen. Die Anzahl der Beamten blieb lange Zeit konstant. Eine Aufstockung auf 15 Beamte erfolgte erst knapp vor Ende des Zweiten Weltkrieges. Heute beträgt der systemisierte Stand 19 Beamte. Da die Stadt Murau auch eine Schulstadt ist und täglich 3.000 Schüler aus der Umgebung die verschiedensten Schulen besuchen, wird der Schulverkehrserziehung und der Schulwegsicherung ein besonderes Augenmerk geschenkt.

Der Gendarmerieposten Neumarkt/Stmk., gegründet am 4. April 1850, betreut mit 13 Beamten die Gemeinden Dümstein i. d. Stmk. Kulm am Zirbitz, Mariahof-Mühlen, Neumarkt/Stmk., St. Marein bei Neumarkt und Zeutschach. Durch die stark frequentierte Bundesstraße B 83 (ehemalige Triester–Bundesstraße) ergibt sich für die Gendarmeriebeamten neben der Erfüllung der sicherheitsdienstlichen Aufgaben vor allem durch die erforderliche Verkehrsüberwachung und Verkehrsunfallserhebungen ein sehr hoher Arbeitsanfall.

Der ab 1938 bestehende Gendarmerieposten in Mühlen wurde am 31. Juli 1967 aufgelassen und das seinerzeitige Überwachungsgebiet mit dem Postenrayon Neumarkt/Stmk. zusammengelegt.

Das Überwachungsgebiet des Gendarmeriepostens Oberwölz umfaßt die Gemeinden Oberwölz-Stadt, Oberwölz-Umgebung, Schönberg-Lachtal und Winklern bei Oberwölz. Auf dieser Dienststelle versehen vier Beamte ihren Dienst und betreuen neben der hauptsächlich ländlichen Bevölkerung auch das Schi- und Erholungsgebiet Schönberg-Lachtal.

Das vom Gendarmerieposten St. Lambrecht – gegründet am 1. Februar 1896 – zu überwachende Gebiet schließt die Gemeinden St. Lambrecht, St. Blasen und einen Teil der Katastralgemeinde Laßnitz bei St. Lambrecht der Gemeinde Laßnitz bei Murau ein. Für die Aufrechterhaltung der öffentlichen Ordnung und Sicherheit stehen hier vier Beamte zur Verfügung. In St. Lambrecht befinden sich zwei der größten Arbeitgeber des Bezirkes Murau. Es sind dies eine Dynamitfabrik und ein holzverarbeitender Betrieb mit zusammen ca. 3.000 Beschäftigten.

Der Gendarmerieposten Scheifling wurde am 1. Jänner 1906 errichtet und hat die Gemeinden Scheifling, Teufenbach, Niederwölz, Frojach-Katsch, St. Lorenzen bei Scheifling und Perchau am Sattel zu betreuen. Die Hauptaufgabe der neun Beamten dieser Dienststelle liegt vor allem in der Verkehrsüberwachung der stark frequentierten Bundesstraßen 83 und 96.

Die Überwachung des flächenmäßig größten Rayones des Bezirkes Murau obliegt den Beamten des Gendarmeriepostens Schöder. Diese Dienststelle wurde am 1. Oktober 1879 gegründet und im Jahre 1889 nach St. Peter am Kammersberg verlegt. Doch bereits sieben Jahren später wurden beide Dienststellen wieder getrennt und der Gendarmerieposten Schöder neu eröffnet. Der Gendarmerieposten St. Peter am Kammersberg bestand bis zum Jahre 1965, wurde dann aufgelöst und das gesamte Rayon dem Gendarmerieposten Schöder eingegliedert. Das Überwachungsgebiet dieser Dienststelle umfaßt 16 kleine Ortschaften, wovon St. Peter am Kammersberg als Hauptort zu bezeichnen ist. Das Betätigungsfeld der Beamten ist sehr vielfältig. Einen Schwerpunkt bilden die Einsätze im alpinen Bereich, da es aufgrund der stark begangenen Berglandschaft zeitweise mehr Opfer auf den Bergen als auf den Straßen gibt.

Der Gendarmerieposten Stadl an der Mur wurde im Jahre 1855 gegründet. Zu dieser Zeit befanden sich im Schloß Goppelsbach in Stadl an der Mur ein Bezirksgericht und ein Steueramt. Die Postenmannschaft bestand aus drei bis fünf Mann und war dem Zugskommando in Judenburg und dem Flügelkommando in Bruck/Mur unterstellt. Bereits 1857 wurde der Posten wieder aufgelassen und das Überwachungsgebiet dem Gendarmerieposten Murau zugewiesen. 1876 kam es zur neuerlichen Gründung des Postens Stadl an der Mur, der heute mit fünf Beamten besetzt ist.

Das Überwachungsgebiet Stadl an der Mur umfaßt hauptsächlich ländliches Gebiet und schließt das Wintersport- und Erholungsgebiet Turracher Höhe ein.

Der Bezirk Murau gilt als einer der schönsten Landschaftsteile Österreichs und wird deshalb sowohl im Sommer als auch im Winter von zahlreichen Gästen besucht. Die Sicherheitsverhältnisse können als sehr gut bezeichnet werden. Dazu leisten die Gendarmeriebeamten durch ihren Fleiß und Einsatz einen wesentlichen Anteil.

Aus der Chronik

In der Zwischenkriegszeit, und zwar im Jahr 1934, ereigneten sich im Bezirk Murau auch einige unliebsame politische Zusammenstöße, denen mehrere Menschen zum Opfer fielen. Der Februaraufstand blieb in dem vom Heimatschutz dominierten Bezirk Murau ohne Folgen, doch anläßlich des Juliputsches kam es am 25. Juli 1934 in Niederwölz und Lind bei Scheifling zu einem Zusammenstoß von 300 aus Kärnten geflüchteten NSDAP-Anhängern mit dem Heimatschutz bei Predlitz. Dabei wurden am 27. Juli 1934 sechs NSDAP-Angehörige getötet, 16 verwundet und 106 Mann gefangengenommen.

Murau mit der Stadtpfarrkiche St. Matthäus und dem zwischen 1628 und 1643 erbauten Schloß. Bild: Fremdenverkehrsbüro Murau

In Pöllau am Greim kam es am 11. August 1947 zu einem Mord an zwei Gendarmeriebeamten des Gendarmeriepostens St. Peter am Kammersberg. Die Gendarmen Leopold Ebner und Wilhelm Makoru wurden bei der Kontrolle des entsprungenen Strafhäftlings Wilhelm Rieder von diesem kaltblütig erschossen. Rieder wurde zwei Tage später in Laßnitz bei Murau verhaftet und zum Tode verurteilt.

Am 31. März 1993 prallte ein 21jähriger Flugschüler mit einer Cessna F 152 wegen Schlechtwetters zwischen »Hintern Gigler« und »Kegeleck«, Gemeinde Oberwölz, gegen einen Hang. Der Pilot konnte das im Tiefschnee steckende Flugzeug mit seinen schweren Verletzungen noch verlassen, wurde aber trotz einer sofort eingeleiteten Suchaktion nicht gefunden und starb an Unterkühlung.

Ein schweres Busunglück gab es am 9. Juni 1994 auf der Bundesstraße 83 in Perchau. Ein vollbesetzter holländischer Reisebus kollidierte mit einem Sattelschlepper, wobei die Front und Seitenwand des Busses aufgerissen wurden. Von den 53 Businsassen wurden sechs Personen getötet und 34 zum Teil schwer verletzt.

Das Jahr 1994 ging mit zwei Brandlegungen in die Geschichte des Bezirkes ein.

Am 9. Oktober brach im Wirtschaftsgebäude des Oswald W. ein Brand aus, wobei der gesamte Viehbestand, sowie sämtliche Maschinen vernichtet wurden. Die Spuren deuteten auf Brandstiftung hin. Man konnte aber des Täters vorerst nicht habhaft werden. Der Schaden betrug mehr als vier Millionen Schilling.

Am 1. Dezember ging das Wohn- und Wirtschaftsgebäude des Gottfried L. ebenfalls in Flammen auf. Der Schaden betrug 1,5 Millionen Schilling. Nach umfangreichen Erhebungen konnte noch am gleichen Tag ein Feuerwehrmann, der Neffe und Nachbar des Besitzers, als Täter ausgeforscht werden. Bei der Vernehmung gestand er, auch den Brand im Wirtschaftsgebäude des Oswald W. gelegt zu haben.

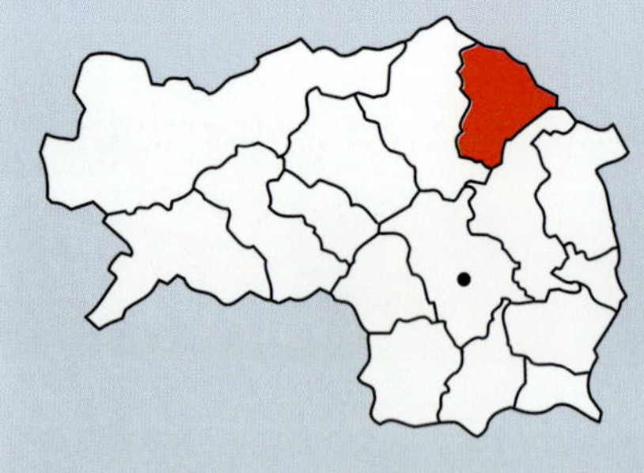

Mürzzuschlag

Franz Slepicka

Größe in km²	*848,18*
Gemeinden:	*16*
Einwohner:	*44.762*
Anzahl der Dienststellen:	*10*
Systemisierter Personalstand:	*96*
Auf einen Exekutivbeamten entfallende Einwohner:	*466*
Bundesgrenze in km:	*–*
Autobahnen in km:	*26*
Bundesstraßen in km:	*64*
Landesstraßen in km:	*119*

Sehenswürdigkeiten Attraktionen:
Münster in Neuberg/M, kaiserliches Jagdschloß in Neuberg/M, Wasserfall »Totes Weib« in Mürzsteg, internationales Wintersportmuseum in Mürzzuschlag, Rosegger-Gedenkstätten (Geburtshaus, Sterbehaus u. Museum in Krieglach und Alpl)

Seit 1856 Gendarmerie im Bezirk

Die seit 1856 bestehenden Gendarmerieposten im Bezirk Mürzzuschlag waren bis 1873 dem 6. Flügelkommando und später dem 1. Abteilungskommando Graz unterstellt. Das Bezirksgendarmeriekommando Mürzzuschlag wurde am 1. Jänner 1903, gleichzeitig mit der Bezirkshauptmannschaft Mürzzuschlag, neu errichtet. Dem Bezirksgendarmeriekommando waren in Folge 14 Gendarmerieposten (darunter Gendarmerieposten Bahnhof Mürzzuschlag und Expositur Steinhaus/Semmering) unterstellt. Durch entsprechende Umstrukturierung und Zusammenlegungen wurden diese Dienststellen auf nunmehr neun Gendarmerieposten reduziert.

Der Kaiser kam zur Jagd – Schwerstarbeit für die Gendarmen

Zur k. k. Zeit fanden regelmäßig »allerhöchste Hofjagden« im Raume Mürzsteg – Altenberg/Rax statt, zu denen Kaiser Franz Joseph I. viele bedeutende ausländische Staatsmänner wie König Albert von Sachsen, die Könige Alphons von Spanien und Milan von Serbien, sowie Kaiser Wilhelm II. von Deutschland und Zar Nikolaus II. von Rußland einlud. Umfangreiche Sicherheitsvorkehrungen waren erforderlich, da die hohen Herrschaften Tag und Nacht bewacht werden mußten. *(Siehe auch SynChronik 1885)*

Das Geburtshaus von Peter Rosegger (1843–1918), Waldheimat genannt, am Alpl bei Krieglach. Bild: BGK Mürzzuschlag

Schwere Zeiten zwischen 1918 und 1945

Im Jahre 1918 strömten nach Ende des Ersten Weltkrieges plündernde Banden zurück und um die Ruhe, Ordnung und Sicherheit wieder herzustellen, mußten die Gendarmerieposten durch Aufnahme von Hilfskräften verstärkt werden. Durch die Absatzkrise der Betriebe entstand in den folgenden Jahren eine große Arbeitslosigkeit, die ein Bettlerunwesen zur Folge hatte, dem nur mit verstärkten Kontrollen Einhalt geboten werden konnte.

Nach Ende des Zweiten Weltkrieges war ein besonderer Einsatz an der Demarkationslinie Semmering, an der die Zonen der Besatzungsmächte Rußland und England zusammentrafen, nötig. Um einerseits die Bevölkerung vor Übergriffen der Besatzungsmacht zu schützen und andererseits nicht selbst in einen Konflikt zu geraten, brauchten die Beamten viel Einfühlungsvermögen und Fingerspitzengefühl. Wie die Geschichte gezeigt hat, haben sie diese Aufgabe hervorragend gelöst.

Die Ausrüstung wird ständig verbessert, die Technik hält Einzug

1928 erhielten die meisten Gendarmerieposten dienstliche Fahrräder und einen Fernsprechanschluß, 1929 wurde dem Gendarmerieposten Mürzzuschlag eine zweite Schreibmaschine, ein Radio- und Kurzwellensender, sowie eine Empfangsstation zum täglichen Depeschenaustausch mit dem Landesgendarmeriekommando zugewiesen.

Heute stehen im Bezirk 21 Dienstkraftfahrzeuge und jedem Gendarmerieposten moderne Sprechfunkgeräte, Computer, Telefon- und Faxgeräte, technische Hilfsmittel wie Laserpistole, Alkomat sowie Ausrüstung und Bewaffnung nach neuestem Stand zur Verfügung.

Wirtschaftswachstum und Kriminalität

Die früheren Hammerwerke entlang der Mürz wurden in den Folgejahren in Stahlerzeugungs- und Industriebetriebe umgerüstet, die Eisengießereien eingestellt und an ihren Standorten zum Teil Hochtechnologiebetriebe sowie Gewerbebetriebe angesiedelt. Es wurden zusätzliche Schulen errichtet und so bestehen im Bezirk derzeit 18 Volks-, 9 Haupt-, 4 Sonderschulen sowie 4 allgemein- und berufsbildende mittlere und höhere Schulen und eine Landesberufsschule für Spediteure. Die Gendarmerie bewältigte diese wechselnden Anforderungen durch stete Anpassung. Waren es früher oft gewalttätige, meist betrunkene Schwerarbeiter oder Arbeiter aus dem landwirtschaftlichen Bereich, gegen die eingeschritten werden mußte, so sind heute vor allem auch intelligente Betrüger, Diebe, sowie eine steigende Suchtgiftkriminalität – besonders in den höheren Schulen – zu bekämpfen. Eine besondere Art von Schwerkriminalität schwappt nach dem Öffnen des »Eisernen Vorhanges« auch in den Bezirksbereich Mürzzuschlag über. Zahlreiche organisierte Einbrecher- und Ladendiebstahlbanden aus den Oststaaten treten hier in Erscheinung. Durch engagierte und fachkundige Maßnahmen der Gendarmen konnte eine beträchtliche Anzahl ausländischer Straftäter gefaßt und allgemein eine Aufklärungsquote von Straftaten erreicht werden, die weit über dem Landesdurchschnitt liegt.

Wasserfall zum »Toten Weib« bei Mürzsteg im oberen Mürztal.
Foto: BGK Mürzzuschlag

Trotz steigendem Verkehr weniger Unfälle

Im Verkehrswesen ist die Anzahl der zugelassenen Fahrzeuge im Bezirk von knapp 20.000 im Jahre 1983 auf mehr als 27.000 im Jahre 1996 gestiegen. Trotz dieser steigenden Tendenz gelang es den im Verkehrsüberwachungsdienst eingesetzten Gendarmen durch ihr besonderes Engagement, die Zahl der Verkehrsunfälle zu reduzieren.

Großveranstaltungen verliefen durch entsprechende Sicherheitsvorkehrungen und Verkehrsmaßnahmen klaglos, darunter drei Landesausstellungen: 1991 in Mürzzuschlag »Sport und Wahn«, 1993 in Krieglach »Peter Rosegger« und 1996 in Neuberg/M. »Schatz und Schicksal«; in den Jahren 1995 und 1996 Weltcup-Schirennen am Semmering und mehrmals Grasschi-Weltmeisterschaften in Kindberg.

Aus der Chronik

Seit dem Jahre 1916 gab es im Bezirk insgesamt 11 Morde, wobei jener von Kindberg durch die Weltpresse ging. Am 30. Dezember 1978 wollte eine Gendarmeriepatrouille den Maronibrater Rupert Trojacek wegen verschiedener Straftaten überprüfen. Dieser lebte in einem aufgelassenen Bauernhof am Stadtrand und war als äußerst gewalttätig bekannt. Was die Gendarmen zum Zeitpunkt ihres Einschreitens nicht wußten war, daß er in Deutschland wegen Mordes gesucht wurde. Trotz größter Vorsichtsmaßnahmen durch die Beamten gelang es dem Täter, seine Waffe zu ziehen und auf die Gendarmen zu schießen. Postenkommandant Johann Stauber, er war damals 54 Jahre alt und Insp Johann Müllner, 24 Jahre, fanden den Tod. BezInsp Johann Eggenreich wurde lebensgefährlich verletzt.

Beispiele weiterer Schlagzeilen:
Drei Flugzeugabstürze
23. Oktober 1976: Ein Motorsegler stürzte im Schneealpengebiet Neuberg/M. durch einen Fehler des Piloten ab; dieser und sein Begleiter waren sofort tot.

17. Mai 1993: Ein Segelflugzeug stürzte in Mürzzuschlag durch einen Fehler des Piloten in ein Waldgebiet; der Pilot wurde schwer verletzt.

12. März 1995: Der Rettungshubschrauber des Flugeinsatzstelle Graz stürzte bei einem Rettungseinsatz auf der Hohen Veitsch ab – von der Besatzung wurde der Flugretter schwer verletzt, der Pilot sowie Arzt und Sanitäter blieben unversehrt.

Großbrände wüteten im Bezirk
Bis zum Jahre 1999 gab es sechs Großbrände, wobei der erste im Jahre 1939 mit einer Schadensumme von S 30.000 für heutige Verhältnisse relativ bescheiden klingt. Den letzten Großbrand gab es im Jahre 1994, wobei der Schaden in der Firma Vogel u. Noot in Mitterdorf/M. mit 60 Millionen Schilling beziffert wurde.

Unfälle im Zugsverkehr
Durch die stark frequentierte Nord-Süd-Trasse kam es auch im Zugsverkehr zu zahlreichen Unfällen, wobei neben hohen Sachschäden viele Tote und Verletzte zu betrauern waren. Am 26. September 1951 stieß im Bahnhof Langenwang ein Schnellzug gegen einen Güterzug, wobei 25 Todesopfer und 10 Verletzte zu beklagen waren. Die Unglücksursache war menschliches Versagen.

Daneben beschäftigten die Gendarmerie auch Naturkatastrophen wie das Hochwasser im Jahre 1955. In Mürzzuschlag sah es nach einem Unwetter wie in Venedig aus. Zwei Menschen verloren am 13. Jänner 1968 bei einem Lawinenabgang in Wartberg/Scheibsgraben ihr Leben.

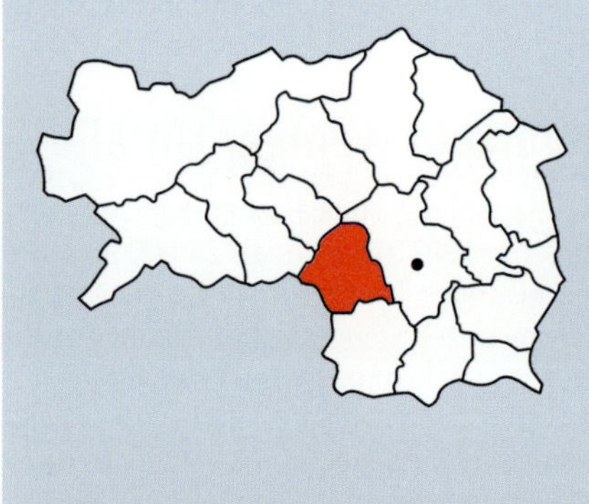

Voitsberg

Größe in km²	*674*
Gemeinden:	*25*
Einwohner:	*55.800*
Anzahl der Dienststellen: 7	
Systemisierter Personalstand:	*82*
Auf einen Exekutivbeamten entfallende Einwohner:	*680*
Bundesgrenze in km:	*–*
Autobahnen in km:	*32,5*
Bundesstraßen in km:	*71*
Landesstraßen in km:	*128*

Sehenswürdigkeiten
Attraktionen:
Bundesgestüt Piber in Köflach und Friedensreich-Hundertwasser-Kirche St. Barbara in Bärnbach

Josef Hohl

Der Bezirk Voitsberg schließt im Norden, Westen und Süden durch das 1.500 – 2.000 m hohe Mittelgebirge Gleinalpe, Stubalpe, Ehscheggefflin, Packsattel sowie Koralpe und grenzt in diesem Bereich an die Mittel-, Obersteiermark (Murtal), Kärnten und im Süden an den Bezirk Deutschlandsberg. Das östliche und teilweise nordöstliche Gebiet schließt an den Großraum Graz an.

Der nördliche, westliche und teilweise südliche Teil des Bezirkes besteht aus eher steinigem und bewaldetem Boden. Das Bezirkszentrum sowie die östliche und teils südliche Region sind vorwiegend mit Weichboden versehen. Den größten Teil des Bezirkes nehmen Waldungen, Wiesen und Waldheiden ein.

Der Hauptfluß, die Kainach, entspringt auf der Gleinalpe und verläuft quer durch den gesamten Bezirk. Sie nimmt bis zur Bezirksgrenze alle Bäche auf.

Die durch den Südteil führende Autobahn und die im Bezirkszentrum verlaufenden zwei Bundesstraßen sowie die 17 Landesstraßen bilden ein relativ hochrangiges Verkehrsnetz zu den Regionalzentren, zur Landeshauptstadt Graz, nach Kärnten und in die Obersteiermark.

Voitsberg, Köflach und Bärnbach tragen den Stadt-Status, Edelschrott, Ligist, Maria Lankowitz, Mooskirchen und Stallhofen sind Marktgemeinden und die übrigen Orte Dorfgemeinden.

Vom Bergbau zum Tourismus – ein Bezirk im Wandel

Voitsberg, ein Bergbau- und Industriestädtchen, mit knappen 11.000 Einwohnern liegt rund 35 km von Graz zu Füßen der 1170 errichteten Burg Ober »Voitsberg«. Die heutige Bezirkshauptstadt und

Drei Kilometer von Köflach das Gestüt Piber mit seinen Lipizzanern. Die ursprünglich aus Spanien stammenden, später in dem Ort Lipica (Slowenien) beheimateten Zuchtpferde werden für die Spanische Hofreitschule in Wien gezüchtet. *Bild: BGK Voitsberg*

wahrscheinlich auch das Schloß Greisenegg gründete Leopold VI. Die Burgruine Obervoitsberg ist urkundlich 1183 genannt und seit 1760 in Verfall. Erhalten sind der Kernbau in Umfassungsmauern sowie Reste einer Zwingeranlage. Neben der aus romanischer Zeit stammenden Stadtpfarrkirche sind die in den Jahren 1690–1708 erbaute St.-Josefs-Kirche und die außerhalb der Stadt liegende Filialkirche zum hl. Blut aus dem 16. Jahrhundert sehenswert.

Voitsberg ist Sitz aller Behörden und Schulstadt. Hier bildet, wie auch in anderen ähnlich gelagerten Städten, die Schulwegsicherung und Schulverkehrserziehung einen Dienstbereich der Gendarmerie, dem besondere Bedeutung zugemessen wird.

Neben der Industrie wird im Bezirk vorrangig Land- und Forstwirtschaft sowie Viehzucht betrieben. Durch den Bodenschatz Kohle im Raume Voitsberg – Köflach – Bärnbach war ein Großteil der Bevölkerung im Bergbau beschäftigt. Da der Kohlenabbau bis auf ein Minimum reduziert werden mußte, versucht man im Bezirk derzeit auf den Fremdenverkehr umzusteigen. Diese Maßnahme ist im Anlaufen, ob sie sich in Zukunft bewähren wird, ist noch nicht vorhersehbar,

Im Sommer bieten sich das Freizeitzentrum mit Badesee Piberstein, der Packer-Stausee, der Hirzmann-Stausee sowie das große Schloßbad in Bärnbach zur Freizeitgestaltung an. Am Gaberl, Alten Almhaus, in Hirschegg, auf der Pack, auf der Hebalm und in Modriach laden insgesamt 28 Liftanlagen zum Wintersport ein. Diese sind in den Wintermonaten, besonders von Besuchern aus der nahegelegenen Landeshauptstadt Graz, stark frequentiert. Die zuständigen Gendarmerieposten sind durch den anlaufenden Massentourismus vor neue Aufgaben gestellt, die es in Zukunft zu meistern gilt.

Die nach Plänen von Friedensreich Hundertwasser in den Jahren 1987/88 umgestaltete St.-Barbara-Kirche in Bärnbach. Bild: Jürgen Wörndle, Köflach

Lipizzaner und Hundertwasser-Kirche – die Fremdenattraktionen

Als Sehenswürdigkeit wäre in erster Linie das seit 1798 bestehende Bundesgestüt Piber zu erwähnen. Das Gestüt mit seinem 300 Jahre alten Schloß im barocken Vierkantbau liegt in der reizvollen Berg- und Hügellandschaft von Köflach. Der Lipizzaner ist die älteste Kulturpferderasse Europas. Die österreichischen Lipizzaner haben bis zum heutigen Tag den Charakter des barocken Prunkpferdes behalten; sie eignen sich besonders für die Ausübung der klassischen Reitkunst.

Zu erwähnen ist vor allem die vom Künstler Friedensreich Hundertwasser umgestaltete St.-Barbara-Kirche in Bärnbach. Hundertwasser verwendete bei seiner Gesamtgesaltung keine gerade Linie, sondern berücksichtigte die Linie der Natur. Das Besondere an der Kirche sind der Zwiebelturm und die Kirchengestaltung als Symbiose von Glauben, Religion und Kunst.

Seit 1891 Bezirksgendarmeriekommando Voitsberg

Das Bezirksgendarmeriekommando Voitsberg wurde am 1. Jänner 1891 gegründet. Ihm wurden 63 Gemeinden des politischen Bezirkes Graz-Umgebung als Amtsbereich zugewiesen. Als Grund der Errichtung wird die flächenmäßige Ausdehnung des Gebietes, die zunehmende Bevölkerungszahl sowie die aufstrebende Industrie angeführt. Am 1. Juli 1918 wurde der bis dahin mitgeführte Gendarmerieposten Voitsberg vom Bezirksgendarmeriekommando getrennt.

Im Jahre 1966 waren dem Bezirksgendarmeriekommando Voitsberg noch 13 Gendarmerieposten unterstellt. Im Laufe der letzten 30 Jahre wurden diese infolge Zusammenlegung auf sieben Gendarmerieposten reduziert, deren Beamte in Sektorenbereichen (Nord- und Süd) ihren Überwachungsauftrag durchführen. Belastet werden die Beamten besonders stark durch Verkehrsunfälle. Allein im Jahre 1998 waren 1.322 Verkehrsunfälle, davon 385 mit Verletzten und sechs Verkehrsunfälle mit tödlichem Ausgang zu bearbeiten.

Am Kriminalsektor ist ein Ansteigen der Suchtgiftdelikte zu verzeichnen. 1997 mußten 67 Personen wegen Vergehen nach dem Suchtgiftgesetz angezeigt werden. 1998 mußten die Beamten 122 Personen wegen desselben Tatbestandes anzeigen.

Bei den übrigen Verbrechens- und Vergehenstatbeständen ist auch 1998 eine ausgezeichnete Aufklärungsquote zu verzeichnen. Von den 1.883 angefallenen Vergehen konnten 1.257 Fälle, also rund zwei Drittel, geklärt werden. Nicht ganz so günstig ist die Statistik über Verbrechen. Von den 245 angefallenen Verbrechenstatbeständen konnten 88, also fast ein Drittel, geklärt werden.

Im Bezirk Voitsberg ist trotz hoher Arbeitsbelastung die Sicherheit gewährleistet. Diese wird durch die enorme Einsatzbereitschaft der Gendarmerie auch weiterhin gegeben sein.

Aus der Chronik

Am 3. August 1973 erschoß in Graden bei Köflach Siegfried K. mit einem Militärkarabiner die Postbotin Erna St. kaltblütig aus dem Hinterhalt – er wußte, daß ihn sein Opfer gut kannte. Die Gendarmerie konnte nach monatelangen Erhebungen einen der rätselhaftesten Kriminalfälle klären. K. wurde zu lebenslanger Haft verurteilt.

Der Leichtsinn eines 19jährigen Piloten kostete vier Menschenleben. Arnold G. zerschellte am 27. Februar 1994 mit einem angemieteten Sportflugzeug in Graden bei Köflach in einer Baumgruppe.

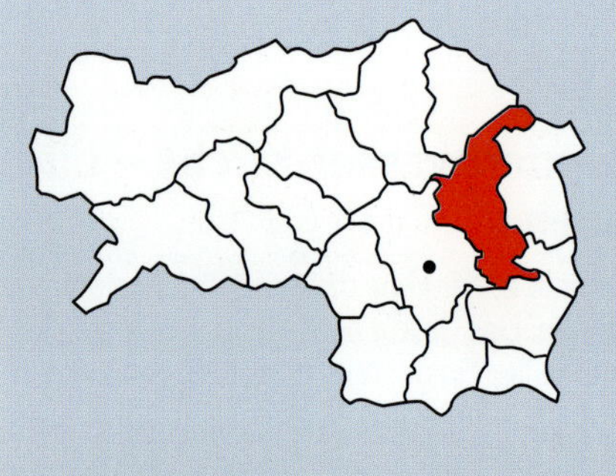

Anton Kogler

Weiz

Größe in km²	*1.078*	**Sehenswürdigkeiten Attraktionen:**
Gemeinden:	*54*	Weizklamm, Grasslhöhle,
Einwohner:	*83.207*	Kulm (Freilichtmuseum),
Anzahl der Dienststellen:	*13*	Weizbergkirche, Katerloch,
Systemisierter Personalstand:	*107*	Teichalm, Sommeralm
Auf einen Exekutivbeamten entfallende Einwohner:	*778*	(größtes zusammenhängendes Almgebiet Europas),
Bundesgrenze in km:	*–*	Schloß Freiberg,
Autobahnen in km:	*20*	Puch bei Weiz
Bundesstraßen in km:	*143*	(berühmte Apfelstraße)
Landesstraßen in km:	*284*	

Der Bezirk ist Teil der Oststeiermark und grenzt im Süden an die Bezirke Feldbach und Fürstenfeld, im Westen an den Bezirk Graz-Umgebung, im Norden an die Bezirke Bruck/Mur und Mürzzuschlag sowie im Osten an den Bezirk Hartberg.

Während im Süden des Bezirkes die landschaftlichen Gegebenheiten vorwiegend durch die markanten Formen des oststeirischen Hügellandes gekennzeichnet sind, verändert sich die Geographie in Richtung Norden zusehends zu alpiner Erscheinungsform. Liegt das Unterland auf einer Seehöhe von 300 bis 350 Meter, so reichen die höchsten Erhebungen im Norden auf eine Seehöhe bis zu 1.800 Meter.

Die Bezirkshauptstadt Weiz, im 13. Jahrhundert zum Markt, 1932 zur Stadt erhoben, liegt am Westufer des Weizbaches und war gesichert durch die Taboranlagen der Thomaskirche, einer ehemaligen Kirchenfestung mit romanischem Kern.

Im Nahbereich von Weiz aber befindet sich am Weizberg eine andere bekannte Kirche – die Dekanats- und Wallfahrtskirche »Schmerzhafte Maria«.

Hier beginnt auch der Übergang vom hügeligen Flachland zum Bergland. Auf der Fahrt von Weiz in Richtung Norden ist im Zuge der B 64 das Naturschauspiel der Weizklamm zu passieren. Ein tiefer Felseinschnitt, den der Weizbach geformt hat.

Zahlreiche Täler und Gräben kennzeichnen den Norden des Bezirkes. Einer davon ist der Gasengraben, mit dem Zentrum Gasen, Heimat des »Stoakogler Trios«. Im dort neu erbauten Museum findet sich alles über die sogenannten Stoanis.

Der Bezirk Weiz bietet gerade durch seine spezielle geographische Struktur verschiedenste Möglichkeiten für Tourismus, Wirtschaft und Freizeitaktivitäten.

Moderne Infrastruktur und Nähe zur Landeshauptstadt Graz bestimmen wesentlichen wirtschaftlichen Standortvorteil

Speziell das Gebiet von Gleisdorf über Albersdorf bis Weiz, entwickelte sich in den letzten Jahren zu einem beliebten Standort für Betriebsgründungen und Ansiedlungen. So fanden auch mehrere Firmen des Magna-Konzerns von Frank Stronach in diesem Wirtschaftsraum eine neue Heimat. Die Nähe zu den in der Automobilindustrie führend tätigen Firmen AVL-List, Steyr-Daimler-Puch und Eurostar in Graz waren für die Betriebsansiedelungen ausschlaggebend. Zusammen bilden diese Betriebe den »Steirischen Autocluster«.

Vom Arbeitsmarkt sind diese Wirtschaftseinheiten für die im Bezirk wohnhafte Bevölkerung und die der angrenzenden Bezirke nicht mehr wegzudenken.

Die Suche nach neuen Wegen in der Energiegewinnung wird Thema der Landesausstellung 2001

Die Gemeinden Gleisdorf und Weiz gemeinsam mit den anderen Gemeinden eines regionalen Entwicklungsverbandes werden Zentren der Steiermärkischen Landesausstellung 2001 mit dem Thema »Energie«.

Gleisdorf, Standortgemeinde mehrerer Firmen, die sich mit Solarenergie für Warmwasseraufbereitung und Stromgewinnung auseinandersetzen, und Weiz als Standortgemeinde des bekannten Generatorherstellers Elin, mit einem Hochspannungslabor direkt in der Bezirkshauptstadt, sind wohl Garanten dafür, daß die geplante Landesausstellung zu einem Erfolg werden kann.

1850 – Die Gendarmerieposten Weiz, Gleisdorf und Birkfeld

wurden als erste Dienststellen im Bezirk Weiz installiert. Nach und nach folgten die Gendarmerieposten Passail und Ratten (1851), Rettenegg (1855), Pischelsdorf (1874), Anger (1883), Fischbach (1891), Markt Hartmannsdorf (1893), Puch bei Weiz (1906), Gutenberg an der Raabklamm (1912), St. Margarethen an der Raab, St. Ruprecht an der Raab, Sinabelkirchen und Strallegg (1919), Fladnitz an der Teichalm (1920), St. Kathrein am Hauenstein (1925), Gasen (1932) und Oberfladnitz-Thannhausen (1951).

Einige der Dienststellen wurden im Laufe der Zeit aufgelöst, zum Teil aber nach ihrer Auflösung auch wieder neu errichtet.

Besondere Bezirksstruktur stellt hohe Anforderungen an den öffentlichen Sicherheitsdienst

An die Gendarmeriebeamten des Bezirkes Weiz werden beim Vollzug ihres Dienstes je nach Zugehörigkeit einer Dienststelle höchst unterschiedliche Anforderungen gestellt.

Die Besatzung der 13 Gendarmerieposten besteht in der Anzahl von zwei Beamten am Gendarmerieposten Fischbach bis zu 27 Beamten am Gendarmerieposten Weiz. Die Gendarmen der Gendarmerieposten Weiz, Gleisdorf, St. Ruprecht a. d. Raab und Pischelsdorf haben Orte mit vorwiegend industrieller Struktur, die übrigen Posten solche mit eher ländlicher Struktur zu betreuen. Eben durch die besonderen geographischen und strukturellen Besonderheiten und eine Nord-Süd-Erstreckung des Bezirkes von ca. 70 km Luftlinie ist eine angepaßte Dislokation der Gendarmerieposten erforderlich.

Das Gebiet des Bezirkes Weiz wurde anläßlich der Umstellung des Dienstsystems 1993 in drei Sektorbereiche eingeteilt, in denen ständig mindestens fünf Sektorstreifen unterwegs sind.

Die Verkehrsüberwachung innerhalb des Bezirkes durch die Angehörigen der Gendarmerieposten und durch die Mitglieder der Bezirksverkehrsgruppe war sicherlich ein wesentlicher Umstand dafür, daß auch im Bezirk Weiz die Verkehrsunfallstatistik rückläufig ist und weniger Verkehrstote zu beklagen sind. Bei den im Bezirk zahlreich vorhandenen schönen Strecken für Motorradfahrer war eine Reduktion der Unfälle im Zweiradbereich auch nur durch spezielle Vorgehensweisen bei der Verkehrsüberwachung, wie verdeckte Lasermessungen und anschließende Anhaltungen, möglich. Trotzdem waren im Jahr 1998 noch 2.001 Verkehrsunfälle mit 628 Verletzten und 15 Toten zu beklagen.

Im Kriminaldienst stellen vor allem die gute Infrastruktur (Autobahn A 2, gut ausgebaute Bundes- und Landesstraßen, sowie ein verzweigtes Schienennetz) und die Mobilität überörtlicher Täter sehr hohe Anforderungen an die in diesem Bereich tätigen Kollegen. Diese Umstände erfordern erhöhte Zusammenarbeit innerhalb des Bezirkes und auch mit anderen Organisationseinheiten im gesamten BMI. Diese Bereitwilligkeit und das Engagement der Beamten schlägt sich in der hohen Aufklärungsrate nieder, wie die Statistik beweist: von 397 Verbrechen konnten 206, also mehr als die Hälfte und bei den angefallenen 2.228 Vergehen wurden 1469, rund 66 Prozent, aufgeklärt.

Aus der Chronik

Am 1. August 1884 wird der »Häusler« Joachim Ochensberger in Augraben, Gemeinde Amassegg, als er morgens auf die Weide geht ermordet. Als vermeintlicher Täter wurde ein »Keuschler« namens Eustach Holzbauer verhaftet. Der seinerzeitige Postenführer Leo Schmied bezweifelte aber, daß Holzbauer die Tat begangen hatte und konnte nach sieben Jahren dessen Unschuld nachweisen. Holzbauer wurde freigelassen, starb aber bald darauf. Die Bevölkerung von Gasen vermutete in dem Besitzer Wenzel Grubbauer in Gasen den Täter. Dieser Verdacht hielt sich bis zu seinem Ableben. Konkrete Beweise konnten jedoch nie aufgebracht werden, weshalb dieser Mord nie aufgeklärt werden konnte.

25. Juli 1959. Während einer Eskorte zweier Burschen durch Gendarmeriebeamte, reißt plötzlich einer der beiden eine Pistole heraus und schießt einen Beamten in den rechten Unterschenkel. Er kann vom zweiten Gendarmen überwältigt werden. Bei den Tätern werden später zahlreiche Schußwaffen sichergestellt.

Flugzeugabsturz in Gschaid bei Birkfeld. Während eines heftigen Gewitters in Gschaid bei Birkfeld verliert am 31. Juli 1976 der Pilot einer einmotorigen Bonanza Beachcraft die Kontrolle über sein Flugzeug. Durch Übersteuern werden die Tragflächen so stark beansprucht, daß sie unter dem Druck abbrechen. Alle vier Insassen kommen beim Absturz ums Leben. Teile des Flugzeuges werden im Umkreis von drei Kilometern aufgefunden.

Ein amerikanisches Mädchen einer Reisegruppe fotografiert am 23. Juli 1987 zufällig einen Mann, der gerade in die Kasse der Grasslhöhle einbricht. Das aus Italien zugesandte Foto überführt den Täter, der verhaftet werden konnte.

Ein Jugendlicher erschießt am 29. November 1993 in Raubabsicht in Feistritz bei Anger den Taxilenker Georg Tomaselli. Der Täter ist vorerst auf der Flucht, wird aber von der Kriminalabteilung des Landesgendarmeriekommandos Steiermark ausgeforscht und verhaftet.

Die Wallfahrtskirche am Weizberg erhielt 1757 ihre heutige Gestalt. Ein Relief am Aufgang zeigt das ursprüngliche Aussehen der Kirche. *Bild: Stadtgemeinde Weiz*

Landesgendarmeriekommando für Tirol

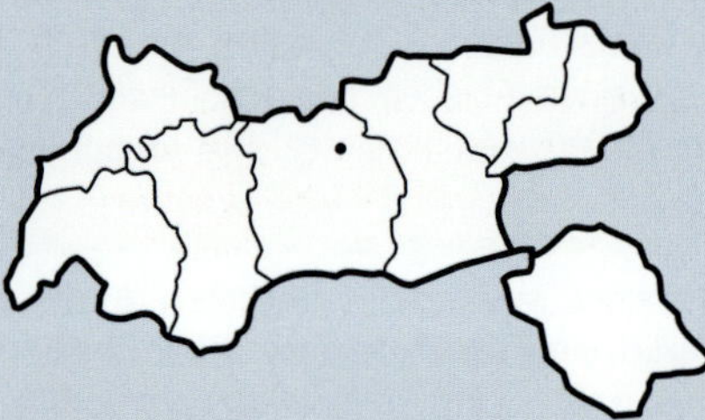

Gottlieb Huter

Größe in km²	*12.543*
Gemeinden:	*279*
Einwohner: (ohne Innsbruck)	*611.617*
Anzahl der Dienststellen:	*72*
Systemisierter Personalstand:	*1.251*
Auf einen Exekutivbeamten entfallende Einwohner:	*660*
Bundesgrenze in km:	*722,5*
Autobahnen in km:	*180*
Bundesstraßen in km:	*989*
Landesstraßen in km:	*1.265*

In der Monarchie – Venedig, Sitz des Landesgendarmeriekommandos Tirol

Der erste Kommandant des Gendarmerieregimentes Nr. 13, welches für die Länder Tirol und Vorarlberg zuständig war, hieß Oberst Josef Freiherr Jablonsky und nahm am 1. Mai 1850 mit mehr als 700 Gendarmen den Sicherheitsdienst auf. Der Einsatzbereich war damals ungleich größer als heute. Ganz Südtirol bis hinunter in den italienischen Raum sowie Vorarlberg gehörten zum Bereich des Landesgendarmeriekommandos Tirol, das mit 106 Gendarmerieposten ausgestattet war. 1856 waren 712 Gendarmen im Einsatz.

Sehr viele Straftaten blieben aber der Gendarmerie unbekannt, doch beispielsweise wurden um 1873 11 Morde, 18 Totschläge, 26 Notzuchts- oder Unzuchtsfälle, 424 Fälle von Gewalttätigkeiten, sieben Kindesweglegungen und 285 Körperbeschädigungen neben vielen anderen Deliktsgruppen registriert.

Interessant scheint, daß das Gendarmerieregiment Nr. 3 vom 1. September 1860 bis 1. Mai 1866 in Venedig stationiert war. Erst nach dem verlorenen Krieg gegen Italien und Preußen wurde 1866 Venezien aufgegeben und mit Wirkung vom 1. November 1866 das Landesgendarmeriekommando Nr. 3 nach Innsbruck verlegt.

Nordseite des alten Landesgendarmeriekommandogebäudes von Bomben zerstört *Bild: KA Tirol, Alois Juen*

1915 Krieg gegen Italien – Gendarmen bildeten erste Verteidigungstruppe in Südtirol

Im Ersten Weltkrieg, als Italien am 23. Mai 1815 überraschend in den Krieg gegen Österreich eintrat, waren die Südgrenzen Tirols weitgehend ungeschützt dem Angriff der Italiener ausgesetzt. Hier waren es Tiroler Gendarmen, die eine schnelle Eingreiftruppe aufstellten und die ersten Angriffe der italienischen Truppen in Südtirol abwehrten. Die Kampfkraft der Gendarmen war bei den Italienern gefürchtet, weil es für sie unverständlich war, daß ein Dutzend Gendarmen in der Lage war, eine Kompanie italienischer Soldaten aufzuhalten. Als schließlich der Übermacht der Italiener nicht mehr standgehalten werden konnte, mußten, wie aus einer Tagebucheintragung der Abteilung Bozen vom 24. November 1918 hervorgeht, die Gendarmen im Raume Südtirol über die Brennergrenze nach Nordtirol flüchten, um einer drohenden Gefangennahme zu entgehen.

Von der Ersten Republik zur »B-Gendarmerie«

Nach den Turbulenzen des Ersten Weltkrieges wurde 1920 das »Landesgendarmeriekommando für Tirol« geschaffen und in Innsbruck, Innrain 34, wurde das Kommandogebäude bezogen.

Das Land Vorarlberg wurde aus dem Überwachungsbereich Tirol ausgegliedert und ein Landesgendarmeriekommando in Bregenz gegründet.

Nach dem Anschluß Österreichs an das Dritte Reich wurde die Gendarmerie dem Kommandeur der Gendarmerie bei dem Reichsstatthalter für Tirol und Vorarlberg unterstellt. Daß gerade in der nationalsozialistischen Zeit die Gendarmen keinen leichten Standpunkt hatten, versteht sich von selbst. Viele von ihnen wurden aufgrund ihres Einsatzes gegen die illegalen Nationalsozialisten aus der Gendarmerie entlassen oder gar ins Konzentrationslager geschickt.

Gegen Ende des Zweiten Weltkrieges wurde bei einem Fliegerangriff 1944 das alte Landesgendarmeriekommandogebäude durch Fliegerbomben arg in Mitleidenschaft gezogen. Es wurde nach dem Krieg neu renoviert und wiederhergestellt. Zusätzlicher Raumbedarf machte den Bau eines Erweiterungsbaues in den Jahren 1954 bis 1956 notwendig.

Nach dem Zweiten Weltkrieg, Tirol stand unter französischer Besatzung, galt es mit improvisierten Mitteln eine einigermaßen funktionierende Gendarmerie aufzubauen. Ausrüstung, Uniformen usw. mußten sozusagen von den Besatzungsmächten erbettelt werden. Neben dem Postendienst hatte das Landesgendarmeriekommando auch noch die sogenannte »B-Gendarmerie« (Bereitschaftsgendarmerie), eine Eventualstreitmacht in Gendarmerieuniformen, die mit amerikanischen Waffen und Gerät ausgerüstet war, zu betreiben. Am 27. Juli 1955 wurde die »B-Gendarmerie« aufgelöst und damit das Bundesheer errichtet.

Nachrichtenübermittlung

Der Ausbau des Funknetzes in Tirol war wegen seiner topographischen Verhältnisse als Gebirgsland äußerst schwierig und konnte erst im Zuge des technischen Fortschrittes im letzten Jahrzehnt flächendeckend ausgebaut und 1996 mit der Inbetriebnahme einer Landesleitzentrale abgeschlossen werden. Bis in die 1970er Jahre wurden beim Landesgendarmeriekommando für Tirol Brieftauben zur Nachrichtenübermittlung gehalten. Gerade bei Unglücksfällen im alpinen Bereich stellten diese »geflügelten Boten« oftmals die einzige Verbindungsmöglichkeit aus weit entfernten Tälern oder Bergen dar. Beim Landesgendarmeriekommando wurde das Eintreffen der Brieftauben mittels Glockensignal angekündigt.

Steigender Tourismus – Gendarmerie muß sich ständig anpassen

Das landschaftlich einzigartig schöne Tirolerland mit seinem jahrhundertealten Brauchtum zog viele Gäste in ihren Bann. Nach und nach fing der Fremdenverkehr an, wieder zu florieren, wodurch nicht nur die wirtschaftliche Lage in Tirol verbessert wurde, sondern auch sicherheitsdienstlich ein Mehr an Aufgaben auf die Gendarmerie zukamen.

So wurden z. B. in Tirol im Jahre 1998 38,7 Mill. Fremdennächtigungen gezählt. Vor allem hatte sich die Tiroler Gendarmerie den geographischen und topographischen Gegebenheiten anzupassen. Hochalpines Gelände, zahlreiche Gletscherregionen, wie z. B. der Stubaier-, Hintertuxer- und Kaunertalergletscher wurden für den alpinen Schilauf erschlossen. Dies erforderte eine besondere Spezialisierung. Alpine Einsatzgruppen mit hervorragender Ausbildung und Einsatzbereitschaft helfen und erheben bei Alpinunfällen. Allein im Jahre 1998 mußten sie bei 1.893 Alpinunfällen in den Tiroler Bergen intervenieren.

Der Touristenstrom beschäftigt die Gendarmerie auch im kriminalpolizeilichen Bereich. Viele der angefallenen Delikte sind im Zusammenhang mit dem Tourismus, aber auch mit der Wirtschaft und sonstigen Lebensumständen angefallen. In Tirol liegt die Aufklärungquote bei strafrechtlichen Delikten im österreichischen Durchschnitt. Von 3.791 angezeigten Verbrechen konnten 53,7 Prozent und von den 23.181 Vergehenstatbeständen konnten 54,2 Prozent aufgeklärt werden.

Verkehrssituation

Das Verkehrsgeschehen entwickelte sich von 1945 bis heute geradezu explosionsartig. Durch Tirol führt nicht nur eine beliebte und stark frequentierte Transitroute, sondern auch eine ebenso frequentierte Reiseroute. Durch die gut ausgebaute Inntal- und Brennerautobahn ist es möglich, in einigen Stunden von Deutschland aus am Gardasee (Italien) zu sein. Im Jahresdurchschnitt fahren an einem Tag bis zu 5.800 Schwerfahrzeuge sowie an die 27.000 Pkw und Motorräder über die Inntalautobahn von Kufstein über die Europabrücke zum Brennerpaß nach Italien. Die Verkehrsunfallstatistik ist dank intensiver Überwachung rückläufig. Waren es 1996 16.845 Verkehrsunfälle, so sind 1998 bei 16.238 Verkehrsunfällen 72 Menschen ums Leben gekommen und 4.285 verletzt worden.

Bewältigung von Großeinsätzen

Mehrmals konnte sich die Tiroler Gendarmerie bei der Organisation und Durchführung von Großeinsätzen in sicherheits- und verkehrsdienstlicher Hinsicht bewähren. Man denke hier nur an die Olympiaden 1964 und 1976, mehrere Weltmeisterschaften im nordischen und alpinen Bereich sowie die schon traditionell jährlichen Weltcuprennen in Kitzbühel und St. Anton. Andere Großeinsätze, wie die Open Airs der Schürzenjäger sowie zahlreiche Popkonzerte auf der Idalpe im Bezirk Landeck, gehören schon zur allgemeinen Einsatzroutine.

Die Überwachung von anderen sportlichen Großveranstaltungen oder Demonstrationen (z. B. Gesamttiroler Freiheitskommers 1994) durch die Züge der Einsatzeinheiten sollten ebensowenig ungenannt bleiben wie die bestens ausgebildete Diensthundestaffel mit ihren zahlreichen Einsätzen.

Gendarmeriemusik

Im Jahre 1948 gegründet, konnte sie 1998 ihr 50jähriges Jubiläum feiern. Sie ist eine reine Dienstmusik und zählt heute in Tirol zu den herausragenden Klangkörpern. Dem langjährigen Kapellmeister, BezInsp Helmut Brugger, gelingt es immer wieder mit den 45 bis 50 Gendarmeriemusikern ein hervorragendes Blasmusikprogramm zu gestalten. Die musizierenden Gendarmen kommen aus allen Landesteilen Tirols und versehen grundsätzlich Dienst auf den Gendarmerieposten.

Gendarmeriemusik Tirol, im Hintergrund Schloß Ambras bei Innsbruck.
Bild: KA Tirol, Alois Juen

Schulungsabteilung

Nach dem Zweiten Weltkrieg wurden die Gendarmen in Walchen (Wattener Lizum), Wörgl, Volders, Absam-Eichat, St. Johann i. T., Kufstein und Innsbruck ausgebildet. Die Beamten der Grundausbildungslehrgänge bildeten gleichzeitig eine sog. »konzentrierte Einsatzreserve« und wurden bei verschiedenen Großeinsätzen wie z. B. Olympiaden 1964 und 1976, Überwachung der Südgrenzen Tirols in den 60er Jahren, alpine Schiweltmeisterschaften, Lkw-Blockaden usw. eingesetzt.

Jahrelang wurde auch der Schulbetrieb aus Platzgründen an zwei verschiedenen Orten geführt. Neben der zentralen Stelle der Schulabteilung direkt beim Landesgendarmeriekommando für Tirol in Innsbruck wurde ein ehemaliges Gasthaus, der Wiesenhof in Absam-Gnadenwald angemietet und dort eine weitere Ausbildungsstelle eingerichtet. 1974 wurde mit dem Bau eines modernen und zeitgemäßen Ausbildungszentrums begonnen und mit 1. Februar 1978 der gesamte Schul- und Ausbildungsbetrieb in dem neuen Ausbildungszentrum Wiesenhof vereinigt.

Durch den EU-Beitritt Österreichs und Übernahme der Grenzkontrolle durch die Gendarmerie hatte das Landesgendarmeriekommando über 270 Zollwachebeamte zu übernehmen, diese auszubilden und als vollwertige Gendarmen zu integrieren.

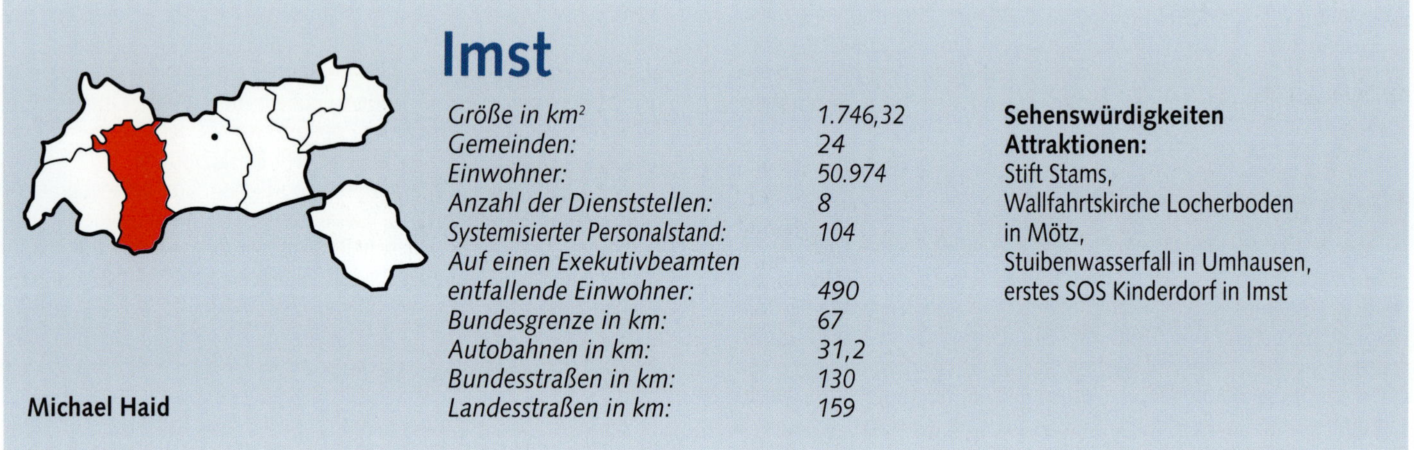

Imst

Größe in km²	*1.746,32*	**Sehenswürdigkeiten Attraktionen:**
Gemeinden:	*24*	Stift Stams,
Einwohner:	*50.974*	Wallfahrtskirche Locherboden in Mötz,
Anzahl der Dienststellen:	*8*	Stuibenwasserfall in Umhausen,
Systemisierter Personalstand:	*104*	erstes SOS Kinderdorf in Imst
Auf einen Exekutivbeamten entfallende Einwohner:	*490*	
Bundesgrenze in km:	*67*	
Autobahnen in km:	*31,2*	
Bundesstraßen in km:	*130*	
Landesstraßen in km:	*159*	

Michael Haid

Topographie

Der Bezirk Imst liegt im Herzen des Tiroler Oberlandes inmitten der mächtigen Erhebungen der Alpen. Die Region ist weit über die Grenzen Österreichs hinaus als Tourismus- und Erholungsregion bekannt und beliebt.

Das Inntal als Haupttal Nordtirols und Ost-West-Transversale teilt nicht nur den Bezirk, sondern trennt geologisch die Kalkalpen im Norden vom kristallinen Gestein im Süden.

An der Einmündung des Gurgltales in das Inntal und damit an der Kreuzung der Fernpaß- und der Inntalstraße, liegt in einem weiten Becken die gleichnamige Bezirkshauptstadt Imst, die wegen ihres milden Klimas auch als das »Meran Nordtirols« bezeichnet wird. Die Stadt zeichnet sich schon seit jeher durch ihre zentrale Lage als Verkehrsknotenpunkt aus.

Durch das Gurgltal gelangt man über den Fernpaß, der die Bezirksgrenze zum Außerfern bildet, nach Deutschland; diese Route ist als eine der Haupttransitrouten – der Nord-Süd-Achse – stark verkehrsbelastet.

Ebenfalls im nördlichen Teil des Bezirkes erstreckt sich zwischen dem Gurgltal und Telfs das Mieminger Plateau auf einer Seehöhe zwischen 850 und 1.200 Metern. Auch das »Sonnenplateau« genannt, ist es nicht nur die Filmheimat des Bergdoktors, sondern das Wander- und Erholungsparadies schlechthin.

Die kristallinen Zentralalpen südlich des Inntales werden im wesentlichen durch das Pitz- und das Ötztal von Nord nach Süd gegliedert. Beide Täler führen mitten in die Ötztaler Alpen, die als die größte Massenerhebung der Ostalpen eindrucksvoll die 67 Kilometer lange Bezirks- und Staatsgrenze zu Italien bilden.

Über die Timmelsjoch-Hochalpenstraße gelangt man vom Ötztal, dem übrigens längsten Seitental des Inntales, ins Passeiertal nach Italien.

Geschichte

In Imst gab es schon in der Bronzezeit eine größere Siedlung. Schon die Römer erkannten Imst als Verkehrsknotenpunkt und errichteten hier an der Via Claudia Augusta eine Straßenstation. Schriftlich wird Imst erstmals als »oppidum Humiste« (Ort mit hervorsprudelnden Quellen) in einer Urkunde 763 erwähnt. Die erste Erwähnung der Täler geht in das 11. Jh. zurück, eine Besiedelung erfolgte aber sicher schon viel früher. Denken wir nur an den hierzulande ältesten bekannten Reisenden: Am 10. September 1991 wurde am Similaungletscher in den Ötztaler Alpen der rund 5.000 Jahre alte Mann vom Hauslabjoch, liebevoll »Ötzi« genannt, aufgefunden.

Bis zum 13. Jh. gab es eine einheitliche Grafschaft Oberinntal von Zirl bis Landeck, die sich in der Hand der schwäbischen Markgrafen befand. Mit ihrem Aussterben kam die Region 1266 in den Besitz der Tiroler Landesfürsten. Zur selben Zeit wurde Imst erstmals als eigener Gerichtsbezirk erwähnt. Die »iudex de Ymst« hatten ihren Amtssitz im Schloß zu Imst, dem späteren Schloß Rofenstein, das seit 1868 bis heute Sitz der Bezirkshauptmannschaft ist.

Die Umgebung von Imst gehörte vom 15. Jh. bis in die heutige Zeit zu den bedeutendsten Bergbaugebieten Nordtirols. Die große Anzahl von Bergknappen hatte einen günstigen Einfluß auf Handel und Gewerbe.

Auch die Textilindustrie siedelte sich im 17. Jh. im Imster Raum an und ist noch heute ein wichtiger Gewerbezweig.

Transitverkehr belastet die Umwelt

Wie bereits erwähnt, war Imst schon zur Römerzeit ein Verkehrsknotenpunkt. Bis zum Bau der Arlbergbahn 1887 spielte die Innschifffahrt eine wichtige Rolle. Mit dem Einzug der Eisenbahn nahm zunächst der Verkehr auf der Fernpaßstrecke stark ab, heute aber ist die Fernpaßstrecke eine der wichtigsten Nord-Süd-Transitrouten des Alpenraumes und durch die obligatorischen Staumeldungen an den Wochenenden hinlänglich bekannt.

Auch der Bau der Inntalautobahn als Ost-West-Verbindung bescherte dem Bezirk ein hochrangiges Verkehrsnetz. Die beliebte Timmelsjoch-Hochalpenstraße als alternative Route in den Süden ist in den Sommermonaten der Grund für erheblichen Verkehr durch das Ötztal. Die rasante Entwicklung der Verkehrswege läßt sich aber auch in der Bevölkerungsentwicklung erklären. Seit dem Ende des Zweiten Weltkrieges verdoppelte sich die Bevölkerung.

Die Bewältigung des Straßenverkehrs und der damit verbundenen Aufgaben stellt zweifellos eine der Hauptaufgaben der Gendarmerie im Bezirk Imst dar. Rund 1.800 Verkehrsunfälle, davon ca. 400 mit Verletzten, müssen jährlich bearbeitet werden. Erfreulicherweise gingen die Unfallzahlen in den letzten Jahren stetig zurück, nicht zuletzt durch die starke Präsenz der Exekutive auf der Straße.

Wirtschaft

Das wirtschaftliche Bild des Bezirkes hat sich grundlegend geändert. Die schwierigen topographischen Verhältnisse lassen die Land- und Forstwirtschaft immer stärker zurückgehen. Große Industrie und Gewerbebetriebe haben sich vor allem im Inntal angesiedelt, wobei die Bauwirtschaft im Bezirk Imst hinter dem Fremdenverkehr eine Vormachtsstellung behauptet.

Die auftretende Begleitkriminalität und die Erfassung der zahlreichen ausländischen Arbeitskräfte gehört zu den vielfältigen Aufgaben der Gendarmerie. In der Kriminalstatistik wurden im Jahr 1998 3.300 Verbrechen und Vergehen registriert, wohlgemerkt in allen Bereichen der sicherheitsdienstlichen Tätigkeit!

Tourismus

Die Fremdenverkehrswirtschaft ist im Bezirk Imst eindeutig vorherrschend. Im Jahr 1998 wurden 4,7 Millionen Gästenächtigungen gezählt, wobei allein auf die Gemeinde Sölden knapp 1,9 Millionen Nächtigungen entfielen.

Die Attraktivität der hohen Berge, das milde Klima und die zentrale Lage machen den Bezirk Imst zu einer Urlaubsregion par excellence.

Der Wintersport wird in der gesamten Region groß geschrieben und bildet eindeutig den Schwerpunkt. Topmoderne Schiregionen bieten kilometerlange Pisten sowohl für Anfänger als auch Fortgeschrittene. Außerdem laden die Gletscherschigebiete das ganze Jahr über zum Schifahren ein. Vom Pitztaler Gletscherschigebiet bietet sich ein beeindruckendes Panorama mit dem mit 3.774 Metern höchsten Berg Tirols, der Wildspitze. Die Ötztal-Arena wiederum ist mittlerweile zum Weltcuport avanciert und die führende Wintersportregion des Bezirkes.

Blick auf die Bezirkshauptstadt Imst mit der spätgotischen Pfarrkirche.
Bild: Touristenverband Imst

Doch auch das Wasser hat einiges zu bieten: Das östlich von Imst gelegene Haiming ist weitum das größte Raftingzentrum und bietet rasantes Outdoor-Erlebnis in jeder Form im Einklang mit Natur, Erholung, Wandern und Freizeit. Und selbst ein ehemaliges Kurbad soll wieder zum Leben erweckt werden: In Längenfeld in Ötztal wird derzeit an diesem Projekt gearbeitet, und schon bald soll der Bezirk Imst über das höchstgelegene Schwefelbad Österreichs verfügen!

Hohe Anforderungen werden damit das ganze Jahr über an die Gendarmerie gestellt – ob in der Bewältigung des Verkehrsaufkommens oder der Arbeit im alpinen Bereich.

Überwachungsgebiet

So vielfältig, wie sich der Bezirk präsentiert, so unterschiedlich sind die Schwerpunkte der Arbeit auf den einzelnen Dienststellen.

Die Bezirkshauptstadt Imst liegt, wie bereits erwähnt, am Verkehrsknotenpunkt Gurgltal – Inntal. Sie zählt rund 7.000 Einwohner und ist Sitz der Bezirksleitzentrale und des Bezirksgendarmeriekommandos.

Als Schulstadt ist Imst einem täglichen Ansturm Tausender Schüler ausgesetzt. Die sprunghafte Entwicklung zum Industrie- und Handelszentrum des Oberlandes und am Kulturschauplatz stellen hohe Anforderungen an den zuständigen Gendarmerieposten.

Am Fuße des Fernpasses liegt das bis vor kurzem stark verkehrsgeplagte Dorf Nassereith. Seit einigen Jahren besteht nun eine Umfahrung, die den enormen Transitverkehr aus dem Dorf verbannt hat. Naturgemäß sind die Beamten des örtlichen Postens vorwiegend mit den Aufgaben der Verkehrsüberwachung konfrontiert.

Das Mieminger Plateau wird zunehmend als alternative Verkehrsroute von und nach Deutschland frequentiert. Trotzdem bleibt das sonnige Hochplateau ein Wanderparadies und Naherholungsgebiet. Gerade die zunehmende Anzahl von Freizeitunfällen bildet nicht zu unterschätzende Aufgabenbereiche für die zuständige Dienststelle.

Im mittleren Oberinntal liegt Silz mit dem gleichnamigen Bezirksgericht. Mit dem Bau der Autobahn ging damals der mit dem Verkehr verbundene Arbeitsaufwand auf ein Minimum zurück, doch die Ansiedelung von Gewerbe- und Industriegebieten im Inntal und der Blitzstart der Region zum Zentrum der Outdoor-Sportarten (Rafting, Canyoning, etc.) hat die Beamten vor neue Anforderungen gestellt. Außerdem übernahm der Gendarmerieposten Silz auch den Großteil des Gebietes des 1997 aufgelassenen Gendarmeriepostens Haiming.

Als die Wintersportregionen im Bezirk präsentieren sich das Ötztal und das Pitztal. Die Alpindienststellen Wenns (Pitztal) und Ötz sowie Sölden mit der Expositur Obergurgl (Ötztal) sind in den Wintermonaten dementsprechend stark belastet. So wurden im Jahr 1998 382 Alpinunfälle mit 390 Verletzten und 14 Toten verzeichnet. Die steigende Bedeutung der Regionen bringt aber nicht nur im Alpinbereich eine überdurchschnittliche Belastung mit sich, auch die erhöhte Fremdenverkehrskriminalität schlägt dabei zu Buche.

Doch auch der Fremdenverkehr im Sommer spielt in den Tälern eine wichtige Rolle.

Als ungewöhnlich muß wohl die Geschichte des Gendarmeriepostens Längenfeld bezeichnet werden: In den siebziger Jahren eingestellt, 1990 aufgelassen und am 1. Februar 1998 wieder in Betrieb genommen – in einer Zeit der Auflassungen und Einsparungen!

Längenfeld liegt in einem weiten Becken auf einer Talstufe in der Mitte des Ötztales, ist die einwohnermäßig zweitgrößte Gemeinde des Bezirkes und plant, wie bereits angeführt, die Reaktivierung des Kurbetriebes. Die Wiedereröffnung der Dienststelle hat sich schon nach einem Jahr bewährt und wird angesichts der Projekte in Zukunft wohl an Bedeutung gewinnen.

Der hohe Sicherheitsstandard im Bezirk Imst ist Ausdruck für die effiziente Arbeit der Gendarmen und gleichzeitig der Auftrag, diese Sicherheit auch in Zukunft der Bevölkerung zu garantieren.

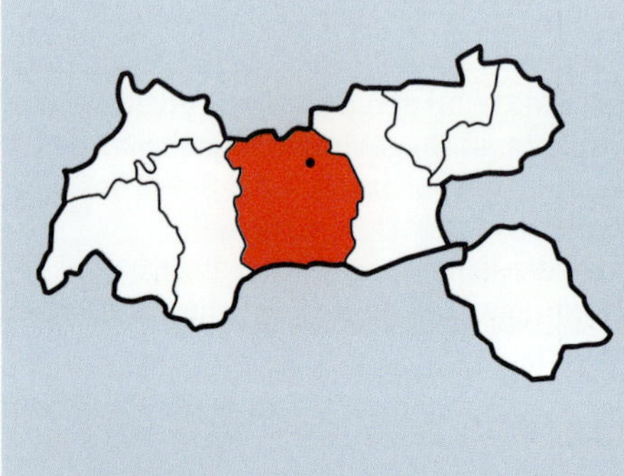

Innsbruck-Land

Franz Hofer

Größe in km²	*2.115,53*
Gemeinden:	*65*
Einwohner:	*163.000*
Anzahl der Dienststellen:	*16*
Systemisierter Personalstand:	*257*
Auf einen Exekutivbeamten entfallende Einwohner:	*634*
Bundesgrenze in km:	*92*
Autobahnen in km:	*102*
Bundesstraßen in km:	*116,7*
Landesstraßen in km:	*321,4*

Sehenswürdigkeiten Attraktionen:
Altstadt Hall in Tirol, Burg Hasegg, Römerstraße, Schloß Friedberg, Karlskirche, Europabrücke, Kristallwelten der Fa. Swarovski in Wattens, Gletscherregion Stubaital

Auf der Karte nimmt sich der Bezirk Innsbruck-Land wie ein Rhombus aus, der den mittleren Raum von Nordtirol einnimmt und in dessen Mitte wie eine Insel die autonome Landeshauptstadt Innsbruck liegt. Im Norden an Deutschland und im Süden an Italien angrenzend, besitzt der Bezirk zwei stark frequentierte Grenzübergänge. Nördlich des Inns hat der Bezirk Anteil am Wetterstein- und Karwendelgebirge. Im Süden trennt die Sill die Zillertaler und Stubaier Alpen. Eine Besonderheit der Stubaier Alpen sind die Kalkkögel, der Serleskamm und die Tribulaungruppe, deren Sockel sich aus Schiefer, deren Gipfel sich jedoch aus einem Kalkmassiv zusammensetzen. Die höchste Erhebung des Bezirkes bildet das Zuckerhütl (3.507 m) in den Stubaier Alpen, in dessen Umgebung sich das Ganzjahresschigebiet des Stubaier Gletschers befindet. Floristisch von besonderer Bedeutung sind die mit Föhren bewachsenen Hänge über der Martinswand, die meist von Fichtenwald umgebenen Torfmoore am Seefelder Plateau (Naturschutzgebiet) und die Zirbenbestände im Gleirschtal und am Haller Anger.

Hall – Mittelpunkt des Bezirkes

Die ersten nachweislichen Spuren einer Besiedelung des Bezirkes gehen in die Zeit um 1.800 v. Chr. zurück. Aufgrund der verkehrsgeographischen Lage kam der Region schon sehr früh eine zentrale Bedeutung zu. Im Mittelalter wurde »Solbad Hall« zum Mittelpunkt der Tiroler Salzgewinnung und zugleich die Kopfstation der Innschiffahrt. Zusätzlichen Bekanntheitsgrad erlangte die Stadt nach der Verlegung der Münze von Meran nach Hall: 1477 wurde in Hall der erste »Thaler« (Silbergulden) geprägt. Im ausgehenden Mittelalter war der wirtschaftliche und politische Höhepunkt Halls erreicht.

Burg Hasegg (um 1300), mit dem Münzturm (1480), Wahrzeichen von Hall i. T.
Bild: BGK Innsbruck-Land

Die Aufrechterhaltung der öffentlichen Ordnung und Sicherheit sowie die Verwaltung und Rechtsprechung besorgten im Mittelalter die Vorstände, Pfleger und Richter. Um diesbezüglich eine funktionierende Verwaltung zu gewährleisten, war der Bezirk über Jahrhunderte in vier Landgerichte und acht Gerichte eingeteilt.

Erst nach der liberalen Verfassung des Jahres 1867 entstand der politische Bezirk Innsbruck-Land. Schon damals war er mit einer Bevölkerungszahl von 50.927 Einwohnern einer der größten Bezirke des damaligen Tirols. Im Jahr 1999 zählt der Bezirk 163.000 Einwohner und mit 65 Gemeinden zum größten Bezirk Österreichs.

Belastung durch Transitverkehr

Die kürzeste Verbindung zwischen Deutschland und Italien über die Seefelder Senke (1180 m) und den Brennerpaß (1370 m) verläuft mitten durch den Bezirk Innsbruck-Land. Um 200 n.Chr. entstand die erste befahrbare Straße, die durch das Wipptal über Wilten und den Zirlerberg in das von den Römern unbesetzte Germanien führte. Seither kommt dem verkehrsreichsten Übergang der Alpen im Handelsverkehr zwischen Italien und Deutschland große Bedeutung zu. Die schlagartige Zunahme des Verkehrs in der zweiten Hälfte dieses Jahrhunderts machte den Bau der Brennerautobahn mit der »Europabrücke« als ihr Herzstück unumgänglich. Der Brennerpaß als wichtigste Nord-Süd-Verbindung wird heute jährlich von 30 Millionen Menschen frequentiert. Für die Gendarmen im Bezirk stellt die Überwachung dieser internationale Verkehrsader eine enorme Belastung dar.

Die 1867 eröffnete Brennerbahn wurde in den letzten Jahren des 20. Jahrhunderts zwecks Förderung der Verlagerung des Güterverkehrs von der Straße auf die Schiene stark ausgebaut. Eine spürbare Entlastung dürfte jedoch erst der Bau eines als ein Projekt der EU in Planung befindlichen Brenner-Basistunnels bringen.

Alpinismus – Wegbereiter des Fremdenverkehrs

Als im 15. Jahrhundert der Tiroler Erzherzog Sigmund der Münzreiche vom Mönch Felix Fabri durch das Gebirge begleitet wurde, erschienen diesem die Gipfel Tirols als horribiles (schrecklich). Doch im Verlauf der Zeit brachte der in der Romantik aufkommende Alpinismus in diesen Regionen den Bewohnern der Alpengebiete eine beträchtliche Einnahmensquelle. Die Fremdenverkehrsindustrie entstand und entwickelte sich zu einem der wesentlichsten Wirtschaftsfaktoren der Region. Ein Meilenstein stellt die Erschließung des Stubaier Gletschers als Schigebiet im Jahre 1971 dar.

Die Europabrücke, ein Kernstück der Brennerautobahn.
Bild: BGK Innsbruck-Land

Das Seefelder Plateau

Als Aushängeschild des Fremdenverkehrs im Bezirk gilt das Seefelder Plateau. Die erste Blütezeit erlebte dieses Gebiet als Wallfahrtsort, als 1583 Erzherzog Ferdinand nach dem Tod seiner Gattin Philippine Welser mit einem 2000 Köpfe zählenden Gefolge zu Fuß von Innsbruck nach Seefeld pilgerte. Mit der Eröffnung der Karwendelbahn im Jahr 1912 setzte die Entwicklung zum internationalen Wintersport- und Sommerkurort ein. Heute ist zählt Seefeld in Tirol zu den führenden Wintersportorten Tirols. 1964 und 1976 wurden in Seefeld in Tirol und in Axams die nordischen bzw. alpinen Bewerbe der IX. und XII. Olympischen Winterspiele ausgetragen. 1985 war Seefeld in Tirol Austragungsort der Weltmeisterschaft in den nordischen Bewerben. Neben einem Kurzentrum besitzt der Ort seit 1969 ein Spielkasino, das sich gut in den Rahmen des internationalen Erholungszentrums einfügt.

Wirtschaftsstandort Innsbruck-Land

Industrie und Gewerbe haben im Umkreis der Landeshauptstadt Innsbruck in jeder Weise günstige Standorte gefunden. Größter Industriebetrieb ist die Firma Swarovski in Wattens mit ca. 4000 Beschäftigten. Der gegenwärtige Trend der Ansiedelung von Großhandelsketten und Niederlassungen von Zweigstellen internationaler Großkonzerne schafft zusätzlich wichtige Arbeitsplätze. Da die infrastrukturellen Einrichtungen mit dieser Entwicklung nur zum Teil Schritt halten können, kommt es immer wieder zu Interessenskonflikten zwischen der Wirtschaft und verschiedenen Bürgerinitiativen. Die Bewältigung von sicherheitspolizeilichen Aufgaben durch Blockaden und Demonstrationen stellt die Gendarmerie des Bezirkes immer wieder vor große Aufgaben. Kein Wirtschaftszweig hat aber in den letzten Jahrzehnten eine derart einschneidende Änderung erfahren wie die Landwirtschaft. Eine große Anzahl Nebenerwerbsbauern steht einer sinkenden Zahl von Vollerwerbsbetrieben gegenüber.

Entwicklung der Gendarmerie des Bezirkes

Im Jahre 1850 wurden die Gendarmerieposten Hall in Tirol, Matrei am Brenner, Steinach am Brenner und Telfs errichtet. Bis zum Jahre 1946 wurden die Gendarmerieposten Axams, Fulpmes, Gries am Brenner, Kematen in Tirol, Lans, Mutters, Neustift im Stubaital, Rum, Schönberg im Stubaital, Seefeld in Tirol, Wattens und Zirl eingerichtet. Bis 1993 war der Bezirk in zwei Gendarmeriebezirke unterteilt. Mit der Strukturänderung der Gendarmerie auf Bezirksebene wurden die 16 Gendarmerieposten dem Bezirksgendarmeriekommando Innsbruck mit Sitz in Hall in Tirol unterstellt.

Gendarmeriealltag

Innsbruck-Land kann ohne Übertreibung als einer der arbeitsintensivsten Gendarmeriebezirke bezeichnet werden. Die rasche Zunahme der Bevölkerung in der Nähe der Landeshauptstadt (Dörfer und Märkte bis zu 12.000 Einwohner), Ballungszentren mit Industrie- und Gewerbebetrieben, Transitverkehr durch das Wipptal und das steigende Bedürfnis der Bevölkerung und der Gäste (ca. acht Millionen Gästenächtigungen) zur Freizeitgestaltung stellen eine gewaltige Herausforderung für die Gendarmerie bei der Bewältigung der Anforderungen dar. Aufgrund der geographischen Lage kommt dem Bezirk Innsbruck-Land im Hinblick auf sicherheitspolizeiliche Maßnahmen im Sinne des Schengener Abkommens eine besondere Bedeutung zu. Dem Bezirksgendarmeriekommando Innsbruck stehen neben der Bezirksleitzentrale Hall in Tirol, die dauerbesetzten Gendarmerieposten Kematen in Tirol, Seefeld in Tirol und Telfs zur Verfügung. Der enorme Zuzug zu den Erholungsgebieten im Zentralraum Tirols (Stubaitaler Alpen mit bis zu 12.000 Tagesbesuchern am Gletscher, ebenso steigende Zahlen in Fulpmes, Axamer Lizum und dem Seefelder Plateau) schafft weitere, nicht zu unterschätzende Aufgabenbereiche für die Gendarmerie. Die bezirksweit angeordneten Sektorstreifen (bis zu 14 pro Nacht) werden je nach Anlaß von Zivil- und Diensthundestreifen verstärkt. Für Spezialaufgaben werden zwei bezirkseigene alpine Einsatzgruppen (bis zu 322 Alpinunfälle mit 29 Toten jährlich), fünf Diensthunde, vier Beamte der Sondereinsatzgruppe Tirol und 28 Mitglieder der Einsatzeinheit Tirol eingesetzt. Ein Auszug aus der Dokumentation der Ereignisse des letzten Jahres zeigt die ausgezeichnete Motivation und den Fleiß der Gendarmen dieses Bezirkes:

Gerichtsdelikte: (Staatsanwaltschaft und drei Bezirksgerichte)	7.081 (Aufklärungsrate 60,4 %)
Verwaltungsanzeigen:	14.493 davon 1.110 Alkohol-Anzeigen
Organstrafverfügungen:	72.676 (ATS 16,279.795)
Verkehrsunfälle:	3.522 mit zwölf Toten

Aus der Chronik

Zwei besonders spektakuläre Vorkommnisse ereigneten sich in den Jahren 1964 und 1975.

Während der IX. Olympischen Winterspiele in Innsbruck raste eine mit 75 Passagieren und acht Besatzungsmitgliedern besetzte Maschine der »Eagle Airways« im Nebel in einer Höhe von ca. 2460 m an den Osthang des Glungezers. Sämtliche Insassen des Flugzeuges kamen ums Leben. Es war dies das bislang schwerste Flugzeugunglück in Österreich. *(Lesen Sie dazu einen Beitrag im allgemeinen Teil)*

Am 6. Juni 1975 zwang in Wattens ein amtsbekannter Einheimischer mit zwei Schußwaffen die Besatzung einer Funkpatrouille, ihn auf den örtlichen Gendarmerieposten zu bringen. Gleich beim Eintreten in die Postenkanzlei feuerte er ohne Vorwarnung auf den Inspektionsbeamten und verletzte diesen schwer. Nach einem Schußwechsel flüchtete der Mann auf die Straße, schoß einen Passanten an und lief in ein naheliegendes Café. Dort feuerte er blindlings in die Gaststube und tötete zwei Lokalbesucher. Anschließend verließ der Amokläufer das Lokal und traf auf die Eltern eines Mädchens, das ihn einmal verschmäht hatte. Dem Begehren, zu diesem Mädchen zu kommen, versuchte er dadurch Nachdruck zu verleihen, indem er einem Passanten eine Pistole an die Stirn setzte. Als er schließlich einsah, daß sein Drängen aussichtslos war, erschoß sich der Mann.

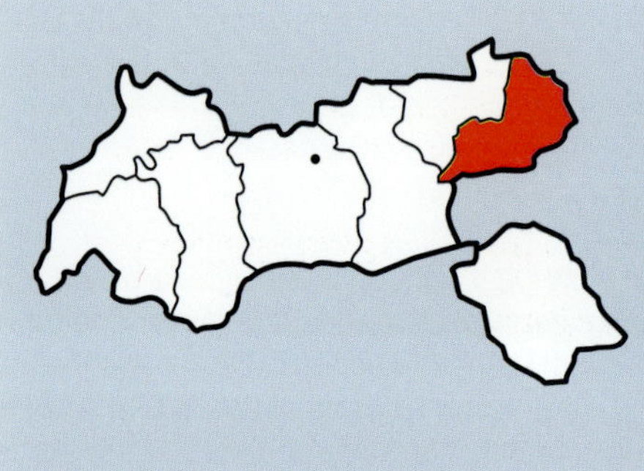

Josef Bodner

Kitzbühel

Größe in km²	*1.165*
Gemeinden:	*20*
Einwohner:	*56.990*
Anzahl der Dienststellen:	*9*
Systemisierter Personalstand:	*128*
Auf einen Exekutivbeamten entfallende Einwohner:	*445*
Bundesgrenze in km:	*23*
Autobahnen in km:	*–*
Bundesstraßen in km:	*143*
Landesstraßen in km:	*88*

Sehenswürdigkeiten Attraktionen:
Pfarrkirche St. Andreas, Liebfrauenkirche, Jochbergtor in Kitzbühel, sportliche Großveranstaltungen wie Hahnenkammrennen, internationale Tennismeisterschaft in Kitzbühel, »Koasa-Lauf« und die Radweltmeisterschaft der Senioren

Kitzbühel *Bild: BGK Kitzbühel, Josef Bodner*

Bezirk mit lieblichem Charakter

Der Bezirk Kitzbühel bildet den östlichsten Teil des Nordtiroler »Unterlandes«. Zwar kann der Kitzbühler Bezirk keine Gletscher oder gewaltige Gebirgsmassive aufweisen, doch verleihen dafür die »Grasberge« der Region einen lieblichen und sanften Charakter. Zugleich bieten sie die besten Voraussetzungen für Almwirtschaft und vor allem für Wintersport und Bergwanderungen. Die südlichen Seitentäler des Brixentales hin zum Oberpinzgau hingegen weisen so gut wie keine bewirtschafteten Hütten auf, dennoch sind sie ein »Eldorado« für Schitourengeher. Dasselbe gilt auch für die südöstlich von Kitzbühel gelegenen Auracher Berge, die jedoch als einzige im Nahbereich der Bezirksstadt nicht mit Aufstiegshilfen erschlossen sind.

Wenngleich das imposante Kaisergebirge von Außenstehenden hauptsächlich mit Kufstein in Verbindung gebracht wird, so liegt doch die östliche Hälfte im Gebiet des Bezirks Kitzbühel. Der Wilde Kaiser, hier »Koasa« genannt, beherrscht das landschaftliche Gepräge im selben Maße wie das ebenfalls weithin sichtbare Kitzbüheler Horn.

Der auch vielen Einheimischen kaum bekannte Grenzverlauf mitten durch den »Koasa« war in früheren Zeiten immer wieder einmal Ursache dafür, daß nach Abschluß einer Rettungsaktion von seiten der Kitzbühler Gendarmen Bestrebungen für eine Änderung der Rayonszuständigkeit laut wurden: Die Bergung und vor allem auch das Zu-Tale-Bringen der Verunglückten war nämlich allerschwerste Knochenarbeit, die früher nahezu ausschließlich von den »bodengebundenen« Alpingendarmen zu bewerkstelligen war und nicht wie heutzutage von Flugrettern.

Die West-Ost ausgerichteten Gebirgszüge des Bezirkes bedingen die Ausrichtung der Hauptverkehrsadern. Im zentral gelegenen St. Johann in Tirol begegnen sich die wichtigsten Verkehrswege des Bezirks, nämlich die hochfrequentierte Transitstraße B 312 und die Paß-Thurn-Straße. Hinzu kommt noch die in den Süden verlaufende Felbertauernstraße. Will man vom Tiroler Unterland in das angrenzende Bundesland Salzburg gelangen, so muß in jedem Fall ein Paß überwunden werden. Dabei besitzt insbesonders der in den Napoleonischen Kriegen stark umkämpfte Paß Strub eine historische Bedeutung.

Geschichte und Gegenwart

Von Kelten, Illyrern, Römern, Bajuwaren und vielen anderen mehr, immer wieder aufs neue erobert und besiedelt, entwickelte sich die Kitzbühler Region im Mittelalter zu einem wichtigen Bergbaugebiet. Mögen in diesem Zusammenhang die Namen Kitzbühel, Aurach und Jochberg zu nennen sein, so fanden sich doch die bedeutendsten Erzvorkommen im Gebiet des Rerobichls, in der heutigen Gemeinde Oberndorf in Tirol, wo ab dem Jahre 1540 Fahlerz und Kupferkies abgebaut und daraus Kupfer und Silber gewonnen wurden. 1567 kam es dort zu einem Knappenaufstand. Die Ursache lag an den lebensgefährlichen Arbeitsbedingungen: In nur 26 Jahren hatte es 700 Tote gegeben! Im Jahre 1618 erreichte man im sogenannten Heiligen-Geist-Schacht eine Tiefe von 886 Meter, also 140 Meter unter dem Meeresspiegel, was in der damaligen Zeit der tiefste Schacht der Welt war.

Heute sind es aber nicht die Bodenschätze, die den Wohlstand der Bevölkerung gewährleisten. Nun ist man seit Jahrzehnten dabei, die Natur sich übertag zunutze zu machen. Begünstigt durch Landschaftsform und Klima hat sich der gesamte Bezirk Kitzbühel nach der Jahrhundertwende zu einer Tourismusregion ersten Ranges entwickelt, wobei insbesondere der Winterfremdenverkehr Weltbedeutung erlangt hat. Es wird in Österreich wohl kaum eine andere Region geben, die so viele Aufstiegshilfen für Schi- und Snowboardfahrer auf so engem Raum aufweisen kann wie der Bezirk Kitzbühel. So tummelten sich z. B. am stärkst frequentierten Tag! der Wintersaison 1997/98 nicht weniger als 72.900 Schifahrer auf den Pisten des Bezirks. Das ist deutlich mehr, als die Zahl der Einwohner des Bezirks.

Neue Aufgaben für die Gendarmerie

Als Folge dieser Entwicklung ist auch eine neue Belastung für die Gendarmerie hinzugekommen. Die Zeiten, in denen eine Kollision zwischen Schifahrern einfach Pech war, ähnlich einer Sportverletzung im Fußball, sind längst vorbei. Die Tatsache, daß in den letzten Wintern im Bezirk weit mehr Schiunfälle mit Fremdverschulden als Verkehrsunfälle mit Personenverletzungen waren, ließ die Einführung eines eigenen permanenten Schiunfallserhebungsdienstes notwendig werden, welcher in erster Linie von den Alpingendarmen des Bezirkes vollzogen wird. Diese mit Neigungs-Höhenmesser, Kompaß, Fotoapparat und – zwecks Ausmessen der Unfallstelle – mit der Laserpistole im Rucksack ins Schigebiet ausrückenden Spezialisten, haben mit ihren Vorgängern nur mehr sehr wenig gemeinsam. Sie hatten allein in der Wintersaison 1997/98 an die 190 Schiunfälle zu bearbeiten.

Schlußteil der berühmten Hahnenkammabfahrt. *Bild: BGK Kitzbühel*

Tourismus – Licht- und Schattenseiten

Den gesetzlichen Auftrag nach Aufrechterhaltung der öffentlichen Ordnung, Ruhe und Sicherheit klar vor Augen, stehen die Gendarmen des Bezirks Kitzbühel den Anforderungen des Tourismus mit aller Kraft gegenüber. Allein wenn man bedenkt, daß z. B. in den Tagen der Hahnenkammrennen in der Stadt Kitzbühel die Nacht zum Tage gemacht wird und es allein bei einer Zahl von bis zu 40.000 Gästen am Tag unausweichlich zu Vorfällen kommen muß, so ist verständlich, wie groß die Belastung der eingesetzten Gendarmeriebeamten ist.

Ähnlich verhält es sich im Sommer bei dem internationalen Kitzbühler Tennisturnier. Auch in den benachbarten Orten Kirchberg in Tirol, Westendorf und Hopfgarten ist vor allem in der Wintersaison bei den Gästen High-Life angesagt.

Etwas gemäßigter, aber trotzdem noch turbulent genug, spielt sich der Fremdenverkehr in der Unteren Schranne mit dem Zentrum St. Johann in Tirol ab. Der Koasalauf, ein Langlaufbewerb internationalen Formats und die jährlich im August stattfindende Radweltmeisterschaft der Senioren sprechen vor allem die aktiven Sportler an.

Die Entwicklung im Fremdenverkehr war es auch, welche den Ausbau des Personalstandes der Gendarmerie erforderte: Gab es in der Gründungszeit der Gendarmerie im gesamten Bezirk nur drei Gendarmerieposten, nämlich in Hopfgarten im Brixental, in der Bezirksstadt Kitzbühel und in St. Johann in Tirol – alle drei wurden im Jahre 1850 errichtet –, so folgten die heute noch existierenden übrigen Posten in Kössen im Jahr 1877, Fieberbrunn im Jahr 1893, Erpfendorf im Jahr 1906, Kirchberg in Tirol 1909, Brixen im Thale (nunmehr Westendorf) im Jahr 1911 und Jochberg im Jahr 1919. Die Posten in Hochfilzen (bis 1966), Waidring und Going (bis 1976) wurden infolge notwendiger Rationalisierungsmaßnahmen mit den benachbarten Dienststellen zusammengelegt.

Die nunmehr neun vorhandenen Gendarmerieposten konnten seitdem zwar einen Personalzuwachs verzeichnen, doch entsprach dieser nicht der Entwicklung im Fremdenverkehr, dem Bevölkerungszuwachs und den damit verbundenen und auch sonst hinzugekommenen zusätzlichen Aufgaben. So sind beispielsweise Westendorf und Kössen ein Zentrum für Para- und Hängegleiter, was für den Posten eine zusätzliche Bearbeitung von Para- und Hängegleiterunfällen im Sommer bedeutet. Der zunehmende Transitverkehr auf der B 312 verlangt wiederum vom GP Erpfendorf als zuständigem Posten eine verstärkte Behandlung von Verkehrsunfällen. Fieberbrunn als Hochburg der Sportart Snowboarding ist immer wieder mit der Bewältigung diesbezüglicher hochkarätiger Sportveranstaltungen befaßt, welche erfahrungsgemäß stets von Rahmenveranstaltungen begleitet sind. Das gilt auch für die auf dem Truppenübungsplatz des Österreichischen Bundesheeres in Hochfilzen regelmäßig stattfindenden Biathlon-Weltcupveranstaltungen.

Aber auch die für die Kitzbühler Region neu hinzugekommenen Kriminalfälle wie beispielsweise Suchtgiftdelikte bedürfen einer Spezialisierung. So gibt es mittlerweile neben den Kriminaldienstgruppen noch auf verschiedenen Posten spezielle Suchtgiftbekämpfungsteams. So findet sich die Gendarmerie des Bezirks Kitzbühel immer wieder vor neue Aufgaben gestellt, die sie mit all ihren Fähigkeiten und Können bestmöglich bewältigt.

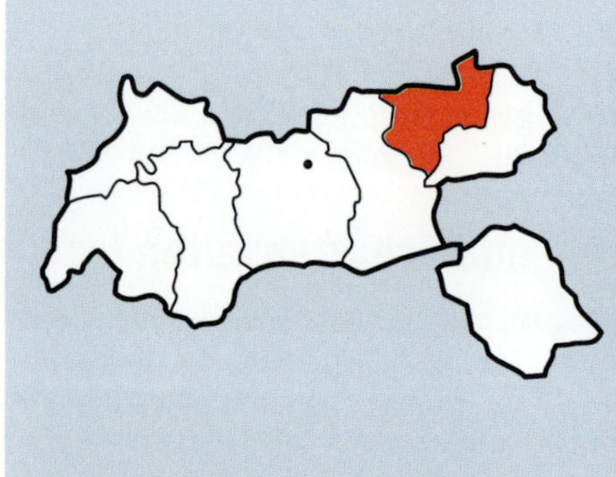

Kufstein

Helmuth Mühlmann

Größe in km²	*976*
Gemeinden:	*30*
Einwohner:	*92.000*
Anzahl der Dienststellen:	*9*
Systemisierter Personalstand:	*133*
Auf einen Exekutivbeamten entfallende Einwohner:	*692*
Bundesgrenze in km:	*78*
Autobahnen in km:	*32*
Bundesstraßen in km:	*100*
Landesstraßen in km:	*163*

Sehenswürdigkeiten Attraktionen:
Festung Kufstein, die Burgen und Schlösser Kropfsberg, Matzen, Lichtwer, Rattenberg, Schönwerth und die Wallfahrtskirche Mariastein

Der Bezirk im Tiroler Unterland

Der Bezirk Kufstein liegt im Tiroler Unterland, an der Grenze zu Deutschland und umfaßt 7,67 % der Tiroler Gesamtfläche. Das Inntal bildet das Haupttal des Bezirkes, das im Norden von der Rofan- und der Pendlinggruppe, südöstlich und östlich vom Pölven und vom Kaisergebirge umrahmt wird. Südlich des Inns steigen die höfebesäten Schieferberge der Kitzbühler Alpen mit ihren almreichen Tälern empor.

Das gesellschaftliche und kulturelle Leben des Bezirkes ist geprägt von einer Vielzahl an Vereinen: Allein 22 Blasmusikkapellen, 14 Gesangsvereine, zwei Passionsspielorte, 22 Schützengilden, 18 Schützenkompanien und 14 Trachtenvereine geben davon Zeugnis.

Neben dem Städtetourismus in Kufstein sind touristisch noch das Sölland, die Wildschönau, die im Kaiserwinkel liegende Gemeinde Walchsee und das Alpbachtal von Bedeutung.

Festung Kufstein, 1205 erstmals urkundlich erwähnt.
Bild: Tourismusverband Kufstein

Geschichte

Die Besiedelung des Unterinntals erfolgte in der Bronze- und Eisenzeit. Doch verweisen Funde im Raum Kufstein, Wörgl und Kundl bereits auf menschliche Spuren bis in die jüngere Steinzeit. Vor Einbindung der Region in die römische Provinz Raetia bestand die Bevölkerung hauptsächlich aus Kelten. Die Ortsnamen Ebbs, Wörgl und Kundl lassen sich noch auf keltische Sprachwurzeln zurückführen.

Grabungsfunde lassen vermuten, daß die Bajuwaren im Zuge der Völkerwanderung im 6. Jahrhundert in das Gebiet des heutigen Tirol eindrangen. Die Lehenshoheit der Bayern endete in der Folge erst tausend Jahre später: Zwischen 1205 und 1504 unterstand der Bezirk Kufstein nämlich den Herzögen von Bayern. Nur zwischen 1342 bis 1369 gehörte das Gebiet kurzfristig zu Tirol. Nach der endgültigen Einverleibung des Bezirkes durch Tirol im Jahre 1504 beteiligten sich die Schützen und der Landsturm des Bezirkes immer wieder an der Verteidigung der Heimat. Während der Besetzung durch Hitlerdeutschland gehörte der Bezirk dem Landkreis Tirol-Vorarlberg an. Nach dem Zweiten Weltkrieg wurde der Bezirk von amerikanischen und französischen Truppen besetzt. Der wirtschaftliche, kulturelle und soziale Aufschwung, der nach dem Ende des Zweiten Weltkrieges einsetzte, ging einher mit dem Anstieg des Fremdenverkehrs als neuem Wirtschaftsfaktor. Während sich dieser hauptsächlich in den Seitentälern und in den Städten Rattenberg und Kufstein entwickelte, prosperierte die Industrie im Raum Kirchbichl, Kundl, Wörgl, Brixlegg und Kufstein. Dieser Aufschwung bedeutete zugleich auch das Einsetzen von Verkehrsüberlastungen, insbesonders an den Transitrouten des Unterinntals.

Die Gendarmerie im Bezirk – strukturelle Veränderungen bei steigender Einwohnerzahl

Die Österreichische Gendarmerie hat in den letzten Jahrzehnten gravierende Strukturerneuerungen vollzogen, die sich auch wesentlich auf den Bezirk Kufstein ausgewirkt haben.

Durch die Strukturkonzepte der 80er Jahre wurde z. B. am 30. April 1988 im Bezirk Kufstein der Gendarmerieposten Reith/A aufgelöst und das Überwachungsgebiet des Gendarmeriepostens Reith/A und Rattenberg der neu errichteten Großdienststelle Kramsach übertragen.

Die wohl größte strukturelle Erneuerung erfolgte am 1. Mai 1993, wo gleichzeitig die neue Dienstzeitregelung mit den dienststellenübergreifenden Sektorstreifen und der zentralen Einrichtung der Bezirksleitzentrale und zahlreiche andere gesetzliche Normen für die Gendarmerie in Kraft traten.

1995 wurde Angehörigen der Österreichischen Zollwache der Übertritt in die Gendarmerie ermöglicht. Die Umschulungen erfolgten auch Bezirk Kufstein, in einer Außenstelle der Schulungsabteilung Absam-Wiesenhof.

Ein weiterer Meilenstein in der Gendarmerie des Bezirkes Kufstein stellt auch der 1. Juli 1997 dar, an dem die Gendarmerie in Kufstein von der Zollwache die Grenzkontrolle übernommen hatte. Bis Ende März 1998 kontrollierten über 40 Gendarmeriebeamte die wichtigsten Grenzübergänge zu Deutschland, nämlich Bundesstraße und Autobahn Kufstein/Kiefersfelden und Niederndorf.

Die Einwohnerzahl stieg von 70.560 Einwohner im Jahre 1970 auf 92.000 im Jahr 1998. Das hatte zur Folge, daß sich der systemisierte Personalstand des Bezirkes Kufstein seit 1970 von 113 auf 133 erhöhte. Derzeit sorgen 150 Beamte für die Sicherheit der Bevölkerung des Bezirkes Kufstein.

Die Gerichtsanzeigen haben sich um mehr als das Doppelte, nämlich von 2.094 auf 5.698, die Verwaltungsanzeigen von 3.121 auf 5.348 und die Organstrafverfügungen von 4.882 auf 20.643 erhöht. Bei den Alpinereignissen war eine Steigerung von 33 im Jahre 1970 auf 148 Fälle im Jahre 1998 zu verzeichnen.

Verkehr, Kriminaltourismus fordern die Gendarmerieposten

Der Gendarmerieposten Kufstein, zu dessen Überwachungsgebiet die an der Grenze zu Deutschland liegende Stadt Kufstein und die Gemeinde Schwoich und Ortsteile der Gemeinde Langkampfen gehören, beheimatet 15.500 Einwohner und hat seinen Schwerpunkt auf dem Kriminalsektor. In letzter Zeit war er auch im besonderen vom Strom illegaler Migranten von und nach Deutschland betroffen.

Der Schwerpunkt des Gendarmerieposten Wörgl liegt vor allem in der Betreuung der als Verkehrsknotenpunkt bedeutsamen Stadt Wörgl.

Der Gendarmerieposten Kramsach weist mit den Seitentälern Alpbach und Brandenberg ein großes Rayon zur Überwachung auf. Durch den Bau eines Tunnels gehören die Verkehrsstaus durch das Städtchen Rattenberg der Vergangenheit an.

Der Gendarmerieposten Kundl überwacht das Gebiet zwischen Radfeld und Wörgl, wo u. a. bedeutende Industriebetriebe, wie die Biochemie, ein Traktorenwerk und ein Großsägewerk ihre Niederlassung besitzen.

Im Seitental Wildschönau beschäftigen sich die Gendarmeriebeamten des Gendarmeriepostens Oberau insbesonders mit allen Formen und Auswüchsen des Tourismus, wie etwa Hoteldiebstähle, Alpinunfälle, usw.

Den größten Anteil am Tourismus im Bezirk Kufstein weist das Sölland auf, durch das die Loferer Straße B 312 führt. Die am Gendarmerieposten Söll tätigen Gendarmen sind zugleich doppelt belastet: einerseits mit den alpinen Ereignissen im Sommer (Klettergebiet Wilder Kaiser), im Winter mit Schiunfällen (Hohe Salve) und andererseits mit Verkehrskontrollen und -unfällen auf der B 312.

Auch der Gendarmerieposten Kirchbichl hat Teile der B 312 zu überwachen. Da zahlreiche Urlauber die Autobahnmaut in den letzten Jahren dadurch umgehen wollen, indem sie auf die Bundesstraße ausweichen, hat die Gemeinde Kirchbichl unter einem verstärkten Verkehrsaufkommen zu leiden.

Der Gendarmerieposten Niederndorf hat u. a. neben Ebbs auch noch die Kaiserwinkelgemeinde Walchsee zu betreuen, die in den letzten beiden Jahren durch das jeweils von über 40.000 Zuschauern besuchte Open-Air der Volksmusikgruppe Zillertaler Schürzenjäger besondere Bedeutung erlangt hat. Auch die Gemeinde Erl mit ihrem Passionsspielhaus zählt zum Rayon des Gendarmeriepostens Niederndorf.

Der Gendarmerieposten Vorderthiersee weist ebenfalls ein Passionsspielhaus auf und auch hier hält der Tourismus die Gendarmeriebeamten auf Trab.

Blättern in der Gendarmerie-Bezirks-Chronik

Bis zum Ausbruch des Zweiten Weltkrieges schrieb der Chronist vor allem über gendarmerieinterne Angelegenheiten und vermerkte auch österreichweit kirchliche und politisch relevante Ereignisse, etwa 1858 die Eröffnung der Bahnstrecke Innsbruck–Kufstein oder der Ausbruch der Maul- und Klauenseuche im gesamten Bezirk im Jahre 1911.

Ausführlich wird die Hochwasserkatastrophe am 13. August 1951 geschildert, wo ein Unwetter im Bereich Kundl-Wörgl schweren Schaden anrichtete.

Ein Kindesmord in Kirchbichl am 1. Jänner 1953 sorgte für großes Aufsehen. Eine Dienstmagd erstickte unter ihrem Körper ihr Neugeborenes und versteckte den Leichnam in ihrem Zimmer in einem »Hadernsackl«.

Am 4. 6.1953 ereignete sich in Kirchbichl ein tödlicher Verkehrsunfall, wo ein Pkw-Lenker »*... unvorschriftsmäßig fuhr und deswegen mit einem schweren Wiener Kraft-Lastenzug zusammenstieß ...*«. Dabei war der Lenker »*... wahrscheinlich etwas alkoholisiert und wurde in Haft genommen*«.

Den Chronisten beschäftigten in den folgenden Jahren vor allem tödliche Verkehrs-, Alpin-, Flug- und Zugunfälle.

Im Juli 1955 ermordete ein 19 Jahre alter Burgenländer in Radfeld einen Gelegenheitsarbeiter meuchlings. Acht Tage lang dauerte die Großfahndung der Gendarmerie in den Bezirken Kufstein und Kitzbühel, bis die Gendarmen den Täter im Bereiche der Kelchsau (Hopfgarten) stellen konnten. Knapp vor der Festnahme nahm sich der Mörder durch einen Kopfschuß das Leben. 1959 verzeichnete der Chronist im Bezirk Kufstein gleich 40 unnatürliche Todesfälle.

1965 ging als Katastrophenjahr in die Geschichte ein. Hochwasser überschwemmte im Juli das Inntal und richtete arge Schäden an.

Der Bau der Transalpinen Ölleitung wurde 1966 ebenso dokumentiert wie die letzte Holztrift auf der Brandenberger Ache im Oktober 1966, die Eröffnung des Gemeinschaftszollamtes auf der Inntal-Autobahn in Kufstein-Kiefersfelden am 26. Juli 1968 und die Eröffnung der Autobahn von Wiesing bis Kufstein am 4. August 1972.

Penibel wurden interne Feierlichkeiten, wie Beförderungen, Verleihungen von Auszeichnungen, Bestellungen, Ernennungen etc. sportliche Leistungen von Gendarmen, politische Ereignisse, wie die Ergebnisse der Wahlen zum Bundespräsidenten, zum Nationalrat und zum Tiroler Landtag aufgezeichnet.

Ab den 70er Jahren bekamen die Bilder in der Chronik mehr Farbe, die aufzeichnungswürdigen Ereignisse wurden immer dichter und brutaler; schwere Verbrechen, wie Raubüberfälle, z. B. jener am 18. Oktober 1972 in Ellmau oder am 26. Juni 1975 in Wörgl oder die spektakuläre Geiselnahme in Kundl am 7. Februar 1976 waren ebenso zu verzeichnen wie eine Brandserie von Mai bis Juni 1982.

Der Staatsbesuch der indischen Ministerpräsidentin Indira Gandhi in Alpbach war 1983 das gesellschaftspolitische Ereignis im Bezirk Kufstein.

Zum größten Verkehrschaos in Tirol führte der Einsturz der Kufsteiner Autobahnbrücke am 11. Juli 1990. Nach 120 Tagen konnte die Brücke wieder für den Verkehr freigegeben werden.

Bergsteiger-Eldorado Wilder Kaiser, damit großes Einsatzgebiet der Alpingendarmen. Bild: Tourismusverband Kufstein

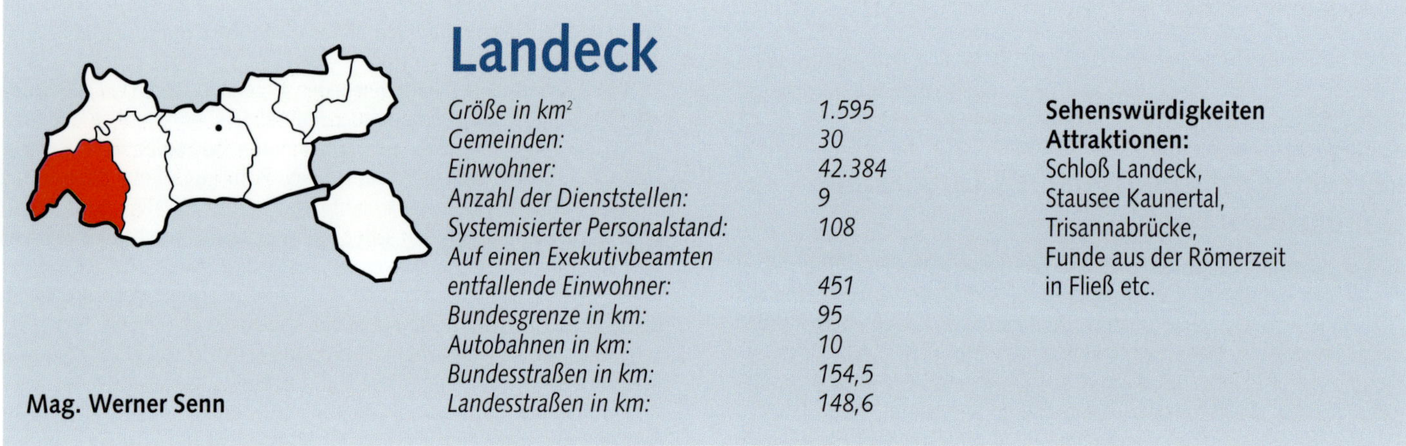

Landeck

Größe in km²	*1.595*
Gemeinden:	*30*
Einwohner:	*42.384*
Anzahl der Dienststellen:	*9*
Systemisierter Personalstand:	*108*
Auf einen Exekutivbeamten entfallende Einwohner:	*451*
Bundesgrenze in km:	*95*
Autobahnen in km:	*10*
Bundesstraßen in km:	*154,5*
Landesstraßen in km:	*148,6*

Sehenswürdigkeiten Attraktionen:
Schloß Landeck,
Stausee Kaunertal,
Trisannabrücke,
Funde aus der Römerzeit
in Fließ etc.

Mag. Werner Senn

Der Bezirk Landeck

Der Bezirk Landeck bildet den südwestlichen Teil Tirols: Begrenzt durch die Grenze zu Italien und der Schweiz im Süden schließt er im Westen zum Bundesland Vorarlberg, im Norden an den Bezirk Reutte und im Osten an den Bezirk Imst an.

Der Bezirk besitzt drei Haupttäler, deren Knotenpunkt die Gemeinde Landeck bildet. Hierbei handelt es sich um das Obere Inntal hin zum Reschenpaß, das Paznauntal mit der Silvretta und das Stanzertal mit dem wichtigsten Übergang in den Westen, dem Arlbergpaß.

Wohl schon seit Menschengedenken wurden diese Täler und Pässe als Durchzugsgebiet zwischen dem Norden und dem Süden einerseits und dem Westen und Osten Europas andererseits benützt.

Aufgrund dieser markanten geographischen Lage war der Bezirk auch immer wieder in besonderer Weise von kriegerischen Auseinandersetzungen betroffen. Die Einrichtung eines funktionierenden Sicherheitsdienstes in den Jahren um 1850 entsprach somit einem besonderen Schutzbedürfnis der Bevölkerung. Gemäß der damaligen Eintragungen der Postenchronik von Landeck soll eine Mannschaft aus zwölf bis 15 Mann im heutigen Apothekerhaus stationiert gewesen sein. Es folgten weitere Posten in Ried, Nauders, Ischgl, Pfunds und St. Anton am Arlberg.

Dem Bezirk Landeck waren ursprünglich auch die Südtiroler Gemeinden Graun, Haid, Langtaufers und Reschen angehörig, die jedoch nach dem Friedensvertrag von St. Germain Italien zugesprochen wurden.

Arbeit und Not als tägliches Brot

Abgesehen von der Bezirksstadt Landeck führte die fast ausschließlich in der Landwirtschaft tätige Bevölkerung aufgrund der ungünstigen Bedingungen sowohl des Klimas als auch der Bodennutzung ein karges Dasein. Der Ertrag aus der Landwirtschaft reichte im 19. Jahrhundert kaum aus, die gesamte Bevölkerung des Bezirkes zumindest auf fünf Monate im Jahr zu ernähren. Die Möglichkeiten des Broterwerbes waren gering: In Flirsch und Landeck kam es schließlich zur Ansiedlung von Industriebetrieben: Eine Textil- und Karbidfabrik in der Bezirkshauptstadt und eine Lodenfabrik in Flirsch.

Der Bergbau (Silber, Blei und Kupfer) in den Orten Serfaus und Tösens war mehr als beschwerlich und lieferte nur schwachen Ertrag. In den Talsohlen führte der Obstanbau zu bescheidenen Erträgen. Einen wesentlichen wirtschaftlichen Faktor stellte die Forstwirtschaft in den Gemeinden dar. Der Chronist bezeichnete vor hundert Jahren die wirtschaftliche Lage des Bezirkes mit einer treffenden Aussage: »Im allgemeinen kann der Bezirk Landeck als sehr arm bezeichnet werden, es ist gewiß der ärmste Bezirk im Lande, wenn nicht auch der ärmste im Staate.«

Arlbergbahn, Weltkrieg und Besatzung

Zaghafte Schritte einer wirtschaftlichen Besserstellung für die Bevölkerung ergaben sich durch den Ausbau der Zugsverbindung in den Westen, der Arlbergbahn. Zahlreiche Bauern erlangten durch den Bahnausbau Nebeneinkünfte.

Dem einsetzenden Fremdenverkehr wurde durch den Beginn des Ersten Weltkrieges ein jähes Ende gesetzt. Auch für die Gendarmen des Bezirks bedeutete der Erste Weltkrieg eine schwerwiegende Veränderung. Sie wurden als Feldgendarmen vor allem in den Frontgebieten in Galizien und Italien eingesetzt. Die daheim dienstversehenden Gendarmen hatten ihre große Not, allen an sie gestellten Anforderungen gerecht zu werden. Der eigentliche Gendarmeriedienst geriet in den Hintergrund und die Posten hatten hauptsächlich militärische Aufgaben zu erfüllen. Das ersehnte Kriegsende warf den Bezirk Landeck durch den Rückzug der Truppen aller Waffengattungen in ein neuerliches Chaos. Der Chronist der damaligen Zeit berichtet: »Keine Ordnung, keine Disziplin und kein Funken Rücksicht auf den Nächsten war bei den Soldaten vorhanden. Schauerlich war das Chaos anzusehen.«

Die Bevölkerung mußte von der Gendarmerie vor Gewalttaten, Diebstahl und Raub von seiten der rückziehenden Truppen geschützt werden.

Am 20. November 1918 rückten schließlich in Nauders die ersten italienischen Besatzungstruppen ein und verstreuten sich über den gesamten Bezirk. Abgesehen von »kleineren Reibereien mit der Bevölkerung, kleineren Diebstählen und Verführung einiger charakterschwachen Frauenspersonen, haben sich die Besatzungstruppen im hiesigen Bezirk gut aufgeführt«, meint der Chronist.

Die Krisen der Zwischenkriegszeit

Im Juni 1920 verließen die italienischen Truppen den Bezirk. Dem sich stark entwickelnden Schleichhandel nach Italien und in die Schweiz im Laufe der Zwischenkriegszeit, wurde dadurch entgegengewirkt, daß man an sämtlichen neuralgischen Grenzpunkten Gendarmerieexposituren errichtete. In Nauders stationierte man sogar ein Gendarmerieaufgebot mit insgesamt 20 Mann.

Die Unruhen der Zwischenkriegsjahre zwischen Schutzbund und Heimwehr einerseits, die Unterdrückung des aufkeimenden Nationalsozialismus andererseits, fanden auch im Bezirk ihren Niederschlag. Dies bedeutete auch für die Exekutive ein »Kampf an allen Fronten.« Ein von Innsbrucker Nationalsozialisten geplanter und von einigen Einheimischen unterstützter Sprengstoffanschlag auf die Trisannabrücke in Wiesberg konnte von der Landecker Gendarmerie verhindert werden.

Ohne Euphorie in den Nationalsozialismus

Mit 12. März 1938 erfolgte die Machtübernahme durch die Nationalsozialisten.

Der damalige Chronist berichtet ohne Euphorie und in distanzierter Haltung von den Ereignissen: Es kam infolge der nationalsozialistischen Machtübernahme zur Suspendierung von jenen Gendarmen, die als »politisch unverläßlich« erachtet wurden. Auch der Landecker Bezirkshauptmann und viele Bürgermeister des Bezirkes wurden ihrer Ämter enthoben.

Die Kriegsereignisse des Zweiten Weltkrieges bedeuteten für viele Beamte den Einsatz an der Front. Um den Personalmangel auszugleichen, wurden auf den Gendarmerieposten sogenannte Polizeireservisten aus der Zivilbevölkerung rekrutiert, die Sicherheitsaufgaben übernahmen bzw. unterstützend mitwirkten. Mit Ausnahme eines einzigen Bombenabwurfes am 19. Dezember 1943 zwischen Pians und Landeck – er galt wohl der Trisannabrücke – blieb der Bezirk als Schauplatz von kriegerischen Auseinandersetzungen verschont.

Die Trisannabrücke (mit Schloß Wiesberg) war immer wieder Ziel terroristischer bzw. kriegerischer Angriffe. *Bild: BGK Landeck*

Aufwind durch Fremdenverkehr

Der einsetzende Fremdenverkehr nach dem Ersten Weltkrieg brachte ein neues wirtschaftliches Standbein für die Bevölkerung.

Das, was zuvor noch jahrhundertelang Ursache für ein mühevolles und beschwerliches Leben war – strenge schneereiche Winter, steile Hänge und Gebirgswiesen, enge schmale Täler – wurde plötzlich zur Quelle des Wohlstands. Bereits 1921 kam es zur Gründung der legendären Schischule »Arlberg« in St. Anton am Arlberg durch Hannes Schneider.

Mit dem Bau der Seilschwebebahn auf den Galzig im Jahre 1937 und der Eröffnung der weltbekannten Vallugabahn im Jahre 1955 wurden wesentliche Schritte für den Ausbau eines international bedeutsamen Wintertourismus gesetzt.

Erhöhte Anforderungen für die Exekutive

Wurden in der Wintersaison 1953/54 noch 84.000 Nächtigungen gezählt, so werden derzeit im Bezirk durchschnittlich über 6,5 Millionen Nächtigungen pro Jahr registriert. Dieses Wachstum im Tourismus brachte einerseits einen beträchtlichen Wohlstand für die gesamte Bevölkerung, anderseits aber entstanden auch negative Begleiterscheinungen. Eine erhöhte Kriminalität, massive Verkehrsprobleme und gravierende Alpinunfälle bedeuten in den Saisonen für die Exekutive höchste Anforderungen.

An schönen Wintertagen bevölkern heute bis zu 80.000 Schifahrer die Pisten des Bezirkes. Neben dem Arlberg hat sich vor allem das Paznauntal mit dem Hauptort Ischgl zu einer weiteren Wintersportmetropole entwickelt. Die Open-Air-Konzerte auf der Idalpe in über 2.000 Meter Seehöhe jeweils zu Saisonende trugen den Namen von Ischgl in alle Welt – konnten doch so berühmte Popgrößen wie Elton John, Tina Turner, Diana Ross und viele andere für Konzertauftritte gewonnen werden.

Aber auch das Obere Inntal brachte bekannte Wintersportregionen hervor, nämlich das Gebiet um Nauders und die Region Ladis, Fiss und Serfaus.

Alpinsport und Abenteuerurlaub

Der Ganzjahresschilauf wurde durch die Erschließung des Kaunertaler Gletschers ermöglicht. Eine zusätzliche Attraktion bildet dort der 1965 fertiggestellte Stausee im Gebiet des Gepatsch mit dem Großkraftwerk in Prutz.

Auch für den Sommertourismus bietet der Bezirk eine Vielzahl von Angeboten: An erster Stelle sind hier die Möglichkeiten zum Wandern und Bergsteigen zu erwähnen.

Die Gletscherwelt der Silvretta und des Kaunertals, die Samnaun- und Verwallgruppe und das schroffe Kalkgestein der Lechtaler Alpen bieten Möglichkeiten für alle Formen des Alpinismus. Die klaren und tosenden Gebirgsbäche im Bezirk haben in den letzten Jahren eine neue Facette des Sommertourismus hervorgebracht. Die schwierigen Bäche werden mit Kanus und Raftingbooten bewältigt und zahlreiche Schluchten und Wasserfälle bieten für Canyoning ein weites Betätigungsfeld.

Bändigung von Verkehr und Natur

Neben der aufgezeigten Entwicklung zum »Tourismusbezirk« lassen sich noch zwei weitere Schwerpunkte des Sicherheitsdienstes aufzeigen. Dabei handelt es sich zum einen um die durch die geographische Lage bedingte Verkehrsproblematik, zum anderen um die oftmals verheerenden Auswirkungen der Naturgewalten.

Wird laut Chronik im Jahre 1940 der erste tödliche Autounfall erwähnt, so werden zur Zeit ca. 1.500 Unfälle pro Jahr von den Gendarmen bearbeitet.

Das Nadelöhr Landeck wurde vielen Österreichern aufgrund der täglichen Staumeldungen im Rundfunk ein Begriff. Hatte man für die Ost-West-Verbindung durch den Perjenntunnel bei Landeck eine Verkehrsentlastung geschaffen, so ist der Weg in Richtung Süden nur durch das Stadtzentrum von Landeck möglich.

Der Tunnelanschlag für die geplante Südumfahrung von Landeck erfolgte im Herbst 1996 und wird nach der Fertigstellung eine Verkehrsentlastung für den Talkessel bringen.

Die allgegenwärtigen Gefahren der Natur haben den Bezirk seit jeher in besonderer Weise geprägt: Hochwasser- und Murenkatastrophen zählen ebenso zu regelmäßigen Eintragungen in den Chroniken wie Lawinenabgänge auf Siedlungen, Straßen und Bahnkörper. Alljährlich fallen dem »weißen Tod« zahlreiche Menschenleben zum Opfer. So fanden allein im Winter 1987/88 22 und am 23. Februar 1999 in Galtür (Paznauntal) 38 Personen unter Lawinenabgängen den Tod.

Aus den prägenden Eckpfeilern unseres Bezirkes ergeben sich auch die wesentlichen Aufgabenbereiche unserer Gendarmerie: Verkehrsüberwachung der Transitrouten, Grenzüberwachung, Bekämpfung der Fremdenverkehrs- und Suchtgiftkriminalität, Abhandlung saisonbedingter Gastarbeiterprobleme, Erhebung von Alpinereignissen und Mitwirkung bei Rettungsaktionen.

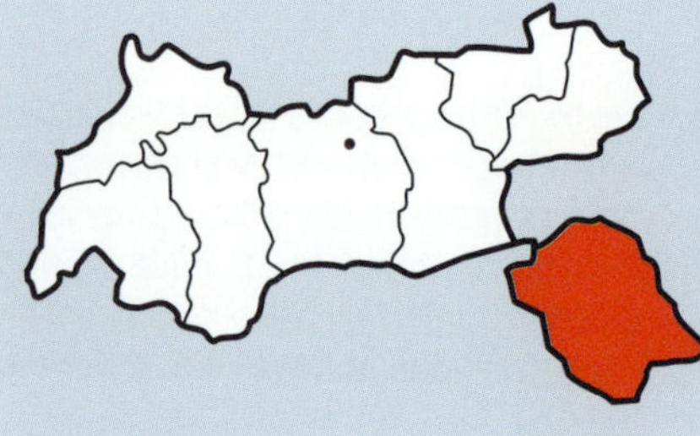

Lienz/Osttirol

Gerold Stampfer

Größe in km²	*2.020*
Gemeinden:	*33*
Einwohner:	*52.000*
Anzahl der Dienststellen:	*8*
Systemisierter Personalstand:	*88*
Auf einen Exekutivbeamten entfallende Einwohner:	*590*
Bundesgrenze in km:	*109,7*
Autobahnen in km:	*–*
Bundesstraßen in km:	*112,3*
Landesstraßen in km:	*178,9*

Sehenswürdigkeiten Attraktionen:
Schloß Bruck aus dem 13. Jh., Schloß Heinfels, im 13. Jh. im Besitz der Görzer Grafen, »Bunbrugge« über den Villgratenbach, erbaut 1781 von schwäbischen Zimmerleuten

Osttirol – »Herrgottswinkel Österreichs«

Das Kleinod Osttirol, eingebettet in einem Kranz von hohen, eisgekrönten Bergen, zwischen den Ländern Südtirol, Salzburg und Kärnten, das wegen seiner Abgelegenheit und vermeintlichen Rückständigkeit gern als der »Herrgottswinkel Österreichs« bezeichnet oder manchmal sogar als »10. Bundesland« gehandelt wird.

Der Name Osttirol ist für den politischen Bezirk Lienz erst seit der Zerreißung Tirols 1919 gebräuchlich. Auch der Bezirk mußte in dieser Zeit eine Gebietstrennung über sich ergehen lassen: Im Quellgebiet der Drau erhielt Italien die Gemeinden Innichen, Innichenberg, Sexten, Wahlen, Vierschach und Winnebach.

Das heutige Osttirol umfaßt die Talschaften der Drau von Arnbach bis Chrysanthen, die ganze Iselregion und das oberste Teilstück der Kärntner Gail von der Tannwiese bis zur Wacht bei Maria Luggau.

Das Haupttal ist das Drautal, das auf Osttiroler Boden in zwei deutlich geschiedene Teile zerfällt: der erste ist das Talstück vom Toblacher Feld bis Leisach, der zweite, der Lienzer Talboden, von Leisach bis zum Kärntner Tor. Die weiträumigste Talschaft des Bezirkes ist das Iseltal mit den Seitentälern Kalsertal, Defereggental und Virgental, auch hinteres Iseltal genannt.

Nennenswert ist auch der Ausbau des Straßennetzes in Osttirol, wobei auf das Jahrhundertbauwerk Felbertauernstraße mit Tunnel (1962–1967) besonders verwiesen werden darf. Durch den Bau wurde eine unbedingt notwendige Nord-Süd-Verbindung geschaffen und der Bezirk aus der Nostalgie der Abgeschiedenheit befreit. Bis zu diesem Zeitpunkt konnte Nordtirol nur über Italien oder über Kärnten und Salzburg erreicht werden.

Bergbezirk mit 157 Dreitausendern – Tourismus und Wirtschaft

Osttirol ist ein ausgesprochener Bergbezirk mit 157 Dreitausendern. Ein Stück Tirol, deren Bewohner die Vergangenheit durch Traditionsverbundenheit meisterten, durch Fehler anderer lernten, ihre Lehren zogen und so einen geglückten Ausgleich zwischen unberührter Natur und traditioneller Lebensweise einerseits und den Herausforderungen des zu Ende gehenden Jahrtausends schafften.

Lienzer Klause (bei Leisach), bekannt durch den Abwehrkampf am 8. August 1808 gegen 2.300 Franzosen unter General Rusc. Den Widerstand führte der Brunecker Schützenmajor Anton Steger an. *Bild: BGK Lienz*

Schloß Heinfels – im 13. Jahrhundert im Besitz der Görzer Grafen, die eine unbeschränkte Gerichtsbarkeit über einen beträchtlichen Teil des Pustertales innehatten. *Bild: BGK Lienz*

Die bekanntesten Berggruppen sind die Glocknergruppe, die Venedigergruppe, die Lasörlinggruppe, die Rieserfernergruppe, die Defereggengruppe, die Grantspitzgruppe, die Schobergruppe, die Kreuzeckgruppe, die Lienzer Dolomiten und die Karnischen Alpen. Ein Bergpanorama, wie man es sich kaum vorstellen kann; ein Eldorado für Bergsteiger, Wanderer, Mountainbiker und Kletterer.

Dieser Art von Tourismus trägt die Gendarmerie dahingehend Rechnung, daß eine schlagkräftige, bestens ausgebildete alpine Einsatzgruppe bei den Rettungsmaßnahmen mitwirkt bzw. die Alpinunfälle erhebt.

Im Tourismus lautet die Devise »Qualität vor Quantität.« Die Nächtigungsziffer von rund 2 Mill. im Jahr ist nicht besonders hoch. Daher versucht die neu gegründete Osttirol Werbung-GesmbH das Marketing bzw. die Bezirkswerbeaktivitäten weitgehend durchzuführen und zu intensivieren.

Die Wirtschaft im Bezirk erfuhr seit 1945 eine grundlegende Strukturänderung. Aus einem überwiegenden agrarisch dominierten Bezirk entstand eine gemischtwirtschaftliche Struktur, in der verarbeitendes Gewerbe, Industrie und Handel vorherrschen, der Tourismus zu einer sehr wesentlichen Sparte herangewachsen ist, die Landwirtschaft aber am Anteil an der Gesamtwertschöpfung eingebüßt hat. Großbetriebe sind aufgrund der geographischen Lage sehr rar; bedeutungsvoll das Liebherrwerk in Lienz mit rund 1.000 und die E.G.O. Austria Elektrogeräte GesmbH in Heinfels mit rund 500 Beschäftigten.

Das Gewerbe in Osttirol ist auf einem handwerklich hohen Niveau angelegt, wobei Produkte aus diesen Sparten in ganz Europa anzutreffen sind.

Überdachte Holzbrücke, genannt »Bunbrugge«, über den Villgratenbach, erbaut 1781 von schwäbischen Zimmerleuten. *Bild: BGK Lienz*

Bezirksstadt Lienz – umgeben von den Lienzer Dolomiten

Als Aushängeschild im Bezirk muß das schmucke Bezirksstädtchen Lienz mit seinen rund 12.300 Einwohnern, umgeben von den Lienzer Dolomiten, eingebettet zwischen Drau und Isel, in zentraler Lage gelegen, genannt werden. Der Ort wurde bereits im 11. Jahrhundert genannt, erhält 1242 Stadtrechte und wird um 1250 Görzische Zollstätte. Sehenswert sind die gotische Stadtpfarrkirche mit den berühmten Grabplatten von Graf Leonhard und Michael von Wolkenstein, sowie die Franziskanerkirche. Sie gehörte einst zum Karmeliterkloster, das 1349 genannt wurde und eine gotische Pietà aus dem 14. Jahrhundert beheimatet. In Lienz ist der Sitz aller Behörden und als Schulstadt wird die Stadt von zahlreichen einpendelnden Schülern besucht. Für die Gendarmerie ein breites Aufgabenfeld in der Schulverkehrserziehung und Schulwegsicherung, aber auch am kriminalpolizeilichen Sektor, wo mit präventiven Maßnahmen versucht wird, im Bereich des Suchtgiftmißbrauches Aufklärungsarbeit zu leisten.

Gendarmerie machte alle Entwicklungen im Bezirk mit

Auch die Gendarmerie im Bezirk erfuhr nach 1945 eine ständige Aufwärtsentwicklung, besonders im technischen Bereich, der schließlich im Ausbau des Computernetzes gipfelt. Die Zahl der Gendarmerieposten wurde allerdings zwischen 1946 und 1997 von 13 auf acht abgesenkt, obwohl sich der Aufgabenbereich deutlich erweiterte und die anfallenden Ereignisse ebenfalls stark zunahmen. Der Schwerpunkt der Gendarmerietätigkeit liegt im Verkehrsüberwachungsdienst. Die ausgezeichnete Arbeit der Beamten auf diesem Gebiet, die VAASt Lienz miteinbezogen, spiegelt sich in den relativ geringen Unfallziffern wider: 1998 mußten 1.068 Unfälle erhoben werden, bei denen neun Menschen ums Leben kamen und 265 verletzt wurden. In diesem Zusammenhang wird auch dem »Alkohol am Steuer« ein besonderes Augenmerk geschenkt; 246 Führerscheinabnahmen waren 1998 erforderlich.

Weitere Schwerpunkte liegen im alpinen Überwachungsdienst, wo im vergangenen Jahr bei 111 Alpinunfällen 19 Tote zu beklagen waren. Durch die Versetzung des Leiters der alpinen Einsatzgruppe zum Bezirkskommando, können Alpinereignisse zentral erhoben und die Einsätze flexibler und schneller koordiniert werden. Dies wirkt sich besonders nach Unfällen im alpinen Gelände durch die schnellere Erreichbarkeit der Beamten sehr positiv aus.

Im Vergleich zu anderen Bezirken in Tirol liegt der Bezirk Lienz auf kriminalistischem Gebiet sehr günstig. Von 1.618 angefallenen strafrechtlichen Tatbeständen konnten im Beobachtungszeitraum 1998 rund 50 Prozent geklärt werden. Bisher scheint von aufsehenerregenden Kriminalfällen in der Statistik aus dem Jahre 1982 »ein« ungeklärter Mord (Fall Ast) auf.

Ein zentraler Punkt liegt im Überwachen von Großveranstaltungen, wie Open-Air-Konzerten und Dolomitenlanglauf, Extremveranstaltungen, wie Dolomitenmarathon, Radrennen, wie Giro d'Italia, Giro del Trentino, Österreich- und Dolomitenradrundfahrt sowie die Bank Austria Jugendtour. Nicht umsonst wird der Bezirk Lienz auch als »Hochburg des Radsports« bezeichnet.

Durch die Strukturänderungen im Gendarmeriebereich mit 1. Mai 1993 wurden auch dem Bezirkskommando Mehraufgaben zugedacht, die es zu bewältigen und zu vollziehen hat. Der Koordinationsfluß soll gestrafft, die Ausbildung verstärkt, wie überhaupt die Einflußnahme auf Beamte im Bezirk und zu den Behörden allgemein optimiert werden soll.

Durch den Umstand, daß die Sicherheit im Bezirk gegeben ist, werden die Beamten auch weiterhin ihr Bestes geben und auf den Ruf der Gendarmerie bedacht sein, um Bundesgendarmerie auf weitere 150 Jahre zu gewährleisten.

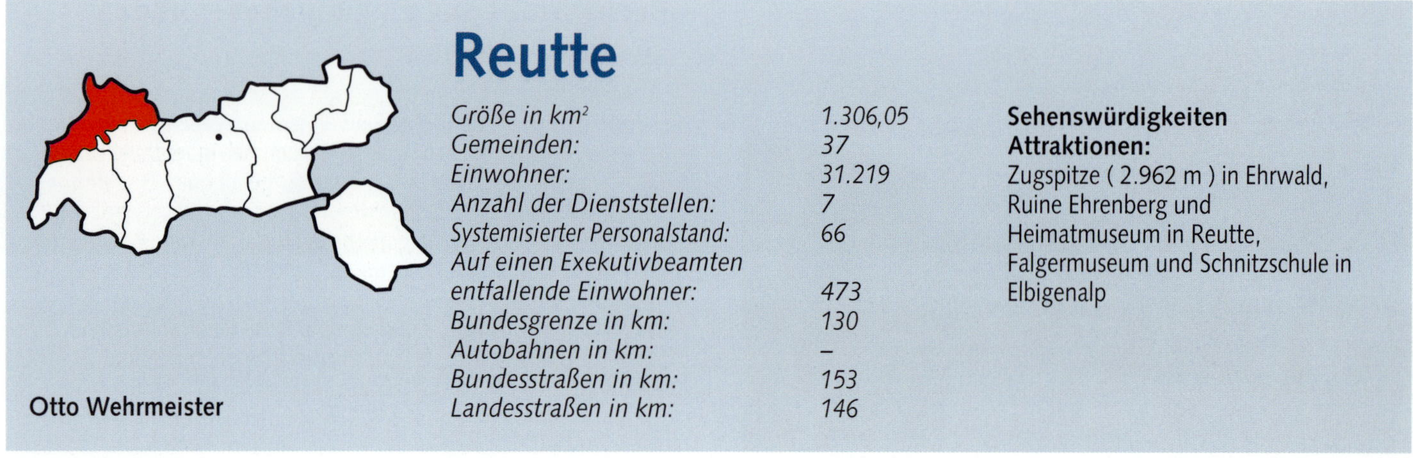

Reutte

Größe in km²	*1.306,05*
Gemeinden:	*37*
Einwohner:	*31.219*
Anzahl der Dienststellen:	*7*
Systemisierter Personalstand:	*66*
Auf einen Exekutivbeamten entfallende Einwohner:	*473*
Bundesgrenze in km:	*130*
Autobahnen in km:	*–*
Bundesstraßen in km:	*153*
Landesstraßen in km:	*146*

Sehenswürdigkeiten Attraktionen:
Zugspitze (2.962 m) in Ehrwald, Ruine Ehrenberg und Heimatmuseum in Reutte, Falgermuseum und Schnitzschule in Elbigenalp

Otto Wehrmeister

»Judicium Extra Verren« – Gericht außerhalb des Ferns

Der Bezirk Reutte, vielfach auch als »Außerfern« bezeichnet, weil die Region von Innsbruck aus gesehen hinter dem Fernpaß liegt, ist bereits seit 1296 Gerichtssprengel. Die Bevölkerungszahl von 31.200 sind auf 37 Gemeinden aufgeteilt und die Fläche beträgt 1.306 km². Weiters wohnen hier noch zusätzlich etwa 4.000 Saison- und Fremdarbeiter, die in den hier anwesenden Gastgewerbe- und Industriebetrieben beschäftigt sind.

Gegen Südosten ist diese Region durch die Mieminger Gebirgskette und das Wettersteingebirge mit der Zugspitze abgeschirmt, wodurch im Vergleich zu den übrigen Bezirken des Landes ein etwas rauhes Klima herrscht.

Das Außerfern gilt als besonders schneesichere Region und dies hat den Winterfremdenverkehr sehr positiv beeinflußt. Es gibt kaum mehr eine Gemeinde, die nicht auf mehrere Schilifte verweisen kann.

Auch der Sommerfremdenverkehr hat einen gewaltigen Aufschwung genommen, weil nicht nur für den Bergwanderer in den Lechtaler Alpen sowie Tannheimer- und Mieminger Gruppe viel geboten wird, sondern auch – in der durchschnittlichen Seehöhe von 1.000 m – der erholungssuchende Spaziergänger viel Auswahl erhält. Ebenso locken zahlreiche kristallklare Bergseen Einheimische und Gäste zum Baden.

Grenzregion Außerfern

Die Region des Bezirkes ist großteils vom süddeutschem Raum umgeben und wird mit diesem durch sechs Grenzübergangsstellen verbunden. Es muß als Sonderheit angesehen werden, daß die Landeshauptstadt Innsbruck vom Bezirk Reutte aus per Eisenbahn nur über deutsches Gebiet erreicht werden kann. Weiters ist das Gebiet der Gemeinde Jungholz, der nördlichst gelegenen Gemeinde Tirols, nur über das deutsche Staatsgebiet erreichbar und lediglich durch einen zwei Meter breiten Berggrat mit Österreich verbunden. Obwohl diese Gemeinde politisch zum Bezirk Reutte gehört, ist sie wirtschaftlich der Bundesrepublik Deutschland angeschlossen. Um nach Jungholz zu gelangen muß die Gendarmerie 20 km auf deutschem Hoheitsgebiet zurücklegen.

Die Gästenächtigungsziffer liegt im Bezirk Reutte Jahr für Jahr über 3,5 Millionen, wobei die deutschen Gäste dominieren. Der Fremdenverkehr zeigt allerdings auch seine Auswirkungen im negativen Sinn; so werden Jahr für Jahr landwirtschaftliche Betriebe aufgelassen und die Almenbewirtschaftung nimmt ab.

Wichtige Nord-Südachse seit der Römerzeit

Zur Zeitenwende gehörte die Gegend um Reutte zur römischen Provinz Rätien. Die 46 n. Chr. angelegte »Via Claudia Augusta« (von Verona über den Fernpaß nach Augsburg) und die im Jahre 250 n. Chr. angelegte »Via Decia« (von Reutte über Tannheim nach Bregenz) hatten durch das Mittelalter und viele Jahrhunderte der Neuzeit höchste Bedeutung. Im 7. und 8. Jahrhundert setzte durch die Alemannen eine stärkere Besiedlung ein.

Wie die quer durch den Bezirk verlaufenden erhaltenen Teile des »Alten Römerweges« beweisen, war schon in der Vergangenheit die Route über den Fernpaß ein wichtiger Handelsweg. Auch für deutsche Kaiser, die zur Krönung nach Rom zogen, war dieser Weg von besonderer Bedeutung. Heute noch weist eine Gedenktafel in Breitenwang darauf hin, daß der deutsche Kaiser Lothar III. in Breitenwang am 4. Dezember 1137 verstarb, als er sich auf der Heimkehr von der Krönung in Rom befand.

Im Jahre 1440 finden wir Reutte, den Hauptort des Bezirkes, das seinen Namen von Roden herleitet, erstmals urkundlich erwähnt. Am 5. Juni 1489 wurde Reutte von Erzherzog Siegmund von Österreich zum Markt erhoben. Das Angebot zur Stadterhebung lehnten die Bürger im 18. Jahrhundert ab.

Reutte ist mit seinen rund 5.500 Einwohnern Wirtschaftszentrum des Bezirkes und besitzt noch am Ober- und Untermarkt eine Reihe stattlicher breiter Häuser, die mit Fassadenmalereien, ausgeformten Giebeln und Streben, Korbgittern und hübschen Wirtshausschildern geschmückt sind. Einige davon wurden von Johann-Jakob Zeiller (1708 – 1783) gemalt. Hier sind die wichtigsten Ämter und Behörden stationiert und auch Sitz der Gendarmerie-Bezirksleitzentrale.

Hightec-Industrie mit Weltruf

Einen großen Bekanntheitsgrad mit internationalem Ruf erhielt Reutte durch das Metallwerk Plansee mit seinen mehr als 2000 Arbeitnehmern sowie der Firma Koch International als Weltmarktführer bei CD Technologie. Das Elektrizitätswerk Reutte, zwei größere Baufirmen, das Zementwerk Schretter in Vils, das Bezirkskrankenhaus, zahlreiche Kleinbetriebe und Unternehmungen sowie die Gastronomie tragen zur positiven Arbeitsmarktlage bei. Einige hundert Arbeiter pendeln täglich in die nahe gelegenen Gebiete von Südbayern.

Aus dem Bezirk Reutte stammen bedeutende Persönlichkeiten, so der Kunstmaler Josef Anton Koch (1768 – 1876), die Barockmalerfamilie Zeiller, der Lithograph und Heimatforscher Johann Anton Falger (1791 – 1876), der sein Haus der Mutter des bayrischen Königs Lud-

Reutte in Tirol mit Blick in das Lechtal. *Bild: BGK Reutte*

wig II., Prinzessin Maria von Preußen vermachte, die viele Sommer im Bezirk Reutte verbrachte. Die berühmte Blumenmalerin Anna Stainer-Knittel (1841 – 1915), die in Elbigenalp/Lechtal geboren worden war, erlangte durch den Film »Geierwally« Weltberühmtheit.

Das Bezirksgendarmeriekommando Reutte und der Gendarmerieposten Reutte wurden am 15. Juli 1850 errichtet. Das Bezirksgendarmeriekommando Reutte wurde am 1. Juli 1917 vom Gendarmerieposten Reutte getrennt, und ist im Gerichtsgebäude von Reutte untergebracht. In den 70er Jahren wurden vier Gendarmerieposten aufgelöst. Derzeit bestehen im Bezirk sieben Gendarmerieposten und zwar Reutte, Bichlbach, Elbigenalp, Grän, Lermoos, Vils und Weißenbach.

Für die Betreuung in sicherheitsdienstlichen Belangen sind für den Bezirk Reutte 66 Beamte vorgesehen.

Heute spielt sich der Schwerpunkt des Transitverkehrs durch den Bezirk von Vils zum Fernpaß auf der B 314 ab, und zwar in einem solchen Ausmaß, daß die Anrainer dieser wichtigen Verkehrsader Bürgerinitiativen starteten. So wurde die 3,4 km lange Tunnelvariante von Lermoos zum Fernpaß und die Umfahrung der meisten Anliegerdörfer durchgesetzt.

Dem Verkehr entsprechend sind die Gendarmerieposten an der B 314 (Reutte, Lermoos, Bichlbach und Vils) mit umfassenden Verkehrsüberwachungen und Unfallaufnahmen konfrontiert.

Lawinen – Bedrohung seit Jahrhunderten

Eine besondere Belastung der Gendarmerieposten Elbigenalp, Grän und Weißenbach liegt in der Weiträumigkeit der Rayone mit vielen Streusiedlungen, Seitentälern und alpinen Schutzhütten. Insbesondere die häufig vorkommenden Lawinenabgänge auf Straßen der Seitentäler und der damit verbundenen Straßensperren stellen einen Teil der Aufgaben dar.

Beinahe jedes Jahr werden im Bezirk Personen von Lawinen begraben und getötet. Solche Naturereignisse richten auch immer wieder schwerste Sachschäden an.

Die größten Lawinenunglücke der vergangenen Jahre ereigneten sich 1951, 1975, 1989 und 1997.

Im Jänner 1951 gingen im Bezirk infolge des großen Neuschnees mehrere Lawinen ab, welche die Straßen verschütteten, viele Heustadel, Licht- und Telefonleitungen und mehrere tausend Festmeter Holz mitrissen. In Häselgehr im Lechtal wurde durch eine Staublawine ein Bauernhaus schwer beschädigt.

Am 9. Mai 1975 wurden fünf deutsche Touristen am Vilsalpsee, Gemeinde Tannheim, von einer Naßschneelawine erfaßt und in den See geschleudert. Alle fünf starben. Die Personen hatten Lawinenwarntafeln und Wegsperren mißachtet.

Im Jahre 1989 geriet eine 7-köpfige Bergsteigergruppe aus Kempten/Deutschland unterhalb der kleinen Scharte, Gemeinde Steeg, unter eine Lawine. Vier Personen fanden den Tod und drei konnten lebend geborgen werden.

Im Februar 1997 wurden vier Tourengeher beim Aufstieg auf den Luxnacher Sattel, Gemeinde Häselgehr, von einem selbst losgetretenen Schneebrett verschüttet und starben unter den Schneemassen. Die Leichen der vier Männer aus Garmisch konnten nach schwieriger Suche geborgen werden.

In den Sommermonaten sind eine große Anzahl von Alpinunfällen zu verzeichnen. Es ereignen sich durchschnittlich 150 Alpinunfälle pro Jahr.

In dem von der Landeshauptstadt Innsbruck etwas entlegenen Bezirk Reutte wiederholen sich von Saison zu Saison bestimmte Anlaßfälle, vor allem in den Dienstleistungssparten, wenn alles überbelegt ist, wird die Gendarmerie mit verschiedenen Problemen konfrontiert.

Die im Bezirk Reutte in den letzten Jahren vereinzelt verübten Kapitalverbrechen konnten von der Gendarmerie geklärt werden.

Es kann generell gesagt werden, daß die Bevölkerung vorwiegend mit alemannischem Einschlag, sehr aufgeschlossen, arbeitsam, sparsam und friedlich ist und daß durchwegs günstige Sicherheitsverhältnisse herrschen.

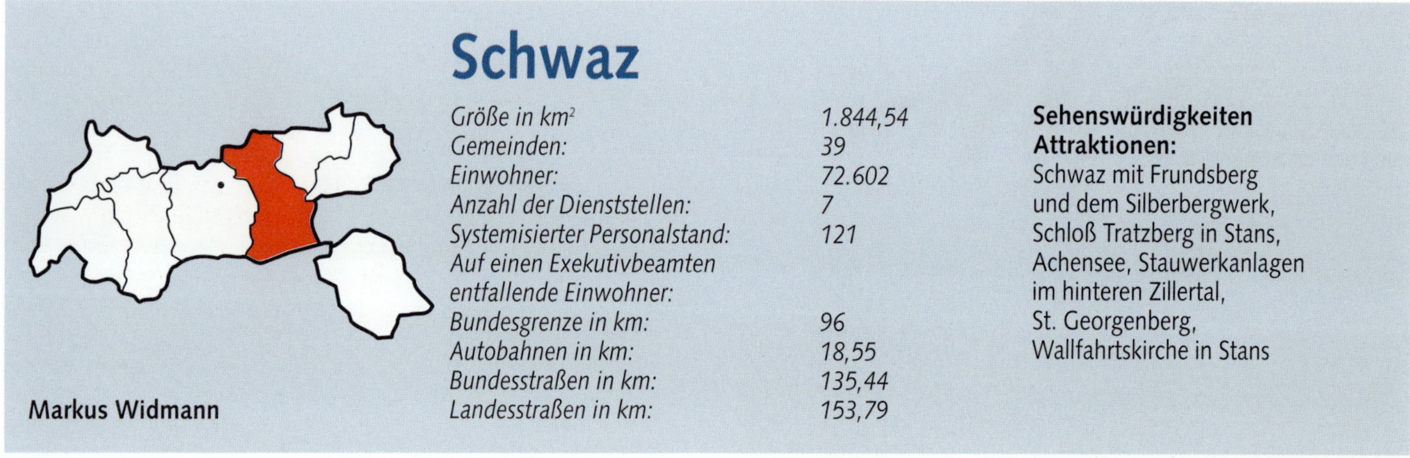

Schwaz

Markus Widmann

Größe in km²	*1.844,54*
Gemeinden:	*39*
Einwohner:	*72.602*
Anzahl der Dienststellen:	*7*
Systemisierter Personalstand:	*121*
Auf einen Exekutivbeamten entfallende Einwohner:	
Bundesgrenze in km:	*96*
Autobahnen in km:	*18,55*
Bundesstraßen in km:	*135,44*
Landesstraßen in km:	*153,79*

Sehenswürdigkeiten Attraktionen:
Schwaz mit Frundsberg und dem Silberbergwerk, Schloß Tratzberg in Stans, Achensee, Stauwerkanlagen im hinteren Zillertal, St. Georgenberg, Wallfahrtskirche in Stans

Drei Täler bestimmen den Bezirk

Geographisch teilt sich der Bezirk Schwaz in drei Täler, in das Inntal und in die Seitentäler Zillertal und Achental. Während in den beiden Seitentälern die Landwirtschaft und vor allem der Fremdenverkehr vorherrschend sind, wird das Inntal selbst von Gewerbe, Handel und Industrie geprägt. In den letzten 20 Jahren konnte durch den Ausbau bzw. die Neuerrichtung zahlreicher Aufstiegshilfen im Zillertal und Achental dem Winterfremdenverkehr zu besonderem Stellenwert verholfen werden. Weit über die Grenzen hinaus bekannt ist das Hintertuxer Gletscherschigebiet, das ganzjährig Tausende von Sportlern anlockt.

Geschichtliche Entwicklung

Der Bezirk Schwaz wurde erst im Jahre 1868 in der heutigen Zusammensetzung und Fläche konstituiert. Die verschiedenen Siedlungen machten im Laufe der Geschichte unterschiedliche Entwicklungen durch. Um das Jahr 800 gehörten Teile des Bezirkes zu den Diözesen Freising, Brixen und Salzburg und erst im 18. Jahrhundert wurde der Bezirk zwischen den Bistümern Salzburg und Brixen aufgeteilt. Diese Regelung blieb auch nach der Trennung von Südtirol nach dem Ersten Weltkrieg bestehen, da aufgrund der neugeschaffenen Staatsgrenzen Innsbruck zu einer eigenen Diözese wurde.

Als neue Herren in Tirol stiegen im 12. Jahrhundert die Rottenburger Ritter (Rotholz) und die Freundsberger (Schwaz) zu Adelsfamilien auf, die es zu großem Ansehen brachten. Diese beiden Familien blieben in Schwaz bis zum Höhepunkt des Bergbaus im 16. Jahrhundert ansässig.

Schwaz – aller Bergwerke Mutter

Um 1410 wurden riesige Erzvorkommen (Silber und Kupfer) am Falkenstein bei Schwaz entdeckt, woraus sich in den folgenden Jahren ein Bergbau von weltgeschichtlicher Bedeutung im 15. und 16. Jahrhundert entwickelte. Dies wurde vor allem durch Sigismund dem Münzreichen, der eine eigene Bergordnung für Schwaz erließ und durch die finanzielle Beteiligung der Augsburger Handelsfamilie Fugger zu Ende des 15. Jahrhunderts gefördert. Zu dieser Zeit hatte die Stadt Schwaz ca. 30.000 Einwohner und stellte eine der größten Siedlungen im Alpenraum dar. Als ein wichtiges wirtschaftliches Zentrum galt Schwaz auch zugleich auch als Anziehungspunkt für Kunst und Kultur: Hans Sachs gründete hier eine Meistersingerschule und Schwaz nannte auch eine über die Grenzen bekannte Lateinschule ihr eigen. Der skrupellose Raubbau, die Pest und soziale Mißstände führten schließlich gegen Ende des 16. Jahrhunderts zum Niedergang. In der zweiten Hälfte des 18. Jahrhunderts versiegte der Bergbau endgültig. Das Schwazer Silberbergwerk wurde jedoch bis in die Gegenwart erhalten und gilt heute als ein beliebtes Ausflugsziel.

1809 wurde Schwaz während der Befreiungskriege geplündert und von Bränden heimgesucht. Dank einer Industrialisierung setzte ab 1830 wieder ein Aufwärtstrend ein. 1899 wurde Schwaz zur Stadt erhoben.

Heute zählt die Bezirkshauptstadt Schwaz ca. 12.000 Einwohner. Hier sind alle Behörden, das Bezirkskrankenhaus, die Bundesheerkaserne, sonstige Institutionen sowie auch die Bezirksleitzentrale der Gendarmerie angesiedelt. Ferner ist die Stadt ein Schulzentrum für den Bezirk. Mit den umliegenden Gemeinden bildet Schwaz heute den Mittelpunkt für Gewerbe und Industrie. Die Wirtschaft kann eine Vielzahl von Betrieben aufweisen, so u. a. das weltweit bekannte Tyrolit-Schleifmittelwerk, die Austria-Tabakwerke, die Adler-Lackfabrik, die Geiger-Strickwaren-Fabrik, Elektra Bregenz usw. sowie eine Vielzahl verschiedener Einkaufszentren.

Der Achensee – ein Tiroler Fjord

Das hochgelegene Tal dürfte erst um 800 besiedelt worden sein. Wegen der Höhenlage ließ die Region über Jahrhunderte nur Viehwirtschaft zu. Bekannt waren im Karwendelgebiet die Seitentäler mit ihrer Almwirtschaft. Jetzt sind diese Täler und die Bergrücken mit den vielen Berggasthöfen durch Lifte erschlossen und stellen ein begehrtes Wandergebiet für Urlaubsgäste dar.

Der Achensee selbst ist mit seinen neun Kilometern Länge und einem Kilometer Breite der größte See Tirols und wird wegen seiner steilen Felsenhänge oft mit einem norwegischen Fjord verglichen.

Im Bächental, einem Seitental des Achentales, wird das mit dem Erdöl verwandte Steinöl hauptsächlich für Heilzwecke gewonnen und daraus verschiedenste Produkte, wie Arzneien, Pflegemittel etc. erzeugt.

Früher war das Achental vom Inntal aus nur auf einer schmalen Straße über den Kasbach erreichbar. Mit dem Bau der Zahnradbahn von Jenbach bis Seespitz (im Jahr 1889 eröffnet) und dem Bau der neuen Achenseestraße wurde das Gebiet auch verkehrstechnisch voll erschlossen. Der Binnengrenzübergang Achenwald stellt auch eine wichtige Verbindung ins benachbarte bayrische Tegernseegebiet dar.

Das Zillertal – aktivstes Tal der Welt

Das Zillertal ist mit seiner Länge von 50 Kilometer das größte Seitental des Inntales. Von Straß geht es im Tal ebensohlig bis Mayrhofen. Die Tallehnen sind mit Einzelhöfen hoch hinauf besiedelt. Hinter Mayrhofen herrscht das ernste Grau der Zentralalpen. Einsame Hochtäler – die Gründe – ziehen sich bis zu den Graten der Olperer- und Hochfeilergruppe: der Zillergrund, die Stillup, der Zemmgrund und das Tuxer Tal. Die Besiedelung des Hochtales Tux erfolgte vom Wipptal aus und lange Zeit wurden auch die Toten zur Beisetzung in das Wipptal nach Schmirn getragen. Eine Straße bis zum Stausee Schlegeis-Speicher erschließt die Hochgebirgsnatur des Zillertaler Hauptkammes mit seinen höchsten Gipfeln Hochfeiler und Großer Möseler.

Blick auf den Schlegeis-Stausee, 1784 m. *Bild: BGK Schwaz*

Der Kinderreichtum führte dazu, daß der Boden die Bevölkerung nicht mehr ernähren konnte. So gingen viele Zillertaler als Wanderhändler in die Welt hinaus. Ein guter Geschäftssinn wird den Zillertalern nachgesagt, den sie beim Hausierhandel gut gebrauchen konnten.

Außerdem waren die Zillertaler seit jeher ein sangesfreudiges Volk. Aus den Hausierhändlern bildeten sich dann die Zillertaler Nationalsänger. Die Rainer Sänger sangen 1822 im Fügener Schloß das Lied »Stille Nacht, heilige Nacht« vor Kaiser Franz I. und Zar Alexander I. und in weiterer Folge wurde das bekannteste Weihnachtslied von den Zillertaler Nationalsängern in die Welt hinausgetragen.

Das musikalische Talent blieb den Zillertalern bis in die Gegenwart erhalten. Im Tal gibt es überall Blasmusikkapellen und eine Vielzahl von Spiel- und Tanzgruppen. Die bekannteste dieser Gruppen dürften derzeit die Zillertaler Schürzenjäger sein, deren Konzerte oft bis an die 80.000 Zuschauer anziehen und eine besondere Herausforderung in den sicherheits- und ordnungsdienstlichen Belangen an die Gendarmerie stellen.

Ebenfalls eine besondere Art der Überwachung durch die Gendarmerie erfordert das Gauderfest, das alljährlich am ersten Sonntag im Mai in Zell am Ziller abgehalten wird und wohl das bekannteste Fest des Tales ist. Nach alter Tradition wird dafür eigens ein 22grädiges Bockbier von der Zeller Brauerei gebraut. Neben dem Ranggeln – einer Art Ringen – wurde bis zum Jahr 1998 immer wieder auch ein Widderstoßen durchgeführt.

Von 1900 bis 1902 wurde die Schmalspurbahn von Jenbach bis nach Mayrhofen gebaut. Heute dient sie einerseits als Fremdenverkehrsattraktion und andererseits als Beförderungsmittel für die Holzindustrie im Tal und für andere kleinere Gewerbetreibe. Um diese Zeit wurden auch die Zillertaler Alpen für den aufstrebenden Fremdenverkehr erschlossen. Zudem wurde noch das Zillertaler Gletscherschigebiet mit Seilbahnen in den 60er Jahren für den Toursimus erschlossen. Gegenwärtig fallen allein fünf der sieben Millionen Nächtigungen im Bezirk Schwaz auf das Zillertal.

Im hinteren Zillertal und im Gerlostal wurden anfänglich aus wirtschaftlichen Überlegungen mehrere Stauseen für die Stromgewinnung gebaut. Das Zemm- und Stillupptal wurden dadurch verkehrstechnisch erschlossen. Diese Bauten bilden zusätzlich eine Attraktion für Touristen. Mit dem Bau der Stauseen haben sich die bis dahin häufigen und großen Überschwemmungen und Vermurungen im Talboden deutlich reduziert.

Historische Entwicklung der Gendarmerie im Bezirk Schwaz

Aus der Gendarmeriechronik geht hervor, daß im Jahre 1850 der Gendarmerieposten Schwaz mit einer Stärke von fünf Mann errichtet worden ist. Das Postenrayon umfaßte das Inn- und das Achental. Noch im selben Jahr wurde der Gendarmerieposten Fügen errichtet, welchem das gesamte Zillertal als Überwachungsrayon zugewiesen wurde. Bis zum Ende des 19. Jahrhunderts wurden noch drei weitere Dienststellen in Zell am Ziller und Mayrhofen (hinteres Zillertal) sowie in Jenbach (Inntal) eröffnet.

Zu Beginn des 20. Jahrhunderts wurden nach und nach mehrere Dienststellen eingerichtet und in der Folge auch mehrere Exposituren eröffnet. Im hinteren Zillertal entwickelte sich um 1920 eine »Schmugglerroute«, wodurch die Errichtung dreier Exposituren erforderlich wurde, um den verbotenen Geschäften Einhalt zu gebieten.

Großbaustellen, wie die Errichtung des Achenseekraftwerkes in der Zeit von 1925 – 1928 mit ca. 2.600 Beschäftigen, der Bau der Zillertaler Wasserkraftwerke, die Errichtung von verschiedenen Bergbaubetrieben und der Bau der Stauseen im Zemm- und Stilluptal in den späten 60er Jahren, machten ebenfalls die Einrichtung von zwischenzeitlichen Gendarmerieexposituren erforderlich. Speziell in den Jahren von 1972 bis 1976 wurden mehrere kleine Dienststellen aufgelassen und deren Überwachungsrayone auf die bis heute bestehenden sieben Gendarmerieposten im Bezirk Schwaz aufgeteilt.

Enormer Tourismus – eine besondere Herausforderung für die Gendarmerie

Die Arbeitsschwerpunkte liegen naturgemäß in der Bewältigung sicherheits- und verkehrsdienstlicher Aufgaben. Derzeit sind jährlich ca. 4.200 Gerichtsanzeigen zu bearbeiten. Die Anzahl der Verkehrsunfälle konnte in den letzten Jahren, nicht zuletzt durch die ausgezeichnete Arbeit der Gendarmerie, deutlich reduziert werden. Bedingt durch den enormen Tourismus ereignen sich vor allem im Winter, aber auch im Sommer, immer wieder Alpinunfälle. Jährlich werden ca. 250 derartige Unfälle von den Alpingendarmen unter größtem persönlichen Einsatz bearbeitet. Der Tourismus bringt auch ein gewisses Maß an Begleitkriminalität mit sich, welche vor allem für die Dienststellen im Zillertal zu einer beträchtlichen Arbeitsbelastung führt. Weiters sind jährlich mehrere Großveranstaltungen sicherheits- und ordnungsdienstlich zu überwachen wie z. B. das bereits angeführte traditionelle »Schürzenjäger-Open Air«.

Schürzenjäger-Open air im Zillertal – bis zu 80.000 Besucher.
Bild: BGK Schwaz

Landesgendarmeriekommando für Vorarlberg

Arnold Perfler

Größe in km²	*2.601,44*
Gemeinden:	*96*
Einwohner:	*360.001*
Anzahl der Dienststellen:	*44*
Systemisierter Personalstand:	*705*
Auf einen Exekutivbeamten entfallende Einwohner:	*509*
Bundesgrenze in km:	*321,9*
Autobahnen in km:	*85*
Bundesstraßen in km:	*305*
Landesstraßen in km:	*498*

Gendarmerie wurde skeptisch aufgenommen

Für Vorarlberg und Tirol wurde am 1. Mai 1850 das Gendarmerieregiment Nr. 13 in Innsbruck errichtet und für Vorarlberg in Feldkirch unter Rittmeister Lammer der II. Flügel stationiert. Diese Einheit gliederte sich in Zugs-, Sektions- und Postenkommandos. Die Städte Bregenz, Feldkirch und Bludenz erhielten je ein Sektionskommando mit je einem Wachtmeister als Kommandanten, in 11 weiteren Gemeinden wurden Gendarmerieposten mit einem Korporal an der Spitze errichtet. In Vorarlberg waren damals drei Offiziere und 92 Gendarmen installiert.

Bildmitte: LGK für Vorarlberg in Bregenz, li. u. der neue Bahnhof, dazwischen Stadtpolizei und Jugendhaus »Beetween«. Bild: LGK Vorarlberg

Die Bevölkerung war darüber alles andere als erfreut. Hatte sie doch als Folge der Revolution des Jahres 1848 in den meisten Gemeinden Militär zu beherbergen. Da außerdem die Sicherheitsverhältnisse im Lande Vorarlberg relativ günstig waren und die Gemeinden die Verpflichtung hatten, für die Bequartierungskosten aufzukommen, ließ sich die Notwendigkeit einer Gendarmerie nicht sehr leicht vermitteln. Auf die Aufforderung des Kreispräsidenten von Bregenz an die Beamten der Bezirkshauptmannschaft Feldkirch, das Volk über den Zweck der Errichtung der Gendarmerie auf richtige Ansichten zu bringen, antwortete Bezirkshauptmann Honstätter damals: »Die Beamten der BH benützen jeden Anlaß, richtige Ansichten über die Gendarmerie unter das Volk zu bringen. Die Gegner der Gendarmerie säumen aber auch nicht, dem Volke ihre verkehrten Ansichten beizubringen und auf solche Art sind derlei Belehrungen manchmal nicht nur sehr verdrießliche, sondern auch sehr undankbare Geschäfte. Ich ließ mich vor wenigen Tagen mit einem geistlichen Professor, mit einem Dr. jur. und mit einem Dr. med. in ein Gespräch über die Nützlichkeit der Gendarmerie ein. Ich brauchte 1 1/2 Stunden bis ich die Vorurteile und unrichtigen Vorstellungen, welche diese Häupter der Intelligenz in sich aufgenommen hatten, bekämpft und widerlegt und dieselben auf eine andere Meinung gebracht hatte. Zum Glück ist das ungelehrte Publikum für einfache Wahrheiten nicht selten empfänglicher als das gelehrte...«.

Die Gendarmen bewährten sich aber bald, nicht nur als Hüter der Gesetze, sondern auch als Helfer und Retter in Gefahrensituationen, bei Elementarereignissen und Unglücksfällen. Von der neoabsolutistischen Strömung im Staate blieb auch Vorarlberg nicht verschont. Die unsachliche Reorganisation im Jahre 1860 führte deshalb zu einer personellen Schwächung und faktischen Entmachtung der Gendarmerie. Es gab fast nur noch am Sitze der Bezirksgerichte etwa vier Mann starke Gendarmerieposten. Strenge Ehebestimmungen und drakonische Disziplinarstrafen taten ein übriges. So wurde im Jahre 1869 ein Beamter wegen Ausbleibens über die Erlaubniszeit und Trunkenheit außer Dienst mit fünftägigem Arrest, 48stündigem Kurzschließen und zweimaligem Fasten bei Wasser und Brot verurteilt. Weitere Disziplinarstrafen waren das Spießrutenlaufen und die Prügelstrafe.

1872 hatte die Nachfolgedienststelle des II. Flügels das Gendarmerieabteilungskommando Bregenz mit den Bezirken Bregenz, Feldkirch, Bludenz, Landeck, Imst, Reutte und Meran seine größte Ausdehnung.

Mit dem Gendarmeriegesetz von 1876 wurde eine neue Ordnung geschaffen. In sicherheitspolitisch bedeutsamen Gemeinden wurden Gendarmerieposten aufgestellt, statt den Sektionskommandos wurden Bezirksgendarmeriekommanden errichtet. Neue Lehrpläne sahen auch kriminalistische Schulung u. Allgemeinbildung vor.

Zu Kriegsausbruch 1914 mußte mehr als die Hälfte der aus einem Offizier und 104 Mann bestehenden Abteilung Bregenz Nr. 7 (Bezirke Bregenz, Feldkirch, Bludenz) einrücken.

Neuorientierung nach dem Ersten Weltkrieg

Über die Neuorientierung nach Kriegsende berichtet der Chronist des GAK Bregenz: »Am 3. November 1918 anläßlich des Zusammenbruches der Südfront und Rückströmung der Armee in das Hinterland hat sich in Bregenz eine eigene Landesregierung gebildet, welche das Land, das bis dahin mit Tirol eine gemeinsame politische Verwaltung hatte, als selbständiges Land erklärt und die Militär- und Zivilgewalt an sich gerissen hat. Auf Grund der geänderten Verhältnisse hat Bezirksinspektor Franz Wechner in Vertretung

Exekutivschießstand in Koblach, 1983 eröffnet Bild: LGK Vorarlberg

Gendarmerieschulungsabteilung mit BGK und GP in Feldkirch-Gisingen
Bild: LGK Vorarlberg

des abkommandierten Abtlgs-Kdtn. die Gendarmerie Vorarlbergs der Landesregierung unterstellt und deren Weisungen als für die Gendarmerie bindend erklärt. Bezirksinspektor Wechner leistete sodann am 4. November die Angelobung in die Hand des gewählten Landespräsidenten Dr. Otto Ender und wurde von demselben beauftragt, die Beeidigung der Gendarmerie Vorarlbergs ehestens durchzuführen, was sodann am 6. und 7. November in den Stationen Bregenz, Bezau, Feldkirch und Bludenz bewerkstelligt und der Landesregierung berichtet wurde.«

Die Errichtung des Landesgendarmeriekommandos für Vorarlberg wurde erst am 31. Jänner 1920 genehmigt. Das Kommando übernahm Gendarmerie-Landesdirektor Hugo Strauß. Der systemisierte Stand betrug 220 Beamte und wurde mit 1. Juli 1920 auf 322 Beamte erhöht. Am 4. Juni 1920 wurde in Feldkirch zusätzlich ein Gendarmerieabteilungskommando errichtet. Zudem bestanden eine Ergänzungsabteilung, drei Bezirksgendarmeriekommanden und 49 Gendarmerieposten.

Während der 30er Jahre mit den teils blutigen Auseinandersetzungen wurde die Gendarmerie infolge der starken Belastung durch die prekäre Sicherheitslage durch ein freiwilliges Schutzkorps verstärkt, das auf verschiedenen Posten Dienst verrichtete.

Schwere Opfer durch den Nationalsozialismus

Nach dem Anschluß Österreichs wurde die Vorarlberger Gendarmerie dem Kommandeur der Gendarmerie bei dem Reichsstatthalter für Tirol und Vorarlberg in Innsbruck unterstellt. Für Vorarlberg war eine Gendarmeriehauptmannschaft mit dem Sitze in Bregenz zuständig.

Revierinspektor Hugo Lunardon, Kommandant des GP Dornbirn, der sich in der Bekämpfung des Nationalsozialismus besonders engagiert hatte, wurde noch in der Nacht der Machtübernahme durch die Nazis verhaftet und ins KZ Mauthausen und später nach Dachau gebracht. Dort starb er nach schweren Mißhandlungen durch die Wachsoldaten im Jahre 1942.

Außer ihm wurden in Vbg. weitere 57 Gendarmeriebeamte durch das Regime gemaßregelt, weil sie sich durch ihr Engagement in der Bekämpfung des Nationalsozialismus bzw. ihre antinationalsozialistische Haltung besonders hervorgetan hatten.

Schwieriger Aufbau nach dem Zweiten Weltkrieg

Zu Kriegsende wurde unter dem Kommando des von den Nationalsozialisten frühzeitig pensionierten Gend.-Oberst Franz Schmid das LGK für Vorarlberg neu aufgebaut. Schmid mußte auf Verlangen der französischen Besatzungsmacht 1946 suspendiert und 1947 vorzeitig pensioniert werden, weil er sich schützend vor jene Gendarmen stellte, die durch mannhaftes Einschreiten eine Erstürmung des LGK durch aufständische Marokkanersoldaten verhindert hatten. 1946 wurden eine Erhebungsgruppe sowie eine techn. Gruppe errichtet. Die Gendarmerieschule wurde 1953 nach Gisingen in das heutige Schulareal verlegt. Bei den Bezirksgendarmeriekommanden wurden 1964 eigene Verkehrsposten errichtet, 1990 aber wieder aufgelöst. 1966 wurde die Verkehrsabteilung neu gegründet. Gleichzeitig mit der Einführung des Funkpatrouillendienstes 1964 wurden 4 VW-Variant und 8 Puch 700 zugewiesen.

Gendarmerie Vorarlberg – moderne, leistungsfähige Sicherheitstruppe

Die besondere Gefahrenlage um und nach 1968 (Terrorerscheinungen in verschiedenen Formen) bewogen 1982 General Alois Patsch, aus den beim Gendarmerieeinsatzkommando ausgebildeten »Kobra-Leuten« eine eigene Sondergruppe für besonders gefahrvolle Einsätze zu bilden. Die Idee überzeugte und wurde deshalb 1984 in ganz Österreich übernommen. Die »Ländle-Kobra« bewältigt, neben zahlreichen teils spektakulären Einsätzen, seit Jahren mit großem Engagement auch die taktische Ausbildung der Postengendarmen.

1983 wurde in Koblach der gemeinsame Schießstand der Exekutive Vorarlbergs in Betrieb genommen. Ein 100-m, ein 50-m- und ein 25-m-Stand ermöglichten es, eine effiziente taktische und schießtechn. Ausbildung zu betreiben. 1998 wurde diese Anlage auf den modernsten europäischen Standart gebracht.

1985 wurden in der neugegründeten Gendarmerie-Einsatzeinheit (EE) leistungsfähige Beamte aus den Personalständen der Gendarmerieposten in drei Zügen zu je 25 Beamten auf Großeinsätze taktisch-psychologisch ausgebildet u. speziell ausgerüstet.

Mit 1. Juli 1987 wurde das neue Landesgendarmeriekommando-Gebäude in der Bahnhofstr. 45 in Bregenz bezogen. Es beherbergt auch die Sicherheitsdirektion. Neben dem Kommando selbst befinden sich im Gebäude das BGK Bregenz, der Gendarmerieposten Bregenz, die Kriminal- und Verkehrsabteilung, ein Zivilschutzraum, die Leitzentrale »Rhein«, Waffen-, Funk- und Kfz-Werkstätten, eine Tankstelle sowie eine Küche.

Nach der Interimszeit von 1947–1949 unter Oberst Egon Wayda führte Obst Hanl bis 1964 das LGK. Ihm folgte von 1965–1987 ein Mann, der Gendarmeriegeschichte »schrieb«, General Alois Patsch! Sein Nachfolger Obst Werner Maroschek wurde 1995 nach Mödling versetzt. Seither fungiert Brigadier Manfred Bliem als LGKdt. Ihm zur Seite stehen der Gruppenleiter 1 (Organisation u. Einsatz) Mjr Hardy Tschofen, der Gruppenleiter 2 (Personal, Aus- u. Fortbildung) u. zugl. 1. Stv. d. LGKdtn. Oberst Arnold Perfler und der Gruppenleiter 3 (Haus- u. Wirtschaftsabtlg., Technische Abtlg.) Oberst Alois Moser mit 22 Gendarmerieoffizieren als leitende Beamte.

1993 wurden mit der Umstrukturierung die Gendarmerie-Abteilungskommanden abgeschafft und die Bezirksgendarmeriekommanden mit Offizieren besetzt. Dienstzeit und Dienstplanung wurden neu geregelt und das Funkpatrouillensystem in ein Sektorenstreifensystem umgewandelt.

Der Fuhrpark des LGK umfaßt 134 mehr- und 22 einspurige Kfz sowie 27 Fahrräder. Auf dem Fernmeldesektor sind 16 Relaisstationen mit 597 Funkgeräten, 55 Handys, 122 Pager und 73 Faxgeräte im Einsatz. Insgesamt 805 Glock-Pistolen, 179 MP 88 sowie weitere Halbautomaten bilden die Feuerbewaffnung.

Im März 1997 wurde der Vollausbau aller Exekutivdienststellen mit EDV erreicht. Über die exekutivdienstlichen Tätigkeiten der allemannischen Gendarmen gibt eine Graphik Auskunft:

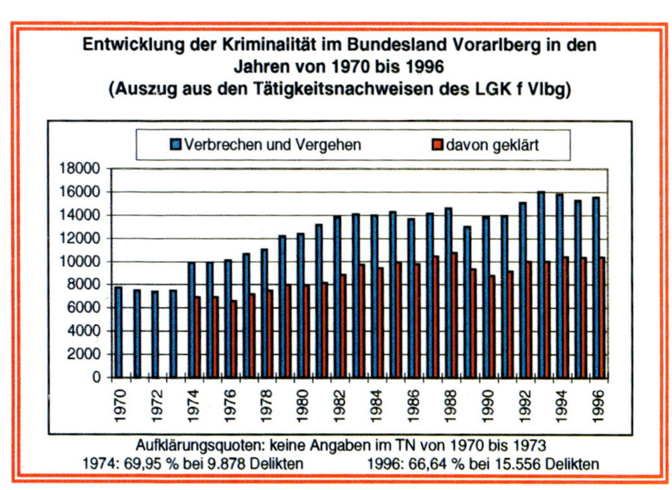

Vorarlberg

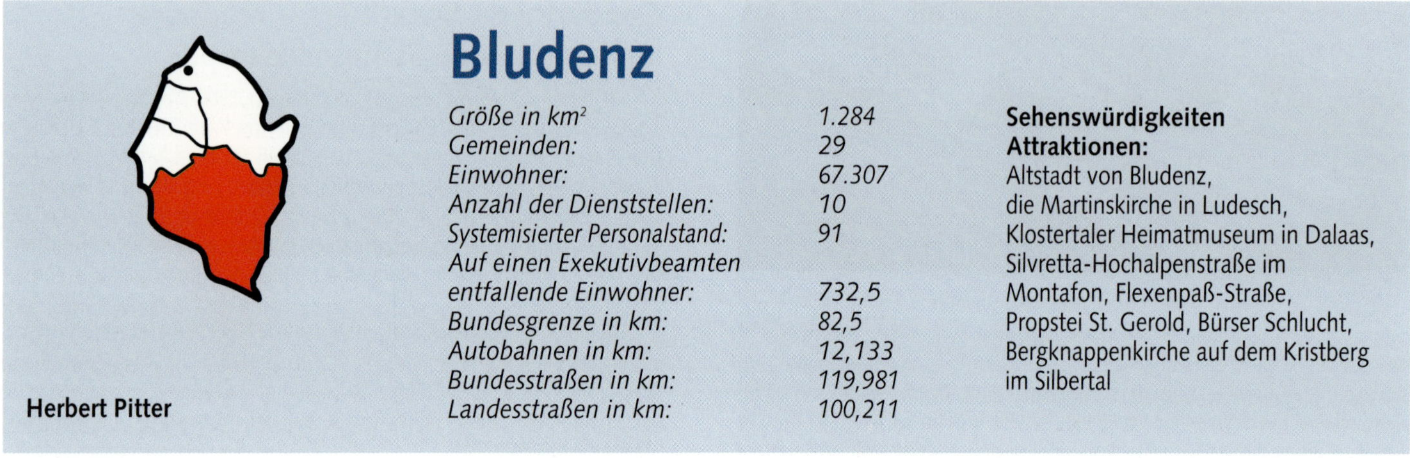

Bludenz

Größe in km²	*1.284*	**Sehenswürdigkeiten**
Gemeinden:	*29*	**Attraktionen:**
Einwohner:	*67.307*	Altstadt von Bludenz,
Anzahl der Dienststellen:	*10*	die Martinskirche in Ludesch,
Systemisierter Personalstand:	*91*	Klostertaler Heimatmuseum in Dalaas,
Auf einen Exekutivbeamten		Silvretta-Hochalpenstraße im
entfallende Einwohner:	*732,5*	Montafon, Flexenpaß-Straße,
Bundesgrenze in km:	*82,5*	Propstei St. Gerold, Bürser Schlucht,
Autobahnen in km:	*12,133*	Bergknappenkirche auf dem Kristberg
Bundesstraßen in km:	*119,981*	im Silbertal
Landesstraßen in km:	*100,211*	

Herbert Pitter

Topographische Lage

Der Bezirk Bludenz, eingeschlossen zwischen dem Verwall-, Silvretta- und Rhätikongebirge, zählt mit seinen weltbekannten Schigebieten am Arlberg und im Montafon zu den bedeutendsten Wintersportregionen Österreichs. Der größte Fluß des Bezirkes ist die Ill. Sie entspringt im Silvrettagebirge und mündet bei Feldkirch in den Rhein. Die Wasserkraft der Ill wird von den Vorarlberger Illwerken zur Stromgewinnung genützt und in zahlreiche Länder Europas exportiert. Die Nutzung der Wasserkraft und der Wirtschaftsfaktor Fremdenverkehr gelten als die wichtigsten Einnahmequellen des Bezirkes.

Altstadt von Bludenz mit der Pfarrkirche St. Laurentius.

Bild: Archiv Walter Vaplon

Bludenz als historisches Zentrum des Bezirkes

Die Bezirkshauptstadt Bludenz liegt inmitten eines 5-Täler-Sterns und bildet somit den Schnittpunkt des Montafon-, Brandner-, Kloster-, Großwalsertals und dem Walgau. Bludenz ist mit seinen ca. 14.000 Einwohnern Ausflugs-, Einkaufs- und Schulstadt zugleich. Im Mittelalter Sitz der Werdenberger Linie der Grafen von Montfort geriet die Stadt immer mehr in den Einflußbereich der Tiroler Habsburger. Dies bezeugt vor allem die Hilfe, die die Stadt Bludenz dem sich auf der Flucht befindlichen Tiroler Herzog Friedrich IV. mit der leeren Tasche zukommen ließ. Auf über vier Jahrhunderte lang kann Bludenz auf eine besonders enge Verbindung mit dem Habsburger Herrscherhaus verweisen: Von 1418 bis zu den Napoleonischen Kriegen des Jahres 1806 führten nämlich die Vögte der Habsburger in Bludenz ihre Amtsgeschäfte.

Der Zusammenbruch der Habsburgermonarchie erschütterte den Glauben vieler Vorarlberger an einen österreichischen Kleinstaat. So ließ die Nähe zu der wirtschaftlich stabilen Schweiz die Bludenzer im Jahr 1918 mit einer Mehrheit von 80% für einen Anschluß an die Schweiz stimmen. Doch mußten sich die Einwohner der Gesamtmehrheit der für Österreich votierenden Gruppen in Vorarlberg beugen. In der Zweiten Republik verstummten jedoch die Stimmen für eine Zugehörigkeit zur Schweiz immer mehr.

Nach Jahrzehnten wirtschaftlichen Aufschwungs nach dem Krieg sind die Einwohner des Bezirkes nun offen für ein geeintes Europa. Neben einer selbstbewußten Wirtschaft kann der Bezirk eine wunderschöne Natur und mit der Stadt Bludenz eine Altstadt aufweisen, die sich vor allem Dank der Fußgängerzone als ein beliebtes Zentrum der Bevölkerung etablieren konnte.

Der 5-Täler-Stern

Die fünf Täler des Bezirks Bludenz waren ursprünglich von Rätoromanen besiedelt. Der karge Boden und die hochalpine Höhenlage zwangen immer wieder die einheimischen Männer – und oftmals auch Kinder – in die Westschweiz, nach Frankreich oder Deutschland zu ziehen, um dort für ihre Familien den notwendigen Unterhalt zu verdienen. Erst das ausgehende 19. Jahrhundert brachte mit der verkehrstechnischen Erschließung die Ansiedelung von Industrie und somit der Bevölkerung Arbeitsplätze. Das Aufkommen des Tourismus im Laufe des 20. Jahrhunderts brachte weiterhin Beschäftigung und einen allgemeinen Wohlstand. Während in den 20er Jahren in Montafon der Schriftsteller Ernest Hemingway sich noch mit einem bescheidenem Komfort zufriedengeben mußte, so wird nun in allen Tälern höchster Fremdenverkehrsstandard angeboten. Besonders Zürs und Lech gehören zu den mondänsten Schigebieten der Welt.

Verkehrstechnische Erschließungen

Für den Bezirk Bludenz war insbesonders die verkehrstechnische Erschließung von größter Bedeutung. Nach vierjähriger Bauzeit wurden am 21. September 1884 die Arlbergbahnstrecke von Bludenz nach Landeck und der Arlbergbahntunnel in Anwesenheit von Kaiser Franz Joseph I. eröffnet. Am 1. April 1905 wurde mit dem Bau der Montafonerbahn begonnen und am 8. Dezember 1905 dem Verkehr übergeben. Sie war die erste Privatbahn in der Donaumonarchie mit einer Normalspur, die von Beginn an elektrisch betrieben wurde.

Als Mitte der 20er Jahre die Illwerke mit dem Bau ihrer Stauseen und Kraftwerke begannen, wurden die ersten Standseilbahnen und auch die Silvretta Hochalpenstraße erbaut. Am 1. Dezember 1978 wurde nach 54 Monaten Bauzeit der 13.972 km lange Arlbergstraßentunnel feierlich dem Verkehr übergeben. Damit trat eine erhebliche Verkehrsentlastung über den Arlberg ein, der im Winter immer wieder wegen Lawinengefahr gesperrt werden mußte.

Die Gendarmerie im Bezirk Bludenz

Am 18. Juli 1850 wurde der Stadtverwaltung von Bludenz von der Regierung in Wien mitgeteilt, daß innerhalb von zwei Tagen in der Stadt eine Gendarmeriestation den Dienstbetrieb aufnehmen wird. Die Postenmannschaft, die sich daraufhin in der Stadt einfand, um ihren Dienst aufzunehmen, bestand vorerst aus einer Korporalschaft, die sich wiederum aus einem Wachtmeister als Postenkommandanten, einem Titularkorporal, drei Gendarmen für den Patrouillendienst zu Fuß und zwei Gendarmen zu Pferd zusammensetzte. Die Gendarmeriestation Bludenz wurde auch als Sektionskommandostation und zugleich als die vorgesetzte Dienststelle der Gendarmerieposten von Schruns, Klösterle und Nenzing eingerichtet.

Gegenwärtig besteht das Bezirksgendarmeriekommando aus neun Gendarmeriedienststellen, nämlich Bludenz, Brand, Gaschurn, Klösterle, Lech, Nenzing, Sonntag, Schruns und Thüringen. Während der Wintersaison kommen noch Dienststellen in Lech am Arlberg und Zürs hinzu. Der Personalstand mit Stand vom 1. April 1997 weist 91 (systemisiert) bzw. 96 (tatsächlich) Beamte auf. Der systemisierte Personalstand besteht aus einem leitenden, 36 dienstführenden und 54 eingeteilten Beamten.

Bezirksleitzentrale Bludenz

Das Bezirksgendarmeriekommando und der Gendarmerieposten Bludenz sind seit 1961 in Bludenz, Sparkassenplatz 2, untergebracht.

Der Gendarmerieposten Bludenz ist personalmäßig die größte Dienststelle, Bezirksleitzentrale und gleichzeitig die einzige an welcher weibliche Gendarmeriebeamte Dienst versehen. Von hier aus werden die täglichen Verkehrsstreifen geleitet, von hier wird auch die kriminalpolizeiliche Tatortgruppe, bestehend aus vier Beamten, auf Bezirksebene eingesetzt. Zwei Beamte sind besonders spezialisiert in Suchtgiftangelegenheiten. Sie erheben und bearbeiten diese Fälle für den ganzen Bezirk.

Die Bezirksleitzentrale ist rund um die Uhr besetzt und Zentrum aller einlaufenden Informationen. Eines der größten Ereignisse, das sie organisatorisch zu meistern hatten, war wohl das Zugsunglück von Braz am 11. August 1995. Infolge eines Murenabganges um 18.56 Uhr in Innerbraz stürzte der IC-Schnellzug 566 – von Wien kommend – samt der Masontobelbrücke in das Bachbett. Dabei kamen drei Menschen ums Leben, 17 wurden schwer verletzt.

An der Rettungsaktion waren 400 Helfer aus Österreich und der benachbarten Schweiz beteiligt. *Bild: BGK Bludenz*

Belastung durch Alpinunfälle

Besonders hervorzuheben ist der Alpindienst der Bludenzer Gendarmerie, der mit seinen derzeit 25 Mitarbeitern mit Bludenz denjenigen Bezirk Österreichs mit den meisten Alpin- und Schiunfällen (1998 waren 303 Alpinunfälle, ca. die Hälfte im Sommer) unter seiner Obhut hat. Während der Wintermonate ist immer ein Beamter der alpinen Einsatzgruppe in den verschiedenen Schigebieten im Dienst und unterstützt die zuständigen Gendarmerieposten bei Erhebungen von Schiunfällen. Danneben bearbeiten diese besonders geschulten Beamten Alpinunfälle jeder Art und sind auch für die Erhebung von Lawinenunfällen verantwortlich. Ständig versehen auch drei Gendarmeriebergführer als Flugretter Dienst bei der Flugeinsatzstelle Hohenems, wo sie auch die Tätigkeit als Notfallsanitäter ausüben.

Zahlreiche Tote als Opfer von Naturkatastrophen

Am 14. Juni 1910 trat der Hauptfluß im Bezirk Bludenz, die Ill, infolge starken Regenwetters und der Schneeschmelze, aus den Ufern und verursachte große Überschwemmungen. Im Raum Bludenz wurden sogar zwei Brücken weggeschwemmt. Dieses Hochwasser verursachte nicht nur im Bezirk Bludenz, sondern in ganz Vorarlberg große Schäden.

Doch auch der Winter wartete stets mit tödlichen Gefahren auf. So wurde der Bezirk Bludenz aufgrund seiner hochalpinen Lage immer wieder von verheerenden Lawinenabgängen heimgesucht. So war Langen am Arlberg am 22. Dezember 1952 der Schauplatz einer der furchtbarsten Lawinenkatastrophen in der Arlberg-Region. Dabei wurde ein mit 34 Wintersportlern besetzter Postautobus von einer Neuschneelawine erfaßt. Trotz der unverzüglich einsetzenden Rettungsmaßnahmen erforderte das Unglück 24 Tote, 4 Schwer- und 7 Leichtverletzte.

Auch zwei Jahre später ereigneten sich im Bludenzer Bezirk innerhalb kurzer Zeit mehrere Lawinenkatastrophen. Diese zählen zu den schwersten in der Geschichte Vorarlbergs. Zuerst wurden die Orte Fontanella, Partenen, Bartholomäberg und Schruns im Montafon heimgesucht und über 20 Menschen getötet. In Dalaas riß eine Lawine den größten Teil der Ortschaft weg und warf einen Teil des dort abgestellten Schnellzuges über den Berghang. Zehn Tote und zwei Schwerverletzte wurden geborgen. Die furchtbarste Katastrophe ereignete sich aber im Großen Walsertal, wo durch 29 Lawinenabgänge 162 Personen verschüttet wurden. 52 Menschen konnten sich selbst retten, 65 wurden tot, 32 verletzt und acht unverletzt geborgen. Der ganze Sachschaden belief sich auf ca. 50 Millionen Schilling.

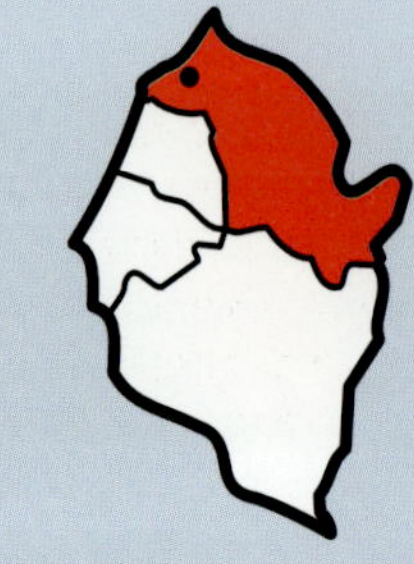

Bregenz

Thomas Peter
Herbert Rosinger

Größe in km²	*863,3*
Gemeinden:	*40*
Einwohner:	*118.369*
Anzahl der Dienststellen:	*17*
Systemisierter Personalstand:	*185*
Auf einen Exekutivbeamten entfallende Einwohner:	*650*
Bundesgrenze in km:	*124,9*
Autobahnen in km:	*15,711*
Bundesstraßen in km:	*123,934*
Landesstraßen in km:	*209,572*

Sehenswürdigkeiten Attraktionen:
Bregenzer Oberstadt mit Martinsturm, Pfarrkirche Herz-Jesu Bregenz, Bregenzerwälder Bauernhäuser und Vorsäße in Schönenbach, Naturschutzgebiet Rheindelta, typische Walserhäuser und Walsermuseum in Riezlern, Gallusstift Bregenz, Gebhardsberg Bregenz

Der Bezirk Bregenz – bunt wie das Leben!

Der Bezirk Bregenz wird mit der Landeshauptstadt Bregenz und dem Gebiet um den Bodensee, dem Kleinwalser- und Leiblachtal, dem Bregenzerwald, dem Tannberg und dem Rheintal von unterschiedlichen Landschaften und Bevölkerungsstrukturen geprägt. So unterschiedlich wie die Natur ist auch das Leben in diesem Bezirk. Sei es nun der Fischfang am Bodensee oder die Bregenzer Festspiele, die Entwicklung von High-Tech-Produkten oder die Pflege des heimatlichen Brauchtums, das Leben in den Ballungszentren oder unberührte Landschaften in den Naturschutzgebieten: Die Anziehungskraft des Bezirks Bregenz besteht aus ihrer Mannigfaltigkeit!

Die Landeshauptstadt Bregenz

Die Stadt Bregenz kann auf eine lange Geschichte zurückblicken. Bereits um 1.500 v. Chr. entstand hier die erste Ansiedlung.

Von den Römern zu einer wichtigen Verkehrs- und Militärstation am Lacus Brigantius – dem Bodensee – ausgebaut, zerstörten die einfallenden Alemannen die Stadt im Jahre 260 n. Chr. und machten das umliegende Gebiet zu ihrem Siedlungsgebiet. Anfangs des 7. Jahrhunderts christianisierten die beiden irischen Mönche Kolumban und Gallus das Gebiet und gründeten in Bregenz ein Kloster. Im Mittelalter ist die Stadt mit drei Herrschaftsgeschlechtern verbunden: Vom 9. bis in das 12. Jahrhundert war Bregenz Sitz der Udalrichinger, die sich Grafen von Bregenz nannten und in den Jahren 1077 bis 1097 die Burg Hohenbregenz errichteten. Ihnen folgten die Grafen von Montfort. Im ausgehenden Mittelalter erwarben die Habsburger die Stadt und errichteten dort im Jahre 1727 das Obervogteiamt für Vorarlberg. 1861 wurde Bregenz Sitz des Vorarlberger Landtags und 1921 Landeshauptstadt. Mit ihren 29.500 Einwohnern ist Bregenz die zweitgrößte Stadt Vorarlbergs. Neben ihrer Bedeutung als politisches Zentrum ist die Stadt zugleich Schulzentrum und mit ihrer Metall- und Textilindustrie – man denke nur an die bekannten Marken Wolford und Schöller-Wolle – ein wesentlicher Wirtschaftsstandort von Vorarlberg. Hinzu kommt die kulturelle Bedeutung, die die Stadt durch die Bregenzer Festspiele innehat.

Das Rhein-, Leiblachtal und das Bodenseegebiet

Mit 539 km² ist der Bodensee nach dem Platten- und Genfer See der drittgrößte See Mitteleuropas. Seine tiefste Stelle mißt 252 Meter, 484 Milliarden Hektoliter Wasser speichert der See. Der österreichische Anteil an dem 72 Kilometer langen und – an seiner breitesten Stelle – 15 Kilometer breiten See beträgt zehn Prozent. Der Bodensee begünstigt aufgrund seiner Funktion als Wärmespeicher das Klima der Region. Die Seegendarmerie überwacht die Einhaltung der Bodensee-Schiffahrtsordnung. Ein besonderer Tätigkeitsbereich dieser Beamten ist der Sturmwarn- und Rettungsdienst, da die Naturgewalten am Bodensee immer wieder hohe Risiken für Wassersportler und Fischer mit sich bringen.

Eng mit dem Bodensee und der Stadt Bregenz verbunden ist das Leiblachtal, das mit seiner Landwirtschaft, Industrie auf den Sektoren Textil, Sportartikel (Head) und Nahrungsmittel (Rupp Kaesle) und seinem Fremdenverkehr von wesentlicher Bedeutung ist.

Einen ebenso wichtigen Wirtschaftsraum stellt das Rheintal dar, welches von einem dichten Verkehrsnetz durchzogen ist. Neben der traditionellen Textilindustrie entwickelte sich hier ein Standort für die Eisen und Metallproduktion (z. B. Doppelmayr-Cableliner, Aufzüge, Seilbahnen und Schlepplifte, Bug-Alu-Technik), für Elektro und Sportartikel (Head), für die Bau- und Möbelproduktion sowie für die Getränkeerzeugung (z. B. Pfanner). Die Möglichkeiten eines idealen Transportwesens, wie zum Beispiel der Güterbahnhof von Wolfurt, sind wesentliche Faktoren für die Attraktivität dieses Wirtschaftsstandorts.

Aber auch das Rheindelta bildet mit seinen Obstanlagen und mit seiner Industrie (z. B. Beschlägefirmen Blum und Grass, Bootswerften Hartmann) und seinem Fremdenverkehr am Bodensee einen positiven Faktor. Aufgrund der Vielzahl der Vorarlberger Grenzgänger in die Schweiz ist der Grenzort Höchst täglich von einer Verkehrslawine betroffen, die kaum mehr zu bewältigen ist. Gerade hier hat die Exekutive einen erhöhten Verkehrsdienst zu leisten, der mit dem Hinzu-

Seebühne der Bregenzer Festspiele, »Porgy and Bess«, 1997.
Bild: Vorarlberger Tourismusverband

kommen der Auflagen des Schengener Abkommens verstärkt wurde. Gerade das Schlepperwesen bereitet den Gendarmen zusätzliche Probleme.

Der Bregenzerwald, Tannberg und das Kleinwalsertal

Der Bregenzerwald ist die größte Talschaft Vorarlbergs. Der mannigfaltige geologische Aufbau, der eine Variation aus einer Molasselandschaft, Kreidekalk- und Flyschzone durchwoben von Triaskalken bietet, gibt dem Landstrich einen besonderen Reiz.

Typisch für die Landschaft sind die Bregenzerwälder-Häuser, die in ihrer Holzbauart den landwirtschaftlichen Charakter der Gegend unterstreichen. Neben der Landwirtschaft und Holzindustrie gewinnt der Fremdenverkehr auch hier immer mehr an Bedeutung. Auch das Tannberggebiet entwickelt sich immer mehr zu einer bedeutenden Fremdenverkehrsregion. Hier und im Kleinwalsertal siedelten sich die Walser an. Die Trachten der Walserinnen gelten als eine der ältesten noch getragenen Trachten des deutschsprachigen Raumes. Das Kleinwalsertal ist vom restlichen Vorarlberg durch hohe Bergzüge getrennt und mit dem Fahrzeug nur über deutsches Staatsgebiet zu erreichen. Seit 1891 ist das Kleinwalsertal ein sogenanntes Zollausschlußgebiet, in dem die deutsche Mark als Zahlungsmittel verwendet wird. Aufgrund dieser Lage, aber auch dank des Spiel-Casinos, gilt es für deutsche Urlauber als ein beliebtes Urlaubsgebiet.

Die Gendarmerie des Bezirks Bregenz

Am 20. Juli 1850 traf k. k. Leutnant von Pilat mit 1 Wachtmeister, 1 Korporal und 7 Gendarmen in Bregenz ein und begann an diesem historischen Tage die Diensttätigkeiten der Gendarmerie in Bregenz. Leutnant von Pilat bekleidete die Position eines Flügelkommandanten

Marokkanische Soldaten der französischen Besatzungsmacht 1946 in Bregenz.
Bild: Stadtarchiv Bregenz

des k. k. Gendarmerie Regiments Nr. 13, welches für Vorarlberg und Tirol zuständig war.

Das damals eingerichtete Bezirksgendarmeriekommando unterhielt auch die Agenden eines Gendarmeriepostens und war in Bregenz im Haus des Damm-Meisters Ignaz Steeger direkt beim Hafen untergebracht. Für die Einquartierung der Gendarmerie war zu diesem Zeitpunkt die jeweilige Stadtgemeinde verantwortlich. Das ursprüngliche Quartier beim Hafen entsprach jedoch bald nicht mehr den Erfordernissen. 1856 wurde das Haus der Witwe Susanna Braun bezogen, wo heute noch die Städtische Sicherheitswache untergebracht ist.

Durch die Umwandlung der Züge und Flügel in Abteilungskommanden im Jahre 1872 wurde der Bezirksposten Bregenz dem Gendarmerieabteilungskommando in Feldkirch unterstellt.

1899 waren dem Bezirksposten Bregenz folgende Gendarmerieposten unterstellt: Au, Bezau, Egg, Hard Hittisau, Hörbranz, Langen, Riezlern und Schwarzach.

Nach dem Ersten Weltkrieg 1918 erfolgte die Trennung von Bezirks- und Gendarmerieposten in Bregenz und im selben Jahr erhielt Vorarlberg seine Selbständigkeit und somit die Trennung von Tirol.

In den Wirren der Nachkriegszeit wurden zur Bekämpfung des Schmuggels zwischen Unterhochsteg und Hochkrumbach insgesamt 15 Gendarmerie-Expposituren errichtet.

1920 entstand in Bregenz ein Bahngendarmerie-Bezirkskommando, das 1925 wieder aufgelassen wurde. 1938 erfolgte die Eingliederung ins Deutsche Reich und nach dem Zweiten Weltkrieg gestaltete sich der Wiederaufbau unter der französischen Besatzungsmacht äußerst schwierig.

1957 wurde das Bezirksgendarmeriekommando Bregenz wieder einem Gendarmerieabteilungskommando Bregenz unterstellt. Letzteres wurde 1993 endgültig aufgelöst.

Gendarmerie in Bregenz – vielfältiger Aufgabenbereich

Seit 1993 wird das BGK Bregenz von leitenden Beamten geführt und umfaßt folgende Postenstruktur: Alberschwende, Au, Bezau, Bregenz, Egg, Hard, Hittisau, Höchst, Hörbranz, Kleinwalsertal, Langen, Lauterach, Lochau, Warth, Wolfurt, Vorkloster sowie der ASt Hard/Seedienst.

Untergebracht ist das Bezirksgendarmeriekommando Bregenz heute im neu erbauten Gebäude des Landesgendarmeriekommandos in der Bahnhofstraße in Bregenz, in welchem sich auch der Bezirksposten mit der Bezirksleitzentrale befindet.

Zum Rayon Bregenz gehört auch die Überwachung des österreichischen Teiles des Bodensees. Dazu ist eine Außenstelle (ASt.Hard/Seedienst) mit einer Fixbesetzung von vier Beamten eingerichtet. Im 3-Jahres-Modus muß eine Internationale Seenotübung abgehalten werden, an welcher die gesamten Seepolizeidienststellen der Anrainerstaaten teilnehmen.

Eine weitere Besonderheit ist die im Dreiländereck zur BRD und Schweiz vermehrte Milieutätigkeit von Dirnen und Zuhältern. Zur konzentrierten Bekämpfung ist beim Gendarmerieposten Vorkloster eine eigene Gruppe von Beamten installiert, welche durch ihre Präsenz die Bekämpfung und damit verbunden eine gewisse Abwanderung der Rotlichttätigkeit bewirkt.

Der Sitz der Landesregierung in Bregenz, die Sonderbewachung des Türkischen Konsulates sowie dessen Domizil und die alljährlich stattfindenden Festspiele auf der Seebühne erfordern zusätzliche Aufgaben der Gendarmerie in der Landeshauptstadt.

Die geographische Lage des Kleinen Walsertales in Vorarlberg bedingt für den Bezirkskommandobereich eine wohl einzigartige Besonderheit: der Gendarmerieposten Kleinwalsertal ist die einzige Dienststelle Österreichs, die nur über ausländisches (deutsches) Staatsgebiet erreicht werden kann.

Dornbirn

Georg Pillei

Größe in km²	*172,36*	**Sehenswürdigkeiten Attraktionen:**
Gemeinden:	*3*	Dornbirn: »Rotes Haus«,
Einwohner:	*75.632*	»Karren« (Aussichtsberg)
Anzahl der Dienststellen:	*3*	Vlbg. Naturschau
Systemisierter Personalstand:	*95*	Rappenlochschlucht,
Auf einen Exekutivbeamten entfallende Einwohner:	*796*	Hohenems: gräflicher Palast,
Bundesgrenze in km:	*11,22*	Ruinen Alt- und Neu-Ems,
Autobahnen in km:	*11,08*	Judenviertel mit jüdischem Museum
Bundesstraßen in km:	*40,31*	
Landesstraßen in km:	*29,41*	

Bezirk Dornbirn – Ballungszentrum Vorarlbergs

Der Bezirk Dornbirn liegt im Herzen des Vorarlberger Rheintales. Er wird im Süden vom 2.004 Meter hohen Freschenstock und im Osten von der Firstkette und dem Bregenzerwald abgegrenzt. Die westliche Grenze bildet entlang des Rheins zugleich die Staatsgrenze zur Schweiz. Die Abgrenzung gegen den Bezirk Bregenz im Norden ist rein politischer Natur. Der Bezirk wird von den beiden Städten Dornbirn und Hohenems sowie von der Marktgemeinde Lustenau geprägt.

Dornbirn, Lustenau und Hohenems

Die Garten- und Messestadt Dornbirn ist die bevölkerungsreichste und flächenmäßig größte Stadtgemeinde Vorarlbergs. Zu der Gesamtfläche von 121 km² gehören auch 50 Bergsiedlungen und Einödhöfe. Der Stadtbereich umfaßt auch Wälder und alpine Flächen. Erstmals als »Torrinpirron« im 9. Jahrhundert erwähnt, entwickelte sich die Stadt unter den Grafen von Hohenems zu einem wirtschaftlichen Zentrum der Region. Jedoch brachte erst die Industrialisierung im 19. Jahrhundert mit der Ansiedelung der Textilindustrie einen wesentlichen Aufschwung. Zusätzlich entstanden Betriebe der metallverarbeitenden Industrie und Produktionsstätten verschiedenster anderer Branchen. Die ausgezeichnete Infrastruktur und nicht zuletzt die lebenswerte Umgebung machten Dornbirn zum größten Wirtschaftsstandort in Vorarlberg und zum Einkaufszentrum. Zwischen 1931 und 1945 verdoppelte sich die Einwohnerzahl der Stadt. Die Ausdehnung des Siedlungsgebietes hat sich sogar verdreifacht. Die Dornbirner Messe mit ihren über 500 Ausstellern stellt den bedeutendsten Wirtschaftsbarometer Westösterreichs. Ebenso gewannen die Gastronomie sowie der Geschäfts- und Veranstaltungstourismus in den vergangenen Jahren mehr und mehr an Bedeutung.

Auch Lustenau besitzt noch einen ländlichen Charme. Das Fehlen eines städtischen Charakters hat dem Ort die Bezeichnung eines grünen »Großdorfes« eingetragen. Mit seinen 20.000 Einwohnern stellt Lustenau das Zentrum der Stickereiindustrie. Mit seinen gegenwärtig in der Gemeinde ansässigen 223 Stickereibetrieben mit insgesamt 540 Maschinen deckt Lustenau 54% des gesamten Stickmaschinenbestandes Vorarlbergs.

Der wirtschaftliche Standort in Lustenau kann jedoch nur durch den qualitativen Ausbau des Verkehrsnetzes gewährleistet werden. Seit dem Ende des 18. Jahrhunderts war man stets bemüht, die Verkehrsverhältnisse, besonders durch den Ausbau der Straßenverbindung Fußach–Lustenau–Hohenems–Feldkirch, den Bau von vier Straßenbrücken über den Rhein (1867–1879, bis dahin Fährbetrieb) sowie die Eisenbahnverbindung Bregenz–Lustenau–St. Margarethen/CH (1872) zu verbessern. Hinzu kommt die von 1902 bis 1939 geführte Straßenbahnverbindung zwischen Dornbirn und Lustenau.

Der Aufstieg der Stadt Hohenems ist eng verbunden mit dem Aufstieg und Ruhm der Herren von Ems, die im Mittelalter über lange Zeit das bedeutendste einheimische Adelsgeschlecht Vorarlbergs stellten. Von ihrer Macht zeugt noch das Renaissance-Schloß Hohenems, wo heute jährlich die von Kammersänger Hermann Prey ins Leben gerufene Schubertiade stattfindet. Aber auch die im Schloß befindliche Bibliotheca Emsiana birgt wertvolle Schätze – so wurden hier im 18. Jahrhundert zwei bedeutende Handschriften des Nibelungenliedes entdeckt.

Die Wirtschaft Hohenems stützt sich auf Textilindustrie, ein Galvano- und Besteckwerk, Bierbrauereien, eine Schuhfabrik sowie die Schifirma Kästle. Die Industrie förderte nach dem Zweiten Weltkrieg den Bevölkerungszuwachs so sehr, so daß sich auch hier die Einwohnerzahl verdoppelte.

Das »Rote Haus«, Wahrzeichen von Dornbirn. *Bild: BGK Dornbirn*

Die besondere Geschichte der Juden in Hohenems

Im Jahre 1617 gestattete Graf Kaspar nach Ausstellung eines Schutzbriefes zehn jüdischen Familien die Ansiedelung in Hohenems. Die Zahl der Juden stieg bis Mitte des vorigen Jahrhunderts bis auf 546 Personen, was mehr als 12% der Bevölkerung ausmachte. Dies hatte zur Folge, daß gleichzeitig zwei Bürgermeister amtierten, ein christlicher und ein jüdischer. Gegenteilige Meinungen zum öffentlichen Steueraufkommen führten schließlich zu einer Entscheidung des Verwaltungsgerichtshofes, in der der israelitischen Gemeinde der politische

Status aberkannt wurde. Stetige Auswanderung und schließlich der Nationalsozialismus bereiteten der jüdischen Gemeinde ein Ende. Heutzutage sind nur mehr die Judenschule und der unter Denkmalschutz gestellte jüdische Friedhof übrig geblieben. In der Villa Heimann-Rosenthal wurde ein jüdisches Museum eingerichtet.

Ausflugsziel Rappenlochschlucht in Dornbirn. *Bild: BGK Dornbirn*

Die Entwicklung der Gendarmerie im Bezirk Dornbirn

Am 25. Juli 1850 bezogen unter dem Kommando eines Korporals fünf Gendarmen ihre von der k. k. Bezirkshauptmannschaft Feldkirch neu zugeteilte Dienststelle in einer Dornbirner Kaserne, in der zugleich auch noch das städtische Armenhaus und das Spital untergebracht waren. Zur selben Zeit wurde auch in Hohenems ein Gendarmerieposten eingerichtet. Bis zur Eröffnung des Gendarmeriepostens Lustenau dauerte es noch bis zum 1. August 1896.

Mit Verordnung der Vorarlberger Landesregierung vom 31. Oktober 1968 wurden die Gemeinden Dornbirn, Hohenems und Lustenau aus dem Bezirk Feldkirch ausgegliedert und im neuen politischen Bezirk Dornbirn zusammengefaßt. Zum Bezirksgendarmeriekommando Dornbirn, das dem Gendarmerieabteilungskommando Bregenz unterstellt war, gehörten die Gendarmerieposten Dornbirn, Hohenems und Lustenau sowie die bis 1991 existierenden Gendarmerie-Verkehrsposten. Letztere wurden 1991 aufgelöst und die Beamten zur Verkehrsabteilung versetzt. Zwischen 1973 und 1996 bestand auch noch die Außenstelle Flugfeld des Gendarmeriepostens Hohenems, die mit zwei Beamten besetzt war. Sie hatten neben sicherheitspolizeilichen Agenden auch zollrechtliche Maßnahmen zu setzen und die Grenzkontrolle durchzuführen.

Das Inkrafttreten der Strukturreform am 1. Mai 1993 brachte die letzte große Wende in der Organisation. Das bis dahin übergeordnete Gendarmerieabteilungskommando Bregenz wurde aufgelöst und ein leitender Beamter als Kommandant des Bezirksgendarmeriekommandos eingeteilt.

Die Männerbastion Gendarmerie fiel am 1. Dezember 1993, als drei Beamtinnen am Gendarmerieposten Dornbirn ihren Dienst antraten. Mittlerweile sind 12 Frauen im Bezirk Dornbirn auf die verschiedenen Gendarmeriedienststellen eingeteilt.

Seit 1. Juni 1995 sind im Rahmen des Kriminaldienstes beim Bezirksgendarmeriekommando vier Bezirksspurensicherer (davon eine Beamtin) im Einsatz. Unter der Leitung des Kriminalreferenten obliegt ihnen vor allem die Spurensicherung und -bearbeitung nach Eigentumsdelikten, schweren Fahrlässigkeitsdelikten (z. B. tödliche Verkehrsunfälle) sowie die Unterstützung der Ermittlungsbeamten der Gendarmerieposten.

Alljährlich eine Herausforderung für die Sicherheitskräfte des Bezirkes bedeuten die Frühjahrs- und Herbstmesse in Dornbirn. Für die sicherheitspolizeiliche Überwachung dieser Großveranstaltungen werden eigens Außenstellen des Gendarmeriepostens Dornbirn mit acht bzw. 16 Beamten errichtet. Bei beiden Messen werden jährlich ca. 250.000 Besucher gezählt.

Die Städte Dornbirn und Hohenems sowie die Marktgemeinde Lustenau verfügen über eigene Sicherheitswachen, so daß neben der Gendarmerie zusätzlich noch ca. 40 Polizisten im Bereich Dornbirn Dienst versehen.

Besondere Vorfälle

Am 7. Mai 1971 bemerkte ein Steinbrucharbeiter in Hohenems abbröckelndes Gestein oberhalb einer Schutthalde. Sofort wurde die Evakuierung der Siedlung am Fuße des Berges veranlaßt. Kurz darauf stürzten ca. 400.000 m³ Gestein teilweise bis unmittelbar vor die Häuser. Es gab glücklicherweise keine Verletzten.

Ein aufsehenerregender Mord ereignete sich am 13. Februar 1982 in Lustenau, als der 20jährige Harald S. in das Wohnhaus seiner Nachbarin Hannelore A. einbrach und die Frau mit einem Gürtel erwürgte. Anschließend brachte er die Leiche der Frau im Kofferraum ihres Pkw ins Rheinvorland. Dort legte er die Leiche in eine ausgehobene Grube, übergoß sie mit Benzin und setzte sie in Brand. Im Zuge einer Befragung verstrickte sich S. mehr und mehr in Widersprüche und gestand schließlich den Mord.

Am 7. Juni 1995 startete eine mit 24 Fallschirmspringern und zwei Piloten besetzte Transportmaschine vom Flugplatz Hohenems. Kurz nach dem Abheben stürzte die Maschine vermutlich aufgrund eines technischen Defektes nach ca. einem Kilometer nördlich des Flugplatzes aus einer Höhe von etwa 20 Meter ab. Daß es »nur« zwei Schwer- und zwei Leichtverletzte gab, grenzt nach Angaben von Experten an ein Wunder.

Leider mußten im Bezirk Dornbirn auch zwei Beamte im Zuge ihrer Dienstausübung ihr Leben lassen: Am 7. August 1975 wurde RevInsp Harald Wehinger vom Gendarmerieposten Dornbirn auf den 34 Jahre alten Engelbert Sch. aufmerksam. Als er den Mann einer Kontrolle unterziehen wollte, zog Sch. eine Pistole und feuerte zwei Schüsse auf den Beamten ab. RevInsp Wehinger wurde durch einen Bauchschuß so schwer verletzt, so daß er am 9. September 1975 verstarb.

Am 11. März 1979 wurde RevInsp Norbert Devenzo bei der versuchten Anhaltung eines alkoholisierten Pkw-Lenkers angefahren und so schwer verletzt, daß er noch an der Unfallstelle verstarb.

Feldkirch/Vorarlberg

Reinfried Ender

Größe in km²	*278*	**Sehenswürdigkeiten Attraktionen:**
Gemeinden:	*24*	Schattenburg Feldkirch (mit Museum),
Einwohner:	*94.574*	Katzenturm, Basilika Rankweil,
Anzahl der Dienststellen:	*8*	Gletschermühle Göfis,
Systemisierter Personalstand:	*110*	Naturschutzgebiet Matelsch,
Auf einen Exekutivbeamten entfallende Einwohner:	*859*	Illspitz
Bundesgrenze in km:	*37,4*	
Autobahnen in km:	*24,5*	
Bundesstraßen in km:	*25*	
Landesstraßen in km:	*156,5*	

Der Bezirk Feldkirch ist nach den Einwohnerzahlen der zweitgrößte Bezirk Vorarlbergs, zählt flächenmäßig mit 278 qkm allerdings eher zu den kleinen Bezirken des Landes. Beherrschend für den gesamten Bereich des Bezirkes sind zwei Flüsse: Der Rhein mit dem flachen, im Schnitt etwa 13 km breiten Rheintal, der gleichzeitig die Grenze zwischen Österreich und der Schweiz bildet und die Ill mit dem nordwestlichen Teil des Walgaus. Die Seehöhen der in diesen Tälern liegenden Gemeinden schwanken zwischen 412 und 490 m. Der Bezirk Feldkirch umfaßt 24 Gemeinden, größere Orte sind neben der Bezirksstadt Feldkirch die Marktgemeinden Rankweil und Götzis mit je über 10.000 Einwohnern sowie die Marktgemeinde Frastanz mit über 6.000 und die Gemeinde Altach mit über 5.000 Einwohnern.

Bis 31. Dezember 1929 umfaßte der Bezirk Feldkirch neben dem jetzigen Bereich das gesamte Gebiet des heutigen Bezirkes Dornbirn (dieser wurde erst am 1. Jänner 1969 neu geschaffen) sowie den Bereich der drei Rheindeltagemeinden Höchst, Fußach und Gaißau, die ab 1. Jänner 1930 dem Bezirk Bregenz zugeschlagen wurden.

Bezirk mit alter Geschichte

Funde am »Kadel« im Gemeindegebiet von Koblach weisen darauf hin, daß sich die älteste Siedlung Vorarlbergs im Bezirk Feldkirch befand (mittlere Steinzeit).

Die Ur- und Frühgeschichte Feldkirchs reicht von etwa 1800 v. Chr. bis ins 4. nachchristliche Jahrhundert. Die verhältnismäßig reichhaltigen Funde sind eng mit der verkehrsgeographisch günstigen Lage dieses Gebietes und der frühen Besiedlung verbunden. Die Eroberung der von den Rätern bewohnten Gegend durch die Römer fand ihren Niederschlag in der römischen Straßenstation »Clunia« im heutigen Stadtteil Feldkirch-Altenstadt.

Unter dem Schutz der wehrhaften Schattenburg und auf Grund der günstigen Verkehrslage entwickelte sich Feldkirch sehr gut und wird unter dem Grafen Hugo I. von Montfort im Jahre 1218 erstmals Stadt genannt.

Der Name Feldkirch ist aber viel älter. In einer Urkunde um 909 erscheint Feldkirch als karolingischer Königshof mit dem Namen »Veldkirchia«. Im Laufe der Zeit erlebte Feldkirch manchen Sturm. Streitigkeiten in der Verwandtschaft der Montforter verursachten 1270 und 1286 Belagerungen und ständige Teilungen der montfortischen Besitzungen. Nach dem Tode des letzten Grafen von Feldkirch, Rudolf IV. von Montfort im Jahre 1390, kam die Herrschaft durch Kaufvertrag an Österreich. In den Kämpfen der Habsburger gegen die Schweizer hatte Feldkirch schwere Opfer zu bringen. Von 1416 – 1436 geriet die Herrschaft Feldkirch als Vogtei vorübergehend in die Hände der Schweizer Grafen von Toggenburg. Weitere Belagerungen gab es im sogenannten Schwabenkrieg (1499). Ebenso hatte die Stadt während der Napoleonischen Kriege viel Leid zu ertragen und wurde als Folge der Franzosenkriege für etliche Jahre der bayerischen Herrschaft unterstellt.

Schattenburg; erbaut im 12./13. Jahrhundert. Sie ist die besterhaltene Burg des Landes, mit großartigen Innenräumen, Bergfried, Palas, Barbakane und Rondelle aus dem 16. Jahrhundert, Freskenreste aus dem 15. Jahrhundert und beheimatet ein Heimatmuseum. Bild: BGK Feldkirch

Feldkirch – mittelalterliches »Studierstädtle«

Feldkirch ist eine Stadt mit mittelalterlichem Baucharakter, ihr Kern blieb seit dem Mittelalter nahezu unverändert. Die Stadt liegt am westlichsten Punkt Vorarlbergs und ist Österreichs Tor im Westen. Ihr Ausdehnungsgebiet reicht bis zum jungen Rhein, sie liegt auf einer Seehöhe von 458 m, hat etwas über 29.000

Einwohner und ist nach Einwohnern hinter Dornbirn die zweitgrößte Stadt Vorarlbergs. Feldkirch ist Bezirksstadt des gleichnamigen Bezirkes, Sitz des Bischofs der Diözese Vorarlberg und beherbergt zahlreiche Bundes- und Landesbehörden sowie Schulen. Feldkirch trägt nicht zu Unrecht den Beinamen »Studierstädtle«.

Die Stadt ist ein internationaler Eisenbahnknoten an der Strecke Paris–Wien. Sie ist auch ein bedeutender Straßenknoten an der West-Ost- und Nord-Südlinie (von den westlichen und nördlichen Nachbarstaaten nach Italien), sowie Ausgangspunkt zahlreicher Omnibuslinien in die Umgebung und nach dem Fürstentum Liechtenstein.

Die Bevölkerung des Bezirkes Feldkirch ist hauptsächlich in der Industrie, im verarbeitenden Gewerbe und in Dienstleistungsbetrieben tätig, der Fremdenverkehr spielt eine etwas untergeordnete Rolle (1997: 315.736 Gästenächtigungen).

Aus der Gendarmeriegeschichte

Aus der offenbar erst nachträglich erstellten Chronik des BGK Feldkirch läßt sich die Gründung des Bezirksgendarmeriekommandos Feldkirch nicht mehr genau festlegen. Es heißt lediglich:

»1849: Bei Errichtung der Landesgendarmerie in den Jahren 1849 bis 1850 wurden im Bezirke Feldkirch die Gendarmerieposten Feldkirch, Dornbirn, Höchst und etwas später auch Hohenems aufgestellt ...« (Anm.: Der Bezirk Feldkirch umfaßte damals das Gebiet des heutigen Bezirkes Feldkirch, des jetzigen Bezirkes Dornbirn sowie Teile des Bezirkes Bregenz und die Rheindeltagemeinden Höchst, Fußach und Gaißau.)

Im weiteren heißt es in der Chronik:

»Dem Posten Hohenems waren die Gemeinden Hohenems, Ebnit, Altach, Götzis, Mäder, Koblach, Klaus, Fraxern und Weiler als Überwachungsgebiet zugewiesen.«

Die Errichtung des Bezirksgendarmeriekommandos in Feldkirch dürfte 1870 erfolgt sein, da von diesem Zeitpunkt an Wachtmeister als Bezirkskommandanten verzeichnet sind.

Ab 8. November 1884 scheint die Chronik des BGKs Feldkirch laufend geführt worden zu sein. Unter anderem ist die Errichtung bzw. Auflassung von Gendarmerieposten vermerkt. Zum Beispiel wurde 1884 der Gendarmerieposten Höchst (1880 aufgelassen) neuerlich errichtet und sechs Jahre später 1890 der Gendarmerieposten Rankweil. Lustenau bekam 1896 wegen der regen Stickereiindustrie sowie dem im selben Jahr begonnenen Projekt des unteren Rheindurchstiches einen drei Mann starken Gendarmerieposten.

Zur Verhinderung des Ausfuhrschmuggels von Lebensmitteln nach Liechtenstein und der Schweiz wurden 1921 in Tisis, Nofels, Meiningen, Koblach, Mäder, Lustenau und Höchst Gendarmerieexposituren errichtet. Dem überhandnehmenden Devisenschmuggel begegnete man 1936 mit Exposituren in Lustenau und am Bahnhof Feldkirch.

Im Zuge der Umsiedelungsaktion der Südtiroler wurden 1940 auch ehemalige Carabineri nach entsprechender Umschulung in den Gendarmerie-Einzeldienst eingeteilt. Im Landkreis Feldkirch wurden acht Beamte in den Dienst gestellt.

1941 übernahm die Schutzpolizeiabteilung Feldkirch den gesamten Sicherheitsdienst im Stadtgebiet Feldkirch sowie in den anliegenden Gemeinden Tisis, Tosters und Nofels. Nach dem Zweiten Weltkrieg wurden die Überwachungsrayone wie vor 1941 hergestellt.

Das Bezirksgendarmeriekommando Feldkirch ist seit 30. Mai 1970 in seiner derzeitigen Unterkunft im Areal der Schulungsabteilung in Feldkirch-Gisingen, Hämmerlestraße 4, untergebracht.

Aus der Chronik

»Am 11. September 1888 um 2 h nachm. stieg der Rhein infolge lang andauernden Regenwetters besonders in Graubünden/Schweiz derart, daß derselbe bei Mäder den Schutzdamm durchbrach und die Rheingemeinden Mäder, Altach, Hohenems-Bauern, Lustenau, Höchst, Fußach und Gaißau überschwemmte. Dieses Gebiet stand durch 8 Tage cirka 2 Meter tief im Wasser, wodurch die Feldfrucht gänzlich vernichtet wurde. Auch sonst hatte die Überschwemmung einen unschätzbaren Schaden angerichtet. Der Verkehr in den Gemeinde und zwischen denselben mußte mit Flößen und Booten aufrecht erhalten werden, um die Bevölkerung mit den allernotwendigsten Lebensmitteln zu versorgen.

Bei Hohenems kamen bei der Überschwemmung zwei diensttuhende Finanzer namens Martin Pideler und Josef Nigsch sowie der Plünderer Johann Fühsle(?) ums Leben ...«

Am 1. Sept. 1890 durchbrach der Rhein bei Altach und Hohenems abermals den Schutzdamm und überschwemmte die Gemeinden Mäder, Altach, Hohenems-Bauern und zum Teil auch Lustenau. Menschen kamen dabei nicht ums Leben.

»Am 16. Jänner 1906 nachts drang eine 22köpfige Zigeunerbande von der Schweiz bei Gaißau auf diesseitiges Gebiet. Derselben gelang es, bis Nofels (Anm: heute in die Stadt Feldkirch eingemeindet) zu kommen, wo sie von der Gendarmerie angehalten und wieder nach Gaißau zurücktransportiert wurde, um sie auf Schweizer Gebiet zu bringen, was jedoch anfangs durch die Wachsamkeit der Landjäger (Anm.: = früherer Name der Schweizer Land- bzw. Grenzpolizei) nicht gelang. Zuerst war die Zigeunerbande in Gaißau und später in Höchst interniert. Zur Überwachung derselben war der Posten Höchst um 5 Gendarmen verstärkt. In der Nacht zum 18. April gelang es endlich die Zigeunerbande auf Schweizer Gebiet zu bringen. Die Landjäger machten darob lange Gesichter und versuchten auf alle möglichen Arten dieselben wieder nach Österreich zu schieben, was ihnen durch die Aufmerksamkeit der Gendarmerie mißlang ...«

Der Zusammenschluß der Gemeinden Feldkirch, Altenstadt, Tosters und Tisis zu einer Gemeinde Großfeldkirch ist am 1. Juni 1925 vermerkt.

1954 wurde Vorarlberg neuerlich von einem Hochwasser heimgesucht. Am 8. September 1985 versahen, anläßlich des Papstbesuches im Fürstentum Liechtenstein, Gendarmen aus Vorarlberg als Sicherheitsorgane des fürstlich-liechtensteinischen Sicherheitskorps Dienst im Fürstentum.

Am 15. November 1989 konnten 30 kg Uran in Feldkirch sichergestellt werden.

Hoher Sicherheitsstandard

Derzeit erfolgt die sicherheitsdienstliche Überwachung der 24 Gemeinden durch die acht Gendarmerieposten Feldkirch-Gisingen (Bezirksposten), Feldkirch-Stadt, Frastanz, Satteins, Rankweil, Sulz, Götzis und Altach, unterstützt durch 3 Gemeinde-Sicherheitswachen in Feldkirch, Rankweil und Götzis. Der Bezirk ist in zwei Sektorenbereiche eingeteilt, in denen jeweils zwei Sektorenstreifen Dienst versehen.

Die Aufklärung bei den Eigentumsdelikten lag im Jahre 1995 bei 71,8 %, 1996 bei 56,95 % und 1997 bei 69,2 %.

1998 wurden 516 Verbrechen und 3.255 Vergehen (davon 490 Anzeigen nach dem Suchtgiftgesetz) an das Gericht angezeigt. Die Aufklärungsquote lag bei 70,7 %. 5.329 Verwaltungsanzeigen ergingen an die Behörde.10.319 Organmandate mußten erlassen werden. Für die Behörde mußten 257 Personen vorgeführt und 231 Schubtransporte durchgeführt werden.

Bernhard Dengg · Ulrike Engelsberger · Fritz Hörmann

Dieser Beitrag dient dazu, dem Leser den Alltag der Gendarmerie vor Augen zu führen. Beginnend mit der Gründung der Gendarmerie in der Mitte des vorigen Jahrhunderts werden Einsätze und Engagement dieses Exekutivwachkörpers im Spiegel bedeutender Ereignisse österreichischer Zeitgeschichte – in einer Art »SynChronik« – wiedergegeben.
Die Auswahl der Beiträge zur österreichischen Geschichte wurde von Dr. Ulrike Engelsberger, Archivarin des Salzburger Landesarchives, zusammengestellt.
Die regionalen bzw. überregionalen Ereignisse wurden von den einzelnen Dienststellen nach ihrer subjektiven Perspektive ausgewählt. Dazu lieferten acht Landesgendarmeriekommanden, 840 Gendarmerieposten, 86 Bezirksgendarmeriekommanden, die legendäre »Cobra« und viele Grenzkontrollstellen bzw. Überwachungsposten wichtige Vorfälle über einen Zeitraum von mehr als 150 Jahren in Wort und Bild. Als Quellenmaterieal sind alte und neue Gendarmeriechroniken aber auch überlieferte Originalakten verwendet. Mag. Bernhard Dengg und Fritz Hörmann haben die eingegangenen Meldungen weiter bearbeitet und redigiert.
Natürlich kann und will die SynChronik keinen Anspruch auf Vollständigkeit erheben, vielmehr sollen dem Leser alle Facetten der Gendarmerieeinsätze vor Augen geführt und sie angeregt werden, sich selbst ein Bild über die Österreichische Bundesgendarmerie zu bilden.
Die SynChronik ist im Anhang mit einem alphabetischen Ortsregister und einem Fußnotenverzeichnis ausgestattet. Die Ursprungsnachweise der Fotodokumentationen sind direkt bei den Bildbeschreibungen vermerkt.

Die Jahre 1848/49 werden geprägt von der Bürgerrevolution in Wien und den nationalen Erhebungen in den Kronländern gegen die österreichische Herrschaft in den Provinzen des Vielvölkerstaates der Habsburgermonarchie.
Das absolutistische Regierungssystem Metternichs, das als staatslenkende Antwort auf das liberale Gedankengut der Französischen Revolution die Zersetzung der österreichischen Monarchie zu verhindern suchte, hatte sich überholt. Der Staat war gezeichnet von politischer Stagnation, strenger Zensur, dem Aufkommen nationaler Bewegungen sowie von wirtschaftlichen Krisen und Mißernten. In den bürgerlichen und intellektuellen Kreisen wurde daher der Ruf nach liberal-demokratischen Reformen laut: Gewährung bürgerlicher Freiheiten und Pressefreiheit, Abschaffung der Zensur und Einführung einer demokratischen Verfassung. Der angestaute Unmut der Bevölkerung brach im März in der kaiserlichen Residenzstadt Wien in einer Revolution aus, da die Petitionen an den Landtag ungehört geblieben waren. Als im Verlauf des Jahres 1848 sich die blutigen Ausschreitungen verschärften, wandte sich ein großer Teil der Bevölkerung wieder den konservativen Mächten zu. Der Weg zum Neoabsolutismus war wiederum geebnet.

1848

1./2. Jänner: Blutiger Aufstand in Mailand, Padua und Brescia national gesinnter Italiener gegen das österreichische Tabakmonopol-»Zigarettenrummel«.
3. März: »Taufrede der österreichischen Revolution« des ungarischen Oppositionsführers Lajos Kossuth vor dem Landtag in Preßburg, die anti-habsburgisch ausgerichtet ist und eine demokratische Verfassung fordert.
13. März: »Märzrevolution« in Wien. Rücktritt des Staatskanzlers Fürst Metternichs Flucht nach England.
14. März: Aufhebung der Zensur.
22. März: Bildung einer liberalen Regierung in Ungarn. Kapitulation des österreichischen Militärs beim Aufstand Lombardo-Venetiens. Ausrufung der provisorischen Republik Venedig. Generalfeldmarschall Radetzky kämpft um Mailand. Der König von Sardinien-Piemont stellt sich militärisch auf die Seite der Oberitaliener.

SynChronik

25. April: Verkündung der Pillersdorfschen Verfassung, die zentralistisch aufgebaut für alle österreichischen Länder mit Ausnahme von Ungarn und Lombardo-Venetien Geltung haben sollte.
15./16. Mai: Zweiter Aufstand in Wien. Die Nationalgarden, Studenten und Arbeiter erzwingen in der »Sturmpetition« die Zurücknahme der als zu wenig demokratisch angesehenen Verfassung und die Zusage eines »allgemeinen und gleichen« Wahlrechtes.
15. Mai: Erzherzog Johann von Österreich wird von Kaiser Ferdinand I. mit der Regierung in Wien betraut.
17. Mai: Flucht Kaiser Ferdinands I. mit seiner Familie nach Innsbruck.
18. Mai: Eröffnung der sich am 31. März konstituierten Deutschen Nationalversammlung in der Paulskirche in Frankfurt am Main. Österreich ist mit 115 von insgesamt 585 Abgeordneten vertreten. Die Verhandlungen über eine gesamtdeutsche Verfassung scheitern schließlich an der Frage der Aufnahme der beiden deutschen Großmächte Österreich und Preußen: groß- oder kleindeutsche Lösung.
26. Mai: Dritter Aufstand in Wien verhindert die Auflösung der Akademischen Legion.
2. Juni: Slawenkongreß in Prag, Forderung der Tschechen nach einem selbständigen Königreich. Der Verfassungsentwurf wird vom Kaiser abgelehnt.
12. – 17. Juni: Aufstand in Prag, Niederschlagung der tschechischen Nationalisten durch den Prager Statthalter und Feldmarschall Alfred Fürst Windisch-Grätz.
28. Juni: Bildung eines »ersten allgemeinen Arbeitervereines«.
22. Juli: Eröffnung des konstituierenden Reichstages in Wien. Das Nationalitätenproblem zeigt sich in der Unfähigkeit, den Streit bezüglich der Verhandlungssprache zu lösen.
25. Juli: Sieg Radetzkys bei Custozza über die Piemontesen, Wiedereinzug nach Mailand.
12. August: Kaiser Ferdinand I. kehrt von Innsbruck nach Wien zurück.
7. September: Reichstagsabschluß zur Grundentla-stung: Aufhebung der bäuerlichen Untertänigkeit.
6. Oktober: Oktoberrevolution in Wien; entfesselt von Soldaten, die sich weigern, gegen die revolutionären Ungarn mit Waffen vorzugehen. Ca. 2.000 Personen fallen dem Aufstand zum Opfer.
7. Oktober: Kaiser Ferdinand I. flieht nach Olmütz.
22. Oktober: Verlegung des österreichischen Reichstages nach Kremsier (heute: Kromeriz, Tschechien).
31. Oktober: Die kaiserlichen Truppen unter Fürst Alfred Windisch-Grätz erstürmen Wien und unterwerfen die Aufständischen.
2. Dezember: Abdankung von Kaiser Ferdinand I., Thronbesteigung Franz Josephs I. (1848–1916).
12. Dezember: Ungarn verweigert Kaiser Franz Joseph I. die Anerkennung als König von Ungarn. Fürst Windisch-Grätz marschiert gegen Budapest.

1849

7. März: Auflösung des Kremsierer Reichstages, um die Beschlußfassung des von ihm ausgearbeiteten föderalistischen Verfassungsentwurfes zu verhindern. Verkündung der von der Regierung oktroyierten zentralistischen Märzverfassung.
15. März: Beschluß des Gemeindegesetzes, das die Grundlage des heutigen Gemeindewesens bildet.
28. März: Frankfurter Nationalversammlung beschließt die Frankfurter Verfassung (kleindeutsche Lösung), Wahl Königs Friedrich Wilhelm IV. von Preußen zum Kaiser der Deutschen, der die deutsche Krone ablehnt.
März: Sieg Radetzkys bei Mortara und Novara.
14. April: Der Ungarische Landtag setzt in Debreczin das Haus Habsburg als Träger der ungarischen Krone ab.
5. Mai: Rückkehr Kaiser Franz Josephs I. von Kremsier nach Wien.
8. Juni: Schaffung der Gendarmerie.
14. Juni: Neue Gerichtsverfassung, Trennung von Justiz und Verwaltung.

ÖSTERREICH-CHRONIK

6. August: Friede von Mailand zwischen Österreich und Sardinien.
13. August: Kapitulation der Ungarn bei Vilàgos vor den russischen Verbündeten Österreichs. Mit der Einnahme der Feste Kormon im August endet ihr Widerstand. »Arader Blutgericht«.
24. August: Rückgabe Venedigs an Österreich.
30. Dezember: Kaiserliches Patent über die Landtagsverfassung und Landtagswahlordnungen für die Länder Niederösterreich, Oberösterreich, Salzburg, Tirol, Vorarlberg, Steiermark, Kärnten, Krain, Böhmen, Mähren und Schlesien.

1850

17. Jänner: Patent über eine neue Strafprozeßordnung. Einrichtung des Geschworenengerichtes für alle schweren Verbrechen.
28. Jänner: Gesetz über die Gerichtsstellen legt die gerichtlichen Instanzen und Kompetenzbereiche fest.
18. März: Sanktionierung des Gesetzes über die Errichtung von Handels- und Gewerbekammern.
20. März: Eröffnung des Parlamentes in Erfurt. Auf Vorschlag Preußens soll über die Errichtung der »Deutschen Union« (kleindeutsche Lösung unter der Führung Preußens) entschieden werden. Das Parlament in Erfurt wird auf österreichischem Protest hin vertagt und nicht mehr einberufen.
12. April: Triest wird zur »reichsunmittelbaren Stadt« erklärt.
26. April: Österreich lädt zur Sitzung des alten »Deutschen Bundes« nach Frankfurt am Main. Preußen lehnt ab und ruft für den 9. Mai zum Fürstenkongreß in Berlin. Die Debatte über die von Preußen vorgeschlagene Unionsverfassung scheitert am Widerstand Österreichs.
26. Juni: Zerschlagung der historischen Einheit des Königreichs Ungarn unter Einrichtung von neun Verwaltungsgebieten; Abtrennung Siebenbürgens, Kroatiens, Slawoniens und der Wojwodina.
7. August: Patent über die Organisation des Obersten Gerichts- und Cassationshofes.
1. September: Österreich wiedereröffnet den Deutschen Bundestag in Frankfurt am Main. Somit stehen sich in Deutschland zwei nicht anerkannte Bundesregierungen gegenüber: der Bundestag unter österreichischer Führung und das Fürstenkollegium unter preußischer Führung.
15. September: Preußen lenkt im Streit der beiden Großmächte um die Bundesregierung, der in kriegerische Auseinandersetzungen im Konflikt von Kurhessen ausgeartet war, ein und erklärt die »Deutsche Union« für aufgelöst.

GENDARMERIE-CHRONIK

1850

16. Juli · Salzburg: Über das Institut der »Gens d'armerie« berichtet die Salzburger Constitutionelle Zeitung in ihrer Ausgabe Nr. 165:

Das Institut der Gensd'armerie.

Salzburg, 16. Juli.

Im **XII.** Hefte des Reichsgesetzblattes Nr. 19 finden wir das organische Gesetz der Gensd'armerie.

Gleich im Eingange desselben ist die Bestimmung desselben, nämlich Aufrechthaltung der öffentlichen Sicherheit, Ruhe und Ordnung nach jeder Richtung hin, festgestellt.

Erst seit wenigen Wochen ist dieses Institut auch in unserem Kronlande in Wirksamkeit getreten.

Die Nachweisung, welche die gestrige „Salzburger Post" über die in diesem kurzen Zeitraume für die öffentliche Sicherheit gemachten Leistungen der Gensd'armerie mitgetheilt hat,*) ist der redendste Beweis von dem wohlthätigen Einflusse dieser Sicherheits-Anstalt, und muß jeden rechtlich und unbefangen Denkenden mit gerechtem Danke gegen dieses jugendliche Institut erfüllen.

Es ist uns nicht unbekannt, daß bis zu dieser Stunde noch an manchen Orten Vorurtheile gegen die Gensd'armerie obwalten; indessen hoffen wir, daß diese bald schwinden werden, und daß jeder ruhige Staatsbürger ein Institut achten werde, welches nur zum Schutze unserer Person, unserer Ehre und unseres Eigenthumes thätig ist.

Wir wissen Orte und Personen (und die sind nicht wenige), welche sich anfangs mit den Gensd'armen durchaus nicht befreunden wollten; seit sie aber die Erfahrung gemacht haben, daß der Gensd'arme müßiges Gesindel, unter dem nur zu oft außer den Vagabunden Diebe, Räuber und Mörder verborgen sind, nicht duldet, daß der Gensd'arme den Trunkenbold, den in die tiefe Nacht zechenden Dienstknecht nach Hause schafft, den Hazardspieler dem Gerichte ausliefert, den Officier so gut wie den Civilisten an seine Pflicht mahnt, haben sie sich mit dieser Sicherheitswache vollkommen ausgesöhnt. Raubanfälle, Einbrüche, Diebstähle werden seltener. Der Knecht, der Rauf-, Trunkenbold und Spieler haben nicht mehr volle Ungebundenheit, Geld, Gesundheit und häufig das Glück einer ganzen Familie zu ruiniren.

Mancher Besitzer oder Dienstgeber, manche Familienmutter segnet jetzt schon den Gensd'armen, der den Hausvater, den Dienstknecht, den Spieler, den Raufbold, wenigstens äußerlich gezwungen hat, auf eine Zeitlang seiner Leidenschaft zu entsagen.

Gewisse Schenkinhaber werden freilich und können mit dem Institute der Gensd'armerie nicht einverstanden sein, eben so wenig die **Chevaliers d'Industrie**, die Trunkenbolde, Nachtschwärmer und all' das die Sicherheit oder Nachtruhe störende Gesindel. Allein — wir können uns über die feindselige Stimmung dieser Leute nur freuen — je mehr sie über die pflichtmäßige Thätigkeit unserer Gensd'armerie schreien, desto mehr werden wir uns darüber freuen.

1851

1. August · Linz: Mit Erlaß der k. k. Statthalterei Linz (17. April 1851, Zl. 6975) werden das Offenhalten der Kaffee- und Gasthäuser und die Strafbestimmungen veröffentlicht. Dazu meint Ortschronist Johann Hörrer aus Werfen:
»... Die Einführung einer Polizeysperrstunde that wirklich noth; denn nicht die Bürger oder angesessenen Leute, sondern das Arbeitervolk und Dienstgesinde verweilen über die Gebühr in Gast- und Schanklokalitäten und vergeuden ihren Lohn und Verdienst...« Die Überwachung wird der Gendarmie übertragen.[2]
22. August · Wien: Der Kaiser erläßt ein Patent über die Auflösung der Nationalgarde im gesamten Staatsbereich. Er kam damit einen Wunsch der Bevölkerung entgegen, die mit dem seit 1848 stehenden Korps keine Freude hatte. Einige der Aufgaben werden der Gendarmerie übertragen.[1]
31. Dezember · Wien: »Sylvesterpatent« Kaiser Franz Joseph I., damit wird die absolute Monarchie wiedereingeführt. Die oktroyierte Verfassung vom 4. März 1849 wird aufgehoben (obwohl sie praktisch nicht in Kraft war), Pressefreiheit, öffentliche Gerichtsverfahren, Gemeindeverfassungen werden wieder abgeschafft.[3]

1852

25. April · Wien: Eine »Allerhöchste Entschließung« trennt die Polizeiverwaltung vom Innenministerium. In Wien wird die »Oberste Polizeibehörde« errichtet, der die Polizeidirektionen der Kronländer unterstellt sind. Zum Leiter dieser neuen Zentralstelle wird der Chef der Gendarmerie, Feldmarschall Kempen Freiherr v. Fichtenstamm, bestellt.[4]

1853

29. Juli · Wien: Mit der Rückkehr zum Absolutismus werden einige weitreichende Änderungen im Verwaltungs- und Gerichtsaufbau erlassen und umgesetzt. Die neue Strafprozeßordnung enthob die Bürgermeister von der Pflicht, sich mit staatsanwaltlichen Angelegenheiten der k. k. Bezirksgerichte zu befassen. Damit lag das Schwergewicht des Strafverfahrens wieder bei der geheimen Untersuchung;

ÖSTERREICH-CHRONIK

29. Nov.: Olmützer Punktation. Österreich setzt sich in der Frage des deutschen Staatenbundes durch. Preußen zieht sich militärisch aus der kurhessischen Angelegenheit zurück und sagt die Rückkehr zum Deutschen Bund zu.

1851

13. April: Einrichtung des »Reichsrates«, der als neues oberstes Beratungsorgan Kaiser Franz Josephs I. den Ministerrat von seiner politischen Verantwortlichkeit ausschließt. Zugleich wird damit die Aufhebung der Märzverfassung vorbereitet.

1852

28. September: Hierarchische Organisation der Staatsverwaltung: Statthaltereien, Bezirksämter, Kreisbehörden und Einrichtung von eigenen Gerichtsstellen in den Kronländern mit Ausnahme von Ungarn und der Lombardei.

1853

23. Oktober: Beginn des Krimkrieges der Westmächte im Bund mit der Türkei gegen die Expansionsinteressen Rußlands am Balkan und an den Dardanellen (1853 – 1856).

1854

24. April: Vermählung Kaiser Franz Josephs I. mit Prinzessin Elisabeth von Bayern.

20. August: Österreich besetzt die Donaufürstentümer Moldau und Walachei, beendigt die freundschaftlichen Verhältnisse zu Rußland und verbündet sich mit den Westmächten.

1855

18. August: Abschluß des Konkordats zwischen Österreich und dem Heiligen Stuhl in Wien. Kaiser Franz Joseph I. verzichtet auf seine staatliche Einflußnahme in kirchlichen Fragen und gesteht der Kirche ihre freie Verwaltung sowohl in geistlichen als auch in Vermögensangelegenheiten zu. Außerdem erhält die Kirche besondere Rechte in den Bereichen der Ehegerichtsbarkeit und des Schulwesens.

1856

30. März: Friede von Paris, Beendigung des Krimkrieges. Österreich muß aus den besetzten Donaufürstentümern abziehen. Rußland verliert den südlichen Teil Bessarabiens und die Donaumündung an das noch bis 1881 unter der türkischen Abhängikeit stehende Fürstentum Rumänien.

1857

20. Dezember: Kaiserliche Verfügung zur Stadterweiterung Wiens, Verbindung der Innenstadt mit den Außenbezirken; Schleifung der Stadtbefestigung, an deren Stelle die Ringstraße mit ihren Prachtbauten und Parkanlagen geschaffen wird.

GENDARMERIE-CHRONIK

mündlich und öffentlich war nur mehr die Schlußverhandlung.[5]

1854

17. Juli · Semmering/NÖ: Die Semmeringbahn wird eröffnet, sie entstand nach Plänen von Gegha und gilt als erste Gebirgseisenbahn Europas.[6] Während der Bautätigkeit, mit allen negativen Auswirkungen solcher Großbaustellen wo tausende Menschen arbeiteten, werden die Gendarmen entlang der Strecke besonders gefordert, um die Aufrechterhaltung der Ordnung und Sicherheit zu gewährleisten. *(Lesen Sie dazu, stellvertretend für alle Bahnbaustellen, Kurzberichte der Jahre 1873, 1904.)*

Neukirchen am Großvenediger/S: Als Alois Duregger den Samerhof parzellieren will, stößt er auf den Widerstand des Bürgermeisters von Neukirchen, weil der Samerhof derzeit als Gendarmerie-Kaserne genutzt wird.[7]

1855

31. Mai · St. Johann i. Pg./S: Ein Großbrand, ausgelöst durch spielende Kinder, vernichtet fast den ganzen Ort. 50 Wohnhäuser, 34 Ökonomiegebäude, 13 Pferdestallungen, 2 Futterstallungen, die Marktkirche und eine Kapelle werden zerstört. Schaden: 626.424 Gulden Reichswährung. Die Feststellung der Brandursache war ein »Meisterstück« der örtlichen Gendarmerie.[8]

Zeitgenössischer Druck zur Katastrophe. *Bild: SMCA*

8. Juli · Corcano/Italien: Bewohner der Dörfer Gerola, Pompiano und Meano – rund 100 Bauern, bewaffnet mit Sensen, Schaufeln und Stöcken – rotten sich gegen einen Schloßbesitzer zusammen, der das Wasser des Baches für seine Zwecke abgeleitet hat. Nachdem sie eine Schleuse zerstört haben, schreitet die

Zeitgenössischer Druck zur Demonstration. *Bild: Gendarmerie Almanach 1855*

Gendarmerie mit zwölf Mann ein. Die Ausschreitungen eskalieren, als die Bauern »... mit erhobenen Schaufeln und Sensen schreiend über die Gendarmen herfielen ...«. In Notwehr mußten die Gendarmen die Waffen einsetzen. Zwei Bauern werden getötet, zwei schwer verletzt. Zwei Gendarmen werden ebenfalls schwer verletzt.[9]

10. August · Sarengrad/Kroatien: Im Zuge einer Patrouille durch Weingärten halten die Gendarmen Ignaz Rack und Johann Hallmann drei bewaffnete Männer an, die jedoch sofort die Flucht ergreifen. Hallmann kann einen der Männer einholen, überwältigen und ihn durch die Weingärten zum nächsten Gehöft bringen, Ignaz Rack wird von einem der Männer erschossen. Später stellt sich heraus, daß es sich um Mitglieder einer Bande handelt, die seit Monaten die Gegend unsicher gemacht hatte.[10]

ÖSTERREICH-CHRONIK

1858

20. Juli: Im Geheimabkommen in Plombiere (Vogesen) sichert Kaiser Napoleon III. dem sardischen Minister Graf Cavour die Unterstützung bei den italienischen Einheitsbestrebungen zu, im Gegenzug wird ihm Nizza und Savoyen versprochen. Dieses Bündnis soll 1859 zum Auslöser für den italienischen Freiheitskrieg mit Österreich werden.

1859

4. Juni, 24. Juni: Österreich, das dem sardischen Königreich und Frankreich den Krieg erklärt hat, erleidet in den Schlachten von Magenta und Solferino vernichtende Niederlagen. Die Greuel dieser Gemetzel veranlaßt den Genfer Henri Dunant zur Gründung des Roten Kreuzes (1864).

10. November: Friede von Zürich: Österreich verliert die Lombardei an Frankreich, das dieses an Sardinien abgibt und dafür Nizza und Savoyen erhält. Weitere Folgen sind 1861 die Vereinigung Modenas, Toskanas, Parmas und das Gebiet des Kirchenstaates (ohne Rom) mit dem Königreich Sardinien. König Victor Emanuel II. von Sardinien nimmt den Titel »König von Italien« an.

1860

1. Jänner: Auflösung der Landesregierung Salzburg, das Kronland wird der Statthalterei Linz unterstellt.

17. Juni: Auflösung der Landesregierungen Kärnten und Krain, die beiden Herzogtümer werden der Statthalterei Graz und Triest unterstellt.

20. Oktober: Die neue Verfassung, »Oktoberdiplom« genannt, in ihren Ansätzen föderalistisch aufgebaut, soll sowohl die Selbständigkeit der Kronländer als auch die Einheit des Kaiserreiches garantieren. Für Ungarn ist die Verfassung wie sie vor 1848 verankert war, vorgesehen. Für gemeinsame Angelegenheiten der Kronländer ist der Reichstag zuständig, während die Belange der Länder den Landtagen übertragen werden. Die Durchführung dieser Verfassung hält dem Widerstand der Ungarn und der Deutschliberalen nicht stand.

1861

26. Februar: Erlaß der zentralistisch ausgerichteten Verfassung des »Februarpatentes«.

8. April: Das »Protestantenpatent« verfügt die freie Ausübung des protestantischen Glaubens und Gleichheit vor dem Gesetz.

1862

17. Dezember: Das Österreichische Handelsgesetzbuch wird eingeführt.

GENDARMERIE-CHRONIK

Zeitgenössische Illustration. Bild: Gendarmerie Almanach 1855

Brand in Unterthemenau, zeitgenössischer Druck. Bild: Gendarmerie Almanach 1855

12./13. August · Déva/Siebenbürgen: Durch wolkenbruchartige Regenfälle und einen Dammbruch tritt die Strell aus den Ufern. Die Mühle »Zur treuen Lieb« wird beidseitig vom Hochwasser eingeschlossen und droht einzustürzen. Durch eine waghalsige Aktion gelingt es den Gendarmen Anton Podkoviz und Carl Steinkowski fünf Menschen das Leben zu retten.[11]

23. August · Török – Koppany/Ungarn: Eine in dieser Gegend verrufene Csarda war immer wieder Treffpunkt dunkler Gestalten. Strafbare Handlungen waren an der Tagesordnung. Für eine Bande – die sich auf Raubzüge spezialisiert hatte und deren Kopf Mezö hieß – war das Gasthaus Ausgangspunkt ihrer Straftaten. Die Beute teilten sie mit den Wirtsleuten. Im Zuge einer Vorpaßhaltung wurde die Bande von Gendarmen nach einem Feuergefecht verhaftet. Der Kopf der Bande kam dabei ums Leben.[12]

Zeitgenössische Darstellung eines inhaftierten Verbrechers, der durch ungarische Gendarmerie abgeführt wird. Bild: ÖI/LW, Polizeimuseum Budapest

10. Oktober · Unterthemenau bei Lundenburg: 45 Häuser und 33 Scheunen werden in Unterthemenau eingeäschert. In einer tollkühnen Aktion kann Gendarm Hubaczek aus einem der brennenden Häuser eine Frau und ihr Kind retten. Es lag Brandstiftung durch ein 10jähriges geisteskrankes Kind vor.[13]

1856

Großglockner/S: Das Kaiserpaar begibt sich auf die nach ihnen benannte Franz-Josephs-Höhe am Großglockner. Ihre Begleitung und Überwachung übernehmen Gendarmen aus Zell am See.[14]

11. Jänner · Werfen/S: Streit um die Postenreinigung; Das Flügelkommando teilte der Gemeinde Werfen mit, daß für die Reinigung der Kaserne, Beheizen der Öfen und Beleuchtung der Gänge etc. mit dem monatlichen Gemeindezuschuß von 2 Gulden 55 1/2 Kreuzer nicht mehr das Auslangen gefunden werde. Die Gemeinde reagierte mit der Einstellung einer neuen Kraft, die mit diesem Betrag das Auslangen fand.[15]

19. Oktober · Hallstatt/OÖ: Großer Bahnhof in Hallstatt; Kaiser Franz Joseph I. besucht mit Kaiserin Elisabeth die urgeschichtlichen Ausgrabungen. In Gegenwart des Kaisers öffnet Bergmeister Johann Georg Ramsauer das Grab 342.[16] Für die Sicherheit des hohen Paares sorgt die Gendarmerie.

1857

Oberinntal/T: Rund 200 Tiroler aus dem Oberinntal wandern, da sie in ihrer Heimat keine Arbeit finden, nach Amerika aus. Sie gründen 1859 am Ostrand des Hochlandes von Zentralperu am Rio Pozuzo eine Siedlung mit dem Namen Pozuzo.[17]

4. April · Oberösterreich – Niederösterreich: Beginn der Bauarbeiten für die Kaiserin-Elisabeth-Bahn, die recht bald Westbahn genannt wird. Wien – Linz wird mit 15. Dezember 1858 eröffnet. Damit verbunden erhöhter Einsatz aller Gendarmerieposten entlang der Streckenführung.[18] *(Lesen Sie dazu, stellvertretend für alle Bahnbaustellen, Kurzberichte der Jahre 1873, 1904.)*

9. April · Salzburg: Erster gelungener Versuch, die Dampfschiffahrt auf der Salzach durchzuführen. Das Dampfschiff »Otto« erreicht am 11. April die Landeshauptstadt und legt am heutigen Franz-Josef-Kai an.[19]

1858

23. Jänner · Werfen/S: Mit Kundmachung Zl. 202 ordnete das k. k. Bezirksamt Werfen an, daß Schlittenfuhrwerke, die ohne Schellenkranz oder Glocke angetroffen werden, von der Gendarmerie angehalten und mit einer gar nicht zu geringen Geldbuße zu belegen sind.[20]

5. Juni · Werfen/S: Der Tischlermeister Josef Woral hatte 1857 in Werfen die Kanzleiräume der Gendarmerieoffiziere eingerichtet. Nach einem Jahr urgierte er beim k. k. Bezirksamt um Begleichung seiner Rechnung von 230 Gulden 6 Kreuzer durch die Gemeinde Werfen. Das Bezirksamt wies die Gemeinde an, die Schuld innerhalb acht Tagen zu begleichen.[21]

1859

28. Februar · Hörsching/OÖ: Ein vorerst vermuteter Selbstmord einer schwangeren Magd stellt sich aufgrund der Untersuchungen als Mord heraus. Die Frau, die ertrunken aufgefunden worden war, wird, da plötzlich Gerüchte eines gewaltsamen Todes auftauchen, exhumiert. Unter einem Fingernagel der Leiche führt ein Kopfhaar auf die Spur des Täters und zu dessen Verhaftung.[22]

21. August · Wien: Innenminister Alexander Bach und Polizeiminister Johann Kempen Freiherr von Fichtenstamm, beide wesentliche Verantwortliche für die Gründung und Organisation der Gendarmerie in der Monarchie, werden entlassen. Damit wird der Beginn des Abbaues des Absolutismus gesetzt. Neuer Innenminister wird Agenor Romuald Graf Goluchowski, neuer Polizeiminister Josef Alexander Freiherr von Hübner. Letzterer wird allerdings bereits am 21. Oktober 1859 von Baron Adolf von Thierry abgelöst.[23]

1860

1. Jänner · Salzburg: Die Landesregierung in Salzburg wird aufgelöst. Das Kronland Salzburg wird der Statthalterei in Linz untergeordnet.[24]

1. August · Salzburg/S: Die Strecke Wien – Salzburg kann nun mit der Kaiserin-Elisabeth-Bahn in der ganzen Länge befahren werden. Bei der feierlichen Eröffnung am 12. August 1860 waren Ihre Majestäten Kaiser Franz Joseph I. und König Maximilian von Bayern anwesend. Die Bauarbeiten dazu begannen am 4. April 1857. Die Gendarmen entlang der Bahnstrecke mußten unzählige Male einschreiten, um die Aufrechterhaltung der Ruhe und Ordnung einigermaßen gewährleisten zu können. *(Lesen Sie dazu, stellvertretend für alle Bahnbaustellen, Kurzberichte der Jahre 1873, 1904.)*[25]

1861

26. Februar · Wien: Kaiser Franz Joseph I. erläßt das »Februarpatent«, eine zentralistische Verfassung für das ganze Kaiserreich und Landesordnungen für die Kronländer, ohne Ungarn und Venetien. Ein Zweikammernsystem – Herrenhaus/Abgeordnetenhaus – bildete den Reichsrat. Bereits in den ersten Sitzungen des Reichsrates gab es Diskussionen zur Gendarmerieorganisation, wobei die Forderung im Raum stand, die Gendarmerie aus dem Armeeverband herauszulösen.[26]

15. Mai · Salzburg: Salzburg erhielt seine Selbständigkeit zurück und eine Landesvertretung mit einem Landtag.[27]

3. Dezember · Stainz/St: In den Gemeinden Trog und Greisdorf bricht wegen einer Verzehrungssteuer, die am 12. Mai 1861 kundgemacht wird, ein Moststreik aus. Am 3. Dezember erfolgte die zwangsweise Eintreibung. Als die Kommission bei einem Bauern eine Kuh pfänden wollte, wurde sie mit Holzscheitern beworfen und vertrieben. Die Situation eskalierte. Der Gendarmeriebeamte Johann Piger vom Gendarmerieposten Voitsberg wird während eines Bauernaufstandes durch einen Sensenstich schwer und vier Beamte leicht verletzt. 86 Personen werden angezeigt.[28]

1862

Wien: Gründung des Österreichischen Alpenvereines, der später mit dem 1869 gegründeten »Deutschen Alpenverein« zum »Deutschen und Österreichischen Alpenverein« zusammengeschlossen wird.[29] Dieser Verein trägt wesentlich zur Erschließung der Alpen bei. Der Bau vieler alpiner Wege und Hütten wird in Zusammenarbeit mit den örtlichen Gendarmerieposten geplant.

Lofer/S: Die Vorderkaserklamm nächst Weißbach bei Lofer wird für Besucher zugänglich gemacht.[30]

23. Mai · Werfen/S: Bei einer Postenvisitierung in Werfen muß Oberwachtmeister Ritter von Schmerling beanstanden, daß die Säbelklingen voller Scharten waren. Das Kontrasäbelfechten wird untersagt und der Übelstand

Der Ausbau der Vorderkaserklamm bei Lofer erfordert enormen Materialaufwand.
Bild: Fritz Hörmann, Werfen

muß beseitigt werden. Vier Tage später wird gegen 1.30 Uhr ein heftiges Erdbeben verspürt, die Bevölkerung flüchtet ins Freie, an der Postenunterkunft entstanden Sprünge.[31]

1863

Wien: Das Regimentskommando verfügt, daß bei einer Kaiserreise die Gendarmerie-Mannschaften die Haare zu schneiden und bei allen Dienstausrückungen die Schnurrbärte zu »wichsen« sind.[32]

28. August · Micheldorf/OÖ: Aus Rache verübt ein 18jähriger Bursche in Kremsdorf einen Brandanschlag, bei dem drei Menschen in den Flammen umkommen.[33]

1864

7. November · Oberndorf/S: Im Kronland Salzburg entsteht die erste freiwillige Feuerwehr. Der junge Gerbermeister Karl Billerhart kommt auf seiner Wanderschaft von Prag nach Oberndorf. Als beim Thannerwirtshaus ein Brand ausbricht, klettert er aufs Dach und übergießt die Brandstellen mit Wasser. Seine Tat wird allgemein bewundert und auf sein Betreiben kommt es vor dem Gemeindeausschuß, unter seinem Kommando – er hatte vor seiner Wanderschaft in der Feuerwehr Prag gedient – zu ersten Feuerwehr-Übungs-Vorführung im Land Salzburg. In der Folge gründen sich in rascher Folge eine Feuerwehr nach der anderen. Bis heute eine Einrichtung, mit der die Gendarmerie immer eng und ausgezeichnet zusammenarbeitet.[34]

1865

21. April · Radstadt/S: Radstadt wird durch einen Stadtbrand schwer beschädigt, insgesamt

ÖSTERREICH-CHRONIK

1863

14. April: Erzherzog Ferdinand Maximilian von Österreich, Bruder Kaiser Franz Josephs I., verläßt mit seiner Gattin Europa und wird Kaiser von Mexiko. Am 18. Juni 1867 wird er von mexikanischen Republikanern erschossen.

17. August – 1. September: Fürstentag von Frankfurt am Main. Unter dem Vorsitz Österreichs wird die Reform des Deutschen Bundes beraten, die die Erneuerung der Kaiserwürde unter deutlicher Führung Österreichs in Deutschland festlegen sollte. Obwohl der Entwurf die mehrheitliche Zustimmung der deutschen Fürsten findet, scheitert die Reform an der Opposition Preußens, das darin seine Bestrebung, die Hegemoniestellung im Deutschen Bund zu erlangen, vereitelt sieht. Dieser Fürstentag ist der letzte Versuch Österreichs, den Deutschen Bund zu einer funktionierenden Institution zu reformieren.

1864

18. Jänner: Die seit 1851 schwelende Krise um Schleswig-Holstein bricht in einen Krieg zwischen Preußen und Österreich gegen das Königreich Dänemark aus, das die Sonderstellung der beiden Herzogtümer mißachtet und einverleibt hat.

30. Dezember: Friede von Wien; Schleswig und Holstein werden unter gemeinsame Verwaltung von Preußen und Österreich gestellt.

1865

14. August: Neuerlicher Versuch Preußens und Österreichs, in der »Gasteiner Konvention« die schleswig-holsteinische Angelegenheit zu lösen. Der Intention Preußens, durch die administrative Übernahme beider Herzogtümer die Stellung an der Nord- und Ostsee auszubauen, wird insofern entgegengetreten, als eine Verwaltungsteilung vereinbart wird. Preußen erhält Schleswig, Österreich Holstein. Die Auseinandersetzung in dieser Frage spitzt sich zu und führt 1866 zum Krieg Preußens gegen Österreich.

20. September: Die Aufhebung des zentralistisch ausgerichteten »Februarpatentes« leitet den Beginn des Ausgleichs Österreichs mit Ungarn ein.

1866

7. Juni: Ausbruch des österreich-preußischen Krieges. An die Seite Österreichs stellen sich Bayern, Baden, Württemberg, Hannover, Sachsen, Hessen-Kassel. Preußen ist mit Italien verbündet.

2. August: Der Friede von Prag beendigt den Krieg mit Preußen, das nunmehr Hannover, Kurhessen, Nassau , Frankfurt und Schleswig-Holstein erhält. Österreich muß Venetien ab-

GENDARMERIE-CHRONIK

75 Häuser und die Kirche werden ein Raub der Flammen. Dieser Brand war Auslöser zur Gründung einer Freiwilligen Feuerwehr. 43.000 Gulden bezahlte die Landes-Brandschaden-Versicherungsanstalt.[35]

4. März · Werfen/S: Tod durch den Strang lautet das Urteil gegen Johann Oberreiter, Lebzelter und ehemaliger Bürgermeister von Werfen. Ihm wird nachgewiesen, daß er 1855 seine Tochter Barbara und 1864 seine Stieftochter Eva Schintelmeißer mit Arsen vergiftet hat. Von der Anklage seine Gattin Maria vergiftet zu haben, wird er mangels an Beweisen freigesprochen. Motiv der Morde war Geldgier. Die Überführung gelang durch meisterhafte Arbeit der noch jungen Gendarmerie. Es war das letzte Todesurteil, das in Salzburg in diesem Jahrhundert vollzogen wurde. *(Lesen Sie dazu den Beitrag im allgemeinen Teil.)*[36]

5. Mai · Bludenz/V: Ein vierjähriges Kind setzt in Nüziders eine Tenne in Brand, wodurch, verstärkt durch starken Südwind, ein Großbrand ausgelöst wird. Innerhalb weniger Stunden werden insgesamt 79 Wohnhäuser eingeäschert. Eine Frau kommt ums Leben. Von 700 im Ort lebenden Menschen werden 76 Familien mit 425 Personen durch den Brand obdachlos.[37]

12. Juli · Mauterndorf/S: Mauterndorf wird durch einen Großbrand schwer in Mitleidenschaft gezogen, insgesamt 26 Objekte werden ein Raub der Flammen. Die Wechselseitige Landes-Brandschaden-Versicherungsanstalt bezahlte 7600 Gulden.[38]

1. Oktober · Ödenburg: Mehrere hundert Einwohner Ödenburgs und der benachbarten Ortschaften wandern über den beinahe völlig ausgetrockneten Neusiedler See zu den am anderen Ufer liegenden Ortschaften Illmitz und Apetlon.[39]

1866

28. Februar: Der preußische Ministerrat entscheidet sich für einen Krieg gegen Österreich. Kaiser Franz Joseph I. ordnet am 14. März die Aufstellung einer Süd- und Nordarmee und am 21. und 27. April die Mobilisierung an. Zu Beginn des Krieges stehen die Gendarmen als kleine Grenztruppen in den Kampfgebieten einem kriegserfahrenen und kampfbereiten Gegner gegenüber. Sie schlagen sich heldenhaft. Bei der Entscheidungsschlacht bei Königgrätz am 3. Juli wird es zur Gewißheit, Österreich ist Verlierer dieses Krieges. Am 26. Juli wird der Präliminarfriede von Nikolsburg mit Preußen geschlossen.[40]

24. Juni · Werfen/S: Ein Großbrand vernichtet im Ortszentrum die ostseitige Häuserfront, insgesamt 15 Häuser und mehrere Wirtschaftsgebäude. Die Gendarmerie Werfen stellt als Brandursache unsachgemäß gelagertes Heu – Heuselbstentzündung – im Metzgerbauernhaus, Nr. 9, fest. Zur Linderung der Not werden von verschiedenen Stellen im Land Salzburg 886 Gulden gespendet. Der »Hochw. Domkapitular« Josef Aichinger aus Salzburg spendet »8 Metzen Korn und 51,5 Pfund Rinderschmalz«.[41]

1867

18. Februar · Wien: Abschluß der Verhandlungen über die Bedingungen für den »Ausgleich mit Ungarn«. Die Monarchie wird in zwei Reichsteile zerlegt. Ein Teil umfaßt die österreichischen Länder und ein Teil die Länder der ungarischen Krone. Zwangsläufig erfolgt auch die Teilung der Gendarmerie in zwei unabhängige Institutionen: In die »Gendarmerie für die im Reichsrathe vertretenen Königreiche und Länder« und in die »Gendarmerie der Länder der ungarischen Krone«. Das bisherige Österreich wird zur »österreichisch-ungarischen Monarchie«.[42]

25. Februar · Lengfelden/S: Die Papierfabrik Lengfelden wird ein Raub der Flammen. Zahlreiche Menschen verlieren ihren Arbeitsplatz. Aus den Fonds der Landes-Brandschaden-Versicherungsanstalt wird für den Wiederaufbau ein Betrag von 11.200 Gulden flüssig gemacht.[43]

1868

Kaprun/S: Die erste alpine Vereinshütte in den österreichischen Alpen wird im Kapruner Tal errichtet (Erzherzog-Rainer-Hütte).[44]

5. Jänner · Hallein/S: In der Saline kam es zwischen einem Arbeiter und dem Sudhüttenmeister wegen der Auszahlung einiger Kreuzer zu einer Auseinandersetzung in deren Verlauf der Sudmeister »... zu Boden geworfen und leicht mißhandelt worden sey«. Zwei Arbeiter werden verhaftet, worauf am folgenden Tag »... gegen 11 Uhr Mittags eine Schaar Salinenarbeiter, unter ihnen mehrere Weiber derselben und andere zu Exzessen leicht aufgelegte Halleiner, etwa 200 an der Zahl in das Bezirksgerichtsgebäude zogen und daselbst unter der Drohung alles zu zerschlagen, die Freylassung der Gefangenen verlangten... Da die Gendarmerie personell zu schwach war, um der Demonstration beizukommen, wurden die Arbeiter freigelassen...« Später stellte sich die Behörde auf Seiten der Arbeiter, weil der Sudhüttenmeister durch seine abstoßende Härte und sein grobes rücksichtloses Benehmen gegenüber Arbeitern bekannt war und daher auch entlassen wurde.[45]

26. Juli · Gnigl/S: Ein Großbrand in Gnigl zerstört mehrere Objekte. Neben einer öffentlichen Spendenaktion für die Geschädigten erhalten die Versicherten von der Landes-Brandschaden-Versicherungsanstalt 15.800 Gulden.[46]

GENDARMERIE-CHRONIK

30. August · Oberndorf/S: Durch einen Großbrand werden zahlreiche Gebäude zerstört. 6.950 Gulden werden an Versicherungssummen an die Geschädigten ausbezahlt.[47]

10. Oktober · Prag/Tschechien: In Prag und in der Umgebung wird der Ausnahmezustand verhängt. Der Grund waren zahlreiche nicht genehmigte Demonstrationen und Versammlungen die von Militär und Gendarmerie aufgelöst werden. Die tschechischen Abgeordneten hatten sich wegen des Ausgleichs mit Ungarn geweigert, an den Landtagssitzungen teilzunehmen und ein Forderungspaket überreicht.[48]

1869

21. Oktober · Wien: Einführung der »Correspondenzkarte« in Österreich. Die »Erfindung« hat Emanuel Hermann am 26. Jänner 1869 in der »Neuen freien Presse« vorgeschlagen.[49] Diese praktische und billige Art der Nachrichtenübermittlung hielt auch bald bei der Gendarmerie Einzug.

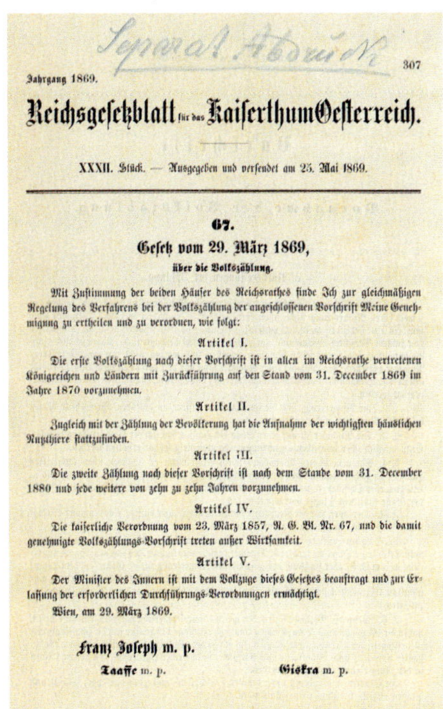

Separat Abdruck

Jahrgang 1869. 307

Reichsgesetzblatt für das Kaiserthum Oesterreich.

XXXII. Stück. — Ausgegeben und versendet am 25. Mai 1869.

67.

Gesetz vom 29. März 1869,

über die Volkszählung.

Mit Zustimmung der beiden Häuser des Reichsrathes finde Ich zur gleichmäßigen Regelung des Verfahrens bei der Volkszählung der angeschlossenen Vorschrift Meine Genehmigung zu ertheilen und zu verordnen, wie folgt:

Artikel I.

Die erste Volkszählung nach dieser Vorschrift ist in allen im Reichsrathe vertretenen Königreichen und Ländern mit Zurückführung auf den Stand vom 31. December 1869 im Jahre 1870 vorzunehmen.

Artikel II.

Zugleich mit der Zählung der Bevölkerung hat die Aufnahme der wichtigsten häuslichen Nutzthiere stattzufinden.

Artikel III.

Die zweite Zählung nach dieser Vorschrift ist nach dem Stande vom 31. December 1880 und jede weitere von zehn zu zehn Jahren vorzunehmen.

Artikel IV.

Die kaiserliche Verordnung vom 23. März 1857, R. G. Bl. Nr. 67, und die damit genehmigte Volkszählungs-Vorschrift treten außer Wirksamkeit.

Artikel V.

Der Minister des Innern ist mit dem Vollzuge dieses Gesetzes beauftragt und zur Erlassung der erforderlichen Durchführungs-Verordnungen ermächtigt.

Wien, am 29. März 1869.

Franz Joseph m. p.

Taaffe m. p. **Giskra** m. p.

60

Bei Nichteinhaltung der Bestimmungen hatte der »Sünder« eine Strafe von 1 – 20 Gulden oder vier Tage Freiheitsstrafe zu erwarten. Die Gendarmerie hatte bei diesem Gesetz mitzuwirken.

Bild: Fritz Hörmann, Werfen

1870

7. April · Wien: Der Reichsrat nimmt ein Gesetz an, das Streiks und Aussperrung erlaubt. Ein Gesetz, das insbesondere bei Großbetrieben und Baustellen immer wieder zur Konfrontation mit der Gendarmerie führt.[50]

23. Juni · Eggenburg/NÖ: Eröffnung des letzten Teilstückes der Kaiser-Franz-Joseph-Bahn Wien – Eggenburg. Damit ist die Eisenbahnstrecke Wien – Pilsen fertiggestellt.[51]

1871

Hallein/Salzburg: Das weiterführende Teilstück der Westbahn zwischen Salzburg und Hallein wird dem Verkehr übergeben.[52]

23. Juli · Wien: Mit Gesetz werden das »Metermaß« und das »Kilogramm« eingeführt. Die alten verschiedenen Maßeinheiten, mit denen auch die Gendarmerie zu kämpfen hatte, werden bis 1. Jänner 1876 vom metrischen System abgelöst.[53]

1872

5. Mai · Böhmen: Im nordwestlichen Böhmen gehen schwere Unwetter nieder, ganze Landstriche werden überflutet, durch das Eingreifen der Gendarmerie kann eine Frau mit ihren Kindern aus einem Bach gerettet werden.[54]

1873

26. August · Bischofshofen/S: Im Jahre 1870 wird mit den Arbeiten für den Bau der Bahnanlagen Giselabahn und Kronprinz-Rudolf-Bahn begonnen. Als 1873 im Zuge des Eisenbahnbaues hunderte Arbeiter das Tal bevölkern, bedeutet dies einen massiven Bevölkerungszuwachs und Bischofshofen wird – zur Wahrung von Sicherheit und Ordnung – mit einem eigenen Gendarmerieposten mit zwei Mann ausgestattet.

Die beiden Gendarmen bekamen viel zu tun, wie Johann Hörrer in seiner 1879 erschienenen Chronik berichtet: »... es kamen bei dieser Gelegenheit viel fremdes Volk ... Bauunternehmer, Subbauunternehmer, Akkoranten, Partieführer, Steinmetze, Maurer, Mineure, Magazineure und andere Arbeiter mit und ohne Familie. Wo immer eine Wohnung oder ein Lokal zur menschlichen Unterkunft vorhanden war, mietheten sich diese Leute ein, meist Italiener, Südtiroler, Krainer und einige Böhmen, im Ganzen über 200 Mann.« Über die Lebens- und Arbeitsverhältnisse berichtet der Chronist, daß die Arbeiter um 10–15 Prozent des üblichen Preises mehr bezahlen mußten und »... ungeachtet des oft ziemlich guten Verdienstes kaum auskommen, viel weniger sich etwas ersparen konnten, weil sie auch häufig und übermäßig dem Trunke ergeben waren, Wein, die Flasche zu 1 Gulden und noch höher, tranken und überhaupt ein wüstes Leben führten und viele Exzesse begingen«. Er erzählt weiter: »... Viel Schwindel und viel Unfug wurde während des Bahnbaues betrieben, Schulden gemacht und nicht bezahlt und Abgefahren, ohne die Miethe zu entrichten ... «[55]

11. Oktober · Stocking/St: In Raubabsicht erschlägt der Marinesoldat Egydi Lamprecht die Bauernsleute Skatowitz in Wurzing mit einem Säbel. Er kann von Gendarmen aus Wildon ausgeforscht werden. Sein Todesurteil wird in eine lebenslängliche Strafe umgewandelt.[56]

1874

1. Februar · Salzburg: In Salzburg wird eine Gendarmerie-Lehrabteilung aufgestellt und Wachtmeister Johann Mittermaier als Lehrer bestimmt.[57]

5. April · Neudörfl/B: Der ursprünglich nach Baden bei Wien einberufene Delegiertentag der Sozialdemokratischen Partei Österreich war polizeilich verboten worden, deshalb mußten die 74 Delegierten in das ungarische Neudörfl nahe der cisleithanischen Grenze ausweichen. Die Veranstaltung, in der das »Neudörfler Programm« beschlossen wird und die friedlich verlief, wird von der Gendarmerie überwacht.[58]

Bischofshofen mit den Bahnanlagen Giselabahn und Kronprinz-Rudolf-Bahn nach der Fertigstellung im Jahre 1875.

Bild: SMCA

ÖSTERREICH-CHRONIK

treten. Außerdem wird die Errichtung des Norddeutschen Bundes beschlossen, der sich aus Preußen und den noch bestehen gebliebenen norddeutschen Staaten zusammensetzt. Ferner wird die Selbständigkeit Süddeutschlands festgelegt. Der Ausschluß Österreichs aus der deutschen Bundesverfassung im Sinne der kleindeutschen Idee ist damit vollzogen worden.

3. Oktober: Die militärischen Gegensätze mit Italien werden im Frieden von Wien beigelegt. Die Siege Österreichs über die Italiener bei Custozza und Lissa bleiben für die Friedensverhandlungen bedeutungslos. Österreich anerkennt das Königreich Italien.

1867

18. Februar: Der Ausgleich zwischen Österreich und Ungarn bringt die Zweiteilung der Monarchie »Österreich-Ungarn«, geeint unter der Personalunion des Herrschers (Kaiser von Österreich und apostolischer König von Ungarn). Am 15. März leistet Ungarn Kaiser Franz Joseph I. den Treueeid und am 8. Juni findet die Königskrönung des Kaiserpaares statt. Ist innenpolitisch der Ausgleich mit Ungarn erfolgreich, so schürt dieser zugleich den Nationalitätenstreit im Vielvölkerstaat des Habsburgerreiches, was nicht zuletzt die Auflösung der Monarchie zur Folge hat.

21. Dezember: »Staatsgrundgesetz über die allgemeinen Rechte der Staatsbürger für die im Reichsrate vertretenen Königreiche und Länder«. Dieses Gesetz wird nach dem Ende der Monarchie von der Ersten Republik als »Verfassungsgesetz der Republik« übernommen und hat mit der Regierungserklärung vom 27. April 1945 heute noch Geltung.

1868

25. Mai: Einschränkung des 1855 mit der katholischen Kirche geschlossenen Konkordats. Die Wahl des Glaubensbekenntnisses ab dem 14. Lebensjahr wird freigestellt. Unterricht und Erziehung obliegen nunmehr dem Staat und die Ehegerichtsbarkeit wird der geistlichen Gerichtsbarkeit entzogen.

1869

14. Mai: Das Reichsvolksschulgesetz legt die interkonfessionelle, allgemeine achtjährige Schulpflicht in Österreich-Ungarn fest.

1870

18. Juli: Österreich beschließt, im deutsch-französischen Krieg neutral zu bleiben.

1871

18. Jänner: Proklamation König Wilhelm I. von Preußen in Versailles zum deutschen Kaiser. Im August trifft dieser mit Kaiser Franz Joseph I. in Gastein zusammen. Bei ihren politischen Verhandlungen um das deutsche Kaisertum gelangen sie zu einem »vorläufigen Einverständnis«. Österreich muß die Idee, die Vormachtstellung in Deutschland zurückzugewinnen, endgültig aufgeben.

1872

13. Juni: Die zwei Jahre dauernde österreichungarische Nordpolexpedition bricht von Bremerhaven auf. Die von ihr entdeckte Inselgruppe erhält den Namen »Kaiser-Franz-Josephs-Land«.

1873

2. April: Sanktionierung des neuen Wahlrechts, das die direkte Wahl der Mitglieder des Abgeordnetenhauses durch vier Kurien vorsieht. Wahlberechtigte sind alle männlichen Personen, die im Jahr 10 Gulden direkte Steuern abliefern (6% der Bevölkerung).

1. Mai – 2. November: In Wien findet die Weltausstellung statt.

9. Mai: »Schwarzer Freitag« - der Börsenkrach ist eine Folge der hemmungslosen gründerzeitlichen Finanzspekulationen. Er bringt das Ende des Freihandels in Österreich.

23. Mai: Mit der neuen österreichischen Strafprozeßordnung wird das mündliche und öffentliche Verfahren eingeführt. In ihren Grundsätzen ist sie auch heute noch gültig.

22. Oktober: In der »Schönbrunner Konvention« verpflichten sich Österreich-Ungarn, Rußland und Deutschland zur friedlichen Lösung von Konflikten und zur gemeinsamen Haltung in kriegerischen Auseinandersetzungen in Europa (Dreikaiserabkommen).

1874

5. April: Gründung der Sozialdemokratischen Arbeiterpartei Österreichs in Neudörfl (Burgenland).

1875

Juli: Aufstände der slawisch-christlichen Bevölkerung in Bosnien, der Herzogewina und in Bulgarien gegen die türkische Herrschaft.

22. Oktober: Einrichtung des Verwaltungsgerichtshofes.

1876

8. Juli: Vereinbarung Kaiser Franz Josephs I. mit Zar Alexander II. betreffend die russisch-türkische Frage. Österreich-Ungarn sagt im Falle eines Krieges (1877/78) Rußland seine Neutralität zu, Rußland erhebt keinen Einwand gegen die beabsichtigte Besetzung Bosniens und der Herzogewina durch Österreich-Ungarn.

1877

30. April – 3. Mai: Erster gesamtösterreichischer Katholikentag in Wien: Er beschäftigt sich mit dem antikirchlichen Staatsschulsystem.

11. Dezember: Erste Tanzveranstaltung im Wiener Hof- und Operntheater, die als Vorgänger des Opernballs gilt.

1878

13. Juni – 13. Juli: Der Berliner Kongreß beendigt den russisch-türkischen Krieg. Österreich-Ungarn erhält im Zuge der Aufteilung des Balkans Bosnien und Herzogewina, deren Besetzung ein großes militärisches Aufgebot benötigt.

1879

7. Oktober: »Zweibund« zwischen Österreich-Ungarn und dem Deutschen Reich. Beide Parteien verpflichten sich zu gegenseitiger militärischer Hilfe im Falle eines russischen Angriffes, bzw. zu neutralem Verhalten im Falle eines Angriffes einer dritten Macht. Dieser für drei Jahre geschlossene Vertrag wird in den folgenden Jahren mehrmals verlängert.

1880

19. April: Die »Sprachenverordnung« für Böhmen und Mähren führt die jeweilige Landessprache als Amtssprache ein. Sie findet großen Widerspruch bei den Deutschen.

1881

18. Juni: Erneuerung des Dreikaiserabkommens von 1879. Österreich-Ungarn kann die Okkupation Bosniens und der Herzogewina in eine Annexion umwandeln. Die Spannungen mit Rußland lösen sich allerdings nicht, was schließlich mit ein Grund für den Ausbruch des Ersten Weltkrieges werden sollte.

28. Juni: Kaiser Franz Joseph I. geht mit Serbien ein Geheimbündnis ein, das die serbische Politik unter österreich-ungarische Führung stellt.

1882

2. Juni: Gründung des »Deutschnationalen Vereins« durch Georg Ritter von Schönerer. Im sogen. »Linzer Programm« wird die Zusammenfassung der deutschsprachigen Länder im engeren Anschluß an Deutschland postuliert. Die Verbindung mit Ungarn sollte nur durch eine Personalunion gegeben sein. Die Partei Schönerers entwickelt sich zu einer radikalen, österreichfeindlichen und antisemitischen Bewegung.

1883

12. Jänner: Gründung des Österreichischen Postsparkassenamtes. Damit hat Österreich den ersten Postscheckverkehr der Welt.

30. Oktober: Österreich-Ungarn, Deutschland, Italien und Rumänien schließen ein geheimes Defensivbündnis gegen Rußland.

GENDARMERIE-CHRONIK

Ein Marterl erinnert heute noch an den Vorfall. Bild: GChr. Großpertholz

1875

30. August · Bad Großpertholz/NÖ: Der Kommandant des örtlichen Gendarmeriepostens ertappt den Ortsbesorger Lorenz Böhm beim Wildern. Beim darauffolgenden Handgemenge will der Wilderer dem Gendarmen die Dienstwaffe entreißen. Dieser verteidigt sich mit seinem Säbel und tötet in Notwehr den Wilderer.[59]

5. November · Schwarzenau/NÖ: Um 0.31 Uhr stürzt der Personenzug Wien – Budweis kurz vor der Station Schwarzenau von der Willinger Brücke in die Tiefe, Lokomotive und elf Waggons stürzen ab, drei Waggons bleiben am Gleis stehen. Elf Tote und 80 zum Teil Schwerverletzte sind zu beklagen. Ein etwa sechs Meter langes Gleisstück war entfernt worden. Jahrzehnte später gesteht der Bahnwächter Franz Moser am Totenbett die Tat begangen zu haben. Er war noch dem Zug entgegengelaufen, doch wurden seine Haltesignale nicht gesehen. Sein Motiv: Als »Retter des Zuges« hatte er sich eine beachtliche Geldprämie erhofft.[60]

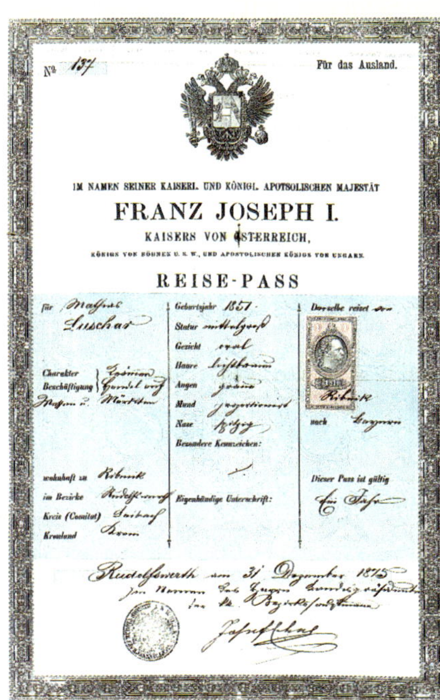
Für das Ausland.

IM NAMEN SEINER KAISERL. UND KÖNIGL. APOSTOLISCHEN MAJESTÄT

FRANZ JOSEPH I.

KAISERS VON ÖSTERREICH,

REISE-PASS

Identitätskontrolle, ein wesentlicher Aufgabenbereich der Gendarmerie. Reisepaß von Mathias Luschar, ausgestellt am 31. Dezember 1875 im Kronland Krain. Bild: Gendarmeriemuseum Wien

1876

7. April · Brestica/Woidwodina: Eine Feuersbrunst zerstört Teile von Brestica. Die Gendarmen Josef Giuretta und Josef Kogei retten mehrere Menschen aus Feuersgefahr und werden dafür mit einem Belobigungszeugnis ausgezeichnet.[61]

26. Juni · Woidwodina: Grenzverletzungen durch türkische Truppen, Gendarm Andreas Vucasovic zeichnete sich durch besondere Umsicht und mutiges Einschreiten aus und konnte dadurch ein weiteres Vordringen vereiteln.[62]

2. Oktober · Stall/Lombardei: Durch das umsichtige Verhalten von Postenführer Johann Gaillberger kann bei einem Großbrand in Stall eine noch größere Ausbreitung vermieden werden. Er wird dafür mit einem Belobigungszeugnis ausgezeichnet.[63]

St. Johann im Pongau/S: Unter tatkräftiger Mithilfe von Fürst Johannes von und zu Liechtenstein wird 1876/77 in St. Johann im Pongau die Klamm der Großarler Ache von Mitgliedern des Alpenvereines erschlossen. Sie ist seither unter dem Namen »Liechtensteinklamm« weit über die Grenzen Österreichs hinaus bekanntgeworden. Einsätze jeder Art haben seither die Gendarmen aus St. Johann in und um die Klamm geleistet.[64]

Das Prospekt aus der Jahrhundertwende bezeugt die touristische Nutzung der Klamm. Bild: Fremdenverkehrsverband St. Johann i. Pg.

1877

9. Jänner · Rauris/S: Die Trafikantin Maria Langegger wird durch 17 Messerstiche getötet und beraubt. Der Täter kann nie ausgeforscht werden.[65]

11. April · Kirchdorf an der Krems/OÖ: Aus ungeklärter Ursache bricht in einem Bürgerhaus ein Brand aus. Durch das Übergreifen des Feuers werden 59 Häuser, die Pfarrkirche und 40 Holz- und Wagenhütten vernichtet.[66]

2. Juli · Arbesbach/NÖ: Beamte des örtlichen Gendarmeriepostens können den Raubmord an dem Uhrmacher Johann Steinbauer klären und die beiden Täter verhaften. Der Täter verübt in der Zelle Selbstmord. Die Täterin wird zu 20 Jahren Haft verurteilt.[67]

1878

Mai · Mittersill/S: Bei einem Viehtrieb über den Felbertauern kommen bei einem Schneesturm vier Menschen, 104 Kühe, 40 Kälber und 25 Ziegen ums Leben.[68]

15. Oktober · Silz/T: Der 21jährige Paul Praxamer wird von einem Stellwagen überfahren und erliegt seinen Verletzungen.[69]

Nassereith/T: In den Jahren 1878 bis 1884 hält sich der bayrische König Ludwig II. heimlich in Schloß Fernsteinsee auf.[70]

1879

Krimml/S: Der Weg zum Krimmler Wasserfall wird eröffnet. Damit werden die Wasserfälle weltberühmt. Heute werden sie von Tausenden Touristen besucht. Für die Gendarmerie ergeben sich dadurch alle jene Probleme, die der Massentourismus mit sich bringt.[71]

3. und 4. März · Badgastein/S: Kaiser Franz Joseph I. trifft in Badgastein mit Kaiser Wilhelm I. zusammen. Es werden Vorbesprechungen für den bevorstehenden »Zweibund« zwischen Österreich–Ungarn und Deutschland geführt. Die Gendarmen aus dem gesamten Pongau werden zur Bewachung der hohen Persönlichkeiten eingesetzt.[72]

19. August · Bad Leonfelden/OÖ: Der Titular-Postenführer Franz Schwarz wird im Sternwald ermordet aufgefunden. Er ist der erste Gendarm Oberösterreichs, der in Dienstausübung sein Leben lassen muß. Der Täter – vermutlich ein Wilderer – kann nie ausgeforscht werden.[73]

Oktober · Werfen/S: Erste Erkundung der Eisriesenwelthöhle im Tennengebirge durch Anton Posselt-Czorich; bis heute sind ca. 42 km Gänge entdeckt, darin 20.000 m² vereist. Heute wird die weltberühmte Höhle, deren Eingang in 1641 Meter Seehöhe liegt, jährlich von rund 200.000 Besuchern besichtigt. Die Gendarmerie Werfen ist durch den Massentourismus an Besucher-Spitzentagen besonders gefordert.[74]

1880

Rauris/S: Ignaz Rojacher stellt in Kolm-Saigurn im Rauriser Goldbergbau eine »Dynamo-Maschien« auf, die mit einer Holzturbine angetrieben wird. Es konnten damit 16 Edisonsche Glühlichtlampen mit ca. 25 Watt

GENDARMERIE-CHRONIK

betrieben werden. Betriebsintern gab es bereits ein Telefon vom Tal bis zum »Bergbau« in 2.341 Meter Seehöhe. Es dürfte die erste Telefonanlage Österreichs gewesen sein.[75]

14. März · Wien: Unter der Patronanz des Kaiserpaares wird die »Österreichische Gesellschaft vom Roten Kreuz« gegründet.[76]

Juli · Heiligenblut/K: Am Großglocknergipfel (3.797 m) wird das »Glocknerkreuz« verankert. Das 2,5 Meter hohe Kreuz wurde vom Wiener Dombaumeister Friedrich von Schmidt entworfen und vom Österreichischen Alpenclub als »Kaiserkreuz« anläßlich der silbernen Hochzeit des Kaiserpaares 1879 gestiftet.[77]

1881

3. Juni · Wien: Es gründet sich die »Wiener Privat-Telegraphen-Gesellschaft«. Am 1. Dezember werden 154 Anschlüsse in Betrieb genommen. Öffentliche Stellen, wie etwa die Polizei, hatten noch keinen Anschluß, auch nicht der Kaiser, der Ministerpräsident oder der Bürgermeister von Wien.[78]

10. August · Dornbirn/V: Durch Kaiser Franz Joseph I. wird die erste Telefonverbindung in Vorarlberg in Betrieb genommen. Sie verbindet das Büro der Firma Hämmerle in Oberndorf mit der Spinnerei Gütle.[79] Für die Gendarmerie ist es jedoch noch ein weiter Weg bis zur ersten Telefonverbindung.

1882

21. Jänner · Reitling/OÖ: Der Bauer Franz Rammer wird von seinem Knecht Leonhard Ilko ermordet und beraubt. Der Täter kann festgenommen werden.

17. Oktober · Mödling/NÖ: Die erste elektrische Bahn Europas wird zwischen Mödling und Hinterbrühl mit einer Gesamtlänge von 4,476 Kilometer eröffnet.[80]

1883

Nußdorf am Haunsberg/S: Eine der ersten Eintragungen in der Postenchronik Oberndorf berichtet über einen brutalen Raubmord, der nie aufgeklärt werden konnte.[81]

Grödig/S: Das Zeppezauerhaus am Untersberg wird erbaut. 1914 erhält die Hütte nach einem Brand ihr heutiges Aussehen. Der von diesem Haus führende »Reit- bzw. Dopplersteig« beschäftigt mit seinen vielen Unfällen seither immer wieder die Gendarmerie.[82]

1884

Februar · Lubocki/Nordböhmen: Wachtmeister Engelbert Tauscher wird öffentlich belobigt, weil er die Zentrale einer anarchistischen Partei in Lubocki unweit von Reichenberg ausforscht, das Haus mit acht Gendarmen stürmt und die Anarchisten festnimmt. Es werden große Mengen an Dynamit und Nitroglycerin, Propagandamaterial und eine Druckerpresse sichergestellt.[83]

20. September · Innsbruck/Bregenz: Kaiser Franz Joseph I. übergibt die »Arlbergbahn« auf der Strecke Innsbruck – Bregenz dem Verkehr. Die Bauzeit betrug 50 Monate, der Tunnel durch den Arlberg (10.249,9 m lang) kostete 19.082 641 Gulden.[84]

Salzburg – Braunau/S: Eine Dampfschiffahrt auf der Salzach zwischen Salzburg und Braunau mißglückt.[85]

1885

20. März · Freistadt/OÖ: Der Räuberhauptmann Kopetzky – weitum berüchtigt – kann von der Gendarmerie verhaftet werden. Er wird zu sieben Jahren schweren Kerker verurteilt.[86]

Mürzsteg/St: Ein wenig bekannter Vorfall: Während einer Jagd im Höllengraben bei Mürzsteg (Steiermark) wird Kaiser Franz Joseph I. durch die Unvorsichtigkeit seines Sohnes, des Kronprinzen Rudolf, gefährdet. Die förmliche Vernehmung des Försters Robert Kellner in Scheiterboden bei Mürzsteg mit den damals Beteiligten, dem Jäger Josef Haider und dem Arbeiter Johann Heumann im Jahre 1922 ergab: »Es dürfte in den Jahren 1885 oder 1886 gewesen sein, als im Höllengraben bei Mürzsteg auf Kahlwild gejagt wurde. Der Kronprinz hatte seinen Stand im Graben, während der Kaiser in der Lehne gegen den Bockkogel »im Reiser« stand. Der Trieb ging, nachdem sowohl der Kaiser wie der Kronprinz ziemlich viel geschossen hatten, bereits dem Ende zu, als dem Kronprinzen noch ein Rudel Hochwild kam. Er beschoß das Wild, und als es, immer weiter flüchtend, für ihn immer weniger erreichbar wurde, vergaß er die alte Regel, verließ seinen Stand und schoß nochmals, als das Wild schon gegen den Stand des Kaisers zog. Die Kugel traf den hinter dem Stand des Kaisers sitzenden Träger Martin Veitschegger aus Mürzsteg beim Ellbogen in den Ärmel. Dieser erhielt vom Kaiser 50 Gulden, und der Kronprinz durfte an dem Trieb am nächsten Tag nicht teilnehmen.« Die Gendarmerie wurde seinerzeit mit diesem Vorfall nicht befaßt.[87]

Herrliche Eisformationen im vorderen Höhlenbereich. Im Bild der »Friggas-Schleier«. (Eisriesenwelt Werfen). *Bild: Herbert Burian, Werfen*

1886

Rauris/S: Am Gipfel des Sonnblicks wird das »Sonnblickobservatorium« in 3.105 Meter Seehöhe errichtet. Es ist somit die älteste Gipfelwarte der Alpen. Seither bestehen zwischen den Meteorologen und den Gendarmen engste Kontakte und bei manchem Alpineinsatz retteten sie gemeinsam Menschenleben.[88]

März · Beraun, Litten/Böhmen: In beiden Orten sind Dynamitdiebstähle vorgefallen. Durch langwierige Erhebungen kann das Versteck einer anarchistischen Partei ermittelt und der gestohlene Sprengstoff von Wachtmeister Johann Richter sichergestellt werden.[89]

16. April · Nieder-Wildgrub/Schlesien: Ein Ehepaar wird durch einen vorerst unbekannten Täter beraubt und ermordet. Durch geschickten Spurenvergleich können der Fall geklärt und die beiden Täter verhaftet werden. Die Täter werden durch den Strang hingerichtet.[90]

14. Mai · Kreyleb bei Czaslau/Böhmen: In Kreyleb wird ein wohlhabendes Ehepaar im Haus von unbekannten Tätern überfallen, niedergeschlagen und um 400 Gulden beraubt. Der Mann stirbt, die Frau überlebt. Nach langen Ermittlungen wird ein ehemaliger Knecht des Ehepaars als Täter ermittelt und verhaftet. Der Raubmörder erhält eine lebenslange Kerkerstrafe.[91]

6. Juni · Chorostkow/Galizien: Auf offener Straße wird ein Fuhrmann von vorerst unbekannten Tätern überfallen, beraubt und erschlagen. Der Raubmord kann von Postenführer Vincenz Wojnarowski geklärt werden. Die beiden Täter werden zum Tode durch den Strang verurteilt.[92]

3. August · Ulanow/Westgalizien: Ein Großfeuer, das gegen 15 Uhr ausbrach, bedrohte das Städtchen Ulanow. Gendarm Michael Topolnicki erkannte, daß höchste Gefahr bestand, da der ungünstige Wind eine Ausuferung des Feuers hervorzurufen drohte. Durch seinen persönlichen und von ihm geleiteten Einsatz der Hilfsmannschaften kann eine Katastrophe verhindert werden.[93]

8. August · Badgastein/S: Kaiser Franz Joseph I. trifft mit einer sechs Kutschen umfassenden Wagenkolonne in Badgastein ein. Es kommt, neben einer Kur, zum Treffen mit Kaiser Wilhelm und dessen Enkel Wilhelm von Preußen.

14. August · Smichow/Prag: Der Buchhalter A. Sch. will mit einem Kahn die Moldau übersetzen. In Flußmitte kentert er und stürzt ins Wasser. Titular-Postenführer Rudolf Ullrich – der zufällig den Vorfall beobachtet hat – schwimmt zur Unglücksstelle und rettet den Nichtschwimmer.[94]

14. September · Schlackenwerth/Böhmen: Eine Landwirtin wird in ihrem Anwesen überfallen und beraubt. Nach langen Erhebungen können die Gendarmen Johann Turma und Ignaz Bendel den Täter verhaften und die Beute sicherstellen.[95]

27. November · Sosnow/Galizien: Im Gemeindehaus der Ortschaft Sosnow bricht, von den Bewohnern unbemerkt, ein Brand aus. Der auf einer Nachtpatrouille sich befindliche Gendarm Johann Drzyzga entdeckt den Brand, schlägt die Fensterscheiben ein, steigt ins Haus und bringt Frauen und Kinder durch die bereits brennenden Ausgänge ins Freie.[96]

8. Dezember · Zell am Moos/OÖ: In der Nähe der Grenze zu Salzburg wird der Gendarmerieführer Mathias Hartl tot aufgefunden. Es wird festgestellt, daß er auf einer Patrouille nach Frankenmarkt gegen jemanden einschritt, es dabei zu einem Handgemenge kam und er von Unbekannten mit einer Hacke zusammengeschlagen und danach mit seinem eigenen Gewehr erschossen wurde.[97]

1887

5. Jänner · Iglau/Mähren: Wachtmeister Johann Waschiezek erhält im Zuge des Baues der mährisch-böhmischen Transversalbahn eine Geldbelohnung, da er Arbeiteraufstände durch sein geschicktes Einschreiten verhindert hat. Die Arbeiter waren auf die Barrikaden gestiegen, da die Partieführer den »... ohnehin kargen Lohn nicht in Geld, sondern in Blechmarken zahlten, wodurch sie gezwungen waren, die Lebensmittel beim Partieführer oder bei einem mit diesem Einverständnisse befindlichen Barakenwirth zu beziehen, und so alles doppelt teuer zahlen mußten ...«. Waschiezek kann die Blechmarken abschaffen und Bargeldzahlung einführen.[98]

Kaiser Franz Joseph verabschiedet sich am 10. August vor dem Badeschloß von Kaiser Wilhelm. Neben dem Kaiser ein Gendarm aus Badgastein. *Bild: Museum Badgastein*

11. Jänner · Protiwin/Böhmen: Im Schwarzenbergschen Jagdrevier werden von Postenführer Redina und Gendarm Hawlicek zwei mit Gewehren bewaffnete Männer angehalten, die sofort das Feuer auf die Gendarmen eröffnen. Nach kurzem Schußwechsel flüchten sie. Die Gendarmen und ein zufällig vorbeikommender Förster schneiden »... den verwegenen Individuen ...« den Weg ab und können sie festnehmen. Es handelt sich dabei um zwei berüchtigte Raubschützen, die nun gefesselt dem Gericht eingeliefert werden.[99]

15. Februar · Walpersdorf/NÖ: Im Zuge eines Brandes schafft es eine Frau nicht mehr das Gebäude zu verlassen. Titular-Wachtmeister Johann Burian gelingt es in einer lebensgefährlichen Aktion die Frau zu retten.[100]

13. April · Kwassitz/Mähren: Gegen 21 Uhr geht ein Bauernhof in Flammen auf. Beim Versuch Einrichtungsgegenstände zu retten werden der Besitzer, seine Frau und eine Tagelöhnerin von den Flammen eingeschlossen. Titular-Wachtmeister Alois Wolejnicek stürzt »... durch die Flammen in das Hausinnere und kann die Eingeschlossenen retten ...«[101]

28. April · Suczawa/Bukowina: Als in der eigenen Postenunterkunft Feuer ausbricht, betätigen sich die Gendarmen Aron Türkisch und Johann Haller als Feuerwehrmänner. Sie können den Brand – der bereits auf andere Räume übergegriffen hat – unter Aufbietung aller Kräfte und mit viel Umsicht lokalisieren bzw. löschen.[102]

5. Mai · Lezajsk/Galizien: Titular-Postenführer Alexander Podolski rettet aus einem brennenden Bauernhof ein Kind und wird dafür mit dem silbernen Verdienstkreuz ausgezeichnet.[103]

28. Mai · Orlau/Schlesien: Durch wolkenbruchartige Regenfälle schwillt der Laskabach bei Orlau an, tritt über die Ufer und schließt einen 9jährigen Knaben ein. Das Kind, das zu ertrinken drohte, wird von Postenführer Johann Wojnar unter Einsatz seines Lebens gerettet.[104]

15. Juni · Janovic/Böhmen: Unter Einsatz seines Lebens kann Titular-Postenführer Andreas Kolbe einen 15jährigen Burschen vor dem Ertrinken retten. Er wird dafür öffentlich belobigt.[105]

3. Juli · Neudorf/ Bez. Lundenburg in Mähren: Bei einem Brand, bei dem sechs Häuser vernichtet werden, wird die Familie Polach in ihrem Haus von den Flammen eingeschlossen. Titular-Wachtmeister Alois Musil gelingt es, in das brennende Haus einzudringen und mit Hilfe zweier Männer alle fünf Personen zu retten.[106]

31. Juli · Burgau/St: Gründung des Gendarmeriepostens Burgau, der im Schloß Burgau untergebracht wird. Seine Gründung war er-

GENDARMERIE-CHRONIK

Nr. 30 — Dienstag, 7. Februar.

Nichtamtlicher Theil.

Sicherheitsdienst der k. k. Gendarmerie im Kronlande Salzburg im Jahre 1887.

Aus der summarischen Uebersicht der während des Jahres 1887 dießlandes verzeichnete Diensteserfolge der k. k. Gendarmerie, in deren Zahl und Vertheilung im verflossenen Jahre keine wesentlichen Veränderungen eingetreten sind, werden die nachstehenden wichtigsten Ziffern entnommen:

	Politischer Bezirk							
	Salzburg		Zell am See		St. Johann		Tamsweg	
	Verhaftungen	Anzeigen	Verhaftungen	Anzeigen	Verhaftungen	Anzeigen	Verhaftungen	Anzeigen
I. Amtshandlungen auf Grund der Diensteinstruktion aus eigener Initiative vollzogen:								
a) Verbrechen: Oeffentliche Gewaltthätigkeit	9	2	3	3	5	2	6	—
Beleidigung der Majestät und Mitglieder des kaiserlichen Hauses	2	—	—	—	—	—	—	1
Religionsstörung	1	—	1	1	—	—	—	—
Münzverfälschung	—	—	1	—	—	—	—	—
Nothzucht, Schändung und andere Unzuchtsfälle	3	—	2	1	1	2	—	2
Mord	4	1	—	—	—	—	1	1
Todschlag	—	—	1	—	—	—	—	—
Schwere körperliche Beschädigung	9	9	—	1	4	2	2	2
Brandlegung	4	—	—	—	3	—	—	—
Diebstahl und Veruntreuung	32	22	23	18	33	9	11	8
Raub	1	1	1	—	—	—	—	—
Betrug	6	—	7	7	4	3	1	2
Den Verbrechern geleisteter Vorschub	—	—	—	1	1	1	—	—
Desertion	4	—	—	—	—	—	—	—
b) Vergehen und Uebertretungen:								
Gegen die öffentliche Ruhe und Ordnung	1	—	—	—	—	—	—	—
Gegen die öffentlichen Anstalten und Vorkehrungen	21	41	19	12	7	15	3	23
Gegen die Sicherheit des Lebens	—	20	—	8	—	10	1	5
Gegen die Sicherheit der Gesundheit	—	5	—	3	—	1	—	—
Andere die körperliche Sicherheit verletzende Uebertretungen	4	62	8	20	14	46	—	20
Gegen die Sicherheit des Eigenthums	40	147	38	104	32	87	13	67
Gegen die öffentliche Sittlichkeit	—	17	2	9	—	—	—	6
Waffenpatent-Uebertretung	—	5	—	3	—	2	—	2
Hausirpatent-Uebertretung	1	19	1	21	1	12	—	2
Stellungsflucht	—	2	—	1	1	1	—	—
Gesetz vom 27. Juli 1871, Abschaffung und Schubwesen	159	—	151	—	99	1	43	—
Gesetz vom 10. Mai 1873 wider Arbeitsscheue	572	108	362	4	270	10	51	5
Viehseuchengesetz	—	14	—	26	—	24	—	9
Summe von I A und B	873	475	620	243	475	228	132	155
II. Verhaftung entsprungener Sträflinge	—	—	1	—	1	—	—	—

III. Amtshandlungen, vollzogen über Auftrag und Requisition der politischen und Gerichtsbehörden:	Salzburg	Zell am See	St. Johann	Tamsweg
Verhaftungen	15	7	11	10
Hausdurchsuchungen	12	13	12	12
Vorführungen	26	11	5	6
Assistenzleistungen	194	33	19	6
Escorten von Arrestanten	199	67	86	33
Escorten von Schüblingen	17	3	3	—
Summe der besonderen Dienste	463	134	136	67
IV. Außerordentliche Patrouillen anläßlich von Elementar-Ereignissen	46	9	21	2
V. Auffindung von Leichen	—	2	1	—

Die Hauptsumme der ausgewiesenen Leistungen beträgt sonach im politischen Bezirke Salzburg 1857, Zell am See 1009, St. Johann 862, Tamsweg 356, daher im Ganzen 4084.

Vergleicht man die Anzahl der Fälle vom Jahre 1886, welche die Ziffer 3912 aufwiesen, so ergibt sich für das Jahr 1887 ein Mehr von 32. Diese größere Thätigkeit bezieht sich insbesonders auf die obigen Rubriken: „Gesetz vom 27. Juli 1871 und vom 10. Mai 1873", welche im Jahre 1887 eine Thätigkeit in 1830, im Jahre 1886 aber in 1755 Fällen, also im Jahre 1887 um 85 mehr als im Vorjahre bedingen.

Von der k. k. Landesregierung

16. Juli · Salzburg: *Tätigkeitsbericht der Gendarmerie im Kronland Salzburg für das Jahr 1887*[107]

forderlich, um »... das Eindringen ungarischer Zigeunerbanden nach Steiermark, woselbst diese immer mehr Raubüberfälle und Einbrüche verüben zu verhindern ...«[108]

10. August · Feldkirchen/K: Mit diesem Datum wird Titular-Wachtmeister Andreas Suttner aus Feldkirchen ausgezeichnet, weil es ihm gelungen ist, eine Einbrecherbande zu überführen und gestohlenes Gut im Wert von über 1000 Gulden sicherzustellen.[109]

7. Oktober · Scardona/Dalmatien: In den dortigen Kohlebergwerken wird der Diebstahl von 125 kg Dynamit entdeckt. Titular-Postenführer Wenzel Cerwenka konnte den Täter mit einem Scheinkauf und markierten Banknoten überführen. Bei den weiteren Erhebungen können noch große Mengen Sprengstoff, vergraben an verschiedenen Orten, sichergestellt werden.[110]

1888

17. März · Pernegg/St: Ein Felssturz zwischen Bruck an der Mur und Pernegg trifft die Lokomotive des aus Wien kommenden »Courierzuges Nr. 2« und bringt sie samt Tender und Postwagen sowie die vorderen Räder des Schlafwagens zur Entgleisung. Verletzt wird der Postconducteur.[111]

30. Dezember · Hainfeld/NÖ: Beginn des ersten Parteitages der Sozialdemokraten, wo das von Victor Adler verfaßte Parteiprogramm – die sogenannte Prinzipienerklärung – be-

ÖSTERREICH-CHRONIK

1885

11. März: Erstes Arbeiterschutzgesetz wird erlassen. Die tägliche Arbeitszeit wird auf 11 Stunden begrenzt, Kinder- und Nachtarbeit von Frauen und Jugendlichen wird verboten.

1887

18. Juni: Geheimer Rückversicherungsvertrag zwischen Deutschland und Rußland, da auf Grund der Spannungen zwischen Österreich-Ungarn und Rußland der Dreikaiservertrag nicht mehr erneuert wird. Beide Mächte sichern sich gegenseitige Neutralität zu.

1890

1. Mai: Erster Maiaufmarsch in Wien. 200.000 Arbeiter folgen dem Beispiel anderer Städte Europas und Amerikas. Sie legen an diesem Tag die Arbeit nieder und demonstrieren friedlich für den Achtstundentag.

19. Dezember: Bewilligung des Eingemeindungsgesetzes Wiens. Die Vororte Wiens außerhalb der Gürtels werden der Stadt Wien einverleibt.

1891

März: Bei den Reichsratswahlen gewinnt die liberal-nationale Partei der Jungtschechen, die die Loslösung von der Monarchie fordert. Durch diese Mandatsumverteilung wird die konservative Koalitionsregierung unter Ministerpräsident Eduard Graf von Taffe erschüttert, die sich daraufhin auf die »Vereinigte Linke« stützen muß. Der Regierung Taffes gelingt es, die seit 15 Jahren im Reichsrat nicht mehr erschienenen Tschechen zu gewinnen und Zugeständnisse an die Slawen durchzusetzen. Der Nationalitätenkonflikt kann allerdings nicht gelöst werden.

1892

11. August: Übergang zur Goldwährung. Die Kronen-Hellerwährung wird eingeführt. 1 Krone zu 100 Heller ersetzt die bisherige Münzeinheit von 1/2 Gulden.

4. Dezember: Gründung des Christlichsozialen Arbeitervereins durch L. Kunschak, der bis zur Auflösung 1935 dieser Vereinigung vorsteht.

1893

Karl Lueger begründet die Christlichsoziale Partei, die antiliberale Interessen vertritt und die Gefolgschaft des Kleinbürgertums und des gewerblichen Mittelstandes gewinnt.

17. Mai: Bei der Sitzung des böhmischen Landtags in Prag kommt es zu Krawallen zwischen den nationalistisch gesinnten Deutschböhmen, dem Adel und dem Großbürgertum auf der einen Seite und den sozialistisch eingestellten Tschechen, den Kleinbürgern und dem Proletariat auf der anderen Seite. Die

ÖSTERREICH-CHRONIK

Spannungen halten weiter an, die Nationalitätenstreitigkeiten äußern sich auch im Reichstag immer heftiger.
24. Dezember: Am ersten allgemeinen Gewerkschaftskongreß in Wien wird die »Reichsgewerkschaftskommission« gegründet.

1 8 9 5

1. August: Erlaß der österreichischen Zivilprozeßordnung.
29. Oktober: Die Wahl des christlichsozialen Gemeinderates Karl Lueger zum Bürgermeister von Wien wird von Kaiser Franz Joseph I. abgelehnt. Karl Lueger findet trotz Stimmenmehrheit auch bei den Nachwahlen (13. November 1895, 8. April 1897) nicht die kaiserliche Zustimmung. Erst bei seiner 4. Wahl am 8. April 1896 wird er vom Kaiser bestätigt. Insgesamt wird Karl Lueger 7mal zum Bürgermeister gewählt.

1 8 9 6

5. – 14. April: In Athen werden die 1. Olypischen Spiele der Neuzeit veranstaltet; österreichische Sportler erlangen 2 Gold- und 3 Bronzemedaillen (Schwimmen, Radfahren).
14. Juni: Wahlrechtsreform durch die Regierung Badeni. Als fünfte Kurie wird die »allgemeine Wählerklasse« eingeführt. Obwohl nunmehr alle männlichen Staatsbürger wahlberechtigt sind, stößt diese Wahlreform auf Widerstand, da sie im Verhältnis von Wählerzahl zu der Abgeordnetenzahl wenig gerecht ist. Erst 1907 erfährt das Wahlgesetz die geforderte Änderung.

1 8 9 7

5. April: Die Sprachenverordnung für Böhmen und Mähren, die auch die Doppelsprachigkeit in den Ämtern der deutschsprachigen Gebiete einschließt, ruft heftige Opposition bei den Deutschen und die Auflösung der Regierung des Ministerpräsidenten Kasimir Graf Badeni im Reichsrat hervor. Es folgt eine Reihe von Übergangsregierungen, in denen die Nationalisten, Deutschkonservativen, Tschechen, Ungarn, Slawen, Christlichsozialen zu keinem Einvernehmen kommen. Am 17. Oktober 1899 wird die Sprachenverordnung wieder aufgehoben.

1 8 9 8

10. September: Ermordung Kaiserin Elisabeths von Österreich in Genf durch den italienischen Anarchisten Luigi Luccheni.

1 9 0 1

Österreich schließt mit Rumänien ein Verteidigungsbündnis gegen die auf den Balkan übergreifende Politik Rußlands.
23. Mai - 7. Juni: Die II. Internationale Automobilausstellung findet in Wien statt.

GENDARMERIE-CHRONIK

schlossen und dabei die Spaltung zwischen Gemäßigten und Radikalen überwunden wird. Die Gendarmen der Umgebung hatten diese Veranstaltung, die am 1. Jänner 1889 endete, zu überwachen.[112]

1 8 8 9

30. Jänner · Heiligenkreuz/NÖ: Selbstmord von Erzherzog Kronprinz Rudolf von Österreich im Jagdschloß Mayerling bei Heiligenkreuz. Er erschoß vorher seine Geliebte, Baronesse Mary Vetsera. Die Gendarmerie wird bei den Erhebungen weitgehend ausgeschaltet. Durch die verschiedenen Vertuschungsversuche des Hofes bildeten sich in den nächsten Jahrzehnten zahlreiche Legenden, die inzwischen restlos widerlegt sind.[113]
11. April · Wien: Ein neues Wehrgesetz wird erlassen. Die Grundlage bildet die allgemeine Wehrpflicht ab dem 21. Lebensjahr, Dauer 12 Jahre (drei Jahre aktiv, sieben in Reserve und zwei Jahre bei der Landwehr). Die Gendarmerie hat bei den Einberufungen und Musterungen Assistenz zu leisten.[114]
21. Juni · Wien: Die seit 11. Dezember 1886 bestehende sozialdemokratische Wochenschrift »Gleichheit«, Herausgeber Victor Adler, wird verboten und von der Gendarmerie beschlagnahmt.[115]

1 8 9 0

12. November · Ilz/St: Nachdem er innerhalb von acht Jahren vier Morde, fünf Raubüberfälle, acht Brandschatzungen und zwölf Diebstähle begangen hat, wird an dem Ilzer Totengräber und Nachtwächter Franz Rabl am 12. November 1890 die Todesstrafe vollzogen.[116]

1 8 9 1

Hallein/S: Die Zellulosefabrik in Hallein (heute Hallein-Papier AG) wird gegründet. Sie entwickelte sich zum größten Industriebetrieb im Land Salzburg. Für die Gendarmen aus Hallein war es ein wiederkehrender Einsatzort, weil hier immer wieder Wasserleichen oder sonstige verdächtige Gegenstände beim sogenannten »Rechen« der Salzach angetrieben wurden.[117]
18. März · Borohardek/Tschechei: Ein entwichener Häftling, bekannt als gefährlicher Wilddieb aus Grosscemna, wird von Titular-Wachtmeister Johann Perlik im Haus des Wenzel Fassner aus Cicova gestellt. Der Mann schießt auf den Gendarmen – der Schuß geht in den Hut – und flüchtet. Später kann der Mann festgenommen werden. Er wird wegen Mordversuches zu acht Jahren schwerem Kerker verurteilt.[118]

1 8 9 2

Neumarkt am Wallersee/S: Hier versucht ein Bankier auf dem Wallersee einen Dampfer aus dem Bestand der endgültig eingestellten Salzachschiffahrt einzusetzen. Das Vorhaben scheitert, weil die Montageteile größtenteils gestohlen werden.[119]

1 8 9 3

1. Februar · Mürzzuschlag/St: Der »Verband steirischer Skiläufer« wird gegründet.[120]

Der große Holzrechen von Hallein, mit dessen Hilfe jahrhundertelang das Holz aufgefangen wurde, das man zuerst für die Sudhäuser, dann später für die Papierindustrie herzutriftete. Die Anlage wurde 1920 durch ein Hochwasser zerstört. *Bild: Fritz Hörmann, Werfen*

GENDARMERIE-CHRONIK

Silz/T: Mit großem Jubel wird Kaiser Franz Joseph I. bei der Besichtigung seines Schlosses Petersberg von der einheimischen Bevölkerung empfangen.[121]

St. Wolfgang/S: Die Schafbergbahn (erbaut ab 1890) und ein Raddampfer nehmen ab St. Wolfgang den Betrieb auf.[122]

31. Dezember · Prag/Tschechien: Beim ersten Fußballmatch in Österreich spielt »Viktoria« Berlin gegen Ruderklub »Regatta«. Das Spiel endet 7 : 0.[123]

1894

5. Mai · Graz/St: Die Gendarmerie bezieht in Graz am Schönauergürtel Nr. 56 ein neues Kommandogebäude, womit erstmalig alle Grazer Dienststellen und auch die Dienstwohnungen der Gendarmerieoffiziere unter einem Dach untergebracht werden konnten.[124]

1. Juni · Österreich-Ungarn: Die mitteleuropäische Zeit wird für Österreich und Ungarn eingeführt.[125]

14. September · Steyregg/OÖ: Max Danninger wird im Donauaugebiet, während eines Geschlechtsverkehrs mit Maria Mühlberger, von Franz Grasser aus Eifersucht mit einem Messerstich in den Hals ermordet. Der Täter wird zum Tode durch den Strang, Maria Mühlberger zu 15 Jahren schweren Kerker verurteilt.[126]

19. Oktober · Königswiesen/OÖ: Drei Wilderer werden in Stifting auf frischer Tat ertappt. Bei der Festnahme wird ein Mann erschlagen. Nach einem Monat können die Wilderer von Gendarmen des Postens Unterweißenbach ausgeforscht werden.[127]

1895

20. – 21. Juni · Hainbach/OÖ: Wolkenbruchartige Regenfälle führen in der Gemeinde Feinberg insbesondere in Hainbach und Umgebung zu großen Überschwemmungen. Postenführer Othmar Gachowetz und die Titular-Postenführer Anton Bauer und Anton Loos retten durch ihren umsichtigen Einsatz einige Häuser und eine Brücke. Sie werden mit Belobigungen ausgezeichnet.[128]

17. April · Mittersill/S: Die Kellnerin Maria Tranner vom Gasthaus Haslinger zeigt an, daß ihr die Brieftasche mit 30 bis 40 Gulden gestohlen worden sei. Der Verdacht fiel auf einen Taglöhner namens Thomas Wallner, dem jedoch die Flucht gelang. Die Gendarmen gingen zum Großrettenbach Gut, wo sie den Taglöhner bei seiner Geliebten Anna Schönberger vermuteten. Dort entdeckten sie die Leiche der Schönberger, sie war erstochen worden. Im Zuge der weiteren Fahndung kann der Taglöhner verhaftet werden, der sowohl den Mord als auch den Diebstahl gestand. Titular-Wachtmeister Ignaz Ziermayer wird öffentlich belobigt.[129]

Ein Bild der Verwüstung, die Gendarmen werden für ihren Einsatz bei dieser Katastrophe am 19. Juli 1897 öffentlich belobigt. *Bild: GChr. Matrei i. O.*

13. August · Hüttau/S: Nach einem heftigen Unwetter tritt der Fritzbach über die Ufer. Bergrutsche verlegen die Eisenbahnlinie Radstadt – Bischofshofen, der Bahnverkehr muß für Stunden eingestellt werden. Der Gendarmerie Bischofshofen obliegt die Absicherung der vermurten Strecken.[130]

1896

26. Mai · Birkfeld/St: Bei einem Raub werden Johann Übleis und Klara Derler mit einer Hacke erschlagen. Die Beute beträgt 48 Gulden. Der Täter erhängt sich nach seiner Verurteilung im LG Graz.[131]

27. Oktober · Klosterneuburg/NÖ: Während eines Patrouillenganges durch ein Waldgebiet wird der Titular-Postenführer Adolf Robl vermutlich von Falschmünzern mit seinem eigenem Bajonett ermordet. Der Fall bleibt unaufgeklärt.[132]

27. Oktober · Klosterneuburg/NÖ: Der 25jährige Gendarm Adolf Robl wird während eines Patrouillenganges westlich der Stadt in einem Wald von zwei Männern, die er bei der Herstellung von Falschgeld ertappt, überwältigt, entwaffnet und mit dem eigenen Bajonett erstochen. Die Täter können niemals ausgeforscht werden.[133]

1897

10. Mai · Matrei in Osttirol/T: Bei einer Brandkatastrophe brennt der Ort bis auf 14 Häuser und die Kirche fast vollständig ab. 78 Objekte stehen im Vollbrand.[134]

1898

Nassereith/T: 1898 fährt das erste Kraftfahrzeug der Type Benz & Co. über die Fernpaßstraße.[135]

Piesendorf/S: Die Pinzgauer Lokalbahn von Zell am See nach Krimml wird eröffnet. Bei den Bauarbeiten, die über zwei Jahre in Anspruch nahmen, mußten die örtlichen Gendarmen immer wieder wegen aller möglichen Delikte einschreiten.[136]

1899

September · Hüttau/S: Hochwassereinsatz für die Gendarmen aus Bischofshofen, als ein »Jahrhundert-Hochwasser« – ausgelöst vom Fritzbach – katastrophale Schäden, insbesondere an den Bahnanlagen und Gebäuden im Fritztal anrichtet und die Beamten »... viele Delogierungen vorzunehmen und umfassende Vorkehrungen zur Hilfeleistung der in Gefahr stehenden Personen zu treffen hatten. Für diese mit besonderer Umsicht vorgenommenen Dienste wurde die Mannschaft des Postens ... vom k. k. Landesgendarmeriekommando mit Belobigungszeugnissen ausgezeichnet«[137].

Katastrophale Hochwasserschäden in Hüttau und im ganzen Land Salzburg. *Bild: Fritz Hörmann, Werfen*

31. August · Zwischenwasser/V: Das sechseinhalb Jahre alte Mädchen Fried Gutschner wird im Ortsteil Muntlix ermordet durch sieben Messerstiche aufgefunden. Bei dem Täter handelt es sich vermutlich um Johann Jakob Kappelsberger, der in Lindau aufgrund anderer Delikte verhaftet wird.[138]

13./14. September · Leogang/S: Infolge eines Hochwassers werden Eisenbahnbrücken und Bahngleise stark in Mitleidenschaft gezogen. In der Folge entgleist ein Personenzug, wobei zwei Personen getötet werden.[139]

GENDARMERIE-CHRONIK

1900

Piesendorf/S: Das Hotel am Mooserboden mit höchstem Komfort, elektrischer Heizung und Beleuchtung wird eröffnet. Der sich daraus ergebene Tourismusstrom ergibt für den örtlichen Posten erhebliche Mehrarbeit.[140]

Hotel Mooserboden, Seehöhe 1968 m, 40 Zimmer, Telephon (Anruf Zell Ka2), Aquarell/Pastell. *Bild: Fritz Hörmann, Werfen*

Eisenerz/St: Während einer Barbarafeier, bei der an die 6.000 Menschen teilnehmen, kommt es zu einer Rauferei, bei der drei Bergleute erschossen und sieben schwer verletzt werden. Die zwei einschreitenden Gendarmeriebeamten werden ebenfalls schwer verletzt.[141]

20. Jänner bis 24. März · Teplitz/Tschechei: Bei den großen Lohnkämpfen der im Duxer- und Nörschaner Bezirk etablierten Kohlenbergwerke kommt es zu Streiks und Ausständen. Zeitweise streikten bis zu 5.000 Mann. Die Gendarmerie zog Einheiten zu 45 Mann zusammen und es konnten, dank des guten Einvernehmens der Gendarmen mit den Arbeitern, größere Zusammenstöße verhindert werden. Für das umsichtige Einschreiten werden Wachtmeister Ignaz Zerwerenz und Josef Friemel mit Belobigungszeugnissen bedacht.[142]

1. Mai · Freistadt/OÖ: Die Häuslerin Anna Schinnerl wird ermordet und beraubt.[143]

8. Mai · Altach/V: Dreifacher Mord in Mäder. Bäckerehepaar Xaver und Katharina Aberer und Dachdecker Christian Grüble durch einen unbekannten Täter. Es wird vermutet, daß der Täter – Beute 600 Gulden – sich in die USA abgesetzt hat. Die Nachtragserhebungen werden bis in das Jahr 1958 durchgeführt.[144]

1901

Schwarzach im Pongau/S: Aufgrund des Bahnbaues wird in Schwarzach eine Gendarmerieexpositur errichtet. Die Nordrampe der Tauernbahn wird 1905 feierlich eröffnet. Alle Gendarmen des nun 1903 neu gegründeten Gendarmeriepostens nehmen am Festakt teil.[145]

26. September · Andorf/OÖ: Der Titular-Postenführer Matthias Schimpfl erschießt in Untergriesbach den aus der Strafanstalt Suben entsprungenen, zu lebenslangem Kerker verurteilten Raubmörder Franz Misslivicek durch zwei Schüsse aus seinem Dienstkarabiner.[146]

1902

24. Juni · Werfen/S: In Werfen wird die neuerbaute Hochdruckwasserleitung ihrer Bestimmung übergeben, gleichzeitig feiert die Feuerwehr ihr 25jähriges Bestandsjubiläum. Große Festlichkeiten mit Aufmarsch aller Vereine und einem Fackelzug durch den Ort umrahmen die Feier. Die örtlichen Gendarmen überwachen die Veranstaltung, der Postenkommandant ist als Ehrengast geladen.[147]

1903

10. Juni · Bischofshofen/S: Mit dem ersten Mordfall sind die örtlichen Gendarmeriebeamten 1903 konfrontiert, als bei seinem ersten Pirschgang der 19jährige Forstgehilfe Alexander Lonsky vermutlich durch Wilderer meuchlings erschossen wird. Zwei Verdächtige werden festgenommen, müssen jedoch mangels an Beweisen wieder freigelassen werden. Danach werden die Ermittlungen wieder aufgenommen, aber der »... Täter, nach welchem bisher eifrig geforscht wird, konnte nicht eruiert werden«.[148]

Ein Marterl erinnert heute noch an den Mord an Alexander Lonsky.
Bild: Fritz Hörmann, Werfen

1904

Jänner · Schwarzach, Lend, Badgastein/S: Stellvertretend für die vielen Bahnbauten im 19. Jahrhundert werden die schwierigsten Einsatzbereiche der Gendarmerie an Hand des Beispieles der Baustelle »Tauernbahn« im Salzburger Bereich dokumentiert:

An die 4.000 Arbeiter, meist aus den südöstlichen und südlichen Ländern der Monarchie, darunter viele Italiener, arbeiteten beim Bahnbau unter schwierigsten Bedingungen. Bei dieser Massierung von Arbeitern verschiedener Nationalität fehlte es nicht an Zündstoff für Konflikte. Allein 1903 werden 12 Notzuchtfälle, vier Morde und drei Totschläge gemeldet. Allerdings, wenn man die Arbeits- und Lebensbedingungen dieser Arbeiter betrachtet, sind diese Zahlen nicht verwunderlich. So berichtet die »Salzburger Wacht« 1904 in ihrer 1. Ausgabe:

»Lend. (Von der Tauernbahn.) Bis jetzt ist über die Arbeitsverhältnisse beim Bau der Tauernbahn so viel wie gar nichts in die Oeffentlichkeit gedrungen, man könnte daher glauben, daß dieselben ganz zufriedenstellend seien, was aber nicht im entferntesten zutrifft. Die Arbeiter werden aus aller Herren Länder zusammengetrommelt, am liebsten sind den Machern die am allerwenigsten Zivilisierten, weil diese die Bedürfnislosesten sind.

Selbst die italienischen Arbeiter sind den Unternehmern schon zu begehrlich, weshalb sie sich am liebsten Kroaten und Mazedonier bringen lassen. Aber selbst bei diesen ist ein fortwährendes Kommen und Gehen zu beobachten, da auch ihnen die Verdienst-, Wohnungs- und Lebensverhältnisse zu elend sind. In der Nacht vom 19. auf den 20. Dezember ist die Koch- und Menage-Baracke der Unternehmung Bömberger abgebrannt, wobei das gesamte Kochgeschirr für 30 Mann, ein Paar Stiefel und sonstige Habseligkeiten der armen Leute mitverbrannten. Anfangs wollte man den Leuten nicht die geringste Entschädigung gewähren, erst als die Geschädigten vor die Baukanzlei zogen und ausdrücklich erklärten, nicht mehr weiterarbeiten zu wollen, wurde ihnen pro Mann eine Krone zugesprochen. Unter den Arbeitern herrscht schon lange eine erbitterte Stimmung, weil ihnen ihr Kompagnie-Antreiber pro Mann und Tag 30 Kreuzer für Kost anrechnet, obwohl dieselbe, wie behauptet wird, lange diesen Wert nicht besitzt. Für das Quartier verlangt der Antreiber pro Mann 10 Kreuzer, obwohl er selbst nur 8 Kreuzer zu zahlen hat. In der Kantine bei Adolf Zucker werden für ein elendes Strohlager und eine Decke 8 Kreuzer täglich verlangt. In den Kantinen mangelt es durchwegs an der erforderlichen Reinlichkeit, Läuse sind ständige Gäste in denselben. Hat einmal einer der Arbeiter den Mut, sich zu beschweren oder auf Abstellung der Mißstände zu drängen, so wird ihm gleich gedroht, er soll nur ruhig sei, sonst läßt man ihn abführen ...«[149]

17. August · Wilhelmsburg/NÖ: Der 17jährige Josef G. beraubt und ermordet Anna K. und deren Sohn Michael auf der Straße im Kendlgraben bei Göblasbruck. Bei der Vernehmung gesteht der Mann zusätzlich den Raubmord an Anna L. und deren Tochter. Der Täter wird zu 18 Jahren schweren Kerker verurteilt.[150]

1905

19. März · Lilienfeld/NÖ: Der erste Slalom der Welt wird auf dem Muckenkogel (1.246 m) ausgetragen. Streckenlänge 2.000 Meter, 85 Tore, Höhenunterschied 500 Meter. Die Gendarmerie überwacht die Veranstaltung, die von zahlreichen Zuschauern besucht wird.[151]

1906

Günselsdorf/NÖ: Raubmord an einem Handwerksburschen im Freilandgebiet zwischen Günselsdorf und Sollenau. Der Täter kann ausgeforscht werden. Er wird vorerst zum Tod durch den Strang verurteilt, später zu lebenslänglichem Kerker begnadigt.[152]

1. Mai · Mühlbach/S: Bei einer Kundgebung in Mühlbach zum 1. Mai weisen Bischofshofener und Mühlbacher Bergarbeiter auf die schlechten Arbeitsbedingungen und Löhne hin. Zu diesem Zeitpunkt sind bereits 25–30% der Berg- und Hüttenarbeiter organisiert. Die Gendarmen aus Bischofshofen überwachen verstärkt die Kundgebung, es kommt zu keinen Ausschreitungen.[153]

17. April · Werfen/S: Von den 150 Mann die aus den Nachbargemeinden Mühlbach, Bischofshofen, Pfarrwerfen und Werfenweng zur Musterung angetreten waren, sind nur 20 Mann tauglich. Nach der Musterung kommt es in Werfen zu einer Massenschlägerei, dabei werden mehrere Burschen durch Messerstiche verletzt. 10 »Raufbolde« werden verhaftet.[154]

1907

23.–30. Juli · Badgastein/S: Wegen der schlechten Arbeits- und Wohnbedingungen streiken die 4.000 Arbeiter des Tauerntunnels. Es kommt zu heftigen Ausschreitungen und mehreren Verletzten.[155]

1. September · Werfen/S: Der beim Jagdbesitzer Leo Stein in Hinterimlau beschäftigte Oberjäger Johann Englmaier wird im Montanwald von Wilderern erschossen. Vorerst kann die Tat nicht geklärt werden. Am 2. Februar 1928 gesteht am Totenbett Rupert Brandauer die Tat begangen zu haben.[156]

23. November · Bischofshofen/S: Durch ihr kluges Einschreiten verhindert die Gendarmerie einen Eklat, als sich die Unruhe innerhalb der Arbeiterschaft infolge des Konkurses der Mitterberger Copper-Company-Limited in London dramatisch zuspitzt, nachdem die Löhne nicht mehr ausbezahlt und die Arbeiten eingestellt werden.[157]

Fieberhafte Sucharbeiten nach den verschütteten Arbeitern in Böckstein. Bild: Museum Badgastein

Gegen die streikenden Arbeiter, die die Tunneleingänge besetzen und sie zu sprengen drohen, schreitet die Gendarmerie ein und kann sie mit Mühe davon abhalten. Die nach Böckstein verlegten Kaiserjäger ziehen wieder ab.
Bild: Karl Steinacher Fonds, Salzburg

1908

29. März · Bischofshofen/S: Gegen 3 Uhr bricht in der Holzhütte des Kaufmannes Max Katschtaller ein Brand aus. Das Feuer greift rasch um sich und zerstört im Ortskern folgende Gebäude: das Wohnhaus Katschtaller, die Gasthäuser Hugo Eder und Michael Facinelli, die Fleischhauerei Heinrich Facinelli, das Haus des Lederhändlers Alois Schürz und das des Sattlers Peter Lechner sowie einige Nebengebäude. Der Gesamtschaden beträgt 170.000 Kronen. Versichert war nur der Wert von 110.000 Kronen. Dazu berichtet die Chronik: »... Bei diesem Brande stand die damalige Postenmannschaft Karl Leb, Josef Wagner, Rudolf Pombl und Wenzl Just bis 9 Uhr abends im Dienste und beteiligte sich dieselbe in umsichtsvoller und tatkräftiger Weise bei der Lokalisierung des Brandes. Die Ursache des Brandes konnte nicht festgestellt werden.«[158]

4. Juli · Golling/Werfen/S: In der Nähe der Salzachöfen am Paß Lueg bricht ein Waldbrand aus. Die Feuerwehren Golling, Hallein und Werfen sind zur Brandbekämpfung eingesetzt. Die Gendarmen die beiden Posten beteiligen sich ebenfalls an der Brandbekämpfung.[159]

1909

7. März · Böckstein/S: Im Frühjahr kommen bei einem schweren Lawinenunglück beim Bau der Tauernbahn 27 Menschen ums Leben. In diesem Jahr wird die Tauernbahn zwischen Schwarzach i. Pg. und Spittal a. d. Drau in Betrieb genommen. [160]

26. Juli · Werfen/S: Im Brunnführerhaus, Werfen Nr. 29 – jetzt Krimpelstätter – bricht ein Brand aus. Begünstigt durch den starken Wind greift das Feuer greift rasch um sich und erfaßt die Häuser Nr. 30 (Maurermeisterhaus, jetzt Holzmann), Haus Nr. 21 (Saringerhaus, jetzt Oppeneiger) und Haus Nr. 27 (Bruderhaus, jetzt Schönauer). Als Brandursache stellt die Gendarmerie Werfen unvorsichtiges Hantieren mit offenem Feuer fest. Der Gesamtschaden beträgt 100.000 Kronen. Zur Linderung der

ÖSTERREICH-CHRONIK

1902

28. Juni: Der Dreibundvertrag Österreich-Ungarn, Deutschland und Italien wird verlängert; doch wird dieser durch den am 1. November zwischen Italien und Frankreich geschlossenen Geheimvertrag praktisch nichtig. Die zunehmend österreichfeindliche Bewegung in Italien gewinnt auch Einfluß in Südtirol und Istrien.
31. Dezember: Abschluß der österreichischen Reichshälfte mit Ungarn über den Weiterbestand des gemeinsamen Wirtschaftsgebietes. Die »Unabhängigkeitspartei« unter Julius Kossuth, die die Loslösung Ungarns von der Monarchie anstrebt, setzt sich gegen den Widerstand Kaiser Franz Josephs I. nicht durch.

1903

15. Juni: Nach der Ermordung des österreichfreundlichen Königs von Serbien, Alexander, folgt Peter Karageorgewitsch auf den Thron, der eine aggressive Politik gegen Österreich-Ungarn betreibt. Er findet Unterstützung bei Rußland, Frankreich und Großbritannien, die eine Großmachtstellung Österreich-Ungarns zu verhindern suchen.

1905

Paul Daimler stellt das erste Panzerauto der Welt vor, das erstmals 1906 im Manöver zu Teschen eingesetzt wird. Die Beurteilung dieses neuen Militärgerätes durch Kaiser Franz Joseph I. fällt negativ aus: Diese Panzer seien für eine militärische Verwendung nicht zu gebrauchen, da sie die Pferde scheuen lassen.
7. November: Erfolgreicher Ausgleich in der Nationalitätenfrage für Mähren und die mährischen Enklaven in Schlesien. Der mährische Landtag soll in eine deutsche und in eine tschechische Kurie geteilt werden.

1906

7. Jänner: In Österreich-Ungarn werden die Kennzeichentafeln für Kraftfahrzeuge eingeführt.

1907

26. Jänner: Sanktionierung des allgemeinen, gleichen, geheimen und direkten Wahlrechts in Österreich-Ungarn. Das Kuriensystem ist somit abgeschafft. Die Frauen bleiben weiterhin vom Wahlrecht ausgeschlossen. Vom 14. – 24. Mai finden die ersten allgemeinen Wahlen in Österreich statt.

1908

5. Oktober: Österreich-Ungarn annektiert die seit 1878 besetzten Herzogtümer Bosnien und Herzogewina.

GENDARMERIE-CHRONIK

größten Not läuft eine landesweite Spendenaktion an. Ergebnis: 7640,84 Kronen an Spendengeldern.[161]

Der Bereich des südlichen Ortseinganges wird durch den Brand verwüstet.
Bild: Consistorialarchiv, Salzburg.

1910

5. März · Riedau/OÖ: Familientragödie; Josef Mannhartsberger erschießt seine Gattin und seine drei Söhne im Alter von sechs bis neun Jahren. Anschließend richtet er sich selbst. Hohe Schulden und Not waren die Motive dieser Wahnsinnstat.[162]
August · Rauris/S: Der 28jährige Landwirt Josef Zlöbl aus dem Seidlwinkltal wird verdächtigt, die Tochter des Landwirts Josef Granegger ermordet und eine andere Tochter schwer verletzt zu haben. Nach einem Gerichtsverfahren am LG Salzburg wird er jedoch nur wegen der schweren Körperverletzung für schuldig gesprochen.[163]
10. Oktober · Horn/NÖ: Ein »Überlandflug« von Wien nach Horn und retour durch den Piloten und Mechaniker Karl Illner war »die Sensation« in Horn. Mehr als 5.000 Zuschauer verfolgen Landung und Start auf der Wiese zu Hopfgarten. Ein Denkmal in Horn erinnert heute noch an das Ereignis.[164]

1911

Veitsch/St: Bei einem Streit im Gasthaus Baumgartner tötet der Werksarbeiter Josef Dolomä mit seinem Jausenmesser Konrad Hinz durch einen Bauchstich.[165]
5. November · Dornbirn/V: In der Höchster Straße wird die Leiche des 16jährigen Fabrikarbeiters Franz Huber aufgefunden. Aufgrund der umfangreichen Ermittlungen kann durch die Aussage der Mutter des Toten festgestellt werden, daß dieser vom eigenen Bruder beim unvorsichtigen Hantieren mit einem Gewehr erschossen worden ist. Um den Verdacht abzulenken, habe man die Leiche aus dem Haus geschafft.[166]
28. Dezember · Goggendorf/NÖ: Raubmord an dem Viehhändler Johann Gartner. Als Täter wird der Tagelöhner Josef Hammerschmied aus Sitzendorf ausgeforscht und zum Tode verurteilt. Im Jahre 1916 wird Josef Hammerschmied anläßlich des Regierungsantrittes Kaiser Karls I. die Strafe nachgelassen.[167]

1912

2. Juni · Angern an der March/NÖ: Durch das Rauchen eines Arbeiters entzünden sich in einer Teerfabrik 200.000 Liter Öl. Zu dem Großbrand muß sogar die Wiener Feuerwehr hinzugezogen werden. Der Schaden beträgt 100.000 Kronen. Der Verursacher des Brandes wird zu zehn Jahren Haft verurteilt.[168]
28. Oktober · Seefeld in Tirol/T: Mit der Eröffnung der Karwendelbahn setzt im Bezirk Innsbruck-Land die Entwicklung zum internationalen Sommer- und Wintertourismus ein.[169]
16. Dezember · Hollabrunn/NÖ: Meuchelmord der Häuslerin Maria Gruber an ihrem Schwager Franz Gruber durch Beimengung von Gift zu den Speisen. Die Mörderin wird als geisteskrank erklärt und in der Irrenanstalt Gugging interniert.[170]

1913

Nußdorf/S: Ein Großbrand in Nußdorf vernichtet den halben Ort.[171]
20. Juli · Rauris/S: Der Bergführer Sebastian Mühlthaler wird von einem vorerst unbekannten Täter überfallen, zusammengeschlagen und beraubt. Als Täter wird Ignaz Salchegger ausgeforscht. Bei der Überführung von Rauris nach Taxenbach unternimmt er einen Fluchtversuch. Der 24jährige Gewalttäter ertrinkt in der Kitzlochklamm.[172]
27. August · Werfen/S: Thronfolger Franz Ferdinand war ab 1809 in Blühnbach Schloßbesitzer. Als leidenschaftlicher Jäger und Schütze übt er die Gamsjagd als Treibjagd aus. An diesem Tag erlegt er eine »weiße Gams«. Nach altem Jägerglauben wird der Erleger einer weißen Gemse innerhalb eines Jahres sterben. Franz Ferdinand fiel am 28. Juni 1914 einem Attentat zum Opfer. Die »Schicksalsgams« ist im Haus der Natur in Salzburg ausgestellt.

1914

Eisenerz/St: Weil ihr das uneheliche Kind pein-

ÖSTERREICH-CHRONIK

1909

Das erste Flugfeld Österreichs wird in Wiener Neustadt angelegt. Mieter des Hangars ist Igo Etrich, Erbauer des ersten österreichischen Motorflugzeuges, der sogenannten »Etrich-Taube«.

1912

Im Balkanbund vereinigen sich Serbien, Bulgarien, Montenegro und Griechenland gegen die türkische Herrschaft am Balkan. Die Bemühungen Österreich-Ungarns und Rußlands, die Balkankrise friedlich zu lösen, scheitern. Die Türkei wird in den folgenden Kriegen, die bis 1913 andauern, aus dem Balkan gedrängt.

1913

3. Jänner: Einführung der »k.u. k. österreichischen Lotterie«.

1914

11. Mai – 4. Juni: Der Vorarlberger Landtag beschließt die Einführung einer Automobilsteuer.
28. Juli: Österreich-Ungarn erklärt Serbien den Krieg. Damit beginnt der 1. Weltkrieg und es folgt eine Welle von Mobilmachungen. Bis Mitte Mai stehen die Mittelmächte – Österreich-Ungarn, Deutschland – den Truppen der Entente – Rußland, Großbritannien, Frankreich, Belgien – gegenüber. Gegen Jahresende tritt noch das Osmanische Reich als Verbündeter der Mittelmächte ein, Japan stellt sich an die Seite der Entente. Die Streitkräfte, die an der Ost- und Westfront gebunden sind, zeigen zunächst wenig Erfolg. Die offensiven Kriegsoperationen gefrieren zu einem Stellungskrieg.

1915

23. Mai: Mit dem Kriegseintritt Italiens, das sich vorerst als Mitglied der Dreibundes neutral verhalten hat und sich am 3. Mai der Entente anschließt, eröffnet sich eine dritte Front. Von Juni 1915 bis Oktober 1917 werden insgesamt 12 Isonzoschlachten mit wechselndem Erfolg ausgetragen.
24./25. November: Die Eroberung Serbiens gelingt durch die Unterstützung der Türkei und Bulgariens, das am 11. Oktober den Serben den Krieg erklärt hat. Bald darauf werden auch Montenegro und Nordalbanien besetzt.

1916

27. August: Die Ostfront der Mittelmächte wird durch den Eintritt Rumäniens in das Kriegsgeschehen verlängert, was zunächst den Einbruch der russischen Truppen in die österreichisch-deutsche Linie zur Folge hat. Schließlich gelingt es Österreich-Ungarn im Verbund mit türkischen und bulgarischen Einheiten den größten Teil Rumäniens zu erobern.

GENDARMERIE-CHRONIK

Die »weiße« Gams war das Schicksal von Thronfolger Franz Ferdinand.
Bild: Fritz Hörmann, Werfen

lich war, ertränkt eine Dienstmagd ihren Säugling im Leopoldsteinersee. Die Frau wird zum Tod durch den Strang verurteilt.[173]
Februar · Edelschrott/St: Innerhalb von zehn Monaten werden auf der Stubalpe 18 Rinder und 44 Schafe von einem Wolf gerissen. Das Raubtier kann erlegt werden.[174]
5. März · Deutschlandsberg/St: Das Gebiet der Koralpe–Wildsattel wird durch Wölfe unsicher gemacht. Der »Bauernschreck« veranlaßte sogar die Dienstbehörde, daß zwischen Mai und August 1913 sechs Gendarmerieexposituren in dieser Gegend eingerichtet wurden. Letztlich konnte aber der Jäger Steinbauer am 5. März 1914 den Wolf erlegen.[175]
23. April · Maria Saal/K: Erste Demonstration von Slowenen anläßlich der 500-Jahr-Feier seit der letzten Einsetzung eines Herzogs am Herzogstuhl am Zollfeld.[176]
28. Juni · Sarajevo/Serbien: Ermordung des Thronfolgers Erzherzog Franz Ferdinand und seiner Frau Sophie in Sarajevo durch den serbischen Nationalisten Gavrilo Princip. Das Attentat ist einer der Auslöser des Ersten Weltkrieges. Österreich-Ungarn reagiert mit der militärischen Besetzung Serbiens. Serbien macht seine Truppen mobil und erhält die Unterstützung Rußlands: aus einem begrenzten Krieg wird ein Bündniskrieg.[177]
31. Juli · Gesamtmobilisierung – Ausbruch des Ersten Weltkrieges
Bischofshofen/S: Die Dramatik der ersten Monate nach der Kriegserklärung schlägt sich

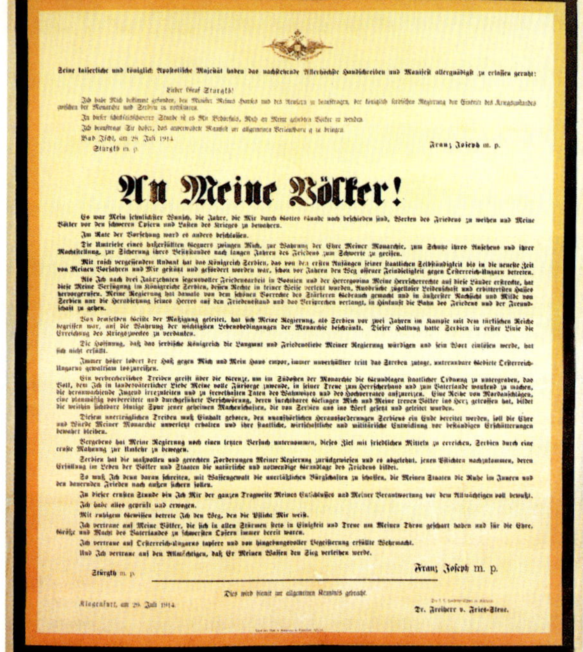

Seine kaiserliche und königlich Apostolische Majestät haben das nachstehende Allerhöchste Handschreiben und Manifest allergnädigst zu erlassen geruht:

Lieber Graf Stürgkh!

Ich habe Mich bestimmt gefunden, den Minister Meines Hauses und des Aeußern zu beauftragen, der königlich serbischen Regierung den Eintritt des Kriegszustandes zwischen der Monarchie und Serbien zu notifizieren.

In dieser schicksalsschweren Stunde ist es Mir Bedürfnis, Mich an Meine geliebten Völker zu wenden.

Ich beauftrage Sie daher, das anverwahrte Manifest zur allgemeinen Verlautbarung zu bringen.

Bad Ischl, am 28. Juli 1914.

Franz Joseph m. p.

Stürgkh m. p.

An Meine Völker!

Es war Mein sehnlichster Wunsch, die Jahre, die Mir durch Gottes Gnade noch beschieden sind, Werken des Friedens zu weihen und Meine Völker vor den schweren Opfern und Lasten des Krieges zu bewahren.

Im Rate der Vorsehung ward es anders beschlossen.

Die Umtriebe eines haßerfüllten Gegners zwingen Mich, zur Wahrung der Ehre Meiner Monarchie, zum Schutze ihres Ansehens und ihrer Machtstellung, zur Sicherung ihres Besitzstandes nach langen Jahren des Friedens zum Schwerte zu greifen.

Mit rasch vergessendem Undank hat das Königreich Serbien, das von den ersten Anfängen seiner staatlichen Selbständigkeit bis in die neueste Zeit von Meinen Vorfahren und Mir gestützt und gefördert worden war, schon vor Jahren den Weg offener Feindseligkeit gegen Oesterreich-Ungarn betreten.

Als Ich nach drei Jahrzehnten segensvoller Friedensarbeit in Bosnien und der Herzegowina Meine Herrscherrechte auf diese Länder erstreckte, hat diese Meine Verfügung im Königreiche Serbien, dessen Rechte in keiner Weise verletzt wurden, Ausbrüche zügelloser Leidenschaft und erbittertsten Hasses hervorgerufen. Meine Regierung hat damals von dem schönen Vorrechte des Stärkeren Gebrauch gemacht und in äußerster Nachsicht und Milde von Serbien nur die Herabsetzung seines Heeres auf den Friedensstand und das Versprechen verlangt, in Hinkunft die Bahn des Friedens und der Freundschaft zu gehen.

Von demselben Geiste der Mäßigung geleitet, hat sich Meine Regierung, als Serbien vor zwei Jahren im Kampfe mit dem türkischen Reiche begriffen war, auf die Wahrung der wichtigsten Lebensbedingungen der Monarchie beschränkt. Dieser Haltung hatte Serbien in erster Linie die Erreichung des Kriegszweckes zu verdanken.

Die Hoffnung, daß das serbische Königreich die Langmut und Friedensliebe Meiner Regierung würdigen und sein Wort einlösen werde, hat sich nicht erfüllt.

Immer höher lodert der Haß gegen Mich und Mein Haus empor, immer unverhüllter tritt das Streben zutage, untrennbare Gebiete Oesterreich-Ungarns gewaltsam loszureißen.

Ein verbrecherisches Treiben greift über die Grenze, um im Südosten der Monarchie die Grundlagen staatlicher Ordnung zu untergraben, das Volk, dem Ich in landesväterlicher Liebe Meine volle Fürsorge zuwende, in seiner Treue zum Herrscherhaus und zum Vaterlande wankend zu machen, die heranwachsende Jugend irrezuleiten und zu frevelhaften Taten des Wahnwitzes und des Hochverrates aufzureizen. Eine Reihe von Mordanschlägen, eine planmäßig vorbereitete und durchgeführte Verschwörung, deren furchtbares Gelingen Mich und Meine treuen Völker ins Herz getroffen hat, bildet die weithin sichtbare blutige Spur jener geheimen Machenschaften, die von Serbien aus ins Werk gesetzt und geleitet wurden.

Diesem unerträglichen Treiben muß Einhalt geboten, den unaufhörlichen Herausforderungen Serbiens ein Ende bereitet werden, soll die Ehre und Würde Meiner Monarchie unverletzt erhalten und ihre staatliche, wirtschaftliche und militärische Entwicklung vor beständigen Erschütterungen bewahrt bleiben.

Vergebens hat Meine Regierung noch einen letzten Versuch unternommen, dieses Ziel mit friedlichen Mitteln zu erreichen, Serbien durch eine ernste Mahnung zur Umkehr zu bewegen.

Serbien hat die maßvollen und gerechten Forderungen Meiner Regierung zurückgewiesen und es abgelehnt, jenen Pflichten nachzukommen, deren Erfüllung im Leben der Völker und Staaten die natürliche und notwendige Grundlage des Friedens bildet.

So muß Ich denn daran schreiten, mit Waffengewalt die unerläßlichen Bürgschaften zu schaffen, die Meinen Staaten die Ruhe im Innern und den dauernden Frieden nach außen sichern sollen.

In dieser ernsten Stunde bin Ich Mir der ganzen Tragweite Meines Entschlusses und Meiner Verantwortung vor dem Allmächtigen voll bewußt.

Ich habe alles geprüft und erwogen.

Mit ruhigem Gewissen betrete Ich den Weg, den die Pflicht Mir weist.

Ich vertraue auf Meine Völker, die sich in allen Stürmen stets in Einigkeit und Treue um Meinen Thron geschart haben und für die Ehre, Größe und Macht des Vaterlandes zu schwersten Opfern immer bereit waren.

Ich vertraue auf Oesterreich-Ungarns tapfere und von hingebungsvoller Begeisterung erfüllte Wehrmacht.

Und Ich vertraue auf den Allmächtigen, daß Er Meinen Waffen den Sieg verleihen werde.

Franz Joseph m. p.

Stürgkh m. p.

Dies wird hiemit zur allgemeinen Kenntnis gebracht.

Klagenfurt, am 29. Juli 1914.

Dr. Freiherr v. Fries-Skene.

Plakat zur Kriegserklärung.
Bild: Museumsverein Werfen

auch in der örtlichen Gendarmeriechronik nieder und wird dort folgendermaßen wiedergegeben:
»31. Juli 1914. Allgemeine Mobilisierung Allerhöchst angeordnet. Gemeindevorstehung Einberufungskarten zur Zustellung übergeben, Mannschaft auf die Mobilisierungs-Patrouille entsendet. Sturmläuten und Böllerschießen behufs Alarmierung der Bevölkerung veranlaßt. Herrn Bürgermeister und Gemeindefunktionäre bei der Auskunftserteilung unterstützt.
1. August. Überwachung der Einrückenden, ... Aufrechterhaltung der Ruhe und Ordnung am Bahnhofe; Überwachung der Zivilreisenden, ... Einquartierung von 150 Mann Eisenbahnsicherungsmannschaft.

Attentat in Sarajevo, zeitgenössischer Druck.
Bild: Fritz Hörmann, Werfen

ÖSTERREICH-CHRONIK

schen Niederlagen an der italienischen Front und an der Marnelinie lassen das Ende des Krieges und damit den Zerfall des Habsburgerreiches bereits erahnen. Auch die Abspaltungsbestrebungen der Nationalitäten von der Monarchie sind nicht mehr aufzuhalten.
29. Juni: Frankreich anerkennt die provisorische Regierung der Tschechen.
8. August: »Schwarzer Tag«: die Engländer durchbrechen die deutsche Westfront.
28. Oktober: Die tschechoslowakische Republik wird in Prag ausgerufen. Die Slowaken schließen sich diesem Staat an.
30. Oktober: Ungarn trennt sich von Österreich und ruft am 11. November die Republik aus. Am 21. März wird diese in eine kommunistische Rätediktatur umgewandelt.
3. November: Die Mittelmächte schließen mit der Entente den Waffenstillstand.
11. November: Kaiser Karl I. legt die Regierungsgeschäfte nieder.
12. November: Die »Republik Deutsch-Österreich« wird verkündet. Im Friedensvertrag von Saint Germain wird diese Bezeichnung verboten und in »Republik Österreich« geändert.
1. Dezember: Die Südslawen schließen sich mit Serbien und Montenegro zum Königreich der Serben, Kroaten und Slowenen zusammen. Da die Südslawen auf Gebiete in Südkärnten und der Südsteiermark Ansprüche erheben, kommt es in der Folge zu bewaffneten Übergriffen durch südslawische Truppen. Steiermark und Kärnten entscheiden sich für den Abwehrkampf.
18. Dezember: Einführung des allgemeinen Wehrmachtsgesetzes.

1919

16. Februar: Wahl zur Konstituierenden Nationalversammlung. Frauen dürfen erstmals ihre Wahlstimme abgeben.
4. März: Die Konstituierende Nationalversammlung tritt zu ihrer ersten Sitzung zusammen. Den Vorsitz führen der Sozialdemokrat Karl Seitz als erster Präsident, der Christlichsoziale Prälat Johann Nepomuk Hauser als Zweiter Präsident und der Deutschnationale Franz Dinghofer als Dritter Präsident. Im Gesetz über die Volksvertretung und die Staatsregierung wird beschlossen, daß der Nationalversammlung als höchstes Organ die oberste Gewalt der Republik zukommt. Ihr Erster Präsident stellt den Staatspräsidenten.
15. März: Unter der Leitung von Karl Renner wird eine Koalitionsregierung aus Christlichsozialen und Sozialdemokraten gebildet.
3. April: Gesetzeserlässe: »Habsburgergesetz« (Verweisung der Familie Habsburg-Lothringen des Landes und Beschlagnahme des Familienvermögens), Verbot, den Adelstitel zu führen, Abschaffung der Todesstrafe.
11. Mai: Volksbefragung in Vorarlberg, 80% der Bevölkerung entscheiden sich für den Anschluß an die Schweiz, wird aber staatsrechtlich von den Alliierten Siegermächten nicht berücksichtigt.
15. Juni: Der kommunistische Putschversuch in Wien wird blutig unterdrückt. Angeregt durch die benachbarten Rätediktaturen in Ungarn und Bayern kommt es 1919 in Österreich zu zahlreichen putschartigen Aktionen gegen die Volksvertretung und die Polizei.
10. September: Unterzeichnung des Friedensvertrages von Saint Germain durch Staatskanzler Karl Renner in Wien. Österreich gilt als Nachfolgestaat der Doppelmonarchie. Mit Ausnahme von Ödenburg und Umgebung werden die Grenzen, wie sie heute bestehen, festgelegt.
Bildung von zunächst überparteilichen, bewaffneten und behördlich genehmigten Heimwehren in den Ländern Österreichs. Diese freiwilligen Verbände werden zum Schutz gegen innere Ausschreitungen ebenso wie zur Verteidigung der Landesgrenzen eingesetzt. Diese Schutzbünde entwickeln sich zu bewaffneten Organen der Parteien.

1920

10./11. Juni: Rücktritt der Regierung Karl Renner.
7. Juli: Proporzregierung aller Parteien unter dem Christlichsozialen Michael Mayr, die am 22. Oktober aufgelöst wird.
5. – 7. September: Gründungsparteitag der »Großdeutschen Volkspartei« in Salzburg.
1. Oktober: Beschluß der neuen Verfassung der Republik Österreich, die Österreich als Bundesstaat und demokratische Republik definiert. In der Fassung von 1929 wird sie am 27. April 1945 von der Zweiten Republik als Verfassungsgesetz übernommen.
10. Oktober: Kärntner Volksabstimmung: In der südlichen Zone A mit überwiegend slawischer Bevölkerung entscheiden sich 59% für den Verbleib in Österreich, sodaß die Abstimmung in der nördlichen Zone B um Klagenfurt entfallen kann.
17. Oktober: Nationalratswahl, Bildung der 2. Regierung Mayrs.
16. November: Österreich wird in den Völkerbund aufgenommen.
9. Dezember: Der parteilose Michael Hainisch wird von der Bundesversammlung zum Bundespräsidenten gewählt (bis 1924, Wiederwahl bis 1928).

1921

1. Juni: Regierungsauflösung auf Grund der Anschlußfrage. Bei inoffiziellen Abstimmungen in Tirol und Salzburg spricht sich die Mehrheit für den Anschluß an das Deutsche Reich aus. Der allgemeine Tenor lautet, daß der Rest der Donaumonarchie nicht lebensfähig sei.
21. Juni: Regierungsbildung unter dem parteilosen Wiener Polizeipräsidenten Johannes Schober.
14. – 16. Dezember: Volksabstimmung in Burgenland. Obwohl die Abtretung Burgenlands an Österreich im Friedensvertrag zu St. Germain festgesetzt war und Ungarn sich im Friedensschluß von Trianon dazu verpflichtet hat, verläuft die Übernahme zunächst nicht gewaltlos ab. Gegen die Übergriffe ungarischer Freischärler und sogar von offiziellen ungarischen Militärgruppen wird ab August 1921 ein Aufgebot von 2.000 österreichischen Gendarmerie- und Zollwachebeamten bereitgestellt. Erst die österreichisch-ungarische Kompromißlösung im Protokoll von Venedig gestattet Österreich die Übernahme Burgenlands durch das Österreichische Bundesheer. Ungarn setzt allerdings eine Grenzänderung durch, die durch eine Volksabstimmung in Ödenburg und Umgebung entschieden wird. 64% stimmen für den Verbleib bei Ungarn. Der übrige Teil des ehemaligen Deutschwestungarns kommt als neues Bundesland zu Österreich.

1922

1. Jänner: Die Stadt Wien wird ein eigenes Bundesland.
27. Jänner: Bundeskanzler Johannes Schober bildet nach dem Ausscheiden der großdeutschen Minister seine zweite Regierung. Seine Differenzen mit den Großdeutschen sind der Grund für die neuerliche Regierungsauflösung am 24. Mai.
31. Mai: Der Christlichsoziale Prälat Ignaz Seipl bildet sein erstes Kabinett.
24. November: Gegen die Stimmen der Sozialdemokraten nimmt der Nationalrat zur Sanierung der schlechten finanziellen Lage beim Völkerbund eine Anleihe in der Höhe von 650 Millionen Goldkronen mit einer Laufzeit von 20 Jahren auf. Österreich hat zunehmend mit Geldinflation und daraus resultierender Arbeitslosigkeit zu kämpfen.

1923

1. Jänner: Die Österreichische Nationalbank wird gegründet, um den Geldumlauf und den ausländischen Zahlungsverkehr zu regeln.
12. April: Bewilligung des zur sozialdemokratischen Partei gehörigen »Republikanischen Schutzbundes«.
16./17. April: Aus Spargründen wird die Regierung aufgelöst. Ignaz Seipl bildet eine an Ministerien verkleinerte Regierung.
21. Oktober: Nationalratswahlen. Da die Christlichsozialen mehrheitlich gewählt werden, bleibt Ignaz Seipl Bundeskanzler.

1924

30. September: Gründung der Radio-Verkehrs-AG (RAVAG).

GENDARMERIE-CHRONIK

1923

Erster fotografierter Verkehrsunfall in Werfen, leider ist nur das Jahr bekannt.
Bild: GChr. Werfen, Fritz Hörmann

Kleblach-Lind/K: Raubmord am Landbriefträger Peter Müller. Die Beute beträgt eine Million Kronen. Der Täter wird von der Gendarmerie Steinfeld/Dr. ausgeforscht und zu 16 Jahren schweren Kerker verurteilt.[232]
10. März · Bischofshofen/S: Die Brüder Rupert und Josef Schießl werden verhaftet, da ihnen eine Diebstahlsserie nachgewiesen werden kann. Der Schaden beträgt rund 7 Millionen Kronen.[233]
6. Mai · Geyerschütt/K: Bei Zusammenstößen von Heimatschutzleuten und sozialdemokratischen Arbeitern werden zwei Arbeiter schwer und mehrere Personen leicht verletzt.[234]
31. Mai · Hauskirchen/NÖ: Bei einer Schlägerei zwischen christlichsozialen Bauern und Landarbeitern werden drei Personen schwer verletzt. Auch der christlichsoziale Bürgermeister erleidet leichte Verletzungen.[235]
30. September · Spillern/NÖ: Bei einem Zusammenstoß zwischen Nationalsozialisten und sozialdemokratischen Arbeitern wird Franz Kowarik getötet.[235]
16. Dezember · Liebenfels/K: In Raubabsicht attackieren zwei Männer auf einen Bauernhof in Tschadam den Besitzer und dessen Tochter. In der Folge ermorden sie mit einer Fleischhacke den Bauern und seine Tochter. Die Täter werden zu 14 bzw. 18 Jahren Haft verurteilt.[236]

1924

Lafnitz/St: Im Raum Lafnitz bereiten das »Zigeunerproblem« und das »Bettlerunwesen« aufgrund der Wirtschaftskrise der ansässigen Gendarmerie große Probleme.[237]
18. Jänner · Oberhollabrunn/NÖ: Raubmord an dem Brunnenmeister Heinrich Recher durch den aus Budapest stammenden Dachdeckergehilfen Leopold Nemeth. Der Täter wird zu 15 Jahren schweren Kerker verurteilt.[238]
3. März · Tamsweg/S: Wilderertragödie in Lessach; der Jäger Matthias Zitz erwischt einen Wilderer. Es kommt zu einem Handgemenge, in deren Verlauf der Jäger vom Wilderer erstochen wird. Fußspuren führen zur Ausforschung des Täters Johann S., der zu zwölf Jahren Kerker verurteilt wird.[239]
22. April · Untertiefenbach/St: Der amerikanische Immigrant Otto Stein erschießt nach einem Einbruch auf der Flucht den RayInsp Andreas Haas des Gendarmeriepostens Kaindorf. Der Mörder wird bei der Fahndung erschossen.[240]
23. Februar · Semriach/St: Familiendrama: Susanne Z. aus Semriach Nr. 43 tötet ihre vier Kinder im Alter von drei bis sieben Jahren mit einem Rasiermesser. Danach begeht sie auf die gleiche Weise Selbstmord.[241]

2. September 1924: Schwanberg; Rekonstruktion des Schußwaffengebrauches.
Bild: GChr. Schwanberg

ÖSTERREICH-CHRONIK

8. November: Bundeskanzler Ignaz Seipl tritt von der Regierung zurück, ausschlaggebend sind seine Auseinandersetzungen mit den Bundesländern in Fragen Sparpolitik. Sein Nachfolger wird der Salzburger Rechtsanwalt Rudolf Ramek.
9. Dezember: Wiederwahl Michael Hainischs zum Bundespräsidenten.

1925

1. März: Die Einführung der Schilling-Groschen-Währung beendet die rasante Geldentwertung (1 Schilling im Umtausch von 10.000 Kronen).
18. – 31. August: XIV. Internationaler Zionistenkongreß in Wien: Eine Protestdemonstration der Nationalisten, Deutschnationalen und Christlichsozialen fordert 53 Verletzte, davon 22 Polizisten.
19. Oktober: Eisenstadt wird Landeshauptstadt von Burgenland.

1926

Die Zahl der Arbeitslosen befindet sich am Höchststand (202.000) seit Kriegsende.
14./15. Jänner: Umbildung der Regierung Rudolf Ramek.
9. Juni: Aufhebung der Finanzkontrolle des Völkerbundes über Österreich.
3.– 6. Oktober: I. Paneuropakongreß findet in Wien statt, an dem 22 europäische Staaten teilnehmen. Die Paneuropa-Union hat den europäischen Zusammenschluß in einen Staatenbund ohne Binnengrenzen zum Ziel.
20. Oktober: Ignaz Seipl bildet seine 4. Regierung. Der Christlichsoziale Michael Ramek tritt wegen eines angekündigten Bundesbedienstetenstreiks zurück.
30. Oktober – 3. November: Die Sozialdemokraten beschließen am Linzer Parteitag ein neues von Otto Bauer ausgearbeitetes Programm (= Grundlage des Austromarxismus).
29. November: Als Antwort auf das »Linzer Programm« der Sozialdemokraten verabschiedet die Christlichsoziale Partei ihr neues im Sinne des Ständestaates verfaßtes Parteiprogramm.

1927

24. April: Dritte Nationalratswahlen: Bundeskanzler Ignaz Seipl bildet die Regierung, eine Koalition aus Christlichsozialen, Großdeutschen und dem Landbund.
15. Juli: Brand des Justizpalastes: Ein im Jänner in Schattendorf (Burgenland) erfolgter gewalttätiger Zusammenstoß zwischen dem »Republikanischen Schutzbund« und der Frontkämpfervereinigung forderte unter den Sozialdemokraten zwei Todesopfer. Der Freispruch der Täter ruft bei den sozialistischen Arbeitern eine Protestaktion hervor, die in schwere Straßenschlachten ausufert. Das Wie-

GENDARMERIE-CHRONIK

16. Juni · Gußwerk/St: Bei Unruhen zwischen streikenden Arbeitern und Streikbrechern schreitet die Gendarmerie mit dem Bajonett gegen die Streikenden ein. Dabei werden zwölf Personen verletzt.[242]

22. Juni · Sommerein/NÖ: Bei Zusammenstößen zwischen 40 Wehrmännern und 200 sozialdemokratischen Arbeitern werden drei Soldaten durch Messerstiche verletzt.[243]

2. September · Schwanberg/St: Der wegen Totschlags verurteilte und aus der Haftanstalt entwichene Philip Eberl wird im Koralpengebiet von RayInsp Johann Schüch bei der Aufgreifung in Notwehr erschossen.[244]

2. Oktober · Ottenthal/NÖ: Josef Totzauer hatte ein Verhältnis mit der Frau seines Firmpaten Jakob Göller. Die beiden beschlossen Letzteren zu töten. Die Frau gab dem Täter 50 kg Getreide und 30.000 Kronen zum Ankauf eines Gewehres. Totzauer erschoß Göller auf dem Heimweg von Staatz.[245]

4. Dezember · St. Michael im Lungau/S: Der 49jährige Aufsichtsjäger Alois Schiefer wird vom 21jährigen Knecht Sebastian Pfeiffenberger erschossen. Der Täter war zu dieser Tat von Nachbarn angestiftet worden, die mit dem Opfer im Streit lebten.[246]

1925

20. Februar · Riedau/OÖ: Der Gastwirt und Viehhändler Georg Pointner wird in Fuckersberg durch den amtsbekannten Räuber Alois Heitzinger auf offener Straße überfallen und erschossen und seiner Barschaft von 35 Mill. Kronen beraubt. Bei seiner Verhaftung tötet der Mörder einen Gendarmen und wird danach in Notwehr erschossen.[247]

1. März · Natternbach/OÖ: RevInsp Franz Stifter wird von einem Schwerverbrecher bei der Perlustrierung in Tal erschossen.[248]

21. Mai · Mödling/NÖ: Bei Zusammenstößen zwischen sozialdemokratischen Arbeitern und Anhängern einer völkisch-nationalsozialistischen Wehrorganisation werden der Sozialdemokrat Leopold Müller und der Nationalsozialist Roland Steingruber schwer verletzt.[249]

30. Juli · Weitensfeld-Fladnitz/K: Nach monatelangem Streit entgeht Andreas Schnitzer in Wimiz nur knapp einem Mordversuch seines Bruders Mathias, der ihm mit einem Schuß schwere Verletzungen zufügt.[250]

26. November · Waidhofen an der Thaya/NÖ: Bei einer Protestkundgebung des niederösterreichischen Landbundes gegen Steuerwillkür und Parteimißwirtschaft, bei der an die 900 Personen teilnehmen, kommt es zu Ausschreitungen, die nur Dank des umsichtigen Verhaltens des Kommandanten des Gendarmerietrupps wieder eingedämmt werden können.[251]

1927

19. Juli · Wagrain/S: Brandkatastrophe; beim Metzgerwirt bricht aus ungeklärter Ursache ein Brand aus, der mit rasender Geschwindigkeit um sich greift und sechs Objekte und die Kirche vernichtet. Die Kellnerin Eline Gassner kam ums Leben.[252]

Das völlig verwüstete Wagrain. Bild: GChr. Wagrain

15. Juli · Dölsach/T: Infolge der politischen Unruhen in Wien wird der örtliche Bahnhof im Auftrag der zuständigen Bezirkshauptmannschaft von Assistenztruppen der Gendarmerie zur Vorkehrung gegen eventuelle Streiks besetzt.[253]

18. Juli · Schwaz/T: Der sozialdemokratische Landtagsabgeordnete Brunner bleibt bei einem Attentat von fünf Heimwehrleuten unverletzt.[254]

19. September · St. Stefan ob Stainz/St: Im Gräflich Henkel Donnersmark'schen Jagdrevier kommt es zu einem Feuergefecht zwischen vier Wilderern und dem Aufsichtsjäger Johann Kinzer. Dabei wird der Wilderer Ferdinand E. getötet. Die anderen Täter können von Gendarmen aus St. Stefan ob Stainz verhaftet werden.[255]

8. Oktober · Ebreichsdorf/NÖ: Ein Erdbeben im Großraum Ebreichsdorf richtet an zahlreichen Gebäuden erhebliche Beschädigungen an.[256]

ÖSTERREICH-CHRONIK

ner Justizgebäude gerät dabei in Brand. Die Wiener Polizei beendigt die Ausschreitungen mit Waffengewalt. Insgesamt sind 89 Tote zu verzeichnen.

Forthin verstärken sich die Spannungen zwischen den christlich-konservativen und den sozialistischen Gruppen im gefährlichen Maße. Die Nationalistischen halten sich vorderhand noch im Hintergrund.

1928

5. Dezember: Wahl des Christlichsozialen Wilhelm Miklas zum Bundespräsidenten.

1929

3. April: Regierungsrücktritt unter Ignaz Seipl.

4. Mai: Der Christlichsoziale Ernst Streer Ritter von Streeruwitz bildet sein neues Kabinett, das sich auf Grund des Widerstandes der bürgerlichen Parteien und der Heimwehr nicht einmal vier Monate halten kann.

26. September: Dritter Regierungsantritt des Polizeipräsidenten Johannes Schober als Bundeskanzler.

24. Oktober: »Schwarzer Freitag«: Krach an der New Yorker Börse löst eine Weltwirtschaftskrise aus.

7. Dezember: Novellierung der Bundesverfassung: Der Bundespräsident wird von nun an vom Volk direkt gewählt. Seine Kompetenzen werden erweitert (Notverordnungsrecht, Oberbefehl über das Bundesheer, Recht zur Auflösung des Nationalrates, Ernennung des Präsidenten des Verfassungsgerichtshofes).

1930

20. Jänner: Die Haager Konferenz enthebt Österreich von den Reparationsverpflichtungen.

18. Mai: In Korneuburg (Niederösterreich) legen die Heimatschutzverbände das »Korneuburger Gelöbnis«, das den Ständestaat fordert, ab.

25. September: Rücktritt der dritten Regierung Johannes Schober, wegen der unter den Regierungsvertretern herrschenden Uneinigkeit über die Heimwehrbewegung.

1. Oktober: Bundeskanzler Wilhelm Miklas löst den Nationalrat auf.

9. November: Letzte freie Nationalratswahl in der Ersten Republik: Stärkste Partei werden die Sozialdemokraten; die NSDAP kandidiert erstmals (kein Mandat). Bundeskanzler wird der bisherige christlichsoziale Landeshauptmann von Vorarlberg, Otto Ender.

1931

19. April: Landtagswahlen in Oberösterreich.

Juni: Zusammenbruch der »Österreichischen Creditanstalt«. In der Frage der Schuldenhaftung durch den österreichischen Staat wird die Regierung Otto Enders gestürzt.

GENDARMERIE-CHRONIK

12. Oktober · Wagrain/S: Am Kartoffelacker des Zottelbauern wird der Holzknecht Josef Kamml erschossen aufgefunden. Nach langen Erhebungen wird der Sohn des Bauern, Franz Mühlbacher, ausgeforscht. Er wollte den Holzknecht beim Kartoffelstehlen mit einem Schreckschuß verscheuchen, traf ihn aber tödlich.[257]

1928

21. März · Rauris/S: Tragödie auf dem Sonnblick; bei einem Lawinenunglück im sogenannten »Maschinengraben« sterben 13 Mitglieder der österreichischen Naturfreunde unter einem Schneebrett.[258]

Die Lawinenopfer, aufgebahrt in der Ortskirche Rauris. *Bild: GChr. Rauris*

6. April · Jenbach/T: Bei einem Sprengstoffanschlag auf den Präsidenten des Tiroler Industriellenverbandes Friedrich Reitlinger entsteht nur Sachschaden. Vermutlich handelt es sich bei den Tätern um Nationalsozialisten.[259]

22. Juli · Arnfels/St: Bei einer Kollision eines Motorrades mit einem entgegenkommenden Einspännerfuhrwerk, das vom Lederermeister Josef Lipp gelenkt wird, wird der Motorradlenker, der nach Oberhaag unterwegs war, schwer verletzt. Unfallsursache: Das Pferd scheute beim Anblick des Motorrades.[260]

Ein seltenes Zeitdokument, dieses Bild eines Verkehrsunfalles in Arnfels aus 1928. *Bild: GChr. Arnfels*

31. Juli · Maishofen/S: Die Versammlung der sozialdemokratischen Gewerkschaft der Gastgewerbeangestellten wird von Heimwehrleuten gesprengt. Dabei wird der Gewerkschaftsobmann Heinrich Kraup schwer verletzt.[261]

15. November · Hohentauern/St: Im Triebental wird RevInsp Riegerbauer nach einem längeren Schußwechsel von Wilderern erschossen. Ein weiterer Gendarmeriebeamter wird schwer verletzt. Die Täter können von Gendarmen aus Oberzeiring verhaftet werden.[262]

5. Dezember · Freistadt/OÖ: Dem Gendarmerieposten Freistadt wird ein Dienstfahrrad zugewiesen und zugleich mit einer telefonischen Dauerverbindung zum Gendarmerieposten Pregarten zum Zwecke des »Feuer- und Rettungswesens« eine Verbindung nach Linz hergestellt.[263]

1929

14. Februar · Bodensee/V: Acht Personen treiben auf einer abgerissenen Eisscholle bei einer Außentemperatur von minus 27 Grad Celsius auf dem Bodensee. Bei der Bergung durch Gendarmen und Privatpersonen sind bereits drei Kinder dem Erfrierungstod erlegen.[264]

14. März · Preitenegg/K: Bei Oberpreitenegg muß aufgrund eines Schadens an der Ölpumpe ein Verkehrsflugzeug der Linie Transadriatika auf der sg. Stindlhube notlanden. Die dreiköpfige Besatzung übersteht den Absturz mit leichten Verletzungen. Das Flugzeug wird abmontiert und mit Pferdefuhrwerken vom Unfallort wegtransportiert. Der Gendarmerieposten Preitenegg bekommt als Dank für die Bewachung des Flugzeuges – rund 1.000 Schaulustige kamen – und zur Erinnerung von der Fluggesellschaft einen Propellerflügel geschenkt.[265]

4. April · Waizenkirchen/OÖ: Revierinspektor Josef Latzel wird von einem geistig verwirrten Arzt, der aufgrund eines Gerichtsbeschlusses einem Gerichtssachverständigen vorgeführt werden soll, in dessen Ordination erschossen.[266]

4. Juli · Weyregg am Attersee/OÖ: Bei einer Unwetterkatastrophe am Attersee werden 1.500 Obstbäume entwurzelt und in den umliegenden Wäldern an die 3.000 Festmeter Holz gerissen.[267]

4. Juli · St. Martin/Mrks/OÖ: Ein heftiger Orkan zerstört im gesamten Rayon 37 Häuser, zahlreiche Strom- und Telefonmasten sowie riesige Waldbestände.[268]

8. August · St. Lorenzen im Mürztal/St: Bei einer Straßenschlacht zwischen Mitgliedern des Republikanischen Schutzbundes und der Heimwehr werden auf der Seite des Schutzbundes drei Menschen getötet, zwei schwer und ca. 200 leicht verletzt. Die Heimwehr verzeichnet 30 schwer und 20 leicht verletzte Personen.[269]

20. August · Wagrain/S: Der Ortskern, 1927 durch einen Brand vernichtet, ist wieder aufgebaut. Die Enthüllung einer Gedenktafel nahmen Bundespräsident Wilhelm Niklas und Landeshauptmann Franz Rehrl vor.[270]

28. August · St. Anton am Arlberg/T: Die Sommerfrischlerin Schöbering aus Wien wird von einem italienischen Deserteur aus Mailand mit einer Schere bedroht und ihrer Handtasche beraubt. Der Täter wird zu einem Jahr schweren Kerker verurteilt.[271]

17. Dezember · Groß/NÖ: Der 52jährige Wirtschaftsbesitzer Franz Hartl erschießt mit einem Trommelrevolver den Grundbesitzer Josef Wachter. Der Täter wird wegen Totschlages zu sieben Jahren schweren Kerker verurteilt.[272]

1930

Jänner · Eberndorf/K: Eberndorf 1930[273]

Das X am Bild zeigt die Postenunterkunft in Eberndorf im Jahre 1930. *Bild: GChr. Eberndorf*

21. Februar · Dorfstetten/NÖ: Familiendrama: Der Kleinhäusler Leopold Haider ermordet seinen im selben Haus wohnhaften Schwiegervater Franz Prischl. Mit einer Schrothacke zertrümmert er ihm den Schädel. Der Täter erhält zehn Jahre schweren Kerker.[274]

23. Februar · Schwechat/NÖ: Bei Zusammenstößen zwischen Sozialdemokraten und Mitgliedern des Heimatschutzverbandes Wien werden fünf Zivilisten und ein Gendarmeriebeamter verletzt.[275]

4. bis 6. März · St. Pölten/NÖ: Bei der Glanzstoffabrik kommt es zu Zusammenstößen von christlichen Arbeitern und Heimwehrleuten mit linksradikalen Arbeitern. Dabei werden zwei Gendarmen und 20 Arbeiter leicht und einer schwer verletzt. Der Heimwehrangehörige Franz Wachter erleidet, nachdem er von einer aufgebrachten Menge aus einem Autobus gezerrt wurde, schwere Verletzungen.[276]

30. März · Hirtenberg/NÖ: Bei einem von der Gendarmerie und Heeresabteilungen eskortierten Aufmarsch des niederösterreichischen Heimatschutzverbandes im Triestingtal kommt es zu Zusammenstößen mit Mitgliedern des Republikanischen Schutzbundes. Bei der stattfindenden Schießerei werden ein Gendarmeriebeamter und drei Schutzbündler schwer und drei weitere Personen leicht verletzt.[277]

23. Dezember · Andorf/OÖ: Der ehemalige Postoberverwalter Johann Grüneis ermordet wegen eines neuen Liebsverhältnisses seine Lebensgefährtin Ernestine Mayr, zerstückelt sie und wirft die Leichenteile in die Donau. Das grauenhafte Verbrechen kommt erst am 23. März 1931 ans Tageslicht, als seine neue Geliebte, eine Frau aus Linz, die Kleider der Abgängigen trägt.[278]

1931

8. Jänner · Werfen/S: Großbrand auf der Festung Hohenwerfen – dem Wahrzeichen des Pongaues; im Palas der Festung Hohenwerfen bricht Feuer aus. Der Brand erfaßt in der Folge den gesamten Haupttrakt, das Dach der Schloßkapelle, den kleinen Glockenturm und den Wehrgang zum großen Glockenturm. Äußerst wertvolle, nicht mehr wiederzubeschaffende Gegenstände und Kunstschätze werden vernichtet. 15 Feuerwehren aus der Umgebung und 30 Pioniere aus Salzburg sowie Hunderte freiwillige Helfer beteiligten sich an der Brandbekämpfung. Beeinträchtigt werden die Löscharbeiten durch die außergewöhnlich kalte Witterung, da das Löschwasser mühsam aus der Salzach beschafft werden muß. Bei den Löscharbeiten erleiden 15 Personen Rauchgasvergiftungen. Der Schaden beträgt 500.000 Schilling und ist nur zum Teil durch Versicherungen gedeckt. Wie die Gendarmerie Werfen als Brandursache feststellte, hatte der Schloßkastellan Rupert Schwaiger eine seit Jahren bestehende Selche in Betrieb genommen. Das Feuer entfachte er auf dem Ziegelpflaster, das – was er nicht wissen konnte – auf einem Holzboden verlegt war. Es entstand ein Glimmbrand, der wegen Wassermangels nicht sofort bekämpft werden konnte.[279]

Haupthaus, kleiner Glockenturm und Kaplanstöckl der Festung Hohenwerfen werden vernichtet. *Bild: GChr. Werfen*

21. Jänner · Pöllau/St: Im Gasthaus Walkenhofer wird die Leiche der Wirtin Helene Walkenhofer mit Würgespuren und durchgeschnittener Kehle von ihrem Nachbarn in der Küche aufgefunden. Bargeld und Schuldaufzeichnungen fehlen. Der Raubmord bleibt unaufgeklärt.[280]

Die Löscharbeiten gestalten sich bei –22° äußerst schwierig. *Bild: GChr. Werfen*

31. März · Schladming/St: Bei einem Großbrand werden die katholische Kirche und mehrere Wohnhäuser eingeäschert.[281]

10. Mai · Haslach an der Mühl/OÖ: Bei Auseinandersetzungen zwischen zwei rivalisierenden Gruppen von Sinti und Roma kommt es zu einem Mord und zu schweren Körperverletzungen. Die Täter können von RayInsp Franz Hackl aus Haslach verhaftet werden.[282]

27. Mai · Imst/T: Der bekannte Stratosphärenforscher Auguste Piccard aus Brüssel wird nach seinem Start in Augsburg, nachdem er bereits eine Höhe von 16.000 Meter erreicht hatte, mit seinem Freiballon über die Alpen abgetrieben und landet schließlich am Gurgler Ferner in den Ötztaler Alpen.[283]

1. Juli · Wels/OÖ: Mit Bundesgesetzblatt Nr. 167 wird in der Stadt Wels ein Bundespolizeikommissariat eingerichtet. Die im Stadtgebiet vorhandenen Gendarmeriestellen werden aufgelöst und zum Teil von der Polizei übernommen.[284]

Die Rettungsmannschaft mit Rayonsinspektor Johann Golser bei der Bergung. *Bild: GChr. Rauris*

20. August · Rauris/S: Der Student Albert Schmuck aus Graz kehrt von einer Bergtour auf den Ritterkopf nicht mehr zurück. Die aufgefundene Leiche kann wegen der schwierigen Verhältnisse erst nach sechs Tagen nach Rauris gebracht werden.[285]

12. – 13. September · Kapfenberg/St: Bei dem sogenannten »Pfrimerputsch« werden bei Zusammenstößen zwei Sozialdemokraten getötet, ein Mitglied der Heimwehr und vier weitere Sozialdemokraten schwer verletzt. In Pernegg wird ein Heimwehrmann bei einem Zusammenstoß getötet.[286]

ÖSTERREICH-CHRONIK

20. Juni: Erste Regierung des bisherigen christlichsozialen LH von NÖ, Karl Buresch.
12./13. September: Der Putschversuch der steirischen Heimwehr (Pfriemerputsch) mißglückt.
9. Oktober: Wiederwahl W. Miklas zum Bundespräsidenten durch die Bundesversammlung.

1932

20. Mai: Erste Regierung des bisherigen christlichsozialen Landwirtschaftsministers Engelbert Dollfuß.
29. September – 2. Oktober: Beim Nationalsozialistischen Parteitag in Wien, bei dem Joseph Goebbels und Ernst Röhm anwesend sind, kommt es zu blutigen Ausschreitungen.

1933

4. März: Selbstausschaltung des Nationalrates: Alle drei Präsidenten (Karl Renner, Rudolf Ramek, Sepp Straffner) treten wegen Unstimmigkeiten um die Abstimmung in Sachen Eisenbahnerstreik zurück. Bundeskanzler Dollfuß beruft kein neues Parlament ein und schlägt in seiner Regierung einen autoritären Kurs im Sinne eines Ständestaates ein. Am 10. Mai, und nochmals am 20. September, bildet er das Kabinett um, indem er die von der Landwehr besetzten Ministerien durch Christlichsoziale ersetzt.
31. März: Auflösung des »Republikanischen Schutzbundes«, der aber illegal weiter bestehen bleibt. Statt dessen wird am 10. April die Einrichtung der »Vaterländischen Front«, ein überparteilicher Zusammenschluß aller regierungstreuen Österreicher, beschlossen. Als Gegenpart gründet die Landwehr die » Nationalständische Front«.
13. April: Bundeskanzler Dollfuß und der Duce Benito Mussolini verhandeln in Rom die Zusicherung der italienischen Unterstützung im Kampf der österreichischen Unabhängigkeit aus. Am 19./20. August werden in Riccione die Gespräche fortgeführt. Mit der am 17. März 1934 erfolgten Unterfertigung der »Römischen Protokolle « versichern sich Österreich, Italien und Ungarn der politischen und wirtschaftlichen Zusammenarbeit und der Aufrechterhaltung der Unabhängigkeit Österreichs.
26. Mai: Auflösung der Kommunistischen Partei.
27. Mai: Als Druckmittel verhängt die Deutsche Reichsregierung über Österreich die »Tausend-Mark-Sperre«, was den Fremdenverkehr empfindlich schwächt.
10. November: Wegen nationalsozialistischen Terrors wird die Todesstrafe im Standgericht wiedereingeführt.

1934

12. Februar: Auf Grund des gewalttätigen Aufstandes des mit den Sozialdemokraten eng verbundenen Schutzbundes in Wien und anderen österreichischen Industriestädten wird von der Regierung die Auflösung der Sozialdemokratischen Partei verfügt. Ausmaß der blutigen Rebellion: 9 vollstreckte Todesurteile, laut offiziellen Angaben 300 Todesopfer.
17. Februar: England, Frankreich und Italien, das dem Nationalsozialismus noch ablehnend gegenübersteht, geben für die Unabhängigkeit Österreichs eine Erklärung ab.
1. Mai: Verkündung der »Verfassung 1934«, in dem der Ständestaat legitimiert wird und Teile des Konkordates mit der katholischen Kirche aufgenommen sind.
25. Juli: Putschversuch der Nationalsozialisten, die trotz Parteiverbotes mit Unterstützung der deutschen Nationalsozialisten und Reichskanzler Adolf Hitler illegal weiterarbeiten. Bei der Erstürmung des Wiener Bundeskanzleramtes durch 154 uniformierte Putschisten kommt Bundeskanzler Engelbert Dollfuß ums Leben. Auch die nationalsozialistischen Erhebungen in der Steiermark, in Kärnten und Oberösterreich scheitern. Todesbilanz: 107 Tote seitens der Aufständischen, 153 seitens der Regierung; 8 vollstreckte Todesurteile.
29. Juli: Kurt Schuschnigg wird Bundeskanzler, der seine Staatsregierung nach dem Vorbild seines Vorgängers ausrichtet. Er sieht in den Nationalsozialisten die größte Gefahr für den Bestand Österreichs. Ebenso führt Schuschnigg eine rege Außenpolitik mit österreichfreundlichen Staaten, besonders mit Italien, weiter.

1935

17. Oktober: Umbildung der Regierung auf Grund des Anliegens Schuschniggs, die Wehrverbände auszuschalten.

1936

11. Juli: Abkommen zwischen Österreich und dem Deutschen Reich, das die Souveränität Österreichs anerkennt und die politische Entwicklung als innere Angelegenheit ansieht. Österreich verpflichtet sich zum Aufbau des Staates im Sinne eines deutschen Staates, zur Amnestie von inhaftierten Nationalsozialisten und zur Aufnahme nationaler Vertreter in die Regierung.
7. – 10. Oktober: Beschluß der Auflösung aller Wehrverbände.
25. Oktober: Rom schließt mit Deutschland die »Berlin-Rom-Achse«. Italien hat sich wegen des Abessinienkrieges mit England entzweit und nähert sich allmählich Deutschland an. Damit verliert Österreich die dringend nötige Unterstützung Italiens gegen Deutschland.

1938

12. Februar: Schuschnigg unterzeichnet bei seinem Besuch Adolf Hitlers in Berchtesgaden unter Druck ein Abkommen, das Österreich den Nationalsozialisten ausliefert.
16. Februar: Wie von Hitler gefordert, wird Arthur Seyß-Inquart zum Minister für Inneres und Sicherheit ernannt.
6. März: Schuschnigg beschließt, durch eine Abstimmung das Volk für ein selbständiges Österreich entscheiden zu lassen. Die für den 13. März vorgesehene Volksabstimmung kommt nicht mehr zustande.
11. März: Bundeskanzler Schuschnigg legt unter der Drohung einer militärischen Intervention Hitlers sein Amt zurück und betraut den Bundesminister Seyß-Inquart mit der Führung des Bundeskanzleramtes, der sofort eine neue Regierung bildet.
12. März: Einmarsch deutscher Truppen nach Österreich.
13. März: Adolf Hitler wird von der österreichischen Bevölkerung jubelnd begrüßt. Mit der neuen Verfassung wird Österreich mit dem Deutschen Reich vereinigt. Hinsichtlich Verwaltung und Wirtschaft wird Österreich dem Deutschen Reich gleichgeschaltet: Einteilung in sieben Gaue, Einführung der Reichsmark. Mit dem Anschluß beginnen auch die Verhaftungsaktionen gegen die Gegner des Nationalsozialismus, die Widerstandskämpfer und die Juden. Im folgenden Weltkrieg sind die Österreicher als Teil der Deutschen Wehrmacht am Kriegsgeschehen beteiligt.
29. September: Die Tschechoslowakei muß auf Grund des Münchner Abkommens zwischen dem Deutschen Reich, England, Frankreich und Italien das Sudetenland an Hitler abtreten.

1939

14. März: Die Tschechoslowakei wird von Hitler besetzt und das »Protektorat Böhmen und Mähren« errichtet. Hitler setzt die Schaffung des unabhängigen Staates Slowakei durch.
10. April: Volksabstimmung: Über 99% der österreichischen Bevölkerung entscheiden sich für den Anschluß an das Deutsche Reich.
22. Mai: Hitler und Mussolini schließen ein offensives Militärbündnis (Stahlpakt).
1. September: Mit dem Einmarsch der deutschen Truppen in Polen beginnt der Zweite Weltkrieg. Kriegszustand mit England und Frankreich, die Polen Militärhilfe leisten. Anfänglich verzeichnet Deutschland mit seinen »Blitzkriegen« große Siege. Mit der Ausweitung der Fronten in den folgenden Jahren (Polen, Frankreich, Norwegen, Jugoslawien, Griechenland, Italien, Nordafrika, Rußland, See- und Luftkrieg) erfährt die Deutsche Wehrmacht große Niederlagen.
21. Oktober: Südtirolabkommen: Südtirol soll italianisiert werden. Italien und Deutschland vereinbaren die Umsiedlung der Südtiroler in das Reichsgebiet.

11. – 12. November · Gaspoltshofen/OÖ: Raubmord an dem 37jährigen Landwirt Johann St. während der Rückkehr von einem Viehmarkt in Baumgarting. Der eingesetzte Diensthund namens »Sittis« führt die Gendarmen nach 12 Kilometer zum Schwager des Ermordeten. Er kann der Tat überführt werden und wird zu 15 Jahren schweren Kerker verurteilt.[287]

16. Dezember · Voitsberg/St: Bei der Waffensuche der Gendarmerie bei einer Versammlung von Sozialdemokraten und Kommunisten kommt es zu Ausschreitungen, bei denen drei Menschen erschossen, drei schwer und mehrere leicht verletzt werden. Unter den Verletzten ist auch ein Gendarmeriebeamter.[288]

1932

14. Februar · Hallein/S: Bei einem Zusammenstoß zwischen Heimwehrleuten und linkspolitischen Arbeitern, werden Mitglieder der Heimwehr durch Pistolenschüsse schwer und zwei weitere leicht verletzt.[289]

29. April · Pfarrwerfen/S: Der Bischofshofener Kaufmann Karl Thalnauer stürzt wegen »überhöhter Geschwindigkeit« in die Salzach bei Pfarrwerfen. Er bleibt unverletzt.

Bergung aus der Salzach noch ohne technische Hilfsmittel. *Bild: Fritz Hörmann, Werfen*

15. Mai · St. Martin/Mkrs/OÖ: Während einer heftigen Auseinandersetzung vor dem Gasthaus Velder in Neuhaus reißt der Hilfsarbeiter Josef Luger ein Messer heraus und sticht auf seine Widersacher ein. Einer der Männer stirbt, ein zweiter wird schwer verletzt.[290]

3. September · Grünbach bei Freistadt/OÖ: In Lichtenau bricht eine Paratyphus-Epidemie aus, an der zwölf Personen erkranken. Die Epidemie dauert sechs Wochen. Es wird eine Sperre über den Ort verhängt und von der Gendarmerie überwacht.[291]

11. September · Ludmannsdorf/K: Fahrlässigkeit ist Schuld an einem Großbrand in der Gemeinde Schiefling. In Oberdörfl werden 15 Gebäude im Wert von 126.000 Schilling vernichtet. Der Verursacher, ein Zimmerer der mit einer Laterne unvorsichtig hantiert hat, wird zwei Jahre später von Beamten des Gendarmeriepostens Schiefling ausgeforscht.[292]

13. September · Wiener Neustadt/NÖ: Bei einer nächtlichen Schießerei zwischen Mitgliedern der SA und des Republikanischen Schutzbundes werden auf beiden Seiten jeweils zwei Personen verletzt.[293]

Gendarmerieoberinspektor Adolf Nadler, Einsatzleiter in Vorau *Bild: GChr. Vorau*

5. November · Prambachkirchen/OÖ: Josef Doppelbauer aus Obergallsbach Nr. 3 findet auf seinem Feld, 50 Meter von seinem Anwesen entfernt, einen 2,11 kg schweren Meteoriten in ca. 40 cm Tiefe. RevInsp Kinast sorgt dafür, daß der Findling ins OÖ Landesmuseum kommt.[294]

29. Dezember – 4. Jänner 1933 · Vorau/St: Über 2000 Personen aus den Bezirken Hartberg, Weiz und Neunkirchen beteiligen sich an einem Bauernaufstand. Durch den gezielten Einsatz von 80 Gendarmeriebeamten und einer Kompanie des Österreichischen Bundesheeres sowie einer geschickten Verhandlungstaktik kommt es zu keinen größeren Zwischenfällen. Insgesamt werden 18 Personen angezeigt.[295]

Der Gendarmeriekordon und davor ein kleines Heer oststeirischer Bauern, die eine Reform der Landwirtschaftskrankenkasse fordern. Bild: GChr. Vorau

31. Dezember · Trofaiach/St: Zum Jahresende verüben Mitglieder des Steirischen Heimatschutzes sechs Sprengstoffanschläge und verbreiten Flugzettel mit der Ankündigung: »Das ist erst der Anfang, im neuen Jahr wird es noch toller.« Mit diesen Aktionen wollen die Täter den Republikanischen Schutzbund und die Kommunistische Partei in Mißkredit bringen.[296]

1933

Hopfgarten im Brixental/T: Anton Clementi, Franz Bachler und Alois Lechner begehen als »Hopfgartner Teufel« zwischen 1929 und 1933 insgesamt fünf Morde und 25 Brandlegungen, davon auch an der Pfarrkirche des Ortes. Alle drei Täter werden zu lebenslanger Haft verurteilt.[297]

9. Jänner · Dalaas/V: Bei einem von Nationalsozialisten verübten Sprengstoffanschlag auf den Gendarmerieposten wird ein Gendarm schwer verletzt.[298]

19. – 21. April · Freistadt/OÖ: Die Gendarmerie führt zahlreiche Hausdurchsuchungen bei Mitgliedern des im März aufgelösten Republikanischen Schutzbundes durch.[299]

25. Mai · Bruck an der Mur/St: Unbekannte Täter verüben einen Sprengstoffanschlag auf Fernkabelleitungen.[300]

19. Juni · Krems/NÖ: SA-Männer verüben auf eine aus »christlich-deutschen Turnern« gebildete Abteilung von Hilfspolizisten einen Handgranatenüberfall. Dabei werden 17 Hilfspolizisten schwer und 13 leicht verletzt. Ein Mann erliegt seinen Verletzungen.[301]

19. Juni · Steyr/OÖ: Bei einem Zusammenstoß zwischen Nationalsozialisten und Gendarmeriebeamten, die zum Schutz einer christlichsozialen Versammlung eingesetzt werden, werden zwei Gendarmen schwer verletzt.[302]

28. Juni · Baden/NÖ: Schüler und Schülerinnen der Bundeserziehungsanstalt in Traiskirchen verüben auf die Geleise der Badener Bahn einen Sprengstoffanschlag. Die Jugendlichen wurden von Nationalsozialisten und von ihren Lehrern zu der Tat angestiftet.[303]

23. Juni · Gumpoldskirchen/NÖ: Fünf jugendliche Nationalsozialisten verüben auf das Haus des Landeshauptmannstellvertreters Josef Sturm einen Sprengstoffanschlag.[304]

7. August · Kufstein/T: Der Hilfspolizist und Heimwehrmann Michael Schwaninger wird von Nationalsozialisten ermordet.[305]

18. September · Wolfsberg am Hausruck/OÖ: Bei einem Zusammenstoß zwischen Nationalsozialisten und Gendarmeriebeamten werden zwei Nationalsozialisten erschossen und vier Personen – darunter ein Sozialdemokrat – schwer verletzt.[306]

8. Oktober · Lochau/V: Zwei Angehörige der Heimwehr werden bei einer Patrouille von unbekannten Tätern – vermutlich Nationalsozialisten – beschossen. Das Attentat hat einen Toten und einen Schwerverletzten zur Folge.[307]

Die schwer beschädigte Pfarrkirche gegen Südwesten gesehen. *Bild: GChr. Hopfgarten*

1934

Möllbrücke/K: Im örtlichen Postenrayon kommt es zu einem Schußwechsel zwischen 40 Gendarmen und 40 – 50 Nationalsozialisten. Dabei wird niemand verletzt.[308]

Rohrbach an der Lafnitz/St: Aufgrund des Bürgerkrieges werden 15 Gendarmeriebeamte und sieben Assistenzen zur Bewachung der Eisenbahnbrücken dem Gendarmerieposten Lafnitz zugeteilt.[309]

Mürzzuschlag/St: Mehrere Sprengstoffanschläge im Laufe des Jahres auf Starkstromleitungen und auf die Südbahn.[310]

22. Jänner · Freistadt/OÖ: Beim Abtransport internierter Nationalsozialisten in das Anhaltelager Kaisersteinbruch kommt es zu Protestaktionen, denen einige Verhaftungen folgen.[311]

Februar · Angern an der March/NÖ: Während des Bürgerkrieges in Österreich wird der sozialdemokratische Bürgermeister verhaftet. Dem örtlichen Gendarmerieposten werden 42 Heimatschützer zugewiesen und in Stillfried eine Gendarmerieexpositur errichtet, die von weiteren 40 Heimatschützern besetzt wird.[312]

12. Februar · Bruck an der Mur/St: Während des Bürgerkrieges in Österreich kommt es in den obersteirischen Industriezentren zu schweren Kampfhandlungen. In Bruck an der Mur versucht der Schutzbund die Gendarmeriekaserne zu stürmen. Kommandant Koloman Wallisch wird einige Tage später verhaftet und am 19. Februar 1934 standrechtlich hingerichtet.[313]

12. Februar · Thörl/St: Angriff Republikanischer Schutzbündler gegen eine Gendarmeriekaserne. Im Zuge einer Befreiungsaktion wird der Gendarmeriebeamte Josef Gegendorfer in der Postenkaserne von Mitgliedern des Republikanischen Schutzbundes erschossen.[314]

12. Februar · Frohnleiten/St: Bei dem Versuch den Arbeiterführer Koloman Wallisch zu verhaften, werden zwei Gendarmen am Eisenpaß aus dem Hinterhalt beschossen und getötet.[315]

12. Februar · Freinberg/OÖ: Bei Haibach kommt es zu einem Grenzzwischenfall: Ein Gendarmeriebeamter und ein Grenzschutzorgan der Heimwehr werden im unmittelbaren Grenzbereich beschossen und schwer verletzt. Weitere derartige Zwischenfälle haben eine Personalverstärkung im Grenzraum Bayern zur Folge.[316]

14. Februar · St. Michael in der Obersteiermark/St: Während des Februaraufstandes wird der örtliche Gendarmerieposten durch Verbände des Schutzbundes angegriffen. Dabei werden der Gendarmeriebeamte Josef Färber und vier weitere Männer des freiwilligen Schutzkorps getötet.[317]

18. Februar · Ardning/St: Im örtlichen Postenrayon werden der Schutzbundführer Koloman Wallisch und dessen Gattin verhaftet. Wallisch wird am nächsten Tag zum Tode durch Strang verurteilt. Die Vollstreckung erfolgt unmittelbar nach dem Urteilsspruch. Seine Gattin erhielt ein Jahr schweren Kerker.[318]

10. April · Hörsching/OÖ: Auf der Westbahn ereignet sich bei Oferding ein Zugunfall. Der D-Zug 117 war bei Bahnkilometer 202,4 entgleist. Während der Unfallerhebungen stellt sich heraus, daß von vorerst unbekannten Tätern die Schienen abgeschraubt wurden. Der Sabotageakt hatte ein Todesopfer und zahlreiche Verletzte zur Folge. Die Täter können zwei Jahre später ausgeforscht werden. Der Haupttäter wird durch den Strang hingerichtet, der andere zu acht Jahren Zuchthaus verurteilt.[319]

10. Mai · Werfen/S: Ein Sprengstoffanschlag der NSDAP in Sulzau kann rechtzeitig entdeckt und der Zug angehalten werden.[320]

Das beschädigte Gleisstück in Werfen/Sulzau. Bild: Fritz Hörmann, Werfen

13. Mai · St. Peter-Freienstein/St: Ein Sprengstoffanschlag auf das ehemalige sozialdemokratische Kinderheim hat einen Sachschaden von 150 Schilling zur Folge. Die Täter bleiben unbekannt.[321]

23. Juni · Kapfenberg/St: Auf das örtliche römisch-katholische Pfarramt wird ein Sprengstoffanschlag verübt, dem der Kaplan Franz Eibel zum Opfer fällt. Als Täter kann Max Kalcher ausgeforscht werden, der den Sprengkörper selbst gebaut hat.[322]

29. Juni · Gaal bei Knittelfeld/St: Beim Verteilen von NS-Gedankengut wird Johann Sch. in Fohnsdorf vom Gendarmeriebeamten betreten. Sch. schießt auf den Gendarmen, der schwer verletzt wird. Anschließend flüchtet der Täter über den Berg zur Nachbargemeinde Gaal. Dort wird er vom Gendarmen Karl Mussger gestellt. Er erschießt den Beamten mit mehreren Pistolenschüssen und setzt sich nach Deutschland ab.[323]

25. Juli · Deutschlandsberg/St: Während des Putsches der Nationalsozialisten wird der örtliche Gendarmerieposten im Stiftungshaus um 22.30 Uhr von ca. 330 Aufständischen bis in den Morgenstunden besetzt. Ein Gendarmeriebeamter wird als Geisel festgehalten.[324]

25. Juli · St. Gallen/St: Weil er sich weigert sich von den putschenden Nationalsozialisten entwaffnen zu lassen, wird Postenkommandant Franz Titz von den Aufständischen erschossen. Der Rädelsführer Franz E. wird zum Tod durch den Strang verurteilt.[325]

Gedenkfeier für den ermordeten Gendarmen am Marktplatz St. Gallen mit anschließender Enthüllung einer Gedenktafel. Bild: GChr. St. Gallen

25. Juli · St. Ruprecht an der Raab/St: Der Schutzkorpsmann Walter Hebenstreit des örtlichen Gendarmerieposten erleidet bei einem Schußwechsel mit ca. 30 nationalsozialistischen Putschisten tödliche Verletzungen. Die Täter werden zu Haftstrafen von zehn Monaten bis lebenslänglich verurteilt.[326]

26. Juli · Gaspoltshofen/OÖ: 20 Nationalsozialisten besetzen den örtlichen Gendarmerieposten und versuchen die Gendarmeriebeamten zu entwaffnen. Um 3 Uhr ist der »Putsch« zu Ende, nachdem sich die Gendarmen standhaft weigern, die Waffen auszufolgen. Die Besetzung endet mit 33 Verhaftungen und zahlreichen Hausdurchsuchungen.[327]

26. Juli · Maria Saal/K: Nationalsozialistische Revolutionäre schießen den Gendarmeriebeamten Franz Oschabnig in einem Wald bei Arndorf an und verletzen ihn schwer.[328]

26. Juli · St. Wolfgang im Salzkammergut/S: Illegale Nationalsozialisten besetzen den örtlichen Gendarmerieposten. Weiters wird eine strategisch wichtige Brücke besetzt. Es kommt zu Schießereien mit Verletzten. Nach der Niederschlagung des Putsches können sich einige Täter der Verhaftung durch die Flucht nach Deutschland entziehen.[329]

27. Juli · Lamprechtshausen/S: Illegale Nationalsozialisten überfallen den Gendarmerieposten und entwaffnen die diensthabenden Beamten. Bei einem Gegenangriff des Österreichischen Bundesheeres werden sie in der Folge befreit. Zwei Soldaten und sechs Putschisten kommen ums Leben.[330]

19. August · Breitenstein/NÖ: Im Bereich des Sonnwendsteines im Semmeringgebiet wird ein Doppelraubmord verübt. Die Täter können verhaftet werden.[331]

31. August · Neumühl/OÖ: Der Brandstifter Heinrich B. wird nach langen Nachforschungen von Beamten des Postens Unterweißenbach ausgeforscht und verhaftet.[332]

1935

3. März · Bad Leonfelden/OÖ: Unter dem Vorwand, es habe sich ein Stier losgerissen, lockt der 14jährige Hüterbub Johann Ü. in Weinzierl zuerst den 64jährigen Bauern Josef Preining, dann dessen 28 Jahre alte Tochter und anschließend noch die Bäuerin einzeln in den Stall und erschlägt alle drei nacheinander von hinten mit einer Hacke. Nach der Tat steckt er das Anwesen in Brand und sperrt sich selbst in den Getreidekasten, um somit einen Raubüberfall vortäuschen zu können.[333]

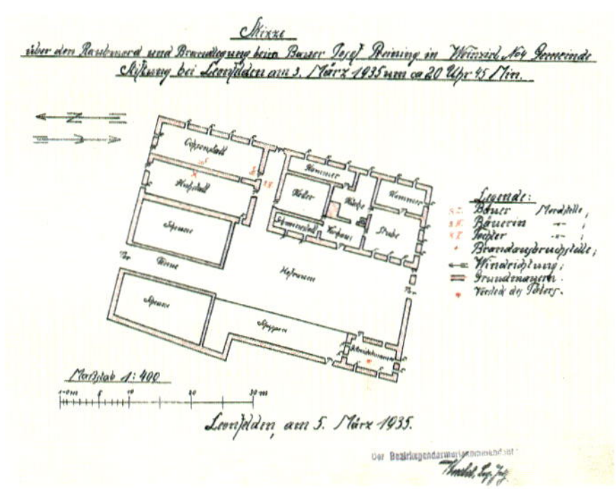

Tatortskizze vom Objekt, in dem das Verbrechen stattfand. Bild: GChr. Bad Leonfelden

23. März · Schiefling/K: Bei Baggerarbeiten in Selkach stürzen drei Arbeiter von einem Schleppkahn in die Drau und ertrinken.[334]

4. Juli · St. Ruprecht an der Raab/St: RayInsp. Johann Köck wird im Zuge einer Überprüfung im Vorhaus des örtlichen Gendarmeriepostens von Karl Gürtler erschossen. Der Mörder flüchtet. Er wird von Postenkommandanten Altvater verfolgt und im Hof des Gasthauses Oberer gestellt. Gürtler feuert gegen den Beamten und erschießt, als er die Ausweglosigkeit seiner Lage begreift, zuerst seinen Komplizen Johann Gspandl und danach sich selber.[335]

24. Juli · Saalfelden am Steinernen Meer/S: Johann Neudorfer erschlägt seine Freundin Elisabeth Trauner, weil sie von ihm schwanger ist, und wirft die Leiche danach in die Saalach. Der Täter wird zum Tode durch den Strang verurteilt. Es handelt sich dabei um die erste Hinrichtung in Salzburg seit 70 Jahren.[336] (Siehe 4. März 1865).

Extra-Ausgabe! 10 Groschen

Salzburger Grenzland

Wochenschrift für den Pinzgau und Pongau. — Amtliches Verlautbarungsblatt der Bezirkshauptmannschaft Zell am See

Der Mordprozeß Neudorfer.

Die Verhandlung.

Das Verhör.

Der Mordtag.

Die Zeugenaussagen.

Der Schuldspruch der Geschworenen.

Johann Neudorfer, wurde wegen Verbrechens des vorsätzlichen, gemeinen Mordes als schuldig befunden, und wurde zum Tod durch den Strang verurteilt.

3. August · Heiligenblut/K: Eröffnung der Großglockner Hochalpenstraße durch Bundespräsident Miklas. Das Bauwerk ist unter Dipl.-Ing. Franz Wallack mit einem Kostenaufwand von 25,8 Mill. Schilling erbaut worden.[337]

Eröffnung der Großglockner-Hochalpenstraße im Jahre 1935. Bild: Grohag

3. August · Dölsach/T: Aufgrund der Eröffnung der Großglocknerstraße steigt der Verkehr bei Dölsach auf ca. 500 bis 600 Kfz täglich. Ebenso verbuchen die Nächtigungszahlen eine Steigerung.[338]

Die schönste Bergstraße Europas inmitten des Nationalparkes Hohe Tauern. Bild: Grohag

1936

17. März · Landesgendarmeriekommando Linz/OÖ: Mit Befehl vom 17. März, E.Nr. 514 wird für die Gendarmerieposten eine Gendarmerie-Seelsorge errichtet.[339]

15. Juni · Abfaltersbach und Anras/T: Erzherzog Eugen besucht mit seiner Gattin Erzherzogin Adelheid unter reger Anteilnahme der Bevölkerung die sogenannten »Kaisergemeinden« Abfaltersbach und Anras. Ein großer Tag für den Posten Abfaltersbach, alle Beamten waren angetreten.[340]

Der Empfang der hohen Gäste. Bild: Hans Wilhelmer

29. Juni · Preitenegg/K: Aufgrund der unterschiedlichen Fahrordnung bezüglich Rechts-Links-Verkehr zwischen den Ländern Kärnten und Steiermark kommt es auf der Pack zu einem Verkehrsunfall zwischen einem Motorrad und einem Fahrrad. Dabei kommt der Kaufmann Alois Sch. ums Leben.[341]

9. August · Egg/V: Jakob F. ermordet, um sich seinen Verpflichtungen als Kindsvater zu entziehen, in Großdorf die von ihm schwangere 27jährige Susanne Feuerstein. Um Selbstmord vorzutäuschen erhängt er die Leiche. Der Mann wird zu 20 Jahren Kerker verurteilt.[342]

1937

26. Februar · Münichreith/NÖ: Nach dem Versuch, seine Frau mit einer Hacke zu erschlagen, gesteht Eduard Pritz bei der Verhaftung durch Beamte des Gendarmeriepostens Marbach/D., den Landwirt L. Moser drei Jahre zuvor erschlagen zu haben. Der Täter wird in Krems vom Standgericht zu Tode verurteilt.[343]

8. Juli · Pörtschach am Wörther See/K: Das erste Motorboot in der Österreichischen Bundesgendarmerie namens »F.Z.M. Kempen« wird am Gendarmerieposten Pörtschach in den Dienst gestellt.[344]

23. August · Egg/V: Rayonsinspektor Gruber des Gendarmeriepostens Egg rettet den zehnjährigen Herbert Schneider kurz vor dem Ertrinken aus dem hochwasserführenden Schmidlebach.[345]

1938

25. Jänner · Hinterstoder/OÖ: Zwischen 20.00 und 22.00 Uhr abends wird ein Nordlicht von außergewöhnlich seltener Pracht beobachtet.[346]

12. März · Braunau am Inn/OÖ: Um 6 Uhr morgens marschiert die Deutsche Wehrmacht in Braunau am Inn in Österreich ein. Um ca. 16 Uhr kam Adolf Hitler über die Reichsbrücke.[347]

GENDARMERIE-CHRONIK

Ein Bild das um die Welt ging – Adolf Hitler im Mercedes G 4 wird in Braunau, seinem Geburtsort, empfangen. Bild: GChr. Braunau a. Inn

15. März · Imst/T: Beim Einmarsch der deutschen Polizei wird diese vom örtlichen Bürgermeister Dr. Jenewein und einer Kompanie Deutschmeister am Ortseingang empfangen.[348]

Einzug der deutschen Polizei in Imst. Bild: GChr. Imst

Der damalige Bürgermeister Dr. Jenewein und eine Kompanie Deutschmeister erwarten den Einzug der deutschen Polizei in Imst. Bild: GChr. Imst

9. Mai · Güssing/B: RevInsp Edmund Springer wird in das KZ Dachau verschleppt, wo er am 28. Februar 1939 an den Folgen von Mißhandlungen verstirbt. Im Gedenken an ihn findet am 17. Juni 1994 eine feierliche Gedenktafelenthüllung statt.[349]

4. Juli · Zwettl/NÖ: In der Nähe von Pötzles erwürgt N.N. seine von ihm geschwängerte Geliebte. In einem Wald hängt er die Leiche auf einen Baum, um Selbstmord vorzutäuschen. Der Täter kann jedoch von der Gendarmerie Zwettl ausgeforscht und vom Gericht zu zwölf Jahren schweren Kerker verurteilt werden.[350]

Edmund Springer, der am 9. Mai 1938 nach Dachau verschleppt wurde. Bild: GChr. Güssing

3. August · Mauthausen/OÖ: Auf den Gründen der Gemeinde Wien in Marbach (Wienergraben) wird ein Konzentrationslager errichtet. *»Es entstanden mehrere Holzbaracken und mit 1. August zog schon eine Abteilung des 44. Totenkopfverbandes mit ihrem Kommandanten Sturmbannführer Saurer, welche die Beaufsichtigung der Häftlinge obliegt, in das Lager ein. Bald darauf kamen in mehreren Transporten die Häftlinge...«* schreibt die Gendarmeriechronik.[351]

22. Oktober · Mauthausen/OÖ: Der Postenkommandant des Gendarmeriepostens Mauthausen wird aufgrund seiner politischen Gesinnung von den nationalsozialistischen Behörden außer Dienst gestellt und schließlich auf den Posten Steinbach am Ziehberg versetzt.[352]

1939

1. September
Ausbruch des Zweiten Weltkrieges:
Mit dem Ausspruch: *»Seit 4.45 Uhr wird zurückgeschossen...«* verkündet Hitler vor dem Reichstag in Berlin offiziell den Angriff auf Polen.

Bischofshofen/S: Zum Kriegsausbruch berichtet Zeitzeugin Gertrude Mücke: »... *bei Kriegsbeginn bekamen wir sofort Lebensmittelkarten. Es brauchte vorläufig niemand zu hungern. Die Organisation funktionierte bis Kriegsende recht gut...«*

14. September: Oberwachtmeister Anton Häuslschmid muß als erster Gendarm von Bischofshofen an die polnische Front. Ihm folgen am 15. November Johann Rothenwänder und Max Hochrainer und am 13. Dezember Oberwachtmeister August Klausner.

5. November: Großbrand am Frachtbahnhof Bischofshofen. Eine Verladerampe und zehn mit Frachtgut beladene Waggons fallen der Zerstörung anheim. Der Brand wird vom Ladeschaffner Georg Rehrl ausgelöst, der beim Entladen von Benzinfässern mit einer Öllaterne den Bestimmungsbahnhof ablesen wollte. Dabei entzündet sich ein Faß. Die Feuerwehr kann nicht mit schwerem Gerät eingreifen, da sich die Zufahrtsstraße als zu schmal erweist, weshalb eine 300 Meter lange Schlauchleitung gelegt werden muß. Der Schaden beträgt rund 500.000 RM.[353]

St. Peter-Freienstein/St: Acht Kinder werden bei der Explosion einer Handgranate getötet bzw. schwer verletzt.[354]

4. August · Wartberg im Mürztal/St: Großbrand im Werk »Vogel und Noot«. Der Schaden beträgt 30.000 Reichsmark.[355]

13. November · Annaberg/NÖ: Mordversuch an dem Gendarmeriebeamten Götzl. Der Täter kann nach einer langwierigen Fahndung in der Steiermark gefaßt werden [356]

13. November · Wals-Siezenheim/S: Die 23jährige beim Gastwirt Fenninger beschäftigte Magd Elise L. wird von dem ebenfalls dort beschäftigten Knecht Josef W. ermordet. Der Knecht erhält die Todesstrafe. Das Todesurteil wird am 14. Dezember 1940 in München vollzogen.[357]

1940

Bischofshofen/S: Zweites Kriegsjahr; Jänner: die kriegswirtschaftlichen Maßnahmen erfordern die Einsparung von Treibstoff. Der Posten wird ab 20. Jänner verpflichtet, durch verstärkte Verkehrskontrollen »Luxusfahrten« von Privatpersonen zu verhindern.

1. Februar: In Bischofshofen wird eine Gendarmerieabteilung eingerichtet. Sie ist zwischen der Gendarmerie-Station und Gendarmerie-Inspektion eingeschoben.

1. März: Dem Posten wird die arbeitsaufwendige Überprüfung sämtlicher Bezugsscheine übertragen. Bezugsscheinpflichtig sind Gegenstände des täglichen Bedarfes wie Stoffe, Schuhe etc.

2. März: Das offizielle Organ des Reichsnährstandes verkündet, daß der Pongau als »der ärmste Kreis des Landes« zu bezeichnen ist. Dazu tragen nicht unwesentlich die Landflucht und die laufenden Einrückungen zur Wehrmacht bei, die einen fühlbaren Mangel an landwirtschaftlichen Arbeitskräften hinterlassen. Diese Lücke versucht man durch den Einsatz von verschleppten Arbeitern und Arbeiterinnen aus den von Deutschland besetzten Gebieten, die gegen geringe oder ohne Bezahlung arbeiten, auszugleichen, was nur in den seltensten Fällen gelingt. Zwangsläufig häufen sich daher die Rückstellungsgesuche der zur Wehrmacht eingezogenen Landwirte bzw. Knechte. Die Gesuche müssen von der Gendarmerie bearbeitet werden und sind eine enorme zusätzliche Belastung.

1. November: Der Postenrayon wird in »Begehungsraum« umbenannt. [358]

ÖSTERREICH-CHRONIK

1940

10. Juni: Einnahme Norwegens (Narvik) durch die österreichischen Gebirgsjäger, die vor allem aus Kärntnern und Steirern rekrutiert werden.
10. Mai: Beginn des Feldzuges gegen Frankreich. Luxemburg, Belgien und die Niederlande werden eingenommen.

1941

2. März: Einmarsch in Bulgarien.
6. April: Beginn des Krieges auf dem Balkan.
22. Juni: Deutsche Truppen greifen Rußland an.
11. Dezember: Kriegserklärung Deutschlands und Italiens an die USA.

1942

24. August: Beginn der Schlacht um Stalingrad, die am 2. Februar 1943 mit einer Niederlage der Deutschen Wehrmacht ihr Ende findet. Riesige Verluste an Menschenleben auf beiden Seiten sind zu beklagen, darunter viele Österreicher.

1943

Der Krieg nimmt zuungunsten Deutschlands eine Wende. Die Fronten werden aufgeweicht, Alliierte Truppen greifen das bisher vom Kriegsschauplatz verschont gebliebene Österreich an. Auch die Begeisterung der Bevölkerung für den Führer hat sich schon längst gelegt. Viele Widerstandsgruppen gegen das völkermordende Nazi-Regime haben sich gebildet. Im Februar ruft der Reichpropagandaminister Joseph Goebbels zum »Totalen Krieg« auf.
13. August: Erster Luftangriff der Alliierten auf österreichischem Boden erfolgt in Wiener Neustadt.
8. September: Italien kapituliert und erklärt Deutschland den Krieg.
30. Oktober: In der Konferenz der Alliierten Außenminister in Moskau wird die Absicht der Wiederherstellung eines freien und unabhängigen Österreich deklariert.

1944

21. März: Deutsche Einheiten besetzen Ungarn.
12. April: Mit dem Luftangriff auf Wien beginnen die Bombardierungen weiterer österreichischer Städte.
20. Juli: Das mißlungene Attentat auf Adolf Hitler löst in Wien eine Verhaftungswelle aus, wodurch die österreichische Widerstandsbewegung merklich geschwächt wird.

Ortsdurchfahrt Bischofshofen in den 1940er Jahren.
Bild: Fritz Hörmann, Werfen

29. August · Rainbach im Mühlkreis/OÖ: Auf dem Flug von Klagenfurt muß Unteroffizier Hans Miksch mit seinem Flugzeug SEVF auf einem Kornfeld wegen Brennstoffmangels notlanden.[359]

1941

Bischofshofen/S: Drittes Kriegsjahr; Februar: Die Gendarmerieposten erhalten neue Bezeichnungen. Die Aufschrift auf den Tafeln lautet nicht mehr »Gendarmerieposten« sondern »Gendarmerie«. Zusätzlich ist das Hoheitszeichen angebracht.
21. April: Die schriftliche Bearbeitung der Luftschutzangelegenheiten wird dem jeweiligen Gendarmeriepostenführer übertragen, der somit dem örtlichen Luftschutzleiter unterstützend zur Seite steht.
23. Mai: 45 serbische und etwa die gleiche Anzahl französische Kriegsgefangene treffen in Bischofshofen ein. Die Franzosen werden vorwiegend im Bahnbau Pöham, die serbischen Gefangenen im Bergbau eingesetzt. Im Bergbau Mühlbach, Bischofshofen und St. Johann sind während des Krieges zeitweise bis zu 800 Arbeiter beschäftigt. Russische Kriegsgefangene sind meist unter Tag, französische vorwiegend im Übertagbetrieb eingesetzt. Das Arbeitsklima zwischen einheimischen Arbeitnehmern und Kriegsgefangenen gestaltete sich den Umständen nach gut. Fälle von Maßregelungen oder Schikanen sind nicht bekannt geworden.
Juni: In Anbetracht der drastischen Zunahme des Schleichhandels, insbesondere mit Butter, ergeht am 7. Juni ein entsprechender Auftrag an die Gendarmerie, diesen Schleichhandel zu unterbinden.
1. November: Eine verschärfte Überwachung der Verdunkelungsvorschriften wird angeordnet. Die Beamten sind beauftragt, bei erwiesenen »Verdunkelungssündern« an den Häusern »Rügezettel« anzubringen.
16. November: Auflösung der Bahnschutzwache, die Beamten werden dem Gendarmerieposten zugeteilt.[360]
17. Juli · Angelbach/NÖ: Durch Hochwasser und Vermurungen aufgrund schwerer Unwetter werden landwirtschaftliche Gebäude derart in Mitleidenschaft gezogen, daß die Schäden in die Millionenhöhe gehen.[361]

Ein Bild der Verwüstung in Angelbach. *Bild: GChr. Großpertholz*

5. August – 24. August · St. Michael in der Obersteiermark/St: Während des zweigleisigen Ausbaues der ÖBB-Eisenbahnstrecke werden beim Annabergtunnel am 5. August 11 Arbeiter und am 24. August sieben Arbeiter bei Felsstürzen im Westportal bzw. im Tunnelbereich getötet.[362]

Westportal des Unglückstunnels.
Bild: GChr. St. Michael/Obersteiermark

30. August, 30. September · Griffen/K: Der Deserteur Franz Potitschnig erschlägt und ersticht eine Frau und fünf Kleinkinder in Kaunz. Ein Monat später ermordet er in Töllerberg bei Völkermarkt zwei Frauen und einen Mann. Der Täter, der in Raubabsicht handelte, wird zum Tode verurteilt und die Strafe in Wien vollzogen.[363]

September · Mauthausen/OÖ: Die Bäuerin Eleonore Gusenbauer führt am Gendarmerieposten Mauthausen Beschwerde, daß KZ-Häftlinge wiederholt auf dem Arbeitsplatz im Wienergraben vor den Augen der Bevölkerung von SS-Leuten erschossen werden.[364]
13. Dezember · Feld am See/K: In Untersee wird ein polnischer Zwangsarbeiter öffentlich hingerichtet. Er hatte aus unbekannten Gründen den Förster Robert Staudacher mit 12 Messerstichen ermordet.[365]

1942

Bischofshofen/S: Viertes Kriegsjahr; Jänner: Das Jahr beginnt mit einer selten dagewesenen Kältewelle. Zwischen 20. und 25. Jänner sinken die Temperaturen zeitweise unter minus 30 Grad.
Februar: Eine der Gendarmerie unterstellte »Landwacht« wird gegründet. Die Anordnung basiert auf der Notverordnung vom 15. 10. 1938. Die Landwacht hat die Aufgabe, die Gendarmerie bei Ergreifung flüchtiger Kriegsgefangener und arbeitsvertragsbrüchiger Ausländer zu unterstützen. Sie ist bewaffnet und trägt als Erkennungszeichen eine weiße Armbinde mit der Aufschrift »Landwacht«.
3. Juni: Verschärfung der Verordnungen über das Hamsterunwesen.
In diesem Monat gelingt es den Gendarmeriebeamten von Bischofshofen eine Bande, spezialisiert auf Eisenbahndiebstähle, zu entlarven. 50 Personen werden verhaftet. Diebstähle, die teilweise bis in das Jahr 1930 zurückreichen, können geklärt werden. Die Urteile fallen hart aus: 4 Todesurteile für die Rädelsführer, vollzogen in Stadelheim bei München, und langjährige Zuchthausstrafen für den Rest der Bande.
In diesem Jahr werden 147 Personen verhaftet, 37 Anzeigen an das Gericht, 16 Anzeigen an die Staatsanwaltschaft, 25 Anzeigen an die Gestapo und 9 Anzeigen an die Kripo erstattet. Weiters werden 42 Hausdurchsuchungen durchgeführt und 957 Strafverfügungen mit einer Summe von 1893 RM erlassen.[366]
Henndorf am Wallersee/S: Die politische Stimmung, die sicherlich überall ähnlich war, beschreibt der mutige Postenkommandant Revierinspektor Erasmus Dießlbacher (14. September 1938 bis 15. Oktober 1945 Kommandant in Henndorf/W.) in seiner Gendarmeriechronik:

GENDARMERIE-CHRONIK

»Durch den Kriegszustand mit Rußland und Amerika werden bei der Bevölkerung vereinzelt Stimmen laut, daß es kaum möglich sein wird, den Krieg mit einem totalen Sieg zu beenden. Man ist der Meinung, daß es im kommenden Jahre diesen Großmächten gelingen wird, ihre ungeheuren Menschen- und Materialmassen zu mobilisieren und in den Kampf zu werfen. – Dies würde dann eine ›Wende‹ des Krieges bedeuten.
Die Ernährungslage fängt nun auch an ungünstiger zu werden. Die Verknappungen an Lebensmitteln werden immer mehr und führen zu einer Einschränkung in der Lebensmittel/Haushaltsführung. In diesem Zusammenhang tritt auch der gegenseitige Tauschhandel immer mehr in Erscheinung und es mehren sich die Fälle, wo für geleistete Arbeiten Lebensmittel verlangt werden...«[367]

1. Juli · Haid/OÖ: Für das Zwangsarbeiterlager wird ein Gendarmerieposten errichtet.[368]

1943

Bischofshofen/S: Fünftes Kriegsjahr; Jänner: Infolge ständiger Verschärfung der Luftlage werden am 21. Jänner strengere Weisungen für die Überwachung der Verdunkelungsvorschriften erlassen. Bei Übertretung dieser und der gleichzeitig erlassenen Vorschrift über das Abhörverbot ausländischer Sender kann die Gendarmerie die Partei zur Assistenzdienstleistung heranziehen.

16. April: Eine vom Ergänzungsamt wiederholt durchgeführte Werbekampagne zum freiwilligen Eintritt in die Waffen-SS stieß »*... unter den jungen Volksgenossen und der ablehnenden Haltung der Bevölkerung auf wenig Resonanz.*«

21. Juni: Ein Befehl erreicht den Gendarmerieposten, wonach »*... Behördenangestellte im Gespräch mit Volksgenossen über die Kriegslage größte Zurückhaltung einzunehmen haben.*« Zuwiderhandelnde können wegen Landesverrat oder Zersetzung der Wehrkraft zur Verantwortung gezogen werden.

17. August: Zur Überwachung fremdländischer Arbeiter können von den Gendarmeriebeamten nun auch Parteifunktionäre herangezogen werden.

13. September: Die Gendarmerie wird auch zur Mitarbeit bei SS-dienstlichen Ermittlungen herangezogen und erhält daneben den Aufgabenkreis, die Hinterbliebenen gefallener SS-Soldaten zu betreuen. Acht Tage später wird amtlich bekanntgegeben, daß das Dienstgebäude des Landesrates in Salzburg wegen der Luftangriffe geschlossen und nach Seekirchen verlegt wird.

27. Oktober: Eine Spendensammlung zur Kinderspielzeug-Herstellung für die Weihnachtsbescherung von Angehörigen gefallener Soldaten läuft an.

Die dienstlichen Anforderungen an die Gendarmeriebeamten nehmen zu. Über behördlichen Auftrag müssen zur Bekämpfung des Hamsterunwesens ständig Streifen durchgeführt werden, die von den Beamten jedoch mit Vernunft und Mitgefühl ausgeführt werden. Infolge Treibstoffmangels verringert sich der Kraftwagenverkehr auf der Straße rapide. Über die allgemeine Lage bemerkt Gendarmeriechronist Erasmus Dießlbacher: »*... Man sieht im Straßenbilde fast ausschließlich nur Wehrmachts- und Lastkraftwägen. Hinsichtlich der bombengeschädigten Personen aus dem Altreich ist zu bemerken, daß deren Zahl immer größer und in diesem Zusammenhang das Wohnungsproblem immer schwieriger wird. Infolge des kriegswirtschaftlichen Bedarfes der vielen Flüchtlinge droht nun eine Not an Brennholz, die sich besonders über die Winterzeit hart auswirkt. Die zwangsweise Bewirtschaftung aller Erzeugnisse steht unmittelbar bevor und soll dem Endsiege dienen. Nicht unerwähnt soll auch das Verhalten der Kriegsgefangenen und zahlreichen ausländischen Arbeiter sein. Während die Leistungen der serbischen Kriegsgefangenen fast überall befriedigend sind, ergaben sich bei den fremdländischen Arbeitern mitunter Mißstimmigkeiten. Abschließend wäre über die allgemeine Kriegslage zu Ende diesen Jahres zu sagen, daß die Mehrzahl der Bevölkerung dem Frieden zugewendet ist, und das Ende des Krieges im kommenden Jahr herbeisehnt.*«[369]

28. Dezember: Infolge der verschärften Kriegslage ergeht an alle Angehörigen der Ordnungspolizei ein Befehl zur Testaments-Errichtung.[370]

17. März · Pinggau/St: Hauptwachtmeister Franz Stachl vom Gendarmerieposten Friedberg wird während einer Überwachungspatrouille von zwei kroatischen Landstreichern ermordet. Die Täter, denen noch zwei weitere Mordversuche und ein Mord an einem Gendarmen angelastet werden, werden nach einer Suchaktion im Raum Baden ausgeforscht und bei einem Feuergefecht erschossen.[371]

25. Oktober · Deutschfeistritz/St: Auf der sogenannten Pockstaller Höhe , Gemeindegebiet Gschnaidt, muß ein sowjetisches Aufklärungsflugzeug notlanden.[372]

1944

Bischofshofen/S: Sechstes Kriegsjahr; es kommt zur Musterung des Jahrganges 1884, womit die »Sechzigjährigen« erfaßt werden. »*In Bischofshofen gab es einen Deserteur, es war ein Fronturlauber, der nicht mehr zu seiner Einheit zurückkehrte. Seine Frau spielte die trauernde Witwe. Aber sie beobachtet wenn Gendarmen kamen. Dann versteckte sie ihren Mann hinter einer Tapetentür und schob einen Schrank davor. Der Mann wurde nie gefunden und hat das Kriegsende gut überlebt...*« erzählt Zeitzeugin Gertrude Mücke.

25. und 26. Februar: Bischofshofen wird erstmals von feindlichen Flugzeugen überflogen. Der Posten versieht Außendienst, einige Personen werden wegen schlechter Verdunkelung angezeigt. Ab diesem Zeitpunkt werden in einer groß angelegten Aktion alle Männer zum Objektschutz erfaßt.

Oktober: Es häufen sich die Luftalarme, weil immer wieder feindliche Verbände das Salzachtal überfliegen. Ständige verstärkte Gendarmeriestreifen sind notwendig »*... um die Volksgenossen zum luftschutzmäßigen Verhalten zu veranlassen*«.

16. Oktober: Um 11.50 Uhr erfolgten der erste große Fliegerangriff und die ersten Bombenabwürfe auf die Umgebung des Güterbahnhofes Bischofshofen. Insgesamt werden sieben Bomben abgeworfen, wobei die Geleise 7, 9, 11, 13, 15 und 19, ein Paketwagen und die Oberleitung beschädigt werden. Ein tschechischer Bahnarbeiter und zwei Kalbinnen werden verletzt, der Arbeiter muß ins Krankenhaus eingeliefert, die Tiere notgeschlachtet werden. Zwei Häuser werden schwer beschädigt, an 46 Häusern sind Türen- und Fensterbeschädigungen zu verzeichnen. Der Bahnverkehr ist stundenlang blockiert. »*Bei den Aufräumungsarbeiten waren 170 bahneigene*

25. Oktober 1943; das Flugzeug übersteht die Landung im Almgebiet fast ohne Beschädigungen.
Bild: GChr. Deutschfeistritz

GENDARMERIE-CHRONIK

Kräfte, 30 Mann TN. und 20 Männer von den Sintermetallwerken in Mitterberghütten, zusammen 220 Arbeitskräfte eingesetzt.«

Die Lebensmittelrationen werden immer kleiner, eine Monatsration enthält 1 kg Fleisch, 20 dkg Schweinefleisch oder Fleischschmalz, 12,5 dkg Fett, 37,5 dkg Butter, 6 dkg Käse, 12 dkg Quark, 12,5 dkg Speck, 37,5 dkg Zucker oder 75 dkg Marmelade, 1,4 kg Weißmehl bzw. Weißbrot, 4,2 kg Roggenbrot, Nährmittel (Teigwaren etwa 50 dkg) bzw. 50 dkg Stärkemittelerzeugnisse.[373]

24. Februar · Flachau/S: Der Bereich Flachauwinkel wird von amerikanischen Flugzeugen bombardiert. Am 24. Februar und am 16. November 1944 stürzen zwei amerikanische Bomber ab.[375]

5. März · Dornbirn/V: Wegen Waggonschadens kommt ein Schnellzug in Haselstauden zum Entgleisen. Dabei werden fünf Personen tödlich, drei schwer und 35 leicht verletzt.[376]

6. März · Semriach/St: Der Landwirt Franz Amhofer wird von einem unbekannten Täter mit einer Hacke ermordet. Vermutlich derselbe Täter legt anschließend auch am Nachbargehöft Feuer. Der Täter konnte bis heute nicht ausgeforscht werden.[377]

April · Bad Gams/St: Auf ihrem Weg nach Wien werden am Palmsonntag alliierte Bomberverbände von deutschen Jagdverbänden angegriffen. Dabei werden ein amerikanischer Bomber und zwei deutsche Jagdflugzeuge abgeschossen. Ein US-Bomber stürzt in Sallegg auf die sogenannte Simihanslweide und ein deutsches Jagdflugzeug auf die Höllbauerweide. Das zweite Jagdflugzeug (ME 109) stürzt in der Gemeinde Rassach in die Poßnitz. Acht Menschen kommen ums Leben.[378]

6. Juli · Köppling/St: Aufgrund des Verschuldens des Stationsvorstehers kommt es beim örtlichen Bahnhof zu einem Zugzusammenstoß, bei dem sieben Menschen ums Leben kommen und 47 verletzt werden.[379]

8. Juli · Fehring/St: In Marburg wird Hauptwachtmeister Rudolf Tschetschko von einem Sondergericht verurteilt und erschossen. Er hatte Spottgedichte auf den Führer abgeschrieben.[380]

15. Juli · St. Johann im Pongau/S: Im Gemeinderatsprotokoll wird festgehalten, daß unter anderem Res. Gendarm Anderl aus St. Johann von der geheimen Staatspolizei verhaftet wird, weil er einige Fahnenflüchtige in Goldeggweng begünstigt und ihre Flucht ermöglicht hat. Sein weiteres Schicksal ist nicht bekannt. Jedenfalls bringt der Bürgermeister zum Ausdruck, daß »... *für solche Elemente eine Gefühlsduselei nicht am Platz ist*«. Wie nun feststeht, wurde durch die sechs Einheimischen, die offen gegen das Regime eintraten und sich in der Umgebung von Goldegg versteckt hielten, die größte Fahndungs- und

GENDARMERIE-INTERNE WEISUNGEN

Intern überschlagen sich förmlich die eingelangten Erlässe und Anordnungen, sodaß zeitweise Befehle, die sich noch auf dem Postweg zur Dienststelle befinden, bereits bei ihrer Ankunft schon wieder widerrufen sind.

Am 17. Jänner erreichen den Posten neue Befehle zur Bekämpfung von Sabotageakten, mit deren Durchführung zu rechnen ist. Für den Fall von Bombenschäden ist ab 26. Jänner die Heranziehung einer Gemeinschaftshilfe vorgesehen. Als verantwortlicher Funktionär in sämtlichen Luftschutzsachen wird der Bürgermeister als »öffentlicher Luftschutzleiter« bestellt, den der Postenführer federführend zu unterstützen hat. Die Unterstützung besteht darin, daß Akten rechtzeitig erledigt werden, da es immer wieder vorgekommen ist, daß von einigen Bürgermeistern wichtige Luftschutzakte überhaupt nicht erledigt worden sind.

Am 31. Jänner muß der Posten bei einer Pferdebestandserhebung Assistenz leisten.

Am 7. Februar gilt es für den Posten über behördlichen Auftrag sämtliche Kraftfahrzeuge für Wehrmachtszwecke zu erfassen. Über Befehl des Gendarmerie-Kreisführers erfolgt die Anordnung, daß ab sofort gefangengenommene feindliche Fallschirmspringer nicht mehr an die Wehrmacht, sondern an die Gestapo ausgeliefert werden müssen. Mitte März erreichen den Gendarmerieposten verschärfte Dienstanweisungen für die Landwacht, die ab 9. Februar mit italienischen Beutegewehren ausgerüstet worden ist.

Ab 14. April kommt es zur Einführung von Reisescheinen für ausländische Arbeiter. Der Gendarmerieposten wird beauftragt, diese auszustellen. Einige Tage später müssen über behördlichen Auftrag Briefe fremdländischer Arbeiter beschlagnahmt werden. Eine Unmenge an Briefen schleppen die Beamten rucksackweise zum Posten und von dort zur Behörde. Über Protest der Beamten erfolgt einige Tage später die Aufhebung dieser Maßnahmen. Am 20. April werden die Einschränkungen ausländischer Arbeiter im Reiseverkehr wesentlich verschärft. Mit 3. Juni wird diesem Personenkreis sogar die Benützung eines Fahrrades verboten. Ab 14. Juni muß verstärkt nach feindlichen Fliegern gefahndet werden und am 28. Juni wird öffentlich gemaßregelt, daß »... *einzelne Volksgenossen gegenüber abgeschossenen feindlichen Flugzeuginsassen ein gewisses Mitgefühl an den Tag legen, dies aber eines deutschen Volksgenossen unwürdig sei.*« Am 18. Juli ergeht die Anordnung, daß das selbständige Einschreiten der Polizeiorgane bei prominenten Persönlichkeiten erst nach Zustimmung des Gauleiters erlaubt ist. Damit werden die Rechte der Gendarmerie als Vollzugsorgan wesentlich eingeschränkt. Ab Mitte August ergeht ein Befehl, »... *daß die Ostarbeiter durch besondere Abzeichen kenntlich zu machen sind.*«

Am 21. September wird die verschärfte Überwachung von Gaststätten angeordnet um zu verhindern, daß »*Fahnenflüchtige oder sonstige Elemente Unterschlupf finden und sich verborgen halten können*«. Am 5. Oktober müssen über behördliche Anordnung alle Kraftfahrzeuge durch die Gendarmerie »entwinkelt« (Klärung der Besitzverhältnisse) werden. Immer wieder kommt es zum Abwurf von Flugzetteln, die die großen Erfolge der Alliierten beschreiben. Das Propagandamaterial müssen die Gendarmeriebeamten einsammeln und abführen. Am 3. November muß der Gendarmerieposten sämtliche Baustoffe erfassen, die bei den einzelnen Hausbesitzern vorhanden sind. Denn alle Baustoffe sind zugunsten der zu errichtenden Behelfsheime abzuführen. Am 18. Dezember wird im Zuge einer Kreisdienstbesprechung in Salzburg mündlich angeordnet, daß »... *abgesprungene oder abgeschossene feindliche Flugzeugbesatzungen kurzerhand umzulegen sind.*«

Am 28. Dezember wird in einem Befehl die Ausbildung der Gendarmen für den Nahkampf angeordnet und zu Jahresende eine allgemeine Urlaubssperre verfügt. Ausnahmefälle sind Krankheiten und ein Alter über 65 Jahren.[374]

25. Juli 1944, Braunau; während der Fahrt in den Rücken geschossen. Tatortaufnahme des ermordeten Gendarmen Johann Traxler.

Bild: BGK Braunau am Inn

ÖSTERREICH-CHRONIK

1945

Die Luftangriffe verstärken sich und Österreich wird zum Kriegsschauplatz der Alliierten Truppen, die ab 29. März die Grenzen überschreiten. Im Osten dringt die »Rote Armee« ein und besetzt Wien. Die Briten fallen in Kärnten ein, die Franzosen in Vorarlberg und die Amerikaner in Tirol, Salzburg und Oberösterreich. Österreich wird in vier Besatzungszonen aufgeteilt: Französische Zone: Vorarlberg und Nordtirol; britische Zone: Osttirol, Kärnten und Steiermark; amerikanische Zone: Salzburg und Oberösterreich südlich der Donau; sowjetische Zone: Mühlviertel, Niederösterreich, Burgenland. Wien wird unter den vier Mächten aufgeteilt. Oberstes Gremium ist der »Alliierte Rat«. Noch vor der Kapitulation Deutschlands am 8. Mai wird die Republik Österreich wiederhergestellt.

27. April: Die»Provisorische Österr. Staatsregierung« unter Karl Renner wird gegründet.

29. August: Das auf die Gaue Steiermark und Niederdonau aufgeteilte Burgenland wird wieder ein selbständiges Bundesland.

25. November: Erste Nationalratswahl: Koalitionsregierung der ÖVP, SPÖ unter Leop. Figl.

20. Dezember: Karl Renner wird zum Bundespräsidenten gewählt.

21. Dezember: Die Schillingwährung wird wieder eingeführt.

1946

26. Juli: Verstaatlichungsgesetz über die Großindustrie und der drei größten Banken in Österreich.

5. September: Pariser Abkommen über Südtirol zwischen Österreich und Italien, das Gleichberechtigung der deutschsprachigen Südtiroler garantiert.

1. Oktober: Der Internationale Gerichtshof in Nürnberg verurteilt Seyß-Inquart zum Tode. Über 12 von 21 als Hauptkriegsverbrecher Angeklagten wird das Todesurteil ausgesprochen.

1947

25. Juni: Unterzeichnung des Hilfsabkommens zwischen Österreich und USA, die die kostenlose Bereitstellung von Gütern zum Wiederaufbau Österreichs zusagt. Die Hungersnot ist sehr groß, zudem ist Österreich auch mit dem Problem der Flüchtlingswellen Heimatvertriebener konfrontiert.

12. September: Ist die Rückführung der österreichischen Kriegsgefangenen der Westmächte bereits 1946 abgeschlossen, so treffen die ersten Kriegsgefangenen aus der Sowjetunion erst jetzt ein. Bis 1955 halten die Heimkehrertransporte an.

19. Oktober: Vorarlberg, das unter dem NS-Regime an Tirol angeschlossen war, wird wieder ein selbständiges Bundesland.

GENDARMERIE-CHRONIK

Strafaktion der Gestapo im Pongau ausgelöst. Über 1.000 Mann der Waffen-SS durchsuchten das Gebiet. Die »Widerstandskämpfer« wurden gefaßt, brutalst mißhandelt und kamen im Konzentrationslager Mauthausen ums Leben.[381]

21. Juli · Weyregg am Attersee/OÖ: Über dem Attersee kommt es zu einem Luftkampf zwischen deutschen und alliierten Jagdfliegern. Der Pilot eines deutschen Fliegers überlebt seinen Absturz mit starken Verbrennungen. Ebenso die zwei Piloten eines amerikanischen Bombers, der in Altmünster niederging.[382]

25. Juli · Braunau am Inn/OÖ: Johann Traxler, Postenführer in Friedburg, wird im Dienst durch einen Schuß in den Rücken meuchlings ermordet. Als Täter kann Georg Hamminger, ein Massenmörder, ausgeforscht werden.[383] *(Lesen Sie dazu den Beitrag BGK Braunau am Inn).*

20. September · Oetz/T: Durch einen Brandbombenabwurf alliierter Fliegerverbände wird der Weiler Schrofen total zerstört und 66 Personen werden obdachlos.[384]

29. November · Reißeck/K: Bei einem Versuch den aus einem KZ entflohenen Kaspar Bachl in Napplach zu stellen, werden die zwei Gendarmen des Gendarmeriepostens Kolbnitz, Anton Glantschnig und Karl Waupetitsch von dem Entflohenen erschossen. Kaspar Bachl wird in Bayern verhaftet und in Traunstein zum Tode verurteilt.[385]

1945

Bischofshofen/S: Fortlaufend wird der Pongau von feindlichen Flugzeugen überflogen, Fliegeralarm gibt es fast täglich. Angegriffen wird Bischofshofen im Februar, April und Mai.

22. Februar: Erster Fliegerangriff auf den Bahnhof um 12.45 Uhr von 14 Flugzeugen, die rund 20 Bomben abwerfen. Ein Teil des Personenbahnhofes und der Fahrdienstleitung sowie Gleisanlagen werden schwer, das Postgebäude vollkommen zerstört. Sechs Personalhäuser sind ebenfalls schwer beschädigt. Der Angriff kostet vierzehn Männern und elf Frauen das Leben, drei Personen werden schwer und 15 leicht verletzt. Ca. 60 Personen werden obdachlos. Zeitzeugin Gertrude Mükke hat den Angriff folgendermaßen miterlebt: »*Ich habe mit meinen zwei Kindern am Oberschönegg die Fliegerangriffe auf Bischofshofen miterlebt. Als wir aus dem Keller kamen, in den wir bei Fliegeralarm geflüchtet sind, haben wir das Inferno gesehen, das die Bomben angerichtet haben. Die Post war weg, Bahnhof zerstört, Häuser lagen in Schutt oder brannten. – Aus den im Bahnhof stehenden Zügen wurden die Menschen in den Durchgang gelassen, um vor dem Angriff geschützt zu sein. Gerade dorthin kam ein Volltreffer und alle waren tot, die sich dort aufhielten. Man konnte nie feststellen, wie viele es waren, die aus den Zügen dort Schutz suchten. – Eine traurige Bilanz. Es gab in der Folgezeit noch einige Angriffe und Zerstörungen, aber es gab nicht mehr so viel Tote wie beim ersten Angriff, weil die Bevölkerung bei Alarm sofort die Keller aufsuchte, oder in den Wald floh...*«

19. April: Der Rangierbahnhof wird zwischen 11.30 und 12.30 Uhr durch einen Großangriff schwer beschädigt. Der Angriff erfolgt in sechs Wellen mit jeweils sieben Flugzeugen, die ca. 400 Bomben mittleren Kalibers (250 kg) abwerfen. Dem schwersten Fliegerangriff in der Geschichte von Bischofshofen fallen vier Männer, neun Frauen und neun Kinder zum Opfer. Sieben Personen sind schwer und 37 leicht verletzt worden. 16 Häuser sind total, 14 schwer und 35 leicht beschädigt. 300 Menschen sind obdachlos. Bei der Bergung der Toten und Verletzten sowie Bekämpfung der Brände sind alle Gendarmen, die Belegschaften der Sintermetallwerke, die Studiengesellschaft, die Zimmerei Moser, alle Gemeindearbeiter und viele örtliche Kleinbetriebe sowie einige Abteilungen der Wehrmacht und einige kriegsgefangene Engländer und Russen im Einsatz.

4. Mai: Knapp vor Kriegsende erfolgt um 8 Uhr der letzte Fliegerangriff auf Bischofshofen. Wieder bildet der Bahnhof Ziel des Angriffes. 20–30 Bomben mittleren Kalibers zerstören das Heizhaus, Gleisanlagen und mehrere Lokomotiven. Drei Heizhausarbeiter werden getötet. Auch hier ist es wieder die Gendarmerie, die die ersten Rettungs- und Aufräumarbeiten veranlaßt bzw. selbst durchführt.[386]

Zerstörte Bahnanlagen und Wohnhäuser in Bischofshofen nach den Fliegerangriffen im Februar, April und Mai 1945.
Bild: Fritz Hörmann, Werfen

GENDARMERIE-CHRONIK

4. Mai 1945, Bischofshofen; die Wohnhäuser der heutigen Josef-Leitgeb-Straße. *Bild: Fritz Hörmann, Werfen*

9. Mai · Ende des Zweiten Weltkrieges – Gesamtkapitulation 0.01 Uhr: Ein ungeheures Chaos bestimmt die letzten Kriegstage. Als eines der letzten unbesetzten Gebiete stürmen die siegreichen alliierten Truppen den Pongau. Zu der vom Volkssturm geplanten Sprengung des Paß Lueg ist es nicht mehr gekommen. Eine unbeschreibliche Menschenmenge ballt sich nun in diesem Raum zusammen – kurzfristig sind es bis zu 30.000 Menschen. Tagelang durchziehen Tausende zurückflutende Angehörige der Wehrmachts- und Parteiformationen, Flüchtlinge, Obdachlose, Kriegsgefangene und Fremdarbeiter Bischofshofen und bevölkern, neben den Einheimischen, den Ort.

Der Bahnhof ist ein Trümmerhaufen und gleicht einem Heerlager. Unbeschreibliche Szenen spielen sich im Zugsverkehr ab, tausende Frontsoldaten, Flüchtlinge, Gefangene und Fremde strömen angeklammert an hoffnungslos überfüllten Züge, teilweise in Viehwaggons, Tag und Nacht auf abenteuerlichste Weise in die Heimat zurück. Schießereien am Bahnhof und Plünderungen sind an der Tagesordnung. Die Straßen sind verstopft von Fahrzeugen jeder Art. Neben vollbeladenen Wehrmachts- und vollgestopften Personenwägen sieht man Pferde-, Ochsen- und Büffelgespanne, neben denen sich Radfahrer, Hand- und Schiebekarren durchzwängen. Dazwischen zahlreiche Fußgänger mit Kinderwägen, die oft zum Niederbrechen vollbeladen sind. Heeresangehörige entledigen sich ihrer Uniform oder reißen sich die Hoheitszeichen herunter, verstecken sich im Wald und abgelegenen Objekten (Almhütten usw.) um das Ende des Krieges abzuwarten und sich danach den Amerikanern zu ergeben. Waffen und Munition werden tonnenweise in den Mühlbachgraben und in die Salzach geschüttet.

Die in Ortsnähe der Hauptstraße befindlichen Bauernhöfe werden über Nacht oft mit 40–50 Personen belegt, die Hamsterei nach Lebensmitteln und die ganze Palette der Eigentums- und Gewaltdelikte erreichen einsame Höhepunkte. In diesem Chaos ist die Gendarmerie rund um die Uhr im Einsatz, um unter großen Opfern die öffentliche Ordnung, Ruhe und Sicherheit einigermaßen aufrechtzuerhalten. In den letzten Kriegstagen gestaltet sich dies jedoch zu einem aussichtslosen Unterfangen – der Sicherheitsdienst bricht total zusammen.

Mit Wirksamkeit vom 5. Mai werden alle Wehrverbände aufgelöst und am 8. Mai übernimmt Altbürgermeister Mohshammer wieder die Gemeindegeschäfte. Das Land Salzburg fällt in die nordwestliche Zone und wird von Streitkräften der Vereinigten Staaten besetzt. Die Hausbesitzer haben bereits weiße Fahnen gehißt, als am 10. Mai die ersten amerikanischen Panzer in Bischofshofen einrollen und am 13. Mai trifft die Verwaltungskommission der »Militärregierung Österreich« ein. Von der amerikanischen Besatzungsmacht wird Oblt. Denning als Verwaltungskommissär eingesetzt, er amtiert im Rathaus Zimmer Nr. 6.[387]

14. Februar · Matrei am Brenner/T: Bei Bombardierungen am Kriegsende wird ein beträchtlicher Teil der Ortschaft in Schutt und Asche gelegt. Insgesamt kommen 53 Menschen bei den Bombardierungen ums Leben.[389]

23. Februar · Knittelfeld/St: Schwerste Bombenangriffe auf Knittelfeld. Das Stadtzentrum wird verwüstet, 149 Personen werden getötet und zahlreiche verletzt.[390]

23. Februar · St. Peter-Freienstein/St: Bei der Vorführung einer Panzerfaust in einem geschlossenen Raum sterben 18 Hitlerjungen im Alter von 16 bis 18 Jahren. Zwölf Hitlerjungen überleben mit schweren Verletzungen.[391]

3. März · Mauthausen/OÖ: 500 russische KZ-Häftlinge brechen aus dem KZ Mauthausen aus. Von dem Lagerkommandanten des KZ wird an den örtlichen Gendarmerieposten der Befehl erteilt, sich an der Auffindung der Entflohenen zu beteiligen. Dabei wird die Weisung erteilt, daß kein Flüchtling lebend eingebracht werden darf.[392]

24. März · Bad Radkersburg/St: Zu Kriegsende werden in Klöch bei Stellungsbauarbeiten 26 ungarische Juden von fünf Volkssturmmän-

GENDARMERIE-INTERNE WEISUNGEN

Der Gendarmerieposten hat bis Kriegsende einer Reihe von Befehlen und Erlässen Folge zu leisten, wobei die letzten Wochen vor dem Zusammenbruch in ein unbeschreibliches Chaos münden. Eine chronologische Aufstellung soll schlagwortartig die Dramatik der letzten Kriegsmonate einerseits im Ortsgeschehen, andererseits im Bereich der Gendarmerie beleuchten; zunächst zum Gendarmerie-Dienstbetrieb:

10. Jänner: Abteilungsdienstversammlung in Salzburg mit Durchhalte-Parolen.

17. Jänner: Sammlung für das angeordnete Volksopfer – die Beamten liefern alte Monturen ab.

31. Jänner: Die Landwehr wird aufgelöst und übergibt ihre Waffen dem neu aufgestellten Volkssturm. Dieser kann bei Bedarf von der Gendarmerie angefordert werden.

7. Februar: Befehl über noch strengere Behandlung ausländischer Arbeiter.

10. Februar: Radioansprache des Chefs der Ordnungspolizei; die Gendarmen müssen die Sendung mitverfolgen.

12. Februar: Ein Erlaß des Befehlshabers der Ordnungspolizei mit 12 Punkten soll bei den Beamten die Siegeszuversicht heben.

15. Februar: Neuerlicher Befehl mit Weisung an die Behörden, wie sie im Falle von Feindbesetzungen zu reagieren haben.

17. Februar: Sonderspende – die Beamten werden gezwungen mindesten 25 RM zu spenden. Beträge darunter werden nicht akzeptiert.

2. März: An Deserteure und Drückeberger werden keine Lebensmittelkarten mehr ausgegeben.

3. März: Der Gendarmerie werden Wehrmachtsgebühren zuerkannt, jedoch nie ausgezahlt.

25. März: Scharfer Befehl fordert zu intensiven Kontrollen gegen die Hamsterei auf, über Erfolge ist monatlich zu berichten – ein hoffnungsloses Unterfangen.

30. März: Einführung eines wöchentlichen »Reichsfahndungsdienstes« nach Deserteuren und Wehrmachtsflüchtlingen etc. Radikale Kürzung der Lebensmittelquoten und Entzug der Zulagenkarte für Polizeiangehörige.

17. April: Der Posten wird beauftragt alle ungarischen Fahrzeuge zu beschlagnahmen.

30. April: Einführung eines Botendienstes nach Salzburg, da der Postzustelldienst nicht mehr funktioniert.

4. Mai: Anordnung, daß sämtliche Geheimakte und Vorschriften mit dem Aufdruck »Nur für den Dienstgebrauch« sowie die SS-Leithefte zu vernichten sind. Weiters wird ein ständiger Streifendienst befohlen sowie angeordnet, daß sich Gendarmeriebeamte am Kampf nicht zu beteiligen haben.

5. Mai: Allgemeiner Zusammenbruch, Hissen der österreichischen Fahne »rotweißrot« am Gendarmerieposten. Bis zum Einrücken der Besatzungsmächte erhöhter Außendienst. Oberstleutnant Steiner übernimmt in Salzburg das Landesgendarmeriekommando.[388]

nern erschossen. Die Täter geben vor Gericht an, sie hätten mit den Erschießungen die Ausbreitung von Typhus im Arbeitslager verhindern wollen.[393]

26. März · Bruck an der Leitha/NÖ: Bei dem schwersten Bombenangriff alliierter Fliegerverbände wird der örtliche Güterbahnhof zerstört. Vier Menschen kommen bei dem Angriff ums Leben.[394]

27. März · Rechnitz/B: Franz P., Beamter des örtlichen Gestapo-Grenzpostens, Hildegard St., Volksschullehrerin, Ludwig G., Abschnittsleiter des Stellungsbaues und Josef M., Glasermeister, sind an der Erschießung von 220 Juden, die sich im Ort als Stellungsbau-Zwangsarbeiter aufhalten, beteiligt.[395]

30. März · Vordernberg/St: In der sogenannten Hinteren Rötz wird der Postenführer Gendarmeriemeister Franz Prasch bei der Kontrolle von Freiheitskämpfern erschossen. Aufgrund der Nachkriegswirren können die Täter nie ermittelt werden.[396]

5. April · Bruck an der Leitha/NÖ: Einmarsch russischer Besatzungstruppen. Vorher hatten abziehende deutsche Truppen 140 Waggon Zucker, das Postamt und Brücken zerstört. Während der Besatzungszeit fielen dem Posten die Stadtgemeinde Bruck/L., Pachfurth und das Gebiet Bruckneudorf (heute Bez. Neusiedl/See) zu. 18 Beamte hatten ein Gebiet von 100 km² mit rund 12.000 Einwohner unter schwierigsten Verhältnissen zu betreuen.[397]

6. April · Friedberg/St: Nach Kämpfen mit dem Volkssturm rücken Truppen der Roten Armee in den Ort ein. Die Gendarmeriebeamten setzen sich befehlsgemäß in Richtung Obersteiermark ab.[398]

7. April · Vorau/St: Einmarsch russischer Besatzungstruppen, damit verbunden lebhafte Kämpfe um die letzten Stellungen der Deutschen im Wechselgebiet. 192 Soldaten und 51 Zivilisten verlieren im Rayon Vorau ihr Leben, 182 Objekte werden zerstört.[399]

14. April · Böheimkirchen/NÖ: Der örtliche Gendarmerieposten wird von sowjetischen Truppen als Quartier besetzt. RevInsp Gabriel Krauskopf wird von Männern in Uniform der Roten Armee verschleppt und in Hagenau erschossen.[400]

Mai · Reißeck/K: Auf der sogenannten Bugl bei Mühldorf werden zwei Nachrichtenhelferinnen der Deutschen Wehrmacht ermordet aufgefunden. Nicht unweit der Leichen werden Dokumente eines Gendarmeriebeamten aus Innsbruck und eines Polizisten aus Graz aufgefunden. Es wird vermutet, daß beide Männer auch ermordet wurden. Die Tat bleibt unaufgeklärt.[401]

1. Mai · Rohrbach in Oberösterreich: Weil er sich kurz nach Einbruch der Dunkelheit vor seinem Haus eine Pfeife angezündet hat, wird der Schmiedemeister Franz Grabner aus Sprinzenstein wegen »Verdachts der Signalgebung« von einem SS-Oberleutnant erschossen.[402]

2. Mai · Antiesenhofen/OÖ: Der örtliche Pfarrer Rupert Haginger wird von den Volkssturmmännern Erich K. und Johann F. erschossen. RayInsp Josef Baumgartlinger kann die flüchtigen Täter vier Monate später ausforschen.[403]

2. Mai · Sarleinsbach/OÖ: Nach dem Einmarsch amerikanischer Truppen wird der örtliche Gendarmerieposten von den dort stationierten Gendarmeriebeamten fluchtartig verlassen. Die Dienststelle bleibt danach 14 Tage lang unbesetzt. Der Gendarmerieposten Sarleinsbach wird 1992 geschlossen und das Rayon dem Gendarmerieposten Rohrbach übertragen.[404]

2. Mai · Nauders/T: Zwei Mitglieder der Organisation »TODT« wollen den Ort in Brand stecken. Sie werden jedoch noch vor der Durchführung der Tat auf der Labaunalm von einer Widerstandsgruppe aus Nauders erschossen. Die Täter werden in einem späteren Verfahren freigesprochen, da die Tat als eine straffreie Tat von Widerstandskämpfern eingestuft wird.[405]

3. Mai · Berg bei Rohrbach/OÖ: Weil er beim Versuch einer Vergewaltigung einer 21jährigen Frau erfolglos war, zündet ein amerikanischer Besatzungssoldat aus Rache das Haus des Johann S. in Sexling 18 an und schießt auf die flüchtenden Bewohner. Es wird niemand verletzt. Schicksal am Rande; beim Wiederaufbau des Hauses verunglückt am 9. Juli 1945 der Besitzer beim Dachdecken tödlich.[406]

6. Mai · Weißenbach an der Enns/St: Der deutsche Fliegersoldat Johannes Kober erschießt im Sägewerk Grössing, wo seine 45köpfige Einheit stationiert war, mit einer Maschinenpistole fünf Kommandanten seiner Truppe. Als Motiv wird Rache aufgrund der schlechten Behandlung der Truppe angenommen.[407]

7. Mai · Filzmoos/S: Bei Neuberg wird der sowjetische Offizier Oberstleutnant Erasmus Zmustschilla vermutlich von einer Einheit der SS aus politischen Gründen ermordet.[408]

8. Mai · Raabs an der Thaya/NÖ: Rosa T. erschießt in Zabernreith mit einer Pistole ihr fünfjähriges Kind und danach sich selbst. Als Grund wird ihre Parteizugehörigkeit zur NSDAP angenommen.[409]

8. Mai · Mitterbach am Erlaufsee/NÖ: Mord eines Försters an seinem Vorgesetzten. Der Täter begräbt sein Opfer im Wald, flüchtet nach St. Pölten und begeht dort Selbstmord.[410]

9. Mai · Schwarzenau/NÖ: Beim Vorrücken sowjetischer Truppen kommt es zu Plünderungen und Notzuchtfällen. Das Schloß wird als Lazarett eingerichtet. Die am Gendarmerieposten Schwarzenau eingeteilten Gendarmen verlassen ihre Dienststelle. In der Postenunterkunft verbleibt lediglich der Postenkommandant Alois Haas, wo er noch am selben Tag von Fremdarbeitern, vermutlich Polen, erschlagen wird.[411]

14. Mai · Schwarzenberg im Bregenzerwald/V: Lustmord an der 51jährigen Gastwirtstochter Maria Meusburger durch einen marokkanischen Soldaten. Der Täter kann durch eine weggeworfene Zigarettenschachtel, auf der seine Erkennungsnummer notiert ist, durch Gendarmen aus Egg ausgeforscht werden.[412]

27. Mai · Eberndorf/K: Nach den turbulenten Kriegstagen kann der Gendarmeriebeamte Josef Mertel wieder die Dienstgeschäfte des örtlichen Gendarmerieposten übernehmen.[413]

1. Juni · Eulenbach/NÖ: Die Landwirtin Theresia Weber und deren Tochter Hermine werden in ihrem Haus von plündernden sowjetischen Soldaten erschossen.[414]

8. Juli · Ansfelden/OÖ: Der örtliche Gendarmerieposten erhält von der amerikanischen Besatzung zur Bewaffnung deutsche Militärgewehre und je zehn Schuß Munition.[415]

3. Oktober · Petronell/NÖ: Patrlt Johann Sommer wird auf der B 9 von einem sowjetischen Militärlastwagen angefahren und getötet. Zwei Monate später wird RayInsp Martin Weinkum von einem sowjetischen Besatzungssoldaten während einer Fahrradpatrouille durch Pistolenschüsse ermordet. Grund dieses tragischen Vorfalls dürfte die Weigerung von RayInsp Weinkum gewesen sein, dem Soldaten das Dienstfahrrad zu überlassen.[416]

14. November · Freistadt/OÖ: Ein Ehepaar wird in seinem Haus in Lest 32, Gemeinde Kefermarkt, von Männern in sowjetischen Uniformen überfallen, ausgeraubt und erschossen. In den Wänden werden insgesamt 60 Projektile gefunden. Die Tat bleibt bis heute unaufgeklärt.[417]

15. November · Unternalb/NÖ: Josef Kaliwoda ermordet den Privatier Leopold Theiss durch mehrere Hiebe mit einem Beil auf den Gesichtsschädel. Nach der Flucht aus der Untersuchungshaft zwei Jahre später wird Josef Kaliwoda von zwei Kriminalbeamten aus Znaim festgenommen. Er wird vom Landesgericht Wien zu einer lebenslänglichen Kerkerstrafe verurteilt.[418]

1946

20. Februar · Obernberg am Brenner/T: Auf dem Fradersattel erschießen bislang unbekannte Täter den Zollwacheoberrevisor Johann Reitz. Bei den Tätern handelt es sich vermutlich um Schmuggler.[419]

27. Februar · Bärnbach/St: Beim Spielen mit einer Handgranate in der Hödlgrube werden drei Kinder durch die Explosion schwer verletzt.[420]

GENDARMERIE-CHRONIK

3. April · Platt/NÖ: Der 79jährige Landwirt Roman Brauneis verletzt seine 80jährige Gattin Katharina durch Hiebe mit einer Gartenhaue am Kopf schwer, würgt sie anschließend und wirft sie in einen Brunnen, wo sie ertrinkt.[421]

10. April · Hochneukirchen-Gschaidt/NÖ: Eine Bäuerin wird von einem sowjetischen Besatzungssoldaten der Kommandatur Kirchschlag in der Buckligen Welt aus unbekannten Gründen mit einer Maschinenpistole erschossen. Im selben Jahre ereignen sich in derselben Region zahlreiche Raubüberfälle durch sowjetische Besatzungssoldaten.[422]

29. Mai · Pamhagen/B: In der Nähe der ungarischen Grenze in Wallern werden in einem Jägerhaus der Förster Anton Fiala, dessen Gattin und ihre Tochter Antonia Löfler sowie deren zweijähriger Sohn Anton von unbekannten Tätern durch Pistolenschüsse getötet. Es wird Raubmord angenommen.[423]

6. Juni · Bad Ischl/OÖ: Der aus dem KZ-Ebensee entlassene 27jährige polnische Staatsangehörige Jurek Jaszczenko erschießt bei einer Verkehrskontrolle den Gendarmerieanwärter Friedrich Spernbauer.[424]

10. Juni · Deutschkreuz/B: Die beiden Gendarmeriebeamten Johann Kastler und Josef Böhm werden am Nikitscherberg während der Dienstablösung Zeugen eines Raubüberfalles auf zwei Viehhändler. Sie und die Viehhändler werden ermordet. Die Tat bleibt unaufgeklärt.[425]

Die Gedenkstätte der ermordeten Gendarmen zwischen Deutschkreuz und Nikitsch, im Deutschkreuzer Wald. *Bild: GChr. Deutschkreuz*

19. Juni · Rastenfeld/NÖ: Der alleinstehende Landwirt Josef Steinmetz wird von russischen Besatzungssoldaten ermordet. Die Tat schien geklärt, als ein Monat später ein Offizier der russischen Militärpolizei den Akt verlangte. Der Akt ist seither verschwunden.[426]

25. Juni · Kuchl/S: Am örtlichen Bahnhof wird der Gendarmeriebeamte Josef Oppeneiger bei einer Routine-Fremdenkontrolle von zwei Ausländern beschossen. Der Gendarm erwidert das Feuer, beide Ausländer kommen dabei ums Leben. Wie es sich später herausstellt, waren es zwei gesuchte Verbrecher, die im Glauben waren verhaftet zu werden.[427]

4. August · Preitenegg/K: Auf der Packerstraße bei Unterpreitenegg prallt der LKW mit Anhänger, Kennzeichen H-142, aufgrund eines Bremsversagens in der Huberkehre auf einen Felsen. Im Fahrzeug waren 114 Jugendliche im Alter zwischen 12 und 18 Jahren. Zehn werden getötet und 60 zum Teil schwer verletzt.[428]

Tatortaufnahme; Lage des erschossenen Hilfsgendarmen. *Bild: GChr. Zwentendorf*

24. August · Zwentendorf/NÖ: Der Hilfsgendarm Alois Gansberger wird im Dienst von einem russischen Besatzungssoldaten erschossen.[429]

14. Oktober · Gars am Kamp/NÖ: Zwei betrunkene sowjetische Besatzungssoldaten überfallen den örtlichen Gendarmerieposten und verletzen einen Gendarmeriebeamten so schwer, daß er in der Folge seinen Beruf nicht mehr ausüben kann.[430]

29. September · Altach/V: Raubmord am Fabrikantenehepaar Leonhard und Elisabeth Giesinger mit anschließender Brandlegung. Der 21jährige Täter Egon Ender wird zum Tod durch den Strang verurteilt. Es war die letzte vollstreckte Hinrichtung in Vorarlberg.[431]

24. November · Korneuburg/NÖ: Der Hilfsgendarm Alois Bisegger wird während einer Amtshandlung auf der Znaimer Bundesstraße im Gemeindegebiet von Leobendorf durch Zivilangehörige der sowjetischen Besatzungsmacht durch einen Kopfschuß von hinten getötet.[432]

1. Dezember · Ilz/St: In Neudorf ermordet Franz T. seine Gattin Josefa T. und seine Schwiegermutter Josefa Sch. Motiv war ein Verhältnis zu einer anderen Frau.[433]

1947

10. Mai · Eibiswald/St: Ein beim Hühner- und Schweineschmalzdiebstahl ertappter Mann ermordet, um unerkannt flüchten zu können, zwei Menschen mit insgesamt 39 Messerstichen. Der Täter wird durch ein Militärgericht zum Tode durch Erhängen verurteilt.[434]

6. Juni · Moosburg/K: In der Nähe eines Bauerndorfes in Bärndorf wird RevInsp Eduard Kolbitsch bei der Aufforderung zur Ausweis-

ÖSTERREICH-CHRONIK

1948

2. Juli: Unterzeichnung des »Marshallplanes«, der die finanzielle Unterstützung Österreichs durch die sog. ERP-Kredite durch die Amerikaner festlegt. Diese bis 1953 in der amerikanischen Zone laufende Hilfsaktion bewirkt in den Westzonen einen wirtschaftlichen und sozialen Aufschwung. Insgesamt wurde Österreich mit 960 Millionen Dollar unterstützt.

27. August: Österreich wird Mitglied der Weltbank und des Internationalen Währungsfonds.

14. September: Rückgliederung des Ausseerlandes von Oberösterreich an die Steiermark.

1949

9. Oktober: Nationalratswahlen: Leopold Figl bleibt Bundeskanzler.

1950

26. September: Ein zehn Tage andauernder Streik bricht wegen des neubewilligten Lohn- und Preisabkommens aus. Von den Kommunisten geschürt, beteiligen sich 120.000 Arbeiter. In Wien und Wiener Neustadt nehmen die gewalttätigen Ausschreitungen fast Putschcharakter an.

1951

2. Jänner: Bundeskanzler Leopold Figl übernimmt nach dem Tod Karl Renners (31. 12. 1950) die Funktionen des Bundespräsidenten.

27. Mai: Theodor Körner wird zum Bundespräsidenten gewählt.

1952

18. Juli: Der Nationalrat beschließt die Amnestie für belastete Nationalsozialisten. Die Regelung für die Behandlung Minderbelasteter wurde bereits 1946 festgelegt.

19. Dezember: Vollständige Elektrifizierung der Westbahn.

1953

22. Februar: Obwohl die Nationalratswahl die eindeutige Stimmenmehrheit der SPÖ ergibt, wird auf Grund der Mandatsverhältnisse eine Koalitionsregierung unter dem ÖVP-Vorsitzenden Julius Raab, der bis 1961 Bundeskanzler bleibt, gebildet.

1. Mai: Nach der ersten Ausgabe der Lebensmittelkarten vor 14 Jahren werden diese nunmehr abgeschafft.

1. Juli: Österreich wird volles Mitglied der Europäischen Währungsunion.

1955

15. Mai: Unterzeichnung des Österreichischen Staatsvertrages durch die vier Außenminister der Alliierten Mächte und den österreichischen leistung von drei ausländischen Staatsangehörigen erschossen.[435]

6. Juni · Mandling/S: Mit einem Personalstand von zehn Gendarmen wird zur Überwachung des Zonen- und Grenzverkehrs bei der Landesgrenze Salzburg – Steiermark die Gendarmerie-Außenstelle Mandling errichtet.[436]

27. Juni · Leutschach/St: Die drei Hilfsgendarmeriebeamten Franz Kager, Alfred Aschauer und Gerhard Fahrmann werden bei einem dienstlichen Einschreiten von jugoslawischen Partisanen erschossen. Die Täter bleiben unbekannt.[437]

30. Juni · Berghausen/St: Wie die Gendarmerie Ehrenhausen feststellt, wird Franz Schigan auf seinem Fahrrad auf einer zwischen dem jugoslawischen und österreichischem Staatsgebiet führenden neutralen Straße von einem jugoslawischen Polizeiangehörigen erschossen. Um den Vorfall klären zu können, wird eine österr.-jugosl. Grenzkommission eingesetzt.[438]

5. Juli · Werfen/S: Über das Tennengebirge und dem Hochkönig geht gegen 20 Uhr ein schweres Unwetter nieder. Der sonst harmlose Eugenbach wird ein reißender Strom, der gewaltige Geröllmassen und ca. 2.000 m³ Blochholz zur Salzach führt. Die Kalchau- und die Eisenbahnbrücke werden weggerissen. Die gewaltige Materialmenge verschüttet die Salzach und bildet einen riesigen Wall. Der Fluß wird ca. zwei Kilometer zurückgestaut, tritt aus den Ufern und überschwemmt das gesamte Gries. Die Eisenbahngleise sind bis sechs Meter hoch vermurt. Zwei Wanderer und ein Bahnschrankenwärter kommen ums Leben. Zwei junge Burschen werden vom Sturm weggerissen, können sich aber an im Wasser treibenden Blochholz drei Stunden lang bis zu ihrer Rettung durch freiwillige Helfer, der Feuerwehr und der Gendarmerie festhalten.

Zur Hilfeleistung treffen aus der ganzen Umgebung Hilfsmannschaften und Feuerwehren ein. Die amerikanische Militärregierung stellt Großräumgeräte und Bagger zur Verfügung, um das Flußbett der Salzach freizulegen und die Bundesstraße wieder befahrbar zu machen. Der eingleisige Bahnverkehr kann erst am 4. August 1947 wieder aufgenommen werden.[439]

In diesem Gasthaus in Gols brachen die Unruhen aus.
Bild: LGK Bgld.

27. September · Kaltenberg/OÖ: Nach dem Überfall auf mehrere Bauernhäuser können am 16. August 1948 drei Männer von Beamten des Gendarmeriepostens Unterweißenbach ausgeforscht und verhaftet werden. Ein guter Fang – 17 Raubüberfälle werden geklärt und die Täter zu Haftstrafen zwischen 15 und 20 Jahren verurteilt.[440]

24. Oktober · St. Peter in der Au/NÖ: Bei einem Raubmord, bei dem es vermutlich um Schmuggelware ging, werden zwei Familien, insgesamt elf Personen, umgebracht. Die Täter bleiben unbekannt. Man vermutet, daß Soldaten der sowjetischen Besatzungsmacht die Tat begangen haben.[441]

1. November · Haid/OÖ: Zur Betreuung des 10.000 Personen umfassenden Flüchtlingslagers wird eine Gendarmerieexpositur errichtet.[442]

5. und 6. November · Gols/B: Nach Beanstandung des Ernährungsamtes wegen Nichtablieferung von Brotgetreide kommt es im Gemeindegasthaus von Gols zu einem Aufstand der Bevölkerung. Die Unruhen erfordern den Einsatz von 30 Beamten und es kommt zum Schußwaffengebrauch. Ein Toter und drei Schwerverletzte sind die Folge. Insgesamt kommt es zu 20 Verhaftungen und zur Verhängung des Ausnahmezustandes: Die Ortsmühle wird gesperrt, Tanzveranstaltungen verboten und nach der Sperrstunde in Gasthäusern um 20.00 Uhr wird ein Ausgehverbot verhängt.[443] *(Siehe Beitrag im allgemeinen Teil).*

27. Dezember · Retz/NÖ: Der Schlosserlehrling Alfred Kainz aus Laxenburg ermordet auf der Straße zwischen Retz und Niederfladnitz den Schuhmachermeister Vizenz Hirsch aus Hardegg durch Stock- und Steinhiebe. Der Täter wird zu acht Jahren strengen Arrests wegen räuberischen Totschlages verurteilt.[444]

Das Bild zeigt die aufgestaute Salzach in Werfen mit dem überschwemmten Gries
Bild: GChr. Werfen

1948

8. Jänner · Bad Radkersburg/St: Das Ehepaar Hufnagel und deren 16jährige Tochter werden auf ihrem Hof in Klöch erschossen. Als Mörder wird erst Monate später (11. Juni 1948) der Landarbeiter Franz Löcker ausgeforscht. Ihm können noch vier weitere Morde nachgewiesen werden.[445]

10. März · Bischofshofen/S: Der Frächter Peter Biechl erlebt beim Aufwärmen seines Lkw-Motors eine böse Überraschung, als dieser Feuer fängt und es vom Motorraum auf den Holzschuppen übergreift und diesen vernichtet. Schaden am Fahrzeug 2.000 und am Schuppen 250 Schilling.[446]

29. März · Josefsberg/NÖ: Ein sowjetischer Soldat schießt bei einer Tanzveranstaltung mit einer Maschinenpistole in die tanzende Menge. Dabei werden zwei Menschen getötet, 20 Personen lebensgefährlich bzw. schwer verletzt. Die Gendarmerie des zuständigen Postens Mitterberg erstattet Anzeige, das Ergebnis ist allerdings unbekannt.[447]

2. April · Seekirchen am Wallersee/S: Grauenhafter Lustmord an Magdalena Uminsky durch den Ukrainer Josef Sopko. Der Mörder wird am 22. November 1949 in Salzburg durch den Strang hingerichtet. Dabei handelt es sich um die letzte Hinrichtung nach dem Zweiten Weltkrieg in Salzburg.[448]

18. Mai · Tamsweg/S: Aus bisher unbekannter Ursache bricht in Lessach ein Brand aus. Das Feuer vernichtet fünf Gebäude, darunter auch die Feuerwehrzeugstätte. Alle Feuerwehren des Lungaues sind im Einsatz.[449]

25. Mai · Waidhofen an der Thaya/NÖ: Die Gendarmeriebeamten Johann Schwarz und Franz Österreicher werden von Soldaten der sowjetischen Besatzungsmacht verhaftet und einen Tag lang strengstens verhört. Der Grund war, daß die Russen die Gendarmen verdächtigten, einen wegen Mordes an einem Russen verdächtigten Österreicher aus russischem Gewahrsam befreit zu haben.[450]

5. Juni · St. Anna am Aigen/St: In St. Anna am Aigen, Gießeldorf 70, schießt der Massenmörder Franz Löcker auf seine ehemalige Arbeitgeberin, die 66jährige Landwirtin Johanna Ulrich, verletzt sie schwer und vergewaltigt die Sterbende. Dann flüchtet der Mörder mit zahlreichen Kleidungsstücken.[451]

11. Juni · Hausmannstätten bei Graz/St: *»Da Löcker hot si bei uns in da Heuhüttn bei Premstätten versteckt!«* berichtet aufgeregt ein Bub den Beamten am Gendarmerieposten Hausmannstätten. Revierinspektor Anton Prammer beschreibt die Verhaftung: *»Mit den Fahrrädern sind wir hingfahrn, den Karabiner im Anschlag. Dann hob i gschrien: Kumm aussa, Löcker, der Stadl ist umstellt! Wie sich nix grührt hat, bin ich hinein. Da hots neben mir an Wuscher gmacht und der Löcker is rausgrennt, über den Zaun gesprungen und davon. Da hab i anglegt und gschossen, mein Kolleg auch. Einmal in die Schulter und einmal in den Oberschenkel haben wir ihn troffen, daunn is er zsammgsackt.«*

Der siebenfache Raubmörder wird als letzter Verbrecher vor Abschaffung der Todesstrafe in Österreich am 14. Juli 1949 im Hof des Grazer landesgerichtlichen Gefangenenhauses durch den Strang hingerichtet.[452]

Massenmörder F. Löcker, (li.) kurz vor seiner Hinrichtung. Er wurde von A. Pammer (re.) verhaftet.

15. Juni · Velden am Wörther See/K: Bei der Perlustrierung zweier Einbrecher wird der provisorische Gendarm Josef Stranner mit einer Pistole erschossen. Sein Kollege Adolf Tschanner kann dank einer Ladehemmung der Pistole fliehen. Die beiden Täter werden zu 20 bzw. zu sechs Jahren Haft verurteilt.[453]

19. Juni · Langen bei Bregenz/V: Ein amerikanischer Deserteur erschießt bei einer Personenkontrolle den Gendarmeriebeamten Franz Berlinger. Der Täter wird von einem amerikanischen Militärgericht zum Tode durch den Strang verurteilt.[454]

4. November · Maxendorfberg/St: Raub im Schlafzimmer einer Gastwirtin. Es können zwei Täter von Gendarmen aus Kirchbach/Stmk. ausgeforscht werden.[455]

5. November · Aflenz/St: Das Ehepaar Alois und Antonia Lenz wird ausgeraubt und erschossen. Das Diebsgut beträgt zwei Kübel mit Fett und Fleisch. Als Täter kann von Gendarmen des Postens Ehrenhausen der Landarbeiter Rupert Krainer ausgeforscht werden.[456]

11. Dezember · Bärnkopf/NÖ: Raubmord mit einem Bajonett an Cäcilia Schiefer in Bärnkopf in der Nähe der Weinsbergwiese durch zwei Hausierer. Die Täter rauben eine Brieftasche und einen kleinen Geldbetrag sowie einige Lebensmittel. Die Mörder können von Gendarmen aus Blindenmarkt verhaftet werden.[457]

2. Juni 1948 bis 14. Oktober 1956 · Rastenfeld/NÖ: In diesem Zeitraum werden die Kamptalkraftwerke Dobra und Ottenstein gebaut. Dabei kommt es zu zahlreichen Vorfällen, bei denen mehr als 30 Personen ums Leben kommen. Aufgrund des enormen Arbeitsanfalles muß der Posten zeitweise mit bis zu zehn Beamten verstärkt werden.[458]

1949

20. Februar · Imst/T: Beim traditionellem Schemenlauf sind Prinz Bernhard von den Niederlanden und seine zwei Töchter Beatrix und Irene sowie der französische Hochkommissar General Bethouart mit seiner Gattin anwesend.[459]

Prinz Bernhard vom Königshaus Holland mit den Töchtern Beatrix und Irene zwischen zwei Schellermasken. *Bild: GChr. Imst*

23. Februar · Göllersdorf/NÖ: Der Mühlenbesitzer Franz Fochler, dessen Gattin Maria und deren gemeinsamer Sohn Franzi werden ermordet aufgefunden. Acht Monate später kann Erich Rebitzer der Tat überführt werden.[460]

23. Februar · Birkfeld/St: Bei einem Raubüberfall wird Dr. Helmut Schmidt mit einer Pistole erschossen. Die Beute beträgt ca. 15 bis 20 Schilling. Noch am selben Tag vergewaltigt derselbe Täter Katharina Brunnhofer. Der Täter kann vier Monate später verhaftet werden.[461]

14. Juli · Hausmannstätten bei Graz/St: Als letzter Verbrecher vor Abschaffung der Todesstrafe wird der siebenfache Raubmörder Franz Löcker aus Vasoldsberg aus Graz durch den Strang hingerichtet.[462]

19. Juli · Loiblpaß/K: Die beiden Gendarmeriebeamten Josef Drolle und Erich Ruppitsch werden bei einem Patrouillengang an der österreichisch-jugoslawischen Grenze von jugoslawischen Grenzsoldaten auf österreichischem Gebiet erschossen und die Leichen über die Staatsgrenze gezerrt.[463]

4. Oktober · Palfau/St: Bei einem Verkehrsunfall werden sechs Personen getötet, zehn schwer und 15 leicht verletzt. Unfallaufnahme und Hilfeleistung durch die Gendarmerie Großreifling.[464]

Übersichtsaufnahme über diesen schweren Verkehrsunfall in Palfau. *Bild: GChr. Großreifling*

29. Oktober · Kumberg/St: Der 73jährige Kleinlandwirt Josef Zötsch wird mit einem Holzknüppel niedergeschlagen. Als vermutlicher Täter wird der 59jährige Peter Sch. ausgeforscht. Er soll die Tat aus Rache begangen haben. Der Mann wird jedoch mangels an Beweisen freigesprochen.[465]

6. Dezember · Schwertberg/OÖ: Die 29jährige Rot-Kreuz-Schwester Anna Hellein wird bei einer Kontrolle an der Zonengrenze beim Bahnübergang Windegg von einem sowjetischen Besatzungssoldaten aus dem Zug geholt. Sie wird am nächsten Tag ermordet aufgefunden. Die Tat bleibt unaufgeklärt.[466]

Auffindungsort der nach einem heftigen Kampf Ermordeten. *Bild: GChr. Steyregg*

GENDARMERIE-CHRONIK

1950

Fladnitz im Raabtal/St: Als »Fladnitzer Morde« in die Geschichte eingegangen; vier Männer verüben innerhalb eines Jahres drei Morde und fünf Raubmordversuche. Zusätzlich legen sie mehrere Brände. Drei der Täter werden zu lebenslanger, einer zu zwölf Jahren Haft verurteilt.[467]

8. April · Techelsberg am Wörther See/K: Ein mit englischen Besatzungssoldaten voll beladener Lkw kommt auf der Triester Bundesstraße in Töschling ins Kippen und stürzt um. Dabei erleiden sieben Personen tödliche Verletzungen. Die Unfallaufnahme erfolgt durch Beamte des Gendarmeriepostens Pörtschach.[468]

21. April · Weitensfeld-Fladnitz/K: Im Zuge eines Streites und aus Eifersucht tötet Erwin Haber in Zweinitz den Invalidenrentner Matthäus Wurmitzer.[469]

23. April · Bad Tatzmannsdorf/B: Aus Gehässigkeit steckt ein 22jähriger Hilfsarbeiter das Anwesen des A. Sch. in Oberschützen in Brand. Das Bauernhaus brennt bis auf die Grundmauern nieder. Der Täter wird von der Gendarmerie ausgeforscht und vom Gericht zu drei Jahren Kerker verurteilt.[470]

22. Mai · Mühlbach am Hochkönig/S: Ein 15jähriges Mädchen wird vom 46jährigen August H. vergewaltigt und erwürgt. Die Leiche wird vom Täter in den Mühlbach geworfen. Der Mann wird zu lebenslanger Haft verurteilt.[471]

7. August · Schönfeld/NÖ: Bei der Aufgreifung von sieben tschechischen Staatsangehörigen durch Beamte des Gendarmerieposten Arbesbach wird einer der tschechischen Männer aus Notwehr erschossen. Die anderen sechs Männer werden der sowjetischen Kommandatur in St. Pölten übergeben.[472]

22. Oktober · St. Thomas am Blasenstein/OÖ: Nach einem Familienstreit wird Franz B. von seinem Vater Ferdinand und seinem Bruder durch Stockschläge und Erwürgen ermordet. Die Täter werden von Beamten des Gendarmeriepostens Pabneukirchen verhaftet. Der Vater wird zu lebenslangem Kerker verurteilt.[473]

4. Dezember · Rabensburg/NÖ: Im Zuge eines Streites wird Theresia K. von ihrem rabiaten Sohn Robert K. niedergeschlagen und beinahe erwürgt. Der Täter wird von Beamten des Gendarmeriepostens Bernhardsthal verhaftet.[474]

1951

20. Jänner · Hippach/T: Bei mehreren Lawinenabgängen im Gemeindegebiet werden insgesamt 21 Menschen verschüttet. Davon können nur elf lebend geborgen werden. Zusätzlich werden 21 Stallungen, fünf Alphütten und ein Wohnhaus zerstört und 53 Stück Großvieh und acht Stück Kleinvieh getötet.[475]

21. Jänner · Heiligenblut/K: Lawinenkatastrophe in Heiligenblut; gegen 4 Uhr früh löst sich von der »Weißen Wand« eine riesige Naßschneelawine und verschüttet den östlich gelegenen Ortsteil von Heiligenblut. 15 Menschen kommen ims Leben, es entsteht Millionenschaden. Unter den Suchmannschaften waren 60 Gendarmerieschüler des Landesgendarmeriekommandos für Kärnten beteiligt [476]

23. Jänner · Mitterdorf im Mürztal/St: Maria G. läßt nach einer Zwillingsgeburt beide Knaben im Fruchtwasser ertrinken.[477]

14. Februar · Mooskirchen/St: Ein vier Monate altes Mädchen wird, während sie im Bett schläft, von ihrem vier Jahre älteren Bruder durch Fußtritte getötet.[478]

6. April · Schiefling am See/K: Der Landwirt Michael Hafner wird vom Landarbeiter Arnold Seger mit der Axt ermordet und ausgeraubt. Der Täter kann in Triest verhaftet werden.[479]

21. Juli · Kematen an der Ybbs/NÖ: Der auf dem örtlichen Gendarmerieposten provisorisch eingeteilte Gendarmeriebeamte Franz Gassner wird bei einer Perlustrierung von zwei Jugendlichen von diesen mit einem Militärkarabiner erschossen.[480]

25. September · Langenwang/St: Im örtlichen Bahnhofsbereich kommen bei einem Zusammenstoß zwischen einem D-Zug und einem Güterzug 21 Personen ums Leben. 49 Personen werden zum Teil schwer verletzt. Unglücksursache war menschliches Versagen.[481]

Die Unfallstelle in Langenwang wird von Gendarmen überwacht. *Bild: GChr. Langenwang*

13. Oktober · Kumberg/St: Bei einem Raubüberfall in Meierhöfen durch den 27jährigen Johann A. und den 36jährigen Ernest M. wird das Pensonistenehepaar Josef und Theresia Sauseng durch Schüsse schwer verletzt. Die Täter werden zu 15 Jahren Haft verurteilt.[482]

Die Bilder zeigen das Ausmaß der Katastrophe in Heiligenblut und das Begräbnis der Lawinenopfer.
Bilder: GChr. Heiligenblut

GENDARMERIE-CHRONIK

1952

5. März · Lend/S: Beim Abgang einer 200 Meter breiten Lawine in Klamm wird ein Mensch getötet. Die Pinzgauer Bundesstraße und die Westbahn bleiben zwei Tage lang gesperrt.[483]

Berge- und Sucharbeiten auf der Lawine bei Lend. Bild: GChr. Lend

11. April · Mürzzuschlag/St: Bremsversagen führt zu schwerem Eisenbahnunfall; ein Güterzug rast aus diesem Grund mit 100 km/h durch den örtlichen Bahnhof und entgleist. Die Lokomotive gräbt sich tief in den Boden, Lokführer und Heizer bleiben wie durch ein Wunder unverletzt. Die Gendarmerie Mürzzuschlag muß die Unfallstelle weiträumig absperren, da Tausende Schaulustige die Arbeiten behindern.[484]

20. April · Mürzzuschlag/St: Da er beim Diebstahl entdeckt wird, ermordet der 25jährige Hilfsarbeiter Josef P. den Werksportier Johann Fahrenberger. Der Täter begeht bei seiner Verhaftung Selbstmord, indem er sich ein Messer ins Herz stößt.[485]

15. Juli · Hieflau/St: Im örtlichen Bahnhof fährt ein mit 90 Personen besetzter Personenzug auf eine stehende Lok auf. Es werden zwei Personen getötet und 74 zum Teil schwer verletzt. Die Unfallsursache war menschliches Versagen; der Lokführer hatte ein Haltesignal überfahren.[486]

22. Dezember · Langen am Arlberg-Klösterle/V: Eine Staublawine aus dem Passürtobel reißt einen Postomnibus mit 36 Insassen von der Arlbergstraße in den Alfenzbach. 24 Menschen kommen bei diesem Unglück ums Leben.[487]

1953

1. Jänner · Kirchbichl/T: Eine Dienstmagd erstickt unter ihrem Körper ihr neugeborenes Kind und versteckt den Leichnam in ihrem Zimmer in einem »Hadernsackl«.[488]

7. März · Mitterbach am Erlaufsee/NÖ: Ein wachhabender sowjetischer Soldat wird von seinem vorgesetzten Offizier aufgrund einer geringfügigen Pflichtverletzung an Ort und Stelle erschossen.[489]

31. März · Maria Alm am Steinernen Meer/S: Am Hundstein fällt die Hüttenwirtin im Statzerhaus einem Raubmord zum Opfer. Der Mörder Friedrich G. wird von der Gendarmerie Maria Alm ausgeforscht und zu 18 Jahren schweren Kerker verurteilt.[490]

15. Mai · St. Pölten/NÖ: Der Gendarmeriebeamte Emmerich Reinold stellt in Weitern bei einer Patrouille zwei sowjetische Besatzungssoldaten bei einem Einbruchsdiebstahl. Er wird von diesen beschossen, jedoch nicht getroffen. In der russischen Kommandantur kann er später die Täter identifizieren.[491]

29. Mai · Mieming/T: Nach einem Trinkgelage in einem Gasthaus geraten der 49jährige Hausierer Georg W. und Johann Glatz in Streit, der dahingehend endet, daß W. ein Messer zückt und Glatz mit zwei Messerstichen tödlich verletzt.[492]

2. November · Deutschlandsberg/St: In Glashütten endet der »Cowboy-Traum« eines Jugendlichen tödlich: Nach einem Pferdediebstahl wird der bewaffnete Jugendliche im Zuge eines Feuergefechts mit Beamten des Gendarmeriepostens Deutschlandsberg erschossen.[493]

1954

10. bis 12. Jänner · Großwalsertal/V: Im Großwalsertal gehen innerhalb weniger Tage in den Gemeinden St. Gerold, Blons, Sonntag und Fontanella insgesamt 29 Staublawinen ins Tal. Dabei werden 220 Gebäude zum Teil total zerstört und 80 Personen getötet.[494]

11. Jänner · Schruns/V: Bei einem Lawinenunglück am Bartholomäberg, bei dem sieben Häuser und zahlreiche Stallgebäude weggerissen werden, kommen 15 Menschen ums Leben. 21 Menschen können lebend geborgen werden.[495]

6. April · Eibiswald/St: Tragischer Unfall in Berufsschule; bei der Explosion eines Härteofens in der Landesberufsschule werden ein Lehrer und vier Schüler getötet.[496]

16. April · Obertraun/OÖ: Die Suche nach einer Skitourengruppe aus insgesamt 13 Personen im Dachsteingebiet bleibt trotz größten Einsatz der Suchmannschaften erfolglos.[497]

4. Mai · Hopfgarten im Brixental/T: Geldmangel war das Motiv für den Hilfsarbeiter Robert H. aus Steinach a. B., der Johann Karrer bei der Schlosserei Sallerer durch Hiebe gegen den Kopf und Stiche in den Hals tötet. Er raubt seinem Opfer 300 Schilling. Der Täter wird zu lebenslangem schweren und verschärften Kerker verurteilt.[498]

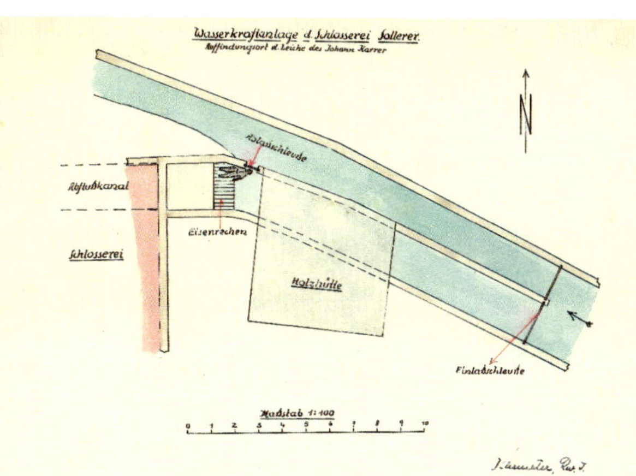

Hopfgarten/B; Tatortskizze über den Auffindungsort des Ermordeten. Bild: GChr. Hopfgarten/B.

9. Mai · St. Stefan im Rosental/St: Die von Anton K. schwangere Theresia Wagenhofer wird

Gendarmen im Einsatz. Die Lawinenkatastrophe löste eine nie dagewesene Hilfsaktion aus. Mit ihnen waren rund 2.000 Mann an der Rettungsaktion beteiligt. Bilder: GChr. Sonntag

ÖSTERREICH-CHRONIK

Außenminister Leopold Figl im Schloß Belvedere in Wien. Die Alliierten Staaten anerkennen die Wiederherstellung des souveränen, unabhängigen, demokratischen Staates Österreich. Österreich verpflichtet sich, keine politische oder wirtschaftliche Einigung mit Deutschland einzugehen und verankert im Neutralitätsgesetz seine immerwährende Neutralität. Mit der letzten Sitzung des Alliierten Rates am 27. Juli tritt der Staatsvertrag in Kraft. Die Alliierten Besatzungsmächte verlassen Österreich.

7. September: Erlaß des Wehrgesetzes.

29. September: Feierliche Eröffnung der Mooserbodensperre des Tauernkraftwerkes Kaprun.

26. Oktober: Dieser Tag wird zum »Tag der Fahne« erklärt, ab 1965 wird er zum »Nationalfeiertag.«

15. Dezember: Österreich wird Mitglied der UNO.

1956

9. Jänner: Gründung der österreichischen Luftverkehrs AG »Air Austria«.

2. März: Österreich beschließt den Eintritt in den Europarat.

13. Mai: Die Nationalratswahlen bringen der ÖVP die Mehrheit. Julius Raab bildet eine Koalitionsregierung.

23. Oktober: In Ungarn bricht ein gewaltiger Volksaufstand gegen die sowjetische Besatzung aus. Österreich reagiert mit der Sicherung der Landesgrenzen und setzt Maßnahmen zur Aufnahme der Flüchtlinge, die in Massen nach Österreich hereinströmen. Nach dem Scheitern des Aufstandes werden Anfang Dezember an die 110.000 Flüchtlinge gezählt.

1957

5. Mai: Adolf Schärf (SPÖ) wird nach dem Tod von Theodor Körner (1. 1. 1957) zum Bundeskanzler gewählt.

16. Juli: Beschluß zur Gründung der Österreichischen Rundfunkgesellschaft mbH. Auch das Österreichische Fernsehen strahlt regelmäßig Sendungen aus.

1. Oktober: I. Generalkonferenz der Internationalen Atomenergiebehörde, die in Wien ihren Sitz hat.

1958

2. – 9. Februar: Schiweltmeisterschaften in Badgastein (Salzburg): Die österreichischen Herren siegen in allen Alpindisziplinen.

26. April: Das Teilstück der Westautobahn: Salzburg – Mondsee wird dem Verkehr übergeben.

17. Dezember: Der Wiener Erzbischof Franz König erhält in Rom die Kardinalswürde.

GENDARMERIE-CHRONIK

von ihm und dessen Vater ermordet. Der Vater wollte mit der Tat die Verehelichung seines Sohnes mit Theresia Wagenhofer verhindern. Vater und Sohn wurden zu lebenslanger Haft verurteilt.[499]

8. Juli · Vöcklabruck/OÖ: Das Stadtzentrum wird durch das Hochwasser der Vöckla überflutet. 174 Familien mit etwa 600 Personen müssen evakuiert werden. Die Katastrophe fordert ein Menschenleben. Der Gesamtschaden beträgt 3,6 Millionen Schilling. Alle Gendarmen der näheren und weiteren Umgebung stehen im Dauereinsatz.[500]

9. Juli · Weißenkirchen in der Wachau/NÖ: Jahrhunderthochwasser – Die Donau tritt aus den Ufern, wodurch die donauabwärts gelegenen Landstriche vollkommen überflutet werden.[501]

25. Juli · St. Peter in der Au/NÖ: Der Gendarmeriebeamte Leopold Hochgatterer wird bei einer Vorpaßhaltung wegen wiederholter Einbrüche in das Bierdepot der Linzer Brauerei AG beim Betreten der Täter erschossen. Bei den Ermittlungen kann einwandfrei nachgewiesen werden, daß es sich bei den Tätern um Angehörige der sowjetischen Besatzungsmacht handelt. Die Täter können jedoch nie ausgeforscht werden.[502]

12. August · Stubenberg/St: Die 24jährige Johanna Kulmer wird von Johann M., von dem sie im vierten Monat schwanger ist, erwürgt. Der Mann wirft nach der Tat die Leiche in den Mühlteich. Der Täter wird zu 20 Jahren Haft verurteilt.[503]

28. September · Hagenberg/OÖ: Im Zuge eines Streites über das Ausgedinge ertränkt der 51jährige Landwirt Franz G. die 67jährige bei ihm wohnhafte Auszüglerin Katharina Wimmer in einem Wasserbecken.[504]

31. Oktober · Annaberg/S: Bei einem Pirschgang im Prombergwald wird der Jäger Hubert Wieser von einem unbekannten Täter erschossen. Ein vorerst der Tat verdächtigter Wilderer wird wenige Tage später ebenfalls erschossen auf einer Almhütte aufgefunden. Die beiden Morde bleiben unaufgeklärt.[505]

1955

13. März · Kaltenleutgeben/NÖ: Sepp Bradl – Olympiasieger und österreichisches Schiidol – springt zum ersten Mal im Wiener Schigebiet. Zehntausende Zuschauer besuchen mit Begeisterung die Sportveranstaltung.[506]

23. April · Türnitz/NÖ: Der 58jährige Sägearbeiter Hermann Reiter schneidet mit einem Rasiermesser zuerst seiner im Bett schlafenden 65jährigen Gattin Johanna und danach sich selber die Kehle durch. Als Motiv werden Krankheit von Opfer und Täter angenommen.[507]

Das Sepp-Graf-Gedenkspringen gewann Bubi Bradl vor 20.000 Zuschauern mit einem 48-Meter-Satz.
Bild: Festschrift der Marktgemeinde Kaltenleutgeben

5. Juni· Pirching am Traubenberg/St: Vor der Hochzeit Spiellöwe verhaftet; beim »Färbeln« um hohe Beträge und Anwendung von Spielertricks wird ein Verdächtiger zwölf Stunden vor seiner Hochzeit verhaftet. Er wird später freigesprochen und die Hochzeit nachgeholt.[508]

6. Juni · Maria Alm am Steinernen Meer/S: Johann Georg K. ermordet seine Eltern mit Gift. Noch vor der Hauptverhandlung erhängt sich der Täter im LG-Gefangenenhaus in Salzburg.[509]

14. Juli · Furth bei Göttweig/NÖ: Der Unfall eines mit Munition beladenen sowjetischen Lkws führt zu einer Explosion, bei der zwei Personen getötet und vier verletzt wurden. Die Gendarmerie darf aufgrund einer Weisung der sowjetischen Kommandatur den Unfall nicht erheben.[510]

Trotz Fotografierverbot gelang einem Reporter dieses Bild, das die Verwüstungen im Furth bei Göttweig zeigt.
Bild: Das kleine Volksblatt/Gendarmerieposten Chr. Mautern/Donau

11. September · Glanegg/K: Auf der Bahnlinie St. Veit an der Glan nach Feldkirchen stoßen ein Güter- und ein Personenzug zusammen.

Das Zugsunglück fordert zehn Tote, 17 Schwer- und 57 Leichtverletzte. Der Sachschaden erreicht die Millionenhöhe. Unglücksursache war menschliches Versagen eines Weichenstellers.[511]

Eine falsche Weichenstellung führt zum Unglück bei Glanegg. Bild: Gendarmerieposten Glanegg

7. Oktober · Weitensfeld-Fladnitz/K: Die 36jährige Aloisia G. mißhandelt ihre 11jährige Ziehtochter Erna Lassner, weil sie sich beim Schrubben des Bodens ungeschickt benahm, mit einem Stock derart, daß das Kind noch am selben Tag an den Folgen der Mißhandlung verstirbt. Die Frau wird zu zehn Jahren Kerker verurteilt.[512]

16. Oktober · Kindberg/St: Patrouillenleiter Gottfried F. erschießt in Notwehr den flüchtigen Untersuchungshäftling Alfred R.[513]

24. Oktober · Lichtenfels/NÖ: Während der Bauarbeiten kommt die Brücke über den Stausee Ottenstein zum Einsturz und tötet zehn Arbeiter. Weitere zwei Arbeiter werden schwer verletzt.[514]

1955 – 1958 · Thalgau/S: Der dreijährige Autobahnbau bei Salzburg führt mit den 1.000 im Ort untergebrachten Arbeitern zu erheblichen Problemen für die öffentliche Sicherheit. Die feierliche Eröffnung durch Bundeskanzler Ing. Julius Raab war am 26. April 1958.[515]

1956

21. Jänner · Pamhagen/B: In der Nähe der Ortschaft kommt es auf österreichischem Staatsgebiet zwischen einer russischen und einer ungarischen MIG zu einem Zusammenstoß. Es wird angenommen, daß der ungarische Pilot bei der Flucht in den Westen von dem russischen Piloten verfolgt wurde. Der den Absturz überlebende russische Pilot wird nach Ungarn zurückgestellt.[516]

26. Februar · Kaltenleutgeben/NÖ: Beim Eisgraben-und Wienerblickrennen kann ein Rekord von 20.000 Zuschauern erzielt werden. Es war das größte Wintersportereignis, das der »Erste Skiklub Kaltenleutgeben« veranstaltet hat.[517]

2. April · Kleinhaugsdorf/NÖ: RayInsp Siegfried Riedl wird im Zuge einer Amtshandlung vom Landarbeiter Alois B. mit einer Weingartenhaue lebensgefährlich verletzt. Der Landarbeiter wird verhaftet.[518]

6. April · Schladming/St: Bei einem Großbrand in der Innenstadt werden fünf Wohn- und Geschäftshäuser zerstört.[519]

1. Juni · St. Martin am Grimming/St: Aufgrund einer schadhaften Leitung gerät in Lengdorf ein landwirtschaftliches Gebäude in Brand. Das Feuer greift mit rasender Geschwindigkeit um sich und äschert 14 Objekte ein.[520]

Teilansicht des Brandplatzes von St. Martin am Grimming. Bild: GChr. Gröbming

14. bis 22. Juni · Oberweiden/NÖ: An die 500 ÖMV-Arbeiter demonstrieren gegen geplante Erdgasbohrungen der NIOGAS in Baumgarten. Die Arbeiter verhindern am Bahnhof Oberweiden das Entladen der Arbeitsgeräte und erzwingen dadurch Verhandlungen auf Regierungsebene.[521]

29. August · Retz/NÖ: RevInsp Franz Rist und RayInsp Josef Zauner werden beim Einschreiten wegen einer gefährlichen Drohung von dem arbeitslosen 22jährigen Erich M. mit einer amerikanischen Armeepistole ermordet.[522]

13. Oktober · Innsbruck/Wien: Etwa 5.000 Südtiroler fahren nach Wien um gegen die Südtirolpolitik der Regierung zu protestieren. Bundespräsident Jonas muß seine Ansprache abbrechen, weil seine Ausführungen das Mißfallen der Teilnehmer erregen.[523]

18. Oktober · Grafenstein/K: Nach einer Tanzveranstaltung erwürgt der 34jährige Franz G. die 21jährige Anneliese B. und vergeht sich an ihr. Einen Tag danach kann der Täter ausgeforscht werden.[524]

Beamte des Gendarmeriepostens Strem unter den Tausenden Ungarn-Flüchtlingen. Bild: GChr. Strem

24. Oktober · Jennersdorf/B: Während des Aufstandes in Ungarn steht der örtliche Gendarmerieposten im dauernden Einsatz. Dabei werden Zehntausende Flüchtlinge durch Jennersdorf geschleust.[525] *(Siehe Beitrag im allgemeinen Teil).*

24. Oktober · Moschendorf/B: Auf der Flucht vor dem Aufstand in Ungarn ziehen Tausende Ungarn mit der ungarischen Fahne unter Absingen von Freiheitsliedern in die Ortschaft ein und werden von der Ortsbevölkerung verpflegt.[526] *(Siehe Beitrag im allgemeinen Teil).*

Die Trümmer der ungarischen Maschine. Bild: GChr. Pamhagen

Gendarmerie und Bundesheer an der ungarischen Grenze. Bild: GChr. Andau

GENDARMERIE-CHRONIK

Gendarmeriebeamter und Rot-Kreuz-Helfer bringen gehunfähigen ungarischen Flüchtling in Sicherheit:
Bild: GChr. Rechnitz

26. Oktober · Andau/B: Der örtliche Gendarmerieposten wird aufgrund des Aufstandes in Ungarn in Alarmzustand versetzt.[527] *(Siehe Beitrag im allgemeinen Teil).*

November · Rechnitz/B: Aufgrund des Einmarsches sowjetischer Truppen in Ungarn kommt es zu einer Flüchtlingswelle nach Österreich.[528] *(Siehe Beitrag im allgemeinen Teil).*

12. bis 30. November · Lutzmannsburg/B: Aufgrund der Niederschlagung des Aufstandes in Ungarn und der darauffolgenden Flüchtlingswelle nach Österreich hat der örtliche Gendarmerieposten bis zu 31.000 ungarische Flüchtlinge zu betreuen.[529] *(Siehe Beitrag im allgemeinen Teil).*

Ganze Autobuskarawanen sind erforderlich, um Tausende Flüchtlinge weiter befördern zu können.
Bild: GChr. Andau

22. November · Langenwang/St: Bei der bis zum damaligen Zeitpunkt längsten Werks-Seilbahn Österreichs werden durch den Riß des Trag- und Zugseils vier Arbeiter in einem Hunt 140 Meter in die Tiefe gerissen.[530]

23. November · Rechnitz/B: Drei mit Maschinenpistolen bewaffnete sowjetische Soldaten verfolgen eine Gruppe von 17 ungarischen Flüchtlingen bis ins österreichische Staatsgebiet. Dabei werden die Flüchtlinge beschossen und beraubt. Die 19jährige Margit B. entkommt nur mit Mühe einer Vergewaltigung. Weiters überwältigen die Soldaten zwei einschreitende österreichische Zollwachebeamte. Nach dem Einschreiten von fünf Beamten des Gendarmeriepostens Rechnitz können die Soldaten entwaffnet werden. Einer der Soldaten wird auf der Flucht erschossen.[531]

Bewachung des verhafteten russischen Soldaten durch GPtlt. Musser am Gendarmerieposten Rechnitz. *Bild: GChr. Rechnitz*

20. Dezember · Eisenstadt/B: Der amerikanische Vizepräsident Richard Nixon besucht aufgrund der Ungarnkrise die Flüchtlingslager im Bezirk Eisenstadt und Neusiedl/See.[532]

1. Dezember · Spittal an der Drau/K: Ein 26jähriger Sägewerkspraktikant erschießt aus Eifersucht einen Schierzeuger und verletzt dessen Frau schwer. Insgesamt feuert er acht Schüsse aus einer Armeepistole ab.[533]

1957

26. Februar · Voitsberg/St: Eine Gendarmeriestreife des örtlichen Gendarmerieposten entdeckt nachts an einer Hausecke am Hauptplatz einen Junglöwen, der einem Schausteller entwichen war. Das Tier wird eingefangen und am nächsten Tag vom Besitzer abgeholt.[534]

18. April · Pfaffstätten/NÖ: Bei einem Raubüberfall auf eine Pensionistin kann der Täter 500 Schilling erbeuten. Nach acht Monaten internationaler Fahndung wird Rocco Javarone in Mailand von der Interpol als Täter verhaftet.[535]

6. Mai · St. Georgen ob Judenburg/St: Der 17jährige Landarbeiter F. K. tötet in räuberischer Absicht den Frührentner Ferdinand Zens dadurch, daß er ihm die Kehle zuhält. Seine Beute beträgt 91.120 Schilling und eine Herrennickeluhr. Der Mörder wird von Gendarmen aus Unzmarkt ausgeforscht und verhaftet.[536]

27. Mai · Kufstein/T: Ein 34jähriger Raubtierdompteur vom Zirkus Togni wird von zwei Tigern angefallen und getötet.[537]

26. Februar 1957; die Gendarmerie ist für alles zuständig; auch für Löwenfang.
Bild: Karl Prider, Voitsberg

11. Juni · Sierning/OÖ: Alfred Engleder ermordet Herta Feichtinger. Bei seiner Verhaftung, bei der die Beamten des Gendarmeriepostens Sierning mitwirken, entpuppt sich der Täter als Serientäter, der im Zeitraum von 1951 bis 1957 sechs Frauen überfallen und davon zwei ermordet hatte. Nach Verbüßung einer 40jährigen Haft wird Alfred Engleder 1996 von einer Prostituierten ermordet.[538]

5. Juli · Annaberg/S: Durch Fahrlässigkeit entsteht auf dem Donnerkogel ein Latschenbrand, der sich auf eine Fläche von 110 Hektar ausdehnt und fünf Tage andauert. Zur Feuerbekämpfung werden 34 Feuerwehren und das Bundesheer eingesetzt.[539]

5. Oktober · Obsteig/T: Am Holzleitensattel wird ein englischer Radtourist, der kurz seine Notdurft verrichten wollte, von einem in der Nähe campierenden deutschen 41jährige Staatsangehörigen aus Angst, er könne ausgeraubt werden, mit einer Pistole beschossen und durch drei Schüsse schwer verletzt.[540]

21. August · Wieselburg/NÖ: Ein 24jähriger Arbeiter wird von zwei betrunkenen Männern durch Faustschläge und Fußtritte gegen den Kopf erschlagen. Die Täter können ausgeforscht und verhaftet werden.[541]

19. September · Prinzersdorf/NÖ: Ein bereits festgenommener Randalierer (Stefan Heiss) rammt dem Postenkommandanten Josef Grundacker ein Messer in den Bauch. Der Gendarmeriebeamte kann sich nur mehr durch einen Schuß aus seiner Dienstpistole vor dem Mann retten. Beide überleben schwer verletzt. Zehn Jahre später sollte er wieder festgenommen werden. Dabei geht er wieder gegen die Beamten los und wird in Notwehr erschossen.[542]

GENDARMERIE-CHRONIK

4. November · St. Leonhard/OÖ: Aufgrund des unachtsamen Umgangs von Kindern mit Feuer brennt die aus vier Gehöften bestehende Ortschaft Schnabling zur Gänze ab.[543]

26. November · Söding/St: In der sogenannten »Zimmermannkurve« kam ein Pkw auf die Gegenfahrbahn und stieß frontal gegen einen Lkw-Zug. Bei dem tragischen Unfall kamen fünf Ärzte aus dem Landeskrankenhaus Graz ums Leben.[544]

Überhöhte Geschwindigkeit war Ursache dieser Tragödie in Söding. *Bild: GChr. Söding*

28. November · Klein St. Paul/K: Bei einem unbeschrankten Bahnübergang auf der B 92 bei Hornburg kommt es zu einem Verkehrsunfall zwischen einem ÖBB-Zug aus Hüttenberg und einem Jeep. Der Lenker des Pkw, der 60jährige Alexander Krenn und dessen 26jähriger Sohn Alfred kommen dabei ums Leben.[545]

Keine Chance für die Insassen des zertrümmerten Jeeps in Klein St. Paul. *Bild: GChr. Klein St. Paul*

1958

11. Februar · Hieflau/St: Aus Eifersucht verletzt der 38jährige Kraftfahrer Walter F. im Gasthaus »Zum Touristen« seine von ihm geschiedene 36jährige Ehefrau durch einen Messerstich. Als sich der 43jährige Peter Rechner einmischt, tötet er ihn durch einen Herzstich.[546]

20. Februar · Bad Gams/St: Der Vagabund Franz R. zog stets von Haus zu Haus um Most zu betteln. Ein Bauer in Vochera jagt ihn davon, der Vagabund zündet aus Rache dessen Hof an.[547]

8. April · Karlstein an der Thaya/NÖ: Nach einem Streit erschießt in Göpfritzschlag Josef N. seinen Nachbarn. Der Täter wird zu 12 Jahren Haft verurteilt.[548]

18. Juni · Sausal/St: Ein 41jähriger Frührentner versucht für 1.000 Schilling einen Mörder für seine von ihm geschiedene Frau zu dingen. Das Vorhaben mißlingt. Der gedungene »Mörder« erstattet jedoch am Gendarmerieposten Gleinstätten die Anzeige gegen den Anstifter.[549]

24. Juli · Hainfeld/NÖ: Eine geistesgestörte Mutter erschlägt ihre beiden Kinder im Alter von drei und fünf Jahren und versucht danach einen Selbstmord.[550]

6. August · Zirl/T: Beim Verladen eines Geldsackes streut ein Unbekannter dem Postbeamten Pfeffer ins Gesicht und entreißt ihm den Geldsack. Ein 37jähriger Glasmaler kann als Täter nach acht Stunden verhaftet und die Beute sichergestellt werden.[551]

August · Eberndorf/K: Der Bau des Draukraftwerkes Edling bringt für die Gendarmerie Eberndorf immer wieder Erhebungen in allen möglichen Bereichen, angefangen von Arbeitsunfällen über Auseinandersetzungen bis zu strafrechtlichen Delikten.

Das seiner Vollendung entgegengehende Draukraftwerk Edling. *Bild: GChr. Eberndorf*

12. August · Kindberg und Allerheiligen im Mürztal/St: Bei einer Unwetterkatastrophe kommen zwei Personen ums Leben. Der Sachschaden beträgt 250 Millionen Schilling.[552]

12. September · Ischgl/T: Bei einer Bergtour im Seekopfgebiet kommen zwei deutsche Brüder derart in Streit, daß der eine den anderen mit einem Stein aus der Felswand stößt und dieser in den Tod stürzt.[553]

16. Oktober · Weißenkirchen in der Wachau/NÖ: Der Massenmörder Max Guffler betäubt

ÖSTERREICH-CHRONIK

1959

1. Februar: Einführung der 45-Stunden-Woche.

10. Mai: Nationalratswahlen. Julius Raab tritt wiederum in einer Koalitionsregierung das Amt des Bundeskanzlers an.

Juli–August: Hochwasserkatastrophe in Kärnten, Salzburg, Tirol und im oberösterreichischen Mühlviertel. Die Autobahnbrücke bei Bergheim (Salzburg) stürzt ein.

1960

4. Jänner: Österreich tritt der EFTA bei.

Ende August: Der wirtschaftliche Aufschwung Österreichs zeigt sich in der niedrigen Arbeitslosenrate, die Vollbeschäftigung ist annähernd erreicht.

1961

11. April: Bundeskanzler Julius Raab tritt aus gesundheitlichen Gründen zurück, sein Nachfolger wird Alfons Gorbach (ÖVP).

3./4. Juni: Zweiergipfeltreffen des sowjetischen Ministerpräsidenten Nikita Chruschtschow und des amerikanischen Präsidenten John F. Kennedy in Wien.

1962

18. November: In der Nationalratswahl geht die ÖVP als Sieger hervor. Mit der Regierungsbildung einigte man sich erst am 13. März 1963. Alfons Gorbach wird wieder Bundeskanzler.

1963

28. April: Wiederwahl Adolf Schärfs zum Bundespräsidenten.

17. November: Mit der Einweihung der Europabrücke der Brennerautobahn ist ein weiterer Schritt im Ausbau des österreichischen Straßennetzes getan.

1964

29. Jänner – 8. Februar: In Innsbruck werden die IX. Olympischen Winterspiele abgehalten. Die Spiele sind für Österreich ein großer Erfolg. Die Sportler erringen 4 Gold-, 5 Silber- und 3 Bronzemedaillen. Österreich liegt damit am 2. Platz der Preisgesamtwertung.

25. Februar: Josef Klaus folgt dem demissionierten Alfons Gorbach als Bundeskanzler.

17. März: Beschluß des Ministerrates, ein Sanitäts- und Ordnungskontingent zur UN-Friedenstruppe nach Zypern zu senden.

5. – 12. Oktober: Erste Volksabsimmung der Zweiten Republik betrifft das Rundfunkgesetz, das u. a. die Errichtung von Landesstudios vorsieht. Am 8. Juli 1966 wird das Gesetz im Sinne des Begehrens verabschiedet.

10. Oktober: Eröffnung der Jauntalbahn in Kärnten. Die Strecke Lavantthal – Klagenfurt wird nun direkt, ohne Umweg durch jugoslawisches Staatsgebiet geführt.

Julianne Naß und wirft sein Opfer bei einer Schiffsstation in die Donau. Naß kommt dabei ums Leben.[554]

24. Dezember · Schwadorf/NÖ: Ein »Weihnachtswunder« ereignet sich bei dem Absturz einer Air-France-Maschine. Trotz Feuer an Bord können alle 24 Passagiere gerettet werden. Dabei trägt niemand ernsthafte Verletzungen davon.[555]

24. Dezember · Ottenschlag/NÖ: Da zwei Brüder aus Kienings dem Pkw eines Sägewerksbesitzers nicht rechtzeitig ausweichen, kommen sie mit diesem in Streit, in dessen Folge sie von dem Lenker erschossen werden. Der Täter kann in Tulln verhaftet werden.[556]

1959

28. Jänner · Rappolz/NÖ: In einem durch Brandstiftung abgebrannten Haus wird eine verkohlte Leiche gefunden. Der Tote wird als Johann Trötzmüller identifiziert. Es wird vermutet, daß Johann Trötzmüller der Täter von mehreren in den letzten sechs Jahren erfolgten Brandstiftungen war und seiner eigenen Brandlegung zum Opfer gefallen ist.[557]

28. Juni · Annaberg/S: Am Paß Gschütt stürzt ein Lkw des Österreichischen Bundesheeres beim Ausweichen in die Strubklamm. Dabei werden drei Soldaten getötet, sieben schwer und acht leicht verletzt.[558]

2. Juli · Mutters/T: Auf dem Steig vom Pfriemesköpfl zum Naturfreundehaus wird der britische Staatsangehörige Marmoy erschossen und seine Begleiterin angeschossen. Bei der Tat handelt es sich vermutlich um einen Auftragsmord aus Spionagekreisen. Der Verdächtige J. Moser wird im Zweifel freigesprochen.[559]

15. Juli · Mauerkirchen/OÖ: Eine Mutter versucht bei ihrer im dritten Monat schwangeren Tochter eine Abtreibung mit dem Pflanzengift »E 605« durchzuführen, was den Tod des Mädchens zur Folge hat. Die Frau wird verhaftet.[560]

21. Juli · St. Leonhard am Forst und Ruprechtshofen/NÖ: Beim »Julihochwasser« der Melk und Mank ertrinken drei Personen. Ein Sägewerk, drei Wohnhäuser, vier Schuppen und zahlreiche Haustiere fallen dem Hochwasser zum Opfer.[561]

13. August · Oberndorf/S: »Jahrhunderthochwasser« in Oberndorf.[562]

18. August · Kühnsdorf/K: Bei einer Explosion im Sägespänesilo des Faserplattenwerkes fangen die Kleider von F.P. Feuer. Der Mann will sich retten und springt als lebende Fackel in die Tiefe. Durch den Aufprall erleidet er tödliche Verletzungen.[563]

Auch heute noch gefürchtet, die unberechenbare Ötztaler Ache.
Bild: GChr. Längenfeld

18. August · Bad Aussee/St: Der Toplitzsee war von 1943 bis Kriegsende eine streng geheime Marine-Versuchsstation. Gerüchte, daß geheime Dokumente und der NS-Reichsschatz versenkt worden ist, führten immer wieder zu Bergungsaktionen. Unter Leitung des deutschen Nachrichtenmagazins »Stern« werden aus dem Toplitzsee die im Frühjahr 1945 von Männern der SS versenkten »Pfundnoten-Falsifikate« samt Druckstöcken geborgen.[564]
(Siehe Beitrag im allgemeinen Teil)

29. Oktober · Karawanken/K: Bei der Flucht einer kroatischen Familie von Jugoslawien nach Österreich sterben aufgrund der schlechten Wetterverhältnisse beide Kinder.[565]

1960

4. Jänner · Murau/St: Vor den Augen seiner Kollegen erschießt ein Probegendarm mit seiner Dienstpistole den Vater seiner Freundin.[566]

Tagelang sind die Gendarmeriebeamten in Oberndorf mit anderen Rettungseinheiten im Einsatz.
Bild: GChr. Oberndorf

11. März · Eggersdorf bei Graz/St: Eine Bergarbeiterswitwe wird von einem Gelegenheitsarbeiter erwürgt und ausgeraubt. Der Täter kann von den örtlichen Gendarmeriebeamten ausgeforscht werden. Er wird zu lebenslangem schweren Kerker verurteilt.[567]

12. Juni · Wolfsberg im Schwarzautal/St: Tiefflug war Ursache eines Flugzeugabsturzes in Marchtring. Dabei kommen drei Personen ums Leben.[568]

17. Oktober · Ötztal/T: Zwischen Längenfeld und Umhausen kommt es wegen eines Hochwassers der Ötztaler Ache zum Einsturz der Ferdinandsbrücke und zur Unterbrechung der Bundesstraße ins Innerötztal für vier Wochen.[569]

13. September · Weißenstein/K: Bei der Personendurchsuchung dreier jugoslawischer Flüchtlinge bei der Bahnübersetzung Uggowitz wird RayInsp Friedrich Amlacher überwältigt und in einem nahegelegenen Tümpel ertränkt. Die drei Täter werden zu lebenslangem bzw. 20 und 18 Jahren schweren Kerker verurteilt.[570]

20. September · Korneuburg/NÖ: In der ÖMV-Raffinerie wird ein langjähriger Gasöl-, Petroleum- und Heizöl-Diebstahl aufgedeckt. Insgesamt eine Million Liter im Wert von zwei Millionen Schilling werden entwendet. Der Täterring wird mit 43 Verhaftungen und 200 Anzeigen zerschlagen.[571]

1961

24. Jänner · Neuberg an der Mürz/St: Das Entgleisen einer Dampflok aufgrund technischen Gebrechens fordert zwei Todesopfer.[572]

11. Februar · Gössenberg/St: In Petersberg wird der 84jährige Altbauer Anton Moser in seiner verwahrlosten Keusche erwürgt aufgefunden. Nach Einvernahme von rund 400 Personen durch Gendarmen aus Haus/E. fällt der Verdacht auf seine Nachbarn. Ihnen kann jedoch die Tat nicht bewiesen werden.[573]

18. Februar · St. Kathrein am Offenegg/St: Ein Lawinenabgang am Plankogel verschüttet ein Bauernhaus in Offenegg. Fünf Personen waren zu diesem Zeitpunkt im Haus, zwei konnten nur noch tot geborgen werden.[574]

29. April · Schrems/NÖ: Der 66jährige Mathias Kindlinger täuscht einen Einbruch vor,

GENDARMERIE-CHRONIK

um den Mord an seiner 61jährige Gattin, der Fabriksbesitzerin Margarete Kindlinger, zu verschleiern. Der Täter, der aus Habgier handelte, wird zu lebenslanger Haft verurteilt und stirbt während der Haftverbüßung.[575]

30. April · Schwaz/T: Nachdem Vinzenz Unterberger gemeinsam mit seinem Freund sein letztes Geld vertrunken hat, erschlägt er diesen auf dem Heimweg mit einem Stein und raubt ihn aus. Er wird zu 20 Jahren Kerker verurteilt.[576]

2. Juni · Marchegg/NÖ: Aufgrund des aus der CSSR mit dem Zug zum Gipfeltreffen mit dem amerikanischen Präsidenten John F. Kennedy in Wien anreisenden sowjetischen Ministerpräsidenten Nikita Chruschtschow müssen von den Beamten des örtlichen Gendarmeriepostens umfangreiche Sicherheitsvorkehrungen am Bahnhof und entlang der Bahnlinie getroffen werden.[577]

21. Juli · Rappolz/NÖ: Der 83jährige Konrad M. erwürgt in einem Zustand geistiger Verwirrung seine dreijährige Tochter Martha und seine eineinhalbjährige Tochter Erika. Der Täter wird in die Anstalt Steinhof eingeliefert, wo er ein Jahr später verstirbt.[578]

13. September · Arbesbach/NÖ: Trotz umfangreicher Suchaktionen und Nachforschungen kann die abgängige siebenjährige Rosemarie Pfeiffer bis heute nicht aufgefunden werden.[579]

15. September · Wattenberg/T: Bei einem Raubmordversuch zweier Jugendlicher erleidet ein Fabriksarbeiter durch Schläge auf den Kopf und einen Pistolenschuß in den Hals schwere Verletzungen. Die Beute beträgt 758 Schilling. Die Täter werden von der Gendarmerie Wattens ausgeforscht und zu je acht Jahren Haft verurteilt.[580]

22. September · Oberösterreich und Tirol: Ein Kontingent von sechs dienstführenden Gendarmeriebeamten und von 31 Gendarmerieschülern wird von Oberösterreich nach Tirol geschickt, um in Kerschbaum am Brenner, Obernberg bei Gries und Ranalt im Stubaital zur verstärkten Grenzüberwachung eingesetzt zu werden.[581]

Situation am Unglücksort unmittelbar nach dem Unfall. *Bild: GChr. Mödling*

19. Oktober · Mödling/NÖ: Im Bereich des örtlichen Bahnhofs kommt es zu einem Zusammenstoß zweier Zuggarnituren, die entgleisen und in Brand geraten. Es werden fünf Personen verletzt. Unfallursache war menschliches Versagen.[582]

1962

21. Jänner · Kalsdorf/St: Der 58jährige Maurer Franz H. tötet aus Eifersucht mit einem Gewehr seine Gattin und Margarethe Gruber. Er wird zu lebenslanger Haft verurteilt.[583]

22. April · Klein St. Paul/K: In Filfing wird die 55jährige Rentnerin Maria P. in der Osternacht vom 27jährigen Oswin U. durch fünf Messerstiche ermordet. Der Täter wird von Gendarmen aus Klein St. Paul ausgeforscht und später zu 15 Jahren Haft verurteilt.[584]

24. April · Pabneukirchen/OÖ: Zündelnde Kinder – stellte die Gendarmerie Pabneukirchen fest – waren Ursache für einen Großbrand. Im Ortsgebiet geht ein Gasthaus in Flammen auf. Das Feuer breitet sich mit rasender Geschwindigkeit auf weitere fünf Anwesen aus. Bei den Aufräumungsarbeiten muß sogar ein Pionierzug aus Ebelsberg eingesetzt werden.[585]

3. Mai · Wattens/T: Mord in homosexuellen Kreisen; ein 33jähriger Hilfsarbeiter wird von einem Jugendlichen durch einen Brustschuß ermordet.[586]

15. Juli · Seeboden am Millstätter See/K: Unmittelbar nach dem Start vom Flugplatz Seeboden stürzt eine Piper PA 18 senkrecht zu Boden, der Pilot – ein Gendarmeriebeamter – kommt dabei ums Leben.[587]

Wrack der zerstörten Piper.
Bild: GChr. Seeboden

30. August · Schönberg im Stubaital/T: Beim Bau der Europabrücke stürzen drei Arbeiter bei der Montage einer Eisenkonstruktion ca. 75 Meter in die Tiefe. Sie können nur mehr tot geborgen werden.[588]

Generalmajor Richard King Mellon in Heiligenkreuz i. L.
Bild: GChr. Heiligenkreuz i. L.

31. August · Heiligenkreuz im Lafnitztal/B: Nachdem er von einem in die USA ausgewanderten Mann aus Heiligenkreuz erfahren hat, daß der Ort im Krieg völlig zerstört worden ist, besucht der amerikanische Millionär und Generalmajor Richard King Mellon die Gemeinde und lädt alle Einwohner zu einem Fest ein. Insgesamt spendet der Wohltäter den Ortseinrichtungen 500.000 Schilling.[589]

13. September · Kitzbühel/T: Im Rahmen einer Gendarmerie-Alpinausbildung unter Leitung von Obstl Rainer vom GAK Kitzbühel am Taschachferner werden fünf Teilnehmer von einer Eislawine verschüttet. Dabei werden der Kursleiter und zwei weitere Beamte getötet und zwei schwer verletzt.[590]

20. September · Korneuburg/NÖ: Auf der Schiffswerft findet der Stapellauf des Motorzug-Schubschiffes »KIEW« statt. Weitere drei Schiffe desselben Typs werden für die Sowjetunion gebaut. Der Stapellauf rief lebhaftes Interesse der Bevölkerung hervor, die Gendarmerie leistete den sicherheitsdienstlichen Einsatz.[591]

Bau Nr. 627, Länge 58,7 m, Breite 8,8 m, 160 t, zwei Motoren mit je 1.065 PS.
Bild: Schiffswerft Korneuburg

30. Oktober · Übelbach/St: Bei einem Flugzeugabsturz im Gleinalmgebiet aufgrund eines Motorschadens sterben vier Personen.[592]

GENDARMERIE-CHRONIK

Das Heck des zerschellten Flugzeuges, im Hintergrund verstreut die getöteten Passagiere.
Bild: GChr. Übelbach

29. November · Bruck an der Mur/St: In einem Anfall von Sinnesverwirrung erschießt ein 47jähriger Werksarbeiter zwei Polizeibeamte. Im Zuge des darauffolgenden Feuergefechts wird der Mörder von einem Gendarmeriebeamten in Notwehr erschossen.[593]

24. Dezember · Fürstenfeld/St: Gerlinde Aigner wird in einem Maisacker am Stadtrand ermordet aufgefunden. Der verdächtigte Ferdinand K. wird vorerst aufgrund Mangel an Beweisen freigelassen. Erst 15 Jahre später gesteht er, zusammen mit einem Mord in Klippitztörl, die Mordtat.[594]

1963

10. März · Imst/T: Ein deutscher Staatsangehöriger ermordet seine hochschwangere Gattin, indem er sie von einer Felswand stürzt. Der Mann wird jedoch vom Gericht aus Mangel an Beweisen freigesprochen. 1981 tötet derselbe Mann seine zweite Gattin während einer Bootsfahrt auf dem Überlinger See in Bayern, indem er sie über Bord wirft. Der Mann wird schließlich in beiden Fällen für schuldig erkannt und zu lebenslanger Haft verurteilt.[595]

11. März · Kühnsdorf/K: Ein besonderes Fahrerlebnis muß ein 40jähriger Tierarzt gehabt haben, als er alkoholisiert mit seinem Pkw die Schienen eines Bahnkörpers entlang fährt und während der Fahrt einschläft. Der Mann kann rechtzeitig entdeckt und der Zug aufgehalten werden.[596]

19. April · Groß Sieghart/NÖ: Am örtlichen Gendarmerieposten wird der diensthabende Gendarmeriebeamte von drei betrunkenen Männern mit einem Messer attackiert. In Notwehr wird ein Mann getötet, die anderen zwei werden schwer verletzt. Die Täter werden zu vier Jahren Haft verurteilt.[597]

22. Mai · Piesendorf/S: Großbrand im Ortszentrum von Piesendorf, als das Wohn- und Wirtschaftsgebäude sowie eine Streuhütte neben dem Pfarrhof abbrennen. Der Brand, ausgelöst durch spielende Kinder, verursacht einen Schaden von rund 150.000 Schilling.[598]

30. Mai · Schönberg im Stubaital/T: Fertigstellung der Europabrücke im Bereich Schönberg. Mit der Eröffnung der Autobahn am 17. November 1963 im Bereich Schönberg tritt zugleich eine Entlastung der Brenner Bundesstraße ein.[599]

12. Juni · Hinterbrühl/NÖ: Wegen eines dreimonatigen Aufenthaltes von König Ibn Saud von Saudi Arabien in der sogenannten »Humer-Villa« muß der örtliche Gendarmerieposten personell verstärkt werden.[600]

9. August · St. Georgen an der Leys/NÖ: Ein vom Flughafen Hörsching gestarteter Düsenjäger der Type SAAB kommt aufgrund einer Explosion zum Absturz.[601]

12. August · Krispl/S: Nach einem Gasthausstreit schießt Matthias W. mit einer Pistole in das Schlafzimmer seines Kontrahenten. Dabei wird dieser durch einen Querschläger tödlich getroffen. Die Gendarmerie Adnet verhaftet den Täter, der zu zwölf Jahren Haft verurteilt wird.[602]

10. September · St. Lorenzen am Wechsel/St: Der 31jährige Franz K. sticht aus »innerem Zwang« auf seine Mutter und Schwägerin mit einem Messer ein und verletzt sie lebensgefährlich. Anschließend flüchtet er in die Wälder des Wechselgebietes und macht die Gegend durch Einbrüche und Diebstähle durch acht Wochen unsicher. Trotz zahlreicher Fahndungen und dem Einsatz der Gendarmerieschule Graz kann er nicht gefaßt werden. Der Postenkommandant von Waldbach, Franz Lechner, kann am 3. November den Täter auf einer Almhütte verhaften.[603]

23. September · Raum Traunkirchen-Ebensee/OÖ: Im Zuge des Südtirolkonfliktes wird von italienischen Terroristen auf der Straße von Gmunden nach Ebensee das sogenannte Löwendenkmal gesprengt. Eine Zeitzünderbombe an einer Gondel der Ebenseer Seilbahn kann noch rechtzeitig entfernt werden. Bei einer Bombenexplosion im Sudhaus der Saline Ebensee wird jedoch RayInsp Kurt Gruber getötet und zwei weitere Beamte werden verletzt.[604]

5. Dezember · Bad Aussee/St: Der Sporttaucher Alfred Egner ertrinkt beim Versuch einer Goldmünzenbergung im Toplitzsee. Durch dieses Unglück wird eine groß angelegte Bergeaktion des BMfI ausgelöst.[605] *(Siehe Beitrag im allgemeinen Teil).*

26. Dezember · Radenthein/K: Da sie aufgrund ihrer Glaubensvorstellungen ihre Tochter von einem Alkoholiker befreien will, erdrosselt eine 66jährige Frau mit einer Wäscheleine ihren Schwiegersohn.[606]

27. Dezember · Weitensfeld-Fladnitz/K: Willibald Ruditz schießt in Braunsberg mit einer Armeepistole mehrmals auf den Forstarbeiter Johann Holzer und verletzt diesen schwer. Der Grund waren jahrelange Streitigkeiten wegen eines Wasserlaufes.[607]

Piesendorf; Zündhölzer in Kinderhand, immer wieder Ursache von Großbränden. *Bild: GChr. Piesendorf*

GENDARMERIE-CHRONIK

1964

26. Juni · Bludenz/V: Im Raum Bludenz legt ein 23jähriges Mitglied der Freiwilligen Feuerwehr innerhalb von sieben Monaten insgesamt 22 Brände. Er wollte damit bezwecken, daß die Feuerwehr moderner ausgerüstet wird. Der Gesamtschaden beträgt 1,32 Millionen Schilling. Die Ausforschung gelang durch eine immer wieder festgestellte Motorroller-Reifenspur. Der Täter wird zu 20 Jahren Haft verurteilt.[608]

24. Februar · Stadl-Paura/OÖ: Familientragödie; eine Mutter tötet im Wahn ihre drei Buben mit einer Hacke und erhängt sich anschließend.[609]

29. Februar · Lans/T: Ein Verkehrsflugzeug der englischen Fluggesellschaft BEA prallt in 2.650 Meter Seehöhe gegen den Südosthang des »Glungezer«. Dabei kommen alle 81 Personen an Bord ums Leben.[610] *(Siehe Beitrag im allgemeinen Teil)*

16. März · Michelbach/NÖ: Nach mehreren Mordversuchen, einem Raubüberfall und einem Notzuchtfall kann Johann T. verhaftet werden.[611]

Der Verbrecher wird in Michelbach von Gendarmen abgeführt. *Bild: GChr. Parha*

20. Mai · Drosendorf/NÖ: In Wolfsbach Nr. 1 überfällt in Raubabsicht der arbeitsscheue Herbert St. die alleinstehende Gastwirtin Theresia Schaller und attackiert sie mit einem Messer. Durch die heftige Gegenwehr und lauten Hilferufe läßt er von seinem Opfer ab und flüchtet in den Wald. Zwei Stunden später wird er verhaftet. Er war beim Überfall maskiert und neben dem Messer mit Pistole und Militärgewehr bewaffnet.[612]

28. Juni · Anras/T: Wegen Verweigerung des Ausschankes kommt es im Gasthaus »Bad Mittewald« zu einem Streit, der in Tätlichkeiten ausartet. Aus diesem Grund greift der Wirt Anton Widner zu seiner Pistole und feuert wild 30 bis 40 Schuß in die Menge ab. Dabei werden eine Person getötet und fünf schwer verletzt. Anton Widner wird zu zweieinhalb Jahren strengen Arrests mit einem Fasttag monatlich verurteilt.[613]

18. Juli · Rechnitz/B: Beim Hantieren mit einer 7,5-cm-Handgranate aus dem Zweiten Weltkrieg, die er mit anderen Munitionsgegenständen in einem Versteck hortete, werden der 17jährige August Takacs und die beiden 11jährigen Kinder Stefan Takacs und Hans Kunczer durch die Explosion der Granate getötet.[614]

29. Juli · Piesendorf/S: Zugsentgleisung der Krimmler Schmalspurbahn in Würth bei Bahnkilometer 6,400. Der Sachschaden beträgt rund 500.000 Schilling.[615]

Technisches Gebrechen war Ursache der Entgleisung. *Bild: GChr. Piesendorf*

8. September · Mitterdorf im Mürztal/St: Die Mürztaler Tonwerke brennen aufgrund einer Staubexplosion zur Gänze ab. Der Schaden beträgt drei Millionen Schilling.[616]

19. September · St. Johann im Saggautale/St: Franz und Adolfine N. bringen ihre Kinder im Alter von drei, vier und fünf Jahren gegen 20 Uhr zu Bett. Als die Eltern gegen 4.30 Uhr heimkommen, sind die drei kleinen Mädchen an Rauchgasen im Bett erstickt. Weshalb es zur Rauchgasentwicklung kommen konnte, konnten die Gendarmen aus Arnfels nicht klären. Die Eltern werden wegen Vernachlässigung der pflichtgemäßen Aufsicht zu acht Monaten Arrest bedingt verurteilt.[617]

9. November · Perchtoldsdorf/NÖ: Drei Personen werden in einem vergasten Keller aufgefunden. Durch den selbstlosen Einsatz von zwei Beamten des Gendarmeriepostens Perchtoldsdorf können die Personen gerettet werden. Die Beamten werden mit der Lebensrettermedaille des Bundes ausgezeichnet.[618]

22. Dezember · Elsbethen/S: Zwei Düsenflugzeuge des Typs SAAB F 29 J zerschellen in etwa 1.000 Meter Seehöhe am Westhang des Schwarzenberges. Die Piloten Adolf Zangle und Helmut Stöger sind auf der Stelle tot. Unfallsursache war ein zu tiefer Flug im Nebel. Die Bergung und Erhebung werden von Alpingendarmen und Beamten des Gendarmeriepostens Glasenbach durchgeführt.[619]

22. Dezember · Thalheim bei Wels/OÖ: Johann A. erschlägt mit einer Rohrschelle seine Gattin. Als Hintergrund der Tat wird festgestellt, daß dieser von einer Freundin in der DDR für Spionagezwecke angeheuert worden ist. Der Mann wird zu lebenslänglicher Haft verurteilt.[620]

1965

8. Februar · Radstadt/S: Nach einem Streit in einem Kaffeehaus ersticht der taubstumme Bauhilfsarbeiter Rudolf St. mit seinem Stilett den Bauern Josef B. Der Täter meldet die Mordtat am örtlichen Gendarmerieposten, ohne jedoch vorerst die Tat einzugestehen.[621]

19. Februar · Waidhofen an der Ybbs/NÖ: Bei einem Lawinenabgang auf der Bundesstraße B 31 zwischen Gstadt und Opponitz werden zwei Pkw verschüttet. Die insgesamt zehn Insassen können gerettet werden.[622]

In Vorarlberg wird am 21. November in der Fussacher Werft eine Schiffstaufe durch rund 20.000 Demonstranten verhindert. Im Gegensatz zum Verkehrsminister, der das Schiff auf »Karl Renner« taufen wollte, wünschte das Land Vorarlberg den Namen »Vorarlberg«. *Bild: LGK Bregenz*

ÖSTERREICH-CHRONIK

1965

23. Mai: Franz Jonas (SPÖ) wird als Nachfolger des am 28. Februar verstorbenen Adolf Schärf zum Bundespräsidenten gewählt.

24. Juni: Die Organisation Erdölexportierender Länder (OPEC) errichtet ihren Sitz in Wien.

1966

6. März: Bei der Nationalratswahl erhält die ÖVP die absolute Mehrheit. ÖVP-Alleinregierung unter Bundeskanzler Josef Klaus.

1. Juni: Beilegung des sogen. »Fall Habsburg«: Nach verfassungsrechtlichem Streit über die Gültigkeit des Landesverweisungsgesetzes der Habsburger vom Jahr 1919 und der Anerkennung der Loyalitätserklärung von Otto Habsburg-Lothringen stellt das Innenministerium einen Paß aus. Otto von Habsburg reist unter Proteststreik von 250.000 Arbeitern am 31. Oktober für wenige Stunden nach Österreich.

August: Verheerende Hochwässer richten in ganz Österreich große Schäden an.

22. Dezember: Die Westautobahnstrecke Wien – Preßbaum wird eröffnet.

1967

1. – 6. Februar: Die ersten Schibobweltmeisterschaften finden in Bad Hofgastein statt. Österreichs Damen erringen 3 Titel, die Herrn 2 Titel.

24. Juni: Die Felbertauernstraße wird eröffnet.

7. Juli: Die UNO Organisation für industrielle Entwicklung (UNIDO) verlegt ihren Hauptsitz nach Wien.

24. Oktober: Studentendemonstration vor dem Parlament in Wien fordert die Demokratisierung der Universitäten und eine finanzielle Aufstockung des Kulturbudgets.

1968

20./21. August: Einmarsch der Warschauer Truppen in die Tschechoslowakei: eine Reaktion auf die Liberalisierung der tschechischen Regierung im sogen. »Prager Frühling«. Österreich sichert seine Grenzen, u. a. werden Gendarmeriebeamte dafür herangezogen.

13. November: Der Nationalrat beschließt ein neues Wahlaltergesetz: 19 Jahre für aktives, 24 Jahre für passives Wahlrecht.

1969

4. – 11. Mai: Volksbegehren zur Einführung der 40-Stunden-Woche.

26. Juli: Erstes Rennen am neuerrichteten Österreichring in Zeltweg.

30. November: Italien und Österreich geben eine gemeinsame Erklärung zum Südtirolerpaket und eine Operationserklärung zur Durchführung und Beendigung des Südtirol-Konfliktes ab. Die Autonomiebestrebungen Südtirols kulminierten in den 60er Jahren in Sprengstoffanschlägen. Österreichs Interventionen auf Seiten der Südtiroler haben zu beträchtlichen Spannungen mit Italien geführt, die sich u. a. in einer Visumspflicht für nach Italien reisende Österreicher äußerte (Juli 1961 bis März 1967).

1970

1. März: Aus den Nationalratswahlen geht die SPÖ als stärkste Partei hervor. Bruno Kreisky wird Bundeskanzler, der eine sozialistische Minderheitsregierung bildet.

Bruno Kreisky unter dem Porträt des jungen Kaisers Franz Joseph im Bundeskanzleramt – ein Bild das von der SPÖ für eine Werbebroschüre verwendet wurde. Kreisky war von 1970 bis 1983 Kanzler.

Das Bild von Paul Flora »Touristen« spiegelt das Steigen des privaten Konsums zwischen den 60er und 70er Jahren wider, wobei der Urlaub, der immer länger dauerte, sich zu einem wichtigen Statussymbol entwickelte. Dem geänderten Konsumverhalten trug auch die Gendarmerie Rechnung, indem sie den Auswüchsen des Tourismus durch gezielte Sonderdienste begegnete.

GENDARMERIE-CHRONIK

Die Staublawine fegte den Autobus buchstäblich von der Straße hinweg. Ein Baum hielt zwar nach einigen Metern den Sturz auf, zerquetschte aber zugleich den vorderen Teil des Busses.
Bild: GChr. Radstadt

24. Februar · Grünbach am Schneeberg/NÖ: Aufgrund eines Gebirgsschlages stürzt in einem Steinkohlebergwerk ein Abbaustollen ein. Zwei Bergleute werden verschüttet und getötet.[623]
2. März · Obertauern/S: Ein Postomnibus mit 38 Passagieren wird auf der Talfahrt von Obertauern von einer Lawine, der sogenannten »Weißlahn« erfaßt und 50 Meter in die Tiefe gerissen. 14 Jugendliche aus Schweden und Finnland finden den Tod.[624]
20. bis 30. Juni · Unterpaznaun/T: Bei einer Hochwasserkatastrophe wird die Silvrettabundesstraße an insgesamt 37 Stellen unterspült bzw. weggeschwemmt.[625]
27. Juni · Oberwölz/St: Der Landwirt Johann F. vulgo »Mühlhans« wird Opfer eines Raubüberfalles. Als Täter kann der 19jährige Hilfsarbeiter Norbert H. ermittelt werden. Die Beute 80 Schilling, eine Brieftasche, Zigaretten und ein Taschenmesser.[626]
6. Juli · Schwaz/T: Nach einer Hochwasserkatastrophe mit Murenabgängen muß der gesamte Verkehr im Gemeindegebiet von der Gendarmerie Schwaz für mehrere Tage über Bayern umgeleitet werden.[627]

Kleine, aber gute Kontakte mit ungarischen Kollegen zu pflegen, eine wichtige Aufgabe der Gendarmeriebeamten in diesen Grenzregionen. Im Bild Johann Kozarits (li. stehend). Bild: GChr. Rechnitz

8. Juli · Rechnitz/B: Grenzpatrouille der Gendarmerie mit Johann Kozarits, dem seinerzeitigen Postenkommandanten von Rechnitz, mit ungarischen Grenzbeamten.[628]
8. Juli · Krieglach/St: Der Rentner Franz Posch ermordet seine Schwägerin Juliane Posch im Stall ihres Bauernhofes durch Schläge mit einer Laterne auf den Kopf und begeht nach der Flucht, kurz bevor er von einer Gendarmeriepatrouille gestellt wird, in einer Almhütte Selbstmord.[629]
16. Juli · Tribuswinkel/NÖ: Bei einem Absturz eines Hubschraubers des BMfI in einen Badeteich bei Start- und Landeübungen kann der Pilot Josef Pollack den Mechaniker Emmerich Suchentrunk noch rechtzeitig vor dem Ertrinken retten.[630]

Schwer beschädigt wird die Bell-Agusta an Land gezogen. Bild: GChr. Pfaffstätten

16. August · Köflach/St: Da ein aufgelassener Bergwerksförderstollen den angestauten Schlammassen nicht standhalten konnte, werden der örtliche Bahnhof, viele Keller und Gärten überflutet.[631]
1. November · Rappottenstein/NÖ: Der Altbauer Adolf F. ermordet seine Gattin und täuscht einen Sexual- und Raubmord vor. Als Motiv können jahrelange Zerwürfnisse wegen der Hofübergabe festgestellt werden. Der Täter wird zu 20 Jahren schweren Kerker verurteilt.[632]

Einsatz von Gendarmerieschülern bei der Schlammkatastrophe. Bild GChr. Köflach

1966

1. Mai · Kirchschlag in der Buckligen Welt/NÖ: Bei einem Familienstreit verprügelt ein Bauernsohn seinen Vater derart, daß er nach 22 Tagen im Krankenhaus den Folgen seiner schweren Verletzungen erliegt.[633]
8. Juni · Weyer/NÖ: Bei Betonierungsarbeiten der »Vorlandbrücke Steyr« (B 121) an der Enns stürzt ein Teil der Brücke ein und begräbt unter sich fünf Bauarbeiter. Zwei Arbeiter werden getötet, drei schwer verletzt.[634]

Bruch- und Einsturzstelle an der Vorlandbrücke. Die Untersuchung ergab kein Verschulden der Bauleitung. Bild: GChr. Weyer

14. Juli · Gleisdorf/St: Auf dem örtlichen Friedhof findet ein Raubmord an dem 64jährigen Pensionisten Johann Janisch statt. Als Täter kann der 28jährige Gelegenheitsarbeiter Adolf B. ermittelt werden. Die Beute beträgt 30 Schilling. Der Täter wird zu lebenslanger Haft verurteilt.[635]
17. – 20. August · Döllach/K: Hochwasserkatastrophe in Kärnten. Der Zirnitzbach tritt

Blick gegen das Genossenschafts- und Gemeindehaus in Döllach. Bild GChr. Heiligenblut

Diese Aufnahme läßt das Ausmaß der Schäden in Huben erahnen.
Bild: GChr. Huben

über die Ufer und richtet in Döllach katastrophale Schäden an.[636]

20. August · Huben/T: Bei einer dreitägigen Hochwasserkatastrophe werden die Pfarrkirche und sieben Wohnhäuser zerstört. Weiters kommt es zu großen Wald- und Flurschäden. Brücken und mehrere Kilometer an Straßen werden weggerissen.[637]

30. September · Mayrhofen/T: Familientragödie: Ulla H. verabreicht ihrer Tochter eine Überdosis Tabletten, wodurch das Kind getötet wird. Der darauf anschließende Selbstmordversuch der Frau und ihres Gatten mit Tabletten scheitert, da beide rechtzeitig aufgefunden werden.[638]

25. Oktober · St. Stefan ob Leoben/St: Aufgrund einer Nachlässigkeit des Schrankenwärters Franz P. kommt es zum Zusammenstoß eines Autobusses und eines Güterzuges, bei dem sechs Personen getötet, elf schwer und 17 weitere leicht verletzt werden.[639]

8. November · Andorf/OÖ: Der 26jährige Handelsangestellte Johann Feichtinger wird von seinem Freund Karl Brückl mit einem Kleinkalibergewehr erschossen und anschließend ausgeraubt.[640]

12. Dezember · Willendorf am Steinfelde /NÖ: Der Kaufmann Josef St. wird von Arno Friedrich S. überfallen und mit einem Aschenbecher und einer Schere ermordet. Der Täter, dessen Beute ca. 2.500 Schilling beträgt, wird von Beamten des Gendarmeriepostens Willendorf ausgeforscht und in weiterer Folge zu lebenslangem Zuchthaus verurteilt.[641]

1967

17. Februar · Unterferlach/K: Ein Mannschaftswagen des Österreichischen Bundesheeres gerät auf der Waidischbachbrücke aufgrund der schneeglatten Fahrbahn ins Schleudern und stürzt in den Waidischbach. Dabei werden sechs Soldaten getötet.[642]

28. März · Guntramsdorf/NÖ: Unbekannte Täter sperren den beim Gasthaus »Zu den sieben Linden« geparkten Postkurswagen auf und stehlen daraus acht Geldsäcke mit einem Betrag von 1,160.700 Schilling.[643]

11. April · Köflach/St: 800 Bergknappen demonstrieren vor der örtlichen Bergdirektion gegen drohende Kündigungen und gegen den Verkauf der GKB (Graz-Köflacher-Eisenbahn- und Bergbaugesellschaft). Nur mit Mühe können die Gendarmeriebeamten des Gendarmeriepostens Köflach Ausschreitungen verhindern.[644]

7. Juni · Bad Waltersdorf/St: Die 39jährige, verwitwete Rosa Mazanek, Mutter von fünf Kindern, ermordet in Hohenbrugg aus Schande ihr neugeborenes Kind. Die Gendarmerie Waltersdorf erhält einen anonymen Brief, der letztlich zur Aufklärung führt.[645]

7. Juni · Hohenems/V: Ein 22jähriger Hilfsarbeiter wird in Hohenems wegen Wäschediebstahl verhaftet. Er hat bei insgesamt 365 Zugriffen Wäschestücke von der Leine gestohlen und einen Schaden von 70.000 Schilling verursacht.[646]

17. Juni · Rankweil/V: Der in Vorarlberg unter dem Namen »Fernseheinbrecher« gesuchte Gerhard F. wird von Gendarmeriebeamten auf frischer Tat betreten. Dabei muß ein Fluchtversuch des Täters durch einen Oberschenkelschuß verhindert werden. Dem Mann können über 70 Straftaten nachgewiesen werden.[647]

24. Juni · Matrei in Osttirol/T: Die für Osttirol wichtige Nord-Süd-Verbindung, die Felbertauernstraße, wird eröffnet.[648]

25. Juni · Porzescharte/T: Einige sogenannte »Südtirolaktivisten« sprengen auf der Porzescharte einen Hochspannungsmasten und legen zwei Tretminen. Fünf italienische Polizisten werden bei den anschließenden Erhebungen durch die Explosion der Minen getötet. Dieser Anschlag hat eine verstärkte Überwachung der österreichisch-italienischen Grenze zur Folge.[649]

29. Juli · Gries am Brenner/T: Auf der Brenner Bundesstraße B 182, Fraktion Klamm, fährt

25. Juni 1967; Besichtigung der Grenze Porzescharte durch den Bundesminister für Inneres, Dr. Hetzenauer. *Bild: GChr. Obertilliach*

ein alkoholisierter Lenker mit seinem Sattelkraftfahrzeug auf eine stehende Kolonne auf und zermalmt zwei Pkw zwischen sich und einem bereits stehendem Sattelkraftfahrzeug. Dabei werden drei Personen getötet und zwei schwer verletzt.[650]

23. September · Litzelsdorf/B: Ein Mann erschlägt aus Eifersucht seine Gattin mit einer Hacke. Der Täter wird zu acht Jahren Haft verurteilt.[651]

1. November · Kirchschlag in der Buckligen Welt/NÖ: Der örtliche Gendarmerieposten wird zum Hauptposten ernannt und mit einem Funkpatrouillenwagen ausgerüstet.[652]

Im Hintergrund ein gesprengter E-Mast auf der Porzescharte. In diesem Bereich werden am 2. Juli 1967 österr. Gendarmen von italienischen Grenzorganen beschossen. *Bild: GChr. Obertilliach*

GENDARMERIE-CHRONIK

Die mächtige Lawine wird zum Grab der ehemaligen Gemeindesekretärin von Berwang.
Bild: GChr. Bichlbach

1968

13. Jänner · Wartberg im Mürztal/St: Ein Lawinenabgang im Scheibsgraben fordert zwei Tote.[653]

15. Jänner · Mayrhofen/T: Eine Lawine verschüttet beim Magnesitwerk Tux zehn Arbeiter. Es können nur mehr acht Personen lebend geborgen werden. [654]

27. Jänner · Klösterle am Arlberg/V: Bei dem Abgang einer Naßschneelawine vom Bazigg wird die achtköpfige Familie Haller in ihrem Haus in »Danöfen« verschüttet. Alle Familienmitglieder kommen ums Leben.[655]

29. Jänner · Berwang/T: Aufgrund der starken Schneefälle entschlossen sich die örtlichen Schiliftbesitzer zu einer Lawinenabsprengung. Nachdem die Berwanger Landesstraße gesperrt wurde, erfolgte die Sprengung. Erika B., die sich trotz Kenntnis der Sprengung in den Gefahrenbereich begab, wird von der Lawine verschüttet und getötet.[656]

22. April · Mürzzuschlag/St: Die zwei Jugendlichen Axel M. und Ronald Sch. erschlagen jeweils in Raubabsicht einen 33jährigen und einen 57jährigen Mann aus Mürzzuschlag und verüben zusätzlich weitere Raubüberfälle. Sie werden zu 18 Jahren Haft verurteilt.[657]

27. April · Korneuburg/NÖ: Der »Teichmord« in Korneuburg; in der sogenannten »Laimer-Schottergrube« werden die in Jutesäcke verpackten Leichenteile eines Wiener Zuhälters aufgefunden. Als Täter werden von Gendarmeriebeamten ein 37jähriger und ein 39jähriger Wiener Zuhälter ausgeforscht und zu lebenslangem Kerker verurteilt.[658]

23. Mai · Michelhausen/NÖ: Da er einen Spielfilm nachahmen wollte, erschlägt der 13jährige Rudolf F. ein siebenjähriges Mädchen und deren vierjährigen Bruder mit einem Holzprügel. Danach sticht er noch mehrmals mit seinem Taschenmesser in die Oberkörper der Opfer.[659]

14. Juni · Lohnsburg am Kobernaußerwald/OÖ: Ein 61jähriger Hilfsarbeiter wird mit 41 Messerstichen ermordet und ausgeraubt. Die Beute beträgt 3.100 Schilling. Der 25jährige Anstreicher Walter G. kann als Täter ausgeforscht werden. Er wird zu 20 Jahren Haft verurteilt.[660]

14. Juni 1968; Lage des getöteten Hilfsarbeiters bei seiner Auffindung. *Bild: GChr. Waldzell*

8. Juli · Söchau/St: Der 48jährige Johann Pfingstl wird von dem 18jährigen Franz G. in einem Bachbett erschlagen und ausgeraubt. Die Beute beträgt insgesamt 300 Schilling. Der Täter wird zu 15 Jahren Haft verurteilt.[661]

10. Oktober · Hainzenberg/T: Auf der Gerlosbundesstraße stürzt ein belgischer Reisebus 18 Meter in die Tiefe und bleibt auf dem Dach liegen. Bei dem Unfall werden fünf Personen getötet und 21 zum Teil schwer verletzt. Unfallursache war die Unerfahrenheit des Lenkers.[662]

21. August · Marchegg/NÖ: Höchste Alarmbereitschaft herrscht für die Beamten des örtlichen Gendarmeriepostens beim Einmarsch der Truppen des Warschauer Paktes in die CSSR vor. An der Grenze kommt es jedoch nur zu einigen kleineren Zwischenfällen.[663]

13. September · Sollenau/NÖ: Ein Hilfsarbeiter erschießt aus Rache und aus Eifersucht drei Menschen. Der Täter nimmt die von ihm umworbene Frau als Geisel und flüchtet. Der Gendarmerie gelingt es die Geisel zu befreien und den Mann zu verhaften. Der Täter wird zu 20 Jahren Haft verurteilt.[664]

1. November · Aschach an der Donau/OÖ: Die in Oberösterreich wohl bekannteste Diensthündin »Billa vom steinernen Brückl« verstirbt, nachdem sie an mindestens 230 Verbrechens- und Rettungseinsätzen mitgewirkt hat. Für ihre Leistungen bekam die Hündin die Lebensretter-Medaille am Band verliehen.[665]

27. November · Rotholz/T: Ein italienischer Kraftwagenzug fährt trotz Warnblinkanlage in eine Garnitur der Zillertalbahn. Dabei werden zwei Personen getötet, 22 schwer und 24 leicht verletzt.[666]

Durch die Wucht des Anpralles werden in Rotholz einige Waggons aus dem Gleis geworfen.
Bild: GChr. Jenbach

1969

Knittelfeld/St: Am Spielberg wird die erste österreichische Rennstrecke, der sogenannte »Ö-Ring« für »Formel 1«-Rennen eröffnet. Nach zehnjähriger Pause und modernsten Umbauarbeiten wird die Strecke als »A 1-Ring« 1997 wieder eröffnet.[667]

20. Jänner · Frojach/St: Raubmord am 73jährigen Pensionisten Maximilian Perner durch Peter R. Der Täter, der sein Opfer mit einer Hacke erschlagen hat, täuscht einen Verkehrsunfall mit Fahrerflucht vor. Durch ausgezeichnete Vernehmungstechnik der Gendarmen in Scheifling kann dieser Fall geklärt werden.[668]

22. Februar · Kirchberg a. d. Raab/St: Der Hilfsarbeiter Johann M. ersticht im Streit in einem Gasthaus in Eichkögel den Hilfsarbeiter Heribert Triebl.[669]

23. März · Pabneukirchen/OÖ: Johann N. ermordet aus Eifersucht mit einem Bajonett seine Gattin Anna und verübt anschließend Selbstmord durch Erhängen. Bei der Suche nach dem Täter war die Gendarmerieschulabteilung Oberösterreich im Einsatz.[670]

12. April · Horn/NÖ: Konkurrenzneid ist der Grund für ein Sprengstoffattentat: Der Elektromeister Erwin Niemeck verbindet im Auto seines Konkurrenten Rudolf Kwasniok das Zündschloß mit fünf Kilogramm Donarit. Rudolf Kwasniok wird bei der Explosion getötet.[671]

26. April · Gmünd/NÖ: Der tschechoslowakische Grenzsoldat Zdenek Pechacez durchbricht mit einem Militärwagen zwei Grenzbal-

12. April 1969, Horn; durch die Explosion werden die gesamte Frontpartie und Teile des Fahrgastraumes weggerissen.
Bild: GChr. Horn

ken. Ihm wird nachgeschossen, wobei durch MP-Schüsse auch das österreichische Zollgebäude getroffen wird. Dem Flüchtling wird mit seiner Familie in Österreich Asyl gewährt.[672]

1. Mai · St. Stefan ob Stainz/St: In Lemsitz beißt ein von einem Wanderzirkus entwichener Pavian zwei Schulkinder, klettert in ein Haus, wo er 30 Eier, ein Kilogramm Honig, mehrere Wiener Schnitzel und Pudding verzehrt und schließlich den Hausbesitzer mehrmals in den Unterarm beißt. Nach einem Gendarmerieeinsatz kann der Nimmersatt eingefangen werden.[673]

6. Mai · St. Martin/Mühlkreis/OÖ: Nach einem heftigen Streit erschlägt im Wimpessingergut in Erdmannsdorf der Auszugsbauer Roman Obermüller seine um 20 Jahre jüngere Gattin mit einem Holzknüppel. Aufgrund dieses Vorfalles begeht sein Sohn eine Woche später Selbstmord. Der Bauer wird zu acht Jahren Gefängnis verurteilt.[674]

9. Mai · Köflach/St: Die englische Königin Elisabeth II. stattet mit ihrem Gefolge dem Lipizzanergestüt Piber einen Besuch ab.[675]

Die Königin mit Gefolge und viel Prominenz nach dem Besuch des Gestütes. *Bild: GChr. Köflach*

9. Oktober · Stams/T: Die 54jährige Aloisia Mair erschlägt in einem Anfall von Wahnsinn mit einer Hacke ihre beiden jüngsten Kinder Hermann und Maria Luise im Alter von acht und 13 Jahren. Die Frau wird nach einem mißglückten Selbstmordversuch in eine Nervenheilanstalt eingeliefert.[676]

3. November · Sautens/T: Eine Mutter ertränkt ihr neugeborenes Kind, verbrennt die Leiche zum Teil im Zimmerofen, zerstückelt die Reste und versteckt sie in ihrem Kasten.[677]

5. November · Hallein/S: Eine Explosion vernichtet den Großteil der Metallpulverfabrik MARX & Co. Dabei werden vier Personen tödlich und vier schwer verletzt. Nur durch den mutigen Einsatz eines Arbeiters kann eine Katastrophe verhindert werden.[678]

20. Dezember · Straß/St: Aufgrund des erstmals starken Weihnachtsverkehrs kommt es in Vogau zu einem Pkw-Rückstau von über 12 Kilometer und zu einer Wartezeit von über 17 Stunden. Erst- und letztmalig muß das Österreichische Bundesheer mit Panzern die Gendarmerie beim Verkehrsdienst unterstützen.[679]

1970

31. März · Rankweil/V: Der 14jährige Wilfried W. ersticht seinen 13 Jahre alten Cousin mit einem Küchenmesser, als er ihn bei einem Einbruch in die elterliche Wohnung überrascht.[680]

8. April · Wörgl/T: Um einen neuen Bauernhof übernehmen zu können, zündet ein 22jähriger Bauernsohn den Hof seines Vaters an. Er wird zu fünf Jahren Haft verurteilt.[681]

7. Juli · Mayrhofen/T: Im Stilluptal streift Reinhold Fuchs mit den Rotorblättern seines Hubschraubers ein Aufzugseil, wodurch der Hubschrauber aus einer Höhe von 20 Metern steuerungsunfähig zu Boden stürzt.[682]

23. Juli · St. Oswald ob Eibiswald/St: Die am Soboth sich im Bau befindliche Gaschitzbrücke der Bundesstraße 69, sie wird in völlig neuartiger Vorspann-Bauweise errichtet, kommt zum Einsturz. Dabei werden acht Arbeiter getötet. Ursache war der Riß eines Spannseils.[683]

8. August · Kumberg und Purgstall/St: Schwere Unwetter über Kumberg und Purgstall verwandeln unscheinbare Bäche in reißende Flüsse. Vier Pkw werden weggeschwemmt und an einer Brücke von den Hochwassermassen zerdrückt. Ein Lenker kann sich, sich an Bäume klammernd, ans Ufer retten. Der Sachschaden beträgt mehrere Millionen Schilling.[684]

27. September · Saalfelden am Steinernen Meer/S: Nach einem Schußwaffenattentat auf die Einsiedelei wird vorerst der Einsiedler Karl Kurz aufgrund seines Verhaltens selbst verdächtigt. Er verübte am 11. November 1970 Selbstmord. Erst sieben Jahre später kann von der Gendarmerie Saalfelden der 66jährige Frührentner Hermann Keil aus Maishofen als Täter ausgeforscht werden. Der geistig nicht Zurechnungsfähige will von Kurz betrogen worden sein und hat deshalb die Tat verübt.[685]

18. Oktober · Spital am Semmering/St: Nach einem Einbruch in die örtliche Raiffeisenkasse kann der Täter samt der aus dem Tresor entwendeten Beute in Zell am See/Salzburg gefaßt werden.[686]

18. Oktober · Imst/T: Peter Rungaldier ermordet seine Freundin, indem er ihr die Kehle durchschneidet. Neun Tage nach der Tat begeht der Mann durch einem Sprung aus dem Fenster seines bewachten Zimmers im siebten Stock des LKH Innsbruck Selbstmord.[687]

30. Oktober · Semmering/St: Beamte des Gendarmeriepostens Spital/S. können bei einer Patrouille auf der Paßhöhe Semmering drei Einbrecher verhaften. Sie werden der Täter-

7. Juli 1970; in diesen Trümmern kam der Pilot ums Leben.
Bild: GChr. Mayrhofen

ÖSTERREICH-CHRONIK

1971

25. April: Franz Jonas wird zum Bundespräsidenten wiedergewählt.

1972

1. Jänner: Die 42-Stunden-Woche wird eingeführt.
17. Jänner: Einführung der Mehrwertsteuer.
31. Jänner: Dem Schiidol Karl Schranz wird der Amateurstatus abgesprochen und er wird von den Olympischen Spielen in Sapporo ausgeschlossen. Der Ausschluß ruft einen erregten Volkszorn hervor. Bei seiner Rückkehr wird er in Wien von begeisterten Menschenmassen begrüßt und von Bundeskanzler Kreisky empfangen.
Februar: Beginn des Baues des Atomkraftwerkes Zwentendorf.
20. Mai: Der Regierungsentwurf für das geforderte Ortstafelgesetz für zweisprachige Orte ruft den Ortstafelkrieg in Kärnten hervor *(Siehe Beitrag im allgemeinen Teil).*

1973

1. Jänner: Unterzeichnung des Freihandelsabkommens mit der EWG.
1. Juli: Die Volljährigkeitsgrenze wird auf 19 Jahre herabgesetzt.

1974

14. Jänner: Ein autofreier Tag in der Woche wird verordnet.
6. März: Beschluß des Zivildienstgesetzes.
23. Juni: Rudolf Kirchschläger wird zum Bundespräsidenten gewählt.

1975

20./21. Mai: Der sowjetische und der amerikanische Außenminister, Andrej Grmyko und Henry Kissinger, treffen sich zu Gesprächen in Wien.
1. 2. Juni: Zusammenkunft von US-Präsident Henry Ford und dem ägyptischen Staatspräsident Sadat im Schloß Kleßheim in Salzburg zu Gesprächen über die Lage im Nahen Osten.
21. Juni: Die Scheitelstrecke der Tauernautobahn wird dem Verkehr freigegeben.
4. Oktober: Bei den Nationalratswahlen erhält die SPÖ wiederum die absolute Mehrheit. SPÖ-Alleinregierung unter Bruno Kreisky
21. Dezember: Blutiger Anschlag auf den Sitz der OPEC in Wien.

GENDARMERIE-CHRONIK

schaft von österreichweiten Einbrüchen überführt.[688]
15. November · Neumarkt in der Steiermark: In einem Gasthaus wird Rayonsinspektor Odilo Seisser vom örtlichen Gendarmerieposten vom Landarbeiter Albert P. mit einem Schrotgewehr erschossen. Das Motiv ist nicht bekannt. Der Täter wird zu 20 Jahren Haft verurteilt.[689]
24. Dezember · Langschwarza/NÖ: In einem Einfamilienhaus ermordet ein 16jähriger Jugendlicher die 68jährige Barbara Marksteiner und ihre 41jährige Tochter Walburga. Der Täter wollte mit der Tat seinen Eltern – die von den Mordopfern ein Haus auf Leibrente übernommen hatten – einen finanziellen Vorteil schaffen. Er wird zu zwölf Jahren Haft verurteilt und stirbt drei Monate nach der Haftentlassung.[690]
25. Dezember · Kindberg/St: Der jugendliche Gottfried L. ersticht im Zuge eines Familienstreites seinen als trunksüchtig und gewalttätig bekannten Vater Johann L.[691]

1971

11. Jänner · Kindberg/St: Der Hotelier Franz G. erschießt wegen hoher Verschuldung seine pflegebedürftige Gattin Maria und anschließend sich selbst.[692]
2. Februar · Stockerau/NÖ: Eine vierköpfige Bande, darunter eine Frau, treibt fünf Monate lang in der Umgebung von Wien, in Niederösterreich und Burgenland ihr Unwesen, indem sie in zahlreiche Geschäfte und Lagerhäuser einbrechen sowie mehrere Raubüberfälle durchführen. Zu den Einbrüchen näht die Frau die Gesichtsmasken. Bei einem Einbruch in die Prinz-Eugen-Kaserne in Stockerau gelingt es der Bande sogar Waffen und Munition zu erbeuten. Die Täter können von Gendarmen gefaßt und zu mehrjährigen Freiheitsstrafen verurteilt werden.[693]
15. Februar · Bruckneudorf/B: Der 15jährige Josef Zaumbach findet auf dem Truppenübungsplatz eine Panzerabwehrrakete Kaliber 90 mm und erleidet beim Versuch, diese zu zerlegen, durch die ausgelöste Explosion tödliche Splitterverletzungen. Die Erhebungen werden von der Gendarmerie Parndorf durchgeführt.[694]

Der Jugendliche beim Lokalaugenschein in Langschwarza. *Bild: GChr. Schrems*

1. Mai 1971, Riegersdorf; ungemein schwierige Bergung der Toten und Verletzten aus den total zertrümmerten Waggons.
Bild: GChr. Riegersdorf

GENDARMERIE-CHRONIK

17. Februar · Leonding/OÖ: Raubüberfall auf ein örtliches Geldinstitut; der Filialleiter zieht anstelle der geforderten Banknoten eine Pistole und schlägt den Täter mit einem Warnschuß in die Flucht.[695]

8. März · Eichberg-Trautenburg/St: Die 71jährige Pensionistin Anna Strauß wird in Kranach vom 20jährigen teilentmündigten Landwirtsohn Eduard K. mit einer Heugabel erstochen. Die Gendarmerie Leutschach konnte das Tatmotiv nicht klären. Der Täter wird zu lebenslanger Freiheitsstrafe verurteilt. Er erhängt sich drei Jahre nach der Tat in der Haft.[696]

17. März · Weiz/St: Der Versuch des Landwirtes Franz Harrer aus Ponigl seine Gattin mit einem Messer zu erstechen, scheitert daran, daß die Klinge des Messers noch vor der Durchführung der Tat abbricht. Der Täter wird in das Landessonderkrankenhaus Graz eingewiesen.[697]

5. April · Mieming/T: Nach einer Zechtour ermordet der 40jährige Korbflechter Alois G. im Streit den 39jährige Eduard Winkler, indem er diesem die Kehle durchschneidet. Der Mörder wird zu lebenslanger Kerkerstrafe verurteilt.[698]

1. Mai · Riegersdorf/K: Der verspätet aus Italien kommende Expreßzug 508 fährt im Bahnhof Fürnitz, Gemeinde Finkenstein, auf einen stehenden Güterzug auf. Beim Unfall werden acht Menschen getötet und 28 verletzt. Der Sachschaden beträgt rund 20 Mill. Schilling. Unfallsursache war menschliches Versagen.[699]

4. Mai · Eberndorf/K: Ortstafelkonflikt; in der Nacht haben Extremisten die Ortstafeln und Häuser der Ortschaft mit Parolen beschmiert und Flugzettel mit dem Wortlaut »Faschistisches Ungeziefer – Fasistinca Galazen – Heimatdienst« verteilt.[700]

26. Mai · Muhr/S: Die 26jährige Kellnerin Erna Schiefer wird im Gasthaus »Mesnerwirt« von ihrem ehemaligen 28jährigen Freund Martin H. aus Eifersucht erschossen. Der Täter wird von Gendarmen aus St. Michael auf einer Alm in Tweng ausgeforscht und verhaftet. Er wird zu 18 Jahren Freiheitsstrafe verurteilt.[701]

Schwarzer Lack und Schablone wurden zu dieser »Aktion« verwendet. *Bild: GChr. Eberndorf*

1. September · Mehrnbach/OÖ: Nach einem Raubüberfall auf die örtliche Raiffeisenkasse schießt der Täter Rudolf Wenzel während der Verfolgungsjagd einen MRV-Beamten an. Der Bankräuber kann schließlich nach einem Feuergefecht von Beamten der Gendarmerie Ried/I. gestellt werden.[702]

16. September · Nauders/T: Zwei italienische Staatsangehörige rauben unter Gewaltanwendung einen Tankwart aus und flüchten nach der Tat mit einem Betrag von 5.300 Schilling. Die Täter können ausgeforscht werden.[703]

7. November · St. Veit am Vogau/St: Bei einem Verkehrsunfall eines Pkw mit einem Kleinbus in Rabenhof werden acht Menschen getötet. Es handelt sich bis zu diesem Zeitpunkt um den schwersten Verkehrsunfall der Nachkriegszeit in Österreich.[704]

In diesem Wrack starben acht Menschen.
Bild: GChr. Straß/Stmk.

21. Dezember 1971; durch die Wucht des Anpralles wurde der Triebwagen aus den Schienen geworfen.
Bild: GChr. Lieboch

21. Dezember · Schadendorf/St: Im dichten Nebel kommt es zu einem schweren Zugsunglück: Ein GKB-Zug rammt einen Lkw. Insgesamt registrieren die Gendarmen aus Lieboch zwei Tote und 39 Verletzte.[705]

22. Dezember · Steinerkirchen an der Traun/OÖ: Der 24jährige Leopold W. tötet seinen 2jährigen Sohn Herbert indem er ihn mit Benzin übergießt und anzündet, anschließend begeht der Vater Selbstmord.[706]

26. Dezember · Kössen/T: Aus Eifersucht dringt ein Mann in die Wohnung seiner ehemaligen Freundin ein, sticht mit zwei Messern zwölfmal auf sie ein und versucht sie vom Balkon zu werfen.[707]

1972

7. Februar · Mantrach bei Großklein/St: Christine M. erschlägt im Schlafzimmer mit einer Hacke durch mehrere Hiebe ihren Gatten August. Die Frau wird wegen Totschlags zu sechs Jahren schweren Kerker verurteilt.[708]

19. Februar · Kritzendorf/NÖ: Der bereits wegen Einbruchsdiebstähle mehrmals einschlägig vorbestrafte Walter Karas wird von Beamten des Gendarmeriepostens Kritzendorf in einem Zelt im Wald ausgeforscht, verhaftet und weiterer Einbruchsdiebstähle überführt.[709]

1. Mai · Stuben/T: Durch Brandstiftung wird ein Großteil des Ortskernes mit Häusern aus dem 13. und 15. Jahrhundert vernichtet. Die Tat bleibt unaufgeklärt.[710]

2. Mai · Drasenhofen/NÖ: Der sich auf österreichischem Staatsgebiet befindende Jaromir Masaryk wird beim örtlichen Grenzübergang von tschechischen Grenzorganen angelockt, flüchtet jedoch vor der Festnahme, wird daraufhin beschossen und verletzt von Österreich in die CSSR verschleppt. Im Spätherbst 1972 kann Masaryk von der CSSR nach Südafrika ausreisen.[711]

21. Mai · Bad Tatzmannsdorf/B: Unmittelbar nach der Geburt tötet eine 17jährige Kellnerin ihren gesunden Knaben mit einem Messer. Die Frau wird zu drei Jahren Arrest verurteilt.[712]

19. Juli · Krems/NÖ: Ein Lkw des Österreichischen Bundesheeres stürzt auf einem Güterweg bei der Schwarzalm über eine drei Meter hohe Böschung. Bei dem Unfall werden drei Präsenzdiener getötet.[713]

25. Oktober · Attendorfberg/St: Auf eine 110-kV-Starkstromleitung der STEWEAG wird ein Sprengstoffanschlag verübt. Dabei stürzt ein 27 Meter hoher Stahlgittermast um. Täter und Motiv bleiben unbekannt.[714]

Kalorisches Kraftwerk Dürnrohr. *Bild: EVN*

3. November · Brunn am Gebirge/NÖ: Beamte des örtlichen Gendarmeriepostens können bei einer Kontrolle den Mörder an der 52jährigen Erika Heil aus Wien XII. und Ausüber mehrerer Einbruchsdiebstähle festnehmen. Der Täter wird zu lebenslanger Haft verurteilt.[715]

24. November · Wolfsberg/K: Bei der Eisenbahnkreuzung Auenfischeerstraße/St. Stefaner Landesstraße kommt es wegen Unachtsamkeit des Lkw-Lenkers Johann B. zu einem Zusammenstoß mit einem Triebwagenzug. Mehrere Waggons entgleisten, insgesamt werden zwanzig Personen verletzt.[716]

27. November · Prambachkirchen/OÖ: Anton Paar aus Stallberg wird von seinem Untermieter Alois M. bewußtlos geschlagen und danach im nahegelegenen Wald an einem Baum aufgehängt. Der Täter wird zu 20 Jahren Kerker verurteilt.[717]

1972 bis 1985 Zwentendorf/NÖ: Mit dem Bau des Wasserkraftwerkes Altenwörth, des kalorischen Kraftwerks Dürnrohr und des größten europäischen Umspannwerks in Dürnrohr entsteht innerhalb von 13 Jahren in einem konzentrierten Raum eines der größten Energieversorgungszentren Österreichs. Das bereits geplante Kernkraftwerk in Zwentendorf wird jedoch aufgrund einer Volksabstimmung nie in Betrieb genommen.[718]

Kernkraftwerk Zwentendorf. *Bild: EVN*

1973

18. Jänner · Mitterdorf im Mürztal/St: Lilli P. vergiftet ihre Nebenbuhlerin Jelisabeta C. durch Blausäure, indem sie die Säure in eine Weinflasche mengte.[719]

17. Februar · Raaba/St: Die 46jährige Hausfrau Helene R. aus Dürwagersbach tötet in einem Wahnsinnsanfall ihre beiden Kinder im Alter von fünf und zwölf Jahren. Sie schneidet den Kindern mit einem Küchenmesser die Kehle durch. Anschließend erhängt sich die Frau.[720]

25. Februar · Pernersdorf/NÖ: Raubmord an dem 64jährigen Landwirt Johann Obrecht. Bei den umfangreichen Erhebungen können als Täter die Marktfahrer Franz Zach und Franz Grüneis ausgeforscht werden.[721]

7. März · Ravelsbach/NÖ: Nach richterlicher Aufforderung wird Franz B. in Zemling verhaftet. Er steht im Verdacht, Rattengift in das Frühstücksgetränk seiner Tochter gemischt zu haben.[722]

10. März · Fieberbrunn/T: Eine Frau erschlägt nach mehrjährigem Familienstreit ihren Schwiegersohn mit einem Hammer. Sie wird wegen Totschlag verurteilt.[723]

13. Mai · Würnitz/NÖ: Josef K. ermordet den Freund seiner Gattin Horst F. aus Eifersucht. Er erschießt ihn mit einer Pistole auf offener Straße. Josef K. wird durch Beamte des Gendarmeriepostens Harmannsdorf verhaftet und zu 15 Jahren Haft verurteilt.[724]

30. Mai · St. Radegund bei Graz/St: Bei Bauarbeiten an der Volksschule werden Sprengungen durchgeführt. Dadurch kommt es zum Einsturz der Schule, wobei der Gastarbeiter Marjan Rajic begraben und tödlich verletzt wird.[725]

25. Juni · Flachau/S: Der von Franz Kreiner gelenkte Pkw kommt von der Fahrbahn ab und stürzt in die hochwasserführende Enns. Dabei ertrinken vier Personen.[726]

26. Juni · Altlengbach/NÖ: Der aufgrund mehrfachen Mordes gesuchte Ernst Dostal wird bei einer Großfahndung in Altlengbach erschossen. Im Laufe dieser Fahndung hattte der Täter zwei Gendarmeriebeamte niedergeschossen, von denen GrInsp Pücher seitdem querschnittgelähmt ist.[727]

6. Juli · Feldkirch/V: Die alte denkmalgeschützte Stadthalle gerät durch einen Blitzschlag in den Spitzturm in Brand und wird völlig vernichtet. Bei den Löscharbeiten werden sechs Feuerwehrleute zum Teil schwer verletzt. Es entsteht ein Sachschaden von 20 Millionen Schilling.[728]

6. Juli 1973; die Spitztürme der Stadthalle im Vollbrand. *Bild: GChr. Feldkirch*

18. Juli 1973; der Brand brachte höchste Gefahr für den ganzen Ort. *Bild: GChr. Großarl*

18. Juli · Großarl/S: Brandkatastrophe in Großarl, bei der fünf Häuser schwer beschädigt bzw. eingeäschert werden. Es entsteht ein Schaden von rund 6,3 Mill. Schilling.[729]

26. Juli · Mödling/NÖ: Bewaffneter Raubüberfall auf die Zentralsparkasse. Der Täter, ein 25jähriger Arbeitsloser, schießt zwei Bankangestellte nieder und verletzt sie schwer. Der Räuber flüchtet ohne Beute, kann jedoch aufgrund der Bilder einer Überwachungskamera ausgeforscht werden.[730]

9. August · Allerheiligen bei Wildon/St: Aus Eifersucht schießt der 23jährige Josef G. mit einem Trommelrevolver dem 17jährigen Karl K. in die Brust. Das Opfer überlebt schwer verletzt die Tat. Der Täter wird von Gendarmen aus Heiligenkreuz verhaftet.[731]

9. September · Weitra/NÖ: Während eines Rundfluges im Zuge des St. Martiner Volksfestes stürzt das Flugzeug auf ein landwirtschaftliches Anwesen in Schöllbüchel, wobei Fluggast und Pilot schwer verletzt werden.[732]

10. September · Karlstein an der Thaya/NÖ: In Hohenwarth erdrosselt Johann B. mit einem Strick seine schlafende 24jährige Gattin. Anschließend ertränkt er seine sechs Wochen alte Tochter. Das Urteil lautet lebenslänglich.[733]

28. September · Marchegg/NÖ: Zwei palästinensische Terroristen bringen am örtlichen Bahnhof einen Zöllner und drei jüdische Emigranten als Geiseln in ihre Gewalt, eröffnen am Bahnhof gegen einen CSSR-Zugführer und einen Gendarmen das Feuer, erzwingen in der Folge ein Fluchtfahrzeug mit dem sie nach Wien gelangen, von wo sie mit einem Sportflugzeug ausgeflogen werden. Der CSSR-Zugführer wird verletzt. Dank der Umsicht der eingesetzten Gendarmerie kommt es aber zu keiner weiteren Eskalation.[734]

29. September · Braunau am Inn/OÖ: Der 23jährige M. D. tötet seine Freundin mit 120 Messerstichen und verscharrt die Leiche im Wald. Er kann mit Zusammenarbeit der Beamten des Gendarmeriepostens Braunau ausgeforscht und festgenommen werden. Urteil: lebenslänglich.

4. November · Enzersfeld/NÖ: Während eines Streites erschlägt ein 33jähriger Mann seine 28jährige Verlobte und läßt sie nach der Tat im Straßengraben liegen. Er wird später von Beamten des Gendarmeriepostens Hagenbrunn ausgeforscht und verhaftet.[735]

29. November · Tobaj/B: In Punitz erschlägt Eduard Pneiszl im Zuge eines Streites seine im gemeinsamen Haushalt lebende Gattin mit einer Axt. Der Täter wird von Beamten des Gendarmeriepostens St. Michael im Burgenland ausgeforscht und zu 18 Jahren schweren Kerker verurteilt.[736]

5. Dezember · Kammern im Liesingtal/St: Mit einer Pistole bewaffnet überfällt Hermann L. die örtliche Raiffeisenbank und erbeutet 400.000 Schilling. Der Täter wird von Gendarmen aus Mautern ausgeforscht und zu sechs Jahren Haft verurteilt.[737]

12. Dezember · Gratkorn/St: Den Beamten vom Gendarmerieposten Gratkorn gelingt die Festnahme des Mörders Karl Otto H., der die französische Aushilfslehrerin Catherine Bonteiller ermordet hat.[738]

1974

25. Jänner · Veitsch/St: Nach Streit mit dem Altbauer ermordet in einem Einfamilienhaus ein 48jähriger Forstarbeiter die 66jährigen Bauernsleute Josef und Justine Schabelreiter. Anschließend legt er Feuer und erhängt sich.[739]

3. Jänner · Bramberg/S: Einbruchsdiebstahl im örtlichen Gendarmerieposten. Zwei junge Burschen aus Bramberg erbeuten alle Dienstwaf-

Die Unglücksstelle im Ortsteil Omes.
Bild: GChr. Axams

fen samt Munition und schießen bei der Verfolgung auf RayInsp Scheiterbauer. Die Täter stellen sich nach einer Großfahndung selbst.[740]

13. Jänner · Ternberg/OÖ: Auf der Eisenstraße B 115 schießt Konrad Schwarzlmüller mit einer Pistole auf den Lenker eines ihn überholenden Pkw und fügt dabei einer mitfahrenden Person einen lebensgefährlichen Bauchschuß zu.[741]

6. März · Völkermarkt/K: Aus Eifersucht ermordet Paul J. aus Haimburg, Dürrenmoos 13, seine 17jährige Freundin durch mehrere Messerstiche. Der Täter begeht anschließend Selbstmord durch Erhängen.[742]

22. März · Axams/T: Kurz nach dem Start in Innsbruck stürzt ein Motorflugzeug aus unbekannter Ursache ab. Dabei kommen vier Menschen ums Leben.[743]

5. April · Krems/NÖ: Nachdem zwei Männer aus der Wiener Unterwelt bei einem Einbruch in das Radiogeschäft Novotny auf frischer Tat ertappt worden sind, kommt es mit den einschreitenden Gendarmeriebeamten zu einem Schußwechsel, bei dem jedoch niemand verletzt wird. Einer der Täter kann noch an Ort und Stelle verhaftet werden.[743]

12. April · Altenmarkt an der Triesting/NÖ: Der 23jährige Franz Stockreiter erschlägt seine Geliebte Leopoldine Reischer und deren Mutter Franziska Reischer mit einem Weidezaunpflock. Er wird von Gendarmeriebeamten aus Weissenbach festgenommen und erhielt lebenslange Haft.[744]

21. Mai · Natternbach/OÖ: Ernst St. soll wegen mehrerer Einbruchsdiebstähle verhaftet werden. Im Zuge der Erhebungen begeht er zwei Mordversuche an Gendarmeriebeamten aus Neukirchen/W. Der verdächtigte Mann begeht in der Folge Selbstmord.[745]

21. Mai · Natternbach/OÖ: BezInsp Josef Schano und BezInsp Friedrich Almesberger werden beim Einschreiten gegen einen vorerst unbekannten Einbrecher durch Schüsse aus einer Pistole lebensgefährlich verletzt. [746]

2. Juni · Laab im Walde/NÖ: Streit um einen Parkplatz vor der »Kukuruz-Bar«; im Zuge der Auseinandersetzung zieht einer der Männer eine Schreckschußpistole. Der andere Mann reißt daraufhin einen Colt heraus und schießt seinen Kontrahenten nieder. Dieser stirbt an seinen schweren Verletzungen. Es wird Notwehr anerkannt.[747]

29. Juli · Taxenbach/S: Schweres Unglück in der Kitzlochklamm: Aufgrund des schlechten Zustands der Stegbauten bricht eine Brücke und eine Schülergruppe stürzt in die Klamm. Bei der Tragödie kommen acht Mädchen aus Limburg an der Lahn im Alter von zehn bis 13 Jahren ums Leben. 16 weitere Mädchen und die drei Begleitpersonen werden zum Teil schwer verletzt.[748]

Von dieser Brücke aus stürzten die Kinder in die Tiefe. *Bild: GChr. Taxenbach*

19. August · Sattledt/OÖ: Aufgrund eines Lenkdefektes kommt in Maidorf ein Panzer von der B 138 ab, überrollt eine Zugmaschine und prallt gegen ein Haus. Der Unfall fordert ein Todesopfer und drei Verletzte.[749]

9. September · Wald am Schoberpaß/St: Der bis dahin größte Verkehrsunfall Österreichs ereignet sich auf der sogenannten Gastarbeiterroute, der B 113. Dabei verunglücken zehn Menschen tödlich.[750]

Ein Bild des Grauens bot sich den Rettern bei diesem tragischen Unfall.
Bild: GChr. Wald am Schoberpaß

1975

Knittelfeld/St: Innerhalb eines Jahres ereignen sich drei Raubmorde. Einer davon, der Raubmord an einem Briefträger, bleibt unaufgeklärt, da der Tatverdächtige bei der Schwurgerichtsverhandlung im Zweifel freigesprochen wird.[752]

Jänner · Neumarkt a. W./S: Über ein Jahr von Jänner 1974 bis Jänner 1975 sind zahlreiche Firmeneinbrüche zu verzeichnen. Nach Vorpaßhaltung durch die Gendarmen aus Neumarkt kann Peter W. als Täter verhaftet werden.[753]

22. Jänner · Steinach am Brenner/T: In Kranebitten kann beinahe eine Tonne Suchtgift mit einem Schleichhandelswert von 60 Millionen Schilling von der Gendarmerie Steinach und der Zollfahndung sichergestellt und beschlagnahmt werden. Das Suchtgift hätte von dem deutschen Staatsangehörigen Gerhard J. und anderen mit einem Klein-Lkw von Graz nach Deutschland gebracht werden sollen.[754]

6. Februar · Kundl/T: Nach einem Mordversuch, Erpressung, Entführung, Diebstahl und anderer Delikte kann Walter Knabl von den Gendarmeriebeamten nur durch Waffeneinsatz verhaftet werden. Der Mann hatte eine Maschinenpistole gestohlen und wollte de-

6. April 1975, Ramingstein; ein Bild der Verwüstung bot sich den Rettern. *Bild: GChr. Ramingstein*

GENDARMERIE-CHRONIK

Schnappschuß eines Wanderers, im Bild noch zu sehen die Touristen, kurz bevor sie von der Lawine getötet werden.
Bild: GChr. Grän

monstrieren, welche Macht er damit ausüben kann.[755]

6. April · Ramingstein/S: Durch einen Murenabgang im Mislitzgraben wird das Haus von Erwin Trattner vollständig zerstört. Dabei kommen elf Personen ums Leben.[756]

7. April · Döbriach/K: Das Wohnhaus Römerstraße 49 wird durch eine mächtige Erdmure zerstört. Dabei kommen die Hausbesitzerin und deren Schwägerin mit ihrem vierjährigen Kind ums Leben.[757]

2. Mai · Kirchberg in Tirol: Der 78jährige Rentner Josef Hochkogler wird nach einem Kartenspiel vom 19jährigen Friseurgehilfen Peter B. mit fünf Messerstichen ermordet und um 7.000 Schilling beraubt.[758]

9. Mai · Tannheim/T: Bei einem Lawinenabgang vom Geierköpfle in den Vilsalpsee werden fünf deutsche Touristen getötet. Die Opfer hatten die Wegsperren und die Lawinenwarntafeln mißachtet.[759]

16. Mai · Gmünd/K: Auf der im Bau befindlichen A 10 stürzt beim Brückenbau über den Lieserfluß ein 260 Tonnen schwerer Schalwagen mit 12 Arbeitern in die Tiefe. Zehn Arbeiter kommen ums Leben.[760]

2. Juni · Fuschl am See/S: Im Schloß Fuschl findet ein Gipfeltreffen zwischen dem ägyptischen Präsidenten Anwar Sadat und dem amerikanischen Präsidenten Henry Ford statt. Dabei sind über 100 Gendarmeriebeamte im Einsatz.[761]

6. Juni · Wattens/T: Der bereits wegen Mordes vorbestrafte Wattener Hermann M. überfällt den örtlichen Gendarmerieposten. Bei dem anschließenden Schußwechsel wird ein Gendarmeriebeamter durch einen Bauchschuß und der Täter durch einen Leberschuß verletzt. Bei der anschließenden Flucht schießt der Täter auf einen Passanten und verletzt ihn schwer. In weiterer Folge erschießt er ein Brüderpaar. Danach richtet der Täter die Waffe gegen sich und erschießt sich schlußendlich selbst.[762]

8. Juni · Kremsmünster/OÖ: Der 16jährige Schüler Christian B. würgt die 36jährige Lehrerin Sieglinde Wenzel bis zur Bewußtlosigkeit, vergeht sich an der Wehrlosen und erdrosselt sie anschließend um zu verhindern, daß sie gegen ihn Anzeige erstattet.[763]

1. August · Gars am Kamp/NÖ: Die Industriemühle Josef Schönbichlers wird durch einen Großbrand – ausgelöst durch einen heißgelaufenen Walzstuhl – gänzlich vernichtet.[764]

28. August · Altmünster/OÖ: Bei der Suche nach jugendlichen Räubern werden RevInsp Franz Rumesberger und ein 14jähriger Schüler von zwei 16jährigen Straftätern als Geiseln nach Wien entführt und dort wieder freigelassen.[765]

Den 50-Meter-Absturz überleben wie durch ein Wunder zwei Bauarbeiter.
Bild: GChr. Gmünd

16. Oktober · Scheffau am Wilden Kaiser/T: Der 23jährige Jungbauer und Feuerwehrmann Michael S. wird als Brandleger von insgesamt acht Bauernhöfen ausgeforscht. Die Schadenssumme beträgt sechs Millionen Schilling. Der Täter wird für fünf Jahre in eine Sonderanstalt eingewiesen.[766]

Eines seiner Anschlagsziele, das Anwesen »Unterniering« am 20. Juni 1975 im Vollbrand.
Bild: GChr. Söll

6. Dezember · Ungerdorf/St: In einem Waldstück in Frankenberg wird der 75jährige Landstreicher Heinrich Lex ausgeraubt und ermordet. Erst das Geständnis des 23jährigen sich zur Tatzeit auf Hafturlaub befindlichen Alois S. klärt den Fall auf.[767]

1976

3. Jänner · Zams/T: Der 59jährige Kaufmann Hermann Wiestner wird von drei türkischen Gastarbeitern durch Schläge auf den Kopf und Durchschneiden der Kehle ermordet. Die Mörder rauben 5.000 Schilling. Die Täter werden zu lebenslanger Haft verurteilt.[768]

6. Jänner · Puchberg am Schneeberg/NÖ: Aufgrund außergewöhnlich starker Sturmböen werden in den örtlichen Forstgebieten insgesamt 700.000 Festmeter Holz gerissen.[769]

14. Jänner · Steinerkirchen an der Traun/OÖ: Nachdem er vom 30jährigen Josef St. angestiftet worden ist, erschießt der 22jährige Gerhard Sch. in Almegg die 76jährige Franziska Aichinger und raubt ihr 2.200 Schilling. Die Täter werden von der Gendarmerie ausgeforscht und zu langjährigen Haftstrafen verurteilt.[770]

30. Jänner · Obertauern/S: Bei einem Lawinenunglück im Bereich des sogenannten Fuchsloches werden fünf Schifahrer – alle aus Troifach in der Steiermark – verschüttet. Trotz eines Riesenaufgebotes an Gendarmeriebeamten und anderen Rettungsmannschaften kann von den fünf Verunglückten nur noch einer lebend geborgen werden.[771]

3. Februar · Judenburg/St: Auf der Triester Bundesstraße (heute B 96) kommt es westlich von Judenburg bei einem Frontalzusammen-

ÖSTERREICH-CHRONIK

1976

4. Februar: Eröffnung der XII.Olympischen Winterspiele in Innsbruck.
6. Mai: Das Erdbeben in Friaul ist auch in Österreich spürbar.
1. August: Einsturz der Wiener Reichsbrücke.

1977

31. Mai: Der Verteidigungsminister Karl Lütgendorf legt sein Amt nieder. Im Zusammenhang mit der Munitionslieferung an das kriegführende Lybien und der damit verbundenen Neutralitätsverletzung wird ihm vorgeworfen, er habe den Bundeskanzler ungenügend informiert.

1978

11. Februar: Auf Vermittlung Bruno Kreiskys treffen sich der ägyptische Staatspräsident Sadat und der israelische Oppositionsführer Shimon Peres im Schloß Kleßheim zu einem Gespräch. Am 7. Juli besucht Sadat Österreich ein zweites Mal.
30. März: Kreisky fährt zu Wirtschaftsgesprächen in die DDR. Es ist der erste Besuch eines westlichen Regierungschefs in der DDR.
5. November: Die Volksabstimmung entscheidet gegen das Atomkraftwerk Zwentendorf.
1. Dezember: Eröffnung des Arlbergtunnels.

1979

27. April: Ein Bombenanschlag auf ein Gebäude der israelitischen Kultusgemeinschaft verursacht erheblichen Sachschaden.
6. Mai: Die SPÖ gewinnt bei den Nationalratswahlen. Die Regierung bleibt unter Bruno Kreisky unverändert.
18. Juni: Die USA und die Sowjetunion unterzeichnen in Wien das SALT-II-Abkommen (Rüstungsbegrenzung)
7./8. Juli: Der PLO Chef Jassir Arafat nimmt an der von der Sozialistischen Internationalen veranstalteten Konferenz über die Lage im Nahen Osten teil.
20. August: In Wien findet die bisher größte UN-Konferenz statt. Eröffnung der UNO-City.

1980

12. März: Offizielle Anerkennung der PLO-Vertretung in Wien.
18. Mai: Rudolf Kirchschläger wird zum Bundespräsidenten gewählt.
10. – 13. November: Der Staatsvorsitzende der DDR Erich Honegger besucht Österreich. Es ist der erste offizielle Besuch eines DDR-Staatschefs in Wien.

1981

1. Jänner: Rücktritt des Finanzministers Johannes Androsch im Zusammenhang mit den Verflechtungen der Schmiergeldaffäre beim Bau des Wiener Allgemeinen Krankenhauses und seiner Steuerberatungsfirma Consulta.
5. Juni: Die »Walgauautobahn« wird eröffnet.
29. August: Blutiger Terroranschlag von Arabern auf die Synagoge in Wien. Die aufgespürten Täter bekennen, auch den Mord am Wiener Stadtrat Heinz Nittl am 1. Mai begangen zu haben.
5. Dezember: Kreisky stattet den Golf-Staaten einen offiziellen Besuch ab, bei dem auch die PLO-Frage zur Sprache kommt. Auf seiner Rückreise trifft er in Abu Dhabi mit Arafat zusammen.

1982

10. März: Der lybische Revolutionsführer Gaddhafi besucht auf Einladung Wien. Versuch einer Annäherung an Europa.
19. April: Ungeklärte Bombenanschläge auf drei französische Einrichtungen in Wien: Büro der Air France, Französische Botschaft und das Büro des Militärattaches.
16. Juni: Staatsbesuch des französischen Staatspräsidenten François Mitterand in Wien.
29. November: Die Außenringautobahn von Wien wird dem Verkehr freigegeben.

1983

22. – 24. Februar: Schibob-Weltmeisterschaften in Innerkrems in Kärnten.
24. April: Bei den Nationalratswahlen verliert die SPÖ die absolute Mehrheit, Kreisky tritt daraufhin zurück. Bundeskanzler wird Fred Sinowatz, der eine Kaolition mit der FPÖ eingeht.
10. September: Besuch des Papstes Johannes Paul II. in Österreich.

1985

2. Jänner: Der Verwaltungsgerichtshof verfügt den Baustopp für das Kraftwerk Hainburg.
17. – 27. Jänner: Nordische Schi-WM in Seefeld, Tirol.
24. Jänner: Der ehemalige SS-Major Walter Reder wird aus der Haft in Italien entlassen. Die persönliche Begrüßung durch den Verteidigungsminister Friedhelm Frischenschlager hat eine Regierungskrise und dessen Rücktritt zur Folge.
26. Jänner: Das Exekutivkomitee des jüdischen Weltkongresses tagt erstmals nach dem Zweiten Weltkrieg in Wien.
4. Februar: Blockade der Schweizer Grenzübergänge durch schweizerische LKW-Fahrer als Reaktion auf die Maßnahmen der anderen Staaten gegen die neue schweizerische Schwerverkehrsabgabe.
28. Februar: Attentat auf den früheren lybischen Botschafter in Österreich und Gaddhafi Kritiker, Ezedin Al Ghadamsi, in Wien.
30. März: Ca. 200 Mitarbeiter der VÖEST Werke Austria-Draht Ferlach in Kärnten besetzen die Loiblpaßstraße, um auf die Gefährdung der Arbeitsplätze hinzuweisen.
24. April: Aufdeckung des Weinskandales. 2 Millionen Liter mit Diäthylenglykol versetztem Wein werden in der Folge beschlagnahmt; heftige politische Auseinandersetzungen um ein verschärftes Weingesetz.
1. Mai: Einführung des Kfz-Pickerls.
11. Mai: Aufstellung von amtlichen Ortstafeln mit kroatischer Bezeichnung in 9 burgenländischen Gemeinden.
15. Mai: 30 Jahre Staatsvertrag: Im Schloß Belvedere finden sich die 4 Außenminister der ehemaligen Besatzungsmächte und Vertreter der 7 Nachbarstaaten zu einem Festakt ein.
21. Mai: Vertragsunterzeichnung zum Ankauf von 24 schwedischen Abfang-jägern des Typs Draken. Die beiden »Antidrakenvolksbegehren« werden vom Nationalrat abgelehnt.
23. Juni: An der jugoslawischen Grenze wird einige Meter auf österreichischem Gebiet der tschechische Flüchtling Vladimir Zidek erschossen aufgefunden.
16. Juli: Freigabe des 2978 m langen Ambergtunnels der Voralberger Rheintalautobahn für den Verkehr.
6. – 9. Juli: Hochwasserkatastrophe fordert in Österreich 10 Tote.
8. September: Bei Pastoralbesuch von Papst Johannes Paul II. in Liechtenstein unterstützen 80 uniformierte österreichische Gendarmen und Kriminalpolizisten in Zivil die liechtensteinischen Sicherheitsorgane.
25. September: Bombenexplosion vor der Ungarischen Central-, Wechsel- und Creditbank auf der Kärntnerstraße in Wien, 11 Menschen werden verletzt.
15. Dezember: Sprengstoffanschlag auf ein Haus der Israelitischen Kultusgemeinschaft in Wien, Sachschaden.
18. Dezember: Die am 22. Nov. dem Verkehr übergebene Trasse der Südautobahn bei Pinkafeld stürzt in der Länge von 150 Metern 15 Meter tief ab.
27. Dezember: Palästinensischer Terroranschlag am Flughafen Wien-Schwechat auf den Abfertigungsschalter der israelischen Fluglinie EL AL.

1986

16. Jänner: 50.000 Menschen demonstrieren in Linz und Leoben gegen die (Teil-)Privatisierungspläne der Voest-Alpine.
3. März: Ein Versicherungsbetrug in der Höhe von 151 Millionen öS an der Bundesländer Versicherung wird aufgedeckt.
26. Mai – 7. Juni: Umfangreiche Vorsichtsmaßnahmen als Reaktion auf den Atomreaktorunfall in Tschernobyl (Ukraine) werden eingeleitet. Das Atomkraftwerk Zwentendorf wird als »erledigt« erklärt.

stoß zwischen einem Pkw und einem Tankwagenzug zur explosionsartigen Entzündung des geladenen Benzins. Beide Lenker sterben im Flammeninferno.[772]

26. Februar · Mauterndorf/S: Der Gendarmeriebeamte Peter Rottensteiner wird im Gasthaus Weitgasser beim Überwältigen eines bewaffneten Mannes angeschossen.[773]

24. Mai · Weißenbach/T: Eine Mutter erdrosselt in Kelmen-Namlos ihr Kleinkind mit der Krawatte des Vaters. Die Frau wird in die psychiatrische Universitätsklinik in Innsbruck eingewiesen.[774]

26. Mai · Gnas/St: Nachdem er sie bereits fünf Jahre zuvor mit einer Hacke niedergeschlagen und schwer verletzt hatte, ersticht der Landwirt Anton R., ein notorischer Trinker, seine Gattin mit einem Küchenmesser. Der Täter erhängt sich noch vor der Mordanklage in seiner Zelle.[775]

12. Juni · Adnet/S: »Wildwest in Adnet« schreiben die Salzburger Nachrichten, nachdem bei einer Rauferei in der »Laterndlbar« es zu einer handfesten Auseinandersetzung zwischen Gästen und Gendarmen gekommen war. Erst durch Schußwaffengebrauch kann die Ordnung wieder hergestellt werden.[776]

15. Juni · Gerlos/T: Zwei 19jährige Einheimische, ein Installateur und ein Elektriker, überfallen kurz hintereinander das Postamt und die örtliche Raiffeisenkasse. Dabei erbeuten sie 600.000 Schilling. Die Klärung des Verbrechens gelang den Gendarmen aus Zell a. Ziller in Zusammenarbeit mit der Kriminalabteilung.[777]

15. Juli · St. Nikolai ob Draßling/St: Weil er kein drittes Kind haben wollte, bedroht Franz R. seine taubstumme Gattin Anna mit dem Erschießen und zwingt sie zum Mord an ihrem Neugeborenen. Franz R. wird zu fünf, seine Frau Anna zu eineinhalb Jahren Haft verurteilt.[778]

25. Juli · Bodensdorf/K: Liebestragödie in der Gemeinde Deutschberg; Peter St. erschießt aus Liebeskummer Gertrude M. und anschließend sich selbst.[779]

31. Juli · Gschaid bei Birkfeld/St: Während eines Gewitters stürzt ein einmotoriges Flugzeug ab. Alle vier Insassen werden getötet.[780]

August · Mariapfarr/S: Ein 32jähriger Bäcker finanziert sich durch die Vortäuschung eines Lottogewinnes den Bau einer Tennishalle. Der Schaden beträgt 3,5 Millionen Schilling. Der Mann wird wegen Betruges zu zwei Jahren bedingt verurteilt.[781]

21. August · Aggsbach/NÖ: Bei einem Autobusunglück werden acht Menschen getötet und 43 zum Teil schwer verletzt.[782]

17. September · St. Valentin/NÖ: Der wegen viermaligen Einbruchsdiebstahls gesuchte Heinz W. schießt bei der Festnahme auf einen Gendarmeriebeamten, dieser wird schwer verletzt. Heinz W. flüchtet und nimmt anschließend in der Hauptschule St. Valentin zwei Schüler und zwei Lehrerinnen als Geiseln. Er läßt später die Geiseln frei. Heinz W. und sein Komplize Anton K. werden verhaftet.[783]

An dieser Stelle wurde der Gendarmeriebeamte niedergeschossen. *Bild: GChr. St. Valentin*

22. September · Pyhra und Adelsdorf/NÖ: Innerhalb von eineinhalb Jahren legt der 19jährige Josef D. drei Brände. Die Gesamtschadenssumme beträgt 1,2 Millionen Schilling. Der Täter wird zu einer Freiheitsstrafe von 13 Monaten verurteilt.[784]

25. September · Burgkirchen/OÖ: Ein Mann wird vom Geliebten seiner Gattin erschlagen. Die dem Täter sexuell hörige und geistig minder bemittelte Ehefrau schafft die Leiche mit einem Handkarren auf eine Mülldeponie und verbrennt sie. Der Leichnam kann nicht mehr aufgefunden werden. Durch geschickte Erhebungen kann der Gendarmerieposten Mauerkirchen den Fall klären.[785]

23. Oktober · Neuberg an der Mürz/St: Ein Motorsegler kommt im Schneealpengebiet aufgrund eines Pilotenfehlers zum Absturz, wobei die zwei Insassen getötet werden.[786]

24. Oktober · Steinach am Brenner/T: Um als Sanitäter bei der Feuerwehr zu »glänzen«, legt der 19jährige Krankenhausgehilfe und deutsche Staatsangehörige Hans Peter H. im Labor des Krankenhauses Hall im Tirol Feuer. Der Mann wird noch weiterer fünf Brandstiftungen in der Zeit zwischen 16. März und 24. Oktober 1976 in Steinach überführt. Der Täter wird zu einer mehrjährigen Freiheitsstrafe verurteilt.[787]

25. Oktober · Saalfelden am Steinernen Meer/S: Die 51jährige Gemischtwarenhändlerin Elfriede Huber in Dorfheim wird hinter ihrem Ladentisch von einem unbekannten jugendlichen Täter mit einem Messer erstochen und beraubt. Der Mord bleibt unaufgeklärt.[789]

30. Oktober · Bleiburg/K: Volksgruppenkonflikt im Bezirk Völkermarkt erreicht neuen Höhepunkt mit der Sprengung eines Denkmales auf dem Kömmelgupf bei Bleiburg. Der Gedenkstein ist von Verband der Kärntner Partisanen aufgerichtet worden. Der Sprengstoffanschlag kann nicht aufgeklärt werden.[788]

Mai bis November · Lilienfeld/NÖ: Die Niederösterreichische Landesausstellung »1000 Jahre Babenberger in Österreich« lockt mehr als 465.000 Besucher in das Zisterzienserstift Lilienfeld. Die damit verbundenen umfangreichen sicherheitsdienstlichen Aufgaben fielen dem Gendarmerieposten Lilienfeld zu.[790]

11. November · Kappl/T: Einem Brandstifter können insgesamt 14 Brandlegungen, bei denen 17 Landwirtschaftsobjekte eingeäschert wurden, zur Last gelegt werden.[791]

17. November · Köttmannsdorf/K: Der 22jährige Friedrich P. und der 24jährige Gottfried P. überfallen die örtliche Raiffeisenkasse und erbeuten 260.000 Schilling. Bei dem Raub entführen die Täter den Geschäftsführer der Bank, Erich M., sperren ihn in den Kofferraum ihres Pkws und versenken das Fahrzeug im Völkermarkter Stausee. Erich M. kann sich jedoch befreien und schwimmend ans Ufer retten. Dort wird er von den Tätern schwerstens mißhandelt, an einen Betonsockel gebunden und neuerlich in den See geworfen. Erich M. ertrinkt.[792]

30. Oktober 1976; völlig zerstört, der Partisanengedenkstein am Kömmelgupf.
Bild: GChr. Bleiburg

GENDARMERIE-CHRONIK

2. Dezember · Frauenkirchen/B: Ein ÖBB-Linienbus wird auf der L 304 von einem Lkw-Zug, der eine Schubraupe geladen hat, von dieser aufgeschlitzt. Das Unglück fordert sieben Tote und 20 Verletzte. Die alkoholisierten Lenker des Lkws und des ÖBB-Busses werden zu unbedingten Haftstrafen von zwei bzw. zweieinhalb Jahren verurteilt.[793]

Durch das Schild der Schubraupe wird der Bus wie eine Konservendose aufgeschlitzt.
Bild: GChr. Frauenkirchen

10. Dezember bis 9. Februar 1977 · Aich in Hartberg/St: Innerhalb eines Jahres ereignen sich drei Morde, wovon zwei geklärt werden können. Weiters erfolgt ein Raubüberfall auf das Postamt Buch b.H.[794]

11. Dezember · Landeck/T: Waltraud Book, Mitglied der deutschen Baader-Meinhof-Gruppe, und ein bislang unbekannter Täter überfallen die Paßabteilung der BH Landeck und erzwingen mit Waffengewalt die Herausgabe von zahlreichen Blanko-Ausweisformularen. Ihnen gelingt eine aufsehenerregende Flucht.[795]

1977

20. Februar · Kitzbühel/T: Zwei Männer überfallen den Nachtportier des Hotels »Schloß Lebenberg«, fesseln diesen und rauben aus dem Hoteltresor 2,1 Mill. Schilling. Einer der Täter, der 37jährige Francis M. kann in Griechenland ausgeforscht und zu neun Jahren Haft verurteilt werden. Den Namen seines Komplicen gab M. nie preis.[796]

21. Februar · Feld am See/K: Der 18jährige Holzarbeiter Eduard T. erschießt angeblich wegen einer bevorstehenden Zeugenaussage vor Gericht in einem Gastlokal mit sieben Schüssen den Kellner Walter J. und verletzt eine weitere Person schwer.[797]

24. Februar · Gloggnitz/NÖ: Über einen Zeitraum von zwölf Stunden verübt Gustav K. unter besonders brutalem Vorgehen Notzucht an der elfjährigen Daniela Gansterer und ermordet sie schließlich. Der Täter kann nach langen Ermittlungen überführt und zu lebenslanger Haft verurteilt werden.[798]

17. März · Vogau/St: Im Zuge einer Erhebung wegen der Anzeige einer gefährlichen Drohung schießt Karl H. dem Probegendarmen Eduard Pechmann mit einer abgesägten Schrotflinte in den Rücken. Im Zuge des darauffolgenden Schußwechsels mit Gendarmeriebeamten begeht Karl H. durch einen Herzschuß Selbstmord.[799]

25. Mai · Waidring/T: Ein Lkw-Lenker läßt nach einem Zusammenstoß seines Kfz mit einem Hirsch das tote Tier auf der Straße liegen. Ein nachfolgender Pkw kommt durch das tote Tier ins Schleudern und prallt gegen einen entgegenkommenden Lkw. Dabei kommen alle vier Insassen des Pkws ums Leben. Der schuldige Lkw-Lenker kann ausgeforscht und verurteilt werden.[800]

4. Juni · Proleb/St: Weil der Pilot Verwandte mit einem Tiefflug grüßte, kommt es zu einem Flugzeugabsturz, dem vier Personen zum Opfer fallen.[801]

Unfallaufnahme in Proleb durch Gendarmen aus Niklasdorf. *Bild: GChr. Niklasdorf*

12. Juni · Mattsee/S: Auf der Obertrumer Straße in Zellhof prallen drei Jugendliche mit ihrem Pkw gegen eine Sattelzugmaschine. Sie sind auf der Stelle tot.[802]

23. Juni · Henndorf a. Wallersee/S: Die örtliche Raiffeisenkasse wird von einem 25jährigen Seekirchner überfallen. Er droht mit einer Spielzeugpistole und erbeutet 250.000 Schilling. Der Täter wird von der Gendarmerie ausgeforscht und zu drei Jahren Haft verurteilt.[803]

24. Juni · Flachau/S: Im Bereich der Radstädter Tauern stürzt ein von Werner Mehlhorn gesteuertes einmotoriges Flugzeug ab. Dabei werden drei Personen getötet.[804]

16. Juli · Breitenwang/T: Der 16jährige Postarbeiter Paul H. erschießt im abgrundtiefen Haß seine Mutter Herta H., zerstückelt danach die Leiche mit Hacke und Säge und verbrennt einige Leichenteile in zwei Dauerbrandöfen. Danach erschießt er sich selbst.[805]

27. Juli · Seefeld in Tirol/T: Ein 45jähriger jugoslawischer Staatsangehöriger erschießt aus Eifersucht auf offener Straße seine 44jährige Gattin. Der Täter kann noch am selben Tag festgenommen werden. Er wird zu einer lebenslangen Haft verurteilt.[806]

August · Gschnaidt/St: Auf der B 67 kommt es zu einem Sitzstreik von 1600 Personen, um gegen die Verkehrsbelastung aufmerksam zu machen. Der zweistündige Streik verursacht einen 30 Kilometer langen Stau.[807]

15. August · Krems/NÖ: Nachdem er in einem Zeitraum von drei Jahren im Stadtgebiet Krems-Donau insgesamt zehn Brände gelegt und einen Schaden von über eineinhalb Millionen Schilling verursacht hat, kann der arbeits- und unterstandslose Kurt E. auf Grund von Indizien in Haft genommen werden.[808]

24. August · Gmünd/K: Eine wilde Verfolgungsjagd lieferte der ausgebrochene Strafgefangene Oskar H. der Gendarmerie. H., der nach seinem Ausbruch 25 Einbrüche beging, konnte von BezInsp Helmuth Unterasinger nach 60 Kilometern gestellt und verhaftet werden.[809]

26. August · Bleiburg/K: Im Zuge des Ortstafelkonfliktes wird in Bleiburg eine zweisprachige Ortstafel »Bleiburg/Pliberk« von der slowenischen Volksgruppe aufgestellt. Junge Slowenen ketten sich an die Ortstafel. Die Gendarmerie stellt den gesetzmäßigen Zustand wieder her. Dabei werden acht Gendarmen verletzt. Es müssen 40 Personen vorläufig festgenommen werden.[810]

4. September · Bleiburg/K: Im Zuge des Kärntner Volksgruppenkonfliktes erfolgt während

Das Einschreiten im Ortstafelkonflikt stellte die Gendarmen immer wieder vor große Probleme mit fanatischen slowenischen Anhängern in Bleiburg.
Bild: Naš tednik, Beilage zu Nr. 43/77 (152)

des Bleiburger Wiesenmarktes (rund 80.000 Besucher) ein Sprengstoffanschlag auf einen 22-kV-Leitungsmasten in Einersdorf.[811]

4. September 1977; der gesprengte Strommast, als Symbol ausufernder nationaler Konfliktaustragungen. Bild: GChr. Bleiburg

6. September · Hallein/S: Bei Dachdeckerarbeiten in der Zellulosefabrik Borregaard fängt eine Holzverschalung der Emballierhalle Feuer und löst eine der größten Brandkatastrophen in der Geschichte Salzburgs aus. Der Schaden beträgt 300 Millionen Schilling.[812]

23. September · Seefeld in Tirol/T: Ein 52jähriger jugoslawischer Staatsangehöriger tötet seine Gattin durch mindestens zehn Schläge mit einem sogenannten »Spaneisen«. Der Mann wird in eine Anstalt für geistig abnorme Rechtsbrecher eingewiesen.[813]

12. Oktober · Bärnbach/St: In Oberdorf erfolgt durch Bundeskanzler Dr. Bruno Kreisky der Spatenstich zum größten Braunkohletagbau Österreichs.[814]

22. Oktober · Allentsteig/NÖ: Der Finanzbeamte Franz Engelmaier wird erschossen aufgefunden. Die Erhebungen ergeben, daß bereits zwei Jahre zuvor ein Postbediensteter aus Taubitz mit derselben Waffe ermordet worden ist. Als Täter kann im Herbst 1978 der beschäftigungslose Wilhelm T. aus Allentgeschwendt ausgeforscht werden.[815]

14. November · Kirchstetten/NÖ: Gegen Mitternacht entgleist auf der Westbahn beim örtlichen Bahnhof ein Güterzug. Aus den Kesselwaggons treten insgesamt 285 Tonnen Heizöl aus und verseuchen die umlegenden Felder und das gesamte Kanalsystem. Die Beamten des Gendarmeriepostens Böheimkirchen sind im Dauereinsatz.[816]

25. November · Oberlungitz/St: Der 17jährige Erwin P. wird bei einem Einschleichdiebstahl von der 69jährige Maria Guttmann ertappt. Er erschlägt die Frau mit einer Bohnenstange und flüchtet. Gendarmen aus Grafendorf/H. können den Täter ermitteln und verhaften. Er wird zu 20 Jahren Freiheitsstrafe verurteilt.[817]

14. Dezember · Deutsch Tschantschendorf/B: Bei der Kreuzung der B 57 mit der L 410 ereignet sich ein Verkehrsunfall zwischen zwei Pkw und einem Lkw-Zug. Dabei werden die drei Pkw-Insassen im Alter zwischen 19 und 21 Jahren bis zur Unkenntlichkeit verstümmelt und getötet.[818]

22. Dezember · Rein/St: Nach dem Bankraub in der örtlichen Raiffeisenkasse kann der Täter bereits nach eineinhalb Stunden von Revierinspektor Veit des Gendarmeriepostens Gratkorn festgenommen werden.[819]

24. Dezember · Gmünd/K: Acht Kinder verloren ihren Vater, als Siegfried B. mit seinem Pkw auf der B 99 in Eisentratten von der Fahrbahn abkam und in den Drehtalbach stürzte.[820]

31. Dezember · Lofer/S: In den Loferer Steinbergen verunglücken bei einem Lawinenunglück acht bayrische Bergsteiger tödlich.[821]

1978

Weiz/St: In Sturmberg, Gemeinde Naas, wird in einem Komposthaufen die Leiche eines Kleinkindes gefunden. Als Mutter wird Elfriede Hauptmann ausgeforscht. Ihr kann jedoch nicht die Tötung ihres Kindes in den Jahren 1977 oder 1978 nachgewiesen werden.[822]

Voitsberg/St: Der Tod eines 23jährigen drogenabhängigen Studenten bedeutet zugleich den ersten Suchtgifttoten von Voitsberg.[823]

3. Jänner · Radenthein/K: Bei dem Einbruch des 5. Querstollens im Bergbaubetrieb der ÖAMAG werden drei Bergarbeiter durch 1.500 Tonnen Erdreich verschüttet und getötet.[824]

3. Jänner · Mitterdorf im Mürztal/St: Riesige Schneemassen sind Ursache zum Einsturz von insgesamt 40 Meter Dachkonstruktion des Eisenwerkes Breitenfeld. Dabei wird ein Arbeiter getötet, fünf verletzt.[825]

22. Jänner · Wilhering/OÖ: Der 24jährige PolBeamte Franz G. erschießt im Wohnhaus seiner Eltern seine 21jährige Schwester Marianne G. Der Täter begeht nach der Tat Selbstmord.[826]

24. Jänner · Bad Radkersburg/St: In 1970 Meter Tiefe wird 70 Grad heißes Thermalwasser gefunden. Seitdem entwickelt sich die Region zu einer der am stärksten wachsenden Fremdenverkehrsregionen Österreichs (370.000 Nächtigungen).[827]

24. Jänner 1978; Aufschließungsbohrung der Parktherme. Bild: Heribert Klöckl, Bad Radkersburg

17. März · Leogang/S: Infolge eines Schneesturms kommt in den Leoganger Steinbergen ein Sportflugzeug im Badhausgraben zum Absturz. Trotz schwerer Verletzungen kann der 38jährige Pilot für seine lebensgefährlich verletzte Copilotin Hilfe holen.[828]

8. April · Weißkirchen in der Steiermark/St: Ein alkoholisierter Lenker (1,5 Promille) verursacht auf der Obdacherbundesstraße 78 einen Verkehrsunfall mit drei Toten und drei Schwerverletzten. Das Urteil: 20 Monate Haft.[829]

17. April · St. Aegyd am Neuwalde/NÖ: Am Berghang des Gippel zerschellt wegen Schlechtwetter ein deutsches Privatflugzeug der Type Piper, wobei zwei Menschen ums Leben kommen. Albert Kischkat, der den Absturz überlebt, wird nach fünf Tagen von Touristen zufällig gefunden und durch einen gewagten Einsatz der Beamten der alpinen Einsatzgruppe Lilienfeld und des Hubschrauberpiloten gerettet.[830]

20. April 1978; Seeboden am Millstätter See; neben den bedauerlichen Todesfällen entsteht ein Sachschaden von 6 Mill. Schilling. Bild: GChr. Seeboden

20. April · Seeboden am Millstätter See/K: Im Restaurant des Hotels »Moserhof« bricht ein Brand aus. Die 24jährige Besitzerin und ihre beiden Kinder im Alter von 3 und 4 Jahren sterben in den Rauchgasen.[831]

24. Juni · Judenburg/St: Ein über lange Zeit aufgestauter Haß ist Ursache eines Mordes in der Spielgasse 6. Dorothea P. erschlägt mit einer Hacke ihren 17 Jahre älteren Gatten. Vor den Beamten des Gendarmeriepostens Judenburg legt die Täterin am 25. Juni ein Geständnis ab.[832]

26. Juli · Bad Großpertholz/NÖ: Auf der B 41 stürzt ein mit Zement beladener Lkw in den Ortsbach, wobei der Lenker schwer verletzt wird. Die schwierige Bergung des Lkws dauert Stunden.[833]

13. August · Unterach am Attersee/OÖ: Bei einer nächtlichen Ruderfahrt auf dem Attersee ertrinken zwei Mädchen und drei Burschen aus Niederösterreich. Zwei Tage später verunglücken zwei Taucher an derselben Stelle tödlich. Diese beiden Unglücksfälle haben den größten Tauch- und Sucheinsatz am Attersee, geleitet von Beamten des Gendarmeriepostens Weyregg/A, zur Folge.[834]

Aufnahme mit einer Unterwasserkamera von einem der verunglückten Taucher in einer Tiefe von 87 Metern. *GChr. Weyregg/A.*

18. August · Arriach/K: Bei einem Einbruchsdiebstahl in ein Gasthaus wird der 35jährige Fritz K. von der elfjährigen Wirtstochter Marion Koppitsch bei der Tat betreten. In der Folge tötet er das Kind durch Erwürgen und erhängt es um einen Selbstmord vorzutäuschen. Der Täter kann nach wenigen Stunden verhaftet werden.[835]

15. September · Müllendorf/B: Aufgrund eines Überholmanövers kommt es auf der Wienerstraße zu einem Frontalzusammenstoß zwischen einem Lkw und einem VW-Bus, wobei fünf Menschen getötet werden.[836]

16. September · Fulpmes/T: Bei einem Raubüberfall von zwei vorerst unbekannten Tätern auf eine Tankstelle wird der Tankstellenpächter niedergeschlagen und die Tageslosung in der Höhe von 45.216 Schilling geraubt. Die Täter können nach einem halben Jahr von Beamten der Kriminalabteilung Tirol und von Gendarmen aus Fulpmes ausgeforscht werden.[837]

21. Dezember · Nesselwängle/T: In der Scheune eines Postbeamten bricht ein Feuer aus, das auf vier Häuser im Ortsteil Rauth übergreift. Durch die Katastrophe werden 16 Menschen obdachlos.[838]

24. Oktober · Hausmannstätten bei Graz/St: Der Gendarmerieposten Hausmannstätten wird vom Amokschützen Josef Sch. überfallen. Der offensichtlich geistig Verwirrte ersucht vorerst am Posten um Einlaß. Als ihm der Beamte öffnet, holte er ein Kleinkalibergewehr aus dem Kofferraum und schießt gegen den Beamten. Beim darauffolgenden heftigen Feuergefecht, das sich über zwei Etagen hinzieht, wird der Gendarmeriebeamte Franz Kaufmann schwer verletzt. Der ebenfalls verletzte Täter flüchtet, verursacht einen schweren Verkehrsunfall und stellt sich später dem örtlichen Pfarrer.[839]

23. November · St. Pölten/NÖ: Verfolgungsjagd des Gewalttäters Anton B. Nach einem Schußwechsel mit einer Gendarmeriestreife des Gendarmeriepostens St.Pölten, erleidet der Täter einen Schulterschuß und wird verhaftet.[840]

2. Dezember · Frauenkirchen/B: Bei einem Brand in einem Sägespänesilo kommt der Kommandant der Feuerwehr Frauenkirchen ums Leben. Zwei weitere FF-Angehörige werden schwer verletzt. [841]

30. Dezember · Kindberg/St: Der Maronibrater Rupert Trojacek zieht die Waffe, als GrInsp Stauber und Insp Müllner gegen ihn einschreiten wollen. Beim Schußwechsel wird RevInsp Eggenreich lebensgefährlich verletzt. Nach der Verurteilung zu lebenslanger Haft begeht der Täter Selbstmord.[842]

1979

17. April · Bad Fischau-Brunn/NÖ: Auf der A2 in Richtung Wien kommt es zu einem Tankwagenunfall, der fünf Todesopfer fordert. Die Unfallsaufnahme erfolgt durch die Autobahngendarmerie Tribuswinkel.[843]

20. April · Sitzenberg – Reidling/NÖ: Da er sich weigerte, unzüchtige Handlungen durchzuführen, wird der zwölfjährige Hannes R. von dem Jugendlichen Gottfried B. erschlagen. Die Tat wird durch die Medien als »Todeskrallenmord«, weil gerade im örtlichen Kino der Karatefilm »Die Todeskralle« spielte, bekannt. Es bestand allerdings kein Zusammenhang zwischen Mord und Spielfilm.[844]

30. April · Wilhelmsburg/NÖ: Peter H. stößt mit seinem Pkw auf der B 20 zwei Fußgänger nieder und begeht Fahrerflucht. Ein nachfolgender Kleinbus schleift den im Stich gelassenen Fußgänger Franz E. ca. 2,5 Kilometer mit. Der Mann verstirbt im KH St. Pölten. Nach 10tägigen umfangreichen Erhebungen von Beamten des Gendarmeriepostens Wilhelmsburg können die Lenker ausgeforscht werden.[845]

18. Juni · Karwendelgebirge/T: Aus der 900 Meter hohen Laliderer Nordwand können zwei in Not geratene Bergsteiger geborgen werden. Bei der Bergung handelt es sich um die bis dahin größte, aufwendigste und gefährlichste in den Tiroler Alpen. 200 Bergrettungsmänner und 20 Alpingendarmen waren im Einsatz.[846]

16. Juli · Weitensfeld – Fladnitz/K: Die seit über einem Jahr abgängige »Hirschenwirtin« Elisabeth Glanzer wird bei der Gurkbrücke in Hafendorf tot aufgefunden. Es wird Tod durch Ertrinken festgestellt.[847]

17. Juli · Vasoldsberg/St: Eine Exekution gab den Ausschlag, daß der 30jährige Frührentner Franz D. völlig durchdrehte. Da er den Gerichtsvollzieher mit einer Pistole bedroht, müssen Beamte des Gendarmeriepostens Laßnitzhöhe einschreiten. Der Mann schießt mit einer Jagdwaffe auf die Beamten. Es kommt zu einem Schußwechsel. Der Gendarmeriebeamte Alois Kalcher wird dabei schwer verletzt. Der Täter wird in eine Anstalt für geistig abnorme Rechtsbrecher eingewiesen.[848]

19. Juli · Mitterdorf im Mürztal/St: Vier Waggons eines in Richtung Wien fahrenden Schnellzuges entgleisen aus ungeklärter Ursache nach dem örtlichen Bahnhofsbereich. Dabei werden 23 Personen verletzt. [849]

21. Juli · Blons/V: In Blons wird der 27jährige Textilarbeiter Josef Mangeng mit seinem Pkw von drei Burschen im Alter zwischen 17 und 19 Jahren angehalten, bewußtlos geschlagen und danach über eine Brücke in eine 15 Meter tiefe Schlucht geworfen. Motiv der Täter war, daß ihnen langweilig war und sie ein Auto benötigten, um einen Verwandten in der Steiermark besuchen zu können. Aufgrund eines Hinweises konnten Gendarmen aus Thüringen einen der Täter ausforschen.

21. Juli · Gmunden/OÖ: Vermutlich aufgrund zu geringer Flughöhe stürzt ein Hubschrauber des BMfI in der Nähe des Teufelsgrabens in den Traunsee. Dabei kommen der Pilot und der Flugbeobachter ums Leben. Die Bergungsarbeiten müssen in einer Tiefe von 170 Meter durchgeführt werden. [851]

31. Juli · Plainfeld/S: Ausgelöst durch Bauarbeiten an der neuen Volksschule müssen drei Häuser wegen eines Erdrutsches evakuiert

GENDARMERIE-CHRONIK

21. Juli 1979, Blons; Tatortfoto mit Brücke und Aufschlagstelle des Ermordeten. Bild: GChr. Sonntag

werden. Der Schaden beträgt 40 Millionen Schilling.[852]

18. August · St. Leonhard im Pitztal/T: Der Hilfsarbeiter Gottlieb J. wird nach einem Mordversuch an seiner Gattin, bei dem er ihr ein Küchenmesser in den Bauch rammte, von Gendarmen aus Wenns verhaftet. Als Motiv gab der Täter jahrelange Streitigkeiten und Eifersucht an. Er wird zu zwölf Jahren Haft verurteilt.[853]

9. September · Mödling/NÖ: Verhaftung des Johann E., der in den Jahren zuvor zahlreiche Großbrände mit einem Gesamtschaden von 35 Millionen Schilling gelegt hatte. Seine Ausforschung gelang, weil er in der Nähe des letzten Brandortes sein Mofa abgestellt hatte. Ein aufmerksamer Gendarm hatte das Fahrzeug registriert und später zuordnen können. Der Täter wird in eine Anstalt für geistig abnorme Rechtsbrecher eingewiesen.[854]

13. September · Puchenau/OÖ: Am Pöstlingberg wird der Industrielle und spätere Landeshauptmannstellvertreter Dr. Christoph Leitl Opfer eines Überfalles. Trotz eines Schlages mit einer Pistole auf den Kopf kann sich das Opfer durch den Sprung über eine Mauer retten. Zwei Jahre später kann der Fall aufgeklärt werden: Die Täter wollten Dr. Leitl entführen, um Lösegeld von zehn bis 15 Millionen Schilling zu erpressen.[855]

18. September · Völkermarkt/K: Bombenanschlag auf Abwehrkämpfer-Museum; Lukas Vidmar und Mira Bley, beide jugoslawische Staatsangehörige, legen in der Neuen Burg am Hauptplatz 1 eine Bombe. Durch die frühzeitige Explosion werden die Bombenleger schwer verletzt. Das Museum wird schwer beschädigt.[856]

11. November · Seiersberg/St: Bei einem unbeschrankten Bahnübergang ereignet sich ein Zusammenstoß zwischen einem jugoslawischen Reisebus und einer Triebwagengarnitur der GKB. Es werden neun Personen getötet und 64 verletzt. Der jugoslawische Buslenker wird in Haft genommen.[857]

6. Dezember · Brand/V: Bei der Überprüfung eines Propangastankes im Gasthaus »Rhätikon« am Bürserberg explodiert dieser aus unbekannten Gründen, wodurch das Haus in sich zusammenstürzt. Zwei Arbeiter kommen bei diesem Unfall ums Leben.[858]

Das Gasthaus vor und nach der Explosion in Brand. Bilder: GChr. Brand

11. Dezember · Roseidorf/NÖ: Ein Hilfsarbeiter tötet eine 70jährige Frau durch Schläge und Stiche mit einem 14 cm langen Nagel und schändet im Anschluß daran die Leiche.[859]

1980

9. Mai · Irdning/St: Raubüberfall auf die RAIKA Irdning. Der Täter erzwingt mit vorgehaltener Pistole die Herausgabe von 172.000 Schilling und kann unerkannt flüchten. Bis heute konnte der freche Überfall nicht geklärt werden.[860]

25. Mai · Fügen/T: Nach einem Überholmanöver kommt es zu einem Frontalzusammenstoß. In den Unfall werden vier Pkw verwickelt, wobei vier Personen getötet und neun weitere Personen verletzt werden.[861]

17. Juni · Graz/St: Durch eine Befreiungsaktion des Gendarmerieeinsatzkommandos Wiener Neustadt kann die Geiselnahme von 23 Personen in einer Grazer Arztpraxis beendet werden. Der Geiselnehmer, dessen Motiv ein »Ärztehaß« war, wird in Notwehr erschossen. Alle Geiseln können befreit werden.[862]

7. Juli · Drosendorf – Zissersdorf/NÖ: Der beschäftigungslose Journalist Herbert H. überfällt die örtliche Raiffeisenkasse und erbeutet 45.000 Schilling. Der Täter wird während der Alarmfahndung innerhalb kürzester Zeit verhaftet.[863]

10. Juli · Allerheiligen bei Wildon/St: Bei einem bewaffneten Raubüberfall auf das örtliche Postamt werden die Täter Harald K. und Josef Sch. von der unbewaffneten Postamtsleiterin verjagt, ohne Beute gemacht zu haben. Sie werden später von Gendarmen aus Heiligenkreuz ausgeforscht.[864]

7. August · Waidhofen an der Ybbs/NÖ: Josef M. wird in seiner Wohnung ermordet aufgefunden. Als Täter kann der türkische Staatsangehörige Mehmet B. ausgeforscht werden. Er wird wegen Totschlages zu sieben Jahren Haft verurteilt.[865]

3. September · Hörbranz/V: Bei einem Einbruch in den örtlichen Gendarmerieposten werden fünf Pistolen, eine Maschinenpistole und 422 Schuß Munition gestohlen. Die Täter, ein 19- und ein 22jähriger Hörbranzer, können am 4. Oktober 1980 in Schwarzach festgenommen werden.[866]

16. September · Ried im Oberinntal/T: Bei einem Hubschrauberabsturz des Österreichischen Bundesheeres beim Anflug zum »Schlanderskopf« sterben vier Menschen.[867]

27. September · Simonsfeld/NÖ: Ein alkoholisierter Mann wird nach seiner Führerscheinabnahme von Gendarmeriebeamten nach Hause gebracht, wo er plötzlich auf die drei

25. Mai 1980; die Insassen dieses Pkws hatten keine Chance. Bild: GChr. Strass/Z

GENDARMERIE-CHRONIK

16. September 1980, Ried im Oberinntal; Rumpfteil des Hubschraubers, keine Chance für die Insassen, die zu Vermessungsarbeiten aufgestiegen waren. Bild: GChr. Ried/O

Beamten zu schießen beginnt. Zwei der Beamten erleiden Verletzungen, die sie dienstunfähig machen. Der Täter wird wegen Mordversuchs zu zwölf Jahren Haft verurteilt.[868]

1. Oktober · Itter/T: Bei einem Raubüberfall auf die örtliche Raiffeisenkasse erbeutet ein bewaffneter Täter 64.355 Schilling. Die Tat bleibt unaufgeklärt.[869]

23. Oktober · Gamlitz/St: Der 32jährige Werner H. dringt in Steinbach gewaltsam in die Wohnung der 52jährigen Pensionistin Franziska P. ein und vergewaltigt diese. Der Mann schläft nach der Tat ein und erwacht bei seiner Verhaftung.[870]

11. November · Weißenkirchen in der Wachau/NÖ: Der Bankraub auf die örtliche Raiffeisenkassa-Filiale wird von Beamten der Kriminalabteilung des Landesgendarmeriekommandos für NÖ aufgeklärt. Der Täter Nikolaus P. wird in Verwahrung genommen.[871]

1981

13. Jänner · Wartberg im Mürztal/St: Wegen Fahrlässigkeit brennt der Hubertushof ab. Der Schaden beträgt sechs Millionen Schilling.[872]

1. Februar · Ziersdorf/NÖ: Elisabeth R. gerät immer wieder wegen der häufigen Gasthausbesuche ihres Gatten mit ihm in Streit. Während einer solchen Auseinandersetzung fügt sie ihrem Gatten mit einem Küchenmesser eine Stichverletzung im Herzbereich zu. Herbert R. kommt ums Leben. Die Täterin wird zu vier Jahren Haft verurteilt.[873]

24. Februar · Kremsmünster/OÖ: Alfred Brunmayr schießt aus Haß, weil er wegen eines Diebstahls seine Arbeitsstelle verloren hat, auf seine Arbeitskollegen. Er schießt auf Abazi Daljipi, verletzt Ivo Dilker schwer und zielt noch auf Sani Batjari und Franz Obermayr.[874]

25. Februar · St. Oswald bei Plankenwarth/St: Ein Mann ersticht aus Eifersucht seine Freundin mit einem Küchenmesser. Der Täter wird zu 20 Jahren Haft verurteilt.[875]

1. März · Mürzsteg/St: Ein Lawinenabgang in der Lahnwand fordert zwei Tote.[876]

5. März · Mautern in Steiermark/St: Aus reiner Wut steckt der Gelegenheitsarbeiter Josef Klug einen Stall in Brand, worauf drei Wirtschaftsgebäude und zwei Wohnhäuser von dem sich sehr schnell ausbreitenden Feuer zerstört werden. Der Täter wird zu acht Jahren Haft verurteilt.[877]

18. Mai · Rabensburg/NÖ: Im Zuge eines Streites erschießt Ilse T. ihren Mann Josef durch einen Herzschuß. Die Täterin wird von der Gendarmerie Bernhardsthal ausgeforscht. Sie erhielt eine Haftstrafe.[878]

1. Juli · Wartberg im Mürztal/St: Beim Entgleisen von sechs Kesselwaggons eines mit Benzin und Diesel beladenen Güterzuges aufgrund technischen Gebrechens fließen 200.000 Liter Treibstoff aus.[879]

7. Juli · Andau/B: Ein sowjetischer Düsenjäger des Types MIG 21 dringt in den österreichischen Luftraum ein, verfolgt ein Sportflugzeug und stürzt, nachdem er eine zu enge Schleife geflogen hatte, aus einer Höhe von ca. 500 Meter ab. Der Pilot kann sich mit dem Schleudersitz retten.[880]

11. Juli · Breitenstein/NÖ: In Talhof werden zwei Frauen durch Kopfschüsse ermordet. Der Täter flüchtet mit dem Fahrzeug der Ermordeten und kann in Lend/Salzburg verhaftet werden. Er wird zu lebenslangem Kerker verurteilt.[881]

12. Juli · Martinsberg/NÖ: Drama wegen eines Führerscheinentzuges: Wegen Fahrens im alkoholisierten Zustand wird Franz R. angehalten. Der Führerscheinentzug ist Auslöser zum Selbstmord. Er erschießt sich in Anwesenheit eines Gendarmen aus Gutenbrunn mit einem umgebauten Militärkarabiner.[882]

7. August · Ramingstein/S: Aufgrund eines Pilotenfehlers stürzt ein Motorflugzeug aus München im Geigenwald ab. Dabei werden alle vier Insassen getötet.[883]

7. August · Grub im Wienerwald/NÖ: Bei einem Übungsflug stürzt wegen zu geringer Flughöhe ein Militärflugzeug des Typs Saab 105 in Ameisbühel 93 auf ein Einfamilienhaus. Das Haus geht in Flammen auf und wird zerstört. Dabei kommen der Pilot und der Co-Pilot ums Leben. Vier Hausinsassen werden verletzt.[884]

6. September · St. Ruprecht an der Raab/St: Der drogenabhängige Gert Rießberger ermordet seine Mutter Margarita Rießberger, nachdem sie ihm über seine Drogensucht Vorhalte machte, mit einem Herzstich. Der Täter wird zu lebenslanger Haft verurteilt und in eine Sonderanstalt eingewiesen.[885]

29. September · Mariazell/St: Im Hotel »Zum Goldenen Löwen« wird die Hotelierstochter Gertrude Höbart vom Molkereiarbeiter Helmut Sch. erwürgt. Der Täter wird zu 18 Jahren Haft verurteilt.[886]

9. Oktober · Schwarzau im Gebirge/NÖ: Am Obersberg wird der ehemalige Verteidigungsminister von Österreich, Karl Lütgendorf, in seinem Geländewagen erschossen aufgefunden. Selbstmord wird angenommen, das Motiv bleibt unbekannt.[887]

14. Oktober · Gamlitz/St: Wegen 40 Schilling Mord: Der 18jährige beschäftigungslose Herbert H. raubt dem 50jährigen Pensionisten Emmerich B. 40 Schilling und erwürgt ihn an-

7. Juli 1981; das Flugzeug explodiert, das Feuer greift auf das Getreidefeld über und vernichtet eine riesige Fläche. Bild: GChr. Andau

GENDARMERIE-CHRONIK

9. Oktober 1981, Schwarzach i. G.; hier wird von der Gattin das Fahrzeug mit der Leiche ihres Mannes aufgefunden. Bild: GChr. Schwarzau i. G.

schließend. Der Täter wird zu 18 Jahren Haft verurteilt.[888]

15. Oktober · Jerzens/T: Gendarmeriebeamte des Gendarmeriepostens Wenns können Hermann R. als Verursacher dreier Großbrände – darunter das eigene Elternhaus – ausforschen. Die Gesamtschadenssumme beträgt fünf Millionen Schilling. Das Motiv war Rache und Haß gegen seine Eltern und die Verwandtschaft.[889]

16. Oktober · Ellmau/T: Aufgrund einer Tragflächenvereisung stürzt eine Cessna 404 auf dem Flug von Salzburg nach Sardinien ab. Alle neun Insassen werden bei dem Absturz getötet.[890]

9. November · Schwarzach im Pongau/S: Nachdem Günther N. aus Wien seine 42jährige Frau und seine Tochter in einem Wochenendhaus am Semmering erschossen hat, kann er in Schwarzach im Pongau/Salzburg verhaftet werden.[891]

14. November · Trumau/NÖ: Der 25jährige Josef V. ersticht im Gasthaus Zwettler bei einem Raufhandel unabsichtlich den 19jährigen Christian Hobek und verletzt den ebenfalls 19jährigen Johann Frais.[892]

1982

3. Jänner · Feldkirchen bei Graz/St: Eine internationale Betrügerbande kann ausgeforscht und verhaftet werden. Der Gesamtschaden der Bande beträgt 1,5 Mill. Schilling.[893]

19. Jänner · Allentsteig/NÖ: Anläßlich eines militärischen Übungsfluges stürzt ein Hubschrauber des Bundesheeres am Truppenübungsplatz Allentsteig-Thaures ab. Zwei Soldaten kommen dabei ums Leben, zwei werden schwer verletzt.[894]

31. Jänner · Werfenweng/S: Auf der Ellmaualm werden 18 Jugendliche der sogenannten »Kurz-Schule« aus Berchtesgaden von einer Lawine verschüttet. Es können nur fünf Menschen lebend geborgen werden. Die Tour wurde trotz widrigster Schnee- und Witterungsverhältnisse durchgeführt.[895]

8. Februar · Wiener Neudorf und Vösendorf/NÖ: Auf der A2 in Richtung Wien kommt es wegen Sichtbehinderung durch Nebel zu einer Massenkarambolage, bei der insgesamt 150 Fahrzeuge beteiligt sind und 30 Personen verletzt werden. Die Autobahngendarmerie Tribuswinkel hat Großeinsatz.[896]

31. Oktober 1982; ein Großteil dieses ostseitig gelegenen Hanges ging ab und verschüttete die Gruppe im Schattenbereich des Fotos. Bild: GChr. Werfen

9. Februar · Flirsch/T: Durch einen Gletscherbruch vom Flirscher Ferner brechen 600.000 m³ Eis ab und verlegen die Eisenbahnlinie.[897]

27. März · Burgau/St: Nach einer Auseinandersetzung in einer Buschenschenke tötet Alfred F. mit fünf Messerstichen Friedrich Schöpf.[898]

31. März · Gießhübl/NÖ: Ein 17jähriger Täter kann bei einem bewaffneten Raubüberfall auf die örtliche Raiffeisenbank noch am Tatort von Beamten des Gendarmeriepostens Hinterbrühl verhaftet und die Beute von 120.000 Schilling sichergestellt werden.[899]

13. April · Puchenau/OÖ: Bei einem Einbruchsdiebstahl in ein Kaufhaus wird der Täter von einem Gendarmeriebeamten gestellt. Beim Anblick des Beamten springt der Täter durch die Auslage gegen den Beamten und wirft ihm ein Bündel Kleider ins Gesicht. Der Beamte schießt in Notwehr auf den Angreifer und trifft diesen tödlich.[900]

17. April · Pistorf/St: Ein 45jähriger Frühpensionist sprengt sich und seine 52jährige Gattin Maria K. im Schlafzimmer mit elektrischen Zündkapseln in die Luft. Das fünfjährige Enkelkind überlebt. Die Gendarmerie Gleinstätten konnte nicht klären, ob ein Unfall oder Selbstmord vorliegt.[901]

18. April · Höfen/T: Bei dem Absturz einer einmotorigen Cessna im Bereich des Hahnenkammes werden sieben Menschen getötet.[902]

Höfen; Unterschreitung der Mindestflughöhe und Alkoholisierung des Piloten waren Unfallursache. Bild: GChr. Reutte

18. Mai · Höchst und Lustenau/V: Bei dem Einsturz der in Bau befindlichen Rheinbrücke zwischen Höchst und Lustenau stürzen 18 Arbeiter in den Fluß. Dabei kommen zwei Menschen ums Leben. 16 Personen werden gerettet. Drei davon können trotz reißender Strömung und herumtreibender Brückentrümmer vom Gendarmeriemotorboot geborgen werden.[903]

7. und 13. Juni · Kuchl/S: Bei Bergtouren am Hohen Göll stürzen innerhalb einer Woche zwei Alpinisten zu Tode.[904]

13. Juli · Telfes im Stubaital/T: Beim Versuch im ersten Stock des Gasthauses Leitgeb zu

18. Mai 1982; nur mehr Trümmer blieben nach dem Gerüststurz im eiskalten Wasser des hochgehenden Rheins zurück, als die Schalung mit 18 Mann in die Tiefe stürzte. Bild: Reinhard Mohr

»Fensterln« stürzt ein 28jähriger Mann aus Fulpmes ab und verstirbt noch während der Einlieferung ins Krankenhaus.[905]

17. Juli · Jungholz/T: Bei einer Bergtour auf den Schartschrofen werden zwei deutsche Staatsangehörige durch einen Blitz zwölf Meter in die Tiefe geschleudert. Beide können schwer verletzt geborgen werden.[906]

17. August · Heiligenblut/K: Während einer Suchaktion nach dem Gendarmeriebeamten Karlheinz Haidrich und seiner Freundin Gerlinde Peichl stürzt der Hubschrauber der Flugeinsatzstelle Salzburg ab. Wie durch ein Wunder überleben Pilot und Passagiere das Unglück mit leichten Verletzungen. Die Vermißten werden später unterhalb des Fuscherkarkopfes in einer Gletscherspalte von Mitgliedern der alpinen Einsatzgruppe Hallein aufgefunden und geborgen.[907]

Die verunglückten Bergsteiger, viele Pannen begleiteten die Suchaktionen. Bild: Salzburg Krone

24. August · Feldkirch/V: Bei einem Mordanschlag auf den 40jährigen amtsbekannten Chefzuhälter H. L. wird der gedungene Ganove K. K., der den Anschlag vorbereitet hat und durchführen wollte, vom Leibwächter des Zuhälters erschossen. Die Ermittlungen ergeben, daß der Mord von dem Konkurrenten, dem deutschen Staatsangehörigen F. H., in Auftrag gegeben wurde.[908]

27. August · Mettmach/OÖ: In Nösting auf der Oberinnviertler Landesstraße kommt es wegen Vorrangverletzung eines Lkws zu einem schweren Verkehrsunfall. Ein Pkw prallt frontal gegen den Lkw, dabei werden vier Personen getötet.[909]

5. September · Purbach am Neusiedler See/B: Bei einem Flugzeugabsturz in den Neusiedler See werden zwei Personen getötet und eine schwer verletzt. Die Bergung wird von Beamten des Gendarmeriepostens Purbach durchgeführt.[910]

8. September · Innervillgraten/T: Der 42jährige Jäger Johann Sch. wird wegen Körperverletzung mit tödlichem Ausgang angezeigt. Er hatte den flüchtenden Wilderer Pius W. aus 120 Meter Entfernung erschossen.[911]

9. September · Lebring/St: Vermutlich durch Überhitzung des Motors beim elektrischen Läutwerks gerät der Turm der Kirche in Lang in Brand. Der Schaden beträgt drei Millionen Schilling.[912]

10. September · Halbenrain/St: In Drauchen wird eine 13jährige Schülerin auf der Heimfahrt mit ihrem Fahrrad von einem 17jährigen Hilfsarbeiter verfolgt und in einem Wald trotz heftiger Gegenwehr vergewaltigt.[913]

18. September · Gratwein/St: Norbert K. aus Graz können 84 Autoeinbrüche nachgewiesen werden. Die Überführung gelingt während eines Zeltfestes. Einige Wochen später können noch zwei weitere Hehler ausgeforscht werden.[914]

24. September · Mureck/St: In Brunnsee, Gemeinde Eichfeld, wird bei einem Überfall der Postamtsleiter vom 22jährigen Ludwig K. durch fünf Schüsse getötet. Nach der Festnahme gesteht der Täter einen weiteren Raubmord an einem Tankwart in Graz. Der Täter wird zu lebenslanger Haft verurteilt.[915]

5. Oktober · Lengau/OÖ: Weil seine Gattin die Scheidung eingereicht hat, ermordet sie ihr Mann Johann Sch. mit einem Messer und tötet sich anschließend mit dem gleichen Messer. Vier unmündige Kinder werden Vollwaisen.[916]

27. Oktober · Neustift bei Güssing/B: Der 42jährige Johann Kranz aus Gerersdorf verschwindet spurlos auf der Fahrt mit seinem Traktor von Neustift nach Gerersdorf. Nur sein Traktor wird mit laufendem Motor an der Straße vorgefunden. Nach der offiziellen Todeserklärung im Jahr 1992 wird das Skelett von Johann Kranz in einem Wald bei Neustift 1997 aufgefunden. Vermutlich befand sich der Mann zum Zeitpunkt seines Verschwindens in einem Delirium.[917]

1983

1. Jänner · Schwarzach im Pongau/S: Der Elternmörder Paul Möschl wird nach einer Fahndung in Schwarzach im Pongau verhaftet. Bei der Anhaltung zieht er eine Pistole und wird durch den Bauchschuß eines Gendarmeriebeamten schwer verletzt.[918]

30. April 1983; Glück hatten die Bewohner dieses Hauses, als das Flugzeug gegen die Hauswand krachte. Bild: GChr. Seiersberg

19. Februar · Gaal/St: Lawinenunglück: Das Ehepaar Karin und Othmar Fuchs aus Ingering verunglückt tödlich im Ringkogelgebiet unter einer Preßlawine. An der Bergung beteiligen sich Beamte des Gendarmeriepostens Seckau.[919]

22. Februar · Kitzeck im Sausal/St: 29mal mußten sich die Gendarmen aus Heimschuh auf die Lauer legen, bis es ihnen gelang den 20jährige Autonarren Peter L. zu fassen. Ihm werden 20 Pkw-Einbruchsdiebstähle nachgewiesen.[920]

30. April · Seiersberg/St: Bei einem Absturz eines Segelflugzeuges während des Landeanfluges auf den Flughafen Graz-Thalerhof wird der 57jährige Pilot getötet. Das Flugzeug stürzt in Neupirka in ein Siedlungsgebiet.[921]

23. Mai · Neckenmarkt/B: Bei dem achten Grenzlandwandertag werden bei einem Blitzschlag in eine Eiche, bei der eine Proviantstation für die Teilnehmer aufgebaut wurde, im Urbarialwald an der ungarischen Grenze acht Menschen getötet und 14 zum Teil schwer verletzt.[922]

In diesem »Standl« bei Neckenmarkt fand die Tragödie statt. Bild: GChr. Horitschon

15. Juni · Gars am Kamp/NÖ: Der 39jährige Hermann F. erschlägt im Zuge eines Streites seine Gattin Monika F. mit einem Stock. Der Täter wird wegen Mordes zu neun Jahren Haft verurteilt.[923]

6. Juli · Bad Aussee/St: Im Toplitzsee unternimmt Prof. Dr. Hans Fricke mit einem Mini-

U-Boot Tauchgänge. Die Aktion erregt großes Aufsehen, weil geheimdienstliche Aktivitäten im Zusammenhang mit dem angeblich versenkten NS-Schatz vermutet werden.[924] *(Siehe Beitrag im allgemeinen Teil)*

1. Juni · Gaal bei Knittelfeld/St: Das Zusammentreffen mehrerer Schicksalsschläge verkraftet Maximilian E. nicht. Er dreht vollkommen durch, ermordet mit einem Messer zunächst seine Gattin und begeht anschließend Selbstmord.[925]

28. Juli · Neumarkt a.W./S: Bei einem schweren Verkehrsunfall auf der Wiener Bundesstraße kommt eine Person ums Leben, sechs Personen werden schwer verletzt.[926]

29. Juli · Arnoldstein/K: Der alkoholkranke Hilfsarbeiter Peter S. erwürgt in einem Wohnblock seine 22jährige Lebensgefährtin Gabrielle Galle. Der Täter wird wegen Mordes zu 18 Jahren Freiheitsentzug verurteilt.[927]

9. August · Gloggnitz/NÖ: Bei einem Zusammenstoß eines Güterzuges mit einer E-Lok im Bahnhofsbereich kommt es zu einer Entgleisung von 14 mit Flüssiggas beladenen Waggons. Der Schaden beträgt 37 Millionen Schilling.[928]

Mit schwerem Gerät werden die Aufräumungsarbeiten in Gloggnitz durchgeführt.
Bild: GChr. Gloggnitz

5. September · Fischamend/NÖ: Aufgrund der starken Alkoholisierung des Kapitäns des ungarischen Tragflügelbootes »Siraly« kommt es auf der Donau zu einer Kollision mit einem sowjetischen Schubverband. Der Unfall fordert zwei Tote. 39 Passagiere werden zum Teil schwer verletzt.[929]

5. September 1983; deutlich zu sehen die schweren Beschädigungen am Bug des Tragflügelbootes.
Bild: GChr. Fischamend

13. September · Mariazell/St: Aufgrund der Wallfahrt von Papst Johannes Paul II. müssen insgesamt 585 Gendarmeriebeamte eingesetzt werden.[930]

14. September · Frohnleiten/St: Auf der Rechberg-Bundesstraße stürzt ein ungarischer Reisebus bei der Talfahrt über eine 100 Meter hohe Böschung. Insgesamt werden 15 Personen getötet und 33 schwer verletzt.[931]

13. September 1983; Tausende Gläubige nehmen an der Messe teil. Bild: Fotoverlag Cermak, Mariazell

22. September · Kitzbühel/T: Ein Mann schlägt die Geschäftsfrau der Gemischthandlung »Haider« mit einem Eisenrohr nieder und raubt ihr Sparbücher und die Handkasse in der Höhe von 20.000 Schilling. Die 64jährige Eva Haider stirbt 14 Tage später an ihren Verletzungen. Der Täter in der Person des 25jährigen Hilfsarbeiters Edwin A. wird zu lebenslanger Haft verurteilt.[932]

9. Oktober · Gutau/OÖ: Im Zuge einer Fehde zwischen zwei Rockergruppen werden zwei junge Männer mit einer Pumpgun erschossen. Dem Täter wird Notwehr zuerkannt. Es kommt zu keiner Verurteilung.[933]

2. Dezember · Frankenmarkt/OÖ: Helmut J. versetzt während eines Streites seiner Lebensgefährtin Marianne Jungwirth einen lebensgefährlichen Herzstich. Die schwer verletzte Frau gibt an, sich die Verletzung beim Brotschneiden zugefügt zu haben. Sie stirbt trotz sofortigem operativen Eingriffs. Bei den weiteren Erhebungen kann von den Beamten des Gendarmeriepostens Frankenmarkt Helmut J. die Tat nachgewiesen werden.[934]

10. Dezember · Tamsweg/S: Nach einem Bankraub, Beute 60.000 Schilling, erfolgt die Flucht des Täters auf einem Fahrrad. Der Räuber Johann G. kann jedoch durch den Fußtritt eines mutigen Spaziergängers gestoppt und danach von den verfolgenden Beamten verhaftet werden.[935]

18. Dezember · Schachendorf/NÖ: Beim Einschreiten der Gendarmeriebeamten RevInsp Herist und RevInsp Dorner gegen L. K. richtet dieser sein Schrotgewehr gegen die Beamten und gibt einen Schuß ab. Dabei wird RevInsp Herist im Gesicht leicht verletzt. Der Täter kann erst am nächsten Tag verhaftet werden.[936]

1984

1. Jänner · Katzelsdorf/NÖ: Nach einer Vergewaltigung versucht Wilfried A. mit einem Hammer Dagmar L. zu erschlagen. Das Opfer kann entkommen. Der Mann wird zu einer langjährigen Haftstrafe verurteilt.[937]

8. Februar · Kramsach/T: Eine 19jährige Frau wird vergewaltigt und, da sie den Täter erkannte, von diesem zu Tode getrampelt.[938]

9. Februar · Axams/T: Starke Schneeverfrachtungen sind Auslöser für fünf gleichzeitig abgehende Schneebrettlawinen in der Axamer Lizum. 36 Schifahrer werden verschüttet. Für drei Menschen kommt jede Hilfe zu spät.[939]

16. Februar · Reichraming/OÖ und Paldau bei Feldbach/St: Durch Öffnen der Pulsadern mit einer Rasierklinge ermordet Eva-Maria P. mit Hilfe von Maria H. ihre Pflegetochter Elisabeth Michalsky. Der Pflegevater des Kindes, Karl P., der von der Tat wußte, wird zu fünf Jahren und die Haupttäterin Maria H. zu 15 Jahren Haft verurteilt. Eva-Maria P. begeht in der U-Haft Selbstmord.[940]

15. April · Neukirchen am Großvenediger/S: Während eines Streites erwürgt Gerald E. in Krimml mit einer Krawatte seine 25jährige Gattin Christa. Der Täter wird zu 20 Jahren Haft verurteilt.[941]

GENDARMERIE-CHRONIK

9. Februar 1984, Axams. Durch verschiedene Einzugsgebiete schießen die Schneemassen zu Tal.
Bild: GChr. Axams

16. März · Steindorf am Ossiacher See/K: Tragischer Verkehrsunfall im Gemeindegebiet von Bodensdorf; Josefine E. stößt mit ihrem Pkw gegen einen entgegenkommenden Lkw. Die Lenkerin, ihre zweijährige Tochter und der Vater kommen bei diesem Unfall ums Leben.[942]

18. März · Reißeck/K: Der 19jährige Roland G. begeht in Kolbnitz an der 27jährigen Lebensgefährtin seines Stiefbruders Monika L. einen Lustmord. Dabei schlitzt er mit einem Küchenmesser den Körper der noch lebenden Frau auf und verstümmelt diesen aufs Ärgste. Der Täter wird zu einer Freiheitsstrafe von 20 Jahren verurteilt.[943]

24. März · Ybbs an der Donau/NÖ: Beim Autobahnrasthaus Agip in Richtung Wien wird das Gebäude durch einen Brand vernichtet. Laut Sachverständigen war ein Defekt an einem Spülautomaten die Brandursache.[944]

3. April · Zillertal/T: Bei Vorbereitungen von Lawinensprengungen im Schigebiet Hochzillertal werden drei Personen, die vermutlich mit einem Pistengerät die Vorbereitungen trafen, getötet.[945]

11. April · St. Jakob im Rosental/K: Ständige Streitigkeiten und Alkoholsucht enden in Rosenbach mit einem Mordversuch des ÖBB-Beamten Johann K. an seiner Gattin. Er fügt ihr mit einer Hacke schwere Verletzungen mit Dauerfolgen zu. Nach einer Großfahndung wird der Täter im Gasthaus Brandstätter verhaftet.[946]

16. April · Werndorf/St: Ein Umweltskandal wird aufgedeckt. 2000 Giftfässer der Fa. Peicher wurden im Erdreich eingegraben.[947]

27. April · Weißenstein/K: Im Zuge des Autobahnbaues werden Brandrodungen durchgeführt. Das Feuer gerät außer Kontrolle und breitet sich auf die umliegenden Wälder aus. 25 Feuerwehren, Bundesheer und fünf Hubschrauber werden zur Brandbekämpfung eingesetzt. Der Sachschaden beträgt über 5 Mill. Schilling.[948]

12. Mai · Pirka/St: Ein 34jähriger Mann erschießt auf offener Straße (B 70) aus Eifersucht nach einer Autoverfolgung seine 27jährige Freundin und begeht daraufhin Selbstmord.[949]

25. Mai · Purkersdorf/NÖ: Die Tankstellenpächterin Helene Bubendorfer wird in ihrem Tankstellenespresso in der Wienerstraße 30 in von einem unbekannten Mann in Raubabsicht mit einem Sturmgewehr erschossen. Der Raubmörder konnte bis heute nicht ausgeforscht werden.[950]

27. Juni · Ebental/K: Bei einer Luftlandeübung in der Ortschaft Rottenstein stürzt ein Flugzeug des Österreichischen Bundesheeres ab. Der Pilot und sechs Präsenzdiener finden den Tod.[951]

7. Juli · St. Paul im Lavanttal/K: Der flüchtige Häftling Rene W. schießt bei seiner Festnahme mit einem abgesägten Schrotgewehr zweimal auf den einschreitenden Gendarmeriebeamten Albin Satz und verletzt diesen schwer. Er wird zu 20 Jahren Haft verurteilt.[952]

14. Juli · Weitendorf/St: Einbrecherpech: Bei dem Versuch einen Tresor im Basaltsteinbruch aufzuschweißen, werden die beiden Berufseinbrecher Paul D. und Josef Sch. durch eine Explosion getötet. Die Explosion wurde durch die im Tresor lagernden Zündkapseln ausgelöst.[953]

Ein Bild der Zerstörung bot sich in Weitendorf den erhebenden Gendarmen aus Wildon. Bild: GChr. Wildon

15. Juli · Eugendorf/S: Auf der Wiener Bundesstraße kommt es zu einem Frontalzusammenstoß zweier Pkw. Dem Unfall fallen vier Menschenleben zum Opfer. Eine Person überlebt schwer verletzt.[954]

20. Juli · St. Kathrein am Hauenstein/St: Wegen Geldschwierigkeiten erschlägt der Vertreter Johann Sch. seinen Arbeitskollegen Johann Schmallegger und raubt seine Tageslosung als Weinverkäufer in der Höhe von 20.000 Schilling. Der Täter wird zu lebenslanger Haft verurteilt.[955]

August · Thalheim bei Wels/OÖ: Ein geisteskranker Mann schießt mit einem Winchester-Gewehr auf Kirchendächer um »Störche zu vertreiben«. Der Schaden beträgt 142.000 Schilling.[956]

14. Oktober · Fügen/T: Beim Sägewerk Binder bricht in der Brikettieranlage ein Brand aus, der sich zu einem Großbrand ausbreitet. Die Schadenshöhe erreicht ca. 250 Millionen Schilling. An die 300 Feuerwehrmänner sind im Einsatz.[957]

Fügen; Luftaufnahme aus der Tatbestandsmappe.
GChr. Strass/Z

20. Oktober · Thalheim bei Wels/OÖ: Dagmar L. wird von Karl L. vergewaltigt, der Täter darf jedoch nicht verhaftet werden. Zwölf Tage später vergewaltigt und ermordet derselbe Mann in Wels Mario L. Karl L. wird zu zwölf Jahren Haft verurteilt.[958]

25. Oktober · Kirchberg an der Raab/St: Günther D. wird des sexuellen Mißbrauchs an seinen drei minderjährigen Töchtern und seiner 14jährige Stieftochter überführt. Der Mann wird zu fünf Jahren Haft verurteilt.[959]

29. Oktober · Schörfling am Attersee/OÖ: Massenkarambolage auf der A 1. Die Gendarmen der Verkehrsabteilung Außenstelle Seewalchen ziehen die Unfallbilanz: 18 beteiligte Fahrzeuge, fünf Tote, 26 Verletzte.[960]

12. November · Markt Hartmannsdorf/St: Nach den Überfällen auf drei an der Phyrnautobahn liegende Tankstellen und einem Raubüberfall auf die örtliche Raiffeisenbank werden die Brüder Siegmund, Erwin und Karl K. von einem Geschworenengericht des LG Graz zu zehn, neun und acht Jahren Haft verurteilt.[961]

GENDARMERIE-CHRONIK

29. Oktober 1984, Schörfling am Attersee; Situation an der Unfallstelle vor dem Eintreffen der Feuerwehr.
Bild: RASTL,GRRI

14. November · Bad St. Leonhard im Lavanttal/K: Depressionen sind Ursache einer Verzweiflungstat; die 32jährige Hausfrau Herta St. vergiftet ihren elfjährigen Sohn Werner und ihre zehnjährige Tochter Renate und begeht anschließend Selbstmord durch Erhängen.[962]
21. November · Mürzzuschlag/St: Peter P. ersticht die Hausfrau Maria Grafeneder und raubt sie aus.[963]
2. Dezember · Hausbrunn/NÖ: Um sich dessen Pension anzueignen, ermordet ein Enkelkind seinen Großvater und täuscht einen Raubmord vor. Der Täter kann jedoch von Beamten des Gendarmeriepostens Großkrut überführt werden. Urteil: sechs Jahre Haft.[964]
7. Dezember · Hainburg/NÖ: In der Stopfenreuther Au kommt es aufgrund des geplanten Baus eines Donaukraftwerkes zu einer insgesamt einmonatigen Demonstration, welche schließlich die Einstellung des geplanten Kraftwerkbaus zur Folge hat. Die Beamten von Hainburg stehen, wie alle zugeteilten Gendarmen, im Dauereinsatz.[965]

Die »Aubesetzung«, eine Herausforderung für das demokratische Staatsbewußtsein.
Bild: GChr. Hainburg

23. Dezember · Wartberg ob der Aist/OÖ: Sexualmord: Der 20jährige Hilfsschlosser Alfred B. erwürgt in Frensdorf 2 die 63jährige Landwirtin Anna Schöfl und mißbraucht die Leiche sexuell.[966]

Oktober bis November · Gralla/St: In einem Zeitraum von nur zwei Monaten werden die Autobahntankstellen Gralla Ost und West an der A 9 von einem Brüderpaar dreimal brutal überfallen und beraubt. Die Täter werden von der Gendarmerie Leibnitz ausgeforscht und zu neun Jahren Haft verurteilt.[967]

1985

26. Februar · Breitenfurt bei Wien/NÖ: Bei einem bewaffneten Raubüberfall auf das Postamt erbeuten drei Täter 59.070 Schilling. Sie können im Zuge einer Alarmfahndung von der Gendarmerie gefaßt werden.[968]
13. März · Weißkirchen in Steiermark: Eppenstein: Nach einem Streit wird der 44jährige Johann Steinhuber von seinem 76jährigen Vater mit einem Küchenmesser erstochen. Danach verständigt der Täter die Gendarmerie Weißkirchen.[969]
21. März · Rohrmoos-Untertal/St: Bei einem Lawinenabgang im Obertal kommen vier Alpinisten ums Leben. Die Bergung erfolgt durch Alpingendarmen und Bergretter.[970]
5. April · Deutschfeistritz/St: In Stübing am Pfaffenkogel kommt es in der Nähe des Freilichtmuseums, vermutlich wegen eines brennenden Zigarettenstummels, zu einem Waldbrand. Das Museum kann gerettet werden.[971]
13. April · Puchberg am Schneeberg/NÖ: In Rohrbach ersticht der 23jährige K. W. aus Eifersucht in der Nacht seine 19jährige Freundin G. G. in deren Zimmer. Der flüchtige Täter wird von der Gendarmerie Puchberg a. Schneeberg ausgeforscht und zu 15 Jahren Freiheitsentzug verurteilt.[972]
13. April · Schönegg bei Pöllau/St: Raubmord – Beute 240 Schilling: Der 23jährige beschäftigungslose Karl P. erschlägt den 62jährigen Pensionisten Johann Ringhofer mit einem Hammer und raubt ihm 240 Schilling. Der Täter wird zu lebenslänglicher Haft verurteilt.[973]
21. April · St. Radegund bei Graz/St: Im Zuge von Erhebungen bezüglich einer Serie von Einbrüchen wird der Postenkommandant von St. Radegund bei Graz, Hans Wartinger, von einem Verdächtigen angeschossen und lebensgefährlich verletzt. Der Täter Karl P. aus Graz wird verhaftet.[974]
24. April · Langenzersdorf/NÖ: Raubüberfall auf Metro-Markt: Vorerst unbekannte Täter, bewaffnet mit Pumpguns, überfallen den Betriebsleiter des Metro-Marktes, fesseln ihn zu einem Paket und stürzen sich auf den Tresor. Unverrichteter Dinge müssen sie jedoch den Tatort wieder verlassen, da kurz vor ihrem Erscheinen der Tresor versperrt wurde und nicht mehr geöffnet werden konnte. Die Täter Arnold J. und F. H. können zahlreicher Raubüberfälle in Wien und Niederösterreich überführt werden.[975]
10. Mai · Lutzmannsburg/B: Bei einem Picknick von Jugendlichen an der ungarischen Grenze kommt es bereits vor der Öffnung des »Eisernen Vorhangs« zu einem problemlosen Grenzübertritt von Ungarn nach Österreich. Daran nehmen auch zwei ungarische Grenzsoldaten teil. Ihr Verhalten wird jedoch von den ungarischen Behörden mit einer zehnjährigen Freiheitsstrafe bestraft.[976]

Landesgendarmeriekommandant Erich Koll überreicht in der Ausstellung Dekrete an die Beamten des Gendarmeriepostens Werfen. V.l.n.r.: Kurt Eder, Armin Pietschnig, Fritz Grünwald, Fritz Hörmann und Postenkommandant Roman Lorenz.

17. Mai · Werfen/S: Zwischen 17. Mai und 9. Juni findet im Kuenburggewölbe Werfen eine Sonderausstellung unter dem Titel »135 Jahre Gendarmerieposten Werfen« statt. Zur Ausstellung erscheint ein von Fritz Hörmann gestaltetes 180seitiges Buch mit dem Titel »Gendarmerie Werfen 1850 – 1985«. Die

Kuvert mit Sonderstempel und Sondermarke.
Bild: Fritz Hörmann

GENDARMERIE-CHRONIK

Titelseite des Buches »Gendarmerie Werfen 1850 – 1985«.
Bild: Fritz Hörmann

Ausstellung wird begleitet von einem breitgefächerten Rahmenprogramm mit Vorträgen zur Alpingendarmerie, aktuelle Verkehrsfragen, Suchtgiftproblemen und einen Abend über »Kriminalistik im Wandel der Zeit.« Ein Sonderpostamt mit Sonderstempel rundet die gelungene Ausstellung, die vom Kustos des Museumsvereines Werfen und Gendarmeriebeamten Fritz Hörmann gestaltet und von rund tausend Zuschauern besucht wurde, ab.

7. Juni · Mauterndorf/S: Beim Einbruch in das Schmuck- und Uhrenfachgeschäft Hoogstoel werden Schmuck und Uhren in einem Gesamtwert von 303.000 Schilling gestohlen. Dank der umsichtigen Erhebungen von BezInsp Pöllitzer, RevInsp Fanninger und RevInsp Rottensteiner kann ein jugendliches Pärchen als Täter ausgeforscht werden. Die Täter wollten sich mit dem Geld einen Italienurlaub finanzieren.[977]

12. Juni · Zeltweg/St: Die Brüder Manfred und Konrad U. aus Lind bei Zeltweg erschlagen mit einem elf Kilogramm schweren Stein den Präsenzdiener Manfred K. aus Murau.[978]

30. Juni · Apetlon/B: Gefahr für das Naturschutzgebiet Lange Lacke am Neusiedler See. 103 Landwirte bangen nach dem Auslaufen des Pachtvertrages mit dem WWF um ihre Existenz und wollen aus Protest das Naturjuwel umackern. Durch massiven Gendarmerieeinsatz kann das verhindert werden. Diese Vorfälle waren Auslöser zu einer politischen Entscheidung und Gründung des Nationalparkes Neusiedler See – Seewinkel.[979]

11. Juli · Zirl/T: Horrorvision: Bremsversagen eines Omnibusses bei einer Talfahrt am Zirler Berg. Der Bus rast mit 100 km/h talwärts, rammt drei bergwärts und vier talwärts fahrende Pkw und fliegt aus einer Linkskurve. Der Unfall fordert zwei Tote und 45 Schwerverletzte.[980]

21. Juli · Vöcklabruck/OÖ: Unter großem Interesse der Bevölkerung werden die VIII. Internationalen Feuerwehrwettkämpfe – die sogenannte »Feuerwehrolympiade« – mit Teilnehmern aus insgesamt 29 Ländern veranstaltet. Die Gendarmerie versieht Sicherheitsdienst.[981]

24. Juli · Bad Gams/St: Aufgrund eines Flugfehlers des Piloten kommt eine zweimotorige Piper in Sallegg zum Absturz. Der Absturz fordert zwei Tote. Beim Piloten kann nachträglich ein Alkoholgehalt von 1,9 Promille im Blut festgestellt werden.[982]

24. Juli · Haus im Ennstal/St: Der Tiroler Arbeiterkammerpräsident Ekkehard Abendstein, seine Frau Hertha und seine Nichte Karin Ursprunger verunglücken auf der B 146 nach einem Überholvorgang. Sie kommen mit ihrem Pkw und Wohnwagen ins Schleudern, das Gespann stellt sich quer, ein entgegenkommender Lkw kann nicht mehr anhalten und zermalmt den Pkw. Alle drei Insassen werden getötet.[983]

6. August · Grinzens, Axams, Birgitz und Götzens/T: Heftige Unwetter verursachen in diesen Gemeinden Murenabgänge und erhebliche Flur- und Forstschäden. Dabei werden auch Straßen verlegt. Die Gendarmerie Axams steht im Dauereinsatz. Der Gesamtschaden beträgt 3,6 Millionen Schilling.[984]

13. August · Mautern an der Donau/NÖ: Ewald Pollhammer wird nächtens beim Öffnen der Eingangstür von einem unbekannten Täter durch eine Schrotladung ins Gesicht getötet. Als Täter kann erst Jahre später J. Kastberger ausgeforscht werden.[985]

21. August · Lutzmannsburg/B: Schwerer Grenzzwischenfall an der ungarischen Grenze; ein Flüchtling aus der DDR wird von ungarischen Grenzsoldaten auf österreichischem Hoheitsgebiet erschossen und die Leiche nach Ungarn gezerrt.[986]

11. September · Wernberg/K: Der auf frischer Tat betretene Othmar U. schoß nach seiner vorläufigen Verwahrung auf Insp Klaus Hirschberg. Der Beamte vom Gendarmerieposten Wernberg wurde schwer verletzt.[987]

13. September · Deutsch-Brodersdorf/NÖ: Nach wochenlanger Vorpaßhaltung durch Gendarmeriebeamte können 143 Kilogramm Haschisch in einem Schwarzmarktwert von 15 Millionen Schilling beschlagnahmt werden. Es werden insgesamt sechs Schmuggler und Dealer verhaftet.[988]

13. September · Allerheiligen bei Wildon/St: Der 30jährige Josef K. setzt den Gutshof von Schloß Herberstorf in Brand. Es kommt zu einem Schaden von ca. fünf Millionen Schilling. Der Täter wird von Gendarmen des Postens Heiligenkreuz überführt und zu fünfeinhalb Jahren Freiheitsstrafe verurteilt.[989]

5. Oktober · Maria Alm am Steinernen Meer/S: Bei einem Motorseglerabsturz verunglücken Raimund R. und sein amerikanischer Begleiter Thomas Lee D. tödlich. Als Ursache für den Absturz wird ein Fehler des Piloten angenommen.[990]

6. Oktober · Irdning/St: Tragischer Todesfall am Tennisplatz in Aigen. Der Direktor der Landesberufsschule wird von einem vorerst Unbekannten angeschossen und getötet. Nach intensiven Erhebungen der Gendarmerie kann Tage später Engelbert S. ausgeforscht werden. Er wollte mit seinem Gewehr eine Krähe abschießen.[991]

24. Oktober · Vandans/V: Die 15jährige Schülerin Christina Hartmann wird vom türkischen Staatsangehörigen Ihsan Ö. auf dem Heimweg mit einem Messer erstochen und anschließend sexuell mißbraucht.[992]

27. Oktober · Ternitz/NÖ: Um sie zur Heirat zu nötigen, wird die 16jährige türkische Staatsangehörige Emine Kursuncu entführt und vergewaltigt. Die drei Täter werden ausgeforscht und zu zwei bis vier Jahren Haft verurteilt.[993]

21. November · Obdach/St: Nach langen Untersuchungen kann eine dreiköpfige Bande, die Autodiebstähle, Verschiebungen und Einbruchsdiebstähle in Ausmaß von rund 3 Mill. Schilling durchgeführt hat, festgenommen werden. Der Haupttäter begeht Selbstmord.[994]

26. November · Weißenkirchen an der Perschling/NÖ: Bei einem Überfall auf die örtliche Raiffeisenkasse erbeutet der Bankräuber 115.000 Schilling. Der Hilfsarbeiter Willibald P. kann noch am selben Tag als Täter ausgeforscht werden.[995]

12. Dezember · Ried im Innkreis/OÖ: Durch Selbstentzündung einer chemischen Flüssigkeit im Bio-Möbelwerk »Team 7« wird die Fabrik fast völlig eingeäschert. Der Sachschaden beträgt 30 Millionen Schilling.[996]

17. Dezember · Vöcklabruck/OÖ: Die B 1 wird im Rahmen einer Bauerndemonstration mit 500 Traktoren blockiert. Der Grund für die Demonstration ist die Forderung der Bauern für eine Erhöhung des Absatzförderungsbeitrages für Milch. Die Beamten des Gendarme-

GENDARMERIE-CHRONIK

27. Dezember 1985; das Ende des Terroristen Mongi ben Abdollah Saadaoui.
Bild: GChr. Fischamend

riepostens Vöcklabruck stehen im Dauereinsatz.[997]

17. Dezember · Eggersdorf bei Graz/St: Ein Arbeitsloser versucht mit Waffengewalt einen Taxilenker auszurauben. Der Täter kann kurz nach der Tat gestellt werden.[998]

20. Dezember · Ternitz/NÖ: Nach insgesamt sechs bewaffneten Raubüberfällen auf verschiedene Geldinstitute kann Andreas L. von Beamten des Gendarmeriepostens Ternitz verhaftet werden. Der Täter wird zu acht Jahren Haft verurteilt.[999]

27. Dezember · Fischamend/NÖ: Nach dem schweren Handgranatenüberfall in der Abfertigungshalle des Schwechater Flughafens ergreifen drei Terroristen die Flucht. In Fischamend werden sie nach einer wilden Verfolgungsjagd gestellt. Beim anschließenden Schußwechsel zwischen Gendarmeriebeamten und den Terroristen werden ein Terrorist getötet und zwei schwer verletzt. Beide überlebenden Täter werden zu lebenslanger Haft verurteilt. Einer von ihnen verübt später eine Geiselnahme in der Strafanstalt Graz-Karlau.[1000]

Oktober bis Dezember · Haugsdorf/NÖ: Gerhard T. und Enrico H. werden wegen 44 strafrechtlicher Handlungen – vorwiegend Einbrüche mit einem Gesamtschaden von ca. 553.000 Schilling – von der Gendarmerie überführt und verhaftet.[1001]

1986

8. Jänner · Metnitz/K: Bei einem bewaffneten Raubüberfall auf die Volksbank-Filiale kann der maskierte Täter Friedrich R. mitsamt der Beute von 468.650 Schilling fliehen. Der Täter kann fünf Monate später bei einem neuerlichen Raubüberfall in Oberösterreich verhaftet werden.[1002]

15. Jänner · Kindberg/St: Bei einem durch Glatteis ausgelösten Massenunfall auf der B 306, bei dem insgesamt 23 Kfz beteiligt sind, werden neun Personen zum Teil schwer verletzt. Der Gesamtschaden beträgt ca. 30 Millionen Schilling.[1003]

29. Jänner · Stattegg/St: Aufgrund Brandstiftung brennt das Wirtschaftsgebäude des Landwirtes Heribert G. in Neudorf 1 ab. Es handelt hier sich bereits um die vierte Brandlegung.[1004]

10. Februar · Wartberg im Mürztal/St: Die Radiatorenhalle des Werkes »Vogel und Noot« kommt durch den Schneedruck zum Einsturz. Bei dem Einsturz wird niemand verletzt. Der Schaden übersteigt jedoch die Millionenhöhe und hat einen Produktionsausfall zur Folge.[1005]

19. Februar · St. Nikolai im Sausal/St: In Grötsch nötigt der 55jährige Landwirt Florian Rath seine 21jährige Tochter durch Fußtritte und Drohungen zum Beischlaf. Gendarmen aus Heimschuh klären den Fall. Der Täter wird zu 18 Monaten bedingt verurteilt.[1006]

27. Februar · Ratsch an der Weinstraße/St.: Nach einem Streit erschießt der 61jährige Landwirt Josef B. seine 54jährige Gattin Rosa mit einer Schrotflinte. Danach, stellen die Gendarmen aus Gamlitz fest, erschießt sich der Mann selbst.[1007]

1. März · Rein/St: Im Stift Rein wird der Abt Paulus R. der Beteiligung in einer Betrugssache in der Höhe von ca. 150 Millionen Schilling überführt. Der Abt wird des Amtes enthoben und zu 21 Monaten Haft verurteilt.[1008]

18. März · Übelbach/St: Die 33jährige Gerda H. aus Neuhof, die an schweren Depressionen leidet, will ihren ein Jahr alten Sohn durch Verabreichung einer Überdosis von Medikamenten in den Tod mitnehmen und nimmt anschließend selbst eine tödliche Dosis Tabletten. Durch die Aufmerksamkeit einer Nachbarin können beide gerettet werden.[1009]

30. März · Prambachkirchen/OÖ: Der Postenkommandant von Prambachkirchen, Hermann Nickl, wird im Zuge einer Verkehrsregelung wegen eines Brandes von einem Pkw angefahren und tödlich verletzt. Der alkoholisierte Unglückslenker Josef A. wird zu sechs Monaten unbedingter Haft verurteilt.[1010]

31. März · Bruck an der Leitha/NÖ: Der größte Betrieb der Stadt, nämlich die Zuckerfabrik, wird geschlossen. 144 Arbeitnehmer verlieren ihren Arbeitsplatz.[1011]

1. April · Lochau/V: Als der Lokführer eines aus Lindau kommenden Schnellzuges am Bahnhof Lochau bemerkt, daß am gleichen Gleis ein Güterzug steht, kann er trotz sofort eingeleiteter Schnellbremsung einen Zusammenstoß nicht vermeiden. Bei dem Unfall, der auf menschliches Versagen zurückzuführen ist, werden 31 Personen verletzt. Der Gesamtschaden beträgt drei Millionen Schilling.[1012]

5. April · Uttendorf/S: Raub: Eine 71jährige Frau erliegt den schweren Verletzungen, die ihr ein vorerst unbekannter Täter bei einem Raubüberfall zugefügt hat. Der Täter, ein 26jähriger Tischler, wird durch die Gendarmerie Uttendorf ausgeforscht und zu 20 Jahren Haft verurteilt.[1013]

17. April · Gnas/St: Zum dritten Mal innerhalb von sieben Jahren setzt der Gelegenheitsarbeiter Alois K. einen Bauernhof in Brand und richtet somit Schäden in Millionenhöhe an. K. wird als abnormer Pyromane in eine Anstalt für geistig abnorme Rechtsbrecher eingewiesen.[1014]

26. April · Nickelsdorf/B: Mittels einer Traktorblockade am Grenzübergang zu Ungarn fordern burgenländische Landwirte die Beseitigung der Härten nach dem neuen Weingesetz, die Abschaffung der Düngemittelabgabe und die Beendigung der Liberalisierung der Ostimporte für Gemüse. Bei der zwangsweisen Aufhebung der Blockade kommt es zu einigen tätlichen Auseinandersetzungen.[1015]

13. Mai · Thörl/St: A. K. entführt seinen fünf Monate alten Sohn und ermordet diesen durch Ertränken bzw. er schleudert das Kind mehrmals gegen eine Wand.[1016]

14. bis 16. Mai · Krems/NÖ: Nach einer dreitägigen Blockade mit Traktoren durch Weinbauern werden die St.-Pöltener-Brücke sowie auch die Mauterner Brücke geräumt. Rund dreihundert Beamte befinden sich im Einsatz.[1017]

15. Mai · Telfs/T: Zwei deutsche Einbrecher dringen in das Einkaufszentrum »Inntalcenter« ein und werden von BezInsp Kurt Zingerle gestellt. Einer der Täter geht in der Folge mit unvorstellbarer Brutalität auf den Beamten los, schlägt ihm unzählige Male mit einem Geißfuß auf den Kopf und verletzt ihn lebensgefährlich. Der Haupttäter wird zu 18 Jahren Haft verurteilt.[1018]

18. Mai · St. Aegyd am Neuwalde/NÖ: Nach einer Vergewaltigung ersticht eine 19jährige Krankenschwester aus Notwehr ihren Angreifer, den 32jährigen Arbeitslosen Karl G., mit einem Hirschfänger. Die Frau wird freigesprochen.[1019]

21. Mai · Lochau, Eichenberg/V: Aufgrund schlechter Witterungsverhältnisse streift eine Cessna, die sich auf einem Flug von Hohenems nach Salzburg befand, auf der Parzelle Juggen

ÖSTERREICH-CHRONIK

26. Mai: Vertragsunterzeichnung zwischen Österreich und Ungarn über den Bau des Donaukraftwerkes Nagymaras.
8. Juni: Dr. Kurt Waldheim wird im 2. Wahlgang zum österreichischen Bundespräsidenten gewählt.
9. Juni: Der österreichische Bundeskanzler Dr. Fred Sinowatz tritt von seinem Amt zurück, ihm folgt Dr. Franz Vranitzky.
3. Juli: Mit dem Zusammenschluß der Autobahn Arnoldstein–Tarvis ist die Strecke Wien–Graz–Klagenfurt mit dem italienischen Autobahnnetz hergestellt.
10. Juli: Der niederösterreichische Landtag beschließt einstimmig, St. Pölten zur Hauptstadt von Niederösterreich zu machen.
14. September: Hans Groer wird nach Kardinal Franz König Erzbischof von Wien.
4. – 6. November: Die KSZE-Nachfolgekonferenz mit 35 Außenministern tagt in Wien.
23. November: Nationalratswahlen: FPÖ verdop-pelt ihre Stimmen, die »Grünen« erstmals im Parlament.

1987

1. Jänner: Österreich wird Vollmitglied der Europäischen Weltraumagentur ESA.
5. März: Tiroler Landtagswahlen: Alois Partl folgt dem seit 1963 als Landeshauptmann agierenden Eduard Wallnöfer.
26. Juni: Der 10 km lange Plabutschtunnel bei Graz wird dem Verkehr übergeben.
8. – 10. Juni: Staatsbesuch des sowjetischen Außenministers in Wien, Gesprächsschwerpunkt: Österreichs Beitritt in die EU und die Folgen für die Neutralität.
9. Juli: Martin Purtscher folgt Herbert Keßler als Landeshauptmann von Vorarlberg.
18. September: Zugsunglück auf der Westbahn bei Lambach (OÖ), 3 Tote, 100 Verletzte, 110 Millionen öS Schaden.
4. Oktober: Landtagswahl in Burgenland, Ernst Sipötz folgt dem zurückgetretenen Theodor Kery in das Amt des Landeshauptmannes.
6. Oktober: Attentat auf den Landeshauptmann von Kärnten, Leopold Wagner, der schließlich aus gesundheitlichen Gründen am 20. Sept. 1988 Peter Ambrozy das Amt überläßt.
18. Oktober: Allgemeine Katalysatorpflicht für neu zugelassene Kfz.

1988

8. April: Die EG errichtet in Wien ihre erste Botschaft in einem Nicht-EG-Mitgliedstaat.
11. März: Gedenkfeiern anläßlich des Einmarsches der Deutschen Wehrmacht in Österreich und des Anschlusses an das Großdeutsche Reich.
29. Mai: Der Erzbischof von Wien Hans Hermann Groer wird zum Kardinal ernannt.
23. – 27. Juni: 2. Papstbesuch in Österreich. Papst Johannes Paul II. besucht Wien, Trausdorf in Burgenland, das KZ Mauthausen, Lorch (Oberösterreich), Gurk in Kärnten, Salzburg und Innsbruck. Zusammentreffen mit Vertretern der Israelitischen Kultusgemeinde.
28. Juni: Fertigstellung des letzten Teilstückes der Tauernautobahn, Umfahrung Villach; somit ist die Strecke Hamburg – Sizilien durchgehend befahrbar.
1. Juli: Die VOEST-Alpine und die VEW schließen sich als Stahlholding der ÖIAG unter der Bezeichnung VOEST Alpine Stahl AG zusammen.
9. Juli: Regelung für die Kärntner Sprachminderheitenschulen.
1. September: Lockerung der Ladenschlußzeiten: Die Geschäfte können entweder an einem Tag in der Woche bis 20 Uhr oder an einem Samstag bis 17 Uhr pro Monat offen halten.
19./20. Dezember: Anläßlich des Besuchs von PLO-Chef Yassir Arafat in Wien bekräftigt Österreich die Anerkennung eines Palästinenserstaates und anerkennt den PLO-Vertreter in Wien als Botschafter.

1989

6. – 9. März: 35 Außenminister der KSZE-Staaten finden sich in Wien zu einem Gespräch über die Waffenabrüstung der NATO und des Warschauer Paktes ein.
Juli – August: Österreich wird mit den politischen Verhältnissen in der DDR insofern konfrontiert, als mit dem Fall der Berliner Mauer Ströme von DDR-Flüchtlingen über Ungarn die österreichische Staatsgrenze überschreiten. Die Angelegenheit beruhigt sich erst 1990 mit der Angliederung des ehemaligen DDR-Staates an die Bundesrepublik Deutschland.
12. – 20. September: Italienische Frächter blockieren aus Protest gegen die Limitierung der Lkw-Durchfahrtskontingente die österreichischen Grenzen.
17. Dezember: Der »Eiserne Vorhang« zwischen Österreich und der Tschechoslowakei wird getrennt. Die Maschendrahtgrenze wird abgebaut.

1990

30. Jänner: Beginn des LUCONA-Prozesses: Udo Proksch wird des Versicherungsbetruges von 212 Millionen Schilling, des 6fachen Mordes und des 6fachen Mordversuches angeklagt. 20 Jahre Haft.
4. April: Beginn des NORICUM-Prozesses: Manager der Verstaatlichten Industrie werden der Verletzung des Kriegsmaterialexportgesetzes und wegen Neutralitätsgefährdung angeklagt.
12. Juli: Durch Absinken eines Pfeilers der Inntalbrücke bei Kufstein kommt an dieser Strecke sämtlicher Auto- und Schienenverkehr zum Erliegen.
13. August: Die Bundesregierung schließt sich den im Zusammenhang mit dem Golfkrieg vom UN-Sicherheitsrat verhängten Sanktionen gegen den Irak an.
25. August: Kurt Waldheim erreicht bei Saddam Hussein die bedingungslose Freilassung österreichischer Geiseln.
7. September: Einführung der Visumpflicht für Polen, begrenzt auf 6 Monate.
7. Oktober: Bei den Nationalratswahlen hält die SPÖ den Mandatsstand, die FPÖ zählt Gewinne. Bundeskanzler Franz Vranitzky.
16. – 22. Oktober: Italien verhängt eine Grenzblockade gegen Österreich, um die Rücknahme der restriktiven Transitbestimmungen zu erreichen.

1991

1. Jänner: Österreich wird für zwei Jahre nichtständiges Mitglied des UN-Sicherheitsrates und übernimmt für die erste Hälfte des Jahres den Vorsitz in der EFTA.
3. Jänner: Wahl des österreichischen UNO-Botschafters zum Vorsitzenden der UNO-Sanktionsausschusses im Golfkrieg.
28. Juli – 6. August: Österreich verstärkt die slowenische Grenze mit Militäraufgebot, da im Zuge des Jugoslawienkrieges jugoslawische Kampfflieger mehrmals österreichischen Luftraum verletzen.

1992

15. Jänner: Österreich anerkennt die Auflösung Jogoslawiens und die neuen Staaten Slowenien und Kroatien, ebenso die Nachfolgestaaten der UdSSR.
24. Mai: Thomas Klestil wird im zweiten Wahlgang Bundespräsident.
30. Mai: Mit der Anerkennung des Autonomiepakets durch die Südtiroler Volkspartei kann der Streit zwischen Österreich und Italien in dieser Angelegenheit beigelegt werden.
2. Juni: Österreich schließt sich den UNO-Sanktionen gegen Jugoslawien an.

1993

1. Jänner: Österreich grenzt durch die Teilung der Tschechoslowakei an zwei neue Staaten: Tschechische und Slowakische Republik.
20. März: Beginn der »Special Olympics« in Schladming und in Salzburg.
3. – 6. Dezember: Der Briefbombenterror beginnt. In diesen Tagen werden vier Personen schwer verletzt. Eine Serie von Attentaten folgt. Die Täter werden zunächst in der rechtsradikalen Szene gesucht. 1999 wird Franz Fuchs als Alleintäter gerichtlich verurteilt.

1994

1. Jänner: Der Europäische Wirtschaftsraum (EWR) tritt in Kraft. Österreich ist Mitglied.
24. Juni: Unterzeichnung des EU-Beitrittes in Korfu.

in Eichenberg einen Baumwipfel und stürzt ab. Dabei kommen zwei Personen ums Leben.[1020]

21. Mai 1986, Lochau, Eichenberg; die Passagiere hatten bei diesem Absturz keine Überlebenschance. *Bild: GChr. Lochau*

24. Mai · Kremsmünster/OÖ: Der Hilfsarbeiter Max B. ersticht in seinem Wohnhaus, Wolfgangstein 3, aus Eifersucht seine Ehefrau Rosa.[1021]

3. Juni · Ilz/St: Dr. Franz Sch. aus Großsteinbach tötet seine drei Töchter im Alter von zwei, acht und elf Jahren mit gezielten Kopfschüssen. Anschließend erschießt sich der Täter selbst. Das Motiv – munkelt man – sollen Ängste vor den Folgen der Reaktorkatastrophe in Tschernobyl gewesen sein.[1022]

10. Juni · Wilhering/OÖ: Der 44jährige jugoslawische Gastarbeiter Hazbi A. erschießt in Thalham aus Eifersucht zwei Frauen und einen Mann. Er wird zu 16 Jahren Haft verurteilt und in der Folge abgeschoben.[1023]

1. Juli · Jagerberg/St: Der Schlachthof Sch. aus Ungerdorf bringt minderwertiges bzw. nicht mehr genußfähiges Fleisch mit einem gefälschten Beschaustempel in die Verkaufskette. Die Firmenleitung wird zu bedingten Freiheitsstrafen und einer Geldstrafe von ca. einer Million Schilling verurteilt.[1024]

23. August · Teesdorf/NÖ: Der Pensionist Robert R. erschlägt in seinem Wohnhaus im Schlafzimmer mit einem Maurerfäustl seine Gattin, verletzt seine beiden Söhne lebensgefährlich. Danach geht er in den Geräteschuppen und versucht sich zu erhängen. Er wird von seinen schwer verletzten Söhnen entdeckt und gerettet. Robert R. verstirbt vor Strafantritt an seiner schweren Zuckerkrankheit.[1025]

26. August · Radenthein/K: Vor den Augen von zwei Beamten des örtlichen Gendarmeriepostens verübt der beschäftigungslose 41jährige Maurer Johann H. Selbstmord, indem er sich mit Sprengstoff in die Luft sprengt. Die Beamten können noch rechtzeitig Deckung einnehmen. Der Mann wird bis zur Unkenntlichkeit zerfetzt.[1026]

29. August · Kaindorf an der Sulm/St: Aufgrund krankhafter Eifersucht wird eine Frau von ihrem 35jährigen Gatten mit 16 Schüssen aus einem Kleinkalibergewehr ermordet. Der Täter wird zu acht Jahren Haft verurteilt.[1027]

1. Oktober · Nikolsdorf/T: In Lengberg wird eine Flugeinsatzstelle des BMfI errichtet. In den ersten zwölf Jahren kommt es zu insgesamt 5.000 Rettungseinsätzen und zu 3.000 sicherheitspolizeilichen Einsätzen.[1028]

31. Oktober · Harmannsdorf/NÖ: Bei einem Frontalzusammenstoß zweier Pkw auf der B 6 in Hetzmannsdorf bei Korneuburg sterben vier Personen. Ein Beteiligter überlebt schwer verletzt und ist seither querschnittgelähmt.[1029]

19. November · Fischlham/OÖ: Der 15jährige Jürgen Brunmair wird insgesamt vier Brandlegungen mit einer Gesamtschadenssumme von mehreren Millionen Schilling von der Gendarmerie überführt. Die Brandlegungen während 14 Tage lösen große Furcht und Unruhe innerhalb der Bevölkerung aus.[1030]

1. Dezember · Lebring/St: Nach Vorpaßhaltung durch Gendarmen aus Lebring kann ein jugoslawischer Staatsangehöriger, der innerhalb von drei Jahren immer wieder den Verkaufsraum der Firma Gady geplündert hat, geschnappt werden. Der Gesamtschaden wird mit insgesamt 200.000 Schilling angegeben.[1031]

13. Dezember · St. Peter in der Au/NÖ: Weil er kein Geld für Gasthausbesuche bekommen hat, ermordet Franz B. in Seitenstätten, Maierhof, seine Mutter. Er wird zu 20 Jahren Haft verurteilt.[1032]

13. Dezember · Imst/T: Bei einer Tour auf die Wildspitze im Rahmen einer Gendarmerie-Alpinausbildung kommt ein Teilnehmer auf dem Nordostgrad zu Sturz und reißt weitere vier Männer der Seilschaft mit sich in die Tiefe. Dabei werden ein Mann getötet und vier schwer verletzt.[1033]

19. Dezember · Garsten/OÖ: In der Justizanstalt Garsten versucht der zu 19 Jahren Haft verurteilte Strafgefangene Friedrich O. während der Weihnachtsfeier den Linzer Diözesanbischof Maximilian Aichern als Geisel zu nehmen. Der Versuch scheitert jedoch durch das rasche Eingreifen des Anstaltsleiters Oberstleutnant Krydl.[1034]

31. Dezember · Pfaffenhofen/T: Bei der Silvesterfeier eines türkischen Fußballclubs wird ein 56jähriger türkischer Staatsangehöriger im Zuge eines Streites von einem anderen Türken durch einen Messerstich tödlich und eine weitere Person schwer verletzt.[1035]

1987

14. Jänner · Oberwaltersdorf/NÖ: Während seiner Zwangsdelogierung in der Trumauerstraße 2 schießt Erwin H. auf Insp Herbert Jagersberger. Er verletzt den Gendarmeriebeamten aus Trumau lebensgefährlich. Das Anwesen wird in der Folge durch Beamte des SEG erstürmt. Der Täter verübt noch vor der Erstürmung Selbstmord.[1036]

17. Jänner · Litzelsdorf/B: Aus Eifersucht erschießt in Kemeten ein Mann seine Lebensgefährtin. Der Täter überlebt einen anschließenden Selbstmordversuch. Der Mann verstirbt während seiner 14jährigen Haftzeit.[1037]

21. Jänner · Möllbrücke/K: Der Festungsbergtunnel Sachsenburg wird aufgrund Dreharbeiten für einen James-Bond-Film gesperrt. Die Überwachung wird von Beamten des örtlichen Gendarmeriepostens durchgeführt.[1038]

1. März · Bruck an der Leitha/NÖ: Familiendrama: Ein 49jähriger Sprengmeister erschlägt aus Verfolgungswahn seine schlafende Gattin und schneidet ihr anschließend die Kehle durch. Danach sprengt sich der Mann mit Dynamit in die Luft.[1039]

19. März · Kronstorf/OÖ: Bei Reparaturarbeiten in einem neun Meter tiefen Brunnenschacht wird der 21jährige Gerhard Spat von nachstürzendem Schotter verschüttet. Dank des raschen Einsatzes von Feuerwehr, Rettung und Arzt kann der Verunglückte innerhalb drei Stunden gerettet werden.[1040]

22. März · Leogang/S: Im Asitzgebiet kommen zwei 16jährige Burschen unter eine Lawine. Trotz Erschwernis der Bergungsarbeiten durch eine Nachlawine können beide Burschen gerettet werden. Einer war sechs Stunden in einer Tiefe von drei Metern verschüttet.[1041]

23. März · Raabs an der Thaya/NÖ: Der 11jährige Volksschüler Robert H. aus Großau erhängt sich in Großau beim Spielen in einem Kühlcontainer. Die Gendarmerie kann kein Fremdverschulden feststellen.[1042]

26. März · Gratwein/St: Auf einem Parkplatz in Gratwein verschwinden aus dem Kofferraum eines abgestellten Pkws Schmuckstücke im Wert von ca. fünf Millionen Schilling. Die Ermittlungen ergeben, daß der Besitzer, der Schmuckhändler Rupert P., an dem Verschwinden seines Schmuckes mitbeteiligt war.[1043]

17. April · Uderns/T: Bei Aufflämmarbeiten von Dachpappe kommt es zu einem Großbrand, bei dem zwei Objekte total zerstört und vier weitere in Mitleidenschaft gezogen werden.[1044]

Riesiger Sachschaden entstand in Uderns bei den in Pfusch durchgeführten Dacharbeiten. *Bild: GChr. Kaltenbach*

GENDARMERIE-CHRONIK

20. April · Kaunertaler Gletscher/T: Am Kaunertaler Gletscher kommt es in der Klärgrube des Gletscherrestaurants zu einer Gasexplosion. Der Unfall fordert zwei Tote und zwei Schwerverletzte.[1045]

21. April · Hard/V: Der 23jährige William K. schießt auf der Rheinbrücke »Hard/Fußach« mit seinem KK-Gewehr wahllos auf vorbeifahrende Autofahrer. Dabei erschießt er Albert Kernbichler mit vier gezielten Schüssen. Der Täter kann schließlich von den Brüdern Juristti überwältigt werden.[1046]

1. Mai · Erpfendorf/T: Bei dem Versuch einen Maibaum händisch aufzustellen, dreht sich dieser plötzlich und stürzt auf die Zuschauer. Zwei Männer werden durch den umfallenden Baum getötet.[1047]

Unfallsituation in Erpfendorf nach dem mißglückten Aufrichtversuch. Bild: GChr. Erpfendorf

2. Mai · St. Marein bei Graz/St: Nach dem Überholen eines Radfahrers in Trausdorf auf der L 305 schleudert ein Pkw gegen ein Brückengeländer. Der Lenker Peter W. und dessen Beifahrer Wolfgang Hofer sterben im Autowrack.[1048]

16. Mai · Ruden/K: Bei einer Hochzeit im Gasthof »Temel« in Untermitterdorf kommt es zwischen dem Bräutigam und dem Bruder der Braut zu einer Rauferei, die schließlich mit der Festnahme des Bräutigams und einem Krankenhausaufenthalt des Bruders endet.[1049]

6. Juni · Koppl, »Salzburgring«: Bei dem Motorradrennen »Großer Preis von Österreich« randalieren hundert alkoholisierte Personen. Dabei werden zwanzig Personen verletzt.[1050]

4. Juli · Oberhaag/St: Wegen Überlastung des Flugwerkes einer einmotorigen Piper, in deren Folge sich die rechte Tragfläche abtrennt, kommen bei dem Absturz der Pilot Anton Mörth und die zwei Passagiere Bernd Kreussler und Martin Haberer ums Leben.[1051]

Bis zur Unkenntlichkeit zerschellt, das Unglücksflugzeug in Oberhaag. Bild: GChr. Arnfels

14. Juli · Mittersill/S: Tragischer Alpinunfall: Unterhalb des Schleierfalles bei Hintersee im Felbertal werden eine Mutter und ihre zwei Kinder beim Einsturz eines 30 x 10 Meter großen Gletschertores getötet. Die Bergung wird von der Alpinen Einsatzgruppe Zell a. See durchgeführt.[1052]

18. Juli und 24. August · Neustift im Stubaital/T: Innerhalb von fünf Wochen ereignen sich die zwei schwersten Hochwasserkatastrophen in der Geschichte des Stubaitales. Der Gesamtschaden beläuft sich dabei auf mehrere hundert Millionen Schilling.[1053]

4. August · Wartberg ob der Aist/OÖ: In Steinpichl 5 erwürgt während eines Streites der 21jährige beschäftigungslose Michael F. seine 65jährige Pflegemutter Theresia Hammerschmid.[1054]

24. August · Ötztal/T: Bei einer Hochwasserkatastrophe in Sölden bzw. im gesamten Ötztal kommen 14 Menschen ums Leben. Über 70 Häuser werden zum Teil schwer beschädigt, viele Brücken und Wege weggerissen.[1055]

14. Juli 1987; als die Frau ihre Kinder unter dem Gletschertor herausholen wollte, stürzte die Schneebrücke ein. Bild: GChr. Mittersill

Eine ungeheuere Schlammwüste verwüstet das Gemeindegebiet von Neustift i. St. Bild: GChr. Neustift i. St.

24. August · Ötztal/T: Nach wolkenbruchartigen Regenfällen wird ein Teil der Ötztaler Bundesstraße B 186 in der Nähe der Ferdinandsbrücke weggerissen. Dabei stürzen mehrere Fahrzeuge in die hochwasserführende Ötztaler Ache, wobei 14 Menschen ums Leben kommen.[1056]

25. August · Neukirchen am Großvenediger/S: Eine schwere Unwetterkatastrophe verwüstet das Gemeindegebiet von Neukirchen. Es entstehen Millionenschäden an Häusern und landwirtschaftlichen Flächen.[1057]

28. August · Weißenstein/K: Schwerer Verkehrsunfall auf der Drautalstraße B 100: Aus unbekannter Ursache prallt der Gastwirt Erwin B. mit seinem Pkw gegen den Pkw eines deutschen Urlaubers. Traurige Bilanz: vier Tote, ein Schwerstverletzter.[1058]

18. September · Lambach/OÖ: Auf der Westbahn ereignet sich zwischen Lambach und Schwanenstadt ein folgenschweres Eisenbahnunglück, welches drei Tote und 71 Verletzte fordert. Der Gesamtschaden beträgt rund 110 Millionen Schilling.[1059]

Die Rennveranstaltung am »Salzburgring« in Koppl, eine große Herausforderung für die Beamten des zuständigen Gendarmeriepostens Hof bei Salzburg. Bild: Martin Hönegger

18. September 1987, Lambach; menschliches Versagen war Unfallursache. *Bild: GChr. Lambach*

22. September · Eisenerz/St: Bei dem Aufprall einer Cessna L 19 des Österreichischen Bundesheeres gegen einen Bergrücken des Präbichl neben der Bundesstraße 115 kommen der Pilot Obstl. Gruber und Obst. Wind ums Leben.[1060]

Keine Chance für die Insassen der Cessna, sie verbrennen hilflos. *Bild: GChr. Eisenerz*

2. Oktober · Seekirchen am Wallersee/S: Bei einem Raubüberfall auf die örtliche Raiffeisenkasse können die beiden deutschen Staatsangehörigen Manfred St. und Eckart T. insgesamt 2,4 Millionen Schilling erbeuten. Wegen diesem und eines weiteren Raubüberfalls in St. Johann in Tirol werden die Täter zu jeweils 14 Jahren Haft verurteilt.[1061]

8. Oktober · Söchau/St: Da die Lenkerin aufgrund der tiefstehenden Sonne geblendet wurde, wird ein mit 16 Kindern besetzter Schulbus von einem Zug gerammt. Dabei erleiden sie und vier Schulkinder tödliche Verletzungen.[1062]

9. Oktober · Wartberg ob der Aist/OÖ: Nach einem Überfall auf die örtliche Raiffeisenkasse kann der Täter bereits nach 25 Minuten in Linz verhaftet werden. Der 25jährige Mann konnte insgesamt 94.600 Schilling erbeuten.[1063]

20. Oktober · Donnerskirchen/B: Die frisch gewählte »Kirschenkönigin« Beate S. wird durch einen vorerst Unbekannten durch 87 Bajonettstiche in den Ober- und Unterleib ermordet. Der Täter wird ausgeforscht, zu zehn Jahren Haft verurteilt und anschließend in eine Anstalt für geistig abnorme Rechtsbrecher eingewiesen.[1064]

24. Oktober · Ötztal/T: Durch Vermurungen werden im Ötztal mehrere Brücken zerstört und das Tal von der Außenwelt abgeschnitten. Dabei kommen 13 Personen ums Leben.[1065]

31. Oktober · St. Ulrich bei Steyr/OÖ: Die Eifersucht eines 18jährigen Fleischergesellen endet mit einer Bluttat. Der Mann tötet seine 16jährige Freundin mit 16 Messerstichen und verletzt den zu Hilfe kommenden Vater durch zwei Messerstiche in den Bauch schwer. Der Täter kann an Ort und Stelle von Gendarmen aus Garsten verhaftet werden.[1066]

8. November bis 1. Dezember · Gloggnitz/NÖ: Pyromane versetzt Gloggnitz in Angst – in drei Wochen sechs Brandlegungen: Die Gendarmerie in höchster Alarmstufe und es gelingt Günter R. als Brandstifter auszuforschen. Ihm werden insgesamt sechs Brandlegungen mit einer Gesamtschadenssumme von 14 Millionen Schilling nachgewiesen. Der Täter wird zu drei Jahren Haft verurteilt.[1067]

Eines der Anschlagziele des Pyromanen; das Lagerhaus Gloggnitz. *Bild: GChr. Gloggnitz*

5. Dezember · Gaaden/NÖ: Aufgrund starken Nebels kommt eine zweimotorige Cessna 421 im Anningergebiet zum Absturz. Der Pilot und ein Passagier kommen ums Leben.[1068]

1988

2. Jänner · Lieboch/St: Autofahrer werden auf der A 2 von einem Amokschützen mit einer Faustfeuerwaffe beschossen. Der Täter kann ausgeforscht werden. Es gibt keine Verletzten.[1069]

8. Jänner · Lieboch/St: Auf der A 2 kommen die Brüder Karl und Michael Heindl aus Klagenfurt mit ihrem Pkw auf der regennassen Fahrbahn ins Schleudern und prallen gegen einen Überkopfwegweiser. Die Brüder sind auf der Stelle tot. Als die Angehörigen die Hiobsbotschaft erreicht, drehen sie durch. Mutter und Großmutter verüben einen Selbstmordversuch. Sie können im letzten Augenblick von einem Suchtrupp und Gendarmen aus Lieboch aufgefunden und gerettet werden.[1070]

11. Jänner · Lieboch/St: Zwei weststeirische Unternehmen werden mit Androhung von Mord, Sprengstoffanschlägen und Brandstiftung um 600.000 Schilling erpreßt. Die beiden Täter – Alois T. aus Krottendorf und Franz Wagner aus K. – können nach einer wilden Verfolgungsjagd verhaftet werden. Als Motiv geben beide hohe Schulden an.[1071]

14. Jänner · Tulln/NÖ: Im Stadtgebiet kommt es bei einem Bombenanschlag in einem neugebauten Schwesternheim zu einem Schaden von 5,5 Millionen Schilling. Zwei Personen werden verletzt. Als Täter meldet sich ein Mitglied der »Aktion radikales Niederösterreich«. Der Täter kann nie ausgeforscht werden.[1072]

27. Jänner · Frauenkirchen/B: Der Lehrer Friedrich W. erschießt nach einem Erpressungsversuch den Baumeister Heribert Peter Schmoll und versteckt die Leiche, die erst zwei Monate später gefunden werden kann. Der Mörder flieht nach Thailand, kann jedoch bei seiner Rückkehr in der BRD verhaftet werden. Nach Verurteilung zu lebenslanger Haft kann Woschnak drei Jahre später aus der Justizanstalt Eisenstadt entweichen und wiederum nach Thailand fliehen, wo er erneut verhaftet wird.[1073]

6. Februar · Tschagguns/V: Bei einem Flugzeugabsturz im dichten Schneetreiben kommen auf der Gampadelsalpe der Pilot und vier Insassen ums Leben.[1074]

11. Februar · Lichtenwörth/NÖ: Raubüberfall mit einem Messer auf einen Taxilenker. Dem Lenker gelingt es trotz Stichwunden den Täter zu überwältigen. Die alarmierten Gendarmeriebeamten aus Eggendorf nehmen den Mann

5. März 1988, Purkersdorf; Tatortfoto mit der ermordeten Studentin. *Bild: GChr. Purkersdorf*

fest, der zu einer mehrjährigen Haftstrafe verurteilt wird.[1075]

5. März · Purkersdorf/NÖ: Die indische Medizinstudentin Rava Bansal wird in Christkindlmarkt 1 mit durchschnittener Kehle aufgefunden. Der Täter kann nach einigen Tagen ausgeforscht werden. Er wird schließlich in eine Anstalt für geistig abnorme Rechtsbrecher eingewiesen.[1076]

13. März · Mödling/NÖ: Die Ehe von Karlheinz und Andrea L., wohnhaft in der J.-Strauß-Gasse 23, wird durch ein Verhältnis der Frau mit dem 34jährigen Vertragsbediensteten Wolfgang H. belastet. Da der Ehemann dieser Verbindung im Wege steht, wird er in seiner Wohnung von den beiden durch zahlreiche Messerstiche ermordet.[1077]

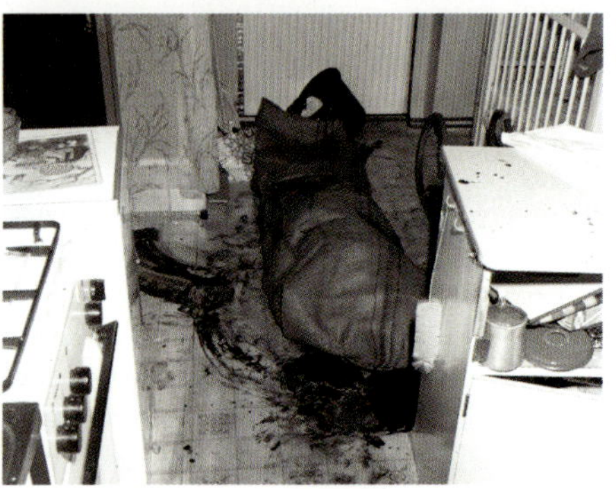

Das Mörder-Pärchen verpackte die Leiche von Karlheinz L. in einem Sack. *Bild: Gottfried Bauer, Mödling*

13. März · Stuben am Arlberg/V: Eine vom »Albonagebiet« abgehende Staublawine beschädigt auf dem westlich der Ortschaft gelegenen Parkplatz 120 Pkw. Umfangreiche Beschädigungen an den Fahrzeugen und viele Erhebungsarbeiten für die Gendarmen aus Klösterle waren die Folge.[1078]

13. März · St. Anton am Arlberg/T: Bei vier gleichzeitigen Lawinenabgängen auf das Dorf sterben vier Menschen. 31 Personen werden verletzt. Es entsteht hoher Sachschaden.[1079]

13. März 1988, St. Anton am Arlberg; katastrophale Folgen des Lawinenabganges. *Bild: GChr. St. Anton/A*

28. März · Kappl/T: Ein Lawinenabgang in den Ortsbereich verursacht großen Sachschaden. Unter anderem wird zum Teil das Parkgaragengebäude, in dem der örtliche Gendarmerieposten untergebracht ist, beschädigt.[1080]

Das Bild zeigt beeindruckend die Ausmaße der riesigen Lawine. *Bild: GChr. Kappl*

1. Mai · Weitra/NÖ: Die Wache der Kuenringer Kaserne wird überfallen. Der Täter, ein Präsenzdiener, raubt zwei Sturmgewehre und gibt später an, den Überfall aus Rache durchgeführt zu haben.[1081]

2. Mai · Hagenbrunn/NÖ: Durch Mißachtung des Vorranges kommt es zu einem schweren Verkehrsunfall. Ein Kfz-Lenker rammt mit seinem Pkw ein Ehepaar mit ihrer zweijährigen Tochter. Eltern und Kind kommen ums Leben.[1082]

7. Mai · Mödling/NÖ: Als Irmgard W. in ihrer Wohnung einige Einbrecher überrascht, ist das ihr Todesurteil. Die Räuber fesseln und knebeln ihr Opfer. Beim Verlassen der Wohnung erschlagen sie Irmgard W. Die Beute beträgt 500 Schilling. Als ihre Mörder kann eine ausländische Tätergruppe ausgeforscht und verhaftet werden.[1083]

6. Juni · Feldkirchen bei Graz/St: Demonstrationen anläßlich der Landung der schwedischen Abfangjäger »Draken«. Sie wurden bereits vorher politisch viel diskutiert und letztlich doch von der Republik Österreich angekauft. Während dieser Demonstrationen wird der Gendarmerieposten Feldkirch verstärkt.[1084]

10. Juni · Pertisau/T: Der 36jährige jugoslawische Staatsangehörige Marko S. ermordet im Dachgeschoß des Hotels Carolins aus Eifersucht seine 33jährige Ehefrau Mara S. auf grausame und qualvolle Weise.[1085]

17. Juni · Kapfenberg/St: In Hafendorf wird Waltraud Wengenroith nach einem Streit von ihrem 19jährigen Sohn Markus durch zehn bis 18 Messerstiche im Bett ermordet.[1086]

24. Juni · Mauthausen/OÖ: Alljährlich ist das KZ-Lager Mauthausen Treffpunkt hochgestellter Persönlichkeiten. Dem Gendarmerieposten fallen bei diesen Besuchen umfangreiche personalaufwendige Sicherheitsvorkehrungen zu.[1087]

Papst Johannes Paul II. besucht das KZ anläßlich seines zweiten Pastoralbesuches in Österreich. *Bild: GChr. Mauthausen*

24. Juni · Trausdorf/B: Papst Johannes Paul II. erstattet im Rahmen seines zweiten Pastoralbesuches in Österreich auch der Erzdiözese Eisenstadt einen Besuch ab. Die Papstmesse wird unter der Teilnahme von 70.000 Gläubigen aus dem In- und Ausland am Flugfeld Trausdorf abgehalten.[1088]

1. Juli · Kirchbach in Steiermark: Beim Absturz einer Cessna 150 in einen Maisacker bleibt der Pilot unverletzt.[1089]

3. August · Halbenrain/St: Durch einen gefährlichen oststeirischen Triebtäter kommt es zu insgesamt drei Vergewaltigungsversuchen. Eines der Opfer wird dabei gewürgt und mit Faustschlägen mißhandelt. Der Täter Ernst M. kann wenige 100 Meter nach seinem letzten Angriff von Gendarmen festgenommen werden.[1090]

2. August · Glaubendorf/NÖ: Im Mischraum für chemisch-technische Produkte der Fa. Heichinger werden bei einer Explosion zwei Personen getötet und vier Personen schwer verletzt.[1091]

15. August · Martinsberg/NÖ: Notzuchtdelikt an einer 45jährigen Hausfrau durch einen Fleischhauer. Der Täter war den Beamten des Gendarmeriepostens Gutenbrunn bereits wegen mehrerer Gewaltdelikte aufgefallen.[1092]

14. September · Eugendorf/S: Ein 44jähriger Forstwirt dringt in einem Anfall von Irrsinn in

26. Oktober 1988; nur mehr rauchende Trümmer blieben von den Flugzeugen über.
Bild: GChr. Wals

das Zimmer eines Kollegen ein und attackiert diesen mit zwei Hacken. Das Opfer erleidet schwere Verletzungen.[1093]

26. Oktober · Wals-Siezenheim/S: Bei einem Zusammenstoß einer Cessna 171 und einer Cessna 501 Jet kommen sechs Personen ums Leben.[1094]

2. November · St. Ilgen/St: Durch einen unvorhergesehenen Wetterumschwung im Gebiet des Hochschwab sterben fünf Menschen in einem Schneesturm. Zwei Bergsteiger können von der Alpingendarmen gerettet werden.[1095]

14. November · Braunau am Inn/OÖ: Familiendrama: Der 37jährige J. F. drehte nach dem plötzlichen Tod seiner Frau vollends durch. Er erschoß mit einem umgebauten Signalkugelschreiber seine beiden Kinder im Alter von sieben und acht Jahren und richtete sich anschließend selbst.[1096]

15. November · Gaaden/NÖ: Der sich auf der Flucht befindliche Mörder und Serienräuber Johann Kastenberger vulgo »Pumpgun-Ronny« versucht die Trafikantin Margit Bauer zu kidnappen. Der Versuch scheitert jedoch durch den Einsatz von Beamten des Gendarmeriepostens Gaaden. Kurz bevor der Täter auf der A 1 gestellt werden kann, verübt er Selbstmord.[1097]

1989

Luising/B: Hunderte DDR-Bürger flüchten über die Pinka von Ungarn nach Österreich, wo sie von der Bevölkerung herzlichst aufgenommen und verpflegt werden. Die Beamten des Gendarmeriepostens Strem werden extrem gefordert.[1098] *(Siehe Beitrag im allgemeinen Teil)*

Kirchdorf an der Krems/OÖ: Zahlreiche größere Demonstrationen innerhalb eines Jahres richten sich gegen den Bau der A 9. Dabei kommt es immer wieder zu heftigen Auseinandersetzungen zwischen der Gendarmerie und Demonstranten.[1099]

3. Jänner · Judenburg/St: Nach mehreren Einbrüchen in die Bezirkshauptmannschaft, in das Arbeitsamt und in ein Lokal kann sich Augustin Pegrin nach Frankreich absetzen. Er kann dort nach weiteren Strafdelikten verhaftet und nach Österreich überstellt werden.[1100]

17. Jänner · Spittal an der Drau/K: Im Zuge von Diebstahlserhebungen werden zwei Gendarmeriebeamte von einem Mann in dessen Wohnung mit einer Pumpgun bedroht und entwaffnet. Einem Beamten gelingt es, den Mann durch einen Trick abzulenken, seine Waffe zu ergattern und ihn nach einem Schußwaffengebrauch festzunehmen.[1101]

Rekonstruktion; trotz Schußverletzung des Täters müssen Handschellen angelegt werden.
Bild: GChr. Spittal/Drau

2. Februar · Altenhof am Hausruck/OÖ: Bewaffneter Raubüberfall auf das örtliche Postamt durch Peter M. aus Sipbachzell. Der Täter erbeutet insgesamt 30.000 Schilling. Nach einem weiteren Überfall auf ein Postamt in Linz, sieben Monate später, kann der Täter von der Gendarmerie verhaftet werden.[1102]

6. Februar · Schwadorf/NÖ: Der zehnjährige Wilhelm Macho wird beim Spielen von zwei Rottweilerhunden angefallen und mit ca. 100 Bißverletzungen lebensgefährlich verletzt. Der Hundehalter wird zu 50.000 Schilling Geldstrafe verurteilt.[1103]

23. Februar · Bodensee/V: Bei einem Absturz eines Flugzeuges der Rheintalfluggesellschaft über dem Bodensee kommen elf Menschen ums Leben, darunter auch der österreichische Sozialminister Dallinger. Die Maschine mit den elf Leichen an Bord muß aus 90 Meter Tiefe geborgen werden.[1104]

Suchformation von Überwachungsbooten am Bodensee. Bild: GChr. Hard, Außenstelle Bootsstation

2. März · Maria Lanzendorf/NÖ: Der 33jährige RevInsp Johann Habres wird während seiner Patrouille von vorerst unbekannten Tätern durch zwei Schüsse in den Kopf ermordet. Ein Jahr später können zwei Männer ausgeforscht und der Tat überführt werden. Der Beamte hatte die Männer bei einem illegalen Waffengeschäft überrascht. Beide Täter werden zu lebenslanger Haft verurteilt.[1105]

10. März · Gratkorn/St: Bei der Festnahme schießt ein Autodieb auf Revierinspektor Hannes Frühauf und verletzt ihn schwer. Der Täter verübt daraufhin Selbstmord.[1106]

29. März · Wernberg/K: Der Geschäftsführer Walter P. und zwei leitende Mitarbeiter der Firma Tann Fleischwarenindustrie GmbH veruntreuen in einem Zeitraum von neun Jahren an die zehn Millionen Schilling. Die Erhebungen werden unter Mithilfe von Beamten des Gendarmeriepostens Wernberg durchgeführt, die Täter zu mehrjährigen Haftstrafen verurteilt.[1107]

21. April · Berg/NÖ: Am Grenzzollamt rasen zwei aus der CSSR flüchtende DDR-Staatsangehörige mit ihrem Pkw durch den schwer bewachten Zollbereich. Dabei wird das Dach ihres Pkw vom Grenzbalken abgerissen. Der Mitfahrer erleidet tödliche Verletzungen.[1108]

26. Mai · Stadl-Paura/OÖ: Ein Mann erschlägt während eines Streites seine Ehegattin mit einem Profileisen. Der Täter wird zu acht Jahren Haft verurteilt.[1109]

7. Juni · Fürstenfeld/St: Dubiose Affäre um Ex-Stadtpfarrer: Der Stadtpfarrer Dr. Karl Friedrich Sch. wird als Verkäufer kostbarer Kunstschätze aus dem Kircheneigentum überführt.[1110]

15. Juni · Perzendorf/NÖ: Der Absturz einer zweimotorigen Schulmaschine vom Typ Cessna der Austrian Airlines fordert drei Schwerverletzte.[1111]

20. Juni 1989; Rekonstruktion des Tatherganges mit den drei Tätern, im Vordergrund ein Bankangestellter.
Bild: GChr. Kramsach

20. Juni · Alpbach/T: Die örtliche Raiffeisenkasse wird von drei Männern mit Schrotflinten überfallen. Die Täter erbeuten 1.551.871 Schilling, können aber am nächsten Tag festgenommen werden.[1112]

26. Juni · Bruck an der Leitha/NÖ: Die erste Ölmühle Österreichs wird in Anwesenheit von Landwirtschaftsminister Dipl.-Ing. Franz Fischler auf dem ehemaligen Gelände der Brucker Zuckerfabrik eröffnet.[1113]

12. Juli · Pöls/St: Aufgrund schwerer Unwetter wird die Rückwand des Wohnhauses Passhamer 1 vom Hochwasser des Allerheiligenbaches weggerissen.[1114]

Der ansonsten harmlose Bach zieht eine Spur der Zerstörung. *Bild: GChr. Pöls*

19. Juli · Puchenau/OÖ: Raubüberfall auf Juwelier: Alios P. wird in seinem Geschäft von einem maskierten Mann überfallen, der sofort auf den überraschten Juwelier mit einem Gummihammer einschlägt, eine Vitrine zertrümmert, unter Gegenwehr des Geschädigten einigen Schmuck und Uhren raubt und durch ein Fenster flüchtet. Der Juwelier wird schwer verletzt, der Täter konnte bis heute nicht ausgeforscht werden.[1115]

23. Juli · Flirsch/T: RevInsp Hermann Siess vom örtlichen Gendarmerieposten rettet die sechsjährige Jacqueline Schwazer, die mit ihrem Fahrrad in die Rosanna gestürzt war. Das bereits bewußtlose Kind kann durch lebensrettende Maßnahmen ins Leben zurückgeholt werden. Dafür wird dem Beamten die Goldene Medaille am Roten Bande für Verdienste um die Republik Österreich verliehen.[1116]

26. Juli · Ischgl/T: Ein Kochlehrling wird bei seiner dritten Brandstiftung innerhalb von sechs Monaten erwischt. Er hatte am 4. Jänner und am 29. Jänner 1989 im Ortszentrum Ischgl zwei Wirtschaftsgebäude angezündet, wodurch diese total eingeäschert und die daneben liegenden Wohnhäuser schwer beschädigt wurden. Bei seinem letzten Anschlag auf den Turm der örtlichen Kirche kann er ausgeforscht werden.[1117]

18. August · Ligist/St: Im Raum Ligist-Krottendorf kommt es zu einem Jahrhunderthochwasser. Ligist wird von der Außenwelt abgeschnitten. Der Bahndamm wird weggespült. Eine Person kommt ums Leben. Der Gesamtschaden beträgt mehr als 200 Millionen Schilling. Die Gendarmen aus Krottendorf-Gaisfeld stehen im Dauereinsatz.[1118]

19. August · St. Margarethen im Burgenland/B: Die Feierlichkeiten zur Errichtung eines Sondergrenzüberganges zwischen Österreich und Ungarn werden von insgesamt 600 DDR-Bürgern zu einem illegalen Grenzübertritt genützt. *(Siehe Beitrag im allgemeinen Teil)*

27. September · Stockerau/NÖ: Der 48jährige Landwirt F. K. verletzt in einer Amokaktion mit seinem Schrotgewehr RevInsp Zieger lebensgefährlich, GrInsp Schneps schwer. Nach der Androhung seine Kinder zu ermorden, kann der Mann schließlich von Gendarmeriebeamten überwältigt werden. F. K. wird wegen dreifachen Mordversuchs zu einer langjährigen Haftstrafe verurteilt und verübt im Gefängnis Selbstmord durch Erhängen.[1119]

30. September · Lieserbrücke/K: Auf der Tauernautobahn Höhe Töplitsch fährt ein Sattelkraftfahrzeug auf ein auf dem Pannenstreifen geparktes Wohnmobil auf. Dabei werden die fünf Insassen des Wohnmobils getötet. Die Unfallaufnahme erfolgt durch Beamte der Gendarmerie-Verkehrsabteilung Spittal/Drau.[1120]

3. Oktober · Rabenwald/St: Im Talkumwerk der Naintscher Mineralwerke verunglücken die Arbeiter Franz Schmallegger und Johann Geier bei Verfüllarbeiten eines Blindschachtes tödlich. Erst nach zehn Tagen können ihre Leichen geborgen werden.[1121]

20. Oktober · Matrei in Osttirol/T: Ein in Osttirol stationierter Hubschrauber des BMfI kommt im alpinen Gelände in einen Steinschlag und stürzt ab.[1122]

Die Freude über die gewonnene Freiheit ist den Menschen ins Gesicht geschrieben.
Bild: Lobenwein, Sopron

31. Oktober · Traisen/NÖ: Der vermutliche Mörder des seit zweieinhalb Jahren ver-

10. Dezember 1989, Hainburg; Freiheit und Friede werden begeistert gefeiert.
Bild: GChr. Hainburg

14. Dezember 1989; keine Chance für die drei Männer bei diesem Unfall in Zlatten.
Bild: GChr. Kirchdorf

schwundenen 70jährigen Wieners August Rossegger, der 58jährige Gottfried Krasznigg, entzieht sich seiner Verhaftung durch eine spektakuläre Flucht am Rathausplatz Traisen. Noch vor seiner Verhaftung verübt er am 14. November 1989 Selbstmord. Gottfried Krasznigg hatte zweieinhalb Jahre die Pension des Verschollenen kassiert. August Rossegger bleibt verschwunden.[1123]

5. November · Pfunds/T: Ein vollbesetzter Reisebus gerät auf der Reschenstraße von der Fahrbahn und stürzt über eine Böschung. Dabei werden vier Personen getötet und 27 zum Großteil schwer verletzt. Als Unfallsursache wird die Ablenkung des Lenkers angenommen, der einen Lüftungsschalter bedienen wollte.[1124]

10. Dezember · Hainburg/NÖ: Bei der Grenzöffnung zur damaligen Tschechoslowakei kommen mehr als 120.000 CSSR-Bürger über die sogenannte »Thebner Überfuhr« zum Freundschaftstreffen nach Österreich.[1125]

11. Dezember · Zwettl/NÖ: Der schon wegen Mordversuches vorbestrafte J. H. ersticht aus Eifersucht seine ehemalige Lebensgefährtin mit 28 Messerstichen. Der flüchtige Täter wird nach der Ausforschung zu lebenslanger Haft verurteilt, in der er nach einigen Monaten Selbstmord verübt.[1126]

12. Dezember · Hochburg-Ach/OÖ: Der 25jährige Bauarbeiter Thomas D. aus Hochburg-Ach ersticht in Haiming in Bayern eine 78jährige Rentnerin mit 200 Messerstichen.[1127]

14. Dezember · Kirchdorf/St: In Zlatten werden bei einem Überholmanöver drei junge Familienväter in ihrem Pkw getötet.[1128]

16. Dezember · Huben/T: Bei einem Mordversuch aus Eifersucht wird das Opfer schwer verletzt. Der Mann, ein italienischer Staatsangehöriger, wird verhaftet und zu zwei Jahren Haft verurteilt.[1129]

1990

8. Jänner · Gries im Sellrain/T: Monika Schaller ersticht mit einem 34 cm langen Küchenmesser in ihrem Wohnhaus ihren vierjährigen Sohn Matthias Schaller.[1130]

12. Jänner · Perchtoldsdorf/NÖ: Nach Monaten von Mißhandlungen stirbt ein Knabe durch die Schläge seines Stiefvaters. Der Bub erleidet einen Schädelbruch mit Gehirnaustritt. Der Täter wird zu 14 Jahren Haft verurteilt.[1131]

21. Jänner · Imst/T: Vermutlich aus Eifersucht erdrosselt der Hauptschuldirektor Herwig A. im Badezimmer des gemeinsamen Wohnhauses mit einem Brauseschlauch seine Ehefrau. Anschließend begeht er Selbstmord, indem er sich mit seinem Pkw über eine ca. 100 Meter hohe Felswand in die Imster Innschlucht stürzt.[1132]

28. Jänner · Langenzersdorf/NÖ: Der Postenkommandant von Langenzersdorf, GrInsp Kramer, wird durch die Explosion einer von Kindern aufgefundenen Übungshandgranate schwer verletzt.[1133]

12. Februar · Mürzzuschlag/St: Robert K. fügt seiner Lebensgefährtin Iris Um bei Mißhandlungen tödliche Verletzungen zu.[1134]

13. Februar · Liezen/St: Johann Galler wird von sieben tschechischen Staatsangehörigen überfallen, mit einem Messer schwer verletzt und des Autos beraubt. Im Zuge einer Großfahndung können die Täter in Radstadt/Salzburg festgenommen werden.[1135]

21. Februar · Wildschönau/T: Bei einem Einbruchsdiebstahl in eine Liftstation in Auffach erbeuten vier Täter fünf Handfunkgeräte, die sie für weitere schwere Straftaten verwenden. Sie können jedoch durch die Funkgeräte ausgeforscht und verhaftet werden.[1136]

12. März · Hargelsberg/OÖ: Drama am Bauernhof: In Penking fährt der Landwirt St. mit dem Traktor über den Hof und übersieht dabei seine dreijährige Tochter Birgit. Das Kind wird vom Traktor überfahren und erliegt seinen schweren Verletzungen.[1137]

12. März · Gießhübl/NÖ: Im Jungarbeiterdorf Gießhübl – einer Außenstelle des Flüchtlingslagers Traiskirchen – wird eine 21jährige Asylantin aus Rumänien von neun Landsleuten mehrmals vergewaltigt. Alle Täter werden von Beamten des Gendarmeriepostens Hinterbrühl ausgeforscht.[1138]

9. April · Hard/V: Bei einem Besuch Eugen Doblers bei den Brüdern Willi und Walter W. am Südtirolerplatz 7 kam es zu einem Streit, bei dem Eugen Dobler von Willi W. durch einen Herzstich ermordet wird.[1139]

9. April · St. Pölten/NÖ: Bei dem Raubüberfall auf den Postwaggon eines Personenzuges der Westbahn wird einer der Postbeamten von den drei Tätern regelrecht hingerichtet. Die Beute beträgt ca. 35 Millionen Schilling. Bei der Teilung in der Slowakei wird einer der Bande, Joszef Jurik, von seinen Kollegen ermordet. Nach drei Jahren gelingt es Gendarmeriebeamten der Kriminalabteilung für Niederösterreich, den Slowaken Libor Oller als Haupttäter zu überführen.[1140]

2. Mai · Böheimkirchen/NÖ: In einem Waldstück bei Kollersberg wird Stefan Fehringer von seinen Jugendfreunden Michael Kramer und Heinz Pachner mit einem Holzknüppel und einem Montiereisen erschlagen. Die Täter rauben dem Toten die Brieftasche und den Pkw. Sie werden zu lebenslanger Haft verurteilt.[1141]

12. Mai · Neumarkt i.H./OÖ: Der 21jährige Reinhold Silvio Sch. ermordet in Kallham, Weiret 4, die entmündigte 70jährige Maria Baumgartner durch 30 Messerstiche und raubt mit seinem Komplizen Oliver Donnerbauer Geld, Münzen, Dukaten und Sparbücher in Millionenhöhe. Die Täter werden zu 18 bzw. 14 Jahren Haft verurteilt.[1142]

16. Mai · Tulln/NÖ: Nachdem er seine Gattin und seine beiden Kinder in Wien ermordet hat, fährt Eduard Svoboda nach Tulln und erschießt dort seine Mutter. Nach der Tat zündet er die Wohnung an und erschießt sich selbst. Neben der Leiche wird der Betrag von einer halben Million Schilling gefunden.[1143]

9. Juni · Maria Elend/K: Der jugoslawische Staatsangehörige Nermin Salijevic demoliert das Inventar der Diskothek »Rendezvous«, übergießt alle Anwesenden mit Benzin und droht im Falle eines Einschreitens der Bundesgendarmerie den Treibstoff zu entzünden. Der Täter kann durch einen SEG-Einsatz überwältigt und verhaftet werden.[1144]

9. Juni · Grän/T: In einer Käserei ermordet ein 17jähriger alkoholisierter Käserlehrling die 32jährige Büroangestellte Angelika Föger mit mehreren Messerstichen. Motiv der Tat war, daß der Lehrling die Frau sexuell mißbrauchen wollte.[1145]

14. Juni · Hochburg-Ach/OÖ: Nach starken Regenfällen wird die Ortschaft durch eine Mure in schwere Mitleidenschaft gezogen. Geparkte Autos werden unter Geröll und Schlamm begraben. Der Schaden übersteigt mehrere Millionen Schilling.[1146]

15. Juni · Bruck an der Leitha/NÖ: Mehr als hundert Demonstranten der Gruppe Global 2000 besetzen die Baustelle der A 4. Die Besetzung wird nach vier Tagen durch den Einsatz von insgesamt 410 Beamten gewaltsam aufgelöst. Es folgen 96 Festnahmen und Vorführungen sowie Anzeigen an die Staatsanwaltschaft Wien.[1147]

15. Juni 1990, Bruck an der Leitha; Umweltschützer auf einer von ihnen errichteten Barrikade, im Vordergrund AbtInsp Lutz und RevInsp Kral. Bild: Kurier

23. Juni · Kindberg/St: Bei einem Frontalzusammenstoß zwischen einem Personenzug und einem Güterzug auf der Südbahnstrecke wird der Lokführer getötet, zehn Personen werden zum Teil schwer verletzt. Ursache war menschliches Versagen, eine Weiche war falsch gestellt.[1148]

25. Juni · Unzmarkt/St: Auf der Edlinger Bundesstraße in Richtung Judenburg gerät die 28jährige Elfriede St. ins Schleudern und prallt auf der Gegenfahrbahn gegen einen italienischen Sattelschlepper. Elfriede St. und ihr siebenjähriger Sohn sind sofort tot.[1149]

26. Juni · Feldkirch – Gisingen/V: Reinhard Fischer tötet in Tosters seine im Bett schlafenden Eltern durch Pistolenschüsse, da er der Meinung ist, sie könnten seinen beabsichtigten Selbstmord nicht überwinden. Zum Selbstmord fehlt ihm danach jedoch der Mut. Er wird in eine Anstalt für geistig abnorme Rechtsbrecher eingewiesen.[1150]

6. Juli · Neumarkt a. W./S: Eine schwer depressive 31jährige Frau wirft sich auf der Westbahn mit ihrer 8jährigen Tochter unter den Zug.[1151]

11. Juli · Kufstein/T: Als eine Verkehrskatastrophe erweist sich der Knick einer Brücke der Inntal-Autobahn A 12. Die Sanierungsarbeiten haben über ein Jahr lang Verkehrsbehinderungen zur Folge.[1152]

1. August · Thal/T: Bei Grabungsarbeiten wird ein »Körpergrab« aus dem ersten nachchristlichen Jahrhundert gefunden. Dieser Fund gilt als die älteste registrierte Körperbestattung Osttirols.[1153]

5. – 16. August · Allentsteig/NÖ: Illegale Besetzung des Truppenübungsplatzes Allentsteig durch rund 1.500 Angehörige der »Regenbogenfamilie« – einer internationalen Friedensbewegung.[1154]

Camp der »Regenbogenfamilie«, eine friedliche Demonstration. Bild: GChr. Allentsteig

6. August · Lieboch/St: Zwei Bankangestellte der örtlichen Raiffeisenkasse entwenden in den Abendstunden aus dem Banksafe ca. 15,5 Millionen Schilling und setzen sich nach Südamerika ab. Die Täter können nicht gefaßt werden.[1155]

7. August · Mutters/T: Im Bereich Brenner Autobahn-Ausfahrt kann die wegen Raubversuchs gesuchte schwer bewaffnete und mit Sprengstoff ausgerüstete »Leitner-Bande« nach einem heftigen Schußwechsel mit einem Gendarmeriesonderkommando festgenommen werden. Die vier Täter – die italienischen Staatsangehörigen Franz Leitner (32), Franco Battaglia (30), Fausto Gaffurini (32) und Marco Remondini (23) – werden zu insgesamt 35 Jahren Freiheitsstrafen verurteilt.[1156]

16. August · Glasenbach/S: Der 41jährige Salzburger Gerhard R. verübt in Elsbethen am Pionierweg Selbstmord, indem er sich in seinem Pkw mit Benzin überschüttet und anzündet. Er galt als suizidgefährdet und stand in ärztlicher Behandlung.[1157]

5. September · Glanegg/K: Aufgrund eines Maschinenschadens bricht während der Nachtschicht im Kunststoffwerk Kurt Hirsch ein Brand aus, dem die ganze Produktionshalle zum Opfer fällt. Der Sachschaden beträgt 100 Millionen Schilling. Für Glanegg und die umliegenden Nachbarorte muß »Umweltalarm« gegeben werden.[1158]

7. September · Schachendorf/B: Der polnische Staatsangehörige J. Mady verübt mit Unterstützung zweier Komplizen einen Raubüberfall auf die örtliche Raiffeisenkassa und erbeutet 182.300 Schilling. Ihr Reichtum währt nicht lange; sieben Minuten nach der Tat können sie von Beamten des Gendarmeriepostens Schachendorf verhaftet werden.[1159]

10. September · Krummnußbaum/NÖ: Alois W. versucht mit einem Flobertgewehr den Bürgermeister von Marbach an der Donau zu erschießen. Dank einer Ladehemmung des Gewehres kann der Bürgermeister jedoch flüchten. Alois W. verübt unmittelbar danach mit der Waffe Selbstmord.[1160]

13. September · Leobendorf/NÖ: Bei dem Versuch von vier beschäftigungs- und unterstandslosen Personen aus Wien einen Taxifahrer während einer Fahrt zur Burg Kreuzenstein zu ermorden und zu berauben, kann das schwer verletzte Opfer noch rechtzeitig flüchten und die Gendarmerie verständigen. Alle vier Täter können nach Auslösung einer Alarmfahndung verhaftet werden.[1161]

14. September · Krems/NÖ: Der 67jährige Erwin P. findet beim Absturz mit seiner Cessna C-150 während eines Probefluges aus 70 Meter Höhe den Tod.[1162]

4. Oktober · St. Marein/St: Im Zuge eines Überholmanövers in einer unübersichtlichen Kurve in Birkwiesen auf der L 238 streift ein von Gottfried N. gelenkter Lkw die Radfahrerin Martina Leopold. Die Frau kommt zu Sturz, wird von den Zwillingsrädern des Lkw überrollt und getötet.[1163]

7. Oktober · Krieglach/St: Im Rahmen eines Auto-Bergrennens auf der B 72 in Richtung Alpi-Waldheimat rast ein Teilnehmer wegen eines Fahrfehlers in eine Zuschauergruppe. 19

Das Ausmaß der Absenkung der Inntal-Autobahnbrücke ist deutlich sichtbar: Bild: GChr. Kufstein

Ein Großaufgebot an Helfern versorgt die verletzten Zuschauer. Die Gendarmerie Krieglach hat größte Mühe, die Schaulustigen zurückzuhalten. Bild: GChr. Krieglach

GENDARMERIE-CHRONIK

13. Oktober 1990; Glück im Unglück hatten die Gendarmen, daß sie diesen Unfall überlebten.
Bild: Gert Eggenberger, Klagenfurt

Personen werden schwer verletzt. In der Folge werden drei verantwortliche Funktionäre verurteilt. Das Rennen wird seitdem nicht mehr veranstaltet.[1164]

13. Oktober · Weitensfeld-Fladnitz/K: Bei einem Verkehrsunfall auf der Gurktal-Bundesstraße werden wegen eines Überholmanövers in einer unübersichtlichen Kurve zwei Menschen getötet und die Gendarmeriebeamten Klaus Gasteiger und Heimo Grasser schwer verletzt.[1165]

9. November · Häselgehr/T: Egon Krabichler wird in seinem Stall tot aufgefunden. Vermutlich wurde er von einer freilaufenden Kuh am Kopf gerammt.[1166]

11. November · Schachendorf/B: Bei der Festnahme der ungarischen Staatsangehörigen E. Szabados und I. Botlik wegen Verübung mehrerer strafbarer Handlungen löst sich unglücklicherweise ein Schuß aus der Dienstpistole, welcher Szabados tödlich trifft.[1167]

21. November · Fügenberg/T: Aufgrund Schlechtwetters zerschellt beim Landeanflug auf Innsbruck am Gratzkopf ein Flugzeug. Drei Personen kommen bei dem Unfall ums Leben.[1168]

Alpingendarmen im Einsatz beim Flugzeugunglück in Fügenberg. Bild: GChr. Strass/Z.

12. Dezember · Zwettl/NÖ: Nach Verübung zahlreicher Einbruchsdiebstähle – so auch in einem Waffengeschäft in Zwettl – wird auf der Bundesstraße bei St.Valentin Siegfried H. mit einem gestohlenen Pkw nach einem Verkehrsunfall gestellt. Beim Eintreffen der Gendarmerie eröffnet er sofort das Feuer auf die Beamten. Diese schießen in Notwehr zurück und treffen den Mann tödlich.[1169]

15. Dezember · Glanegg/K: Die Frühpensionistin Stefanie G. erschlägt in der gemeinsamen Wohnung mit einem Vorschlaghammer ihren Sohn Adolf G., die Tochter Stefanie S. und den achtjährigen Enkel Martin S. Die Mörderin wird in eine Anstalt für geistig abnorme Rechtsbrecher eingewiesen.[1170]

1991

11. März · Pöls/St: Im Zuge von Abbrucharbeiten im Zellstoffwerk Pöls, die von einem Bagger vorgenommen werden, stürzt das Kochereigebäude ein. Ferdinand Hintermann und Siegfried Reichmann werden tödlich verletzt.[1171]

In den Trümmern dieser Halle fanden die Arbeiter den Tod. Bild: GChr. GP Pöls

14. März · Hart bei Graz/St: Der 51jährige Tanzschulenbesitzer Johann T. aus Graz wird wegen Beischlafs mit der 13jährigen Elisabeth S. aus Pachern verhaftet. Weiters können ihm 27 Betrügereien nachgewiesen werden.[1172]

19. März · Maria Saal/K: An diesem Tag gelingt es der Gendarmerie einen großen Suchtgiftring zu sprengen. Wilhelm H. und Wolfgang H. werden die Einfuhr, der Besitz, Handel und Konsum von mindestens 3,5 kg Kokain nachgewiesen. Die Affäre zieht weite Kreise in Österreich und Deutschland. Viele prominente Persönlichkeiten, insbesondere der »Schicki-Micki-Szene« in Klagenfurt, sind involviert. Zahlreiche Personen werden verhaftet bzw. angezeigt.[1173]

22. März · Oberdorf/B: Eine 56jährige Frau wird mit schweren Schnitt- und Stichverletzungen tot aufgefunden. Wie die Erhebungen des Gendarmeriepostens Litzelsdorf ergaben, hat sich die Frau, die an schweren Depressionen litt, die schweren Verletzungen selbst zugefügt.[1174]

23. März · Waidhofen an der Thaya/NÖ: Nach einer 45jährigen Schließungszeit wird der Grenzübergang Fratres wieder geöffnet.[1175]

1. April · Teischnitzkees/K: Der Absturz eines einmotorigen Sportflugzeuges auf das Teischnitzkees am Großglockner hat den Tod des Piloten zur Folge. Der Passagier jedoch überlebt den Unfall.[1176]

Das Flugzeug stürzt in eine Gebirgsmulde. Bild: GChr. Huben

12. April · Niklasdorf/St: Der 32jährige Kraftfahrer Günter Eberl fährt mit einer Holzfuhre im Brandgraben zu Tal. Er hält den Lkw an, steigt aus, der Lkw rollt weg, überfährt und tötet Eberl.[1177]

27. April bis 3. Mai · Mariazell/St: Anläßlich von Stör- und Protestaktionen aufgrund der Überführung der sterblichen Überreste des ungarischen Kardinals Joszef Mindszenty nach Estergom muß die Gendarmerie drei Personen – die sich in der Basilika angekettet haben – mit Bolzenschneidern deren Ketten durchtrennen und die Protestierenden mit angemessener Gewalt aus der Kirche entfernen.[1178]

9. Mai · Leonding/OÖ: Bei Kämpfen zwischen verfeindeten vietnamesischen Clans in der Haidfelsstraße werden eine Person getötet und vier Personen verletzt.[1179]

10. Mai · Raaba/St: Insgesamt 19 tamilische Flüchtlinge, darunter fünf Kinder im Alter zwischen vier und 14 Jahren, werden aufgegriffen. Die Schlepper setzten die Flüchtlinge an der Grenze zu Österreich in einem Waldstück aus. Die Flüchtlinge werden ins Flüchtlingslager Traiskirchen überstellt.[1180]

12. Mai · Kapelln/NÖ: Aufgrund einer Windhose werden zahlreiche Häuser von Rapoltendorf in Mitleidenschaft gezogen.[1181]

12. Mai 1991, Kapelln; das abgetragene Scheunendach des Landwirtes Franz Weber. Bild: GChr. Kapelln

17. Mai · Waldegg/NÖ: Ein schwerer Verkehrsunfall in Reichental fordert zwei Tote und drei Schwerstverletzte.[1182]

26. Mai · Wagrain/S: Im Gebiet der Ennskraxe stoßen zwei Segelflugzeuge zusammen. Dabei kommt ein Pilot ums Leben.[1183]

27. Mai · Thiersee/T: Nach einer unsachgemäßen Installation eines mit Gas betriebenen Stromaggregates stirbt ein deutsches Ehepaar auf der Oberen Trockenbachalm an einer Kohlenmonoxydvergiftung. Der »Installateur« wird wegen fahrlässiger Tötung verurteilt.[1184]

5. Juni · Haidershofen/NÖ: Bei einem Banküberfall auf die örtliche Raiffeisenkasse erbeuten zwei türkische Staatsangehörige insgesamt 250.000 Schilling. Die Täter beabsichtigten mit dem erbeuteten Geld ihre Schulden abzahlen. Bei der sofort angesetzten Großfahndung gibt einer der Bankräuber auf eine Funkstreife zwei Schüsse aus einer Pistole ab. Beide Täter können gefaßt und die Beute sichergestellt werden.[1185]

9. Juni · Wilhering/OÖ: Der 20jährige Dietmar-Eduard H. erschlägt und ersticht in Hitzing auf bestialische Weise seine 78jährige Nachbarin Maria Niederhuemer.[1186]

24. Juni · Vils/T: Die Kassiererin einer Wechselstube wird von einem bewaffneten, maskierten Mann überfallen und ausgeraubt. Die Beute beträgt 137.000 Schilling und 25.000 DM. Der Täter kann eine halbe Stunde später von Beamten des Gendarmeriepostens Lermoos verhaftet werden.[1187]

27. Juni · Jennersdorf/B: Krieg in Slowenien; das Vorrücken der jugoslawischen Bundesarmee nach der Unabhängigkeitserklärung Sloweniens an die österreichische Staatsgrenze löst für die örtlichen Gendarmerieposten höchste Alarmbereitschaft aus. Die Beamten des Gendarmeriepostens Jennersdorf stehen im Dauereinsatz, rund 140.000 Flüchtlinge werden durch Jennersdorf geschleust.[1188]
(Siehe Beitrag im allgemeinen Teil)

27. Juni · Kärnten: Bei dem Krieg im benachbarten Jugoslawien und dem Kampf Sloweniens für eine eigene Unabhängigkeit herrscht vor allem bei den Kärntner Grenzkontrollstellen höchste Alarmbereitschaft. Die Gendarmeriebeamten müssen im Dauereinsatz die Grenze überwachen, bis sie durch den Einsatz des Österreichischen Bundesheeres entlastet werden.[1189]

27. Juni · Spielfeld/St: Der österreichische Nachbarstaat Slowenien wird von der jugoslawischen Volksarmee angegriffen. Der Angriff auf die Polizeistation in Senilj gegenüber der Grenzkontrollstelle Spielfeld und die dauernden Luftraumverletzungen durch MIG-Flugzeuge haben einen verstärkten Einsatz des Österreichischen Bundesheeres zur Folge.[1190]

Das zerstörte Grenzgebäude Bleiburg/Stablach im Hintergrund. Bild: Militärkommando Kärnten

27. Juni bis 4. Juli · Eibiswald/St: Aufgrund des Krieges in Jugoslawien kommt es zu einem verstärkten Grenzeinsatz.[1191]

6. Juli · Steyregg/OÖ: Die an Depressionen leidende 34jährige Brigitte Böhm ermordet mit einem Küchenmesser ihre einjährige Tochter Andrea und verletzt ihre siebenjährige Tochter Sylvia schwer. Die Frau begeht anschließend mit einem Halsschnitt Selbstmord.[1192]

14. Juli · Kronstorf/OÖ: Der 31jährige, bereits mehrfach wegen Eigentumsdelikten vorbestrafte Erhard S. überfällt eine junge Taxifahrerin aus Steyr und versucht sie auf einem Parkplatz zu vergewaltigen. Die Frau wehrt sich heftig, der Täter reißt ein Messer heraus und sticht auf sie ein. Er fügt ihr drei Messerstiche in den Bauch zu. Das Opfer kann trotz lebensgefährlicher Verletzungen flüchten und wird vom zufällig vorbeikommenden Vizeleutnant Wilhelm Hauer gerettet. Der flüchtige Täter kann wenige Stunden später von Beamten des Gendarmeriepostens Kronstorf festgenommen werden.[1193]

17. Juli · Ried im Innkreis/OÖ: Aus ungeklärten Motiven tötet die 32jährige Monika A. ihren neunjährigen Sohn und richtet sich danach selbst.[1194]

27. Juli · Hinterriß/T: Beim Absturz eines Sportflugzeuges der Type Piper werden der Pilot Hermann U., seine Gattin und seine Tochter getötet.[1195]

1. August · Scheifling/St: Aufgrund eines technischen Gebrechens entgleisen im örtlichen Bahnhof eine Lok und acht Waggons eines Güterzuges und stürzen um. Es wird eine Person verletzt. Der Sachschaden beträgt 50 Millionen Schilling.[1196]

2. August · Kritzendorf/NÖ: Durch das Öffnen der Schleusen beim Donaukraftwerk Greifenstein kommt es bei diesem Hochwasser zu massiven Schlamm- und Wasseransammlungen im Ort. Die Gendarmerie mußte zahlreiche Umleitungen und Straßensperren errichten.[1197]

Straßen und Kulturen waren bis über einen Meter hoch überschwemmt. Nach Abfließen des Wassers bot sich ein Bild der Verwüstung.
Bild: GChr. Kritzendorf

6. August · Krems/NÖ: Mit einem Pegelstand der Donau von 9,86 Meter erlebt Krems eine der schlimmsten Hochwasserkatastrophen in diesem Jahrhundert. Der Stadtteil Stein entlang der Donaulände und der Steiner Landstraße werden ebenerdig zur Gänze überflutet. Der Sachschaden erreicht mehrere hundert Millionen Schilling.[1198]

27. Juli 1991; die Absturzursache der Piper kann nicht einwandfrei geklärt werden.
Bild: GChr. Achenkirch

GENDARMERIE-CHRONIK

6. August · Melk/NÖ: Donauhochwasser in Melk. Der Pegelstand beträgt am 4. August um 6.20 Uhr in Kienstock 9,80 Meter.[1199]

Hochwasser im Ortszentrum Melk.
Bild: GChr. Melk

7. August · Trieben/St: Katastrophe wegen Bremsversagens: Ein ungarischer Reisebus stürzt bei der sogenannten »Seilbahnkurve« auf der B 114 über eine Böschung. Dabei werden 16 Personen getötet und 27 verletzt. Die Gendarmen aus Trieben leisten wie die zahlreichen Helfer höchsten persönlichen Einsatz.[1200]

Zum Unglück sagt ein Gendarm entsetzt: »Ein einziger großer Sarg.« *Bild: GChr. Trieben*

7. August · Bruck an der Leitha/NÖ: Hochwasserkatastrophe; ein Damm der hochwasserführenden Leitha bricht, worauf die Ortschaft Hollern stellenweise bis zu zwei Meter überflutet wird. Hollern wird zum Katastrophengebiet erklärt. Die Gendarmerie Bruck/L. steht im Dauereinsatz.[1201]

18. August · Natternbach/OÖ: Herbert S. wird des Verbrechens der Brandstiftung zum Nachteil seiner Eltern Johann und Hedwig S. von Beamten des Gendarmeriepostens Neukirchen/W. überführt.[1202]

19. August · Waldhers/NÖ: Bei einem Großbrand aufgrund des Heißlaufens eines Ballenförderungsgerätes brennen sechs landwirtschaftliche Anwesen ab. Der Gesamtschaden beträgt an die 20 Millionen Schilling.[1203]

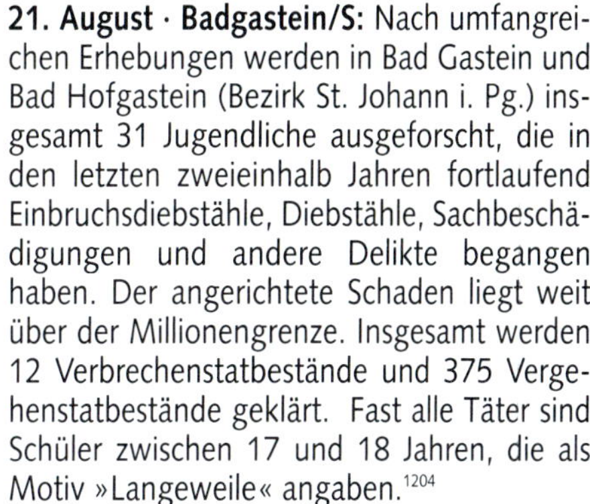

21. August · Badgastein/S: Nach umfangreichen Erhebungen werden in Bad Gastein und Bad Hofgastein (Bezirk St. Johann i. Pg.) insgesamt 31 Jugendliche ausgeforscht, die in den letzten zweieinhalb Jahren fortlaufend Einbruchsdiebstähle, Diebstähle, Sachbeschädigungen und andere Delikte begangen haben. Der angerichtete Schaden liegt weit über der Millionengrenze. Insgesamt werden 12 Verbrechenstatbestände und 375 Vergehenstatbestände geklärt. Fast alle Täter sind Schüler zwischen 17 und 18 Jahren, die als Motiv »Langeweile« angaben.[1204]

22. August · Lofer/S: Ein Rettungshubschrauber des BMfI stürzt bei einem Patiententransport nach Salzburg ab. Der Pilot und zwei Insassen können schwer verletzt geborgen werden, für den Patienten kommt jedoch jede Hilfe zu spät.[1205]

28. August · Stockerau/NÖ: Aufgrund eines anonymen Hinweises kann in der Zögernseesiedlung ein israelischer Staatsangehöriger, der u. a. einen Raubmord in Toronto begangen hat, von Gendarmen aus Stockerau verhaftet werden. Der Täter wird in Kanada zu 18 Jahren Haft verurteilt.[1206]

19. September · Vent/T: Am Hauslabjoch wird ein vom Gletscher freigegebener Körper eines – später unter dem Namen »Ötzi« bekannten – Menschen aus der Steinzeit aufgefunden.[1207] *(Siehe Beitrag im allgemeinen Teil)*

22. September · Haidershofen/NÖ: Bei einem Bootsunfall auf dem Ennsstausee Staning ertrinkt Manfred Mayrhofer bei dem Versuch, seine zwei ins Wasser gefallenen Kinder zu retten. Zwei Angler bemerken die treibende

7. August 1991; Bundesheer, Feuerwehr und viele freiwillige Helfer im Einsatz.
Bild: GChr. Bruck/Leitha

22. August 1991; der zerschellte Hubschrauber unmittelbar nach dem Absturz. *Bild: GChr. Lofer*

Zille, fahren mit ihrem Boot hin und retten die im Wasser treibende zweieinhalbjährige Sabine Mayrhofer. Da sie sonst niemanden erblicken, holen sie die in der Zille liegende Angel ein. Daran hing der fünfeinhalbjährige Christoph, der schon längere Zeit unter Wasser gewesen sein mußte. Das Kind überlebt.[1208]

Die Leiche von Manfred Mayrhofer aus Haidershofen wird nach zweitägiger Suche geborgen.
Bild: GChr. Haidershofen

23. September · Tribuswinkel/NÖ: Bei der Hofeinfahrt zur Verkehrsabteilung Außenstelle Tribuswinkel kommt es zu einem Raubmord an dem Wildbrethändler Adolf Dungl durch vier türkische Staatsangehörige. Drei Täter werden gefaßt, ein Täter kann in die Türkei fliehen.[1209]

5. Oktober · Weitendorf/St: In einem Waldstück wird die skelettierte Leiche der Prostituierten Elfriede Schrempf gefunden. Die Erhebungen werden von der Gendarmerie Wildon und der Kriminalabteilung Niederösterreich geführt. Als Täter wird der Mehrfachmörder Jack Unterweger verurteilt, der insgesamt elf Prostituierte ermordet hat. Jack Unterweger erhängt sich in der Nacht nach der Urteilsverkündung in seiner Zelle.[1210]

16. Oktober · Regau/OÖ: Im örtlichen Altenheimanbau kommt es zwischen den beiden stark alkoholisierten Friedrich Pfifferling und Josef Feichtl zu einem Streit. Der Sandler Friedrich P. will im Zuge des Gelages Josef F. 5.000 Schilling gewaltsam abknöpfen und schlägt ihn auf den Kopf. F. zieht eine Waffe unter dem Bett hervor und und schießt seinen Widersacher in den Bauch. Dieser flüchtet vor

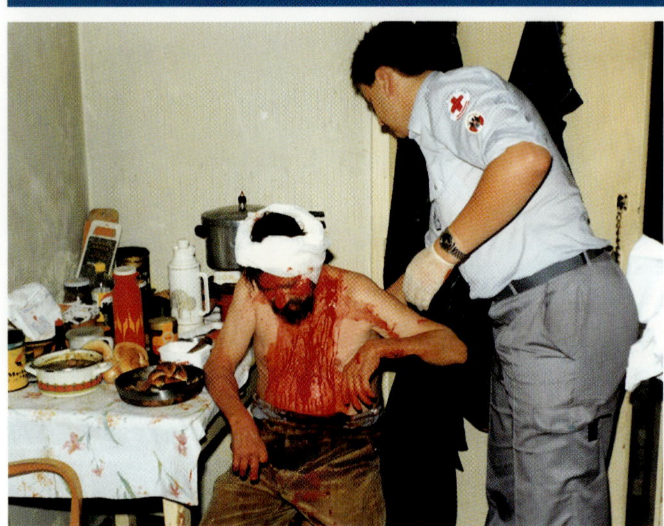

16. Oktober 1991, Regau; Josef F. nach seiner Auffindung bei der Erstversorgung durch Rettungsmänner.
Bild: GChr. Regau

das Haus, F. geht nach und erschießt ihn. Der Altenheimbewohner wird zu acht Jahren Haft verurteilt.[1211]

23. Oktober · Limbach/B: Aufgrund der Vernachlässigung durch seine Eltern Peter und Roswitha Frank stirbt ein zweijähriger Bub durch Verhungern und Verdursten. Die Eltern werden von Beamten des Gendarmeriepostens Kukmirn verhaftet und zu jeweils sechs Jahren Haft verurteilt.[1212]

2. November · Ternitz/NÖ: Ein nur für fünf Personen zugelassener überbesetzter Pkw prallt frontal gegen einen Baum. Von den acht Insassen werden fünf getötet.[1213]

15. November · Lebring/St: Nach einem bewaffneten Überfall auf das örtliche Postamt kann der Täter mit einer Gesamtbeute von 1.500 Schilling flüchten. Erhebungen und Fahndungen verlaufen negativ.[1214]

15. November · Trieben/St: Aus Eifersucht wird eine schlafende Frau von ihrem Ehemann mit einem Holzstock erschlagen. Der Mann wird von Gendarmen aus Trieben ausgeforscht. Acht Jahre Haft lautet das Urteil.[1215]

1. Dezember · Klingenbach/B: Eine Gruppe von sechs Bundesheer-Assistenzsoldaten wird auf der B 16 durch ein Überholmanöver der 18jährigen Schwesternschülerin Karina F. von ihrem Pkw niedergestoßen. Dabei kommen drei Soldaten ums Leben. Die Lenkerin wird zu vier Monaten bedingter Haft verurteilt.[1216]

5. Dezember · Hausbrunn/NÖ: »Die Töchter geliebt, die Mütter betrogen.« Unter diesem Schlagwort kann ein Verbrecher bezeichnet werden, der unter Vorspiegelung falscher Tatsachen und gefährlicher Drohungen in den vergangenen fünf Jahren von zwei alleinstehenden Müttern insgesamt zwei Millionen erpreßt. Der Mann wird zu zwei Jahren Haft verurteilt.[1217]

5. Dezember · Kitzbühel/T: In der Garage des »Parkhotels« streckt ein unbekannter Täter den 66jährigen Pensionisten Georg Perauer mit einem Genickschuß nieder, dreht danach die Leiche um und schießt ihr noch einmal in den Kopf.[1218]

7. Dezember · Holzgau/T: Durch vermutlich verdeckte bauliche Mängel bricht in einem Wohngebäude ein Schwelbrand aus, der sich schließlich zu einem offenen Feuer entwickelt. Dabei kommt Christine Bader ums Leben.[1219]

13. Dezember · Schörfling am Attersee/OÖ: Voller Einsatz für die Autobahngendarmerie Seewalchen – Massenkarambolage auf der A 1 mit 23 beteiligten Fahrzeugen, wobei neun Personen verletzt werden.[1220]

15. Dezember · Lind/Drau/K: Makabrer »Scherz«; aus der Aufbahrungshalle in Lind tragen unbekannte Täter einen Sarg mit Leiche zu ihrem Auto, fahren zum Ufer der Drau und setzen den Sarg ins Wasser. Nach Kilometern wird der Sarg angetrieben. Noch heute fahnden die Beamten des Gendarmeriepostens Möllbrücke nach den Tätern.[1221]

18. Dezember · Bad St. Leonhard im Lavanttal/K: Der Bruder der Milliardärsgattin Ingrid Flick, Günter Ragger, wird entführt. Die geforderte Lösegeldsumme beträgt zehn Millionen DM. Die Geisel kommt nach 42 Stunden wieder frei, die Entführer werden verhaftet.[1222]

„Er war völlig abgebrannt."
Als weiterer Drahtzieher der Entführungsaffäre gilt der gestern in München festgenommene Gebrauchtwagenhändler Alexander Engelhard. Nachdem gestern früh der weiße Range Rover Engelhards auf einem Parkplatz am Flughafen München-Riem entdeckt worden war, legten sich die Fahnder auf die Lauer. Sie brauchten nicht allzu lang warten. ‚Er konnte gegen 13.30 Uhr festgenommen werden, als er nach seiner Rückkehr aus Budapest in den Geländewagen steigen wollte.
Die beiden Jugoslawen waren am Grazer Hauptbahnhof angeheuert worden. Als Motiv für die Tat wird akute Geldknappheit vermutet.

Während sich das Entführungsopfer Günther Ragger über seine wiedergewonnene Freiheit freuen darf, unser Bild zeigt ihn mit seinem Sohn Raffael, sind drei seiner Entführer bereits in Haft. Ein Autohändler aus München (links) und

Opfer und Täter der »Flick-Entführung«.
Bild: Kärntner Tageszeitung

1992

5. Jänner · Bruck an der Leitha/NÖ: Der 33jährige Wolfgang G., Leiter der Wüstenrot-Zentrale in Schwechat, erschlägt aufgrund von Streitigkeiten seine 27jährige Frau Bettina und wirft die Leiche in die Donau. Nach der Tat gibt der Täter eine Vermißtenmeldung auf, verstrickt sich aber während der Vernehmung durch Gendarmeriebeamte in seinen eigenen Aussagen und gesteht schließlich die Tat.[1223]

7. und 12. Jänner · Maria Enzersdorf/NÖ: Innerhalb von wenigen Tagen ereignen sich im Einkaufszentrum Südstadt zwei Raubüberfälle auf zwei Banken. Für den Raubüberfall auf eine Filiale der Sparkasse Baden können der Suchtgiftsüchtige Gerald Sch. und für die Straftat auf die Raika Südstadt Ioannis Antoniadis ausgeforscht werden.[1224]

11. Jänner · Möllbrücke/K: Raubmord an dem Tankstellenbesitzer Wilhelm Gansberger. Der Täter legt nie ein Geständnis ab. Er wird trotzdem zu lebenslanger Haft verurteilt.[1225]

19. Jänner · Kartitsch/T: Aus einem Mob-Lager des Österreichischen Bundesheeres werden 98 Waffen – Sturmgewehre, Maschinengewehre und Pistolen – in einem Wert von über einer Million Schilling gestohlen. Es können elf Täter ausgeforscht werden. Die Waffen werden sichergestellt.[1226]

5. Februar · Hörsching/OÖ: Bei der Anhaltung jenes Sprengstoffattentäters, der den Anschlag auf den Gendarmerieposten Ansfelden durchgeführt hat, wird der 23jährige Gendarmeriebeamte Erwin Furtner vom Täter erschossen und werden zwei weitere Beamte lebensgefährlich verletzt.[1227]

Erwin Furtner, einer der vielen Gendarmen, die im Dienst ihr Leben lassen mußten.
Bild: GChr. Hörsching

5. Februar · Ansfelden/OÖ: Auf den Gendarmerieposten wird ein Sprengstoffanschlag verübt. Der Täter Georg Brunnauer hatte, vermutlich weil er nach einem Streit mit seiner Exgattin auf die einschreitenden Gendarmen böse war, eine Sprengladung in den Kellerabgang des Hauses geworfen. Bei der Festnahme des Täters in Hörsching wird ein Gendarmeriebeamter getötet und zwei schwer verletzt.[1228]

5. Februar 1992, Ansfelden; der Hauseingang zum Gendarmerieposten wird durch die Explosion herausgerissen.
Bild: GChr. Ansfelden

23. Februar · Zeltweg/St: Der Pensionist Karl Sch. gibt aus Eifersucht 18 Pistolenschüsse auf seine Gattin und seine Tochter ab. Die Gattin erleidet tödliche, die Tochter schwere Verletzungen. Einen anschließenden Selbstmordversuch überlebt der Täter schwer verletzt.[1229]

25. Februar · Pubersdorf/K: In der Absicht sie zu vergewaltigen, folgt der 15jährige Hermann E. der 14jährigen Christina P. Inmitten der Ortschaft versetzt er ihr einen Fußtritt und zwingt sie unter Schlägen und Drohungen, sich zu entkleiden. Wegen der Hilferufe würgt er sie bis zur Bewußtlosigkeit und vergewaltigt sie. Danach schleift E. das bewußtlose Mädchen mehrere 100 Meter zu einem Elektrizitätswerkskanal, wirft sie dort ins Gerinne, wo Christina P. schließlich ertrinkt.[1230]

29. März · Söll/T: Bei der Rückfahrt von einer Geburtstagsfeier kommt ein Bus wegen überhöhter Geschwindigkeit von der Fahrbahn ab und stürzt 13 Meter tief über eine Böschung. Bei dem Unfall werden vier Menschen getötet und 27 verletzt.[1231]

5. April · Altenwörth/NÖ: Der 55jährige Pensionist Franz Nemeth erschießt im Zuge eines Familienstreites um Besitzverhältnisse mit einem Kleinkalibergewehr seine Tochter, verletzt weiters seine Gattin und eine zweite Tochter sowie deren Gatten schwer und legt danach an seinem Haus Feuer. Der Mann verübt anschließend Selbstmord.[1232]

21. April · Pfarrwerfen/S: Der Papst-Pilot Johann Knaus startet vom Unterholzgut in etwa 1.000 Meter Seehöhe. Aus technischer Ursa-

29. März 1992; dichtes Schneetreiben erschwert die Rettungsmaßnahmen. Bild: GChr. Söll

5. April 1992; Bild aus der Tatbestandsmappe; Situation kurz nach Eintreffen der Feuerwehr vor dem Hause Nemeth. Bild: GChr. Kirchberg / Wagram

che stürzt der Hubschrauber nach kurzem Flug in den Wald. Knaus überlebt den Absturz schwer verletzt.[1233]

1. Mai · Offenhausen/OÖ: An die 50 antifaschistische Personen – zum Teil mit Tränengas und Gaspistolen bewaffnet – demonstrieren vor dem sogenannten Dichterstein-Denkmal gegen den rechtsgerichteten Verein »Dichterstein«. Es kam zu Gewaltanwendungen, eine Person wird wegen Widerstands gegen die Staatsgewalt festgenommen.[1234]

Das Transparent mit den Parolen der Demonstranten in Offenhausen. Bild: GChr. Gunskirchen

30. Mai · Eschenau an der Traisen/NÖ: In der elterlichen Wohnung des Zuhälters Erwin Fleischhacker-Kamleiter können Beamte des Gendarmeriepostens Traisen eine illegale Waffensammlung, bestehend aus insgesamt 34 Schuß- und 20 Stichwaffen, sicherstellen.[1235]

5. Juni · Parndorf/B: Der 44jährige Maurer Franz J. erschießt im Cafe »Ladich« nach einem Streit um eine gemeinsame Freundin, seinen Sohn Christian. Nach der Tat erschießt sich der Mann selbst.[1236]

30. Juni · Lambach/OÖ: Einsturz des Kalvarienbergtunnels. Fünf Arbeiter werden eingeschlossen, können aber nach Großalarm von den Sicherheits- und Rettungskräften geborgen werden.[1237]

Um die Einsturzursache zu klären, wird eine Sachverständigenkommission eingesetzt.
Bild: GChr. Lambach

5. Juli · Rotenturm an der Pinka/B: Unfalls-Tragödie: Auf der B 63, auf einer Distanz von fünf Kilometern, werden Manuela Simon im Alter von 17 Jahren und zwei Jahre später ihre Geschwister Mario und Dagmar im Alter von 19 und 18 Jahren bei Verkehrsunfällen getötet.[1238]

5. Juli · Obdach/St: Schwerer Verkehrsunfall am Obdacher Sattel; bei einem Frontalzusammenstoß werden zwei Burschen getötet, ein Mädchen lebensgefährlich und zwei weitere Mädchen schwer verletzt. Unfallsursache war überhöhte Geschwindigkeit.[1239]

16. Juli · Melk/NÖ: Die neue Dienststelle der Autobahngendarmerie Melk wird am Wachberg eröffnet. In 15monatiger Bauzeit wird eine der heutigen Zeit angepaßte Dienststelle mit einem umbauten Raum von 2.316 m³ um 11,9 Mill. Schilling errichtet.[1240]

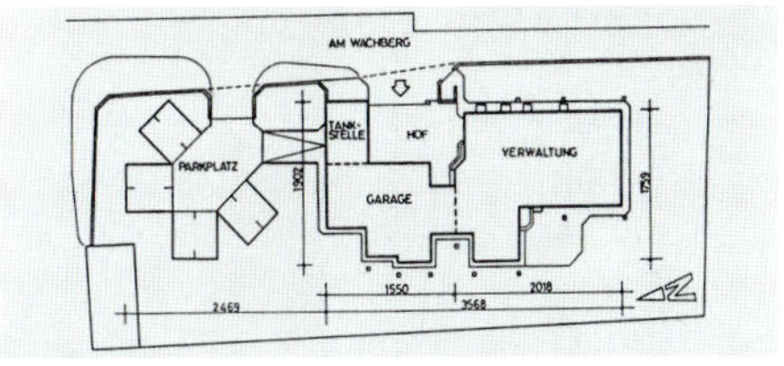

Die schwere Arbeit der Gendarmerie wird erleichtert durch funktionell gestaltete Dienststellen.
Bilder: GChr. Melk

GENDARMERIE-CHRONIK

22. Juli · Fohnsdorf/St: Der Schlosser Manfred K., ein geistig nicht zurechnungsfähiger Mann, wird kurz bevor er mit fünf eigens selbst gebauten Rohrbomben ein Mehrparteienhaus in die Luft sprengen will, festgenommen.[1241]

29. Juli · Jochberg/T: Beim Absturz einer Cessna 210 am Fuße des Roßgrubberges in ca. 1.760 Meter Seehöhe werden fünf Personen getötet. Unfallsursache war zu geringe Flughöhe.[1242]

8. August · Ebergassing/NÖ: Bei einem Eifersuchtsstreit um die 20jährige Kellnerin Marianne N. wird der 27jährige Freund der Kellnerin Michael Sch. von dem 29jährigen Autobuschauffeur Viljo I. und dem 31jährigen Angestellten Wolfgang St. im Cafe »Leutl« mit einer Faustfeuerwaffe erschossen. Die beiden Täter können nach einer Alarmfahndung verhaftet werden.[1243]

10. August · Ober-Grafendorf/NÖ: Franz S. legt innerhalb von zwei Jahren insgesamt vier Großbrände – so auch beim Folienwalzwerk Teich AG, wodurch ein Gesamtschaden von über einer Milliarde Schilling entsteht. Der Täter wird von Gendarmen mühsam ausgeforscht, zu sieben Jahren Haft verurteilt und in eine Anstalt für geistig abnorme Rechtsbrecher eingewiesen.[1244]

19. August · Höflein an der Hohen Wand und Grünbach am Schneeberg/NÖ: Drei Zugzusammenstöße auf der Schneebergbahnlinie innerhalb von drei Jahren fordern insgesamt elf Todesopfer und 92 zum Teil schwer Verletzte. Nach dem letzten Zusammenstoß am 19. August 1992 wird die Bahnstrecke mit einem Zugleitfunksystem ausgestattet.[1245]

19. August · Reuthe/V: Großbrand im Holzbauwerk Kaufmann GmbH; aus unbekannter Ursache bricht in der vor vier Jahren neu erbauten Halle »West« ein Großbrand aus, der das Objekt einäschert. Der Schaden beträgt rund 150 Mill. Schilling. An den Löscharbeiten beteiligen sich fast alle Feuerwehren des Bregenzer Waldes mit rund 588 Mann und 42 Fahrzeugen.[1246]

23. August · Fohnsdorf/St: Der 50jährige Jugoslawe Lovan D. erschießt in der Bergmanngasse 12 nach einem Streit um eine Frau seinen 30jährigen Neffen. Der Täter wird kurz nach der Tat gefaßt und wandert für 16 Jahre hinter Gitter.[1247]

September · St. Johann in der Haide/St: Die Demonstration von mehreren tausend Personen gegen eine Mülldeponie kann der örtliche Posten Hartberg nicht mehr bewältigen und es werden Gendarmeriebeamte aus mehreren Bundesländern zum Einsatz angefordert.[1248]

4. September · Rechnitz/B: An die 100 Mitglieder der Friedensgruppen »Verein für Internationalen Zivildienst« und »Österreich ohne Heer« finden sich in einem sogenannten »Widerstandscamp« zusammen, um u. a. gegen den Einsatz des Bundesheeres an der Staatsgrenze zu demonstrieren.[1249]

7. Oktober · Arnoldstein/K: BezInsp Heinz Neuwirth wird im Zuge einer Amtshandlung vom Fabriksarbeiter Adolf H. in Gailitz durch einen Schuß aus einem Militärkarabiner lebensgefährlich verletzt. Der Beamte ist ein Jahr lang dienstunfähig und seitdem Invalide. Die milde Haftstrafe von zwei Jahren löst bei den Medien Verständnislosigkeit aus.[1250]

8. Oktober · St. Georgen an der Gusen/OÖ: Ein 22jähriger beschäftigungsloser Mann verübt einen Brandanschlag auf ein örtliches Flüchtlingsquartier.[1251]

18. Oktober · Jennersdorf/B: Bei einem fürchterlichen Verkehrsunfall auf der Freilandstraße B 58 in Richtung Slowenien kommen fünf Menschen ums Leben.[1252]

21. Oktober · Fladnitz an der Teichalm/St: Der 35jährige Kassenleiter Franz P. wird in seiner Wohnung von einem bis heute unbekannten Täter überfallen, der Gattin und die beiden Kinder als Geiseln nimmt. Er erpreßt den Kassenleiter, den Safe zu öffnen und erbeutet 700.000 Schilling.[1253]

1. November · Melk/NÖ: Schwerer Verkehrsunfall auf der Westautobahn auf Höhe Neumarkt/Y. In den Morgenstunden raste ein Pkw mit rund 200 km/h gegen vor ihm fahrende Fahrzeuge, überschlug sich über die Straßenböschung und brannte aus. Zwei Personen verbrannten im Wrack.[1254]

September 1992, St. Johann in der Haide; Demonstranten und Gendarmerie im friedlichen Nebeneinander.

Bild: GChr. Hartberg

Hier kam jede Hilfe der Autobahngendarmerie Melk und der Feuerwehr zu spät.

Bild: GChr. Melk

3. Dezember · Mauthausen/OÖ: Unbekannte Täter versuchen in einer nächtlichen Aktion das Haupteingangstor des ehemaligen KZ-Mauthausen mit einem Benzin/Ölgemisch in Brand zu setzen. Der Versuch mißlingt.[1255]

3. Dezember · Murau/St: In einem Wald wird ein ausgebrannter Pkw mit einer verkohlten Leiche gefunden. Es handelt sich um Selbstmord, stellen Gendarmerie und Gerichtsmedizin fest.[1256]

8. Dezember · Kirchberg in Tirol/T: Im örtlichen Bahnhofsbereich geht das Pferd der 17jährigen Schülerin Yvonne Kandler durch, durchbricht in vollem Galopp die Bahnschranken und wird von einem Zug erfaßt. Das Mädchen stirbt auf dem Weg zum Krankenhaus.[1257]

13. Dezember · Hagenbrunn/NÖ: Größte Krapfenerzeugungsfirma Österreichs wird ein Raub der Flammen. Durch Entzündung von 300 Grad heißem Thermoöl brennt die Produktionshalle zur Gänze ab. Der Schaden beträgt 70 Millionen Schilling.[1258]

Die zerstörte Produktionshalle, Ausfall der Produktion für sechs Wochen.

Bild: GChr. Hagenbrunn

16. Dezember · Thaur/T: Mord an einem Taxilenker durch einen Fahrgast. Als Motiv gibt der Täter an, er wollte probieren »... *wie es ist, wenn man einen Menschen erschießt.*« Der Mörder stellt sich am 17. Dezember am Gendarmerieposten Hall/T. Er wird zu lebenslanger Haft verurteilt.[1259]

GENDARMERIE-CHRONIK

23. Dezember · Puchberg am Schneeberg/NÖ: Der 29jährige F. E. ermordet in der elterlichen Wohnung in einer Affekthandlung den Lebensgefährten seiner Mutter durch einen Herzstich.[1260]

26. Dezember · Pinswang/T: Bei dem Brand eines Bauernhauses kommt ein elfjähriges Mädchen ums Leben. Das Gebäude wird völlig zerstört.[1261]

1993

1. Jänner · Frohsdorf/NÖ: Nach seiner Festnahme wegen zahlreicher Delikte legt Friedrich K. in der Arrestzelle Feuer, wodurch der Gendarmerieposten Frohsdorf schwerst beschädigt wird.[1262]

1. Jänner · Mischendorf/B: Bei einer Silvesterfeier in einem Lokal kommt es wegen eines Knallkörpers der im Saal geworfen wird, zwischen drei Angehörigen der Volksgruppe Roma zu einer Messerstecherei, wobei zwei Personen verletzt werden.[1263]

6. Jänner · Thalgau/S: In den Morgenstunden verüben drei italienische Staatsbürger in Salzburg unter Anwendung einer an einem Pkw befestigten Rammstange einen Juweliereinbruch, wobei sie Schmuck und wertvolle Kugelschreiber erbeuten. Zwei der Täter können kurz darauf in Anif (Bezirk Salzburg-Umgebung) verhaftet werden. Der dritte Mittäter, der 28jährige Guiseppe Serra flüchtet, wird von einem Polizisten auf der Westautobahn im Stadtbereich Salzburg angehalten und eröffnet sofort das Feuer auf den Beamten. Der Sicherheitswachebeamte wird tödlich getroffen. Der Verbrecher nimmt die Dienstwaffe des Toten an sich und flieht mit dessen Einsatzwagen. Als sich der Flüchtende im Bereich Thalgau mit Waffengewalt eines Zivilstreifenwagens der VA zu bemächtigen versucht, kommt es zu einem Feuergefecht, wobei der Polizistenmörder schwer verletzt wird. Der Mann erliegt später seinen Verletzungen.[1264]

15. Jänner · Lieserbrücke/K: Drama auf der Autobahn-Brücke: Der 27jährige Johann A. will in selbstmörderischer Absicht von der Autobahnbrücke in die Lieserschlucht springen. RevInsp Reinhold Lang will den Lebensmüden wegzerren, rutscht im Handgemenge aus und stürzt 40 Meter in die Tiefe. Der 35jährige Familienvater erliegt den Folgen seiner Verletzungen. Johann A. kann von weiteren eingreifenden Gendarmeriebeamten am Selbstmord gehindert werden.[1265]

Der 35jährige Beamte wollte Aichholzer (rechts) retten und bezahlt mit dem Leben. Er hinterläßt Frau und zwei kleine Kinder.
Bild: Rie-press/Repro: Eggenberger

16. Jänner · St. Koloman/S: Ein 54jähriger Arbeiter erschlägt mit einer Hacke seine 59jährige Frau und seinen behinderten 16jährigen Sohn. Der Täter begeht daraufhin Selbstmord.[1266]

19. Jänner · Waidhofen an der Ybbs/NÖ: Bei einem Raubüberfall auf die ortsansässige Volksbank werden 384.000 Schilling erbeutet. Nach knapp zwei Stunden kann Kurt F. als Täter ausgeforscht und verhaftet werden. Der bereits 14-fach vorbestrafte Täter wird zu sieben Jahren Haft verurteilt.[1267]

13. Februar · Melk/NÖ: Der mit rund 60 Reisenden besetzte Eilzug Nr. 1565 in Richtung Wien stößt mit einem entgegenkommenden Güterzug frontal zusammen. Dabei werden drei Personen getötet und 28 zum Teil schwer verletzt. Unglücksursache war menschliches Versagen. Der Lokführer des Güterzuges hatte ein Haltesignal überfahren.[1268]

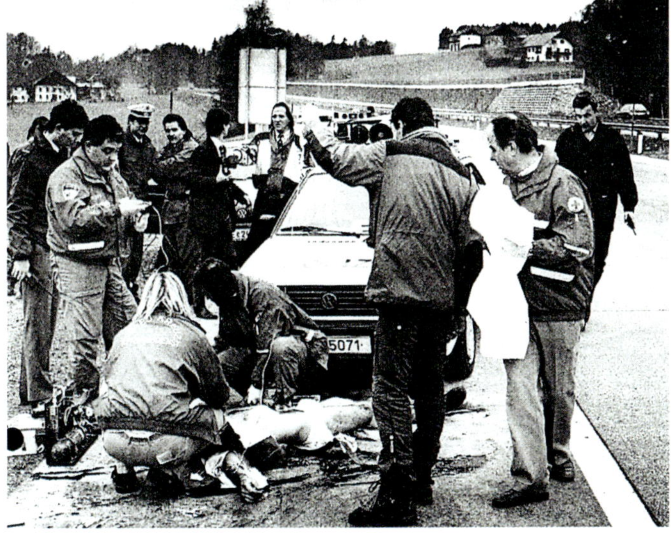

Thalgau; das Ende der Verfolgungsjagd – der schwer verletzte Italiener, umringt von Notärzten und Sanitätern. Dahinter der gestohlene Polizeiwagen.
Bild: GChr. Thalgau

13. Februar 1993; die Geschwindigkeit der beiden Züge betrug vor dem Zusammenprall rund 56 bis 65 km/h. *Bild: GChr. Melk*

8. März · Wolfsberg/K: In Arling überschüttet sich der 19jährige Mario Kofler in seinem Pkw mit Benzin und zündet sich an. Die Leiche verbrennt bis zur Unkenntlichkeit.[1269]

Beim Pkw-Brand wird auch noch ein Kleinlaster von den Flammen erfaßt. *Bild: GChr. Wolfsberg*

10. März · Alpbach/T: Weil sie sich von ihm trennen wollte, ermordet der britische Staatsangehörige Michael Cooke im Hotel »Post« seine Freundin Sandra Wels mit einem Küchenmesser.[1270]

18. März · Vordernberg/St: Aufgrund Bremsversagens überschlägt sich auf der B 115 bei der nördlichen Ortseinfahrt ein mit Drahtgittern beladener belgischer Lkw-Zug.[1271]

Der Lenker kommt bei diesem Unfall ums Leben.
Bild: GChr. Vordernberg.

19. März · Unterpremstätten/St: Im Freizeitzentrum Schwarzl wird mit zwei Hubschraubern ein Werbefilm gedreht. Aus unbekannter Ursache stoßen beide Helikopter in etwa 50

Meter Höhe zusammen und stürzen in den Schwarzl-Badesee. Ein Pilot und ein Kameramann verunglücken tödlich, zwei weitere Personen werden schwer verletzt.[1272]

21. März · Hartberg/St: Im Zuge der österreichweiten Briefbombenserie wird auch der örtliche Stadtpfarrer August Janisch beim Öffnen einer Briefbombe verletzt.[1273] *(Siehe Beitrag im allgemeinen Teil)*

25. März · Oberwart/B: Die beiden Kroaten Miroslav Cinotti und Davorin Krznar verüben über vier Monate lang zahlreiche Einbruchsdiebstähle in diverse Gerichtsgebäude im Raum Südburgenland, Steiermark und Kärnten. Dabei stehlen sie Stempelmarken und Bargeld in einem Gesamtwert von 520.000 Schilling. Die Beute kann in Zagreb sichergestellt werden. Beide Täter werden zu je zwei Jahren Haft verurteilt.[1274]

31. März · Oberwölz/St: Aufgrund schlechter Wetterverhältnisse kommt in den Wölzer Tauern ein Flächenflugzeug zum Absturz, wobei der Pilot Edmund Pawlitsch ums Leben kommt. Die schwierige Bergung wird durch die Gendarmerie und andere Rettungsorganisationen durchgeführt.[1275]

9. April · Kirchberg in Tirol/T: Der 49jährige Frührentner Anton W. überlistet mit präparierten 100,– DM-Scheinen in sieben nachgewiesenen Fällen das Sicherheitssystem von Wechselautomaten. Der Täter wird zu zwei Jahren Haft verurteilt.[1276]

15. April · Gnas/St: Mit Waffengewalt überfallen drei rumänische Staatsangehörige die örtliche Sparkasse, fesseln den Filialleiter und

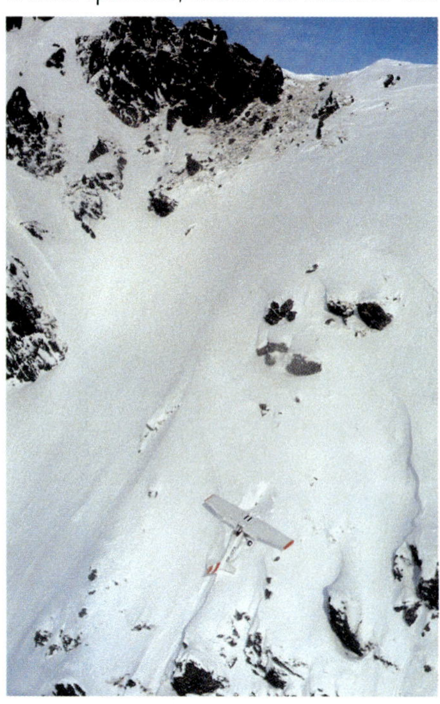

31. März 1993; das Bild zeigt das steile Gelände, in dem die überaus schwierige Bergung durchgeführt werden muß. *Bild: GChr. Oberwölz*

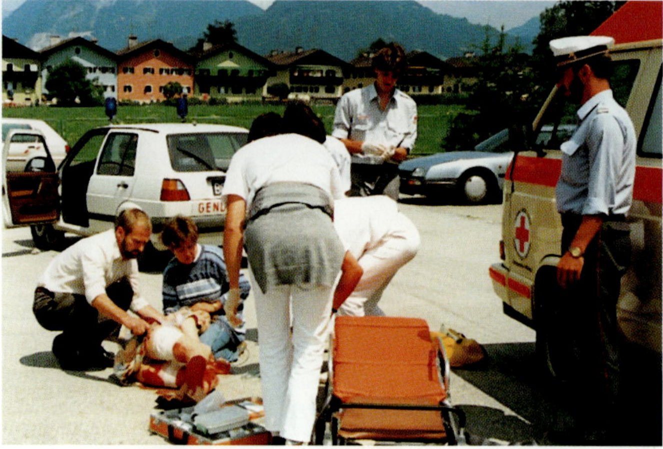

25. Juni 1993; das schwer verletzte Opfer wird versorgt. *Bild: GChr. Wörgl*

erbeuten 500.000 Schilling. Die Täter können noch am selben Tag festgenommen werden.[1277]

17. April · St. Margarethen im Burgenland/B: In der Nähe der Ortschaft wird unter einem Gestrüpp in der Nähe einer Pferdekoppel eine unbekleidete Leiche in bereits verwestem Zustand aufgefunden. Die Leiche kann nicht identifiziert werden. Als Todesursache wird Gewaltanwendung angenommen.[1278]

4. Mai · Lanzenkirchen/NÖ: Zwei bislang unbekannte Täter überfallen das örtliche Postamt. Trotz monatelangen Erhebungen können die Gendarmen aus Frohnsdorf den Fall nicht klären.[1279]

13. Mai · St. Margarethen an der Raab/St: In Entschendorf erstickt eine Mutter ihr neugeborenes Kind in Bettlaken und versteckt danach die Leiche in einem Fuchsbau.[1280]

17. Mai · Mürzzuschlag/St: Ein Segelflugzeug kommt aufgrund eines Pilotenfehlers in einem Waldgebiet zum Absturz. Der Pilot überlebt schwer verletzt.[1281]

21. Mai · Stronsdorf/NÖ: Bei dem Absturz eines Heißluftballons sterben fünf Menschen. Es handelt sich dabei um den bis dahin schwersten Unfall in der Ballongeschichte in Österreich.[1282]

21. Mai · Hieflau/St: Beim Befahren einer ehemaligen Wehranlage im Erzbach kentert ein Paddelbootfahrer. Er überlebt, obwohl er zwei Stunden unter Wasser war.[1283]

22. Mai · St. Leonhard am Forst/NÖ: Ein alkoholisierter Lenker fährt mit seinem Pkw in eine 17köpfige Gruppe von Wallfahrern und begeht Fahrerflucht. Es werden drei Personen getötet und drei weitere schwer verletzt. Der Lenker wird zu einem Jahr Freiheitsstrafe und fünf Jahre Führerscheinentzug verurteilt.[1284]

27. Mai · Längenfeld/T: Eine Brandlegung führt zu einem Großbrand. Ein Haus und etliche Wirtschaftsgebäude werden zerstört (15 Mill. Schilling Schaden). Dem Täter, einem ehemaligen Feuerwehrmann, können insgesamt acht Brandstiftungen nachgewiesen werden. Er wird zu sechs Jahren Haft verurteilt.[1285]

19. Juni · St. Pölten/NÖ: Gendarmen des Gendarmeriepostens St. Pölten kamen auf die Spur des 51jährigen Gewalttäters und Mörders Adolf Charous. Der völlig enthemmte Charous kidnappt mit seiner Pumpgun hintereinander zwei Autofahrer, ermordet seinen Schwager, liefert anschließend der Exekutive ein Feuergefecht und kann schließlich nach einer langen Fahndungsnacht von Gendarmeriebeamten des Bezirks St. Pölten bei Obergrafendorf verhaftet werden.[1286]

25. Juni · Wörgl/T: Ein 46jähriger Postbeamter schießt in Tötungsabsicht auf einem Schulparkplatz auf seine 34jährige Exfreundin. Anschließend schießt er sich selbst eine Kugel in den Kopf. Sowohl Opfer wie Täter überleben. Der Täter wird in eine Anstalt für geistig abnorme Rechtsbrecher eingewiesen.[1287]

3. Juli · Hard/V: Der 29jährige Günter H. erschießt in Schäfferhof Nr. 1 aus Eifersucht mit einer Pistole seine 31jährige Frau Herta und verübt anschließend vor den Augen seines siebenjährigen Sohnes Selbstmord.[1288]

5. Juli · Wals-Siezenheim/S: Nächtlicher Raubmord an der Taxilenkerin Claudia D. in Käferheim durch den 19jährigen Präsenzdiener Peter H. Der Bursche erschießt um 23.45 Uhr in Käferheim die Lenkerin und raubt dem Opfer 2.000 Schilling.[1289]

18. Juli · Breitenau am Hochlantsch/St: Unfall mit einer Pumpgun aufgrund ungeeigneter Munition; das Opfer erleidet bei Schießübungen schwerste Bauchverletzungen durch Serienzündung mehrerer Patronen. Die Waffe wird vollständig zerrissen.[1290]

20. Juli · Steinfeld/K: Durch schwere Unwetter wird der Ortsteil Gerlamoos zerstört. Dabei werden 17 Häuser stark beschädigt. Der Schaden übersteigt die Millionenhöhe.[1291]

20. Juli · Zwölfaxing/NÖ: Bei einem Raubüberfall auf die örtliche Raiffeisenkasse durch zwei bewaffnete Täter kommt es zu einem Schußwechsel mit einem eigens zur Banküberwachung eingeteilten Gendarmeriebeamten. Dabei wird ein Täter – ein ehemaliger Sicherheitswachebeamter bei der BPD Wien –

erschossen. Der zweite Täter kann, indem er eine Bankangestellte als Geisel nimmt, unerkannt flüchten. Seine Identität bleibt weiterhin unbekannt.[1292]

26. Juli · Heiligenkreuz im Lafnitztal/B: Zwei unmittelbar zuvor in Graz gestohlene Campingbusse im Gesamtwert von einer Million Schilling können von Beamten des Gendarmeriepostens Heiligenkreuz im Gemeindegebiet sichergestellt werden.[1293]

2. August · Neustift im Stubaital/T: Im Bereich der »Elfer-Hütte« kann der mazedonische Staatsangehörige Dragi Dodevski nach Einbrüchen in insgesamt 17 Almhütten durch eine spektakuläre Fahndungsaktion von Gendarmen aus Neustift i. St. festgenommen werden.[1294]

5. August · Völkermarkt/K: Wegen Eheproblemen erschießt Josef Achatz seine Kinder im Alter von 10 und 9 Jahren mit einem Gewehr. Anschließend richtet er sich selbst.[1295]

6. August · Ruden/K: In St. Martin entführt ein Typograf mit vorgehaltener Waffe die Gattin eines Nebenbuhlers, schießt mehrmals auf diesen, ohne ihn jedoch zu treffen und vergewaltigt anschließend die Frau. Der Täter wird zu 30 Monaten Haft verurteilt.[1296]

6. August · Kapfenberg/St: Nach mehrmaligen Morddrohungen tötet der 30jährige Zeljko P. seine von ihm getrennt lebende Gattin Marinka mit sieben Messerstichen auf dem Heimweg von ihrem Arbeitsplatz. Der Mörder kann nach zwei Stunden Fahndung gefaßt werden.[1297]

8. August · Wildschönau/T: Schwere Unwetter in Auffach beschädigen die Verkehrswege ins »Innertal«. Die Schadenssumme beträgt 100 Millionen Schilling.[1298]

25. August · Maria Enzersdorf/NÖ: In der Südstadt wird eine fünfköpfige slowakische Tätergruppe nach sieben nachgewiesenen Pkw-Diebstählen auf frischer Tat betreten. Die Schadenssumme beträgt 1,5 Millionen Schilling.[1299]

5. September · Wald am Schoberpaß/St: Wegen Schlechtwetters kommen bei einem Flugzeugabsturz vier Menschen ums Leben.[1300]

5. September 1993; schwierige Bergung für Gendarmen und Rettungsmannschaften im steilen Waldgelände. Bild: GChr. Wald am Schoberpaß

19. September · Walchsee/T: Ein fünfjähriger Bub gerät während des Abladevorganges am Heuladewagen mit seinem Anorak in die laufende Antriebswelle. Er stirbt an Genickbruch.[1301]

20. September · Feldkirch/V: Bei einem Einbruch in das Schloß Schattenburg entwenden vier jugoslawische Staatsangehörige den 200 Kilogramm schweren Tresor und werfen ihn über die Brüstung, wobei dieser auf der Straße zum Liegen kommt. Die Einbrecher können verhaftet werden. Der Sachschaden beträgt eine halbe Million Schilling.[1302]

Oktober · Hausleiten/NÖ: Ein elfjähriger Hauptschüler begeht auf dem Gelände der Hauptschule mit einer Pistole einen Mordversuch an seinem Schuldirektor und erschießt sich anschließend selbst.[1303]

23. Oktober · Pöllau/St: Der 32jährige Robert Planka und der 15jährige Michael Kratochvil verüben einen Einbruchsdiebstahl in den örtlichen Gendarmerieposten, wobei sie neben Bargeld auch eine Dienstwaffe M 35 erbeuten können. Bei einem weiteren Einbruchsdiebstahl in den Gendarmerieposten Schwarzau am Steinfelde am 6. November werden sie nach einer Schießerei, bei der der Polizeibeamte Johannes Smutek getötet wird, in Gänserndorf verhaftet.[1304]

26. Oktober · Schwarzau am Steinfelde/NÖ: Bei einem Einbruch in den Gendarmerieposten erbeuten vorerst unbekannte Täter Dienstwaffen, Munition und Funkgeräte. Planka und Kratochvil können später als Täter ausgeforscht werden.[1305]

8. August 1993; eine der vielen beschädigten Straßen, die Straße nach Höllgraben. Bild: GChr. Oberau

Inspektor Johannes Smutek, ein lebensfroher Mensch, wird von Michael Kratochvil erschossen. Bild: GChr. Pöllau

Die beiden Schwerverbrecher Robert Planka (oben) und Michael Kratochvil (unten) bei ihrer Festnahme. Bild: GChr. Pöllau

29. Oktober · Lend/S: Anläßlich des 120jährigen Bestehens wird dem Gendarmerieposten Lend in Anwesenheit von Bundesinnenminister Dr. Franz Löschnak eine neue Postenunterkunft zugewiesen.[1306]

12. November · Michelbach/NÖ: Günther Granbichler überfällt mit einer Schußwaffe die örtliche Raiffeisenbank und erbeutet 502.000 Schilling. Bei der mehrmaligen Schußabgabe

29. Oktober 1993, die Postenmannschaft Lend mit viel Prominenz bei der Einweihung. Bild: GChr. Lend

wird niemand verletzt. Der Täter wird zu 15 Jahren Haft verurteilt.[1307]

22. November · Innerschwand/OÖ: Auf dem Parkplatz der A 1 beim Rasthaus Loibichl kann von der Autobahngendarmerie Seewalchen eine Schlepperbande ausgeforscht werden. Vier Schlepper werden festgenommen. 28 illegale Personen – zum Großteil türkische Staatsangehörige – können entkommen.[1308]

23. November · Krummnußbaum/NÖ: Helmut L. bedroht mit einer Pistole seine Lebensgefährtin in deren Gasthaus. Er wird von dem zu Hilfe eilenden Rudolf S. erschossen.[1309]

29. November · Oberhofen im Inntal/T: Vier türkische Kinder im Alter von zwölf und 13 Jahren werden in den frühen Abendstunden auf dem Nachhauseweg von einem auf der Westbahn heranrasenden Regionalzug erfaßt, hunderte Meter mitgerissen und dabei tödlich verletzt.[1310]

29. November · Anger/St: Taximord: Der 17jährige Christian K. ließ sich von einem Taxi von Graz nach Anger fahren. Im Bereich der Kreuzung B 72/L 409 tötet er mit einem abgesägten KK-Gewehr den Taxilenker Georg Tomaselli, beraubt ihn, wirft ihn aus dem Wagen und verursacht einige Kilometer weiter einen Verkehrsunfall. Der Täter wird zu zwölf Jahren Haft verurteilt.[1311]

2. Dezember · Breitenfurt bei Wien/NÖ: Der örtliche Gendarmerieposten bezieht ein neues Bundesamtsgebäude mit insgesamt 450 m^2 Nutzfläche.[1312]

10. Dezember · Jenbach/T: Ein 30jähriger türkischer Staatsangehöriger ermordet aus Eifersucht seine Ehefrau durch zehn Stiche mit einem 36 cm langen Küchenmesser in Brust, Bauch und Rücken. Der Mann wird zu 17 Jahren Haft verurteilt.[1313]

10. Dezember · Unken/S: Die Freigabe des »Achbergtunnels« bedeutet eine völlige Entlastung des Ortes vom Schwerverkehr der Loferer Bundesstraße B 312.[1314]

19. Dezember · Jerzens/T: Aufgrund eines Bedienungsfehlers ereignet sich bei der Hochzeiger-Gondelbahn ein schreckliches Seilbahnunglück, bei dem ein Mensch getötet und neun Personen schwer verletzt werden.[1315]

19. Dezember 1993; eine nicht ordnungsgemäß eingekuppelte Gondel, besetzt mit elf Personen, rutscht ca. 90 Meter talwärts und prallt auf die nächste Gondel. Bild: GChr. Wenns

27. Dezember · Braunau am Inn/OÖ: Familiendrama: Der 37jährige J. F. dreht nach dem plötzlichen Tod seiner Frau vollends durch. Er erschießt mit einem umgebauten Signalkugelschreiber seine beiden Kinder im Alter von sieben und acht Jahren und richtet sich anschließend selbst.[1316]

1994

1993 – 1994 · Eggendorf und Lichtenwörth/NÖ: Serieneinbrüche in 112 Betriebe im Raum Eggendorf und Lichtenwörth innerhalb eines Jahres. Insgesamt 34 Täter werden von der Gendarmerie ausgeforscht. Der verursachte Gesamtschaden erreicht Millionenhöhe.[1317]

St. Leonhard am Forst/NÖ: Nach fünf Vergewaltigungen in Ruprechtshofen und in den Bezirken Melk und Scheibbs innerhalb eines Jahres kann ein rumänischer Staatsangehöriger aufgrund einer DNA-Analyse als Täter überführt und verhaftet werden.[1318]

3. März · Ternberg/OÖ: Eine bosnische Staatsangehörige wirft kurz nach der Geburt das Kind ihrer 18jährigen Tochter Zijada Z. in die Enns. Die Frau kann von der Gendarmerie ausgeforscht werden und wird zu drei Jahren Haft verurteilt.[1319]

3. Jänner · Schneealpe/St: Bei einem Lawinenabgang kommen zwei Bergleute ums Leben.[1320]

11. Jänner · Drasenhofen/NÖ: Nach dem Mord an zwei Menschen in Tschechien flüchtet der italienische Staatsangehörige Giuseppe Scarciglia nach Österreich, wo er nach einer zweitägigen Großfahndung aufgegriffen und nach Tschechien abgeschoben werden kann.[1321]

11. Februar · Bruckneudorf/B: Die 19jährige Patricia Speckl wird beim unvorsichtigem Überqueren der Gleise am Bahnhof von einem Güterzug erfaßt und getötet.[1322]

19. Februar · Maria Enzersdorf / NÖ: Nach einem Einbruchsdiebstahl in ein Wohnhaus kann eine mehrköpfige rumänische Tätergruppe ausgeforscht und von dieser drei Täter verhaftet werden. Zuvor konnten bereits zwölf der Täter durch Wiener Sicherheitsbeamte verhaftet werden. Für diese Leistung wird den Beamten der Krim-Gruppe des Gendarmeriepostens Maria Enzersdorf der Sicherheitsverdienstpreis verliehen.[1323]

21. Februar · Reutte in Tirol: Nachdem ein 26jähriger Bursche fünf Personen in einer Wohnung acht Stunden lang festgehalten hatte um eine Million Schilling Lösegeld und die Herausgabe seines 3jährigen Sohnes zu erpressen, tötete er sich mit einem Kopfschuß, nachdem er die Aussichtslosigkeit seiner Lage erkannte.[1324]

28. Februar · Erpfendorf/T: Die örtliche Raiffeisenkasse wird vom deutschen Staatsangehörigen Stefan K. überfallen. Der Täter kann 15 Minuten nach dem Überfall von Gendarmeriebeamten des örtlichen Gendarmeriepostens festgenommen werden.[1325]

2. März · Gutenstein/NÖ: Mord an einem tschechischen Staatsbürger im Bereich des Rohrer-Sattels. Der Täter übergießt die Leiche mit Benzin und zündet sie an. Die Tat kann durch die Kriminalabteilung für Niederösterreich geklärt werden.[1326]

6. März · Wernberg/K: Monika M. erschießt aus Eifersucht ihren langjährigen Freund Erich M. mit einer Faustfeuerwaffe. Sie wird zu acht Jahren Haft verurteilt.[1327]

10. März · Lochau/V: Ein 52jähriger homosexueller Mann wird von zwei türkischen Staatsangehörigen in seiner Wohnung nackt auf einen Stuhl gefesselt, stundenlang gefoltert und anschließend ausgeraubt. Der Mann überlebt schwer verletzt. Die Täter werden zu drei Jahren Haft verurteilt.[1328]

24. März · Gundersdorf/St: Die örtliche Raiffeisenkasse wird von einem kroatischen Hilfspolizisten überfallen. Er erzwingt die Herausgabe von 400.000 Schilling. Auf der Flucht schießt er auf die verfolgenden Gendarmen. Beim Schußwechsel wird der Bankräuber von neun Geschoßen getroffen und erschießt sich daraufhin selbst.[1329]

30. März · Kundl/T: Im örtlichen Bahnhofsbereich kommt es durch das Entgleisen eines Güterzuges zu einem schweren Bahnunfall. Der Lokführer wird dabei schwer verletzt.[1330]

GENDARMERIE-CHRONIK

30. März 1994, Kundl; durch die Entgleisung wird auch der Unterbau schwer beschädigt.
Bild: GChr. Kundl/T

31. März · Neuhaus am Klausenbach/B: Schließung des Gendarmeriepostens Neuhaus am Klausenbach und Zusammenlegung mit dem Gendarmerieposten Minihof Liebau.[1331]
17. April · Eugendorf/S: Familiendrama: Ein 14jähriger Schüler ermordet im Elternhaus seine 17jährige Schwester mit 19 Messerstichen. Das vermutete Motiv sind Streitigkeiten unter den Geschwistern.[1332]
10. Mai · Breitenau am Hochlantsch/St: Tödlicher Arbeitsunfall: Im Magnesitwerk Veitsch Radex entsteht im Untertagebau beim Einschütten von Gestein in einem Schacht ein heftiger Luftzug, wodurch ein Arbeiter beim Öffnen eines zweiflügeligen Tores zwischen den Flügeln zerquetscht wird.[1333]
12. Mai · Zirl/T: Der Absturz eines Segelflugzeuges beim Landeanflug, hervorgerufen durch turbulente Abwinde, fordert ein Menschenleben.[1334]

Die Hilfskräfte an der Absturzstelle können dem Piloten nicht mehr helfen. *Bild: GChr. Zirl*

16. Mai · Oberwölz/St: In Hinterburg verirrt sich ein taubstummer, vierjähriger Bub in einem Wald. Der Bub wird nach einem Großeinsatz durch Gendarmerie und anderen Hilfsorganisationen nach 17stündiger Suche völlig unversehrt gefunden.[1335]
19 Mai · Zwentendorf/NÖ: Ein bosnischer Staatsangehöriger erschlägt mit einer Hacke aus Eifersucht seine schlafende Freundin.[1336]
3. Juni · Frankenmarkt/OÖ: Der 20jährige aus Pfarrwerfen stammende und in einer Höhle bei Frankenmarkt hausende Walter B. begeht 30 Einbruchsdiebstähle in Salzburg und Oberösterreich. Nach über 20stündiger Vorpaßhaltung der Gendarmen kann B. verhaftet werden.[1337]
3. Juni · Lienz/T: Im Jahr 1994 ist Lienz Zielpunkt der 13. Etappe des Giro d'Italia. 103 Gendarmeriebeamte sind bei diesem Sportereignis im Einsatz.[1338]

Zieleinlauf in Lienz vor Tausenden Zuschauern.
Bild: GChr. Lienz

9. Juni · Scheifling/St: Am Perchauer Sattel kommt es zu einem schweren Verkehrsunfall zwischen einem belgischen Reisebus und einem Tankwagen. Es werden bei dem Unfall sechs Personen getötet und 32 zum Teil schwer verletzt. Der Tankwagenzuglenker, er war zu schnell gefahren und ins Schleudern geraten, wird zu zwölf Monaten Freiheitsstrafe bedingt verurteilt.[1339]

Vier Rettungshubschrauber, zahlreiche Krankenwagen aus der ganzen Umgebung sind im Einsatz.
Bild: GChr. Scheifling

13. Juni · Brunn am Gebirge/NÖ: Insp Karl Heinz Grundböck des örtlichen Gendarmeriepostens wird der NOE-Sicherheitspreis 1993 verliehen. Dem Beamten gelang es in Zusammenarbeit mit Kollegen zwei Geschäftsführern von Firmen gewerbsmäßigen Betrug, Erpressung, Geldwucher, Urkundenfälschungen und den Ankauf von 1 Kilogramm Kokain nachzuweisen. Der Schaden in diesem Fall betrug zwölf Millionen Schilling.[1340]

Von links nach rechts: Reinhard Bruckner, Franz Hackl, Erich Wimmer, Karl Gruber, Rupert Praunias.
Bild: GChr. Brunn am Gebirge

16. Juni · Mödling/NÖ: Jahrelange Streitigkeiten führen in der Türkengasse 15 zum Mord an Ingeborg T. durch ihren 51jährigen Gatten und einen 35jährigen Mittäter. Die Leiche wird in einer Tiefkühltruhe versteckt, wo sie nach Monaten gefunden wird.[1341]
22. Juni · Pians/T: Elisabeth Sprenger wird im »Gasthof Bären« von ihrem Schwager ermordet aufgefunden. Sie wurde von einem bislang unbekannten Täter mit acht Messerstichen umgebracht. Das Motiv der Bluttat ist ebenfalls unbekannt.[1342]
23. Juni · Zwettl/NÖ: Um ihren schwer alkoholsüchtigen Gatten am Trinken zu hindern, kettet in Jagenbach eine Frau ihren Gatten mit einem Seil und einer Kette sowie einem Vorhängeschloß ans Bett. Die Frau wird wegen Freiheitsentziehung zu einer bedingten Geldstrafe verurteilt.[1343]
2. Juli · Traisen/NÖ: Bei einer Feier zu »Vier Jahre Autonome Republik Kosovo« im Volksheim Traisen, an der ca. 100 Kosovo-Albaner teilnehmen, geraten einige davon in Streit, der zu einer Massenschlägerei ausartet. Dabei werden insgesamt neun Personen zum Teil schwer verletzt.[1344]
12. Juli · Kohfidisch/B: Bei einer häuslichen Auseinandersetzung in Kohfidisch verletzt der 52jährige Egon W. aus Eifersucht seine 46jährige Gattin Christine mit einigen Hammerschlägen lebensgefährlich. Die Frau überlebt wie durch ein Wunder, ist aber seither körperlich und geistig behindert. Der Ehemann wird in einer Anstalt für geistig abnorme Rechtsbrecher untergebracht.[1345]

13. Juli 1994, Henndorf a. Wallersee; 16.30 Uhr, Ausbruch des Unwetters.
Bild: GChr. Henndorf/W.

13. Juli · Henndorf a. Wallersee/S: Hagelschlag verursacht in der Umgebung von Henndorf schweren Sachschaden. Umfangreiche Umleitungen und Straßensperren durch die Gendarmerie sind erforderlich.[1346]

30. Juli · Nieder Strahlbach/NÖ: Im Anwesen des Christian Koppensteiner bricht durch ein schadhaftes Kabel an einer Zugmaschine ein Brand aus und breitet sich auf zwei weitere Gehöfte aus. Bei dem Brand werden alle Gebäude zerstört und zahlreiche Tiere getötet. Bei den Löscharbeiten werden vier Personen verletzt. Der Schaden beträgt über 15 Millionen Schilling.[1347]

2. August · Mühlbach am Hochkönig/S: Fünf Urlauber, die in der Nähe des Birgkarhauses in ihren Fahrzeugen nächtigten, werden in der Nacht von unbekannten Tätern beschossen. Dabei wird einer der deutschen Bergsteiger durch einen Lungensteckschuß lebensgefährlich verletzt. 50.000 Schilling Belohnung werden für zweckdienliche Hinweise ausgesetzt. Am 26. Oktober 1994 können die Täter nach einem Hinweis des Postens Bruck/Pinzgau ausgeforscht und verhaftet werden. Es handelt sich um einen 24jährigen Türken und um einen 19jährigen Österreicher. Motiv des Türken: Die Schießübungen sollen als Training für die Bekämpfung der kurdischen Untergrundorganisation PKK dienen.[1348]

3. August · Diendorf am Kamp/NÖ: Den Gendarmeriebeamten aus Hadersdorf/Kamp bot sich ein grauenvolles Bild, als sie die Wohnung des 54jährigen bosnischen Staatsangehörige Petar S. betreten. Dieser hatte seine schlafende Gattin Staka mit einem Maurerfäustel erschlagen, ihr die Kehle durchgeschnitten und sich anschließend selbst erhängt.[1349]

13. August · Ternberg/OÖ: Aus Eifersucht schießt Adolf D. aus Kremsmünster auf seine Gattin und deren Freund. Beide werden schwer verletzt. Der Täter begeht nach der Tat Selbstmord.[1350]

17. August · Hörbranz/V: 30 Rocker der Gruppen »Hells Angels« und »Road Devils« überfallen das Clublokal »Outsider« und geben aus mehreren Pumpguns Schüsse ab. Drei Personen werden verletzt. Es kommt zu 14 Festnahmen. Bei den folgenden Hausdurchsuchungen werden sieben Pumpguns, drei Revolver, ein KK-Gewehr, eine abgesägte Schrotflinte und mehrere Hieb- und Stichwaffen sichergestellt.[1351]

19. August · Seekirchen am Wallersee und Salzburg/S: Wegen jahrelanger Streitigkeiten um die Firma kommt es zum Doppelmord an Charlotte Bacher und Lore Wallner durch den Bäckermeister und Firmenchef Franz W. Der Täter wird zu lebenslanger Haft verurteilt.[1352]

21. August · Leonding/OÖ: Ein 18jähriger Maturant erschießt mit einer Pumpgun in einem Wutanfall seine Eltern und richtet sich daraufhin selbst.[1353]

Juni bis September · Langen bei Bregenz/V: Einem unbekannten Täter gelingt es in Langen bei Bregenz, Sulzberg und Doren insgesamt 14 Kfz zu stehlen. Trotz Großfahndungen und zweimaligen Schußwaffengebrauchs von Gendarmeriebeamten gelingt dem Täter die Flucht. Drei Jahre später gesteht der in Graz verhaftete I. K. neben anderen Verbrechen die Diebstähle.[1354]

8. September · St. Jakob im Rosental/K: In Schlatten ereignet sich in einem extrem unwegsamen Gelände des Ressmannkogel wegen Schlechtwetter und fehlender Orientierung des Piloten der Absturz einer Cessna 172. Die Insassen – drei deutsche Staatsangehörige – werden getötet.[1355]

13. September · Berwang/T: Der Hotelier Heinrich L. wird von zwei bewaffneten und maskierten Räubern ausgeraubt. Der Hotelier war Opfer von zwei Überfällen. Beim ersten Überfall erbeuteten sie Bargeld und Schmuck in der Höhe von 500.000 Schilling, beim zweiten Überfall 400.000 Schilling. Die Täter konnten bis heute nicht ausgeforscht werden.[1356]

25. September · Fohnsdorf/St: Die Leiche eines Neugeborenen auf einem Grundstück neben der S 36 gibt der Gendarmerie Fohnsdorf Rätsel auf. Nach längeren Erhebungen kann die 25jährige Irmgard U. ausgeforscht werden. Sie hat das Kind ohne Beistand und heimlich auf die Welt gebracht, erwürgt und es neben die S 36 gelegt.[1357]

29. September · St. Kanzian am Klopeinersee/K: In Unterburg erdrosselt P. F. seine Lebensgefährtin in ihrem Gastlokal und versteckt die Leiche in einem nahegelegenem Wald. Die Tat kann erst nach Entdeckung der Leiche, acht Monate später, aufgeklärt werden.[1358]

Oktober · Anif/S: Geschirrbetrügereien: Wegen dieser Delikte wird ein Mann festgenommen. Es können ihm vorerst Betrügereien mit Geschirrplagiaten mit einer Schadenssumme von 200.000 Schilling nachgewiesen werden. Im Zuge intensiver Erhebungen wird festgestellt, daß im Raum Salzburg bzw. bundesweit in ganz Österreich unzählige ähnliche Betrügereien mit Billiggeschirr durch holländische und deutsche Staatsangehörige verübt wurden. Insgesamt können von Beamten des Gendarmeriepostens Anif 65 Täter mit einer beweisbaren Schadenssumme von 32 Millionen Schilling (ca. 6.400 Geschädigte) ausgeforscht werden.[1359]

2. Oktober · Fulpmes/T: Aufgrund intensiver Ermittlungstätigkeiten von Beamten der Gendarmerie-Kriminalabteilung Tirol und des Gendarmeriepostens Fulpmes kann ein 30jähriger ortsansässiger Mann als Suchtgiftdealer überführt werden. Der Mann hatte über einen längeren Zeitraum mehrere Kilogramm Haschisch gedealt. Gleichzeitig werden 16 weitere Kleindealer und Konsumenten zur Anzeige gebracht.[1360]

5. Oktober · Mitterdorf im Mürztal/St: Ein Großbrand bei der Fa. Vogel & Noot, ausgelöst durch ein technisches Gebrechen, vernichtet die Lagerhalle. Der Schaden beträgt 60 Millionen Schilling.[1361]

12. Oktober · Aschbach/NÖ: Der 18jährige Reinhard H. erschießt im elterlichen Anwesen mit einer »Pumpgun« seinen 52jährigen Vater, seine 43jährige Mutter, seinen 14jährigen Bruder und seine 55jährige Tante. Beweggrund der Wahnsinnstat dürfte die jahrelange Bevorzugung seines jüngeren Bruders gewesen sein. Dieser Fall ist Anlaß zu einer Änderung des österreichischen Waffengesetzes.[1362]

1. November · Neumarkt an der Ybbs/NÖ: Aufgrund überhöhter Geschwindigkeit kommt es auf der A 1 zu einem Auffahrunfall, bei dem ein Kfz Feuer fängt und darin der 24jährige Lenker Nikolas Brandner und dessen 31jähriger Beifahrer Franz Pöchhacker ums Leben kommen.[1363]

9. November · Proleb/St: Aus Eifersucht erschießt neben seiner kleinen Tochter der Maurer Richard S. seine von ihm geschiedene Exgattin Christine Salchenegger. Anschließend richtet er die Waffe gegen deren Freund und schießt ihm in den Oberarm. Der Täter wird

ÖSTERREICH-CHRONIK

9. Oktober: Nationalratswahlen finden statt, Koalitionsregierung unter Franz Vranitzky.
22. November: Unterzeichnung der Ratifizierungsurkunde für den Beitritt in die EU in Rom.

1995

1. Jänner: Österreich ist Mitglied der Europäischen Union.
11. Jänner: Der Krieg im Kaukasus (Rußland – Tschetchenien) hat bereits 400.000 Menschen in die Flucht getrieben.
26. Jänner: Affäre um Waffen-Provisionen: News bringt ein Tonbandprotokoll, in dem sich ÖVP-Wehrsprecher Kraft und SPÖ-Geschäftsführer Marizzi über die Aufteilung einer 70-Millionen-Schilling-Provision an SPÖ und ÖVP unterhalten haben. Die Debatte um ein Lauschangriffgesetz kommt ins Rollen, das schließlich am 11. Juni 1997 verabschiedet wird.
20. März: Salzburgs Wahlrecht verfassungswidrig: Der Verfassungsgerichtshof hebt mehrere Bestimmungen der Salzburger Landeswahlordnung als verfassungswidrig auf.
1. April: Regierungsumbildung.
26. April: Größte Amnestie seit Kriegsende anläßlich des 50. Jahrestages des Kriegsendes, des 50. Geburtstages der Republik und des EU-Beitrittes. Schwere Delikte sind von der Amnestie ausgenommen.
9. Mai: Heftige Vorwürfe gegen Österreich: Internationale Fahnder behaupten, Österreich sei einer der wichtigsten Finanzplätze für das internationale organisierte Verbrechen. Angeprangert wird vor allem die Anonymität der österreichischen Sparkonten.
15. Mai: Abbau der Zollwachebeamten an den Grenzen: Seit dem Beitritt zur EU ist die Zahl der Beamten von 1500 auf 379 gesunken. Viele Zollbeamte verrichten ihren Dienst entweder bei der Gendarmerie oder bei mobilen Zollkontrollkommanden.
7. Juli: Kirchenvolksbegehren.
13. Oktober: Die Große Koalition zerbricht an den Bundesheerverhandlungen. Der Nationalrat beschließt seine Auflösung.
17.Dezember: Bei den Naionalratswahlen gewinnt die SPÖ.

1996

11. Jänner: Umweltaktivisten behindern die Rodung des Augeländes für die Baustelle des Traunkraftwerkes Lambach. Bei den Arbeiten wurden Gräber gefunden, die, wie sich später herausstellen wird, nicht aus der NS-Zeit stammen, sondern der Zeit der Bauernkriege im 16. Jahrhundert zuzurechnen sind. Die Bauarbeiten werden weitergeführt.
29. Jänner: Die USA übergeben Österreich die Lagepläne der Waffendepots, die im Zuge des »Kalten Krieges« (1952 – 1955) von der US-Besatzung in Österreich angelegt wurden. Bei der Hebung der Arsenale wird funktionsfähiges Waffenmaterial gefunden.
16. April: Österreich anerkennt die aus Serbien und Bosnien gebildete Bundesrepublik Jugoslawien.
13. Oktober: Bei den Wahlen zum EU-Parlament geht die ÖVP als Gewinner hervor.

1997

1. Jänner: Einführung des Autobahnpickerls.
18. Jänner: Franz Vranitzky tritt zugunsten von Viktor Klima vom Amt des Bundeskanzlers zurück, der am 28. Jänner vereidigt wird.
4. März: Ernennung Franz Vranitzkys zum OSZE-Sonderbeauftragten für Albanien. Verhinderung des Bürgerkrieges durch Aushandlung eines neuen Wahlgesetzes.
18. Juli: Einigung über die vollberechtigte Teilnahme Österreichs am Schengener Abkommen, das den freien Personen- und Warenverkehr innerhalb der EU-Staaten vorsieht. Für den Luftverkehr tritt das Abkommen am 1. Dezember in Kraft.

1998

1. April: Österreich öffnet im Sinne des Schengenabkommens die EU-Binnengrenzen für den Landverkehr.
19. April: Thomas Klestil wird wieder zum Bundespräsidenten gewählt.
1. Juli – 31. Dezember: Österreich übernimmt den Vorsitz der EU-Präsidentschaft.

Literatur:
Andreas Khol, Günther Ofner, Alfred Stirnemann (Hrsg.): Österreichisches Jahrbuch für Politik, Jg. 1996, 1997.– Wien 1997, 1998.
Mario von Baratta (Hrsg.): Der Fischer Weltalmanach 1998.– Frankfurt am Main 1997.
Helmut Rumpler: Eine Chance für Mitteleuropa. Bürgerliche Emanzipation und Staatsverfall in der Habsburgermonarchie. (= Österreichische Geschichte 1804–1914, hrsg. v. Herwig Wolfram)– Wien 1997.
Walter Kleindel: Österreich. Daten zur Geschichte und Klultur, hrsg. v. Isabella Ackerl und Günther K. Kodek.– Wien 1995.
Salzburger Nachrichten, 1945 ff.
Salzburger Tagblatt 1900 – 1920.

1999: Bischoshofen ist Austragungsort der Sprungbewerbe von der Großschanze bei der Weltmeisterschaft der nordischen Disziplinnen in Ramsau. *Bild: Martin Hönegger, Salzburg*

von Gendarmen aus Niklasdorf verhaftet und zu lebenslanger Haft verurteilt.[1364]

2. Dezember · Gleinstätten/St: Eine 36jährige Frau versucht sich und ihre zwei Kinder im Alter von zwei und fünf Jahren in Maierhof zu töten. Dazu schüttet sie im Haus Benzin aus und zündet es an. Die Frau, die an Depressionen und Verfolgungswahn litt, stirbt an ihren Verletzungen, die zwei Kinder im Alter von zwei und fünf Jahren überleben.[1365]

27. Dezember · Elsbethen/S: Der Taxilenker Kurt Becker wird im Klausbachgraben ermordet aufgefunden. Er war von seinem Mörder mit einem metallischen scharfkantigen Gegenstand erschlagen worden. Die Gendarmen aus Glasenbach nehmen die Ersterhebungen auf. Der Mord bleibt trotz ausgesetzter Belohnung in der Höhe von 60.000 Schilling bis heute unaufgeklärt.[1366]

31. Dezember · Illmitz/B: Die 1848 aus Schilf erbaute Pußtascheune, Wahrzeichen von Illmitz und der gesamten Nationalparkregion, fällt einer Brandstiftung zum Opfer. Der Sachschaden beträgt rund 7 Mio. Schilling. Leider konnte der Brandstifter bis heute nicht ausgeforscht werden.[1367]

1995

Burgau/St: Der fünf Jahre lang in Burgau als »Wunderheiler« tätige Ryke Geerd Hamer kann nach der Affäre um den kleinen Oliver Pilhar nach seiner Flucht nach Spanien in Deutschland verhaftet werden.[1368]

9. Jänner · Amstetten/NÖ: Schrecklicher Autobusunfall mit sieben Toten und 45 zum Teil Schwerverletzten. Um die Schuld von sich weisen zu können, fälscht der schuldige Lkw-Lenker sein Tachoblatt anstelle Erste Hilfe zu leisten.[1369]

21. Jänner · Liebenfels/K: Bei einem Verkehrsunfall mit einem Omnibus zwischen Gradenegg und Glantschach werden fünf Personen getötet und 24 zum Teil schwer verletzt. Der Omnibuslenker wird wegen fahrlässiger Tötung bei der StA Klagenfurt angezeigt.[1370]

4. Februar · Oberwart/B: In der Roma-Siedlung werden vier Angehörige der Roma-Volksgruppe bei einem Sprengstoffanschlag getötet. Als mutmaßlicher Täter wird erst im Oktober 1997 Franz Fuchs aus Gralla ermittelt.[1371] *(Siehe dazu Beitrag im allgemeinen Teil)*

6. Februar · Stinatz/B: Wenige Tage nach dem Bombenanschlag in Oberwart explodiert eine Sprengfalle bei einem Müllcontainer und verletzt einen 29jährigen Beschäftigten des Burgenländischen Müllverbandes an der rechten Hand schwer.[1372]

7. Februar · Ebergassing/NÖ: Um sich ihre Spielleidenschaft finanzieren zu können, veruntreut die Leiterin des örtlichen Postamtes innerhalb von drei Monaten einen Betrag von etwa 800.000 Schilling. Sie fälscht Kassabücher und entnimmt mehrmals kleinere Beträge aus der Kasse.[1373]

4. Februar 1995; ein Bild des Grauens; die Leichen der vier Roma – Opfer eines feigen Attentates. *Bild: Neue Kronen Zeitung*

11. Februar · Navis/T: Bei einem Lawinenabgang auf der Scheibenspitze werden zwölf Personen einer deutschen Tourengruppe verschüttet. Es können nur mehr neun Menschen von Alpingendarmen und Bergrettungsmännern lebend geborgen werden.[1374]

13. Februar · Neuhofen/Krems: Ein Lkw-Lenker rammt ein Gendarmeriefahrzeug auf der Schiedelberger Landesstraße. Zwei Gendarmen werden schwer verletzt.[1375]

Glück im Unglück für die Beamten, die diesen Unfall überlebten. *Bild: GChr. Neuhofen/Krems*

12. März · Hohe Veitsch/St: Der Rettungshubschrauber des Flugeinsatzstelle Graz stürzt bei einem Rettungseinsatz auf der Hohen Veitsch ab. Von der Besatzung wird der Flugretter schwer verletzt, der Pilot sowie Arzt und Sanitäter bleiben unversehrt.[1376]

14. März · Wieselburg/NÖ: Ein Jugendlicher versucht durch einen Brandanschlag in Weinzierl seine treulose Geliebte und deren Eltern zu ermorden. Das Urteil lautet auf sieben Jahre Freiheitsentzug mit anschließender Einweisung in eine Anstalt für geistig abnorme Rechtsbrecher.[1377]

16. März · Kramsach/T: Weil sie hohe Schulden hatte, begeht in Münster die aus Kramsach stammende Verkäuferin Doris F. eine erpresserische Entführung mit anschließendem Mord an einem achtjährigen Buben. Die Frau wird zu lebenslanger Haft verurteilt.[1378]

In diesem Haus starb der achtjährige Patrick, er wurde von der Kidnapperin mit einem Kissen erstickt. *Bild: GChr. Kramsach*

4. April · Göllersdorf/NÖ: Der wegen zweifachen Mordes in der Justizanstalt Göllersdorf untergebrachte Franz St. ermordet während einer Behandlung die Therapeutin Dr. Veronika Kreuzinger-Hitz.[1379]

10. April · Pfändertunnel/V: Bei einem Verkehrsunfall auf der Rheintalautobahn A 14 im Pfändertunnel, in den ein Sattelkraftfahrzeug, ein Kombi mit Wohnanhänger und zwei Pkw verwickelt sind, werden drei Personen getötet und vier verletzt. Der Sachschaden beträgt ca. sechs Millionen Schilling. Der schuldtragende Lenker wird zu einer Freiheitsstrafe von vier Monaten unbedingt und acht Monaten bedingt verurteilt.[1380]

Horrorvision jedes Autofahrers, Unfall und Brand im Tunnel. *Bild: GChr. VA Bregenz, Außenstelle Dornbirn*

11. April · Ebergassing/NÖ: Ein Sprengstoffanschlag an einem Hochspannungsmasten scheitert durch eine frühzeitige Detonation des Sprengstoffes. Dabei kommen Peter Konicek und Gregor Thaler ums Leben. Der dritte Täter kann nach der Flucht untertauchen.[1381]

22. April · Mutters/T: Menschliches Versagen war Ursache eines Zusammenstoßes zweier

11. April 1995, Ebergassing; die beiden getöteten Täter (links Konicek) und ihr Anschlagsziel.
Bild: Neue Kronen Zeitung

Zugsgarnituren in einer unübersichtlichen Kurve der Stubaitalbahn. Dabei werden 17 Personen zum Teil schwer verletzt.[1382]

6. Mai · Kapfenberg/St: Der aus dem Kosovo stammende Albaner Argon Kryeziu lockt seine Nachbarin, die afghanische Staatsangehörige Malika Hashem, in seine Wohnung, tötet sie durch zwölf Messerstiche und versteckt die Leiche in einer Bettzeugtruhe. Der Täter ist immer noch flüchtig.[1383]

6. Mai · St. Andrä im Lungau/S: Da der Nachbar das gemeinsame Kartoffelsetzgerät nicht rechtzeitig zurückgebracht hat, attackiert ihn ein Landwirt mit seinem Traktor und schlägt anschließend mit einem Montiereisen auf ihn ein.[1384]

15. Mai · Garsten/OÖ: In der Justizanstalt Garsten gelingt dem Terroristen und zu lebenslanger Haft verurteilten Mörder Ben Ahmet Chaovali die Flucht aus der Justizanstalt über eine fünf Meter hohe Mauer. Er wird zwei Stunden später in Stadtgebiet von Steyr von der Polizei in einem Heizungskeller festgenommen. Der zur Abu-Nidal-Gruppe gehörende Terrorist hatte Ende 1985 am Flughafen Wien-Schwechat ein Blutbad angerichtet.[1385]

Juni · Großreifling/St: Fall »Wolfgang Ott«; er steht im Verdacht Sonja Svec und Karin Müller ermordet zu haben. Als Mörder von Sonja Svec wird Wolfgang O. zu lebenslanger Haft verurteilt.[1386]

Taucher auf der Suche nach der Leiche von Karin Müller. *Bild: GChr. Großreifling*

20. Juni · Veitsch/St: Wegen eines Lichtbogenkurzschlusses im Bereich des Temperofens kommt es im Magnesitwerk Veitsch-Radex zu einem Großbrand, bei dem insgesamt 111 Männer der Freiwilligen Feuerwehr im Einsatz sind. Der Schaden beträgt ca. 180 Millionen Schilling.[1387]

Höchste Alarmstufe für die Feuerwehr Veitsch, die Gendarmerie Veitsch erwarten schwierige Brandermittlungen. *Bild: GChr. Veitsch*

23. Juni · Zams/T: Ein maskierter und bewaffneter Mann überfällt die Raika Oberland. 37 Minuten nach dem Überfall kann er von Gendarmeriebeamten des Gendarmeriepostens Landeck verhaftet werden.[1388]

30. Juni · Raabs an der Thaya/NÖ: Der 61jährige ÖBB-Pensionist Johann T. ersticht aus Eifersucht mit einem 30 cm langen Küchenmesser den 57jährigen Pensionisten Karlheinz G. Der Täter wird zu 15 Jahren Haft verurteilt.[1389]

1. Juli · Bodensdorf/K: Nach Einbruchsdiebstählen in Ferienhotels können Edgar Girmann, Kurt Taschner und Erich Lachner als Täter ausgeforscht und verhaftet werden. Der Gesamtschaden erreicht die Summe von 150.000 Schilling.[1390]

1. Juli · Ramsau am Dachstein/St: Eine brennende Kerze war Ursache eines Brandes am Kulzberg, bei dem eine Holzhütte zerstört wird. Drei Jugendliche können sich nicht mehr retten und kommen in den Flammen um.[1391]

2. Juli · Kapelln/NÖ: Ludwig P. wird von seiner aus der Dominikanischen Republik stammenden Gattin Miriam Sosa de Parteder im Bett bei Sexspielen durch zahlreiche Messerstiche ermordet.[1392]

3. Juli · Mödling/NÖ: Harald K. erschießt in der Siedlerstraße 47 aus Eifersucht mit einem gestohlenen Revolver seine Freundin Susanne B. und verübt nach der Tat Selbstmord.[1393]

5. Juli · Ravelsbach/NÖ: In Parisdorf wird der 46jährige beschäftigungslose Michael H. von der Gendarmerie verhaftet. Er steht im Verdacht seine 20jährige Stieftochter mehrmals sexuell mißbraucht zu haben. Der Täter wird zu neun Monaten Haft, davon sechs unbedingt, verhaftet.[1394]

8. Juli · Weidling/NÖ: Hubschrauberabsturz: Wegen Unterschreitens der Mindesthöhe stürzt ein Hubschrauber ab. Der mitfliegende Passagier hatte den Flug als Geschenk bekommen. Er und der Pilot überlebten. Der Pilot konnte jedoch nicht mehr zur Verantwortung gezogen werden, weil er drei Jahre später bei einem erneuten Hubschrauberabsturz in Guam tödlich verunglückte.[1395]

15. Juli · Schützen/Geb./B: Ein alkoholisierter Pkw-Lenker rast auf der L 209 in Oggau in eine Radfahrergruppe. Dabei wird ein Ehepaar und deren Tochter getötet. Der Lenker wird zu drei Jahren Haft verurteilt.[1396]

21. Juli · Gaishorn am See/St: Aus Eifersucht erschießt ein türkischer Staatsangehöriger seine ehemalige Geliebte. Danach begeht er Selbstmord. Zurück bleibt schwer verletzt das gemeinsame Kind. Die Erhebungen werden von der Gendarmerie Trieben durchgeführt.[1397]

26. Juli · Wörgl/T: Nach schweren Unwettern legt der aus den Ufern getretene Wörgler Bach beinahe die ganze Infrastruktur der Gemeinde lahm. Der Sachschaden geht an die 150 Millionen Schilling.[1398]

22. April 1995, Mutters; eine der beschädigten Führergarnituren.
Bild: GChr. Mutters/T

GENDARMERIE-CHRONIK

1. August · Schwarzau am Steinfelde/NÖ: Aus dem örtlichen Postamt wird von einer rumänischen Einbrecherbande ein Tresor mit einem Inhalt im Wert von 300.000 Schilling gestohlen. Die Täter können ausgeforscht werden.[1399]

17. August · Adnet/S: »Mach es selbst« mag sich in der Seefeldmühle der Druckereibesitzer Wilhelm G. gedacht haben, als er 100-DM-Blüten in der Höhe von sieben Millionen druckt. Der Täter wird zu 16 Monaten bedingt verurteilt.[1400]

31. August · Hainburg/NÖ: Der 34jährige Michael Kovac, Sohn des slowakischen Staatsoberhauptes, wird bei Bratislava von einem »Rollkommando« überfallen und nach Hainburg entführt, wo er in einem Pkw vor dem dortigen Gendarmerieposten aufgefunden wird. Gegen Michael Kovac liegt zur Zeit der Entführung ein internationaler Haftbefehl wegen Akkreditivbetruges in der BRD vor.[1401]

31. August · Feldkirch-Gisingen /V: Der pyromanisch veranlagte Wiederholungstäter Werner R. wird bei einer Brandlegung bei einem landwirtschaftlichen Gutshof dank einem Gendarmerielichtbild der Tat überführt.[1402]

Tatortfoto mit dem Täter als Schaulustigen.
Bild: GChr. Feldkirch-Gisingen

2. September · Oberwölbling/NÖ: Eine rumänische Tresorknackerbande kann nach einem Einbruch im örtlichen Postamt nach einer nächtelangen Intensivfahndung verhaftet werden.[1403]

14. September · Ravelsbach/NÖ: Ein sogenannter »Gliedherzeiger«, ein 32jähriger Mann aus Wien, der vor mehreren Kindern in Niederösterreich und Wien unzüchtige sexuelle Handlungen vorgenommen hat, kann von Beamten der Gendarmerie Ravelsbach ausgeforscht werden.[1404]

17. September · Weißkirchen in der Steiermark: Weil sie sich scheiden lassen wollte, erschießt der 56jährige ehemalige Finanzbeamte Adolf P. seine 47jährige Frau Ernestine. Anschließend jagd sich der Täter eine Kugel in den Kopf. Er überlebt schwer verletzt den Selbstmordversuch.[1405]

22. September · Dobl/St: Österreichs erstes Privatradio »Antenne Steiermark« geht auf Sendung. Damit ist zugleich das Rundfunk-Monopol des ORF beendet.[1406]

28. September · Gunskirchen/OÖ: Bei einer Verkehrskontrolle in der Au bei der Traun rast Wolfgang K. plötzlich mit seinem Pkw auf einen Beamten los, der sich mit einem Sprung zur Seite retten kann. Ein Schuß in die Reifen führt schließlich zur Festnahme. Es können ihm 80 Einbrüche in Oberösterreich nachgewiesen werden.[1407]

1. Oktober · Zwentendorf/NÖ: Die Gendarmerieschulabteilung Zwentendorf kann sich sicher europaweit rühmen, als einzige Schule im Areal eines stillgelegten Kernkraftwerkes untergebracht zu sein.[1408]

Eingangsbereich der Gendarmerieschule Zwentendorf.
Bild: Gendarmerie Schulabteilung Zwentendorf

1. Oktober · Eggersdorf bei Graz/St: Ein Gastwirt wird von zwei rumänischen Staatsangehörigen beraubt. Beide Täter können flüchten. Es bestehen noch aufrechte Haftbefehle.[1409]

1. Oktober · Neuhaus am Klausenbach/B: Eröffnung des Grenzüberwachungspostens Neuhaus am Klausenbach im Gebäude des ehemaligen Gendarmeriepostens.[1410]

11. Oktober · Mettmach/OÖ: Brandanschlag auf den Wäschereibetrieb Schmidbauer in Großweiffendorf aus unbekannten Gründen. Die Schadenssumme beträgt zwölf Millionen Schilling. Die Tat bleibt unaufgeklärt.[1411]

23. Oktober · Steinach am Brenner/T: Aufgrund eines technischen Gebrechens kommt es zu einem Großbrand in der Tischlerei Pardeller mit einem Gesamtschaden von 120 Millionen Schilling.[1412]

29. Oktober · Flughafen Wien-Schwechat/NÖ: Der Absturz eines zweimotorigen Privatflugzeuges aufgrund starken Nebels auf das Gelände der Bezirksmülldeponie verläuft, obwohl das Flugzeug in zwei Teile auseinanderbricht und sofort Feuer fängt, glimpflich. Alle vier Insassen können sich selbst in Sicherheit bringen.[1413]

November · Feldkirch-Gisingen/V: Die Ermittlungen über eine mehrfache Vergewaltigung eines 13jährigen Mädchens durch fünf Skinheads erweisen sich, da die Anzeige erst sieben Monate später erfolgt, für die Beamten des örtlichen Gendarmeriepostens als äußerst schwierig. Als Haupttäter wird in der späteren Gerichtsverhandlung Michael Lens zu dreieinhalb Jahren Freiheitsstrafe verurteilt.[1414]

15. November · Berndorf bei Salzburg/S: Eine unter Depressionen leidende Frau erschießt ihre zwei Kinder und tötet sich anschließend selbst.[1415]

17. November · Heiligenkreuz im Lafnitztal/B: Aufgrund einer installierten Videoüberwachung kann ein Mann, der sich mit Hilfe eines Generalschlüssels in einem Gasthaus insgesamt 20mal mit Bargeld bedient hatte, ausgeforscht werden.[1416]

21. November · Mitterarnsdorf/NÖ: Durch umfangreiche Erhebungen der Gendarmerie-Kriminalabteilung Niederösterreich nach dem zweifelhaften Tod des Pensionisten Alois P. in Rossatzbach kann Elfriede Blauensteiner, die durch die Medien auch als »Schwarze Witwe« bekannt wird, der vorsätzlichen Tötung überführt werden. Blauensteiner werden insgesamt sechs Morde nachgewiesen, die sie deshalb beging, um an die Erbschaft der Opfer heranzukommen.[1417]

28. November · Vordernberg/St: Nach einem Streit rammt ein Mann seiner Frau ein Küchenmesser in den Bauch. Auf der Flucht verschanzt er sich mit einer Pistole im Garten. Die Gendarmen beschließen einen scharfen Einsatz des Diensthundes. Der Täter wird vom Diensthund »Hektor von der Pichelbauermühle« des Gendarmeriepostens Breitenau/Hochlantsch

23. Oktober 1995; das Gebäude im Vollbrand, trotzdem gelang es dem Management der Betriebsführung rund 110 Mitarbeiter weiter zu beschäftigen.
Bild: GChr. Steinach a. Brenner

GENDARMERIE-CHRONIK

überwältigt und kann festgenommen werden.[1418]

Steirerkrone

Graz, Lendplatz 31, Telefon 98 40-0
VERTRIEB: STRASSGANGERSTR. 384, ☎ 28 62 62-0

Neue Kronen Zeitung
UNABHÄNGIG

Mittwoch, 29. Nov. 1995 / Nr. 12.769, S 8,-

Bus-Chauffeur als Sex-Unhold entlarvt

Graz. – Unter dem Verdacht, zehn Mädchen sexuell mißbraucht zu haben, wurde im Süden von Graz ein 33 Jahre alter Bus-Chauffeur festgenommen. Die Nachbarn hatten alles gewußt, aber jahrelang geschwiegen (Lokales).

Das ist der Gendarmeriehund „Hektor von der Pichelbauermühle" (auf unserem Foto mit seinem „Herrl", Bezirksinspektor Walter Vollmeier), der in der Nacht zum Dienstag in Vordernberg (Ober-

„Hektor" ließ Gewalttäter keine Chance

steiermark) einen bewaffneten Gewalttäter stellte. Dieser hatte zuvor in seiner Wohnung der Ehefrau ein 32 Zentimeter langes Messer in den Bauch gerammt und war dann geflüchtet. Der Arbeitslose wurde schließlich von „Hektor" in einem Garten aufgestöbert (Lokales).

Ex-Geliebte vergewaltigt: Vier Jahre Haft für Steirer

Graz. – Als er wegen versuchter Vergewaltigung im Gefängnis saß, lernte ein 24jähriger Steirer seine spätere Lebensgefährtin kennen. Wieder in Freiheit, hielt er sie und den fünf Jahre alten Sohn gefangen – vier Jahre Haft für drei Tage Hölle (Bericht Seiten 12/13).

Österreichweites Medieninteresse an diesem Diensthundeeinsatz. Bild: Steirerkrone

7. Dezember · Ybbs an der Donau/NÖ: Zwei rumänische Tresordiebe werden nach einer Alarmfahndung von AbtInsp Weiß angeschossen und können in Verwahrung genommen werden.[1419]

Diensthundeführer Reiter mit AbtInsp Heiss bei der Suche nach den weiteren sechs flüchtigen Tresordieben. Bild: F. Crepaz, Erlauf

12. Dezember · Hall in Tirol/T: Beim Einschreiten während eines Ehestreites entgeht ein Gendarmeriebeamter nur Dank zweimaliger Ladehemmung dem Tod. Der Mann richtet zuerst sein Gewehr auf die Gattin, beim Anblick des Gendarmen auf diesen und drückt zweimal ab. Anschließend schießt sich der Mann selbst in die Brust und erliegt im Krankenhaus seinen Verletzungen.[1420]

1996

1993 – 1996 · Wilhelmsburg/NÖ: Bei der Fa. Ratteneder Recycling verschwinden im Laufe von drei Jahren große Mengen Sondermüll. Als Täter wird Johann R. ermittelt und zu vier Monaten Haft und einer Geldstrafe verurteilt. Der Betrieb wird vorübergehend gesperrt.[1421]

1995 – 1996 · Filzmoos/S: Im Enns-Pongau wird ein Suchtgiftring, an dem ca. 40 Personen beteiligt sind, ausgehoben. 18 davon leben und wohnen in Filzmoos.[1422]

1995 – 1996 · Jochberg/T: Im Winter 1995/96 sterben bei zahlreichen Lawinenabgängen insgesamt vier Personen.[1423]

Langen bei Bregenz/V: Der Pensionist E. H. wird als Kinderpornotäter entlarvt. Bei ihm wird umfangreiches Beweismaterial, das auch europaweite Kontakte aufdeckt, sichergestellt. Der Täter verstirbt noch in der U-Haft an einem Herzleiden.[1424]

Jänner – April · Stadl-Paura/OÖ: Der Bau des Kraftwerkes Lambach führt zu heftigen Demonstrationen und Besetzungen. Alle Gendarmeriebeamten der Umgebung sind neben anderen Einsatzkräften bei der Räumung des Baugeländes im Einsatz.[1425]

20. Jänner · Mittersill/S: Familiendrama: Nach einem Streit stößt der stark alkoholisierte Sohn seinen ebenfalls betrunkenen Vater in die Salzach. Der Mann ertrinkt. Der Täter wird ausgeforscht und wegen Körperverletzung mit tödlichem Ausgang zu vier Jahren Haft verurteilt.[1426]

20. Jänner · Windischgarsten/OÖ: Vier rumänische Straftäter, denen an die 100 Vermögensdelikte mit einer Gesamtschadenssumme von 4,3 Millionen Schilling angelastet werden, können verhaftet werden. Die Täter werden zu 10jährigen Haftstrafen verurteilt.[1427]

26. Jänner · Oberperfuß/T: Beginn der 10. Naturbahn Rodel-WM in Oberperfuß und in der Folge große organisatorische Maßnahmen für die Gendarmen der ganzen Umgebung.[1428]

Februar · Schönberg im Stubaital und Mieders/T: Einer neunköpfigen Bande von Jugendlichen können 110 gerichtlich strafbare Delikte (Einbrüche, Diebstähle usw.) nachgewiesen werden. Es werden bedingte Strafen ausgesprochen.[1429]

Februar · Kufstein/T: Innerhalb von fünf Monaten verkaufen der 20jährige Stephan und der 25jährige Josef M. aus Thiersee im Raum Kufstein 120 Kilogramm Haschisch und Marihuana an eine größere Zahl von Abnehmern. Sie werden an der holländisch-deutschen Grenze mit 14 kg Haschisch im Gepäck festgenommen.[1430]

6. Februar · Glanz/St: Der 64jährige Landwirt Stefan St. tötet wegen Unstimmigkeiten der bevorstehenden Hofübergabe mit einer Schrotflinte seine 54jährige Gattin Josefine und begeht anschließend Selbstmord. Die Erhebungen werden von Beamten des Gendarmeriepostens Leutschach geführt.[1431]

6. Februar · Weißpriach/S: Ein 13jähriger Schüler nimmt in Fanningberg einen Kleinbus unbefugt in Betrieb, fährt mit diesem unfallfrei nach Wien, knackt dort einen Pkw und fährt mit diesem wieder dieselbe Strecke zurück.[1432]

8. Februar · Drosendorf-Zissersdorf/NÖ: Tschechische Behörden stellen bei Heinrichsreith auf tschechischem Gebiet zwei Schlepper mit drei chinesischen und zwei vietnamesischen Staatsangehörigen beim Versuch die Grenze nach Österreich zu überschreiten. Dabei fällt ein Schuß, verletzt wird niemand.[1433]

19. Februar · Kalsdorf/St: 120 gewerbsmäßige Diebstähle durch Manipulation von Rechnungsbelegen werden aufgeklärt. Die Schadenshöhe beträgt 250.000 Schilling, die jugendlichen Täter erhalten bedingte Haftstrafen.[1434]

März · Perg/OÖ: Nach mehreren Monaten intensiver Observierungen von Gendarmeriebeamten des BGK Perg können durch einen Großeinsatz 20 Mitglieder einer türkischen Schlepperorganisation, darunter Aktivisten der türkischen Terrororganisation »DHKP-C«, festgenommen werden. Bei den erfolgten Hausdurchsuchungen kann auch ein großes Waffenarsenal sichergestellt werden.[1435]

1. März · Amstetten/NÖ: Massenkarambolagen auf der Autobahn im Bezirk Amstetten in beiden Fahrtrichtungen aufgrund starken Schneetreibens und schneeglatter Fahrbahn. Die Unfallbilanz weist 29 zum Teil schwer verletzte Personen und insgesamt 96 beteiligte Kfz auf.[1436]

5. März · Södingberg/St: Die Hausfrau Rosalinde H. erschießt aus Eifersucht im gemeinsamen Wohnhaus mit einem Revolver ihren Gatten Erich H. Die Frau verübt danach, wie Gendarmen aus Stallhofen feststellen, Selbstmord.[1437]

15. März · Kritzendorf/NÖ: Alarmauslösung bei einem Wohnobjekt in der Hadergasse. Rumänische Einbrecher können nach Abgabe

1. März 1996; Teilansicht der Massenkarambolagen – »Unfallbereich 2«; auf einer Streckenlänge von rund 10 km sind insgesamt neun Unfallbereiche. Bild: GChr. Amstetten

eines Warnschusses durch Gendarmen gestellt und verhaftet werden.[1438]

22. März · Ischgl/T: Ein deutscher Zahnarzt versucht einen Raub mit einer Schadenssumme von 2,8 Millionen Schilling vorzutäuschen.[1439]

25. März · Wullowitz/OÖ: An der Grenzkontrollstelle wird ein tschechischer Staatsangehöriger festgenommen. Der Mann führt eine Summe von 230,000.000 Lire mit sich, die als Entgelt für Suchtgifttransporte gedacht sind.[1440]

1. April · Sollenau/NÖ: Der örtliche Gendarmerieposten übersiedelt in ein neuerbautes Bundesamtsgebäude.[1441]

Moderne zweckmäßige Räume für den Gendarmerieposten Sollenau. Bild: GChr. Sollenau

1. April · Wullowitz/NÖ: Im Hinblick auf die Kontrollbestimmungen des Schengener Abkommens an der EU-Außengrenze übernimmt die Bundesgendarmerie die Grenzkontrollstelle Wullowitz.[1442]

2. April · Zwettl/NÖ: In Waldhams erschlägt der 39jährige J. M. nach einem Streit mit einer Hacke seinen Vater und begeht daraufhin Selbstmord durch Erhängen. Auslöser der Tat war ein Streit, bei dem es um das Ausgedinge des Vaters ging.[1443]

9. April · Unterweitersdorf/OÖ: Bei einer Kollision eines Pkw mit einem Traktor auf der B 125 geht der Pkw sofort in Flammen auf.[1444]

25. April · Pottendorf/NÖ: Da sie Räumlichkeiten an die islamische Kultusgemeinde vermietet, richten sich gegen die Fa. Hietz mehrere Drohungen mit Briefen und Bombenattrappen. Der Täter kann ausgeforscht und verhaftet werden.[1445]

25. Mai · Rechnitz/B: Auf dem örtlichen Judenfriedhof beschädigen die Jugendlichen Jürgen Seltsam, Thomas Feigl, Areta Salijaj und Marian Kögler 64 Grabsteine und verursachen einen Sachschaden von ca. 90.000 Schilling. Dabei verüben sie Schmieraktionen mit nationalsozialistischem Inhalt.[1446]

5. März · Riedau/OÖ.: Ein langjähriger Nachbarschaftsstreit endet mit tödlichem Ausgang. Wegen Wasserrecht um einen Fischteich erschießt in Stögen, Gemeinde Zell/Pram, Günter H. seinen Nachbarn Josef G. vor dessen Hof. Anschließend begeht der Täter Selbstmord.[1447]

1. Juni · Wullowitz/NÖ: An der örtlichen Grenzkontrollstelle wird ein 45jähriger niederländischer Staatsangehöriger festgenommen. Ihm wird Menschenhandel aus dem europäischen Osten unter menschenunwürdigsten Bedingungen angelastet.[1448]

1. Juni · Drosendorf-Zissersdorf/NÖ: Errichtung des Grenzüberwachungspostens Drosendorf. Elf Beamte tragen ab nun die Verantwortung für eine Grenzlänge von über 16 Kilometern. Anzumerken ist die gute Zusammenarbeit mit den tschechischen Kollegen.[1449]

25. Juni · Mittersill/S: Im Kuhmooswald wird ein 50 Jahre altes Waffenlager des US-amerikanischen Geheimdienstes gefunden. Dabei werden zehn Gewehre, zehn MG, 10.000 Schuß Munition, 100 Handgranaten, 36 Kilogramm Plastiksprengstofff usw. sichergestellt.[1450]

28. Juni · Pottendorf/NÖ: Ein Autodieb wird von einer Gendarmeriestreife bis nach Pottendorf verfolgt. Bei der Anhaltung versucht er einen Beamten niederzustoßen. Der in Notwehr durchgeführte Schußwaffengebrauch endet für den Täter mit tödlichen Verletzungen.[1451]

29. Juni · Drosendorf-Zissersdorf/NÖ: Erste UFO-Landung in Drosendorf: Ein Pensionist sieht gegen 0.30 Uhr angeblich einen dreieckig gegen den Himmel aufsteigenden Lichtkegel. Der Bürgermeister erstattet darauf hin die Anzeige. Der Vorfall wird geschickt publik gemacht und Neugierige besichtigen den »UFO-Landeplatz«, wo es tellerförmige Bodeneindrücke zu sehen gibt. Es stellt sich heraus, daß Rückstände von pyrotechnischen Artikeln die »UFO-Spuren« verursacht haben. Der Vorfall wird in mehreren Berichten von der »Neuen Kronen Zeitung« und vom ORF ausgeschlachtet.[1452]

25. Juni 1996; die vergrabenen Waffen sind zum Teil noch funktionsfähig. Bild: GChr. Mittersill

6. Juli · Wolfsberg/K: Wegen Erbstreitigkeiten tötet in Gräbern Ing. Rudolf K. seine Mutter mit einer Hacke und verletzt seinen Vater schwer. Der Täter wird zu lebenslanger Haft verurteilt.[1453]

22. Juli · Klein St. Paul/K: Bewaffneter Raubüberfall auf die Raika Wieting durch den 21jährigen italienischen Staatsangehörigen Salvatore Sch. und dessen Freundin, der 20jährigen Österreicherin Heike F. Der geraubte Betrag beträgt 324.840 Schilling. Die Täter können im Zuge einer Alarmfahndung gefaßt und zu mehrjährigen Haftstrafen verurteilt werden.[1454]

August · Lend/S: Dank des Einsatzes eines zweirotorigen russischen Hubschraubers kann ein Steg in die 50 Meter breite und 100 Meter tiefe Gasteiner Klamm innerhalb kürzester Zeit verbracht werden.[1455]

9. April 1996; der Lenker kann sich noch im letzten Moment retten. Bild: GChr. Verkehrsabteilung Außenstelle Neumarkt

Lend; Flug mit hohem Risiko in der Gasteiner Klamm. Bild: GChr. Lend

GENDARMERIE-CHRONIK

1. August · Unken/S: Im »Lacknerwald« wird, wie an vielen Orten in Österreich, ein noch von den US-Besatzungsmächten angelegtes Waffendepot freigelegt.[1456]

12. August · Perchtoldsdorf/NÖ: Peter St. schießt aus Eifersucht mit zwei Pistolen auf seine ehemalige Lebensgefährtin und deren Freund, verwundet beide schwer und erschießt schließlich den Freund durch einen Kopfschuß aus nächster Nähe. Der Täter kann nach zweieinhalbmonatiger Fahndung verhaftet werden. Er wird zu einer lebenslangen Freiheitsstrafe verurteilt.[1457]

20. August · Pfarrwerfen/S: Die Alpingendarmeriebeamten Gerhard Wallner und Bernhard Hinterberger verunglücken während eines Alpinübungstages am Tennengebirge tödlich.[1458]

29. August · Neuhofen/Krems/OÖ: Vorläufig letzter Raubüberfall auf das Postamt St. Marien. Von sechs verübten Banküberfällen in den Jahren 1991 – 1996 im Rayon Neuhofen/Krems können fünf geklärt werden.[1459]

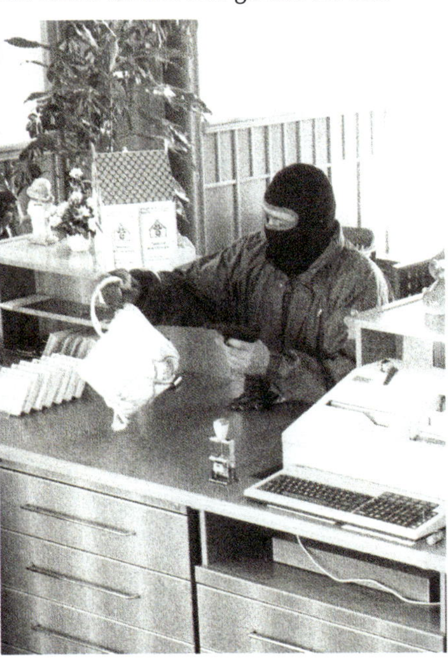

Noch ungeklärt; Raubüberfall auf die Sparkasse Allhaming am 14. April 1994.
Bild: GChr. Neuhofen/Krems

22. September · Uttendorf/S: Auf der Stubachtalstraße werden durch einen Felssturz zwei Personen in einem Pkw getötet und ein Mädchen auf einem Fahrrad schwer verletzt.[1460]

26. September · Strengberg/NÖ: Der Absturz einer brennenden mit drei Personen besetzten zweimotorigen Sportmaschine verläuft glimpflich. Alle drei Passagiere kommen mit leichten Verletzungen davon.[1461]

1. Oktober · Peilstein im Mühlviertel /OÖ: Auf der Böhmerwaldbundesstraße wird mit einem gestohlenen Pkw ein Geldtransporter der Post zum Anhalten gezwungen. Die Täter rauben rund 2,7 Millionen Schilling. Die Täter Günter R. und Alfred L. können nach zwei Tagen gefaßt und zu langjährigen Kerkerstrafen verurteilt werden.[1462]

2. Oktober · Pöls/St: Durch eine Brandstiftung wird ein Wirtschaftsgebäude in Enzersdorf, Raningerweg 12, bis auf die Grundmauern eingeäschert. Die Gendarmerie forscht als Täter Peter Sch. aus, der die Tat aus Haß gegenüber dem Besitzer verübte. Der Schaden übersteigt die Millionenhöhe.[1463]

Das Gebäude im Vollbrand. *Bild: GChr. Pöls*

5. Oktober · Kaltenbach/T: Der Schirennläufer Richard Kröll prallt auf der Schnellstraße in Stumm/Z. bei einem Überholmanöver mit seinem Pkw frontal gegen einen Reisebus. Dabei wird der Pkw vom Bus völlig zermalmt und der Lenker getötet.[1464]

15. Oktober · Hall in Tirol/T: Im Stadtgebiet wird bei Straßenbauarbeiten eine 250 Kilogramm schwere Fliegerbombe gefunden. Der Entschärfung der Bombe gehen eine Evakuierung von 300 Anrainern und eine großflächige Umleitung des Verkehrs voraus.[1465]

17. Oktober · Wiener Neustadt/NÖ: Bei der Entführung einer Aeroflot-Maschine durch einen nigerianischen Passagier über Afrika können im Flugzeug anwesende Beamte des Gendarmerieeinsatzkommandos Wiener Neustadt den Entführer im Cockpit mit Pfefferspray überwältigen und den Sicherheitsbehörden am Landeflughafen in Lagos übergeben.[1466]

19. Oktober · Andau/B: 40 Jahre nachdem die Rote Armee im Zuge der Niederschlagung des Aufstandes in Ungarn eine von Flüchtlingen stark benützte Brücke bei Andau gesprengt hatte, wird diese von Pionieren des Österreichischen Bundesheeres wieder errichtet.[1467]

10. November · Ehrwald/T: Der 55jährige deutsche Millionär Udo Berninghaus prallt in Selbstmordabsicht mit seiner Piper P 28 unterhalb der Wetterspitze gegen die Westflanke der Zugspitze. Der Mann war auf der Stelle tot.[1468]

10. November · Feichten im Kaunertal/T: Ein Großaufgebot von 100 Gendarmeriebeamten fahndet nach einem Einbrecher. Der Täter kann vorerst trotzdem entkommen, wird jedoch zwei Tage später in Schwaz verhaftet.[1469]

14. November · Graz/St: Drei Schwerverbrecher in der Justizanstalt Graz-Karlau nehmen drei Frauen als Geiseln, fordern acht Mill. Schilling Lösegeld und Bereitstellung eines Fluchthubschraubers. Bei Nichterfüllung drohen sie mit der Zündung selbstgebastelter Sprengsätze, die sie den Geiseln auf den Rücken gebunden haben. Beamte des Gendarmerieeinsatzkommandos Wiener Neustadt (Cobra) überwältigen die Geiselnehmer und befreien die Frauen unversehrt.[1470]

21. November · Vorau/St: BMfI Dr. Caspar Einem besucht mit Brigadier Oskar Strohmeyer im Rahmen einer Arbeitstagung im Stift Vorau auch den örtlichen Gendarmerieposten. Er wird dort von Bezirkshauptmann Dr. Sepp Kogler und der Postenmannschaft empfangen.[1471]

24. November · Ferlach/K: Der bosnische Staatsangehörige Selim Krzalic erschlägt seine Lebensgefährtin Esma Hegic auf bestialische Art mit einer Hacke. Der Täter wird zu neun Jahren Haft verurteilt.[1472]

30. November · Treffling/OÖ: Durch plötzliche Glatteisbildung auf der A 7 kommt es zu einer Massenkarambolage, bei der 25 Fahrzeuge beteiligt sind. Vier Personen werden verletzt.[1473]

Hardegg/NÖ: Beamte des Grenzüberwachungspostens Hardegg können im Jahr 1997 insgesamt 198 Grenzgänger und sechs

19. Oktober 1996; ein Brückenschlag im besten Sinne; ein Symbol des Friedens.
Bild: GChr. Andau

Schlepper aufgreifen. Die illegalen Einwanderer werden abgeschoben, die Schlepper zwischen drei und fünf Monaten Haft verurteilt.[1474]

1997

1996 – 1997 · Krenglbach/OÖ: Franz J. hält über zwei Jahre lang die Gendarmerie im Großraum Wels und Grieskirchen auf Trab: Mit einem in Bad Ischl gestohlenen Auto verursacht er in Krenglbach einen schweren Unfall, der weitere Ermittlungen über Franz J. zur Folge hat. Dabei kann der Mann mehrerer Einbruchsdiebstähle überführt werden. Im Jänner 1998 kehrt der Täter nach einem Haftausgang nicht wieder in die Strafanstalt zurück und verübt eine neuerliche Serie von Einbruchsdiebstählen.[1475]

Knittelfeld/St: Nach zehnjähriger Pause und modernsten Umbauarbeiten wird am Spielberg der Österreich-Ring als »A 1-Ring« 1997 wieder eröffnet.[1476]

1. Jänner · Zeltweg/St: Nach jahrelangen Streitigkeiten rammt der Frühpensionist Hubert G. seiner Lebensgefährtin Marlene E. ein Messer in den Bauch. Die Frau kommt dabei ums Leben, der Täter wird wegen Mordes zu 20 Jahren Haft verurteilt.[1477]

3. Jänner · Filzmoos/S: Dank eines Großeinsatzes von rund 120 Helfern kann die im Filzmooser Schigebiet abgängige zehnjährige Anja Schäfer nach rund 7stündiger Suche gegen Mitternacht unverletzt geborgen werden.[1478]

6. Februar · Kirchberg am Wagram/NÖ: Aus krankhafter Eifersucht versucht die 75jährige Maria Kopp mit einer Axt und einer Sektflasche ihren Gatten Jakob Kopp zu erschlagen. Nach mißglückter Tat, bei der sich der Mann bloß leichte Verletzungen zuzieht, versucht die Frau sich auf dem Dachboden ihres Hauses zu erhängen, kann aber noch rechtzeitig von RevInsp Erwin Kienböck gerettet werden.[1479]

8. Februar · Obdach/St: Bei Kathal kommt es beim Sägewerk Pabst zu einem Großbrand mit einer Schadenshöhe von 60 – 70 Millionen Schilling. Der Brand dürfte in der Filteranlage durch Verschleppung eines Funkens ausgebrochen sein, Fremdverschulden kann ausgeschlossen werden.[1480]

15. Februar · Weißenbach am Lech/T: Ein Mann ermordet mit einem Rückenspalter seine Lebensgefährtin durch 16 Schläge auf den Hinterkopf.[1481]

18. Februar · Elbigenalp/T: In den Allgäuer Alpen werden vier deutsche Tourengeher durch ein selbst ausgelöstes Schneebrett in den Tod gerissen.[1482]

1. März · Kössen/T: Juweliereinbruch: Zwei ungarische Männer werden nach erfolgtem Einbruch mitsamt ihrer Beute – Juwelen im Wert von einer Million Schilling – vom Besitzer gestellt und aus Notwehr angeschossen.[1483]

12. März · Rosenbach/K: An der Grenzkontrollstelle werden bei der Kontrolle der sogenannten »Rollenden Landstraße« mit einer »CO_2-Sonde« 94 Kurden aufgegriffen. Es handelt sich hier um den bis dato größten Schlepperversuch in Österreich. Die Kurden werden nach Slowenien zurückgeschoben, der Lkw-Lenker verhaftet.[1484]

16. März · Kössen/T: Ein Mann zündet aus sexueller Abartigkeit ein landwirtschaftliches Wirtschaftsgebäude an mit der Folge, daß der gesamte Bauernhof niederbrennt.[1485]

20. März · Frohsdorf/NÖ: Während ihrer Fernseh-Talk-Show gelangt an die Moderatorin Vera Rußwurm eine Bombendrohung. Als Täter wird Ing. Walter Ettl ausgeforscht. Beamte des Gendarmeriepostens Frohsdorf stellen gemeinsam mit Beamten der »Briefbomben-Sonderkommission« im Haus des Täters eine scharfe Rohrbombe und Elektronikbauteile sicher.[1486]

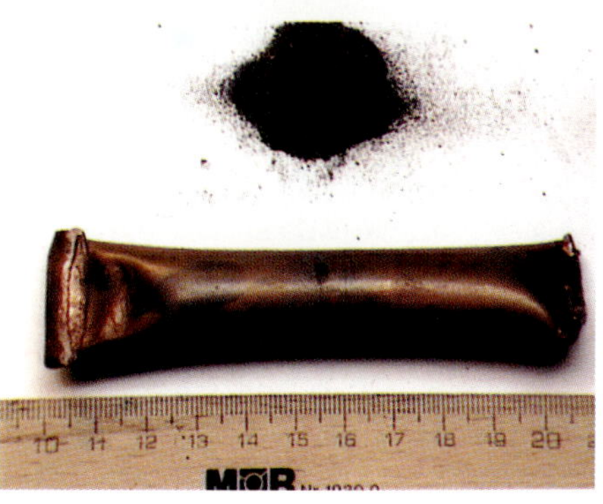

Die »Bombe« – ein Kupferrohr gefüllt mit Schwarzpulver. *Bild: GChr. Frohsdorf*

28. März · Rastenfeld/NÖ: Die Waldviertler Flachsverarbeitungsfabrik wird ein Raub der Flammen. Nach langwierigen Erhebungen kann Martin R. ausgeforscht werden. Er hatte den Brand fahrlässig ausgelöst. Schaden 20 Mill. Schilling.[1487]

31. März · Unken/S: Die österreichische Zollwache stellt am Grenzübergang Steinpaß die Grenzkontrollabfertigung ein und übergibt die Grenzkontrollstelle am 1. April 1997, um 0.00 Uhr, der Gendarmerie.[1488]

11. April 1997; der Stromschlag entzündet das Führerhaus des Lkws. *Bild: GChr. Unzmarkt*

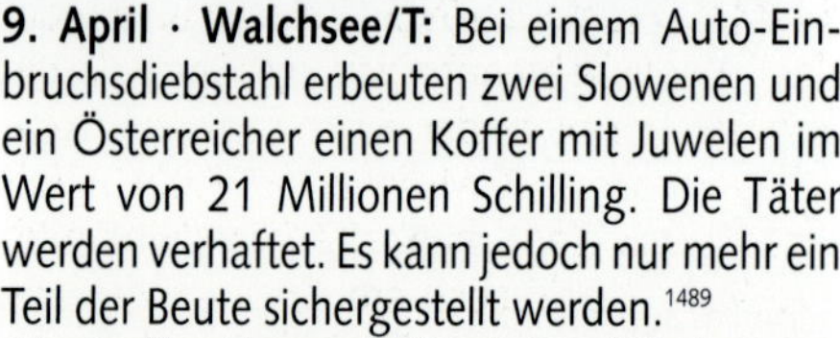

9. April · Walchsee/T: Bei einem Auto-Einbruchsdiebstahl erbeuten zwei Slowenen und ein Österreicher einen Koffer mit Juwelen im Wert von 21 Millionen Schilling. Die Täter werden verhaftet. Es kann jedoch nur mehr ein Teil der Beute sichergestellt werden.[1489]

11. April · Unzmarkt/St: Beim Abladen von Fertigbeton gerät der 24jährige Kraftfahrer Dietmar Steinmetz mit dem Arm des Betonmischers in eine darüber führende 110.000-Volt-Rundleitung der ÖBB und wird durch den Stromschlag tödlich verletzt.[1490]

30. April · Aspang/NÖ: Der 29jährige Serbe Dragan Turbic erschießt im Zuge eines Motorradkaufes Dietmar Kranawetter. Der Täter kann aufgrund von Fingerspuren in der BRD ausgeforscht werden.[1491]

5. Mai · Zöbern/NÖ: Der 15jährige Schüler Helmut Z. erschießt mit einer großkalibrigen Waffe seines Vaters in der örtlichen Hauptschule seine Lehrerin Annemarie Kral, bedroht mit der Waffe sechs seiner Mitschülerinnen und schießt auf die zu Hilfe eilende Lehrerin Gertrude Winkler, die er schwer schwer verletzt. Das Motiv ist nicht mehr nachvollziehbar. Vor dem Schöffensenat gab der Schüler an, daß er einen »Blödsinn« gemacht habe. Helmut Z. wird zu acht Jahren Haft verurteilt.[1492]

10. Mai · Purgstall an der Erlauf/OÖ: Ein Schulbus rast in eine Gruppe von elf Motorrädern. Ein Gendarmeriebeamter und dessen Gattin werden getötet. Sie hinterlassen drei Kinder. Weitere sechs Personen werden verletzt.[1493]

Eines der total zerstörten Motorräder. *Bild: GChr. Purgstall*

GENDARMERIE-CHRONIK

14. Mai · Krustetten/NÖ: Trotz Großaufgebot der Feuerwehr brennt die riesige Obsthalle der Familie Unfried nieder. Es entsteht ein Sachschaden von ca. 30 Millionen Schilling. Brandursache war eine schadhafte Stromleitung.[1494]
17. Mai · Neukirchen am Großvenediger/S: Bei einer Schitour zur Birnlücke im Krimmler Achental werden drei Tourengeher von einer mächtigen Lawine erfaßt. Ein Alpinist kann sich befreien, die beiden anderen werden 500 Meter in die Tiefe gerissen und getötet.[1495]
20. Mai · Klingenbach/B: Ein illegaler 19jähriger Grenzübergänger aus dem Gebiet des ehemaligen Jugoslawien bedroht mit einer Waffe eine Patrouille des Österreichischen Bundesheeres und nimmt Korporal Michael Reisinger als Geisel. Nachdem sich dieser befreien konnte, wird der Geiselnehmer im Zuge einer Großfahndung von der Gendarmerie festgenommen.[1496]
27. Mai · Tulln/NÖ: Unbekannte Täter setzen in der Nacht einen abgestellten Patrouillenwagen des örtlichen Gendarmeriepostens in Brand. Nur durch das Eingreifen zufällig vorbeikommender Fußgänger kann eine Explosion des Tanks verhindert werden.[1497]
3. Juni · Nauders/T: Fünf albanische Staatsangehörige verüben in der Gemeinde insgesamt neun Einbrüche, drei Fahrraddiebstähle und einen versuchten Hausfriedensbruch. Zwei Täter können in der angrenzenden Schweiz festgenommen und nach Österreich ausgeliefert werden.[1498]
19. Juni · Kirchbichl/T: Ein 23jähriger Mann aus Wörgl kommt bei einem Frontalzusammenstoß während eines Überholmanövers ums Leben. Sechs Personen werden verletzt.[1499]

Situation unmittelbar nach dem Unfall.
Bild: GChr. Kirchbichl

20. Juni · Mautern in der Steiermark: Fritz K. können 20 Wilddiebstähle nachgewiesen werden, nachdem bei einer Hausdurchsuchung zahlreiche Trophäen und ein Waffenlager entdeckt wurden. Er und einige Mittäter werden angezeigt und zu erheblichen Geldstrafen verdonnert.[1500]
24. Juni · Arbing/OÖ: Bei dem schwersten Zugsunglück Oberösterreichs werden 92 Personen – zum Großteil Kinder – zum Teil schwer verletzt. Am Unfallort sind mehr als 200 Kräfte koordiniert im Einsatz.[1501]
26. Juni · Offenhausen/OÖ: Zwei bewaffnete maskierte Männer verüben einen Raubüberfall auf die örtliche Raiffeisenkasse. Bei der Flucht kommt es zur Explosion des »Alarmpakets« und die Räuber werfen die Beute von 143.000 Schilling aus dem Fluchtauto. Die Täter können nicht ausgeforscht werden.[1502]
Juli · Angern an der March/NÖ: Durch andauernde Regenfälle erreicht der Hochwasserpegel der March einen Stand von 6,30 Meter. Dies hat die Überflutung zahlreicher Hauskeller zur Folge. Sogar der Verkehr kommt zum Erliegen: Der Linienverkehr der Ostbahn wird eingestellt und die B 49 in Stillfried gesperrt. Zehn Feuerwehren mit insgesamt 170 Mann und das Österreichische Bundesheer kommen zum Einsatz.[1503]

Weitgehend überflutet, die Felder um Angern. Die Gendarmerie steht im Dauereinsatz.
Bild: GChr. Angern a. d. March

1. Juli · Grenzkontrollstelle Brenner/T: Übernahme der Grenzkontrolle am Brenner durch die Österreichische Bundesgendarmerie.[1504]

Wachablöse am Brennerpaß durch die Gendarmerie.
Bild: GChr. Gries a. B.

3. Juli · Maria Saal/K: Die Dienststelle feiert ihr 100jähriges Bestehen. Aus diesem Anlaß erscheint eine kleine Broschüre, in der die Geschichte des Gendarmeriepostens nachvollzogen wird.[1505]
4. bis 7. Juli · Purkersdorf/NÖ: Ein Jahrhunderthochwasser schneidet Purkersdorf zum Teil von der Umwelt ab. Sowohl die B 1 als auch die B 44 sowie zahlreiche Nebenstraßen sind nicht mehr befahrbar. Der Gesamtschaden beträgt rund 150 Mill. Schilling.

3. Juli 1997; informativ und interessant – die Festschrift des Gendarmeriepostens. *Bild: GChr. Maria Saal*

7. Juli · Teesdorf/NÖ: Nach schweren Unwettern werden die Ortskerne von Günselsdorf, Tattendorf, Blumau und Teesdorf teilweise bis zu einem Meter hoch von Wasser überflutet.[1506]

Die Triesting in Teesdorf kurz bevor sie über die Ufer tritt und den Ortskern überflutet.
Bild: GChr. Günselsdorf

7. Juli · Hohenberg/NÖ: Die B 214 wird durch Hochwasser unterspült und weggerissen. Als Folge sind die Einwohner der Gemeinden St. Aegyd am Neuwalde und Hohenberg kurzfristig von der Außenwelt abgeschnitten.[1507]

Das zerstörte Straßenstück der B 214.
Bild: GChr. St. Aegyd am Neuwalde

7. und 8. Juli · Lilienfeld/NÖ: Ein Jahrhunderthochwasser setzt ganze Landstriche um Lilienfeld unter Wasser. Der Sachschaden wird auf 320 Mill. Schilling geschätzt.[1509]
9. Juli · Langkampfen/T: Der durch eine Millionenbetrugsaffäre bekannte Transport-

GENDARMERIE-CHRONIK

unternehmer Johann B. kommt bei einem Flugzeugabsturz ums Leben.[1510]

9. Juli 1997, Langkampfen; Nebel war Ursache des Absturzes. Bild: GChr. Kufstein

30. Juli · Langkampfen/T: Der 32jährige Sebastian A. ermordet mit einem Hirschfänger seine 26jährige geschiedene Gattin Gudrun und seine vier Kinder im Alter von ein bis sechs Jahren. Als Motiv wird angenommen, daß der Mann die Scheidung nicht verkraften konnte. Der Täter überlebt einen Selbstmordversuch und wird zu lebenslanger Haft verurteilt.[1511]

31. Juli · Feldkirchen/St: Nach umfangreichen Erhebungen können am Flughafen Graz von Beamten der Grenzkontrollstelle Flughafen insgesamt 43 Personen wegen Suchtgiftkonsum, Besitz, Anbau und Handel bei der Staatsanwaltschaft angezeigt werden.[1512]

1. August · Moosbrunn/NÖ: Bei einem durch Brandstiftung entstandenen Großbrand der ehemaligen Moosbrunner Glasfabrik sind insgesamt 294 Feuerwehrmänner von 23 Feuerwehren im Einsatz. Es entsteht ein Sachschaden von 100 Millionen Schilling. Als Brandstifter wird der 49jährige Robert M., Mitbesitzer der Firma Werbegraphik GesmbH und hochverschuldet, ausgeforscht. Seine Druckerei, die auf dem Gewerbeareal etabliert war, wollte er damit zerstören, daß er im daneben befindlichen Seidenblumenlager einen Brand mit der Absicht legte, daß das Feuer auf seine Firma übergreift. Grund war die drohende Pleite, die er mit der Versicherungssumme abzuwenden hoffte. Die erhebenden Gendarmeriebeamten werden wegen der raschen Ausforschung des Täters öffentlich belobigt.[1513]

1. August 1997; ein typisches Konglomerat verschiedener Bauteile und Lagerschuppen etc. wie es in den letzten hundert Jahren gewachsen ist, wird zerstört. Bild: GChr. Gramatneusiedl

6. August · Übelbach/St: Wegen jahrelanger Familienstreitigkeiten ermordet der 47jährige Josef E. seine Frau, attackiert den Sohn mit einem Messer, legt im Haus Feuer und erhängt sich. Der verletzte Sohn kann sich mit einem Sprung aus dem Fenster retten.[1514]

7. August · Ruden/K: Zwei polnische Staatsangehörige überfallen in Kanaren einen gehbehinderten Pensionisten, fesseln und berauben ihn. Einer der Täter kann nach einem Monat festgenommen und zu vier Monaten Haft verurteilt werden.[1515]

6. September · Pernegg an der Mur/St: Im Gemeindegebiet kommt es zu Unwetterschäden, bei denen auch die Leitern der Bärenschützklamm durch das Hochwasser des Teichalmsees zerstört werden.[1516]

6. September · Passail/St: Bei einem Hochwasser in Tobergraben werden Straßen und Hofzufahrtswege mit einer Gesamtlänge von 3,5 km weggerissen. Fünf Bauern mußten tagelang aus der Luft versorgt werden.[1517]

15. September · Nikitsch/B: Eine ungarische Staatsbürgerin wird bei dem Versuch, fünf irakische Staatsbürger gegen ein Entgelt von 5.000 Schilling pro Person in einem Pkw nach Wien zu bringen, gestellt und von der Gendarmerie Nikitsch verhaftet.[1518]

16. September · Krenglbach/OÖ: Durch das kriminalistische Geschick von RevInsp Köberl und eines Kollegen kann in Haiding der international gesuchte »REWE-Erpresser« Christian H. festgenommen werden. Der Täter hat den Großkonzern REWE mit 26 Millionen US-Dollar zu erpressen versucht.[1519]

21. September · Heiligenblut/K: Das 1906 erbaute Alpenhotel »Kaiser-Franz-Joseph-Haus« wird ein Raub der Flammen. Der Schaden beträgt rund 60 Mill. Schilling. Die genaue Brandursache konnte bis heute nicht geklärt werden.[1520]

25. September · Söchau/St: Bei einem schweren Arbeitsunfall mit einem Mähdrescher in einem Maisfeld werden einem 17jährigen israelischen Staatsangehörigen beide Unterschenkel abgetrennt.[1521]

28. September · Hochburg-Ach/OÖ: Der 35jährige Angestellte Christian St. ermordet in Grünhilling seinen Schwiegervater Bruno A. mit acht Messerstichen.[1522]

1. Oktober · Harmannsdorf/NÖ: Nach langwierigen Erhebungen wird eine Einbruchsserie geklärt. Orlando S. können insgesamt 13 Einbruchsdiebstähle mit einem Schaden von 54.000 Schilling nachgewiesen werden.[1523]

1. Oktober · Gralla/St: Im Zuge einer Kontrolle wird Franz Fuchs von zwei Beamten des Gendarmeriepostens Leibnitz festgenommen. Der Mann wird verdächtigt zahlreiche Briefbombenanschläge in Österreich verursacht zu haben. Franz Fuchs wird bei der Festnahme durch Gendarmeriebeamte aus Leibnitz durch das Selbstzünden einer Bombe schwer verletzt, er verliert beide Unterarme. Die Beamten werden leicht verletzt.[1524] *(Siehe Beitrag allgemeiner Teil)*

5. Oktober · Kapfenberg/St: Ein 77jähriger Mann wird von zwei unbekannten Raubtätern in seinem Haus in Krottendorf überfallen und schwer verletzt. Der Fall wird in der Fernsehsendung »Aktenzeichen XY ungelöst« behandelt. Trotzdem konnte der Fall bis heute nicht geklärt werden.[1525]

Noch immer nicht geklärt, Details der gestohlenen Jagdwaffen in Ferlach. Bild: GChr. Ferlach

7. Oktober · Ferlach/K: Unbekannte Täter schlagen mit einem Hammer die Eingangstür zur Kärntner Landesausstellung »Alles Jagd«

21. September 1997; »Kaiser-Franz-Joseph-Haus« in Flammen, ein Stück Geschichte wird vernichtet. Bild: Robert Müller

1945 – 1999

ein, zertrümmern zwei Vitrinen und stehlen daraus vier Jagdwaffen im Wert von 1,1 Millionen Schilling.[1526]

9. Oktober · Hinterriß/T: Der 28jährige Robert St. fährt mit seinem Pkw mit hoher Geschwindigkeit in Richtung Engelalm, kommt über den Straßenrand hinaus, fliegt ca. 20 Meter durch die Luft und prallt frontal gegen einen Baum. Beim diesem Unfall, bei dem es sich vermutlich um Selbstmord handelt, verbrennt der Lenker bis zu Unkenntlichkeit.[1527]

19. Oktober · Großwarasdorf/B: Ingrid Wrann wird in Nikitsch vermutlich aus Eifersucht von ihrem Gatten Karl Wrann erschossen. Der Täter erschießt sich nach der Tat.[1528]

6. November · Tadten/B: Aufgrund unvorsichtigen Abbrennens von Stroh durch den Pensionisten Richard Hautzinger aus Todten kommt es im Naturschutzgebiet »HANSAG« zu einem Großflächenbrand, bei dem eine Fläche von ca. 100 Hektar betroffen ist.[1529]

17. November · Großarl/S: Im Zuge von Dreharbeiten für einen Fernsehfilm verunglückt Papst-Pilot Johann Knaus tödlich. Er stürzt mit seinem Hubschrauber in ein Waldstück im Ellmautal. Sein mitfliegender Sohn Philipp wird schwer verletzt.[1530]

18. November · Buchkirchen/OÖ: Die 25jährige arbeitslose Roswitha D. erbeutet bei einem Banküberfall 137.400 Schilling. Aufgrund der sofortigen Alarmfahndung kann sie nach einigen Tagen von der Gendarmerie Krenglbach festgenommen werden.[1531]

21. November · Mauterndorf/S: Der 36jährige Johann Gautsch zieht durch Mauterndorf eine Blutspur und erschießt in einem Amoklauf sechs Menschen. Er entzieht sich der Festnahme durch Selbstmord. Die Tat ist Anlaß zu einer Verschärfung des Waffengesetzes.[1532]

Das Arsenal des Waffennarren Gautsch.
Bild: GChr. Mauterndorf

22. November · Lienz/T: Bei einem Einbruchsdiebstahl mit anschließender Brandstiftung im Spar-Einkaufsmarkt verursachen zwei Jugendliche einen Schaden von ca. drei Millionen Schilling.[1533]

11. Dezember · Mannersdorf an der Rabnitz/B: Der jugoslawische Staatsangehörige Bukurije Suhogrlaj wird wegen gewerbsmäßiger Schlepperei von insgesamt 208 illegalen Personen durch den Gendarmie-Grenzüberwachungsposten Lockenhaus im Burgenland verhaftet.[1534]

18. Dezember · Pottendorf/NÖ: Bei einem Großbrand in einer Gärtnerei, ausgelöst durch einen elektrischen Defekt, werden sechs Glashäuser, ein Wohnhaus und eine Halle zerstört. Der Gesamtschaden beträgt 15 Millionen Schilling.[1535]

Drosendorf-Zissersdorf/NÖ: Dank der ausgezeichneten Zusammenarbeit mit den tschechischen Kollegen kann der örtliche Grenzüberwachungsposten auf eine hervorragende Erfolgsquote verweisen: Seit der Errichtung im Jahr 1996 konnten zwölf illegale Grenzgänger aufgegriffen werden.[1536]

1998

Kirchdorf an der Krems /OÖ: Selbstmordserie von der Staumauer in Klaus; innerhalb von fünf Monaten suchen fünf Menschen über die 50 Meter hohe Staumauer den Freitod.[1537]

Ein besonderer Anziehungspunkt für Selbstmörder, die Staumauer in Klaus.
Bild: GChr. Kirchdorf a. d. Krems

13. Jänner · Lienz/T: Margaretha Baumgartner wird in der Margarethe-Maultasch-Gasse 4 von ihrem Freund ermordet. Der Grund der Bluttat lag darin, weil sie von ihm nichts mehr wissen wollte.[1538]

20. Jänner · St. Martin am Grimming/St: Ein Taxilenker wird von drei Fahrgästen, Christian G., Eduard W .und Thomas P. überfallen. Er kann sich jedoch befreien und nach der Flucht die Gendarmerie verständigen. Die drei Täter können verhaftet werden.[1539]

20. Jänner · Flirsch/St: Um 11.30 Uhr wird die Raika-Filiale in Pinas von einem vorläufig unbekannten Täter überfallen. Er fesselt und knebelt den Bankangestellten Johannes Rutz und raubt insgesamt 725.300 Schilling. Durch die hervorragende Arbeit der Gendarmen aus Flirsch und der Kriminalabteilung kann der Täter, der 17jährige Klaus T. aus Amstetten, ausgeforscht werden.[1540]

24. Jänner · Lavamünd/K: Wegen Reparaturarbeiten am Draukraftwerk im Bereich Lavamünd wird der Stauraum abgesenkt. Aufgrund des Auftauchens einer Unmenge von Kriegsmaterial muß mehr als ein Monat auf vier Kilometer der Zugang zum Flußufer abgesperrt werden, um Schaulustige, Sammler und Kinder davon fernzuhalten.[1541]

Tonnenweise Infanteriewaffen und Munition jeder Art werden sichergestellt. Bild: GChr. Lavamünd

27. Jänner · Inzenhof/B: Ein ungarischer Staatsangehöriger wird bei dem Versuch zwölf Personen und 200 Stangen Zigaretten von Ungarn nach Österreich zu schmuggeln verhaftet. An dem Kleinbus sind in Ungarn gestohlene österreichische Kennzeichentafeln angebracht. Der Schlepper wird zu sechs Monaten Haft verurteilt.[1542]

27. Jänner bis 31. März · Södingberg/St: Psychoterror: Der 42jährige Gastwirt Heinz F. terrorisiert seine ehemalige 43jährige Lebensgefährtin Helga Sch. durch Sachbeschädigungen, Versenden von Beileidschreiben, zahlreichen gefälschten Versandhausbestellungen und schließlich als Höhepunkt hinterlegt er zwei Puppensärge, in denen zwei Puppen lagen, in deren Brustbereich jeweils ein Butterfly-Messer steckte.[1543]

4. Februar · Bruck an der Mur/St: Auf der Schnellstraße kommt ein Flüssiggastransporter mit 8.000 kg Propangemisch zum Kippen und stürzt um. Es kommt zu einer 14stündigen Straßensperre. Während der Bergearbeiten unter Einsatz von insgesamt 24 Gendarmeriebeamten, 94 Feuerwehrmännern und 6 Rettungsleuten herrscht ständige Explosionsgefahr.[1544]

4. Februar · Waldbach/St: Großbrand im Sägewerk Kern. 60 Millionen Schilling Schaden. Brandursache war ein Kurzschluß im Dachbereich des Generatorraumes.[1545]

GENDARMERIE-CHRONIK

4. Februar 1998, Bruck an der Mur; Unfallaufnahme durch den Gendarmerieposten Bruck/Mur. Bild: GChr. Bruck/Mur

4. Februar 1998, Waldbach; Ausmaß der Zerstörung im Sägewerk. Bild: GChr. Waldbach

7. Februar · Bruck an der Leitha/NÖ: Ein 21jähriger türkischer Drogendealer macht 30 Jugendliche durch Messerstiche und andere Gewalttätigkeiten auf brutalste Weise zum Drogenverkauf gefügig. Er wird von Beamten des Gendarmeriepostens Bruck/L. verhaftet.[1546]

16. Februar · Heiligenbrunn/B: Ein ungarischer Staatsangehöriger wird bei dem Versuch etwa 50.000 Stück Weinstocksetzlinge im Wert von einer Million Schilling von Ungarn nach Österreich mit seinem Klein-Lkw zu schmuggeln gefaßt. Die sichergestellte Ladung wird vernichtet.[1547]

16. Februar · Fieberbrunn/T: Im Zuge eines Streites stößt ein Mann seine Lebensgefährtin über eine Kellerstiege und ersticht daraufhin die bewußtlose Frau mit einem Stemmeisen. Der Täter begeht nach seiner Verurteilung Selbstmord.[1548]

17. Februar · Achenkirch/T: Das Motiv der Brandlegung im Gasthof »Gaisalm« vom 47jährigen Hausmeister Ivan K. wird wahrscheinlich nie geklärt werden, weil der Täter im Brandobjekt Selbstmord verübte und bis zur Unkenntlichkeit verbrannte. Der Sachschaden beträgt 8 Mill. Schilling.[1549]

19. Februar · Riegersburg/NÖ: An der tschechischen Grenze können Mitglieder einer internationalen Kfz-Verschieberbande gestellt werden: Bei der Verschiebung von drei Stück Jeep Cherokee werden sie von der Gendarmerie Hardegg entdeckt. Die Täter flüchten. Die Gendarmerie errichtet eine Straßensperre, wo die Täter zwei Autostopgurte (Nagelbänder) überfahren und auf tschechisches Staatsgebiet gelangen. Dort werden sie von der tschechischen Polizei festgenommen. Der dritte Täter wird in Österreich verhaftet.[1550]

20. Februar · Westendorf/T: Im Ortszentrum wird eine holländische Urlauberin brutal vergewaltigt. Das Opfer erleidet schwere Verletzungen. Als Täter kann zwei Monate später aufgrund einer DNA-Untersuchung ein 20jähriger Einheimischer entlarvt werden.[1551]

25. Februar · Pernegg/St: Der Funkenflug einer Lokomotive verursacht einen Waldbrand, dem ca. 25 bis 30 Hektar Wald zum Opfer fallen. »Brand aus!« kann erst am 11. März gegeben werden.[1552]

Pernegg; der Waldbrand gefährdet sogar das Siedlungsgebiet. Bild: GChr. Kirchdorf/Pgg.

1993 bis März 1998 · St. Michael im Burgenland: Innerhalb von fünf Jahren verübt eine rumänische Einbrecherbande vier Einbruchserien mit insgesamt 118 Fakten. Im März 1998 können die fünf Täter von der Gendarmerie inhaftiert werden. Der Schaden beträgt rund 3,4 Millionen Schilling.[1553]

4. März · Lockenhaus/B: Der unbewaffnete Revierjäger Anton Lackner wird von drei bislang unbekannten illegalen Grenzgängern auf der Jagd niedergeschlagen und mit dem Umbringen bedroht.[1554]

4. März · Engerwitzdorf/OÖ: Auf der A 7 wird bei einer Fahrzeugkontrolle ein spanischer Staatsangehöriger festgenommen, der versucht hat, einen gestohlenen Wagen im Wert von 500.000 Schilling nach Polen zu verschieben.[1555]

15. März · Rum/T: Ein 24jähriger mehrmals vorbestrafter Bursche lockt einen Taxifahrer zu einer Schottergrube, sticht ihn mit einem Küchenmesser ins Herz und flüchtet mit den Tageseinnahmen. Der Täter wird von Gendarmen aus Rum ausgeforscht und verhaftet.[1556]

18. März · Jochberg/T: Eine Fahrzeuglenkerin stößt auf der B 161, gegen 2.15 Uhr, nach einem Ballbesuch am Heimweg mit ihrem Fahrzeug den eigenen Ehemann, der zu Fuß nach Hause ging, nieder. Der Mann verstirbt kurz nach der Einlieferung im Krankenhaus.[1557]

4. April · Werfen/S: Auf Burg Hohenwerfen wird nach zweijähriger Vorbereitungszeit durch Fritz Hörmann, Kustos des Museumsvereines Werfen und Gendarmeriebeamter, die Sonderausstellung »150 Jahre Gendarmerie für Österreich« eröffnet. Auf drei Ebenen werden bei dieser Ausstellung, nach neuesten Präsentationsmethoden, die Geschichte und Tätigkeit der Gendarmerie dem Besucher nähergebracht. Zur Eröffnung kommen zahlreiche Vereine und rund 150 Repräsentanten des öffentlichen Lebens. An der Spitze Innenminister Karl Schlögl, Gendarmeriezentralkommandant Mag. Johann Seiser, Generalvikar Dr. Hans Paarhammer und der Landesgendarmeriekommandant für Salzburg, Ernst Kröll.[1557] *(Lesen Sie dazu einen Beitrag im allgemeinen Teil)*

Multimediale Ausstellung präsentiert Gendarmerie in Österreich. Bild: Fritz Hörmann, Werfen

14. April · St. Marein bei Graz/St: Eduard W. rast durch einen Fahrfehler mit seinem Sattelschlepper frontal in ein Gasthaus. Der Gesamtschaden beträgt ca. sechs Millionen Schilling.[1558]

21. April · Bichlbach/T: In Lähn prallt ein mit 50 Stellungspflichtigen besetzter Reisebus gegen einen Siloanhänger, der vom Lenker nicht genügend abgesichert worden war und sich selbständig gemacht hatte. Zehn Personen werden verletzt. Es entsteht schwerer Sachschaden.[1559]

15. Mai · Semmering/St: Nach dem Bankraub bei der örtlichen Sparkasse entwischt der

GENDARMERIE-CHRONIK

14. April 1998, St. Marein/Graz; wie durch ein Wunder wird bei diesem spektakulären Unfall niemand verletzt. Bild: GChr. St. Marein

Täter trotz sofort eingeleiteter Alarmfahndung des Postens Spital/S. Später kann der Täter bei einem weiteren Banküberfall in Oberösterreich gefaßt werden.[1560]

13. Juni · Wallern im Burgenland: Der 19jährige Christian U. prallt mit 180 km/h im Ortsgebiet von Wallern bei einer leichten Rechtskurve gegen einen Baum. Drei Mitfahrer kommen ums Leben. U. und sein Beifahrer erleiden lediglich leichte Verletzungen.[1561]

15. Juni · Brunn am Gebirge/NÖ: Die Beamten der Kriminaldienstgruppe des örtlichen Gendarmeriepostens, BezInsp Wimmer, BezInsp Hackl, GrInsp Bruckner, RevInsp Praunias und RevInsp Gruber erhalten bereits zum zweiten Mal den NOE-Sicherheitsverdienstpreis. Im Jahre 1997 haben die Beamten den Großteil der 1983 angefallenen Gerichtsdelikte bearbeitet, 47 Straftäter in vorläufige Verwahrung genommen und eine Aufklärungsquote von über 80 Prozent erzielt.[1562]

17. Juni · Berg/NÖ: An der örtlichen Grenzkontrollstelle wird gestohlener Schmuck im Wert von einer Million Schilling und aus einem iranischen Lkw werden 10,1 Kilogramm Rohopium sichergestellt. Die Täter werden verhaftet.[1563]

19. Juni · Weikertschlag an der Thaya/NÖ: Bei der örtlichen Grenzkontrollstelle werden drei Tschechen bei dem Versuch, gestohlene Fahrzeuge im Wert von 1,1 Millionen Schilling über die grüne Grenze zu verschieben, verhaftet.[1564]

4. Juli · Rachau/St: Bei dem internationalen Hill-Climbing-Wettbewerb, bei dem Motorräder einen Steilhang so weit wie möglich hinauffahren müssen, wird ein Zuschauerrekord von 10.000 Personen erzielt. Die Gendarmerie St. Lorenzen hat alle Hände zu tun, um die An- und Abreise der Besucher entsprechend zu lenken.[1565]

5. Juli · Breitenwaida/NÖ: In offensichtlich selbstmörderischer Absicht fährt Christine S. auf der B 303 gegen einen ihr entgegenkommenden Pkw. Dabei werden fünf Personen getötet und eine schwer verletzt.[1566]

7. Oktober · Ottenschlag/NÖ: Ein 55jähriger Landwirt, der jahrelang mit vielen Ortsbewohnern in Streit lebt, dreht in Dankholz bei einer Auseinandersetzung mit dem 28jährigen Franz H. vollends durch und erschlägt ihn mit einem Montiereisen. Der Täter wird von Beamten des Gendarmeriepostens Ottenschlag in Verwahrung genommen. Der Landwirt verübt während der Haft Selbstmord.[1567]

18. Juli · Lassing/St: Bei einem Grubenunglück im Talkumwerk der Fa. Naintsch werden zehn Bergarbeiter getötet. Die Rettung des Bergarbeiters Peter Hainzl nach zehn Tagen wird als »Wunder von Lassing« gefeiert.[1568]

Walchsee; umfangreicher Sicherheits- und Verkehrseinsatz für alle Gendarmen der Umgebung beim Open-Air der Schürzenjäger. Bild: GChr. Niederndorf

August · Walchsee/T: Die Besucherrekorde von jeweils 60.000 Menschen bei zwei Open-Airs in den Jahren 1997 und 1998 der Tiroler Musikgruppe »Zillertaler Schürzenjäger« bedeuten für den Gendarmerieposten Niederndorf Großeinsatz.[1569]

August · Neunagelberg/NÖ: Die örtliche Grenzkontrollstelle wird mit einem Kostenaufwand von 80 Millionen Schilling im Sinne des Schengener Abkommens erweitert. Die Frequenz beträgt im Anfangsjahr täglich etwa 400 Lkw und 1.600 Pkw. Jährlich werden an die zwei Millionen Personen abgefertigt. Die Grenzkontrollstelle wird seit 1. Juni 1996 von 27 Gendarmeriebeamten betreut. In das erste Halbjahr fallen acht Strafrechtsdelikte und 366 Verwaltungsdelikte. An Organstrafverfügungen bzw. Sicherheitsleistungen werden rund 165.000 Schilling eingehoben.[1570]

Bereits Nostalgie – altes Zollamt bis Oktober 1998 in Funktion. Bild: GChr. Neunagelberg

13. August · Aspang/NÖ: Der 27jährige Siegfried Schabauer erschießt seinen Vater Anton Schabauer und GrpInsp Manfred Schreiner und verletzt seine Mutter Berta Schabauer und RevInsp Josef Gruber schwer. Als Motiv gibt der Täter »Haß auf den Vater und auf Uniformen« an.[1571]

13. August · Lockenhaus/B: RevInsp Rohrer gelingt im Zuge einer Großfahndung die Verhaftung des gesuchten Mörders Siegfried Sch. durch die Gendarmerie.[1572]

4. Juli 1998; Aktionen, die die Herzen der Motorradfans höher schlagen lassen. Bild: GChr. St. Lorenzen

13. August 1998; ungerührt – Täter bei Lokalaugenschein. Bild: Kurier

GENDARMERIE-CHRONIK

September, Jagersberg; dieses Ereignis bedeutet für die Exekutivkräfte vom Gendarmerieposten St. Stefan im Rosental Großeinsatz.
Bild: GChr. Stefan/R

18. August · Schwaz/T: Nach jahrelangem Streit erschießt der 78jährige Anton W. in Vomp, Altmahd 75, seinen Schwiegersohn, den Staatsanwalt Josef Bachlechner, feuert danach drei Schüsse auf seine Tochter ab und verübt danach Selbstmord.[1573]

19. August · Heiligenbrunn/B: Bei dem Versuch 15 Personen über die ungarisch-österreichische Staatsgrenze zu bringen, können von der Gendarmerie Inzenhof drei Schlepper verhaftet und zwei Kfz beschlagnahmt werden.[1574]

September · Jagersberg/St: Alljährlich findet im September, am dritten Sonntag, in Jagerberg der Notburgamarkt statt. Etwa 350 Marktlieferanten versuchen die Kauflust von rund 25.000 Besuchern anzuregen.[1575]

27. September · Schwarzau am Steinfelde/NÖ: Aus der örtlichen Justizstrafanstalt flüchten drei Strafgefangene über die Gefängnismauer. Nach zehn Tagen kann ein Flüchtling wieder festgenommen werden. [1576]

25. Oktober · Illmitz/B: In der Nacht werden neun Pkw aufgebrochen. Die Täter, illegale Grenzgänger aus Rumänien, können vorerst mit einem gestohlenen Bus nach Italien flüchten. In Tarvis ist ihre Fahrt zu Ende, 22 von ihnen werden von Karabineri aufgegriffen und nach Ungarn abgeschoben.[1577]

8. November · Werfen/S: Die Ausstellung »150 Jahre Gendarmerie für Österreich« auf der Burg Hohenwerfen schließt mit einer Erfolgsbilanz von 110.000 Besuchern.[1578]

12. bis 13. November · Bischofshofen/S: 125 Jahre Gendarmerieposten Bischofshofen: Aus diesem Anlaß war am Gendarmerieposten eine Festveranstaltung mit umfangreichem Rahmenprogramm. Am 12. November findet neben der Präsentation einer 60seitigen Broschüre mit dem Titel »Gendarmerieposten Bischofshofen – 125 Jahre Ortsgeschichte« ein Vortrag über Kindesmißbrauch und Suchtprävention statt. Ein Tag der »offenen Tür« mit Festzelt und kleinen Imbissen und Getränken umrahmt mit einem Kinderprogramm, einer Beratung in alpinen Fragen, Vorführungen der Sondereinsatzgruppe »SEG« und der Gendarmerie-Hundestaffel bilden den Abschluß am 13. November. Rund 800 Besucher bekundeten ihr Interesse an der Gendarmerie Bischofshofen.[1579]

1999

19. Februar · Ramsau am Dachstein/St – Bischofshofen/S: Beginn der Weltmeisterschaft in den nordischen Disziplinen in Ramsau und Bischofshofen. Umfangreiche Vorbereitungen seitens der Veranstalter und auch der Gendarmerie in beiden Orten.

21. Februar Bischofshofen, Spezialspringen, Regen, 18.000 Zuschauer, 150 Gendarmen
23. Februar Bischofshofen, Mannschaftsspringen, starker Schneefall, 10.000 Zuschauer, 150 Gendarmen. Siegerehrungen zum Unwillen der Mannschaften in Ramsau.[1580]

Februar · Salzburg, Tirol, Vorarlberg: Ab der zweiten Februarwoche setzen insbesondere in den westlichen Landesteilen starke Schneefälle ein, die bis 25. Februar anhalten. Unzählige Straßensperren in Salzburg, Tirol und Vorarlberg. Vorarlberg war einige Tage nur über Deutschland erreichbar. Einzelne Talschaften sind tagelang von der Umwelt abgeschnitten. Beinahe stündlich überstürzen sich die Meldungen über Lawinenabgänge, zahlreiche Personen werden dabei getötet oder verletzt.

23./24. Februar · Galtür und Valzur/T: Im Tiroler Paznauntal, im Ortsgebiet von Galtür, ereignet sich die schlimmste Lawinenkatastrophe, als gegen 16 Uhr eine Lawine, die von der 2778 Meter hohen Fadner Spitze abgeht, ins Ortszentrum rast und kurz vor der Kirche zum Halten kommt. Die Druckwelle hatte zeitverzögert zwei weiter ausgelöst. Ein Haus wurde völlig dem Erdboden gleichgemacht, zwei Gebäude wurden schwer beschädigt, sieben weitere verschüttet. Der Lawinenkegel soll bis 15 Meter hoch sein.

Lawine in Galtür; vor dem schwer beschädigten Haus in der Bildmitte stand das Haus »Litzner«, wo 14 Menschen den Tod fanden.

Starker Schneefall verhindert zunächst Rettungsaktionen mittels Hubschrauber. Kurz nach Mitternacht geht am Ortsrand die zweite Lawine ab, keine Opfer

Am 24. 2. Rettungsaktion der Hubschrauber bis 14 Uhr, danach Einstellung wegen Nebel und starkem Schneefall.

Abgang einer Lawine in Valzur, acht Gebäude werden weggerissen. Insgesamt kommen 38 Menschen ums Leben.[1581]

Lawine Valzur; acht Gebäude wurden vollkommen weggerissen; Bagger sind beim Öffnen der Straße.

19. Juni · Wien: Mit ihrem 150. Geburtstag ist die Gendarmerie eine der ältesten und beständigsten Institutionen Österreichs. Grund genug dieses Jubiläum würdig und feierlich zu begehen. Die Gendarmerie feiert daher »ihr Jubiläum« neben zahlreichen Landesfeierlichkeiten auch zentral in der Bundeshauptstadt Wien. Als Gäste werden der Bundespräsident, die Bundesregierung, die Landeshauptleute sowie zahlreiche andere Repräsentanten des öffentlichen Lebens erwartet. Besondere Ehrengäste sind die dreißig höchstrangigen Exekutivbeamten aller EU- und Nachbarstaaten Österreichs. Im Rahmen einer Parade mit fast 2.000 in- und ausländischen Mitwirkenden, eines großen Informationszeltes, vor allem aber eines mitreißenden Vorführungsprogrammes sollen der Öffentlichkeit Geschichte, Gegenwart und Zukunft der Gendarmerie nähergebracht werden. Eine Festveranstaltung und ein Jubiläumsball in der Hofburg sollen Höhepunkt bzw. krönender Abschluß der Feierlichkeiten darstellen.[1582]

SYNCHRONIK
ORTSREGISTER

SYNCHRONIK ORTSREGISTER

SYNCHRONIK ORTSREGISTER

SYNCHRONIK ORTSREGISTER

SYNCHRONIK ORTSREGISTER

SYNCHRONIK ORTSREGISTER

SYNCHRONIK ORTSREGISTER

SYNCHRONIK ORTSREGISTER

SYNCHRONIK ORTSREGISTER

SYNCHRONIK
QUELLENANGABE

SYNCHRONIK QUELLENANGABE

1 Hörmann Fritz, Salzburgs Schützen und Bürgergarden, Landesverband Salzburger Volkskultur, 1996, S. 468
2 Hörrer J., Ortschronik des Marktes Werfen im Pongau, Werfen 1879, S. 203
3 Gebhardt Helmut, Die Gendarmerie in der Steiermark von 1850 bis heute, Leykam Buchverlag, 1997, S. 68 f
4 Kleindel Österreich, Verlag Ueberreuter, 1995, S. 255
5 RGBl. Nr. 151/1883
6 Brettenthaler Josef, Salzburger SynChronik, Verlag Alfred Winter, 1987, S. 167
7 NB Lichtenberg, GAC/BH Saalfelden, 1854 – XII/C – 2380
8 Kohlberger Albert, Chronik von St. Johann, 1983, S 250 ff
9 Gendarmerie Almanach 1855
10 Gendarmerie Almanach 1855
11 Gendarmerie Almanach 1855
12 Gendarmerie Almanach 1855
13 Gendarmerie Almanach 1855
14 Brettenthaler Josef, Salzburger SynChronik, Verlag Alfred Winter, 1987, S. 167
15 Hörmann Fritz; Chronik von Werfen, Werfen 1987, S. 79
16 Kleindel Österreich, Verlag Ueberreuter, 1995, S. 257
17 Kleindel Österreich, Verlag Ueberreuter, 1995, S. 257
18 Kleindel Österreich, Verlag Ueberreuter, 1995, S. 257
19 Brettenthaler Josef, Salzburger SynChronik, Verlag Alfred Winter, 1987, S. 169
20 GP Werfen, Beilage zur Gendarmeriechronik
21 Hörmann Fritz; Chronik von Werfen, Werfen 1987, S. 79
22 GP Hörsching, Klaus Biemann
23 Kleindel Österreich, Verlag Ueberreuter, 1995, S. 260
24 Kleindel Österreich, Verlag Ueberreuter, 1995, S. 260
25 Brettenthaler Josef, Salzburger SynChronik, Verlag Alfred Winter, 1987, S. 173
26 Die Bundesgendarmerie, 1. Jg., 1. F., S. 14 f
27 Martin Franz, Kleine Landesgeschichte von Salzburg, 5. Auflage, S. 108
28 GP Voitsberg, Gerhard Tripp
29 Kleindel Österreich, Verlag Ueberreuter, 1995, S. 261
30 Brettenthaler Josef, Salzburger SynChronik, Verlag Alfred Winter, 1987, S. 171
31 Hörmann Fritz; Chronik von Werfen, Werfen 1987, S. 80
32 GP Werfen, Gendarmeriechronik
33 BGK-Beitrag
34 100 Jahre Salzburger Landesfeuerwehrverband 1881-1981, S. 47.
35 GP Radstadt, Albert Baumann, 50 Jahre Landtag, Herzogthum Salzburg, September 1911, S. 578
36 Hörmann Fritz; Chronik von Werfen, Werfen 1987, S. 80 f
37 GP Bludenz, Walter Vaplon
38 50 Jahre Landtag, Herzogthum Salzburg, September 1911, S. 578
39 Kleindel Österreich, Verlag Ueberreuter, 1995, S. 264.
40 Kleindel Österreich, Verlag Ueberreuter, 1995, S. 264 ff.
41 Hörmann Fritz; Chronik von Werfen, Werfen 1987, S. 81.
42 Hörmann Fritz, 150 Jahre Gendarmerie für Östereich, 1999, S. 15.
43 50 Jahre Landtag, Herzogthum Salzburg, September 1911, S. 578
44 Brettenthaler Josef, Salzburger SynChronik, Verlag Alfred Winter, 1987, S. 175.
45 SLA Salzburg, Präsidium, Zl. 28041-1868
46 50 Jahre Landtag, Herzogthum Salzburg, September 1911, S. 578
47 50 Jahre Landtag, Herzogthum Salzburg, September 1911, S. 578
48 Kleindel Österreich, Verlag Ueberreuter, 1995, S. 272
49 Kleindel Österreich, Verlag Ueberreuter, 1995, S. 272
50 Kleindel Österreich, Verlag Ueberreuter, 1995, S. 272
51 Kleindel Österreich, Verlag Ueberreuter, 1995, S. 273
52 Brettenthaler Josef, Salzburger SynChronik, Verlag Alfred Winter, 1987, S. 179
53 Kleindel Österreich, Verlag Ueberreuter, 1995, S. 273
54 Gendarmerie Almanach 1874
55 Johann Hörrer, Chronik des Marktes Werfen, Werfen 1879, S. 236 f
56 GP Wildon, Heinrich Windisch
57 Chronik der k. k. Gensdarmerie im Kronlande Salzburg, 1848-1878
58 Kleindel Österreich, Verlag Ueberreuter, 1995, S. 277
59 GP Bad Großpertholz, Josef Jansen
60 Kleindel Österreich, Verlag Ueberreuter, 1995, S. 276
61 Gendarmerie Almanach 1878
62 Gendarmerie Almanach 1878
63 Gendarmerie Almanach 1878
64 Kohlberger Albert, Chronik von St. Johann, 1983, S 284 ff
65 GP Rauris, Rudolf Wieser
66 GP Kirchdorf/Kr., Franz Obergruber
67 GP Arbesbach, Wolfgang Weiß
68 Brettenthaler Josef, Salzburger SynChronik, Verlag Alfred Winter, 1987, S. 183
69 GP Silz, Hermann Föger
70 GP Nassereith, Kurt Berghammer
71 GP Neukirchen/Grv., Hermann Schernthaner
72 GP Badgastein, Walter Leitner
73 LGK f. Oberösterreich
74 Hörmann Fritz; Chronik von Werfen, Werfen 1987, S. 567 ff.
75 Hutter Clemens M., Das tägliche Licht – eine Salzburger Elektrizitätsgeschichte, Verlag Anton Pustet, 1996, S. 6
76 Kleindel Österreich, Verlag Ueberreuter, 1995, S. 281
77 Kleindel Österreich, Verlag Ueberreuter, 1995, S. 281
78 Kleindel Österreich, Verlag Ueberreuter, 1995, S. 282
79 Kleindel Österreich, Verlag Ueberreuter, 1995, S. 282
80 Kleindel Österreich, Verlag Ueberreuter, 1995, S. 283
81 GP Oberndorf/Sbg, Karl Gradl
82 Brettenthaler Josef, Salzburger SynChronik, Verlag Alfred Winter, 1987, S. 187
83 Gendarmerie Almanach 1888
84 Kleindel Österreich, Verlag Ueberreuter, 1995, S. 284
85 Brettenthaler Josef, Salzburger SynChronik, Verlag Alfred Winter, 1987, S. 187
86 BGK-Beitrag, 8
87 Kleindel Österreich, Verlag Ueberreuter, 1995, S. 284
88 GP Rauris, Rudolf Wieser
89 Gendarmerie Almanach 1888
90 Gendarmerie Almanach 1888
91 Gendarmerie Almanach 1888
92 Gendarmerie Almanach 1888
93 Gendarmerie Almanach 1888
94 Gendarmerie Almanach 1888
95 Gendarmerie Almanach 1888
96 Gendarmerie Almanach 1888
97 Gendarmerie Almanach 1888
98 Gendarmerie Almanach 1888
99 Gendarmerie Almanach 1888
100 Salzburger Zeitung, Nr. 30, 7. Februar 1888
101 Gendarmerie Almanach 1888
102 Gendarmerie Almanach 1888
103 Gendarmerie Almanach 1888
104 Gendarmerie Almanach 1888
105 Gendarmerie Almanach 1888
106 Gendarmerie Almanach 1888
107 Gendarmerie Almanach 1888
108 GP Burgau, Otto Trimmel
109 Gendarmerie Almanach 1888
110 Gendarmerie Almanach 1888
111 Kleindel Österreich, Verlag Ueberreuter, 1995, S. 286
112 GP Hainfeld, Walter Kunstmann
113 Kleindel Österreich, Verlag Ueberreuter, 1995, S. 287
114 Kleindel Österreich, Verlag Ueberreuter, 1995, S. 287
115 Kleindel Österreich, Verlag Ueberreuter, 1995, S. 285
116 GP Ilz, Herbert Maier
117 GP Hallein, Heinz Lerch
118 Gendarmerie Almanach 1892
119 Brettenthaler Josef, Salzburger SynChronik, Verlag Alfred Winter, 1987, S. 195
120 Kleindel Österreich, Verlag Ueberreuter, 1995, S. 289
121 GP Silz, Hermann Föger
122 Brettenthaler Josef, Salzburger SynChronik, Verlag Alfred Winter, 1987, S. 195
123 Kleindel Österreich, Verlag Ueberreuter, 1995, S. 290
124 Gebhardt Helmut, Die Gendarmerie in der Steiermarkt von 1850 bis heute, Leykam Verlag, 1997, S. 142
125 Kleindel Österreich, Verlag Ueberreuter, 1995, S. 290

SYNCHRONIK QUELLENANGABE

126 GP Steyregg, Josef Leimhofer
127 GP Unterweißenbach, Stefan Ellmer
128 Gendarmerie Almanach 1897
129 Gendarmerie Almanach 1897
130 Salzburger Zeitung, Nr. 186, v. 16. August 1895
131 GP Birkfeld, Willibald Graf
132 GP Klosterneuburg, Erich Baumgartner
133 BGK Klosterneuburg, Chronik
134 GP Matrei/Osttirol, Herbert Gaschnig
135 GP Nassereith/T, Kurt Berghammer
136 GP Kaprun, Franz Steiner
137 GP Bischofshofen, Fritz Hörmann
138 GP Rankweil, Siegfried Lang
139 GP Leogang, Anton Rieder
140 GP Kaprun, Franz Steiner
141 GP Eisenerz, Johann Klampf
142 Gendarmerie Almanach 1902
143 BGK Chronik, Freistadt
144 GP Altach, Johann Schmied
145 GP Schwarzach/Pg., Franz Taurer
146 GP Andorf, Josef Gassner
147 Hörmann Fritz; Chronik von Werfen, Werfen 1987, S. 91
148 GP Bischofshofen, Fritz Hörmann
149 Hörmann Fritz, 100 Jahre Gewerkschaft Metall, Bergbau, Energie, 1990, S. 93 f
150 GP Wilhelmsburg, Walter Zöchling
151 Kleindel Österreich, Verlag Ueberreuter, 1995, S. 297
152 GP Günseldorf, Michael Hauptmann
153 Hörmann Fritz, Gendarmerieposten Bischofshofen, 125 Jahre Ortsgeschichte, 1998, S. 12
154 Salzburger Zeitung, Nr. 89 vom 19. April 1906
155 Hörmann Fritz, 100 Jahre Gewerkschaft Metall, Bergbau, Energie, 1990, S. 93 f
156 Hörmann Fritz; Chronik von Werfen, Werfen 1987, S. 92, 99
157 Hörmann Fritz, Gendarmerieposten Bischofshofen, 125 Jahre Ortsgeschichte, 1998, S. 12
158 Hörmann Fritz, Gendarmerieposten Bischofshofen, 125 Jahre Ortsgeschichte, 1998, S. 12
159 Salzburger Chronik, Nr. 150 vom 5. Juli 1908
160 Brettenthaler Josef, Salzburger SynChronik, Verlag Alfred Winter, 1987, S. 209
161 Hörmann Fritz; Chronik von Werfen, Werfen 1987, S. 93
162 GP Riedau
163 GP Rauris, Rudolf Wieser
164 GP Horn, Franz Gundinger
165 GP Veitsch, Josef Koller
166 GP Dornbirn, Kurt Planinger
167 BGK Beitrag
168 GP Angern/March, Johann Reschenauer
169 BGK Beitrag
170 BGK Beitrag
171 Brettenthaler Josef, Salzburger SynChronik, Verlag Alfred Winter, 1987, S. 213
172 GP Rauris, Rudolf Wieser
173 GP Eisenerz, Johann Klampf
174 GP Edelschrott, Bruno Scheer
175 GP Deutschlandsberg, Anton Prattes
176 GP Maria Saal, Nikolaus Pipp
177 GP Bischofshofen, Fritz Hörmann
178 GP Bischofshofen, Fritz Hörmann
179 GP Sollenau, Helmut Widhalm
180 GP Bischofshofen, Fritz Hörmann
181 GP Gmünd, Karl Prinz
182 GP Bad Eisenkappel, Franz Semprimoschnig
183 BGK-Beitrag
184 GP Hörbranz, Andreas Degasperi
185 GP Bischofshofen, Fritz Hörmann
186 GP Mühlbach/Hkg., Johannes Gresslehner
187 GP Matrei/Brenner, Johannes Spörr
188 BGK-Beitrag
189 GP St. Oswald/Plankenwarth, Dieter Trummler
190 GP Hinterstoder, Gerhard Sulzbacher, Heinz Schachner, Das Stodertal in vergangenen Tagen, Eigenverlag, 1983, S. 53 ff
191 GP Bischofshofen, Fritz Hörmann
192 GP Thalgau, Erich Steger
193 GP Hinterstoder, Gerhard Sulzbacher
194 GP Lafnitz, Ferdinand Gschiel
195 GP Stockerau, Franz König
196 BGK-Beitrag
197 BGK-Beitrag
198 Botz, 01
199 BGK-Beitrag
200 BGK-Beitrag
201 GP Spittal/Drau, Gerhard Seywald
202 BGK-Beitrag
203 BGK-Beitrag
204 Botz, 02
205 Botz, 03
206 GP Maria Saal, Nikolaus Pipp
207 BGK-Beitrag
208 GP Gleisdorf, Josef Fasching
209 GP Henndorf/W., Johann Weikl
210 Botz, 04
211 BGK-Beitrag
212 St. Anton/A., Alfred Handle
213 GP Dornbirn, Kurt Planinger
214 GP Weitra, Franz Dienstl
215 GP Friedberg, Paul Raza
216 BGK-Beitrag
217 GP Eberndorf, Josef Pototschnig
218 GP St. Gallen, Erich Mitterbäck
219 GP Bludenz, Walter Vaplon
220 GP Liebenfels, Eduard Wurmitzer
221 GP Friedberg, Paul Raza
222 GP Lilienfeld, Herbert Köberl
223 GP St. Stefan ob Stainz, Josef Maier
224 GP Edelschrott, Bruno Scheer
225 GP Burgau, Otto Trimmel
226 BGK-Beitrag
227 Botz, 05
228 GP Kohfidisch, Julius Horvath
229 GP Schweiggers, Franz Dichler
230 GP Gols, Michael Steiner
231 Botz, 06
232 GP Kleblach/Drau, Gerhard Winkler
233 GP Bischofshofen, Fritz Hörmann
234 Botz, 07
235 Botz, 09,08
236 GP Liebenfels, Eduard Wurmitzer
237 GP Lafnitz, Ferdinand Gschiel
238 BGK-Beitrag
239 GP Tamsweg, Friedrich Perner
240 GP Kaindorf, Kurt Semmler
241 GP Semriach, Johann Almhofer
242 Botz, 10
243 Botz, 11
244 GP Schwanberg, Leonhard Enzi
245 GP Drasenhofen, Herbert Göstl
246 GP St. Michael/Lg., Josef Walcher
247 GP Riedau
248 BGK-Beitrag
249 Botz, 12
250 GP Weitensfeld, Peter Steger
251 BGK-Beitrag
252 GP Wagrain, Benedikt Oberhuber
253 GP Dölsach, Albin Bürschl
254 Botz, 13
255 GP St. Stefan ob Stainz, Josef Maier
256 BGK-Beitrag
257 GP Wagrain, Benedikt Oberhuber
258 GP Rauris, Rudolf Wieser
259 Botz, 14
260 GP Arnfels, Gerhard Bauer
261 Botz, 15
262 GP Oberzeiring, Ernst Rudrofer
263 BGK-Beitrag
264 GP Hard, Außenstelle Bootsstation, Michael Beiyrer
265 GP Preitenegg, Michael Nöszler
266 BGK-Beitrag
267 GP Weyregg/A., Leopold Schmölzer
268 GP St. Martin/Mkrs, Franz Fölser
269 Botz, 16
270 GP Wagrain, Benedikt Oberhuber
271 St. Anton/A., Alfred Handle
272 BGK-Beitrag
273 GP Eberndorf, Josef Pototschnig
274 GP Altenmarkt i. Yspertal, Gerhard Baumgartner
275 Botz, 17
276 Botz, 19
277 Botz, 18
278 GP Andorf, Josef Gassner
279 Hörmann Fritz; Chronik von Werfen, Werfen 1987, S. 130 ff
280 GP Pöllau, Karl Lang
281 GP Schladming, Herwig Burgsteiner
282 GP Haslach/M., Siegfried Wagner

SYNCHRONIK QUELLENANGABE

283 BGK-Beitrag
284 BGK-Beitrag
285 GP Rauris, Rudolf Wieser
286 Botz, 20
287 GP Gaspoldshofen, Manfred Schrattenecker
288 Botz, 21
289 Botz, 22
290 GP St. Martin/Mkrs, Franz Fölser
291 GP Rainbach/M., Hubert Furchtlechner
292 GP Schiefling, Franz Gratz
293 Botz, 23
294 GP Brambachkirchen, Erwin Hargassner
295 GP Vorau, Michael Petz
296 Botz, 24
297 GP Hopfgarten, Walter Luxner
298 Botz, 33
299 BGK-Beitrag
300 Botz, 25
301 Botz, 26
302 Botz, 27
303 Botz, 28
304 Botz, 29
305 Botz, 30
306 Botz, 31
307 Botz, 32
308 GP Möllbrücke, Rudolf Hartlieb
309 GP Lafnitz, Ferdinand Gschiel
310 BGK-Beitrag
311 BGK-Beitrag
312 GP Angern/March, Johann Reschenauer
313 GP Bruck/M., Erich Matz
314 GP Thörl, Josef Heilinger
315 GP Frohnleiten, Kurt Wallach
316 BGK-Beitrag
317 GP St. Michael/Stmk., Haas
318 GP Liezen, Krammer
319 GP Hörsching, Klaus Biemann
320 GP Werfen, Fritz Hörmannn
321 GP St. Peter/Freienstein, Alfred Reitbauer
322 GP Kapfenberg, Heinz Pichler
323 GP Seckau, Emmerich Brandl
324 GP Deutschlandsberg, Anton Prattes
325 GP St. Gallen, Erich Mitterbäck
326 GP St. Ruprecht/Raab, Erwin Ofner
327 GP Gaspoldshofen, Manfred Schrattenecker
328 GP Maria Saal, Nikolaus Pipp
329 GP St. Wolfgang/Salzkammergut, Johann Müllegger
330 GP Lamprechtshausen, Gerhard Ottitsch
331 GP Semmering, Franz Winkler
332 GP Unterweißenbach, Stefan Ellmer
333 GP Bad Leonfelden, Johann Rudlstorfer
334 GP Schiefling, Franz Gratz
335 GP St. Ruprecht/Raab, Erwin Ofner
336 GP Saalfelden, Anton Wimmer
337 GP Heiligenblut, Roland Posani
338 GP Dölsach, Albin Bürschl
339 GP Rainbach/M., Hubert Furchtlechner
340 GP Mittewald/D., Hans Wilhelmer
341 GP Preitenegg, Michael Nöszler
342 GP Egg, Anton Hager
343 GP Marbach/D., Karl Frühwirth
344 GP Pörtschach/WS, Arnold Striednig
345 GP Egg, Anton Hager
346 GP Hinterstoder, Gerhard Sulzbacher
347 GP Braunau/I. Karl Freilinger
348 GP Imst, Johann Penz
349 GP Güssing, Gerhard Karner
350 GP Zwettl, Reinhard Elsigan
351 GP Mauthausen, Siegfried Mülleder
352 GP Mauthausen, Siegfried Mülleder
353 GP Bischofshofen, Fritz Hörmann
354 GP St. Peter/Freienstein, Alfred Reitbauer
355 BGK-Beitrag
356 GP Annaberg/NÖ, Rudolf Kottas
357 GP Wals, Alfred Salentinig
358 GP Bischofshofen, Fritz Hörmann
359 GP Rainbach/M., Hubert Furchtlechner
360 GP Bischofshofen, Fritz Hörmann
361 GP Bad Großpertholz, Josef Jansen
362 GP St. Michael/Stmk., Haas
363 GP Griffen, Josef Handschitz
364 GP Mauthausen, Siegfried Mülleder
365 GP Afritz, Gottlieb Türk
366 GP Bischofshofen, Fritz Hörmann
367 GP Henndorf a. Wallersee Gendarmeriechronik von 14.9.1938-15.10.1945
368 GP Ansfelden, Michael Hartich
369 GP Henndorf a. Wallersee Gendarmeriechronik von 14.9.1938-15.10.1945
370 GP Bischofshofen, Fritz Hörmann
371 GP Friedberg, Paul Raza
372 GP Deutschfeistritz, Hans-Josef Haffner
373 GP Bischofshofen, Fritz Hörmann
374 GP Bischofshofen, Fritz Hörmann
375 GP Flachau, Otto Wieland
376 GP Dornbirn, Kurt Planinger
377 GP Semriach, Johann Almhofer
378 GP Bad Gams, Oliver Breitenberger
379 GP Söding, Wolfgang Deutsch
380 GP Fehring, Josef Sundl
381 Robert Stadler, Michael Mooslechner, St. Johann/Pg. 1938–1945, Der nationalsozialistische »Markt Pongau« – Der »2. Juli 1944« in Goldegg: Widerstand und Verfolgung, 1986, S. 127 ff
382 GP Weyregg/A., Leopold Schmölzer
383 BGK-Beitrag, Karl Freilinger
384 GP Ötz, Günter Fischer
385 GP Kolbnitz, Wilfried Pirker
386 GP Bischofshofen, Fritz Hörmann
387 GP Bischofshofen, Fritz Hörmann
388 GP Bischofshofen, Fritz Hörmann
389 GP Matrei/Brenner, Johannes Spörr
390 GP Knittelfeld, Herbert Streibl
391 GP St. Peter/Freienstein, Alfred Reitbauer
392 GP Mauthausen, Siegfried Mülleder
393 GP Bad Radkersburg, Josef Stöckler
394 GP Bruck/Leitha, Manfred Kraupa
395 GP Rechnitz, Johann Subosits
396 GP Vordernberg, Mario Wimmer
397 GP Bruck/Leitha, Manfred Kraupa
398 GP Friedberg, Paul Raza
399 GP Vorau, Michael Petz
400 GP Böheimkirchen, Franz Walzl
401 GP Kolbnitz, Wilfried Pirker
402 GP Rohrbach, Erich Kaindlstorfer
403 GP Antiesenhofen, Johann Mayr
404 GP Rohrbach, Erich Kaindlstorfer
405 GP Nauders, Harald Schmid
406 GP Rohrbach, Erich Kaindlstorfer
407 GP Haus/Ennstal, Peter Holzer
408 GP Filzmoos, Rupert Ortner
409 GP Raabs/Thaya, Franz Lendl
410 GP Mitterbach am Erlaufsee, Franz Karner
411 BGK-Beitrag
412 GP Egg, Anton Hager
413 GP Eberndorf, Josef Pototschnig
414 GP Schrems, Herbert Böhm
415 GP Ansfelden, Michael Hartich
416 BGK-Beitrag
417 BGK Freistadt, Gustav Hochstadler
418 BGK-Beitrag
419 GP Gries/Brenner, Christoph Gander
420 GP Bärnbach, Heinz Bloder
421 BGK-Beitrag
422 GP Kirchschlag i. d. Buckligen Welt, Johann Gräf
423 GP Pamhagen, Martin Regner
424 GP Bad Ischl, Franz Führer
425 GP Deutschkreuz, Rudolf Fischer
426 GP Rastenfeld, Gottfried Widhalm
427 GP Kuchl, Hubert Kreiseder
428 GP Preitenegg, Michael Nöszler
429 GP Zwentendorf, Heinrich Kienbacher
430 GP Gars/Kamp, Franz Kriest
431 GP Altach, Johann Schmied
432 BGK-Beitrag
433 GP Ilz, Herbert Maier
434 GP Eibiswald, Friedrich Dietinger
435 BGK-Beitrag
436 GP Radstadt, Albert Baumann
437 GP Leutschach, Franz Gert
438 GP Ehrenhausen, Hubert Schauer
439 Fritz Hörmann, Chronik von Werfen, Werfen 1987, S. 143 ff.
440 GP Unterweißenbach, Stefan Ellmer
441 GP St. Peter i. d. Au, Richard Tanzer
442 GP Ansfelden, Michael Hartich
443 GP Gols, Michael Steiner
444 BGK-Beitrag
445 GP Bad Radkersburg, Josef Stöckler
446 BGK-Beitrag
447 GP Mitterbach am Erlaufsee, Franz Karner

SYNCHRONIK QUELLENANGABE

448 GP Seekirchen/W., Josef Buchmayr
449 GP Tamsweg, Friedrich Perner
450 GP Waidhofen/Thaya, Anton Bräuer
451 GP St. Anna am Aigen, Franz Gmeiner
452 GP Hausmannstätten, Johann Lendl
453 BGK-Beitrag
454 GP Langen/Bregenz, Markus Hillebrand
455 GP Kirchbach/Stmk., Johann Janisch
456 GP Ehrenhausen, Hubert Schauer
457 GP Gutenbrunn, Felix Gutenthaler
458 GP Rastenfeld, Gottfried Widhalm
459 GP Imst, Johann Penz
460 GP Göllersdorf, Herbert Poisinger
461 GP Birkfeld, Willibald Graf
462 GP Hausmannstätten, Johann Lendl
463 BGK-Beitrag
464 GP Großreifling, Erich Wagner
465 GP Kumberg, Petrus Mautner
466 GP Steyregg, Josef Leimhofer
467 GP Kirchberg/Raab, Heinz Plauder
468 GP Pörtschach/WS, Arnold Striednig
469 GP Weitensfeld, Peter Steger
470 GP Bad Tatzmannsdorf, Erwin Schardl
471 GP Mühlbach/Hkg., Johannes Gresslehner
472 BGK-Beitrag
473 GP Pabneukirchen, Siegfried Pilz
474 GP Bernhardsthal, Josef Kohl
475 GP Zell/Ziller, Georg Wartelsteiner
476 GP Heiligenblut, Roland Posani
477 BGK-Beitrag
478 GP Söding, Wolfgang Deutsch
479 GP Schiefling, Franz Gratz
480 GP Kematen/Ybbs, Franz Tröscher
481 GP Langenwang, Ernst Weber
482 GP Kumberg, Petrus Mautner
483 GP Lend, Konrad Thetter
484 GP Mürzzuschlag, Franz Torschitz
485 GP Langenwang, Ernst Weber
486 GP Hieflau, Manfred Seisenbacher
487 GP Klösterle, Hubert Stroppa
488 BGK-Beitrag
489 GP Mitterbach am Erlaufsee, Franz Karner
490 GP Maria Alm, Hermann Schwaiger
491 GP St. Pölten, Gerhard Teltscher
492 GP Mieming, Rolf Marke
493 GP Deutschlandsberg, Anton Prattes
494 GP Sonntag, Werner Falger, Bilder: Eugen Dobler, Leusorg im Großen Walsertal, Blons 1982, S. 148, 161.
495 GP Schruns, Franz Juen
496 GP Eibiswald, Friedrich Dietinger
497 BGK-Beitrag
498 GP Hopfgarten, Walter Luxner
499 GP Stefan/Rosental, Franz Pein
500 GP Vöcklabruck, Erich Haas
501 GP Weißenkirchen/Wachau. Erich Böhacker
502 GP St. Peter i. d. Au, Richard Tanzer
503 GP Stubenberg, Friedrich Hofer
504 GP Pregarten, Josef Seyer
505 GP Annaberg, Peter Oberauer
506 GP Kaltenleutgeben, Alfred Wagner, Josef Erber
507 GP Türnitz, Roland Berger
508 GP Kirchbach/Stmk., Johann Janisch
509 GP Maria Alm, Hermann Schwaiger
510 GP Mautern/D., Josef Harrer
511 GP Glanegg, Wolfgang Gragger
512 GP Weitenfeld, Peter Steger
513 BGK-Beitrag
514 BGK-Beitrag
515 GP Thalgau, Erich Steger
516 GP Pamhagen, Martin Regner
517 GP Kaltenleutgeben, Alfred Wagner, Josef Erber
518 GP Haugsdorf, Leopold Raab
519 GP Schladming, Herwig Burgsteiner
520 GP Gröbming, Josef Stiegler
521 BGK-Beitrag
522 BGK-Beitrag
523 BGK-Beitrag
524 GP Grafenstein, Josef Lamprecht
525 GP Jennersdorf, Anton Zotter
526 GP Strem, Stefan Schrammel
527 GP Andau, Werner Deutsch
528 GP Rechnitz, Johann Subosits
529 GP Lutzmannsburg, Anton Winter
530 GP Langenwang, Ernst Weber
531 GP Rechnitz, Johann Subosits
532 BGK-Beitrag
533 GP Spittal/Drau, Gerhard Seywald
534 GP Voitsberg, Gerhard Tripp
535 GP Pfaffenstätten, Kurt Kalt
536 GP Unzmarkt, Richard Roßmann
537 BGK-Beitrag
538 GP Sierning, Franz Gebeshuber
539 GP Annaberg, Peter Oberauer
540 GP Mieming, Rolf Marke
541 GP Wieselburg, Josef Schoberberger
542 GP Prinzersdorf, Peter Leodolter
543 BGK-Beitrag
544 GP Söding, Wolfgang Deutsch
545 GP Klein St. Paul, Jakob Zois
546 GP Hieflau, Manfred Seisenbacher
547 GP Bad Gams, Oliver Breitenberger
548 GP Karlstein/Th. Anton Johann
549 GP Gleinstätten, Hubert Menhard
550 GP Hainfeld, Walter Kunstmann
551 GP Zirl, Josef Zangeri
552 BGK-Beitrag
553 GP Ischgl, Alois Unterrainer
554 GP Weißenkirchen/Wachau, Erich Böhacker
555 BGK-Beitrag
556 BGK-Beitrag
557 GP Dobersberg, Josef Lukas
558 GP Annaberg, Peter Oberauer
559 GP Mutters, Wolfgang Ortner
560 GP Mauerkirchen, Josef Höll
561 GP St. Leonhard a. Forst, Leopold Pitzl
562 GP Oberndorf/Sbg., Karl Gradl
563 GP St. Kanzian/Klopeiner See, Helmut Kritzer
564 GP Bad Aussee, Herbert Stocker
565 BGK-Beitrag
566 GP Murau, Peter Stock
567 GP Eggersdorf/Graz, Haas
568 GP Wolfsberg/Schw., Helmut Kremser
569 GP Längenfeld, Haid
570 BGK-Beitrag
571 GP Korneuburg, Josef Zeller
572 BGK-Beitrag
573 GP Haus/Ennstal, Peter Holzer
574 GP Passail, Walter Rainer
575 GP Schrems, Herbert Böhm
576 GP Schwaz, Helmut Frühapter
577 GP Marchegg, Gerald Willinger
578 GP Dobersberg, Josef Lukas
579 GP Arbesbach, Wolfgang Weiß
580 GP Wattens, Reinhold Gangl
581 BGK-Beitrag
582 GP Mödling, Manfred Sulzer
583 GP Kalsdorf, Wolfgang Summer
584 GP Klein St. Paul, Jakob Zois
585 GP Pabneukirchen, Siegfried Pilz
586 GP Wattens, Reinhold Gangl
587 GP Seeboden/Millstätter See, Günter Krassnitzer
588 GP Schönberg/Stubaital, Martin Langecker
589 GP Heiligenkreuz/L., Gerhard Hösch
590 BGK-Beitrag
591 GP Korneuburg, Josef Zeller
592 GP Übelbach, Walter Walkner
593 GP Bruck/M., Erich Matz
594 GP Fürstenfeld, Gerald Trinkl
595 BGK-Beitrag
596 GP St. Kanzian/Klopeiner See, Helmut Kritzer
597 GP Groß Siegharts, Johann Kaufmann
598 GP Kaprun, Anton Steiner
599 GP Schönberg/Stubaital, Martin Langecker
600 GP Hinterbrühl, Alois Wandl
601 GP Hörsching, Klaus Biemann
602 GP Adnet, Guntram Ellmauthaler
603 GP Waldbach, Hermann Müller
604 BGK-Beitrag
605 GP Bad Aussee, Herbert Stocker
606 GP Radenthein, Arno Jaritz
607 GP Weitensfeld/F., Peter Steger
608 GP Bludenz, Walter Vaplon
609 GP Stadl-Paura, Gerhard Brandmayr
610 GP Lans, Christian Prassinger
611 GP Pyra, Gerhard Grüner
612 GP Drosendorf, Rainer Bischlinger
613 GP Mittewald/D., Hans Wilhelmer
614 GP Rechnitz, Johann Subosits
615 GP Kaprun, Anton Steiner
616 BGK-Beitrag

SYNCHRONIK QUELLENANGABE

617 GP Arnfels, Gerhard Bauer
618 GP Perchtoldsdorf, Johann Wieland
619 GP Glasenbach, Siegfried Angerer
620 GP Thalheim/Wels, Franz Staudinger
621 GP Radstadt, Albert Baumann
622 GP Waidhofen/Ybbs, Manfred Großsteiner
623 GP Willendorf, Franz Kölbl
624 GP Radstadt, Albert Baumann
625 GP Kappl, Norbert Ladner
626 GP Oberwölz, William Harding
627 GP Schwaz, Helmut Frühapter
628 GP Rechnitz, Johann Subosits
629 BGK-Beitrag
630 GP Pfaffenstätten, Kurt Kalt
631 GP Köflach, Friedrich Pischler
632 GP Arbesbach, Wolfgang Weiß
633 GP Kirchschlag i. d. Buckligen Welt, Johann Gräf
634 GP Weyer/Enns, Helmut Schröckmair
635 GP Gleisdorf, Josef Fasching
636 GP Heiligenblut, Roland Posani
637 GP Huben, Alois Riepler
638 GP Mayrhofen, Max Eberharter
639 St. Michael/Stmk., Haas
640 GP Andorf, Josef Gassner
641 GP Willendorf, Franz Kölbl
642 BGK-Beitrag
643 GP Guntramsdorf, Franz-Dietrich Fraißl
644 GP Köflach, Friedrich Pischler
645 GP Bad Waltersdorf, Hans Waldauer
646 GP Hohenems, Franz Scheuring
647 GP Rankweil, Siegfried Lang
648 GP Matrei/O., Herbert Gaschnig
649 GP Obertilliach, Johann Strieder
650 GP Gries/Brenner, Christoph Gander
651 GP Litzelsdorf, Ewald Goger
652 GP Kirchschlag i.d.Buckligen Welt, Johann Gräf
653 BGK-Beitrag
654 GP Mayrhofen, Max Eberharter
655 GP Klösterle, Hubert Stroppa
656 GP Bichlbach, Stephan Hohlrieder
657 GP Mürzzuschlag, Franz Torschitz
658 GP Korneuburg, Josef Zeller
659 GP Atzenbrugg, Johann Klein
660 GP Waldzell, Hubert Reinthaler
661 GP Söchau, Karl Wimmer
662 GP Zell/Ziller, Georg Wartelsteiner
663 GP Marchegg, Gerald Willinger
664 GP Sollenau, Helmut Widhalm
665 BGK-Beitrag
666 GP Jenbach, Elmar Hepperger
667 GP Knittelfeld, Herbert Streibl
668 GP Scheifling, Kurt Hansmann
669 GP Kirchberg/Raab, Heinz Plauder
670 GP Pabneukirchen, Siegfried Pilz
671 GP Horn, Franz Gundinger
672 GP Gmünd, Karl Prinz
673 GP St. Stefan ob Stainz, Josef Maier
674 GP St. Martin/Mkrs, Franz Fölser
675 GP Köflach, Friedrich Pischler
676 GP Silz, Hermann Föger
677 GP Ötz, Günter Fischer
678 BGK-Beitrag
679 GP Spielfeld, Alfred Lampel
680 GP Rankweil, Siegfried Lang
681 GP Wörgl, Josef Lettenbichler
682 GP Mayrhofen, Max Eberharter
683 GP St. Oswald ob Eibiswald, Franz Golob
684 GP Kumberg, Petrus Mautner
685 GP Saalfelden, Anton Wimmer
686 GP Spital/S., Helmut Kainer
687 BGK-Beitrag
688 GP Spital/S., Helmut Kainer
689 GP Neumarkt/St., Alfred Maier
690 GP Schrems, Herbert Böhm
691 BGK-Beitrag
692 BGK-Beitrag, 51
693 GP Stockerau, Franz König, GP Kirchberg/Wagram, Rudolf Staufer
694 GP Parndorf, Udo Portschy
695 GP Leonding, Rudolf Brandl
696 GP Leutschach, Franz Gert
697 GP Weiz, Helmut Haubenwallner
698 GP Mieming, Rolf Marke
699 GP Riegersdorf, Michael Krumpl
700 GP Eberndorf, Josef Pototschnig
701 GP St. Michael/Lg., Josef Walcher
702 GP Ried/I., Alois Hangl
703 GP Nauders, Harald Schmid
704 GP Spielfeld, Alfred Lampel
705 GP Lieboch, Edmund Resch
706 GP Steinerkirchen/Traun, Karl Wieser
707 GP Kössen, Christian Rieder
708 GP Heimschuh, Harald Pill
709 GP Kritzendorf, Georg Wallner
710 GP Pfunds, Anton Wilhelm, Gerhard Krenslehner
711 GP Drasenhofen, Herberet Göstl
712 GP Bad Tatzmannsdorf, Erwin Schardl
713 BGK-Beitrag
714 GP Lieboch, Edmund Resch
715 GP Brunn/Gebirge, Erich Wimmer
716 GP Wolfsberg, Helmut Sucher
717 GP Brambachkirchen, Erwin Hargassner
718 GP Zwentendorf, Heinrich Kienbacher
719 BGK-Beitrag
720 GP Raaba, Werner Käfer
721 GP Haugsdorf, Leopold Raab
722 GP Ravelsbach, Herbert Stauber
723 GP Fieberbrunn, Roman Lukasser
724 GP Hermannsdorf, Reinhard Muth
725 GP St. Radegund/Graz, Hans Weinhappl
726 GP Flachau, Otto Wieland
727 BGK-Beitrag
728 GP Feldkirch-Stadt, Johann Summer
729 GP Großarl, Hermann Schwab
730 GP Mödling, Manfred Sulzer
731 GP Heiligenkreuz/Waasen, Erich Fedl
732 GP Weitra, Franz Dienstl
733 GP Karlstein/Th., Anton Johann
734 GP Marchegg, Gerald Willinger
735 GP Hagenbrunn, Manfred Römer
736 GP St. Michael/B., Josef Binder
737 GP Mautern/Stmk., Peter Weber
738 GP Gratkorn, Josef Stummerer
739 GP Veitsch, Josef Koller
740 GP Bramberg, Martin Schlick
741 GP Ternberg, Leopold Stadler
742 GP Völkermarkt, Theodor Wedenig
743 GP Axams, Markus Huter
744 BGK-Beitrag
745 GP Altenmarkt/T., Franz Schildbeck
746 GP Neukirchen/W., Alfred Peinbauer
747 BGK-Beitrag
748 GP Breitenfurt/Wien, Gerhard Leitner
749 GP Taxenbach, Johann Gold
750 GP Sattledt, Wilhelm Kubicka
751 GP Wald/Schoberpaß, Ferdinand Hörmann
752 GP Knittelfeld, Herbert Streibl
753 GP Neumarkt/W. Josef Mairhofer
754 GP Steinach/Brenner, Hermann Ellmer
755 GP Kundl/T., Erich Lettenbichler
756 GP Ramingstein, Andreas Widmayr
757 GP Radenthein, Arno Jaritz
758 GP Kirchberg/T., Johann Ehrensberger
759 GP Grän, Christian Koch
760 Spittal/D., Hannes Hohenberger; GP Gmünd, Helmuth Unterasinger
761 GP Hof/Sbg., Johann Primschitz
762 GP Wattens, Reinhold Gangl
763 GP Kremsmünster, Rudolf Stadler
764 GP Gars/Kamp, Franz Kriest
765 BGK-Beitrag
766 GP Söll, Karl Lettenbichler
767 GP Gleisdorf, Josef Fasching
768 GP Landeck, Stephan Siegele
769 GP Puchberg/Schneeberg, Walter Bock
770 GP Steinerkirchen/Traun, Karl Wieser
771 GP Obertauern, Walter Esl
772 GP Judenburg, Johann Taferner
773 GP Mauterndorf, Peter Wiedemaier
774 GP Weißenbach, Egon Lorenz
775 GP Gnas, Willibald Pendl
776 GP Adnet, Guntram Ellmauthaler
777 GP Zell/Ziller, Georg Wartelsteiner
778 GP Wolfsberg/Schw., Helmut Kremser
779 GP Bodensdorf, Hansjörg Fischer
780 GP Birkfeld, Willibald Graf
781 GP Mariapfarr, Alois Santner
782 BGK-Beitrag
783 GP St. Valentin, Josef Abel
784 GP Pyra, Gerhard Grüner
785 GP Mauerkirchen, Josef Höll

SYNCHRONIK QUELLENANGABE

786 BGK-Beitrag
787 GP Steinach/Brenner, Hermann Ellmer
788 GP Bleiburg, Hans-Jörg Karner
789 GP Saalfelden, Anton Wimmer
790 GP Lilienfeld, Herbert Köberl
791 GP Kappl, Norbert Ladner
792 BGK-Beitrag
793 GP Frauenkirchen, Franz Stadlmann
794 GP Hartberg, Anton Drescher
795 GP Landeck, Stephan Siegele
796 GP Kitzbühel, Johann Eder
797 GP Afritz, Gottlieb Türk
798 GP Gloggnitz, Kurt Posch
799 GP Ehrenhausen, Hubert Schauer
800 GP Erpfendorf, Paul Thaler
801 GP Niklasdorf, Heinz Jereb
802 GP Mattsee, Filix Költringer
803 GP Henndorf/W., Johann Weikl
804 GP Flachau, Otto Wieland
805 GP Reutte/T., Alois Friedl
806 GP Seefeld/T., Peter Tenhalter
807 GP Deutschfeistritz, Hans-Josef Haffner
808 BGK-Beitrag
809 GP Gmünd/K., Helmuth Unterasinger
810 GP Bleiburg, Hans-Jörg Karner
811 GP Bleiburg, Hans-Jörg Karner
812 BGK-Beitrag
813 GP Seefeld/T., Peter Tenhalter
814 GP Bärnbach, Heinz Bloder
815 BGK-Beitrag
816 GP Böheimkirchen, Franz Walzl
817 GP Lafnitz, Ferdinand Gschiel
818 GP St. Michael/B., Josef Binder
819 GP Gratkorn, Josef Stummerer
820 GP Gmünd/K., Helmuth Unterasinger
821 GP Lofer, Herbert Waltl
822 GP Weiz, Helmut Haubenwallner
823 GP Voitsberg, Gerhard Tripp
824 GP Radenthein, Arno Jaritz
825 GP Mitterdorf/Mzt., Klaus Ulrich
826 GP Wilhering, Hans Neuhauser
827 GP Bad Radkersburg, Josef Stöckler
828 GP Leogang, Anton Rieder
829 GP Weißkirchen, Karl Wenegger
830 GP St. Aegyd/Neuwalde, Rudolf Kottas
831 GP Seeboden/Millstätter See, Günter Krassnitzer
832 GP Judenburg, Johann Taferner
833 GP Bad Großpertholz, Josef Jansen
834 GP Weyregg/A., Leopold Schmölzer
835 GP Afritz, Gottlieb Türk
836 GP Eisenstadt, Gottfried Schlögl
837 GP Fulpmes, Thomas Lamprecht
838 GP Grän, Christian Koch
839 GP Hausmannstätten, Johann Lendl
840 GP St. Pölten, Gerhard Teltscher
841 GP Frauenkirchen, Franz Stadlmann
842 GP Kindberg, Eduard Spörk
843 VA-Außenstelle Tribuswinkel, Karin Jenic
844 GP Atzenbrugg, Johann Klein
845 GP Wilhelmsburg, Walter Zöchling
846 GP Seefeld/T., Peter Tenhalter
847 GP Weitensfeld, Peter Steger
848 GP Laßnitzhöhe, Hannes Pirner
849 GP Mitterdorf/Mzt., Klaus Ulrich
850 GP Sonntag, Werner Falger
851 BGK-Beitrag
852 GP Hof/Sbg., Johann Primschitz
853 GP Wenns, Josef Neururer
854 GP Mödling, Manfred Sulzer
855 GP Puchenau, Wilhelm Ennsburger
856 GP Völkermarkt, Theodor Wedenig
857 GP Seiersberg, Helmuth Magg
858 GP Brand, Rudolf Oberleitner
859 BGK-Beitrag
860 GP Irdning, Anton Krknjak
861 GP Strass/Z., Manfred Prankl
862 GEK-Wiener Neustadt, Christoph Scherz
863 GP Drosendorf, Rainer Bischlinger
864 GP Heiligenkreuz/Waasen, Erich Fedl
865 GP Waidhofen/Ybbs, Manfred Großsteiner
866 GP Hörbranz, Andreas Degasperi
867 GP Ried/Oberinntal, Franz Hafele
868 GP Stockerau, Franz König
869 GP Hopfgarten, Walter Luxner
870 GP Gamlitz, Hugo Petritsch
871 GP Weißenkirchen/Wachau, Erich Böhacker
872 BGK-Beitrag
873 GP Ziersdorf, Friedrich Spitzer
874 GP Kremsmünster, Rudolf Stadler
875 GP St. Oswald bei Plankenwarth, Dieter Trummler
876 BGK-Beitrag
877 GP Mautern/Stmk., Peter Weber
878 GP Bernhardsthal, Josef Kohl
879 BGK-Beitrag
880 GP Andau, Werner Deutsch
881 GP Semmering, Franz Winkler
882 GP Gutenbrunn, Felix Gutenthaler
883 GP Ramingstein, Andreas Widmayr
884 GP Gaaden, Robert Schinko
885 GP St. Ruprecht/Raab, Erwin Ofner
886 GP Mariazell, Werner Feldhammer
887 GP Schwarzenau/Gebirge, Maximilian Luger
888 GP Gamlitz, Hugo Petritsch
889 GP Wenns, Josef Neururer
890 GP Söll, Karl Lettenbichler
891 GP Schwarzach, Franz Thaurer; GP Breitenstein, Franz Winkler
892 GP Trumau, Franz Starka
893 GP Feldkirchen/Graz, Bruna Weißhaupt
894 GP Allentsteig, Manfred Nagelmaier
895 GP Werfen, Josef Zögg
896 VA-Außenstelle Tribuswinkel, Karin Jenic
897 GP Flirsch, Bruno Traxl
898 GP Burgau, Otto Trimmel
899 GP Hinterbrühl, Alois Wandl
900 GP Puchenau, Wilhelm Ennsburger
901 GP Gleinstätten, Hubert Menhard
902 GP Reutte/T., Alois Friedl
903 GP Hard, Außenstelle Bootstation, Michael Beiyrer
904 GP Kuchl, Hubert Kreiseder
905 GP Fulpmes, Thomas Lamprecht
906 GP Vils, Erik Abraham
907 GP Heiligenblut, Roland Posani
908 GP Feldkirch-Stadt, Johann Summer
909 GP Waldzell, Hubert Reinthaler
910 GP Purbach/Neusiedler See, Werner Bugnar
911 GP Sillian, Erich Pfurtscheller
912 GP Lebring, August Watzinger
913 GP Halbrein, Johannes Hatzl
914 GP Gratwein, Johann Klösch
915 GP Mureck, Anton Schwarz
916 GP Friedburg, Walter Schnell
917 GP Güssing, Gerhard Karner
918 GP Schwarzach/P., Franz Thaurer
919 GP Seckau, Emmerich Brandl
920 GP Heimschuh, Harald Pill
921 GP Seiersberg, Helmuth Magg
922 GP Horitschon, Erhard Heinrich
923 GP Gars/Kamp, Franz Kriest
924 GP Bad Aussee, Herbert Stocker
925 GP Seckau, Emmerich Brandl
926 GP Neumarkt/W. Josef Mairhofer
927 GP Arnoldstein, Karl Bachlechner
928 GP Gloggnitz, Kurt Posch
929 GP Fischamend, Alfred Kaspar
930 GP Mariazell, Werner Feldhammer
931 GP Frohnleiten, Kurt Wallach
932 GP Kitzbühel, Johann Eder
933 BGK Freistadt, Gustav Hochstadler
934 GP Frankenmarkt, Helmut Hofer
935 GP Tamsweg, Friedrich Perner
936 GP Schachendorf, Alfred Wagner
937 GP Bernhardsthal, Josef Kohl
938 BGK-Beitrag
939 GP Axams, Markus Huter
940 GP Feldbach, Alois Koller
941 GP Neukirchen/Grv., Hermann Schernthaner
942 GP Bodensdorf, Hansjörg Fischer
943 GP Kolbnitz, Wilfried Pirker
944 VA-Außenstelle Melk, Alois Faltner
945 GP Kaltenbach, Johann Eberharter
946 GP St. Jakob/Rosental, Bernhard Auer
947 GP Kalsdorf, Wolfgang Summer
948 GP Weißenstein, Hans Jonach
949 GP Seiersberg, Helmuth Magg
950 GP Purkersdorf, Erwin Riegler
951 BGK-Beitrag
952 GP St. Paul/L., Josef Lassnig
953 GP Wildon, Heinrich Windisch
954 GP Eugendorf, Richard Kantor
955 GP Ratten, Helmut Hammer

SYNCHRONIK QUELLENANGABE

956 GP Thalheim/Wels, Franz Staudinger
957 GP Strass/Z., Manfred Prankl
958 GP Thalheim/Wels, Franz Staudinger
959 GP Kirchberg/Raab, Heinz Plauder
960 VA-Außenstelle Seewalchen, Franz Zeinhofer
961 GP Hartmannsdorf, Günther Buchleitner
962 GP Bad Leonhard, Peter Buchsbaum
963 BGK-Beitrag
964 GP Großkrit, Kurt Kristof
965 GP Hainburg/D., Anton Moritz
966 GP Pregarten, Josef Seyer
967 GP Leibnitz, Johannes Egger
968 GP Breitenfurt/Wien, Gerhard Leitner
969 GP Weißkirchen, Karl Wenegger
970 GP Schladming, Herwig Burgsteiner
971 GP Deutschfeistritz, Hans-Josef Haffner
972 GP Puchberg/Schneeberg, Walter Bock
973 GP Pöllau, Karl Lang
974 GP St. Radegund/Graz, Hans Weinhappl
975 GP Langenzersdorf, Johann Strohmayr-Dangl
976 GP Lutzmannsburg, Anton Winter
977 GP Mauterndorf, Peter Wiedemaier
978 GP Zeltweg, Helmut Staubmann
979 GP Illmitz, Erwin Lang
980 GP Zirl, Josef Zangeri
981 GP Vöcklabruck, Erich Haas
982 GP Bad Gams, Oliver Breitenberger
983 GP Haus/Ennstal, Peter Holzer
984 GP Axams, Markus Huter
985 GP Mautern/D., Josef Harrer
986 GP Lutzmannsburg, Anton Winter
987 GP Wernberg, Josef Mitterdorfer
988 GP Ebreichsdorf, Karl Lein
989 GP Allerheiligen/Waasen, Erich Fedl
990 GP Maria Alm, Hermann Schwaiger
991 GP Irdning, Anton Krknjak
992 GP Schruns, Franz Juen
993 GP Ternitz, Horst Krapf
994 GP Obdach, Johann Führer
995 GP Kapelln, Helmut Teltscher
996 GP Ried/I., Alois Hangl
997 GP Vöcklabruck, Erich Haas
998 GP Eggersdorf/Graz, Christian Haas
999 GP Ternitz, Horst Krapf
1000 GP Fischamend, Alfred Kaspar
1001 GP Haugsdorf, Leopold Raab
1002 GP Metnitz, Günther Holzer
1003 GP Kindberg, Eduard Spörk
1004 GP Stattegg, Erich Pernold
1005 BGK-Beitrag
1006 GP Heimschuh, Harald Pill
1007 GP Gamlitz, Hugo Petritsch
1008 GP Gratwein, Johann Klösch
1009 GP Übelbach, Walter Walkner
1010 GP Brambachkirchen, Erwin Hargassner
1011 GP Bruck/Leitha, Manfred Kraupa
1012 GP Lochau, German Baldauf
1013 GP Uttendorf, Bernhard Gaßner
1014 GP Gnas, Willibald Pendl
1015 BGK-Beitrag
1016 GP Thörl, Josef Heilinger
1017 BGK-Beitrag
1018 GP Telfs, Christian Lechner
1019 GP St. Aegyd/Neuwalde, Rudolf Kottas
1020 GP Lochau, German Baldauf
1021 GP Kremsmünster, Rudolf Stadler
1022 GP Ilz, Herbert Maier
1023 GP Wilhering, Hans Neuhauser
1024 GP Stefan/Rosental, Franz Pein
1025 GP Günseldorf, Michael Hauptmann
1026 GP Radenthein, Arno Jaritz
1027 GP Kaindorf, Kurt Semmler
GP Leibnitz, Johannes Egger
1028 GP Dölsach, Albin Bürschl
1029 GP Hermannsdorf, Reinhard Muth
1030 GP Steinerkirchen/Traun, Karl Wieser
1031 GP Lebring, August Watzinger
1032 GP St. Peter i. d. Au, Richard Tanzer
1033 BGK-Beitrag
1034 GP Garsten, David Walcher
1035 GP Telfs, Christian Lechner
1036 GP Trumau, Franz Starka
1037 GP Litzelsdorf, Ewald Goger
1038 GP Möllbrücke, Rudolf Hartlieb
1039 GP Bruck/Leitha, Manfred Kraupa
1040 GP Kronstorf, Karl Postlbauer
1041 GP Leogang, Anton Rieder
1042 GP Raabs/Thaya, Franz Lendl
1043 GP Gratwein, Johann Klösch
1044 GP Kaltenbach, Johann Eberharter
1045 GP Ried/Oberinntal, Franz Hafele
1046 GP Hard, Eduard Ortner
1047 GP Erpfendorf, Paul Thaler
1048 GP St. Marein/Graz, Hans Hiebler
1049 GP Ruden, Hubert Tschernko
1050 GP Hof/Sbg., Johann Primschitz
1051 GP Arnfels, Gerhard Bauer
1052 GP Mittersill, Johann Millgrammer
1053 GP Neustift/St., Robert Koch
1054 GP Pregarten, Josef Seyer
1055 GP Sölden, Peter Moser
1056 GP Ötz, Günter Fischer
1057 GP Neukirchen/Grv., Hermann Schernthaner
1058 GP Weißenstein, Hans Jonach
1059 GP Lambach, Reinhold Gruber
1060 GP Eisenerz, Johann Klampf
1061 GP Seekirchen/W., Josef Buchmayr
1062 GP Söchau, Karl Wimmer
1063 BGK Freistadt, Gustav Hochstadler
1064 GP Schützen/Geb., Jürgen Mayer
1065 GP Ötz, Günter Fischer
1066 GP Garsten, David Walcher
1067 GP Gloggnitz, Kurt Posch
1068 GP Gaaden, Robert Schinko
1069 GP Lieboch, Edmund Resch
1070 GP Lieboch, Edmund Resch
1071 GP Lieboch, Edmund Resch
1072 GP Tulln/Donau, Peter Haslacher
1073 GP Frauenkirchen, Franz Stadlmann
1074 GP Schruns, Franz Juen
1075 GP Eggendorf, Walter Dorner
1076 GP Purkersdorf, Erwin Riegler
1077 GP Mödling, Manfred Sulzer
1078 GP Klösterle, Hubert Stroppa
1079 GP St. Anton/A., Alfred Handle
1080 GP Kappl, Norbert Ladner
1081 GP Weitra/NÖ, Franz Dienstl
1082 GP Hagenbrunn, Manfred Römer
1083 GP Mödling, Manfred Sulzer
1084 GP Feldkirchen/Graz, Bruna Weißhaupt
1085 GP Jenbach, Elmar Hepperger
1086 GP Schirmitzbühel, Anton Maierhofer
1087 GP Mauthausen, Siegfried Mülleder
1088 GP St. Margarethen, Johann Unger
1089 GP Kirchbach/Stmk., Johann Janisch
1090 GP Halbrein, Johannes Hatzl
1091 GP Ziersdorf, Friedrich Spitzer
1092 GP Gutenbrunn, Felix Gutenthaler
1093 GP Eugendorf, Richard Kantor
1094 GP Wals, Alfred Salentinig
1095 GP Thörl, Josef Heilinger
1096 GP Braunau, Stefan Steinberger
1097 GP Gaaden, Robert Schinko
1098 GP Strem, Stefan Schrammel
1099 GP Kirchdorf/Kr., Franz Obergruber
1100 GP Judenburg, Johann Taferner
1101 GP Spittal/Drau, Gerhard Seywald
1102 GP Gaspoldshofen, Manfred Schrattenecker
1103 GP Schwadorf, Helmut Dreiszker
1104 GP Hard, Außenstelle Bootstation, Michael Beyrer
1105 GP Leopoldsdorf, Sigibert Schweighofer
1106 GP Gratkorn, Josef Stummerer
1107 GP Wernberg, Josef Mitterdorfer
1108 GP Hainburg/D., Anton Moritz
1109 GP Stadl-Paura, Gerhard Brandmayr
1110 GP Fürstenfeld, Gerald Trinkl
1111 BGK-Beitrag
1112 GP Kramsach, Otto Rohregger
1113 GP Bruck/Leitha, Manfred Kraupa
1114 GP Pöls, Georg Huber
1115 GP Puchenau, Wilhelm Ennsburger
1116 GP Flirsch, Bruno Traxl
1117 GP Ischgl, Alois Unterrainer
1118 GP Krottendorf-Gaisfeld, Rudolf Wallner
1119 GP St. Margarethen, Johann Unger
1120 VA-Außenstelle Spittal/D., Hannes Kärnten, Hohenberger
1121 GP Anger, Franz Gruener
1122 GP Matrei/O., Herbert Gaschnig
1123 GP Traisen, Herbert Auer
1124 GP Pfunds, Anton Wilhelm, Gerhard Krenslehner

SYNCHRONIK QUELLENANGABE

1125 GP Hainburg/D., Anton Moritz
1126 GP Zwettl, Reinhard Elsigan
1127 GP Hochburg-Ach, Karl Stöckl
1128 GP Kirchdorf/Pgg., Johann Vorraber
1129 GP Huben, Alois Riepler
1130 GP Kematen/T., Harald Heißenberger
1131 GP Perchtoldsdorf, Johann Wieland
1132 BGK-Beitrag
1133 GP Langenzersdorf, Johann Strohmayr-Dangl
1134 BGK-Beitrag
1135 GP Liezen, Krammer
1136 GP Oberau, Hans-Albert Ruatti
1137 GP Kronstorf, Karl Postlbauer
1138 GP Hinterbrühl, Alois Wandl
1139 GP Hard, Eduard Ortner
1140 BGK-Beitrag
1141 GP Böheimkirchen, Franz Walzl
1142 GP Neumarkt i. H., Franz Eisterer
1143 GP Tulln/Donau, Peter Haslacher
1144 GP St. Jakob/Rosental, Bernhard Auer
1145 GP Grän, Christian Koch
1146 GP Hochburg-Ach, Karl Stöckl
1147 GP Bruck/Leitha, Manfred Kraupa
1148 GP Kindberg, Eduard Spörk
1149 GP Unzmarkt, Richard Roßmann
1150 GP Feldkirch-Gisingen, Werner Krainz
1151 GP Neumarkt/W. Josef Mairhofer
1152 GP Kufstein, Werner Schuster
1153 GP Mittewald/D., Hans Wilhelmer
1154 GP Allentsteig, Manfred Nagelmaier
1155 GP Lieboch, Edmund Resch
1156 GP Mutters, Wolfgang Ortner
1157 GP Glasenbach, Siegfried Angerer
1158 GP Glanegg, Wolfgang Gragger
1159 GP Schachendorf, Alfred Wagner
1160 GP Marbach/D., Karl Frühwirth
1161 BGK-Beitrag
1162 BGK-Beitrag
1163 GP St. Marein/Graz, Hans Hiebler
1164 GP Krieglach, Franz Prade
1165 GP Weitensfeld, Peter Steger
1166 GP Elbigenalp, Heribert Knitel
1167 GP Schachendorf, Alfred Wagner
1168 GP Strass/Z., Manfred Prankl
1169 GP Zwettl, Reinhard Elsigan
1170 GP Glanegg, Wolfgang Gragger
1171 GP Pöls, Georg Huber
1172 GP Raaba, Werner Käfer
1173 GP Maria Saal, Nikolaus Pipp
1174 GP Litzelsdorf, Ewald Goger
1175 BGK-Beitrag
1176 GP Huben, Alois Riepler
1177 GP Niklasdorf, Heinz Jereb
1178 GP Mariazell, Werner Feldhammer
1179 GP Leonding, Rudlof Brandl
1180 GP Raaba, Werner Käfer
1181 GP Kapelln, Helmut Teltscher
1182 GP Waldegg, Peter Jägersberger
1183 GP Wagrain, Benedikt Oberhuber
1184 GP Vorderthiersee, Gerhard Urbanowicz
1185 GP Haidershofen, Johann Frenzl
1186 GP Wilhering, Hans Neuhauser
1187 GP Vils, Erik Abraham
1188 GP Jennersdorf, Anton Zotter
1189 GP Jennersdorf, Anton Zotter
1190 GP Spielfeld, Alfred Lampel
1191 GP Eibiswald, Friedrich Dietinger
1192 GP Steyregg, Josef Leimhofer
1193 GP Kronstorf, Karl Postlbauer
1194 GP Ried/I., Alois Hangl
1195 GP Achenkirch, Walter Reischer
1196 GP Scheifling, Kurt Hansmann
1197 GP Kritzendorf, Georg Wallner
1198 BGK-Beitrag
1199 GP Melk, Franz Emsenhuber
1200 GP Trieben, Gerhard Eingang
1201 GP Bruck/Leitha, Manfred Kraupa
1202 GP Neukirchen/W., Alfred Peinbauer
1203 GP Dobersberg, Josef Lukas
1204 LGK Salzburg, Harald Hofmann
1205 GP Lofer, Herbert Waltl
1206 GP Stockerau, Franz König
1207 GP Sölden, Peter Moser
1208 GP Haidershofen, Johann Frenzl
1209 VA-Außenstelle Tribuswinkel, Karin Jenic
1210 GP Wildon, Heinrich Windisch
1211 GP Regau, Franz Kroiss
1212 GP Kukmirn, Franz Heidenwolf
1213 GP Ternitz, Horst Krapf
1214 GP Lebring, August Watzinger
1215 GP Trieben, Gerhard Eingang
1216 GP Siegendorf, Hubert Rodenbicker
1217 GP Großkrit, Kurt Kristof
1218 GP Kitzbühel, Johann Eder
1219 GP Elbigenalp, Heribert Knitel
1220 VA-Außenstelle Seewalchen, Franz Zeinhofer
1221 GP Möllbrücke, Rudolf Hartlieb
1222 GP Bad Leonhard, Peter Buchsbaum
1223 GP Bruck/Leitha, Manfred Kraupa
1224 GP Enzersdorf/Geb., Harald Pech
1225 GP Möllbrücke, Rudolf Hartlieb
1226 GP Sillian, Erich Pfurtscheller
1227 GP Hörsching, Klaus Biemann
1228 GP Ansfelden, Michael Hartich
1229 GP Zeltweg, Helmut Staubmann
1230 GP Grafenstein, Josef Lamprecht
1231 GP Söll, Karl Lettenbichler
1232 GP Kirchberg/Wagram, Rudolf Staufer
1233 GP Werfen, Josef Zögg
1234 GP Gunskirchen, Andreas Ferstl
1235 GP Traisen, Herbert Auer
1236 GP Parndorf, Udo Portschy
1237 GP Lambach, Reinhold Gruber
1238 GP Oberwart, Alfred Gall
1239 GP Obdach, Johann Führer
1240 VA-Außenstelle Melk, Alois Faltner
1241 GP Fohnsdorf, Jürgen Kulmair
1242 GP Jochberg, Wolfgang Filzer
1243 GP Ebergassing, Andreas Richter
1244 GP Obergrafendorf, Franz Prankl
1245 GP Willendorf, Franz Kölbl
1246 GP Bezau, Helmut Scheffknecht
1247 GP Fohnsdorf, Jürgen Kulmair
1248 GP Hartberg, Anton Drescher
1249 GP Rechnitz, Johann Subosits
1250 GP Arnoldstein, Karl Bachlechner
1251 GP St. Georgen an der Gusen, Josef Hiesböck
1252 GP Jennersdorf, Anton Zotter
1253 GP Passail, Walter Rainer
1254 VA-Außenstelle Melk, Alois Faltner
1255 GP Mauthausen, Siegfried Mülleder
1256 GP Murau, Peter Stock
1257 GP Kirchberg/T., Johann Ehrensberger
1258 GP Hagenbrunn, Manfred Römer
1259 GP Hall/T., Erich Engl
1260 GP Puchberg/Schneeberg, Walter Bock
1261 GP Vils, Erik Abraham
1262 GP Frohsdorf, Franz Kogelbauer
1263 GP Kohfidisch, Julius Horvath
1264 GP Thalgau, Erich Steger, LGK Salzburg, Harald Hofmann
1265 VA-Außenstelle Spittal/D., Hannes Kärnten, Hohenberger
GP Seeboden/Millstätter See, Günter Krassnitzer
1266 GP Kuchl, Hubert Kreiseder
1267 GP Waidhofen/Ybbs, Manfred Großsteiner
1268 GP Melk, Franz Emsenhuber
1269 GP Wolfsberg, Helmut Sucher
1270 GP Kramsach, Otto Rohregger
1271 GP Vordernberg, Mario Wimmer
1272 GP Unterpremstätten, Manfred Puster
1273 P Hartberg, Anton Drescher
1274 GP Oberwart, Alfred Gall
1275 GP Oberwölz, William Harding
1276 GP Kirchberg/T., Johann Ehrensberger
1277 GP Gnas, Willibald Pendl
1278 GP St. Margarethen, Johann Unger
1279 GP Frohsdorf, Franz Kogelbauer
1280 GP St. Margarethen/Raab, Josef Hasenhüttl
1281 BGK-Beitrag
1282 GP Stronsdorf, Franz Neubauer
1283 GP Hieflau, Manfred Seisenbacher
1284 GP St. Leonhard a. Forst, Leopold Pitzl
1285 GP Sölden, Peter Moser
1286 GP St. Pölten, Gerhard Teltscher
BGK-Beitrag
1287 GP Wörgl, Josef Lettenbichler
1288 GP Hard, Eduard Ortner
1289 GP Wals, Alfred Salentinig
1290 GP Breitenau/H., Walter Vollmeier
1291 GP Steinfeld/D., Gerhard Winkler

SYNCHRONIK QUELLENANGABE

1292 GP Himberg, Günther Pils
1293 GP Heiligenkreuz/L., Gerhard Hösch
1294 GP Neustift/St., Robert Koch
1295 GP Völkermarkt, Theodor Wedenig
1296 GP Ruden, Hubert Tschernko
1297 GP Kapfenberg, Heinz Pichler
1298 GP Oberau, Hans-Albert Ruatti
1299 GP Enzersdorf/Geb., Harald Pech
1300 GP Wald/Schoberpaß, Ferdinand Hörmann
1301 GP Niederndorf, Alois Stöckl
1302 GP Feldkirch-Stadt, Johann Summer
1303 BGK-Beitrag
1304 GP Pöllau, Karl Lang
1305 GP Schwarzau/St. Ernst Polzer
1306 GP Lend, Konrad Thetter
1307 GP Pyra, Gerhard Grüner
1308 VA-Außenstelle Seewalchen, Franz Zeinhofer
1309 GP Marbach/D., Karl Frühwirth
1310 GP Telfs, Christian Lechner
1311 GP Anger, Franz Gruener
1312 GP Breitenfurt/Wien, Gerhard Leitner
1313 GP Jenbach, Elmar Hepperger
1314 GP Unken, Georg Fernsebner
1315 GP Wenns, Josef Neururer
1316 GP Braunau, Stefan Steinberger
1317 GP Eggendorf, Walter Dorner
1318 GP St. Leonhard a. Forst, Leopold Pitzl
1319 GP Ternberg, Leopold Stadler
1320 BGK-Beitrag
1321 GP Drasenhofen, Herbert Göstl
1322 GP Parndorf, Udo Portschy
1323 GP Enzersdorf/Geb., Harald Pech
1324 GP Reutte/T., Alois Friedl
1325 GP Erpfendorf, Paul Thaler
1326 GP Gutenstein, Herbert Jankovich
1327 GP Wernberg, Josef Mitterdorfer
1328 GP Lochau, German Baldauf
1329 GP Wolfsberg/Schw., Helmut Kremser
1330 GP Kundl/T., Erich Lettenbichler
1331 GP Neuhaus/Klb., Siegfried Jud
1332 GP Eugendorf, Richard Kantor
1333 GP Breitenau/H., Walter Vollmeier
1334 GP Zirl, Josef Zacherl
1335 GP Oberwölz, William Harding
1336 GP Zwentendorf, Heinrich Kienbacher
1337 GP Fischamend, Alfred Kaspar
1338 GP Lienz, Oskar Monitzer
1339 GP Scheifling, Kurt Hansmann
1340 GP Brunn/Gebirge, Erich Wimmer
1341 GP Mödling, Manfred Sulzer
1342 GP Flirsch, Bruno Traxl
1343 GP Zwettl, Reinhard Elsigan
1344 GP Traisen, Herbert Auer
1345 GP Kohfidisch, Julius Horvath
1346 GP Henndorf/W., Johann Weikl
1347 BGK-Beitrag
1348 GP Mühlbach/Hkg., Johannes Gresslehner
1349 GP Hadersdorf/Kamp, Johann Pummer
1350 GP Ternberg, Leopold Stadler
1351 GP Hörbranz, Andreas Degasperi
1352 GP Seekirchen/W., Josef Buchmayr
1353 GP Leonding, Rudolf Brandl
1354 GP Langen/Bregenz, Markus Hillebrand
1355 GP St. Jakob/Rosental, Bernhard Auer
1356 GP Bichlbach, Stephan Hohlrieder
1357 GP Fohnsdorf, Jürgen Kulmair
1358 GP St. Kanzian/Klopeiner See, Helmut Kritzer
1359 LGK Salzburg, Harald Hofmann
1360 GP Fulpmes, Thomas Lamprecht
1361 GP Mitterdorf/Mzt., Klaus Ulrich
1362 BGK-Beitrag
1363 VA-Außenstelle Melk, Alois Faltner
1364 GP Niklasdorf, Heinz Jereb
1365 GP Gleinstätten, Hubert Menhard
1366 GP Glasenbach, Siegfried Angerer
1367 GP Illmitz, Erwin Lang
1368 GP Burgau, Otto Trimmel
1369 VA-Außenstelle Amstetten, Erwin Weidinger
1370 GP Liebenfels, Eduard Wurmitzer
1371 GP Oberwart, Alfred Gall
1372 BGK-Beitrag
1373 GP Ebergassing, Andreas Richter
1374 GP Matrei/Brenner, Johannes Spörr
1375 GP Neuhofen/Krems, Hans Spitzer
1376 BGK-Beitrag
1377 GP Wieselburg, Josef Schoberberger
1378 GP Kramsach, Otto Rohregger
1379 GP Göllersdorf, Herbert Poisinger
1380 VA-Außenstelle Dornbirn, Wilfried Purkart
1381 GP Ebergassing, Andreas Richter
1382 GP Mutters, Wolfgang Ortner
1383 GP Kapfenberg, Heinz Pichler
1384 GP Mariapfarr, Alois Santner
1385 GP Garsten, David Walcher
1386 GP Großreifling, Erich Wagner
1387 GP Veitsch, Josef Koller
1388 GP Landeck, Stephan Siegele
1389 GP Raabs/Thaya, Franz Lendl
1390 GP Bodensdorf, Hansjörg Fischer
1391 GP Ramsau/D., Johann Seebacher
1392 GP Kapelln, Helmut Teltscher
1393 GP Mödling, Manfred Sulzer
1394 GP Ravelsbach, Herbert Stauber
1395 GP Weidling, Herbert Winkelbauer
1396 GP Schützen/Geb., Jürgen Mayer
1397 GP Trieben, Gerhard Eingang
1398 GP Wörgl, Josef Lettenbichler
1399 GP Schwarzau/St. Ernst Polzer
1400 GP Adnet, Guntram Ellmauthaler
1401 GP Hainburg/D., Anton Moritz
1402 GP Feldkirch-Gisingen, Werner Krainz
1403 BGK-Beitrag
1404 GP Ravelsbach, Herbert Stauber
1405 GP Weißkirchen, Karl Wenegger
1406 GP Unterpremstätten, Manfred Puster
1407 GP Gunskirchen, Andreas Ferstl
1408 SCHAST Zwentendorf, Erich Lavicka
1409 GP Eggersdorf/Graz, Haas
1410 GP Neuhaus/Klb., Siegfried Jud
1411 GP Waldzell, Hubert Reinthaler
1412 GP Steinach/Brenner, Hermann Ellmer
1413 BGK-Beitrag
1414 GP Feldkirch-Gisingen, Werner Krainz
1415 GP Mattsee, Filix Költringer
1416 GP Heiligenkreuz/L., Gerhard Hösch
1417 GP Mitterarnsdorf, Horst Michalek
1418 GP Breitenau/H., Walter Vollmeier
1419 GP Ybbs/Donau, Werner Weiß
1420 GP Hall/T., Erich Engl
1421 GP Wilhelmsburg, Walter Zöchling
1422 GP Filzmoos, Rupert Ortner
1423 GP Jochberg, Wolfgang Filzer
1424 GP Langen/Bregenz, Markus Hillebrand
1425 GP Stadl-Paura, Gerhard Brandmayr
1426 GP Mittersill, Johann Millgrammer
1427 GP Windischgarsten, Franz Gösweiner
1428 GP Kematen/T., Harald Heißenberger
1429 GP Schönberg/Stubaital, Martin Langecker
1430 GP Vorderthiersee, Gerhard Urbanowicz
1431 GP Leutschach, Franz Gert
1432 GP Mariapfarr, Alois Santner
1433 GP Drosendorf, Leopold Barth
1434 GP Kalsdorf, Wolfgang Summer
1435 BGK-Beitrag
1436 VA-Außenstelle Melk, Alois Faltner
1437 GP Stallhofen, Günter Eberhart
1438 GP Kritzendorf, Georg Wallner
1439 GP Ischgl, Alois Unterrainer
1440 GREKO Wullowitz, Franz Kapl
1441 GP Sollenau, Helmut Widhalm
1442 GREKO Wullowitz, Franz Kapl
1443 GP Zwettl, Reinhard Elsigan
1444 VA-Außenstelle Neumarkt, Josef Ahorner
1445 GP Pottendorf, Rolf Burgstaller
1446 GP Rechnitz, Johann Subosits
1447 GP Riedau, Ernst Pimingsdorfer
1448 GREKO Neunagelberg, Ferdinand Gabler
1449 GP Drosendorf, Rainer Bischlinger
1450 GP Mittersill, Johann Millgrammer
1451 GP Pottendorf, Rolf Burgstaller
1452 GP Drosendorf, Rainer Bischlinger
1453 GP Wolfsberg, Helmut Sucher
1454 GP Klein St. Paul, Jakob Zois
1455 GP Lend, Konrad Thetter
1456 GP Unken, Georg Fernsebner
1457 GP Perchtoldsdorf, Johann Wieland
1458 GP Werfen, Josef Zögg
1459 GP Neuhofen/Krems, Hans Spitzer
1460 GP Uttendorf, Bernhard Gaßner
1461 BGK-Beitrag
1462 BGK-Beitrag,

SYNCHRONIK QUELLENANGABE

1462 GP Peilstein, Karl Groiß
1463 GP Pöls, Georg Huber
1464 GP Kaltenbach, Johann Eberharter
1465 GP Hall/T., Erich Engl
1466 GEK-Wiener Neustadt, Christoph Scherz
1467 GP Andau, Werner Deutsch
1468 GP Lermoos, Max Sonnweber
1469 GP Ried/Oberinntal, Franz Hafele
1470 GEK-Wiener Neustadt, Christoph Scherz
1471 GP Vorau, Michael Petz
1472 GP Ferlach, Hermann Stinig
1473 VA-Außenstelle Neumarkt, Josef Ahorner
1474 GÜP Hardegg, Josef Böck
1475 GP Krenglbach, Karl Kronlachner
1476 GP Knittelfeld, Herbert Streibl
1477 GP Zeltweg, Helmut Staubmann
1478 GP Filzmoos, Rupert Ortner
1479 GP Kirchberg/Wagram, Rudolf Staufer
1480 GP Obdach, Johann Führer
1481 GP Weißenbach, Egon Lorenz
1482 GP Elbigenalp, Heribert Knitel
1483 GP Kössen, Christian Rieder
1484 GREKO Rosenbach, Rudolf Allmaier
1485 GP Kössen, Christian Rieder
1486 GP Frohsdorf, Franz Kogelbauer
1487 GP Rastenfeld, Gottfried Widhalm
1488 GP Unken, Georg Fernsebner
1489 GP Niederndorf, Alois Stöckl
1490 GP Unzmarkt, Richard Roßmann
1491 GP Aspang, Johann Bredl
1492 GP Aspang, Johann Bredl
1493 GP Purgstall, Gerhard Berger
1494 GP Mautern/D., Josef Harrer
1495 GP Neukirchen/Grv., Hermann Schernthaner
1496 GP Siegendorf, Hubert Rodenbicker
1497 GP Tulln/Donau, Peter Haslacher
1498 GP Nauders, Harald Schmid
1499 GP Sieghard Kühlechner
1500 GP Mautern/Stmk., Peter Weber
1501 BGK-Beitrag
1502 GP Gunskirchen, Andreas Ferstl
1503 GP Angern/March, Johann Reschenauer
1504 GP Gries/Brenner, Christoph Gander
1505 GP Maria Saal, Nikolaus Pipp
1506 GP Purkersdorf, Erwin Riegler
1507 GP Günseldorf, Michael Hauptmann
1508 GP St. Aegyd/Neuwalde, Rudolf Kottas
1509 GP Lilienfeld, Herbert Köberl
1510 GP Kufstein, Werner Schuster
1511 GP Kufstein, Werner Schuster
1512 GREKO Flughafen Graz, Hermann Reindl
1513 GP Gramatneusiedl, Johann Winna
1514 GP Übelbach, Walter Walkner
1515 GP Ruden, Hubert Tschernko
1516 GP Kirchdorf/Pgg., Johann Vorraber
1517 GP Passail, Walter Rainer
1518 GREKO Nikitsch, Helmut Wildzeiss
1519 GP Krenglbach, Karl Kronlachner
1520 GP Heiligenblut, Roland Posani
1521 GP Söchau, Karl Wimmer
1522 GP Hochburg-Ach, Karl Stöckl
1523 GP Hermannsdorf, Reinhard Muth
1524 GP Leibnitz, Johannes Egger
1525 GP Schirmitzbühel, Anton Maierhofer
1526 GP Ferlach, Hermann Stinig
1527 GP Achenkirch, Walter Reischer
1528 GP Großwarasdorf, Rudolf Fischer
1529 GP Andau, Werner Deutsch
1530 GP Großarl, Hermann Schwab
1531 GP Krenglbach, Karl Kronlachner
1532 GP Mauterndorf, Peter Wiedemaier
1533 GP Lienz, Oskar Monitzer
1534 GP Lockenhaus, Manfred Holler
1535 GP Pottendorf, Rolf Burgstaller
1536 GP Drosendorf, Rainer Bischlinger
1537 GP Kirchdorf/Kr., Franz Obergruber
1538 GP Lienz, Oskar Monitzer
1539 GP Gröbming, Josef Stiegler
1540 GP Flirsch, Bruno Traxl
1541 GP Lavamünd, Alfred Malatschnig
1542 GÜP Inzenhof, Rudolf Jandrasits
1543 GP Stallhofen, Günter Eberhart
1544 GP Bruck/M., Erich Matz
1545 GP Waldbach, Hermann Müller
1546 GP Bruck/Leitha, Manfred Kraupa
1547 GÜP Inzenhof, Rudolf Jandrasits
1548 GP Fieberbrunn, Roman Lukasser
1549 GP Achenkirch, Walter Reischer
1550 GÜP Hardegg, Josef Böck
1551 GP Westendorf, Maximilian Kohlreiter
1552 GP Kirchdorf/Pgg., Johann Vorraber
1553 GP St. Michael/B., Josef Binder
1554 GP Lockenhaus, Manfred Holler
1555 VA-Außenstelle Neumarkt, Josef Ahorner
1556 GP Rum, Josef Gatt
1557 GP Jochberg, Wolfgang Filzer
1558 GP St. Marein/Graz, Hans Hiebler
1559 GP Bichlbach, Stephan Hohlrieder
1560 GP Spital/S., Helmut Kainer
1561 GP Pamhagen, Martin Regner
1562 GP Brunn/Gebirge, Erich Wimmer
1563 GREKO Berg, Alfred Appei
1564 GREKO Weikertschlag/T., Rudolf Wallner
1565 GP St. Lorenzen, Harald Hartl
1566 GP Göllersdorf, Herbert Poisinger
1567 GP Ottenschlag, Peter Eßmeister
1568 GP Selzthal, Franz Kreutzer
1569 GP Niederndorf, Alois Stöckl
1570 GREKO Neunagelberg, Ferdinand Grabler
1571 GP Aspang, Johann Bredl
1572 GP Lockenhaus, Manfred Holler
1573 GP Schwaz, Helmut Frühapter
1574 GÜP Inzenhof, Rudolf Jandrasits
1575 GP Stefan/Rosental, Franz Pein
1576 GP Schwarzau/St. Ernst Polzer
1577 GP Illmitz, Erwin Lang
1578 GP Bischofshofen, Fritz Hörmann
1579 GP Bischofshofen, Fritz Hörmann
1580 BGK St. Johann/Pg., Josef Nothdurfter
1581 LGK Tirol, Gottlieb Huter
1582 GZK Wien, Gerald Hesztera

Erläuterungen:

BGK-Beitrag: *Bezirksgendarmeriekommando*
Die Beiträge der Bezirksgendarmeriekommanden beziehen sich auf Ortschaften ihres Bezirkes
Botz: *Gerhard Botz, Gewalt in der Politik – Atentate, Zusammenstöße, Putschversuche, Unruhen in Österreich 1918 - 1938. München 1983.*
GP: *Gendarmerieposten*
GREKO: *Grenzkontrollstelle*
GÜP: *Grenzüberwachungsposten*
GZK: *Gendarmeriezentralkommando*
KA: *Gendarmerie Kriminalabteilung*
LGK: *Landesgendarmeriekommando*
SCHAST: *Gendarmerie Schul-Außenstelle*
VA: *Gendarmerie Verkehrsabteilung*

Ernestine Hutter · Fritz Hörmann

Jubiläumsausstellung – 150 Jahre Gendarmerie für Österreich Burg Hohenwerfen, Werfen 1999

Im Zentrum Österreichs, im salzburgischen Pongau, thront hoch über dem Salzachtal vor einer gewaltigen Gebirgskulisse die Festung Hohenwerfen. Ihre Errichtung fällt in das 11. Jahrhundert, in die Zeit des Investiturstreites, um als strategisches Bollwerk für die 40 km nördlich liegende Residenzstadt Salzburg zu dienen.

Über Jahrhunderte war sie militärischer Stützpunkt, zeitweise Wohnsitz und Jagdburg der Erzbischöfe. Von 1945 bis 1987 beheimatete sie eine Schul- und Ausbildungsstätte der Österreichischen Bundesgendarmerie.

Burg Hohenwerfen, Ausbildungsstätte der Gendarmerie von 1945 – 1987.
Bild: Martin Hönegger

Multimediale Ausstellung

Für die Jahre 1998/2000 ist die Festung Hohenwerfen Schauplatz einer Großausstellung, in der sich die Gendarmerie anläßlich ihres 150jährigen Bestehens in Österreich präsentiert. Die neu adaptierten Räumlichkeiten im Bereich des Zeughauses sowie das Kasemattengewölbe stellen vom Raumerlebnis her eine ideale Ergänzung zur Ausstellungsidee und deren gelungener Umsetzung dar: Gendarmerie-Alltag innerhalb eines Zeitraumes von 150 Jahren als spannungsreiches Abenteuer für jung und alt zu gestalten.

Titelblatt des Prospektes 1998, 1999

Ausstellungsebene (1) »Monarchie«; Wachstube zu Beginn des 20. Jahrhunderts.
Bild: Scharler & Deller

Mit der Unterzeichnung des Gründungsdekretes durch Kaiser Franz Joseph I. am 8. Juni 1849 hielt die Gendarmerie Einzug in die österreichisch-ungarische Monarchie. Die an allen wichtigen Punkten errichteten Gendarmerie-Stabsstationen sorgten von nun an zwischen der Adria und den Karpaten, der Schweiz und den Transsilvanischen Alpen für Schutz und Sicherheit.

Raum 1 ist dem Aufbau der Gendarmerie und ihrer Tätigkeit bis zur Zeit des Ersten Weltkrieges gewidmet. In der Aufwendigkeit und Farbenfreude der Uniformen bleibt der Beamte der Monarchiezeit gegenüber allen nachfolgenden Phasen der Entwicklung sicher unübertroffen.

Die Vernetzung des Gendarmeriebeamten mit bedeutenden geschichtlichen Ereignissen wird auf der »Galerie der Geschichte 1918 – 1955« deutlich, die aber zugleich bereits den Blick freigibt hinunter – nicht nur fiktiv in Form eines Fluges – auf das Überwachungsgebiet des österreichischen Gendarmeriebeamten, sondern in die große Halle des Zeughauses auf einen eindrucksvoll bestückten Park an technischem Gerät. Unter diesem zählen sicherlich der Hubschrauber Agusta Bell 204 B, der für den Transport vom Hangar in die Ausstellungsräumlichkeiten in sechs Teile zerschnitten, mittels Hubschraubereinsatzes auf die Burg transportiert werden mußte und dort wieder – für die Besucher begehbar – zusammengebaut wurde, sowie ein für den Gendarmerieeinsatz original bestücktes Motorrad (BMW 1000) zu den Attraktionen der Ausstellung.

Februar 1998; Hubschraubereinsatz für die Jubiläumsausstellung. Hubschrauberteile werden zur Burg geflogen. Bild: Martin Hönegger

Ausstellungsebene (2) »Geschichte und Ausrüstung«, darunter Hubschrauber Agusta Bell 204 B, Alpindienst, Bewaffnung. Bild: Scharler & Deller

Ausstellungsebene (2) Motorisierung mit Motorrad BMW 1000, im Kegel darüber kann von der Galerie aus ein simulierter Österreich-Flug betrachtet werden. Bild: Scharler & Deller

Ausstellungsebene (2) »Geschichte und Ausrüstung« Personenfotografie um die Jahrhundertwende. Bild: Scharler & Deller

Eine über fünf Meter hohe Fotowand mit spektakulären Action-Fotos leitet über in die Ausstellungsräumlichkeiten des Kasemattengewölbes. In einer abwechslungsreichen Präsentationsfolge durchschreitet der Besucher dort sämtliche Einsatzbereiche des österreichischen Gendarmeriebeamten, kann am natürlichen Felsen des Ausstellungsraumes seine Kletterfähigkeiten testen, sein Auge mit Hilfe eines speziellen Gerätes auch für das Sehen bei Nacht schärfen und beim Durchschreiten einer Straße Zeuge einer Demonstration von Jugendlichen werden, die sich einer Spezialeinsatztruppe der Gendarmerie gegenüber finden, an deren Ausrüstung deutlich wird, welche Entwicklung die Exekutive in Österreich seit der Monarchiezeit genommen hat.

Ausstellungsebene (3) Gendarmerie heute. Einsatztruppe gegen Demonstranten. *Bild: Scharler & Deller*

Ausstellungsebene (3) Unfallaufnahme. *Bild: Scharler & Deller*

Ausstellungsebene (3) Unfall im Tunnel; Diorama. *Bild: Scharler & Deller*

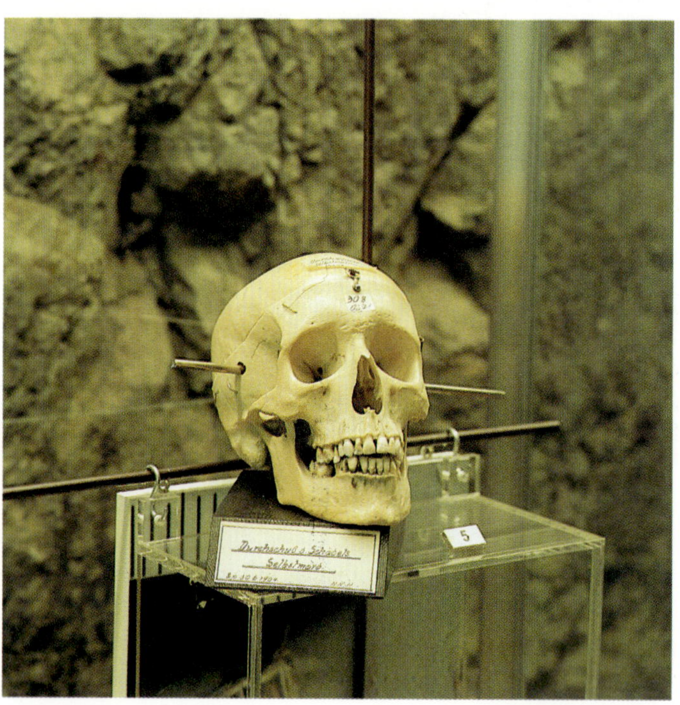

Ausstellungsebene (3) Gerichtsmedizin, Schädel mit Durchschuß. *Bild: Scharler & Deller*

Da sich die Auseinandersetzung mit Idee und Funktion der Gendarmerie anläßlich ihres Jubiläums weder auf der Basis einer reinen Geschichtsausstellung, noch auf der einer reinen Kunstausstellung bewegen sollte, wurde vom Initiator der Ausstellung, Fritz Hörmann, und der wissenschaftlichen Beraterin Dr. Ernestine Hutter ein Konzept entwickelt, das die einzelnen Themenbereiche als erlebnisreiche Inszenierungen aufbereitet. Mittels abwechslungsreicher Raumgestaltung, effektvoller Objektauswahl und -präsentation, audiovisuellem Erleben über elf Videostationen und steter Aufforderung zum aktiven Mitmachen erfolgt eine gestalterische Umsetzung, die die Ausstellung für jedermann – auch ohne spezielle Führung und ohne Katalog – zum Erlebnis macht.

Die Ausstellung soll aber auch Anregung sein zu einer kritisch liebevollen Auseinandersetzung der Besucher mit »Österreichs Bundesgendarmerie«, ohne damit weder eine undifferenzierte Identifikationsaufforderung noch eine Einladung zur Denunziation österreichischer Seinsweisen und ihrer Geschichte zu beinhalten. Die Ausstellung knüpft vielmehr an Bekanntes, Vertrautes, Gegenwärtiges an, um es in einen größeren Zusammenhang zu stellen.

Mit neuartigen Wegen der Präsentation zeichnet die Ausstellung ein Bild der Österreichischen Gendarmerie, das Hemmschwellen und Vorurteile vergessen läßt. Dem Besucher bietet sich die einmalige Chance, in dieser Ausstellung einmal Mitwirkender zu sein in einer Erlebniswelt, die ihm als Außenstehenden sonst verschlossen ist: am Gendarmerie-Alltag mit all seinen Faszinationen, Herausforderungen und Risiken.

Ausstellungsebene (3) Alpingendarmerie, Ausrüstungsentwicklung in den letzten 40 Jahren. *Bild: Martin Hönegger*

Organisation

Veranstalter:
Museumsverein A-5450 Werfen
Landesgendarmeriekommando für Salzburg

Mitveranstalter:
Amt der Salzburger Landesregierung
Gendarmeriezentralkommando Wien

Ausstellungsleitung:
Fritz Hörmann, A-5450 Museumsverein Werfen

Gendarmerie-Organisationsleitung:
Ernst Kröll, Salzburg
Richard Schiefer, Salzburg
Gerald Hesztera, Wien
Harald Hofmann, Salzburg
Fritz Hörmann, Werfen

Ausstellungsgestaltung und -planung:
Dr. Ernestine Hutter, Salzburg
Dipl.-Ing. Winfried Hutter, Neukirchen/Grv.
Franz Hofmann, Hallein
Fritz Hörmann, Werfen
Ing. Erich Maier, Bischofshofen
Dr. Peter Mayr, Werfen
Peter Mauracher, Puch
Peter Vogler, Bischofshofen
Konrad Winter, Salzburg
Helmut Zobl, Wien

Wissenschaftliche Beratung:
Dr. Ernestine Hutter, Salzburg

Fachberatung:
Dipl.-Ing. Hermann Hinterstoisser, Salzburg

Künstlerische Ausstellungsgestaltung:
Ján Pivovarci, Bratislava, Slovakei

Künstlerische Entwürfe:
Rosina Grömmer, Werfen

Werbung:
Scharler & Deller, Salzburg

Mediale Gestaltung – Ideenkonzept:
Fritz Hörmann

Mediale Gestaltung – Ausführung:
Alice Austerlitz, Wien
Gendarmerie-Filmdienst, Wien
Fritz Hörmann, Werfen
Gudrun Kampelmüller, Salzburg
Richard Schiefer, Salzburg

Gedenkmedaillen:
Helmut Zobl, Wien

Computerprogramme:
Dr. Gunter Reschreiter, Werfen

Übersetzungen:
Dr. Giorgio Bordin, Bozen, Italienisch
Mag. Brunhilde Koster, Salzburg, Englisch
Mag. Josef Lanner, Abtenau, Italienisch

Ernestine Hutter

»Das wachsame Auge in der schützenden Hand«

»Das wachsame Auge in der schützenden Hand« nennt Helmut Zobl seinen Beitrag, den er auf Einladung des Bundesministeriums für Inneres und des Museumsvereines Werfen, dem Ausrichter der Großausstellung auf Burg Hohenwerfen, zum Jubiläum der Österreichischen Bundesgendarmerie gestaltet hat. In gewohnt programmatischer Art hat der international anerkannte Medailleur und Prägekünstler Helmut Zobl wieder einmal das strenge Münzrund gewählt, um Bedeutung, Geschichte und Funktion dieser, der Sicherheit des österreichischen Bürgers dienenden Institution darzustellen. Auf einer Fläche von nicht mehr als 55 mm Durchmesser liefert der Künstler größte Information auf engstem Raum, setzt die in wochenlangen Recherchen gewonnenen Eindrücke und Erkenntnisse schöpferisch um, bezieht Stellung zu einer heute aus dem Alltag nicht mehr wegzudenkenden Einrichtung auf jene so beispiellos tiefsinnige Art, wie sie einem Helmut Zobl zu eigen ist.

Die Vorderseite der Medaille prägt »Das wachsame Auge in der schützenden Hand«. Auf Zobls Medaille wird die Bereitschaft dieses Wachkörpers nicht durch die »flammende Granate«, dem in Österreich üblichen Zeichen für die Gendarmerie, symbolisiert, sondern durch ein geöffnetes und dadurch Wachsamkeit vermittelndes Auge, das der Künstler einbettet nicht in etwas Bedrohliches, sondern in etwas Vertrauen Erweckendes – nämlich in die geöffnete Handfläche. Dieser haftet jedoch durch den aufwärts gerichteten Daumen sehr wohl etwas Bestimmendes, Richtungweisendes an, an dessen Ernsthaftigkeit und nachdrücklichem Bestreben nicht zu zweifeln ist, wie in den Flammen, die die Hand umzüngeln, in unmißverständlicher Weise zum Ausdruck gebracht wird. »Rund um die Uhr einsatzbereit sein, Helfen am Menschen, das Recht unterstützen« sind die Gedanken, die der Künstler als weitere Bilder gestalterisch umsetzt und die die Vorderseite dieser Jubiläumsmedaille prägen.

Vorder- und Rückseite der Jubiläumsmedaille. *Bild: Helmut Zobl, Wien*

Auf der Rückseite der Medaille widmet sich der Künstler dem »Außen-Dienst«, dessen vielfältiges Erscheinungsbild in 12 Feldern, angeordnet um den »Postengendarmen« in der Mitte, auf die für Zobl unnachahmliche Art der figuralen Wiedergabe zur Darstellung gelangt: der Einsatz des Gendarmen im Verkehrswesen, im Grenzdienst, als Sondereinsatztruppe, im Kriminaldienst, bei Strahlenschutz, Alpin- und Flugeinsatz, als Mitglied in der berufseigenen Musikkapelle, als Hundeführer, bei Schiffahrt, Sport- und UNO-Einsätzen. In handwerklich meisterhafter Art hat Helmut Zobl nicht weniger als 255 Figuren in das Kreisrund der Medaille mit Meißel und Stichel negativ in Stahl geschnitten und eingraviert – gleichsam »den Gendarmen-Kosmos und die Felder füllend ...«.

Werden die Feierlichkeiten anläßlich des Jubiläums »150 Jahre Gendarmerie in Österreich 1849–1999« bereits der Vergangenheit angehören, so wird diese Medaille als bleibendes Zeichen stets an die bereits 150 Jahre währende Geschichte dieser für Österreich so bedeutenden Institution erinnern.

Werk-Nr. 1014 und 1017:

Negativschnitte in Stahl 1996/1997, signiert und punziert, 55 mm Durchmesser, Material Silber 900/1000, 60 Gramm, Ausführung: Silber patiniert. Prägung: Freiprägung, Münze Österreich AG, Wien. Edition Silber, streng limitierte Auflage von 999 Exemplaren. ATS 1290,–

Helmut Zobl. *Bild: Fritz Hörmann*

HELMUT ZOBL, *1941 geboren in Schwarzach St. Veit, Heimatort Krimml, Salzburg; Kunstschule Steyr, Akademie der Bildenden Künste, Wien. Seit 1969 Negativschnitte in Stahl und Beschäftigung mit der »Prägung« im erweiterten Sinn. Sein Verdienst: Wiederentdeckung der Schaumünze als künstlerisches Medium zur Dokumentation aktueller*

Ereignisse und Problemstellungen. Zentrales Thema: Der Mensch. Mitglied der Wiener Sezession und der Deutschen Gesellschaft für Medaillenkunst, Einzelausstellungen und Ausstellungsbeteiligungen im In- und Ausland seit 1969. Gestaltung zahlreicher offizieller österreichischer Münzen, darunter die erste 20-Schilling-Münze (1980) mit der personifizierten Wiedergabe der neun Bundesländer. Graphische, malerische und bildhauerische Arbeiten. Vertreten in vielen Münzkabinett-Sammlungen in Museen des In- und Auslandes, wie auch in vielen privaten Sammlungen. Lebt in Wien.

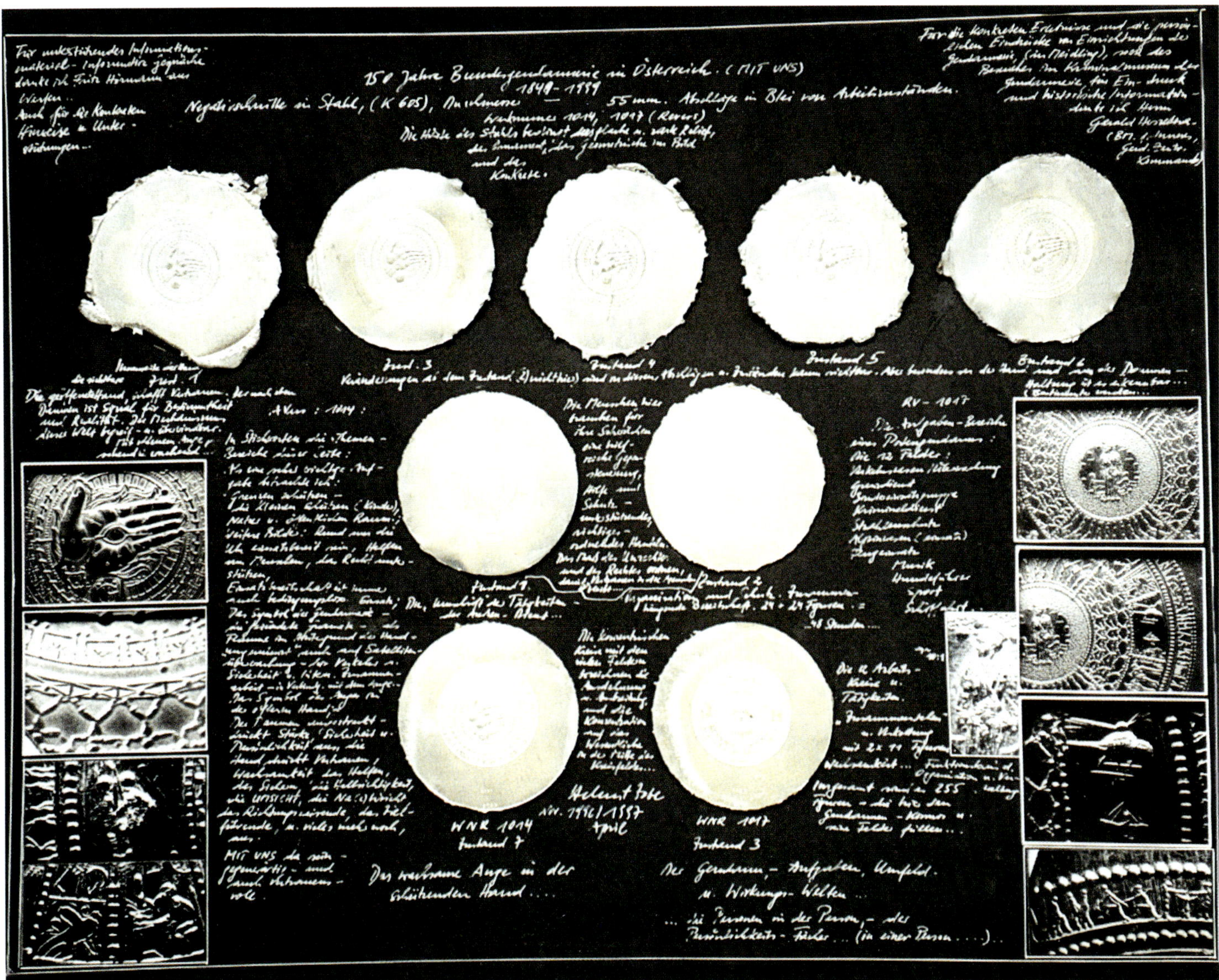

Der Künstler hat anhand von Bleiabschlägen die Entwicklungs- und Arbeitsphasen der Medaille dokumentiert und beschrieben. Dieses Unikat wird nach Abschluß der Veranstaltungen in den Fundus des Gendarmeriemuseums in Wien eingegliedert. Bild: Helmut Zobl, Wien

Autorenverzeichnis

Michael Ahrer
geboren 1958, 1978 Eintritt in die Gendarmerie, 1986 Ausmusterung als Offizier zum LGK OÖ; Personalreferent und Leiter der Stabsabteilung. Journalistenausbildung.

Christine Altrichter
geboren 1951, 1974 Eintritt in die Gendarmerie, LGK-Sekretariat, seit 20 Jahren Schriftführerin beim Gendarmeriesportverein Salzburg.

Wolfgang Bachkönig
geboren 1955, erlernter Beruf: Kfz-Mechaniker, 1976 Eintritt in die Bundesgendarmerie, 1986 Postenkommandant in Neudörfl/L., seit 1989 Sachbereichsleiter für Öffentlichkeitsarbeit beim Landesgendarmeriekommando für das Burgenland. Autor zahlreicher Artikel in verschiedenen Gendarmeriezeitschriften, Verantwortlicher für den Inhalt des Informationsblattes »Einheit«, das allen Aktiv- und Ruhestandsbeamten des Burgenlandes zugestellt wird.

Friedrich Brettner
geboren 1935, 1955 Eintritt in die Gendarmerie, zuletzt Dienst am Gendarmerieposten Gloggnitz. Zahlreiche Veröffentlichungen zur Zeit- und Gendarmeriegeschichte. Leiter des »Dr.-Karl-Renner-Museums« in Gloggnitz.

Stefan Biricz
geboren 1939, erlernter Beruf: Kaufmann, 1959 Eintritt in die Bundesgendarmerie, Grundausbildungslehrgang in Rust, Postenkommandant in Mörbisch/See, seit 1989 Bezirksgendarmeriekommandant des Bezirkes Eisenstadt.

Bernhard Dengg, Mag.
geboren 1968, Studium der Rechtswissenschaften, Geschichte, Publizist und Kommunikationswissenschaften in Salzburg und Leeds/GB. Diverse Film-, Video- und Bühnenarbeiten in Salzburg und Linz. Lebt als Historiker und Bibliothekar in Salzburg.

Ulrike Engelsberger, Mag. Dr.
geboren 1957, Universitätsstudium an der Universität Salzburg: Lehramt für Geschichte und Anglistik, Doktorat für Geschichte, Absolvierung des Ausbildungslehrganges am Institut für Österreichische Geschichtsforschung, seit 1983 Archivarin im Salzburger Landesarchiv.

Ernst Fojan
geboren 1949, 1969 Eintritt in die Gendarmerie, befaßt sich mit der Gendarmeriegeschichte, vor allem mit der Epoche von 1849 bis 1918. Zeitgeschichtliche Veröffentlichungen wie die Entstehung des Gendarmerie-Almanach und bisher noch nicht besonders bekannte Themen, wie die Geschichte des Gendarmeriekorps von Bosnien und Herzegowina, die Aufstellung dieses Sicherheitskorps während und nach der Okkupation durch die k. u. k. Armee im Jahre 1878, zählen zu den Fachgebieten.

Gernod Fuchs
geboren 1942, seit 1962 Berufssoldat, Unteroffizier, beschäftigt sich mit der Revolution 1848/49, insbesondere Zensur und Zensurbehörden. Zuletzt Arbeiten über den Anschluß an das Dritte Reich. Durch Zufall in den Besitz der Gestapo-Listen über das Verhalten der Gendarmeriebeamten in Salzburg während der »Kampfzeit der NSDAP« gekommen und aufgearbeitet.

Berthold Garstenauer
geboren 1939, 1959 Eintritt in die Gendarmerie und Dienst auf mehreren Gendarmerieposten in Oberösterreich, 1967 Fachkurs, anschließend gehobener Fachkurs, danach Offizier beim LGK OÖ. Abteilungskommandant in Gmunden und Steyr; ab 1989 Schulabteilungskommandant in Linz, 1994 Gruppenleiter 3 des LGK OÖ und Stellvertreter des LGK-Kommandanten.

Gerhard Glaser
geboren 1964, 1987 Eintritt in die Gendarmerie, bis 1992 Dienst auf Gendarmerieposten, danach Gendarmeriezentralkommando – Mitarbeiter im Referat für Auslandseinsätze, 1995/96 Sicherheitsakademie, seit 1997 StV Hauptreferent für Grenzangelegenheiten.

Anton Haumer
geboren 1958, 1979 Eintritt in die Gendarmerie, 1992 Sicherheitsakademie, 1994 Kommandant Stabsabteilung der Gendarmeriezentralschule Mödling, seit 1999 Gendarmeriebezirkskommandant in Tulln.

Karin Hechenblaickner
geboren 1961, 1984 Eintritt in die Gendarmerie, danach bis 1989 bei der Kriminalabteilung Niederösterreich; bis 1992 Karenz nach der Geburt von 2 Kindern; seit 1992 GZK; Besuch der Sicherheitsakademie 94/95, derzeit Referentin für Gleichbehandlungsangelegenheiten in der Abteilung II/4.

Stefan Herbst
geboren 1931, seit 1951 bei der Gendarmerie, 1955 Ausbildung als Bergführer, danach Pilotenausbildung, 1964 Ausbildung als Hubschrauberpilot, 1965 Einsatzpilot der Flugeinsatzstelle Salzburg, von 1981–1991 deren Leiter.

Franz Hesztera
geboren 1927, 1950 Eintritt in die Gendarmerie, Versetzung in den Ruhestand 1990, zuletzt Stellvertreter des Kommandanten in der Gendarmeriezentralschule Mödling, zahlreiche Veröffentlichungen zur Geschichte der Gendarmerie.

Gerald Hesztera
geboren 1966, seit 1986 bei der Gendarmerie, 1991 Sicherheitsakademie, seit 1993 Hauptreferent beim Gendarmeriezentralkommando, zuständig für Auslandseinsätze des Bundesministeriums für Inneres und Öffentlichkeitsarbeit der Bundesgendarmerie.

Hermann Hinterstoisser, Dipl.-Ing.
geboren 1956, Studium an der Universität für Bodenkultur in Wien, Leiter des Naturschutz-Fachdienstes beim Amt der Salzburger Landesregierung. Mitbegründer des Vereines Salzburger Wehrgeschichtliches Museum. Autor zahlreicher militärhistorischer und uniformkundlicher Publikationen.

Martin Hönegger
geboren 1951, 1975 Eintritt in die Gendarmerie, danach Gendarmerieposten Neumarkt a. W., 1981 Zentralschule in Mödling, seit 1982 Kriminalabteilung Salzburg, Spurensicherung und Lichtbildwesen.

Fritz Hörmann
geboren 1946, 1970 Eintritt in die Gendarmerie, 1981 Fachkurs Mödling, 1995 Lehrtätigkeit bei der Umschulung von Zollwachebeamten,

1997/98 Organisator der Ausstellung »150 Jahre Gendarmerie für Österreich« und Redakteur des Jubiläumsbandes der Österreichischen Bundesgendarmerie, 1999 Postenkommandant Bischofshofen. Herausgeber zahlreicher volkskundlicher Publikationen und Chroniken.

Thomas Hopfner
geboren 1965, seit 1986 bei der Bundesgendarmerie, erste Dienststelle: Gendarmerieposten Bregenz-Vorkloster, danach Zuteilung zum Gendarmerieeinsatzkommando mit anschließender Versetzung zum Ausbildungsreferat.

Reinhold Hribernig
geboren 1956, 1976 Eintritt in die Gendarmerie; Sicherheitsakademie 82/83, danach Tätigkeit als leitender Beamter beim LGK Kärnten; derzeit Stellvertreter des Leiters der Stabsabteilung; zahlreiche journalistische Tätigkeiten im Print- und Hörfunkbereich.

Gottlieb Huter
geboren 1951, seit 1971 bei der Gendarmerie, seit 1995 Sachbereichsleiter für Öffentlichkeitsarbeit, Medien- und Presseangelegenheiten beim LGK f. Tirol.

Ernestine Hutter, Dr.
geboren 1956; Studium der Kunstgeschichte, Volkskunde, alten Geschichte und Philosophie in Innsbruck; seit 1994 Leiterin des Kustodiates für Volkskunde am Carolino Augusteum, Salzburger Museum für Kunst- und Kulturgeschichte; Konzeption und wissenschaftliche Beratung zahlreicher Großausstellungen in Salzburg; 1988–1993 Chefredakteurin der Zeitschrift »Salzburger Volkskultur«; Publikationen und Vorträge zu volkskundlichen und kulturgeschichtlichen Themen.

Josef Innerhofer
geboren 1925, Teilnehmer am Zweiten Weltkrieg, danach Eintritt in die Gendarmerie, viele Jahre bis zu seiner Pensionierung 1982 hauptamtlicher Lehrer beim LGK f. Tirol, Gendarmeriebergführer.

Kurt Janetschek, Prof. Dr.
geboren 1930, 1954 Mag. rer. nat. 1960 Dr. phil. zuletzt Oberstudienrat an der HTL Mödling; ab 1957 Unterricht an der Gendarmeriezentralschule Mödling, ab 1975 an der Sicherheitsakademie. Zahlreiche Publikationen zur Lokal- und Zeitgeschichte. Leiter des Archivs der Marktgemeinde Wr. Neudorf.

Konrad Klotz
geboren 1944, seit 1964 bei der Gendarmerie, seit 1972 dienstführender Beamter bei der Kriminalabteilung beim LGK f. Tirol, zuständig im Sachbereich für abgängige Personen und aufgefundene unbekannte Leichen.

Christian Lukatsch
geboren 1959, 1982 Eintritt in die Gendarmerie, nach der Grundausbildung zum Gendarmerieposten Ebergassing, ab 1986 beim GZK seit 1992 zuständig für das Diensthunde-Wesen der Gendarmerie.

Friedrich Mayer
geboren 1929, nach seinem Dienst als Sicherheitswachebeamter in Wien Wechsel zum BM für Landesverteidigung, dort zuletzt zuständig für die »Festen Anlagen des Bundesheeres«.
Umfangreiche wissenschaftliche Tätigkeit auf dem Gebiet der Uniformkunde und Militärgeschichte. Sachverständiger des Dorotheums.

Wolfgang Ortner
geboren 1921, Teilnehmer des Zweiten Weltkrieges, amerikanische Kriegsgefangenschaft, ab 1945 Bundesgendarmerie, ab 1974 für 12 Jahre Landesgendarmeriekommandant für Kärnten. Träger zahlreicher besonderer Auszeichnungen (u. a. Ritterkreuz d. königl. Norwegischen St. Olav Ordens). Bislang veröffentlichte er fallweise Beiträge in der Illustrierten Rundschau (Gend) sowie in der Gendarmerie Brücke Kärnten.

Arnold Perfler
geboren 1948, seit 1966 bei der Bundesgendarmerie, 1976 Sicherheitsakademie, seit 1994 1. Stellvertreter des Landesgendarmeriekommandanten und Leiter der Gruppe 2 (Personal- und Schulungsabteilung) beim Landesgendarmeriekommando Vorarlberg. Aufbau des historischen Archives mit ca. 1.000 Druckwerken wie Chroniken der Gendarmerieposten, historischen LGK-Befehlen, Fotochronik, Tagebücher.

Arthur Reis, Mag.
geboren 1955, 1976 Eintritt in die Gendarmerie, Verkehrsabteilung des LGK NÖ, 1985/86 Offiziersausbildung in Mödling, danach im GZK als Referent für Organisation und Dienstbetrieb bzw. Kriminaldienst, seit 1993 Hauptreferent für Aus- und Fortbildung. 1994 Sponsion zum Mag. phil.

Werner Sabitzer
geboren 1956, 1975 Eintritt in die BPD Wien, ab 1981 im Kriminaldienst bei der Wirtschaftspolizei, 1987/88 im BMI-Ministerbüro, ab 1988 Chefredakteur »öffentliche Sicherheit«; zahlreiche Beiträge zum Thema Sicherheit und Kriminalität in Fachpublikationen.

Leopold Salcher
geboren 1947, 1. Stellvertreter des Bezirkspostens Hermagor, war Mitglied des Gemeinderates der Stadtgemeinde Hermagor Presseggersee. Journalistik, zahlreiche Publikationen über die Geschichte des Gailtales.

Erwin A. Schmidl, Dr.
studierte an der Universität Wien Geschichte, Kunstgeschichte und Anthropologie; 1981 Promotion sub auspiciies presidentis, danach Tätigkeit beim Heeresgeschichtlichen Museum; Tätigkeit bei der UNO-Abteilung des Außenamtes und als UN-Wahlbeobachter in Südafrika ; seit 1996 im Militärwissenschaftlichen Büro, zahlreiche wissenschaftliche Publikationen (u. a. Der Anschluß 1938); derzeit Forschungsschwerpunkt auf Friedensoperationen.

Gerhard Sippl
geboren 1948, 1970 Eintritt in die Bundesgendarmerie, Fachkurs 1977, W1-Ausbildung 1978, danach stellvertretender Leiter der Verkehrsabteilung, 1982 Kommandant der Bereichsabteilung Linz, seit 1989 Leiter der Verkehrsabteilung des LGK für Oberösterreich.

Kurt Schober
geboren 1962, 1981 Eintritt in die Bundesgendarmerie, 1981 bis 1983 Gendarmerieposten Traiskirchen, ab dann Gendarmeriezentralkommando, Alpin- und Sportreferat, 1987/88 GAL für Wb der VerwGr W 1 an der Gendarmeriezentralschule Mödling, Leiter des Referates für Alpindienst, Katastrophen- und Strahlenschutz im Gendarmeriezentralkommando.

Emil Stanzl
geboren 1921,Teilnehmer am Zweiten Weltkrieg als Offizier, drei Jahre Kriegsgefangenschaft in Afrika, 1949 Eintritt in die Bundesgendarmerie – teilweise Verwendung bei der B-Gendarmerie, 1954 zum Oberleutnant ernannt, 1955 Kdt der Gendarmerie-Verkehrsabteilung, 1977 RGL IV, 1980 – 1986 RGL I und StV des LGKdten.

Mehrere Jahre geschäftsführender Präsident des ÖGSV. Zahlreiche Auszeichnungen.
Verschiedene Publikationen in Fachzeitschriften (Gendarmerie).

Herbert Stocker
geboren 1942, 1961 Eintritt in die Bundesgendarmerie, Ausbildung zum Gendarmeriebergführer und Flugretter, 1973 Postenkommandant in Grundlsee, seit 1986 Postenkommandant in Bad Aussee. Ist in verschiedenen Funktionen im Sport-, Tourismus-, Kultur- und Medienbereich tätig.

Helmut Zobl, Mag.
geboren 1941, Kunstschule Steyr, Akademie der Bildenden Künste, Wien. Seit 1969 Negativschnitte in Stahl und Beschäftigung mit der »Prägung« im erweiterten Sinn. Sein Verdienst: Wiederentdeckung der Schaumünze als künstlerisches Medium zur Dokumentation aktueller Ereignisse und Problemstellungen. Zentrales Thema: Der Mensch. Mitglied der Wiener Sezession und der Deutschen Gesellschaft für Medaillenkunst. Graphische, malerische und bildhauerische Arbeiten. Vertreten in vielen Münzkabinett-Sammlungen in Museen des In- und Auslandes, wie auch in vielen privaten Sammlungen. Lebt in Wien.

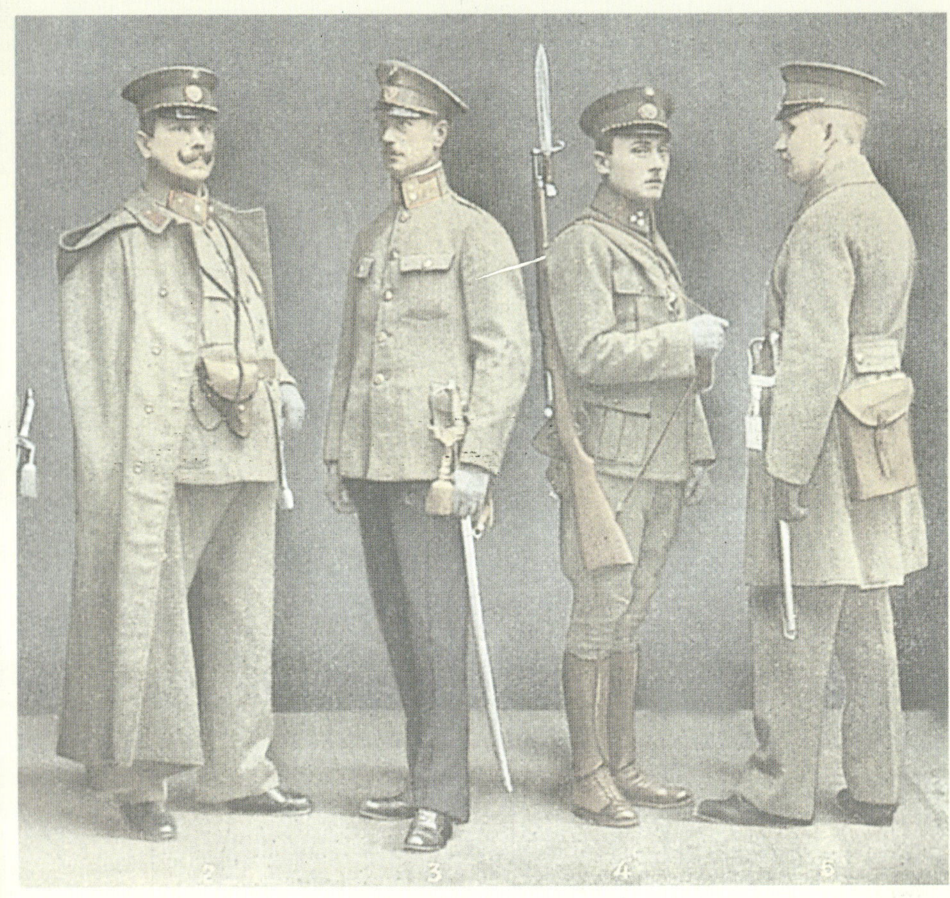

2
3
4
5

K.u.K. FELD-GENDARMERIE